BERTELSMANN KONZERT FÜHRER

KOMPONISTEN UND IHRE WERKE

Herausgegeben von
Christoph Hahn und Siegmar Hohl

BERTELSMANN LEXIKON VERLAG

Redaktion: Dr. Siegmar Hohl (verantwortlich), Christoph Hahn
Redaktionelle Mitarbeit: Gabriele Eggert, Ludwig Madlener,
Barbara Pokorny, Susanne Schmerda, Eckard Schuster, Barbara Zollner
Grundlayout: Schmidt Design
Umschlaggestaltung: Petra Dorkenwald
Bilddokumentation: Sabine Geese

Aktualisierte Neuausgabe 1997
Satzherstellung: Veit-Rost Typographie, Ingolstadt
Druck und Bindung: Mohndruck Graphische Betriebe GmbH, Gütersloh
Printed in Germany
ISBN 3-570-10519-9

Inhalt

Verzeichnis der Autoren

Sven Ahnert
Alfred Beaujean
Oswald Beaujean
Werner Bleisteiner
Bettina Brand
Prof. Dr. Rainer Cadenbach
Hans-Christian von Dadelsen
Volkmar Fischer
Albrecht Gaub
Christine Günther
Christoph Hahn
Claudia Heinze
Nine Herdner
Dr. Jörn Peter Hiekel
Dr. Siegmar Hohl
Dietmar Holland
Clemens Höslinger
Dr. Gerd Hüttenhofer
Frank Kämpfer
Johannes Kiebranz
Mary Ellen Kitchens
Dr. Barbara Knab
Christine Lemke
Dr. Monika Lichtenfeld
Dr. Dorothea Link
Dr. Hartmut Lück
Christine Mast
Andreas K.W. Meyer
Barbara Mittler
Carolin Naujocks
Dr. Josef Oehrlein
Elisabeth Prossel
Angelika Rahm
Dr. Klaus Peter Richter
Helmut Rohm
Susanne Rupp
Bernhard Rzehulka
Joachim Salau
Erika Schaller
Susanne Schmerda
Dr. Michael Schmidt
Dirk Scholz
Brigitte Schulze
Oliver Schwab-Felisch
Claus Spahn
Susanne Stähr
Wolfgang Stähr
Dr. Anette Unger
Bernhard Uske
Dr. Grete Wehmeyer
Dr. Rein A. Zondergeld
Andrea Zschunke

Biographische Angaben zu den Herausgebern:

Christoph Hahn, Jahrgang 1950, Studium der Germanistik, Politikwissenschaft und Geschichte in München, gymnasiales Lehramt, praktisches Musikstudium, Zweitstudium Musikwissenschaft und Philosophie. Freie publizistische Tätigkeit, Musikredakteur beim Bayerischen Rundfunk.

Dr. Siegmar Hohl, Jahrgang 1935, Studium der Neueren Deutschen Literaturgeschichte, Theaterwissenschaft, Kunstgeschichte und Zeitungswissenschaft in München, Schriftleiter des Deutschen Literaturlexikons im Francke-Verlag, Fachredakteur für Kunst, Literatur und Musik im Bertelsmann Lexikon-Verlag. Herausgeber des Bertelsmann Musikführers (1991), Mitherausgeber des Bertelsmann Opernführers (1996).

Vorwort

Das weiß das Publikum nicht und mag es nicht wissen, daß, um ein Kunstwerk zu empfangen, die halbe Arbeit an demselben vom Empfänger selbst verrichtet werden muß. Ferruccio Busoni

Die Qualität eines neuen Konzertführers erweist sich vielleicht am besten durch seine Brauchbarkeit. Um den Zugang möglichst zu vereinfachen, wurde die alphabetische Anordnung gewählt, die natürlich zeitlich nicht zusammengehörige Komponisten zu Nachbarn macht. Die Autoren haben versucht, ihre Erläuterungen so verständlich wie möglich zu halten, ohne unzulässig zu simplifizieren. Ein gewisses Maß an musikalischen Grundbegriffen ist aber nötig, um überhaupt etwas Sinnvolles sagen zu können. Deshalb wurde im Anhang ein Glossar mit den wichtigsten Grundbegriffen bereitgestellt, das im Bedarfsfall hinzugezogen werden kann.

Über Musik, die ungreifbarste der Künste, zu schreiben, ist eigentlich schon ein Widerspruch in sich. So kann es sich immer nur um Annäherung handeln. Deshalb verstehen sich die Beiträge dieses Bandes lediglich als Hilfestellung fürs Zuhören. Wer etwas über die Entstehung eines Werkes weiß, über die Rolle, die es in der Vorstellungswelt seines Schöpfers gespielt hat, wer sich den Aufbau und den formalen Verlauf vergegenwärtigt, der verfügt über jene Voraussetzungen, die aufmerksames Zuhören, d. h. Wahrnehmung im eigentlichen Sinn, erst möglich macht.

Der Bertelsmann Konzertführer umfaßt alle Gattungen reiner Orchestermusik für größere Besetzungen (Symphonien, Symphonische Dichtungen, Ballettmusiken und Ouvertüren, soweit sie im Konzertsaal gespielt werden), Instrumentalkonzerte, aber auch geistliche Werke (Oratorien und Messen).

Der Hauptteil, der die Komponisten und ihre Werke enthält, vereint in alphabetischer Reihenfolge zwei Typen von Artikeln. Im ersten werden die rund 100 Komponisten, deren Musik heute das gängige Repertoire ausmacht, mit Einzelanalysen ihrer wichtigsten Werke vorgestellt. Am Schluß der Werkbetrachtung folgt in der Regel ein Medienhinweis, abgekürzt [M], der als Empfehlung des jeweiligen Autors die Wahl aus der Fülle des Angebots, die ja bei manchen Werken oft Dutzende von Aufnahmen umfaßt, erleichtern möchte. Bei besonders wichtigen Werken können dies bis zu drei Empfehlungen sein. Langspielplatten (LP) werden nur genannt, wenn noch keine Übertragung oder Einspielung auf Compact Disc (CD) vorliegt. Die Angaben zu den Bildträgern (Video/VD und Laserdisc/LD) verstehen sich nicht als Empfehlungen, da hier meistens nur eine Aufnahme vorliegt. Es handelt sich hierbei also mehr um eine Bestandaufnahme, die allerdings keinen Anspruch auf Vollständigkeit erhebt.

Neben dem Hauptkontingent an Komponisten, bei denen die Betrachtung des Einzelwerks im Mittelpunkt steht, enthält der Konzertführer noch rund 150 kürzere Artikel über Komponisten, die seltener in den Programmen auftauchen, zum Verständnis der Musikgeschichte aber doch wichtig sind. Hier wurde auf die Herausstellung von Einzelwerken verzichtet.

Einen nicht zu knappen Raum erhielt die Darstellung auch der Musik unseres Jahrhunderts, die in den Konzertprogrammen erfreulicherweise immer stärker vertreten ist; einen weiteren Akzent bildet die angemessene Berücksichtigung von Komponistinnen aus Vergangenheit und Gegenwart.

Der Anhang enthält neben dem Glossar – jeweils separat – ein kleines Lexikon großer Orchester und namhafter Dirigenten. Angesichts der ausgedehnten Reisetätigkeit vieler Orchester und Dirigenten dürften diese Informationen willkommen sein. Ein Personen- und Werkregister ermöglicht einen raschen Zugriff.

Über 100 Abbildungen von Komponisten und ihrem Wirkungsumfeld, Dirigenten und Orchestern, Wiedergaben von Autographen und Szenenphotos von Balletten runden den Band ab.

Wenn dieses Buch dazu beiträgt, Bekanntes neu erscheinen zu lassen und Neugierde auf Unbekanntes zu wecken, dann glauben Herausgeber und Autoren ihrem Ziel nahegekommen zu sein.

München, im September 1993

Christoph Hahn
Siegmar Hohl

Abkürzungsverzeichnis

BR	Bayerischer Rundfunk
BWV	Bachwerkverzeichnis
CD	Compact Disc
D	Deutsch-Verzeichnis (Schubert-Werkverzeichnis von O. E. Deutsch)
G	Gérard-Verzeichnis (Boccherini-Werkverzeichnis von Y. Gérard)
GMD	Generalmusikdirektor
H	Helm-Verzeichnis (C. Ph. E. Bach-Werkverzeichnis von E. Helm)
HWV	Händel-Werkverzeichnis
IGNM	Internationale Gesellschaft für Neue Musik
Jh.	Jahrhundert
KV	Köchelverzeichnis (Mozart-Werkverzeichnis von L. A. F. Köchel)
LD	Laserdisc
LP	Langspielplatte
[M]	Medienhinweis
NDR	Norddeutscher Rundfunk
O.	Orchester, Orchestra, Orchestre u. ä.
op.	Opus-Nummern
PO	Philharmonic Orchestra
RSO	Radio-Symphonie-Orchester
SO	Symphonie-Orchester, Symphony Orchestra
SWF	Südwestfunk
TWV	Telemann-Werkverzeichnis
UA	Uraufführung
VD	Video
WoO	Werk ohne Opuszahl

John Adams

1947

Waren die Anfänge amerikanischer Minimal Music noch geprägt von einer mehr auf technische Abläufe und provokative Signale hin ausgerichteten Kompositionshaltung, so zeigt sich im Werk des am 15. Februar 1947 in Worcester, Massachusetts, geborenen Komponisten John Adams eine originelle Synthese aus minimalistischer Präzision, romantischer Ausdruckswucht und hintergründigem Witz.

John Adams wuchs in Vermont und New Hampshire auf. Nachdem er 1971 sein Kompositionsstudium an der Harvard Universität beendet hatte – zu seinen Lehrern dort zählten Leon Kirchner, David del Tredici und Roger Sessions – zog es Adams nach Kalifornien. Früh schon wurde der Chefdirigent des San Francisco Orchestra Edo de Waart auf ihn aufmerksam. Von 1979 bis 1985 war John Adams composer-in-residence der San Francisco Symphony. Dort entwickelte er die erfolgreiche Konzertreihe »New and Unusual Music«. Seit 1988 ist Adams als künstlerischer Berater des St. Paul Chamber Orchestra zuständig für dessen Planung.

Berühmt wurde John Adams mit *Harmonium* (1981) für Chor und Orchester und *Harmonielehre* (1985) für Orchester. Beides groß besetzte Orchesterwerke, die, eingebettet in eine vollblütig romantische, mit minimalistischen Formeln angereicherte Orchestersprache, über philosophische (*Harmonielehre*) und lyrische (*Harmonium*) Inhalte reflektieren.

Adams bezeichnet sich selbst als tonalen Komponisten, der von der emotionalen Qualität harmonischer Wendungen und Modulationen fasziniert ist.

The *Chairman dances* (1985), ein süffisant instrumentierter Foxtrott, der gewissermaßen als Beiprodukt zur Arbeit an der Oper *Nixon in China* (1987) entstand, arbeitet mit Mitteln der Persiflage. Exemplarisch verschmelzen hier Adams' Gespür für orchestrale Virtuosität und sein untrüglicher Instinkt für komisch-sentimentale Klanggesten.

Auch in seinem zweiteiligen Orchesterwerk *El Dorado* (1991), einer Beschreibung der legendären Goldgräberstadt El Dorado, verführt Adams den Zuhörer mit unerhört langen, raffiniert geführten Spannungsbögen, die im ersten Teil (A dream of gold) wie in einem Tanzritus einem orgiastischen Höhepunkt zusteuern, während der zweite Teil (Soledades) in delikaten Klangfarben weite Flächen zu kolorieren scheint.

Sein Œuvre umfasst ferner *Shaker Loops* für Streichseptett (1978; Fassung für Streichorchester 1982/83), *Grand Pianola Music* (1982), zwei Orchester-Fanfaren *Short Ride in a Fast Machine, Tromba Lontana,* (beide 1986), *Fearful Symmetries* (1988), *The Wound-Dresser* (1989), das Klavierkonzert *Eros Piano* (1989), *Chamber Symphony* (1992), *Hoodoo Zephyr* für Synthesizer (1992/93), *Violinkonzert* (1994) und *Lollapalooza* für Orchester (1995). *Sven Ahnert*

Isaac Albéniz

1860–1909

»... seine Konzerte verdienen Beachtung ... die Musik ist leicht und abwechslungsreich genug zur nachmittäglichen Verdauung – ohne jedoch dabei in künstlerischer Hinsicht Kompromisse einzugehen.« George Bernard Shaw – in seiner Eigenart als Musikkritiker und Chronist des Londoner Musiklebens – schrieb dies 1891. Und er fügte hinzu, daß er »Senor Albéniz« vor allem wegen der Pünktlichkeit, mit der er sein 3-Uhr-Konzert begonnen habe, als Mann von Charakter schätze. Dieser Zug Albéniz' überrascht – vor allem, wenn man um das unstete, ja geradezu vagabundierende frühere Leben, des am 25. Mai 1860 im katalanischen Camprodón geborenen Albéniz weiß: Das klavierspielende Wunderkind, das seit seinem 5. Lebensjahr Aufsehen erregte, riß zweimal – 1870 und 1872 – von zu Hause aus, um sich den Wind der Welt um die Nase wehen zu lassen. 1880 hatte Albéniz die Bekanntschaft Liszts gemacht und als dessen Schüler seine pianistischen Künste vervollständigt. Zu dieser Zeit begann er auch, selbst zu komponieren. Diese erste Phase seines Schaffens war bestimmt durch eine Anlehnung an den damals geläufigen Salonmusik-Stil. In der folgenden, mittleren Periode ging Albéniz daran, Elemente der spanischen Folklore einzubeziehen. Vollends eigenständig wurden seine Werke, als er – ab 1893 etwa – sich vom Konzertleben zurückzog und auf die Ausformung eines unverwechselbaren Idioms konzentrierte. Diesem verdankt er seinen Ruf als »Begründer des spanischen Nationalstils«.

Vor allem ein Werk, an dem er bis zu seinem Tod am 18. Mai. 1909 im französischen Cambo-les-Bains gearbeitet hat, findet sich heute auf Konzertprogrammen: Die Suite *Ibéria*. Dabei hat Albéniz die Orchesterfassung dieser auf Einzelsätzen seines gleichnamigen 12 Stücke umfassenden Klavierzyklus basierenden Suite nicht selbst geschrieben, sondern sie wurde 1907 von Enrique Fernándéz-Arbós (1863–1939) arrangiert. Sie umfaßt die Sätze: Evocation, Fête-Dieu à Séville, El Puerto, El Albaicín. Georges Enescu hat 1911 die *Rapsodia española* von 1887 orchestriert. Neben dem umfangreichen und bei Pianisten beliebten Klavierwerk existieren außer 6 völlig in Vergessenheit geratenen Opern und Zarzuelas (spanischen »Singspielen«) und einigen Liedern aus Albéniz eigener Feder nur noch die Orchesterwerke *Rapsodia cubana* (1887) und die *Catalonia-Suite* (1899). Albéniz reizvolles und virtuos gehandhabtes spanisches Kolorit hat vor allem die mit ihm befreundeten französischen Komponisten Debussy und Ravel, aber auch noch Messiaen angeregt. *Werner Bleisteiner*

Tomaso Albinoni

1671–1751

Wer den Namen Albinoni vorwiegend mit dem *Adagio* g-moll für Streicher und Orgel verbindet, tut dem venezianischen Komponisten unrecht: es ist alles andere als sein bestes Werk, ja es ist nicht einmal sicher zu rekonstruieren, wie er es wirklich gemeint hat. Bei den wenigen tatsächlich aus Albinonis Hand stammenden Takten handelt es sich um einen Teil der Violinstimme aus einer Triosonate, der Rest stammt von seinem italienischen Biographen Remo Giazotto (Biogr. Milano, 1945). In Wirklichkeit hat der am 8. Juni 1671 in Venedig als Sohn eines Papierhändlers geborene Albinoni ein umfangreiches Œuvre von Instrumentalmusik hinterlassen, das selbst J. S. Bach hochschätzte. Die Partituren seiner 50–60 Opern sind dagegen bis auf 5 alle verschollen.

Bis auf kurze Zeiten in München lebte Albinoni fast immer in seiner Heimatstadt Venedig, wo er auch starb. Seit 1705 war er mit der Sängerin Margherita Rimondi verheiratet; zunächst war er wohl finanziell unabhängig, später trat er als professioneller Geiger auf (auch bei einigen Uraufführungen seiner Werke spielte er selbst).

Neben seinen Opern schrieb Albinoni *Triosonaten (op. 1)*, in deren Folge er dann seine für das Ende des 17. Jhs. typischen Concerti und Symphonien für kleine Besetzungen entwickelte. In den um 1700 entstandenen *Concerti op. 2* (6 concerti und 6 sinfonie; die *sinfonie* folgen dem Sonata da chiesa-Typus mit langsamer Einleitung und fugierten Schlußsätzen) sind die kontrastierenden Satzteile zwischen den schnellen Ecksätzen noch keine voll ausgeprägten, selbständigen Mittelsätze. Wohl auch unter Einfluß seines reichen Opernschaffens ändert sich dies mit den *Concerti a 5 op. 5* (1707): Das Soloinstrument (Violine) erhält erheblich mehr Gewicht, hat nicht mehr nur dekorative, sondern formbildende Funktion, nicht nur in den Mittelsätzen. Unter den 12 *Concerti op. 7* (1715) – mit die bekanntesten Werke Albinonis – sind 4 mit Oboe Solo, 4 mit 2 Solooboen und 4 mit Streichern (plus Soloviolline) besetzt; die Oboenpartien sind auffällig unvirtuos, weshalb man vermutet, daß sie der Oboe-blasende venezianische Adlige Giovanni Donato Correggio, dem sie gewidmet sind, selbst spielte. Es handelt sich um Streicherkonzerte mit obligater/n Oboe/n, die gleichwohl für die Entwicklung des Bläserkonzerts in Italien bahnbrechend waren. Auch in den 12 *Concerti op. 9* (1722) findet sich diese Aufteilung in Oboen- und reine Streicherkonzerte; letztere sind regelrechte Violinkonzerte, und auch die Bläserpartien sind nun deutlich anspruchsvoller. Der Albinoni-Biograph Michael Talbot (1980) bezeichnet die Violinkonzerte 7 und 10 aus op. 9 als die kompositorisch ausgereiftesten, im Aufbau kunstvollsten Werke des Komponisten. So ist z. B. in Nr. 10 der Part der Solovioline direkt in die Schlußfuge eingearbeitet; eine neue Qualitätsstufe erreichen in op. 9 auch die langsamen Sätze, am eindrucksvollsten im Concerto Nr. 7. Die erst 1966 aufgefundenen reinen Streicher-*Concerti op. 10* (1734/35) dagegen – Nr. 8 und 12 veritable Violinkonzerte – bestechen zwar durch ihre Melodik, sind aber harmonisch weniger differenziert als einige der früheren Werke. *Barbara Knab*

George Antheil

1900–1959

Unter den vielen Amerikanern im Paris der 20er Jahre sorgte einer unter der dortigen Literatur-Bohème für besonderes Aufsehen und wurde zum musikalischen Sprachrohr ihrer modernistischen Ideen: George Antheil. Der Kreis um James Joyce, Djuna Barnes und Y. B. Yeats zeigte sich von Antheils Vorstellungen einer »mechanistischen Musik« begeistert. Kein Geringerer als der ebenfalls in Paris lebende amerikanische Dichter Ezra Pound verfaßte Lobeshymnen auf ihn – und eine Biographie dieses »enfant terrible«.

Antheil hatte es 1920 eher per Zufall nach Europa verschlagen. Wegen Geldmangels versuchte der am 8. Juli 1900 in New York geborene Schüler nach seinem Studium bei Ernest Bloch eine Karriere als Konzertpianist. In Berlin traf Antheil 1922 mit Igor Strawinsky zusammen, der auf ihn großen Einfluß ausüben sollte. Strawinskys anti-romantischer, impulsiver und rhythmisch treibender Stil wurde für die vom futuristischen Maschinenkult inspirierte Schreibweise Antheils zum Vorbild. So entstanden die Klavierstücke *Airplane Sonata*, *Mechanisms* und die *Jazz Sonata*. Das als Musik für einen abstrakten Film von Fernand Léger geschriebene *Ballet mécanique* (1923/24) für 8 Klaviere, ein mechanisches Klavier und ungewöhnliche Schlagzeugbesetzung wurde zu einem Meilenstein und Kultstück dieser Richtung.

Nach dem *Ballet mécanique* wandelte sich Antheils Stil. Fortan suchte er in Werken wie der *Jazz Symphony* (1925), der Oper *Transatlantik* (UA Frankfurt 1930), dem *Capriccio* und *Morceau for Orchestra* einen »fundamentellen amerikanischen Stil« zu entwickeln. 1933 ging Antheil zurück in die USA und engagierte sich in der »Neuen Theater-Bewegung«, die sich für zeitgemäße Reformen im verkrusteten amerikanischen Musiktheaterbetrieb einsetzte.

In seiner *4. Symphonie* (1942) und – noch deutlicher – in seiner *Fünften* »Joyous« (1948) ist von dem revolutionären Impetus des jungen Antheil nichts mehr zu spüren. Die Vorbilder Bruckner, Mahler und Schostakowitsch sind in diesen der Spätromantik verpflichteten Werken spürbar.

Es zeigt sich also, daß die Begegnung Antheils mit der übermächtigen europäischen Tradition ihn letztlich daran hinderte, das Ziel eines typisch amerikanischen Idioms zu erreichen. Ein »Bad Boy of Music« (dt. »Enfant terrible der Musik« 1960) – wie er sich im Titel seiner Autobiographie bezeichnete – war Antheil nur bis zu seinem 25. Lebensjahr. Er starb am 12. Februar 1959 in New York. *Werner Bleisteiner*

Georges Auric

1899–1983

Als er nach dem Besuch des Conservatoire in Montpellier nach Paris kam und Erik Satie und Jean Cocteau kennenlernte, war Georges Auric erst 18 Jahre alt. Satie schätzte ihn sehr und besprach mit ihm aus dem Manuskript einzelne Nummern des Balletts *Parade*. Auric schrieb auch das Vorwort dazu. Nach der UA von *Parade* schloß er sich auf Anregung von Cocteau mit anderen jungen Musikern zur Gruppe der »Six« zusammen. Außer Auric gehörten dazu: sein enger Freund Francis Poulenc sowie Darius Milhaud, Arthur Honegger, Germaine Tailleferre, die einzige Frau der Gruppe, und Louis Durey. Für das Gemeinschaftswerk der »Six«, das Ballett *Les Mariés de la Tour Eiffel*, komponierte Auric die Ouvertüre. Georges Auric übernahm von Satie und Cocteau die Maxime, daß in der Schlichtheit die größte Kunst liege. Er liebte Jazz, wovon sein Klavierfoxtrott *Adieu New York* zeugt, hatte Freude an Ironisierungen und war dem Pariser Kolorit mit den Jahrmärkten, der Seine, den Soldaten, dem Eiffelturm und dem großen Rad sehr verbunden. Cocteau widmete Auric seine Schrift »Le coq et l'arlequin.« Auric wiederum vertonte eine Reihe von Cocteaus Texten und komponierte Musik zu dessen Filmen »Le sang d'un poète«, »L'éternel retour«, »La Belle et la Bête« und »Orphée«. Er arbeitete aber auch mit anderen Filmregisseuren zusammen, zum Beispiel mit René Clair für »A nous la liberté« und mit Max Ophüls für »Lola Montez«. In den 20er Jahren war er dem Kreis um Strawinsky und Diaghilew verbunden. Nach dem Ballett *Mercure* (1924) kündigte er Satie die Gefolgschaft auf. Für Saties Ballett *Relâche* fand er nur Spott. Bis zum Zweiten Weltkrieg betätigte er sich auch als Musikkritiker. 1962 wurde er Präsident der Pariser Oper; diese Position gab er 1968 auf, um sich ganz der Komposition zu widmen. Er bezog die damals aktuelle serielle Technik in seine Kompositionen ein, konnte sich jedoch seinen persönlichen Stil bewahren. Der größte Teil seines Schaffens sind Ballette und Bühnenmusiken. *Grete Wehmeyer*

Grażyna Bacewicz

1909–1969

»In diesem Werk gibt es eigentlich nichts Weibliches, es ist machtvoll, pulsierend im Rhythmus und dem kühnen thematischen Material, also sagen wir – männlich...« So stand es am 31. Dezember 1951 in den »Washington Daily News«, nach einer Bacewicz-Aufführung. Und tatsächlich ist das impulsive musikalische Temperament dieser Komponistin bestens geeignet, Vorurteile über ein angeblich »typisch weibliches« Komponieren zu widerlegen. Grażyna Bacewicz, am 5. Februar 1909 in Lódź (Polen) geboren und am 17. Januar 1969 in Warschau verstorben, begann in jenem typisch französischen neoklassizistischen Stil zu schreiben, den eine ganze Reihe von Schülern Nadia Boulangers nach Polen importierte. Später fand sie einen behutsamen und stilistisch bruchlosen Übergang zu seriellen Techniken. Sie schrieb enorm viel in nahezu allen Gattungen und war dazu lange als Geigensolistin sowie auch schriftstellerisch tätig. So ist es kein Wunder, daß die Streichinstrumente in ihrem Schaffen eine hervorstechende Bedeutung erlangten; allein 7 *Violinkonzerte* nennt ihr Werkverzeichnis, dazu zwei Werke, die den Klang des Streichorchesters originell nutzen: das *Konzert für Streichorchester* (1948) und die *Musik für Streicher, Trompeten und Schlagzeug* (1958/59). Ersteres zeigt ihren eigenständigen Neoklassizismus, letzteres markiert in geschärfter Klangfarbe den Aufbruch zu neueren Techniken. Trotz der Adaption avantgardistischer Verfahren blieb im Werk der Komponistin ein starker vitalistischer Zug, dazu auch der Kontrast zwischen expressiver Melodik und fast explosiver Motorik. Dafür stehen etwa das *Konzert für Orchester* (1962), die *Musica sinfonica in tre movimenti* (1965) und das *Konzert für 2 Klaviere und Orchester* (1966); die klangsinnlichen *Pensieri notturni* (1961) und vor allem das kammermusikalisch transparente *Konzert für Viola und Orchester* (1968) zeigen die Lösung vom eruptiven Vitalismus, verbunden mit apollinischer Serenität des Ausdrucks.

Hartmut Lück

Carl Philipp Emanuel Bach

1714–1788

Die Zeit nach J. S. Bachs Tod ist gekennzeichnet von musikalischer Ideenvielfalt, Widersprüchlichkeit, von Aufbruchscharakter und Zerrissenheit der musikalischen Landschaft, so daß die Bezeichnung *Vorklassik* unsinnig erscheint: dies wird besonders durch das verschiedenartige Œuvre der 4 Bachsöhne demonstriert. Das Stilgemisch geht jedoch weiter bis in die Zeit von Beethoven, Weber und Schubert.

Bei den Bachsöhnen treffen wir zwei Generationen an: Wilhelm Friedemann und Carl Philipp Emanuel, sowie Johann Christoph Friedrich und Johann Christian. Carl Philipp Emanuel, zweitältester Sohn von Johann Sebastian und Maria Barbara, wurde am 8. März 1714 in Weimar geboren. 1717 zog die Familie nach Köthen. Von klein auf unterwies ihn sein Vater: schon als Kind und als Jugendlicher komponierte Carl Philipp Emanuel sehr viel. In seiner Autobiographie schreibt er: »In der Composition und im Clavierspiel habe ich nie einen anderen Lehrmeister gehabt als meinen Vater«. Die erste belegte Komposition stammt aus dem Jahre 1722.

Nach Beendigung der Schule begann er im Oktober 1731 das Studium der Rechtswissenschaft in Leipzig. Im Herbst 1734 wechselte er nach Frankfurt a. d. Oder, um seine Studien fortzusetzen; dort verdiente er sich seinen Lebensunterhalt durch Klavierunterricht und Konzerte.

1738 erhielt er eine Berufung als »Capellbedienter« an den Hof des Kronprinzen Friedrich von Preußen in Neuruppin. Nach 1740 intensivierte sich die Beziehung zwischen Friedrich II. und dem vielseitig gebildeten und interessierten Künstler: Bach erhielt den Rang eines »Königlich Preußischen Cammer-Musicus«.

Die subalterne Stellung am Hofe machte dem aufgeklärten Musiker jedoch zunehmend zu schaffen und so bemühte Bach sich nach dem Tode des Vaters, ebenso wie Görner, Krebs oder Graun, vergeblich um die Stelle des Thomaskantors in Leipzig.

1767 bewarb sich Carl Philipp Emanuel Bach um die Nachfolge von Telemann, seinem Taufpaten, als Musikdirektor an den fünf Hamburgischen Hauptkirchen und wurde gewählt. Im März 1768 trat er die wirtschaftlich und sozial viel günstigere Stellung an. Nun war sein Kompositionsschaffen primär der Kirchenmusik gewidmet; daneben entstanden »Repräsentationsmusiken« sowie Serenaden etc. für die Hamburgischen Großbürger.

Am 14. Dezember 1788 starb Carl Philipp Emanuel Bach an einer Brustkrankheit; in einer Gruft in der Hamburger Michaeliskirche wurde er unter großer Anteilnahme beigesetzt. In seiner Grabrede beschrieb Klopstock ihn als »den tiefsinnigen Harmonisten, der die Neuheit mit der Schönheit vereinte, der groß war in der vom Wort geleiteten, noch größer in der kühnen sprachlosen Musik«.

Sein umfangreiches Schaffen umfaßt Werke für Klavier solo, Klavierkonzerte, Orgelwerke, Werke für ein oder mehrere Melodieinstrumente mit Basso continuo oder allein, Triosonaten, Klavierduos, -trios und -quartette, Symphonien, Konzerte für Melodieinstrument, Bläser- und Tanzmusik, Oratorien, Kantaten, einzelne Chöre, die stark unter dem Einfluß der Norddeutschen Liederschule stehen, ebenso wie die Lieder und Choralweisen. Neben Schriften wie *Von der Fingersetzung der Manieren und der freyen Fantasie* (über die Klaviertechnik französischer Meister), einer Kontrapunkt- und Generalbaßlehrschrift, war Bachs *Versuch über die wahre Art das Clavier zu spielen* (1. Teil 1753, 2. Teil 1762) nicht nur das zentrale Lehrbuch über adäquate Spieltechniken und korrekte Artikulation, sondern ein theoretisches Schlüsselwerk zur Musik des 18. Jhs. überhaupt, in dem die neuen ästhetischen Anschauungen der Zeit nach Johann Sebastian Bach formuliert sind. Darin finden sich Passagen, die den direkten Zugang zu C. P. E. Bachs eigener Musik eröffnen: »Indem ein Musickus nicht anders rühren kan, er sey dann selbst gerührt; so muß er nothwendig sich selbst in alle Affeckten setzen können, welche er bey seinen Zuhörern erregen will; er giebt ihnen seine Empfindungen zu verstehen und bewegt sie solchergestallt am besten zur Mit-Empfindung (...) Kaum, daß er einen (Affekt) stillt, so erregt er einen andern, folglich wechselt er beständig mit Leidenschaften ab.« Literarische Strömungen wie »Empfindsamkeit« und »Sturm und Drang« fanden auch Eingang in die musikalische Ästhetik Bachs: Musik soll die Zuhörer »rühren«. Waren in der älteren Kunsttheorie die Affekte als allgemeine von Bedeutung, so ging es jetzt um die Affekte bestimmter Individuen. Musik muß auch ohne Worte solche Affekte ausdrücken können. Dies geschieht durch das Prinzip des Kontrasts, durch Überraschungsmomente, durch »harte Fügungen« in Harmonik, Rhythmik und Satztechnik. Bach hat dies zuerst und am eindrucksvollsten in seiner Klaviermusik, zumal in den Formen der »Freien Fantasie« realisiert, jedoch sind auch seine Symphonien und Instrumentalkonzerte davon geprägt.

Sechs Symphonien für Streicher H 657–662

Die im Auftrag Baron van Swietens, eines bedeutenden Kunstmäzens des 18. Jhs., entstandenen »Streichersinfonien« komponierte Bach 1773 in Hamburg. Die Symphonien, durchweg dreisätzig, zeichnen sich besonders durch den »originellen Gang der Ideen« und die »Mannigfaltigkeit und Neuheit in den Formen und Ausweichungen« aus, so Bachs Zeitgenosse J. F. Reichardt. In der Orchesterbehandlung erinnern sie an den Concerto grosso-Stil, d. h. solistische Instrumente werden dem Tutti entgegengesetzt.

In der *Symphonie Nr. 2 B-Dur* bilden die beiden Ecksätze durch gemeinsame Unisonomotive den Rahmen. Der ariose Mittelsatz, ein *Adagio*, wird von einer Kantilene der 1. Violinen geprägt, die von einem zarten Pizzicato der Streicherbässe begleitet wird.

Die *Symphonie Nr. 3 C-Dur* eröffnet Bach mit einem temperamentvollen *Allegro assai*. Das *Adagio* ist von ganz besonderem Reiz: unter die ausdrucksstarke Melodielinie der hohen Streicher, ist eine Baßlinie über das so häufig verwendete B–A–C–H-Thema gelegt. Das Finale ist ein heiteres *Allegretto*.

[M] *CD* The English Concert, Pinnock (DGG 1979)

Vier Orchestersymphonien H 663–666

Diese Symphonien entstanden 1775/76. Die Instrumentation ist erweitert: zu den Streichern treten 2 Flöten, 2 Oboen, Fagott und 2 Hörner hinzu. Zu ihrer Entstehungszeit erachtete man sie als »ungemein schwierig«, was für die Aufführenden wie auch für die Zuhörer galt.

Selbst bei diesen späten Werken ist in der Anlage noch die Concerto grosso-Technik erkennbar. Jedoch die Dualität der Themen im 1. Satz und die Suche nach neuen Mitteln des Ausdrucks weisen schon auf die Kompositionsart der Wiener Klassiker hin.

Die *Symphonie Nr. 1 C-Dur* ist ein Musterbeispiel für die Themendualität: einem energiegeladenen ersten der Streicher folgt ein sanft-lyrisches in den Holzbläsern. Eine versonnene Flötenmelodie führt im *Largo* ein Zwiegespräch mit den tiefen Streichern. Die Symphonie schließt in einem knappen und prägnanten *Presto*.

Ein eigentümliches Triller-Motiv eröffnet die *Symphonie Nr. 2 Es-Dur*. Das 1. Thema des *Allegro di molto* ist den Streichern vorbehalten; die Bläser antworten mit einem beseelten 2. Thema.

Das *Larghetto* erinnert in seiner Ausdrucksintensität an die Mittelsätze Mozartscher Symphonien: auf den traditionellen *Generalbaß* verzichtend, erwächst es zu ausdrucksvoller Leidenschaft. Das abschließende *Allegretto* ist vom

Charakter her eher derb und steht in starkem Kontrast zum 2. Satz.

Im 1. Satz der *Symphonie Nr. 3 F-Dur* fallen die zahlreichen solistischen Einwürfe auf. Das bewegende Hauptthema eröffnet mit gebündelter Energie das Werk. Das *Larghetto* ist durch ein Parlando der Bratschen gekennzeichnet; es ist ein ausschweifendes, erzählendes Stück, der ausgedehnteste 2. Satz in Bachs Symphonien. Das Gegenstück dazu stellt der aufs knappste reduzierte letzte Satz dar.

Die *letzte Symphonie G-Dur* wird von einem kompakten *Allegro* eröffnet. Das Klangbild ist von vollen Streicherakkorden geprägt. Das *Andante* ruft einen langsamen Satz des Vaters ins Gedächtnis: da die Verzierungen alle ausgeschrieben sind, ergibt sich allein optisch eine komplizierte rhythmische Struktur. Auffallend für einen 2. Satz ist das markante Wechselspiel zwischen den Instrumentengruppen. Auch der letzte Satz, ein *Presto* im 6/8-Takt, trägt unverkennbar die Züge einer Gigue des großen J. S. Bach, von dem sich keiner seiner Söhne je ganz lösen konnte.

Cembalokonzert d-moll H 427

Das »Concerto per il Cembalo concertato, accompagnato da due Violini, Viola e Basso«, so Bachs Handschrift, wurde 1748 in Potsdam komponiert. Es stellt das Werk einer Übergangsperiode dar: die Behandlung von Soloinstrument und Tutti erfolgt nach Art des Concerto grosso. Der 1. Satz *Allegro*, spröde und kraftvoll in der Anlage, gemahnt an J. S. Bach: die punktierten Rhythmen sowie der majestätische Duktus erinnern an dessen französische Ouvertüren. Der Solopart ist dagegen in der typischen Handschrift des Filius: verspielte, gegenläufige Arpeggien. Die Seufzermotive des *Poco andante* tragen barocken Charakter; dennoch entbehrt dieser Satz nicht eines tiefen Gefühlsausdrucks. Das 1. Thema des *Allegro assai* ist als Reminiszenz an den 1. Satz gedacht; diese Verklammerung von Themen ist zukunftsweisend Auch die spieltechnischen Anforderungen sowie die verfeinerte Behandlung des melodischen Materials können als Brückenglied zur Wiener Klassik, besonders aber zu den Klavierkonzerten Haydns gesehen werden.

Oboenkonzert B-Dur H 466

Dieses Werk ist ein typisches Beispiel für den »empfindsamen Stil«. Es stellt an den Solisten hohe Ansprüche und gibt ihm die Möglichkeit, all sein Können darzustellen. Das einleitende *Allegretto* ist ein verspieltes Dialogisieren von Soloinstrument und Tutti. Der g-moll Mittelsatz *Largo e mesto* ist einer der schönsten Sätze aus C. P. E. Bachs Feder: zum einen vermittelt die Tonart eine ruhige, warme Atmosphäre, zum anderen schuf Bach, durch das Instrument der Hirtenschalmei angeregt, ein pastorales Musikstück, das dem Hörer eine ländliche Idylle vor Ohren führt. Das abschließende, heiter-tänzerische *Allegro moderato* läßt das Orchester wieder mehr in den Vordergrund treten; das heiter tänzerische Stück beschließt das Werk. Eine Besonderheit dieses Konzerts ist, daß Bach mit übergreifenden Stilmitteln versucht, Geschlossenheit zu erzielen: in allen drei Sätzen so verzichtet er bei der Themengestaltung auf größere Intervalle als die Terz.

Christoph Hahn/Nine Herdner

Johann Christian Bach

1735–1782

Als jüngster Sohn Johann Sebastian und Anna Magdalena Bachs – 11. von 13 Kindern – wurde Johann Christian am 5. September 1735 in Leipzig geboren. Da der Vater in dieser Zeit durch seine Tätigkeit stark beansprucht war, übernahm Johann Elias, des Vaters Vetter, die Erziehung des Knaben. Vermutlich erst im Alter von 9 Jahren hatte Johann Christian seinen ersten Klavierunterricht; er studierte die Werke seines Vaters sowie Carl Philipp Emanuels *»Versuch über die wahre Art das Clavier zu spielen«*.

Nach dem Tode seines Vaters lebte Johann Christian bis 1754 bei Carl Philipp Emanuel in Berlin; durch dessen konzentrierten Unterricht und eine gehörige Portion Fleiß wurde er einer der besten Klavierspieler seiner Zeit. Aus Furcht vor einem drohenden Kriegsbeginn reiste Johann Christian Bach 1755 zu Studienzwecken nach Mailand, wo er in Graf Agostino Litta einen großzügigen Gönner fand; dieser gewährte ihm 1757 ein Stipendium bei dem Bologneser Padre Martini (1722–1794). 1757 konnte J.C. Bach nur durch einen Übertritt zum Katholizismus die Organistenstelle am Mailänder Dom erhalten; ein gutes Verdienst und ein geringer Arbeitsaufwand ermöglichten Bach in dieser Phase ein relativ unbeeinträchtigtes Schaffen. In dieser Periode entstanden fast alle kirchenmusikalischen Kompositionen, u. a. ein doppelchöriges *Dies irae.*

Unweigerlich kam Johann Christian in der Mailänder Zeit eng mit dem Musiktheater, vor allem mit der neuneapolitanischen Schule in Berührung. In der nächsten Schaffensphase entstanden zahlreiche Opernkompositionen, u. a.

Artaserse (1761) und *Catone in Utica* (1761); sie fanden im Ausland großen Anklang. So trat Bach 1762 eine Reise nach London an, um Musikmeister der Königin Sophie Charlotte und später Musiklehrer ihrer Kinder zu werden; noch im selben Jahr wurde er zum federführenden Komponisten am King's Theatre.

In London gründete Bach mit seinem Freund Karl Friedrich Abel (1723–1787), einem Schüler von J. S. Bach, die »Bach-Abel-Konzerte«, die für die Entwicklung des öffentlichen Konzertwesens eine wichtige Rolle spielten.

Wahrscheinlich noch vor 1772 trat eine Art Fingerlähmung ein, die seine Spielfähigkeit stark behinderte. Sein Hauptaugenmerk richtete sich nun auf die Komposition von Opern. Als J. C. Bach im April 1764 W. A. Mozart im Palast spielen hörte, widmete er sich sofort dem begabten Knaben. Bach machte Mozart insbesondere mit der italienischen Vokaltechnik vertraut. Die letzten Lebensjahre waren wenig erfolgreich; der sensible Künstler geriet in schwere Depressionen und verfiel mehr und mehr dem Alkohol. Am 1. Januar 1782 starb er in London.

Die Modernität von J. C. Bach zeigte sich soziologisch in seiner kosmopolitischen Existenz (»Mailänder-«, »Londoner Bach«) und seiner Arbeit für ein weitgehend bürgerliches Publikum im Rahmen der Londoner Bach-Abel-Konzerte, d. h. auch in einer bewußt gewählten Abhängigkeit vom Publikumsgeschmack, musikalisch-stilistisch im Zusammentreffen verschiedener Traditionen und Mode-Strömungen gerade auch in seiner Orchestermusik. Die etwa 60 Symphonien, 15 Sinfonie concertanti und 30 Solokonzerte haben in Varianten all das aufgenommen, was als Mannheimer, italienischer, norddeutscher und süddeutsch-österreichischer Stil europaweit rezipiert wurde. Die *6 Symphonien op. 3* verraten, obwohl in London zusammengestellt und dem Herzog von York gewidmet, noch deutlich italienische Wurzeln. In den *6 Symphonien op. 6* dagegen kreuzen sich divergente Einflüsse und Stilmittel: Imitationen und ungewöhnliche Durchführungsansätze, gesuchte harmonische Wendungen, dynamische Kontraste, rauhe Dissonanzen. Zweifellos das auffälligste Stück in diesem Sinn ist die *Nr. 6* der Sammlung, eine *Symphonie g-moll* von außerordentlicher Emotionsgeladenheit, zumal im langsamen Satz, der, ebenso wie der harsche Schlußsatz, im pianissimo verklingt – eine »Sturm-und Drang«-Symphonie wie die fast gleichzeitig entstandene *Symphonie g-moll Nr. 39* von Haydn. Farbliche und instrumentatorische Raffinessen finden sich in den Symphonien von *op. 9* und vor allem von *op. 18*, letztere 1781 veröffentlicht unter dem Titel *Six Grand Overtures, three for a Single, and three for a Double Orchestra*: Hier verbindet sich die Tradition des Concerto grosso mit der modernen Sinfonia concertante; das Wechselspiel unterschiedlich besetzter Klangkörper führt, zusätzlich zum farblichen Reiz, auch zu originellen satztechnischen Lösungen. Insgesamt waren es vor allem die ersten Sätze seiner Symphonien und Konzerte, die Bach den Ruf eines Meisters des »singenden Allegros« eintrugen. Von diesen nicht weniger als von den »empfindsamen« Mittelsätzen erhielt Mozart eine Fülle von Anregungen. Erwähnt seien schließlich neben einigen Bläserkonzerten (Flöte, Oboe, Fagott) die Cembalo- und Klavierkonzerte: Die Kantabilität der Solopassagen verweist auf den Opernkomponisten, der das Publikum verführen möchte. Er strebte »allezeit nach dem Beifall der Damen«, schrieb der Zeitgenosse C. F. D. Schubart über J. C. Bach. *Christop Hahn/Nine Herdner*

Johann Christoph Friedrich Bach

1732–1795

Zeitgenossen und Kollegen schätzen an ihm das »vollendete Studium der Tonkunst«, seine »tiefe Einsicht in die Natur und das Wesen der Harmonie«, vollständige Kenntnis des reinen Satzes«, »Simplizität und Würde im Ausdruck«. Daß er von allen Bach-Söhnen heute der am wenigsten bekannte ist, liegt auch daran, daß sich die Forschung bislang nur wenig mit ihm befaßt hat. Dazu kommt, daß er zeitlebens seinen Wirkungskreis kaum verlassen hat; dennoch rühmte man seine außerordentlichen Fähigkeiten als Klavierspieler. Er soll »unter den Brüdern der stärkste Spieler gewesen seyn, und seines Vaters Clavierkompositionen am fertigsten vorgetragen haben«, so schrieb 1802 der Bach-Biograph Johann Nikolaus Forkel. Geboren wurde der zweitjüngste Sohn J. S. Bachs und seiner 2. Frau Anna Magdalena am 21. Juni 1732 in Leipzig, wo er vom Vater musikalisch ausgebildet wurde. Nach einem abgebrochenen Jura-Studium ging er als »Hochgräflicher Schaumburg-Lippischer Cammer-Musicus« in die Dienste des Grafen Wilhelm zu Bückeburg, wo er bis zum Tod am 26. Januar 1795 blieb. Eine dreimonatige Reise führte ihn 1778 nach London, wo er von seinem Bruder Johann Christian Bach und aus der Atmosphäre des europäisch ausgerichteten Londoner Musiklebens wichtige Anregungen erhielt. Im gräflichen Dienst hatte er für die Musik bei Hofe zu sorgen; so entstanden zahlreiche Vokalwerke, in Zusammenarbeit mit dem befreundeten Johann Gottfried Herder auch 2 Oratorien nach dessen Texten, *Die Kindheit Jesu* und *Die Auferweckung des Lazarus.* Schwerpunkt seines Schaffens war neben Klavier- und Kammermusik jedoch Orchestermusik. Mit der Bückeburger Hofkapelle stand ihm eines der vorzüglichsten deutschen Orchester der üblichen Besetzung zur Verfügung: Streicher, Fagott, 2 Oboen (alternativ 2 Flöten), 2 Hörner. J. C. F. Bachs Orchestermusik übte zwar keinen nachhaltig stilbildenden Einfluß aus, doch sie spiegelt die verschiedenen Stilrichtungen der Zeit in typischer Mischung und Überlagerung wider. Von seinen mutmaßlich 20 Symphonien sind nur 8 erhalten. Bewegen sich die Werke der früheren Zeit (zwischen 1765 und 1772) noch weitgehend im Rahmen der italienischen Muster – Polarität zwischen den schnellen Ecksätzen und dem Mittelsatz, häufig auch innerhalb der Sätze selbst durch Themenkontraste; bemerkenswert ist eine *Symphonie d-moll* dieser Serie mit opernhaften Zügen – so machten sich später u. a. Einflüsse von Haydn bemerkbar: Die einzig erhaltene *Symphonie B-Dur* aus dem vorletzten Lebensjahr zeichnet sich aus durch eine langsame Einleitung, durch entfaltete motivisch-thematische Arbeit, Viersätzigkeit (mit Menuett) und einen differenzierten Einsatz instrumentaler Klangfarben unter Verwendung von Klarinetten.

Christoph Hahn

Johann Sebastian Bach

1685–1750

Johann Sebastian Bach. Anonyme Silberstiftzeichnung (um 1730–1740)

»Nicht Bach, sondern Meer müßte er heißen«, begeisterte sich Beethoven, Richard Wagner empfand ihm als »das wunderbarste Rätsel aller Zeiten« und Claude Debussy forderte sogar, die Komponisten müßten zu ihm beten, »bevor sie sich an die Arbeit setzten, auf daß er sie vor Mittelmäßigkeit bewahre«. Solche Urteile der Nachwelt zeigen, daß man Bach nicht nur als Vollender der Musikgeschichte vor Mozart und Beethoven begriff, sondern als eine Personifizierung der Musik schlechthin: als »Anfang und Ende aller Musik«, wie Max Reger sagte. In eigentümlichem Kontrast dazu verlief das Leben dieses die Zeiten überdauernden Genies indes eher einfach und unauffällig. Es bewegte sich im zeitüblichen Rahmen von Kirche, Hof und städtischem Dienst und entfernte sich, im Unterschied zu seinen ungleich berühmteren Zeitgenossen Händel oder Telemann, nie von seinen Ursprüngen in Thüringen und Sachsen.

Dort, in der kleinen thüringischen Provinzstadt Eisenach wurde J. S. Bach am 21. März 1685 als jüngster von vier Söhnen geboren. Sein Vater war der Stadtmusiker Johann Ambrosius Bach (1645–1695), seine Mutter, Elisabeth, eine geborene Lämmerhirt (1644–1694). Die weitverzweigte Sippe der »Bache« war seit Generationen mit dem musikalischen Leben Mitteldeutschlands eng verwoben und hatte unter ihren zahlreichen Kantoren, Organisten, Rats- und Stadtmusikanten schon namhafte Musiker hervorgebracht. Seine erste musikalische Ausbildung erhielt er, soweit wir wissen, vom Vater Johann Ambrosius Bach, Ratsmusiker in Erfurt, und nach dessen frühen Tod durch seinen ältesten Bruder, Johann Christoph, Organist in Ohrdruf. Bereits 1700 begab er sich aber nach Lüneburg, wo er bis 1702 die Lateinschule besuchte und im Chor der Michaeliskirche mitwirkte. Hier lernte er die nord- und mitteldeutsche Vokalkunst des 17. Jahrhunderts kennen und, über den französisch geprägten Hof des nahen Celle, die Musik von Lully, Couperin und de Grigny. In Hamburg, wo er zuweilen den berühmten Organisten der Katharinenkirche, Jan Adams Reinken, hörte, kam er mit der großen Tradition der niederländischen Orgelmusik in Berührung. Wenig später, 1705, faszinierte ihn die Kantaten- und Orgelkunst Dietrich Buxtehudes in Lübeck derart, daß er für einen längeren Aufenthalt eine mehrmonatige Urlaubsüberschreitung an seiner Organistenstelle riskierte.

Seine erste Stelle trat Bach 1703 als Geiger im kleinen Hoforchester des Herzogs Johann Ernst von Sachsen-Weimar an. Noch im selben Jahr wechselte er aber an die Neue Kirche nach Arnstadt (Thüringen) als Organist. Wegen verschiedener Querelen mit dem dortigen Konsistorium bewarb er sich bereits 1707 um die Organistenstelle von St. Blasius in der Freien Reichsstadt Mühlhausen. Aus dieser Zeit sind seine ersten Kantaten überliefert (wie BWV Nr. 4, 71, 106, 131 und 196) und dort heiratete er am 17. Oktober 1707 Maria Barbara Bach (1684–1720), Tochter des Gehrener Organisten Johann Michael Bach, eine Cousine 2. Grades. Aber schon im Jahre 1708 verließ er Mühlhausen, vermutlich wegen Differenzen zwischen lutherischer Orthodoxie und Pietismus, die Auswirkungen auf seine Kirchenmusik hatten. Bach bewarb sich wieder an den Hof von Weimar, diesmal allerdings um das Amt des Hoforganisten und Konzertmeisters. Sein Eintritt in die höfische Sphäre und das fast doppelt so hohe Jahresgehalt wie in Mühlhausen dokumentieren einen beachtlichen sozialen Aufstieg.

In Weimar entstand der größte Teil von Bachs Orgelwerken; in dieser Zeit verbreitete sich auch sein Ruhm als Orgelvirtuose. Gleichzeitig lernte er aber mit der neuen italienischen Instrumentalmusik von Corelli und Vivaldi eine wichtige Stilsphäre von europäischem Rang kennen und verarbeitete sie in seinen Kompositionen. Nach dem Tod des Hofkapellmeisters Drese, 1716, überging man Bach aber als dessen Nachfolger. So bewarb er sich an den Hof von Köthen als »Hochfürstlich-Cöthenischer Capellmeister«. Zuvor mußte er allerdings die Zeit vom 6. November bis 2. Dezember 1717 in Haft verbringen, weil er seine Entlassung in Weimar allzu nachdrücklich gefordert hatte.

In Köthen entwickelte sich ein fast freundschaftliches Verhältnis zu Fürst Leopold von Anhalt-Köthen, der selbst Violine, Gambe und Cembalo spielte. Da das Fürstenhaus dem evangelisch-reformierten Glauben angehörte, trat die Kirchenmusik in den Hintergrund. Bachs schöpferischer Schwerpunkt lag jetzt im Bereich von Kammer-, Orchester- und Cembalomusik. Hier entstanden die Brandenburgischen Konzerte, Orchestersuiten und Violinkonzerte, die Solosuiten für Violine und Violoncello, viele Sonaten für Violine, Querflöte und Cembalo sowie zahlreiche Werke für Cembalo solo, darunter der 1. Teil des *Wohltemperierten Klaviers.* Regelmäßige Arbeit mit dem Orchester und die Mitwirkung namhafter Virtuosen sicherten ein hohes musikalisches Niveau, zahlreiche Hoffeste gaben Gelegenheit zu glänzenden Konzerten. Man darf vermuten, daß Bach hier im harmonischen Einklang mit dem musikliebenden Fürsten die angenehmsten Jahre seines Lebens verbracht hat. Aber im Juli 1720 starb plötzlich seine Frau, Maria Barbara. Als er von einer Reise mit dem Fürsten aus Karlsbad zurückkehrte, war sie schon begraben. Der mit 4 Kindern alleinstehende Witwer vermählte sich bereits im Dezember 1721 mit der zwanzigjährigen Sängerin Anna Magdalena Wilcke, Tochter eines Hoftrompeters aus Zeitz.

Im Dezember 1722 bewarb sich Bach um die vakante Stelle des Kantors an St. Thomas der Freien Reichsstadt Leipzig, eines der repräsentativen Musikämter in deutschen Landen. Die Gründe dafür kennen wir nicht: vielleicht waren es Veränderungen am Hof von Köthen durch die Heirat des Fürsten mit einer als »amusisch« geltenden Prinzessin von Anhalt-Bernburg, vielleicht seine Neigung zur Kirchenmusik oder die Sorge um eine Universitätsausbildung für seine Söhne. Bach erhielt die Stelle, weil die vom Rat der Stadt bevorzugten Kandidaten, Georg Philipp Telemann und Johann Christoph Graupner, abgesagt hatten. Am 5. Mai 1723 unterschrieb er seinen endgültigen Anstellungsvertrag als »Director Musices« mit Dienstwohnung in der Thomasschule. Damit war er nicht nur als eine Art städtischer Musikdirektor für die Komposition und Aufführung von Kirchenmusik in den Hauptkirchen Leipzigs verantwortlich, sondern auch für die musikalischen Feiern der Stadt und der Universität. Daneben hatte er Pflichten als Lehrer an der Thomasschule (mit Latein-, Katechismus- und Musikunterricht) sowie eine Fülle von Gutachter- und Prüfungstätigkeiten im Bereich des städtischen Musiklebens zu erfüllen. 1729 übernahm er noch ein von Telemann gegründetes Collegium musicum, das mit seinen regelmäßigen Konzerten ein frühes Forum des bürgerlichen Musiklebens repräsentierte und so zum Ahnherrn des Leipziger Gewandhauses wurde.

In Leipzig entstanden mehrere Jahrgänge von Kantaten für jeden Sonntag des Kirchenjahres (überliefert sind uns nur 2 komplette, hauptsächlich aus den Jahren 1723–1726), die Huldigungs- und Glückwunschkantaten, die *Johannes-* und *Matthäus-Passion,* die Endfassung der *h-moll-Messe,* die Motetten, Cembalokonzerte, Musik für Orgel und Cembalo solo (darunter die 4 *Clavier-Übungen* mit den *Goldbergvariationen* und letzte Fassungen zahlreicher Choralbearbeitungen für Orgel) sowie das *Musikalische Opfer* und die *Kunst der Fuge.*

1749 verschlechterte sich Bachs Gesundheitszustand, vor allem sein Augenlicht. Im März und April 1750 unterzog er sich deswegen zwei Eingriffen an den Augen, vermutlich Staroperationen. Am 28. Juli 1750 ist Bach nach einem Schlaganfall gestorben.

Bachs Kunst vereint das tradierte musikalische Erbe mit den neuen Mitteln der Instrumentalmusik, die sich seit der Epochenschwelle um 1600 mit Macht emanzipiert. Er faßt zusammen und verdichtet die geschichtlichen Formen zum Exemplarischen. Gleichzeitig erfüllt er sie aber mit solcher Ausdruckstiefe, daß ihnen die normative Kraft eines zeitlosen Konzentrats zuwächst. Untrennbar mit dieser Ausdruckstiefe ist ein staunenswertes konstruktives Kalkül seines musikalischen Satzes verbunden. So wurde Bach als »die kühnste Verbindung von Ratio und Mystik« in der Musikgeschichte bezeichnet und von den größten Genies nach ihm als »Urvater musikalischer Harmonie« empfunden. Mit der Bindung seiner Kunst an die repräsentativen Mächte der Zeit, an Kirche und Aristokratie, an konkrete Anlässe und bestimmte Funktionen in Liturgie und Zeremonie und basierend auf einer fest regulierten Musiksprache, dem Idiom der Generalbaßzeit, scheint sie ganz zeitgebunden. Mit der exemplarischen Kraft ihrer Substanz wirkt sie aber auf die Nachwelt und entfaltet erst hier ihr tiefstes Potential. So ist die Bedeutung von Bachs Musik seit der Wiederentdeckung durch den Historismus des 19. Jhs. in ständigem Wachsen begriffen. Dabei sind viele seiner Werke ihren ursprünglichen Bindungen längst entwachsen und haben als »autonome Kunst« ihren festen Platz im weltlichen Konzertleben der Moderne gefunden.

Kantaten und Oratorien

Die *Cantata* entwickelt sich zuerst in Italien als weltliches Sologesangsstück im Unterschied zur instrumentalen *Sonata.* Im Laufe des 18. Jhs. wird sie zur Hauptgattung der evangelischen Kirchenmusik. Dort hat sie ihren Platz im Gottesdienst der Bach-Zeit nach der Evangeliumslesung. Ihre liturgische Funktion ist die musikalische Verkündigung des jeweiligen Evangeliumsgedankens. Dazu vereint sie teils frei gedichtete, teils dem Evangelium entnommene Texte sowie die Strophen des Kirchenliedes. Die Musik dazu kombiniert vielfältige Formen der Zeit: mehrstimmige Chorsätze und schlichte vierstimmige Choräle, Arien, Duette und Rezitative wie in der Oper, größere und kleinere Instrumentalsätze wie Concerto, französische Ouvertüre, Sinfonia oder Ritornell. Virtuos behandelte, *obligate* Soloinstrumente verleihen den Arien konzertanten Glanz.

Von Bach sind uns etwa 220 solcher Kantaten überliefert, davon 20 weltliche, die meisten als Fest- und Huldigungsmusiken für das sächsische Fürstenhaus. Einige davon haben sich inzwischen den Konzertsaal erobert. So etwa *Geschwinde, geschwinde, ihr wirbelnden Winde. Der Streit zwischen Phoebus und Pan* (BWV 201, Leipzig 1729) oder *Tönet, ihr Pauken! Erschallet, Trompeten* (BWV 214, Leipzig 1733). Dazu kommen auch einige reizvolle Solokantaten, wie die Hochzeitskantate *Weichet nur, betrübte Schatten* für Sopran (BWV 202, Köthen 1718/23) oder die Kreuzstabkantate *Ich will den Kreuzstab gerne tragen* für Baß (BWV 56, Leipzig um 1726) sowie die vergnügliche *Bauern-* oder die *Kaffee*-Kantate (BWV 212, Leipzig 1742 und BWV 211, Leipzig 1734), ein unvermuteter Beleg für deftiges, sächsisches Lokalkolorit.

Daneben haben inzwischen einige der geistlichen Kantaten zu zentralen christlichen Festen wie Ostern, Himmelfahrt und Weihnachten ihr Forum und ihr Publikum im Konzertsaal gefunden.

Osteroratorium (BWV 249)

Das sog. *Osteroratorium,* die Kantate *Kommt, eilet und laufet,* umfaßt 11 Sätze für Chor, Sopran, Alt, Tenor und Baß. Eine 1. Fassung entstand 1725 in Leipzig (nach einer Kantate zum Geburtstag des Herzogs Christian von Sachsen-Weißenfels), die 2. 1732/35. Eine ausgedehnte instrumentale *Sinfonia* eröffnet das Werk, der große Schlußchor *Preis und Dank,* beschließt es, beide Male unter Mitwirkung von Trompeten und Pauken.

M *CD* Donath, Reynolds, Haefliger, Talvela, RSO-Berlin, Maazel (Philips)

Himmelfahrtsoratorium (BWV 11/249 b)

Das sog. *Himmelfahrtsoratorium,* die Kantate *Lobet Gott in seinen Reichen,* umfaßt gleichfalls 11 Sätze und entstand in Leipzig um 1735. Auch sie betont den festlichen Charakter durch zusätzliche Trompeten und Pauken, besonders im strahlenden D-Dur des großen Eröffnungschores und im Schlußchor *Wann soll es doch geschehen.*

M *CD* Auger, Schreckenbach, Kraus, Heldwein, Gächinger Kantorei und Bach-Collegium Stuttgart, Rilling (HV)

Weihnachtsoratorium (BWV 248)

Im Unterschied zu diesen Kantaten besteht das sog. *Weihnachtsoratorium* aus 6 einzelnen Kantaten. Sie erklangen in den Hauptgottesdiensten Leipzigs von Weihnachten 1734 bis Epiphanias 1735. Bach vertont der Reihe nach die 6 Stationen des biblischen Berichts: in der 1. Kantate die Geburt Jesu (1. Weihnachtstag), in der 2. die Verkündigung des Engels an die Hirten (2. Weihnachtstag), in der 3. die Anbetung der Hirten an der Krippe (3. Weihnachtstag), in der 4. die Beschneidung Jesu (Neujahrstag) und schließlich in der 5. und 6. Kantate den Bericht der Weisen aus dem Morgenlande mit beiden Teilen des Epiphanias-Evangeliums (1. Sonntag nach Neujahr und Hl.-Drei-Königstag). Insgesamt umfassen die 6 Kantaten 64 Sätze, von denen allerdings viele auf früher komponierte Kantaten zurückgehen (vor allem auf die weltlichen Glückwunschkantaten BWV 213, 214 und 215). Einheit stiftet die Verwendung der Choralmelodie *Herzlich tut mich verlangen* für den ersten und letzten Choralsatz. Besonders eindrucksvoll sind die festlichen Eröffnungschöre, teils unter Mitwirkung von Trompeten und Pauken (*Jauchzet, frohlocket* in Nr. 1, *Herrscher des Himmels* Nr. 3, *Fallt mit Danken* Nr. 4, *Herr, wenn die stolzen Feinde schnauben* Nr. 6), die zarte Pastoralstimmung in der Eröffnungs-*Sinfonia* der 2. Kantate und ergreifende Arien, wie *Schlafe, mein Liebster* für Alt (Nr. 2).

[M] *CD* Janowitz, Ludwig, Wunderlich, Crass, Münchener Bach-Chor u. -O., Richter (DGG 1964); Schlick, Chance, Crook, Kooy, O. Collegium Vocale Gent, Herreweghe (Virgin 1988) – *VD* Banse, Kallisch, Schäfer, Swensen, Quasthoff, Münchner Bachsolisten, Beringer (Teldec 1991)

Passionen, Messen und Magnificat

Bach hat vermutlich 5 Passionen komponiert, überliefert sind uns allerdings nur 2: die *Johannes-Passion* (BWV 245) und die *Matthäus-Passion* (BWV 244). Sie gehören zum Typ der oratorischen Passion, wie er sich in einer langen Geschichte der musikalischen Darstellung des Kreuzestodes Jesu von Nazareth ausgebildet hat. Hier wird das Bibelwort, also die Leidensdarstellung der Evangelisten, durch das Kirchenlied (=Choral), große Chorsätze, Soloarien für Sopran, Alt, Tenor und Baß sowie die Rezitative musikalisch ausgestaltet. Bachs Kompositionen verteilen den objektiven Handlungsablauf des Evangeliumstextes auf Rezitative (oft von kühner Harmonik und Expressivität) und Chor (mit teilweise höchst dramatischer Zuspitzung des Affektgehaltes), die subjektiv-ausdeutende Kommentierung des Geschehens auf die Arien (meist, wie in den Kantaten, begleitet durch delikate Obligatinstrumente) und das Resümee auf die schlichten Choräle als Sinnbild des Gemeindekollektivs.

Johannes-Passion (BWV 245)

Diese Passion wurde vermutlich erstmals am 7. April 1724 in Leipzig aufgeführt. Textgrundlage ist der Evangelienbericht nach Johannes, ergänzt durch 2 Einschübe aus Matthäus, 11 Choräle sowie Passagen freier Dichtung (mit Anleihen aus zeitgenössischen Passionsdichtungen von B. H. Brockes und C. H. Postel). Die Forschung hat 4 verschiedene Fassungen ausfindig gemacht, die 4 Aufführungen in Leipzig entsprechen: 1724, 1725, 1730 und 1749. Die üblicherweise heute aufgeführte Spätfassung zeichnet sich gegenüber der Matthäus-Passion vor allem durch den leidenschaftlichen Tonfall und gerafftere Dramatik aus. Ein großer Chorsatz, *Herr, Herr, Herr, unser Herrscher* eröffnet das Werk in dunkler aber intensiver g-moll-Stimmung. 8 Arien (je 2 für Sopran, Alt und Tenor sowie 2 für Baß mit Chor) beschwören expressive Verinnerlichung. Der dramatische Gestus tritt besonders in den Chören *Wäre dieser nicht ein Übeltäter* (Nr. 23), *Nicht diesen, diesen nicht* (Nr. 29) oder *Kreuzige, kreuzige* (Nr. 36), zutage. Der Schlußchor *Ruht wohl, ihr heiligen Gebeine* (Nr. 68) mit dem Choral *Ach Herr, laß dein' lieb' Engelein* beschließt das Werk in versöhnlichem Es-Dur.

[M] *CD* Lear, Töpper, Haefliger, Prey, Engen, Münchener Bach-Chor u. O., Richter (DGG 1964); Rolfe-Johnson, Varcoe, Hauptmann, Argenta, Chance, Archer, Monteverdi Choir, English Baroque Soloists, Gardiner (DGG 1986)

Matthäus-Passion (BWV 244)

Die erste Aufführung dieser Passion erfolgte am Karfreitag des Jahres 1727 oder 1729 in St. Thomas, Leipzig. Der Text stammt von Christian Friedrich Henrici (1700–1764), der unter dem Pseudonym *Picander* auch Hauptdichter von Bachs Kantatentexten ist. Große Teile des Werks sind Umarbeitungen aus der Trauermusik für Fürst Leopold von Anhalt-Köthen des Jahres 1729 (BWV 244a), ein Beispiel für das bei Bach so häufige Parodieverfahren.

Der monumentale Charakter des Werks zeigt sich in der Besetzung mit Doppelchor, 2 Orchestern und 2 Orgeln. 2 große Chorsätze stehen an Anfang und Schluß des 1. Teils, *Kommt, kommt, ihr Töchter, helft mit klagen* (e-moll) und *O Mensch, bewein' dein' Sünde groß* (E-Dur). 13 Choräle und 13 Arien, die in einzelnen Exemplaren wie *Buß' und Reu' knirscht das Sündenherz entzwei* (Nr. 10) die Ausdruckswelt der Oper erreichen und in anderen mit Obligatinstrumenten virtuos konzertieren, wie *Erbarme dich* (Nr. 47) oder *Gebt mir meinen Jesum wieder* (Nr. 51, mit Solovioline) und *Komm, süßes Kreuz* (Nr. 66, mit Viola da gamba). Der dramatische Realismus barocker Affektmalerei zeigt sich in Chören wie *Sind Blitze, sind Donner in Wolken verschwunden* (Nr. 33, Schlußteil) oder *Und siehe da, der Vorhang im Tempel zerriß* (Nr. 73). Der große Schlußchor *Wir setzen uns mit Tränen nieder* (c-moll) beschwört wieder die monumentale Dimension des Werks.

Die erste Wiederaufführung der Matthäus-Passion nach fast hundertjähriger Vergessenheit erfolgte durch Felix Mendelssohn am 11. März 1829 in der Berliner Singakademie. Sie eröffnete diesem Gipfelwerk abendländischer Musik den weltlichen Konzertsaal und markierte gleichzeitig den Beginn der Bach-Renaissance, jener Speerspitze des musikalischen Historismus, dem wir die Wiederentdeckung der

Matthäuspassion: Viola da Gamba-Stimme in Bachs Handschrift

vergessenen »Alten Musik« und um Authentizität bemühte Wiedergaben verdanken.

[M] *CD* Mathis, Baker, Schreier, Fischer-Dieskau, Salminen, Münchener Bach-Chor u. -Orchester, Richter (DGG 1979); Schlick, Jacobs, Blochwitz, Crook, Cold, Kooy, Collegium Vocale Gent, O. der Chapelle Royale Paris, Herreweghe (Harmonia Mundi France 1984) – *VD* Covey-Crump, Kirky, Georg, Chance, Hill. Jesus College Choir Cambridge, Brandenburg Consort, Cleobury (Vanguard 1994)

Die h-moll-Messe (BWV 232)

Von Bach sind uns 4 Messen in der lutherischen Kurzform der *Missa brevis*, bestehend aus Kyrie und Gloria, überliefert (BWV 233–236). Die h-moll-Messe hingegen enthält alle 5 festen Teile des römischen Messordinariums. Während erstere praktischen, liturgischen Zwecken dienten, entzieht sich die Bestimmung der h-moll-Messe unserer Kenntnis. Sie ist auch, soweit wir wissen, zu Bachs Zeit nie als Ganzes aufgeführt worden. Das Werk ist über einen Zeitraum von 25 Jahren entstanden, von 1724 bis 1749/50. Allerdings sind mindestens 14 Sätze Parodien, d.h. aus anderen Kompositionen Bachs umgearbeitete Stücke. Der älteste Satz ist das Sanctus, komponiert 1724. Kyrie und Gloria widmete Bach unter dem Datum vom 27. Juli 1733 seinem Landesherrn in Dresden, dem Kurfürsten Friedrich August II., mit dem Gesuch um Verleihung des Titels eines Hofkomponisten.

Osanna, Benedictus, Agnus Dei und Credo entstanden um 1748. Im gleichen Jahr vereinigte Bach alle Sätze in einem Band, ohne ihm allerdings einen definitiven Gesamttitel zu geben (die Bezeichnung »Hohe Messe in h-moll« ist eine Schöpfung der Bach-Romantik des 19. Jhs.). Neueste Untersuchungen des Autographs haben ergeben, daß Bach noch in den letzten Lebenswochen mit Korrekturarbeiten an diesem Werk beschäftigt war.

Das *Kyrie* ist traditionsgemäß in die Rufe *Kyrie eleison – Christe eleison – Kyrie eleison* gegliedert. Dem entspricht die Besetzung: Chor (h-moll, ab Takt 30 als 5stimmige Chorfuge) – Duett (für 2 Soprane, D-Dur) – Chor im Stil der alten Kirchenmusik des 16. Jhs. (fis-moll). Das *Gloria* ist 8teilig, die Besetzung: Chor *Gloria* (D-Dur) – Arie *Laudamus te* (Sopran, A-Dur) – Chor *Gratias agimus tibe* (D-Dur) – Duett *Domine deus* (für Sopran und Tenor, G-Dur) Chor *Qui tollis peccata mundi* (h-moll) – Arie *Qui sedes* (für Alt, h-moll) – Arie *Quoniam tu solus sanctus* (für Baß, D-Dur) Chor *Cum sancto Spiritu* (D-Dur).

Das *Credo* trägt bei Bach die Bezeichnung *Symbolum Nicenum* (nach der Herkunft vom Konzil von Nicea im Jahre 325) und ist der Höhepunkt in Bachs Messekonzeption. Es ist in 9 Teile gegliedert: Eingangschor, a capella, als siebenstimmige Fuge über *Credo in unum Deum* (A-Dur) – Chor *Patrem omni potentem* (D-Dur) – Duett *Et in unum Dominum* (für Sopran und Alt, G-Dur) – Chor *Et incarnatus est* (h-moll) – Chor *Crucifixus* (e-moll) – Chor *Et resurrexit* (D-Dur) – Arie *Et in Spiritum Sanctum* (für Baß, A-Dur) – Chor, 1. Teil *Confiteor*, a capella (fis-moll), Schlußteil *Et expecto resurrectionem*, im Tutti (D-Dur).

Das *Sanctus* gliedert sich in einen 6stimmigen Chor *Sanctus* (D-Dur) mit Chorfuge *Pleni sunt coeli* (D-Dur), den Chor *Osanna* (D-dur) und die Tenorarie *Benedictus* (h-moll), wonach das vorhergehende *Hosanna* (Chor) wiederholt wird. Das *Agnus Dei* besteht aus der Altarie *Agnus Dei* (g-moll) und dem Chor *Dona nobis pacem* (D-Dur), der, wie in den Messen der Zeit üblich, die Musik des *Gratias agimus tibi* aus dem *Gloria* wiederholt.

Vielleicht war das Werk für die Krönung Friedrich Augusts II. zum König von Polen, im Winter 1733/34 in Krakau bestimmt (wozu dieser den katholischen Glauben annahm und) weshalb es Bachs Sohn, Carl Philip Emanuel, im Nachlaßverzeichnis als »die große catholische Messe« bezeichnet. Musikalisch ist es aber eine Summe der Vokalkunst Bachs, die sämtliche Möglichkeiten der Zeit beispielhaft vereint: 4- und 5stimmigen Chorsatz, 8stimmige Doppelchörigkeit, Chorfugen im Stil der Vokalpolyphonie des 16. Jhs., den konzertanten Orchestersatz der Barockzeit mit eigenständiger Behandlung der Instrumente und schließlich ergreifende Arien und Duette mit konzertierender Begleitung durch Obligatinstrumente. Daneben geben Anordnung und Struktur der Sätze mit ihren inneren Verbindungen und Symmetrien immer wieder Anlaß, den in theologischen Symbolen denkenden Bach zu bewundern.

Die erste Gesamtaufführung der *Missa* erfolgte erst 1834/35 unter Friedrich Rungenhagen in Berlin, wie bei der Matthäus-Passion: im Konzertsaal. Dort hat sie sich, ebenso wie diese, längst eine feste Stellung als autonomes Kunstwerk jenseits liturgischer Bindungen erobert.

[M] *CD* Stader, Töpper, Haefliger, Fischer-Dieskau, Engen, Münchener Bach-Chor u. -O., Richter (DGG 1961); Evera, Kirkby, Iconomou, Immler, Kilian, Covey-Crump, Thomas, Taverner Consort and -Players, Parrott (EMI 1984); Smith, Chance, Meel, Kamp, Niederländ. Kammerchor u. O. des 18. Jhs., Brüggen (Philips 1989)

Magnificat D-Dur (BWV 243)

Das *Magnificat* ist ein nach seinem Textbeginn benannter Lobgesang von Maria im Offizium (d. h. im Stundengebet) der römischen Kirche. Von dort wurde es auch in die lutherische Liturgie übernommen, allerdings in deutscher Sprache. Für die zentralen Kirchenfeste Ostern, Pfingsten und Weihnachten blieb es aber auch hier bei der lateinischen Fassung. Auch Bachs *Magnificat*-Vertonung war ursprünglich für den 1. Weihnachtsfeiertag bestimmt, wie die 1. Fassung in Es-Dur von 1723 (BWV 243a) beweist, und verwendet deshalb den lateinischen Text.

Die spätere D-Dur-Fassung entstand um 1728/31 in Leipzig und umfaßt 12 Sätze. Diese enthalten große, 5stimmige Chöre (Nr. 1, 4, 7, 11 und 12), Soloarien für Sopran (Nr. 2 und 3), Alt (Nr. 9), Tenor (Nr. 8) und Baß (Nr. 5), 1 Duett für Alt und Tenor (Nr. 6) und 1 Terzett für 2 Soprane und Alt (Nr. 10). Sie werden, zusammen mit der reichen Orchesterbesetzung (mit 3 Trompeten, Pauken, 2 Querflöten und 2 Oboen sowie Oboe d'amore neben Streichern und Continuo), in den verschiedensten Kombinationen eingesetzt: zu strahlendem, festlichen Tuttiglanz in Eingangs- und Schlußsatz sowie im *Fecit potentiam* (Nr. 7), in einer fünfstimmigen a-capella-Chorfuge des *Sicut locutus est* (Nr. 11) oder in den wechselnden, stets delikaten Obligatbegleitungen der Arien.

[M] *CD* Stader, Töpper, Haefliger, Fischer-Dieskau, Münchener Bach-Chor u. -O., Richter (DGG); Kirkby, Argenta, Kwella, Rolfe-Johnson, English Baroque Soloists, Gardiner (Philips 1984)

Instrumentalkonzerte

Die Brandenburgischen Konzerte (BWV 1046–1051)

Diese Sammlung von 6 Konzerten verdankt ihre Bezeichnung der Widmung an den Marktgrafen Christian Ludwig von Brandenburg (1677–1734), dem jüngsten Sohn des Großen Kurfürsten. Bach hatte ihn und seine kleine Hofkapelle vermutlich bei einem Besuch in Berlin um 1718 kennengelernt, als er dort einen Cembaloflügel für Köthen bestellte. Das Widmungsexemplar trägt das Datum vom 14. März 1721, entstanden sind die Konzerte aber wahrscheinlich in den Jahren 1718–1721 für Bachs Köthener Hofkapelle. Sie zeigen Bach als weltgewandten Kenner aristokratischen Musikgeschmacks, den versierten Kapellmeister, der das Metier des eleganten, weltlichen Instrumentalkonzerts mit gleicher Souveränität beherrschte wie das der geistlichen Musik. Der Form nach handelt es sich um *Concerti grossi* nach italienischem, namentlich Vivaldischem Vorbild, mit dem Wechsel zwischen *Tutti* und solistischem *Concertino* (Ausnahme: das 1. Konzert mit 6 Sätzen nach Art der *Suite*). Ihr originaler Titel: »Six concerts avec plusieurs instruments« bezeichnet das Konzept treffend: eine abwechslungsreiche Besetzung mit verschiedenen Streichern, Bläsern oder Solocembalo für das *Concertino.*

Das *1. Konzert* steht in F-Dur und hat die Satzfolge Allegro – Adagio – Allegro – Adagio/Allegro – Menuetto – Polacca. Es weist die größte und festlichste Besetzung auf, mit 2 Jagdhörnern, 3 Oboen und (teilweise solistischem) Fagott (neben dem üblichen Streicherensemble von Violinen, Bratschen, Cello und Continuo) sowie einem Violino piccolo (einer Terzgeige) im *Concertino.*

Das *2. Konzert,* ebenfalls in F-Dur, hat die Satzfolge Allegro–Andante–Allegro assai. Es verwendet eine Solovioline, Flöte, Oboe und eine solistisch hervortretende Trompete, die im 3. Satz sogar bis zum f^3 geführt wird.

Das *3. Konzert,* G-Dur, zeigt mehr die Züge des älteren Gruppenkonzerts als des *Concerto grosso.* Zum einen umfaßt es nur 2 Allegro-Sätze (verbunden durch eine kurze Adagio-

Kadenz), zum anderen wird auf Soli (Concertino) verzichtet. Hier konzertieren vielmehr drei gleichberechtigte Streichergruppen verschiedener Lage, nämlich Violinen, Bratschen und Violoncelli nach dem Vorbild des älteren Vokalkonzerts miteinander.

Das *4. Konzert*, gleichfalls in G-Dur, hat die Satzfolge Allegro–Andante–Presto. Seine *Concertino*-Besetzung aus Solovioline und zwei Blockflöten betont ein kammermusikalisch-intimes Klangkolorit.

Das *5. Konzert* steht in D-Dur und hat die Satzfolge Allegro–Affettuoso–Allegro. Es ist wahrscheinlich 1720/21 entstanden und damit das jüngste der Sammlung. Seine Besonderheit besteht darin, das Cembalo aus der anonymen Mitwirkung im Kollektiv des Generalbasses zu lösen und ihm mit einer 65 Takte umfassenden, virtuosen Solokadenz am Schluß des 1. Satzes eine zukunftsweisende Solistenrolle zu übertragen. Man darf vermuten, daß Bach hier selbst konzertierend am Cembalo glänzte und damit den Solisten des späteren Klavierkonzertes vorwegnahm.

Das *6. Konzert*, B-Dur, weist die Satzfolge Allegro–Adagio ma non tanto–Allegro auf. Es beschwört mit einer ausschließlich aus Streichinstrumenten der tiefen Lagen bestehenden Besetzung von Bratschen, Gamben und Violoncello (ohne Violinen) das dunkle, diskret-gedämpfte Klangbild des Orchesters vor Bach. Die Verwendung der (zur Bachzeit bereits veralteten) Gambe könnte vielleicht auf eine Mitwirkung des Fürsten Leopold von Anhalt-Köthen zugeschnitten sein.

[M] *CD* English Concert, Pinnock (DGG 1979–1982); Chamber O. of Europe, Schiff (DGG 1989) – *VD/LD* Concentus Musicus Wien, Harnoncourt (Decca)

Die Ouvertüren (BWV 1066–1069)

Bei den 4 überlieferten *Ouvertüren* Bachs handelt es sich um Orchester-Suiten. Ihre originale Bezeichnung leitet sich von ihren jeweiligen Anfangssätzen her, festlichen Einleitungen in der Form einer *französischen Ouvertüre* mit der Tempofolge: Langsam–Schnell (meist fugiert)–Langsam. Mit ihnen geht die lange Geschichte einer großen Gattung zu Ende, in der sich aus einer losen Folge von gerade- und ungeradetaktigen Tänzen vieler europäischer Spielarten eine zyklische Form mit dem Kernbestand von *Allemande–Courante–Sarabande–Gigue* herausgebildet hatte. Daneben werden aber alle Arten von jeweils »modernen« Tanztypen mit ihren alternativen Abwandlungen eingeschoben (oft mit I und II oder *Double* bezeichnet). Bachs Suiten Nr. 1–3 sind wahrscheinlich schon in Köthen entstanden (1717–1723), Nr. 4 stammt in ihrer überlieferten Endfassung aus der Leipziger Zeit (um 1725). Ihr großer, nobler Gestus, der, ähnlich wie Händels Wasser- und Feuerwerksmusiken, höfische Repräsentation, beschwingte Eleganz und instrumentalen Glanz vereint, sicherte ihnen schon früh einen bevorzugten Platz im Konzertleben der Moderne.

Suite Nr. 1 steht in C-Dur und ist mit 11 Sätzen die längste. Sie hat die Satzfolge: Ouvertüre – Courante – Gavotte I und II – Forlane – Menuet I und II – Bourée I und II – Passepied I und II und orientiert sich stark am Typ des italienischen *Concerto grosso*.

Suite Nr. 2, h-moll, mit der Satzfolge Ouvertüre – Rondeau – Sarabande – Bourée I und II – Polonaise mit Double – Menuet – Badinerie stellt eine solistische Querflöte in den Vordergrund. Sie beherrscht vor allem den Schlußsatz, eine *Badinerie*, der dadurch das Format eines virtuosen Konzerts für Soloflöte und Orchester erreicht.

Suite Nr. 3, D-Dur, mit der Satzfolge Ouvertüre – Air – Gavotte I und II – Bourée – Gigue erhält einen besonders festlichen Charakter durch die Ergänzung der Streicher mit 3 Trompeten und Pauken. Im verinnerlichten Gegensatz dazu steht der 2. Satz, das berühmte *Air*, mit seiner genial-einfachen, aber wunderbar ergreifenden Melodik.

Suite Nr. 4 steht ebenfalls in D-Dur und hat die Satzfolge Ouvertüre – Bourée I und II – Gavotte – Menuet I und II – Rejouissance. Auch hier wirken 3 Trompeten und Pauken mit. Im registerartigen Wechsel zwischen ihnen, Streichern und Holzbläsern, ergibt sich so eine Art von instrumentaler Mehrchörigkeit der 3 unterschiedlichen Klanggruppen.

Eine überlieferte 5. Ouvertüre in g-moll (BWV 1070) mit der Satzfolge Ouvertüre – Torneo – Aria – Menuetto – Trio und Capriccio ist in ihrer Echtheit stark umstritten.

[M] *CD* Neues Bachisches Collegium Musicum Leipzig, Pommer (Capriccio 1982)

Konzerte für Cembalo und Orchester (BMV 1052–1065)

Diese 14 Konzerte sind Bearbeitungen eigener oder fremder Instrumentalkonzerte vom Typ des *Concerto grosso*. Das Cembalo ersetzt hierbei die Soloinstrumente der ursprünglichen Fassung, meist Solovioline(n). Obwohl es sich hier also nicht um Originalkompositionen nach modernem Verständnis handelt, haben sich viele davon als Zeugnis für Bachs Bearbeitungskunst einen festen Platz im Repertoire erobert. Entstanden sind sie wahrscheinlich für Bachs »weltliche« Tätigkeit als Kapellmeister in dem von Telemann 1701 gegründeten Collegium musicum, wo ein publikumswirksames Repertoire gefragt war. Diese regelmäßigen, öffentlichen Konzertveranstaltungen fanden im »Zimmermann'schen Coffeehaus« zu Leipzig statt. Bach übernahm ihre Leitung von 1729–1737 und 1739–1741. Sämtliche Konzerte sind dreisätzig mit der Tempofolge Langsam–Schnell–Langsam.

Sie umfassen: 7 *Konzerte für Cembalo und Orchester* (BWV 1052–1059), entstanden wahrscheinlich zwischen 1733–1744/46 in *d-moll* (Allegro–Adagio–Allegro); E-Dur ([Allegro]–Siciliano–Allegro); *D-Dur* ([Allegro]–Adagio–Allegro, die Vorlage ist das Violinkonzert E-Dur, BWV 1042, entstanden in Köthen, um 1720); *A-Dur* (Allegro–Larghetto–Allegro, ma non tanto); *f-moll* ([Allegro]–Largo–Presto); *F-Dur* ([Allegro]–Andante–Allegro assai; Vorlage: 4. Brandenburgisches Konzert, BWV 1049); *g-moll* ([Allegro]–Andante–Allegro assai; Vorlage: das Violinkonzert *a-moll*, BWV 1041) sowie das nur 9taktige Fragment eines Konzerts in *d-moll* (BWV 1059).

M *CD* Schiff, Chamber O. of Europe (Decca); Pinnock, English Concert (DGG 1979/80)

3 *Konzerte für 2 Cembali und Orchester (BWV 1060–1062)* in *c-moll* (Allegro–Largo ovvero Adagio–Allegro; die Vorlage ist ein verschollenes Konzert für Oboe und Violine); *C-Dur* ([Allegro]–Adagio ovvero Largo–Fuga), entstanden vor 1733/34 und *c-moll* ([Allegro]–Andante–Allegro assai; Vorlage: Konzert für 2 Violinen in *d-moll*, BWV 1043), entstanden um 1736.

M *CD* English Concert, Pinnock, (DGG 1980)

2 *Konzerte für 3 Cembali und Orchester (BWV 1063–1064)* in *d-moll* ([Allegro]–Alla Siciliana–Allegro) und C-Dur (Allegro–Adagio–Allegro)

M *CD* Gilbert, Pinnock, Mortensen, English Concert, Pinnock (DGG 1981)

Ein *Konzert für 4 Cembali und Orchester (BWV 1065)* in *a-moll*, entstanden um 1730 ([Allegro]–Largo–Allegro; die Vorlage hierzu ist das Concerto h-moll für 4 Violinen und Streichorchester von A. Vivaldi, op. 3 Nr. 10)

M *CD* Pinnock, Gilbert, Mortensen, Kraemer, English Concert, Pinnock (DGG 1981)

Die mutmaßlichen Urfassungen für die 5 Konzerte BWV 1052, 1055, 1056, 1060 und 1064 wurden von der Forschung rekonstruiert, in der Neuen Bach Ausgabe ediert und inzwischen auch vielfach eingespielt.

Konzerte für Violine und Orchester (BWV 1041–1043)

Die 3 Violinkonzerte, die uns von Bach überliefert sind, zählen zur Weltliteratur, mit der sich immer wieder die internationale geigerische Elite profiliert. Sie entstanden in Köthen und sind sämtlich dreisätzig. In der Anlage folgen sie dem Typ des italienischen Concerto grosso mit seiner Gegenüberstellung von Orchestertutti und Solo. Obwohl sie Bachs intensive Rezeption der Konzerte Antonio Vivaldis aus der Weimarer Zeit (1708–1717) zeigen, übertreffen sie ihre italienischen Vorbilder bei weitem. Das gilt für den tiefen Ausdrucksgehalt, die motivischen Verzahnungen der Solo-Tutti-Abschnitte, die jene schlichte Gegenüberstellung nach Art Vivaldis weit hinter sich läßt, und schließlich auch für die spieltechnischen Anforderungen an den Solisten.

Das *Konzert für Solovioline, Streicher und Basso continuo in a-moll (BWV 1041)* hat die Satzfolge: (Allegro) – Andante–Allegro assai und entstand um 1720. Der *1. Satz* wird mit einem 24taktigen Tutti eröffnet, in dem das prägnante, energische Hauptthema vorgestellt wird. Es wird dann vom Solisten aufgegriffen und ist in vielfachen Weiterspinnungen stets als melodischer Kern präsent. Der *2.*, langsame *Satz* wird von einer ostinaten Baßfigur beherrscht, die siebenmal als Orchestertutti auftritt. Der *letzte Satz* nähert sich mit seinem 9/8-Takt dem tänzerischen Charakter einer Gigue und klingt mit einem äußerst virtuosen Schluß aus.

M *CD* Oistrach, Wiener Symphoniker, Oistrach (DGG); Mutter, English Chamber O., Accardo (EMI 1982)

Das *Konzert für Solovioline, Streicher und Basso continuo in E-Dur (BWV 1042)* mit der Satzfolge Allegro–Adagio–Allegro assai entstand ebenfalls um 1720. Der *1. Satz* gewinnt seine Dichte und Dynamik aus einer intensiven Verzahnung der thematischen Gedanken im Solo-Tutti-Wechsel. Im langsamen, *2. Satz* entfaltet sich die Solivioline besonders in den weitgespannten melodischen Kantilenen über dem Basso ostinato des Orchesters. Der *3. Satz* wird von einem 16taktigen Tutti-Refrain beherrscht, der in der Art eines Rondos nach den 4 großen Soli wiederkehrt.

M *CD* Perlman, English Chamber O., Barenboim (EMI 1974); Mutter, Berliner Philharmoniker, Karajan (Sony 1984)

Das *Konzert für 2 Violinen, Streicher und Basso continuo in d-moll (BWV 1043)* hat die Satzfolge Vivace–Largo, ma non tanto–Allegro und entstand um 1718. Es ist unter der Bezeichnung »Doppelkonzert« zum bekanntesten Konzert Bachs geworden. Der ständige, vitale Dialog beider Soloviolinen, orientiert am Instrumentalduett der Zeit, steigert die melodischen Möglichkeiten des Soloconcertinos. Im *1. Satz* duettieren die beiden Violinen besonders intensiv nach der Tuttieinleitung mit einem beschwingten Fugenthema, im *2. Satz* zu einer meditativ-abgedunkelten Orchesterbegleitung. Der *3. Satz* zeigt wieder eine intensive motivische Verzahnung von Solo- und Tuttiteilen.

M *CD* Menuhin, Stern, New York PO, Bernstein (Sony); Peinemann, Zanettovich, O. Scarlatti der RAI Neapel, Abbado (Dino Music); Standage, Wilcock, English Concert, Pinnock (DGG 1983)

Musikalisches Opfer (BWV 1079)

Das *Musikalische Opfer* ist eine Frucht von Bachs Besuch bei Friedrich II., dem Großen, am Hof von Potsdam im Mai 1747. Dort stand sein Sohn Carl Philipp Emanuel seit 1738 als Kammercembalist in Diensten des flötespielenden Königs. Bei einer seiner musikalischen Soireen forderte er Bach zur Improvisation über ein von ihm gestelltes Thema auf. Dieses liegt dem nachträglich von Bach ausgearbeiteten und unter dem Datum vom 7. Juli 1747 dem König als »ein musicalisches Opfer« gewidmeten Werk zugrunde.

Das Werk steht in der ernsten Grundtonart c-moll, die Reihenfolge der 13 Stücke ist umstritten. Nach dem letzten Forschungsstand (1990) beginnt es mit einem dreistimmigen *Ricercare* (das wahrscheinlich der ursprünglichen Improvisation Bachs über das königliche Thema am nächsten kommt), gefolgt von einem sechsstimmigen *Ricercare*, beides für Cembalo. Es folgt eine viersätzige *Triosonate* für Querflöte, Violine und Basso continuo mit der Satzfolge: Largo–Allegro–Andante–Allegro. Darauf erklingen 5 *Kanons* mit verschlüsselten Anweisungen zu ihrer Auflösung, eine *Kanonfuge* und 4 weitere Kanons zum Schluß.

Das Werk ist zwar mit seiner Besetzung für Violine (bzw. Streicher), Flöte, Cembalo und Basso continuo unverkennbar auf die Kammermusik am Hof König Friedrichs zugeschnitten (wobei man die Triosonate als eine Reverenz an den königlichen Flötisten sehen darf). Nach Geist und Machart zeigt es aber alle Merkmale des Bach'schen Spätstils, der mehr und mehr auf ältere Formen und Satztechniken der Musik zurückgreift.

Das zeigt sich besonders in den kontrapunktischen Kanonkünsten (mit der Verwendung des *Ricercare* als Frühform der Fuge), der Auslotung eines einzigen Themas in seinem kombinatorischen Potential und dem konzentrierten, verinnerlichten Charakter seines Ausdrucks.

M *CD* Bach-Collegium Leipzig (Capriccio)

Die Kunst der Fuge (BWV 1080)

Die Kunst der Fuge gilt als letztes Werk Bachs. Obwohl er seit etwa 1740 daran arbeitete, blieb die Endredaktion für den geplanten Stich unvollendet. So wurde es zum bedeutendsten Torso der Musikgeschichte und zugleich einem bevorzugten Objekt für Mythos, Spekulation und Forschung. In der ersten Fassung eines Manuskripts aus den frühen 1740er Jahren umfaßt der Zyklus 12 Fugen und 2 Kanons, im posthumen Erstdruck, ediert durch seinen Sohn Carl Philipp Emanuel wahrscheinlich im Frühjahr 1751, 14 Fugensätze (bezeichnet als *Contrapunctus*) und 4 Kanons.

Die Haupttonart des Werks ist d-moll, Grundlage ein lapidares, viertaktiges Thema. Bach führt es mit allen Möglichkeiten kontrapunktischer Satztechnik und thematischer Variation in fortschreitendem Schwierigkeitsgrade durch. Die Druckfassung beginnt mit 4 Fugen im einfachen Kontrapunkt (in je 2 verschiedenen Bewegungsrichtungen des Themas), dann folgen 3 Gegenfugen (in denen Normal- und Umkehrungsform des Themas kombiniert werden). Darauf folgen 4 Fugen im doppelten bzw. dreifachen Kontrapunkt, die bis zu 3 neue Gegenthemen einführen. Daran schließen sich 2 Spiegelfugen und 4 Kanons an. Der letzte, unvollendete Satz ist als monumentale Fuge mit 4 Themen konzipiert, bricht aber bald nach Einführung der musikalischen Namenschiffre B–A–C–H ab. Deshalb wurde das Werk oft traditionell mit Bachs letztem (aber nicht hierher gehörenden) Choral *Wenn wir in höchsten Nöten sein* (BWV 668) abgeschlossen.

Äußerer Anlaß für dieses Werk war vielleicht die fällige Jahresgabe für die »Correspondierende Societät der musicalischen Wissenschaften«, einer vom Leipziger Universitätsprofessor Lorenz Mizler gegründeten, exklusiven Gesellschaft musikalischer Größen, der neben Bach auch Händel und Telemann angehörten. Seiner geschichtlichen Bedeutung nach wirkt es aber wie ein Vermächtnis der kontrapunktischen Künste, eine »Summa« der musikalischen Logik der Bach-Zeit. Gleichzeitig vereint es aber, wie so oft bei Bach, exemplarisch-lehrhafte Absicht mit jener »Gemüthsergötzung«, in der seine musikalische Ratio als tönender Ausdruck einer transzendenten Ordnung erfahrbar wird.

Die musikalische Wirkungsgeschichte des Werks beginnt erst 176 Jahre später und wird von drei Umständen bestimmt. Zunächst galt es als ein abstraktes Lehrwerk für Kenner, das zum Studium und nicht zur Aufführung bestimmt war. Deshalb erfolgte seine Erstaufführung erst am 26. Juni 1927 (durch Karl Straube in der Thomaskirche, Leipzig). Zum zweiten ist die Reihenfolge der Sätze wegen der schwierigen Quellenlage nach wie vor umstritten und findet verschiedene Lösungen in zahllosen Bearbeitungen. Als drittes schließlich sorgte die Art seiner Aufzeichnung für die unterschiedlichsten Instrumentierungen. Bach notierte nämlich die Sätze in Partitur, und zwar nach Art der sog. italienischen Orgeltabulatur. Dies war zu seiner Zeit eine traditionelle Notationsform für mehrstimmige Tastenmusik, wurde aber von der romantischen Bach-Bewegung als Hinweis auf eine orchestrale Besetzung verstanden. Seit seiner Erstaufführung in der Bearbeitung für großes Orchester von Wolfgang Graeser, 1927, hat sich deshalb eine Aufführungstradition mit den vielfältigsten Besetzungen entwickelt. Sie reichen von Orgel, Cembalo und Klavier, über großes Orchester bis zu Fassungen für Kammermusik (mit und ohne Cembalo), Streichquartett und Bläser.

[M] *CD* für Orgel: Walcha (DGG 1956); Alain (Erato 1992); für Cembalo: Gilbert (Frühfassung, DGG 1989); Leonhardt, Asperen (Spätfassung, RCA) für Klavier: Korolijow (Tacet 1990); für Streichquartett: Juilliard Quartett (Sony 1987); für Orchester: O. della Radio-Televisione della Svizzera Italiana, Scherchen (1965); RSO Berlin, Zender (Koch/Schwann 1985) *Klaus Peter Richter*

Wilhelm Friedemann Bach

1710–1784

»Bizarre Wendungen, harmonische Kühnheiten, formale Ungebundenheit und zwiespältiger, ja manirierter Ausdrucksreichtum (...) bestimmen die Haltung seiner Musik« (D. Holland). Die Zeitgenossen zeigten kein Verständnis für die expressive Musik des exzentrischen Musikers. Und wie ist es heute darum bestellt? Ja, auch heute noch wird die Musik seiner Brüder Carl Philipp Emanuel oder Johann Christian vorgezogen.

Am 22. November 1710 erblickte Wilhelm Friedemann in Weimar als ältester Sohn von Johann Sebastian und Maria Barbara das Licht der Welt. In Köthen erhielt er dann von seinem Vater den ersten Musikunterricht. Von Juli 1726 bis April 1727 schickte ihn sein Vater nach Merseburg zum Violinunterricht beim hochangesehenen Graun. Seine Studien beim Vater führte er bis 1729, seinem Eintrittsjahr in die juristische Fakultät der Universität in Leipzig, intensiv fort.

Ab 1730 begann Bach selbst zu unterrichten. Nachdem seine Bewerbung vom Juni 1733 als Organist an der Dresdner Sophienkirche angenommen worden war, blieb er dort bis 1746 tätig. Seine Verpflichtungen lasteten ihn nicht aus – so entstand in dieser Periode eine große Zahl an Werken; die meisten kleineren Instrumentalkompositionen, 2 Konzerte, Symphonien und Klavierkompositionen fallen in diese Zeit. Im April 1746 wechselte er an die Liebfrauenkirche in Halle als *»director musices«*, wo er bis 1764 blieb; zu seinen Verpflichtungen gehörte das Spielen an den 3 Hauptkirchen sowie das Komponieren von Kantaten. 1764 mußte Wilhelm Friedemann wegen permanenter Streitigkeiten mit den Behörden in Halle seinen Rücktritt erklären.

Die nächsten 6 Jahre war er ohne feste Anstellung, jedoch weiterhin als Organist und Improvisator in Halle hochgeschätzt. 1770 entschloß er sich zum Verkauf seines Eigentums in Halle und siedelte nach Braunschweig um: Bewerbungen schlugen jedoch fehl; mit öffentlichen Konzerten und Unterricht sicherte er der Familie ein bescheidenes Auskommen. 1774 zog die Familie nach Berlin um: auf Empfehlung Kirnbergers war Prinzessin Amalie von Preußen bereit, Bach zu unterstützen und zu fördern; als er jedoch versuchte, Kirnbergers Amt als Kapellmeister zu erlangen, fiel er in Ungnade und geriet in immer größer werdende finanzielle Bedrängnis. Als er am 1. Juli 1784 in Berlin starb, hinterließ er Frau und Tochter in tiefem Elend.

Daß bis heute von W. F. Bach eher die Legende vom genialisch-wahnsinnigen, verkannten Künstler verbreitet sind, als daß man seine Musik spielt, hat mit der offenbar nachhaltigen Wirkung des Romans »Friedemann Bach« (1858) von A. E. Brachvogel zu tun. Dabei ließe sich die Zwiespältigkeit dieser Persönlichkeit durchaus an einzelnen Werken zeigen, die Zwiespältigkeit zwischen der Bindung an ein Amt und dem – völlig unzeitgemäßen und deshalb zum Scheitern verurteilten – »Drang nach freiem Künstlertum« (K. Geiringer), zwischen einer kompositorischen Haltung, die der Strenge des väterlichen Vorbilds verpflichtet ist, und dem exzentrischen Drang nach »subjektiv erregten Tönen im Stile einer kommenden Wertherzeit« (H. Engel). Exemplarisch dafür dürften die *Symphonien F-Dur* (Falck 67) und *d-moll* (Falck 65) sowie die *Klavierkonzerte f-moll* und *e-moll* (Falck 43) sein. *Nine Herdner*

Tadeusz Baird

1928–1981

Zusammen mit Witold Lutosławski und Kazimierz Serocki gehörte Tadeusz Baird zu den Begründern des Neue-Musik-Festivals »Warschauer Herbst« nach dem politischen »Tauwetter« des Jahres 1956. Baird, väterlicherseits schottischer und mütterlicherseits russischer Abstammung, am 26. Juli 1928 in Grodzisk Mazowiecki (Polen) geboren und am 2. September 1981 in Warschau verstorben, bildete in der »polnischen Schule« der 50er und 60er Jahre schon bald eine individuelle, lyrisch getönte Sprache aus. Er übernahm zwar die Zwölfton- und die serielle Technik, die er aber frei handhabte und seinem von Melodie und Klangfarbe geprägten Naturell anverwandelte. Seine *Vier Essays* für Orchester (1958), eines der Schlüsselwerke der polnischen Nachkriegs-

Moderne, enthalten bereits alle Charakteristika seines Stils. Streicher und Harfen im 1. Satz, Holzbläser, Streicher und wenige Perkussionsakzente im zweiten, Blech, 2 Klaviere und Schlagzeug im rauh bewegten dritten, gemischtes Ensemble mit Cembalo, aber ohne Blech im 4. Satz erzeugen eine jeweils neu ausgehörte, spezifische und stets transparente Klanglichkeit.

Vokalzyklen mit Kammerorchesterbegleitung wie die *Vier Liebes-Sonette* nach William Shakespeare (1956), die *Erotyki* (*Liebeslieder*, 1961), die *Goethe-Briefe* (1970) oder *Stimmen aus der Ferne* (1981), sein Schwanengesang, führen die Tendenz des Lyrismus in der Gattung des Orchesterliedes variabel fort. Demgegenüber zeigen sich in orchestralen Werken kompaktere Fakturen und auch dramatische Verdichtungen, so etwa in den *Variationen ohne Thema* (1962), der *3. Symphonie* (1969) und dem dunkel getönten *Concerto lugubre* für Viola und Orchester (1975).

Baird war immer Espressivo-Musiker in der Nachfolge Alban Bergs, fand aber eine individuell ausgeformte Sprache besonders im orchestralen, vokalen und kammermusikalischen Bereich. Die später so genannte Tendenz der »Neoromantik« hat er um anderthalb Jahrzehnte vorweggenommen, ein Traditionsverbundener, der die Positionen der Moderne aber nie verleugnete. *Hartmut Lück*

Mili Alexejewitsch Balakirew

1836/37–1910

Sie wollten eine eigenständige russische Musik mit nationalem Ausdrucksgehalt schaffen, die die traditionelle Folklore ihres Landes mit dem Formenkanon zeitgenössischer europäischer Komposition verband: Mili Balakirew, Alexander Borodin, César Cui, Modest Mussorgski und Nikolai Rimski-Korsakow schlossen sich um das Jahr 1860 zu einer Gruppierung zusammen, die unter dem Namen »Das mächtige Häuflein« oder auch als »Novatoren« in die Musikgeschichte einging. Spiritus rector des Kreises war der am 21. Dezember 1836 bzw. 2. Januar 1837 in Nishni Nowgorod geborene Mili Balakirew; aus bescheidenen Verhältnissen stammend, war seine musikalische Ausbildung gänzlich von der Förderung durch bemittelte Mäzene abhängig, eine Erfahrung, die Balakirews Utopie entscheidend geprägt haben dürfte. Nicht zufällig gründete er im Jahr 1862 in St. Petersburg die Freie Musikschule, die erste Lehranstalt des Landes, die – im Unterschied etwa zu dem kurz zuvor eröffneten Petersburger Konservatorium des Anton Rubinstein – kostenfreien Musikunterricht anbot und damit die künstlerische Kreativität aller Schichten wecken und nutzen wollte. Finanziert wurde das gemeinnützige Projekt vor allem durch eine Konzertreihe, zugleich Forum für die Werke der Neuen Russischen Schule. Balakirew wurde mit diesen Aktivitäten zu einer Schlüsselfigur des öffentlichen Petersburger Lebens, sein Erfolg gipfelte im Jahr 1867 in der Ernennung zum Dirigenten der Russischen Musikgesellschaft. Seine innovativen Umtriebe konnten jedoch nicht ohne Gegnerschaft bleiben: Die einflußreiche Großfürstin Jelena Pawlowna, der Mili Balakirews sozial motiviertes Wirken zutiefst suspekt war, nötigte ihn 1869, seine Dirigententätigkeit einzustellen. Balakirew legte wenig später seine sämtlichen Ämter nieder und fristete sein Dasein als Post- und Bahnangestellter in Warschau. Nie wieder gelangte er zu dem Einfluß und der revolutionären Kraft der frühen Jahre; als er 1876 nach Petersburg zurückkehrte, widmete er sich vornehmlich der Überarbeitung und Komplettierung eigener Kompositionen sowie der Edition der Werke von Michail Glinka. In Vergessenheit geriet Mili Balakirew jedoch niemals: Nach seinem Tod am 16./29. Mai 1910 begleitete eine große Menschenmenge den Sarg zum Friedhof am Alexander-Newski-Kloster, wo die früheren Mitstreiter Borodin und Mussorgski bereits ihre letzte Ruhe gefunden hatten.

Und auch bis heute bleibt Balakirew in den Konzertsälen zumindest durch die äußerst virtuose Klavierphantasie *Islamey* lebendig – Raritäten sind dagegen eher seine beiden Symphonien, die beiden Klavierkonzerte, einige symphonische Dichtungen (*Tamara, Russia*), die Kammermusik, die Chöre und Kantaten oder die über 90 Klavierlieder. Vieles davon ist wenigstens auf Tonträgern erhältlich. *Susanne Stähr*

Samuel Barber

1910–1981

Bekannt ist von Samuel Barber vor allem ein einziges Stück: Das *Adagio für Streicher op. 11*; ursprünglich der 2. Satz seines 1936 entstandenen Streichquartetts. Der englische Musikpublizist Wilfrid Mellers erachtet es in seiner Eigenart einer Kombination aus »Tschaikowskys lyrischer Anziehungskraft und einem Hauch von Mahlerscher Weltmüdigkeit« als typisch für die »amerikanische Naivität«. Dennoch, so Mellers weiter: »Seine zarte Gefühlsbetontheit geht zu Herzen, da sie aus dem Herzen kommt.« Damit ist das wesentliche Anliegen, das alle Werke durchziehende »Programm« des am 9. März 1910 in West Chester geborenen Samuel Barber bereits genannt: Emotionalität.

Von der Kritik wurde Barber als »verspäteter Romantiker« abgetan und in seiner konservativen Art mit Brahms verglichen. In der Tat orientierte er sich vorwiegend am 19. Jh., an traditionellen Formen des Sonatensatzes, der Passacaglia und der Fuge. Barber verwies aber beständig darauf, daß er eben gar nicht anders könne, als allein aus dem Gefühl heraus zu schreiben – und daß dies ja schließlich auch einen gewissen Mut erfordere.

Es ist aber nicht der so erklärbare große Publikumszuspruch, der ihm einen Platz in der Musikgeschichte des 20. Jhs. – nicht allein Amerikas – sichert. Barber war vor allem der erste amerikanische Komponist, der mit der Aufführung seiner *1. Symphonie* durch Arthur Rodzinski bei den Salzburger Festspielen 1937 eine Bastion europäischer Musik einnehmen konnte. Nach diesem Erfolg wurde ihm – wiederum als erstem Amerikaner – die Ehre zuteil, daß gleich zwei seiner Werke – das *Adagio* und das (1.) *Essay für Orchester* op. 12 – in einem einzigen Konzert von Arturo Toscanini und dem NBC Symphony Orchestra am 5. November 1938 uraufgeführt wurden. Und es ist wohl vorwiegend der Popularität des *Adagio* zuzuschreiben, daß Barber bereits 1942 als meistgespielter amerikanischer Komponist »Ernster Musik« galt.

Neben dem übrigen symphonischen Werk mit der *2. Symphonie* (1944), den *Konzerten für Violine* (1939), *Cello* (1945) und *Klavier* (1962) sowie zwei weiteren *Essays für Orchester* (1942 und 1978) schrieb Barber auch Kammermusik, Chorwerke, Lieder und Opern. So zum Beispiel *Vanessa* (1957, zusammen mit seinem Lebensgefährten, dem Opernkomponisten Gian Carlo Menotti als Librettisten) und *Anthony and Cleopatra* zur Neueröffnung der New Yorker Metropolitan Opera im Lincoln Center 1966. Samuel Barber starb am 23. Januar 1981 in New York.

Werner Bleisteiner

Jean Barraqué

1928–1973

Der Philosoph Michel Foucault hatte Barraqué 1955 auf die französische Übersetzung von Hermann Brochs Romandichtung »Der Tod des Vergil« aufmerksam gemacht; für den Komponisten bedeutete diese erkenntnistheoretisch fundierte Darstellung der letzten Stunden des römischen Dichters eine »Offenbarung«. Von dem geplanten Zyklus *La Mort de Virgile* – ein in 5 »Büchern« entworfenes Projekt, wobei allein das 2. »Buch« 13 Kompositionen umfassen sollte – konnte Barraqué allerdings bis zu seinem frühen Tod am 17. August 1973 nur noch 3 Stücke fertigstellen. Jedoch sind sämtliche 6 Kompositionen, die sein schmales Œuvre ausmachen, strukturell aufeinander bezogen, angefangen bei der 1950/52 in Auseinandersetzung mit seriellem Gedankengut entstandenen *Sonate* für Klavier. Barraqué, am 17. Januar 1928 in der Pariser Vorstadt Puteaux geboren und zunächst – neben autodidaktischen Studien – privater Kontrapunkt- und Harmonielehreschüler von Jean Langlais, hatte diese Sonate gegen Ende seiner Studienzeit bei Olivier Messiaen am Pariser Conservatoire konzipiert; ihr 40minütiger Verlauf zeigt die Aufhebung eines zu Beginn gesetzten dualistischen Spannungsfeldes, dessen Pole in Tempo und Ereignisdichte scharf kontrastieren. *Séquence* für Stimme, Schlagzeug und verschiedene Instrumente schrieb Barraqué 1955 auf Gedichte Friedrich Nietzsches, 1956 begann er mit der ersten, direkt auf Broch bezogenen Komposition *Le Temps Restitué* für Sopran, Chor und Orchester. Drei Sätze der fünfteiligen, symmetrischen Architektur verarbeiten chorisch Elegien aus dem Vergil-Roman, in den beiden übrigen dominiert das rein instrumentale Geschehen. Dualistisch ist auch dieses Stück angelegt, in dramatischem Konflikt von Stille und eruptivem klanglichem Ausbruch einerseits, weiter durch den Bezug auf 2 Zentraltöne – hier zeigt sich Barraqués kontinuierliche Beschäftigung mit dem Werk Claude Debussys. Die Textgrundlage zu *...au delà du hasard* (1959) für 4 Instrumentalformationen und Stimmen bildet ein von Barraqué ins Surrealistische fortgesponnenes Broch-Zitat. Die Schlußsequenz des *Concerto* für Vibraphon, Klarinette und Ensemble (1962/68) schließlich beinhaltet Reminiszenzen an sämtliche Werke Barraqués.

Christine Mast

Béla Bartók

1881–1945

In einem Vortrag distanzierte sich György Ligeti einmal ironisch vom »heiligen Bartók« – von einem Bartók-Bild, das nicht nur in Ungarn lange Zeit gültig war: des über jeden Zweifel erhabenen Komponisten, der, stets auf der Höhe seiner Zeit, doch nie den Kontakt »zum Volk«, zum Ursprünglichen, verloren habe. Und zur 100. Wiederkehr seines Geburtsjahres, 1981, feierte man Bartók als »Klassiker der Moderne«. Doch Gegenstand lebendiger Diskussion war er da schon kaum mehr, obwohl sich genügend Ansatzpunkte dazu finden ließen, z. B. was das stets aktuelle Verhältnis von »Volksmusik« und authentischem Komponieren, von kultureller Identität und kosmopolitischer Integration betrifft.

Bartók selbst hat viele Varianten dieses Verhältnisses durchlebt und ausprobiert. Aufgewachsen in einer heute Rumänien zugehörigen Ecke des alten Ungarn, wo ungarisch, deutsch, rumänisch und serbisch gesprochen wurde, und von daher mit allen Problemen der kulturellen Abgrenzung und Integration vertraut, wurde er zunächst zum glühenden Patrioten und suchte an der Entwicklung einer nationalen Musikkultur mitzuwirken. Dabei war er auf die Musik der Zigeunerkapellen gestoßen, hatte dann jedoch die Quellen der echten »Bauernmusik« (diesen Terminus gebrauchte er selbst) und damit, seit 1905, sein Lebensthema gefunden: Auf zahlreichen Reisen sammelte er die Lieder und Tänze von Ungarn, Rumänen, Slowaken, Ukrainern, Serben und Bulgaren.

Das war die Tätigkeit des Musikethnologen. Was aber machte der Komponist Bartók mit diesem Material? – Sicher ist: Niemals nahm er es, aus Mangel an Inspiration, als Ersatz für Eigenes. Wie das Erlebnis der Musik Debussys half es ihm aber, sich aus den Fesseln der funktionalen Tonalität zu befreien, ohne ein abstraktes System entwickeln zu müssen. »In primitiven osteuropäischen Bauernmelodien findet man keinen Hinweis auf stereotype Akkordverbindungen des Dur- und Moll-Systems. Das Nichtvorhandensein dieser Schranken ermöglicht, die betreffende Melodie von den verschiedensten Richtungen aus zu beleuchten« (Bartók). Die Befreiung betraf zweitens Rhythmus und Metrik: die Lieder und Tänze der Bauern ließen sich mit den aus der Kunstmusik kommenden Schemata von Periode und Symmetrie nicht erfassen, Bartók prägte selbst den Begriff des »bulgarischen« Rhythmus für unregelmäßige Bildungen. Auf der anderen Seite orientierte er sich immer an den Positionen der musikalischen Avantgarde, an Schönberg und Strawinsky zumal.

Auch in der Phase des *Wunderbaren Mandarin*, einer Phase kompromißloser Expressivität, war das Moment der »Bauernmusik«, wenn auch latent, vorhanden. Später, an der Schwelle zum amerikanischen Exil und in den Werken des Exils selbst (ab 1940), kam es zu einer Art Versöhnung auf einer neuen Ebene: Das konstruktive Element, vom Kontrapunkt bis zum »bulgarischen« Rhythmus, wurde stärker und selbstverständlicher, gleichzeitig entfernte sich das Abrupte und Groteske immer mehr zugunsten einer neuen Natürlichkeit. Niemals verleugnete Bartók seine Bindung an die europäische Musiktradition, an keiner Stelle hat er sich die »Bauernmusik« kolonialistisch einverleibt. Aber sie war ihm zu jeder Zeit Korrektiv und kritische Instanz.

Kossuth

Symphonische Dichtung
UA: Budapest 1904

Den Entschluß zu einem einsätzigen programmatischen Werk nach dem Vorbild von Richard Strauss hatte eine Budapester Aufführung von *Also sprach Zarathustra* ausgelöst. »Wie ein Blitzschlag« habe die Musik von Strauss auf ihn gewirkt, »das von den meisten dortigen Musikern mit Entsetzen angehörte Werk erfüllte mich mit dem größten Enthusiasmus: endlich erblickte ich eine Richtung, die Neues barg«, schrieb Bartók. Mit *Kossuth* wurde der 22jährige über Nacht in ganz Ungarn berühmt und als der kommende nationale Symphoniker begrüßt. Wie in Strauss' *Ein Heldenleben* wird die Titelgestalt – hier freilich ist es der kollektive, nationale Held aus den Befreiungskämpfen von 1848 – in aufeinander folgenden, im Verlauf dramatisch zugespitzten Situationen gezeigt, etwa: »Das Vaterland ist in Gefahr!«, »Einst erlebten wir bessere Zeiten…«, »Auf zum Kampfe!« In der Schilderung des Kampfes, in dem die Ungarn schließlich der österreichischen Übermacht erliegen, läßt Bartók die österreichische Hymne »Gott erhalte« in grotesk verzerrter Gestalt anklingen. Das Werk endet in einem trauermarschartigen Epilog: »Still ist alles, still...«

[M] *CD* Budapester SO, Lehel (Hungaroton 1989)

Suiten op. 3 und op. 4

UA: Wien 1905 und 1909

Auch nach *Kossuth* übte sich Bartók im dem von Richard Strauss her inspirierten virtuosen Umgang mit dem großen symphonischen Apparat. In der *1. Suite op. 3* griff er zudem die seit Liszt und Brahms so beliebte Manier auf, typisch »ungarisches« Material symphonisch einzukleiden: sogenannte »Zigeunermusik« (kurz darauf von ihm selbst im Vergleich zur echten »Bauernmusik« als degeneriert abgetan), hier die Tanzformen des *Cárdás* und *Verbunkos.* Neben Strauss und Wagner mögen auch Tschaikowsky und Reger anklingen, doch weist das 5sätzige Werk nicht nur durch seine zyklische Anlage (Korrespondenzen zwischen 1. und 5. Satz, Symmetrie der Mittelsätze langsam–schnell–langsam), sondern auch durch einen eigenwillig konstruktiven Zug auf den späteren Bartók voraus, deutlicher noch in der *2. Suite op. 4*: im Verhältnis der »begleitenden« Harfen-Akkorde zur Melodie des Solo-Cellos am Beginn des Kopfsatzes etwa, am schroffen Gegenüber von kontrapunktischen Abschnitten und rhythmisch akzentuierten Flächen im 2. Satz, an der kammermusikalischen Faktur im 3. Satz, am Wechsel von Diatonik und Chromatik bzw. Statik und Dynamik im 4. Satz.

[M] *CD* Ungarische Nationalphilharmonie, Ferencsik (IMP 1988)

Zwei Bilder op. 10

UA: Budapest 1913

»In voller Blüte« ist das *1. Bild* überschrieben: Der Anklang an Debussy – Bartók hatte dessen Musik 1907 über Kodály kennengelernt – erschöpft sich nicht in der Instrumentation, sondern geht bis in melodische Details: pentatonische und Ganzton-Folgen, eingebettet in schwebende Klänge. In scharfem Kontrast dazu steht der *2. Satz* – eine Konstellation, der man bei Bartók immer wieder begegnet: Der »Dorftanz«, von rumänischer Volksmusik her inspiriert, wirkt wie der Einbruch des Lärms in der Stille, der Realität ins Traumbild, unaufhaltsam durch seine wüste Motorik, die Wucht des Unisono, die repetitive Gewalt, das insistierende Floskelwesen.

[M] *CD* Concertgebouw O. Amsterdam, Dorati (Philips 1983)

Vier Orchesterstücke op. 12

UA: Budapest 1922

Die *Vier Orchesterstücke*, deren Niederschrift auf 1912 zurückgeht – erst 1921 wurden sie instrumentiert – reflektieren divergente Tendenzen in der Schreibweise Bartóks während jener Jahre. Die naturhafte, in sich versponnene Klanglichkeit des *Preludio* weist zurück auf seine einzige Oper *Herzog Blaubarts Burg* (die ihrerseits von Debussy her beeinflußt war). Das *Scherzo* zählt zu den radikalsten Stücken Bartóks vor dem Ersten Weltkrieg: in seiner Aggressivität läßt es sich Strawinskys *Sacre du Printemps* oder Prokofjews *Skythischer Suite*, beide später entstanden, an die Seite stellen. In Bartóks eigenem Werk nimmt es die Bedrohlichkeiten des Märchenwaldes aus dem *Holzgeschnitzten Prinz* ebenso wie die mörderische Großstadt-Wirklichkeit des *Wunderbaren Mandarin* vorweg, bis hin zum Grotesken, etwa in der Walzer-Verzerrung. Dagegen bleibt das *Intermezzo*, ein *Siciliano*-ähnliches Stück, ganz bei sich selbst, ist »nur« Zwischenspiel. Die *Marcia funebre* beschließt den Zyklus, nicht ohne Anklänge an das *Preludio*, doch kompromißloser im Klang: die Ängste des Mädchens und die Todesmusik am Ende des *Mandarin* klingen hier schon an.

[M] *CD* New York PO, Boulez (Sony 1977)

Der holzgeschnitzte Prinz op. 13

UA: Budapest 1917

Entstanden nach einer Phase tiefster Depression – die Aufführung von *Herzog Blaubarts Burg* war ihm verweigert worden, Bartók empfand das als »öffentliche Hinrichtung« – geriet dieses »Tanzspiel in einem Akt« zum Pendant der Oper: »Das Ballett, als ein spielerisch-bewegtes Allegro, bildet den Gegensatz zum trostlosen Adagio der Oper. Die beiden Werke fügen sich wie zwei Sätze einer mächtigen Symphonie zusammen« (Kodály). Es geht um Mann und Frau, doch während *Blaubarts Burg* fatalistisch und in ausweglosem Pessimismus endet, scheint im *Holzgeschnitzten Prinz* die Utopie einer gelungenen Beziehung zwischen Mann und Frau auf: Der aus spontaner Verliebtheit wachsende Wunsch gegenseitiger Besitznahme verhindert gerade wahres gegenseitiges Erkennen, erst nach erfolgreicher Katharsis können sich die Liebenden in ursprünglich-natürlicher Gestalt begegnen. (Der Prinz hat, um die Aufmerksamkeit der Prinzessin auf sich zu ziehen, einen *holzgeschnitzten* Doppelgänger geschaffen. Das Lockmittel scheint jedoch attraktiver als das Original – bis es in sich zusammenfällt und die Prinzessin wie der Prinz ihre Verblendung bemerken.)

Der Prinz und die Fee. Figurinen von Miklós Bánffy zum Ballett »Der holzgeschnitzte Prinz«

Die Märchenhandlung kam Bartók entgegen: Wie in den *Zwei Bildern* ließ sich der Gegensatz von reiner Natur und egoistischer Deformation unmittelbar umsetzen. So sind die Musik des Prinzen und die der Holzpuppe Varianten desselben Themas, einmal in subjektiv-lyrischer, einmal in tänzerisch-grotesker Gestalt, »Ideal« und »Zerrbild«. Bartók hat die 9 Teile so angelegt, daß der groteske Tanz der Prinzessin mit der Holzpuppe ins Zentrum der symmetrischen Gesamtanlage fällt.

[M] *CD* The Philharmonia, Järvi (Chandos 1991)

Der wunderbare Mandarin op. 19

UA: Köln 1926

In einem Brief von 1909 charakterisiert Bartók seine Musik mit der Bemerkung, daß sie »Rache, Karikatur und Sarkasmus zu musikalischem Ausdruck kommen« lasse. »Deshalb könnte man die heutige Tonkunst im Gegensatz zu dem sich in früheren Epochen offenbarenden Idealismus vielleicht realistisch nennen, aufrichtig und wahrhaftig nimmt sie ohne Unterschied jegliche menschlichen Gefühle in die Reihe des Ausdrückbaren auf.« Die »Pantomime in einem Akt« *Der wunderbare Mandarin* (Textbuch: Melchior Lengyel) markiert einen von Bartók selbst nie mehr überbotenen Höhe- und Schlußpunkt seiner Bemühungen um einen solchen Realismus, sein 3. und letztes Bühnenwerk wurde seine härteste, kompromißloseste Partitur. Das Thema »Mann und Frau« ist diesmal auf dem Boden der modernen, brutalen Großstadt-Wirklichkeit angesiedelt: Drei Zuhälter fangen sich mit Hilfe einer Prostituierten die potentiellen Opfer ihrer Räubereien. Als dritter »Freier«, nach einem schäbigen Kavalier und einem schüchternen Burschen, geht ihnen der *wunderbare Mandarin* ins Netz, eine exotische, furchterregende Gestalt, die sich sogleich in heftigster Leidenschaft über das Mädchen hermacht, von den Zuhältern aber beraubt, dann erstickt, erstochen und schließlich an der Decke aufgehängt wird – doch vergeblich, die ungestillte Gier erweckt den Unheimlichen immer wieder zum Leben. Erst die Selbstüberwindung des Mädchens erlöst ihn: in ihrer liebenden Umarmung vermag er endlich zu sterben.

Die unaufhaltsam dramatische Zuspitzung der Handlung findet in der Musik ihre Entsprechung durch ein immer dichter gewebtes Netz von Klangsymbolen und Motiven – etwa in den drei Lockszenen des Mädchens – und gipfelt in einer barbarischen Hetzjagdmusik. (Mit ihr endet die Suitenfassung des Werks.) Das erneute *wunderbare* Erwachen des dreifach gemordeten Mandarins erhält durch den erst an dieser Stelle einsetzenden Chor eine unheimliche Färbung. Doch gleichzeitig wandelt und vermenschlicht sich damit auch die dämonische Gestalt des Mandarins: aus der Hetzjagdmusik wird am Ende Liebes- und Totenklage.

Sofort nach der skandalauslösenden UA ließ der damalige Kölner Oberbürgermeister Konrad Adenauer die Pantomime vom Spielplan absetzen: die braven Bürger sollten wohl davor bewahrt werden, hinter die Fassade ihrer eigenen Spießermoral schauen zu müssen.

[M] *CD* Suitenfassung: Chicago SO, Solti (Decca 1990); Ballettfassung: New York PO, Boulez (Sony 1971)

Tanzsuite

UA: Budapest 1923

»Eben dieses, den Volksmotiven entnommene hartnäckige Festhalten an einem Ton oder an einer Tongruppe scheint eine besonders wertvolle Stütze zu sein: sie bietet ein festes Gerippe und bewahrt vor einem planlosen Herumirren.« Hinter diesem Satz Bartóks, geschrieben 1920, verbirgt sich sein allmähliches Abrücken von Positionen der Schönberg-Schule – im *Wunderbaren Mandarin* war die Nähe noch ganz deutlich gewesen – und seine Annäherung an Strawinsky. Die *Tanzsuite*, als ein Ergebnis dieser Wandlung, darüberhinaus eines von Bartóks erfolgreichsten Stücken, bedeutete freilich keineswegs eine Rückkehr auf gesicherten Boden: Seit 1905 war die »Bauernmusik« für Bartók Arbeitsmaterial gewesen; der schöpferische Umgang damit blieb ein lebenslang offener Prozeß.

Für die *Tanzsuite* hatte sich Bartók eine besondere Aufgabe gestellt: »Ziel des ganzen Werkes war es nämlich, eine Art ideal erdachter Bauernmusik, ich könnte sagen, erdichtete Bauernmusiken nebeneinanderzustellen, so daß die einzelnen Sätze bestimmte musikalische Typen darstellen: ungarische, walachische, slowakische und auch arabische, zuweilen kam es sogar zur Überschneidung dieser Arten.« Die Motive der 5 Tanzsätze werden im Finale zusammengefaßt, dreimal erklingt ein Ritornell, eine sanft instrumentierte »Verbunkos«-Melodie: meditative Ruhepunkte zwischen den dynamisch scharf ausgeprägten Tanzbildern. Die *Tanzsuite* entstand (ebenso wie Kodálys *Psalmus hungaricus* und ein Werk von Dohnányi) im Auftrag des Budapester Magistrats zur 50-Jahrfeier der Vereinigung der Stadtteile Buda und Pest. Insgeheim machte sich Bartók lustig darüber, »daß das jetzige ultra-christlich-nazionale Stadt-Magistrat jene 3 ungarischen Komponisten wählte, die während der bolschewistischen Regierung das Musik-Direktorium gebildet haben.« Hinter der Idee einer völkerverbindenden Musik in Form dieser *Tanzsuite* steht also durchaus auch eine politische Volte gegen den herrschenden Chauvinismus, der ja bekanntlich in den 20er und 30er Jahren auch in Ungarn immer mehr faschistoide Züge annahm.

[M] *CD* Staatl. Ungar. SO, Fischer (Nimbus 1991)

Cantata profana (»Die Zauberhirsche«)

UA: London 1934

Der metaphorische Inhalt dieses nach *Herzog Blaubarts Burg* größten Vokal-Orchester-Werks von Bartók bereitet dem Verständnis bis heute Schwierigkeiten. Von Bartók selbst weiß man nur, daß die Kantate Teil eines nie weitergeführten größeren Projekts werden sollte, eines humanistischen Aufrufs. Der *Cantata profana* liegt eine rumänische Ballade zugrunde: Da ist die Rede von 9 Brüdern, die auf der Jagd nach einem Hirsch selber in Hirsche verwandelt werden, nachdem sie eine geheimnisvolle Brücke überschritten haben. Der Vater findet die Tiere an einer Quelle und legt mit dem Gewehr auf sie an, da geben sie sich als seine Söhne zu erkennen. Auf seine Bitte, nach Hause zurückzukehren, wo die Mutter unter Tränen warte, entgegnen sie: »Wir gehen nicht mit! Denn unser Geweih kann durch keine Tür gehen, nur in die Berge; unser Leib kann nicht hemdbekleidet schreiten, nur zwischen grünem Laub (...)«

Die Kantate ist geprägt von Polyphonie und Motettenstil Bachs (die Einleitung erinnert an den Eingangschor der *Matthäuspassion*). Da finden sich Kanon und Chorfuge (Jagdszene) ebenso wie clustermäßige, fast schlagzeugartig wirkende Chorpassagen, die Verwandlung in Hirsche geschieht in einem suggestiv koloristischen Klangbild.

[M] *CD* Aler, Tomlinson, Chicago SO and Chorus, Boulez (DGG 1992)

Musik für Saiteninstrumente, Schlagzeug und Celesta

UA: Basel 1937

»Wir konnten damals noch nicht wissen, daß uns ein wahres Meisterwerk geschenkt würde«, erinnerte sich Paul Sacher später: er hatte bei Bartók eine Komposition zum 10jährigen Bestehen seines »Basler Kammerorchesters« in Auftrag gegeben. Es wurde ein Hauptwerk des 20. Jhs., eine Synthese all der kompositorischen Charakterzüge, die Bartók in fast 35 Jahren herausgebildet hatte. Der Titel ist in seiner Abstraktheit mit Bedacht gewählt: Nicht genannt ist das Klavier, es kann – und so verfährt Bartók dann auch – sowohl den Saiteninstrumenten als auch dem Schlagzeug zugerechnet werden, und in gewissem Sinn gilt das auch für die (ebenfalls im Titel nicht genannte) Harfe und die Celesta. Für die Streichinstrumente sieht Bartók eine ganze Palette an Artikulationsmöglichkeiten bis an die Grenzen zum Geräuschhaften vor. Satztechnisch umfassen die vier Sätze einen ganzen Kosmos: So weitet sich die Fuge im *1. Satz* fächerförmig aus – die Themeneinsätze erfolgen im Wechsel jeweils eine Quinte höher bzw. tiefer – bis zu einem Kulminationspunkt, um dann dieselbe Bewegung zurück zu vollziehen. Im *2. Satz* verbinden sich volksmusikhafte Elemente in Scherzo-Gestalt mit einer streng gebauten Sonatenform, wobei auch das Fugenthema verwandelt wiederkehrt. Der *3. Satz*, eine geheimnisvoll vibrierende Nachtmusik, gehört zu Bartóks großartigsten Klangfarbenkompositionen (und folgt einer streng symmetrischen Brückenform). Im rondohaften *4. Satz* verbinden sich tänzerische Charaktere verschiedenster Provenienz mit dem nunmehr diatonisch »geklärten« Fugenthema des *1. Satzes*.

Das Werk wurde im Europa der späten 30er Jahre wie eine Offenbarung aufgenommen.

[M] *CD* Berliner Philharmoniker, Karajan (DGG 1973)

Divertimento

UA: Basel 1940

»Es ist nämlich die imminente Gefahr, daß sich auch Ungarn diesem Räuber- und Mördersystem ergibt (...) Wenn jemand hier bleibt, obwohl er weggehen könnte, gibt er damit stillschweigend zu allem, was hier geschieht, seine Zustimmung – könnte man sagen (...) Ich bin also vorläufig ratlos, obwohl mein Gefühl sagt: Wer kann, soll gehen.«

Solche Überlegungen häufen sich in Bartóks Briefen Ende der 30er Jahre angesichts der sich immer hemmungsloser ausbreitenden nationalsozialistischen Barbarei. Da mutet ein *Divertimento* – in der Tradition des 18. Jhs. war das ja ein Stück Unterhaltungsmusik – recht seltsam an.

Doch das 2. Auftragswerk für Paul Sachers »Basler Kammerorchester«, diesmal für reine Streicherbesetzung, reflektiert sehr genau das Bedrohliche der Situation: der *2. Satz, Molto adagio*, nimmt in seinen Aufschreien, verzweifelten Ausbrüchen und Trauermarsch-Verzerrung das kommende Grauen wie in einer Vision vorweg. Die Concerto grosso-Faktur bewirkt, besonders im *1. Satz*, in oft abrupten Tutti-Soli-Wechseln genauso Unruhe wie die vielfach durchbrochene, mal clusterhaft oder unisono sich zusammenballende, mal in einzelne Floskeln auseinanderbrechende Satzstruktur insgesamt. Selbst der *3. Satz*, in dem die Schatten abzufallen scheinen, findet zu keinem geschlossenen Ausdruck: Die rudimentäre Doppelfuge verebbt in einer rhapsodischen Solopassage, und mit der Pizzicato-Polka kurz vor Schluß kommt ein trivialer Ton ins Spiel – Bartóks alte Vorliebe fürs derb Groteske wendet sich in den späten Werken bisweilen hintergründiger Ironie zu.

[M] *CD* Orpheus Chamber O. (DGG 1985)

Konzert für Orchester

UA: Boston 1944

1940 hatte Bartók auf der Flucht vor dem Nationalsozialismus Ungarn für immer verlassen und war in eine völlig ungesicherte Existenz gegangen. Dazu kam der Ausbruch der Krankheit (Leukämie), die binnen weniger Jahre zum Tod führen sollte: »Das künstlerische Schaffen ist im allgemeinen ein Überströmen der Kraft, der guten Laune, der Lebenslust. Leider gehen mir diese Vorbedingungen momentan ab (...)«. So komponierte er zwischen 1940 und 1942 überhaupt nichts mehr – bis ihn ein Auftrag der Bostoner Kussewitzky-Stiftung aus der Lethargie herausholte. In nicht ganz 3 Monaten war das *Konzert für Orchester* fertiggestellt. Der Titel erklärt sich nach Bartók »aus der Tendenz, die einzelnen Instrumente oder Instrumentengruppen auf konzertante oder solistische Art zu behandeln.« Das fünfsätzige Werk reflektiert in der Zusammensetzung aus ganz heterogenen Elementen, Zitaten und Stilprinzipien genau die Emigrationssituation zwischen Abschied und Neubeginn, Rückblick, ironischer Distanz und Ungewißheit. Die Sonatenform des *1. Satzes* (die langsame Einleitung nimmt den Ton der zentralen *Elegia* vorweg) wird durch Fugato-Abschnitte gewissermaßen verfremdet, der *2. Satz Giuoco delle coppie* (»Spiel der Paare« – der Titel hat mit Ballett zu tun) »ist eine Verkettung von 5 Paaren nacheinander folgender Blasinstrumente: Fagotte, Oboen, Klarinetten, Flöten und gedämpfte Trompeten« (Bartók) mit einem Blechbläser-Choral (samt Jazz-Trommel) als Trio. Im Zentrum des Werks steht als *3. Satz* die *Elegia*, ein Klagegesang, mit zitathaftem Verweis auf den »See der Tränen« aus *Herzog Blaubarts Burg*. Im *4. Satz Intermezzo interrotto* (»Unterbrochenes Zwischenspiel«), wo Bartók zunächst ein rumänisch inspiriertes Thema mit einem ungarischen Operettenlied konfrontiert, ist es die Melodie »Heut' geh' ich ins Maxim« aus Lehars »Lustiger Witwe«, die in Form vulgärer Tanzkapellenmusik unerwartet hereinbricht. Genauso verfuhr Schostakowitsch in seiner *7. Symphonie*, Bartók hatte sie kurz zuvor im Radio gehört und nun nach eigenem Bekunden darauf Bezug genommen: die Idylle wird von »Stiefelmusik – ein grauenvoller Spaß« (György Kroó) unterbrochen. Im virtuosen *Finale* setzt Bartók noch einmal auf die unverbrauchte Kraft osteuropäischer Bauernmusik, nicht ohne an einigen Stellen Jazz-Intonationen, als Symbol der »Neuen Welt«, anzubringen.

[M] *CD* Berliner Philharmoniker, Karajan (DGG 1966) – *VD/LD* Chicago SO, Solti (Decca)

Volksliedbearbeitungen und Tänze in Orchesterfassung

Bartóks lebenslange Sammel- und Forschungstätigkeit im Bereich der »Bauernmusik« – das war die Bezeichnung, die er selbst bevorzugte – hatte zu jeder Zeit Einfluß auf sein Komponieren: Viele der gesammelten Melodien und Tanzweisen gab er in Klavierfassungen heraus, von der einfachen Darstellung der Melodien bis zu freien Improvisationen. »So merkwürdig und paradox es auch klingen mag, ich kann nicht umhin, zu behaupten: je primitiver eine Melodie, desto ungewöhnlichere Klänge kann sie vertragen,« war einer seiner Grundsätze. Einiges hat er dann für Orchester bearbeitet, so etwa die 5 Stücke aus verschiedenen Klavierzyklen, 1931 unter dem Titel *Bilder aus Ungarn* zusammengefaßt: Um die zentrale *Melodie* gruppieren sich *Bärentanz* und *Etwas angeheitert* als Scherzi, die Eckteile bilden *Abend auf dem Lande* und der *Hirtentanz aus Urög*. – Die *Siebenbürgischen Tänze* gehen auf eine Klavier-Sonatine von 1915 zurück; die Instrumentierung imaginiert charakteristische Stimmungen: *Dudelsackpfeifer* und *Bärentanz*. Aus derselben Zeit (Klavierfassung 1915, Orchesterversion 1917) stammen die *Rumänischen Volkstänze*. – Insbesondere die *Ungarischen Bauernlieder* zeigen Bartóks kreativen Umgang mit der »Bauernmusik«: Im 1. Satz *Ballade, Tema con variazioni* wird in den 9 Metamorphosen des Themas eine Geschichte erzählt, der 2. Satz reiht dann epilogartig Tänze aneinander. – In den *Dorfszenen* für Kammerorchester und Frauenchor (1924–1926) entfernt sich Bartók am weitesten von den Originalen; sie entstanden neben dem *Wunderbaren Mandarin*.

Instrumentalkonzerte

Schon als Gymnasiast war Bartók öffentlich aufgetreten, und nach einigen Konzerten, die er 21jährig in Budapest spielte – er brillierte dort u. a. mit Liszts *h-moll-Sonate* – galt er für einige Zeit als aufgehender Stern der ungarischen Klavierkunst, konzertierte in Berlin, Wien und Manchester, später in Spanien und Portugal, 1910 debutierte er in Paris. Von Anfang an hatte er auch eigene Werke im Repertoire. Ermutigt durch den Erfolg der Symphonischen Dichtung *Kossuth* schuf er 1904 mit seiner *Rhapsodie op. 1* und dem *Scherzo op. 2*, anknüpfend an Liszt und, vor allem im *Scherzo*, an Strauss' *Burleske*, seine ersten Werke für Klavier und Orchester. In typisch spätromantisch-ungarischer Manier griff er dabei auch auf die Tanztypen des *Verbunkos* und *Csárdás* zurück.

Klavierkonzert Nr. 1

UA: Frankfurt 1927

Seit dem Klavierzyklus *Im Freien* (1926) werden zwei neue Tendenzen in Bartóks Schreibweise deutlich: kontrapunktische Verfahrensweisen im Sinne eines härteren, »sachlicheren« Klangbildes, und die Verwendung des Klaviers als Schlaginstrument. Im *1. Klavierkonzert* zieht Bartók im Zusammenwirken von Solopart, Schlagzeuggruppe und Orchester eine erste Summe dieser Tendenzen. Bläser und Schlagzeug dominieren, die Streicher haben ihre Rolle als Träger melodischer Linien weitgehend eingebüßt. Charakteristisch der Beginn des *1. Satzes*: Aus den Repetitionen des Tones a wachsen melodische Floskeln der Bläser, gleichzeitig beginnt ein rhythmisches Spiel zwischen Gleichmäßigkeit und Unregelmäßigkeit, werden scharfe Dissonanzen neben linear durchsichtige Zusammenklänge gesetzt – eine Technik der Parataxe, entgegen allem klassisch-romantischen Entwicklungsverfahren. Im Dialog zwischen Klavier und Schlagzeug entfaltet Bartók dann im *Andante* einen seiner typischen Notturno-Sätze: »Es ist ein Dialog zwischen Natur und Psyche: auf die Geräusche und den Rhythmus der Außenwelt antwortet der Mensch mit Melodien« (György Kroó). Abrupte Posaunen-Glissandi eröffnen dann den pulsierenden *Finalsatz*.

[M] *CD* Bishop-Kovacevich, London SO, Davis (Philips 1975)

Klavierkonzert Nr. 2

UA: Frankfurt 1933

Nach Auskunft des Komponisten sollte »das 2. Klavierkonzert gleichsam das Gegenstück zum ersten« werden, »weniger schwer für das Orchester und in der Thematik ansprechender.« In der Tat hat dieses Werk eine weichere, weniger geheimnisvolle, mehr zu virtuosem Musizieren animierende Oberfläche, zumindest gilt das für die beiden Außensätze. Der Klavierpart ist nicht weniger kompliziert, und die Konstruktion folgt einem komplizierten Bauplan. »Ich möchte noch bemerken, daß ich keines meiner beiden Klavierkonzerte für Klavier mit Orchesterbegleitung, sondern für Klavier und Orchester geschrieben habe; in beiden habe ich dem Solisten und dem Orchester eine völlig gleichrangige Rolle zugedacht.« Dann folgen in den Anmerkungen Bartóks noch Ort und Datum der UA, und er fügt lapidar hinzu: »Das war mein letzter Auftritt in Deutschland.« Zentrum des Werks ist, zwischen den neoklassizistisch stilisierenden Ecksätzen, der *2. Satz*, »ein vom Adagio umrahmtes Scherzo, oder wenn man so will, ein Adagio, welches in seiner Mitte ein Scherzo einschließt« (Bartók) – ein Satz phantastischer Farben und kühner Klanglichkeit (darunter ein über 50 Takte langer flirrender 12-Ton-Komplex). Situationsabhängig variabel ist die Orchesterbesetzung: Im *1. Satz* nur Bläser und Schlagzeug, im *Adagio* zuerst Streicher (mit Dämpfer, ohne Vibrato) und Pauken, dann ein Teil der Bläser und Schlagzeug, im *3. Satz* das ganze Orchester.

[M] *CD* Barto, London PO, Eschenbach (EMI 1989)

Klavierkonzert Nr. 3

UA: Philadelphia 1946

Nach dem großen Erfolg des *Konzerts für Orchester* häuften sich mit einem Male die Kompositionsaufträge bei Bartók, und so waren seine letzten zwei Lebensjahre im amerikanischen Exil von fieberhafter Arbeit ausgefüllt, obwohl die Krankheit immer mehr an seinen Kräften zehrte. »Ich habe keine Ahnung, wann und wo ich diese Menge Noten schreiben könnte.« Das *3. Klavierkonzert* komponierte er für seine Frau und frühere Klavierschülerin Ditta Pásztory. Es ist sein letztes Werk und trägt in der Tat Züge eines kompositorischen Vermächtnisses. Die Instrumentation der letzten 17 Takte blieb offen, Bartóks Schüler Tibor Serly ergänzte die Partitur. Im Gegensatz zur perkussiven Gewalt des *ersten* und der konstruktiven Noblesse des *2. Klavierkonzerts* entfalten sich hier pastorale Natürlichkeit und menschliche Wärme, spürbar gleich im Thema des *1. Satzes*, einer vom Klavier im 2-Oktaven-Abstand über flirrender Streicherbegleitung vorgetragenen, folkloristisch inspirierten Melodie mit tonalem Zentrum *e*. (Alle 3 Sätze münden in reines E-Dur.) Die Musik behält im *1. Satz* den leggiero-Charakter bei und mündet am Ende in ein schwereloses Pianissimo.

Den *2. Satz* überschrieb Bartók *Adagio religioso*, eine Satzbezeichnung, die sich sonst niemals bei ihm findet. Es ist bis in Einzelheiten hinein eine Hommage an Beethovens *Dankgesang eines Genesenden an die Gottheit* (Streichquartett op. 132). Den imitatorisch geführten Streichern tritt abschnittsweise der Choralsatz des Klaviers gegenüber. Wie bei Beethoven eröffnet sich danach unerwartet eine völlig andere Klangwelt: Naturlaute (Vogelrufe) aus pentatonischem Material über Geräuschclustern der Streicher – bis der Choral in variierter Form wieder aufgenommen wird. Der *3. Satz* ist ein optimistisches Rondo-Tanz-Finale, dessen Fugato-Episode demonstriert, wie selbstverständlich kontrapunktische Schreibweise und tänzerischer Gestus beim reifen Bartók ineinander integriert sind.

[M] *CD* Anda, RSO Berlin, Fricsay (DGG 1960) – *VD/LD* Schiff, Chicago SO, Solti (Decca)

Konzert für zwei Klaviere, Schlagzeug und Orchester

UA: New York 1943

Seit dem 1. Klavierkonzert experimentierte Bartók mit Klavier- und Schlagzeug-Kombinationen. Nach der *Musik* wurde die *Sonate für zwei Klaviere und Schlagzeug* von 1937 das differenzierteste, farbenreichste Werk dieser Art. Die 7 Schlaginstrumente sollten von nur 2 Schlagzeugern gespielt werden. »Die beiden Schlagzeugstimmen«, schrieb der Komponist, »nehmen eine den beiden Klavierstimmen durchaus ebenbürtige Stellung ein. Die Rolle des Schlagzeugklangs ist verschiedenartig: In vielen Fällen ist er nur eine Farbnuance zum Klavierklang, in anderen verstärkt er wichtige Akzente: gelegentlich bringt das Schlagzeug kontrapunktische Motive gegen die Klavierstimmen; und häufig spielen namentlich die Pauken und das Xylophon sogar Themen als Hauptstimme.« Wie in den Klavierkonzerten wird ein langsamer Satz (auch dies einer von Bartóks Notturno-Sätzen) von zwei schnellen Sätzen eingerahmt. Bartóks amerikanischer Verleger bat 1940 um eine Orchesterfassung der *Sonate*, worauf der Komponist die ursprüngliche Version um einige Farbnuancen bereicherte, den Charakter insgesamt aber unangetastet ließ. Lediglich die Bezeichnung *Konzert* verweist auf die führende Rolle der Klaviere und des Schlagzeugs. Die UA der *Sonate* hatte 1938 mit dem Komponisten und Ditta Pásztory in Basel stattgefunden; beide waren es dann auch, die die Konzertfassung 1943 erstmals spielten. Dies war zugleich Bartóks letzter öffentlicher Auftritt als Pianist.

[M] *CD* Labeque, Birmingham SO, Rattle (EMI 1985)

Violinkonzert Nr. 1/Zwei Porträts

UA: Budapest 1916 (Porträts), Basel 1958 (Violinkonzert)

Das *1. Violinkonzert* ist in doppeltem Sinn ein Werk des Abschieds: Es ist das letzte spätromantisch beeinflußte Werk Bartóks. Biographischer Hintergrund aber war die heftige, unerwidert gebliebene Liebe des jungen Bartók zu der Geigerin Stefi Geyer in den Jahren 1907/08: Wenige Tage, nachdem er das ihr gewidmete Konzert beendet hatte, brach sie den Kontakt ab. Das Manuskript schickte er ihr trotzdem. Stefi Geyer spielte das Konzert jedoch nie, erst nach ihrem Tod (1956) kam es in Basel zur UA. Bartók hatte den 1. Satz des Konzerts mittlerweile zusammen mit einer Orchesterversion seiner 14. Klavier-*Bagatelle* unter dem neuen Titel *Zwei Porträts* als op. 5 in seine Werkliste aufgenommen; die beiden Sätze tragen bezeichnenderweise die Überschriften *Ein Ideal* und *Ein Zerrbild*, beide benutzen als zentrales Material »Stefis Leitmotiv« (so nannte Bartók jenes Dreiklangsmotiv d-fis-a-cis selbst): Im *Ideal* in zart-lyrischer, polyphon gewirkter Faktur mit *Tristan*-Anklängen, im *Zerrbild* als grotesk verhetzter Walzer, ohne Solovioline. – Der Kontrast des ursprünglich zum *Violinkonzert* gehörigen *2. Satzes* zum ersten ist von anderer Art: Tänzerisch, virtuos, mit vielen versteckten Botschaften an die Widmungsträgerin, kündigt sich dort in vielen Zügen, etwa bi- und mehrtonalen Kombinationen, frei gesetzten Dissonanzen, der Umbruch in Bartóks Komponieren an.

[M] *CD* Violinkonzert: Menuhin, New PO London, Dorati (EMI 1965); Zwei Porträts: Mintz, London SO, Abbado (DGG 1983)

Rhapsodien Nr. 1 und 2 für Violine und Orchester

UA: Königsberg (Nr. 1), Budapest (Nr. 2) 1929

Mit den beiden Violin-*Rhapsodien* schuf Bartók eine Variante zur modischen konzertanten Gebrauchsmusik der 20er Jahre; er kam damit dem Publikumsgeschmack ein wenig entgegen. Denn erstmals seit mehr als 20 Jahren nahm er wieder etwas von der populären Kaffeehausmusik mit auf, namentlich in der *1. Rhapsodie*, wiewohl verfremdet durch dissonierende Begleitung. Und er verwendet hier, im Sinne eines »volkstümlichen« Kolorits und einmalig in seinem Werk, ein Zymbal. Die Rhapsodien bestehen aus 2 kontrastierenden Teilen (langsam-schnell); neben dem konzertanten Element findet, in Verzierungen und bisweilen derber Vortragsweise, die Spielweise der Dorfgeiger Eingang, vor allem in der *2. Rhapsodie*. Den Versionen mit Orchester waren Violin-Klavier-Fassungen vorausgegangen.

[M] *CD* Menuhin, BBC SO, Boulez (EMI 1969)

Violinkonzert Nr. 2

UA: Amsterdam 1939

Bartóks Idee war ursprünglich gewesen, eine Serie von Variationen für Violine und Orchester zu schreiben. Aber der Geiger Zoltán Székely – von ihm kam der Wunsch nach einem Konzert – stellte sich ein Werk in der Tradition der großen Violinkonzerte von Beethoven und Brahms vor und setzte sich damit auch durch: Zumindest dem äußeren Aufbau nach erfüllte Bartók die übliche dreisätzige Form. Insgeheim aber ist er von seiner ersten Idee doch nicht abgegangen: *1.* und *3. Satz* sind Varianten derselben thematischen Substanzen, der *2. Satz* steht dazwischen völlig für sich, bildet aber seinerseits einen Variationenzyklus (über ein Gesangsthema in lydischer Tonart), den einzigen seiner Art bei Bartók. Man rechnet das *Violinkonzert* zum Spätwerk: ein Zurücktreten des einstmals vorherrschenden, oft scharfe Kanten setzenden rhythmischen Elements zugunsten melodischer Linien, deutlichere tonale Bindungen wären Kennzeichen dieses Spät-Stils. Bartók setzt nun seine kompositorische Meisterschaft gerade daran, auch so heterogene Elemente wie eine 12-Ton-Reihe (das Seitenthema im *1. Satz*) oder Vierteltonbildungen (vor der Solokadenz im *1. Satz*) in ein tonalitätsgebundenes Ganzes zu integrieren.

M *CD* Tetzlaff, London PO, Gielen (Virgin 1990)

Violakonzert

UA: Minneapolis 1949

Was der Bratschist William Primrose – ihm war das Werk versprochen – im Dezember 1949, 4 Jahre nach Bartóks Tod mit dem Symphonieorchester Minneapolis unter Antal Dorati als Bratschenkonzert uraufführte, war die Arbeit des Bartók-Schülers Tibor Serly. 18 Tage vor seinem Tod hatte Bartók noch an Primrose geschrieben, das Konzert sei so gut wie fertig, und angemerkt: »Die Instrumentierung wird recht durchsichtig, transparenter als die des Violinkonzertes. Der Charakter des Werkes wurde bis zu einem gewissen Grade auch durch den dunklen männlichen Charakter Ihres Instruments beeinflußt (...)« Diese vagen Angaben und einige Kompositionsskizzen, das war am Ende alles, worauf Serly sich bei seinem Komplettierungs-Versuch stützen konnte. Der Bartók-Forscher György Kroó über das Skizzen-Material: »Die Themen sind vielsagend, auch von der Harmoniewelt kann man sich einen Eindruck verschaffen, aber über Aufbau, Tonsprache, Atmosphäre und Inhalt des Werkes kann man sich lediglich eigenwillige Vorstellungen machen (...)« Abgesehen von den stark an das Violinkonzert erinnernden Passagen und den melodischen Ideen, ist die Präsenz Bartóks am meisten im Finale zu spüren.

M *CD* Zimmermann, SO des BR, Shallon (EMI 1989) *Christoph Hahn*

Arnold Bax

1883–1953

Bax, der unter dem Pseudonym Dermot O'Byrne auch einige bemerkenswerte Romane veröffentlichte, zeigte eine lebenslange Vorliebe für die keltische Welt. Zu seinen ersten Kompositionen gehörte der 1905 erschienene *Celtic Song Cycle.* Bax lebte lange Zeit in Irland, wo auch zahlreiche seiner Werke entstanden. Dennoch fand volksmusikalisches Material, wenn überhaupt, nur sehr stilisiert Eingang in seine Symphonik, die überhaupt wenig Idyllisches hat. Die bedeutendsten Werke der ersten Schaffensperiode, in der Bax u.a. Einflüsse von Strauss, Ravel, Debussy und Elgar verarbeitete, sind die zwischen 1913 und 1919 entstandenen Tondichtungen *The Garden of Fand, November Woods* und *Tintagel.* Auch der Einfluß Wagners zeigt sich nicht nur in einem *Tristan*-Zitat in *Tintagel,* das Bax in seiner siebten und letzten Symphonie aufgreifen sollte. Dennoch zeichnet sich schon im Frühwerk eine ganz eigene Mischung von diatonischer Basis und chromatischem Überbau, von weitgeschwungenen lyrischen Themen und dichter harmonischer Textur ab. Mit der 1922 erschienenen, gewaltigen *1. Symphonie* etablierte sich Bax in England unmittelbar als Symphoniker von Rang. Daß sich in seinem Œuvre u.a. der geschichtlich-politische Hintergrund des irisch-englischen Konflikts spiegelt, der Bax stark berührte, läßt sich immerhin vermuten. Jedenfalls bleibt allgemein der Eindruck, daß in fast allen Symphonien Lyrisch-Versöhnliches Episode und letztlich unerreichbar bleibt. Vom hoffnungslosen Finale der 1926 vollendeten, bedrückenden, ja katastrophischen *Zweiten* – 1930 erklang sie erstmals im Konzertsaal – über die elegischen Epiloge der brütenden *Dritten* und der konfliktgeladenen *Sechsten* (uraufgeführt 1930 und 1935), bis hin zur *con malincolia*-Vorschrift am Schluß der *Siebten* von 1939 scheint sich eine harmonisch gespannte, strukturell äußerst komplexe Faktur über die emotionalen Abgründe dieser Symphonien zu legen. Die Gefährdung, die Gefahr des Absturzes bleibt stets virulent. In manchem ist bei Bax die atmosphärische Nähe zur nordischen Melancholie eines Sibelius spürbar, der seine Musik ebenso bewunderte, wie Rachmaninow es tat, dem die *fünfte,* 1934 uraufgeführte *Symphonie* gewidmet ist. Doch letztlich dürfte Bax im Vergleich zum Finnen der dramatischere, weniger ausgeglichene Komponist sein. Zu seinen extrovertierten und lichtesten Werken gehört sicher die 1932 in Los Angeles aus der Taufe gehobene *4. Symphonie*, nicht nur wegen des abschließenden gewaltigen Triumphmarsches. Sie offenbart – durchaus auch mit tonmalerischen Elementen – die lebenslange Liebe zum Meer, das in vielen seiner Orchesterwerke eine bedeutende Rolle spielt.

Oswald Beaujean

Ludwig van Beethoven

1770–1827

Ludwig van Beethoven
Lebendmaske von Franz Klein (1812)

Ludwig van Beethoven wurde am 17. Dezember 1770 in Bonn getauft. Von den 7 Kindern aus der 2. Ehe der Mutter, Maria Magdalena, mit dem kurfürstlichen Hoftenoristen Johann van Beethoven wurden nach Ludwig noch 2 jüngere Brüder – Karl und Johann – erwachsen.

Der erste Musikunterricht erfolgte durch den Vater. Dazu kam spätere Unterweisung durch Bonner Hof- und Kirchenmusiker in den Fächern Orgel, Kirchenmusik und Violine. Entscheidenden Anteil an der umfassenden Ausbildung, die neben Generalbaß, Klavierspiel und musikalischer Analyse auch Bereiche wie Literatur und Philosophie einschloß, hatte der Komponist Christian Gottlob Neefe, seit 1779 Hoforganist in Bonn. Schon bald übernahm der 10jährige Schüler die Frühmessen, wurde Hilfsorganist und trat mit gedruckten Klaviervariationen erstmalig an die Öffentlichkeit. In einem weitverbreiteten Musikmagazin äußerte sich Neefe 1783 über das Talent des Zwölfjährigen mit der bemerkenswerten Ankündigung: »Er würde gewiß ein zweiter Wolfgang Amadeus Mozart werden, wenn er so fortschritte, wie er angefangen.«

Der Aussicht auf Unterricht bei Mozart wegen reiste Beethoven im Frühjahr 1787 nach Wien, mußte allerdings schon nach 2 Wochen wieder eilig zurückkehren, da die Mutter erkrankt war und die Familie seiner Fürsorge bedurfte. Die Mutter starb im Juli, ein einjähriges Schwesterchen im November, der Vater verfiel dem Alkohol, und so war es Ludwig, der – inzwischen Bratschist der Hofkapelle – die Familie erhalten mußte.

Außer durch den Kurfürsten wurde Beethoven von Freunden aus Adel und Bürgertum Bonns unterstützt. Zu den aktivsten Förderern Beethovens gehörte Graf Waldstein, der 1792 zur Finanzierung der 2. Wienreise beitrug. Er empfahl Beethoven an Fürst Lichnowsky, der zu dessen wichtigstem Gönner in Wien wurde. Reisegrund war zunächst weiterer Unterricht in »Haydns Meisterschule«, und so schließt Waldsteins Eintragung in Beethovens Stammbuch mit den berühmt gewordenen Worten: »Durch ununterbrochenen Fleiß erhalten Sie: Mozarts Geist aus Haydns Händen.« Die fortschreitende Auflösung des Kurstaates und die Übersiedlung der beiden inzwischen erwachsenen Brüder Beethovens nach dem Tod des Vaters in die Reichshauptstadt Wien hatten zur Folge, daß Beethoven nicht mehr nach Bonn zurückkehrte.

Trotz einigen Unterrichts zunächst bei Haydn, danach bei Albrechtsberger (Kontrapunkt) und Salieri (Gesangskomposition) blieb Beethovens eigentliche Domäne das Klavierspiel. Nach ersten Wiener Auftritten wurde er vor allem seiner immensen Fähigkeit zur frei improvisierten Phantasie wegen bekannt. Auch die Reisen, die Fürst Lichnowsky mit ihm ebenso unternahm, wie er das auch mit Mozart getan hatte, machten den jungen Komponisten weithin berühmt: 1796 ging es über Prag, Dresden und Leipzig nach Berlin, wo Beethoven dem preußischen Hofcellisten Duport neuartige Cellosonaten komponierte, und im Herbst 1798 zur Aufführung seiner ersten beiden Klavierkonzerte wieder nach Prag.

Bis zur Jahrhundertwende verfügte Beethoven schon über ein beträchtliches Œuvre: mehr als ein Dutzend höchst origineller Klaviersonaten, dazu Variationswerke, 6 Sonaten für Violoncello bzw. Violine, ebensoviele Trios für Streicher mit und ohne Klavier, Bläsermusik (ein Trio, ein Quintett), dazu Lieder sowie die ersten Klavierkonzerte. Mit den 6 Streichquartetten op. 18 und der *1. Symphonie* legte Beethoven 1800 seine Beiträge zu den wichtigsten Gattungen der Instrumentalmusik wie Meisterstücke zuletzt vor.

Im Sommer 1802 wurde ihm in Heiligenstadt grausame Gewißheit, was er schon im Vorjahr in zwei langen Briefen an enge Freunde angedeutet hatte: daß er sein Gehör verliert. Das sogenannte »Heiligenstädter Testament«, mag das erst im Nachlaß aufgefundene Schriftstück nun als juristisches Dokument oder gar als Versuch literarischer Schicksalsbewältigung entworfen worden sein, zeugt jedoch weniger von Resignation, als vielmehr von dem Entschluß, persönliches Leid mit Hilfe der Kunst zu überwinden. Dieser positiven Einstellung entspricht die Ergiebigkeit der gleichzeitigen Schaffensphase. In kurzen Abständen folgten der *2. Symphonie*, den 3 Violinsonaten op. 30 und den Klaviersonaten op. 31 so entscheidende Werke wir die *Kreutzersonate*, die *Eroica*, das *3. Klavierkonzert* und vor allem das Oratorium *Christus am Ölberge*.

Anfang 1803 erhielt Beethoven eine Anstellung im Theater an der Wien und ging daher für etwa ein Jahr Plänen zur Opernkomposition nach. Auf der Suche nach einem geeigneten Libretto wählte er zunächst »Vestas Feuer« von Schikaneder (dessen *Zauberflöte* Mozart komponiert hatte), trieb aber dann seit Anfang 1804 mit der Komposition des aus dem Französischen übersetzten Librettos *Leonore oder Die eheliche Liebe* ein Opernprojekt voran, das deutlich an der zu dieser Zeit ins Auge gefaßten Übersiedlung nach Paris ausgerichtet war. Daneben beendete er mit der *Waldsteinsonate* und der *Appassionata* seine bisher größten Klavierwerke. Bedeutete die wenig erfolgreiche Wiener UA der *Eroica* Anfang April 1805 einen Rückschlag für Beethoven, so galt dies für die Premiere seiner ersten Oper um so mehr. Im November rückten die Franzosen in Wien ein, Hof und Adel flohen, und so hatte die *Leonore*, in deren Erfolg Beethoven große Hoffnungen gesetzt hatte, nur 3 Aufführungen vor fast leerem Haus. Schlechte Probenvorbereitung und Besetzung machten den Mißerfolg komplett, und so bedurfte es später aller Überredungskunst, Beethoven zu mehreren Überarbeitungen der Oper zu bringen, deren letztes Resultat erst 1814 unter dem Titel *Fidelio* zu Abschluß und Erfolg gelangte.

Ein anderes Hauptwerk, die Streichquartette op. 59, die Beethoven 1806 für den russischen Gesandten Fürst Rasumowsky lieferte, wurden ihrer enormen Schwierigkeiten für Spieler und Hörer wegen ebenfalls reserviert aufgenommen. Erfolg hatte Beethoven zwar nach wie vor mit seinen Klavierkonzerten, nicht aber mit seinem Violinkonzert, dessen eher an französischen Vorbildern orientierte Virtuosität in Verbindung mit dem symphonischen Anspruch befremdete, statt zu gefallen. Günstigen Veräußerungen der Verlagsrechte wichtiger Werke nach England sowie der Vertriebsrechte für Frankreich an den Bonner Musikverleger Simrock folgte im Oktober 1808 das Angebot, für 600 Dukaten jährlich als Hofkompositeur des westfälischen Königs Jérome Bonaparte, des jüngsten Bruders von Napoleon, nach Kassel zu gehen. Nach dem zweifelhaften Erfolg einer (musikalisch allerdings verunglückten) großen Akademie, in der Beethoven zwischen der UA seiner beiden neuen *Symphonien Nr. 5* und *6* sowie Teilen der *C-Dur-Messe* Ende 1808 noch einmal einen großen Auftritt als Klaviersolist des *4. Klavierkonzerts* und der *Chorfantasie op. 80* hatte, nahm er Anfang 1809 zwar vorsorglich das französische Angebot aus Kassel an, führte aber zugleich mit der Wiener Aristokratie erfolgreiche Bleibeverhandlungen. Danach verpflichteten sich Erzherzog Rudolph, Fürst Lobkowitz und Graf Kinsky vertraglich zur Zahlung einer jährlichen Rente in Höhe von 4000 Gulden, während Beethovens Gegenleistung lediglich darin bestand, in Wien zu bleiben (das allerdings schon wenige Wochen später von französischem Militär bombardiert und zum zweiten Mal besetzt wurde).

Daß Beethoven im Bewußtsein gesicherter Verhältnisse daran dachte, eine Familie zu gründen, wissen wir aus einigen privaten Briefen. Eine seiner Schülerinnen, die Arztnichte Therese Malfatti, erhielt wohl Anfang 1810 einen Heiratsantrag, nahm aber nicht an. Es entstanden in dieser Zeit (1809/10) hauptsächlich Klavierwerke: das *5. Klavierkonzert*, die *Variationen op. 76* und die *Fantasie op. 77*, sowie die lyrische *Sonate Fis-Dur op. 78*, die Therese Malfatti gewidmete *Sonate op. 79* und die *»Lebewohl«-Sonate op. 81 a* für Erzherzog Rudolph; daneben so entspannte Werke wie das *Es-Dur-Streichquartett op. 74* (*»Harfenquartett«*) und auffällig viele Lieder. Die Begegnung mit Bettina Brentano, deren Briefe an Goethe das Beethovenbild des 19. Jhs. stark beeinflußt haben, fiel ebenso in diese Zeit wie die Zuneigung zu der Sängerin Amalie Sebald, die – wie Beethoven und Goethe – den Sommer 1812 in Teplitz bei Karlsbad verbrachte, und jener wohl berühmteste Brief der Musikgeschichte an die »Unsterbliche Geliebte«, der neueren Forschung zufolge wahrscheinlich nach Karlsbad an Antonie von Brentano (eine jüngere Schwester Bettinas) gerichtet war.

Kurz nach Abschluß der *7.* und *8. Symphonie* sowie der letzten *Violinsonate op. 96* reduzierte im März 1811 eine 80prozentige Abwertung der Wiener Währung Beethovens Rente auf ein Fünftel. Nur Erzherzog Rudolph war in der Lage und bereit, seinen Anteil zu verfünffachen; Fürst Lobkowitz dagegen zahlte eigener Schwierigkeiten wegen 4 Jahre lang nichts, und nach dem Tod von Graf Kinsky (1812) kam es erst 1815 nach gerichtlichen Auseinandersetzungen zu einer Einigung mit dessen Erben.

Der Aussicht auf eine lukrative Verwertung wegen komponierte Beethoven mit *Wellingtons Sieg oder Die Schlacht bei Vittoria* eines seiner ertragreichsten Werke. Ursprünglich für einen vom Metronomerfinder Mälzel konstruierten Orchesterautomaten konzipiert, wurden die Hauptteile dieser Schlachtenmusik für den eigenen Konzertgebrauch bearbeitet, als sich Beethoven um seinen Anteil an den Gewinnen einer Englandtournée Mälzels mit seinem »Panharmonikon« betrogen sah. Mit dem triumphalen Erfolg des Konzerts vom 8. Dezember 1813, auf dem Beethoven *Wellingtons Sieg* zusammen mit der *7. Symphonie* zur ersten Aufführung brachte, erreichte sein Ruhm einen Höhepunkt, an den sich 1814 eine Serie von Erfolgen anschloß: die während des Wiener Kongresses realisierte Aufführung des *Fidelio* und die Akademie vom 29. November, in der Beethoven vor Kaisern und Königen und unter Mitwirkung der berühmtesten Musiker Wiens das Erfolgsprogramm des Vorjahres (*Wellingtons Sieg* und *7. Symphonie*) zusammen mit der auf den Wiener Kongress komponierten Triumphkantate *Der glorreiche Augenblick* zur europäischen Sensation steigern konnte. Für ein zum Geburtstag der russischen Kaiserin veranstaltetes Konzert begab er sich Anfang 1815 sogar nochmals selbst als Liedbegleiter ans Klavier.

Seit 1818 war die Ertaubung so weit fortgeschritten, daß die von Mälzel konstruierten Hörrohre nichts mehr nützen, und so begannen die Gesprächspartner, sich Beethoven schriftlich mitzuteilen. Die ca. 140 erhaltenen »Konversationshefte« aus dem Nachlaß und dem anschließenden Besitz des letzten Sekretärs Anton Schindler vermitteln Einsichten in die Gespräche der letzten 8 Lebensjahre. Schindler war es allerdings auch, der noch Jahrzehnte nach Beethovens Tod gefälschte Gesprächsbeiträge eintrug, um seine Position als bestinformierter Biograph zu stützen.

Nach Komposition der großen *Hammerklaviersonate* für Erzherzog Rudolph faßte Beethoven den Entschluß, seinem einzigen Kompositionsschüler und wichtigsten Mäzen zu dessen Einsetzung zum Erzbischof von Olmütz eine große Messe zu komponieren. Die Arbeitszeit des 1819 in Mödling verbrachten Sommers – inzwischen war Beethoven von der Londoner Philharmonischen Gesellschaft zum Ehrenmitglied ernannt worden – reichte jedoch zur Fertigstellung nicht hin, so daß Beethoven nach der Einsetzung Rudolphs im März 1820 die Ausarbeitung der *Missa solemnis*, seines bis dahin größten Werks, zunächst hinauszögerte und sogar beiseitelegte. Krankheiten und Geldsorgen stellten zusätzliche Belastungen dar, derentwegen auch die Erledigung gut bezahlter Aufträge eingeschoben wurde: z. B. die Bearbeitungen von schottischen, irischen und walisischen Volksliedern für einen britischen Musikverleger, aber auch so bedeutende Werke wie die drei großen letzten *Klaviersonaten op. 109 bis 111* (1820–1822), die Beethoven im Verlagsauftrag von Schlesinger für 90 Dukaten lieferte. Erst im März 1923 überreichte Beethoven Erzbischof Rudolph seine *Missa solemnis*, nachdem der Versuch, sie an eine ganze Reihe von Fürstenhäusern und bedeutenden Musikgesellschaften zu verkaufen, ebenso fehlgeschlagen war wie Beethovens Bewerbung auf die Stelle eines kaiserlichen Hofkomponisten kurz vor deren Streichung.

Statt geplante Opern (z. B. nach Grillparzerschen Libretti) oder Oratorien zu komponieren, schrieb Beethoven 1823, als seinen Beitrag zu einer Einladung von 1819 an die meisten Wiener Komponisten, je eine Variation über einen unschuldigen Walzer des Wiener Verleger-Komponisten Antonio Diabelli beizusteuern, einen riesenhaften Zyklus von Klaviervariationen (op. 120), bis er sich schließlich, aufbauend auf älteren symphonischen Entwürfen, der Komposition seiner *9. Symphonie op. 125* zuwandte. Nach mehr als zehn Monaten schwerer Arbeit an dieser größten seiner Symphonien beteiligte sich Beethoven an deren UA (indem er dem dirigierenden Kapellmeister die Tempi signalisierte), die zwar Beifall, jedoch wenig Gewinn einbrachte.

Während der letzten Lebensjahre widmete sich Beethoven ausschließlich einem monumentalen Streichquartett-Projekt (*op. 127, 132, 130, 133, 131 und 135*).

Anfang Dezember zog er sich eine Lungenentzündung zu. Als er sich davon erholt hatte, trat eine rapide Verschlechterung seines durch ein schweres Leberleiden und die Wassersucht belasteten Gesundheitszustandes ein. Am 24. März empfing Beethoven die Sakramente, 2 Tage später verstarb er. Nach zeitgenössischen Berichten sollen 30 000 Menschen an seiner Beisetzung auf dem Währinger Friedhof teilgenommen haben, nach dessen Auflösung Beethovens sterbliche Überreste auf den Wiener Zentralfriedhof umgebettet wurden.

Symphonie Nr. 1 C-Dur op. 21

UA: Wien 1800

Beethoven hat sich der Hauptgattung der Instrumentalmusik erst spät gestellt; seine 1. Symphonie schloß er nach langen Vorstudien erst als 30jähriger ab. Stellte das Mozartsche Erbe generell eine belastende Verpflichtung dar, so kam in diesem Fall die noch anhaltende Produktion Haydns dazu. Mit beiden hatte sich Beethoven auseinanderzusetzen.

Läßt schon die Typik der Satzfolge von der langsamen Einleitung bis zum Kehraus-Finale zunächst an Haydn denken, so erinnert gleich der Beginn des *Allegro con brio* an Mozarts letzte Symphonie, die ebenfalls in C-Dur steht. Beethovens eigene Sprache aber setzt mit dem allerersten, aus der Haupttonart hinausweisenden Septakkord ein, und sie bleibt es bis zur Coda des letzten Satzes, wo das anfangs »falsche« F-Dur im befestigenden Schema der Schlußakkordfolgen erst seine richtige Stelle erhält. Die Dichte thematisch-motivischer Beziehungen auf engstem Raum, die Beethovens Stil insgesamt kennzeichnet, verdeutlicht gleich der 1. Hauptgedanke des Kopfsatzes, der in sich dreimal dieselbe Tonfolge – allerdings dreimal verschieden – enthält. Das kontrastierende 2. Thema dagegen dient der Orchesterentfaltung in einer neuartigen Farbigkeit, die von den Zeitgenossen als »grell« empfunden wurde. Die sonst übersichtliche Formgestaltung ist traditionell, wenn auch die Verwendung kontrastierender Tonarten bei Beethoven weiter ausgreift als bei seinen Vorbildern.

Der *langsame Satz* hat den Charakter eines Intermezzos. Sein unproblematisch-heiterer Tonfall jedoch betrifft nur die Außenseite, während im Inneren der Struktur Eigentümlichkeiten verborgen bleiben, die der Musik ihre Intensität geben. So »fehlt« der siebentaktigen Hauptmelodie ein Takt, ohne daß doch deutlich würde, wo. Dazu kommen weitere Feinheiten: neue Instrumentationseffekte wie die auf lange Strecken bestimmende Verwendung der Pauke, die den marschierenden Grundrhythmus auch selbst gegen die verspielten Triolen einer mit den Violinen gekoppelten Soloflöte – leise aber unerbittlich – durchhält. Vertieft sich die motivische Arbeit in einer für diesen Ort ungewöhnlichen Durchführung, so kontrastiert dazu die Leichtgewichtigkeit eines *Menuetts*, das thematisch aus nur einer vollständigen Tonleiter besteht, deren Reiz aus ihrer Artikulation – einer gegen den schnellen Dreiertakt akzentuierten Störung des metrischen Gefüges – erwächst. Das *Trio* reduziert sich in die andere Richtung: Hier gibt es statt melodischer oder rhythmischer Charakteristika nur noch harmonische Folgen »stehender« Akkorde, geziert mit Bewegungsgirlanden flüchtig schneller Violinläufe, welche die Tonleiter des Scherzos andeutend vergegenwärtigen. Wenn man die langsame Einleitung zum *Finale* allzu heiter oder gar »kindisch« nannte, so verkannte man, daß Beethoven hier die bestimmende Hauptidee des Menuetts in einer weiteren Verwandlung aufnimmt, um aus ihr, Ton für Ton das beschließende Rondothema entstehen zu lassen.

[M] *CD* Academy of Ancient Music, Hogwood (Decca 1984)

Symphonie Nr. 2 D-Dur op. 36

UA: Wien 1803

Seine 2. Symphonie ließ Beethoven der Ersten unmittelbar folgen; sie wurde 1801/02 komponiert und kam 1803 in Wien zur UA. Die Tatsache, daß er sie mit Fürst Lichnowsky seinem damals wichtigsten Gönner widmete, unterstreicht die Bedeutung, die er ihr zumaß. Dem entsprechen schon die Ausdehnung und das Gewicht der langsamen Einleitung, die in einem d-moll-Fortissimo als einem ersten dramatischen Höhepunkt kulminiert, der auch seiner rhythmischen Gestalt nach schon auf den Hauptgedanken der *Neunten* vorausweist, aber auch die Einleitung an den Kopfsatz bindet. Dessen 2. Thema stellt – mit seinem auf A-Dur und fis-moll bezogenen harmonischen Potential – den eigentlichen thematischen Hauptgedanken dar, während das erste in der Haupttonart verharrt und somit eigentlich eher einleitenden Charakters ist. Der Vertiefung des Beziehungsreichtums im symphonischen Viersatzrhythmus entspricht die thematische Vielfalt des *Larghetto* mit seinem Episodenreichtum und seinen im Tonfall stark kontrastierenden Hauptgedanken, in deren unvermitteltem Aufeinandertreffen sich hohe und niedere Musik zu berühren scheinen.

Im *Scherzo* spielt Beethoven vor allem mit Koppelung ebenso unmotiviert wie unvorhersehbar wechselnder dynamischer Extreme, die ihre höchste Stufe stets am Schluß einer Phrase, also auf der metrisch unbetonten Stelle des jeweils letzten, 8. Taktes erreichen. An diesem Spiel ist auch die ebenso überraschend taktweise von einer Farbe in die andere springende Instrumentation orientiert. Nimmt das Scherzo in seiner ganzen Drastik die Bizarrerien des letzten Satzes vorweg, bleibt es doch in seiner Substanz – ganz der Haydnschen Tradition entsprechend – auf ein bestimmendes Problem des Kopfsatzes bezogen, indem das *Trio* auf jene Beziehung zwischen D-Dur und Fis-Dur zurückkommt, die im bestimmenden fanfarenartigen 2. Thema des Kopfsatzes schon angelegt war.

Das in höchster Lautstärke herausplatzende, geradezu groteske Thema des *Finales* stellt, so aphoristisch es scheint, doch nur ein weiteres Höchstmaß an satzübergreifenden Beziehungen her. Der in seiner Isolation derbkomische Auftakt fis-g greift den entsprechenden Wechselnotenschritt der langsamen Einleitung auf, ebenso die in scheinbarem Widersinn sich anschließende, ebenfalls durch Isolation witzige Trillerfigur, wenn auch auf anderer Ebene. Daß der ganze Schlußsatz trotz seiner scharfen Brüche und Kontraste sehr stark auf das Ende ausgerichtet ist, nämlich eine überdimensionierte *Coda*, die das Gewicht einer weiteren Durchführung hat, weist auf das nämliche Verfahren in der *Eroica* voraus.

[M] *CD* Academy of Ancient Music, Hogwood (Decca 1984)

Symphonie Nr. 3 Es-Dur op. 55 (»Eroica«)

UA: Wien 1805

Als Neubeginn und Höhepunkt einer Entwicklung ist Beethovens 3. Symphonie (komponiert 1803) ein Epochenwerk in jeder Hinsicht. Mit der Programmatik einer heroischen Symphonie, noch dazu in konkretem geschichtlichen Gegenwartsbezug, veränderte Beethoven die Gattung ihrem Wesen nach zur »Ideensymphonie«, und mit neuen Dimensionen in Ausdehnung und kompositorischer Dichte gelangte sein symphonischer Stil zu einem Entwicklungsstand, der zunächst nicht weiter zu steigern war. Der Kopfsatz *(Allegro con brio)* bildet innerhalb der Beethovenschen Symphonik ein Extrem an kompositorischer Arbeit, an Gewicht und – vor allem – an Ausdehnung. Das auf zwei herrische Es-Dur-Akkordschläge des vollen Orchesters folgende Hauptthema des Kopfsatzes moduliert gleich zu Beginn in harmonisch denkbar größte Distanzen und weist so dem weit ausgreifenden Satz seinen auf Expansion abzielenden Weg. Dies hat nicht nur formale Konsequenzen, sondern wirkt sich auch auf die ungeheure Intensität einzelner Stellen aus, wie jener schärfsten aller bis dahin gehörten Dissonanzen gegen Ende der Durchführung bis hin zu der harmonisch verqueren Vorwegnahme der Grundtonart Es-Dur im Horn vor Eintritt der Reprise. Dem von den zeitgenössischen Hörern als Überforderung empfundenen Reichtum an thematischen »Hauptgedanken« und »Episoden« entspricht im Großen wieder eine Vervielfältigung der Stationen. So wird die erste Rückleitung zur Reprise zugunsten einer 2. Durchführung abgebogen. Erst hier wird mit einer neuen e-moll-Episode das eigentliche Gegenthema exponiert, das in der überaus gewichtigen Coda noch einmal eine wichtige Rolle spielt.

Im Zentrum der *Eroica* bestimmt das *Adagio assai* als Ausdruckshöhepunkt des Ganzen ihren Charakter insgesamt. Hier macht Beethoven verstärkenden Gebrauch von den Mitteln, wie sie die nachrevolutionäre französische Symphonik eines Méhul, Gossec und Cherubini (und eben nicht die Wiener Klassik) ausgebildet hatte. Die Intensität dieser *Marcia funebre* speist sich aus dem Kontrast des tiefdunkel instrumentierten und trotz des sehr langsam schreitenden Tempos doch primär rhythmisch bestimmten c-moll zur erscheinungshaft hellen Es-Dur-Melodik kontrastierend höherer Orchesterregister. Die 5 von Wiederaufnahmen des Hauptthemas durchsetzten Abschnitte des Satzes finden ihren Höhepunkt in einem erhabenen Doppelfugato in A-Dur samt dessen Rückführung über das weit entfernte As-Dur zur nun allerdings erheblich intensivierten Wiederaufnahme der den Satz insgesamt bestimmenden Ambivalenz aus Schatten und nunmehr eingetrübtem Licht des Anfangsteils.

Die beiden Hauptideen des auskomponierten und auf die üblichen Wiederholungszeichen weitgehend verzichtenden Scherzos *(Allegro vivace)* sind nicht neu, denn sie bestehen einerseits in der symphonischen Entwicklung größerer Satzzonen (statt periodisch gebauter Achttaktstrophen) und andererseits in einer wieder sehr weiten harmonischen Anlage, was unter der geläufigen Formel der »kühnen Harmonik« sowohl der Konzeption des Kopfsatzes als auch der bestimmenden Hauptidee des Ganzen entspricht. Im Material lapidar wie das aus dem Es-Dur-Dreiklang entwickelte Hauptthema des 1. Satzes, besteht der Hauptgedanke nun aus »nur« einer absteigenden Es-Dur-Tonleiter. Die große Wirkung des vom Hörnerklang bestimmten *Trios* beruht auf einer sehr kleinen Ursache: Beethoven schreibt ein 3. Horn vor, und sonst bleibt es bei der klassischen Orchesterbesetzung (welche man sich allerdings, wenn man auf die Bedingungen der UA blickt, in den Streichern geradezu kammermusikalisch vorzustellen hat).

Es entspricht dem hohen Anspruch dieser Symphonie, daß Beethoven ein ursprünglich geplantes Finale, das seiner ganzen Anlage nach ein leichtgewichtiger Rondosatz geworden wäre, zugunsten des in der *Eroica* einmaligen Schlußsatzes mit seiner zweiteiligen »Sonderform« verwarf. Hierfür griff er auf ein Thema zurück, das er bereits mehrfach verwandt und bearbeitet hatte, nämlich im Ballett *Die Geschöpfe des Prometheus* op. 43 (1801), im siebten der *12 Contretänze WoO 14* (beendet 1801) und schließlich in den *15 Variationen und Fuge über ein eigenes Thema* op. 35 (1802), einem der wichtigsten Variationswerke Beethovens überhaupt. Die entscheidende Größe des Variationsteils beruht auf der äußerst kunstvollen Verarbeitung eines an sich höchst einfachen Baßmodells samt »seiner« Oberstimme, wodurch das – der Herkunft nach – Einfache ins Große gesteigert wird. In der *religioso*-Überhöhung eines 2. Themas im *Poco Andante* überschriebenen Schlußteil kommt das Finale auf die Stimmung des Es-Dur-Kontrastgedankens im langsamen Satz zurück.

Gewiß steht die Komposition der *Eroica* (wie auch die zur gleichen Zeit in Angriff genommene Oper *Leonore*) in Zusammenhang mit Beethovens Plan einer Übersiedlung nach Paris. Als er freilich die Fürst Lobkowitz gewidmete Symphonie im April 1805 in dessen Palais einstudierte, hatte er diesen Umzugsplan wohl schon aufgegeben. Man mag daran zweifeln, ob Napoleons eigenmächtige Selbstkrönung zum Kaiser eines französischen Europa der Anlaß dazu war. Wir wissen nicht einmal genau, wie ernsthaft es Beethoven überhaupt in Betracht gezogen hatte, sein bis dahin größtes Werk Napoleon zu widmen; daß es freilich Bonaparte heißen sollte, ist noch auf dem Titelblatt einer Abschrift zu erkennen, auf dem die Worte »intitolata Bonaparte« ausradiert sind.

Die Erstausgabe erschien in der üblichen Form von Orchesterstimmen unter italienischem Drucktitel: *Sinfonia Eroica … per festeggiare il souvenire di un grand Uomo.*

[M] *CD* London Classical Players, Norrington (EMI 1987) – *LD* O. of the 18th Century, Brüggen (Philips)

Symphonie Nr. 4 B-Dur op. 60

UA: Wien 1807

Entstanden 1806 in einer außerordentlich fruchtbaren Schaffensphase, gilt die Vierte ihrer klassischen Heiterkeit, ihrer vollendeten Schönheit, jedoch vor allem der Nachbarschaft zur Dritten und zur Fünften wegen als ein selbstvergewisserndes Resümee Beethovens, der sich hier einmal selbst seine ausgereifte Meisterschaft durch die Komposition einer »klassischen« Symphonie bewiesen hat.

Unter Verzicht auf Affronts im Formalen wie im Einzelnen bewirkt der geheimnisvolle Beginn der (an Mahlers *Erste* erinnernden) langsamen Einleitung eine romantische Stimmung, die sich im singenden Stil der großen, durch langsamen harmonischen Rhythmus noch verlängerten melodischen Bögen fortsetzt. Entsprechendes gilt auch für das ruckartig einsetzende *Allegro vivace*, das den enthusiastischen Elan seines 1. Hauptgedankens in den Streichern zu den besinnlich-einfachen Kanons zweier Seitengedanken in Gegensatz bringt, die von den Holzbläsern vorgestellt werden. Obwohl – wie in der *Eroica* – in der Durchführung wieder neue Themen sozusagen nachträglich eingeführt werden, wirkt der Kopfsatz in seiner Beschränkung und vor allem in seinem durchgehenden Zug doch äußerst geschlossen. Nur einmal endet der musikalische Verlauf in einem Stillstand, nämlich am Umschlagspunkt der Durchführung in die Reprise. Daß dieser sich durch ausschließlich motivische Mittel – immer belebtere Auftakt-Schleifer über einem leisen orgelpunktartigen Paukenwirbel, der die angesteuerte Grundtonart vorwegnimmt – unter Verzicht auf die hier eigentlich zu erwartende harmonische Doppelpunktwirkung einer Dominante belebt, stellt einen Bezug auf den nämlichen Übergang von der Einleitung zur Exposition her und verstärkt so die innere Einheit dieses klassischen Satzes.

Das *Adagio*, nach einem Wort Hermann Kretzschmars ebenfalls »rein und einfach« in der Form, lebt von großen Melodien mit »obligatem Accompagnement«. Das sangliche Hauptthema ist zwar nur die gewohnten 8 Takte lang, gewinnt seine erhabene Größe aber durch melodische Spannweite und motivischen Reichtum; gleich in der 1. Hälfte durchschreitet die Melodie eine ganze Oktave abwärts, während der Nachsatz durch rhythmische Vielgestaltigkeit intensiviert ist.

Das mit der Doppeldeutigkeit von zugleich nach Zweier- und Dreierrhythmen gegliederten Taktgruppen spielende *Scherzo* knüpft an den fröhlichen Schwung des Kopfsatzes an, und auch das *Trio* mit seinen einfachen, ohne metrische Finessen geradeaus gehenden Bläsermelodien, die nach jeder »Zeile« von kleinen Streichergesten kommentiert werden, kommt auf die Stimmung der Seitenthemen des 1. Satzes zurück.

Die spielende Lockerheit des *Finales* steht in eigentümlichem Kontrast zu seinen technischen Schwierigkeiten, die umso unangenehmer sind, als sie auf instrumentale Brillanz eigentlich verzichten. In der gelegentlich geradezu halsbrecherischen Behandlung der Holzbläser und durch die Verwendung von Figurationen, die auch für die Streicher im geforderten Tempo kaum auszuführen sind, weist dieses Finale neue Wege einer Orchestervirtuosität auf, wie sie erst viel später wiederaufgegriffen werden.

[M] *CD* Bayer. Staatsorch. München, C. Kleiber (Orfeo 1982) – *VD/LD* Concertgebouw O. Amsterdam, C. Kleiber (Philips)

Symphonie Nr. 5 c-moll op. 67

UA: Wien 1808

Nach jahrelangen und z. T. weit zurückliegenden Vorstudien komponierte Beethoven 1807/08 mit seiner 5. Symphonie das Werk, das zu seinem populärsten wurde. Trotz der kompositorischen Komplexion seiner überaus einheitlichen

Zyklusgestaltung scheint es für jeden Hörer sogleich verständlich, auch wenn die Mittel, mit denen solche Eingängigkeit bewirkt wird, nicht an der Oberfläche liegen. Der berühmte viertönige Beginn, auf dessen motivische Substanz sich das thematische Material des gesamten Kopfsatzes – des kürzesten übrigens in Beethovens Symphonik überhaupt – fast restlos einschränkt, bestimmt dessen dramatischen Charakter durchweg. Eine auf der Ebene des, dem tragischen c-moll parallelen, Es-Dur in weichem *piano dolce* kontrastierende Seitensatzmelodie stellt nur ein »momentanes Beschwichtigungsmittel« (Kretzschmar) dar, und so gibt es im ganzen Kopfsatz nur eine einzige Stelle, an der der vorwärtsstürmende Verlauf einmal zum Stillstand kommt. Diese, ein kurzes, in die Reprise unvermittelt eingeschobenes lyrisch-elegisches Oboenrezitativ, stellt den eigentlichen Gegenpol zur Charakteristik des ersten und einzigen Themas dar.

Da sich das gelegentlich erreichte C-Dur der Reprise nicht wie ein befreiender Durchbruch behauptet, endet der Kopfsatz unerlöst, aufgeladen, wenn man so will: in offener Verzweiflung. Die dynamische Spannung, die dieser Satzschluß hinterläßt, könnte sich nun im As-Dur-*Andante* lösen. Daß dies aber nicht geschieht, erreicht Beethoven mit mehreren Mitteln. Ebensowenig wie das Thema in seiner ganzen Offenheit nicht eigentlich ein traditionelles Variationsthema darstellt, entsprechen seine nur figurierenden Veränderungen auch nicht der Behandlung einer regelrechten Variationenfolge. Zudem vermischt Beethoven die Anlage einer nach variierten Strophen gegliederten offenen Reihungsform mit Elementen des dreiteilig geschlossenen Reprisenthemas. Schließlich aber – und das ist der entscheidende Grund dafür, daß auch nach dem 2. Satz gleichsam alles offen bleibt – kehrt der fanfarenhafte Übergang von As-Dur nach C-Dur, der als bestimmendes Ereignis im 1. Teil des Satzes mehrmals wiederholt wurde, im Schlußteil nicht mehr wieder, so daß der ganze Satz aus der Erwartung eines nicht eintretenden Höhepunkts seine Spannung bezieht.

Auf ganz ähnliche Weise bewirkt somit auch der 3. Satz eher ein Ungenügen, als daß er Erwartungen erfüllte. Das gewohnte Da-capo des Scherzos wird mit Mitteln kontrastierender Charakteristik und Dynamik fast unkenntlich gemacht, und so trägt der Satz die in den ersten Sätzen aufgebauten harmonischen und motivischen Spannungen weiter, statt sie abzubauen. Erneut wird der Moll-Dur-Konflikt mit dem C-Dur des kontrastierenden Zwischenteils im fugierten *Trio* eher abgebogen als ausgetragen, und die von den Hörnern unüberhörbar hergestellte Verbindung zum berühmten Anfang macht den 3. Satz insgesamt zum letzten retardierenden Moment, bevor die Symphonie mit ihrem C-Dur-Finale sozusagen ins Gegenteil umschlägt. Gerade der »glückliche Einfall« (wie Louis Spohr fand), diesen Übergang im Finale selbst noch einmal zu bringen, verdeutlicht Beethovens Absicht, statt geschlossener Einzelsätze den Total-Eindruck eines viersätzigen Ganzen zu vermitteln.

Was immer Beethoven mit dieser Symphonie nun wieder wollte – eines wollte er sicher nicht: daß sie nämlich als jene »Sinfonie par excellence« (Wagner) verstanden würde, als die man sie schon bald zum Hauptwerk symphonischer Musik überhaupt hochstilisiert hatte. Nicht einmal als sein Hauptwerk hat Beethoven selbst die Fünfte angesehen. Als Synthese der klassischen Wiener Symphonik und dem revolutionären Klang der zeitgenössischen Orchestermusik aus Paris stellt sie allenfalls ein Experiment mit »moderner« Musik für das internationale große Publikum dar: Gerade auf solche Hörer, die Musik ohne tiefere Spezialkenntnisse hören, wirkt sie nach wie vor besonders intensiv.

Der immense Erfolg der Fünften hatte seinen ersten und wichtigsten Grund weniger in der von Beethovens Biographen herausgestellten Schicksalsthematik als darin, daß sie den Nerv der Zeit, nämlich eine grundsätzlich veränderte Wahrnehmungsweise von Musik getroffen hatte. »Zeitvertreib« durch Total-Eindruck – dies ist das Thema der Fünften, die in der konsequenten Ausrichtung auf ihr Ende den »Sturmlauf der Zeit« zu dramatischer Darstellung bringt. Ihr Gegenstück ist die *Pastorale*, eine Symphonie über Stillstand und Dauer.

[M] *CD* Wiener Philharmoniker, C. Kleiber (DGG 1974) – *VD* Chicago SO, Solti (Sony 1990) – *VD/LD* NBC SO, Toscanini (RCA)

Symphonie Nr. 6 F-Dur op. 68 (»Pastorale«)

UA: Wien 1808

Wie unzutreffend das verbreitete Vorurteil, nach dem die Fünfte den eigentlichen und die Sechste den uneigentlichen Beethoven repräsentiere, zumindest aus dessen eigener Sicht ist, geht aus der engen Verbindung hervor, in der er gerade diese beiden Werke komponierte, um sie 1808 zusammen zur Aufführung zu bringen. Besser paßt schon das Bild von den »zweieiigen Zwillingsschwestern«, stellen sie doch zwei Richtungen des neuen Weges vor, den Beethoven in seiner Symphonik seit der *Eroica* beschritt. Sowieso stets an der Konzeption dialektisch aufeinander bezogener Werkpaare interessiert, hat er seine beiden Symphonien op. 67 und 68 öfters wie ein einziges Werk im gleichen Atemzug genannt. Daß beide – ihre Numerierung sollte übrigens ursprünglich umgekehrt sein – adäquat nur aus ihren inneren Gegensätzen zu erfassen sind, drückt sich auch in ihrer Doppelwidmung aus. Parallel komponiert und zusammen uraufgeführt, sind sie zweimal denselben Personen dediziert: Nicht je eine widmete Beethoven Fürst Lobkowitz und Graf Rasumowsky hier einmal, sondern beide beiden.

Daß sich Beethoven dem beliebten Genre musikalischer Malerei überhaupt zuwandte, hat nach Einschätzung seines wichtigsten Biographen Thayer mit seinem Ehrgeiz zu tun, »die Zeitgenossen in der Anwendung vorhandener Kunstformen zu übertreffen«. Daß man seine Symphonie mit den zahllosen Gewitter-, Jahreszeiten- und sonstigen programmatischen Tonmalereien in einen Topf werfen würde, suchte er mit der eigenhändigen Eintragung »mehr Ausdruck der Empfindung als Malerei« unter den Titel des Ganzen zu verhindern. Gleich der 1. Satz *(Erwachen heiterer Empfindungen bei der Ankunft auf dem Lande)* trägt dem Rechnung. Seine Idee besteht nicht in der lautmalerischen Abschilderung von Naturgeräuschen, sondern der Idee eines immer neuen Findens, obwohl »nichts zu suchen« der Sinn der Musik ist. Dem entspricht die vorherrschende Verwendung der öffnenden Subdominante, und dem entspricht die im Innersten entwicklungslose Reihung immer gleicher, kleinster thematischer Gebilde in immer neuen Beleuchtungen.

Unter der nämlichen Idee ist auch der genrehafte 2. Satz *(Szene am Bach)* zu hören: Fortwährend erklingt bei gleichförmigem Fluß der Begleitfiguren eine große Melodie, die überall durch kleinstmotivische Details, vor allem aber durch fortwährend andere Triller und überhaupt isolierte Verzierungen belebt erscheint. Die berühmte Vogelstimmen-Stelle, wo am Ende des Satzes Kuckuck, Wachtel und Nachtigall zu hören (und von Beethoven sogar in die Partitur eingetragen) sind, hat man zurecht eine »Episode« genannt: Sie ertönt, wenn die Musik an ihrem Ende ist, und so wirkt sie sich nicht mehr auf deren inneren Zusammenhalt aus. So schön, so heiter und dabei doch so erhebend kann Musik sein, die auf kontemplative Erfassung ihrer Details angelegt ist und die deshalb auch nichts mehr vom Äußeren, weder von Vogelstimmen noch gar von einer Verpflichtung zum »immer weiter« zu wissen braucht: »Auch ohne Beschreibungen wird man das Ganze, welches mehr Empfindung als Tongemälde, erkennen», heißt es hierzu einmal in Beethovens Skizzenbüchern.

Wenn auch der formale Rahmen mit der Zusammenfassung der Schlußsätze zu einem einzigen Finale ähnlich wie in der Fünften ist, so gestaltet Beethoven den Spannungsbogen in der *Pastorale* doch ganz anders. Das Scherzo *(Lustiges Zusammensein der Landleute)* mit seinen derbkomischen, bäurischen Begleitstimmen (Dudelsackquinten) und falschen Bläsereinsätzen bricht plötzlich mitten in einer fröhlichen C-Dur-Stelle ab. Ein bedrohliches, in Bässen und Celli bis f-moll, zur dunkelsten aller Tonarten ins *fortissimo* chromatisch aufsteigendes Tremolo kulminiert im scheinbar größten Chaos, das vor allem die Baßstimmen bis zur Unkenntlichkeit entstellt. Scheinbar – denn im Inneren des Gewitters hat Beethoven ein Maximum an »heimlichen« Beziehungen verborgen: Die ersten Regentropfen binden sich motivisch an den Schlußchoral des letzten Satzes, und die Blitze an das bestimmende Hauptmotiv des ersten (im Schein der Blitze sieht dieses wahrlich ganz anders aus). Sogar die Anfangstakte des Scherzos sind andeutungsweise vertreten, aber nun reiten die Hexen, Gewitter und Sturm wüten auf dem Tanzplatz. Der traditionsgemäß formlos-freien Gestaltung derartiger Unwetter-Musiken entspricht die stürmisch bewegte harmonische Entwicklung, die von Des-Dur nach C-Dur – als Dominant-Doppelpunkt zum beruhigten F-Dur des Finales – führt. Der letzte Satz *(Hirtengesang: Frohe und dankbare Gefühle nach dem Sturm)*, der in innigreligiösem Gebetscharakter an Haydns *Jahreszeiten* erinnert, löst die Spannung eher, als daß er einen Kulminationspunkt darstellte.

Nicht um ein Drama menschlichen Handelns mit Themen wie Schicksal, Kampf und Sieg geht es in der Sechsten, sondern um die Empfindungsdarstellung eines kontemplativen Subjekts in der und angesichts der Natur. Entsprechend geht es für den Hörer nicht um die Erfassung eines stürmisch auf sein Ende hin angelegten Ganzen, sondern um die Wahrnehmung und Schätzung von immer neuen Details und somit um eine ganz andere Art menschlicher Zeiterfahrung – ohnehin ein zentrales Thema der Musik Beethovens. So ist auch die *Pastorale* mit ihren sehr konkreten Tonbildern eine Ideensymphonie: eine Symphonie über Stillstand und Dauer und über den immer neu erlebten Augenblick in all seinen Schönheiten.

[M] *CD* Royal Philharmonic O. London, Leibowitz (In-Akustik)

Symphonie Nr. 7 A-Dur op. 92

UA: Wien 1813

Beethovens Siebte ist ein politisches Stück. Ihrer aktuellen Gegenwarts- und Gesellschaftsbezüge wegen ist sie es in gewissem Sinn sogar mehr als die *Eroica* oder die Fünfte. Wohl daher begründete sie – neben der ästhetisch inkommensurablen Schlachtenmusik *Wellingtons Sieg oder Die*

Schlacht bei Vittoria op. 91 – einen Höhepunkt für die Berühmtheit Beethovens in seiner Zeit.

Noch heute zählt die Siebte als eine der »ungeraden« zu denjenigen unter den Symphonien, »die der Menschheit mehr zu geben hatten« (Sullivan) als die »geraden«. So fragwürdig die sachliche Grundlage solcher Bewertung auch erscheint, so gewiß ist doch ihr Absolutheitsanspruch. Dieser fordert nämlich, daß spätestens seit der *Eroica* Beethoven seine großen Orchesterwerke nicht mehr um eines Anlasses, eines Auftrages oder gar eines Adressaten willen komponierte.

Hiernach ist auch die Siebte für »die Menschheit« geschrieben, und so gehört es zu ihren wichtigsten Charakteristika, daß die wiederholte Erstaufführung »Kenner und Nichtkenner« gleichermaßen enthusiasmierte; der Beifall stieg, wie der Rezensent der Erstaufführungen sichtlich beeindruckt festhält, am Schluß gar »bis zur Entzückung«.

Es ist oft festgestellt worden, wie stark das persönliche Profil der Tonsprache Beethovens für die Zeitgenossen – die ja Hoffnungen und Schrecken der Revolution und ihrer Wirkungen bis ins ferne Wien selbst miterlebt hatten – durch die Tonfälle, Zitate und den Signalcharakter des »élan terrible« der französischen Militär- und Agitationsmusik bestimmt war. Hiervon ist in der Siebten mehr zu hören als in anderen Werken wie in *Coriolan*, den *Leonoren-Ouvertüren* oder der *Egmont-Musik* (die Fünfte natürlich ausgenommen). So weckt sie Erinnerungen an eine Zeit, die noch vor der gerade überwundenen lag. Die Frage aber, wie den aristokratischen Teilnehmern des Wiener Kongresses Anklänge aus der aktivistischen Musik der Revolutionsjahre – wie z. B. die

Autograph von Beethovens 7. Symphonie (Finale)

Zitate aus Gossecs Divertissement *Le triomphe de la République* im Finale der Siebten – in den Ohren klangen, bleibt so akademisch wie die, ob uns heute der grelle Klang von Hörnern in A noch etwas sagt. Daß Beethovens Symphonien aber für eine Hörerschaft geschrieben wurde, die den »éclat triomphal« und die zu ihm gehörenden Alarmmittel in unmittelbarer Erinnerung hatten, sollte schon deshalb nicht vergessen werden, weil das 19. Jh. in der Siebten primär den Tanz und – nach einem Wort Richard Wagners – dessen Apotheose hörte, ihr alte Ritterspiele sowie den festlichen Überschwang ländlicher Hochzeitsvorbereitungen unterlegte oder gar den rheinischen Karneval, das Osterfest und Bittprozessionen.

Nein, die Siebte stand immer gleich neben *Wellingtons Sieg*, und dorthin hatte Beethoven selbst sie gestellt (und eben nicht die Achte, die er übrigens höher schätzte). Der Wiener Rezensent rechnete die Daten der Doppelerstaufführung beider Werke »zu den denkwürdigsten Tagen in der Kunstgeschichte Oesterreichs«: wegen des patriotischen Charakters der Musik und weil sie eben »Kenner und Nichtkenner« entzückte. Beethovens Tendenz, seine Symphonik umso populärer zu gestalten, je esoterischer seine Streichquartette wurden, zeichnete sich schon mit der *Pastorale* ab. Und über den Jubelchor *Germania, wie stehst du jetzt im Glanze da*, den Beethoven 1814 als Schlußnummer für ein staatserhaltendes Singspiel von Treitschke verfaßt hatte, schrieb er gar an Erzherzog Rudolph, den einzigen Schüler und nachmaligen Widmungsträger der *Missa solemnis*, das »Lied« gehöre »der ganzen Welt, die teil daran nimmt«.

[M] *CD* Wiener Philharmoniker, C. Kleiber (DGG); O. of the 18th Century, Brüggen (Philips 1989) – *LD* Berliner Philharmoniker, Barenboim (Sony)

Symphonie Nr. 8 F-Dur op. 93

UA: Wien 1814

Die willkürliche Grenzziehung zwischen Beethovens 7. und 8. Symphonie – nach Schindler betrifft sie den Einschnitt zwischen Beethovens heroischem Stil und seinem Spätwerk – ist genauso inadäquat wie die zwischen der Fünften und der Sechsten. Auch die Siebte und die Achte wurden 1812 fast parallel komponiert, gelangten 1814 zu gemeinsamer Aufführung und stehen in tiefem innerem Zusammenhang.

Die äußerlich erkennbare Tendenz zur Verkürzung der Form verbirgt jedoch einen ganz anderen Anspruch, und eine wahrlich nur scheinbare Gefälligkeit wird schon durch die in allen Sätzen dieser Symphonie höchst ungefällige Instrumentation gestört. Trotz der glatt scheinenden Außenseite ist Beethoven immer noch auf dem Wege fortschreitender Emanzipation der Materialdimensionen. In seiner Achten geht es um eine Radikalisierung von Form, Instrumentation und Dynamik bei gleichzeitig sehr konventioneller Gestaltung der Einzelheiten bis hinein in die Hauptthemen und -motive. Schon der Kopfsatz ufert zweimal bis zum dreifachen *fortissimo* aus, einem Lautstärkegrad, den Beethoven weder für die unerhörten Steigerungen der *Eroica* noch der Fünften, ja nicht einmal für die Gewitterstürme der Sechsten benötigt hatte.

Macht der 1. Satz die Durchführung insofern zum Prinzip, als er sie in alle seine Formteile ausgreifen ließ (was in besonderem Maße wieder für die Coda gilt, die eine regelrechte 2. Durchführung darstellt), so entspricht dem der gänzliche Verzicht auf einen Durchführungsteil im 2. Satz, der allerdings kein langsamer Satz im eigentlichen Sinne ist. Die bekannte Anekdote, Beethoven habe in dem tickenden Beginn des Satzes das Mälzelsche Metronom parodieren wollen, ist – wie leider nicht wenige der von Beethovens Sekretär Anton Schindler verbreiteten Nachrichten über Leben und Werk seines Meisters – zwar nicht wahr, jedoch gut erfunden. Denn die Idee dieses Satzes wie der ganzen Symphonie gilt der unablässig und gleichgültig gegen die Qualitäten ihrer Ausfüllung vergehenden Zeit. Sie nimmt Beethoven hier zum Anlaß für eine massive Verhöhnung der zeitgenössisch-gegenwärtigen Effektmusik: – man höre nur den Satzschluß und denke dabei an Rossini!

Ob Beethoven mit der Satzbezeichnung *Tempo di Menuetto* wirklich das einzige echte (d. h. klassische) Menuett seines symphonischen Œuvres schreiben wollte, scheint doch trotz der teilweise sehr kantablen Partien zweifelhaft. Zu widerborstig verhalten sich von Anfang an Begleitung und Melodie zueinander, und zu oft wollen die Abschnittseinsätze – vor allem in Pauken und Trompeten, also gerade der Instrumente, die doch zur Instrumentation eines Menuetts sowieso nicht passen – sich nicht dem harmonisch-periodischen Schema dieser klassischen Mustergattung fügen. Das gilt auch für das nur scheinbar behagliche *Trio*, wie die falschen Akzente, die schlecht liegenden Begleitungstriolen der Celli und die geradezu bösartige Klarinettenbehandlung belegen (für deren Verdeutlichung allerdings der Einsatz historischer Instrumente unerläßlich wäre).

Die stärksten formalen und dynamischen Spannungen erzeugt Beethoven in dem mit 500 Takten überlangen *Finale*. Es besteht aus einem Verwirrspiel auf allen Ebenen der Komposition – des Tonartenplans und der an ihn sich bindenden Formstationen, der Gewichtung von Haupt- und Nebenstimmen und der formalen Disposition überhaupt, und er gipfelt in einem Schluß, der die Grundtonart F-Dur gleichsam ad absurdum führt.

Daß Beethoven, wohl angeregt durch die Nachricht von der reservierten Aufnahme seiner zweiten F-Dur-Symphonie (sie habe nach Rezensentenmeinung eben nicht »furore« gemacht) sie für »viel besser« als die Siebte ausgab, mag mit der extremen Distanz zu eben jenem Publikum zu tun haben, aus der heraus alle Sätze dieses Werks komponiert wurden. Gerade dort, wo sich die Musik der Achten heiter, unkompliziert und konventionell gibt, lauern überall Fallen, und wer sie – hörend oder ausführend – nicht wahrnimmt, tappt hinein. Daß sie noch einmal in F-Dur steht, stellt nicht nur eine auffällige Parallele zu Beethovens Streichquartettkompositionen dar – hier gibt es gar drei in F-Dur: das erste der frühen, das erste der »mittleren« und das letzte von allen –, sondern bedeutet in diesem Fall, daß Beethoven zur Gattung der Symphonie außerhalb dessen, was er sonst schon komponiert hatte, noch etwas beisteuern wollte, was den Gepflogenheiten nicht entsprach.

[M] *CD* London Philharmonic O. London, Scherchen (MCA Classics 1954); London Classical Players, Norrington (EMI 1987)

Symphonie Nr. 9 d-moll op. 125

UA: Wien 1824

Seine 9. Symphonie komponierte Beethoven 1823/24; sie wurde kurz vor der Wiener UA im Mai 1824 fertig, und er widmete sie, der hohen Bedeutung entsprechend, die er dieser größten seiner Symphonien zumaß, dem preußischen König Friedrich Wilhelm III.

Nimmt man Beethovens allererste Pläne aus dem Jahr 1792, Schillers Gedicht »An die Freude« zu vertonen, und dazu alle Skizzierungsansätze, die sich mit der Neunten in Verbindung bringen lassen (aus den Jahren 1811/12, 1815/16 und 1818), so ist diese letzte seiner Orchesterkompositionen auch die mit der längsten Entstehungszeit. Vor allem aber ist sie – weniger als »anachronistische« Krönung (Solomon) dessen, was man den »heroischen Stil« Beethovens genannt hat, denn als eine Summe seiner Erfahrungen und Kenntnisse als Symphonienkomponist – insgesamt retrospektiv.

Schon der Beginn des Kopfsatzes *(Allegro ma non troppo, un poco maestoso)* läßt den kompositorischen Vorsatz, hier einmal alles von Anfang an zu entwickeln, hervortreten. So entsteht Beethovens d-Moll-Symphonie aus dem Nichts einer leeren Quinte wie aus einem Naturklang, der sich erst allmählich mit Inhalt füllt. Dabei bleiben die thematischen Hauptgedanken sämtlich lapidar, wobei gerade der Verzicht auf ihre artifizielle Ausgestaltung eine Tendenz zum Archaisch-Erhabenen verstärkt. Dies entspricht genau der Maxime jenes »Immer einfacher«, wie Beethoven es sich für seine letzte Schaffensphase selbst zum Vorsatz machte. Ist die Hauptidee des Kopfsatzes auf den Kontrast von Licht und Dunkel ausgerichtet – erst in der Coda scheint es kurz so, als wende sich die Musik ins Helle –, so zielt das großangelegte Scherzo *(Molto vivace)* auf den Gegensatz von Spiel und Störung, von zerbrechlicher Schönheit und derb einbrechender Rücksichtslosigkeit ab. Der langsame Satz *(Adagio molto cantabile)* gehört zu den tiefsten, die Beethoven komponiert hat. Seine beiden Hauptthemen kontrastieren in der Anlage – die Quartsprünge und der große Ambitus des ersten mit den schrittweise gesteigerten Vorhaltsbildungen des zweiten –, nicht aber im Charakter jener innigen Emp-

Ludwig van Beethoven
Stich nach einer Tuschzeichnung von Martin Tejček (um 1823)

findung, die das instrumentale *Cantabile* des Beethovenschen Spätwerks überhaupt auszeichnet.

Die Dur-Variante der Grundtonart d-moll klingt in allen Sätzen an: in Durchführung und Reprise des Kopfsatzes, dem Mittelteil (Trio) des Scherzos und dem kontrastierenden 2. Hauptgedanken des in B-Dur stehenden langsamen Satzes, bis sie endlich zur Haupttonart des größten Finales wird, das Beethoven geschrieben hat. Dessen einleitendes *Presto* mündet zweimal in ein ausführliches Rezitativ ein, zuerst instrumental (Celli und Kontrabässe, dem kurze Erinnerungen an die Hauptgedanken aller vorausgegangenen Sätze folgen), danach vokal (Bass) mit einem Text seltsam ironisierender Wirkung, scheint doch hier die Musik auf sich selbst Bezug zu nehmen: »O Freunde, nicht diese Töne« – das klingt hier, an dieser Stelle des symphonischen Zyklus, wie ein Signal für das Ende absoluter Symphonik überhaupt.

Aufs Ganze gesehen, vereinigt das Finale der Neunten Merkmale ganz verschiedener Gattungen, Formen und Stile, und so mutet es eigentümlich an, daß Beethoven sich erst kurz vor Abschluß der Komposition für die Einbeziehung von Sängern und Chor entschied. Mit der freien Form einer als Phantasie konzipierten symphonisch besetzten Kantate hatte er schon in seiner *Chorphantasie op. 80* experimentiert. Die Reihung ganz verschieden dimensionierter »Nummern« instrumentaler und vokaler Rezitative und Arien, Chöre und Intermezzi mit Einschluß großangelegter Fugenteile lassen für das Finale der Neunten zunächst an die Form eines Variationszyklus mit Schlußfuge denken, weisen jedoch in ihrem Abwechslungsreichtum und den stark differierenden Dimensionen der einzelnen Abschnitte auch Züge des Oratoriums und sogar eines abschließenden Opernfinales auf.

Auf das Formkonzept des vierteiligen symphonischen Satzzyklus schließlich läßt sich die Disposition des Abschnitts *Allegro assai vivace, Alla marcia* beziehen (seiner charakteristischen Schlagwerkinstrumentation wegen wird dieser als »türkischer Marsch« bezeichnet), da er ein scherzoartiges, zwischen den gewichtigen Eröffnungsteil und die beiden langsamen Abschnitte »Seid umschlungen« *(Andante maestoso)* und »Ihr stürzet nieder« *(Adagio ma non troppo, ma divoto)* eingeschaltetes Intermezzo darstellt. Der folgende große Schlußteil des Finales *(Allegro energico, sempre ben marcato)*, der wie eine in mehrfacher Hinsicht vollendende und überhöhende Reprise fungiert, läßt zusammen mit der Grundtonart D-Dur die »Freude-Melodie«, also das Hauptthema des ganzen Satzes wiederkehren. Sie wird nunmehr nach Art einer Steigerungsdoppelfuge mit dem anderen Hauptgedanken (»Seid umschlungen«) kombiniert und danach in mehreren ebenfalls reprisenhaften Codateilen zu krönendem Abschluß gebracht.

Daß man sich trotz der so komplexen Anlage dieses Finales an so einfach klingende Bezeichnungen wie z. B. »Symphoniekantate« gewöhnt hat, sollte nicht darüber hinwegtäuschen, wie wenig sich Beethovens Neunte und vor allem ihr Schlußsatz der Einordnung in ein System musikalischer Gattungen fügte, wie es im 19. Jh. unter gleichsam kompositionswissenschaftlichem Aspekt ausformuliert wurde. Beethovens Neunte blieb stets, trotz so mancher im Anschluß an ihr Vorbild etwa von Felix Mendelssohn Bartholdy bis hin zu Gustav Mahler konzipierten symphonischen Großwerke, ein Werk eigener Art.

[M] *CD* Lövberg, Ludwig, Kmentt, Hotter, Philharmonia O. London, Klemperer (EMI 1957) – *VD/LD* McKnight, Hobson, Dillon, Scott, NBC SO, Toscanini (RCA)
Gesamteinspielungen: NBC SO, Toscanini (RCA 1951/52); The Hanover Band, Goodman (Nimbus 1982–88); O. of the 18th Century, Brüggen (Philips 1983–92); O. Revolutionnaire & Romantique, Gardiner (DGG 1991–94) – *VD/LD* Tomowa-Sintow, Baltsa, Schreier, van Dam, Berliner Philharmoniker, Karajan (DGG und Sony); Symphonien 1, 2, 4, 6, 7, 8, 9: Wiener Philharmoniker, Bernstein (DGG)

Rainer Cadenbach

Ouvertüren

Beethoven komponierte 11 Ouvertüren, die – mit einer Ausnahme – für das Theater bestimmt waren, heute jedoch immer wieder im Konzertsaal aufgeführt werden. Dies ist kein Widerspruch, schuf doch Beethoven gerade in seinen Ouvertüren selbständige Instrumentalstücke, die so dicht gearbeitet sind, daß sich die Sprache der Musik auch ohne den dramaturgischen Kontext mitteilt. Dennoch sind es weder »Konzertouvertüren«, eine Gattung des späteren 19. Jhs., noch eine Vorform der »Symphonischen Dichtung« im Sinne Liszts oder Richard Strauss'; es sind entweder eigenständige Vorspiele zu Theaterstücken, Bestandteile umfangreicher Bühnenmusiken, die außer der Ouvertüre noch sogenannte Zwischenaktmusiken enthalten, oder Opernouvertüren. Die einzige Ouvertüre, die nicht im Zusammenhang mit einer Theateraufführung entstand, ist *Zur Namensfeier op. 115* (1814/15), eine Huldigung an den »Namenstag unseres Kaisers«, d. h. Franz I. (Notiz Beethovens), ein reines Gelegenheitswerk, das heute kaum noch gespielt wird. Ein weiteres Gelegenheitswerk ist die pompöse, an den Stil Händels angelehnte Ouvertüre *Die Weihe des Hauses op. 124* (1822), die aus Anlaß einer Wiener Theatereröffnungsfeier komponiert wurde. Auch die Ouvertüren *Die Ruinen von Athen op. 113* und *König Stephan op. 117* (beide 1811) waren Vorspiele zu allegorisch-historischen

Eröffnungsfestspielen, diesmal in Pest. Außerdem gehören sie, im Stil »all'ungharese«, zu einem Konvolut von Bühnenmusiken Beethovens; beide Pester Texte stammten von August von Kotzebue. Die Originalität und der musikalische Reichtum dieser beiden Ouvertüren rücken sie in die Nähe der beiden berühmtesten Schauspiel-Ouvertüren Beethovens; der einzigen Ouvertüre ohne langsame Einleitung, *Coriolan op. 62* (1807) zur gleichnamigen Tragödie Heinrich von Collins, bei der ein Gewissenskampf des Helden im Mittelpunkt steht (im Gegensatz zum Ränkespiel der Tragödie Shakespeares) und der Ouvertüre mit abschließender Siegessymphonie zu Goethes *Egmont op. 84*, komponiert 1809/10 einschließlich einer hochwertigen Schauspielmusik, »aus Liebe zum Dichter geschrieben« (Beethoven). Seine erste Ouvertüre schrieb Beethoven für seine Ballettmusik zu der allegorischen Pantomime *Die Geschöpfe des Prometheus* (1801) von Salvatore Viganò *(op. 43)*. Das Hauptthema ist im übrigen eine Variante des 1. Themas aus dem Kopfsatz der *1. Symphonie.*

Die restlichen 4 Ouvertüren gehören einzig zur Werkkonzeption des *Fidelio* und dessen 3 unterschiedlichen Fassungen. Die erste, vermutlich 1804 oder für eine geplante Prager Aufführung des Jahres 1807 komponierte *Leonoren-Ouvertüre op. 138* wurde erst nach Beethovens Tod gedruckt und ist niemals im Zusammenhang mit der Oper erklungen, während die *Leonoren-Ouvertüren Nr. 2* und *Nr. 3* (beide mit *op. 72a* bezeichnet) Alternativ-Fassungen einer musikdramatischen Grundidee sind (komponiert für die ersten beiden Fassungen der Oper 1805 und 1806), die später Richard Wagner in die Worte gefaßt hat: »Fern davon, nur eine musikalische Einleitung zu dem Drama zu geben, führt sie« – besonders die *3. Leonoren-Ouvertüre* – »uns dieses bereits vollständiger und ergreifender vor, als es in der nachfolgenden Handlung geschieht. Dies Werk ist nicht mehr eine Ouvertüre, sondern das gewaltigste Drama selbst.« So ist es auch seit Gustav Mahler üblich geworden, sie vor dem Finale der Oper (in der letzten Fassung) als rekapitulierende Überhöhung des Handlungsverlaufs einzuschieben, denn als Ouvertüre zur dritten und letzten Fassung hat Beethoven 1814 eine *Singspiel-Ouvertüre (Fidelio op. 72b)* geschrieben, die sich dem neuen Anfang der Oper tonartlich besser anpaßt als die 3 Leonoren-Ouvertüren in C-Dur: Das E-Dur der *Fidelio*-Ouvertüre steht im Dominant-Verhältnis zum A-Dur des ersten Duetts in der Singspiel-Atmosphäre. Außerdem ist es die Ebene der Verstellung Leonores als Fidelio (daher der neue Name der Ouvertüre). Das C-Dur der *3. Leonoren-Ouvertüre* bezieht sich dagegen auf die heroische Ebene der Haupthandlung und vor allem auf die Befreiung aller Gefangenen am Schluß der Oper.

[M] *CD* Leonore 1–3, Fidelio, Coriolan, König Stephan, Weihe des Hauses: Philharmonia O. London, Klemperer (EMI 1957–1962)

Die Solokonzerte

Im Zentrum der Solokonzerte Beethovens stehen die 5 großen *Klavierkonzerte*, die – bis auf das letzte – eng mit dem Auftreten des Komponisten als Klaviervirtuose verbunden sind.

Ein frühes Klavierkonzert in Es-Dur (WoO 4) stammt noch aus der Bonner Zeit und läßt nichts von der späteren Originalität der Musiksprache Beethovens ahnen; ein 6. Konzert in D-Dur blieb um 1815 als Skizze liegen, offensichtlich, weil Beethoven zu dieser Zeit so weit ertaubt war, daß er es nicht selber hätte vortragen können. Bereits die Leipziger UA des 5. Konzerts im November 1811 mußte der Pianist Friedrich Schneider spielen. Das 1806 für den Geiger Franz Clement (1780–1842) komponierte *Violinkonzert* gehört heute zu den Standardwerken, während es erst im späteren 19. Jh. durch Joseph Joachim ins Repertoire eingeführt werden konnte. Als »Nebenwerke« gelten dagegen die beiden *Romanzen* für Violine und Orchester G-Dur op. 40 und F-Dur op. 50 (beide 1802 komponiert) und vor allem das *Tripelkonzert* C-Dur op. 56 für Klaviertrio und Orchester aus dem Jahr 1804.

Klavierkonzert Nr. 1 C-Dur op. 15

entstanden 1796

Die ersten beiden Klavierkonzerte wurden erst 1801 gedruckt und dabei in der Zählung vertauscht; so kam es, daß das 2. Konzert, das ein Jahr früher entstanden war, den falschen Eindruck erweckte, eine etwas spätere Stufe der kompositorischen Entwicklung Beethovens zu repräsentieren. Tatsächlich führt aber erst das C-Dur-Konzert in den eigensten Tonfall Beethovens ein, der ihn so sehr von Mozarts Klavierkonzerten unterscheidet. Das unscheinbare Anfangsmotiv, eher eine rhythmische Formel, wäre in seinem militärischen Gestus bei Mozart undenkbar, ebenso die Art, wie es verarbeitet wird und dann auch noch auf den langsamen Satz ausstrahlt (Anfangstakte). Möglicherweise hat Beethoven das Konzert op. 15 bei seiner Konzertreise von 1796, die ihn u. a. nach Prag und Berlin führte, vorgetragen. Die unerhörte Prägnanz der rhythmischen Gestaltung und der pointierte Humor des Rondo-Finales mit seinen vielen Überraschungen wirken auch heute noch verblüffend und mitreißend zugleich.

[M] *CD* Gould, Columbia SO, Golschmann (Sony) – *VD* Larrocha, London SO, Tilson-Thomas, (RCA/BMG) – *LD* Barenboim, Berliner Philharmoniker (Sony)

Klavierkonzert Nr. 2 B-Dur op. 19

entstanden 1795

Im Gegensatz zum später komponierten 1. Konzert ist hier das thematische Profil noch ganz der Welt Mozarts und Haydns verhaftet. Aber immer wieder machen sich Eigenheiten Beethovens im Ansatz bemerkbar: So werden Vorder- und Nachsatz der ersten Periode des Kopfsatzes durch einen neuartigen Klangwechsel der Holzbläser überbrückt und die Aufmerksamkeit des Hörers auf die Entwicklung des Themas anstatt auf dessen Präsentation gelenkt. Und das thematische Material erscheint in Beleuchtungen, die deutlich von der musikalischen Welt der Klavierkonzerte Mozarts abrücken: »Gewagte harmonische Wendungen, völlig unerwartet (...) fahren gebieterisch dazwischen. Oder aber sie geleiten zu unerwarteten lyrischen Ausblicken, die sich weit vom thematischen Boden zu entfernen scheinen« (Harry Goldschmidt). Das B-Dur-Konzert ist auch das erste, mit dem Beethoven in Wien aufgetreten ist (29. März 1795). Drei Jahre später spielte er das Konzert in Prag in einer umgearbeiteten Fassung, und erst die 1801 erfolgte Drucklegung brachte die endgültige Werkgestalt. Die Kadenzen für den Solisten komponierte Beethoven sogar erst im Jahre 1809 für den Erzherzog Rudolph, also im Entstehungsjahr des 5. Klavierkonzerts.

[M] *CD* Perahia, Concertgebouw O. Amsterdam, Haitink (CBS 1985)

Klavierkonzert Nr. 3 c-moll op. 37

entstanden 1803

Im Umkreis der *2. Symphonie* komponiert, schlägt Beethoven in seinem einzigen Konzert in einer Molltonart und zudem noch in seiner pathetischen Tonart c-moll (vgl. die *5. Symphonie* oder die *Coriolan-Ouvertüre*) gleich in den ersten Takten des Orchesters und vor allem bei dem Einsatz des Solisten einen völlig neuen, herrisch-konzentrierten Tonfall an. Zum ersten Mal gestaltet er die Themenaufstellung der Orchester-Exposition nicht mehr, wie das noch Mozart getan hat, als Ritornell, sondern als symphonisches Gebilde, das hohe Erwartungen weckt. Und tatsächlich emanzipiert sich das anfängliche Pochmotiv der Streicher im Verlauf des Satzes, bis es in der Coda in seinem eigentlichen Instrument, der Solopauke, erscheint. Als Modell ließe sich zwar Mozarts Klavierkonzert in c-moll (KV 491) nennen, das Beethoven (neben dem d-moll-Konzert KV 466) überaus geschätzt hat, doch kommt es in erster Linie darauf an, daß Beethoven den Weg zum symphonisch-konzentrierten Solokonzert ohne Vorbild beschreitet. Die Rezension des Erstdrucks sprach 1805 mit vollem Recht von der »gründlichen Ausführung« und von dem »festgehaltenen Charakter ohne Ausschweifung«, hob außerdem die neuartige Einheit »in Absicht auf (thematische) Arbeit« hervor und verwies ausdrücklich auf den symphonischen Anspruch des Werkes: »Ein Hauptmittel, die beabsichtigte Wirkung in solch einem Werke zu erreichen, ist ferner die zweckmäßige Vorbereitung und allmähliche Hinüberleitung des Zuhörers zu dem Höchsten und Entscheidensten«, denn die spannungsvolle Entwicklung des 1. Satzes und die Durchkreuzung der reihenden Rondoform des Finales durch Partien, die durchführungsartigen Charakter aufweisen, sind geeignet, »die Aufmerksamkeit der Zuhörer immer von neuem anzuregen.« Mit dem 3. Klavierkonzert hat Beethoven den rhetorischen Appell seiner ersten beiden Symphonien auch auf den Bereich des Solokonzerts übertragen: Musik als moralische Instanz.

[M] *CD* Serkin, New York PO, Bernstein (Sony) – *VD/LD* Rubinstein, Concertgebouw O. Amsterdam, Haitink (Decca)

Klavierkonzert Nr. 4 G-Dur op. 58

entstanden 1806

Die letzten beiden Klavierkonzerte Beethovens sind ein gegensätzliches Paar: Führt das 4. Konzert in Beethovens musikalischen Intimbereich, in die Welt des lyrisch-gelösten Ausdrucks, dann wendet sich das letzte und größte Klavierkonzert an die patriotisch gesonnene Öffentlichkeit. Die lyrische Sphäre des G-Dur-Konzerts ist jedoch – wie sollte es bei Beethoven auch anders sein – nicht ungetrübt, sondern konfliktreich und weitgespannt. Der Mittelsatz ist sogar das geheime Zentrum, obwohl er äußerlich nur ein Übergang – aber welch ein Übergang! – zum Finale zu sein scheint. In diesem außerordentlichen Satz macht sich der moralische Anspruch Beethovens geltend, seine Nähe zum »Kategorischen Imperativ« Kants; zugleich ist es ein Sinnbild für Beethovens Ansicht, daß der einzelne Mensch ein »Repräsentant der Gesellschaft« sei und durch die Kraft seiner Moral auf die Prinzipien der Gesellschaft einwirken könne. Angelehnt an die Unterwelt-Szene aus Glucks *Orfeo ed Euridice*, bei der Orpheus die Furien zu besänftigen sucht, um Zutritt zu seiner Gattin Euridice im Reich der Toten zu erhalten, entwirft Beethoven hier die musikalische Szenerie einer allmählichen Besänftigung des Orchesters (der Gesellschaft) durch die moralische Kraft des Solisten. Es ist eine Umsetzung des »Kategorischen Imperativs« in die Musik: »Handle so, daß die Maxime deines Willens zugleich als Prinzip einer allgemeinen Gesetzgebung gelten kann« (Kant).

M *CD* Gieseking, Philharmonia O., Galliera (EMI 1955) – *VD/LD* Arrau, Philadelphia O., Muti (Philips)

Klavierkonzert Nr. 5 Es-Dur op. 73

entstanden 1809

In seinem innerlich und äußerlich größten Klavierkonzert, das er ausdrücklich als »Großes Konzert« bezeichnet hat, ergreift Beethoven gewissermaßen Partei gegen Napoleon, der zu dieser Zeit (1809) auf der Höhe seiner Macht stand. Die im englischen Sprachgebrauch etablierte Bezeichnung des Konzerts »The Emperor« ist irreführend, denn in Wahrheit müßte es »The Anti-Emperor« heißen, da es zwar die Atmosphäre des napoleonischen Zeitalters in Töne faßt, diese aber doch gegen die Tyrannenherrschaft richtet. Der 1. Satz ist denn auch ein großräumiger Marsch, der ausdrücklich mit einer weit ausholenden Kadenz des Solisten beginnt, einem Appell an die Öffentlichkeit: »Beethovens heroische Auffassung vom Künstler als Subjekt der Geschichte bemächtigt sich des ganzen Wesens der Musik« (Goldschmidt), und zwar unter Einbeziehung lyrischer Episoden. Insofern bedeutet das 5. Klavierkonzert eine Zusammenfassung der gegensätzlichen Kräfte, wie sie die Musiksprache Beethovens insgesamt auszeichnen. Die Macht der Töne ergreift im Finale, einem Reigengesang im Sinne der französischen Revolutionsmusik (vgl. das Finale der 5. Symphonie), die Idee der Freiheit, während der langsame Mittelsatz, eine feierliche instrumentale Ode (in H-Dur!), den »klassischen Wechselgesang zwischen Chor und Vorsänger« (Goldschmidt) enthält, bei dem es wieder, ähnlich wie im Mittelsatz des G-Dur-Konzerts, um das Verhältnis zwischen Individuum und Gesellschaft geht: Auf der ideellen Ebene der Musik ereignet sich ein mehrfaches, unterschiedliches »Verhalten des Solos zum Hauptgesang« (Goldschmidt), das durchaus als Abbild des realen Verhaltens von Einzelmensch und Gesellschaft verstanden werden kann, denn der Solist weicht dem Orchester aus, ordnet sich andererseits dem Hauptgesang ein und ordnet sich sogar unter. Die Idee der idealen Gemeinschaft ist hier Musik geworden.

M *CD* Benedetti Michelangeli, Schwed. RSO, Celibidache (Notes 1969) – *VD/LD* Arrau, Philadelphia O., Davis (Philips) – *LD* Gould, The Toronto Symphony, Ančerl (Sony) Gesamteinspielungen: *CD* Ashkenazy, Chicago SO, Solti (Decca 1972); Brendel, Philharmonia O. London, Haitink (Philips 1975–1979); Tan, London Classical Players, Norrington (EMI 1987–1989) – *VD/LD* Klavierkonzerte 3 und 5: Pollini, Wiener Philharmoniker, Böhm (DGG); 3, 4, 5: Zimerman, Wiener Philharmoniker, Bernstein (DGG)

Violinkonzert D-Dur op. 61

entstanden 1806

Es ist heute nur noch schwer vorstellbar, daß Beethovens Violinkonzert bei der UA am 23. Dezember 1806 so sehr befremdete, daß es erst 40 Jahre später dem großen Geiger Joseph Joachim gelang, das Werk ins Konzertrepertoire einzuführen. Nun ist Beethovens einziges vollendetes Violinkonzert alles andere als ein übliches Virtuosenstück mit Orchesterbegleitung; der umfangreiche, symphonische *Kopfsatz* deutet eher darauf hin, daß es sich um eine Sinfonia concertante mit obligater Solovioline handelt. Ähnlich wie im langsamen Satz der *4. Symphonie* oder in dem des 2. Rasumowsky-Quartetts (um zwei Werke im Umkreis des Violinkonzerts zu nennen) bildet ein rhythmisches Motiv – sogar im 1. Takt von der Pauke (!) intoniert – das konstruktive Rückgrat der gesamten Form, insbesondere der in lyrische Bereiche vordringenden Durchführung. Hier schickt sich der Solist zu einem improvisatorischen Alleingang an, aus dem ihn jenes Pochmotiv (in den Hörnern, später in Trompeten und Pauke) mahnend herausholt, indem es buchstäblich auf die Rückkehr zur Formenstrenge pocht. Insgesamt gehört gerade der 1. Satz zu Beethovens großen kantablen Formgebilden, die sich aber bei ihm niemals verströmen, sondern stets ein waches Bewußtsein für den Zeitimpuls behalten. Die außergewöhnliche Ausdehnung des Satzes ist dabei die Konsequenz des primär symphonischen Anspruchs. Der langsame *Mittelsatz* dagegen ist eine Art »Gesangsszene«, wenn auch (noch nicht) im Sinne des späteren 19. Jhs., denn es wird keine Geschichte erzählt, die nur von Vergangenheit oder Sehnsüchten handelt, sondern auf den gegenwärtigen Augenblick als »Zeitlupe« gerichtet ist: Es ist ein mehrstrophiger Lied-Vortrag ohne Worte, unterbrochen von Rezitativ-Einlagen, mit einem lyrischen Ruhepunkt des Solisten im Zentrum. Der »sprechende« Charakter des Solovortrags macht sich immer dadurch geltend, daß die Solokantilenen sich niemals verselbständigen, sondern stets im Wechselverhältnis zum Orchestergesang stehen und teilweise sogar begleitenden (!) Charakter aufweisen. Der Satz ist ein tiefsinniges Gegenstück zu den beiden *Romanzen* für Violine und Orchester op. 40 und op. 50, komponiert 1802.

Das *Rondo-Finale* ist, trotz seiner äußerlich traditionell anmutenden Formanlage, wieder ausdrücklich symphonisch gestaltet: Im Gegensatz zur Entwicklungsform des Kopfsatzes ist ja das Rondo eine abgestufte Folge von mehrfach wiederkehrenden Haupt- und alternierenden Nebensätzen (Couplets); Beethovens symphonischer Anspruch setzt die Couplets ausdrücklich in ein direktes Verhältnis zu den

Hauptsätzen, indem er sie durch Überleitungen miteinander verknüpft. Insgesamt erscheint der sonst übliche »Kehraus«-Charakter solcher Rondos hier geradezu vergeistigt durch Impulsivität und Innenspannung; die an sich reihende Rondoform wird umgedeutet zur Steigerungsanlage, die in einem überraschenden »coup de musique« gipfelt.

[M] *CD* Tetzlaff, SO des SWF, Gielen (Intercord 1989) – *LD* Mutter, Berliner Philharmoniker, Karajan (Sony)

Tripelkonzert für Klavier, Violine, Violoncello und Orchester C-Dur op. 56

entstanden 1804

Kurz nach der *Eroica* entstanden, gilt Beethovens *Tripelkonzert* heute als »Nebenwerk«, als »gehobene Unterhaltungsmusik« des großen Symphonikers. Tatsächlich aber gehört das seltsame Werk in den Umkreis der *Klaviertrios*, denn es ist im Grunde keine Sinfonia concertante, wie man erwarten könnte, sondern ein Klaviertrio in Gestalt eines Konzerts. Der 1. Satz weicht allerdings erheblich von dem Anspruch der übrigen Konzerte Beethovens ab und besteht aus einer Art in sich kreisendem Marsch, einem choreographischen Aufzug vergleichbar, dem die neutrale Tonart C-Dur (ohne Vorzeichen) angemessen ist. Das Finale dagegen, ein »Rondo alla Polacca«, ist eine geistreiche Übernahme des Polonaisencharakters, also eines Genres der »Unterhaltungsmusik«, in die Konzertform, während der langsame Mittelsatz, ähnlich wie im *Violinkonzert*, in der von Beethoven bevorzugten strophischen Kantilenenform gestaltet ist, der unmittelbar ins Finale überleitet.

[M] *CD* Anda, Schneiderhahn, Fournier, RSO Berlin, Fricsay (DGG 1961) – *VD* Barenboim, Ma, Perlmann, Berliner Philharmoniker, Barenboim (EMI)

Missa solemnis D-Dur op. 123

entstanden 1819–1823

Ursprünglich für die Inthronisationsfeier des Erzherzogs Rudolph zum Erzbischof von Olmütz (19. März 1820) geplant, weitete sich die Arbeit Beethovens an der *Missa solemnis* zu ungeahnten Dimensionen aus, die über den äußeren Anlaß hinausgingen. Vermutlich sah sich Beethoven zur Komposition einer Messe in den größten Dimensionen herausgefordert durch die Anfang 1818 veröffentlichte Ankündigung des Erstdrucks der *Messe in h-moll* von Johann Sebastian Bach, und zwar ausdrücklich als des »größten musikalischen Kunstwerks aller Zeiten und Völker« (Hans Georg Nägeli). Beethoven wollte nun ein letztes Wort in Sachen Kirchenmusik und Messe sprechen und seine Konsequenzen aus der Beschäftigung mit der »Alten und neuen Kirchenmusik« (E. T. A. Hoffmann, 1814) ziehen. Er bezeichnete später seine *Missa solemnis* als »L'œuvre le plus accompli«, also als beabsichtigtes Hauptwerk. Die Konventionen der Kirchenmusik treten hier in einer letzten, äußerst verdichteten Form zu einer musikalischen Botschaft zusammen, die ein Seitenstück zur *9. Symphonie*, dem »Lied an die Freude« bildet. Das Motto »Von Herzen – Möge es wieder – zu Herzen gehen«, das Beethoven nachträglich ins Autograph des »Kyrie« eingefügt hat, zielt auf die ästhetische Wirkung des Werkes, auf den umfassenden ethischen Anspruch, die Menschen zu bessern, sie durch Gefühl und Vernunft einer höheren Bestimmung zuzuführen, weniger auf religiöse Gehalte. Dennoch ist die Musik der *Missa solemnis* alles andere als unmittelbar verständlich oder gar eingängig; erst durch angestrengte Versenkung erschließt sich ihre Botschaft. Es gibt hier nicht mehr die »dienende« Funktion, die der Musik im kirchlichen Rahmen zugewiesen wurde. Die *Missa solemnis* ist ein Werk für den Konzertsaal, gedacht für innerlich freie Menschen. Die scharfe Kritik, die der Philosoph Hegel an Friedrich Schleiermachers »Reden über die Religion« (1799) geübt hat, daß nämlich niemals das Gefühl allein die Theologie begründen könne, hat Beethoven hier ausdrücklich auskomponiert: »Nur der freie Geist hat Religion.« Deshalb geht auch der innere Weg der *Missa solemnis* von dem Gebet des *Kyrie* über den Glauben des *Gloria* zur Rechtfertigung und Begründung des Glaubens in freier, subjektiver Entscheidung im *Credo* und nimmt dann den Weg über das ehrfurchtsvolle *Sanctus* und das vermenschlichte *Benedictus* (Violinromanze mit Chorbegleitung) hin zur Anwendung des Glaubens auf die Härte der Realität im *Dona nobis pacem* des *Agnus Dei* mit seinen, nur äußerlich gesehen, befremdlichen Kriegsfanfaren, durch die man erst hindurch muß, um den ewigen Frieden zu erlangen. Die Botschaft der *Missa solemnis* gipfelt also in dem gleichen humanitären Tonfall wie das Finale der *9. Symphonie*.

[M] *CD* Margiano, Robbin, Kendall, Monteverdi Choir, English Baroque Soloists, Gardiner (DGG 1989); Mei, Lipovsek, Rolfe Johnson, Holl, Chamber O. of Europe, Harnoncourt (Teldec 1992) – *VD/LD* Tomowa-Sintow, Baldani, Tappy, van Dam, Wiener Singverein, Berliner Philharmoniker, Karajan (DGG)

Weitere Vokalwerke

Außer der alles überragenden *Missa solemnis* hat Beethoven noch 2 weitere kirchenmusikalische Vokalwerke komponiert: In den ersten Wochen des Jahres 1803 entstand das Oratorium *Christus am Ölberge*, das später die Opuszahl 85 erhielt, und 4 Jahre später eine erste *Messe in C-Dur* (op. 86), die am 13. September 1807 bei ihrer UA in Eisenstadt größte

Verwunderung erregte, da Beethoven hier den Weg, den Haydn mit seinen letzten 6 Messen (ebenfalls im Auftrag des Fürsten Eszterházy komponiert) beschritten hatte, zugunsten einer symphonischen Durchkomposition verließ. Die Gliederung lehnt sich an die Abschnitte des Textes an, Arien und Ensembles fehlen völlig. Beethoven verteidigte sich später gegen die Vorwürfe, er habe hier die Tradition der klassischen Messenvertonung mißachtet, mit dem Hinweis darauf, er habe den Text behandelt, wie er noch wenig behandelt worden sei. Allerdings wird der Rang der *Missa solemnis* hier noch nicht erreicht.

Die restlichen Vokalwerke Beethovens sind mehr oder weniger Gelegenheitsarbeiten, angefangen mit den *Bonner Kantaten* auf den Tod Josephs II. und aus Anlaß der Thronbesteigung Leopolds II. (beide 1790), über die große Konzertarie *Ah! Perfido* (1796) für die Prager Sängerin Josepha Duschek und die Goethe-Vertonung *Meeresstille und glückliche Fahrt* (op. 112, 1815) bis hin zum *Opferlied* für Sopran, Chor und Orchester (op. 121b, gedruckt 1825) und jene *Phantasie c-moll* für Klavier, Chor und Orchester (op. 80, 1808), die eine Art Vorform des Finales der *9. Symphonie* darstellt.

Dietmar Holland

Richard Rodney Bennett

1936

Richard Rodney Bennett ist ein Pragmatiker und Handwerker der Musik, weniger ein Neuerer. Bennett ist in vielen Stilen zu Hause. Sein Spektrum reicht von strengen, seriellen Kompositionen bis hin zu vollkommen unakademischen Jazz-Improvisationen. Talent hat der am 29. März 1936 im englischen Broadstairs geborene Bennett in die Wiege gelegt bekommen. Seine Mutter war Pianistin und hatte selbst Kompositionsstunden bei Gustav Holst genommen. Nach dem Studium am Royal College of Music in London bei Howard Ferguson ging er Ende der 50er Jahre nach Paris und studierte bei Pierre Boulez. Nach dieser Zeit zeigte sich Bennett als einer der fruchtbarsten Komponisten seiner Generation. Ob Werke für Orchester, für Klavier oder gemischte Kammerensembles, Bennett schrieb mit leichter Hand. Sein Vermögen, sich auch in kürzester Zeit in verschiedenen Stilen zurechtzufinden, machten ihn zum idealen Filmkomponisten. *»Blind Date«* (1955) und *»Mord im Orient Express«* (1973) sind nur zwei Beispiele seiner Beiträge in diesem Genre. Auch sind viele Werke mit pädagogischer Intention für junge Interpreten entstanden. Die Bereitschaft, sich auf vorgegebene Konstellationen einzustellen, hat Bennett auch eine Reihe von Auftragskompositionen eingebracht. So schrieb er unter anderem die *1. Symphonie* für das London Symphony Orchestra (1965), die *2. Symphonie* für die New Yorker Philharmoniker (1967), eine Oper *Victory* (1968/69) für Covent Garden, ein *Oboenkonzert* für Heinz Holliger (1969/70), ein *Saxophonkonzert* (1988) für John Harle, ein *Klarinettenkonzert* für Michael Collins und ein *Schlagzeugkonzert* für Evelyn Glennie. Die Anpassungswilligkeit, die Bennett auf der einen Seite so erfolgreich gemacht hat, bedeutete auf der anderen Seite auch einen gewissen Verlust an Identität. So ist seit den 70er Jahren sein Bemühen zu erkennen, wieder mehr zu experimentieren. Neue Klangwirkungen werden erprobt, Konflikte heraufbeschworen. Weitere Werke in unterschiedlichsten Besetzungen entstanden, unter anderem ein virtuoses *Konzert für Orchester* (1973). Zu seinen letzten Arbeiten zählen Werke für symphonisches Blasorchester, *Four Seasons* (1991) und ein *Trompetenkonzert* (1993) sowie das Orchesterstück *Variations On A Nursery Tune* (1992). Richard Rodney Bennett lebt seit 1973 in New York.

Joachim Salau

Alban Berg

1885–1935

»Bergs Musik mag auf nichts verzichten. Sie will Expression und Konstruktion vereinen; den Choc des Chaotischen und den Rausch des Klingens; autobiographische Geheimnisse und objektive Architektur.« Was Adorno 1936 im Nachruf auf seinen Lehrer hervorhob, gehört bis heute zu den faszinierendsten Charakteristika eines selten vielgestaltigen und zugleich streng »durchkomponierten« Œuvres. Wie kaum einem anderen Komponisten der Moderne gelang es Berg, in seiner Person wie in seinem Werk die »Fülle des Verschiedenen« auf höchstem Niveau zusammenzuzwingen: soziales Engagement und scharfe Polemik, Liebe zur Tradition und revolutionäre Kompromißlosigkeit, anarchisch wuchernde Phantasie und strenge satztechnische Disziplin, universelle Empfänglichkeit für Fremdes und bestechende Originalität. Strawinsky nannte ihn den »begabtesten Formkonstrukteur des Jahrhunderts«, und Schönberg rühmte seine »überströmende Wärme des Fühlens«. Daß sich logische Konsequenz und Überzeugungskraft mit sinnlichem Ausdruck paart, macht die Magie der Bergschen Musik aus, die wie keine andere der Zweiten »Wiener Schule« Weltgeltung verschaffte.

Berg, am 9. Februar 1885 in Wien geboren und dort am 24. Dezember 1935 gestorben, hatte schon als Schüler ausgeprägte literarische wie musikalische Interessen und »wollte eigentlich Dichter werden«, bevor er sich definitiv der Musik zuwandte. Nach der Reifeprüfung absolvierte er ein Praktikum als Rechnungsbeamter (1904–1906) und besuchte Vorlesungen (Jura, Musikgeschichte) an der Wiener Universität. Entscheidend wurde die Begegnung mit Arnold Schönberg, bei dem er 1904–1909 privat Theorie und Komposition studierte. Ihm blieb Berg – wie sein Freund und Mitschüler Anton Webern – zeitlebens in Liebe und Verehrung verbunden. Zu Werken Schönbergs fertigte er Klavierauszüge und thematische Analysen an, und in Schönbergs Wiener »Verein für musikalische Privataufführungen« war er, nach dem Militärdienst 1914–1918, 3 Jahre als »Vortragsmeister« tätig. Berg blieb seinen schriftstellerischen Neigungen treu, schrieb brillante Essays für die Musikblätter des »Anbruch« und die Wiener Musikzeitschrift »23« (geplante Monographien über Mahler und Schönberg kamen leider nie zustande), unterrichtete Privatschüler (darunter Apostel, Rufer, Polnauer, Reich, Adorno), engagierte sich international in Jurys und Gremien, erhielt 1923 einen Verlagsvertrag der Wiener Universal Edition und wurde 1930 Mitglied der Preußischen Akademie der Künste. Berg war ein notorisch akribischer, skrupelvoller, selbstkritischer Arbeiter, der primär nur während der Sommermonate auf dem Lande (Kärnten, Steiermark) komponierte. Sein schmales Gesamt-Œuvre, zentriert um die Opern *Wozzeck* und *Lulu*, umfaßt (vom Nachlaß aus der Frühzeit abgesehen) kaum mehr als ein Dutzend Werke – Werke freilich, die zum gewichtigsten Bestand der Musik des 20. Jhs. gehören.

Sieben frühe Lieder

UA: Wien 1928

Bergs ausgeprägt literarische Neigungen und sein besonderes Sensorium für sprachlich-poetische Valeurs manifestieren sich mit allem Nachdruck schon im Frühwerk. Zunächst als Autodidakt, dann während der Studienzeit bei Schönberg komponierte er rund 140 Klavierlieder, die an die Kunstlied-Tradition der deutschen Romantik (Schumann, Brahms, Wolf) anknüpfen, aber auch – zumal im harmonischen Bereich – Einflüsse von Wagner, Strauss, Debussy verarbeiten und in manchem Beispiel expressionistischen »Ton« vorwegnehmen.

Sieben dieser *Frühen Lieder* (aus den Jahren 1905–1908) auf Texte von Lenau, Storm, Rilke, Schlaf, Hartleben, Hauptmann und Hohenberg hat Berg 1928 gründlich überarbeitet, instrumentiert und sowohl in Klavier- wie in Orchesterfassung publiziert.

Ihre formale Anordnung und inhaltliche Gewichtung, ihre kontrastreiche Stufung von Farbspektren und Bewegungstypen deuten eine (dem *Altenberg-Zyklus op. 4* verwandte) dramaturgische Konzeption an. Wie Berg hier seine Jugendarbeiten aus der Distanz von 2 Jahrzehnten »interpretiert«, was er an Strukturdetails und tiefenpsychologischen Schichten durch eine »analytische« Instrumentierung herausarbeitet, spiegelt deutlich seine Erfahrungen als Opernkomponist mit *Wozzeck*.

[M] *CD* Lear, London SO, Boulez (Fono Stradivarius)

Fünf Orchesterlieder nach Ansichtskarten-Texten von Peter Altenberg op. 4

UA: Wien 1913 (Nr. 2 und 3) – Wien 1936 (Nr. 5) – Rom 1953 (komplett)

Nicht von ungefähr provozierten die *Orchesterlieder op. 4* bei der (fragmentarischen) UA 1913 einen der größten Konzertskandale der Musikgeschichte. Als skandalös empfunden wurden nicht nur die Texte des Wiener Bohemien-Dichters (und Berg-Freundes) Peter Altenberg – lyrische Impressionen von aperçuhaft zugespitzter Diktion, die Bergs kreative Phantasie besonders reizten. Irritationen weckte auch die ungewöhnliche Konstellation von extremer Formreduktion (Dauer ca. 10 Minuten) und spätromantisch-symphonischem Klangapparat. Das riesig dimensionierte Orchester hat Berg indes nirgends blockhaft-massiv, sondern eher kammermusikalisch eingesetzt, in farbig subtilen Strukturen von unerhörtem (auch lautmalerischem) Nuancenreichtum.

Obwohl Berg die bei aller Kürze dramatisch ausgreifenden Gesänge für »einzeln aufführbar« hielt, ist ihre zyklische Konzeption (Technik der entwickelnden Variation, Ableitung aus einer im *Lied Nr. 1* exponierten harmonischen Kernzelle) doch allenthalben spürbar. Zwei expansiver und dynamischer entwickelte Außensätze (*Nr. 5* in der strengen Form einer Passacaglia) rahmen 3 kürzere – zarter und aphoristischer pointiert, aber nicht minder konsequent durchgeformt. Dank ihrer zukunftweisenden Innovationen berühmt wurden vorab die Lieder Nr. 3 (Beginnend mit einem zwölftönigen Bläsercluster und endend in einem sukzessiv aufgebauten, ebenfalls zwölftönigen Streicherkomplex) und Nr. 5, das in der konstruktiven Verklammerung von Vertikale und Horizontale, von Passacagliathema und dodekaphonem Kontrapunkt auf spätere serielle Verfahren – zumal im *Wozzeck* und in der *Wein*-Arie – vorausweist.

Ⓜ *CD* Price, London SO, Abbado (DGG 1970)

Drei Orchesterstücke op. 6 (Präludium, Reigen, Marsch)
entstanden 1914/15, revidiert 1929
UA: Berlin 1923 (Nr. 1 und 2) – Oldenburg 1930 (komplett)

Auf die Verwandtschaft von op. 6 mit der etwa gleichzeitig konzipierten Oper *Wozzeck* wurde oft hingewiesen. Gemeinsam ist ihnen nicht nur die dramatisch geballte, eruptive Klangsprache, die Aura tödlicher Bedrohung und das »katastrophische« Lebensgefühl – als musikalischer Reflex der politischen Hochspannung bei Ausbruch des Ersten Weltkrieges. Analogien finden sich auch in der charakterstückartigen Anlage der Sätze, die später primär für den 1. Akt des *Wozzeck* bestimmend wurde, und nicht zuletzt in konkreten Motivanklängen. Mit Recht hat man diese Orchesterstücke als »prophetische Antizipation« der erst 1922 vollendeten Opernmusik bezeichnet.

Berg selbst hielt die Partitur seines op. 6 für »die komplizierteste aller je geschriebenen«, wie sein Schüler Adorno berichtete. Und Adornos Ausspruch bei erster Durchsicht der Noten – »das müßte klingen, wie wenn man Schönbergs Orchesterstücke und Mahlers 9. Symphonie zugleich spielt« – verweist sowohl auf strukturelle wie auf sprachlich-stilistische Merkmale. An Schönberg erinnert die Technik der permanenten Variation, die das zyklische Gefüge aller 3 Sätze durchdringt und vorab *Präludium* und *Reigen* als komplementär aufeinander bezogen ausweist. Die Nähe zu Mahler artikuliert sich nachdrücklich im *Reigen* mit seiner collageartigen Kombination verfremdeter Walzer- und Ländlerintonationen, noch deutlicher jedoch in der alptraumhaften Vision des *Marsches*: Mahlers *Sechste*, die Berg besonders liebte, hat hier unüberhörbare Spuren eingegraben.

Symphonische Tradition aber prägt den Zyklus insgesamt. Berg selbst hat darauf hingewiesen, daß sein op. 6 das Formschema einer viersätzigen Symphonie durchschimmern läßt, wobei der *Reigen* Scherzo und langsamen Satz miteinander verschränkt. Das *Präludium*, wohl am weitesten von aller Formkonvention entfernt, beschreibt Werden und Vergehen thematischer Substanz, die aus amorphen Geräuschspektren Gestalt gewinnt und wieder in sie versinkt. Im *Marsch*-Finale, dem umfangreichsten Teil des Ganzen, wird schließlich das symphonische Entwicklungsmodell (mit Introduktion, Hauptsatz, Reprise und Coda) gleichsam in einen permanenten dramatischen Verwandlungsprozeß umgedeutet.

Ⓜ *CD* Wiener Philharmoniker, Abbado (DGG 1994)

Drei Bruchstücke aus »Wozzeck«
UA: Frankfurt 1924

Wozzeck rangiert in der Operngeschichte nicht nur als Schlüsselwerk modernen Musiktheaters, sondern zugleich als eines der seltenen Beispiele vollkommener Kongruenz von Musik und Literatur. Berg selbst besorgte die Einrichtung des Dramenfragments von Georg Büchner, und aus seinem Handexemplar geht hervor, daß Textfassung und Komposition während der gesamten Entstehungsgeschichte – von den ersten Skizzen (1914/15) bis zum Abschluß der Orchesterpartitur (1922) – stets aufs engste parallel liefen. Die ursprünglich 26 Szenen umfassende Handlung reduzierte er auf 15 Szenen, gegliedert in 3 Akte zu je 5 Szenen. Um Strenge und dramatische Konsequenz des Stoffes zu betonen, legte Berg jeder Szene ein Formschema aus dem Traditionsfundus »absoluter« Musik zugrunde: Akt 1 (Exposition) umfaßt 5 »Charakterstücke« (Suite, Rhapsodie, Militärmarsch und Wiegenlied, Passacaglia, Andante), Akt 2 (Peripetie) ist als fünfsätzige Symphonie und Akt 3 (Katastrophe) als Zyklus von 5 Inventionen angelegt. Die Disziplin der Konstruktion bleibt indes absichtsvoll versteckt – als Gerüst einer Musiksprache, an der Reichtum der Charaktere, dramatischer Affekt und psychologische Differenzierung dominierend zutagetreten. Der Formzusammenhang wird nach außen eher verdeutlicht durch ein Netz leitmotivischer Bezüge durchaus im Sinne des Wagnerschen Musikdramas.

Noch vor der Opernpremiere (Berlin 1925), die den Siegeszug des *Wozzeck* über Europas Bühnen begründete, stellte Berg auf Bitten des Dirigenten Hermann Scherchen eine Szenenauswahl für Konzertaufführungen zusammen. Diese *Drei Bruchstücke*, die die Tragödie der Marie in den Brennpunkt stellen und, nach Weberns Worten, »zusammen ein einheitliches Ganzes ausmachen«, sind dem 1. und 3. Akt entnommen. Das erste verbindet den Abgesang der 2. Szene mit *Militärmarsch und Wiegenlied* der 3. Szene aus Akt 1. Das zweite, *Mariens Bibelszene* – ein Grave-Thema mit 7 Variationen und Schlußfuge – stammt vom Beginn des 3. Akts. Das 3. *Bruchstück* bringt den Schluß der Oper, von Wozzecks Tod bis zum Ringelreihen der Kinder, einschließlich des quasi Mahlerschen Orchester-Adagios zwischen den beiden letzten Szenen, das die wichtigsten Leitmotive des Werkes noch einmal resümiert.

Drei Stücke aus der Lyrischen Suite für Streichorchester 1928

UA: Berlin 1929

Die *Lyrische Suite*, original sechssätzig und für Streichquartett 1925/26 komponiert, nannte Boulez »eines der größten Meisterwerke der gesamten Musikliteratur«. Sie ist zugleich eines der populärsten Repertoirestücke der Moderne – dank ihrer faszinierenden Symbiose von überströmender Inspiration, virtuoser Kunstfertigkeit des Satzes und unmittelbar sinnfälliger Dramaturgie, deren geheimes biographisches »Programm« erst in jüngster Zeit entschlüsselt wurde. Berg hat hier erstmals Schönbergs Reihentechnik übernommen, und zwar derart, daß sich dodekaphon gebundene und frei auskomponierte Sätze (oder Satzabschnitte) etwa zu gleichen Teilen gegenüberstehen. Den Reichtum der formalen Symmetrien, zahlensymbolischen Proportionen und motivischen Querverbindungen zwischen den 6 Sätzen darzustellen, würde ein ganzes Buch füllen. Gleichwohl erscheint die Globalform nach außen eher locker gefügt als systematisch entwickelt. Nicht zu Unrecht hat Adorno diese Suite als »latente Oper« bezeichnet: Ihr Grundcharakter ist nicht episch-symphonisch, sondern lyrisch-dramatisch. Die ständig gesteigerte, hochexpressive Spannung ebenso wie die auffälligen Charakterbezeichnungen *(amoroso, misterioso, appassionato, delirando* u. a.) verweisen auf ein musikdramatisches Modell, Wagners *Tristan*, dessen Hauptmotive Berg an mehreren Stellen der Partitur, zumal im Finalsatz, beziehungsvoll zitiert. Gesten der Huldigung enthalten auch Satz 2–4 und wiederum der letzte mit Zitaten aus der *Lyrischen Symphonie* von Alexander Zemlinsky, dem das Werk gewidmet ist.

Für die Streichorchesterfassung wählte Berg mit Bedacht nur 3 (Nr. 2–4) der 6 Sätze aus – kein »Fragment«, vielmehr das konstruktive Kernstück und emotionale Zentrum der Suite.

Le Vin (Der Wein)

Konzertarie mit Orchester

UA: Königsberg 1930

Den Auftrag der Sängerin Ruzena Herlinger (»eine Arie oder Kantate im modernen Stil, wie Mozart so viele hatte«) nahm Berg im Frühjahr 1929, mitten in den Vorbereitungen zur Oper *Lulu*, nicht ohne Hintergedanken an. Ihn reizte nicht nur das »sehr verlockende« Honorar von 5000 Schilling, ihm bot sich auch die willkommene Chance, konstruktive und atmosphärische Charaktere des geplanten Bühnenwerks in kleinerem Rahmen vorab zu erproben. Ähnlich wie Wagners *Wesendonck-Lieder* zum *Tristan* verhält sich Bergs *Wein*-Arie zur *Lulu* wie eine Vorstudie. Beiden gemeinsam ist die antibürgerliche Kühnheit des Sujets ebenso wie die zirzensische Akrobatik der hohen dramatischen Sopranpartie (als Alternative wünschte Berg sich ausdrücklich eine Tenorbesetzung, denn »textlich ist die Arie ja unbedingt ein Männerlied«). Auch in der Verschränkung von »hoher« und »niederer« Stilsphäre, im Einbezug von Unterhaltungsmusik-Elementen der 20er Jahre (Altsaxophon, »Tempo di Tango«, rhythmische »Breaks«) deutet sich schon die spezifische Klanglichkeit der *Lulu* an. Und daß Berg hier, wie später in der Oper und im *Violinkonzert*, auch tonale Stränge in einem streng dodekaphonen Gefüge herausarbeitet, ist typisch für seinen freizügigen, sehr persönlichen Umgang mit Schönbergs Zwölftonmethode.

Als Textvorlage wählt Berg aus Charles Baudelaires fünfteiligem Zyklus »Le Vin« (erstmals publiziert 1857 in »Les Fleurs du Mal«) 3 Gedichte in Stefan Georges Übertragung (1901) aus: *Die Seele des Weins, Der Wein der Liebenden* und *Der Wein des Einsamen*. Sie bilden das Gerüst für eine dreiteilige Reprisenform (nach dem Modell der traditionellen Da-capo-Arie A-B-A'), die zugleich als Sonatensatz gedeutet werden kann: Zwei ruhige Außenteile – Exposition (mit der Tango-Episode als Seitensatz) und verkürzte Reprise mit Coda – umschließen einen »leicht bewegten« Mittelabschnitt, der als Scherzo mit doppeltem Trio in spiegelbildlicher Symmetrie ausgeformt ist.

[M] *CD* Norman, New Yorker Philharmoniker, Boulez (Sony)

Symphonische Stücke aus der Oper »Lulu«

UA: Berlin 1934

An seinem 2. Bühnenwerk *Lulu*, nach Frank Wedekinds beiden »Lulu«-Dramen »Erdgeist« (1895) und »Die Büchse der Pandora« (1904), arbeitete Berg von 1928 bis zu seinem Tod im Dezember 1935. Die Instrumentation des 3. Akts konnte er nicht mehr vollenden, doch lag die Particellfassung bereits im April 1934 fertig vor. Ähnlich wie zuvor bei *Wozzeck* stellte Berg dann im Sommer 1934, aus praktischen Gründen und als Werbung für die in Berlin geplante UA, eine »Konzertsaalfassung« mit dem Titel *Symphonische Stücke aus der Oper »Lulu«* zusammen. Die Partitur dieser *Lulu-Symphonie* (so der von Berg autorisierte Kurztitel) wurde Schönberg zum 60. Geburtstag gewidmet. Anders als die suitenartigen Bruchstücke aus *Wozzeck* bilden diese Symphonischen Stücke gewissermaßen ein autonomes Orchesterwerk (mit Sopranpart in Satz 3 und 5), an formaler Logik wie an dramaturgischer Schlüssigkeit durchaus späten Mahler-Symphonien vergleichbar. Sie weisen gegenüber der Opernpartitur wesentliche Differenzen auf, und sie enthalten (Satz 4 und 5) Teile des 3. *Lulu*-Aktes in Bergs originalem Orchestersatz, was für die spätere Komplettierung der Oper (durch Friedrich Cerha, UA: Paris 1979) von entscheidender Bedeutung war.

Symphonischen Zuschnitt in ihrer komplexen motivisch-thematischen Durchformung zeigen zumal die beiden ausgedehnten Rahmenteile, während die 3 kürzeren Mittelsätze eher spezifische Charaktertypen ausprägen. Das eröffnende *Rondo* enthält ein Resümee der beiden Szenen Lulu-Alwa aus dem 2. Akt mit einer Introduktion, die auf Lulus Hauptmotiven aus dem Prolog der Oper basiert. Nr. 2 *Ostinato* ist das originale Orchesterzwischenspiel, das die beiden Szenen des 2. Akts verbindet – nach Bergs Vorstellung Begleitmusik zu einem Stummfilm (über Lulus Verhaftung, Prozeß, Einkerkerung und Befreiung aus dem Gefängnis). Die Mittelachse der Lulu-Symphonie (zugleich die Kernzelle der Oper mit der Exposition der *Lulu*-Zwölftonreihe in ihrer Urgestalt) bildet das *Lied der Lulu* aus dem 2. Akt, ein programmatisches Selbstporträt der Titelfigur. Schäbigschwüles Halbweltklima suggerieren die *Variationen* über ein originales Bänkellied Wedekinds – nach Adornos Worten »authentischer musikalischer Surrealismus«. Das *Adagio*, symphonisches Kondensat der Schlußszene des 3. Akts, ist Musik von unbeschreibbarer Ausdrucksgewalt, kulminierend im Todesschrei der Lulu und im verklärenden Epilog der Gräfin Geschwitz.

[M] *CD* Blegen, New Yorker Philharmoniker, Boulez (Sony 1979/80); Price, London SO, Abbado (DGG 1970)

Violinkonzert

UA: Barcelona 1936

Sinnfälligkeit und Transparenz der Faktur, Wärme und Intensität des Gefühlsausdrucks, eine »eingängige«, tonales Idiom nicht scheuende Sprache, nicht zuletzt die symbolhaft eingesetzten Choral- und Volksliedreminiszenzen – sie sicherten Bergs *Violinkonzert* von Anfang an Popularität wie keinem anderen Werk der Zweiten Wiener Schule. Für die anhaltende Faszination sind indes auch biographisch verklärende Motive verantwortlich. Das Konzert ist Bergs letzte abgeschlossene Komposition, zugunsten deren er die Orchestrierung der (unvollendet hinterlassenen) Oper *Lulu* unterbrach. Daß Berg, der durchweg mehrere Jahre auf ein größeres Projekt verwandte, die Partitur in geradezu »fieberhaftem Tempo« (April–August 1935) niederschrieb, ließ manche Biographen mutmaßen, er habe das Werk »in vager Vorahnung auch als sein eigenes Requiem« gestaltet. Als Requiem wurde die Komposition, ein Auftrag des amerikanischen Geigers Louis Krasner, allerdings konzipiert: Es galt »Dem Andenken eines Engels«, der 19jährig an Kinderlähmung gestorbenen Manon, Tochter Alma Mahlers aus ihrer Ehe mit Walter Gropius. Im 1. Teil, so erzählte Berg Willi Reich, habe er »Wesenszüge des jungen Mädchens in musikalische Charaktere zu übersetzen« versucht, während der 2. Teil »in Katastrophe und Lösung« gegliedert sei. Die »programmatische« Werkidee erscheint in Form und Struktur des Konzerts deutlich verankert. Ihm liegt eine Zwölftonreihe mit auffälliger Terz- und Ganztonintervallik zugrunde, deren Töne sich u. a. zu 4 Dreiklängen summieren lassen. Dank dieser Anlage konnte Berg die tonalen Zitate (Beethovens *Les Adieux*-Sonate, Kärntner Volksweise »Ein Vogerl auf'm Zwetschgenbaum«, Bachs Sterbechoral »Es ist genug« aus der Kantate *O Ewigkeit, du Donnerwort*) bruchlos in den musikalischen Prozeß integrieren. Beide Sätze sind ihrerseits

Manon Gropius, der »Engel«, dessen Gedächtnis das Violinkonzert gewidmet ist.

zweiteilig gegliedert und durch eine rückerinnernde Coda auch zyklisch verknüpft. Im 1. Satz exponiert Berg zunächst ein dreiteiliges, spiegelsymmetrisch gebautes *Andante* und läßt, quasi als heiteres Seitenstück, ein Ländlerscherzo *(Allegretto)* mit 2 Trios folgen, das rustikalen Tonfall in einer kunstvollen Montage aus realen und fiktiven Volksliedzitaten beschwört. Dem Sonatensatz-*Allegro* des 2. Satzes ist die dramatische Klimax zugewiesen, mit einer Solokadenz, deren Beginn deutlich an den Todesschrei der Lulu gemahnt. Abgesang und Verklärung bringt dann das Finale-*Adagio* mit Variationen über »Es ist genug«; den Choraltext hat Berg dem Originalzitat des Bach-Satzes in der Partitur unterlegt.

[M] *CD* Krasner, BBC SO, Webern (IMS Continuum 1936); Mutter, Chicago SO, Levine (DGG 1992)

Monika Lichtenfeld

Luciano Berio

1925

Luciano Berio ist unter den italienischen Komponisten der Gegenwart zweifellos der international bekannteste und erfolgreichste. Sein Name und sein Schaffen sind den Konzertbesuchern in den USA und Japan ebenso geläufig wie denen Europas. Durch seine intensive Lehrtätigkeit in den USA wie in mehreren europäischen Ländern hat er auch als Anreger und Förderer junger Komponisten von sich reden gemacht. Zudem ist Berio ein typisches Beispiel dafür, daß beim Komponieren in heutiger Zeit bestimmte Grundprobleme formaler wie technischer Art nicht mehr sinnvoll unter bloß nationalen Aspekten gesehen und gedeutet werden können, daß gleichwohl aber ein Rest bleibt, ein im Fall Berios eben »italienisches« Moment, das der Biographie wie der Tendenz von Berios Gesamtschaffen einen eigenen Stempel aufdrückt. Berio vertritt in seinen Werken den Standpunkt eines offenen Kunstwerkes, das sich unabhängig von aktuellen Moden und abgerundeten Formästhetiken sein zeitgemäßes Material gewissermaßen zusammensucht. Das umschließt sowohl historische Musikformen, auskomponierte Fragmente (*Rendering*) wie auch experimentelle Klangerzeugungsmöglichkeiten (*Chemins V* für Klarinette und digitale Klänge).

Luciano Berio wurde am 24. Oktober 1925 in Oneglia/Italien geboren. Nachdem er am Konservatorium in Mailand bei Ghedini studiert hatte, arbeitete er von 1953 bis 1960 beim italienischen Rundfunk, wo er das »Studio di Fonologia« gründete und eine gleichnamige Konzertreihe dirigierte. Er hat auch selbst unterrichtet, und zwar in Tanglewood/USA, am Mills College und an der Harvard University sowie in Darmstadt und Dartington/England. Von 1965 bis 1971 war er zudem Mitglied der Fakultät für Komposition an der Juilliard School in New York. Bis 1980 leitete er die elektro-akustische Abteilung von IRCAM in Paris, 1981 gründete er »Tempo Reale«, ein Institut für Neue Musik in Florenz. 1988 wurde er als Ehrenmitglied in die Royal Academy of Music aufgenommen. Außerdem ist ihm der angesehene Siemenspreis verliehen worden. Berio hat sich schon früh in seiner Komponisten-Laufbahn auch als Organisator von Konzerten und als Dirigent – hier vornehmlich eigener Werke – hervorgetan. 1955 gründete er in Mailand die Konzertreihe »Incontri musicali«, 1967 war er maßgeblich an der Gründung und Leitung des Juilliard Ensembles in New York beteiligt, 1975 übernahm er die künstlerische Leitung des israelischen Kammerorchesters, 1976 auch die Leitung der »Accademia Filarmonica Romana«, 1984 wurde er künstlerischer Direktor des »Maggio Musicale« in Florenz und Leiter des neugegründeten Orchestra Regionale Toscana. Seither folgten Einladungen an die Pulte der angesehensten Orchester der Welt, darunter das London Symphony Orchestra, das Los Angeles Philharmonic Orchestra, das Concertgebouw Orkest Amsterdam, das Cleveland Orchestra und viele andere.

Coro für Chor und Orchester

UA (der vollständigen Fassung): London 1977

Coro ist ein einstündiges Werk für 40 Instrumentalisten und ebensoviele Sänger, das zum einen die ganze Palette folkloristischer Gesangs- und Begleitpraktiken dokumentiert, zum anderen dem traditionellen Chorsatz ein neuartiges Modell an die Seite stellt.

Coro liegt ein Mosaik aus Folkloretexten und eingeschobenen Fragmenten aus Pablo Nerudas Trilogie »Residencia en la Tierra« (1933–1947) zugrunde. Die Folkloretexte stammen aus vielen Quellen. Die Texte aus Nord- und Südamerika, Polynesien und Afrika werden in einer wörtlichen englischen Übersetzung gesungen, die sich wenig um die syntaktischen Gepflogenheiten der fremden Sprache kümmert. In weiteren Abschnitten des Werkes werden auf französisch gesungene kroatische Texte und auf deutsch gesungene persische Texte vorgestellt. Die Auswahl der Texte betont grundlegende Lebenserfahrungen, die allen Kulturen gleich sind: Liebe, Tod und Arbeit. Jeder der Sänger ist neben einem zugeteilten Instrumentalisten placiert, der ihn in etwa der gleichen Stimmlage begleitet. In den unterschiedlichsten Kombinationen treten nun diese Paare zusammen, ohne sich je zum Ensemble zusammenzuschließen, und interpretieren Volkslieder aus den unterschiedlichsten Kulturen, von indianischen bis zu venezianischen Texten.

Den äußersten Gegensatz hierzu bilden blockhafte tutti auf Gedichtfragmente Pablo Nerudas, in denen der Chorklang in massiver Instrumentenballung beinahe untergeht. Das Prinzip Chor wird also durch quasi-heterophone Aufsplitterung in 40 Duette ebenso unterlaufen wie durch statische, harmonisch beinahe unbewegte Klangflächen.

[M] *CD* Kölner Rundfunkchor, Kölner RSO, Berio (DGG 1980)

Formazioni für Orchester

UA: Amsterdam 1988

Die *Formazioni* sind ein Versuch, eine räumliche Konzeption für den großen Orchesterapparat umzusetzen. Berio ordnet das Orchester so um, daß nun eine Gruppe von Klarinetten und Kontrafagotten in der Mitte plaziert ist. Um diesen Kern herum sind Bläser positioniert, die zum räumlich ausgelegten Dialog bereit sind.

Blechbläser sind auf erhöhten Plattformen links und rechts aufgestellt; die Flöten sind vorne links und hinten rechts verteilt, um so einen diagonalen Dialog zu führen. Das Werk kreist zunächst um den zentralen Ton e, von dem aus sich harmonische Formationen auf alle Orchestergruppen wellenartig verteilen. In dem Moment, wo die musikalische Textur beginnt, homogener zu werden, läßt Berio die verteilten Instrumentalgruppen über den Orchesterkern hinweg miteinander konkurrieren.

[M] *CD* Concertgebouw O. Amsterdam, Chailly (Decca 1990)

Sinfonia

UA: New York 1968

Berios bekanntestes Werk überhaupt ist die 1968/69 komponierte fünfsätzige *Sinfonia* für Orchester und 8 elektronisch verstärkte Stimmen. Diese als Hauptwerk zu wertende Collage-Symphonie ist ein klassisches Beispiel für Berios leidenschaftliche Suche nach Verbindungen scheinbar unvereinbarer akustischer und sprachlicher Phänomene. So besteht der *1. Satz* der *Sinfonia* aus einer Abfolge von Wortspielen, die sich auf Texte des Anthropologen Claude Lévi-Strauss gründen. Der *2. Satz* ist eine Bearbeitung der Komposition *O King* für Stimme und 5 Spieler. Den Kern der *Sinfonia* bildet aber der *3. Satz*, den man als komplexen Kommentar zum Scherzo aus Gustav Mahlers *2. Symphonie* interpretieren kann. Mahlers Scherzo wird hier als Kulisse benutzt, um andere Musiken (Zitate aus Maurice Ravels *La Valse*, Alban Bergs *Violinkonzert*, Richard Strauss' *Rosenkavalier*) zu einem mehrdeutigen Spektakel zu montieren. Als ruhiges Postludium gestaltet sich der *4. Satz*.

Berios Ausspruch, der *5. Satz* beende das Unterfangen, das im ersten begonnen worden sei, deutet darauf hin, daß der Prozeß der Nachprüfung und Neufassung sich unendlich fortsetzen könnte, oder zumindest, daß wie bei James Joyce's labyrinthischem Roman »Finnegans Wake« das Ende nichts anderes ist als eine Rückkehr zum Ausgangspunkt.

[M] *CD* New Swingle Singers, Orchestre de France, Boulez (Erato 1981); London Sinfonietta Voices, O. de Paris, Bychkov (Philips 1994)

Chemins

Chemins ist ein Zyklus für Soloinstrumente und Orchester. Den Hintergrund bilden Berios Orchesterwerke der späten 50er Jahre, als er experimentell versuchte, die zuerst im elektronischen Studio erforschte Technik, verschiedene Klangfarben übereinanderzuschichten, auf das Orchester zu übertragen. Aus dieser »Überzeichnungs-Technik« entwickelte sich folgerichtig das *Chemins*-Projekt.

Chemins I für Harfe und Orchester

UA: Donaueschingen 1965

Im Jahre 1962 erhielt Berio einen Auftrag der Donaueschinger Musiktage für ein Harfenkonzert. Er schrieb erst ein Stück für

Harfe solo, das seine Gedanken fixieren helfen sollte. Während des Schaffensprozesse stellte er Parallelen zwischen dieser Harfenstudie und dem 1958 komponierten Stück *Sequenza für Flöte solo* fest und nannte es zunächst *Sequenza II*. Doch Berio erkannte in diesem Werk den Kern seines Harfenkonzertes, dessen Orchesterteil sich einfach aus der Harfenstimme ableiten ließ. Als Resultat erwuchs die Komposition *Chemins I* (Chemins: Pfade. Eine Bezeichnung, die dem Auswuchern der Orchesterstimmen entsprechen soll).

Chemins II für Viola und 9 Instrumente

UA: Kopenhagen 1968

Sequenza VI für Bratsche, ein Werk, auf dem *Chemins II* beruht, war bereits eine Komposition von außerordentlicher Konzentration. Sie zerfiel, grob gesehen, in 2 Teile, von denen jeder ein unterschiedliches Prinzip darstellte. Der erste und längste vollzog sich in mehreren Verarbeitungen eines langsamen harmonischen Aufstiegs, in dem das obere Thema die chromatische Tonleiter durchklettert und dabei eine Anzahl von sich eher schlängelnden inneren Stimmen nach sich zieht: jeder daraus entstehende Akkord artikuliert sich als ein wildes Tremolando. Der 2. Teil begegnete diesem unausweichlichem Prozeß mit festen Bezugspunkten: Entweder betonenden Akkorden oder der leisen Erforschung eines statischen Repertoires an Tonhöhen.

Chemins IV für Oboe und Streicher

UA: London 1975

Wenn *Chemins II* bisweilen seinen Ursprung, die *Sequenza VI*, verdeckt, so behält *Chemins IV* statt dessen Struktur und Identität seines Ursprungs, der *Sequenza VII* für Oboe, unversehrt bei. Die Oboe geht von der Note h aus und stellt sie in 6 verschiedenen Klangfarbenversionen dar. Dann entfaltet sie sich, um einige andere Töne festzulegen, die zunächst symmetrisch um sie herum angeordnet sind. Allmählich werden gewisse Lücken innerhalb dieser Struktur durch die Einführung immer weiterer Töne aus der chromatischen Tonleiter der Oboe gefüllt. Einen Ton jedoch, das g, hört man erst nach ungefähr zwei Dritteln des Stückes, wenn er am oberen Ende der Tonleiter auftritt. Nach diesem Höhepunkt kommt die Oboe in einer leisen Schwingung zwischen einer stabileren Auswahl von Tönen zur Ruhe.

Concerto für 2 Klaviere und Orchester

UA: New York 1973

Das *Concerto* ist so etwas wie ein Kompendium kompositorischer Möglichkeiten, die Berio Anfang der 70er Jahre zur Verfügung standen. Klar strukturierte Sektionen musikalischer Ereignisse und deutliche Reminiszenzen an frühere Werke (*Sequenza VI*, *Laborintus II*, und *Sinfonia*) machen das *Concerto* zu einem modernen Repertoirestück. Das für Berio so typische Auswuchern aus einer zentralen, vom ganzen Orchester getragenen Hauptstimme in zahlreiche Nebenverästelungen und der üppige Einsatz von Staccato-Akkorden bei den Solo-Klavieren zeichnen Berios *Concerto* als prägnantes Beispiel seines so bezeichnenden »enzyklopädischen« Stiles aus. Es ist die vorläufige Bilanz seiner technischen Möglichkeiten am Anfang einer neuen Stilperiode.

Ritorno degli snovidenia (Rückkehr der Träume)

UA: Basel 1977

Berio begann seine Komposition *Ritorno degli snovidenia*, die er für den russischen Cellisten Mstislav Rostropowitsch schrieb, indem er die Fragmente dreier russischer Revolutionslieder zusammenschrieb. Der Titel kann zweierlei bedeuten. Zum einen ist es eine Hommage an die so bitter enttäuschten Träume der russischen Revolution, die aber immer wiederkehren, um wie ein Spuk das Bewußtsein heimzusuchen. Im Titel stecken aber auch Bezüge zu Berios Schaffen selbst, das in diesem Werk die wiederentdeckten Potentiale seiner reichen melodischen Einbildungskraft freisetzt. Im Gegensatz zu früheren melodischen Entwicklungsprozessen (*Sequenza I*, *Sequenza VII*) ist der melodische Satz hier betont motivisch orientiert.

[M] *CD* Strauch, Ensemble InterContemporain, Boulez (Sony 1989)

Folk Songs für Mezzosopran und 7 Instrumente

UA: Oakland 1964 (UA der Orchesterfassung: Zürich 1973)

1963/64 war Berio Professor für Komposition am Mills College in Oakland bei San Francisco. Dort, vermutlich inmitten aufblühender »Flower Power« und neuartiger »Pulse Music« (Steve Reich begann seine Laufbahn am Mills College), stellte Berio die Suite mit dem Titel *Folk Songs* aus 7 Arrangements, 2 Kompositionen und einer Transkription zusammen. Die *Folk Songs*, von denen noch eine Version für großes Orchester (1973) existiert, gehören mittlerweile zu den am häufigsten aufgeführten Werken Berios. Neben echt folkloristischen Melodien – wie etwa dem sizilianischen *A la Femminisca* oder der sardinischen *Motetta de tristura* finden sich nämlich auch zwei kuriose Produkte des amerikanischen Historismus, die von dem aus Kentucky gebürtigen Sänger John Jacob Niles in den Modi des elisabethanischen Zeitalters im 19. Jh. komponiert worden sind. Zwei weitere

Songs *La donna ideale* und *Ballo* sind aus den *Quattro Canzoni* übernommen.

Berio beurteilt seine Bearbeitung folgendermaßen: »Es ist nicht meine Absicht, die Authentizität eines Volksliedes zu bewahren. Meine Transkriptionen haben den Charakter von Analysen.«

[M] *CD* Nes, Concertgebouw O. Amsterdam, Chailly (Decca 1989)

Rendering (etwa: Übertragung) für Orchester

UA: Amsterdam 1989

In *Rendering*, einem Versuch, die Skizzen zu Franz Schuberts *10. Symphonie* zu einem neuen Werk zu verbinden, behandelt Berio das vorgefundene Material wie ein beschädigtes Fresko. Die von Schubert nicht auskomponierten Lücken werden nicht im Sinne eines originalgetreuen Wiederaufbaus rekonstruiert, sie werden vielmehr mit nebelhaft wirkenden Klangzonen gefüllt, die stets durch den fremd wirkenden Celestaklang angekündigt werden. Interessanterweise verwendet Berio aber auch Zitate aus Schuberts letzter Klaviersonate und der *Wanderer-Phantasie*.

Rendering ist ein für Berio sehr typisches Werk, das mit der Musiktradition zu spielen versteht, sich aber nicht in romantischer Schönfärberei verliert. So wirken denn die reparierten Skizzen wie musikalische Fundsachen, die ein moderner Komponist aufgelesen hat, um sie vor seinem inneren Ohr neu zu hören, eine Musik sich überlappender künstlerischer Realitäten.

Epifanie für Frauenstimme und Orchester

UA: Donaueschingen 1961

(UA der neuen Version: Philadelphia 1992)

Das Stück *Epifanie* für Frauenstimme und großes Orchester, das 1961 in Donaueschingen seine UA erlebte und 1965 einer umfassenden Revision unterzogen wurde, bezog den Interpreten (Dirigent) in eine Art Praxis der verschiedenen Lesarten ein, indem es ihm Wahlmöglichkeiten bei der Festlegung des Ablaufs der verschiedenen Teile des Werks eröffnete. Auch das war bereits die Weiterführung der Methode, die Berio bei den rein instrumentalen Orchesterstücken der *Quaderni I* und *II* vorgesehen hatte, deren 10 Teile vom Dirigenten in unterschiedlichen Kombinationen montiert werden konnten. Die auf der Basis dieser Instrumentalstücke entwickelte Vokalfassung der *Epifanie* weitete das Feld der Möglichkeiten noch weiter aus, indem die Zitatmontage der Texte nach Wahl der/des Interpreten an verschiedenen Stellen mit der instrumentalen Entwicklung synchronisiert werden konnte.

Damit strebte Berio eine möglichst große Variabilität zwischen den Texten und dem Zusammenhang an, in den sie sich gestellt fanden: Wortbedeutung und vokale Bedeutung konnten jedesmal in einem anderen unerwarteten Licht erscheinen, das entweder die offenbare Verschiedenartigkeit der Texte oder ihre vielleicht vorhandene dialektische Einheit hervorheben mochte.

Bei der Auswahl der Texte war Berio Ratschlägen von Umberto Eco gefolgt, dem dabei eine graduelle Entwicklung vorschwebte, die aus der poetischen Situation der lyrischen Verwandlung der Wirklichkeit (bei Proust, Joyce und Machado) über die tragischen Offenbarungen der Erinnerung (Sanguinetti) hin zu einer sozusagen entleibten Darstellung der Dinge führte (Simon).

Requies

UA: Aspen 1985

Requies ist dem Andenken der 1983 vorzeitig verstorbenen Sängerin Cathy Berberian gewidmet, die mit Luciano Berio 15 Jahre verheiratet war. Sie überzeugte als Vokalkünstlerin von unglaublicher Virtuosität. Ihr experimenteller Elan inspirierte Berio zu zahlreichen Vokalkompositionen, deren lautmalerische Grenzüberschreitungen für viele moderne Komponisten als künstlerischer Maßstab galt. *Requies: Frammento* (*in memoriam Cathy*), so der Titel der vollständigen Version, ist eine rein instrumentale Erinnerungsmusik für Orchester, die in beständig kreisenden Melodiefragmenten segmentiert, auf ein fernes und nie erreichtes Utopia zustrebt. Auch die sich durch allmähliches Zusammenspiel sämtlicher Instrumente abzeichnende Verfestigung der musikalischen Struktur läßt trotzdem keine klare Kontur zu. Eine zarte und zutiefst poetische Liebeserklärung.

[M] *CD* London Sinfonietta, Berio (RCA 1988) *Sven Ahnert*

Hector Berlioz

1803–1869

Hector Berlioz. Zeichnung von Jean - Auguste - Dominique Ingres (um 1830)

Sollte schon bei Beethoven die Musik »dem Manne Feuer aus dem Geist schlagen«, dann erhob erst recht Hector Berlioz die Forderung, die Musik dürfe nicht nur Genuß sein, sondern müsse uns an den Nerven zerren und in seelische Abgründe schauen lassen, von denen die bisherige Musik noch keine Ahnung hatte. Zugleich nahm Berlioz für sich in Anspruch, die Mittel der Musik zu bereichern und damit zum ersten Komponisten der Moderne zu werden. Er bezog ausdrücklich neben den traditionellen Disziplinen des Tonsatzes wie Harmonik, Rhythmik, Ausdruck oder Modulationstechnik den Farbenreichtum des Orchestersatzes und den »Ort der Tonerzeugung« sowie das Phänomen der »Klangstärke« und der »vielfachen Besetzung« in seine kompositorischen Überlegungen mit ein und wollte seine Musik in die prinzipiell unbegrenzten Räume der Phantasie führen. Bereits in Beethovens Symphonien entdeckte er »einen poetischen Gedanken (...) ohne die Hilfe des Wortes, um damit den Ausdruck zu fixieren«, und hörte »ihre Sprache extrem unbestimmt«, aber gerade dadurch mit »noch mehr Macht über die mit Vorstellungskraft begabten Lebewesen.« Die Sprache der Instrumentalmusik sei es gerade, die den bloßen Gedanken weit überschreite und in seelische Innenräume vorstoße, die einer neuen künstlerischen Welt gleichkämen. Im Gegensatz zur deutschen Musikästhetik empfand Berlioz die Kategorie des »Effekts« und der »Wirkung« als positiven Zug der musikalischen Sprache und ließ es denn auch nicht an Erfindungsreichtum gerade in diesem Bereich fehlen. Er gehörte aber auch zu den gerade im 19. Jh. so prononciert auftretenden Doppelbegabungen: Literarisch von Kindheit an äußerst versiert, betrachtete er später das Verhältnis zwischen Musik und Literatur als gegenseitige Anregung und Ergänzung; seine Vorlieben für die französischen Romantiker, für Lord Byron, besonders aber für Shakespeare und Vergil, setzte er in Werke um, die weit über die traditionellen Gattungsgrenzen hinausgingen und einen ästhetischen Freiraum eröffneten, dem sowohl die Theatermauern als auch die Konzertsäle im Grunde zu eng waren. Was Berlioz vorschwebte, war eine Musik, in der sich, in durchaus verwegener Mischung, autobiographische Elemente mit literarischen Ebenen ununterscheidbar durchdrangen und zu einem ganz neuartigen Ausdrucksreichtum führten, gesteuert durch ein kompositorisches Verfahren, das er mit »imprévu« (unerwartete Wendung) umschrieb. So besehen, ist seine Bemerkung: »Mein Leben ist ein Roman, der mich sehr interessiert« auch umgekehrt, vom Werk her, zu verstehen. Immer aber ist es die literarische Brille, die romantische Ironie, durch die hindurch der Hörer gezwungen wird, sich auf ständige Brechungen des musikalischen Inhalts einzulassen. Auch in dieser Hinsicht gehört Berlioz zum Ursprung einer künstlerischen Moderne, der nichts mehr – weder die Mittel, noch der Ausdruck – selbstverständlich ist.

Dabei hat Berlioz, der am 11. Dezember 1803 in La Côte Saint-André (zwischen Grenoble und Lyon) geboren wurde, die Musik als Beruf erst mühsam gegen den Vater, einen Arzt, erkämpfen und auch später, in Paris, seine eigenen Vorstellungen von kompositorischer Arbeit gegen den starren Akademismus am Conservatoire durchsetzen müssen. Erst nach mehreren Anläufen gewann er den Rom-Preis (mit der Kantate *La mort de Sardanapale*), der ihm einen zweijährigen Aufenthalt in Italien (1831–1832) einbrachte, bei dem er jedoch weniger musikalische als vielmehr atmosphärische Erfahrungen machte: Auf tagelangen Wanderungen in den Abruzzen und in der Campagna entfloh er der »akademischen Kaserne« (Villa Medici) und atmete die »maßlose Freiheit« der Landschaft. Obwohl er in dem Pariser Jahrzehnt bis 1842 den größten Teil seiner Hauptwerke komponierte, sah er sich, aus Gründen eines Brotberufs, gezwungen, zum Musikkritiker und brillanten Feuilletonisten zu avancieren; in den 50er Jahren verfaßte er eine der interessantesten Autobiographien des Jhs., aus der auch seine wachsende Erfolglosigkeit als Komponist in Paris und sein Ruhm in Deutschland und Rußland hervorgehen. Es ist grotesk, daß für ihn in Paris nur die Stelle des Bibliothekars am Conservatoire (ab 1839) in Betracht kam. So ist es nur zu verständlich, daß er in der Stadt, die ihm doch das meiste bedeutete, völlig verbittert (am 8. März 1869) starb, während sein Ruhm sich im Ausland, besonders in Deutschland, längst entfaltet hatte.

Symphonie fantastique

UA: Paris 1830 (2. Fassung: Paris 1832)

Mit der Pariser UA der *Symphonie fantastique* am 5. Dezember 1830 begann ein neues Kapitel der Symphonik: Zum ersten Mal wurden autobiographische und literarische Erfahrungen eines Komponisten zum Ausgangspunkt eines rein instrumentalen Werkes. Und doch war es kein Vorläufer dessen, was man später mit dem Begriff der »Programmusik« verband. Denn was der junge Berlioz mit dem Zusatz »fantastique« meinte, war gerade nicht das persönliche Erlebnis, sondern vielmehr die komplexe Vermischung von autobiographischem Anlaß und diversen literarischen Einflüssen, die überhaupt erst die »fantastische« Wirkung der Symphonie ermöglichte. Die zahlreichen Assoziationen und der neuartige Reichtum an Klangfarben und kompositorischen Ideen sind es, auf die es beim Hören in erster Linie ankommt. Der äußere Anlaß, ein musikalisches Seelendrama ohne Worte zu komponieren, und zwar ausdrücklich in 5 (statt 4) Sätzen, als sei es eine Grand Opéra mit ihren 5 Akten, war die (vorerst unerfüllte und später in trister Ehe begrabene) Liebe des Komponisten zu der Schauspielerin Harriet Smithson, deren Shakespeare-Darstellung er im September 1827 bei einem Pariser Gastspiel bewunderte. Die »Episode aus dem Leben eines Künstlers« indessen, wie er die tatsächlich komponierte Symphonie im Haupttitel nannte, griff in ihrem inhaltlichen Reichtum weit über jenen Anlaß hinaus, indem Berlioz die Maske eines »jungen Künstlers« aufsetzte, der dieses Erlebnis durch künstlerische Gestaltung auf die Ebene der Fiktion hob. Das ausdrücklich ans Publikum verteilte »Programm« gibt zwar einigen Aufschluß über die »Handlung« des Seelendramas, vermag aber weder die Musik zu »erklären« noch ein literarisches Eigenleben zu führen. Erst im ergänzenden Gegensatz zueinander erweist sich die Kraft der beiden Ebenen, das symphonische Ich – in Analogie zum dichterischen Subjekt – im Lichte einer außerordentlichen, pathologischen Seelenlage vorzuführen. Die symphonische Form weitet sich deshalb zum instrumentalen Drama (»drame instrumental«), dessen Schauplätze jedoch nur in der Vorstellung existieren: »Um die Lücken in der Entwicklung des dramatischen Gedankens zu erfüllen, die von der musikalischen Sprache notwendigerweise offen gelassen werden, mußte er« – Berlioz – »zur geschriebenen Prosa Zuflucht nehmen, um den Plan der Symphonie darzulegen und zu rechtfertigen.« Und die quälenden Obsessionen, denen sich der junge Künstler ausgesetzt sieht, vergegenständlichen sich gewissermaßen in einem musikalischen Thema, das sich in den weiteren Verlauf der Symphonie »wie ein leidenschaftlicher, vorübergehender Gedanke inmitten der Szenen, die ihm fremd sind und von denen er ablenkt« (Berlioz) einschiebt, nachdem es den 1. Satz (*Träume – Leidenschaften*) thematisch bestimmt hat. Berlioz nannte dieses Thema (»une pensée musicale«), um die Neuartigkeit seines Charakters und seiner Funktion zu umreißen, eine »double idée fixe«, da es sowohl eine, wie Robert Schumann in seiner Rezension formulierte, »festhängende quälende Idee in der Art, wie man sie oft tagelang nicht aus dem Kopfe bringt« meint, als auch das Bild der begehrten Frau. Diese doppelte Optik ist überaus bezeichnend für Berlioz; sie betrifft auch die assoziative Freiheit, mit der er seinen symphonischen »Helden« durch die verschiedensten Lebensumstände geleitet, die ihn »mitten in den Tumult eines Festes« (2. Satz: *Ein Ball*), in die Einsamkeit eines Abends in der freien Natur (3. Satz: *Szene auf dem Lande*) mit einer »Mischung von Hoffnung und Furcht« bis hin zum Opiumrausch führt, bei dem er sich (4. Satz: *Gang zum Richtplatz*) als Mörder der Geliebten zum Tode verurteilt glaubt und ihr schließlich (5. Satz: *Traum einer Sabbatnacht*) in der eigenen, blasphemischen Totenfeier in Form einer Walpurgisnacht sogar als Hexe begegnet. Der Traum ist am Ende zum Alptraum geworden, aus dem er, im nachkomponierten Monodram *Lélio ou le retour à la vie* (1832, konzertant als Nachspiel zur *Symphonie fantastique* am 9. Dezember 1832 in Paris uraufgeführt) in der Maske Hamlets wieder erwacht, um jetzt die Stufe der künstlerischen Selbstreflexion zu erreichen.

[M] *CD* O. Revolutionaire & Romantique, Gardiner (Philips 1991)

Harold en Italie (Harold in Italien)

UA: Paris 1834

Angeblich beauftragte Niccolò Paganini im Januar 1834 Berlioz, ein Werk für Solobratsche und Orchester zu komponieren. In seiner Autobiographie kolportierte der Komponist eine Situation, derzufolge der italienische Virtuose nach seiner Einsichtnahme in das Manuskript des 1. Satzes von dem Werk nichts mehr wissen wollte, weil er die eigenartige Rolle, die Berlioz hier dem Solisten zugedacht hatte, nicht akzeptieren konnte: »Ich muß immerfort zu spielen haben!« Wie dem auch sei, Berlioz verfolgte einen neuartigen symphonischen Plan, bei dem die Solobratsche eben nicht brillieren, sondern charakterisieren sollte: »Ich kam auf den Gedanken, für das Orchester eine Reihe von Szenen zu schreiben, in denen die Solobratsche die Rolle einer mehr oder minder wichtigen Person spielen sollte, die durch das Ganze ihren eigenen Charakter bewahrt« – deshalb ist dem Solisten, im Unterschied zur »idée fixe« der *Symphonie fan-*

tastique, die ständigen Veränderungen unterworfen wird, ein konstantes Thema zugeordnet –; »ich wollte die Bratsche in den Mittelpunkt der poetischen Erinnerungen stellen, die ich von meinen Streifzügen in den Abruzzen behalten hatte und aus ihr eine Art von melancholisch verträumter Persönlichkeit machen wie Byrons Childe Harold.« Was er tatsächlich komponierte, war nicht nur eine ungewöhnliche Verbindung von Symphonie und Solokonzert, sondern auch von autobiographischen und literarischen Erfahrungen. Das bereits aus der *Symphonie fantastique* bekannte Maskenspiel setzt sich hier sogar unter konkreten Bedingungen fort: Der »Held« der neuen Symphonie ist strenggenommen nicht Lord Byrons Harold, sondern Berlioz als Harold in Italien, nochmals gebrochen durch die Personifizierung in der einsamen, auch räumlich vom Orchester abgetrennten Rolle der Solobratsche. Diese »Rolle« ist zugleich eine Umdeutung der traditionellen Funktion des Solisten im Solokonzert, denn statt als Solist mit dem Orchester in einen Dialog zu treten, schwebt hier der Gesang der Solobratsche über dem Orchester oder reagiert auf die Eindrücke, die er von ihm empfängt. Während er noch im ersten Satz (*Harold in den Bergen*) als einsamer Träumer mit der atmosphärischen Szenerie des Orchesters konfrontiert wird, zieht er sich bereits in den beiden Mittelsätzen (*Marsch der Pilger* und *Serenade*) ganz auf seine Außenseiterposition als unbeteiligter Beobachter zurück und läßt, innerlich völlig von den äußeren Begebenheiten entfremdet, die beiden Szenen (im 3. Satz handelt es sich um den Tanz und das Ständchen eines Liebenden in den Abruzzen) an sich vorbeiziehen, um dann im Finale (*Gelage der Räuber*) nur noch eine Gegenwelt aus bloßen Reminiszenzen anzudeuten, indem er sich erschrocken auf seine reflexive Einsamkeit besinnt und alsbald dem frenetischen Orchester die Szene überläßt.

[M] *CD* Menuhin, Philharmonia O., Davis (EMI)

Grande Symphonie funèbre et triomphale

UA: Paris 1840 (2. Fassung: Paris 1842)

Für die Feier des 10. Jahrestages der Juli-Revolution am 28. Juli 1840 erhielt Berlioz vom französischen Innenminister Charles de Rémusat den Auftrag, eine Musik »im Zusammenhang mit der Überführung der mehr oder minder heldenhaften Opfer jener drei Tage in das neue Monument, das man zu diesem Zweck auf der Place de la Bastille errichtet hatte« (Berlioz), zu komponieren, ein zeremonielles Werk also, das im Freien erklingen sollte. In dieser 1. Fassung bestand das Orchester, dem Plan einer Symphonie militaire gemäß, nur aus Bläsern, angeführt von Berlioz selbst, der während der Prozession rückwärts schreitend dirigierte. Bei der Ankunft auf der Place de la Bastille erklang das rezitativisch-beredte Posaunensolo der *Hymne d'adieu,* (in der späteren Fassung: *Oraison funèbre,* also »Grabrede«), während der Geistliche den Segen erteilte. Über die Konzeption der *Symphonie funèbre et triomphale* äußerte sich Berlioz in seiner Autobiographie: »Ich wollte zuerst die Kämpfe der ruhmvollen drei Tage in Erinnerung bringen, inmitten der Trauerklänge eines furchtbaren und zugleich verzweiflungsvollen Marsches, zur Begleitung der Prozession; dann eine Art musikalischer Grab- oder Abschiedshuldigung an die glorreichen Helden folgen lassen, in dem Augenblick, da die Leichen in die monumentale Gruft hinabgelassen wurden; und mit einer Ruhmeshymne, einer Apotheose schließen, wenn das Volk, nachdem das Grabmal sich geschlossen hat, nur noch die hohe Säule mit der Freiheitsstatue vor Augen haben würde.« Für Aufführungen in geschlossenen Räumen arbeitete Berlioz die Komposition um, fügte Streicherstimmen (ad libitum) hinzu und gab der Apotheose einen zusätzlichen Chor mit einem Text von Antony Deschamps.

[M] *CD* Montreal SO, Dutoit (Decca 1985)

Ouvertüren

Als der junge Berlioz am 26. Mai 1828 in Paris sein erstes Konzert mit eigenen Werken gab, standen auch zwei seiner eigenständigen Konzert-Ouvertüren auf dem Programm: neben der *Grande Ouverture de Waverley* nach dem gleichnamigen Roman von Walter Scott, komponiert um 1827, noch die ursprünglich für eine niemals ausgeführte Oper vorgesehene Ouvertüre *Les Francs-Juges* (*Die Femerichter,* 1826), beides beachtliche Talentproben, in denen sich bereits neue musikalische Ideen abzeichnen und die aus heutiger Sicht als direkte Vorläufer der Symphonischen Dichtungen Franz Liszts zu betrachten sind. Das Genre der Konzert-Ouvertüre wird hier, wie auch in den späteren Beiträgen Berlioz' zu dieser Gattung, durch freiere formale und inhaltliche Gestaltung weit überschritten und mit koloristischen Einfällen im Orchestersatz bereichert, ohne daß dafür konkrete Vorbilder namhaft gemacht werden könnten. Entscheidend für den musikalischen Reichtum an Phantasie in diesen Ouvertüren waren stets die literarischen Anregungen; so bezeichnete bereits nach jenem 1. Konzert der alte Musiklehrer Pastou seinen einstigen Schüler Berlioz mit den treffenden Worten: »Ihre Ouvertüre zu den Francs-Juges ist ein Childe Harold und nahm damit die spätere Bezeichnung Berlioz' als »Lord Byron der Musik« intuitiv vorweg. Und tatsächlich war es die Einsamkeit der literarischen Gestalten Lord Byrons, die Berlioz zeitlebens fasziniert hat. Die verschlungene Geschichte der Ouvertüre *Le Corsaire (Der Korsar)*, in der endgültigen Fassung erst am 1. April 1855 in Paris uraufgeführt, legt davon ein eindringliches Zeugnis ab: Als Berlioz im Sommer 1844 für einige Wochen dem verhaßten Pariser Trubel entfloh und in Nizza, im Zeichen Byrons, einen Turm bewohnte, komponierte er, im Anblick des Meeres, eine Ouvertüre, die er mit »La Tour de Nice« bezeichnete und ein Jahr später in Paris zur UA brachte. Er fühlte sich darin auch erinnert an seine frühere Italienreise und die Ausflüge in die Landschaft. Als er die Ouvertüre 6 Jahre später für eine Londoner Aufführung revidierte, gab er ihr den Titel *Le Corsaire rouge*, und rückte sie damit von Lord Byron zu James Fennimore Coopers »The Red Rover«, also in die Nähe des Verfassers des »Letzten Mohikaners«; ein Jahr danach erhielt die Ouvertüre, als sie gedruckt wurde, ihren endgültigen Titel, der dann doch noch die Anspielung auf Lord Byrons Poem »The Corsar« bestätigte. Der musikalische Inhalt der Ouvertüre ist indessen weder eine Abschilderung des Byronschen Gedichts noch der Erzählung Coopers; sie ist vielmehr, und das ist bezeichnend für Berlioz, die Darstellung eines Charakters mit rein musikalischen Mitteln, freilich in der kühnen Phantasie eines Komponisten wie Berlioz: »Bei Cooper wie bei Byron ist jedoch der Held ein Seeräuber, und das paßt vorzüglich zum Habitus dieser Ouvertüre, die sich wie mit einem Pistolenschuß ins heftige Leben stürzt« (Wolfgang Dömling).

Abgesehen von den Ouvertüren zu *Benvenuto Cellini* (UA: Paris 1838 im Rahmen der UA der gleichnamigen Oper) und *Le Carnaval romain* (UA dieser »Ouverture caractéristique« am 3. Februar 1844 in Paris), letztere von Berlioz selbst als »deuxième ouverture de Benvenuto Cellini« bezeichnet und bei einer Londoner Aufführung der Oper am 25. Juni 1853 als Vorspiel zum 2. Akt gegeben, hinterließ er noch zwei im Jahr 1831 komponierte Konzert-Ouvertüren, von denen eine, die *Intrata di Rob-Roy MacGregor* nach Walter Scott, erst posthum publiziert wurde, während die *Grande Ouverture du Roi Lear* nach Shakespeare (UA: Paris 1840) am deutlichsten auf Züge der Symphonischen Dichtungen Liszts vorausweist: Berlioz übersetzt hier den Kern der Handlung – die Auseinandersetzung des Königs Lear mit seinen Kindern und der Ausnahmecharakter der jüngsten Tochter Cordelia – in die epische Sprache seines farbenreichen Orchesters.

[M] *CD* Les Francs-Juges, Roi Lear, Le Corsaire, Le Carnaval romain, Waverley: London SO, Davis (Philips 1985); Ouvertüren zu »Béatrice et Bénedict« und »Benvenuto Cellini«, Le Carnaval romain u.a.: Orchestre Nationale de l'ORTF, Cluytens (EMI)

Nuits d'été (Sommernächte)

erschienen 1841 (Klavierfassung) und
1856 (Orchesterfassung)

Ursprünglich für Mezzosopran oder Tenor mit Klavierbegleitung geschrieben, wurden die 6 Lieder nach Gedichten des französischen Romantikers Théophile Gautier (1811–1872) aus dessen 2. Gedichtband »Poésies diverses« (1838) in der 15 Jahre später entstandenen Orchesterfassung zum wohl ersten Zyklus von Orchesterliedern überhaupt. In dieser Form wies Berlioz die Gesänge 6 verschiedenen Sängern – weiblichen und männlichen Stimmfächern – zu, die er auf seinen Konzertreisen in Deutschland kennen- und schätzen gelernt hatte. Damit hat er bereits in der Besetzung eine eigenartige Brechung des zyklischen Zusammenhangs vorgenommen, die sich auch in der Reihenfolge der Lieder widerspiegelt: Im Gegensatz zum narrativen Zug der großen Liederzyklen Schuberts handelt es sich hier – auch darin die späteren Orchestergesänge Gustav Mahlers vorwegnehmend – um die Gruppierung einzelner Stücke um ein gemeinsames Grundthema, nicht um eine durchgehende Handlung. Es ist das Thema der romantischen Liebe unter den verschiedensten Aspekten und vor allem literarischen Brechungen, denn das letzte Lied greift nur scheinbar, damit einen formalen Bogen des Zyklus suggerierend, auf das erste zurück, indem es den gesamten inzwischen gewonnenen Erfahrungsreichtum mitreflektiert und die überschwengliche Leidenschaft des Tonfalls als trügerisch entlarvt. Die stilistische Originalität der 6 Lieder, die Bandbreite ihrer Tonfälle und die Fülle der orchestralen Feinheiten – so etwa das geradezu hypnotische Schreiten auf dem nächtlichen Friedhof im 5. Lied (»Au cimetière: Clair de lune«) und die irisierenden Klangeffekte bei der Stelle »dans un rayon tremblant« (»in schwankendem Lichtstrahl«) – machen diesen ersten bedeutenden Zyklus von Orchestergesängen zu einem musikhistorischen Fall obersten Ranges. Heute ist es üblich geworden, den Zyklus einheitlich von einem Mezzosopran vortragen zu lassen und dabei die Tonarten der ursprünglichen Klavierfassung zu benutzen.

[M] *CD* Baker, New PO, Barbirolli (EMI); Crespin, Orchestre de la Suisse Romande, Ansermet (Decca); Kanawa, O. de Paris, Barenboim (DGG 1981)

Roméo et Juliette

Symphonie dramatique avec chœurs
UA: Paris 1839

Die Tragödie »Romeo und Julia« galt Berlioz als Inbegriff der dramatischen Kunst Shakespeares. Als er jedoch, für ein halbes Jahr durch ein großzügiges Geldgeschenk Niccolò Paganinis im Dezember 1838 vom reinen Broterwerb befreit, beschloß, Shakespeares Drama zum Sujet einer ungewöhnlichen Symphonie zu wählen, dachte er keineswegs daran, den Text wörtlich zu vertonen, sondern entwarf in durchaus freier Anlehnung an die Vorlage einen Prosatext, den er von Emile Deschamps in Verse bringen ließ. Von Shakespeares Drama war nur der Kern der Handlung übriggeblieben, und der Held der Tragödie erschien von vornherein als die melancholische Persönlichkeit, wie sie in der romantischen Rezeption üblich war; besonders im Verständnis des Komponisten, der sich, im Sinne seines stets geübten Maskenspiels, selbst hinter seinem Sujet verbarg. Als Spiegel der unglücklichen Ehe mit der einst als Darstellerin der Julia bei einem Pariser Gastspiel bewunderten Harriet Smithson ergriff Berlioz den Stoff des Dramas sozusagen unter dem Blickwinkel einer doppelten Durchführung der Handlung und rechtfertigte damit zugleich die Bezeichnung des Werkes als einer »dramatischen Symphonie«: »Zweifellos wird man sich über die Gattung dieses Werkes nicht täuschen können. Obschon hier oft Singstimmen verwendet werden, handelt es sich weder um eine konzertante Oper noch um eine Kantate, sondern um eine Symphonie mit Chor. Wenn der Gesang nahezu von Anfang an mitwirkt, so geschieht dies, um den Zuhörer auf die dramatischen Szenen vorzubereiten, deren Gefühle und Leidenschaften durch das Orchester ausgedrückt werden sollen« (Berlioz). Damit setzte sich Berlioz deutlich genug von Beethovens 9. Symphonie ab, die in Frankreich als »Symphonie avec chœurs« bekannt war; und er bediente sich des Kunstgriffs, die ohnehin ganz auf die Liebestragödie zusammengezogene Handlung im *Prolog* (dem 1. Teil der Symphonie) als Textvertonung zu exponieren, und zwar sowohl als Bericht, wie auch als Kommentar, um damit den Weg freizumachen für die Sprache der reinen Instrumentalmusik, die in den 3 großen symphonischen Sätzen des 2. Teils (in der heute üblichen Zählung) sich ganz auf die beiden Hauptpersonen *(Romeos Einsamkeit und Melancholie, Liebesszene, Scherzo der Feenkönigin Mab)* konzentriert, die somit völlig ohne Text vorgeführt werden. Das bedeutet nichts weniger als eine Umkehrung der zum Wort hinführenden 9. Symphonie Beethovens und ein Vertrauen in die »reichere, mannigfaltigere, weniger fixierte Sprache« (Berlioz) der reinen Instrumentalmusik, wie sie in dem zentralen Adagio des Mittelteils, der *Scène d'amour*, gipfelt und in der – von Shakespeare abweichenden – *Szene in der Gruft* (2. Satz des 3. Teils) sogar als musikalische Abschilderung einer realen Bühnenaufführung durch rein musikalische Suggestion auftritt. Diese Szene sah nämlich Berlioz bereits 1827 bei jenem Gastspiel einer englischen Truppe, das ihn mit seiner späteren Frau konfrontierte; es handelt sich um eine Version, die der Schauspieler David Garrick (1716–1779), dessen Ruhm als Shakespeare-Darsteller bis ins 19. Jh. ausstrahlte, erfunden hat. Während bei Shakespeare Romeo am Gift stirbt, ehe Julia aus ihrem Scheintod erwacht, entschied sich Garrick für den Eingriff, daß Julia in dem Augenblick zu sich kommt, als Romeo das Gift genommen hat; er vergißt vor Freude, was er getan hat, und beide fallen sich in die Arme. Doch dann beginnt das Gift zu wirken, und Romeo stirbt an der Brust Julias, die sich in Verzweiflung ersticht. Diese Szene komponierte Berlioz ausdrücklich als »scène instrumentale« und verlangt damit vom Hörer, von Garricks Umarbeitung genaue Kenntnis zu besitzen. Nochmals stehen hier aber die beiden Protagonisten im Zentrum der Imaginationskraft, über die nur die Sprache der Musik verfügen kann: »Die Musik hat weite Flügel, die sie in den Mauern eines Theaters nicht ganz entfalten kann«, hatte Berlioz schon 1834 geschrieben. So besehen ist das vokale Finale der Symphonie nur als Anlehnung an die Oper zu verstehen *(Rezitativ und Arie des Pater Lorenzo, Versöhnungsschwur der feindlichen Familien).* Die eigentliche Handlung findet in den Instrumentalstücken des Mittelteils statt, die denn auch häufig allein im Konzertsaal aufgeführt werden.

[M] *CD* Borodina, Moser, Miles, Wiener Philharmoniker, Davis (Philips 1995)

La damnation de Faust (Fausts Verdammung)

Légende dramatique (Dramatische Legende)

UA: Paris 1846

Um einem Werk wie der *Damnation de Faust* gerecht zu werden, muß man sich von der Vorstellung lösen, hier sei Goethes »Faust« (1. Teil) vertont worden. Es handelt sich vielmehr um ein freies, vor allem musikalisches »Weiterdichten« literarischer Motive, wie es kurz darauf Franz Liszt in seinen *Symphonischen Dichtungen* praktizierte; bei Berlioz freilich als eine Art imaginärer Oper, deren Handlung nicht auf realer Bühne stattfindet, sondern gewissermaßen im Kopf und in der Vorstellungskraft des Hörers, die durch eben diese Musiksprache angeregt wird: durch deren Bildhaftigkeit und Suggestionsreichtum. Ursprünglich hatte Berlioz, der sich der gattungsüberschreitenden Art seines Werkes bewußt war, die Bezeichnung »opéra de concert«, dann »opéra-légende« vorgesehen und sich schließlich für »légende dramatique« entschieden, um sich von der Gattung Oper endgültig abzusetzen. Und tatsächlich wäre die *Damnation* zutreffend als »Traumoper« (Wolfgang Dömling) aufzufassen, da sie zwischen allen Gattungen angesiedelt ist: weder Oper noch Oratorium, weder Kantate noch »Symphonie avec chœurs« (wie *Roméo et Juliette*), erfaßt sie schier utopische Freiräume, die einzig in der Musik greifbar werden. Der Stoff wirkt wie die Präsentation einzelner, charakteristischer Ausschnitte aus einer viel größeren Bühnenhandlung, und der Titel verweist sogleich auf den entscheidenden Abstand zu Goethe, bei dem ja bekanntlich Faust nicht untergeht, sondern gerettet wird. Aber auch die Szenenfolge entspricht nicht der Handlung Goethes: »Der Verfasser von Fausts Verdammung hat aus dem Goetheschen Faust nur eine Anzahl Situationen und Szenen entlehnt, welche seinem vorgezeichneten Plane sich unschwer einfügen ließen und deren reizvoller Anregung er sich nicht zu entziehen vermochte« (Berlioz). Solche Vorgehensweise, mit der hohen Literatur für musikalische Zwecke umzuspringen, wurde Berlioz (und nicht nur ihm) sehr verübelt, während sich der Komponist mit Recht dahingehend verteidigte, daß es unmöglich sei, ein literarisches Drama ungekürzt in ein musikalisches Werk zu verwandeln. Außerdem machte er geltend, daß es nicht auf das Prinzip der Wörtlichkeit, sondern auf die Einhaltung

Satirische Darstellung von Berlioz als Dirigent eigener Werke (1846)

der Wahrscheinlichkeit ankomme. Und so sei es auch zu verstehen, warum sein Faust im 1. Teil in einer ungarischen Ebene auftritt: Habe nicht Goethe seinen Faust (im 2. Teil) sogar in den antiken Palast des Menelaos geführt? Die Faust-Legende sei der unterschiedlichsten Behandlung offen, da sie keinem einzelnen Dichter angehöre, sondern dem Volksgut. Dennoch stammt der Kern der *Damnation* aus Goethes Faust-Dichtung in der französischen Übersetzung von Gérard de Nerval (erschienen 1827): Berlioz komponierte seine Szenenfolge um die bereits 1829 entstandenen und als »Opus 1« gedruckten *Huit scènes de Faust* herum, ein Werk, das er vorerst zurückgezogen hatte und das nun erst seine richtige Gestalt fand. Diese 8 Szenen waren allesamt Liedeinlagen, also Teile der Handlung Goethes, in denen die Personen nicht als Handelnde sprechen, sondern reflektierende oder fingierte Gesänge vortragen, so etwa Branders *Lied von der Ratte* in Auerbachs Keller, Mephistos *Flohlied*, Margaretes Lied *Es war ein König in Thule*, Mephistos zynische Serenade *Was machst du mir vor Liebchens Tür* und schließlich Margaretes *Lied am Spinnrad*, das bei Berlioz freilich zu einer freien Paraphrase des Goetheschen Gedichts in Form einer pathetischen »Romance« wird (Beginn des 4. Teils der *Damnation*). Die Beschwörung der Natur durch Faust hingegen steht nicht bei Goethe und wurde eigens von Berlioz, der auch sonst die meisten der zusätzlichen Texte für die *Damnation* verfaßte, hinzugefügt; sie zeigt Faust als den melancholisch-einsamen Helden im Lichte der Weltsicht Lord Byrons, dessen Einfluß auf Berlioz nicht hoch genug einzuschätzen ist.

Die Dramaturgie der *Damnation de Faust* entspricht äußerlich zwar der Szenenfolge einer Oper, aber sie spielt sich nur in der Vorstellung ab, so daß der Musik die schwierige Aufgabe zufällt, die Szenen so wirkungsvoll wie möglich zu imaginieren. Und genau dieser Aufgabe zeigt sich Berlioz gewachsen wie kaum ein anderer Komponist seiner Zeit. Nicht allein bei der filmähnlichen »Höllenfahrt« Fausts glaubt das Ohr des Hörers die Szene zu »sehen«, sondern auch bei der Suggestion szenischer Überlagerungen von Innen- und Außenwelt durch die Konfrontation unterschiedlicher musikalischer Ebenen, etwa am Schluß der 15. Szene: Nach ihrem traurigen Gesang – einer Textparaphrase von Goethes »Meine Ruh ist hin« – horcht Margarete den Geräuschen von draußen nach, einem Zapfenstreich, Trommeln, einem Soldatenchor und einem Studentenlied. Mit dieser sinnfälligen Gegenüberstellung von Margaretes Einsamkeit und der unbeteiligten Außenwelt macht Berlioz musikalisch deutlich, wie sehr es ihr bewußt ist, daß Faust sie verlassen hat. Und die Reminiszenz des Romanzen-Themas im melancholischen Englischhorn am Ende der Szene faßt diese Atmosphäre emotional zusammen. Es ist ein Beispiel für jene »scène idéale«, von der Théophile Gautier gesagt hat, sie benötige weder Dekorationen noch Kostüme, weil in ihr einzig die Phantasie herrsche, und genau das ist das zentrale Anliegen der Musik von Berlioz.

M *CD* Mathis, Burrows, McIntyre, Paul; Tanglewood Festival Chorus, Boston Boy Choir; Boston SO, Ozawa (DGG 1974)

Grande Messe des Morts (Requiem)

UA: Paris 1837

Im März 1837 erhielt Berlioz den offiziellen Auftrag, ein Requiem für die Gefallenen der Juli-Revolution von 1830 zu schreiben. Die UA war für den 28. Juli desselben Jahres vorgesehen, konnte aber aus politischen Gründen nicht stattfinden. Der Ort für die UA am 5. Dezember jedoch blieb bestehen, und Berlioz hatte ihn bei der Konzeption des Werkes mitbedacht: Es war der Pariser Invalidendom, dessen Architektur der musikalischen Raumkomposition in den zentralen Abschnitten der »Sequenz« des Requiems die entscheidenden Anhaltspunkte gab. In der musikalischen Feier des Staatsbegräbnisses für die Gefallenen des Algerienkrieges, darunter an der Spitze der General Damrémont, konnten die Schrecken des Jüngsten Gerichtes buchstäblich aus allen 4 Himmelsrichtungen auf die Zuhörer eindringen; Berlioz hatte 4 zusätzliche Blasorchester an den 4 Ecken des Invalidendomes aufgestellt und somit die Möglichkeiten des Raumklanges voll ausgenutzt. Das geschah aber nicht, wie ihm etwa Heinrich Heine vorwarf, aus Gründen klanglicher Monumentalität, sondern um die musikalischen Mittel in ungewöhnlicher Weise mit dem Wandern des Klanges im Raum zu bereichern. Außerdem enthält gerade die Partitur des Requiems eine solche Fülle von Tonfällen, daß es bei genauerem Hören deutlich wird, worum es Berlioz eigentlich ging: Er wollte die ganze Spannweite zwischen Schrekken und Flehen, zwischen Furcht und Hoffnung erfassen, und dazu waren ihm die ungewöhnlichsten Mittel recht, die von den – im übrigen nur an wenigen Stellen vorgesehenen – Klangmassen bis hin zu bewußt archaisierenden, reinen Chorsätzen *(Quaerens me)* reichen, also bis zum gregorianischen Ursprung der Kirchenmusik (psalmodierender Gesang im *Offertorium*, Verwendung einer Kirchentonart im 1. Chorsatz des *Dies irae*). Was fehlt, sind die konzertierenden Mittel der Sologesänge; selbst das Tenorsolo im *Sanctus* kann alternativ von 10 ausgewählten Choristen ausgeführt werden. Entscheidend für den überwältigenden Eindruck, den dieses Requiem hinterläßt, ist der Abstand zwischen der meditativen Stille einerseits und den erdröhnenden Schreckensvisionen im *Tuba mirum* und im 2. Teil des *Lacrimosa* andererseits, aber auch die filmähnliche Technik »harter Schnitte« in solchen Kontrastbildungen wie etwa im *Rex tremendae*, bei dem auf kürzestem Raum die Extreme aufeinanderstoßen: die schreckliche Macht des Weltenherrschers und die Furcht vor den Abgründen der Hölle. (Ausdrücklich hat Berlioz an dieser Stelle diesen Texteinschub aus dem »Offertorium« vorgenommen). Und immer wieder geht es um das *Salva me*, um die Angst des Subjekts also, nicht einer Gemeinde von Gläubigen. Im Gegensatz zu den Requiem-Vertonungen von Mozart und Verdi fehlt jedoch bei Berlioz eine Ebene völlig: der Tod als Freund und der Trost für die noch Lebenden. In den Hohlräumen zwischen den elementaren Ausbrüchen und der geradezu asketischen Sparsamkeit dieser Musik findet sich das Individuum nicht mehr geborgen. Das Thema des göttlichen Gerichts, zu dem Berlioz bereits 1831 ein furchterregendes, aber nie ausgeführtes Projekt erdacht hatte *(Le dernier jour du monde)*, bei dem virtuell das tatsächliche Jüngste Gericht hätte stattfinden können, – dieses Thema ist die zentrale Idee der *Grande Messe des Morts*. Und sie wird in beklemmender Weise konkret musikalisch greifbar nicht nur in den Raumklängen des *Tuba mirum*, sondern vor allem in den schockierenden Hohlräumen zwischen den hohen Flötenakkorden und den tiefsten Posaunentönen im Fernorchester des *Hostias*, bei denen die Weite des riesigen Kirchenraumes klanglich als Leere erscheint. Erst hier wird die wahre Innovationskraft der Requiem-Musik von Berlioz hörbar.

M *CD* Burrows, O. Philharmonique et Choeurs de Radio France, O. National de France, Bernstein (Sony)

Te Deum

UA: Paris 1855

Zusammen mit der *Grande Messe des Morts* und der *Symphonie funèbre et triomphale* gehört das *Te Deum* von 1849 zu den angeblichen »Monumentalwerken« von Berlioz. Wahr an dieser Bezeichnung ist jedoch nur die enorme Ausweitung der musikalischen Mittel, vor allem der räumlichen Klangwirkungen, weniger der spektakuläre Effekt. In allen 3 Werken herrscht nämlich eine Ökonomie im Umgang mit den großen Besetzungen, die noch weit erstaunlicher und überraschender ist als die verwendeten Mittel selber. Ähnlich wie im Requiem verfolgte Berlioz mit seinem *Te Deum* keineswegs den Plan, ein religiöses Bekenntnis abzulegen, sondern er komponierte – nachdem einige politisch orientierte Großprojekte, in die es hätte integriert werden sollen (u.a. *Fête musicale funèbre à la mémoire des hommes illustres de la France*), gescheitert waren – aus eigenem Antrieb eine verdeckte Hymne auf den durch einen Staatsstreich an die Macht gekommenen neuen starken Mann Frankreichs, Louis Bonaparte, bei dem er erfolgreich zu reüssieren hoffte. Uraufgeführt wurde das *Te Deum* jedoch erst am 30. April 1855, bezeichnenderweise im Rahmen einer Industrieausstellung. Für diesen Zweck hatte Berlioz einen rein instrumentalen Marsch zur Begleitung der Fahnen-Zeremonie eingefügt. Da also das *Te Deum* weder zu den Krönungs- noch zu den Hochzeitsfeierlichkeiten Louis Bonapartes erklingen konnte, war es der Rahmen der Industrieausstellung, der dem weltlichen Gepräge des Werkes entsprach. Die klanglichen Ideen, die Berlioz hier verwirklichte, sehen immerhin 3 Chöre vor, darunter einen groß besetzten Kinderchor als Stimme des Volkes, ferner ein großes Orchester und eine am anderen Ende des Raumes aufgestellte Orgel, die teilweise obligat behandelt wird (etwa in der Hymne »Tibi omnes«). Der Dialog zwischen diesen drei so unterschiedlichen Klanggruppen ist außerordentlich eindrucksvoll, weil er auf Klangperspektiven ausgerichtet ist. Das wird in der Hymne »Tibi omnes« oder in der Hymne »Judex crederis«, einem Schwesterwerk des »Lacrimosa« aus dem *Requiem*, besonders deutlich: die von Heine beanstandeten »aufgetürmten Unmöglichkeiten« ereignen sich nur an ganz wenigen, dafür umso bewußter eingesetzten Stellen (etwa bei »majestatis gloriae tuae« im 2. Stück mit seinem gewaltigen Crescendo-Sog). Ansonsten gibt es eine großzügige Breite, die später Anton Bruckner nach der Probe zur Wiener Erstaufführung zu dem Verdikt veranlaßte, »kirchlich« sei diese Musik nicht – und er hatte richtig gehört.

[M] *CD* Araiza, div. Chöre, European Community Youth O., Abbado (DGG 1981)

Dietmar Holland

Leonard Bernstein

1918–1990

»(...) Und schließlich und weil all dies wahr ist, glaube ich, daß es auf Ives' ›Offene Frage‹ eine Antwort gibt. Ich weiß zwar nicht mehr genau, welche Frage er stellt, aber ich weiß: die Antwort ist Ja.« Leonard Bernstein beendete seine 1973 gehaltenen 6 »Harvard Vorlesungen« mit diesem rhetorischen Clou. In den Passagen zuvor hat er das Credo eines unerschütterlichen Glaubens an die humanitäre Botschaft der Musik und an den Menschen abgelegt – dies trotz oder gerade wegen der auch von ihm oft zitierten »Krise des 20. Jhs«.

Erst mit 10 Jahren begann der am 25. August 1918 geborene Leonard Bernstein sich mit Musik zu beschäftigen. In einem nicht gerade musikalischen Elternhaus ermöglichte es das dort untergestellte Klavier einer Tante, erste musikalisch-praktische Erfahrungen zu sammeln. An der Harvard Universität zählte u.a. Walter Piston zu seinen Lehrern. Danach wechselte er an das Curtis Institute zu Isabell Vengerova (Klavier) und Fritz Reiner (Dirigieren). 1942 machte ihn Serge Kussewitzky zu seinem Assistenten. Bernsteins große Stunde indes schlug im Jahr darauf, als er kurzfristig für den erkrankten Bruno Walter ein landesweit auch vom Rundfunk übertragenes Konzert der New Yorker Philharmoniker dirigierte. 1958 wurde er für 11 Jahre deren Chefdirigent und blieb auch darüber hinaus Ehrendirigent auf Lebenszeit. Weltweite Erfolge an allen internationalen Opernhäusern, mit allen namhaften Orchestern und nicht zuletzt auch auf Schallplatte kennzeichneten nur eine Seite dieses ersten ausschließlich in den Vereinigten Staaten ausgebildeten universellen Musikers.

Trotz eines alle Gattungen umfassenden kompositorischen Œuvres verstand sich Bernstein in erster Linie als Bühnenkomponist: »Sollte man mir das ›Theatralische‹ in einem symphonischen Werk vorwerfen, so bekenne ich mich gerne schuldig«, sagte er später einmal. »Ich habe nämlich den festen Verdacht, daß jedes Werk, das ich schreibe, für welches Medium auch immer, in Wirklichkeit in irgendeiner Weise Theatermusik ist.« Sein großes Ziel war es, eine genuine Form des amerikanischen Musiktheaters zu erschaffen, in der sich Elemente der europäischen Operntradition mit denen des Musicals verbinden. Der Komponist Bernstein begann seine Karriere noch in der 40er Jahren am New Yorker Broadway mit so erfolgreichen Produktionen wie *On the Town* oder *Wonderful Town*. Sein Welterfolg *West Side Story* (1957) blieb allerdings das einzige Werk, in dem es ihm gelang, die angestrebte Synthese wirklich überzeugend zu gestalten. In späteren Bühnenwerken fehlte es ihm an jener Leichtigkeit.

Neben all diesen Aktivitäten war es Bernsteins lebenslanges Anliegen, sein Wissen – und seine Überzeugung – weiterzugeben: Vorlesungen, Fernsehsendungen und die Arbeit mit Nachwuchskünstlern ließen eine Schar von Jüngern heranwachsen. Noch wenige Wochen vor seinem Tod am 14. Oktober 1990 dirigierte Bernstein das letzte Mal beim Tanglewood Festival – dort, wo auch er selbst just 50 Jahre zuvor einen Grundstein seiner Karriere gelegt hatte.

Leonard Bernstein bei einer Fernsehaufzeichnung des SFB in Berlin (1960)

Symphonien

Dem Komponisten Leonard Bernstein wurde von der europäischen, namentlich der deutschen Musikkritik oft der Vorwurf entgegengebracht, Eklektiker zu sein. Bernstein mag diese hierzulande mit negativen Vorzeichen versehene Titulierung sehr wohl verstanden haben – aber eigentlich dürfte sie ihm als trefflichste Beschreibung seiner Ästhetik recht gewesen sein. Ihm, der aus seiner Abneigung gegenüber der »Avantgarde« nie ein Hehl gemacht hat, wäre es geradezu absurd erschienen, sich nicht in einer Tradition zu sehen, nicht aus dem unerschöpflichen Fundes schon vorhandener Musik »auszuwählen«. Auch wenn er, als gebürtiger Amerikaner, ungezwungener mit der Tradition umzugehen verstand, so hat er nie einen Zweifel daran gelassen, daß auch seine Wurzeln in der abendländischen Kultur und Musik lagen – und die reicht schließlich zurück in alttestamentarische Zeiten.

Bernsteins 3 Symphonien (*Jeremiah* 1942, *The Age of Anxiety* 1949 und *Kaddish* 1963) stehen in einem übergeordneten Zusammenhang, der seine Ergänzung in 2 weiteren, außerhalb dieser Gattung stehenden Werken findet: den *Chichester Psalms* (1965) und der *Mass* (1971). Vorbild und Rechtfertigung einer in diesen Werken praktizierten Durchlässigkeit der Gattungsgrenzen vermittels vokaler und konzertierender Partien bildeten die Symphonik Gustav Mahlers (für dessen Schaffen sich er sich schon früh und mit Nachdruck eingesetzt hat) und nicht zuletzt jene »Erlösung der Musik durch das Wort« (Wagner): Beethovens *9. Symphonie*. Werke beider Komponisten bestimmten in besonderem Maße das musikalische Universum des Dirigenten und Komponisten Bernstein. Jedoch nicht bloß in formaler Hinsicht. Bei Beethoven und Mahler – und Bernstein – fungiert eine äußerlich erscheinende »Ent-grenzung« als Indiz für eine inhaltlich tief reichende Komponente: als Fingerzeig, daß Musik dem Menschen eine universelle Botschaft übermittelte – ganz unabhängig davon, ob verbal zum Ausdruck gebracht oder als Programm beigegeben. Bernstein verfolgte mit seinen Symphonien (und wohl mit seinem gesamten Œuvre) das Ideal einer »Bekenntnismusik«, die in allem und jederzeit die humanitären Überzeugungen ihres Schöpfers zum Ausdruck bringen sollte.

Symphonie Nr. 1 »Jeremiah«

UA: Pittsburg 1944

1939 begann Bernstein mit dem Entwurf einer *Lamentation für Sopran und Orchester.* Aus ihm entwickelte sich schließlich jenes 1942 vollendete, dann dreisätzige Werk *(Weissagung: Largamente; Entweihung: Vivace con brio; Klage: Lento)* für Mezzo-Sopran und Orchester, das Bernstein – nach seinem fulminanten »Einspringerdebut« für Bruno Walter – am 28. Januar 1944 mit dem Pittsburgh Symphony Orchestra selbst zur UA bringen konnte. Grundlage seiner *1. Symphonie* bilden die alttestamentarischen »Klagelieder Jeremiahs«. Im 3. Satz werden Auszüge davon vom Mezzo-Sopran intoniert. Aber nicht nur in textlicher Hinsicht hat Bernstein Althergebrachtes verarbeitet: Auch viele der musikalischen Themen entstammen der hebräischen Liturgie. Bernstein-Exegeten haben weit mehr solcher liturgischen Formeln in dem Werk entdeckt, als der Komponist selbst zugeben mochte, und somit bewiesen, daß der Enkel eines jüdisch-russischen Rabbiners in hohem Maße durch ein die Tradition pflegendes Elternhaus geprägt war. Belegt wird dies auch dadurch, daß Bernstein das Werk seinem sehr gläubigen Vater gewidmet hat.

[M] *CD* Ludwig, Israel PO, Bernstein (DGG 1977)

Symphonie Nr. 2 »The Age of Anxiety«

UA: New York 1949

Unmittelbar nach Lektüre des gerade veröffentlichten Gedichts »The Age of Anxiety« (»Das Zeitalter der Angst«) des englischen Dichters W. H. Auden begann Bernstein 1947 mit der Komposition seiner gleichnamigen *2. Symphonie.* Auden beschwört in kunstvoll geformten freien Rhythmen ein metaphysisches Welttheater, dargestellt durch 4 Personen, die sich in einer New Yorker Bar treffen. Erschüttert von der im Rundfunk übertragenen Kriegsberichterstattung, überwinden sie ihre individuelle Isolation und schöpfen wieder Vertrauen in die Fähigkeit, miteinander zu kommunizieren. Auden wie Bernstein verleihen dadurch der Überzeugung Ausdruck, daß der verlorene Glaube – hier der Glaube des Menschen an sich selbst – wiedergewonnen werden könne.

Auch diese *2. Symphonie* sprengt ansonsten übliche formale Vorgaben der Gattung. In der Gesamtheit könnte es sich bei den auf 2 Hauptabschnitte aufgeteilten 6 Teilen *(Prolog: Lento moderato; Die sieben Zeitalter: Variationen 1–7; Die sieben Stadien: Variationen 8–14; Der Trauergesang: Largo; Das Maskenspiel: Äußerst schnell; Epilog: L'istesso tempo – Adagio – Andante – Con moto)* um ein Klavierkonzert handeln. Die Ursache dafür hat auch Bernstein in seiner überaus großen Identifikation mit der literarischen Vorlage gesehen. Der Pianist repräsentiere – in seinen Worten – »einen autobiographischen Hauptdarsteller, dem das Orchester wie ein Spiegel gegenübersteht (...)« Dieses »Gegenüber« liefere auch die Begründung, daß das »Werk (...) daher kein Concerto im virtuosen Sinne« sei.

[M] *CD* Foss, Israel PO, Bernstein (DGG 1977)

Symphonie Nr. 3 »Kaddish«

UA: Tel Aviv 1963

Die *3. Symphonie* schlägt einen anderen als den »profanen« Weg der *2. Symphonie* zur Wiedererlangung des Glaubens vor: Ausgehend von den jüdischen »Kaddish«-Lobliedern (Kaddish = Heiligung) beschreibt Bernstein die Auseinandersetzung des Menschen mit Gott, die letztlich in einer hymnischen Erneuerung des Glaubens gipfelt.

Formal hat Bernstein diese großbesetzte Komposition für Orchester, gemischten Chor, Knabenchor, Sprecher und Solosopran in 3 Sätze eingeteilt, deren Zäsuren durch 3 »Kaddish«-Gebete gesetzt sind *(I. Anrufung: Adagio; Kaddish 1: L'istesso tempo – Allegro molto; II. Din-Torah: Di nuovo adagio; Kaddish 2: Andante con tenerezza; III. Scherzo: Presto scherzando, sempre pianissimo; Kaddish 3/Finale: Adagio nel Din-Torah – Allegro vivo, con gioia).* Melodramatische, ja stark theatralische Züge bestimmen das Werk, die sogar eine Bühnenadaption vorstellbar machen.

Stilistisch wird in *Kaddish* ein weiter Bogen gespannt: Traditionelle Elemente, Jazz, Neoklassizismus, ja sogar Anleihen an Zwölftontechniken hat Bernstein darin gemacht. Diese als Eklektizismus gescholtene Universalität ist dennoch nichts weiter als das Spiegelbild verschiedener Kulturen, in denen sich der Mensch des 20. Jhs. wiederfindet.

[M] *CD* Caballé, Wager, Wiener Jeunesse Chor, Wiener Sängerknaben, Israel PO, Bernstein (DGG 1977)

Chichester Psalms

UA: 1965

Der Auftrag des Dekans der Kathedrale von Chichester veranlaßte Bernstein 1965, eine Auswahl aus Psalmentexten (108,2; 100; 23; 2,1–4; 131; 133,1) zu vertonen. Hatte er in *Kaddish* noch versucht, auch Zwölftontechniken einzubeziehen, so gerieten ihm die *Chichester Psalms* zum »eingängigsten B-Dur-artig tonalen Stück, das ich je geschrieben hatte«. Diese eindeutige Rückbeziehung auf die Tonalität war das Resultat aus seiner Sicht unbefriedigend verlaufener Versuche, sich dem Idiom der zeitgenössischen Avantgarde anzunähern.

[M] *CD* Wiener Jeunesse Chor, Israel PO, Bernstein (DGG 1977)

Mass

UA: Washington 1971

Mit seinem »Theaterstück für Sänger, Schauspieler und Tänzer: *Mass*« (1971) hat Bernstein das umfangreichste und aufwendigste Werk zu seinem Lebensthema »Glaubensverlust – Glaubenswiedererlangung« geschrieben. Das am 8. September 1971 zur Eröffnung des John F. Kennedy Centers for the Performing Arts in Washington uraufgeführte Stück hatte die Witwe, Jacqueline Kennedy, bei Bernstein in Auftrag gegeben. In der monumentalen, über eineinhalb Stunden langen für die Bühne »inszenierten Messe« hat Bernstein Tänze, ja sogar Rock-Musik-Elemente einfließen lassen. Dies brachte ihm harsche Kritik ein. Eine derartig provokante Verarbeitung der römisch-katholischen Liturgie wurde als Entweihung empfunden.

Die *Drei Meditationen aus ›Mass‹* (1977) sind Bearbeitungen instrumentaler Zwischenspiele aus dem Werk für Violoncello und Orchester.

[M] *CD* Mass: Chor u. Orch. der UA, Bernstein (Sony 1971); Three Meditations from Mass; Rostropowitsch, Israel PO, Bernstein (DGG 1977)

Songfest

UA: Washington 1977

Mit *Songfest* wollte Bernstein nichts Geringeres als einen Überblick über die künstlerische Entwicklung seines Heimatlandes schaffen. So entstand aus Anlaß der 200-Jahr-Feier der USA dieser »Zyklus amerikanischer Gedichte für 6 Sänger und Orchester. Umrahmt von einer Eröffnungs- und einer Schlußhymne sind in 6 Soli, 2 Duetti, 1 Trio und 1 Sextett Vorlagen solch unterschiedlicher Dichter wie Walt Whitman, Edgar Allan Poe, Gertrude Stein oder E.E. Cummings vertont. Entsprechend der in den Gedichten evozierten unterschiedlichen Stimmungen hat Bernstein wiederum alle nur erdenklichen Idiome und Stilmittel angewendet.

M *CD* div. Solisten, National SO Washington, Bernstein (DGG 1978)

Serenade

Trägt die 2. Symphonie, *The Age of Anxiety*, unverkennbar Züge eines Klavierkonzerts, so ist *Serenade* eigentlich ein Violinkonzert. Angeregt durch Platons »Gastmahl« schrieb Bernstein 1954 eine Komposition, deren 5 Satzüberschriften *(Phaedrus-Pausanias, Aristophanes, Erixymachus, Agathon, Socrates-Alcibiades)* auf Teilnehmer dieses zu Ehren des Gottes Eros abgehaltenen Gelages verweisen. Aber nur beiläufig sollte man sich musikalische Porträts dieser Freunde Platons vorstellen. Interessanter ist es, die musikalischen Verflechtungen, die Verwandlungen der Themen zu verfolgen: Tragende Motive versinken in Begleitfunktionen, während Neues sich in den Vordergrund schiebt.

M *CD* Kremer, Israel PO, Bernstein (DGG 1979)

Halil

Das *Nocturne für Solo-Flöte, Streichorchester und Schlagwerk* schrieb Bernstein 1981 im Gedenken an den im Alter von nur 19 Jahren 1973 im Jom Kippur-Krieg gefallenen israelischen Flötisten Yadin Tanenbaum. Wieder setzt er den Kontrast »tonal – nicht-tonal« ganz bewußt ein, um die Ebenen »Krieg« und »Frieden« abzugrenzen. Das Stück beginnt mit einem von der Flöte vorgetragenen zwölftönigen Thema und entsprechender Verarbeitung. Tonal zentrierte und freie Partien wechseln sich in der Folge ab, und am Ende bleibt ein trügerisches Des-Dur stehen.

M *CD* Rampal, Israel PO, Bernstein (DGG 1981)

Divertimento

Eines seiner beliebtesten Stücke hat Bernstein 1980 zum 100. Geburtstag des Boston Symphony Orchestra komponiert: *Divertimento*. Die 8, alle aus der motivischen Keimzelle h-c (engl. b-c für Boston Centenary) hervorgegangenen Einzelsätze umreißen auf ironische Weise die musikalische Welt des Leonard Bernstein. *Divertimento* ist reich an echten oder auch nur geschickt anspielenden Zitaten aus der Musikgeschichte: Richard Strauss, Johann Strauß oder Beethoven meint man ebenso zu hören wie Aaron Copland oder sogar »echten Bernstein«. Ein brillantes und perfekt instrumentiertes Feuerwerk, ein berauschender Cocktail verschiedenster Ingredienzen.

M *CD* Israel PO, Bernstein (DGG 1981)

Jubilee Games

Auch in seiner letzten großen Komposition, *Jubilee Games*, greift Bernstein auf ein biblisches Motiv zurück: Jedes 50. Jahr (7 mal 7 Sabbatjahre) soll durch das »Jobel«, ein Schofar, ausgerufen werden. Den äußeren Anlaß einer zunächst nur aus 2 Teilen bestehenden Komposition bildete das 50jährige Bestehen des Israel Philharmonic Orchestra 1986. Im eröffnenden *Free-style Events* sind nur einzelne Partien festgelegt. Im Sinne orchestraler »Freistil-Wettkämpfe« hat Bernstein hier in hohem Maß improvisatorische, sogar aleatorische Momente einkomponiert. In den *Diaspora Dances* tauchen wieder einmal die von ihm gerne verwendeten anagrammatischen Verschlüsselungen auf. Binnen dreier Jahre gesellten sich zu diesen beiden noch 2 weitere Sätze hinzu: *Mixed Doubles* bringt die der Idee zur Komposition zugrunde liegende Zahlensymbolik in 7 Variationen des Themas auch äußerlich zum Vorschein. Im beschließenden *Benediction* intoniert ein Bariton Segenswünsche in hebräischer Sprache.

M *CD* Israel PO, Bernstein (DGG 1989)

Suite aus »On the Waterfront«

Für Elia Kazans 1954 entstandenen sozialkritischen Krimi »On the Waterfront« (dt. »Die Faust im Nacken«) unternahm Bernstein einen Ausflug zum Film. Daß die Musik des damals zwischen Carnegie Hall und Broadway pendelnden gesuchten Dirigenten und ambitionierten Komponisten Bernstein die engen Vorgaben Hollywoods sprengen würde, stand zu erwarten. Gleichwohl gelang es ihm, seine Musik funktional der Stimmung des Films anzugleichen, wie auch eine eigenständigen symphonischen Wert besitzende Komposition zu schaffen. Auf jeden Fall handelt es sich um ein Werk, das – auch losgelöst von Kazans in Schwarzweiß gefilmten Dock-Kulissen – Assoziationen der Weltstadt New York heraufzubeschwören vermag.

M *CD* New York PO, Bernstein (Sony 1960)

Candide-Ouverture

Für sein 3. Broadway-Musical *Candide* (1956) nahm sich Bernstein Voltaires Erziehungsroman »Candide« (1759) als Vorlage. Entgegen eher pessimistischen Tendenzen bei Voltaire schrieb Bernstein weniger ein Musical als eine modernisierte Operette mit Offenbachschen Zügen, deren »Nummern« aus Walzer, Balladen, Tango und vielen anderen populären Formen bestehen. Und ganz wie in den historischen Vorbildern, läßt Bernstein in der Ouvertüre all dies schon kurz aufleuchten.

[M] *CD* Los Angeles PO, Bernstein (DGG 1982)

Symphonische Tänze aus »West Side Story«

Drei Jahre nach der UA seines Welterfolgs *West Side Story* hat Bernstein – wie schon zuvor bei seinem Ballett *Fancy Free* und dem Musical *On the Town* – Teile daraus als Suite exzerpiert. Der Untertitel unterstreicht, daß der ausgeprägt tänzerische Charakter vieler Stücke auch bei der Loslösung von dem Bühnenwerk in den Konzertsaal herübergerettet werden solle. Die von Bernstein zusammen mit Sid Ramin und Irwin Kostal erstellte Bearbeitung ist mehr als ein brillant orchestrierter, stimmungsvoller Querschnitt oder gar ein »Best of« einprägsamer Musical-Melodien. Die *Symphonischen Tänze* können für sich Eigenständigkeit beanspruchen. Der »Hit« Maria erscheint verfremdet als adretter Cha-Cha-Cha.

[M] *CD* Los Angeles PO, Bernstein (DGG 1982) *Werner Bleisteiner*

Franz Berwald

1796–1868

Felix Mendelssohn Bartholdy schilderte ihn nach einer Berliner Begegnung als »arrogant«, und sein hochfahrendes, schroffes Wesen mag nicht wenig dazu beigetragen haben, daß Berwald es zeit seines Lebens als Komponist sehr schwer hatte, vor allem in seiner schwedischen Heimat. Er entstammte einer verzweigeten norddeutschen Musikerfamilie, die mehrere Generationen zurückzuverfolgen ist und in Schleswig-Holstein, Königsberg, Kopenhagen, Stockholm und St. Petersburg vertreten war.

Franz Adolf Berwald wurde am 23. Juli 1796 in Stockholm geboren und starb daselbst am 3. April 1868. Zwischenzeitlich lebte er in Paris, Berlin und Wien; um seinen Lebensunterhalt zu sichern, war er in mehreren sehr entlegenen Berufen tätig: er betrieb in Berlin ein orthopädisches Institut – übrigens sehr erfolgreich – und in Schweden eine Glasfabrik, eine Ziegelei und eine Holzfällerei.

Sein später, aber intensiver Nachruhm gründet sich wesentlich auf seine *4 Symphonien: Symphonie sérieuse g-moll* (1842), *Symphonie capricieuse D-Dur* (1842), *Symphonie singulière C-Dur* (1845) und *Symphonie Es-Dur* (1845). Nur die *Symphonie sérieuse* wurde zu seinen Lebzeiten aufgeführt. Obwohl Berwald die Harmonik und Rhythmik Mendelssohns oder Berlioz' nicht wesentlich überschreitet, eignet allen 4 Symphonien ein unmittelbar packender individueller Zug. Es ist die bizarre Formulierung, es sind interessante formale Lösungen – Verschränkung von langsamem Satz und Scherzo in der Symphonie singulière –, es ist die Suche nach einer unverbrauchten musikalischen Sprache. Aus dieser Suche resultiert, übrigens ähnlich wie bei Joseph Haydn und ähnlich auch wie bei seinem Stockholmer Vorgänger Joseph Martin Kraus (1756–1792), ein geradezu »avantgardistisches« Temperament, das sich im wild-sperrigen Rhythmus des Finales der *Symphonie singulière* ebenso äußert wie im fast walzerartigen Kopfsatz der reizvollen *Symphonie capricieuse.*

Berwald war ein Verächter aller akademischer Klischees. Er vermied emotionale Überfrachtung, ohne aber auf persönlichen Ausdruck zu verzichten. *Hartmut Lück*

Günter Bialas

1907–1995

»Ich stehe zwischen den Generationen.« Diese Selbsteinschätzung des Nestors der deutschen Komponistenszene scheint auf den ersten Blick fast resignativ zu wirken; letztlich jedoch, angesichts des großen Erfolges, den seine Musik mit zunehmendem Alter hat, darf darin schon fast eine durchaus selbstbewußte Qualitätseinstufung gesehen werden. Günter Bialas' Musik einer bestimmten Generation oder Schule zuzuordnen, will schwerfallen; in ihrer Vielschichtigkeit und Vielgestaltigkeit scheint sie sich erfolgreich jeder zeitgebundenen Kategorisierung zu entziehen. Bialas ist nicht lediglich der große alte Mann der deutschen Musik, sondern unvermindert einer ihrer wichtigsten Anreger. Die Namen seiner Schüler lesen sich selbst in Auswahl wie ein *Who is who* der neueren Musikgeschichte: Peter Michael Hamel, Wilfried Hiller, Nicolaus A. Huber, Rudolf Kelterborn, Peter Kiesewetter, Ulrich Stranz, Heinz Winbeck.

Günter Bialas wurde am 10. Juli 1907 im oberschlesischen Bielschowitz geboren und erhielt schon früh bei Franz Kauf in Gleiwitz und Fritz Lubrich in Kattowitz Klavierunterricht. Er studierte an der Breslauer Universität und (bei Max Trapp) an der Preußischen Akademie der Künste in Berlin.

Ab 1933 war er als Studienrat Musiklehrer in Breslau, 1939 wurde er Theorielehrer am Musikinstitut der dortigen Universität. 1941 zum Kriegsdienst eingezogen, kehrte er nur noch einmal während des Urlaubs in die Heimat zurück. Nach Krieg und Gefangenschaft übernahm er 1946 die Position des Leiters des Münchner Bach-Vereins, ging 1947 für ein Sommersemester an die Musikhochschule Weimar und folgte schließlich einem Ruf Wilhelm Malers an die neugegründete Nordwestdeutsche Musikakademie im lippischen Detmold, wo er bis 1959 beschäftigt blieb, um dann (bis 1975) eine Professur an der Münchner Musikhochschule zu übernehmen. Zahlreiche namhafte Komponisten wie Peter Michael Hamel, Nikolaus A. Huber und Heinz Winbeck haben bei ihm ihre Ausbildung erhalten.

Es ist das Kriegserlebnis gewesen, der Umstand, an einer kontinuierlichen kompositorischen Entwicklung gehindert worden zu sein, die Bialas das Gefühl vermittelten, »zwischen den Generationen« zu stehen. Wie seine Kollegen Wolfgang Fortner und Karl Höller gehörte er als fast Vierzigjähriger nach Kriegsende nicht mehr zu der Generation der Jungen, die jetzt die Möglichkeit bekamen, alles, was ihnen der Nationalsozialismus vorenthalten hatte, nachzuholen. Die Notwendigkeit, einen Beruf zu ergreifen, bot ihm aber die Möglichkeit, zusammen mit seinen Studenten die in den zurückliegenden 12 Jahren unterdrückte Musik nicht zuletzt eben auch für sich zu erarbeiten. Es mag dies dazu beigetragen haben, daß Bialas, wiewohl stets ein Vertreter der Moderne im besten Sinne, niemals ein lehrender Dogmatiker wurde – zu sehr ist er mit in die musikalische Entwicklung der Zeit hineingewachsen, zu klug hat er die Notwendigkeit kompositorischer Eigenständigkeit gegenüber den falschen Propheten einer ›reinen Lehre‹ zu verteidigen gewußt. Seine Schüler, bei weitem nicht nur die schon oben genannten, konnten mithin nie Bialas-Epigonen werden; so sehr, wie ihr Lehrer das Eigene einer Tonsprache unvergleichlich zu entwickeln gewußt hat, so sehr gehören sie als gänzlich selbständige Komponistenpersönlichkeiten zu den führenden Köpfen ihrer Generation.

Günter Bialas' umfangreiches Werkverzeichnis umfaßt neben Kammermusiken, Liedern und auch Bühnenwerken eine große Reihe von großformatigen Werken für den Konzertsaal, darunter das 1938 entstandene *Konzert für Orchester*, das 2 Jahre jüngere *Konzert für doppelchöriges Streichorchester und Pauken*, das erst 1947 in Baden-Baden zur UA gelangte, der gewaltige *IntroitusExodus* für Orchester und Orgel von 1976, auch eine Vielzahl von Konzerten, so für Bratsche, Flöte, Violine, Klarinette und 2 für Violoncello, deren letztes 1993 seine UA in Bremen erlebte. Auch im hohen Alter war Günter Bialas ein Komponist von unverminderter Schaffenskraft und strafte all jene Lügen, die ein Nachlassen künstlerischer Energie im Alter für unvermeidbar halten. Am 8. Juli 1995 ist er in Glonn bei München gestorben.

Meyerbeer-Paraphrasen

UA: Köln 1971

Günter Bialas schreibt selbst zu diesem Werk: »Die Komposition der *Meyerbeer-Paraphrasen* hängt mit der Verarbeitung einer Jugenderinnerung zusammen. Meyerbeers Musik kenne ich von den Platzkonzerten der oberschlesischen Bergkapellen und dem eigenen Klavierspiel aus dem damals modischen Salonalbum *Sang und Klang*. Mir schwebte eine Zusammenschau Meyerbeerscher Musik vor, eine Reminiszenz an die vergangene Pracht seiner Opern. Dafür schien mir die Paraphrasiertechnik des 19. Jhs. geeigneter als etwa die Variationsform. Paraphrasieren heißt hier: virtuos entfalten, auf ein neues Instrumentarium umsetzen, Melodien aneinanderreihen und übereinanderschichten; es wird hinzugefügt, weggelassen, variiert und eigenständig weiterverarbeitet. Bei wörtlicher Übernahme wird der Klang entlüftet oder ergänzt. Die neue Zusammensetzung verändert oft auch den ursprünglichen Ausdruck. Meyerbeers großes Orchester – vor, auf und hinter der Bühne – hat Raumwirkungen von heutigem Ausmaß. Signale und ihre Echos spielen eine große Rolle. Er hat den Typ des Orchestermarsches geprägt. So klingt im letzten Satz (*Fanfaren*) auch der Krönungsmarsch aus dem *Propheten* an, der hier jedoch auf seinem glanzvollen Höhepunkt scheitert und in sich zusammenbricht. Die verschiedenen Teile reihen sich potpourriartig aneinander. Es gibt jedoch zwischen ihnen Bezüge, die Zusammenhänge schaffen und eine Form ermöglichen. Diese Musik bildet das Kernstück zu einem Ballett, das John Neumeier 1974 an der Hamburgischen Staatsoper choreographierte.«

Die faszinierenden *Meyerbeer-Paraphrasen* gelten nicht zu unrecht seit ihrer UA als Bialas' wichtigstes Orchesterwerk, in dem er durch den Wechsel von originalen Meyerbeer-Passagen mit deren jeweiliger Paraphrasierung zu formal interessanten Ergebnissen kommt.

[M] *LP* SO des BR, Janowski (Bärenreiter-Musicaphon)

Concerto lirico für Klavier und Orchester

UA: Köln 1967

Günter Bialas: »Das *Concerto lirico* wurde 1967 im Auftrag des Westdeutschen Rundfunks Köln für Christoph Eschenbach komponiert. In drei miteinander verbundenen Sätzen entwickelt sich das Konzert zu einem immer rascheren Tempo hin, wenngleich innerhalb der einzelnen Teile die Zeitmaße oftmals wechseln. Die langsame Einleitung bereitet das Material für das ganze Stück vor. Das sind einmal die Intervallschichtungen, die gleich zu Beginn des Satzes erklingen, zum anderen Skalen und Zusammenklänge, die sich von den Clusters der weißen und schwarzen Tasten herleiten, mit denen das Soloinstrument einsetzt. Im zentralen lyrischen Mittelsatz (Andantino grazioso) soll sich das Klavier frei in Kantilene und ornamentaler Figuration entfalten, während dem Orchester mehr eine von der Klangfarbe her bestimmte Begleitfunktion zufällt. Der dritte Teil (Allegro) knüpft wieder stärker an die Materialordnung der Einleitung an, die in vielen Varianten erscheint. Harte Schläge, Lauf- und Figurenwerk werden von lyrischen Einschüben unterbrochen, eine Begleitfigur aus dem Mittelsatz tritt in den Vordergrund und erhält thematische Bedeutung. Das Klavier setzt sich in den Dialogen mit verschiedenen zusammengesetzten Orchestergruppen auseinander, aber auch mit Einzelinstrumenten wie Harfe und Pauken. Das Stück schließt besinnlich, wie es begann.« Der fast widersprüchliche Titel, der dem eher äußerlichen Vorgang des »Concertare« das nach innen gewandte Element des »lirico« entgegensetzt, bezieht sich auf den ständigen Dialog des Solisten mit Teilen des Orchesters. So wird der kammermusikalisch-intime Charakter des Werkes unterstrichen.

[M] *CD* Mauser, Deutsches SO Berlin, Husman (CPO 1993)

Im Anfang

UA: Wuppertal 1961

Die Schöpfungsgeschichte in der Übertragung von Martin Buber für sechsstimmigen gemischten Chor, drei Echostimmen und Orchester, wie *Im Anfang* im Untertitel heißt, war ursprünglich ein reines Chorwerk, das um die *Meditationen zu den sieben Schöpfungstagen* und die zwei *Preisungen* für Orgel ergänzt werden kann. Auf Bitten des Wuppertal-Elberfelder Gesangvereins, der sein 150jähriges Bestehen feierte, schrieb Bialas eine Fassung mit Orchester, in der der Chorpart jedoch gänzlich unangetastet blieb, da sich der Komponist um größtmögliche Durchhörbarkeit bemühte.

[M] *CD* Erstfassung mit Chor und Orgel: Feller, Via Nova-Chor München, Suttner (harmonia mundi 1992)

Lamento di Orlando

UA: München 1986

In gewissem Sinne eine Vorarbeit zu *Aus der Matratzengruft* ist das 1984 vollendete *Lamento di Orlando* für Bariton, gemischten Chor und Orchester, das unter der Leitung von Sergiu Celibidache von den Münchner Philharmonikern mit dem Solisten Wolfgang Brendel uraufgeführt wurde. Bialas verarbeitet hier zwei gegensätzlich scheinende Texte – zum einen Jean Pauls »Rede des toten Christus vom Weltgebäude herab, daß kein Gott sei« (aus »Siebenkäs«), zum anderen das lateinisch-italienische Lamento »In te Domine speravi« aus dem 15. Jh. Der Name *Orlando* bezieht sich zunächst auf Orlando di Lasso, aus dessen *Prophetiae Sibyllarum* am Ende des Werkes in den hohen Streichern zitiert wird. Bialas räumt aber ein, daß ihn noch weitere, literarische Assoziationen angeregt haben: So etwa die Entwicklungsgeschichte des Menschen, wie ihn Virginia Woolf in ihrem Roman *Orlando* beschrieben hat, selbstverständlich aber auch der *Orlando furioso*, der rasende Roland, der mit seinem Horn Olifant in Not klagend um Hilfe ruft.

Das Werk beginnt mit einer Klangformel, die beinahe wie ein Markenzeichen Bialas' Schaffen der letzten Jahre durchzieht und damit eine thematische Einheit aus dem 1983 vollendeten Liederzyklus *O miserere*, den zwischen 1983 und 1986 entstandenen Stücken *Lamento, vier Intermezzi und Marsch* für Klavier und seinem jüngsten Meisterwerk *Aus der Matratzengruft* schafft. Ausgangspunkt aller genannten Werke ist dabei das *Lamento* für Klavier aus *O miserere*, das eben auch zur Keimzelle von *Lamento di Orlando* wurde. Der Pianist Siegfried Mauser, einer der Vorreiter für Bialas' Musik, bezieht sich auf den Komponisten, wenn er diesem Lamento den Sinn einer »ekstatischen, individuellen« Klage zuweist. Im Verlauf des Stückes scheint dieser klagende Grundton sich zunehmend zu verlieren, bleibt insgesamt aber erhalten und läßt es beinahe ungetröstet verklingen.

Aus der Matratzengruft

UA: Kiel 1992

Ein Liederspiel nach und mit Heinrich Heine nennt Günter Bialas sein bislang letztes großes Werk, dessen Aufführung sowohl auf der Bühne als auch im Konzertsaal möglich ist. Mit dieser Arbeit gelang es ihm, eine Musik von nicht nur erstaunlicher Materialtransparenz, sondern darüber hinaus bedrückender Eindringlichkeit zu schreiben: sein Thema ist das Sterben Heinrich Heines in dessen ›Pariser ›Matratzengruft‹ – doch der Tod des Dichters ist für Bialas nicht einfach ein bühnenwirksames Spektakel, sondern ein nach innen gewandter Vorgang, den er formal im Lied einfängt. In 4 Teilen *(I. O Liebe, II. Romanzero, III. Deutschland – Ein Wintermärchen, IV. Lamentationen)* hat Bialas originale Heinetexte, ohne jede eigene Zutat, so zusammengestellt, daß allein aus ihrer Abfolge eine Art Handlung entsteht. Die Lieder, im Zentrum des Spieles stehend und vorgetragen von Personen aus dem Umfeld des Dichters (Sopran- und Tenorsolo sowie 6 Chorsolisten), werden unterbrochen und verbunden durch Reflexionen des gesunden, jüngeren Heinrich Heine (I.), gesprochen von einem Schauspieler, oder durch die von einem Bariton gesungenen des todkranken, gealterten, hinfälligen (II.). Die dabei von Bialas gefundene textliche Stringenz, die mit der musikalischen Schlüssigkeit aufs glücklichste korreliert, ist beachtlich: Das sich aus der Heimeligkeit der Romantik in die Sphäre politisch bewußten Handelns erhebende und im Ringen um den verlorengegangenen Gott mit der eigenen unerbittlichen Skepsis kämpfende Individuum könnte durch eine quasi-dokumentarische platte Nacherzählung des historischen Fakts nicht annähernd ähnlich intensiv gezeichnet werden. – Auch die Musik scheint ohne jede Weinerlichkeit bestimmt durch den Ton reflektierenden Vergebens. In ihren stärksten Momenten gelangt sie zu irritierender Dichte und Komplexität, wirkt niemals altersweise, matt oder abgemildert (Bialas beging immerhin kurz nach der UA seinen 85. Geburtstag), sondern bewahrt sich jene Unmittelbarkeit, zu der vermeintlich erst die jüngere Komponistengeneration zurückgefunden hat.

Die Abschnitte beschreiben Heines Erinnerungen an den von ihm schmerzvoll empfundenen Verlauf der Liebe, in *Romanzero* kreisen die Lieder um das Sterben und Vergehen an »diesem schrecklichen Lebensleide«, aber auch um die Kompensation durch die Kunst. *Deutschland – Ein Wintermärchen* zeigt den stets um die Veränderung der gesellschaftlichen Verhältnisse ringenden Dichter, der selbst auf dem Sterbebette noch zuversichtlich ist, daß seine Visionen sich bewahrheiten werden. In den *Lamentationen* schließlich begegnen wir gewissermaßen dem Heine der letzten Stunde, den Bialas selbst am Schluß noch im grellsten Falsett höhnen läßt: »Und der Satan kommt am End, frißt mich auf mit Haut und Haar.« Publikum wie Kritik reagierten auf die ersten Aufführungen gleichermaßen begeistert. Günter Bialas war es mit *Aus der Matratzengruft* gelungen, deutsche Befindlichkeit im ausgehenden 20. Jh. zu beschreiben.

[M] *CD* Zapatka, Windmöller, Reimer, Büchner, Mauser, Chor und SO des BR, Schneidt (cpo 1993)

Andreas K. W. Meyer

Harrison Birtwistle

1934

Der am 15. Juli 1934 in Accrington/Lancashire geborene Harrison Birtwistle ist neben Michael Tippett nicht nur der renommierteste zeitgenössische Komponist Englands, sondern gehört mit seinen Opern zu den profiliertesten Musikdramatikern unserer Zeit (*Punch and Judy* 1968; *The Mask of Orpheus* 1986, für die er den Grawemeyer-Preis erhielt; *Yan Tan Tethera* 1987; *Gawain* 1987; *The Second Mrs Kong* 1995).

In Birtwistles Werkkatalog überwiegen Stücke für kleine Besetzungen, was auf sein Engagement in verschiedenen Kammerensembles zurückzuführen sein dürfte.

Am Manchester College of Music begann Birtwistle 1952 zunächst Klarinette zu studieren, später auch in London, wechselte aber bald in Richard Halls Kompositionsklasse. Zusammen mit seinem Studienkollegen Peter Maxwell Davies u. a. gründete er die Gruppe »New Music Manchester«, die vornehmlich Werke der Zweiten Wiener Schule aufführte sowie 1967 die »Pierrot Players«, für die er vor allem mittelalterliche Musik bearbeitete. Weitere wichtige Lebensstationen waren ein USA-Aufenthalt als Stipendiat 1966 in Princeton/New York, Gastprofessuren 1973/74 am Swarthmore College/Pennsylvania und schließlich das Amt des Musikdirektors am National Theatre in London (1975–1984). Birtwistle, der als eigentlichen »Mentor« Paul Klee nennt, ist mit seinem ornamental-linearen Duktus Strawinsky verpflichtet, doch wirken schon seine ersten Werke selbständig.

Sein Œuvre ist gekennzeichnet durch eine Vorliebe für Prozessionen zeremonieller Art, die, häufig ohne erkennbare Bewegungsrichtung, in Reihungsformen gebettet sind. Bis Ende der 60er Jahre bevorzugt Birtwistle die Verse-Refrain-Form (*Refrains and Choruses* für Bläserquintett, 1957); auch die späteren Werke vermeiden Formen und Durchführung der klassisch-romantischen Musik. In den Pierre Boulez gewidmeten *Earth Dances* für großes Orchester (1985/86) werden die Naturgewalten der Erde in einer Wiederkehr mehrschichtiger kompakter Klangflächen gestaltet, auch *Panic* für Saxophon und Orchester (1995) weckt elementare Assoziationen. *Endless Parade* für Trompete und Orchester (1986/87) offenbart bereits im Titel ein Weiterschreiten ohne Ziel.

Birtwistles erstes und bisher wohl erfolgreichstes Werk für großes Orchester, *Triumph of Time* von 1971/72, ist inspiriert vom gleichnamigen Kupferstich Pieter Breughels. Die Komposition, deren motivisches Material um eine Zentralnote kreist, thematisiert den zyklischen Charakter der Zeit, die Statik der ewigen Wiederkehr. *Susanne Schmerda*

Georges Bizet

1838–1875

Georges Bizet. Gemälde von Felix Henri Giacomotti (vor 1860)

Bizet gehört zu den Komponisten, die auf Grund eines einzigen Werkes sich im heutigen Musikleben ungetrübter Beliebtheit erfreuen. Dabei hat Bizet den Erfolg seiner Oper *Carmen* gar nicht mehr erlebt. Denn bei der UA 1875 in der Pariser Opéra comique stieß das Werk auf die einhellige Ablehnung des Publikums. Wenige Monate darauf verstarb der Komponist. Am 18. Oktober 1838 wurde Bizet als Sohn eines Gesangslehrers in Paris geboren, und die vom Vater sofort erkannte musikalische Hochbegabung des Sohnes ließ eine glänzende Karriere erwarten.

Bizets 10 Studienjahre waren gespickt mit Preisen, wobei er sich hauptsächlich als Pianist und Organist hervortat. Seine Lehrer, besonders Gounod und Halévy, förderten den jungen Musiker, wo sie nur konnten. Mit 19 Jahren gewann er den Rompreis, der ihm einen mehrjährigen sorgenfreien Aufenthalt in der ewigen Stadt ermöglichte. Greifbarstes künstlerisches Resultat seiner drei Jahre in Rom ist die Suite *Roma* (1860). 1863 wurde mit sehr mäßigem Erfolg seine Oper *Les pêcheurs de perles (Die Perlenfischer)* aufgeführt. Auch mit seinen anderen Opern gelang Bizet der Durchbruch nicht, weder mit seinem Erstling *Le Docteur Miracle*, der ihm einen Preis und eine Aufführung einbrachte, noch mit seinem Ausflug in die »grande opéra« *Iwan IV. (Iwan der Schreckliche)* oder mit seiner den Realismus der Carmen stilistisch vorbereitenden Oper *La jolie fille de Perth (Das schöne Mädchen von Perth)*.

Nach dem Aufenthalt in Rom waren die beiden wichtigsten Daten in seinem Leben die Verehelichung mit der Tochter seines Lehrers und Gönners Halévy und seine Ernennung zum Ritter der Ehrenlegion, die ironischerweise am Vormittag der mißglückten Carmen-Premiere stattfand. Enttäuscht zog sich Bizet zurück und starb mit erst 36 Jahren am 3. Juni 1875.

Auch wenn sich Bizet in erster Linie als Opernkomponist sah, so enthält sein umfangreiches Œuvre doch einige Werke für den Konzertsaal.

Symphonie C-Dur

UA: Basel 1935

Dieses Jugendwerk Bizets entstand 1855 und wurde erst Anfang der 30er Jahre unseres Jhs. von dem englischen Musikwissenschaftler D. C. Parker in der Bibliothek des Pariser Konservatoriums entdeckt. Die UA fand unter Felix Weingartner in Basel statt. Seitdem erfreut sich dieses Werk steigender Beliebtheit und wurde 1947 von Georges Balanchine auch als Ballett herausgebracht. Obgleich uns hier das Werk eines Siebzehnjährigen vorliegt, ist ihm doch nichts Schülerhaftes oder Unreifes zu eigen. Bizet orientiert sich hier eindeutig an klassischen Vorbildern wie Haydn und Beethoven. Gelegentlich muß man auch an Schubert denken, aber Bizet dürfte dessen Symphonien kaum gekannt haben.

Der *1. Satz* hält sich an die durch die Klassik vorgegebene Struktur mit zwei Themen, Durchführung und Reprise. Dieses *Allegro vivo* wirkt durch seine unverbrauchte und vorwärts drängende jugendliche Frische. Der *Adagio* überschriebene *2. Satz* setzt mit einer getragenen Melodie ein, die im mittleren Teil dann fugiert verarbeitet wird. Erst dann erklingt in der Oboe das Hauptthema, das in ähnlicher Gestalt in den *Perlenfischern* wieder auftaucht, in der Einleitung zu Nadirs Arie »De mon ami« und im Trio des Menuetts der *1. Arlésienne-Suite*. Das glänzende *Scherzo* weist die übliche klassische Dreiteiligkeit auf und verzichtet auf die Posaunen, was auf das bereits hochentwickelte instrumentale Einfühlungsvermögen des jungen Komponisten schließen läßt. Die ersten beiden Themen des lebensvollen und sprühenden *Finales* weisen bereits auf Carmen voraus, das erste auf die Stierkampf-Musik, das zweite auf den Auftritt der Kinder.

Vollendete Beherrschung des Handwerklichen, Anmut und Charme, und die mitreißende, temperamentvolle Heiterkeit sichern diesem Werk einen Rang im Repertoire unseres Konzertlebens, der über die übliche Plazierung innerhalb von Promenadenkonzerten hinausgehen sollte.

[M] *CD* Orchestre de l' Opéra de Lyon, Gardiner (Erato 1986)

L' Arlésienne-Suiten

UA: 1872

Bizet schrieb die Musik zu dem Drama *L' Arlésienne* von Alphonse Daudet. Drei Jahre vor Bizets Tod wurde das Stück mit der Musik in Paris uraufgeführt. Diese Schauspielmusik ist das einzige Werk des Komponisten, das bereits zu seinen Lebzeiten Erfolg hatte und Bizet eine gewisse Anerkennung brachte. Wegen des Erfolges stellte Bizet eine Konzertfassung her. Die *2. Suite* wurde nach Bizets Tod von dessen Freund Ernest Guiraud zusammengestellt.

Das Stück selbst spielt in Arles in der Provence. Frédéri soll seine geliebte Arlésienne aufgeben, weil sie seiner nicht würdig ist. Er bringt es nicht übers Herz, auf sie zu verzichten, und macht an dem Abend, an dem er mit einem anderen Mädchen verlobt wird, seinem Leben ein Ende.

1. Suite: Bereits das prachtvolle Prélude zeichnet durch die Verwendung der provençalischen Melodie »La Marche des Rois« und deren vierfache Variierung Lokalkolorit. Die dann nach und nach einsetzenden klagenden Motive deuten bereits auf die tragische Figur des Frédéri, der bewegende Schluß nimmt das tragische Ende vorweg. In dem nachfolgenden *Intermezzo*, einem an Haydn erinnernden Menuett, fällt vor allem das ungewöhnlich elegische Trio auf. Das wunderschöne, nur mit Streichern besetzte *Adagietto* zeichnet in zarten und wehmütigen Farben eine Liebesszene: Zwei alte Leute, die sich in ihrer Jugend liebten und aufeinander verzichten mußten, begegnen nach langen Jahrzehnten wieder. Das brillante *Finale* enthält das berühmte »Carillon« (Glockenspiel); im Stück wird hier die zwangsweise Verlobung von Frédéri und Vivienne von den Dorfbewohnern gefeiert. Gegen die ostinaten Wendungen der Hörner wird von den Geigen ein provençalisches Volkslied intoniert.

2. Suite: Die zweite *L'Arlésienne-Suite* stellte Ernest Guiraud und bearbeitete sie, wie Bizet die erste, für großes Orchester. Einzig das *Intermezzo* stammt unverändert aus Bizets Hand.

Der 1. Satz ist mit *Pastorale* überschrieben und beschreibt in bunten Orchesterfarben ein Schäferidyll in der Camargue. Die beiden nachfolgenden Stücke, ein *Intermezzo* von deklamatorisch-rezitativischem Charakter und ein etwas süßliches *Menuett* für Flöte und Harfe sind von konventionellem Zuschnitt. Die abschließende *Farandole*, ein provençalischer Rundtanz ist der temperamentvolle Höhepunkt der Suite. Die *Marche des Rois* der *1. Suite* erklingt hier mit einem anderen Volkslied, *Danse dei chivau-frus*. Mit einer Kombination beider Themen endet dieses prächtige Tanzstück in ständig sich steigerndem Freudentaumel.

[M] *CD* Orchestre symphonique de Montreal, Dutoit (Decca 1987)

Roma-Suite

UA: 1869

Dieses seltsame, aber nichtsdestoweniger hochinteressante Werk taucht heute so gut wie nie in den Konzertprogrammen auf. Bizet arbeitete 8 Jahre lang daran, von 1860, als er als Rom-Stipendiat die Stadt verließ, bis 1868. Nach der UA 1871 unterzog er das Werk einer grundlegenden Bearbeitung. Für die UA wurde gegen Bizets Willen das Scherzo gestrichen und jeder Satz in letzter Sekunde mit einem programmatischen Titel versehen, wahrscheinlich um dem Werk den symphonischen Anspruch zu nehmen. Die Reaktion bei der UA war freundlich, aber die Presse nahm kaum Notiz davon. Erst 1880 erklang das Werk in seiner heute überlieferten Gestalt zum ersten Mal. Den Kopfsatz umriß Bizet selbst in einem Brief an seinen Freund Edmond Galabert: »Der erste Satz ist glaube ich gelungen. Eine alte Melodie, der eine ruhige Einleitung vorangeht, die in die Bewegung des Satzes eingreift und das Stück ganz ruhig beendet. Mit den üblichen langsamen Einleitungen hat das nichts mehr zu tun. Das ist neu und wird seine Wirkung haben (...) komisch, daß ich drei Jahre nach dieser Lösung gesucht habe.« Trompete und Kornett intonieren dieses ruhige aufsteigende Thema in der Tat bereits in der Einleitung, im *Allegro agitato* dann wird es leicht verändert. Das *Scherzo* wird von zwei Motiven bestimmt, dem des eröffnenden Fugato und einem ausdrucksvollen Streicherthema. Die Anfangswendung taucht dann wieder ostinatoartig im *Trio* auf. Der von Streichern dominierte Satz des *Andante* läßt bereits an das *Adagietto* der 1. Arlésienne-Suite denken; Bizet nimmt hier schon das 2. Thema des Finales voraus.

Dieses *Finale* kombiniert 4 Elemente, ein heiteres Thema der Oboe, eine zweite bewegte Wendung der Violinen in Terzen, und ein rhythmisch bestimmtes, rasches Geigenmotiv. Dazu das bereits im vorhergehenden Andante erklungene Thema. Daraus entsteht dann in der Tat so etwas wie Bizets »Römischer Karneval«.

[M] *CD* SO des BR, Gardelli (Orfeo 1984)

Petite Suite

UA: 1873

Das heute nur selten gespielte Werk entstand ursprünglich für Klavier zu 4 Händen mit dem Titel *Jeux d' enfants (Kinderspiele)*. Bizet arrangierte das entzückende Stück in Ausschnitten für Orchester und stellte die Einzelsätze zu einer fünfsätzigen Suite zusammen. Der Einfluß von Schumanns *Kinderszenen* ist unüberhörbar, und das Publikum der UA war angenehm enttäuscht, daß Bizet sich nun doch nicht als der Wagnerianer erwies, als der er verschrieen war. Die in den Satzüberschriften angesprochenen Charakterisierungen *(Trompette et Tambour, La Poupée, La Toupie, Petit Mari/ Petite Femme, Le Bal)* sind, ohne platt zu wirken, knapp und präzise getroffen.

Gerd Hüttenhofer

Boris Blacher

1893–1975

Mit Boris Blacher begegnen wir einer Komponisten-Persönlichkeit, die für den deutschen Kulturraum eigentlich untypisch ist; unorthodox in seinen Überzeugungen, phantasievoll-prägnant in seinem Werk. Blacher war nie ein Grübler, nie ein komponierender Philosoph. Er stand abseits jeder »Schule«. Sein ästhetisches Credo war bestimmt von der unmittelbaren Verständlichkeit der musikalischen Sprache, die sich weniger an komplexen thematischen Strukturen orientierte, vielmehr die rhythmischen Qualitäten in den Vordergrund stellte. Seine originelle Rationalität verband sich mit Klarheit und Eingängigkeit. Hans Heinz Stuckenschmidt, wohl der beste Kenner der Musik Blachers, sprach von einem »Minimum an Mitteln und einem Maximum an Wirkung dieser Mittel«. Blacher selbst erklärte die »musikalische Ehrlichkeit zur Hauptsache«. Jedem spekulativen Element abhold, ohne Seelen-Wust und überfrachtetes Brimborium, steht Blacher der französischen Sphäre eines Eric Satie oder Darius Milhaud und namentlich auch Igor Strawinsky entschieden näher als der im Absterben begriffenen deutschen Spätromantik oder der strengen Schönberg-Lehre.

Schon die Frühwerke, die *Concertante Musik* (1937) und die *Paganini-Variationen* (1947), zeigen dieses musikalische Credo; »die Vorherrschaft rhythmisch-motorischer Elemente gegenüber sensuell-emotionalen Wirkungen« (Lothar Mattner). Auch die serielle Musik, mit der sich Blacher ab den 50er Jahren beschäftigte, begriff er höchst unorthodox. Wiederum stehen weniger die melodischen Reihen im Vordergrund, sondern die Dimension variabler Metren, die Stuckenschmidt als »metrische Reihen« bezeichnete.

Die fast beängstigende Perfektion des musikalischen Handwerks hatte sich der am 6. Januar 1903 in Newchang (China) als Sohn eines deutschen Ingenieurs geborene Blacher schon in seiner Jugendzeit angeeignet, als er ganze Opern mangels Aufführungsmaterials nach dem Klavierauszug für ein Orchester in der Mandschurei instrumentierte. Erst als Zwanzigjähriger kam er nach Berlin, studierte zunächst Architektur, dann Komposition und Musikwissenschaft (bei Arnold Schering). 1938/39 war Blacher Direktor des Dresdner Konservatoriums, mußte aber wegen der Nationalsozialisten zurücktreten. 1948 kam er als Professor an die Berliner Musikhochschule, deren Direktor er 1953 als Nachfolger Werner Egks wurde. Blachers undogmatisch intellektuelle Ästhetik machte ihn bald zu einem begehrten Lehrer, der so bedeutende Komponisten wie Giselher Klebe, Gottfried von Einem oder Aribert Reimann künstlerisch prägte. Blacher starb nach langer Krankheit am 30. Januar 1975 in Berlin. Bei Blachers originellem Zugriff auf die Musik verwundert es kaum, daß sein Gesamtwerk in allen kompositorischen Gattungen zuhause ist. Neben Opern, Balletten, Oratorien, Kammermusik und Liedern sind im Bereich der Orchestermusik vornehmlich die *Symphonie op. 12* (1939), die Tondichtung *Hamlet op. 17* (1940), die beiden *Klavierkonzerte* sowie Konzerte für Violine, für Viola und für verschiedene Bläserbesetzungen zu nennen; nicht zu vergessen die *Abstrakte Oper Nummer 1*, eine Darstellung seelischer Grundsituationen ohne Handlung im Text.

Der Großinquisitor (Oratorium)

UA: Berlin 1947

Sich als überzeugter Antifaschist inmitten der Weltkriegskatastrophe dieses wahrhaft brisanten Themas anzunehmen, eines Kapitels aus Dostojewskis Roman »Die Brüder Karamasow« (das Libretto stammt von dem Dirigenten Leo Borchard), ist eine ethische Gratwanderung sondergleichen. Die Parabel erzählt von Christus, der im 15. Jh. nach Sevilla zurückkehrt und vom Kardinal-Großinquisitor in den Kerker geworfen wird, da, so der Großinquisitor in seinem gewaltigen Anklagemonolog, Christus die Menschheit durch seine Lehre von Freiheit, Gleichheit und Eigenverantwortung hoffnungslos überfordert habe. Nur mit Hilfe des Antichrist, mit Lüge und Betrug ihrer Führer könne der entwürdigten Menschheit wenigstens »ein Paradies auf Erden« bereitet werden. Blachers Oratorium für Bariton-Solo, Chor und Orchester entstand 1942 und gliedert sich in 2 Teile. Der in erzählender Prosa gehaltene erste wird ausschließlich vom Chor bestritten. Im zweiten – längeren – Teil, der den Monolog des Großinquisitors in den Mittelpunkt rückt, bleiben die zentralen Anklagepunkte ebenfalls dem Chor vorbehalten. Die chorische Dramaturgie, mit der Blacher an das vorbachsche Oratorium anknüpft, wird ungemein farbig und packend umgesetzt. Zwar kennt die Musik immer wieder bitonale Ausweichungen, findet aber stets ins eindeutige Dur oder Moll zurück. Geradezu ein Signum von Blachers kompositorischer Ästhetik ist die Klarheit und Knappheit der musikalischen Umsetzung, die jeder epischen Breite wie auch einer moralisch-ethischen Stellungnahme entsagt.

M *CD* Nimsgern, Dresdner Philharmonie, Rundfunkchor Leipzig, Kegel (Ars vivendi 1985)

Orchestervariationen über ein Thema von N. Paganini

UA: Leipzig 1947

Blachers erfolgreichstes Orchesterwerk basiert auf jener berühmten Violin-Caprice (op. 1, Nr. 24) von Paganini, die schon Schumann, Liszt, Brahms, Rachmaninoff oder Lutosławski zu teilweise zyklischen Variationswerken herausgefordert hatte. Blacher bedient sich in seinem gut viertelstündigen Werk des ›romantisch‹ besetzten Orchesters und zaubert damit in unerhörter Virtuosität und filigraner Farbenpracht 16 Variationen, die eingeleitet werden von der Originalgestalt des Themas für Solovioline. Die Variationen reichen von verschieden besetzten Bläser-Soli mit oft nur verhaltenen Streicher-Pizzicati (etwa Var. 1, 2, 5, 10, 13) bis hin zum vollen Tutti mit extrem schwierigen Rhythmen und Taktwechseln (etwa Var. Nr. 3, 8, 16). Eine Generalpause zwischen 9. und 10. Variation verleiht dem Werk ein scharf gliederndes Relief. Die in jedem Moment durchsichtige, von allem spätromantischen Ballast befreite Partitur verglich H. H. Stuckenschmidt mit einer »zartfarbigen Transparenz wie bei gewissen Fischen, denen man durch Haut und Fleisch bis auf die Wirbelsäule sehen kann«.

M *LP* Südfunk-SO, Zagrosek (EMI 1981)

Bernhard Rzehulka

Ernest Bloch

1880–1959

Der Komponist Ernest Bloch, geboren am 24. Juli 1880 in Genf, gestorben am 15. Juli 1959 in Portland (US-Bundesstaat Oregon), war ein Grenzgänger zwischen der Schweiz und Amerika. In beiden Ländern hat er – nachdem er sein Studium teilweise auch in Brüssel, Frankfurt am Main, München und Paris absolvierte – jeweils für längere Zeit gelebt: in der Schweiz bis 1916 sowie von 1930–1938, in Amerika in den Jahren dazwischen und danach. Die epische Rhapsodie *America* (1927) ist eine Huldigung an seine Wahlheimat, in der er eine umfassende Lehrtätigkeit ausübte. Sowohl diesseits wie jenseits des Atlantiks hinterließ Bloch markante Spuren.

Sein kompositorisches Schaffen war zunächst vorwiegend am französischen Impressionismus sowie an Richard Strauss orientiert. Um 1915 freilich gelangte er zu einer Tonsprache, die alle Einflüsse mit einer spezifischen eigenen Farbigkeit verknüpfte. Zugleich wurde Bloch in jenen Jahren zu einem Komponisten, der seine künstlerische Kraft ganz in den Dienst der Bestrebungen des jüdischen Volkes stellte. Wichtige Meilensteine auf diesem für Ernest Bloch maßgeblichen Weg waren das Orchesterstück *Trois poèmes juifs*, die Symphonie *Israel* (1915), die Komposition *Schelomo* (1916) und schließlich auch das Chorwerk *Sabbath-Morgenfeier* (1934).

Schelomo

UA: New York 1916

Die Komposition *Schelomo*, im Untertitel als *Hebräische Rhapsodie für Violoncello Solo und großes Orchester* bezeichnet, ist gewiß der eindringlichste Beleg für Ernest Blochs Selbstverständnis als spezifisch jüdischer Künstler. Das Werk wurde durch Blochs Faszination von der Sprachgewalt der Bibel angeregt und war zunächst als Komposition für Singstimme und Orchester konzipiert. Trotz des Verzichts auf vokale Momente ist sein Duktus ein markant verkündigungshafter. Bezogen ist es auf das Buch des Predigers Salomo (*Schelomo* ist der originale hebräische Name hierfür); es erscheint als musikalische Vergegenwärtigung seiner Worte. Vom Pomp eines orientalischen Herrscherhauses kündet diese farbintensive Rhapsodie ebenso wie von der Sorge und den Bedrängnissen des Predigers. Die auf den ersten Blick unübersichtliche Fülle von Gedanken, die hier zu einem Salomo-»Porträt« gebündelt werden, basiert auf einer dreiteiligen Anlage. Jeder der 3 Abschnitte mündet in einer weitausladenden, emphatischen Klanggeste. Doch wird diese jedesmal wieder eingeholt von elegischen, vom Ausdruck des Schmerzes erfüllten Passagen. Die große Geste zerfällt, zerbricht. Der Schlußteil des Werkes vollzieht eine Steigerung, die etwas Trotziges, sozusagen einen Optimismus wider besseres Wissen, zu verkörpern scheint. Aus dem von fahlen Farben bestimmten Epilog spricht die – für die Gesamtaussage zentrale und aus dem Werkverlauf schlüssig hervorgehende – salomonische Einsicht »Wo viel Wahrheit ist, da ist viel Grämens, und wer viel lernt, der muß viel leiden.«

[M] *CD* Harrel, Concertgebouw O., Haitink (Decca 1986) *Jörn Peter Hiekel*

Karl-Birger Blomdahl

1916–1968

Ende der 40er, Anfang der 50er Jahre traf sich in Stockholm – stets montagsabends – eine Reihe von jungen Musikern, darunter auch zahlreiche Komponisten, genannt die *Montagsgruppe*. Gezielt wandten sie sich gegen die spätromantische Ausrichtung der damals zeitgenössischen schwedischen Musik und studierten gemeinsam die Partituren von zunächst Paul Hindemith, dann Béla Bartók und Igor Strawinsky, schließlich jene Arnold Schönbergs. Als ihr unausgerufenes Oberhaupt galt der am 19. Oktober 1916 in Växjö geborene Karl-Birger Blomdahl, ein Schüler Hilding Rosenbergs, dessen Ausbildung in Italien und Frankreich vervollkommnet worden war. Schon jung hatte er zu unterrichten begonnen, so etwa den um 5 Jahre älteren großen schwedischen Symphoniker Allan Pettersson; auch nachdem die für die Entwicklung der schwedischen Musik so wichtige Montagsgruppe sich zerstreut hatte, behielt Blomdahl eine führende Stellung im Musikleben seines Landes: So gehörte er zum Programmbeirat der Stockholmer Philharmoniker, war im Vorstand des schwedischen Komponistenverbands, hatte von 1960 bis 1964 eine Professur an der Stockholmer Musikhochschule inne und leitete ab 1965 bis zu seinem Tod am 14. Juni 1968 die Musikabteilung des Rundfunk- und Fernsehsenders *Sveriges Riksradio*. Im Ausland bekannt wurde er vornehmlich mit seiner 1958 vollendeten Weltraumoper *Aniara*, die bis 1968 über 100 Aufführungen erlebte.

Von seinen 3 Symphonien wird vor allem die im September 1950 fertiggestellte Dritte – *Facetter* – gelegentlich gespielt, die ihre UA im Sommer 1951 unter der Leitung von Fritz Lehmann anläßlich des Frankfurter Festivals der Internationalen Gesellschaft für Neue Musik erlebte. Diese Symphonie gilt heute als das erste bedeutende Werk der seriellen Musik in Schweden, wobei Blomdahl, anders als seine deutschen und französischen Kollegen, nicht dogmatisch an den Regeln der Serialität festhielt. In überraschender Weise vereinigen sich hier die Ergebnisse seiner Studien über Schönbergs Zwölftontechnik und der Musik Béla Bartóks (insbesondere von dessen 4. Streichquartett), die ihn zu dem Stoßseufzer veranlaßten: »Wenn ich nur ein einziges Mal in der Lage wäre, etwas annähernd so gutes zu schreiben...«. Gerade aber die gelungene Synthese vermeintlich so unterschiedlicher musikalischer Charaktere verleiht der Symphonie eine Eigenständigkeit und Qualität, die keinen Vergleich mit bekannteren Stücken renommierter Komponisten zu scheuen braucht. – Das einsätzige, etwa 20minütige Werk gliedert sich in 5 Abschnitte, die die zugrundeliegende Zwölftonreihe vollkommen unakademisch verarbeiten: Auf eine langsame Einleitung, in der die Flöten aus dem Nichts heraus das Thema vortragen, folgt ein ruhiger, elegisch-sanglicher Abschnitt, von dem Blomdahl später sagte, er enthalte die Klage über die Opfer des Zweiten Weltkrieges und die Warschauer Nachkriegsereignisse. Der folgende Abschnitt – das Scherzo – befreit nach den Worten des Komponisten ›das Material explosiv‹ aus der zuvor aufgebauten Spannung und setzt es erstmals in erregte Bewegung, die zum Höhepunkt im 4. Abschnitt strebt. Der Schlußteil führt zurück in die Stimmung des Anfangs, mit der Flöte, wie zu Beginn, endet die Symphonie ersterbend.

Gelegentlich werden die rhythmisch akzentuierte Ballett-Suite *Sisyphus* von 1953 oder das Orchesterstück *Forma ferritonans* von 1961, das Ligetis Klangflächenkompositionen eigenständig weiterverarbeitet, aufgeführt. In unseren Konzertsälen bislang noch nicht zu hören sind die beiden großangelegten Kantaten *Im Saal der Spiegel* (1953) und *Anabase* (1956), die für Blomdahls kompositorische Entwicklung hin zur *Aniara* von Bedeutung waren. *Andreas K. W. Meyer*

Luigi Boccherini

1743–1805

Die Geschliffenheit, Leichtigkeit und Anmut der Musik Luigi Boccherinis hat den französischen Ästhetiker Charles-Julien Lioult de Chêndollé zu dem Vergleich bewogen, sie sei »wie ein Gedicht, wie ein Traum, wie ein Parfum«. Der Violinist Giuseppe Puppo hingegen meinte hinsichtlich ihrer fließenden und weichgezeichneten Formen, Boccherini sei wohl »Haydns Frau«. Zwei Urteile, die sich auf die Charakteristik von Boccherinis Musik beziehen – einmal begeistert und einmal eher ironisch –, aber auf jeden Fall bezeichnend sind für den Stellenwert, der dem am 19. Februar 1743 im italienischen Lucca geborenen Komponisten bis heute eingeräumt wird. Hartnäckig hält sich die Ansicht: »Boccherini? Der ist ja ganz nett anzuhören – aber eben nicht ernstzunehmen.«

Verschiedene Gründe lassen sich für diese Unter-, ja Fehleinschätzung angeben: Die Hauptursache liegt vor allem wohl darin, daß Boccherini sich von 1768 bis zu seinem Tod am 28. Mai 1805 in Madrid fast ausschließlich in Spanien aufhielt – und so von den eigentlichen Zentren der Musik abgeschnitten lebte. Aber gerade dies gereichte ihm musikalisch zum Vorteil. Denn: Ausgehend von der »Mannheimer Schule« und dem »galanten Stil« kultivierte er im fernen Spanien einen durchwegs unverändert gebliebenen, von Anfang an auf hohem Niveau stehenden und stets erkennbaren Personalstil.

Boccherinis Werken an spanischen Fürstenhäusern hat zu Lebzeiten auch die Verbreitung seiner Musik im Druck behindert. Das Gros seines vor allem aus Kammermusik bestehenden Œuvres hat er für das höfische Musikleben, und oft auch für selbst musizierende Adelige verfaßt. Unter anderem komponierte der zuerst als Cello-Virtuose bekannt gewordene Boccherini ab 1786 auch für den cellospielenden Preußenkönig Friedrich Wilhelm II.

Von 11 erhaltenen Cellokonzerten kursiert vor allem das von Friedrich Grützmacher willkürlich zusammengestellte in B-Dur (G 482). Bei den 30 Symphonien Boccherinis wird meist nur auf die in d-moll, op. 12, Nr. 4 (G 506) zurückgegriffen. Aus dem umfangreichen Kammermusikwerk – mit den kunstvollen Streichquartetten und -quintetten sowie den beliebten Umarbeitungen zu Gitarrenquintetten – ist vor allem das leider zur klischeehaften Filmmusik verkommene *Menuett* aus dem E-Dur Streichquartett (G 275) zu nennen. Es dürfte jedem bekannt sein.

So bleibt bei Boccherini ein großes Œuvre, reich an Witz und Überraschungen, und sicherlich nicht minder interessant als das Haydns, noch zu entdecken. *Werner Bleisteiner*

Alexander Porfirjewitsch Borodin

1833–1887

»Ein Genie im Nebenberuf« hat man Borodin genannt. Der am 12. November 1833 in St. Petersburg geborene, am 27. Februar 1887 dort verstorbene Komponist war hauptberuflich Chemieprofessor und Arzt an der Petersburger Akademie und als solcher so stark beansprucht, daß er nur nebenher zum Komponieren kam. Er hatte Musik nur autodidaktisch studiert, womit er nicht alleine stand: auch Balakirew, Cui, Mussorgski und Rimski-Korsakow, zu denen er 1862 stieß, waren Autodidakten aus Überzeugung. Unter dem Namen »Das mächtige Häuflein« strebten sie eine Musik an, die im Anschluß an Glinka ausschließlich aus russischen Quellen schöpfen und nicht durch den Akademismus des Westens ihrer nationalen Originalität verlustig gehen sollte. Dieser Nationalismus lag im Zug der Zeit, entstanden zeitgleich doch auch die nationalen Schulen in Böhmen und Mähren, in Finnland und England. Dank seiner genialen Begabung schuf Borodin eine Musik, die keinen Geringeren als Liszt zu Bewunderung hinriß, als er diesem 1877 bei einem Besuch in Weimar seine *1. Symphonie* vorlegte. Borodins grenzenlose Gutmütigkeit seinen Studenten gegenüber hatte zur Folge, daß er, der als erster das Medizinstudium für Mädchen in St. Petersburg durchsetzte, nur wenige Werke vollenden konnte, 2 Symphonien, eine Symphonische Dichtung, zwei Streichquartette und einige Lieder. Sein Hauptwerk, die große historische Oper *Fürst Igor*, an der er bis zu seinem Tode sporadisch arbeitete, blieb unvollendet. Rimski-Korsakow, der späterhin als einziger der Fünf ein akademisches Musikstudium absolvierte, ergänzte die Skizzen und instrumentierte das Werk.

Borodins Musik zeichnet sich durch melodische und harmonische Eigenständigkeit aus, die sowohl aus dem russischen Volkslied wie aus den Gesängen der russischen Kirche Anregungen schöpfte, ohne jedoch mit Originalzitaten zu arbeiten.

Symphonie Nr. 1 Es-Dur
UA: St. Petersburg 1869

Fünf Jahre lang, von 1862 bis 1867, arbeitete Borodin an seinem symphonischen Erstling. Balakirew, der spiritus rector des »Mächtigen Häufleins«, hatte ihn angehalten, seine kompositorische Arbeit nicht mit Kleinem zu beginnen, sondern gleich zur großen Form zu greifen. Das Werk läßt trotz der grundsätzlichen Ablehnung westlicher Einflüsse, die sich das »Mächtige Häuflein« auf seine Fahne geschrieben hatte, deutlich Einwirkungen der deutschen Klassik und Romantik erkennen. Borodin kannte die deutsche Musik der ersten Jh.hälfte sehr gut. Das Finale der Symphonie ist ohne Schumann nicht denkbar. Dennoch entfaltet sich schon in diesem Werk Borodins unverwechselbare Eigensprache. Der *1. Satz* hebt mit einer *Adagio*-Einleitung an, die im Baß das synkopische, in Rhythmus und melodischer Prägung gleich markante Hauptthema exponiert, das dann den gesamten *Allegro*-Hauptteil beherrscht, in immer neuen Abwandlungen erscheint, kombiniert mit anderen Gedanken, die jedoch nur untergeordnete Bedeutung haben. Liszts »monothematisches« Kompositionsverfahren hat hier Pate gestanden. Mit einer lyrischen Variante des Themas klingt der Satz leise aus. Elfenhaft huscht das *Prestissimo*-Scherzo vorüber, gleicherweise inspiriert von Mendelssohn wie von Berlioz. Das ruhige *Trio* wird von volkstümlicher Melodik geprägt. Ungemein stimmungsvoll wirkt das *Andante*, ausgehend von einer zu Beginn von den Celli angestimmten, weit schwingenden Melodie. Der Wechsel von Streicher- und Holzbläserfarben gibt dem Satz einen besonderen koloristischen Reiz. Mit einem markanten, im energischen Quartfall anhebenden Hauptthema setzt *Allegro molto vivo* das Finale ein. Ein kurzes, schlenderndes Seitenthema hat nur ephemere Bedeutung. Die formale Klarheit des Ganzen wird durch den Eintritt der Reprise vermittels nunmehr verbreitertem Hauptthema unterstrichen. Liszt war von dem Werk so begeistert, daß er eine Aufführung beim Festkonzert des Deutschen Allgemeinen Musikvereins 1880 in Baden-Baden durchsetzte.

Symphonie Nr. 2 h-moll
UA: St. Petersburg 1877

Von dem großen Erfolg seines symphonischen Erstlings ermutigt, nahm Borodin 1869 eine 2. Symphonie in Angriff. Diesmal dauerte es 8 Jahre, ehe er sie vollenden konnte, immer wieder kam berufliche Überlastung dazwischen, außerdem arbeitete er zwischenzeitlich an seiner Oper. Mit der Zweiten fand der Symphoniker Borodin ganz zu sich selbst. Die Eigenart des Werkes und die spieltechnischen Schwierigkeiten vor allem der Blechbläser machten die UA nur zu einem Teilerfolg. Aber schon früh wurde Borodins 2. Symphonie als das bedeutendste Zeugnis russischer Symphonik des 19. Jhs. neben den Spätsymphonien Tschaikowskys erkannt. Aus einem breitgelagerten h entwickelt sich zu Beginn des *1. Satzes* das wuchtige, unisono gehämmerte Hauptthema, dem die beweglichen Holzbläser antworten. Dieses markante Gebilde beherrscht in allen möglichen Varianten den gesamten Satz. Wiederum war Liszts sogenannte Monothematik Vorbild. Die übrigen Gedanken sind so konzipiert, daß sie sich mit dem Hauptthema kombinieren lassen. Diese Technik macht aus dem gesamten Satz so etwas wie eine permanente Sonaten-Durchführung und sichert ihm seine blockhafte Geschlossenheit. Das *Prestissimo*-Scherzo mit seinen aufsteigenden Tupfern über dem virtuosen Staccato des Horns und den abstürzenden Kaskaden der Holzbläser wird von einem ausführlichen *Trio* in Gestalt einer kantablen Weise unterbrochen. Harfenklänge eröffnen das stimmungsvolle *Andante*. Die weite Hornmelodie, auf dem Höhepunkt des Satzes von den Violinen übernommen, atmet die Unendlichkeit der russischen Landschaft. Weitere thematische Gebilde werden wie im ersten Satz miteinander verknüpft und kombiniert. Das Ganze trägt frei-rhapsodischen Charakter. Nach einer Wiederkehr der Harfenklänge und des verkürzten Horn-Beginns schließt sofort der Wirbel des *Allegro*-Finales an mit einem folkloristischen Tanz-Thema in wechselnden Metren. Auch hier wird das Tanz-Thema mannigfaltig variiert, am markantesten zu Beginn des Durchführungsteils, wo es pathetisch als Ruf im Blech erscheint. In temperamentvollem Brio schließt Borodins symphonisches Meisterwerk. Eine begonnene *3. Symphonie* kam nicht über die Skizzen des 1. Satzes hinaus.

Eine Steppenskizze aus Mittelasien
UA: unbekannt

Die berühmte Tondichtung ist eine Auftragsarbeit aus Anlaß des Regierungsjubiläums des Zaren Alexander II. im Jahre 1880 und eine Art von Hymnus auf den russischen »Kolonialismus«, der weite Teile Asiens dem Reich einverleibt hatte. Der Komponist gab selbst das Programm des Werkes: »In der unendlichen Sandwüste Mittelasiens erklingt zum ersten Male die ihr fremde Melodie eines friedlichen russischen Liedes. Man hört das herannahende Kamel- und Pferdegetrappel zu den Klängen einer eintönigen orientalischen Melodie. Eine Karawane von Eingeborenen, von russischen Truppen eskortiert, zieht durch die Wüste. Zutraulich und furchtlos wandern die Eingeborenen unter dem Schutz der russischen

Militärmacht (...)« Der durchsichtige patriotische Hintergrund hinderte Borodin nicht an einer Musik von illustrativer Stimmungshaftigkeit, die die Weite der Landschaft des asiatischen Rußlands, das Auftauchen und allmähliche Verschwinden der Karawane suggestiv malt. Borodin widmete das kurze Stück keineswegs dem Zaren, sondern dem von ihm verehrten Franz Liszt.

[M] *CD* für alle Werke: Göteborger Symfoniker, Järvi (DGG) *Alfred Beaujean*

Hans-Jürgen von Bose

1953

Daß Neue Musik in ihrer stilistischen Vielfalt und Offenheit ein Abenteuer bleiben kann, dafür steht die sehr heterogene Musik von Hans-Jürgen von Bose. Bose gehört zu einer rebellischen Generation von Komponisten, die sich Anfang der 70er Jahre gegen den Dogmatismus und Strukturalismus der Musik wendete. Das äußerte sich u.a. in einer Wiederbegegnung mit der Tonalität und in einer Wiedererweckung romantischen Gedankenguts, mit dem die Musik gegen ihre Veräußerung in pure Kategorien des »Materials« protestierte. Aber Bose blieb stets Rebell, auch gegen sich selbst, und infolgedessen integrierte er immer wieder neue stilistische Möglichkeiten zeitgenössischer Musik in sein Werk. Mit dem Impetus des Abenteurers sprengte er so Grenzen zwischen Aufbruch und Rückbesinnung, zwischen rigoroser Konstruktivität und aggressiver Freiheit, zwischen romantischem Impuls und kühl berechnender Modernität.

Bose, der am 24. Dezember 1953 in München geboren wurde, hatte vor allem im Bereich der Kammermusik und der Oper schon frühzeitig einige spektakuläre Erfolge. Nach dem Studium an der Frankfurter Musikhochschule bei Hans Ulrich Engelmann waren es vor allem Begegnungen mit Hans Werner Henze und Aribert Reimann, die sich stilprägend auswirkten. Die lyrische Befreiung des Melos, die expressive Kantilene im Raum freier Atonalität und vielfältige Montagetechniken stellen sein Werk auch geistig in eine Linie mit Henze und Reimann; das äußert sich auch in einer Reihe wichtiger Orchesterlieder-Zyklen (mit Texten u.a. von Sappho, Lorca, Hölderlin und Thomas Bernhard).

Sind *Morphogenesis* für großes Orchester (1975) und die *1. Symphonie* aus einem eher architektonischen Geist entstanden, so gelingt Bose in seinen Variationen *Musik für ein Haus voll Zeit* (1978) eine kaleidoskophafte, magisch-realistische Transformation verschiedener musikalischer Charaktere; die chamäleonhafte, von Zitaten aus Renaissancemusik durchsetzte Stilistik beherrscht auch die *Travesties in a Sad Landscape* für Kammerorchester (1978). Klassisches Maß in einer poetischen und farbigen Sprache erreicht Bose in den *Idyllen* für Orchester (1982/83); das Oboenkonzert *...other echoes inhabit the garden* (1987), *Labyrinth I* für großes Orchester (1987) und das Oratorium *...im Wind gesprochen* (1984/85) zeigen eine pointierte Synthese seiner divergenten Begabungen. *Hans-Christian von Dadelsen*

Lili Boulanger

1893–1918

Die Geschichte Lili Boulangers wird erzählt als der Mythos »eines genialen Mädchens – das gestorben ist.« Genie und Krankheit, Schönheit und früher Tod lauten die Parameter einer nicht zuletzt von ihrer älteren Schwester, der Musikpädagogin, Dirigentin und Komponistin Nadia Boulanger (1887–1979), konsequent betriebenen Verklärung: Lilis außergewöhnliche Biographie verführt offenbar zu einem Verständnis ihrer Werke »vom Ende her«. Dies gilt es in der modernen Forschung neu zu überdenken. Lili Juliette Marie Olga Boulanger wurde am 21. August 1893 in Paris in ein hochmusikalisches, weltoffenes Elternhaus hineingeboren. Aufgrund einer äußerst labilen Gesundheit – lebenslange Folge einer nicht ausgeheilten Lungenentzündung – konnte ihre fulminante frühkindliche Begabung nur sporadisch ausgebildet werden. 1912 jedoch wurde sie Kompositionsstudentin am Conservatoire bei Paul Vidal. 1913 gewann sie mit ihrer von chromatischen Leitmotiven geprägten Kantate *Faust et Hélène* als erste Frau den Premier Grand Prix de Rome und schloß mit Ricordi einen Vertrag ab. 1914 trat sie den mit dem Preis verbundenen Aufenthalt in der Villa Medici in Rom an, sah sich jedoch durch den Ausbruch des Ersten Weltkrieges und die Verschlechterung ihres Gesundheitszustandes zur baldigen Rückkehr nach Paris gezwungen. Kriegsbedingt wandte sie sich dort zunächst karitativen Aufgaben zu und reiste im März 1916 erneut nach Rom, wo sie ihre symbolistisch-tonmalerische Umsetzung der *Psalmen 24* und *129* für Chor und Orchester vollendete. Wieder in Frankreich diktierte sie ihrer Schwester vom Krankenbett aus ihre letzten und wohl auch bedeutendsten Werke: darunter die Kantaten *Vieille prière bouddhique* (1917) und *Soir sur la plaine* (1918) sowie eine unvollendete Oper nach Maeterlinck. Am 15. März 1918 starb Lili Boulanger 24jährig in Mézy-par-Meulan. Als Repräsentantin eines musikalischen Impressionismus hinterließ sie fast 40 Kompositionen zumeist kirchlicher und weltlicher Vokalmusik; das symphonische Gedicht *D'un soir triste* für Orchester blieb ein unveröffentlichter Einzelfall. Ihre dezente musikalische Sprache zeigt sich von den formalen Errungenschaften Wagners inspiriert und geht in der Ablösung von traditioneller französischer Harmonik deutlich über Debussy hinaus. Obwohl Lili Boulangers Œuvre seit 1968 auch aufgrund feministischer Bestrebungen verstärkt Beachtung findet, konnte sich die Mehrzahl ihrer Werke im heutigen Konzertrepertoire nicht behaupten. *Christine Lemke*

Pierre Boulez

1925

Pierre Boulez. Porträtaufnahme (1973)

Wie kaum ein anderer Komponist des 20. Jhs. hat Pierre Boulez es verstanden, intellektuelles Kalkül kompositorischer Konstruktion mit der Sinnlichkeit einer Klangfarbenästhetik zu verknüpfen. Scheinbare Widersprüchlichkeiten im Denken und Handeln des Komponisten, Musikphilosophen und Dirigenten Boulez – betrachtet man die schroffe Kritik an Strawinsky und Schönberg und das später einsetzende vehemente Engagement als Dirigent für deren Werke – erweisen sich im Verlauf seiner Karriere als fruchtbare Streitfälle, die dem Œuvre des hyperkritischen Komponisten entscheidende Impulse gegeben haben.

Pierre Boulez, geboren am 26. März 1925 in Montbrison/Loire, wuchs in einem Ingenieurhaushalt auf. Bereits früh erhielt er neben der Schule kontinuierlich zunächst Klavier-, später auch Theorieunterricht. Nach zwei der Musik gewidmeten Studienjahren in Lyon siedelte Boulez im Herbst 1943 nach Paris über und durchlief dort eine außerordentlich kurze Phase musikalischer Studien, teils privat, teils am Conservatoire National Supérieur. Die wichtigsten Lehrer in Paris waren Olivier Messiaen und René Leibowitz.

Als einer der neben Stockhausen, Nono und Maderna bedeutendsten Vertreter der seriellen Musik nahm Boulez erstmals 1952 an den Darmstädter Ferienkursen für Neue Musik teil, deren Profil er als Dozent ab 1954 bis zur Mitte der 60er Jahre immer wieder entscheidend beeinflußte. Aus einer Vorlesungsreihe in Darmstadt 1960 ging sein bedeutendstes theoretisches Werk, »Musikdenken heute« hervor. Mit der Verpflichtung zum Leiter der Theatermusik der Schauspieltruppe Renaud/Barrault, für die er Schauspielmusiken und Arrangements schrieb, begann 1946 Boulez' Dirigententätigkeit, die später zu einem integralen Bestandteil seiner künstlerischen Arbeit wurde. Als wichtigste Positionen gelten: Leiter des Domaine Musical (1953–1967), Chefdirigent des BBC Symphony Orchestra (1971–1975) und der New Yorker Philharmoniker (1971–1977). Außerdem hatte er die musikalische Leitung des von Patrice Chéreau inszenierten *Ring des Nibelungen* in Bayreuth (1976–1980). Boulez ist zudem Gründer (1976) und langjähriger Leiter des »Ensemble InterContemporain«.

Boulez war mehrfach für kürzere Zeit pädagogisch tätig, so u.a. 1960–1963 an der Musikakademie Basel (Analyse- und Kompositionskurse) und 1963 an der Harvard University. Im Auftrag des französischen Staatspräsidenten baute er seit 1971 das mittlerweile berühmte »Institut de Recherche et de Coordination Acoustique/Musique« (IRCAM) in Paris auf, dessen Direktor er von der Eröffnung 1976 bis 1991 war.

Mit großer Spannung wird seine erste Oper *Todesanzeige* nach Texten von Heiner Müller erwartet. Vielleicht ist es ein konsequenter Schritt des einst die Oper in Grund und Boden verdammenden Klangpoeten, nun endlich selbst das Experiment Musiktheater zu wagen. Überschaut man sein vokal-symphonisches Œuvre, das einige der überzeugendsten Kompositionen dieses Genres innerhalb des Gesamtbereichs Neuer Musik überhaupt aufweist, verwundert es wenig, daß nun Boulez den letzten Schritt zum szenischen Gesamtkunstwerk riskiert.

Le Marteau sans Maître (Der herrenlose Hammer)

für Altstimme und sechs Instrumente

UA: Baden-Baden 1955

In *Marteau sans Maître* sind die Erfahrungen mit der seriellen Musik integriert, ohne daß die Struktur Selbstzweck wäre. Vielmehr kommt ein reines, klar gegliedertes Tonmaterial zum Vorschein, das über Frische, Flexibilität, Farbigkeit und sinnlichen Ausdruck verfügt. Nach den strikten seriellen Experimenten entwickelt sich im *Marteau sans Maître* ein bizarres Spiel mit Intervallen, Dauern, Tonhöhen und Klangfarben, das dem Hörer jedoch einen unmittelbaren Eindruck der sinnlichen Dimension der Texte von René Char vermittelt. Das Werk besteht aus 9 Sätzen, die die 6 Instrumente (Altflöte, Xylophone, Vibraphon, Gitarre, Viola und Schlagzeug) in unterschiedlicher Besetzung anordnen. Zwei Sätze beispielsweise (6. und 9. Satz) sind für das volle Ensemble geschrieben.

Die 4 Vokalsätze nach Gedichten des Surrealisten René Char folgen aperiodisch (3., 5., 6. und 9. Satz), während die restlichen 5 Sätze zwei der Vokalsätze kommentieren. Die 2 unbegleiteten Sätze sind ein Paar unterschiedlicher Instrumentierungen ein und desselben Textes. Die Idee des musikalischen »Kommentars« ist ein konstantes Merkmal in den Werken Boulez' und hängt mit der Neigung des Komponisten zusammen, Werke unvollendet zu belassen, um sie einer späteren Revision zu unterziehen.

[M] *CD* Ensemble InterContemporain, Boulez (CBS 1985)

Figures, Doubles, Prismes

UA: Strasbourg 1964

In *Figures, Doubles, Prismes* geht es Boulez vor allem um Probleme der Form und der orchestralen Akustik. Das Werk wurde 1957 komponiert, 1958 in den Concerts Lamoureux uraufgeführt und in den 60er Jahren revidiert und erweitert (1963–1968); die Überarbeitung ist noch nicht abgeschlossen. In Anlehnung an Arnold Schönbergs *Orchestervariationen* op. 31 ist das Stück als großer Variationenzyklus konzipiert, wobei die einzelnen Teile sich überlagern und durchdringen, statt in traditioneller Weise isoliert nebeneinander zu stehen. Durch eine spezifische Mischung aus klangfarblich orientiertem Material und einer räumlichen Aufteilung des Orchesters erreicht Boulez eine Art Klangtypenbewegung, die das ganze Stück durchzieht. Es kommt zu Verlagerungen ganzer Klangfelder. Die harten Kontraste der ersten Takte weichen mehr und mehr einer Komposition breit entwickelter Übergänge. Aus einem Abschnitt hektisch bewegter rhythmischer Einwürfe kulminiert das Geschehen in breit angelegten Violinpassagen, die ihren homogenen Klang quer durch die Pulte auffächern. Es ist, wie bei vielen Werken Boulez, eine retrospektive Betrachtung des eigenen Gesamtwerkes, die das erlangte Klangbewußtsein einer ständigen Korrektur unterzieht.

[M] *CD* BBC SO, Boulez (Erato 1985)

Pli selon Pli (Portrait de Mallarmé)

für Sopran und Orchester

UA: Donaueschingen 1962

Pli selon Pli (zu deutsch etwa: *Stück für Stück*), ein Zyklus von 5 Sätzen für Sopran und Orchester, gehört zu den zentralen Werken von Boulez. Es besteht aus folgenden Teilen: *Don* (1962) für Sopran und Orchester, *3 Improvisationen über Mallarmé* für Sopran und verschiedene Instrumentalbesetzungen nach 3 Gedichten von Stéphane Mallarmé (1958; 1960 bis 1984) und *Tombeau* (1959/60) für Sopran und Orchester. In *Don* und *Tombeau* hat die Stimme eine relativ sekundäre Rolle. Für *Don* wird aus Mallarmés Gedicht »Don du poème« nur der 1. Vers übernommen, um dann die Singstimme Fragmente der folgenden Improvisationen als Vorahnungen singen zu lassen. In *Tombeau* bringt die Singstimme nur den letzten Vers des Gedichtes »Tombeau de Verlaine«, bevor der letzte Akkord, der identisch mit dem 1. Akkord von *Don* ist, das Werk abschließt. Im Verlauf der 5 Stücke, die den Zyklus bilden, dringen die Worte durch den raffiniert auskomponierten Klangschleier, um aber sogleich wieder zu verschwinden. Dieses Verfahren ist eine originelle Analogie des Werktitels *Pli selon Pli*, der wiederum dem Mallarmé-Gedicht »Remémoration d'amis belges« entnommen ist, wo umschrieben wird, wie sich die Nebelschleier über der Stadt Brügge allmählich heben. Die 2 Orchesterwerke *Don* und *Tombeau* sind eher eine symphonische Übertragung des poetischen Gehaltes der Gedichte; ganz im Sinne der Boulezschen Überlegung, daß das poetische Substrat als »Zentrum und Abwesenheit« im Klangkomplex eingearbeitet ist.

[M] *CD* Bryn-Julson, BBC SO, Boulez (Erato 1981)

Domaines

für Klarinette und Orchester

UA: Paris 1970 (revidierte Fassung)

In *Domaines* wird die Synthese zwischen Raum- und Zeitstruktur vollzogen. Das Werk besteht aus 2 gleichen Teilen, der erste heißt *Original*, der zweite *Spiegel*. Jeder Teil ist aufgegliedert in 6 Dialoge zwischen einer einstimmigen Quelle, die man als Hauptdarsteller bezeichnen kann und einer bestimmten Klanggruppe. Im 1. Teil, dem »Original«, löst der

Hauptdarsteller einzelne Aktionen mit jeder einzelnen dieser 6 Gruppen aus. Im 2. Teil, dem *Spiegel*, ist die Anordnung umgekehrt; jede der Gruppen formuliert nacheinander ihren »Text«, auf den jeweils die Klarinette antwortet, die gewissermaßen das letzte Wort hat. Diese Gruppen, ähnlich 6 Chören der antiken Tragödie, sind voneinander unabhängig. Sie sitzen jeweils im Kreis und sind folgendermaßen zusammengesetzt: Gruppe A ist ein Quartett aus Altposaune, zwei Tenorposaunen und einer Baßposaune. Die Gruppe B ist ein Sextett aus 2 Violinen, 2 Bratschen und 2 Celli. Gruppe C besteht aus Marimbaphon und Kontrabaß. Die Gruppe D vereinigt Flöte, Trompete, Saxophon, Bratsche, Fagott und Harfe. Die Gruppe E besteht aus Oboe, Horn und E-Gitarre. Gruppe F bestreitet lediglich eine Baßklarinette. Der Zuhörer wird diese 6 Dialoge nicht in der erwähnten Anordnung hören. Die Soloklarinette wechselt ihren Platz nach ihren eigenen Einfällen und bewirkt die Reaktionen der Gruppe nach eigenem Belieben. Im 2. Teil, dem *Spiegel*, ergreift nacheinander jede Gruppe die Initiative, und die Klarinette schließt jeden Diskurs ab. Anders als im *Original*-Teil experimentieren die Posaunen mit Lautmalereien.

Flöte, Trompete, Saxophon, Fagott und Harfe scheinen von äußerster Fieberhaftigkeit getrieben zu sein. Es besteht keine nachvollziehbare Symmetrie zwischen Original und Spiegel, doch enden beide Teile im Dialog von Solo- und Baßklarinette.

Vergleicht der Zuhörer verschiedene Aufführungen oder Aufnahmen von *Domaines*, wird er eine zum Teil recht unterschiedliche Zeitanordnung vorfinden sowie eine jeweils andere räumliche Gestaltung durch den Hauptdarsteller, die Klarinette.

[M] *CD* Portal, Musique Vivante, Masson (Harmonia Mundi France 1971)

Rituel in memoriam Maderna

für Orchester in acht Gruppen

UA: London 1975

Rituel entstand 1974–1975 und ist dem Gedächtnis eines Freundes, des italienischen Komponisten Bruno Maderna (1920–1970) gewidmet. Die Grundlage des Stückes ist ein Block von 7 Tönen. Für die daraus folgende Form ergibt sich das Prinzip von Verdichtung und Auflösung der musikalischen Struktur in aufeinanderfolgenden Sequenzen.

Die Orchestermusiker bilden in diesem Werk nicht ein Orchester im klassisch-romantischen Sinne, sondern sie sind in einzelne kleine Gruppen aufgeteilt, die von I–VIII numeriert werden. Die Gruppen I–VII enthalten eine von einem bis auf 7 Instrumente anwachsende Zahl von ausschließlich Holzbläsern und Streichern. Auf das Klangvolumen und die Klangfarbe wird bei dieser Aufstellung ganz bewußt Rücksicht genommen. Jeder Gruppe von I–VII ist ein Schlagzeuger beigestellt, von denen jeder über ein großes Arsenal von zumeist exotischen Instrumenten verfügt, die zum Klangvolumen der Melodieinstrumente passen. Die Rolle des Dirigenten ist ungewöhnlich, denn er schlägt eigentlich kein Metrum, sondern gibt den einzelnen Gruppen nur Einsätze, worauf deren Schlagzeuger nach ungefähren Metronomzahlen den Takt schlagen, der aber in jeder Gruppe anders abläuft, gemäß dem Einsatzzeichen des Dirigenten. Gegenüber den meisten anderen Werken von Boulez ist *Rituel* bei aller Komplexität und Neuheit äußerst einfach und übersichtlich. Viele Exotismen, wie einige Schlagzeugfarben sie assoziieren lassen, treten am deutlichsten durch das breitgefächerte Orchester hervor.

Rituel ist ein asiatisch angehauchtes Trauerritual, das im Gegensatz zu modernen Requiemvarianten eher auf freiem Feld oder in großzügig angelegten Konzertforen einen angemessenen Aufführungsort finden könnte; es handelt sich also nicht um christlich-europäische Kirchenmusik.

[M] *CD* Orchestre de Paris, Barenboim (Erato 1988)

Notations I–IV

für großes Orchester

UA: Paris 1980

Die *4 Notations* (1978–1980) sind der Anfang einer orchestralen Neukomposition eines 1945 geschaffenen Jugendwerkes, der 12 Notations für Klavier. Mit der Zahl 12 wird auf die den jungen Boulez beschäftigende Zwölftontechnik und die Anzahl der Takte in jedem der 12 Klavierstücke gewiesen. Später störte Boulez die etwas ungeschickte Technik dieser Kompositionen. Er zog die 12 Notations zurück. Mehr als 30 Jahre nach der ursprünglichen Fassung beschäftigte er sich von neuem mit diesem Jugendwerk. Das Resultat sind keine ausschließlich auf Effekt hergerichtete Orchesterstücke, sondern bislang 4 Versuche, musikalische Entwicklungen von beschränkter Zeitdauer zu realisieren. Die musikalische Geste wird auf einen vergrößerten Raum (großes Orchester) projiziert. So erklärt sich die Klangwirkung dieser Transkriptionen, die aus dem kontrastreichen Wechsel zwischen kontemplativen und virtuosen Passagen leben. Die restlichen Orchester-*Notations* werden in nächster Zeit zur UA kommen.

[M] *CD* Orchestre de Paris, Barenboim (Erato 1988)

Répons (Antiphonie, Wechselgesang)
für Instrumentalensemble,
Solisten, Computerklänge und Live-Elektronik
UA: Donaueschingen 1981
(UA der erweiterten Fassung: Turin 1984)

Die Verteilung der Instrumentalisten im Raum verlangt für *Répons* einen flachen Konzertsaal, der die Aufstellung eines kleinen Ensembles in der Mitte des Saales gestattet. Das Ensemble besteht aus folgender Besetzung: 2 Flöten, 2 Oboen, 2 Klarinetten, Baßklarinette, 2 Fagotte, 2 Hörner, 2 Trompeten, 2 Posaunen, Tuba, 3 Violinen, 2 Bratschen, 2 Celli, Kontrabaß. Entlang den Wänden des jeweiligen Konzertsaales sind 6 Solisten (Klavier und elektronische Orgel, Cymbalum, Klavier, Xylophon und Glockenspiel, Harfe, Klavier) plaziert. Die frei und störungsfrei ausklingenden Töne dieser Solisten werden durch die Elektronik verändert und durch 6 Lautsprecher in den Raum geschickt. Mit dem Einsatz eines live-elektronischen Instrumentariums werden in dieser Komposition völlig neue Wege beschritten. Im Gegensatz zu den Klangspektren herkömmlicher elektronischer Klangerzeuger erlaubt der 4X, so heißt der am Pariser IRCAM entwickelte Klangcomputer, akustische Manipulationen, die nicht mehr wie bisher minutiös vorherbestimmt werden können. Vielmehr verfügt er über Klangerzeugungspotentiale, die noch nicht einmal annähernd ausgeschöpft worden sind. Als work in progress vermittelt *Répons* einen ersten flüchtigen Blick in moderne Kompositionsverfahren, die traditionelle Klangerzeuger mit digitaler Technik sinnvoll verbinden können. 4X erlaubt ein virtuoses Spiel im Augenblick der Aufführung und die Computer reagieren im Augenblick auf die spielenden Musiker. *Répons* arbeitet auch mit aleatorischen Elementen, also mit dem begrenzten Zufall. Das bedeutet im praktischen Fall auch ein aleatorisches Moment für den Zuhörer, der durch den Wechsel seines Platzes eine jeweils andere Klangperspektive wahrnehmen kann. Der elektronisch verstärkte Nachhall entwickelt eine Art klanglichen Schleier um die Töne.

Zudem kann jeder Ton durch einen weiteren Ton oder Akkord verlängert werden. Bei mehrmaligem Zuhören eröffnen sich dem Hörer bisweilen auffallend schöne Klangbezirke, die sonst eher selten in elektronisch unterstützten Kompositionen auszumachen sind. Mit *Répons*, das noch weiteren Revisionen unterzogen werden wird, beschreitet Boulez ein ästhetisches Feld, das seinem ausgesprochen feinnervig ausgeprägten Klangideal neue und wesentliche Qualitäten hinzufügen wird. *Sven Ahnert*

Johannes Brahms

1833–1897

Als Johannes Brahms seine Heimatstadt Hamburg verließ und über seinen Freund, den Geiger Joseph Joachim, Robert Schumann kennenlernte, schrieb dieser über den noch ganz jungen und völlig unbekannten Komponisten: »Wenn er seinen Zauberstab dahin senken wird, wo ihm Mächte der Massen, im Chor und Orchester, ihre Kräfte leihen, so stehen uns noch wunderbare Blicke und Geheimnisse der Geisterwelt bevor«. Der 20jährige hatte sich bis zu diesem Zeitpunkt noch nicht auf das Gebiet der Orchestermusik vorgewagt und noch keinen Weg in die Symphonik gefunden, mit dem er sich vom großen Vorbild Beethoven emanzipiert hätte. Das sollte sich 5 Jahre später mit dem *1. Klavierkonzert* ändern, in dem Brahms bereits andeutete, worauf es ihm in seinem weiteren symphonischen Schaffen ankam und was ihn später für Schönberg zum »Fortschrittlichen«, zum Wegbereiter der Moderne machte: das Weiterdenken der Tradition. »Die Form« – so schrieb Brahms denn auch selbst – »ist etwas durch tausendjährige Bestrebungen der vorzüglichsten Meister gebildetes (...). Ein törichter Wahn übelverstandener Originalität würde es sein, wenn da jeder wieder auf eigenem Wege herumsuchen und herumtappen wollte, um das zu finden, was schon in großer Vollkommenheit vorhanden ist«. Als Gegenpol zu Liszt studierte er Bach und Händel sowie strengen Kontrapunkt und bediente sich traditioneller Formmodelle, legte jedoch keinen Wert mehr auf 2 durchstrukturierte Sonatenhauptsatzthemen, die verarbeitet werden. Ihm ging es um »die Formung größerer melodischer Zusammenhänge« durch »kleinste motivische Substanz« (Chr. M. Schmidt), die oft als Keimzelle dem Werk vorangeht, sich bereits in der Exposition weiterentwickelt und damit die motivisch-thematische Arbeit in der Durchführung ebenso deutlich abschwächt, wie die Kraft der fest gefügten Reprise. (Schönberg nannte dieses Kompositionsverfahren »entwickelnde Variation«.) Die Geschlossenheit der Form wird durch ein Netz motivischer Beziehungen gewährleistet, die das Werk zu einem Ganzen zusammenschließen – ein Verfahren, das in erster Linie ein Kennzeichen kammermusikalischen Schaffens ist, Detailarbeit an die Stelle von großer Emphase setzt. (Schönberg baute mit seiner *Kammersymphonie* darauf auf). Häufig griff Brahms deshalb auch wieder auf fast vergessene Formen wie

Variation und Passacaglia zurück, mit denen er bestätigte, was Schönberg mit dem Satz umschrieb: »Es ist wichtig, sich klarzumachen, daß Brahms ohne auf Schönheit und Gefühl zu verzichten, zu einem Zeitpunkt, als alle an ›Ausdruck‹ glaubten, sich auf einem Gebiet als fortschrittlich erwies, das seit einem halben Jahrhundert brachgelegen hatte«.

Symphonie Nr.1 c-moll op. 68

UA: Karlsruhe 1876

Brahms' Weg zur Symphonik war lang und beschwerlich: Schon am 6. Januar 1855 schrieb Robert Schumann über den »Berufenen«, den er in seinem Aufsatz »Neue Bahnen« von 1853 bereits über die Maßen gelobt hatte: »Eine Symphonie oder Oper, die enthusiastische Wirkung und großes Aufsehen macht, bringt am schnellsten (...) vorwärts. Er muß (...)« Tatsächlich hatte Brahms zu diesem Zeitpunkt bereits – unter dem Eindruck einer Aufführung von Beethovens Neunter – einen ersten wenig glücklichen Versuch gestartet, der schließlich zum 1. Satz des *Klavierkonzerts op. 15* umgearbeitet wurde. Und auch 1858 war erneut ein Plan entstanden, eine dreisätzige Serenade für Oktett in eine Symphonie zu verwandeln. Doch immer wieder scheiterten die Vorhaben an der selbstkritischen, skrupulösen Forderung, nach Beethoven müsse man Symphonien schreiben, die »ganz anders aussehen«. Selbst nach Vollendung des 1. Satzes der c-moll-Symphonie gab Brahms seinem Freund Joachim noch zu bedenken: »Hinter ›Sinfonie‹ von J. B. magst Du einstweilen ein? setzen« und befürchtete gleichzeitig, er werde »nie eine Symphonie komponieren, habe man doch keinen Begriff davon, wie es unsereinem zu Mute ist, wenn er immer so einen Riesen hinter sich marschieren hört«. Erst 1874, 12 Jahre später, nahm er die Arbeit an der Partitur wieder auf, nachdem er mit Werken wie dem *Deutschen Requiem*, dem *Schicksalslied* und dem *Triumphlied* den Weg zur großen Orchesterkomposition eingeschlagen und ihn – nun handwerklich gereift – formal mit den Kammermusikwerken, instrumental mit den *Orchesterserenaden* und *Haydn-Variationen* weiter verfolgt hatte.

Die Konzeption ist auf ein sich steigerndes Entwicklungsprinzip angelegt, das in seinen einzelnen Formteilen häufig nicht mehr klar umgrenzt werden kann und im Finale seinen Höhepunkt erlebt. Die c-moll-Einleitung des *Kopfsatzes* enthält im Keim bereits das gesamte thematische Material der Symphonie: sie gründet auf einer in Halbtonschritten aufsteigenden Violinenfigur, die von chromatisch absteigenden Bläsern und einem Orgelpunkt in Pauken und Bässen begleitet wird. Aus dieser Bewegung entwickelt Brahms dann im *Allegro* seine beiden Hauptthemen, verlegt die thematische Arbeit also bereits in die Exposition, während die eigentliche Durchführung eher wieder vereinfacht zu geschlossenen Themen findet. Erst die Reprise nimmt die Steigerung wieder auf, die auf ihrem Höhepunkt abrupt abbricht und in einer C-Dur-Coda ausklingt.

Die harmonisch, formal (dreiteilige Liedform) und motivisch analogen *Mittelsätze* – der 3. Satz ersetzt das übliche Scherzo durch ein *Allegretto* – bauen ebenfalls auf der chromatisch gegenläufigen Figur der Einleitung auf. Und auch die langsame *Adagio*-Einleitung des *Finalsatzes* in c-moll knüpft wieder an den Anfang an. Doch was »dort abstrakte Struktur war, wird jetzt vermenschlicht« (B. Rzehulka): Der 2. Abschnitt leitet mit einer C-Dur-Alphornphrase, einer selbständigen, aus dem motivischen Material nicht ableitbaren Gestalt, sowohl tonartlich als auch stimmungsmäßig eine Wende in der Entwicklung ein, die sich nun des ganzen Satzes bemächtigt und in den Naturcharakter des Alphorns noch choral- und hymnusartige Teile, also einen religiösen Ton integrieren. Die Coda bemächtigt sich des imaginären Chorals schließlich ganz und führt die Themen und Motive des Satzes durch Verlagerung in hohe Lagen, rhythmische Akzentuierung und Diminution zu einem letzten Höhepunkt.

[M] *CD* Toscanini, NBC SO (RCA 1952); Cleveland, Szell (Sony 1966); Chicago SO, Wand (RCA 1990)

Symphonie Nr. 2 D-Dur op. 73

UA: Wien 1877

Über Brahms' 2. Symphonie, die bereits ein Jahr nach der Ersten entstand und innerhalb kürzester Zeit – nämlich vorwiegend während des Sommeraufenthalts in Pörtschach – vollendet wurde, herrscht bis heute weitgehend Einigkeit: Stets erscheint sie gegenüber ihrer fast tragisch anmutenden Vorläufersymphonie als die »heitere, lebensbejahende« (C. Floros), über die schon Theodor Billroth an Brahms schrieb: »Das ist ja lauter blauer Himmel, Quellenrieseln, Sonnenschein und kühler grüner Schatten!« Brahms' eigene Äußerungen fügen sich dem nur bedingt. Eduard Hanslick berichtete er, in seinem neuen Werk werde es »heiter und lieblich klingen«, seinem Verleger Fritz Simrock teilte er – zwar leicht ironisch – mit: »Die neue Symphonie ist so melancholisch, daß Sie es nicht aushalten. Ich habe noch nie so was Trauriges, Molliges geschrieben: die Partitur muß mit

Trauerrand erscheinen«. Diese Ambivalenz kommt auch im Werk selbst, diesem »lieblichen Ungeheuer«, zum Tragen und hebt auf, was Brahms befürchtete, nämlich daß »die Leute meinen (werden), diesmal hätte ich mir's leicht gemacht«. Was sich stattdessen unter der scheinbar so harmlos pastoralen Oberfläche lyrischer und einfach gegliederter Melodienseligkeit, Hörnerklang und ruhigem $^{3}/_{4}$-Takt verbirgt, ist eine unglaublich komplexe kompositorische Struktur, die aus einem dichten Netz von gegenseitigen Beziehungen besteht, aus einem einzigen Motiv herauswächst und durchaus ihre störenden Untertöne hat – etwa in »einer brutal störenden Intervention« (P. Gülke) der Posaunen im *1. Satz.* Dieser beginnt mit einem kurzen Baßmotiv, einer fast beiläufigen Wechselnote, die sogleich vom melodischen Hauptthema überlagert wird und dadurch zu einer metrisch äußerst komplizierten, ungradtaktigen Struktur führt. Durch die Art und Weise, mit der das Motiv als eigenständige Phrase, vergrößert oder verkleinert, in Originalgestalt oder in rhythmischer Veränderung, in unaufhörlicher »entwickelnder Variation« den ganzen Satz durchzieht, gibt es sich unterschwellig als das Hauptthema des Satzes, ja der gesamten Symphonie zu erkennen, das zudem als Baustein weiterer Themen dient. Die klassische Gliederung des Sonatenhauptsatzes wird in dieser Kompositionsweise – die Hugo Wolf übrigens einmal bösarig als Kunst, mit wenigen Einfällen zu komponieren, beschrieben hat – aufrechterhalten und gleichzeitig modifiziert: Die Durchführung durchzieht bereits die Exposition, wird quasi auf den gesamten Satz ausgeweitet und setzt sich auch in der stark modifizierten Reprise, die sich aus einem kontinuierlichen Prozeß erst herauslösen muß, noch fort. Sie mündet in die melancholische Coda, die das im Frühjahr komponierte Lied *Es liebt sich so lieblich im Lenze* zitiert und deren Simmung sich auch auf den *2. Satz*, das einzige *Adagio* aller Symphonien, ausdehnt. Basierend auf 4 thematischen Gedanken, die in enger Verwandtschaft zueinander stehen, wird er immer wieder von Molltrübungen und einer subtilen Harmonik durchsetzt, die bereits auf die »Krise der Tonalität« (D. Holland) vorausgreift. Im heiteren *3. Satz* spielt Brahms mit der traditionellen Form-Konvention und verdreht das gewohnte Schema von scherzohaften Eckteilen und tänzerischem Mittelteil, der auch keinen neuen Gedanken einführt, sondern lediglich mit rhythmischen Varianten des Hauptthemas arbeitet. Das Anfangsmotiv des *Finales* ist wieder nichts anderes, als eine Variante des Hauptmotivs der ganzen Symphonie und zieht eine schier unglaubliche Anzahl an Abspaltungen, Umkehrungen, Sequenzierungen und variativen Verfahren nach sich. Hier zeigt sich wohl am stärksten, was Schönberg mit seinem Ausspruch »Brahms, der Fortschrittliche« gemeint hat.

[M] *CD* NBC SO, Toscanini (RCA 1952); London PO, Sawallisch (EMI 1989) – *VD* Wiener Philharmoniker, C. Kleiber (Philips)

Symphonie Nr. 3 F-Dur op. 90

UA: Wien 1883

»Bei der Premiere der F-Dur-Symphonie, die am 2. Dezember 1883 in den Wiener Philharmonischen Konzerten stattfand, wagte die im Stehparterre des Musikvereinssaales postierte Truppe der Wagner-Brucknerschen ecclesia militans den ersten öffentlichen Vorstoß gegen Brahms. Ihr Zischen wartete nach jedem Satz immer das Verhallen des Beifalls ab, um dann demonstrativ loszubrechen.« Dies berichtete der Augenzeuge Max Kalbeck über die UA der 3. Symphonie. Brahms, der auch nach Berlioz und Liszt noch eisern an der Tradition festhielt, wurde zum ersten Mal vor aller Augen als Konservativer bloßgestellt. Daß er »überlieferte Prinzipien, unter den veränderten Bedingungen des späten 19. Jhs., von Grund auf neu durchdachte« (C. Dahlhaus) – und dies zeigt sich auch in der Dritten –, schienen die Gegner nicht wahrzunehmen. Dabei markiert gerade seine kürzeste Symphonie einen Übergang zum Spätstil. Von nun an widmete er sich der artifiziellen Durchkonstruktion und kammermusikalischen Detailarbeit noch stärker als in den beiden ersten Symphonien.

Das Werk beginnt mit dem rhythmisch wie metrisch noch unklaren, die ganze Symphonie durchziehenden Kernmotiv f''–as''–f''', das die Zentraltöne des Hauptthemas vorwegnimmt, als Begleitung und Kontrapunkt dient sowie alle Formteile markiert: das 1. und 2. Thema, Schlußgruppe, Reprise und Coda. Mit einer Harmoniefolge unterlegt, die zwischen den Tongeschlechtern schwankt, kündigt es darüber hinaus den vor allem im *1. Satz* häufigen Wechsel zwischen den Tongeschlechtern an. Das Hauptthema spielt demgegenüber eine weniger bedeutsame Rolle, beginnt die nur kurze Durchführung doch mit der Verarbeitung des Seitensatzes, an die sich der 1. Abschnitt des Hauptthemas nur noch anschließt. Verarbeitet wird es in vollem Umfang erst in der Coda.

Die kurzen *Mittelsätze* bilden nur ein geringes Gegengewicht zu den Außensätzen. Das *Andante* steht in freier a b a'-Form, in der die Wiederaufnahme des 1. Teils durch Dehnung und eine andere Phrasierung verschleiert wird. Mittelpunkt bleibt durchgehend das Hauptthema, das Brahms stets kunstvoll variiert und in der Coda durch begleitende Chromatik stimmungsmäßig verändert. Im *3. Satz* –

wiederum in a b a'-Form – unterscheidet sich die Wiederaufnahme des Hauptteils vor allem klanglich: In ihr läßt Brahms alle exponierten Streicherpassagen von den Bläsern und alle Bläserpassagen von den Streichern spielen. Auch das *Trio* ist durch diese Gegenüberstellung gegliedert: Das Thema wird von den Holzbläsern, die konstrastierenden Abschnitte werden von den Streichern intoniert.

Im *letzten Satz*, in den alle Sätze noch einmal reminiszenzartig einfließen, rundet sich der Zyklus zu einem Ganzen: Das Überleitungsthema geht auf den 2. Satz zurück, das Seitenthema steht in verwandtschaftlicher Beziehung zum 3. Satz und den Schluß läßt Brahms wieder mit dem Hauptthema des 1. Satzes ausklingen. Die Sonatenhauptsatzform besteht auch hier nur noch als äußere Hülle: Die Durchführung hat die Funktion einer Scheinreprise mit dem Hauptthema in der Tonika, und die Reprise tritt entsprechend verkürzt zurück, beginnt erst mit der Wiederaufnahme des Hauptthemas. Chr. M. Schmidt beschrieb die Form deshalb zu Recht als »zweimaligen Ablauf der gleichen Folge von Abschnitten mit einer Coda, die diese Folge nochmals beginnt«.

[M] *CD* Philharmonia O., Klemperer (EMI 1957); SO des NDR Hamburg, Wand (EMI 1984); Wiener Philharmoniker, Giulini (DGG 1990)

Symphonie Nr. 4 e-moll op. 98

UA: Meiningen 1885

Brahms selbst beschrieb sie als eine »traurige Symphonie, die nicht nach dem hiesigen Klima« schmecke. Und Elisabeth von Herzogenberg bekannte denn auch: »es ist mir, als wenn eben diese Schöpfung zu sehr auf das Auge des Mikroskopikers berechnet wäre (...) als wäre es eine kleine Welt für die Klugen und Wissenden«. Tatsächlich wirkt sich Brahms' Spätstil – die detaillierte, kammermusikalische Verdichtung der motivischen Struktur, die thematische Verkettung der Sätze untereinander, die variative Behandlung der Themen, die individuelle Hinwendung zu alten Formen und die genau durchkonstruierte, doch nicht mehr formbildende harmonische Disposition – in seiner, während der Sommermonate 1884 und 1885 entstandenen 4. Symphonie am radikalsten aus. Was Schönberg Jahre später als Fortschrittlichkeit der Brahmsschen Kompositionstechnik proklamieren sollte, nämlich die »Fähigkeit, die entferntesten Konsequenzen eines Gedankens zu durchschauen«, erreicht hier seinen Kulminationspunkt: »Das vermag man nicht bei einem seichten Gedanken, aber man vermag es, und zwar n u r, bei einem tiefen Gedanken – und da m u ß man es.« Brahms gelingt dies mit einer ganz einfachen Melodie, die zu Beginn des *Kopfsatzes* mit einer Folge fallender Terzen anhebt. Sie bestimmt die ganze Architektur der Symphonie und erfüllt, was Brahms immer wieder gefordert hatte: die freie Behandlung der Melodie, aus der immer wieder Neues zu schaffen sei. Von einem klassischen Themendualismus kann bei dieser Struktur nicht mehr die Rede sein. Stattdessen greift die Durchführungsidee, der Gedanke einer stets sich fortentwickelnden Variation, deren Ausgangspunkt im Terzintervall liegt, auf das ganze Werk über. Das Thema wird dabei rhythmisch verändert, kontrapunktisch eingebunden und gedehnt – als ob die Entwicklung momenthaft angehalten wird –, Motive werden abgespaltet und neu zusammengesetzt. Die ursprüngliche Bedeutung des Durchführungsteils verliert denn auch an Wert. Er beginnt nicht mehr in der Dominanttonart, sondern in der Tonika, nimmt die Funktion einer »fausse reprise« eines neuen zweiten Variationsabschnitts ein, der selbst wiederum dreigeteilt ist und auf eine Steigerung hin zur Reprise verzichtet. Diese verliert ebenfalls ihre Funktion der Wiederherstellung ursprünglicher Themen: Sie setzt verschleiert ein, bleibt immer wieder stehen und führt erst mit Beginn der Coda zur ursprünglichen, nun dynamisch gesteigerten Themengestalt zurück.

Auch der *2. Satz*, dessen melodisch ruhiger Gestus nur im Mittelteil durch auffallende rhythmische und dynamische Erregung unterbrochen wird, baut auf dem Terzintervall auf. Er besticht zum einen durch seinen harmonischen Reichtum, der im 1. Thema teilweise phrygisch anmutet, zum anderen durch die klangliche Differenzierung zwischen Bläsern und Streichern, die dem Wechsel von 1. und 2. Thema entspricht. Der *3. Satz* – ein sonatensatzähnliches *Allegro giocoso*, dessen Reprise ebenfalls nur verkürzt erscheint – hebt die melancholische Stimmung durch burlesken Charakter auf. Und die abschließende *Passacaglia* führt mit ihrer Folge von 30 Variationen über einem festen Baßthema, das Brahms Johann Sebastian Bachs Kantate Nr. 150 *(Nach dir, Herr, verlanget mich)* entnahm und chromatisch durchsetzte, wieder zur streng durchdachten Gliederung zurück, ja übertrifft darin sogar den Kopfsatz. Mit ihr erfüllt Brahms, was er bereits 1869 an Schubring geschrieben hatte: »bei einem Thema zu Variationen bedeutet mir eigentlich, fast, beinahe nur der Baß etwas. Aber dieser ist mir heilig, der ist der feste Grund, auf dem ich dann meine Geschichten baue. (...) über gegebenen Baß erfinde ich wirklich neu, ich erfinde ihm Melodien, ich schaffe.« Die immer neuen Variationen folgen auch hier wieder dem Prinzip der Sonatenform: Mit der VII. Variation treten geschärft Chromatisierung, Taktwechsel und Wechsel des Tongeschlechts auf, so daß die Rückkehr zum ursprünglichen 3/4-Takt wieder Reprisenwirkung erzielt. Mit Variation XXIII schließt sich die Wiederaufnahme der Themenexposition an, und in der Schlußstretta schließlich unterstreicht Brahms ein letztes Mal die Verkettung aller Symphonieteile durch die Kombination von Passacaglia-Thema und Terzenkette.

[M] *CD* Wiener Philharmoniker, Furtwängler (PMS 1942); Wiener Philharmoniker, Kleiber (DGG 1980); SO des NDR Hamburg, Wand (BMG 1982) – *VD/CD* Berliner Philharmoniker, Karajan (DGG)

Variationen über ein Thema von Joseph Haydn op. 56 a

UA: Wien 1873

Die »symphonieverkündenden« Haydn-Variationen – komponiert zu einer Zeit, als Brahms bereits Erfahrungen als Dirigent gesammelt und anfängliche Unsicherheiten in der Instrumentation überwunden hatte – stehen noch ganz im Vorfeld seines symphonischen Schaffens. Zugrunde liegt ihnen ein Thema aus dem 2. Satz des ersten der *Sechs Divertimenti für 2 Oboen, 2 Hörner, 3 Fagotte und Serpent* von Joseph Haydn (inzwischen gibt es allerdings Hinweise darauf, daß das Thema gar nicht von Haydn stammt). Diesem Thema, dessen Titel *Chorale St. Antoni* auf einen alten Wallfahrtsgesang verweist und das sich – entgegen der klassischen Periodik – in 2 fünftaktige Teile gliedert, widmete er acht, im Tempo zunehmend gesteigerte und motivisch verdichtete Variationen mit großem Finale, das bereits auf die Passacaglia der *4. Symphonie* vorausweist und damit die Variationsform zu einem absoluten Höhepunkt führt. Diese »Variation in der Variation« basiert auf einem fünftaktigen, aus Teilen des Themas zusammengesetzten Ostinato-Baß, der schließlich auch in der Oberstimme erscheint und – von virtuosen Läufen begleitet – zu einem glanzvollen Abschluß gelangt. Brahms' *Haydn -Variationen*, die übrigens zunächst 1873, als op. 56 b, in einer Fassung für 2 Klaviere erschienen, blieben zwar sein einziges Variationenwerk für Orchester, bilden aber den Anfang seiner Auseinandersetzung mit der »entwickelten Variation«.

[M] *CD* London Classical Players, Norrington (EMI 1990)

Serenade Nr. 1 D-Dur für Orchester op. 11 Nr. 2 A-Dur für kleines Orchester op. 16

UA: Hannover 1860 (op. 11) und Hamburg 1860 (op. 16)

Ebenso wie Brahms' 1. Klavierkonzert ebneten ihm auch seine Serenaden den Weg zur großen Symphonik. Die *1. Serenade* sollte ursprünglich eine Symphonie werden, entstand dann aber als viersätziges Oktett, das Brahms 1858 in Detmold um 2 weitere Sätze erweiterte und für kleines Orchester instrumentierte. »Ich sehe es ein, daß das Werk so eine Zwittergestalt, nichts Rechtes ist. Ich hatte so schöne, große Idee von meiner ersten Symphonie, und nun!« schrieb er sichtlich enttäuscht über das häufig als *Detmolder Symphonie* bezeichnete Werk und versuchte sich 1859 noch einmal mit einer neuen Instrumentation – diesmal für großes Orchester. Ähnliche Selbstzweifel und langwierige Versuche, sich der symphonischen Form zu nähern, hatte bereits die Entstehungsgeschichte des *1. Klavierkonzerts* gezeigt. Nun schien Brahms sich mit der Rückkehr zur Serenade von der monumentalen Symphonie Beethovens lösen zu wollen, versuchte durch ein längst vergessenes Genre der Wiener Klassiker einen individuellen Weg einzuschlagen und über die Tradition zur ersehnten Form vorzudringen. Dabei blickt er »der eigenen kompositorischen Veranstaltung als einer nicht mehr glaubwürdigen« nach (P. Gülke): So sind denn auch die Anklänge an Beethovens *Pastorale* im zweiten und Haydns *Londoner* Symphonie Nr. 104 im Finalsatz mehr als bloße Erinnerungszitate. Sie werden miteinander gekoppelt und in den eigenen Stil integriert, variativ entwickelt, kontrapunktisch verarbeitet, in anderen Sätzen erneut aufgegriffen. Symphonischer Ton und Serenadenton halten sich dabei stets die Waage: Solistische Stimmführung der Bläser *(3. Satz)*, kammermusikalische Faktur *(2. Satz)* und zwei mozartsche Menuettsätze in Dur- und Moll-Version *(4. Satz)* stehen neben symphonischem Ausmaß (*1.* und *6. Satz*).

Die fünfsätzige *2. Serenade* ist insgesamt kammermusikalischer angelegt, was sich schon in der Besetzung zeigt: Brahms setzt nicht nur doppeltes Holz, 2 Hörner und Piccolo-Flöte ein, sondern verzichtet auch – wie im 1. Satz des *Requiems* – auf die Geigen als führende Melodieinstrumente. Ihren Platz nehmen die Bratschen ein. Darüber hinaus besitzt der durch ein Holzbläserthema eingeleitete *Eröffnungssatz* keine symphonische Länge, vielmehr pastoralen Charakter, der nur im raschen C-Dur-*Scherzo* noch einmal zugunsten des symphonischen Stils zurücktritt. Dem zur kammermusikalischen Faktur zurückkehrenden *Adagio* über einem freien Chaconne-Baß mit Anklängen an den Kopfsatz folgen ein auf Holzbläser und tiefe Streicher ausgerichtetes *Quasi Menuetto* und schließlich das *Rondo-Finale*, in dem die Piccoloflöte als Melodieinstrument im Mittelpunkt steht.

[M] *CD* Wiener Symphoniker, Bertini (Orfeo 1982)

Tragische Ouvertüre op. 81
Akademische Festouvertüre op. 80

UA: Breslau 1881 (op. 80) und Bad Ischl 1880 (op. 81)

Kurz nachdem Brahms am 11. März 1879 die Ehrendoktorwürde der Universität Breslau verliehen worden war, bat ihn der Leiter des dortigen Orchester-Vereins um eine »Doktor-Symphonie« oder zumindest einen »feierlichen Gesang«. Doch erst 1880 erfüllte Brahms diesen Wunsch mit der *Akademischen Festouvertüre*, die er zusammen mit der *Tragischen Ouvertüre* – einem, seinem *melancholischen Gemüt* entsprechenden »weinenden« Gegenentwurf zu dem heiteren, »lachenden« Werk – in Bad Ischl komponierte.

Die *Akademische Festouvertüre* verschränkt Potpourri und Sonatensatz, füllt diesen mit zahlreichen Studentenliedern (»Wir hatten erbauet ein stattliches Haus«, »Alles schweige: Hört, ich sing das Lied der Lieder« und »Was kommt dort von der Höh'«), die kontrapunktisch verarbeitet werden und im apotheotischen »Gaudeamus igitur« ihren C-Dur-Abschluß finden.

Die *Tragische Ouvertüre* geht auf eine Skizze aus einem ursprünglichen Symphoniesatz zurück und steht in ihrer programmatischen Ausrichtung ganz in der Tradition des 19. Jhs. Dennoch lag Brahms »kein bestimmtes Trauerspiel als Sujet im Sinne«, sondern die musikalische Umsetzung des Tragischen an sich, was in ständigen Dur/Moll-Schwankungen, synkopischen Rhythmen, unvermischten Klanggruppen und der häufigen Ansammlung leerer Quinten und Oktaven zum Tragen kommt. Anders als ihr heiteres Gegenstück endet sie unvorbereitet in dumpfem d-moll und blieb von beiden stets das weniger beachtete Werk.

[M] *CD* Akademische: Wiener Philharmoniker, Bernstein (DGG 1983); Tragische: Berliner Philharmoniker, Karajan (EMI 1973)

Klavierkonzert Nr. 1 d-moll op. 15

UA: Hannover 1859

Mit dem 1. *Klavierkonzert*, seinem 1. Orchesterwerk überhaupt, beschritt Brahms einen langen, verwickelten Weg durch die Gattungen: Ursprünglich war das Werk als Sonate für 2 Klaviere konzipiert, die ihm jedoch für die Umsetzung seiner musikalischen Gedanken schon bald nicht mehr »genügten«. So plante er noch in ihrem Entstehungsjahr 1854 die Umwandlung in eine Symphonie, auf deren Entwurf er aber ebenfalls mit großer Skepsis reagierte, »mußte« dieser doch an der mangelnden Kenntnis in der Orchestrierung »verunglücken«. Erst in einem 3. Anlauf, in der Ausarbeitung des Werkes zu einem Klavierkonzert, vermochte Brahms einen Weg in die Zukunft zu finden, den er mit den Serenaden und ersten Symphonien weiterverfolgen sollte – auch wenn das damalige Publikum diesen Weg nicht anerkannte: mit einem fast 50minütigen Konzert konfrontiert, das Symphonisches mit Konzertantem vermischt, ließ es das Werk bei der Aufführung im Leipziger Gewandhaus durchfallen.

Jugendbildnis von Johannes Brahms am Flügel (Photographie 1854)

Dabei liegt gerade in dieser seltsamen Zwischenposition der Reiz des Stückes: Einerseits ist es als symphonisches Konzert zu bezeichnen, aus dem zwar der Scherzosatz verbannt wurde (ihn griff Brahms erst im *Requiem* wieder auf), andererseits verzichtet es darauf, das gleichberechtigte Wechselspiel von Soloinstrument und Orchester in die symphonische Gestalt einzubinden: Das Klavier bleibt der dominante, ins Orchester nicht integrierte Part, der vor allem in der Kadenz noch an das Virtuosenkonzert erinnert. Doch gleichzeitig löst sich Brahms von diesem, indem er versucht, Technik und Ausdruck zur harmonischen Einheit zu bringen.

Schon der ausnehmend lange, kraftvoll hereinbrechende *Kopfsatz* mit seiner ausgedehnten Exposition trägt symphonische Züge und weist dennoch individuell angelegte Soloabschnitte auf, in denen das Klavier eigene thematische Ideen entwickelt. Die Anlehnung an die formale Tradition, die Brahms auch in späteren Werken nicht aufgab, derer er sich im Grunde jedoch nur noch als äußere Hülle bediente, wird bereits hier durch die »Gruppierung melodischer Gedanken um thematische Schwerpunkte« (C. Dahlhaus) ersetzt. Die motivisch-thematische Arbeit beginnt dabei bereits in der Exposition und schwächt auch die Reprise, die nicht nur verkürzt wird, sondern auch verschleiert erscheint: Die Tonika d-moll wird erst innerhalb ihres Verlaufs erreicht.

Der *2. Satz* sollte – so Brahms – ein »sanftes Porträt« von Clara Schumann geben, trug im Autograph jedoch noch den Titel »Benedictus qui venit in nomine Domini« – ein Spruch, der über der Klosterpforte steht, »hinter der Johannes Kreisler (in dieser Figur einer gespaltenen Künstlerpersönlichkeit fand der junge Brahms sich selbst wieder, A. U.) in E. Th. A. Hofmanns Kater Murr seinen Frieden fand« (S. Kross). Der elegische Ton von Orchester und Solist wird denn auch nur zeitweise zugunsten von Synkopierungen und Mollcharakter im Mittelteil aufgegeben. Am Ende kehrt der Satz wieder zum zarten Anfang zurück.

Das *Finale*, angelegt zwischen Sonatensatz und Rondoform, ist schon durch sein synkopenreiches Thema wieder ganz dem symphonischen Gestus angepaßt. Zwei Mal wird das Hauptthema von kantablen Themen verdrängt, ehe der Satz zur kontrapunktischen Gestaltung des 1. Satzes zurückfindet und nach der Kadenz in einen triumphalen Schluß mündet.

M *CD* Zimerman, Wiener Philharmoniker, Bernstein (DGG 1984); Brendel, Wiener Philharmoniker, Abbado (Philips 1986) – *VD/LD* Rubinstein, Concertgebouw O. Amsterdam, Haitink (Decca)

Klavierkonzert Nr. 2 B-Dur op. 83

UA: Budapest 1881

Am 28. Januar, einen Tag nach dem Leipziger Mißerfolg seines 1. Klavierkonzerts, schrieb Brahms – ungebrochen von der Kritik – an seinen Freund, den Geiger Joseph Joachim: »Trotz alledem wird das Konzert noch einmal gefallen (...), ein weiteres soll schon anders lauten.« Und das *2. Klavierkonzert*, das freilich erst mehr als 20 Jahre nach dem ersten entstand, führte in der Tat in eine andere kompositorische Welt und hob die Zwischenposition, die das 1. Konzert eingenommen hatte, auf: Nach der mittlerweile gereiften Auseinandersetzung mit zahlreichen Gattungen – Konzert, Symphonie und Kammermusik – gelangt Brahms hier zu einer Synthese seines bisherigen Schaffens. Freunde und Kritiker reagierten jedoch mit ähnlichem Unverständnis wie 20 Jahre zuvor und akzeptierten das Werk nicht als »Konzert«, sondern nur als »Symphonie mit obligatem Klavier« oder »Concerto symphonique«, ohne zu begreifen, daß genau in dieser, im Vergleich zum 1. Konzert noch engeren Verschmelzung die Modernität des Werkes lag.

Diese Verschmelzung zeigt sich nicht nur in der Übernahme der Viersätzigkeit mit einem 2. Scherzo-Satz, den Brahms übrigens ursprünglich auch für das 1. Klavierkonzert und für das Violinkonzert geplant hatte, sondern darüber hinaus im Verzicht auf brillierende Kadenzen zugunsten einer Solo-Stimme, die thematisch eingebettet ist und in ständigem Dialog mit dem Orchester steht. Der *1. Satz* beginnt mit einem präludierenden Dialog zwischen Horn und Klavier, der das Themenmaterial vorwegnimmt. Die strenge Sonatenform weicht einer – sich auf alle Formteile ausbreitenden – thematischen Arbeit und wird insofern individualisiert, als die »entwickelnde Variation« bereits auf die Exposition übergreift, die Durchführung dadurch an Bedeutung verliert und auch die Reprise durch überraschende Wendungen und Umstrukturierung des Materials ihre ursprüngliche Funktion einbüßt.

Das den konzertanten Rahmen erweiternde *Scherzo* fügt sich einerseits der üblichen dreiteiligen Form mit Trio-Mittelteil, nähert sich andererseits jedoch wieder der Sonatenhauptsatzform an, in der das *Trio* zur Durchführung und das Da capo in eine variierte Reprise umgedeutet werden. Ihm folgt ein kantables *Andante*, das Brahms' Lied *Immer leiser wird mein Schlummer op. 105 Nr. 2* vorwegnimmt und Solocello und Klarinette in den Mittelpunkt stellt. Erst am Ende kommt es zum kammermusikalischen Miteinander mit dem Klavier, das im ungarisch stilisierten *Rondo* mit einem heiteren, rhythmisch markanten Thema anschließt. Episodisch von einer Holzbläser-Kantilene und einer Passage durchsetzt, die mit ihrem punktierten Rhythmus dem Hauptthema verwandt ist, gipfelt das Werk in einer strahlenden Coda.

M *CD* Serkin, Philadelphia O., Ormandy (Sony 1956); Anda, SO des BR, Kubelik (Orfeo 1962) – *VD/LD* 1. u. 2. Klavierkonzert: Zimerman, Wiener Philharmoniker, Bernstein (DGG); 2. Klavierkonzert: Pollini, Wiener Philharmoniker, Abbado (DGG 1976)

Violinkonzert D-Dur op. 77

UA: Leipzig 1879

Schon vor seinem 2. Klavierkonzert hatte Brahms mit seinem in Pörtschach am Wörthersee entstandenen Violinkonzert ein Werk in 4 Sätzen geplant. Doch obwohl er letztlich zur traditionellen dreisätzigen Konzertform zurückkehrte, blieb die ursprüngliche symphonische Idee erhalten, mit der Brahms sich schon Jahre zuvor gegen das Virtuosenkonzert des 19. Jhs. gestellt hatte. (»Ich kann kein Konzert schreiben für Virtuosen, ich muß auf etwas anderes sinnen«). Die Kritik nahm dies mit Bedenken auf, sprach von einem Konzert gegen die Violine, und noch Pablo de Sarasate hielt es für eine Zumutung, als Solist zuhören zu müssen, wie im Adagio »die Oboe dem Publikum die einzige Melodie des ganzen Stücks vorspielt«. Joseph Joachim, der Brahms immer wieder mit dem Plan eines Violinkonzerts bedrängt hatte, blieb lange Zeit der einzige namhafte Interpret des technisch äußerst anspruchsvollen Werkes.

Wie schon im 1. Klavierkonzert ist Brahms der Tradition verpflichtet und bricht sie dennoch auf. Die zweimalige Themenaufstellung klassischen Stils durch Tutti und Solo weicht einer durchgehenden, variativen Entwicklung, die auch die Solo-Violine fortführt, indem sie nicht nur in der unmittelbar vorangegangenen Molltonart einsetzt, sondern überdies von Bruchstücken des punktierten Seitenthemas begleitet wird. Erst danach ertönt erneut das lyrische Hauptthema, dem sich jedoch wiederum nicht sofort das bekannte, sondern zunächst ein neues Seitenthema anschließt. Auch der *langsame Satz* durchsetzt die dreiteilige Liedform mit dem Prinzip der entwickelnden Variation, wobei die Violine zugunsten jener Oboenkantilene zurücktritt, gegen die Sarasate polemisierte. Später erst greift der Solopart diese auf und steht in der verkürzten Reprise wieder im Mittelpunkt. Brahms' Vorliebe für ungarische Musik (vgl. *Ungarische Tänze*) scheint schließlich im *Rondo-Finalsatz* durch, dem jedoch keine Vorlage zugrunde liegt. Thematisch greift er vielmehr wieder auf die anderen Sätze zurück und wird durch rhythmische Besonderheiten wie die »Absprungssynkope« oder eine aufsteigende Triolenbewegung geprägt. Die traditionelle Form wird auch hier aufgebrochen, indem der 3. Refrain entfällt und das 2. Couplet unmittelbar in die schwungvolle Coda mündet.

M *CD* Heifetz, Chicago SO, Reiner (RCA 1955) – *VD/CD* Kremer, Wiener Philharmoniker, Bernstein (DGG); Perlman, Berliner Philharmoniker, Barenboim (EMI)

Konzert für Violine, Violoncello und Orchester a-moll op. 102

UA: Köln 1887

Einige Jahre, nachdem die gescheiterte Ehe des großen Geigers Joseph Joachim das Verhältnis zwischen Brahms und seinem Jugendfreund getrübt hatte – Brahms ergriff Partei für Joachims Frau – entstand zur erneuten, und wie sich zeigte, erfolgreichen Annäherung ein letztes Orchesterwerk: das *Doppelkonzert für Violine und Violoncello*. Brahms verarbeitete darin zitathaft das von Joachim besonders geschätzte a-moll-Violinkonzert Viottis und zog Joachim auch als Berater in technischen Details heran. Am 24. Juli schrieb er ihm: »Ich konnte (...) den Einfällen zu einem Konzert für Violine und Violoncello nicht widerstehen, so sehr ich es mir auch immer wieder auszureden versuchte. (...) magst Du Dir mit Hausmann (dem Cellisten, Anmerkung U.) die Mühe geben, sie auf ihre Spielbarkeit anzusehen?« Die Idee zu einem Doppelkonzert war äußerst ungewöhnlich, der Typ des Konzerts für mehrere Soloinstrumente im 19. Jh. nahezu vergessen. Und doch baute Brahms nicht auf der Concerto grosso-Tradition auf. Er bediente sich nicht rückschrittlich einer überkommenen Gattung, griff vielmehr – anders, als im *2. Klavierkonzert* – zur dreisätzigen Konzertform, in der Sonatenhauptsatzform, Liedform und Rondo jedoch nur noch als äußeres Raster dienen. Alle 3 unterliegen der entwickelnden Variation, was zu einem fast völligen Verzicht auf Wiederholungen und im Kopfsatz zur Verknappung von Exposition und Reprise führt. Virtuosität steht dabei immer im Dienst des Ausdrucks: Abgesehen von der Solointroduktion, die dem einführenden viertaktigen Tuttimotiv folgt, verzichtet Brahms auch auf Kadenzen und lange Solo-Episoden. Cello und Violine – sie zusammen bezeichnete er einmal als »Riesengeige« – befinden sich in ständigem Dialog: sei es sukzessiv, sei es simultan, in nahtloser Verschränkung, Imitation oder untermalendem Kontrapunkt, mal eng mit dem Orchester verwoben oder diesem gegenübergestellt.

Der kantable *2. Satz*, in dem die einleitenden Quartaufgänge zur harmonischen Grundlage werden, überlagert die Liedform durch die allmähliche Verdichtung und Verschmelzung der thematischen Gedanken. Und erst das rhythmisch prägnante, humoristische *Finale* fügt sich stärker dem virtuosen Element, indem das Orchester in erster Linie auf die Begleitfunktion reduziert wird. Hier zeigt sich denn auch ein letztes Mal – in der Episode des ungarisch anmutenden Terzenduetts –, daß Brahms' Doppelkonzert tatsächlich ein »Versöhnungswerk« (Clara Schumann) war.

M *CD* Oistrach, Rostropowitsch, Cleveland O., Szell (EMI 1969); Kremer, Maisky, Wiener Philharmoniker, Bernstein (DGG 1983) – *VD* Mischakoff, Miller, NBC SO, Toscanini (RCA) – *VD/LD* Kremer, Maisky, Wiener Philharmoniker, Bernstein (DGG)

Ein deutsches Requiem op. 45

UA: Bremen 1868

Mit seinem *Deutschen Requiem* löste Brahms die Requiem-Vertonung aus der liturgischen Einbindung und erlaubte sich, ohne Christus in sein Werk einzubeziehen, mit eigens zusammengestellten Textpassagen aus dem Alten und Neuen Testament eine ganz subjektive, individuelle Religionsperspektive. Er schloß sich damit einer Bibel-Rezeption im 19. Jh. an, die – so auch Brahms – nur mehr von Texten *ehrwürdiger* Dichter sprach, im Zeichen der Kunstreligion die Emanzipation der Musik vom Ritus proklamierte und sie aus ihrer dienenden Funktion erlöste. Vorbilder waren u. a. die weltlichen Oratorien Schumanns. Schon der Titel *Ein deutsches Requiem* wirkt durch den unbestimmten Artikel betont undogmatisch, und selbst das *Deutsch* wollte Brahms zunächst noch lieber ganz neutral durch den »Menschen« ersetzen. Damit befreite er sich sowohl aus der katholischen wie protestantischen Tradition: »ich habe nur meine Trauer niedergelegt«, so schrieb er dazu – »und sie ist mir genommen; ich habe meine Trauermusik vollendet als Seligpreisung der Leidtragenden«. Möglicherweise dürften der Tod Schumanns und seiner Mutter eine Rolle bei dieser Interpretation gespielt haben. Schumanns Tod hatte ihn noch in den 50er Jahren zumindest ursprünglich zu einer viersätzigen Trauerkantate veranlaßt, in die er den 2. Satz aus der geplanten und später in das *1. Klavierkonzert* eingegangenen d-moll-Symphonie einbaute. Erst nach dem Tod seiner Mutter griff er das Projekt 1865 wieder auf und vollendete es als siebensätziges Requiem.

In dieser Siebensätzigkeit durchdringen sich 2 Anlagen: Zum einen fällt die symmetrische Anlage der Sätze I und VII, II und VI sowie III und V auf, in der der IV. Satz zum Mittelpunkt wird. Zum anderen sind die Sätze I–III und IV–VI zusammengeschlossen, die auf den VII. Satz als Höhepunkt zustreben. Beide Anlagen sind textlich wie musikalisch begründbar: Die Ecksätze korrespondieren durch Tonart, a-capella-Textanfänge *(Selig sind)*, dreiteiligen Formaufbau und übereinstimmende Codateile; Satz II und VI verbindet ihre komplexe Formung, Satz III und V die Paarung von Chor mit Bariton- bzw. Sopransolo, während Satz IV sich als einziger auf e i n e n Psalmtext konzentriert und formal durch einen dreimalig erscheinenden Hauptteil auszeichnet. Andererseits macht sich in den Sätzen I–III und IV–VI ein dynamischer Anstieg von choralartigen Chorsätzen zu breit angelegten Fugen bemerkbar, der im letzten Satz in einer Art Coda ausklingt. In diesen Entwicklungen, die ihre anfängliche textliche Konzentration auf das Leid in den letzten Sätzen zu Hoffnung und Trost öffnen, verbinden sich Tradition mit neuen Ausdrucksmitteln, archaisch-barocke Techniken mit drängenden, ganz subjektiven Trauermarschrhythmen (2. Satz). Der Einbindung in die Glaubenstradition des Christentums stellt Brahms inhaltlich wie musikalisch einen persönlichen Humanismus entgegen.

[M] *CD* Grümmer, Fischer-Dieskau, Chor der St.Hedwigs-Kathedrale Berlin, Berliner Philharmoniker, Kempe (EMI 1956) – *VD/LD* Janowitz, van Dam, Wiener Singverein, Berliner Philharmoniker, Karajan (DGG)

Altrhapsodie op. 53

UA: Jena 1870

Die *Altrhapsodie*, die Brahms 1869 zur Hochzeit von Schumanns Tochter Julie komponierte – in die um 23 Jahre jüngere hatte er sich heftig verliebt –, dürfte eines seiner persönlichsten Werke überhaupt sein. Clara Schumann schrieb dazu: »Es erschütterte mich so durch den tiefsinnigen Schmerz in Wort und Musik, (...) Ich kann dies Stück nicht anders empfinden als wie die Aussprache seines eigenen Seelenschmerzes.« Die textliche Vorlage basiert auf 3 Strophen aus Goethes Gedicht »Harzreise im Winter«, das Brahms unter dem Titel »Rhapsodie« in einer Liedersammlung von Johann Friedrich Reichardt gefunden hatte. Die formale Anlage ist eng an diesen Text angelehnt: Nach einem dissonanzreichen Beginn folgt die rezitativisch gehaltene Singstimme mit der Frage *Aber abseits wer ist's?* und der Charakterisierung des Einsamen. Der *2. Teil*, ein Arioso in c-moll, schildert seine Verachtung und Unsicherheit, die u. a. in den Taktschwankungen zwischen $^6/_4$ und $^3/_2$ zum Ausdruck kommt, und der *dritte* schließt choralähnlich mit einer Arie und einen Chor in C-Dur. »Spräche er doch« – so Clara – »ein Mal nur so innig in Worten«.

[M] *CD* Ludwig, Philharmonia O. and Choir, Klemperer (EMI 1962); Stutzmann, Chor und SO des BR, Davis (RCA 1992)

Anette Unger

Reiner Bredemeyer

1929–1995

»Musik und Realität (...) ich stecke da irgendwie und -wo drinnen, seit meinen ersten Versuchen, auf Notenpapier zu schreiben (...)« Wenn Reiner Bredemeyers Schaffen immer wieder auf diesen Zusammenhang verweist, geht es nicht so sehr um Lösungsversuche im Sinne einer konkreten Utopie, als vielmehr um das Aufzeigen und unmittelbare Bewußtmachen von Widersprüchen. Aus ihnen, oft präzise thematisiert, schöpft er seine Gestaltungsmuster, die den Stücken unprätentiös aphoristische Züge verleihen.

Am 2. Februar 1929 als Sohn eines deutschen Bauingenieurs in Velez (Kolumbien) geboren, studierte er von 1949 bis 1953 an der Münchner Akademie für Tonkunst bei Karl Höller Komposition. In diese Zeit fällt auch die Begegnung mit Karl Amadeus Hartmann, dessen politische und kompositorische Integrität während der NS-Zeit einen bestimmenden Eindruck auf Bredemeyer ausübte. Mißtrauisch gegenüber den restaurativen Tendenzen des Nachkriegs-München übersiedelte er 1954 in die DDR. Dort arbeitete er 2 Jahre als Meisterschüler von Rudolf Wagner-Régeny an der Akademie der Künste, bevor er anschließend die musikalische Leitung am Berliner Theater der Freundschaft und ab 1961 am Deutschen Theater übernahm. Aus dieser Tätigkeit resultiert der genremäßig weite Radius, in dem sich Bredemeyer kompositorisch bewegt. So entstanden neben Orchester-, Kammer- und Opernmusiken unzählige »angewandte« Arbeiten, mit denen er polemikfreudig auf den Alltag reagierte. Bredemeyers Stil ist von den Einflüssen wechselnder Technikkonzepte weitgehend unberührt geblieben und hat sich über die Jahre kaum verändert. Neben zur Fortsetzung offenen Werkreihen (*7 Serenaden*, 1966–1983) entstanden eine Vielzahl nicht normierter Stücke, die, außermusikalisch angeregt, oft anekdotisch-beziehungsreiche Titel tragen. Jedoch sind auch Kompositionen wie das *Oboenkonzert* (1977), *Vier Stücke für Orchester* (1979), *Orchesterstücke 2* (1984) und *Sonatine für Orchester* (1987) von Ausdrucksmitteln gestischer Genauigkeit geprägt, über die sich auch ohne direkte Bezüge aktuelle Bedeutungszusammenhänge herstellen. In den Neuvertonungsversuchen von *Die Winterreise* für Gesang, Klavier und Horn (1984) und *Die schöne Müllerin* für Gesang und 8 Instrumentalsolisten (1986) geht es Bredemeyer um Aktualisierung und Brisanz über innere Konflikte hinaus. Wenn er sich mit den wichtigsten Komponisten des 20. Jhs. ästhetisch auseinandersetzt, steht das auch als Synonym für die Auseinandersetzung mit Geschichte überhaupt. In dieser Konkretheit, mit diesem kritischen Blick und den dem Theater entlehnten »Signalen des betont Her-Zeigens« ist Bredemeyer der Geisteshaltung seiner Vorbilder Dessau und Brecht verwandt. Am 5. Dezember 1995 ist er in Berlin gestorben.

Carolin Naujocks

Frank Bridge

1879–1941

Bridge war nicht nur Komponist, sondern auch ein ausgezeichneter Geiger und Dirigent, der an der Covent Garden Opera, bei den berühmten Promenaden-Konzerten Henry Woods und mit dem London Symphony Orchestra auftrat. Die ersten Orchesterwerke schrieb Bridge nach der Jahrhundertwende, darunter die wirkungsvolle *Dance Rhapsody* von 1908, vor allem aber die 1911 vollendete viersätzige Suite *The Sea*, die mit ihrem geglückten Ineinander von betörender Poesie und struktureller Klarheit charakteristisch für den frühen Bridge ist und sich als einziges großangelegtes Orchesterwerk einen festen Platz im englischen Konzertleben eroberte. 1914 entstand die symphonische Dichtung *Summer*, die stärker in die Nähe des fast impressionistischen Klangsinns eines Delius rückt, ohne an formaler Entschiedenheit zu verlieren. Überaus gelungen mischt sich hier die Orientierung an traditionellen Techniken mit poetischer Expressivität. Wie bei zahllosen seiner Zeitgenossen hinterließ die Erfahrung des Ersten Weltkriegs einen tief verstörenden Eindruck in der Psyche des überzeugten Pazifisten Bridge, ein Schock, der sich inhaltlich schon 1915 in *Lament* für Streicher, musikalisch spätestens mit der zwischen 1921 und 1924 komponierten *Klaviersonate* manifestierte. Die Harmonik wird avancierter, die Tonalität zersplittert, bitonale Elemente dringen in die Musik ein, Momente, die sich dann vor allem im *3.* und *4. Streichquartett* niederschlagen, hochbedeutenden, bis heute unterschätzten Werken. Für das Norwich Festival schrieb Bridge 1927 mit der großangelegten, teils wild energetischen, teils pastoralen Tondichtung *Enter Spring* seine einzige Auftragskomposition, zugleich das einzige Spätwerk, das frei von der für die späteren Jahre ansonsten so charakteristischen brütenden Introvertiertheit und emotionalen Gefährdung ist. 1928 entstand die kurze, melancholische Orchesterimpression *There is Willow Grows Aslant a Brook (Eine Weide wächst schräg über den Bach)*, in der tonmalerische Momente mit konzentrierten motivischen Entwicklungen verschmelzen. Zu den bedeutendsten Kompositionen Bridges überhaupt gehören *Phantasm* für Klavier und Orchester von 1931, und mehr noch das 1930 komponierte einsätzige, doch neunteilige Violoncellokonzert *Oration*, eine späte Reflexion auf die Greuel des Weltkriegs. Grelle Fanfaren, marschartige Momente, die bitter sardonische Passagen parodieren und als hohl entlarven, evozieren Bilder des Krieges, ohne deskriptiv zu sein. In einem Epilog klingt das überaus eindrucksvolle Werk über einem Ostinato aus. »Vieles in meinem Gefühl über den Ersten Weltkrieg kam von Bridge«, schrieb Benjamin Britten über seinen Lehrer.

Oswald Beaujean

Benjamin Britten

1913–1976

»Bei allem, was er für mich tat, gab es zwei wesentliche Grundsätze: Der eine war, daß man versuchen sollte, sich selbst zu finden und dem treu zu bleiben, was man gefunden hat. Der andere, offenkundig damit zusammenhängende war, daß er stets peinlich genau auf gute Technik achtete und jeden dazu anhielt, klar zu sagen, was er im Sinn hatte. Er gab mir ein Gefühl für anspruchsvolle Technik.«

Was Britten, der am 22. November 1913 in Lowestoft geboren wurde, über seinen Lehrer Frank Bridge schrieb, sagt viel über ihn selbst, sein Selbstverständnis als Künstler wie als Mensch. Orientiert am großen Vorbild Purcell und der elisabethanischen Tradition, weitgehend unabhängig von den musikalischen Strömungen seiner Zeit – seien es Dodekaphonie, Neoklassik oder Serialismus – entwickelte er auf kompositionstechnisch stupendem Niveau eine seiner Heimat eng verbundene persönliche Sprache und blieb ihr treu, auch wenn er zahlreiche, höchst unterschiedliche Idiome in sein Werk integrierte – den Jazz oder Einflüsse fernöstlicher Musik, Mahler, den er verehrte wie Wenige, auch Strawinsky, Bartók oder Berg. Als Britten 21jährig den *Wozzeck* kennenlernte, wollte er bei Berg studieren. Die Eltern verwehrten es ihm auf Anraten des Colleges, und doch ist Bergs Einfluß in der Faktur der Kammeropern spürbar. Brittens Musik hat sich zu solchen Einflüssen stets bekannt, wie auch seine Melodik das Vorbild Verdi nie verleugnete. Seine Sprache war nicht die eines radikalen Neuerers, die Tonalität hat er – ungeachtet zahlreicher bitonaler und polytonaler Erweiterungen, harmonischer Verschiebungen oder immer wiederkehrender Dissonanzverhältnisse – nicht verlassen. Der Dodekaphonie warf er mangelnde Kommunikationsfähigkeit vor, und auch formal blieb er der Tradition verpflichtet, wie seine vielen Suiten, Variationen oder Passacaglien bezeugen. Doch darin äußert sich kein Rückwärtsgewandter: »Ich glaube, ein Künstler sollte ein Teil seiner Gesellschaft sein, sollte für sie arbeiten und von ihr gebraucht werden. Während der letzten einhundert Jahre ist das immer seltener geworden, und das Ergebnis ist, daß der Künstler ebenso darunter gelitten hat, wie die Gesellschaft.« Britten wollte allgemeinverständlich schreiben, er suchte den engen Kontakt zum Publikum, vor allem zur Jugend. Nur so vermochte die Kunst für ihn Botschaft jenes humanistisch pazifistischen Weltbildes sein, das er als Mensch und Künstler vertrat. Stetes Thema seiner Musik ist der Kampf des Menschen für eine friedliche Welt und die Freiheit des Individuums. Über die letzte Oper *Tod in Venedig* schrieb sein Lebensgefährte Peter Pears: »Aschenbach fragt, was das ist, wonach er sein Leben lang gesucht hat. Wissen? Eine verlorene Unschuld? Und führt das Streben nach Schönheit, nach Liebe zwangsläufig ins Chaos? Lauter Fragen, die Ben sich beständig stellte.« Am 4. Dezember 1976 ist Britten in Aldeburgh gestorben.

Simple Symphony op. 4

UA: Norwich 1934

Das Werk ist eine heiter verspielte Kindheitserinnerung, in die sich nur im 3. Satz, der *Sentimental Saraband*, leicht melancholische, wenngleich wohl doch ironisch gebrochene Zwischentöne mischen.

In jedem der 4 Sätze verarbeitete Britten Kompositionen aus seiner Kindheit – 3 Lieder und Klaviermusik – die er einer Neuinstrumentierung für wert hielt. Der Kopfsatz *Boisterous Bourrée* mit einem Fugato-Mittelteil basiert auf 2 kontrastierenden Themen, das eine von vitaler Heiterkeit, das andere – aus einem Lied des Zehnjährigen – lyrisch melodiös. Das *Playful Pizzicato* erscheint als Scherzo mit burleskem Trio, während sich das *Frolicsome Finale* aus einer vorwärtsdrängenden Unisonophrase entwickelt, mit der die *Symphony* überschäumend ausklingt.

[M] *CD* English Chamber O., Britten (Decca 1969)

Variations on a Theme of Frank Bridge op. 10

UA: Salzburg 1937

Bridge wurde 1924 auf Britten aufmerksam und akzeptierte den Jungen, der seit seinem 5. Lebensjahr komponierte, als Schüler. Britten dankte seinem Lehrer mit den *Variations*, die er 1937 binnen 5 Wochen schrieb.

Einer *Introduction* folgt das Thema aus Bridges *2. Idyll* für Streichquartett von 1906. Die 9 Variationen lassen – teils in ironischer Brechung, wie die *Romance*, die *Aria Italiana*, die *Bourrée Classique* oder der *Wiener Walzer*, teils jedoch auch mit tiefem, schon hier auf das Vorbild Mahler verweisendem Ernst wie im *Funeral March* mit seinen »Trommeleffekten« in Celli und Bässen oder auch im geheimnisvollen *Chant* – die Musik der Welt vor dem Ersten Weltkrieg Revue passieren. *Fugue and Finale* wirken wie eine abschließende Beschwörung dieser vergangenen Tage.

[M] *CD* English Chamber O., Britten (Decca 1967)

Sinfonia da Requiem op. 20

UA: New York 1941

Äußerer Anlaß für die Entstehung war die Einladung der japanischen Regierung, ein Stück zur 2600-Jahrfeier der Mikado-Dynastie zu schreiben. Die Partitur wurde jedoch schließlich als »Beleidigung« des Kaisers zurückgewiesen. Der innere Entstehungsgrund liegt ohnehin tiefer, denn zum einen war die *Sinfonia* Brittens schöpferische Bewältigung des Todes der geliebten Eltern, die 1934 und 1937 starben und denen das Werk auch gewidmet ist, zum anderen war sie die Reaktion des passionierten Pazifisten auf das dramatisch sich verdüsternde Weltgeschehen und Ausdruck der Sorge um die in der Heimat verbliebenen Verwandten und Freunde. (1939 war Britten nach Amerika gereist, 1942 sollte ihn das Heimweh nach England zurücktreiben.) Vor diesem Hintergrund entstand ein Werk von außergewöhnlicher Intensität und enormer thematischer und struktureller Konzentration. Das einzige tonale Zentrum der 3 ineinander übergehenden und auf das lateinische Requiem verweisenden Sätze – *Lacrymosa, Dies Irae* und *Requiem aeternam* – ruht auf d. Zwei langsame *Andante*-Ecksätze umrahmen ein zentrales Scherzo *(Allegro con fuoco)*. Das einleitende *Lacrymosa* hebt mit einer drohenden Figur des Schlagzeugs und der tiefen Streicher an, quasi einem rhythmischen Leitmotiv des Werkes. Ein lamentoartiger Trauermarsch steigert sich zu einem Höhepunkt mit qualvoll sich reibenden Dur-Moll-Akkorden. Er klingt auf einem a der Holzbläser aus, das von einem flatternden Es zum Tritonus, dem »diabolus in musica«, erweitert wird und ins *Scherzo* mündet, einen grandiosen Totentanz, in dessen Mittelteil das Saxophon ein Thema des Kopfsatzes verzerrt wiederaufgreift. Die Reprise zerschlägt den Satz in Bruchstücke, aus denen das ostinatogestützte, friedvolle Finalthema in den Flöten erwächst. Der Mittelteil des an Mahler und Strawinsky erinnernden Finales bringt einen ruhig fließenden Gedanken der Streicher, ehe die Symphonie nach einem hoffnungsvollen D-Dur-Höhepunkt mit einer ersterbenden Terz in den Klarinetten ausklingt.

Benjamin Britten am Klavier mit dem Sänger Peter Pears (1939)

[M] *CD* City of Birmingham SO, Rattle (EMI 1984)

Four Sea Interludes und Passacaglia aus *Peter Grimes* op. 33 a/b

UA: London 1945

Die UA von Brittens 2. Oper *Peter Grimes* am 7. Juni 1945 war ein Meilenstein in der englischen Musik das 20. Jhs. 250 Jahre nach Purcells Tod kündigte sich mit diesem Werk, das als »die erfolgreichste aller englischen Opern« bezeichnet wurde, wieder ein englischer Opernkomponist von uneingeschränkt internationalem Rang an. Die Oper, der George Crabbes Gedicht »The Borough« (Der Wahlkreis) zugrundeliegt, ist eine Huldigung Brittens an die Küstenlandschaft von Suffolk und ihre Menschen: »Ich wollte zum Ausdruck bringen, daß mir der ständige Daseinskampf jener Männer und Frauen bewußt ist, deren Lebensunterhalt vom Meer abhängt.« Vier orchestrale Zwischenspiele der Oper – häufig werden sie durch die *Passacaglia* ergänzt, die die beiden Szenen des 2. Aktes trennt – wählte er für den Konzertsaal aus. Die Spiegelung der psychologischen Spannungen in und zwischen den Protagonisten verschmilzt mit quasi programmatischen Naturschilderungen und der Beschwörung des Meeres und der Landschaft von East Anglia zu einer ungeheuer suggestiven Musik, die sich auch tonmalerischer Momente bedient. Das Meer erscheint in verschiedenen Beleuchtungen und Farben; lastend und dunkel im 1. Interlude *Dawn*, das den Anbruch eines grau verhangenen Tages in Suffolk evoziert, hell glitzernd in *Sunday Morning*, dessen Hörner-Ostinato an den Klang von Glockengeläut erinnert, geheimnisvoll schimmernd im 3. Satz *Moonlight*, aufgewühlt und erbarmungslos wütend im abschließenden *Storm*, in dem sich wilde Naturschilderung und expressives Seelengemälde wohl am engsten verschränken. Die an 4. Stelle eingefügte oder nachgestellte *Passacaglia* wirkt abstrakter, doch eignet sich gerade diese unerbittlich strenge Form mit ihren variativen Entwicklungen über einem gleichbleibenden Baßfundament zur Darstellung des zwiespältigen, zwischen Brutalität und der Suche nach Anerkennung und menschlicher Wärme schwankenden Protagonisten Peter Grimes.

[M] *CD* Boston SO, Bernstein (DGG 1990)

The Young Person's Guide to the Orchestra (Variations and Fugue on a Theme of Purcell op. 34)

UA: Liverpool 1946

Britten schrieb die *Variations* 1946 als Musik zu dem Schulfilm »Instruments of the Orchestra«, der den Klangcharakter und die Möglichkeiten der einzelnen Instrumente – auch mit Hilfe eines gesprochenen Kommentars – verdeutlichen sollte. Thema ist das *Rondeau* aus der Suite zur Tragödie *Abdelazer, or The Moor's Revenge*, einem der letzten Werke Purcells. Ihm brachte Britten zeitlebens eine ganz besondere Verehrung entgegen, die sich auch in grandiosen Aufführungen – etwa von Purcells *The Fairy Queen* – niederschlug. Wie viele seiner Werke dokumentieren die Variationen Brittens liebevolle und intensive Bemühungen, junge Menschen für den Konzertsaal und die Oper zu gewinnen. Das majestätische Thema wird zunächst vom vollen Orchester vorgestellt, dann von den wichtigsten Instrumentengruppen – Holzbläsern, Blechbläsern, Streichern und Schlagzeug – wiederholt. In 13 freien und meisterhaften Variationen zerlegt Britten das Orchester quasi in seine Bestandteile, ehe er es in einer Fuge wieder zusammenfügt, deren grandiosen Höhepunkt das Purcell-Thema in Originalgestalt krönt. Purcell blieb nicht der einzige Vorgänger, den Britten mit einem Variationszyklus ehrte: 1950 schrieb er *Lachrymae, Reflections on a Song of Dowland op. 48* für Viola und Klavier. Die Fassung für *Viola und Streichorchester op. 48 a* stammt von 1976. Ausgangspunkt dieser – wie der Widmungsträger William Primrose meinte – »Serie sehr bemerkenswerter, höchst origineller und teuflisch einfallsreicher Variationen« ist das Liebeslied »If my complaints could passions move« aus den *Lachrymae* John Dowlands.

[M] *CD* op. 34: London SO, Britten (Decca 1964); op. 48 a: Bashmet, Moskauer Solisten (BMG 1990)

Klavierkonzert op. 13

UA: London 1938

Britten selbst spielte die UA seines Klavierkonzertes in D-Dur, das in der viersätzigen Anlage und den Satztiteln auf den Typus der Suite verweist. Der ausgedehnten, motorischen und von perkussiven Figurationen im Klavierpart geprägten Eingangs-*Toccata* in Sonatenform folgt ein ironisch gebrochener, zwischen Strawinsky und Ravel changierender *Waltz*, während das *Impromptu* eine – wenn auch recht freie – Passacaglia ist, jene von Britten so geliebte und zu expressiven Höhen geführte Form. Attacca schließt als Finale ein teils eckiger, teils schmissiger *March* an.

[M] *CD* Richter, English Chamber O., Britten (Decca 1970)

Violinkonzert op. 15

UA: New York 1940

Der ironisch spritzige Geist des Klavierkonzertes fehlt dem 1939 entstandenen D-Dur-Violinkonzert völlig, der spielerische Gestus ist einem komplexen Dialog zwischen Violine und Orchester gewichen. Im Kopfsatz, einem *Moderato* in strenger Sonatenform, verschmilzt das rhythmisch markante 2. Thema allmählich mit dem lyrischen Hauptthema, das die Reprise dann alleine bestreitet. Das wilde Scherzo *(Vivace)* erinnert passagenweise an einen gespenstischen Totentanz. Die große Solokadenz leitet zur ausgedehnten, recht freien, doch äußerst dichten Schluß-*Passacaglia* über.

[M] *CD* Lubotsky, English Chamber O., Britten (Decca 1970)

Diversions für Klavier linke Hand und Orchester op. 21

UA: Philadelphia 1942

Das Werk entstand 1940 für den einarmigen Pianisten Paul Wittgenstein, der auch die UA spielte. Britten betonte, »an keiner Stelle« habe er »die zweihändige Klaviertechnik imitieren« wollen. In 10 genreartigen, jeweils ein technisches Problem umkreisenden Variationen und einem Finale verarbeitete er das *Maestoso*-Thema, eine Folge von Quinten und Quarten mit 12 tonalen Zentren. Skalenläufe und Triller bestimmen das *Recitative*, fortlaufende Arpeggien das *Nocturne*, Motorik, versetzte Rhythmen und brillantes Passagenwerk die *Badinerie* und die beiden *Toccaten*, Repetitionen schließlich das *Tarantella*-Finale. Dazwischen finden sich eine dreiklangsbetonte *Romance*, ein ironisch zirkusartiger, an Strawinsky erinnernder *March*, eine *Arabesque* mit träumerisch verspielten Akkordfolgen, ein melancholischer *Chant* und eine *Burlesque* mit stilisierten Jazz-Anklängen.

[M] *CD* Fleisher, Boston SO, Ozawa (Sony 1990)

Symphony for Cello and Orchestra op. 68

UA: Moskau 1964

Das Werk entstand 1963 – wie 5 weitere – für Mstislaw Rostropowitsch, der unter Brittens Leitung auch die UA spielte. Schon der Titel deutet auf die vollkommene Gleichberechtigung von Cello und Orchester, die Britten erreichte, indem er rein symphonische Formen verwendete und das melodisch-thematische Material gleichermaßen beiden Partnern anvertraute. Das vom Cello eröffnete *Allegro maestoso* zu Beginn ist sein längster Sonatensatz, mit ungekürzter Reprise und einer ausgedehnten, elegischen Coda. Das Scherzo *Presto inquieto* entwickelt sich ganz aus dem Keim der 3 bzw. 6 Noten zu Beginn, die Schlußsätze, ein feierlich tragisches *Adagio* und eine lebhafte *Passacaglia* mit 6 Variationen, werden durch die große Kadenz verknüpft, die Material beider Sätze verarbeitet. Überdies übernimmt die *Passacaglia* ein Thema des *Adagios*, hellt es freilich zum Dur auf. Eine majestätische *Coda* beschließt das wohl bedeutendste konzertante Werk Brittens.

[M] *CD* Isserlis, City of London Sinfonia, Hickox (EMI 1987)

Les Illuminations for Tenor and Strings op. 18

UA: London 1940

Britten lernte die verschlüsselten, praktisch unübersetzbaren Prosagedichte Arthur Rimbauds (1854–1891) wahrscheinlich 1937 durch W. H. Auden kennen und scheint unmittelbar eine Art Seelenverwandtschaft empfunden zu haben. Er fand die teils surreale, teils alptraumhafte Bilderparade, die in den *Illuminations* wie ein nächtlicher Spuk am Leser vorüberzieht, »höchst aufregend«, vor allem wohl, weil diese Poesie mit ihrer Betonung der »Klänge und Visionen« seinem eigenen ausgeprägten Sinn für das Schaffen musikalischer Bilder sehr entgegenkam. Auch Britten »malt«, imitiert etwa zu Beginn in den Streichern Trommelwirbel und Trompetenfanfare, über denen der Tenor wie ein Zirkusdirektor Rimbauds »Ich allein habe den Schlüssel zu dieser wilden Parade« hervorstößt, ein geheimnisvolles Motto des zehnteiligen Zyklus', den Britten um die in Tritonusspannung stehenden tonalen Zentren B–E zentriert.

[M] *CD* Tear, Philharmonia O., Giulini (DGG 1978)

Serenade for Tenor, Horn and Strings op. 31

UA: London 1943

Britten schrieb die Serenade kurz nach seiner Rückkehr aus Amerika für Peter Pears und den Hornisten Dennis Brain. Die überaus stimmungsvolle Vertonung englischer Gedichte aus 5 Jahrhunderten war auch eine Hommage an die Heimat. Der Kritiker und Widmungsträger Edward Sackville-West meinte, Thema der Serenade sei »die Nacht und ihre Erscheinungen«. *Prolog* und *Epilog*, die beide auf dem Naturhorn hinter der Bühne geblasen werden und so eine romantische, nächtlich traumhafte Atmosphäre evozieren, umrahmen die 6 Gedichte: *Pastoral*, eine Hirtenidylle von Charles Cotton (1630–1687), das *Nocturne* von Alfred Tennyson (1809–1892), dem »Meister der Metrik und Melancholie« in victorianischer Zeit, die dramatisch düstere *Elegie* des Romantikers William Blake (1757–1827), die erstmals die alptraumhaft bedrohlichen Seiten der Nacht beschwört. Das neunstrophige anonyme Grablied *Dirge* aus dem 15. Jh. vertonte Britten als trauermarschartige, expressiv gesteigerte Passacaglia mit einem beklemmenden, lamentohaften Ostinato der Gesangsstimme über einer Fugato-Begleitung der Streicher. Wie ein Intermezzo folgt die *Hymn* Ben Jonsons (1573–1637), eine heitere und für beide Solisten hochvirtuose Huldigung an Diana, die Göttin der Jagd. Das *Sonett* von John Keats (1795–1821) besingt die Todesnähe des mitternächtlichen Schlafes und leitet über zum Horn-*Epilog*, mit dem dieses Meisterwerk Brittens ausklingt. Die *Serenade* blieb nicht seine einzige Hommage an die Literatur der Heimat: In der 1949 komponierten, im selben Jahr in Amsterdam uraufgeführten *Spring Symphony op. 44* für Solisten, Chor und Orchester gruppierte er 12 Gedichte von Spenser, Milton, Auden, Blake u. a. in 4 Teile, die jeweils einem symphonischen Satz entsprechen. Und mit dem 1958 in Leeds uraufgeführten *Nocturne for Tenor, Seven Obligato Instruments and Strings op. 60*, in dem er 8 Gediche u. a. von Shelley, Tennyson, Wordsworth, Owen und Keats vertonte, kam er auf das Thema der Nacht – vor allem ihrer alptraumhaften Momente – zurück.

[M] *CD* Pears, Brain, Boyd Neel String O., Britten (Decca 1944); Tear, Clevenger, Chicago SO, Giulini (DGG 1977)

War Requiem op. 66

UA: Coventry 1962

Schon der 1936 komponierte Liederzyklus *Our Hunting Fathers op. 8* nach W. H. Auden und die *Ballad of Heroes op. 14* für Tenor, Chor und Orchester von 1939 waren Ausdruck von Brittens kompromißlosem Pazifismus, der Anklage von Krieg und Gewalt sowie seines tiefen Mitleids mit den Opfern. Dem *War Requiem*, das 1961 für die Einweihung der neuerbauten Kathedrale von Coventry entstand – 1940 wurde die Stadt mitsamt der mittelalterlichen Kathedrale bei einem deutschen Bombenangriff zerstört – setzte er ein Motto voran: »My subject is War, and the pity of War. The Poetry is in the pity... All a poet can do today is warn.« Es sind Verse Wilfried Owens, der in den letzten Tagen des Ersten Weltkriegs fiel und dessen mit schonungslosem Pessimismus das Gemetzel in den Schützengräben reflektierende Gedichte Britten in seiner Requiem-Vertonung mit kühnem

Kunstgriff zwischen den liturgischen Text setzte und so eine wirkliche Totenmesse nach Auschwitz schrieb. Für ihn, der der Kirche ohnehin kritisch gegenüberstand, war die schlichte Vertonung des Messtextes nach der Weltkriegs-Katastrophe unmöglich. Den lateinischen Text vertraute er dem Chor, dem von der Orgel begleiteten Knabenchor und dem Solo-Sopran, die Owen-Gedichte 2 Männerstimmen und einem Kammerorchester an, das aus dem riesigen, jedoch stets ungeheuer transparent benutzten Orchesterapparat herausgelöst ist. Struktureller Keim ist das Tritonus-Intervall fis–c, das bereits den einleitenden Trauermarsch bestimmt. Die Musik schwankt zwischen psalmodierenden A-capella-Antiphonen, wilden Ausbrüchen des Blechs, flehendem Sopran-Arioso und beschwörender Anklage in den Owen-Gedichten. Wenn sich im abschließenden *Libera me* zwei Todfeinde als Brüder begegnen – »Let us sleep now« – so umfaßt dieser ergreifende Moment in nuce noch einmal Brittens lebenslanges Ankomponieren gegen die Sinnlosigkeit des Krieges.

[M] *CD* Harper, Langridge, Shirley-Quirk, London SO and Choir, Hickox (Chandos 1991) – *VD* Orgonosowa, Rolfe Johnson, Skovhus, NDR Chor, Monteverdi Choir, NDR SO, Gardiner (DGG) *Oswald Beaujean*

Max Bruch

1838–1920

Man hat Bruch als Vertreter einer Bürgerromantik beschrieben, als einen Anachronisten schon zu Lebzeiten. Die Musik seiner Zeit, die von Wagner, Reger oder Strauss, lehnte er ab. Von der Entwicklung am Anfang des 20. Jhs. nahm er erst recht keine Notiz. Bruch gab sich keiner Täuschung darüber hin, daß er selbst nicht zu den ganz Großen gehörte. Nach eigener Aussage lag das daran, daß er nicht seinen eigenen Weg gehen konnte, wie etwa der von ihm verehrte Brahms: »Ich hatte eine Familie zu ernähren und für die Ausbildung der Kinder zu sorgen. Ich mußte mit meinen Kompositionen Geld verdienen. Ich war deshalb gezwungen, gefällige und leicht verständliche Werke zu schreiben.« Die meisten dieser Werke kennt man heute nicht mehr. Nur das erste von 3 *Violinkonzerten*, das in g-moll, die *Schottische Phantasie* und *Kol Nidrei* sind populär geblieben.

Max Bruch, geboren am 6. Januar 1838 in Köln, zeigte schon in der Jugend kompositorisches Talent. Die Mutter war eine begabte Sängerin, und als 15jähriger nahm er Kompositionsunterricht bei Ferdinand Hiller. Danach folgten Studien bei Carl Reinecke in Leipzig. Als freischaffender Komponist und Kapellmeister ging er an verschiedene Orte wie Mannheim, Koblenz, Sondershausen, Breslau, sogar Liverpool. Berlin war die letzte Station seines Lebens. Als Hochschulrektor und Professor für Komposition wirkte er fast 20 Jahre bis 1910 an der Berliner Akademie. Am 20. Oktober 1920 ist Max Bruch in Friedenau, seinem Wohnsitz, gestorben.

Im 19. Jh. war Bruch vor allem wegen seiner Chorkompositionen geschätzt. *Odysseus, Das Lied von der Glocke, Achilleus* und *Das Feuerkreuz* waren besonders beliebt. Bruch hat auch 3 Opern geschrieben. Aber die haben sich, wie seine 3 Symphonien, nicht im Repertoire behaupten können. In vielen seiner Werke zeigt sich eine große Liebe zur Volksmusik, nicht nur zur deutschen. Beispiele hierfür sind die *Schottische Fantasie op. 46*, die *Schwedischen Tänze op. 63* oder auch das Adagio nach hebräischen Melodien *Kol Nidrei op. 47*.

Violinkonzert Nr. 1 g-moll op. 26

UA: Bremen 1868

Mit den Konzerten von Mendelssohn, Beethoven und Brahms gehört dieses Werk zum Quartett der beliebtesten Violinkonzerte des 19. Jhs. Bruch selbst mochte später sein »entsetzlich populär gewordenes Werk«, das sich mit einer Dauer von etwa 25 Minuten in jedes herkömmliche Konzertprogramm integrieren läßt, gar nicht mehr hören. Das Konzert ist optimal für die Geige geschrieben. Der Solist kann sowohl sein technisches als auch sein musikalisches Vermögen unter Beweis stellen. Bruch hat mehrere Geiger zu Rat gezogen, unter anderem auch den Widmungsträger und Solisten der UA, Joseph Joachim. Der erste der 3 Sätze ist eher frei und rhapsodisch gehalten mit interessanten Dialogen zwischen Orchester und Solisten; lyrisch-elegische Passagen wechseln mit virtuos-dramatischen. Besonders schön ist der *2. Satz*, wohl einer der berühmtesten langsamen Sätze der romantischen Konzertliteratur überhaupt, voller Empfindung und Pathos. Mit einem ungarischen Thema beginnt der *3. Satz*, der sich so schwungvoll und rassig gibt, daß dem Solisten ein effektvoller Abgang vom Podium sicher ist.

[M] *CD* Cho-Liang Lin, Chicago SO, Slatkin (CBS/Sony).

Schottische Phantasie op. 46

UA: Berlin 1880

Pablo de Sarasate hat dieses viersätzige Werk uraufgeführt. Und es bedarf wahrlich eines Virtuosen, um es zu spielen. Neben schlichten, liedhaften Abschnitten gibt es vor allem im Finale halsbrecherisch schwierige Passagen. Bruch war besonders stolz darauf, daß er alle Lieder, die dieser *Phantasie unter freier Benutzung schottischer Volksmelodien* zugrunde liegen, selbst auf Reisen in Großbritannien entdeckt hatte. In jedem der 4 Sätze wird ein populäres, schottisches Volkslied zitiert.

Kol Nidrei op. 47

UA: Berlin 1881

Dieses Adagio nach hebräischen Melodien für Violoncello und Orchester ist ein Beispiel für Bruchs Liebe zur Volksmusik. Er selbst war nicht jüdischen Glaubens, wie man vermuten könnte, sondern Protestant. Die Themen zu *Kol Nidrei* stammen aus dem »Kol Nidre«, dem Gebet, das zu Beginn vom »Jom Kippur«, dem jüdischen Versöhnungsfest, angestimmt wird. Bruchs *Kol Nidrei* entspricht dem Läuterungsgedanken des höchsten jüdischen Feiertages mit seiner melancholisch-besinnlichen Grundstimmung. *Joachim Salau*

Anton Bruckner

1824–1896

Bruckner als Dirigent. Schattenbild von Otto Böhler

An Bruckner schieden sich die Geister wie an keinem anderen im 19. Jh., Wagner vielleicht eingeschlossen. Brahms hielt Bruckner für »einen Schwindel, der in ein bis zwei Jahren erledigt sein wird«, die Wiener Kritik stempelte den verehrten Professor für Generalbaß, Kontrapunkt und Orgel zum naiv bäurischen Deppen, zum Scharlatan, der endlose Banalitäten und »symphonische Riesenschlangen« komponiere.

Doch das Faszinosum Bruckner liegt gerade in dem unerschütterlichen Glauben, mit dem er an der ungebrochenen Verkündigungskraft des symphonischen Gedankens festhielt, als dieser – nach Beethoven – in eine tiefe Krise geraten war. Es konnte ihn nicht irritieren, daß Wagner die Symphonie für tot erklärte, bei aller, jene maßlose Kritik erst provozierenden Begeisterung für den »Meister aller Meister«, der sich umgekehrt kaum für ihn interessierte. Immerhin nahm jene Kritik – und das läßt sich von der Heiligenlegende der Bruckner-Jünger kaum sagen – die unheimliche Modernität seiner Musik wahr, auch wenn sie darin nur den radikalen Bruch mit der Tradition zu sehen vermochte.

Dabei war der am 4. September 1824 in Ansfelden geborene Bruckner wie wenige in der Tradition verwurzelt, hatte er doch – sei es nun Neurose oder handwerkliches Ethos – noch nach gründlicher Elementarausbildung und als anerkannter Organist jahrelang Kontrapunkt-Studien beim berüchtigten Simon Sechter betrieben (1855–1861). Die Ergänzung lieferte der Linzer Theaterkapellmeister Otto Kitzler, der ihn anhand von Wagner, Berlioz und Liszt mit Instrumentation und Formenlehre vertraut machte (1861–1863). Alle Fortschritte ließ sich Bruckner pedantisch mit zahllosen Zeugnissen bestätigen, jahrzehntelang drängte er seine schöpferische Inspiration zurück, schrieb allenfalls kirchliche Gebrauchsmusik, unter Kitzlers Aufsicht *Drei Orchesterstücke*, die *Ouvertüre g-moll* sowie als Abschlußarbeit die von ihm noch nicht numerierte *Symphonie f-moll*, in der bei aller Anlehnung an klassische Vorbilder doch bereits Eigenes anklingt.

Hier kündigt sich sehr versteckt an, was die Zeitgenossen später so verstören sollte: Jene Symphonik, die den Themendualismus Beethovenscher Prägung und die daraus resultierende klassische Form durch immense, geradezu körperliche Steigerungswellen ersetzte, die einerseits die blockartige Werktektonik scharnierartig, mit Ein- und Abbrüchen, Generalpausen und fast registerhafter Instrumentation nach außen kehrt – auch hier bricht der geniale Orgelimprovisator durch –, andererseits die Durchführung mit faszinierender, vor allem rhythmischer Variantentechnik letztlich auf ganze Werke dehnte. Diese neuartige Abwandlung des symphonischen Formgedankens also und die seelischen Abgründe, die der »Meister aus St. Florian« wie wenige im 19. Jh. und mit bis dahin unerhörten Klängen aufriß, mußten die Zeitgenossen wohl verstören. Am 11. Oktober 1896 ist Bruckner in Wien gestorben. Sein Grab befindet sich in St. Florian bei Linz.

Symphonie Nr. 0 d-moll

1. Fassung: 1863/64; 2. Fassung: 1869
UA: Klosterneuburg 1924

Die Unbekümmertheit, mit der Bruckner mitten in der fundamentalen Krise der Symphonik nach Beethoven seine *d-moll-Symphonie* schuf, ist mehr als erstaunlich; wüßte man nichts über die spätere Entwicklung dieses Symphonikers sui generis, sie erschiene mit ihren durchaus monumentalen Zügen fast als Hochstapelei. Tatsächlich aber kündigen sich in Bruckners Nullter – ungeachtet ihrer Schwächen – vor allem in der melodischen und damit thematischen Formung ansatzweise, im Klanglichen unverkennbar die späteren Werke an. Bruckner scheint das selber empfunden zu haben, als er die Partitur 1895 zwar mit einer großen Null – daher der kuriose Beiname – und Randbemerkungen wie »verworfen, anuliert, ganz ungiltig« versah, sie aber nicht vernichtete. Die Symphonie dürfte um 1864, also kurz nach der Studienzeit bei Kitzler entstanden sein, ist jedoch nur in der zweiten, gründlich überarbeiteten Fassung von 1869 überliefert. Was Bruckner aus der ursprünglichen Partitur übernahm, ist ungewiß. Deutlich greift der Beginn des *Allegro*-Kopfsatzes mit seiner marschartigen Streicherfigur anstelle eines plastischen thematischen Gedankens – der Wiener Hofkapellmeister Dessoff fragte bezeichnenderweise, wo denn da das Thema sei – auf Beethovens Neunte zurück wie auf die eigene Dritte voraus. Doch ebenso charakteristisch sind bereits die großen dynamischen, oft überleitenden und dann fast formbildende Funktion übernehmenden Steigerungsmomente, auch die gewaltige, die Coda bestimmende Ostinatofigur. Ähnliches gilt für die Coda des *Finales*, die das plastische Hauptthema schließlich zum strahlenden Dur wendet. Das zehntaktige Unisono, das das mit erstaunlicher Sicherheit entworfene *Scherzo* prägt, könnte sich wie das lyrische *Trio* auch beim späteren Bruckner finden, was sich vom *Adagio* kaum sagen läßt. Nur im Ansatz findet sich hier eines jener später so charakteristischen choralartigen Brucknerthemen. So dürfte der etwas unbefriedigende Eindruck, den die Nullte hinterläßt, vor allem Folge ihrer Uneinheitlichkeit sein.

[M] *CD* RSO Berlin, Chailly (Decca 1988)

Symphonie Nr. 1 c-moll

1. Fassung (Linzer): 1865/66; 2. Fassung (Wiener): 1890/91
UA: Linz 1868 (1. Fassung); Wien 1891 (2. Fassung)

Schon die ersten Takte mit ihrer pochenden Baßbewegung und dem marschartigen, unbeirrbar voranschreitenden scharf punktierten Hauptthema müssen dem Publikum der vom Komponisten geleiteten UA seltsam in den Ohren geklungen haben. So hatte noch keine Symphonie begonnen und sollte bis hin zu Mahler auch keine mehr beginnen, ähnlich allenfalls noch Bruckners *Sechste*. Kein mystischer Klangnebel ist da zu hören, aus dem die Musik gleichsam zu sich kommt, wie wir es sonst bei Bruckner kennen. Vom ersten Ton an ist das Werk in Bewegung, ja fast scheint es, als sei es dies schon vorher gewesen. Wenn Bruckner die *Erste* später gerne sein »keckes Beserl« nannte, so dürfte er dabei nicht zuletzt an den forschen, für einen symphonischen Erstling – und der war das Werk ja zumindest offiziell – verblüffend selbstbewußten Gestus gedacht haben, der im Grunde alle vier Sätze bestimmt. Doch wenn die *Erste* wie ein explosionsartiger Aufbruch zu neuen Ufern wirkt, so war es keineswegs das Erlebnis der UA von Wagners *Tristan* 1865 in München, das die so lange zurückgestauten schöpferischen Kräfte des mittlerweile mehr als Vierzigjährigen endlich freigesetzt hätte, wie gerne behauptet wurde; Bruckner reiste mit drei fertigen Sätzen nach München. Obwohl der Einfluß Wagners unüberhörbar ist, beschränkt er sich doch im wesentlichen auf instrumentatorische Details und eine Reihe harmonischer Wendungen, insbesondere im *Adagio*, wogegen Bruckner den Wagnerschen Mischklang keineswegs übernahm. Daneben bleibt – bei aller Originalität und revolutionären Neuheit der Ersten – die Rückbindung an die Wiener Klassik bestehen.

So folgt der *Allegro*-Kopfsatz formal dem Schema des Sonatensatzes, wenngleich er ihn bereits um das fortan bei Bruckner obligatorische 3. Thema erweitert. Dem fulminanten Marschthema folgt ein lyrisches Seitenthema in den Violinen – die erste jener Gesangsperioden, die sich dann in allen Kopfsätzen Bruckners finden wird. Dieses wird rasch von dem »mit vollster Kraft« in den Posaunen hereinbrechenden, von Streicher-Figurationen umwogten 3. Thema verdrängt, das zwar an die *Tannhäuser*-Ouvertüre erinnert, aus dem jedoch vor allem erstmals echtes Brucknersches Pathos spricht, und das auch die Durchführung weitgehend bestimmt. Unter dieser formal scheinbar traditionellen Oberfläche freilich weicht Bruckner schon in der *Ersten* den Sonatensatz auf, indem er eine nur mehr bedingt an klassischen Vorbildern orientierte Variantentechnik entwickelt, Überleitungs- und Mutationsverfahren, die die herkömmliche Technik des traditionellen Durchführungsteils zumindest ansatzweise in Frage stellen. Solche kompositionstechnisch vorbildslosen Details korrespondieren mit dem in den ersten Takten vorgegebenen Ausdrucksgehalt der Musik, die am Ende in der – von Fermaten zweifach abgebremsten – Coda gleichsam explodiert.

Auch das *Adagio* weist in musikalisches Neuland. So sucht bereits das Hauptthema über 20 Takte hinweg aus Motivfragmenten und Floskeln Gestalt zu gewinnen und tastet dabei auch harmonisch im Vagen. Damit aber ist der Gestus letztlich des gesamten Satzes vorweggenommen, der sich in einer »permanenten Überleitungsbewegung« (M. Hansen) befindet, jedes motivische wie harmonische Moment unmittelbar weiterführt, umdeutet und in einem großen Strom auflöst. Nur im liedhaften Mittelteil finden sich prägnante Melodik und auch stabile harmonische Verhältnisse. Die Rückbindung an die Tradition wird am deutlichsten im *Scherzo.* Der Satztypus, dem Bruckner durch seine gesamte Symphonik hindurch treu bleiben wird, ist dennoch voll entwickelt, die Dominanz des Rhythmischen, das quasi motivische Funktion gewinnt, bereits klar ausgeprägt, ebenso der Kontrast zum ländlerhaften, fast kammermusikalischen *Trio.*

Das mit einem ungestümen Oktavsprung anhebende *Finale* greift mit seinen 3 Themen den Gestus des Kopfsatzes auf, mit gesteigerter Wucht, ja streckenweise lärmender Wildheit, die sich derart unbekümmert in Bruckners Symphonik nicht mehr finden wird. Dem widerspricht keineswegs, daß sich hier bereits der Kontrapunktiker par excellence zu Wort meldet. Was Bruckner bei Simon Sechter erarbeitet hatte, treibt er hier auf unerhörte Weise ins Extrem. Gerade deshalb dürfte die zweite, letztlich domestizierte, da auf die Ohren des konservativen Wiener Publikums gemünzte Fassung die weniger überzeugende sein, nimmt sie dem Werk doch manches seiner Urwüchsigkeit.

M *CD* 1. Fassung: Bayer. Staatsorch. München, Sawallisch (Orfeo 1984)

Symphonie Nr. 2 c-moll

1. Fassung: 1871/72; 2. Fassung: 1875/76; rev. 1877
UA: Wien 1873 (1. Fassung); Wien 1876 (2. Fassung)

Die *Zweite* dürfte bis heute die am seltensten zu hörende Bruckner-Symphonie geblieben sein, trotz erfolgreicher UA und der Ansicht Bruckners, sie sei »wohl die fürs Publikum zuerst verständliche«. Seit 1868 lehrte er als Professor am Wiener Konservatorium, doch der Umstand, daß er dieses ersehnte Ziel nach langen Anstrengungen erreicht hatte, vermochte seine Inspiration keineswegs zu beflügeln. Später meinte er, man habe ihn in Wien »ganz zusammengeschreckt«, ja er habe in dieser Zeit »allen Mut verloren, ein rechtes Thema aufzuschreiben«. Dabei mußten die Triumphe, die er 1871 als Organist in London verbuchen konnte, sein künstlerisches Selbstbewußtsein ohne Zweifel stärken. Doch nach seiner Rückkehr setzte man Bruckner in Wien nicht nur menschlich mit einem ebenso peinlichen wie haltlosen Disziplinarverfahren zu, auch künstlerisch sah er sich in Frage gestellt, hatten doch Eduard Hanslick, aber auch sein Förderer Josef Hellmesberger die Kompliziertheit der *Ersten* bemängelt und ihm geraten, künftighin einfacher zu komponieren.

Hier beginnt die fatale Rolle, die Freunde und Schüler im Werk des autoritätsgläubigen und leicht beeinflußbaren Komponisten spielten. Inwieweit er sich tatsächlich bemühte, in der Zweiten einfacher zu schreiben, sei dahingestellt. Die Wiener Philharmoniker lehnten sie 1872 jedenfalls zunächst als »unspielbar« ab, ein Jahr später freilich geriet die UA zum Triumph. Trotzdem glaubte der einflußreiche Theaterkapellmeister Johann Herbeck, Bruckner zu Kürzungen bewegen zu müssen, die dieser, wenn auch widerstrebend, tatsächlich vornahm. Segensreich waren sie keineswegs. 1877 überarbeitete Bruckner die Zweite erneut, machte dabei jedoch die höchst fragwürdigen Striche nicht wieder auf und hinterließ der Nachwelt so im Grunde unlösbare Fassungsprobleme. Wie immer sich das »Zusammenschrecken« ausgewirkt hat, Tatsache ist, daß die Zweite den selbstbewußt ungestümen Gestus der Ersten nicht aufgreift. Schon die ersten Takte zeigen das drastisch: Die pochende Baßbewegung und der unbeirrbare Marschtritt sind jenem fortan so charakteristischen »Entwicklungstremolo« (M. Wagner) und einem seltsam ziellos wirkenden chromatischen Thema der Celli gewichen. Doch der Eindruck trügt, denn bereits diese Eingangstakte bauen atmosphärisch jene Spannung auf, die den *Moderato*-Kopfsatz in gewaltigen dynamischen Steigerungswellen durchzieht. Und auch strukturell wird sich der Beginn als folgenschwer erweisen, denn der motivische Keim, jene erweiterte, den Zentralton g mit kleinen, »reibenden« Sekunden leittönig umspielende Wechselnote, aus dem das Hauptthema erwächst, offenbart sich im Rückblick als ein zentrales Moment der gesamten Symphonie. So wird es im Hauptthema des *Scherzos* klar erkennbar, in dem des *Finales* sich versteckt wiederfinden. Vor der Wiederholung des Hauptthemas blitzt mit einer punktierten Trompetenfanfare das rhythmische Pendant zu diesem melodischen Kern auf, eine rhythmische Figur, die wie ein Fremdkörper fast drohend von außen hereinbricht, freilich ebenfalls strukturbildende Funktion übernehmen wird. Noch ein drittes Moment von Bruckners symphonischer Konstruktion tritt in der Zweiten deutlich zutage: die häufigen Generalpausen, die die verschiedenen Klang- und Themenblöcke scharf voneinander abheben, die Form offenlegen und dem Werk rasch den Beinamen »Pausen-Symphonie« eintrugen. Die 2. Themengruppe des Kopfsatzes ist ein Doppelthema aus ländlerartiger Streicherfigur und einer weitgeschwungenen Linie der Celli, und auch die 3. Gruppe wird in Form zweier miteinander verbundener Unisoni eingeführt. Die Durchführung kombiniert und reiht das thematische Material in Umkehrungen, Vergrößerungen und Engführungen, nach mehrfachen großen Steigerungen kündigt ein langer Orgelpunkt der Pauke die Reprise an, und auch die ausgedehnte Coda wird von einem Streicher-Ostinato eingeleitet.

Das *Andante* ist vom Tonfall des Chorals bestimmt, der fortan in Bruckners Symphonik so wichtig wird. Zwei Zitate aus dem *Benedictus* der *f-moll-Messe*, die 1872, zur Entstehungszeit der Zweiten uraufgeführt wurde, klingen an. Auch hier ist die 2. Gruppe – eine ausdrucksvolle Hornkantilene über Streicherpizzicati – ein Doppelthema. Das *Scherzo* wird einerseits ganz vom Anfangsrhythmus beherrscht, der hier – das wird spätestens mit den gellenden Trompetensignalen klar – fast thematische Funktion übernimmt, zum anderen spielt der Motivkern aus dem Hauptthema des Kopfsatzes eine entscheidende Rolle. Er wird sowohl ins wild Aggressive gesteigert, als auch von den Holzbläsern ländlerartig intoniert, die damit den Charakter des *Trios* vorwegnehmen. Schlechterdings umwerfend wirkt die überraschende Generalpause, nach der in der *Scherzo*-Wiederholung die *Coda* hereinbricht.

Im *Finale*, formal einer Kombination aus Sonaten- und Rondoform, in dem ein weiteres Zitat aus der *f-moll-Messe*, diesmal aus dem *Kyrie* begegnet, unternimmt Bruckner erstmals eine thematische Verklammerung der Ecksätze, wenn er mitten in der großen *Coda* ein Zitat des Hauptthemas aus dem Kopfsatz mit einer Erinnerung an das 2. Finalthema verbindet, ehe er seine c-moll-Symphonie mit dem ins strahlende Dur gewendeten Hauptthema furios beendet.

[M] *CD* Original-Fassung: SO der SWF Baden-Baden, Zender (Amati 1990); 2.Fassung: RSO Frankfurt, Inbal (Telefunken 1987)

Symphonie Nr. 3 d-moll

1. Fassung: 1873; 2. Adagio: 1876; 2. Fassung: 1877; 3. Fassung: 1889

UA: Wien 1877 (2. Fassung); Wien 1890 (3. Fassung)

Keine andere Symphonie Bruckners offenbart das Dilemma der Überarbeitungen so nachdrücklich wie die 3. Symphonie, von deren 3 Fassungen sich keine als original bezeichnen läßt. Mit ihren zahlreichen Wagner-Zitaten war jene Dritte, die Bruckner 1873 dem »unerreichbaren erhabenen« Meister widmete und die zu Lebzeiten seines Schöpfers nie aufgeführt wurde – zweimal lehnten die Wiener Philharmoniker das Werk ab –, seine längste Symphonie überhaupt. Die UA der zweiten, gestrafften und formal deutlich gebändigten Fassung im Dezember 1877 unter Bruckners Leitung geriet zum schlimmsten Debakel seines Lebens: Scharenweise verließen die Hörer während der Aufführung den Saal, und Hanslick berichtete von der »Vision, wie Beethovens 9. mit Wagners ›Walküre‹ Freundschaft schließt und endlich unter die Hufe ihrer Pferde gerät«. In der letzten – um ein Fünftel (!) gekürzten – Fassung sind praktisch alle Wagner-Zitate getilgt. Inwieweit sie tatsächlich den Willen des 65jährigen vermittelt, ist überaus fraglich. Die beiden zu Lebzeiten Bruckners erschienenen Druckfassungen (1878 und 1890) weisen Eingriffe der Brüder Schalk auf, als authentisch können allenfalls Bruckners Autographe gelten, die der 2. Gesamtausgabe von Leopold Nowak zugrunde liegen. Ohne Zweifel spricht vieles für die Fassung von 1877; in der 3. Fassung kommt vor allem die Kürzung im *Finale*, der fast die gesamte Reprise zum Opfer fiel, einer Verstümmelung gleich. Dennoch: Bruckners definitiven Willen kennen wir nicht, eine Originalfassung wird es nie geben.

Die vehemente Ablehnung der Symphonie rührte wohl nicht allein von den Wagner-Zitaten her, auch wenn die Häme Hanslicks dies nahezulegen scheint. Entscheidender dürfte gewesen sein, daß in der Dritten die formalen Charakteristika der Brucknerschen Symphonik, auch sein ganz spezifischer, registerartiger Orchesterklang erstmals voll zum Tragen kamen. Zwar hält Bruckner sich äußerlich auch weiterhin an die tradierte Form des Sonatensatzes, ja kehrt sie geradezu demonstrativ nach außen, de facto jedoch weitet er die Proportionen derart, fügt die Themen zu solch großdimensionierten Motivkomplexen, daß das Austragen und Lösen thematischer Konflikte, deren Ort der klassische Symphoniesatz traditionell war, zurücktritt, die musikalische Bewegung stattdessen einen »permanenten Überleitungscharakter« (M. Hansen) annimmt. Bereits das 1. Thema des Kopfsatzes wird nicht als geschlossenes Gebilde gesetzt, entwickelt sich vielmehr wellenartig aus zwei Motivkomplexen – der monumentalen absteigenden Dreiklangsbrechung der Solotrompete und einer ebenfalls fallenden, herrischen Unisono-Geste des vollen Orchesters. Auch tauchen Engführungen und Umkehrungen bezeichnenderweise schon in der Exposition auf, die damit Durchführungs-Momente vorwegnimmt. Dies gilt bedingt auch für die anderen beiden Themengruppen. Das Gesangsthema erscheint im charakteristischen sogenannten »Bruckner-Rhythmus« – der Verbindung von Zweiern und Dreiern –, eine rhythmische Konstante, die noch in das choralartige Bläser-Unisono der Schlußgruppe hineinwirkt.

Paradigmatisch für Bruckners dynamische Formverläufe sind auch die verschiedenen, deutlich voneinander abweichenden Fassungen des *Adagios*, ursprünglich einer komplizierten fünfteiligen Bogenform mit drei Themen. Auch hier ist das erste lyrische Thema in den Violinen offen, entwickelt sich unmittelbar aus seiner Schlußphrase eine Steigerung, an die sich das 2. Thema in den Bratschen anschließt. Das dritte, choralartig harmonisierte Thema erscheint in der späten Fassung so verkürzt, die Reprise des 1. Themas hingegen so geweitet, daß die Fünfteiligkeit im Grunde zur Dreiteiligkeit schrumpft. Dennoch läßt sich eine qualitative Wertung der Fassungen hier kaum vornehmen, eine Frage, die das dämonische, über weite Strecken von einem stampfenden Dreierrhythmus beherrschte *Scherzo* ohnehin weniger berührt. Sein Hauptthema steht in starkem Kontrast zum Seitengedanken, hier eine wirbelnde Streicherfigur, aus der eine Dreiklangsbrechung hervorschießt, dort ein wiegender Ländler, der bereits auf die zauberhafte, echt österreichische Ländlermusik des *Trios* vorausweist.

Sehr wohl qualitative Fragen werfen die Finalfassungen auf. Fast gewaltsam brechen die Posaunen mit dem Hauptthema ein, dessen Themenkopf eine mächtig herabstürzende verminderte Dezime ist. Die 2. Gruppe ist eines jener klassischen Brucknerschen Doppelthemen; es kombiniert auf einzigartige Weise einen feierlichen Bläserchoral mit einer polkaartigen Tanzmelodie der Violinen. Das 3. Thema schließlich erscheint in Form einer synkopierten Unisono-Figur des vollen Orchesters. Die formale Gewichtung ist in der letzten Fassung bedroht, nicht nur führt die Verstümmelung der Reprise zu einem unorganisch, verfrüht wirkenden Einsatz der Coda. Da schon in der Durchführung Gedanken des Kopfsatzes aufscheinen, vollzieht sich auch die zyklische Rundung des Werkes quasi zu früh. Oder verträte die Durchführung, die sich ohnehin fast ausnahmslos auf das 1. Thema beschränkt, in der 3. Fassung die Reprise? Wie auch immer, eine Entscheidung für die 2. Fassung hat sicher gute Gründe.

[M] *CD* 2. Fassung: Wiener Philharmoniker, Haitink (Philips 1988); 3. Fassung: SO des NDR Hamburg, Wand (RCA/BMG 1992)

Symphonie Nr. 4 Es-Dur (»Romantische«)

1. Fassung: 1874; 2. Fassung: 1878;
4. Finale: 1880; rev. 1886; UA: Wien 1881

Auch die Vierte wirft ein Schlaglicht auf Bruckners geradezu manische Umarbeitungswut. Die 2. Fassung erhielt gründlich überarbeitete Ecksätze und das völlig neue, um fast 200 Takte kürzere *Jagdscherzo*. 1879/80 schreibt Bruckner das mittlerweile 4. (!) Finale, das dramatischer ist und sich vor allem in Formverläufen und Instrumentation erheblich vom vorherigen unterscheidet. Nach der UA 1881 und noch einmal 1886 folgen erneute Revisionen, schließlich fühlen sich 1888 noch Ferdinand Löwe und die Brüder Schalk zu Uminstrumentierungen und Strichen berufen, die Bruckner hinnahm, aber nicht mit seiner Unterschrift bekräftigte. Sein Autograph sollte gelten, wenn auch »für spätere Zeiten«. Die vom Publikum heftig bejubelte und auch von der Presse positiv aufgenommene UA unter Hans Richter war Bruckners bis dahin größter Triumph. Er selbst brachte den Beinamen »Romantische« auf, sprach mit Blick auf den *1. Satz* sogar vom »romantischen Bild einer mittelalterlichen Stadt«. Doch sind derlei programmatische Deutungen bei Bruckner mit Vorsicht zu genießen, dürfte er sich von ihnen doch vor allem eine freundlichere Publikumsresonanz versprochen haben. Programmusik ist die Vierte sicher zuletzt, allenfalls umreißt der Beiname vage ihren Stimmungsgehalt. Doch möglicherweise zielte Bruckner auch nur auf spezifische, kompositionstechnisch »romantische« Momente ab, wie etwa die für die Romantik charakteristische Vermischung der Tongeschlechter durch Molleintrübungen der Dur-Tonalität, oder auch auf die eminente Rolle, die das Horn in der Vierten spielt. Doch auch wenn mit dem – aus den Naturtönen gebildeten und über raunendem Es-Dur-Tremolo intonierten – Quintruf des Horns gleich zu Beginn des *Kopfsatzes* quasi das romantische Symbol der Natur schlechthin exponiert wird, und auch wenn Bruckner den Seitengedanken, ein charakteristisches Doppelthema aus Bratschenkantilene und graziösem Spiccato-Ruf der Violinen, der Waldmeise *Zizibee* abgelauscht haben wollte, die Vierte ist keine musikalische Naturbeschreibung, allenfalls evoziert sie Natur in der Musik oder als Musik. Das Hornmotiv erweist sich als Keimzelle nicht nur der 1. Gruppe, aus der Bruckner das dritte, hier ausnahmsweise nicht eigenständige Thema ableitet; immer wieder ist es zentral, so wenn der erste Gedanke des *Andantes* mit der fallenden Quinte anhebt. Dies gilt ähnlich für die rhythmische Gestalt des Hornrufs, die auf dem Höhepunkt der Durchführung einen hymnischen Choral bestimmt, wodurch im Grunde erst hier, an zentraler Stelle des Kopfsatzes, das Hornmotiv seine vollendete Gestalt findet. Doch wenn man bezüglich der Vierten von »Naturmystik« sprach, so sollte man nicht vergessen, daß diese Natur keineswegs in sanfter Entwicklung, sondern erst nach z.T. rohen Ausbrüchen und jähen Abstürzen zu sich kommt. Noch der monumentalen Coda haftet ein fast gewaltsamer Zug an, ganz so, als müsse sie die zuvor aufgebrochenen Irritationen mit Macht zusammenzwingen. Unverhüllt trauermarschähnliche Züge trägt das *Andante* mit seinem – über den konduktartig schreitenden Pizzicati der Streicher – weitschwingenden c-moll-Thema in den Celli. Die Bratschen intonieren das zweite, lang gezogene, doch merkwürdig in sich kreisende Thema. Weit mehr noch als im Kopfsatz läßt sich von formaler Eindeutigkeit kaum reden, allenfalls von einer sehr freien Rondoform. Früh jedoch tauchen Durchführungsmomente auf, werden die Themen variantentechnisch zerlegt, zerfallen die zunächst so einprägsamen melodischen Gestalten. So schließt der Satz denn auch nicht eigentlich, vielmehr versickert die Melodik nach einer gewaltigen C-Dur-Klimax, und mit leisen Paukenschlägen verschwindet der Kondukt in der Ferne, ganz so, als lösche die Musik sich aus. Am ehesten noch mag das *Scherzo* mit dem Triolengeschmetter der Hörner und dem idyllisch tänzerischen, ländlerartigen *Trio* bildhafte Assoziationen heraufbeschwören. Der »Bruckner-Rhythmus« (2:3) wird zum alles bestimmenden, vorwärtstreibenden Moment dieses ungeheuer wirkungsvollen Satzes. Vollends unübersichtlich gestaltet Bruckner schließlich die formale Anlage des *Finales*. Gleich zu Beginn verleihen ihm die über einem unerbittlichen Orgelpunkt geradezu gespenstisch abstürzenden Motivfloskeln etwas Dämonisches. So machtvoll das Hauptthema auch auftrumpft, es vermag diesen Gestus nur bedingt aufzufangen, zumal seine Autorität vom Hauptthema des Kopfsatzes in Frage gestellt wird, das das gesamte Finale durchzieht.

[M] *CD* 3. Fassung: Wiener Philharmoniker, Haitink (Philips 1986); Original-Fassung: SO des NDR Hamburg, Wand (RCA/BMG 1990)

Symphonie Nr. 5 B-Dur

1875/76; rev. 1877/78

UA: Wien 1878 (an zwei Klavieren); Graz 1894

Bruckner selbst nannte die Fünfte sicher zurecht seine »*Phantastische*«, während Namensbeigaben der Nachwelt wie »Tragische«, »Faustische« oder »Katholische« recht beliebig wirken. Sie entstand relativ aus einem Guß, zwar feilte Bruckner noch bis 1878, doch das Autograph von 1894 bietet den unzweifelhaft authentischen Notentext. Dennoch wurde die Symphonie erst 1894 in einer völlig entstellten Fassung des sicher wohlmeinenden Franz Schalk höchst erfolgreich uraufgeführt – die von Haas und Orel erarbeitete Originalfassung erklang erst 1935 – und auch der Erstdruck wich erheblich vom Autograph ab. Die Instrumentierung wurde grundlegend, hin zum Wagnerschen, Bruckners Klangbild diametral entgegenstehendem Mischklang verändert, außerdem kürzte Schalk das Finale um ein Fünftel auf die Länge des Kopfsatzes – angesichts der Tatsache, daß die Fünfte die Finalsymphonie seit Beethovens Neunter war, ein katastrophaler, das gesamte Werk völlig entstellender Eingriff. Denn spätestens mit der Dritten war Bruckner wesentlich unmittelbarer als etwa Johannes Brahms die Finalproblematik angegangen, die seit Beethoven das späte 19. Jh. überschattete. Bei ihm wurde das Finale noch einmal Ort der Verdichtung und Lösung zuvor aufgeworfener symphonischer Konflikte, wurde es selten großartiger, als im Finale der Fünften, das formal bei dem von Beethovens Neunter anknüpft. Nicht ohne Grund nannte Bruckner die Fünfte sein »kontrapunktisches Meisterstück«, denn tatsächlich entsteht die ungeheure Aufwertung des Finales aus einer fast besessenen kontrapunktischen Arbeit, die die Strukturen der gesamten Symphonie in einer Form bündelt und zur grandiosen Doppelfuge verdichtet, die selbst für Bruckner einzigartig ist.

Einmalig in seiner Symphonik ist auch die *Adagio-Introduktion*, die dem Kopfsatz vorangestellt ist und dessen thematisches Material keimhaft enthält: die absteigenden Pizzicato-Bässe, zwei punktierte Dreiklangs-Aufschwünge, den feierlichen Bläserchoral. Erst nach der Einleitung setzt das seltsam nach Moll tendierende Hauptthema ein, zunächst in Bratschen und Celli, dann im vollen Orchester. Einer Generalpause folgt die ausgedehnte 2. Themengruppe, ein charakteristisches Doppelthema mit choralartigem Streicherpizzicato und ausdrucksvoller Gesangslinie der Geigen. Der 3. Hauptgedanke gipfelt kurz vor dem Beginn der Durchführung in einem energischen, rhythmisch prägnanten Unisono des vollen Orchesters. Nach dramatischen Steigerungswellen mündet die Durchführung in die feierliche Bläser-Intonation des Choralthemas. Ein Orgelpunkt der Pauke leitet über zur Reprise, die mit dem Hauptthema in tiefen Streichern und Bläsern einsetzt und die Exposition stark gerafft nachvollzieht. Die stürmische Coda beginnt mit den beschleunigten Pizzicatoschritten, über denen sich der Themenkopf des Hauptgedankens siebenmal wiederholt, ehe er sich ins strahlende Dur wendet. Das Gegeneinander von Streicher-Pizzicato ($^6/_8$) und Oboenmelodie ($^4/_4$) – beide sind dem Bläserchoral der Introduktion verwandt – rückt bereits den Beginn des *Adagios* in ein seltsam diffuses Licht, in eine schwebende Atmosphäre der Haltlosigkeit, ein Eindruck, den der dominierende Septimenfall noch verstärkt. Das 2. Thema, ein breit verströmender Streicher-Gesang und ein graziöser Nebengedanke in Flöten und Violinen, verdrängen zunächst diese Stimmung. Rondoartig und variiert kehrt die Oboenmelodie wieder, zeitweise in den Bässen und von brausenden Achtel-Sextolen der Streicher umspielt. Bedeutsam mischt sich der Septimenfall ins Geschehen, das in einer choralartigen Themen-Variante des Blechs kulminiert, ehe der Satz sachte, mit einer leisen, nach Dur gewendeten Intonation des Oboen-Themas durch die Flöte verlischt.

Molto vivace beginnt das *Scherzo* mit demselben Pizzicato-Motiv wie der langsame Satz und wie dieser in d-moll. Das eigentliche Thema dieses streckenweise fast dämonischen Satzes erklingt gleich zu Beginn in den Holzbläsern, das zweite, einem stampfenden Ländler ähnelnd, in den Violinen. Den geradezu derben Nachsatz bringt das volle Orchester. Obwohl Bruckner noch zwei weitere Seitengedanken einführt, sind es im wesentlichen die beiden Hauptthemen, die er fast durchführungsartig verarbeitet. Das Thema des idyllisch graziösen *Trios* erinnert an das *Trio*-Thema aus Beethovens Neunter.

Die *Adagio*-Einleitung des *Finales* ist ein Rückbezug auf die Introduktion des Kopfsatzes und rekapituliert zugleich in kurzen Rückblenden das Hauptthema des Kopfsatzes, sowie Oboenthema und Pizzicato-Gedanken des Adagios. Schon in der Introduktion schiebt die Klarinette einen markanten Oktavsprung, die thematische Keimzelle des Finales ein, dann setzen die tiefen Streicher mit dem Hauptthema ein, das sogleich in einem Fugato verarbeitet wird. Dem 2. Thema, einer schwungvollen Violin-Kantilene folgen mehrere perlende Seitengedanken, ehe nach einer Generalpause alle Bläser mit dem 3. Hauptgedanken einsetzen, einem Oktavsturz über wilden Streicher-Figurationen, dem schließlich ein monumentaler Bläserchoral als 4. *Final*-Thema folgt. Mit diesem eröffnet das Solohorn die gewaltige Durchführung, die zunächst das Choralthema fugiert. Doch schon bald, wenn in den tiefen Streichern wuchtig der erste Hauptgedanke einsetzt, greifen Durchführung und Reprise auf einzigartige Weise ineinander. Mit diesem Themeneinsatz nämlich weitet sich die Fuge zu einer gigantischen Doppelfuge. Und in deren Verlauf offenbart Bruckner die überwältigend logische und in der Tat phantastische Formidee nicht nur des Finales, sondern letztlich der gesamten Symphonie, kommen doch im Verlauf des Finales die kontrapunktischen Zusammenhänge *allen* thematischen Materials zum Vorschein. Wenn in der Reprise das Hauptthema des 1. Satzes nicht zitiert, sondern ins Geschehen verwickelt wird, so zeigt sich auf diese Weise, daß – und wie – dieser Gedanke eben nicht im Kopfsatz, sondern erst im *Finale* seine volle Erfüllung findet. Solche Momente offenbaren die Großartigkeit von Bruckners Konzeption einer Finalsymphonie nach Beethoven. Daß diese Konzeption von fürwahr ungeheuerlicher gedanklicher, nämlich kontrapunktischer Konsequenz zugleich Klangwelten von nicht minder suggestiver und erschütternder Gewalt eröffnet – der Einsatz des Chorals über dem Fugenthema in der Coda gehört schlicht zu den unvergleichlichen Momenten der abendländischen Musikgeschichte – auch darin liegt wohl die Genialität des Brucknerschen Kontrapunkts.

[M] *CD* Berliner Philharmoniker, Furtwängler (DGG 1942); SO des NDR Hamburg, Wand (RCA/BMG 1989).

Symphonie Nr. 6 A-Dur

UA: Wien 1899 (gekürzt); Dresden 1935

Entstanden zwischen 1879 und 1881 war die Sechste die erste Symphonie, die Bruckner nicht mehr überarbeitete; das 1881 vollendete Autograph blieb die einzige Fassung, was freilich wenig half: Gustav Mahler dirigierte die UA – 1883 waren öffentlich die Mittelsätze erklungen, Bruckner hörte die komplette Symphonie nur in einer Novitätenprobe – in einer stark gekürzten und instrumental retuschierten Fassung. Wieder war es erst Robert Haas, der 1935 die Originalfassung im Druck veröffentlichte.

Bruckner selbst nannte die Sechste die »keckste«, damit vielleicht auf ihren selbstbewußten, aus einem Guß entstandenen Habitus wie auch die einprägsame Thematik anspielend. Doch zugleich – und auch dies könnte gemeint sein – offenbart sie eine ebenso übersichtliche und relativ knappe, wie neuartige Formkonzeption, die erneut die Unsinnigkeit jenes Bonmots von der einen Symphonie, die Bruckner neunmal komponiert habe, belegt. Denn nach der großartigen Finalsymphonie, die er mit der Fünften vorgelegt hatte, verlagerte er nun – und wohl kaum unbewußt – das Gewicht vom Finale weg auf den glänzenden *Maestoso*-Kopfsatz. Doch zugleich wird in der Sechsten das *Adagio* erstmals zum »Herzstück des gesamten Werkorganismus« (M. Hansen). Zum einen läßt es sich als einziges Bruckner-Adagio als echter

Sonatensatz deuten, zum anderen wird es durch die weit ausgreifende und komplexe Anlage der Themen aufgewertet, aus der der hymnische Tonfall der späten Adagio-Sätze resultiert. Dies zeigt bereits die 1. Themengruppe, in der Bruckner die sehr »feierliche« Violin-Kantilene und das klagende Oboenmotiv nach und nach ineinander verschachtelt, so daß letzteres weit mehr als ein bloßer Kontrapunkt ist, vielmehr die Gesamtwirkung des Themas maßgeblich mitbestimmt. Ähnliches gilt für das weitgeschwungene 2. Thema, das sich in der differenzierten Polyphonie eines lyrischen Dialogs von Celli und Violinen entwickelt. Gewichtig ist schließlich auch der dritte, trauermarschartige Gedanke in c-moll. Einer kurzen durchführungsartigen Episode folgt die Reprise aller drei Themen, in einer stimmungsvollen Coda klingt der Satz aus. Ihm folgt ein *Scherzo*, das mit seiner phantastischen, schwebenden Uneigentlichkeit deutlich vom ansonsten doch recht klar umrissenen Scherzo-Typus bei Bruckner abweicht. Die oft markant rustikale Thematik ist hier in drei fast schwerelos wirkende motivische Linien aufgelöst, und auch dem *Trio*, dessen Thema im reizvollen Wechsel von Violinpizzicato und Hörnern erklingt, fehlt der übliche Ländlercharakter. Es weist eher auf die späteren Nachtmusiken Mahlers voraus. Seltsam unwirklich mutet auch die Holzbläser-Reminiszenz an das Hauptthema des Kopfsatzes der Fünften an.

Schon das phrygische a-moll, in dem das Hauptthema des *Finales* einsetzt, erinnert an das Hauptthema des 1. Satzes, das zwar in A-Dur beginnt, doch rasch in eben diese Kirchentonart ausweicht. Tatsächlich ist das gesamte thematische Material des Finales demjenigen des Kopfsatzes verwandt, doch der oft erhobene Vorwurf, Bruckner habe die zyklische Rundung der Sechsten durch mangelnde Plastizität der Finalthematik erkauft, überhaupt sei dieses Finale zu leichtgewichtig, dürfte an seiner formalen Konzeption vorbeizielen. Denn genau umgekehrt zur Fünften erfüllt sich hier das Hauptthema des Kopfsatzes nicht im Finale, vielmehr erinnert es, wenn es großartig am Schluß der *Final*-Coda durchbricht, an den eigentlichen Höhepunkt der Sechsten, der sich eben schon im ersten Satz ereignete, mit dem Einsatz der Reprise, einer grandiosen Doppelklimax. Diese Gewichtverlagerung auf den Kopfsatz unterstreicht bereits der singuläre Anfang der Sechsten: Zwar hebt auch sie mit einer Klangfläche an, doch ist diese mit dem scharfkantigen triolischen Rhythmus deutlich konturiert. Sie wirkt wie eine gestaute Kraft, treibt dennoch die Entwicklung und das markante Hauptthema der Celli voran bis hin zur monumentalen Themenwiederholung des vollen Orchesters. Wie stets bei Bruckner, umfaßt der Kopfsatz 2 weitere Themengruppen, beide jedoch spielen in der Durchführung fast keine Rolle. Diese wird im wesentlichen von der Umkehrung des Hauptthemas beherrscht und kulminiert in dem erwähnten, zweifachen Ausbruch des Hauptthemas: einem Scheinhöhepunkt, der dem anschließenden tatsächlichen Höhepunkt des Satzes – und der Symphonie – erst sein volles Gewicht verleiht. So sehr man den »Typus« der Brucknerschen Symphonie beschwören mag, die Gewichtverlagerung auf den Kopfsatz hin zeigt, wie unablässig Bruckner in jeder Symphonie eine neue eigenständige formale Lösung suchte – und fand.

[M] *CD* New Philharmonia, Klemperer (EMI 1964); SO des NDR Hamburg, Wand (RCA/BMG 1988) – *VD/LD* Münchner Philharmoniker, Celibidache (Sony)

Symphonie Nr. 7 E-Dur (1881/83)

entstanden 1881/83; UA: Leipzig 1884

Die Siebte begründete Bruckners Ruf als Symphoniker, verschaffte ihm nach jahrelangen Enttäuschungen erstmals echte Anerkennung. Im Sog der erfolgreichen UA und einer triumphalen Münchner Aufführung durch Hermann Levi gelangten auch die bislang erfolglosen frühen Symphonien wie etwa die Dritte in die Konzertsäle. Dennoch, vielleicht gerade wegen des auch in Wien unbestreitbaren Erfolgs, nahm Hanslick nur »unabsehbares Dunkel« wahr, erschien ihm die Siebte »unnatürlich aufgeblasen, krankhaft und verderblich«. Bruckner hatte das befürchtet und eine Wiener Aufführung bis 1886 selbst hinausgezögert, »da dies wegen Hanslick et Consorten keinen Sinn hat«. Tatsächlich blieb Hanslick ganz auf der Linie von Brahms, der bemängelte, Bruckner habe »keine Ahnung von einer musikalischen Folgerichtigkeit, keine Idee von einem geordneten musikalischen Aufbau«. Daran vermochte auch nichts zu ändern, daß dieser gerade in der Siebten die von Brahms attackierten kompositorischen »Mängel«, d. h. letztlich seine Variantentechnik, durch einen melodischen Atem und einen thematischen Erfindungsreichtum »verschleierte«, wie in kaum einer anderen seiner Symphonien. Das so melodiebetonte Hauptthema des *Allegro moderato*-Kopfsatzes ist da nur ein Beispiel. Hier dürfte zumindest ein Grund für die enorme Popularität und den raschen Erfolg der Siebten liegen, der sie vor der Überarbeitungswut Bruckners – und seiner eifrigen Adepten – bewahrte. Sieht man ab vom berühmten Beckenschlag im *Adagio*, der nachträglich eingefügt und vom Komponisten wahrscheinlich wieder zurückgezogen wurde, gab es so gut wie keine nachträglichen Retuschen, obwohl gerade die Siebte dem – von den Schalk-Brüdern so bevorzugten –

Wagnerschen Mischklang klar entgegensteht, auch die erstmalige Verwendung der Wagner-Tuben im *Adagio* und *Finale* sollte darüber nicht hinwegtäuschen. Der grandiosen dramaturgischen Konzeption dürfte freilich auch jede Überarbeitung nur geschadet haben. Hier ist definitiv realisiert, was sich in der Sechsten andeutete: die fundamentale Aufwertung des langsamen Satzes, in dem sich der absolute Höhepunkt der gesamtsymphonischen Entwicklung ereignet – Bruckner plaziert ihn damit genau in der zeitlichen Mitte der Symphonie. Die Frage, inwieweit er damit auf die »Kopflastigkeit« der Sechsten reagierte oder schlicht wieder ein neues dramaturgisches Konzept vorlegen wollte, läßt sich kaum beantworten. Von einer »Abwertung« des Kopfsatzes läßt sich angesichts der drei großartigen thematischen Gedanken, auch angesichts der immensen Reprise mit ihren Themenvergrößerungen, Umkehrungen, Spiegelungen und der stupenden Kontrapunktik, ohnehin kaum reden. Diesen Eindruck bestätigt nicht zuletzt die Coda, die sich über einem schier nicht endenwollenden Orgelpunkt der Pauke über 53 Takte hinweg überwältigend steigert, als der kolossale Schlußstein eines monumentalen symphonischen Gebäudes.

Das *Adagio* beginnt mit einer 36 Takte lang praktisch ununterbrochen fortgeführten Thematik: Bratschen und Tuben stimmen einen tragisch düsteren Eingangsgedanken an, einem choralartigen Streichergesang folgt ein lichterer Gedanke der Violinen, ein chromatisch absteigender, seltsam grüblerischer Choral von Horn und Tuben beschließt die erste Themengruppe. Moderato beginnt der 2. Komplex, ein weit gezogener Bogen der Streicher. In 2 riesenhaft disponierten Variationen verarbeitet Bruckner dieses Material rondoartig und in steten Steigerungen bis zu einem von Geigensextolen umrauschten C-Dur-Höhepunkt, dem Zentrum der Symphonie, das die Schalks durch den umstrittenen, sehr äußerlichen Beckenschlag betont wissen wollten. In der choralartigen Coda fand Bruckners tiefempfundener Schmerz über den Tod Wagners Ausdruck, von dem er kurz vor Beendigung des *Adagios* erfuhr.

Zu Beginn des 3. Satzes, einem knappen, festumrissenen *Scherzo*, das zu Bruckners konzisesten Scherzosätzen gehört, erhebt sich über einem ostinaten Streichermotiv signalartig die Trompete. Damit ist das thematische Material exponiert, das knapp, aber kontrapunktisch meisterhaft verarbeitet wird. Ein einziger, zwölftaktiger Gedanke bestimmt das lyrisch wiegende *Trio*.

Das *Finale* ist in dieser Form einzigartig bei Bruckner und widerlegt erneut die unselige Rede vom »sehr einfachen Schema für Bruckners Sätze in all seinen Symphonien« (Franz Schalk). Eher Rondo, denn wirklicher Sonatensatz basiert es auf 3 bzw. 2 Themen: Das erste schießt zu Beginn über einem Streichertremolo mit mehrfacher Doppelpunktierung nach oben. Ganz anders das zweite, ein in engen Halbtonschritten ruhig fortschreitender Choral. Unvermittelt bricht schließlich eine Variante des 1. Themas ein. Nach einer komplexen Durchführung treten in der Reprise die drei Themenkomplexe in umgekehrter Reihenfolge auf: Der eruptiven Themenvariante folgt der Streicherchoral, den triumphalen Schluß bildet die Wiederkehr des Hauptthemas. Auch dies verleiht dem *Finale* seine einzigartige formale Geschlossenheit und eine logische Konsequenz, die zwar anders als die Brahmssche, aber nicht minder überzeugend ist.

[M] *CD* Wiener Philharmoniker, Giulini (DGG 1986); Wiener Philharmoniker, Karajan (DGG 1989) – *VD/LD* Chicago SO, Solti (Decca); Münchner Philharmoniker, Celibidache (Sony); London Philharmonic O., Welser-Möst (EMI)

Symphonie Nr. 8 c-moll

1. Fassung: 1884/87; 2. Fassung: 1887/90
UA: Wien 1892 (2. Fassung)

Die Achte entstand im Hochgefühl des Erfolges ihrer Vorgängerin, und 1887, unmittelbar nach der Vollendung, sandte Bruckner sie mit den Worten »Möge sie Gnade finden« an Hermann Levi, der die Siebte in München so triumphal durchgesetzt hatte. Doch Levi blieb die neue Symphonie, vor allem das *Finale* verschlossen, auch glaubte er formal eine zu große Ähnlichkeit mit der Siebten zu entdecken, beklagte gar das »fast Schablonenmäßige der Form«. All das teilte er Bruckner brieflich mit, im übrigen in sehr rücksichts-, ja liebevollen Worten, ohne dadurch die Katastrophe verhindern zu können: Das Selbstbewußtsein, das Bruckner nach dem Erfolg der Siebten entwickelt hatte, schlug jäh in tiefe Niedergeschlagenheit und heftige Selbstzweifel um, für Jahre brach die Überarbeitungsmanie wieder durch, aus der nicht nur die Zweitfassung der Achten, sondern auch die völlig überflüssige Drittfassung der Dritten wie die kaum sinnvollere Wiener Fassung der Ersten resultierten. Hans Richter dirigierte am 18. Dezember 1892 die UA der Zweitfassung, die zum Triumph geriet. Selbst bei Eduard Hanslick schwang Resignation mit, als er angesichts der Begeisterungsstürme am Ende eines bissigen Verrisses anmerkte: »Es ist nicht unmöglich, daß diesem traumverwirrten Katzenjammer die Zukunft gehört – eine Zukunft, die wir nicht darum beneiden.«

Gleichwohl bleibt die Fassungsproblematik, denn den Vorzügen der Zweitfassung – etwa dem grandiosen Verlöschen der Coda des *Kopfsatzes*, vor allem aber der deutlich geschlosseneren Gesamtdramaturgie – stehen wenig überzeugende Striche im *Finale* gegenüber. So glaubte sich Robert Haas berechtigt, die Fassungen zu vermischen, was die einen für philologisch unlauter, die anderen für das »schöpferische« Erarbeiten einer Art Idealfassung halten.

Problematisch bleibt in jedem Falle die Ansicht, die Achte sei quasi eine Bilanzierung der bisherigen Symphonien, ohne wesentlich Neues zu bringen. Denn einerseits stößt Bruckner hier mit einer Radikalität in harmonisches Neuland vor, die die funktionalen Beziehungen der Tonalität in Frage zu stellen beginnt, so im eröffnenden *Allegro moderato*, das nicht nur mit einem tonal mehrdeutigen, überdies durch die Pause seltsam stockenden Hauptthema anhebt, sondern bis weit in die Durchführung hinein die Tonika c-moll zu einem äußerst labilen, geradezu demonstrativ ungefestigten Durchgangsstadium macht. Und auch wenn Bruckner diesen harmonisch so unsicheren Verhältnisssen durch extreme rhythmische Stabilität und die motivische Verwandtschaft der wichtigsten Themen begegnet, so ist doch eine solche Weitung der Themen und eine derart extreme »vegetative« Entwicklung innerhalb der Themenkomplexe zu beobachten, daß der Themendualismus der Symphonik klassischer Prägung fast zur fernen Erinnerung verblaßt. So scheint sich bei Bruckner jene Auflösung der Gattung anzudeuten, die Mahler dann vollziehen sollte. Dies offenbart fast symbolisch die Coda des *Kopfsatzes*, die nicht mehr mit einer 29taktigen tosenden Klangfläche und dem monumental verbreiterten Hauptthema endet, wie noch in der Erstfassung. Solches bleibt nun allein der Coda des *Finales* vorbehalten, die noch einmal mit aller Kraft, nicht nur dynamisch, sondern auch in der Vereinigung aller vier Hauptthemen der Achten, den Triumph Brucknerscher Symphonik hervorkehrt. Der Kopfsatz hingegen bricht in der Coda – ein einmaliger Vorgang bei Bruckner, wie diese Coda auch seine kürzeste überhaupt ist – in sich zusammen, das Hauptthema zerbröselt und erstirbt. Ob Bruckner all diesen verunsichernden, z. T. verstörenden Momenten zumindest äußerlich begegnen wollte, als er jene seltsam naiven programmatischen Deutungen beisteuerte, in denen der »deutsche Michel« das Scherzo unsicher macht oder die »Kosaken« des Drei-Kaiser-Treffens bei Brünn durch den tatsächlich wüsten Anfang des Finales jagen? All diese Ausdeutungen sind wohl allenfalls fragwürdige Versuche, dem damaligen Durchschnittshörer jenes »Mysterium« der Achten goutierbar zu machen. Reizvoll wäre freilich der Gedanke, die »Totenuhr«, die er in der Coda des Kopfsatzes ticken hören wollte, schlage möglicherweise gar der Gattung Symphonie die Stunde.

In der Achten sind denn auch erstmals bei Bruckner die Binnensätze umgestellt, folgt dem *Allegro moderato* des Kopfsatzes das *Scherzo*, jener seltsame Dialog zwischen dem Flüstern und Wispern der Violinen und dem ungeschlacht wirkenden Thema in den tiefen Streichern. In merkwürdigem, doch genau kalkuliertem Kontrast dazu steht das romantische, lyrisch schwelgende *Trio*, das mit seinen Harfen-Glissandi wie aus einer fernen, unwirklichen Welt herüberwinkt. Affinitäten zur Siebten mag in der Tat das *Adagio* aufweisen, und doch ist der melodische Fluß einer über weite Strecken stockenden Thematik gewichen, ein Eindruck, den die begleitenden Synkopen etwa zu Beginn des Satzes noch verstärken. Hier klingt unzweifelhaft bereits die Einsamkeit des Individuums in den späteren langsamen Sätze Gustav Mahlers an, auch wenn Bruckner gleichsam noch den Weg ins Freie findet, in einer grandiosen Klimax, die in der gewaltigen *Final*-Coda schließlich ihre Bestätigung und Überhöhung findet.

[M] *CD* Haas-Fassung: SO des NDR Hamburg, Wand (RCA/BMG 1993); 2. Fassung: Wiener Philharmoniker, Giulini (DGG 1986) – *VD/LD* Wiener Symphoniker, Karajan (DGG); Münchner Philharmoniker, Celibidache (Sony).

Symphonie Nr. 9 d-moll

entstanden 1887/96

UA: Wien 1903 (instrumentale Änderungen); München 1932

Auch im Falle der Neunten konnte Bruckners – wohl aus den Erfahrungen mit den Editionspraktiken seiner Schüler erwachsene – Vorsichtsmaßnahme, das Autograph der vollendeten Sätze Felix Mottl zur Aufbewahrung anzuvertrauen, nicht verhindern, daß man das Werk jahrzehntelang in klanglich gründlich verfälschter Gestalt aufführte. Ferdinand Löwe hob die Neunte am 11. Februar 1903 in Wien in einer stark uminstrumentierten Bearbeitung aus der Taufe. Erst am 2. April 1932 erlebte die Originalpartitur ihre UA durch Siegfried von Hausegger und die Münchner Philharmoniker. Bruckner begann im August 1887 mit der Arbeit, nur wenige Tage nach Vollendung der Achten. Doch deren Ablehnung durch Levi und Schalk trieb ihn umgehend wieder in die berüchtigte Umarbeitungsmanie, so daß die drei Sätze der Neunten im wesentlichen erst zwischen 1892 und 1894 entstanden. Die Überarbeitungen kosteten den mittlerweile Siebzigjährigen, gesundheitlich seit Jahren labilen Bruckner das *Finale* seiner letzten Symphonie; es half nichts, daß er sie »dem Lieben Gott« gewidmet haben soll.

Nicht zuletzt die Neunte unterstreicht nachdrücklich, wie weit Bruckner – denkt man nur an die harmonischen Kühnheiten, die sich in dieser Schärfe in keiner anderen

Bruckner-Symphonie finden – ins 20. Jh. vorstieß. Dies offenbaren bereits die ersten Takte, die auch belegen, wie innovativ Bruckner noch im Spätwerk komponierte. Denn anders als in allen anderen Kopfsätzen wird hier das Hauptthema nicht exponiert, es ist vielmehr das Resultat einer ins Verstörende, fast Katastrophische getriebenen Entwicklung, die zugleich wie die folgerichtige Ausfaltung einer Urzelle, des Einzeltons d erscheint. Aus ihm, einem achtzehntaktigen Orgelpunkt, erwachsen – simpel und doch unendlich spannungsreich – die Grundintervalle Terz und Quint, unterbrochen von einer mementoartigen rhythmischen Geste der Trompeten und Pauken und immer wieder auf die Tonika zurückgezwungen. Dann klafft das d, der Einklang in die benachbarten Tonstufen es und des auseinander. Doch alles, was zunächst aus diesem Aufbrechen entsteht, bleibt Vorbereitung, das Sich-Aufrecken der Hörner, die haltlos suchende Harmonik der anschließenden Streichersequenzen, die unruhig schweifende Oktavmotivik, alles drängt hin zu jenem fast gewalttätigen Unisono des Hauptthemas, das, über zwei Oktaven hinabstürzend, wenige Pendants in der symphonischen Literatur besitzt. Harmonisch gerät es so

Anton Bruckner in späten Jahren

weit ins Abseits, daß es nur mit fast gewaltsamer Kraftanstrengung zum d zurückzukehren vermag und jede Entwicklung abzuschneiden droht. Die Entspannung von 20 Takten tropfender Pizzicatogänge und eine Generalpause sind nötig, um die Musik soweit zu beruhigen, daß die ersten Geigen mit dem zweiten, weitgespannten und gesanglichen Hauptthema in A-Dur einsetzen können. Die dritte akkordzerlegende und marschartige Hauptthemengruppe schließlich wird, ehe sie in den Streichern erklingt, in geisterhaftem Pianissimo und in der Umkehrung von den Hörnern vorweggenommen. Die Durchführung schwächt diesen verstörenden Eindruck nicht ab, zu dem schließlich auch der völlig verwischte Repriseneintritt paßt. Erst die Coda beginnt unzweideutig mit einem Orgelpunkt von tiefen Streichern, Pauke und Holzbläsern. Doch ungeachtet der majestätischen Ruhe, aus der sie sich entwickelt, bringt auch sie keine echte Apotheose, sondern endet in der nervösen, fast katastrophischen Spannung einer hohl dröhnenden leeren Quint. Damit bestätigt Bruckner noch einmal die Ausdruckssphäre, die er im Verlauf des Satzes aufreißt. Ein »Preislied Gottes«, wie behauptet wurde, mag die Neunte sein, aber über welche Abgründe hinweg ist es errungen! Wie in der Achten steht das *Scherzo* an zweiter Stelle, und als Schlußwort einer Unvollendeten wäre dieser gespenstische, über weite Strecken in vager Tonalität umhergeisternde, dann ins fast manisch anmutende, wütende Hämmern eines dumpf stampfenden Rhythmus' umschlagende Nachtspuk auch schwerlich vorstellbar. Irritierend genug beginnt er bereits mit der gespannten Ruhe einer eintaktigen Pause. Ob das nun die aggressiv auskomponierte, tobende Vision einer Gesellschaft ist, die sich selbst dem Maschinenlärm und dem Vernichtungstrieb preisgegeben hat, wie mancher meinte? Richtig ist, daß Bruckner den von anderer Seite für die Neunte beschworenen »gotischen Dom« im *Scherzo* mit geradezu brachialer Gewalt auseinandersprengt. Dem korrespondiert die irritierende Harmonik des Eingangsakkordes wie anderer Stellen, die sich funktionsharmonisch kaum mehr festlegen lassen und zum reinen Klangmoment, zur Klangfarbe werden. Und dazwischen steht ein gemütvolles, zugleich gebrochenes Trio, in dem die Oboe verwehte Naturidyllik zu beschwören sucht – Erinnerung an eine Welt von gestern?

Bruckner hielt das *Adagio* der Neunten für seinen besten und schönsten Satz, nicht ohne Grund: Der unendliche Raum, den der später so bedeutsame Nonensprung der Violinen zu Beginn aufreißt, die qualvolle Unbestimmtheit der Tonalität, ehe Bruckner im 7. Takt das E-Dur befestigt, die ungeheure, gezackte Entladung des Nonenklangs über

Fis – es ist, als vollzöge sich die Geburt von Zeit und Raum aus der Musik. Dem entspricht die Radikalisierung des Brucknerschen Prinzips ständiger struktureller Veränderungen des gesamten thematischen Materials, die die an sich fünfteilige Rondoform kaum mehr erkennbar machen. Nach dem choralartigen »Abschied vom Leben« in den Hörnern und Tuben, nach dem Eigenzitat des *Miserere* aus der *d-moll-Messe*, nach mehreren Steigerungswellen und einem letzten schmerzlichen Zusammenbruch endet Bruckners symphonisches Schlußwort mit einem fernen Gruß aus dem *Adagio* der Achten und dem Kopfthema der Siebten.

M *CD* SO des NDR Hamburg, Wand (RCA 1988); Wiener Philharmoniker, Giulini (DGG 1988) – *VD/LD* Wiener Philharmoniker, Karajan (DGG)

Geistliche Chorwerke mit Orchester

In seiner quasi »vorkompositorischen« Studienphase schrieb Bruckner kirchliche Gebrauchsmusik, darunter ein *Requiem* (1848/49), ein *Magnificat* (1852), die *Missa solemnis in b-moll* (1854) sowie einen *112. Psalm* (1863). Zentral sind jedoch die drei großen Messen, die zwischen 1864 und 1868 entstanden und gemeinsam mit der nullten und der 1. Symphonie das Ergebnis einer ersten Schaffensphase sind, die man getrost einen schöpferischen Ausbruch nennen kann. Definitiv wird in den Messen Bruckners symphonische Welt vorweggenommen, erscheinen bereits die großen dynamischen Steigerungswellen, aber auch die später so typische variantentechnische Formbildung, auch wenn sie hier noch an den Meßtext gebunden ist und daher weniger zutage tritt, sicher auch noch weniger ausgeprägt und möglicherweise sogar als Rückgriff auf kirchenmusikalische Traditionen zu sehen ist. Auch deshalb – ob darüberhinaus wegen oder trotz der avancierten, von Liszt und Wagner übernommenen chromatischen Harmonik, bleibe dahingestellt – dürften die UA der Messen (*d-moll* Linz 1864; *e-moll* Linz 1869, *f-moll* Wien 1872) so erfolgreich gewesen sein.

Mit den *Messen* in *d-* und *f-moll* folgte Bruckner der Tradition der großen symphonischen Orchestermessen, die in Beethovens *Missa solemnis* gipfelte. Vieles erinnert an die Vorbilder Haydn oder Schubert, so die Dreiteiligkeit des *Credo*, aber auch Reprisenabschnitte im *Kyrie*, *Gloria* und *Credo* oder große Schlußfugati. Vor allem in der *f-moll-Messe* freilich treibt Bruckner die traditionelle Fugentechnik in dynamisch-dramatische Extreme, wie sie seit Beethoven nicht mehr zu hören waren. Hier dürften die Momente liegen, die für einige Zeitgenossen »das Theatralische streiften«, womit sie wohl auf den kaum überhörbaren Zug einer quasi säkularisierten Frömmigkeit anspielten, der den Orchestermessen eignet.

Dies gilt nicht so sehr für die am wenigsten populäre *Messe in e-moll.* Zwar offenbart sie einerseits die engste Anlehnung an den Palestrina-Stil, der bei Bruckner freilich nie in die oft langweiligen Niederungen des Cäcilianismus absank. Zugleich jedoch ist sie schon durch die reine Bläserbesetzung die eigenwilligste, auch kompromißloseste und von der erwähnten Traditionslinie am weitesten entfernte der Messen. Mit ihrem herben Klangbild, das Dissonanzen plastisch hervortreten läßt, macht sie einen strengen, fast archaischen Eindruck. Insbesondere das *A-capella* anhebende *Kyrie*, das sich im *Christe* zu einem unerhörten, abrupt abreißenden Aufschrei steigert, dürfte zum Eindringlichsten gehören, was das 19. Jh. an Sakralmusik kennt.

Ganz anders das zwischen 1881 und 1884 in Wien komponierte *Te Deum* (UA: Wien 1886), das wie kaum ein zweites Werk zu Bruckners Reputation beitrug und bis zu seinem Tod fast 30 Mal aufgeführt wurde. Mit den oft abrupten Wechseln von Klangblöcken, die wie unbehauener Granit wirken, mit Passagen mystisch schwärmerischer Verzückung, mit den extremen Dissonanzen oder den in wilde Ekstase umschlagenden Steigerungen, die eine ungeheure Fuge fast gewaltsam bündelt, schließlich mit jenem unglaublich kühnen, in schwindelnder Höhe frei schwebenden Sopraneinsatz, der wie aus einer anderen Welt herübertönt, schien Bruckner hier noch einmal die *ecclesia triumphans* hervorkehren zu wollen. In seinem letzten geistlichen Chorwerk, dem *150. Psalm* von 1892, griff er diesen Gestus auf, passagenweise noch radikalisiert.

M *CD* Messen: Chor und Orch. des BR, Jochum (DGG 1962–71); Corydon Singers & Orchestra, Best (Hyperion 1 [1993], 2 [1995], 3 [1991]; e-moll-Messe: Stuttgarter Kammerchor, Deutsche Bläserphilharmonie, Bernius (Sony 1991); Te Deum: Chor des BR, Wiener Philharmoniker, Haitink (Philips).

Oswald Beaujean

Ferruccio Busoni

1866–1924

Ferruccio Busoni (1920)

Die kühnen Gedanken Ferruccio Busonis erschreckten so manchen Zeitgenossen. »Futuristengefahr!« schrie Hans Pfitzner, als Busoni in seinem »Entwurf einer neuen Ästhetik der Tonkunst« von unerhörten Klängen träumte, von elektronischen Instrumenten, von Drittel- und Sechsteltönen, deren Verwirklichung jedoch einer späteren Komponistengeneration vorbehalten blieb. Der weltmännische, hochgebildete Pianist Busoni gehört zu den großen Anregern in der Musikgeschichte, deren Ideen stärkere Leuchtkraft besaßen als ihre Kompositionen.

Ferruccio Busoni, geboren am 1. April 1866 in Empoli bei Florenz, wuchs in der künstlerischen Obhut einer Musikerfamilie auf. Seine Mutter war eine deutsche Pianistin, sein Vater ein italienischer Klarinettist, dessen strenge Erziehung Ferruccio so weit brachte, daß er mit zehn Jahren in Wien sein Debüt als Pianist, Komponist und Improvisator geben konnte. Nach unruhigen, vom Nomadenleben des Vaters geprägten Wanderjahren, die ihm nur ein Jahr geregelten Unterricht bei Wilhelm Mayer-Rémy in Graz vergönnten, befreite er sich 1886 von den Familienbanden und zog nach Leipzig. Auf Empfehlung von Hugo Riemann wurde er 1888 Klavierlehrer am Konservatorium in Helsinki. Lehrtätigkeiten in Moskau und Boston folgten; 1894 ließ er sich endgültig in Berlin nieder. Bis auf die Jahre des Zürcher Exils während des Ersten Weltkrieges blieb er dieser Stadt treu, in der er als Lehrer, Pianist, Dirigent und Komponist eine zentrale Stellung im Musikleben einnahm. Als Pianist und Bearbeiter stark den Werken Liszts und Bachs verpflichtet, förderte er die zeitgenössische Musik in seinem 1902 ins Leben gerufenen Veranstaltungszyklus mit Orchesterkonzerten. Seinen kompositorischen Visionen, wie er sie in seinem »Entwurf einer neuen Ästhetik der Tonkunst« 1907 veröffentlichte, kamen die 1909–1912 entstandenen Kompositionen am nächsten: Die Orchesterstücke *Berceuse élégiaque* (1909) und *Nocturne symphonique* (1912) sowie die *Sonatina Seconda* für Klavier (1910) sind Beispiele für eine freitonale, revolutionäre Klangsprache. Später schrieb Busoni mit dem *Concertino für Klarinette und kleines Orchester* (1919) oder dem *Tanzwalzer* (1920) eine elegante, dem Ideal einer »jungen Klassizität« folgenden Musik. Sein kompositorisches Hauptwerk ist die Oper *Doktor Faust*, an der er die letzten 8 Lebensjahre arbeitete. Nach seinem Tod am 27. Juli 1924 in Berlin wurde sie von seinem Schüler Philipp Jarnach vollendet.

Berceuse élégiaque op. 42

UA: New York 1911

Schmerzlich getroffen durch den Tod seiner Mutter am 3. Oktober 1909, schrieb Busoni in wenigen Tagen die *Berceuse élégiaque* für erweitertes Kammerorchester. Den Ausdrucksgehalt dieser »Poesie« mit dem Untertitel »Des Mannes Wiegenlied am Sarge seiner Mutter« umriß Busoni mit dem vorangestellten Gedicht: »Schwingt die Wiege des Kindes; Schwankt die Wage seines Schicksals; Schwindet der Weg des Lebens; Schwindet in die ewigen Fernen.« Durchzogen vom wiegenden Rhythmus eines Schlummerliedes, bestimmen instrumentale Farben der Streicher und Holzbläser, erweitert durch Harfe, Celesta und Gong den charakteristisch-verschwommenen Klang des kurzen Werkes.

[M] *CD* New York PO, Cantelli (AS Disc 1954).

Nocturne symphonique op. 43

UA: Berlin 1914

Die 1912 vollendete einsätzige Komposition, die Busoni dem Berliner Dirigenten Oskar Fried widmete, geht in ihrer Radikalität der Harmonik und der offenen Anlage über die vier Jahre früher entstandene »Berceuse« hinaus. Hier erfüllt sich Busonis Wunsch nach einer neuen Tonkunst, von der er noch »einen Zipfel erwischen und womöglich selbst einen Saum daran nähen« wollte. Bewegungen im Orchester wie Tremolo, Glissandowolken oder Skalenfragmente erfolgen unter einer dunkel-weichen Decke unaufgelöster Quartenakkorde, die stellenweise von Motivfetzen aufgerissen wird. Das *Nocturne symphonique* ist die Musik einer bewölkten Nacht, geheimnisvoll und bedrohlich zugleich.

[M] *LP* Royal PO, Horenstein (Rococo 1973).

Indianische Fantasie für Klavier und Orchester op. 44

UA: Berlin 1914

Während Busonis viermonatiger Konzerttournee in Amerika 1910 erwachte erneut sein Interesse für außereuropäische Musik, das sich bereits in seinen Opern *Turandot* und *Brautwahl* niedergeschlagen hatte. Die *Indianische Fantasie*, komponiert 1913/14, widmete er seiner ehemaligen Schülerin Natalie Curtis, jener Amerikanerin, deren Sammlung von Indianerweisen Busoni einige Themen zu dieser Fantasie sowie zu zwei weiteren Studien über indianische Musik entnommen hatte. Curtis bezeichnete das rhapsodisch angelegte Klavierkonzert als »geboren aus dem Geist des amerikanischen Lebens der großen Weite jenseits des Mississippi«, dessen Farbigkeit auf einer zwischen Dur und Moll schwebenden Harmonik sowie auf den eingestreuten exotischen Themen und tänzerischen Rhythmen beruht. Nach den verschiedensten Abschnitten wie einer *Klavierkadenz*, einem schwungvollen *Marsch*, einem volksliedhaften *Andante* und einer *Tarantella* beschließt ein rasanter *Tanz* das Werk.

[M] *LP* Mitchell, Wiener Staatsopernorchester, Strickland (Decca 1964)

Violinkonzert D-Dur op. 35a

UA: Berlin 1897

Das 1896/97 entstandene Violinkonzert steht spieltechnisch und harmonisch noch ganz in der Tradition des romantischen Instrumentalkonzerts, das dem Solisten alle damals denkbaren geigerischen Raffinessen wie Doppelgriffe, brillante Skalen, Arpeggien und fliegendes Staccato abverlangt. Im Gegensatz zu dem schwermütigen Ausdruck eines Brahms-Konzertes etwa durchzieht dieses Konzert italienische Leichtigkeit und Anmut. Nach dem Vorbild der Lisztschen Klavierkonzerte einsätzig gehalten, hat Busoni mit leichter Hand verschiedene Elemente der Sonatenform eingestreut und mit ironischen Spielanweisungen gewürzt. So folgt auf das »absichtliche Pathos« im eröffnenden Allegroteil eine banale Melodie, die »gemessen, mit Humor« zu spielen ist. Ein marschartiger Abschnitt »pomposo umoristico« schiebt sich in den spritzigen Kehraus und verzögert die Schluß-Stretta.

[M] *CD* Turban, Bamberger Symphoniker, Shambadal (Claves/Helikon 1993)

Concertino für Klarinette und kleines Orchester op. 48

UA: Zürich 1918

Das kurze Konzert, dem die Erinnerung an den väterlichen Klarinettenvirtuosen anhaftet, gehört zu jenen späten Instrumentalwerken Busonis, die fernab jeglichen Experiments zu Tonalität und »festen und schönen Formen« zurückkehren. In dem dreisätzigen »Concertino« sind Solostimme und Begleitung zu einer durchsichtigen Kammermusik verwebt, die extreme Ausdrucksbereiche meidet und auch in den Ecksätzen in einer träg-melancholischen Grundstimmung verharrt.

[M] *CD* Meyer, Zinman, English Chamber O. (Denon)

Divertimento für Flöte und Orchester op. 52

UA: Berlin 1921

Auch das *Divertimento*, gewidmet dem französischen Flötisten und Dirigenten Philippe Gaubert, ist wie das *Concertino* ein Konzert in Miniaturform. Von mozartscher Grazie sind die Themen, die zunächst durch die Orchesterstimmen wandern, bis elegant und schwerelos die Flöte zu singen beginnt. Umrahmt von duftiger Bewegung in den Eckteilen blüht im Mittelteil zu sanft gezupfter Begleitung eine Kantilene auf, aus deren Schmelz Busonis Liebe zu italienischem Belcanto spricht.

[M] *CD* Nicolet, Gewandhausorchester Leipzig, Masur (Philips 1985/86)

Concerto für Klavier und Orchester mit Männerchor op. 39

UA: Berlin 1904

Nach einer längeren schöpferischen Pause entstand 1903/4 das fünfsätzige Klavierkonzert, ein monumentales, hochvirtuoses Werk, das Busoni 1912 als den Versuch bewertete, »die Resultate der ersten Periode meines Mannesalters zusammenzufassen«. Nicht nur die symphonische Einverleibung des Klavierparts, auch die Hinzuziehung eines Männerchores im letzten Satz sprengt die Form eines traditionellen Klavierkonzertes. Der *1. Satz* steigert choralhafte Themen in würdevoller Chromatik zu einem ersten Höhepunkt, der mit dem Einsatz des Klaviers zusammenfällt. Die auf- und absteigenden Klavier-Kaskaden werden im *5. Satz* wieder aufgegriffen. Der 2. Satz *Pezzo giocoso* kreist um ein weiches napoletanisches Lied, das sich aus wilder Bewegung herausschält. Im Mittelpunkt des Konzertes steht das gewichtige, in sich viergeteilte *Pezzo serioso*, ein streng symmetrisch angelegter Satz mit eindringlichen Melodielinien und ostinaten Rhythmen. Die wirbelnde Tarantella des 4. Satzes *All' Italia*, in die collageartig freche Gassenhauer und schwermütige Volksweisen einbrechen, ist eine Hommage an Busonis Heimat. Dem letzten Satz, der einen »verborgenen« Männerchor verlangt, liegt ein naturmystisches Gedicht des Dänen Adam Gottlob Oehlenschlägers zugrunde.

[M] *CD* Ohlsson, Cleveland O, Dohnanyi (Telarc 1988) *Andrea Zschunke*

John Cage

1912–1992

Schon im Alter von 25 Jahren, also bereits 1937, hatte John Cage in seinem Manifest *The Future of Music: Credo* für eine Musik plädiert, in welcher alle Klänge willkommen sind. Seinen Zeitgenossen stets um Jahre voraus, schuf er ein eminent vielschichtiges Lebenswerk. Genauso wie seine Weise des Schaffens immer mehr aufging im gelebten Augenblick, so will auch seine Kunst rezipiert werden: als eine Konkretion des Seins.

Cages Œuvre läßt sich nur bedingt einteilen in stilistisch klar umrissene Phasen, denn es gibt mehrere, einander unterschiedlich stark beeinflussende Entwicklungsstränge und Konzeptionshorizonte, es gibt sich gegenseitig beleuchtende oder akkumulierende Ideen, die zu verschiedenen Zeiten auf differente Weise wichtig sind.

John Cage im Gespräch (1990)

Cage, Enkel eines Wanderpredigers, Sohn eines Erfinders, wurde am 5. Mai 1912 in Los Angeles geboren. In jungen Jahren spielte und liebte er die Klaviermusik Griegs, beschäftigte sich bald mit der Prosa Gertrude Steins, nahm in Paris kurzzeitig ein Architekturstudium auf, begann zu malen, zu dichten, zu komponieren. Zurück in Amerika, arbeitete er als Gärtner und hielt vor Hausfrauen Vorträge über moderne Malerei, moderne Musik. Die ersten eigenen Stücke basieren auf einer selbst entwickelten Methode chromatischen Komponierens, die auf Tonhöhenreihen von 25 Tönen beruht und bestimmten Gesetzen der Wiederholungs-Vermeidung gehorcht. Cage lernte zunächst mit dem Pianisten Richard Buhlig, betrieb dann Kompositionsstudien bei Henry Cowell und nahm schließlich (1935–1937) an den Kontrapunkt- und Analyse-Kursen von Arnold Schönberg teil. Die Emanzipation der Dissonanz ging ihm schon bald nicht mehr weit genug. Cage, der vom Cineasten Oskar Fischinger erfuhr, daß jeder Gegenstand eine Seele habe, die befreit werden kann, indem man sie in Schwingung versetzt, begann mit Geräuschen zu komponieren und mit verfremdeten Klängen.

1937 lernte er den Tänzer und Choreographen Merce Cunningham, seinen lebenslangen Partner, kennen. Er gründete ein Schlagzeugensemble, und die meisten der in den folgenden Jahren entstehenden Kompositionen, hauptsächlich perkussiven Charakters, sind als Musik für das Tanztheater konzipiert. Cages frühen Ruhm begründeten u.a. rhythmisch-metrisch minutiös proportionierte Schlagzeugstücke wie *First Construction (in metal)* (1939) und *Third Construction* (1941) – abstrakte Klang-Geräusch-Musik von starker kinetischer Suggestionskraft, in der z.T. modifizierte Charakteristika indischer Tala-Verfahren wirksam werden. Eine veritable Erfindung Cages in jener Zeit war das Spiel mit verfremdetem Klavierklang. Mit *Bacchanale* (1940) begann – verteilt v.a. über die vierziger und frühen fünfziger Jahre – die wichtige Reihe der Werke für präpariertes Klavier: u.a. *The Perilous Night* (1943/44), *Sonatas and Interludes* (1946/48). Speziell der zuletzt genannte Zyklus gemahnt aufgrund seiner inneren Strenge und Konsequenz durchaus an historische Vorbilder (Bach, Scarlatti, Chopin, Satie). Die geforderten Präparationen (mit Metallstiften, Holzkeilen, Gummistücken etc.) sind nach Art und Ort tabellarisch minutiös festgelegt. Wie die *Sonatas*, so sind auch Cages einziges annähernd traditionell konzipiertes Orchesterstück *The Seasons* (1947) oder das klangstatische, luzid-einfach strukturierte *String Quartett in Four Parts* (1949/50) beeinflußt von

Gedanken des indischen Philosophen Ananda K. Coomaraswamy. Auch als eminenter Melodiker erweist sich Cage: etwa mit den Stücken für Singstimme und geschlossenes Klavier *Forever and Sunsmell* (1942) oder *A Flower* (1950).

Früh und richtungsweisend (Concept Art; Happening; Fluxus) ist John Cage mit Musikaktionen und Programmen hervorgetreten, in denen diverse Tonträger und Medien die entscheidende Rolle spielen. So werden z. B. in *Imaginary Landscape No. 1* (1939) Schallplatten nach bestimmten Regeln und mit variabler Geschwindigkeit abgespielt. *Credo in Us* (1942) verwendet 4 Schlagzeuger (Gongs, Blechdosen, Tom-Toms, elektrischen Summer) sowie Klavier und Radio oder Phonograph. Schiere Medienklanglandschaften tun sich auf bei Stücken wie *Imaginary Landscape Nr. 4* (1951), in dem 24 Spieler, von einem Dirigenten koordiniert, nach einer traditionell notierten Partitur 12 Radioapparate zu spielen haben: oder Multimedia-Environments, wie das *Black Mountain Piece* (1952, zusammen mit R. Rauschenberg, M. Cunningham, M.C. Richards, Ch. Olson und D. Tudor), das konzipiert ist für Gemälde, Tänzer, zwei Dichter, Sprecher, Film, Dias, Tonbänder, Phonographen, Radios und Klavier. Cages z. T. äußerst vielschichtige, teils graphisch, teils quasi konventionell notierte Konzepte mit präformiertem Klangmaterial reflektieren auf differenzierte Weise den Umgang mit den Konserven der elektronischen Medien. »(...) obwohl die Leute annehmen«., so sagte Cage einmal, »sie könnten Schallplatten als Musik verwenden, müssen sie schließlich begreifen, daß sie sie als ›Schallplatten‹ verwenden« oder »als eine Art tragbares Museum (...)«.

Ende der 40er Jahre ließ sich John Cage von Daisetz T. Suzuki in Philosophie und Praxis des Zen-Buddhismus unterweisen. Die hier gemachten Erfahrungen sowie seine intensive Beschäftigung mit dem altchinesischen Orakelbuch *Yijng* (*I Ging*) 1951 hatten weitreichende Konsequenzen für sein künftiges kompositorisches Schaffen. Noch im selben Jahr schrieb Cage die epochale *Music of Changes* für Klavier: Tondauern, Lautstärken, Pausen, Tempi etc., alle Einzelheiten und musikalischen Parameter werden durch das Zufallsverfahren des Münzorakels, so wie es im Buch der Wandlungen beschrieben ist, gefunden. Es entsteht eine Musik, »deren Zusammenhang frei ist von individuellem Geschmack und Erinnerung (Psychologie) und gleichermaßen von Literatur und ›Traditionen‹ der Künste«.

Stille, die im Grunde nie einlösbare Negation von Klang, ist fortan eine der wichtigsten Kategorien für Cage. 1952 komponierte er sein berühmtes tacet-Stück *4'33"* – ein wohl zufällig determiniertes Zeit-Tableau (auf Cages Schreibmaschine belegten die Zahl 4 und das Apostroph bzw. die Zahl 3 und das Anführungszeichen jeweils eine Taste), das offen ist für alle potentiellen Schallereignisse und »spielbar« jederzeit von jedem, der eine Uhr mit Sekundenzeiger zur Hand hat. Viel Stille auch in *Winter music* (1957) für ein bis 20 Klaviere.

Mehr und mehr bestimmten Zufallsoperationen die unterschiedlichen Dimensionen seiner Stücke, die besser als Konzepte zu verstehen sind. Jeder Ton ist Cage als eigene Wesenheit willkommen, und er soll bar jeglicher Intentionalität außerhalb seiner selbst wahrgenommen werden. Unendlich vieldeutige Grafiken dienen als Folien für denkbar verschiedene klangliche Realisationen und Konkretionen. Im anarchischen *Concert for Piano and Orchestra* (1957/58), einem Werk von zentraler Bedeutung, ist jedes geregelte Miteinander der agierenden Instrumentalisten per definitionem negiert. Unter Zuhilfenahme unterschiedlicher Zufallsverfahren, bei gelegentlicher imaginativer Intervention und mit überwältigender kalligraphischer Kunst, schuf Cage vieldeutige, voneinander unabhängige Blätter, die von Solisten wie von Orchestermusikern in beliebiger Reihenfolge und Auswahl gespielt werden können. Schier alles ist freigestellt. So sind Aufführungen ohne Solisten denkbar: als »Symphonie«, als Spiel eines kleinen Ensembles, auch als Realisationen eines einzigen Geigers oder Flötisten. Sogar die Nichtaufführung kann als Extremfall aller möglicher Interpretationen des Werkes gelten. Ein Dirigent kann, die Arme unregelmäßig schnell kreisen lassend, als mystische Uhr fungieren: Simultanaufführungen mit einer Reihe von anderen Stücken (z. B. mit *Solo for Voice* oder *Fontana Mix*, beide 1958) sind möglich ...

Zentral in Cages Gedankenwelt ist die Kategorie des Nichtfestgelegten, des Undeterminierten. Mit unterschiedlichen, meist graphisch und verbal definierten, äußerst phantasievollen Konzepten lotete Cage in den folgenden Jahren die Dimensionen des Zufälligen weiter aus. Etwa mit *Cartridge Music* für elektrisch verstärkte Klänge (ein bis 40 Spieler) (1960), *Variations II* für beliebig viele Spieler mit unbestimmten Schallquellen (1961), oder mit *Variations VI* für jede beliebige Kombination von Klangsystemen (1966). Von zentraler Wichtigkeit: *Atlas eclipticalis* (1962), Musik, deren Texturen nach Sternkarten entstanden sind.

Seit Mitte der 60er Jahre konzipierte Cage vermehrt multimediale Happenings und Events, in denen auch theatralische Elemente sowie auditive und visuelle Zufalls-Collage-Techniken stark akzentuiert sind. Etwa den chaotischen *Musicircus* (1967) für möglichst zahlreiche geladene Personen, die bereit sind, am gleichen Ort und zur gleichen Zeit vollkommen unabhängig voneinander zu spielen, was immer sie wollen oder können; oder: die *Song Books* (1970) nach verschiedenen Texten und Musiken meist von Persönlichkeiten, deren Werke und Ideen für Cages Denken von wesentlicher Bedeutung waren: Marcel Duchamp, Richard Buckminster Fuller, James Joyce, Erik Satie, Henry David Thoreau, Marshall McLuhan. Wichtig auch: *Lecture on Weather* (1975) oder: *Apartment House 1776* (1976 zur Zweihundert-Jahrfeier der amerikanischen Revolution), ein theatralisches Klangereignis, bei dem zu gleichzeitig kunterbunt durcheinander gespielten Märschen, Chorälen und Volksmusiken authentische Lieder amerikanischer Protestanten, Indianer, Negersklaven und Juden gesungen werden. Synchron dazu kann außerdem auch die Orchesterkomposition *Renga* (1975/76) gespielt werden. Sie ist graphisch notiert und erfordert 78 Ausführende mit beliebigen Instrumenten oder Stimmen oder beidem. Großangelegte Musiktheaterspektakel sind schließlich auch die unterschiedlich konzipierten *Europeras* (1 & 2: 1985/87; 3 & 4: 1990; 5: 1991), in denen Arien aus europäischen Opern und diverses Klang-Aktions-Material (nach einem vom Computer über ein Yijing-Programm generierten Zufallsmuster) chaotische Nicht-Beziehungen zueinander aufnehmen.

In seinem letzten Lebensjahrzehnt fand John Cage, sich sozusagen der inneren Logik seiner stets in Absichtslosigkeit verfolgten Arbeit hingebend, wie zwanglos zu einer neuen Ästhetik, die sein über die Maßen einflußreiches Lebenswerk harmonisch abrundet. Neben den Stücken *Music for ...* (1984/87) für eine beliebige Kombination von Instrumenten (die Anzahl der Spieler ergänzt dann den Titel), sind es vor allem die sogenannten *Number Pieces* (1987/92), deren oft von Stille durchsetzter, reduzierter Klanggestus durch meditative Ruhe und eine schon fast mystisch zu nennende Schönheit sich auszeichnet. In Stücken wie *Two²* (Stück für zwei zum zweiten Mal) für 2 Klaviere, *Five⁴* für Sopran- und Altsaxophon sowie 3 Schlagzeuger oder *Fifty-Eight* für Orchester, kultivierte Cage ein schon anfangs der 80er Jahre gefundenes Prinzip der zeitlichen Organisation zur Perfektion. Jeder Einzelpart ist in sogenannte »time-brackets«, also »Zeitklammern« unterteilt, die den Spielern die Möglichkeit geben, den Beginn und das Ende ihrer jeweils aktuellen Passage innerhalb genau definierter Grenzen selbst zu bestimmen. Durch diese Phasen-Flexibilität wird die statische Aura der Musik sozusagen transparent für das Geheimnis der in jedem Augenblick verborgenen Ewigkeit.

John Cage hat mit seinen radikalen und phantasievollen, stets auf sanfte Weise revolutionierenden Ideen die allermeisten der ernst zu nehmenden Komponisten im 2. Teil des 20. Jhs. mehr oder weniger stark beeinflußt. Trotzdem ist er in Europa – gerade auch in den Zentren der Neuen Musik – lange Jahre kaum wahrgenommen oder mit Mißtrauen, ja offizieller Mißachtung für sein antiorthodoxes Gebaren bestraft worden. Erst etwa Mitte der 70er Jahre begann man in der Alten Welt zu ahnen, daß Cage ein Künstler von wirklich epochaler Größe ist. Am 12. August 1992 ist er kurz vor seinem 80. Geburtstag in New York gestorben.

Ob als Komponist oder Graphiker, als Maler, als Dichter, als heiter in sich ruhender, meist lachender Lebens-Philosoph – John Cage stellte zeitlebens die richtigen Fragen. Wohl deshalb sind seine intentionslos aus dem Kosmos einer anarchischen Harmonie geschöpften Antworten für immer mehr Menschen von vitaler Wichtigkeit. *Helmut Rohm*

»New River Rocks and Washes«. Aquarell von John Cage (1990)

Johann Christian Cannabich

1731–1798

Selten dürfte sich in der Musikgeschichte das Urteil eines Zeitgenossen über einen Komponisten für die Nachwelt so bestätigt haben: »Seine Ballette sind nicht übel, allein in fünfzig Jahren wird sie kein Mensch mehr lesen.« Und noch vernichtender: »Als Tonsetzer bedeutet er in meinen Augen nicht viel. In Bizarrerien des Strichs, im tiefen Studium des musikalischen Kolorits, in einigen lieblichen Modemaschen besteht der ganze Charakter seiner Kompositionen (...) Cannabich ist ein Denker, ein fleißiger, geschmackvoller Mann – aber kein Genie«. Christian Friedrich Daniel Schubart, der dies über Johann Christian Cannabich notierte, teilt den Kerngedanken dieser Einschätzung mit dem jungen Mozart. Dieser mäkelte 1777 während seines Mannheimer Aufenthalts in einem Brief an den Vater: »was ich aber, und meine Mama auch gleich, hier an den *Sinfonien* bemerkt habe, ist, daß eine wie die andere anfängt, allzeit von Anfang langsam und unisono.« Andererseits – auch darin stimmen Schubart und Mozart überein: Unschätzbaren Wert habe Cannabich als Violinist, Lehrer und Kapellmeister des berühmten »Mannheimer Orchesters« von Kurfürst Karl Theodor.

Da der alte Cannabich schon als Flötist in dieser Hofkapelle wirkte, wurde sein Sohn Johann Christian am 28. Dezember 1731 in Mannheim geboren. Johann Stamitz unterrichtete ihn im Violinspiel, und etwa 1758 übernahm der Schüler von seinem Lehrer die Leitung des Orchesters. Auch in München, wohin 1778 die Hofhaltung verlegt wurde, blieb Cannabich Hofkapellmeister. Indes beschränkten Sparmaßnahmen des Hofes seine Tätigkeiten dort. Er versuchte stattdessen, dem öffentlichen Musikleben Impulse zu verleihen, was ihm allerdings nicht gelang. Cannabich starb am 20. Januar 1798 in Frankfurt am Main.

Durch die Verpflichtung bei Hofe war Cannabich angehalten, beständig das symphonische Repertoire auf- und auszubauen. Aus seiner Feder stammen fast 100 Symphonien. Gedruckt erschienen die meisten von ihnen zu seinen Lebzeiten in Paris, und – wie damals noch gebräuchlich – zumeist in Sammlungen von je sechs zusammengefaßt. Es befinden sich darunter auch einige »sinfonie concertanti«, also in jener von Mozart kultivierten Form mit konzertierendem(n) Soloinstrument(en). Auch Solokonzerte hat Cannabich verfaßt: 2 für die Flöte, eines für Tasteninstrument, ein Tripelkonzert für Flöte, Oboe und Fagott sowie eines »alla pastorale« für 8 Instrumente. Tatsächlich findet sich heute von all dem fast nichts mehr im Repertoire. *Werner Bleisteiner*

Elliott Carter

1908

»Das ist, glaube ich, für mein ganzes künstlerisches wie menschlich-privates Leben entscheidend und prägend geworden: Nichts Unwichtiges!« Der nach Cages Tod wichtigste lebende amerikanische Komponist kann zu Recht von sich sagen, daß er sich im Vergleich mit den jungen Leuten in Donaueschingen »jünger als alle von ihnen« fühle. Auf der Suche nach einer neuen unverbrauchten Musiksprache, die den Hörer zum Zuhören zwingt und sich nicht wie die Musik der Minimalisten zum Weghören oder Nebenbeihören eignet, steht Carter an vorderster Front.

Elliott Carter wurde am 11. Dezember 1908 in New York geboren. Ein begütertes Elternhaus ermöglichte ihm eine sorgfältige und vielseitige Ausbildung. Er studierte anfänglich englische Literatur und klassische Philologie an der Harvard University, Komposition u.a. bei Walter Piston und Gustav Holst. Entscheidend für seine weitere Entwicklung war der Aufenthalt in Paris (1932–1935), wo ihn die legendäre Nadia Boulanger wie so viele andere amerikanische Komponisten mit dem europäischen Klassizismus in der Strawinsky-Nachfolge vertraut machte. Nach seiner Rückkehr in die USA war er Direktor eines Balletts (1937–1939), Musikkritiker, Lehrer an verschiedenen amerikanischen Universitäten und Musikhochschulen, Composer in Residence in Rom (1963) und Westberlin (1964).

So wichtig für ihn der Unterricht bei Nadia Boulanger war, so hängt es doch gerade damit zusammen, daß er relativ spät zu seinem eigenen Stil fand. Durch die vor dieser Zeit liegende Begegnung mit Varèse und Ives war Carter bereits mit den Problemen einer sehr viel avancierteren Tonsprache vertraut. Da Nadia Boulanger an einer Auseinandersetzung mit der Zwölftontechnik nur wenig interessiert war, mußte Carter sie sich in mühsamem Selbststudium erarbeiten und für seine Absichten nutzbar machen, indem er der harmonischen Struktur der Klänge den Vorrang gab vor der linearen Entwicklung der Themen. Andererseits ging auch die Strömung des Populismus nicht spurlos an ihm vorüber, die eine nationaltypische »verständliche« Kunst forderte, wie sie in der bildenden Kunst Thomas Hart Benton und in der Musik Aaron Copland mit seinen amerikanischen Balletten verkörperte. So komponierte Carter 15 Jahre lang, von etwa 1930–1945 Musik mit neoklassischen und populistischen Zügen, die – bei ihm selbstverständlich – von meisterhafter Beherrschung des kompositorischen Handwerks zeugen wie z. B. die beiden Ballette *Pocahontas* (1939) und *Minotaur* (1947). Als Carter das Gefühl hatte, mit seiner musikalischen Entwicklung in einer Sackgasse gelandet zu sein, zog er sich 1950 für ein Jahr in die Wüste von Arizona zurück, wo das *1. Streichquartett* entstand, mit dem ihm der entscheidende Durchbruch gelang. Seitdem sind die Streichquartette (das 4. und bisher letzte wurde 1986 uraufgeführt) die Angelpunkte des kompositorischen Fortschritts in seinem Werk. Im *1. Streichquartett* findet man zum erstenmal die Überlagerung von unabhängigen Themen in einem polymetrischen Verhältnis. Es ging ihm nicht mehr um eine Verschmelzung des Klangs, sondern ähnlich wie in den Ensembleszenen der Mozartschen Opern um eine trennscharfe Charakterisierung trotz des Zusammenklangs. »Ich wollte ein System, bei dem alles, was gleichzeitig erklingt, ein Glied einer gesamten instrumentalen Wirkung ist.« Eine weitere Neuerung betrifft das Verfahren der metrischen Modulation, ein rhythmisches Überlagerungsmodell, bei dem ständig sich verändernde Rhythmen zeitlich aufeinander abgestimmt sind.

In den *Variationen für Orchester* (1954/55) übertrug Carter seine Errungenschaften auf den großen Orchesterapparat. Ähnlich wie im *1. Quartett* werden hier gleichzeitig ein Thema und 2 sogenannte Ritornelle, von denen das eine immer schneller, das andere immer langsamer wird, in Beziehung gesetzt. In den 60er Jahren entstanden dann im Abstand von jeweils 4 Jahren 3 große Orchesterwerke: Das *Doppelkonzert für Cembalo und Klavier mit 2 Kammerorchestern* (1961), bei dem der Kontrast der unterschiedlichen Soloinstrumente herausgearbeitet wird, das Igor Strawinsky gewidmete *Klavierkonzert* (1965), das unter dem Eindruck der Berliner Mauer entstanden ist und im vergeblichen Sichaufbäumen des Klaviers den Untergang des Individuums im brutalen Angriff des massierten Orchesterapparats symbolisiert; dann das *Orchesterkonzert* (1969), in dem Carter versuchte, »den Eindruck einer Menschenmenge wiederzugeben mit verschiedenen Gruppen und Charakteren (...), aus denen manchmal einer hervortaucht und wieder darin verschwindet.« In der *Symphonie für 3 Orchester* (1976) wird das Großorchester in 3 kleinere Orchester aufgeteilt, denen jeweils 4 verschieden charakterisierte Sätze zugeordnet sind, was vielfältige Möglichkeiten der Interaktion zur Folge hat. Angeregt wurde das Werk durch ein Gedicht von Hart Crane, das den Hafen von New York und die Brooklyn Bridge zum Gegenstand hat.

Neben dem *Klavierkonzert* schrieb Carter auch ein *Violinkonzert*, in dem die Violine vor dem geordneten Hintergrund des Orchesters auszubrechen versucht, ferner ein *Oboenkonzert*, das an den Interpreten extreme Artikulationsanforderungen stellt. Außerdem entstanden zahlreiche Werke für Kammermusikbesetzungen, Chorwerke, lediglich die Gattung der Oper fehlt.

Carter hat mit seinem reichen und konsequenten Werk in Amerika schon den Status eines modernen Klassikers erreicht, einen Rang, wie ihm vergleichsweise in Polen Witold Lutosławski zukommt. Daß seine im besten Sinn vitale und hochorganisierte Musik hierzulande, von einigen Avantgardeveranstaltungen abgesehen, weitgehend ignoriert wird, gehört zu den Unbegreiflichkeiten und Unverzeihlichkeiten eines sich in der Wiederholung des Bekannten erschöpfenden Kulturbetriebs. Die Diskographie bietet wenigstens einige der Schlüsselwerke in kompetenten Aufnahmen zum Kennenlernen für neugierige Hörer. *Siegmar Hohl*

Alfredo Casella

1883–1947

Geradezu paradox mutet es an, daß Alfredo Casella, ein überzeugter Vertreter einer spezifisch italienischen Nationalmusik zur Zeit des Faschismus, wie kaum ein anderer italienischer Komponist seiner Generation mit der europäischen Musikkultur vertraut war. In seinem Turiner Elternhaus, in dem er am 25. Juli 1883 zur Welt kam, wurde ihm die deutsch-österreichische Musiktradition nahegebracht. Ein nahezu zwanzigjähriger Studien- und Lehraufenthalt in Paris vermittelte ihm breite Kenntnisse der gesamten europäischen Moderne. Diese Erfahrungen wurden in einer ersten, stilistisch sehr heterogenen Schaffensperiode (bis ca. 1913) verarbeitet. Freilich spielte das italienische Element bereits in dieser frühen Phase eine Rolle. Zum Beispiel entwarf Casella in den beiden Sätzen seiner großen Orchesterrhapsodie *Italia* op. 11 (1909) mit Hilfe folkloristischen Materials zwei gegensätzliche Charakterbilder seines Heimatlandes: die Melancholie Siziliens und die Lebensfreude Neapels. Die Jahre 1914 bis 1918 waren eine Periode des Umbruchs im Schaffen Casellas, geprägt von Zweifeln an den Ausdrucksmöglichkeiten der Tonalität. Als wichtiges Werk dieser Zeit ist vor allem *A notte alta (In tiefer Nacht) op. 30,2* (1917/21) zu nennen, ein musikalisches »Gedicht« für Klavier und Orchester in einer von Debussy beeinflußten außerordentlich klangsinnlichen, polytonalen Musiksprache. Nach dem Ende des Ersten Weltkriegs verfolgte Casella diesen Weg jedoch nicht weiter. Auf der Basis der empfangenen internationalen Eindrücke formulierte und realisierte er nun in Rom (wo er von 1915 bis zu seinem Tod am 5. März 1947 ansässig war) sein Programm eines spezifisch italienischen Neoklassizismus. Dieses schloß auch die Rückkehr zur Tonalität ein. Sizilianische Volksweisen wurden in dem erfolgreichen Ballett *La Giara (Der Krug) op. 41* (1924) nach einem Szenario Pirandellos verarbeitet, Rückgriffe auf Motive italienischer Komponisten erfolgten in den beiden Divertimenti *Scarlattiana op. 44* (1926) für Klavier und Orchester und *Paganiniana op. 65* (1942) für Orchester. Nahezu alle Werke dieser Zeit zeichnen sich, obgleich Casella in seinen letzten Lebensjahren schwer krank war, durch einen heiteren, unbeschwerten Tonfall voller Lebensfreude aus. *Erika Schaller*

Alexis Emmanuel Chabrier

1841–1894

Porträtphoto von Nadar (um 1890)

»Wir haben soeben etwas gehört, das völlig aus dem üblichen Rahmen fällt. Diese Musik ist wie eine Brücke zwischen unserer heutigen Zeit und der von Couperin und Rameau«, beschrieb César Franck den tiefen Eindruck, den die Aufführung der *Dix Pièces Pittoresques* für Klavier (1881) von Emmanuel Chabrier bei ihm hinterlassen hatte. Ende des 19. Jhs. befand sich die französische Musik, namentlich durch den Anspruch deutscher Kulturhegemonie, in einer schweren Identitätskrise; man litt unter dem Stigma fehlenden Tiefgangs. Die Umkehr zu den Fundamenten der eigenen Tradition, zu Rameau, Couperin oder Leclair, sollte den Weg zu neuem Selbstbewußtsein weisen und der Musik eine spezifisch französische Prägung verleihen.

Alexis Emmanuel Chabrier, geboren am 18. Januar 1841 als einziger Sohn eines Rechtsanwalts in Ambert (Auvergne), schien wie nur wenige die Hoffnung seiner Generation zu rechtfertigen, war er doch weitgehend Autodidakt und konnte sich, unverbildet vom »europäischen« Lehrstoff der Konservatorien, in originärer Weise entwickeln. Über 18 Jahre lang war Chabrier nach einem Studium der Rechtswissenschaften zunächst als Beamter im Ministerium des Inneren tätig, bevor er sich 1879 entschloß, aus dem Staatsdienst auszuscheiden und sich fortan ganz der Musik zu widmen. Freundschaften mit den Komponisten Saint-Saëns, Massenet, d'Indy und Franck oder mit dem Maler Manet hatten ihn schon früh in die Avantgarde der französischen Kulturszene eingeführt und ihn ein Gespür für die Forderungen und Entwicklungen seiner Zeit gewinnen lassen. Trotz der engen Bindungen an die musikalische Prominenz hat Chabrier stets zu einer eigenen kompositorischen Sprache gefunden: »Chabriers Stil ist immer reiner Chabrier«, schrieb Vincent d'Indy. »Seine reiche Bildersprache, sein oft unerwartet aufbrechender Witz und vor allem der unwiderstehliche und überströmende melodische Atem sind das Wesen seines Genies.« Im Sommer 1882 reiste Emmanuel Chabrier mit seiner Frau Marie für einige Wochen nach Spanien, wo er berühmte Volksweisen wie die »Jota aragonesa« oder die »Malagueña« kennenlernte und notierte. Die Orchesterrhapsodie *España*, Chabriers bekanntestes Werk im Stil eines impressionistisch gewandeten Wagnerianismus, das am 4. November 1883 in Paris uraufgeführt wurde, verarbeitet die Eindrücke des Spanienaufenthalts und initiierte stilbildend eine unüberschaubare Zahl von »españoladas« in der französischen Musik, unter denen Saint-Saëns *Havanaise*, Debussys *Iberia* und Ravels *Rapsodie espagnole* herausragen. Häufig gespielt wird auch die *Suite Pastorale*, eine Folge von tänzerisch empfundenen Stücken, die ursprünglich für Klavier geschrieben sind. Als Emmanuel Chabrier, der »große Primitivist« wie d'Indy ihn nannte, am 13. September 1894 in Paris starb, hinterließ er ein reiches Œuvre, das auch einige Opern aufweist wie *L'Etoile*, *Le Roi malgré lui* und *Gwendoline*. *Susanne Stähr*

Aram Iljitsch Chatschaturjan

1903–1978

Mit seiner eingängigen Melodie und der hämmernden Rhythmik ist Aram Chatschaturjans *Säbeltanz* aus dem Ballett *Gajaneh* die wohl populärste Musik aus seinen Werken, die immer wieder getanzt oder nur gespielt und als Zugabenrenner auftaucht. Schon in dem kurzen Stück offenbart sich der Charakter von Chatschaturjans typischer Musiksprache, der er vielleicht seine erfolgreiche Karriere verdankt, weil sie die Bedingungen sowjetischer Kunstpolitik erfüllte: die Durchdringung und Verbindung regionaler Folklorismen, vor allem derjenigen Armeniens und Transkaukasiens, mit großer russischer Tradition. Die einprägsamen Melodien, der vorwärtstreibende Puls und die Vitalität seiner Musik sind sowohl beeinflußt von Rimski-Korsakow, Balakirew und Borodin als auch von den armenischen Komponisten Komitas und Spendarjan. Immer findet er aber seine eigene, farbenprächtige und elementare Sprache sowie den sensiblen Klang, der sich an menschlichen Emotionen orientiert.

Chatschaturjan wurde am 6. Juni 1903 in Tiflis als Sohn eines Buchbinders geboren. Seine Liebe zur Musik entdeckte er früh, spielte in der Schülerband Tenorhorn und brachte sich selbst das Klavierspielen bei. 1921 ging er nach Moskau und trat 1922 zum Cello-Studium in das Gnesin-Institut ein. 1925 begann er außerdem ein Kompositionsstudium. Frühe publizierte Stücke aus dieser Zeit sind *Tanez (Tanz)* für Violine und Klavier sowie *Poema* für Klavier (1926–1927). 1929 erwarb sich Chatschaturjan die Zulassung zum Moskauer Konservatorium, wo er Schüler von Nikolai Jakowlewitsch Mjaskowski wurde, dessen Meisterklasse er nach seinem Diplom (1934) bis 1936 absolvierte. Als Diplomarbeit komponierte er seine *1. Symphonie* (1935), die dem 15. Jahrestag der Gründung der armenischen Sowjetrepublik gewidmet ist. 1937 wurde er stellvertretender Vorsitzender der Moskauer Sektion des Komponistenverbandes und 1939 Vizepräsident des Organisationskomitees. Zu den Hauptwerken der 40er Jahre zählen das Ballett *Gajaneh* (1942, rev. 1957), die *2. Symphonie* (1943), das *Cello-Konzert* (1946) und das *Symphonische Poem* (1947) mit 15 zusätzlichen Trompeten. 1948 wurde Chatschaturjan, wie Prokofjew, Schostakowitsch und Mjaskowski, heftig als »formalistischer« Komponist kritisiert, erhielt aber schon 1949 für die Musik zum Film *Traurnaja oda pamjati W. I. Lenina (Trauerode zum Gedenken W. I. Lenins)* einen Preis. 1950 weitete Chatschaturjan seine musikalischen Aktivitäten aus, dirigierte und lehrte Komposition und trat als Dirigent eigener Werke auf. Nach Stalins Tod (1953) war er der erste prominente Musiker, der sich öffentlich in der Zeitschrift »Sowjetskaja Musyka« (heute: »Musykalnaja Akademija«) gegen bürokratische Zwänge wandte und größere kreative Freiheiten forderte. Für seine Leistungen als Komponist wurde er als »Volkskünstler der UdSSR« ausgezeichnet.

Ballette

Chatschaturjans Fähigkeiten entfalteten sich am besten, wenn er mit Bildern zu tun hatte, etwa in Filmen, bei Begleitmusiken und vor allem in den Balletten, wo er seine Vorliebe für tänzerische Formen ausleben konnte. *Stschastje* (*Glück*, 1939) ist das erste, von dem Teile später in das Ballett *Gajaneh* (1942 in Perm uraufgeführt, revidiert 1957) eingegangen sind. Was im Libretto von *Stschastje* an dramatischer Entwicklung und Charakteristik der Hauptfiguren fehlte und dem Ballett trotz Chatschaturjans sprühender Musik den Erfolg versagte, wurde in *Gajaneh* umso aussagekräftiger. Zu dem neuen Libretto von Derschawin arbeitete auch Chatschaturjan seine Musik völlig um. Die junge Frau Gajaneh ist in den 3 Akten mit 5 Bildern die Protagonistin. Sie wird von ihrem heruntergekommenen Mann Giko ständig beleidigt. In der Baumwollpflanzung des im armenischen Grenzbezirk liegenden Kolchos *Stschastje* ist Ernte. Während sich alle freudig daran beteiligen, entzieht sich Giko der Arbeit und zündet später sogar auf Betreiben dreier Fremder, die ihn dafür bezahlen, den Baumwollspeicher an. Noch während des Brandes werden die Verschwörer mit Hilfe Gajanehs gestellt. Als der Baumwollspeicher wieder aufgebaut ist, rüsten alle zu einem Fest. Die Musik zu *Gajaneh* ist reich an Folklorismen und Volkstänzen, »enthält aber höchstens 10 originale Volksmelodien«, wie Chatschaturjan einmal bekannte. Es ist gerade die Mischung von nationalem Kolorit mit kunstvoller orchestraler Instrumentierung, die seine typische Klangsprache ausmacht. Vielleicht entfalten eben dadurch die ursprünglichen Volkstänze wie die stürmische, kaukasische Lesginka, der bekannte *Säbeltanz* oder der mitreißende ukrainische Gopak ihre volle Wirkung. Häufiger als das Ballett tauchen im Konzertsaal 3 Orchestersuiten auf, die aus unterschiedlichen Tänzen der *Gajaneh*-Musik zusammengestellt sind und sich internationaler Beliebtheit erfreuen. Chatschaturjan selbst hat seine Ballett- oder Filmmusikpartituren gern in effektvolle Orchesterstücke verwandelt und damit die für seine Musik typische Bildhaftigkeit ins Konzert gebracht.

Das Ballett *Spartak* (1954) ist eine Art Heldenepos von großer Expressivität. 1956 kam es auf die Bühne, wurde 1959 mit dem Lenin-Preis ausgezeichnet, 1968 überarbeitet und 1976 von J. N. Grigorowitsch sogar verfilmt. Es ist Chatschaturjans erfolgreichstes Ballett. Die Musik entführt direkt in das Rom der Sklavenhalter und ist bestimmt von dem Kontrast der beiden Welten: das dekadente Rom, verkörpert in der Gestalt des Feldherrn Crassus auf der einen Seite; die nach Freiheit strebenden Sklaven, vertreten durch den Gladiator Spartakus auf der anderen Seite. Durch alle Bilder hindurch, auch in den genrehaften Tanzsätzen, die das symphonische Gewebe auflockern, findet diese Gegenüberstellung in Form von leitmotivischen Charakteristika statt. Zwischen hämmernder Rhythmik mit monumentalen Klängen und liedhafter Melodik ist es Chatschaturjan mehr noch als in *Gajaneh* gelungen, die großen symphonischen Linien herauszuarbeiten und mit seiner Musik, die sich an der Atmosphäre jener Zeit orientiert, Emotionen und Affekte aufzudecken. Auch von *Spartak* existieren 3 Konzertsuiten.

Instrumentalkonzerte

Chatschaturjans Musik ist auch in den 3 Instrumentalkonzerten immer innovativ und von virtuosem Zuschnitt. Auch hier verwendet er gern Folklorismen, die er sich aneignet und umformt, etwa im langsamen Satz des *Klavierkonzerts.* Sein Erfindungsreichtum ist diszipliniert und frei von jeglichem selbstgefälligen Tonfall. Das *Klavierkonzert* (1936) brachte ihm internationale Anerkennung und sein *Violinkonzert* (1940) 1941 den Stalinpreis. Alle Konzerte sind den Interpreten gewidmet, die sie uraufführten: das Violinkonzert dem Geiger David Oistrach, der es am 16. November 1940 in Moskau zum ersten Mal spielte, das Klavierkonzert Lew Oborin (UA am 12. Juli 1936) und das *Cellokonzert* Swjatoslaw Knushewitzki, der es im Jahr seiner Entstehung mit dem Staatlichen Symphonieorchester uraufführte.

Das *Violinkonzert* (d-moll), dessen Ausstrahlung und musikantische Kraft mitreißen, ist das virtuoseste. Kunstvoll verbindet Chatschaturjan vor allem im *1. Satz* das tänzerische Element mit dem liedhaften improvisierenden. Der *2. Satz* strahlt eine schwerblütige Monumentalität aus, um im *dritten* zwischen donnernden Blechbläsereinsätzen und einem Feuerwerk geigerischer Virtuosität auch orientalisches Kolorit aufblitzen zu lassen.

Das *Klavierkonzert* (Des-Dur) ist eins der ersten Werke Chatschaturjans, die weltbekannt wurden. Im Nationalkolorit der Thematik und der an die Volksinstrumente Transkaukasiens erinnernden Instrumentierung zeigt sich seine Handschrift deutlich. Es strahlt sowohl einen Hauch von Heldenhaftigkeit aus als auch romantische Begeisterung und tänzerischen Übermut und es markiert einen neuen Schritt in der Entwicklung des Komponisten hin zur Betonung der Klangfarbe. Vor allem im *1. Satz* scheint aus den Klängen der Oboe das armenische Volksinstrument »Duduki« und aus denen der Bratschen die persischen »Kemantschen« herauszuklingen. Wie in der *1. Symphonie* ist die klassische Sonatensatzform mit improvisatorischen Einwürfen verschmolzen. Alle 3 Sätze sind durch die freizügige Gestaltung der motivischen Elemente geprägt, die untereinander und sogar zwischen den Sätzen verflochten sind. Mit seinem *Cellokonzert* (e-moll) erfüllte sich Chatschaturjan einen Traum seiner Jugend, als er selbst als Schüler des Technikums Cello spielte. Es ist zudem der Erinnerung an den Großen Vaterländischen Krieg verpflichtet. In der Tonart steht es der *2. Symphonie* nahe, im Nationalkolorit und der Anlage der Kontraste dem *Violinkonzert.* Im Solopart nutzt Chatschaturjan alle kantablen Möglichkeiten des Instruments aus und verbindet sie mit konzertanter Virtuosität, die sich im Finale nach E-Dur kraftvoll entlädt. *Brigitte Schulze*

Ernest Amédée Chausson

1855-1899

Chausson, in dessen Pariser Haus sich in den 80er und 90er Jahren des vorigen Jahrhunderts die künsterische Elite Frankreichs traf, ist heute weitgehend in Vergessenheit geraten. Allein symphonische Werke wie das klangschöne rhapsodische *Poème* für Violine und Orchester *op. 25* von 1896, das auf einer Erzählung Turgenjews basiert und bei Geigern beliebt ist, oder seine dreisätzige, von dramatischer Spannkraft erfüllte *Symphonie B-Dur op. 20* (1889/90) werden gelegentlich aufgeführt. Weit seltener indes, obgleich mindestens gleichrangig, sind kammermusikalische Werke wie das *Konzert für Violine, Klavier und Streichquartett* (1889–1891) oder gar seine verhaltenen melancholischen Lieder zu hören, die Chausson als Vertreter des französischen »Wagnérisme« ausweisen bzw. Nähe zum frühen Fauré zeigen. (*Le Colibri* 1882) . Zu Unrecht ignoriert der Konzertbetrieb auch seine Orchesterlieder (*Le Poème de l' amour et de la mer* 1882–1890), die symphonischen Dichtungen *Viviane* (1882) und *Soir de fête* (1897/98) sowie sein eigentliches Hauptwerk, die nach neunjähriger Arbeit 1894 beendete Oper *Le Rois Arthus* mit unverkennbarem Einfluß Wagners.

Erstaunlich ist, daß Chausson in allen Genres Werke von beachtlicher Meisterschaft hinterlassen hat, obwohl er sich mit über 20 Jahren erst relativ spät der Musik zuwandte und ein Fahrradsturz am 10. Juni 1899 seinem Leben nach nur 44 Jahren ein jähes Ende setzte.

Am 20. Januar 1855 in Paris als Sohn reicher Eltern geboren, literarisch und zeichnerisch begabt, fand Chausson nach einem Jurastudium und ersten autodidaktischen Versuchen erst 1879 ernsthaft zur Musik. Er besuchte für kurze Zeit die Instrumentations-Klasse von Jules Massenet, bis 1883 dann die Vorlesungen von César Franck. 1883 heiratete Chausson die Musikerin Jeanne Escudier, mit der er 5 Kinder hatte, 1886 schließlich wurde er zum Generalsekretär der Société Nationale de Musique berufen.

Obgleich Chausson nicht seinem Freund Claude Debussy zu folgen mochte und eine richtungsweisende, sich von akademischen Fesseln lösende freie Musiksprache und Kompositionstechnik schuf, zeigt sein Œuvre dennoch eine Entwicklung: In Chaussons letztem Lebensjahrzent entstanden Werke – vor allem für Orchester – die sich mit ihrer Rückbesinnung auf klare, prägnante Formen von seinen früheren, dramatischeren und ausgedehnteren Kompositionen absetzen. In der bemessenen Zeit, die ihm blieb, überwand Chausson den Einfluß Wagners und fand zu einer entschlackten, eindringlichen und sehr persönlichen Tonsprache, die ihm die stilistische Stellung zwischen Franck und Debussy sichern sollte. *Susanne Schmerda*

Carlos Chávez

1899–1978

Als Komponist war er Autodidakt, doch er zeigte sich sehr wohl vertraut mit der Musikliteratur der Welt, vor allem aber fühlte er sich den folkloristischen Strömungen seines Heimatlandes verbunden: Der am 2. August 1978 in Mexico City gestorbene Mexikaner Carlos Chávez, unter dessen Vorfahren Europäer waren, wurde mit seiner Affinität zur indianischen Musik mit ihren eigentümlichen Instrumenten und Melodien, ihrer spezifischen Rhythmik und der sozialrevolutionären Thematik zur Leitfigur der heutigen mexikanischen Musik.

Nach seiner »romantischen« Periode bis 1921, in der vor allem Klavierstücke entstanden, folgte eine eher mexikanisch orientierte Phase vor dem Hintergrund der Revolution von 1910 und dem Bestreben der Regierung, insbesondere die Kultur der Indios dem Volk näherzubringen. Am Anfang dieser Entwicklungsphase entstand das aztekische Ballett *Fuego nuevo* (1921), eine Verherrlichung des prähispanischen Erbes nach eingehenden Studien des Eingeborenen-Instrumentariums (meist Schlaginstrumente); fortgeführt wurde sie mit dem Indio-Ballett *Los cuatro soles* (1926). Auch in seinen *Cantos de México* von 1933, der zweiten seiner 7 Symphonien, der *Sinfonía India* (1935), und in seinem dem aztekischen Musikgott gewidmeten Stück *Xochipilli Macuilxochitl* von 1940 verwendet Chávez Instrumente oder Melodien verschiedener einheimischer Bevölkerungsgruppen. In seiner Tanzkomposition *Caballos de vapor* (*Pferdestärken*, 1926–1932) kontrastiert Chávez sensualistische Eingeborenen-Elemente der Tropen mit maschineller Motorik der Industriegesellschaft.

Geboren wurde Carlos Chávez am 13. Juni 1899 bei Mexiko City, Klavier studierte er bei Manuel María Ponce (1910–1914) und Pedro Luis Ogazón (1915–1920); als Pianist war er einer der besten Interpreten seiner eigenen Kompositionen. Von Oktober 1922 bis März 1924 unternahm Chávez zusammen mit seiner Frau Reisen durch Europa (Berlin, Wien, Paris) und durch die USA. In den Vereinigten Staaten fand er die erhoffte Resonanz, dort ergaben sich lebenslange, enge Kontakte (mit Copland, Varèse u. a.), wichtige Aufträge und Engagements als Gastdirigent. Von 1926 bis 1928 lebte Chávez in Nordamerika. Im Jahr 1928 gründete er das Konservatorium in Mexiko, dessen Direktor er bis 1933 war, sowie das Symphonieorchester von Mexiko – das erste ständige Orchester des Landes –, als dessen Leiter (bis 1948) er 82 UA von Werken mexikanischer Komponisten dirigierte.

Chávez unternahm Konzerttourneen, begründete Arbeiterkonzerte, für die er eine *Sinfonía Proletaria* (1934) und eine *Obertura Republicana* (1935) schrieb. Von 1947 bis 1952 war er Generaldirektor des ebenfalls von ihm gegründeten Staatlichen Instituts der Schönen Künste, 1958/59 lehrte er an der Harvard University; er gründete die Musikzeitschrift »Nuestra música« (Unsere Musik) und förderte die Erforschung und Herausgabe mexikanischer Musik der Kolonialzeit. *Josef Oehrlein*

Luigi Cherubini

1760–1842

Beethoven hielt ihn für den größten zeitgenössischen Komponisten (und übernahm vor allem von ihm den heroischen Gestus der französischen Revolutionsmusik); Adolphe Adam nannte ihn, mit Blick auf seine Sakralmusik, den »Palestrina des 19. Jhs.«, und noch Brahms bekundete Jahrzehnte später dem längst Verstorbenen allerhöchste Achtung. Doch dann begann der Ruhm Luigi Cherubinis ziemlich schnell zu verblassen.

1760 in Florenz als zehntes von 12 Kindern geboren, wurde er auf den Namen Luigi Carlo Zenobio Salvatore Maria Cherubini getauft. Seine Wurzeln hatte er in einer traditionsreichen Florentiner Musikerfamilie, und so lernte er ab seinem 6. Lebensjahr beim Vater, der Musiklehrer und »maestro al cembalo« war. Seine Kindheit und Jugend verbrachte Cherubini ausschließlich in Florenz. Mit 9 Jahren wurde er zum Kompositionsunterricht zu dem bedeutenden Kontrapunktlehrer Felici geschickt. Sein erstes größeres Werk, eine mehrstimmige Festmesse, komponierte er 1773.

1778 erhielt Cherubini vom Großherzog der Toskana ein Stipendium für Studien bei Giuseppe Sarti in Venedig, und so befaßte er sich in den 4 Jahren bei Sarti sehr gründlich mit dem polyphonen Stil. Unter Einfluß Sartis, der aus der Tradition der zweiten neapolitanischen Opernschule kam, begann Cherubini Opern zu schreiben.

Im Herbst 1784 wurde er in London zum königlichen Hofkomponisten berufen. 1788 ließ er sich endgültig in Paris nieder: es war die Zeit des Opernstreits, und in Cherubinis Stil erfolgte eine Wandlung: Dramatisierung des Ausdrucks, besonders der Accompagnato-Rezitative sowie »motivisch-thematische Durcharbeitung«. 1794 trat Cherubini in das Institut National de Musique (ab 1795 Konservatorium der Stadt Paris) ein, wo er zusammen mit Méhul, Gossec und Le Sueur den Unterricht leitete. Als Napoleon Bonaparte 1795 damit begann, den Komponisten unnachgiebig und grundlos zu verfolgen, mußte er jedes öffentliche Amt niederlegen; in der folgenden Zeit konnte er so seine ganze Kraft auf das kompositorische Werk verwenden. Einer Einladung nach Wien folgend, traf er mit Haydn zusammen, mit dem ihn bald eine innige Freundschaft verband. 1806 nach Paris zurückgekehrt, fiel er erneut in Ungnade und mußte 1808 seine Arbeit einstellen; seine Zeit verbrachte er mit Zeichnen und botanischen Forschungen.

Als 1815 das Pariser Konservatorium aufgelöst wurde, übernahm Cherubini das Amt des »Surintendanten« der königlichen Kapelle. 1816 nahm er die Lehrtätigkeit am wiedereröffneten Konservatorium auf, dessen Direktor er 1822 wurde. Zu diesem Zeitpunkt begann erneut eine fruchtbare Schaffensphase, in der Kompositionen aller Gattungen entstanden. Nach 1824 konzentrierte er seine Arbeit auf Streichquartette.

Als er am 4. Februar 1842 82jährig seinen Rücktritt als Direktor des Konservatoriums erklärte, wurde er zum »Kommandeur der Ehrenlegion« ernannt, eine Auszeichnung, die vorher noch nie einem Musiker zuteil wurde. Wenige Tage später, am 12. März, starb er. Cherubini hat, im Anschluß an den kommentierenden Orchestersatz der »Tragédie lyrique« Glucks, in seinen Opern ein Kompositionsverfahren prozessualen Charakters entwickelt, das die Musik in direkte Analogie zur zielgerichteten Bühnenhandlung treten ließ. In der Oper *Médée* (1797/1802) ist dies in einer auch von Cherubini selbst nicht mehr überbotenen Weise realisiert. Cherubinis einzige *Symphonie D-Dur* (1815) läßt dagegen eher wenig von diesen Errungenschaften ahnen; viel deutlicher schlugen sie sich in der Kirchenmusik der späten Jahre nieder: in einer auf Berlioz vorausweisenden hochdifferenzierten Orchestration, in einer gewissen Monumentalität einerseits, einer kontrapunktischen Strenge und melodischen Askese andererseits. Dies gilt zumal für die großartige *d-moll-Messe* (1811), die beiden *Krönungsmessen* (1819 und 1825) und für die beiden *Requiem*-Vertonungen, wobei das spätere *Requiem d-moll* von 1834 mit einem Männerchor besetzt ist: Die politische Restauration mit und nach Napoleon brachte auch der Kirche alte Machtpositionen zurück. So konnte der Pariser Erzbischof 1834, als das *c-moll-Requiem* zur Totenfeier des Komponisten Boieldieu aufgeführt wurde, Einspruch gegen die Mitwirkung von Frauenstimmen im Chor erheben. Cherubini wollte für die Zukunft kein Risiko eingehen und schrieb daraufhin das *Requiem d-moll* mit Männerchor und noch größerem Orchesterapparat (UA: 1838), das dann auch zu seinem eigenen Begräbnis erklang. *Nine Herdner*

Requiem c-moll

UA: Paris 1816

Den Auftrag zu diesem Requiem hatte Cherubini von Ludwig XVIII. erhalten. Anlaß war 1816 die Gedächtnisfeier für den 1793 guillotinierten König Ludwig XVI. Es wurde ein Standardwerk des 19. Jhs., von Schumann gepriesen als »ohnegleichen in der Welt«, von Beethoven, zu dessen Trauerfeier es aufgeführt wurde, hochgeschätzt.

Cherubini läßt das Requiem im pianissimo mit einem Motiv der Fagotte und Celli beginnen – es prägt wie eine idée fixe den ganzen 1. Satz (*Introitus* und *Kyrie*) –, die dunkle Klangfarbe bleibt auch im *Graduale* (und bestimmt, in einer Variante mit Klarinetten, auch die Nr. 6 *Pie Jesu*): Fagotte, Hörner, Pauken, bei den Streichern nur Violen, Celli und Bässe, der Chor (durchweg ohne die sonst üblichen Solisten) nur im unteren Register. Einen grandiosen Effekt macht im *Dies irae*, nach einer Unisono-Fanfare, ein einziger gehämmerter, lang verhallender Tamtam-Schlag; der Streicher- und Choreinsatz im pianissimo wirkt danach wie tief verschreckt. Den Wechsel zwischen demütigen Bitten und erstarrendem Erschrecken im Text der Sequenz nutzt Cherubini vor allem im Orchestersatz zu eindrucksvollen Klangkulissen, nicht minder auch im *Offertorium*, das mit einer mächtigen Tripelfuge (»Quam olim Abrahae«) schließt. Das »Hostias« fungiert dazu als ruhiger, harmonisch überaus differenzierter Mittelsatz. Konventionell-feierlich ist das *Sanctus*, während das *Agnus Dei* noch einmal ein fast naturalistisches Bild des sich seiner Vergänglichkeit bewußtwerdenden Menschen zeichnet: wie allmählich verebbende Wellenschläge zieht sich eine melodische Floskel durchs Orchester (Fagott und Streicher), fast unmerklich wird dabei aus dem c-moll ein C-Dur, die Bitten des »Dona eis requiem« und des »Lux perpetua luceat eis« verflüchtigen und verlieren sich darin nach und nach bis zur Unhörbarkeit. So endet dieses Requiem, wie es begann.

[M] *CD* Ambrosian Singers, PO London, Muti (EMI) *Christoph Hahn*

Frédéric Chopin

1810–1849

Frédéric Chopin. Bleistiftzeichnung von George Sand (um 1841)

Kein anderer Komponist hat sich so ausschließlich nur durch ein einziges Instrument geäußert wie Frédéric Chopin. Die Werke für Soloklavier stehen im Zentrum eines Gesamt-Œuvres, das sich erst im 20. Jh. vom süßlichen Beigeschmack der Salon-Atmosphäre befreien konnte und durch kongeniale Interpreten wie Vladimir Horowitz, Artur Rubinstein oder Dinu Lipatti als kraftvoll poetische Kunst freigelegt wurde. Hingegen tut sich das ohnehin schmale Orchesterwerk des geborenen Klavierkomponisten Chopin bis heute schwer, akzeptiert zu werden, zumal sich die Rezeption rasch darüber einig war, daß Chopins Orchestersatz im besten Falle als begabter Dilettantismus zu bezeichnen wäre.

Daran könnte freilich nur dann etwas Wahres sein, wenn Chopins Ambition in Richtung auf das klassisch-romantische Orchester gedrängt hätte. Ein reines Orchesterstück aus seiner Feder liegt jedoch nicht vor; die 6 in Frage kommenden Kompositionen sind Werke für Klavier und Orchester, oder besser, mit Begleitung des Orchesters. Sie alle entstanden in Chopins früher – polnischer – Zeit, also vor dem Herbst 1830, als sich der am 1. März 1810 in Żelazowa-Wola bei Warschau geborene Komponist während einer Konzertreise durch Deutschland entschloß, aufgeschreckt durch die Meldungen über den Polen-Aufstand, nach Paris zu gehen. Daß Chopin sich überhaupt des Orchesters bediente, hatte durchaus auch pragmatische Gründe, denn kein noch so genialer Komponist und Instrumentalvirtuose konnte ohne konzertante Werke reüssieren, selbst Paganini nicht.

So entstanden in rascher Folge nicht nur die beiden *Klavierkonzerte* (*op. 11* und *op. 21*), sondern auch so selten gespielte Stücke wie die Variationen über *La ci darem la mano* aus Mozarts *Don Giovanni op. 2*, die *Grande Fantaisie sur des airs polonais* (*Große Phantasie über polnische Themen*) *op. 13*, *Krakowiak op. 14* sowie *Andante spianato et Grande Polonaise op. 22*, dessen Fertigstellung gerade noch in die Pariser Zeit hinüberreicht. In Paris, wo Chopin am 17. Oktober 1849 starb, gab es für ihn offensichtlich keinen Grund mehr, das Orchester in seine Musik miteinzubeziehen.

Jede Kritik an Chopins Orchesterbehandlung sollte sich vor Augen führen, daß dem jungen Komponisten zur Entstehungszeit seiner konzertanten Werke weder die Klavierkonzerte Mozarts noch Beethovens bekannt waren. Er konnte sich auf wenig mehr stützen als auf die statischen Virtuosenkonzerte seines Lehrers J. N. Hummel, die nichts weiteres im Sinn hatten, als die akrobatischen Fähigkeiten des Solisten auf einem grundierenden Klangteppich des Orchesters vorzuführen. Von einem Dialog zwischen Solo und Ensemble, wie Mozart ihn so unvergleichlich zu realisieren wußte, konnte keine Rede sein. Während Hummels konzertantes Treiben der Vergessenheit anheimgefallen ist, leben Chopins Klavierkonzerte als einzige Vertreter des Genres »Virtuosenkonzert« ungebrochen. Das hat vor allem zwei Gründe. Zum einen greift Chopins Orchester wohl doch tiefer, als es die Ausharmonisierung einer studentischen Übungsarbeit vermöchte, und zum anderen war er von Anfang an eines unverwechselbaren »Tonfalls« fähig; eine enorme Suggestivkraft, angesiedelt zwischen dem nationalen Idiom und einer bezwingend sprechenden Artikulation.

Klavierkonzert Nr. 1 e-moll op. 11

UA: Warschau 1830

Das *Grand Concert pour Piano et Orchestre* entstand 1830 und somit ein Jahr nach dem als zweitem gezählten *f-moll-Konzert*. Ein dummer Zufall (das Orchestermaterial des f-moll-Werkes ging während einer Tournee verloren und mußte neu geschrieben werden) führte zur früheren Veröffentlichung. Die UA im Herbst 1830 in Warschau mit Chopin als Solisten war zugleich sein letztes Auftreten in der Heimatstadt, bevor er für immer sein Land verließ.

Das angeblich so blasse und ungelenke Orchester Chopins zeigt sich hier von klug bescheidener Disposition. Eine wuchtige, ausgedehnte Tutti-Einleitung stellt die drei (!) Themenbereiche des *Kopfsatzes* vor und endet mit einer weich ausschwingenden Kantilene der Celli, die Chopin gleich einem Doppelpunkt jeweils am Ende der Orchester-Ritornelle einsetzt; ein Zeichen für die konstruktive Bewältigung der großen Form und darüber hinaus ein fast gestisches Moment für den Auftritt des Protagonisten. Danach zieht sich das Orchester in den Hintergrund zurück. Die Eröffnung des *Mittelsatzes* dann, ein dunkler vierstimmiger Streichersatz klingt wie ein düsteres Arien-Vorspiel des mittleren Verdi; man denke an *Simone Boccanegra*. Und das *Finale*, das dem Krakowiak, einem polnischen Tanz im $^2/_4$-Takt, huldigt, zeigt zwar nur kurze, aber durchaus temperamentvoll instrumentierte Orchester-Episoden.

Chopins Orchester strebt also den klassisch-konzertanten Dialog mit dem Solo erst gar nicht an. Es hat die Rolle eines Vermittlers, besitzt Scharnier-Funktion und ist darüber hinaus eine klanglich-atmosphärische Stütze für das Klavier, dem alleine die zentralen Empfindungen musikalischer Poesie vorbehalten bleiben. »Verbessernde« Bearbeitungen der Partitur durch Balakirew, Tausig und andere zielen von vorn herein an der Chopinschen Idee vorbei, die das Orchester gleichsam als Lineatur für die Zwischentöne des Solisten begreift. Dementsprechend sind auch die Tonartenverhältnisse angelegt, die namentlich im *Kopfsatz* durchgehend auf den Grundton (e-moll, E-Dur) bezogen bleiben. Chopin benötigt keine Polarisierung von Tonarten-Spannungen, denn das eigentliche Geschehen spielt sich ohnehin subkutan ab; eine »sprechende« Poesie, die wesentlich durch die üppigen Verzierungsgirlanden – nicht nur im *langsamen Satz* – bestimmt ist. Sie sind beileibe keine äußerliche Zutat zur Intensivierung der Wirkung, vielmehr »der erste Schritt von der Verzierung der Melodie zur Verzierung als Melodie« (Michael Stegemann).

Klavierkonzert Nr. 2 f-moll op. 21

UA: Warschau 1830

Chopins Opus 21 entstand zwischen Herbst 1829 und Frühjahr 1830 und ist somit eigentlich sein 1. Klavierkonzert. Die Zählung beruht auf der späteren Veröffentlichung. Auch dieses Konzert weist die traditionelle Dreisätzigkeit auf, und, wie beim e-moll-Konzert, steht das *Finale* im »Volkston«; hier ist es eine Mazurka, bei der sich, angesichts der beißenden Kritik an Chopins Orchester, Außerordentliches tut. Der strukturell bedeutsame Umschlag von Moll nach Dur wird ausgerechnet vom Orchester herbeigeführt, durch jenes Horn-Signal (Takte 406–408), das fast szenisch die Tonart F-Dur vorbereitet. Würde ein Komponist, dem Orchester rein nichts gilt, je auf eine solch wirkungsvolle Idee verfallen, die auch dem Orchester-Genie Carl Maria von Weber alle Ehre gemacht hätte?

Mittelpunkt aber ist der *langsame Satz*, der die Chopinsche Poesie gleichsam bündelt und zu sich selbst kommen läßt. Über das *f-moll-Larghetto* schreibt der Komponist: »Ich habe schon, vielleicht zu meinem Unglück, mein Ideal (gemeint ist die Sängerin Konstantia Gladowska), dem ich treu diene, obwohl ich schon seit einem halben Jahr nicht mit ihm gesprochen habe, von dem ich träume, zu dessen Gedenken das Adagio in meinem Konzert entstanden ist«. Auch wenn man das Biographisch-Private (Chopins erste große Liebe) beiseite läßt, fällt auf, daß dieser Satz der formal freieste und eigenständigste ist. Zwar ist die dreiteilige Liedform spürbar, sie wird jedoch überlagert von der ambivalenten Haltung zwischen zärtlichem Monolog und emphatischer Fortissimo-Gebärde. Die rhythmisch ungemein prägnanten Unisono-Passagen des Klaviers, musikalisches

Signum des emotionalen Ausbruchs, sind wie eine Vorahnung auf jenes gespenstische, schattenhafte Finale der *Klaviersonate b-moll* (*op. 35*).

Der oft nachgebetete Vorwurf, Chopins Klavierkonzerte seien allzu traditionelle, ja naive Jugendwerke, und im übrigen sei Chopin zeitlebens ein musikalischer Miniaturist und Aphoristiker gewesen, der nur mühsam große Formen bewältigt habe, sollte sich schon angesichts des frühen *f-moll-Konzertes* von selbst erledigen. Denn gerade dieses Werk ist ein großer emotionaler Wurf, angesiedelt zwischen Leidenschaft und Versunkenheit. Ein musikalischer Revolutionär wie Beethoven oder Wagner war Chopin nie. Seine Musik glüht inwendig. Er war ein Rebell der Seele, nicht der Faust.

[M] *CD* Konzert Nr. 1 und 2: Rubinstein, New SO London, Skrowaczewski/Symphony of the Air, Wallenstein (RCA 1961, 1958) *Bernhard Rzehulka*

Gloria Coates

1938

Der Schaffensprozeß von Gloria Coates beginnt mit einem In-Sich-Hineinhören. Die im Inneren entdeckten Klänge versucht sie daraufhin auf den herkömmlichen Musikinstrumenten zu realisieren. Ihre Werke zeichnen sich durch menschliches Maß und Transparenz aus. Das, was geschieht, ist hörbar und verständlich, jedoch sind die Klänge, die die Werke enthalten, oft von ungewohnter, archaischer Qualität.

Gloria Coates wurde am 10. Oktober 1938 in Wausau, Wisconsin (USA) geboren. Ihre früh begonnene musikalische Ausbildung schloß sie mit einem Kompositionsstudium u.a. bei Otto Luening und Alexander Tscherepnin (1899–1977) ab. 1969 siedelte sie nach München über. Mit dem Erfolg ihrer *Music on Open Strings (Symphonie Nr. 1)* beim Warschauer Herbst 1978 setzte die internationale Anerkennung der Komponistin ein. Diese Werke wurden auch 1980 (als erster Beitrag einer Frau) in der Münchner »musica viva«-Reihe aufgeführt.

Neben den frühen Bühnenmusiken und einigen in den 80er Jahren entstandenen Balletten komponierte Coates häufig für Singstimme und Kammerorchester (u.a. nach Texten von Mallarmé, Celan und Leonardo da Vinci). Seit Mitte der 80er Jahre konzentriert sich ihre Arbeit zunehmend auf das Symphonieorchester. Die *Symphonien Nr. 2* bis *Nr. 8* sind, z.T. als Auftragswerke, zwischen 1987 und 1991 entstanden. Gloria Coates beschäftigt sich mit der Natur und mit Gebieten der Naturwissenschaften wie Astronomie und Lichtphänomenen. Dieses Interesse spiegelt sich in den Titeln ihrer Werke: *Planets* (1974), *Symphonie Nr. 2 – Illuminatio in Tenebris* (1987), *Symphonie Nr. 4 – Chiaroscuro* (1990). Nach der 1990/91 komponierten *Symphonie Nr. 7* für großes Orchester, einem Auftragswerk für den Süddeutschen Rundfunk, entstand 1991 die *Symphonie Nr. 8 – Indian Sounds*, die sich musikalisch mit den Traditionen der amerikanischen Indianer auseinandersetzt.

Als Stilmittel setzt Coates oft das Glissando ein, das Gleiten von einem Ton zum anderen, das sich auf Streichinstrumenten und mit der Singstimme gut realisieren läßt. Mit diesen Glissandi, die sich z.T. über mehrere Oktaven ausdehnen, wird einerseits die Fixierung auf präzise Tonhöhen verneint, während andererseits spannungsreiche, lange musikalische Bögen gebildet werden. Die Glissandi, die zeitweise auch zu ganz anderen Elementen in Kontrast stehen, sind eine Art Anhaltspunkt für den Hörer. So haben Gloria Coates' Kompositionen oft den Charakter eines ganz allmählichen Werdens, einer Entwicklung. *Mary Ellen Kitchens*

Aaron Copland

1900–1990

Aaron Copland war durchaus das, was man einen Prototyp des amerikanischen Komponisten im 20. Jh. nennen könnte. Stets bemüht, sich von der Übermacht der europäischen Musik loszusagen und eine »solide amerikanische Tradition« zu entwickeln, sah sich Copland dennoch in erster Linie als »rechtschaffener Bürger der Republik der Musik«.

Schon früh hatte es den am 14. November 1900 im Einwanderer-Stadtteil Brooklyn geborenen Copland zur Musik hingezogen. Als Kind besuchte er Konzerte des New York Philharmonic Orchestra unter der Leitung von Walter Damrosch. Der Unterricht seines Lehrers Rubin Goldmark, der sehr viel Wert auf Beethoven und Wagner legte, stärkte letztlich aber nur Coplands Begeisterung für die damals als »minderwertig« erachteten Komponisten Mussorgsky, Debussy und Ravel.

Wie fast alle seine Generationsgenossen unter den Komponisten, so verbrachte auch Copland seine Lehrjahre in Europa; dies namentlich in Paris als einer der ersten amerikanischen Schüler in der »Komponistenschmiede« von

Nadia Boulanger. Copland berichtete, daß er und seine Kollegen ihre Heimat Amerika »mehr oder weniger erst in Europa entdeckten«. Doch zunächst stand Copland unter dem Einfluß des Neoklassizismus und des Jazz. Dabei kam er zu der Erkenntnis, daß erst nach einer totalen Rücknahme und Sparsamkeit der musikalischen Ausdrucksmittel wirklich ein spezifisch amerikanisches Musikidiom erschaffen werden könne. In dieser »zweiten Phase« entstanden u. a. die Ballett-Kompositionen *Rodeo, Billy the Kid* und *Appalachian Spring*. Deren Beliebtheit gründet sich vorwiegend auf die Verwendung folkloristischer Elemente. Diese »schlichtere Schreibweise« sah Copland rückblickend weniger als eine Konzession an das Publikum, denn als Notwendigkeit einer »musikalischen Natürlichkeit (...), derer wir genauso dringend bedürfen wie der ›großen Werke‹«. In einer dritten Phase schließlich – während der 50er und 60er Jahre – näherte sich Copland dann seriellen Techniken. Danach hat Copland nur noch wenig komponiert und sich verstärkt in Schallplattenaufnahmen und Konzerten als Dirigent – zumeist eigener Werke – betätigt.

Eine mehrjährige Lehrtätigkeit an der New Yorker New School for Social Research (1927–1937) und an der Harvard Universität führten dazu, auch unter soziologischem Aspekt über das Selbstverständnis amerikanischer Kunst und Künstler zu reflektieren. Hierzu hat er sich in einer Vielzahl von Schriften geäußert.

Aaron Copland starb am 2. Dezember 1990 kurz nach Vollendung seines 90. Geburtstages in New York.

Symphonien

Aaron Copland hat 3 Symphonien geschrieben. Zur Symphonik lassen sich aber auch einige andere Werke zählen: die frühe *Dance Symphony* beispielsweise oder die *Symphonic Ode*.

Die erste Orchesterkomposition des 22jährigen Copland entstand durch die Begegnung mit dem Stummfilm »Nosferatu« von Friedrich Wilhelm Murnau. Nadja Boulanger forderte ihren Schüler auf, darauf Musik für ein Ballett zu komponieren. So entstand *Grogh*. 1929 reichte Copland 3 Teile daraus unter dem Titel *Dance Symphony* beim RCA-Kompositionswettbewerb ein – und wurde dafür ausgezeichnet. Formal und inhaltlich fügen sich die 3 Sätze *Introduktion: Lento; Molto allegro; Adagio molto – Andante moderato – Allegro vivo* somit nicht unbedingt zu einem übergeordneten Ganzen. Aber – auch wenn ihre Teile etwas aus dem Zusammenhang gerissen sind – die *Dance Symphony* lebt durch Reichtum an Phantasie und Spontaneität.

Coplands erster vollgültiger Beitrag zur Symphonik entstand 1924 und existiert in 2 verschiedenen Versionen: als *Symphonie für Orgel und Orchester* und als *1. Symphonie*. Wieder war es Nadia Boulanger, die ihren Schüler diesmal bat, ein Werk für Orgel und Orchester zu schreiben. Der Grund dafür: Sie war von Walter Damrosch eingeladen worden, mit dem New York Symphony Orchestra aufzutreten. Allzu gerne wollte sie bei dieser Gelegenheit auch eine Komposition eines ihrer zahlreichen amerikanischen Schüler vorstellen. Damrosch soll die Aufführung mit den Worten quittiert haben, jener »begabte junge Mann«, der im Alter von 23 Jahren eine derartige Symphonie zu schreiben verstehe, sei binnen 5 Jahren wohl auch zu einem Mord fähig – was natürlich prompt so in den Zeitungen zitiert wurde. 1928 hat Copland die Symphonie ohne Orgel neu orchestriert und sie als *1. Symphonie* betitelt. Die UA fand im gleichen Jahr noch unter Ernest Ansermet in Berlin statt.

Die *Symphonische Ode* wurde vom Boston Symphony Orchestra aus Anlaß von dessen 50jährigem Bestehen in Auftrag gegeben. Ganze 2 Jahre – zwischen 1927 und 1929 – hat sich Copland mit dieser einsätzigen Symphonie beschäftigt. Allein dies deutet darauf hin, daß er damit wirklich – wie er es nannte – eine »absolut bedeutende Aussage« treffen wollte. Sie ist ein ambitioniertes Werk, im Vergleich zu Coplands »populären« Kompositionen ganz und gar nicht einfach zugänglich, überrascht aber dadurch, daß in ihm sowohl Anklänge an die Musik Gustav Mahlers als auch den Jazz zu finden sind.

Alle Werke, die nach Coplands Rückkehr aus Europa entstanden sind, kündigen einen Wandel in seiner musikalischen Sprache an. Sein Biograph, Arthur Berger, nennt diese neue Schreibweise seinen »esoterischen Stil«. Er ist knapper, präziser und durchsichtiger. Coplands *2. Symphonie* heißt *Short Symphony* und ist dafür – nicht nur vom Titel her – exemplarisch. Wie die *Symphonic Ode*, ist auch die *Short Symphony* einsätzig angelegt und setzt sich dabei aus 3 Teilen zusammen (rasch, scherzoartig – langsam, liedartig – rasch, Finale). Deutlichen Akzent hat Copland in dieser Komposition auf die Rhythmik gelegt. Bis zu ihrer Wiederentdeckung für das Konzertleben in den 70er Jahren war die *Short Symphony* als *Sextett* in einer kammermusikalischen Fassung geläufig.

Erst ein ganzes Jahrzehnt nach der »kurzen« *2. Symphonie* hat Copland in den Jahren 1944–1946 seine *3. Sympho-*

nie verfaßt. Im Unterschied zu ihren Vorgängern ist sie gut dreimal so lang und viersätzig: *Molto moderato* (»mit einfachem Ausdruck«) – *Allegro molto – Andantino quasi allegretto – Molto deliberato.* Diese Satzüberschriften verraten, daß sich Copland formal hier strenger als zuvor an den symphonischen Vorbildern orientierte. Tatsächlich mutet dieser »Meilenstein der symphonischen Musik Amerikas« (so der Copland-Spezialist Philip Ramey) im Œuvre des Komponisten etwas fremdartig an: Mit der *Symphonic Ode* teilt sie den ambitionierten Gestus, und Copland hat in diesem Werk all jene Elemente, mit denen er in den vorangegangenen Ballett-Kompositionen seine Popularität begründet hatte, ausgespart. Trotz einer gewissen Sperrigkeit hat Copland sie als ein »affirmatives« Werk bezeichnet. Unterstrichen wurde und wird dies durch den Umstand, daß seine bekannteste Komposition überhaupt, die *Fanfare for the Common Man*, bisweilen als einer ihrer Bestandteile aufgeführt wird. Zwischen beiden Werken besteht ein thematischer Zusammenhang: Das Thema der Einleitung des 4. Satzes ist mit dem der *Fanfare* identisch. Aber statt mit Pauken und Trompeten erscheint es hier in den Holzbläsern. Hintergrund der Entstehung dieses Stückes: Das Cincinnati Symphony Orchestra hat 1942 – nach dem Eintritt der Vereinigten Staaten in den Zweiten Weltkrieg – bei verschiedenen amerikanischen Komponisten eine patriotische Fanfare in Auftrag gegeben. Es mag wohl allein dem von Copland angeschlagenen »edlen« Ton zuzuschreiben sein, daß seine Komposition die der übrigen Komponisten überlebt hat.

[M] *CD* Dance Symphony: London SO, Copland (Sony 1967); 1. Symphonie: New York PO, Bernstein (Sony 1967); Symphonic Ode: London SO, Copland (Sony 1967); 2. Symphonie: London SO, Copland (Sony 1965); 3. Symphonie: New York PO, Bernstein (DGG 1985)

Ballettsuiten

Fast möchte man bei den 3 binnen 5 Jahren entstandenen Ballettkompositionen von einem Triptychon sprechen. Jedoch: nur 2 von ihnen behandeln ein ähnliches Sujet. *Billy the Kid* und *Rodeo* spielen im Wilden Westen. *Appalachian Spring* indes handelt in Pennsylvania. Und eigentlich ist dieses Triptychon ohne eine zuvor entstandene, für die Entwicklung des oft als »typisch Copland« bezeichneten »bittersüßen« Stils maßgebliche Komposition unvollständig. Gemeint ist die symphonische Dichtung *El Salon Mexico* (1933–1936). In diesem nach einer Mexicoreise 1932 geschriebenen Werk hat er sich zum ersten Mal und sehr ausgiebig durch Folklore inspirieren lassen. Coplands besonderes Anliegen war es, die mexikanische Atmosphäre einzufangen. Und gemäß diesem Grundsatz ging er 2 Jahre nach Vollendung der Orchestration von *El Salon Mexico* daran, die Geschichte des Western-Mythos *Billy the Kid* im Auftrag von Lincoln Kirstein als Ballett zu komponieren. Die 1940 daraus exzerpierte Suite besteht aus den Teilen: *The Open Prairie, Street in a Frontier Town, Card Game at Night, Gun Battle, Celebration after Billy's Capture, Billy's Death (the Open Prairie Again).* Eine Unmenge von authentischen Cowboyliedern hat Copland als Vorlagen darin verarbeitet. Er wollte so das »Geschichtenbuch des Wilden Westens« zum Leben erwecken.

In ganz ähnlicher Weise ging Copland auch an sein 2. »Wild-West-Ballett« heran: *Rodeo.* Die Suite mit den 4 »Tanzepisoden« daraus wurde 1943 von den Boston Pops unter Arthur Fiedler uraufgeführt. *Rodeo* ist im Vergleich zu *Billy the Kid* »leichter«. Copland selbst hat diesen Unterschied beschrieben: »Man kann sagen, daß ›Billy the Kid‹ eine gewisse ›Grand opera‹-Seite besitzt, wohingegen ›Rodeo‹ in seinem Tonfall näher an eine musikalische Komödie heranreicht«. Mit Sicherheit liegen diese Unterschiede in der Verschiedenheit der jeweiligen Stoffe: *Billy the Kid* behandelt den Mythos, während *Rodeo* dieses mitunter dramatische Moment völlig abgeht, und das Stück sich eher der »Wild-West«-Klischees bedient.

Das 1944 vollendete Ballett *Appalachian Spring* schließlich erzählt wieder eine richtige Geschichte. Sie berichtet von den Erfahrungen eines jung verheirateten Paares in seinem Haus in Pennsylvania. Copland konzentriert sich hier auf deren inneres Erleben und verwendet einen Tonfall, der eindeutig als Chiffre für das Landleben in Amerika zu Beginn des 19. Jhs. steht. Geschrieben wurde *Appalachian Spring* für die Martha Graham Dance Company.

[M] *CD* El Salon México: New York PO, Copland (Sony 1972); Billy the Kid: London SO, Copland (Sony 1969); Rodeo: London SO, Copland (Sony 1968); Appalachian Spring: London SO, Copland (Sony 1970)

Konzert für Klarinette, Streicher, Harfe und Klavier

Früh schon hatte Copland den Jazz in seine Arbeit einbezogen, da ihm dieser – als genuine amerikanische Musik – bestens geeignet erschien, jene angestrebte »solide amerikanische Tradition« zu schaffen. Die Chance, ganz besondere Aspekte möglicher Beziehungen zwischen Jazz und »ernster Musik« zu behandeln, bot ihm der Auftrag des Jazz-Klarinettisten Benny Goodman. Für das *Klarinettenkonzert* näherte sich Copland so nach 20 Jahren wieder dem Jazz, wenngleich die kurz zuvor entstandene *3. Symphonie* natürlich auch ihre Spuren hinterlassen hat: Goodman empfand Teile des schnellen Satzes und der Kadenz als zu schwer und zögerte lange, das Werk überhaupt aufzuführen.

[M] *CD* Goodman, Columbia Symphony Strings, Copland (Sony 1963) – *VD* Stoltzman, London SO, Tilson-Thomas (RCA/BMG)

Three Latin-American Sketches

Die 3 Stücke der *Latin American Sketches* sind über einen Zeitraum von 12 Jahren entstanden. Schon 1959 komponierte Copland das 2. und das 3. Stück, *Paisaje Méxicano* und *Danzo de Jalisco*, während eines Aufenthalts in Acapulco. 1971 dann schrieb er auf Anregung des Dirigenten André Kostelanetz das eröffnende *Estrillo*. Wie schon in dem über 30 Jahre zuvor entstandenen *El Salon México* hat Copland in den *Three Latin-American Sketches* durch die Verwendung folkloristischer Vorlagen musikalische »Skizzen« geschaffen, und sich mit diesem späten Stück wieder seinem früheren Ideal der »Einfachheit« angenähert.

[M] *CD* New York PO, Copland (Sony 1972) *Werner Bleisteiner*

Arcangelo Corelli

1653–1713

Im Gegensatz zu vielen seiner Zeitgenossen war es Arcangelo Corelli vergönnt, schon zu Lebzeiten den ihm zukommenden Ruhm in vollen Zügen zu genießen. Für Jahrzehnte stand sein Leben unter dem Patronat mächtiger Persönlichkeiten, so daß er keinerlei materielle Sorgen und Existenznöte kannte. Sein Lebensweg verlief geradlinig und ohne störende Einflüsse von außen. Als 5. Kind einer wohlhabenden Familie in Fusignano bei Ravenna geboren, erhielt er zunächst nur musikalischen Anfangsunterricht, bevor er 13jährig zur weiteren Ausbildung nach Bologna ging, um sich dort endgültig der Musik zuzuwenden. Er machte so ungewöhnlich rasche Fortschritte, daß er bereits mit 17 Jahren in die berühmte *Accademia Filarmonica* aufgenommen wurde. Seine Zukunft sah Corelli in Rom, wo er Komposition studierte und bald mächtige Mäzene in der kirchlichen und weltlichen Aristokratie fand. Als Geiger und Konzertmeister genoß Corelli höchstes Ansehen, seine Konzerte zeichneten sich durch Präzision und Qualität aus. Eine seiner wichtigsten Förderinnen war die zum katholischen Glauben übergetretene und seit 1658 in Rom lebende Königin Christina von Schweden. 1687 engagierte der als Kunst- und Musikmäzen bekannte Kardinal Benedetto Pamphili Corelli für ein fürstliches Gehalt als Leiter der regelmäßig in seinem Haus arrangierten Konzerte. Bald darauf finden wir ihn in den Diensten des mächtigen Kardinals Ottoboni, wo er hochgeachtet bis zu seinem Tod am 8. Januar 1713 blieb, auch wenn er sich um 1710 aus der Öffentlichkeit zurückzog, krank und von Depressionen gequält. Die Ursache mochte in seiner Lebensführung liegen, in der die Liebe keine Rolle spielte. Um das Jahr 1690 begann Corelli auch eine kleine Schar von Schülern um sich zu versammeln, die schließlich seine Violintechnik in Europa verbreiteten.

Corellis Werke sind ausschließlich Instrumentalkompositionen; am bekanntesten sind seine *Triosonaten* (2 Violinen und Basso continuo) *op. 1–4*, seine *Violinsonaten op. 5* und vor allem die *12 Concerti grossi op. 6*, mit dem berühmten *Weihnachtskonzert*. Diese Konzerte sind Spätwerke und entstanden in einem Zeitraum von mehreren Jahren. Sie zeichnen sich durch klare und kraftvolle Unmittelbarkeit des Klanges und aristokratische Architektur aus. Polyphonie, Klang, Kantabilität und vorwärtsdrängende Bewegung fügen sich zu einer untrennbaren Synthese zusammen.

Corelli hat die Gattung des Concerto grosso zu einem ersten Höhepunkt geführt und einen Maßstab für die nachfolgende Generation gesetzt. *Gerd Hüttenhofer*

George Henry Crumb

1929

Längst kein Geheimtip mehr, wird der am 24. Oktober 1929 in Charleston/West Virginia geborene George Henry Crumb zunehmend von Konzertbetrieb und Plattenindustrie entdeckt. Am auffallendsten ist Crumbs Schöpfung neuartiger Klangwelten: vor allem in seinen Werken für Klavier oder Kammerensemble gelingt ihm eine enorme Breite instrumentaler bzw. vokaler Effekte durch elektronische Verstärkung, neue Spieltechniken und Verwendung ausgefallener Instrumente (Sitar, singende Säge). Crumb reichert seine oft kalligraphischen Partituren mit symbolischen Zeichen an und erschließt der Ausführung selbst theatralische Dimensionen, indem er die Musiker beispielsweise in seinem Streichquartett *Black Angels* (1970) Beschwörungsformeln singen oder im vokal-instrumentalen *Lux Aeterna* (1971) 5 maskierte Musiker auftreten läßt.

Einer Musikerfamilie entstammend, studierte Crumb zunächst Klavier und Komposition in Charleston und an der

University of Illinois, von 1953–1955 dann bei dem Komponisten Ross Lee Finney an der University of Michigan in Ann Arbor. Als Fulbright-Stipendiat bei Boris Blacher 1955/56 in Berlin, schloß er seine Studien 1959 in Ann Arbor mit seinen zwölftönigen *Variazioni* für Orchester und dem Doctor for Music ab. Lehrtätigkeiten und Auszeichnungen folgten; seit 1965 unterrichtet Crumb Komposition an der University of Pennsylvania und lebt mit seiner Ehefrau, der Pianistin Elizabeth May Brown, in der Nähe Philadelphias.

Crumbs Vorliebe gilt besonders kammermusikalischen Besetzungen; wohl am überzeugendsten sind neben seinen Werken für Klavier solo (*Makrokosmos I–IV* 1972–1979) die Kompositionen für eine Singstimme, begleitet von wenigen, z. T. ungewöhnlichen Instrumenten. Fast sämtliche Vokalwerke sind Vertonungen des spanischen Dichters Federico García Lorca, herausragend sind hierbei seine lyrisch-pathetischen *Ancient Voices of Children* (1970) für Sopran, Tenor, Oboe, Mandoline, Harfe, elektrisches Klavier, Spielzeugklavier und 3 Schlagzeuger.

Auch die 4 Orchesterwerke Crumbs, *Variazioni* (1959), *Echoes of Time and the River (Echoe II)*, für das Crumb 1968 den Pulitzer-Preis erhielt sowie die für die New Yorker Philharmoniker entstandenen Werke *Star Child* (1977) und *A Haunted Landscape* (1984) sind von der Bildersprache und Symbolik Lorcas durchdrungen. Vor allem *Star Child* besitzt mit seiner Zahlensymbolik und seinen Spiegelbildern außermusikalische Bezüge, wie Crumb überhaupt gerne Anleihen aus Astronomie, Arithmetik, Geometrie und der Esoterik macht.

Diese Vielfalt von Einflüssen bewahrt Crumb, der Mahler, Debussy und Bartók zu seinen Vorbildern zählt, eine Unabhängigkeit von jeder Schule. *Susanne Schmerda*

Luigi Dallapiccola

1904–1975

Ohne Zweifel hat die bewegte Kindheit und Jugend des italienischen Komponisten Luigi Dallapiccola Spuren in seinem kompositorischen Schaffen hinterlassen. Das istrische Städtchen Pisino, in dem Dallapiccola am 3. Februar 1904 geboren wurde, gehörte damals zu Österreich-Ungarn und zeichnete sich durch ein multikulturelles, aber auch politisch spannungsreiches Klima aus. Bereits als Dreizehnjähriger mußte Dallapiccola die Konsequenzen politischer Verfolgung erleben: In der Endphase des Ersten Weltkriegs wurde seine Familie ihrer italienischen Nationalität wegen in Graz interniert. Diese Erfahrung sollte später ebenso wie die multikulturelle Prägung in die wichtigsten Werke des Komponisten eingehen. Sein Kompositionsstudium absolvierte Dallapiccola von 1922 bis 1932 in Florenz. Bereits sein erstes Werk für Orchester, eine 1932 vollendete *Partita*, zeigt jedoch den Abstand zum dort vorherrschenden nationalen Neoklassizismus. Die nachdrückliche Expressivität und Theatralik dieser Komposition, die in der Verwendung eines Solosoprans im Schlußsatz gipfeln, sind ästhetisch Mahler und Schönberg verpflichtet. Dallapiccolas außergewöhnlich starkes Ausdrucksbedürfnis ließ ihn auch in der Folgezeit gemischte – instrumentale und vokale – Besetzungen bevorzugen. Geradezu zum Inbegriff einer politisch engagierten Musik wurden seine beiden großangelegten Kantaten für Chor und Orchester. Die *Canti di prigionia* (*Gesänge der Gefangenschaft*, 1938–1941) sind als Protest vor allem gegen faschistischen Antisemitismus und Krieg zu verstehen. Drei Gebete historischer Gefangener bilden die Textgrundlage für ein düsteres Klanggemälde. Als Gegenstück dazu sind die *Canti di liberazione* (*Gesänge der Befreiung*, 1951–1955) konzipiert. Kompositionstechnisch sind diese Werke bedeutsam, da Dallapiccola in ihnen die Zwölftontechnik und ein spezifisch italienisches Melos miteinander verband. Beide Elemente prägen auch die folgenden Werke, in denen das Thema menschlicher Vergänglichkeit in den Vordergrund tritt, wie zum Beispiel in der Kantate *Requiescant* (1957/58). Zum Zeitpunkt seines Todes, am 19. Februar 1975, war Dallapiccola der international anerkannteste italienische Komponist seiner Generation.

Erika Schaller

Franz Danzi

1763–1826

Er wuchs in internationaler Atmosphäre auf, umgeben und geprägt von der zeitgenössischen Avantgarde der Musik und des Theaters: Franz Danzi, getauft am 15. Juni 1763 in Schwetzingen, war der Sohn einer Tänzerin und eines Cellisten an der legendären Hofkapelle des Pfälzischen Kurfürsten Karl Theodor zu Mannheim, jener Stadt, die für einige Jahrzehnte im 18. Jh. zum Zentrum des musikalischen Europa wurde. Früh erhielt Franz Danzi ersten Musikunterricht vom Vater, der ihn in den Fächern Klavier, Gesang und Violoncello unterwies; die kompositorische Ausbildung übernahm Abbé Georg Joseph Vogler, in späteren Jahren auch Lehrer von Weber und Meyerbeer. Bereits 1778 trat Danzi als Cellist in die Mannheimer Hofkapelle ein, ein Engagement, das jedoch ein kurzes Intermezzo blieb, denn nach wenigen Monaten wechselte der Kurfürst – und mit ihm ein großer Teil des berühmten Orchesters – in die bayerische Residenzstadt München. Franz Danzi blieb in Mannheim und wirkte als Korrepetitor am Nationaltheater – keine unglückliche Entscheidung, denn hier gewann er eine praktisch fundierte Verbundenheit mit dem Musiktheater und konnte überdies mit seinen frühen Singspielen und Schauspielmusiken erste Erfolge als Komponist erzielen. 1784 begannen die Wanderjahre des Franz Danzi: Er wurde als Nachfolger seines Vaters nach München berufen, rückte 1798 sogar in den Rang eines »Vice-Kapellmeisters« auf, und doch geriet er spätestens nach dem frühen Tod seiner Frau, der Hofsängerin Margarethe Marchand, zunehmend ins Abseits. Ärger mit der Intendanz, schlechte oder im Falle seiner Kompositionen sogar überhaupt keine Bezahlung, der Amtsantritt Max Josephs, der die italienische der deutschen Oper vorzog: Es mangelt nicht an Gründen, die Franz Danzi 1807 zum Weggang nach Stuttgart veranlaßten. Fünf arbeitsreiche Jahre verbrachte er in der württembergischen Metropole als Leiter der Oper, der Kirchen- und Hofkonzerte, als Gründer eines Kunstinstitutes, bis ihn die allzu einseitige ausgerichteten Musikvorlieben des Königs nach Karlsruhe aufbrechen ließen. Erfüllung fand Franz Danzi nicht mehr: Seine vielfältigen Reformbemühungen als Kapellmeister am Hoftheater – Erweiterung des Orchesters, ambitionierte Programmpolitik, Aufbau einer Musikalien- und Leihbibliothek – waren nicht selten Rückschlägen beschieden. »Da ich wenig Gelegenheit zum Handeln habe, so träume ich desto öfter«, schrieb er in einem Brief, nur wenige Jahre vor seinem Tod am 13. April 1826. Was Franz Danzi blieb, war der Nachruhm, der Ruf eines Wegbereiters der Romantik, des großen Förderers von

Carl Maria von Weber und der deutschen Oper. Und nicht zuletzt legen seine eigenen Werke, seine 16 Opern, Ballette und Oratorien, die 8 Symphonien, zahlreiche Solokonzerte und die stilbildenden Bläserquintette ein beredtes Zeugnis für einen eigenständigen und originellen Komponisten zwischen den Epochen ab. *Susanne Stähr*

Claude Debussy

1862–1918

Claude Debussy (um 1900)

Mit Claude Debussy beginnt ein neuer Abschnitt der Musikgeschichte. Man hat dem am 22. August 1862 in Saint-Germain-en-Laye (Ile de France) geborenen, am 25. März 1918 in Paris verstorbenen Komponisten mit dem griffigen Schlagwort des »Impressionismus« beikommen wollen. Die harmonische und koloristische Farbigkeit seiner Musik scheint die Parallele zur Malerei von Monet und Renoir nahezulegen. Dennoch greift sie zu kurz. Debussy selbst sagte über seine Kunst, sie sei »keine direkte Nachahmung, sondern seelische Übertragung dessen, was in der Natur nicht sichtbar ist«. Es geht dieser Musik also nicht um die »Impression« des Sichtbaren, sondern um seelische Schwingungen, die sich – im Gegensatz zum schweren Espressivo Wagners und seiner Nachfolger – in einer typisch französischen Kunst der »clarté«, des Andeutens statt des breitwandigen Ausmalens, der klaren Zeichnung und Form statt der »unendlichen Melodie« musikalisch niederschlagen. Debussy, dem ursprünglichen Wagner-Verehrer und Bayreuth-Pilger, ist dieser Weg nicht leicht gefallen, zumal der Zögling des Pariser Conservatoire und Rompreisträger von 1884 in der Tradition des französischen Klassizismus mit seinem strengen Regelkanon aufgewachsen war. Seine entscheidende Tat ist die Befreiung von der durch Wagner an den Rand der Auflösung getriebenen Funktionsharmonik zugunsten harmonischer Freizügigkeit, die Akkorde unverbunden nebeneinanderstellt, die Ganztonleiter zur Grundlage von Akkordverbindungen macht, die Auflösungsbedürftigkeit der Dissonanz negiert und – in der Vokalkunst – die Prosodie der französischen Sprache zum tragenden Element der Musik macht. Debussys Hauptwerk, die Oper *Pelléas et Mélisande* nach einer Dichtung von Maurice Maeterlinck, prägt diesen Stil einer »sanften Revolution« am entschiedensten aus. Der Verzicht auf funktionale Logik des Harmonischen bedingt den Verzicht auf »thematische Arbeit« im Sinne der deutschen symphonischen Klassik und Romantik. Und wenn Debussy am Ende seines Lebens zur Sonate zurückkehrt, dann im Sinne der Sonate von Rameau und Couperin, nicht derjenigen Mozarts und Beethovens. Debussy, dem im Ersten Weltkrieg nationalistische Anwandlungen nicht fremd waren, hat sich nicht erst zu jener Zeit als »musicien français« betrachtet.

Daß seine Kunst in Wirklichkeit aber die Grenzen des Nationalen sprengte und die Musik des gesamten 20. Jhs. befruchtete – man denke nur an Messiaen oder Boulez – macht die Größe dieses Musikers aus.

Prélude à l'après-midi d'un faune

UA: Paris 1894

»Erst seit ich zum ersten Mal ›L'après-midi d'un faune‹ gehört hatte, wußte ich, was Musik ist.« Das sagte Maurice Ravel rückblickend in späteren Lebenstagen. Das erste Meisterwerk des 30jährigen Debussy, in seiner schwülen Stimmungshaftigkeit ohne Wagner nicht denkbar, aber dennoch radikal von dem übermächtigen Schatten des Bayreuthers sich befreiend, zeigt das Neue der Sprache Debussys paradigmatisch auf. Obgleich eine Dichtung Stéphane Mallarmés die Anregung zur Komposition gab, hat das Stück nichts mit einer »Tondichtung« zu tun. Hauptgedanke, der alle Keime des Folgenden enthält, ist jenes chromatisch schweifende Flötensolo, mit dem das Stück anhebt, jede eindeutige Tonalität verschleiernd. Sie findet sich dann im expressiv intensivierten, sich in einer geradezu wollüstigen Kantilene ergehenden Mittelteil. Eine raffinierte Überleitung führt zum Wiedereintritt des Flötenmonologs, der Schluß ist ein ätheri-

Prélude à »l'après-midi d'un faune«
Vaclav Nijinski in der Rolle des Fauns (Paris 1912)

sches Verklingen. Die Dreiteiligkeit der Anlage wird durch die fließenden Übergänge kaschiert. Debussys harmonische Funde, die eine völlig neue Klangvorstellung bewirken, das Schwebende des Metrums, die betörende Suggestion erotisch geschwängerter Mittagsschwüle, das Visionäre einer Musik, die aus dem Nichts zu kommen scheint, um nach expressiver Verdichtung wieder ins Nichts zurück zu sinken, das alles macht die Faszination dieses für Debussys Kunst bezeichnenden Stückes aus.

M *CD* Cleveland O., Boulez (DGG 1991); ORTF, Martinon (EMI 1973/74); O. de Toulouse, Plasson (EMI 1988) – *VD* Zöller, Berliner Philharmoniker, Karajan (DGG)

Nocturnes

UA: Paris 1901

Die drei zwischen 1897 und 1899 entstandenen *Nocturnes*, zu denen drei Bilder Whistlers die Anregung gaben, haben trotz ihrer Titel *Nuages*, *Fêtes* und *Sirènes* (letzteres mit Frauenchor) nichts mit illustrativer Musik zu tun. Debussy spricht zwar selber in einem Kommentar vom »Bild des unbewegten Himmelsgrundes mit dem langsamen und schwermütigen Wolkenzug«, von dem »tanzenden Rhythmus der Atmosphäre mit plötzlichen Lichtausbrüchen und dem Zwischenspiel eines festlichen Zuges«, vom »Rhythmus des Festes und seinem Gemisch von Musik und leuchtendem Staub«, vom »unnennbaren Rhythmus des Meeres«, vom Lachen und Vergehen des »geheimnisvollen Gesangs der Sirenen«. Aber alles das ist nur die Umschreibung einer Musik, in der sich Naturvorgänge und seelische Regungen miteinander unlösbar verbinden. *Nuages* (Wolken) ist charakteristisch für jene »unfunktionalen« Akkordreihungen, die der Musik den Charakter des geheimnisvoll Schwebenden geben. Schwermütig tönt ein Motiv des Englischhorns hinein. Die sparsame Instrumentation suggeriert in Verbindung mit den dunklen Farben das Bild eines ruhig dahinziehenden Wolkenzuges. Die dreiteilige Anlage ist durch die Stetigkeit des musikalischen Flusses verschleiert. Wie wenig diese *Nocturnes* mit den Nachtstücken der Romantik zu tun haben, wird spätestens im zweiten Stück *Fêtes* (Feste) deutlich. Dieses Scherzo mit seinen wirbelnden Tanzrhythmen, seiner koloristischen Helle ist eher ein »Tagstück«. Die »Lichtausbrüche«, von denen Debussy spricht, sind beinahe physisch wahrnehmbar. Dem Tarantella-Wirbel folgt, zunächst aus der Ferne hörbar, zu stampfendem Marschrhythmus ein Festzug, der mit gleißenden Klängen des Blechs schließlich das Bild beherrscht, um allmählich wieder zu verschwinden. Der Wiedereintritt der Tanzmotivik läßt auch hier die Dreiteiligkeit der Anlage durchscheinen. Wie eine leuchtende Vision, deren ferne Klänge verhallen, klingt das »Fest« pianissimo aus. Als Kontrast zu der Statik der *Nuages* ist das temperamentvolle Stück äußerst wirkungsvoll. *Sirènes* ist ein reines Klangstück: 16 Frauenstimmen, ausschließlich Vocalisen singend, werden mit den fluktuierenden Klängen des Orchesters verwoben. Das Meer und sein ruhig wogender Rhythmus, flimmerndes Licht, sind Hintergrund für das geheimnisvoll lockende, näherkommende und sich wieder entfernende Singen der Sirenen. Ein wellenartiges Motiv durchzieht das ganze Stück, das sich in seinem Mittelteil dynamisch steigert, um dann wieder in die Stille zurückzusinken und in ätherischem H-Dur zu verklingen. Wie in *Nuages* tritt das Englischhorn gelegentlich aus dem Klang-Sfumato signalartig heraus. Die Nocturnes, scheinbar reine Klangstudien, sind in Wahrheit Manifestationen von Debussys neuem Formbegriff, der von Fall zu Fall neu definiert wird und sich damit entschieden vom traditionellen Formdenken der Klassik und Romantik mit ihrer thematischen Durchführungstechnik absetzt. Daß die Klangkomposition das Ergebnis minuziösen motivischen Denkens ist, wird dem Hörer kaum bewußt.

[M] *CD* ORTF, Martinon (EMI 1973/74); O. de Toulouse, Plasson (EMI 1988); Cleveland O., Boulez (1995) – *VD* NBC SO, Toscanini (RCA)

La Mer

UA: Paris 1905

In den Jahren 1903 bis 1905 entstand Debussys Auseinandersetzung mit der Symphonie. *Trois esquisses symphoniques* hat der Komponist *La Mer* genannt. Kein zweites Mal taucht der Begriff des Symphonischen in seinem Werk auf, um so bezeichnender ist er in diesem Fall. Die Bezüge zur traditionellen Symphonie, deren thematische Durchführungstechnik Debussy leidenschaftlich ablehnte, sind dennoch evident. Die Dreisätzigkeit, die, anders als etwa im Falle der *Nocturnes*, durch Übernahme von Themen aus dem 1. Satz in den dritten einen zyklischen Zusammenhang herstellt, die Steigerungsdramaturgie der Außensätze, die beide Male in einem krönenden Choral der Bläser gipfelt, der Scherzo-Charakter des Mittelsatzes, der Züge von Monumentalität nicht verleugnende Aufriß des Werkes, alles das ist ohne die klassisch-romantische Symphonie nicht denkbar. Dem stehen scheinbar programmatische Satzüberschriften keineswegs entgegen. *Von der Morgendämmerung bis zum Mittag auf dem Meer, Spiel der Wellen, Zwiesprache des Windes mit dem Meer*, das sind allenfalls Andeutungen von Atmosphärischem, von Bewegungsimpulsen, die der Anblick des von Debussy so geliebten Meeres beim Komponisten auslöste. Mit Programmusik im Sinne realistischer Schilderung von Naturvorgängen haben sie nichts zu tun. Irreführend ist auch die Bezeichnung *Esquisses*, also Skizzen. Skizzenhaft ist nichts an dieser minuziös durchgearbeiteten Partitur. Was *La Mer* dennoch von der Symphonie des 19. Jhs. trennt, ist die Absage Debussys an die motivisch-thematische Durchführungstechnik, wie sie seit dem späten Haydn und vor allem seit Beethoven für die Gattung grundlegend war. Die Form bei Debussy ist nicht mehr eine logische Folge von thematischen Prozessen, sie wächst vielmehr frei aus dem Spiel von Motiven, deren Variierung und Entwicklung keinem vorgegebenen Schema gehorchen, aus denen jedoch das bei Debussy entscheidende Element der Musik erwächst, der Klang, der für die Großform nicht weniger konstitutiv ist als das Geflecht der Motive.

Der *1. Satz* mit seinem geheimnisvollen Orgelpunkt-Beginn, in den leise ein fanfarenartiges Motiv hineintönt, exponiert alsbald ein wellenartiges, triolisches Thema, das die erste Entwicklung bestimmt, die sich machtvoll steigert, um dann abzuklingen. Vier leise Schläge des Tamtam markieren eine Zäsur, die die nächste Entwicklung ankündigt, ausgehend von einem klangintensiven Einsatz des vollen Streicherchors, der mit einem Sekundmotiv anhebt, das bereits ganz zu Beginn erklungen war. Diese zweite Steigerung, in der das Fanfarenmotiv eine Rolle spielt, klingt mit einer lyrischen Variante des triolischen Themas aus. Nun hebt coda-artig ein feierlicher Bläserchoral an, sich machtvoll aufgipfelnd. Die drei ersten Töne des Triolenthemas setzen den energischen Schlußpunkt des in seiner motivischen Dichte und seinem monumentalen Gestus »symphonischen« Satzes. Der *Mittelsatz* hat Scherzocharakter und läßt jeden Begriff von geschlossener Form hinter sich. Ein unendliches Fluten von motivischen Gebilden, aus deren Fülle das auftaktige, in Sekundschritten emporgleitende, auch in Umkehrung auftretende Motiv als besonders markant hervortritt. So unberechenbar wie das *Spiel der Wellen* ist auch die Musik mit ihrem Auf und Ab von Klangereignissen, die zwar motivisch genau kalkuliert sind, jedoch jeder »architektonischen« Planung spotten. Das Changieren der Farben, ihr Ineinandergreifen und Auseinanderstreben, das Spiel der Harfenglissandi und der Holzbläser-Fiorituren, das alles suggeriert die Unendlichkeit elementaren Kommens und Vergehens. Der *3. Satz* trägt wiederum dramatisch-gespannten Charakter, hervorgerufen durch den Dualismus der »Wind«- und »Wellen«-Motive, der jedoch keineswegs im Sinne der »zwei Prinzipien« Beethovens »durchgeführt« wird. Bestimmend ist für den Fortgang des Satzes ein weitgespanntes, von der Spannung zwischen kleiner und großer Sekunde bestimmtes, eingängiges A-Dur-Thema. Das Fanfarenmotiv des 1. Satzes tönt dazwischen. Der Bläserchoral meldet sich piano in der Mitte des Satzes, um dann gegen Ende wiederum zu einem apotheotischen Gipfel gesteigert zu werden. In einer turbulenten *Coda* schließt Debussys bedeutendstes Orchesterwerk mit einem dröhnenden Paukenschlag.

[M] *CD* ORTF, Martinon (EMI 1973/74); O. de Toulouse, Plasson (EMI 1988); Cleveland O., Boulez (1995) – *VD/LD* Berliner Philharmoniker, Karajan (DGG)

Images (Bilder)

UA: Paris 1913

Debussys umfangreichstes Orchesterwerk setzt sich aus 3 Teilen zusammen, die auch unabhängig voneinander einzeln aufgeführt werden können. Entsprechend lange zog sich die Entstehung des Zyklus hin. Das zentrale und meistgespielte Werk des Zyklus, die *Iberia*-Suite, wurde 1908 vollendet, das Schlußstück *Rondes de Printemps*, entstand 1909. Das erste der *Images*, die *Gigues*, ist nicht zur Gänze ein Original, wurde das Stück doch 1912 von André Caplet instrumentiert. *Iberia* und *Rondes de Printemps* gelangten einzeln 1910 zum ersten Male zur Aufführung, das Gesamtwerk erklang erst 1913 unter Debussys eigener Leitung. Der gesamte Zyklus war ursprünglich als Klavierwerk geplant. Folkloristische Elemente spielen scheinbar – aber nur scheinbar – eine wesentliche Rolle. In *Gigues* wurde eine englische Melodie hineingeheimnist. *Rondes de Printemps* läßt eine französische Melodie aufklingen. *Iberia* gibt sich am entschiedensten folkloristisch, ist doch das spanische Kolorit mit seinen Tambourin- und Kastagnetten-Klängen unüberhörbar. Dennoch geht es auch in den *Images* nicht um eine Malerei musikalischer Landschaftsbilder, wenngleich das »impressionistische« Element, also die Suggestion von Bildeindrücken, eine größere Rolle spielt als etwa in *La Mer*. Wesentlich ist auch hier nicht in erster Linie die Schilderung eines Sinneseindrucks, sondern die durch den Sinneseindruck hervorgerufene Widerspiegelung inneren Erlebens, eine Sublimierung von Eindrücken (*Images*) zu musikalischen Gestalten, die in sich selbst ihre Logik finden. Was die *Images* von *La Mer* unterscheidet, ist der Klang, der weniger füllig ist, sondern durchweg schwebend, gelöst. Was Debussy über *Rondes de Printemps* schrieb, das trifft auf den gesamten Zyklus zu: »Die Eigenart dieses Stücks ist sein immaterieller Charakter; man kann es daher nicht wie eine Symphonie traktieren, die auf allen vieren daherkommt (...) Das Orchester klingt wie ein Kristall, und es ist leicht wie eine Frauenhand (...)«

Gigues hat wenig zu tun mit dem gleichnamigen Tanz des 18. Jhs., allenfalls erinnert der rhythmische Elan des Mittelteils daran. Nach ätherischem Beginn von Flöte und Harfe intoniert das Englischhorn eine Weise, die angeblich aus England stammen soll. Ihr Motivgehalt beherrscht in den verschiedensten Varianten das ganze Stück, das anschließend rhythmisch in Fahrt kommt. Der Orchesterklang wechselt zwischen solistischen Passagen und expressiven Verdichtungen. Gelegentlich spielt leicht Groteskes hinein. Schließlich sinkt der rhythmisch-tänzerische Gestus der Musik in die Ruhe des Beginns zurück. Dem ganzen Stück eignet etwas Rätselhaftes. Caplet, der es instrumentierte, sprach – sehr subjektiv – vom »Bild einer schmerzerfüllten Seele«.

Umso eindeutiger ist das Triptychon der *Iberia*. Debussy war nie in Andalusien, aber Manuel de Falla bezeichnete *Iberia* als typisch spanische Musik. Natürlich geht es wiederum nicht um eine spanische »Impression«, sondern um eine atmosphärische Vision Spaniens, um Sublimierung einer mit dem Begriff »Spanien« verbundenen Imagination.

Par les rues et les chemins (*Auf Straßen und Wegen*) läßt mit seinem Kastagnettengeklapper und seinem auftaktig schleifenden Bolero-Thema keinen Zweifel an dieser bildhaft-prallen Imagination. Das Thema beherrscht als Ganzes und in Motivausschnitten die tänzerischen Eckteile im Dreiertakt. Der geradtaktige Mittelabschnitt führt ein Fanfarenmotiv in der Trompete ein. Gitarrenartige Pizzicati, die federnd leichte Führung des Blechs, das alle Schwere verloren hat, das geht in seinem instrumentalen Farb-Raffinement weit über das Bild eines musikalischen Folklore-Spanien etwa Rimski-Korsakows hinaus. Trotz der für Debussy untypischen Eindeutigkeit eines weitgespannten melodischen und rhythmisch scharf profilierten Themas ist die motivische Logik des Satzes das strukturell Entscheidende.

Les parfums de la nuit (*Die Düfte der Nacht*) setzt der Dynamik des 1. Satzes die Statik eines in Andeutungen und dunklen Farben faszinierend changierenden Nocturne entgegen. Alles ist hier vage: der Habanera-Rhythmus, die ineinandergeschachtelten kleinen Motive, die sich nur ein einziges Mal zu einer greifbaren Habanera-Melodie verdichten, um sofort wieder auseinanderzufließen. Gleitende Farbflächen bestimmen den Formzusammenhang, wobei das Timbre der Instrumente den jeweiligen Klanggestus bestimmt. Der Übergang von dieser nächtlichen Vision zur Helle des *Le matin d'un jour de fête* (*Der Morgen eines Festtages*) ist gleitend: Zu fernem Geläute naht ein Festzug, das Licht intensiviert sich, aus dem Trubel des Festes entspringt ein Gewirr von tänzerischen Motiven, von denen jedoch – anders als im 1. Satz – keines eine melodische Führungsrolle einnimmt. Es bleibt bei flüchtig vorüberziehenden Andeutungen trotz der Gitarrenimitationen der Violinen, die nach Durchsetzung eines Tanzes zu drängen scheinen. Auch eine Sologeige verstummt bald. Das Ineinanderschachteln kurzer, prägnanter Motive bestimmt die sich steigernde Innenspannung des Ganzen, die mit einem gellenden Glissando der Bläser abrupt abbricht.

Das dritte der *Images*, *Rondes de printemps* (*Frühlingsreigen*), ist ein Klangspiel von leuchtender Transparenz. Debussys Wort vom »Kristall« des Orchesterklangs trifft auf dieses Stück wie auf kein anderes der *Images* zu. Das französische Volkslied »Nous n'irons plus au bois« scheint in mehr oder weniger deutlichen Konturen, oft motivisch zerpflückt, durch das Gewebe des Orchesters. Eine geniale Umdeutung des klassischen Prinzips der Variation, in der Klang und thematische Substanz zur Synthese gelangen.

[M] *CD* Cleveland O., Boulez (EMI 1991); ORTF, Martinon (EMI 1973/74); Birmingham SO, Rattle (EMI 1989)

Danses

UA: Paris 1904

Die zwei *Danses* für Harfe und Streicher schrieb Debussy 1904 im Auftrag der Pariser Firma Pleyel für eine von dieser neukonstrierte chromatische Harfe. Der dankbare und klangvolle Harfenpart steht naturgemäß im Vordergrund. Die *Danse sacrée* trägt mit ihrer feierlich schreitenden Melodik archaischen Charakter. Die melodischen Linien, meist homophon von den Streichern vorgetragen, werden von der Harfe in rauschender Klanglichkeit umspielt. Am Ende sinkt das Stück in die Baßregion, um ohne Unterbrechung in die tänzerische *Danse profane* hinüberzugleiten. In die ruhige, elegant dahinfließende Walzer-Melodik der Streicher tönt das virtuose, in allen Farben schillernde Filigran der Harfe hinein. Nach einem Höhepunkt klingt das Werk ruhig aus. Trotz der harmonischen Einfachheit der beiden Danses ist Debussys aparte Klangsprache in jeder Phase unverkennbar.

[M] *CD* ORTF, Martinon (EMI 1973/74)

Jeux (Spiele)

UA: Paris 1913

Das 1912 von der englischen Tänzerin bestellte »orientalische« Ballett *Khamma* geht nur in der Klavierskizze auf Debussy zurück. Die Ausführung des erst 1924 konzertant uraufgeführten Gelegenheitswerkes, dessen gelegentlich pompöse Schwerfarbigkeit mit Debussys luzider Orchestersprache wenig gemein hat, wurde von Charles Koechlin besorgt. Ein näheres Eingehen auf das äußerst selten gespielte Stück in diesem Rahmen erübrigt sich somit.

Demgegenüber bezeichnet das 1912/13 für den russischen Tänzer Vaclav Nijinsky komponierte Ballett *Jeux* den am weitesten vorgeschobenen Punkt in Debussys gesamter Musik. Die banale Handlung, eine Dreiecksgeschichte zwischen zwei Mädchen und einem Jungen auf dem Tennisplatz, steht in krassestem Kontrast zu der extrem komplexen Partitur, die denn auch meist im Konzertsaal realisiert wird. Die Bewegungsimpulse des Tennisspiels setzt Debussy in ein Spiel der Motive und Motivfetzen um, das jeder analytischen Beschreibung spottet. Sind im Falle von *La Mer* die motivischen Metamorphosen noch erkennbar, gibt es dort bei aller formalen Freizügigkeit noch Parallelen, die übergreifende Zusammenhänge erkennen lassen, so ist hier alles unbeständig und ungreifbar. Debussys frei waltende Phantasie löst das Geflecht von Motiven und musikalischen Strukturen vollständig auf. Die musikalischen Ereignisse dieses *Poème dansé*, ihr Kommen und Verschwinden, wirken willkürlich, sind, wenn auch nur schwer analysierbar, dennoch einer inneren Kontinuität unterworfen, die der Hörer, der dem Auf und Ab präsenter und wieder zurückweichender Motive konzentriert folgt, als zwingend empfindet. Einzig das Wiederauftauchen der Einleitungstakte am Schluß sowie das Erscheinen einer sich vorübergehend plastischer ausbreitenden Melodie im Schlußteil geben dem Hörer Haltepunkte. Die Form ist noch weniger vorgegeben als im Falle von *La Mer*, sie erwächst vielmehr aus der Folge sich reihender, einander ablösender »Augenblicke«. Die Zufälligkeiten eines Ballspiels sind in ihrem unentwegten Wechsel in der Musik gespiegelt. Debussy zieht in *Jeux* die letzten Konsequenzen aus seiner Absage an die Dialektik der klassisch-symphonischen Durchführungstechnik mit ihrer thematisch-motivischen Logik. Deshalb entzieht sich das Werk auch einer den musikalischen Ereignissen folgenden Beschreibung. Daß es zur Zeit seiner UA unverstanden blieb, nimmt nicht wunder. Die Bedeutung von *Jeux* für die Entwicklung der Musik unseres Jhs. ist erst im Lichte der Erfahrungen der musikalischen Moderne erkannt worden. Debussy selber glaubte, für die UA einen beschreibenden Programmkommentar geben zu müssen. Daß er zum Verständnis der Abfolge einer von unerschöpflicher Phantasie bestimmten Motiv-

Claude Debussy mit seiner Tochter »Chouchou« beim Picknick (um 1916)

vielfalt und ihrer Bewegungsabläufe wenig beiträgt, dürfte er selber gewußt haben, zumal das Gewirr von Ostinati und chimärischen Motivfloskeln sein Äquivalent findet in einer unerhört farbigen Klangalchemie, die das Orchestertutti genauso auflöst wie die motivisch-thematischen Konturen. *Jeux*, wenige Tage vor Strawinskys *Sacre du printemps* uraufgeführt, ist Debussys Vermächtnis an die Zukunft.

M *CD* ORTF, Martinon (EMI 1973/74); Birmingham SO, Rattle (EMI 1989)

Le Martyre de Saint Sébastien

UA: Paris 1911

1910 wandte sich der Dichter Gabriele d'Annunzio an Debussy zwecks Mitwirkung des Komponisten an einem Werk, das das Martyrium des heiligen Sebastian zum Thema haben sollte. Die Hauptrolle in dem szenisch aufzuführenden Mysterienspiel sollte die Tänzerin und Schauspielerin Ida Rubinstein, Star des Diaghilew-Balletts, kreieren. Der stets geldbedürftige Komponist schuf die Komposition für Solostimmen, Sprecher, Chöre und Orchester unter Zeitnot in nur drei Monaten. André Caplet mußte unter diesen Umständen die Instrumentation besorgen, die auf weiten Strecken hinter Debussys klanglicher Differenzierungskunst zurückbleibt.

Das Werk, eine Mischung von Mysterienspiel, verstiegenem Symbolismus und Ballett, ist in seiner Originalgestalt mit den gesprochenen Texten d'Annunzios kaum mehr aufführbar. Die UA war denn auch ein Fiasko. Das Stück gliedert sich in 5 Teile, zu denen Debussy Musiknummern der verschiedensten Art schrieb, Orchester-Vor- oder Zwischenspiele, Chortableaus und Arien. Nach Debussys Tod wurde eine Konzertfassung hergestellt, die unter Eliminierung von d'Annunzios Wortschwulst durch verbindende Texte die Musik zu retten sucht. Daß diese stilistisch wie qualitativ uneinheitlich ist, erklärt sich aus den äußeren Umständen ihrer Entstehung und der Zwitterhaftigkeit des Ganzen, das weder Oper noch Oratorium oder Ballett ist. Dennoch ist Debussys Musik zum großen Teil von außerordentlicher Schönheit. Das Orchester wird in den Vor- und Zwischenspielen nicht motivisch aufgesplittert, wie in den großen Orchesterwerken, behandelt, sondern eher flächig und melodiös wie im ersten der beiden *Danses*. Modale Wendungen, aber auch harmonisch kühne Akkordgebilde von seltsam leuchtender Transparenz erzielen mit höchst avancierten Mitteln Wirkungen von feierlicher oder auch bedrohlicher Archaik. Demgegenüber erscheint die eindeutige Tonalität der Chöre, in denen entsprechend der Dichtung Christliches und Heidnisches aufeinanderprallen, ja sich gelegentlich sogar vermischen, in den Dienst hymnischen Ausdrucks gestellt, was vor allem für den ekstatisch gesteigerten Final-Hymnus mit seinen Anklängen an Renaissancemusik gilt. Neuartig ist auch die freischwebende, hymnische Linearität der Sologesänge. Debussy läßt an entscheidenden Stellen sogar ein »Leitmotiv« auftreten, Symbol des Kreuzes. Wie denn die Faszination, die Wagners *Parsifal* zeitlebens auf ihn ausübte, sich in diesem Spätwerk schöpferisch niederschlug. Der so überaus erfolgreiche *Roi David* von Honegger (1921) ist ohne Debussys *Sébastien* undenkbar. Die Vorbildfunktion läßt sich bis in den Tonfall der Chöre Honeggers erkennen.

M *CD* London SO, Thomas (Sony 1993)

Alfred Beaujean

Léo Delibes

1836–1891

»Hätte ich diese Musik gekannt, so hätte ich Schwanensee nicht geschrieben«. So meinte der große russische Komponist Tschaikowsky, nachdem er Léo Delibes' Ballett *Sylvia* erstmals gehört hatte. Was ihn so beeindruckt hatte, war die Tatsache, daß hier die Musik im Ballett keine untergeordnete Rolle mehr spielte, sondern alleiniger Gegenstand des Interesses war. Damals kam das einer Revolution gleich, denn das Ballett hatte im Frankreich jener Zeit allein dekorativen Charakter. Delibes entwickelte aus dem reinen Schaustück ein getanztes Drama ohne Text.

Der am 21. Februar in St. Germain du Val geborene Clément Philibert Léo Delibes hatte Musik zunächst von seiner Mutter und seinem Onkel gelernt, bevor die Familie, nach dem Tod des Vaters, nach Paris zog und der 12jährige Léo Schüler am Conservatoire wurde. Dort gehörte zu seinen Lehrern auch der Komponist Adolphe Adam, der 1841 sein Erfolgsballett *Giselle* herausgebracht hatte. Zwar entwickelte sich Delibes nicht zu einem herausragenden Studenten, aber er zeigte doch beträchtliches Talent für die Bühne, und hier vor allem für heitere und grazile Stoffe. Paris war zur Zeit des 2. Kaiserreichs das Vergnügungszentrum Europas und der Bedarf an Unterhaltungskünstlern groß. Nach einigen Versuchen im Bereich Oper und Operette errang der inzwischen zum 2. Chordirektor an der Grand Opéra avancierte Delibes 1866 einen ersten Erfolg mit der Ballettkomposition *La Source* (*Die Quelle*), worauf 1870 das Ballett *Coppélia* nach einem Stoff von E. T. A. Hoffmann herauskam. Auf der Bühne als Ballett, im Konzertsaal als Suite ist diese Musik mit ihrem Charme, ihrem Schwung und ihrer Fröhlichkeit noch heute populär. 6 Jahre später entstand das Elfenballett *Sylvia*, das Tschaikowsky so beeindruckte, und das Delibes weltberühmt machte. Neben Adolphe Adam ist Léo Delibes der zweite große französische Ballettkomponist der 2. Hälfte des 19. Jhs. Als Opernkomponist hat er lange nicht solche Spuren hinterlassen, obwohl seine komische Oper *Lakmé* (1883) noch einmal ein großer Erfolg wurde. Die *Glöckchenarie* daraus ist noch immer Herausforderung für manche Kehlkopfakrobatin. Hochgeachtet als Kompositionsprofessor am Conservatoire starb Léo Delibes am 16. Februar 1891 in Paris. *Joachim Salau*

Frederick Delius

1862–1934

Delius wurde in eine deutsch-englische Kaufmannsfamilie geboren und konnte seinen Vater nur mühsam überreden, ihn Musik studieren zu lassen. Während eines längeren Aufenthaltes in Florida, der ihn auch musikalisch prägte, nahm er für einige Monate privaten Kompositionsunterricht, später studierte er in Leipzig, wo er sich mit Grieg befreundete. Die neunziger Jahre verbrachte Delius vorwiegend in Paris, 1897 ließ er sich mit Jelka Rosen, die er 1903 heiratete, in Grez-sur-Loing nieder, wo er bis zu seinem Tod inmitten eines wundervollen Gartens lebte.

Delius gehörte zweifellos zu den interessantesten Erscheinungen der englischen Musik um die Jahrhundertwende. In Florida faszinierte ihn der Gesang der Schwarzen, hier erst wurde er sich endgültig seiner Berufung zum Komponisten bewußt. In seinem ältesten erhaltenen Orchesterwerk, der *Florida-Suite* von 1887, klingt bereits manches an, was Delius in den frühen exotischen Opern *The magic fountain* und *Koanga*, aber auch in der 1897 vollendeten Fantasie-Ouvertüre *Over the Hills and Far Away* zu einer zunächst von Wagner und Grieg, wohl auch von Debussy und Strauss beeinflußten, dennoch völlig eigenständigen Sprache auszubauen begann. Um die Jahrhundertwende, spätestens mit dem 1901 – wie so vieles von Delius – in Deutschland uraufgeführten Orchesterwerk *Paris, The Song of a Great City* war sein Stil voll ausgeprägt. In den nächsten Jahren entstanden nicht nur zentrale Bühnenwerke wie *A Village Romeo and Juliet* nach Keller und der stark veristische Einakter *Margot la rouge*, sondern auch die Neufassung von *Appalachia*, Variationen über ein altes Plantagenlied für Chor und Orchester, vor allem aber der großartige, 1904 vollendete Zyklus *Sea Drift* nach Texten Walt Whitmans für Bariton, Chor und Orchester, der nicht zu Unrecht häufig für sein Meisterwerk gehalten wird. Delius vertonte die um den Verlust erster Liebe kreisende Dichtung kongenial in einem unendlichen Strom chromatischer Harmonik und subtilster Klangfarben von nie abreißender Intensität. Er, der zu einer Art von pantheistischem Mystizismus neigte, fühlte sich Whitman innerlich zweifellos sehr nah. Ähnlich wie bei diesem ist die ungeheuer atmosphärische, doch nie programmatische musikalische Schilderung des Meeres Spiegel der menschlichen Seele, daneben dürfte das Meer ein Symbol der Erlösung wie zugleich unüberwindlicher Trennung sein.

In späteren Jahren meinte Delius, die Lektüre von Nietzsches *Also sprach Zarathustra* sei eines der zentralen Erlebnisse seines Lebens gewesen. Hier fand er die eigene Einstellung zum Leben, etwa die Eigenverantwortlichkeit des Menschen für sein Tun oder die Furchtlosigkeit angesichts des Todes, in großartiger Sprache wiedergegeben. Das in den Jahren 1904/5 komponierte gewaltige Oratorium *A Mass of Life* für 4 Solisten, Chor und Orchester war der direkte Ausdruck der Bewunderung, die Delius in erster Linie für den Dichter Nietzsche hegte. *A Mass of Life* faßt das menschliche Leben metaphorisch in den Ablauf eines Tages, der sich über den *großen Mittag* der Reife bis hin zur *Mitternachtsglocke* des Todes entwickelt. Die Musik erscheint als endloser improvisatorischer Fluß, ist freilich in Wahrheit im extremen Schwanken zwischen vital ekstatischem Überschwang und fast statischer Ruhe, Momente von geradezu hypnotischer Kraft genauestens ausbalanciert.

In den folgenden Jahren entstanden eine Reihe kürzerer, doch sehr atmosphärischer Werke von großem Klangzauber, 1907 *Brigg Fair, An English Rhapsody*, 1908 die Rhapsodie *In a Summer Garden* und die erste *Dance Rhapsody*. Aus dem Jahr 1911 stammen zwei der bekanntesten Kompositionen von Delius überhaupt, die lyrischen Orchesterstücke *On hearing the first Cuckoo in Spring und Summer Night on the River*, vor allem aber der erst 1920 uraufgeführte *Song of the High Hills* für Chor und Orchester, eine wunderbar stimmungsvolle Reflexion auf die Einsamkeit und Melancholie der norwegischen Berge. In den wortlosen Vokalisen des Chores scheint paradoxerweise das menschliche Bewußtsein in ein überweltliches Sein transzendiert, scheint die ewige Natur selbst »zu Wort« zu kommen.

Wie viele seiner Zeitgenossen erlebte Delius den Ersten Weltkrieg als tiefen Schock. Sein 1916 vollendetes *Requiem* für Sopran, Bariton, Chor und Orchester, das weniger religiös ist, als daß es die pantheistische Grundüberzeugung des Komponisten formuliert, widmete er *dem Andenken aller jungen Künstler, die im Krieg gefallen sind.* Nie ging Delius harmonisch so weit wie hier, doch wirklich heimisch scheint er sich in den streckenweise völlig dissonanten Gefilden nicht gefühlt zu haben. Im selben Jahr schrieb er für den Geiger Albert Sammons ein weithin unterschätztes *Violinkonzert,* von seinen 4 Konzerten wohl das beste. In den letzten 10 Jahren blind und gelähmt, komponierte Delius bis zuletzt, zunächst mit Hilfe seiner Frau, später unterstützt von seinem Sekretär Eric Fenby. Ihm ist die Vollendung u.a. der *Songs of Farewell* nach Whitman, von *A Song of Summer* und des *Irmelin Preludes* zu danken.

Auch wenn Delius letztlich nie über die Harmonik der Spätromantik hinausging, macht doch gerade sie seinen persönlichen Stil aus. Aus ihr, einer extremen harmonischen Flexibilität, die auch die Atonalität streifen kann, entwickelt er eigene, fließenden Formverläufe, schuf er große Zusammenhänge in Form von mosaikartigen, aus kleinen Motiven erwachsenden Geweben. Damit stand diese faszinierende Persönlichkeit musikalisch völlig im Einklang mit ihrer pantheistischen Botschaft.

Oswald Beaujean

Edison Wassiljewitsch Denissow

1929–1996

Als einer der russischen »Troika«, der drei großen Komponisten zeitgenössischer, russischer Musik neben Sofia Gubaidulina und Alfred Schnittke, gilt Edison Denissow im Westen als der progressivste. Viele seiner Werke werden hier gespielt oder wurden sogar von hier in Auftrag gegeben. Seine Oper *Der Schaum der Tage* nach dem gleichnamigen Roman von Boris Vian wurde 1986 in der Pariser Opéra-Comique aus der Taufe gehoben. Denissow, der am 6. April 1929 im westsibirischen Tomsk geboren ist, fühlte sich sowohl der französischen als auch der deutschen Kultur verpflichtet. Von Mozart, Schubert, Brahms und Debussy glaubte er am meisten gelernt zu haben. Im Finale seines *Bratschenkonzertes* (1986) etwa hat er ein Thema aus Schuberts bekanntem *Impromptu* As-Dur verwendet. Denissow studierte zuerst Mathematik, bis er auf Anraten von Schostakowitsch am Moskauer Konservatorium ein Musikstudium aufnahm. 1959 wurde er dort Lehrer für Komposition und Analyse und seit 1961 für das Fach Instrumentation. Als Komponist hat Denissow mit Atonalität, Zwölftontechnik, Geräuschkomponenten und Elektronik experimentiert und sich intensiv mit den kompositorischen Techniken von Schostakowitsch und Strawinsky auseinandergesetzt. Erst in der Kantate *Die Sonne der Inkas* für Sopran und 11 Instrumentalisten (1964) auf Verse der chilenischen Dichterin Gabriela Mistral fand er seine eigene musikalische Sprache. Es ist meist die Begegnung mit Texten, die Denissow zum Komponieren inspiriert. Deswegen liegen ihm alle Gattungen der Vokalmusik, insbesondere die Oper, am Herzen. In *Chant d'automne* (*Herbstlied,* 1971) für Sopran und großes Orchester hat er zum ersten Mal ein Werk auf einen französischen Text (Charles Baudelaire) komponiert. 1973 folgte der Zyklus *La vie en rouge* (*Leben in Rot*) für Gesang, Flöte, Klarinette, Violine, Cello, Klavier und Schlagzeug auf Gedichte von Boris Vian. Späte Gesangswerke sind das Oratorium *Historie vom Leben und Sterben unseres Herrn Jesus Christus* (1994), *Morgentraum* für Sopran, gemischten Chor und Orchester (1995) und der *Celan-Zyklus* für Sopran, 8 Instrumente und Elektronik (1996).

In Denissows Musiksprache, die auch Jazz-Allusionen und Mikrointervalle aufweist, spielt vor allem der D-Dur-Dreiklang oder der einzelne Ton d als klangfarbliches Symbol eine Rolle, etwa im *Requiem* (1980) oder im 13. Bild der Oper *Der Schaum der Tage* (1981). Die »Konjunktur des Marktes« interessierte ihn bei seiner schöpferischen Arbeit nicht. Ihm kam es auf die »ewigen Werte« in der Musik an. Als Unglück der zeitgenössischen Musik bezeichnet er den »Verlust ihres geistigen Hintergrundes«. Denissow hat neben seinen Kompositionen auch zahlreiche musikwissenschaftliche Artikel verfaßt und war Vorsitzender der 1990 als Gegenpol zum Komponistenverband gegründeten »Assoziation für Moderne Musik«. Seine musikalische Aussage wußte er in natürlich-kunstvoller und immer unspektakulär persönlicher Musiksprache zu formulieren. Am 24. November 1996 ist er in Paris gestorben.

Brigitte Schulze

Paul Dessau

1894–1979

Paul Dessau ist unter den deutschen Komponisten des 20. Jhs. eine eigenwillige und nicht unumstrittene Figur. In seiner Zeit ist er einer der wenigen Virtuosen, gleichzeitig ist er ein Rebell. Als Musiker wirft er manchen Widerspruch auf, als Mensch bleibt er – ein scharfsinniger Anhänger Spinozas – Utopist. Seine musikalische Laufbahn begann der am 19. Dezember 1894 in Hamburg geborene Dessau als Theatermusiker, vor und nach dem Ersten Weltkrieg arbeitete er an mehreren namhaften Häusern als Korrepetitor und Kapellmeister. Seine ersten Kompositionen fallen in die 20er Jahre. Für sein Violin-Concertino erhielt er 1925 den Preis des Musikverlags Schott, 1927 wurde in Prag seine 1. Symphonie uraufgeführt. Er schrieb für den Film und zählte in Berlin bald zur gemäßigten Moderne. Als Jude und politisch linksstehender Künstler emigrierte er 1933 nach Paris und 1939 in die USA. Dort begann seine Arbeitsbeziehung mit Bertolt Brecht. Die letzten Lebensjahrzehnte verbrachte Dessau in der DDR; sie waren seine künstlerisch produktivste und zugleich widersprüchlichste Zeit. Wie eine Reihe engagierter Künstler setzte er zunächst auf den gesellschaftlichen Progreß in Ostberlin, zugleich geriet er mit den kulturpolitischen Gremien in Konflikt. In einer spektakulären Kampagne wurde sein Anti-Kriegsstück *Das Verhör des Lukullus* 1951 politisch reglementiert; allen weiteren Opernprojekten gingen Eingriffsversuche voraus. Als Autor auch naiver, tagespolitisch loyaler Musik genoß Dessau gewisse Freiheiten; nach Brechts Tod wuchs er in die Rolle der Vaterfigur für avancierte ostdeutsche Kunst. Neben den 5 vollendeten Opern *Lukullus*, *Puntila*, *Lanzelot*, *Einstein* und *Leonce und Lena*, die die tragende Säule seines Œuvres bilden, ist – neben einer Vielzahl von Liedern und einiger Kammermusik – vor allem sein Orchesterwerk von Belang. Die *1. Symphonie*, 1926 komponiert, ist das erste eigenständige Stück in großer Form. Gegenläufiges wird hier vereint, – die strenge kontrapunktische Formensprache und der expressive, aufrüttelnde Klang. Es gibt auch einen folkloristischen Bezug: stark entsentimentalisiert finden sich Anklänge an ein altes jüdisches Thema aus dem Kol Nidrei.

Auch in einer zunächst dreisätzigen, reichlich kammermusikalisch gehaltenen *Orchestersuite* von 1934, die der Komponist später als *2. Symphonie* bezeichnet, klingt Volksmusik an. Diesmal sind es palästinensische Melodien und im letzten, Bartók gewidmeten Satz auch bulgarische Rhythmen.

Nach der Rückkehr aus dem Exil grenzt Dessau sich vom Symphonie-Gedanken stark ab und schreibt unkonventionellere Orchestermusik. In dieser bündeln sich seine Auseinandersetzung mit der musikalischen Tradition, sein theaterorientiertes Denken und seine politische Intention. Sie spiegelt zugleich seinen Versuch, im Rahmen kulturpolitischer Enge begrenzte Innovation durchzusetzen. Ein solches Werk ist die 1957 geschriebene Trauermusik *In memoriam Bertolt Brecht*. Das Stück beginnt mit einem leidenschaftlichen Lamento, dem – in der Tradition Bachs – quasi eine Choralbearbeitung folgt. Im Cantus firmus von Posaunen und Trompeten erscheint hier das berühmte Lied der Mutter Courage aus Brechts gleichnamigem Stück und ringt gegen ein Gefüge kunstvoll entfesselter Orchesterstimmen. Der politische Bezug ist deutlich: »Der Krieg soll verflucht sein« notiert der Komponist in die Partitur. Charakteristisch ist am Schluß außerdem ein heiter-gelassenes Epitaph, das die persönliche wie historische Zäsur markiert.

Bezüge zu Bach bestimmen auch weitere Orchesterprojekte: Die *Bach-Variationen* zum 400jährigen Bestehen der Schweriner Staatskapelle von 1963, die 1971/72 komponierte Oper *Einstein*. In den Variationen erweist Dessau sich als Meister der Instrumentationskunst, in der Oper diskutiert er in Parodien Bachscher Werke die Mißbrauchbarkeit humanistischer Kunst. Die *Orchestermusik Nr. 4* von 1972, die sich an einer Bach-Toccata ausrichtet, ist dagegen eher ein gerüstartiges Werk, ein später von ihm selbst kritisch gesehenes Dokument geistigen Ringens.

Höhepunkte orchestralen Komponierens sind auch die *Symphonische Adaptation* von Mozarts Quintett Es-Dur (KV 614) und, sieht man vom unsäglichen Chorfinale ab, die Orchestermusik *Lenin*. Letzterer liegt Material aus Beethovens *Appassionata* zugrunde, das Dessau zu einem stillen, introvertierten Werk komprimiert. Die Mozart-Adaptation ist ein Meisterwerk minutiöser Variation, die an Weberns und Schönbergs Bach-Instrumentationen erinnert. Zunächst erweitert Dessau hier nur die Palette der Farben, dann folgen rhythmische Eingriffe und eine Reihe querläufiger Zugaben, die den Eindruck einer zirkushaften, auch gespenstischen Groteske vermitteln.

Frank Kämpfer

Alphons Diepenbrock

1862–1921

Alphons Diepenbrock wurde am 2. September 1862 in Amsterdam geboren, wo er auch am 5. April 1921 gestorben ist. Die verblüffende Parallelität der Lebensdaten mit denen des letzten großen Vertreters der Niederländischen Schule, Jan Pieterszoon Sweelinck (1562–1621) ist schon den Zeitgenossen aufgefallen. Sie verstärkte den Eindruck, daß mit Diepenbrock, einem Autodidakten, der klassische Philologie studiert hatte, nach einem 300-jährigen Schlaf die niederländische Musik neu erwacht sei. Da am Ende des vorigen Jahrhunderts auch in der niederländischen Malerei (van Gogh, Toorop) und Literatur (Kloos, Gorter) Aufbruchsstimmung herrschte, rundete sich das Bild. Als ein wahres Symbol für die ganze kulturelle Erneuerung wurde die Anfangszeile des epischen Gedichts »Mai« (1889) des jungen Lyrikers und Diepenbrock-Freundes Herman Gorter verstanden »Een nieuwe lente en een nieuw geluid« (»Ein neuer Frühling und ein neuer Klang«).

Für den frommen Katholiken Diepenbrock waren zwei musikalische Erlebnisse von prägender Bedeutung: das Kennenlernen der bis dahin in den konservativen Niederlanden als Teufelswerk geschmähten, aber nahezu unbekannten Musikdramen Wagners und das Studium der altniederländischen Polyphonie. Später machte sich auch der Einfluß des französischen Impressionismus, vor allem Debussys in der immer raffinierter werdenden Instrumentierung bemerkbar. Diepenbock war vielseitig interessiert – so bewunderte er z. B. Novalis und Nietzsche – hielt sich jedoch vom öffentlichen Leben eher fern. Nahezu das ganze, verhältnismäßig schmale Œuvre des von Willem Mengelberg protegierten und regelmäßig aufgeführten Komponisten ist wortgebunden. In seinen großen geistlichen Werken, der *Missa in die festo* (1890/91) und dem *Te Deum* (1897) wurde Diepenbrock zum Reformator der katholischen Kirchenmusik, während er in seinen beiden *Hymnen an die Nacht* nach Novalis für Sopran bzw. Mezzosopran und großes Orchester (1899) noch vor seinem Freund Gustav Mahler ein neues Orchestergenre, das symphonische Lied, ins Leben rief. In beiden Werken verbinden sich eine schwelgerisch-sehnsuchtsvolle Melodik und eine zwar üppige, aber nie massiv, sondern eher pointillistisch wirkende Instrumentierung mit einer an den alten niederländischen Meistern geschulten Polyphonie zu einem höchst persönlichen Ganzen. Die »Polymelodik« Diepenbrocks, die auch weitere symphonische Lieder wie *Die Nacht* nach Hölderlin, (1910/1911) und *Lydische Nacht* (1913) nach Verhagen genauso prägt wie seine, z. T. in Suiten zusammengefaßten Theatermusiken zu *Marsyas* (1909), *Die Vögel* (1917) und *Elektra* (1919/20), wurde stilbildend für so unterschiedliche niederländische Komponisten wie Matthijs Vermeulen, Hendrik Andriessen oder Willem Pijper. Ihr Einfluß, ein auffallendes Spezifikum der neuen niederländischen Musik, reicht sogar bis zu Zeitgenossen wie Peter Schat. *Rein A. Zondergeld*

Violeta Dinescu

1953

Das Werk Violeta Dinescus ist vom Umgang mit mathematischen Ordnungsprinzipien geprägt. Bereits in der Antike sahen die Wissenschaftler einen engen Zusammenhang zwischen Mathematik und Musik. »Bei jeder Komposition versuche ich am Anfang eine Rechtfertigung für die Organisation des musikalischen Materials zu finden, indem ich fortwährend nach einer Sphäre, einer Vorstellung suche, wo die Flut der Phantasie mit der Rigorosität des formbildenden Gedankens zusammentrifft.«

Die Komponistin wurde am 13. Juli 1953 in Bukarest geboren. Schon als Kind genoß sie einen intensiven Musikunterricht. Nach ihrem Abitur an einem naturwissenschaftlichen Gymnasium mit den Hauptfächern Mathematik und Physik nahm sie ihr Musikstudium am Bukarester Konservatorium auf und studierte Komposition bei Myriam Marbe. Seit 1982 lebt sie in der Bundesrepublik Deutschland und gehört hier zu den erfolgreichsten Komponisten der jüngeren Generation. Ihr außergewöhnlich umfangreiches Werkverzeichnis umfaßt circa 80 Kompositionen für die unterschiedlichsten Besetzungen: für Stimme, Soloinstrumente, Kammerensemble, Symphonieorchester, außerdem abendfüllende Bühnenwerke, Filmmusik und experimentelle Kompositionen für Synthesizer und Computerorgel. Gedankenspiele mit arithmetischen und logarithmischen Kombinationen liegen den mathematischen Konstruktionen von Werken wie *Verwandlungen* für Orchester (1977) oder *Anna Perenna*, einem Orchesterstück für 3 Flöten, Blechbläser, Schlagzeug und Streicher (1979) zugrunde. Ein weiterer Bestandteil ihres musikalischen Denkens ist das aus der rumänischen Volksmusik stammende parlando-rubato, das sich in nicht gemessenen, freien Zeitabläufen bewegt. Violeta Dinescu stellt dieser schwebenden Zeit eine chronometrisch fixierte Zeit gegenüber, eine charakteristische Form der Zeitgestaltung, die insbesondere in ihrem Orchesterwerk *Akrostichon* (1983) zum Tragen kommt. Hier benutzt sie die gleichnamige barocke Gedichtform als strukturelles Material, das sie mit größter Genauigkeit in Musik überträgt. Ein musikalisches Raumdenken findet man in Kompositionen mit variablen Orchestergruppen wie in *Concertino mit obligatem Mezzosopran* (1988). Diese Räumlichkeit in der Musik erhält als Element ihrer Opern wie in *Eréndira* (1993) eine weitere Dimension. *Bettina Brand*

Carl Ditters von Dittersdorf

1739–1799

Überspitzt ließe sich formulieren: Dittersdorf wurde rezeptionsgeschichtlich aufs Schafott geführt, weil es einen Beethoven gab. Richter und Henker war der Dichter, renommierte Musikkritiker und Komponist E. T. A. Hoffmann. Elf Jahre nach seinem Tod wurde Dittersdorf von ihm in seiner berühmten und so folgenreichen Erörterung von Beethovens 5. *Symphonie* mit der Feststellung bedacht: »Dittersdorfs Symphonien der Art (...) sind als lächerliche Verirrungen mit gänzlichem Vergessen zu bestrafen«. Daß es nicht angeht, die Instrumentalmusik (nach Hoffmann die »romantischste aller Künste«) eines Dittersdorf mit der eines Beethoven zu vergleichen, leuchtet ein. Daß Hoffmann in seiner romantischen Sicht jedoch an dieser und auch anderer Stelle (Dittersdorfs Singspiele nennt er im Aufsatz »Der Dichter und der Komponist« gar »erbärmlich«), sich zu so barschem Urteil verpflichtet sah, kann nur als Reaktion auf die damalige überaus große Verbreitung von Dittersdorfs Musik, gleichsam als Aufruf zum Sturz des Denkmals angesehen werden.

Der am 2. November 1739 in Wien als Carl Ditters geborene Violinist und Komponist lernte nach der altbewährten Methode von Fux' *Gradus ad Parnassum*. 1763 begleitete er Gluck auf einer Italienreise und lernte so Padre Martini, einen der bedeutendsten Theoretiker und Lehrer (u. a. von J. C. Bach und W. A. Mozart) kennen. Fortan weist auch seine Musik stilistische Elemente der Frühklassik auf. Als Nachfolger Johann Michael Haydns im Amt des Kapellmeisters bei Bischof Grosswardein kann er die Qualität von dessen Orchester heben und den Bau eines Theaters erwirken. 1786 kommen 3 seiner heute noch bekannten Werke zur UA: Das Oratorium *Giobbe*, seine *12 Symphonien* über *Ovids Metamorphosen* und sein erfolgreiches Singspiel *Doktor und Apotheker*. Dittersdorf leistete mit seinem sehr umfangreichen Œuvre Beiträge zu allen musikalischen Gattungen: rund 40 Opern und Singspiele, 120 Symphonien und 40 Solo-Konzerte.

Daß Hoffmanns Urteil nicht unbedingt zu teilen ist, offenbart sich erst aus historischer Distanz. Dittersdorfs Symphonien stehen den Haydnschen oft in nichts nach, überraschen wie diese durch melodische Frische, unkonventionellen Aufbau und spielerischen Witz. Ihre sehr »sprechende« Art machen den Erfolg des Singspiel-Komponisten Dittersdorf nur allzu verständlich. *Werner Bleisteiner*

Ernst von Dohnányi

1877–1960

Es ist schon eine Kunst, es andern nachzutun, Streichquartette zu schreiben, die mit der Dichte und Aussage eines Opus von Brahms vergleichbar sind, eine *Cello-Sonate b-moll op. 8* oder ein *Konzertstück für Cello und Orchester D-Dur op. 12*, die der musikalischen Sprache von Robert Schumann ähneln. Ernst von Dohnányi wurde die Orientierung an Vorbildern oft als Mangel an schöpferischer Kraft ausgelegt. Auch wenn sein Œuvre keine nennenswerten eigenen Charakteristika besitzt, sind seine Werke dennoch kunstvoll gestaltete Gebilde, die der Musikgeschichte, vor allem der Romantik ihre Reverenz erweisen.

Ernst von Dohnányi wurde am 27. Juli 1877 in Bratislawa geboren. Er studierte von 1893–1897 an der Musikakademie in Budapest Klavier und Komposition. In dieser Zeit schrieb er eine Reihe Kammermusik für unterschiedliche Besetzungen und eine *Symphonie F-Dur* (1897). Sein *Klavierquintett c-moll op. 1* wurde sogar von Johannes Brahms persönlich gewürdigt, der sich 1895 für die Premiere in Wien einsetzte. Dohnányi hat fast alle Frühwerke später verworfen. 1897 studierte er Klavier bei d'Albert und begann, als Pianist aufzutreten. 1899 erhielt sein *Klavierkonzert op. 5* den Bösendorfer-Preis. In der Folgezeit etablierte er sich als größter ungarischer Pianist und Komponist nach Liszt. 1905 ging er auf Einladung des Geigers Joseph Joachim für 10 Jahre als Lehrer an die Hochschule in Berlin. Wieder zurück in Budapest setzte er sich verstärkt für die nationalen Musiktraditionen Ungarns ein. 1916 wurde er Klavierlehrer an der Budapester Musikakademie, für die er 1917 einen umfassenden Reformplan ausarbeitete, dessen Ideen er als späterer Direktor (1919) teilweise verwirklichen konnte. Dohnányi gab viele Konzerte und rief eine Reihe neuer Institutionen ins Leben. Er wurde 1919 der erste gewählte Chefdirigent der Philharmonischen Gesellschaft, der er bis 1944 blieb. Nebenbei dirigierte er im ungarischen Rundfunk (1931–1944). 1921 und 1927 unternahm er ausgedehnte Reisen durch Amerika, leitete 1928 wieder Meisterklassen für Klavier und Komposition an der Budapester Akademie, der er ab 1934 als Direktor vorstand. Obwohl er ein im Grunde unpolitischer Mensch war kämpfte er 1939 gegen nationalsozialistische Einflüsse. 1944 ging er nach Österreich, lebte 1947/48 eine zeitlang in Argentinien und übernahm nach dem Zweiten Weltkrieg 1949 eine Professur an der Florida State University. Dohnányis Kraft blieb im wesentlichen ungeschmälert. Seine Fähigkeiten im Partiturlesen und Improvisieren, sein enormes Gedächtnis und sein aufrechter Charakter galten als beispielhaft. Sein reichhaltiges Œuvre weist außer der Kammermusik auch Opern und große Orchesterwerke auf. Am bekanntesten wurde *Der Schleier der Pierrette*, eine Pantomime nach Arthur Schnitzler (UA 1910) und die *Variationen über ein Kinderlied* für Klavier und Orchester (1914). Dennoch blieb dem vielseitigen Musiker, Komponisten und Dirigenten, der als Lehrer zur Entwicklung vieler guter Musiker wie Annie Fischer, George Solti und Géza Anda beitrug, die Weltbühne verschlossen. Er starb am 9. Februar 1960 in New York. Der Dirigent Christoph von Dohnányi (*1929) ist sein Enkel *Bettina Brand*

Paul Dukas

1865–1935

Neben einigen kammermusikalischen Kompositionen sind von Paul Dukas lediglich 4 Orchesterwerke und eine Oper erhalten. Zutiefst selbstkritisch hat er viele seiner Werke vernichtet. Die überlieferten Partituren bezeugen ein hohes Bewußtsein für die ausgewogene Form und einen besonderen Einfallsreichtum im Bereich der Instrumentation.

Als Sohn einer begabten Pianistin, die bereits 1870 starb, und eines Bankiers wurde Paul Abraham Dukas am 1. Oktober 1865 in Paris geboren. Er studierte am Conservatoire und begeisterte sich in den 1880er Jahren für die Werke von Chabrier, d'Indy und besonders für die Opern von Richard Wagner. 1884 trat er in die Kompositionsklasse von Ernest Guiraud ein, wo er sich mit Claude Debussy befreundete. Zweimal nahm Dukas am Prix der Rom-Wettbewerb teil, jedoch verfehlte er den Preis 1888 um eine Stimme und 1889 wurde kein Preis vergeben.

1891 entstand seine Ouvertüre zu *Polyeucte* (nach der Tragödie von Corneille), die 1892 uraufgeführt wurde. In diesem Jahr begann Dukas auch seine Laufbahn als bedeutender Musikkritiker. Später tat er sich noch als Herausgeber der Werke von Beethoven, Rameau, Couperin und Scarlatti hervor. Mit Besorgnis mahnte d'Indy 1894 Dukas, wieder ein symphonisches Werk zu komponieren, aber erst 1897 waren wieder Werke von ihm in Paris zu hören.

Dukas' einzige Oper, die 1899 begonnene *Ariane et Barbe-Bleue* (*Ariane und Blaubart*, nach Maeterlinck), wurde am 10. Mai 1907 im Théatre de l'Opéra-Comique uraufgeführt.

Auf Wunsch von Gabriel Fauré übernahm Dukas 1910 die Leitung der Orchesterklasse am Conservatoire, die er bis 1913 innehatte. Auch später (1928–1935) war er am Conservatoire als Kompositionsprofessor tätig.

1911/12 entstand die letzte erhaltene symphonische Komposition von Dukas, sein »Poème dansé« *La Péri*. So hinterließ Dukas je eine brillante Komposition in den Gattungen: Ouvertüre, Symphonie, Symphonische Dichtung, Oper und Ballett.

Symphonie C-Dur

UA: Paris 1897

Mit den Symphonien von Beethoven und Schumann sowie mit denjenigen seiner Zeitgenossen Saint-Saëns, Franck, Lalo, Chausson und d'Indy vertraut, komponierte Dukas 1895/96 seine dreisätzige *Symphonie C-Dur*. In dieser Komposition umrahmen zwei lebendige C-Dur Sätze ein *Andante espressivo e sostenuto* in e-moll. Während in den Ecksätzen die einzelnen Holzbläser selten aus dem massiven Orchesterklang herauszuhören sind, spielen sie eine um so größere Rolle im langsamen Satz. Die Verwendung der Klangfarbe des Englischhorns erinnert an vergleichbare Darstellungen des Landlebens bei Rossini und Berlioz.

Im 1. Teil des langsamen Satzes bleiben die Posaunen und die Tuba ausgespart. Vor der Wiederholung des Hauptthemas, also direkt in der Mitte des Satzes, setzen dann alle Blechbläser gemeinsam *Largo e maestoso* ein. Blechbläser und Pauke bleiben dann durch die ganze Wiederholung bis hin zum letzten Ton der sanft ausklingende Coda im Einsatz. Der *1. Satz* beginnt außergewöhnlich: zwei Takte mit einem einzigen schnell wiederholten Ton. Im 3. Takt ist dann das 1. Thema in den Violinen zu hören, das kurzatmig um den Grundton kreist, bevor es nach oben gleichsam emporschießt. Im Kontrast dazu steht das wiegende 2. Thema, das nach einem kurzen Oboensolo einsetzt. Wenig später stellen die Hörner und Posaunen das fanfarenähnliche 3. Thema vor.

Der 3. Satz *Allegro spiritoso* ist symmetrisch aufgebaut, mit einer langen Coda, in der alle 3 vorgestellten Themen aufgenommen, miteinander verwoben und variiert werden.

[M] *CD* O. de la Suisse Romande, Jordan (Teldec 1984)

L'apprenti sorcier (Der Zauberlehrling)

Symphonisches Scherzo nach Goethe

UA: Paris 1897

Goethes Ballade »Der Zauberlehrling«, die vom Versuch eines ungehorsamen Lehrlings, die Zauberformel seines Meisters zu verwenden, erzählt, setzt Dukas an den Anfang seiner Partitur. Das Gedicht bietet eine Mischung aus Unheimlichem (ein Besen nimmt die Züge eines selbständigen Wesens an) und dramatischer Steigerung, die der Komponist wirksam umzusetzen weiß. Nach einer langsamen Einleitung, die alle Themen vorstellt und die Hörner in eine Traumwelt versetzt, erklingt zögernd das linkische Besen-Thema, das von drei Fagotten unisono vorgetragen wird. Mit diesem Thema kontrastiert ein zweites abfallendes fließendes Thema, das als Zauber- oder als Wasserthema zu verstehen ist. Im folgenden werden diese beiden Elemente variiert und einander immer dramatischer gegenübergestellt: Ausdruck für die bedrängte Situation des Lehrlings. Die dramatische Intensität wird weiter gesteigert, indem z. B. immer neue Schlaginstrumente eingesetzt werden. Neben der Harfe und der Pauke kommen Becken, Triangel, Glockenspiel und die große Trommel zum Einsatz. Grotesk wirkt die Episode, die dem »Beilschlag« folgt. Das Wiederaufleben der Besenteile wird durch das schwerfällige Kontrafagott illustriert. Diese Stimme erfährt eine Doppelung durch die Baßklarinette: eine Widerspiegelung der Spaltung des Besens.

Plötzlich kehrt am Ende des Stücks die Ruhe zurück. Der rettende Zauberspruch des Meisters wird durch lang gehaltene Bläserklänge ausgedrückt, die träumerischen Klänge des Anfangs sind wieder zu hören. Die 4 abschließenden Forte-Akkorde fungieren als »Kehraus«.

[M] *CD* NBC SO, Toscanini (Pearl 1929)

La Péri

Poème dansé (Tanzdichtung)

UA: Paris 1912

Die Handlung des Balletts *La Péri* basiert auf einer persischen Legende, worin der König Iskander sich auf die Suche nach der Blume der Unsterblichkeit begibt. Diese Pflanze erblickt er in den Händen der schlafenden Fee, die er wegen ihrer Schönheit begehrt. Als er die Blume nimmt, wacht die Péri auf, und mit einem bezaubernden Tanz bewegt sie Iskander dazu, ihr die Blume zurückzugeben. Als sie mit der glühenden Blüte des Lebens verschwindet, wird es um Iskander dunkel. Er erkennt, daß er nicht für das ewige Leben bestimmt ist.

Man hört zuerst die Fanfare für 3 Trompeten, 4 Hörner, 3 Posaunen und Tuba. Nach diesem Ruf setzen die exotischen Klänge der gedämpften Violinen, der leisen Hörner und der chromatisch auf- und absteigenden Flöten ein. In dieser Märchenwelt treten Iskander und die Péri auf.

Iskanders Thema haftet durch punktierte Rhythmen und aufsteigende Sprünge etwas Impetuoses an, während die Melodie der Péri kreisend und sängerisch gestaltet ist. Begleitet von der bereits erwähnten chromatischen Figur, kehren die beiden Motive und ihre Abwandlungen durch das ganze Werk immer wieder. Vor dem »Tanz der Péri« wird ein erster dramatischer Höhepunkt erreicht, dem die Entwendung der Blume entspricht. Der nachfolgende Tanz besteht aus einer Variationsfolge, die in einen zweiten Höhenpunkt mündet: die Berührung der Gesichter des Paares am Ende des Tanzes.

Im Schlußteil werden die beiden Hauptthemen fragil sich überlagernd präsentiert. Während die Péri entgleitet, hören wir nur noch Bruchteile ihres Themas. Zum Schluß kehren die verzaubernden Klänge des Anfangs wieder.

[M] *CD* O. de la Suisse Romande, Jordan (Teldec 1984) *Mary Ellen Kitchens*

Henri Dutilleux

1916

Geboren am 22. Januar 1916 in Angers, erhielt Dutilleux bereits als Schüler Unterricht in Klavier, Harmonielehre und Kontrapunkt. Von 1933 bis 1938 studierte er am Pariser Conservatoire, eine Begegnung mit André Jolivet und der Gruppe *»Jeune France«* 1936 brachten jedoch neue, unkonventionelle Perspektiven. 1942 wurde Dutilleux Chorleiter an der Pariser Oper, von 1944 bis 1963 Leiter der Musikproduktionen beim französischen Rundfunk ORTF. Dutilleux, der auch einer Lehrtätigkeit nachging (1961–1970 Professur für Komponisten an der Pariser École Normale de Musique, 1970 Gastprofessur am Pariser Conservatoire), ist Mitglied verschiedener internationaler Akademien und erhielt zahlreiche Auszeichnungen, u.a. schon 1938 den begehrten *Grand Prix de Rome* und 1987 den *Prix Maurice Ravel* für sein Gesamtwerk. Gängige Richtungen, Stiltendenzen oder gar Schulen wie der »Groupe des Six« oder dem Neoklassizismus verweigerte sich Dutilleux und entwickelte kontinuierlich seine individuelle, poetisch-mystische Musiksprache.

Er verwarf sein Frühwerk bis 1945 als zu sehr von Maurice Ravel beeinflußt und läßt sein Schaffen erst mit der 1948 von seiner Ehefrau Geneviève Joy uraufgeführten Klaviersonate beginnen. Bis auf 4 frühe Lieder ist Dutilleux' Werk fast ausschließlich instrumental und umfaßt Kompositionen für Bühne und Orchester (z.T. mit Solisten), Kammermusik und Bearbeitungen. Dabei zählt sein Œuvre insgesamt kaum mehr als zwei Dutzend Werke – jedes von ihnen ist jedoch ein Hauptwerk, da Dutilleux seinen Kompositionen viel Zeit und Sorgfalt schenkt.

Dutilleux' Personalstil ist vor allem durch das Prinzip der permanenten Variation geprägt, das mit fortwährender Metamorphose des musikalischen Materials und offenen Schlüssen für kontinuierlichen Fluß und eine zeitliche Dimension des Erinnerns sorgt (*Symphonie Nr. 1,* 1951; *Métaboles,* 1964; *L'arbre des songes [Der Baum der Träume],* 1985; *Mystère de l'instant,* 1989). Charakteristisch ist neben der Wahl freier Formen außerdem seine Freude am Klang, die sich in der räumlichen Gegenüberstellung von großem und kleinem Orchesterapparat (*Symphonie Nr. 2,* 1959) ebenso zeigt wie in den irisierenden Klangsplitterungen des Orchesterwerkes *Timbres, Espace, Mouvement* (1977), dessen Inspirationsquelle van Goghs Gemälde »Sternennacht« ist. Anregung liefert ihm auch die zeitgenössische Dichtung – der Werktitel des Cellokonzertes *Tout un monde lointain, absent, presque défunt* (1970) ist einem Gedicht Charles Baudelaires entnommen – wie überhaupt seine Werkbezeichnungen nicht traditioneller, sondern poetisch-sprechender Natur sind.

Susanne Schmerda

Antonín Dvořák

1841–1904

Schon zu seinen Lebzeiten ist das klischeehafte Bild des bodenständigen »böhmischen Musikanten« Dvořák geprägt worden. Eingängige Melodik und »slawischer Tonfall« – mal derb, mal schwermütig – gelten denn auch als Erkennungszeichen seiner Musik. »Der Kerl hat mehr Ideen als wir alle. Aus seinen Abfällen könnte sich jeder andere die Hauptthemen zusammenklauben« – Johannes Brahms' Äußerung, die jenes Bild nicht unwesentlich mitbestimmte, war freilich nicht ganz ohne Hintersinn. Denn neben dem Bewunderer meldete sich da auch der kritische Kollege zu Wort, der den begabten Jüngeren in der Tat zu mehr geistiger Disziplin anhielt. Ein frisch drauflos komponierender Naturbursche war Dvořák gleichwohl nie gewesen. Am 8. September 1841 in einem Dorf nahe bei Prag als Sohn eines Gastwirts und Metzgers geboren und frühzeitig musikalisch gefördert – daß er wider Willen das Metzgerhandwerk hat erlernen müssen, ist Legende – verdiente er sich später in Prag seinen Lebensunterhalt als Organist und Kaffeehausgeiger, dann 11 Jahre lang als Bratschist in einem Opernorchester. Das war die eigentliche Ausbildung zum Komponisten: Dvořák lernte, sozusagen von innen heraus, das gesamte klassische Repertoire kennen und kam in Kontakt mit den wichtigen Musikströmungen seiner Zeit, zumal mit der Musik Smetanas, Wagners, Schumanns und Liszts. Jahrelang komponierte er für die Schublade. Den entscheidenden Durchbruch brachten erst die Vokalduette *Klänge aus Mähren.* Brahms empfahl das Werk seinem Verleger Simrock, und bald war der Name Dvořák in ganz Europa bekannt. Denn wie in den folgenden *Slawischen Rhapsodien* und den *Slawischen Tänzen* war hier jener Tonfall gefunden, der Dvořák nach Smetana zum Exponenten der tschechischen Musikkultur werden ließ. Zum Nationalisten taugte er dennoch nie. Nicht nur, daß er auf musikalische Charakteristika des gesamten slawischen, also nicht nur tschechischen Kulturraumes zurückgriff. Er ließ sich auch keineswegs auf den erfolgversprechenden, aber einseitigen Kurs des »tschechischen Musikanten« festlegen, blieb vielmehr künstlerisch und praktisch ein Weltbürger. So unterhielt er durch wiederholte Reisen enge Beziehungen zur englischen Musikszene, 1892 bis 1895 unterrichtete er Komposition am National Conservatory of Music in New York. Von seinen insgesamt 10 Opern sind heute nur *Rusalka* und gelegentlich *Dimitrij* auf den Spielplänen zu finden. Dvořák starb hochgeachtet am 1. Mai 1904 in Prag.

Ästhetisch steht er am Ende einer Epoche, gewissermaßen mit dem Rücken zum 20. Jh.: Es gelang ihm eine wohl überhaupt nur hier noch vorstellbare und glaubhafte Versöhnung von Formprinzipien, die aus der Wiener Klassik herübergerettet waren, mit dem Geist des späten 19. Jhs. auf seiner Suche nach nationaler Identität.

Symponie Nr. 1 c-moll op. 3

entstanden 1865, UA: Brünn 1936

Über mehr als zehn Jahre hinweg wußten nur zwei oder drei enge Freunde, daß der junge Bratschist, Organist und Klavierlehrer Dvořák auch komponierte. 1865 sind die beiden ersten Symphonien entstanden. Dvořák war gerade 24 Jahre alt. »Ich hatte Ideen, aber ich konnte sie nicht perfekt äußern«, schrieb er dazu. Das Problem war nicht, musikalische Einfälle *irgendwie* überzeugend zu Papier zu bringen, sondern eben diese Einfälle in einer Symphonie geltend zu machen – für Dvořák keine Frage, daß dies in der standardisierten viersätzigen Form und in der instrumentalen Besetzung der klassisch-romantischen Tradition zu geschehen hatte. Dvořáks symphonischer Erstling – das Manuskript war verlorengegangen und erst lang nach seinem Tod wieder aufgetaucht (UA 1936) – zeichnet sich aus durch eine großflächige Anlage: wie wenn der junge Komponist all das anwenden und ausprobieren möchte, was er bis dahin gelernt hat. Die 4 Sätze beginnen mit einem Vorspann, bevor das »eigentliche« Geschehen anhebt; es gibt lang anhaltende Entwicklungen auf Höhepunkte hin, mitunter über weite harmonische Umwege oder mit eingeschobenen Fugato-Abschnitten, damit die Schluß-Apotheose um so strahlender klinge, so im C-Dur-*Finale*; die Instrumentierung neigt in der Bevorzugung der Blechbläser samt Pauken zu plakativen Wirkungen: Hier wäre das rhythmisch pochende Motiv zu nennen, das den ganzen *Kopfsatz* durchzieht. (Vielleicht sind das *Die Glocken von Zlonice* – diesen Titel trägt die Symphonie.) Dieses Motiv kehrt übrigens in allen 4 Sätzen wieder – ein Mittel, die Einzelsätze zu verknüpfen. Der *2. Satz* schlägt einen weicheren Ton an, und das *Allegretto* (3. Satz) erweist sich mit seinem leichten, gelegentlich grotesk-humorvollen Ton als Überraschung.

Symphonie Nr. 2 B-Dur op. 4

entstanden 1865, UA: Prag 1888

Dvořák-Biographen bringen die 2. Symphonie in Zusammenhang mit der unerwidert gebliebenen, heftigen Zuneigung des Komponisten zu seiner schönen Klavierschülerin Josefina Čermáková (Dvořák heiratete später deren jüngere Schwester Anna). Der fast zu gleicher Zeit geschriebene Liederzyklus *Zypressen* hat denn auch unglückliche Liebe zum Thema. In der B-Dur-Symphonie nun zeichnet sich, trotz hier und dort aufflammender Erregung, eine lyrisch getönte Stimmung des Einverständnisses mit dem unvermeidlichen Lauf der Dinge ab, am deutlichsten im *2. Satz*: In seiner zartschwebenden Instrumentierung und seiner kantablen Melodik hat dieser Satz den Charakter eines Notturno. Etwas befremdlich nimmt sich darin ein Fugato aus, ebenso die kurzen dramatischen Einbrüche. Einen pastoralen Ton schlägt Dvořák dann im *Scherzo* an: Sowohl der Beginn als auch die instrumentale Einkleidung und die Gestalt der Themen erinnern an Mendelssohn. Die beiden Mittelsätze sind denn auch die originellsten Teile der Symphonie. Im Kopfsatz klingt Wagner an, neben dem mitunter schwerfälligen, vollen Orchesterklang sehr deutlich in der Art der Sequenzierung, einem mit Chromatik und überraschenden Wendungen gewürzten, ruhelosen harmonischen Schweifen – offenbar Dvořáks damaliges Verständnis der Wagnerschen »unendlichen Melodie«. Bereits die Themen in sich sind auf Wiederholung und Sequenzierung angelegt, untereinander sind sie nah verwandt. Zu Beginn des *Finale* wird, pianissimo, die Fiktion einer »falschen« Tonart (A-Dur) errichtet – bevor, ohne Übergang, das Hauptthema in der »richtigen« Tonart B-Dur erklingt.

Symphonie Nr. 3 Es-Dur op. 10

entstanden 1872/73; UA: Prag 1874

Die Es-Dur-Symphonie markiert – 8 Jahre nach den beiden ersten Symphonien – durch ihre konzentrierte, gleichwohl komplexe Bauweise eine neue Entwicklungsstufe des Symphonikers Dvořák. Was zuvor noch wie das ein wenig angestrengte Ausprobieren handwerklicher Fertigkeiten erschien, hat sich jetzt zum eigenständigen Entwurf verdichtet. Vom ersten Takt an ist im *Allegro moderato* ein sanft-pathetischer Ton spürbar. Der Eindruck eines inneren Pulsierens entsteht durch das kantable Hauptthema selbst, aber auch durch das Quart-Motiv der Pauken, das, als Bestandteil der Begleitung, die beiden Anfangstakte und ab dem 3. Takt das Thema selbst rhythmisch und harmonisch grundiert. Es bleibt auch weiterhin, zusammen mit einer absteigenden Baßlinie, strukturbildend. Die Anlage ist also monothematisch, denn praktisch alle weiteren musikalischen Gedanken sind aus diesem Grundmaterial abgeleitet – ein Prinzip, das auf Liszts Kunst der Metamorphose verweist. Ziel war ganz offensichtlich die höchstmögliche Konzentration der kompositorischen Mittel. Die motivischen Verknüpfungen reichen zudem über alle drei Sätze hinweg. Damit löst sich, was für Dvořák in den beiden ersten Symphonien noch ein Problem gewesen war. Auch die Nähe Wagners ist spürbar: Ein wenig in der Tendenz zur Chromatik, besonders aber in der Instrumentierung; Dvořák verwendet in dieser Symphonie Englischhorn, Harfe und Triangel, an Wagner erinnert auch die mehrfache Teilung der Streicher und damit der dicht gewebte Streichersatz. Im Zentrum der Symphonie – es ist die einzige dreisätzige Dvořáks – steht das *Adagio molto, tempo di marcia*, ein dreiteiliger Trauermarsch, der in seinem Mittelteil einen heroischen Ton (Anklänge an Wagners Walhall-Thematik) anschlägt.

Symphonie Nr. 4 d-moll op. 13

UA: Prag 1874

Dvořáks 4. *Symphonie*, obwohl nur wenige Monate nach Beendigung der *Dritten* begonnen, unterscheidet sich von dieser erheblich. Der Einfluß der Neudeutschen Schule (Liszt und Wagner) ist, zumal im 2. Satz, noch zu spüren, doch es fällt auf, wieviel prägnanter und diatonisch klarer die Thematik ist. Verwandtschaften der thematischen Gestalten innerhalb der Sätze und zwischen diesen bilden sich nicht durch fließende Metamorphosen, sondern aus Abspaltungen und neuen Kombinationen. Erstmals schreibt Dvořák mit dem *Andante* einen Variationensatz. Das im unteren Register der Bläser intonierte Thema erinnert an Wagners *Tannhäuser*. Die beiden ersten Variationen lassen es in der Substanz unverändert, in der dritten erscheint es, aufgelöst zu synkopischen Bläserakkorden, zusammen mit einer Gegenstimme des Cellos. Erst von da an bekommt der Satz Durchführungscharakter, die periodische Struktur verliert sich: Nur der Themenkopf spielt weiter eine Rolle, im Kanon geführt, dann in Verkürzung auf einen Takt. Die letzte Variation löst die Bestandteile Stück um Stück auf. Das Variationsprinzip prägt auch die anderen Sätze: Der aus einer rhythmisch kompakten Grundfigur zusammengesetzte Einleitungsgedanke des Kopfsatzes erfährt im Hauptthema eine abgerundete Formulierung, und das kantable Seitenthema kann, noch in seinem Kontrast, als verwandt gehört werden. Das *Scherzo* (6/4) hebt mit heftig dreinfahrenden Gebärden an, bevor das eher ruhige Hauptthema einsetzt. Bemerkenswert ist, daß der *Trio*-Mittelteil, ein schlichtes Marschthema (2/4), am Ende der Scherzo-Wiederholung als Coda noch einmal auftaucht; zudem werden hier wenige Takte vor Schluß im *piano* Motive aus dem 1. Satz zitiert. Untergründig verwandt sind schließlich auch die drei Themen im *Finale*.

Symphonie Nr. 5 F-Dur op. 76

entstanden 1875; UA: Prag 1879

Bereits zweimal, 1874 und 1875, hatte Dvořák das Staatliche Künstlerstipendium aus Wien zugesprochen bekommen. Endlich ein wenig von den gröbsten materiellen Sorgen befreit und beflügelt durch die Anerkennung der Kommission (Hanslick, Dessoff – Brahms kam erst später hinzu), widmete sich Dvořák mehr denn je dem Komponieren. 1875 entstand innerhalb weniger Wochen seine 5. *Symphonie*. Die Zeit, Wagner oder Liszt nachzueifern, ist endgültig vorbei, es meldet sich der unverwechselbare Dvořák mit neuer Selbstverständlichkeit zu Wort. Der *1. Satz* beginnt mit einer zarten Assoziation an das Erwachen der Natur und steigert sich zu taghellem symphonischen Glanz, die Chromatik des Seitenthemas – sie ergibt sich wie natürlich aus der melodischen Linie und prägt deren sanft synkopische Gestalt – hat nichts Gesuchtes, sie ist eine Farbkomponente im Gesamtbild; wenn es hier ein Vorbild gab, dann war es Schubert. Die vom Cello zuerst vorgetragene *Dumka*-Melodie des *Andante* erfährt im Verlauf nur wenige Änderungen, etwa die Tiefalteration ihres vorletzten Tons – eine Schlußwendung, die den elegischen Charakter dezent verstärkt. (*Dumka* ist eine Liedform der Ukraine.) Das *Scherzo* soll sich, so schreibt Dvořák in die Partitur, nach einer ganz kurzen Pause sogleich anschließen: Das Cello intoniert noch einmal den Anfang der Dumka-Melodie, und nach der modulierenden Überleitung hebt das tänzerisch-mitreißende Scherzo an – auch in seinem überaus pointierten *Trio* eine Vorwegnahme der wenig später komponierten 1. Serie *Slawischer Tänze*. Überraschend wirkt nach der Idylle der ersten beiden Sätze und nach dem tänzerischen Schwung dieses Scherzo der dramatische Beginn des *Finale*: Das in einer eigensinnig hochfahrenden Geste von Celli und Bässen hingeworfene Anfangsmotiv – es ist melodische, rhythmische und harmonische Keimzelle des gesamten, streng durchkonstruierten Satzes, auch das breitere Seitenthema ändert nichts an der dramatischen Strenge – steht in a-moll (nach B-Dur!), und der Satz verbleibt über 50 Takte lang in der »falschen« Tonart.

Als sollte betont werden, daß hier, gegen die klassische Konvention, das Schwergewicht auf dem letzten statt auf dem 1. Satz liegt, intonieren die Hörner in den letzten Takten, als ferne Erinnerung, das Anfangsmotiv aus der Natur-Idylle des 1. Satzes.

Symphonie Nr. 6 D-Dur op. 60

UA: Prag 1881

Dvořák schrieb seine *6. Symphonie* im Umkreis der *Slawischen Tänze*, der *Slawischen Rhapsodien* und der *Tschechischen Suite*. So verwundert es nicht, wenn in dieser Symphonie der 3. Satz, das *Scherzo*, ausdrücklich als *Furiant* bezeichnet ist. »Das Wort *Furiant* bezeichnet im tschechischen Volksmund einen Bauernburschen oder Bauern, der in allen Lebenslagen selbstbewußt seinen Mann stellt, auf seine Erfolge bei den Mädchen pocht, gern auftrumpft und über die Schnur haut, nicht lange fackelt, wo sich ihm jemand in den Weg stellt, unbeugsam in seinem Standesstolz auch jeder Obrigkeit gegenüber« (Otokar Sourek). Über die Volkslieder und -tänze, die als *Furiant* tradiert wurden, mag etwas von dieser Charakterisierung auch in das *Scherzo* der 6. Symphonie eingegangen sein, wenngleich Dvořák weder hier noch anderswo vorgefundene Volksmusik einfach transkribiert hat. Wohl aber bediente er sich typischer rhythmischer und melodischer Wendungen. Hier ist es der rasche, scharf akzentuierte Wechsel von zwei- und dreizeitigen Rhythmen. Der Mittelteil, ein *Trio* in D-Dur, kontrastiert dazu durch seine zarte Instrumentierung und die Echowirkungen. Weitere Charakteristika slawischer Volksmusik finden sich in diesem Werk allenthalben, wie etwa übergangslose Moll-Dur-Wechsel, bestimmte Farbkombinationen vor allem der Holzbläser (Piccoloflöte im Trio des Scherzo; Terzgänge der Klarinetten, vor allem im ersten und letzten Satz – sie spielten in der Dorfmusik die zentrale Rolle), akzentuierte Verwendung der Blechbläser, besonders im *Finale*. Daß es bei all dem nicht um Folklore geht, erweist sich an der Art, wie die genannten slawischen Elemente in den symphonischen Zusammenhang integriert sind: Die Quart im Thema des Kopfsatzes nimmt zweimal Anlauf, bevor das Thema als ganzes erscheint – und bereits diese beiden Auftakt-Quarten werden echoartig imitiert. So ist also das slawische Element in allen vier Sätzen kontrapunktisch eingebunden; in der Coda des *Finales* wird daraus ein regelrechter Kehraus – Zeichen dafür, daß es dennoch keineswegs um schulmäßige Kontrapunktstudien geht. Dieses *Finale* setzt mit seinem Thema im *piano* ein – worauf sofort eine erste, sehr komprimierte Durchführung en miniature folgt, bevor das Thema *fortissimo* im Tutti erscheint. Sehr ähnlich begann Brahms das Finale seiner 2. Symphonie, die ja ebenfalls in D-Dur steht. »Thematische Arbeit« gleich in der Exposition, Kontrapunkt, Verschiebungen im Metrum, reiche Harmonik, funktionale (im Sinn der Satzstruktur), gleichwohl farbige Instrumentation – all das bezeugt in Dvořáks *6. Symphonie* die Nähe zu Brahms.

Symphonie Nr. 7 d-moll op. 70

UA: London 1885

Seine neue Symphonie solle so ausfallen, »daß sie die Welt bewegt«, schrieb Dvořák während der Arbeit an der *Siebten* einem Freund. Heraus kam eine Symphonie in düster-tragischer Grundstimmung, in handwerklicher Hinsicht eines der am strengsten durchgearbeiteten Werke des Komponisten. Motivation und Maßstab bei der Ausarbeitung war dem Komponisten Brahms' 3. Symphonie gewesen. (Beim Seitenthema des Kopfsatzes geht das bis an die Grenze des Zitats.) Es fehlen fast vollständig die Anklänge an Volksmusik, selbst das *Scherzo*, wiewohl es Tanz-Charakter hat, behält den unerbittlich strengen Grundzug bei: Sein Thema erscheint schon von Beginn an zusammen mit einer Gegenstimme, die in der Folge selbst Hauptstimme wird; später treten weitere, nicht minder plastische Gegenfiguren hinzu. Dies ist bezeichnend für Dvořáks Verfahren in allen 4 Sätzen: Das thematische Material ist von vornherein so gewählt oder so gekleidet (das betrifft zuallererst die Harmonik), daß die permanent vorwärtsdrängende symphonische Entwicklung wie nach einem inneren Zwang erfolgt, und – das ist kein Widerspruch – gleichzeitig der Eindruck des beharrlich Insistierenden entsteht. Im Kopfsatz stockt das 1. Thema nach sechs Takten in einem verminderten Septklang; die Dissonanz bleibt, während das Thema weiterläuft, und eröffnet so den symphonischen Prozeß. Solcher Tendenz zum kontinuierlichen Weiterdrängen stehen die schroff abgerissenen, oft durchdringend scharf instrumentierten Passagen nur scheinbar entgegen, sind es doch zwei Seiten einer Sache. Im *Finale Allegro* ist diese Zweigesichtigkeit ins Hauptthema selbst hineingenommen: Erklingt es zuerst, orgelpunktgestützt, in den Satz eingebettet, so erscheinen später seine Varianten und Abspaltungen als einzelne Bruchstücke oder kompakt instrumentierte Blöcke. Das *Adagio* beginnt mit einem choralartig gesetzten Liedthema in den Holzbläsern, doch erweist sich dies als ein nur vorgeschaltetes Motto zu einem extrem dicht und fein gewobenen und emotional hoch aufgeladenen Satz, in dem alles Liedhaft-Symmetrische gerade vermieden ist. In seiner schlichten

Anfangsgestalt kommt das Liedthema denn auch kein weiteres Mal mehr vor.

Dvořák hat in unmittelbarer zeitlicher Nachbarschaft zu dieser handwerklich wie emotional so extremen Symphonie Werke wie *Aus dem Böhmerwald* oder *Husitská* geschrieben. Es sieht so aus, als habe er sich und seinem Publikum noch einmal beweisen wollen, daß er nicht nur der »böhmische Musikant« sei, sondern durchaus in der Lage, den höchsten Ansprüchen der symphonischen Gattung zu genügen, ohne sich selbst untreu zu werden.

Symphonie Nr. 8 G-Dur op. 88

UA: 1889

Nach der extremen inneren und äußeren Anspannung der *7. Symphonie* folgte mit der Achten ein Werk souveräner Gelöstheit von allen Zwängen der symphonischen Gattungstradition. In lyrisch-heiterer Grundstimmung, ist es Dvořáks intimste und originellste, ja seine »modernste« Symphonie. Die klassische Folge der 4 Sätze und deren Formanspruch gilt fast nur mehr nominell. Ein liedhaft-eingängiges g-moll-Thema markiert jeweils den Beginn von Exposition, Durchführung und Reprise im Kopfsatz – doch erscheint hier die Verwendung der traditionellen Formbegriffe sogleich fragwürdig: Jenes g-moll-Thema steht ja nicht am Anfang unterschiedlicher Stufen von Entwicklung, es dient eher als Reminiszenz, ist Station auf einem Weg voller Überraschungen, die mehr rhapsodisch als logisch aufeinander folgen. Ebenso besagt es wenig, das von der Flöte allein intonierte, wie ein Naturlaut melodisch in sich kreisende G-Dur-Motiv als *Hauptthema* zu bezeichnen: Auf der Stelle, nicht erst in der »Durchführung« wird es vielfach »verarbeitet«, taucht in wechselnden Spielarten und vielfarbig instrumentiert hier und dort wieder auf, auch als Begleitfigur, erklingt beispielsweise zu Beginn der Reprise kanonisch auf die Holzbläser verteilt und dann nach Moll gewendet. Ein vollends verblüffendes Beispiel für Dvořáks freien Umgang mit überlieferten Gestaltungsprinzipien gibt das *Adagio*. Die Einleitungstakte suggerieren den Beginn eines klassischen Trauermarsches. Was aber folgt, ist ein Quartmotiv der Flöte, wie ein Vogelruf, das seinerseits aus dem Quasi-Trauermarsch-Beginn abgeleitet ist. Dessen bruchstückhafte melodische Fortführung im tiefen Klarinettenregister, immer wieder vom Quartmotiv unterbrochen, wird dadurch selber naturhaft verzaubert. In ähnliches Zwielicht ist dann im Mittelteil des Adagio auch das weit ausholende C-Dur-Thema getaucht, namentlich, wenn es die Solovioline übernimmt; und so prägt eine Art von Licht- und Schatten-Dramaturgie den gesamten Satz. Mit Überraschungseffekten oder bewußter Täuschung von Hörerwartungen hat das – die Andeutung des Trauermarsches etwa, der dann doch nicht kommt – wenig zu tun. Ein hintergründig-gewitztes Spiel mit motivischem Material nach dem Vorbild Haydns entsprach nicht der musikalischen Ästhetik eines Dvořák. Vielmehr hätte hier die schon zu seinen Lebzeiten erhobene – später zum Klischee verkommene – Rede von Dvořáks »Natürlichkeit und Anmuth« (Vossische Zeitung vom 26.9.1897) einmal ihre volle Berechtigung. Folglich ist das mehrfach unvermittelte Innehalten, sind die Pausen keine strukturellen Brüche im Satzgewebe: Es ist wie ein verwundertes Nach-Hören des soeben Erklungenen. Daß all dies wie »Naturgeschehn« wirkt, obwohl es sich in Wahrheit exakt kalkuliertem Umgang mit dem musikalischen Material verdankt, macht gerade Dvořáks Kunst aus. Der *3. Satz*, ein stilisierter Walzer, ist möglicherweise eine Reverenz an Tschaikowsky, mit dem Dvořák kurz zuvor Freundschaft geschlossen hatte.

[M] *VD/CD* Wiener Philharmoniker, Karajan (Sony)

Symphonie Nr. 9 e-moll »Aus der Neuen Welt«

UA: New York 1893

Den Namen »Aus der Neuen Welt« hat Dvořák seiner letzten und populärsten Symphonie selber gegeben, dazu den Hinweis, wer eine »Spürnase« habe, werde darin »den Einfluß Amerikas erkennen«. Das bei seiner UA in der New Yorker Carnegie Hall enthusiastisch begrüßte Werk ist seines angeblich amerikanischen Charakters wegen – der Kritiker des »New York Herald« stellte anerkennend fest: »Eine Symphonie, die von amerikanischen Neger- und Indianermelodien angeregt wurde, eine Symphonie, die beweist, daß es amerikanische Kunstmusik gibt« – Gegenstand heftiger Kontroversen geworden, denn Dvořák schrieb auch: »Ich habe keine einzige von diesen Melodien verwendet.« Und selbst wenn dem pentatonischen 3. Thema des Kopfsatzes tatsächlich das Spiritual »Swing low, Sweet Chariot« zugrundeläge – die Ähnlichkeit ist unabweisbar – so verfuhr Dvořák bei dieser Symphonie nicht anders als bei den *Slawischen Tänzen*: Er benutzte ganz bestimmte (musikalische) Charaktereigenschaften seines kulturellen Umfeldes, hier also z. B. Pentatonik (auch bei den Hauptthemen des 2. und 4. Satzes), typische Synkopierungen (Hauptthema des Kopfsatzes), melodische Wendungen mit erniedrigter 7. Stufe, also ohne Leitton (z. B. Hauptthema des 4. Satzes). Insbesondere der 1. Satz ist völlig konventionell gebaut; daß die Symphonie insgesamt jedoch weniger den Eindruck klassischer Regelmäßigkeit als den lapidarer Eindringlichkeit macht, hängt im

Skizzen zur Symphonie »Aus der Neuen Welt« (New York 1893)

Detail mit dem elementaren Gestus der Themen selbst zusammen, mit diatonischer Schlichtheit, mit Orgelpunkt-Wirkungen und Bordun-Quinten, mit den dynamischen Ausbrüchen, im ganzen aber mit dem Prinzip zyklischer Verknüpfung der Sätze untereinander: In jedem Satz tauchen Reminiszenzen an schon Bekanntes auf, das Finale bringt gar eine Rekapitulation aller wichtigen Themen und Motive. Der spezifische Ton dieser Symphonie hat also nicht zuletzt mit der Verschränkung von Fortgehen und Erinnern zu tun, mögen die Einzelelemente nun »böhmisch« oder »amerikanisch« sein. Daß die Musikethnologie Pentatonik in der Musik der schwarzen Bevölkerung Amerikas wie in der Schottlands, auf dem Balkan wie in China gefunden hat, ist hier genau das falsche Argument: »Der Historiker muß die Tatsache, daß der nationale Charakter eines Stückes Musik intendiert und geglaubt worden ist, als ästhetisches Faktum akzeptieren« (Dahlhaus). Die Feststellung jedenfalls, Dvořák sei eben auch hier typisch »böhmisch« (»weil er halt nicht anders kann«), hat keinen sonderlichen Erkenntniswert.

[M] *CD* Israel PO, Bernstein (DGG 1986); Symphonien 1–9: London SO, Kertesz (Decca 1963–1967) – *VD* G. Mahler Youth O., Neumann (RCA/BMG); Münchner Philharmoniker, Celibidache (Teldec)

Symphonische Dichtungen op. 107 bis 111

UA: Prag 1896 (außer op. 111)

Dvořák hat für seine späten symphonischen Dichtungen volkstümliche Balladen des tschechischen Lyrikers Karl Jaromir Erben als Vorlage gewählt (außer für op. 111) – zeittypisch moralisierend aufbereitete alte Volksmärchen von archaischen Mächten, von Schuld und gerechter Strafe. Schon dies kennzeichnet den Abstand von Liszt und der »Neudeutschen Schule« und wirft ein Licht auf Dvořáks Musikauffassung: Musik repräsentiert ihm per se eine höhere »natürliche Ordnung«. Ein Realismus im Sinn einer »Ästhetik des Häßlichen« oder des »Interessanten« hat da wenig Platz. (Erst Janáček überschreitet, durchaus bei Dvořák anknüpfend, bald darauf diese Grenze zur Musik des 20. Jhs.) Schroffer Realismus bleibt in den symphonischen Dichtungen episodenhaft. Die Motive selbst beruhen zumindest teilweise auf musikalisch-rhythmischen Analogiebildungen zum originalen tschechischen Balladentext – auch dieses Verfahren hat Janáček aufgenommen.

Der Wassermann op. 107

Das Mädchen, das am See seine Kleider wäscht, wird vom Wassermann in die Tiefe gezogen, wo es fortan mit ihm lebt. Als sie ein Kind geboren hat, darf sie kurz die alte Mutter besuchen. Nach Ablauf der Frist kehrt sie jedoch nicht zurück. Da poltert der Wassermann unter Sturmesbrausen an die Tür und wirft die Leiche des Kindes vor die Schwelle.

Obwohl die Sphären des urgewaltigen Wassermanns und die des zarten Mädchens deutlich voneinander abgehoben sind, erwächst alles musikalische Geschehen aus einem einzigen Motiv, das als rhythmisches Ostinato beinahe omnipräsent ist. Das Gewaltsame der Handlung ist als musikalisches Naturereignis durchaus deutlich gemacht; am Ende wird es aber in die ausgleichende Distanz eines versöhnlichen Schlusses gerückt.

Die Mittagshexe, op. 108

Die Mutter droht dem schreienden Kind mit der Mittagshexe, die unartige Kinder holt. Aus der Drohung wird bitterer Ernst. Der heimkehrende Vater findet die Mutter bewußtlos am Boden, in ihren Armen das tote Kind.

Die Einheit von Zeit und Raum führt zu einer äußerst knappen Schilderung der 4 Episoden: Die Wandlung von der friedlichen häuslichen Idylle, gestört vom Kind, zum furchterregenden Erscheinen der Hexe und dem Hexentanz bis zum bitteren Ende des Spuks geschieht musikalisch als Eintrübung und Erweiterung eines C-Dur-Motivs. Am Ende vermischen sich der Ausdruck von Bedrohung und die Klage über den unseligen Ausgang.

Das goldene Spinnrad op. 109

Der König findet im Wald ein schönes Mädchen, das seine Frau werden soll; deren Stiefmutter unterschiebt dem König aber die eigene Tochter. Mutter und Tochter ermorden die Auserwählte; der König merkt nichts vom Betrug, die Hochzeit findet statt; das goldene Spinnrad kann jedoch reden; so erfährt der König dennoch die Wahrheit. Die Tote wird von einem guten Zauberer zum Leben erweckt und ihrer wahren Bestimmung zugeführt, die Bösen werden bestraft.

Dvořák verbindet und variiert – in 4 symphonie-analogen Sätzen – 3 Themengruppen, die des Königs, des schönen Mädchens und des Spinnrads. Das Böse, die Mutter, ist durch Verzerrung aus dem Themenkomplex des Königs gewonnen; häufige Dur-Moll-Spannungen unterstreichen die Ambivalenz.

Die Waldtaube op. 110

Eine sanfte Märchenidylle, wie sie der Titel vermuten läßt, ist auch diese Geschichte nicht – aber sie ließ sich von der Balladenvorlage her fast direkt in 5 Episoden umsetzen. Dvořák schrieb »szenische« Anmerkungen in die Partitur: 1) Eine junge Witwe schreitet tief trauernd hinter dem Sarg her – die Trauer ist gespielt, sie hat ihren Mann vergiftet. *Marcia funebre.* 2) Ein junger Mann kommt ihr entgegen. *Allegro – Andante* 3) Lärmendes Hochzeitsfest der beiden. *Molto vivace* (Böhmische Hochzeitsmusik). 4) Die Klagelaute der Waldtaube am Grab (realistische Tonmalerei) rühren das Gewissen der Frau, sie sucht den Tod in den Wellen. *Andante.* 5) Es folgt, im Gegensatz zur Vorlage, ein versöhnlicher Epilog. *Andante* (Solovioline, Dur-Schluß).

Die Waldtaube ist das musikalisch dichteste und »modernste« Werk der Serie: Alle 5 Episoden sind monothematisch auf das anfängliche Trauermarsch-Motiv bezogen; die realistischen Instrumentationseffekte haben Leos Janáček beeinflußt, der die UA leitete. Gustav Mahler dirigierte 1899 die Wiener Erstaufführung.

[M] *CD* op. 107, 108, 109, 110 SO des BR, Kubelik (DGG 1976)

Heroisches Lied op. 111

UA: Prag 1898

Dvořáks letztem Orchesterwerk liegt keine Handlung zugrunde, der Titel deutet nur vage eine Richtung an: »Mir hat natürlich mehr ein Geistesheld, ein Künstler vorgeschwebt«, sagt er in einem Brief. »Entschlossenheit und

Kraft«, »Schmerz«, »Kampf, Freuden und Hoffnungen«, »endlicher Sieg der Idee« – nennt er die 4 Abschnitte. (Vergleichbare programmatische Abfolgen finden sich bei Liszt, *Die Ideale*, oder bei Strauss, *Ein Heldenleben*.) Die Charaktere der 4 Abschnitte folgen äußerlich dem Bau der klassischen Symphonie, sind ansonsten aber eher nach Art einer Rhapsodie, also in episodischer Reihung atmosphärisch wechselnder Motive gebaut. Die UA dirigierte Gustav Mahler.

[M] *CD* Scottish National SO, Järvi (Chandos 1988)

Ouvertüren: In der Natur op. 91, Karneval op. 92, Othello op. 93

UA: Prag 1891/92

Kurz nach der bislang weitesten Entfernung Dvořáks vom klassischen Symphonie-Schema in seiner *Achten* wendet er sich mit über 50 Jahren erneut der programmatischen Musik zu. Hatte er sich in jüngeren Jahren unter anderem am Vorbild Liszt autodidaktisch ausgebildet, so findet die späte Wendung angesichts einer eigenständig entwickelten und voll entfalteten Orchestersprache statt. Ursprünglicher Titel des Zyklus: »Natur, Leben und Liebe«.

In der Natur, das 1. Werk der Trilogie, im Autograph überschrieben mit *Sommernacht* und *Einsamkeit*, zeichnet ein atmosphärisches Bild der in sich ruhenden Natur und der Utopie einer unverfälschten Lebensfreude des Menschen in ihr. Wie ein Urmotiv, das sich selber erst bildet, erklingt über dem Orgelpunkt der Bässe eine Folge von zwei Terzen und deren melodische Fortführung – hier noch im harmonischen Zwielicht einer Tritonusspannung, die sich erst allmählich in pastorales F-Dur löst. Das Naturmotiv taucht als Reminiszenz auch in den beiden anderen Werken des Zyklus auf. Poetisierende Einschübe und tänzerische Intermezzi vervollständigen das Bild der heilen Natur.

Karneval ist als Titel (ursprüngliche Bezeichnung: *Leben*) metaphorisch gemeint: Er steht für Jugend, Lust und rauschhaftes Leben. Dem entspricht der furiose Beginn im lärmenden Tutti und die schwelgerische Fortführung in den Violinen. Ein *Andantino* bringt unversehens eine nachdenkliche Note ins Spiel, die Klarinette intoniert das Naturmotiv von op. 91. So rückt die sich anschließende Durchführung in ein leicht gebrochenes Licht.

Othello handelt von Liebe und Eifersucht. Eintragungen im Autograph lauten: »Sie umarmen einander«, »sie versichert ihm ihre Unschuld«, »sie stirbt ruhig«, »Selbstmord«. Musikalisch drückt sich das in einem schillernden Themen-Dualismus aus. So erfährt der *pianissimo*-Beginn im 10. Takt eine *marcato* dreinfahrende Unterbrechung: Bild für reine Liebe (Desdemona) und zerstörerische Leidenschaft (Othello). In der Durchführung begegnet ein Zitat aus Dvořáks Requiem und – als Zeichen der Entfremdung – eine verzerrte Gestalt des Naturmotivs aus op. 91. Das Werk schließt – für Dvořák ungewöhnlich realistisch – im Ausdruck heller Verzweiflung.

[M] *CD* SO des BR, Kubelik (DGG 1975/77)

Slawische Rhapsodien op. 45

UA: Prag 1878/79

An den neuen slawischen Tonfall der *Klänge aus Mähren* (1876) knüpften als erstes Orchesterwerk die *Slawischen Rhapsodien* an. Angekündigt hatte Dvořák den Zyklus bereits 1874 mit einem Verweis auf Liszts *Ungarische Rhapsodien*. Damals war als erster Versuch seine *1. Rhapsodie a-moll op. 14* entstanden.

Nr. 1 D-Dur: Das liedhafte 1. Thema erzeugt mit vorbereitenden Pianissimo-Paukenschlägen die erwartungsvolle Stimmung einer Balladenerzählung, und nach und nach entfaltet sich ein Panorama von Schauplätzen, musikalisch dennoch sehr geschlossen durch die Wandlungsfähigkeit desselben Materials. So erscheint das zweite Thema einmal *alla marcia*, dann wieder in tänzerischem Charakter. Der Satz klingt so geheimnisvoll aus wie er begonnen hat.

Nr. 2 g-moll: Manches Detail weist hier voraus auf die *Slawischen Tänze*, was die periodisch-rhythmische Gliederung und die Farbigkeit der Registrierung anbelangt. Auffällig ist aber auch – im Vergleich zu Nr. 2 – der ausgeprägte und doch dezente »Durchführungscharakter« auf der Basis von 3 Themen.

Nr. 3 As-Dur: Die Harfe spielt in allen 3 Rhapsodien eine wichtige Rolle. Hier trägt sie den thematischen Grundgedanken vor. Ähnlich wie der Beginn der Rhapsodie Nr. 1 wirkt das wie eine captatio benevolentiae, wie die Aufforderung, sich bereit zu machen für die rasch wechselnde Folge der Episoden.

[M] *CD* Gewandhausorchester Leipzig, Masur (Philips 1984/85)

Slawische Tänze op. 46

UA: Prag 1878

»Ich meine nicht, daß es wörtlich Tänze sein sollen zum Tanzen, sondern mehr in der Weise, wie Brahms die ungarischen bearbeitet hat (...)« schrieb der Verleger Simrock 1878 in sicherem Geschäftsinstinkt an Dvořák. Als dann die 1. Serie der *Slawischen Tänze* erschienen war, setzte ein regelrechter Sturm auf die Musikalienhandlungen ein. Dvořák bearbeitete nicht, wie Brahms, vorgefundenes Material, er orientierte sich lediglich an bestimmten Typen slawischer Tanzmusik. 1) und 8) folgen im typischen Wechsel von Zweier- und Dreiermetrum dem tschechischen *Furiant*, 2) ist im Gegenüber von elegischen und lebhafteren Abschnitten der ukrainischen *Dumka* nachgebildet, 4) und 6) imitieren die *Sousedská*, eine Art Ländler, 5) und 7) einen Springtanz, und 3) ist eine Polka. Dvořák hat die Instrumentierung der *Slawischen Tänze* sofort nach Beendigung der Originalfassung (für Klavier zu 4 Händen) in Angriff genommen.

Slawische Tänze op. 72

UA: Prag 1887

Deutlicher noch als bei der 1. Serie wird hier, daß es sich keineswegs um Volksmusik im klassischen Orchestergewand handelt, sondern um ein höchst artifizielles Kunstprodukt: Ausgefeilter sind gegenüber op. 46 die Kontraste, raffinierter ist die kompositorische Verarbeitung der Themen, ausgiebiger kommen poetische Töne ins Spiel. Dvořák wollte sich nicht einfach wiederholen: »Zweimal etwas Gleiches zu machen ist verdammt schwer (...) ich glaube – diese werden ganz anders (kein Spaß und keine Ironie!)«, schrieb er an Simrock. Anders, vielfältig slawischer ist auch die Auswahl der Tanztypen: Slowakisch (1), ukrainisch (2 und 4), polnisch (6), serbisch-bulgarisch (7) und tschechisch (3, 5, 8).

[M] *CD* op. 46 und 72: Gewandhausorchester Leipzig, Masur (Philips 1984/85) – *VD* Tschechische Philharmonie, Sawallisch (EMI)

Legenden op. 59

UA: Prag 1882 (1, 3, 4) und Wien (2, 5, 6)

Die 10 Miniaturen, die Dvořák unter dem Titel *Legenden* zusammengefaßt hat, folgen, wie die *Slawischen Tänze*, keinem Programm. Es ist Musik intimeren Charakters. Tänzerisches klingt auch hier an (1 und 3); der choralartigen 4. Legende fehlt jenes bei Dvořák sonst nicht seltene Pathos; die kanonischen Stimmeinsätze der 9. Legende wirken beinahe kindlich-schlicht. Überhaupt sind die melodischen Gedanken meist knapp, werden auch kaum modifiziert, sondern folgen einander in lockerer »epischer« Verknüpfung.

[M] *CD* Bamberger Symphoniker, Järvi (BIS 1989)

Serenade E-Dur op. 22

UA: Prag 1876

In einer Zeit, als symphonische Dichtungen und Opern mit national-heroischen oder romantischen Sujets gefragt waren, mußte eine Serenade, der Tradition des 18. Jhs. nach eine heitere Abendmusik, ein wenig antiquiert erscheinen. Für Dvořák – und genauso für Brahms – bedeutete der Name zunächst aber nichts weiter als ein Werk intimeren Charakters, ohne den Anspruch der großen Symphonie. Dvořák gelang hier eine Verbindung von geistreicher Unterhaltung auf dem Boden tschechisch-slawischer Idiomatik und kompositorisch höchst niveauvoller Arbeit. So korrespondiert in dieser nur für Streicher besetzten fünfsätzigen Serenade eingängige Melodik mit kontrapunktischer Setzweise.

[M] *CD* Orpheus Chamber Orchestra (DGG 1985)

Serenade d-moll op. 44

UA: Prag 1878

Die Bindung an die Tradition der abendlichen Freiluft-Musiken, etwa des Salzburger Mozart, erscheint hier als besonders eng, so in der Bläserbesetzung (mit Cello und Baß), besonders aber im Tonfall des 1. Satzes: biederer ist es kaum vorstellbar – das Bild einer marschierenden Musikkapelle, bestehend aus älteren Herren. Doch in den kontrapunktischen Floskeln wird hintergründiger Humor spürbar, und das altväterlich einsetzende *Tempo di Minuetto* entpuppt sich als Sousedská (Ländler). Im *Andante* entfalten sich Farbigkeit und Variationskunst von brahmsischem Format, und das Finale kehrt nur scheinbar in den Tonfall polternder Gemütlichkeit zurück: schnell setzt sich die rhythmische und motivische Buntheit der *Slawischen Tänze* durch.

[M] *CD* London PO, Hogwood 1986 (Decca)

Tschechische Suite D-Dur op. 39

UA: Prag 1879

Die Suite (Präludium und 5 Tanzsätze) ist ein eher kammermusikalisches Pendant zu den *Slawischen Tänzen*. Elemente der Volksmusik – die Bordunquint samt der ostinaten Baßbewegung – verbinden sich im Präludium mit satztechnischen Mitteln, die den erfahrenen Symphoniker verraten. Noch verblüffender ist diese Verbindung im Finale, einem eigenwillig mitreißenden *Furiant*. Die weiteren Tanzsätze: *Polka* (2. Satz) und *Sousedská* (3. Satz); dazu im Charakter einer Romanze das *Andante* (4. Satz).

[M] *CD* Detroit SO, Dorati (Decca 1985)

Suite A-Dur op. 98b

entstanden 1894/95, UA: Prag 1910

Zwischen der 9. Symphonie und dem Cellokonzert schrieb Dvořák in Amerika eine Suite für Klavier (»Amerikanische Suite«), die er danach sehr kammermusikalisch orchestrierte – ein Werk ohne den Anspruch der großen Form. Das wie eine Initiale vorangestellte, pentatonische 1. Thema erfährt bald differenzierte Schattierungen; Dvořák greift es, den Bogen schließend, am Ende des 5. (letzten) Satzes wieder auf. Ansonsten sind die Sätze einfach gebaut, von tänzerischem Charakter, mit elegischen Zwischenepisoden. Der 4. Satz bleibt im Bannkreis eines einzigen, sehr zarten Themas, im Verlauf dynamisch immer weiter zurückgenommen – wie die Strophen eines Wiegenliedes.

[M] *CD* Royal Liverpool PO, Pesek (VC 1988)

Klavierkonzert g-moll op. 33

UA: Prag 1878

Dvořáks Klavierkonzert hat nichts von der spielerischen Brillanz eines Bravourstücks, auch wenig von der sanften Eingängigkeit der kurz zuvor entstandenen E-Dur-Streicherserenade, schon eher aber etwas vom ernsten Ton des *Stabat Mater*. Das hat letztlich kompositionstechnische Gründe: Obwohl für den erstklassigen Prager Pianisten Slavkovsky geschrieben, ist der Solopart des Konzerts ganz und gar als Bestandteil einer symphonischen Konzeption aufgefaßt. Mit der *Fünften* war Dvořák zu einem vorläufigen Abschluß seiner Entwicklung als Symphoniker gekommen, das Solokonzert war ihm daher zu dieser Zeit eine modifizierte Symphonie, wie Brahms sein 1. Klavierkonzert. Der Solist ist nach seinem Eintritt gegen Ende der Orchestereinleitung fast durchgängig beschäftigt.

[M] *CD* Firkusny, Tschech. Philharmonie, Neumann (RCA/BMG 1991)

Violinkonzert a-moll op. 53

entstanden 1879/80, umgearbeitet 1882; UA: Prag 1883

»Wollen Sie mir ein Violinkonzert schreiben? Recht originell, kantilenenreich und für gute Geiger?« fragte der Verleger Simrock bei dem Prager Komponisten an, mit dessen *Slawischen Tänzen* er soeben ein glänzendes Geschäft angefangen hatte. Als dann noch der Kontakt zu dem berühmten Berliner Geiger Joseph Joachim geschlossen war, war das für Dvořák Motivation genug. Joachim, dem das Werk gewidmet ist, regte zahlreiche Änderungen an, überließ die UA aber dann doch einem Prager Violinisten. »Originell« und »kantilenenreich«, wie Simrock sich das gewünscht hatte, wurde das Werk durchaus: Wie in einer Improvisation führt die Soloviolline bereits im 5. Takt des Kopfsatzes den vom Tutti vorgestellten Gedanken fort, und sogleich setzt eine Art Durchführung ein. Unkonventionell leitet die Violine dann auch aus einem der späteren Durchführungsabschnitte – eine Reprise gibt es nicht – zum 2. Satz, einem kantablen *Adagio*, über. Im 3. Satz greift Dvořák, wie man es von ihm erwartete, in den Fundus slawischer Tanzmusik: Ein heftiger *Furiant* und eine schwermütige *Dumka* bilden die beiden Pole.

[M] *CD* Kyung-Wha Chung, The Philadelphia Orchestra, Muti (EMI 1988)

Cellokonzert h-moll op. 104

UA: London 1896

Die Anlage des Konzerts, geschrieben während des letzten halben Jahres in Amerika, ist konventionell: im 1. Satz eine ausgedehnte Tutti-Einleitung mit zwei Themen, gefolgt von der Solo-Exposition (*quasi improvisando*) und einer knappen Durchführung. Überraschenderweise beginnt die Reprise mit dem überaus lyrischen Seitenthema im Cello. Während der Arbeit am 2. Satz kam die Nachricht von der schweren Erkrankung der Schwägerin Josefina Kounicová. Sie, die einstige Klavierschülerin, war die große, unerfüllte Liebe des Komponisten in frühen Jahren gewesen. Dvořák ließ nun im Mittelteil des *Adagio* eins der Lieblingslieder Josefas als Zitat anklingen, ein Lied aus seinem op. 82 über die Textzeilen: »Laßt mich allein! Verscheucht den Frieden nicht in meiner Brust mit euren lauten Worten«. Im Cellopart ist alle selbstzweckhafte Virtuosität vermieden, auch spieltechnisch noch so anspruchsvolle Passagen sind aus dem motivischen Material abgeleitet, zudem herrscht eine sehr feine Balance zwischen Solopart und Orchester. Dvořáks Freund, der Cellist Hanus Wihan, dem das Konzert gewidmet ist, forderte – vergeblich – für das Finale eine ausgedehnte Solokadenz. Dvořák aber hatte das Finale nach der Rückkehr aus Amerika und nach dem Tod der Schwägerin mit dem erneuten Liedzitat zu einer zarten Hommage umgearbeitet. Er schrieb dazu: »Das Finale schließt allmählich diminuendo wie ein Hauch – mit Reminiszenzen an den ersten und den zweiten Satz, das Solo klingt bis zum pianissimo aus – dann ein Anschwellen – und die letzten Takte übernimmt das Orchester und schließt in stürmischem Ton. Das war so meine Idee, und von der kann ich nicht ablassen.«

[M] *CD* Kliegel, Royal PO London, Halász (Naxos 1992)

Stabat Mater op. 58

entstanden 1876/77; UA: Prag 1880

»Ich kann gar nicht sagen, wie sehr mich die Engländer auszeichnen und ehren! Man sagt, ich sei der Löwe der heurigen Musiksaison in London«, konnte Dvořák nicht ohne Stolz nach Hause berichten: Die Aufführung des *Stabat Mater* im März 1884 in London wurde einer seiner größten Triumphe. Dabei beschwor er in diesem Werk keineswegs, was die Begeisterung der Engländer vielleicht würde vermuten lassen, den Geist der Händelschen Oratorien. (Einzige Ausnahme: die barockisierende Alt-Arie des *Inflammatus*, Nr. 9.) Nein, Dvořáks erste große geistliche Komposition steht ganz in der kirchenmusikalischen Tradition des österreichisch-böhmischen Raumes, zumal der Messen Schuberts. Er versteht die Sequenz des mittelalterlichen franziskanischen Dichters Jacopone da Todi – sie gehört nach dem liturgischen Kalender zum Fest der Sieben Schmerzen Mariae am 15. September – ganz subjektiv, unterlegt ihr wechselnde Ausdrucksqualitäten: beschwörende Eindringlichkeit im *Quis est homo* (Nr. 2), trauermarschartige Stilisierung im *Eja mater* (Nr. 3); einmal ist der markanten Linie des Baß-Solisten ein zarter Frauenchor gegenübergestellt (Nr. 4), wie im gesamten *Stabat Mater* ja überhaupt der Chor die zentrale Rolle spielt. Den formalen Zusammenhalt des Werks erreicht Dvořák, indem er Teile des Anfangssatzes im Finale (Nr. 10) wiederholt – mit einer bezeichnenden Abweichung: Wo der musikalische Satz zu Beginn beim Wort »lacrimosa« in einer Dissonanz (verminderter Septakkord) kulminiert, erklingt im Finale eine verklärende Kadenz nach D-Dur – es ist die Rede von den Freuden des Paradieses.

[M] *CD* Mathis, Reynolds, Ochmann, Shirley-Quirk, SO und Chor des BR (DGG 1976) – *VD* Kenny, Randova, Ochmann, Prager PO, Neumann (RCA/BMG)

Requiem op. 89

UA: Birmingham 1891

Das Requiem ist nicht im Anblick des Todes geschrieben, auch ist es kein Alterswerk, wohl aber eines der reifsten und souveränsten Werke des Komponisten überhaupt, in seiner Eigenständigkeit nahe verwandt mit der *8. Symphonie*. Hier wie dort herrscht ein ungeheurer Farbenreichtum der Instrumentation, entfalten einzelne Figuren und Motive impressionistische Wirkung. Dvořák hat den umfangreichen liturgischen Text in 13 Abschnitte unterteilt, das gesamte Werk gliedert sich in einen ersten, von den Visionen des Jüngsten Gerichts geprägten Teil und einen zweiten, der Trost und Hoffnung zum Thema hat. Präzise atmosphärische Detailschilderung einerseits und die Einbindung der partikularen Momente in den Gesamtorganismus andererseits – das ist hier zur Meisterschaft entwickelt. Erwartungsgemäß spielen die Blechbläser im *Tuba mirum* eine wichtige Rolle. Dreimal intonieren sie in die Stille hinein zu einem dumpfen Tam-tam-Schlag und mit fahlem Nachklang (*lontano*) ein chromatisches Motiv: das Leitmotiv des Requiems. Es dient hier wie an zahlreichen anderen Stellen der situationsgebundenen Charakterisierung, es durchzieht alle Sätze wie ein Erinnerungsmal; zu Beginn und am Ende des Requiems ist es primäre musikalische Substanz; an vielen anderen Stellen taucht es in »fremder« Umgebung unerwartet zitathaft auf – wie eine Chiffre für die unabwendbare Realität des Todes. Farbeffekte entstehen durch die tiefen Bläser-Register, durch ostinate, oft bizarre Streicher- oder Bläserfiguren, durch große Klangflächen. Mit diesem Sinn für Klangfarben hat Dvořák auch die vokalen Partien gesetzt, die Männerchöre, die vielen a-capella-Stellen und das feinabgestufte Ineinander von Solostimmen und Chor.

[M] *CD* Lorengar, Komlossy, Ilosfalvy, Krause, London SO and Chorus, Kertesz (Decca 1968) – *VD* Benackova, Kirilova, Protschka, Vele, Prager Chor und O., Neumann (RCA/BMG) *Christoph Hahn*

Werner Egk

1901–1983

Werner Egk. Porträtphoto von Stefan Moses

Um Werner Egk, mit Carl Orff der erfolgreichste deutsche Komponist der Nachkriegszeit, ist es still geworden. Dies hat sicher verschiedene Gründe. Seine zweifelhafte Rolle im Dritten Reich kann nicht der einzige Grund sein, denn vergleichbares Verhalten hat auch der Beliebtheit von Richard Strauss nicht geschadet; eher mag es daran liegen, daß die musikalische Entwicklung über ihn hinweggegangen ist. Wenn man sich vergegenwärtigt, daß Egk eine Kürzung der Musica-Viva-Konzerte durchsetzte, indem er dem ahnungslosen Aufsichtsgremium als Abschreckung ein Werk von Ligeti vorspielte, so mag man in der Tatsache, daß Ligeti heute einer der weltweit angesehensten Komponisten ist, eine ausgleichende Gerechtigkeit der Musikgeschichte sehen. Dennoch wäre es kurzsichtig, Egks Werk als belanglos abzutun. Nach dem Ausklang des allein seligmachenden Serialismus wird – wie für Hindemith – vielleicht auch für ihn die Zeit der Wiederauferstehung kommen.

Egk war ein vielseitig begabter Künstler, der lange Zeit schwankte, ob er sich mehr der Literatur, der Graphik oder Musik widmen solle; er löste das Dilemma, indem er die Libretti zu seinen Opern selber schrieb und das Zeichnen nebenher betrieb. Sein süddeutsches Theaternaturell zog ihn zu Oper und Ballett gleichermaßen hin. Seine besondere Liebe gehörte der romanischen Geisteswelt, den französischen Aufklärern des 18. Jhs. Ihrem skeptischen Rationalismus und Humanismus fühlte er sich zutiefst verwandt. Es schmerzt etwas, daß dieser Weltbürger im Geiste während des Dritten Reiches sich so widerstandslos der nationalsozialistischen Propagandamaschinerie zur Verfügung stellte. Eine betont nachsichtige Deutung könnte dies allenfalls als Werkegoismus verharmlosen.

Werner Egk (der eigentlich Werner Joseph Mayer hieß), wurde am 17. Mai 1901 als Sohn eines Schullehrers im schwäbisch-bayerischen Auchsesheim bei Donauwörth geboren. Nachdem er 1929 nach Lochham bei München übergesiedelt war, studierte er bei Carl Orff Komposition. Die Schaubühne beschäftigte ihn als Komponisten und Bühnenmaler, zeitweise arbeitete er auch für ein Marionettentheater. Nach einem Intermezzo in Berlin, wo er vom Intendanten der Funkstunden mit der Komposition von Hörspielmusiken beauftragt war, kehrte er 1930 wieder nach München zurück, wo er in ähnlicher Funktion für den Bayerischen Rundfunk tätig war. Nach dem durchschlagenden Erfolg seiner heiteren Volksoper *Die Zaubergeige* (1935) ging er auf Einladung von Heinz Tietjen als Kapellmeister an die Oper Unter den Linden in Berlin, kehrte aber 1941 nach Lochham zurück. Im selben Jahr übernahm er die Leitung der Fachschaft Komponisten in der Reichsmusikkammer. In dieser Funktion widmete er sich vor allem der Interessenvertretung der Komponisten in der Urheberrechtsgesellschaft STAGMA. Seine Erfahrung auf diesem Sektor kam nach dem Krieg der GEMA zugute, deren Vorsitzender und Aufsichtsrat er lange Jahre war. Von 1950 an leitete er als Direktor den Wiederaufbau der Hochschule für Musik in Berlin, gab diesen Posten aber schon 1953 an Boris Blacher ab und zog sich wieder nach Süddeutschland zurück. Er wirkte als Gastdirigent an der Staatsoper in München und widmete sich hauptsächlich seinem kompositorischen Schaffen. Am 9. Juli 1983 verstarb er in seinem Haus in Inning am Ammersee.

In musikalischer Hinsicht ist Egks Schaffen vor allem Strawinsky und seinem Lehrer Carl Orff verpflichtet. Wiewohl seine Harmonik gelegentlich gepfefferte Reibungen aufweist und mit der Polytonalität liebäugelt, verläßt sie doch nicht ernstlich den Boden der Tonalität. Sein urwüchsiger Sinn für Rhythmus und sprechenden Gestus prädestinierten ihn für das Musiktheater. Anfänglich hat sich Egk um die Erneuerung der Rundfunkmusik bemüht. Mit seiner Rundfunkkantate *Ein neuer Sender sagt sich an* (1930) machte er erstmals auf sich aufmerksam. Es folgten das Rundfunkoratorium *Furchtlosigkeit und Wohlwollen* (1931) und der 1933 im Bayerischen Rundfunk uraufgeführte *Columbus*, der später auch in verschiedenen Fassungen den Weg auf die Bühne fand.

Egks Opernschaffen ist vielgestaltig und reicht von der heiteren Volksoper *Die Zaubergeige* bis zu anspruchsvollen Opernfassungen literarischer Vorlagen. Neben der *Zaubergeige*, die über 100 Aufführungen erlebte, wurde *Peer Gynt* (1938) nach Ibsen seine erfolgreichste Oper.

Das reine Orchesterwerk ist neben Opern und Balletten weniger umfangreich. Am Anfang steht die turbulente, mit 4 Sätzen keineswegs *Kleine Symphonie* (1926), die dem experimentellen Geist der 20er Jahre verpflichtet ist, ein jugendlicher Geniestreich. Es folgen die von der New Yorker Philharmonie uraufgeführten Bauernstücke für großes Orchester *Georgica* (1936), die ursprünglich schlicht »Bayerische Musik« heißen sollte, aber nach Vergils Lehrgedicht antikisch umbenannt wurde, »weil in Deutschland damals alle Titel, die nach den früheren Ländern klangen,verpönt waren«. Es sind 4 derb daherkommende rhythmisch stampfende Stücke nach dem Vorbild bajuwarischer Volksmusik. Es fehlt weder Alphorn noch das Geläut von Kuhglocken.

Dieser rustikalen Sphäre zugehörig ist auch die *Geigenmusik mit Orchester* (1936), in der schon die Titelformulierung darauf hinweist, daß es sich trotz der Dreisätzigkeit nicht um ein Violinkonzert traditionellen Zuschnitts handelt, sondern mehr um ein Werk mit Divertimentocharakter. Im selben Jahr 1936 entstand aber auch die *Olympische Festmusik*, zu der sich Orff auch in seiner lesenswerten Autobiographie »Die Zeit wartet nicht« bekennt. Daß er noch 1941 die Musik zu dem Propagandastreifen »Blaue Jungs« mit dem schmissigen *Marsch der deutschen Jugend* schrieb, muß man anderen Quellen entnehmen.

Das erste seiner Ballette war *Joan von Zarissa* (1939). Er leitete daraus wie aus allen seinen Balletten eine Konzertsuite ab (1940). Die 1948 entstandene *Orchester-Sonate* greift, wie der merkwürdige, die Bezeichnung Symphonie vermeidende Titel nahelegt, auf das vorklassische Modell des barocken Concerto zurück. Diesem Werk ließ Egk 1969 eine *2. Orchestersonate* folgen, die indes mit ihrer Allegro-Motorik keinen kompositorischen Fortschritt gegenüber dem 20 Jahre jüngeren Werk darstellt. Etwa gleichzeitig mit der 1. Orchestersonate entstand das Skandalballett *Abraxas*. Noch vor der szenischen UA 1948 stellte Egk für den Konzertgebrauch eine Suite zusammen. 1949 folgte dann sein bekanntestes Werk, die geistvolle *Französische Suite*, eine freie Adaption von Cembalostücken von Rameau. Der tänzerische Impuls dieser Musik legte es nahe, sie als Ballett auf die Bühne zu bringen (1952). Im Gegensatz dazu ist die *Englische Suite* (1969) eine Ableitung aus dem zuvor entstandenen Ballett *Casanova in London*. 1959 unternahm Egk eine dreimonatige Reise in die Karibik. Frucht dieser Begegnung mit einer exotischen Welt sind die *Variationen über ein karibisches Thema*, denen das haitische Volkslied Choucoune zugrundeliegt, das zwischen geradem und ungeradem Takt pendelt. 1960 kam die Ballettfassung an der Bayerischen Staatsoper zur UA. Der Begegnung mit Wind und Wellen auf Guadeloupe verdankt sich auch die *Musik in C für großes Orchester* unter dem schicksalsträchtigen Titel *Moira* (1972): In einer ausführlichen Erläuterung im Programmheft der UA vertritt Egk die Ansicht, daß der Wind in seinen Ohren überwiegend diatonisch geklungen habe, was für ihn eine weitere Bestätigung des traditionellen Tonsystems im Sinn der Ansermetschen Apologie war. Das gut viertelstündige Werk steht in der Tradition romantischer und impressionistischer Naturbeschwörung. Vom Umfang her ähnlich dimensioniert ist das letzte größere Orchesterwerk *Spiegelzeit*, wobei im 1. Satz ein vorklassisches und im 2. Satz ein klassisches Formschema »gespiegelt« wird. »Die Mischung aus Puccini und Strawinsky ergibt zweifellos Egk, wie man ihn kennt; gekonntes, klangsicheres und eingängiges, stellenweise impressionistisch-französisches Musizieren um seiner selbst willen.« (W. E. von Lewinski).

Einige Vokalwerke verdienen ebenfalls Erwähnung, so die virtuosen *Quattro Canzoni* (1932) für Tenor und Orchester (Sopranfassung 1956), *Chanson et Romance* (1953) für hohen Sopran und Orchester und *Nachgefühl*, eine Trauerkantate auf den Tod einer Katze nach Versen von Klabund (1975) für Sopran und Orchester.

Egks Aufenthalt im Limbus der Musikgeschichte wird auch durch die diskographische Situation belegt. Von seinen zahlreichen Opern sind lediglich *Peer Gynt* und *Die Verlobung in San Domingo* (mit dem jungen Fritz Wunderlich) greifbar. Nicht einmal ein Reißer wie das *Skandalballet Abraxas* ist derzeit im Handel. Fast alle Werke Egks, häufig von ihm selbst dirigiert, schlummern in den Archiven der Rundfunkanstalten.

Abraxas

Ballett in 5 Bildern

UA: München 1948

Abraxas, Egks bekanntestes Ballett, ist eine Faustversion, in der es anders als bei Goethe keine Erlösung und Verklärung gibt. Den Inhalt skizziert Egk mit eigenen Worten so: »Die zentrale Erscheinung ist Faust, der magus magnus der Sage. Er beschwört aus den Abgründen der Finsternis die Schlange, den Tiger, Bellastriga, Archiposa, die große babylonische Hure und Erzbuhlin des Leibhaftigen, Helena, das Symbol antiker Klarheit und Helle, und die Schatten Hektors, Achills, Europens und Jupiters herauf und flieht vor den Geistern,

Abraxas. Szenenbild der Uraufführung in München (1948)

die er rief, in die süße Liebe Margaretens – umsonst freilich, da der Regisseur dieses Welttheaters der leibhaftige Gottseibeiuns ist, er selbst, Satanas. Die traditionelle Erlösung verwandelt sich im Abraxas-Ballett in einen gnadenlosen Untergang von elementarer Gültigkeit, in dem auch die schuldlose Margarete vernichtet wird.« »Abraxas« ist, wie auch »Abrakadabra«, ein gnostisches Zauberwort, mit dessen Hilfe Faust die dienstbaren Geister Satans herbeiruft, die ihm Jugend und Wollust verschaffen. Als er im letzten Bild des Balletts aus Liebe zu Margarete den Pakt mit dem Teufel zerreißt, ist die Begleichung fällig. Faust wird mitsamt Margarete vor der Kathedrale von der tanzenden Menge zertrampelt.

Die beifällig aufgenommene UA wurde zum Sensationserfolg, als der damalige Kultusminister Alois Hundhammer die weitere Aufführung wegen vermeintlicher Obszönität verbieten ließ. Der Werbeeffekt dieser Maßnahme war beträchtlich, aber in München wurde das Werk erst 1979, also nach 31 Jahren wiederaufgeführt. Die Musik ist handfeste Theatermusik im besten Sinne und vermag mit ihrer Geradlinigkeit und ihrer additiven Reihung emotionaler Momente auch heute noch zu fesseln. Schockieren dürfte sie allerdings nur noch ganz verstockte Ohren, haftet ihr doch auch etwas Harmloses an, das allzu direkt auf Wirkung bedacht ist.

Während die Ballettfassung aus 5 Bildern besteht (Der Pakt – Die Verstrickung – Pandämonium – Das Trugbild – Die Begleichung), enthält die *Orchestersuite* nur Teile aus 4 Bildern (1–2–3 und 5), verzichtet also auf die antike Szene des Trugbilds.

Französische Suite

UA: Berlin 1950

Die *Französische Suite* ist eine freie Adaption von Cembalostücken Rameaus, vergleichbar etwa der *Pulcinella-Suite* nach Pergolesi von Strawinsky. Sie zeigt Egk auf der Höhe seines Könnens. Natürlich werden die originalen Stücke nicht nur instrumentiert oder aufwendig ausstaffiert, wie es Richard Strauss in seiner *Tanzsuite nach Couperin* (1922) gehandhabt hat, sondern z.T. vollständig umgemodelt und harmonisch neu eingekleidet. Der erste der 5 kurzen Sätze ist *Le rappel des oiseaux*, eine geräuschvolle Versammlung von Vögeln mit schwirrenden Vorschlägen in den Streichern. *Gigue en Rondeau* bringt im Kontrast heftige Bläserattacken und polyrhythmische Überlagerungen des 6/8-Grundrhythmus. *Les tendres plaintes* (*Die zärtlichen Klagen*) ist ein elegisches Stück von berückendem Klangzauber. *Venitienne* schildert die robuste Venezianerin mit aparten Taktwechseln über einer gleichmäßig abschnurrenden Sechzehntelbewegung der Streicher. Die Wirkung des letzten Satzes *Les tourbillons* (*Die Wirbelwinde*) ist schlichtweg unwiderstehlich. Die sich sozusagen von selber ankurbelnde Bewegungsenergie, die das rondoartig wiederkehrende Hauptthema aus sich herausschleudert, hat etwas von einem besinnungslos machenden Taumel, der bayerische Urwüchsigkeit mit französischem Esprit verbindet.

[M] *CD* Staatsorchester Frankfurt (Oder), Athinäos (Signum 1997) *Siegmar Hohl*

Gottfried von Einem

1918–1996

»Componieren« beharrlich mit C zu schreiben, ist nicht eine besondere Marotte von Einems, sondern Ausdruck seines künstlerischen Selbstverständnisses: Der Verweis auf die lateinische Wurzel des Verbes – »componere« = zusammensetzen – rückt den handwerklichen Aspekt seiner Arbeit in den Vordergrund. Gottfried von Einem ist kein Radikaler. Er schreibt Musik, um verstanden zu werden.

Geboren am 24. Januar 1918 als Sohn eines österreichischen Militärattachés in Bern, genoß er die privilegierte Ausbildung eines Diplomatenkindes. 1941–1943 studierte er privat bei Boris Blacher in Berlin, der bald sein Freund und Mentor wurde. Die erste künstlerische Frucht ihrer Zusammenarbeit war die Oper *Dantons Tod* (1944–1946), zu der Blacher gemeinsam mit seinem Schüler das Libretto schrieb. Ihre triumphale UA 1947 bei den Salzburger Festspielen machte von Einem mit einem Schlag international berühmt. Aus der rhythmischen Kraft und zwingenden Dramatik seiner Partituren spricht ein geborener Theatermusiker, der sich bereits als Zwanzigjähriger der Theaterwelt zugewandt hatte: 1938 begann er als Korrepetitor an der Berliner Staatsoper; 1943 bestellte ihn die Dresdner Staatsoper zum musikalischen Berater. Neben seinen 7 Opern schrieb von Einem kontinuierlich Instrumentalwerke, aus deren tonalen Strukturen und klassischen Formen die rhythmische Vitalität eines Bühnenkomponisten leuchtet, so etwa in dem als Jazz-Variationen angelegten letzten Satz seines *Concerto für Orchester op. 4* (1943) oder den tänzerischen *Symphonischen Szenen op. 22* (1956). Weitere bedeutende Orchesterwerke sind das *Capriccio op. 2* (1942–1943), *das Klavierkonzert op. 20* (1955), die *Philadelphia Symphonie op. 28* (1960), das *Violinkonzert op. 33* (1966/67) und die *Wiener Symphonie op. 49* (1976).

Eine Reihe repräsentativer Funktionen begleitete seine kompositorische Arbeit, sei es als Direktoriumsmitglied bzw. Vorsitzender des Kunstrates der Salzburger Festspiele (1948–1951, 1955–1964), Direktoriumsmitglied der Wiener Festwochen (1960–1964), Präsident der österreichischen Verwertungsgesellschaft AKM (1965–1970) oder Leiter einer Kompositionsklasse an der Wiener Musikhochschule (1963–1972) Am 12. Juli 1996 ist Gottfried von Einem in Oberdürnbach gestorben. *Andrea Zschunke*

Hanns Eisler

1898–1962

Über Hanns Eisler kursieren verschiedene, ja gegensätzliche Vorstellungen und Bilder. Er ist Schüler Schönbergs und zugleich Kommunist, Brecht-Interpret und Hollywood-Star, SED-Opfer und Komponist der Nationalhymne der DDR. Und seit der Staat, an dem er gestorben ist, nicht mehr existiert, sind die Urteile über ihn erneut in Bewegung.

Die Brüche, die Eisler ausmachen, begannen bereits in der Kindheit. Er wurde am 6. Juli 1898 in Leipzig geboren und wuchs in Wien auf als Sohn einer Arbeitertochter und eines jüdischen Gelehrten, der bei Wilhelm Wundt promovierte. Noch vor den ersten Kompositionsversuchen beschäftigte er sich mit philosophischer Literatur. Nach dem Ersten Weltkrieg, den er als Soldat erlebte, unterrichtete ihn Schönberg in seinem Privatseminar. Nach Webern und Berg galt Eisler als größtes Talent. Der Bruch mit Schönberg, der beide lange beschäftigte, folgte schnell. Avancierte Kunst, so Eisler, benötige den Gesellschaftsbezug. Er ging nach Berlin, wo Bruder Gerhard und Schwester Ruth Fischer als kommunistische Funktionäre wirkten, und er engagierte sich für proletarische Belange und für die Massenmusik. Neue Medien interessierten ihn, neue Aufführungsformen. Gemeinsam mit Weill, Wolpe und Stuckenschmidt war er linksbürgerlich engagiert. 1929 begegnete er Brecht, die Musik zum Stück *Die Maßnahme* entstand, eine Reihe politischer Nummernprogramme.

Schon 1932 emigrierte Eisler, – über Wien, Paris und London nach New York. In Amerika schrieb er Filmmusik, namhafte Liedzyklen, zahlreiche Bühnenmusik für Brecht. Nach Vorladungen vor den Kongreß zur Untersuchung unamerikanischer Tätigkeit mußte Eisler 1947 die Staaten verlassen. Ostdeutschland lud ihn generös ein, Eisler schrieb loyale Tagesmusik. Aus dem sogenannten »Formalismus«-Streit um sein Opernprojekt *Faustus* ging er gebrochen hervor, – fortan pendelte er zwischen Ostberlin und Wien. Kurz vor seinem Tod (am 6. September 1962 in Berlin) polemisierte er vorsichtig gegen allzu unsinnige kulturpolitische Repression.

In seinem Werk, das wesentlich vor der DDR-Zeit entsteht, ist Eisler auf Formen fixiert, die sich dem traditionellen Kulturbetrieb verweigern. Es fehlt an Symphonik, an Virtuos-Konzertantem, an großer Form. Eislers Metier ist die Miniatur, – das gilt im Lied, in der Filmmusiksequenz und am Klavier. Sein *Hollywooder Liederbuch* von 1942/43 beispielsweise ist einer der größten Vokalzyklen des 20. Jhs., frühe zwölftönige Klavier- und Kammermusik klingt rebellisch markant, die wieder tonalen *Ernsten Gesänge* aus dem Sterbejahr bleiben als erschütternd hellsichtiges Altersresümee.

Am stärksten interessiert Eisler sich für »angewandte« Musik. Er versteht darunter sowohl die proletarische Kampfmusik oder das Agit-Prop-Programm als auch das Komponieren für Bühne und Film. Der ersten Filmarbeit, vorgestellt beim Musikfest 1927 in Baden-Baden, folgen mehr als 40 Kompositionen, die vom Comic bis zum sozialkritischen Dokumentarfilm ein breites Spektrum bedienen. Insbesondere in Produktionen mit Joris Ivens nutzt Eisler für die Musikmontagen Rhythmen des Filmschnitts und visuelle Strukturen, – ohne dabei romantisch zu illustrieren. Aus solchem Zusammenhang resultieren Instrumentalwerke wie die *Fünf Orchesterstücke* von 1938 oder die *Kammersinfonie* von 1940 und eine Reihe nachträglich zusammengestellter Orchestersuiten. Die Charakteristika Eislerscher Musik, die sich hierin vermitteln – die Kurzgliedrigkeit, der Montagecharakter, der gestische Duktus, die karge Instrumentierung und die breite Klangpalette bis hin zum Jazz – gelten auch für andere Genres.

Für ein parodistisches Anti-Stück beispielsweise wie die *Kleine Sinfonie op. 29* von 1933 oder für die etwa 40 Partituren Theatermusik, die stark Brechts nichtillusionistischer Ästhetik folgt. Eislers umfangreichstes Werk ist die 1948 abgeschlossene *Deutsche Symphonie op. 50*, die sich – ein zentrales Thema des Komponisten – mit dem antifaschistischen Widerstand in der Heimat beschäftigt. Eisler und als Textlieferant auch Brecht suggerieren sich in Amerika Spielräume für eine innerdeutsche Rebellion und verweisen auf stille Subversion und brutale Gewalt. Anders als Zeitgenossen schreibt Eisler mit klanglicher Distanz. Die Synthese vieler kleiner Segmente zu einem Konglomerat aus Oratorium, Kantate und Symphonie versucht auch die Verbindung von politischer Botschaft und Zwölftonstrukturen. In seiner philosophischen Ausrichtung wirkt das Werk weniger vielseitig dimensioniert. Die Sorge um Deutschland ist marxistischer Art, und insofern bleibt das Opus in doppelter Hinsicht Zeitstück und Experiment.

Frank Kämpfer

Edward Elgar

1857–1934

Mit den *Enigma-Varationen* meldete sich 1899 – gut 200 Jahre nach dem Tod Henry Purcells – erstmals wieder ein englischer Komponist von internationalem Rang zu Wort, läutete ausgerechnet der katholische Elgar im puritanischen England die Wiedergeburt eines nationalen Musikbewußtseins ein. Sie wurden unmittelbar als Meisterwerk erkannt – so von Richard Strauss – und brachten dem mittlerweile 42jährigen über Nacht den kompositorischen Durchbruch. Und der ungeheure Jubel, den man seiner *1. Symphonie* bei ihrer UA durch Hans Richter – er nannte Elgar den »größten modernen Komponisten – und nicht nur in diesem Land« – entgegenbrachte, erhellt ähnlich schlaglichtartig die Situation des englischen Musiklebens um die Jahrhundertwende: Da wurde nicht irgendein bedeutendes Werk gefeiert, sondern die erste englische Symphonie von wirklich internationalem Rang. Möglicherweise war es in erster Linie diese völlig kritiklose Rezeptionshaltung, die Elgars Musik schon wenig später verdächtig machte. So erblickte Constant Lambert 1934 im »aggressiven Edwardianischen Wohlstand« den »behaglichen Hintergrund für Elgars Finali. Vieles in Elgars Musik hat – wenn auch nicht durch seine Schuld – für die heutige Generation einen fast unerträglichen Anstrich von Selbstgefälligkeit, Selbstsicherheit und autokratischem Wohlwollen«. Doch Elgar war keineswegs so ohne weiteres der typische Repräsentant des spätviktorianischen Großbürgertums, die

Pomp and Circumstance Marches, bis heute leider sein bekanntestes Werk, spielten in diesem Zusammenhang eine durchaus fatale Rolle. Seine Musik ist mehr als ein bombastisch »neo-gotischer« Redeschwulst, der ungebrochen dem Lebensgefühl jenes England Ausdruck verlieh, das sich auf dem Höhepunkt seiner kolonialen Macht sah. Daß seine Werke manchem Zeitgenossen nur ein Klang gewordenes »Rule Britannia« waren, offenbart allenfalls, wie unbesorgt eine in der Tat »selbstgefällige« Gesellschaft über ihre emotionalen Abgründe hinwegzuhören verstand. Denn der opulente Orchesterklang von Elgars brillant instrumentierten Symphonien ist niemals Selbstzweck, und immer wieder mündet überschwenglicher Klangsinn in verhaltene Lyrik. Auch von persönlichen Zweifeln und Unsicherheiten, von nostalgisch anmutenden Rückblicken und einer tiefen Sehnsucht nach der verlorenen Kindheit ist seine Musik geprägt, nicht zuletzt die Kammermusik der Jahre 1918/19. Neben ihr und den Orchesterwerken ist vor allem an die großen Werke für Chor und Orchester zu erinnern, Balladen und Oratorien wie *The Black Night, The Light of Life, King Olaf* und *Caractacus* aus den 90er Jahren, der großartige *Dream of Gerontius* von 1900, zweifellos eines seiner Zentralwerke, und schließlich an die Oratorien *The Apostles* und *The Kingdom* von 1903 und 1906.

Symphonie Nr. 1 As-Dur op. 55

UA: Manchester 1908

Die Erste wurde bei ihrer UA durch Hans Richter frenetisch bejubelt, Richter selbst sprach von der »bedeutendsten Symphonie der modernen Zeit«, und binnen Jahresfrist vollendete sie ihren Siegeszug rund um die Welt. Elgar beschäftigte sich zur Entstehungszeit intensiv mit Jugendwerken und verarbeitete dieses Material in den 1908 uraufgeführten Orchestersuiten *The Wand of Youth*. Auch das hymnische *Andante*-Thema der Ersten soll aus einer solchen Stimmung entstanden sein. Gleich zu Beginn wird es *Nobilmente e semplice* von Holzbläsern und Bratschen über marschartigen tiefen Streichern exponiert, dann vom vollen Orchester aufgenommen. In originaler oder verkürzter Gestalt erscheint es mehrfach in Kopfsatz und Finale und durchzieht die Symphonie wie eine »idée fixe«, ein gedankliches, freilich nie programmatisches Gerüst. (1905 sagte Elgar, die »Symphonie ohne Programm« stelle »den höchsten Stand der Kunst« dar und sah sich damit klar in der Nachfolge von Brahms!). Letztlich sind alle Themen der Ersten mehr oder weniger eng mit dem Eingangsthema verwandt oder – wie Elgar meinte – »demselben Ofen entsprungen«. Diese thematischen Verknüpfungen verleihen dem Werk eine Einheit, die die tonalen Verhältnisse immer wieder gefährden: Sie nämlich sind alles andere als selbstverständlich, vielmehr von einer Komplexität, die der Ersten streckenweise einen ruhelosen, ja instabilen Charakter verleiht. So führt Elgar das *Allegro*-Thema des As-Dur-Kopfsatzes im weit entfernten d-moll ein, weicht in der Durchführung gar ins noch entlegenere D-Dur aus. Auch die Mittelsätze *Allegro molto* und *Adagio* sind nicht in benachbarten tonalen Gefilden angesiedelt, und das Finale *Lento – Allegro* kehrt erst am Schluß zur Grundtonart As-Dur zurück. Solche tonalen Instabilitäten stützen kaum die These von Elgars symphonischer »Selbstgefälligkeit«. Gegen sie spricht auch, daß er rund ein Jahrzehnt an seinem symphonischen Erstling arbeitete – erste Entwürfe stammen von 1898. Damals hatte Elgar noch an eine Art *Eroica* zum Andenken an den vor Khartum gefallenen General Charles George Gordon gedacht, doch 1908 schrieb er: »Es gibt kein Programm jenseits einer umfassenden Erfahrung des menschlichen Lebens, verbunden mit einer großen Nächstenliebe und einer massiven Hoffnung auf die Zukunft«. Sechs Jahre später sollte diese Hoffnung an den Greueln des Weltkriegs zerbrechen.

[M] *CD* London SO, Tate (EMI 1991)

Symphonie Nr. 2 Es-Dur op. 63

UA: London 1911

Die *2. Symphonie* rief bei weitem nicht jene Begeisterung hervor, auf die die Erste gestoßen war. Das mochte mit enttäuschten Erwartungen zusammenhängen, denn Elgar hatte sie im Vorfeld der UA als »freudig und unbeschwert« angekündigt, was sie in Wahrheit nur sehr bedingt ist. Schon das Shelley-Zitat »Rarely, rarely comest thou, Spirit of Delight!«, das er der Partitur voranstellte, ist durchaus ambivalent, und die Symphonie ist es als Ganzes nicht weniger. Ohne daß sie sich auf ein konkretes Programm festlegen ließe, verschmelzen in ihr biographische Momente – Elgar sprach von der »leidenschaftlichen Pilgerfahrt einer Seele« – mit unzweifelhaft grundsätzlichen Reflexionen über Elgars Epoche, vielleicht gar mit der Ahnung von ihrem nahenden Untergang im Weltkriegsgemetzel. Diese Vermutung drängt sich jedenfalls wiederholt auf, vor allem wohl im *3. Satz*, der nach dem zunächst farbenfrohen, rhythmisch vom musikantischen Treiben auf Venedigs Piazza San Marco inspirierten *Rondo*-Scherzo im *Trio* in ein wild bedrohliches Hämmern umschlägt, zu dessen Deutung Elgar selbst auf einige Zeilen aus Alfred Tennysons Zyklus »Maud« verwies: »Tot, längst tot!/ Und eine Handvoll Staub mein Herz,/ Und über den Kopf mir die Räder jagen,/ Und die Hufe der Rosse schlagen, schlagen,/ Sie schlagen in Schädel und Hirn mir hinein/...« Das vorangehende, melancholisch trübselige *Larghetto* wurde als Trauermusik für Edward VII. interpretiert, doch dürfte sein eigentlicher Ursprung bereits im Jahr 1904 liegen, als Elgars enger Freund Alfred Rodewald starb. Nach solchen Verstörungen vermag das Finale *Moderato e maestoso* den – wenn auch keineswegs durchgängig unbeschwerten – drängenden, jugendlichen Impetus des Kopfsatzes *Allegro vivace e nobilmente* nicht wieder aufzunehmen: Die wunderbar ausschwingenden *Final*-Themen sind nicht frei von Resignation, und noch der friedvolle Schluß wird von einem letzten Ausbruch gestört.

[M] *CD* BBC SO, Davis (Teldec 1992)

Variationen über ein eigenes Thema für Orchester op. 36 (»Enigma-Variationen«)

UA: London 1899

Mit den von Hans Richter uraufgeführten *Enigma-Variationen* erzielte Elgar seinen Durchbruch als Komponist und verschaffte der englischen Musik nach 200 Jahren wieder internationales Ansehen. Er widmete die Rätselvariationen »Meinen Freunden, die darin abgebildet sind«, teilte freilich später mit, wer sich hinter den insgesamt 14 Variationen und den ihnen vorangestellten Initialen verbarg: so etwa seine Frau Alice, deren »Leben eine romantische und feinfühlige Eingebung war«, hinter der ersten; sein Freund und Verleger August Jaeger *(Nimrod)* hinter der neunten, die mit ihrem *Pathétique*-Zitat auf ein »langes Sommerabendgespräch über die langsamen Sätze Beethovens« anspielt; hinter der dreizehnten die Freundin Lady Mary Lygon, die sich damals auf einer Seereise befand, was das Klarinetten-Zitat aus Mendelssohns *Meeresstille* und *Glückliche Fahrt* erklärt. Elgar selbst schließlich porträtierte sich in der letzten Variation – »E. D. U.« steht für Edoo, seinen Spitznamen –, die gleichzeitig auf Alice und Jaeger rückverweist, die als einzige nie an ihm zweifelten. In geheimnisvolles Dunkel hingegen blieb ein »weiteres, umfassendes Thema« getaucht, das laut Elgar »die ganze Serie durchzieht, jedoch nicht gespielt wird«. Auch wenn inzwischen mit guten Argumenten auf eine Passage am Ende des *Andante* aus Mozarts *Prager Symphonie* hingewiesen wurde, so bleibt die Tatsache, daß Elgar die Lösung mit ins Grab nahm. Doch vielleicht erhöht dies noch den Reiz eines Meisterwerks, das in seiner Spannung zwischen privatem Inhalt und absolut überindividueller Aussagekraft, mit seiner grandiosen Formbeherrschung und einem instrumentatorischen Können, das den Vergleich mit Richard Strauss nicht zu scheuen braucht, völlig zurecht zur Initialzündung für ein neues englisches Musikbewußtsein wurde.

[M] *CD* Philharmonia O., Barbirolli (EMI 1962); Royal PO, Mackerras (Decca Argo 1992)

Ouvertüren und kleinere Orchesterwerke

1890 schrieb Elgar als sein erstes großes Orchesterwerk die *Ouvertüre Froissart op. 19*, die im gleichen Jahr uraufgeführt wurde. Literarische Vorlage war eine Passage aus Walter Scotts »Old Mortality«, die die historischen Romanzen des Jean Froissart aus dem 14. Jh. feiert. Überdies stellte Elgar der Partitur ein Keats-Zitat voran und schrieb, die Musik sei »die romantische Beschwörung einer Welt, in der edle Ritter Charaktereigenschaften wie Loyalität, Gläubigkeit, Mut und Liebe an den Tag legen«, Momente, die zweifellos für ihn selbst zentral waren. Mag *Froissart* auch kein reifer Elgar und in der Verarbeitung von Dvořák und Brahms beeinflußt sein, in den Themen und dem melodischen Reichtum kündigt sich die spätere Meisterschaft bereits an.

Auch in der *Serenade für Streichorchester e-moll op. 20* von 1892, die Elgar stets besonders liebte, weist manches in die Zukunft, so das Changieren zwischen weit ausschwingenden Melodiebögen und Linien von verhaltener Melancholie oder Elgars Vorliebe für Sequenzierungen. Die punktierte Bratschenfigur, die das *Allegro piacevole* eröffnet, zieht sich wie ein roter Faden durch diesen melodisch ungeheuer reichen Satz, der klarer Liedform folgt. Das *Larghetto* war der erste langsame Satz Elgars. In seinem Ineinander von Reflexion und Gefühl, im Gegensatz zwischen dem sehnsüchtig sich aufschwingenden Eingangsthema und dem hymnischen 2. Gedanken klingen bereits die großen langsamen Sätze der Symphonien an. Auch der Art, wie in den letzten Takten des Satzes das Eingangsthema wieder hereinweht, wird man später wiederbegegnen. Dieser Bewegung folgt die *Serenade* insgesamt: Wenn Elgar die Achtel-Figur, die das Werk eröffnete, am Ende des abschließenden *Allegrettos* wieder aufgreift, so erweist sie sich als gedankliche Klammer der Serenade, die wie ein zugleich heiterer und melancholischer Schemen vorbeihuscht.

1901 wurde in London Elgars Konzertouvertüre *Cockaigne op. 40* uraufgeführt, ein liebevolles programmatisches Porträt der Stadt London. (Cockneys wurden Londons Bürger genannt, Cockaigne war also ihr Reich.) Das sonatensatzartig angelegte Werk schildert zunächst das rege Leben der Stadt, ein typisches *nobilmente*-Thema vertritt den Londoner schlechthin – später wird es von einem Gassenjungen gepfiffen –, und schließlich betritt noch ein Liebespaar die Szene. Eine Militärkapelle marschiert heran, wenig später von einem offensichtlich nicht professionellen Blasorchester parodiert. Ein lyrisches Zwischenspiel sieht das Liebespaar in der Kirche, ehe die Reprise alle Themen noch einmal versammelt.

Mit seinem ungeheuer reizvoll abschattierten Wechselspiel zwischen Streichquartett und Streichorchester stellt Elgars *Introduktion und Allegro op. 47* von 1905 einen – wenngleich verfeinerten – Rückgriff auf das *Concerto grosso* Händelscher Manier dar. Der eindrucksvollen Introduktion, die an die barocke Ouvertüre erinnert, folgt der lebhafte Allegro-Abschnitt, in dem eine Fuge anstelle der Durchführung tritt. Die Reprise schließlich taucht das großartige Eingangsthema in festlich barocken Glanz.

1913 entstand *Falstaff: Symphonische Studie in c-moll op. 68*, die in 4 Hauptabschnitten und 2 Traumepisoden versucht, sich dem Falstaff der Geschichtsdramen zu nähern. In der Gestaltung, der Exposition klar umrissener Themen und ihrer Verarbeitung wie auch im farbigen Orchesterkolorit ist die Nähe zu den Tondichtungen von Richard Strauss unverkennbar. Elgar verfolgt die Entwicklung seines Helden, der Prinz Heinrich bei der Thronbesteigung half, um anschließend von ihm verspottet zu werden und – allein mit seinen Erinnerungen – einsam zu sterben.

[M] *CD* Froissart: Royal PO, Mackerras (Decca Argo 1992); Serenade und Introduktion und Allegro: Orpheus Chamber O. (DGG); Cockaigne: London SO, Tate (EMI 1991); Falstaff: Hallé O., Barbirolli (EMI 1964)

Violinkonzert h-moll op. 61

UA: London 1910

Elgar widmete dieses erste wirklich bedeutende Violinkonzert eines Engländers Fritz Kreisler, der auch die UA spielte. Entscheidenden Anteil an der Entstehung hatte jedoch W. H. Reed, der Konzertmeister des LSO. Rätselhaft blieb eine geheimnisvolle Partituraufschrift aus Alain-René Lesages Roman »Gil Blas: Aquí está encerrada el alma de ... 1910 (Hier liegt begraben die Seele von)«. Wer oder was immer sich dahinter verbergen mag, ohne Zweifel legte Elgar seine eigene Seele in dieses Werk, das bei allem technischen Anspruch kein oberflächliches Virtuosenstück ist und durchaus als ein ästhetisches Fazit des romantischen Violinkonzertes gehört werden kann. Der *Allegro*-Kopfsatz hebt mit einem ausgedehnten Orchestervorspiel an, in dem Elgar nicht weniger als 6 thematische Hauptgedanken exponiert, die freilich keineswegs kurzatmig sind, wie häufig behauptet, sondern in ihrem engen Bezug eine organische Struktur entwickeln. Mit dem Eröffnungsthema, einer Art Motto, setzt *nobilmente* die Solovioline ein, die im folgenden die übrigen Themen rhapsodisch ausschmückt. Die Durchführung beschränkt sich auf das Eröffnungsmotto und ein lyrisches Kontrastthema, das Elgar beschwörend steigert, ehe mit dem Eingangsthema die recht freie Reprise beginnt, die den zwischen vitalem Elan und abgeklärter Ruhe wunderbar ausgewogenen Satz – wiederum mit dem 1. Thema – stürmisch beschließt. Das lyrische *Andante* ist mit seinem breit strömenden melodischen Fluß, dem das Soloinstrument mit einem gesanglichen Kontrapunkt begegnet, das emotionale Herzstück des Konzertes. Das Finale hebt *Allegro molto* mit brillantem Passagenwerk der Solovioline an, aus dem die beiden Hauptthemen erwachsen, emphatisch das eine, lyrisch gefühlvoll das andere. Die ungeheure, vom Orchester begleitete *Cadenza* ist voller Rückbezüge auf die ersten Sätze und unterstreicht so die zyklische Rundung des Werkes.

[M] *CD* Heifetz, London SO, Sargent (RCA Victor 1949)

Cellokonzert e-moll op. 85

UA: London 1919

Das Konzert entstand 15 Jahre vor Elgars Tod als sein letztes großes Werk. Unüberhörbar ist es ein Werk des Abschieds, Abgesang auf jene Welt, die der Weltkrieg vernichtete, zugleich auf sein Werk, von dem er wohl spürte, daß es fortan einer vergangenen Epoche angehören werde. So ist das Konzert kein Virtuosenstück, vielmehr verbreitet es mit seinem verhalten introvertierten, nur untergründig vitalen Gestus eine melancholisch nostalgische Stimmung. Aus der rezitativischen Einleitung – *Adagio largamente* – erwächst in den Bratschen das Hauptthema des Kopfsatzes, das das Cello übernimmt und ans Orchester weitergibt. Die Klarinetten führen das lebhaftere Seitenthema ein, aus dem nur ansatzsweise eine Durchführung erwächst, ehe das Cello mit dem Hauptthema die Reprise des Kopfsatzes einleitet. Dieser geht unmerklich, mit 3 Pizzicati des Solocellos ins *Scherzo* über, dem etwas phantastisch Unwirkliches anhaftet. Der Orchesterklang ist seltsam ausgedünnt, streckenweise fast pointillistisch. Das Cello stürmt mit virtuosem, improvisatorisch wirkendem Gestus voran, nur ein Seitengedanke erinnert an die verhaltene Grundstimmung des Werkes. Das elegische, intime *Adagio* mutet wie ein abschließendes Selbstgespräch an, ein letztes Mal bei Elgar entwickelt sich jener charakteristiche Gestus träumerischer Poesie. Was er 1917 schrieb – »Alles Gute & Schöne & Reine & Frische & Liebenswürdige ist weit entfernt – es wird niemals wiederkehren« – könnte Motto des Satzes sein. Auch das rondoartige *Finale* ist kein übermütiger Kehraus. Das Rondothema beruht auf der rezitativischen Einleitung des Kopfsatzes, auch deshalb mutet die geistreiche Heiterkeit vergänglich an. Und wenn Elgar am Schluß – *Adagio, come prima* – den Beginn des Konzertes fast wörtlich zitiert, so schließt sich der Kreis. Ein Abschied, doch ohne Nachlassen der Schaffenskraft. Die Harmonik mag weniger avanciert sein, als in einigen früheren Werken, die Thematik ist ökonomischer, doch keineswegs uninspirierter, und die Instrumentation ist in ihrer Transparenz unverändert meisterhaft.

[M] *CD* du Pré, London SO, Barbirolli (EMI 1965) – auch *VD/LD* (Teldec)

The Dream of Gerontius op. 38

UA: Birmingham 1900

Elgar vertonte ein 1865 veröffentlichtes Gedicht von Kardinal Newman, das den Weg einer Seele zum jüngsten Gericht und zum Fegefeuer schildert. Zweifellos gehört *Gerontius* mit seiner Spiegelung von privaten Ängsten und der allgemeingültigen Betrachtung des Menschen an der Schwelle des Todes zu den persönlichsten und besten Werken Elgars. Er akzeptierte den Begriff Oratorium nur, da »bisher noch kein Wort zu seiner Beschreibung erfunden ist«. Der Partitur sind die Initialen *Ad maiorem Dei gloriam* vorangestellt, während unter den letzten Noten zu lesen ist: »This is the best of me – Das ist mein Bestes… wenn überhaupt etwas von mir, so ist dies Ihrer Erinnerung wert«. Schon hier finden sich die im Spätwerk so wesentlichen Momente tiefer Verunsicherung und größter Verwundbarkeit. Der Einfluß der Wagnerschen Chromatik ist – wie auch in den späteren Oratorien *The Apostles* und *The Kingdom* – unüberhörbar, doch Elgars harmonische Wechsel wirken lebhafter und rastloser. *Gerontius* dürfte aus einer *Gordon-Symphonie* erwachsen sein, die Elgar als Reaktion auf den Tod des 1885 gefallenen Generals Charles George Gordon zu schreiben gedachte, jedoch nie komponierte. Die UA geriet wegen unzureichender Proben zu einem Debakel, doch zu Recht wurde dieser grandiose Meilenstein auf dem Gebiet englischer Chorwerke rasch populär.

[M] *CD* Davies, Howell, Palmer, London SO and Chorus, Hickox (Chandos 1988)

Oswald Beaujean

George Enescu (Georges Enesco)

1881–1955

Die Werke und die Lebensgeschichte des Komponisten George Enescu sind geprägt von dem scheinbaren Paradox, daß sich in ihnen sowohl nationalistische als auch kosmopolitische Züge wiederfinden lassen. Enescu wurde am 19. August 1881 in Botosani (Rumänien) geboren und starb am 4. Mai 1955 in Paris. Zeit seines Lebens bewegte er sich zwischen diesen beiden Kulturkreisen, was zu einem fruchtbaren Austausch führte. Bereits im Alter von 4 Jahren begann Enescu Violine zu spielen, und seine außergewöhnliche Begabung ermöglichte es ihm, im Alter von nur 7 Jahren ein Violinstudium in Wien am Konservatorium der Gesellschaft der Musikfreunde aufzunehmen. 1894 ging er nach Paris, um dort am Konservatorium seine Studien fortzusetzen, wo er bei Massenet und Fauré auch Kompositionsunterricht hatte. Nach Abschluß seiner Ausbildung war Enescu vielseitig als Solist, Kammermusiker, Dirigent und nicht zuletzt auch als Komponist tätig. Daneben engagierte er sich für das Musikleben in Rumänien, wo er sich insbesondere um die Förderung junger Komponisten bemühte. Während seiner Unterrichtstätigkeiten in Frankreich und zeitweise auch in den USA, unterrichtete er unter anderem auch so bekannte Musiker wie Yehudi Menuhin. Da er selbst als Solist sehr gefragt war, blieb ihm besonders ab 1914 nur noch wenig Zeit zum Komponieren. Zu seinen bekanntesten Werken zählen heute die beiden *Rumänischen Rhapsodien op. 11* aus dem Jahre 1901. Sie vereinen folkloristische Elemente mit einer romantischen musikalischen Sprache, die sich durchaus innerhalb der Grenzen der Tonalität bewegt. Weitere Werke, die an die rumänische Folklore anknüpfen, sind die 2 *Suites roumaines* (1896–1897), das *Poème roumain op. 1* (1897) sowie die *Konzert-Ouvertüre sur des thèmes dans le charactère populaire roumain op. 32* (1948). Neben diesen Werken, denen er den Ruf des Begründers einer neuen rumänischen Nationalschule verdankt, hat Enescu auch Werke geschaffen, die ganz anderen musikalischen Bewegungen seiner Zeit verpflichtet sind. Insbesondere seine *Zweite Orchestersuite op. 20* (1915) läßt neoklassizistische Einflüsse deutlich erkennen. Daneben hat Enescu auch mit ungewöhnlichen Besetzungen experimentiert: so sieht seine *3. Symphonie op. 21* (1916–1921) neben dem üblichen Orchesterapparat auch einen Chor und ein Soloklavier vor. Neben weiteren Symphonien und Orchestersuiten hat Enescu mit *Oedipe op. 23* (1921–1931) eine große Oper geschaffen und mit *Vox maris op. 31* (1929–1951) einen Beitrag zur Gattung der Symphonischen Dichtung.

Susanne Rupp

Manuel de Falla

1876–1946

»Nach meiner Überzeugung kann Kunst nur in Freude und Freiheit entstehen.« Dieser Ausspruch de Fallas, dessen Richtigkeit sicher niemand bestreiten will, mag zugleich eine Erklärung dafür bieten, weshalb sein Werk so schmal und sein Hauptwerk unvollendet ist. Weder Freude noch Freiheit waren ihm bruchlos gegeben. De Falla verkörpert die spanische Musik des 20. Jhs. schlechthin, er verkörpert aber auch die Ambivalenz zwischen abgründiger Leidenschaftlichkeit und asketischer Frömmigkeit, zwischen *duende* und *angel*, zwischen Dämon und Engel. Was soll man von einem Komponisten halten, der testamentarisch die szenische Aufführung seiner Meisterwerke verbot und das Ballett *Der Liebeszauber* zeitlebens als Sündenfall ansah? Was von einem Menschen, der seine homosexuelle Veranlagung unterdrückte, Madonnenbilder malte und mit seiner Schwester als Haushälterin zusammenlebte? Alle rühmten seine Freundlichkeit und Bescheidenheit. Seine Genialität verbarg er hinter dem Aussehen eines Kirchendieners, war er doch zeitlebens ein ergebener Anhänger der katholischen Kirche. Papst Pius XII. nannte ihn einen »Lieblingssohn der Kirche«.

De Falla wurde am 23. November 1876 in der Hafenstadt Cadiz geboren. Eine Aufführung der für Cadiz komponierten *Letzten Sieben Worte* von Haydn war für den Knaben ein musikalisches Erweckungs- und Berufungserlebnis. 1897 zog die Familie nach Madrid, wo er am Konservatorium studierte und Zarzuelas (spanische Operetten) im herkömmlichen Stil zu schreiben begann. Erst der für die Entwicklung der spanischen Musik gar nicht hoch genug einzuschätzende Felipe Pedrell (1841–1922) wies ihn auf das Erbe der spanischen Musik hin und lenkte seinen Ehrgeiz in die Richtung einer nationalspanischen Musik aus eigener Kraft. Erste Frucht dieser Bemühungen war die Oper *La vida breve (Das kurze Leben)*, für die de Falla zwar ein Preisausschreiben der Akademie der schönen Künste in Madrid gewann, deren Aufführung aber nichtsdestotrotz in Spanien nicht zustandekam. Erst als de Falla 1907 nach Paris übergesiedelt war und die dortige Elite der älteren (Dukas, Fauré) und jüngeren (Debussy, Ravel) Komponisten kennengelernt hatte, gelang es ihm durch die Vermittlung von Paul Dukas, sein Werk aufgeführt zu sehen. Bei Ausbruch des Ersten Weltkrieges kehrte er nach Spanien zurück, wo nicht nur eine Reihe seiner wichtigsten Werke entstanden (die beiden Ballette *Der Liebeszauber* und *Der Dreispitz* sowie die *Nächte in spanischen Gärten*), sondern auch die nicht abreißende Folge rätselhafter echter und eingebildeter Krankheiten begann, die sein weiteres Leben beeinträchtigten. Nach dem Tod seiner Eltern zog er 1917 nach Granada, wo er Federico García Lorca kennenlernte und mit ihm den ersten Cante Jondo-Wettbewerb (1921) organisierte. Im spanischen Bürgerkrieg litt de Falla zunächst hauptsächlich unter dem offiziellen Atheismus. Als aber die Republikaner einen seiner besten Freunde lebendig begruben und die Falangisten Lorca erschossen, wollte er mit keiner der Bewegungen etwas zu tun haben. 1939 setzte er sich nach Südamerika ab, wo er die letzten Jahre von 1941 bis zu seinem Tod am 14. November 1946 zurückgezogen in Alta Gracia im Córdobagebirge lebte. Es gelang ihm nicht mehr, das szenische Oratorium *Atlantida*, an dem er 20 Jahre gearbeitet hatte, zu vollenden. Auch seine Heimat sah er nicht wieder.

De Falla war ein langsamer und skrupulöser Arbeiter; allerdings kann man dem Endergebnis diese Mühsal keineswegs anhören – im Gegenteil. Seine Musik geht unmittelbar unter die Haut. Sie klingt auch für das ungeübte Ohr auf Anhieb spanischer als die spanisch sich gebärdende Musik von Glinka, Moszkowski und Rimski-Korsakow. Mit ihrer elementaren Nacktheit ist sie eine überraschende Synthese von erotischer Eindringlichkeit und ritualistischer Bändigung. Im Lauf der Entwicklung nimmt sie immer deutlicher eine klassizistische Haltung an. Nach anfänglichen Anklängen an den Verismus der italienischen Oper *(Das kurze Leben)* und den französischen Impressionismus *(Nächte in spanischen Gärten)* wandte sich de Falla im *Dreispitz* der Welt des 18. Jhs. zu, im Marionettenspiel *Meister Pedros Puppenspiel* dem 16. Jh., in *Atlantida* schließlich der Welt der mittelalterlichen Musik. Das avantgardistischste Werk, das de Falla schrieb, ist das *Cembalokonzert* (entstanden zwischen 1923 und 1926), das mit seiner schroffen Bitonalität einen Vergleich mit Strawinsky nicht zu scheuen braucht.

Siete Canciones Populares Españolas (Sieben volkstümliche spanische Lieder)

Dieser ursprünglich für Gesang und Klavier geschriebene Liedzyklus wurde von Ernesto Halffter einfühlsam instrumentiert. Darüber hinaus existieren Bearbeitungen für Violine und Klavier (oder Cello), auch für Klavier allein, Indiz für ihre Beliebtheit. De Falla hatte den Zyklus in Paris begonnen und 1914 nach langem Feilen abgeschlossen. Es ist im einzelnen nicht immer klar, wieweit die Melodien original sind; exakte Notierung der für den spanischen Gesang typischen Melismen ist dafür kein ausreichender Beweis. Die außerordentlich raffinierte Begleitung mit ihrer aparten Harmonik ist jedenfalls de Fallas eigene Zutat, vergleichbar den 1906 entstandenen Bearbeitungen griechischer Volksweisen durch Ravel *(Cinq mélodies populaires grecques).* Nr. 1 der sehr kurzen Lieder *El pano moruno* (Das maurische Tuch) ist ein Volkslied aus Murcia, das den Verlust der Jungfräulichkeit andeutet, Nr. 2 eine *Seguidilla Murciana,* ein rascher Flamencotanz im Dreiertakt mit einer Klage über Untreue. Nr. 3 *Asturiana* ist ein getragenes Lied tief melancholischen Charakters, das Schmerz und Trosterfahrung zum Inhalt hat, Nr. 4 *Jota* eine Art temperamentvoller Serenade, in der sich ein Liebhaber mit seiner Angebeteten verabredet. Nr. 5 *Nana* ist ein zauberhaftes maurisches Wiegenlied, Nr. 6 *Canción* hat balladesken Charakter und besingt den Verrat trügerischer Augen. Nr. 7 *Polo* schließlich ist eine wilde Liebesklage (»Verflucht sei die Liebe, verflucht, wer sie mich fühlen ließ! Ah!«). Über bohrenden Repetitionen der Begleitung ergeht sich die Stimme in rezitativischem Gestus.

[M] *CD* de los Angeles, Pons (Harmonia Mundi France 1993); Fassung mit Klavier: de los Angeles, Moore (EMI 1952)

Noches en los Jardines de España (Nächte in spanischen Gärten)

UA: Madrid 1916

Das Werk war ursprünglich als eine Suite von Nocturnes für Soloklavier konzipiert, wurde von de Falla aber auf Anraten von Freunden zu 3 symphonischen Impressionen für Klavier und Orchester ausgeweitet. Die Assimilierung originalspanischer folkloristischer Elemente und der Klangzauber impressionistischer Tonkultur ließen dieses einzigartige Werk zum Inbegriff der Bezauberung durch ein imaginäres Spanien werden. In Wirklichkeit ist es mit seinen Flamencoanklängen ein rein andalusisches Werk, wie man schon an den Titeln der einzelnen Sätze erkennen kann. Es handelt sich übrigens nicht um ein Klavierkonzert im traditionellen Sinn; obwohl der Klavierpart stellenweise durchaus virtuose Aufgaben stellt, bleibt er doch Teil des Orchesterapparats. Der 1. Satz *Im Generalife* führt uns in die alte Sommerresidenz der maurischen Könige von Granada oberhalb der Alhambra. Der Satz kann als eine Folge von freien Variationen über ein stark arabisch gefärbtes Motiv begriffen werden, das mit seinen Sekundschritten, die sich im Umfang einer kleinen Terz bewegen, dem Typus des Cante Jondo angehört. Das Klavier nimmt das Thema mit der oberen Wechselnote auf und setzt alsbald zu einem wilden Wirbel gebrochener Akkorde an, mit denen die Schlagtechnik der Gitarre nachgeahmt wird. Eine gesangliche Variation leitet über eine Steigerung bei *Poco calmo* zu einem maurisch gefärbten Thema, das sich mit lässig repetierten Sechzehnteln ebenfalls im Terzraum bewegt. Schließlich wandert das Thema des Anfangs mit flimmernden Repetitionen ins Klavier. Nach einer weiteren orchestralen Steigerung und effektvoll rauschenden Akkordbrechungen und Glissandis im Klavier verebbt der Satz in magischer Stille. *Danza lejana (Ferner Tanz)* beruht ebenfalls auf einer Wechselnotenthematik, wie sie im Flamenco üblich ist. Eine tänzerisch anmutende *Malagueña* mit triolischen Wendungen wird von einem monotonen Thema aus dem Geist des Cante Jondo abgelöst. Beide Themen werden dann variiert und miteinander verflochten. Eine aufsteigende Bewegung mit gebrochenen Oktaven des Klaviers leitet zum frenetischen Taumel des nächtlichen Festes *In den Gärten der Sierra de Cordoba* über. Er wird vom Klavier mit einem unisono im Abstand einer Oktave vorgetragenen Fandango abgelöst, der mit seinen melismatischen Wellenbewegungen und kadenzierenden Verzögerungen in ein schwerfällig stampfendes Thema übergeht, in dem die Absatzeffekte der Zapateadotänzer nachgeahmt werden. Ein kantables Intermezzo führt über eine verkürzte Reprise des Fandangothemas zu einem sanft verlöschenden Schluß, in dem gedämpfte Hörner Nachtruhe beschwören.

[M] *CD* Soriano, English Chamber Orchestra, Serebrier (Academy Sound and Vision 1991) – *VD/LD* Larrocha, Montreal SO, Dutoit (Decca). Enthält auch eine ausführliche Dokumentation über Leben und Werk de Fallas.

El amor brujo (Der Liebeszauber)

Zigeunerszene aus Andalusien

UA: Urfassung: Madrid 1915,

überarbeitete Fassung: Paris 1925

Dieses vielleicht inspirierteste Werk de Fallas verdankt seine Entstehung der Anregung durch die seinerzeit gefeierte Zigeunertänzerin Pastora Imperio, die ihn um ein Lied und einen Tanz bat. De Falla fing sofort Feuer und schrieb in der für ihn erstaunlich kurzen Zeit von wenigen Monaten ein komplettes Ballett, für das ihm Gregorio Martínez Sierra ein Libretto schrieb. 10 Jahre später wurde die heute gläufige Umarbeitung uraufgeführt. Die junge Zigeunerin Candelas kann der Werbung durch Carmelo nicht froh werden, da ihr toter Liebhaber sie als Gespenst ängstigt. Durch eine List gelingt es schließlich, die Aufmerksamkeit des Gespenstes auf eine Freundin von Candelas zu lenken, so daß die Liebenden endlich ungestört sind.

Nach einer gequält zuckenden Einleitung und einer Sehnsuchtsklage der Oboe ertönt in raschem Dreivierteltakt das *Lied vom Liebesschmerz*, das mit seinen melismatischen Wendungen und seinen Ay-Rufen ganz dem Typus des Cante Jondo angehört. Im *Tanz des Schreckens* versucht das Gespenst mit bohrenden Repetitionen in den Trompeten seine frühere Geliebte einzuschüchtern. Mitternacht wird im Wechsel eines hohen und tiefen Glockenklangs angekündigt, Zeit für das magische Ritual des *Feuertanzes*. Dieses berühmteste Stück de Fallas, das vor allem in der Klavierfassung weltweite Verbreitung gefunden hat, steht mit seinen stampfenden bitonalen Akkorden, über die sich eine orientalisierende Melodie mit dem übermäßigen Sekundintervall es-fis spannt, dem wenige Jahre zuvor entstandenen *Allegro barbaro* von Bartók in nichts nach. Das folgende *Lied vom Irrlicht* vergleicht die Liebe mit einem Irrlicht, so wie Carmen ihn mit einem flüchtigen Vogel verglichen hatte. Die anschließende *Pantomime* bringt eine Reminiszenz an den Anfang des Stückes und geht dann in ein sanft wiegendes Thema im 7/8-Takt über, in dem sich schon die Erlösung des Finales ankündigt. Zuvor wird aber das Gespenst in dem drängenden *Tanz des Liebesspiels* geködert und unschädlich gemacht. Das impressionistisch getönte Finale mit seinen Glockenklängen verbreitet Morgenstimmung; mit einem lang hinausgezögerten erlösenden Einrasten in die Tonika geht das Werk in jubelndem A-Dur zuende.

El amor brujo war bei der UA kein eindeutiger Erfolg und wird auch heute sehr viel häufiger als reines Konzertstück gespielt denn als Ballett. Man muß die Gesangspartien einmal mit einer echten Flamencosängerin wie Ginesa Ortega gehört haben, um mitzubekommen, wieviel archaische Kraft in dieser Musik steckt.

Die unlängst entdeckte Frühfassung des Werkes verwendet mit 15 Instrumenten eine noch sparsamere Orchesterbesetzung als die spätere Ausarbeitung. Gesprochene Partien betonen die Nähe zur Pantomime, auch die Handlung weicht insofern ab, als hier Candelas durch Hexerei ihren treulosen Geliebten zurückgewinnt.

Carlos Saura schuf 1986 in freier Adaption eine faszinierende Filmversion mit Antonio Gades und Christina Hoyos in den Hauptrollen.

[M] *CD* Urfassung: Ortega, Orquesta de Cambra Teatre Lliure Barcelona, Pons (Harmonia Mundi France 1991); Endfassung: Tourangeau, Montreal SO, Dutoit (Decca 1981)

El sombrero de tres picos (Der Dreispitz)

UA: Urfassung: Madrid 1917; Endfassung: London 1919

Der Dreispitz bringt nach dem abgründigen *Liebeszauber* eine eher heitere und ausgelassene Note in de Fallas immer tänzerisch empfundene Musik. Auf Anregung von Diaghilew, der für den Auftritt der Balletts Russes in Spanien ein spanisches Sujet suchte, entstand nach einer Novelle von Pedro de Alarcón zunächst die »pantomimische Farce« *El Corregidor y la molina (Der Corregidor und die Müllerin)*, die 1817 in Madrid in Szene ging. Nach einer gründlichen Umarbeitung, die die Pantomime durch Einbeziehung zündender Tänze in ein Ballett verwandelte, wurde das Werk in seiner endgültigen Fassung 1919 in London unter dem Titel *El sombrero de tres picos* mit triumphalem Erfolg aufgeführt. Die Bühnenbilder stammten von Picasso, Ernest Ansermet dirigierte und Leonide Massine tanzte. Die Handlung betreibt die Düpierung der anmaßenden Amtsperson des Corregidors; dieser versucht sich vergeblich der Frau des Müllers zu nähern, die ihn mit neckisch vorgehaltenen Trauben zum Stolpern bringt. Beim zweiten Anlauf landet er gar im Fluß. Ein Kleidertausch führt dazu, daß er von seinen eigenen Leuten verhaftet und somit entlarvt wird. Mit einem ausgelassenen Fest der Dorfbewohner schließt das Ballett.

Im Konzertbetrieb ist das Werk selten als Ganzes zu hören, sondern in Form von 2 Konzertsuiten, von denen die zweite häufiger gespielt wird. Sie fassen im wesentlichen die Tänze des Balletts zusammen. Die *1. Suite* bringt eine mit Fanfaren den Beginn eines Stierkampfes imitierende Einleitung, dann folgt der Tanz der Müllerin, ein mitreißender *Fandango*. *El corregidor* stellt den aufgeblasenen Würdenträger vor. Der Locktanz der Müllerin mit den Trauben mündet in eine Wiederaufnahme des Fandangos. Die *2. Suite* beginnt mit dem weit ausschwingenden Tanz der Nachbarn *(Seguidillas)*; ihm folgt der hart gestampfte, auf Steigerungswirkung angelegte Tanz des Müllers *(Farruca)* und schließlich der tumultuarische Schlußtanz *(Jota)*.

Die handschriftliche Partitur der Frühfassung wurde erst 1981 entdeckt. Sie verwendet ähnlich wie die Frühfassung von *El amor brujo* ein kleineres Instrumentarium und enthält noch nicht die Einleitung und das große Finale, also die Rahmenstücke. Ein Vergleich beider Fassungen gestattet dem aufmerksamen Hörer aufschlußreiche Einblicke in die Komponierwerkstatt de Fallas.

[M] *CD* Urfassung: Berganza, O. de Chambre de Lausanne, Lopéz-Cobos (Claves 1983); Endfassung: Quivar, Cincinnati SO, Lopéz-Cobos (Telarc 1987)

Homenajes (Widmungen)

UA: Buenos Aires 1939

Die Suite mit 4 Sätzen zur Huldigung und zum Gedächtnis an Musikerfreunde ist de Fallas letztes vollendetes Werk. In diesen über einen Zeitraum von 20 Jahren sich erstreckenden Stücken verwendete de Falla Zitate aus den Werken der Widmungsträger. *Nr. 1* entstand 1933/34 und ist eine Fanfare zum 70. Geburtstag von E. F. Arbós, dem berühmten Dirigenten, der sich große Verdienste um die Verbreitung spanischer Musik erworben hatte; *Nr. 2* ist ursprünglich de Fallas einziges originales Werk für Gitarre, eine 1920 entstandene Elegie auf den Tod Debussys, in der passend zum Habanera-Duktus eine Passage aus *La Soirée dans Grenade* zitiert wird. Eine kurze Reminiszenz an die Fanfare des Beginns leitet über zur *Nr. 3*, einem Gedenkstück für Paul Dukas, das den Untertitel *Spes vitae* (Hoffnung auf Leben) trägt. Es war nach Dukas' Tod 1935 als Klavierstück entstanden. Nur das *4.* und jüngste Stück *Pedrelliana*, eine Huldigung an seinen Lehrer Felipe Pedrell ist gleich von Anfang an für Orchester konzipiert. De Falla verwendet darin Themen aus einer unaufgeführten Oper des Widmungsträgers.

[M] *CD* Orquestra Simfonica de Barcelona, Fernandez (Valois 1996)

Atlantida. Szenische Kantate

UA: Barcelona 1961 (Teile konzertant);
Mailand 1962 (szenisch);
Luzern 1976 (überarbeitete Fassung, konzertant)

Dieses unvollendet hinterlassene Hauptwerk de Fallas, an dem der Komponist nahezu 20 Jahre gearbeitet hat, basiert auf einem Epos des katalanischen Schiffskapitäns und Priesters Jacinto Verdaguer (1845–1902), einer patriotisch-religiösen Apotheose Spaniens, in der antike und christliche Symbolik verquickt werden. Es beginnt mit der mythologischen Vorgeschichte, den Taten des Herkules, denen die Pyrenäen und Gibraltar ihre Entstehung verdanken, schildert dann den Untergang des sagenhaften Kontinents Atlantis durch eine Sintflut, von der nur das heilige Spanien verschont bleibt und bezieht dann auch noch die Entdeckungsfahrt des Christoph Columbus ein, der Amerika der Glorie Spaniens und der Christenheit erschließt. Alles in allem ein etwas abenteuerlicher mythologischer Mischmasch mit durchaus imperialer Attitüde. Aus den fast 600 hinterlassenen Blättern im unterschiedlichsten Zustand der Bearbeitung stellte de Fallas Lieblingsschüler Ernesto Halffter in zwei Anläufen eine abgeschlossene Fassung zusammen. Der mit 125 Stimmen riesig besetzte Chor spielt eine Hauptrolle. Der Grundton des Werkes ist hymnisch-feierlich, wie z. B. in dem *Hymnus Hispanicus* und dem *Cantico a Barcelona* aus dem Prolog, den de Falla noch selbst vollendet hat. Im übrigen ist Halffters Bearbeitung so einfühlsam, daß es unmöglich ist herauszuhören, was nun Originalton und was Zutat ist. Es bleibt jedenfalls ein Verdienst, dieses großangelegte Werk, das ein Ersatz für die Messe ist, die de Falla nie geschrieben hat, verfügbar gemacht zu haben, wenn auch die nationale Übersteigerung einer Einbürgerung Schranken setzt.

[M] *CD* Stratas, Simionato, Browne, Halley, Chor und O. der Mailänder Scala, Schippers (Fono); Bayo, Berganza, Estes, Joven Orquesta Nacional de España, Colomer (Valois 1993)

Siegmar Hobl

Von de Falla gemaltes Madonnenbild

Gabriel Fauré

1845–1924

Der am 12. Mai 1845 in der Kleinstadt Pamiers (Ariège) geborene, am 4. November 1924 in Paris gestorbene Gabriel Urbain Fauré gehört als Lehrer zu den einflußreichsten französischen Musikern der 2. Hälfte des 19. Jhs. Noch als Kind studierte er an der neugegründeten Musikschule von Louis de Niedermayer in Paris, später bei Camille Saint-Saëns, dessen Kunst ihn jedoch weniger beeindruckte als diejenige César Francks. Wie dieser schlug Fauré die Organistenlaufbahn ein, die ihn schließlich als Kapellmeister an die Pariser Madeleine brachte. 1896 übernahm er als Nachfolger von Massenet eine Kompositionsklasse am Pariser Conservatoire. Von 1905 bis 1920 stand er als Direktor an der Spitze dieses Instituts. Der Lehrer übte größten Einfluß auf die jungen französischen Musiker aus. Zu seinen Schülern zählten Charles Koechlin, Florent Schmitt, Maurice Ravel, Roger Ducasse und Nadia Boulanger. Obgleich mit dem Werk Wagners vertraut, ließ er sich, anders als Franck, von diesem nicht beeinflussen. Obwohl er Debussy überlebte, fand auch der Impressionismus keinen Eingang in Faurés Musiksprache. Sein künstlerisches Credo formulierte der 70jährige 1915 als »Streben nach Klarheit des Denkens, Nüchternheit und Reinheit der Form und Verachtung von plumpen Effekten«. Dementsprechend wird seine Musik von feiner Melodik, von Abgeklärtheit des Ausdrucks, formaler Ausgewogenheit, noblem Charme und bei aller emotionalen Zurückhaltung schöner Ausdruckshaftigkeit bestimmt. Kein Wunder, daß die Intimität der Kammermusik und des Liedes einen breiten Raum innerhalb seines Gesamtwerkes einnimmt. Seine 1913 uraufgeführte einzige Oper *Pénélope* zeigt sich in ihrer milden Klassizität sowohl von Wagners Pathos als auch von Debussys *Pelléas*-Symbolismus unbeeindruckt. Der Einfluß seiner Musik auf die junge Generation hat nicht zuletzt seine Ursache in Faurés Abkehr von der Spätromantik mit ihrem Streben nach Übersteigerung des Ausdruckshaften. Die klassische Luzidität von Faurés Musik ist jedoch nicht zu verwechseln mit dem kühlen Neoklassizismus, wie ihn Erik Satie und späterhin Strawinsky ausprägten.

Pelléas et Mélisande op. 80

UA: London 1898

Im Auftrag des Londoner Prince of Wales Theatre schrieb Fauré 1898 eine Musik zu Maeterlincks Drama *Pelléas et Mélisande*, jenem Hauptwerk des französischen Symbolismus, das auch Debussy zu seiner Oper und Schönberg zu seiner frühen Tondichtung inspirierte. Vier größere symphonische Fragmente aus der Bühnenpartitur stellte Fauré späterhin zu einer Orchestersuite zusammen. Das zarte, nostalgisch gefärbte *Prélude* umschreibt die Grundstimmung des Dramas, die magische Atmosphäre des Märchenwaldes, in dem der verirrte Golo der geheimnisvollen Mélisande begegnet. Die folgende *Fileuse*, die an Faurés Lehrer Saint-Saëns gemahnt, prägt dennoch in ihren fließenden Melodielinien und ihrer kreisend schwingenden Harmonik Faurés Eigensprache charakteristisch aus. Die an 3. Stelle stehende *Sicilienne* hat der Komponist einer früheren Arbeit entnommen. Ihre südliche Helle steht seltsam quer zu dem düsteren, mittelalterlich stilisierten Drama. Hauptstück der Suite ist das Finale, ein *Molto Adagio* in d-moll, der Todesszene Mélisandes entnommen: Eine stimmungsvoll-poetische Traummusik, die Faurés verhaltene Emotionalität ungemein subtil ausprägt und damit die gesamte Grundstimmung des Maeterlinckschen Dramas kongenial resümiert.

Ballade für Klavier und Orchester op. 19

UA: Paris 1881

Zwar hat sich Fauré von der überbordenden Emotionalität der Musik Wagners nicht beeinflussen lassen, aber Wagner dennoch sehr geschätzt. 1879 besuchte er die Aufführung des *Ring* in Bayreuth. Der tiefe Eindruck, den die Tetralogie bei ihm hinterließ, spiegelt sich in der im gleichen Jahr komponierten und dem Lehrer Camille Saint-Saëns zugeeigneten *Ballade für Klavier und Orchester* wider. Sie war ursprünglich für Klavier solo konzipiert. In dieser Gestalt spielte Fauré sie 1882 Franz Liszt vor. Ob die Orchesterfassung auf dessen Anregung entstand, bleibe dahingestellt. Fauré selbst sprach von einer »Naturimpression, ähnlich der ›Waldweben‹-Szene Richard Wagners«. Die Anlage des nur 12 Minuten Aufführungsdauer beanspruchenden Stückes ist dreiteilig, ein schneller Teil steht zwischen 2 langsamen. Von den 3 Themen tritt das eigentliche Hauptthema nur einmal auf, im Anfangsteil, während die beiden weiteren Themen zweimal erscheinen. Das gibt der Anlage des Werkes etwas Irreguläres, rechtfertigt also die Bezeichnung »Ballade«. Die Grundstimmung der Musik ist Verhaltenheit, selbst die im Mittelteil suggerierten Vogelstimmen tragen keinerlei naturalistischen Charakter. In keinem anderen Werk kam Fauré dem späteren »Impressionismus« so nahe wie in der *Ballade*.

Phantasie für Klavier und Orchester op. 111

UA: Monte Carlo 1919

Die Alfred Cortot gewidmete, 1918 in Evian und Nizza entstandene *Phantasie* ist charakteristisch für Faurés abgeklärten Spätstil. Selbst der Widmungsträger fand erst nach längerer Zeit Zugang zu dieser eher asketischen Sprache, die auf die weitschwingende Melodik der frühen *Ballade* verzichtet und auch die spätromantische Fülle der Harmonik, wie sie die Vorkriegswerke Faurés kennzeichnet, ausdünnt. Der Klavierpart meidet jegliche Virtuosität und sinnliche Vollgriffigkeit. Das Werk ist dreiteilig gebaut, wobei der Schlußteil eine Variante das Anfangs darstellt und das thematische Material zusammenfaßt. Der Mittelteil mit seinem hartnäckig pochenden h im Orchester scheint von drängender Unerbittlichkeit bestimmt. Das 18-Minuten-Stück erschließt dem Hörer seine Qualitäten nur bei konzentrierter Versenkung in seine strenge, unsinnliche Ausdruckswelt.

Gabriel Fauré am Flügel (1920)

Requiem op. 48

UA: Paris 1892

Faurés in Deutschland populärstes Werk, das *Requiem* für Sopran-Baritonsolo, Chor, Orchester und Orgel, fand erst nach mehreren Umarbeitungen seine endgültige Gestalt. Ob die 1887 entstandene bescheidenere Urfassung unter dem Eindruck des Todes von Faurés Eltern entstand, wie oft behauptet wird, ist nicht erwiesen. Das Werk unterscheidet sich von den großen Vertonungen der Totenmesse, etwa eines Berlioz oder Verdi, durch den Verzicht auf jegliche Außendramatik. Dementsprechend klammerte Fauré die Sequenz »Dies irae« mit ihrer Beschwörung der Schrecken des Jüngsten Gerichts aus. Die 7 Sätze umfassen *Introitus* und *Kyrie, Offertorium, Sanctus, Pie Jesu, Agnus Dei, Libera me* und den nicht zur Totenmesse gehörenden Begräbnisgesang *In paradisum.* Letzterer läßt das trostvoll-lyrische Werk denn auch mit einer himmlischen Vision der Verklärung, in Klängen der hohen Orgelregister, der Harfe und der gedämpften Streicher ausklingen. Das von Arpeggien umspielte *Sanctus*, die weitschwingende Streicherkantilene des *Agnus Dei*, das melodisch zarte Sopransolo des *Pie Jesu*, alles das bestimmt den kontemplativ-weichen Grundton des Werkes, in dem die Posaunen nur ein einziges Mal, im *Libera me*, ertönen und die Trompeten sehr sparsam eingesetzt sind. In der Beschränkung der Mittel erweist sich Faurés *Requiem* als liturgisch gebundene Musik eines Meisters, dessen künstlerische Wurzel in der Kirchenmusik lag.

Masques et Bergamasques

UA: Monte Carlo 1919

Für das Opernhaus Monte Carlo schrieb Fauré 1919 eine Bühnenkomposition nach der Dichtung von R. Fauchois *Masques et Bergamasques* in Gestalt einer modernen Commedia dell'arte.

Das Stück, eine Mischung aus Ballett und Divertimento, umfaßte 8 Nummern, von denen Fauré 4 nachträglich zu einer Orchestersuite zusammenstellte. Fauré griff im wesentlichen auf eigene ältere Klavierkompositionen zurück, die er für Orchester arrangierte. Lediglich das *Pastorale*, das die Suite beschließt, ist eine eigens für das Bühnenwerk neukomponierte Originalmusik. Charakteristisch für die Komposition ist die geistvolle Stilisierung, die in manchem an Faurés Schüler Ravel erinnert. Die alten Tanzformen erscheinen verfremdet, archaische Anklänge werden eigensprachlich eingeschmolzen. Da die Klaviermodelle ein halbes Jahrhundert zurückliegen, stellt das Werk so etwas wie einen Rückblick auf Faurés Schaffen aus der Perspektive der Altersreife dar.

Alfred Beaujean

Morton Feldman

1926–1987

Neben John Cage gehört Morton Feldman zu den zentralen Figuren der amerikanischen zeitgenössischen Musik nach dem Zweiten Weltkrieg. Die Musik des am 12. Januar 1926 in New York geborenen und am 3. September 1987 in Buffalo (New York) gestorbenen Komponisten zeichnet eine unverwechselbare Handschrift aus. Großflächig sind seine Stücke dimensioniert. Ruhig fließend ist über weite Strecken ihr Duktus. Sie offenbaren eine kleinzellige, äußerst fragile figurative Arbeit. Ihre Dynamik bleibt meist auf zarte Pianobereiche beschränkt. Stilprägend ist seine Reduktion der musikalischen Mittel und eine immerwährende Beschäftigung mit dem Klang und nuancenreichen ausgehörten Klangbeziehungen (»Ich spüre, daß ich meinen Klängen zuhöre und tue, was sie mir sagen; nicht aber, was ich ihnen zu sagen hätte.«). Feldman leistet in seinen Kompositionen Verzicht auf jede Form von musikalischer Rhetorik oder äußerlicher Dramatik. Ohne vorgegebene Formverläufe oder übergestülpte Kompositionsprinzipien, scheinbar intentionslos, entwickelt er seine Werke. Mit dem Knüpfen von Teppichen hat er diese Art des Schaffensprozesses einmal verglichen. »Im Grunde genommen wurde der Subjektbegriff von ihm neu bestimmt«, schreibt der Komponist Walter Zimermann über Feldman. »Das heißt auch dem Verwalten, dem Unterdrücken, dem Beherrschen der Klänge setzte er das Zulassen entgegen, dem Klang den eigenen Atem geben, die Dauer, die er braucht, was auch schließlich das Ritual des Hörens angriff (...)« Feldman, der unter anderem bei dem aus Berlin emigrierten Webern-Schüler Stefan Wolpe studierte, traf 1950 zum ersten Mal mit John Cage zusammen und pflegte von da an einen intensiven künstlerischen Austausch mit ihm. Darüberhinaus hat er sich in seiner Arbeit vor allem von befreundeten bildenden Künstlern wie Willem de Kooning, Philip Guston, Frank O'Hara oder Jackson Pollock inspirieren lassen.

Feldman hat seine ersten Orchesterstücke in graphischer Notation ausformuliert. Mit *On Time and the Instrumental Factor* kehrte er wieder zu herkömmlicher Notation zurück. Sein Œuvre umfaßt eine ganze Reihe von Kompositionen für Soloinstrumente (u. a. Viola, Oboe, Flöte, Violine) und Orchester. Sein letztes, 1986 von den New Yorker Philharmonikern unter der Leitung von Gunther Schuller uraufgeführtes Orchesterwerk ist *Coptic Light* – eine gut 20 Minuten lange karge, schrundige Klanglandschaft mit Motiven aus nicht mehr als zwei, drei Tönen, breiten Bläserclustern, Paukentupfern und Akkorden, die wie Sterne funkeln, wiederholt in starrem Metrum, in immerwährend zartem Mezzoforte.

Claus Spahn

Jelena Firssowa

1950

In der jüngeren Generation russischer Komponisten zählt Jelena Firssowa zu den herausragenden Persönlichkeiten. Ihr lyrisch-sensibler, mit nostalgisch-musikalischen Anspielungen arbeitender Kompositionsstil – dessen Grundlage streng konstruierte Formen im Geiste der Musik Anton Weberns bilden – unterscheidet sich deutlich von der russischen Musiktradition im Sinne Schostakowitschs und Prokofjews.

Jelena Firssowa wurde am 21. März 1950 als Tochter eines Physikers in Leningrad geboren. 1956 zog sie nach Moskau, wo sie bis 1975 Komposition bei Alexander Pirumow, Instrumentation bei Nikolai Rakow und Analyse bei Juri Cholopow studierte. 1981 setzte sie ihre Studien bei dem in Moskau lebenden Webern-Schüler Philipp Herschkowitz fort. Im Westen ist sie mit mehreren Aufführungen ihrer Werke in Berlin, London, Paris, Venedig, Bonn und Köln bekannt geworden. Im Auftrag des ZDF komponierte sie 1981 das Streichquartett *Misterioso* (in memoriam Igor Strawinsky). Am Moskauer Konservatorium lernte sie auch den Komponisten Edison Denissow kennen, der sie sowohl mit der Neuen Musik vertraut machte, als auch ihrer künstlerischen Entwicklung wichtige Impulse gab. Zur Zeit (1992) lebt Jelena Firssowa mit ihrer Familie in Dartington/England. »Gewöhnlich bedeutet Komponieren für mich Selbstvertiefung, Berührung mit der Schönheit, Verbindung zur immateriellen Welt.« Hinter dieser Aussage verbirgt sich ein ästhetisches Credo, das nicht nur Jelena Firssowas Poesie charakterisiert, sondern auch der lyrisch-romantischen Tendenz neuester russischer Musik Rechnung trägt. Die glasklaren, zerbrechlich wirkenden Strukturen ihrer Kompositionen deuten einerseits auf die intensive Beschäftigung mit Anton Weberns Reihentechnik hin. Andererseits jedoch bildet das konstruktive Moment lediglich die nüchterne Kulisse für ein stilles Espressivo, das weniger großformatig als bei Mahler oder Berg gestaltet ist. Als poetisches Herz ihrer Kompositionen darf das Werk des russisch-jüdischen Dichters Ossip Mandelstam (1891–1938) gelten. In der traumhaften Aura Mandelstamscher Lyrik scheint die Musik Firssowas ihren herb-lyrischen Tonfall gefunden zu haben. Mehreren Vokalwerken liegen Gedichte von Ossip Mandelstam zugrunde.

Die von ihr ausgewählten Gedichte handeln stets von der Vergänglichkeit des Lebens, von Tod, Einsamkeit und der Schönheit des Lebens.

Ihr Werkkatalog umfaßt rund 60 Kompositionen, die hauptsächlich für kleine instrumentale und vokale Besetzungen geschrieben sind. Aus einer Reihe von Kammerkonzerten für Soloinstrumente bzw. Stimme und Kammerorchester sind besonders die Kompositionen *Tristia* (1979), Kantate für Stimme und Kammerorchester nach Worten von Ossip Mandelstam, das *2. Kammerkonzert op. 26* (1982) für Violoncello und Orchester und *Waldspaziergänge* (1987), Kantate für Sopran und Kammerensemble hervorzuheben. *Die Prophezeiung* (1988) für großes Orchester und gemischtem Chor nach Versen von William Blake, *Nostalgie* (1989) für Orchester und die Komposition *Der Geheimpfad* für Orchester und Solostimme nach Versen von Ossip Mandelstam (1991) verlangen größere Besetzungen. Nach Aussagen der Komponistin stellt das rund zwanzigminütige Chor-/Orchesterwerk *Die Prophezeiung* (1991) ihre bis jetzt beste Komposition dar. *Sven Ahnert*

Jacqueline Fontyn

1930

»Das Orchester ist mein Lieblingsinstrument, obwohl das Klavier ursprünglich mein Instrument ist, aber da hat man nur zehn Finger – und eventuell noch eine Nase – zur Verfügung, eine Farbe hat man nicht.« In jeder ihrer Kompositionen steht für Jacqueline Fontyn, die am 27. Dezember 1930 in Antwerpen geboren wurde, das Schaffen von Klangfarben und Atmosphären im Mittelpunkt. Neben 40 Vokal- und Instrumentalwerken hat sie bisher über 30 Kompositionen für Orchester komponiert. Ihr *Violinkonzert* entstand 1974/75 im Auftrag des internationalen Wettbewerbs für Violine »Reine Elisabeth« in Brüssel und fällt in die Phase, in der Jacqueline Fontyns Kompositionen auf Zwölftonreihen basieren, die sie sehr frei handhabt. Das Werk besteht aus zwei Teilen, einer lyrischen *Serenade* und einem wiederum zweiteiligen *Rondo*. Zu Beginn der Serenade stellt die Geige nach einer kurzen Einleitung die Töne der Reihe vor, gleich einem Thema, das nacheinander von 8 Sologeigen imitiert wird. Das brillante Rondo gewinnt seine Atmosphäre ängstlicher Erwartung aus den Glissandi, die durch ihre unbestimmten Tonhöhen etwas Vages, Unpräzises ausstrahlen. 1987 wurde *Quatre Sites* (*Vier Landschaften*) für großes Orchester mit dem Arthur-Honegger-Preis ausgezeichnet. Inspirationsquellen sind vier Landschaften in Belgien, die den 4 Teilen der Komposition ihren Charakter geben: ländlich, bewegt, explosiv, lyrisch. Der 2. Teil von *Quatre Sites* ist besonders dicht komponiert. In rasenden Tuttis im Fortissimo werden, rechnet man alle Stimmen des Orchesters zusammen, in einem einzigen $^{2}/_{4}$-Takt 220 Noten und auf einer Partiturseite (10 Takte) 1200 Noten gespielt. Im letzten Teil werden noch einmal die verschiedenen Elemente der Komposition zusammengefaßt: die Klangfarben des 1. Teils, die hektischen Sechzehntel-Bewegungen in kleinsten Intervallschritten des 2. Teils und der statische Rhythmus des 3. Teils. Jacqueline Fontyn ist weltweit eine der wenigen Frauen, die einen Lehrstuhl an einer Hochschule innehatten. Von 1969–1990 lehrte sie zunächst Kontrapunkt, dann Komposition am Conservatoire Royal de Bruxelles. Im letzten Jahr ihrer Tätigkeit (heute lebt sie als freischaffende Komponistin) komponierte sie *Rose des Sables* (Sandrose) für Mezzosopran, Rezitator, Frauenchor und Orchester. Das Werk evoziert unberührte Natur und Einsamkeit. *Bettina Brand*

Wolfgang Fortner

1907–1987

In Nachrufen wurde der am 5. September 1987 verstorbene Wolfgang Fortner als der wohl universellste deutsche Komponist gewürdigt. Dieses Urteil ist zutreffend angesichts eines vielseitigen Gesamtwerkes, das nahezu alle Gattungen – darunter 4 Opern (*Bluthochzeit*, 1957) – und eine Entwicklung vom Neobarock zur Zwölftonmusik umfaßt. Fortner prägte nicht nur als Komponist, Organisator oder Förderer das bundesdeutsche Musikleben der 50er und 60er Jahre, sondern auch als Pädagoge, zu dessen Schülern u.a. Henze, B.A. Zimmermann und Zender gehörten.

Am 12. Oktober 1907 in Leipzig geboren, studierte Fortner am dortigen Konservatorium bei Karl Straube Orgel und bei Hermann Grabner Komposition. Neben der protestantischen Kirchenmusik und Bach-Pflege seiner Heimatstadt, die seine ersten Werke beeinflußten (*Marianische Antiphone*, 1929), waren es die von Hermann Scherchen geleiteten Konzertabende mit ausschließlich Neuer Musik, die ihn prägten. 1931 wurde

Fortner ans Kirchenmusikalische Institut in Heidelberg berufen, ab 1946 folgte eine langjährige Dozententätigkeit bei den Darmstädter »Internationalen Ferienkursen für Neue Musik«. 1954 erhielt er eine Kompositionsprofessur in Detmold, von 1957 bis 1973 in Freiburg i. Br. Als Nachfolger K. A. Hartmanns übernahm Fortner 1964 die Leitung der Münchner Musica-viva-Konzerte.

Fortners Werke zeichnen sich in allen Schaffensperioden durch rhythmische Prägnanz, kontrapunktische Arbeit und eine Logik der musikalischen Entwicklung aus, die die Komposition für den Hörer immer faßbar macht.

Zunächst entstanden neobarocke und neoklassizistische Werke, die sich unter dem Einfluß Regers, Strawinskys und Hindemiths stilistisch und formal an alte Vorbilder anlehnten, z. B. die 1939 entstandene *Suite für Orchester* nach Sweelinck. Strenge Tonalität, lineare Stimmführung, Symmetriebildungen, knappe Instrumentierung, Concertoprinzip und motorische Bewegungsrhythmik sind charakteristisch für die Werke bis 1945.

Im Orchesterwerk *Capriccio und Finale* (1939) vollzieht sich jedoch bereits eine Öffnung zur Atonalität; Fortners einzige *Symphonie* von 1947, die das wichtigste Werk der Übergangszeit ist, deutet vor allem im Finale mit zwölftönigen Klangfeldern und stärkerem Expressivo auf die Hinwendung zur Zwölftönigkeit. Diese wandelt Fortner individuell ab; so knüpfen symmetrische Konstellationen und kontrapunktische Techniken, z. B. Umkehrung oder Schichtung von Reihenabläufen, an seine bisherigen Schreibweise an.

Neben Werken wie den *Mouvements* für Klavier und Orchester (1954), einem Spiel gegensätzlicher Bewegungstypen mit Jazz-Einflüssen, dem Orchesterwerk *Prismen* (1974) oder *The Creation* (1955) für Mezzosopran bzw. Bariton und Orchester schrieb Fortner auch traditionelle *Konzerte für Violine* (1945) und *Violoncello* (1951). *Susanne Schmerda*

Lukas Foss

1922

»Ich glaube an die Verfügbarkeit aller Techniken. Ich denke, wie Mozart sagte, ›Ich kann in jedem Stil schreiben‹. Sich auf eine Technik zu fixieren halte ich für verrückt.« Lukas Foss spricht damit das aus, was viele, vielleicht sogar alle amerikanischen Komponisten des 20. Jhs. gedacht und oft auch praktiziert haben. Keine andere als die multikulturelle Gesellschaft USA konnte Wegbereiter jenes Pluralismus werden, der heute Weltgeltung erreicht hat. Der Lebensweg und das Werk von Lukas Foss ist hier nur ein Exempel von vielen.

Geboren wurde Foss am 15. August 1922 als Lukas Fuchs in Berlin. Als er und seine Eltern 1933 aus Deutschland flüchten mußten, hatte er den ersten Klavier- und Theorieunterricht bereits erhalten. Vier Jahre lang setzte er seine Studien in Paris fort, bis sich seine Familie 1937 dann endgültig in den Vereinigten Staaten niederließ. Hier zählten u. a. auch Paul Hindemith und Fritz Reiner zu seinen Lehrern. In Serge Kussewitzkys Sommerkursen in Tanglewood traf Foss auch Leonard Bernstein. Sie befreundeten sich und arbeiteten später oft als Interpreten zusammen. Mit 23 Jahren erhielt Foss als jüngster Preisträger das begehrte *Guggenheim-Stipendium*. Nach einem zweijährigen Europaaufenthalt wurde er 1953 zum Nachfolger Arnold Schönbergs an die Universität von Los Angeles berufen. Hier entwickelte Foss mit Studenten eine Methode der Kollektivimprovisation, die in seinen eigenen Werken von einem durch den Neoklassizismus geprägten Stil direkt zu einer auf Zufallsoperationen basierenden Technik überleitete. In den 60er Jahren experimentierte Foss mit einer »inaudible music« (unhörbaren Musik). Das Prinzip eines Werkes wie *Baroque Variations* (1967) beruht darauf, daß zum einen die (nicht hörbaren) Vorlagen mitgedacht werden müssen und darüberhinaus sich die erklingende Musik selbst auf den Weg in die Unhörbarkeit macht. In seinen ab den 70er Jahren entstandenen Kompositionen schließlich zieht Foss übergreifend die Summe aus seinen Erfahrungen und verfolgt damit jenes eingangs erwähnte pluralistische Ideal der Vielschichtigkeit. Von den Kompositionen der ersten Phase wurde vor allem die Kantate *The Prairie* (1944) wegen ihres typisch amerikanisch anmutenden Gestus von Publikum und Kritik begeistert aufgenommen. Auch sein ganz dem klassisch-romantischen Virtuosentum verpflichtetes *2. Klavierkonzert* (1949/rev. 1954) erntete regen Zuspruch. Besonders interessant aber ist die *Night Music for John Lennon* (1980/81), in der Foss barocke Formen mit minimalistischen und improvisatorischen Techniken kombiniert. Die gewichtige viersätzige *Symphony of Sorrows* (1990) enthält als 2. Satz eine »Elegy for Anne Frank«. *Werner Bleisteiner*

Jean Françaix

1912

»Musique sérieuse sans gravité«, ernste Musik ohne Schwere zu komponieren – adäquat deutsch ausgedrückt müßte es wohl heißen »ohne bohrenden Tiefsinn« – das war und ist das erklärte Ziel des Franzosen seit je. Den ersten internationalen Erfolg errang er 1932 mit seinem *Concertino für Klavier und Orchester* beim Kammermusikfest Baden-Baden. »Es war ein Triumph«, schrieb Heinrich Strobel, »wie man ihn bei solchen Versammlungen von Fachleuten selten erlebt. Nach so viel problematischer oder nachempfundener Musik wirkte dieses Concertino wie frisches Quellwasser, das mit der lächelnden Unbefangenheit des Natürlichen dahersprudelt – und zugleich wie die Schöpfung eines Künstlers, der eine in unseren Tagen seltene Klarheit und Bewußtheit besitzt.« Jean Françaix blieb der damals eingeschlagenen Richtung treu; man hat seinen Stil seither als »typisch französisch« etikettiert: leicht, graziös, charmant, mit bisweilen ironischem Einschlag, geschult an der französischen Tradition von den Clavecinisten des 18. Jhs. bis zu den Impressionisten und Eric Satie. Aus allen Avantgarde-Diskussionen hat sich Françaix zeitlebens herausgehalten, wollte weder mit Schönbergs Zwölftontechnik noch mit den seriellen Verfahren der Zeit nach 1945 etwas zu tun haben und ist gerade deswegen von deutscher wie von französicher Seite immer beargwöhnt worden. In der Tat scheint ihn die strenge, oft moralisch eingeforderte Grenzziehung zwischen E- und U-Musik wenig zu kümmern, ein Umstand, der in »postmodernen« Zeiten, also etwa seit den 70er Jahren, zu einer eher noch zunehmenden Verbreitung seiner Werke führte - mehr in Deutschland allerdings als in Frankreich.

Françaix berichtet über sich selbst: »Ich hatte die Ehre, am 23. Mai 1912 in Le Mans, der Stadt des 24-Stunden-Rennens und einer herrlichen Kathedrale, das Licht der Welt zu erblicken, ohne vorher meine Kanditatur angemeldet zu haben. In meinem Elternhaus musizierte die ganze Familie in sämtlichen Räumen, so daß ich schon mit drei Jahren die Marseillaise sang und mit fünf Jahren Noten lesen konnte. Meine Eltern führten mich mit sanfter Gewalt in das Reglement des Klaviers, dieses ehrenwerten Instruments, ein, auf dem ich 1930 am Pariser Konservatorium einen 1. Preis in der Klasse von Isidore Philipp errang. In dieser Zeit versuchte Nadia Boulanger vergeblich, mir Harmonie und Kontrapunkt beizubringen, erreichte aber bei mir ein Gespür für Form – was heute kaum mehr zählt.«

Rund 150 Werke umfaßt Françaix' Werkliste, und seine Musik erschöpft sich beileibe nicht im »Divertissement«: Das »Phantastische Oratorium« *L'Apocalypse selon St. Jean* (1939) zeichnet sich aus durch mystisch-expressive Klangfarben und eine suggestive Gestik; so erscheint etwa die Sphäre der im Jüngsten Gericht Verdammten gezeichnet durch das Instrumentarium eines 2. Orchesters, darunter Saxophone, Akkordeon, Mandoline und Gitarre. Die Oper *La Principesse de Clèves* (1965) vereinigt in sich das ganze Spektrum von Françaix' kompositoricher Kunst. Neben viel Kammermusik finden sich in seinem Œuvre Ballette, Opern, symphonische Musik und zahlreiche Instrumentalkonzerte. »Die Natur ist unendlich vielfältig in ihrem Einfallsreichtum«, schrieb Françaix einmal. »Ich wünschte, daß meine Musik es ebenfalls sei: einmal heiter, einmal ernst, niemals jedoch langweilig (...). Die ›Kenner‹, die an den entscheidenden Stellen sitzen, von denen aus sie die Meinungen der Musikhörer lenken, mögen mir verzeihen (...).«

Christoph Hahn

César Franck

1822–1890

Ein Musiker, der rein deutscher Abstammung war, hat die Musikgeschichte Frankreichs wesentlich beeinflußt: César Franck. Seine Mutter stammte aus Aachen, sein Vater aus dem Dorf Völkerich, wenige Kilometer westlich von Aachen. Das Paar zog nach Lüttich, wo César am 10. Dezember 1822 geboren wurde, und später nach Paris, wo er am 9. November 1890 starb. Die erstrebte Pianisten-Wunderkind-Karriere Césars zerschlug sich; er studierte am Pariser Conservatoire bei Reicha Kontrapunkt, bei Benoist Orgelspiel. 1859 wurde er Organist an der neugebauten Kirche St. Clothilde und 1872 als Nachfolger seines Lehrers Benoist Professor für Orgelspiel am Conservatoire. Zu seinen Schülern zählen Vincent d'Indy, Ernest Chausson, Gabriel Pierné, Henri Duparc und zeitweilig Claude Debussy. Französische und deutsche Elemente finden in Francks Musik zur Synthese: der von Beethoven herkommende symphonische Formwille, die Kontrapunktik Bachs, das Chroma der Harmonik Wagners stehen neben dem typisch französischen »Tonfall« seiner Melodik, der Pathos und »Grandeur« ebenso eigen sind wie Charme, Eleganz und Sentiment. Von Liszt übernahm Franck die Idee des Zyklischen der Großform: die einzelnen Teile einer Komposition sind vielfach thematisch miteinander verknüpft. Francks entscheidende Werke entstanden alle in den letzten 15 Lebensjahren des Komponisten. Neben der *d-moll-Symphonie* und den *Symphonischen Variationen* für Klavier und Orchester sowie mehreren Tondichtungen schrieb Franck Oratorien, darunter als bedeutendstes *Les Béatitudes* (*Die Seligpreisungen*), Orgel- und Klaviermusik sowie Kammermusik. Sein Einfluß auf die Entwicklung der französischen Musik des späten 19. Jhs. kann kaum überschätzt werden. Das gilt für seine instrumentale Koloristik, für harmonische Prozesse, die Debussys freie Akkordverbindungen vielfach vorwegnehmen, für seine an die deutsche Hochromantik anschließende Formgestaltung, die den Akademismus der französischen Musik nach Berlioz aufbrach.

Symphonie d-moll

UA: Paris 1889

Das 1886/88 entstandene orchestrale Hauptwerk Francks, die *Symphonie*, ist dreisätzig, wobei die traditionellen Mittelsätze miteinander verschränkt sind. Francks auf Liszt zurückgehendes Bestreben, die Klassizität der Beethovenschen Großform mit dem Prinzip der zyklischen Verbindung der Einzelsätze durch Themenübernahmen und -verwandlungen zu verschmelzen, findet in der Symphonie seine entschiedenste Ausprägung. Das Werk markiert gemeinsam mit der fast zeitgleich entstandenen, formal traditionelleren *c-moll-Symphonie* von Saint-Saëns den Höhepunkt der französischen Symphonik des 19. Jhs. nach Berlioz.

Schon der breitgelagerte *Kopfsatz* weicht vom Sonatenschema ab, erscheint doch die das Hauptthema exponierende *Lento*-Einleitung nach Eintritt des *Allegro*-Hauptsatzes ein zweites Mal. Erst dann kann sich die Sonaten-Exposition entwickeln, in der zwei weitere Themen auftauchen, ein lyrisch sich hochschraubendes und ein sehr markantes, schwungvoll mit »élan vital« hymnisch auftrumpfendes. Der Durchführungsteil führt zum Höhepunkt des Satzes, dem pathetischen Wiedererscheinen des *Lento*-Hauptthemas im Kanon, mit dem die Reprise einsetzt. Die Coda bringt diese eindrucksvolle Stelle noch einmal in Erinnerung, ehe eine ruckartige Modulation den Satz in triumphaler Gestik beschließt.

Das folgende *Allegretto* stellt eine elegisch schreitende Melodie des Englischhorns einem schwirrenden Thema der gedämpften Streicher und einer Klarinettenweise gegenüber. Die beiden letzteren bestimmen den Mittelteil, ein eher unheimlich wirkendes Scherzo. Die schließliche Kombination von Elegie und Scherzo gibt der Musik jenes Schwebende, das in Verbindung mit Harfenklängen den Satz in seltsames Zwielicht taucht. Das *Allegro non troppo* mit einem weitschwingenden Thema der Violoncelli einsetzende *Finale* in freier Sonatenform greift in seiner weiteren Entwicklung auf Gedanken der vorausgegangenen Sätze zurück. Franck sagt dazu: »(...) sie erscheinen nicht als Zitate. Ich habe sie so angelegt, daß sie die Rolle neuer Elemente einnehmen.« In diesem Sinne kehren die Englischhorn-Weise des zweiten sowie das Hauptthema und der triumphale 3. Gedanke des Kopfsatzes wieder. Kurz vor Eintritt der Coda erscheint jene Kette chromatisch sich hochschraubender Nonenakkorde, die als Vorwegnahme von Praktiken Debussys Berühmtheit erlangte. Franck widmete seine Symphonie seinem Schüler Henry Duparc.

[M] *CD* Chicago SO, Monteux (RCA 1961); O. National de France, Bernstein (DGG 1981); Berliner Philharmoniker, Giulini (1986)

Variations Symphoniques für Klavier und Orchester

UA: Paris 1886

Das 1885 entstandene Werk ist bezeichnend für Francks Technik der Formverschmelzung. Es handelt sich keineswegs um ein traditionelles Variationenwerk, sondern um ein einsätzig durchkomponiertes Klavierkonzert, in dem zwei Themen in mannigfacher Weise abgewandelt und miteinander kombiniert werden und das außerdem die übliche Dreisätzigkeit des Konzerts durchscheinen läßt. Insofern ist die Bezeichnung »symphonisch« treffend. Das nach kurzen, heftigen Orchestertakten vom Klavier eingeführte 1. Thema trägt mit seinem Abwärtsgestus und seinen den Fluß unterbrechenden Pausen elegischen Charakter. Das zunächst in den Pizzikato-Streichern auftretende 2. Thema breitet sich liedhaft aus. Die Metamorphosen dieser beiden Gedanken tragen eine Art von Sonatenexposition, einen langsamen Mittelteil und ein brillant-quirliges Finale, dessen spritziges Thema nichts anderes ist als eine Aneinanderreihung beider Themen in völlig veränderter Gestalt. Angereichert wird dieses virtuose Finale noch durch ein neues, rhythmisch pointiertes Thema. Das Werk ist ungemein pianistisch, die Synthese von formaler Geschlossenheit und improvisatorisch wirkendem Reichtum an Veränderungen und Kombinationen zwingend.

[M] *CD* Weissenberg, O. de Paris, Karajan (EMI 1972); Bolet, Concertgebouw O., Chailly (Decca 1986)

Le Chasseur maudit (Der wilde Jäger)

UA: Paris 1883

Francks 1882 entstandenem großbesetzten Orchesterscherzo liegt als programmatischer Vorwurf die Ballade »Der wilde

Jäger« von Gottfried August Bürger zugrunde. Das dreiteilig angelegte Stück folgt Bürgers Gedicht von dem Jäger, der in frevlerischem Übermut eine wüste, blutige Jagd beginnt, bis er am Ende, von Dämonen verfolgt, dazu verdammt wird, in Ewigkeit durch die Lüfte zu jagen. Ein im 9/8-Takt dahinjagendes, rhythmisch geschärftes, manisch um den Ton d kreisendes Thema beherrscht das Geschehen. Ein ruhigerer Mittelteil von unheimlicher Wolfsschlucht-Stimmung wird durch die variierte Wiederkehr des Anfangs abgelöst. Grelle Klangfetzen der Bläser hetzen das virtuose Stück dem Ende zu. Chromatischer Modulations-Reichtum wird hier in den Dienst dämonischen Ausdrucks gestellt.

[M] *CD* Philadelphia O., Muti (EMI 1982)

Redemption

UA: Paris 1873

Das kurze Orchesterstück war ursprünglich der Mittelteil eines dreiteiligen Oratoriums *Erlösung*. Franck löste es aus dem wenig glücklichen Zusammenhang und überarbeitete es zu einer selbständigen Tondichtung, die nach den Worten des Komponisten dem Jubel über die Erlösungstat Christi Ausdruck geben soll. Zwei Themen werden exponiert: ein gesangvoll dahinströmendes und ein in den Posaunen hymnisch-signalartig triumphierendes. Die Gegenüberstellung erfolgt zweimal, so daß sich eine klar überschaubare Vierteiligkeit ergibt. In strahlendem D-Dur klingt das Stück aus.

[M] *CD* O. der Capitole de Toulouse, Plasson (EMI 1993/94)

Les Eolides (Die Äoliden)

UA: Paris 1876

Angeregt wurde das kurze Stück durch das gleichnamige Gedicht von Leconte de Lisle. Tristan-Chromatik wird hier nicht zur Darstellung menschlicher Leidenschaften eingesetzt, sondern zu einer impressionistischen Schilderung des Webens der Natur. Zwei verschleierte Walzermelodien, zusammengesetzt aus miteinander eng verwandten Motiven, zaubern den Eindruck permanenter feinster, fast atmosphärischer Veränderungen des Luftelements. Hier wird Debussys *La Mer* vorweggenommen. Die formale Dreiteiligkeit schimmert nur andeutungsweise durch.

[M] *CD* Royal PO, Leppard (RPC 1995)

Les Djinns

UA: Paris 1885

Das von Victor Hugos gleichnamigem Gedicht inspirierte Werk ist eine Mischung von Tondichtung und Klavierkonzert. Hugos romantischer Orientalismus, wie er sich in der Schilderung der muslimischen Totengeister, der unheimlichen »Djinns«, niederschlägt, findet sein musikalisches Gegenstück in einer Entwicklung, die das durch einen punktierten Klopfrhythmus gekennzeichnete Hauptthema erst allmählich in Erscheinung treten läßt. In Lisztscher Manier setzt sich Klavier-Virtuosität in Ausdruck des Tumultuös-Dämonischen um. Höhepunkt ist eine Art von Trauermarsch im Zentrum des Ganzen. Charakteristisch für Franck ist auch hier die phantasievolle Variierung des thematischen Materials, die in einer Art von Durchführungsteil zu chaconneartigen Bildungen führt. Der anspruchsvolle Klavierpart ist bei aller Brillanz kein konzertanter Selbstzweck, sondern steht im Dienst der poetischen Aussage. Die Vision verlischt: die Djinns ziehen ab, in ätherischem Fis-Dur schließt das Werk.

[M] *CD* RSO Berlin, Ashkenazy (Decca 1989) *Alfred Beaujean*

Giovanni Gabrieli

1557–1612

Daß ein musikalischer Stil durch die akustische Beschaffenheit eines einzigen Bauwerks begründet werden kann, beweist die Musik der venezianischen Schule des 16. Jhs. und besonders die ihres bedeutendsten Repräsentanten Giovanni Gabrieli. Schon der 1527 zugewanderte flämische Maestro da Capella Adrian Willaert hatte die architektonische Beschaffenheit des Markus-Doms in Venedig – eines mit einander gegenüberliegenden Emporen ausgestatteten byzantinischen Sakralbaus, der um 1100 entstand – ausgenutzt. Im prachtvollen Klang der Gewölbe – die Kirche hat eine Nachhallzeit von sechs Sekunden – ließ er verschiedene Ensembles an unterschiedlichen Stellen musizieren.

Der 1557 in Venedig geborene Giovanni Gabrieli, ein Neffe des Willaert-Schülers und -Nachfolgers Andrea Gabrieli, übernahm 1586 dessen Posten als erster Organist von San Marco. Mit seinen Kompositionen wurden dynamische Effekte möglich; es gelangen Neubestimmungen der instrumentalen Komponenten sowie architektonischer Proportionen bei plastischen Kontrast- und Farbwirkungen. Sie haben auf die weitere Entwicklung der italienischen Musik größten Einfluß gehabt.

Gabrieli vermochte den mehrchörigen Dialog der Instrumental- und Vokalgruppen für jähe Stimmungswechsel zu nutzen und die Ausweitung des Stimmenumfangs sowie die beiden Tonstärken »pian e forte« als prägnante Ausdrucksträger einzusetzen. Gegenüber der vorangegangenen, stilbestimmenden niederländischen Schule mit ihren intrikaten Stimmgeflechten bei Betonung der horizontalen Dimension der Musik wurden jetzt Klangflächen vorherrschend, die komplizierte Satzpolyphonie wurde durch homophone, akkordische Darstellungen, bei Dominanz der vertikalen Aspekte des musikalischen Verlaufs ergänzt und ersetzt. Die als *Sonata* bezeichneten Stücke sind meist Vokalformen (*Canzone*), die zur instrumentalen Ausführung bestimmt waren: Gebilde von 3 bis 22 Stimmen, deren gewaltige Klangmassen in Instrumentenchören von 3 bis 5 Gruppen nach dem Prinzip der *Chori spezzati* einander gegenübergestellt werden und miteinander abwechseln.

Mit seiner den Klang als räumliches Phänomen artikulierenden Musik hat der am 12. August 1612 verstorbene Komponist Wirkungen ausgelöst, die bis zur Klangraum-Komposition der Neuen Musik, etwa bei Luigi Nono, reichen.

Bernhard Uske

Harald Genzmer

1909

Musik soll vital, kunstvoll und verständlich sein. Als praktikabel möge sie den Interpreten für sich gewinnen, als erfaßbar sodann den Hörer.« Diese Formulierung Genzmers aus dem Jahre 1978 bringt klar und deutlich sein künstlerisches Credo zum Ausdruck. Sein Werk, das alle Sparten der Musik (mit Ausnahme der Oper) umfaßt, ist diesem Anliegen ganz verpflichtet.

Seine ersten musikalischen Eindrücke empfing der am 9. Februar 1909 in Blumenthal bei Bremen geborene in seinem Elternhaus, in dem Hausmusik gepflegt wurde. 1928 wurde Genzmer an der Hochschule für Musik in Berlin angenommen, wo er Komposition bei Paul Hindemith studierte und 1934 sein Studium abschloß. Der Einfluß Hindemiths zählte zu den prägendsten Eindrücken seiner Studienjahre. Eine weitere wichtige Begegnung war die Freundschaft mit Oskar Sala, für dessen *Trautonium* Genzmer *2 Konzerte* schrieb (1939 und 1952).

Genzmers Schaffen ist eng verknüpft mit der musikalischen Praxis, wie dies auch bei Hindemith der Fall ist. Ab 1938 wirkte er an der Volkshochschule in Berlin-Neukölln als Lehrer für Tonsatz. In dieser Zeit entstanden zahlreiche Kompositionen für Laien. Erst allmählich fand Genzmer den Weg zu großen Werken. In seiner Berliner Zeit entstanden – neben zahlreicher Kammermusik – folgende Werke: *1. Klavierkonzert* (1938/39), *Kleine Bläsersymphonie* (1939), *Konzertsuite* (1939), *Drei Lieder für Sopran und Orchester* (1940), *Symphonische Musik* (1941), *Musik für Symphonieorchester* (1942), und die *Bremer Symphonie* (1942). Bereits in diesen frühen Werken zeigt sich Genzmers Personalstil, der auch charakteristisch für sein späteres Schaffen bleibt. Seine musikalische Sprache ist der Hindemiths in vielerlei Hinsicht verwandt. Neben einer ausgeprägten Vorliebe für imitatorische Techniken und einen musikantischen Gestus finden sich bei Genzmer allerdings auch impressionistische Anklänge.

1946 trat Genzmer eine Professur für Komposition an der neugegründeten Hochschule für Musik in Freiburg an, die er bis 1957 innehatte. 1957 erhielt er einen Ruf an die Hochschule für Musik in München, wo er zusätzlich als Direktor der Musikabteilung der bayerischen Akademie der Schönen Künste tätig wurde. Seine Emeritierung erfolgte 1974. Während dieser Jahre ist eine ausgesprochen große

Anzahl von Kompositionen entstanden. Zu den wichtigsten gehören Werke folgender Gattungen: 4 Symphonien (1957–1990), Orchesterkonzerte (1948, 1962), Ballette (*Kokua* 1952, *Der Zauberspiegel* 1965), Concertinos (1946, 1963), diverse Konzerte für ein Soloinstrument mit Streichorchester (Klavier 1948, 1974; Orgel 1971, 1980; Bratsche 1967; Violoncello 1950, 1969; Flöte 1954; Trompete 1968; Harfe 1965; Schlagzeug 1977) sowie eine *Messe in E* (1953).

Genzmer zählt zu den am häufigsten aufgeführten Gegenwartskomponisten. Insbesondere die *Sinfonietta* (1955) sowie sein Chorwerk sind zum festen Bestandteil des Konzertrepertoires geworden. *Susanne Rupp*

George Gershwin

1898–1937

Gar viele Zitate ließen sich anführen, wollte man George Gershwin als »seriösen Komponisten« auch Skeptikern glaubhaft machen. Zitate von Kollegen, die weit mehr sind als bloße Lippenbekenntnisse zu dieser für Entwicklung und weltweiten Erfolg der amerikanischen Musik so bedeutenden Persönlichkeit. Alle, die hier zu nennen wären – und scheinen sie auch noch so weit von Gershwin entfernt, wie Arturo Toscanini oder Arnold Schönberg, – alle haben das Genie Gershwin erkannt und ihre (sicher oft auch nicht ganz neidlose) Bewunderung zum Ausdruck gebracht. Gershwin selbst hat in einem 1933 verfaßten Aufsatz die Grundzüge seines Verständnisses von Musik formuliert und dabei auch die Quintessenz seines Komponierens auf den Punkt gebracht: »In der Musik ist nur eines von Bedeutung: Ideen plus Gefühl.«

Beides findet sich in der Musik des am 26. September 1898 als Sohn russisch-jüdischer Einwanderer in New York geborenen Jacob Gershovitz im Überfluß. Dabei hatte es in der Familie bis dato keinerlei Anzeichen einer ausgeprägten musischen Ader gegeben. Das Klavier, auf dem der »George« genannte Sohn zu üben begann, war eigentlich für seinen Bruder Ira (später der Textdichter vieler Lieder) angeschafft worden. Einer seiner Lehrer machte Gershwin bald mit Werken von Chopin, Liszt und Debussy bekannt. Mit 15 trat er als Vorspieler in einen der zahlreichen »Tin Pan Alley«-Verlage ein. Bald konnte er seine eigenen Lieder veröffentlichen. Die Schallplattenaufnahme von *Swanee* machte Gershwin über Nacht bekannt. Nun durfte er nicht nur einzelne Lieder zu Broadway-Shows beisteuern, sondern schrieb ein Musical nach dem anderen.

Nach dem schnell erreichten Ruhm der frühen Jahre strebte Gershwin – gerade einmal 25jährig – etwas ganz Neues an: Die *Rhapsody in Blue* bewies, daß »Jazz«, gewandet in einer symphonischen Form, der zeitgenössischen Musik Impulse verleihen könne. Fortan suchte Gershwin das gefundene Idiom weiterzuentwickeln und auch in kompositorischer Hinsicht zu perfektionieren. Daneben schrieb er Filmmusik für Hollywood. 1929 debutierte er auch als Dirigent. Das New York Philharmonic Orchestra spielte unter seiner Leitung *An American in Paris* und *Rhapsody in Blue* – mit Gershwin selbst am Klavier. Schließlich vollendete Gershwin 1935 seine »American Folk Opera« *Porgy and Bess* und die dazugehörige Orchester-Suite *Catfish Row*. Über der Arbeit an einer neuen Symphonie brach Gershwin zusammen. Die Diagnose lautete: Gehirntumor. Zwei Tage später, am 11. Juli 1937, starb George Gershwin in Hollywood.

Rhapsody in Blue

UA: 1924

Nach einem der zahlreichen Auftritte Gershwins als Pianist eigener Werke trat der selbsternannte »King of Jazz«, Paul Whiteman, eines Tages an ihn heran und bat ihn, für einen Konzertabend unter dem Motto »Experiment in moderner Musik« ein Stück zu schreiben. Drei Wochen hatte er Zeit dazu.

Gershwins *Rhapsody in Blue* vereinigt in ihrem Titel beide sie bestimmenden Charakterzüge: »rhapsodisch« ist sie, da sie in Lisztscher Manier einen Gestus des Virtuosen kultiviert. Im Unterschied aber dazu sucht Gershwin in der *Rhapsody in Blue* nicht das improvisatorische Moment durch geschickte »Komposition« zu vertuschen. Ganz offen und unverhüllt gibt sich das Stück als das, was es eben ist: eine sehr freie Mixtur aus heterogenen Elementen und Stimmungen. Gerade deshalb wirken – im Unterschied zu vielen anderen Kompositionen, die sich dem Jazz anzunähern suchen, – die charakteristischen »blue notes« des Jazz und die von ihnen getragenen Assoziationen so authentisch. Diese quasi unreflektierte Spontaneität, Frische und Ungezwungenheit, das im klassischen Sinne eben nicht vorhandene »Komponiert-Sein«, wurde oft als eigentlicher Mangel kritisiert. Gershwin hat dies sehr beherzigt, denn nach der *Rhapsody in Blue* bemühte er sich noch vehementer, Kompositionstechniken zu erlernen.

George Gershwin am Flügel (1936)

Die *Rhapsody in Blue* ist auf jeden Fall aber »Gershwin pur«, wenngleich einiges an ihr nicht vom Komponisten selbst stammt. Beispielsweise die Idee zu dem eröffnenden Glissando: der Klarinettist des Paul Whiteman-Orchesters hat diese, zum Signet für den »symphonischen Jazz« gewordene Phrase improvisiert – und Gershwin hat sie notiert. Oder die Orchestration: Wegen der Kürze der Zeit hat sie der Arrangeur des Orchesters, Ferde Grofé, erstellt. Gerade deswegen ist sie wohl auch ein Dokument des standardisierten, geschliffenen Klangs eines »weißen« Jazz-Orchesters.

[M] *CD* Previn, London SO, Previn (EMI 1971)

Concerto in F

UA: 1925

Eine Anekdote besagt, daß Gershwin – nachdem er von dem Dirigenten Walter Damrosch den Auftrag für das *Concerto in F* erhalten hatte – in ein Musikgeschäft gegangen sei und sich ein Buch über musikalische Formen gekauft habe – damit er wenigstens wisse, wie man ein Konzert schreibe.

Tatsächlich weist das *Concerto in F* schon mehr Merkmale einer »Komposition« auf als die *Rhapsody in Blue* – was wohl nicht nur auf die mehrmonatige Ausarbeitungszeit zurückzuführen ist. Das beginnt bei der eine geschlossene Einheit schaffenden Dreisätzigkeit *(Allegro, Adagio – Andante con moto, Allegro agitato)* und setzt sich fort in der Gestaltung der Einzelsätze selbst. Die impulsive Eröffnung des *Allegro* kann durchaus als Reminiszenz an eines der beliebtesten Werke dieser Gattung überhaupt, Tschaikowskys »b-moll-Konzert«, gesehen werden. In dessen weiterem Verlauf hat Gershwin dann, ganz in Anlehnung an das traditionelle Sonatenprinzip seine Themen und Motive verarbeitet. Wie schon in der »Rhapsody in Blue« findet er auch hier eine wohlabgewogene Balance zwischen Solist und Orchester. Und genau wie der Mittelteil des vorangegangenen Werkes besticht der langsame 2. Satz durch gefühlvolle Kantabilität. Inspiriert von klassischen Vorbildern konzipierte Gershwin auch das beschließende Rondo. In ihm verflicht er auf geschickte Weise Material des 1. und des 2. Satzes. So tauchen Paukenmotiv und Elemente des motorisch treibenden Rhythmus aus dem *Allegro* wieder auf und verdichten gegen den Schluß das musikalische Geschehen in gesteigerter Form.

[M] *CD* Levant, Philharmonic SO New York, Kostelanetz (Sony 1942)

Ein Amerikaner in Paris

UA: 1928

1928 begab sich Gershwin auf die für amerikanische Komponisten zur damaligen Zeit unabdingbare Europareise. Im Unterschied aber zu den vielen anderen tat er dies nicht, um dort zu lernen und erste Meriten einzuheimsen. Als er nach Paris kam und Strawinsky, Ravel und Prokofjew traf, war ihm sein Ruf als herausragender amerikanischer Komponist bereits vorausgeeilt. Seine Anfrage bei Ravel, ob er ihn nicht unterrichten wolle, quittierte jener mit der vielzitierten Bemerkung: »Warum wollen Sie ein zweitrangiger Ravel werden, wo Sie doch schon ein erstklassiger Gershwin sind?«.

Dennoch blieb Gershwins Reise nicht ohne Folgen. Walter Damrosch, der schon das *Concerto in F* bestellt hatte, gab Gershwin nach seiner Rückkehr den Auftrag, ein reines Orchesterstück zu komponieren. Gershwin schrieb die stark von seinen Eindrücken geprägte symphonische Dichtung *Ein Amerikaner in Paris*.

In der Tat dominiert hier ganz das Flair der Seine-Metropole. Gershwin geht sogar soweit, daß er 4 Autohupen einsetzt. Er selbst hat diese Komposition in Anlehnung an ähnliche »musikalische Effekte«, wie sie schon George Antheil verwendet hatte, als seine »bisher modernste Musik« bezeichnet. Auf einzigartige Weise gelingt es ihm, die bunte Atmosphäre der Stadt einzufangen und dennoch dabei seine eigene Handschrift und seinen eigenen Blickwinkel in jeder Beziehung deutlich werden zu lassen. So entstand in einer »impressionistischen Art« (Gershwin) ein überaus buntes und kaleidoskopartiges Abbild des großstädtischen Treibens jener bewegten Tage.

[M] *CD* Saint Louis SO, Slatkin (EMI 1987)

»Ein Amerikaner in Paris«. Gene Kelly und Leslie Caron in den Hauptrollen der Verfilmung von Vincente Minelli (1951)

Cuban Overture (1932)

UA: 1932

Wie schon in dem 4 Jahre zuvor entstandenen *Ein Amerikaner in Paris*, so hat Gershwin auch in seiner *Cuban Overture* die Eindrücke einer Reise musikalisch verarbeitet. 1932 besuchte er die kubanische Hauptstadt Havanna, und er war sofort fasziniert von der klanglichen und rhythmischen Vielfalt der hispano-amerikanischen Musik. Und in gleicher Weise wie in *Ein Amerikaner in Paris* hat er von dort gehörten Melodien Gebrauch gemacht. Noch während seines Aufenthalts begann er mit der Komposition; eine Woche nach ihrer Vollendung wurde sie durch das Saint Louis Symphony Orchestra unter Albert Coates uraufgeführt.

Das Werk besticht vor allem duch seine treibende Rhythmik, die durch eine Vielzahl von Perkussionsinstrumenten, wie sie in der populären lateinamerikanischen Musik in Gebrauch sind, auch klanglich ihre Unverwechselbarkeit erhält. Erneut verwendet Gershwin in diesem Stück eine vielgeschichtete, fast schon collagenartige Kompositionstechnik, mit der er motivische und melodische Partikel in verschiedenen Instrumentengruppen simultan ablaufen läßt. Und gerade in instrumentationstechnischer Hinsicht ist die *Cuban Ouverture* ein im Œuvre Gershwins herausragendes Werk.

[M] *CD* Saint Louis SO, Slatkin (EMI 1987)

Variationen über »I got rhythm« (1934)

UA: 1934

1930 schrieb Gershwin für eines seiner Musicals einen Titel, der zu seinen bekanntesten Kompositionen überhaupt gehört: »I got rhythm«. Zwei Jahre danach hoben George Gershwin am Klavier und Charles Previn (der Großvater von André Previn) als Dirigent die *Variationen über »I got rhythm«* aus der Taufe.

Das phantasiereiche, improvisatorische Zusammenspiel von Klavier und Orchester, wie es Gershwin zum ersten Mal in seiner *Rhapsody in Blue* vorgestellt hatte, findet sich hier wieder. Dennoch merkt man, daß zwischen dem spontan wirkenden Erstling und dem durch den frühen Tod des Komponisten schon zum »Spätwerk« gehörenden Stück ein kleiner musikalischer Kosmos liegt: Hat der Komponist in ersterem Werk noch eine Komposition improvisiert, so komponiert er hier eine Improvisation – und dies auf so genialische Weise, daß man den Umstand, daß es sich eben doch um eine Komposition handelt, völlig vergißt. Der Ursprung der *Variationen über »I got rhythm«* soll tatsächlich in einer jener spontanen Improvisationen gelegen haben, wie sie der exzellente Pianist Gershwin unzählige Male in seinem Freundes- und Bekanntenkreis vorgespielt hat. Der gereifte Komponist Gershwin zieht in diesem nicht einmal zehnminütigen Stück alle Register; es steht im Zenit seines Könnens. Und allein in dem noch folgenden Bühnenwerk wußte er es noch zu übertreffen.

[M] *CD* Levant, Morton Gould & his Orchestra (Sony 1949) *Werner Bleisteiner*

Alberto Ginastera

1916–1983

Der Argentinier Alberto Ginastera, mit dem Brasilianer Heitor Villa-Lobos der bekannteste und wichtigste Komponist Südamerikas und ein Klassiker der gesamteuropäischen Moderne, wird hierzulande selten aufgeführt, obwohl er eine ganze Reihe effektvoller Instrumentalkonzerte und Orchesterwerke vorgelegt hat.

Alberto Ginastera wurde am 11. April 1916 in Buenos Aires geboren, wo er auch seine musikalische Ausbildung erhielt. Er war früh erfolgreich und erregte bereits mit seinem ersten Ballett *Panambí* (1937) Aufsehen. Die darin eingeschlagene folkloristische Richtung wird fortgesetzt in dem Ballett *Estancia* (1941), einem US-amerikanischen Auftragswerk, das rustikale Atmosphäre einfängt, ohne in Pampasromantik abzugleiten. Obwohl Ginastera sich in den 50er Jahren avancierte Techniken wie Aleatorik, Mikrotonalität und serielle Verfahren aneignete und der nationale Impuls einer abstrakteren Musiksprache Platz machte, entstanden auch später noch wichtige Werke, die das mythische Erbe präkolumbianischer Zeit beschwören wie die fesselnde *Cantata para América mágica* für Sopran, 13 Schlagzeuger, Celesta und 2 Klaviere (1960) und *Popol Vuh* für Orchester (1971).

Wie viele südamerikanische Künstler, geriet auch Ginastera mehrmals in die Wirren politischer Umbrüche. So verlor er nach Perons Machtübernahme (1945) allmählich alle Ämter. Ein Stipendium der Guggenheim-Stiftung ermöglichte ihm den Besuch der USA, wo er Aaron Copland kennenlernte, und Europas, wo 1951 auf dem IGNM-Fest in Frankfurt sein *1. Streichquartett* zur UA kam. 1956 rehabilitiert, wurde er 1962 zum Direktor des neugegründeten Latin American Center for Advanced Studies am Instituto Torcuato di Tella in Buenos Aires berufen. In den folgenden Jahren entwickelte er sich zur verehrten Vaterfigur einer jüngeren Komponistengeneration. Sein international am bekanntesten gewordener Schüler dürfte der Tangokönig Astor Piazzolla gewesen sein (1921–1992).

1968 verließ Ginastera endgültig Argentinien, lebte zuerst in den Vereinigten Staaten, ehe er sich 1971 mit seiner zweiten Frau, der Cellistin Aurora Natola in Genf niederließ, wo er am 25. Juni 1983 an einer Gehirnblutung starb. Für seine Frau entstanden die beiden *Cellokonzerte* (1972 und 1980), außerordentlich kraftvolle Kompositionen von höchst virtuosem Anspruch. Nicht minder zupackend und hochexpressiv sind die *Konzerte für Harfe* (1956), *Violine* (1963) und die beiden *Klavierkonzerte* (1961 und 1972), alles Zeugnisse reifer Meisterschaft des langsam und bedächtig arbeitenden Komponisten. In seinen Opern zeigte Ginastera eine Vorliebe für Sujets voller Leidenschaft, Sex und Gewalt. Die bekannteste ist *Bomarzo* (UA Washington 1967). Ein Kritiker nannte sie einen »Porno in Belcanto«. Drei Monate später sah sich der Bürgermeister von Buenos Aires bemüßigt, aus moralischen Gründen die Aufführung zu verbieten. Das Werk wurde auch in Kiel, Straßburg und Zürich herausgebracht. Ein spätes Hauptwerk ist das Oratorium *Turbae ad Passionem Gregorianam* auf Texte des Alten und Neuen Testamentes (1975), ein Werk von unerhörter Ausdruckswucht, in dem eine Synthese aus Gregorianik und avantgardistischen Stilmitteln vollzogen wird.

Siegmar Hohl

Philip Glass

1937

Selbst nach der MET-Premiere von *Einstein on the Beach* 1976 habe er noch nicht genügend Geld gehabt, um auf seinen Nebenjob als Taxifahrer verzichten zu können, behauptet Philip Glass. Und: Daß er dem Publikum vorwiegend als Opernkomponist bekannt werden sollte, habe er so nie beabsichtigt.

In der Tat ist es gerade dieser Umstand, der den am 31. Januar 1937 in Baltimore geborenen Komponisten von seinen Generationsgenossen und Mitstreitern der »minimal music« unterscheidet: Glass' Ruf und Erfolg gründet sich vor allem auf die große Musiktheater-Trilogie *Einstein on the Beach* (1976), *Satyagraha* (1980) und *Akhnaton* (1983).

Breitenwirksamer jedoch erwies sich seine Musik für Godfrey Reggios Film *Koyaanisqatsi* (1982). In diesem fand eine mit filmischen Mitteln (Zeitraffer, Zeitlupe, Schnitt, etc.) vorgebrachte Skepsis am Fortschrittsglauben der westlichen Zivilisationen ihre kongeniale Entsprechung in Glass' hektisch motorischer Musik.

Wie auch bei seinen Kollegen Steve Reich und Terry Riley ist Glass' Entwicklung maßgeblich geprägt durch die Begegnung mit außereuropäischer Musik: 1965, als er in Paris bei Nadia Boulanger die erlernte Kompositionstradition hätte vertiefen sollen, traf Glass mit dem Sitarvirtuosen Ravi Shankar zusammen und erfuhr von ihm etwas über den additiven Charakter indischer Musik; ein Kompositionsprinzip beständigen Hinzufügens melodisch-rhythmischer Partikel. Eine Verfeinerung erfuhr Glass' charakteristischer Stil mit durchlaufenden Achtelnoten und abwechselnd kurz akzentuierten oder langezogenen Kantilenen seitdem nur noch in harmonischer Hinsicht.

Die Ausführung von Werken wie *Music in Twelve Parts, Glassmusic, The Photographer* usw. bleibt – wie bei anderen Minimalisten auch – wegen des hohen Maßes an notwendiger musikalischer und technischer Spezialisierung, fast ausschließlich dem eigenen Ensemble vorbehalten.

Heute engagiert sich Glass bei der Förderung des Komponistennachwuchses und bei der Vermittlung von »Weltmusik«. Indes entstanden in jüngerer Zeit sowohl Bearbeitungen für herkömmliche Besetzungen (*Façades* aus *Koyaanisqatsi*, oder *Company*, Bühnenmusik für ein Beckett-Stück), als auch eigenständige Werke der Orchester- und Konzertliteratur (*Low Symphony* nach Motiven von Brian Eno und *Violinkonzert*), die sich als Konzessionen an den herkömmlichen Konzertbetrieb ausnehmen. Hier bleibt allerdings abzuwarten, ob sie tatsächlich Eingang in das Repertoire finden werden. *Werner Bleisteiner*

Alexander Konstantinowitsch Glasunow

1865–1936

»Was ist denn das nun? Dieses Bürschchen hat uns alle in die Tasche gesteckt.« So drückte der russische Komponist Anatoli Ljadow die bewundernde Verblüffung der russischen Komponisten aus, nachdem Balakirew 1882 die *1. Symphonie* des gerade 16jährigen Glasunow im Saal der Petersburger Adelsversammlung uraufgeführt hatte; 2 Jahre später war Franz Liszt bei der deutschen Erstaufführung in Weimar genauso begeistert. Mit 11 Jahren hatte der Sprößling der alten und angesehenen russischen Verlegerfamilie zu komponieren begonnen, und schon in früher Kindheit hatte sich die außergewöhnliche musikalische Begabung gezeigt: hervorragendes Gehör, feinsinniges Empfinden und musikalisches Gedächtnis. Seine Mutter, selbst ausgebildete Pianistin, förderte die musikalische Erziehung ihres Ältesten ab dem 9. Lebensjahr intensiv. Ab 14 war Balakirew verantwortlich für die »musikalische Gesamtausbildung«, aber sein Kompositionslehrer war Rimski-Korsakow.

Auf die *1. Symphonie* folgten bald weitere Instrumentalwerke, und ab 1883 lebte Glasunow – inzwischen Student der Geschichte und Philosophie in seiner Heimatstadt Petersburg – im wesentlichen der Musik: als Komponist, der gleichzeitig (v. a.) als Hornist im Universitätsorchester die Orchesterliteratur von innen kennenlernte. Er unternahm Reisen ins westliche Ausland, anfangs mit seinem Gönner und Freund Beljajew, der eigens für Glasunows Werke seinen Musikverlag in Leipzig gründete. 1888 begann seine Laufbahn als Dirigent, und in dieser Eigenschaft trug er dazu bei, daß die russische Musik (nicht nur seine) in Westeuropa bekannter wurde. 1899 wurde er Professor für Partiturlesen, später für Instrumentierung und Komposition, am Petersburger Konservatorium, dessen (frei gewählter) Direktor er von 1905 bis 1928 war. In all diesen Jahren engagierte sich Glasunow stark für seine Studierenden, zu denen auch Prokofjew und Schostakowitsch zählten, obwohl darüber seine kompositorische Produktivität zwangsläufig zurückging. Als Komponist lag sein Schwerpunkt auf der Instrumental- und dort auf der Orchestermusik (8 vollendete Symphonien, eine unvollendete, 5 Solo-Konzerte, eines davon für Saxophon, Ouvertüren, Phantasien und symphonische Dichtungen), er schrieb aber auch Kammer- und Vokalmusik. Besonders erfolgreich war sein Ballett *Raymonda op. 57* (1896).

Glasunow galt immer als Meister der Instrumentierung (zusammen mit Rimski-Korsakow vollendete er etwa Borodins *Fürst Igor*); seine Art zu komponieren speiste sich aus der europäischen Symphonik, aber sie erwuchs auch aus einer Art »russischem Temperament«, das zu verleugnen er anderen russischen Komponisten durchaus vorwarf. Trotzdem sind seine Kompositionen sehr vielschichtig, manche sagen eklektizistisch. 1928 ging er nach Westeuropa und 1932 nach Paris, wo er am 21. März 1936 starb. *Barbara Knab*

Michail Iwanowitsch Glinka

1804–1857

»Nenne mir ein Land, das mehr Lieder hat als Rußland«, charakterisierte der Dichter Nikolai Gogol (1809–1852) die hervorstechende Qualität der Musik seiner Heimat – und doch gab es in Rußland bis in das 19. Jh. keine nennenswerte symphonische Musik. Michail Glinka, der am 20. Mai/1. Juni 1804 in Nowospaskoje (Gouvernement Smolensk) geborene Sohn eines Grundbesitzers, war der erste, der die Vielfalt und den Reichtum der traditionellen Musik, des russischen Volksliedes, für ein kompositorisches Œuvre im klassischen Sinne zu nutzen wußte. »Wir Komponisten sind eigentlich nur Arrangeure«, erklärte er und meinte damit, daß man allein die bestehenden Melodien aufgreifen und sich in ihren Stil einfühlen müsse, um zu seiner musikalischen Identität zu finden. Nicht zuletzt diese kreative Einsicht verschaffte Glinka im Urteil verschiedenster russischer Komponisten der nachfolgenden Generation, ob das Tschaikowsky, Rubinstein oder die Novatoren um Mili Balakirew waren, den Rang eines vielgeachteten Gründervaters der russischen Nationalmusik. Nichts wies ursprünglich darauf hin, daß Glinka Musiker werden sollte: Nach Abschluß der Schulausbildung diente er von 1824–1828 als Beamter im Verkehrsministerium, nur nebenbei erhielt er Klavier-, Violin- und Kompositionsunterricht. Erst ein Auslandsaufenthalt in Italien, den Glinka aus Gesundheitsgründen antreten mußte, ließ ihn seine Mission erkennen. Er hörte an der Mailänder Scala die neuesten Werke von Bellini und Donizetti, und so sehr er sich auch für den Geist des Belcanto begeisterte, blieb er ihm doch fremd, er erkannte, daß sein Weg in eine andere Richtung führte: »Heimweh brachte mich allmählich auf den Gedanken, russisch zu komponieren«. Zurück in St. Petersburg, wandte sich Glinka dem Vorhaben einer Oper zu, russisch in Text und Musik, die sein Anliegen musterhaft umsetzen sollte: *Iwan Sussanin*, später umbenannt in *Ein Leben für den Zaren*, ließ Glinka zum »ersten Komponisten Rußlands« werden; der Erfolg war so überwältigend, daß ihm nach der UA im Dezember 1836 die Position eines Kapellmeisters der kaiserlichen Kapelle mit stattlichem Honorar, Aufwandsentschädigung und Dienstwohnung angetragen wurde. Kein weiteres Werk fand später eine ähnlich breite Anerkennung; auch die Oper *Ruslan und Ludmilla* (1838–1942), die dem Balakirew-Kreis als noch gewichtiger erschien, wurde eher kühl aufgenommen.

Unter den rein instrumentalen Kompositionen Glinkas ragt die Tondichtung *Kamarinskaja* (1848) hervor, von der Tschaikowsky schrieb, in ihr sei die »augenblickliche russische Symphonik enthalten wie die Eiche in der Eichel«. Michail Glinka starb am 3./15. Februar 1857 in Berlin. Nur wenige Tage zuvor durfte er noch erleben, wie Meyerbeer in einem Hofkonzert Ausschnitte aus *Iwan Sussanin* dirigierte; überhitzt verließ er den Palast und zog sich in der kalten Nachtluft eine Erkrankung zu, die sein Leberleiden aufbrechen ließ und seinem Leben ein Ende setzte. *Susanne Stähr*

Vinko Globokar

1934

Gegen Ende des 1. Teils seiner Trilogie *Les Émigrés* (1982–86) hat eine im musikalischen Geflecht bewußt verborgene Stimme auf französisch den folgenden Text zu sprechen: »Ich wurde am 7. Juli 1934 in Anderny, Frankreich, geboren. Mit 13 ging ich nach Jugoslawien, mit 21 kehrte ich nach Frankreich zurück, mit 30 ging ich nach Deutschland, mit 42 zurück nach Frankreich, zwischendurch ein Jahr in den USA. Überall bin ich ein Fremder.« Vinko Globokar hat diesen autobiographischen Verweis im Hintergrund des *Miserere* versteckt, einer »Art historischer Allegorie«. Werden hier von 5 Sprechern (überwiegend) dokumentarische, durch die Übersetzung in ein Dutzend verschiedener Sprachen verfremdete Texte gesungen, geschrien oder vorgelesen, während ein dem Publikum unsichtbares Orchester »die unausweichliche Schicksalhaftigkeit symbolisiert, die auf den Emigranten lastet«, so gibt sich der 2. Teil, als Multiprojektion von Diapositiven und Filmen konzipiert, heiter und optimistisch; *Sternbild der Grenze* schließlich beruht auf einem Text, den Peter Handke für Globokar geschrieben hat. Als Grenzgänger erscheint Globokar auch im Hinblick auf sein musikalisches Œuvre. Er begann als Jazz-Posaunist und etablierte sich in den 60er Jahren als führender Posaunenvirtuose der neuen Musik; Luciano Berio schrieb seine *Sequenza V* für Posaune solo in Zusammenarbeit mit Globokar. Bei Berio und René Leibowitz studierte Globokar Komposition; mit *Voie* für 3 Chöre, Orchester und Sprecher legte er 1966 sein erstes Werk vor. Zu seiner Erforschung neuer Techniken instrumentaler/vokaler Klangerzeugung trat Ende der 60er Jahre dann die Reintegration psychophysischer Vorgänge; in *Correspondences* (1969) wird den Musikern allmählich das Notenmaterial entzogen, Klangerzeugung neu definiert als musiksprachliche Reflexion dessen, was der jeweils andere mitteilt. Musik als Sprache – das bedeutet für Globokar ebenso, das eigene Instrument improvisatorisch als Sprachwerkzeug einzusetzen, wie das kommunikative Moment musikalischer Praxis in Kammermusik, Orchester- und Bühnenwerken zu thematisieren. Titel wie *Discours* (*I–IX*, für unterschiedliche Besetzung), *Traumdeutung, Ausstrahlungen* sprechen vom dialogischen Überschreiten: »Und wo die Schwelle beseitigt ist, wird Grenze. Und wo die Grenze beseitigt wird, kann ich sein.« (Handke) *Christine Mast*

Friedrich Goldmann

1941

An Schönberg komme er eben nicht vorbei, sagt Friedrich Goldmann und meint damit die eigene Traditionsbezogenheit wie auch das Bedürfnis nach Erneuerung des Sprachcharakters von Musik auf der Basis eines artifiziellen Formbewußtseins, das sich mit der Faszination für französische Clarté verbindet.

Am 27. April 1941 in Siegmar-Schönau bei Chemnitz geboren, fand Goldmann nach eingeengt traditionalistischer Ausbildung (als Mitglied des Dresdner Keuzchores und später an der Dresdner Hochschule für Musik) in der Begegnung mit der westeuropäischen Avantgarde Anregungen zur Entwicklung einer eigenen Musiksprache. Im Mittelpunkt stand der Versuch, in synthetischer Verbindung von seriellen Techniken und thematischen Prozeßformen Möglichkeiten zur Behauptung des traditionellen Konzertgenres zu finden. Eng aufeinander bezogen und in beinahe regelmäßiger Folge entstanden Orchester-, Ensemble- und Kammermusiken, wobei Idee und Form der Symphonie – zunächst zurückhaltender in *3 Orchesteressays* und dann in *4 Symphonien* (1972/73, 1976, 1986, 1988) – immer wieder eine Rolle spielten. Hier ging es darum, den als »besonders wertvoll« verinnerlichten Anspruch des Genres und damit die eigene musikalische Herkunft in Frage und aktuellen Strömungen gegenüberzustellen. Für die seine gesamte Entwicklung kennzeichnende Auseinandersetzung mit der klassischen Sonatenform steht auch ein Zyklus von *Solokonzerten* für *Posaune* (1977), *Violine* (1977), *Oboe* (1978/79) und *Klavier* (1979).

Die *Ensemblekonzerte I und II* (1982, 1985/86) münden als »Nachzügler« in kammermusikalische Bereiche. Daneben entstanden eine Reihe programmatisch-assoziativ betitelter Stücke – *vorherrschend gegensätzlich* (1980), *inclinatio temporum* (1981), *Spannungen eingegrenzt* (1988), *zerbrechlich-schwebend* (1990), *...fast erstarrte Unruhe...* (1990, 2. 1992), deren Titel ebenso auf strukturelle Besonderheiten verweisen als auch ganze Assoziationsketten in gesellschaftliche und philosophiscche Bereiche eröffnen. In den *Klangszenen für Orchester* (1990, 1992) wendet sich Goldmann bewußt von der geschlossenen Form ab. Hier geht es ihm darum, emotional-gedanklich offene Räume zu schaffen, die um ein imaginäres Theater kreisen.

Carolin Naujocks

Karl Goldmark

1830–1915

Ein Musikkritiker berichtet über Goldmark um die Jahrhundertwende: »Er sah aus wie ein Pilz – ein kleiner Mann, der unter seinem breiten Filzhut fast verschwand. Er pflegte sich mit dieser merkwürdigen Mischung von Bescheidenheit und Befangenheit zu verbeugen, und das Publikum war immer respektvoll«. Karl Goldmark mußte sich seine Kunst hart erarbeiten. Am 18. Mai 1830 im ungarischen Keszthely geboren, wuchs Goldmark mit zahlreichen Geschwistern in ärmlichen Verhältnissen auf. Ein ordentlicher Schulbesuch war aus finanziellen Gründen nicht möglich. Mit 11 Jahren erhielt Goldmark den ersten Geigenunterricht. Durch Unterstützung eines Bruders konnte er nach Wien gehen und mit 17 Jahren Aufnahme am Wiener Konservatorium finden. Nur 5 Monate dauerte sein Studium. Er geriet in die Wirren der Revolution von 1848, entging knapp der Hinrichtung. Nach autodidaktischen Studien, auch in Budapest, ließ er sich endgültig in Wien nieder. *Das Streichquartett op. 8* wurde der erste Erfolg. Etwa zur selben Zeit begann auch Goldmarks Karriere als Musikkritiker, als der er sich besonders hinter die Werke Wagners stellte. 1872 war er einer der Mitbegründer des Wiener Wagner-Vereins. Erfolge als Komponist hatte er vor allem mit seiner orientalisch inspirierten Ouvertüre *Sakuntala* (1865) und seiner 1. Oper *Die Königin von Saba* (1875), die ebenfalls mit Orientalismen aufwartet. Goldmarks Musik ist von vielen Richtungen geprägt, von ungarischer Volksmusik, Bach, Mendelssohn, Wagner bis hin zum Impressionismus. Er war eine der führenden Musikerpersönlichkeiten Wiens, geschätzt sowohl von Brahms als auch von Wagner. 1866 wurde er Ehrenmitglied der Gesellschaft der Musikfreunde. In Wien ist Goldmark am 2. Januar 1915 auch gestorben.

Manche seiner Werke mögen heute auf den Konzertbesucher bieder wirken, wie die Symphonie *Ländliche Hochzeit.* Aber sie sind eben doch hervorragend gearbeitet. Goldmarks größte Stärke zeigt sich im Lyrischen, so auch im *Violinkonzert op. 28*, dessen sich Itzhak Perlman angenommen hat. Perlman über seine Erfahrungen: »Nach einem Konzert kommen immer Leute und sagen überrascht zu mir: ›Aber das ist ein gutes Violinkonzert. Warum wird es nie gespielt?‹«. Diese Frage darf man getrost auch für andere Werke Goldmarks gelten lassen. *Joachim Salau*

Berthold Goldschmidt

1903–1996

1987 brach Simon Rattle mit seinem City of Birmingham Symphony Orchestra einen Bann und brachte bei den Berliner Festwochen die *Ciaconna Sinfonica* zu ihrer deutschen Erstaufführung – 51 Jahre nach ihrer Entstehung. Bald nach seiner Flucht aus Nazi-Deutschland hatte sie der am 18. Januar 1903 in Hamburg geborene Berthold Goldschmidt im Londoner Exil komponiert. Dieses denkwürdige Konzert markiert in Deutschland den Beginn einer spät einsetzenden Rezeption der Werke Goldschmidts.

Leben und Werk eines Komponisten, der einst zu den »großen musikalischen Hoffnungen vor 1933« (MGG) gehörte, dokumentieren auf erschütternde Weise das fatale Zusammenwirken von Zeit- und Musikgeschichte in unserem Jh.: Nicht genug, daß viele der Komponisten sogenannter »entarteter Musik« flüchten mußten (sofern ihnen dies überhaupt noch gelang), fast alle von ihnen wurden so um die begonnenen Karrieren gebracht. Berthold Goldschmidt mußte sich zunächst mit Privatunterricht über Wasser halten, bis er 1942, als Leiter der Musikabteilung des deutschsprachigen Dienstes der BBC, eine bis Kriegsende befristete Anstellung fand. Hinzu kam, daß durch die Polarisierung auf Serialismus und Neoklassizismus ein dritter, vermittelnder Weg nicht opportun erschien, und somit die stark von individueller Expressivität geprägte Musik Goldschmidts auch diesbezüglich sich zwischen allen Stühlen befand. 1958, nach den *Mediterranean Songs*, zog Goldschmidt resigniert die Konsequenz aus dem öffentlichen Desinteresse und beschloß, nichts mehr zu komponieren. Erst 25 Jahre später brachte er dann wieder etwas zu Papier. Das nun einsetzende Interesse an seiner Musik erweckte in dem mittlerweile betagten Goldschmidt eine Produktivität von beachtenswertem Ausmaß – freilich war es zumeist Kammermusik, was er schrieb.

Goldschmidts *Passacaglia op. 4* wurde 1925 unter der Leitung von Erich Kleiber (als dessen Assistent Goldschmidt übrigens auch an der Premiere von Alban Bergs Oper *Wozzeck* mitwirkte) uraufgeführt. Das 1933 entstandene *Violinkonzert* hat Goldschmidt 1955 revidiert und somit eine Konzert-Trilogie mit dem 1953 entstandenen *Violoncellokonzert* und dem *Klarinettenkonzert* von 1954 vervollständigt. Für die Ballettgruppe von Kurt Joos schrieb er die *Chronica-Suite* (1938). Aus dem Jahre 1945 stammt seine *Sinfonietta.* Neben 2 Opern, die in den letzten Jahren uraufgeführt wurden (*Der gewaltige Hahnrei* von 1932 und *Beatrice Cenci* von 1950), ist vor allem noch Goldschmidts maßgebliche Mitarbeit bei der Erstellung der »performing version« von Gustav Mahlers *10. Symphonie* durch den englischen Musikwissenschaftler Deryck Cooke zu nennen. Am 17. Oktober 1996 ist Goldschmidt in London gestorben.

Werner Bleisteiner

Henryk Mikolaj Górecki

1933

Am 6. Dezember 1933 in Czernica bei Rybnik geboren, gehört Górecki neben W. Lutosławski und K. Penderecki zu den herausragenden polnischen Komponisten seiner Generation. Nach Kompositionsstudien bei Szabelski in Kattowitz 1955–1960, wo er mit seiner Familie noch heute lebt und bis 1979 lehrte, und später bei O. Messiaen in Paris, fand Górecki in seinen frühen Werken zu einer radikalen Ästhetik. Serielle Ordnung, Experimentierfreude und eine oft explosive Aggressivität, z. B. in der *1. Symphonie für Streichorchester und Schlagzeug op. 14* (1959) oder in dem Orchesterwerk *Scontri (Kollisionen) op. 17* (1960), zeichnen ihn als Avantgarde-Komponisten aus, der von P. Boulez und K. Stockhausen bei den Darmstädter Ferienkursen für Neue Musik gespielt wurde.

Um so kritischer nahmen avantgardistische Kreise Góreckis Kehrtwende zu einer eher meditativen Musik auf, die in den 70er Jahren mit der Besinnung auf einfache, oft der polnischen Volksmusik oder dem Mittelalter entlehnte Ausdrucksmittel und religiös-kontemplative Formen einsetzte. In der *Altpolnischen Musik op. 24* von 1967–1969 leiten mittelalterliche Fanfaren und Hornsignale über Streicherklängen diese Entwicklung bereits ein. Die Nikolaus Kopernikus gewidmete *2. Symphonie op. 31* für Bariton und Sopran solo, Chor und Orchester von 1972 bezieht sich mit Psalmtexten, Kopernikus-Zitaten und einem antiphonen Chorfragment aus dem 14. Jh. noch deutlicher auf diese Wurzeln.

Mit seiner *3. Symphonie*, der *Symphonie der Klagelieder op. 36* für Sopran solo und Orchester von 1976, einem Auftragswerk des Südwestfunks Baden-Baden, wurde Górecki nicht nur außerhalb Polens bekannter, sondern stürmte Anfang 1993 auch die britischen Pop-Charts und brach alle bisherigen Verkaufsrekorde der E-Musik. In archaisch-meditativer Einfachheit schwellen und verstummen Orchesterklänge in diesem melodisch eindringlichen, mehr als 50minütigen Klagegesang. Den 3 Sätzen, alle in extrem langsamem Tempo, sind 3 trauerbeladene Texte unterlegt: ein polnisches Gebet aus dem 15. Jh., die Inschrift einer Gestapo-Zelle in Zakopane und ein polnisches Volkslied.

Mit dem monumentalen Chorwerk *Beatus vir op. 38* von 1979, das dem Papst gewidmet ist, wandte Górecki sich sakraler Gebrauchsmusik zu. Die 2 jüngsten Streichquartette fassen Góreckis Suche nach neuen Ausdrucksmitteln und mystischer Intensität zusammen. *Susanne Schmerda*

Charles Gounod

1818–1893

Zunächst deutete nichts darauf hin, daß der junge Charles François Gounod Komponist werden würde – die Mutter wünschte sich für ihren Sohn einen angesehenen Beruf. Gounod wurde am 17. Juni 1818 als »Parisien de Paris«, sozusagen als Urpariser in ein kunstbeflissenes Elternhaus geboren: der Vater François Louis war ein hochgeschätzter Kunstmaler und seine Mutter eine ausgezeichnete Pianistin; von ihr erhielt er schon früh ersten Unterricht.

1836 trat er ins Konservatorium ein. Seine Lehrer waren namhafte Persönlichkeiten: Halévy, Reicha, Le Sueur und Paër. Die stärksten Eindrücke während seiner Ausbildung hinterließen die Besuche in der Oper, wo er Aufführungen von Rossinis *Othello* und Mozarts *Don Giovanni* hörte. Seine Kompositionstechnik entwickelte sich in kürzester Zeit so gut, daß er schon 1839 den Großen Rompreis gewann. Dieses Stipendium ermöglichte es ihm, in Italien weiterzustudieren. In Rom lernte er insbesondere die Musik der alten Meister wie Palestrina kennen und begegnete Fanny Hensel, der Schwester von Mendelssohn. Auf einer Deutschlandreise kam er mit den wichtigen Vertretern der deutschen Romantik in Berührung. Nach Paris zurückgekehrt, übernahm er zunächst ein Amt als Kapellmeister und Organist. Seine ursprüngliche Intention, die geistliche Laufbahn einzuschlagen, die auf eine Freundschaft mit dem in den Dominikanerorden eingetretenen Pariser Rechtsgelehrten Lacordaire zurückging, gab er bald auf. Er heiratete 1852 und wandte sich unter dem Einfluß Berlioz' nun fast ausschließlich der Komposition zu. Einen ersten Erfolg errang er 1855 mit der *Messe solennelle de Sainte Cécile*. Sein Hauptinteresse galt aber der Oper, und so kam 1851 als 1. Werk dieser Gattung *Sappho* auf die Bühne. Diese fand wegen ihrer lyrischen und zu wenig dramatischen Art ebensowenig wie die folgende Anklang beim Publikum. Erst 1859 kam mit der UA von *Faust* der große Durchbruch. Zwei klassizistische *Symphonien* entstanden im Vorfeld seiner größten Erfolge. Die 1. in D-Dur (1855) blieb so gut wie unbeachtet, während die 2. in Es-Dur (1856), besonders das *Scherzo* daraus, ein großer Erfolg wurde.

1866 fuhr er mit Hébert, einem befreundeten Maler, nach Rom, wo er viel Zeit mit Liszt verbrachte. 1870 verließ er wegen des drohenden Krieges mit Preußen Paris und siedelte nach London über, wo er bis 1875 mit einer Sängerin zusammenlebte. In dieser Zeit widmete er sich, ebenso wie in seinen Anfangsjahren, besonders der Kirchenmusik. Messen, Motetten, Kantaten und Oratorien entstanden. Nach Paris zurückgekehrt, wurde er Lehrer am Konservatorium.

Der hochgeschätzte Komponist und Dirigent, Großoffizier der Ehrenlegion, starb am 18. Oktober 1893 in St-Cloud bei Paris.

Neben Kirchenmusik und Opern verfaßte Gounod auch zahlreiche kammermusikalische Werke und Lieder.

In einer Zeit, in der das Pariser Musikleben durch ausländische Komponisten wie z. B. Rossini oder Meyerbeer geprägt war, ist Gounods Bedeutung vornehmlich in seinen Bestrebungen um eine »reine, französische Musik« zu sehen. Seine Melodiebildung übte auf französische Komponisten späterer Generationen, wie z. B. Georges Bizet, Ernest Amedée Chausson oder Henri Duparc einen erheblichen Einfluß aus. *Nine Herdner*

Edvard Grieg

1843–1907

Edvard Grieg (um 1900)

»In Deutschland sagt man gern: ›Er norwegert!‹ Gewiß schöpfe ich aus dem norwegischen Volkslied, aber selbst Mozart und Beethoven wären nicht das geworden, wenn sie nicht das Vorbild der alten Meister gehabt hätten. Das hehre deutsche Volkslied lag ihrem Schaffen zugrunde, und ohne dies wäre jede Kunstmusik unmöglich. Das sah ich auch für mich ein«, erläuterte Edvard Grieg im April 1907 in einem Interview mit dem Berliner Lokalanzeiger die Prämisse seines Schaffens. Tatsächlich gründet sich bis heute die große Popularität seiner Werke auf den eigenständigen nationalen Charakter, auf die Harmonien und Klangfarben, die Grieg aus dem norwegischen Volkslied übernahm, auf die rhythmischen Figuren norwegischer Volkstänze, auf die phantastischen Motive aus der Märchen- und Sagenwelt des Landes. Und doch genoß der am 15. Juni 1843 in Bergen geborene Edvard Grieg, durch den die norwegische Musik ihre Weltgeltung erlangte, eine musikalische Erziehung nach dem klassischen Regelkanon der mitteleuropäischen Tradition. Sohn eines vermögenden Kaufmanns und einer Pianistin, die ihn früh mit Mozart, Chopin und Weber vertraut machte, studierte er von 1858–1862 am Leipziger Konservatorium; Ignaz Moscheles, einer der bedeutendsten Virtuosen seiner Zeit, unterwies ihn im Klavierspiel, Carl Reinecke war sein Kompositionslehrer. Mehr jedoch als der Unterricht am renommierten Institut, der Grieg oftmals allzu trocken erschien, gaben ihm die Konzerte des Gewandhausorchesters und die Opernaufführungen in Leipzig nachhaltige Impulse. Hier erlebte er Clara Schumann, hörte sich vielfach den Wagnerschen »Tannhäuser« an und empfing prägende Eindrücke der Musik Robert Schumanns und Felix Mendelssohns. Entscheidend für Griegs Selbstfindung als norwegischer Komponist aber war die Bekanntschaft mit skandinavischen Künstlern, etwa dem dänischen Komponisten Niels W. Gade, dem er 1863 in Kopenhagen begegnete, oder mit Rikard Nordraak, dem 1866 im Alter von erst 24 Jahren verstorbenen Schöpfer der norwegischen Nationalhymne – »durch ihn lernte ich die nordischen Volkslieder und meine eigene Natur kennen«, schreibt Grieg. Die Hinwendung zu Traditionen und Folklore des eigenen Landes führte Grieg zu seinem eigenen unverwechselbaren Stil und bescherte ihm rasch markante Erfolge: Nicht zuletzt das *Klavierkonzert* (1868) und die Szenenmusik *Sigurd Jorsalfar* zu dem Drama von Björnstjerne Björnsen (1872) erwirkte 1874 die Bewilligung eines staatlichen Ehrensoldes. Grieg konnte fortan seine Tätigkeit als Pädagoge und Leiter der Philharmonischen Gesellschaft in Christiania einschränken und sich ausgiebig dem eigenen Schaffen zuwenden. Unter den günstigen Rahmenbedingungen einer gesicherten Existenz entstanden jene Werke, die bis heute weltweit auf den Konzertprogrammen zu finden sind: der *Peer Gynt* (1874/75), *Aus Holbergs Zeit* (1884) und die *Peer-Gynt-Suiten* (1888/91). Berühmtheit erlangte Edvard Grieg zu Lebzeiten auch als Konzertpianist und später als Dirigent; bis kurz vor seinem Tod am 4. September 1907 begab er sich regelmäßig auf ausgedehnte Konzerttourneen, die ihn über Wochen immer wieder von seinem Landsitz Troldhaugen bei Bergen fortrissen, dem idyllisch gelegenen Heim, das er 1885 mit seiner Frau Nina bezogen hatte.

Peer-Gynt-Suiten Nr. 1 op. 46, Nr. 2 op. 55

UA: Leipzig 1888 (Nr. 1); Christiania 1891 (Nr. 2)

Am 23. Januar 1874 verfaßte der Dramatiker Henrik Ibsen jenen berühmten Brief an Edvard Grieg, in dem er den seinerzeit bereits bekanntesten norwegischen Komponisten um eine Bühnenmusik für sein dramatisches Gedicht »Peer Gynt« ersuchte. Das Schreiben initiierte keinesfalls eine enge Zusammenarbeit mit regem Briefwechsel, wie er etwa von Hofmannsthal und Strauss bekannt ist; statt Werkstattberichten und Detailerörterungen wechselten beide nur höflich distanzierte Mitteilungen: »Ich verfolge dieses Anliegen mit viel Interesse und hoffe, Sie tun desgleichen«, wendete sich Ibsen an Grieg – spröder und unpersönlicher wäre ein Austausch kaum möglich gewesen. »Peer Gynt« sei der »unmusikalischste Stoff von allen«, beklagte sich Grieg bei dem Dichter Björnson, und es dürfte zunächst eher der finanzielle

Anreiz gewesen sein, der den Komponisten dazu anspornte, die Partitur zu vollenden. Am 24. Februar 1876 stand schließlich die UA an, doch weder Grieg noch Ibsen erschienen zur Premiere – bezeichnender Schlußpunkt einer künstlerischen Nicht-Beziehung.

Zeit seines Lebens bezweifelte Grieg, daß sich das Werk außerhalb Norwegens durchsetzen würde. Nicht zuletzt deshalb entschloß er sich, die musikalischen Grundpfeiler der Bühnenmusik zu 2 Orchestersuiten zusammenzufassen. In der Tat erreichte die *Peer-Gynt*-Musik in dieser verknappten Form höchste Beliebtheit; insbesondere die *1. Suite* aus dem Jahre 1888 zählt gemeinsam mit dem *Klavierkonzert* zu den meistgespielten Werken des Komponisten. Wie wenig Edvard Grieg – bei aller Verehrung für den Dichter Ibsen – an der dramatischen Substanz des »Peer Gynt« hing, beweist der Umstand, daß die Abfolge der einzelnen Stücke innerhalb der Suiten keinesfalls dem Handlungsverlauf des Schauspiels entspricht, sondern eher als Reihung attraktiver Tondichtungen erscheint. Suite Nr. 1 beginnt beispielsweise mit der berühmten *Morgenstimmung*, die in der Originalversion erst den 4. Akt einleitete; die Sätze 2 und 3, *Ases Tod* und *Anitras Tanz*, liegen bei der Bühnenmusik ebenfalls zeitlich nach der Szene *In der Halle des Bergkönigs*, mit dem die 1. Suite endet. Inspiriert von der hohen Akzeptanz, die der Suite mit zahlreichen Aufführungen in den Musikzentren der Welt widerfuhr, entschloß sich Grieg auf Anraten seines Verlegers Abraham zu einem weiteren Extrakt; die *Peer-Gynt-Suite Nr. 2*, die der Komponist anläßlich seines 25jährigen Dirigentenjubiläums in Christiania uraufführte, ist nicht minder als ihre Vorgängerin ein Potpourri. Dennoch: nirgendwo teilt sich die Kunst Edvard Griegs charakteristischer und dichter mit als in diesen beiden Suiten. Ob es seine lyrischen Qualitäten sind (Nr. 1 *Morgenstimmung*, Nr. 2 *Solveigs Lied*), die Rhythmik exotischer oder folkloristischer Tanzweisen (Nr. 1 *Anitras Tanz, In der Halle des Bergkönigs*, Nr. 2 *Arabischer Tanz*) oder eine gewisse Schwermut, basierend auf der Harmonik nordischer Volksweisen (Nr. 1 *Ases Tod, Ingrids Klage*) – wie in einem Brennglas bezeugen die Suiten Griegs Vielseitigkeit und Meisterschaft. Kein anderes seiner Werke ist indes dem Mißbrauch durch Verschleiß und fragwürdige Bearbeitungen ähnlich ausgesetzt worden. 1893 schreibt Grieg: »›Ases Tod‹ als Polka und ›Anitras Tanz‹ als Hurtigwalzer, das geht zu weit«, und an anderer Stelle heißt es: »Es ist doch zu dumm, daß solche Arrangements von anderer Hand erlaubt sein sollen«.

[M] *CD* Gesamtaufnahme: Göteborgs Symfoniker, Järvi (DGG 1987); San Francisco SO, Blomstedt (Decca 1988)

Aus Holbergs Zeit op. 40

UA: Bergen 1884, Fassung für Steichorchester entstanden 1885

Man nannte ihn den »Molière des Nordens«: Ludvig Holberg (1684–1754) war ein kosmopolitischer Literat, ein gebürtiger Norweger, der seine Werke in dänischer Sprache verfaßte und darin gleichermaßen Stilmittel der italienischen Commedia dell'arte wie molièreske Elemente verarbeitete. Im Dezember 1884 waren anläßlich Holbergs 200. Geburtstages in seiner Heimatstadt Bergen umfassende Feierlichkeiten angesetzt. Edvard Grieg leistete mit 2 Werken seinen Beitrag zum Holberg-Jubiläum: Zum einen schuf er eine *Holberg-Kantate* für Männerchor mit Bariton-solo a capella, zum anderen eine Suite im alten Stile für Klavier mit dem Titel *Aus Holbergs Zeit*, die er im folgenden Jahr für Streichorchester instrumentierte. Leitbild war der Gedanke, Holberg eine Hommage zu entbieten, in der die höfische Musik des 18. Jhs. adaptiert und in modernem Gewande variiert werden sollte. Folgerichtig wählte Grieg für die 5 Sätze der Suite barocke Tanzformen, eine *Sarabande*, eine *Gavotte*, ein *Air* nach dem Vorbild J. S. Bachs und ein *Rigaudon*, denen er ein tokkata-ähnliches *Präludium* voranstellte. Die Holberg-Suite war ein Auftragswerk, das Edvard Grieg eher als Nebenprodukt seines Schaffens angesehen haben dürfte: »das Perückenstück« nannte er es und erklärte es als »eine gute Übung, seine eigene Persönlichkeit zu verstecken«.

[M] *CD* Göteborgs Symfoniker, Järvi (DGG 1992) – *LD* Academy of St. Martin-in-the-Fields, Marriner (Philips)

Klavierkonzert a-moll op. 16

UA: Kopenhagen 1869

Hugo Wolf hatte sich getäuscht: »Das a-moll-Konzert von Grieg aber mögen die Konzertgeber sich und dem Publikum künftighin schenken. Dieses musik-ähnliche Geräusch mag vielleicht gut genug sein, Brillenschlangen in Träume zu lullen oder rhythmische Gefühle in abgerichteten Bären zu erwecken; – in den Konzertsaal taugt es nicht«, kritisierte er eine Wiener Aufführung durch Eugène d'Albert im Jahre 1885. Aus den Worten mag der elitäre Habitus eines 25jährigen Komponisten sprechen, das breite Publikum aber ermöglichte Griegs Klavierkonzert einen einzigartigen Siegeszug: Bis heute ist es zusammen mit Tschaikowskys *b-moll-Konzert* der weltweit am häufigsten in den Konzertprogrammen anzutreffende Beitrag der Gattung. Der vornehmliche Grund für die Popularität des 1868 im dänischen Søllerød entstandenden Werkes dürfte in seinem unverwechselbaren Tonfall liegen. Verwurzelt in der Tradition der deutschen Romantik – besonders der *1. Satz* läßt in der formalen Anlage deutlich den Einfluß Robert Schumanns und seines a-moll-Klavierkonzertes spüren – bezog Grieg mit melodischen Floskeln des norwegischen Volksliedes und folkloristischen Rhythmen gleichzeitig landestypische Elemente ein. Im *1.* und im *3. Satz* findet sich der Rhythmus des Halling, eines norwegischen Springtanzes über Quintbässen; der *2. Satz* versetzt mit einer weitgespannten Melodie, die zunächst eher verhalten von den Streichern im Pianissimo vorgetragen wird, in die stille und einsame Atmosphäre der norwegischen Landschaft, um in der Reprise mit zunehmend vollgriffigem Klaviersatz einen fast hymnischen Charakter anzunehmen; das gesamte Werk weist mit Ornamentierungen und virtuosen Figurationen, naturlyrischen Echowirkungen und elfenhaft huschenden Passagen eine rhapsodische Prägung auf. Und nicht zuletzt die effektvollen Kunstgriffe, die Grieg immer wieder wählt – sei es der furiose Anfang mit Paukenwirbel und der herabstürzenden Akkordkaskade des Soloparts, sei es die großangelegte Schlußwirkung der finalen Klavierkadenz – sichern dem Klavierkonzert das Attribut eines »Reißers«.

[M] *CD* Perahia, SO des BR, Davis (Sony 1988); Andsnes, Bergen PO, Kitayenko (Virgin 1990); Zilberstein, Göteborgs Symfoniker, Järvi (DGG 1993) – *VD/LD* Rubinstein, London SO, Previn (Decca)

Susanne Stähr

Sofia Gubaidulina

1931

Neben Alfred Schnittke, Edison Denissow und Walentin Silwestrow gehört die Komponistin Sofia Gubaidulina zu den wichtigsten Vertretern der russischen Avantgardemusik der letzten 30 Jahre. Erst seit rund 7 Jahren (anläßlich der UA ihrer Symphonie *Stimmen ... verstummen ...* im Rahmen der Berliner Festwochen 1986) ist ihre Musik auch in Westeuropa bemerkt und mit größtem Enthusiasmus aufgegriffen worden.

Sofia Gubaidulina wurde am 21. November 1931 in Tschistopol (Tatarische autonome Republik) geboren. 1954 beendete sie ihre Ausbildung am Konservatorium in Kasan in den Fächern Klavier und Komposition und setzte dann bis 1959 ihr Kompositionsstudium bei Nikolai Pejko, einem Schüler von Dmitri Schostakowitsch, am Moskauer Konservatorium fort. Eine Hospitanz bei Wissarion Schebalin schloß sich an. Seit 1963 lebt Sofia Gubaidulina als freischaffende Komponistin in Moskau, seit 1991 auch in Deutschland. 1975 gründete sie mit den Komponisten Wjatscheslaw Artjomov und Viktor Suslin die Gruppe »Astreja«, in der man auf seltenen russischen, kaukasischen und mittelasiatischen Volksinstrumenten improvisierte und zu bisher unbekannten Klangergebnissen und neuen Erfahrungen musikalischer Zeit gelangte. Dies beeinflußte ihr Schaffen wesentlich.

In Sofia Gubaidulina findet man eine Komponistin, die alle Kompositionstechniken der europäischen und amerikanischen Avantgarde beherrscht und sie treffsicher einsetzt. Dazu die Komponistin: »Eine Komposition sollte also unbedingt ihre logische Struktur, ihren dramaturgisch gezielten Aufbau haben und zugleich erschüttern, die Gefühle des Hörers schonungslos aufwühlen.«

Ihr Werkkatalog umfaßt hauptsächlich Kompositionen, die im Titel ein poetisch oder religiös gedachtes Programm andeuten *(In Croce, Freue Dich, Sieben Worte, Offertorium, Stunde der Seele)*. Dies kann aber auch ein Ritual oder irgendeine instrumentale »Aktion« sein (wie die stumme Kadenz in der Symphonie *Stimmen ... verstummen ...*). Einige ihrer Partituren zeugen von ihrer Beschäftigung mit mystischem Gedankengut und christlicher Symbolik (Kreuzsymbolik in der Komposition *Sieben Worte*). Ihr literarisches Interesse ist sehr vielseitig. So vertonte sie altägyptische und persische Dichter, aber auch moderne Lyrik (z. B. Verse von Marina Zwetajewa und Gedichte Rainer Maria Rilkes).

Mysterium Magnum heißt ihr vorläufig umfangreichstes und aufwendigstes Werk, das als getanztes Mysterienspiel oder Schöpfungsgeschichte zu begreifen ist. Es umfaßt die Teile *Pro et Contra* (1989) für Orchester, *Alleluja* (1990) für Knabenchor, Orgel, gemischten Chor und großes Orchester und *Lauda* (1991) für Soli Chor, Orchester und Sprecher – insgesamt betrachtet ein aufwendiges Werk religiösen Zuschnitts, das in seiner um das optische Moment erweiterten Dimension als eine Art »sakrale Aktion« neue Perspektiven in der Synthese von Neuer Musik und Tanz eröffnen könnte. Zu ihren wichtigen Orchesterwerken zählen ferner *Stufen für Orchester* (1972), *Stimmen ... Verstummen ...* Symphonie in 12 Sätzen (1986), das Violinkonzert *Offertorium* (1986), *Aus dem Stundenbuch* für Violoncello, Orchester und Männerchor (1991), *Zeitgestalten* für Orchester (1993), und Konzert für Violine, Flöte und Kammerorchester (1997).

Sven Ahnert

Cristóbal Halffter

1930

Der spanische Komponist und Dirigent Cristóbal Halffter Jiménez hat zwei Geburtstage: den 24. und den 27. März 1930. Am 24. kam er wirklich zur Welt, der 27. gilt als sein »administratives« Geburtsdatum, das durch ein Versehen des Madrider Standesbeamten in die Urkunden eingetragen wurde. Das Kuriosum ist mehr als eine Anekdote: Verbergen sich hinter dem Namen des Musikers nicht doch zwei Personen höchst unterschiedlichen Charakters? Tatsächlich durchzieht der Dualismus scheinbar gegensätzlicher Prinzipien Halffters Leben und Werk. Als Nachfahre eines ostpreußischen Freiherrn, der im 19. Jh. nach Spanien ausgewandert war und eine Andalusierin heiratete, vereint er einen sehr deutschen Hang zu Perfektion und Disziplin mit der poetischen Sinnlichkeit des südlichen Spaniens; seine Musik zeugt sowohl von hochentwickeltem Gespür für Formen und Strukturen als auch von einer ausgeprägten sensitiven Ästhetik.

Cristóbal Halffter gilt heute als der bedeutendste Vertreter der Neuen Musik in Spanien. Seine größten Erfolge feierte er freilich im Ausland, vor allem im deutschsprachigen Kulturraum. Er entstammt einer musikalischen Familie, seine beiden Onkel Ernesto (1905–1989) und Rodolfo (1900–1987) waren geachtete Komponisten. Eine grundlegende Ausbildung erhielt Halffter zwischen 1947 und 1951 am Königlichen Konservatorium in Madrid als Schüler von Conrado del Campo y Zabaleta, wichtige Anregungen verdankt er Alexander Tansman und André Jolivet. Von 1961 bis 1966 unterrichtete er am Madrider Konservatorium, dessen Direktor er von 1964 bis 1966 war. Als Dozent wirkte er 1976/77 bei den Internationalen Ferienkursen für Neue Musik in Darmstadt, als deren Teilnehmer er 1963 entscheidende Impulse für die radikale Neuorientierung seiner Klangsprache erhalten hatte.

Künstlerischer Anspruch und politisches Engagement gehören für Halffter untrennbar zusammen. Deshalb nutzte er konsequent seinen wachsenden internationalen Ruf, um bedrängten Kollegen zu Hause beizustehen. Als Halffter kurz nach Francos Tod gefragt wurde, ob er ein politisches Amt übernehmen wolle, lehnte er jedoch mit der Begründung ab, er wolle als Künstler mahnendes Gewissen und moralische Instanz bleiben. Für sein Werk wie für seine unbeugsame Haltung wurde Halffter vielfach geehrt (1989 Spanischer Nationalpreis).

Wie sein Onkel stand Cristóbal Halffter zunächst im Banne Manuel de Fallas, doch sehr bald befreite er sich von dem übermächtigen Vorbild. Seine frühen Stücke verleugnen nicht einen folkloristischen Einschlag, 1959 vollzog Halffter aber den radikalen Bruch mit der Tradition; mit seiner *Sonata para Violín solo* verließ er die Pfade der Tonalität. Spätestens in dem oratorienhaften Werk *Symposion* (1968) hat er die für seine Musik charakteristische Technik einer »kontrollierten Aleatorik« entwickelt: innerhalb eines gewissen, manchmal streng limitierten Rahmens gibt er den Musikern freien Raum zur Klanggestaltung.

Cinco Microformas (Fünf Mikroformen)

UA: Madrid 1960

Halffter unternahm seine seriellen Kompositionsexperimente zunächst vorwiegend in der Kammermusik, seine Stärke liegt jedoch in der Organisation großer Klangmassen. Zum Schlüsselwerk für das Verständnis seiner späteren Kompositionen wurde das Orchesterstück *Cinco Microformas* (1960). In ihm variiert Halffter eine Zwölftonreihe in Verbindung mit einer rhythmischen Struktur; die einzelnen Sätze, die jeweils einer anderen Instrumentengruppe zugeteilt sind, werden durch Spiegelungen und Akkordkomplexe geformt. Das Stück beginnt und endet mit vollem Orchester, dazwischen wechseln Soli und Ensembles; in Variation 4 tritt nur das üppig besetzte Schlagzeug in Aktion.

Requiem por la libertad imaginada (Requiem für die erträumte Freiheit)

UA: Florenz 1971

In den späten 60er Jahren wird für Halffter der Protest gegen Gewalt und Unterdrückung zum allesbeherrschenden Thema. Auf die Repression in Spanien reagiert er mit – fast immer programmatisch betitelten – Stücken. Das *Requiem por la libertad imaginada* (1971) ist zum Symbolstück des Widerstands gegen jede Art totalitärer Regime geworden. Das Werk, das an Ligetis Klangflächen erinnert, entwickelt sich aus dem Nichts zu einem massiven Fortissimo und wieder zurück. Die Harmonik changiert zwischen scharfen Dissonanzen und scheinkonsonanten Klängen. Halffter konzipierte das Requiem als einen Abgesang auf jene »endlose Zahl von Freiheiten, auf die ich verzichten mußte«.

Elegías a la muerte de tres poetas españoles (Elegien auf den Tod dreier spanischer Dichter)

UA: Baden-Baden 1976

Das 30minütige Werk für großes Orchester beklagt mit expressivem Klanggestus das Schicksal von Antonio Machado, der ins Exil gehen mußte, von Miguel Hernández, der in frankistischen Kerkern elend zugrundeging, und von Federico García Lorca, der von den Falangisten erschossen wurde. Halffter steigert das Gefühl der allgegenwärtigen Bedrohung kontinuierlich; maschinenartiges Gestampfe, Schleifgeräusche, Kettenklirren, geschäftig wabernde Streicherklänge lassen die Gewalt geradezu körperlich spürbar werden.

Violinkonzert

UA: Madrid 1980

In den ersten Jahren der Demokratie begann Halffter, alte musikalische Formen wie Tiento, Ricercar und Madrigal auszuloten. Vor allem schrieb er eine Reihe von Solokonzerten. Das einsätzige Violinkonzert ist der Versuch, eine Stimme gegen eine große Masse auftreten lassen. Es gelingt der Geige zwar, sich gegen das Orchester durchzusetzen, es sogar zu »beherrschen«, doch ihre Musik wird auch immer wieder von dem übermächtigen Klangapparat verschlungen.

Versus

UA: Zürich 1985

Dem Stück liegt eines der berühmtesten Madrigale der spanischen Musikgeschichte zugrunde, »Triste España sin ventura« (Trauriges Spanien ohne Glück) von Juan del Enzina (1469–1529). Halffter transzendiert das Themenmaterial des Madrigals virtuos nach dem Schema »These – Antithese – Synthese«. Die von Sorge um das heutige Spanien geprägte Paraphrase auf die Trauermusik zum Tod des Prinzen Juan gehört zu den poetischsten Schöpfungen Halffters.

Cellokonzert Nr. 2

UA: Freiburg/Granada 1986

Ein *1. Cellokonzert* war bereits 1974 entstanden, das *zweite* fand aber schon deshalb größere Resonanz, weil der Solist der UA Mstislaw Rostropowitsch hieß. Das Werk ist dem spanischen Dichter García Lorca zu dessen 50. Todestag gewidmet; 3 Gedichtverse Lorcas stehen über den 3 Sätzen. Das Stück entwickelt sich aus der insistierenden Wiederholung eines einzigen Tones auf dem Cello, allmählich entstehen rudimentäre Formen eines Gesangs und zunehmend rhythmisch geprägte, nervös wirkende Klangstrukturen. Im *2. Satz* überwiegt eine kontemplative Stimmung; tastend sucht das Cello allein, vom Orchester allenfalls von einem wie auf Krücken daherkommenden Motiv gestützt, nach den Tönen, es baut schließlich aus Bruchstücken immer größere Melodiebögen. Auf eine liedartige Melodie des Soloinstruments antwortet das Orchester im 3. Satz mit bedrohlichen Einwürfen. Das Cello wehrt sich zunächst aggressiv, am Ende verlischt seine Stimme in mildem Frieden.

[M] *CD* Rostropowitsch, O. National de France, Halffter (Erato 1987)

Tiento del primer tono y batalla imperial

UA: Basel 1986

Das zehnminütige Stück ist eine Hommage an den Schweizer Musiker Paul Sacher zu dessen 80. Geburtstag. Halffter verbindet und variiert virtuos das Klangmaterial aus einem *Tiento* des blinden Komponisten Antonio de Cabezón (1510–1566) mit einer *Batalla*-Komposition von Juan de Cabanilles und schickt am Ende beziehungsreich auch noch Basler Trommeln in die Schlacht – als drastischen Hinweis auf den Herkunftsort des Widmungsträgers.

[M] *CD* Bundesjugendorchester, Halffter (Deutsche Harmonia Mundi 1989)

Klavierkonzert

UA: München 1988

Mit der traditionellen Form des Klavierkonzerts hat dieses Werk nur noch die Gegenüberstellung von Solo und Tutti gemein. Die Komposition besteht aus 5 Strukturen, in denen einige Elemente ständig präsent sind; Urzelle ist das Zentral-h des Klaviers, das dem Orchester immer wieder neue Formen des Spiels anbietet. Die übrigen Instrumente nehmen diese Impulse auf oder kontrastieren und zerstören sie. Eine bereits 5 Jahre zuvor komponierte Kadenz hat so endlich zu ihrem Konzert gefunden.

Siete Cantos de España

UA: Las Palmas de Gran Canaria 1993

Die *Sieben Gesänge aus Spanien* fügen sich zu einem mächtigen Klanggebäude, bei dessen Bau Halffter auf viele in früheren Stücken erprobte Elemente zurückgreift und sie verdichtet. Das Werk für 2 Solostimmen und großes Orchester mit üppiger Schlagzeugbesetzung ist symmetrisch angelegt: Der Bariton singt Texte spanischer Dichter aus dem 14. bis 16. Jh. alternierend zum Sopran, der Gedichte aus dem hispanisch-jüdischen und -arabischen Kulturkreis vorträgt. Im letzten Gesang werden Poeme aus den 3 Kultursphären in einer *Ensalada*, einer Art spanischen Quodlibets, übereinandergeschichtet und vermischt.

[M] *CD* Oran, Preece, RSO Berlin, Halffter (Collegno 1993)

Memento a Dresden

UA: Dresden 1995

Das Orchesterstück, ein Auftragswerk der Dresdner Philharmonie zu ihrem 125jährigen Bestehen, ist musikalisches Gedenken an den verheerenden Bombenangriff auf die Stadt im Februar 1945. Der 4. Satz resümiert und reflektiert in veränderten Klangfarben und Stimmlagen den festlichen, vom Blech beherrschten Charakter des ersten, die spielerischen Formen des schlagzeugbetonten zweiten und die von Streichern und Holz bestimmten klagenden Klänge des 3. Satzes: ein Mahnmal aus Tönen für die Toten und die zerstörten Kunstwerke.

Josef Oehrlein

Peter Michael Hamel

1947

Peter Michael Hamel ist nicht nur einer der unkonventionellsten Musiker Europas, er ist, um ihn hier auch entsprechend unkonventionell zu charakterisieren, mit Sicherheit der einzige Musiker Europas, dessen vielseitiges Werk nicht nur bruchstückhaft im Konzert- und Kammermusikführer wie auch im Opernführer zu würdigen ist, sondern zu Recht auch in entsprechenden Lexika für Jazz, für Pop-Musik, für ethnische Musik, für Filmmusik und nicht zuletzt für Weltmusik und esoterische Musik.

Hamels Konzept einer ganzheitlichen, »integralen« Musik ist nicht polystilistischer oder gar nur intellektuell-synthetischer Natur; es ist vielmehr das Ergebnis eines langen und fruchtbaren Kampfes gegen die von der Musikszene, gleichwohl von der Tradtition wie von der Avantgarde diktierten Spaltungen musikalischer Kultur. Geprägt wurde Hamel (geboren am 15. Juli 1947 in München) nach seinem Studium bei Fritz Büchtger und Günter Bialas u. a. von einer musikalischen Zusammenarbeit mit Carl Orff, Morton Feldmann, Luc Ferrari, Josef Anton Riedl und später Terry Riley, aber auch von Asienreisen, von politischem und pädagogischem Engagement und von den Musikern seiner international besetzten Improvisationsgruppe »Between«.

Die Vision einer Versöhnung, einer harmonischen Musik von Morgen trägt auch die Tonsprache von Hamels Orchestermusik. Die rhythmisch eher repetitive, teils minimalistische und klanglich oft schwerelos-auratische Haltung dieser Musik integriert aber auch zahlreiche Errungenschaften der westlichen Avantgarde; präzise Klang-Chiffren, kaleidoskophaft-aufgerissenes, ja helles Durchscheinen eines musikalisch angerufenen »Lichts« sind ein so variabel wie ökonomisch ausgeführtes Grundkonzept. *Diaphainon* (1973), *Maitreya* (1974) und *Gestalt* (1980) repräsentieren die ersten Stufen einer in dieser Art neuartigen Form von Orchestermusik; *Gralbilder* (1981/82) und *Semiramis* (1983) sind in ihrer formal pointierten Dreiteiligkeit originelle Ausformungen einer Stilistik, die vielleicht in der Symphonie *Die Lichtung* UA 1988 unter Sergiu Celibidache) ihren Höhepunkt findet. In seinem *Violinkonzert* (1990), seinen *Stufen* für Klavier und Orchester (1992), seiner *Missa* (1995), den *Fünf Toren für Orchester* aus dem *Shoa*-Projekt (1995) sowie seiner *Passion* (1997) setzt sich Hamel konsequent neuen Entwicklungen aus, die darauf hoffen lassen, daß er auch in der Orchestermusik der Zukunft seinen Platz finden wird.

Hans Christian von Dadelsen

Georg Friedrich Händel

1685–1759

Über kaum einen Musiker und Komponisten von vergleichbarer Dimension gibt es so viele verschiedene Urteile und Vorstellungen und zugleich doch auch so wenig Klarheit. Gemeinsam mit Johann Sebastian Bach gilt er als Gipfel der Musik seiner Zeit, und einige seiner Kompositionen wie der *Messias*, die *Wassermusik* oder das *Largo* aus *Xerxes* sind heute unvergleichlich populär. Andererseits ist sein Hauptwerk, die gut 50 Opern und die Mehrzahl der Oratorien, weitgehend unbekannt. Noch immer wird Händel, der anders als Bach niemals vergessen war, auf den Chor- und Orchestermusikkomponisten reduziert. Selbst die Fachwelt vergißt gern, daß er zuerst ein Theatermann war. Und daneben ein vitaler Genießer, ein internationaler Geschäftsmann, ein wahrhaft europäischer Geist.

Als Georg Friedrich Händel am 23. Februar 1685 als Sohn eines schon 62jährigen Hofchirurgen in Halle zur Welt kam, waren das Unstete, Wandelbare und die Vielschichtigkeit, die ihn später prägten, nicht unbedingt typische Zeichen der Zeit. Zu seinem Glück fand der musikalisch Hochtalentierte sehr früh engagierte Lehrer und Mäzene. Mit ihrer Hilfe durchlief er künstlerisch vielfältigste Stationen in kürzester Zeit. 1702, mit 17, spielte Händel die Orgel im Hallenser Dom, 1704 wurde er Cembalist im Hamburger Theater am Gänsemarkt und schrieb dort die erste Oper, 1706 bis 1709 bereiste er mehrfach Italien. 1710 wurde er Hofkapellmeister in Hannover, 1711 begeisterte er erstmals das englische Theaterpublikum, 1712 siedelte er nach London um. Fast drei Jahrzehnte lang engagierte er sich dort – Komponist und Unternehmer oft in einem – für die italienische Oper. Talentierte Partner, Mäzene bis hin zum Königshaus, Solisten der Superlative, aber auch Intrigen, harte Konkurrenz und ein unberechenbarer Markt waren die Bedingungen, unter denen sein umfangreiches Bühnenwerk entstand. Alles unterwarf Händel dem Theater. Selbst was an Konzertmusik heute überliefert ist, entstand für die Bühne oder im Auftrag eines Mäzens, – stets zum praktischen Gebrauch. Weniger »Werke« als vielmehr »Materialien« waren dies, sie wurden vielfach verändert und angepaßt. Auch der seinerzeit üblichen Anleihe aus dem eigenen Werk oder dem Schaffen anderer bediente sich Händel bis zum Extrem. Noch im letzten großen Schaffensabschnitt von etwa 1738 bis 1751, als er nach dem Scheitern der Oper eine Reihe oft reichlich theatralischer Oratorien komponierte, diktierte ihn der Markt. Mit unvergleichlicher Kraft und Vitalität behauptete sich Händel, überstand mehrere physische und finanzielle Zusammenbrüche und dominierte Londons Musikleben bis weit über seinen Tod am 14. April 1759 hinaus.

Water music (Wassermusik) HWV 348–350

Erstdruck: London 1733 bei John Walsh

Händels sogenannte *Wassermusik* war ursprünglich als künstlerische Untermalung einer königlichen Bootspartie gedacht. Solche höfischen Wasserfahrten mit Freiluft-Musik kamen in Frankreich in der Epoche Ludwigs XIV. auf und waren auch im 18. Jh. an verschiedenen europäischen Höfen beliebt. In der Händel-Literatur ist von drei solchen Unternehmungen die Rede; die Quellen belegen nur eine im Jahre 1717, und vermutlich wird es in seiner Londoner Zeit weitaus mehr Anlässe gegeben haben, zu denen Händel seinen höfischen Protegés zur Unterhaltung verpflichtet war.

Bezeichnenderweise ist von dieser heute sehr populären Musik kein handschriftliches Dokument überliefert, so daß sich auch hinsichtlich Umfang und Dramaturgie Realität und Legende gewiß vermischen. Von der Instrumentierung und von den Tonarten her lassen sich die etwa 22 überlieferten Sätze in 3 Komplexe gliedern, in allen findet sich – typisch für Händels gesamtes Instrumentalwerk – ein Gemisch aus französischer, italienischer und englischer Tradition. Die sogenannte *F-Dur-Suite* für 2 Oboen, 2 Hörner, Fagott und Streicher beginnt so mit einer französischen Ouvertüre, der 2 italienische Konzertsätze folgen, aber auch 2 Hornpipes und ein typisch englischer Country dance. Die *D-Dur-Suite* mit ihren Trompetenstimmen zeichnet sich durch besondere Festlichkeit aus. Air, Menuett und Bourrée und vor allem die Flötenbesetzung verleihen der Suite in *G-Dur* einen pastoralen Charakter.

In heutiger Aufführungspraxis spielt man die F-Dur-Sätze separat, die Teile in D-Dur und in G-Dur miteinander vermischt. Ob dies auch ursprünglich der Fall war, bleibt Spekulation. Bedenkt man Händels praktischen Sinn, so hat er sich vermutlich wie so oft das für eine jede Aufführung Geeignete ausgewählt und entsprechend zusammengestellt. Die 3 Suiten, falls es wirklich mehrere waren, sind dann in keinem Fall als in bestimmter Gestalt festgeschriebene »Werke« gedacht, sondern als ein immer neu nutzbarer Fundus eines zweckentsprechenden Materials.

[M] *CD* Concentus musicus Wien, Harnoncourt (Teldec 1978)

Music for the Royal Fireworks (Feuerwerksmusik) HWV 351

UA: London 1749

Händels sogenannte Feuerwerksmusik ist, anders als andere Freiluftmusiken, authentisch überliefert. Auch diese Orchestersuite ist ein höfisches Auftragswerk. Händel schrieb sie auf Wunsch König Georgs II. von England zum Aachener Friedensschluß im österreichischen Erbfolgekrieg, in dem England dem starken Frankreich gegenüberstand. Konkret war sie für eine öffentliche Feier im Londoner Green Park als eröffnendes Moment einer größeren pyrotechnischen Show gedacht. Die Wirksamkeit dieser Komposition wurde bereits bei der Generalprobe klar. Trotz hoher Eintrittspreise und fehlenden Amüsements kamen etwa 12 000 Menschen, die auf der London Bridge ein mehrstündiges Chaos verursachten.

Womöglich beeindruckte die Vielzahl der Instrumente, – Händels Streichorchester ist um mehr als 50 Bläser aufgestockt und bietet 24 Oboen, 12 Fagotte, je 9 Trompeten und Hörner und 4 Schlagzeuger auf. Diese dominieren bei der großangelegten Ouvertüre, die größer dimensioniert ist als der nachfolgende Rest überhaupt. Stilistisch lebt in der kleinen Suite – Absicht oder seltsame Fügung? – französische Couleur: dem kolossalen Entrée folgen eine tänzerische *Bourrée*, ein *La Paix (Der Frieden)* genanntes pastorales *Siciliano*, eine fanfarenartige *Rejouissance* und ein abschließendes *Menuett*.

[M] *CD* King's Consort, King (Hyperion 1985); English Baroque Soloists, Gardiner (Philips 1983)

Concerti grossi op. 3, Nr. 1–6 HWV 312–317

Erstdruck London 1734 bei John Walsh

Die *6 Concerti grossi op. 3* verdankt die Musikwelt nicht unwesentlich dem Geschäftssinn des Londoner Verlegers John Walsh. Nach dem Erfolg von Druckausgaben gesammelter Konzerte von Corelli und Geminiani versprach sich dieser auch von der Veröffentlichung Händelscher Concerti ein einträgliches Geschäft. Vermutlich er selbst oder ein wenig kundiger Helfer, aber gewiß nicht der Komponist selbst hat die Stücke zusammengestellt. Zahlreiche später korrigierte Fehler, ungeschickte Umarbeitungen und sogar die Hinzunahme eines Geminiani-Konzerts lassen darauf schließen. Mehr als die Hälfte der insgesamt 23 Sätze der 6 Konzerte stammen aus älteren Orchester- und Cembalowerken Händels, und vermutlich hat ein Teil ihres Materials in wieder spätere Werke Eingang gefunden.

Was diese Sammlung an Ausdrucks- und Gestaltungsvielfalt Händels vermittelt, erscheint grandios. Abgesehen von der besonderen Bedeutung der Oboe wechseln Besetzung und Form von Konzert zu Konzert, ja von Satz zu Satz, und im Kontext der Zeit betrachtet wirkt diese halbauthentische Sammlung eigenartig und unkonventionell.

Die Binnendramaturgie gehorcht der italienischen Satzfolge; stets folgt auf einen langsamen ein schneller und auf diesen wieder ein langsamer Satz. Die Satzanzahl schwankt zwischen 2 und 5, die Form wechselt zwischen der des dreisätzigen Konzerts und der Suite mit ouvertürenartigem Beginn. Auch im Handwerklichen herrscht Vielfalt. Da sind Bläsersoli und Streicherpassagen streng getrennt, da werden andererseits Soloinstrumente in Ensembles kunstreich verwoben. Es gibt Freiräume zur Improvisation, Konzertsätze mit diffizilem Tonartenplan, strenge Fugen, Tänze, Ouvertüren. Nicht die Reinheit der Form beeindruckt, wie bei Vivaldi oder bei Bach, sondern die geradezu europäische Mischung und Vielheit.

[M] *CD* Händel und Haydn Society, Hogwood (Decca 1988); Neues Bachisches Collegium Musicum Leipzig, Pommer (Laserlight 1990)

Concerti grossi op. 6, Nr. 1–12 HWV 319–330

komponiert London 1939

Die *12 Concerti grossi op. 6* bilden den letzten und vielleicht bedeutendsten großen Instrumentalzyklus Händels, der Komponist selbst hat sie – versehen mit eigenem Copyright – bei John Walsh junior veröffentlicht. Aus den Autographen geht hervor, daß ihre Niederschrift im Herbst 1739 aus einem vierwöchigen, anfallartigen Schub konzentriertester Produktion resultiert. Unmittelbarer Kompositionsanlaß war die für den Winter 1739/40 vorgesehene Theaterspielzeit mit rein weltlicher Musik. Die Instrumentalkonzerte sollten darin als Zwischenaktmusiken fungieren, daraus erklärt sich gewiß auch ihr theatralischer Zug.

Wie die *Concerti op. 3*, so orientieren sich auch die *12 Streicherkonzerte op. 6* an italienischer Tradition, – an großflächiger Harmonik, an vitalen Rhythmen und überschaubarer Phrasierung. Außerdem bescheiden sie sich auf das Instrumentarium der Streicher. Was die Stücke dabei aber an Klangvielfalt, Dramatik und Virtuosität bieten, das ist enorm. Schon der berühmte englische Musikschriftsteller Charles Burney konstatierte seinerzeit eine Reihe überraschender Wendungen, unvorhersehbare Wechsel und manch klangliches Experiment. Auch diese Sammlung zielt nicht auf die Einlösung eines Formideals, Händels praktischer Bedarf erfordert Unkonventionalität. Die viersätzige Concerto-Form wechselt daher mit größeren suitenartigen Gebilden, es gibt Mischformen, wichtig ist die individuelle Dramaturgie. Und bemerkenswert sind Eigenwilligkeiten wie beispielsweise der dramatische Einleitungssatz des *1. Konzerts*, die merkwürdige Intervallik der Fuge im *3. Konzert* oder die bizarren Rhythmen im *7. Konzert*, das Arnold Schönberg 1930 adaptierte.

[M] *CD* The English Concert, Pinnock (DGG 1981)

Konzerte für Orgel und Orchester op. 4 und op. 7 HWV 289–300 und 306–311

Erstdrucke London 1738 bzw. 1761 bei John Walsh

Händels Konzerte für Orgel und Orchester sind die ersten ihrer Art überhaupt. Sie entstanden nicht in kirchlichem Zusammenhang, sondern, wie andere Orchestermusik auch, aus den Geschäftsbedingungen des Oratorienbetriebs heraus. Mit Orgelimprovisationen nämlich versuchte Händel die Attraktivität unzureichend besuchter Oratorienabende zu vergrößern, und seine kreative Virtuosität schlug sein Publikum tatsächlich in den Bann. Spätestens 1735 wurden die Orgel-Intermedien zu einer Art Norm und auch schriftlich fixiert, und 1738 gab John Walsh eine autorisierte Auswahl von 6 meist viersätzigen Konzerten heraus.

Da Händel eine einmanualige, pedallose Orgel italienischer Bauart spielte, handelt es sich dabei um relativ kleinräumige Stücke, in denen vom Kammerorchester begleitete Sätze mit improvisatorischen Teilen wechseln. Der melodische Einfall dominiert, – eine mehrstimmige Verarbeitung, wie man sie von Bach kennt, ist nicht angestrebt.

Ob das *Konzert Nr. 1 g-moll*, das heute bekannteste der Sammlung, wirklich am 17. März 1733 bei der Premiere des Oratoriums *Deborah* erklang, bleibt Vermutung. Belegt ist jedoch, daß das 2. Konzert zwei Jahre später zur UA von *Esther* entstand. *Konzert Nr. 6*, die Zwischenaktmusik des Alexanderfestes, war ursprünglich als Harfenkonzert gedacht und wird heute immer wieder auch als solches gespielt.

Nach dem Verkaufserfolg dieser Sammlung druckte John Walsh in den 40er Jahren sehr bald eine 2. Serie. Bei den wiederum 6 Konzerten handelt es sich um 4 transkribierte Concerti grossi aus op. 6 und lediglich zwei neue Werke. Eine dritte, wesentlich bedeutsamere Sammlung erschien als op. 7 zwei Jahre nach Händels Tod 1761 bei Walsh junior. Komponiert wurden sie etwa zwischen 1740 und 1751, und hier fällt im Vergleich zu den früheren die gewachsene innere Dichte und motivisch-thematische Arbeit auf. Dennoch bleibt Händel auch hier seinem Klangideal treu, – seine Orgel klingt schlank, transparent und unspektakulär. Auffällig sind die Räume zu freier Improvisation, die gewiß auch Händels fortschreitende Erblindung um 1750 erzwang.

Zu den nachgelassenen Orgelkonzerten Händels zählen heute noch zwei andere Werke, – ein als Nr. 15 bezeichnetes Fragment und als Nr. 16 ein Konzert, das wahrscheinlich zur Wiederholungsaufführung des *Judas Maccabäus* 1748 entstand.

M *CD* Concentus musicus Wien, Tachezi, Harnoncourt (Teldec 1975)

Concerti a due Cori (Zweichörige Orchesterkonzerte) Nr. 1–3 HWV 332–334

entstanden 1746/47

Händels sogenannte doppelchörige Orchesterkonzerte sah man lange Zeit als Freiluftmusiken an. Inzwischen ist belegt, daß sie um 1746/47 im Rahmen der Oratorienpraxis entstanden, in der sie wie eine Reihe der Concerti grossi und Orgelkonzerte als Aktpauseneinlagen dienten. Strukturell zeichnet sie ein raumakustisches Wechselspiel aus, 2 Bläsergruppen und das Streichorchester konzertieren je 6 bzw. 7 italienische Sätze lang sehr wirkungsvoll miteinander. Vier Sätze des vermutlich bei der UA des Oratoriums *Alexander Balus* im März 1748 gespielten *Konzerts Nr. 2 F-Dur* basieren selbst auf Chören aus Oratorien. Sie erscheinen umgearbeitet – Gesangspartien werden von Soloinstrumenten simuliert –, sind aber dennoch leicht zu erkennen. *Concerto Nr. 3 D-Dur* wurde für das Oratorium *Judas Maccabäus* komponiert und erinnert an die Dramaturgie der *Feuerwerks-Musik*.

M *CD* The English Concert, Pinnock (DGG 1982)

Acis and Galatea (Acis und Galatea) HWV 49a

UA: Cannons 1718

Die im 18. Jh. beliebte pastorale Geschichte von Acis und Galatea vertonte Händel in seinem Leben dreimal. Die *1. Version*, die Serenata von 1708, resultiert aus einem Neapel-Besuch, die *2.*, eine englische »masque«, entstand 1717/18 im Landsitz von Cannons und wurde 1739 bzw. 1742 aktuellen Aufführungsbedingungen angepaßt.

Das Personengefüge der *Serenata* beschränkt sich auf die wichtigsten drei: den Hirten Acis, der die Nymphe Galatea liebt und vergeblich vor dem Riesen Polyphem zu schützen versucht, der seinerseits den Hirten erschlägt, die göttliche Nymphe aber trotzdem verfehlt.

Die wichtigste Neuerung im dramaturgischen Gefüge der »masque« ist die Einbeziehung eines aktiv agierenden Chores, dessen dramatisches Potential Händel gerade in seinen Chandos-Anthems erprobte. Sechs ausgefeilte, kontrastreiche Chorsätze bilden hier ein Gerüst, darin sich das pastorale Drama ereignen kann. Um sie zu charakterisieren, werden die Figuren musikalisch typisiert. Acis erscheint lyrisch-tänzerisch, der Hirt Damon liefert den gleichmäßig warnenden Kommentar, und Polyphem als dritter Männerentwurf tritt als kraftvolle, fordernd-erregende Figur auf den Plan. Galatea dagegen ist der Wandlungszwang auferlegt. Die Palette ihrer musikalischen Farben ist breit, sie reicht vom tänzerischen Stil bis zum ausladenden Ornament, von abgründiger Tragik bis zum heiteren Schluß.

M *CD* Burrowes, Rolfe-Johnson, Hill, White, English Baroque Soloists, Gardiner (DGG 1975)

Saul HWV 53

UA: London 1739

Saul ist Händels 4. englisches Oratorium, und mit ihm begann eine Schaffensepoche, in der sich der Komponist – getragen vom Zeitgeist – endgültig von der italienischen Oper löste.

Der Gesellschaftsaufbruch, der London erfaßt hat, erforderte dies geradezu. Aufklärerisches Denken und ökonomischer Aufschwung, praktische Mitmenschlichkeit und Patriotismus waren die Zeichen der neuen Zeit. Das bürgerliche England, von der anglikanischen Kirche gestützt, war auf der Suche nach neuer Identität und sah sich zuweilen – gleich dem biblischen des Alten Testaments – als ein auserwähltes Volk. Oratorischer Chorgesang mit englischem Text war dafür die geeignete, auch massenwirksame künstlerische Form. Bei Händel, der die neue Gattung im Grunde kreierte, versammelt sich Europäisches, – der festliche Gestus der französischen »tragédie«, das Polyphone deutscher Musik, die englische Tradition des Anthem und das Erbe Purcells. Bezeichnend und unverwechselbar ist die Nähe zahlreicher Oratorien zum Drama, zur höchst diffizilen, an der opera seria geschulten Dramaturgie. Mitnichten ist der Händel nach 1739 ein Komponist lediglich nationaler Repräsentation. Was seine meist dem Alten Testament entlehnten Stoffe verhandeln, das sind Weltentwürfe. Seine Figuren wollen zu sich selber kommen; um der Selbstwerdung willen wagen sie Extremstes, in erschütternden Dramen werden sie grundsätzlicher Konflikte gewahr. Die psychodramatische Höllenfahrt König Sauls ist ein Musterbeispiel dafür. Er flüchtet sich in drastische Rezitative, wann immer er im Streit mit David an Boden verliert. Nicht Generationen reiben sich, wenn die beiden einander begegnen, sondern verschiedene Weltsichten, einander ablösende Epochen. In Charles Jennens Libretto ist dieser Konflikt mit dem Überlebenskampf des kleinen jüdischen Volkes verkoppelt. Händel nutzt dafür den Chor in auffälliger Differenziertheit. Machtvolle Rufe, elegante Fugati und Passagen abgründiger Trauer bilden die Pole, in denen sich das Figurengeschehen abspielt.

Fünf Instrumentalsymphonien strukturieren und gliedern. Sie verdeutlichen auch, wie differenziert Händel mit seinem außerordentlich großen, um ungewöhnliche Instrumente erweiterten Orchester verfährt. Klangfarben- und Tonartendramaturgie fallen bei der Figurenzeichnung ins Gewicht; sie illustrieren auch eine zentrale Szenerie wie die Sauls mit der Hexe von Endor. Händel malt lustvoll mit vie-

Autograph aus dem Oratorium »Messias«

len Effekten, in drastischen Kontrasten läßt er jeden Abschnitt, jede Szene plastisch-einprägsam erstehen.

Schon Zeitgenossen verglichen das hochdramatische Werk mit Shakespeares *Lear* oder Aischylos' *Orestie.* Für den Meister selbst, der es im Zusammenhang mit *Israel in Ägyten* und der Serenata *Imeneo* entwarf, war *Saul* eine auch innere Umbruchstation.

M *CD* Fischer-Dieskau, Rolfe-Johnson, Esswood, Varady, Gale, Concentus Musicus, Harnoncourt (Teldec 1985)

Messiah (Der Messias) HWV 56

UA: Dublin 1742

Der heute so berühmte *Messias* war von seinem Komponisten ursprünglich nur als wirkungsvolles Unterhaltungsstück gedacht. Vielleicht ist er überhaupt nur entstanden, weil der irische Vizekönig den in London gescheiterten Komponisten nicht nach Deutschland ausweichen ließ, sondern ihn nach Dublin einlud. Dem Werk, das er dort präsentierte, fehlt die für Händel typische Dramatik, und zugleich schert es aus der Reihe traditioneller Passionsoratorien aus. Vielleicht bedingt diese Sonderstellung die beinahe einzigartige Aufführungstradition, die den Blick auf die wahre Gestalt und Funktion bald verstellte und das Ganze zu einem Mythos erhob.

Wie andere englische Oratorien des Komponisten ist auch der *Messias* dreiteilig angelegt. Jeder Part wiederum ist in zusammenhängende Komplexe aus Rezitativen, Arien und Chören gegliedert, die einander ergänzen und kommentieren. Teil 1 formuliert in alttestamentarischen Texten Vorahnung, Lobpreisung und Heilserwartung, und schließlich die Geburt des Erlösers. Nach einer Sinfonia folgt in neutestamentarischem Vers die halbdramatische Szene der Hirten, denen die himmlischen Heerscharen Christi Geburt verkünden. Teil 2 beginnt – wieder in alttestamentarischem Duktus – mit der Leidensgeschichte, Teil 3 meditiert in Anlehnung an den Korinther-Brief und die Offenbarung über die Wiedergeburt und die Ewigkeit des Lammes Jesu.

In der Ausdeutung der Texte, die Charles Jennens für Händel zusammengestellt hat, ist die Rolle der Chöre noch wichtiger als in anderen Oratorien im Umfeld. Chöre fungieren als direkte Fortsetzung solistischer Partien, sie ordnen und bilden die dramatischen Höhepunkte des Werks. In den Rezitativen und Arien, die hier keine konkreten Figuren bezeichnen, dominiert Vielheit. Händel meidet üppige Ausschweifung, häufig wechseln Rhythmus und Kolorit. Auffällig viele tänzerische Gesten ziehen sich durch das Werk, heitere Zuversicht prägt die Bildkraft erhoffter Utopie. Das gilt auch für Nummern wie das sechsteilige, in sich sensibel ausgestaltete *Hallelujah* oder die abschließende *Amen-Fuge* in der Anthem-Tradition, – die im Verlauf der 250jährigen Aufführungsgeschichte zu wahren Chorhits aus dem Zusammenhang herausgelöst und, wie das Gesamtwerk auch, zuweilen in gigantomanischer Besetzung zelebriert wurden. Die *Messias*-Aufführung von 1859 zu Händels 100. Todestag beispielsweise bestritten 460 Sänger und über 2750 Instrumentalisten, 1881 in New York waren sogar 2700 Sänger beschäftigt.

Diese Überdimensionierung begann bereits mit Mozarts Instrumentierung von 1789, die romantische Nachahmer zu immer schwülstigeren und aufgeblaseneren Versionen verführte.

M *CD* Marshall, Robbin, Rolfe-Johnson, Hale, Monteverdi-Chor, English Baroque Soloists, Gardiner (Philips 1982) – *VD* McNair, Otter, Chance, Hadley, Lloyd, Academy & Chorus of St. Martin in the Fields, Marriner (Philips)

Theodora HWV 68

UA: London 1750

Theodora, Mitte 1749 in knapp 5 Wochen komponiert, hielt der alternde Händel für sein wichtigstes Oratorium. Die Nachwelt dagegen sah es eher als merkwürdige Verfehlung an; seine Wiederentdeckung fällt erst in unsere Zeit. Die Ignoranz bezieht sich vermutlich vor allem auf den sozusagen »tragischen« Schluß, wo sich zwei Liebende den unlebbaren Regeln ihrer Welt standhaft entziehen. Sie sterben gemeinsam, aber keinen heldischen Tod, – und dies fügt sich im 18. wie im 19. Jh. in kein Händel-Bild. Thomas Morells Dichtung liegt ein Stoff zugrunde, der sich historisch auf die Christenverfolgung im römischen Kaiserreich bezieht. Aber im Glaubenskonflikt kollidieren nicht nur Zivilisationsstufen, es reiben sich auch Generationen; die Wirklichkeit spottet jeder Utopie. Wie in einer Reihe von Opern leisten junge, lebens- und liebesfähige Menschen Widerstand gegen versteinte Exegeten der Macht. Alle Figuren beharren auf sich, die Christin Theodora und der von ihr bekehrte Offizier Didymus ebenso wie ihr blutiger Gegenspieler, der römische Statthalter Valens. Aber weder triumphiert die Vergangenheit, noch werden Urteile gefällt. Das hochdramatische Werk ist nach innen gerichtet, hier artikuliert sich das Wissen um die Kurzlebigkeit alles Irdischen. Und so entfalten sich die Figurenkonflikte auch im Tempo des Larghetto, im nachdenklichen, wenig bewegten Gang. Getreu der Gattung bilden 11 Chöre das musikdramaturgische Gerüst. Konträre Ideenträger haben verschiedene Klang-Sprachen. Den Heiden, verpflichtet dem alten Götterglauben, obliegt eine üppige, tänzerisch-ausgelassene

Musik, – der Chor der Christen verklärt das Martyrium seiner Protagonisten in strengerer Fasson.

[M] *CD* Alexander, Blochwitz, Kowalski, Nes, Scharinger, Concentus Musicus, Harnoncourt (Teldec 1990)

Jephta HWV 70

UA: London 1752

Die Komposition begann im für Händel schlimmen Jahr 1751. Bereits während der Arbeit am 2. Akt ließ sein Augenlicht nach, und als er das Werk im Sommer vollendet hatte, erblindete er. Auf merkwürdige Weise scheint der bedenkliche Zustand des Komponisten – in deutschen Notizen in die Partitur notiert – mit dem tragischen Ernst seines Stoffes zu korrespondieren. Thomas Morells Libretto fußt auf dem alttestamentarischen Buch der Richter, ist jedoch um opernhafte Figuren und Geschehnisse ergänzt. Nationalpatriotischer Idealismus ist das zentrale Motiv, wenn der jüdische Heerführer Jephta aufbricht, um sein Volk zu befreien. Ein Motiv der griechischen Sagenwelt tritt hinzu, – Jephta muß im Falle seines Sieges den ersten opfern, den er auf dem Heimweg trifft. Dies ist – mythologietypisch – die eigene Tochter, die fast fanatisch in den Opfertod geht und schließlich durch den Engel Gottes zur Priesterin und damit zum Überleben bestimmt wird. Die Problematik des unabwendbaren Sterbens als schicksalhaften Gesetzes bestimmt das Figurengeschehen vor allem im 2. Teil. Dichte, kunstvoll gebaute Klagechöre, kühn modulierte Rezitative, extreme Intervalle und dynamische Kontraste illustrieren hier die Trauerarbeit, die individuell wie kollektiv im Stück zu leisten ist. Darüber hinaus versammelte Händel in seinem Spätwerk eine Vielzahl musikalischer Elemente, die ihn seit langem beschäftigten: europäische Tanzmusik, strenge Fugen, Huldigungschöre nach der Art des englischen Anthem und nächtliche Ombra-Szenen der frühen venezianischen Oper.

Jephta ist Summe und Integral in Händels oratorischem Werk. Die Botschaft des stark nach innen gewendeten Werks ist moralphilosophischer Art: ein Bekenntnis zum Opfer, zum Glauben, zum patriotischen Ideal.

[M] *CD* Dawson, Otter, Holton, Robson, Chance, Varcoe, English Baroque Soloists, Gardiner (Philips 1988)

Frank Kämpfer

Roy Harris

1898–1979

Roy Harris zählt in seiner amerikanischen Heimat zu den umstrittensten Komponisten dieses Jhs. Hatte er einerseits auf seine Schüler prägenden Einfluß (William Schuman: »Der Klang seiner Musik war wie kein anderer, wie nichts, was ich gehört hatte – es war eine neue Stimme«), so eindeutig ablehnend andererseits urteilte Virgil Thomson: »Kein Komponist auf der Welt macht so schamlos Gebrauch von patriotischen Gefühlen, um für seine Produkte zu werben«. In der Tat strotzte Harris von Selbstbewußtsein, meinte er doch, kein anderer Komponist als J. S. Bach wäre ihm selbst überlegen. Aaron Copland, der Harris ermutigt hatte, in Paris bei Nadia Boulanger zu studieren, formulierte 1941 indes vorsichtig: »Wir müssen es der Nachwelt überlassen, sich mit den ewig gültigen Aspekten von Harris' Musik zu beschäftigen. Wichtig ist, daß sie uns hier und jetzt etwas bedeutet«.

Der am 12. Februar 1898 im Bundesstaat Oklahoma in einfachen Verhältnissen geborene Roy Harris schlug sich – bevor er mit seinem *Andante für Streicher* (1926) den ersten Erfolg verbuchen konnte – als Gelegenheitsarbeiter durch. In Paris schrieb er mit *American Portraits* (1929) seine erste symphonische Komposition, die ihn als hoffnungsvolles Talent auswies. Aber erst seine durch Sergej Kussewitzky uraufgeführte *Symphony 1933* – die der Dirigent als »erste wahrhaft tragische Symphonie eines Amerikaners« pries – brachte ihm auch in seinem Heimatland Anerkennung ein. Harris erwies Beethoven Reverenz, indem er das Signet des Tragischen, das Kopfmotiv von dessen *5. Symphonie*, darin zitierte.

Fast alle Werke von Harris sind programmatisch konzipiert, und er suchte in ihnen stolz Zeugnis abzulegen von seiner patriotischen Überzeugung. Die *6. Symphonie – Gettysburg* (1944) ist den »bewaffneten Streitkräften unserer Nation« zugeeignet. Trotz dieser Bekenntnisse kam es 1951 bei einer Aufführung der dem »heroischen und friedliebenden Volk unseres großen Alliierten, der UdSSR« gewidmeten *5. Symphonie* (1942) in Pittsburgh zu einem Eklat: In Zeiten des Kalten Krieges und der Kommunistenverfolgung in den McCarthy-Untersuchungsausschüssen wollten »wahrhafte Patrioten« die Aufführung verhindern – allerdings ohne Erfolg.

Daß Harris' Musik heute nur eine untergeordnete Rolle spielt, liegt aber wohl kaum in dem Umstand begründet, daß sich Patriotismus überlebt hätte. Vielmehr hat der egozentrische Harris nur wenig dafür getan, seine rund 200 Werke auch öffentlich zugänglich zu machen und im Druck erscheinen zu lassen. So ist das von Copland eingeforderte Urteil nach wie vor ausstehend.

Werner Bleisteiner

Karl Amadeus Hartmann

1905–1963

In dem vielstimmigen Chor der Musik unseres Jhs. ist die Stimme des Münchner Komponisten Karl Amadeus Hartmann eine der eigenartigsten und vor allem: eindringlichsten. Zu seinen ästhetischen Leitsätzen gehörte es, Musik nicht nur für Spezialisten zu schreiben, sondern sich an alle Menschen zu wenden, die bereit sind, neue Erfahrungen zu machen, Kunstwerke nicht nur als Objekte von Schönheit, sondern auch von gesellschaftlicher Wahrheit zu betrachten. Von früh auf hatte Hartmann, der am 2. August 1905 in einem sehr liberal eingestellten Elternhaus geboren wurde, einen scharfen, untrüglichen Blick für politisches Unrecht, und so ist es kaum verwunderlich, daß er nach der Machtergreifung der Nationalsozialisten in Deutschland (1933) in die innere Emigration ging und nach außen hin immer mehr in Schwierigkeiten geriet. Was er von den neuen Machthabern hielt, das drückte er in seiner – vorerst für die Schublade komponierten – Musik aus; ohne Stellungnahme zu den politischen Ereignissen zu komponieren, wäre ihm als künstlerischer Verrat an der Realität vorgekommen. Das ist in der Musik des 20. Jhs. nicht mehr so selbstverständlich wie etwa zu Beethovens Zeiten; Musik als inneren, aber sprachmächtigen Widerstand zur politischen Misere zu schreiben, war ein sehr mutiges Unterfangen Hartmanns. Seine Musik machte denn auch so gut wie keine Schule, sie blieb ein Einzelereignis, und: sie läßt sich nicht mißbrauchen. Denn sie ist in einem ganz handfesten Sinne ein antifaschistischer und zugleich humanistischer Appell an das Bessere im Menschen.

Hartmanns Vater war Maler, die Mutter regte bei dem Knaben die literarische und musikalische Bildung an. Solche Erfahrungen machten es dem jungen Hartmann schwer, sich zwischen Malerei und Musik zu entscheiden. Er wählte einen Kompromiß, indem er Elemente bildnerischer Gestaltung in das Metier des Komponierens übertrug; noch seine späten Partituren, etwa die *8. Symphonie*, tragen sichtbare Zeichen seines gewissermaßen räumlichen Strukturdenkens in Satztechnik und Architektur. Das Musikstudium an der Münchner »Akademie der Tonkunst« freilich konnte ihm Anfang der 20er Jahre wenig Anreiz bieten, dafür umso mehr die Bekanntschaft mit dem Dirigenten Hermann Scherchen, der ihm erst dafür die Augen öffnete, was es mit dem Komponieren eigentlich auf sich habe. Scherchen war es auch, der 1935 in Prag Hartmanns Poème symphonique *Miserae* – eine Reaktion auf die Vorgänge in den Konzentrationslagern – zur stark beachteten UA brachte. Mit solcher Musik konnte Hartmann jedoch in seiner Heimat keine Karriere machen. Im Herbst 1942 ging er für einige Wochen zu Anton Webern nach Wien, um sich bei dem esoterischen Meister die Geheimnisse der Dodekaphonie anzueignen. Zu mehr wollte es allerdings nicht reichen, da die unpolitische Weltanschauung Weberns dem scharfen Blick Hartmanns nicht standhalten konnte. Nach dem Ende des Zweiten Weltkriegs gründete Hartmann die bis heute bestehende Münchner Konzertreihe »Musica Viva«, die er bis zu seinem Tod am 5. Dezember 1963 geleitet hat.

Symphonien

Das Ende der nationalsozialistischen Herrschaft in Deutschland und der Neuanfang nach dem Ende des Zweiten Weltkriegs war auch ein Einschnitt im Leben Hartmanns. Bis in die 50er Jahre hinein war er damit beschäftigt, die in der inneren Emigration komponierte Musik sozusagen ins Reine zu bringen. So entstand bis 1953 die Reihe seiner ersten 6 Symphonien aus Vorstufen der 30er und 40er Jahre. Als ausdrücklicher Symphoniker stand Hartmann in der Musik des 20. Jhs. neben Schostakowitsch auf einsamem Posten. Doch war für ihn der Anspruch der symphonischen Tradition das Ausdrucksmittel, seinen klanglichen Visionen von innerem Widerstand und äußerer Hoffnung die angemessene musikalische Sprache und Form zu geben. Es war gerade die symphonische Breite und Tiefe, die es ihm ermöglichte, den musikalischen Tonfall einer gewissen »schwermütigen Bedenklichkeit« (Hartmann) anzuschlagen, und er berief sich dabei ganz offen auf die Symphonik Gustav Mahlers und die vielschichtige Musiksprache Alban Bergs. Auch der weite symphonische Atem Anton Bruckners gehörte zu den Grunderfahrungen des Symphonikers Hartmann, wie nicht zuletzt der fiktive Briefwechsel mit dem Psychiater Waldemar Wahren (gedruckt 1965) über (Bruckners) »neurotische Symptomatik und ihre Beziehung zur Produktion« beweist, in dem viel davon die Rede ist, was Hartmann an der symphonischen Gestaltungsweise Bruckners geschätzt hat. Aus der symphonischen Tradition griff sich Hartmann gewissermaßen nur die Mittelsätze Adagio und Scherzo als Grundtypen heraus, verzichtete also völlig auf die Beethovensche und Mahlersche Tradition der Entwicklungsform des Sonatensatzes. Sie schien ihm offensichtlich erschöpft zu sein, und so suchte er seine symphonischen Formen in ganz neuartigen, in den letzten beiden Symphonien sogar höchst komplexen Satzbezirken auf, deren Steigerungstechnik durchaus von Bruckner hergeleitet werden kann. Diese eigenständige Umdeutung der großen symphonischen Tradition geschah stets unter dem Blickwinkel einer bekenntnishaften Haltung.

Karl Amadeus Hartmann mit seiner Frau und dem Textdichter Pezet (1950)

Symphonie Nr. 1 (Versuch eines Requiems)
UA: Wien 1955

Als Hartmann an der Vorstufe zur späteren 1. Symphonie, der Kantate *Lamento* für Altstimme und Orchester arbeitete, schrieb er in einem Brief vom 7. Mai 1936, daß er hier »unser Leben« schildere: »Die Gedichte« – stark umgearbeitete Texte von Walt Whitman – »bringen das gesamte schwere, hoffnungslose Leben, und doch wird keine Idee vom Tode erstickt. Ich glaube, in diesem Werk einen kleinen Fortschritt gemacht zu haben, in Musik, die alle Menschen angeht.« Tatsächlich war die Textwahl für die 1950 zur *1. Symphonie* umgearbeitete Kantate bezeichnend für Hartmanns künstlerisches Gewissen mitten im nationalsozialistischen Terror: Whitmans Gedichte sind Reaktionen auf den amerikanischen Bürgerkrieg, Klagen über das Elend, das dieser Krieg verursachte und über die Opfer, die der Kampf um die Freiheit gefordert hat. Mit seiner Musik wandelt Hartmann den Ton der Klage jedoch in vehemente Anklage; der *Versuch eines Requiems*, wie die spätere Fassung (nochmals 1955 umgearbeitet) im Untertitel heißt, erhebt die Stimme der Trauer nicht als Resignation, sondern als Leiden an den »Plagen der Welt«, die der Dichter in Naturbildern spiegelt. Der Kreislauf der Natur ist das Zeichen für politische Niederlagen und Siege. Dem Orchester fällt die Aufgabe zu, den liedhaften und teilweise rezitativischen Vortrag der Singstimme mit aufbegehrenden Gesten zu ergänzen. Es ist eine Musiksprache, die sich im zentralen, rein instrumentalen Mittelteil gewissermaßen nach mehreren Seiten hin auffächert und den symphonischen Anspruch des Werkes formuliert. Die fünfsätzige Symphonie ist in Wirklichkeit dreisätzig: Der Bogen spannt sich einerseits von der Introduktion zum Epilog, andererseits vom 2. zum 4. Satz, so daß die instrumentale »Klangrede« des Mittelsatzes von zwei Textvertonungen umrahmt wird. Das Thema der Variationen des Mittelsatzes stammt übrigens aus Hartmanns Antikriegsoper *Simplicius Simplicissimus*, dem Gleichnis des Durchhaltens unter Gewaltherrschaft und Krieg.

Symphonie Nr. 2 (Adagio)
UA: Donaueschingen 1950

Der symphonische Anspruch war für Hartmann, ähnlich wie für Gustav Mahler, gleichbedeutend mit bildhaften, emotional aufgeladenen, ja latend szenisch gedachten Vorgängen, die sich in großen Steigerungskurven entladen und doch formal konstruktiv gebändigt sind. Hartmanns Anschluß an Mahlers Symphonik, an deren Dramaturgie von Steigerung und Zusammenbruch, wird zum ersten Mal greifbar in dem 1945 komponierten großen Adagio-Satz, der ein Jahr später in revidierter Form zur *2. Symphonie* erklärt wurde: Grundidee ist die einsätzige Form, überlagert von einer dreisätzig gedachten Steigerungsanlage mit einem gewaltigen Maestoso-Höhepunkt, der wieder in das Anfangstempo zurückführt. Hartmann exponiert in diesem Satzgebilde seine Umkehrung des traditionellen zyklischen Musters, indem er einen langsamen Mittelsatz von zwei rascheren Ecksätzen umschließen läßt. In dem weit ausgreifenden Adagio der *2. Symphonie* entfaltet er eine erstaunliche Vielfalt musikalischer Charaktere, die sich allmählich bis zum Allegro steigern und – in umgekehrter Tempomodifikation – ins Adagio zurückkehren, um schließlich sanft nachbebend zu verklingen. Der symphonische Atem ist dabei die entscheidende Instanz, die den inneren Zusammenhang des Werkes garantiert.

Symphonie Nr. 3
UA: München 1950

Auf der Grundlage der Ecksätze des *Symphonischen Klagegesangs* von 1944–47 und des 1. Satzes der *Sinfonia tragica* (UA: München 1989) vom Anfang der 40er Jahre komponierte Hartmann seine noch stärker an Mahler orientierte *3. Symphonie* im Auftrag des Münchner Rundfunks. Das betrifft den Tonfall und die musikalische Haltung im allgemeinen, aber auch auffällige thematische Anklänge an Mahlers Symphonik. Zugleich ist der Einfluß Alban Bergs spürbar, vor allem dessen Sinn für große Formarchitekturen. In der *3. Symphonie* verknüpft Hartmann gewissermaßen seine bisherigen Erfahrungen mit der symphonischen Gestaltung von Adagio- und Scherzo-Sätzen, indem er sie auf zwei in sich geschlossene Blöcke verteilt: Der 1. Teil der Symphonie besteht demnach aus dem Satzpaar *Präludium* und *Fuge*, der zweite dagegen ist ein großes *Adagio* im Sinne der *2. Symphonie*. Die *Fuge* des 1. Teils hat allerdings keine schulgerechte Form, sondern ist – was bereits die Bezeichnung »virtuose Fuge« anzeigt – eine Art Entwicklungsform, wenn auch ohne Sonatensatz-Elemente. Im Verlauf der Fuge wird das thematische Material immer mehr verändert und das Fugenprinzip durch Bewegungsenergien eigenen Charakters allmählich so weit aufgeweicht, daß schließlich im »tumultuoso« und »furioso« das strenge polyphone Gewebe »vom Temperament der Musik überrollt« wird (Egon Voss). Das *Präludium* dagegen (nicht eigens so bezeichnet) ist ein freier Fugato-Satz für Streicher, zunächst solistisch beginnend und insgesamt eine bewundernswerte Verbindung von kammermusikalischem Satz mit verbindlicher symphonischer Haltung. Das *Adagio* des 2. Teils der Symphonie ist wieder wie in der *2. Symphonie*, eine dreiteilige Bogenform mit großer Steigerungskurve, diesmal mit einer zusätzlichen inneren Symmetrie versehen, indem ein Abschnitt *Misterioso quasi lamento* (Blechbläser) den Rahmen der Steigerungskurve bildet.

Symphonie Nr. 4

UA: München 1948

Aus einer *Symphonie für Streicher und Sopransolo* von 1938 schuf Hartmann 9 Jahre später seine *4. Symphonie*, die zwar den reinen Streichersatz, also die ausdrückliche Verwendung der expressiven Orchesterinstrumente, beibehält, den ursprünglichen vokalen Schlußsatz, die Vertonung des Gedichts »Epitaph auf einen Krieger« von Konfutse in der Nachdichtung von Klabund jedoch nicht mehr enthält. An dessen Stelle tritt die ausdrucksvolle »Klangrede« eines *Adagio appassionato*, das ein Gegengewicht bildet zum langsamen 1. Satz (*Lento assai, con passione*). In Umkehrung der traditionellen Satzfolge steht der schnelle Satz in der Mitte, ein Scherzo-Charakter mit heftigen Kontrasten, der in einem wilden *tumultuoso* gipfelt. Motivische Querbezüge zwischen den Ecksätzen – das Thema des ersten kehrt im letzten wieder – und zahlreiche unterirdische Ähnlichkeiten der nur auf der klanglichen Oberfläche stark kontrastierenden Abschnitte des Mittelsatzes schaffen ein dicht gewobenes Netz, das die Bezeichnung des Werkes als Symphonie auch satztechnisch rechtfertigt. Die Beschränkung auf die reine Streicherbesetzung ist dabei keineswegs ein Tribut an den musikalischen »Neoklassizismus« mit seinen Stilkopien und Annäherungen an die Musik des 18. Jhs., sondern ein (geglückter) Versuch, aus der Konzentration auf eine Gruppe des Orchesterinstrumentariums ein Maximum an Klangfarben herauszuholen. Der Phantasiereichtum des Mittelsatzes mit seinen vielfältigen Vortragsarten der Streicher erinnert dabei an solche Stücke wie etwa das *Divertimento für Streicher* von Béla Bartók; die Musiksprache Hartmanns erscheint hier also um einen weiteren Gesichtskreis reicher.

Symphonie Nr. 5 (Symphonie concertante)

UA: Stuttgart 1951

Mit dieser eher leichtgewichtigen, spielerischen Symphonie geriet Hartmann in den Bannkreis Igor Strawinskys: Der diesmal langsame Mittelsatz des dreisätzigen, als Gegenstück zur *4. Symphonie* gedachten Werkes ist ausdrücklich als »Hommage à Strawinsky« bezeichnet und wäre auch ohne diesen Hinweis durch seine auffällige Anspielung auf *Le sacre du printemps* (Fagott-Thema) als Reverenz vor dem großen Kollegen verstehbar. Der reine Streicherklang der *4. Symphonie* wird nun abgelöst von dem Bläserklang (von den Streichern bleiben nur Violoncelli und Kontrabässe übrig), der zudem solistisch aufgefächert erscheint. Aus einem Konzert (auch: Concertino) für Trompete und Blasorchester von 1932/33 und dessen Umarbeitung zu einem Konzert für Bläserensemble, Kontrabässe und 2 Solotrompeten (1949) hervorgegangen, präsentiert sich die 1950 ausgearbeitete symphonische Fassung als konzertantes Werk, dessen symphonischer Zug sich nicht so sehr in dichter motivischer Arbeit zeigt, sondern in den zahlreichen Ausprägungen der konzertanten Gestik und Haltung. Trotz aller Nähe zum »neoklassizistischen« Spieltrieb setzt Hartmann immer wieder seinen eigenen Tonfall durch, freilich gebrochen durch ein deutliches Bedürfnis nach Humor und Parodie. Bezeichnenderweise fehlt in dieser Symphonie denn auch jener tragisch getönte Adagio-Typus, der sonst zur Grundlage der Musiksprache Hartmanns gehört.

Symphonie Nr. 6

UA: München 1953

Nach dem eher lockeren Intermezzo der *4.* und *5. Symphonie* beschäftigte sich Hartmann in der 1951–53 komponierten *6. Symphonie* wieder mit dem weiten symphonischen Atem seines Adagio-Typus (1. Satz) und mit einer neuartigen Verknüpfung von Fugentechnik und Variationsprinzip als Steigerungsanlage (2. Satz). Was sich jedoch im Inneren dieser aufwühlenden Musik ereignet, geht weit über die formalen Gesichtspunkte hinaus. Der Adagio-Satz durchfährt nicht nur unermeßliche Zeiträume, wie es Th. W. Adorno für das Finale der *6. Symphonie* Mahlers formuliert hat, sondern will fast, wie ein innerer Monolog, der Hand des Komponisten entgleiten, indem er Steigerungskurven wie in einem Roman beschreibt. Tatsächlich beruht die frühe Fassung der *6. Symphonie* auf Emile Zolas Künstlerroman »L'Œuvre«, der Darstellung eines nonkonformistischen Malers in der Art Cézannes, mit dessen Schicksal als verbotenem, verpöntem und als »entartet« gescholtenen Künstler sich Hartmann 1938 wohl identifiziert haben mag: »Ich wollte kein Symphonisches Gedicht schreiben, sondern nur den Eindruck, den ich nach dem Lesen des Buches empfing, musikalisch festlegen (...) Ich habe versucht, die dunkle Tragödie mit all den Schönheiten und besonders mit all den Schrecklichkeiten, die allen wahrhaften Künstlern widerfahren, darzustellen.« Die beiden (später umgestellten) Sätze *Toccata variata* und *Adagio* waren ein Werk des sozialen Engagements, denn sie zeichneten die Beziehungen des Romanhelden zu seiner Umwelt und zu den Prinzipien seiner kompromißlosen Kunst in eindrucksvoller Weise musikalisch nach. Die *6. Symphonie* ist demnach das innere Zentrum der Symphonik Hartmanns. Die Leiderfahrung im Angesicht der Gewalt eines Terror-Regimes und der innere Widerstand dagegen – das Lebensthema Hartmanns – nimmt im Adagio dieser Symphonie geradezu suggestive musiksprachliche Gestalt an, so daß Hans Werner Henze anläßlich seiner Laudatio zur Feier des 75. Geburtstages seines Kollegen mit Recht darüber sagen konnte, hier werde ein grundsätzlich subversiver Tonfall angeschlagen, der sowohl »antifaschistisch und humanitär«, als auch »humanistisch und weltoffen« sei: eine Musik, die erfüllt ist von tiefer Solidarität mit Leid und Unrecht in unserer schwierigen Welt, aber nicht ohne Hoffnung bleibt.

Symphonie Nr. 7

UA: Hamburg 1959

Mit dieser Symphonie beginnt eine neue (die späte) Phase im symphonischen Schaffen Hartmanns, eine scheinbar weniger politisch geschärfte künstlerische Sichtweise: »Auch bin ich davon abgekommen, die politische Hintergründigkeit augenfällig zu plakatieren, das müssen die Hörer erspüren.« Dennoch hielt er bis zuletzt an seinem moralischen Anspruch fest, der »Verpflichtung zur Humanität« dürfe sich kein Künstler entziehen, außer er habe sich »dem Nihilismus verschrieben« – bis zu seinem Tod suchte er sogar noch nach einem zweiten für ihn geeigneten Opernstoff mit der Thematik des sozialen Engangements. Vom November 1956 bis Ende 1958 arbeitete er im Auftrag des Kussewitzky Music Foundation an der Komposition der umfangreichen *7. Symphonie*, die nicht mehr auf früheres Material zurückgreift, sondern ganz neue kompositorische Wege beschreitet: Hartmann beschäftigte sich nun ausdrücklich mit dem spekulativen Spätwerk Bachs, um daran die strenge kontrapunktische Satztechnik bis hin zu komplexen Spiegelformen ganzer Strukturen zu studieren. Das war aber nur die Vorstufe zu einer äußerst subtilen thematischen Arbeit, die in den letzten beiden Symphonien zu einer souveränen Gestaltung entgegengesetzter Kräfte im Bereich des Ausdrucks, der Satztechnik und der Melodik führte. So ist etwa die Melodiebildung bestimmt von dem Gegensatz zwischen kleinen, »sprechenden« Intervallschritten mehr rezitativischer Art und weit ausgreifenden, dramatischen Gesten mit großen Intervallsprüngen, die sowohl emotionale Kurven als auch melodisches Pathos beschreiben. Im langsamen Satz der 7. Symphonie, dem Beginn des 2. Teils, tritt ein lyrisches *Adagio mesto* mit einem hochdramatischen *Appassionato* in eine spannungsreiche Wechselbeziehung, während das alles andere als historisierende *Ricercare* aus dem 1. Teil (nach einer konzertanten Introduktion) als komplexe Weiterbildung der Form des 2. Satzes aus der *6. Symphonie* angesehen werden kann. (Die Bezeichnung »Ricercare« verweist auf die polyphone Struktur). Hier greifen kontrapunktische, variative und konzertierende Verfahren ineinander. Das *Scherzoso virtuoso*, mit dem die Symphonie schließt, ist nichts weniger als eine Transzendierung des motorischen Prinzips, durchsetzt mit komplizierten Spiegelkanons, das in einer Giubiloso-Stretta gipfelt.

Symphonie Nr. 8

UA: Köln 1963

Die *8. Symphonie* ist nicht nur die Summe der symphonischen Kunst Hartmanns, sondern auch sein letztes vollendetes Werk, komponiert in den Jahren 1960–62. Der lineare Ablauf wird zugunsten von relativ selbständigen Satzbezirken aufgegeben, und der äußerlich zweiteiligen Anlage

(*Cantilène* und *Dithyrambe*) ist der durchgängige Charakter eines großen Gesamtbogens überlagert. So kehrte Hartmann am Ende seiner symphonischen Arbeit zum einsätzigen Typus der *2. Symphonie* zurück, freilich bereichert durch eine inhaltliche und formale Komplexität, in der die Höhepunkte von verschiedenen Ebenen her immer wieder eingekreist werden. Es zeichnet sich eine Härte und eine Erweiterung der ohnehin von Hartmann stets bevorzugten Gruppe des Schlagzeugs ab, und die festgefügten, fugiert gearbeiteten Adagio-Abschnitte der Streicher, die rhapsodisch mit eher lockeren, dramatischen Rahmenteilen in Gestalt von Signalen, Rubato-Rezitativen und Kantilenen abwechseln, verfügen über den für Hartmanns Musiksprache zentralen Melodietypus aus der Ouvertüre zur Oper *Simplicius Simplicissimus* oder dem Variationssatz der *1. Symphonie.* So schließt sich der Bogen seines gesamten symphonischen Schaffens in eindrucksvoller Weise.

Gesangsszene auf Worte aus »Sodom und Gomorrha« von Jean Giraudoux für Bariton und Orchester

UA: Frankfurt/Main 1964

Als Übergang von der Symphonie zur szenischen Musik komponierte Hartmann im Auftrag des Hessischen Rundfunks kurz vor seinem Tod die nicht mehr vollendete *Gesangsszene*, die Vorstufe zu der geplanten Oper des sozialen Engagements. Es geht hier um die musikalische Auflehnung gegen die in Giraudoux' Worten formulierte Weltuntergangsstimmung, um eine auskomponierte Dialektik zwischen dem Textvortrag und der selbständigen Sprache des Orchesters. Hartmanns Musik macht deutlich, daß der Text von Fortschritt und Untergang der Menschheit eine apokalyptische Warnung ist, die in Verzweiflung gipfelt. Die letzten Worte werden denn auch nur noch gesprochen: »Es ist ein Ende der Welt, das traurigste von allen.« So erweist sich die Tatsache, daß hier Hartmann die Komposition nicht mehr vollenden konnte, gleichsam als Zwang in der Sache: Das Stück schließt auch in dieser Fassung in authentischer und beklemmender Weise.

M *CD* Symphonien Nr. 1–8, Gesangsszene: Soffel, Fischer-Dieskau, SO des BR, Kubelik, Leitner, Macal, Rieger (Wergo); Symphonien 3, 4 und 6, Bamberger Symphoniker, Metzmacher (EMI 93/94)

Concerto funebre für Violine und Streichorchester

UA (der endgültigen Fassung): Braunschweig 1959

Im Kriegsjahr 1939 komponierte Hartmann sein einziges *Violinkonzert*, das er gelegentlich als *Trauermusik* oder als *Musik der Trauer* bezeichnete und das er 20 Jahre später einer Überarbeitung unterzog, nachdem bereits im Jahr 1940 in St. Gallen die UA der 1. Fassung stattgefunden hatte. Das *Concerto funebre* gehört zu den erschütterndsten Werken Hartmanns, weil es ein Zeitdokument ist: »Mein ›Concerto funebre‹ entstand im Herbst 1939. Diese Zeit deutet den Grundcharakter und Anlaß meines Stückes an. Die vier Sätze Choral – Adagio – Allegro – Choral gehen pausenlos ineinander über. Der damaligen Aussichtslosigkeit für das Geistige sollte in den beiden Chorälen am Anfang und am Ende ein Ausdruck der Zuversicht entgegengestellt werden (...) Die Klage im Adagio, unterbrochen von trauermarschartigen Episoden, steht im Zeichen der Melodie und des Klanges. Das Allegro – mit hämmernden Achtelnoten – entfesselt rhythmische und dynamische Kräfte. Ich wollte all das niederschreiben, was ich dachte und fühlte, und das ergab Form und Melos.«

M *CD* Edinger, RSO Kattowitz, Penderecki (Thorofon 1989)

Konzert für Klavier, Bläser und Schlagzeug

UA: Donaueschingen 1953

Anfang der 50er Jahre, nach der *5. Symphonie*, griff Hartmann ein von Boris Blacher etabliertes metrisches Verfahren auf: die Technik der »variablen Metren«, bei dem in jedem Takt eine andere metrische Ordnung vorherrscht. Daraus ergeben sich interessante und belebende Überschneidungen von metrischer Betonungsfolge und rhythmischer Phrasierung. In seinem Klavierkonzert von 1953 benutzte Hartmann diese Technik in der ihm eigenen Weise, verbunden mit dem historischen Blick: Der *1. Satz* ist eine komplizierte Rondo-Struktur mit einer Variationenreihe, in die freie »Interludien« eingreifen, der *2. Satz* ist aus zwei metrischen Betonungsordnungen zusammengesetzt, die im Spiegelbild zueinander stehen, und der *3. Satz* ist eine Synthese aus beidem.

Konzert für Bratsche mit Klavier, begleitet von Bläsern und Schlagzeug

UA: Frankfurt/Main 1956

Im Jahr 1955 komponierte Hartmann dieses Doppelkonzert, mit dem er wohl eine Verknüpfung von Alban Bergs *Kammerkonzert* und Béla Bartóks (unvollendetem) *Bratschenkonzert* im Auge hatte. Jedenfalls ist dieses Konzert weit komplexer gestaltet als das *Klavierkonzert* von 1953. Aber wieder sind es 2 raschere Rondo-Sätze, denen ein langsamer Mittelsatz kontrastierend gegenübersteht. Und wieder sind es die Spiegelformen, die das metrische Rückgrat des Werkes bilden, sogenannte Palindrome, die vorwärts und rückwärts gelesen werden können.

Dietmar Holland

Joseph Haydn

1732–1809

Bleistiftzeichnung von George Dance (1794)

Am Vorabend seiner Abreise nach London, am 14. Dezember 1790, soll Joseph Haydn den um seine Sprachkenntnisse besorgten Freund Mozart mit der Bemerkung beruhigt haben: »Meine Sprache verstehet man durch die ganze Welt« – und er meinte damit etwas, worum er sich sein ganzes Leben lang intensiv bemüht hat: die Musik als Sprache. Kein anderer Komponist vor oder nach ihm hat einen solchen kompositorischen Weg durchschritten, wie der am 31. März 1732 im burgenländischen Rohrau geborene Sohn eines Handwerkers, dem nichts geschenkt wurde. Mit einer Zähigkeit ohnegleichen hat er sich in das Wesen des musikalischen Satzes versenkt, in die Vielfalt der Tonfälle und Schreibarten (wie man damals die Gattungsunterschiede nannte), und in jahrzehntelangem Experimentieren (vom 1. Mai 1761 bis zum 28. September 1790 im Dienste der Eisenstädter Fürsten Esterházy) das herauskristallisiert, was wir heute den Wiener klassischen Satz nennen: das Denken statt Dichten in Musik und das »Sich-bewußtwerden der Zeit« (Thrasybulos Georgiades). Kennt man denn eine andere Musik, in der es so oft »con spirito« heißt, was ja nichts anderes bedeutet, als auf musikalische Weise geistreich sein? Verfolgt man Haydns kompositorische Entwicklung während der 30jährigen Kapellmeistertätigkeit bei den Esterházys, in einem einzigartigen Laboratorium also, dann wird man bemerken, daß Haydn schrittweise und bedächtig zu Werke ging, alles prüfte, wieder verwarf, neu ordnete und kombinierte, was ihm an musikalischen Anregungen in die Hände fiel. Als ihm am 7. Juli 1791 – während seiner ersten Londoner Konzertsaison – in Oxford die Würde eines Ehrendoktors der Musik verliehen wurde und er sich mit einer seiner geistreichsten Symphonien, der 1789 komponierten Symphonie Nr. 92 bedankte, war das der berechtigte Lohn für alle Mühen in einer musikalischen Lebensarbeit, die immerhin die enorme Zeitspanne des Spätbarock bis zur Frühromantik umfaßte und die Entwicklung des Komponierens maßgeblich mitgeprägt hat. Haydn war zwar weder der »Erfinder« neuer musikalischer Gattungen wie Streichquartett, Symphonie oder Klaviersonate, noch ein genuiner Dramatiker wie Mozart; er war von Natur aus ein Musiker der Gedankenentwicklungen, des rein instrumentalen Geistes also, vielleicht sogar der einzige Komponist dieser Art. Das machte seine Musik für die Zeitgenossen so bewundernswert und für die Nachwelt so problematisch, denn die Sprache der Instrumentalmusik als intellektuelles Vergnügen aufzufassen, war dem 19. Jh., das sich in erster Linie um die »Tiefe« des musikalischen Inhalts sorgte, völlig fremd. Und den Vernunftgebrauch, verstanden als freie Entscheidung des Subjekts in jedem Augenblick, bewußt in die kompositorische Arbeit integriert zu haben, war Haydns unverzichtbare Leistung, aber auch sein durchaus humorvoller Umgang mit dem zerstreuten Hören, das er mit unerwarteten Eingriffen in den Satzverlauf immer wieder zur Konzentration zurücklenkte, ohne damit die Kunst herabzuwürdigen. Vor allem aber lobten die Zeitgenossen seine unnachahmliche Kunst, das so kompliziert Gedachte stets ganz einfach und selbstverständlich erscheinen zu lassen. Betrachtet man Haydns unübersehbares Lebenswerk, vertieft man sich ernsthaft in das dort niedergelegte, unermüdlich fortschreitende Experimentieren mit Satztechnik, Ausdruck und Haltung, dann glaubt man sich in einem Laboratorium der Aufklärung zu befinden, in dem es um die Suche nach musikalischer Ordnung geht und hinter dem die ohnehin unspekulative, äußere Biographie des Komponisten völlig verblaßt. Vielleicht spürt man dann jenen Schauer, der Haydn selbst erfaßte, als er am 14. Juni 1792 in Slough durch das riesige Spiegelteleskop des Astronomen Wilhelm Herschel in den Weltraum schaute und wohl zum ersten Mal die »Vorstellung des Chaos« empfand, die er alsbald in der Instrumentaleinleitung zur *Schöpfung* in Töne brachte, und zwar als Chaos vor jener Ordnung, um die sein gesamtes kompositorisches Denken kreiste. Als er am 31. Mai 1809 in seinem Haus in Gumpendorf bei Wien starb, ging eine ganze Epoche zuende.

Die Symphonien (Hob. I: 1–104)

Joseph Haydn war zwar nicht der »Erfinder« der Symphonie, aber er war es, dem es gelang, diese zentrale Gattung der Orchestermusik des späteren 18. Jhs. vom Typischen ins Exemplarische zu erheben. Das geschah in einer rund 40jährigen Arbeit, bei der die Produktion von Symphonien quantitativ abnahm, während sie qualitativ gesteigert wurde. An Haydns Entwicklung als Symphoniker läßt sich nicht nur das Herauswachsen des Wiener klassischen Satzes, dessen Durchbruch um 1781 anzunehmen ist, schrittweise studieren, sondern auch Haydns Experimentierlust im Orchestersatz und seine unerschöpfliche musikalische Phantasie, in der sich Humor, Geistesgegenwart und kunstvolle Schlichtheit in unverwechselbarer Mischung trafen. Die innere Wandlung der Symphonie von der zweckgebundenen Opern-Sinfonia und der reinen höfischen Unterhaltungsmusik bis hin zu einer ernsthaften musikalischen Gedankenarbeit war ein weiter Weg, und es gibt sonst keinen Komponisten, bei dem sich eine solche Entwicklung nachvollziehen ließe. Daß Haydn über 100 Symphonien komponierte, liegt in der Tatsache begründet, daß mindestens die Hälfte dieser Symphonien Musterbeispiele eines erstaunlichen Experimentiereifers sind, weniger für sich stehende Einzelwerke; erst mit den Symphonien der Jahre ab 1782 (d. h. ab Symphonie Nr. 76) wird endgültig die Phase der Werkindividualität erreicht.

Die im Werkverzeichnis von Anthony van Hoboken übernommene Zählung der Symphonien ist weder chronologisch noch systematisch. Sie geht zurück auf den österreichischen Musikforscher Eusebius Mandyczewski, der 1907 für die geplante Haydn-Gesamtausgabe sämtliche erhaltenen Symphonien numerisch erfaßte. Wegen mangelnder Quellen (vor allem fehlten Autographe) war diese Liste rein hypothetisch. Die Reihenfolge und (teilweise auch jetzt noch mutmaßliche) Datierung konnte erst Ende der 70er Jahre von dem bekannten Haydn-Forscher Howard Chandler Robbins Landon korrigiert werden. Die folgenden Werkerläuterungen orientieren sich an dieser von der üblichen Zählung abweichenden Chronologie. Zur raschen Orientierung für den Leser sind im Register die Symphonien in der Reihenfolge des gebräuchlichen Hobokenverzeichnisses erfaßt.

Frühe Symphonien (1757–1761)

Die Anfänge des Symphonikers Haydn sind biographisch nicht exakt faßbar. Wir wissen nur, daß er um 1757 als Musikdirektor und Kammerkomponist in die Dienste des Grafen Karl Joseph Franz Morzin in Lukavec bei Pilsen trat und diese Stelle verlassen mußte, als der Graf Anfang 1761 seine Kapelle auflöste.

Die rund 20 Symphonien dieser Jahre (Hob. I: 1, 37, 18, 19, 2, 16, 17, 15, 4, 10, 32, 5, 11, 33, 27, 3, 20) sind zwar ungleich in ihrer musikalischen Substanz, aber sie eröffneten das Spielfeld der verschiedenen Möglichkeiten symphonischer Gestaltung, auf dem Haydn während seiner 30jährigen Tätigkeit im Dienste der Fürsten Esterházy (1761–1790) aufbauen und weiter fortschreiten konnte. An Autographen der frühen symphonischen Schaffensphase ist lediglich die *Symphonie Nr. 37* (1758 datiert) erhalten, der Rest kann nur hypothetisch aufgelistet werden. Falls die *Symphonie Nr. 1* (vermutlich 1757) wirklich die »erste« ist, dann wäre das ein erstaunliches Beispiel für Haydns Originalität, von der er selbst in späteren Jahren gesagt hat, er habe als Chef eines Orchesters (im Dienste der Esterházy) Versuche machen können und beobachtet, was den Eindruck hervorbringt und was ihn schwächt: »Also verbessern, zusetzen, wegschneiden, wagen; ich war von der Welt abgesondert, niemand in meiner Nähe konnte mich an mir selbst irremachen und quälen, und so mußte ich original werden.«

Symphonie Nr. 1 D-Dur (ca. 1757)

Die zahlreichen Einflüsse, denen sich der Symphoniker Haydn in seinen Anfängen gegenübergestellt sah, lassen sich nur schwer im Detail nachweisen, doch die ersten Takte dieser Symphonie schließen sich deutlich an den damals berühmten »Mannheimer Stil« an und beginnen mit jenem mitreißenden Crescendo, der Mannheimer »Walze«, die als Signal der neuen musikalischen Haltung galt. Freilich fehlt in der Symphonie noch das Menuett, das die Mannheimer (im Gegensatz zur Berliner und Wiener Symphonik dieser Jahre) ausdrücklich als festen Bestandteil der Satzfolge einzufügen pflegten. Der thematische Reichtum des *1. Satzes* ist selbst für Haydns Verhältnisse ungewöhnlich: In keiner seiner späteren Symphonien hat er 5 Themen aufgestellt. Sein Ziel war es dagegen, die musikalische Gedankenarbeit aus möglichst konzisem Ausgangsmaterial zu entwickeln. In der *1. Symphonie* war es wohl noch die Lust am Musizieren, vielleicht auch der neue Reiz des Orchestersatzes, der ihn zu der thematischen Vielfalt angeregt hat, während das *Andante* durch dynamische Überraschungen auffällt, die mit der Hörerwartung geistreich spielen. Das abschließende *Presto* hat typischen »Kehraus«-Charakter und ist sehr knapp, aber rhythmisch federnd formuliert.

Symphonie Nr. 37 C-Dur (1758)

Im Gegensatz zum Kopfsatz der 1. Symphonie mit seiner expansiven Thematik schreibt Haydn hier einen äußerst konzentrierten *1. Satz*, der zugleich alle anderen Sätze bei weitem übertrifft. Das *Finale* ist sogar noch kürzer als in der 1. Symphonie und läßt noch nichts von Haydns späteren Experimenten mit der Hervorhebung von Schlußsätzen ahnen. Es ist zwar Haydns erste viersätzige Symphonie, doch noch kein symphonisch ausgewogener Zyklus; das *Menuett* an 2. Stelle erinnert eher an die Suite als an eine Symphonie. Zugleich aber ist es Haydns erste Symphonie mit Trompeten und Pauken und mit einem langsamen Satz in Moll, dessen »tristezza« an die Opern-Sinfonia der Neapolitaner erinnert.

Symphonie Nr. 18 G-Dur

Einen anderen Typus der dreisätzigen Symphonie, mit dem *Menuett* als Finale, greift Haydn hier auf, um ihn mit der anfänglichen Satzfolge der barocken Sonata da chiesa zu verknüpfen (Umstellung des schnellen und langsamen Satzes). Der *1. Satz* greift sogar historisch weit zurück und ist im Triosonaten-Satz geschrieben, während die etwas späteren Lukavec-Symphonien Nr. 5 und 11 die Form der Sonata da chiesa mit modernerer Satztechnik erfüllen.

Symphonie Nr. 2 C-Dur

Im *1. Satz* macht sich eine weitere Seite der Musiksprache Haydns bemerkbar: sein Hang zu kontrapunktischer Arbeit. Zugleich ist es der erste umfangreiche symphonische Satz (193 Takte) aus Haydns Frühzeit mit einem bemerkenswerten Ansatz zu komplexer Durchführungstechnik einschließlich der später zur Virtuosität gesteigerten »Scheinreprise«, einem geistreichen Spiel mit der Form, das die Hörerwartung in die Komposition einbezieht. Im *langsamen Satz* experimentiert Haydn mit einem neuen Typus: dem Perpetuum mobile, der einem *Andante* besonders angemessenen Gangart. Das *Finale* ist, nach Robbins Landon, Haydns erstes, scharf gegliedertes Rondo.

Symphonie Nr. 16, 17 und 15 (um 1760)

Neben der viersätzigen *Symphonie Nr. 15* D-Dur, die als Kopfsatz das Formexperiment der französischen Ouvertüre (Adagio – Presto – Adagio) und außer dem »Kehraus«-Finale *(Presto)* und dem *Menuett* (an 2. Stelle) noch eine motivisch stark konzentriertes *Andante* enthält, greifen die beiden wahrscheinlich vorher komponierten dreisätzigen Symphonien Nr. 16 B-Dur und Nr. 17 F-Dur mit dem Expansionsdrang und der Vertiefung der thematischen Charaktere in den Kopfsätzen bereits weit in die Zukunft, auch mit ihrer formbildenden Tendenz der Dynamik und ihrer Verknüpfung von »galanten« Charakteren und »gelehrter« (kontrapunktischer) Arbeit. So beginnt die *Symphonie Nr. 16* gleich mit einem doppelten Kontrapunkt und die *Symphonie Nr. 17* mit dem flächigen Spiel der Satzentwicklung aus motivischen Zergliederungen und Kombinationen, modelliert durch unerwartete Wechsel der Lautstärke. Der 2. Satz *(Andante, ma non troppo)* steht wieder, wie in der Symphonie Nr. 37, im Tonfall der neapolitanischen »tristezza« (f-moll), während das *Andante* der *Symphonie Nr. 16* den Typus einer verhaltenen Gleichförmigkeit (Streicher mit Dämpfer) ausprägt.

Symphonie Nr. 4 D-Dur

Das Ereignis dieser Symphonie ist, neben der vertieften Wiederkehr des Perpetuum-mobile-Typus im *Andante* (d-moll), die äußerst dramatische Durchführung des *1. Satzes*, die mit ihren Crescendo-Wogen und den dissonanten Höhepunkten weit voraus auf die Musik Beethovens weist, ähnlich wie das erstmalig in Haydns Symphonik als geschlossener, achttaktiger Bogen formulierte Seitenthema, und zwar auffälligerweise in Moll. Und den Eintritt der Reprise hat Haydn zum ersten Mal als Ereignis auskomponiert, indem die musikalische Entwicklung sich allmählich zurückbildet und mit einem großen Decrescendo der Reprise gewissermaßen Platz schafft. Hier verlangt Haydn sogar ein dreifaches »piano«, für das es kaum Vorbilder und auch keine ausdrückliche Bezeichnung gab. Es macht sich hier der Wille Haydns bemerkbar, die kompositorischen Experimente mit formalen Strategien zu verbinden – ein folgenschweres Konzept.

Symphonie Nr. 27 G-Dur

Nach den weniger profilierten Symphonien Nr. 10, 32 und 33 sowie den beiden im Kirchensonaten-Typus komponierten Symphonien Nr. 5 und 11 griff Haydn im Kopfsatz der *Symphonie Nr. 27* (ca. 1760) wieder ausdrücklich auf den musikalischen Elan der Mannheimer Symphonik zurück und bereicherte ihn mit zahlreichen originellen Ideen, darunter vorwärtsdrängende Synkopen, ausgreifende Spannungsbögen und ein überraschendes Seitenthema mit plötzlicher Molltrübung. Der *Siciliano*-Satz ist ein kammermusikalisch feingewobenes Gebilde (nur für die Streicher), und das *Finale* ist, wie in Haydns früher Symphonik üblich, ein turbulenter Kehraus.

Symphonie Nr. 3 G-Dur (ca. 1760)

Mit dieser in jeder Hinsicht bedeutendsten Symphonie aus Haydns Dienstzeit in Lukavec stehen wir bereits an der Schwelle zur späteren »klassischen« Symphonie, wenn auch nur äußerlich, aber doch in Ansätzen greifbar. Das betrifft ebenso die erstmalig aufgestellte viersätzige Norm mit dem Menuett an 3. Stelle wie auch Haydns Bestreben, dem Finale ein größeres zyklisches Gewicht zu verleihen: Es ist ein sehr dicht gearbeitetes Fugato, das weit entfernt ist von dem konventionellen Kehraus-Charakter. Alle Fäden der bisher von Haydn entwickelten symphonischen Sprache laufen in dieser großartigen Symphonie zusammen, und die Profilierung der Themen reicht so weit, daß am Anfang die Durversion des Eingangsthemas der *Symphonie g-moll KV 183* (1773) Mozarts vorweggenommen wird. Erstmals greift auch die Durchführung auf die Reprise über – ein Verfahren, das der späte Haydn zu subtilsten Wirkungen steigern wird – und erscheint das Menuett als neuartiges Charakterstück statt als Tanzsatz. Die Technik des Kanons macht sich hier bereits geltend, wie sie in den Symphonien um 1772 in den Vordergrund tritt. Und daß der Schlußsatz zum ersten Mal ein wirksames Gegengewicht zum 1. Satz bildet, weist weit in die Zukunft.

Gegen den Wurf der Symphonie Nr. 3 wirkt die zuletzt für Lukavec komponierte *Symphonie Nr. 20* in der Trompeten- und Paukentonart C-Dur nur als glänzender Abschluß der gesamten Reihe.

Symphonien der Jahre 1761–1765

Am 1. Mai 1761 trat Haydn als Vizekapellmeister (neben Gregorius Joseph Werner) in den Dienst der Fürsten Esterházy (bis 1762 Paul Anton, dann Nikolaus Esterházy, der »Prachtliebende«) und fand hier für 30 Jahre (Entlassung der Musiker nach dem Tod Nikolaus Esterházys am 28. September 1790) die idealen äußeren Bedingungen für die Entfaltung seiner reichen musikalischen Phantasie und Experimentierfreude.

In ihrer musikalischen Bildung erkannten und förderten beide Fürsten Haydns überragende Begabung: »So konnte hier eine Musik entstehen, die vollkommenster Ausdruck eines neuen, von bürgerlichen Ideen und Idealen geprägten Zeitalters war« (Wolfgang Marggraf). Haydn wurde nicht nur zum Vermittler zwischen den Musikern und dem Fürstenhof, sondern auch zum kompositorischen Anreger der spieltechnischen und klanglichen Möglichkeiten seiner Musiker.

Symphonien Nr. 6–8 (1761)

Um die Möglichkeiten seines (hervorragenden) Orchesters gleich beim Dienstantritt ausdrücklich unter Beweis zu stellen, komponierte Haydn, wahrscheinlich auf Anregung Paul Anton Esterházys, einen Zyklus von 3 Symphonien, dem das Thema der »Tageszeiten« zugrundeliegen sollte, freilich nur als Anlaß, nicht als Inhalt der Musik. Die Titel der 3 Symphonien, *Le Matin (Der Morgen)* für Nr. 6 D-Dur, *Le Midi (Der Mittag)* für Nr. 7 C-Dur und *Le Soir (Der Abend)* für Nr. 8 G-Dur, verraten nur wenig über den tatsächlich komponierten musikalischen Reichtum, immerhin Haydns gelungenen Versuch, die unterschiedlichen Traditionen der Sinfonia concertante, der Serenade und des älteren Concerto grosso in einer neuen Synthese zu vereinigen. Programmatische Züge finden sich denn auch nur in der langsamen Einleitung zu *Le Matin*, einer musikalischen Assoziation des Sonnenaufgangs, und im *Presto-Finale* aus *Le Soir*, das ausdrücklich als *La tempesta (Das Gewitter)* bezeichnet ist, aber den Hintersinn des »Heimgeigens« enthält, einen jener musikalischen Witze, an denen Haydns Musik ohnehin so reich ist. Die musikalische Qualität der 3 Symphonien zeigt sich aber erst in Haydns Suche nach plastischem, individuellen Ausdruck und der Entfaltung aller orchestralen Möglichkeiten, die ihn auf der ersten Höhe seiner symphonischen Meisterschaft zeigen. Der Orchesterklang erscheint in eigens profilierte Klanggruppen und Solostellen zerlegt, immer neue überraschende Berechnungen wenden sozusagen die Zusammensetzung des Ensembles nach außen. Die klangliche und stilistische Vielfalt der 3 »Tageszeiten«-Symphonien ist tatsächlich unerhört und gipfelt im Adagio der 7. Symphonie in einer »sprechenden« Gesangsszene, bei der Haydn die Opernform der »Szene und Arie« auf die wortlose Instrumentalmusik übertrug: Es handelt sich um ein Recitativo accompagnato für Solovioline und Orchester und eine duettierende Arie für Solovioline und Solovioloncello mit Begleitung des Orchesters, die in eine große Solokadenz mündet. Die Vorstellungshilfen der Symphonietitel erweisen sich bei näherem Zuhören als völlig überflüssig.

Symphonien von 1762 (Hob. I: 9, (25), 14, 36)

In den folgenden 4 (3) Symphonien bewegt sich Haydn nochmals auf der Linie der für Lukavec komponierten Orchestermusik; die *Symphonie Nr. 25* wird sogar von Robbins Landon in ihrer Echtheit angezweifelt, der aus der ebenfalls ziemlich unprofilierten *Symphonie Nr. 9 C-Dur*, wohl wegen ihrer dreisätzigen Anlage *(Allegro molto – Andante – Finale: Menuetto)* nach den viersätzigen »Tageszeiten«-

Symphonien, den wenig symphonischen Charakter einer italienischen Opernouvertüre heraushört. Die viersätzige *Symphonie Nr. 14 A-Dur* dagegen überrascht mit einem kontrapunktisch gearbeiteten, gewichtigen Finale, während die nachfolgende *Symphonie Nr. 36 Es-Dur* außer dieser Tendenz noch Einflüsse Johann Christian Bachs aufweist, vor allem im »singenden Allegro« des *1. Satzes.* Der langsame Satz (*Adagio*) greift zurück auf den konzertanten Stil der »Tageszeiten«-Symphonien (Doppelkonzert für Violino principale und Violoncello solo).

Symphonie Nr. 12 E-Dur (1763)

Im Gegensatz zu den *äußerlich* »klassischen« Zügen der (viersätzigen) Symphonie Nr. 3 steht diese erstaunlich reife Symphonie inhaltlich bereits auf dem Boden des späteren Wiener klassischen Satzes, obwohl sie nur dreisätzig ist, wenn auch mit einem ausgesprochenen Charakter-Finale. An der Haltung des *1. Satzes* kann man die »klassische« Periodik (Verhältnis von Vorder- und Nachsatz) bewundern und am *Adagio*, einem Siciliano-Typus als vertiefte Variante des entsprechenden Satzes aus der *Symphonie Nr. 27*, den »sprechenden« Gestus der motivischen Arbeit.

Symphonie Nr. 13 D-Dur (1763)

Das ist Haydns bislang umfangreichste Symphonie in der äußerlich »klassischen«, viersätzigen Anlage, die später zur Norm wurde. Sie enthält zahlreiche Innovationen, darunter den überraschend leisen Eintritt in die Reprise im *1. Satz*, einen virtuosen Konzertsatz für Violoncello im *Adagio*, ein sehr origenelles Charakter-*Menuett*, das weit in die Zukunft, ja zu Haydns spätesten Symphonien vorausgreift, und vor allem ein gewichtiges *Finale*, dessen Hauptthema nichts weniger als den cantus firmus aus dem Finale der 1788 komponierten, sogenannten *»Jupiter«-Symphonie KV 551* von Mozart vorwegnimmt und im Nachsatz eine scharfe synkopische Bläserstelle aus dem Finale von Beethovens *1. Symphonie.* An solchen erstaunlichen Vorgriffen läßt sich die innere Einheit der 3 Wiener Klassiker, ungeachtet der zeitlichen Abstände und der musiksprachlichen Detailunterschiede, ablesen, aber auch Haydns Grundlegung und Erkundung dieses Stils.

Symphonien Nr. 40 und 72 (1763)

Diese beiden lange Zeit fehldatierten Symphonien (Nr. 40 F-Dur und Nr. 72 D-Dur), beide viersätzig mit dem Menuett an 3. Stelle, fallen besonders durch ihre Konzentration auf das Gewicht des Finales ins Auge: In der *Symphonie Nr. 40* ist es ausdrücklich eine strenge Fuge, in der *Symphonie Nr. 72* ein Thema mit 6 Variationen und abschließender Presto-Stretta. In ihrer Besetzung mit vier, im *1. Satz* ausdrücklich konzertierenden Hörnern kann die Symphonie Nr. 72 als eine Art Vorstudie zu der auf Hornsignalthematik basierenden *Symphonie Nr. 31* (1765) gelten.

Symphonien Nr. 21 – 24 (1764)

Die Reihenfolge der Symphonien des Jahres 1764 ist durch Autographe der Partituren belegt; es handelt sich um viersätzige Werke, zwei davon im Typus der Sonata da chiesa (Nr. 21 A-Dur, Nr. 22 Es-Dur), aber nicht im altertümlichen Triosonaten-Satz, sondern mit durchaus satztechnischen Experimenten versehen. Das Eingangs-*Adagio* der *Symphonie Nr. 21*, wie in der *Symphonie Nr. 22* der gewichtigste Satz, zeigt zum ersten Mal eine folgenreiche Eigenart Haydns, den thematischen Bestand aus einem einzigen Thema heraus zu entwickeln und die Intensität des Ausdrucks zu steigern. Das *Finale* der *Symphonie Nr. 21* wird dadurch aufgewertet, daß es in seiner Haltung eher einem Kopfsatz entspricht; jedenfalls bietet es eine deutliche Steigerung gegenüber dem *2. Satz (Presto)* in rhythmischer und harmonischer Hinsicht. Die Anfangstakte des *Menuetts* weisen auffällig auf den Menuettbeginn der *Kleinen Nachtmusik* Mozarts hin, ein weiterer Beleg für die innere Verwandtschaft der Wiener Klassiker. Der Titel der *Symphonie Nr. 22*, »Der Philosoph« stammt, wie bei fast allen mit Bezeichnungen versehenen Symphonien Haydns, nicht vom Komponisten, ist aber durch zeitgenössische Abschriften überliefert. Meist anekdotischen Ursprungs, enthalten solche Titel wenig konkrete Hinweise auf den Inhalt der Musik, greifen oft nur bestimmte Wesensmerkmale heraus und sind im Grunde unzulässig und unzuverlässig. Robbins Landon meint jedoch, der Titel für die *Symphonie Nr. 22* sei insofern zutreffend, als im 1. Satz *(Adagio)* eine archaisierende thematische Verbindlichkeit auskomponiert ist, die an die alte Technik der Choralbearbeitung erinnert und noch zusätzlich von 2 Englischhörnern statt der gewöhnlichen Oboen vorgetragen wird. Der thematische »Choral« ist zwar Haydns Erfindung, doch stammt das Verfahren der Ausarbeitung aus den Tagen des strengen Satzes; daher der Name »Philosoph«. Ja, Robbins Landon fügt hinzu, der Satz sei ein Musterbeispiel für Haydns spätere, berühmte Äußerung, er habe »moralische Charaktere« in seinen Symphonien dargestellt. Wie dem auch sei, mit der feierlichen Atmosphäre dieses Satzes nimmt Haydn nichts weniger vorweg, als die priesterliche Ebene der »Zauberflöte«, während die restlichen 3 Sätze weit hinter diesen Ernst zurückfallen. In der *Symphonie Nr. 23 G-Dur* fällt die Gestaltung des langsamen Satzes mit einem geradezu obsessiv behandelten Baßmotiv, einer Art »Schleifer«, auf und eine eigentümlich lakonische Grundhaltung. Menuett und Trio sind, ähnlich wie in der *Symphonie Nr. 3* (und später in der *Symphonie Nr. 47*) kanonisch gearbeitet und damit zum Charakterstück aufgewertet; das originelle Finale ist ein turbulentes Jagdstück mit überraschendem Pianissimo-Schluß. Erstmalig wird die Schlußgestaltung einer Symphonie Haydns in die formalen Überlegungen eigens einbezogen.

Mit der *Symphonie Nr. 24 D-Dur* greift Haydn auf den Expansionsdrang der *Symphonie Nr. 17* zurück, besonders im Mittelteil des *1. Satzes*, und in der bewußten Umdeutung des *Finales* vom »Kehraus« zum Hauptsatz mit symphonischer Haltung.

Symphonien von 1765 (Hob. I: 30, 29, 31, 28, 34)

In den 5 Symphonien des Jahres 1765 bis auf Nr. 34 durch Autographe der Partituren belegt, machte Haydn einen deutlichen qualitativen Sprung innerhalb seiner Entwicklung als Symphoniker. Es gibt zwar noch einmal einen Rückfall in die dreisätzige Opern-Sinfonia (Nr. 30), aber sonst nur gezielte Versuche, die innere Dramaturgie der symphonischen Anlage immer wieder neu zu überdenken und überraschende formale Lösungen dafür zu finden.

Symphonie Nr. 30 C-Dur

Zum letzten Mal schreibt Haydn hier ein »Tempo di Menuetto« als Finale, jenen nur äußerlich abschließenden Satzcharakter, der noch keine symphonische Haltung ausprägt. Aber im *1. Satz* entwickelt er das bereits in der *Symphonie Nr. 22* erprobte Verfahren der Choralbearbeitung weiter, und zwar im Bereich der symphonischen Form des Sonatensatzes, diesmal jedoch mit einem cantus firmus gregorianischer Provenienz: Es handelt sich um ein Oster-Alleluja, nach dem die Symphonie auch von den Zeitgenossen benannt wurde, und das in der 2. Violine, also nur implizit, erscheint.

Symphonie Nr. 29 E-Dur

Nach der Symphonie Nr. 12 ist dies Haydn zweite und zugleich letzte Symphonie in der seltenen Tonart E-Dur. Im *1. Satz* überträgt Haydn sein Verfahren, aus einem einzigen Thema den gesamten Satz zu entwickeln (Monothematik), auf den lyrischen Grundcharakter, und legt ein *Finale* vor, das den inneren Höhepunkt der Symphonie bildet und solche Finalsätze wie in den späten »Londoner« Symphonien Nr. 101, 103 oder 104 vorwegnimmt: »Schwerelos wirkend, aber von echter Substanz durchwirkt« (Helmut Wirth).

Symphonie Nr. 31 D-Dur (»Hornsignal«)

Haydns kühne symphonische Experimentierlust vertieft hier den in der früheren *Symphonie Nr. 72* (ebenfalls mit 4 Hörnern) eingeschlagenen Weg mit Variationen-Finale und konzertierenden Hörnern: Als neue zyklische Formidee führt er den ausdrücklichen Zusammenschluß von Anfang und Ende der Symphonie herbei, indem er das Werk mit genau dem Beginn des *1. Satzes* zum wirkungsvollen Abschluß bringt, den er dort beim Eintritt der Reprise bewußt ausgespart hat. Zugleich greift er die Verschränkung von Sinfonia concertante, Serenade, Divertimento und Concerto grosso der 3 »Tageszeiten«-Symphonien von 1761 wieder auf und fügt die typische Signalthematik der Hörner hinzu. Nochmals läßt er, außer den 4 Hörnern, auch Solisten des Orchesters zu Wort kommen (Flöte, Violine, Violoncello, Kontrabaß), um die Qualität seiner Musiker ins rechte Licht zu rücken. Das *Adagio* ist ein echter Konzertsatz für Solovioline und Solovioloncello mit Begleitung der obligaten Hörner, gestützt vom Streichorchester.

Symphonie Nr. 28 A-Dur

Im *1. Satz* verwirklicht Haydn seine Idee der monothematischen Gestaltung konsequent im rhythmischen Bereich (im Gegensatz zur lyrischen Grundhaltung der *Symphonie Nr. 29*), was der Musik einen gewissen unerbittlichen Zug verleiht. Der bewußte Umgang mit dem Wechsel von Auf- und Abtakt gehört unmittelbar zum späteren Grundbestand des zentralen Wiener klassischen Satzes; auch hier erweist sich Haydn einmal mehr als bahnbrechender Experimentator. Das rhythmische Feuerwerk bietet ihm zugleich die Möglichkeit, den Satz von innen heraus zu dramatisieren, einen niemals nachlassenden Spannungsbogen zu realisieren. Nach dem Ereignis dieses Satzes wirken die restlichen Sätze weniger brisant; das *Finale* wurde möglicherweise, wie Robbins Landon meint, erst nachträglich hinzugefügt.

Symphonie Nr. 34 d-moll

Am Ende seiner Dienstzeit als Vizekapellmeister bei den Fürsten Esterházy komponierte Haydn seine erste Symphonie in einer Molltonart. Mit der Umstellung der ersten beiden Sätze orientierte er sich – zum vorletzten Mal – an der Form der Sonata da chiesa, freilich diesmal bereichert um das von Carl Philipp Emanuel Bach entwickelte Ausdrucksprinzip der neuen, subjektiven Innerlichkeit und der schroffen Kontraste (1. Satz). Damit war bereits das Arbeitsfeld angeschlagen, auf dem sich Haydn in den folgenden Jahren bewegte.

Symphonien der Jahre 1766–1769

Als Nachfolger Gregorius Joseph Werners, der am 5. März 1766 starb, wurde Haydn erster Kapellmeister im Dienste des Fürsten Nikolaus Esterházy und blieb bis 1790 in diesem Amt. Bereits in den ersten Jahren seiner neuen, verantwortungsbewußten Tätigkeit beschritt der Symphoniker Haydn ganz ungewohnte Wege und näherte sich der oft als »Krise« bezeichneten Stilphase, die Anfang der 70er Jahre zu unerhörten musikalischen Konflikten, ja Abgründen im Bereich des Ausdrucks führte, von denen noch die Rede sein wird.

Symphonie Nr. 39 g-moll

Individueller hätte Haydn seinen Amtsantritt als Kapellmeister kaum gestalten können als mit dem Tonfall dieser ersten Moll-Symphonie von innerem und äußerem Gewicht. Sie ist weitaus bedeutender als die frühere *d-moll-Symphonie Nr. 34* und vor allem zukunftsweisender. Mit dem Agitato-Charakter und der thematischen Gestalt des Anfangs schlägt Haydn eine erstaunliche Brücke zu Mozarts über 20 Jahre später komponiertem Streichquintett in derselben Grundtonart. Es ist der musikalische Durchbruch zu einer Ausdruckshaltung, die alle Konventionen hinter sich läßt, und sie wird zugleich bewußt gesteuert durch die Vertiefung des monothematischen Prinzips, indem jetzt das Seitenthema nicht mehr verhindert wird, sondern ausdrücklich als Ableitung aus dem Hauptthema erscheint.

Ein weiteres Einheitsprinzip ist der durchgehende Achtel-Impuls, eben jener Agitato-Charakter, der aus der italienischen Oper kommt (aria agitata), hier aber innerlich verwandelt und ganz im instrumentalen Geist auftritt. Diese Art der geradezu nervösen Unruhe zeigt Haydns Absicht, den früheren, häufig »galanten« Tonfall tendenziell aufzugeben und in Tiefenschichten des musikalischen Ausdrucks vorzustoßen. Zwar stehen die Mittelsätze (noch) nicht auf derselben Höhe, doch ist es immerhin sehr auffällig, daß der unerbittliche Moll-Charakter sowohl im Menuett als auch – entgegen der Konvention – im wieder sehr dicht gearbeiteten Finale beibehalten wird. Möglicherweise hat Haydn die ebenfalls 1766 komponierte und ähnlich erstaunliche *g-moll-Symphonie* Johann Christian Bachs *op. 6 Nr. 6* gekannt und sich davon anregen lassen.

Symphonie Nr. 35 B-Dur (1767)

Haydns Partiturautograph ist mit dem Schlußdatum »1. Dezember 1767« versehen; außer der ein Jahr später datierten *Symphonie Nr. 49* ist es das einzige erhaltene Autograph der ersten Symphoniephase Haydns nach seinem Antritt als führender Kapellmeister der Esterházy. Im *1. Satz* überträgt Haydn sein neues monothematisches Verfahren, verbunden mit der Vertiefung der motivischen (auch: kontrapunktischen) Arbeit, auf einen noch viel weiter ausgreifenden Satzzusammenhang (177 Takte gegenüber den 115 Takten des Kopfsatzes der g-moll-Symphonie) und schreibt eine erheblich gewichtigere Durchführung als zuvor, bleibt also niemals auf dem einmal erreichten Stand des Komponierens stehen. Das lakonische *Andante* steckt voller dynamischer und motivischer Überraschungen, und das *Finale* weist bereits voraus auf den 1. Satz der späteren *Symphonie Nr. 74*.

Symphonie Nr. 59 A-Dur (»Feuersymphonie« 1767)

An dieser Symphonie ist einiges sehr rätselhaft: Bereits der Titel stammt, wie so oft, nicht von Haydn, sondern findet sich nur in einer zeitgenössischen Wiener Abschrift, und der Anlaß, für den Haydn die Symphonie komponiert haben könnte, ist nicht bekannt. Nur der Vermerk in einer Schweriner Abschrift verweist auf eine vermutliche Wiederaufführung in Schloß Esterháza (heute: Fertöd) im Jahr 1774 als »Zwischenactmusik« für das Schauspiel »Die Feuersbrunst« von Gustav Friedrich Wilhelm Grossmann. Falls Haydn die Symphonie tatsächlich als Bühnenmusik komponiert hat, dann wäre damit der verblüffend kontrastreiche Charakter des *1. Satzes* erklärbar mit seinem raschen Wechsel von zupackendem Drängen und erstauntem Innehalten. (Die Verbindung von Bühnenmusiken und Symphonien beschäftigte Haydn verstärkt in den Jahren 1773–1781). Der dramatische Impuls, der den *1. Satz* der Symphonie Nr. 59 beherrscht, zeigt jedenfalls, welche frischen Kräfte Haydns Begegnung mit dem Theater seiner Symphonik zuführen konnte. Das in anderer Hinsicht bemerkenswerte *Finale* nimmt nichts Geringeres als den Beginn des Finales der *»Londoner« Symphonie Nr. 103* vorweg (Horn-Motto). Und die beiden Mittelsätze sind zum erstem Mal durch thematische Ableitung enger miteinander verknüpft.

Symphonien von 1768 (Hob. I: 38, 49, 58, 26)

Die Grundbesetzung des Esterházy-Orchesters bestand aus je 2 Oboen und Hörnern, gelegentlich einer Flöte und vor allem aus dem Streicherkörper mit Luigi Tomasini als hervorragendem Konzertmeister. Für besondere Anlässe wurden Trompeten und Pauken herangezogen, wie in der ersten größer besetzten Esterházy-Symphonie Haydns, der *Symphonie Nr. 38* C-Dur (die früheren »Tageszeiten«-Symphonien bilden einen Sonderfall). Bis Mitte der 70er Jahre ist die Besetzung »a 8« in Haydns Symphonik die unumstößliche Norm, und man kann sich nur wundern, was er diesem, oberflächlich betrachtet nur wenig attraktiven Instrumentarium klanglich zu entlocken vermochte; erst beim Hören wird dieser Reichtum offenbar. Mit seiner typischen Fanfaren-Melodik gehört der *1. Satz* der *Symphonie Nr. 38 (Allegro di molto)* zwar in die Konvention der Trompeten-Symphonik der Frühzeit Haydns, aber entscheidender ist die großflächige Anlage mit ihrem weiten symphonischen Atem, der Gegenpol zu der dramatischen Verdichtung der Symphonien Nr. 35 oder 39. Im langsamen Satz *(Andante molto)* experimentiert Haydn mit dem Opernmodell der Echowirkungen zwischen den beiden Violinen (die zweite mit Dämpfer), und im Trio des *Menuetts* konzertiert bereits die Solooboe, die im *Finale (Allegro di molto)* eine der hervorstechenden Ebenen vertritt, mit denen Haydn wieder eine neue Art der Verknüpfung gegensätzlicher Formprinzipien anstrebte: symphonische, kontrapunktische und flächige Wirkungen treten in Konkurrenz zu ausgreifenden Soloepisoden der Oboe. Dagegen könnte die *Symphonie Nr. 49 f-moll* mit dem nicht authentischen Titel »La passione« und ihrer Abfolge der ersten beiden Sätze im Sinne der Sonata da chiesa (Adagio – Allegro di molto) als Rückfall in eine frühere Phase gelten, wenn da nicht der Wille Haydns zu spüren wäre, mit den expressiven Errungenschaften der Symphonie Nr. 39 seine letzte Symphonie im Typus der Kirchensonate abzuschließen. Bereits die auffällige Seufzer-Motivik des *Adagios* spricht dafür, aber auch der vorwärtsdrängende, pulsierende, teilweise heftig zufahrende Tonfall des *2. Satzes* und vor allem des *Finales (Presto)*. Eindrucksvoller hätte Haydn seine Experimente mit den älteren Formen nicht zusammenfassen können.

Dagegen wirkt die kleinformatige *Symphonie Nr. 58 F-Dur* wenig profiliert, auch wenn ihre thematischen Prägungen, die »Beseelung« der musikalischen Gestalten eine Datierung um 1768 durchaus nahelegen. Im *Presto-Finale* sieht man sich sogar mit unerwarteten Kontrasten konfrontiert.

Ein letztes Mal beschäftigte sich Haydn mit dem Verfahren der Choralbearbeitung in der *Symphonie Nr. 26 d-moll* (»Sinfonia lamentatione« in zeitgenössischen Abschriften genannt): Es handelt sich um ein Werk für die Karwoche; daher die Verwendung einer gregorianischen Passionsmelodie im *1. Satz* (erstmalig bei Haydn mit *Allegro assai con spirito* bezeichnet) und einer Lamentationsmelodie im *2. Satz (Adagio)*. Und zum letzten Mal ist das *Finale* ein Menuett. Die ersten beiden, ungleich wertvolleren Sätze sind ein Musterbeispiel für das im 18. Jh. gepflegte »sprechende« Genre in der Instrumentalmusik, allerdings für heutige Hörer ohne die Kenntnis der verwendeten Melodien kaum noch nachvollziehbar.

Symphonie Nr. 41 C-Dur (1769)

Die formalen und inhaltlichen Probleme des großen symphonischen Kopfsatzes beschäftigten Haydn unablässig weiter; in dieser Symphonie erreicht er die vorerst größte Ausdehnung (202 Takte) mit einer, erstmals auftretenden, sogenannten »Scheinreprise« genau in der Mitte des Satzes – eine weitere Errungenschaft in Haydns Reservoir an neuartigen formalen Strategien. Mit seiner bereits klassischen Periodengliederung (deutlich ausgeprägtes Verhältnis von Vorder- und Nachsatz am Anfang), der abgestuften Form-Artikulation nach charakteristischen Abschnitten und der teilweise fanfarenhaften Melodik – es handelt sich wieder um eine größer besetzte Symphonie mit Trompeten und Pauken – scheint die C-Dur-Welt der »Londoner« *Symphonie Nr. 97* bereits aufzublitzen. Nach dem langsamen Konzertsatz (Soloflöte) fallen das altertümliche *Menuett* und das »Kehraus«-*Finale* ziemlich ab. Das innere Gleichgewicht in der Satzfolge erreichte Haydn erst mit der folgenden Symphonie.

Symphonie Nr. 48 C-Dur (»Maria Theresia« 1769)

Das ist die erste wirklich reife symphonische Leistung innerhalb der langen Entwicklung der frühen Symphonik Haydns. Der Beiname dagegen, wieder nicht authentisch, ist irreführend, denn weder kann von einem Zusammenhang mit der Kaiserin die Rede sein, noch mit ihrem Besuch, der erst 1773 auf Schloß Esterháza stattfand. Insgesamt noch großartiger und »festlicher« als das Schwesterwerk Nr. 41 offenbart diese in sich geschlossene Symphonie »Haydns schöpferische Kraft, nunmehr voll entwickelt und geschärft« und zeigt uns »eine besonders konzentrierte Dosis dieser C-Dur-Energie« sowie »eine unverkennbare geistige Unrast« (Robbins Landon), vor allem in der chromatisch beginnenden Durchführung des gewichtigen Finales, deren Unruhe sich auch noch der Reprise mitteilt. Erstmals in Haydns Symphonik greift hier die Durchführung auf die Reprise über – auch dies eine der zukunftsweisenden formalen Ideen des unermüdlich experimentierenden Haydn.

Symphonien der Jahre 1771–1772

Der neue Ton, der sich in Haydns Musik nach seiner einzigen, längeren Krankheit um 1770 bemerkbar machte, und zwar sowohl in der Symphonik als auch in den Streichquartetten op. 17 und vor allem op. 20, wurde (und wird) häufig als Ausdruck einer persönlichen »Krise« des Komponisten gedeutet, sozusagen als psychosomatische und zugleich kompositorische Reaktion auf die Mitte des Lebens, eines Lebens mit einer ungeliebten Frau und in der Abgeschiedenheit von Esterháza. Außenkontakte und internationaler Ruf kamen erst in den achtziger Jahren hinzu, doch sollte man vorsichtig sein mit der Übertragung persönlicher Konflikte auf Schaffensprobleme. Der Gärungsstoff, dem sich Haydn Anfang der 70er Jahre in seiner symphonischen Sprache überließ, war jedenfalls eine weitere Etappe auf der Suche nach einem Individualstil und nicht nur eine, wenn auch außerordentliche, stilistische Sackgasse. Der angeblich so solide Haydn läßt in den Symphonien der Jahre 1771 (Hob. I: 44, 52, 43, 42, 51) und 1772 (Hob. I: 45, 46, 47) tiefer in seelische (und musiksprachliche) Abgründe blicken als sonst.

Symphonie Nr. 44 e-moll (»Trauersymphonie«)

Die Reihe der Symphonien mit der neuartigen musikalischen Haltung, deren innere Unruhe man auch mit dem literarischen Ereignis des »Sturm und Drang« in Verbindung bringen wollte, obgleich Haydn zu dieser Zeit wenig literarisches Interesse bekundete, diese Reihe also beginnt mit einer Symphonie, deren Beiname nicht von Haydn stammt. Haydn soll jedoch gesagt haben, das der innige *Adagio*-Satz in E-Dur zu seinem Begräbnis gespielt werden solle. Die schroffen *Ecksätze* dagegen und die kunstvolle Struktur des *Menuetts* (Kanon in der Oktave) haben mit dem Aspekt der »Trauer« nichts zu tun, eher mit Trotz und Aufbegehren, jedenfalls mit einer musikalischen Sprache, die gewissermaßen ihr Inneres nach außen kehrt und kaum noch Rücksichten auf Hörgewohnheiten nimmt. Zum ersten Mal schreibt Haydn ein Allegro mit dem Zusatz »con brio« vor und meint damit den C h a r a k t e r der Musik, ihre kontrastreiche Schärfe und das nervöse Pulsieren. Neben das bereits früher etablierte Verfahren der einheitsstiftenden Monothematik tritt jetzt die einheitliche Grundhaltung.

Symphonie Nr. 52 c-moll

Angesichts des überragenden Durchbruchscharakters dieser ersten c-moll-Symphonie Haydns ließ sich der sonst eher sachliche Robbins Landon zu der Bemerkung hinreißen, hier handle es sich um eine »feurige Explosion, die selbst in den düsteren Werken Haydns dieser Periode keinen Vorgänger« habe und sprach vom »wilden Jagen des Finales«, das »wie ein einsames, mächtiges Denkmal« das Genie des Komponisten offenbare: »Wäre Haydn 1774 gestorben, hätte diese eine c-moll-Symphonie genügt, ihm einen besseren Nachruf zu sichern, als er jenen begabten vorklassischen Komponisten beschieden war, deren Andenken allein durch die graugebundenen ›Denkmäler der Tonkunst in Österreich‹ erhalten bleibt« – ein hartes, aber sicher berechtigtes Urteil. Es scheint, als verschaffe sich Haydns »Originalgenie« zum ersten Mal in voller Konsequenz Gehör; selbst das *Menuett* wird zum eher mürrischen Charakterstück umgedeutet, und das auskomponierte Fragezeichen vor den abrupten, harten Schlußschlägen des *1. Satzes* zeigt Haydns symphonisches Ingenium auf der weiteren Suche nach neuartigen formalen Lösungen.

Symphonie Nr. 43 Es-Dur (»Merkur«)

Die Tendenz zur selbständigen Coda eines Satzes, im Ansatz in der Coda des Kopfsatzes der *Symphonie Nr. 52* realisiert, verfolgte Haydn im Finale der *Symphonie Nr. 43* weiter und schrieb hier eine, im übrigen völlig unerwartete Coda von 40 Takten, die ebenso feinsinnig erscheint wie der harmonische Grundcharakter des gesamten Werkes. Woher allerdings der Titel stammt, und was er bedeuten mag, das entzieht sich unserer Kenntnis; Robbins Landon vermutet eine Wiederaufführung der Symphonie als Zwischenmusik einer der zahlreichen Schauspielaufführungen in Esterháza. Nach den beiden stürmischen Symphonien Nr. 44 und 52 wirkt diese Es-Dur-Symphonie wie ein kammermusikalisches Intermezzo; die Mittel sind hier kaum weniger avanciert, dafür aber verfeinerter.

Symphonie Nr. 42 D-Dur

Bereits die differenzierten Satzbestimmungen zeigen Haydn auf der Suche nach neuen Ausdruckscharakteren: Dem breit ausgeführten, etwas theatralischen *Kopfsatz* entspricht die Grundhaltung des »Maestoso«, der neuartig empfindsame Tonfall des langsamen Satzes führte Haydn im Autograph sogar dazu, sich von der mitunter angewandten, »gelehrten« Schreibweise (etwa in der kontrapunktischen Stimmführung der Takte 34 ff.) mit der Eintragung zu distanzieren: »Dieses war vor gar zu gelehrte Ohren!« Das *Menuett* ist ein scherzoartiges Charakterstück und das Finale eine jener überraschenden Formmischungen Haydns (Variationen in Rondoform), die ihn bis zu den späten »Londoner« Symphonien beschäftigten. Die etwas äußerliche, theatralische Haltung des *1. Satzes* ist jedoch nur eine Seite, denn der Verlauf dieser Musik gerät alsbald auf komplizierte harmonische Abwege, vor allem in der ausgedehnten und vielgestaltigen Durchführung.

Symphonie Nr. 51 B-Dur

Abgesehen von dem knappgefaßten *Rondo-Finale* mit seinem typischen, humorvollen Haydn-Thema geht es in dieser Symphonie nicht um einen einheitlichen, strengen Grundcharakter, sondern um die Vielfalt der Gestaltungsmöglichkeiten und die Verschiedenartigkeit der Sätze untereinander; Haydn scheint hier die Reihe der Symphonien des Jahres 1771 bewußt zusammenfassen zu wollen, indem er die erreichten Mittel getrennt zur Anwendung bringt. Bereits die kleingliedrige Anlage des *1. Satzes* spricht dafür: Überraschend ist nicht nur der »offene« (auftaktige) Anfang und der erste Eintritt des vollen Orchesters in der parallelen Molltonart (g-moll), sondern auch die durchweg experimentelle Haltung der weiträumigen Durchführung, bei der Haydn alle jene Künste des »Wegschneidens« und »Wagens« aufbietet, von denen er selbst im Zusammenhang mit seinem Zwang zur »Originalität« in der Abgeschiedenheit von Esterháza gesprochen hat. Im *Adagio* greift er nochmals zur Idee des symphonischen Konzertsatzes mit Solooboe und zwei in extremen Lagen geführten Hörnern. Das Experiment der höchsten und tiefsten Horntöne ist dabei rein klanglicher Art. Das thematisch auf den Auftakt des *1. Satzes* zurückgreifende *Menuett* enthält, als weiteres Moment der Vielgestaltigkeit, zwei statt des üblichen einen Trios, wieder mit obligaten Hörnern im 2. Trio.

Symphonie Nr. 45 fis-moll (»Abschiedssymphonie«)

Diese bedeutendste Symphonie Haydns aus den 70er Jahren ist zu Unrecht als »Abschiedssymphonie« bekannt geworden, denn jene Anekdote von Haydns (musikalischem) Eintreten für seine erholungsbedürftigen Musiker, als der Fürst nach einer sehr anstrengenden Saison länger als gewöhnlich in Esterháza bleiben wollte anstatt in die Winterresidenz Eisenstadt aufzubrechen, bezieht sich ohnehin nur auf den wehmütigen Abschiedsgestus des *Finales*, niemals auf den geradezu monomanischen Grundcharakter des *1. Satzes* in der sehr entlegenen Tonart fis-moll. Es gibt denn auch eine ganz andere Erklärung für die ungewöhnliche formale Anlage der Symphonie: Der französische Komponist Nicolas-Etienne Framery berichtete 1810 in seiner »Notice sur Joseph Haydn«, der an Depressionen leidende Fürst Esterházy habe mit dieser Symphonie aufgeheitert werden sollen. Die milde Melancholie des Schlusses sei demnach von Haydn als Tröstung beabsichtigt gewesen, doch machte das bei der Aufführung keinerlei Eindruck auf den Fürsten, so daß Haydn am nächsten Tag um seine Entlassung gebeten haben soll. Wie dem auch sei, die musikalische Haltung der fis-moll-Symphonie steht in dieser Zeit auf einsamer Höhe, ja sie greift im *1. Satz* sogar weit auf Schuberts h-moll-Symphonie voraus; es gibt zunächst gar kein Seitenthema, alles ist dem Gestus der Verzweiflung unterstellt. Als Insel trügerischen Glücks wird es erst in der Durchführung nachgeholt, um dann eine noch größere Irritation im Satzverlauf zu provozieren. Erstmals ist die Reprise als Konsequenz der Durchführungsereignisse gestaltet; es geht jetzt wirklich, wie Brahms später von dem symphonischen Anspruch gesagt hat, »um Leben und Tod«, und die harmonischen Eintrübungen lassen sich bis in den zarten Gesang des *langsamen Satzes* und den barschen Grundcharakter des *Menuetts* (in Fis-Dur!) verfolgen. Haydn erreichte in der Symphonie Nr. 45 einen vorerst nicht zu überbietenden Grenzgang des Ausdrucks.

Symphonie Nr. 46 H-Dur

Nach dem äußerst angespannten Tonfall der sogenannten »Abschiedssymphonie« wirkt die Haltung der Symphonie in der bei Haydn singulären Tonart H-Dur zwar gelassener, aber dafür stärker konstruktiv verankert: Das Gewicht des Finales wird, ähnlich wie in der vorhergehenden Symphonie, durch eine neuartige Satzverschränkung herbeigeführt, hier als deutliche Wiederkehr des *Menuetts* innerhalb der Satzentwicklung, und zwar nicht als bloßes »Zitat«, sondern als Antwort auf den *3. Satz*; denn die Wiederkehr des Menuetts ist dessen Spiegelform. Hier kündigt sich bereits die strenge konstruktive Arbeit der nachfolgenden und letzten Symphonie des Jahres 1772 an.

Symphonie Nr. 47 G-Dur

Wir kommen nun zu einem Vorgriff auf die musikalische Welt Mozarts: Bekanntlich hat sich Mozart, zusammen mit den späteren Symphonien Nr. 62 und 75, für diese Symphonie besonders interessiert, und tatsächlich griff er das anfängliche Marschmotiv (in seinem *Klavierkonzert KV 459*) ebenso auf wie das Variationsthema des *2. Satzes* (im Variationssatz der *Bläserserenade KV 361*) und vor allem die konstruktive Idee des Menuetts »al roverso« (Krebsgang) im Trio der *Bläserserenade KV 388* in c-moll. Das musikalische

Palindrom, die von vorne und von hinten zu lesende und spielende Partitur, die Haydn hier als Extrempunkt seiner konstruktiven Arbeit entwarf, mochte Mozart in ihrem Anspruch der kompositorischen Gedankenarbeit besonders angesprochen haben, aber sicher auch die irreguläre Harmonik, etwa das Hinauszögern der Auflösung von Dissonanzen, und der stilisierte Marschcharakter des *1. Satzes*. Der Schmiß der ungarischen Intonationen des *Finales* dagegen ist ganz Haydns Eigenart.

Symphonien der Jahre 1773–1774

Ob der nun erfolgte, stärkste stilistische Einschnitt innerhalb der Entwicklung des Symphonikers Haydn eine Zeit der »Klärung« (W. Marggraf) war, erscheint fraglich; fest steht jedenfalls, daß bis 1781 der Opernkomponist Haydn im Vordergrund stand und die Symphonien dieser Jahre von der musikalischen Welt der opera buffa geprägt wurden, aber auch von Schauspielmusiken. Zwischen den beiden A-Dur-Symphonien des Jahres 1773 (Hob. I: 65 und 64) komponierte Haydn mit der *Symphonie Nr. 50 C-Dur* (mit Trompeten und Pauken) einen jener Zwitter aus Schauspielmusik und Symphonie, die das Erscheinungsbild seiner symphonischen Produktion der nächsten Jahre bestimmten. Während die Schauspielmusiken für die *Symphonien Nr. 65* und *64* nicht bekannt sind, weiß man, daß die ersten beiden Sätze der *Symphonie Nr. 50* mit der Ouvertüre zum Prolog der Marionettenoper »Philemon und Baucis« identisch sind; nach Robbins Landon wurden die beiden restlichen Sätze etwas später hinzugefügt. Zum ersten Mal begegnet in dieser Symphonie eine langsame Einleitung, doch noch nicht im Sinne der späteren, rein innermusikalischen Hinführung zum Allegro, sondern aus äußeren, theatralischen Gründen. Das nachfolgende *Allegro di molto* enthält dann das typische Satzbild der Symphonien der neuen, von der opera buffa geprägten Stilphase Haydns: Trommelbässe und Akkordmotivik, weniger plastische Thematik, dafür einen eher äußerlichen dynamischen Zug des Ganzen. Es scheint, als habe sich nun Haydn Mittel der äußeren Wirkung zunutze gemacht, um sich von einer ganz anderen Seite der späteren Wiener klassischen Haltung zu nähern.

Symphonie Nr. 64 A-Dur (»Tempora mutantur«)

Diese mit Abstand interessanteste Symphonie des Jahres 1773 gibt hinsichtlich ihres in den originalen Stimmen verzeichneten Titels Rätsel auf: Es handelt sich um ein an Ovid angelehntes Epigramm von John Owen (1565–1622), das sich auf die Vergänglichkeit des Menschen bezieht und im Fall der Haydn-Symphonie möglicherweise die stilistische Vielfalt der 4 Sätze meint. Der *1. Satz* stellt den satztechnischen Sonderfall eines Streichquartettsatzes dar, eine weitere, sehr originelle Seite der symphonischen Sprache Haydns; der *2. Satz* ist geradehin ein Vorläufer des Largo-Typus in den Symphonien Nr. 75 und vor allem Nr. 86 und 88, zugleich eine deutliche Reverenz an das »redende Prinzip« der Musik Carl Philipp Emanuel Bachs (»sprechende« Pausen und abgründiger Schluß), das *Menuett* überrascht durch thematische Verklammerungen und das *Finale* mit einem überaus originellen, irregulären Rondo-Thema sowie abrupten dynamischen Ausbrüchen.

Symphonien Nr. 54–57 (1774)

In diesen vier, durch Autographe belegten Symphonien differenziert Haydn die Einflüsse des Tonfalls aus der opera buffa und macht sie seiner symphonischen Haltung dienstbar. Die prägnante Kurzmotivik (Akkordbrechungen und rhythmische Gestik) bestimmt das Satzbild, aber auch die großflächige, meist sehr einfache Harmonik. Für die *Symphonie Nr. 54 G-Dur* verlangt Haydn zum ersten Mal die volle Besetzung des klassischen Orchesters mit Ausnahme der Klarinetten, die erst in den letzten 6 »Londoner« Symphonien den Holzbläsersatz vervollständigen, und schreibt eine langsame Einleitung zum Presto im Maestoso-Tonfall, die dann in der spannungsvollen Hinführung zum Hauptsatz in der *Symphonie Nr. 57 D-Dur* sogar noch überboten wird. Erst hier wird der »atmosphärische« Charakter der symphonischen Einleitung von der handgreiflichen Vorstellung befreit, es öffne sich der Vorhang; nunmehr handelt es sich um einen innermusikalischen Vorgang. In der *Symphonie Nr. 54* erinnert die, im übrigen um die Hälfte kürzere, langsame Einleitung noch an die ältere Intrada-Tradition, wurde möglicherweise auch erst später hinzugefügt. (In etlichen Abschriften fehlt sie). Die beiden Ecksätze sind nicht nur durch dasselbe Tempo *(Presto)*, sondern auch thematisch miteinander verbunden, während der langsame Satz die bei Haydn (und auch sonst kaum anzutreffende) einmalige Bezeichnung *Adagio assai* trägt. Der tiefempfundene Ausdruck und der weite Atem, von dem er getragen wird, gehört zu den eindrucksvollsten Leistungen des Symphonikers Haydn überhaupt.

Der wohl authentische Titel der *Symphonie Nr. 55 Es-Dur*, »Der Schulmeister«, dürfte sich in erster Linie auf die Variationstechnik des *2. (Adagio ma semplicemente)* und

4. Satzes (Finale: Presto) beziehen, vielleicht auch auf den prononciert altväterischen, bedächtigen Charakter des *Menuetts*, weniger auf den kontrastreichen *1. Satz*, der aber doch, wie Jens Peter Larsen bemerkt hat, von einem geradezu didaktisch klaren Aufbau ist: Exposition und Reprise enthalten gleichermaßen dreimal 22 Takte (!) – ein hintergründiger Witz der Gestaltungskraft Haydns, während der Humor des langsamen Variationensatzes mit seinem Staccato-Charakter unmittelbar verständlich ist. Geistreich wird dieser Humor dann im *Finale*, das wieder die von Haydn bevorzugte Formmischung aus Rondo und Variationstechnik aufweist und voller Überraschungen steckt.

Den Höhepunkt der Symphonien des Jahres 1774 bildet zweifellos jene letzte und glänzendste *C-Dur-Symphonie* mit Trompeten und Pauken aus Haydns mittlerer Periode als Symphoniker (Nr. 56), die in ihrem *1. Satz* so nahe an die spätere musikalische Sprache Mozarts heranzurücken scheint, daß man sich nur wundern kann. Dies betrifft sowohl das kantable Seitenthema als auch die Gestaltung des Anfangs: Auf eine, das musikalisch Allgemeine verkörpernde Fanfare folgt, in schroffem Kontrast, genau jene verhaltene Wendung, die sich Mozart zum Motto seiner letzten opera buffa *Cosi fan tutte* (1790) erkoren hat, als das musikalisch Besondere gewissermaßen. Robbins Landon macht außerdem auf die neuartigen klanglichen Feinheiten der Paukenbehandlung und vor allem auf die erstmals obligate Führung des Fagotts (bislang in Haydns Symphonien nur baßstützend vorgeschrieben) im *Adagio*-Satz aufmerksam und spricht da mit Recht von einem Falstaff-Humor dieses Instruments.

Symphonie Nr. 60 C-Dur (1774)

Bei dieser sechssätzigen Symphonie »Per la Commedia intitolata il Distratto« handelt es sich um die Bühnenmusik zu der deutschen Übersetzung des Schauspiels »Le Distrait« (»Der Zerstreute«) von Jean François Regnard (1655–1709), zugleich aber um einen »Musikalischen Spaß«, Haydns, den er später als »den alten Schmarn« abqualifizierte. Wahrscheinlich störte ihn der ungeheure Erfolg, den diese Musik damals erzielt hat, doch enthält die Partitur eine solche Fülle an Überraschungen und experimentellem Geist, daß Haydns Urteil eigentlich nicht gerechtfertigt erscheint. Jens Peter Larsen nennt sie eine »Populärmusik mit hohem Niveau«, und die Zeitgenossen sprachen sogar von einem Meisterstück. Das stilistische Spektrum der Symphonie ist außerordentlich weit: Es reicht von Orchesterwitzen der opera buffa (Umstimmen der Violinsaiten im *6. Satz*) und neuartigen Ideen wie etwa der auskomponierten Beschleunigung am Ende des *5. Satzes* über die schroffen Kontraste des ersten (mit auskomponiertem Verklingen vor dem Ausbruch) und die »Abendstimmung« (Robbins Landon) des *2. Satzes* bis zu der choralartigen Haltung in der Thematik des »Lamentatione«-Satzes, die sich auf ein Moment der Handlung des Schauspiels bezieht (Léandre ringt aus Verzweiflung die Hände). Insgesamt stellt die Symphonie Nr. 60 eines der kühnsten musikalischen Experimente Haydns dar.

Symphonien der Jahre 1774–1781

Haydns Ruhm als Symphoniker drang allmählich aus den Mauern von Esterháza in die europäische Musikwelt: Zahlreiche Abschriften und erste Druckausgaben (in Paris, später in Berlin und Amsterdam) machten die Musikwelt mit einem Symphoniker bekannt, der alsbald als der führende Instrumentalkomponist in Europa angesehen wurde. Die Produktion von 13 Symphonien in dem Zeitraum von 1774 bis 1781 ist nicht durch Autographe belegt, so daß eine Chronologie hypothetisch bleiben muß. Einzig die beiden bei Hummel in Berlin und Amsterdam erschienenen Sammeldrucke (1779: Nr. 66–68, 1781: Nr. 62, 63, 70, 71, 74, 75) geben einen ungefähren Hinweis, wenngleich die dort zusammengefaßten Symphonien keineswegs innerlich zusammengehören. Die Stilphase des Symphonikers Haydn zwischen 1774 und 1781 ist äußerst heterogen, enthält meist eher »repräsentative« Werke, aber auch weitere bedeutende Beiträge zu Haydns musikalischem Laboratorium, in dem das allmählich sich herauskristallisierte, was wir heute den Wiener klassischen Satz nennen.

In diesem Zeitraum des letzten Gärungsprozesses vor dem Eintritt Haydns in die zentrale musikalische Klassik (d. h. mit den Symphonien Nr. 76–81 von 1782–1783) fallen, in der hypothetischen Datierung von Robbins Landon, die Symphonien Nr. 68, 66 und 61 (1774–1776), Nr. 69, 67 und 53 (1776–1778), Nr. 63, 70, 75, 71 und 62 (1779–1780) und schließlich Nr. 74 und 73 (1780–1781). Das »Musikalische Kunstmagazin« in Berlin rühmte nach Erscheinen der Druckausgabe von 1781 Haydn als einen Komponisten, der wie kein anderer »so viel Eigenheit und Mannigfaltigkeit mit so viel Annehmlichkeit und Popularität« zu verbinden verstehe, und ein Jahr später hieß es in Cramers »Magazin der Musik« über die Symphonie Nr. 73, Haydns Kopf sei »in neuen Ideen unerschöpflich« und stelle »alle schlechten Symphonieschreiber« in den Schatten.

Symphonien Nr. 68, 66, 61 (1774–1776)

Zum letzten Mal steht in der *Symphonie Nr. 68 B-Dur* das *Menuett* an 2. Stelle, wohl wegen der Länge und Bedeutung des *Adagio cantabile (3. Satz)*, das nicht nur auf die großen Adagio-Sätze der späten Symphonien vorausweist, sondern auch von jener Innigkeit getragen ist, die den Tonfall Mozarts bestimmt. In den Ecksätzen dagegen macht sich eine eher musikantische Haltung bemerkbar, die erst in den *Symphonien Nr. 66 B-Dur* und *Nr. 61 D-Dur* einer kontrastreicheren Anlage weicht. Im Kopfsatz der Symphonie Nr. 66 operiert Haydn sogar mit extremen Wechseln der Haltung, obgleich das Seitenthema eine bloße Episode im Satzverlauf bleibt, während im *1. Satz* der *Symphonie Nr. 61* mit seiner obligaten Holzbläserführung eine jener flächigen, großzügigen Formen vorliegt, die das Wesen der von der opera buffa beeinflußten Symphonien dieser Jahre ausmachen. Die episodischen, auffälligen Bläserkadenzen treten wie eigene Gestalten in den Satzverlauf ein, und auch leise chromatisch schleichende Überleitungspassagen künden von der Welt des Theaters. Sie strahlen sogar noch aus auf das *Prestissimo-Finale* der *Symphonie Nr. 61*, das ohnehin als Musterbeispiel für die Geistesgegenwart von Haydns musikalischer Haltung gelten kann.

Symphonie Nr. 69 C-Dur (»Laudon« um 1776)

Der Name dieser bedeutendsten Symphonie Haydns aus der 2. Hälfte der 70er Jahre ist ausnahmsweise authentisch und meint den berühmten österreichischen Feldmarschall, der die Türken besiegte. Trotz des etwas pompösen Grundcharakters – es handelt sich wieder um eine C-Dur-Symphonie mit Trompeten und Pauken – wird in dieser Symphonie zum ersten Mal der Tonfall des späten Haydn hörbar mit einem in sich geschlossenen Seitenthema und einer formstrategisch eingesetzten Fanfare, die schließlich sogar als schlußbildendes Element erscheint. Das Hauptthema des *1. Satzes* ist eine Variante des entsprechenden Themas aus dem Kopfsatz der *Symphonie Nr. 48*, erhält jetzt aber eine Tiefendimension, die man ihm ursprünglich nicht zugetraut hätte. Neben dem *Adagio*, in dem Haydn mit Schwelldynamik, vor allem mit dem Phänomen des allmählichen Verklingens arbeitet, zieht das geistreiche *Rondo-Finale* die meiste Aufmerksamkeit auf sich: Auch hier experimentiert Haydn mit den Effekten des verklingenden Spiels in den Couplets.

Symphonie Nr. 67 F-Dur (um 1778)

Als »in jedem ihrer Details eine von Haydns originellsten Schöpfungen« (Robbins Landon) überrascht diese Symphonie mit einem Pianissimo-Anfang und mit einer stilisierten Jagd-Thematik des Kopfsatzes, die man eher in einem Finale vermuten würde, das dafür – gewissermaßen im Gegenzug – eher das Gepräge eines 1. Satzes erhält. Doch damit nicht genug: Als neuartige Formidee unterbricht Haydn den Ablauf des *Finales* mit einem eingeschobenen *Adagio e cantabile*, das die Stelle der Durchführung vertritt. Das Gewicht des Schlußsatzes rückt mit dieser irregulären Sonaten-, statt der sonst üblichen Rondoform erst recht in ein besonders Licht, und das Gegengewicht dazu bildet im *1. Satz* das ausführlich formulierte Hauptthema, ferner dessen betont kantable Variante als Seitenthema und vor allem die weiträumige Durchführung, in der die Energien der Jagd-Thematik entfaltet und dramatisiert werden. Auf dem Höhepunkt der angestauten Spannung tritt dann, wie eine Pointe, die Reprise ein. Nach der experimentellen Vorstufe im Finale der *Symphonie Nr. 43* erscheint jetzt die Coda (auch im Finale) als bewußtes Element der formalen Strategie: wie eine geistreiche Zusammenfassung des Satzes. Die Möglichkeiten der Coda-Gestaltung faszinierten Haydn offensichtlich so sehr, daß er sogar dem *Adagio* einige zusätzliche Schlußtakte anfügte, in denen sich die Violinen mit dem geräuschhaften Charakter des Spiels auf dem Holz (statt der Haare) des Bogens verabschieden – ein weiteres, instruktives Beispiel für Haydns kühne klanglichen Phantasien, wie sie sich auch im Trio des *Menuetts* finden, bei dem 2 Soloviolinen den »sehnsüchtigen Klang einer Leier« (Robbins Landon) hervorrufen sollen, indem sie auf nur einer Saite (mit Dämpfer) spielen, die zweite sogar mit einem zusätzlichen, bordunartigen Baßton der auf den Ton f herabgestimmten tiefsten Saite.

Symphonie Nr. 53 D-Dur (»L'Impériale« um 1778)

Trotz ihrer »leicht oberflächlichen Eleganz« (Robbins Landon) ist es seinerzeit die berühmteste aller Symphonien Haydns gewesen. Welche Bewandtnis es mit dem Titel haben könnte, ist uns nicht bekannt; Robbins Landon vermutet einen Zusammenhang mit der Kaiserin Maria Theresia, die vielleicht Gefallen an dem Werk gefunden hatte. Da die Symphonie in zahlreichen Drucken verbreitet war, gibt es unterschiedliche Fassungen, vom Finale sogar 3 Versionen, darunter eine Variante des Kopfsatzes der späteren *Symphonie Nr. 62* und einen vermutlich unechten Satz. Das *Capriccio* dagegen ist in den Esterházy-Stimmen enthalten; seine Bezeichnung ist kaum verständlich, da die für diese Form typischen Überraschungen und irregulären Gestaltungsweisen völlig fehlen. Den ersten, mit einer Maestoso-Einleitung versehenen Satz bestimmt in erster Linie das Merkmal der »flächigen«, ja gefälligen Formgebung mit etlichen harmonischen Reizen, und das Thema der Variationen des *2. Satzes* geht zurück auf ein französisches, leicht nachpfeifbares Volkslied, das auch Mozart im Finale seines *Violinkonzertes KV 218* benutzt hat.

Symphonien um 1780

Nach dem »Potpourri« (Robbins Landon) der Theater-*Symphonie Nr. 63 C-Dur*, deren Titel »La Roxelane« sich auf den langsamen Satz bezieht und die Heldin des Schauspiels meint, aus dessen Bühnenmusik Haydn die Symphonie zusammengestellt hat, entstanden außer der *Symphonie Nr. 71 B-Dur*, bei der solche neuartigen formalen Strategien Haydns auffallen wie etwa auskomponierte Parenthesen und eine stark gegenüber der Exposition veränderte Reprise im *1. Satz*, ferner im *Finale (Vivace)* das von Johann Christian Bach gepflegte »singende Allegro« seine bei Haydn seltene Anwendung findet, noch 3 hochkarätige *Symphonien (Hob. I: 70, 75, 62)*, von denen die beiden letzten das besondere Interesse Mozarts weckten.

Symphonie Nr. 70 D-Dur

Der autographe Stimmensatz ist datiert mit »18. Dezember 1779«, und im Unterschied zur großen Besetzung der *Symphonie Nr. 54*, die erst in mehreren Arbeitsgängen vervollständigt wurde, liegt hier Haydns erste von Anfang an repräsentativ besetzte Symphonie vor, die zugleich ein Musterbeispiel für das von ihm geübte Verfahren der musikalischen Gedankenarbeit ist, und zwar satztechnisch vorwärts- und zurückblickend gleichermaßen. Das *Finale*, erstaunlicherweise in d-moll beginnend, ist eine veritable Fuge mit 3 Themen, die allerdings aus einem dramatischen Impuls heraus erst entwickelt wird, um dann ihrerseits von innen heraus dramatisiert zu werden. Im *1. Satz* beschäftigt sich Haydn dagegen mit einer ganz anderen Ebene der musikalischen Gedankenarbeit: mit dem Spiel der metrischen Betonungsmöglichkeiten im Dreivierteltakt. Analog zur strengen monothematischen Arbeit früherer Symphonien bietet er hier die konzise, ja lakonische Arbeit mit einheitlicher Kurzmotivik, die er in der Durchführung in kompliziertester Weise im Taktgefüge verschachtelt. Die primär kontrapunktische Arbeit im *2. Satz* wird, nicht ohne Stolz, im Untertitel ausdrücklich mit dem Hinweis »Specie d'un canone in contrapunto doppio« hervorgehoben, womit nichts weniger gemeint ist, als ein Kanon mit der besonderen Stimmführung, daß Thema und Gegenstimme vertauscht werden können, ohne harmonische Komplikationen hervorzurufen. Die Gedankenarbeit des *Menuetts* dagegen bezieht sich ganz auf die formale Anlage: Es gibt auskomponierte Parenthesen und sogar eine ausdrückliche Coda.

Symphonie Nr. 75 D-Dur

Die abgründige, spannungsreiche *Grave*-Einleitung führt zu jenem *Presto*-Thema hin, an das sich Mozart sehr genau erinnerte, als er 1787 die Ouvertüre zu *Don Giovanni* komponierte. Haydn stand mit dieser Symphonie unmittelbar an der Schwelle zur zentralen Wiener Klassik, die man für gewöhnlich mit Mozarts *Entführung* und Haydns *Streichquartetten op. 33* (beide 1781 komponiert) anzusetzen pflegt. Der außerordentliche Charakter des langsamen Variationensatzes *(Poco adagio)* scheint jedenfalls mit seinem schlichten und zugleich ergreifenden Tonfall die Haltung der Wiener Klassik zum ersten Mal konkret erfahrbar zu machen, eine Haltung, die in Mozarts »Zauberflöten«-Welt ihren Höhepunkt fand. Daß es mit diesem Satz etwas ganz Besonderes auf sich haben muß, beweist ein Vorfall, den sich Haydn eigens in seinem Londener Tagebuch von 1792 notierte: »Den 26ten März (...) war ein englischer Prediger, der, als er mein Andante« – gemeint ist das Thema des zweiten Satzes – »hörte, in die tiefste Melancholie versank, weil ihm des Nachts zuvor von so einem Andante geträumt hatte, daß es ihm seinen Tod ankündigte. Er verließ augenblicklich die Gesellschaft, ging zu Bette, und heute, den 25sten April, erfuhr ich (...), daß dieser evangelische Geistliche gestorben sey.« Tatsächlich gehört die hymnenartige Melodie des Satzes (und ihre subtilen Variationen gleichermaßen) zum Tiefsinnigsten, das Haydn komponiert hat. Gewissermaßen als Gegengewicht dazu schrieb er für das spritzige *Rondo-Finale* eine womöglich noch übermütigere *Coda*, die sich einen Spaß daraus macht, den Schluß erst hinauszuzögern, um ihn dann als Knalleffekt zu präsentieren.

Symphonie Nr. 62 D-Dur

Das ist die dritte jener Symphonien Haydns, für die sich Mozart nachweislich besonders interessiert hat, zugleich ein instruktives Beispiel für Haydns unermüdliches Bestreben, immer wieder neue Arten des zyklischen Zusammenhangs der Sätze untereinander zu finden. Die spätere Bemerkung des Goethe-Freundes Karl Friedrich Zelter, Haydns Stücke hätten manchmal »gar kein Thema« und würden scheinbar »in der Mitte anfangen« (!), könnte auf den Beginn des Finales der Symphonie Nr. 62 kaum besser zutreffen: Als Fortsetzung des Anfangs der Durchführung aus dem *1. Satz* gemeint, wagt Haydn hier nichts weniger als einen bewußt »offenen« Anfang, der auch in harmonischer Hinsicht zur Haupttonart erst finden muß. Mozart dagegen fühlte sich insbesondere angesprochen vom seltsamen *Allegretto*-Satz (ein Typus des langsamen Satzes, der beim späten Haydn die Verwendung von reinen Adagio-Sätzen überwiegt), dem er gleich zwei thematische Ideen entnahm; das obsessive Achtelmotiv – im Grunde ein Begleitungsmotiv – für den Anfang des langsamen Satzes aus dem – im übrigen Haydn gewidmeten – *Streichquartett KV 428*, und das neu hinzutretende Motiv an der entsprechenden Stelle der Reprise für den langsamen Satz der »Prager« *Symphonie KV 504*, der ohnehin insgesamt dem Haydn-Satz sehr nahe steht, aber auf Mozartsche Weise natürlich.

Symphonien um 1781 (Hob. I: 74, 73)

Die 3 Anfangsschläge der *Symphonie Nr. 74 Es-Dur* stoßen gleichsam das Tor auf zur zentralen Wiener Klassik; sie stammen zwar vom Beginn des *Finales* der früheren *Symphonie Nr. 35*, greifen aber zugleich weit voraus auf die beiden Schläge der – ebenfalls in Es-Dur stehenden – Durchbruchssymphonie Beethovens, jener *Eroica*, die ganz neue symphonische Dimensionen eröffnet, die mit Haydns symphonischer Welt nicht mehr zu vereinbaren sind. Die 3 Anfangsschläge der *Symphonie Nr. 74* jedenfalls eröffnen das Spielfeld einer bei Haydn bislang nicht gehörten, dichten thematischen Gedankenarbeit, die dann auf die Gestaltung der nachfolgenden *Symphonie Nr. 73 D-Dur* einwirkt: Der eher kompakte, versteckte Marsch-Impuls wandelt sich hier zum Kräftespiel auftaktig-eleganter Impulse, das in der Durchführung die aus der Technik des Kontrapunkts herrührenden Engführungen zu primär vom Bewegungsdrang gespeisten Ereignissen macht. In der Durchführung des *1. Satzes* der *Symphonie Nr. 74* tritt an deren Stelle die irisierende Harmonik und das freie Spiel der Kräfte. Das *Andante* der *Symphonie Nr. 73* nimmt bereits jenen typischen Tonfall des späten Haydn vorweg, wie wir ihn im Variationensatz der »Londoner« *Symphonie Nr. 94* finden. Der authentische Titel des *Finales*, »La Chasse« (»Die Jagd«) verweist auf den Genrecharakter; zugleich ist der Satz identisch mit der Ouvertüre zu Haydns Oper *La fedeltà premiata* von 1780.

Symphonien der Jahre 1782–1784

Haydns Eintritt in die musikalische Welt der zentralen Wiener Klassik ereignete sich, was viel zu wenig bekannt ist, unter dem Zeichen einer geplanten, ersten Kunstreise nach England: Sir John Gallini, Impresario der Italienischen Oper in London, soll sich sehr darum bemüht haben, Haydn mit 3 neuen Symphonien (Hob. I: 76–78) in London vorzustellen. Doch die Reise kam nicht zustande, dafür druckten gleich mehrere Verleger in Europa die 3 neuen Symphonien, denen Haydn in den Jahren 1783/1784 noch 3 weitere (Hob. I: 79–81) hinzufügte, die nicht minder bedeutend sind als die drei früheren. Haydn stand satztechnisch immerhin auf der Höhe der 1782 gedruckten, 6 wirklich epochemachenden *Streichquartette op. 33*, deren musikalische Gedankenarbeit – nicht allein die »thematische Arbeit«, sondern das gesamte Spiel mit formalen und inhaltlichen Möglichkeiten des Wiener klassischen Satzes – sogar einen Komponisten wie Mozart zu intensivstem Studium angeregt hat. Natürlich findet man die unerhört konzentrierte Arbeit der Streichquartette nicht unmittelbar in den Symphonien Nr. 76–81 vor, da die Symphonie in erster Linie die Gattung der »Wirkung«, nicht des eher vergeistigten »Selbstgesprächs« der Instrumente im Streichquartett war, doch gibt es keinen Grund, diesen 6 Symphonien vorzuwerfen, sie seien nur »hübsch und elegant«, ließen die »Klaue des Löwen vermissen«, ja: »hätte Haydn mit diesen Serien sein symphonisches Schaffen abgeschlossen, so würde man beklagen müssen, daß es ihm nicht vergönnt war, die von ihm selbst mehr als von irgend jemand anderem eröffneten Entwicklungsmöglichkeiten der Symphonie weiter auszubauen« (Jens Peter Larsen). Es scheint, daß selbst die um Erkenntnisse bemühte, heutige Haydn-Forschung manchmal erhebliche Schwierigkeiten hat, den von Haydn verfolgten symphonischen Ansatz richtig einzuordnen. Der qualitative Sprung der Symphonien Nr. 76–81 gegenüber den eher »repräsentativen« Symphonien der späten 70er Jahre ist unbestreitbar und deutlich hörbar; doch selbst Robbins Landon hört hier nur »große Augenblicke«, kein Ausloten der Gefühlstiefen, wie es in den Symphonien um 1772 vorliegt. Tatsächlich ist Haydn in den Jahren 1782–1784 ein anderer Komponist, und es besteht kein Grund, ihm das zum Vorwurf zu machen. Einen solchen langsamen Satz wie in Nr. 77 mit der Antizipation des Tonfalls, mit dem Don Ottavio in Mozarts *Don Giovanni* ausgestattet ist, oder solche »stürmischen Ausbrüche« (Robbins Landon) wie im langsamen Satz der d-moll-Symphonie Nr. 80, aber auch solche Späße wie die synkopischen Bocksprünge im Finale derselben Symphonie hätte Haydn niemals zuvor komponieren können, denn ihnen liegt eine Reifestufe zugrunde, die erst erfahren und erprobt werden mußte. Die Zeitgenossen mochten das eher begriffen haben, denn die Beobachtungen Zelters enthalten auch die folgende Passage: »Diejenigen Werke, in welchen Haydn sich vor allen Komponisten ausgezeichnet hat, bestehen besonders in Symphonien und Quartetten, zu deren Einrichtung er sich eine ganz neue Bahn gebrochen hat, die vor ihm kein musikalisches Stück hatte.«

Symphonie Nr. 76 Es-Dur

Die Normbesetzung ist hier, wie in allen Symphonien der folgenden Jahre, der aus 1 Flöte, je 2 Oboen, Fagotten und Hörnern bestehende Bläsersatz sowie die Streicher, aber keine Trompeten und Pauken, die erst in den »Pariser« Symphonien wieder verwendet werden, mit denen Haydns Spätstil beginnt. Der leichtere, fast kammermusikalische Charakter der Symphonien Nr. 76–81 sollte jedoch nicht über das Ausmaß der konzentrierten symphonischen Gestaltungsweisen hinwegtäuschen: Die unerwarteten harmonischen Einbrüche im Mittelteil des *Adagios* bilden dabei den extremen Gegensatz zum neckischen, verspielten Charakter des Hauptthemas im *Finale*; das ist alles andere als »hübsch und elegant«, sondern es zeigt die Weite der symphonischen Sprache, über die Haydn jetzt verfügte. Das Finale ist denn auch kein lockeres Rondo mehr, sondern ein ausführlicher Sonatensatz, dem Kopfsatz durchaus ebenbürtig.

Symphonie Nr. 77 B-Dur

Hervorgehoben sei, außer dem bereits erwähnten Mozart-Tonfall des *Andantes*, die starke motivische Verdichtung in der Durchführung des ersten und im Verlauf des letzten Satzes, eine Tendenz, die ganz deutlich Haydns Bestreben zeigt, die Erfahrungen des reifen Streichquartett-Satzes auch auf die symphonische Haltung zu übertragen. Und das prägnante Seitenthema des *1. Satzes* klingt bereits, als stamme es aus einer der späteren »Londoner« Symphonien. Und sollte es wirklich nur oberflächlich von Haydn gewesen sein, den Schluß des Kopfsatzes als Problem der Schlußbildung auszukomponieren? Solche innermusikalischen Spannungsverläufe zu entwerfen, war Sache eines überlegenen Kompositionsverstandes.

Symphonie Nr. 78 c-moll

Die satztechnische Verdichtung des *1. Satzes* der *Symphonie Nr. 77* setzt sich in dieser zweiten (und vorletzten) c-moll-Symphonie Haydns, jetzt mit geradezu unerbittlichem Ausdruck, noch fort; das Hauptthema des *1. Satzes* nimmt sogar den Beginn des ebenfalls in c-moll stehenden, großen *Klavierkonzerts KV 491* von Mozart (1786) vorweg. Und das geistreiche Spiel mit der Form im *Finale* (Mischung aus Rondo und Sonatensatz, mit spannungsreichen, von Pausen durchsetzten Übergängen) zeigt Haydns Kraft der musikalischen Geistesgegenwärtigkeit.

Symphonie Nr. 79 F-Dur

Auffällig ist Haydns mehrfache Verwendung des Zusatzes »con spirito« in den Symphonien dieser Jahre, und das heißt ja nichts anderes, als auf musikalische Weise geistreich sein. Was es damit konkret auf sich hat, das zeigt sich gerade in dieser Symphonie, mit der sogar eine Steigerung innerhalb der 6 Symphonien der Jahre 1782–1784 beginnt: Die »flächige« Formgebung des *1. Satzes*, der zunächst ganz harmlos beginnt, öffnet sich allmählich zu perspektivischen Durch- und Ausblicken, bis schließlich in der Reprise die Konsequenzen aus der Durchführung gezogen werden, indem diese fortgeführt wird. Der anfänglich so »naiv« scheinende F-Dur-Charakter des Satzes gerät in ein reflektiertes Licht. Analog überdenkt Haydn die formale Anlage des *Adagios*, denn er läßt den Satz in eine überraschende und dabei äußerst gewinnende und überzeugende Allegro-Coda münden, die zugleich wie eine bislang verborgene Pointe wirkt, so, als ob erst jetzt der eigentliche Inhalt des im übrigen wieder an den Tonfall Mozarts (langsamer Satz der *Symphonie KV 543*) gemahnenden Satzes enthüllt würde.

Symphonie Nr. 80 d-moll

Der *1. Satz* ist ein Musterbeispiel für Zelters Bemerkung, Haydns Stücke hätten manchmal »gar kein Thema«, denn so gut wie alles an diesem Satz ist irregulär: angefangen von dem Fehlen eines prägnanten Hauptthemas – an deren Stelle rückt ein orchestral konzipierter Spannungsbogen – über die Verwendung des Seitenthemas als Schlußthema der Exposition bis hin zu Verschleierung des Repriseneintritts (letzteres Verfahren in der folgenden Symphonie bis zur formalen Virtuosität gesteigert) und den großen Generalpausen innerhalb der Durchführung ist der Satz eine Quelle ständiger Irritation für den unbefangenen Hörer. Und auf ganz andere Art befremdlich sind die bereits erwähnten rhythmischen Bocksprünge des *Finales*, die in ein geistreiches Spiel mit der Schlußbildung münden.

Symphonie Nr. 81 G-Dur

Haydns »witzige Spielereien mit formalen Elementen« (Charles Rosen) sind nicht nur ein weites, ja unerschöpfliches Feld, auch nicht nur verblüffend in ihrer Wirkung, sondern geraten mitunter befremdlich misteriös, wie etwa im *1. Satz* dieser letzten Symphonie vor den 6 »Pariser« Symphonien: Die Anfangstakte sind so entworfen, »daß sie in der Reprise eine subtile, verwischte Rückkehr zur Tonika gestatten« (Ch. Rosen), ohne daß man präzise zu sagen wüßte, an welcher Stelle sie genau eintritt. Über einen harmonischen Umweg, der sich zu Beginn der Symphonie bereits ankündigt, schleicht sie sich gewissermaßen wie durch die Hintertür ins Geschehen ein, um dann als Ereignis allmählich hörbar zu werden, und zwar über eine Kette von harmonischen Vorhaltsbildungen, »deren Expressivität sich zunehmend steigert, wenn ein Blasinstrument nach dem anderen leise hinzutritt« (Ch. Rosen). Die pochende Achtelbegleitung ist verschwunden und macht dem allmählichen Bewußtwerden der Tonika erst Platz. Solcher Umgang mit der bewußten musikalischen Zeitgestaltung ist eines der Grundelemente des Wiener klassischen Satzes, und er erscheint hier als das Aufbauen einer Erwartungshaltung, die sich im Innern der Musik zuträgt. Die Konsequenz daraus zieht dann die *Coda*: sie verlöscht an der Hörgrenze.

Die »Pariser« Symphonien Nr. 82–87 (1785/86)

Haydns Ruhm als führender Symphoniker war Mitte der 80er Jahre derart groß, daß ihm im Herbst 1784 aus Paris der ehrenvolle Auftrag erteilt wurde, für die »Concerts de la Loge Olympique«, den bedeutendsten Pariser Musikverein, der über ein großbesetztes Orchester mit virtuoser Spieltechnik verfügte, 6 Symphonien zu komponieren. Die heute bekannte Reihenfolge entspricht jedoch nicht den Entstehungszeiten, sondern beruht auf dem Wiener Erstdruck von Artaria (1787), der die von Haydn ausdrücklich in einem Brief an den Verleger vom 2. August 1787 vorgeschlagene und wohl auch mit der Reihenfolge der Komposition weitgehend übereinstimmende Anordnung der Serie (Hob. I: 87, 85, 83, 84, 86, 82) nicht befolgt hat. Doch abgesehen davon, erregten die 6 Symphonien, wie der (einzige erhaltene) Konzertbericht vom 5. April 1788 im »Mercure de France« ein Jahr nach der UA verrät, gewaltiges Aufsehen: »Mit jedem Tag wächst das Verständnis und damit die Bewunderung für die Werke dieses großen Genies. Wie gut versteht er sich darauf, einem einzigen Thema die reichsten und verschiedenartigsten Entwicklungen abzugewinnen, im Gegensatz zu den sterilen Komponisten, die dauernd von einem Thema zum anderen übergehen, weil sie nicht imstande sind, einen Gedanken in variierter Gestalt darzustellen, und deshalb mechanisch und geschmacklos Effekte ohne inneren Zusammenhang anhäufen. Die Symphonien von Herrn Haydn haben immer eine sichere Wirkung.« Dieses bis heute gültige Lob schließt sowohl Haydns kompositionstechnische Meisterschaft als auch seine Kraft des individuellen Ausdrucks mit ein. Da er sich mit diesen Symphonien einmal ausdrücklich – im Gegensatz zum gemischten, bürgerlichen Publikum der späteren Londoner Konzerte – an die »Kenner« wenden durfte, sparte er auch nicht mit einem geistreichen Beziehungsgefüge, das diese 6 Symphonien zu exemplarischen Werken macht: »Sie treiben ein hintergründiges, vexatorisches Spiel mit Überraschungen und gewinnen den einfachsten thematischen Prägungen oft ganz unerwartet neue Ausdrucksdimensionen ab. Sie sind Musik von äußerster intellektueller Wachheit und Beweglichkeit, und als solche stellen sie einen Höhepunkt in Haydns Schaffen dar, den auch die in mancher Beziehung abgerundeteren, ›klassischeren‹ 12 Londoner Symphonien nicht überragen« (W. Marggraf).

Symphonie Nr. 82 C-Dur (»L'Ours«/»Der Bär«)

Der charakterisierende Beiname stammt ebensowenig von Haydn wie im Fall der *Symphonien Nr. 83* und *85*, und er bezieht sich nicht auf die Musik selber, sondern auf gewisse Assoziationen, die sich offensichtlich den Pariser Hörern unweigerlich aufdrängten. Der Titel für die *Symphonie Nr. 82*, nach Haydns Willen das glänzende Schlußstück der Serie, bezieht sich ohnehin nur auf den volkstümlichen Tonfall des Finales mit seiner Dudelsack-Tanzvorstellung (Bärentanz), wohl kaum auf die musikalische Haltung der übrigen Sätze und schon gar nicht auf die interne motivische Arbeit, die auch – und gerade – das nur scheinbar so eingänge Finale beherrscht. Im Vordergrund steht stets das geistreiche Spiel mit den unscheinbarsten musikalischen Wendungen oder, wie im *1. Satz*, der vor Energie fast zerspringende Kontrastreichtum einer souverän gemeisterten Form. Die für Haydns reife Symphonik typische Mischung aus kunstvoller Satztechnik und schlichter, ja lakonischer Melodik prägt die Doppelvariationen (Alternativ-Themen in F-Dur und f-moll) des *Allegrettos*, während das *Menuett*, entgegen der sonst bei Haydn vorherrschenden ländlerischen Haltung, fast höfisch-graziöse Töne anschlägt und sehr weiträumig angelegt ist.

Symphonie Nr. 83 g-moll (»La Poule«/»Die Henne«)

Der nicht authentische Titel ist unsäglich trivial, weil er sich nur auf die Assoziation beziehen läßt, die das Seitenthema des *1. Satzes* provozieren könnte, und er schlägt dem ausdrücklichen Hinweis Haydns auf den geistreichen Charakter des Satzes geradehin ins Gesicht. Die Vorstellung, Haydn habe mit dem Seitenthema das Gackern einer Henne darstellen wollen, ist angesichts der strengen, dissonanzenreichen Grundhaltung der Symphonie kaum nachvollziehbar und reißt eine pittoreske Einzelheit ganz aus dem musikalischen Zusammenhang, in den Haydn sie einkomponiert hat. Dem inneren Weg der musikalischen Logik zu folgen, erscheint daher als der einzig richtige Zugang zu dieser Musik: Das insistierende, punktierte Motiv stammt ja bereits aus dem Komplex des Hauptthemas. Die »lapidare Direktheit« (W. Marggraf) jedenfalls, mit der Haydn die Symphonie in abweisend geschlossener Faktur eröffnet, ist wenig geeignet, Details hervortreten zu lassen, denn es ist der pulsierende Wechsel von expansiver Entfaltung und intensiver Stauung der Kräfte, auf den es hier ankommt; der punktierte Rhythmus bündelt dann gewissermaßen die zuvor aufgestauten Energien, und ein Ausgleich zwischen den gegensätzlichen Kräften wird angestrebt.

Symphonie Nr. 84 Es-Dur

Diese zu Unrecht weniger bekannte Symphonie der »Pariser« Serie enthält eine jener »atmosphärischen«, langsamen Einleitungen, die, weit über die Funktion der harmonischen Öffnung und der Hinführung zum Hauptsatz hinaus, einen relativ selbständigen Charakter aufweisen, wie dann in höchster Vollendung bei den späteren »Londoner« Symphonien. Auf den dicht gearbeiteten, monothematischen, aber weiträumigen *Allegro*-Hauptsatz folgen Variationen über ein Thema, dessen Keim bereits in den langsamen Einleitungstakten der Symphonie angelegt ist, während im großzügig gestalteten Sonatensatz des *Finales* gleich zu Beginn der Durchführung die Vorwegnahme einer Passage aus Mozarts Ouvertüre zur *Zauberflöte* auffällt.

Symphonie Nr. 85 B-Dur (»La Reine«/»Die Königin«)

In der Pariser Erstausgabe von 1788 findet sich bereits der Titel »La Reine de France«, weil angeblich Marie Antoinette (die Tochter von Maria Theresia) an dieser feinziseliert gearbeiteten Symphonie besonderes Gefallen gefunden hatte, vor allem an den Variationen des *2. Satzes*, deren Thema auf das französische Volkslied »La gentille et jeune Lisette« zurückgeht und möglicherweise eine Hommage Haydns an das Pariser Publikum darstellte. Die langsame Einleitung, mit der die Symphonie beginnt, ist diesmal direkt mit dem nachfolgenden *Vivace*-Hauptsatz thematisch verknüpft und enthält jene für Haydns Reifestil typische »Atmosphäre erwartungsvoller Unbestimmtheit, in der die Keime des künftigen Geschehens aus dem Zustand der Latenz zu bestimmter Erscheinung drängen« (W. Marggraf): Der aufsteigende Gestus der Einleitung wird im Hauptsatz zunächst mit absteigender Bewegung beantwortet, bevor die emporschießenden Läufe direkt wieder auftreten und die für den Fortgang des Satzes erforderlichen Energien freisetzen. An der Stelle des Seitenthemas erscheint, völlig unerwartet, ein betonter Rückgriff Haydns auf das furiose Hauptthema des 1. Satzes aus der »Abschiedssymphonie«, der wieder in den auffahrenden Gestus jener Läufe aus der langsamen Einleitung mündet und zu einem Vorgriff auf Mozarts »Zauberflöten«-Welt überleitet: Als neuer Nachsatz des Hauptthemas tritt eine äußerst kantable Wendung auf, die uns heute an die Sarastro-Arie *O Isis und Osiris* erinnert. Das solcherart dicht geknüpfte Netz von Beziehungen ist ein Beispiel für die reife symphonische Kunst Haydns.

Symphonie Nr. 86 D-Dur

Möglicherweise kannte Haydn Mozarts *»Haffner«-Symphonie KV 385* in derselben Tonart, immerhin eine Symphonie, in der Mozart, zumindest im 1. Satz, sozusagen auf Haydnsche Weise spricht; jedenfalls ist die Haltung von Haydns »Pariser« D-Dur-Symphonie, besonders im festlichen Klangbild, der »Haffner«-Symphonie sehr verwandt. Berührungspunkte ergeben sich aber auch hinsichtlich der dichten musikalischen Gedankenarbeit, die bei Haydn diesmal sogar, wie dann später in den »Londoner« Symphonien, auf die Gestaltung und den Umfang des *Menuetts* übergreift, das hier nicht nur sehr stilisiert ist, sondern eine eigene, zwar kleine, aber sehr spannungsvolle Durchführung erhält.

Der Spiritoso-Charakter der *Ecksätze* ist, neben dem seltsamsten langsamen Satz in rhapsodischer, also ziemlich freier Form (daher die Bezeichnung *Capriccio*), den Haydn überhaupt jemals komponiert hat, das Hauptereignis dieser Symphonie: Das gleichsam geistreiche intellektuelle Feuerwerk, das im *Finale* in atemberaubender Dichte und rhythmisch-gestischer Prägnanz abgebrannt wird, erscheint im *1. Satz*, nach der bereits auf Beethovens *2. Symphonie* vorausweisenden, langsamen Einleitung, als Spiel mit rhythmischen Verkürzungen – der »offene« Anfang des *Allegros* wird alsbald in geraffter Gestalt auf seinen rhythmischen Kern gebracht und als Antwort in der intervallischen Umkehrung formuliert – und, in der Durchführung, als weiträumige Entfaltung der musikalischen Energien. Mit Recht hat man gerade diese Symphonie als eine von Haydns vollendetsten bezeichnet.

Symphonie Nr. 87 A-Dur

Das ist die chronologisch erste der 6 »Pariser« Symphonien, mit der Haydn den neuen Ton dieser Serie sozusagen programmatisch angeschlagen hat. So ist das *Menuett* kein Tanzstück mehr, sondern ein Charakterstück mit äußerst plastischen und abwechslungsreichen Motiven, der *langsame Satz* ein Beispiel für Haydns hymnischen Tonfall und der *1. Satz* ein rasantes, mitreißendes Eröffnungsstück, das den Vorschlag Haydns, die Serie mit dieser Symphonie zu beginnen, verständlich macht. Die Krone der Symphonie gebührt jedoch dem impulsiven *Finale*, bei dem sich Haydn wie mit einem Handstreich bereits in die Nähe der meisterhaften Schlußsätze seiner Quartette und Symphonien der 90er Jahre vorausahnend versetzt hat.

Symphonien der Jahre 1787–1789

Bevor Haydn in den späten »Londoner« Symphonien die Summe seiner symphonischen Kunst zog, komponierte er 5 Symphonien, die im Auftrag des Wiener Tuchhändlers und Geigers Johann Tost (Nr. 88 und 89) sowie des Pariser Comte d'Ogny (Nr. 90–92) entstanden. In der Rezeptionsgeschichte standen die 3 mittleren dieser Symphonien immer etwas im Schatten der anderen beiden, die tatsächlich den »Londoner« Symphonien ebenbürtig sind. Dafür enthalten aber die *Symphonien Nr. 89 F-Dur, Nr. 90 C-Dur* und *Nr. 91 Es-Dur* eine Fülle kompositorischer Feinheiten, die Charles Rosen mit den Worten umschrieb: »Kein Takt in diesen großartigen Werken, auch der ernsthafteste nicht, bleibt unberührt von Haydns Humor, und dieser Humor besitzt nunmehr eine solche Macht und Wirksamkeit, daß er sich zu einer Art Leidenschaft, einer verzehrenden und zugleich schöpferischen Kraft entwickelt (...). Die mit einer paradoxen Mischung aus Genialität und liebenswürdiger Pfiffigkeit vorgetragene, plötzliche Verschmelzung heterogener Einfälle kennzeichnet alles, was Haydn nach 1780 schrieb.« Im *1. Satz* der *Symphonie Nr. 89* (1787) fallen überraschende Modulationen ebenso auf wie die deutliche Fortführung der Durchführungsarbeit in der Reprise, mit der Haydn weit in die Zukunft, zur Symphonik Beethovens weist; im *Finale (Vivace assai)* gibt es sogar das übermütige Herunterziehen des Tons vor den Wiederholungen des Rondo-Themas, eine Spielweise, die direkt aus der Volksmusik stammt, wie ja auch gerade der ungarische Tonfall in den Couplets eine mitreißende Verwendung findet. In der *C-Dur-Symphonie Nr. 90* (1788), mit Trompeten und Pauken, gibt es die feinsinnige Weiterführung der langsamen Einleitung im *Allegro*-Hauptsatz, also eine der vielen Möglichkeiten der Satzverknüpfung, mit denen Haydn zeitlebens experimentiert hat. Überhaupt gehört ja der unerschöpfliche Reichtum an formalen Ideen zu den Wesensmerkmalen der Symphonik Haydns. Der Mittelteil des *Menuetts* ist wieder, wie dann in den »Londoner« Symphonien üblich, eine Art Durchführung, mit der dem ursprünglichen Tanzcharakter eine Tiefendimension hinzugefügt wird, und im *Finale (Allegro assai)* bedient sich Haydn nicht nur des überschäumenden Charakters eines geistreichen Spiels mit den Motiven, sondern auch, kurz nach dem Eintritt der Reprise, jener von Carl Philipp Emanuel Bach eingeführten Überraschungswirkung, mehrere Takte Generalpause als stummes Ausrufungszeichen zu setzen, um danach in einer ganz fremden Tonart (hier: Des-Dur) fortzufahren; solche formalen Strategien wurden dann später von Beethoven bis zur Virtuosität verfeinert. In der *Es-Dur-Symphonie Nr. 91* (1788) liegt, erstmals bei Haydn, im *Allegro*-Hauptsatz nach der langsamen Einleitung ein lyrischer Thementypus vor, den zur gleichen Zeit Mozart im *1. Satz* seiner *Es-Dur-Symphonie KV 543* benutzt hat; die inneren Verbindungen der beiden, vermutlich unabhängig voneinander entstandenen Symphonien sind ohnehin erstaunlich. Die Variationen des Andante-Satzes erinnern zugleich etwas an die Variationen der *Symphonie Nr. 55* (»Der Schulmeister«). Der elegante Charakter von Menuett und Trio dagegen steht ganz im Banne der musikalischen Haltung Mozarts, ebenso das Hauptthema des weiträumigen *Finales (Vivace)* mit seinem Bläsernachsatz, der aus dem berühmten Duett zwischen Zerlina und Don Giovanni stammt (1787).

Symphonie Nr. 88 G-Dur (1787)

Der Humor Haydns ist in dieser großartigen Symphonie auf verschiedenen Ebenen wirksam, insbesondere in seiner geistreichen Haltung. Kaum sonst hat Haydn vor den »Londoner« Symphonien solche prägnante Thematik erfunden, die nicht nur äußerst schlagfertig daherkommt, sondern immer gleich mit Gegenmotiven konfrontiert wird, aus der sich dann unerwartete formale Konsequenzen ergeben: »Im *1. Satz* wird der Hauptgedanke bei seinem ersten Forteeinsatz mit einem Kontrapunkt gebracht, der sich gleich darauf als Überleitungsgedanke entpuppt und auch in der eigentlichen Durchführung eine wichtige Rolle spielt. Ebenso wird aus der an sich bedeutungslosen Abschlußfloskel des Expositionsteiles ein wichtiger Bestandteil der Durchführungsarbeit (ein Zug, den Haydn vielleicht von Mozart übernommen hat). Immerhin ist die durchführende Arbeit (...) auch in anderen Teilen (...) zu beobachten« (Karl Geiringer). Die *Adagio*-Einleitung des *1. Satzes* gehört zu Haydns spannendsten überhaupt und das *Largo* zu seinen schönsten Eingebungen: Hier entsteht ein nur selten, und dann sehr drastisch unterbrochener melodischer Strom, der das Ergebnis von feinsinniger Variationstechnik ist. Der rustikale, derb aufstampfende Charakter des *Menuetts* ist dann der Menuett-Typus, der für die »Londoner« Symphonien (im Gegensatz zu den Menuetten der »Pariser« Symphonien) verbindlich bleibt: Es handelt sich um nichts weniger als die Artikulation des dritten Standes, die Haydn auf die höchste Stufe der symphonischen Haltung gebracht hat. Im *Trio* erklingen ausgesprochen idiomatische (slowenische) Dudelsackweisen; auch dies ein Element, das sogar noch das *Finale* der letzten »Londoner« *Symphonie Nr. 104* bestimmt. Und im *Finale* schließlich wird Haydns musikalischer Humor mit einer ernsthaften Arbeit vorgetragen, daß man verstehen kann, warum Haydn den Satz nicht mit »scherzando«, sondern mit »con spirito« überschrieben hat. Volkstümliche Motivik und strengste symphonische Haltung reichen sich hier in vollendeter Weise die Hände.

Symphonie Nr. 92 G-Dur (»Oxford«)

Mit keiner anderen Symphonie hätte sich Haydn für seine Oxforder Promotion zum Doktor der Musik (am 7. Juli 1791) geeigneter bedanken können, als mit diesem symphonischen Meisterwerk. In Ermangelung einer neuen Symphonie ließ Haydn das später als »Oxford«-Symphonie bekanntgewordene, bereits 1789 komponierte Werk anläßlich der Promotionsfeierlichkeiten aufführen, nachdem am 11. März 1791 in den Hanover Square Rooms zu London die UA im Rahmen der 1. Londoner Konzertsaison Haydns stattgefunden hatte. Ihrer satztechnischen Grundhaltung und ihrem musikalischen Wesen nach gehört diese Symphonie bereits zu den »Londoner« Symphonien. Haydn hat nun eine Souveränität des symphonischen Stils erreicht, die aus den unscheinbarsten musikalischen Gestalten ein Höchstmaß an

Autograph der Symphonie Nr. 91, Beginn des 2. Satzes

vergeistigtem Spiel hervorzaubert: »Mit dem ersten Satz (...) erweitert Haydn die Sonatenform auf ihren bisher größten Umfang. Das Material ist auf ein Minimum beschränkt, um die Konstruktion so leicht wie möglich zu machen. Jedes mögliche Ereignis (...) und der Auftritt eines jeden Themas fungieren als Stichworte für neue thematische Arbeit« (Ch. Rosen). Dies gilt auch für die Entwicklung des *langsamen Satzes*, dessen musikalische Gedankenarbeit sich in subtilen Schritten vollzieht, ohne ihren rationalen Kern zu demonstrieren; den herauszufinden, wäre die Aufgabe einer geduldigen Analyse. Das intellektuelle Vergnügen, das Haydns kunstvolle und zugleich zutiefst einleuchtende symphonische Arbeit der späteren Jahre kennzeichnet, wird unmittelbar greifbar im *Finale*, bei dem die scheinbar harmlose Buffo-Motivik allmählich in den mitreißenden Sog einer von geistreichen Wendungen funkelnden Komplexität der kombinatorischen Phantasie gerät. Hier erweist sich Haydn als würdiger Vertreter der Vernunft in der Musik, die zugleich Spaß macht.

Die »Londoner« Symphonien

Die beiden Konzertreisen Haydns nach London auf Einladung des Konzertunternehmers Johann Peter Salomon (Dezember 1790 – Juli 1792, Januar 1794 – August 1795) erbrachten jene beiden Serien von je 6 »Londoner« Symphonien, mit denen Haydn sein symphonisches Schaffen triumphierend abschloß und zugleich den Weg freimachte für die neue symphonische Welt Beethovens (Hob. I: 93–98, 99–104). Goethe faßte später die Meinung der Zeitgenossen über diese in der Musikgeschichte einmalige Leistung in den Worten zusammen: »Diese seine Werke sind eine ideale Sprache der Wahrheit, in ihren Teilen notwendig zusammenhängend und lebendig. Sie sind vielleicht zu überbieten« – man denke an die Symphonien Beethovens –, »aber nicht zu übertreffen.«

Die Reihenfolge der ersten 6 »Londoner« Symphonien hinsichtlich ihrer Entstehung und UA stimmt nicht mit der heute üblichen Zählung überein, so daß sich folgende Chronologie ergibt: Nr. 96, 95, 93, 94, 98 und 97. Die Uraufführungen fanden in den Salomon-Konzerten der Hanover Square Rooms in London im Frühjahr 1791 und 1792 statt.

Symphonie Nr. 93 D-Dur (1791)

Außer der *c-moll-Symphonie Nr. 95*, der letzten Moll-Symphonie Haydns überhaupt, fangen alle »Londoner« Symphonien mit bedeutungsvollen langsamen Einleitungen an, die, außer ihrer Funktion, den Eintritt des Hauptsatzes spannungsvoll herbeizuführen, ganz unterschiedliche Arten der Einstimmung in die symphonische Welt formulieren, die nicht immer thematisch mit dem Folgenden – sei es mit dem Hauptsatz, sei es mit einem der späteren Sätze – verbunden sein müssen, sondern auch, wie im Fall der Symphonie Nr. 93, relativen Eigencharakter aufweisen, wenn auch nur in Form einer »atmosphärischen« Prämisse ohne innerere Geschlossenheit. Die Vielfalt in der Gestaltungsweise solcher Einleitungen gehört zu Haydns speziellen symphonischen Entdeckungen (neben Mozarts großen Symphonien). Am auffälligsten sind die gezielten harmonischen »Verzögerungsmanöver« (Ch. Rosen), mit deren Hilfe Haydn den Charakter dieser Einleitungen kunstvoll in der Schwebe hält. Das vergleichsweise einfache Hauptthema des *Allegros* der Symphonie Nr. 93 läßt zunächst noch keineswegs ahnen, welche tiefsinnige Substanz Haydn aus ihm in der weit verzweigten Durchführung herausholt. Im *langsamen Satz* erweckt Haydn eine gespannte Aufmerksamkeit der Hörer, indem er die kunstvolle Konstruktion hinter der älteren Klangtechnik der Gegenüberstellung von Orchester- und Sologruppen versteckt und einmal sogar, kurz vor Schluß, sich einen jener »surprising effects« erlaubt, die ihm den Ruf eines musikalischen Scherzbolds eingetragen haben: Der Satzverlauf bleibt allmählich stecken und wird gewissermaßen »aufgeweckt« durch einen häßlichen und lauten Baßton der beiden Fagotte, der aber auch als freier Eingriff des Komponisten in den musikalischen Zeitfluß verstanden werden kann mit dem Hinweis, daß es jetzt dem Ende zugeht. Ähnliche unerwartete Ereignisse prägen sogar das *Menuett*, das, wie in allen »Londoner« Symphonien, dem bürgerlichen Publikum zuliebe den höfischen Tanzcharakter zugunsten der derb aufstampfenden Fröhlichkeit des Deutschen Tanzes aufgibt, und vor allem das höchst merkwürdige *Trio*, in dem unvermittelt eintretende Fanfaren von tonartlich weit entfernter Streicherthematik beantwortet werden. Es klingt wie der Wechsel einer Szenerie. Im *Finale* zieht Haydn sämtliche seiner verblüffenden Register des freien Spiels der Kräfte, dessen konzentrierte Arbeit der Hörer nur am Wechsel der Tonfälle und an der Dichte der Ereignisse merkt.

Symphonie Nr. 94 G-Dur (»Paukenschlag« 1791)

Der nicht von Haydn stammende Beiname ist im Englischen (»Surprise«) noch genauer, obwohl auch hier offensichtlich auf jenen plötzlich in voller Lautstärke eintretenden und mit einem Paukenschlag bekräftigten Orchester-Akkord im Variationsthema des *Andante*-Satzes angespielt wird, der indessen weit mehr ist als ein Scherz Haydns, etwa, um die älteren Damen, wie die Anekdote zu berichten weiß, am Einschlafen zu hindern; es ist nichts weniger als der kompositorische Einspruch gegen zerstreutes Hören überhaupt, ein Extremfall musikalischer Wirkung, eine musiksprachliche Interpunktion und insofern ein Beispiel für Haydns bewußten Umgang mit der musikalischen Zeitgestaltung, die eben nicht einfach vorausgesetzt wird, sondern sich als kompositorischer Prozeß erst manifestieren muß. Daß sich Haydn darüber hinaus auch einen Scherz erlauben konnte, beweist erst recht die Geistesgegenwart seines kompositorischen Könnens. Immerhin demonstrierte er hier einmal in drastischer Deutlichkeit die freie subjektive Tätigkeit des klassischen Komponierens, über die er, wie neben ihm sonst nur noch Mozart, verfügte wie kein anderer Symphoniker seiner Zeit.

Symphonie Nr. 95 c-moll (1791)

Anstelle einer langsamen Einleitung steht, wie ein unerbittliches Fanal, eine schroffe Unisono-Geste am Anfang der Symphonie, die nach einer »sprechenden« Generalpause von einem kantablen Nachsatz der Streicher beantwortet wird. Pathetischer und eindrucksvoller beginnt keine andere Symphonie Haydns; auf die langsame Einleitung konnte hier denn auch getrost verzichtet werden. Der auskomponierte Gegensatz zwischen »männlichem« und »weiblichem« Charakter, wie wir ihn vom Anfang der *»Jupiter«-Symphonie* Mozarts (1788) kennen, erscheint hier in lakonischer und zugleich gestischer Prägnanz. Die musikalische Welt dieser letzten c-moll-Symphonie Haydns (nach Nr. 52 und 78) eröffnet eine ganz andere Seite seiner Kunst: fast schon einen Vorgriff auf den Symphoniker Anton Bruckner, besonders im Umgang mit den interpunktionsartigen Generalpausen, die sich immer wieder im *1. Satz* finden. Erst nach dem 2. Unisono-Ausrufungszeichen kommt der Satz so richtig in Gang, um alsbald ein versöhnlicheres Seitenthema in der parallelen Tonart Es-Dur hervorzuzaubern, mit dem die emotional hochgeladene Atmosphäre des Anfangs in die symphonische Dialektik übergeht. Wieder ist die große Durchführung das innere Zentrum des Satzes: In immer neuen Ansätzen entfaltet sich das Kräftepotential der gegensätzlichen Gestalten des Anfangs, um den Weg für die reine C-Dur-Fläche der Reprise freizumachen. Daß Haydn in dieser Symphonie eine bewußte Auseinandersetzung mit Mozarts konkret theaterhafter Themendialektik gesucht hat, mag das *Finale* vielleicht noch deutlicher bezeugen, denn hier ereignet sich, wenn auch im Tonfall Haydns, genau jener Zusammenprall der gegensätzlichen thematischen Gestalten, die aus ganz verschiedenen musikalischen Welten stammen und das Finale in Mozarts *»Jupiter«-Symphonie* in ähnlicher Weise eröffnen: das Aufeinandertreffen von kantabler Gestalt (bei Mozart sogar ein archaisierender cantus firmus) und rhythmisch geprägter Buffo-Motivik, ferner die fugierte Schreibart im weiteren Satzverlauf. Es scheint, als habe Haydn in diesem Finale sogar den Geist und nicht nur die Satztechnik der letzten Symphonie Mozarts beschwören wollen.

Symphonie Nr. 96 D-Dur (1791)

Mit dieser zuerst komponierten »Londoner« Symphonie begann Haydn seine Konzertsaison am 11. März 1791 in den Londoner Hanover Square Rooms. Der später in Umlauf gebrachte Beiname »The Miracle« (»Das Wunder«) indessen ist nicht nur völlig unzutreffend, sondern bezieht sich auf ein seltsames Ereignis während einer Aufführung der Symphonie Nr. 102 (!), als ein Lüster zu Boden stürzte und, wie durch ein Wunder, keinen Menschen verletzte. Als kompositorisches »Wunder« darf dennoch die langsame *Einleitung* gelten, denn hier strahlt sie einmal ausdrücklich auf sämtliche Sätze aus, nicht nur auf den Auftakt des Hauptthemas, mit dem das *Allegro* beginnt, sondern auch auf den aufsteigenden Dreiklang und die Haltung des Andante-Satzes, auf die entsprechende Thematik des *Menuetts* und des *Trios* und schließlich auf den Beginn des *Finales.* So kann die langsame Einleitung als Motto für die gesamte Symphonie verstanden werden und damit als würdiger Auftakt zu der ersten Serie der »Londoner« Symphonien.

Symphonie Nr. 97 C-Dur (1792)

In der langsamen Einleitung verfolgte Haydn eine neue, überraschende kompositorische Idee: Nach der bloßen Zeitmessung der Achtelnoten in den zweiten Violinen im 1. Takt folgt ein harmonisch sehr auffällig begleitetes Motiv der ersten Violinen, dessen formale Scharnierfunktion nicht nur bei seiner Wiederkehr am Ende der Einleitung deutlich wird, sondern auch, und jetzt als Pointe, am Ende der Exposition. Musikalische Innenspannung durch rational überlegene Verfahren herzustellen, war ohnehin Haydns Sache, aber in dieser Symphonie, insbesondere im *1. Satz,* tritt sie noch deutlicher in den Vordergrund als sonst. So wird das Hauptthema des *Vivace*-Satzes nicht einfach nur aufgestellt, sondern entwickelt sich erst aus einer Fanfare, von der ein prägnanter

Auftakt abgespalten wird, um in allmählicher Verkürzung der Impulse die Achtelbewegung der langsamen Einleitung wieder zu erreichen, die jetzt aber gewissermaßen mit Kataraktgewalt in das Geschehen eintritt und zum Nachsatz überleitet. Die rhythmische Energie des Fanfarenauftakts ist dann der eigentliche Gegenstand der höchst konzentrierten musikalischen Gedankenarbeit in der Durchführung, wo dieses Auftaktmotiv in allen metrischen Positionen auftaucht, die im Dreivierteltakt möglich sind. (Ähnliches geschieht im 1. Satz der *Symphonie Nr. 70*). Abrupte Tonartwechsel rücken diesen Vorgang erst recht in das Licht des besonderen Ereignisses. In weiser klanglicher Ökonomie spart sich Haydn den Eintritt des vollen Orchesters in äußerster Lautstärke für den Übergang zur Reprise auf, und zwar zusätzlich als harmonische Überraschung: In das inzwischen erreichte e-moll-Feld bricht völlig unerwartet der Dominantseptakkord der Haupttonart ein. Den eigentlichen coup de musique hebt sich Haydn jedoch für die Coda auf: Das Scharnier-Motiv aus der langsamen Einleitung wird jetzt zum Ausgangs- (statt, wie bisher zum End-) punkt einer 2. Durchführung, aber zugleich ins Melancholische gewendet und mündet in eine sehr Mozartsche, weich-chromatische Passage über einem Orgelpunkt der Bässe, die so klingt, als zöge die Musik erstaunt die Augenbrauen hoch (so weit reicht der »Sprachcharakter« der Musik Haydns), bevor der rhythmische Elan der Anfangsfanfare das Ende des Satzes herbeiführt. Die solchermaßen weiträumige, ja logische Planung ist eines der zentralen Ergebnisse, das Haydn in seiner jahrzehntelangen Arbeit an der Gattung Symphonie zu erzielen gelernt hat.

Symphonie Nr. 98 B-Dur (1792)

Als Haydn am 2. März 1792 in London seine vorletzte Symphonie der 1. Serie der »Londoner« Symphonien zur UA brachte, machte er sich mit einem hintersinnigen Witz selber während der Aufführung bemerkbar: Bekanntlich gab es zu dieser Zeit noch keine Dirigenten, sondern die Leitung übernahmen der Konzertmeister – in diesem Fall war es zugleich der Konzertunternehmer Salomon – und, sofern das möglich war, der Komponist vom Pianoforte aus. Nun ist aber zur Zeit der Wiener Klassik das Generalbaßspiel nicht mehr kompositorisch von Belang, sehr wohl aber noch aufführungspraktisch. Wenn also Haydn sich am Ende des *Finales* der *Symphonie Nr. 98* mit einem ausdrücklichen Solo für das Pianoforte meldete, nachdem er schon vorher den Konzertmeister mit einem kurzen, eigentlich »unpassenden« Solo bedacht hatte, dann war das ein humorvolles Hineinnehmen der Aufführungssituation in die Komposition. Der Witz besteht eben darin, daß sich genau der Musiker, der die gesamte Zeit eine untergeordnete Tätigkeit – das akkordbegleitende Generalbaßspiel – ausüben mußte, nun auch einmal ausdrücklich zu Wort melden darf, und dann ist es auch noch gar der Komponist der Symphonie. Der Hintersinn liegt aber darin, daß das Generalbaßspiel des Pianoforte ja sonst so gut wie nicht hörbar wird und jetzt, bei dem Solo, umso mehr und überraschend heraussticht. Aber die Symphonie Nr. 98 enthält auch einen der ergreifendsten *Adagio*-Sätze Haydns, den man immer wieder mit dem für Haydn schmerzlichen Ereignis des frühen Todes seines Freundes Mozart (5. Dezember 1791) in Verbindung gebracht hat – und das mit Recht. Als ausdrückliche Hommage an den Freund entworfen, lehnt sich Haydn hier ganz betont an den langsamen Satz der »Jupiter«-Symphonie an und verlegt einmal ausdrücklich das emotionale Zentrum einer Symphonie in das *Adagio*, nicht in den *1. Satz*, obgleich gerade der Kopfsatz dieser Symphonie ein Musterbeispiel für Haydns konzentrierte musikalische Gedankenarbeit ist, die alle Energien und Gestalten in diesem Fall aus der langsamen Einleitung herauswachsen läßt.

Symphonie Nr. 99 Es-Dur (1793/94)

Von dieser Symphonie an verwendet Haydn – mit Ausnahme der Symphonie Nr. 102 und in Nr. 100 nur im Allegretto – die volle Holzbläserbesetzung einschließlich der beiden Klarinetten. Doch nicht nur im differenzierteren Klangbild der Holzbläsergruppe hebt sich die 2. Serie der »Londoner« Symphonien von der ersten ab, sondern vor allem in der veränderten musikalischen Haltung: Der Haydn-Biograph Heinrich Eduard Jacob sprach von einem neuartigen »Irisieren der Harmonik«, von »transparenter Traurigkeit« und von einer grundsätzlichen »Abschiedsstimmung«, die sich nun in Haydns Musik bemerkbar mache, ja er vermutete sogar eine tiefere Bedeutungsschicht hinter der Maske der Fröhlichkeit. Nach dem frühen Tod Mozarts hatte denn auch Haydn, als er die Symphonie Nr. 99 in der Jahreswende 1793/94 komponierte, bevor er am 19. Januar 1794 zu seiner 2. Konzertreise nach London aufbrach, den Tod der Freundin Marianne von Genzinger zu tragen, und so reflektierte er dieses für ihn einschneidende Ereignis besonders im 2. Satz, der unterirdisch mit der langsamen Einleitung des ersten verbunden ist. Ähnlich wie in der *Symphonie Nr. 98* ist das *Adagio* denn auch das Herzstück des Werkes, ein wehmütiger Abschied. In scharfem Kontrast dazu stehen die wie aus der Realität in die Empfindungswelt einbrechenden Trompetenfanfaren; solche Einbrüche sind beim späten Haydn fester Bestandteil der emotionalen Spannweite gerade in den langsamen Sätzen. Auch die *Menuette* werden nochmals in neuem Lichte erfahren: An die Stelle der eher handfesten Deutschen Tänze der 1. Serie treten symphonisch noch mehr durchgearbeitete Charakterstücke, die gelegentlich sogar auf die Scherzi Beethovens vorausweisen. Unermüdlich beschreitet der Symphoniker Haydn neue Wege, gerade bei der Arbeit an den letzten 6 »Londoner« Symphonien, in denen er sich keineswegs mit der Summe seiner Erfahrungen begnügt. Die UA der Symphonie Nr. 99 fand im 1. Salomon-Konzert des Jahres 1794, am 10. Februar in den Hanover Square Rooms zu London statt.

Symphonie Nr. 100 G-Dur (»Military«/»Militär«, 1794)

Die unerhört spannungsreiche langsame Einleitung öffnet sich allmählich wie eine Zange, die einen Hauptsatzbeginn freilegt, wie er bis dahin noch nicht zu hören war: Mit dem reinen Holzbläserklang wird hier der »militärische« Grundcharakter der Symphonie angeschlagen, nicht, wie zu erwarten wäre, in einem Marsch des vollen Orchesters. Und daß es sich im Grunde um eine »Anti-Militär-Symphonie« (Nikolaus Harnoncourt) handeln muß, das macht die kleine Geschichte erfahrbar, die der *Allegretto*-Satz erzählt: Die Idylle einer volkstümlichen Romanze wird jäh unterbrochen durch Militärsignale und eine »türkische Musik« (Triangel, Becken, Trommel), die wie von außen hereinbrechen und die liebevolle Zartheit des Liedes in eine c-moll-Klage verwandeln, denn nun klingt es, »als würde ein Mensch ausgepeitscht« (Harnoncourt); anstelle eines Militärmarsches also ein Ausdruck von Schrecken und Gewalt. Der Romanzenton kann danach nur noch als Erinnerung wiederkehren: »Der ältere Haydn weiß: Das Vergangene ist unwiederbringlich. So gleicht er einem Manne, der bedauernd und fröstelnd die Kulissen von der Bühne trägt« (H. E. Jacob). Der diskrete, wehmütige Abschiedscharakter der Schlußtakte ist unüberhörbar. Ob allerdings der Titel »Militär«-Symphonie von Haydn stammt, ist nicht bekannt; das Autograph des Titelblattes ist jedenfalls nicht überliefert. In den Londoner Programmankündigungen tauchte die Bezeichnung jedoch auf, und so ist anzunehmen, daß das nicht ohne Haydns Zustimmung geschah.

Symphonie Nr. 101 D-Dur (»The Clock«/»Die Uhr« 1794)

Am 3. März 1794, fast einen Monat vor der UA der *Symphonie Nr. 100*, erklang die Symphonie mit dem nicht von Haydn stammenden Beinamen »Die Uhr« in den Salomon-Konzerten, damals freilich noch nicht mit dieser Bezeichnung, die sich ohnehin nur auf den 2. Satz bezieht. Er tauchte erst Jahre später in Wien auf und macht im übrigen aus Haydns musikalischer Zeitgestaltung ein pittoreskes Genrebild, das weit hinter dem tatsächlich Komponierten zurücksteht. Denn was Haydn hier musikalisch realisiert hat, ist nicht etwa die naturalistische Abbildung des Tickens einer Uhr, sondern – ähnlich wie im *Allegretto* der *8. Symphonie* Beethovens – das »Sich-bewußt-werden der Zeit« (Thrasybulos Georgiades), eines der Wesenselemente des Wiener klassischen Satzes also, sein rhythmisch-metrischer Lebensnerv. Zu Beginn des Satzes werden die beiden Ebenen der musikalischen Zeitgestaltung – Taktmessung und Taktausfüllung – sogar zuerst getrennt aufgestellt, um dann ein Widerspiel zu eröffnen, das dem Hörer allmählich bewußt macht, daß die eine Ebene nur eine gedachte, die konkrete Ausfüllung des Taktes mit rhythmisch-melodischen Gestalten dagegen eine sinnlich fühlbare Dimension ist. Das wird besonders deutlich an jener Stelle, an der überraschend die Musik innehält und durch die einzige Generalpause des Satzes klarstellt, daß der musikalische Zeitablauf nicht selbstverständlich ist. Es handelt sich also um eine Variante der Idee des freien Eingriffs in den Satzverlauf, die in jenem berühmten Paukenschlag der *Symphonie Nr. 94* als Gegensatz zur »leeren« Zeit einer Generalpause auftritt.

Haydns musikalische Mittel der Überraschung sind tatsächlich unerschöpflich und stets verblüffend. Auch in der langsamen Einleitung beschreitet er neue Wege: Zum ersten Mal verzichtet er auf harmonische Umwege oder Verzögerungsmanöver bis zum Eintritt des Hauptsatzes und konzipiert eine zielstrebige Anlage in drei, proportional anwachsenden Ereignisschüben, aus denen das *Presto*-Thema gewissermaßen herausspringen kann. Es handelt sich um 3 Prämissen, die Spannung zur notwendigen harmonischen Öffnung schrittweise zu enthüllen; die 1. Prämisse ist sogar, obwohl sie die kürzeste ist, am engsten mit dem späteren Presto-Thema verknüpft. Es scheint, als habe Haydn auch für verschiedene Grade des Bewußtseins komponiert. Der Presto-Satz selber ist so konsequent monothematisch gebaut wie sonst kein anderer Kopfsatz der »Londoner« Symphonien und erinnert in seinem impulsiven Ablauf durchaus an das Vorspiel zu einer opera buffa. Immer wieder tauchen auch Reminiszenzen an die langsame Einleitung auf, besonders in der Durchführung, freilich noch nicht, wie dann später tatsächlich im *1. Satz* der *Symphonie Nr. 103*, im früheren Tempo.

Symphonie Nr. 102 B-Dur (1794/95)

Nochmals wechselt Haydn in den letzten 3 »Londoner« Symphonien Ton und Haltung; sie sind auch nicht mehr für die Salomon-Konzerte komponiert, sondern gelangten im Frühjahr 1795 in den »Opera Concerts« im Londoner King's Theatre zur UA (Konzertmeister war der berühmte Geiger Viotti). In allen 3 letzten Symphonien verwendet Haydn – man möchte fast sagen: demonstrativ – kroatische Volksmelodien, im Finale der *Symphonie Nr. 102* sogar einen kroatischen Marsch, freilich so verarbeitet, daß man verstehen kann, daß die Zeitgenossen von »kunstvoller Popularität« sprachen. Was an der B-Dur-Symphonie jedoch sofort auffällt, ist der neue Grundklang: So ist etwa der außerordentliche *Adagio*-Satz (eine Eigenbearbeitung des Fis-Dur-Satzes aus dem Klaviertrio Nr. 26) in ein geradezu unwirkliches Klangbild gehüllt, daß man bereits an die Musik der Frühromantik denken könnte. (Die Idee des Solocellos freilich geht zurück auf die Oper, man denke nur an die 1. Arie der Zerlina im *Don Giovanni*). Eigentlich schien nach den ersten 6 »Londoner« Symphonien eine Steigerung der musikalischen und vor allem klanglichen Feinheiten kaum noch denkbar, doch verfolgte Haydn, unermüdlich experimentierend, in dieser Symphonie einen völlig neuen Klang, der sich sofort im ersten Takt der langsamen Einleitung bemerkbar macht und weit in die Zukunft weist: ein einziger Ton, durch die Oktavlagen verstärkt und von einem leisen Paukenwirbel angefärbt, wächst und verklingt in einer dynamischen Hüllkurve, die Großes ahnen läßt. In den folgenden Takten tastet sich ein thematisches Gebilde heran, das wie ein Vordersatz wirkt, auf den erst später, nach dem wiederholten Anfangston, der Nachsatz folgt. Damit ist in nuce das spätere Hauptthema des *Vivace*-Hauptsatzes gegeben, vorerst aber noch ohne den späteren Bewegungsimpuls. Der weitere Weg führt zum Doppelpunkt der Dominante, aber über äußerst schwermütige Baßgänge und in Vorwegnahme der Haltung, die Beethoven in der *4. Symphonie* anschlagen wird. Nicht minder bemerkenswert ist der Tutti-Beginn des Hauptsatzes, denn sonst liebt es Haydn, das Hauptthema in einer Klanggruppe aufzustellen, um es erst dann im vollen Orchestersatz zu bestätigen. Außerdem ist hier die Exposition nicht monothematisch, auch nicht dualistisch (Haupt- und Seitenthema), sondern sie verfügt ausdrücklich über 3 Themen von unterschiedlich ausgeprägter Physiognomie, die zudem scharf untereinander kontrastieren. Das *3. Thema* greift sogar jenen bedeutungsvollen Anfangston der langsamen Einleitung wieder auf, allerdings im Charakter völlig verwandelt, denn nun fährt er der musikalischen Entwicklung sehr laut in die Parade. Und die Durchführung wird erst recht zum Kampfplatz erhoben wie kaum eine andere vor Beethoven. Ihr 2. Teil bricht sogar mit unvergleichlicher Kataraktgewalt ins Geschehen ein und zeigt ganz neuartige, bedrohliche Seiten der Musiksprache Haydns. Auch das *Menuett* ist alles andere als harmlos: Im Vordergrund steht das unerbittliche Pochen, vor allem der Widerstreit zwischen auf- und abtaktigen Impulsen, das dem Stück einen geradezu obsessiven Charakter verleiht. Und als ob man geahnt hätte, wer da so heftig pocht, kommt im Trio das Nicken der Statue aus der Friedhofszene des *Don Giovanni* zum Vorschein. Das kroatische Marschthema des turbulenten *Finales* schließlich wird in einen geistreichen Wirbel von Verwandlungen hineingezogen, und zwar in einer jener Formmischungen Haydns aus Sonatensatz und Rondo, die in den Finalsätzen der »Londoner« Symphonien höchste Triumphe feiern.

Symphonie Nr. 103 Es-Dur (»Drum Roll«/»Paukenwirbel« 1795)

Ihren Beinamen erhielt diese vorletzte, am 2. März 1795 im Londoner King's Theatre uraufgeführte »Londoner« Symphonie wegen ihres prononciert solistischen Gebrauchs der Pauke im 1. Takt. Heinrich Eduard Jacob hat bereits darauf hingewiesen, daß Haydn der erste Komponist war, der diesem Instrument ganz neue, verblüffende Wirkungen abzugewinnen verstand: »Bekanntlich ist die Pauke kein grobes, sondern im Gegenteil ein sehr empfindlich-nervöses Instrument.« Mit diesem Gebrauch stieß Haydn ein weiteres, sehr wichtiges klangliches Tor zur Musik des 19. Jhs. auf; man denke nur an die solistisch geführte, leise Pauke im Vorspiel zur Florestan-Arie in Beethovens *Fidelio* (1814). Im 1. Takt der langsamen *Einleitung* zur Symphonie Nr. 103 ist es der Ausdruck gespannter Erwartung, der mit dem »Paukenwirbel« gemeint ist. Die Vorschrift »Intrada« indessen und die Fermate über dem Takt zeigen, so meint es jedenfalls Nikolaus Harnoncourt (seine Aufnahme demonstriert es), die Absicht Haydns, mehr vom Musiker zu verlangen, als einen bloßen Wirbel, nämlich eine Art Paukenfanfare im Sinne der älteren Tradition der »Intrada« (vor allem in der Oper). Wie dem auch sei, die langsame Einleitung enthält nochmals eine neue musikalische Idee Haydns gegenüber früheren Einleitungen, denn sie ist jetzt ausdrücklich thematisch geformt und kehrt sogar im Hauptsatz mehrmals wieder, zuletzt sogar – und das ist ganz neu – im ursprünglichen Tempo. Der Uraufführungsbericht sprach denn auch von »the deepest attention« und meinte gewiß auch die sehr deutliche

Anspielung der ersten Takte nach der »Intrada« an die gregorianische Choralmelodie des »Dies irae«, unheimlich in den Bässen vorgetragen. Der geheimnisvolle Charakter der langsamen Einleitung enthält dadurch noch eine semantische Tiefendimension, die erst recht Haydns Kunstverstand der späten Jahre auszeichnet. Der *Hauptsatz* gibt sich dann ausgesprochen tänzerisch, besonders im betont ländlichen Seitenthema, aber alles wird »con spirito« vorgetragen, auch die fulminante Energie des erstaunlichen *Finales* mit seinen 3 Ansätzen: Es ist eine der ingeniösesten Formerfindungen Haydns überhaupt, jenseits aller Formschemata wie Sonatensatz oder Rondo; wir werden auf die Entdeckungsreise geschickt, was geschieht, wenn man auf 3 verschiedenen Wegen versucht, zum Ziel zu kommen. Robbins Landon nannte das mit Recht »sophisticated«, was ja nichts anderes heißt als das »con spirito«, das Haydn den Ecksätzen ausdrücklich beigab. Haydn komponierte sogar 2 Schlüsse für das Finale, deren zweiten er als endgültigen ansah, weil hier nochmals die Pauke das Instrument ist, das die letzte, entscheidende Steigerung herbeiführt und so den Kreis der Symphonie schließt. Der eigenartigste Satz ist jedoch das *Andante* mit seinen Doppelvariationen über 2 ähnliche Volksmelodien mit fremdartigem Kolorit (Zigeunertonleiter im ersten, lydische Quart im 2. Thema): »Diese Synthese von einem Volkslied und einem gedämpft hinstelzenden Marsch mit ihrer sich selbst aufhebenden Plumpheit, ist von so fremdartiger Harmonik und neuer Instrumentierung durchtränkt, daß sie wie spätromantische oder neuromantische Musik klingt«, meint H. E. Jacob, und man kann ihm nur beipflichten.

Symphonie Nr. 104 D-Dur (1795)

Man weiß nicht, ob die Aufführung der letzten Symphonie Haydns am 4. Mai 1795 im Rahmen der »Opera Concerts« im Londoner King's Theatre tatsächlich die UA war; Robbins Landon vermutet, daß sie bereits am 13. April erklungen ist und bezieht sich dabei auf einen Bericht des »Morning Chronicle« zwei Tage später, in dem es heißt: »Dieser wunderbare Mann enttäuscht uns nie; alle Einfälle seines erfinderischen und leidenschaftlichen Genies wurden selten zuvor von einem Orchester mit mehr Präzision durchgeführt oder von den Zuhörern mit mehr Entzücken aufgenommen, als dies an jenem Abend der Fall war.« War es also die Symphonie Nr. 104, auf die sich dieser Bericht bezieht, dann ist die Einschätzung der Musik völlig zutreffend, denn tatsächlich hat Haydn mit seiner letzten Symphonie die Symphonik der zentralen Wiener Klassik zu einem krönenden Abschluß gebracht. Danach konnte und mußte etwas ganz anderes kommen: Fünf Jahre später trat der 30jährige Beethoven, zu Beginn des neuen Jahrhunderts, mit seiner *1. Symphonie* in Wien an die Öffentlichkeit und eröffnete die 3. Phase der Wiener Klassik. Haydns *Symphonie Nr. 104* beginnt mit einer d-moll-Einleitung *(Adagio)*, die wie keine andere von ihm den appellartigen Tonfall Beethovens vorwegnimmt. Die konzentrierte Geste dieses Anfangs entfaltet sich dann in der monothematischen Abhandlung des *Allegro*-Hauptsatzes, einem der klarsten, kunstvollsten und zugleich überzeugendsten Sonatensätze Haydns, in dem die Reprise eine Art Synthese der gesamten symphonischen Entwicklung zuvor darstellt: Sie ist weder Wiederholung der Exposition, noch deren Steigerung, sondern etwas Drittes, durchaus Eigenständiges: »Im ersten Formteil dominiert das Eingangsmotiv, im zweiten Formteil« – also in der Durchführung – »die zum Motiv gewordene rhythmische Figur« (aus dem 3. und 4. Takt des Hauptthemas), »die sogenannte Reprise erweist sich als eine Art Zusammenschau, die die beiden vorausgehenden Formabschnitte voraussetzt« (Karl-Heinz Schlager). Die Einheit des Satzes ist es, bei aller Mannigfaltigkeit in den Details, auf die es ankommt.

Auch der *Andante*-Satz ist, bei aller Buntheit der angewandten Variationstechnik, einer ebenso einfachen wie einleuchtenden, übergeordneten Bogenform verpflichtet; das kompositorisch Besondere ist die motivische Arbeit innerhalb der 3 großen Formabschnitte mit einem Mittelteil in Moll. Man beachte auch die durchweg variierten Wiederholungen und vor allem jene für Haydn so typische, auskomponierte Überraschung bei der musikalischen Paranthese, einem Einschub in die Wiederkehr des Rahmenteils, der die Haltung des Satzes gewissermaßen transzendiert; beim ersten Auftreten des Abschnitts stand hier nur eine Fermate. Und in der Coda ist nochmals der wehmütige Abschiedsgestus auskomponiert, den der späte Haydn als Satzschluß bevorzugte.

Das *Menuett* ist der Abschied vom Tanzcharakter und ein erstaunlicher Vorgriff auf das *Scherzo*, das Beethoven an dessen Stelle in die Symphonik einführte; die sonst übliche Tempovorschrift *Allegretto* änderte denn auch Haydn um in *Allegro*, also in ein ungewöhnlich rasches Tempo. Und das *Trio* ist sogar in Schubertscher Weise in der terz- (statt der üblichen quint-) verwandten Tonart B-Dur gesetzt und einer der verblüffendsten Vorgriffe Haydns auf die Musik der Frühromantik.

Mit einem nachdrücklich als »spiritoso« bezeichneten *Finale* verabschiedet sich Haydn als Symphoniker und zieht zum letzten Mal die mitreißenden Register des geistreichen Erfindungsreichtums, der überraschenden Wendungen und freien Eingriffe in den Satzverlauf wie auch der feurigen Grundhaltung und der ausdrücklichen Verknüpfung von Volks- und Kunstmusik (das Hauptthema ist wieder eine Entlehnung aus der Volksmusik der Heimat Haydns) – und das alles in einer unnachahmlichen Synthese vorgebracht. Ein letztes Mal triumphiert der alte Haydn über alle Unterschiede zwischen »galant« und »gelehrt«, kunstvoll und einfach, »niederer« und »hoher« Schreibart und läßt einfach das Komplizierte erscheinen, als sei es selbstverständlich. Der Satz schließt mit dem lakonischen Widerspiel von Frage und Antwort und führt somit das Prinzip der geistreichen musikalischen Gedankenarbeit auf seinen Kern zurück: die Musik als Sprache.

M *CD* Symphonien Nr. 1–104 und Sinfonia concertante: Philharmonia Hungarica, Dorati (Decca 1971); Academy of Ancient Music, Hogwood (Decca, 1988–93)

Instrumentalkonzerte

Im Gegensatz zu Mozart war Haydn kein genuiner Komponist von Solokonzerten; ihm lag offensichtlich »jener artistisch-brillante, ein wenig komödienhafte Zug, ohne den der echte Virtuose nicht zu denken ist« (Karl Geiringer) überhaupt nicht, und so sind denn auch seine überlieferten, teilweise unechten (untergeschobenen) Solokonzerte kaum mehr als Gelegenheitswerke für befreundete Musiker. Aus den mittleren 60er Jahren stammen *3 Violinkonzerte* (C-Dur, Hob. VIIa: 1; A-Dur, Hob. VIIa: 2; G-Dur, Hob. VIIa: 4), die für den Konzertmeister des Esterházy-Orchesters, Luigi Tomasini, komponiert wurden und kaum über einen gefällig-virtuosen Charakter hinausreichen, dabei aber sehr dankbar für den Solisten zu spielen sind. Von den zahlreichen *Konzerten für Tasteninstrumente* (Cembalo, Orgel, Pianoforte) hat sich bis heute nur das 1784 im Druck erschienene *Klavierkonzert D-Dur* (Hob. XVIII: 11) im Konzertsaal durchsetzen können, während die beiden *Konzerte für Violoncello* (C-Dur, Hob. VIIb: 1 und D-Dur, Hob. VIIb: 2) zum Grundbestand der nicht allzureichen Literatur für dieses Soloinstrument gehörten. Das *C-Dur-Konzert* wurde erst 1961 von Oldrich Pulkert in Prager Beständen entdeckt – Haydn komponierte es vermutlich um 1765 für den ausgezeichneten Cellisten Joseph Weigl –, während das schon immer sehr berühmte große *D-Dur-Konzert* lange Zeit als Werk des Cellisten Anton Kraft, eines Mitglieds der Esterházy-Kapelle, galt, bis Mitte unseres Jahrhunderts Haydns Autograph wieder auftauchte und die Streitigkeiten um die Authentizität beigelegt werden konnten. Das um 1783 komponierte Werk nützt alle spieltechnischen Möglichkeiten des Instruments äußerst virtuos aus und besticht auch durch eine deutliche Vertiefung der Musiksprache. Das Konzert wird übrigens häufig in der erweiterten Orchesterfassung von François-Auguste Gevaert (1890) aufgeführt, obwohl die von Haydn vorgesehene, kleinere Besetzung mit nur 2 Oboen und Hörnern im Bläsersatz dem durchsichtigen Grundcharakter besser entspricht.

Von den *Bläserkonzerten* stammen nur 2 zweifelsfrei von Haydn: Aus dem Jahr 1762 ist ein *Konzert für Waldhorn in D-Dur* (Hob. VIId: 3) überliefert, das Haydns präzise Kenntnis der klanglichen und spieltechnischen Möglichkeiten des Naturhorns verrät, und als letztes Solokonzert überhaupt komponierte Haydn im Jahr 1796, also nach seinen beiden Londoner Konzertreisen, sein bedeutendes *Trompetenkonzert in Es-Dur* (Hob. VIIe: 1), das aus Anlaß des von dem Wiener Hoftrompeter Weidinger konstruierten Klappensystems zur Erzielung der vollständigen chromatischen Skala entstand und den Gebrauch aller Höhen und Tiefen des Instruments gestattet. Auch die Beweglichkeit nutzt Haydn hier in durchaus neuartiger Weise voll aus: »Mit jugendlicher Begeisterung hat sich der Künstler hier der neuen Aufgabe zugewandt, und damit neuerdings einen Beweis für die bis ins hohe Alter unverminderte Aufnahmefähigkeit und Beweglichkeit seines Geistes abgelegt« (K. Geiringer).

Am 9. März 1792 wurde in London Haydns einzige *Sinfonia concertante B-Dur* (Hob. I: 105) für Violine, Violoncello, Oboe, Fagott und Orchester uraufgeführt, ein symphonisches Konzertwerk im Geiste der gleichzeitig entstandenen ersten Serie von 6 »Londoner« Symphonien (Hob. I: 93–98) und zugleich eine originelle Fortführung der Tradition des barocken Concerto grosso mit seinem Prinzip des Konzertierens von Instrumentengruppen.

M *CD* Violinkonzerte: Tetzlaff, Northern Sinfonia, Schiff (Virgin 1991); Violoncellokonzerte: Bylsma, Ensemble Tafelmusik, Lamon (RCA); Klavierkonzerte: Benedetti Michelangeli, Zürcher Kammerorchester, de Stoutz (EMI 1975); Trompetenkonzert Es-Dur: Immer, Academy of Ancient Music, Hogwood (Decca)

Oratorien

Während Haydns erstes Oratorium *Il ritorno di Tobia (Die Heimkehr des Tobias)*, entstanden 1774/75 für eine Wiener Aufführung, heute nur noch historisches Interesse auf sich zieht – die Musik trägt viele Züge von Haydns früher Musik und enthält sehr lange Koloratur-Arien, die leicht ermüdend wirken –, bildet die nachträglich textierte Fassung der ursprünglichen Instrumentalstücke, die Haydn 1785 im Auftrag eines spanischen Domherrn komponierte und ein Jahr später in der Karwoche in Cadiz aufführen ließ, einen Sonderfall in seinem Schaffen. Haydn selbst beschrieb die Arbeit an dem Werk *Die sieben letzten Worte unseres Erlösers am Kreuze* als singuläre Aufgabe, 7 betrachtende, instrumentale Adagios (!) zu komponieren, die auf die Textworte vorbereiten sollen. Außer einer Fassung für Streichquartett veröffentlichte Haydn 1787 in Wien eine Orchesterfassung des Werkes, das mit einem »terremoto« (Erdbeben) nach dem Tod Christi schließt. Die Verwandlung des Werkes in eine *Kantate* lag nahe und wurde erstmals im Jahr 1794 durch den Passauer Kapellmeister Joseph Friebert vorgenommen. Haydn war vermutlich mit dieser Version nicht einverstanden; er legte jedenfalls im Herbst 1795 eine eigene Textfassung für Soli, Chor und Orchester vor (Textrevision: Gottfried van Swieten), die so klingt, als sei das Werk von Anfang an als Oratorium geplant gewesen.

Die Schöpfung

Oratorium in drei Teilen

Es ist ein volkstümlicher Bericht über die erste öffentliche Aufführung von Haydns *Schöpfung* (Wien, 19. März 1799) überliefert, in dem folgende, bemerkenswerte Passage steht: »Damit's alle Leut verstehn, was d'Musik hat sagn wolln, so habn sies Büchl von der Kantate gratis austheilt, und das ist wunderschön z'lesen: und was mir gar gut gfalln hat, es ist hoch gschriebn, und doch verständlich dabei.« Das gilt aber nicht nur für das »Büchl«, das Textbuch Gottfried von Swietens, sondern gleichermaßen für Haydns Musik. Heute pflegt man indessen an der angeblich »naiven« Darstellung zu nörgeln und dabei zu übersehen, daß Haydns Musik sich nicht auf Tonmalerei beschränkt und daß van Swietens Text eine freie und sehr eigenwillige Nacherzählung der Genesis ist, und zwar auf der Basis englischer Quellen. (Er stellt eine verwegene Mischung aus Bibelzitaten, die dem ersten Buch Mose und den Psalmen entnommen sind, und überarbeiteten Versen aus John Miltons »Paradise Lost« dar). Nichts weniger als die (nicht nur englische) Aufklärung ist darin wirksam: Gleich zu Beginn ist die Rede vom Zusammenprall zwischen den Mächten der Finsternis (=Aberglaube) und des Lichts (der Vernunft), und später wird die Erschaffung des Menschen unter dem Aspekt der Verpflichtung gegenüber der Schöpfung dargestellt. Der ausdrückliche Verzicht auf den Sündenfall ist kein »Fehler«, sondern entsprang der Überlegung, die tiefe Einsicht in die Gefahr des falschen Wissens zu thematisieren. Uriel warnt am Ende des Werkes, in jenem völlig unbiblischen 3. Teil, der das Selbstbewußtsein der Menschen behandelt, davor, daß »falscher Wahn« eine Verführung zu mehr als notwendigem Wissen sei. Der 3. Teil wendet sich ohnehin von dem Bericht ab und konzentriert sich ganz auf die Gegenwart der Einheit von Mensch und Natur – und zwar als moralische Forderung. Es ist gerade die Gottesebenbildlichkeit des Menschen, die ihn dazu verpflichtet, sein Schicksal selbst in die Hand zu nehmen und mit genau der planenden Vernunft vorzugehen, mit der der freimaurerisch dargestellte »Weltenbaumeister« die Welt erschaffen hat; der Mensch ist demnach nicht etwa das demütige Geschöpf Gottes, sondern auch sein Gegenbild.

Der Vielfalt der Natur entspricht in Haydns Partitur die stilistische Vielfalt des musikalischen Schöpfungsgebäudes, die nichts ausläßt von dem, was im späteren 18. Jh. an musiksprachlichen Mitteln aus Oper und Instumentalmusik verfügbar war. Die Grundspannung reicht von der Darstellung des Chaos vor dem Zustand der Ordnung (Entstehung des Lichts der Vernunft) bis hin zur »reinen Harmonie« des ersten Morgens der vollendeten Schöpfung (Beginn des 3. Teils). Dabei kommen alle musikalischen Ausdrucksbereiche zum Tragen: von der liturgischen Formel (»Und es ward so«) über die unterschiedlichsten Arien-Typen (die Engel singen im »erbaulichen Stil« des Adels, die beiden ersten Menschen im volkstümlichen Tonfall der »normal Sterblichen«) und (teilweise an Händels Oratorien angelehnten) Chorsätze bis hin zu deutlichen Anklängen an Mozarts *Zauberflöte* (auch eine Schöpfungsgeschichte!), etwa im Terzett *Zu dir, o Herr, blickt alles auf* und vor allem im 3. Teil. Die musikalische Sprache der *Schöpfung* ist ebenso universal (im Sinne des 18. Jhs.) wie unmittelbar verständlich. So hatte Haydn völlig recht, als er über einen störrischen Priester, der die Aufführung des Werkes in kirchlichem Rahmen verbieten wollte, schrieb: »Ich bin überzeugt, daß ein vernünftiges Consistorium diesen Apostel des Friedens und der Einigkeit näher mit seinen Pflichten bekannt machen wird, da es nicht unwahrscheinlich ist, daß die Menschen mit weit gerührterem Herzen aus meinem Oratorium als aus seinen Predigten herausgehen dürften.«

[M] *CD* Mackie, Laki, Huttenlocher, Collegium Vocale, La Petite Bande, Kuijken (Accent 1982) – *VD/LD* Popp, Blegen, Moser, Moll, Ollmann, Chor u. SO des BR, Bernstein (DGG); Kirkby, Rolfe Johnson, George, Academy of Ancient Music, Hogwood (Decca); Popp, Araiza, Ramey, Bär, Vermillion, Wiener Staatsopernchor, Wiener Philharmoniker, Muti (Sony)

Die Jahreszeiten

Oratorium in vier Teilen

Noch weit mehr als die *Schöpfung* sind die von 1799–1801 komponierten *Jahreszeiten* ein Werk für den Konzertsaal, kaum für die Kirche, und in ihm vollzieht sich nicht nur der Übergang der Gattung zur Verweltlichung, sondern auch zur Singspielatmosphäre biedermeierlicher Provenienz; zwar nicht in Haydns Musik, sehr wohl aber in Gottfried van Swietens Textbuch, das wieder – wie im Fall der *Schöpfung* – auf eine englische Vorlage zurückgeht, freilich in eingreifender Weise bearbeitet. Die Darstellung der 4 Jahreszeiten als Spiegel der moralischen Anlagen des Menschen, wie sie in James Thomsons Lehrgedicht »The Seasons« von 1730 in äußerst weitschweifiger Weise niedergelegt ist, veranlaßte van Swieten zu starken Kürzungen und Eingriffen, aber auch zu Einfügungen zweier Gedichte, die in ihrer kleinbürgerlichen Mentalität bereits die Biedermeier-Welt der deutschen Spieloper des 19. Jh. vorwegnehmen. Es handelt sich um Gottfried August Bürgers »Spinnerlied« im 4. Teil und um das Spottlied »Ein Mädchen, das auf Ehre hält« von Christian Felix Weiße (nach Marie Favart), das bereits Johann Adam Hiller in seiner *Liebe auf dem Land* vertont hatte. Und dem leichteren Ton des »Spinnerlieds« fügte van Swieten am Ende des 4. Teils noch den »kühnen Gedankensprung« hinzu, »der ihn zu den seit Klopstock beliebten ›Letzten Dingen‹ führte. Er zieht eine Parallele zwischen den Jahreszeiten und den Lebensaltern der Menschen, und stellt fest, daß im Wandel des Vergänglichen nur die Tugend in die Freuden des ewigen Lebens einzuführen vermag« (K. Geiringer). Eine eigentliche Handlung fehlt; die Konstellation der 3 namentlich bezeichneten Solisten (das Liebespaar Hanne und Lukas, der Pächter Simon als Vater der Hanne) knüpft nur assoziative, keine dramaturgisch motivierten Bande, und der Chor vertritt die Welt der Landleute und Jäger. Der äußere Rahmen ist ganz dem Wechsel der 4 Jahreszeiten untergeordnet, der in durchaus idyllisch-betrachtender Manier abläuft, durchsetzt mit reflektierenden Partien. Haydn soll sich, zeitgenössischen Berichten zufolge, ziemlich schwer getan haben mit den vielen pittoresken, genrehaften Zügen des Textes, vor allem mit dem »französischen Quark« (Haydn) der geforderten Tonmalerei, doch er rettete sich in eine musikalisch gegenläufige Darstellung der mehr objektiv beschreibenden Tendenz des Textes und setzte ihr den Mut zum subjektiven Ausdruck entgegen: »Die Brücke, die von der äußeren Natur in das menschliche Herz führt«, wird »durch die Welt der Töne geschlagen« (K. Geiringer), und darin war Haydn der unerreichte Meister. Während das Libretto immer wieder

»Die Jahreszeiten«: Titelseite der Erstausgabe bei Breitkopf & Härtel, Leipzig (1802)

hindurchscheinen läßt, daß aus dem Erwachen und Vergehen der Natur im Kreislauf der 4 Jahreszeiten die Allmacht Gottes spricht, verließ sich Haydn bei der Komposition ganz auf seine Kindheitserfahrungen in der burgenländischen Heimat und traf denn auch stets den richtigen Tonfall. Am 24. April 1801 wurden die *Jahreszeiten* im Wiener Palais Schwarzenberg vor der »Gesellschaft der Associierten Cavaliers«, einer Vereinigung kunstverständiger Aristokraten, deren Sekretär Gottfried van Swieten war, uraufgeführt, und nach zwei weiteren privaten Aufführungen konnte dann auch die öffentliche Erstaufführung gegeben werden.

[M] *CD* Bonney, Rolfe Johnson, Schmidt, The Monteverdi Choir, The English Baroque Soloists, Gardiner (DGG 1990)

Die sechs späten Messen (Hob. XXII: 9–14)

Es spricht einiges für die von Robbins Landon vertretene Ansicht, Haydn habe in seinen 6, zwischen 1796 und 1802 komponierten, großen Messen für Soli, Chor und Orchester eine direkte Fortsetzung der »Londoner« Symphonien geschrieben, sozusagen »Symphonien für Gesang und Orchester«, mit denen er zugleich den Weg für die beiden Orchestermessen Beethovens gebahnt hatte. Alle diese Messen entstanden nach Haydns Rückkehr von seiner 2. Londoner Konzertreise im Auftrag des Fürsten Esterházy (Nikolaus II.) für die alljährliche Feier des Namenstages seiner Gattin und wurden stets in der Bergkirche zu Eisenstadt zur UA gebracht. Seit der *Missa Cellensis (Mariazeller Messe)* von 1782 hatte Haydn keine Kirchenmusik komponiert, da die restriktiven Verordnungen des Josephinismus das Zelebrieren von Hochämtern mit Orchestermessen völlig unmöglich gemacht hatten. Erst nach dem Tode Josephs II. (1790) wurde das Verbot allmählich wieder gelockert, und so konnte Haydn in seinen späten musikalischen Hochämtern doch noch seine Ansichten von echter Kirchenmusik verwirklichen, die er selbst in die Worte gefaßt hat: »Ich bat die Gottheit nicht wie ein verworfener Sünder in Verzweiflung, sondern ruhig, langsam. Dabei erwog ich, daß ein unendlicher Gott sich gewiß seines endlichen Geschöpfes erbarmen, dem Staube, daß er Staub ist, vergeben werde. Diese Gedanken heiterten mich auf. Ich empfand eine gewisse Freude, die so zuversichtlich ward, daß ich, wie ich die Worte der Bitte aussprechen wollte, meine Freude nicht unterdrücken konnte, sondern meinem fröhlichen Gemüte Luft machte und miserere etc. mit ›Allegro‹ überschrieb.« Als sein kirchenmusikalisches Vermächtnis hauchte also Haydn den letzten Messen den Lebensatem der Wiener klassischen Humanität ein und schreckte auch nicht vor der musikalischen Reaktion auf die zeitgenössischen Kriegsereignisse zurück: In der sogenannten *»Paukenmesse« (Missa in Tempore Belli*, UA: 13. September 1796 in der Bergkirche zu Eisenstadt) faßte er die im »Agnus Dei« formulierte Bitte um inneren und äußeren Frieden ganz so auf, wie es Beethoven rund 20 Jahre später in seiner *Missa solemnis* getan hat, nämlich konfrontiert mit dem realen Kriegslärm und ängstlich pochender Pauke, »als hörte man den Feind« – konkret: die in die Steiermark einrückenden französischen Soldaten – »schon in der Ferne kommen« (so Haydns Zeitgenosse Georg August Griesinger).

Die ein Jahr später, am 12. September 1797 in der Eisenstädter Bergkirche uraufgeführte, sog. *»Heiligmesse«* (komponiert 1796 und von Haydn mit dem Titel *Missa Sancti Bernardi von Offida* versehen) bezieht sich dagegen auf den Kapuzinermönch Bernhard von Offida (1604–1694), der 1795 seliggesprochen worden war und als großer Helfer der Menschen galt. Der deutsche Beiname leitet sich von der Verwendung des Segenliedes »Heilig, heilig« im Sanctus ab.

Die unter dem Namen *»Nelsonmesse«* bekanntgewordene *Missa in Angustiis* (*Messe in Bedrängnis*, UA: 15. September 1798 in der Eisenstädter Bergkirche), Haydns einzige Messe in einer Molltonart (d-moll), schlägt sehr ernste Töne an und ist fast am deutlichsten in symphonischen Dimensionen komponiert. Ob allerdings mit dem repräsentativen Tonfall des *Benedictus*, der eher einen weltlichen Herrscher ankündigt, als »den, der da kommt im Namen des Herrn«, der Sieger der Seeschlacht von Abukir, Lord Nelson, gemeint ist, scheint zweifelhaft, zumal die Nachricht vom Sieg Nelsons erst nach Beendigung des Werkes eintraf. Dennoch ist die aggressive musikalische Haltung, vor allem durch Fanfaren (bereits im *Kyrie* verwendet), herbe Harmonik und strenge Satztechnik (Quintkanon im »Credo«) unbestreitbar.

Der Titel der am 8. September 1799 in Eisenstadt (Bergkirche) uraufgeführten *»Theresienmesse«* ist völlig unklar, stammt auch nicht von Haydn selber. Man nimmt an, daß er sich auf den Namen der 2. Gattin des Kaisers Franz II. bezieht. Der milde, abgeklärte Grundcharakter des Werkes zeigt Haydn in bemerkenswerter Nachbarschaft zur Musik Mozarts, etwa im *Gratias agimus*, aber auch im Thema der *Kyrie*-Fuge, die sehr deutlich an die gleichnamige Fuge aus Mozarts *Requiem* erinnert. Das *Agnus Dei* beginnt sogar mit dem Hauptthema aus Mozarts früher *g-moll-Symphonie KV 183* (1773).

Der Tonfall Mozarts bestimmt auch die letzten beiden Messen, die sog. *»Schöpfungsmesse«* (UA: 13. September 1801 in der Eisenstädter Bergkirche) und vor allem die, des Mozartschen Holzbläsersatzes wegen als *»Harmoniemesse«* bezeichnete, umfangreiche letzte Messe (UA: 8. September 1802 in der Bergkirche zu Eisenstadt), mit der Haydn nachweislich den größten Einfluß auf die späteren Messen Franz Schuberts ausgeübt hat. Der Titel der *Schöpfungsmesse* bezieht sich auf ein Eigenzitat Haydns im *Qui tollis* des *Gloria*, das übrigens den Unwillen der Fürstin Esterházy erregte: Haydn erlaubte sich hier einen Rückgriff auf das Thema des *Allegro*-Teils des Duetts zwischen Adam und Eva aus seinem Oratorium *Die Schöpfung* und mußte sich ermahnen lassen, daß die entsprechende Textstelle des Oratoriums *Der tauende Morgen, o wie ermuntert er* wohl kaum auf die *peccata mundi* passen dürfte. Aber in Haydns eingangs zitierter Auffassung vom Wesen seines musikalischen Katholizismus war das durchaus miteinander vereinbar.

M *CD* Hob. XXII: 9, 10, 12–14: Cantelo, Watts, Tear, McDaniel u. a., St. John's College Choir Cambridge, Academy of St. Martin-in-the-Fields, Guest (Decca 1970); Missa in angustiis (Nelsonmesse): Lott, Watkinson, Davies, Wilson-Johnson, The English Chorus and Concert, Pinnock (DGG 1986) *Dietmar Holland*

Michael Haydn

1737–1806

Wie sein 5 Jahre älterer Bruder Joseph zeigte Michael Haydn, am 13. September 1737 in Rohrau/Niederösterreich geboren, schon früh eine musikalische Begabung und wurde wie dieser als Kapellsänger an den Wiener Stephansdom geschickt; dort erhielt er Orgel-, Violin- und Kontrapunktunterricht nach Fux' *Gradus ad parnassum*. Nach der Mutation mußte er die Ausbildungsstätte am Stephansdom verlassen. Es folgten einige harte Jahre als Privatlehrer.

Seine erste Anstellung erhielt er 1757 als bischöflicher Kapellmeister im damals ungarischen Großwardstein. 1762 wurde er durch den Oberhofmeister Graf Firmian als Vertreter des oft abwesenden Leopold Mozart nach Salzburg berufen, wo er am 24. Juli 1763 eintraf. Im erzbischöflichen Hofdiarium wurde Haydn als »fremder Componist aus Wien« geführt. Schon ein Jahr später avancierte er zum Konzertmeister und »Anführer des Orchesters«, der fürsterzbischöflichen Hofkapelle. 1777 übernahm er zusätzlich das Amt des Organisten an der Dreifaltigkeitskirche, und nach dem Weggang Mozarts wurde er 1781 Domorganist.

Michael Haydn war mit Leopold Mozart gut bekannt und konnte so die Entwicklung Wolfgang Amadeus' mitverfolgen und fördern.

1771 verschied der langjährige Dienstherr Haydns, Sigismund III., der 1753 zum Erzbischof ernannt worden war. Zu dessen Totenfeier im Dezember 1771 komponierte er das *Requiem in c-moll*. 1772 wurde Hieronymus Graf Colloredo Haydns neuer Dienstherr; er residierte bis 1812 in Salzburg. 1805 bestellte Kaiserin Maria Theresia, die Haydn schon bei früheren Gelegenheiten zu schätzen gelernt hatte, ein *Requiem mit Libera* bei ihm; da er seit langem krank war und die Schrecken des französisch-österreichischen Krieges, ebenso wie zahlreiche persönliche Demütigungen nicht vergessen konnte, war er nicht mehr imstande, dieses Werk zu beenden. Er starb am 10. August 1806 in Salzburg.

Anders als sein Bruder Joseph Haydn, dessen berühmter Satz »Meine Sprache verstehet man durch die ganze Welt« ja außer berechtigtem Selbstbewußtsein auch eine objektive Qualitätsaussage darstellt, ist Michael Haydn aus dem engen Salzburger Kreis auch in seiner Musik kaum hinausgekommen, blieb ein im besten Sinne konservativer Musiker. Seine Musik bewegt sich auf einem durchaus hohen Standard der Zeit, repräsentiert also einen sehr wohl reizvollen Teil der musikalischen Landschaft neben der Wiener Klassik, nur fehlt ihr das innovative Element, und nur deswegen blieb sie bis heute in deren Schatten. Um die 50 Symphonien und zahlreiche Serenaden, Kassationen und Divertimenti, dazu etliche Solokonzerte (am bekanntesten bis heute ein *Trompetenkonzert C-Dur* und ein *Konzert für Orgel, Viola und Streicher C-Dur*) bilden den Schwerpunkt seiner Instrumentalkompositionen. Neue Ansätze wie die Verwendung eines kontrastierenden 2. Themas im Sonatensatz hat er aufgenommen, doch nicht bis zu einem echten Durchführungstypus weiterverfolgt; stattdessen pflegt er eine italienisch (neapolitanisch) inspirierte Leichtigkeit in den ersten, eine ruhig-pastorale Gestimmtheit in den langsamen Sätzen; dagegen kommen die Menuette vielfach tänzerisch-bodenständig, süddeutsch-oberösterreichisch daher, und stehen als solche im Kontrast zu den leichtfüßigen Prestissimo-Finali. Ein besonderer Reiz liegt in der abwechslungsreichen Instrumentation. Aus der ungeheuren Menge an Kirchenmusik, die Michael Haydn in mehr als 40 Dienstjahren schuf – gerade hier scheint er in seinem Element gewesen zu sein und erweist sich oft inspirierter und freier als in der Instrumentalmusik – ragt sein *Requiem c-moll* heraus: es darf zu den besten und eindrucksvollsten Requiem-Vertonungen der Zeit gerechnet werden.

Christoph Hahn/Nine Herdner

Barbara Heller

1936

Sie hat die Welt im Ohr und »wär am liebsten selbst Musik«. Barbara Hellers Inspirationsquelle sind Umwelt und Natur: Holzgeräusche, Gläserklingen, Wasserrauschen, Fluglärm, Tierlaute und vieles mehr. Sie findet ihr Klangmaterial etwa in einem einzigen Posaunenton, den sie auf dem Tonband mit anderen ihrer Klangbausteine kombiniert, oder formt einen Rhythmus mit aufeinanderklopfenden Steinen. Bis dahin komponierte sie traditionell mit Bleistift und Papier. Vieles aus der frühen Zeit ist Gebrauchsmusik und pädagogische Literatur für Klavier in Kombination mit anderen Instrumenten. *Toccatina* (Furore 1961), *Intervalle* (Moeck 1980/87), *Scharlachrote Buchstaben* (Moeck 1984) sind einige Beispiele aus der Reihe veröffentlichter Klaviermusik, die ihre Energie und Formkraft widerspiegeln. Rhythmische Präzision, vorwärtstreibende Motorik und manchmal klanglich explosive Ausbrüche stehen ruhigen, traumartigen minimalistischen Motivketten gegenüber.

Am 6. November 1936 in Ludwigshafen geboren, studierte sie Klavier und Komposition bei Hans Vogt an der Staatlichen Musikhochschule Mannheim, wo sie von 1958 bis 1962 Lehrbeauftragte für Klavier war. Ein Jahr Kompositionsstudium bei Harald Genzmer schloß sich an. Ihre häufige Teilnahme bei den Ferienkursen für Neue Musik in Darmstadt, wo sie seit 1963 als freischaffende Komponistin und Pianistin lebt, begann 1956 mit einem Stipendium bei Hermann Heiß. In Darmstadt baute sie 1970 das Hermann-Heiß-Archiv auf und dokumentierte den Nachlaß des Komponisten in den Darmstädter Beiträgen Bd. XV. als B. Heller-Reichenbach. Heller ist maßgeblich an der Gründung des Internationalen Arbeitskreises Frau & Musik beteiligt. Als Pianistin setzt sie sich für die Wiederbelebung der Werke von Komponistinnen ein, auf die sie in vielen Sendungen, Vorträgen und von ihr herausgegebenen Noten (Fanny Mendelssohn-Hensel) aufmerksam macht. Beim Komponieren ist ihr der Kontakt wichtig, etwa in den 1982 entstandenen Klavierstücken *Anschlüsse*, die zur beliebten Musikliteratur an Musikhochschulen und in Konzertprogrammen zählen. Schon in den frühen edierten Werken wie etwa der *Streichersinfonietta* (1959) und dem *Streichquartett* (1958) weist Hellers Musik eine sprühende Lebendigkeit eigenen Charakters auf. Daneben gewinnen heute klangfarbliche Aspekte an Bedeutung. Mit Tonband- und Kollektivkompositionen setzt sie dem traditionellen Musikbetrieb Alternativen entgegen. Ein graphisch-verbales Improvisationskonzept fordert in *Im Feuer ist mein Leben verbrannt – für Gesine Wagner* (1987) das kompositorische Potential der Interpreten heraus und verleiht ihnen ein Mitbestimmungsrecht. Das Stück ist zudem Abbild und Zusammenfassung von Barbara Hellers bis dahin gesammelten Erfahrungen und ihrer Vielseitigkeit, in der auch Malerei und bildende Kunst eine inspirierende Rolle spielen.

Brigitte Schulze

Hans Werner Henze

1926

Hans Werner Henze. Photo von Erich Auerbach

»Ich kann Instrumentalmusik nicht schreiben ohne lebhafte Vorstellungen von Atmosphären, Stimmungen, realen (oft zwischenmenschlichen) Vorgängen«, erklärte Henze 1990 in einem Gespräch. Nicht um »Abstraktion« geht es ihm, sondern um Klangrede: eine Musik, die Welt in sich aufnimmt und in Welt wieder zurückwirkt. Schon vor seiner Politisierung begriff Henze das musikalische Material zuallererst als Träger und Vermittler von »menschlichen, allegorischen, literarischen« Inhalten; als ein historisch Gegebenes zudem, das dem kompositorischen Zugriff frei zur Verfügung steht. Dies, wie allein schon die Tatsache, daß er Oper und Ballett ins Zentrum seines Schaffens stellte, unterschied und trennte ihn von der Avantgarde der »Darmstädter Schule«, von Komponisten wie Stockhausen und Boulez. Kindheit und Jugend des am 1. Juli 1926 in Gütersloh Geborenen standen unter dem Zeichen des Nationalsozialismus. Auch der Vater – ein Dorfschullehrer – war nach längerem Zögern der NSDAP beigetreten. Ab da hatte Hans Werner vor dem Zu-Bett-Gehen allabendlich den »Hitlergruß« zu entrichten. Ein Gegengewicht bildete die heimliche Lektüre Georg Trakls; sie prägte ihn, sagte er später, stärker als das 1942 aufgenommene Studium an der Staatsmusikschule Braunschweig. Der Entlassung aus englischer Kriegsgefangenschaft – er war 1944 zum Arbeits- und Militärdienst eingezogen worden – folgte das Kompositionsstudium bei Wolfgang Fortner in Heidelberg. Von 1946 bis 1952 nahm Henze an den Internationalen Ferienkursen für Neue Musik in Darmstadt teil. Als erster deutscher Komponist seiner Generation verwandte er die von René Leibowitz dort zuerst 1948 gelehrte Zwölftontechnik. Abgestoßen vom Deutschland der Restauration, der »Faschisten« und – noch war Homosexualität generell strafbar – »Denunzianten« zog Henze 1953 nach Italien.

Die Studentenbewegung der 68er Jahre führte zu einer grundlegenden Neuorientierung im politischen Sinne. Henze las marxistische Theoretiker, half bei der Organisation des Vietnam-Kongresses in Berlin und schrieb Musik zu politischen Texten und Themen. Auch in der Arbeit mit Laien und Jugendlichen zeigte sich seine Überzeugung von der Notwendigkeit gesellschaftsbezogenen Handelns: 1976 gründete er den Cantiere Internazionale d'Arte im toskanischen Montepulciano, 1981 die Mürztaler

Musikwerkstätten und 1984 das Deutschlandsberger Jugendmusikfest. In einer Fülle von Schriften und Gesprächen hat Henze sich zu Person, Schaffen und Kunstauffassung geäußert. 1962–67 übernahm er die Meisterklasse für Komposition am Mozarteum Salzburg, 1980–92 eine Professur für Komposition an der Musikhochschule Köln. Seit 1988 ist er künstlerischer Leiter der Münchner Biennale für neues Musiktheater. Henze wurde vielfach ausgezeichnet.

Sinfonie Nr. 1 für Kammerorchester

UA: Berlin 1964; UA der Erstfassung: Bad Pyrmont 1948.

Für einen 1926 geborenen Komponisten kann sich spätestens seit Mitte der 50er Jahre das Schreiben von Symphonien nicht mehr von selbst verstehen. Henze reflektiert denn auch gleichermaßen den Grund seiner kompositorischen Auseinandersetzung mit »alten Formen« wie deren heutige Problematik: »[Sie] erscheinen mir wie klassische Schönheitsideale, nicht mehr erreichbar, aber doch in großer Ferne sichtbar«, schrieb er 1963. »Der Weg zu ihnen ist das Schwerste und Unmöglichste.«

Seine viersätzige 1. Sinfonie von 1947 hielt Henze im Nachhinein für einen »reinen Fehlschlag«. Die erste revidierte Fassung von 1963 (eine weitere wurde 1993 abgeschlossen) zeigt außer der Kürzung auf 3 Sätze und dem zum Kammerorchester reduzierten Apparat grundlegende Veränderungen der kompositorischen Faktur. So erscheint im 1. (Sonaten-) Satz *(Allegretto, con grazia)* das simple Tonleiterwesen der Urfassung durch Oktavierung einzelner Töne maskiert, der Rhythmus individualisiert. Am wesentlichsten aber ist die nun dialektische Entfaltung des Materials. Der Anfangsklang trägt »in sich selbst einen Widerspruch«. Damit erzeugt er einen Prozeß, der nach dem Prinzip der entwickelnden Variation neue Gestalten, vor allem aber überhaupt erst die volle 12-Zahl der Töne hervorbringt, die (auch musikhistorischen) Entwicklungsstufen Pentatonik und Heptatonik dabei berührend.

Sinfonie Nr. 2 für großes Orchester

UA: Stuttgart 1949

Dem 20jährigen galten, neoklassizistischer Objektivierungsästhetik gemäß, »Seufzer« und »Aufschrei« noch als »außermusikalische Elemente«. In diesem Werk dagegen, einem »Nachklang der Leiderfahrungen der Kriegsjahre«, werden sie zum Gegenstand des Komponierens. Mehr und mehr verdichtet sich der in fahlem piano beginnende 1. Satz *(lento)* zum fortissimo-Tutti – eine Kulminations-Dramaturgie, der auch der 3. Satz *(Adagio-Allegro)* folgt. Endete der Mittelsatz *(Allegro molto vivace)* noch mit gewalttätigen Orchesterschlägen, erklingt im hymnischen *Allegro*-Teil des Finales nun der Choral »Wie schön leuchtet der Morgenstern«.

Sinfonie Nr. 3 für großes Orchester

UA: Donaueschingen 1951

Im Rückgriff auf Momente des Tanztheaters zeigt Henzes 1949 begonnene *3. Sinfonie* bereits den »gesicherten Standort des Eigenen« (H. Lück). Die in ekstatischer Bewegung choreographierte Feier der Sinne im *Beschwörungstanz*, dem Finale, durchzieht als Tanzbeschwörung im Sinne der Feier choreographierter Bewegung bereits den zweiten (*Dithyrambe*, Moderato) und 1. Satz (*Anrufung Apolls*, Allegro molto moderato), eine Passacaglia. »Eigen« überdies ist die außerordentlich sensible Behandlung der Klangfarbe. Der vorwiegend helle, vibrierende Ton dieses Werkes erklärt sich auch aus der Vielzahl von Tremoli, Trillern und Repetitionen.

Sinfonie Nr. 4 in einem Satz für großes Orchester

UA: Berlin 1963

»Ich will euch ein Märchen erzählen, nach einer alten Fabel…«. Das der Oper *König Hirsch* (1955) vorangestellte Motto gilt ebenso für dieses Stück. Es bildet nämlich ursprünglich das Finale ihres 2. Aktes und wurde erst nach ihrer Revision (1962) unter Verlegung der Singstimmen ins Orchester zum reinen Instrumentalwerk umgeformt.

In 4 die Satztypen traditioneller Symphonik aufgreifenden Hauptabschnitten (ihnen geht bis T. 48 ein einleitender Abschnitt voraus) malt Henze die Jahreszeiten und das »mythische Gespräch des Protagonisten« mit den »Stimmen des Waldes«. Zur inneren Einheit der Komposition trägt eine Tempokurve bei, die über Abschnittsgrenzen und Gangartwechsel hinweg in ruhiger Wellenform verläuft.

Sinfonie Nr. 5 für großes Orchester

UA: New York 1963

Im Musiktheater der *4. Sinfonie* geht es um gesungene Sprache, Szenisch-Atmosphärisches: um eine Musik der Nuancen und Verwandlungen. Anders die Fünfte. Hier herrscht Architektur der Kontraste: zwischen starker und weniger starker Dynamik, hoher und weniger hoher Dichte, zwischen scharfrhythmisch markiertem Puls und seiner Aufhebung.

Im Inneren der Sätze ist das Kontrastprinzip ebenso wirksam wie in ihrer Abfolge. Dreimal verstummt im Mittelsatz *(Adagio)* das dort bereits reduzierte Orchester und gibt eine Solokantilene frei (Altflöte, Viola, Englischhorn). Während die ineinanderfließenden Farbklänge dieses Satzes strikt jede Hervorhebung des Metrums meiden, kehrt das Finale *(Moto perpetuo)* – eine Folge von 32 Variationen – mit ostinat bewegten Klangmassen zu Puls und hoher Stimmdichte zurück.

Sinfonia Nr. 6 für zwei Kammerorchester
UA: Habana 1969

Musik, die auf Vermittlung politischer Inhalte abzielt, steht vor einem Dilemma. Wählt sie ihre Mittel nach dem Kriterium der Allgemeinverständlichkeit, droht ihr ästhetische Irrelevanz. Tut sie dies nicht, läuft sie Gefahr, ihr Publikum zu verfehlen. Henzes dreiteilige komplex-polyphone *Sinfonia Nr. 6*, in Kuba als »direktes Bekenntnis zur Revolution« komponiert, weicht diesem Dilemma nicht aus. Sie gibt einen »Bericht von Schwierigkeiten«, den »Sprachproblemen«.

Musikalische Zitate setzt Henze als »Denkwegweiser« ein, als Zeichen, die den Rückschluß auf konkrete Inhalte erlauben. So erscheinen hier, ins eigene Idiom integriert: das Lied der vietnamesischen Befreiungsfront, die Freiheitshymne von Mikis Theodorakis und der »Son«, ein kubanischer Rhythmus. Auch der Popular-Aspekt des zusätzlichen Solo-Instrumentariums bringt Henzes politische Intention zum Ausdruck. (Hammond-Orgel, sowie Gitarre, Banjo und Violine mit Kontaktmikrophonen)

Henze bedient sich avancierter Mittel wie mikrotönig aufgebauter Cluster und glissandierender Streichergruppen. Und in einigen aleatorischen Partien ermöglicht er es den Ausführenden, improvisierend zu einer eigenen Realisationsform des vorgegebenen Materials zu finden.

[M] *CD* Sinfonien Nr. 1–6: Berliner Philharmoniker, Henze (DGG 1972)

Symphonie Nr. 7 für großes Orchester
UA: Berlin 1984

»Ein ganz und gar optimistisches Werk« (H. Krellmann) oder aber »ein einziger [...] Verzweiflungs- und Verdammungsgestus« (K. Geitel); ein die Friedensbewegung feiernder »Freudentanz« (A. Dümling zum 1. Satz) oder aber Abbild des stetig der Katastrophe zusteuernden Weltgeschehens (P. Petersen zum 1. Satz): Kein anderes Werk Henzes hat derart widersprüchliche Deutungen hervorgerufen wie die zum 100. Gründungstag (1982) des Berliner Philharmonischen Orchesters komponierte dreiviertelstündige *7. Symphonie.*

Unstrittig hingegen ist die Meisterschaft, mit der Tradiertes hier zu neuer Einheit verschmolzen wird. Tradiertes: das meint Bachschen Kontrapunkt und Mozart-Zitate, Strawinskysche Taktwechsel und frühbarocke Ostinato-Modelle, meint harmonische Tonalität, Polymodalität und Zwölftontechnik ebenso wie die am Vorbild Haydnscher Symphonik orientierte Disposition der Sätze (I. Tanz: Sonatensatz; II.: dreiteiliges Lied; III.: Scherzo, Trio; IV.: These-Antithese). Die ästhetische Idee, die der kompositorischen Verarbeitung dieser Materialien zugrundeliegt, ist die des Klassischen. Henze geht es um »Natürlichkeit«, um »Selbstverständlichkeit« und »Organizität«. Um ein Komponieren mithin, das »so und so viele Bedingungen der zeitgenössischen Musikästhetik nicht zu erfüllen bereit ist«.

[M] *CD* Birmingham SO, Rattle (EMI 1992)

Sinfonia N. 8 für großes Orchester
UA: Boston 1993

Die *8. Symphonie*, ein Auftragswerk der Bostoner, nimmt den großen Orchesterapparat der Siebten etwas zurück. Sie ist – wie Henze sagt – »kein tragisches oder düsteres Stück wie die Siebte, sondern ein Sommerstück und basiert auf 3 Szenen aus Shakespeares Sommernachtstraum.« Es handelt sich also um ein Stück imaginäres Theater. Dem 1. Satz »I'll put a girdle round about the earth« (Rund um die Erde zieh ich einen Gürtel) liegt ein Vers des Puck zugrunde, der auf der Suche nach der Zauberblume ist. Der burleske 2. Satz »What angel wakes me from my flowery bed?« (Weckt mich von meinem Blumenbett ein Engel?) vertritt die Stelle des Scherzos und kontrastiert den genügsamen Esel Bottom mit der gurrenden Verliebtheit der Titania. Der versöhnliche 3. Satz »If we shadows have offended« (Wenn wir Schatten euch beleidigt) ist eine eigenwillige Kreuzung aus Sonate und Rondo. Der hymnische Aufschwung mündet in der Coda wieder in die Sommernachtsstimmung der ersten beiden Sätze. Formal gesehen ist der 3. Satz das Thema, zu dem die vorangehenden Sätze Variationen darstellen.

Henzes im Herbst 1997 zur Uraufführung kommende *9. Symphonie* bezieht – wie auch Beethovens Neunte – Chöre ein. Zugrunde liegt Anna Seghers Roman »Das siebte Kreuz«.

Undine
Ballett in 3 Akten von Frederick Ashton
(frei nach Friedrich de la Motte-Fouqué)
UA: London 1958

In weitem Bogen führt die Handlung wieder zu ihrem Ausgangspunkt zurück – dem Schloß. Doch anders als in mittelalterlicher Aventiure-Dichtung hat sich der Held am Ende nicht bewährt. Ritter Palemon nämlich verfällt dem Fremden, statt es im Kampf zu überwinden – und will sich dennoch vom Eigenen nicht lösen. So wird er zweifach untreu: der mit Nymphen und Tritonen bevölkerten Wassergeister-Welt Undines und zugleich der Menschenwelt seiner Verlobten. Um die verlorene Nymphe trauernd, feiert er Hochzeit mit Beatrice. Da erscheint Undine und rächt den Ehebruch – mit einem Todeskuß... Das in enger Zusammenarbeit mit dem Choreographen F. Ashton entstandene Ballett gehört zu den publikumswirksamsten Werken Henzes.

Orpheus

Eine Geschichte in 6 Szenen (2 Akten)
von Edward Bond
UA: Stuttgart 1979

Immer wieder hat Henze antike mythologische Stoffe aufgegriffen. Sein *Orpheus*-Ballett konzipierte er als »instrumentales Theater«. Schon die Klangfarbe dient hier der Personenzeichnung. Orpheus und Eurydike sind die Saiteninstrumente zugeordnet – ihm insbesondere die Gitarre, ihr das konzertant behandelte Cembalo. Apollo dagegen – »das Göttliche, das Gesetz«, aber auch zunehmend das »Archaische, Gefährliche« – erscheint im Lichte hoher Holzbläser und metallischer Klänge vom Schlagwerk. Die abschnittsweise eingeschobenen Lesungen des Bondschen Textes gliedern und erläutern das musikalische Geschehen.

Violinkonzert Nr. 1

UA: Baden-Baden 1948

In seiner von Alban Bergs Violinkonzert angeregten ersten Zwölftonkomposition verwendet Henze die – zu Anfang solistisch vorgestellte – Reihe durchaus unorthodox. In der Fülle musikalischer Gestalten, welche die eher locker gefügten Ecksätze *(Allegro molto, Allegro molto vivace)* prägt, stiftet sie gleichwohl Zusammenhang.

Virtuose Violinfigurationen, von unwirscher Tutti-Geste in Gang gebracht und mit einem ›alla marcia‹ abwechselnd, bestimmen den scherzo-artigen 2. Satz *(Vivacissimo)*, Ruhe und Gesanglichkeit den als dreiteiliges Lied konzipierten folgenden *(Andante con moto)*.

[M] *LP* Schneiderhahn, SO des BR, Henze (DGG 1968)

Violinkonzert Nr. 2

für Sologeiger, Tonband, Baßbariton und 33 Instrumentalisten
UA: Basel 1972

Schon der Titel zeigt, daß Henzes 2. Werk dieser Gattung »doch etwas anderes als ein herkömmliches Concerto« ist. Henze will Denkprozesse in Gang setzen. Er integriert Enzensbergers Lehrgedicht von der Unmöglichkeit hermetischer Systeme; ein Gedicht, das dem Theorem des Mathematikers Kurt Gödel durch Verknüpfung mit der Lügenfabel Münchhausens – »Pferd, Sumpf und Schopf« – politische Bedeutung abgewinnt. In den ungradzahligen der insgesamt 6 Teile *(Presentatione, Teorema, Fantasia I, Divertimento, Fantasia II, Conclusione)* wird es gemeinsam mit elektronisch verfremdeten, das Spiel des Solisten kontrapunktierenden Violinklängen über Lautsprecher eingeblendet. Außer gesprochener und gesungener Sprache verwendet Henze szenische Elemente: Partiturangaben regeln Lichtregie, Aktionen des Solisten und seine Kostümierung. Als weitere Bedeutungsträger fungieren musikalische Fremdzitate. Henze greift auch hier avanciert-zeitgenössische Darstellungsmittel auf.

[M] *CD* Langbein, London Sinfonietta, Henze (Decca 1973)

Tristan

Préludes für Klavier, Tonbänder und Orchester
UA: London 1974

Das erste, insgeheim auf das Vorspiel des Wagnerschen *Tristan* bezogene Prelude: sein kühler »Marmorklang« birgt schon jenes »Intimste und Persönlichste«, das die folgenden Sätze entfalten *(I. Prologue)*. – Eine a-moll-Fläche grundiert das elektronisch verzerrte altflorentinische *Lamento di Tristano (II. Lament)*. – Der »Feind« tritt auf: für 3 Takte ertönt der Anfang von Brahms' 1. Symphonie *(III. Preludes and Variations)*. – Die Musik gerät in Unordnung. Aleatorik dient als Zeichen für Wahnsinn *(IV. Tristan's Folly)*. – »Quälende taumelnde Halluzinationen und Grotesken« kulminieren in einem »die Barrieren der Konzertmusik sprengenden Todesschrei nicht nur mehr Isoldes oder Tristans, sondern der ganzen leidenden Welt« *(V. Adagio)*. – Über Lautsprecher hört man menschlichen Herzschlag. Eine Knabenstimme liest die Verse vom Liebestod Isoldes, mit denen das mittelalterliche Epos des Thomas d'Angleterre schließt. Und eine Klangfolge aus Wagners *Tristan* – der Beginn des 3. Aktes – entfaltet sich gedehnt in den Streichern *(VI. Epilogue)*.

Was diese Momentaufnahmen skizzieren – die Heterogenität der im *Tristan* zusammengezwungenen Materialien und Sprechhaltungen – teilt sich im Klangbild unmittelbar mit. Hier geht es nicht um Harmonisierung des Disparaten im Zeichen der Schönheit. Trauermusik beschließt den *Epilogue*, geschrieben nach den »Katastrophen« (Henze) des Herbstes 1973: dem Ende der chilenischen Demokratie, dem Tode Ingeborg Bachmanns, W. H. Audens und Pablo Nerudas.

[M] *LP* Francesch, Kölner RSO, Henze (DGG 1975)

Requiem

UA: Köln 1993

Ein Requiem – eine getreue Vertonung der katholischen Totenmesse also? Die angesichts der traditionellen Satzüberschriften naheliegende Vermutung wird vom Untertitel »Neun geistliche Konzerte für Klavier solo, konzertierende Trompete und Kammerorchester« rasch widerlegt. In der Tat verzichtet Henze auf jegliche Form von Textdarstellung. Denn nicht als christliche Confessio möchte er sein Requiem verstanden wissen, sondern als eine vom Glauben an die Immanenz des Transzendenten getragene Auseinandersetzung mit dem »Menschen dieser Zeit«, mit »Krankheit und Tod«, aber auch mit »der Liebe und der Einsamkeit«.

Der bereits 1990 zum Gedenken Michael Vyners, des 1989 gestorbenen Leiters der London Sinfonietta aufgeführte *Introitus* – eine Umarbeitung des *Concerto per il Marigny* von 1956 – bildet die Grundlage des Gesamtwerks. Er exponiert das Material, das die später hinzugekommenen Sätze ausformulieren. Bei aller Breite des Ausdrucksspektrums – es reicht vom Böse-Parodistischen des Militärmarschs im *Tuba mirum* bis zur zarten Innigkeit des *Agnus Dei*, von der Apotheose mediterranen Lichtes im *Lux aeterna* bis zum Paroxysmus im *Lacrimosa* – eignet Henzes Requiem doch ein einheitlicher Grundhabitus.

[M] *CD* Wiget, Hagegard, Ensemble Modern, Metzmacher (Sony 1993)

Oliver Schwab-Felisch

Hans Joachim Hespos

1938

Kaum ein Vertreter der musikalischen Nachkriegsavantgarde hat sich die Aura eines widerspenstigen Einzelgängertums so hartnäckig bewahrt wie Hans-Joachim Hespos. Unabhängig von allen Modeströmungen der zeitgenössischen Musik vollzieht sich sein kompositorisches Schaffen. Nicht selten hat er die Konventionen des Musikbetriebs mit seinen Stücken empfindlich attackiert. »Musik ist Wagnis des Menschen«, sagt Hespos. Alles was geschehe, müsse »ein Überschreiten sein« – ein Bekenntnis, dem der am 13. März 1938 geborene und in Delmenhorst bei Bremen lebende Komponist in vielfacher Hinsicht treu geblieben ist. Aus seiner Musik spricht Skepsis gegen jede Form von ungebrochenem Schönklang. Hespos schöpft Expressivität aus bizarr verfremdeten Spieltechniken, haptisch auffahrenden Klanggebärden und Klangaktionen bis hin zum Geräusch. Er liebt ungewöhnliche Instrumente wie das Heckelphon oder das Piccolokornett. Seine Partituren stattet er mit skurril-phantasievollen Vortragsbezeichnungen aus wie »verquietscht«, »spuckig«, »versprillt« oder »ins Erstickt-Schleifige verzäht«.

Hespos verweigert sich übergeordneten Formverläufen und einer konsistenten kompositorischen Struktur. Ausdruck erwächst bei ihm einzig aus dem konkreten Klangereignis. Bisweilen operiert er dabei mit den absurdesten musikalischen Versuchsanordnungen: Dirigenten hat er fesseln lassen, Perkussionisten, mit Schweißbrennern bewaffnet, in Stahltanks gesteckt, Instrumentalisten so zusammengebunden, daß sie sich gegenseitig am Spielen hindern und dergleichen mehr. Der scheinbaren Anarchie in seinen Kompositionen stehen vertrackt-akribische Notationsvorgaben gegenüber, die den Interpreten Äußerstes abverlangen. Manche Partitur von Hespos wurde daher als unaufführbar zurückgewiesen. Die Uraufführungen von *Mouvements* für Orchester (1972 in Berlin) fiel beispielsweise dem Protest der Musiker zum Opfer.

Hespos hat 6 Kompositionen für die Musiktheaterbühne geschrieben und zahlreiche Werke für solistische und kleinere Ensemblebesetzungen. Orchesterwerke sind in seinem Œuvre eher rar. Zu nennen wären *Dschen* für Saxophon und Streichorchester (1968), *Interactions* für großes Orchester (1971), *Blackout* für Orchester (1973), *Spot* für Sopran, Mezzosopran, Tenor, Baß, gemischten Chor und Orchester (1979) oder *Taff-Zeitwinde* für Baß und Orchester (1985/86).

Claus Spahn

Paul Hindemith

1895–1963

Wohl kaum ein anderer Komponist unseres Jahrhunderts hat so viele aus so zahlreichen unterschiedlichen Richtungen angestrengte Kontroversen ausgelöst wie Hindemith, Streitigkeiten im übrigen, die teilweise bis in unsere Tage hinein anhalten. Galt er vor allem in den 20er Jahren (und bei den Kulturverantwortlichen der Nationalsozialisten auch noch darüber hinaus) als musikalischer Bürgerschreck, so sah die Generation der erst ab 1945 aktiv am Musikgeschehen Teilhabenden in ihm einen ›erledigten Fall‹, fast schon einen Ewig-Gestrigen, der sich beharrlich weigerte, den Zeichen der Zeit Tribut zu zollen. Das Ergebnis ist ein unausrottbar erscheinendes Dilemma: Während das Konzertpublikum einer Tradition der Ablehnung des vermeintlichen Neutöners zu folgen scheint, fällt es großen Teilen der Kritik noch immer schwer, von liebgewordenen Vorurteilen wie etwa dem des »gefälligen Musikanten« abzurücken. Somit hat Hindemith gute Aussichten, auch in den nächsten Jahren noch als Streitfall behandelt zu werden.

Am 16. November 1895 in Hanau geboren, wurde Paul Hindemith, dessen musikalisches Talent früh von den Eltern erkannt und gefördert, vom geschäftsuntüchtigen Vater sogar (mit den beiden Geschwistern des jungen Paul) wirtschaftlich ausgenutzt wurde, ab 1909 am Frankfurter Hochschen Konservatorium Schüler der Komponisten Arnold Mendelssohn und Bernhard Sekles. Zehn Jahre später schon schrieb Sekles über seinen einstigen Schüler in den »Neuen Blättern für die Kunst«: »Hindemith ist ein Sohn des Volkes. Schon in sein Kinderzimmer blickte der Ernst des Lebens. Einer gesunden Natur schadet das nicht. Was ihm an Sonne entging, das empfing er als Kraft, an dem unschätzbaren Vermögen der Unerbittlichkeit gegen sich selbst. Nur dies erklärt zunächst seine Beherrschung der technischen Ausdrucksmittel, die im Hinblick auf seine Jugend eine ungewöhnliche genannt werden muß. Aber sie erklärt noch mehr. Sie läßt uns verstehen, warum wir gewisse schmelzende Lyrismen vergeblich bei ihm suchen; warum an Stelle empfindsamer Ergüsse oft ein Morgenstern'scher Humor tritt; warum sein Kolorit nicht gleißt und schillert, sondern gedeckte Rembrandt-Farben vorherrschen, und endlich: warum er seine Sätze in ehrlicher Weise baut anstatt sie auf unmannhafte Art zu improvisieren ... Was anderes ist Stil als der adäquate künstlerische Ausdruck einer künstlerisch produktiven Persönlichkeit? Hindemith ist eine solche; er wird daher auch früher oder später den ihm adäquaten Ausdruck finden.«

Als Bernhard Sekles diese Zeilen niederschrieb, war sein ehemaliger Schüler schon auf dem besten Wege, einer der meistdiskutierten Musiker seiner Zeit zu werden. Als 18jähriger war er – vorzüglicher Geiger und Bratschist – schon Konzertmeister des Frankfurter Deutschen Theaters geworden, 2 Jahre darauf im Orchester des dortigen Opernhauses. Der Instrumentalist Hindemith war, sei es als Solist, sei es in verschiedenen Quartetten (zunächst im Rebner-, später dann im seinerzeit hochgerühmten Amar-Quartett), eine anerkannte Größe. Und auf den Komponisten warteten die ersten Skandale, ganz besonders heftig der um die Stuttgarter Aufführung der Operneinakter *Mörder, Hoffnung der Frauen* und *Das Nusch-Nuschi*. Als die Auftritte des Amar-Quartetts in ganz Europa sich zu häufen begannen, mußte Hindemith seine Stelle im Frankfurter Opernhausorchester aufgeben. Er tat sich hervor als Mitglied des Programmausschusses der Donaueschinger Musiktage und als Organisator bei der Fortsetzung dieser Reihe in Baden-Baden, fand aber trotz aller Belastungen Zeit und Gelegenheit zu komponieren. Unter den jungen Komponisten seiner Zeit galt Hindemith schnell als der führende Kopf, so daß der Ruf an die Berliner Hochschule für Musik im Jahre 1927 eigentlich nicht überraschen konnte.

Hindemith mit seiner Frau in Minneapolis (1947)

In diese Zeit in etwa fällt auch der erste Wandel im Stil, eine Neuorientierung, die nicht die letzte in seinem Schaffen bleiben sollte, die aber zugleich auch ein Zeichen dafür ist, daß Hindemith niemals dem einmal eingeschlagenen Weg restlos zu trauen vermochte. Es war dies eine Wendung zum Didaktischen, durch die er seiner Musik lehrhaft scheinende Züge verlieh. Die Beiträge zur Schul- und Jugendmusik wie die *Spielmusik op. 43, 1* oder auch das *Schulwerk op. 44* gehören ebenso in diese Phase wie die Kinderoper *Wir bauen eine Stadt* oder der *Plöner Musiktag* von 1932, dessen 3. Teil immerhin die Kantate mit dem merkwürdigen Titel *Mahnung an die Jugend, sich der Musik zu befleißigen* ist.

Angeblich aufgrund der Spießermoral Hitlers, der 1930 an einer Badewannenszene in Hindemiths Oper *Neues vom Tage* Anstoß genommen und den Komponisten zu einem seiner musikalischen Intimfeinde erkoren hatte, bekam er 1933 gleich als einer der ersten Künstler das Verdikt der nationalsozialistischen Machthaber zu spüren: Hindemiths Musik wurde als ›kulturbolschewistisch‹ abgetan und verschwand von den Opernspiel- und Konzertplänen. Wilhelm Furtwänglers Versuch, ihn mit der UA der Symphonie *Mathis der Maler* im März 1934 selbst gegen den Willen der Machthaber durchzusetzen, mündete in den offenen Konflikt mit Goebbels, der in einer berüchtigten Sportpalast-Rede auf einen Zeitungsartikel des Dirigenten unter dem Titel *Der Fall Hindemith* antwortete. 1935 ließ Hindemith sich von der Berliner Musikhochschule beurlauben und ging auf die erste seiner 4 Türkei-Reisen, bei denen er die Möglichkeit einer Neuorientierung des türkischen Musiklebens an westlichem Vorbild überprüfen und organisieren sollte. Im Jahr darauf ereilte ihn das Aufführungsverbot seiner Musik für Deutschland; bis 1938 vermochte er sich noch durch verschiedene Auslandsaufenthalte und -tourneen zu halten, übersiedelte aber schließlich in die Schweiz, um weitere 2 Jahre darauf in die USA zu emigrieren, wo er sofort einen Ruf an die Yale-University in New Haven erhielt. Erst 1947 kehrte Hindemith, mittlerweile amerikanischer Staatsbürger, erstmals wieder nach Europa zurück, fand aber eine vollkommen veränderte Lage vor: Seine Musik galt nicht mehr als aktuell, die Jüngeren orientierten sich an der von den Nationalsozialisten verbotenen Wiener Schule.

Obwohl in Deutschland hochdekoriert, war Paul Hindemith zu einem Außenseiter geworden. Mit seiner endgültigen Rückkehr nach Europa im Jahre 1953 – er siedelte sich im schweizerischen Blonay an –, begann eine umfangreiche dirigentische Tätigkeit, die die kompositorische bei weitem überflügelte, der wir aber eine Vielzahl von exemplarischen Einspielungen seiner eigenen Werke verdanken. Als Komponist schien er sich von seiner Zeit gelöst zu haben – er verfolgte eine Ästhetik reiner Musik, die den Apologeten des Neuen verfehlt erschien, vielleicht sogar erscheinen mußte. Als er am 28. Dezember 1963 in Frankfurt starb, war der deutschen Musikwelt das Bewußtsein dafür, daß hier einer der bedeutendsten Komponisten des Jhs. gegangen war, abhanden gekommen. Hindemiths Wiedererweckung, lange, allzu lange überfällig, ist ein Verdienst des unermüdlichen Frankfurter Paul-Hindemith-Instituts, dem ein Großteil der neueren fruchtbaren Auseinandersetzungen, die Ende der 70er, Anfang der 80er Jahre begannen, zu danken ist.

Konzertmusik für Streichorchester und Blechbläser op. 50

UA: Boston 1931

Die Reihe der *Konzertmusiken* bot Hindemith die Möglichkeit, formal großangelegte Werke jenseits der klassischen Begrifflichkeit zu konzipieren. Und tatsächlich ist die erste wirklich von ihm so benannte *Symphonie*, die nach akademischen Kriterien diesem Begriff auch nicht unbedingt zu genügen vermochte, erst zu einem Zeitpunkt entstanden, als die letzte *Konzertmusik*, eben die *für Streichorchester und Blechbläser op. 50*, bereits seit mehreren Jahren vorlag.

Das Werk entstand im Auftrage von Serge Kussewitzky, des damaligen Chefdirigenten des Boston Symphony Orchestra, der durch seine Auftragsvergabe zahlreichen Komponisten zur Entstehung wichtiger Arbeiten verhalf. 1929 bat er, neben anderen, auch Paul Hindemith um eine Komposition anläßlich des 50jährigen Bestehens des Orchesters.

Hindemith untergliedert die *Konzertmusik op. 50* ausdrücklich nicht in Sätze, sondern in zwei Teile: *Erster Teil: Mäßig schnell, mit Kraft. Sehr breit, aber stets fließend; Zweiter Teil: Lebhaft – Langsam – Im ersten Zeitmaß.* Beide Abschnitte sind, wie zu sehen ist, wiederum in sich nach Gesichtspunkten des Tempos gegliedert, so daß sich eine Wahrnehmungsstruktur *schnell – langsam -/- schnell – langsam – schnell* über das ganze Werk hinweg ergibt. Mit dem Vortrag einer Melodie in der Art des 1. Themas in einer ›klassisch‹ gebauten Komposition beginnen Trompeten und Posaunen den *1. Teil.* Aus Streicherfiguren kristallisieren sich zwei wiederkehrende Motive heraus, deren erstes, eine rasch aufsteigende Tonleiter, leicht auszumachen ist. Schwieriger verhält es sich mit einer parallel laufenden rhythmischen Figur. Wiederum vom Blech wird auch das 2. Thema gespielt. Die rhythmische Figur aus den Streichern wird aufgegriffen und zu einer Art ›Jagdmusik‹ erweitert. Es folgt ein reiner Streicherabschnitt, der wiederum seinerseits diese Jagdmusik aufnimmt. Der langsame Abschnitt des 1. Teils beginnt mit einer Übernahme des 1. Themas durch die Streicher, nur von kurzen Einwürfen der Bläser gestört. Dieser Teil endet mit dem unisono von Streichern und Hörnern vorgetragenen 1. Thema.

In hartem Kontrast dazu steht die rasend schnelle Fuge der Streicher, mit der der *2. Teil* beginnt. Der langsame Mittelabschnitt bringt eine lyrische Melodie in den Violen, der die Bläser einige kurze ostinate Floskeln entgegensetzen. Die Bratschenmelodie wird von der Trompete aufgegriffen, kann sich aber nicht mehr voll entfalten, da der erneute Einsatz der Fuge den langsamen Abschnitt beendet. Hindemith verbindet schließlich alle bisher vorgestellten Elemente, auch jazzige, mit denen er dem Land des geehrten Orchesters seine Reverenz erweisen wollte, zu einem brillanten Ende.

Es mag die handwerkliche Kunstfertigkeit sein, die einen amerikanischen Kritiker nach der UA zu dem nicht ganz unproblematischen Vergleich veranlaßte, die *Konzertmusik op. 50* sei das Werk eines »Brahms des 20. Jahrhunderts.«

[M] *CD* Philharmonia Orchestra, Hindemith (EMI 1956)

Symphonie Mathis der Maler

UA: Berlin 1934

Weniger Symphonie eigentlich als vielmehr eine (vorweggenommene) Suite aus der 1935 (mithin später) vollendeten Oper gleichen Namens ist dieses Werk, dessen UA durch die Berliner Philharmoniker unter der Leitung von Wilhelm Furtwängler zu einem Politikum geriet. Bei näherer Betrachtung allerdings wird man feststellen, daß Hindemith hier sehr wohl auf symphonische Formen der Klassik zurückgreift. Hindemith verwendet hier 3 (instrumentale) Abschnitte aus der Oper, die er folgendermaßen gliedert: 1. *Engelskonzert. Ruhig bewegt – Ziemlich lebhafte Halbe* 2. *Grablegung. Sehr langsam* 3. *Versuchung des heiligen Antonius. Sehr langsam, frei im Zeitmaß – Sehr lebhaft.* Diese Gliederung leitet sich ab aus Tafeln des lange Zeit Matthias Grünewald zugeschriebenen *Isenheimer Altars*, durch den Hindemith zur Komposition der Oper und somit auch der Symphonie inspiriert wurde. Das *Engelskonzert* wird von 3 Posaunen angestimmt, die nach stimmungsvollen Anfangsakkorden das alte Lied »Es sungen drei Engel ein' süßen Gesang« spielen. Zunächst übernehmen die Klarinetten, darauf Flöten und Glockenspiel das Lied. Als 1. Thema wird zunächst von Flöten und Violinen eine fröhliche Melodie gespielt; das sich nach kurzem Abriß anschließende zweite ist demgegenüber verhaltener und wird anfangs von den Violinen vorgestellt, darauf von Flöte und Oboe übernommen. Hindemith verbindet beide Themen zu einem wirklichen »Konzertieren«, später kommt auch das Lied von den »drei Engeln« hinzu. Der Satz klingt trotz aller Fröhlichkeit eher besinnlich aus.

Nicht nur im Gegensatz dazu ist die *Grablegung* eine düstere Trauermusik. Über schrittweise ansteigenden gedämpften Streichern erhebt sich eine klagende Melodie, zunächst in der Flöte, dann in der Oboe; es folgt eine gewaltige Steigerung mit einem Ausbruch des Orchesters, dem sich wieder die klagende Melodie in den Holzbläsern anschließt.

Der letzte Satz, *Die Versuchung des heiligen Antonius*, ist der anspruchsvollste der Symphonie. Hindemith wechselt rezitativische Abschnitte, mit denen er auch den Satz eröffnet, mit schnell dahinjagenden, deren Wechsel von erschreckender Plötzlichkeit ist. Ein Fugato der Streicher leitet die Wendung zum Schluß, zur Beruhigung ein: über einer ostinaten Wendung der Hörner erklingt feierlich der Hymnus »Lauda Sion Salvatorem«, der fast bruchlos in das beschließende »Alleluja« mündet.

Die Symphonie ist ein erster Gipfelpunkt jenes Schaffensabschnittes, in dem Hindemith sich vermehrt mit vorklassischen, selbst noch vorbarocken Traditionen auseinanderzusetzen begann, die sich im Werk allerdings nicht formal, sondern lediglich thematisch nachweisen lassen. Sie dürfte bis heute ungebrochen das auch vom Konzertpublikum meistgeliebte Werk des Komponisten sein.

[M] *CD* Berliner Philharmoniker, Hindemith (DGG 1955)

Symphonie in Es

UA: Minneapolis 1941

Wiederum von Serge Kussewitzky erhielt Hindemith den Auftrag, ein Werk für die Konzertsaison 1940/41 zu schreiben. Das Ergebnis war die zunächst unzugänglich wirkende *Symphonie in Es*, die aus terminlichen Gründen nicht von Koussevitzky und seinem Bostoner Orchester, sondern von Dimitri Mitropoulos uraufgeführt wurde. – Die Sätze sind überschrieben: *Sehr lebhaft – Sehr langsam – Lebhaft – Mäßig schnelle Halbe.*

Fortissimo eröffnet das Blech den *1. Satz.* Die Streicher greifen diesen ersten Gedanken auf und formen ihn zu einem Thema mit charakteristischem Rhythmus aus. Ein weiterer, überaus unruhiger Gedanke schließt sich an, wird aber vom eigentlichen Thema immer wieder zurückgewiesen. Ein lebhafterer Mittelteil führt in eine nur mehr rudimentär erkennbare Reprise; über einem Ostinato, abgeleitet aus dem unruhigen Nebengedanken, steigt eine aufgewühlte Streicherfigur empor, das Ostinato wird schließlich von den Trompeten aufgegriffen, wiederum fortissimo tritt, dem Anfang entsprechend, das Hauptthema in den Hörnern hinzu.

Der *langsame Satz* wird eröffnet von einem breitangelegten Choral der Bläser. Zuerst in der Oboe, dann in Hörnern und Streichern tritt in großer Steigerung ein 2. Gedanke hinzu.

Das *lebhaft* überschriebene *Scherzo* im Dreiertakt wird bestimmt vom eröffnenden unsteten Thema der Holzbläser über ebenmäßiger Streicherbewegung. Nach kurzer Durchführung scheint ein lebendiges Blechthema auf; der Trioabschnitt steht unter dem Eindruck eines heiteren Oboenthemas; die Wiederkehr des A-Teiles im fugierten Themeneinsatz führt direkt zum besonders dicht gearbeiteten Schlußsatz, der eine Kombination aus Sonatensatz und Passacaglia darstellt.

[M] *CD* SO des BR, Hindemith (Orfeo 1959)

Symphonie »Die Harmonie der Welt«

UA: Basel 25. Januar 1952

Ganz ähnlich wie die *Symphonie Mathis der Maler* geht auch dieses Werk auf eine Oper zurück, die erst später fertiggestellt werden sollte - im Falle der *Harmonie der Welt* liegen zwischen der Vollendung der Symphonie 1951 und der Oper immerhin 6 Jahre. Paul Hindemith schrieb für das Programmheft der UA der Symphonie einige einführende Worte, die dem Verständnis dienlich sein können: »Die drei Sätze der Symphonie sind konzertmäßig verarbeitete Musikstücke aus einer Oper. Diese handelt vom Leben und Wirken Johannes Keplers, den ihn fördernden oder hindernden Zeitereignissen und dem Suchen nach der Harmonie, die unzweifelhaft das Universum regiert. Die Titel der Sätze beziehen sich auf die bei den Alten oft anzutreffende Einteilung der Musik in drei Klassen und wollen damit auf all die früheren Versuche hinweisen, die Weltenharmonie zu erkennen und die Musik als ihr tönendes Gleichnis zu verstehen.

Die *Musica Instrumentalis* enthält Musik aus den Opernszenen, in denen widrige äußere Umstände das Handeln des Helden erschweren. Drei konstruktive Hauptelemente werden gegeneinander ausgespielt: ein kurzes, ostinates Thema, ein gewichtig voranschreitender Marsch und ein Teil voll Ungezügeltheit.

Im 2. Satz, der *Musica Humana* (den Szenen entnommen, in denen die seelischen Beziehungen der Handelnden das Thema sind), werden zwei langgezogene Melodien erst einzeln, dann zusammen gespielt und schließlich mit einem zarten Abgesang beschlossen.

Der 3. Satz *(Musica Mundana)* versucht, die postulierte Harmonie der Welt in einer musikalischen Form zu symbolisieren, in der erst ein breites Fugato entwickelt wird, dann 21 Teile einer Passacaglia über dasselbe thematische Material folgen und schließlich eine breite Coda das Stück zu einem feierlichen Ende bringt.«

Der musikalische Kosmos des Komponisten Paul Hindemith, der hier selbstverständlich kompetent wie kein anderer die Symphonie beschreibt, hatte sich mittlerweile so sehr von der Zeitgenossenschaft fortbewegt (oder, je nach Betrachtungsweise, sie sich von ihm), daß die Symphonie *Die Harmonie der Welt* ihrerseits Aussagekraft hat über das rein musikalische Geschehen hinaus. Die Suche nach einer all-einenden Harmonie mußte in der Zeit des Serialismus wie ein Anschlag auf das gerade Errungene wirken. Wie kein anderes Werk symbolisiert also auch diese leider nur selten gespielte Symphonie Hindemiths relative Isolation in der deutschen Nachkriegsmusik.

[M] *CD* Melbourne SO, Albert (cpo 1989)

Symphonische Metamorphosen nach Themen von Carl Maria von Weber

UA: New York 1944

Neben der *Mathis*-Symphonie dürften die *Symphonischen Metamorphosen* Hindemiths populärstes Orchesterwerk sein. 1943 entstanden, bezieht es sich thematisch auf Webers *Turandot*-Schauspielmusik (bei Hindemith im sogenannten ›*Turandot*‹-*Scherzo*) und die vierhändigen Klavierstücke op. 60. In seinen viersätzigen *Metamorphosen* hat Hindemith aus diesen Themen eine Art Symphonie geschaffen, ohne dabei jedoch den Versuch zu unternehmen, Webers musikalischen Gestus stilistisch nachzuahmen.

Die Färbung des 1. Satzes *Allegro* beschreibt ein Kommentar nicht ganz zu unrecht als »ein wenig östlich von Wien angesiedelt« und bezieht sich damit auf das nicht zu leugnende ›ungarische‹ Kolorit. Das *Turandot-Scherzo* verarbeitet ostinat das Thema, das in Wiederholungen durch die verschiedenen Gruppen des Orchesters zu einem explosiven Höhepunkt der Blechbläser und des Schlagwerks getragen wird. Ein ruhigerer Abschnitt schließt sich an, mit dem Wiedereintritt der Streichinstrumente und deren verbreitertem Themenvortrag klingt der Satz endlich mit der zögernden Wiederholung durch die Pauken aus. *Andantino* ist der 3. Satz, schlicht-dreiteilig A–B–A geformt, überschrieben. Der *Marsch*, knapp gehalten wie alle Sätze bis auf das *Scherzo*, ist ein wirklich effektvoller »Rausschmeißer«, in dem Hindemiths Anliegen, Weber nicht zu »verbessern«, sondern eher mit neuem Schwung zu versehen, besonders gut erkennbar wird.

[M] *CD* Berliner Philharmoniker, Hindemith (DGG 1955)

Konzertmusik op. 49 für Klavier, Blechbläser und Harfen

UA: Chicago 1930

»Musikantentum, Handwerk, Gegenwart, das sind die Grundlagen seines Schaffens. Er ist der Musiker dieser Zeit.« Heinrich Strobel schrieb 1928 diese Zeilen zwischen den ersten der 4 Konzertmusiken, der *Konzertmusik für Blasorchester op. 41* von 1926 und den 1930 entstandenen opp. 49 und 50 für Klavier , Blechbläser und Harfen bzw. für Streichorchester und Blechbläser. Der mit Bezug auf Hindemith mehr als überstrapazierte Begriff des »Musikantentums« scheint sich an nur wenigen Punkten in seinem Schaffen so überdeutlich anzubieten wie bei den *Konzertmusiken*, die an die Stelle der *Kammermusiken* traten und in deren Titeln Giselher Schubert, der wohl derzeit führende Hindemith-Kenner, »neben der Satztechnik das Moment des Repräsentativen« enthalten sieht. Tatsächlich wird schon mit der reinen Begrifflichkeit der intime Rahmen verlassen und der offizieller, gesetzter wirkende großkonzertante Raum betreten. Das ist bereits insofern interessant, als rein äußerlich etwa die Besetzung der *Konzertmusik für Klavier, Blechbläser und Harfen op. 49* mit 4 Hörnern, 3 Trompeten, 2 Posaunen, Baßtuba und 2 Harfen neben dem Soloklavier den möglicherweise vorherrschenden Vorstellungen einer konzertant-symphonischen Instrumentation ja keineswegs entspricht. Hindemith hat das Werk seiner Auftraggeberin, der amerikanischen Mäzenin Elizabeth Coolidge gewidmet. Es gehört in eine Reihe von Auftragsarbeiten, die bedeutende Persönlichkeiten des damaligen Musiklebens an ihn erteilten.

Die *Konzertmusik op. 49* gliedert sich in 4 Sätze *(Ruhig gehende Viertel – Lebhaft – Sehr ruhig. Variationen – Mäßig schnell, kraftvoll)*. Erstmals in seinem Schaffen zitiert Hindemith im letzten Satz ein Volkslied, das nicht allgemein bekannte »So wünsch ich hier ein' gute Nacht«, auf das er in der Partitur mit dem Fußnotenvermerk »nach einem alten Volkslied« hinweist. Darüber, ob dieses Zitat schon als Anzeichen für jene größere Verbindlichkeit aufgefaßt werden darf, die nach Ansicht kritischer Stimmen in *Mathis der Maler* (Oper wie Symphonie) einen ersten Höhepunkt erlebte, kann man nur mutmaßen. Tatsache bleibt indes, daß die Linearität des Klaviersatzes, die anbiedernd-romantisierenden Bestrebungen deutlich zuwiderläuft, in der *Konzertmusik* einen allzu leichten Zugang verhindert. Dessen ungeachtet aber erweist sie sich im Vergleich mit den beiden nachfolgenden Klavier-Orchester-Werken als eindeutig der Idee spielerisch erfaßter Musik verpflichtet.

[M] *CD* Mauser, RSO Frankfurt, Albert (cpo 1990/92)

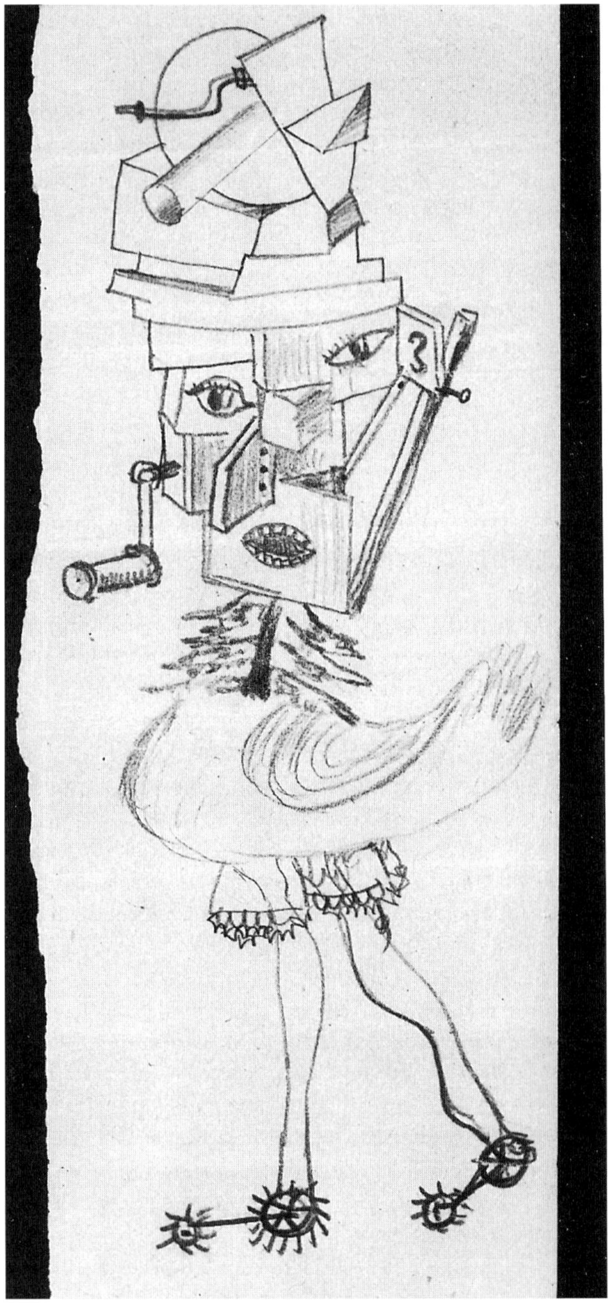

Zeichnung aus dem Nachlaß von Hindemith

Die Vier Temperamente für Klavier und Streicher

UA: New York 1944

Im Gegensatz zu anderen musikalischen Umsetzungsversuchen des Themas der *Vier Temperamente* – etwa Carl

Nielsens *2. Symphonie op. 16* – zeigen sich Hindemiths Variationen weniger um eine Beschreibung vermeintlicher äußerer Zustände bemüht; dementsprechend maßvoll fallen auch die Stimmungsgegensätze aus – was wohl auch der Grund für den Musikerwitz von den »Vier gleichen Temperamenten« sein dürfte. Selbstverständlich ist diese Charakterisierung ziemlich grob, denn sehr wohl läßt sich der »programmatische« Hintergrund am Werkverlauf ablesen.

Ebenso wie das Thema sind auch die 4 Variationen in sich dreiteilig gegliedert, wobei beim bloßen Hören ohne Partitur diese Art der Binnengliederung der Sätze noch am ehesten nachzuvollziehen ist: Der Versuch, variative Merkmale sich hörend zu erschließen, dürfte aufgrund der Komplexität der Variationen schwerfallen. Sehr schön läßt sich die Dreiteiligkeit schon an der das Thema vortragenden Einleitung ablesen: Das Orchester beginnt *Moderato* allein, 29 Takte später setzt, akzentuierter im Rhythmus, das Soloklavier *Allegro assai* ein, um schließlich wieder vom Orchester *Moderato* abgelöst zu werden. Wenn auch in den Variationssätzen (Variation 1: Melancholisch, Variation 2: Sanguinisch, Variation 3: Phlegmatisch, Variation 4: Cholerisch) die Gliederung nicht in gleichem Maße einfach zu verfolgen ist, läßt sich die so vorgegebene Struktur auch weiterhin erkennen. Dabei sind allerdings durchaus nicht nur A–B–A'-Formen zu entdecken; die 1. Variation gliedert sich in *Langsam – Presto – Langsamer Marsch*, die 2. ist ein Walzer mit durchgehendem Tempo, dessen Motorik im Mittelteil durch mäßig virtuoses Girlandenwerk des Klaviers gebrochen erscheint. Die 3. Variation bezieht mit *Moderato – Allegretto – Allegretto scherzando* ebenso wie die 4. Variation mit *Vivace – Appassionato – Maestoso* die Gegensätzlichkeit der Abschnitte aus den wechselnden Tempi. Von ganz besonderem Reiz ist die 3. Variation, in der plötzlich der orchestrale Charakter zugunsten eines durchweg kammermusikalischen aufgegeben wird. Der *Moderato*-Abschnitt wird von einem solistischen Streichquartett vorgetragen, das *Allegretto* bestreitet das Klavier, nur von einigen kurzen Einwürfen des Quartetts unterbrochen, fast allein. Im *Allegretto scherzando* schließlich tritt noch ein Solo-Kontrabaß hinzu, so daß der ganze Satz im Werkzusammenhang eine etwas losgelöste Position hat, dabei aber dennoch als ›Temperamentsstudie‹ nicht aus dem Kontext herausfällt.

M *CD* Otte, Berliner Philharmoniker, Hindemith (DGG 1956)

Klavierkonzert

Nur selten in unseren Konzertsälen zu hören ist das *Klavierkonzert*, das Hindemith, der ein Jahr nach der Vollendung die amerikanische Staatsbürgerschaft annahm, 1945 für den spanisch-amerikanischen Pianisten Jésus-María Sanromá komponierte.

Die Dreisätzigkeit des Konzerts *(Mässig schnell – Langsam – Medley »Tre Fontane«)* verweist zunächst auf Hindemiths neugefundene Klassizität. Bei oberflächlicher Betrachtung wird das sogar noch unterstrichen durch die (englischsprachigen) Tempobezeichnungen *Moderately fast – Slow – Moderately fast*, also unter Verzicht auf das erst später in die Instrumentalmusik aufgenommene Scherzo. Nun stellt allerdings der 3. Satz einen Sonderfall schon insofern dar, als er eben nicht eigentlich mit *Moderately fast* überschrieben ist. Der etwas irritierende Titel des Satzes lautet Medley *»Tre Fontane«*, die Tempi der einzelnen Abschnitte, in die er untergliedert ist, sind folgende: 1. Canzona: Moderately fast (Mäßig schnell) – 2. March: Fast (Schnell) – 3. Valse lente: (Langsamer Walzer) – 4. Caprice: 5. »Tre Fontane«, medieval dance: Fast (Mittelalterlicher Tanz – Schnell)

Wegen des schnellen Charakters auch des *Caprice* betitelten Abschnitts ist der 3. vordergründig tatsächlich ein schneller Satz mit langsamem Mittelteil *(Valse lente)*, der als Ganzes in enger Verbindung zu den *Vier Temperamenten* steht: Auch hier begegnen wir einem Thema mit 4 Variationen, wobei Hindemith allerdings die Verschleierung seines Materials – des Themas und der variativen Arbeit damit – noch weiter treibt. Wie die Satzüberschrift Medley *»Tre Fontane«* zeigt, spielt hierbei der mittelalterliche Tanz »Tre Fontane« insofern eine Rolle, als er die thematische Grundlage der Variationen darstellt. Einem hörenden Wiedererkennen verschließt Hindemith sich aber dadurch, daß er das Thema erst im letzten Abschnitt vorstellt und im Verlauf der vorangegangenen Variationen nur sukzessiv durchscheinen läßt.

M *CD* Mauser, RSO Frankfurt, Albert (cpo 1989)

Violinkonzert

UA: Amsterdam 1940

Das *Violinkonzert* schrieb Hindemith im Anschluß an seine Arbeit an den insgesamt siebzehn Sonaten für verschiedene Instrumente, die in den Jahren von 1935 bis 1939 entstanden waren; stärker als in den vorangegangenen konzertanten Werken tritt hier folglich auch das Sonaten-Prinzip hervor. Der Aufbau ist klassisch dreisätzig *(Mäßig bewegte Halbe – Langsam – Lebhaft)*, durch das ganze Werk zieht sich eine erkennbare tonale Bindung (cis-moll, das sich gegen Ende in Des-Dur wandelt).

Ein langgedehnte Linie im Diskant eröffnet den 1. Satz; die Streicher greifen dazu einen zunächst von den Pauken vorgetragenen markanten Rhythmus auf, der als Klanggrund dient bis zum Eintritt des 2. Themas, das in der Mittellage über einem langangehaltenen Streicherakkord vorgetragen wird. In der überaus lebendigen Coda kehrt schließlich ein zuvor erklungenes Achtelmotiv wieder. In der frei gehandhabten Durchführung leitet eine gewaltige Bewegung zum Höhepunkt, der zum Vortrag des 1. Themas vom gesamten Blech führt. Der *Langsam* überschriebene *2. Satz* wird von den Holzbläsern eröffnet, erst nach 12taktiger Einleitung tritt die Solovioline mit einem lyrischen, aber figurativ sich verästelnden Monolog hinzu, der in einen Wettstreit mit den fanfarenartigen Einwürfen des Orchesters zu geraten scheint. Dazu im Kontrast steht der Mittelteil mit markantem Pizzicato und einem stürmischen Gipfelpunkt im Orchester, bevor wieder die zugrundeliegende liedhafte Melodie in der Klarinette erklingt. Der *letzte Satz* ist eine Art Rondo, das mit einem wieder fast fanfarenartig wirkenden einstimmigen Orchestertutti beginnt. Das 1. Thema, vorgetragen von der Violine, beeindruckt durch seine Virtuosität; das kantablere zweite kehrt das Konzert insgesamt zum eigentlich lyrischverhaltenen Grundton zurück, der sich bis zur finalen Steigerung zu halten vermag.

[M] *CD* Oistrach, London SO, Hindemith (Decca 1962)

Trauermusik für Bratsche und Streichorchester

UA: London 1936

Auf einer Konzertreise nach London wurde Hindemith, der ursprünglich sein Bratschenkonzert *Der Schwanendreher* hatte aufführen wollen, von der BBC gebeten, wegen des Todes von König George V. eine weniger heitere Musik zu spielen. Innerhalb von nur 6 Stunden schrieb Hindemith dieses ergreifende Werk, das zwischen dem ausgefallenen *Schwanendreher* und dem *Mathis* zu vermitteln sucht. Als Schlußchoral zitiert er »Vor deinen Thron tret' ich hiermit«, der, wie er erst später erfuhr, auch ein in England durchaus gebräuchliches Kirchenlied ist.

[M] *CD* Walther, San Francisco SO, Blomstedt (Decca 1987)

Konzert für Violoncello und Orchester

UA: Boston 1941

Neben einem erst 1977 uraufgeführten Frühwerk und der *Kammermusik op. 36 Nr. 2* ist dieses Hindemiths 3. Cellokonzert. Hindemith hat damit ein echtes Virtuosenstück geschrieben, das wie maßgeschneidert für den Cellisten der UA, Gregor Piatigorsky, wirkt. Die 3 Sätze tragen die Tempobezeichnungen *Mäßig schnell – Ruhig bewegt – Marsch*. Nach elftaktiger Orchestereinleitung erklingt zum erstenmal das Soloinstrument mit einem sehr bewegenden lyrischen Thema, das in deutlichem Kontrast zur Heftigkeit der Orchestereinleitung steht. Aus dieser Kontrastwirkung bezieht Hindemith das Material für den gesamten weiteren Verlauf des Satzes.

Der dreiteilige *2. Satz* beginnt mit einem gemessenen Abschnitt, in dem ein Großteil der Orchesterinstrumente solistisch eingesetzt wird. Daran schließt sich eine Scherzo-Passage an, die von der Klarinette eröffnet wird, bevor das Cello ein neues Thema vorträgt; die Coda des Satzes fügt sich, als ein drittes Glied, aus der Kombination beider Teile zusammen.

Der *Marsch* ist ein für Hindemith typischer Final-Satz, der nochmals dem Cellisten die Möglichkeit gibt, mit seinem Instrument zu brillieren.

[M] *CD* de Machula, Concertgebouw O., Kondraschin (Etcetera 1983)

Konzert für Horn und Orchester

UA: Baden-Baden 1950

Das für Holzbläser, Pauken und Streicher gesetzte Hornkonzert schrieb Hindemith für den früh verstorbenen Hornisten Dennis Brain, der auch der Solist der UA war. Die Sätze sind überschrieben *Mäßig schnell – Sehr schnell – Sehr langsam*, wobei die beiden ersten durch ihre extreme Knappheit auffallen. *Mäßig schnell* ist ein fast kämpferisch wirkender Sonatinensatz; ein winziges Scherzo schließt sich an, das von einer kurzen Fanfare des Horns unterbrochen wird. Der 3. Satz schließlich faßt mit seinen 3 Abschnitten langsam-schnell-langsam den gesamten Charakter des Werkes zusammen. Eine besondere Auffälligkeit ist der (wortlose) Vortrag eines Gedichtes des Komponisten durch den Hornisten, das sich mit den klanglichen Eigenschaften des Horns befaßt.

[M] *CD* Brain, Horn, Philharmonia O., Hindemith (EMI 1956)

Klarinettenkonzert

UA: Philadelphia 1950

Paul Hindemith widmete sein 1947 entstandenes Klarinettenkonzert dem großen Jazzmusiker Benny Goodman, der es schließlich auch uraufführte. Das Ergebnis ist allerdings nicht, wie man vielleicht erwarten könnte, ein jazzorientiertes Werk, mit dem Hindemith an seine *wilden Jahre* anzuknüpfen versuchte; schon das weitausladende Orchestertutti zu Beginn weist in eine »repräsentativere« Richtung. Die 4 Sätze sind überschrieben *Ziemlich schnell – Ostinato. Schnell – Ruhig – Heiter*. Auffällig am *1. Satz* ist der zurückhaltende Satz für die Klarinette, deren solistische Beiträge eher klein sind. Obwohl an sich in rascherem Tempo gehalten, endet der Satz mit einer überaus langsamen Coda. Im scherzoartigen *Ostinato* haben die Streicher lediglich rhythmisch stützende Funktion; die Melodielinien werden ausschließlich von den Bläsern getragen.

Erst im *3. Satz* kommt das Solo-Instrument zur vollen Geltung: Die Klarinette trägt das Thema vor und verarbeitet es nach der Wiederholung durch die Bässe frei weiter; diese 3 Abschnitte sind durch Zwischenspiele des Orchesters getrennt. Der *letzte Satz* ähnelt tendenziell dem ersten, schließt allerdings mit einer weitaus fulminanteren Coda.

[M] *CD* Pieterson, Concertgebouw O. Amsterdam, Kondraschin (Etcetera 1983)

Andreas K. W. Meyer

Ernst Theodor Amadeus Hoffmann

1776–1822

Ernst Theodor Amadeus Hoffmann. Porträtzeichnung von Wilhelm Hensel (1821)

Auch wenn E.T.A. Hoffmann genau betrachtet ein Zeitgenosse Beethovens ist, so haben wir in dieser schillernden Persönlichkeit mit ihren enzyklopädischen Talenten und ihrer gespaltenen Existenz doch eine typische Figur der Romantik vor uns. Der Jurist, Maler, Musiker und Dichter wurde als Sohn einer Juristenfamilie am 24. Januar 1776 in Königsberg geboren. Er studierte in seiner Vaterstadt Rechtswissenschaft und war dann zunächst als Referendar und Regierungsbeamter in Glogau, Berlin, Posen und Warschau tätig. 1806 beendete die Invasion der französischen Truppen seine Beamtenkarriere vorläufig, und es folgten unruhige und rastlose Wanderjahre als Theaterdirektor, Bühnenbildner, Karikaturist, Kapellmeister, Komponist und Musiklehrer, die ihn nach Bamberg, Dresden und Leipzig führten. Erst 1814 begab er sich wieder nach Berlin und starb als preußischer Kammergerichtsrat am 25. Juni 1822. Die Rastlosigkeit seines Lebens und nicht zuletzt exzessiver Alkoholgenuß hatten seine Gesundheit frühzeitig zerrüttet.

Hoffmann muß ein ausgezeichneter Pianist und passabler Sänger gewesen sein. Als Komponist war er mehr oder weniger Autodidakt. Der Widerspruch seiner künstlerischen Existenz bestand darin, daß er als Dichter (auch als Musikkritiker unter dem Pseudonym Johannes Kreisler) sehr wohl Anerkennung fand – er verkehrte in Berlin in berühmten literarischen Zirkeln, in denen er Kontakte mit Chamisso und Friedrich de la Motte-Fouqué pflegte – er aber andererseits seine Verwirklichung doch als Komponist suchte. Erst mit späteren Werken, wie mit der Oper *Undine*, die in Berlin immerhin 14 Aufführungen erlebte, konnte er in bescheidenem Maße Ansehen finden. Hoffmann schrieb außer der *Undine* noch 12 Opern und Singspiele, Kirchenwerke, darunter das noch heute hin und wieder zu hörende *Miserere b-moll*, einige Klaviersonaten, ein *Quintett* für Harfe und Streicher, und eine *Symphonie in Es-Dur* (UA 1806 in Warschau), der man das Vorbild der *Es-Dur-Symphonie* Mozarts (KV 543) bis in die Satzanlage hinein anmerkt. Es handelt sich um ein Werk von heiterer und beschwingt musizierfreudiger Haltung, das aber auch Überraschungen hinsichtlich der Beschaffenheit der Motive und der Harmonik bereithält.

Gerd Hüttenhofer

Heinz Holliger

1939

Als herausragender Oboist hat Heinz Holliger nicht nur für die Interpretation des klassisch-romantischen Repertoires Maßstäbe gesetzt, sondern auch die Spieltechniken seines Instrumentes weiterentwickelt. So regte er Komponisten wie Luciano Berio, Hans Werner Henze, Witold Lutoslawski, Karlheinz Stockhausen und Isang Yun an, Werke für Oboe zu schreiben. Auch als Dirigent, der sich für die Moderne und junge Musiker einsetzt, und als Komponist gehört Holliger zu den prägenden Künstlern im heutigen Musikleben. Seit 1966 lehrt er Oboe an der Musikhochschule in Freiburg/Br.

Holligers Entwicklung verlief von Anfang an zweigleisig: am 21. Mai 1939 in Langenthal im Schweizer Kanton Bern geboren, erhielt er bereits als Gymnasiast Oboen- und Klavierunterricht am Berner Konservatorium, zugleich studierte er dort Komposition bei Sandor Veress. Weitere Instrumental-Studien in Paris und eine wichtige Lehrphase bei Pierre Boulez folgten.

In Grenzbereiche vorzustoßen, kann als Leitidee des Oboisten wie des Komponisten gelten. Die Werke *Pneuma* für Bläser, Schlagzeug, Orgel und Radios (1970), *Cardiophonie* für Oboe und drei Magnetophone (1973) *Psalm* für gemischten Chor a cappella (1971), *Kreis* für 4–7 Spieler und Tonband (1971/72), das *Streichquartett* (1973) und *Atembogen* für Orchester (1974/75) stellen neben einer an Webern und Boulez geschulten konstruktivistischen Sorgfalt den physischen, geräuschhaften Aspekt des Musikmachens, insbesondere des Atmens in den Vordergrund.

Grenzbereiche markieren auch die Dichter, mit denen Holliger sich kompositorisch auseinandersetzt: Georg Trakl (*Elis – Drei Nachtstücke* für Orchester 1963, rev. 1973; *Atembogen*), Nelly Sachs (*Glühende Rätsel* für eine Altstimme und zehn Instrumentalisten 1964; *Der magische Tänzer* 1963/64), Paul Celan (*Psalm* 1971). Auf Samuel Beckett basieren die Kammeropern *Come and Go* (1976/77) und *What where* (1988) sowie Monodram *Not I* (1978/80).

Aus der lebenslangen Beschäftigung mit Hölderlin ist zwischen 1975 und 1985 der *Scardanelli-Zyklus* für Solo-Flöte, kleines Orchester, Tonband und gemischten Chor entstanden. Der späten Dichtung Hölderlins entsprechend, komponiert Holliger hier Musik »jenseits subjektiven Ausdrucks«. Die 23 Teile des *Scardanelli-Zyklus* setzen sich zusammen aus 12 Chorliedern *(Die Jahreszeiten)*, 10 *Übungen* für kleines Orchester und Tonband sowie *t(air)e* für Flöte solo.

In den Veress gewidmeten *Zwei Liszt-Transkriptionen* für großes Orchester (1986) greift Holliger Klavierwerke des späten Liszt auf (*Nuages gris* und *Unstern!* von 1880/81) und arbeitet dessen harmonische Kühnheiten heraus.

Die *Gesänge der Frühe* nach Schumann und Hölderlin für Chor, Orchester und Tonband (1987) zeichnen ein bedrückendes Doppelporträt. Mittels Montage von Hölderlin- und Schumann-Texten, deren Autopsieberichten und einer fragilen Vertonung spürt Holliger der Geistesverwandtschaft beider, aber auch der Zerbrechlichkeit des menschlichen Daseins überhaupt nach. *Susanne Schmerda*

Gustav Holst

1874–1934

Holst entstammte einer nach England ausgewanderten schwedisch-baltischen Musikerfamilie und komponierte mit Hilfe von Berlioz' Instrumentationslehre schon vor seinem Kompositionsstudium bei Charles Villiers Stanford. Er begann als Pianist, mußte jedoch wegen einer Nervenentzündung im rechten Arm, unter der er sein Leben lang litt, zur Posaune wechseln. Der junge Mann stand völlig im Bann Richard Wagners, die unveröffentlichten Jugendwerke sind überladen mit Wagnerscher Chromatik. Im Orchester der Carl Rosa Opera Company machte er wertvolle Erfahrungen für sein späteres Komponieren. Schon früh kam Holst mit hinduistischer Literatur und Philosophie in Berührung, lernte Sanskrit und übersetzte Hymnen aus dem Rigveda, die er zwischen 1908 und 1910 in den teilweise eindrucksvollen *Choral Hymns from the Rig Veda* für Chor und Orchester vertonte. Seine erste Oper *Savitri* von 1908 basiert auf einer Episode aus dem indischen Nationalepos *Mahabharata.* Ebenso wichtig wie diese orientalischen Einflüsse wurde das intensive Studium der älteren englischen Komponisten, vor allem Weelkes' und Purcells, sowie der Gregorianik. 1895 hatte die lebenslange enge Freundschaft mit Ralph Vaughan Williams begonnen, der Holst mit dem englischen Volkslied bekannt machte. Das erste Orchesterwerk, das Holst veröffentlichte, die 1907 vollendete und 1910 in London uraufgeführte *Somerset Rhapsody,* basiert auf Volksliedern, und hier fand er auch erstmals zu einer wirklich eigenständigen, modal gefärbten Harmonik. 1912 wurde *Beni Mora (Oriental Suite)* aus der Taufe gehoben, eine Erinnerung an einen Algerienurlaub voller Orientalismen, die in manchem bereits die exotischen Momente der *Planeten* erahnen läßt. 1913 schrieb Holst für seine Schülerinnen an der Londoner St. Paul's School die *St. Paul's Suite*, deren letzter Satz die altenglische Tanzweise *Dargason* und die *Greensleeves* verarbeitet. Er unterrichtete seit 1903, eine Tätigkeit, die er bis zu einem Nervenzusammenbruch infolge ständiger Überarbeitung im Jahr 1924 überaus erfolgreich ausübte, vor allem was die Arbeit mit Laien betraf. Die Lehrtätigkeit ließ ihm wenig Zeit zum Komponieren; auch deshalb arbeitete er 3 Jahre lang an den *Planeten*, seiner ersten großangelegten Orchestersuite, die ihn – wenn auch nur für wenige Jahre – zu einem wirklich populären Komponisten machte. Nach dem Krieg entstanden nur noch wenige Orchesterwerke, was durch die zeitraubende Lehrtätigkeit, später durch Holsts problematische Gesundheit bedingt war. Seine Popularität erwies sich als kurzlebig; nicht nur die 1925 uraufgeführte *Choral Symphony* wurde kühl aufgenommen. 1922 war die *Fugal Ouverture* entstanden, die Holst später zur Ouvertüre der 1923 uraufgeführten Oper *The Perfect Fool* machte und der 1923 das kammermusikalische *Fugal Concerto* folgte. 1927 entstand *Egdon Heath*, sein reifstes und persönlichstes Werk mit dem Untertitel *Homage to Hardy*. In der Partitur zitierte Holst Zeilen aus Thomas Hardys Roman »The Return of the Native«, der in grandioser Sprache die Heidelandschaft im Südwesten Englands in mythische Dimensionen hebt und zum Symbol für Zeitlosigkeit und Zivilisationsferne macht. Diese Landschaft, in die sich Holst immer wieder zurückzog, übte einen ähnlich tiefen Einfluß auf ihn aus wie Hardys Roman und inspirierte ihn zu seiner wohl besten Partitur. 1929 schrieb er das *Double Concerto* für 2 Violinen und Orchester, ein Jahr vor seinem Tod den *Lyric Movement* für Bratsche und kleines Orchester, ein Werk voller Wärme und Poesie sowie das lange versprochene Pendant zur *St. Paul's Suite*, die *Brook Green Suite*. Von einer geplanten Symphonie konnte er nur das Scherzo vollenden, das 1935 in London erklang. In welche Richtung sich Holst entwickelt hätte, wäre er nicht mit 59 Jahren gestorben, läßt sich kaum beantworten.

The Planets (Die Planeten) op. 32

UA: London 1920

Holst hielt das Werk, das ihn schlagartig berühmt machte, nicht für sein bestes. Wenig in seinem Schaffen bis 1914 hatte auf diese Partitur hingedeutet, mit der er schlagartig bewies, wie souverän er einen riesigen Orchesterapparat beherrschte, den sonst ein Mahler, Strauss oder der frühe Schönberg forderten. Holst verarbeitete in den *Planeten* Einflüsse verschiedenster Art, vom englischen Volkslied über Wagner und Strauss, Ravel und Debussy – sie lassen vor allem im raffiniert instrumentierten Schlußsatz *Neptun, the mystic* mit seinen verklingenden Frauenchor-Vokalisen grüßen – bis hin zu Rimski-Korsakow und Strawinsky. Dennoch formte er eine eigene Sprache und schuf eine Partitur, die zwar nicht seine typischste sein mag, doch mit ihrer modalen Melodik, den bohrenden Ostinati, dem Nebeneinander von volkstümlich ungezwungener Fröhlichkeit und hymnischem Tonfall etwa im 4. Satz *Jupiter, the bringer of jollity*, den schwebenden oder gleichsam ins All entschwindenden Klängen nicht grundlos sein größter Erfolg wurde. Tatsächlich mag Holst hier »allein mit der Leere des Raums« sein (Wilfrid Mellers). 1914 schrieb er: »In der Regel studiere ich nur Gegenstände, die mich musikalisch anregen. Deshalb plagte ich mich mit dem Sanskrit. Kürzlich packte mich der Charakter der einzelnen Planeten, und ich begann ziemlich gründlich Astrologie zu studieren.« Die Suite dürfte aus einem Ineinander von Astrologie und Mystik entstanden sein. Da Pluto erst 1930 entdeckt wurde, fehlt er ebenso wie die Erde. Holst hat sich stets dagegen gewandt, die Sätze als Porträts des mythologischen Personals zu deuten. Ebenso falsch war die Annahme, er habe mit *Mars, the bringer of war* auf den Ausbruch des Weltkriegs reagiert. Dieser 1. Satz, der sich im 5/4-Takt aus unheilvoll lastender Stille immer drohender und mit jagenden Fanfaren zu martialischer Gewalt steigert, war im Juli 1914 vollendet, ließe sich mithin eher als unbewußt hellsichtige Antizipation hören. Nach dem reizvollen 2. Satz, *Venus, the bringer of peace*, der in einer zarten Textur aus Celesta, Harfe, Holzbläsern und Hörnern verklingt, eilt in Form eines Scherzos *Mercury, the winged messenger* herbei. Holst schätzte den fünften Planeten *Saturn, the bringer of old age* am meisten. Ihm folgt vor dem abschließenden *Neptun Uranus, the magician*.

[M] *CD* London Symphonic, Holst (Pearl 1922–24); London Philharmonic, Boult (EMI 1979) – *VD/LD* Philadelphia O., Ormandy (Philips) *Oswald Beaujean*

Adriana Hölszky

1953

»Adriana Hölszky schreibt schwierige, widerspenstige Partituren, unangepaßt und alles andere als modisch. Der Hörer wird provoziert, gestört, es wird ihm auf die Nerven gegangen, an die Nieren.« (Hans Werner Henze, 1989). Dementsprechend unkonventionell ist Adriana Hölszkys Arbeitsweise. Nichts läuft nach Plan: Ganzes wird auseinandergeschnitten und zu einem neuen Ganzen zusammengesetzt: es wird zerfetzt, geklebt, abgebrochen und wieder neu angefangen. Komponieren ist für Adriana Hölszky ein Experiment, das sie detailliert niederschreibt und mit exakten Spielanweisungen versieht. Ihre innere Systematik verhindert das Chaos. Sehr nahe steht sie der Malerei, wenn sie im Entstehungsprozeß ihrer Komposition *Space* für 4 Orchestergruppen (1979/80) ein Holzbrett beschnitzt, das mit Ölfarbe bemalt wird. Die entstandenen Strukturen werden auf Papier in verschiedenen Farben übereinandergedruckt. Die verschiedenen Farbschichten entsprechen den Klangfeldern der 4 Orchestergruppen. *Space* entstand unter dem Eindruck der Lektüre einer maorischen Kosmogonie, die von Nichts und Finsternis über Erweiterung zu Glanz und Kraft und schließlich zu Leere führt. Klänge wie Wasserplätschern, Klickern von Steinen, Sand- und Blattgeräusche liebte die Komponistin schon als Kind.

Geboren wurde Adriana Hölszky am 30. Juni 1953 in Bukarest, wo sie an der Musikhochschule u. a. Komposition bei Stefan Niculescu studierte. 1976 siedelte sie in die Bundesrepublik Deutschland um und setzte hier ihr Studium an der Stuttgarter Musikhochschule fort (1977–82 Komposition bei Milko Kelemen). Ihre bisher größten Erfolge feierte sie mit den Opern *Bremer Freiheit, ein Singwerk auf ein Frauenleben* nach einem Theaterstück von Rainer Werner Fassbinder (1988) und *Die Wände* nach dem gleichnamigen Theaterstück von Jean Genet (1995). Ihr Doppelkonzert *Lichtflug* für Violine, Flöte und großes Orchester (1990) ist nicht für ein Orchester im klassischen Sinn ausgerichtet. Adriana Hölszky arbeitet mit der Wanderung des Klanges in einem neu auskomponierten Raum, wobei sich im Lauf des Stückes die Musiker in immer neuen Formationen zusammensetzen.« ... ich habe eine unendliche Freiheit, mit dem Orchester und dem Raum zu spielen – wie auf einer großen Leinwand.« (Adriana Hölszky).

Bettina Brand

Arthur Honegger

1892–1955

»Es war immer mein Wunsch und mein Bestreben, eine Musik zu schreiben, welche für die große Masse der Hörer verständlich und doch vom Banalen so weit frei wäre, daß sie auch die wirklichen Musikfreunde zu fesseln vermöchte.« Das schrieb der am 10. März 1892 in Le Havre geborene, am 27. November 1955 in Paris verstorbene Arthur Honegger. »Verständlichkeit« und hoher künstlerischer Anspruch, das scheinen in der Musik des 20. Jhs. unüberbrückbare Gegensätze zu sein. Gegensätzliches spiegelt denn auch das kompositorische Werk des ehemaligen Schülers von Vincent d'Indy und Charles-Marie Widor am Pariser Conservatoire. Der Protestant Honegger wurde in reifen Jahren von der katholischen Geistigkeit eines Paul Claudel beeinflußt, Französisches und Alemannisches verbinden sich in Persönlichkeit und Werk, Verehrung Bachs und zugleich Wagners kennzeichnen den Musiker. 1921 durch den Sensationserfolg seines biblischen Psalms *Le Roi David* mit einem Schlag berühmt geworden, schloß er sich der antiromantischen Gruppe der »Six« in Paris an, die er aber bald wieder verließ, da deren ästhetische Maximen, die alles Gefühlsmäßige verwarfen und klassizistische Kühle anstrebten, seinem Temperament zuwiderliefen. Spiegelt sein Frühwerk aus den 20er Jahren den radikalen Aufbruchsgeist der jungen Generation mit ihrer Tendenz zur Atonalität, zum Maschinellen und Sportiven, so ist das Alterswerk von verzweifelter Resignation gekennzeichnet, eine Entwicklung ähnlich derjenigen Hindemiths. Jean Cocteau sagte von ihm: »Arthurs Genie fühlte sich zu einer Musik hingezogen, die dem Handwerkertum der Kathedralen und der Fabriken nahestand. In seinem Schaffen wechselt die Welt der Maschinen ab mit einer der Altarwände, Strebepfeiler und Kirchenfenster.« Das Gesamtwerk Honeggers, das 5 Symphonien, mehrere weitere Orchesterwerke, Oratorien und Kammermusik umfaßt, wird von einer unverwechselbaren eigenen Sprache geprägt, die mit komplexen Mixturklängen, dissonant gefärbter Harmonik und dichten polyphonen Schichtungen operiert. Impressionistisch-Zartes steht neben expressionistischen Ausbrüchen, Esoterik neben fast Volkstümlichem, wie es Werke von der Art des *Le Roi David* und *Jeannne d'Arc au bûcher* kennzeichnet. In seinem hohen Anspruch gehört Honegger zu den großen Musikgestalten des 20. Jhs.

Die Symphonien

Die Symphonie war den Jungen der 20er Jahre als Relikt der klassisch-romantischen Tradition suspekt. Honegger griff erst 1930 zu dieser Gattung, als Sergei Kussewitzky bei ihm ein Werk zur Feier des 50jährigen Bestehens des Bostoner Symphonieorchesters in Auftrag gab. Die UA von Honeggers *1. Symphonie* fand im gleichen Jahr in Boston statt. Das Werk ist wie alle Symphonien Honeggers dreisätzig. Der *1. Satz* prägt die »Maschinen«-Charakteristik der Musik des Honegger jener Jahre exemplarisch aus: voranstürmende, rhythmisch pointierte Achtelbewegung, Dominanz der Blechbläser, harte, dissonante Klangballungen. Wie eine auslaufende Maschine endet der konstante Bewegungsfluß im Pianissimo der Kontrabässe. Das ruhig einherschreitende *Adagio* exponiert eine »unendliche Melodie« der Streicher, die von den Bläsern weitergeführt und zu einem Höhepunkt aufgegipfelt wird, ehe der Satz leise verklingt. Polyphone Stimmen beleben die kantablen Linien, sie espressiv aufladend und dissonant schärfend. Das Thema des *Presto-Finale* wird durch eine originelle Addition immer neu hinzukommender Instrumente gewonnen. Der spielfreudige Satz ist locker gefügt, immer neue Gedanken werden vor allem von den Bläsern eingeworfen. Überraschend der Schluß: das hurtig vorwärtsdrängende *Presto* verlangsamt sich zu einem *Andante tranquillo*, der Satz verklingt mit einem choralartigen Gesang.

1936 bestellte Paul Sacher zur Feier des 10jährigen Bestehens des Basler Kammerorchesters eine Symphonie bei Honegger. Fertig wurde das Werk, die *2. Symphonie »à cordes«*, also für Streicher, erst 1941 im von Hitlers Armee besetzten Paris. Im gleichen Jahr fand die UA in Zürich statt. Sie spiegelt Honeggers Betroffenheit durch die Kriegsereignisse wider. Der *1. Satz* beginnt *molto moderato* mit einem düsteren Ostinato der Bratschen. Zwei Themen beherrschen den wild vorantreibenden *Allegro-Hauptteil.* Langsamer und schneller Teil erscheinen ein 2. Mal, ehe die Musik im Pianissimo verlischt, Ausdruck aufbegehrender Verzweiflung. Das folgende *Adagio mesto* entwickelt sich in Art einer Chaconne, die sich zu einem Höhepunkt steigert, um anschließend wieder in resignative Trauer zurückzusinken. Das Bratschenmotiv des Symphoniebeginns spielt für die Faktur des Satzes eine wichtige Rolle. Die Düsterkeit scheint auch im virtuosen, rhythmisch differenzierten, technisch komplizierten, vitalen *Finale* nicht zu weichen. Auf dem Höhepunkt der Entwicklung stimmt plötzlich eine Solotrompete einen Choral über den wild wogenden Streicherpassagen an: Symbol der Hoffnung und des Trostes, zugleich charakteristisch für den zutiefst humanen Grundzug in Honeggers Kunst.

Dieser Grundzug tritt noch deutlicher in der *3. Symphonie*, der *Symphonie liturgique*, hervor. Die meistgespielte Symphonie des Komponisten wurde in den Jahren 1945/46 im Auftrag der schweizerischen Stiftung »Pro Helvetia« komponiert und Charles Munch gewidmet, der sie am 17. August 1946 in Zürich uraufführte. Die 3 Sätze tragen Titel aus der katholischen Liturgie, und zwar *Dies irae* (aus der Totenmesse), *De profundis clamavi* (Psalm 130) und *Dona nobis pacem* (Meßordinarium), verwenden jedoch keine liturgischen Melodien. Der *1. Satz* (*Tag des Zornes*) zeichnet *Allegro marcato* ein Bild apokalyptischen Schreckens in seiner toccatenartigen Vorwärts-Energie. Ein Choral leitet über zum verlöschenden Schluß. Eine ergreifende *Adagio*-Klage, die den Psalmvers *Aus der Tiefe rufe ich zu Dir, Herr* melodisch skandiert, steht im Zentrum der Symphonie. Der ernst schreitende, polyphon entfaltete Gesang steigert sich zu einem verzweifelten Aufschrei. Hier spricht der Ausdrucksmusiker Honegger mit Mahlerscher Inbrunst. Der eherne Choral des 1. Satzes wird am Ende zu einer tröstenden Flötenweise umgeformt. Das *Finale* (*Gib uns den Frieden*) hebt in Gestalt eines sich stampfend hinschleppenden Marsches der gepeinigten Menschheit an, um dann plötzlich in ein *Adagio* umzuschlagen. Streicher und Flöte hellen das Bild auf: Vision des himmlischen Friedens. Der seraphische Symphonieschluß ist kritisiert worden. Die Frage bleibt, ob es in unserer Zeit eine überzeugende Musikalisierung des christlichen Erlösungsgedankens überhaupt geben kann. Wie dem auch sei: Honeggers *3. Symphonie* gehört zu den beeindruckendsten musikalischen Reaktionen auf die Schrecken des Zweiten Weltkrieges.

Nach diesem Aufstieg in die Regionen der Transzendenz kehrt Honegger mit seiner 1947 wiederum für Paul Sacher komponierten und im gleichen Jahr in Zürich uraufgeführten *4. Symphonie* auf die schweizerische Erde zurück. *Deliciae Basiliensis*, Basler Freuden, schrieb er über die Partitur. Das Werk trägt hellen, freundlichen Charakter, der Tonsatz ist kammermusikalisch aufgelichtet, es fehlen die klanglichen Ballungen. Stattdessen entfaltet die Symphonie eine Vielfalt an melodisch-thematischen Einfällen. Der Komponist bezeichnete den *1. Satz* als ein Stimmungsbild der Vorfreude auf einen Sommer in der Schweiz bei musikliebenden Freunden. Der *Lento e misterioso* anhebende, dann in ein *Allegro* umschlagende Satz suggeriert eine freundliche, von einem Glockenspiel aufgehellte Landschaft. Das in der Mitte stehende *Larghetto* trägt Passacaglia-Charakter. Das ruhig dahinfließende Thema erhält seine Farbe durch zarte Holzbläsertönungen. Zugrunde liegt dem Satz ein altes Basler

Lied »Z'Basl an mim Rhy«, das am Schluß vom Solohorn geblasen wird. Honeggers Meisterschaft feiert Triumphe im *Finale*. Rondo, Passacaglia und Fuge werden miteinander verquickt, nicht weniger als 5 Themen durcheinandergewirbelt. Wiederum erscheint Folkloristisches, der »Basler Morgenstreich«. Ein kurzes Adagio-Intermezzo vermag die frohe Laune nicht zu vertreiben, mit dem Wiedererscheinen des Allegro-Themas schließt das unbeschwerte, auf Haydn zurückschauende Werk.

Honeggers »Basler Freuden« hielten nicht lange vor. Die 1950 für die Kussewitzky Music Foundation geschriebene, am 5. März 1951 in Boston unter Leitung von Charles Münch uraufgeführte *5. Symphonie* trägt einen tragisch-pessimistischen Grundzug. Der vom Komponisten stammende Untertitel *di tre re* bezieht sich auf die 3 Paukenschläge, die einzigen in der Symphonie, die jeden der 3 Sätze pianissimo beschließen. Der *1. Satz* hebt mit einem mächtig dahinströmenden Grave-Orchesterchoral an, der klanglich an ein Orgelpleno gemahnt. Trompetenrufe treten hinzu, die massive Ballung wird allmählich abgebaut und weicht einem melodischen Thema der Baßklarinette. Erneut greift der choralartige Beginn im Orchestertutti Platz, dem pianissimo der Chor der geteilten Streicher gegenübergestellt wird. Die abschließende Coda vereinigt beide Themenkomplexe. Überaus kunstvoll in seiner kontrapunktischen Faktur und seinem mehrfachen Wechsel von Adagio und Allegretto ist der *2. Satz* strukturiert, eine Kombination von Adagio und Scherzo. Auch ausdrucksmäßig werden die beiden Elemente konfrontiert: düstere, lastende Adagio-Phasen und durchsichtig-lockere Allegretto-Episoden. Das *Allegro marcato* des *Finales* entfesselt wiederum die wilden Kräfte, wie sie für Honeggers Frühwerk bezeichnend waren. Geballte Klanglichkeit, dissonant geschärfte Harmonik, unerbittliche Marschrhythmen, dynamische Entladungen geben der Musik den Ausdruckscharakter des Ausweglosen, Katastrophischen. Auch der Schluß weist keinen Weg aus dieser Sphäre: Nach einem sforzando bricht die Musik in sich zusammen. Das Werk ist in seiner Grundaussage bezeichnend für den Weltuntergangs-Pessimismus des späten Honegger, zu dem auch die schließlich zu seinem Tod führende Herzerkrankung beigetragen hat.

Horace victorieux

UA: Genf 1923

»Der siegreiche Horatier ist nach meiner Meinung die originellste und bestgeglückte Sache, die aus meinen Händen stammt.« Das schrieb Honegger 1925. Das Werk aus dem Jahre 1921 war ursprünglich als Musik zu einer Pantomime gedacht, wurde aber dann zu einer achtteiligen »Symphonie Mimèe« umgeformt. Der Handlung liegt eine Episode aus Roms legendärer Frühzeit zugrunde, der Kampf der Horatier gegen die Kuratier, wie ihn Titus Livius erzählt. Honeggers Musik ist von barbarischer Wildheit und klanglicher Rücksichtslosigkeit. In dieser Beziehung hat sie kein Gegenstück in seinem Œuvre. Der aggressive Ton als Protest gegen das bürgerliche Ideal der Klassik und Romantik lag seit Strawinskys »*Sacre du Printemps*« in der Luft. Der elementaren Kraft dieser Musik vermag sich auch der heutige Hörer nicht zu entziehen, zumal sie Hand in Hand geht mit glänzender Instrumentierung. Obwohl jeder der 8 Teile einer Episode der Sage zugeordnet ist, will Honegger das Werk nicht als krude Programmmusik gewertet wissen.

[M] *CD* Symphonien 1–5: SO des BR, Dutoit (Teldec 1985)

»Pacific 231«

UA: Paris 1924

»Lokomotiven habe ich immer leidenschaftlich geliebt. Was ich in diesem Stück zu schildern versucht habe, ist nicht die Nachahmung der Geräusche einer Lokomotive, sondern die Wiedergabe eines visuellen Eindrucks und eines physischen Wohlbefindens durch eine musikalische Konstruktion.« So Honegger zu einer seiner spektakulärsten Kompositionen (entstanden 1923). Hier spiegelt sich der durch die Errungenschaften der Technik genährte Fortschrittsoptimismus des späten 19. und frühen 20. Jhs. »Als Vorwurf wählte ich eine Lokomotive vom Typ ›Pacific 231‹ für schwere Schnellzüge ... das ruhige Atmen der stillstehenden Maschine, die Anstrengung beim Anfahren, die allmähliche Steigerung der Geschwindigkeit bis zum ›lyrischen‹ Zustand, zum

Die »Pacific 231«, das Vorbild für Honeggers gleichnamiges musikalisches Porträt einer Schnellzuglokomotive

Gewaltig-Pathetischen eines Eisenbahnzuges, der (...) bei einer Stundengeschwindigkeit von 120 Kilometern durch die tiefe Nacht rast«. So artikulierte der junge Honegger die auslösenden Momente zu seinem Stück. Dennoch schrieb er trotz aller erkennbaren bildhaften Details mit dieser ganz auf rhythmische Energie, auf dynamische Steigerungen und vorwärtsdrängenden Elan gestellten Musik keineswegs eine rein deskriptive Programmkomposition. Hinter der äußeren Fassade steckt eine strenge Konstruktion, nämlich ein figurierter Choral im Sinne Bachs. Insoweit ist *Pacific 231* kennzeichnend für die »zwei Seelen« in Honeggers Brust, der leidenschaftlicher Espressivo-Musiker und zugleich kühl berechnender Musikkonstrukteur war.

[M] *CD* SO des BR, Dutoit (Teldec 1985)

Pastorale d'Eté

UA: Paris 1921

Das 1921 komponierte Stück gehört zum Liebenswürdigsten aus Honeggers Œuvre. Als Motto diente dem Komponisten ein Vers aus Rimbauds »Les Illuminations«: »Ich habe des Sommers Morgenröte umschlungen«. Das noch dem Einfluß des französischen Impressionismus verhaftete Stück, dreiteilig angelegt, trägt den Charakter eines musikalischen Naturgedichtes, eines konfliktlosen Idylls. In ruhigem Zeitmaß stimmt nach wenigen Einleitungstakten das Horn eine Melodie an, die von der Oboe weitergesponnen wird. Im Mittelteil schlagen »lebhaft und fröhlich« Klarinette und Violine lustige, volksliedhafte Töne an. Die beiden Mittelteil-Themen sind kontrapunktisch kombinierbar. Sie greifen in den abschließenden Teil über, einer Variante des Anfangs mit instrumental anders belichtetem Thema. Zart verklingt das zauberhafte Stück.

[M] *CD* SO des BR, Dutoit (Teldec 1985)

Concertino für Klavier und Orchester

UA: Paris 1925

Der in den 20er Jahren aus den USA importierte Jazz faszinierte vor allem französische Musiker. Auch Honegger ließ sich von ihm anregen, wie das 1924 entstandene *Concertino* zeigt. Insbesondere das Finale des dreisätzigen Werkes nimmt Jazzelemente auf: Blues, Glissandi, gedämpftes Blech, Synkopierungen, die Behandlung des Klaviers als Perkussionsinstrument. Das formal konzentrierte Werk, das dem Klavier ein Kammerorchester gegenüberstellt, trägt im übrigen neoklassizistische Züge. Nicht nur in den schnellen Ecksätzen, auch im Larghetto des einsätzig durchkomponierten Stückes herrscht die Freude am konzertanten Spiel vor. Der Klavierpart ist brillant, seine Verquickung mit dem locker gefügten Orchestersatz ungemein geistvoll.

[M] *CD* Krajny, RSO Prag, Kosler (Helikon/Praga 1992)

Rugby

UA: Paris 1928

Honegger war in seiner Jugend ein begeisterter Sportler, vor allem Rugby-Spieler. »Rugby scheint mir spontaner, direkter, natürlicher als Fußball ... ich bin vom wilden, harten, ungeordneten, verzweifelten Rhythmus des Rugby mehr fasziniert. Es wäre falsch, mein Orchesterstück als Programmusik zu bezeichnen. Es möchte ganz einfach die Angriffe und Gegenangriffe ... die Bewegung und Buntheit des Matches ... in meiner musikalischen Sprache ausdrücken ...« So Honegger über sein Werk, das charakteristisch ist für jenen Lebensoptimismus, jene Vitalität und antiromantische Attitüde, wie sie die französische Musik der 20er Jahre weitgehend prägten. Ihnen entspricht die kraftvoll zumeist im Forte voranstürmende, die Themen hin- und herwerfende Musik, deren gelegentlich polyphone Dichte die wilde Verknäuelung der Spieler suggeriert.

[M] *CD* SO des BR, Dutoit, (Teldec 1985)

Le Roi David (König David)

Symphonischer Psalm

UA: Mézière 1921

René Morax, ein schweizerischer Dichter, suchte 1921 einen Musiker, der zu seinem biblischen Drama »Le Roi David« eine Bühnenmusik schreiben sollte. Strawinsky empfahl ihm einen bis dato unbekannten jungen Mann namens Arthur Honegger. Die UA des Stücks war ein Erfolg, der den Komponisten über Nacht in das Rampenlicht der internationalen Musikszene rückte. Honegger ersetzte nachträglich die ursprünglich kleine Orchesterbesetzung durch ein großes Symphonieorchester. Morax reduzierte sein Sprechdrama auf erzählende Texte, welche die 27 meist kurzen Musiknummern miteinander verbanden. Als »symphonischer Psalm« in 3 Teilen für Sprechstimme, Soli, gemischten Chor und Orchester wurde das Werk zu einem bis heute anhaltenden Welterfolg.

Morax' Text erzählt das Leben und Wirken des biblischen Königs David getreu dem Bericht des Buches der Könige. Die Wahl des Hirtenjungen David, die Salbung durch den Propheten, der Kampf der Israeliten gegen die Philister, König Sauls Besuch bei der Hexe von Endor und sein Tod, Davids triumphaler Einzug in Jerusalem, seine ehebrecherische Liebe zu Bathseba, seine Flucht vor dem aufständischen Absalom, die Krönung seines Sohnes Salomon und schließlich sein Tod: alles das illustriert Honegger mit holzschnittartig knappen, ungemein einprägsamen Musikstücken. Der geschärfte Klang des Orchesters wirkt archaisch, die Chöre sind von plastischer Melodik, die Solonummern tragen liedartigen Charakter. Für die dämonische Beschwörungsszene bei der Hexe von Endor wird eine Sprecherin eingesetzt. Ihren Höhepunkt erreicht die Musik im zweiten der 3 Teile bei der Erzählung vom Einzug des siegreichen David in seine Stadt Jerusalem. Die Chor-Hymnik gipfelt in einem ausschwingenden Halleluja, das am Ende des Werkes wiederkehrt. Die vielfach plakativ-grelle Farbe der Musik, hervorgerufen durch starken Einsatz des Blechs, ihre eingängige Melodik, ihre weitgehend diatonische oder modale Harmonik zielen auf Breitenwirkung. Auf dieser Linie liegt schließlich der harte, auf psychologische Vermittlung verzichtende Kontrastreichtum des Werkes, aber auch die von ihm ausgehende Faszination alttestamentarischer, ja fast barbarischer Monumentalität.

[M] *CD* Eda-Pierre, Collard, Tappy, Petel, Ensemble Instrumental, Dutoit (Teldec 1971)

Jeanne d'Arc au Bûcher

UA: Basel 1938

Der Zusammenarbeit des protestantischen Honegger mit dem geistigen Führer des französischen Katholizismus, Paul Claudel, verdanken wir eines der Hauptwerke Honeggers. *Johanna auf dem Scheiterhaufen*, wie der deutsche Titel des 1935 vollendeten dramatischen Oratoriums lautet, entstand auf Anregung der berühmten Tänzerin und Schauspielerin Ida Rubinstein. Modernes Opern-Oratorium und mittelalterliches Mysterienspiel verbinden sich zu einem totalen Theater, das Elemente des Schauspiels, der Oper, des Melodrams zur Synthese bringt. Wie im mittelalterlichen Mysterienspiel stehen Volks- und Welttheater, Drama und Komödie, Revue und Reportage nebeneinander. Diese Zusammenschau prägt auch Honeggers Musik mit ihrer Vielfalt von Choral, Tanzweisen, großen Chor-Tableaus, naiven Volks- und Kinderliedern, Gregorianik und Hymnik, dissonanten Härten und tonal-melodischer Eingängigkeit, kunstvoller Polyphonie und simpler Einstimmigkeit. Claudels Dichtung konzentriert das Geschehen auf die letzte Stunde der auf dem Scheiterhaufen festgebundenen Jeanne. Die Bilder ihres Lebens ziehen visionär an ihr vorüber: ihre Berufung durch den Engel Michael, der Krönungszug nach Reims, der Prozeß mit seinen kalten politischen Hintergründen. Ihr zur Seite steht in Gestalt des Bruders Dominik, eines Dominikaners, der Erzähler, der »Testo«, wie er im barocken Oratorium auftritt. Sowohl dieser wie auch die Titelfigur sind als Sprechrollen angelegt. Jeanne, geängstigt von der Schrecknis des bevorstehenden Flammentodes, findet am Schluß zum Sinn ihres Opfers: ihre Ketten zerreißen und zum Klang hymnischer Himmelschöre steigt die Seele zu Gott empor.

Musikalischer Schwerpunkt des Ganzen sind die Chöre in mannigfachster Gestalt. Neben ihnen haben die Solopartien – die Stimmen Marias, der Heiligen Margarethe und Katharina, des skurrilen Porcus und anderer – nur sekundäre Bedeutung. Wenngleich Claudel-Honegger selbstverständlich an eine szenische Darstellung des Werkes auf dem Theater dachten, büßt es dank der Fülle und Einfallskraft der Musik auch bei konzertanter Wiedergabe nichts von seiner suggestiven Wirkung ein. Gleich dem frühen *Le Roi David* zielt es auf Breitenwirkung, wenn auch die kompositorischen Mittel ungleich differenzierter und reicher sind. Die Entstehung des Werkes ist nicht zuletzt vor einem kulturpolitischen Hintergrund zu sehen: 1920 sprach Papst Benedikt XV. Jeanne d'Arc heilig, eine für Frankreich national bedeutsame Geste.

[M] *CD* Borgeaud, Favory, Tschech. PO & Chor, Baudo (Koch/Supraphon 1974); Keller, Wilson, O. de France, Ozawa (DGG 1989) *Alfred Beaujean*

Klaus Huber

1924

Was er unter dem Begriff einer »Bekenntnismusik« versteht, die nicht identisch ist mit selbstverliebter Nabelschau eines falsch verstandenen »Subjektivismus«, das hat Klaus Huber bereits in den 60er Jahren programmatisch formuliert: »Das autonome, niemandem als sich selbst verpflichtete Kunstwerk kann nicht das Ziel eines Künstlers sein, dessen Bewußtsein die konkreten Bedrohungen unserer Existenz Tag für Tag registriert. Ich finde es heute nicht mehr tragbar, auf eine idealere Zukunft hin hermetische Kunst zu machen. Für mich ist Komponieren eine äußerst komplexe, kritische, seismographisch genau empfindliche Äußerungsmöglichkeit von (nicht nur musikalischem) Bewußtsein heute und jetzt.« In jener Zeit setzte auch die internationale Beachtung ein, die Huber seitdem als Komponist zuteil wird, ausgelöst 1959 durch die UA seiner Kammerkantate *Des Engels Anredung an die Seele*. Diese Komposition bedeutete ein Zäsur gegenüber der Reihe von barockisierenden Jugendwerken, die noch während seines Musiktheorie- und Kompositionsstudiums bei seinem Taufpaten Willy Burkhard am Züricher Konservatorium entstanden waren. Sein Musikstudium hatte der am 30. November 1924 in Bern geborene Klaus Huber 1947 – nach zweijähriger Unterrichtstätigkeit als Primarschullehrer – begonnen und 1955/56 mit einem Studienaufenthalt bei Boris Blacher in Berlin abgerundet. Von 1959–64 arbeitete Huber an seinem großen, durch die »Vision einer vollkommen im Geistigen zentrierten Welt« inspirierten Oratorium *Soliloquia* für Soli, zwei Chöre und großes Orchester nach Aurelius Augustinus. Kompositionen auf religiöser Grundlage überwiegen in Hubers umfangreichem Werkkatalog; dazu zählt *Tenebrae* für großes Orchester (1966/67) ebenso wie das Oratorium *»... inwendig voller Figur...«*, 1970/71 auf Texte von Albrecht Dürer und der Johannes-Apokalypse komponiert in einem Montage-Verfahren, das deutsche, griechische, lateinische und englische Textblöcke gegen- und übereinander stellt. Hubers Bestreben, Bergpredigt und Kommunistisches Manifest zur Synthese zu führen, kulminierte in seinem Hauptwerk der 80er Jahre, dem 1983 uraufgeführten Oratorium *Erniedrigt-Geknechtet-Verlassen-Verachtet* auf Texte von (u. a.) Ernesto Cardenal; von seinem gleichzeitigen Bekenntnis zu religiösem wie politischem Diskurs zeugen auch die 1985 entstandenen *Cantiones de Circulo Gyrante* auf Worte von Hildegard von Bingen und Heinrich Böll.

Christine Mast

Nicolaus A. Huber

1939

»Kritisches Komponieren bedeutet analytisches Komponieren, das nicht einfach Musik herstellt, sondern über Musik Auskunft gibt.«

Auskunft über Musik zu geben heißt für Huber stets auch, den historischen Hintergrund und die gesellschaftlichen Entstehungsbedingungen von Musik zu reflektieren. Allerdings hat er als sozialkritischer Komponist nur eine Zeitlang in den 70er Jahren Musik in der Nachfolge Hanns Eislers und der früheren Arbeitermusikbewegung geschrieben; die Mittel und die Darstellungsweisen für kritische Kunst haben sich verändert, Huber ist kein Mann für retrospektive linke Sentimentalität.

Am 15. Dezember 1939 in Passau geboren, studierte Nicolaus A. Huber in München u. a. bei Günter Bialas sowie in Venedig bei Luigi Nono. Seit 1969 ist er an der Folkwang-Hochschule in Essen tätig, zunächst als Lehrbeauftragter, seit 1974 als Professor für Komposition. Analyse ist nicht nur didaktische Betätigung zum Nutzen seiner Schüler, sondern auch künstlerisches Mittel, um Musik und ihre semantischen Umfelder kenntlich zu machen.

Dafür gibt es in Hubers Kompositionen zwei immer wiederkehrende, signifikante Verfahren: zum einen bricht er das herkömmliche, auratische Verständnis eines musikalischen Werkes quasi von den Rändern her auf, verwendet Geräusche, Tonbandmontagen, Stimmen, Rufe, Klänge »von unten«, also volks- oder unterhaltungsmusikalischer Herkunft. Diese Randbezirke des Klingenden, die voll von Bedeutungsgehalten sind, ergänzen und erhellen das von »konventionellen« Instrumenten erzeugte Klangbild. Zum anderen ist Huber bestrebt, Erwartungshaltungen an bestimmte Genre-Typen zu konterkarieren. Seine *Sechs Bagatellen* (1981) sprengen die Vorstellung introvertierter Aphoristik durch die Verwendung von »Randklängen«; seine *Nocturnes* (1984) enttarnen die erwartete Nachtstimmung durch die Kenntlichmachung des Lauten, Unheimlichen, Unbehausten der Nacht – aus der Negation von »Nocturnes« entstehen gleichsam die wahren Nocturnes. Die Werke Nicolaus A. Hubers sind eine Musik des wachen Geistes im hell erleuchteten Saal.

Hartmut Lück

Johann Nepomuk Hummel

1778–1837

Seine Lehrer Albrechtsberger und Salieri waren ebenso berühmt wie sein Kritiker Robert Schumann, der in seiner Musik »neben vielem Nützlichen so viel Zweckloses und blos Angehäuftes, neben guten Winken so viel Bildungshemmendes« hörte, daß er »ordentlich erschrak«. Johann Nepomuk Hummel wurde am 14. November 1778 in Preßburg geboren und war zwei Jahre Schüler Mozarts.

Seine erste Konzertreise führte Hummel 1788–93 als Pianist über Berlin und Kopenhagen nach Schottland und London, wo er zeitweise von Haydn betreut wurde. Von 1804 bis 1811 war er dessen Nachfolger in der Leitung der Esterházy-Kapelle im burgenländischen Eisenstadt. Als Musiklehrer lebte Hummel 5 Jahre in Wien, er schrieb Singspiele, Opern, Kammermusik und Orchesterbearbeitungen, bevor er 1816 als Hofkapellmeister nach Stuttgart ging. Im Februar 1819 trat er in Weimar ein Amt als fürstlicher Hofkapellmeister an.

Auf seinen publizistisch wohlorganisierten Triumphzügen mit zumeist eigenen Werken kam Hummel zwischen 1822 und 1834 nach Rußland, Paris, Holland und Belgien, Warschau und Berlin, nach London, Wien und Dresden. Weitgereist, steht er als Erbe Mozarts und Vorläufer Chopins und Liszts im Zentrum der europäischen Musikwelt. Seine Glanzzeit reichte jedoch nur von 1820 bis um 1830. Im Nekrolog der »Allgemeinen Musikalischen Zeitung« Leipzig vom 25. Oktober 1837 heißt es lapidar: »Als tüchtiger Komponist und Piano-forte-Virtuos wird sein Andenken in Ehren bleiben.« Berühmt war Hummel, ein geschickter Improvisator, vor allem für seine Technik und die Effektgebärden seiner Musik (Vorhalte, Seufzer, chromatische Kantilenen, Akkordzerlegungen). Er starb am 17. Oktober 1837 in Weimar.

Obwohl das *Septett op. 74 d-moll* vielen Zeitgenossen als das bedeutendste seiner Werke galt, war seine Domäne das Klavierkonzert. Unter den 7 Kompositionen dieser Gattung wurde das *Konzert h-moll op. 89* als »das schwungvollste, an Erfindung reichste und originellste« gerühmt. »Etwas der Waldromantik des Freischütz verwandtes, pulsiert in diesem Werk«, heißt es in einem zeitgenössischen Zeugnis. Düstere Paukenschläge leiten das Orchestervorspiel ein, zwischen brillanten Passagen verfällt das Klavier immer wieder ins Träumen. Im *Larghetto* ergeht sich der Solist in hauchzartem Melos. Kurze, Spannung erzeugende Akkorde geben das Signal für den sprühenden Finalsatz.

In Hummels *Konzert a-moll op. 85* schwingt sich das Orchester, wiederum nach düsteren Einleitungstakten, zu feierlichem Gestus auf, das Klavier bleibt eher lyrisch versonnen. Das farbig instrumentierte Orchester führt zu furiosem Abschluß. Der kurze *2. Satz* ist eine Salonträumerei von Chopinscher Delikatesse und mündet in ein melancholisch gestimmtes *Rondo*.

Die größte Popularität unter Hummels Werken genießt bis auf den heutigen Tag sein am Neujahrstag 1804 in Schloß Esterházy uraufgeführtes *Trompetenkonzert E-Dur*, das mit seinem spritzigen *Allegro con spirito*, einem romantisch angehauchten *Andante* und dem attacca einsetzenden, mit Fanfaren und virtuos sprudelnden Passagen effektvoll geschmückten *Rondo* weniger im Konzertsaal, dafür umso häufiger in Radio-Wunschkonzerten auftaucht. *Josef Oehrlein*

Jacques Ibert

1890 – 1962

Was Maurice Ravel dreimal vergeblich versucht hatte, Jacques Ibert gelang es auf Anhieb: Für seine Kantate *Le poète et la fée* erhielt er 1919 den heißbegehrten Rompreis, ein mehrjähriges Stipendium in der römischen Villa Medici. Für Jacques Ibert bedeuteten die Jahre von 1920–23 in Rom die Fortsetzung seines durch den Ersten Weltkrieg unterbrochenen Kompositionsstudiums. Am 15. August 1890 in Paris geboren, hatte er am Pariser Conservatoire von 1910–14 bei Pessard, Gédalge und Vidal studiert. Die in Rom entstandenen »Pflichtstücke«, die er nach Paris schicken mußte, waren seine ersten kompositorischen Erfolge: Etwa die nach Oscar Wildes Gedicht entstandene *Ballade de la geôle de Reading* (1920) oder die symphonische Suite *Escales* (1922). Der Auslandsaufenthalt verwandelte ihn aber auch in einen Weltenbummler, der einer späteren Eingliederung in das Pariser Musikleben auswich und statt dessen Italien, Spanien, Tunesien und Amerika bereiste. 1937 kehrte er – nun als Direktor der »Académie de France« – erneut in die Villa Medici zurück und behielt diesen Posten bis 1960. 1955/56 war er Direktor der »Réunion des Théâtres Lyriques Nationaux«, 1956 wurde er zum Mitglied des Institut de France ernannt. Ibert starb am 5. Februar 1962 in Paris.

Ein freiheitsliebender Mensch in seinem Privatleben, unterwarf er sich auch in seinen Kompositonen keinerlei Systemen oder modischen Strömungen. Für ihn war Musik »Ausdruck eines inneren Abenteuers«, das sich in seinen Werken nicht in abstrakte Formeln, sondern in eine elegante, bisweilen eklektische Musiksprache kleidet. Dem Theater seit der Jugend zugetan, schrieb er eine Reihe von Bühnenmusiken sowie 7 Opern, von denen er die leichtfüßige Operette *Angélique* (1926) am meisten liebte. Ohne sich auf eine bestimmte Gattung zu fixieren (nur ein Oratorium läßt sein Werkkatalog vermissen), entstanden im Ausdrucksgehalt so unterschiedliche Werke wie die romantische *Symphonie marine* (1931), das *Capriccio* für 10 Instrumente (1937) oder das brillante *Flötenkonzert* (1943). Eines seiner Hauptwerke ist das Ballett *Le chevalier errant* nach »Don Quixote« (1935), eine Allegorie auf den ewig menschlichen Zwiespalt zwischen Hoffnung und Verzweiflung.

Andrea Zschunke

Vincent d'Indy

1851–1931

»Sie haben Ideen, aber Sie können gar nichts«, fertigte César Franck den jungen Vincent d'Indy ab, als dieser ihm 1872 seine Kompositionen zeigte. D'Indy nahm dem verehrten Meister die ruppigen Worte nicht übel; vielmehr schrieb er sich postwendend am Pariser Conservatoire ein, um sein Schüler zu werden.

Am 27. März 1851 in Paris geboren, prägte die strenge Erziehung der aristokratischen Großmutter d'Indys spätere nahezu militärische Disziplin und Kompromißlosigkeit. Nach dem Musikstudium wurde er 1875 Organist, später Chordirektor der »Concert Colonne«. 1886 gründete er die »Schola Cantorum«, eine Musikschule, deren pädagogische Qualität bald das Conservatoire in vielen Punkten übertraf. D'Indy zog keine Grenze zwischen seiner Lehre und seinen eigenen Kompositionen: Orientiert am klassischen Ideal mit Beethoven als symphonischem Fixstern, überschritt er nie die Grenzen der Tonalität und wahrte klare Formproportionen.

1876 besuchte d'Indy erstmals die Bayreuther Festspiele und wurde zum begeisterten Wagner-Anhänger. Wagners musikalischer Einfluß zeigt sich weniger in d'Indys Opern als in seinen Symphonischen Dichtungen: Seine frühe *Wallenstein*-Trilogie etwa (1873/1879) weist Leitmotivik, eine chromatisch gesättigte Harmonik und farbige Instrumentation auf. Zeigte er sich noch mit seinem ersten großen kompositorischen Erfolg, der dramatischen Legende *Le chant de la cloche* (1879–1883) nach Schillers »Glocke«, der deutschen Musik und Literatur verhaftet, so wandte er sich ab 1886 verstärkt der heimischen Volksmusik zu. Der *Symphonie sur un chant montagnard français* (1886), einer formal interessanten Mischung aus Symphonie und Klavierkonzert sowie dem dreiteiligen Orchesterwerk *Jour d'été à la montagne* (1905) liegen folkloristische Melodien zugrunde. Nach den Schrecken des Ersten Weltkrieges, die sich in seiner 3. Symphonie, der *Sinfonia brevis de bello gallico* (1916–1918), niederschlugen, verhärtete sich seine patriotische und konservative Haltung; er wurde zum erbitterten Gegner der Moderne.

In seinen letzten Lebensjahren – er starb am 2. Dezember 1931 in Paris – schrieb er vorwiegend Kammermusik im neo-klassizistischen Stil.

Andrea Zschunke

Michail Michailowitsch Ippolitow-Iwanow

1859–1935

Ippolitow-Iwanow gehört zu den russischen Komponisten, die in der ehemaligen Sowjetunion in erster Linie deshalb als beispielhaft galten, weil sie sich in ihrem Schaffen an die Vorbilder der Klassiker des 19. Jhs. anlehnten. Der Verlag Muzsektor forderte von den Komponisten nämlich eine gemäßigte linke Haltung. Die Beliebtheit bei der breiten Bevölkerung war der Maßstab, an dem sich damals die Beurteilung von Musik orientierte.

Ippolitow-Iwanow, der am 19. November 1859 in Gatschina bei St. Petersburg geboren wurde, erfüllte als Komponist einer konservativen Stilrichtung diese Forderungen und blieb dadurch auch weitgehend von kulturpolitischen Pressionen verschont. Sein erster Unterricht fand zu Hause statt. Er war Chorknabe an der Isaak-Kathedrale in St. Petersburg. 1875 trat er ins St. Petersburger Konservatorium ein, wo er 1879 die Instrumentalklasse und 1882 sein Kompositionsstudium bei Rimski-Korsakow abschloß. 1883 wurde er Direktor der Musikschule und Dirigent der Symphoniekonzerte der Kaiserlich Russischen Musikgesellschaft, 1884 Dirigent des Kaiserlichen Theaters in Tiflis. 1893 folgte er dem Ruf als Professor ans Moskauer Konservatorium, wo er bis zu seinem Tod am 28. Januar 1935 blieb (von 1905–1922 als Leiter). Ippolitow-Iwanow lehrte Tonsatz, Orchestration, Komposition und Oper. Er war als Dirigent aktiv, arbeitete in den 20er und 30er Jahren für das Radio und gab das Supplement »Musik für alle« zu dem Magazin »30 Tage« heraus. Ippolitow-Iwanow orientierte sich an Rimski-Korsakow und war von Balakirew beeinflußt. Er besaß keine ausgeprägte kreative Individualität. Als Zeitgenosse Alexander Glasunows ist er hierzulande am ehesten durch seine *Kaukasischen Skizzen op. 19* (1894) bekannt, 2 Orchestersuiten von teils düster melancholischem Charakter, teils bewegt musikantischem Zugriff. Ippolitow-Iwanow blieb immer dem volkstümlichen Gestus und den realistischen Traditionen des russischen Erbes treu. Sowohl in den *Kaukasischen Skizzen* als auch in seinen anderen Werken, zu denen Symphonisches, Chor-, Kammermusik und Opern, beziehungsweise Opernskizzen gehören, verwandte er folkloristische Elemente vorwiegend georgischer und armenischer Musiktraditionen. Mit seinem häufig naiven Tonfall und seiner monochromen, flächigen Musik leistete er keinen Widerstand gegen den Zugzwang des Eklektizismus. Er war ebenso wie eine Reihe anderer Komponisten unfähig, die gewaltigen Umwälzungen, die im russischen gesellschaftlichen Leben aktuell geworden waren, in der Musik widerzuspiegeln.

Brigitte Schulze

Maki Ishii

1936

»Das Prinzip Jo-ha-kyu ist nicht auf Form, Bewegungsstruktur und Rhythmus beschränkt: in seiner Grundbedeutung ist es das Grundprinzip und die Philosophie der Schöpfung«. Der 1936 in Tokio geborene Maki Ishii, von dem dieses Zitat stammt, gehört heute neben Toru Takemitsu oder Isang Yun zu den wenigen ostasiatischen Komponisten, denen es gelingt, östliches und westliches Denken auf eigenständige Weise in ihren Kompositionen zu verbinden. Eine etwa vierjährige Ausbildung in Berlin bei Boris Blacher und Josef Rufer legte den Grundstein für Ishiis Vertrautheit mit der europäischen Neuen Musik. Prinzipien wie motivisch-thematische Arbeit, serielle Strukturierung oder Ligetis Klangraum-Konzeptionen nutzt er ebenso für sein eigenes Komponieren, wie das Jo-ha-kyu, das ästhetische Grundgesetz der dynamischen Balance, das der Theoretiker des No-Theaters Motokiyo Zeami (1363–1443) postulierte. Über die Bedeutung des Jo-ha-kyu für eines seiner letzten Orchesterwerke, für *Fu Shi (Gestalt des Windes)* von 1989 schreibt Ishii: »*Jo* (Vorbereitung) bezieht sich auf den nicht-metrischen Eröffnungsteil, der in langsamem Tempo auf glatte, unaufdringliche Weise aufgeführt wurde; *ha* (brechen, Entwicklung) bezieht sich auf den abwechslungsreichen, in einem mittleren Tempo gespielten Mittelteil; und *kyu* (eilen, schnelles Finale) bezeichnet den Schlußteil, der rhythmisch in einem schnellen Tempo gespielt wird und relativ kurz ist.« Vergleichbare Formkonzeptionen kennzeichnen auch die *Polaritäten* für Biwa, Harfe, Shakuhachi, Flöte und Orchester (Version III) von 1973, das *Konzert für Violine und Orchester* von 1978 sowie das *Afro-Concerto* für Schlagzeug und Orchester von 1982. In den *Polaritäten* korrespondieren zudem die lautenähnliche altjapanische Biwa und die Shakuhachi-Bambusflöte mit ihren westlichen Pendants. Shakuhachi und Flöte, Harfe und Biwa dialogisieren hier in einem großen Reichtum an Geräuschfarben und traditionsreichen Figuren, bilden »Polaritäten« ebenso wie die aufeinander folgenden Klangschichtungen der Streicher und Bläser, oder wie die untereinander kontrastierenden Formteile mit ihrem wechselweise kammermusikalischen und orchestralen Charakter. Ishiis Werke wachsen meist aus einem Klangraum de

Fast-Stille heraus, so auch das *Konzert für Violine und Orchester*, das außerdem mit seinen orchestralen Verdichtungen an die kreisenden Schichtungen des Einleitungssatzes von Bartoks *Musik für Saiteninstrumente, Schlagzeug und Celesta* denken läßt. Von Ligetis Klangraum-Komposition und Stockhausens Konzept der »Momentform« ist das für Ishii gleichfalls zentrale Kompositionsprinzip der Klangschichtung beeinflußt. Die Schichtung (So) von Klang (Kyo) als ästhetisches Konzept entwickelte Ishii zum erstenmal konsequent in dem etwa 20minütigen Werk *Kyo So* für Schlagzeuggruppen und großes Orchester von 1969, einer komplexen, klangsinnlichen und dramatischen Inszenierung von großen Schlagzeugstrukturen und orchestralen Klangvibrationen.

Michael Schmidt

Charles Edward Ives

1874–1954

Charles Ives (1946) in West Redding (Connecticut) Porträtphoto von Halley Erskine (Music Library Archive of Yale University)

Die musikalische Welt des Amerikaners Charles Ives: das ist der Versuch, den Traum vom »wahren« Amerika der Pionierzeit aus Kindheitserinnerungen heraus zu beschwören, genauer: das Lebensgefühl seiner engeren Heimat New England, der er sein ganzes Leben lang treu geblieben ist.

Geboren in Danbury/Connecticut am 20. Oktober 1874 als Sohn eines hochmusikalischen und vor allem experimentierfreudigen Vaters, der bereits 1894 starb, wollte Ives später auch die Erinnerungen an die Persönlichkeit seines in jeder Hinsicht unkonventionellen Vaters musikalisch festhalten, und er entschied sich sogar im Jahr 1902, die Musikerlaufbahn zugunsten einer strikten, bewußten Trennung von äußerer (lebenserhaltender) und innerer (unabhängiger, künstlerisch orientierter) Biographie aufzugeben, arbeitete also tagsüber im Versicherungswesen und verlegte das Komponieren in die Nächte und Wochenenden. Trotz eines unter diesen Umständen wohl unvermeidlichen Herzinfarkts im September 1918 gab er dieses Doppelleben erst Ende der 20er Jahre auf. Als junger musikalischer Autodidakt hatte er sich zeitweise der strengen Lehre des Rheinberger-Schülers Horatio Parker in Yale unterworfen und sich dabei die genaue Kenntnis der Tradition der europäischen Kunstmusik erworben. Doch das einzig entscheidende Erlebnis war für ihn die experimentelle Welt seines Vaters und die gedankliche Freiheit der transzendentalistischen Philosophen New Englands, vor allem Thoreaus und Emersons: Es war die Grundspannung zwischen persönlicher, sinnlicher Erfahrung und vorgegebener Tradition, zwischen kompositorischen Mitteln und geistiger Substanz in der Musik, auch die Konzeption einer musikalischen Universalsprache mit der tendenziellen Integration aller Musikarten, gleich welcher Provenienz, die Vorstellung eines Querschnitts durch die Geschichte ohne historische Wertung und schließlich die Erneuerung der klanglichen Grundlagen der Musik durch die allmähliche Loslösung von der traditionellen Tonalität wie auch der temperierten Stimmung. Musik sollte – so Ives – wie die Natur selber tönen; der späte, nicht ausgeführte Entwurf einer *Universe Symphony* hätte dieses Ziel in einem Weg von der Vergangenheit (Entstehung der Welt) über die Gegenwart der Menschheit bis zum »Aufschwung der Materie zum Geist« (Ives) in der Zukunft erreichen sollen, mit Klangquellen, die nicht mehr räumlich begrenzt gewesen wären – eine Utopie der künstlerischen Verfügbarkeit von Geschichte also und zugleich deren Transzendierung im Geiste Emersons und Thoreaus, aber auch der Appell an die befreite musikalische Sprache als äußerste Konsequenz eines grundsätzlich experimentell gesonnenen kompositorischen Bewußtseins, das in der Musikgeschichte, auch derjenigen Amerikas, einsam dasteht und erst heute in seinem ganzen Ausmaß begreifbar wird.

Was bereits den jungen Ives faszinierte – und die nach 1902 komponierte Musik macht das hörbar –, war neben dem Kindheitserlebnis der aus verschiedenen Richtungen aufs Dorf zustoßenden Marschkapellen des Vaters und des emotional überzeugenden, wenngleich unprofessionellen Gesangs bei den Zeltgottesdiensten (Ives' Vater hörte daraus immerhin »die Musik der Ewigkeit«) vor allem das schier unerschöpfliche Potential der amerikanischen Hymnen, Ragtimes, Bauerntänze, Fiedelweisen, Befreiungslieder, Zirkusparaden und last not least die spezifische Atmosphäre des kleinstädtischen Lebens in New England mit seinen Bürgerkriegserinnerungen und Unabhängigkeitsfeiern, die Ives in seiner Kindheit als Hypothek an die Zukunft erlebt hat. *Washington's Birthday* war, so besehen, für den späteren Komponisten Ives keine bloße historische Assoziation, sondern eine suggestive Vergegenwärtigung dessen, was er als das »wahre« Amerika empfand und zeitlebens in seiner Musik zu beschwören versucht hat. Als er am 19. Mai 1954 in New York starb, war von seinem reichhaltigen musikalischen Lebenswerk nur ein geringer Teil bekannt, da es Ives vorgezogen hatte, seine musikalische Phantasie auch in kommerzieller Hinsicht so frei wie möglich walten zu lassen. Arnold Schönberg, der seit Mitte der 30er Jahre in den USA lebte, schrieb über seinen weitgehend unbekannten Kollegen die schönen Worte: »Es lebt ein großer Mann in diesem Land – ein Komponist. Er hat das Problem gelöst, wie man sein Selbst erhalten und dennoch lernen kann. Mißachtung begegnet er mit Verachtung. Er ist nicht gezwungen, Lob oder Tadel hinzunehmen. Sein Name ist Ives«.

Symphonie Nr. 1

UA: Chicago 1965

Als sein erstes größeres Orchesterwerk komponierte Ives im Rahmen der Abschlußprüfungen am Yale College um 1898 eine spätromantische Symphonie, die das ganze Ausmaß seines fundierten kompositionstechnischen Könnens zeigt. Im Sinne seines (in der deutschen Tradition verhafteten) Lehrers Horatio Parker entwarf der junge Ives in dieser sehr beachtlichen Talentprobe seiner orchestralen und klanglichen Phantasie eine äußerlich zwar noch konventionelle viersätzige Symphonie, die im *Scherzo* (3. Satz) sowohl an Mendelssohn als auch an Brahms erinnert und insgesamt wohl Antonin Dvořáks Symphonie *Aus der neuen Welt* zum unmittelbaren Vorbild hat, vor allem im 2. Satz *(Adagio molto)* mit seinem prägnanten Englischhorn-Solo, aber doch mit unüberhörbaren Vorgriffen auf die späteren, eigenständigen Klangexperimente durchsetzt ist. So begann der 1. Satz *(Allegro)* ursprünglich sogar gleich mit einer kühnen Wanderung durch die Tonarten und der 2. Satz in der sehr entlegenen Tonart Ges-dur; auf Wunsch Parkers wurden diese unkonventionellen Ansätze jedoch wieder entfernt.

Symphonie Nr. 2

UA: New York 1951

Etwa gleichzeitig mit der *1. Symphonie* begonnen, wurde die *2. Symphonie* im entscheidenden Jahr 1902 abgeschlossen, das Ives' Abschied vom Musikerberuf als Organist brachte. Fortan komponierte er nur noch, aber auf ganz neuen Wegen, an den Abenden, in den Nächten und an den Wochenenden und konzentrierte sich tagsüber auf sein zweites Leben im Versicherungswesen. Als Übergangswerk zeigt diese Symphonie bereits die von Ives verfolgte Tendenz, eine Musik spezifisch amerikanischen Wesens zu schreiben, die übliche Trennung der musikalischen Bereiche in Kunst- und Volksmusik zu mißachten und durch einen unerhörten Reichtum an Anspielungen, Anklängen und bewußt eingesetzten Zitaten historischer Kunst- und amerikanischer Volksmusik die Atmosphäre des amerikanischen Lebensgefühls der Pionierzeit zu beschwören, in der *2. Symphonie* freilich noch im Gewande der spätromantischen Tonalität, aber doch bereits unverkennbar versetzt mit der Lust am anarchistischen Zusammenklang heterogener musikalischer Schichten. In allen 5 Sätzen sind die Zitate aus amerikanischen Fiedelweisen (»Turkey in the Straw«), volkstümlichen Liedern (Stephen Fosters »Camptown Races« und »Massa's in de Cold Ground«), patriotischen Weisen (»Columbia, the Gem of the Ocean« oder »America the Beautiful«), Hornsignalen (»Reveille«) und religiösen Hymnen (darunter »Come, Thou Fount of Every Blessing«) teilweise offen hörbar, oft aber so in den musikalischen Kontext verwoben, daß die Übergänge zwischen Zitat- und Kompositionsebene fließend, ja ununterscheidbar werden. Erst darin erweist sich Ives' ganze neuartige kompositorische Kunst: »Diese Mimikry führt auch zu der (...) Eigentümlichkeit der Pseudo- oder Phantomzitate, zu melodischen Gebilden, über die nicht entschieden werden kann, ob sie Zitate oder nur deren Imitationen sind« (Wolfgang Rathert). Oder es gibt den entgegengesetzten Weg der Verselbständigung eines Zitats wie in der Kulmination des Finales, bei der das amerikanische Kolorit von »Columbia, the Gem of the Ocean« in eine komplexe Struktur historischer Kunstmusik-Zitate verwickelt wird, ohne damit zu verschmelzen. Der Schluß der Symphonie ist vielmehr die »Herstellung eines rein auf Entleihungen basierenden Stimmgeflechts« (W. Rathert), das in einem klanglichen coup de musique gipfelt: Nach dem ohnehin unschematischen Gesamtverlauf des Werkes, den Kontrasten zwischen den Sätzen, den Anspielungen auf barockisierende Techniken des strengen Satzes im *Andante moderato* des Anfangs, der in die Volksmusik-Welt des *Allegros* unmittelbar übergeht, und der fast gebetsähnlichen Meditation de[s]

2. Satzes *(Adagio cantabile)*, die im *Finale*, nach einer intermezzoartigen Einleitung, von einer »wahren Fundgrube an Klischees« (Hans G. Helms) abgelöst wird – nach dieser inneren Gesamtentwicklung zerplatzt die Spannung in einem Schlußakkord, dessen elftönige Fratze mehr als nur ein Gag ist. Es ist nichts weniger als Ives' Abschied von der europäischen Kunstmusik und ihrem symphonischen Anspruch.

Symphonie Nr. 3 (»The Camp Meeting«)

UA: New York 1946

Ives empfand die Arbeit an seiner zwischen 1902 und 1904 entstandenen und 5 Jahre später überarbeiteten *3. Symphonie* als »eine Art Brückenschlag zwischen den älteren und den neueren Wegen« seiner kompositorischen Entwicklung. Der Titel verweist ausdrücklich auf die Kindheitserfahrungen jener religiösen Erweckungsversammlungen in den Zeltgottesdiensten, die zur Zeit der Komposition bereits der Vergangenheit angehörten. Die 3 Sätze stammen aus verlorengegangenen Orgelwerken, die Ives im Jahr 1901 in seinem letzten Jahr als Organist an der Central Presbyterian Church von New York gespielt hat. Das thematische Material speist sich aus Lowell Masons Hymne »Azmon« (»Oh for a thousand tongues to sing« 1839) und Charles Converses »What a friend we have in Jesus« (1868) im 1. Satz *(Old Folks Gatherin')*, Andrew Youngs »Happy Land« (1838) im zweiten *(Children's Day)* und William Bradburys »Woodworth« (1834) im 3. Satz *(Communion)*. Der unverkennbare Zug ins Nostalgische verschränkt sich indessen, vor allem im 3. Satz, mit einer unerhört modernen, dissonanzenreichen Stimmführung und stiftet auf diese Weise ein äußerst komplexes Assoziationsgewebe, in das immer wieder, gleichsam wie aus der Ferne, fremdartige Ebenen hineinklingen, so etwa am Ende des 1. Satzes eine tonal versetzte Passage der Soloviolline inmitten der beschaulich pastoralen Atmosphäre oder am Ende des 3. Satzes ein entferntes, nicht mit der Musik vermitteltes Glockengeläute. Erstmals wird in der *3. Symphonie* Ives' Unbefangenheit im Umgang mit heterogenen Klangmaterialien und -quellen hörbar, sein Prinzip von der Gleichberechtigung aller musikalischen Sprachebenen.

Symphonie Nr. 4

UA: New York 1965

Zwischen 1910 und 1916 komponierte Ives mit der *4. Symphonie* sein umfangreichstes und inhaltlich gewaltigstes Orchesterwerk. Die posthume UA unter der Leitung von Leopold Stokowski und den (notwendigen) Subdirigenten David Katz und José Serebrier war nichts weniger als ein musikhistorisches Ereignis, ungeachtet der Tatsache, daß zu diesem Zeitpunkt die Ives-Forschung noch nicht so weit war, eine textkritische Ausgabe des Werkes vorzulegen, die dem Charakter des »work in progress« und der Komplexität der musikalischen Strukturen (vor allem in rhythmischer Hinsicht) gezielt Rechnung trägt, indem sie alle Anweisungen und zusätzlichen Notizen von der Hand des Komponisten einarbeitet; das geschah erst 1989. Doch wurden die ersten beiden Sätze des insgesamt viersätzigen Werkes bereits für sich im Jahr 1927 in New York zum ersten Mal öffentlich gespielt, und das war zu dieser Zeit ein ziemliches Wagnis, da der 2. Satz *(Comedy)* in seiner komplexen Überlagerung von vielfach in sich gebrochenen Schichten und Tonfällen weit in die Zukunft weist und sich auf keine Tradition zurückführen läßt – ein Monolith in der ohnehin so heterogenen Landschaft der Musik unserer Jahrhunderts. Auf ein sehr kurzes *Prelude*, das die Fragestellung des inneren Programms exponiert (»die Frage nach dem Was und dem Warum des Lebens« – so Ives), folgen mit den 3 weiteren Sätzen – außer der *Comedy* noch eine traditionelle Fuge und ein ausgedehntes Finale – die verschiedenen Antworten, die das Leben bereithält: Im *2. Satz* erteilt das hektische Weltgetümmel seine vorläufige Antwort auf Lowell Masons, im *Prelude* vom Chor angestimmte Hymne »Watchman, Tell us of the Night«, im *3. Satz* hören wir die Antwort der Religion in einer strengen Fuge aus dem *1. Streichquartett* von Ives (1896), also einen konventionellen Trost inmitten des Weltgetriebes, und im *4. Satz* schließlich erhebt sich »eine Apotheose des Vorangegangenen in Facetten, die gleichzeitig die Wirklichkeit der Existenz und die religiöse Erfahrung umfassen« (Ives) – die unkonventionelle, transzendierende Religiosität der Philosophen New Englands also. In der *Comedy* des 2. Satzes, einem phantastischen musikalischen Traum, lehnt sich Ives eng an die Erzählung »The Celestial Railroad« von Nathaniel Hawthorne an, eine parodistische Kurzform der Stationen des Heilsweges, zugleich an die dort angesprochene Imitation der Eisenbahn, »die in Hawthornes Erzählung als realistisches Element die Naivität (…) zerstört und eine harte Zeitkritik beinhaltet« (W. Rathert). Ives komponierte hier eine zeitliche ausgedehnte Übereinanderschichtung von Zitaten, Anspielungen, Bewegungsvorgängen und Tempoverschiebungen, mit der er die Grenze des Unaufführbaren berüht, und er sprach von einer »Komödie«, weil hier die profane, leichtfertige Auffassung des Lebens im Gegensatz steht zu den Prüfungen der Pilger auf ihrem beschwerlichen Weg durch die Wildnis. Die Orchestergruppen agieren deshalb unabhängig voneinander, bilden ständig wechselnde Konstellationen, und immer wieder klingen Hymnenmelodien durch, die aber von dem Sog des Ganzen überrollt werden. Trotz ihres feierlichen Grundcharakters verblüfft die *Fuge* des 3. Satzes durch eine geradezu aufdringliche Banalität, die aber als Kritik des Avantgardisten Ives an falscher Schönheit und Beschaulichkeit, darüber hinaus an der ritualisierten religiösen Lebenswelt und an der starren Formtradition verstanden werden muß. Die eigentliche Antwort gibt erst das *Finale*: eine Art Phantasie über die Hymne »Nearer, my God, to Thee«, kontrapunktiert von einem rhythmischen Ostinato-Gewebe der Schlagzeuggruppe, das Anfang und Ende des Satzes sogar ganz allein bestimmt. Der Satz verklingt demnach im Unendlichen, nachdem er in einer großen, komplexen Steigerung den Eintritt des wortlos singenden Chors vorbereitet hat und dabei im buchstäblichen Sinne transzendierte. In ihrem Assoziationsreichtum und ihrer strukturellen Vielfalt gehört die *4. Symphonie* neben der Klaviersonate *Concord Mass.* (gewidmet den Transzendentalisten New Englands) zu Ives' bedeutendsten Werken.

M *CD* Symphonien 1 und 4: Chicago SO und Chorus, Tilson-Thomas (Sony 1991); Symphonien 2 und 3: Concertgebouw O. Amsterdam, Tilson-Thomas (Sony 1982)

A Symphony: New England Holidays (Feiertage in New England)

UA: Minneapolis 1954

In den Jahren 1903 bis 1913 arbeitete Ives an einer Folge von Orchesterstücken, die er wegen ihres eher lockeren, nur ideellen Zusammenhangs, nicht in die Reihe seiner Symphonien aufnahm, sondern lediglich als Zyklus im Sinne der ursprünglichen Bedeutung des Wortes »Symphonie« (= Zusammenklang) bestimmte. Er stellte den Dirigenten frei, die Stücke auch einzeln aufzuführen. Es handelt sich um eine Art »Vier Jahreszeiten« amerikanischer Provenienz, da sie sich auf die 4 Nationalfeiertage am 22. Februar (»Washington's Birthday«), 9. April (»Decoration Day«, Tag der Beendigung des Bürgerkriegs, 1861), 4. Juli (Tag der Unabhängigkeitserklärung von 1776) und am 4. Donnerstag im November (als Erinnerung an die ersten in Amerika gelandeten Puritaner) beziehen. In dieser »Feiertags-Symphonie« wollte Ives der amerikanischen Geschichte ein musikalisches Denkmal sezten, freilich, wie immer bei ihm, durch die Brille des kindlichen Blicks, denn jeder der 4 Sätze beruht »auf der Erinnerung eines Mannes an bestimmte Feiertage seiner Kindheit und nicht so sehr auf einer gegenwartsbezogenen Schilderung dieser Feiertage« (Ives). Das 1. Stück, *Washington's Birthday* (komponiert 1913), verlangt, im Gegensatz zu den anderen Sätzen, nur ein Kammerorchester und beruht auf dem klanglichen Gegensatz zwischen der winterlichen Starre und den Tänzen in der Scheune, bei denen sogar eine Maultrommel erklingt: »Die Dorfkapelle spielt mit Fiedeln, Pfeifen und Hörnern einen nie endenden ›Break-Down‹, und die jungen Leute tanzen bis in die tiefe Nacht hinein. Am Ende des Tanzfestes werden die sentimentalen Lieder aus der damaligen Zeit halb im Spaß und halb im Ernst gesungen, und mit der obligatorischen ›Verabschiedung der Damen‹ zerstreuen sich alle in die graue Februarnacht« (Ives). Es ist klar, daß Ives diese Musik mit zahlreichen Anspielungen an bekannte Melodien der amerikanischen Volksmusik durchsetzt hat.

Im 2. Stück, *Decoration Day* (komponiert 1912), dem heutigen »Memorial Day«, erinnert sich Ives an die Gepflogenheit, die Gräber der Bürgerkriegsveteranen zu schmücken. Die Abfolge der Musik orientiert sich an den 3 Ereignissen dieses Feiertages: der Versammlung am Morgen auf dem Marktplatz, der Prozession zum Friedhof und dem Marsch zurück in den Ort. Für den 2. Abschnitt verwendete Ives die Hymne »Adeste Fideles«, und für den abschließenden Marsch einen der beliebtesten amerikanischen Märsche des 19. Jhs.: David Willis Reeves' »Second Regiment Connecticut National Guard March«, dessen Schmiß Ives immer wieder in seinen Werken herangezogen hat.

Das 3. Stück, *The Fourth of July* (komponiert 1911/12), ist zwar das kürzeste, dafür aber das komplexeste des Zyklus'. Gruppiert um die Idee einer musikalischen Darstellung des Feuerwerks erklingen zahlreiche Zitate aus populären und patriotischen Liedern, in denen sich die »Darstellung des Festtages vom Heraufdämmern des Tageslichts bis zum Abschluß des Feuerwerks als Ereignis, als kindliche Vision, wohl auch als klingendes Panoptikum amerikanischer Geschichte« (W. Rathert) konzentriert. An den beiden Explosionsstellen will Ives Tonkomplexe zusammengefügt haben, »so als handle es sich um die chemische Zusammensetzung eines Sprengstoffs« (Ives).

Das letzte Stück, *Thanksgiving and Forefather's Day*, ist das zuerst komponierte (1904); ein Orgelstück aus dem Jahre 1897 zum Erntedankfest bildet die Grundlage des 1. Abschnitts. Hier beabsichtigte Ives, durch das neuartige Verfahren nebeneinandergestellter, um einen Ton verschobener Dreiklänge die »düstere Strenge des puritanischen Charakters« wiederzugeben, freilich mit einem »Gefühl körperlicher Entspanntheit, das den Puritanern fremd war«, also ganz im Sinne der von Ives zeitlebens geforderten »Ohren-

Streckübungen« zur Überwindung des bequemen tonalen Hörens und zur Schärfung der Wahrnehmungfähigkeit des menschlichen Gehörsinns. In einer kontrapunktischen Verwicklung etlicher Liedzitate wird der Eintritt des zentralen ›Erntedank-Themas‹ erreicht, und der Mittelteil ist eine freie Phantasie über George Frederick Rosts bekannten Gospel-Song »My days are gliding swiftly by«. Den Abschluß bildet, nach einer gewaltigen Steigerung mit der Hymne »Duke Street«, ein Chorsatz mit der 1. Strophe einer der berühmtesten amerikanischen Hymnen, der 1833 entstandenen Hymne zur Zweihundertjahrfeier der Gründung New Havens »O God, beneath Thy guiding hand« von Reverend Leonard Bacon.

M *CD* Chicago SO and Chorus, Tilson-Thomas (Sony 1986)

Two Contemplations: The Unanswered Question, Central Park in the Dark

UA: New York 1941 (1) und 1954 (2)

Die beiden Stücke für Kammerorchester aus dem Jahr 1906 faßte Ives zu einem Paar zusammen, ohne damit einen Zusammenhang zu suggerieren; aufgeführt werden sie denn auch häufig einzeln. Gemeinsam ist ihnen jedoch die kompositorische Grundidee, bei der »verschiedene musikalische Texturen, die sich verschieden schnell bewegen, einander gegenübergestellt werden« (Paul C. Echols). Die ursprünglichen Titel lauteten: *A Contemplation of a Serious Matter (Nachdenken über eine ernste Sache)* oder *The Unanswered Perennial Question (Die unbeantwortete, ewige Frage)* und *A Contemplation of Nothing Serious (Nachdenken über nichts Ernstes)* oder *Central Park in the Dark in ›The Good Old Summer Time‹*, wobei sich der angedeutete Gegensatz zwischen den beiden Stücken nur auf das Sujet bezieht, das ihnen zugrundeliegt. In den der Partitur beider Stücke beigelegten Werkkommentaren gibt Ives einige assoziative Hinweise, die jedoch nichts von dem erklären, was er tatsächlich komponiert hat, aber doch aufschlußreich sind. So heißt es in der Erläuterung zur *Offenen Frage*: »Die Streicher spielen durchweg sehr leise ohne Tempowechsel. Sie sollen das ›Schweigen der Druiden‹ darstellen, ›die nichts wissen, nichts sehen und nichts hören‹. Die Trompete intoniert ›Die ewige Frage des Seins‹ (...) Die Suche nach der ›Unsichtbaren Antwort‹, auf die sich die Flöten und andere menschliche Lebewesen nun begeben, wird immer drängender (...) Im Verlauf der Zeit und nach einer ›geheimen Besprechung‹ scheinen die ›Kämpferischen Antworten‹ die Vergeblichkeit ihrer Bemühungen einzusehen (...) Nachdem die antwortenden Stimmen verklungen sind, wird ›Die Frage‹ ein letztes Mal gestellt, und dann hört man ›Stille‹ in ›Ungestörter Einsamkeit‹«. Was Ives tatsächlich komponiert hat, läßt sich aber auch als Frage an die Zukunft der Musik als Sprache verstehen, konkret: an die Zukunft der von den »Druiden« in unerschütterlicher Weise vertretenen Tonalität, an der die Holzbläser-Einwürfe immer dissonanter zerren, während die geheimnisvolle »Frage« der Solotrompete nicht präzis aufgeschlüsselt werden kann.

Der auskomponierte Widerspruch zwischen verschiedenen Zeitverläufen und -schichten bestimmt auch die Struktur des 2. Stückes, bei dem die gleichmütigen Streicher unabhängig von der immer schneller werdenden Bläsergruppe eine zehntaktige Phrase zehnmal wiederholen, ohne sich um das zu kümmern, was um sie herum an immer komplexer sich gebärdenden Texturen aufgeschichtet wird. Ives gibt dazu folgende Assoziationshilfe für das Hören: »Dieses Stück will ein Klanggemälde der Natur und der Ereignisse sein, so wie sie die Menschen vor etwa 30 Jahren akustisch wahrnahmen, bevor der Verbrennungsmotor und das Radio die Erde und die Luft für sich in Anspruch nahmen. Das Stück zeigt, was man hören konnte, wenn man an einem warmen Sommerabend auf einer Bank im Central Park saß.« In die Atmosphäre der Abendstille brechen die verschiedenen, von Menschen erzeugten Geräusche der Stadt ein, die sich in einer Art Klangwolke polyphon vermischen, bis wieder die Stille der Natur hörbar wird, mit der das Stück verklingt.

M *CD* Chicago SO, Tilson-Thomas (Sony 1986)

Three Places in New England

UA: New York 1931

In seinem berühmtesten Orchesterwerk, das er auch *New England Symphony* genannt hat (komponiert zwischen 1908 und 1914, Kammerorchesterfassung 1929), beschwört Ives, wieder mit dem Blick der Kindheitserinnerung und seiner suggestiven Visionskraft, drei besondere Augenblicke aus dem Leben seiner Heimat. Im 1. Satz, *The ›Saint-Gaudens‹ in Boston Common*, bezieht er sich auf den Bürgerkrieg der 60er Jahre des 19. Jhs., konkret: auf das von Augustus Saint-Gaudens im Jahr 1897 errichtete Denkmal für den Offizier Robert Gould Shaw, der für die Unionsarmee ein Negerregiment aufgebaut hatte: »Ives läßt uns in sensiblen, sparsamen und sehnsüchtigen Tönen sein tiefes Empfinden für die Kämpfe und Bedrängnisse spüren, denen die Männer des Regiments ausgesetzt waren« (James Sinclair).

Im Zentrum des Werkes steht aber jene kindliche Vision von der Freiheit, die der Knabe Ives am Unabhängigkeitstag (4. Juli) selber erlebt und die der spätere Komponist in dem 2. Satz *Putnam's Camp, Redding, Connecticut* musikalisch gestaltet hat: »In der Nähe des Zentrums von Redding, Connecticut, befindet sich ein kleiner Park, der als Gedenkstätte an die Revolution dient; denn hier schlugen General Israel Putnams Soldaten 1778 ihr Winterquartier auf. Die lange Reihe steinerner Lagerfeuer, die erhalten geblieben sind, können die Phantasie eines Kindes noch heute anregen. Vor langer Zeit ging an einem ›Vierten Juli‹ ein Kind zu einem Picknick dorthin (...) Der Junge entfernt sich von den anderen Kindern, wandert am Lager vorbei in die Wälder hinein und hoffte, so einen flüchtigen Blick der alten Soldaten zu erhaschen (...) Da sieht er über den Bäumen auf dem Hügelkamm eine große Frau stehen. Sie erinnert ihn an ein Bild der Freiheitsgöttin, das er besitzt – doch ihr Gesicht ist sorgenvoll; eindringlich bittet sie die Soldaten, ihre Sache nicht zu vergessen« (Ives). Am Ende des Stückes erwacht der Junge aus seinem Tagtraum, »hört die Lieder der Kinder und rennt am Ehrenmal vorbei hinunter, um der Blaskapelle zuzuhören und um mitzuspielen und mitzutanzen« (Ives). Wie mit einem Brennspiegel bündelt Ives hier alle seine vielfältigen musikalischen Gestaltungsweisen: Überblendung, visionäre Klänge, Märsche und Hymnen.

Eine andere Erinnerung, diesmal aus der Gegenwart des erwachsenen Komponisten, wird im 3. Satz, *The Housatonic at Stockbridge*, geschildert: die Eindrücke bei einem Sonntagmorgen-Spaziergang des Ehepaars Ives am Fluß Housatonic. Die Musik orientiert sich hier an dem gleichnamigen Gedicht des amerikanischen Lyrikers Robert Underwood Johnson (1853–1937) und beschwört in subtilen, zugleich sehr komplexen Klängen die ruhige Atmosphäre des Morgens: »Wir gingen am Fluß entlang durch die Wiesen und hörten aus der Ferne den Gesang aus der Kirche am anderen Ufer des Flusses herüberklingen. Der Nebel über dem Fluß hatte sich noch nicht ganz aufgelöst, und die Farben, das fließende Wasser, die Ufer und die Ulmen übten einen Zauber aus, den man niemals wieder vergessen kann« (Ives). Es ist der erstaunlichste Satz des Werkes »in seinem ununterbrochenen Fließen und Durcheinanderwogen der Stimmen, in seinem allmählichen Anschwellen und Auffächern des Klangs« (Jörg Wyttenbach) und mit seinem offenen Schluß, der das Abbrechen der Musik zu einer transzendierenden Geste werden läßt.

[M] *CD* Fassung für Kammerorchester (1929): O. New England, Sinclair (Koch 1990); Fassung für großes Orchester (1914): Boston SO, Tilson-Thomas (DGG)

Robert Browning Overture

UA: New York 1956

Aus der Reihe geplanter Ouvertüren über verschiedene Schriftsteller, darunter Walt Whitman, Matthew Arnold und Ralph Waldo Emerson, hat Ives ein Stück fertiggestellt, das zu seinen schwierigsten Werken überhaupt gehört: die 1912 komponierte *Robert Browning Overture*, in der er etwas vom Aufbruchsgeist dieses Schriftstellers aus dem viktorianischen England, der von 1812 bis 1889 gelebt hat, vermitteln wollte. Brownings »Aufbruch in die verwirrende Ungewißheit« (Ives) spiegelt sich im abstrakten Medium einer äußerst komplexen Musik, die kaum noch Rücksicht nimmt auf die Aufnahmefähigkeit des unvorbereiteten Hörers. Sie versucht, »ohne Furcht vor unbekannten Bereichen, ohne brave Befolgung der feinen Hauptstraßen, und daher ohne ständige Einengung oder Beschränkung auf eine Tonart oder ein paar Tonarten, ja nicht einmal immer auf die Tonalität als solche« (Ives) ins Offene vorzustoßen. Und tatsächlich erweist sich diese Offenheit im Schlußtakt, nach den kompliziertesten Entwicklungen und Formverschränkungen, als Blick ins Ungewisse und Vieldeutige.

[M] *CD* The American SO, Stokowski (Sony 1974) *Dietmar Holland*

Leoš Janáček

1854–1928

»Ich blicke nicht rückwärts, immer nur vorwärts. Das sollt auch ihr tun und werdet dann ebenso glücklich sein, wie ich es heute bin.« Mit diesen Worten schloß der alte Janáček im Sommer 1926 seine Ansprache anläßlich der Enthüllung einer Gedenktafel an seinem Geburtshaus im nordmährischen Hukvaldy (Hochwald), in dem er am 3. Juli 1854 als Sohn eines Lehrers und Organisten zur Welt gekommen war. Zeitlebens blieb er dieser Heimat innerlich verbunden, aber das hinderte ihn nicht daran, in die Welt zu gehen und Erfahrungen zu sammeln, einen kompositorischen Weg zu beschreiten, der ihn nicht nur durch verschlungene Pfade führte, sondern auch zu einem unerhörten Spätwerk, das in einem Jahrzehnt (1918–1928) dichtgedrängt entstand und den musikalischen Außenseiter zum Begleiter der Moderne machte. Die Kraft dazu gab ihm seine echte Verbundenheit mit Natur und Leben seiner engeren Heimat, die ihn in langwieriger Arbeit zu dem gebracht hat, was er später als »Musik der Wahrheit« (anstelle bloßer »Schönheit«) bezeichnet hat. Die Beobachtung des unmittelbaren Lebens wurde für den Komponisten Janáček zum musikalischen Ausgangsmaterial: »Der Akkord ist für mich ein belebtes Wesen (...) Ich weiß, daß mein Herz sich zusammenkrampft, wenn ich ihn niederschreibe; daß er stöhnt, wimmert, schwer niederfällt, zermalmt, in Nebel zersplittert, zu Granit erhärtet.« Ähnlich wie Modest Mussorgski mißtraute er dem fachmännischen, akademischen Komponieren, das er gleichwohl beherrschte und in zwei rechtzeitig abgebrochenen Studiengängen in Leipzig und Wien (1879/80) zu verfeinern gesucht hatte, um dann über den Umweg der Volksmusik zu dem zu gelangen, was seine kompositorische Eigenart ausmacht: die Rezeption des realen Sprechtonfalls als »Augenblicksphotographie« der Naturgeräusche und der menschlichen Seele. Das reine Tönen war ihm von Grund auf verhaßt: »Ein Mensch schwatzte vor mir, nur der reine Ton bedeute etwas in der Musik. Und ich sage, daß er gar nichts bedeutet, solange er nicht im Leben, im Blut, in der Umwelt steckt. Sonst ist er ein Spielzeug, das keinen Wert hat.« Im Tonfall der gesprochenen Sprache fand er den »untrüglichen Widerhall des menschlichen Innenlebens« und steigerte diese an sich schon erstaunliche Beobachtungsgabe zum »Aktzeichnen der Musik«, das ihm als die eigentliche Kompositionslehre galt, allerdings als Vorstufe zur konkreten kompositorischen Arbeit. In seinen späteren Opern nach dem Durchbruchsstück *Jenůfa* (UA: Brünn 1904) schuf er auf dieser Grundlage ein Orchestergewebe, in dem sich die musikalisierten Sprechtonfälle als eigenständiges Motivnetz verdichten und dann sogar auf die Instrumentalwerke der 20er Jahre übergreifen. Die möglichst direkte musikalische Vermittlung des Gefühlserlebnisses war Janáčeks kompositorisches Anliegen, und ihm opferte er alle satztechnischen Reflexionen um ihrer selbst willen. Das impulsive Schaffen aus dem Erleben heraus brachte dadurch eine Gestaltung des Lebens hervor, die in ihrer Einheit von idiomatischer Kraft und sozialem Engagement in der musikalischen Moderne der 20er Jahre unseres Jhs. einzigartig dastand und weit in die Zukunft wies. Gegen die voreilige Selbstsicherheit einer fundierten Kompositionstechnik richtete Janáček seine Musiksprache, bei der die Inhalte am konkreten Gestus der Musik selbst haften und von daher ein ganz anderes Hören verlangen. Denn sein Formbegriff orientiert sich nicht mehr an den herkömmlichen Vorstellungen, sondern wächst als eigener Organismus aus rhythmischen und motivischen Zellen kaleidoskopartig zusammen, ohne sich des traditionellen Entwicklungsprinzips zu bedienen. Dem impulsiven Schaffen entspricht also der abrupte Wechsel der musikalischen Ereignisse, seien es klangliche, rhythmische oder melodische Bildungen. Es scheint sogar, als wüchsen die musikalische Motive aus dem Wesen der jeweiligen Instrumente heraus, die somit wie Natur wirken, nicht mehr künstlich. Dennoch liegen Janáčeks kompositorische Neuerungen unter der Oberfläche seiner Musik verborgen, sind also nicht spektakulär, sondern höchst subtil: Es ist eine Musik »aus dem Wesen des Klangs selber, die inhaltlich sprachliche Erfüllung vom musikalischen Stoff her, das Erschließen einer reichen Skala von Gefühlen wiederum aus der klanglichen Materie heraus« (Dieter Schnebel) – ein Komponieren im Sinne des richtigen Lebens ohne Volkstümlichkeit und ohne Nationalismus. Am 12. August 1928 ist Janáček im mährischen Ostrava gestorben.

Sinfonietta

UA: Prag 1926

Daß Janáček sein bedeutendstes Instrumentalwerk für Orchester mit der Bezeichnung »Sinfonietta« statt »Symphonie« versah, ist sowohl irritierend als auch bezeichnend. Denn einerseits soll damit auf den Abstand zur symphonischen Tradition seit Beethoven und zu ihren großen Dimensionen in der Spätromantik verwiesen werden, andererseits aber der Anspruch zur Geltung kommen, »daß Janáček für kompositorische Methoden, die von der Tradition des symphonischen Stils abweichen oder sie gar durchkreuzen, die gleichen ästhetischen Rechte fordert wie für die gewohnten und etablierten Verfahrensweisen« (Carl Dahlhaus). An die Stelle der sonst üblichen motivisch-thematischen Arbeit, der Präsentation und Entwicklung musikalischer Gedanken, tritt so etwas wie ein akustisches »Mobile«, bei dem sich unablässige Wiederholung prägnanter Kurzmotive in immer neuem Klanggewand zeigen, stets anders beleuchtet werden. Dem entspricht auf der Ebene der Form die Anlage einer suitenhaften Reihung von 5 Sätzen, allerdings überlagert von der dramaturgischen Grundidee, diese suitenhafte Folge der Sätze durch einen übergeordneten Bogen zyklisch abzurunden, indem im 5. Satz die Fanfaren des ersten wieder aufgegriffen und zur Apotheose erhoben werden. Zum näheren Verständnis des Werkes sind jedoch noch weitere Informationen nötig, die mit den eigenartigen Titeln der Sätze nur angedeutet werden. Einen Fingerzeig für die innere Welt dieser Musik bietet die klanglich aufgefächerte Orchesterpalette, die von Satz zu Satz wechselnd verschiedene Grundfarben des Orchesters vorstellt, um sie dann im Finale als Ereignis zusammenzufassen. Und die Materialbereiche wie Melodik, Harmonik, Rhythmik und Skalentypen werden systematisch fortschreitend enthüllt, so als würde im musikalischen Satz Leben entfaltet. Tatsächlich liegt der *Sinfonietta* ein »inneres Programm« zugrunde, das Janáček jedoch hinter den Satzüberschriften versteckt und erst in einem Feuilleton vom 24. März 1927 enthüllt hat. Demnach ist die *Sinfonietta* eine musikalische Huldigung an die Stadt Brünn, und zwar an die von österreichischer Fremdherrschaft unterdrückte, also vergangene, und an die befreite, also die zukünftige. Und die 5 Satztitel verweisen zugleich auf zentrale Lebensbereiche, die in der Spannung zwischen vergangenem Leid und zukünftigem Glück, zwischen Unterdrückung und Freiheit, zwischen beengter Unwirtlichkeit und offener Lebensfreude erfaßt werden: »Und da gewahrte ich die Stadt in wunderbarer Verwandlung. In mir schwand die Abneigung gegen das düstere Rathaus« – 5. Satz – »der Haß gegen den Berg, in dessen Eingeweiden soviel Schmerz gebrüllt hat« – gemeint ist der Brünner Spielberg mit seiner berüchtigten Kerkerfestung (*2. Satz*: »Die Burg«) –, »die Abneigung gegen die Straße und was in ihr wimmelte« – *4. Satz*. »Über der Stadt war der Lichtglanz der Freiheit« – die Fanfaren des *1.* und *5. Satzes* –, »die Wiedergeburt vom 28. Oktober 1918« – das Ausrufen der Tschechischen Republik – hervorzaubert. »Ich konnte mich an dem Lichtglanz nicht sattsehen, ich war ihm zu eigen. Und das Schmettern sieghafter Trompeten« – das Wiederaufgreifen der Fanfaren des *1. Satzes* in der Apotheose des *Finales* –, »die heilige Ruhe des im Hohlweg versunkenen Königinklosters« – *3. Satz* –, »die nächtlichen Schatten und die Atemzüge des Grünen Berges« – die friedliche Seite des Spielbergs – »und die Vision des unausbleiblichen Aufschwungs und der Größe der Stadt erstanden in meiner Sinfonietta aus dieser Erkenntnis, aus meiner Stadt Brünn.«

So besehen, hat Janáček mit seiner *Sinfonietta* das Gefühl von ursprünglichem und utopischem Heimatgefühl musikalisch umgesetzt und dabei die Grundspannung zwischen Angst und Hoffnung, zwischen Realität (der Vergangenheit) und Vision (der Zukunft) als »Feier des Lebens« (Dieter Schnebel) zum Ausdruck gebracht. Die 5 Satztitel *(Fanfaren, Die Burg, Das Königinkloster, Die Straße, Das Rathaus)* sprechen eine »Grundschicht des Lebens überhaupt an: die Fanfaren weisen auf das Fest der Lebensfreude, die Burg meint das Männliche und zugleich Schützende, die Klosterhöhle das weiblich Bergende, die Straße bedeutet den Bereich menschlicher Begegnungen, zugleich den des Austauschs, Verkehrs – und den Zug in die Ferne –, das Rathaus aber ist der Ort menschlicher Ordnung« (Schnebel). Vergangenheit (Zustand) und Zukunft (Vision) verschränken sich in Anlaß und Absicht der komponierten Musik, die sozusagen aus dem Leben kommt und zu neuem Leben hinführt. Damit ist zugleich ein zentrales Anliegen der Ästhetik Janáčeks verwirklicht: die Musik der Wahrheit statt bloßer Schönheit.

[M] *CD* Wiener Philharmoniker, Mackerras (Decca 1981)

Taras Bulba: Rhapsodie für Orchester

UA: Brünn 1921

Angeregt durch die 1835 erschienene, gleichnamige patriotische Novelle Nikolai Gogols komponierte Janáček zwischen 1915 und 1918 eine Symphonische Dichtung, deren 3 Teile auf 3 Episoden aus dem ukrainischen Befreiungskampf gegen die Polen im frühen 17. Jh. beruhen, mit dem Kosakenhauptmann Taras Bulba als moralischer Hauptfigur. Unverkennbar ist Janáčeks Reaktion auf die Ereignisse des Ersten

Weltkriegs und seine große Sympathie für die slawische Befreiungsbewegung, aber auch seine glühende Verehrung Rußlands, die in der Freiheitsvision des sterbenden Taras Bulba am Ende des Werkes gipfelt. Die Auswahl von 3 Episoden aus der literarischen Vorlage zeigt jedoch Janáčeks Bestreben, keine zusammenhängende Geschichte musikalisch nachzuerzählen, sondern nur einige zentrale, ideelle Motive in den Vordergrund zu rücken und die Musik ihren eigenen Weg gehen zu lassen. Im 1. Teil *(Andrijs Tod)* erschlägt Taras Bulba seinen aus Liebe zu der Tochter des polnischen Wojwoden zum Feind übergelaufenen Sohn Andrij, im 2. Teil *(Ostaps Tod)* muß er Folter und Hinrichtung seines von den Polen gefangenen 2. Sohnes mitansehen, und im 3. Teil *(Prophezeihung und Tod Taras Bulbas)* stirbt er selber den Heldentod mit der Vision vom siegreichen Ende des Kampfes und der ruhmvollen Zukunft seines Volkes. Diese Grundmotive erscheinen im musikalischen Ablauf zwar durch entsprechende musikalische Motive verankert (empfindsame Melodik des Andrij, kämpferische Motivik des Taras Bulba, Krakowiak und Mazurka als couleur locale der Feinde, qualvolle Ausdrucksmotive für Folter und Tod), aber sie bestimmen nicht den konkreten Formverlauf, denn sie sind weder assoziativ noch gar illustrativ, sondern markieren nur Zentralpunkte in der inneren musikalischen Dramaturgie. Den äußeren und emotionalen Höhepunkt des Werkes bildet die Freiheitsvision des Taras Bulba, die sowohl durch harmonisch ungewohnte Wendungen überrascht und durch den feierlichen Orgelklang zur Apotheose gesteigert erscheint, als auch den eigentlichen Anlaß der Komposition beleuchtet: »Nicht weil er seinen eigenen Sohn erschlug, um ihn für den Verrat an seinem Volk zu strafen, nicht wegen des Märtyrertodes seines zweiten Sohnes, sondern darum, weil ›sich auf der ganzen Welt keine Feuerflammen, keine Folterqualen finden, die imstande wären, die Kraft des russischen Volkes zu vernichten‹« – Janáček zitiert hier aus Gogols Novelle –; »um dieser Worte willen, die in die sengenden Funken und Flammen des Scheiterhaufens fallen, auf dem der ruhmreiche Kosakenhauptmann Taras Bulba den Tod erlitt, habe ich diese Rhapsodie nach der von Gogol verfaßten Sage komponiert.«

M *CD* Wiener Philharmoniker, Mackerras (Decca 1981)

Weitere Symphonische Dichtungen

Als eine Art Vorstudie zu seiner Durchbruchsoper *Jenůfa* komponierte Janáček Ende 1894 das Orchesterstück *Eifersucht*, das zwar ursprünglich als Vorspiel zu der Oper gedacht war, dann aber doch von Janáček zurückgezogen und zu Lebzeiten des Komponisten auch niemals im Zusammenhang mit Aufführungen der *Jenůfa* gespielt wurde: Weder erklang es als Ouvertüre bei der Brünner UA der Oper (1904) noch erschien es im Klavierauszug von 1908. Auch thematisch ist es mit der Oper so gut wie gar nicht verknüpft, eher mit Grundstimmung und Gefühlswelt der Handlung, vor allem mit dem zentralen Eifersuchtsmotiv Lacas, der Jenůfa an der Wange verletzt. So ist es ein »musikalisches Porträt Lacas und seiner Eifersucht, die am Ende des 1. Aktes die Katastrophe herbeiführt« (John Tyrrell). Als Konzertouvertüre wurde *Eifersucht* von František Neumann 1906 mit den Prager Philharmonikern zur UA gebracht und erlebte erst 1959 die Erstaufführung als Ouvertüre zu *Jenůfa* in Greiz, nachdem Janáček für die Prager Erstaufführung der Oper kurzzeitig diese Möglichkeit ins Auge gefaßt hatte und durch Karel Kovařovic, den Prager Dirigenten, doch davon abgebracht worden war. Tatsächlich bezeichnete der Komponist den eigenständigen Charakter des Stückes treffend als »Motto« der Oper, also auch als eine Art symphonischer Paraphrase über das Grundmotiv der Opernhandlung.

Eine Ballade seines Lieblingsdichters Svatopluk Čech inspirierte Janáček im Jahr 1912 zu seiner ersten selbständigen Symphonischen Dichtung *Das Kind des Musikanten*. Die Verse von Unterdrückung, Hilflosigkeit und Verzweiflung rührten in Janáčeks musikalischer Seele eine verwandte Saite an. Dennoch hielt er sich keineswegs an den Gesamtablauf der Ballade, sondern konzentrierte sich auf wenige, zentrale Züge und griff sogar in den Handlungsablauf ein, der in Čechs Ballade so lautet: »Der alte Spielmann ist gestorben. Die Gemeinde erbt sein Hab und Gut: am Nagel die Fiedel und in der Wiege das Kind. Zur Hut des Kleinen wird eine ›Vettel mit großmächtiger Brille‹ bestellt. Die Alte hat um Mitternacht ein seltsames Gesicht: an der Wiege steht der gestorbene Spielmann und lockt das Kind mit seinem Geigenspiel in ein besseres Jenseits; er will es vor dem Schicksal bewahren, wie der Vater Hungers sterben oder seine Seele verkaufen zu müssen. Die Alte schlägt das Kreuzeszeichen und verscheucht die Erscheinung in dem Augenblick, da der Spielmann das Kind auf den Mund küßt. Dann schlummert sie wieder ein. Am Morgen kommt der Dorfschulze: die Fiedel ist verschwunden, die Alte schaukelt in der Wiege ›ein totes Jesulein‹« (Jaroslav Vogel). Es erscheint bei einem solchen Sujet nicht weiter verwunderlich, daß Janáček es als »eine Art kleines Violinkonzert« (Kurt Honolka) komponiert hat, mit der Solovioline als Erzähler und Verkörperung des Spielmanns. Die Abweichungen von der literarischen Vorlage betreffen in erster Linie die Verallgemeinerung der Alten zur musikalischen Darstellung des armen Volkes in einem vierstimmigen Bratschensatz, der sich durch die Partitur zieht als »Ausdruck für die Seele jenes Volkes, das in den Gemeindesennen unserer Dörfer sein bitteres Dasein führt« (Janáček); schon in Čechs Ballade wird die Vision der Alten als Erfindung entlarvt, während in Janáčeks Musik die soziale Not ganz in den Vordergrund rückt. Dennoch gehört das Stück seit seiner Prager UA am 14. November 1917 zu den äußerst selten aufgeführten Orchesterwerken Janáčeks.

Anfang 1920 komponierte Janáček mit dem »Symphonischen Gedicht« für großes Orchester *Blanik-Ballade* seine patriotische Gesinnung gegenüber der jungen Tschechischen Republik in mythologischem Gewand aus, indem er sich von einem 35 Jahre alten Gedicht Jaroslav Vrchlickýs anregen ließ, »das sich um den heiligen Berg der Tschechen rankt. Dieser Blanik, in Südböhmen gelegen, ist der tschechische Kyffhäuser. In seinem Inneren schlafen gewappnete Ritter und harren der Stunde, in der sie aus dem Berg hervorreiten und ihr Volk retten werden« (K. Honolka). Janáčeks Musik ist aber auf den Grundcharakter einer »feierlichen Idylle« (K. Honolka) abgestimmt, ganz im Sinne der literarischen Vorlage, die für Frieden anstelle von Kampfhandlungen plädiert. Insofern ist die *Blanik-Ballade* auch Janáčeks Gegenstück zum *Taras Bulba* von 1918.

Im Jahr 1923 fühlte sich Janáček beim Anblick der Donau in Bratislava inspiriert zu einer Symphonischen Dichtung ganz eigener Art *Die Donau*, von der er jedoch in den folgenden Jahren bis zu seinem Tode nur Skizzen zu Papier gebracht hat. In 4 Teilen entwarf er so etwas wie ein musikalisches Gegenstück zu Smetanas *Die Moldau* aus dessen Orchesterzyklus *Mein Vaterland*; die erhaltenen Skizzen enthalten immerhin soviel Material, daß nach dem Tod des Komponisten zwei Vollendungsversuche gemacht werden konnten. Die Version von Janáčeks Schüler Osvald Chlubna wurde 1948 in Brünn uraufgeführt, eine neuere, mehr am Original orientierte Fassung wurde in den 80er Jahren von Leoš Faltus, Milos Štědroň und Otakar Trhlik vorgelegt. Der Gedanke, eine Art Personifizierung des großen Stromes zu komponieren, und zwar gespiegelt durch literarische Anregungen, gehört zu Janáčeks interessantesten musikalischen Ideen.

Die Donau erscheint in den 4 Teilen des Werkes als slawischer Fluß; grenzten doch schon damals gleich 4 slawische Staaten an die Donau. Und in der slawischen Volksdichtung spielte ohnehin die Donau seit jeher eine beherrschende Rolle. Im dritten, scherzoartigen Teil führt Janáček sogar die (textlose) Vokalise einer Sopranstimme ein, um den erotischen Unterton einmal ausdrücklich hervorzuheben.

[M] *CD* Eifersucht/Das Kind des Musikanten: Tschech. Philharmonie, Belohlavek (Koch); Die Donau/Suite op. 3: Slowak. Philharmonie, Pešek (Marco Polo 1986)

Suiten und Tänze für Orchester

In den Jahren 1877 und 1878 komponierte Janáček seine ersten beiden erhaltenen, frühen Orchesterstücke für Streicher: eine sechssätzige *Suite* mit den altertümlichen Satzbezeichnungen *Andante, Allemande, Sarabande, Scherzo, Adagio* und *Andante*, die weniger an alter Musik als an der Musik Smetanas und Wagners orientiert ist und wenig von der späteren Handschrift des reifen Komponisten verrät, sowie die Suite *Idylle*, deren 7 Sätze deutlich den beherrschenden Einfluß des romantischen Tonfalls von Dvořák verraten und schon etliche persönliche Züge aufweisen, vor allem in der Verwendung unregelmäßiger Rhythmen. Am Abend der Brünner UA der *Idylle* dirigierte Janáček auch die *Slawischen Tänze* Dvořáks, der sich unter den Zuhörern befand.

Als Gegenstück zu diesen Tänzen schrieb Janáček 10 Jahre später mit seinen 6 *Lachischen Tänzen* für großes Orchester sein erstes vollgültiges, ausgereiftes Instrumentalwerk, in dem er nur originale Melodien aus der Volksmusik seiner engsten Heimat verwendete. Als er die Prager Partiturausgabe von 1928 vorbereitete, schrieb er in einem Feuilleton am 27. Mai desselben Jahres folgende Charakterisierung des Werkes: »In den Noten, in den Takten steckt die mit Menschen vollgepferchte Stube; verschwitzte, gerötete Gesichter: alles bewegt, neigt und dreht sich (...) Zum Lob des Heimatlandes, meiner Lachei, wird diese Partitur voll tanzender Noten, voll schäkernder Volksweisen, redseliger und versonnener, in die Welt gehen. Möge sie Fröhlichkeit säen und Lächeln auf die Wangen zaubern!« Neben den originalen Melodien sind auch die von pantomimischer Darstellung begleiteten Tanzbewegungen eingefangen. In die kurz darauf, 1891 komponierte *Suite für Orchester op. 3* sind 2 der Tänze übernommen worden (*Der Gesegnete* und *Der Schmiedetanz*), während im 1. Satz thematisches Material aus der frühen Oper *Der Anfang eines Romans*, die ein mißglückter Versuch war, auf der Basis von Volksmelodien Opernmusik zu schreiben, in den Konzertsaal hinübergerettet wurde. Zu Lebzeiten des Komponisten wurde die *Suite op. 3*, wohl wegen ihres wenig eigenständigen Charakters nicht aufgeführt; die UA fand erst kurz nach dem Tode Janáčeks statt.

[M] *CD* Suite, Idylle für Streicher: Philharmon. Kammerorch. München, Helmrath (Orfeo 1992); Lachische Tänze: London Philharmonic, Huybrechts (Decca)

Violinkonzert (»Die Wanderung der kleinen Seele«)

UA: Brünn 1988

Als Vorstufe der Ouvertüre zu seiner letzten Oper *Aus einem Totenhaus* (nach Dostojewski) arbeitete Janáček zwischen Mai 1926 und Februar 1927 an einem nicht vollendeten Violinkonzert, das erst im Jahre 1988 von den beiden Brünner Komponisten Leoš Faltus und Miloš Štědroň in eine aufführungsreife Spielfassung gebracht und während des Brünner Janáček-Festivals im Oktober 1988 uraufgeführt wurde. Das einsätzige, 13minütige Werk ist, wie so oft beim späten Janáček, eine verdeckte Programmusik und bezieht sich vermutlich auf das Liebesverhältnis des Komponisten zu Kamila Stösslová, die er gern als »meine kleine Seele« angesprochen hat. Thematische Verbindungen mit dem *2. Streichquartett* von 1928, das ebenfalls im Zusammenhang mit der Liebe zu Kamila Stösslová steht, legen diese Interpretation nahe. Es gibt aber auch Hinweise auf eine Verknüpfung mit dem nicht ausgeführten Plan einer Oper nach dem Stück *L'Ame et la chair (Die Seele und der Leib)* des französisch-schweizerischen Schriftstellers William Ritter. Das Rasseln der Ketten und gewisse Teile der Violinsoli gingen später in die Ouvertüre zur Oper *Aus einem Totenhaus* ein, weniger der durchweg kammermusikalisch angelegte Orchestersatz, der den Entwurf des Violinkonzerts als originelles und eigenständiges Werk ausweist: »Die Ideenfülle ist ebenso verblüffend wie die meist von den Streichern gespielten Passagen, die überzuquellen scheinen vor intensiver lyrischer Wärme« (John Tyrrell).

[M] *CD* Tetzlaff, The Philharmonia, Pešek (Virgin 1991)

Glagolitische Messe

UA: Brünn 1927

Nachdem Janáček mit seiner *Sinfonietta* gezeigt hatte, wie er sich eine Symphonie vorstellt, komponierte er mit der *Glagolitischen Messe* ein gleichermaßen pantheistisches wie nationales Manifest, alles andere als eine Messe in der Tradition der Kirchenmusik, vielmehr eine Umdeutung des herkömmlichen Verständnisses von Religion: »Ich wollte hier den Glauben an die Gewißheit der Nation« – im wörtlichen Sinne abgeleitet von natio = Geburt – »nicht auf religiöser Grundlage, sondern auf der sittlichen, felsenfesten Grundlage festhalten, die Gott als Zeugen anruft.« Einem Brünner Kritiker, der behauptete, »der Greis Janáček, ein Mann von festem Glauben, habe immer drängender empfunden, daß in seinem Lebenswerk die sein Verhältnis zu Gott ausdrückende Komponente nicht fehlen dürfe«, schickte er eine Postkarte mit den Worten: »Weder Greis, noch gläubig!« Der Beginn des Glaubensbekenntnisses der Messe klingt denn auch weder zuversichtlich noch selbstverständlich, sondern wie ein sehnsüchtiger Ruf aus tiefstem Zweifel heraus, und der verwendete altslawische Text anstelle des Kirchenlateins bezeugt bereits den Abstand von der üblichen Kirchenmusik, der sich dann auch innermusikalisch zuträgt. Die Frömmigkeit erscheint, wenn überhaupt, in dieser Vertonung des Messe-Textes als Naturerlebnis; Janáček empfand die Berge und den Himmel als Dom und fühlte sich von der »Düsterheit mittelalterlicher Klosterzellen« ebenso abgestoßen wie von der Institution Kirche: »So eine Kirche ist der konzentrierte Tod. Grüfte unter der Pflasterung, Knochen auf den Altären, die Bilder lauter Folterung und Sterben. Die Zeremonie, die Gebete, die Gesänge – Tod und wieder Tod.«. Er wollte aber Leben, und so komponierte er das zukünftige Leben am Schluß des Credo-Satzes als offenes Tor zur Freiheit aus, in jubelnder Ekstase, weder demütig noch feierlich. Von der kirchenmusikalischen Tradition ist in der gesamten Partitur nichts zu finden; diese Musik wurde komponiert »ohne das Echo der Imitationsgleise, ohne Anklänge an Bachische Fugengeflechte, ohne Beethovens Pathos und Haydns Verspieltheit« (Janáček), dafür mit einer Emphase, die zuerst die Messe als Fest exponiert (Instrumentaleinleitung mit Fanfarenmotivik) und zuletzt dieses Fest als Gang ins freie Leben der Natur feiert (instrumentale *Intrada* am Ende, die sowohl den Ausgang aus der Messe als auch den Eingang in das Fest des Lebens meint). Der wilde Ausbruch einer *Passacaglia* für Orgel solo nach dem »Agnus Dei« stellt zwar auch das traditionelle Postludium der Messfeier dar, überrascht aber doch durch den überaus heftigen, ja wilden Ausdruck. Die musikalische Grundhaltung der zentralen Textvertonung im »Gloria« und im »Credo« setzt sich souverän über die Ausdeutung der Worte hinweg, entfaltet stattdessen »Kurven inneren Ausschwingens oder auch innerer Erregung in der Melodik, Wärmekurven im Klang und im Farbverlauf, Kurven inneren Pulsierens und des Drängens oder Erschlaffens in der Rhythmik, Kurven des Aus-sich-heraus oder des In-sich-hinein in der Dynamik« (Dieter Schnebel) – eine sozusagen realistische, gefühlssichere Frömmigkeit, die einem »bäuerlichen Taoismus« (Ernst Bloch) als Verbindung von Natur und Kultur entspringt. Tatsächlich will Janáček die erste Inspiration bei einem nächtlichen Sommergewitter empfangen haben; dies wäre wiederum typisch für seine Art des impulsiven Schaffens aus dem unmittelbaren Erleben heraus. Ausgearbeitet wurde die *Glagolitische Messe* zwischen dem 2. August und dem 15. Oktober 1926, und gedacht war sie für die Zehnjahresfeier der Tschechischen Republik (1928), wenn auch ohne offiziellen Auftrag. »Etwas ist mir eingefallen, was dem Jahr 1928 fehlt. Die Atmosphäre der Glaubensboten Kyrill und Method! Die Messe soll diese Lücke des Jubiläumsjahres füllen.« Damit ist, ergänzend zum pantheistischen Bekenntnis des Werkes, die historische Dimension angesprochen, jene Kyrill-Method-Bewegung in Janáčeks mährischer Heimat im 19. Jh., die sich auf die altslawischen Missionare Kyrillos und Methodios bezog, die im 9. Jh. die slawische Sprache in den Gottesdienst einführten und die Kirche im Großmährischen Reich organisierten. Für Janáček war das ein Signal der nationalen Wiedergeburt.

[M] *CD* (Originalfassung) Kiberg, Stene, Svensson, Cold, Dänischer Rundfunkchor, Dänisches RSO, Mackerras (Chandos 1994) – *VD* Benackova, Drobkova, Kundlak, Kopcak, Tschechische Philharmonie, Neumann (RCA/BMG) *Dietmar Holland*

André Jolivet

1905–1974

Geboren am 8. August 1905 in Paris, begann der vielseitig begabte Jolivet schon 13jährig zu komponieren. Mit 15 Jahren folgte eine Lehrerausbildung; diesen Beruf übte er bis in die frühen 40er Jahre an Pariser Schulen aus. Nebenher erlernte er 1928–33 bei dem Chordirigenten Paul Le Flem das musikalische Handwerk. Den entscheidenden Impuls zur Komposition gaben jedoch die Klangexperimente von Edgar Varèse, dessen Schüler Jolivet 1930–33 war.

Neben Olivier Messiaen gilt Jolivet als bedeutendster Vertreter der 1936 gegründeten Komponistengruppe La Jeune France, die sich für eine Erneuerung der französischen Musik aussprach und vom herrschenden Neoklassizismus distanzierte. Auch von der seriellen Technik unberührt, fand Jolivet zu der ästhetischen Zielsetzung, »der Musik ihre ursprüngliche Funktion in den Bereichen der Magie und der Anrufung« zurückgeben zu wollen. Musik begriff er als »tönende Manifestation in unmittelbarer Beziehung zum kosmischen Weltsystem«. Zauber und Beschwörung, Mystik und Ritual – schon viele Titel seiner Werke weisen hierauf hin –, verbunden mit exotischen Instrumenten und Klangfarben, panreligiösen sowie archaischen Elementen fernöstlicher und »primitiver« Musikkulturen, sind die zentralen Gedanken in Jolivets Schaffen, das nahezu alle Gattungen umfaßt. Jolivet schrieb neben Bühnen- und Ballettmusiken 16 Solokonzerte und 3 Symphonien. Obgleich er denselben Kompositionsprinzipien – farbige Instrumentation, harmonische und melodische Vielfalt, packende Rhythmik – treu blieb, lassen sich 3 Stilperioden erkennen: Die erste, atonal-expressive Phase beginnt mit der Klaviersuite *Mana* 1935; rituelle Suggestivität und magische Intensität bestimmen auch den *Danse incantatoire* (Beschwörungstanz) für großes Orchester (1936) oder die alternativ für Klavier oder Orchester bestimmten Werke *Cosmogonie* (1938) und *Cinq danses rituelles* (1939). Während des Krieges fand Jolivet zu einer weniger esoterischen und eher konventionell-faßlichen Sprache (*Les Trois Complaintes du Soldat* 1940; *Messe pour le jour de la paix* 1940), die nach 1945 wieder an die avantgardistische Direktheit der Anfänge knüpft, aber erweitert modal ist. Das *Konzert für Ondes Martenot und Orchester* (1947), *das Concertino für Trompete, Klavier und Streicher* (1948) und das *Klavierkonzert* (1951) zählen zu Jolivets größten Erfolgen, wie überhaupt die 50er und 60er Jahre vor allem dem Konzertschaffen gewidmet waren.

Von 1945–1959 war Jolivet musikalischer Leiter der Comédie Française, 1966–1970 leitete er eine Kompositionsklasse am Pariser Conservatoire. Mit zahlreichen Preisen und Auszeichnungen geehrt, starb Jolivet am 20. Dezember 1974 in Paris.

Susanne Schmerda

Mauricio Kagel

1931

Mauricio Kagel, Photo von Ingrid Kruse (1957)

Veränderung ist zweifellos schon immer eine treibende Kraft der Musikgeschichte gewesen. Das Prinzip der personalisierten Veränderung in allen ihren Varianten tritt allerdings an keiner Stelle der Musikgeschichte so deutlich hervor wie in der Person von Mauricio Kagel. Sein Werk dokumentiert die Dynamik von permanenter Veränderung: der Geist der Verwandlung steckt noch lebendig im gerade Verwandelten und verwandelt insofern immer wieder neu. Kagel hat dieses Prinzip, das im kompositorischen Prozess ja ohnehin angelegt ist, wie kein anderer auch auf die Ebene der Dramaturgie, der Ästhetik, der Stilmetamorphose und des musikalischen Denkens schlechthin übertragen. Als zwingendes Ergebnis dieses Prozesses gibt es bei Kagel auch die traditionelle Gattung »Orchestermusik« so wenig zentral wie andere pure Gattungen; aber es gibt Kompositionen, die einige Bedingungen der Gattung »Orchester« erfüllen, auch wenn sie sich plötzlich theatralisch verwandeln oder wenn sich plötzlich herausstellt, daß das künstlerische Ereignis auf einem ganz anderen Fundament als dem vordergründig offensichtlichen stattgefunden hat.

Universalität der Verformung, und umgekehrt, Verfremdung des Universums sind die Grundbegabungen des seit 1957 in Köln lebenden Südamerikaners. In Buenos Aires, wo Kagel am 24. Dezember 1931 geboren wurde, hatte er Musik, Literaturgeschichte und Philosophie studiert; im rheinischen Zentrum der Neuen Musik der 50er Jahre sollte er indes schnell zu einem entscheidenden Enzym und Katalysator einer grundlegenden Transformation der Neuen Musik werden. Kagel hatte jedoch nicht nur die Fähigkeit, alle Dinge immer anders und nochmals anders zu sehen, sondern auch eine in allen Schwarz- und Grautönen differenzierte Palette an Humor und Selbstironie, die sich in mannigfachen Formen der Maskierung und Demaskierung, der Collage und Decollage, der »Kom«-Position und »De«-Komposition entladen konnte.

Ordnung und Anarchie, hintersinnig-absurde Konstruktivität und entlarvende Karikatur akademischer Gesetzmäßigkeiten sind für Kagel insofern keine polaren Horizonte, sondern vielmehr dynamisierende Methoden, die einen steten ästhetischen Gärungsprozess in Gang halten. Keine Stilistik des 20. Jhs. (aber auch kaum eine historische) konnte dabei sicher sein, nicht in den Kagelschen Reißwolf gerissen zu werden: die serielle wie die aleatorische Musik, Jazz oder »Klassik« im Sinne von Beethoven und Brahms, Alte Musik, Folklore, Varieté- oder Zirkusmusik. Dabei gelang es Kagel stets, die eigene Identität zu wahren und soliden Einordnungen zu entkommen.

Heterophonie für 42 obligate Instrumentalisten (1959/61) und die *Musik für Renaissance-Instrumente* (1965/66) für 23 Spieler sind bis heute nicht wirklich entdeckte Kompositionen des klanglich-avantgardistischen Aufbruchs. Daß sie den ihnen gebührenden Platz im Abonnementkonzert nicht einnehmen, dürfte inzwischen allerdings weniger an ihrem so provokativen wie visionären Klangbild liegen als an den Vorbereitungen der Einstudierung. Die solistischen Parts der Instrumentalisten sperren sich dem routinierten Konzertbetrieb; gleichwohl ist hier die Heterogenität von Klangverläufen und die Emanzipation aller akustischen Details in einem so vorbildlichen Maße verwirklicht, daß sich die Linse des normalen Konzertbetriebs nicht länger einer gerechten Betrachtung entziehen kann.

Die subtile und äußerst plastische Dramaturgie verfremdeter Spielweisen in einem Tutti aus divergenten Kombinationen teilt sich dabei selbst stimmig und bruchlos mit: Der Klang erzählt die verborgene Geschichte seiner eigenen Rückseite. Ist es die ewige Wiederkehr der Brahms-Symphonien im Programm, die einer sinnvollen Rezeption dieser beiden »Klassiker« der 60er Jahre im Wege steht? Oder macht nicht, vielleicht doch, eben diese lähmende Wiederholung des Gleichen neugierig auf Anderes, auf Musik, die ihre Klanglichkeit nicht nur ungebrochen präsentiert, sondern wie mit Röntgenstrahlen durchleuchtet? Kagel macht diese Fragestellung selbst zum Inhalt eines Orchesterwerks, das nicht zufälligerweise im normalen Konzertbetrieb entsprechend erfolgreich war. Für die Hamburger Brahms-Wochen 1973 komponierte er *Variationen ohne Fuge über Variationen und Fuge über ein Thema von Händel für Klavier op. 24 von Johannes Brahms.* Im transparenten Kaleidoskop des Orchestersatzes montiert Kagel hier die Struktur-Partikel der Vorlage verfremdet übereinander, läßt dabei aber den Variationszyklus von hinten nach vorne laufen, so daß das Händel-Thema selbst erst am Schluß erreicht wird. Als unerwarteter Höhepunkt, im Sinne einer historischen Öffnung, aber auch im Sinn einer Sprengung autonomer Orchestermusik, tritt nach der 13. Variation plötzlich Brahms in persona auf, wendet sich, aus eigenen Briefen zitierend, an das Publikum und wird seinerseits, ganz am Ende der Komposition, auch noch von einer besonderen Überraschung heimgeholt: Händel erscheint, mit Perücke und schweigend, während sein Variationsthema im silbrig-gebrochenen Klangbild Kagels wie aus einer anderen Zeit grüßt. Das Publikum ist versöhnt (aber die Probleme der neueren Musikgeschichte bleiben ungelöst). Im Laufe der 70er Jahre näherte sich dann Kagel noch stärker einem musikalisch neoklassizistischen Erscheinungsbild; traditionelle Klanglichkeit und motorischer Impuls sind dabei jedoch mit einem hintersinnigen, subversiven Geist getränkt. So feiert Kagel in *Finale mit Kammerorchester* (1980/81) seinen eigenen 50. Geburtstag mit makabrem Witz: Er inszeniert den Tod des Dirigenten im Laufe der Aufführung des Orchesterstücks. Mit bewußt uninspirierten Leerformeln, die sich wie ein überdrehtes Uhrwerk abspulen, beginnt *Finale* in einer zwar abgedüsterten, aber doch eher hitzigen Fröhlichkeit. Verhaltenere Momente, die sich einschleichen, geraten immer wieder in einen dramaturgischen Sog der Unruhe; extreme Tempoübergänge, vor allem aber recht komplizierte zusammengesetzte und primzahlige Taktarten treiben den Dirigenten an den Rand seiner Möglichkeiten; dabei scheint die organische Anstrengung des Kapellmeisters sich im Orchestersatz zu spiegeln. Im Piano-Puls einer Großen Trommel deutet sich ein angestrengter Herzschlag an, mündet in eine Schlagzeugkadenz – mit dem dann folgenden Einsatz des Orchestertutti aber scheint der Bogen überspannt. Der Dirigent wird von einem Krampf erfasst, wobei der synchrone Presto-Puls des Orchesters durcheinander gerät, bis der Dirigent rückwärts zu Boden fällt. Im Epilog des Orchesters klingt das »Dies Irae« an. Bezeichnend für Kagels Humor sind die beiden Varianten, die er sich für den Schluß ausdenkt und auf die letzte Seite der Partitur notiert: »1. Der Dirigent steht nach Beendigung des Stückes, trotz wiederholter Aufforderung der Musiker, nicht auf. Erst nachdem das Publikum den Saal verlassen hat...; und 2. Denkbar extremste Fortsetzung: der Dirigent ist tatsächlich verschieden.«

In seiner *Musik für Tasteninstrumente und Orchester* (1987/88) setzt Kagel den Klang der Solisten (2 Klaviere und 2 Elektrische Orgeln) und des Orchesters in einen synästhetischen Kontext: Hinter den Musikern rollen sich verschiedene Stoffbahnen im verdunkelten Raum ab, die zusätzlich in unterschiedlich farbiges Licht getaucht werden. Aber auch ohne diese Inszenierung kann der Hörer hier vor allem im Farblich-Klanglichen ein konzertantes Vexierspiel verfolgen, wobei Kagel allerdings die typischen Konventionen eines Konzerts meidet. Es gibt keine herausgehobenen Soli oder Kadenzen, keinen Dialog mit dem Orchester; stattdessen hat Kagel, wie er es formuliert, eine »möglichst große Kohärenz in der Textur der Tasteninstrumente angestrebt, als wären diese vier Quellen ein einziger Klangkörper«.

Die Integration instrumentalen Musiktheaters in Gattungen absoluter Musik war zweifellos ein belebender Ansatz; schrittweise gelingt es Kagel nun jedoch immer mehr, den springenden Punkt der Befremdung als geistiges Potential ins Innere der Musik selbst zu verlegen. Eine flexible, heterogene, avantgardistischen wie folkloristischen Strömungen entsprungene Rhythmik und die Konstruktion einer »seriellen Harmonik« öffnen eine musikalische Sprache jenseits eines Purismus, wie ihn die Nachkriegszeit diktiert hatte. Vor allem die eigenwillige Entwicklung einer »atonalen Tonalität« (vergleichbare Tendenzen zeigen sich z. B. auch bei György Ligeti) ermöglichen einen pointierten Kodex neuer harmonischer Kraftfelder. Entsprechend doppelsinnige antithetische Synthesen zeigen sich nun auch auf der formalen Ebene der Musik, etwa in dem zur 200-Jahrfeier der Französischen Revolution komponierten *Rondo für Orchester* (1988/89) mit dem Titel »Les idées fixes«. Das Versteckspiel zwischen Identität und Metamorphose, Refrain und Couplet wird hier zu einem explizit auskomponierten Dialog, in den Gegenwart und Tradition treten. Der nicht eingelöste utopische Geist einer Vergangenheit, die den Sinn ihres Jubiläums in Frage stellt, kommt auch in der *Fragenden Ode* zum Ausdruck, einer Komposition für Doppelchor, Bläser und Schlagzeug (1989), in der Kagel die Parole der Französischen Revolution in 30 Sprachen verarbeitet, nicht ohne ein provokatives Fragezeichen hinzuzufügen: »Freiheit? Gleichheit? Brüderlichkeit? Wann?« Deutet sich hier und im *Rondo* bereits musikalisch eine so engagierte wie persönliche Reaktion Kagels auf den Geist der Postmoderne an, so ist *Opus 1.991* (Konzertstück für Orchester, 1991) ein noch klarerer Wendepunkt zur »autonomen Musik«. Im Sinn einer »abstrakten Subjektivität« (Kagel verweist selbst auf diesen Begriff Hegels) amalgamiert Kagel hier seine vielfältigen neuen Erfahrungen und erreicht einen sehr unmittelbaren musikalischen Ausdruck in der Balance von Tonalität und Atonalität, Zitat und Erfindung.

Hans-Christian von Dadelsen

Heinrich Kaminski

1886–1946

In einer Zeit, die zutiefst geprägt war vom Ersten Weltkrieg und von seinen verheerenden Folgen, nahm die Musik in Deutschland in weiten Bereichen eine Wende zur Sachlichkeit und Nüchternheit. Eine neue Ordnung wurde angestrebt, Musik geschrieben, die bar jeglichen Weltschmerzes den Geist der Zeit in klare Tonalität und sparsame, rationale Satzstrukturen zu fassen versuchte. Ungeachtet dieser Entwicklung gab es einzelne, die einen ganz anderen Weg gehen mußten. Zu ihnen gehörte Heinrich Kaminski, der am 4. Juli 1886 in Tiengen im Schwarzwald geboren wurde. Für ihn bedeutete musikalisches Schaffen die Suche nach einem dem Menschen innewohnenden geistigen Urprinzip. Seine Musik, auch wenn zum Teil sakral, wie die Orgelmusik, der *69.* und der *130. Psalm,* das *Magnifikat* und seine Choräle, hat wenig mit der Kirche zu tun. Sie zeugt vielmehr von einer inneren Religiosität, dem Ausdruck einer höchst vergeistigten Lebenshaltung, die der Komponist und seine Familie bis in den realen Alltag hinein zu verwirklichen suchten. Vieles in Kaminskis Leben fügte sich denn auch für den Außenstehenden auf eine fast wundersame, für ihn aber auf eine seiner Weltanschauung völlig entsprechende Weise. Doch war er keineswegs weltfremd oder lebte gar zurückgezogen. Er erkannte sehr wohl die drohenden Zeichen der Zeit, und seine Musik, besonders die *Dorische Musik für Orchester* (1934), wurde von vielen in einer Epoche zunehmenden Barbarismus als ein letztes Stück humanistischer Geisteswelt empfunden. Während des Dritten Reiches erging gegen ihn ein zeitweiliges Berufsverbot, Verfolgung drohte, die ihn ins Exil zwang, Todesfälle in der Familie und im engeren Freundeskreis überschatteten sein Leben. Nachdem es ihm noch gelungen war, *Das Spiel vom König Aphelius,* eine pessimistische Legende von der Vergeblichkeit des Guten, abzuschließen, erlag er am 21. Juni 1946 in Ried (Bayern) einem Krebsleiden.

Heute gehört er zu den fast Vergessenen. Werke wie sein *Concerto grosso* oder *Introitus und Hymnus,* die Lieder und seine Kammer- und Instrumentalmusik warten auf eine Wiederentdeckung.

Johannes Kiebranz

Gija Kantscheli

1935

Seit der UA der *6. Symphonie* (1981) im Leipziger Gewandhaus durch Kurt Masur, beginnt sich auch das westeuropäische Publikum mehr und mehr für die tonal orientierte Klangsprache des georgischen Komponisten Gija Kantscheli zu interessieren.

Gija Kantscheli wurde am 10. Dezember 1935 als Sohn eines Kinderarztes in Tblissi/Georgien geboren. Er erhielt ersten Klavierunterricht an der dortigen Musikschule und studierte in den Jahren 1959–63 Komposition bei Iona Tuskija am Konservatorium in Tblissi. Seit über zwei Jahrzehnten arbeitet er mit dem in Tblissi wirkenden Regisseur Robert Sturua zusammen und ist seit 1971 musikalischer Leiter des Rustaweli-Theaters. Aus dieser Zusammenarbeit erwuchsen eine Reihe von Schauspielmusiken (zu Werken von Shakespeare, Anouilh, Brecht u. a.), die durch Gastinszenierungen Sturuas auch im Ausland Verbreitung fanden. Nach dem Tode des georgischen Musikologen Giwi Ordschonikidse bekleidete Kantscheli von 1984 bis 1988 das Amt des 1. Sekretärs des Georgischen Komponistenverbandes. Seit 1991 lebt der Komponist als Stipendiat des Deutschen Akademischen Austauschdienstes in Berlin. Kantschelis 7 *Symphonien* (1967, 1970, 1973, 1975, 1977, 1981, 1986) können als in sich geschlossene Kapitel der Auseinandersetzung mit einer der großen abendländischen Musikgattungen betrachtet werden. Dennoch ist der Begriff der Symphonie für Kantscheli ungewiß und gerade in heutiger Zeit keineswegs mehr verbürgt. Dies vorausgeschickt können seine Symphonien auch kaum als direkte Fortsetzung einer langen Tradition gelten, sondern als symphonisch-epische Organismen, die ein breites Spektrum seelischer Befindlichkeiten mit den Mitteln einer dramatisch und schockhaft kontrastierenden Klangsprache ausfüllen. »Für mich ist das größte Problem, wie ich von der Dominante zur Subdominante und wieder zurück zur Dominante gelange.« Hinter diesem scherzhaft gemeinten Bekenntnis verbirgt sich eine Kompositionstechnik, die nahezu für das gesamte symphonische Werk Kantschelis charakteristisch ist.

Trotz dissonanter Harmonien und diverser Geräuschpraktiken (Cluster, lärmähnliche Dynamik) überschreitet der Komponist den Rahmen tonaler Möglichkeiten im wesentlichen nicht.

In seiner 7. und bisher letzten *Symphonie (1986) »Epilog«* – einem Auftragswerk der Tschechischen Philharmonie – wird dem Hörer die gesamte Bandbreite dieser Ästhetik vorgeführt.

Bedingt durch Kantschelis Arbeit für den Film und für das Rustaweli-Theater in Tblisi, läßt sich gerade in dieser Partitur eine filmischen Konzepten vergleichbare Dramaturgie erkennen. Formal gleicht der Aufbau einer filmischen Montage, die in krass geführten Schnitten unterschiedlichste Bewußtseinszustände zu suggerieren vermag. Immer wiederkehrende motorische Marschfloskeln, die an heroische Siegerposen erinnern, durchfahren lyrisch-meditative Abschnitte, deren scheinbar »zeitlos« fließender Charakter eine gewisse Statik vermittelt. Die 7. Symphonie birgt aber auch – wie fast alle Symphonien Kantschelis – tragisch-komische Momente, die der Komponist als ironische Brechungen benutzt, um pathetischer Maßlosigkeit zuvorzukommen.

Neben seinem Symphonien-Zyklus gehören die *Liturgie für großes Orchester mit Solo-Viola »Vom Winde beweint«* (1988) in memoriam Giwi Ordschonikidse – eine posthume Ehrung des georgischen Musikologen und väterlichen Freundes von Kantscheli und *»Lichte Trauer« (1985)* für 2 Knabensoprane, Knabenchor und Orchester zu seinen stärksten Werken.

Sven Ahnert

Georg Katzer

1935

»Ich glaube, man muß verstehen, außerhalb der überlieferten Aufführungsstätten der Musik neue Wege zu gehen…« Ein Gedanke, der Katzers gesamtes Schaffen berührt, der ihn durch unterschiedlichste Genres in kaum definierte, für aktuelle Erfahrungen durchlässige Grenzbereiche führte.

Am 10. Januar 1935 im Schlesischen Habelschwerdt geboren, eignete sich Katzer seit dem 13. Lebensjahr autodidaktisch den Umgang mit Violine, Klarinette und Klavier an. Sein Kompositionslehrer an der Musikhochschule Berlin war zunächst Rudolf Wagner-Régeny, bevor er von Ruth Zechlin weiterbetreut wurde. Prägenden Einfluß, nicht nur auf musikalischem, sondern auch philosophischem und gesellschaftspolitischem Gebiet hatten Denkanstöße Hanns Eislers, als dessen Meisterschüler Katzer arbeitete. Nach Eislers Tod setzte Katzer seine Kompositionsstudien bei Leo Spieß fort. Katzers Thema ist Kommunikation. Seine musikalischen Vorstellungen folgen weniger radikal-waghalsigen Unternehmungen, als sie vielmehr auf interaktive Möglichkeiten bedacht sind. Hier experimentierte er, inspiriert von theatralischen und elektronischen Mitteln mit neuen Klangtechniken und Spielformen. Seine »Sprache« ist auf vielfältige Weise ironisch gebrochen; ihn interessieren Scharnierstellen im musikalischen wie gesellschaftspolitischen Gefüge. Nach *3 Orchestersonaten* (1968, 1969, 1970) setzte sich Katzer in seinem einsätzigen *Konzert für Orchester* (1973/74) mit traditionellen Kompositionsweisen auseinander. Er führte die Symphonische Form mit Strukturen zusammen, die ihn bereits im *Baukasten für Orchester* (1972) beschäftigt hatten: das spielerische Zusammensetzen eines Stückes aus normierten Teilen. Danach zielen seine Ambitionen auf Genrevermischungen: *D-Dur-Musikmaschine* (1974), *Empfindsame Musik* (1976). Die Beschäftigung im Elektronikstudio (ab 1976 in Bratislava und seit Anfang der 80er Jahre als Leiter des Elektronikstudios der Akademie der Künste Ost-Berlins) eröffneten neue Möglichkeiten auch für Katzers Instrumentalmusik. (*Klavierkonzert* 1978; *Oboenkonzert* 1985). Neben Balletten (*Schwarze Vögel* 1974/75; *Ein neuer Sommernachtstraum* 1978/79) entstanden 3 Opern (*Das Land Bum-Bum* 1973/74; *Gastmahl oder Über die Liebe* 1987; *Antigone oder Die Stadt* 1991/92). Hier wie in anderen instrumentalen, elektronischen oder radiophonen Kompositionen verweisen enge Sujetbezüge auf Katzers gesellschaftspolitisches Engagement.

Carolin Naujocks

Rudolf Kelterborn

1931

»Ich schreibe meine Musik eigentlich immer unter der extremen Spannung, in der wir wohl alle angesichts einer Welt voller Schönheiten einerseits und voller Nöte und Ängste andererseits leben.« Diese Selbstbeobachtung des Schweizer Komponisten und Dirigenten Rudolf Kelterborn aus dem Jahr 1977 hat Bekenntnischarakter: Wie kaum ein anderer ist er um die Integration der sogenannten Neuen Musik ins traditionelle Konzertrepertoire bemüht. Zur Generation eines Stockhausen oder Kagel gehörend – Kelterborn wurde am 3. September 1931 in Basel geboren – hält sich sein bemerkenswert vielgestaltiges Werk von jedem kühlen Strukturalismus fern; die kompositionstechnischen Errungenschaften des 20. Jhs. dienen ihm vor allem zur Vertiefung seines musikalischen Ausdrucks, zur »Erlangung der den Visionen adäquatesten Sprache«. Nach dem Studium an der Basler Musikakademie führte Kelterborns Weg über Privatunterricht bei Willy Burkhard 1952 und einem Sommerkurs bei Blacher in Salzburg 1953 schließlich 1955 zu Fortner und Bialas an die Nordwestdeutsche Musikakademie Detmold, wohin er 1960 als Kompositions- und Tonsatzlehrer berufen wurde. Von 1968–75 unterrichtete er in gleicher Funktion an der Musikhochschule Zürich und wurde Chefredakteur der Schweizerischen Musikzeitung. Von 1974 bis 1980 leitete er die Musikabteilung des Radios DRS und von 1982 bis 1994 die Musikakademie seiner Heimatstadt. Wenngleich Kelterborn in jüngerer Zeit sein vokales Schaffen deutlich intensiviert hat, können die rund 40 Orchesterwerke für die intendierte »Faßbarkeit« seines Stils als besonders repräsentativ gelten. Dazu gehören in einer 1. Schaffensperiode das mit zwei Zwölftonreihen arbeitende, harmonisch komplexe *Concertino für Klavier, Schlagzeug und Streichorchester* und der einsätzige *Canto appassionato* für großes Orchester (beide 1959). Die zweite und »emanzipatorische« Periode bringt Stücke wie die *Metamorphosen* für Orchester (1960) und die thematisch zwar gebundenen, strukturell aber frei variierenden *Miroirs* für Bläser, Klavier, Harfe, Schlagzeug und Kontrabässe (1965). In der 3. Schaffensphase, in der sich Kelterborn mittels einer differenzierten Feldtechnik seiner kompositorischen »Unabhängigkeit« vergewissert, schrieb er unter anderem die *Traummusik* (6 Stücke für kleines Orchester), die großbesetzten *Changements* (1973) und 3 Symphonien. Kelterborn ist zudem Autor eines umfangreichen musikologischen Schrifttums. *Christine Lemke*

Wilhelm Killmayer

1927

»Ich bitte den Hörer, bereit zu sein, sich überraschen zu lassen.« Die Worte des Komponisten, geschrieben im November 1983 am Ende einer Programmeinführung zur *3. Symphonie*, lesen sich wie eine Bitte um Offenheit und Einfühlsamkeit, mit der man eigentlich dem gesamten Schaffen Wilhelm Killmayers begegnen sollte: Zerbrechlicher wirkende Musik ist zur Zeit kaum denkbar.

Anders als viele seiner gleichaltrigen Kollegen suchte der am 21. August 1927 in München geborene Wilhelm Killmayer nach dem Zweiten Weltkrieg nicht die Ausbildung bei den damals wieder zulässigen Propheten der Neuen Musik: Er studierte Klavier, Dirigieren und Komposition bei Hermann von Waltershausen und beendete seine Lehrjahre ausgerechnet bei Carl Orff, dem großen Unzeitgemäßen und Zeitlosen der Musik des 20. Jhs. So war ihm gerade in den dogmatisch streng-avantgardistisch ausgerichteten 50er und 60er Jahren eine Randposition im Musikleben beschieden, deren Vorteil sich erst zeigen sollte, als eine jüngere Komponistengeneration aufbrach, dem Diktat der Alten zu trotzen. Plötzlich wurde Killmayer, der von 1955 bis 1958 in Frankfurt am Trappschen Konservatorium gelehrt und von 1961 bis 1964 als Ballettkapellmeister an der Bayerischen Staatsoper in München gewirkt hatte, eine Art Vorbild für eine zwar nicht rebellische, aber doch stark opponierende Jugend, die nicht mehr gewillt war, sich Vorschriften darüber machen zu lassen, wie zeitgenössische Musik beschaffen zu sein habe. Der so falsche, aber auch so nachvollziehbare Terminus der »Neuen Einfachheit« wurde geboren. Nun war auf einmal auch wieder Raum für einen Querdenker wie Wilhelm Killmayer, der 1973 Professor an der Münchner Musikhochschule wurde (Emeritierung 1991).

Stilistisch ist seine Musik schwer zu beschreiben; zu vielfältig sind die Ausdrucksmittel und -wege, derer er sich vor allem am Anfang seiner Komponistenlaufbahn bediente. Das war keineswegs ein Zeichen stilistischer Unsicherheit, sondern vielmehr ein Indiz dafür, daß Killmayer den jeweils richtigen Ausdruck von der Thematik des behandelten Stoffes abhängig machte. In diesem Zusammenhang ist es schon reizvoll, die archaische Strenge seiner 5 *Sappho*-Lieder für Sopran und Orchester von 1960 mit der burlesk-revueartigen Offenbachiade *Yolimba* von 1964 zu vergleichen.

In seinen *3 Symphonien* vermeidet Killmayer bei der Titelschreibweise bewußt die traditionsbeladene Formulierung »Symphonie«. Ohne formale Rücksichten zu nehmen oder nehmen zu wollen, findet er hier Anschluß in vorklassischer Zeit; dabei versieht er überdies jede der Sinfonien mit Untertiteln, die etwas über den Charakter des Stückes aussagen: Die erste, von 1968, ist *Fogli* unterschrieben, was den Plural des italienischen Wortes für Blatt, Papier bezeichnet; die zweite, im gleichen Jahr begonnen und 1969 vollendet, heißt *Ricordanze* und ist eine Rückbesinnung auf das Barock, das hier in der Orchesterbesetzung aufgegriffen wird; die 3. Sinfonie schließlich, *Menschen-Los* von 1972/73, ist eine ausschließlich musikalisch begriffene Beschreibung des Lebenslaufes »von der Wiege bis zur Bahre«. Eine ähnliche Thematik bearbeitet Killmayer auch in seinen vier *Poèmes Symphoniques* für großes Orchester.

Nur mehr selten zu hören sind Killmayers *Klavierkonzert* von 1956 sowie Lieder für Bariton und Orchester, von denen vor allem die *Tre Canti di Leopardi* aus dem Jahre 1965 Erwähnung verdienen. *Andreas K. W. Meyer*

Giselher Klebe

1925

»Widerspruch mag sich aufgrund der Tatsache einstellen, daß Klebe dem öffentlichen Bewußtsein eher als Opern- denn als Orchestermusik gegenwärtig ist.« Diese Worte des Musikwissenschaftlers Clemens Kühn, wiewohl aus dem Zusammenhang gerissen, haben gerade in einem Konzertführer ihre Berechtigung; sind es doch schließlich die mittlerweile 12 Opern und 5 Ballette, eben die Werke für das Musiktheater, die wir mit dem Namen des Komponisten in Verbindung bringen.

Am 28. Juni 1925 in Mannheim geboren, gehört der bei Josef Rufer und Boris Blacher in Berlin ausgebildete Giselher Klebe zu der Generation junger Komponisten, die nach 1945 aufbrachen, um nachzuholen, was sie durch die von den Nationalsozialisten erzwungene Demontage der Neuen Musik nicht hatten kennenlernen können. Er war der erste, der mit der UA eines Orchesterwerkes anläßlich der wiedererstandenen Donaueschinger Musiktage nachhaltig von sich reden machte: 1950 dirigierte Hans Rosbaud *Die Zwitschermaschine op. 7, Metamorphosen über das gleichnamige Bild von Paul Klee*. Mit einem Schlage gehörte Klebe zu den führenden Kräften der Neuen Musik und wurde in einem Atemzuge genannt mit Bernd Alois Zimmermann, Hans Werner Henze und Karlheinz Stockhausen.

Der allgemeinen Dogmatisierung mochte er, seit 1957 zunächst Dozent, später Professor für Komposition an der Nordwestdeutschen Musikakademie Detmold, sich nicht so recht anschließen. Trotz großer Erfolge – so stellte etwa die Kritik seine Oper *Die Räuber* in eine Reihe mit Bergs *Wozzeck* und *Lulu* und Schönbergs *Moses und Aron* – schien Klebe den Anschluß an die mittlerweile auch international renommierten Kollegen verloren zu haben. Das mag darauf zurückzuführen sein, daß er frühzeitig erkannt hatte, in welcher Sackgasse die Musik der 50er und 60er Jahre sich teilweise befand. Akademisches Festhalten an einer einmal als richtig erkannten technischen Leitlinie war ihm suspekt; ihm lag daran, gerade den handwerklichen Aspekt dem musikalischen Ausdruck unterzuordnen. Damit gehört er sicherlich zu den Vorläufern der jüngsten Komponistengeneration, die aus den Zirkeln der »Eingeweihten« ausbrachen und wieder den direkteren Zugang zum Publikum suchten. Wie sie, nur eben wesentlich früher, hat auch Giselher Klebe sich darum bemüht.

Sein umfangreiches, stetig wachsendes Werkverzeichnis nennt derzeit 5 Symphonien: Nr. 1 für 42 Streicher op. 12, 1951; Nr. 2 (über das Thema des 1. Satzes aus Mozart, Klavier-Konzert c-moll KV 491) op. 16, 1953; Nr. 3 op. 52, 1966; Nr. 4 (Ballettsymphonie *Das Testament* nach Balladen von François Villon) op. 61, 1970/71; Nr. 5 in 2 Sätzen op. 75, 1977); ferner Konzerte (für Violine, Violoncello und Orchester op. 18, 1954; für Violoncello und Orchester – Nr. 1 op. 29, 1958; Nr. 2 in einem Satz op. 99, 1989; für Orgel und Orchester op. 85, 1980; für Klarinette und Orchester op. 92, 1984; für Harfe und Orchester op. 98, 1988; schließlich für Cembalo mit elektrischen Klangveränderungen und kleines Orchester op. 64, 1971) und zahlreiche weitere Orchester- und Vokalwerke.

Über den Erfolg der erfreulicherweise immer häufiger neu inszenierten Opern dürfte auch dem Orchesterkomponisten Klebe der Weg in die Konzertsäle sich immer weiter öffnen; es ist anzunehmen, daß seine Musik das dortige Publikum ebenso anspricht wie die Opernfreunde.

Andreas K. W. Meyer

Zoltán Kodály

1882–1967

»Wenn ich einen Komponisten nennen sollte, in dessen Werken der ungarische Geist seinen vollendetsten Ausdruck findet, so würde ich antworten: Kodály.« Diese im Jahre 1928 geschriebenen Worte Béla Bartóks beleuchten schlaglichtartig die hervorragende Bedeutung, die dem Werk Kodálys innerhalb der ungarischen Musikgeschichte zukommt. Hatten sich zuvor die Komponisten Ungarns ganz am westeuropäischen Stil orientiert, so traten Anfang des Jahrhunderts Kodály und Bartók mit einer Musik hervor, die vor allem aus volkstümlichen Quellen schöpfte. Mit seiner Dreifachbegabung als Komponist, Volksliedforscher und Pädagoge hatte Kodály entscheidenden Anteil am Aufbau einer eigenständigen ungarischen Musikkultur.

Geboren wurde Kodály am 16. Dezember 1882 in Kecskemét. Kindheit und Jugend verbrachte er in den Dörfern Galánta und Nagyszombat, wo die echte ungarische Volksliedtradition noch lebendig war. Als Musikstudent in Budapest mußte Kodály dann feststellen, daß dort diese Musik der Bauern überhaupt nicht mehr bekannt war und stattdessen die Musik der Zigeunerkapellen allgemein für »ungarisch« gehalten wurde. In dieser Zeit entschloß sich Kodály, die wirkliche ungarische Volksmusik zu erforschen, um so zu einer eigenständigen nationalen Kunstmusik vorzudringen.

In den Jahren ab 1905 reiste Kodály, zeitweise gemeinsam mit Bartók, durch ungarische Provinzen und zeichnete Tausende von Volksliedern auf, von denen er viele in seinen Werken verarbeitete. In Verbindung mit Elementen der klassisch-romantischen Musiktradition entwickelte er so seinen ebenso volkstümlichen wie anspruchsvollen musikalischen Stil. Nach einem Studienaufenthalt 1907 in Paris, wo ihn die Werke Debussys tief beeindruckt hatten, wurde Kodály zum Professor und später zum stellvertretenden Direktor an der Budapester Musikakademie ernannt. Nach dem Fall der nur 133 Tage währenden Räterepublik verlor er seinen Posten jedoch wieder und erhielt zwei Jahre lang Arbeitsverbot. Erst mit dem großen Erfolg seines *Psalmus hungaricus* im Jahre 1923 gelang Kodály der Durchbruch zu internationaler Anerkennung. Während er bisher hauptsächlich Lieder und Kammermusik geschrieben hatte, entstanden nun die großen Orchester- und Chorwerke und 3 Singspiele. Nach dem Zweiten Weltkrieg wurde Kodály in hohe offizielle Kulturämter gewählt und konnte sich so verstärkt der Durchsetzung seiner pädagogischen Ideale widmen. Weitere wichtige Orchesterwerke entstanden, darunter das *Concerto* (1939/40) und die *Symphonie in C* (1960/61).

Hochgeehrt und vielfach ausgezeichnet starb Kodály am 6. März 1967 in Budapest.

Psalmus hungaricus op. 13
für Tenorsolo, Chor und Orchester

UA: Budapest 1923

Anläßlich der 50-Jahr-Feier der Vereinigung der Städte Buda und Pest zur ungarischen Hauptstadt Budapest im Jahre 1923 wurde Kodály aufgefordert, eine festliche Komposition beizusteuern. Bei der Suche nach einem geeigneten Text stieß Kodály auf eine freie Übersetzung des 55. Psalms von König David durch den ungarischen Dichter Mihály Vég, der im 16. Jh. zur Zeit der Türkenherrschaft lebte. Selbst durch Krieg, Revolution und persönliche Verfolgung gegangen, fühlte Kodály sich von den Klagen des von seinen Freunden enttäuschten Psalmsängers besonders berührt – und auch das Publikum der UA fühlte die Aktualität der fast 2000 Jahre alten Gedanken und Bilder. Das Werk besteht aus zwei zusammenhängenden Teilen, einer »Klage« des Solotenors, der den David verkörpert, und dem »Gebet«, welches Solist und Chor vereint. Höhepunkt des 1. Teils ist der Fluch, den der Sänger wider seine falschen Freunde ausspricht, begleitet von leidenschaftlich bewegten Tönen des Orchesters. Das pathetisch-flehende Hauptthema des Chores kehrt rondoartig wieder, immer neu vorbereitet und orchestriert, bis auf dem Höhepunkt der Verzweiflung auf einmal Harfen- und Streicherklänge die himmlische Botschaft des Trostes und der Versöhnung ankündigen. Der einsetzende Schlußchor steigert sich zur Hymne auf Gottes Gerechtigkeit; jedoch verzichtet Kodály auf einen volltönenden Schluß.

[M] *CD* Molnar, Ungar. Staatschor, Budapest Festival O., Fischer (Hungaroton 1991)

Háry János-Suite

UA: New York 1927

Mit dem 1926 uraufgeführten Singspiel *Háry János* hatte Kodály erstmals den Versuch unternommen, das Volkslied auf die Bühne zu bringen und so möglichst breite Schichten anzusprechen. Nachdem das Stück ein großer Erfolg geworden war, stellte Kodály daraus 6 charakteristische Episoden zu einer Orchestersuite zusammen, die auch über die Landesgrenzen hinaus zu großer Popularität gelangte. Die Figur des »ausgedienten Soldaten« Háry János erschien erstmals 1843 in einer Dichtung des ungarischen Poeten Johann Garay und wurde in den Zeiten nationaler Unterdrückung in Ungarn zu einem Symbol der Freiheit. Am heimischen Stammtisch berichtet der Veteran Háry von seinen unglaublichen Heldentaten: wie er ganz alleine Napoleon und das gesamte französische Heer bezwingt und gar die Tochter des Kaisers in sich verliebt macht – dann aber doch dem höfischen Leben entsagt, um mit seiner Verlobten Örsze in die Heimat zurückzukehren.

Die Musik bewegt sich in zwei Sphären: Sie verwendet die Sprache des Volksliedes, wenn sie das wirkliche Leben des Helden beschreibt, und wird illustrierend-phantastisch bis hin zur grotesken Übertreibung, wenn sie von seinen eingebildeten Abenteuern berichtet. Wirkungsvoll malt das Orchester Hárys wichtigtuerisches Auftreten; grelle Bläser- und Celestaklänge imitieren das Glockenspiel, das ihn bei seinem Eintreffen in Wien gewaltig beeindruckt. Im *Lied* ertönt eine altungarische Melodie, stilvoll untermalt durch Zymbalklänge. Für die Schilderung der *Schlacht und Niederlage Napoleons* läßt Kodály es nicht an komischen Effekten wie einer Parodie auf die Marseillaise fehlen. Bei einem feurigen Tanz freut sich Háry seines Triumphes; im *Finale* schließlich wird der pompöse Aufzug des kaiserlichen Hofstaates vorgeführt, wobei Kodály das Orchester noch einmal zu einer grandiosen Schlußsteigerung auftrumpfen läßt.

[M] *CD* Philharmonia Hungarica, Dorati (Decca 1974)

Marosszéker Tänze

UA: Budapest 1930

Vieles, was im allgemeinen unter »Ungarischer Tanz« verstanden wird, ist in Wirklichkeit zigeunerischen Ursprungs. Diesem Ungarn-Klischee wollte Kodály in seinen *Marosszéker Tänzen* entgegentreten, die auf echten, alten ungarischen Melodien aus Siebenbürgen beruhen. 1927 hatte er bereits eine Klavierfassung komponiert, die er drei Jahre später orchestrierte. Das Ergebnis war eine symphonische Tanzdichtung, aufgebaut als Rondo mit 3 Episoden und einer Coda. Das Thema, eine schwermütige rubato-Melodie, wird bei jeder Wiederholung durch raffinierte Instrumentation anders beleuchtet; in den 3 lebhafteren Episoden wird die Spielweise volkstümlicher Instrumente wie Hirtenflöte und Dudelsack nachgeahmt. Eine schwungvolle Coda im Stil eines »Hajdútánc« (Heiduckentanzes) schließt das äußerst farbige, kontrastreiche Werk ab.

[M] *CD* Philharmonia Hungarica, Dorati (Decca 1974)

Tänze aus Galánta

UA: Budapest 1933

Die Musik der Zigeuner seines Heimatdorfes verwendete Kodály für seine *Tänze aus Galánta*, die sich entsprechend von den *Marosszéker Tänzen* unterscheiden. Auch hier ist die Form ein Rondo mit Episoden, doch ist die Klangwelt eine andere. Bereits die stimmungsreiche Einleitung erinnert in der Soloklarinette an den rhapsodischen, virtuosen Stil des Zigeunerprimás, es folgen Episoden voller Temperament und reizvoller tänzerischer Kontraste, raffiniert orchestriert und von zündendem musikantischen Elan. Bisweilen hört man gar orientalische Anklänge heraus; schließlich macht der feurige Schlußtanz die *Tänze aus Galánta* vollends zu einem Paradestück für jedes Orchester.

[M] *CD* Philharmonia Hungarica, Dorati (Decca 1974)

Variationen über das ungarische Volkslied »Der Pfau flog auf«

UA: Amsterdam 1939

Kodály komponierte seine *Pfau-Variationen* 1938/39 zum 50jährigen Bestehen des Amsterdamer Concertgebouw-Orchesters. Zugrunde liegt dem Werk ein sehr altes, archaisches ungarisches Volkslied, in dem ein Pfau als Freiheitssymbol das Ende von Unterdrückung und Gefangenschaft verheißt. In der Einleitung, den 16 Variationen und dem Finale beleuchtet Kodály das fünftönige Thema von allen Seiten: mal schlicht in seiner Urform, mal als Tanz, dann wieder eingehüllt in impressionistische Orchesterfarben mit teilweise exotisch anmutendem Kolorit, das auf die ursprünglich fernöstliche Herkunft des ungarischen Volksliedes verweist. Kodály entfaltet wiederum seine ganze Kunst der Instrumentation und Variation; das Werk gilt als eines der gelungensten Beispiele von Orchestervariationen überhaupt.

[M] *CD* Philharmonia Hungarica, Dorati (Decca 1974) *Christine Günther*

Charles Koechlin

1867–1950

Charles Koechlin, ein Zeitgenosse von Debussy und Ravel, ist erst in den letzten Jahren »entdeckt« worden. Anders als seine berühmten Zeitgenossen lebte er lange genug, um noch die Musik von Pierre Boulez zu hören. Er war ein Original, trug im Alter einen Prophetenbart wie Walt Whitman und liebte so verschiedene Dinge wie mittelalterliche Musik, Filmstars, Reisen in arabische Länder, die stereoskopische Photographie und den Sozialismus. Er schuf über 200 Werke, von denen ein großer Teil überhaupt noch nicht gedruckt vorliegt. Die bekannt gewordenen Werke weisen ihn aber als eigenständigen Meister aus, der die Brücke vom Impressionismus zur Klangfarbenkomposition Messiaens schlug. Er war ein Proteus, der alles meisterlich konnte, und dies ist einer der Gründe, weshalb er, dem man kein Erkennungsetikett anheften konnte, nie ins Bewußtsein einer breiten Musiköffentlichkeit trat. Ein weiterer Grund liegt im Mangel an Selbstpropaganda. Er setzte sich zwar als erster für die Werke Schönbergs und seiner Schüler in Frankreich ein, nicht aber für sein eigenes Werk, darin Charles Ives nicht unähnlich. Er kannte aber seinen Wert. Der 80jährige äußerte: »Mir bleibt die Hoffnung, daß man eines Tages von selbst darauf kommen wird.«

Charles Koechlin wurde am 27. November 1867 in Le Candel (Var) als Sohn wohlhabender Eltern geboren, die aus dem Elsaß stammten. Er studierte erst Naturwissenschaft und Mathematik, denn er wollte Astronom werden, aber nach einem durch eine schwere Tuberkulose erzwungenen Genesungsaufenthalt in Algerien wandte er sich, nun schon 22jährig, dem Studium der Musik am Pariser Conservatoire zu. Er war Kompositionsschüler von Massenet, später von Fauré, dessen Schauspielmusik zu *Pelléas et Mélisande* er 1898 instrumentierte. Auch die Orchestrierung des Balletts *Khamma* von Debussy stammt von ihm. Um seine Familie zu versorgen, sah sich Koechlin genötigt, Lehrbücher über Kontrapunkt, Fugensatz und Orchestrierung zu verfassen, die ihn bekannter machten als seine eigenen Kompositionen. Er hielt Gastvorlesungen in den USA (1928 an der Berkeley University in Kalifornien), ab 1937 hatte er einen Lehrauftrag an der Schola Cantorum in Paris. Daß seine Bewerbung um eine Professur am Conservatoire nur von Dukas befürwortet wurde, beweist, daß den Vertretern der akademischen Front Koechlins Universalität nicht geheuer war.

Koechlins vielgestaltige Musik kennt keine deutlich unterschiedenen Entwicklungsphasen. Er konnte über Jahre hinweg gleichzeitig an verschiedenen Werken arbeiten. In seinem Œuvre sind außer Oper und Messe alle Gattungen vertreten. Koechlin selbst nannte Gounod, Chopin und Bach sowie Chabrier und Fauré als die bestimmenden Einflüsse seiner musikalischen Entwicklung. Man kann sicher noch Debussy und Satie dazuzählen. Auffällig ist in seiner Musik der reiche Gebrauch modaler Skalen und die Verwendung von Polytonalität, die dann Milhaud kompromißlos forcierte. Die Sorgfalt seiner Instrumentierung verrät den Klangzauberer, der das symbolistische Schönheitsideal bis zur Klangmystik Messiaens weiterreichte.

Hier können nur einige der wichtigsten Orchesterwerke erwähnt werden. Um 1900 beschäftigte sich Koechlin mit Kiplings Dschungelbüchern, was einen ersten Niederschlag in den *Trois Poèmes op. 18* fand. In den 20er und 30er Jahren entstand dann der grandiose vierteilige Zyklus *Livre de la jungle* mit den Sätzen *La loi de la jungle* (*Das Gesetz der Dschungel* 1939), *Les Bandar-Log* (*Das Affenvolk* 1939), *La méditation de Purun Baghat* (1936) und *La course de printemps* (*Der Lauf des Frühlings* 1927). *Les Bandar-Log* ist ein überaus virtuoses und witziges Stück. Die Affen unterhalten sich in anmaßender Aufdringlichkeit miteinander, indem sie verschiedene musikalische Stile von den Debussyschen Parallelakkorden über die Hindemithsche Polyphonie bis zu Schönbergs Zwölftonsprache nachäffen. *Les heures persanes (Die persischen Stunden)* künden von seiner Liebe zum Orient, aus dem er Tausende von Photos mitbrachte. Ursprünglich als Klavierzyklus niedergeschrieben, wurde er von Koechlin ebenso instrumentiert wie die *Paysages et marines (Landschaften und Seestücke). Vers la voute etoilée* (*Im Anblick des Sternenhimmels* 1923–1939), ein Nocturne für großes Orchester, ist dem französischen Astronomen Camille Flammarion gewidmet und beweist, daß Koechlin die Nacht ebenso heilig war wie den Impressionisten.

Als Huldigung an das neue Medium des Films entstand die *Seven Stars-Symphony* (1933), eine Huldigung an Douglas Fairbanks, Lilian Harvey, Greta Garbo, Clara Bow, Marlene Dietrich, Emil Jannings und Charlie Chaplin. Seine Vorliebe für Lilian Harvey hatte übrigens schon beinahe obsessiven Charakter. Ein spätes Hauptwerk ist *Offrande musicale sur le nom de Bach* (1942), das erst 27 Jahre nach Koechlins Tod uraufgeführt wurde (1937 in Frankfurt). Das großangelegte 12sätzige Werk adaptiert in singulärer satztechnischer Meisterschaft historische Modelle wie Kanon und Choral und bringt das Paradoxe zuwege, daß höchste Kunstfertigkeit wie selbstverständlich klingt. *Siegmar Hohl*

Erich Wolfgang Korngold

1897–1957

Eine Biographie des 20. Jhs.: Erich Wolfgang Korngold war ein Kind des späthabsburgischen Wien, der Metropole der Kunst, des Theaters, des Savoir-vivre – und mußte als Jude 1938 seine Heimatstadt »wie ein Verbrecher« verlassen, deprimiert und ohnmächtig, sich des nationalsozialistischen Totalitarismus zu erwehren. In zwei Hälften zerfällt das Leben des am 29. Mai 1897 geborenen Komponisten – Europa und Amerika stehen sinnbildlich für die widerstreitenden Erfahrungswelten. Die Jugendjahre des Erich Wolfgang Korngold waren geprägt von Erfolg und Optimismus: In seinem Elternhaus – der Vater war Kritiker bei der »Neuen Freien Presse« und galt als ebenso gefürchteter wie renommierter Musikpapst Wiens – verkehrten Gustav Mahler, Richard Strauss und Giacomo Puccini; bereits als Zehnjähriger erhielt Korngold Kompositionsunterricht von Alexander Zemlinsky. Rasch haftete ihm das Etikett eines Wunderkindes an – als Richard Strauss frühe Kompositionen Korngolds begutachtete, schrieb er: »Das erste Gefühl, das einen überkommt, wenn man hört, daß dies von einem elfjährigen Jungen geschrieben wurde, ist Schrecken und Furcht, daß ein solch frühreifes Genie auch die normale Entwicklung nehmen möge, die ihm so innig zu wünschen wäre«. Doch Erich Wolfgang Korngold stellte in der Folgezeit seine »Entwicklung« nachdrücklich unter Beweis, etwa mit den Einaktern Der *Ring des Polykrates* (1913/14), *Violanta* (1914/15) oder der Oper *Die tote Stadt*, die im Dezember 1920 zeitgleich in Hamburg und in Köln (unter Otto Klemperer) ihre Premiere erlebte.

Im Oktober 1934 reiste Korngold nach Hollywood, um ein Arrangement von Mendelssohns Musik zu Shakespeares

»Sommernachtstraum« für die Filmversion von Max Reinhardt zu erstellen – Auftakt seiner Karriere als Filmkomponist, die 1937 mit einem Oscar für die Musik zu »Anthony Adverse« gekrönt wurde. Als Korngold im Januar 1938 erneut in die Vereinigten Staaten aufbrach, war dies sein endgültiger Abschied von Wien, von Europa – die Machtergreifung der Nazis in Österreich machte die Rückkehr unmöglich. »Aus Erich, dem heiteren Lebensbejaher, war ein Pessimist geworden«, schreibt seine Frau Luzi in ihren Erinnerungen. »Wann immer seine Zeit es zuließ, saß er vor dem Radio, hörte mit düsterer Miene die Nachrichten und sprach seine Befürchtungen nicht nur um Europa, sondern um die Welt aus.« Während der Kriegsjahre vermochte sich Korngold kaum zu einer Arbeit jenseits der Filmproduktion entschließen – erst das *Violinkonzert D-Dur op. 35*, entstanden auf Bitten Bronislaw Hubermans und mit triumphalem Erfolg uraufgeführt von Jascha Heifetz im Jahre 1947, brach den Bann. Erich Wolfgang Korngold starb am 29. November 1957 in Hollywood; als seiner Frau berichtet wurde, daß die Wiener Staatsoper aus diesem Anlaß Trauerbeflaggung aufgezogen hatte, soll sie erwidert haben: »Es kommt ein bißchen spät.«

Susanne Stähr

Joseph Martin Kraus

1756–1792

Die in letzter Zeit zahlreich erschienenen Schallplattenaufnahmen von Werken des Komponisten Joseph Martin Kraus lassen den Eindruck entstehen, Kraus habe vorwiegend Instrumentalmusik komponiert, was jedoch nur zum Teil richtig ist. Tatsächlich tendierte er auf Grund seiner künstlerischen Neigungen und der äußeren Umstände seiner Laufbahn mehr zur Opernmusik.

Kraus kam am 20. Juni 1756 in Miltenberg am Main zur Welt und erhielt seine musikalische Ausbildung in Mannheim (1768–73) durch Mitglieder des dortigen berühmten Orchesters (der »Armee von Generälen«, wie Charles Burney es bezeichnete). Während seines Jurastudiums in Mainz, Erfurt und Göttingen (1773–76) kam er mit der literarischen Strömung des »Sturm und Drang« in Berührung und verfaßte seine ersten musiktheoretischen Schriften. 1778 folgte Kraus einem Ruf König Gustavs III. nach Stockholm. Der schwedische König, ein begeisterter Opernliebhaber, ließ 1782 das Königliche Opernhaus erbauen und war auch am Entstehen mehrerer Libretti beteiligt (drei davon für Kraus, darunter dessen Meisterwerk *Aeneas in Carthago*). Die Opernleidenschaft Gustavs III. hinterließ bemerkenswerte Spuren in der Musikgeschichte. Zwei seiner politischen Gegner, Kaiser Joseph II. und Zarin Katharina II., ließen an ihren Höfen satirische Opern aufführen, die den Schwedenkönig verspotteten: *Il Re Teodoro in Venezia* von Paisiello (Wien, 1784) und *Gorebogatir Kosometovich* von Martín y Soler (Petersburg, 1789). König Gustavs Ermordung während eines Maskenballs in dem von ihm erbauten Königlichen Opernhaus wurde zum Thema der Opern *Gustave III., ou Le bal masqué* von Auber (1833) und *Un ballo in maschera* von Verdi (1859). 1781 ernannte Gustav III. Kraus zum Vizekapellmeister und entsandte ihn im darauffolgenden Jahr auf eine vierjährige Studienreise nach Europa. Im April 1783 besuchte er in Wien sein musikalisches Vorbild Gluck, in Esterházy Josef Haydn, der sich später über seine *c-moll-Symphonie* sehr lobend äußerte. 1786 kehrte Kraus nach Stockholm zurück und wurde zwei Jahre später Hofkapellmeister. Der Tod seines Schirmherrn im März 1792 inspirierte ihn zu zwei bewegenden Musikstücken, der *Begravingskantata* und der *Symphonie Funèbre*. Kraus selbst starb nur wenig später, am 15. Dezember 1792, an Tuberkulose. (Ob er, wie Mozart, die beiden Werke auch für sich selbst schrieb?!)

Die Instrumentalkompositionen treten im Gesamtwerk nur vereinzelt und in geringerem Umfang in Erscheinung. Kraus komponierte mindestens 7 Symphonien, wobei diejenigen in moll (cis-moll 1782, c-moll 1783, *Symphonie Funèbre* in c-moll 1792) denen in Dur an Ausdruckskraft überlegen sind. Dies läßt sich zum Teil auf die damals unübliche Verwendung der Bläser zurückführen, die während des ganzen Satzes und nicht alternierend mit den Streichern oder mit ihnen zusammen in den Schlußkadenzen eingesetzt werden. Ein bemerkenswertes Beispiel dafür, wie aus einer guten Komposition eine ausgezeichnete werden kann, gibt der Vergleich der *cis-moll-Symphonie* von 1782 mit ihrer Zweitfassung, der *c-moll-Symphonie* von 1783: Kraus vereinfachte und verdeutlichte die musikalischen Ideen, straffte die langsame Einleitung und ließ das Menuett völlig weg. Zu seinen Orchesterwerken gehören noch 3 Ouvertüren und 1 *Violinkonzert* (1783).

Dorothea Link

Ernst Křenek

1900–1991

Porträtphoto von Horst Tappe

»Ob ich noch immer zur Neuen Musik gehöre, weiß ich nicht; sie ist ja heute angeblich zu einer Einfachheit zurückgekehrt, die einmal bestanden haben soll« – die Worte des fast 70jährigen Ernst Křenek bezeugen sein Selbstverständnis von zeitgenössischer Haltung: Einzig der simplifizierende Umgang mit einer stets komplexen, widersprüchlichen Wirklichkeit stand für ihn nicht zur Debatte. Keinen unverwechselbaren Personalstil schuf er sich in seinen über 250 Werken, zur produktiven Umformung der wechselnden Zeit eignete er sich die jeweils avancierten musikalischen Sprachformen an. Am 23. August 1900 in Wien geboren, nahm Křenek 1916 dort sein Kompositionsstudium bei Franz Schreker auf. 1920 folgte er dem Lehrer nach Berlin, wo er u. a. durch Ferruccio Busoni und Hermann Scherchen weitere Anregungen erhielt. In tonalitätsfreier Kompositionstechnik entstanden zwischen 1921 und 1923 neben 3 Symphonien die Kantate Die *Zwingburg* und das *1. Klavierkonzert.* 1925 wurde Křenek Assistent Paul Bekkers in der Direktion des Kasseler Opernhauses. 1927 schrieb er – nach einigen Werken neoklassizistischen Charakters, darunter das *2. Concerto grosso op. 25*, *Zwei Suiten op. 26* für Klavier und das *Concertino op. 27* – seine »Jazzoper« *Jonny spielt auf*, die ihn auf einen Schlag berühmt machte, allerdings auch nationalsozialistische Diffamierungen auslöste. 1928 kehrte der stets auch schriftstellerisch produktive Křenek nach Wien zurück. Wachsende Verunsicherung angesichts der politischen Entwicklung jener Zeit löste seine Suche nach einem »einheitlichen moralischen Gesetz« – ästhetisch wie gesellschaftlich – aus; er bekannte sich zur damals von neothomistischem Gedankengut geprägten Lehre der katholischen Kirche und betrachtete in diesem Zusammenhang nun die – universellen Zusammenhang stiftende – Zwölftontechnik als den musikalisch noch »einzig gangbaren Weg«. Es entstand die dodekaphon komponierte Oper *Karl V.* (1931–33). Sie konnte 1934 bereits nicht mehr in Wien uraufgeführt werden; die konservative Kulturpolitik Österreichs veranlaßte Křenek 1938 zur Emigration in die USA, wo er Vorträge hielt, dirigierte und an verschiedenen Colleges und Universitäten Zwölftonkomposition unterrichtete. Von 1950 bis 1958 wirkte er – nun ein »unzeitgemäßer« Individualist und in Konflikt mit der jungen Komponistengeneration geraten – als Dozent bei den Darmstädter Ferienkursen. Bis zu seinem Tod am 22. Dezember 1991 in Palm Springs lebte er abwechselnd in den USA und in Österreich.

Symphonie Nr. 2 op. 12

UA: Kassel 1923

1922 entstand Ernst Křeneks *2. Symphonie.* Die UA des dreisätzigen Werkes beim Kasseler Tonkünstlerfest löste Berichten zufolge im Saal eine »wilde Männerschlacht« aus; dem Komponisten schien das dreisätzige Werk später »den Kampf einer elementaren Kraft gegen einsperrende Hemmungen darzustellen«. Im *1. Satz* übernimmt Křenek die sprechenden Charaktere aus Mahlers *1. Symphonie*: Marschformeln treten auf, Fanfaren in den Blechbläsern, Choralanklänge, sogar der Kuckucksruf. Doch bereitet bei Křenek das einleitende chromatische Feld nicht den Boden für ein ausgeprägtes Thema. An die Stelle des ehemals formbildenden Themendualismus tritt die Konfrontation unterschiedlicher Bewegungsabläufe: Zunächst wird die statische Klangfläche dynamisiert, mündet in den schnellen *Allegro agitato*-Teil. Eine monumentale Steigerung führt zu einem katastrophalen Höhepunkt, der erst nach und nach ausklingt. Der *2. Satz* vertritt das Scherzo der traditionellen symphonischen Form, ein *Adagio* mit eingeschobenen schnellen Teilen nimmt die formale Sprache des 1. Satzes wieder auf und beschließt das Werk.

[M] *LP* ORF-SO, Zagrosek (Amadeo 1985)

Lamentatio Jeremiae Prophetae op. 93

UA: Kassel 1958

Ernst Křenek schrieb 1941 im amerikanischen Exil sein umfangreiches Werk für gemischten Chor a cappella. Er vertonte jene drei mal drei Abschnitte der alttestamentarischen Klagelieder auf die Zerstörung Jerusalems, die den katholischen Tenebrae-Zeremonien in der Karwoche zugrundeliegen. Elemente der Zwölftontechnik sind hier vereint mit denen des gregorianischen Chorals und altniederländischer Vokalpolyphonie. Die einzelnen Verse werden durch die den Text ordnenden hebräischen Buchstaben eingeleitet; jene sind in statisch-klangbetonter, dabei tonalitätsnaher Sprache komponiert, die Klagetexte dagegen stark linear geprägt und von expressiver Gestik. Diesem dualistischen Prinzip steht ein Verfahren kontinuierlicher Steigerung entgegen: Der Anruf »Jerusalem, convertere ad Dominum, Deum tuum« tritt neunmal auf, erst ein-, dann zweistimmig, bis hin zur neunstimmigen Apotheose.

[M] *LP* N. C. R. V. Vocaal-Ensemble Hilversum, Voorberg (1961) – *CD* Niederländ. Kammerchor Amsterdam, Gronostay (Helikon/Globe 1992)

Symphonic Elegy »in memoriam Anton Webern« op. 105

UA: Saragota Springs (N. Y.) 1946

Dieses Werk für Streichorchester komponierte Křenek im Januar 1946 unter dem Eindruck des gewaltsamen Todes von Anton Webern. In der einsätzigen, etwa sechzehnminütigen Trauermusik, der die modifizierte Zwölftonreihe aus Weberns *Streichquartett op. 28* zugrunde liegt, wechseln sich zwei schnelle und zwei langsame Partien ab. Eine schmerzhafte melodische Geste wird zu Beginn im unisono exponiert. Gleichsam als Motto durchzieht sie den Satz, dient als Grundlage für eine konduktartige Passage. In schattenhafter Nervosität durchziehen motivische Zellen die einzelnen Stimmen, zerbrochene Klangrede irisiert zeitweilig über einem ostinat pulsenden Baß. Auf weitgespannte Melodiebögen solistisch geführter Instrumente folgt ein statisches, von Terzklängen geprägtes Feld; ein auffallend dissonanter Tutti-Klang beschließt die ansonsten harmonisch-weich gesetzte Elegie.

[M] *LP* New Yorker Philharmoniker, Mitropoulos (Columbia)

Cellokonzert Nr. 2

UA: Salzburg 1983

Křeneks *2. Cellokonzert* entstand 1982, im selben Jahr also, in dem auch seine *Zwölf Sätze für Kammerorchester* (op. 234), *Arc of Live* überschrieben, uraufgeführt wurden. Läßt er in diesem kaleidoskopartig gefügten »Lebensbogen« seine wechselnden musikalischen Idiome Revue passieren, so komponierte er das ca. 15 minütige Solokonzert als homogene Gestalt. In der Einleitung des einsätzigen, in 3 Abschnitte unterteilten Werks sind Pizzikati des Solo-Cellos kombiniert mit den klanglich verwandten Tönen der Harfe, das folgende energische *Allegro* führt es in seine hochvirtuose, konzertierende Position. Der Solist steht meist im Dialog mit einzelnen Instrumenten oder Instrumentengruppen, wird seltener mit dem Orchester-Tutti konfrontiert. Die aphoristische Verknappung der melodischen Linien erzeugt ein Spannungsverhältnis zur zyklisch geschlossenen Großform: Eine abschließende, kadenzartige Solopassage des Cellos nimmt Elemente des Anfangs wieder auf. Am Ende steht der höchste erreichbare Ton des Cellos, über einem ins fast Unhörbare zurückgenommenen Streicherakkord.

Christine Mast

György Kurtág

1926

György Kurtág wurde am 19. Februar 1926 in die ungarische Minderheit in Lugoj (Rumänien) hineingeboren und lebt seit 1946 in Budapest. Die Vielvölkerregion – Rumänen, Ungarn, Deutsche und Juden lebten in seiner Heimat nebeneinander, die slawischsprachigen Kulturen waren nicht weit entfernt – hat ihn tief geprägt. Sein literarisches Interesse spiegelt sich in seinen Textvorlagen wieder.

Kurtág ist ein Spätentwickler. Der Dreißigjährige noch ging für ein Jahr zum Studium nach Paris bei Milhaud und Messiaen. Kurtág fand seine persönliche Sprache eines aphoristisch knappen, formal geschärften, hochexpressiven Stils zunächst in meist kammermusikalischen Werken – bis der Zyklus für Sopran und Kammerorchester *Die Botschaften der entschlafenen R. V. Trusowa* nach Gedichten der in Ungarn lebenden Russin Rimma Dalos, 1981 in Paris durch Pierre Boulez uraufgeführt, ihm den internationalen Durchbruch brachte: Das 1976–1980 entstandene, in 21 Sätze gegliederte Werk schildert in einer kontinuierlichen Reduktion der zunächst opulenten klangfarblichen Mittel die Liebesenttäuschung einer einsamen, unverstandenen Frau.

Zwei Werke mit Soloinstrumenten vereinte Kurtág unter der Opuszahl 27: *Quasi una fantasia für Klavier und Kammerensemble* (1987/88, als op. 27/1) und *Opus 27 Nr. 2 – Doppelkonzert für Klavier, Violoncello und Orchester* (1989/90). In *Quasi una fantasia* umschließen 2 langsame Sätze mit im Raum verteilten Mundharmonikaklängen 2 bewegte Teile, ein an Schumann gemahnendes »Traumeswirren« und einen herben Choral.

Hartmut Lück

Helmut Lachenmann

1935

Wogegen Lachenmanns Widerspruch laut wird, davon zeichnet sein Aphorismus die Konturen: »Es ist noch lange nicht gesagt, daß einer in der Tradition wurzelt, bloß weil er darin wurstelt«. Letzteres hieße, sich Versatzstücken aus der Musikgeschichte zu bedienen, um ein stilles Einverständnis mit dem Hörer auf der Basis ins Unbewußte abgesunkener musikalischer Sprachformen herzustellen. Solchem Pawlowschen Reflexverhalten hält Lachenmann den Begriff der »Wahrnehmung« entgegen, die sich in jedem – ästhetischen wie alltäglichen – Objekt dessen immanente Geschichte vergegenwärtigt. Möglich wird diese Sensibilisierung dort, wo der Komponist die tradierten Mittel gegen den Strich bürstet – das Wort »Verfremdung« bedeutet für Lachenmann zugleich, ein unter der Last erstarrter Tradition gefangenes, sinnliches Potential des Klanges freizulegen.

Am 27. November 1935 in Stuttgart geboren, studierte Lachenmann 1955–58 zunächst an der dortigen Staatlichen Hochschule für Musik Kontrapunkt bei Johann Nepomuk David (dort unterrichtet er seit 1982 als Professor für Komposition), 1958–60 folgte ein Studienaufenthalt bei Luigi Nono in Venedig. 1961/62 und 1963 entstanden die Klavierkompositionen *Echo Andante* und *Wiegenmusik*. Steht hier die Reflexion auf den – traditionell erzeugten – Instrumentalklang im Vordergrund, dessen Genese, Veränderung und auskomponierte Auflösung, so markieren *Pression* für Violoncello (1969) und *Guero* für Klavier (1970) den Übergang zu Lachenmanns »musique concrète instrumentale«. Schon in den *Consolation II* für 16 Stimmen (1968) bildete der herkömmlich gesungene Ton eine Ausnahme, nun liegt der Ansatz bei der Erzeugung des akustischen Phänomens selbst; neuartige Spieltechniken evozieren dabei eine hochdifferenzierte Palette instrumentaler Klänge. Das bislang Unerhörte spielt sich oft an der Grenze zum Verstummen ab, so in seinen beiden Streichquartetten *Gran Torso* (1972) und *Reigen seliger Geister* (1989). Etwa mit *Ein Kinderspiel* für Klavier (1980) beginnt Lachenmann mit der Übertragung der durch Verfremdung gewonnenen Wahrnehmungskategorien auf den traditionellen Klangapparat, bezieht in *Tableau* für Orchester (1989) Skalen und Dreiklänge als Archetypen des »ästhetischen Apparats« mit ein – zur »Erfahrung des unbekannt gewordenen Bekannten«. Neuerdings hat er sich auch der Oper zugewandt (*Das Mädchen mit den Schwefelhölzern*, Hamburg 1997).

Kontrakadenz

Musik für Orchester

UA: Stuttgart 1971

Mit *Air* (1969) und *Klangschatten – mein Saitenspiel* (1972) zählt *Kontrakadenz* zu jenen Orchesterwerken Lachenmanns, die »statt vom Klang von den mechanischen und energetischen Bedingungen bei der Klangerzeugung« ausgehen. Dem kadenzierenden Prinzip der Funktionsharmonik, der affirmativen Geschlossenheit des finalen Formverlaufes setzt Lachenmann die Öffnung entgegen. Er fächert den einzelnen Klang in das Spektrum seiner Eigenschaften auf, bezieht die Farbwerte von Bogenrauschen und Atemansatz ebenso mit ein wie die Stille, in die wiederum vom Tonband Außermusikalisches einbricht: Klangrealistik, die in jedem Moment wider ihre eigene Mythologisierung arbeitet.

[M] *LP* RSO Stuttgart, Gielen (Wergo 1985)

Accanto

Musik für einen Solo-Klarinettisten mit Orchester

UA: Saarbrücken 1976

Musik der Erinnerung: Gleichsam durch ein Zeitfenster wird plötzlich Mozarts Klarinettenkonzert vom – meist stumm mitlaufenden – Tonband in die minuziös ausgehörte Trümmerlandschaft altvertrauter Sprache eingeblendet; eine über Relikte melodischer Gesten hinaus erweiterte Klangwelt, die auffordert, »im Ertasten ungewohnter Strukturen verborgene Räume in sich zu erschließen«.

[M] *LP* SO des Saarländ. Rundfunks, Zender (Wergo 1985)

Tanzsuite mit Deutschlandlied

Musik für Orchester mit Streichquartett

UA: Donaueschingen 1980

Distinkte, traditionell geformte Tanzsätze fehlen in dieser *Musik für Orchester mit Streichquartett*. Auch läßt nur eine kurze Passage – im letzten der 5 bruchlos ineinander übergehenden Teile – Takte aus Haydns *Kaiserquartett* (als Fetisch bürgerlicher Suche nach »kollektiver Geborgenheit«) vom strukturellen Untergrund an die Oberfläche treten; eine gespenstische Erscheinung innerhalb dieser hochsensiblen Klangdramaturgie auf der Grenze zwischen Ton und Tonlosigkeit, zwischen Geräusch und ironischen Zitaten aus alter Zeit naiven Umgangs mit dem Vorhandenen.

[M] *CD* Arditti Quartett, Deutsches SO Berlin, Henzold (Montaigne/PMS 1990/91)

Christine Mast

Edouard Lalo

1823–1892

Die Freundschaft mit dem Maler Eugène Delacroix sowie die Bekanntschaften mit Hector Berlioz und mit dem jungen Claude Debussy, der Lalos Werke sehr schätzte, weisen bereits darauf hin, daß Edouard Lalos Schaffen in der Epoche der französischen Hochromantik verankert ist. Am 27. Januar 1823 wurde Edouard-Victoire-Antoine Lalo in Lille geboren. Seine Vorfahren waren im 16. Jh. von Spanien nach Flandern ausgewandert. Gegen den Willen seines Vaters, der selbst in den Napoleonischen Kriegen gekämpft hatte und seinem Sohn ebenfalls eine militärische Karriere zudachte, verließ Lalo Lille mit 16 Jahren, um in Paris sein Musikstudium fortzusetzen. Dort erhielt er Geigenunterricht bei Habeneck und Kompositionsunterricht bei Schulhoff und Crèvecoeur. Nach vielen Jahren als Orchestermusiker und Geigenlehrer wurde Lalo 1855 Gründungsmitglied des Armingaud-Quartetts, ein Ensemble, das sich vornahm, die Meisterwerke der deutschen Streichquartettliteratur in Frankreich bekanntzumachen. So vertiefte Lalo seine Kenntnisse der Kompositionen u. a. von Haydn, Mozart, Beethoven, Weber und Mendelssohn.

Als Komponist widmete sich Lalo ursprünglich ausschließlich der Kammermusik. Erst ab 1866 begann er für größere Besetzungen zu schreiben. Seine 1. Oper *Fiesque* (nach Schiller) entstand zu diesem Zeitpunkt, jedoch wurde sie nie aufgeführt. Besonders fruchtbar waren die 1870er Jahre, in denen eine Reihe von Werken für Soloinstrument und Orchester entstanden sind, die vom Pariser Konzertpublikum positiv aufgenommen wurden. Sie greifen die Strömung der »Nationalen Schulen« auf; so basieren einige dieser Kompositionen auf Melodien und Rhythmen anderer Länder, z. B. *Symphonie espagnole* (1874), *Fantasie norvégienne* (1878) und *Concerto russe* (1879), die alle für Solo-Violine und Orchester geschrieben sind.

Zwischen 1875 und 1888 entstand Lalos Meisterwerk im Bereich der Oper *Le roi d'Ys* (Libretto: Edouard Blau). Der Stoff, der hier nacherzählt wird, handelt vom Untergang einer sagenhaften bretonischen Stadt, einer Art Atlantis. Debussy interessierte sich später für diesen Stoff (Prélude Nr. 10 für Klavier *La cathédrale engloutie* 1910). Lalo integrierte z. T. traditionelle Melodien aus der Bretagne in seine malerische Partitur. 1887 komponierte er eine *Symphonie g-moll*. Edouard Lalo starb 1892 in Paris. Jules Massenet hielt die Grabrede auf dem Friedhof Père-Lachaise.

Symphonie espagnole d-moll

UA: Paris 1875

Dreieinhalb Wochen vor der UA von Bizets Carmen, erklang zum ersten Mal Lalos Werk im spanischen Idiom, seine *Symphonie espagnole*. Lalo komponierte dieses Glanzstück, das eigentlich eher ein Violinkonzert als eine Symphonie ist, für den spanischen Geigenvirtuosen Pablo de Sarasate. Das Werk beginnt mit einem einprägsamen, kurzen Motiv im Orchester, einem wiederholten Sprung nach oben mit den Tönen b–b–f, b–b–b–f. Es ist das einzige Mal im ganzen Werk, daß das Orchester mit einem Thema vorangeht. Die Solostimme stellt alle weitere Themen vor. Das Orchester sorgt für die Atmosphäre der »spanischen Landschaft«, in der die Violine sich bewegt. Dem kernigen *1. Satz* folgt ein karnevaleskes *Scherzando*, das mit leisen, gezupften Streicherklängen und unerwarteten Bläsereinwürfen anhebt. Der *3. Satz* beginnt mit einem heftigen Orchestertutti. Hier wird ein Rhythmus thematisiert, der für das ganze Werk zentral ist: eine Triole, gefolgt von 2 Achteln. Als einziger langsamer Teil des Werks fängt das *Andante* mit einem getragenen Bläsersatz an. Dies kontrastiert mit dem hellen, leisen Beginn des abschließenden *Rondos*.

Dramatische Stimmungswechsel geben dem Solisten die Möglichkeit, sich von den verschiedensten Seiten zu zeigen. Die kehligen tiefen Violinpassagen, die mit dem hellen Klang der oberen Saiten kontrastieren, bleiben ebenso wie das hüpfende Thema des *5. Satzes* in Erinnerung.

[M] *CD* (ohne 3. Satz) Heifetz, RCA SO, Steinberg (RCA 1951); Stern, Philadelphia O., Ormandy (Sony)

Cellokonzert d-moll

UA: Paris 1877

Der Kopfsatz von Lalos dreisätzigem Werk beginnt mit einem geballten Orchesterunisono, das durch unerwartete, fast brutale Fortissimo-Akkorde unterbrochen wird. Bald offen, bald unterschwellig will dieses Thema während des ganzen Satzes auf sich aufmerksam machen. In der Fortsetzung der langsamen Einleitung zeigt das Soloinstrument eine völlig andere Haltung. Suchend, im freien Vortrag, drückt sich das Cello hier in einer Art Rezitativ aus. Im nachfolgenden schnelleren Teil des Satzes präsentiert das Cello nach dem dramatischen 1. Thema ein fließendes 2. Thema, dem die begleitenden Flöten eine besondere Farbe verleihen.

Der *1. Satz* findet ein Pendant im *3. Satz*, in dem sich nach einem langsamen Cello-Rezitativ ein aufbrausender 6/8-Takt etabliert. Hier hellt sich die Tonart vom anfänglichen d-moll zum D-Dur auf. Der Schlüssel zu diesem Wandel liegt im *2. Satz*. Er beginnt in g-moll und wechselt zu einem lebhaften G-Dur, in dem Flöten und Streicher eine anmutige Cello-Kantilene begleiten.

[M] *CD* Haimovitz, Chicago SO, Levine (DGG 1987) *Mary Ellen Kitchens*

Lam Bunching

1954

Die Komponistin wurde 1954 in Macao geboren. Bereits im Kindesalter erhielt sie Klavierunterricht. Musik und später auch Komposition studierte sie in Hongkong und Kalifornien. Zu ihren Kompositionslehrern zählen Robert Erickson, Pauline Oliveros, Bernard Rands und Roger Reynolds. Sie unterrichtete 1981–86 in Seattle, Washington, und ist seither als freischaffende Komponistin in New York tätig. Sie ist Trägerin vieler Preise und Auszeichnungen; zuletzt erhielt sie 1991 den Rome Prize.

Chinesisches Kultur- und Gedankengut bilden oft den geistigen Hintergrund für ihre Kompositionen, obwohl sie selbst nicht darauf besteht, eine nationale Musik zu schreiben. So vertonte sie etwa chinesische Gedichte wie in *Three Yüan Songs* für Sopran und Klavier (1978) oder benutzt das Instrumentarium ihrer Heimat auf neuartige Weise wie in *Impetus* für chinesisches Orchester (1987). Lam beschreibt ihre Musik als »Landschaftsmalereien in Klang«. *Lü* (1983) für Schlagzeug, eines ihrer faszinierendsten Werke, ist ein solches Gemälde. Es greift die Timbretheorien des alten China auf. Der Titel *Lü* bedeutet »Reise«. Die 6 Formteile dieser klangbetonten, außerordentlich stimmungsreichen Komposition stellen die verschiedenen Stationen der Reise dar. Jeder Station ist ein klangliches Timbre nach dem »Bayin« (»Acht Klangfarben«-System) zugeordnet.

Die lyrische Atmosphäre, die diese und viele andere ihrer aus den frühen 80er Jahren stammenden Kompositionen bestimmt, so etwa *Bittersweet music* für Piccolo (1980) und *Bittersweet Music II* für Violine (1981), das Violinkonzert *Lang Tao Sha* (1981) und *Autumn Sound* für Sopran und Flöte (1982), wird ab 1985 von einer ironisch-distanzierten, manchmal fast humoristischen Klangwelt abgelöst, für die die *Three Dada Songs* nach Texten von Hugo Ball für Sopran, Flöte, Cello und Klavier (1985) charakteristisch sind. Zu ihren wichtigsten Werken zählen außerdem *Yangguan Sandie* für amerikanisches Gamelan (1984), *Three easy pieces* für Posaune und Elektronik (1985), *Saudades de Macau* für Kammerorchester (1987–1989), *Social Accidents* für Flöte, Baßklarinette, Violine, Akkordeon, Klavier und Schlagzeug (1988), *Californian Duo* für Posaune und Viola (1989), *E. O. 9066* für Tanz, Vokalquartett und Tape (1989), *Clouds III* für männlichen Erzähler, Doppelchor und Klavier (1990), *Walking, walking, keep walking* für Tenor und chinesische Instrumente (1991), *Last Spring* für Klavierquintett (1992). *Barbara Mittler*

Li Taixiang

1941

Li Taixiang entstammt den Amei, einer Gruppe von Ureinwohnern, die das östliche taiwanesische Bergland bewohnen. Dort wurde er 1941 geboren, kam allerdings mit 5 Jahren bereits in die Hauptstadt Taipeh. In den frühen 60er Jahren kehrte er für einige Zeit als Musiklehrer zu den Amei zurück. Zunächst zum Geiger ausgebildet und lange Zeit als Konzertmeister in Taipehs Symphonieorchester tätig, bezeichnet er diesen erneuten Kontakt mit seiner Heimat als Hauptquelle seiner Inspiration und als Anstoß, sich ganz der Komposition zu widmen. Er ist einer der ersten Verfechter der Avantgarde auf Taiwan. Mit Xu Boyun (* 1944) organisierte er schon Anfang der 70er Jahre Konzerte experimenteller und multimedialer Musik. Nach seiner Rückkehr vom Center of Experimental Music an der San Diego State University, wo er mit einem Rockefeller Grant studieren konnte, organisierte er einige Jahre lang mehrtägige Festivals unter dem Titel »Tradition und Zukunft«, in denen er sein facettenreiches kompositorisches Schaffen vorstellte: Klassikimitate, experimentelle Musik und Pop.

Er beklagt: »Nur eine kleine Zahl der Musiker hier schätzen unsere eigene Musik, und die wenigen, die dies tun, bleiben bei der Wertschätzung stehen und schaffen nichts Neues. Ich versuche, nicht nur mich selbst in meiner musikalischen Sprache auszudrücken, sondern eine *neue* Art *chinesischer* Musik zu schreiben, die sich inspirieren läßt einerseits von der chinesischen Tradition, andererseits aber vom Geist der Moderne.« So läßt er sich in seiner Form- und Strukturbildung von Vorstellungen aus chinesischer Malerei und Kalligraphie beeinflussen. Im *Klaviertrio* (ca. 1971) wird das Klavier als Schlaginstrument eingesetzt und greift »Luogudianzi« rhythmische Begleitmotive zur Pekingoper auf. Im *Drachentanz* von 1972 schließlich benutzt Li chinesische Instrumente wie die Fideln Zhonghu und Nanhu.

Weitere wichtige Werke: *Phänomene* für Streicher (1975), *Yüchan Ximending* (Regen, Zen, Name eines Geschäftsviertels in Taiwan) für Tape (1976), *Shooting the sun* für Orchester, Chor und Tanz (1976), *Dashenji* (Großes Götterritual) für Stimmen und erfundene Instrumente (1976/77), *Taixü yin* (Gesang von der großen Leere) für Stimmen und Instrumentalensemble (1979), etwa 20 Filmmusiken, zahllose Popsongs. *Barbara Mittler*

György Ligeti

1923

Daß György Ligeti nicht erst seit gestern einer der bekanntesten Komponisten der Neuen Musik ist, sondern schon zu Zeiten, als seine Musiksprache noch gänzlich ungewohnt war, größere Teile des Musikpublikums ansprach, liegt zu einem Gutteil an einer synästhetischen Disposition dieses Musikers. Sie versieht das kompositorische Setzen von Tönen und die Bildung von Klängen mit Gestaltassoziationen, mit der Bewegung von Flächen, Körpern und Linien und läßt deren Metamorphose im Ablauf eines Werks wie organische Prozesse oder wie vieldeutige Szenerien, in buntem, verschachteltem Wechsel, wirken. »Das unwillkürliche Umsetzen optischer und taktiler Empfindungen in akustische kommt bei mir sehr häufig vor; zu Farbe, Form und Konsistenz assoziiere ich fast immer Klänge, wie auch umgekehrt: zu jeder akustischen Sensation Form, Farbe und materielle Beschaffenheit. Sogar abstrakte Begriffe wie Quantitäten, Beziehungen, Zusammenhänge und Vorgänge erscheinen mir versinnlicht und haben ihren Platz in einem imaginären Raum. (...) Die Absicht, illustrative oder gar programmatische Kunst zu schaffen liegt mir durchaus fern.«

Hinter Ligetis Klangfiguren, die in stetem Wechsel und ständig sich wandelndem Umfang erscheinen, die sich unmerklich wie von selbst transformieren, steht ein starker Formwille, der noch die flüchtigste, oft wie ein bloßer Hauch wirkende Klangwolke minutiös durcharbeitet – mit kompositorischen Techniken und in einer Notation, wie sie die musikalische Tradition bereithält. So komplex auch die Partituren aussehen mögen – teilweise bestehen sie aus bis zu 87 Notensystemen – alle Formverläufe sind am Gehör kontrolliert und ergeben klangliche Erscheinungen, die unmittelbar faßlich sind.

Seit der Zeit der ersten UA zu Beginn der 60er Jahre hat sich die Musiksprache Ligetis verändert und stellt sich heute vor allem in der äußeren Klangerscheinung wesentlich konturierter dar. Der Komponist der Klangwolken offeriert seit längerem festere Gestaltbildungen.

Ligeti, der am 28. Mai 1923 in Dicsöszentmárton (Rumänien) geboren wurde, studierte in den 40er Jahren bei Ferenc Farkas am Musikkonservatorium in Klausenburg, bei Pál Kadosa in Budapest und schließlich von 1945–49 an der dortigen Musikhochschule bei Sándor Veress, Pál Járdányi und Farkas. Seit 1950 war Ligeti am gleichen Institut Lehrer für Harmonie und Kontrapunkt, bis er nach dem Ungarn-Aufstand nach Köln kam. Verschiedene Dozententätigkeiten folgten, zuletzt war Ligeti Lehrstuhlinhaber an der Universität Hamburg. Bedeutende Auszeichnungen haben seine öffentliche Reputation bestätigt.

Atmosphères

UA: Donaueschingen 1961

Der Titel des rund zehnminütigen Werks benennt dessen Idee mit einer treffenden optischen Entsprechung: Musik, die sich so verhält als sei sie der Äther. Wie aber muß eine Komposition beschaffen sein, die wie die allgegenwärtige, zugleich statische und doch je nach Druck und Temperatur in steter Schwingung und Strömung befindliche Lufthülle klingt?

Zu hören ist gleich zu Beginn ein vom großen Orchester im Pianissimo gespielter Cluster; eine Tontraube, die stationär scheint und sich doch in Ausdehnung, Bewegung, Farbe und Konsistenz verändert. Der an den Rändern unscharfe, in seiner instrumentalen Zusammensetzung verwischte Klangkomplex ist in zeitlupenartiger Weise in Bewegung wie ein Klangbrei oder, um im Bild zu bleiben, wie Wolkenformationen, die sich für das Auge oft auch kaum merklich verändern und erst nach einer gewissen Weile in der dann veränderten Konstellation ihre zwischenzeitlich erfolgte Bewegung offenbaren. Weder was die Klangzusammensetzung, noch was rhythmische Konturen, Tongestalten oder Instrumentalunterschiede betrifft, werden distinkte Merkmale offenkundig. Alles gleitet bruchlos ineinander über, verengt und verbreitert, verdichtet oder verdünnt sich, wird

György Ligeti inmitten von 100 Metronomen, die, unterschiedlich schnell tickend, das Instrumentarium seines »Poème Symphonique« bilden (1962)

unmerklich leiser oder lauter und ändert, wie von einem Dimmer bewerkstelligt, seine klangfarblichen Register. Was das Verblüffendste dabei ist: Dieser Prozeß ist nicht das Ergebnis von Ungenauigkeit, vielmehr ist jedes einzelne Instrument des großen Orchesters mit je eigner Stimme exakt notiert. Im Zusammenspiel ergibt das polyphone Liniengeflecht dabei ein so dichtes Feld der Stimmüberlagerung, daß sämtliche musikalischen Elemente sich zu einer übergeordneten, dem Hörer als eine einzige Wolke oder Fläche erscheinenden Totale summieren. Tonhöhe, rhythmische, dynamische und spieltechnische Veränderungen, die sukzessive ein Instrument nach dem anderen in kleinstem Abstand voneinander bewerkstelligt, schaffen die Illusion völliger Homogenität und in der Globalperspektive den Eindruck umfassenden klanglichen Stillstands.

Atmosphères stellen nicht nur eine fesselnde Verbindung zwischen auditiven und visuellen Eindrücken her, sondern sind auch ein Spiel mit den Grenzen von Konstruktion und Exaktheit, Wahrnehmung und Illusion.

[M] *CD* SO des Südwestfunks Baden-Baden, Bour (Wergo 1966)

Aventures – Nouvelles Aventures

UA: Hamburg 1963, Hamburg 1966

»Abenteuer der Form und des Ausdrucks« hat Ligeti seine *Aventures – Nouvelles Aventures* genannt und damit den werkbestimmenden Sachverhalt beschrieben, durch den menschliche Lautgesten wie abstrakte Formverläufe und instrumentale Klänge wie Espressivo-Gestalten erscheinen. Die musikalische Gemengelage von stimmlichem Ausdruck (der 3 Gesangssolisten) und Klangproduktion (der 7 Instrumentalisten) bietet alle vertrauten phonetischen und melodramatischen Möglichkeiten der Vokallaute und Instrumentalartikulationen, fügt sie aber so zusammen, daß eine gänzlich ungewohnte, jedoch ungemein folgerichtige Interaktion entsteht. Was da keucht, röchelt, lacht oder seufzt, ist immer auch zugleich rhythmische Folge, melodische Floskel, ruckartiges Sforzato oder ausklingende Schlußformel – also als rein musikalischer Vorgang auffaßbar. Und was da streicht, bläst und zupft, klingt wie Lachen, Atmen, Seufzen oder Schreien. So werden die klangfarblichen, rhythmischen, melodischen und dynamischen Werte der menschlichen Alltags-Artikulation freigelegt und die Instrumentalklänge alltäglicher Lautgestik nahegerückt. Das Ergebnis ist ein akustisches Spiegelkabinett mit großen taktilen Reizen, ja oft regelrecht gruppendynamisch anmutender Dramatik. Weil die menschliche Stimme wie Instrumente und die Instrumente wie menschlicher Ausdruck wirken, sieht sich die Hörerperspektive zum ständigen Pendeln zwischen der Theatralik lautgestischer Aktionen und der Distinktion einer hochartifiziellen Szenerie genötigt. Ligetis Verfahren der Bildung dichter Netzwerke aus vielzähligen, polyphon gesetzten Einzelelementen ist hier auf alle möglichen Ausdruckshaltungen, die Menschen und Instrumente vermitteln können, angewendet. Statt der Überlagerung in der Vertikalen ist jetzt aber stärker die Horizontale des Verlaufs bestimmend. So ergibt sich der Zusammenhang des Ganzen eher im kleinteiligen, abrupten Wechsel als im gleitenden Übergang.

[M] *CD* Internationales Kammerensemble Darmstadt, Charlent, Cahn, Pearson, Maderna (Wergo 1966)

Requiem

UA: Stockholm 1965

Mit der Vertonung der Totenmesse kommen bei Ligeti zwei Aspekte seiner Musiksprache besonders zum Tragen. Zum einen verbinden sich hier die in *Atmosphères* manifest gewordenen Netzstrukturen und Sukzessionsverwischungen mit der in den *Aventures* exponierten abrupt-bizarren Dramatik. Und zum anderen wird der Bezug Ligetis auf traditionelle Formmodelle offensichtlich. In dem knapp 30minütigen Werk findet sich das von Ligeti schon bekannte Phänomen der Klangwolken und -flächen durch die Stimmen des großen Chors in einer noch gesteigerten Weise. Es kommt dadurch nämlich eine zusätzliche Unschärferelation ins Spiel, da das streng in einzelnen Stimmen bei jeweils minimalen Tonabständen und Einsatzwechseln artikulierende Chor-Kollektiv bei genauem Befolgen der exakt notierten Partitur quasi automatisch Tonabweichungen und rhythmische Verschleifungen produziert. Tontrübungen als mikrotonal fluktuierender Klang sind hier also kein zufälliges oder gar fehlerhaftes Phänomen, sondern absichtlich eingesetzt, um ein erwünschtes Klangresultat zu erzielen. Neben den Klangflächen und -wolken finden sich besonders in der zentralen Dies Irae-Sequenz auf größte Kontrastwirkungen zielende Klangverläufe. Hier sind, ähnlich den *Aventures*, mehrere charakteristische und unterschiedliche Typen von Ausdrucksartikulation in kleinteiligem Wechsel ineinander verschachtelt, was zu einem hochdramatischen, quasibarocken Zusammenzwingen stärkster Gegensätze führt. Assoziationen zu Trauer, Verzweiflung, Höllenqual, Apokalypse, aber auch Erlösungshoffnung stellen sich ein.

Ligeti erfüllt also die Ansprüche der traditionellen Toten-Liturgie und bedient sich dabei auch kompositorischer Techniken, die denen der Vokalpolyphonie des 16. Jhs. in nichts nachstehen. Imitationstechniken wie beispielsweise der Kanon, kontrapunktische Satzbildungen überhaupt, sind Ligetis bevorzugte Mittel, die aber nicht eingesetzt werden, um abgelebte Ausdrucksmuster zu kopieren. Vielmehr kommt es zu Klangbewegungen, die den Ansprüchen des veränderten musikalischen Bewußtseins der Gegenwart entsprechen.

[M] *CD* Poli, Ericson, RSO Frankfurt, Chöre des BR, Gielen (Wergo 1968)

Kammerkonzert

UA: Berlin 1970

Das von 13 Musikern (Streicher, Bläser, Tasteninstrumente) zu spielende Kammerkonzert, das Ligeti für das Wiener Ensemble »die reihe« und seinen Leiter Friedrich Cerha schrieb, ist ein gutes Beispiel für die Veränderungen, denen Ligetis Tonsprache in den 70er Jahren zusehends unterworfen war. Zwar finden sich hier alle von Ligeti bis dahin ausformulierten Gestaltungsweisen wieder, von den verwischten, irisierenden und in vielerlei Farben leuchtenden Klangwolken und -flächen bis zu den metrisch zitternden Gitterstrukturen, die das rhythmische Pendant jener Tontrauben und ihrer diffusen Harmonik darstellen. Aber immer öfter tauchen nun aus den in der Tonhöhe kaum zu fixierenden Klangfeldern einzelne, prägnante Tonfolgen auf, lassen sich konturiertere Strukturen ausmachen, so als würden allmählich feste Körper in der Klanglauge auskristallisieren.

Ebenso unterliegt nun auch die Harmonik einer Verdeutlichungstendenz: Durchhörbare Intervallfolgen und regelrecht melodische Konturen sind mehr als einmal unmittelbar gegeben. Wie im *Streichquartett* sind auch die 4 Sätze des *Kammerkonzerts* im Charakter klar voneinander unterschieden, wobei die polymetrischen Abläufe des *1.* und *3. Satzes* besonders auffallen. Hier wird parallel in den einzelnen Stimmen jeweils die gleiche Tonfolge in unterschiedlichem Tempo gespielt, was zu jedem Zeitpunkt des Verlaufs einen veränderten, im Gesamtablauf gänzlich unregelmäßigen Eindruck von der anfänglich ganz harmlos wirkenden Tonfolge ergibt.

Eine weitere Besonderheit sind Anklänge an volksmusikalische Idiome. Eine spezifische rhythmisch-melodische Figur im *2. Satz* wirkt fast wie ein folkloristisches Zitat.

Während eines kontinuierlichen Verlangsamungsprozesses wird man Zeuge der Transformation dieses ethnisch anmutenden Idioms in ein eher romantisch-mitteleuropäisches. Anklänge an romantische Charaktere finden sich überhaupt des öfteren und lassen an Alban Bergs *Kammerkonzert* denken, das nicht nur dieselbe Besetzung wie Ligetis Stück aufweist, sondern auch eine partiell ähnliche Umgangsweise mit einer manchmal durchschimmernden Aura romantischer Ausdrucksgesten pflegt.

M *CD* Ensemble »die reihe«, Cerha (Wergo 1970)

Klavierkonzert

UA: Wien 1988

Traditionelle Formbildungen und kompositorische Techniken sowie Anspielungen auf die Musiksprache bestimmter Komponisten hat Ligeti immer dann in seinen Werken verwendet, wenn es für die Profilierung und Bereicherung seiner eigenen Klangwelt von Bedeutung war. Zu diesen Verbindungen zur musikalischen Vergangenheit vornehmlich der abendländischen Musik sind seit den 80er Jahren zunehmend Verweise und Anregungen aus dem Bereich außereuropäischer Kulturen getreten und haben immer größeren Raum in Ligetis kompositorischem Denken gewonnen. Besonders die komplexe Pulsationsrhythmik der afrikanischen Musik faszinierte Ligeti und hat den Charakter seines Klavierkonzerts mitbestimmt. Allerdings bleibt Ligeti auch hier seiner Haltung treu, die er schon bei der Anverwandlung der europäischen Tradition einnahm. Interesse beansprucht das fremde Formmodell, nicht aber die mit ihm einstmals oder auch noch gegenwärtig verbundenen Ausdrucks- und Funktionsbedeutungen. So hört man denn auch jetzt bei Ligeti nicht afrikanische Folklore; vielmehr wirkt die afrikanische Poly-Tempik lediglich als kompositorisches Modell, um hochkomplexe, rhythmisch ständig changierende Klangverläufe ganz eigentümlicher Art zu gewinnen. So wie Klavier und Orchester nicht gegeneinandergesetzt werden, sondern in wechselseitiger Ergänzung ein klangliches Amalgam, eine Vermischung erzielen, so führt das gleichzeitige Erklingen unterschiedlicher Temposchichten, bei rasantem Verlauf der einzelnen Tonmuster, zu unterschiedlich gedehnten oder gestauchten Bewegungssträngen, die sich dem all diese parallelen Abläufe zugleich wahrnehmenden Hörer zu schwebenden, plastisch beweglichen Klangräumen mit großer atmosphärischer Wirkung verdichten. Was en détail eher einfach und überschaubar wirkt, ist in der Verlaufskombination eine undurchschaubar verschlungene Klangwelt.

Eigentlich hat sich, schaut man von hier aus zurück, an Ligetis Verfahrensweise gar nicht so sehr viel verändert. Ähnlich wie früher auch führt die Neigung zu dichten polyphonen Strukturen zu gestaltvariablen Klangresultaten, nur daß sie nicht mehr in verschwimmende Wolkenformationen oder stehende Klangflächen, sondern in zeitlich gerichtete Abläufe mit festeren Gestalten münden. Das Elastische, Biegsame, die oft fast flüssige Konsistenz der früheren Werke ist einem drahtigeren Duktus gewichen.

M *CD* Aimard, Ensemble Intercontemporain, Boulez (DGG 1992/93)

Bernhard Uske

Franz Liszt

1811–1886

»Nur dem Dichter unter den Komponisten ist es gegeben (...) die Grenzen seiner Kunst zu erweitern«. Was Liszt 1855 emphatisch in seinem grundlegenden musikästhetischen Aufsatz über »Berlioz und seine Harold-Symphonie« postulierte, gilt sowohl für den Virtuosen als auch für den Komponisten Liszt. Der am 22. Oktober 1811 im damals ungarischen Raiding geborene und 1886 in Bayreuth gestorbene Liszt galt als Wunderkind und stieg schon bald zum international gefeierten Klaviervirtuosen sowie zum Liebling der Salons auf. Nach ersten Studien bei Czerny und Salieri war es besonders die dämonische Virtuosität Paganinis, die ihn zu revolutionären Neuerungen der Klaviertechnik inspirierte. Liszt erschloß dem Klavierspiel nicht nur symphonisch-orchestrale Dimensionen, sondern differenzierte und erweiterte auch die Harmonik bis an die Grenzen der Tonalität. Als glänzender Improvisator entwickelte er zudem eine der späteren Leitmotivik Richard Wagners vergleichbare Art der Verwandlung von Themen, die auch seine symphonischen Werke prägen sollte. Diese entstanden zum überwiegenden Teil während seiner Zeit als Weimarer Hofkapellmeister (1849–61), also nach den bewegten Reisejahren als Virtuose. Angeregt von den programmatischen Symphonien Hector Berlioz' wurde der schon seit früher Jugend literaturbegeisterte Liszt zum Begründer des Genres der Symphonischen Dichtung und damit zum Ahnherrn der sogenannten Neudeutschen Schule, zu der Komponisten wie Wagner, Strauss und Mahler zählten. Im Gegensatz zur Autonomieästhetik, nach deren bedeutendstem Vertreter, Eduard Hanslick, der Inhalt von Musik nichts als »tönend bewegte

Form« sei, will die Symphonische Dichtung die »poetische Idee« eines bestimmten Programms (Text oder Bild) mit musikalischen Mitteln weiterdichten. »Das Programm bezweckt nichts anderes als auf die geistigen Momente, welche den Komponisten zum Schaffen seines Werkes trieben, auf die Gedanken, welche er durch dasselbe zu verkörpern suchte, vorbereitend hinzudeuten« (aus dem eingangs genannten Aufsatz). Die Programmusik erweiterte die »Grenzen der Kunst«, indem die musikalische Entwicklung hier nicht mehr primär formalen Regeln wie der des Sonatenallegros folgte. Die Wiederkehr, der Wechsel und die Verwandlung der musikalischen Motive wurde vielmehr durch ihre Beziehung zu einer »poetischen Idee« bedingt. So fruchtbar die zahlreichen Neuerungen Liszts auch für seine Nachfolger waren, so problematisch sind die ebenso zahlreichen trivialen Momente seiner Musik. Dieser Widerspruch erklärt vielleicht, warum viele seiner einstmals so gefeierten Werke in Vergessenheit gerieten.

Eine Faust-Symphonie in drei Charakterbildern (nach Goethe)

entstanden 1854–57

Zur Beschäftigung mit Goethes »Faust« wurde Liszt schon in sehr jungen Jahren von Hector Berlioz angeregt, der ihm später seine dramatische Legende *Fausts Verdammung* (1846) widmete – was Liszt wiederum mit der Widmung seiner *Faust-Symphonie* an Berlioz beantwortete. Nach ersten Skizzen zum Faust-Stoff in den 1840er Jahren war es besonders die Weimarer Aufführung von Berlioz' *Faust* und Wagners *Faust-Ouvertüre* im Jahr 1852, die Liszt das Projekt einer dreisätzigen *Faust-Symphonie* in Angriff nehmen ließ. Auch wenn die formale Anlage der Symphonie mit einem Kopfsatz (*Faust*), einem langsamen Satz (*Gretchen*), einem scherzoartigen Satz (*Mephistopheles*) und dem erst 1857 hinzugefügten Finale mit Männerchor und Tenorsolo (*Chorus Mysticus*) noch entfernt an Beethovens Neunte erinnert, so ist doch die nicht rein musikalisch, sondern poetisch-programmatisch bestimmte Gestaltung, Verarbeitung und Wiederkehr der zahlreichen Themen etwas grundsätzlich anderes. Der *Faust*-Satz basiert auf 5 sehr unterschiedlichen Themen, deren erstes einen grüblerisch-suchenden Charakter hat und wegen seines düster-vagen Anfangs mit 4 chromatisch absteigenden, übermäßigen Dreiklängen auch als erstes Zwölftonthema der Musikgeschichte bezeichnet wurde. Gretchen wird im *2. Satz* durch zwei sehnsüchtig-zarte Themen charakterisiert, Mephisto nur durch einige emblematische Gestalten. Denn als »Geist des Widerspruchs« kann er nach Goethes Auffassung nichts Eigenes schaffen, sondern nur »verneinen« und »zerstören«. Dem entspricht Liszt musikalisch, indem er die Faust-Themen im Mephisto-Satz als Fratzen, – in rhythmisch, klanglich und harmonisch verzerrter Gestalt wiederkehren läßt. Im Mittelteil des Gretchen-Satzes greift Liszt die teilweise zu lyrischem Ausdruck gewandelten Faust-Themen auf, um zu zeigen, daß Faust in Gretchens Leben getreten ist. Hatte Liszt ursprünglich vor, die Symphonie mit einer zarten Erinnerung an Gretchen verklingen zu lassen, so ließ er sich von der Fürstin Sayn-Wittgenstein zu dem späteren Finale mit pathetischer Chor-Apotheose des Gretchen-Themas bewegen, um so der Botschaft des Goetheschen »Chorus mysticus« aus »Faust II« einen monumentalen Ausdruck zu verleihen: »Alles Vergängliche ist nur ein Gleichnis; das Unzulängliche, hier wird's Ereignis, das Unbeschreibliche, hier ist's getan; das Ewigweibliche zieht uns hinan«.

[M] *CD* Jerusalem, Chicago SO, Solti (Decca 1985)

Symphonie zu Dantes »Divina Commedia« für Frauenchor und Orchester

Entsprechend den 3 Büchern von Dantes »Göttlicher Komödie« (Hölle-Fegefeuer-Paradies) plante Liszt Ende der 1840er Jahre neben der 1849 vollendeten *Dante-Sonate* für Klavier auch die Komposition einer dreiteiligen *Dante-Symphonie*. Als Richard Wagner, dem das 1857 in Dresden uraufgeführte Werk gewidmet ist, Liszt darauf aufmerksam machte, wie unmöglich es sei, die Glorie des himmlischen Paradieses darzustellen, verzichtete dieser auf einen Paradies-Satz zugunsten eines abschließenden *Magnificats* (Finale mit Chor). Der *Inferno-Satz* beginnt mit einem düster-pathetischen Motiv in den Posaunen und tiefen Streichern, gemäß dem Dante-Text: »Durch mich gelangt ihr in die Stadt der Schmerzen«. Eine lyrische *Amoroso*-Episode mit zarten Harfenklängen und melodiösen Wendungen symbolisiert das in Schuld verstrickte Liebespaar Paolo und Francesca da Rimini. Der *Purgatorio-Satz* beschreibt zunächst in gesanglich-weihevoller Abgeklärtheit Szenen vom *Berg der Läuterung*, denen im 2. Abschnitt die schmerzhaft klagende *Lamentoso-Fuge* in düsterem h-moll gegenübersteht. Der hinzugefügte *Magnificat-Choral* soll mit einem strahlenden *Halleluja* den Herrn der Schöpfung preisen, wirkt aber gegenüber der musikalischen Dramaturgie des Vorangegangenen eher willkürlich und trivial.

Symphonische Dichtungen

Um nichts weniger als die »Erneuerung der Musik durch ihre innige Verbindung mit der Dichtkunst« ging es Liszt mit der Idee der Symphonischen Dichtung, die in der 2. Hälfte des 19. Jhs., bis hin zum frühen Schönberg, in Opposition zur nicht-programmatischen, »absoluten« Musik stand. Symphonische Dichtung bedeutete allerdings nicht so sehr die musikalisch-konkrete Widerspiegelung eines »poetischen« Inhalts, sondern vielmehr das musikalische Weiterdichten seines begrifflich Unübersetzbaren: »Entscheidend ist jedoch, daß keineswegs das Programm den eigentlichen Sinn des Werkes ausspricht, den dann die Musik gewissermaßen nachstammelt, sondern daß vielmehr das Programm und die Musik zusammen und in Wechselwirkung miteinander auf eine Idee oder einen Mythos jenseits der Worte zielen« (Carl Dahlhaus). Die meisten der mehrfach überarbeiteten und zum Teil mit Hilfe von Liszts Schüler J. J. Raff instrumentierten Symphonischen Dichtungen entstanden während Liszts Weimarer Jahre als Hofkapellmeister (1849–1861).

Liszts erste Symphonische Dichtung *Ce qu'on entend sur la montagne*, auch *Bergsymphonie* genannt, entstand um 1847/48. In der Partitur ist nicht nur das gleichnamige Gedicht Victor Hugos abgedruckt, sondern auch ein kurzer Kommentar Liszts, in dem er den Kontrast von Natur und Mensch als »poetische« Grundidee benennt. Ähnlich wie im Themen-Dualismus des klassischen Sonatenhauptsatzes werden auch viele symphonische Dichtungen von der programmatisch-musikalischen Entgegensetzung zweier Themen bestimmt. In der 1849 ursprünglich als Ouvertüre konzipierten 2. symphonischen Dichtung *Tasso: lamento e trionfo*, nach dem gleichnamigen Drama von Goethe, ist es die Tragik des im Leben verkannten und im Tode glorifizierten Renaissance-Dichters Torquato Tasso. Der Dualismus von Leben und Tod bestimmt als Grundidee auch die 3. symphonische Dichtung *Les Préludes*, 1848 ursprünglich als Vorspiel für ein Chorwerk konzipiert. Das Werk ist eine sehr freie Adaption des gleichnamigen Gedichts von Alphonse de Lamartine, die Liszt so kommentierte: »Was anderes ist unser Leben, als eine Reihenfolge von Präludien zu jenem unbekannten Gesang, dessen erste und feierlichste Note der Tod anstimmt«. *Orpheus* entstand 1853/54 als Introduction für die Weimarer Erstaufführung von Glucks *Orphée et Euridice*. Im Programm verweist Liszt auf eine etruskische Vasenmalerei, auf der Orpheus mit seiner Musik wilde Tiere zähmt. »Leid und Verklärung« ist das Sujet der 1850 ursprünglich als Ouvertüre zu Herders »Der entfesselte Prometheus« konzipierten Orchesterdichtung *Prometheus*. *Mazeppa* (1. Version 1851) wurde inspiriert von Hugos literarischer Gestaltung der Erniedrigung und des schließlichen Triumphes des Kosakenfürsten Jan Mazeppa. Undeutlicher ist das Sujet der beiden folgenden symphonischen Dichtungen *Festklänge* (1853) und *Héroide funèbre* (1849–1857). Während erstere als Hommage an die Herkunft von Liszts Lebensgefährtin, die Fürstin Sayn-Wittgenstein, polnische Idiome wie den Rhythmus der Polonaise enthält, geht die trauermarschartige letztere auf das schon 1830 geplante Projekt einer *Revolutions-Symphonie* zurück. *Hungaria* (1854) ist eine im Ton heroisch gehaltene Hommage an den Freiheitskampf des ungarischen Volkes. Die *Hunnenschlacht* (1857) wurde von einem Gemälde Wilhelm von Kaulbachs inspiriert, das die Schlacht der Hunnen unter Attila mit dem Heer des Gotenkönigs Theoderich auf den Katalaunischen Feldern zeigt.

Die Ideale nach Schillers gleichnamigen Gedicht wurden 1857 in Weimar zur Grundsteinlegung eines Denkmals für den Fürsten Karl August uraufgeführt. Die letzte seiner 12 Weimarer Orchesterdichtungen, *Hamlet* (1858), konzipierte Liszt zunächst als Ouvertüre zu Shakespeares gleichnamigem Schauspiel. Im Vordergrund steht hier die eindrucksvolle musikalische Zeichnung des psychologischen Konflikts Hamlet – Ophelia. Erst mehr als 20 Jahre später komponierte Liszt seine 13. und letzte Orchesterdichtung, *Von der Wiege bis zum Grabe* (1881/82), ein durch seine musikalische Faktur wie durch seinen sehr persönlichen Ausdruck in die Zukunft weisendes Werk.

[M] *CD* Prometheus, Les Préludes, Tasso, Mephisto-Walzer Nr. 1: London SO, O. de Paris, Solti (Decca 1975–1978)

Ungarische Rhapsodien

Vor allem durch seine insgesamt 19 *Ungarischen Rhapsodien* für Klavier (Nr. 1–15 entstanden zwischen 1851 und 1853, Nr. 16–19 erst nach 1880) wurde Liszt auch als Komponist schon zu Lebzeiten berühmt. Anerkennung zollte dem Werk sogar der gefürchtete Gegner der Neudeutschen Schule, Eduard Hanslick. Er nannte die Rhapsodien »geniale Reproductionen von Zigeunermusik« und »bleibende Marksteine in der Geschichte der Claviermusik«. Die Musiküberlieferungen der ungarischen Zigeuner faszinierten Liszt schon seit frühester Jugend. Als besonders reizvoll empfand er die sogenannte Zigeunertonleiter mit ihrer orientalisch anmutenden Intervallstruktur. Die 6 überlieferten Orchesterbearbeitungen der Rhapsodien Nr. 2, 5, 6, 9, 12 und 14 werden der improvisatorischen Freizügigkeit der Klavierfassung nicht immer gerecht – vielleicht weil Liszts Meisterschüler Franz Doppler in hohem Maße an der Erstellung der Orchesterbearbeitung beteiligt war. Die Reihenfolge der Orchesterversion stimmt mit dem Original weitgehend nicht überein. Sie beginnt mit Nr. 14, einer ausgesprochen heroischen Rhapsodie mit trauermarschartigen Zügen. Es folgen die virtuos-effektvolle Nr. 12, Nr. 6 mit einem synkopisch-stampfenden Presto im Csárdás-Rhythmus, die tänzerische, wohl populärste, 2. Rhapsodie und die elegische, ursprünglich *Héroide Elégiaque* überschriebene Nr. 5. Den Abschluß der 6 Orchesterbearbeitungen bildet die 9. Rhapsodie, deren Untertitel *Pesther Carneval* auf Fastnachtsmelodien der ungarischen Hauptstadt verweist. Ähnlich wie in den vorangegangenen Werken wird auch in dieser heiter gestimmten Rhapsodie das Hauptthema in höchst gestaltreicher sowie brillanter Manier abgewandelt und in der turbulenten Finalentwicklung zu übermütig-auftrumpfendem Ausdruck gesteigert.

[M] *CD* London SO, Dorati (Mercury 1960–1963)

Werke für Klavier und Orchester

Insgesamt 7 Werke schrieb Liszt für Klavier und Orchester. In der Mehrzahl entstanden sie in seinen Virtuosenjahren, wurden über die Jahre allerdings immer wieder überarbeitet. Denn Liszt versuchte hier nicht nur seine klaviertechnischen Neuerungen zu verwirklichen, sondern auch die poetisch-musikalischen Ideale der Symphonischen Dichtung. Das gilt sowohl für die beiden Klavierkonzerte, als auch für die seltener zu hörenden Fantasien. Die Fantasien über *Themen aus Berlioz' Lélio* (1834) und über *Motive aus Beethovens Ruinen von Athen* (1849) sind heute fast vollständig in Vergessenheit geraten.

Erste Skizzen zum *Klavierkonzert Nr. 1 Es-Dur* (vollendet 1856) finden sich bereits in einem Notizbuch von 1830, als der 19jährige Liszt hauptsächlich in Paris lebte und Mittelpunkt der vornehmen Salons war. Wegen der raffiniert-neckischen Triangelschläge im scherzoartigen 3. Satz *Allegro vivace* bekam das Werk bald den Spitznamen »Triangelkonzert«. Seine besondere Prägung erhält das Konzert jedoch durch das grandiose Hauptthema, das gleich zu Beginn des 1. Satzes *Allegro maestoso* intoniert wird und das das Werk in verblüffendsten Wandlungen beherrscht. Im Schlußsatz *Allegro marziale animato* erscheint es in triumphal gesteigerter, manchmal schon pompös wirkender Gestik. Zusammen mit dem lyrischen Seitenthema in der Paralleltonart c-moll wird auch die ruhige, im italienischen Stil gehaltene Melodie des langsamen 2. Satzes *Quasi adagio* im Finale verarbeitet und zusammengefaßt.

Das *Klavierkonzert Nr. 2 A-Dur* (vollendet 1861) realisiert durch seine Einsätzigkeit die Idee der zyklischen Form

Franz Liszt. Photo von Franz Hanfstaengl

noch konsequenter. Gegenüber seinem impulsiv-energischen Vorgänger hat es einen eher empfindsam-verinnerlichten Grundcharakter und ist differenzierter in den Orchesterfarben. Das lyrische Hauptthema wird zuerst in der *Adagio sostenuto*-Einleitung von den Holzbläsern vorgestellt und dann in den 6 ineinander fließenden Formteilen auf mannigfachste Weise verwandelt. Dazu wird es mit neuen, zum Teil kontrastierenden Gedanken konfrontiert, die streckenweise auch dramatische Entwicklungen bis hin zur großartig-pompösen Steigerung auslösen. Mit einer gewissen Berechtigung kann man die beiden Klavierkonzerte als symphonische Dichtungen mit Soloinstrument, aber ohne Programm bezeichnen. Ist das »thematische Subjekt«, das Hauptthema, hier doch einer Verwandlungsreise durch die unterschiedlichsten Seelenlandschaften unterworfen.

Der Titel des Konzertstücks *Malédiction* (Fluch) für Klaviersolo und Streichorchester (vollendet 1840) benennt dagegen schon deutlicher eine bestimmte gehaltliche Sphäre. Bei aller virtuos auftrumpfenden Äußerlichkeit verbindet dieses Werk doch etwa 6 Grundthemen zu einem komplexen dramatischen Gefüge mit teilweise kühnen harmonischen Verbindungen. Das Kopfmotiv mit seinem charakteristisch pochenden Rhythmus, den Constantin Floros »Fluchrhythmus« nannte, verwandte Liszt später auch im Mephisto-Satz seiner *Faust-Symphonie* als musikalisches Symbol des Bösen.

Das Fresko »Triumph des Todes« im Campo Santo zu Pisa inspirierte Liszt zur Komposition des *Totentanzes* für Klavier und Orchester (uraufgeführt 1865). Ähnlich wie der Hexensabbath in Berlioz' *Symphonie fantastique* variiert das Konzertstück die gregorianische Melodie des »Dies Irae«. Der *Totentanz* beginnt mit einem düsteren Marsch und dissonanten Kadenzen. Aber trotz zum Teil bizarrer rhythmischer Effekte und Klangmalereien wirken allzu plakative Anklänge an die klappernden Knochen von tanzenden Skeletten doch eher unfreiwillig komisch als grausig.

Ähnlich wie der *Totentanz* beginnt auch die *Ungarische Fantasie* für Klavier und Orchester (eine 1865 uraufgeführte, freie Bearbeitung der ungarischen Rhapsodie Nr. 14) mit düsteren Schritten, die jedoch in ein musikantisches, heiter-ausgelassenes Klima führen. Die 3 beherrschenden Themen beruhen auf Zigeunermelodien und werden hier so improvisatorisch frei wie pianistisch effektvoll verarbeitet.

M *CD* Klavierkonzerte: Richter, London SO, Kondraschin (Philips 1961/62); mit Totentanz: Zimerman, Boston SO, Ozawa (DGG 1987)

Messen und Oratorien

Der überwiegende Teil der geistlichen Werke Liszts entstand während seines Rom-Aufenthalts in den 1860er Jahren. Die meisten dieser Kompositionen blieben völlig unbekannt. Zu widersprüchlich erschien schon den Zeitgenossen Liszts die Hinwendung des blendenden Klaviervirtuosen, begehrten Salonlöwen und berüchtigten Erotomanen zum Katholizismus. Doch auch der Abbé Liszt stieß mit seinen kirchenmusikalischen Werken bei den katholischen Würdenträgern auf Unverständnis. Sie waren ihnen zu modern und zu theatralisch. Dabei wollte Liszt der katholischen Kirchenmusik eine neuere und höhere Ausdruckskraft verleihen – allerdings durch eine ästhetisch nicht unproblematische Synthese. So bezog sich Liszt zum einen auf die Reformbewegung des Caecilianismus, die für eine Rückkehr zum schlichten a cappella-Stil der Palestrina-Zeit eintrat. Andererseits wollte er seine eigenen kompositorischen Errungenschaften als neudeutscher Meister der Symphonischen Dichtung auch in seine geistlichen Werke einfließen lassen.

In der *Missa solemnis* (entstanden 1855) überwiegen noch die pompös-symphonischen Merkmale traditioneller Meßvertonung, zu denen Liszt nur in der *Ungarischen Krönungsmesse* (entstanden 1867) noch einmal zurückkehrte. Ganz im Geist seiner Reformbestrebungen steht dagegen die ursprünglich a cappella konzipierte *Missa choralis* (vollendet 1865) für 4stimmigen Männerchor und Orgel. Sie geht von gregorianischen Choralthemen aus, die in einfache kontrapunktische Strukturen gesetzt, aber auch werkübergreifend transformiert werden. Die um Schlichtheit und Innigkeit bemühte *Missa* läßt zudem das modale Harmoniesystem der alten Kirchenmusik anklingen, verbindet es jedoch höchst eindrucksvoll mit den chromatischen Raffinessen der romantischen Harmonik.

Die ästhetische Gratwanderung zwischen cäcilianischer Schlichtheit und symphonischer Dichtung kennzeichnet auch die beiden Oratorien Liszts. Die Idee zu seinem 1862 vollendeten Oratorium *Die Legende von der heiligen Elisabeth* kam Liszt durch die Fresken Moritz von Schwinds in der Wartburg. Sie schildern das Leben der heiligen Elisabeth, einer ungarischen Königstochter, die vor etwa 600 Jahren Landgräfin von Thüringen war. Die jung gestorbene Elisabeth war eine »soziale« Heilige, eine Beschützerin der Armen und Bedürftigen. Sie entsprach zudem Goethes Ideal des »ewig Weiblichen«, dem Liszt schon in der *Faust-Symphonie* musikalische Gestalt verliehen hatte.

Das Oratorium entwickelt in 6 Abschnitten die Lebensstationen Elisabeths von der Geburt bis zur Heiligsprechung. Das Elisabeth-Motiv, ein altes Kirchenlied, ist ein musikdramatisches Leitmotiv im Wagnerschen Sinne. Neben einigen Seitenmotiven, die zum Teil aus ungarischen Volksliedern abgeleitet sind, bildet es in seinen vielfältigen Verwandlungen die Klammer des ganzen Werks. Liszts zweites, 1866 vollendetes Oratorium *Christus* (nach Worten der heiligen Schrift und der katholischen Liturgie) gliedert sich in 3 Teile: *Weihnachtsoratorium*, *Nach Epiphania* sowie *Passion und Auferstehung*. Der gehaltliche Schwerpunkt des Oratoriums liegt nicht so sehr auf der Person und dem Leben Christi, wie der Titel glauben machen könnte. Liszt ging es hier vielmehr um den musikalischen Ausdruck der Empfindungen, die die christlichen Botschaften – Friede, Liebe, Opfer und Erlösung – in ihm auslösen, um ein (im Sinne der Symphonischen Dichtung) musikalisches Weiterdichten der »christlichen Idee«. Obwohl Liszt im *Christus* den kultischen Aspekt strenger betonte als in der *Elisabeth*, die Chöre stärker zur Geltung brachte, häufig Motive des gregorianischen Chorals verwandte, stieß auch dieser »ästhetische Zwitter« aus weihevoll-archaisierendem Kirchenton und spätromantischer Symphonik bei Musikliebhabern wie bei Klerikern auf Ablehnung.

Michael Schmidt

Anatoli Konstantinowitsch Ljadow

1855–1914

»Ich bin einfach nur der Musikant Ljadow, und ich will nur in der Welt der Märchen leben. Das Restliche ist mir – zu meiner Schande – fremd.« Dieser Ausspruch des Komponisten, eines typischen »Kleinmeisters« im besten Sinne des Wortes, charakterisiert sein Schaffen kurz und treffend.

Anatoli Konstantinowitsch Ljadow wurde am 11. Mai 1855 in St. Petersburg geboren. Nach unsystematischem Unterricht bei seinem Vater, einem Kapellmeister am Mariinski-Theater in St. Petersburg, besuchte Ljadow von 1870 bis 1878 ebendort das Konservatorium, wobei er sich mit seinem Kompositionslehrer Rimski-Korsakow anfreundete und nach Abschluß der Studien dessen Kollege wurde. Neben Glasunow war Ljadow später die zentrale Gestalt im Komponistenkreis um den Verleger Belaieff, der sich in den 1880er Jahren formierte und bis ins 20. Jh. bestand. Ljadows weiterer Lebensweg verlief ohne besondere Höhen oder Tiefen, sieht man von den Unruhen des Jahres 1905 ab, als er in Solidarität mit dem entlassenen Rimski-Korsakow vorübergehend den Dienst am Konservatorium quittierte. Der Komponist starb am 28. August 1914 in Polynowka bei Nowgorod.

Ljadows Orchesterwerke sind kurz, einsätzig und meist programmatisch. Die gewöhnlich dem Genre der Märchen und Sagen entnommenen Programme sind den Partituren beigegeben und werden Zeile für Zeile musikalisch nachgestaltet. Komponieren in überkommenen Formen war Ljadows Sache nicht.

Ljadow begann in der von Glinka begründeten Tradition der russischen Nationalmusik. Das älteste seiner populären Orchesterwerke, die Ballade *Über alte Zeiten op. 21 b*, ursprünglich 1889 für Klavier gesetzt, 1890 orchestriert, aber erst 1906 publiziert, mutet wie ein unmittelbarer Nachklang von Borodins *Symphonien Nr. 2* und *Nr. 3* an.

Im Gegensatz zu anderen russischen Komponisten seiner Generation war Ljadow jedoch bis zu seinem Tode bestrebt, Anschluß an die musikalische Entwicklung zu halten. In der Trias *Baba-Jaga op. 56* (1904), *Der verzauberte See op. 62* (1909, Ljadows mit Abstand beste Komposition) und *Kikimora op. 63* (1909) nähert sich Ljadow dem Impressionismus an. Schon ganz im 20. Jh. verankert ist schließlich *Aus der Apokalypse op. 66* (1910), eine fragmentarisch anmutende Komposition mit tonal unbestimmtem Ende.

Albrecht Gaub

Witold Lutosławski

1913–1994

Wie nur wenige bedeutende Komponisten unseres Jahrhunderts – als weitere Prototypen seien nur Iannis Xenakis und György Ligeti genannt – vertritt der Pole Witold Lutosławski eine musikalisch-ästhetische Haltung, die zeitgeistfern einem klanglichen Ideal nachforscht, das keine radikale Dogmatik im Sinne einer Kompositionsschule als künstlerische Legitimation benötigt. Trotz oder gerade wegen dieser Unabhängigkeit ist Lutosławski neben Krzysztof Penderecki der wichtigste und einflußreichste polnische Komponist unserer Zeit.

Witold Lutosławski wurde am 25. Januar 1913 in Warschau geboren. Mit 6 Jahren begann er Klavier zu spielen, als Neunjähriger schrieb er bereits sein erstes Stück. Später schlossen sich noch intensive Violinstudien an. Seine Erfahrungen als Interpret, sowohl auf dem Klavier als auch auf der Violine dürfen nicht unterschätzt werden. 1932 schrieb er sich als Student am Warschauer Konservatorium ein. Zu seinen ersten gültigen Werken zählen besonders die *Symphonischen Variationen* (1938). Zu Beginn des Zweiten Weltkrieges war Lutosławski Kommandeur einer Radiostation in der Nähe von Krakau. Nachdem er aus deutscher Kriegsgefangenschaft hatte fliehen können, tauchte er in Warschau unter, wo er als Caféhauspianist, zusammen mit dem Komponisten Andrzej Panufnik, mehr als 200 Klaviertranskriptionen klassisch-romantischer Werke anfertigte und spielte. Davon haben lediglich die *Variationen über ein Thema von Paganini* (1941) die Kriegswirren überstanden. In der politisch wie auch materiell äußerst schwierigen Nachkriegszeit wählte Lutosławski einen pragmatischen Mittelweg künstlerischer Stilfreiheit. Zum einen konzentrierte er sich auf seriöse Werke wie die *1. Symphonie* (1941–1947), auf der anderen Seite schrieb er zahlreiche Radio-, Film- und Theatermusiken, die größtenteils reine Brotarbeiten waren. In dieser Zeit trat er bereits als Dirigent eigener Werke hervor. Eine wertvolle Erfahrung, die nicht nur sein sicheres Gefühl für lebendigen Orchesterklang geschärft, sondern auch seine Kompositionstechnik nachhaltig beeinflußt hat.

Trotz der relativ anspruchslosen Gestalt seiner Gebrauchsmusiken konnte er gerade innerhalb dieses unverdächtigen

Mediums, unbemerkt von staatlicher Zensur, seine persönliche Klangsprache weiterentwickeln. Neben der *Kleinen Suite für Orchester* (1951) entstand das *Schlesische Triptychon* (1951). Als Höhepunkte dieser 1. Schaffensperiode gelten das *Konzert für Orchester* (1954) und die *Tänzerischen Präludien* (1954) für Klarinette und Klavier. Den Beginn einer neuen Schaffensperiode markiert das Jahr 1961, das Jahr der UA der *Jeux Venitiens.* Technisch wie stilistisch brachen diese Stücke mit den Kompositionen der Vergangenheit, da hier zum ersten Mal aleatorische Techniken verwendet wurden. Lutosławskis aleatorisches Konzept geht andere Wege als die radikalen Zufallskonzepte von John Cage. Im Gegensatz zu Cage zieht es Lutosławski vor, musikalische Dimensionen wie Form, Melodie, Harmonie und Rhythmus einer genauen Kontrolle zu unterziehen. Alle musikalischen Details bis auf die rhythmische Koordination der einzelnen Stimmen sind auskomponiert, so daß kaum von improvisierter Musik gesprochen werden kann. Besonders in den *Trois poèmes d'Henri Michaux* (1963) wird diese Technik mit größtem Gewinn eingesetzt. Enorm farbig wirkende Klangmobiles, die in Abschnitten aleatorischer Kontrapunktik sich beständig wiederholen, zählen zu den prägenden Höreindrücken in der Musik Lutosławskis aus dieser Schaffensperiode.

In seinen späteren, hauptsächlich für Orchester geschriebenen Kompositionen läßt sich eine spürbare Konzentration auf die melodiöse Dimension feststellen. Schon im *Livre pour Orchestre* (1968) treten Melodiefelder in den Vordergrund. Kritiker behaupteten sogar, daß die Kompositionen *Les Espaces du Sommeil* (1975) für Bariton und Orchester und *Mi-Parti* (1976) die schönste Musik enthalten, die jemals in einer atonalen Klangsprache geschrieben worden ist. Das *Klavierkonzert* (1988), der Liederzyklus *Chantefleurs et Chantefables* (1989) und die *4. Symphonie* (1992) bestätigen diese Entwicklung, wobei eine spürbare Reduktion effektvoller Orchestermixturen zugunsten einer sowohl dramatischen wie kantablen und dabei gestrafften Klangtextur zu beobachten ist.

Lutosławski vermittelte als Dirigent fast aller großen Orchester sein Œuvre authentisch; am 7. Februar 1994 ist der erstaunlich jugendlich wirkende Komponist in Warschau überraschend gestorben.

Konzert für Orchester

UA: Warschau 1954

Das durch Witold Rowicki, den Chefdirigenten der Warschauer Philharmonie, angeregte Konzert für Orchester bildet den krönenden Abschluß der folkloristisch orientierten Schaffensperiode Lutosławskis.

Sein Konzert für Orchester beschäftigte ihn 4 Jahre lang. Es folgt in seiner Verarbeitung von folkloristischen Melodien, den volkstümlichen Wendungen, den tänzerischen Rhythmen, den effektvollen Bläserchorälen und den prunkenden Klangfarben noch eher den von Béla Bartók vorgegebenen Bahnen, läßt aber auch Radikales erkennen, wenn er teilweise bis zum Klanggeräusch vordringt. Erst während des politisch-künstlerischen Tauwetters der nachstalinistischen Ära wandte er sich den vorher nur studierten Kompositionstechniken der Moderne zu.

Lutosławski greift im Orchesterkonzert das originale melodische Material auf, um es in einer anderen künstlerischen Realität aufzubereiten. Neben barocken Formen (Passacaglia, Toccata), verwendet der Komponist atonale Elemente und ungebräuchliche Harmonien, die das Werk vollends der Aura ursprünglicher Folklore entziehen.

[M] *CD* SO der Nationalphilharmonie Warschau, Krenz (Philips 1964); Cleveland O., Dohnanyi (Decca 1989)

Jeux Vénitiens (Venezianische Spiele)

UA: 1961 Venedig

Der Name der Komposition *Jeux Vénitiens* benennt zweierlei: Den Ort der UA und den Charakter dieser Komposition. Das Wort »Jeux« verweist auf das Spielerische im Sinne einer Emanzipation rigoroser rhythmischer Vorherbestimmung. Im gewissen Sinne steht das Cagesche Zufallskonzept Pate für diese erste aleatorische Komposition. Doch gibt es hier im Gegensatz zu Cage keine vollständige rhythmische Freiheit. Lutosławski arbeitet mit einer Art kontrollierter Aleatorik, d. h. Dauern sind exakt notiert. Das Werk besteht aus 4 Sätzen. Weniger eine kontrastierende Funktion als eine kettenhafte Struktur, die abwechselnd frei oder strikt kontrollierte Abschnitte aufweisen, bestimmen seine Form. Viel dieser freien Struktur zeigt sich im 1. Satz. Im 2. Satz herrscht ein klar determinierter Aufbau. Trotz des konzeptionellen Charakters dieses Werkes, versteht es Lutosławski durchaus, dramatische Momente herauszuarbeiten. Dem 1. Satz fällt ein einführender Charakter zu, der eine bedeutungsvollere musikalische Qualität im 2. und 3. Satz vorbereitet. Der 3. Satz ist ein Flötenmonolog von lyrischem Charakter. Mit einem Hauch mystischer Verschleierung enden die *Venezianischen Spiele.*

[M] *CD* Poln. RSO Katowice, Rowicki (Muza 1962)

Musique funèbre (Trauermusik) für Streichorchester

UA: 1958 Katowice

Zum 10. Todestag des ungarischen Komponisten Béla Bartók bestellte der polnische Dirigent Jan Krenz bei Lutosławski eine »in memoriam«-Komposition. Das Resultat hatte aber letztlich recht wenig mit der Musik des Ungarn gemein. Eine dem Titel entsprechende emotionale Geladenheit bezieht sich hauptsächlich auf den ersten (*Prolog*) und 4. Satz (*Epilog*), die beide das gleiche im Trauergestus gehaltene Thema verarbeiten. Im 2. Satz (*Metamorphose*) ist von dem tragischen, todesnahen Moment nichts mehr zu spüren. Ein eher lebensnaher, quirliger Ton, der im 3. Satz (*Apogäum*) seinen furiosen Höhepunkt erreicht, belebt den insgesamt mehr schwermütigen Charakter dieser Gedenk-Musik.

[M] *CD* SO der Nationalphilharmonie Warschau, Rowicki (Muza 1959)

Livre pour Orchestre

UA: Hagen 1968

Im *Livre pour Orchestre* versucht Lutosławski einerseits aleatorische, in der Zeitgestaltung freie und andererseits statische, metrisch aber strikt gebundene Partien in der Balance zu halten. Zwischen die »Kapitel« im festen Metrum sind kurze, aleatorische Intermedien eingelassen, die dem Zuhörer zur Entspannung diesen sollen. Lutosławski: »Sie enthalten Musik von weniger Bedeutung. Ich stelle mir vor, daß die Attitüde des Dirigenten genau dieselbe sein sollte wie während einer Pause zwischen den Sätzen. Eine Haltung, die suggerieren sollte, daß dies der Moment ist für das Publikum, sich zu entspannen, die Position zu wechseln, zu husten usw.« In diesen je 20 Sekunden währenden Intermedien pulsiert eine lapidare Klangfigur wie eine Art komponiertes Pausengeräusch.

[M] *CD* Polnisches RSO, Lutosławski (EMI); SO der Nationalphilharmonie Warschau, Krenz (Muza 1969)

Präludien und Fuge für 13 Solostreicher

UA: Weiz 1972

In diesem Werk wendet Lutosławski erstmals das aleatorische Prinzip auf die kompositorische Großform an. Trotz des Titels, der eine gewisse Nähe zu Bach vermuten ließe, hat dieses Werk wenig mit dem großen Thomaskantor und barocker Musik zu tun. Eine Ähnlichkeit besteht in der Tatsache, daß die 7 Präludien weniger unabhängig erscheinen und nach einer Struktur verlangen, die den musikalischen Gehalt gewissermaßen vervollständigt. Diese Aufgabe übernimmt eine voluminöse Fuge, die getreu dem barocken Vorbild als Abfolge verschiedener Themen und kontrastierender Episoden aufgebaut ist. Doch einige markante Modifikationen eröffnen neue Perspektiven. So beschränkt sich Lutosławski nicht auf eine einzige Melodielinie, sondern faßt mehrere Stimmen zu Gruppen zusammen. Das im späteren *Chain*-Zyklus auftauchende Verkettungsprinzip taucht hier bereits auf. Bemerkenswert ist ferner, wie solistisch teilweise die 13 Streichinstrumente eingesetzt werden. Man könnte direkt von einem Konzert für 13 Solostreicher sprechen, ohne daß dabei ein Verlust der Form, die der Titel so programmatisch vorgibt, zu beklagen wäre. Jedes der 7 Präludien hat eine andere Struktur, die den einzelnen Instrumenten eine Tempo-Aufgabe oder eine andere Rolle zuteilt. Die Krönung des Werkes ist ohne Zweifel die *Fuge*, die allein 6 Themen aufweist (*Cantabile, grazioso, lamentoso, misterioso, estatico, furioso*). Nacheinander werden die 6 Themen eingeführt, die sich entgegen der Tradition individuell dem Höhepunkt zubewegen. Das *Finale* umfaßt kaum mehr als ein paar Takte und klingt wie ein durch äußere Störgeräusche jäh unterbrochenes Gespräch einer aufgeregten Menschenmenge.

[M] *CD* Polnisches Kammerorchester, Lutosławski (EMI)

Trois poèmes d'Henri Michaux für gemischten Chor, Bläser, 2 Klaviere, Harfe und Schlagzeug

UA: Zagreb 1963

Die Arbeit an diesem Stück verlief recht merkwürdig, da Form und Dramaturgie bereits entwickelt waren, bevor der Komponist die Texte von Henri Michaux zur Vertonung wählte. Nach langem Suchen fand Lutosławski die geeigneten Texte in diesen symbolistischen Gedichten. Die Titel der 3 Gedichte lauten: *Pensées* (*Gedanken*), *Le grand Combat* (*Der große Kampf*) und *Repos dans le malheur* (*Pause im Unglück*). Das 1. Gedicht reflektiert eine skeptische Haltung gegenüber dem Denken, das 2. beschreibt den Kampf zweier Menschen, die von einer Menschenmenge beobachtet werden, das 3. Poem hat eher resignativen Charakter. Analog zu der sehr frei gehaltenen Versform Michauxs entwickelt Lutosławski eine variable musikalische Form fast ohne klassisches Vorbild. Die Stärke irisierender Klangfarben und der Reiz vokaler Exotik machen dieses Werk zur bislang stärksten vokal-instrumentalen Komposition Lutosławskis.

[M] *CD* Krakauer Rundfunkchor, Lutosławski; Poln. RSO Katowice, Wit (Muza 1988)

Cellokonzert

UA: London 1970

Obwohl das *Cellokonzert* nicht viel mit einem Solokonzert klassischer Prägung zu tun hat, bleibt das klassische Prinzip

– die solistische Kooperation mit dem Orchester – erhalten. Lutosławski stellt mehrere Spielarten der Zusammenarbeit vor. Zu gleichen Teilen dominiert der Solopart, oder wird dem Orchester eine zentrale Stellung zugewiesen. Zwischen Cello und Orchester herrscht ein gewisser Konfliktzustand, der gleichermaßen durch Konfrontation und Kooperation geprägt ist.

Das für Mstislav Rostropowitsch geschriebene und von der British Royal Society in Auftrag gegebene *Cellokonzert* besteht aus 4 Sätzen, die ohne Unterbrechung ineinander übergehen. Der *1. Satz* ist ein im ernsten Ton gehaltener Cello-Monolog. Im *2. Satz* entwickelt sich in 4 Episoden eine markante klangliche Gestalt, die durch krasse Orchestereinwürfe beschädigt wird. Der *3. Satz* ist ein Dialog, der durch Störgeräusche unterbrochen, gleichsam boykottiert wird. Was sich in den vorangegangenen Sätzen anbahnt, entfaltet der *Finalsatz* vollends. Das Individuum (Cello) wird durch das Kollektiv (Orchester) regelrecht niedergeschrien, ähnlich wie im *Klavierkonzert* von Elliot Carter. Nach dem triumphalen Sieg des Orchesters erhebt sich das Cello ein letztes Mal, revoltiert mit dem laut repetierten hohen Ton a.

[M] *CD* Rostropowitsch, O. de Paris, Lutosławski (EMI 1974); Schiff, SO des BR, Lutosławski (Philips)

Doppelkonzert für Oboe, Harfe und Kammerorchester

UA: Luzern 1980

Das *Doppelkonzert* für Oboe, Harfe, Streicher und Schlagzeug schließt an die traditionelle dreisätzige Form mit ihrer Tempofolge schnell – langsam – schnell an. Hier steht auch am Anfang des *Kopfsatzes* ein Orchesterritornell in der buchstäblichen Bedeutung des Wortes: eine Klangfläche, die mehrfach wiederholt wird und die Episoden der Solisten einrahmt. Diese treten zunächst allein dem Orchesterblock gegenüber, wechseln mit ihm und haben am Ende des 1. Satzes noch einmal ein langes Solo, das gewissermaßen verrinnt. Der ganze Satz, *rhapsodico*, ist »kontrolliert aleatorisch«. Das gilt auch für den *2. Satz*, der innerhalb von Pizzikato-Feldern der Oboe ein für das Instrument typisch melancholisch gefärbtes Solo einräumt. Das *Finale – marciale e grotesco* – rekapituliert Lutosławskis folkloristische Frühzeit. Ungehemmt musikantisch entwickelt sich der Satz zu einem konzertanten Musterstück, das mit seinen frechen Tonrepetitionen durchaus etwas mit dem persiflierenden Ton Schostakowitschs gemeinsam hat.

Die Widmungsträger dieses *Doppelkonzertes* sind Ursula und Heinz Holliger.

[M] *CD* Bahr, Lännerholm, Radio SO Stockholm, Howarth (Wergo)

Klavierkonzert

UA: Salzburg 1988

Schon seit frühester Jugend reizte es Lutosławski, ein Klavierkonzert zu schreiben. Das 1988 innerhalb der Salzburger Festspiele mit dem Pianisten Krystian Zimerman uraufgeführte *Klavierkonzert* darf als Resultat jahrzehntelanger Beschäftigung mit der Pianistik des 19. Jhs. gelten. Letztlich klingt es wie ein Virtuosenkonzert, das durch die Optik des 20. Jhs. – jenseits jeglicher neo-romantischer Ambitionen – betrachtet wird. Im *Einleitungssatz* dominieren lyrische Farben und entspannte, geradezu lässig wirkende Episoden. Der *2. Satz* ist ein rasches, huschendes *moto perpetuo*, das in seiner pianistischen Delikatesse mit Chopinscher Musik zu kokettieren anhebt. Im *3. Satz* entfaltet sich ein *Largo Cantabile*, das dem Soloinstrument wahrhaft singende Qualitäten abverlangt. Das *Finale* ist in barocker Manier in Form einer Chaconne »gebaut«. In Anlehnung an die *Chain*-Technik gibt es auch im Klavierkonzert unabhängig voneinander geführte und sich gelegentlich überlappende Melodiestränge, die wie die einzelnen Glieder einer Kette weder einen gemeinsamen Anfang noch ein gemeinsames Ende haben.

[M] *CD* Zimerman, BBC SO, Lutosławski (DGG 1990)

Chain 1 bis Chain 3

Unter der Bezeichnung *Chain (Kette)* hat Lutosławski bis jetzt insgesamt 3 Kompositionen vorgelegt, die zwar vom Charakter her sehr unterschiedlich, in Bezug auf das kompositorische Verfahren aber aus einem Geiste entstanden sind.

Chain 1

UA: London 1983

Chain 1 wurde für die London Sinfonietta geschrieben. Im Verlauf dieses rund neunminütigen Stückes verdichtet sich eine anfangs licht gewebte Textur zu einem dramatisch gespannten Gewebe, das aus 12 Einzelstimmen besteht. Letztlich entsteht ein Netzwerk aus kantablen Melodien, die, wie so typisch für Lutosławskis Tonsatz-Dramaturgie, allmählich verklingen.

[M] *CD* Junge Deutsche Philharmonie, Holliger (Muza 1988)

Chain 2

UA: Zürich 1986

Das Violinkonzert *Chain 2* (1985) *Dialog für Violine und Orchester* teilt sich in 4 Sätze. Der *1. Satz* entfaltet sich ad libitum, rhapsodisch zwar, aber in logisch konsequenter Entwicklung der Gestalten, im sich immer enger verzahnenden Dialog von Violine und Orchester. Der *2. Satz, a battuta*, ist robust im Gestus und läßt Strawinskische Rhythmik mit singendem *soave* wechseln. Im *3. Satz* entfaltet sich ein intensiv melodischer Gestus voll melancholischer Farben. Konzertanten Charakter weist der im klaren Metrum gehaltene *Finalsatz* auf. Von einem kleinen freien Zwischenspiel abgesehen, entwickeln sich Soloinstrument und Orchester unisono dem klar formulierten Finale zu.

[M] *CD* Mutter, BBC SO, Lutosławski (DGG 1987)

Chain 3

UA: San Francisco 1986

Nach einem Tusch werden 12 Klangfelder vorgestellt, jedes homogen im Klang und Charakter. Untereinander aber sind sie recht verschieden und überlappen sich ständig. Einem kantablen Flötentrio über ausgehaltenem Ton von Violen und Glocken wird der ruhende Klang eines Kontrabaßquartettes angelagert. Im letzten der 12 Klangfelder entwickeln die Bläser volle Schlagkraft, die in einen 2. Abschnitt einmündet, ein *presto a battuta*, aus dem bald eine breit gesungene Violinmelodie herausragt, die vom Typ her an das Konzert für Orchester gemahnen könnte, hier aber ein leichtes blues-feeling gewinnt. Sicherlich eine Hommage an das San Francisco Symphony Orchestra, für das Chain 3 komponiert worden ist.

[M] *CD* BBC SO, Lutosławski (DGG 1990)

Symphonie Nr. 2

UA: Katowice 1967

Die *2. Symphonie* ist die erste großkonzipierte Orchesterkomposition, die sowohl der Idee des kontrollierten Zufalls, als auch dem Zweisatzprinzip Rechnung trägt. In der Absicht, den Zuhörer auf wichtige Ereignisse im 2. Satz vorzubereiten, spielen im 1. Satz *Hésitant* (zögernd, schwankend) kleine Instrumentalgruppen. Das ganze Orchester kommt dann im 2. Satz *Direct* zur vollen Entfaltung.

Der Gegensatz zwischen den beiden Sätzen ist nicht nur durch das jeweilige spezifische Gewicht bestimmt: sie unterscheiden sich in jeder Hinsicht. Im 1. Satz tauchen keine Streicher auf, während sie im 2. Satz eine zentrale Position einnehmen. Beschreibt man den 1. Satz als einen Fluß, der aus der Bewegung zum Stillstand kommt, verläuft diese dynamische Kurve im 2. Satz genau andersherum. So gegensätzlich diese Kontraste wirken, um so schlüssiger scheint ihr gemeinsamer wie unterirdisch miteinander vernetzt wirkender Gesamtcharakter. Interessant ist zu hören, wie das Ende des 1. Satzes überlappend in den Beginn des 2. Satzes hineinreicht. Drängend bewegt sich der 2. Satz seinem Höhepunkt entgegen, von dem aus in schrittweiser Umkehr das lyrische Finale erreicht wird.

[M] *CD* Polnisches RSO, Lutosławski (EMI 1976); Los Angeles SO, Salonen (Sony 1994)

Symphonie Nr. 3

UA: Chicago 1983

Mit der Komposition der *3. Symphonie* (1981–1983) war Lutosławski rund 10 Jahre beschäftigt. Die Skizzen zu dieser Auftragskomposition des Chicago Symphony Orchestra reichen bis 1972 zurück. Anfängliche Ideen wurden verworfen und der Kompositionsprozeß nach 1979 wieder aufgenommen. Das zweiteilige Werk zeichnet sich durch einen Reichtum an expressiven Melodien aus, die durch einen transparenten harmonischen Untergrund deutlich verstärkt werden. Nach einer kurzen Einleitung folgen 3 Episoden, die dem Prinzip der Zweiteiligkeit nach vorbereitenden Charakter haben: Lapidare, dabei recht kapriziöse und leichtfüßige Bläserstücke, die der bedeutsamen symphonischen Aussage den Boden bereiten. Der 2. Satz ist einem Sonatenallegro recht ähnlich. Doch anstatt Themen zu entwickeln und wieder aufzugreifen, werden dynamische und lyrische Elemente vorgestellt, die in einer Kette dramatischer Ereignisse an expressiver Sprengkraft zunehmen. Zwei Höhepunkte, der eine von »zwitschernder« Fröhlichkeit, der andere von tragischer Tiefe gezeichnet, markieren ein scheinbares vorzeitiges Ende, das sich aber in einem melancholischen Streichergesang fängt. Eine kurze, rasche Coda beendet die Symphonie. Seit ihrer Premiere 1983 wurde der *3. Symphonie* ein außergewöhnlicher Erfolg zuteil.

[M] *CD* Poln. RSO Katowice, Wit (Muza 1988)

Symphonie Nr. 4

UA: Los Angeles 1993

Mit der *4. Symphonie* (1992) hat Lutosławski eines seiner leidenschaftlichsten Werke komponiert. Das rund halbstündige Werk ist einsätzig angelegt, obwohl der Spannungsaufbau durchaus 2 Sätze erkennen läßt. Mit einem trübsinnigen Klarinettensolo, das sich gegen eine hämmernde, trauermarschähnliche Baßlinie behaupten möchte, entwickelt sich ein symphonischer Konflikt, der, von einem tragisch-schönen Violinenklang grundiert, durch plötzliche Hammerakkorde des großbesetzten Orchesterapparates erbarmungslos gestört wird.

RSO Kartowice, Wit (Naxos 1994) *Sven Ahnert*

Bruno Maderna

1920–1973

»Das Schlimmste auf der Welt ist Konsequenz. Ich hasse es, konsequent zu sein, weil es tödlich ist.« Diese Aussage Bruno Madernas spiegelt sich nicht nur in seinem unorthodoxen kompositorischen Schaffen, sondern in gewisser Weise auch in der Vielfältigkeit seiner musikalischen Aktivitäten wider: Maderna war einer der wichtigsten Komponisten der Avantgarde, ein Dirigent mit internationalem Ruf, Dozent und nicht zuletzt auch Herausgeber älterer italienischer Musik. Am 21. April 1920 in Venedig geboren, konnte er seinen ersten Erfolg als dirigierendes Wunderkind bereits im Alter von 12 Jahren feiern. Nach Abschluß eines dreijährigen Kompositionsstudiums am römischen Konservatorium wurde er ab 1940 Schüler des venezianischen Komponisten Gian Francesco Malipiero, der ihm vor allem die Musik des 16. bis 18. Jhs. nahebrachte. Maderna komponierte zunächst im neoklassizistischen Stil, wandte sich dann aber – vermutlich auf Anregung des Dirigenten Hermann Scherchen – Ende der 40er Jahre der Zwölftontechnik zu. Seit 1950 nahm er regelmäßig an den Darmstädter Ferienkursen teil, wo sich die junge europäische Avantgarde traf. Als im besten Sinn heterogen lassen sich seine 5 Orchesterwerke aus dieser Zeit bezeichnen. Es sind mehrsätzige Kompositionen, in denen Material unterschiedlichster Herkunft verarbeitet wird. So beginnt der 1. Satz der *Composizione n. 2* (1950) mit einer Melodie der griechischen Antike, im 2. Satz werden Walzer- und Rumbarhythmen mit reihentechnischen Verfahren kombiniert. Derartige Rückgriffe auf Musik jeglicher Art trugen dazu bei, daß Madernas Werke trotz komplexer Kompositionsweisen nie abstrakt wirkten. Neben elektronischer Musik und musikdramatischen Kompositionen bildete die Gattung »Konzert« seit Ende der 50er Jahre eine Konstante in Madernas orchestralem Schaffen. Dabei waren es insbesondere die Instrumente Flöte und Oboe, die ihn aufgrund ihrer Nähe zur menschlichen Stimme faszinierten. In den letzten 4 Jahren vor seinem Tod (am 13. November 1973 in Darmstadt) entstand eine 2. Gruppe von bedeutenden symphonischen Werken. Charakteristisch für sie ist die Synthese von auskomponierten Abschnitten und Passagen, die den Interpreten weitestgehende Freiheiten lassen.

Konzerte

Zwei Gründe sind dafür zu nennen, daß Bruno Maderna immer wieder – und nicht nur in den zahlreichen explizit mit »Konzert« überschriebenen Kompositionen – Solisten einem größeren Klangkörper gegenübergestellt hat. Der äußere Anstoß rührte meist von der Bekanntschaft mit virtuosen Solisten her (wie zum Beispiel dem Flötisten Gazzelloni oder dem Oboisten Faber). Das entscheidende Motiv aber war die metaphorische Bedeutung, die der Komponist dieser Konstellation beimaß: Das Individuum (der Solist) trifft auf eine zumeist feindliche und menschenunwürdige Umwelt (die Orchestergruppen). Insbesondere Madernas Konzerte sind daher nicht als absolute Musik zu begreifen, sondern als musikalische Dramen. Madernas wichtigste Konzertkompositionen sind *3 Oboenkonzerte, ein Klavier-, ein Flöten- und ein Violinkonzert.*

Aura

UA: Chicago 1972

Den Begriff »Aura« umschrieb Maderna einmal als »die Essenz der Klänge«, vergleichbar dem »Duft eines im Topf kochenden Hühnchens, der den Raum erfüllt.« Tatsächlich geht von dem mit einem gewaltigen Instrumentarium besetzten Orchesterwerk eine unmittelbar sinnliche Wirkung aus. Die Streicher, häufig gemischt mit glockenartigen Schlagzeugklängen, dominieren den Gesamteindruck. Mehrfach werden sie von Blechbläserblöcken und Holzbläsersoli unterbrochen, bis das Stück schließlich mit einem Flötensolo in der Stille verklingt.

[M] *CD* SO des NDR, Sinopoli (DGG 1979)

Biogramma

UA: Rochester 1972

Wie in *Aura* ging es Maderna auch in diesem Werk um die Gegenüberstellung und Überlagerung verschiedener Klangkörper. Gemäß dem Titel – ein Biogramm beschreibt den Lebenslauf von Individuen einer zusammenlebenden Gruppe – sind diese Klangkörper jedoch nicht immer homogen. In einzelnen Passagen des insgesamt dreiteiligen Stückes finden die Instrumentalisten zu einer gemeinsamen Geste, einer expressiven Melodie, in anderen Abschnitten herrschen eher heiter-chaotische (aleatorisch komponierte) Verhältnisse vor.

[M] *CD* SO des NDR, Sinopoli (DGG 1979) *Erika Schaller*

Gustav Mahler

1860–1911

Gustav Mahler (1909)

»Symphonie heißt mir eben: mit allen Mitteln der vorhandenen Technik eine Welt aufbauen.« Dieser berühmt gewordene Ausspruch Mahlers kennzeichnet seine symphonische Kunst, die weit mehr sein will als Musik um ihrer selbst willen, als bloßes Ausfüllen vorgegebener, von der Tradition seit Beethoven geheiligter Formen. Mahlers Symphonik will über »tönend bewegte Form« hinaus Botschaften verkünden. Da das säkularisierte 20. Jh. kein Ohr für solche Botschaften haben konnte, mußte es zu jenen Mißverständnissen kommen, denen Mahlers Kunst nicht erst seit ihrer Verfemung durch das Regime Hitlers ausgesetzt war. Vielleicht ist es kein Zufall, daß Mahlers Zuversicht – »Meine Zeit wird kommen« – sich erst erfüllte, nachdem die furchtbaren Katastrophen zweier Weltkriege die Sinne geschärft hatten für die Brüchigkeit einer längst nicht mehr heilen Welt, wie sie sich in Mahlers Musik mit aller Problematik spiegelt.

Der am 7. Juli 1860 in Kalischt (Böhmen) geborene, am 18. Mai 1911 in Wien an einer Sepsis verstorbene Komponist entstammte kleinbürgerlich-jüdischen Verhältnissen. Sein äußerer Lebensweg ist von unaufhaltsamem Aufstieg bestimmt: Studium am Wiener Konservatorium, Kapellmeister in Bad Hall, Ljubljana, Olmütz, Kassel, Prag, Leipzig, Direktor der Oper in Budapest, und schließlich über die Zwischenstation Hamburg seit 1897 Direktor der Kaiserlichen Hofoper Wien – eine Dirigenten-Fron, die ihn zwang, seine schöpferisch-kompositorische Arbeit im wesentlichen auf die Sommerferien zu beschränken. Als er glaubte, sich dieser Fron durch Gasttätigkeit in New York weitgehend entziehen zu können, war es zu spät; dem Sturz in Wien 1907 folgte vier Jahre später das Ende. Seinen größten äußeren Triumph, die UA der *8. Symphonie* in München, überlebte er nur um 8 Monate. Zu jenem Welt-Kosmos, als den Mahler seine Symphonik betrachtete, gehört nicht nur die hehre Kunst, sondern, wie es in der zerbrochenen Welt des symphonischen Idealismus' Beethovens nicht anders sein konnte, auch das Untere, das, was eine Kunst, die Ersatzreligion sein wollte, verschmähte – daher der Vorwurf der »Banalität«, dem sich Mahler lange ausgesetzt sah. Seine Themen, auch die scheinbar »banalen«, sind Material, das in jene tönende, »mit allen Mitteln der vorhandenen Technik« zu bauende »Welt« genau so einging wie die hohe Kunst, mit der er seine symphonischen Strukturen von bis dato ungeahnter Weite und Spannkraft wölbte. Nichts ist falscher, als in dieser Monumentalsymphonik mit ihrer extremen Ausweitung des Aufführungsapparates so etwas wie wilhelminische Großmannssucht sehen zu wollen. Sie ist eher das Gegenteil: eine Spiegelung des Zerfalls einer Gesellschaft und damit einer Musik, die in diesem Zerfall, in dieser Brüchigkeit, die Kräfte freisetzt für die Musik des 20. Jhs. Mahlers gefährlich wachsende Popularität, die sich vielfach an der Fassadenwirkung entzündet, sollte nicht darüber hinwegtäuschen, daß seit Wagner keine zweite Musik so stark in die Zukunft gewirkt hat wie diejenige Mahlers.

Symphonie Nr. 1 D-Dur

UA: Budapest 1889

Mahlers in den Jahren 1885 bis 1888 in Kassel und Leipzig entstandene *1. Symphonie* zeigt bereits alle Charakteristika, die für den Symphoniker Mahler substantiell grundlegend sind: die zur Monumentalität tendierende Großform, die »Innendramaturgie« auf das Finale hin, die Einbeziehung von Elementen der »niederen« Musik, die abrupten Wechsel von glühender Espressivität, Groteske und Ironie, die bei aller formalen Freizügigkeit konstruktive Verbindlichkeit der symphonisch-thematischen Durchstrukturierung, die Großbesetzung des Orchesters.

Das Werk steht in engem Zusammenhang mit den in den gleichen Jahren komponierten *Liedern eines fahrenden Gesellen*. Das 2. Lied dieses Zyklus, *Ging heut' morgen über's Feld*, bestimmt die Thematik des *1. Satzes*, wobei die absteigende Quarte, mit der es anhebt, zum konstruktiven Element der gesamten Symphonie wurde. Sie kehrt nicht nur zu Beginn des Scherzos wieder, grundiert den Paukenrhythmus des an 3. Stelle stehenden zwielichtigen *Trauermar-*

Gustav Mahler als Dirigent. Silhouette von Otto Böhler

sches, sondern trägt auch den triumphalen, choralartigen Hymnus, mit dem das Werk schließt.

Die »langsam, schleppend, wie ein Naturlaut« anhebende Einleitung des *1. Satzes* läßt in die hohen Flageolettklänge der Streicher das Quartenmotiv der Holzbläser sowie ferne Fanfarenrufe der Klarinetten und später der Trompeten hineinklingen; ein suggestives Bild der erwachenden Natur. Vogelrufe und eine Hornweise bringen langsam Bewegung in das Geschehen, ehe in den Celli das rüstig voranschreitende Hauptthema einsetzt. Die Entwicklung wiederholt sich, erst dann kann sich die eigentliche Sonaten-Exposition entfalten, die sich auf das Liedthema stützt, also auf den traditionellen Seitengedanken verzichtet. Auch im Durchführungsteil geht der junge Mahler eigene Wege. »Durchgeführt« wird nicht das Hauptthema, sondern Elemente aus der Introduktion, die sich zu neuen motivisch-thematischen Gebilden entwickeln. Die Hörner stimmen einen marschartigen Gesang an, der wiederum aus dem Quartfall gewonnen ist und nach einer gewaltigen Steigerung, von Fanfarengeschmetter vorbereitet, den Höhepunkt des Satzes bildet. Die Reprise ist verkürzt. Zu Quartschlägen der Pauke setzen peitschende Achtel des vollen Orchesters den Schlußpunkt.

Das »kräftig bewegte« *Scherzo* verleugnet nicht seine Herkunft von Bruckners Ländler-Scherzi mit ihrem stampfenden Rhythmus. »Recht gemächlich« in wiegender Bewegung kommt das melodiöse *Trio* einher. Die Wiederholung des Scherzo-Teils ist verkürzt. Der nun folgende *Trauermarsch* ist der kühnste, originellste Satz der Symphonie. Nach gedämpften Quartschlägen der Pauke stimmt der Solo-Kontrabaß den bekannten Kanon *Frère Jacques* an, die offenbar ironische Darstellung eines Begräbnisses. Mahler will die Anregung von einem Stich des französischen Zeichners Callot erhalten haben: Die Tiere tragen ihren Jäger zu Grabe. Zweimal wird der Kanon unterbrochen: einmal von betont banal auftrumpfenden, »mit Parodie« überschriebenen Jahrmarktklängen, dann von einer gefühlvollen Weise aus dem letzten der Gesellenlieder. Der Satz wirkt wie eine von verzweifelter Skepsis bestimmte, in ihren Stimmungsumschlägen unheimliche musikalische Collage. In den Pianissimo-Ausklang bricht mit katastrophischer Vehemenz das Finale hinein, ein Sonatensatz von weiten Dimensionen, der die bislang aufgeworfenen Spannungen in dramatischem Pathos austrägt. Nach der turbulenten Einleitung stimmen Hörner und Klarinetten das energisch voranstürmende Hauptthema an, das als ausführlicher Komplex stürmisch entwickelt wird. »Sehr gesangvoll« setzt ein weitschwingendes, sich zu inbrünstigem Espressivo steigerndes Gesangsthema einen Kontrast von äußerster Schärfe. Der Durchführungsstil trägt diese Gegensätzlichkeit in hochdramatischem Ringen der Themen und abgespaltenen Themenfragmente symphonisch aus. Die Entwicklung führt zu einer Schein-Apotheose: Der von den Hörnern angestimmte Choral-Hymnus vermag sich nicht durchzusetzen, das expressive Seitenthema bringt noch einmal Beruhigung, ehe die radikal verkürzte Reprise schließlich zum triumphalen Durchbruch führt: Die Trompeten noch übertönend und deshalb stehend und mit erhobenen Schalltrichtern schmettern die 8 Hörner ihren sieghaften Choral-Hymnus.

Daß die ungemein kühne Konzeption des Werkes bei der UA unverstanden blieb, verwundert nicht.

[M] *CD* Berliner Philharmoniker, Abbado (DGG 1989) – *VD* Berliner Philharmoniker, Haitink (Philips)

Symphonie Nr. 2 c-moll (»Auferstehungssymphonie«)

UA: Berlin 1895

Mit der lange Zeit populärsten Symphonie Mahlers, der 1888 bis 1894 in Prag, Hamburg und Attersee entstandenen Zweiten, nach ihrem Schlußchor »Auferstehungssymphonie« genannt, hebt die Trias der Symphonien an, die in enger Verbindung zu Mahlers Liedern zu Gedichten aus »Des Knaben Wunderhorn« stehen. Das Menschheitsproblem von Tod und Auferstehung wird in einem gewaltigen symphonischen Fresko, das nach Beethovens Vorbild die menschliche Stimme als ultima ratio musikalisch-eschatologischer Verkündigung aufruft, beschworen. Die Dimensionen weiten sich zur Fünfsätzigkeit und zu einer Spieldauer von 80 Minuten. Den großdimensionierten *1. Satz* hat Mahler als »Totenfeier« bezeichnet. Trotz seiner Ausdehnung bleibt das Sonatenschema durchscheinend. *Allegro maestoso* »mit durchaus ernstem und feierlichem Ausdruck« bricht in Celli und Kontrabässen das in wilden Sechzehnteln um Quinte und Oktave kreisende Hauptthema herein, dem als Kontrast ein hymnisch emporsteigendes Thema der Violinen gegenübersteht. Die Entwicklung wiederholt sich variiert. Der Durchführungsteil hebt mit einer klagenden Weise der Trompete und Posaune an, in die das Motiv des Dies irae aus der Totensequenz hineintönt. Dreimal setzt eine gewaltige, dramatische Steigerung an, jedesmal folgt ihr ein Zusammenbruch. Die mit Wiedereintritt des Hauptthemas, diesmal in Bässen und Violinen, klar markierte Reprise verläuft regelhaft. Das emporstrebende Seitenthema vermag die Düsternis nicht aufzuhellen, der Satz sinkt in Piano- und Pianissimo-Regionen, um schließlich mit einem plötzlich in chromatischen Triolen niederbrechenden Schlag zu enden. Der Tod hat scheinbar sein letztes Wort gesprochen.

Ein nach einer vorgeschriebenen Pause von »mindestens fünf Minuten« »sehr gemächlich« anhebendes As-Dur-*Andante* von wiegendem Ländler-Charakter hat episodische Bedeutung: ein idyllischer Ruhepunkt inmitten des erregenden Geschehens. Eine aus der Ländlermelodie entwickelte schwärmerisch sich aufschwingende Violin-Melodie unterstreicht diesen Zug vorübergehender Entspannung. Er wird bereits durch das folgende, von der Pauke angestimmte *Scherzo* desavouiert, eine Umformung des Wunderhorn-Liedes von der vergeblichen Fischpredigt des heiligen Antonius. Die dahinrollenden Sechzehntel der Violinen erzählen von der Sinnlosigkeit des Weltlaufs. Wie eine Art von Perpetuum mobile durchziehen sie den gesamten Satz. Ein signalartiges Motiv des Blechs tönt brutal dazwischen. Bevor die im Nichts auslaufende Reprise ansetzt, steigert sich die Entwicklung zu einem Ausbruch von verzweifelter, grell-dissonanter Schärfe des vollen Orchesters.

Ohne Zäsur setzt an das verlöschende Pianissimo der »Urlicht«-Gesang, ein Gedicht aus »Des Knaben Wunderhorn«, an, den die Altistin zu feierlichen Bläserklängen intoniert. Das Lied intensiviert sich zu bittender, vertrauender Inbrunst: »Ich bin von Gott und will wieder zu Gott«. Die schwärmerische Kantilene des Satzschlusses schlägt in den »wild herausfahrenden« Beginn des *Finales* um, dessen ständig wechselnde Ausdruckssphären das freie Sonatenschema verschleiern. Hornrufe und thematische Vorgriffe auf die spätere Auferstehungsmelodik, das Auftreten des sich hartnäckig behauptenden »Dies-irae«-Motivs, Sinnbild des Todes, geben der Exposition das Gepräge. Ein gewaltiges Schlagzeug-Crescendo kündigt den Durchführungsteil an, in dem das thematische Material zu dramatischen Ballungen verdichtet wird. Das »Dies-irae« verwandelt sich zu einem energischen Marsch. In das erregte Auf und Ab der symphonischen Entwicklung tönt schließlich ein Fernorchester mit »in weiter Ferne« aufgestellten Trompeten und Schlagzeug hinein. Die zum Äußersten getriebene dynamische Steigerung beruhigt sich wieder, und aus weiter Ferne rufen Trompeten zum »großen Appell«, wie Mahler sagte. Wie aus einer anderen Welt tönt ein einsamer Vogelruf der Piccoloflöte herüber, und dann intoniert in gehauchtem Misterioso der A-cappella-Chor die Klopstock-Ode »Aufersteh'n, ja aufersteh'n«, eine der packendsten Stellen der gesamten Mahlerschen Symphonik. In unaufhaltsamer Steigerung, alternierend zwischen Altsolo, Sopransolo und Chor zu dem von Mahler erweiterten Klopstock-Text, über das Unisono-Bekenntnis »Sterben werd' ich, um zu leben« schwingt sich die Musik zu eschatologischer Höhe auf, Beethovens »Per aspera ad astra« konkretisierend in »Zu Gott wird es dich tragen«. Das brausende Orgel-Plenum weist in die Sphäre des Sakralen.

[M] *CD* Rössl-Majdan, Schwarzkopf, Philharmonia O., Klemperer (EMI 1961/62).

Symphonie Nr. 3 d-moll

UA: Krefeld 1902

Die 1895/96 in Hamburg und vor allem in den Sommermonaten am Attersee entstandene *3. Symphonie* sprengt in jeder Beziehung die traditionelle Gattung. Die Aufführungsdauer von 90 Minuten, die Hinzuziehung von Altsolo, Frauen- und Knabenchor zu einer riesenhaften Orchesterbesetzung, die formale Offenheit, die bewußte Disproportionierung der einzelnen Sätze zueinander, die Einbeziehung »niederer Musik«, die jeder Forderung nach »Stil« spottet, alles das läßt erkennen, daß es Mahler nicht um ein in sich geschlossenes Werk, sondern um einen symphonischen Kosmos ging, der über alles Formale hinauswill. Das Werk ist eine Art Natursymphonie, wobei, wie schon in der Zweiten, die Natur zur »Übernatur« strebt. Die ursprünglichen Satzüberschriften, die Mahler später in seiner Abneigung gegenüber der »Programmusik« eliminierte, lassen dies erkennen:

»Pan erwacht, der Sommer marschiert ein«, »Was mir die Blumen auf der Wiese erzählen«, »Was mir die Tiere im Wald erzählen«, »Was mir der Mensch erzählt«, »Was mir die Engel erzählen«, »Was mir die Liebe erzählt«.

Der *1. Satz*, der längste, den Mahler schrieb, wahrt in seiner quasi auskomponierten Diskontinuität das Sonatenschema nur noch umrißhaft. 8 Hörner stimmen das marschartige, an ein bekanntes Studentenlied gemahnendes Hauptthema unisono an, das aber bald von einer trauermarschartigen Episode mit einem charakteristischen Trompetenruf und anrollenden Bässen abgelöst wird. Im weiteren Verlauf spielt die solistisch machtvoll hervortretende Posaune eine dominierende Rolle. Der Durchführungsteil überläßt dem nun zu unwiderstehlicher Vorwärts-Energie getriebenen Marsch mit den Elementen des Hauptthemas das Feld.

Eine Musik, die in ihrer Unbekümmertheit um symphonische »Dignität« – Strauss sprach von Arbeiterbataillonen, die vorüberziehen – auch bei Mahler kaum mehr ihresgleichen hat. Aus dem Spannungsgegensatz von Ruhe – Trauermarsch – und Vorwärtssturm – Liedmarsch konstituiert sich der gesamte Satz. Der Einsatz der Reprise wird durch den Wiedereintritt des Hornthemas deutlich markiert. Einleitung und Marsch erscheinen in gedrängter Form. Über den in jeder Beziehung maßlosen Satz schrieb ein entsetzter Wiener Kritiker: »Für so was verdient der Mann ein paar Jahre Gefängnis.«

Der graziöse Menuett-Charakter des *2. Satzes* kontrastiert aufs schärfste mit dem vorhergehenden. Liedhaftes spielt hinein. Aber auch hier bringen wechselnde Metren Unruhe in die Idylle, dem Menuett-Thema stehen rollende Sechzehntel-Läufe gegenüber, dem wiegenden Dreier kecke Zweiertakt-Passagen, ohne daß jedoch der »naive« Grundton des Stückes verlassen würde.

Das folgende *Scherzando* geht thematisch auf Mahlers Wunderhorn-Lied »Kukuk hat sich zu Tode gefallen« zurück. Zweimal wird der musikalische Fluß unterbrochen durch ein Posthornsolo, wehmütiger Rückblick auf unwiderbringlich Vergangenes, wobei Mahler Sentimentalität bewußt in Kauf nimmt: wiederum Eindringen des »Niederen« in den musikalischen Kosmos. Erneut Szenenwechsel: zu fast sakral anmutenden, ernsten Klängen intoniert die Altistin Nietzsches »O Mensch, gibt acht« aus »Zarathustra«. Der Mensch spricht, nicht Nietzsches Übermensch, dem Mahler tief mißtraute. Naturlaute klingen hinein, ein musikalisches Misterioso, dem ausgefallene instrumentale Kombinationen das Kolorit des Geheimnisvollen geben. In das verklingende Pianissimo tönt ohne Unterbrechung das heitere »Bim bam« des den *5. Satz* eröffnenden Knabenchors mit Glocken hinein. »Es sungen drei Engel ein süßen Gesang« verkündet der Frauenchor. Eine himmlische »Wunderhorn«-Idylle von kindlichem Zauber, apart instrumentiert, erzählt von der Reue ob des Übertretens der »Zehn Gebot'«. Die kecke Kindlichkeit der Musik, wiederum in stärkstem Kontrast zum Vorhergehenden, macht nun den Weg frei für den Aufstieg in die Höhen, die Mahler mit »Liebe« umschrieb: das Göttliche. Das *Final-Adagio* ist von einer Weite des Symphonisch-Melodischen und einer Breite der Steigerungsdramaturgie, wie sie nach Beethoven nur noch in Bruckners Adagiosätzen zu finden sind. »Ruhevoll« heben die Violinen mit dem sich aussingenden Hauptthema an. Ein zunächst gleichfalls von den geteilten Violinen intonierter viertaktiger Seitengedanke kontrastiert nur wenig. Die variative, sich ständig steigernde Entwicklung dieser beiden Themen bestimmt den gesamten Satz. Ein Orchesterrhythmus, der, wenn auch ausdrucksmäßig entgegengesetzt, das formale Gegengewicht zu dem ausufernden Kopfsatz bildet. In einer letzten Aufgipfelung, in die die Orgel ihr Brausen hineintönen läßt, geht die Symphonie, Mahlers formal extensivste, zu Ende.

[M] *CD* Norman, Wiener Philharmoniker, Abbado (DGG 1980)

Symphonie Nr. 4 G-Dur

UA: München 1901

Mit der 1899–1901 in Wien und Maiernigg komponierten *4. Symphonie* findet die symphonische Wunderhorn-Welt ihren Abschluß. Eine »Finale-Symphonie«, in der das Finale zwar Ziel- aber nicht Höhepunkt bildet, ist es doch ein bereits 1892 komponiertes Lied mit dem Titel *Das himmlische Leben*. Monumentalität verbietet sich angesichts dieser Konzeption. Das Werk kehrt nicht nur zur traditionellen Viersätzigkeit zurück, auch das Orchester ist reduziert, die Posaunen fehlen ganz. Die menschliche Stimme beschränkt sich auf die Sopranistin für das Lied-Finale. Die Einfachheit ist jedoch scheinbar: das ganze Werk sei in Anführungsstrichen komponiert, meinte treffend ein Mahler-Exeget.

Der *1. Satz* trägt zwar Sonatenform, aber das mit Schellengeläute sich kokett aufschwingende Hauptthema scheint symphonischer »Seriosität« zu widersprechen. »Der 1. Satz beginnt, als ob er nicht bis drei zählen könnte, dann aber geht es gleich ins große Einmaleins«, sagt Mahler. In der Tat steht die überaus kunstvolle thematisch-motivische Durchstrukturierung in krassem Gegensatz zur kindlichen Naivität ihrer Thematik. Dem so ganz »unsymphonischen« Hauptthema folgt ein schwungvoller Seitengedanke, der späterhin zu emphatischer Intensität geführt wird. Weitere einprägsame Motivfloskeln fungieren als Bindeglieder. Im Durchführungsteil wird das Material regelrecht durchgeschüttelt und schließlich zu einer turbulenten »Explosion« gebracht, ehe mit koketter Verzögerung unschuldsvoll das Hauptthema zur Reprise einsetzt. Eine Musik der Verfremdung. Die Narrenkappe ist nicht geheuer. Die Musik glaubt nicht an das, was sie sagt.

Ist die Heiterkeit des *1. Satzes* gebrochen, so gilt dies erst recht für das »in gemächlicher Bewegung« abrollende fünfteilige *Scherzo*. Den »Ton« der Scherzoteile gibt eine um einen Ton höher gestimmte Solovioline an: Freund Hein spielt auf. Der fiedelartige Klang wirkt fahl, die Bewegung scheint leer zu laufen. Das 1. Trio schlägt ins Lustige um: Die Klarinette stimmt eine mit Trillern gespickte Tanzweise an, die Violinen biegen sie ins Kantable um, die Klarinetten werfen frech ihr Tanzmotiv hinein. Das 2. Trio wird vom Horn mit einer Ländlerweise eröffnet, harfenumrauscht breiten die Violinen eine sich in höchste Lage aufschwingende Kantilene aus, eine Stelle von schwärmerischem Espressivo. Der Wiedereintritt des *Scherzos* mit der Fiedel macht dieser Klangseligkeit schnell den Garaus.

Als überaus kunstvoller Variationensatz präsentiert sich das mit »ruhevoll« bezeichnete *Adagio*. Zwei Themen werden abwechselnd variiert, das erste, ein ausdrucksvoller Gesang der geteilten Streicher, sich inbrünstig steigernd, das zweite, eine von der Oboe angestimmte klagende Weise, die leidenschaftlich intensiviert wird. »Anmutig bewegt« hebt die 1. Variation an, aber dann fällt die Klageweise ins Adagio zurück. Die 2. Variation, ein plötzliches Allegretto, biegt das Gesangsthema ins Tänzerische um, sich bis zu wilder Turbulenz erhitzend.

Ein urplötzlicher, gewaltiger Tutti-Ausbruch, der einzige der Symphonie, läßt in den Hörnern wie eine Vision das Finale-Thema aufleuchten, aber dann klingt der Satz, einer der eindrucksvollsten langsamen Sätze Mahlers, ruhevoll wie er begann, aus. Dieses *Finale*-Thema, nunmehr »sehr behaglich« sich wiegend, wird von der Klarinette angestimmt. »Wir genießen die himmlischen Freuden, drum tun wir das Irdische meiden«, verkündet der Solosopran. Diese himmlischen Wunderhorn-Freuden sind jedoch sehr irdisch: ein Schlaraffenland für Schlemmer. Nach jeder Strophe des Gedichts fährt denn auch das Orchester mit den grellen Schellenklängen des Symphoniebeginns dazwischen. Dieses »himmlische Leben« – so der Titel des Gedichts – ist nur eine Fortsetzung des sinnlos-irdischen Weltlaufs. So schließt sich scheinbar der Kreis der Symphonie, aber nur scheinbar: Wenn am Schluß von der himmlischen Musik die Rede ist, fällt alle Ironie ab: Der Ausklang, eine Kammermusik von Harfe, Baßklarinette und Violoncello, im Pianissimo verklingend, ist wie eine Reminiszenz an die ferne Welt des Märchens. Mahlers konziseste, scheinbar »eingängigste« Symphonie ist auch seine rätselhafteste.

[M] *CD* McNair, Berliner Philharmoniker (Philips 1993)

Symphonie Nr. 5 cis-moll

UA: Köln 1904

Die mit der *5. Symphonie* eröffnete Trias der »mittleren« Symphonien Mahlers bedeutet die Abwendung von der Wunderhorn-Romantik und der Überhöhung des Symphonischen durch die Singstimme. Das – sehr groß besetzte – Orchester wird wieder alleiniger Träger musikalischer Aussage, und die Annäherung an die traditionelle Form geht Hand in Hand mit gesteigerter Meisterschaft des dichter werdenden Orchestersatzes.

Das zwischen 1901 und 1903 in Wien und Maiernigg entstandene Werk ist fünfsätzig angelegt, wobei der *1. Satz*, ein Trauermarsch, nach Mahlers eigenen Worten nichts anderes darstellt als die ins Große ausgeweitete Introduktion der klassischen Symphonie, der der eigentliche Sonaten-Hauptsatz als zweiter folgt. Dieser »streng, wie ein Kondukt« einherschreitende Trauermarsch ist charakteristisch für Mahlers Verfahren, »untere Musik« als Material in seinen symphonischen Kosmos einzubeziehen, was ihm einst den Vorwurf des »Banalen« einbrachte. Die schmetternde Trompetenfanfare, mit der das Werk anhebt, gehört in diese Kategorie. Der lastende Trauermarsch wird durch zwei Trios unterbrochen. Das erste fährt »leidenschaftlich, wild« heraus, mit aufgeregten Figuren der Violinen hochfahrend, das zweite entfaltet einen sich elegisch ausbreitenden, gegliederten Gesang der Violinen, der zu einem mit »klagend« überschriebenen Ausbruch des vollen Orchesters führt, ehe nach kurzer Trauermarsch-Reprise schließlich der Satz gleichsam zusammenbricht.

»Mit größter Vehemenz« bricht nun der eigentliche Sonatensatz herein, dessen wildes Hauptthema, wie gepeitscht auf- und niederfahrend, von den Violinen intoniert wird – eine Musik von aggressiver Erregtheit. Als »Seitensatz« fungiert eine Variante des 2. Trauermarsch-Trios. Dieser radikale Kontrast wird im weit ausholenden Durchführungsteil ausgetragen. Er mündet nach einem gewaltsamen Steigerungs-Durchbruch in einen Choralansatz des Blechs, der jedoch nicht zur Entfaltung gelangt. Erregt, wie er anhub, klingt der zerklüftete Satz, in seinen Wechselbädern des Sonatenschemas spottend, aus.

Der Ausdruck hochgespannter Erregung setzt sich im *Scherzo*, dem eigentlich zentralen Satz der Symphonie, fort. Was sich als Walzer ausgibt, ist in Wahrheit ein »Chaos, das ewig eine neue Welt gebärt, die im nächsten Moment wieder zugrunde geht«, so Mahler. Der Kontrapunktiker Mahler feiert in diesem, den Scherzotypus in die Region des Dämonischen steigernden Satz wahre Triumphe. Das aus dem Walzerthema gewonnene thematisch-motivische Material wird durchführungsartig durcheinandergewirbelt. Zwei Trios heben sich angesichts dieser Kunst ständiger Veränderung und ständigen Hochfahrens und Zusammenbrechens der Musik kaum als gesonderte Formteile ab. Der Satz scheint trotz seiner erregten Vielgestaltigkeit von einem Ausdruck kompositorischen Selbstbewußtseins zu künden, das frei mit den Elementen schaltet, sie vermittels der vielberufenen »Variantentechnik« zu immer neuen Gebilden zusammenzwingt. Unmöglich, in diesem Rahmen der überschäumenden kompositorischen Phantasie auch nur andeutend zu folgen.

Den endlichen Ruhepunkt bringt das berühmt-berüchtigte *Adagietto*. Der hochexpressive Streichersatz mit Harfe, aus dem Rückert-Lied *Ich bin der Welt abhanden gekommen* entwickelt, hat innerhalb des Ganzen der Symphonie seinen Stellenwert als Zäsur vor dem wirbelnden Final-Rondo. Isoliert man ihn, wie es in einem Film geschah, wird er sentimental. Insofern ist seine Popularität zweifelhaft.

Wie zur Auswahl werden zu Beginn des *Finales* mehrere Themen spielerisch hingeworfen. Der Satz entscheidet sich dann für das relativ simple, absteigende Rondo-Thema, das aber in Verbindung mit den übrigen vorgestellten Gedanken sich als Keim unerschöpflicher Komplikationen entpuppt. Eine konfliktlos-positive Musik von mitreißendem Schwung und höchster Kunstfertigkeit des Kombinatorischen und der Steigerungsdramaturgie. Als endliches Ziel erscheint der im *2. Satz* nicht zur Entfaltung gelangte, höchst diesseitige »Choral«, der sich zugleich im nachhinein als Konzentrat sämtlicher Themen und Motive des Satzes ausweist. Mit einer auftrumpfenden Stretta geht die Symphonie, Dokument der Lebenshöhe ihres Schöpfers zu Ende.

M *CD* New Philharmonia O., Barbirolli (EMI 1968)

Symphonie Nr. 6 a-moll (»Tragische«)

UA: Essen 1906

Mahler hat seine 1903/04 in Wien und Maiernigg entstandene Sechste die »Tragische« genannt. Im nachhinein erscheint sie als eine Vorahnung der Katastrophen, die ein Jahr nach der UA, 1907, über den Komponisten hereinbrechen sollten: das Ende seiner Stellung als Hofoperndirektor, die Diagnose eines Herzleidens und der Tod seiner Tochter Anna. In der Rigorosität, mit der das Sonatenschema respektiert wird, der noch über die Fünfte hinausgehenden Dichte der Strukturen und der niederschmetternden Gewalt des Finales mit seinen zwei Hammerschlägen steht das Werk in Mahlers Œuvre isoliert. Auch die Orchesterbesetzung geht über alles bisher Geforderte hinaus. Die Rigorosität und Härte des Musiksprachlichen stellen ungewöhnliche Ansprüche an den Hörer. Vielfach wird das Werk auch als Mahlers persönlichstes angesehen.

Die Exposition des *1. Satzes*, die nach klassischem Muster wiederholt werden soll, gehört zu den formal konzisesten Gebilden Mahlers. Ein energischer Marschrhythmus bestimmt das Geschehen. Dem punktierten Hauptthema mit seinen Oktavstürzen folgt in den Holzbläsern eine choralartige Überleitungsgruppe, die von einem als »Motto« für die ganze Symphonie wichtigen, von Dur nach Moll sich senkenden Trompeten-Dreiklang eröffnet wird. Das mit »schwungvoll« bezeichnete Seitenthema, ein von den Violinen angestimmtes, etwas überschwenglich-oberflächliches Gebilde, will, nach Mahlers Worten, ein musikalisches Porträt seiner Frau Alma sein. Der große Durchführungsteil wird zunächst von dem Marsch geprägt, ehe das Seitenthema und der Choral eine geheimnisvolle, von Klängen der Celesta und der Herdenglocken getönte Pianissimo-Episode einleiten. Die weitere Entwicklung wird jedoch »immer streng im Takt« vom Marsch bestimmt, der in die Reprise übergeht. Der in Flöten, Violinen und Celesta wiederkehrende Choral, dem wiederum die Dur-Moll-Wendung vorausgeht, bleibt durch rhythmische Verkürzung in die Marschbewegung eingebunden. Der Schluß wird vom schwungvollen Seitenthema beherrscht, das den ungemein geschlossenen Satz in niederstampfendem Unisono beschließt.

Die beiden Binnensätze, *Scherzo* und *Andante*, tragen angesichts der Ausdruckswucht und architektonischen Größe der Außensätze fast den Charakter des Episodischen. Das *Scherzo* wandelt aus dem Marschthema gewonnenes Material phantasievoll-skurril ab, wobei wuchtige Passagen mit tänzerischen abwechseln. In »altväterlichem« *Grazioso* torkelt mit vielen Taktwechseln eine menuettartige Episode einher, ehe nach zahlreichen Varianten das stampfende Hauptthema wieder eingreift. Das *Andante* exponiert eine weitschwingende, ausdrucksvolle Violinweise, die mehr und mehr vom Auf und Ab eines wogenden Espressivo zersetzt wird und in ihrer Ursprungsgestalt kein zweites Mal mehr erscheint. Dem ruhigen Ausklang antwortet mit hereinbrechender Vehemenz die sehr breite Introduktion des *Finalsatzes*, des bedeutendsten, den Mahler geschrieben hat. Neben dem Dur-Moll-Motto gewinnt ein punktiertes Sekund-Motiv, die Keimzelle des gesamten Satzes, entscheidende Bedeutung. Ein düsterer, marschartiger Choral treibt die Entwicklung weiter, ehe *Allegro energico* das von dem Sekundmotiv geprägte Sonaten-Hauptthema einsetzt. Wiederum ist der voranstürmende Marschrhythmus bestimmend. Ein vom Horn angestimmtes, von der Klarinette fortgeführtes, schwungvolles Seitenthema ändert an dieser Bewegung nichts. Eine Entwicklungs-Steigerung ungeheuren Ausmaßes wird schließlich von einem dröhnenden Hammerschlag abgebrochen: Der Durchführungsteil beginnt. Ein symphonisch-dramatischer Kampf von »positiven« Dur- und »negativen« Moll-Elementen hebt an, wie es ihn in dieser motivischen Dichte und wilden Ausdrucks-Übersteigerung auch bei Mahler kein zweites Mal gibt. Die nahende Erfüllung wird durch den zweiten Hammerschlag, der zugleich den Eintritt der Reprise markiert, zermalmt. Die Gliederung der Reprise verläuft umgekehrt: Zuerst erscheint die Seitengruppe, dann erst die Hauptgruppe. Den auch diese Steigerung zerbrechenden dritten Hammerschlag hat der abergläubische Mahler nach der UA gestrichen. Ihm bangte selber vor der Ausweglosigkeit dieses musikalischen Infernos. Die Düsternis der Introduktion, als Coda wiederkehrend, besiegelt endgültig den Zusammenbruch mit dem punktierten Sekundmotiv. Ist es zu weit hergeholt, in den dröhnenden Marschrhythmen und diesem Zusammenbruch die wenige Jahre später eintretende Katastrophe Europas vorausgeahnt zu sehen?

[M] *CD* City of Birmingham SO, Rattle (EMI 1989)

Symphonie Nr. 7

UA: Prag 1908

Die 1904/05 in Wien und Maiernigg komponierte Siebente ist stets als besonders problematisch betrachtet worden. Zwischen den nach dem Modell der Fünften gebauten, ausladenden Ecksätzen und dem Mittelblock der beiden *Nachtmusiken*, die ein *Scherzo* einrahmen, besteht keine innere Verbindung. Weisen letztere auf die »Wunderhorn«-Welt zurück, so lassen erstere thematische Verbindungslinien zur Sechsten erkennen: der Dur-Moll-Dreiklang, die Ähnlichkeit des Hauptthemas der ersten Sätze, die Verwendung von Herdenglocken. Das *Rondo-Finale* hat in seinem Aufbau Ähnlichkeit mit dem gleichen Satz der Fünften, wenngleich es die thematische Plastik, Fülle der Erfindung und strukturelle Dichte des letzteren bei weitem nicht erreicht.

Der symphonisch bedeutendste Satz steht am Anfang, ein kühnes Gebilde, das die Tonalität bis an ihre Grenze ausweitet und in seiner linearen Härte auch bei Mahler eine Sonderstellung einnimmt. Die große Adagio-Introduktion exponiert ein ungemein markantes Thema als Solo des Tenorhorns. »Hier röhrt die Natur«, sagte Mahler von diesem Einfall. Die absteigende Quart, mit der das Hauptthema des *Allegro-con-fuoco*-Hauptsatzes anhebt, wird konstitutiv für den gesamten Satz. Von dieser Quart getragene Gebilde bestimmen den weiteren Fortgang, ehe »mit großem Schwung« in den Violinen das weit ausholende, emphatische Seitenthema Platz greift. Der Durchführungsteil kombiniert beide Themen und Themenfragmente in unerschöpflich phantasievoller Weise, wobei der drängende Zug der Musik keine Unterbrechung erfährt. Erst leise Trompetenrufe und eine choralartige, »feierliche« Bläserepisode sowie eine Soloviolone bringen Beruhigung in das Geschehen. Die breit ausgesponnene Piano- und Pianissimo-Episode führt schließlich, harfenumrauscht, zur Wiederkehr des zu höchster Emphase gesteigerten Seitenthemas. Eine Reminiszenz der Adagio-Einleitung mit Posaunenrufen kündigt die Reprise an. Mit einer pathetischen Verbreiterung des Hauptthemas in Trompeten und Posaunen sowie einer turbulenten Stretta geht der Satz zu Ende.

Das Horn stimmt die *1. Nachtmusik* an. Ihr liedhaftes Thema schreitet rüstig voran, Mahlers Marschtypus ins Romantische wendend. Auch das 1. Trio, von einer schwungvollen Cello-Weise getragen, unterbricht diesen Bewegungsfluß nicht. Eine Herdenglocken-Episode leitet zur Wiederkehr des Hauptsatzes über. Eine neue Marschweise in Celli und Holzbläsern führt als 2. Trio die von Horn- und Naturlauten begleitete Wanderung fort. Am Schluß zerfließt alles in abgleitenden Triolen. »Schattenhaft«-gespenstisch gibt sich das *Scherzo* mit seiner aufsteigenden Triolenbewegung, die sich erst später melodisch festigt. Das Trio schlägt mit seinen wiegenden Linien romantische Töne an. Die variantenreiche Wiederholung des Scherzo-Teiles unterstreicht das Totentanzartige des Satzes mit seiner Mischung von Tanz, Klage und dissonanzgeschärfter Harmonik. Nach kurzem Aufschwung der Solovioline singt das Horn die Serenaden-Weise der *2. Nachtmusik*. Gitarren- und Mandolinenklänge zaubern die trügerische Vision nächtlicher Ständchen-Musik. Die Celli singen eine schwärmerisch dahinziehende Melodie. Der Satz ist trotz seiner scheinbaren Problemlosigkeit von ungemein kunstvoller Durchstrukturierung des Details. Alban Berg wußte, weshalb er die beiden Nachtmusiken der *7. Symphonie* so liebte. Daß diese

Titelblatt des Klavierauszuges der 8. Symphonie

Alma Schindler, nach ihrer Heirat mit Gustav Mahler (1902)

Musik gebrochen ist, ihre wirkliche Welt längst versunken, macht ihren elegischen Reiz aus.

Über das allzu pompöse, naiv auftrumpfende *Rondo-Finale* mit seinem Fanfaren-Thema, seinen vielen menuettartigen Episoden, seinen Unisoni streiten sich die Exegeten bis heute. Ist es ernst gemeint, oder wollte Mahler, der es selber als »etwas prachtvoll« apostrophierte, es als sich überschlagende Parodie eines zeitgemäßen Positivismus gewertet wissen? Wie dem auch sei: Mahlers konstruktive Kraft feiert auch hier Triumphe. Mit der Wiederkehr des nun ins Grandiose gesteigerten Hauptthemas des *1. Satzes* schließt das Werk.

[M] *CD* SWF SO, Gielen (Intercord 1993); Cleveland O., Boulez (DGG 1995)

Symphonie Nr. 8 Es-Dur

UA: München 1910

Mahler hat seine *8. Symphonie* als sein Hauptwerk betrachtet. Die Münchner UA am 12. September 1910 vor der geistigen Elite ganz Europas war der äußere Höhepunkt seines Lebens. Mit der Besetzungsforderung von 2 gemischten Chören, Knabenchor, 8 Solisten, einem Riesen-Orchester nebst gesondert postiertem Blech sowie Orgel hat die Partitur kaum ihresgleichen. Der vom Veranstalter der UA erfundene, reißerische Titel einer »Symphonie der Tausend« hat dem 1906/07 in Wien und Maiernigg entstandenen Werk eher geschadet. Trotz des extremen Aufgebots wäre es verfehlt, in dem Werk nur den Gigantismus der wilhelminischen Jahrhundertwende sehen zu wollen. Vor allem der *2. Satz* ist reich an Differenzierungen des stellenweise kammermusikalisch aufgesplitterten Apparates, wobei sich das orchestrale Aufgebot mehr als Mittel farblicher Vielfalt denn als Erzeuger von Monumentalwirkungen ausweist. Die Symphonie ist zweisätzig. Dem *1. Satz* liegt als Text der mittelalterliche Pfingsthymnus »Veni creator spiritus« des Hrabanus Maurus, also eine Anrufung des Heiligen Geistes, zugrunde. Der *2. Satz* verwendet die Schlußszenen von Goethes

»Faust II«. Die zunächst befremdende Kombination zweier so unterschiedlicher Dichtungen hat im Sinne Mahlers ihre tiefere Bedeutung: In beiden Fällen will er die erlösende Liebe als geistigen Urgrund sehen. Inwieweit dies im philologischen Sinne trägt, ist für die Konzeption des Werkes unerheblich. Trotz der kantatenhaft erscheinenden Anlage bleibt das dreisätzige Sonatenschema durchscheinend. Der gedrungene *1. Satz* ist als Sonatensatz analysierbar. Der *2. Satz* mit vielen thematischen Bezügen und Wiederaufnahmen zum ersten kann als *Adagio, Scherzo* und *Finale* gedeutet werden. Diese auch vom Text her sinnvollen Bezüge grenzen das Werk als Symphonie gegenüber der bloß reihenden Kantate ab.

Mit dem einprägsamen, hymnischen Thema hebt das »Veni creator« emphatisch an. Die beiden Chöre rufen es einander zu. Die Solisten setzen als »Seitenthema« das lyrische, aber nicht minder hymnisch schwingende »Imple superna gratia« dagegen. Eine Wiederholung des Beginns leitet über zur klanglich gewaltig sich auftürmenden Durchführung, von einer Orchester-Einleitung vorbereitet. Bei »Accende lumen sensibus« scheint die Musik geradezu zu explodieren. Im Zentrum des Durchführungsteils steht eine beinahe hypertrophe, weil klanglich kaum mehr realisierbare Doppelfuge, deren Klangmassen einigermaßen durchhörbar zu machen nur unter idealen Bedingungen gelingt. Sie leitet unmittelbar in die durch den Wiedereintritt des Anfangsthemas deutlich markierte Reprise. Das von den jubelnden Knabenstimmen übertönte »Gloria Patri« bringt den in seiner Geschlossenheit überwältigenden Satz triumphal in grandioser Klanglichkeit zu Ende.

Eine lange, ungemein stimmungsdichte Orchester-Introduktion bereitet die Welt des in himmlische Regionen aufgestiegenen Faust vor. Es ist in diesem Rahmen unmöglich, den vielen Szenenwechseln des ausgedehnten, sich ausdrucksmäßig an Goethes Dichtung anschmiegenden Satzes nachzugehen. Der dunkle Ernst von »Waldung, sie schwankt heran« weicht dem Scherzo der Engel und seligen Knaben »Gerettet ist das edle Glied« sowie dem Frauenchor »Jene Rosen«. Das Hauptthema des *1. Satzes* kehrt als Variante bei »Uns bleibt ein Erdenrest«, diesmal dunkel gefärbt, wieder. Wiederum kombiniert ein ausgedehnter Durchführungsteil die Themen auf kunstvollste Weise, wobei einmal mehr auf thematische Gebilde des *1. Satzes* zurückgegriffen wird. Mahlers Variantentechnik feiert hier wahre Triumphe. Die Welt der Orchester-Introduktion mit ihrer geheimnisvoll-»jenseitigen« Aura greift mehr und mehr auf die vokale Ebene über, wenn auch der kecke Knabenchor mit »Er überwächst uns schon« noch einmal Scherzo-Töne anschlägt. Die Vision der Mater gloriosa »Komm! hebe dich zu höhern Sphären«, Klänge der Harfen, des Klaviers und der Celesta leiten den Epilog ein: »Alles Vergängliche ist nur ein Gleichnis«. Zunächst als »Chorus mysticus« im pianissimo intoniert, schließlich zu gewaltigem Hymnus mit gesondert postierten Bläserchören und Orgel gesteigert, führt er mit dem in den Posaunen machtvoll hineintönenden Zitat des Hauptthemas das Werk in hymnischer Übersteigerung zu seinem Ziel. Bei allen Vorbehalten und Zweifeln – sie wurden auch von profunden Mahler-Exegeten laut – ist die Gesamtwirkung dieser Musik, in der nach Mahlers Worten »das Universum zu tönen und zu klagen beginnt« und in der »nicht menschliche Stimmen, sondern Planeten und Sonnen« kreisen, ungebrochen.

[M] *CD* Bork, Cotrubas, Harper, Dieleman, Finnilä, Lochran, Prey, Sotin, Tonkunst-Chor Amsterdam, Concertgebouw O. Amsterdam, Haitink (Philips 1971)

Das Lied von der Erde

UA: München 1911

»Eine Symphonie für eine Tenor- und eine Alt- (oder Bariton-) Stimme und Orchester« hat Mahler sein *Lied von der Erde* genannt. Trotz der Bezeichnung »Symphonie«, die das Werk ausdrücklich von einem Liederzyklus abhebt, hielt sein Aberglaube in bezug auf eine »Neunte«, die seit Beethoven und Bruckner mit dem Odium der »Letzten« behaftet war, ihn davon ab, sie numerisch seinen übrigen Symphonien einzufügen. Das Werk nach eher kunstgewerblichen als philologisch getreuen Übersetzungen altchinesischer Lyrik durch Hans Bethge entstand 1907/08 in Wien und Toblach unter dem Eindruck der persönlichen Katastrophen des Jahres 1907. Es eröffnet Mahlers Spätwerk, das sich vor allem in einer linearen, kammermusikalischen Strukturierung des Orchestersatzes anstelle der früheren Klangschichtungen niederschlägt. Linien laufen gelegentlich scheinbar disparat nebeneinander, was zu Härten bis an den Rand der Tonalität führt. Mit der *9. Symphonie* stößt *Das Lied von der Erde* das Tor auf zur Musik der sog. Zweiten Wiener Schule, also der Kunst Schönbergs und Alban Bergs, wenn es die Schwelle auch nicht überschreitet. Die hochexpressive Sprache führt die Welt der Spätromantik in diejenige des Expressionismus über. Symphonische Einheit des Ganzen wird nicht mehr durch formale Kriterien gestiftet, sondern durch ein alle 6 Sätze unterirdisch, vielfach unhörbar, weil abgewandelt, durchziehendes Grundmotiv, nämlich die absteigende Dreiton-Folge a – g – e.

Das *Trinklied vom Jammer der Erde* für Tenor, eine Musik von leidenschaftlicher Erregtheit, stellt hochgepeitschte Lebensfreude, finstersten Fatalismus und helle Verzweiflung unmittelbar nebeneinander, jedesmal kulminierend in dem Motto »Dunkel ist das Leben, ist der Tod«. Wie in allen anderen Sätzen geht der dichte Orchesterpart weit über die Funktion einer Liedbegleitung hinaus. *Der Einsame im Herbst* für Alt ist eine elegische Meditation, ein verhangenes Nebelbild. Dem Klagegesang antwortet eine in kleinen Schritten dahinschleichende Violinweise. Der Mittelteil steigert sich zu leidenschaftlicher Ausdrucksintensität, ehe der Schluß wieder in die Resignation des Beginns zurücksinkt. Heitere Töne schlägt das Tenorlied *Von der Jugend* an, eine kapriziöse Miniatur. Der »Pavillon aus grünem und aus weißem Porzellan« wird in exotisch anmutenden Klängen vor das innere Auge des Hörers gestellt, ein Jugendstil-China von feinem Charme und lockerer Eleganz der Sing-Melodik. Zwielichtiger gibt sich das anschließende *Von der Schönheit* für Alt. Der sehnsüchtige Ton des Anfangs wird von einem erregten, marschartigen Orchester-Zwischensatz abgelöst, der nach dem Wiedereintritt der Singstimme das mit dramatischer Realistik gezeichnete Bild eines dahinjagenden Rosses suggeriert. Der Schluß fällt in die leise Wehmut des Anfangs zurück. An die Verzweiflungsstimmung des ersten Liedes knüpft *Der Trunkene im Frühling* für Tenor an, gipfelnd in dem Schluß-Aufschrei »Laß mich betrunken sein!«, nachdem die Zwiesprache mit dem geflügelten Frühlingsboten keine Besänftigung brachte.

Ziel- und innerer Höhepunkt des Werkes ist der fast die Hälfte der Aufführungsdauer beanspruchende Schlußsatz *Der Abschied* für Alt. Die weite Dreiteiligkeit der Anlage sprengt endgültig den Rahmen des Orchesterliedes und dehnt ihn zu einem Monolog. Der von einem trauermarschähnlichen Orchester-Zwischenspiel unterbrochene Gesang, die Klage eines Einsamen, teils rezitativisch, teils arios sich ausbreitend und vor Schluß zu einem inbrünstigen Espressivo sich verdichtend, ist, wie insgeheim das ganze Werk, eine Auseinandersetzung mit dem Phänomen des Todes. Mahler scheute denn auch davor zurück, es zu seinen Lebzeiten aufzuführen.

[M] *CD* Ferrier, Patzak, Wiener Philharmoniker, Walter (Decca 1952); Ludwig, Wunderlich, New Philharmonia O., Klemperer (EMI 1967); Seiffert; Hampson, City of Birmingham SO, Rattle (EMI 1997) – *VD/LD* Ludwig, Kollo, Israel PO, Bernstein (DGG)

Symphonie Nr. 9 D-Dur

UA: Wien 1912

Mahlers letztes vollendetes Werk ist, wie häufig bemerkt wurde, die Brücke zur Neuen Musik. Nicht nur die formalen, auch die motivisch-konstruktiven Elemente der Musik fallen auseinander, um sich in diesem Zerfall als neue Einheit zu konstituieren. Der im *Lied von der Erde* angeschlagene Ton von Resignation setzt sich in der Symphonie fort. Das in den Jahren 1908/1910 in Toblach und New York geschriebene Werk will aber keineswegs nur als persönlich-biographischer Niederschlag von Mahlers eigener Befindlichkeit in seinen beiden letzten Lebensjahren verstanden werden, so sehr dies Persönliche hineinspielen mag. Diese Neunte, die, im Gegensatz zu Beethovens Neunter, am Ende scheitert, spiegelt ein Bild der Welt aus der Sicht der Jahrhundertwende in, was die Zukunft betraf, furchtbarer Hellsichtigkeit.

Der *1. Satz* wird vielfach als Mahlers bedeutendste Musik angesehen. Mit dem Sonatenschema ist er nicht mehr zu fassen. Das »Thema«, wenn es überhaupt eines ist, entwickelt sich aus kurzen Intervallgebilden von Harfe und Horn. Sein Grundmotiv, die absteigende Sekunde, wird zur konstruktiven Keimzelle des ganzen Satzes. Bezeichnend ist, daß der schließlich von den Violinen angestimmte, sich pausendurchsetzt mühsam dahinschleppende Gesang in dieser Breite kein einziges Mal wiederkehrt. Seine Zersetzung wird quasi zum »Inhalt« des Stückes. Ein fester gefügtes, sich melodisch aufschwingendes Gebilde, von den Violinen eingeführt, bringt emphatische Erregung in das Geschehen, die im weiteren Verlauf zu durchführungsartigen Komplikationen führt, um in einer gewaltigen Steigerung zu kulminieren, die in einem Zusammenbruch endet. »Wie ein schwerer Kondukt« führt eine trauermarschähnliche Episode auf den Satzschluß zu. Es ist unmöglich, den unzähligen motivischen Verwicklungen dieses gewaltigen symphonischen Prozesses im einzelnen nachzugehen. Mahlers kühnster, freiester, im Detail heterogenster Symphoniesatz ist in seiner Dissoziation eine Beschwörung des Todes. Das folgende *Scherzo* mit einem täppischen Ländler-Thema, dem eine gewaltsam stampfende Weise folgt, seinen überdrehten Walzer-Vulgaritäten, läßt sich zwar auf das formale Scherzo-Schema zurückführen, spricht diesem aber ausdrucksmäßig Hohn. Dieter Schnebel spricht in diesem Zusammenhang von »komponierten Ruinen«. Eine höchst zwielichtige Lustigkeit macht sich hier breit. Das Tempo des Satzes wird nicht nur von zwei verschiedenen Grundtempi bestimmt, sondern darüber hinaus noch vielfach modifiziert, was den Eindruck der Instabilität verstärkt. Vollends aus den Fugen gerät die Musik in dem wilden, um nicht zu sagen wüsten, mit *Rondo Burleske* überschriebenen *3. Satz*. In Mahlers Manuskript steht die ironische Widmung: »Meinen Brüdern in Apoll«, womit wohl auf die komplizierten, in einer Doppelfuge gipfelnden

Kontrapunktkünste gezielt wurde. Dreimal erscheint das anspringende Rondo-Thema. Dazwischen stehen so seltsame Gebilde wie die an Léhar gemahnende Marschepisode und eine gefühlige, den Doppelschlag des Final-Adagios vorwegnehmende lyrische Oase. Der betont virtuose Satz vereinigt höchste Satzkunst mit bis zur Häme überdrehtem Furor.

Das *Finale* kehrt zur Ausdruckswelt des *1. Satzes* zurück. Mit einem aufs äußerste gespannten Unisono-Aufschwung der Violinen schließt sich *molto adagio* ein breit strömender Gesang der Streicher an, der, variiert, mehrfach wiederkehrt. Das Doppelschlag-Motiv, abgenutztes Residuum romantischer Melodik, wird zum thematischen Kern aufgewertet, symbolträchtiger Rückblick auf die Unwiederbringlichkeit eines einstigen romantisch-symphonischen Idealismus. Als 2. Gedanke erscheint, die Kontinuität des Gesangs unterbrechend, im Solofagott eine aufsteigende, melancholische Weise. Aus diesen Elementen baut sich der ausdrucksmächtige Satz auf, der die Gesangsmelodie zwar mehr und mehr intensiviert, aber im Gegensatz zum Final-Adagio der *3. Symphonie*, nicht zur triumphalen Erfüllung, sondern zur Auflösung führt. Am Ende bleibt nur einsam der nun ersterbende Doppelschlag übrig. Eine breite Bratschen-Triole in dreifachem Pianissimo ist das Schlußwort.

M *CD* Wiener Philharmoniker, Walter (EMI 1938); Berliner Philharmoniker, Barbirolli (EMI 1964); Chicago SO, Giulini (DGG 1976); Concertgebouw O. Amsterdam, Bernstein (DGG 1985)

Symphonie Nr. 10 (Adagio)

UA: Wien 1924

Im Sommer 1910 entwarf Mahler in Toblach eine *10. Symphonie*, an der er jedoch nur zögernd weiterarbeitete, so daß nur der *1. Satz* in Partitur ausgeführt werden konnte. Die übrigen 4 Sätze lagen in Skizzen vor, die Mahlers Frau Alma erst Jahre nach dem Tod des Komponisten zur Edition freigab. Sie scheute vor den Mahlers Ehekrise widerspiegelnden persönlichen Ausrufen zurück, die Mahler über das Manuskript verstreut hatte. Da die Skizzen zumindest den Fortgang der Hauptstimmen aller Sätze andeuteten, konnte Deryck Cooke in den 60er Jahren den Versuch wagen, eine komplette Partitur zu erarbeiten. Das Ergebnis ist zweifellos eindrucksvoll, jedoch kann hier nur Mahlers eigene Arbeit, das die Symphonie eröffnende *Adagio* gewürdigt werden.

Ein Einleitungsthema, von den Bratschen vorgetragen, eröffnet den in weiten Intervallen auf- und abwogenden Gesang der Violinen in typisch hochgespanntem Mahler-Espressivo, der seltsamerweise aber auch die Welt Bruckners noch einmal zu beschwören scheint. Ein 2. Themenkomplex lockert durch begleitende Pizzikati das dichte Gewebe auf, ohne daß der elegische Ton des Ganzen aufgehellt würde. In unerschöpflichem Variantenreichtum kreisen diese beiden Elemente umeinander, ohne daß ein festes Formschema erkennbar wäre. Die Auflösungstendenzen des 1. Satzes der *Neunten* sind auch hier bestimmend. Die weitgespannte Entwicklung führt schließlich zu einem grell dissonanten Ausbruch des vollen Orchesters, der den zerbrechenden Schluß ankündigt. Es ist hier freilich nicht endgültig: Das Final-Adagio sollte in einem Liebesgesang der Violinen gipfeln.

M *CD* European Community Youth-O., Judd (Nuova Era 1889); Kölner RSO, Bertini (EMI 1991)
Symphonien Nr. 1–10: Hendricks, Ludwig, Price, Blegen Prey, Concertgebouw O. Amsterdam, New York PO, Wiener Philharmoniker, Bernstein (DGG 1985–90); Budai, Cahill, Donath, Heichele, Nes, Prey, Riegel, Robinson, Schreier, Soffel, RSO Frankfurt, Inbal (Denon 1984–86); Buchanan, Zakai, Dernesch, Harper, Popp, Minton, Chicago SO, Solti (Decca 1964–80) – *VD/LD* Symphonien Nr. 1–9, London SO (Nr. 2), Wiener Philharmoniker, Bernstein (DGG)

Das klagende Lied

UA: Wien 1901

Mahler hat *Das klagende Lied*, das er 1880 als 20jähriger schrieb, als sein opus 1 bezeichnet. Ursprünglich war das Werk dreiteilig angelegt. Bei einer 1898 vorgenommenen Revision strich Mahler den 1. Teil, das *Waldmärchen*. 1935 brachte Alfred Rosè, der Sohn von Mahlers Konzertmeister und Schwager, das Werk in seiner ursprünglichen Gestalt am Wiener Rundfunk zur UA. Seitdem wird es häufiger in dieser Version wiedergegeben.

Der romantische Märchenstoff, den Mahler aus Erzählungen von Ludwig Bechstein und den Brüdern Grimm sich selbst destillierte, ist bezeichnend für die Sehnsucht des jungen Komponisten nach der scheinbar ungebrochenen Welt des Märchens, der auch aus seiner Liebe zur Pseudo-Volksdichtung »Des Knaben Wunderhorn« spricht. Die Erzählung von einem Brudermord, begangen um des Besitzes einer Königin willen, von der Aufklärung des Verbrechens durch eine klagende Flöte und dem Zusammensturz des Schlosses, in dem gerade die Hochzeit stattfand, wird von Mahler nicht dramatisch, sondern episch dargestellt. Das Werk für Sopran, Mezzosopran, Tenor und – in der dreiteiligen Fassung – Bariton sowie Chor und großes Orchester ist weder ein Oratorium noch eine Kantate. Die beiden von Mahler als »authentisch« betrachteten Teile, »Der Spielmann« und »Hochzeitsstück«, im Gegensatz zum »Waldmärchen« rein erzählend, unterstreichen den Zug zum Epischen, der sich auch in der Musik niederschlägt, die bereits alle Merkmale von Mahlers Eigensprache aufweist und Wagners Leitmotivtechnik eigenständig umschmilzt. Bewundernswert ist die Sicherheit der Instrumentation, die bereits hier trotz der Großbesetzung nicht auf Klangmassierung zielt, sondern auf Deutlichkeit des Thematischen und der Individualfarben. Das Frühwerk Mahlers hat bis hin zu Schönbergs *Gurreliedern* nachgewirkt. Das ausgeprägte Nebeneinander von Empfindung, Ironie, gebrochenem Volkston und kunstvoller Faktur läßt bereits 1880 den »ganzen Mahler« musikalisch profiliert erscheinen.

M *CD* Studer, Meier, Goldberg, Allen, Shin-Yuh Kai Chorus, Philharmonia O. London, Sinopoli (DGG 1990)

Des Knaben Wunderhorn

Zwölf Orchesterlieder UA: 1970

Die von Achim von Arnim und Clemens Brentano 1806–1808 unter dem Namen »Des Knaben Wunderhorn« edierte Sammlung von Gedichten in romantischem Volkston wurde dem jungen Mahler zur Inspirationsquelle. Hier fand er seine eigenen Empfindungen gespiegelt: gebrochene Naivität, hintergründigen Humor, Naturliebe, Mitleid mit den Verlorenen, Abschied und Sehnsucht nach dem Ursprünglichen, von einer kalt-intellektuellen Gegenwart noch nicht Angekränkelten. Neben den 1888/91 entstandenen 9 Klavierliedern komponierte Mahler 1892 bis 1896 12 Orchesterlieder, von denen zwei, *Urlicht* und *Es sungen drei Engel*, in die *2.* bzw. *4. Symphonie* eingingen. Zwei weitere erschienen in der späteren Folge *Lieder aus letzter Zeit*. Die Lieder waren keineswegs zur zyklischen Aufführung gedacht. Diese kam denn auch erst 1970 zustande.

Hintergründig Humorvolles wie *Des Antonius von Padua Fischpredigt*, deren Orchestersatz in die *2. Symphonie* einging, das lustige *Rheinlegendchen*, steht neben Schwermütigem. Dazu zählen vor allem die Soldatenlieder. Der *Tambourg'sell*, *Der Schildwache Nachtlied*, *Wo die schönen Trompeten blasen*, *Revelge* erzählen von den Verlorenen. *Das irdische Leben* ist Ausdruck eines Leids, das, hinausgehend über das Schicksal des verhungernden Kindes, sich zum Leid an der Welt weitet. Die Gebrochenheit dieser »Romantik« ist evident. Sie äußert sich im musikalischen Tonfall wie in der kammermusikalischen, aber geschärften Instrumentation. Die Verbindung dieser Liederwelt mit den frühen Symphonien kennzeichnet gleicherweise die insgeheim symphonischen Strukturen der ersteren wie die epischliedhaften der letzteren.

M *CD* Schwarzkopf, Fischer-Dieskau, London SO, Szell (EMI 1967); Murray, Allen, London PO, Mackerras (Virgin 1990)

Lieder eines fahrenden Gesellen

UA: Berlin 1896

Eine unglückliche Liebe des Kapellmeisters Mahler am Kasseler Theater war der Auslöser der Komposition eines Liederzyklus für Singstimme und Klavier (1883). Die *Lieder eines fahrenden Gesellen*, ursprünglich 6, reduzierte Mahler auf 4, als er 13 Jahre später den Klavierpart instrumentierte. Die Texte hatte sich der junge Komponist selbst geschrieben, jedoch lassen Einflüsse der »Wunderhorn«-Gedichte, die bis zu wörtlichen Übernahmen gehen, erkennen, daß Mahler Brentanos Sammlung damals bereits kannte. Bereits in diesem frühen Stadium ist die für Mahlers gesamtes Œuvre erkennbare Tendenz, Musik als Ausdruck eigener Befindlichkeit zu betrachten, erkennbar, ja hier sogar vehementer als in den späteren Symphonien. Text wie Musik streben einen Volkston an, der jedoch gebrochen wirkt, die romantische Direktheit der Verse wird von einer Musik konterkariert, die in ihrem Schwanken zwischen Dur und Moll, trotz volkstümlicher Wendungen »modern« wirkt. *Wenn mein Schatz Hochzeit macht*, eine dreiteilige Elegie, die zwischen den klagenden Eckteilen ein romantisches Naturbild beschwört, eröffnet den Zyklus, der im Unterschied zu den Wunderhorn-Liedern als Ganzes konzipiert wurde. *Ging heut' morgen über's Feld* wurde bedeutsam für den 1. Satz der *1. Symphonie*, dessen Hauptgruppe aus den beiden ersten Strophen gewonnen wurde. Das rüstige Wandern des fahrenden Gesellen wird am Ende von der emphatischen Erkenntnis beendet, daß das Glück ihm nimmer blühen könne. Das 3. Lied *Ich hab' ein glühend Messer* ist ein vehementer Verzweiflungsausbruch, wie es ihn in Mahlers gesamtem Liedschaffen kein zweites Mal mehr gibt. Die Rufe »O weh«, die den Fluß der Musik stauen, der rezitativische Mittelteil, der Aufschrei »Ich wollt', ich läg auf der schwarzen Bahr'«, das alles sprengt den Rahmen des spätromantischen Liedes. Die erregte Orchestersprache mit ihren aufwärtsdrängenden Figuren tut das ihre dazu, den Eindruck einer dramatischen Szene entstehen zu lassen, die aus den Fugen gerät. Im Volkston hebt das tröstende Schlußlied an: *Die zwei blauen Augen*. Die Verzweiflung ist resignativer Erinnerung gewichen. Der Schluß des Liedes »Auf der Straße stand ein Lindenbaum« ging in den zwielichtigen Trauermarsch der *1. Symphonie* ein, wo er in die Groteske des Kanons eine Insel der Ruhe hineinstellt. Mit dem trostvollen Abgesang, der »Welt und Traum« zusammenfließen läßt, schließt Mahlers wohl persönlichster Liedzyklus.

M *CD* Fischer-Dieskau, Philharmonia O. London, Furtwängler (EMI); Baker, Hallé O., Barbirolli (EMI); Hampson, Wiener Philharmoniker, Bernstein (DGG)

Kindertotenlieder

UA: Wien 1905

Noch vor seiner Verheiratung mit Alma Schindler vertonte Mahler 1901 zwei der zahlreichen Gedichte, die Friedrich Rückert auf den Tod seiner Kinder schrieb. Wenn es eine Erklärung für diese Gedichtwahl gibt, dann allenfalls Mahlers Kindheitserinnerung an den Tod seines jüngeren Bruders. Rätselhaft bleibt jedoch die Vertonung dreier weiterer Totengedichte Rückerts im Jahre 1904, als Mahler selbst 2 Kinder hatte. Seine Frau sah darin eine Herausforderung des Schicksals, das dann auch 3 Jahre später zuschlug, als es Mahlers älteste Tochter dahinraffte.

Die 4 Lieder unterscheiden sich wesentlich von den früheren Liedkompositionen Mahlers. Nichts mehr von Folklore, von Militärromantik und Tanz. Strophische Schlichtheit herrscht vor, wenngleich die kammermusikalische Strukturierung des Instrumentalparts und der in ihn eingebetteten Singstimme an Kunst nichts eingebüßt hat. *Nun will die Sonn' so hell aufgehn*, eine stille Elegie des Erinnerns, die selbst im Schlußvers »Heil sei dem Freudenlicht der Welt« nicht aus dieser Stimmung ausbricht. Rezitativisch durchkomponiert ist das 2. Lied *Nun seh' ich wohl, warum so dunkle Flammen*. Ruhig schreitend nimmt die Singstimme mit *Wenn dein Mütterlein tritt zur Tür herein* die Intonation des Vorspiels zum 3. Lied auf. Melodisch ausgreifend gibt sich das vierte, dreistrophige *Oft denk' ich, sie sind nur ausgegangen*, das am Ende sich zur hymnischer Helle aufschwingt. Erregte Tonmalerei des Orchesterparts bestimmt das letzte Lied des Zyklus *In diesem Wetter, in diesem Braus*, die jedoch Spiegel der Verzweiflung ist. Der wundervoll beruhigte Schluß, dem das Solohorn nachsinnt, löst die Trauer in stille Zuversicht auf.

[M] *CD* Fischer-Dieskau, Berliner Philharmoniker (EMI); Ferrier, Concertgebouw-O. Amsterdam, Walter (Decca); Baker, Hallé-O., Barbirolli (EMI)

Sieben Lieder aus letzter Zeit

Waren die *5 Kindertotenlieder* als geschlossener Zyklus gedacht, so handelt es sich bei den zwischen 1899 und 1903 komponierten 7 Liedern um Einzelstücke, wenn sie auch gemeinsam in einem Heft veröffentlicht wurden. Zwei gehören in die Gruppe der Wunderhorn-Lieder, den übrigen liegen Gedichte des von Mahler geschätzten Friedrich Rückert zugrunde. *Blicke mir nicht in die Lieder* hat den Symphoniker, der sich stundenlang in seinem Komponierhäuschen einschloß, möglicherweise des beziehungsreichen Textes wegen zu einem leicht neckischen Gebilde angeregt. *Ich atmet' einen linden Duft*, ein lyrisches Strophenlied, hüllt das Wortspiel mit »lind«, »Linde«, »gelinde« in schwingende Melodik. *Um Mitternacht* trägt deklamatorischen Charakter, der sich am Ende zu einem feierlichen Gebet steigert. Für Mahlers Variantentechnik ist das dreistrophige *Liebst du um Schönheit* bezeichnend, das melodische Varianten in Stimmungsumschwünge ummünzt. *Ich bin der Welt abhanden gekommen* ist Mahlers wohl berühmtestes Lied. Das dem *Adagietto* der *5. Symphonie* nahestehende Stück gewinnt seine Faszination aus den weiten, sich in unendlicher Ruhe wölbenden melodischen Bögen.

[M] *CD* Nr. 2, 3, 5 Ferrier, Wiener Philharmoniker, Walter (Decca); komplett: Baker, London SO, Tilson-Thomas (Sony); Ludwig, Berliner Philharmoniker, Karajan (DGG)

Alfred Beaujean

Myriam Marbe

1931

Musik ist für Myriam Marbe Ritual, ein ästhetisches Ritual. Obwohl sie in ihren Kompositionen immer wieder mit der Volksmusik ihres Landes in Berührung kommt, haben ihre Werke nichts mit Folklore zu tun.

Myriam Lucia Marbe (sprich: Marbé), »First Lady« der rumänischen Avantgarde, wurde am 9. April 1931 in Bukarest geboren. Nach ihrem Studium bei Mihail Jora und Leon Klepper lehrte sie seit 1954 Analyse und Kontrapunkt am Bukarester Konservatorium und übernahm von 1972–89 den Lehrstuhl für Komposition. Ihrer Komponistinnenkarriere ging eine lange Phase des Suchens und Orientierens voraus. Schon in ihrer Ausbildung wurde sie mit Verboten konfrontiert, galt doch die Neue Musik besonders unter der Tyrannenherrschaft Ceaucescus als dekadent und formalistisch. Nur privat und mit Hilfe von Freunden war es möglich, beispielsweise die Musik von Arnold Schönberg und Anton Webern kennenzulernen. Myriam Marbe wollte Neue Musik komponieren, eine neue Sprache finden. Die Impulse dazu fand sie u. a. in der Zwölftontechnik und in den Strukturen der rumänischen Folklore mit ihren modalen Skalen und unbestimmten Tonhöhen. In *Konzert für Daniel Kientzy, Saxophon(e) und Orchester* (1986) setzt sich der beschwörende Charakter ihrer Komposition *Ritual für den Durst der Erde* (1968) für 7 Stimmen, Responsoriumgruppe im Saal, Schlaginstrumente und präpariertes Klavier auf rumänische Volksdichtung in der Transposition des musikalisch gesprochenen Textes auf das Instrument fort.

»Das Konzert für Saxophon erscheint als vollkommen ausgehörtes Werk: Harmonie und Klangfarbe sind verschmolzen; die musikalische Zeit wird in einem Atemzug verbraucht. Die Komponistin hat das Stück, wie sie beschreibt, ›im Wettkampf mit dem Chronometer‹ geschrieben.« (Anatol Vieru 1989). Ihr Interesse für die rumänische und osteuropäische Musikentwicklung spiegelt sich in ihrem Werk ebenso wider, wie die Auseinandersetzung mit den Wurzeln ihrer Musiktradition. Man findet bei genauem Hinhören Anklänge an die byzantinische Musik. Ihre 1. Symphonie *Ur-Ariadne* von 1988 für Mezzosopran, Saxophon(e) und Orchester auf Texte von Hesiod, Ovid, Catull, J. G. Herder, F. Nietzsche und rumänische Volksdichtung zeigt bereits in der Textauswahl, daß sich Myriam Marbe, trotz aller Verbundenheit mit der rumänischen Tradition, frei zwischen den Kulturen bewegt. *Bettina Brand*

Frank Martin

1890–1974

Frank Martin. Porträtphoto von Gertrude Fehr (1972)

»Sein gesamtes Werk wendet sich unaufhörlich an das Beste, das die Menschen in sich tragen« – so würdigte einmal Yehudi Menuhin den in der französischen Schweiz geborenen Frank Martin, der heute zu den bedeutendsten Komponisten des 20. Jhs. gezählt wird. Sein Verdienst liegt dabei weniger darin, ein »Neuerer« zu sein, sondern in einer Fähigkeit zur schöpferischen Synthese verschiedenster Stilmittel. Dabei fand Martin zu einer ganz eigenen, unverwechselbaren musikalischen Sprache, die bei allem harmonischen und rhythmischen Raffinement auch vor Schlichtheit nicht zurückscheut und zu oftmals berückenden Klangwirkungen gelangt.

Geboren wurde Frank Martin am 15. September 1890 in Genf als 10. Kind eines calvinistischen Pastors. Seine einzige musikalische Ausbildung erhielt er bei dem Genfer Privatlehrer Joseph Lauber; ein auf Wunsch der Eltern begonnenes Mathematik- und Physikstudium führte er nie zu Ende. Nach Lehr- und Wanderjahren in Zürich, Rom und Paris kehrte Martin 1926 nach Genf zurück. Dort gründete und leitete er als Pianist und Cembalist 10 Jahre die »Société de Musique de Chambre«, arbeitete an Emil Jacques-Dalcroze's Institut für rhythmisch-musikalische Erziehung und lehrte Kammermusik am Genfer Konservatorium. 1946 folgte der mittlerweile hochgeehrte Martin seiner 2. Frau nach Holland und betreute von dort aus eine Kompositionsklasse an der Kölner Musikhochschule. Seine letzten Lebensjahre verbrachte er als freier Komponist und Dirigent eigener Werke, bis er am 21. November 1974 im Alter von 84 Jahren in Naarden starb.

Schon früh versuchte Martin, sich von der Anfang des Jhs. vorherrschenden spätromantisch-impressionistischen Schreibweise zu lösen und einen eigenen Stil zu entwickeln. Bestimmend für diesen Weg wurde zum einen die Auseinandersetzung mit den Rhythmen fremder Musikkulturen in den 20er Jahren (z. B. in *Rhythmes* 1926), zum anderen die Begegnung mit Schönbergs Zwölftontechnik in den 30er Jahren, die er allerdings immer seinen ganz eigenen harmonischen Vorstellungen unterordnete. Zu erster internationaler Anerkennung gelangte Frank Martin 1941 mit dem szenischen Oratorium *Le vin herbé* (*Der Zaubertrank*), mit dem er endgültig zu seiner persönlichen Tonsprache gefunden hatte. Das Oratorium spielt im Schaffen Martins auch in der Folgezeit eine besonders wichtige Rolle: Dem *Zaubertrank* folgten 1944 *In terra pax*, 1948 *Golgotha*, 1959 *Le Mystère de la Nativité*, 1964 *Pilate* und 1972 ein *Requiem*. Außerdem schrieb Martin verschiedene Chorwerke, Lieder, 2 Opern, Kammermusik und über 30 Orchesterwerke.

Petite Symphonie concertante

UA: Zürich 1946

Der Dirigent Paul Sacher beauftragte Martin im Jahre 1944 mit der Komposition eines Orchesterwerks und gab dazu die Anregung, einmal den typischen Continuo-Instrumenten (Cembalo, Harfe) eine führende Rolle zu geben. Martin erweiterte die Idee dahingehend, überhaupt alle im Orchester gebräuchlichen Saiteninstrumente – gestrichen, gezupft, geschlagen – zu verwenden. In seiner *Petite Symphonie concertante* läßt er Harfe, Cembalo und Klavier als Solistengruppe mit 2 Streichorchestern konzertieren. Neben barocken Formvorbildern vereinigen sich in diesem ersten bedeutenden Instrumentalwerk Martins mannigfache Einflüsse zu einer gelungenen Synthese. So beginnt die Adagio-Einleitung mit einer Zwölftonreihe, über die sich in den Streichern ein reich verziertes, barock anmutendes Thema erhebt. Im anschließenden *Allegro* wechseln Solisten und Streichergruppen nach Art eines barocken »Concerto«. Nach diesem rhythmisch bewegten, vor Einfällen nur so sprühenden 1. Satz folgt ein *Adagio*, in dem sich Martin, wie er selbst sagte, ganz dem »spontanen musikalischen Bewegungsausdruck hingegeben« hat. Ein getragenes, an mittelalterlichen Balladengesang erinnerndes Thema wird von der Harfe angestimmt, lautenähnlich untermalt durch das Cembalo. Im Klavier erfährt das Thema eine geradezu magische Steigerung, entwickelt sich dann aber überraschend zu einem munteren Marsch, der ein rhythmisch prägnantes, furios endendes *Finale* einleitet.

Da Martin selbst nicht daran glaubte, daß sein Werk sich durchsetzen würde – zu ungewöhnlich erschien ihm die Besetzung – arbeitete er es noch im selben Jahr für großes Orchester um. Es zeigte sich jedoch, daß seine Einschätzung falsch war: Fast überall wird das Werk in der Originalfassung gespielt.

[M] *CD* O. de la Suisse Romande, Ansermet (Decca 1951)

Konzert für sieben Bläser, Pauken, Schlagzeug und Streichorchester

UA: Bern 1949

»Die Qualitäten der verschiedenen Solobläser des symphonischen Orchesters und ihre Virtuosität hervorzuheben«, war Frank Martins Absicht bei dem 1949 entstandenen Werk. Auf einem Hintergrund von Streicherklängen läßt er Flöte, Oboe, Klarinette, Fagott, Trompete, Horn und Posaune miteinander in Dialog treten; dabei erscheinen die Bläser mal solistisch, mal in Gruppen, dann wieder verwoben in den Orchesterklang. Geistreiche Schlagzeugeffekte, virtuose Bläsersoli und nicht zuletzt eine abwechslungsreiche, mit Vorliebe ungerade Rhythmik verleihen dem Stück einen äußerst farbigen Reiz.

Nach dem 1. Satz (*Allegro*), bei dem jeder Bläser sich vorrangig als Solist präsentiert, folgt ein *Adagietto misterioso ed elegante*, das an einen Trauermarsch erinnert. Über einem schreitenden Zweierrhythmus, der uhrwerkartig den ganzen Satz durchzieht, erhebt sich in den Streichern ein punktiertes Thema, das von den Bläsern fortgeführt wird. Ein ständiges Schweben zwischen Dur und Moll taucht den Satz in ein seltsames harmonisches Zwielicht. Im 3. Satz (*Allegro vivace*), einem lebhaften Tanz im Dreiertakt, erhalten Pauke und Schlagzeug eine besonders herausragende Rolle, was sich vor allem in einem großen Solo der Pauke zeigt. Militärische Anklänge werden durch witzige Bläsereinwürfe aufgelockert; das ebenso anspruchsvolle wie unterhaltsame Stück endet mit einer rasanten Schlußsteigerung.

[M] *CD* O. de la Suisse Romande, Ansermet (Decca 1962)

Violinkonzert

UA: Basel 1952

Martin nahm sein Violinkonzert unmittelbar nach der Komposition der *Cinq chants d'Ariel* für gemischten Chor a cappella (nach Shakespeares »Sturm«) in Angriff. So erklärt es sich, daß das Konzert, vor allem am Anfang, sich die geheimnisvoll-märchenhafte Stimmung der Ariel-Gesänge bewahrt hat, was sich in der impressionistischen Klanggebung zeigt – sogar ein Motiv hat Martin nach eigenen Worten daraus übernommen. Der Komponist weiter über sein eigenes Werk: »Andere Elemente mit mehr Lyrik, mehr Pathos treten darin auf, aber immer dringt Ariels Charakter wieder durch, leicht geheimnisvoll am Ende des ersten Satzes sowie beim Einsatz der Violine im zweiten, oder lebhaft und kapriziös wie am Anfang des Finales. Das alles war nicht beabsichtigt – ich war einfach noch im Bann von Prosperos Insel und ihrem Zauber.«

[M] *CD* Schneiderhan, RSO Luxemburg, Martin (Jecklin 1971)

Konzert für Cembalo und kleines Orchester

UA: Venedig 1952

Bereits in der *Petite Symphonie Concertante* hatte Martin ein Cembalo verwendet; nun wagte er sich an das Problem, dieses Instrument mit seinem zarten, filigranen Klang einem größeren, modernen Orchesterinstrumentarium gegenüberzustellen. Der obertonreiche Klang des über ein Jahrhundert von den Komponisten eher stiefmütterlich behandelten Instrumentes hat die französischen Musiker des 20. Jhs. aufs Neue fasziniert. »Ich bin sicher«, so schrieb Martin in einem Brief, »daß eine neue Literatur für dieses Instrument entstehen wird, das in mancher Hinsicht unserem Empfinden sehr nahesteht.«

[M] *CD* Jaccottet, Kammerorchester Lausanne, Martin (Jecklin 1971)

Cellokonzert

UA: Basel 1967

Martin widmete sein Cellokonzert Pierre Fournier, der es auch bei der UA spielte. Begonnen hatte er es bereits 1960, nach Beendigung seines Oratoriums *Le Mystère de la Nativité.* Martin berichtet selbst: »Als mich dann Anfang 1960 Pierre Fournier bat, ein Konzert für sein Instrument zu schreiben, kam mir sofort eine rein modale Melodie in den Sinn. Sie war von solcher Einfachheit, daß es mir damals absolut unmöglich war, in dieser Richtung weiterzufahren.« Im *Mystère* war Martin zu einer Tonsprache äußerster Schlichtheit gekommen; nun war ihm alles Chromatische fremd geworden. Um diesem »Reinheitskomplex« zu entfliehen, brauchte er 5 Jahre; erst dann fühlte er sich in der Lage, sein modales Thema fortzuführen und in seiner Musik die Verbindung zwischen extremer Einfachheit und chromatischer Komplexität wiederherzustellen. Das Werk ist dreiteilig angelegt: ein *Allegro moderato* mit langsamer Einleitung des Solocellos, dessen Thema in der Folge durch die Orchesterbegleitung in immer neuem Licht erscheint, ein von einem sarabandenartigen Rhythmus getragenes *Adagietto* und schließlich ein rhythmisch abwechslungsreiches *Finale vivace.* Der Dirigent Ernest Ansermet schrieb einmal über Martins Konzert: »Ich halte dieses Konzert für ein außergewöhnlich schönes Werk. Insbesondere der langsame Satz ist eine Glanzleistung, die ihresgleichen nur bei Bach hat.«

[M] *CD* Fournier, O. de la Suisse Romande, Ansermet (Helikon)

In terra pax

UA: Genf 1945

»Es war im Frühsommer 1944, noch mitten im Krieg, als das Radiostudio Genf mich dazu aufforderte, ein vokales Werk zu schreiben, das sofort nachdem die Einstellung der Feindseligkeiten angekündigt worden war, ausgestrahlt werden sollte (...) Solcherart schrieb ich von August bis Oktober 1944 *In terra pax*, zeitweise mit den alliierten Armeen um die Wette laufend (...)« So äußerte sich Martin selbst über die Entstehung seines ersten geistlichen Oratoriums. Die Texte entnahm er der Offenbarung des Johannes; in ihnen wechseln Schreckensvisionen der Apokalypse ab mit Passagen der Heilsverkündigung (»Nicht ewig wird dauern die Finsternis. Den Völkern tagt ein strahlendes Licht ...«) Das vierteilige Werk, komponiert für 5 Solisten, 2 gemischte Chöre und Orchester, steht ganz in der Linie der großen »klassischen« Oratorien. Auch hier folgen Rezitative, Arien und Chöre aufeinander; barocke Satztechniken verweisen auf das große Vorbild Bach. Die musikalische Sprache von *In terra pax* unterscheidet sich deutlich von der gleichzeitig entstandenen *Petite Symphonie concertante.* Während dort pure Spielfreude zu allerlei rhythmischen und harmonischen Vertracktheiten führt, steht hier für Martin das Bestreben nach größtmöglicher Einfachheit im Vordergrund – Einfachheit als Ausdruck tief empfundenen religiösen Erlebens. Dabei gelingen Martin vor allem in den Chören Momente von großer Eindringlichkeit. Gefühle der Angst, des Schmerzes, aber auch der überschäumenden Freude sind ausdrucksvoll vertont; so endet das Werk in einer gewaltigen Hymne des Chores auf die Allmacht Gottes, bei der sich die durcheinanderbrausenden Harmonien allmählich in ein strahlendes D-Dur auflichten. Zum ersten Mal erklang *In terra pax*, wie geplant, in Radio Genf am Tag der deutschen Kapitulation, dem 7. Mai 1945.

[M] *CD* Okada, Balleys, Macias, Huttenlocher, Brodard, Chor und O. der Gulbenkian-Stiftung Lissabon, Corboz (Helikon)

Golgatha

UA: Genf 1949

Schon bald nach der Vollendung von *In terra pax* begann in Martin der Plan für ein neues Oratorium zu reifen. Auslösender Impuls war die Begegnung mit einem Kunstwerk: Rembrandts Radierung »Die drei Kreuze«. »Eine Passion zu schreiben nach denen, die uns Bach hinterlassen hat, muß natürlich anmaßend erscheinen«, schrieb Martin. Mit dem Passionsoratorium *Golgatha* gelang ihm dennoch eines seiner bedeutendsten Werke. 7 Szenen aus den Evangelien stellte er dafür zusammen, die ihm besonders wesentlich erschienen: Den Einzug Jesu nach Jerusalem, den Streit mit den Schriftgelehrten im Tempel, das Abendmahl, die Nacht im Garten Gethsemane, Jesus vor dem Hohenpriester, Jesus vor Pilatus und schließlich Golgatha, die »Schädelstätte«. Die einzelnen Szenen werden eingerahmt durch von Solisten oder Chor gesungene kontemplative Texte des Hl. Augustinus – dem Zuhörer wird dadurch Raum zur Meditation über das Geschehene gewährt. Die Rolle des Evangelisten überträgt Martin verschiedenen Solisten, Solistengruppen oder auch dem Chor. Auch in dem großen, abendfüllenden Oratorium Golgatha überrascht Martins musikalische Sprache durch Schlichtheit und Allgemeinverständlichkeit. Über die Schwierigkeit, eine solche Schlichtheit zu erreichen, schrieb Frank Martin einmal: »Ich habe einen langen, recht beschwerlichen Weg zurückgelegt, um für Augenblicke zu einer solchen Einfachheit zu gelangen. Ich mußte unendlich komplizierte Akkordverbindungen suchen, bis es mir allmählich gelang, sie klarer zu machen. Von Zeit zu Zeit kommt sie (die Einfachheit) über mich wie ein kostbarer und reiner Gegenstand.«

[M] *CD* Stämpfli, Monmollin, Tappy, Molet, Huttenlocher, Chor R. Faller, Universitäts-Chor und SO Lausanne, Faller (Telefunken 1969) *Christine Günther*

Bohuslav Martinů

1890–1959

Martinů war fast sein ganzes Leben lang Emigrant, und auch als Komponist ist er lange auf der Suche nach einer Heimat geblieben. Sein Werk ist unübersichtlich, vieles nicht einmal veröffentlicht. Er schrieb und verwarf rasch, überarbeitete und unterdrückte kaum etwas. Aufführung und Kritik gegenüber blieb Martinů erstaunlich indifferent.

Bohuslav Martinů wurde am 8. Dezember 1890 im ostböhmischen Polička geboren, wo die Familie eines Schuhmachers und Wachmannes in einem Kirchturm wohnte. Beim örtlichen Schneider erhielt Martinů den ersten Geigenunterricht. Schnell machte er Fortschritte und begann auch bald mit dem Komponieren. 1906 ging er ans Prager Konservatorium, wo ihn aber das Studieren wenig befriedigte. 1910 warf man ihn dort hinaus. Immerhin hatte er ein Lehrerexamen in der Tasche. Von 1918–23 war Martinů Mitglied der 2. Violinen in der Tschechischen Philharmonie. Ein kleines Stipendium erlaubte ihm, Kompositionsstunden bei Albert Roussel in Paris zu nehmen. Dort verbrachte Martinů in großer Armut auch die nächsten 17 Jahre seines Lebens. Schon in Prag hatte ihn der Impressionismus beeinflußt. In Frankreich kamen nun mit Strawinsky und der »Groupe de Six« neue Eindrücke hinzu. Auch der Jazz, der damals Europa überschwemmte, machte Eindruck auf ihn. Experimente mit surrealistischen Elementen folgten, bis Martinů die Concerti grossi von Corelli und Vivaldi entdeckte. Martinů hat sich auch später zum Ideal eines »Concerto grosso«-Komponisten bekannt. Musikalische Ideen gradlinig aneinanderzureihen, entsprach ihm eher, als Gedanken dialektisch weiterzuentwickeln wie ein Symphoniker. 1940/41 floh Martinů vor den Nazis über Südfrankreich und Lissabon in die USA, wo er mit einer Reihe von Symphonien Aufmerksamkeit erregte. Das kommunistische Regime in der Heimat machte Martinů eine Rückkehr unmöglich. Er schlug das Angebot einer Professur am Prager Konservatorium aus und blieb bis an sein Lebensende im Ausland. Als Lehrer arbeitete er in den USA (Tanglewood, Princeton, Philadelphia), lebte später in Nizza und Rom und die letzten Jahre auf Einladung des Dirigenten und Mäzens Paul Sacher in der Schweiz. In Liestal bei Basel ist Martinů am 28. August 1959 an einem Krebsleiden gestorben. Heute hört man im Konzertsaal noch gelegentlich eines der Konzerte oder eine Symphonie Martinůs. Die meisten Werke, wie die *16 Opern*, die bemerkenswerte *Trauermusik für Lidice* (1943) oder das Oratorium *Gilgamesch* (1957), sind nur mehr Außenseiter des Repertoires.

Symphonien

Die 6 Symphonien Martinůs entstanden alle in den Vereinigten Staaten. 1941 war Martinů glücklich in Amerika gelandet, aber praktisch mittellos, und die Bitte von Serge Kussewitzky, dem Dirigenten des Boston Symphony Orchestra, um eine Symphonie war eine erste Hilfe. »Es wäre die Erfüllung meines tiefsten Wunsches, wollten Sie Ihre Symphonie dem Andenken Natalie Kussewitzkys widmen«, so Kussewitzky in einem Brief. Im Einjahresabstand schrieb Martinů nun 5 seiner 6 Symphonien. Im Jahre 1942, als er die *1. Symphonie* beendete, feierte Martinů immerhin schon seinen 52. Geburtstag. Es war eine besonders schwere Arbeit für ihn, und so ist gerade der 1. Satz dieser Symphonie »von ungewöhnlichem Ernst, großer Mitteilungskraft, eine eher tragische Musik«, wie es der tschechische Dirigent Vaclav Neumann beschreibt. Gleichwohl meint man immer, Reminiszenzen an die Heimat des Komponisten zu hören. Im Gegensatz zum Pathos der epischen ersten ist die *2. Symphonie* (1943) von eher spielerischem Charakter, ein liebenswertes und musikantisches Werk von fröhlicher Schwerelosigkeit. »Kein Musiker sieht sein Ideal darin, die Nerven seiner Zuhörer zu vernichten«. Martinůs Meinung wird von seiner *2. Symphonie* mit ihren tänzerischen Rhythmen und ihrer Transparenz aufs beste unterstrichen. Die *3. Symphonie* (1944) weist im Gegensatz zu den ersten beiden viersätzigen Werken nur 3 Sätze auf. Martinů hatte großes Heimweh, als er sie schrieb, und man meint in diesem Werk das Aufbäumen des Künstlers gegen dieses fast übermächtige Gefühl zu erkennen. Als Modell für die Dritte schwebte Martinů Beethovens Dritte, die *Eroica*, vor. Später meinte er: »Die dritte Symphonie ist mein ganzer Stolz. (…) Ich glaube, daß die dritte in Wirklichkeit meine erste Symphonie ist.« Gerade der 1. Satz dieser Symphonie, der mit einem ›schicksalsträchtigen‹ Motiv beginnt, weist ganz untypisch für Martinů den Charakter eines Sonatenhauptsatzes einer klassischen Symphonie auf. Ob es die generelle Stimmung am Ende des Krieges war? Martinůs *4. Symphonie* (1945) wurde enthusiastisch aufgenommen. Sie steckt voller Vitalität und jugendlichem Elan, wie sie später nie wieder in den Werken Martinůs zu finden sind. Die *5. Symphonie* (1946) ist die letzte der in direkter Folge in den USA geschriebenen Symphonien. Sie wurde nicht mehr für ein amerikanisches Orchester, sondern für die Tschechische Philharmonie in Prag komponiert. Rafael Kubelik dirigierte die UA im Mai 1947. Die Fünfte zeigt Martinů auf der Höhe seines Könnens. Es »ist sicher ein gut organisiertes Werk, organisch, geordnet – es gibt wenige Stellen darin, die mich nicht befriedigen würden«, meinte er selbst voller Stolz. Die *6. Symphonie* (1953), oder auch *Fantaisies symphoniques*, erinnert im Titel an Berlioz und nimmt eine Sonderstellung ein. Sie wurde noch im UA-Jahr als die beste 1955 in New York gespielte Symphonie mit dem Preis des »New York Music Critics Circle« geehrt. Der Dirigent Vaclav Neumann beschreibt sie so: »Das Faszinierende und Hinreißende an dieser Symphonie ist ihre ganze Struktur, ihre Idee und ihre musikalische Sprache – aufgewühlt, verstört, dramatisch. Grelle Kontraste sind für gewöhnlich nicht seine (Martinůs) Welt, hier aber nutzt er kühne Farben: die Musik bricht wie ein Wirbelsturm über uns herein, in schärfster Form, und mündet in ein einzigartiges Ende – einen Choral. Alles in allem eine unglaubliche Symphonie.«

[M] *CD* Symphonien Nr. 1–6: Tschech. Philharmonie, Neumann (Supraphon 1976–78); Bamberger Symphoniker, Järvi (BIS 1987)

Weitere Orchesterwerke

Aus der Vielzahl der Orchesterwerke, die Martinů hinterließ, ragen einige nennenswerte und gelegentlich gespielte heraus. *Half-Time*, ein Rondo für Orchester (1924), war für den Komponisten Martinů von großer Bedeutung. Dieses zehnminütige Stück steht für Martinůs Abkehr von den impressionistischen, pastellgefärbten Kompositionen hin zu den von Strawinsky und der Pariser Avantgarde geprägten Werken. Der Titel bezieht sich auf ein Fußballspiel. Aufgeregte Schlachtenbummler warten auf das nächste Tor. Stampfende Rhythmen erinnern an Strawinskys *Sacre* und das Rondothema selbst an *Petruschka*.

Gelegentlich hört man noch Auszüge aus Ballettmusiken Martinůs. *Istar* (1918–1922) entstand noch in Prag und steckt voller Anklänge an Debussy, ist reich an exotischen Effekten und weist mit seinem Frauenchor am Ende des 3. Aktes auf Ravels *Daphnis et Chloë* hin. Auch in zeitgeschichtlicher Hinsicht interessant ist das Ballett *Revolte* (1925), in dem es um aufsässige Musiker geht. Klassik und moderne Tanzrhythmen geraten aneinander und werden erst von einem mährischen Volkslied besänftigt. Ähnliche Werke, in denen es mal um ein Schachspiel, dann wieder um abstürzende Piloten geht, trugen Martinů in dieser Zeit das Attribut ein, ein »surrealistischer Komponist« zu sein. Sein größter Erfolg in dieser Zeit war das Ballett *La Revue de cuisine* (1927), das eine Vielzahl damals populärer Tänze verwendet, und das nicht unbedingt verfremdend wie etwa bei Strawinsky. Charleston, Tango und Foxtrott waren Tänze, die Martinů besonders liebte, und sie werden ausgiebig gespielt. In diesem Ballett geht es um einige Küchenutensilien und einige Begebenheiten ihres Alltags (Topf und Deckel wollen heiraten und finden nach einigen Verwirrungen auch tatsächlich zueinander). Aus den späteren Jahren hat sich das Ballett *Špalíček* (1931/32) behauptet, das wiederum einen Wendepunkt in der Haltung des Komponisten kennzeichnet. Martinů bezieht sich darin auf die Folklore seiner Heimat, sowohl inhaltlich wie musikalisch. Der Erfolg von *Špalíček*, gerade in seiner Heimat, gab Martinů das Selbstvertrauen, die tschechische Folklore in einem modernen Idiom, in seiner musikalischen Sprache auszudrücken. In den letzten Lebensjahren schuf Martinů noch einige bemerkenswerte Werke. Dazu gehört etwa *Toccata e due Canzoni* (1946), das schon im Titel auf barocke Vorbilder verweist, und die *Fresken des Piero della Francesca* (1953), das erste große Orchesterwerk seit der *6. Symphonie*. Die Fresken der Legende vom Wahren Kreuz von Piero della Francesco, die Martinů in der Kirche des Heiligen Franz in Arezzo bewundert hatte, finden hierin ihre musikalische Umsetzung. Martinů war von ihrer »feierlichen erstarrten Ruhe und der Dunkelheit, der farbigen Atmosphäre, die erfüllt ist von einer unwirklichen, ruhevollen und ergreifenden Poesie«, besonders angetan. Die *Fresken* atmen kontemplative Grundstimmung, und mit ihren flirrenden Streicherklängen und ihrer Abkehr vom motorischen Prinzip vieler Concerto-Kompositionen sind sie Beispiel für Martinůs neo-impressionistische Schreibweise in den letzten Lebensjahren.

Instrumentalkonzerte

Martinů hat eine Fülle von Konzerten geschrieben, von denen man nur einige wenige herausgreifen kann. Oft verschwimmen die Grenzen zwischen Konzert, Concerto grosso und Symphonie. Man kann nur grob trennen in zwei Bereiche: die Werke für Soloinstrumente und Orchester im traditionellen, klassisch-romantischen Sinn, etwa für Violine, Violoncello oder Klavier, und die Kompositionen, die von den Concerti grossi Corellis und Vivaldis beeinflußt sind. Martinů hatte sie 1929 für sich entdeckt. Sein Faible für die Musik des 18. Jhs. hat er einmal so begründet: »Man verspürte damals noch nicht das zwingende Bedürfnis nach Klangfarben und instrumentalen Effekten, nach sonoren oder expressiven Steigerungen. (...) Weniger unmittelbar zum Ausdruck gelangende Empfindungen, weniger lautstarke Klänge, dafür aber musikalisch dichtere Formen: das ist das Concerto grosso.« Da Martinů selbst Geiger war, wußte er den Solisten zu fordern. Immense Schwierigkeiten weist das *1. Violinkonzert* (1933/34) auf, das die ganze Experimentierfreudigkeit Martinůs zeigt. Die Ecksätze haben besonderen motorischen Schwung. Das Konzert wurde erst 1973 in Chicago von Joseph Suk uraufgeführt. Das *2. Violinkonzert* ist reifer im Ausdruck, 1943 im Auftrag des Geigers Misha Elman in New York komponiert. In diesem Konzert, das oft dem Violinkonzert von Dvořak gleichgestellt wird, dominieren herrliche Melodien, die an die tschechische Heimat des Exilanten Martinů erinnern. Auch die *Klavierkonzerte* sind mit bestimmten Künstlern verbunden, die Konzerte 2 (1934), 3 (1948) und 4 (1955/56) speziell mit dem Pianisten Rudolf Firkušný, mit dem sich Martinů eingehend über die technischen Möglichkeiten beriet. Neben einem Violakonzert (*Rhapsodie für Viola und Orchester* 1952) und 2 großen *Violoncellokonzerten* (1939/1945) gibt es noch eine Vielzahl anderer Werke: ein *Cembalokonzert* (1935), eines für *Oboe* (1955) und eine an Haydn erinnernde *Sinfonia concertante für Oboe, Fagott, Violine, Violoncello und Kammerorchester* (1949). Dieses Konzert zeigt schon im Titel den »Concerto grosso«-Komponisten Martinů. Oft wird dem Orchester ein Klavier hinzugefügt, wie in der auf der Flucht in Südfrankreich geschriebenen *Sinfonia giocosa* (1940). Die ist lange nicht so fröhlich wie der Titel vermuten läßt, zeugt aber doch von elementarer Lebensfreude. Die für die musikalische Gesellschaft des kleinen kalifornischen Städtchens La Jolla komponierte *Sinfonietta »La Jolla«* (1950) verwendet ebenfalls ein Klavier.

Eindeutigen Concerto grosso-Bezug gibt es auch im *Konzert für Streichquartett und Orchester* (1931), im *Concerto da camera für Violine, Klavier, Schlagzeug und Streicher* (1941) und in den *2 Concertini für Klaviertrio und Orchester* (1938). Herausragend unter diesen Werken ist das *Doppelkonzert für Streicher, Klavier und Pauken* (1938), das nicht nur äußerlich Ähnlichkeiten mit Bartóks ein Jahr jüngerer *Musik für Saiteninstrumente, Schlagzeug und Celesta* zeigt. Auch Martinůs Werk ist für Paul Sacher und dessen Basler Kammerorchester komponiert. Es ist geprägt von aufregender Motorik einerseits und abgründig-verzweifelten Abschnitten andererseits, noch ernster im Charakter als Bartóks *Musik*. Martinůs *Doppelkonzert* wurde am Tag der Unterzeichnung des Münchner Abkommens beendet, das Martinůs Heimatland an Hitler auslieferte.

Das Gilgamesch-Epos

Dieses Oratorium in traditioneller Besetzung mit Solistenquartett, Chor und Orchester ist Martinůs einziges Werk dieser Gattung. Er schrieb es 1955 in Nizza und widmete es Maja Sacher. Schon in Martinůs 1. Ballett *Istar*, das er mit Ende Zwanzig geschrieben hatte, ging es um Ereignisse aus babylonischer Zeit. Die Liebesgöttin Istar kommt auch im Gilgamesch-Epos vor, einer der ältesten Dichtungen der Menschheit. In ihm erzählen die Babylonier von dem sagenhaften König Gilgamesch, von seinen und seines Freundes Enkidu mythologischen Taten. Die Frage nach dem Tode durchzieht dieses Epos, und der Chor in Martinůs Oratorium singt denn auch: »Die Sterblichen, ihre Tage sind gezählt«. Martinů macht klar, daß ihm dieses Problem wirklich am Herzen liegt, und schon die ersten Takte vermitteln den ganzen Ernst seines Anliegens. Eher düster, aus dem Dunkel heraus ruft der Chor den Halbgott Gilgamesch an. Martinů hat nur einen Ausschnitt aus dem Epos vertont. Sein Werk gliedert sich in drei Teile: *Gilgamesch, Enkidus Tod, Beschwörung*. Martinůs Vertonung ist nicht unproblematisch. Nicht nur, daß der Text eine Ende der 20er Jahre entstandene, recht ungenaue englische Übersetzung ist. Auch wird der rhythmisch-schwungvolle Fluß immer wieder von Rezitativen unterbrochen. Aber mit den archaisierenden Chören, den subtilen Mitteln seiner Instrumentation wie impressionistischen Harfeneffekten und gestopften Trompeten hat Martinů ein hörenswertes, einzigartiges Werk geschaffen.

[M] *CD* Kusnier, Margita, Vele, Depoltova, Slowak. Philharmonie, Kosler (Marco Polo 1989)

Joachim Salau

Siegfried Matthus

1934

»Herr, mache meine Musik zum Werkzeug des Friedens: daß sie Freude, Versöhnung, Einigkeit, Glauben, Wahrheit und Hoffnung bringe und die Herzen öffne der Liebe.« Das Gebet des heiligen Franz von Assisi könnte auch gut vom Komponisten Siegfried Matthus selber stammen, der es in den Schlußgesang seiner Symphonie *Unser Mund soll von Weisheit reden und unser Herz in Liebe sein* integriert hat. Mit ihr hat sich Matthus als musikalischer Geschichtsschreiber zum 250. Geburtstag des Leipziger Gewandhausorchesters betätigt, dem sie gewidmet ist und das sie am 11. März 1993 unter Kurt Masur uraufführte. Leicht faßlich in der Satzweise, beginnt das Werk mit 16 Spielern und stockt auf fast 200 allmählich auf. Auch das Gewandhausorchester, dem sich Matthus sehr verbunden fühlt, ist einmal aus 16 Musikern entstanden. Matthus' humanistische Grundhaltung geht musikalisch in die klaren Strukturen seiner Kompositionen auf handwerklich solider Basis ein. Spielwitz, farbenfroher Divertimentocharakter und melodiös-virtuoser Klangsinn rangieren vor seriellen Techniken und elektronischen Mitteln, mit denen er sich in den 60er Jahren auseinandergesetzt hat, etwa in den *Liebesliedern* (1960), den *5 Orchesterliedern* (1961) oder den *Inventionen für Orchester* (1964). An neueren Werken sind erwähnenswert das *Manhattan Concerto* (1994) und die Orchesterphantasie *Das Land Phantásien*.

Siegfried Matthus wurde am 13. April 1934 in Mallenuppen (Ostpreußen) geboren. Als ehemaliger SED-treuer DDR-Komponist hat er auch nach der Wende eine Grundposition beibehalten, aus der heraus er auch damals schon Stellung zu aktuellen Fragen bezogen hat. Matthus studierte Dirigieren und Komposition an der Hochschule für Musik in Ostberlin bei Rudolf Wagner-Régeny und wurde Meisterschüler von Hanns Eisler. Als freischaffender Komponist, der mit mehreren Auszeichnungen der ehemaligen DDR ausgezeichnet worden ist, lebt er noch immer in Berlin. Seine Liebe zur Oper resultiert wohl aus dem Kontakt mit Walter Felsenstein, unter dem er 1961 Dramaturg an der Komischen Oper Berlin wurde. Von dieser Zeit an komponierte er für das Musiktheater: zuerst ein Kindermusical (1961), dann die Opern *Lazarillo von Tormes* (1964), *Der letzte Schuß* (1967), *Noch einen Löffel Gift, Liebling?* (1972), *Omphale* (1976), *Die Weise von Liebe und Tod des Cornets Christoph Rilke* (1985), *Graf Mirabeau* (1989) und andere. Einen Höhepunkt expressiven Ausdrucks erreicht er insbesondere in der Oper *Judith* (1983). Aus Liebe zur Oper initiierte er 1991 sogar ein Kammeroper-Festival auf Schloß Rheinsberg. Siegfried Matthus' Botschaften in der Oper, in der Kammermusik, in Vokal- und Orchesterwerken kommen an, weil er die musikalischen Techniken und Formen mit musikantischem, gemäßigt modernem Geist verknüpft, weil er Handwerk und Ästhetik in Balance und gleichzeitig auch in Spannung hält.

Brigitte Schulze

Felix Mendelssohn Bartholdy

1809–1847

Im November 1936 wollte Sir Thomas Beecham mit Musikern des London Philharmonic Orchestra am Mendelssohn-Denkmal vor dem Leipziger Gewandhaus einen Kranz niederlegen. Doch die NS-Behörden hatten in einer Nacht- und Nebel-Aktion das Denkmal zerschlagen: Der »Vollblutjude« sollte nicht posthum noch »öffentliches Ärgernis« erregen. Mehr als 10 Jahre durfte nichts von ihm gespielt werden. Die Musikfachleute in Diensten der braunen Machthaber konnten sich auf Richard Wagner berufen, der erklärt hatte: Mendelssohn »hat uns gezeigt, daß ein Jude von reichster spezifischer Talentfülle sein, die feinste und mannigfaltigste Bildung, das gesteigertste, zartempfindende Ehrgefühl besitzen kann, ohne durch die Hilfe aller dieser Vorzüge es je ermöglichen zu können, auch nur ein einziges Mal die tiefe, Herz und Seele ergreifende Wirkung hervorzubringen, welche wir von der Kunst erwarten (...)« Natürlich sah Wagner die Qualität der Mendelssohnschen Musik, gelegentlich hat er sogar Bewunderung geäußert (und einiges übernommen); bei ihm waren besondere biographische und ideologische Konstellationen im Spiel. Fatal ist jedoch, daß sein Urteil diffus weitergewirkt hat, daß auch ohne Antisemitismus sich das Diktum von der glatten Oberflächlichkeit Mendelssohnscher Musik gehalten hat, daß von musikwissenschaftlicher Seite die Rede war von Epigonentum und (abwertend gemeintem) Klassizismus. Davon ist die Mendelssohn-Rezeption bis heute geprägt, bis hinein in den Gegenzug einer wohlmeinenden »Wiedergutmachung«.

Immerhin ist die Diskussion in Gang gekommen. Über »Das Problem Mendelssohn« (so der Titel eines Symposions 1972) läßt sich nicht reden ohne Kenntnis der historischen Topographie: Zeit der Restauration, des politisch gegängelten Bürgertums, des Biedermeier-Geistes, der sich ins Private zurückzog; das nachbeethovensche Zeitalter. Für Mendelssohn konmmt hinzu: Geboren als Sohn einer wohlhabenden jüdischen Bankiersfamilie, als Enkel des Philosophen Moses Mendelssohn, dem Lessing mit dem *Nathan* ein Denkmal gesetzt hatte, war seine Lebensbahn vorgezeichnet durch die Assimilationsbemühungen, worin zumal das gebildete Judentum die einzige Chance sah, langfristig gleichberechtigt und gleichwertig am politischen und kulturellen Leben seiner Umgebung teilnehmen zu können. Deswegen entschlossen sich die Eltern 1816 zum »Entréebillett zur europäischen Kultur« (Heine), zur Taufe: Die Mendelssohn-Kinder sollten eine Bildung aus der Fülle der christlichen-abendländischen Kultur erhalten, und zumal Fanny und Felix erwiesen sich als hochbegabt, nicht nur in der Musik. Felix empfing das Erbe dieser Kultur sozusagen aus der Hand und dem Geist Goethes, der dem Kind väterlich zugetan war, dazu paßte die musikalisch-konservative Unterweisung bei Karl Friedrich Zelter. Das *Oktett op. 20* und die *Ouvertüre zum »Sommernachtstraum«* zählen dann schon zu den vollgültigen Werken.

Deren Charakeristika waren früh ausgeprägt, wurden aber laufend weiterentwickelt: Die Grenzen der überlieferten Gattungen (anders als bei Liszt und Berlioz) bleiben erhalten, gerade weil Mendelssohn die Formen aus ihrer Geschichtlichkeit versteht; und gerade deswegen deutet er sie für sich neu und kommt zu neuen Lösungen, wie die Symphonien zeigen. Man wird also Mendelssohns Musik nicht gerecht, wenn man sie an der Elle Beethoven mißt – nicht, weil sie an ihr keinen Bestand hätte, sondern weil das Meßinstrument hier versagen muß. »Als Komponist in der geschichtlichen Situation nach Beethoven zu bestehen, bedeutete für Mendelssohn, überhaupt nicht in den Schatten zu treten, den Beethoven warf« (Dahlhaus). Mendelssohns Zugang ist anders: Er macht seine liedhaften Themen kaum zum Gegenstand motivisch-thematischer Arbeit im klassischen Sinn, das wäre ihnen nicht angemessen, hätte etwas Gewaltsames: Sie sind nicht dafür gemacht. Sein Weg geht umgekehrt in Richtung Integration, Zusammenfassung, Kombination zunächst einander fremder, oft auch verwandter Gebilde; Abtrennung nur, um neue Einheiten entstehen zu lassen; Darstellung des schon Bekannten in neuem Licht. Mittel dazu sind Wechsel in Harmonisierung, Instrumentation, Dynamik oder Artikulation. In diesem integrativen Satzkonzept wird beinahe alles mit allem vermittelbar, Begleitsätze, Figurationen oder scheinbar nur überbrückende Teile erscheinen in neuen Positionen »aufgewertet«, nichts ist nebensächlich. »Durchführung« beginnt oft schon in der »Exposition«, die »eigentliche« Durchführung bringt häufig neue Gedanken. Großes Gewicht erhalten dabei kontrapunktische Verfahrensweisen.

Mendelssohns äußere Karriere verlief glänzend: Seine Wiederaufführung von Bachs 100 Jahre lang vergessener *Matthäuspassion* 1829 war nicht nur eine historische Tat, sondern auch der Beginn einer europäischen Dirigentenkarriere. Als Bewerber um die Nachfolge Zelters als Leiter der Berliner Singakademie wurde Mendelssohn mit einer unverhohlen antisemitischen Begründung abgewiesen. Er ging daraufhin zuerst nach Düsseldorf, dann für 10 Jahre an das Leipziger Gewandhaus als Kapellmeister. Unter seiner Leitung wurde das 1843 dort gegründete Konservatorium zu einer hochrenommierten Ausbildungsstätte. Er starb am 4. November 1847, wenige Monate nach seiner Schwester Fanny, 38jährig an einem Gehirnschlag.

Symphonie Nr. 1 c-moll op. 11

UA: Berlin 1824

Das Autograph dieser ersten großen Symphonie des 15jährigen Mendelssohn trägt die Aufschrift »Sinfonia Nr. XIII«; 1830 wurde sie als *Symphonie Nr. 1* gedruckt – Zeichen dafür, daß er selbst sie als »offiziellen« Beginn seines symphonischen Schaffens gewertet haben wollte. Vorangegangen waren 12 Streichersymphonien mit vielfach variierten Bezügen auf die klassischen Vorbilder, und natürlich spielen diese auch in der *c-moll-Symphonie* eine erhebliche Rolle. Konstatiert man aber lediglich die Anklänge an Beethoven (*Symphonie Nr. 5*), an Haydn (*Symphonie Nr. 95*) und Mozart (*KV 550*) und sieht sich damit im Klischeebild von Mendelssohns Epigonentum bestätigt, wird man dem Werk nicht gerecht. Mögen diese Anklänge in ihrer Zusammensetzung allein schon reizvoll sein – das barocke Element der Polyphonie und eine eindrucksvolle Klangfarbentechnik nach dem Muster Webers kommen noch dazu – Mendelsohns symphonischer Gestaltungswille reicht schon in diesem Erstlingswerk viel weiter. Der *Allegro molto*-Kopfsatz beginnt in einem pathetisch-heftigen c-moll; das kontrastierende Seitenthema bleibt in der Durchführung lyrische Episode. Daß etwa die Reprise gegenüber der Exposition erheblich verkürzt und zudem anders instrumentiert ist, daß die Coda größeren Raum als die Durchführung beansprucht und selbst eine 2. Durchführung darstellt, ist bezeichnend für Mendelssohns Auffassung vom Sonatensatz: Er dient der Präsentation des thematischen Materials in variierten Anordnungen, aber nicht in Form von motivischer Detailarbeit; vielmehr bilden sich neue Einheiten. Noch deutlicher zu hören ist das im Finale *Allegro con fuoco*: Das Fugato der Durchführung ist keine Reminiszenz an barocke Traditionen, sondern dient der Integration zweier kontrastierender Elemente des 1. Themas. Im *Andante* (halb Sonatensatz, halb Rondo) erscheinen die Hauptgedanken in wechselnder Beleuchtung, während das Menuett durch synkopische Melodiefügung und Drehfiguren an Mozarts *g-moll-Symphonie KV 550* erinnert. Im übrigen bestehen über alle 4 Sätze hinweg motivische Verbindungen – weiteres Zeichen der integrativen Tendenz in Mendelssohns Konzept der symphonischen Form.

[M] *CD* Wiener Philharmoniker, Dohnanyi (Decca 1977)

Symphonie Nr. 2 B-Dur op. 52 »Lobgesang«

UA: Leipzig 1840

Er wollte »im Juni das hiesige Buchdruckerfest durch Aufführung einer neuen Musik begehen helfen (wahrscheinlich mach' ich eine Art kleines Oratorium, oder größeren Psalm)«, kündigte Mendelssohn 1840 an. Die Rede war von der 400-Jahrfeier zur Erfindung der Buchdruckerkunst durch Johannes Gutenberg in Leipzig, für Mendelssohn, im Sinne der Aufklärung, ein Sieg des menschlichen Geistes über Unwissenheit und Unmündigkeit. Das Werk, das dabei entstand, läßt sich schwer einordnen: geistlich oder weltlich, Symphonie oder Kantate?« »(...) schick' ich das Stück nun als Symphoniekantate in die Welt (...) Ich glaube nicht, daß es viel für Aufführungen taugt, und habe es doch so gern.« Die Verwandtschaft zu Beethovens *Neunter* läßt sich nur bei oberflächlicher Betrachtung behaupten: Mit Beethovens Idee eines Durchbruchs vom Instrumentalen zum Vokalen, vom »verzweiflungsvollen Zustand« (Beethoven) der Welt zur Utopie der Menschheitsversöhnung, hat der zyklisch angelegte *Lobgesang* nichts zu tun. Die instrumentale »Einleitung« (Mendelssohns Bezeichnung), in der Partitur *Sinfonia* überschrieben, macht im zeitlichen Ablauf beinahe ein Drittel des ganzen aus und gliedert sich ihrerseits in 3 Teile: Dem *Allegro* ist, von den Posaunen allein vorgetragen, das Motto vorangestellt *(Maestoso con moto)*, das sich als roter Faden durch das Werk zieht und gliedernde Funktionen übernimmt; es bildet später (Nr. 2) den 1. Chor-Einsatz auf die Worte: »Alles, was Odem hat, lobe den Herrn!« Der Scherzo-Abschnitt, *Allegretto un poco agitato*, wirkt in seinem beschwingt-tänzerischen Charakter nur auf den ersten Blick in diesem Kontext befremdend (Puristen haben es als »Salongrazie« gebrandmarkt), doch zeigt sich gerade hier Mendelssohns integratives Verfahren: Im Mittelteil wird eine Choralmelodie abschnittsweise, nach Art einer Choralbearbeitung, mit den Teilen des Scherzothemas durchsetzt (Bruckner!); dieses selbst ist mit dem Zentral-Motto »Alles, was Odem hat« kombiniert. Rezitativische Floskeln schaffen am Ende des *Adagio religioso* den Übergang zu den vokalen Teilen der Symphonie. In der Anordnung der Psalmtexte hat Mendelssohn auf dramaturgische Steigerung geachtet. Inhaltlich spannt sich ein Bogen (in 9 Nummern von Rezitativen und Arien der 2 Solosoprane und des Tenors, einem Duett Sopran-Tenor, Chören), vom »Lobgesang« des Eingangschors über die Themen »Trübsal/Dunkel«, »Hoffnung/Rufen in der Finsternis« und »Anbruch des Morgens« bis zum »Dank- und Lobgesang«, mit dem sich am Ende der Kreis zum Anfang schließt. Bei der dreifachen Frage des Tenors »Hüter, ist die Nacht bald hin?« wird höchste dramatische Dichte erreicht. Die Spannung löst sich über die Antwort »Die Nacht ist vergangen«, gefolgt von einer gewaltigen Chor-Orchester-Fuge, in dem a cappella-Choral »Nun danket alle Gott«, dem Umschlags-Punkt vor der Schluß-Apotheose.

Trotz der Zählung als Nr. 2 gehört der *Lobgesang* (1840) zu Mendelssohns späten symphonischen Werken.

[M] *CD* Laki, Shirai, Seiffert, Musikverein Düsseldorf, Berliner Philharmoniker, Sawallisch (EMI 1987)

Symphonie Nr. 3 a-moll op. 56 (»Schottische«)

UA: Leipzig 1842

»In der tiefen Dämmerung gingen wir heute nach dem Palaste, wo Königin Maria (Stuart) gelebt und geliebt hat; es ist da ein kleines Zimmer zu sehen, mit einer Wendeltreppe an der Tür; da stiegen sie hinauf und fanden den Rizzio im kleinen Zimmer, zogen ihn heraus, und drei Stuben davon ist eine finstre Ecke, wo sie ihn ermordet haben. Der Kapelle daneben fehlt nun das Dach; Gras und Efeu wachsen viel darin, und am zerbrochenen Altar wurde Maria zur Königin von Schottland gekrönt. Es ist da alles zerbrochen, morsch, und der heitere Himmel scheint hinein. Ich glaube, ich habe heut da den Anfang meiner ›Schottischen Sinfonie‹ gefunden. Nun lebt wohl.« Dieser Brief an die Familie in Berlin stammt aus dem Jahr 1829, von der 1. Englandreise des damals 20jährigen Mendelssohn; er notierte damals auch das Thema der langsamen Einleitung ins Skizzenbuch. Dann aber dauerte es doch knapp 13 Jahre, bis die Symphonie fertig wurde. Man darf aus der Briefstelle kein in Musik umgesetztes Programm herauslesen, doch scheint Mendelssohn aus einer durchaus greifbaren Grundstimmung heraus den Keim gelegt zu haben, aus dem er dann zyklisch die 4 Sätze der Symphonie, konsequenterweise ohne »stimmungsmordende Pausen zwischen den Sätzen« (Mendelssohn), entwickelt hat. Im Verlauf der Musik, in den wechselnden Atmosphären der Sätze wird ein episches Element erlebbar durch motivische Querverbindungen. Ausgangspunkt ist also das dunkel-kantable Thema der Introduktion in einer charakteristischen Mischklang-Instrumentierung des vollen Holzbläsersatzes (ohne Flöten) zusammen mit Violen, ohne die übrigen Streicher; am Ende des *Allegro*-Satzes wird es noch einmal zitiert, als Erinnerung und Überleitung. Wichtiger noch sind die vielschichtigen Bezüge innerhalb des Satzes: Die Themen sind entweder direkt vom motivischen Kern abgeleitet, oder werden, wie das Seitenthema gleich beim ersten Auftreten, mit dem Zentralgedanken oder dessen Varianten kombiniert. Hinzu kommt ein koloristisches Element, ganz unverhüllt

Die spanische Treppe in Rom. Zeichnung von Felix Mendelssohn Bartholdy während seines Rom-Aufenthaltes (1831)

naturalistisch in der Coda des 1. Satzes (unüberhörbar die Sturm-Musik in Wagners *Fliegendem Holländer*), subtiler im 2. Satz, *Vivace non troppo*, mit seinem pentatonischen Thema (es läßt an folkloristische Vorbilder denken) und den davon abgeleiteten Farbeffekten. Dagegen bleiben im *Adagio* die trauermarschähnlichen Holzbläserfiguren innerhalb der kantablen Linien des Themas episodische Randerscheinungen. Das Finale *Allegro vivacissimo* beginnt in beinahe martialischem Ton, doch auch hier behält die kontrollierend integrative Kraft die Oberhand, läßt keine disparaten Strömungen aufkommen; Kanons, Fugati, Engführungen sind ihre Erscheinungsformen, die Apotheose des *Allegro maestoso* am Ende der Symphonie (mit einem hymnischen A-Dur-Thema, das auf den Symphonie-Beginn zurückerweist) ihre letze Konsequenz.

Mit der *Schottischen* hat sich Mendelssohn am längsten beschäftigt, mit ihr endet sein symphonisches Schaffen.

M *CD* London Classical Players, Norrington (EMI) – *VD/LD* Chicago SO, Solti (Decca)

Symphonie Nr. 4 A-Dur op. 90 (»Italienische«)

UA: London 1833

Der Beiname *Italienische* stammt von Mendelssohn selbst; sie ist zum größten Teil Produkt einer Bildungsreise (1830/31), auf der sich Mendelssohn in den Fußstapfen von Goethes »Italienischer Reise« bewegte. Nicht nur dieselben Orte suchte er auf, auch Objekte und Art der Wahrnehmung gleichen einander: »Bleibe ich so im Zuge, wie jetzt, so mache ich auch noch die ›Italienische Symphonie‹ in Italien fertig (...) Gestern waren wir in Pompeji (...) Als seien die Menschen eben ausgegangen, ist es; doch zeigt wiederum fast Alles auf eine andere Religion, anderes Leben, kurz auf 1700 vergangene Jahre hin (...) Das lustige Neapel macht sich darauf freilich ganz gut; aber die übertriebene Masse von elenden Bettlern, die Einen auf allen Wegen und Stegen verfolgen, (...) thun mir wehe« (Brief an die Familie, 1831). Doch welches Italienbild sich Mendelssohn auch immer gemacht haben mag – seinem Musikverständnis wäre es fern gelegen, musikalische Landschaftsmalerei zu betreiben; das Italienerlebnis war Anlaß zu Musik, fand dort seinen Reflex, aber eben den persönlich-musikalischen Mendelssohns, nicht irgendeines Italien-Klischees. Das Publikum der Londoner UA (Mendelssohn dirigierte selbst) muß das verstanden haben – es war begeistert. Der Komponist selbst sagte, es sei »das lustigste Stück, das ich gemacht habe«. Wollte man die Impression einer charakteristischen Grundstimmung der Symphonie begründen, über den ersten Eindruck von Schwung, Helligkeit und souveräner Leichtigkeit hinaus – Robert Schumann sprach vom »innigen Zusammenhang aller vier Sätze« – müßte man sie weniger in thematisch-melodischen Entsprechungen (deren es nicht wenige gibt) als vielmehr im Rhythmischen suchen. Evident sind die Zusammenhänge zwischen dem *Allegro vivace*-Kopfsatz und dem *Presto*-Finale. Beide exponieren zunächst den rhythmischen Impuls allein, der dann die Sätze ganz durchzieht und prägt, bevor die Themen darüber einsetzen. Im Finale kommt, dem Tanzcharakter des *Saltarello* entsprechend, dem Element Rhythmus noch weit mehr eigenständige, quasi thematische Funktion zu; dort bewirkt er auch den Wechsel von wilddüsterem und unheimlich-schattenhaftem Gestus; der hat natürlich auch damit zu tun, daß das Finale – einzigartig zu seiner Zeit – diese so strahlend beginnende A-Dur-Symphonie in einem verhuschten a-moll beschließt. In beiden Sätzen liefert das rhythmische Modell Folie, Kontrast, Farbe, Dynamik und Material der Durchführungen bis in die kontrapunktischen Satzteile hinein. Nach einer zweitaktigen Devise setzt im *Andante* jene in Achteln gleichförmig durchlaufende Baßfigur ein, über der sich das Liedthema erhebt, und die Akkordfolge der Bläser im *Trio* des 3. Satzes kontrastiert vor allem rhythmisch zu dessen Menuett-Thema.

M *CD* O. of the Age of Enlightenment, Mackerras (Virgin/EMI 1987) – *VD/LD* Chicago SO, Solti (Decca); Wiener Philharmoniker, Muti (Sony)

Symphonie Nr. 5 d-moll op. 107
(»Reformations-Symphonie«)

UA: Berlin 1832

Mendelssohn hat das Christentum, als Vernunft-Religion im Sinne Lessings und Kants, und im Bestreben der Assimilation sehr ernstgenommen. Die *Symphonie zur Feier der Kirchen-Revolution*, so der ursprüngliche Titel, schrieb er aus Anlaß der 300-Jahrfeier des Augsburger Bekenntnisses, ohne Auftrag. Es ist seine *2. Symphonie* – die Zählung als *Nr. 5* und die hohe Opuszahl ergaben sich aus der posthumen Veröffentlichung. Nach der einzigen Aufführung unter seiner Leitung zog Mendelssohn das Werk zurück. Der 20jährige hatte sich kein geringeres Projekt vorgenommen als das einer instrumentalen geistlichen Musik, einer geistlichen Symphonik – zu einer Zeit, als es, durch die längst und endgültig vollzogene Trennung von Konzertsaal und Kirche, keinen verbindlichen »Kirchenstil« mehr gab. Mendelssohn ging das Problem in verblüffend zukunftsweisender Art an: Betonte Kontrapunktik, herbe, altertümlich wirkende Harmonik und liturgische Melodien bilden den semantischen Bezug zur »alten« geistlichen Musik; Formen und Verfahren der autonomen Musik, wie symphonische Satztypen (Sonatensatz mit langsamer Einleitung, Scherzo) Variationsprinzip und satzübergreifende zyklische Verknüpfung, sollen einen musikalisch-schlüssigen Zusammenhang herstellen. Das Ergebnis weist, gerade weil sich die disparaten Elemente nicht glatt subsumieren ließen, in zwingender, höchst beeindruckender Perspektive auf Berlioz und Bruckner voraus.

Die langsame Einleitung deutet quasi programmatisch die ganze Spannweite der Symphonie an: Die ersten Takte konfrontieren das imitatorisch-dissonierend übereinandergeschichtete *Magnificat*-Motiv mit einer blockhaften Bläser-Fanfare (einem Choral?). Dazu kommt als 3. Element das sog. »Dresdner Amen«, wie aus einer andern Welt, zitathaft pianissimo (Wagner hat es in der Mendelssohnschen Harmonisierung und Instrumentation in *Parsifal* als »Gralsmotiv« verwendet). Es übernimmt im folgenden Sonatensatz *Allegro con fuoco*, im *Scherzo* und im *Finale* wichtige Funktionen. Am B-Dur-*Scherzo* samt dem G-Dur-*Trio* hat man vielfach Anstoß genommen: Wie habe Mendelssohn in ein Werk der geisltlicher Musik ein Scherzo einfügen können? Indes: Auch dieser Satz behält den ernsthaften Ton bei, verbleibt fast ganz im piano-Bereich und ist, ebenso wie das folgende *Andante*, genuine Instrumentalmusik, also nicht von Themen vokaler Herkunft durchsetzt. So fungieren diese beiden Mittelsätze als Intermezzi und gleichzeitig als Präludien für das gewichtige *Finale*. Dort folgt auf die Choral-Introduktion »Ein feste Burg ist unser Gott« ein belebter 2. Teil, in dem sich Choralvariation und Sonatenform zu einem heterogenen Ganzen verbinden; Reminiszenzen an die vorangehenden Sätze verbürgen die zyklische Einheit.

M *CD* Berliner Philharmoniker, Maazel (DGG 1960)

Musik zu Shakespeares »Sommernachtstraum« op. 21 und op. 61

UA: Ouvertüre: Berlin 1826;
vollständige Musik: Potsdam 1843

Die *Sommernachtstraum-Ouvertüre op. 21*, genialer Wurf des 17jährigen Mendelssohn am Ende seiner Lehrzeit bei Zelter, begründete seinen Ruf als Komponist. Das Stück war als autonome Konzertouvertüre entstanden, ohne funktionale Bindung an Oper oder Schauspiel. (Mendelsohns *Konzertouvertüren* bilden musikhistorisch eine wesentliche Voraussetzung für die »Symphonische Dichtung«, eines der zentralen Genres des späteren 19. Jhs., wie es vornehmlich durch Franz Liszt und Richard Strauss ausgeprägt wurde.) Erst 20 Jahre später erhielt Mendelssohn vom preußischen Hof den Auftrag zu einer kompletten Schauspielmusik (op. 61) zu Shakespeares Komödie, in deren insgesamt 12 Nummern (Chor und Solisten kamen hinzu) er Motive der schon bestehenden Ouvertüre einarbeitete, um den dramaturgischen Zusammenhang herzustellen. Als Konzertouvertüre folgt das Stück keinem Handlungsablauf, sondern beschwört (in Sonatensatzform) eine »Sommernachtstraum«-Atmosphäre voller Geheimnisse und Überraschungen: Die 4 Bläserakkorde stehen wie magische Zeichen am Eingang und am Ausgang der nächtlich verzauberten Natur, aber auch in deren Zentrum; die unorthodoxe Anordnung dieser schlichten Kadenz – Dominante vor Subdominante, macht neben den Registerfarben ihren Reiz aus. Die dazwischen gereihten Episoden samt ihren Abwandlungen erhalten erst durch diese Akkorde ein einigendes Band. Die flirrenden Staccato-Figuren der Violinen hat man schon früh mit »Elfenmusik« assoziiert; jene mit einem Stampfen eingeleitete Episode mit der Drehfigur und dem schwerfälligen Abwärtssprung tauchte in der späteren Schauspielmusik als »Tanz von Rüpeln« auf; doch bedarf die Ouvertüre zum Verständnis keiner dieser inhaltlichen Zuschreibungen. Der *Hochzeitsmarsch* der Bühnenmusik ist in vielfältigen, meist schlechten Bearbeitungen viel bekannter geworden als das Original.

[M] *CD* op. 21: Cleveland O., Szell (Sony); op. 61: Harper, Baker, Philharmonia Choir and O. London, Klemperer (EMI); Piau, Collot, Choeur de la Chapelle Royale, O. des Chamsp-Élysées, Herreweghe (HMF 1994)

Ouvertüre »Die Hebriden« op. 26

UA: Berlin 1833 (3. Fassung)

Der Titel verweist auf die Reiseeindrücke, denen sich dieses Werk verdankt: 1829 hatte Mendelssohn die »Fingalshöhle« (so lautete auch der ursprüngliche Titel) auf einer der schottischen Hebriden-Inseln besucht. Musikalische Abbilder konkreter Landschaften finden sich auch hier nicht, vielmehr hat Mendelssohn alles augenblickshaft Impressionistische dezent in die musikalische Form eingebunden. Einheitsstiftende Idee ist ein einziges, eintaktiges Motiv, das sich in zahlreichen Varianten, zeitweilig abgelöst von weiteren Motiven samt einigen dramatischen Steigerungen, durch den ganzen Satz hindurchzieht. Wesentlichen Anteil an der Wirkung der Ouvertüre hat die virtuose Instrumentierung, die selbst Richard Wagner Bewunderung abnötigte.

[M] *CD* New Yorker Philharmoniker, Bernstein (Sony 1965)

Ouvertüre »Meeresstille und glückliche Fahrt« op. 27

UA: Berlin 1832

Der einzige Ausnahmefall: Hier schildert Mendelssohn tatsächlich, genau den Szenenwechseln von Goethes Gedicht folgend, und noch darüber hinaus phantasierend, Naturereignisse. Die langsame Einleitung *(Adagio)* imaginiert in liegenden Streicherakkorden und sanften melodischen Bewegungen die Meeresstille. Eine solistische Flötenfigur kündet Neues an: Zu Beginn der »Glücklichen Fahrt« *(Molto allegro e vivace)* erhebt sich leise ein Wind, das Schiff kommt allmählich in Bewegung, begibt sich auf die offene See, der Wind wird stärker. (Wagner hat hier für seine *Holländer*-Ouvertüre gelernt). Musikalisch ist diese Passage eine mehr und mehr gesteigerte, rhythmisch geschärfte Vorbereitung des D-Dur-Hauptthemas: Bild für die Erhabenheit der Natur. Am Ende meint man Trompetenfanfaren bei der Ankunft im Hafen zu hören.

[M] *CD* London SO, Abbado (DGG 1986)

Ouvertüre »Das Märchen von der schönen Melusine« op. 32

UA: London 1834

Das Sujet: Die eine zeitlang erfüllte und dann verlorene Liebe der schönen Seejungfrau Melusine zu einem Ritter, unter einer letztlich für ihn nicht erfüllbaren Bedingung: Nie darf er nach ihrer Herkunft fragen, ihr Geheimnis ergründen – ein archetypischer Märchenstoff, der bis ins frühe Mittelalter nachweisbar ist. Schumann schwärmte von der Ouvertüre in höchsten Tönen, schrieb von »schießenden Fischen mit Goldschuppen, Perlen in offenen Muscheln«. Mendelssohn war enttäuscht von der reservierten Aufnahme des Werks beim Publikum. Auf die Frage, worum es sich denn handle, antwortete er reserviert: »Hm – eine Mesalliance.« In der Tat ist es unnötig, in der Musik Handlungsverläufe aufspüren zu wollen. Wie immer ging es Mendelssohn um die musikalisch konzise Herstellung einer bestimmten Atmosphäre: hier die des Elements Wasser, wie es sich poetisch mit wundersamen Wesen belebt vorstellen läßt, als Inbegriff von Natur, die zugleich fremd und vertraut, Ort der Sehnsucht und für immer verlorene Heimat ist – als Wellenmotiv der Streicher (das Wagner für *Rheingold* übernahm), in Verbindung mit melodischen Motiven der Holzbläser, die zuerst, in der Introduktion, Sehnsucht und Liebe, später, besonders im Epilog, wo sie verklingen, wehmütige Erinnerung ausdrücken mögen; formal in Gestalt eines Sonatensatzes, in dem ein rhythmisch scharf konturiertes Thema einer weit ausschwingenden, kantablen Linie gegenübergestellt wird. Zu einem dramatischen Konflikt kommt es trotz heftiger Steigerungen nicht, es bleibt beim, wenn auch sehr nahen, Nebeneinander. Am Ende ist nur mehr der langsam verebbende Schlag der Wellen zu hören.

[M] *CD* London SO, Abbado (DGG 1986)

Ouvertüre zu »Ruy Blas« op. 95

UA: Leipzig 1839

Vielleicht, weil er das gleichnamige Schauspiel Victor Hugos für ein »scheußliches Machwerk« hielt, entledigte sich Mendelssohn des Auftrags, dafür eine Ouvertüre zu schreiben, innerhalb von 3 Tagen – und gestand dann, es habe ihm »unsäglichen Spas« bereitet. Dennoch (oder deswegen?) macht das Stück großen Effekt, was zum guten Teil auf einem Kunstgriff beruht: Mendelssohn beginnt mit einem viertaktigen Motto *(Lento)* der Bläser, gefolgt von einer schnellen, wie gehetzt wirkenden Streicherfigur *(Allegro molto)* von 8 Takten; dasselbe wiederholt sich um einen Ton versetzt, erst dann beginnt die eigentliche Exposition. Am Höhepunkt des Satzes und zur Reprise erklingt erneut das *Lento*-Motto.

[M] *CD* SO Montreal, Dutoit (Decca)

Klavierkonzerte Nr. 1 g-moll op. 25 und Nr. 2 d-moll op. 40

UA: München 1831, Birmingham 1837

»Gestern ist denn nun mein Concert gewesen, und brillanter und vergnügter ausgefallen, als ich es erwartet hatte [...] Es waren gegen 1100 Menschen drin, und so können die Armen zufrieden sein.« Es handelte sich um ein Benefizkonzert zugunsten der Armenhilfe und fand im Münchner Odeonssaal statt, auch König Ludwig I. war da. Mendelssohn dirigierte seine *1. Symphonie* und und hob sein *1. Klavierkonzert* aus der Taufe. Wenn er das Werk auch als »ein schnell hingeworfenes Ding« bezeichnet hatte – was gar nicht so ganz stimmt, die Überlegungen dazu hatten wohl schon ein Jahr zuvor begonnen – es ist sein erstes ausgereiftes Konzert und trägt einige neuartige Züge, die ganz und gar wegführen vom klassischen Typus. (Vorangegangen waren an Konzerten u. a. eines in *a-moll für Klavier und Streichorchester*, 1822, eines in *d-moll für Klavier, Violine und Streichorchester* und die beiden *Klavier-Doppelkonzerte*, wo sich, bei aller Konvention, die experimentelle Haltung schon ankündigte.) Die 3 Sätze gehen, das ist etwas Neues, ineinander über, wobei das *Andante*, ein immer mehr sich ins Phantasieren verlierendes »Lied ohne Worte«, von demselben Fanfarenmotiv am Ende des *1. Satzes* und am Beginn des Finales eingerahmt wird und damit signalhaft einer andersartigen Sphäre zugeordnet erscheint. Der 1. Satz überläßt, nach einem Orchestercrescendo, sogleich dem virtuos aufspielenden Klavier das Feld; später treten Solist und Orchester in den Dialog ein. Im *Presto*-Finale dominiert vollends die Brillanz des Soloparts.

Im *Klavierkonzert Nr. 2 d-moll* setzte Mendelssohn fort, was im Vorgängerwerk angelegt war. Auch hier greift im Kopfsatz *Allegro appassionato* das Klavier schon nach 5 Takten ins Geschehen ein, doch bleibt das 1. Thema dann doch beim Orchester, erst mit dem zweiten tritt wieder das Klavier hervor. Das *Adagio* entwickelt sich aus dem pianissimo verklingenden Kopfsatz heraus zu tiefem lyrischen Ausdruck. Vielleicht ist Mendelssohn selbst nicht ganz unschuldig daran, daß schon zu seinen Lebzeiten dieses 2. Konzert ganz zu Unrecht geringer als das erste geschätzte wurde; er schrieb nämlich über den Finalsatz *Presto scherzando*: »(...) das letzte Stück macht soviel Effekt als Clavierfeuerwerk, daß ich oft lachen muß.«

[M] *CD* Schiff, SO des BR, Dutoit (Decca 1982)

Konzerte für zwei Kaviere und Orchester E-Dur und As-Dur

UA: Berlin 1824, (wahrscheinlich) Stettin 1827

Bei den Hauskonzerten der Familie Mendelssohn in Berlin konnte nicht nur der junge Komponist – mit den Streichersymphonien – sondern auch der Pianist Mendelssohn die Proben seiner Talente vorstellen. Beide Doppelkonzerte sind für den Auftritt der Geschwister Fanny und Felix geschrieben. Interessant dabei ist weniger der Befund, daß diese Jugendwerke des 14- bzw. 15jährigen die Einflüsse Mozarts (von dessen *Doppelkonzert Es-Dur KV 365*), Spohrs, Webers, Moscheles' und John Fields durchhören lassen; interessant, ja erstaunlich ist, wie selbstverständlich bereits hier – deutlicher noch im As-Dur-Konzert, der Abstand zwischen beiden Werken beträgt nur ein Jahr – Mendelssohn die

Form nicht nur beherrscht, sondern damit frei umzugehen weiß: in der Erfindung eigenwilliger melodischer Wendungen, durch überraschende harmonische Einfälle, im Zugriff auf kontrapunktische Satzweisen (dies wird in seinem Komponieren zunehmend wichtig), nicht zuletzt in einer äußerst farbigen Instrumentierung.

M *CD* Duo Paratore, Rias-Sinfonietta Berlin, Lajovic (Schwann/Koch 1979–81)

Capriccio brillant h-moll op. 22
Rondo brillant Es-Dur op. 29
Serenade und Allegro gioioso op. 43

Mit diesen 3 Konzertstücken für Klavier und Orchester leistete Mendelssohn seinen Tribut an das zeitgemäße Bedürfnis nach Virtuosenmusik. Obwohl dabei das Orchester im ganzen gesehen ein wenig hinter dem Klavier zurücktritt, kommt es im *Capriccio brillant* (1832), nach der weitgehend vom Solisten geprägten langsamen Einleitung, im *Allegro con fuoco* dennoch zu einem Dialogisieren zwischen Orchester und Soloinstrument, namentlich in der Durchführung.

Für seinen Freund, den exzellenten Pianisten Ignaz Moscheles, komponierte Mendelssohn 1834 das *Rondo brillant*, auch dies keineswegs ein oberflächliches Virtuosenstück, sondern in seinem hochdifferenzierten, gleichwohl »unauffälligen« Ineinander von satztechnischer Erfindung (kontrapunktische Elemente) und pianistischem Glanz ein Meisterwerk.

Mit *Serenade und Allegro gioioso* schuf Mendelssohn 1838 sein letztes Werk für Soloklavier und Orchester, in Form eines kleinen, zweisätzigen Konzerts. Es ist von einer beinahe introvertierten Heiterkeit geprägt, die Robert Schumann mit folgenden Worten beschwor: »Eine Serenade, eine Abendmusik, der ein frisches, gesundes Allegro folgt. Wem die erste zugedacht ist, – wer weiß es! Einer Geliebten nicht, dazu scheint sie nicht heimlich und verstohlen genug; auch nicht einem großen Manne, dazu fehlt ihr Alles; ich denke mir, dem Abend selbst ist sie dargebracht, ein Gruß an das Dasein, den ein schöner Mondabend vielleicht im Dichter geweckt, und weiß man vollends, daß dieser gerade in Sebastian Bachs Cantorstübchen sehen kann von seinem aus, so erklärt sich das Stück um so leichter. Wozu viel Worte über solche Musik? Die Grazie zu zerlegen, das Mondlicht wiegen zu wollen, was nützt es!«

Violinkonzert d-moll

Seit der Geiger Yehudi Menuhin in den Besitz eines verschollenen Manuskripts gekommen ist, gibt es nicht mehr nur »das« (e-moll-) Mendelssohn-Violinkonzert: Das Manuskript des Konzerts für Violine und Streichorchester in d-moll trägt das Datum 1822 und ist Eduard Rietz gewidmet, dem Freund und Geigenlehrer des damals 13jährigen Komponisten. Wie die anderen Jugendwerke dürfte es um die Zeit seiner Entstehung bei den Berliner Hauskonzerten der Familie Mendelssohn aufgeführt worden sein. Namentlich das Thema des Kopfsatzes, unisono vorgestellt, verweist auf Carl Philipp Emanuel Bach. Im übrigen macht auch dieses Konzert, wie andere Jugendwerke, nicht den Eindruck einer Anfänger-Arbeit: Hier hat man es mit einem Kenner der Gattungs-Traditionen zu tun, der seine Kenntnisse eigenständig kreativ umzustetzen weiß.

M *CD* Mullova, Academy of St. Martin-in-the-Fields, Marriner (Philips 1990)

Violinkonzert e-moll op. 64

UA: Leipzig 1845

1838 schrieb Mendelssohn an Ferdinand David, Freund und Konzertmeister beim Leipziger Gewandhausorchester: »Ich möchte Dir wohl auch ein Violin-Concert machen für nächsten Winter; eins in E moll steckt mir im Kopfe, dessen Anfang mir keine Ruhe läßt.« Doch vergingen 6 Jahre, bis dieser das Konzert erstmals spielen konnte – mit überwältigendem Erfolg. Bei der Wiederholung dirigierte der Komponist selbst, der bei der UA nicht dabeigewesen war. Seitdem gehört das Violinkonzert zum Repertoire eines jeden Geigers. Der Eindruck unwiderstehlicher Suggestion, Inbegriff geigerischer Verführung, stellt sich schon in den ersten Takten des *Allegro molto appassionato*-Kopfsatzes her. Das hat zu tun mit der fließenden Melodieführung – hier im Tonfall sanfter Melancholie – korrespondierend mit einem delikaten Orchesterssatz, und mit der mühelos wirkenden Selbstverständlichkeit, mit der Tutti und Solo zusammenwirken, nie sich gegeneinander behaupten oder durchsetzen müssen: Musik geht vor Selbstdarstellung. Wenn also im 1. Takt das Orchester den Klanggrund ausbreitet, über dem im 2. Takt das Hauptthema in der Solovioline anhebt, Pauken und Bässe dezent, aber unmißverständlich die metrische Ordnung festlegen, dann ist darin das Grundmuster dieses Zusammenwirkens entwickelt. Daß das Soloinstrument, nicht das Orchester das 1. Thema vorstellt, war nicht als einziges unüblich: Die ausgeschriebene Solokadenz hebt nicht wie gewohnt nach einem gehaltenen Quartsextakkord an, vielmehr bricht das Orchester mit einem Mal ab, während der Solist die länger zuvor begonnene Passage einfach weiterspielt. Und die Kadenz endet auch nicht mit dem üblichen Triller: Das Orchester setzt stattdessen das 1. Thema, pianissimo und mit Pauken wie zum Satzanfang, in die wie selbst vergessen fortdauernden Figurationen der Solovioline hinein – als müßte diese behutsam, aber bestimmt zurückgeholt werden. Das ist, kaum merklich, der Beginn der Reprise; ähnlich unauffällig hatte die Durchführung begonnen. Die 3 Sätze sind durch Überleitungen miteinander verbunden, was zumindest zwischen 1. und 2. Satz (*Andante*, eine Art Gesangsszene mit bewegterem Mittelteil) einigermaßen ungewöhnlich war. Im Finale *Allegro molto vivace* gehen tänzerischer Schwung und poetischer Zauber eine geglückte Verbindung ein.

Ⓜ *CD* Mullova, Academy of St. Martin-in-the-Fields, Marriner (Philips 1990)

Paulus op. 36

UA: Düsseldorf 1836

Geistliche Musik hat Mendelssohn nicht wenig geschrieben, in der Hauptsache Orgel- und Chorwerke; die beiden großen Oratorien nehmen darunter die ersten Plätze ein. Intensive Auseinandersetzung mit der Gattungstradition auf der einen Seite, äußerlich sichtbar in der Wiederaufführung von Bachs Matthäuspassion (dazu die Begegnung mit der englichen Händel-Tradition), Reflexion des eigenen historischen Standorts auf der anderen Seite – »die kirchliche Funktion war nicht restaurierbar« (Dahlhaus): davon zeugen die beiden oratorischen Werke. Der 1. Teil von *Paulus* (Textzusammenstellung nach der Bibel von Julius Schubring) handelt von der Predigt und Steinigung des Stephanus, an der der junge Saulus (Baß) eifernd teilnimmt, und von Saulus' Vision vor Damaskus und seiner Wandlung zum Paulus. Im 2. Teil geht es um das Wirken des Paulus bis zu seinem Abschied von der Epheser-Gemeinde. Die großen Chöre und Chorfugen erinnern an Händel, auf Bach weisen die Turba-Chöre hin. Aber schon die instrumentale Ouvertüre (Thema: »Wachet auf, ruft uns die Stimme«), die etwas von einer Bachschen Choralbearbeitung hat, zeigt exemplarisch, in welche bewußte Distanz sich Mendelssohn dennoch zur Tradition begibt, wie er durch harmonische Mittel und durch die Instrumentierung den barocken Gestus gleichsam aufhebt. Konkurrierende Oratorienkomponisten wie Spohr und Loewe mokierten sich über das angebliche Archaisieren, andere wieder machten es Mendelssohn zum Vorwurf, daß er nach dem Vorbild der Matthäuspassion Choräle eingefügt hatte – wo es sich doch um ein Konzertoratorium handle, also der ursprüngliche liturgische Sinn des Chorals als Gemeindegesang nicht mehr gegeben sei. Auch damit verkannte man die Intention: »Die Auffassung des Konzertoratoriums als imaginäre Kirchenmusik ist von Mendelssohn durch die *Paulus*-Choräle gleichsam auskomponiert worden« (Dahlhaus). Anders als bei Bach ist die Rolle des Erzählers auf Sopran-, Alt- und Tenorstimme verteilt, der Chor hat dramatische und betrachtende Funktionen.

Ⓜ *CD* Janowitz, Lang, Blochwitz, Adam, Polster, Stier, Rundfunkchor u. Gewandhausorch. Leipzig, Masur (Philips 1986); Diener, Markert, Taylor, Görne, Collegium Vocala, O. des Champs Élysées, Herreweghe (HMF 1995)

Elias op. 70

UA: Birmingham 1846

Gegenüber dem *Paulus* hat Mendelssohn im *Elias* das dramatische Element stärker herausgearbeitet. Er schrieb dazu: »Bei einem solchen Gegenstand wie Elias, eigentlich wie jedem aus dem alten Testamente außer etwa dem Moses, muß das Dramatische vorwalten, wie mir scheint – die Leute lebendig redend und handelnd eingeführt werden, nicht aber, um Gottes willen, ein Tongemälde daraus entstehen, sondern eine recht anschauliche Welt, wie sie im alten Testamente in jedem Kapitel steht (...)« So beginnt das Oratorium völlig ungewöhnlich mit einem Rezitiv, dem Fluch des Elias (Baß), in dem er das Ausbleiben von Tau und Regen ankündigt. Die sich anschließende Ouvertüre erscheint damit schon ins Geschehen einbezogen, das mit einem Klage-Chor anhebt. Mit dem Kampf des Elias gegen die Baal-Priester, mit dem Regenwunder, der Feuerprobe, schließlich dem Zug des Elias gen Himmel auf einem feurigen Wagen, gezogen von Flammenpferden, überwiegen die dramatischen Episoden, auch die Gegenwelt der Baal-Priester erfährt eindrigliche Zeichung. Kulminationspunkt ist der Chor Nr. 34 »Der Herr ging vorüber«, wo sich nach tonmalerischer Vergegenwärtigung von Sturm, Erdbeben und Feuer die Gotteserscheinung manifestiert. Hier hat Mendelssohn übrigens auf eine mittelalterliche Melodie deutscher Juden zurückgegriffen, bewußt oder unbewußt – er mag sie von Synagogenbesuchen der frühen Kindheit in Erinnerung gehabt haben.

Mendelssohn hatte sich 10 Jahre lang mit dem *Elias* befaßt. Die UA beim Chorfest in Birmingham auf sozusagen oratoriengesättigtem Boden geriet zu einem großartigen Erfolg. In England ist der *Elias* denn auch bis heute viel stärker Bestandteil des Repertoires als auf dem Festland.

Den Plan zu dem Oratorium *Christus* konnte Mendelssohn, über einige Fragmente hinaus, nicht mehr realisieren.

Ⓜ *CD* Plowright, Finnie, Davies, White, London SO and Choir, Hickox (Koch Chandos)

Christoph Hahn

Fanny Mendelssohn-Hensel

1805–1847

Bleistiftzeichnung von Wilhelm Hensel

»Was die älteste Otter betrifft, so möchte sie ihr kleines Laternchen lieber unter Wenigen leuchten lassen, denn erstens ist sie dumm, u. zweitens blöde, u. drittens kann sie nischt.« – schreibt Fanny Hensel, eine der geistvollsten Frauen ihrer Zeit, über sich selbst am 6. Juli 1829 an ihren Bruder Felix Mendelssohn. Der Ton dieser Zeilen mag scherzhaft klingen: hinter der ironischen Beschwörung des eigenen Unvermögens jedoch verbirgt sich der tiefe Schmerz fehlender künstlerischer Anerkennung.

Die am 14. November 1805 in Hamburg als erstes von 4 Kindern geborene Fanny Cäcilia spielte im Alter von 12 Jahren das gesamte *Wohltemperierte Klavier* von Bach auswendig und wurde zusammen mit Felix von Carl Friedrich Zelter in Komposition unterrichtet. Zwar zeigte sich Vater Abraham von der »Fasslichkeit« ihrer Musik durchaus angetan, doch untersagte er seiner Tochter jede professionelle Kompositionstätigkeit aufs strikteste: »Du musst Dich ernster und emsiger zu Deinem eigentlichen Beruf, zur Hausfrau bilden.« Auch Felix verweigerte jede Unterstützung bei der Publikation ihrer Werke, erkannte aber deren Qualität an, indem er 1827 und 1830 je 3 Lieder Fannys in seinen op. 8 und 9 herausgab – freilich ohne den Namen der Schwester zu erwähnen. Trotz der gesellschaftlichen Ächtung der komponierenden Frau und einer ebenso despotischen wie in ihren Grundzügen jüdisch-orthodoxen Erziehung hat Fanny Mendelssohn ein umfangreiches Œuvre hinterlassen: Vor ihrer Heirat mit dem preussischen Hofmaler Wilhelm Hensel 1829 hauptsächlich Kammermusik und Lieder, das absolute Zentrum ihres Schaffens; nach der Geburt des Sohnes Sebastian auch einzelne Werke der größeren Form, denen sie selbst aber die »nöthige Consistenz« absprach: eine *Orchesterouvertüre in C-Dur* (1830), die Kantaten *Hiob* und *Meine Seele ist so stille* (beide 1831), die dramatische Szene *Hero und Leander* für Sopran und Orchester (1832) sowie ein Oratorium *Nach Bildern der Bibel* (1831). Manche dieser Werke wurden anläßlich der berühmten »Sonntagsmusiken« im Berliner Gartenhaus der Mendelssohns uraufgeführt, das Oratorium erst 1985 in Köln. Veröffentlicht sind die meisten bis heute nicht: eine Folge des ihr von Felix zu spät, nämlich nur wenige Monate vor ihrem plötzlichen Tod durch Gehirnschlag am 14. Mai 1847 erteilten »Handwerkssegens«?

Es ist längst an der Zeit, Fanny Mendelssohns' Kompositionen aus den Archiven und aus dem Schatten des brüderlichen Genies zu befreien. *Christine Lemke*

Olivier Messiaen

1908–1992

»Der katholische Glaube, die Tristan-Sage und der Vogelgesang«, diese Trias, sagte Olivier Messiaen, habe sein Werk geprägt. So bildreich er seine Musik zu charakterisieren pflegte, so schemenhaft nur spiegelt sich darin die Dimension dieses »Naturereignisses« innerhalb der Musik des 20. Jhs. Einen »theologischen Regenbogen« hatte Messiaen vor Augen, eine »Kirchenfenstermusik«, jenseits aller für europäisch-klassische Tradition typischen Zielgerichtetheit: eine Musik, die die »Begrenzung der Zeit ausdrückt, die Allgegenwart«. Seine Werke geben sich zunächst als inniger Jubelgesang, fromme Huldigung an die göttliche Natur und ihre Bestimmung, kraft sinnlicher und geistiger Stimulanz Humanität zu befördern. Dahinter steht in ihrem vermeintlich eklektischen Vokabular eine Kompositionstechnik von kalkulierter Diesseitigkeit. Scheinbar unbedenklich verschmilzt Messiaen Elemente des Raffinierten wie des Banalen. Über rhythmischen Strukturen erscheint der bisweilen bildhaft-naive Einsatz von Vogelrufen, subjektive Farbvorstellungen korrespondieren mit Messiaens religiös motiviertem, oft themenbezogenem, von nahezu körperliche Direktheit geprägtem Ausdruckwillen. Diesem unterworfen ist die Verwendung extrem heterogener Elemente aus griechischer Metrik, hinduistischen Rhythmusmodellen oder aber rhythmischen und melodischen Motiven, die Messiaen dem Gesang der Vögel entlehnte: Materialien, die sich auch außerhalb ursprünglicher Bedeutungszusammenhänge der Herstellung spiritueller Bezüge nicht verweigern. Und vielleicht ist hier jener Liebe, von der Messiaen spricht, am deutlichsten nachzuspüren, die, im »Reiz der Unmöglichkeiten« wurzelnd, der »Allgegenwart« nachstrebt: Ein Begriff, in dem Gottessuche und Weltschau verschmelzen, denn »für den Liebenden nehmen alle Dinge die Züge ein und desselben Anlitzes an«.

Olivier Messiaen wurde am 10. Dezember 1908 in Avignon geboren. Von 1919 bis 1930 studierte er am Pariser Conservatoire Harmonielehre, Kontrapunkt, Klavier und Schlagzeug. Die Studien des Orgelspiels und der Improvisation bei Marcel Dupré und der Komposition und Instrumentation bei Paul Dukas bestimmten Messiaens Stil und Neigung wesentlich. Mit 22 Jahren wurde er Frankreichs jüngster Organist an der Pariser Église de la Sainte-Trinité, eine Berufung, der er über 60 Jahre die Treue hielt. Zusammen mit Yves Baudrier, Daniel-Lesur und André Jolivet gründete er 1936 »La Jeune France«, eine Gruppe, die sich als Gegenbewegung zum Neoklassizismus verstand. Die Einberufung zum Kriegsdienst unterbrach 1939 Messiaens Lehrtätigkeit an der École Normale de Paris und der Schola Cantorum. Nach seiner Rückkehr aus fast einjähriger Kriegsgefangenschaft in der Nähe des schlesischen Görlitz übernahm Messiaen eine Harmonieklasse am Pariser Conservatoire. Seine private Kompositionsklasse wurde später berühmt, als aus den Reihen seiner Schüler Komponisten wie Boulez, Stockhausen und Xenakis hervorgingen. In dem Traktat »Technique de mon langage musical« (»Technik meiner musikalischen Sprache« 1944) legte Messiaen seine wichtigsten Ideen dar. Eine offizielle Kompositionsklasse erhielt er 1966; so konnte er bis 1975 verschiedene Komponistengenerationen prägen. Olivier Messiaen starb am 27. April 1992 in Paris.

Frühe Orchesterwerke

Schon die frühen Orchesterwerke signalisieren den theologischen Anspruch, dem sich die weitere Entwicklung der Musiksprache von Messiaen unmittelbar unterordnete. Die symphonische Meditation *Les Offrandes oubliées* (*Die vergessenen Opfer*, UA: Paris 1931) kommentierte Messiaen als Altar-Triptychon »Das Kreuz, die Sünde, die Eucharistie«. Dieses Bild korrespondiert mit einem dem Stück beigefügten Prosa-Gedicht, in dem Messiaen die göttliche Mildtätigkeit preist: »Du liebst und, süßer Jesus, wir haben es vergessen.« So typisch wie die theologische Programmatik, erscheint auch die musikalische Sprache in der *Hymne au Saint-Sacrement* (UA: Rais 1933), in der sphärisch anmutende Streicherkantilenen analog genauestens von Messiaen bezeichneter farblicher Vorstellungen mit Bläserkaskaden kontrastieren. Obwohl 3 Jahre später entstanden, erscheint *L'Ascension* (*Die Himmelfahrt*, UA: Paris 1935) aufgrund signifikanter Ähnlichkeiten in Besetzung und Gestus als direktes Nachfolgestück von *Les Offrandes oubliées*. Obwohl noch nicht in der Partitur vermerkt, verwendet Messiaen hier erstmals Vogelmotive, die in späteren Werken zentrale Bedeutung erlangen. Das Ineinsgehen göttlicher und menschlicher Liebe ist das Thema der *Trois Petites Liturgies de la Présence Divine* (UA: Paris 1945) mit 36 Frauenstimmen auf einen selbstverfaßten Text. Hier setzt Messiaen erstmals den durchdringenden Klang der Ondes Martenot ein.

M *CD* Les Offrandes, Hymne: O. de l'ORTF Paris, Constant (Teldec 1971); L'Ascension: SO des BR, Rickenbacher (Koch 1988); Trois Petites Liturgies: Y & J. Loriod, O. National de France, Nagano (Erato/Teldec 1994)

Turangalîla-Symphonie

UA: Boston 1949

In dem Traktat »Technique de mon langage musical« hatte Messiaen die Grundzüge seiner »musikalischen Sprache« dargelegt. Mit Rhythmen, die in ihrer Umkehrung den gleichen Verlauf aufweisen, und modalen Skalen, die bei mehrmaliger Transposition wieder den gleichen Tonvorrat beinhalten, hatte er sich ein System geschaffen, das, auf Symmetrie und Wiederholung basierend, eine gewisse Statik suggeriert: eine Technik, die geeignet schien, jenen metaphysischen Vorstellungen unmittelbar Ausdruck zu verleihen, in deren Mittelpunkt für Messiaen die Tristan-Sage stand. Die *Turangalîla-Symphonie* bildet das Zentrum jener Tristan-Trilogie, an der Messiaen Ende der 50er Jahre arbeitete und in der er in 3 verschiedenen Gestalten jene Liebe darzustellen versucht hatte, »die über das Körperliche, ja über das Geistige hinausweist und sich zu kosmischen Größenordnungen ausweitet.« Das Wort Turangalîla entstammt dem Sanskrit und bildet mit Lila (wörtlich Spiel oder auch Liebe) und Turanga (Zeit, die Bewegung einschließend) einen Begriff, der, verschiedene Bedeutungsnuancen zulassend, so umfassend wie die Symphonie selbst erscheint. Mit der *Turangalîla-Symphonie* schuf Messiaen ein ins Überdimensionale gesteigertes Werk, das hinsichtlich Dauer und Besetzung, kompositorischem Aufwand und Anspruch nur noch von dem Oratorium *La Transfiguration de Notre Seigneur Jésus Christ* und der Oper *St. François d'Assise* übertroffen wurde. Von 1946 bis 1948 arbeitete er in unterschiedlicher Reihenfolge an den 10 Sätzen, deren jeder »besondere technische und rhythmische Recherchen verfolgt« und eine »besondere harmonische Farbe aufweist«. Nach der Introduktion markieren die beiden »Liebesgesänge« (Satz II und IV) in ihrer symbolischen Gegenüberstellung von sinnlicher und geistiger Liebe eine Art Handlungsfaden, kontrapunktisch zu 3 als Turangalîla-Sätze bezeichneten rhythmischen Etüden (Satz III, VII, IX), die, blockartig eingeschoben, Universales vermitteln. Eine Sonderstellung behauptet der 5. Satz *Joie du sang des étoiles*. Zuletzt entstanden, zielt er, in der vorzeitigen Zusammenfassung aller kompositorischen Mittel, über den in seiner Introvertiertheit kontrastierenden 6. Satz und die fulminante Durchführung (Satz VIII) hinweg, auf die leuchtende Liebesapotheose des Finales.

[M] *CD* SO des SWF, Rosbaud (Wergo 1951); O. de l'Opera de la Bastille, Chung (DGG 1991); O. Philharmonique de Radio France, Janowski (RCA/BMG 1993)

Réveil des oiseaux (Das Erwachen der Vögel)

UA: Donaueschingen 1953

Oiseaux exotiques (Exotische Vögel)

UA: Paris 1956

Zu Beginn der 50er Jahre wandte sich Messiaen reinen Vogelstimmenkompositionen zu, die ihm kompositorische Neuorientierung bedeuteten. In der rhythmischen und melodischen Vielfalt der Vogelgesänge fand er in natürlicher Synthese Modelle vor, in denen sich komplizierte Strukturen ganz von selbst jenem spirituellen Feld öffnen, als deren Symbol Messiaen die Vögel, als vermittelnde Instanz zwischen Himmel und Erde, sah. In der Partitur von *Réveil des oiseaux* für Soloklavier und Orchester »gibt es nichts außer Vogelgesängen. Alle wurden im Wald gehört und sind vollkommen authentisch.« Messiaen unterschied minutiös zwischen »wahrer« und »lügnerischer« Aneignung, die sich in authentischer Übertragung und bloßer Verwendung als Rohmaterial teilt. Obwohl als Ornithologe um akribische Genauigkeit der Notation bemüht, hatte sich Messiaen bei der Übertragung der Vogelstimmen auf die Instrumente Kompromissen bezüglich des Tempos und der Tonhöhen zu fügen. Um annähernde Klangfarben zu erreichen, wurden die Melodien durch dissonante Klänge »getönt«. In *Réveil des oiseaux* verwendet Messiaen die Stimmen von 38 in der Partitur genau bezeichneten Vögeln. In *Oiseaux exotique* für Soloklavier, Glockenspiel, Xylophon, 5 Schlagzeuger und 11 Blasinstrumente vereint er die Stimmen unterschiedlichster Vögel aus allen Teilen der Welt und erweitert das Spektrum kompositorischer Mittel um die Einbeziehung griechischer und indischer Rhythmen. In der dritten »reinen« Vogelstimmenkomposition, dem über zweieinhalb Stunden

Oliver Messiaen auf »Vogelstimmenjagd«

dauernden Klavierzyklus *Catalogue d'Oiseaux* (UA: Paris 1959) zeichnete Messiaen dann in 13 Teilen das akustische Bild typischer Landschaften und ihrer Vogelwelt.

[M] *CD* Réveil des oiseaux: Loriod, O. Nationale de France, Nagano (Erato/Teldec 1992); Oiseaux exotiques: Loriod, SO des BR, Rickenbacher (Koch 1988)

Chronochromie

UA:Donaueschingen 1956

Mit der Klavieretüde *Mode de valeurs et d'Intensités* von 1949/50, in der Messiaen die Koppelung von Tonhöhen mit Tondauern, Anschlagsarten und Intensitätsgraden durchführte, war er zum Initiator einer ganzen Bewegung seriellen Komponierens geworden. Selbst mißtrauisch gegenüber den Ausschließlichkeiten solcher Technikkonzeption, hatte er sich mit dem Hinweis distanziert, daß es sich im Fall der Etüde um »un exercise«, eine Übung, handle. Daß Messiaen in nachfolgenden Stücken dennoch ähnliche Techniken – immer innerhalb größerer kompositorischer Zusammenhänge – verwendet, zeigt *Chronochromie* für Orchester. In 6 der 7 Sätze erscheinen Permutationen von 32 »chromatischen« Dauern, d. h. das Material der Zeitebene, das rhythmische Material also, besteht aus 32 verschiedenen Dauern, die in symmetrischen Umkehrungen verwendet werden, während ihre Grundgestalt immer gleich bleibt. In diesem direkten Nachfolgestück von *Réveil des oiseaux* und *Oiseaux exotiques* thematisiert Messiaen als zusätzliche Komponente die Idee der Farbe, wobei den rhythmischen Strukturen bestimmte Farbeindrücke zugeordnet werden. So meint der Titel *Chronochromie* denn auch »Farben der Zeit« oder »Zeitfärbung«.

M *CD* SO des BR, Rickenbacher (Koch 1988); Cleveland O., Boulez (DGG 1994)

Sept Haïkaï. Esquisses japonaises (Sieben Haikus. Japanische Skizzen)

UA:Paris 1963

In den *Sept Haïkaï*, die Messiaen 1962 nach seiner ersten Japan-Reise komponierte, kombinierte er wieder das Soloklavier mit diesmal kleinem Orchester. Inspiriert durch die Statik japanischer Musik und die Kunst der Haiku-Dichtung, einer Gedichtform in 3 Zeilen mit 17 Silben (5+7+5), die eine Art »räumlicher Ausstrahlung« anstrebt, schrieb Messiaen 7 kurze Sätze, die ihren Namen weniger nach strukturellen Analogien als nach der Kürze und angestrebten Ausstrahlungskraft der *Haikus* tragen. Gemeinsam ist den programmatisch bestimmten Teilen das Bauprinzip, demzufolge bis zu 7 verschiedene Schichten gleichzeitig erklingen. Neben der traditionell-japanischen Gagaku-Musik und 25 japanischen Vögeln spielen hier ebenso Modelle griechischer Metrik und indischer Rhythmik wie auch das Arbeiten mit bestimmten Dauernreihen eine Rolle.

M *CD* Loriod, Ensemble Intercontemporain, Boulez (Montaigne/PMS 1962)

Couleurs de la cité céleste (Farben der himmlischen Stadt)

UA: Donaueschingen 1964

In der 1962 geschriebenen Komposition für Soloklavier, 3 Klarinetten, Xylophon, Xylomarimba, 10 Blechbläser und Schlagzeug thematisiert Messiaen noch einmal die Idee der Farbe. Mit einzelnen Akkorden und ihren Umkehrungen verbanden sich für ihn unterschiedliche, ganz präzise Farbvorstellungen, die als latente Bedeutungsträger allen seinen Kompositionen unterliegen. Programmatisch an Zitaten aus der Offenbarung des Johannes orientiert, kreisen Messiaens farblich-harmonische Vorstellungen um so typische Bilder wie den Regenbogen, die sieben Engel, den Stern mit dem Schlüssel zum Brunnen des Abgrunds, das Licht und die Farben der heiligen Stadt. Selbst die Form, die Gestaltung melodischer und rhythmischer Abschnitte folgt Messiaens synästhetischem Empfinden, dem auch die Technik komplexer Schichtungen unterliegt.

M *CD* Loriod, Ensemble Intercontemporain, Boulez (Montaigne/PMS 1962)

Et exspecto resurrectionem mortuorum

UA:Paris 1965

Nach *Chronochromie* und den *Sept Haïkaï* hatte sich Messiaen schon mit *Couleurs de la cité céleste* wieder explizit theologischen Themen zugewandt. Das fünfteilige Orchesterwerk *Et exspecto resurrectionem mortuorum* wurde von André Malraux zum Gedenken der Toten der beiden Weltkriege in Auftrag gegeben. »Er gab mir den Auftrag, ein Werk für die Toten zu schreiben, ich habe ein Werk zur Auferstehung geschrieben« (Messiaen).

In der eingeschränkten Besetzung mit Bläsern und Metallschlaginstrumenten (Messiaen verzichtete ebenso auf Streicher wie auf das bei ihm fast obligate Soloklavier) hebt es sich rein klanglich von den übrigen Orchesterwerken ab. Zitate aus dem Alten und Neuen Testament bilden die programmatische Stütze der 5 Sätze, in denen sich Messiaen bildhafter Symbolik bedient. So wird die Stille im *2. Teil* wichtiger als die Musik, im *dritten* erklingt der Gesang des aus dem Amazonas stammenden Todesvogels Uirapurú, dem H. Villa-Lobos eine gleichnamige Tondichtung widmete, der *vierte* ist dominiert von 3 beziehungsreichen Tam-Tam-Schlägen. Laut Messiaen begleitete seine Arbeit die Vorstellung der »einfachen und kraftvollen Bilder« mexikanischer Stufenpyramiden, ägyptischer Statuen sowie romanischer und gotischer Kirchen.

M *CD* Cleveland O., Boulez (DGG 1994)

La Transfiguration de Notre Seigneur Jésus Christ (Die Verklärung unseres Herrn Jesus Christus)

UA: Lissabon 1969

An diesem oratorienartigen Werk für gemischten Chor, 7 Soloinstrumente und großes Orchester schrieb Messiaen zwischen 1965 und 1969. Die Texte der zweimal 7 Sätze stellte er aus Zitaten des Alten und Neuen Testaments, des Meßbuchs »Fest der Verklärung Christi« und der »Summa theologica« des Thomas von Aquin zusammen. Sie thematisieren den zentralen Aspekt in Messiaens theologisch-ästhetischem Bedürfnis: Herrlichkeit und Verklärung. Hier wie auch in den folgenden repräsentativen Werken, *Des Canyons aux étoiles* und *Saint François d'Assise*, scheint Messiaens Lebenswerk gleichsam zusammengefaßt.

[M] *CD* National SO Washington, Westminster Symphonic Choir, Dorati (Decca 1973)

Des Canyons aux étoiles (Von den Canyons zu den Sternen)

UA:New York 1974

Messiaens »Amerikanische Symphonie« kann als spätes Gegenstück zur *Turangalîla-Symphonie* gelten, die die ins Kosmische ausgeweitete Liebe zu beschreiben versucht. Das etwa 100minütige, 3 Teile und 12 Sätze umfassende Werk umspannt den Bogen von der Preisung der irdischen hin zur himmlischen Großartigkeit: das Lob Gottes in all seiner Schöpfung. Als Auftragswerk der »Musica Aeterna« entstanden, hatte Messiaen nach einer Reise durch Utah, die ihn zum Bryce Canyon und zum Zion National Park führte, 3 Jahre an der Partitur gearbeitet. Neben dem Soloklavier und 13 Solostreichern verwendet Messiaen die Bläser und einen umfangreichen Schlagzeugapparat, der auch eine Wind- und Sandmaschine miteinschließt. Die Vogelstimmen stammen diesmal aus Utah und den Hawaiianischen Inseln.

[M] *CD* Asko-Ensemble, Schönberg-Ensemble, Schlagerwerkgruppe Den Haag, de Leeuw (Montaigne/PMS 1994)

Saint François d'Assise (Der heilige Franziskus von Assisi)

Franziskanische Szenen in drei Akten und acht Bildern.
UA:Paris 1983

War sein gesamtes Schaffen stark durch theologische Vorstellungen geprägt, hatte Messiaen doch noch nie den Versuch gemacht, seinen katholischen Glauben so direkt durch ein Thema zum Ausdruck zu bringen, das dessen Hauptmysterien behandelt. Acht Jahre lang arbeitete Messiaen zeitgleich an Text und Musik der etwa viereinhalb Stunden beanspruchenden Partitur, die das Eingehen der göttlichen Gnade in die Seele zu beschreiben versucht. Messiaen selbst betrachtete es als sein reichhaltigstes Werk, als »Synthese seiner musikalischen Entdeckungen«. Der Dimension dieses Themas scheint die enorme Besetzung zu entsprechen: mit 119 Orchestermusikern, 150 Choristen, 7 Gesangsrollen und 3 solistischen Ondes Martenot. Hier sollten alle Messiaen bis dahin bekannten Vogelstimmen erklingen; eine eigene Musik begleitet jede der Figuren durch das Werk; jeder Szene entsprechen ganz bestimmte musikalische Farben. Und wenn er in der Übereinanderschichtung verschiedener Tempi, verschiedener Musiken, in der Summe all seiner kompositorischen Erfahrungen, jenes »organisierte Durcheinander« anstrebt, überträgt sich etwas von Messiaens Vorstellung von »Allgegenwart«. In *Saint François d'Assise* läßt sich nicht von einer Handlung im eigentlichen Sinne sprechen, sie markiert an wenigen einzelnen Punkten (Kuß des Aussätzigen) eine »innere« Handlung, »die den heiligen Franziskus zur höchsten Herrlichkeit führt«.

[M] *CD* van Dam, Eda-Pierre, Chor und O. der Opéra Paris, Ozawa (Cybelia 1983)

Letzte Orchesterwerke

Nach seiner Oper *Saint François d'Assise* hatte Messiaen mehrfach betont, keine Note mehr schreiben zu können. Tatsächlich entstand jedoch schon ein Jahr später mit *Livre du Saint Sacrement* ein zweistündiger Orgelzyklus, der thematisch um die Eucharistie und die Lebensstationen Jesu kreist. Das nächste Orchesterwerk schrieb Messiaen 1986: *Un vitrail et des oiseaux* (*Ein Kirchenfenster und Vögel*, UA: Paris 1988). In dem symmetrisch gebauten, mit Choralzeilen durchsetzten Stück für Klavier und Orchester geht es noch einmal explizit um Messiaens Farbvorstellungen. *La Ville d'En-Haut* (*Die Stadt dort droben*, UA: Paris 1989) bedient sich wiederum der Kombination Klavier und Orchester. Das dreiteilige, symmetrisch angelegte Werk bezieht sich auf Texte aus der Offenbarung des Johannes. Den Rahmen bildet ein großangelegter Choral mit akzentuierten Schlagwerkpassagen, während im Mittelteil Holzbläser und Klaviersoli alternieren. Als Auftragswerk für das Orchestre Philharmonique de Radio France entstand 1989 das kurze Orchesterstück *Un Sourire* (*Ein Lächeln*, UA: Paris 1989). Anläßlich des 200. Todestages Wolfgang Amadeus Mozarts geschrieben, steht der Titel für Messiaens Antwort auf das Lächeln »in seiner Musik und seinem Leben«. In *Un Sourire* wechseln sich eine sehr einfache Melodie in den Streichern und der Gesang eines exotischen Vogels in den Xylophonen, Holzbläsern und Hörnern ab. Das elfsätzige *Éclairs sur L'Au-Delà* (*Streiflichter vom Jenseits*, UA: New York 1992) schrieb Messiaen für das New York Philharmonic Orchestra. Hier verzichtete er auf Solisten zugunsten einer imposanten Orchesterbesetzung.

[M] *CD* Un vitrail et des oiseaux, La Ville d'En-Haut, Un Sourire: RSO Berlin, Rickenbacher (Koch 1993); Éclairs sur l'Au-Delà: O. de l'Opera Bastille, Chung (DGG 1994)

Carolin Naujocks

Darius Milhaud

1892–1974

Darius Milhaud in den 60er Jahren

»Ich bin ein Franzose aus der Provence und ein Jude der Religion nach« beschreibt Darius Milhaud in seiner Autobiographie die Eckpfeiler seines Schaffens. Als Nachfahre eines uralten jüdischen Kaufmannsgeschlechts wurde Milhaud am 4. September 1892 in Aix-en-Provence geboren. Die tiefe Verwurzelung in der Folklore seiner Heimat sollte sich immer wieder in seinen Werken zeigen, ob im *Carnaval d'Aix* (1926), der *Suite provençale* (1936) oder in der *Suite française* (1944). Die Identifikation mit der eigenen Religion wird am deutlichsten im *Service Sacré pour le matin du Shabbat* (1947). Mit 7 Jahren begann Milhaud das Geigenspiel, kurz darauf das Komponieren. Nach Studien am Pariser Conservatoire bei Dukas, Gédalge und Widor begleitete er den Dichter und Diplomaten Paul Claudel 1917/18 als Botschaftssekretär nach Brasilien. *Le Bœuf sur le toit* (1919), *Saudades do Brasil* (1921) und *Scaramouche* (1937) sind heute noch vielgespielte Werke, die direkt von den intensiven Eindrücken dieser Reise beeinflußt sind. In den USA begeisterte sich Milhaud wenig später für den Jazz, der ihn dann zu einer Ballettmusik *La Création du Monde* (1923) inspirierte. Kurze Zeit gehörte Milhaud zur »Groupe de Six«, mit deren Idealen ihn – bis auf die grundsätzliche Ablehnung Wagners und die Forderung nach einer französischen Musiksprache ohne Schwulst und Pathos – nicht viel verband. Das riesige Œuvre Milhauds von weit über 400 Werken schließt alle musikalischen Gattungen ein. Gern schrieb er auf Bestellung. Neben 13 großen Symphonien, 18 Streichquartetten (bewußt eines mehr als Beethoven), Konzerten, Liedern, Sonaten, Suiten, Opern und Kantaten gibt es auch Arbeiten für Film, Funk und Fernsehen. Hauptelement seines Stils ist die Polytonalität. Milhaud kann harmlos-frisch, aber auch aufreizend und diffizil klingen. Die Melodie aber bleibt immer dominierend. Bis ins hohe Alter konnte sich Milhaud trotz schwerster rheumatischer Beschwerden, die ihn jahrzehntelang an den Rollstuhl fesselten, für alles Neue begeistern. Im Juli 1940 floh Milhaud vor den Deutschen in die USA, wo er am Mills College in Oakland/Kalifornien lehrte. Auch nachdem er 1947 wieder nach Frankreich zurückgekehrt war, arbeitete er oft in Amerika. Er starb am 22. Juni 1974 in Genf.

Symphonien

Die Symphonien sind Spätwerke. Auf insgesamt 13 große Werke dieser Gattung brachte es der mit leichter Hand komponierende Milhaud. Eigentlich hatte er frühestens mit 50 Jahren eine erste Symphonie schreiben wollen, zu sehr fürchtete er die romantische Vergangenheit mit ihrer Neigung zu Pathos und Bekenntnis. Lieber hielt er sich an die handwerklich orientierte Musik des Barock, an die Suiten eines Lully oder Couperin. In den 20er und 30er Jahren schrieb er deshalb Instrumentalwerke, die betont »klein« gemeint waren, *6 Petites Symphonies* etwa, die höchstens 10 Minuten dauern. Milhauds fast halbstündige *1. Symphonie* entstand, früher als er es sich vorgenommen hatte, 1939 als Auftragswerk des Chicago Symphony Orchestra. Die Symphonie zeigt typischen Milhaud.

Glänzend instrumentiert, voller Ideen und doch immer durchsichtig und klar, wechseln in dem viersätzigen Werk die Stimmungen vom leisen Flötengetuschel bis zum überbordend fröhlichen Durcheinander, das an einen Marktplatz in Südfrankreich erinnert. Die *2. Symphonie* (1944) schrieb Milhaud zum Andenken an Nathalie Kussewitzky, deren Ehemann Serge Kussewitzky über Jahrzehnte als Dirigent in Boston ein großer Förderer zeitgenössischer Musik war. Dem Anlaß angemessen, voller Trauer und Schmerz, ist der 3. Satz. Der 4. Satz macht durch heitere Holzbläsertöne die Trauer wieder vergessen und führt in das abschließende hymnische ›Alleluja‹ des 5. Satzes. Die *3. Symphonie* (1946) entstand im Auftrag des französischen Rundfunks, der um ein *Tedeum* gebeten hatte. Milhaud lieferte eine Choralsymphonie, deren letzter Satz auf den Worten des *Tedeum* beruht. Die *4. Symphonie* (1947) komponierte Milhaud im Auftrag des französischen Unterrichtsministeriums anläßlich der Hundertjahrfeier der Revolution von 1848. Das Programm der Symphonie umreißen die Satzüberschriften: *Der*

Aufstand, An die Toten der Republik, Die friedlichen Freuden der wiedergefundenen Freiheit, Gedächtnisfeier 1948. Kräftiges Schlagzeug eröffnet und beschließt die Symphonie. Milhaud wollte das Ereignis so farbenfroh und mitreißend wie möglich dargestellt wissen. Die *5. Symphonie* (1953) entstand im Auftrag des Italienischen Rundfunks, die *6. Symphonie* (1955) wurde zum 75. Jahrestag des Boston Symphony Orchestra bestellt, die *7. Symphonie* (1955) war wiederum ein Werk für den Rundfunk, diesmal den belgischen. Die *8. Symphonie* (»Rhôdanienne«) schrieb Milhaud 1957 im Auftrag der Universität von Kalifornien in Berkeley. Die Idee zum Programm dieser Symphonie kam Milhaud, als er Smetanas symphonische Dichtung *Die Moldau* hörte. Milhaud nahm einfach den Fluß seiner Heimat zur Grundlage einer *Rhône-Symphonie.* Der *1. Satz* beschreibt die Quelle in Nebel, Wind und Wolken der Alpen. Im *2. Satz* durchquert der Fluß friedlich den Genfer See. Ein wildes Scherzo zeigt den mächtig angeschwollenen Strom im *3. Satz* und schließlich führt der 4. Satz die Rhône durch die von Milhaud so geliebte Camargue. Majestätisch nähert sie sich dem Mittelmeer. Die nächsten 4 Symphonien sind eng mit den USA verknüpft, die Gründe für ihre Entstehung klingen manchmal geradezu märchenhaft. Die *9. Symphonie* (1959) komponierte Milhaud auf Bitten des jungen Dirigenten Mario di Bonaventura für das Orchester in Fort Lauderdale/Florida, die *10. Symphonie* (1960) aus Anlaß der Feierlichkeiten zur Hundertjahrfeier der Stadt Oregon (In das Finale fügte er sieben Noten ein, die mit den Buchstaben des Wortes Oregon korrespondieren). Die *11. Symphonie* (1960) wurde vom Orchester und der Öffentlichen Bibliothek von Dallas in Auftrag gegeben. Die *12. Symphonie* (1961) »La Rurale« entstand auf Bemühen eines jungen Komponisten, der eine Musikabteilung an einer Außenstelle der Universität von Kalifornien gegründet hatte, wo sonst nur landwirtschaftliche Studien betrieben wurden. Zur Einweihung eines dazugehörigen Konzertsaals für immerhin 2500 Zuhörer komponierte Milhaud gern seine Zwölfte. Eine letzte, *13. Symphonie* mit Chor, entstand noch 1966 nach der Enzyklika Papst Johannes' XXIII. und trägt den Beinamen *Pacem in terris.*

Instrumentalkonzerte

Auch wenn man heute Milhaud vor allem als Komponisten schätzt, so war er doch, zumindest in jungen Jahren, keineswegs ein schlechter Instrumentalist, wie er das immer gerne glauben machen wollte. Als Geiger hat er an zahlreichen UA eigener Werke teilgenommen und als Pianist ist er mit erstklassigen Orchestern aufgetreten. Milhaud konnte sich gut in die Wünsche und Fähigkeiten der Musiker einfühlen. Seine Musik mag nicht unbedingt leicht zu spielen sein, aber sie überfordert den Künstler auch nicht. Zwischen 1927 und 1964 komponierte Milhaud bereitwillig weit über 20 Konzerte auf Anfrage verschiedener Solisten. So entstanden ein *Violakonzert* für Paul Hindemith (1929), ein *Klarinettenkonzert* für Benny Goodman (1941), Konzerte für *Marimba* und *Vibraphon* (1947), für *Schlagzeug* (1929/30), für *Harfe* (1953), für *Cembalo* (1961), aber auch mehrere für üblichere Soloinstrumente wie *Flöte* und *Violine* (1938/39), *Oboe* (1957), *Violine* (1927, 1946, 1958), für *Violoncello* (1934, 1945), ein zweites für *Viola* (1954/55), für *Klavier* (1933, 1941, 1946, 1955), und auch für *2 Klaviere* (1941, 1961). Unter den Instrumentalkonzerten fällt noch ein Zyklus von *Concertini* auf, der den »Vier Jahreszeiten« gewidmet ist. Diese Konzerte waren zunächst gar nicht als Zyklus gedacht und entstanden zu unterschiedlichen Zeiten in den Jahren 1934 und 1953. Milhaud verlangt für sie derart unterschiedliche Besetzungen, daß man den gesamten Zyklus wohl nur auf einer Schallplatte zu hören bekommt. Den folkloreinspirierten Milhaud zeigt ein anderes seiner Werke, das man noch gelegentlich im Konzertsaal hört, die *Suite cisalpine sur des airs populaires Piemontais* (1954) für Violoncello und Orchester. Die Suite ist für Gregor Piatigorsky komponiert und basiert auf einer Reihe von Volksmelodien, die sich aber nicht notwendigerweise auf die Folklore des Piemont zu beziehen scheinen.

Le Bœuf sur le Toit op. 58 (Der Ochse auf dem Dach)

UA: Paris 1920

Dieses Ballett war zunächst von Milhaud als Musik für einen Slapstick-Film geplant, deshalb auch der Untertitel *Cinéma-fantaisie sur des airs sud-américains.* Vor allem die Erinnerungen an seinen Aufenthalt in Brasilien hatten in Milhaud die Absicht geweckt, unter dem Titel eines dort beliebten Schlagers, *Der Ochse auf dem Dach,* »einige populäre Melodien, Tangos, Maxixes, Sambas und sogar einen portugiesischen Fado« zusammenzubringen und mit einem schwungvollen rondoartigen Thema zu verbinden. Dieses Rondothema, das wirklich in die Beine geht, stammt von Milhaud, ist also nicht original brasilianisch. Der Literat Jean Cocteau schuf zu Milhauds Musik in nur wenigen Tagen ein dem Zeitgeist entsprechendes, verrücktes Ballettszenario. Im Gegensatz zur Musik spielt das Ballett in einer Bar in Manhattan während der Prohibition (Die war im Januar 1920 in den USA proklamiert worden, *Le Bœuf sur le Toit* wurde am 21. Februar 1920 in Paris uraufgeführt). Das Ballett steckt voller kurioser, »moderner« Figuren: einem Transvestiten, einem dunkelhäutigen Zwerg, einem Boxer, einem Glücksspieler, einem Buchmacher. Bei Ankunft eines Polizisten wird das Lokal zur Milchbar umfunktioniert. Ein elektrischer Ventilator köpft den Polizisten, dessen Haupt in einem parodistischen Salomé-Tanz herumgezeigt wird. Die Figuren gehen ab, bis der Polizist allein übrig bleibt, wieder zum Leben erwacht und für alle die Zeche zahlen muß. Die Aufführung war ein großer »Succès de scandale«, so daß Milhaud eine Reihe anderer Versionen erstellte. Am bekanntesten ist heute die Konzertsuite für Orchester. Ein Großteil ihres Erfolges rührt wohl daher, daß Milhaud hierin eine besonders eingängige Mischung aus zündenden brasilianischen Rhythmen, sangbaren Melodien und seinem ureigenen, harmonisch geschärften, polytonal geprägten Stil findet. *Le Bœuf sur le Toit* war ein solcher Erfolg, daß sich ein Pariser Nachtclub nach dem Werk benannte und Milhaud zum Ehrenmitglied des Clubs machte. Daß die Leute Milhaud fortan als »spaßigen Jahrmarktsmusikanten« und nicht mehr als ernsthaften Komponisten betrachteten, machte Milhaud zu schaffen.

[M] *CD* O. de l'Opéra de Lyon, Nagano (Erato/Teldec 1992)

La Création du Monde op. 81a
(Die Erschaffung der Welt)
UA: Paris 1923

Auch, wenn man *La Création du Monde* gern zum »symphonischen Jazz« rechnet, muß man sich darüber im klaren sein, daß hierin der Jazz sehr viel artifizieller behandelt wird als beispielsweise in George Gershwins ein Jahr älterer *Rhapsody in Blue*. Als Milhaud sein *Bœuf sur le Toit* in London aufführte, hörte er erstmalig Jazz live gespielt und beschloß, sich mit dieser neuen Musik auseinanderzusetzen. Gelegenheit bot sich vor allem auf Reisen in den USA. In Harlem

»La Creation du Monde«. Szenenphoto der Aufführung des Ballets Suedois 1923 in Paris in der Ausstattung von Fernand Léger

lernte er authentischen Jazz kennen, den er für eine Ballettmusik benutzen wollte. Milhauds Orchester besteht denn auch aus 17 Solisten und schließt Schlagzeug und Saxophon ein. Das Szenario zum Ballett, das am 25. Oktober 1923 am Théâtre des Champs-Elysées uraufgeführt wurde, stammt von dem Weltenbummler Blaise Cendrars. Fernand Léger entwarf Bühnenbild und Kostüme in Anlehnung an primitive, afrikanische Kunst. Mit riesigen Gottheiten, magischen Anrufungen, Bäumen, die den Boden mit ihrem Samen befruchten, beginnt das Ballett. Blätter verwandeln sich in Tiere, in Tänzer und Tänzerinnen. Nach einem Tanz des Begehrens und der Paarung verschwinden alle wieder von der Bühne, um ein einzelnes in Liebe vereintes Paar zurückzulassen. Das improvisierende »Durcheinander« des New-Orleans-Stils fängt Milhaud mit kunstvollem Kontrapunkt und seiner eigenen Art »Überlagerungs-Stil« ein. Der Paarungstanz mit seinen immer wiederkehrenden Melodiefiguren ist der Höhepunkt des Balletts. Das Klavier hämmert, das Schlagzeug spielt wie wildgeworden, bis ein Paukenschlag die Erschaffung von Mann und Frau verkündet. Das Saxophon, das schon am Anfang das Aufkeimen der Saat verkündet hat, beginnt mit seinen ›Blue-Note‹-Anklängen auch die Coda.

[M] *CD* O. National de France, Bernstein (EMI 1978)

Saudades do Brazil op. 67

UA: Klavierfassung 1920

Saudades sind die brasilianischen Lieder der Sehnsucht oder der Nostalgie, können aber auch Erinnerungen bedeuten. Die Erinnerungen an Rio de Janeiro ließen Milhaud lange nicht los. Noch Jahrzehnte nach dem Aufenthalt dort beeinflußten ihn die Rhythmen und Melodien Südamerikas. Kurz nach seiner Rückkehr nach Frankreich schrieb Milhaud seine *Saudades* zunächst als Satz von 12 Klavierstücken. Jedes Stück daraus ist nach einem anderen Stadtteil von Rio de Janeiro benannt: *Copacabana, Ipanema* und *Corcovado* sind nur drei Beispiele bekannterer Orte. Eine Orchesterfassung von dieser Suite, der eine kurze Ouvertüre vorangestellt ist, erschien ein Jahr später. Jedes dieser Stücke trägt eine andere Widmung, was zeigt, wieviele Freunde dieser anregende Künstler gehabt hat. Die Einzelsätze basieren auf bekannten Tanzrhythmen, die Melodien könnten in Brasilien entstanden sein, aber das Gesamtprodukt mit seinen feingeschärften Harmonien ist typischer Milhaud. Nur 1–2 Minuten dauern die einzelnen Sätze, aber sie führen dem Zuhörer einen ungewöhnlichen Reichtum an Stimmungen vor.

[M] *CD* historisch: diverse Orchester, Milhaud (EMI 1932–1958); Klavierfassung: Bolcom (Nonesuch 1974)

Joachim Salau

Claudio Monteverdi

1567–1643

Im Jahr 1600 erschien in Bologna eine Streitschrift gegen »gewisse Tendenzen« in der neuen Musik. Zielscheibe dieser Kritik war kein anderer als Claudio Monteverdi, ohne daß er beim Namen genannt wurde. Die Madrigale seien nicht schlecht, notierte der Kritiker, »aber sie sind rauh und dem Ohr wenig gefällig, und sie können auch nicht anders sein, denn wenn man die guten Regeln überschreitet, muß man annehmen, daß dann Dinge dabei herauskommen, die der Natur und der Eigentümlichkeit der eigentlichen Musik-Harmonie entartet sind und weit entfernt von der Aufgabe des Musikers zu erfreuen.«

Autor der Schrift war der Bologneser Priester Giovanni Maria Artusi, ein Schüler des großen Musiktheoretikers Zarlino. In Monteverdis Madrigalen hatte er eine Reihe von Verstößen gegen die Regeln des strengen Kontrapunkts entdeckt, beispielsweise nicht vorbereitete, frei einsetzende Dissonanzen. Der Komponist kümmerte sich zunächst überhaupt nicht um die Angriffe, und erst, als Artusi erneut zur Feder gegriffen hatte, gab Monteverdi im Vorwort zu seinem 5. Madrigalbuch eine kurze programmatische Erklärung ab. Die Kontroverse blieb rein akademisch, weder Monteverdi noch irgendein anderer Komponist ließ sich davon beeindrucken. Dennoch ist sie ein Indiz für den radikalen Umbruch, der in der Zeitspanne von Monteverdis Leben keineswegs nur in der Musik stattfand. Genau besehen redeten Artusi und Monteverdi aneinander vorbei. Ging es dem einen lediglich um das Einhalten der Regeln – und gegen die hatte Monteverdi tatsächlich verstoßen – so argumentierte der andere vom Standpunkt der »seconda pratica« aus, so der Terminus für die von Monteverdi vertretene neue Richtung der Musik, im Gegensatz zur »prima pratica«, dem Stil der alten Vokalpolyphonie, den Monteverdi selbst in kirchenmusikalischen Werken bis an sein Lebensende beibehalten hatte. Erklärtes Ziel der »seconda pratica« war es, »daß die lebendige Sprache Herrin des musikalischen Satzes sei und nicht dessen Dienerin« – und mit »Sprache« war hier die Wahrheit des menschlichen, leidenschaftlichen Ausdrucks in seiner ganzen Variationsbreite gemeint. Der Ort für die »seconda pratica« aber war zuallererst die um 1600 neu entstandene Gattung der Oper. Nun war Monteverdi zwar nicht deren Erfinder, aber er hat ihre Entwicklung in zukunftsweisende Bahnen gelenkt, indem er den trockenen »stile narrativo« (erzählenden Stil) der Florentiner Camerata (dort waren die ersten Opern entstanden) zu einem realistischen »stile espressivo« (ausdrucksvollen Stil) steigerte. Doch jeder Purismus blieb ihm fremd, denn das einzige Ziel war ja das »espressivo«, ob das nun in Madrigalformen, in der Monodie (generalbaßbegleiteter Sologesang), in Polyphonie, geistlicher oder weltlicher Musik, in instrumentalen oder vokalen Gattungen verwirklicht wurde. Bereits in seiner Erstlingsoper *L'Orfeo* (1607) hatte er diese Vielfalt an Ausdrucksformen miteinander verbunden, reine Instrumentalstücke eingeschlossen: Ritornelle fassen zusammen, Sinfonien bereiten neue Situationen vor, und die »Ouvertüre« dieser Oper hat halb handlungsvorbereitende, halb repräsentative (als Fanfare des Herrscherhauses Gonzaga) Funktion. Entsprechend farbig ist das für *Orfeo* eingesetzte Instrumentarium: Chitarrone, Laute, Harfe, Cembalo, Orgel und Regal gehören als »Fundamentinstrumente« zur Baßlinie, die »Ornamentinstrumente« der Streicher und Bläser sind den verschiedenen Handlungssphären zugeordnet: Flöten, Streicher und Zupfinstrumente der Welt der Hirten; Zinken, Posaunen und Regal der Unterwelt. Daß diese erste Form eines voll definierten »Opernorchesters« (die gedruckte venezianer Ausgabe von 1609 enthält die genaue Besetzungsliste) nicht nur für die weitere Operngeschichte, sondern für die Geschichte der Instrumentalmusik überhaupt von höchster Bedeutung war, liegt auf der Hand. Die posthumen Abschriften der beiden späten, als einzige überlieferten Opern *Il ritorno d'Ulisse in patria* (*Die Heimkehr des Odysseus* 1641) und *L'incoronazione di Poppea* (*Die Krönung der Poppäa* 1642) enthalten allerdings keine Angaben zur Instrumentierung.

In seinen 8 *Madrigalbüchern* hat Monteverdi über einen Zeitraum von 51 Jahren Rechenschaft über alle Entwicklungen und Experimente seines Komponierens abgelegt. Begonnen hatte er als Violaspieler, dann wurde er Kapellmeister am Hof der Gonzaga in Mantua (1590–1612); danach war er von 1613 bis zu seinem Tod 1643 Kapellmeister an San Marco in Venedig. Um die 20 Opern aus seiner Feder gelten als verschollen, doch hat er in seiner Funktion als Kirchenmusiker auch einiges an geistlicher Musik geschrieben; das berühmteste und musikalisch reichste Werk darunter ist die *Marienvesper.*

Vespro della Beata Vergine (Marienvesper)

Erstdruck: Venedig 1610

Ähnlich wie schon in *Orfeo* verwendete Monteverdi in diesem Werk praktisch alle zu seiner Zeit greifbaren Mittel musikalischer Gestaltung von Texten. Er war zwar nicht der erste, der mit Chromatik und mit dem Wechsel von Moll und Dur gearbeitet hat; das Gegenüberstellen verschiedener Ensembles oder Chöre, die Technik der »cori spezzati«, war etwa in Venedig schon des längeren üblich, und auch der bewußte Einsatz verschiedener Instrumente mit unterschiedlichen Klangfarben und spezifischen Spielfiguren war nichts Neues. All diese Stilelemente jedoch in einen wirklich schlüssigen Zusammenhang gebracht zu haben, wie es Monteverdi in der Marienvesper getan hatte, das war vor ihm noch keinem Komponisten gelungen.

Ursprünglich ist die Vesper das kirchliche Abendgebet, als öffentlicher Gottesdienst fand sie am Nachmittag oder frühen Abend statt. Was die Texte betrifft, so sieht die liturgische Ordnung einen Wechsel von Psalmen, Antiphonen und Hymnen vor; das Ende bildet das *Canticum Mariae* (Magnificat). Ob man die 13 Teile der Vesper, wie sie vorliegen, etwa durch gregorianische Antiphonen ergänzt, hängt davon ab, wie sehr man das Werk im liturgischen Rahmen sieht. Monteverdi selbst machte dazu keine Angaben. Von der musikalischen Substanz her spielt die Unterscheidung liturgisch oder nicht-liturgisch ohnehin keine Rolle: Weltliche und geistliche Musik bedienten sich zu dieser Zeit derselben Mittel. So hat Monteverdi für das Eröffnungsstück die Ouvertüren-Fanfare seiner Oper *Orfeo* verwendet. Die Solomotette »Nigra sum« auf einen Text des Hohen Liedes folgt dem »stile concitato«, dem »erregten Stil« der frühen Oper; das Liebesduett »Pulchra es«, ebenfalls nach einem Text aus dem Hohen Lied, ist das Beispiel eines Concerto, ebenso wie das dreistimmige »Duo Seraphim«, in dem alle nur denkbaren Varianten opernhafter Koloraturkunst vorgeführt werden. Aus dem Genre des Pastoraldramas schließlich stammt das szenisch-musikalische Spiel mit dem Echo: Im Concerto »Audi coelum« ist es geistliche Musik geworden.

Sind die genannten Stücke der Marienvesper durchweg dem neuen Stil der »Seconda pratica« zuzuordnen, so verbindet Monteverdi in den Psalmvertonungen alte und neue Stilelemente. Basis ist in jedem Fall die gregorianische Melodie – und es ist verblüffend, in wievielen Varianten die einfachen Psalmtöne, die ja aus nichts weiter bestehen als aus Tonrepetitionen mit Initial- und Schlußfloskeln, immer wieder so in den Satz eingebaut sind, daß sie stets konstitutiv sind, als Ober-, Mittel- oder Baßstimme, als Sogetti (»Themen«) eines altertümlich imitierenden Satzes, als gliederndes, ritornellartiges Element oder einfach in den Zusammenklängen des Falso bordone, des mehrstimmig gesetzten Rezitierens. Nach dem Hymnus »Ave maris stella«, dessen gregorianische Melodie in kontrastierenden Strophen verarbeitet ist, bringt das *Magnificat* noch einmal eine Zusammenfassung aller traditionellen und neuen Satztechniken.

[M] *CD* Solisten, Monteverdi-Choir London, English Baroque Solists, Gardiner (DGG) – auch *VD/LD* *Christoph Hahn*

Ignaz Moscheles

1794–1870

»Ich muß zuviel seichte Musik machen und hören«, beklagte sich Ignaz Moscheles 1823 in England. Gerade jene Seichtheit wird ihm heute angekreidet, und schon 1820 schrieb die Allgemeine Musikzeitung: »Was die Compositionen betrifft, so ist Moscheles manchmal etwas zu gekünstelt und hascht zu sehr nach Originalität und genialem Schwung (…)« Seiner Berühmtheit zu Lebzeiten tat dies keinen Abbruch. Er wurde am 23. Mai 1794 in Prag geboren, war von 1814 bis 1816 in Wien Schüler Salieris, trat früh solistisch auf und unternahm zwischen 1815 und 1825 ausgedehnte Konzertreisen mit eigenen Werken; als brillanter Improvisator gastierte er in Prag, Leipzig, München, Den Haag, Paris und London.

Moscheles war ein gefragter Lehrer (Thalberg zählte zu seinen Schülern), etwa an der Royal Academy of Music in London, und spielte auf den Soireen der großen Gesellschaft. Von seinen *Alexander-Variationen* sagte man jahrelang, nur er könne sie spielen. Eine Lady Northland verweigerte ihm 1823 ihren Flügel, da er »mit den Fäusten« zu spielen schien. Während Moscheles' Englandaufenthaltes 1827 bat Beethoven ihn um Hilfe – er werde dafür eine neue Symphonie oder Ouvertüre schreiben –, worauf die Philharmonische Gesellschaft, zu deren Direktorium Moscheles von 1832–41 gehörte, 100 Pfund überwies. Moscheles setzte sich für Aufführungen von Beethovens *9. Symphonie* und dessen *Missa solemnis* ein und propagierte die Musik von Scarlatti und Bach.

Das Angebot, als Hummels Nachfolger nach Weimar zu gehen, lehnte Moscheles ab. Im Oktober 1839 spielte er zusammen mit Chopin vor der französischen Königin in Paris, wo er mit Auber, Berlioz und Cherubini zusammentraf. Von 1840 an zog er sich ein wenig aus dem Konzertleben zurück. Auf Wunsch Mendelssohns – sie hatten gemeinsam Variationen über den Zigeunermarsch aus Webers *Preciosa* komponiert – wurde er 1846 Leiter der Klavierklasse am Leipziger Konservatorium; 1850 gehörte er zu den Mitbegründern der Leipziger Bachgesellschaft.

In späten Jahren beklagte Moscheles den Stilwandel mit »zuviel Weltschmerz und zuviel roaring effects« sowie zu schnelle Tempi. Sein berühmtestes *Klavierkonzert Nr. 3 g-moll op. 60* ist geprägt von klassischen Proportionen und dem Geiste Beethovens; seine anderen 7 (darunter *Concerto fantastique op. 90, Concerto pathétique op. 93*) hielt er für »ebenso gut«. Moscheles starb am 10. März 1870 in Leipzig. Im Jahr 1825 hatte er die Kaufmannstochter Charlotte Embden geheiratet, die seine Biographie verfaßte. Die Klaviermusik, der Hauptanteil seiner Kompositionen (bis Opuszahl 142), ist vielfach als Salonmusik konzipiert. *Josef Oehrlein*

Leopold Mozart

1719–1787

Für Leopold Mozart hat sich die (Musik-)Geschichte ein einzigartiges Schicksal ausgedacht. Keinem anderen Komponisten kam das zweifelhafte Vergnügen zu, in der Literatur mit so zahllosen Erwähnungen und psychologischen Mutmaßungen bedacht worden zu sein, die freilich stets der biographischen Erhellung eines anderen dienten: seines Sohnes Wolfgang. Der Mozart-Forscher Alfred Einstein brachte es auf die kurze Formel: »Leopold steht immer im Lichtkreis seines Sohnes, ohne den er im Dunkel stünde.« Zwar gelang es in jüngster Zeit, das vorurteilsbeladene Bild Leopolds einigermaßen zurechtzurücken und die ungerechten Urteile über einen starren, karrieresüchtigen Alten, der seinen Sohn im Kindesalter rücksichtslos zum Erfolg getrieben habe, zu revidieren; als eigenständige Komponisten-Persönlichkeit existiert Leopold jedoch nach wie vor nicht. Immerhin attestiert man ihm heute eine verantwortungsvolle Hellsichtigkeit, das Genie seines Sohnes nicht nur erkannt, sondern in geradezu einzigartiger Weise gefördert zu haben. Gerade die – wenn auch physisch strapaziösen – jahrelangen Reisen nach London, Paris, Mannheim, Mailand, Neapel und in andere Musik-Metropolen, die Leopold mit dem Kind Wolfgang unternahm, hatten entscheidenden Anteil an der Ausprägung der universellen Musiksprache des Sohnes. Darüber hinaus besaß Leopold eine staunenswerte Selbstbescheidung. Als das Genie Wolfgangs sichtbar wurde, beschloß er seine eigene, überaus respektable Komponistenlaufbahn.

Leopold Mozart, 1719 als ältester von sechs Söhnen einer Augsburger Buchbinder-Familie geboren – getauft wurde er am 14. November 1719 –, erhielt am dortigen Jesuitengymnasium eine breitgefächerte humanistische Ausbildung, war Chorsänger und schon als 16jähriger ein temperamentvoller Orgelspieler. Was ihn dann nach Salzburg zog, bleibt im Dunkeln. 1743 begann er seine Dienste am Salzburger fürsterzbischöflichen Hof. In der Folge komponierte er Kantaten und Passionsmusiken, die ihm Zugang zur Hofkapelle verschafften, zunächst als Geiger. Bald erkannte man jedoch sein großes pädagogisches Talent und übertrug ihm den musikalischen Unterricht der Chorknaben. Wenig später wurde er zum »Hofkomponisten« ernannt. Es entstanden zahlreiche Symphonien (26 liegen lediglich im Autograph vor), ferner Orchesterstücke illustrativen Charakters wie die *Musikalische Schlittenfahrt*, die *Bauernhochzeit* und eine *Sinfonia da caccia*, Divertimenti und Ballettmusiken ebenso wie Festmessen für den Salzburger Hof. Das wahrscheinlich letzte Werk ist das *Trompetenkonzert in D-Dur* aus dem Jahre 1762. Danach konzentrierte er sich auf seine Aufgabe als künstlerischer Erzieher seines Sohnes. Am 28. Mai 1787 starb er in Salzburg.

Als Komponist wirkte Leopold Mozart in einer für die allgemeine musikalische Entwicklung schwierigen Zeit. Die Musik stand zwar noch im Zeichen des »alten Stils«, also etwa Bachs, Händels und Vivaldis, doch daneben machte sich bereits ein neuer Geist bemerkbar: die Welt des Galanten und der Opera buffa, die einherging mit den Strömungen der aufgeklärten Philosophie. Pergolesis »La serva padrona« stand am Anfang dieser musikästhetischen Umwälzung. Einen Ausgleich dieser beiden Stile zu finden war Leopold nicht vergönnt. Seine Werke zeigen eine »merkwürdige Mischung von altväterlicher Steifheit und von ein paar freieren Zügen« (Alfred Einstein). Erst seinem Sohn gelang die einzigartige, überzeitliche Verschmelzung des »Gelehrten« mit dem »Galanten«. Was Leopold allerdings einen dauerhaften Platz in der Geschichte der Instrumentalmusik sichert, ist sein »Versuch eines gründlichen Violinspiels«, ein musikpädagogisches Werk, das bis ins 19. Jh. hinein ein Standardwerk des Geigenspielers war. *Bernhard Rzehulka*

Wolfgang Amadeus Mozart

1756–1791

Mutmaßliches Mozartbild von Joseph Grassi (1785) Moskau, Glinka-Museum

Kaum ein Werk, kaum ein Leben wurde so häufig und unter so vielfältigen Aspekten erforscht wie das Wirken Mozarts. Von medizinisch-psychologischen Studien bis zu streng musikanalytischen Untersuchungen reicht die schier unüberschaubare Flut der Arbeiten, die hinter dem unvergleichlichen musikalischen Phänomen Mozart nicht nur den Menschen, sondern die Genese von Kunst überhaupt zu ergründen sucht. Dabei zehrt die Forschung einerseits von einem Werk, das in etwa 29 aktiven Jahren mit unglaublicher Schaffenskraft und Disziplin aufgetürmt wurde und das alle musikalischen Gattungen von der Opera seria bis zum deutschen Kirchenlied umfaßt. Andererseits liegen mit dem weitgehend erhaltenen Briefwechsel der Mozartfamilie Dokumente vor, die zumindest bis zum Tod des Vaters, 1787, einen einzigartigen Einblick in das gedankliche wie materielle Innenleben einer Künstlerfamilie dieser Zeit gewähren.

Kindheit und Jugend des am 27. Januar in Salzburg geborenen Joannes Chrysostomus Wolfgangus Theophilus, der sich später nur noch Wolfgang Amadé nennen sollte, wurden ebenso wie bei der fünf Jahre älteren Schwester Maria Anna (»Nannerl«) vom Vater Leopold geprägt, der nicht nur in musikalischer Hinsicht für die Erziehung und Ausbildung der beiden Kinder sorgte. Nicht weniger bedeutend waren für Wolfgangs Werdegang die vom Vater initiierten Reisen, die das allerorts herumgereichte Wunderkind zwar bis an die Grenzen des Erträglichen strapazierten, die ihm aber auch musikalische Welten eröffneten, die seine Heimat nicht bieten konnte. So entstanden während der ersten Europareise, die 1764/65 bis nach London führte, unter dem Einfluß Johann Christian Bachs die ersten Symphonien. Mehrmalige längere Italienaufenthalte zwischen 1769 und 1773 brachten mit Werken wie *Lucio Silla, Ascanio in Alba* und *Mitridate* die ersten teilweise spektakulären Erfolge auf dem Gebiet der Opera seria, mit den ersten Streichquartetten die ersten Gehversuche in der Kammermusik. So weitgehend erfolgreich die frühen Reisen ausfielen, so niederschmetternd verlief die letzte große, über München und Mannheim nach Paris führende Reise der Jahre 1778 bis 1780: Der Mythos des Wunderkinds war verflogen, der künstlerische Ertrag blieb – abgesehen von dem Triumph der »Pariser« Symphonie – gering, die Mutter starb 1778 in Paris, die Liebe zur Sängerin Aloysia Weber blieb unerfüllt.

Auch die Hauptabsicht der Parisreise, eine angemessene Anstellung zu finden, schlug fehl. Dennoch hätte ihm am Hofe des Salzburger Fürsterzbischofs (ab 1772 Graf Colloredo) durchaus eine Karriere gewunken: 1768 wurde er in die Hofkapelle aufgenommen, 1772 avancierte er bereits zum Konzertmeister. Die Erfahrungen der großen Reisen, die auswärtigen Erfolge, wie der Triumph des *Idomeneo* 1781 in München, ließen ihm jedoch den Salzburger Hof als zu beschränkt vorkommen, so daß er 1781 unter fadenscheinigen Gründen und zum Entsetzen des Vaters den Bruch provozierte. Mit der anschließenden Übersiedlung nach Wien begannen Mozarts erfolgreichste und glücklichste Jahre. 1782 wurde die *Entführung aus dem Serail* ein überwältigender Erfolg, er heiratete Aloysias Schwester Constanze und gab in zahllosen, finanziell erfolgreichen Akademien seine in rascher Folge entstehende Kammermusik, seine Symphonien, darunter die *Haffner* und *Linzer*, und die großen *Klavierkonzerte* zum besten. Mozart war in Adelskreisen als Klavier- und Kompositionslehrer ein gefragter Mann und stand 1785 auf dem Zenith seines Ruhms, als Haydn dem Vater bekannte: »Ich sage Ihnen vor Gott, als ein ehrlicher Mann, Ihr Sohn ist der größte Komponist, den ich von Person und dem Namen nach kenne; er hat Geschmack und überdies die größte Kompositionswissenschaft.« Doch bereits *Le nozze di Figaro* wurde 1786 in Wien nur lauwarm aufgenommen, und die Erfolge dieses Werks, der *Prager Symphonie* und schließlich des *Don Giovanni* 1787 in Prag konnten nur anfänglich über den sich in Wien (trotz der im gleichen Jahr erfolgten Anstellung als k.u.k. Cammermusicus) abzeichnenden Niedergang hinwegtäuschen. So brach die Reihe der Klavierkonzerte mit KV 503 vorerst ab; die letzten 3 Symphonien entstanden 1788 ohne direkten Auftraggeber, ebenso die späte Kammermusik, darunter das *Klarinettenquintett* von 1789. Reisen, 1789 nach Berlin zum Preußischen Königshof, 1790 zur Kaiserkrönung Leopolds II. nach Frankfurt, oder die Wiener UA von *Così fan tutte* brachten allenfalls Achtungserfolge. Mozart mußte sich verschulden und geriet menschlich und künstlerisch in immer tiefere Isolation, aus der auch eine noch 1791 an St. Stephan bezogene unbesoldete Kapellmeisterstelle nicht mehr heraushalf. In einem unerhörten Schaffensrausch entstanden 1791 noch *La clemenza di Tito*, die *Zauberflöte* und die letzten *Konzerte* für *Klavier* und *Klarinette*. Das letzte Auftragswerk aber, das *Requiem*, blieb unvollendet, denn am 5. Dezember 1791 starb Mozart, verarmt, vereinsamt und erschöpft.

Symphonien

Wie fast keine andere Gattung der Orchester- bzw. Konzertmusik zeigt die Symphonik Mozarts Werdegang von den frühreifen Anfängen eines Wunderkinds bis zu den unerhörten Meisterwerken des Jahres 1788. Dies ist zum einen darauf zurückzuführen, daß Mozart, abgesehen von einer vierjährigen Pause vor der *»Pariser« Symphonie*, relativ kontinuierlich Symphonien schrieb. Zum anderen trug Mozart wie kein zweiter Komponist dazu bei, daß sich die Gattung von den Anfängen als »Abfallprodukt« des italienischen Opernvorspiels zu der zentralen Orchestergattung des 19. Jhs. entwickeln konnte. Im Unterschied zu Haydn, dessen Werke zum überwiegenden Teil in der Abgeschiedenheit des Esterhazyschen Hofs entstanden, vollzog sich Mozarts Entwicklung in der musikalischen Öffentlichkeit. Noch nicht einmal 18jährig, hatte er alle europäischen Musikzentren zwischen Rom und London bereist, die dort herrschenden Strömungen aufgenommen und sie in eine eigene Sprache umgewandelt. Daß sich die Symphonie auch für Mozart erst im Laufe seines Schaffens zu einer autonomen Gattung höchst eigenen Anspruches entwickelte, zeigt sich deutlich in einem relativ umfangreichen Corpus, der in die folgende Aufzählung nicht übernommen wurde: bis etwa zu der berühmten *Haffner-Symphonie*, selbst Bearbeitung einer Serenade, hat Mozart Opernouvertüren und Serenaden durch geringfügige Änderungen oder Neukomposition einzelner Sätze in Symphonien umgewandelt.

Symphonie Es-Dur KV 16
Symphonie D-Dur KV 19
Symphonie F-Dur KV Anh. 223 (19 a)
Symphonie B-Dur KV 22
Symphonie G-Dur KV Anh. 221 (45 a)

Die frühesten Symphonien Mozarts entstanden während der ersten großen Auslandsreise, die in den Jahren 1764–1766 bis nach London und Den Haag führte. Natürlich waren die häufig noch mit Verbesserungen des Vaters versehenen Werke von den gerade in London ungemein erfolgreichen deutschen Komponisten Johann Christian Bach und Carl Friedrich Abel beeinflußt. Die Einschätzung des Vaters Leopold von 1766, »daß mein Bub, Kurz zu sagen, alles in diesem seinen 8jährigen Alter weis, was man von einem Manne von 40. Jahren forderen kann«, wird durch die dreisätzigen Werke, was die Kompositionstechnik betrifft, vollauf bestätigt. Daß die musikalische Reife und Aussagekraft trotz mancher Juwelen, etwa des g-moll-Andantes aus KV 22, noch zu wünschen übrig läßt, ist nicht weiter erstaunlich. Zu der noch stark schematischen Anlage gehört auch, daß die Schlußsätze ausnahmslos im 3/8-Takt notiert sind.

Symphonie F-Dur KV 43
Symphonie D-Dur KV 45
Symphonie B-Dur KV Anh. 214 (45 b)
Symphonie D-Dur KV 48

Auch diese Symphoniengruppe entsteht während einer Reise. Sie führte in den Jahren 1767 bis 1769 – mit einem Abstecher nach Olmütz – vor allem nach Wien, wo man immerhin den Kaiserlichen Auftrag zur Komposition einer Oper erhielt. Dieses erste Buffo-Werk, *La finta semplice*, letztlich zwar nicht in Wien, sondern 1769 in Salzburg uraufgeführt, entlehnte das Material der Ouvertüre aus der *D-Dur-Symphonie KV 45*. Die wesentliche Neuerung dieser ersten »Wiener« Symphonien besteht in der Einführung eines 3. Satzes, des Menuetts, wie es in dem österreichischen symphonischen Schaffen dieser Zeit, eines Johann Christoph Wagenseil oder Ignaz Holzbauer etwa, üblich war.

Symphonie C-Dur KV 73 (75 a)
Symphonie G-Dur KV 74
Symphonie D-Dur KV 81 (73 l)
Symphonie D-Dur KV 84 (73 q)
Symphonie D-Dur KV 95 (73 n)
Symphonie D-Dur KV 97 (73 m)

Mit Ausnahme von *KV 73 (75 a)* und *KV 74* ist die Authentizität dieser Symphoniengruppe stark angezweifelt worden. Etliche Werke wie z. B. *KV 95* bis *97* wurden nur in (inzwischen auch verschollenen) Stimmen des Verlagshauses, das die erste Gesamtausgabe herausbrachte, überliefert. Jedoch finden die Werke, die alle kurz vor oder während der ersten Italienreise 1769 bis 1770 entstanden sein sollen, in dieser Aufzählung Erwähnung, weil auch jüngste stilkritische Forschungen nicht eindeutig eine fremde Autorschaft belegen können. Mozarts Musiksprache ist eben noch nicht in dem Maße eine eigene geworden, daß man eindeutig entscheiden könnte. Schon die äußere Anlage ist in dieser Gruppe – wie in keiner anderen der frühen Symphonien – erstaunlich uneinheitlich: einerseits verfügt etwa *KV 74* nur über zwei Sätze, da Allegro und Andante ineinander übergehen, andererseits hält das österreichische Menuett Einzug in Symphonien, die im übrigen stark italienisch geprägt sind.

Symphonie F-Dur KV 75
Symphonie C-Dur KV 96 (111 b)
Symphonie G-Dur KV 110 (75 b)
Symphonie F-Dur KV 112
Symphonie A-Dur KV 114

Auch in dieser Gruppe kann die Echtheit einzelner Werke bezweifelt werden. Dies liegt weniger an der für Mozarts originales Symphonieschaffen einmaligen Umstellung von Andante und Menuett in *KV 75* (Menuett an 2. Stelle), als vielmehr schlicht am Fehlen authentischer Quellen für dieses Werk und für *KV 96*. Von diesen 1771 teils in Mailand, teils in Salzburg entstandenen, ausnahmslos viersätzigen Symphonien erscheint der Eröffnungssatz von KV 114 besonders beachtenswert. Insbesondere an den Übergangsstellen zwischen den Formteilen offenbart sich ein höchst individueller Gestaltungswille, so etwa, wenn zwischen Haupt- und Seitensatz zunächst Moll angestrebt wird, dieses aber in den folgenden imitatorischen Einsätzen unterbleibt.

Symphonie G-Dur KV 124
Symphonie C-Dur KV 128
Symphonie G-Dur KV 129
Symphonie F-Dur KV 130
Symphonie Es-Dur KV 132
Symphonie D-Dur KV 133
Symphonie A-Dur KV 134

Diese 7 Symphonien entstehen im Verlauf des Jahres 1772 ausnahmslos in Salzburg. Mehr als in den vorangegangenen Werken zeigt sich in dieser Gruppe, daß Mozart nicht mehr nur fremde Einflüsse aufnimmt, sondern dabei ist, seine eigene unverwechselbare Sprache zu finden. Diese Symphonien sind nicht mehr entweder im italienischen oder im Mannheimer oder im österreichischen Stil geschrieben. Die Durchführungen werden gewichtiger: nicht mehr nur kurztaktige Überleitungen zwischen Exposition und Reprise, sind sie eigenständige Formteile, die wie in *KV 128* zwar ein neues Thema einführen, dieses aber motivisch verarbeiten. Die Coda ist etwa in den beiden ersten Sätzen von *KV 130* nicht mehr nur ein Nachspiel, sondern eine auf kleinstem Raum gedrängte Zusammenfassung des abgelaufenen Satzes. Die starre Anlage des Sonatensatzes wird aufgebrochen, wenn in *KV 133* und *134* das 1. Thema am Ende statt am Anfang der Reprise erklingt. Kontrapunktische Satztechniken werden im Menuett von *KV 132* zum konstruktiven Aufbau – nicht mehr nur als Dekoration – verwendet. Diese Symphonie besitzt auch ein *Andante*, in dessen »formsprengender Expressivität« eine durch und durch persönliche Note zum Ausdruck kommt.

Symphonie C-Dur KV 162
Symphonie D-Dur KV 181 (162 b)
Symphonie B-Dur KV 182 (166 c, 173 dA)
Symphonie g-moll KV 183 (173 dB)
Symphonie Es-Dur KV 184 (166 a, 161 a)
Symphonie G-Dur KV 199 (162 a, 161 b)

Mit Ausnahme von *KV 183* sind die Symphonien dieser Gruppe in ihrer durchweg dreisätzigen Anlage wieder dem italienischen Vorbild verpflichtet. Zwischen März und Oktober 1773 komponiert, entstanden sie auch unmittelbar im Anschluß an die letzte Italienreise, die mit der Aufführung des *Lucio Silla* einen bedeutenden Erfolg zu verbuchen hatte. Die Nähe zur Opernsinfonia schlägt sich am deutlichsten in *KV 181 (162 b)* und *KV 184* nieder, deren Sätze nahtlos ineinander übergehen. Gerade letztere Symphonie zeigt aber in dem c-moll-Mittelsatz, der das *»Jeunehomme«*-Konzert und die *Sinfonia concertante* vorwegnimmt, die schon fortgeschrittene Entfernung Mozarts von dem »harmlosen« Geist der Operneinleitung: Dem motivisch dichtgewobenen Satz verleihen eine zerfahrene Seufzermelodik, synkopische Vorhaltsbildungen und rhythmische Eigenwilligkeiten eine dämonisch-dunkle Expressivität. Es sind lediglich die Schlußsätze, die – überwiegend in freudigem 3/8- oder 6/8-Takt notiert – noch am ehesten dem unbeschwerten Geist der Operneröffnung huldigen.

Wie ein Naturereignis bricht die »kleine« *g-moll-Symphonie* in diese Umgebung ein. Allenfalls das nur mit Bläsern besetzte, verspielte Trio bildet einen Lichtblick in der konzentrierten, radikal gedrängten Anlage des Werkes. Ansonsten herrscht die geballte Energie vor, die sich schon in der Eröffnung niederschlägt: zunächst flächig angelegte, gedrängte Synkopen münden in einen raketenhaften Aufstieg, der von einem unwirschen Doppelschlag jäh gebremst wird (dem Finalthema der »großen« *g-moll-Symphonie* verwandt). Äußerste Konzentration und Reduzierung bedeuten auch die häufigen und viel beschriebenen Unisoni im ersten und letzten Satz an zentralen Stellen der Eröffnung und Überleitung, so der abrupte Übergang vom D-Dur des Hauptsatzendes zum B-Dur des Seitensatzes im ersten Satz. Das schroffe Menuett verzichtet auf Zierrat ebenso wie das Andante, das von einem seufzenden Dreitonmotiv beherrscht wird. – Es nimmt nicht wunder, daß für diesen jähen individuellen Ausbruch, der am 5. Oktober 1772 beendet wurde, kein Auftraggeber bekannt ist. Auch über Aufführungen kann nur spekuliert werden, selbst wenn Mozart das Werk immerhin so sehr schätzte, daß er es sich noch 10 Jahre später von seinem Vater nach Wien schicken ließ.

[M] *CD* KV 183, 184: The English Concert, Pinnock (DGG 1990)

Symphonie C-Dur KV 200 (173 e, 189 k)
Symphonie A-Dur KV 201 (186 a)
Symphonie D-Dur KV 202 (186 b)

Diese 3 Werke beschließen die Reihe der Originalsymphonien (nur eine Serenadenbearbeitung *KV 250 (248 b)* sollte 1776 noch folgen), die noch in Salzburg vor der Parisreise entstanden. Im Laufe des Jahres 1774 komponiert, scheint Mozart vor allem die ersten beiden Werke dieser Gruppe auch in seiner Wiener Zeit noch geschätzt zu haben. Zusammen mit den Symphonien *KV 182* und *183* bestellte er Anfang 1783 – als er immerhin schon ein so gewaltiges Werk wie die »Haffner«-Symphonie vorliegen hatte – die Partituren dieser Werke von seinem Vater. Gegenüber der *g-moll-Symphonie KV 183* lenkt das Werk in *C-Dur, KV 200*, scheinbar wieder in vertrautere Bahnen. Spielerische Momente wie das von Trillern unterbrochene läuferische Thema des ersten Satzes, das im Menuett solistisch hervortretende Horn oder der Tutti-Soli-Gegensatz des Finales finden sich ebenso wieder wie ein galant charmantes Andante. Doch hat die *g-moll-Symphonie*, wie man an den motivisch sehr konzentrierten Durchführungsteilen hört, ihre Spuren hinterlassen.

Liegt in der *Symphonie KV 202* nur ein Nachzügler dieser Gruppe vor, der zwar die Errungenschaften der vorangegangenen beiden Werke aufweist, nicht aber deren innere Aussagekraft (und auch nicht so zu Mozarts Zufriedenheit ausfiel, daß er später noch einmal auf sie zurückgekommen wäre), so stellt den eindeutigen Höhepunkt dieser Gruppe die *Symphonie in A-Dur, KV 201*, dar. »Es ist, als ob in den neun Sinfonien der Jahre 1773 und 1774 die reichen Erfahrungen der italienischen Reisen zu einer höheren Synthese mit Mozarts eigenem Wesen drängen, die in der A-Dur-Sinfonie wie selbstverständlich ihren schönsten und reifsten Niederschlag gefunden hat.«, schreibt Hermann Beck im Vorwort der kritischen Gesamtausgabe. Schon wie das

Hauptthema des *1. Satzes* allmählich Raum greift, um beim ersten Forte sogleich in eine Engführung zwischen Ober-und Unterstimmen zu geraten, ist ein Wunder an Entwicklungskunst und Harmonieempfinden. Auch die Durchführung ist kontrapunktisch verdichtet, wird in dramatischer Hinsicht allerdings noch von dem entsprechenden Abschnitt des beseelten *Finales* übertroffen. Dem innigen *Andante* mit Violinen, die bis auf das Schlußforte abgedämpft sind, folgt ein abwechslungsreiches *Menuett*, das von marschartigen Punktierungen beherrscht wird und von dem Gegensatz aus »Zierlichkeit und fast beethovenscher Gewalttätigkeit« (Einstein) lebt.

[M] *CD* KV 201: Concertgebouw O. Amsterdam, Harnoncourt (Teldec 1983)

Symphonie D-Dur (»Pariser«) KV 297 (300 a)

So enttäuschend die große Mannheim-Parisreise der Jahre 1778/79 in persönlicher Hinsicht durch den Tod der Mutter, in künstlerischer durch das Ausbleiben einer festen Anstellung oder auch nur eines lukrativen Kompositionsauftrags verlief – ein offensichtlich überwältigender künstlerischer Erfolg scheint sich mit der Aufführung der *»Pariser« Symphonie* in den »Concerts spirituels« im Juni 1778 eingestellt zu haben. Zumindest kann Mozart in seinen Briefen an den Vater mit Wendungen wie »(...) wurde sie mit allem Applauso aufgeführt«, »(...) und war ein großes Applaudissement«, oder »Sie das Forte hören und die Hände zu klatschen war Eins« die Wirkung der Musik nicht eindringlich genug schildern. Mag Mozart übertrieben haben, sei es um den eigentlichen Mißerfolg der Reise zu übertünchen, sei es, um Bedenken des Vaters über Lebenswandel und mangelnde Arbeitsmoral zu zerstreuen – sichtbar gearbeitet hat Mozart an dieser Symphonie wie an keiner anderen: Es gibt kaum eine Seite der Partitur, auf der nicht radiert, gestrichen und verbessert worden wäre. Weil dem Veranstalter der »Concerts spirituels« der 2. Satz mißfiel, wurde sogar ein neuer (heute kaum mehr aufgeführter) langsamer Satz geschrieben. Da das Pariser Orchester neben den Mannheimern zu den besten Klangkörpern der damaligen Zeit gehörte, weist die Symphonie nicht nur die bislang umfangreichste Besetzung auf, sondern kommt Mozart dem Orchester mit einer virtuosen Führung entgegen. Dazu zählt die majestätische Eröffnung mit dem schwungvollen Lauf – über diese Forte-Eröffnung, als eindrucksvoller »coup d'archet« in Paris geschätzt, macht sich Mozart in einem Brief nicht nur mit den Worten »sie fangen halt auch zugleich an – wie in anderen Orten« lustig, sondern er vermied sie im Finale geradezu ostentativ – und ein Seitenthema, das durch seine polyphone Verarbeitungsmöglichkeit den Instrumentalisten die Möglichkeit des sukzessiven Hervortretens gibt. Von der flächigen, klangprächtigen Welt der schnellen Sätze hebt sich das Andante wohltuend ab. Sein Schwergewicht liegt auf kurzen Gliedern, die in kaleidoskopartiger Reihung, auch mit ernsten Tönen versetzt, vorüberziehen.

[M] *CD* O. of the 18th Century, Brüggen (Teldec 1982); Concertgebouw O. Amsterdam, Harnoncourt (Telefunken 1981–84)

Symphonie G-Dur KV 318
Symphonie B-Dur KV 319

Drei symphonische Werke sollten zwischen der Rückkehr aus Paris und der Übersiedlung nach Wien 1781 noch in Salzburg entstehen. Das unbeschwerte *G-Dur-Werk KV 318* zählt nur bedingt zu den Symphonien; bei aller Klangpracht ist es formal wie inhaltlich schlicht angelegt und dürfte nicht zuletzt deshalb, weil alle Sätze ineinander übergehen, genausogut zu den Ouverturen zu zählen sein. Ganz anders dagegen die *B-Dur-Symphonie KV 319*, die zwar ursprünglich auch nur über drei Sätze verfügte, für die Mozart aber später ein Menuett nachkomponierte. Obwohl kleiner besetzt, verarbeitet das Werk die Erfahrungen aus der Arbeit an der »Pariser« Symphonie. Schon der *1. Satz*, dessen Durchführung das Viertonmotiv aus dem Finale der Jupiter-Symphonie aufweist, besticht durch Differenzierung und Einfallsreichtum. Kammermusikalisch intim ist das *Andante* gehalten, das im Unterschied zur Kurzgliedrigkeit der »Pariser« Symphonie auch die ausgedehnte Kantilene nicht verabscheut. Ähnlich wie der 1. Satz führt auch das launige *Finale* (dessen Eröffnung entfernt an die entsprechende Stelle aus Beethovens *8. Symphonie* erinnert) ein gedehntes Motiv ein, das Anlaß für kurzweilige imitatorische Spiele gibt.

[M] *CD* Staatskapelle Dresden, Davis (Philips 1990)

Symphonie C-Dur KV 338

Mit diesem Werk, das vom August 1780 datiert, endet die Reihe der Salzburger Symphonien, an die sich, beginnend mit der *»Haffner«-Symphonie*, die wenigen Meisterwerke der Wiener Jahre anschließen sollten. Sie stellt einen bedeutsamen Abschluß dar. Der majestätischen Eröffnung stellen sich schon bald erste moll-Klänge gegenüber, die im folgenden – gerade an unerwarteter Stelle und oft nur zwischendurch eingestreut – dafür sorgen, daß aus den zahllosen Ideen der Exposition nicht nur ein selbstgefälliges Spiel wird. Nur auf die Streicher ist das Andante reduziert, das in seiner gesanglichen Schlichtheit leicht die Finessen überhören läßt, so etwa, wenn ein Halteklang nur 4 Takte später mit einer Halbtonalteration wieder auftritt, die das Geschehen von Dur augenblicklich nach Moll kippen läßt. Obwohl im Autograph der Anfang eines Menuetts durchgestrichen ist, kann nicht ausgeschlossen werden, daß Mozart auch für diese Symphonie einen Satz nachkomponierte; allerdings ist es fraglich, ob es sich dabei um das heute zumeist gespielte *Menuett KV 409* handelt, dessen gewichtigem Hauptteil ein reines Bläsertrio gegenübersteht. Ein wohlgelauntes *Allegro vivace* in stürmischem $^6/_8$-Takt, dem aber gerade in der harmlos einsetzenden Durchführung mahnende Töne nicht fehlen, beendet das Werk.

[M] *CD* English Baroque Soloists, Gardiner (Philips 1987)

Symphonie D-Dur (»Haffner«) KV 385

Glanz und Festlichkeit, wie sie die Symphonie schon mit den ersten marschartigen Unisono-Takten verbreitet, kommen nicht von ungefähr. Grundlage des Werkes ist eine Serenade, die Mozart auf Vermittlung des Vaters für die Erhebung Siegmund Haffners in den Adelsstand im Juli 1782 in aller Eile komponieren mußte. Zeitdruck herrschte auch ein Jahr später, als Mozart für anstehende Akademien seinen Vater um die Übersendung einiger Symphonien bat, darunter auch »von der letzten hafner-Musique in Wienn verfertiget«. Die Qualität der so schnell geschriebenen Serenade scheint Mozart selbst überrascht zu haben, wenn er schreibt« (...) die Neue Hafner Sinfonie hat mich ganz surprenirt – dann ich wußte kein Wort mehr davon; – die muß gewis guten Effect machen.« Die Prognose bestätigte sich, denn die Akademie am 23. März 1783 scheint ein Erfolg gewesen zu sein. Mozart veränderte relativ wenig gegenüber der Serenade; er ließ den Eröffnungsmarsch und ein Menuett weg und verstärkte in den Rahmensätzen die Besetzung um Flöten und Klarinetten. Dem strahlenden *Eröffnungssatz*, der von dem Marschthema beherrscht wird, steht in wirkungsvollem Kontrast ein schlichtes *Andante* gegenüber, in dem sich aus kompakten Anfängen immer wieder virtuoses Laufwerk der Streicher herauslöst. Eine ähnliche Gegenüberstellung findet sich auch im *Menuett*, wo ein energisch zupackender Hauptteil ein graziös verspieltes Trio umrahmt.

[M] *CD* Berliner Philharmoniker, Abbado (Sony 1990/91) – *VD* Berliner Philharmoniker, Abbado (Sony 1991) – *LD* Chicago SO, Solti (Sony)

Symphonie C-Dur (»Linzer«), KV 425

Gehört zwar schon die *»Haffner«-Symphonie* zu den 6 unsterblichen Meisterwerken, den »inneren« Kreis der Vollendung, jenen schwer zu fassenden Übergang von meisterlichen Gelegenheitswerken zu vollendeter Instrumental- und Ausdruckskunst, betreten wir endgültig mit der *»Linzer« Symphonie*. Wie sehr sich der Geist geändert hat, zeigt schon die an Haydnschem Vorbild orientierte langsame *Einleitung*, die Mozart erstmals dem Eröffnungssatz voranstellt. Nach majestätisch punktierten Eröffnungstakten schält sich aus einem Streicherteppich ein Wechselspiel der Bläser heraus, das mit seinen dynamischen Gegensätzen, mit seiner in den moll-Bereich spielenden Chromatik die Einleitungen der beiden unmittelbar folgenden Symphonien vorwegnimmt. Aus dem weitgehend unbeschwerten *Allegro* ist vor allem die harmonische Anlage des Seitensatzes hervorzuheben: In e-moll einsetzend wird er unvermittelt mit C-Dur konfrontiert (in dynamischer und instrumentaler Gegenüberstellung, die sich in der unmittelbar anschließenden Wiederholung umkehrt), um sich erst am Ende in die regelkonforme Tonart G-Dur aufzulösen. Kennzeichnend für den sicilianoartigen *Andante*-Satz ist die Sonatenform (nicht mehrteilige Liedform), deren Durchführung mit ihrem Schweifen durch die Tonarten bereits jene schwebende Resignation des Spätwerks ankündigt. Dasselbe sich Tragenlassen durch die Tonarten zeigt auch die Durchführung des abschließenden Sonatensatzes (nicht Rondos), dessen Wohlgelauntheit derjenigen des *Menuetts* in nichts nachsteht. Auch sie führt ein aus der Exposition noch nicht bekanntes Thema ein, das durch die Instrumente und Tonarten gereicht wird, um schließlich in c-moll zu enden: eine Eintrübung, die allerdings nicht von langer Dauer ist. Angesichts der formalen Souveränität, der geradezu »klassischen« Ausgewogenheit der Stimmungen, ist es umso erstaunlicher, daß dieses Werk in nur wenigen Tagen, »über hals und kopf«, wie Mozart selbst schreibt, entstand: für eine Akademie, die er während seines dreiwöchigen Linzaufenthaltes am 4. November 1783 im Theater gab.

[M] *CD* Concertgebouw O. Amsterdam, Harnoncourt (Teldec 1984)

Symphonie D-Dur (»Prager«) KV 504

Mehr als 3 Jahre vergingen, bis Mozart seine nächste Symphonie am 6. Dezember 1786 in sein Werkverzeichnis eintrug. Bei aller Unklarheit, ob Mozart das Werk allgemein für die Konzertsaison des Winters 1786/87 komponiert hatte oder speziell in Vorbereitung der Pragreise, die er am 8. Januar 1787 zusammen mit Constanze antreten sollte – feststeht, daß die UA in Prag am 19. Januar 1787 erfolgte. Die triumphale Aufnahme des *Figaro* zwei Tage vorher (ein Erfolg, der sich 9 Monate später mit dem *Don Giovanni* wiederholen sollte) zeigt, daß Prag für Mozart ein fruchtbarer Boden war. Auch die Instrumentalwerke, die er in Prag präsentierte, stellen keine Ausnahme dar. Hören wir Franz X. Niemetschek, einen der frühesten Mozartbiographen: »Die Sinfonien, die er für diese Gelegenheit setzte, sind wahre Meisterstücke des Instrumentalsatzes, voll überraschender Übergänge und haben einen raschen, feurigen Gang, so, daß sie alsogleich die Seele zur Erwartung irgend etwas Erhabenen stimmen. Dieß gilt besonders von der großen Sinfonie in D dur, die noch immer ein Lieblingsstück des Prager Publikums ist, (...)«, schreibt er 1798, wobei unklar ist, auf welche Werke außer der »Prager« er sich bezieht. Ohne Zweifel bildet die Symphonie den krönenden Abschluß der D-Dur-Werke, deren Höhenlinie über die *»Pariser«* und *»Haffner«-Symphonie* verläuft. In dem Werk, das zwischen dem D-Dur des *Figaro* (es gibt im ersten und letzten Satz einige fast wörtliche Anspielungen) und dem problematischen D-Dur des *Don Giovanni* (besonders in der dunkel großartigen Einleitung) oszilliert, ist äußerste Konzentration das Stichwort. Sie spiegelt sich nicht nur in dem Fehlen des Menuetts, das nichts Zusätzliches mehr sagen könnte, sondern vor allem in der thematischen Arbeit der Rahmensätze. In einem bislang ungehörten Maß beschränkt sich Mozart in den Durchführungen auf das Hauptthema und dessen kontrapunktische Verdichtung, die im *Finale* sogar Züge einer wahren tour de force annimmt. Das Eruptive, der alles mitreißende Schwung fehlt zwar dem *Andante*, doch ist es in seiner »innigen Verbindung von Kantabilität mit polyphoner Haltung« (Einstein) ein nicht minder gewichtiger Satz als die beiden Rahmensätze.

[M] *CD* O. of the 18th Century, Brüggen (Philips 1988)

Symphonie Es-Dur KV 543

Einige Unklarheit liegt über der Entstehung der letzten 3 Symphonien. Sie betrifft weniger die Entstehungszeit im Laufe des Sommers 1788 als vielmehr den unbekannten Anlaß und die Frage der Aufführungen. Zwar läßt sich keine Aufführung direkt nachweisen, doch daß Mozart die Werke ohne Aussicht auf eine Aufführung geschrieben haben könnte, ist ausgesprochen unwahrscheinlich. Nicht nur wissen wir, daß Symphonien von ihm z. B. während seiner Frankfurt-Reise 1790 aufgeführt wurden, sondern es sprechen auch die nachträglich vorgenommenen Änderungen dafür.

Sind die Konnotationen zur *g-moll-Symphonie* als Schicksalsmusik, für die *»Jupiter«-Symphonie* als sonnendurchflutetes Lichtstück relativ einheitlich bei den Interpreten, so zeichnet sich die Einschätzung der *Es-Dur Symphonie* als unklar ab. Das Spektrum reicht von »hochgestimmtem schweren Pathos«, »Mozarts Eroica« bis hin zu »spätherbstlicher Reife« und »Schwanengesang«. Ein letztes Mal in Mozarts Symphonik erklingt eine *langsame Einleitung*: sie wird beherrscht von punktierten Rhythmen, die teils unterschwellig drohend, teils grell dissonant ausbrechend, den dramatischen Schwerpunkt des ersten Satzes ausmachen. Nicht nur im Unterschied zu der Einleitung, sondern auch zu dem konzentrierten 1. Satz der *»Prager«* ist der folgende *Allegro*-Hauptsatz wesentlich gelöster in der Atmosphäre, kammermusikalisch transparent in seiner luzideren Instrumentierung. Eine traumhaft wattierte Umgebung betreten wir mit dem *Andante* in As-Dur. Seine versonnene, in sich kreisende Melodik wird aber jäh durch ein herrisch dreinfahrendes Motiv mit Moll-Eintrübung weggewischt. Nur wenige Takte der Entspannung gönnt das zackig anhebende *Menuett*, bevor das *Finale* mit seinem überschwenglichen Elan alles mit sich fortreißt. Wie kein anderes Finale der Symphonien aus der Reifezeit verkörpert der Schlußsatz den haydnschen Typus des Kehraus: Ein Feuerwerk aus wohlgelaunten Einfällen, die sich aus nur einem spritzig laufenden und hüpfenden Thema entwickeln, huscht im Eiltempo vorüber.

[M] *CD* English Baroque Soloists, Gardiner (Teldec 1991); SO des NDR, Wand (RCA/BMG 1990)

Symphonie g-moll KV 550

So bekannt die Symphonie ist, so wenig Genaues läßt sich über Entstehung und Aufführung des Werkes außer dem Datum der Vollendung, dem 25. Juli 1788, sagen. Allerdings ist der tragische Nimbus, daß Mozart seine symphonischen Gipfelwerke nicht mehr selbst gehört habe, durch die Forschung heute weitgehend erschüttert: Schwerwiegende Indizien, wie etwa der Programmzettel des Frankfurter Konzerts vom 15. Oktober 1790, der 2 Symphonien ankündigte, oder die nachträglich vor allem an den Bläserstimmen vorgenommenen Änderungen machen Aufführungen immerhin sehr wahrscheinlich. Die g-moll-Symphonie weist mit den den beiden nachkomponierten Klarinettenstimmen sogar die umfangreichsten Eingriffe auf. Dennoch erstaunt der Sachverhalt, daß gerade diese Symphonie, die sich wie keine andere von dem (unterstellten) Publikumsgeschmack entfernt, dazu gedient haben sollte, verlorenen Boden bei der Zuhörerschaft wiedergutzumachen. Mit einer Unerbittlichkeit, die allenfalls noch dem *Klavierkonzert in c-moll* eignet, steht das Werk auf der dunklen Seite. Keines der anderen g-moll-Werke, die frühe Symphonie etwa, das *Streichquintett KV 516* und die Arien Konstanzes und Paminas weisen die Dramatik dieses Werks auf, die in den Durchführungen der beiden schnellen Sätze gipfelt. Bezeichnend hierfür der

Beginn der Durchführung des *Finales*, wenn das Thema bar aller harmonischen Grundlage wie von zentrifugalen Kräften zerrissen wird. Nirgends auch wird die Dramatik der Ausweglosigkeit so deutlich als nur wenige Takte nach der Eröffnung, nachden man allmählich in die g-moll-Welt hineingeglitten ist, wenn sich im ersten forte rüde Dissonanzen zwischen den Bläsern und den unwirschen Tonrepetitionen der Streicher ergeben. Nirgends ist ein entspanntes Verweilen: Die zweiten Themen der schnellen Sätze, das Trio des *Menuetts* bedeuten nur ein Luftholen vor noch schrecklicheren Entwicklungen. Auch der Eindruck des *Andantes*, dessen traumverlorener Atmosphäre man noch nachhängen möchte, wird weggewischt durch das Menuett, das in den immer dreisteren synkopischen Anläufen einen unverhohlenen Affront gegen alle höfisch-tänzerische Konvention bedeutet.

[M] *CD* NBC SO, Toscanini (RCA/BMG 1938/39)

Symphonie C-Dur (»Jupiter«) KV 551

Zwar nicht von eigener Hand, aber alles andere als unpassend, trägt Mozarts letzte Symphonie den Beinamen »Jupiter«. Angesichts der gnadenlosen Konsequenz, mit der Mozart in der vorangegangenen Symphonie in den Schicksalskampf versank, ist die *C-Dur-Symphonie* nicht nur ein strahlend-lichtes Werk, sondern überhaupt auf die Synthese unterschiedlichster Bestandteile angelegt. Schon die Eröffnung des *1. Satzes* drängt auf kleinstem Raum eine herrische Schleiferfigur mit dem zögerlichen Ansatz einer Kantilene zusammen. Doch bald schon, wenn diese beiden Motive von einem dritten in den Bläsern überlagert werden, entpuppt sich die zögerliche Geste als von vorwärtsdrängender Kraft. Dem energischen Zugriff, der den ganzen Satz durchzieht, verweigert sich lediglich das zweite Thema mit seiner zart kantablen Melodie, die ihren Ausgang von einer kurzfristigen Imitation zwischen Oberstimmen und Bässen nimmt. Auch das *Andante* wird von zwei widerstreitenden Momenten bestimmt: Wiederholt mündet ein innig kantabler Abschnitt in einen irritierenden durchführungsartigen Teil, dessen Triolen und synkopische Verschiebungen für eine nervöse und gespannte Atmosphäre sorgen. Von geradezu mustergültiger Klarheit der Disposition ist das *Menuett*, dessen zweiter Trioteil bereits das Finalthema anklingen läßt. Wie in keiner anderen Symphonie bildet das *Finale* den Höhepunkt des Werkes und weist damit auf Entwicklungen des 19. Jhs. voraus. Er bildet quasi die Synthese der unterschiedlichen Musikstile, wenn die Sonatenform als klassische Errungenschaft mit der kontrapunktischen Technik des Hochbarock durchsetzt wird. In sich zunehmend aberwitzig gestaltenden Kombinationen wird der viertönig in sich kreisende Themenkopf, sei es in der Kombination mit sich selbst, sei es unter Hinzuziehung von Kontrasubjekten verarbeitet.

[M] *CD* SO des NDR, Wand (RCA/BMG 1990); KV 385–551: Columbia SO, Walter (CBS/Sony 1958–1962) – *VD* KV 543–551: Chamber O. of Europe, Harnoncourt (Teldec)

Gesamtaufnahmen: Berliner Philharmoniker, Böhm (DGG 1960–69); Academy of St. Martin-in-the-Fields, Marriner, (Philips 1970–1989); Academy of Ancient Music, Hogwood u. a. (Decca 1979–82)

Opernouvertüren

Abgesehen von den Fragment gebliebenen *Zaide KV 344 (336 b)*, *L'oca del Cairo KV 422* und *Lo sposo deluso* KV 430 (424 a) hat Mozart nicht weniger als 19 Opern und Schauspielmusiken hinterlassen. In den Ouvertüren vollzieht sich zwischen dem frühesten dramatischen Werk, dem lateinischen Interludium *Apollo et Hyacinthus KV 38* von 1767 und der *Zauberflöte* von 1791 ein Entwicklungsgang, der ähnlich dem der Symphonik verläuft: von den wenig persönlichen, stark schematisierten italienischen Opernsinfonien zu den individuellen Kunstwerken der Reifezeit, die als selbständige Instrumentalsätze höchsten Ranges auch im Konzertrepertoire ihren festen Platz behaupten. Der ursprünglichen Affinität zwischen Opernеröffnung und Symphonie war sich der frühe Mozart durchaus bewußt. Einige der frühen Symphonien wie z. B. *KV 120* (aus *Ascanio in Alba*), *KV 121* (aus *La finta semplice*) und *KV 102* (aus *Il rè pastore*) sind nichts anderes als bearbeitete und erweiterte Ouvertüren. Spätestens aber mit der Ouvertüre zu *Idomeneo, rè di Creta ossia Ilia ed Idamante KV 366* entstand eine Operneinleitung von so eigenem Gepräge, daß eine Überarbeitung nicht mehr möglich war. Der Erfolg, den die Oper bei ihrer Erstaufführung 1781 in München hatte, dürfte sich schon mit der virtuosen Ouvertüre angebahnt haben. In ihrer expressiven Dramatik nimmt sie, ohne allerdings aus dem Folgenden zu zitieren, die stürmischen Naturszenen ebenso vorweg wie den inneren Konflikt des Idomeneo, der aufgrund eines unseligen Gelübdes seinen Sohn Idamante opfern soll.

Ouvertüre zu »Die Entführung aus dem Serail« KV 384

Nach *Bastien und Bastienne* und der *Zaide* Mozarts drittes deutsches Singspiel; es wurde, nicht zuletzt durch die damalige Türkenmode bedingt, seine zu Lebzeiten beliebteste Oper. Auch hier zitiert Mozart nicht wörtlich aus der folgenden Musik, greift aber in dem bedrückenden c-moll-Mittelteil auf die erste Szene voraus, die sich unmittelbar an die nur halbschlüssig endende Ouvertüre anschließt. Die schnellen Rahmenteile leben von dynamischen Gegensätzen, »wobey beym forte allzeit die türkische Musick einfällt (...) und ich glaube man wird dabey nicht schlafen können, und sollte man eine ganze Nacht durch nichts geschlafen haben.«, so Mozart an seinen Vater.

Ouvertüre zu »Le nozze di Figaro« KV 492

Vier Jahre dauerte es nach der *Entführung*, bis Mozart 1786 nach zwei unvollendeten Anläufen mit dem *Figaro* wieder auf die Wiener Bühne zurückkehren konnte. Allerdings hatten sich er und sein kongenialer Librettist, der Hoftheaterdichter Lorenzo da Ponte, ein ziemlich heikles Sujet auserkoren, war Beaumarchais' Komödie »La folle journée« wegen ihrer unverhohlenen Kritik am Adel gerade erst von Joseph II. verboten worden. Mag das Libretto an den entscheidenden Stellen auch entschärft worden sein – die Musik legte die sozialen Gegensätze des gräflichen Paares Almaviva und des Bedienstetenpaares Figaro und Susanna schonungslos offen. Freilich entsprang sie weniger der revolutionären Einstellung Mozarts als vielmehr der Sichtweise des geborenen Dramatikers, der an den Konflikten als solchen interessiert ist. Diese Gegensätze aus Standesdünkel und erotischen Interessen, dieses aberwitzige Versteck- und Ränkespiel in einzigartiger Weise zusammengefaßt zu haben, ist das Verdienst dieser Ouvertüre. Atemlos, in ständig erregter Beweglichkeit, fallen die musikalischen Gestalten übereinander her, lösen einander, verdrängen sich, ohne daß die äußerlich noch vorhandene Sonatenform imstande wäre, das Treiben hörbar zu zügeln.

Ouvertüre zu »Il dissoluto punito ossia Il Don Giovanni« KV 527

So lauwarm Wien den *Figaro* aufgenommen hatte, so begeistert reagierte das Prager Publikum auf die Oper. Kein Wunder also, daß Mozart und da Ponte hier erneut ihr Glück versuchten und – mit dem *Don Giovanni* 1787 auch nahtlos an den Erfolg des *Figaro* anknüpfen konnten. Die Ouvertüre, die Mozart gerade noch zur Generalprobe fertigstellen konnte, eröffnet mit der lastenden d-moll-Musik der Todesszene. In Umkehrung der dramatischen Abläufe nimmt sie das Ende des Helden vorweg; sie zeigt damit nicht nur, daß das sich anschließende heitere D-Dur der weiteren Ouvertüre unter dem Menetekel des Todes steht, sondern daß auch das Drama mit den vergeblichen Verführungsversuchen Don Giovannis auf den (letztlich auch von Don Giovanni beabsichtigten) Untergang gerichtet ist. Die Ouvertüre selbst endet piano in farblosem C-Dur, das mit der Eröffnungsarie des Leporello sogleich nach F-Dur wegkippt.

Ouvertüre zu »Così fan tutte ossia La scuola degli amanti« KV 588

Als letztes Werk entsprang der Zusammenarbeit von Mozart und Lorenzo da Ponte die Opera buffa *Così fan tutte*, die 1790 unter Mozarts Leitung erstmals im Burgtheater erklang. Nicht nur die Oper, die unter dem Vorwand, die weibliche Treue zu prüfen, in Wirklichkeit ein erschreckendes Bild hybrider Männermoral entwirft, wurde vielfach unterschätzt (um mit Beethoven und Wagner nur die prominentesten Beispiele des 19. Jhs. zu nennen), sondern auch die Ouvertüre. Sie enthält wie *Don Giovanni* eine langsame Einleitung, die allerdings ein »Vorhang« und keine Vorwegnahme des Dramas ist, sowie einen Presto-Teil, der in seiner ruhelosen Beweglichkeit an die *Figaro*-Ouvertüre erinnert. Die musikalischen Motive sind anders als beim *Figaro* nicht unregelmäßige, auf und ab huschende Gestalten, sondern Läufe kreisen um sich, die Akkordschläge repetieren auf der gleichen Tonhöhe. Damit wird sinnfällig symbolisiert, daß sich am Ende der Kommödie nichts gegenüber der Ausgangsposition geändert hat: Die Paare bleiben zusammen.

Ouvertüre zu »Die Zauberflöte« KV 620

Mozarts letztes dramatisches Werk, dessen schnell einsetzenden Siegeszug er nicht mehr erleben konnte, ist die *Zauberflöte*. Schon die UA der von freimaurerischem Geist durchdrungenen Märchenoper am 30. September 1791 war ein Erfolg, weniger allerdings wegen des Ethos als vielmehr wegen des Klamauks, den der Theaterimpresario, Librettist und erste Papageno-Darsteller Schikaneder zu veranstalten wußte. Während Mozart in den anderen Ouvertüren, vor allem zu den da Ponte-Opern, eine musikalisch einheitliche Charakteristik, sei es des Helden, sei es der Opernsituation anstrebt, zielt die Zauberflöteneinleitung auf die Synthese der gegensätzlichen Charaktere. Die Ouvertüre zehrt nicht von dem Dramatik versprechenden Gegensatz beispielsweise zwischen der Königin der Nacht und Sarastro, sondern läßt die einander widerstreitenden Prinzipien aufgehen in eine übergeordnete (menschliche?) Ordnung. So wird nach der langsamen Einleitung mit den berühmten drei Bläserakkorden musikalisch nicht – wie noch im *Figaro* – dem 1. Thema mit seinen Sprüngen und barschen Akzenten freier Lauf gewährt, sondern es wird in polyphone Entfaltung eingebettet. Aber auch die fugato-Technik ihrerseits wird in einem aus dem Finale der *»Jupiter«-Symphonie* bekannten Verfahren in der harmonischen Disposition der Sonatensatzform aufgehoben. Diese wiederum ist nicht mehr auf einen Antagonismus zwischen 1. und 2. Thema gerichtet, sondern wird selbst durch den kontrapunktischen Einsatz des Seitenthemas bestätigt.

Ouvertüre zu »La clemenza di Tito« KV 621

Erneut war es Prag, wo 4 Jahre nach dem Triumph des *Don Giovanni* am 6. September 1791 eine neue Mozart-Oper uraufgeführt wurde. Die böhmischen Stände hatten das Werk, das über der Arbeit an der *Zauberflöte* und am Requiem in fieberhafter Eile niedergeschrieben wurde, anläßlich der Krönung Leopolds II. zum König von Böhmen bestellt. Aus diesem offiziellen Anlaß hat man mit *La clemenza di Tito* auf ein Libretto Metastasios aus dem Jahr 1734 zurückgegriffen, das schon mehrfach, so von Hasse, Caldara, Gluck u. a. vertont worden war. Trotz erheblicher Änderungen im Text blieb für Mozart das Problem, nach den höchst individuellen komischen Meisterwerken der da Ponte-Opern die – musikalisch wie inhaltlich – steife Gattung der Opera seria wieder aufzugreifen, die schon 10 Jahre früher beim *Idomeneo* veraltet war. Konventionsgemäß hebt die Ouvertüre mit einer feierlichen Einleitung an, die aber nicht mehr in langsamem Tempo notiert und vom Hauptteil abgetrennt ist. Trotz ihres langsamen Charakters erklingt sie im Allegro und bestimmt motivisch einen Hauptteil, der ein formal so klar disponierter, so »klassisch« ausgewogener Sonatensatz ist, wie er in den Vorgängerinnen schon lange nicht mehr zu hören war.

[M] *CD* Auswahl: Academy of St. Martin-in-the-Fields, Marriner (EMI 1981)

Thamos, König in Ägypten KV 345 (366 a)

Hierbei handelt es sich um die einzige Schauspielmusik aus Mozarts Feder, der in dieser Hinsicht also weit weniger produktiv war als Beethoven. In ihrer ursprünglichen Fassung von 1773 enthält sie 2 Chorsätze und 5 Instrumentalstücke, davon 4 Entreaktes und einen Schlußsatz. In mehreren Umarbeitungen der Jahre 1776 und 1779 wurde ein weiterer Chorsatz hinzugefügt und mit der *Symphonie KV 184* als Ouvertüre eine Fassung erstellt, die Mozart 1790 auch in Frankfurt hören konnte. Mozarts Äußerung von 1783, »dieses Stück ist hier, weil es nicht gefiel, unter die verworfenen Stücke; welche nicht mehr aufgeführt werden. – es müßte nur blos der Musick wegen aufgeführt werden, – und dies wird wohl schwerlich gehen; – schade ist es gewis!«, gilt in vollem Umfang auch heute. So belanglos das zugrundeliegende Drama des böhmischen Staatsrates, Vizekanzlers und Dichters Tobias Phillipp Freiherr von Gebler inzwischen auch sein mag, die Musik gehört sicher zu den stärksten dramatischen Eingebungen des Salzburger Mozart. Dies gilt nicht nur für die Instrumentalstücke, die in sensibler, teilweise auch virtuoser Manier auf die manchmal schaurigen Geschehnisse des vergangenen Aktes reagieren, sondern besonders für die Vokalsätze: Der feierliche Eröffnungschor, der hymnische Schlußsatz und der nachkomponierte Bitt- und Dankgesang mit dem einleitenden Baßsolo nehmen in ihrer Ausdruckskraft und freimaurerisch-festlichen Gestimmtheit den Geist der *Zauberflöte* vorweg, wie ihn das Drama auch nahelegt.

[M] *CD* Thomaschke u. a., Concertgebouw O. Amsterdam, Harnoncourt (Teldec 1981); Miles, English Baroque Soloists, Gardiner (DGG 1991)

Les petits riens KV Anh. 10 (299 b)

Obwohl Mozart selbst ein begeisterter Tänzer war und auch zahllose Menuette, Deutsche und Kontertänze hinterlassen hat, die »große« Tanzmusik, das Ballett stand ihm offensichtlich nicht sehr nahe. Abgesehen von den Opernballetten (zu *Ascanio* und *Idomeneo*) und den hinsichtlich der Autorschaft nicht unumstrittenen *Le gelosie del serraglio* (zum *Lucio Silla*) bleibt somit *Les petits riens* als einziges selbständiges Ballett übrig, wobei auch hier nicht alle der 20 Nummern aus Mozarts Feder stammen. Für den bedeutenden französischen Choreographen Noverre im Juni 1778 aus Gefälligkeit komponiert, entstanden die »kleinen Nichtigkeiten« also im Mutterland des Balletts. In loser Folge reihen sich, an die C-Dur-Ouvertüre anschließend, die galanten meist zwei- oder dreiteiligen Sätzchen. In den Menuetten, Gavotten, Passepieds und Giguen zeigt sich dabei einmal mehr, daß Mozart auch in Werken, an denen sein Herz wahrlich nicht hing, sich der gestellten Aufgabe souverän entledigen konnte.

Klavierkonzerte

Mozart ist der Schöpfer des modernen Klavierkonzerts. Nicht, daß es mit den Cembalowerken Johann Sebastian Bachs und seiner Söhne oder eines Georg Christoph Wagenseil keine Vorläufer gegeben hätte, nicht, daß sich z. B. mit Haydn nicht auch andere bedeutende Musiker gleichzeitig mit der Gattung beschäftigt hätten – doch gehören alle diese Werke zur peripheren Geschichte. Schon mit dem ersten Konzert aus dem Jahr 1773, spätestens aber mit dem 4 Jahre späteren *»Jeunehomme«-Konzert* zeigt das Mozart-Konzert seine eigenen, unverwechselbaren Züge. Vollends ausgereift ist es mit den frühesten Wiener Werken, beginnend mit *KV 413*. Zwischen 1782 und 1791 schrieb Mozart nicht weniger als 16 bedeutende und bedeutendste Klavierkonzerte, es entsteht ein Kosmos von so unvergleichlicher Vielfalt, daß auch alle großen Klavierkonzerte des 19. Jhs. in dieser Hinsicht nur Nachgeschichte bleiben konnten.

Klavierkonzert D-Dur KV 175

Während sich in Mozarts Symphonik die allmähliche Entwicklung von Adaption zur eigenen musikalischen Sprache von Werk zu Werk verfolgen läßt, besitzt das *1. Klavierkonzert* vom Dezember 1773 bereits einen unverwechselbaren Charakter. Dem Werk gingen allenfalls Studien voraus, so die *4 Pasticciokonzerte KV 37, 39–41*, die Sätze zweitrangiger deutscher Komponisten zusammenstellten und die 3 Bearbeitungen von Klaviersonaten Johann Christian Bachs *KV 107 (21 b)*. Trotz galanter Züge im *Andante* ragt Mozarts Konzert weit über diese Vorgänger hinaus. Höchst eigen schon ist der *1. Satz* gestaltet, wenn kurz nach Beginn der Durchführung bereits eine falsche Reprise hereinplatzt, oder der Anfang des Finales, das imitatorisch und – als große Ausnahme in Mozarts Konzerten – in Sonatenform gestaltet ist. Das Konzert wurde später noch mehrfach gespielt, so 1778 in Mannheim und 1782 in Wien. Für die Wiener Aufführung ersetzte Mozart das offensichtlich zu gewichtige *Finale* durch das unbeschwerte, dem Wiener Gusto mehr entsprechende *Rondo KV 382* (sein zu Lebzeiten populärstes Werk).

Perahia, English Chamber O. (CBS 1981)

Klavierkonzert B-Dur KV 238

Unüberhörbar schlägt sich in dem 1776 entstandenen Werk die Erfahrung mit den zwischenzeitlich entstandenen Konzerten, vor allem den Violinkonzerten nieder. Der melodische Reichtum des Mittelsatzes findet sein Pendant in den spritzigen Ecksätzen, die wie das Finale einen Zug in das Populäre nicht scheuen.

[M] Anda, Camerata Academica (DGG 1961) – *VD/LD* Zacharias, RSO Stuttgart, Gelmetti (Philips 1990)

Konzert für drei bzw. zwei Klaviere und Orchester F-Dur KV 242 (»Lodronkonzert«)

Nur der Vollständigkeit halber sei dieses Konzert erwähnt. Es ist das einzige, das zumindest in der ursprünglichen Fassung für 3 Klaviere definitiv nicht für den Eigengebrauch komponiert wurde. Vielmehr entstand es 1776 für die Gräfin Lodron und ihre beiden Töchter. So ist denn der Klaviersatz den bescheidenen Fähigkeiten der Damen angepaßt, und auch die Fassung für 2 Klaviere kann das Werk nicht davor retten, beiläufige Gefälligkeitsmusik zu sein.

[M] Duo Crommelynck, Kammerorch. Padova & Veneto, Giuranna (Claves 1990) *VD/LD* Schiff, Barenboim, Solti, English Chambre O., Solti (Teldec)

Klavierkonzert C-Dur KV 246 (»Lützow«)

Auch das *3. Konzert* aus dem Jahre 1776 ist für eine Dilettantin verfaßt, die Gräfin Lützow, Frau des Kommandanten der Festung Hohensalzburg. Wiederum ist der Klaviersatz sehr einfach gehalten, lediglich als Übung für seine Schüler greift Mozart später mehrfach auf das Konzert zurück. Einzig das *Finale* weist Besonderheiten auf, etwa die ausgeschriebene Kadenz. Über eine »Aufführung« Abbé Voglers 1778 bemerkt Mozart übrigens: »vor dem Tisch hat er mein Concert ... Prima vista – herabgehudelt. Das erste stuck gieng Prestißimo, das Andante allegro und das Rondeau wahrlich Prestißißimo.« – eine Äußerung, deren lakonischen Charakter Mozart sich nicht gestattet hätte, würde er der Komposition großes Gewicht beigemessen haben.

[M] Uchida, English Chamber O., Tate (Philips 1989/90) *VD/CD* Zacharias, RSO Stuttgart, Gelmetti (Philips 1990)

Klavierkonzert Es-Dur KV 271 (»Jeunehomme«)

Obwohl nicht einmal ein Jahr zwischen dem *»Lützow«-Konzert* und diesem Werk, datiert mit Januar 1777, vergangen war, ist kaum ein größerer Unterschied vorstellbar, bedeutet es nach N. Zaslaws Formulierung doch für Mozart das »Erreichen der Meisterschaft«. Dazu mag sicher auch beigetragen haben, daß es nicht wie der Vorgänger für eine Dilettantin, auch nicht für den Eigenbedarf, sondern für die namensgebende französische Pianistin Jeunehomme geschrieben wurde, die sich im Winter 1767/77 in Salzburg aufhielt. Das bedeutendste Konzert der Salzburger Zeit fängt schon unerhört an. Die unisono-Frage des Tutti wird bereits im 2. Takt vom Solisten beantwortet. Erst nach diesem Vorspiel entwickelt sich die Orchesterexposition, in deren Abschluß das Klavier ebenfalls vorzeitig mit einem langen Triller einfällt. Neu ist auch das erstmals in einem Konzert verwendete moll für einen Mittelsatz: Den entsprechenden c-moll-Satz der *Sinfonia concertante* in Thematik und Ausdruck vorwegnehmend, eröffnet der Satz mit einem imitatorischen Wechselspiel der gedämpften Streicher. Bei der Wiederholung des Abschnitts wird das Klavier mit einer eigenen Melodie wie ein Kontrapunkt darübergelegt, bevor es sich frei entfalten kann. Wie in keinem der bisherigen Konzerte wird dem Pianisten im Schlußsatz mit einer erstaunlich langen solistischen Eröffnung, zahllosen Eingängen und ausführlichen Kadenzen die Möglichkeit zur Selbstdarstellung gegeben. Offensichtlich als Tribut an die Herkunft der Pianistin ist ein Menuett in das alla-breve-Rondo eingeschoben – eines der wenigen Male, wo sich Mozart in einem Klavierkonzert, anders als in den Violinkonzerten, die Aufnahme eines heterogenen Bestandteils erlaubt.

[M] *CD* Staier, Concerto Köln (Teldec 1994)

Konzert für zwei Klaviere und Orchester Es-Dur KV 365

So enttäuschend die Parisreise in künstlerischer und privater Hinsicht auch gewesen sein mag – nichts davon findet in diesem 1779 entstandenen Werk seinen unmittelbaren Niederschlag. Zwar verfügt das Rondo über einen abgedämpften c-moll-Mittelteil, doch ist dieser mit seiner Scheinpolyphonie eher ein musikalischer Kontrapunkt zu dem geistvoll spritzigen Rest als etwa Bekenntnismusik. Gleichwohl weist das Werk im Vergleich zu dem vorausgehenden *»Jeunehomme«-Konzert* einen gesetzteren, reiferen Tonfall auf; die Nähe dieses letzten Klavierkonzerts zu der nur kurz darauf entstandenen *Sinfonia concertante* KV 364 ist unüberhörbar. Trotz des majestätischen, typischen Es-Dur-Beginns liegt der Schwerpunkt im geistvollen Musizieren der beiden Soloinstrumente, sei es im konzertanten Wetteifer, sei es in einer verständnisvollen gegenseitigen Ergänzung. Insbesondere im *Andante* zeigt sich dieses Miteinander, in das auch einzelne Orchesterinstrumente eingreifen können. Daß die große Geste eines »Jeunehomme« fehlt, liegt nicht zuletzt auch daran, daß dieses einzige Werk für 2 Klaviere zunächst für den Hausgebrauch, d. h. zum Musizieren mit »Nannerl«, gedacht war.

[M] *CD* Haskil, Anda, Philharmonia O. London, Galliera (EMI 1956) – *VD/LD* Barenboim, Solti, English Chamber O. (Teldec)

Rondo für Klavier und Orchester A-Dur KV 386

Einige Unklarheit liegt über diesem delikaten, anmutigen Spielstück, das 1782 in Wien komponiert wurde. Zwar neigen die meisten Autoren zu der Ansicht, daß es sich nicht um eine eigenständige Komposition handelt, sondern um einen Finalsatz für das Konzert *KV 414*; doch schon die Frage, ob es sich bei dem Satz um den nachkomponierten oder um den zunächst gültigen Schlußsatz handelt, ist strittig. Auffällig ist in diesem Zusammenhang auf alle Fälle, daß die Bläser im Unterschied zum Konzert hier konstitutive Bedeutung haben.

Klavierkonzert F-Dur KV 413 (387 a)
Klavierkonzert A-Dur KV 414 (385 p)
Klavierkonzert C-Dur KV 415 (387 b)

Mit den 3 Werken *KV 413–415* eröffnet Mozart 1782 die Reihe der so bedeutsamen Wiener Klavierkonzerte. Als selbständiger Komponist hat er nun, mehr noch als in der Salzburger Zeit, ein Publikum vor Augen, von dessen Gunst er leben muß und auf dessen Wünsche einzugehen er zunächst noch gewillt ist. Aus einem Brief an seinen Vater, der die drei Werke beschreibt, wissen wir auch, wie sich Mozart das Publikum vorstellte: »die Concerten sind eben das Mittelding zwischen zu schwer, und zu leicht – sind sehr Brillant – angenehm in die ohren – Natürlich, ohne in das leere zu fallen – hie und da – können auch kenner allein satisfaction erhalten – doch so – daß die nichtkenner damit zufrieden seyn müssen, ohne zu wissen warum.« Wie wir einem Zeitungsbericht vom März 1783 entnehmen, hat Mozart richtig kalkuliert: »Die Academie war mit außerordentlich starkem Zuspruch beehret, und die zween neuen Concerte und übrigen Fantasien, die Hr. Mozart auf dem Forte Piano spielete, wurden mit dem lautesten Beyfall aufgenommen. Unser Monarch, der die ganze Academie, gegen seine Gewohnheit, mit seiner Gegenwart beehrte, und das ganze Publikum ertheilten denselben so einstimmig Beyfall, daß man hier kein Beyspiel davon weiß.«

Mozart bot auch sogleich handschriftliche Kopien der Werke im Januar 1783 zur Subskription an, doch blieb der Erfolg der Akademien beim Notenverkauf aus. Auch das Angebot, daß man die Konzerte »sowohl bey großem Orchestre mit blasenden Instrumenten, als auch nur a quattro, nämlich mit 2 Violinen, 1 Viole, und Violoncello aufführen« könne, half dabei wenig. Daß die Bläser nur Beiwerk ohne tragende Funktion sind, scheint ein Rückschritt gegenüber den letzten Salzburger Konzerten zu sein. Doch wird er bei weitem wettgemacht durch die Differenziertheit, die der Streichersatz und das Verhältnis Solist-Tutti nunmehr gewonnen haben. Das *Konzert KV 415*, das durch seine, wenn auch wahlweise, Besetzung mit Pauken und Trompeten und trotz eines tastenden Anfangs auf ein klangprächtiges C-Dur abhebt, fällt vor allem durch das *Finale* auf: Zweimal wird sein freudiger Verlauf durch Adagio-Einbrüche in c-moll unterbrochen. Im Unterschied zu dieser großen Geste sind die beiden anderen Konzerte kammermusikalisch intim gehalten. Ist von *KV 413* die feinsinnige kontrapunktische Gestaltung des abschließenden *Tempo di Menuetto* hervorzuheben, so ist es ein kleines Detail, das im *Andante* von *KV 414* den »Kennern Satisfaction« bescheren kann: Ein an

Kadenzen zum Klavierkonzert KV 414

sich bedeutungsloser Durchganggston auf unbetonter Zählzeit verleiht durch eine geringfügige chromatische Alteration ein unverwechselbares Gesicht.

Ⓜ *CD* Barenboim, English Chamber O. (EMI 1967/72) – *VD/LD* KV 414 und 415: Bunin, I Solisti Veneti, Scimone (EMI 1990)

Klavierkonzert Es-Dur KV 449

Vom »9:ten Hornung 1784« (Februar) datiert, ist dieses Werk das erste, das Mozart in sein eigenhändiges Werkverzeichnis, das er fast lückenlos bis zu seinem Todesjahr führen sollte, eintrug. Es eröffnet eine Reihe von 4 Konzerten, die in vermutlich weniger als einem halben Jahr komponiert wurden. Wie in der vorangegangenen Gruppe *KV 413* ff. sind die Bläser – ein letztes Mal in den Klavierkonzerten – ad libitum. Der *1. Satz* des für seine Schülerin Babette Ployer geschriebenen Konzerts ist wie nur 3 Konzerte im $^3/_4$-Takt notiert und weist sehr viele gegensätzliche Themengruppen auf, aus denen ein überraschend schroff in c-moll einsetzender Seitensatz herausfällt. Einen Gegenpol bildet das *Andantino*, dem zwar Dramatik besonders im Mittelteil auch nicht fremd ist, das jedoch nicht die unruhige Chromatik des 1. Satzes aufweist. Alle Spannung löst sich im *Finale*, das mit seinen spritzigen Imitationen den Kontrapunkt nicht mehr als »Prunk« (Einstein) vorführt, sondern als natürliches, selbstgefälliges Spiel der musikalischen Elemente.

Ⓜ *CD* Serkin, Columbia SO, Szell (Sony 1955–77)

Klavierkonzert B-Dur KV 450

Wie in nunmehr allen folgenden Werken sind die Bläser ein fester Bestandteil, ja sie werden in ihrer individuellen Führung sogar zu einem Markenzeichen des Mozartschen Klavierkonzerts. Gleich der *1. Satz* eröffnet in reinem Bläserklang, dem die Streicher antworten. Nach mehreren thematischen Gestalten setzt das Klavier einerseits im Expositionsverlauf zu spät – andererseits im metrischen Verlauf einen Takt zu früh – schließlich mit brillantem Laufwerk statt des Themas ein. Wieder bietet das schlichte, diesmal ritornellartig angelegte *Andante* einen Ruhepunkt, bevor sich das

Feuerwerk musikalischer Pointen und pianistischer Virtuosität in dem ausgelassenen chasseartigen *Allegro* fortsetzt.

[M] *CD* Zacharias, English Chamber O., Zinman (EMI 1989)

Klavierkonzert D-Dur KV 451

Nur eine Woche später trägt Mozart am 22. März dieses Klavierkonzert in sein Werkverzeichnis ein, in dem das Orchester mit stark besetzten Bläsern dominiert.

[M] *CD* Zacharias, RSO Stuttgart, Marriner (EMI 1989)

Klavierkonzert G-Dur KV 453

Obwohl dieses letzte Konzert der Werkgruppe KV 449 bis 453 mit den beiden Vorgängern die große Bläserbesetzung gemein hat, weist es wie das erste einen innigeren kammermusikalischen Ton auf, dessen Ursache die Widmung an die Schülerin Babette Ployer gewesen sein mag. Schon das marschartige Hauptthema ist weniger majestätisch als innig kantabel ausgeführt. Bald stellen sich erste Moll-Trübungen ein, die den Satz wie ein feines Gespinst durchziehen. Von wahrer Dramatik ist dagegen das C-Dur-*Andante*, das zunächst mit einer wundervoll samtenen Orchesterkantilene anhebt. Mit dem Einsatz des Klaviers trübt sich die Stimmung jedoch schnell ein, dynamische Kontraste brechen auf, synkopisch einsetzende Läufe sorgen für Unruhe, und die Harmonik verläuft sich im Mittelteil wie selbstvergessen sogar bis nach Gis-Dur. Wie weggeblasen dagegen sind die Schatten mit dem Beginn des abschließenden Variationssatzes, selbst wenn er konventionsgemäß eine moll-Episode aufweist. Dazu trägt nicht nur das »naive (...) papagenohafte« (Einstein) Thema bei – übrigens besaß Mozart einen »Vogel Stahrl«, der das Thema pfeifen konnte – sondern auch der Abschnitt, der sich an die Variationen anschließt. Mit *Finale Presto* überschrieben, bildet er fast einen eigenen Satz, der in seiner Ausgelassenheit einem Opera buffa-Finale gut anstünde.

[M] *CD* Zacharias, RSO Stuttgart, Marriner (EMI 1987)

Klavierkonzert B-Dur KV 456

Obwohl Mozart seinem Vater nach dem letzten Klavierkonzert schrieb: »übrigens bin ich, die Wahrheit zu gestehen, auf die letzthin müde geworden – vor lauter spielen.– und es macht mir keine geringe Ehre daß es meine zuhörer nie wurden.«, stammt das nächste Klavierkonzert des so überaus fruchtbaren Jahres 1784 bereits vom 30. September. Wie schon *KV 452* eröffnet es auch mit einem marschartigen Thema im piano, zeigt jedoch nicht die innere Unruhe des Vorgängers. Stattdessen entwickelt sich ein inniges Kammerspiel, in dem eine Variante des Hauptthemas, die zunächst nur Überleitungsfunktion hatte, allmählich die motivische Oberhand gewinnt. Das delikate Spiel setzt sich in dem versonnenen g-moll-*Andante* fort, einem Variationssatz, der mehr noch als die Ecksätze die Bläser einsetzt. Auch das lebhafte *Finale* im $^6/_8$-Takt versprüht charmanten Spielwitz. In seiner Mitte wechseln die Bläser plötzlich in den $^2/_4$-Takt, während die Streicher ganz und auch das Klavier zunächst noch im alten Takt verbleiben. Vater Leopold äußert sich in einem Brief an Nannerl begeistert über das Konzert: »(...) und hatte das Vergnügen, alle Abwechslungen der Instrumente so vortrefflich zu hören, daß mir vor Vergnügen die thränen in den augen standen. als dein Bruder weg gieng, machte ihm der kayser mit dem Hut in der Hand ein Compl: hinab und schrie bravo Mozart. – als er herauskam zum spielen, wurde ihm ohnehin zugeklatscht.«

[M] *CD* KV 456 und 459: Tan, Philharmonia Baroque O., Mc Gegan (HMF 1995)

Klavierkonzert F-Dur KV 459

Dieses gern als »Zweites Krönungskonzert« bezeichnete Werk des Jahres 1784 spielte Mozart wahrscheinlich 1790 neben dem eigentlichen *Krönungskonzert KV 537*. Mozarts Eintrag in das »Verzeichnüß aller meiner Werke«, der zusätzlich Pauken und Trompeten angibt, stiftet einige Verwirrung: möglicherweise gingen die vielleicht auf einem gesonderten Blatt notierten Stimmen verloren, jedoch gibt es ein weiteres F-Dur-Werk, das mit diesen Instrumenten besetzt war. Musikalisch stünden sie dem Werk, besonders dem *1. Satz*, wohl an. Denn auch dieser Satz eröffnet im Marschrhythmus, der jedoch nicht Episode bleibt, sondern das Geschehen vor allem im Widerstreit mit einer flüssigen Triolenbewegung beherrscht. Mit *Allegretto* ist der Mittelsatz relativ schnell überschrieben: Erneut kommen in diesem von »anmutiger und manchmal wehmütiger Schwärmerei« (Einstein) gekennzeichneten zweiteiligen C-Dur-Satz vor allem die Bläser zu wundervoller Klangentfaltung. Den Höhepunkt des Werkes aber bildet das *Finale*. Der bunte Reigen der Ereignisse wird von 2 Themen bestimmt: dem kecken Eröffnungsthema, das öfter – und sei es nur als latenter Grundrhythmus – eingestreut wird und einer auffahrenden Geste, die wiederholt Anlaß zu dramatischen kontrapunktischen Verflechtungen gibt.

[M] *CD* Pollini, Wiener Philharmoniker, Böhm (DGG 1976) – auch *VD*

Klavierkonzert d-moll KV 466

Für das 19. Jh. war das 1785 entstandene erste Moll-Klavierkonzert das Klavierkonzert Mozarts schlechthin, sah es doch in seiner dämonischen Leidenschaflichkeit schon den unmittelbaren Vorläufer Beethovens (der selbst das Werk so hochschätzte, daß er zwei Kadenzen für den ersten und letzten Satz schrieb). Ungewöhnlich schon die *Eröffnung*: Seltsam konturlos kristallisieren sich einzelne fahrige Gesten aus einem unruhig synkopischen Dunkel. Allmählich schälen sich klare Gestalten heraus, die jedoch auch in einem jäh ausbrechenden forte keine thematisch-melodische Geschlossenheit erreichen. Diesem dunklen Treiben kann auch das 2. Thema keinen wirklichen Gegenpol entgegensetzen; dreimal hebt es zögerlich an, bevor es in einer imitatorischen Sequenz ausläuft und von einer herrischen Geste des vollen Orchesters weggewischt wird. Erst das Klavier, das in der Expositionswiederholung einen neuen F-Dur-Gedanken aufwirft, kann – wenn auch nur kurzfristig – die dämonische Atmosphäre auflockern. Friedfertig, selbstvergessen fängt nach dem Verlöschen des 1. Satzes die *Romance* an. Zwei Melodien von betörender Einfachheit scheinen die Dämonen des ersten Satzes beschwichtigen zu wollen. Es mißlingt, unvermittelt brechen sie in den fast ausschließlich von Bläsern begleiteten aufgeregten Klavierläufen des Mittelteils erneut hervor. Die geballte Energie dieses Abschnitts findet sich auch im Final-Thema wieder, dessen eruptiv auffahrende Gewalt in immer dramatischere Kapriolen ausschlägt. Doch allmählich lichtet sich das Dunkel, vor allem in den – verglichen mit dem 1. Satz – nicht völlig nebensächlichen Dur-Passagen. Mit einer fröhlichen Dur-Geste, die vorübergehend schon in Exposition und Reprise aufgetaucht war, beschließt eine Coda das Konzert, als wäre alles Vorangegangene nur ein Alptraum gewesen.

M *CD* Curzon, English Chamber O., Britten (Decca 1970)

Klavierkonzert C-Dur KV 467

Kaum 4 Wochen waren seit der Komposition des *d-moll-Konzerts* vergangen, als Mozart am 9. März 1785 das neue Klavierkonzert in sein handschriftliches Verzeichnis eintrug – und doch scheinen Welten zwischen beiden Werken zu liegen. Freundlich hell erscheint der marschmäßige verspielte Beginn dieses Konzerts gegenüber dem nächtlichen Dunkel, das über dem d-moll-Werk lastet. Doch schon wenn das Thema das erste Mal im forte erklingt, wird es in den hohen Streichern und Bläsern von einem dramatischen Gegenthema überlagert. Vollends das Klavier bringt ernste Züge, so den plötzlichen g-moll-Einbruch, noch während der Wiederholung der Exposition. Die Durchführung schließlich eröffnet in Moll mit einer Klaviergeste von entwaffnender Einfachheit und einer Traurigkeit, die nur allmählich wieder nach C-Dur zurückgebracht werden kann. Wenn bei den großen Klavierkonzerten immer wieder der Vergleich zu den Opern gezogen wird, so scheint er in Hinsicht auf das Gesangliche nirgends angebrachter als im *Mittelsatz*. Über einem gedämpften Streicherteppich erhebt sich ein selbstvergessener Gesang von allerletzter Schlichtheit. Schwer erscheint die Rückkehr aus der traumverlorenen Welt dieser Arie. Doch schon bald hat das mitreißende *Rondo* seinen zündenden Esprit voll entwickelt und macht den Zuhörer zum Gefangenen der zahllosen Einfälle, die wie Spielbälle zwischen den Instrumenten hin- und hergeworfen werden.

M *CD* Gulda, Wiener Philharmoniker, Abbado (DGG 1974) – *VD/LD* Perahia, The Chamber O. of Europe (Sony)

Klavierkonzert Es-Dur KV 482

Dieses so gewichtige Werk wurde erstaunlicherweise als Zwischenaktmusik uraufgeführt: Es erklang das erste Mal zwischen den Teilen eines Oratoriums von Dittersdorf am 16. Dezember 1785. Man wertete dieses Konzert in Anlehnung an den berühmtem Mozartforscher Einstein gerne als einen »Rückschritt«, da die Ecksätze thematisch oder charakterlich auf frühere Werke wie etwa das *»Jeunehomme« – Konzert* zurückgreifen. Dies trifft in der Tat auf das Es-Dur-Marschthema des *1. Satzes* sowie die eher flächige und nicht allzu differenzierte Satztechnik der Durchführung zu. Wenig problematisch ist auch die unbeschwerte $^6/_8$-Jagd des *Finales*, in dessen Mitte ein fast selbständiges *Andantino* eingeschoben ist, und in dem sich auch die Bläser (übrigens verwendet Mozart erstmals Klarinetten statt der Oboen) solistisch profilieren können. Der Eindruck des bereits Bekannten liegt möglicherweise nur in der strahlenden Es-Dur-Tonalität, die in den Ecksätzen vergleichsweise wenige Zwischentöne kennt. Sie scheinen für den *Mittelsatz* aufgehoben zu sein, der in eine schmerzliche c-moll-Klangwelt entführt. In dem Variationssatz wechseln sich zunächst reine Bläser- und Streichersätze mit dem Klavier ab, das nur sporadisch begleitet wird. Erst eine wenig aufgehellte C-Dur-Variation bringt Bläser und Streicher vereint, in die sich dann – wieder in schroffem c-moll – auch das Klavier einschaltet. Überraschenderweise, wie Mozart selbst vermerkt, erhielt gerade dieser Satz bei einer weiteren Aufführung den stärksten Beifall.

M *CD* Serkin, London SO, Abbado (DGG 1986)

Klavierkonzert A-Dur KV 488

Wie kein zweites Werk ist dieses Konzert vom März 1786 zum Inbegriff des klassisch Mozartschen Klavierkonzerts geworden. »Niemals sonst hat er einen ersten Satz geschrieben von solcher Einfachheit der Struktur, von solcher »Normalität« in der thematischen Relation von Tutti und Solo; von solcher Klarheit der thematischen Erfindung (…)«, schreibt Einstein. In der Tat vollziehen sich auch diffizilste harmonische Rückungen der Durchführung mit spielerischer Eleganz, kontrapunktische Verflechtungen fließen mühelos, fast unmerklich ein. Gegenüber der warmen, lichtvollen Welt des *1. Satzes* erklingt mit dem *Adagio* ein Gesang abgrundtiefer Trauer; ein bis dahin unerhörter resignativer Grundton beherrscht die fis-moll-Barcarole, deren wenige Dur-Aufhellungen den Eindruck der Untröstlichkeit eher hervorheben als mildern. Völlig gegensätzlich hebt das *Finale* mit einem freudig aufspringenden Thema an. Der alles mit sich reißende Elan des Rondos, die freudig diesseitige Heiterkeit der Tonart A-Dur lassen nur in kurzen Episoden zu, daß die Schatten aus dem zweiten Satz anklingen.

M *CD* Zacharias, SO des BR, Zinman (EMI 1985/86) – *VD* Pollini, Wiener Philharmoniker, Böhm (DGG 1976) – *VD/LD* Horowitz, O. del Teatro alla Scala Milano, Giulini (DGG 1987); Kocsis, Virtuosi di Praga, Belohlavek (Philips 1990)

Klavierkonzert c-moll KV 491

Das *c-moll-Konzert*, nur 22 Tage nach dem lichten *A-Dur-Konzert* im März 1786 fertiggestellt, stellt die Zusammenfassung aller früheren in dieser Tonart geschriebenen Werke dar. Weder die große Messe, noch die Bläserserenade, noch die reinen Klavierwerke weisen die kompromißlose Unerbittlichkeit des Konzerts auf. Schon das Anfangstutti des *1. Satzes* wird in nicht dagewesener Konzentration vom Hauptthema beherrscht, das zunächst drohend aufsteigt, sodann aber chromatisch durchsetzt und mit schmerzlichen Sprüngen auf den Ausgangspunkt zurückfällt. Erst das Klavier bringt mildere Töne mit sich, die aber bald wieder in den Sog des Hauptthemas geraten. Weder die Durchführung noch die letztlich verlöschende Reprise schaffen den Ausbruch aus dieser dunklen Welt. Etwas Wärme bringt das *Larghetto*. Doch wird die friedlich schlichte Idylle des gesangvollen Hauptthemas immer wieder von nervös zerfahrenen, stark chromatisch durchsetzten Episoden, sei es der Bläser, sei es des Klaviers gestört. Daß das Mozartsche c-moll anders als Beethovens kein »per aspera ad astra« ist, zeigt sich nirgends deutlicher als im *Finale*. In großangelegten Variationen, die mehr obligat als überzeugt auch nach Dur ausweichen, wird ein Thema ausgespielt, das hermetisch in seine resignative c-moll-Welt eingeschlossen ist. Auch die abschließende Stretta im unruhigen $^6/_8$-Takt bringt nicht – wie noch im *d-moll-Konzert* – ein versöhnliches Ende, sondern beendet dem Werk eher mit einem barschen »Schluß jetzt« .

M *CD* Bilson, English Baroque Soloists, Gardiner (DGG 1988) – *VD/LD* Previn, Royal PO, Previn (Philips)

Klavierkonzert C-Dur KV 503

Mit diesem letzten der 12 Wiener Konzerte (beginnend mit *KV 449*), das im Dezember 1786 uraufgeführt wurde, findet die fast unermüdliche Komposition von Klavierkonzerten einen Abschluß, denn die beiden noch folgenden Werke »sind gleichsam Hors-d'œuvres und nicht mehr Produkte prinzipiellen Schöpfungsdranges« (Einstein). Der Abbruch resultiert nur zum Teil daraus, daß sich Mozarts Musiksprache zu sehr vom Geschmack des Wiener Publikums entfernt hätte. Entscheidend war auch die Krise des Kulturlebens in den späten 80er Jahren, ausgelöst durch die Türkenkriege und die vorrevolutionären Ereignisse in Frankreich. Nichts davon hat unmittelbaren Eingang in das Konzert gefunden: Schon das marschartige *Hauptthema*, in vielen Vorgängern nur piano eingeführt, erklingt sogleich im strahlenden forte. Die spärlichen Moll-Episoden – etwa zu Beginn der Durchführung – sind nur Vorstufen, die dem Dur um so lichteren Glanz verleihen. Die gehobene festliche Stimmung wird auch durch das *Andante* mit seinem feinsinnigen Dialog zwischen dem Solisten und dem Orchester unterstrichen. Ein spielfreudiges *Rondo* über ein fast schon gassenhauerisches Thema – virtuos, aber doch stets gebändigt in seiner Kraft – beschließt das Werk, eines der umfangreichsten und symphonischsten aus Mozarts Feder.

M *CD* Gieseking, Philharmonia O., Karajan (EMI 1951–55)

Klavierkonzert D-Dur KV 537 (»Krönungskonzert«)

Obwohl das Werk bereits 1788 entstand, können Aufführungen außer einer Dresdener 1789 bis zu derjenigen, die dem Konzert schließlich den Namen gab, nur vermutet werden: diese fand am 15. Oktober 1790 in Frankfurt anläßlich der Kaiserkrönung Leopolds II. statt, in einer Akademie, in der auch noch ein weiteres Konzert Mozarts – vermutet wird KV 459 – zu Gehör kam. Trotz der Besetzung mit Pauken und Trompeten und im Unterschied zum Aufführungsanlaß verbreitet das Werk kein festliches Gepräge. Schon der verhaltene Anfang rankt sich nur allmählich durch den Oktavraum nach oben. Die große affirmative Geste etwa eines KV 503 unterbleibt zugunsten eines feinsinnigen Kammerspiels, das nur in der Durchführung kurzfristige dramatische Akzente aufweist. Auch das A-Dur-*Larghetto* kennzeichnet sich durch eine geradlinige Schlichtheit. Dem milden D-Dur des *1. Satzes* entspricht auch das *Finale*, dessen geistvolle Lebhaftigkeit sich bereits in dem einfachen und daher umso vielfältiger verwendbaren Thema niederschlägt. – Wie bei allen Konzerten, die Mozart ausschließlich für den eigenen Gebrauch schrieb, ist die Klavierstimme nicht voll ausgeführt: es fehlen für KV 537 nicht nur Kadenzen, sondern häufig auch Ausführungen für die rechte oder linke Hand. Die einzelnen Noten, die das Autograph dann aufweist, hat Mozart vermutlich ad hoc mit Auszierungen versehen.

M *CD* Gulda, Concertgebouw O. Amsterdam, Harnoncourt (Teldec 1983)

Klavierkonzert B-Dur KV 595

Mozarts letztes Klavierkonzert stammt vom Januar 1791 und wurde 2 Monate später in einer Akademie zugunsten des Hofklarinettisten Joseph Beer aufgeführt. Eine eigene Akademie war nicht in Aussicht, die vergangenen 2 Jahre waren von Mißerfolgen gekennzeichnet, und die alltägliche Lebenssituation gestaltete sich zusehends bedrückender. Gleichwohl schrieb Mozart mit diesem Konzert, das in seinem kammermusikalischen Tonfall an frühere B-Dur-Werke anknüpft (etwa *KV 456*) ein Werk von ätherischer Schönheit. Alles Irdische scheint abgefallen, vergessen die kämpferische Leidenschaft eines *d-moll-Konzerts*, alles Affirmative von *KV 503*, alles verspielt Elegante von *KV 537*. Zart erhebt sich nach eintaktigem Vorspiel das Dreiklangsthema, das im Wechselspiel mit fanfarenartigen Bläsern allmählich Raum greift. Kaum hat sich dieser B-Dur-Raum etabliert, zieht eine Vielzahl von Gedanken vorüber, bis schließlich das Klavier mit dem Hauptthema einsetzt. Auch die Durchführung ist nicht Schauplatz dramatischer Auseinandersetzungen. In Sequenzen gleitet das Hauptthema ausgehend von h-moll wieder in den B-Dur-Bereich zurück, verdichtet sich am Ende in einer Engführung, aus der es schließlich wie befreit in die Reprise mündet. Einen nicht minder schwerelosen Gesang stellt auch das liedhaft gehaltene *Larghetto* dar, dessen zauberhafte Atmosphäre unmittelbar auf die Klangwelt der *Zauberflöte* vorgreift. Zentrales Thema im zunächst unbeschwert anhebenden *Finale* ist eine tänzerische $^6/_8$-Melodie, die Mozart wenig später auch für sein Lied »Komm, lieber Mai« benützte. Doch verbirgt sich hinter der Maske der Heiterkeit allenthalben das schmerzliche Gesicht der Resignation.

M *CD* Gilels, Wiener Philharmoniker, Böhm (DGG 1973) – *VD/LD* Perahia, The Chamber O. of Europe (Sony)

Gesamteinspielungen: Barenboim, English Chamber O. (EMI 1967–1974); Bilson, English Baroque Soloists, Gardiner (DGG 1982–1989) – *LD* Klavierkonzerte KV 466, 467, 482, 488, 491, 503, 537, 595: Barenboim, Berliner Philharmoniker (Teldec)

Violinkonzerte

Mozarts ureigenstes Instrument war die Geige nicht, selbst wenn er sie nach Ansicht des kompetenten Vaters durchaus »bassabilmente« spielen konnte und es als Konzertmeister des Salzburger Orchesters auch mußte. In die Jahre zwischen 1773 und 1779 fällt die produktivste Phase Mozartscher Violinkomposition: Abgesehen von der Beliebtheit, derer sich solistische Violinmusik in Salzburg erfreute (zu sehen an den zahllosen Soloeinschüben in Divertimenti und Serenaden), dürfte die letzte große Italienreise inspirierend auf Mozart gewirkt haben. Hier machte er nämlich die Bekanntschaft der Geigenvirtuosen und -komponisten Pietro Nardini und Gaetano Pugnani – beide Schüler des »Teufelsgeigers« Tartini – sowie des gerade auch mit Violinwerken in Italien erfolgreichen Böhmen Josef Mysliveček. Mit dem *Violinkonzert B-Dur KV 207* entstand im Frühjahr 1773 das erste, unbeschwerte Werk, das deutliche Spuren italienischer Violinkonzerttradition à la Vivaldi und Tartini aufweist: So ist es formal einfach disponiert und verfügt über eine klare Trennung zwischen Tutti und Solo, wo die Violine äußerst zurückhaltend nur von den Streichern begleitet wird. Auch könnte das 2 Oktaven herabstürzende Thema des munteren *Finales* geradezu einem Vivaldikonzert entstammen. Doch zeigen sich bei aller Anlehnung an spätbarock galante Wendungen schon Züge, die typisch mozartisch zu nennen sind: So vermeidet Mozart einerseits übertriebene Virtuosität, spart dafür andererseits nicht mit Überraschungsmomenten; so im *Adagio* mit kurzfristigen dynamischen Wechseln und ruppigen Forte-Schlägen, die eine sich weitschweifig anlassende Schlußgeste jäh beenden.

Der italienischen Provenienz bleibt auch das 2 Jahre später entstandene *Violinkonzert D-Dur KV 211* noch verhaftet. Doch ist die musikalische Sprache differenzierter, variabler geworden: so etwa, wenn im *1. Satz* einer mächtigen, französisch-punktierten Eröffnung unmittelbar ein feingliedriges Nachspiel folgt. Demgegenüber zieht das *Andante* seinen Reiz aus einer weitangelegten Kantilene, die von ihren dynamischen Gegensätzen lebt und zumindest teilweise schon den Romanzentonfall der folgenden Werke vorwegnimmt. Von dem Muster des *1. Konzerts* weicht der Schlußsatz am deutlichsten ab. Es weist erstmals die für die späteren Werke charakteristische Form eines *Rondeau* auf. Dabei wechselt sich das menuettartige Hauptthema, das von der Violine solistisch vorgestellt wird, mit verschiedenen Episoden ab, aus denen ein Moll-Einschub mit »irregulären« forte-Betonungen hervorragt.

Violinkonzert G-Dur KV 216
Violinkonzert D-Dur KV 218

»Wenn es ein Wunder in Mozarts Schaffen gibt, so ist es die Entstehung dieses Konzerts.« Mit diesen drastischen Worten versucht Alfred Einstein den in der Tat gewaltigen Unterschied zwischen *KV 216* und seinem nur 5 Monate älteren Vorgänger zu charakterisieren. Spritzigkeit, Geist und Abwechslungsreichtum kennzeichnen schon das im Vergleich zu den vorangegangenen Konzerten bislang ausgedehnteste Eröffnungstutti, das nicht mehr mit einem orchestralen »Doppelpunkt« endet, sondern weich in den Einsatz der Violine hineinmündet. Obgleich die Violine in den solistischen Abschnitten immer noch übergewichtig ist, bahnt sich erstmals ein motivisches Wechselspiel zwischen den Partnern an. Enorm ist auch der Unterschied der hinreißenden *Romanze* zu den vorangegangenen Werken: Zart erhebt sich der Violingesang über einem Teppich, der von gedämpften Streichern, pizzicato-Bässen und den Flöten, die die schärfer klingenden Oboen abgelöst haben, ausgebreitet wird. Einen Tummelplatz ausgelassenster Spielfreude, stellt das abschließende spritzige *Rondeau* im 3/8 Takt dar. Typisch auch für die noch folgenden Werke ist ein groß dimensionierter Einschub im fremden alla-breve-Takt: hier mündet ein Moll-Andante mit fahrigen Gesten der Violine in ein Allegretto über eine Variante des Volksliedes »Willem von Oranien«. – Ähnlich umfaßt auch das *Finale* von *KV 218* die heterogensten Bestandteile; schon das Ritornell des *Rondos* setzt sich aus einem höfisch galanten *Andante grazioso* und einem temperamentvollen *Allegro*-Abschnitt in unterschiedlichen Taktierungen zusammen. Dazu kommt im weiteren Verlauf eine *Musette*, in der sich die Sologeige nach Art eines Dudelsacks auf der leeren g-Saite selbst begleitet.

[M] *CD* Francescatti, Columbia SO, Walter (CBS 1958)

Violinkonzert A-Dur KV 219

Das *A-Dur-Konzert* mit seiner aufgeräumten Grundhaltung bildet den Höhepunkt der Violinkonzerte. Hier eröffnet die Violine ihren Solopart nicht etwa mit dem aufstrebenden Hauptthema, sondern sie erhält einen nur 6 Takte umfassenden *Adagio*-Einschub, in dem sie sich über rollendem Laufwerk der Orchesterviolinen improvisatorisch in das Geschehen quasi »hineinschmuggelt.« Für das innige *Adagio* schrieb Mozart ein Jahr später ein Ersatzstück (*KV 261*), da es dem Geiger Brunetti »zu studiert« war, eine Einschätzung, die man angesichts der schlichten, warmen Erfindung nicht so recht teilen kann. Schwerpunkt des Werkes ist erneut der Schlußsatz, ein zunächst zopfig anhebendes *Tempo di Menuetto*, das sich aber bald in ein sprühendes Wechselspiel zwischen Tutti und Solo wandelt. Im Unterschied zu den früheren Werken zitiert Mozart keine fremde Volksmelodik, sondern sich selbst; der lärmende a-moll-Mittelteil, mit seinen alla turca-Klängen (die, wie man inzwischen herausfand, eher ungarischer Provenienz sind) entstammt dem Ballet *Le gelosie del serraglio*, das 1773 zur Oper *Lucio Silla* in Mailand komponiert wurde.

[M] *CD* Gesamtaufnahmen: Kremer, Wiener Philharmoniker, Harnoncourt (DGG 1983–85); Grumiaux, London SO, Davis (Philips 1961–64); Stern, Columbia SO, Szell (Sony 1960–75) – *LD* Kremer, Wiener Philharmoniker, Harnoncourt (DGG)

Rondo für Violine und Orchester C-Dur KV 373

Unter den Einzelsätzen für Violine und Orchester, die Mozarts als Ersatz, sei es für eigene, sei es für fremde Werke geschrieben hat, ist vor allem dieses Rondo erwähnenswert. Für den Geiger Brunetti anläßlich eines Konzertabends beim Vater seines ungeliebten Brotherrn Colloredo geschrieben, entstammt es dem Jahr 1781, stellt also einen Nachzügler zu seinem eigentlichen Violinwerk dar. Anders als die Schlußsätze seiner 3 großen Konzerte, ist der spielfreudige Satz relativ einheilich gestaltet: Es fehlen die heterogenen Einschübe, so daß nur eine kurze Moll-Episode von dem sonst gefällig heiteren Grundcharakter des Satzes abweicht.

Concertone für zwei Violinen und Orchester C-Dur KV 190 (186 E); Sinfonia concertante für Violine, Viola und Orchester Es-Dur KV 364 (320 d)

Neben einem Fragment in A-Dur (*KV Anh. 104 (320 e)* hat Mozart 2 Werke für mehrere solistische Streicher hinterlassen. Das frühere der beiden, 1774 in Salzburg komponiert, trägt den in seiner Gattungstradition noch wenig erhellten Titel *Concertone* (eine Tradition von Werken, die möglicherweise nur kurzfristige, lokale Bedeutung im österreichisch-oberitalienischen Raum hatte). Faktisch liegt ein Werk vor, das in der Tat barocke Concerto grosso-Praktiken mit frühklassischer Symphonik zu verbinden sucht. Ungleich bedeutender ist die *Sinfonia concertante*, die 1779 nach der Parisreise (und möglicherweise durch dort Gehörtes inspiriert) in Salzburg komponiert wurde. Unzweifelbarer Höhepunkt seines vorwienerischen Konzertschaffens, weist die *Concertante* wie allenfalls noch das *»Jeunehomme«-Konzert* erstmals jenen symphonischen Tonfall auf, der die späteren Konzerte beherrschen sollte. Er schlägt sich nicht nur in dem maestosen Charakter der Eröffnung nieder, der über den ganzen *1. Satz* beibehalten wird, sondern wesentlich in

Verhältnis der Stimmen zueinander. Anders als im *Concertone* mit den weitgehend schematisch-imitatorischen Einsätzen, reagieren die Soli hier wie Individuen aufeinander: Sie treten begleitend hinzu, sie widersprechen oder sie vereinen sich in paralleler Stimmführung. Dieser Dialog setzt sich im Kernsatz des Konzerts, im *c-moll-Andante*, fort. Nach dem orchestralen Vortrag des elegischen Themas entwickeln die Solisten zunächst ihre eigenen Phantasien zu diesem Thema, bevor sie sich einander wieder annähern, um schließlich in einem G-Dur-Ausbruch des vollen Orchesters zunächst unterzugehen. Der nächtlichen Stimmung des Mittelsatzes setzt das abschließende *Presto* im kurzgliedrigen $^2/_4$-Takt wieder die geballte Lebensfreude entgegen: Virtuosität einerseits wie das musikalische Spiel mit teils nicht, teils erst zu spät erfüllten Hörerwartungen kennzeichnen den Satz.

[M] *CD* Perlman, Zukerman, Israel PO, Mehta (DGG 1984)

Fagottkonzerte B-Dur KV 191 (186e)

Alle Bläserkonzerte, seien sie nun für Fagott, Flöte, Horn oder das einzigartige Klarinettenkonzert aus dem Todesjahr, sind Gelegenheitswerke, teils Auftrags-, teils Freundschaftskompositionen, die sich Mozart oft genug nicht einmal honorieren ließ. Eröffnet wird diese Reihe im Juni 1774 von einem Werk für Fagott, das sich als einziges von drei, wenn nicht vier vermuteten Konzerten für diese Besetzung erhalten hat. Im Juni 1774 vollendet, ist es weit entfernt von der biedermeierlichen Ästhetik, die in dem Fagott ein großväterliches, behäbig-komisches Instrument hörte. Vielmehr schöpft es mit überraschenden Registerwechseln, eingebettet in eine Kombination aus virtuosem Laufwerk und kantabler Innigkeit, die Möglichkeit des Instruments in einem Maße aus, das den Verlust der anderen Werke zutiefst bedauern läßt.

[M] *CD* Elliot u. a., Chicago SO, Abbado (DGG 1984)

Konzert für Flöte und Orchester G-Dur KV 313 (285c)
Konzert für Flöte und Orchester D-Dur KV 314 (271k)
Konzert für Flöte, Harfe und Orchester C-Dur KV 299 (297c)

Die Flöte als konzertantes Soloinstrument beschäftigte Mozart ausschließlich während der Mannheim-Paris-Reise der Jahre 1777–1778. Wie fast alle Bläserkonzerte waren auch die Flötenkonzerte Auftragswerke, die wie *KV 313* für den Flötenliebhaber Dejean in Mannheim und wie *KV 299* für den Grafen de Guines und seine Tochter in Paris geschrieben wurden. Daß es mit Mozarts Arbeitsmoral – trotz gegensätzlicher Beteuerungen – auf dieser Reise, die der junge Erwachsene erstmals ohne väterliche Aufsicht machte, nicht zum besten stand, zeigt sich nirgends deutlicher als bei den Flötenkonzerten: von den drei, von Dejean in Auftrag gegebenen Werken schrieb Mozart tatsächlich nur *KV 313*; *KV 314* schon besteht nur in der Umarbeitung eines Oboenkonzertes in C-Dur, das um einen Ton höher transponiert wurde. So ungeliebt die Aufträge auch gewesen sein dürften, so wenig ist das der Musik anzuhören. Ob es sich um die Kantabilität der langsamen Romanzen handelt, um die charmante Galanterie des Doppelkonzerts oder um die Virtuosität der Finalsätze (die wie *KV 314* auch anderen Instrumenten die Gelegenheit zu solistischer Entfaltung bieten können): Mozart versteht es, ohne sich etwas zu vergeben, dem Charakter des Auftrags wie den Fähigkeiten der Instrumentalisten in souveräner Manier gerecht zu werden.

[M] *CD* Beznosiuk u. a., Academy of Ancient Music, Hogwood (Decca 1986/87) – *VD* KV 299: Galway, Robles, London SO, Tilson-Thomas (RCA/BMG)

Hornkonzert D-Dur KV 412 und 514 (386b)
Hornkonzert Es-Dur KV 417
Hornkonzert Es-Dur KV 447
Hornkonzert Es-Dur KV 495

»Wolfgang Amadé Mozart hat sich über den Leitgeb Esel, Ochs und Narr erbarmt zu Wien den 27.May 1783«. Mit dieser »Widmung« aus KV 417 könnten alle Hornkonzerte überschrieben sein, entstanden sie doch ausnahmslos für den befreundeten Salzburger Hornisten Josef Leutgeb. Gleichwohl wurden die Werke alle in Wien komponiert, so die 3 *Es-Dur-Konzerte* zwischen 1783 und 1786. Die Datierung des *D-Dur-Konzerts*, in dem zwei schon aus Gründen der Instrumentierung nicht zueinandergehörige Sätze zusammengestellt sind, ist dagegen umstritten. Ging man bislang von 1782 aus, so wird durch neuere Forschungen auch das Todesjahr 1791 wahrscheinlich gemacht. Die gute Laune, die sich in dem Zitat wie auch in vielen anderen Eintragungen in den Partituren äußert, setzt sich in dem zumeist warm strahlenden Tonfall der Konzerte fort. Dabei sind – entsprechend den begrenzten Möglichkeiten des Soloinstruments – nicht nur die langsamen Sätze kantabel gehalten. Mit Ausnahme der lebhaften Eröffnung von *KV 495* heben die ersten Sätze der *Es-Dur-Konzerte* nicht auf den maestosen Charakter der Tonart ab, sondern lassen sie von innen heraus leuchten. Dagegen eignet allen Schlußsätzen eine überschäumende Lebensfreude, wobei in fanfarenartigen Dreiklangsthemen, Tonrepetitionen und hüpfender $^6/_8$-Rhythmik das Horn als Instrument der Jagd herausgestellt wird.

[M] *CD* Gesamtaufnahme: Baumann, Concentus Musicus, Harnoncourt (Teldec 1973)

Klarinettenkonzert A-Dur KV 622

Mozarts letztes Bläserkonzert für den Klarinettisten Anton Stadler, für den auch schon das *Klarinettenquintett KV 581*, von 1789 geschrieben wurde, ist sein letztes Konzert überhaupt. Es entstand im Herbst 1791, wobei Mozart für den 1. Satz auf frühere Aufzeichnungen für ein Bassetthorn-Konzert zurückgriff. Wie schon das letzte Klavierkonzert, das am Anfang des Jahres entstand, trifft auch das Klarinettenkonzert jenen typisch »späten« Ton, dessen Einfachheit sich aus höchster satztechnischer Raffinesse ergibt und dessen Heiterkeit und Lebensbejahung von einem feinen Gespinst aus Abgeklärtheit und Melancholie durchzogen ist. Bei allem Laufwerk, das auch der *1. Satz* aufweist, sind es vor allem die Gegenüberstellungen aus hellen, lichtvollen Gestalten, wie dem Hauptthema, mit kleinen chromatischen Wendungen und Durchgängen, mit kurzen, nur ein paar Takte währenden Auflösungen der Dur-Terz, die jene Stimmung aus Licht und verhangener Dämmerung schaffen. Bewegung findet sich im nocturnoartigen D-Dur-*Adagio* nur im Mittelteil; ansonsten wird er bestimmt von einer schlichten, warmen Kantilene, die im Wechselspiel von Klarinette und vollem Orchester vorgetragen wird. Elementare Spielfreude beherrscht weitgehend das *Rondo*. Ein spritziges Ritornellthema, kurzfristige Registerwechsel über 2 Oktaven, virtuose Läufe und zwischen Solist und Orchestergruppen hin- und hergeworfene Imitationen hinterlassen einen heiteren Eindruck, der auch von den Moll-Episoden nicht getrübt werden kann. Ursprünglich für die tieferliegende Bassettklarinette geschrieben, ist die heute meist zu hörende Version eine nicht von Mozart stammende spätere Bearbeitung.

[M] *CD* Pay, Academy of Ancient Music, Hogwood (Decca 1984) – *VD/LD* Schmidl, Wiener Philharmoniker, Bernstein (DGG)

Divertimenti/Serenaden

Märsche, Kassationen, Divertimenti und Serenaden bilden in Mozarts Schaffen einen gewaltigen Komplex, der fast ausschließlich in Salzburg zwischen 1769 und 1779 komponiert wurde. Die vielsätzige, teilweise großbesetzte Serenade ist ohnehin eine Salzburger Spezialität. Dabei verdanken etliche Werke ihre Entstehung dem Ende des Universitätsjahres, das Anfang August gefeiert wurde. Frühmorgens wurde die Serenade (auch »Finalmusik« genannt) ein erstes Mal vor der fürsterzbischöflichen Sommerresidenz aufgeführt, um dann noch einmal auf dem heutigen Universitätsplatz vor den Professoren und Studenten zu erklingen. In der mehrsätzigen Anlage besteht kein prinzipieller Unterschied zwischen den Serenaden und Divertimenti. Auch bei letzteren handelt es sich ausschließlich um Auftragswerke, wobei Aufträge für private Feierlichkeiten wie etwa Namenstage überwiegen. Gravierender ist ein Sachverhalt, der sich erst in der neueren Forschung deutlicher herauskristallisiert hat: daß nämlich die Divertimenti fast ausnahmslos für solistische Besetzung komponiert sind, und damit eher in die heutige Kategorie der Kammermusik fallen. Dazu zählen auch die beiden Wiener »Nachzügler« dieser Werkgruppe, *Ein musikalischer Spaß KV 522* und die *Kleine Nachtmusik KV 525*.

Kassation D-Dur: Marsch KV 62 und Serenade KV 100 (62 a)

Marche: Maestoso – Serenata: Allegro – Andante – Menuetto – Allegro – Menuetto – Andante – Menuetto – Allegro

Obwohl Belege fehlen, könnte es sich bei diesem Werk aus dem Jahre 1769 gut um eine der oben erwähnten universitären Finalmusiken handeln. Festliches Gepräge erhält die Musik dabei nicht nur durch den eröffnenden Marsch, der 2 Jahre später in der Oper *Mitridate* wieder verwendet werden sollte, sondern vor allem auch durch die helle Klangpracht der Trompeten. Klangliche Nuancierung durch unterschiedliche Instrumentierung der Sätze ist überhaupt ein »Markenzeichen« der Kassation. Nur die schwungvollen Allegrosätze weisen die volle Besetzung auf. Sowohl in den Menuetten als auch in den Andanti schweigen die Bläser entweder, oder sie sind auf Soli reduziert. Im zweiten Andante im typischen Serenadenton, d. h. einer führenden Oberstimme über Begleitung mit pizzicato-Bässen, treten zu den Streichern statt der Oboen die weicher klingenden Flöten hinzu. Von den sehr nuanciert gestalteten Menuetten ist das erste heiter verspielt, während in den beiden nachfolgenden allmählich schwungvoll-läuferische Figuren die Oberhand gewinnen.

Divertimento D-Dur KV 136 (125 a)
Divertimento B-Dur KV 137 (125 b)
Divertimento F-Dur KV 138 (125 c)

Obwohl diese häufig zu hörenden Werke im Konzertsaal zumeist von größeren Streichensembles dargeboten werden, ist nach wie vor nicht definitiv geklärt, ob sie auch dafür bestimmt waren. Schon die oft verwendete Bezeichnung Quartett-Divertimenti impliziert die Möglichkeit einer kleinen Besetzung. Stilistisch läßt sich die Frage kaum klären: während die Imitationen eher auf die gleichzeitig entstandenen Symphonien verweisen, finden sich in der Dreiklangsthematik auch Spuren der früheren Quartettkompositionen. Die zwischen November 1771 und Frühjahr 1772 entstandenen Werke sind voll zündendenden Temperaments und zeigen sich stark durch den Italienaufenthalt des Jahres 1771 inspiriert. Dazu gehört auch die nur dreisätzige Anlage, so daß man insgesamt davon ausgehen muß, daß Mozart die Besetzungsfrage absichtlich ungeklärt ließ.

[M] *CD* Academy of St. Martin-in-the-Fields, Marriner (Decca 1967)

Serenade D-Dur: Marsch KV 237 (189 c) und Serenade KV 203 (189 b)

Marcia – Serenata: Andante maestoso/Allegro assai – Andante – Menuetto – Allegro – Menuetto – Andante – Menuetto – Prestissimo

Serenade D-Dur: Marsch: KV 215 (213 b) und Serenade KV 204 (213 a)

Marcia – Serenata: Allegro assai – Andante moderato – Allegro – Menuetto – Andante – Menuetto – Andantino grazioso/Allegro

In diesen beiden musikantischen Werken vom August 1774 bzw. 1775 spielt erneut, wie schon in KV 100, der klangliche Abwechslungsreichtum eine wesentliche Rolle. Er wird etwa durch den in den Andantesätzen gerne verwendeten Gegensatz zwischen der vollen chorischen und der solistischen Besetzung der Instrumente erzielt. Auch einzelne Instrumente werden solistisch eingesetzt; so könnte das 2. Allegro aus der Serenade *KV 204* gar den Eröffnungssatz eines veritablen Violinkonzerts abgeben. Wie austauschbar die Serenadenmusik war, zeigt sich darin, daß Mozart beide Serenaden zu Symphonien umschrieb, ein Verfahren, das später auch die *»Haffner«-Symphonie* hervorbringen sollte.

Serenata notturna KV 239

Das konzertante Moment, das schon in *KV 203* und *KV 204* hervortrat, wird vollends in dieser Serenade bestimmend, die ihren Beinamen Leopold Mozart verdankt. Aus unbekanntem Anlaß – möglicherweise nur für den häuslichen Gebrauch – im Januar 1776 komponiert, konfrontiert sie nach barocker Concerto grosso Tradition ein Tutti-Streicherensemble mit einem solistischen. Vor allen in den beiden Rahmensätzen stehen sich diese Blöcke auch mehr gegenüber, als daß sie sich durchdringen. Ungewöhnlich ist an diesem Werk neben der Satzfolge aus Marsch, Menuett und Rondeau ferner der Einsatz von Pauken, die, soweit in Serenaden überhaupt verwendet, sonst nur zusammen mit Bläsern auftreten.

Serenade D-Dur: Marsch KV 249 und Serenade KV 250 (248 b) (»Haffner«)

Marcia – Serenata: Allegro maestoso/Allegro molto – Andante – Menuetto – Rondeau – Menuetto galante – Andante – Menuetto – Adagio/Allegro assai

»Mozarts erstes großes Orchesterwerk, in dem höchstes technisches Vermögen und musikalisches Genie eine vollkommene Einheit bilden«, nennt der Klassikforscher Robbins Landon die *»Haffner-Serenade«*. Die sowohl nach Spieldauer als auch Instrumentalbesetzung umfangreichste Serenade Mozarts entstand 1776 im Auftrag von Siegmund Haffner d. J., Sohn eines reichen Kaufmanns und Salzburger Bürgermeisters. Für den Vorabend der Hochzeit einer seiner Schwestern gedacht, vereinigt die Musik in sich sowohl festliche Züge in den schnellen Sätzen als auch einen innig privaten Tonfall in den langsamen. In die allgemein lichte und freundliche Atmosphäre bringen überraschenderweise die Menuette bedenkliche Züge: so das jäh auffahrende erste g-moll-Menuett, das in seiner brüsken Schroffheit den Vergleich mit den gleichnamigen Symphonien nicht zu scheuen braucht, und das elegische d-moll-Trio aus dem 2. Menuett.

[M] *CD* SO des NDR, Wand (RCA/BMG 1990)

Serenade D-Dur KV 320 (Posthorn)

Adagio maestoso/Allegro con spirito – Menuetto: Allegretto – Concertante: Andante grazioso – Rondeau: Allegro ma non troppo – Andantino – Menuetto – Finale: Presto

Das solistische Posthorn, das im letzten Menuett zum Einsatz kommt, gab dieser Serenade, die als einzige den Rang der »Haffner«-Serenade erreicht, ihren Namen. Sie ist die letzte seiner großdimensionierten Orchesterserenaden. Mehr noch als die Haffner – Serenade bietet dieses Werk Raum für solistische Einsätze, dies vor allem in der *Concertante* und im anschließenden *Rondeau*: In beiden Sätzen wird dem Streichertutti ein Holzbläser-Concertino gegenübergestellt. Besonders hervorzuheben ist das nachfolgende d-moll-*Andantino*, das in seiner zarten Schmerzlichkeit einen Gegenpol zu der ausgelassenen Fröhlichkeit der schnellen Sätze darstellt.

[M] *CD* Wiener Akademie, Haselböck (Novalis 1994)

Serenade B-Dur KV 361 (370 a) »Gran Partita«

Largo/Molto allegro – Menuetto – Adagio – Menuetto: Allegretto – Romance: Adagio/Allegretto/Adagio – Andante – Finale: Molto allegro

Im Gegensatz zu Salzburg neigte Wien bei Festmusiken mehr der Harmoniemusik aus reiner Bläserbesetzung zu.

Mozarts Werke stellen auch in dieser Tradition den abschließenden Höhepunkt der Entwicklung dar. In der Besetzung von 12 Bläsern (darunter 2 Bassetthörner) und Kontrabaß, zählt die *Gran Partita* zu den umfangreichsten Schöpfungen Mozarts auf diesem Gebiet.

Insgesamt ist das um 1784 entstandene Werk weniger verspielt, reifer und ausgewogener im Ausdruck als seine Salzburger Vorgänger. Ein wahres Juwel ist der 3. Satz, ein samtiges *Adagio*, bei dem sich über einer synkopischen Ostinato-Begleitung wunderbar zarte Kantilenen einzelner Instrumente erheben.

[M] *CD* Academy of St. Martin-in-the-Fields, Marriner (Philips 1984); O. of the 18th Century, Brüggen (Philips)

Serenade c-moll KV 388 (384 a)

Allegro – Andante – Menuetto in canone – Allegro

»(...) ich habe geschwind eine Nacht Musique machen müssen, aber nur auf harmonie (...)«, berichtet Mozart lapidar seinem Vater von einem Werk, das so überhaupt nichts mit unbeschwerter Freiluftmusik gemein hat. Schon das mächtige, typische c-moll-Thema des 1. Satzes verweist in seiner konzentrierten, energischen Geste auf den Charakter des folgenden. Auch das warme Es-Dur-*Adagio* bildet nur eine kleine Insel der Entspannung, denn rüde wird sein Nachhall durch ein streng kontrapunktisches *Menuett* weggewischt. Niedergeschlagenheit und Düsternis kennzeichnen den abschließenden Variationensatz, dessen letztliche C-Dur-Aufhellung kaum den Eindruck der nächtlichen Schatten verdrängen kann.

[M] *CD* Baumann, Holliger u. a. (DGG 1990)

Eine kleine Nachtmusik KV 525

Allegro – Romance: Andante – Menuetto: Allegretto – Rondo: Allegro

Kein zweites Werk wurde im gleichen Maße zum Inbegriff Mozartschen Musizierens und sogenannter klassischer Musik überhaupt wie die *Kleine Nachtmusik*. Auf knappstem Raum entfalten sich in den 4 erhaltenen Sätzen – ursprünglich waren es fünf – ein wahres Feuerwerk an zündenden melodischen Einfällen und geistvoller Verarbeitung. Auch die *Romance* mit ihrem innigeren Tonfall und der c-moll-Episode kann den Eindruck der klassisch lichten G-Dur-Welt nicht trüben. So läßt nichts an dem heiter perfekten Spielwerk ahnen, daß es 1787 in unmittelbarer Nähe zum Don Giovanni entstand.

[M] *CD* Amsterdam Baroque O., Koopman (Erato 1988); Wiener Philharmoniker, Böhm (DGG 1965)

Titelblatt zur Kantate »Die Maurerfreude« KV 471 (Wien 1785)

Freimaurermusiken

Obwohl Mozart bereits zur Zeit der Parisreise 1778 in näheren Kontakt mit der Freimaurerei gekommen sein dürfte, stellte er erst im November 1784 einen Antrag zur Aufnahme in die Wiener Loge »Zur Wohltätigkeit«. Im Dezember wurde er aufgenommen, avancierte in der Loge »Zur wahren Eintracht« 1785 zum Meister und blieb diesen freisinnig liberalen Zirkeln auch bis zu seinem Tode treu, wenngleich – wie im Fall seines Logenbruders und späteren Hauptgläubigers Michael Puchberg – sicher nicht nur uneigennützig.

Sieht man einmal vom Sonderfall der *Zauberflöte* ab, so hat Mozart für seine Verhältnisse nur wenige Werke zu konkreten Anlässen geschrieben. Dabei handelt es sich überwiegend um Vokalwerke wie die Kantaten *Dir, Seele des Weltalls KV 429, Die Maurerfreude KV 471*, ferner *Die ihr des unermeßlichen Weltalls Schöpfer ehrt* KV 613, und schließlich *Laut verkünde unsre Freude* KV 623, letztere beide aus dem Todesjahr 1791. In diesen von hohem Pathos erfüllten Musiken wird ein unterschiedlich starkes Gesangsensemble, das männliche Soli und Chöre umfaßt, teils vom großen Orchester wie in KV 471 teils nur vom Klavier wie in KV 613 begleitet.

An Instrumentalmusik hinterließ Mozart, neben den beiden *Adagios* KV 410 und KV 411, reine Bläsersätze unter bevorzugter Verwendung der Bassetthörner, vor allem die hochbedeutende

Maurerische Trauermusik c-moll KV 477 (479 a)

1785 anläßlich des Todes zweier Logenbrüder komponiert, lebt das nicht einmal 70 Takte umfassende Adagio von dem ernsten Klang des vollbesetzten Bläserinstrumentariums. Obwohl kein Kirchenwerk, steht sie in ihrer herben kontrapunktischen Sprache, die archaisierend auf einem gregorianischen Choral aus den »Lamentationes Jeremiae« beruht, durchaus sakraler Musik nahe, ja Einstein sieht in dieser Totenmusik sogar das »Band zwischen der solemnen Messe in c-moll und dem Requiem.«

M *CD* RSO Berlin, Fricsay (DGG 1959)

An weiteren Instrumentalwerken wird auch *Adagio* und *Fuge c-moll*, KV 546, gern mit Mozarts Freimaurertum in Verbindung gebracht. Konkrete Hinweise gibt es allerdings weder für die ursprüngliche Fassung für 2 Klaviere noch für die 1789 erfolgte Umarbeitung für Streichorchester, für die das expressive Adagio nachkomponiert wurde.

Konzertarien

Neben zahllosen Duetten, Ensembles und Chören schrieb Mozart etwa 50 alleinstehende Arien, die jedoch nur in Ausnahmefällen für den Konzertsaal gedacht waren. In der Regel dienten sie als zusätzliche Einlagen in Opern fremder Komponisten (z. B. *Vado, ma dove? KV 583*, in eine Oper Solers) oder ersetzten bereits vorhandene Arien, wenn Sänger ihre stimmlichen Vorzüge wirkungsvoller zu Gehör bringen wollten. Daneben entstanden gerade die frühen Arien wie etwa *Va dal furor portata KV 21* (19 c) von 1765, um anhand der stark schematisierten Liebes- oder Wutarien die eigenen Fähigkeiten als Opera seria-Komponist unter Beweis zu stellen, wie Leopold Mozart 1768 anschaulich beschreibt: »Ich ließ den nächsten besten Theil der Wercke des Metastasio nehmen, daß Buch öffnen, die erste Aria, die in die hände fiel dem Wolfgang: vorlegen; er ergrief die Feder, und schrieb, ohne sich zu bedenken, in Gegenwart vieler Personen von Ansehen, die Musik dazu mit vielen Instrumenten in der erstaunlichsten Geschwindigkeit.« Noch 1788 vertont Mozart mit *Ah se in ciel, benigne stelle KV 538*, einen Text des erwähnten Metastasio, obwohl der Text in seiner dichterischen Form ebenso überholt war wie die musikalische Form der Da-capo-Arie. Erst ab diesem Zeitpunkt etwa greift Mozart vorzugsweise auf seinen »eigenen«, kongenialen Textdichter Lorenzo da Ponte zurück, und es entstehen Arien wie *Dalla sua pace KV 540 a*, oder *Al desio, di chi t'adora KV 577*, die Ersatzarien für eigene Opern wie *Don Giovanni* und *Le nozze di Figaro* darstellen.

Ein Relikt der barocken Opera seria ist auch die Verwendung konzertierender Soloinstrumente in manchen Arien, so des Klaviers in der Sopranarie *Ch'io mi scordi di te KV 505* oder eines Kontrabasses in der Baßarie *Per questa bella mano KV 612*. Beide Arien wurden – als große Ausnahmen – nicht für den Bühnengebrauch, sondern in der Tat zur Aufführung im Konzertsaal geschrieben.

M *CD* Gesamtaufnahme: Te Kanawa, Gruberova u. a. (Decca 1960–84)

Kirchenmusik

Missa brevis G-Dur KV 49 (47 d) – Missa brevis d-moll KV 65 (61 a) – Missa brevis G-Dur KV 140 – Missa brevis F-Dur KV 192 (186 f) – Missa brevis D-Dur KV 194 (186 h)

Selbst wenn Mozart in seiner Bewerbung um den Posten eines Kapellmeisters an St. Stephan betont, daß er von frühauf und zeitlebens die Komposition liturgischer Musik gepflegt habe, so entfällt das Gros dieses Corpus auf die Zeit vor 1780, als er beim Salzburger Fürsterzbischof angestellt war. Die hier aufgezählten Werke, die der Zeit zwischen 1768 und 1784 entstammen, vertreten den Typ der Missa brevis, wie er für gewöhnliche Sonntage und Kirchenämter ohne Festcharakter geschrieben wurde. Die Orchesterbesetzung ist auf das sogenannte »Kirchentrio« aus Violinen, Baß und Orgel reduziert, dem sich bisweilen, wie etwa in *KV 49* (1768), noch eine Viola beigesellen kann. Es begleitet die Gesangstimmen, häufig colla parte, und zeigt nur an Überleitungsstellen, in zurückhaltenden Figurationen und in der Begleitung solistischen Gesangs ein eigenes Gesicht. Außer dem Benedictus, das durchweg solistisch gesungen wird, bleiben Soloauftritte wie etwa das Baßsolo im Credo in KV 49 die Ausnahme. Die Mehrheit des Messetextes ist homophon gesetzt, wie überhaupt auch die textreichen Abschnitte des Gloria und des Credo durchkomponiert sind (in *KV 65* benützt Mozart zur Komprimierung sogar das altvordere Verfahren der Polytextur d. h. mehrere Tonabschnitte des Credo werden gleichzeitig gesungen.) Einzig in KV 194 stellt der zentrale Abschnitt der Menschwerdung Christi im Credo zu den Worten »Et incarnatus est« einen selbständigen Teil dar. Kontrapunktische Satzweise, die in späteren Werken wie *KV 194* auch das Kyrie durchzieht, findet sich anfänglich nur in den fugato-Partien, die Gloria und Credo beenden. Ansonsten atmet die Musik den Geist freischwingender italienischer Kantabilität, deutlich zu hören an dem einem Symphoniefinale nicht unähnlichen heiter beseelten »Agnus Dei«, die die Messe beschließen. Mozart vermeidet auch zumeist einen von außen aufgesetzten formalen Zugriff; umso bedeutender sind die Ausnahmen: In *KV 140* weisen Gloria und Credo eine dreiteilige großformale Anlage auf, während das Agnus Dei de Ronde gestaltet ist. Höchst eigenwillig ist die Gestaltung des Credo in der Messe *KV 192*, nach Abert der »Höhepunkt in Mozarts Jugendmessen, was die metrische Einheit der einzelnen Stücke und die Verstärkung des kontrapunktischen Elements anbetrifft«. Dem »Credo«, das zehnmal als freier Einwurf vorkommt, sowie seinem dem Gregorianischen Choral entstammenden Thema, das zwölfmal variiert wiederholt wird, verdankt sie auch ihren Beinamen als »kleine Credomesse«.

Missa C-Dur KV 66 (»Dominicus«) – Missa c-moll, KV 139 (47 a) (»Waisenhaus«) – Missa in honorem SS: mae Trinitatis C-Dur KV 167 – Missa brevis C-Dur KV 220 (196 b) (»Spatzen«)

Die *Messe KV 220* von 1775, die ihren Beinamen *Spatzenmesse* der zwitschernden Begleitfigur des Sanctus und Benedictus verdankt, stellt eine Mischform dar. Mit ihren nur 360 Takten gehört sie einerseits dem Typ der Missa brevis an, während die große Besetzung, die Pauken und Trompeten einschließt, typisch für die Missa solemnis ist. Wie etwa *KV 66* für die Primiz des Jugendfreundes Cajetan Hagenau (P. Dominicus) 1769 entstand, erklangen Festmessen ausschließlich bei besonderen Anlässen bzw. Hochämtern des Kirchenjahres. Wichtigste Merkmale sind das instrumentale Gepräge – z. B. wird das Agnus der *Waisenhausmesse KV 139* von 1768 von den Posaunen eröffnet – und die Aufteilung der wortreichen Sätze in einzelne Abschnitte. Die Solopartien, die sich mit Chorsätzen abwechseln, sind nicht Episoden wie bei der Missa brevis, sondern Arien in teilweise modernstem Opernstil. Dieser »Verweltlichung« entspricht auch die überwiegend homophone Anlage der Chorsätze (polyphone, aber nicht strenge Satzweise findet sich u. a. in den »Amen«-Abschnitten von Credo und Gloria) und die Verwendung von Formen der reinen Instrumentalmusik; so ist etwa das Credo der *Messe KV 167* (1773) als Rondo gestaltet, und die Begleitung der Soli im Kyrie und Quoniam der Messe verwendet sogar Tanzrhythmen.

Missa C-Dur KV 257 (»Credo«) – Missa brevis C-Dur KV 258 (»Spaur« oder »Piccolomini«) – Missa brevis C-Dur KV 259 (»Orgelsolo«) – Missa longa C-Dur KV 262 (246 a) – Missa brevis B-Dur KV 275 (272 b)

Melodische Schlichtheit und der Verzicht auf alles opernhaft Pompöse kennzeichnen diese Messen, die zwischen 1775 und 1777 in Salzburg entstanden. Gemäß Colloredos Weisung, daß »eine Messe mit Kyrie, Gloria, Credo, der Epistel-Sonate, dem Offertorium oder Motetto, Sanctus und Agnus Dei…nicht länger als höchstens drey Viertelstunden dauern darf« (so Mozart 1776 an Padre Martini), gehören die meisten Werke dieser Gruppe zum kompakt gebauten Missa-brevis-Typ, wenngleich sich Mozart die eine oder andere instrumentale Freiheit nahm, so die Einfügung eines Orgelsolos in das Benedictus von *KV 259*, das der Messe den Beinamen gab. Aus diesem Corpus, der zum Teil recht treffend mit »Liedmesse« bezeichnet wurde, ragt *KV 257* hervor. Ihre Berühmtheit, die sie zu einer der weitest verbreiteten Mozart-Messen des 18./19. Jhs. werden ließ, verdankt sie im wesentlichen dem höchst eigenwilligen Credo. Mehrfach wird der affirmative Ruf des »Ich glaube« in die Komposition des Satzes eingestreut, um, gesteigert noch durch echoartige forte-piano-Gegensätze, den Glaubensartikel zu bekräftigen.

Missa C-Dur KV 317 (»Krönungsmesse«)

Als vorletzte vollendete Meßkomposition der Salzburger Zeit entstand die *Krönungsmesse* 1779 vermutlich für das Osterhochamt. Ihren Beinamen erhielt sie, nach neueren Forschungen, anläßlich der Kaiserkrönung Leopolds II, wo sie 1790 unter der Leitung Salieris erklang. Sie stellt den Abschluß von Mozarts Missa brevis-Kompositionen dar, die sich allerdings einige Ausnahmen, darunter das angedeutete Sopransolo im Agnus Dei, das an »Dove sono« der Contessa aus dem *Figaro* erinnert, gestattet. Selten nur greift Mozart auf sukzessive Stimmeinsätze (etwa während der Kyrie-Soli) oder gar imitatorische Techniken zurück. Zur Straffung des Geschehens trägt die Verwendung instrumentaler Großformen, etwa des Sonatensatzes im Gloria und des Rondos im Credo, ebenso wie die Wiederholung von Musik aus dem Kyrie im abschließenden »Dona nobis pacem« bei. Beklemmend in ihrer Wirkung sind die Abschnitte des »Et incarnatus« und des unmittelbar folgenden »Crucifixus« im Credo. In nur wenigen Takten werden die zentralen Worte der Menschwerdung und des Leidens Christi zu nervösen Läufen der gedämpften Streicher zunächst gemurmelt, dann herausgeschrien.

[M] *CD* Kirkby u. a. Academy of Ancient Music, Hogwood (Decca 1990) – *LD* Battle u. a., Wiener Philharmoniker, Karajan (Sony)

Missa solemnis C-Dur KV 337

Dieses Werk aus dem Jahre 1780 ist nicht nur Mozarts letzte Messe, die in Salzburg entstand, sondern seine letzte vollständige Meßkomposition überhaupt: Alle bedeutenden Werke der Wiener Zeit, die *c-moll-Messe* ebenso wie das *Requiem*, sollten Torsi bleiben. Stellt die *Messe KV 317* den

Abschluß der Missa brevis-Kompositionen dar, so ist *KV 337* das Pendant bei der Missa solemnis. Schon das *Kyrie* weist ein zehntaktiges Vorspiel auf, bevor sich machtvoll der erste Kyrie-Ruf erhebt. Vergleichsweise kompakt – und damit eher in Missa-brevis-Nähe – sind dagegen die umfangreichen Sätze von *Gloria* und *Credo* gestaltet; Auflockerung bietet hier im wesentlichen das Andante des »Et incarnatus« und »Crucifixus«, die sich als Sopransolo bzw. flüsternder, teilweise unisoner Chorsatz gegenüberstehen. Bevor das Werk mit dem Sopransolo des *Agnus* und einer demütigen Friedensbitte schließt, erklingt mit dem *Benedictus* ein in Mozarts Schaffen bislang unerhörter Satz: eine mächtige, strenge Fuge in a-moll.

Kyrie d-moll KV 341 (368 a) (»Münchner«)

Aus den zahlreichen einzelnen Meßsätzen, die Mozart hinterlassen hat, ragt dieser Satz heraus, nicht nur wegen der »Meisterschaft der architektonischen Anlage« (Einstein), der leidenschaftlichen Sprache dynamischer Steigerungen und Kontrastwirkungen, sondern schon durch die Klangpracht, die durch ein Bläseraufgebot bewirkt wird, wie es sonst nur in der *Maurerischen Trauermusik* zu finden ist. Die Entstehungszeit ist unbekannt: Ging man einige Zeit davon aus, daß das Stück als Anfang einer großangelegten Referenzkomposition für die Kapellmeisterstelle an St. Stephanus auch Ende der 1780er Jahre hätte geschrieben worden sein können, so neigt man heute wieder zu der herkömmlichen Datierung: Es soll um oder nach der Uraufführung des *Idomeneo* 1781 entstanden sein, woher sich auch der Beiname »Münchener Kyrie« ableitet.

Missa c-moll KV 427 (417 a)

Nachdem Mozart seinen Dienst beim Salzburger Fürsterzbischof quittiert hatte, hat er sich mit der Komposition von Kirchenmusik kaum noch beschäftigt. Abgesehen von den antiklerikalen Tendenzen der Regentschaft Josephs II., lag es natürlich daran, daß Mozart ein adeliges oder bürgerliches Publikum nach dessen Geschmack zu beliefern hatte. So nimmt es nicht Wunder, daß mangels Anlasses schon die erste der im letzten Lebensjahrzehnt noch entstandenen großen Kirchenkompositionen Fragment geblieben ist. Nach eigenen Angaben entstand die *c-moll-Messe* als eine Art Votivmesse für die Heirat mit Constanze. Für sie waren auch die Sopranarien wie etwa das reichlich verzierte »Et incarnatus« oder das Solo im Kyrie gedacht. Sie übernahm auch einige der Sopransoli bei einer Salzburger Aufführung 1783, als der gewaltige Torso – ergänzt durch Sätze aus früheren Messen – ein erstes Mal erklang. *Kyrie, Gloria, Sanctus* und *Benedictus* hinterließ Mozart vollständig, während das *Credo* nur bis zum »Et incarnatus« vollendet wurde und das *Agnus* vollkommen fehlt. Nach Art der Kantatenmesse setzt sich die Messe aus unterschiedlichen Bestandteilen zusammen, wobei die textreichen Sätze in einzelne abgeschlossene Nummern untergliedert sind. Reichlich verzierte Solopartien wie im Kyrie, oder gar Arien barocken Stils wie das »Et incarnatus« wechseln mit mächtigen Chorsätzen ab. In dem schmerzvoll zerfurchten »Qui tollis« wird ebenso wie im prächtig weihevollen Benedictus der Chor von vier auf acht Stimmen erweitert. Überhaupt ist es die mächtige Chorpolyphonie, die, wie im Kyrie nach demütig verhaltenem Anfang sich allmählich aufbauend, das Fragment in die Nähe von Bachs h-moll-Messe rückt. Sie kommt nicht von ungefähr, da Mozart sich in der Bibliothek seines zeitweiligen Mentors, des Barons von Swieten, intensiver mit Werken Bachs und Händels beschäftigen konnte.

[M] *CD* Auger u. a., Academy of Ancient Music, Hogwood (Decca 1989); Stader u. a., RSO Berlin, Fricsay (DGG 1959) – *VD/LD* Auger, von Stade, Lopardo, Hauptmann, Chor u. SO des BR, Bernstein (DGG)

Requiem d-moll KV 626

Das Dunkel, das lange Zeit über dem Entstehungsanlaß von Mozarts unvollendeter Totenmesse lag und im 19. Jh. für einige Legendenbildung sorgte, ist heute weitgehend gelichtet worden. Der »graue Bote«, der im Frühsommer 1791 das *Requiem* bestellte, handelte im Auftrag des niederösterreichischen Grafen Franz von Waldegg-Stuppach. Dieser liebte es, bei namhaften Komponisten anonym Werke zu bestellen, die er anschließend eigenhändig abschrieb, um seine Musiker raten zu lassen, aus welcher Feder sie stammten. So lag auch bei der von dem Tod seiner Frau inspirierten Bestellung eines Requiems eher eine aristokratische Form des Amusements vor, als der Versuch eines Plagiats. Mozart dürfte neben der Gelegenheit zur Komposition eines größeren Kirchenwerkes (ab Mai 1991 war er unbesoldeteter stellvertretender Kapellmeister an St. Stephan) insbesondere die 50 Dukaten Anzahlung willkommen gewesen sein. Inwieweit eigene Todesahnungen ein Rolle für die Komposition gespielt haben, erscheint heute fraglicher denn je: Wie Wolfgang Hildesheimer überzeugend zeigt, war Mozart bis zur Zeit des letzten Niedergangs weder ernsthaft krank, noch war er überhaupt der Mensch, der um seine eigene Befindlichkeit sonderliches Aufhebens machte oder ihr gar gestattete, allzuviel Einfluß auf seine Musik zu nehmen. Auch die zusammen mit dem *Requiem* gerne zitierte Briefstelle vom

Tod als »wahrem, besten Freund« dürfte seinerzeit eher der Tröstung des Vaters gedient als eine eigene Einschätzung wiedergegeben haben.

Trotz mehrfacher Unterbrechung durch die Pragreise zur Aufführung des *Tito* und der Komposition an der *Zauberflöte* hat Mozart immerhin vollständig den *Introitus* und das *Kyrie* hinterlassen: Die Sequenz, die nach 8 Takten des abschließenden *Lacrimosa* abbricht, liegt ebenso wie das anschließende *Domine Jesu* und *Hostias* in einem Particell vor, in dem die Gesangsstimmen und der Instrumentalbaß vollständig ausgeführt sind, während für andere Instrumente nur sporadische Eintragungen zu finden sind. Immerhin sind die Skizzen gerade im *Dies irae* soweit gediehen, daß ein einigermaßen talentierter Komponist sie durchaus in etwa im Sinne Mozarts vollenden konnte: Dies geschah dann auch durch Franz Xaver Süßmayr, der nach dem offensichtlich überforderten Eybler den Auftrag zur Vollendung erhielt; inwieweit die autograph nicht vorhandenen Sätze *Sanctus, Benedictus* und *Agnus* sowie die an den Anfang anknüpfende *Communio* dem Willen Mozarts entsprechen, ist allerdings nicht bekannt.

Immerhin scheint es bei der Qualität mancher Stellen, besonders des *Agnus*, die sich deutlich von dem Mittelmaß sonstiger Süßmayrscher Kompositionen abhebt, nicht ausgeschlossen, daß Süßmayr noch über weitere Skizzen Mozarts verfügte.

Wie schon die *c-moll Messe* setzt sich auch das *Requiem* insgesamt aus den verschiedensten Stilmerkmalen zusammen: sie reichen von gregorianischer Melodik im *Te decet*-Hymnus und archaisierender Polyphonie, z. B. in der mächtig herben *quam olim Abrahae*-Fuge, der Doppelfuge des *Kyrie* sowie zahllosen imitatorisch-kanonischen Einsätzen schon zu Beginn des Introitus, bis hin zur großen opernhaften Chordramatik im *Dies irae, Rex tremendum* und *Confutatis maledictis*.

Freimaureratmosphäre in der Besetzung mit den dunklen Bassetthörnern und dem sarastroartigen *Tuba mirum* mit der »peinlichen« (Einstein) Soloposaune, trifft auf Stellen innigster Gebetshaltung, die gerade in solistischen Abschnitten wie dem *Recordare* oder dem *Oro supplex* aus dem *Confutatis* zu finden sind. Sie erschüttern heute ebenso wie der klagende Anfang des *Lacrimosa*, das von Mozart sicher nicht in der fast abgebrochen zu nennenden Form vollendet worden wäre, wie sie Süßmayr für angemessen hielt.

[M] *CD* Bonney u. a., English Baroque Soloists, Gardiner (Philips 1986) – *LD* Wiener Singverein, Wiener Philharmoniker, Karajan (Sony) – *VD/LD* Wiener Staatsopernchor, Wiener Philharmoniker, Solti (Decca); Chor u. SO des BR, Bernstein (DGG)

Litaneien/Vespern/Kirchensonaten/ Kantaten/Oratorien

Litaniae Lauretanae BMV KV 109 (74 e) – Litaniae de venerabili altaris Sacramento KV 125 – Litaniae Lauretanae BMV KV 195 (186 d) – Litaniae de venerabili altaris Sacramento KV 243

Trotz ihrer langen Geschichte hat sich entsprechend der Stellung der Litanei zwischen liturgischer Verankerung und dem Ausdruck von Volksfrömmigkeit keine einheitliche Form herausgebildet. So sind die beiden *Marienlitaneien* (»Lauretanae« von dem Marienwallfahrtsort Loreto) fünfsätzig: *Kyrie, Sancta Maria, Salus infirmorum, Regina Angelorum* und *Agnus Dei* werden in der schlichteren Litanei KV 109 von 1771 überwiegend akkordisch vom Chor vorgetragen; nur das *Regina Angelorum* ist ausschließlich solistisch besetzt. Die umfangreichere *Litanei KV 195* (aus dem Jahr 1774) weist dagegen neben einem variableren Vokalsatz nicht nur ein verstärktes Orchester auf, sondern auch mehr kontrapunktische Arbeit und einen strafferen formalen Zugriff; so sind etwa *Kyrie* und *Sancta Maria* in Sonatensatzform gestaltet. Das *Agnus Dei* zählt mit seiner einnehmenden Melodik und delikaten Instrumentierung gar zu den Höhepunkten früher Mozartscher Kirchenmusik. Die *Sakramentslitaneien KV 125* (1772) und *KV 243* (1776), die die Lobpreisung der Eucharistie beinhalten, sind umfangreicher als die Marienlitaneien. Auch hier hat Mozart, obwohl diese Litaneien mehr noch als die Marienwerke einer festen Textgrundlage entbehren, zweimal denselben neunteiligen Zyklus vertont: *Kyrie* und *Agnus Dei* umrahmen musikalisch gegensätzliche Paare: So folgen auf die lebhaft bewegten, teils solistisch besetzten *Panis vivus* (Nr. 2), *Hostia sancta* (Nr. 4) und *Panis omnipotentia* bzw. *Dulcissimum convivium* (Nr. 6) durchweg Tuttisätze ernsten und düsteren Charakters, so das *Verbum caro factum* (Nr. 3), *Tremendum* (Nr. 5) und *Viaticum* (Nr. 7). Traditionsgemäß ist der Satz Nr. 7, *Pignus*, immer kontrapunktisch gearbeitet, in der *Litanei KV 243* sogar in einer Doppelfuge.

Dixit et Magnificat KV 193 (186g) – Vesperae solennes de Dominica KV 321 – Vesperae solennes de Confessore KV 339

Vor allem die beiden späteren Vespern aus den Jahren 1779 und 1780 haben neben den Messen und Litaneien Mozarts Namen als Kirchenkomponist durch den oberösterreichisch-süddeutschen Raum getragen. Trotz unterschiedlicher Bezeichnung weisen sie textlich wie musikalisch die gleichen

Formen auf: Die fünf Psalmen 109 *(Dixit)*, 110 *(Confitebor)*, 111 *(Beatus vir)*, 112 *(Laudate pueri)* und 116 *(Laudate Dominum)* werden von einem *Magnificat* abgeschlossen; somit handelt es sich auch bei den beiden Sätzen KV 193 um Bestandteile einer Vesperkomposition. Dem homophonen Eröffnungssatz folgt schon im *Confitebor* ein dramatischer Höhepunkt, der im c-moll-Satz aus *KV 321* von eindringlichster Wortauslegung ist. Ähnlich dem unterschiedlichen Gestus von Psalm 110 und dem wieder aufgelockerten Psalm 111 sind auch *Laudate pueri* und *Laudate Dominum* als Gegensatzpaar ausgebildet. So weist der Psalm 112 etwa mit dem Kanon von KV 321 beachtliche Kontrapunktik auf, der 116. Psalm wird dagegen solistisch (im Falle von *KV 339* in einer berühmten, strahlenden Sopranarie) vorgetragen. Das *Magnificat* schließlich bietet, auf die Homophonie des *Dixit* zurückgreifend, einen würdigen Abschluß.

M *CD* Hilliard Ensemble, Cambridge Classical Players, Cleobury (EMI 1988)

Die Schuldigkeit des Ersten Gebots KV 35

Mit diesem Geistlichen Singspiel liegt Mozarts frühester Gehversuch auf dem Gebiet eines großdimensionierten dramatischen Kirchenwerks vor. Von Mozart selbst stammt dabei nur der 1. Teil, während die beiden folgenden (möglicherweise von Michael Haydn oder Anton Cajetan Adlgasser) verloren gegangen sind. Das Werk auf ein Libretto des Salzburger Ratsherrn und Textilhändlers Ignaz Anton Weiser liegt in der örtlichen, durch Jesuiten geprägten, kirchen- und schulmusikalischen Tradition. Allegorische Figuren haben bei dürftiger szenischer Gestaltung eine abstrakte, teilweise undurchsichtige Handlung vorzutragen. Nach Wolfgangs Geschmack scheint die Sache auf alle Fälle nicht gewesen zu sein: Trotz der Retuschen des Vaters ist ein »alles andere als vielversprechendes Frühwerk« (Landon) herausgekommen. Zu diesem Eindruck trägt nicht zuletzt der ermüdende Wechsel aus wenig inspirierten Solo-Arien und Rezitativen bei. Außer der UA am 12. März 1767 ist auch kein weiterer Vortrag des Singspiels bekannt.

M *CD* Marshall u. a., RSO Stuttgart, Marriner (Philips 1988)

La Betulia liberata KV 118 (74 c)

Als Mozart 1771 den immerhin fast 40 Jahre alten Text Pietro Metastasios vertonte, konnte er dagegen schon aus einer viel umfangreicheren musikalischen Erfahrung schöpfen. Die apokryphe Geschichte um Judith und Holofernes sollte Mozarts einziges, der Gattungsgeschichte entsprechendes Oratorium bleiben. Erstaunlicherweise ist dennoch über eine Aufführung nichts bekannt – und zwar weder durch den Auftraggeber, den in Padua residierenden Ximenes Fürst von Aragona, noch über eine weitere, die dunklen und lückenhaften Zeugnissen zufolge 1786 in Wien stattgefunden haben soll. Unüberhörbar schlägt sich musikalisch nicht nur die Erfahrung mit italienischen Oratorien nieder, sondern vor allem auch die eigene Auseinandersetzung mit der Opera seria, etwa in dem gleichzeitig entstandenen *Mitridate*. Schon die Ouvertüre, die in heftigem d-moll mit großer Bläserbesetzung in die düstere Atmosphäre der »Azione sacra« einführt, ist in ihrer Dramatik ein Höhepunkt des Werkes. Nicht minder zählen dazu die beiden großen accompagnato-Rezitative der Judith und die mit Choreinwürfen durchsetzte c-moll-Arie des Ozia *Pietà se irato sei*, in deren »herben Klängen die ganze mühsam verhaltene Verzweiflung des Volkes« (Abert) sich ausdrückt. Umgekehrt baut Mozart in den Schlußchor, in dem viermal die liturgische Wendung des »tonus peregrinus« (auch im *Te decet* des Requiems) erklingt, quasi als Kontrapunkt höchst subjektive Gesänge Judiths ein.

M *CD* Schreier u. a., Mozarteum-O., Hager (Philips)

Davide penitente KV 469

Neben der *Grabmusik »Wo bin ich, bittrer Schmerz« KV 42 (35 a)*, einer Kantate in der Tradition des Wiener Sepolcro, hat Mozart nur eine weitere Kantate hinterlassen, die ausschließlich kirchlicher und nicht freimaurerischer Natur ist: *Davide penitente*, bisweilen unzutreffenderweise, da jegliches Handlungsmoment fehlt, auch als Oratorium bezeichnet. Das in 10 Nummern untergliederte Werk über die alttestamentarische Geschichte des für seine Sünden büßenden Königs David benützt die Musik aus der großen *c-moll-Messe*: die vollendeten Teile *Kyrie* und *Gloria* wurden, der durchaus traditionellen Kontrafakturpraxis entsprechend, mit einem neuen italienischen Text, der vermutlich aus der Feder da Pontes stammt, unterlegt. Einzig die Arien Nr. 6 und 8, erstere mit konzertierenden Bläsern, letztere im Stil einer Bravourarie mit ausgedehnten Koloraturen sowie eine Kadenz in der Schlußfuge wurden wirklich neu geschrieben. Der wesentliche Grund für diese in Mozarts Schaffen einmalige Umwandlung eines liturgischen Werkes in ein solches für den Konzertsaal dürfte in der ungeliebten und schnell zu erledigenden Auftragsarbeit für die Wiener Tonkünstler-Societät liegen, von der das Werk im März 1785 auch zweimal am Burgtheater aufgeführt wurde.

M *CD* Marshall u. a., RSO Stuttgart, Marriner (Philips 1987)

Exultate, jubilate KV 165 (158 a)

Nicht von ungefähr zeigt diese bekannteste Mozartsche Solomotette stärkste Annäherung an den italienischen Opernstil, entstand sie doch im Januar 1773 in Mailand parallel zu *Lucio Silla*. Als Gelegenheitskomposition war sie für den Kastraten Venanzio Rauzzini bestimmt, der auch eine der Hauptrollen in der Oper innehatte. Die 3 Arien gaben ihm denn auch erneut Gelegenheit zur Demonstration seiner Gesangskunst. Bravouröse Brillanz, wie sie in den Rahmenarien, besonders dem berühmten *Alleluja* erfordert ist, umgibt dabei eine melodiöse A-Dur-Kantilene.

[M] *CD* McNair, English Baroque Soloists, Gardiner (Philips 1993)

Ave verum corpus KV 618

Eigentlich liegt mit diesem letzten vollendeten Kirchenwerk auch eine Gelegenheitskomposition vor; entstanden im Juni 1791 in Baden bei Wien, wo sich Constanze zur Kur aufhielt, wurde sie dort möglicherweise zu Fronleichnam aufgeführt. Persönliche Ausdruckskraft und quasi überpersönlicher kirchlicher Gehalt halten sich hier in einem Maße die Waage, wie es für Mozarts Spätstil kennzeichnend ist. Nur 46 Takte genügen Mozart, um in der sotto voce-Beweinung des Leichnams Christi trotz des milden D-Dur ein angstvoll chromatisches Bild von (eigener?) Todesangst zu zeichnen.

[M] *CD* Laki u. a., La Petite Bande, Kuijken (HMD 1987)

Kirchensonaten

Bei den 17 Epistel- oder Kirchensonaten, die alle in Salzburg vermutlich zwischen 1772 und 1780 komponiert wurden, handelt es sich um kurze und kürzeste Stücke, die im Gottesdienst zwischen Epistel und Evangeliumslesung erklangen. Entsprechend ihrer Eigenschaft als Zwischenmusiken – nicht zu verwechseln etwa mit dem barocken Formprinzip der sonata da chiesa – sind sie zumeist nur spärlich, d. h. mit Orgel und Kirchentrio besetzt; nur selten werden wie in KV 278 (271 e) zusätzlich Oboen, Trompeten und Pauken verlangt. Einige der freundlich bewegten Sonatensätzchen dürften auch für eigene Messen komponiert worden sein, so mit Sicherheit die gleichfalls größer besetzte *Sonate KV 329* (317 a) für die *Krönungsmesse* KV 317 und die *Sonate KV 336* (336 d) für die *Messe KV 337*.

[M] *CD* Ullmann, Collegium Musicum, Angerer (MDG 1987) *Dirk Scholz*

Detlev Müller-Siemens

1957

Wann hat man erlebt, daß einem gut 20jährigen Komponisten die Gelegenheit zur UA einer Oper gleich vor einem Millionenpublikum geboten wurde? Und mehr noch: Als 1978 das ZDF *Genoveva oder die weiße Hirschkuh* erstmals ausstrahlte, war Detlev Müller-Siemens in Fachkreisen durchaus keine unbekannte Größe.

Geboren am 30. Juli 1957 in Hamburg, begann er schon mit 13 Jahren ein Kompositionsstudium an der heimischen Musikhochschule, wo zunächst Günter Friedrichs, anschließend György Ligeti seine Lehrer waren. 1977 ging er für ein Jahr zu Olivier Messiaen nach Paris; seine Ausbildung schloß er 1985 mit einem Dirigier-Studium an der Hamburger Hochschule bei Klauspeter Seibel ab.

Die außergewöhnlich lange Zeit, die Detlev Müller-Siemens sich für seine Lehrjahre gelassen hat, zeigt jene Gewissenhaftigkeit, die auch seine überaus sorgfältig gearbeitete Musik kennzeichnet; so kann man sein vergleichsweise kleines Werkverzeichnis nicht nur auf den Umstand zurückführen, daß er der mit Abstand jüngste anerkannte deutsche Komponist ist. Vielleicht auch seiner Jugend wegen haben konservative Kritiker immer wieder versucht, endend eigentlich erst mit der sensationellen UA der Oper *Die Menschen*, Müller-Siemens' Musik quasi stellvertretend für eine in dieser Form überhaupt nicht existierende Gruppe der »Neuen Einfachheit« (Rihm, von Schweinitz, Trojahn usw.) zu geißeln. Insbesondere nach der Donaueschinger UA des publikumswirksamen *Klavierkonzerts* von 1980/81 zeigten sich Teile der Kritik bemüht, ihre überkommenen Vorstellungen von »Avantgarde« gegen das tatsächlich Neue dieser Musik in Schutz nehmen zu müssen. Aber auch diese Negativbemühungen haben zweierlei nicht verhindern können: zunächst, daß Müller-Siemens seit 1991 seine Erfahrungen als Professor für Komposition an der Musik-Akademie Basel weitergibt und zum zweiten, daß seine Arbeit mit einer Vielzahl von Preisen (nicht nur bei Kompositionswettbewerben) gewürdigt wurde; in der Jurybegründung anläßlich der Verleihung des Förderpreises des Berliner Kunstpreises durch die Akademie der Künste 1986 heißt es: »Die Musik von Detlev Müller-Siemens vereint formale Exzellenz mit großer emotionaler Ausdruckskraft. Dazu gehört auch seine große Klangphantasie, die sich in schon raffiniert zu nennender Instrumentationskunst manifestiert. Wenn seine musikalische Ästhetik auch voll in der Tradition wurzelt, so beschränkt er sich doch nicht auf deren nostalgische Beschwörung. (…) Er ist somit ein im besten Sinne »moderner« Komponist, der Ausdrucks- und Stilelemente einer eigenen Zeitepoche verarbeitet und dessen Blickrichtung in die Zukunft gerichtet ist.« Detlev Müller-Siemens ist bislang im Konzertsaal vertreten mit Werken wie *Scherzo und Adagio patetico* (1976), *1. Symphonie* (1978/80), *Quatre Passages* (1988), *Carillon* (1992); dazu kommen noch das *Klavierkonzert* (1980/81), das *Hornkonzert* (1988/89) sowie das *Konzert für Violine, Viola und Orchester* (1993).

Andreas K. W. Meyer

Modest Petrowitsch Mussorgski

1839–1881

Was hat Mussorgski der Nachwelt hinterlassen? Eine Reihe von Manuskripten »in vollkommener Unordnung, in denen sich absurde, zusammenhanglose Harmonien fanden, häßliche Stimmführung, (...) unsinnige Modulationen, (...) ungeschickte Instrumentation (...), mit einem Wort: ein verwegener und eingebildeter Dilettantismus«. So hat es Mussorgskis Nachlaßverwalter Rimski-Korsakow in seinen Memoiren behauptet und damit zugleich seine substantiellen Eingriffe in die Partituren des Freundes gerechtfertigt, die er für die posthume Veröffentlichung vorbereitete. Heute, mehr als hundert Jahre nach Mussorgskis Tod, hat sich diese Beurteilung in ihr Gegenteil verkehrt. Aus Anlaß des 150. Geburtstages (Mussorgski kam am 9./21. März 1839 in Karevo, unweit der litauischen Grenze, zur Welt) schrieb sein Landsmann, der Komponist Edison Denissow: »Mussorgski war ein Künstler, der nicht nur um Jahrzehnte vorausblickte, sondern um Jahrhunderte. Vielleicht können auch wir vieles noch nicht richtig schätzen, was er zur Geschichte der Weltmusik beitrug.«

Mussorgskis Charakter offenbart sich in der Zueignung seiner Oper *Boris Godunow*: »Ich widme meine Arbeit allen denen, die mir mit gutem Rat und mitfühlender Tat die Möglichkeit gegeben haben, diese Aufgabe zu verwirklichen.« Mit großer Anhänglichkeit fühlte er sich jener Komponistengruppe zugehörig, die als »Mächtiges Häuflein« in die Annalen eingegangen ist. Ihr geistiges Oberhaupt, Mili Balakirew, war für den anlehnungsbedürftigen Mussorgski Lehrer und Autorität, Beichtvater und Ratgeber. Die Überzeugung dieses Kreises (zu dem auch Rimski-Korsakow, Borodin und César Cui zählten), daß die russische Kunst nur durch die Emanzipation vom Westen und die Besinnung auf ihre Ursprünge, die Sprache, die Folklore, die Geschichte Rußlands, zu sich selbst finden könne, hat keiner mit solcher Radikalität umgesetzt wie Mussorgski. Doch gerade weil er mit den gemeinsamen Idealen ernst machte, wurde er den Freunden unheimlich: Sie beklagten seinen »moralischen Verfall« und betrachteten seine Werke als wirre Produkte eines in selbstzerstörerischem Alkoholismus versinkenden »physischen Wracks« (Balakirew). Aber Mussorgski war für die Rolle des einsamen Genies nicht geschaffen. Er litt an dem Unverständnis der einstigen Bundesgenossen und ließ sich durch ihre selbstgerechte Ablehnung entmutigen. Am frühen Morgen des 16./28. März 1881 starb Mussorgski im St. Petersburger Nikolai-Militärhospital.

Eine Nacht auf dem kahlen Berge

UA: St. Petersburg 1886

1866 erschien in St. Petersburg ein Buch über »Zauberei und mysteriöse Phänomene der Neuzeit«, zu dessen begeisterten Lesern auch Mussorgski gehörte. Die Beschreibung des Hexensabbats, der nächtlichen Zusammenkünfte und orgiastischen Rituale auf dem Blocksberg in Deutschland oder dem kahlen Berg bei Kiew dienten ihm als Initialzündung und Programm eines im Juni 1867 wie im Rausch komponierten Orchesterstücks, das er selbst als »russisch und ursprünglich«, »heiß und chaotisch« charakterisierte: »Dafür hätte man mich aus dem Konservatorium gejagt.« Mussorgski hatte das Werk, das zu seinen Lebzeiten nie aufgeführt wurde, später als Intermezzo, als pantomimische Traumszene für seine Fragment gebliebene Oper *Der Jahrmarkt von Sorotschinzy* vorgesehen: Glockenschläge einer Dorfkirche beenden in dieser Version das entfesselte Treiben der Satansverherrlichung; eine friedliche Morgenstimmung breitet sich aus. Die Fassung, in der *Eine Nacht auf dem kahlen Berge* seit Jahrzehnten im Konzertsaal erklingt, stammt – natürlich – von Rimski-Korsakow, der »Mussorgskis Material als Grundlage« benutzte, um zugleich dessen radikale und formsprengende Kühnheiten zu entschärfen. Mussorgskis Originalfassung von 1867 harrt noch der Einbürgerung.

[M] *CD* Cleveland Orchestra Dohnányi (Teldec 1988); Oslo PO, Jansons (EMI 1989)

Bilder einer Ausstellung

UA: Paris 1922

Der Tod Viktor Hartmanns am 23. Juli 1873 war für Mussorgski ein schwerer Schock. Mit dem vielgereisten Genremaler und phantasiereichen Architekten verlor er einen engen Freund, der, noch nicht einmal auf dem Zenit seines Ruhmes, erst 39jährig gestorben war. Im Februar/März 1874 fand eine Gedenkausstellung statt. Unter ihrem Eindruck komponierte Mussorgski im Sommer desselben Jahres eine Klaviersuite, deren Entstehungsanlaß zugleich Titel und Thema bestimmte.

Die *Promenade*, die den Zyklus eröffnet und in der Art eines Rundganges unterteilt, verstand Mussorgski als ein Selbstporträt: »Mein eigenes Abbild erscheint in den Zwischenspielen.« Von dem realistischen Aspekt abgesehen – die *Promenade* suggeriert den gravitätisch einherschreitenden, mitunter nachdenklich zögernden Ausstellungsbesucher – verwirklicht Mussorgski in diesem refrainartigen Abschnitt eine Musik, die mit gutem Recht als »russisch« bezeichnet werden kann. Die kurzen, häufig wiederholten Motive, die in sich kreisenden Melodiefloskeln sind Merkmale des russischen Volksliedes; und die metrische Asymmetrie, die wandernden Akzente verweisen auf die gesprochene russische Sprache. Es mag überraschen, daß Mussorgski eine so idealtypisch russische und in diesem Sinne allgemeine und objektive Musik als sein »eigenes Abbild« bezeichnete: Aber Mussorgski begriff sich als ein »soziales Wesen«. »Nur der ist ein Künstler, der die Menschheit so leidenschaftlich liebt wie seine Kunst« – diese Aussage seines gleichgesinnten Freundes, des Bildhauers Mark Antokolsky, könnte als Motto über Mussorgskis Leben und Werk geschrieben stehen. Wenn im opernhaft grandiosen Schlußtableau, *Das große Tor von Kiew* (nach einem Architekturentwurf Hartmanns in altrussischem Stil, der unrealisiert blieb), unter Glockengeläut das Thema der *Promenade* triumphal ertönt, feiert Mussorgski in dieser Apotheose ein geschichtsbewußtes russisches Künstlertum, das aus dem Volk, aus der Mitte des Lebens kommt und sich direkt an die Menschen richtet, deren Sprache es spricht.

Mussorgski hat die Vor-Bilder Hartmanns kompositorisch weitergedichtet. Die Zeichnung *Garten der Tuilerien* belebte er quasi-szenisch mit streitenden Kindern und mahnenden Kindermädchen. Zur schwerfälligen Fahrt des polnischen Ochsenwagens *Bydlo* intonierte er ein russisches Lied – und vertiefte damit die Vorlage zum Gleichnis der beladenen und gedemütigten Existenz der russischen Bauern. Den reichen und den armen Juden, eigentlich zwei separate Bilder Hartmanns, vereinte Mussorgski in charakteristischem Dialog; für den *Marktplatz von Limoges* ersann er aufgeregtes Stimmengewirr, und Hartmanns Entwurf einer *Die Hütte der Baba Jaga* darstellenden Uhr regte Mussorgski dazu an,

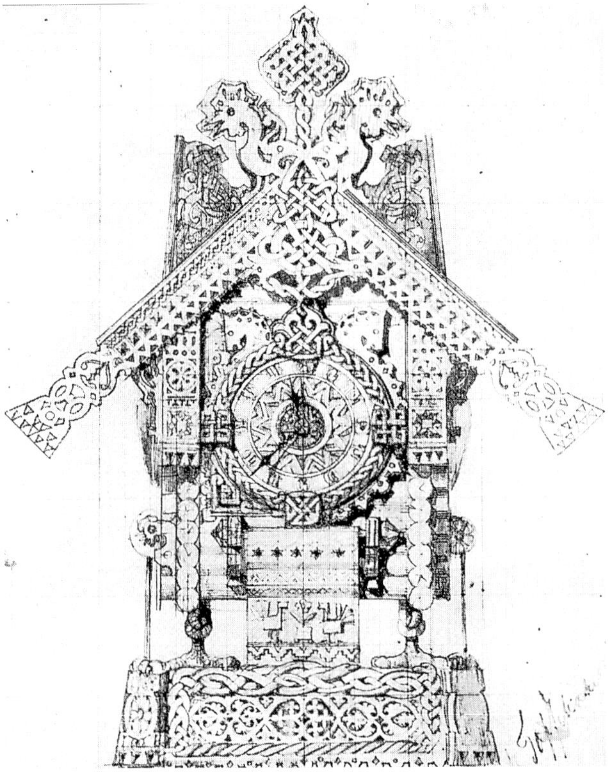

»Die Hütte der Baba Yaga« aus den »Bildern einer Ausstellung«
Zeichnung von Viktor Alexandrowitsch Hartmann

die russische Märchenhexe in wildem Ritt in die Lüfte emporsteigen zu lassen. Nach dem Bild der *Katakomben* rückte er eine Variation des *Promenaden*-Themas ein, die er mit der Überschrift *Cum mortuis in lingua mortua* (Mit den Toten in toter Sprache) versah. Am Rand des Manuskripts notierte er dazu: »Der schöpferische Geist des dahingegangenen Hartmann führt mich zu den Totenschädeln und redet sie an; ein bleiches Licht strahlt vom Innern der Schädel aus.«

Erst seit 1922, als in Paris Maurice Ravels Orchesterfassung der *Bilder einer Ausstellung* ihre UA erlebte, zählt Mussorgskis Suite zu den meistgespielten Werken der jüngeren Musikgeschichte. Doch sei – ohne Ravels Leistung deshalb zu schmälern – der Rückschluß erlaubt, daß seiner Version der enorme Erfolg verwehrt geblieben wäre, zeichnete sich nicht schon Mussorgskis Original durch eine latente, den Klavierklang überschreitende Orchestralität aus.

[M] *CD* Klavierfassung: Ashkenazy (Decca 1982); Orchesterversion: Oslo PO, Jansons (EMI 1989) – *VD/LD* Schwed. RSO, Ashkenazy (Teldec); Philadelphia O., Ormandy (Philips); Chicago SO, Solti (Sony) *Wolfgang Stähr*

Carl Nielsen

1865–1931

Nach wie vor sind Nielsens Symphonien, obwohl sie unzweifelhaft zu den hochbedeutenden des späten 19. und frühen 20.Jhs. gehören, außerhalb Dänemarks kaum bekannt. Dabei ist Nielsen eine zwar singuläre, doch keineswegs lokale Erscheinung, seine Verwurzelung in der Volksmusik zeigt sich in seiner Symphonik nur äußerst sublimiert. Instrumentalunterricht erhielt der Junge beim Vater, mit vierzehn wurde er Mitglied einer Militärkapelle. 1884 akzeptierte ihn Niels Wilhelm Gade, der erste dänische Symphoniker von Rang, als Schüler am Kopenhagener Konservatorium. Zwei Jahrzehnte lang, bis 1905, war Nielsen Geiger im Hoforchester, von 1908 bis 1916 Hofkapellmeister in der Nachfolge Johan Svendsens, bis 1927 unterrichtete er Komposition am Konservatorium. Auch wenn das plakative Wort vom »Anti-Romantiker« kaum überzeugt, ging Nielsen doch spürbar auf Distanz zu einer unreflektiert schwelgenden Romantik und ihrem vielfach rational unkontrollierten Subjektivismus, setzte er deren »unendlicher Melodie« seine prägnanten, oft modal eingefärbten melodischen Gebilde entgegen. Sorgsam wich er jeder sentimentalen Anwandlung aus, ein Zug, der seine Symphonik auch in der schlanken Harmonisierung und der durchsichtigen Instrumentation manchmal geradezu kühl erscheinen läßt. Doch Nielsen mißtraute dem ungefilterten Ausdruck wechselhafter Stimmungen – »Was gehen andere Leute meine innersten Gefühle an?« Auch daraus dürfte – bei aller Bewunderung – die Vorsicht resultieren, mit der er Wagner zeitlebens begegnete. Der für sein Empfinden auf Kosten rhythmischer und melodischer Momente allzu exzessiv wuchernden Harmonik seiner Zeit suchte er mit dem Heilmittel der Rückbesinnung auf elementare musikalische Größen zu begegnen, der »Pflege der ersten und grundlegenden Intervalle. Bis zum Überdruß müssen wir zeigen, daß eine wohlklingende Terz als göttliche Gabe gesehen werden sollte, eine Quart als Erfahrung und eine Quint als die größte Freude. Gedankenlose Gier untergräbt die Gesundheit. Es ist wesentlich, die Verbindung mit dem Einfachen zu behalten«. Wer Nielsen freilich deshalb zum Konservativen stempeln möchte, überhört die zahlreichen progressiven Momente in seinem Werk. Wohl aber ist die quasi logische Folge einer solchen Haltung die starke Betonung des linearen Prinzips beim Vorgang des Komponierens – Nielsen beherrschte sein kontrapunktisches Handwerk perfekt. Von Resignation, sogar von Depressionen waren die letzten Jahre überschattet, und die Gründe hierfür sind zweifellos nicht allein in seiner Krankheit, sondern auch in der berechtigten Enttäuschung über das fehlende Verständnis oder auch nur Interesse für sein Werk im Ausland zu suchen.

Symphonie Nr. 1 g-moll op. 7

UA: Kopenhagen 1894

Auf den ersten Blick folgt die 1892 vollendete viersätzige *Erste* in Tempobezeichnungen und Tonartbeziehungen klassischen Vorbildern. Sicher ist sie in manchem Brahms verpflichtet, auch der Symphonik Dvořáks oder Borodins. Doch weit interessanter als solche Einflüsse sind Nielsens überragende Instrumentationsfähigkeit und die geradezu traumwandlerische Sicherheit, mit der er bereits die *Erste* strukturell aus jenem Prinzip entwickelte, das Robert Simpson als Nielsens »progressive tonality« (fortschreitende Tonalität) charakterisierte. Nicht grundlos erschien einem Zeitgenossen »die Kühnheit der Harmonik« in der Ersten als »beispiellos«. Der 1. Takt des Kopfsatzes *Allegro orgoglioso* (stolz, hochmütig) mit dem harten, schnittartigen Wechsel vom C-Dur des Eröffnungsakkordes zum g-moll der anschließenden Streicherfigur ist eben kein reiner Überraschungseffekt, auch wenn er das zeitgenössische Publikum sicher überrascht haben dürfte. Er umfaßt vielmehr in nuce den Entwicklungsprozeß des gesamten Werkes, die vehemente Tonarten-Spannung, die in einem komplexen Prozeß nur allmählich aufgehoben wird. Sie durchzieht auch das *Andante* und das *Allegro commodo* bis hin zur Durchführung des Finales (*Allegro con fuoco*) mit ihrem ungemilderten Gegeneinander von H-Dur und Des-Dur – den Tonarten, die um einen halben Ton unter bzw. über C-Dur liegen – ehe sich schließlich in der Coda das C-Dur des Eingangsakkordes definitiv durchsetzt. Aus diesem harmonischen Widerstreit resultiert auch die über weite Strecken deutliche, im übrigen für Nielsens gesamtes Schaffen charakteristische modale Einfärbung der Harmonik.

Symphonie Nr. 2 op. 16 (»Die vier Temperamente«)
UA: Kopenhagen 1902

Nach eigenen Schilderungen regte eine naiv bildliche Darstellung der vier menschlichen Temperamente Nielsen 1901 zu seiner 2. Symphonie *Die vier Temperamente* an, die für manchen in seine »psychologische Phase« fällt. Wie die 1902 in Griechenland entstandene *Helios-Ouvertüre* primär den Eindruck spiegelt, den ein Naturphänomen, der Kreislauf der Sonne, im Betrachter auslöst, so vermittelt auch die Symphonie Eindrücke von verschiedenen, freilich niemals statischen und in ihren Grenzen fließenden »Zuständen« des menschlichen Seelenlebens, das Nielsen in der Vielfalt seiner möglichen Abschattierungen zeitlebens faszinierte. Doch auch wenn er selbst 1931 eine amüsant zu lesende verbale Annäherung an diese Zustände lieferte, sollte man die *Zweite* nicht vordergründig als Programmusik mißverstehen, die Nielsen im Grunde ablehnte, da Musik unmöglich konkrete Gedanken und Handlungen, noch viel weniger ein ganzes, langes und fortlaufendes Programm ausdrücken könne«. Die *Zweite* ist thematisch prägnanter, zugleich dichter gearbeitet als die *Erste*. Auch rhythmisch schärfer konturiert und strukturell gespannter hebt sie das Prinzip der fortschreitenden Tonalität auf eine komplexere Ebene. Der Kopfsatz *Allegro collerico* ist vom Dualismus des ungestüm aufbrausenden Hauptthemas und einem expressiven Seitengedanken bestimmt, während das *Allegro commodo e flemmatico* mit seiner von kleinen, elementaren Intervallen geprägten Melodik den Eindruck pastoraler Idylle vermittelt. In großen Steigerungswellen und mit bis dahin unerreichter Intensität lotet Nielsen im *Andante malincolico* seelische Gefilde aus; nur vorübergehend hellt ein lichter Seitengedanke das schwermütige Pathos auf. Für einen Moment hält auch das Finale inne, wenn ein nach Moll eingedunkeltes Doppelfugato dieses ansonsten glutvoll vorwärtsstürmende *Allegro sanguineo – Marziale* unterbricht.

Symphonie Nr. 3 op. 27 (»Sinfonia espansiva«)
UA: Kopenhagen 1912

»Ich bin – oder besser – ich war oft ein Zankapfel ... aber das kam daher, daß ich gegen das typisch dänische Sanfte, Glättende protestieren wollte. Ich will kräftigere Rhythmen und eine avanciertere Harmonik.« Mit diesen Worten umriß Nielsen Form und Kompositionstechnik der 1911 vollendeten Dritten. Tatsächlich ist sie ein entscheidender Schritt auf seinem Weg zum Bruch mit, oder doch zumindest zur Loslösung von der symphonischen Tradition. Mit einem völlig singulären Anfang, einer Folge von stockenden, dann vehement sich verdichtenden d-moll-Akkordschläge in den ersten Takten des Kopfsatzes *Allegro espansivo*, die eigentlich weniger der Beginn einer Symphonie, als fast dessen Negation sind, wird unmittelbar der Rhythmus als zentrales gestalterisches Moment des Werkes exponiert. Und die anschließende, über mehr als 130 Takte hinweg gespannte, grandios sich steigernde Entwicklung von d-moll zum denkbar weit entfernten As-Dur macht klar, wie radikal hier das Prinzip der »fortschreitenden Tonalität« zum Tragen kommt bzw. strukturelles Moment wird. Schon Robert Simpson wies darauf hin, wie die Harmonik hier »ansteigende Tonarten-Terrassen« durchschreitet, so etwa fis, g, gis, As, dann b und schließlich C. Erstmals sprengt Nielsen – auch diesbezüglich trifft der Titel – die traditionelle symphonische Form, ist sein Gedanke, daß eines aus dem anderen wachsen muß, kompromißlos verwirklicht. Dazu passen Nielsens Idee, im *Andante pastorale* die letzte Konsequenz aus dem oft melodischen Gestus seiner Themen zu ziehen und die Vokalisen zweier Singstimmen in den Orchesterklang zu integrieren ebenso, wie die harmonischen Kühnheiten des 3. Satzes *Allegretto un poco*. Den Eindruck kalkulierter Simplizität hinterläßt das monothematische *Allegro*, das in einer knappen, doch grandiosen Apotheose gipfelt.

Symphonie Nr. 4 op. 29 (»Das Unauslöschliche«)
UA: Kopenhagen 1916

Die durchkomponierte *Vierte* sollte laut Nielsen alles schildern, »was man beim Begriff ›Leben‹ fühlt und denkt«. Der Titel *Das Unauslöschliche* versuche anzudeuten, was allein die Musik ausdrücken könne: den elementaren Willen zum Leben. Wie sehr das Erlebnis des Weltkrieges die Werkkonzeption beeinflußt haben mag, wird nicht erst im gespenstisch grandiosen Paukenduell kurz vor Schluß des Final-Allegros deutlich, mit dem Nielsen für lange, beklemmende Momente geradezu gewalttätig jede melodische Regung zu zerschlagen scheint. Auch die *Glorioso*-Apotheose des Finales macht nicht vergessen, daß der gleich in den ersten Takten des *Allegro*-Kopfsatzes im Gegeneinander der Tonarten C und D aufgerissene, immer neu ausbrechende und eben erst ganz am Schluß eher aufgehobene, denn gelöste Konflikt die gesamte Werkstruktur bestimmt. Dem entsprechen die dunklen Klangfarben, die kantige Harmonik, das oft unvermittelte Nebeneinander von rein homophonen und mehrfach die Grenze zur Atonalität streifenden Passagen, die zahlreichen, aus einem kompromißlos geführten Kontrapunkt resultierenden Dissonanzen. Freilich begegnet Nielsen diesen Auflösungstendenzen mit der für ihn charakteristischen Rückbesinnung auf die elementaren Intervalle, so in der Terzenseligkeit des Kopfsatz-Seitenthemas, das in der Reprise fehlt und erst am Schluß des Werkes hymnisch wiederkehrt und als zentraler Gedanke der Symphonie enthüllt wird. Auch der Pauken-Tritonus des Anfangs ist bezeichnenderweise im Finale zur Quart »bereinigt«. Noch deutlicher wird dies im fast kammermusikalisch idyllischen *Poco allegretto*, in den der 3. Satz *Poco adagio quasi andante* mit einer expressiven Violinkantilene geradezu gewaltsam einbricht. Es ist Nielsens bis dahin eindrucksvollster langsamer Satz, ein schmerzvoller Aufschrei und Klagegesang, der sich über sparsamer Begleitung – Pizzicati der tiefen Streicher und Pauke – entwickelt. In schnittartigen Wechseln und brüsken Tonart-Rückungen fallen sich ruhige Streicherkantilenen, erregte Einwürfe der Holzbläser und hymnische Passagen des Blechs ins Wort, ehe der Satz in einem großen E-Dur-Ausbruch kulminiert.

Symphonie Nr. 5 op. 50

UA: Kopenhagen 1922

Den Bruch mit der symphonischen Tradition, der sich in der *Sinfonia Espansiva* ankündigte, vollzieht Nielsen definitiv mit der 1921–22 komponierten *Fünften*. Erstmals gibt er das viersätzige klassische Schema auf, organisiert das Werk vielmehr in 2 Sätzen bzw. – wie Gustav Mahler seine Achte – 2 Abteilungen, wohl auch als Reflex darauf, daß Form stets zu entwickeln sei, daß sie eine andere sein mußte nach der Weltkriegs-Katastrophe, in der eine Welt zerbrach, aus deren Trümmern eine neue erst erwachsen mußte. Möglich, daß damit auch ein hermeneutischer Perspektivenwechsel einhergeht, Nielsen nach der allgemeinen Reflexion auf das Leben in der *Vierten* jetzt den »sozialen« Konflikt zwischen Barbarei und Zivilisation thematisiert, wie Paul Hamburger meinte. Tatsache ist, daß der am Schluß der Vierten von den zwei tonartlich völlig entgegengesetzten, rücksichtslos dröhnenden Paukenpaaren aufgerissene Konflikt zum bestimmenden Moment der Fünften wird. Und wieder wird dieser Gestus mit den ersten Takten des Kopfsatzes offenbar: Kein Tuttischlag wie in den vorangegangenen Symphonien eröffnet das Werk, sondern ein mysteriöses, langsam oszillierendes Kleinterzmotiv, womit das Grundprinzip vorgegeben ist: Erst gegen Ende finden die beiden Sätze (*Tempo giusto* und *Allegro*) zu klarer tonartlicher Fixierung, zuvor jedoch geistert die symphonische Entwicklung über weite Strecken im haltlos Vagen, und der *1. Satz* gipfelt in einer fast collageartigen Passage, in der sich grelle Holzbläserfiguren, tiefe Streicher und ein Blechbläsersatz in völlig anderer Tonalität sowie schließlich eine rücksichtslos im eigenen Tempo losdreschende kleine Trommel überlagern. Die dröhnende Trommel und die als »Kakophonie« empfundene Musik löste 1924 in Stockholm Tumulte und Saalfluchten aus. Tatsächlich erinnert die Passage an Mahler, ja sogar an die wüsten Parameter-Schichtungen eines Charles Ives, den Nielsen freilich kaum gekannt haben dürfte.

Symphonie Nr. 6 (»Sinfonia semplice«)

UA: Kopenhagen 1925

Als ein Werk von »ganz und gar idyllischem Charakter« war die 1925 vollendete *Sechste* gedacht, die Nielsen »mit derselben unkomplizierten Freude am reinen Klang wie die alten A-cappella-Komponisten« schreiben und in der er den individuellen Charakter jedes einzelnen Instrumentes enthüllen wollte. »Für mich ist jedes Instrument wie eine Person, die schläft und die ich zum Leben erwecken muß.« Damit ist die Tendenz zu einem durchsichtig kammermusikalischen, ja fragilen Klangbild vorgegeben. Doch der Titel *Sinfonia semplice* täuscht, denn die Einfachheit der *Sechsten* ist ebenso reflektiert wie komplex. So schlicht, fast kindlich naiv das Material etwa des Kopfsatzes *Tempo giusto* auch anmutet, seine Verarbeitung in Kanon oder Fugato ist äußerst kunstvoll, die Harmonik mit ihren Ausflügen in bi- und polytonale Gefilde höchst avanciert. Nicht zufällig wurde die Sechste als unverständlich und zu radikal abgelehnt, nicht ohne Hinweis auf Nielsens angeblich nachlassende Schaffenskraft. Vieles, was in früheren Werken anklingt, wird nun radikalisiert, so etwa in den großen rein perkussiven, teils bruitistischen, teils grotesk phantastischen Klangflächen vor allem der *Humoreske*. Sie erinnert an die satirischen Frechheiten des jungen Schostakowitsch, etwa in den wüsten Posaunen-Glissandi, die schlichte homophone Passagen ironisch kommentieren. Fast, als wolle er diesem Treiben Einhalt gebieten, folgt als 3. Satz (*Proposta seria. Adagio*) ein *ernsthafter Vorschlag* in Form eines Fugato. Der formalen Strenge entspricht die instrumentatorische, die jedem Mischklang entgegenwirkt, die unterschiedlichsten Klangsphären als gleichwertig nebeneinanderstellt. Diesen Gestus der potentiellen Gleichwertigkeit allen Materials greift das Finale *Tema con variazioni. Allegro* auf, in dem Fugato und Walzer, chromatischer Choral und Fanfare einander ablösen, ehe die Coda all diese Momente überhöhend zusammenfaßt. So könnte für die *Sechste* insgesamt gelten, was Nielsen über die *Humoreske* meinte, jenem Stück für kleine, miteinander »streitende« Schlagzeug-Instrumente – Triangel, Glockenspiel und kleine Trommel: »Jedes klebt an seinem eigenen Geschmack, seinen eigenen Vorlieben. Die Zeiten ändern sich. Wohin geht die Musik? Was ist dauerhaft? Wir wissen es nicht! Dieser Gedanke steckt in meiner kleinen Humoreske.«

[M] *CD* Symphonien 1–6: San Francisco SO, Blomstedt (Decca 1987–89); Gothenburg SO, Järvi (DGG 1990–92)

Instrumentalkonzerte

Das *Violinkonzert op. 33* (UA: Kopenhagen 1912) entstand 1911, kurz nach der 3. Symphonie, das *Flötenkonzert* und das *Klarinettenkonzert op. 57* stammen aus Nielsens späten Jahren (UA: Paris 1926 und Kopenhagen 1928). Gemessen an den Kühnheiten der *Sinfonia espansiva* wirkt das *Violinkonzert* harmonisch wie in der formalen Anlage gemäßigt, ja schlicht, vor allem der Orchesterpart ist zurückgenommen. Ungeachtet des kadenzartigen Präludiums (*Largo*), das Nielsen dem Kopfsatz (*Allegro cavalleresco*) voranstellt, ist das Konzert latent zweisätzig, stellt doch der langsame Satz (*Poco Adagio*) letztlich eine Art Ein- bzw. Überleitung zum *Final-Rondo*, einem folkloristisch modal eingefärbten *Allegretto scherzando* dar. Den Schritt zur tatsächlichen Zweisätzigkeit vollzog Nielsen im *Flötenkonzert* (*Allegro moderato* und *Allegretto*), dem insgesamt die Erfahrungen der 5. und 6. Symphonie, vor allem der *Humoreske* der Sechsten anzuhören sind. Deutlich entfernt es sich vom Solo-Konzert klassisch-romantischer Prägung, knüpft stattdessen mit der latenten Integration des Soloinstrumentes in den Bläserklang an Concerto-grosso-Modelle des Barock an. Formal freilich geht der späte Nielsen eigene Wege, indem er dem gesamten Werk einen alles umspannenden Entwicklungscharakter verleiht, auf seinen Gedanken zurückgreifend, daß »eines aus dem anderen wachsen muß«. Spürbarer noch greift das *Klarinettenkonzert* den Gestus der *6. Symphonie* auf, sowohl in seiner kammermusikalischen Faktur, als auch in der Bedeutung, die dem perkussiven Moment in Form einer kleinen Trommel zukommt. Das Werk ist durchkomponiert (*Allegretto un poco*), die klassischen Satzcharaktere scheinen jedoch durch die einsätzige Form hindurch.

[M] *CD* Violinkonzert: Lin, RSO Stockholm, Salonen (Sony); Flötenkonzert: Galway, Dän. RSO, Galway (RCA 1986); Klarinettenkonzert: Drucker, New York PO, Bernstein (Sony)

Oswald Beaujean

Luigi Nono

1924–1990

»Nicht die Logik ist es, die in der Dichtung singt, sondern das Leben, auch wenn es nicht das Leben ist, das der Dichtung Form gibt, sondern die Logik.« Mit dieser Aussage des spanischen Dichters Machado hat der am 29. Januar 1924 in Venedig geborene und ebendort am 8. Mai 1990 verstorbene Luigi Nono sein kompositorisches Selbstverständnis erläutert. Musik und Leben galten ihm als untrennbare Einheit, und Leben war für ihn nicht nur Privates, sondern schloß gerade auch politische Stellungnahme ein. Eine derartige Auffassung verdankte Nono nicht zuletzt intensiven Studienjahren mit dem Komponisten Bruno Maderna, den er 1946 nach Abschluß eines Jurastudiums durch seinen damaligen Kompositionslehrer Gian Francesco Malipiero kennenlernte. Nonos und Madernas Studium bezog sich in starkem Maße auf Musik des Mittelalters und der Renaissance, die sie auf ihre Aktualität für die Gegenwart hin befragten. Prägend wirkte auf Nono außerdem die 1948 beginnende Freundschaft mit dem Dirigenten Hermann Scherchen, einem Kenner der Zweiten Wiener Schule sowie die regelmäßige Teilnahme an den Darmstädter Ferienkursen, dem wichtigsten Forum junger Komponisten in den 50er Jahren. Bereits mit seinem 1. Werk, den *Variazioni canoniche*, erregte Nono dort Aufsehen. Bald gehörte er zur Spitze der musikalischen Avantgarde. Im Gegensatz jedoch zu Karlheinz Stockhausen blieb für Nono die Entwicklung neuer Kompositionstechniken ein Mittel zum Zweck – und der Zweck war die Stellungnahme zur Gegenwart. Gerade aus diesem Grunde hat Nono immer wieder textgebundene Musik komponiert. Widerstand gegen jede Art von Faschismus thematisierte der überzeugte Kommunist vor allem in seinen Werken der 50er Jahre. In den 60er Jahren rückten andere Bedrohungen in Nonos Blickfeld: Mit Hilfe elektronischer Technik schuf er großangelegte Klangcollagen, in denen er beispielsweise gegen die Ausbeutung der 3. Welt protestierte. Einen neuen Weg schlug Nono Mitte der 70er Jahre ein. Ausschließlich instrumentale und vokale Klänge, die meist durch Live-Elektronik moduliert und in den Raum projiziert wurden, ersetzten die realitätsbezogenen Tonbandmontagen. Es entstand eine klanglich fein differenzierte, pausenreiche Musik an der Grenze der Hörbarkeit, mit dem Ziel, der Wahrnehmung neue Möglichkeiten zu eröffnen.

Variazioni canoniche sulla serie dell' op. 41 di A. Schönberg (Kanonische Variationen über die Reihe des op. 41 von A. Schönberg)

UA: Darmstadt 1950

Daß die UA dieses Werkes heftige Publikumsreaktionen provozierte, erscheint aus heutiger Sicht erstaunlich. Das viersätzige Erstlingswerk Nonos läßt zwar eine durchaus eigenwillige Weiterentwicklung kompositorischer Ansätze der Zweiten Wiener Schule erkennen, expressive Klanggesten und eine sinnliche, farbige Instrumentation vermögen den Hörer jedoch unmittelbar anzusprechen. Als radikal wurde offenbar die Reduktion des musikalischen Materials auf kleine Motive und einzelne Klänge empfunden, aus denen, immer wieder von Pausen unterbrochen, das kanonische Gewebe erwächst. Das im Titel genannte Werk Schönbergs wurde unter anderem aufgrund seiner Thematik als Bezugspunkt gewählt: Die *Ode an Napoleon* ist ein politisches Stück gegen die Hitlerdiktatur.

M *CD* SWF-O., Gielen (IMS 1989)

Incontri (Begegnungen)

UA: Darmstadt 1955

Zwei verschiedene musikalische Strukturen treffen nach Nonos eigenen Aussagen in den *Incontri* aufeinander: »So wie zwei Wesen sich begegnen und aus ihrer Begegnung zwar keine ›Einheit‹ werden kann, aber ein Zusammensein.« Dieser Prozeß artikuliert sich in insgesamt 6 Abschnitten, wobei die 2. Werkhälfte die erste rückläufig wiederholt. Abschnitt 1 und 3 sind jeweils der Entwicklung einer der beiden Strukturen vorbehalten, die sich entgegengesetzt zueinander verhalten. Die erste wird allmählich langsamer und leiser, die zweite durchläuft einen Prozeß der Steigerung. In einem ruhigen Mittelabschnitt wechseln beide einander ab. Begegnungen finden aber auch zwischen den Orchesterinstrumenten statt: Jeder Musiker artikuliert lediglich Einzeltöne, die von anderen fortgeführt und zu Stimmen entwickelt werden.

Il canto sospeso (Der schwebende/unterbrochene Gesang)

UA: Köln 1956

Die gelungene Synthese von strenger musikalischer Konstruktion und unmittelbarer Expressivität macht den *Canto sospeso* zu einem der bedeutendsten Werke Nonos. Ausschnitte aus Abschiedsbriefen zum Tode verurteilter Widerstandskämpfer bilden die Textgrundlage für eine Folge von insgesamt 9 Chor-, Solo- und Orchesterteilen. Insbesondere in den Chorsätzen entwickelte Nono eine neue Technik der Textverarbeitung, die er in allen späteren Chorwerken weiterführte. Der Text ist, in Worte oder Silben gespalten, auf verschiedene Stimmen des Chores verteilt. Erst das Zusammenwirken aller Sänger läßt ihn aus seinen Fragmenten gleichsam neu entstehen. Resultat dieses Verfahrens ist eine Intensivierung des musikalischen Ausdrucks. Gegensätzliche Gefühle wie Haß, Trauer, aber immer wieder auch Hoffnung werden auf diese Weise differenziert und eindrucksvoll wiedergegeben.

M *CD* Bonney, Otto, Torzewski, Lothar, Rundfunkchor Berlin, Berliner Philharmoniker, Abbado (Sony 1993)

Composizione per orchestra n. 2: Diario polacco '58 (Orchesterkomposition Nr. 2: Polnisches Tagebuch '58)

UA: Darmstadt 1959

Im Herbst 1958 reiste Nono erstmals nach Polen. Innerhalb kürzester Zeit empfing er dort Eindrücke unterschiedlichster Art: Entsetzen weckte die Begegnung mit der unmittelbaren, grauenvollen Vergangenheit in Auschwitz, Staunen und Bewunderung lösten die Naturschönheiten des Landes aus, Begeisterung schließlich empfand der Komponist für »den Lebenswillen des Volkes nach einer freien und menschlichen Existenz« und die Aufbauarbeit des jungen Sozialismus. Diese drei Gefühle, ihr rasches Wechseln und ihre Überlagerung, spiegeln die verschiedenen Klänge eines großen, reich mit Schlagwerk ausgestatteten Orchesters suggestiv und kontrastreich wider.

Canti di vita e d'amore (Gesänge des Lebens und der Liebe)

UA: Edinburgh 1962

Schon der Titel deutet den utopischen Horizont des Werkes an, den Nono als »Liebe im Bewußtsein des Lebens« umrissen hat. Diese Formel schließt insbesondere auch Erinnerung an die Schrecken der Welt ein. Der *1. Satz* thematisiert die atomare Bedrohung und die Folgen der Atombombenexplosion in Hiroshima mittels enggeschichteter, dissonanter Klangfelder des Orchesters. In deutlichem Kontrast dazu steht der *2. Satz*: Ein Solosopran gibt den weitgespannten, hoffnungsvollen Gesang einer algerischen Widerstandskämpferin wieder. Textgrundlage des letzten Satzes für Gesangssolisten und Orchester ist ein Gedicht Cesare Paveses, das die Vision einer von Liebe erfüllten Welt entwirft.

M *CD* Taskova, Driscoll, RSO Saarbrücken, Gielen (Wergo)

La fabbrica illuminata (Die erleuchtete Fabrik)

UA: Venedig 1964

Kein anderes Werk Nonos wurde so häufig als Beispiel politischer Musik zitiert und kontrovers diskutiert wie *La fabbrica illuminata* für Solosopran und Tonband. Thema der Komposition ist die Ausbeutung der Arbeiterschaft, deren menschenunwürdige Arbeits- und Lebensbedingungen am Beispiel von Stahlwerken in Genua aufgezeigt werden. 3 Tage lang hat Nono dort Fabrikgeräusche sowie Aussagen der Arbeiter aufgenommen und dieses Material zusammen mit elektronischen und vokalen Klängen zu einem Tonband montiert. Einem bedrohlichen, alptraumhaften 1. Teil folgt ein Abschnitt der Bewußtwerdung und des Protestes. Am Schluß bleibt der Sopran allein, mit Ausschnitten aus einem Gedicht Cesare Paveses, die Utopie eines glücklichen Lebens beschwörend.

[M] *CD* Henius, Realisation RAI Mailand, Nono (Wergo 1972)

A floresta é jovem e cheja de vida (Der Wald ist jung und voller Leben)

UA: Venedig 1966

Dem revolutionären Elan dieser – der vietnamesischen Befreiungsfront zugeeigneten – Komposition kann sich auch ein heutiger Hörer kaum verschließen. Faszinierend ist die Fülle des Klangmaterials und ihre differenzierte Verarbeitung. Sie stellen das Resultat umfangreicher Studien mit verschiedenen Interpreten dar. Amerikanische und italienische Schauspieler haben die Tonbandtexte gesprochen, die mit elektronischen Klängen und Kriegsgeräuschen versetzt sind. 3 Sprecher und eine Sängerin tragen dazu live Fragmente aus Texten revolutionärer Kämpfer in insgesamt 5 Sprachen vor. Das Instrumentarium besteht lediglich aus 5 Kupferplatten und einer Klarinette, die völlig neue Ausdrucksmöglichkeiten auch in leisen Bereichen erschließt.

Ein Gespenst geht um in der Welt

UA: Köln 1971

»Ich verstehe Musik als Funktion des historischen Klassenkampfes.« Mit dieser kämpferischen Stellungnahme leitete Nono die Anmerkungen zu diesem Werk für Solosopran, Chor und Orchester ein, dessen Titel dem kommunistischen Manifest Marx' entnommen ist. Der Verzicht auf Tonbandeinspielungen realer Geräusche wird durch die musikalische Verarbeitung internationaler revolutionärer Gesänge (z. B. der »Internationale«) und die Einbeziehung von deutlich gesprochenen Texten kubanischer Revolutionärinnen wettgemacht. Im Orchester dominieren gewaltige Blechbläser- und Schlagzeugblöcke, die, immer wieder in die changierenden Vokalklänge einbrechend, sowohl den Elan der Aufständischen als auch die Grausamkeit des Kampfes zu imaginieren vermögen.

Como una ola de fuerza y luz (Wie eine Woge von Kraft und Licht)

UA: Mailand 1972

Dem Andenken des chilenischen Revolutionärs Luciano Cruz ist diese Komposition gewidmet. Die Klage über den – meist gewaltsamen Tod – anderer Menschen bildet eine Konstante im Werk Nonos. Jedoch geht es ihm nie allein um den Ausdruck von Trauer; immer ist es auch das Bedürfnis, die Erinnerung wachzuhalten, die Ideale der Toten an die Lebenden weiterzugeben, die sich in den Stücken widerspiegelt: »Wie eine Woge / von Kraft / stets lebendig / wirst du weiter flammend strahlen« lautet ein Ausschnitt des vom Solosopran vorgetragenen Gedichtes Julio Huasis. Klavier und Orchester artikulieren dazu vorwiegend mächtige Klangblöcke. Ein Tonband mit Klavier- und Vokalklängen erzeugt räumliche Wirkung.

[M] *CD* Taskova, Pollini, SO des BR, Abbado (DGG 1974)

Prometeo, tragedia dell'ascolto (Prometheus, Hörtragödie)

UA: Venedig 1984

Ursprünglich als »szenische Aktion«, als musikalische Umsetzung der Prometheustragödie von Aischylos geplant, entwickelte sich diese abendfüllende Komposition für Soli, Chor, Orchester und Live-Elektronik im Lauf ihrer langen Entstehungszeit von ca. 7 Jahren immer mehr in eine Richtung, die eine Visualisierung nicht nur überflüssig, sondern geradezu inadäquat machte. Denn die für das Werk grundlegende Idee der Offenheit, der gleichzeitigen Existenz mannigfacher Möglichkeiten der Wahrnehmung widersprach einer bildlichen Fixierung der im Raum wandernden Klänge. Prometheus verkörperte für Nono den Menschen, der ständig unterwegs ist auf der Suche nach »neuen Erden und Grenzen«, der die Existenz eines umfassenden Systems für keinen Bereich des Lebens anzuerkennen bereit ist. Und aus dieser Lebenshaltung, mit der der Komponist sich selbst identifizierte, resultierte eine aus Fragmenten gebildete, räumlich komponierte Partitur. Der italienische Philosoph Massimo Cacciari stellte Textausschnitte verschiedenster Herkunft (Hesiod, Hölderlin, Benjamin u. a.) zusammen, die Vergangenes, Gegenwärtiges und Zukünftiges umfassen. Diese Texte sind während ihres Vortrags jedoch kaum oder gar nicht zu verstehen, ihre Aussage ist vollständig in der Musik aufgehoben. Die äußerst fein ausdifferenzierten Klänge, die sich über lange Passagen in leisesten Bereichen bewegen, fordern ein konzentriertes Hören eines unvoreingenommenen und neugierigen Rezipienten.

[M] *CD* Ade-Jesemann, Bair-Ivenz, Otto, Rasker u.a., Solistenchor Freiburg, Ensemble Modern, Metzmacher (EMI 1995)

Caminantes ... Ayacucho (Wandernde ... Ayacucho)
UA: München 1987
No hay caminos, hay che caminar ... Andrej Tarkovskij
(Es gibt keine Wege, man muß gehen ... Andrej Tarkovskij)
UA: Tokio 1987

»Wandernde, es gibt keine Wege, man muß gehen«: Diese Worte des spanischen Lyrikers Machado hat Nono in unterschiedlichen Kombinationen zum Titel mehrerer Kompositionen gemacht. Denn in dem »Wanderer« Machados erkannte er die Gestalt des »Prometeo« wieder. Die Bewohner der peruanischen Region Ayacucho, die seit Jahrhunderten gegen die Mächtigen rebellieren, und Giordano Bruno, dessen Sonett »An die Prinzipien des Universums« die Textgrundlage des Werkes bildet, sind die »Wanderer« der 1. Komposition für Mezzosopran, Flöte, Chöre, Orchester und Live-Elektronik. Dem russischen Filmregisseur Tarkowski ist das zweite, reine Instrumentalwerk gewidmet. In beiden Stücken werden Klänge im doppelten Sinn als räumliche Bewegungen komponiert. Die Ausführenden sind einerseits im Raum verteilt aufgestellt. Außerdem werden Einzeltöne von mehreren Interpreten gleichzeitig in verschiedener Weise artikuliert und mittels kleinster Tonhöhenabweichungen zur Vibration gebracht. So wird in der 2. Komposition der einzige Ton, auf dem das ganze Werk basiert (der Ton g), als dynamischer Klangraum erfahrbar.

[M] *CD* nur »No hay caminos, ...«: SO des SWF, Gielen (IMS 1989) *Erika Schaller*

Per Nørgård

1932

Der am 13. Juli 1932 in Gentofte geborene Per Nørgård ist der führende Gegenwartskomponist Dänemarks und der bedeutendste nach Carl Nielsen. Er studierte bei Vagn Holmboe und Nadia Boulanger und setzte sich anfänglich mit der nordischen Tradition von Sibelius und Nielsen auseinander, begeisterte sich aber auch für Bartók und Strawinsky. Früh überwand er den sterilen Serialismus der 60er Jahre, indem er dem Reihendenken in seinen phantasievollen aperiodischen Unendlichkeitsreihen freien Lauf ließ. Dabei entläßt ein Ausgangsintervall beliebig viele Varianten, die sich strecken, aber auch wieder zusammenziehen können, wobei der rhythmische Parameter mit Vorliebe nach den Zahlengesetzen des Goldenen Schnitts angelegt ist. Man hat diese Unendlichkeitsreihe treffend als »musikalische DNA« bezeichnet. Per Nørgårds Wahrnehmungshorizont erstreckt sich zwischen der Konstruktion imaginärer Klangparadiese und dem Einbruch des Grauens, wie er im destruktiven Männlichkeitswahn der Kriegsführung zutage tritt. So schrieb er für die Kopenhagener Weltmusiktage 1996 das »Oper(atorium)« *Nuit des hommes* nach Gedichten von Guillaume Apollinaire, die so angeordnet sind, daß sich eine »Eskalation des Schreckens« (Nørgård) ergibt. Im Zentrum seines Orchesterschaffens stehen die bisher 5 Symphonien, eine kühner als die andere. Die *Sinfonia austera* schrieb Nørgård 1955 im Alter von 22 Jahren und zeigt ihn bereits als meisterhaften Instrumentator. Sie lebt noch von der Auseinandersetzung mit Sibelius, aber auch hier zeigt sich schon in der Verknüpfung knapper Motive und gegenläufiger Tendenzen von Beharrung und Beschleunigung eine neue Form der Multidimensionalität. In der einsätzigen *2. Symphonie* von 1970 ist die Unendlichkeitsreihe erstmals voll entwickelt. Von autonomen Motiv- und Temposchichtungen lebt auch die fast 50minütige *3. Symphonie* (1972–75), die im letzten zusammenfassenden Abschnitt mit Rilkes »Singe die Gärten, die du nicht kennst« aus den »Sonetten an Orpheus« einen Chor hinzuzieht. Die *4. Symphonie* mit dem klangvollen Untertitel »Indischer Roosen-Gaarten und Chinesischer Hexensee« (1980/81) spiegelt die Begegnung mit dem Werk des schizophrenen Schweizer Künstlers Adolf Wölfli (1965–1930) wieder. Die *5. Symphonie* (1990) schließlich überrascht mit gigantischen Orchesterarpeggien – der Komponist hatte dabei die Vorstellung von Tsunamis –, die sich ebenso beängstigend schnell auftürmen, wie sie wieder in sich zusammenstürzen und im Nichts zerrinnen. Alle Symphonien sind in exzellenten Einspielungen greifbar. *Siegmar Hohl*

Carl Orff

1895–1982

Carl Orff (1920)

Die Einheit von Sprache, Musik und Bewegung bildet den zentralen Aspekt im Werk von Carl Orff. Der Schwerpunkt seiner musikalischen Aussage liegt auf dem Vokalen, auf der menschlichen Stimme. Und hier reicht sein Melos vom einfachen geprochenen Wort bis hin zum kunstvoll melismatischen Gesang: Sprache als Musik, Musik als Sprache.

Carl Orff wurde am 10. Juli 1895 in München geboren, seine Begabung zeigte sich früh; mit 5 Jahren erhielt er den ersten Klavierunterricht, als Neunjähriger begann er, Gedichte und Erzählungen zu schreiben, außerdem erfand er für sein Puppentheater Stücke mit Musik. Der Besuch des humanistischen Gymnasiums legte zwar den Grundstein für die spätere Beschäftigung mit dem antiken Drama, doch 1912 erfolgte der Wechsel an die Akademie der Tonkunst, wo er bis 1914 u. a. bei Hermann Zilcher studierte. 1915–17 wirkte er als Kapellmeister an den Münchner Kammerspielen, später in gleicher Funktion in Mannheim und Darmstadt. 1920 kehrte er nach München zurück, unterrichtete, und studierte selber bei Heinrich Kaminski. Auf Anregung des Musikwissenschaftlers Kurt Sachs begann Orff, sich intensiv mit der Musik des 16. und 17. Jhs. auseinanderzusetzen; so entstand der Plan, Monteverdis *Orfeo* zu bearbeiten. Zusammen mit Dorothee Günther gründete Orff 1924 eine Ausbildungsstätte für Gymnastik, Rhythmik, Musik und Tanz: die Günther- Schule. In dieser Schule entwickelte er auch das sog. »Orff- Instrumentarium« (dazu zählen die Stabspiele Xylophon, Glockenspiel und Metallophon) und schuf dazu (1931) ein *Schulwerk*, das die Summe seiner musikpädagogischen Gedanken und Ziele enthält (Orff: »Erziehung der Kinder durch die Musik«). In den 50er Jahren wiederentdeckt, trat das Schulwerk unter dem neuen Titel »Musik für Kinder« seinen Siegeszug um die Welt an. Der Durchbruch des Musikdramatikers Orff begann 1937 mit dem großen Erfolg der *Carmina Burana*. Ihnen folgten die beiden Stücke des »Kleinen Welttheaters«, *Der Mond* (UA 1939) und *Die Kluge* (UA 1943). Mit *Catulli Carmina* und *Trionfo di Afrodite* ergänzte Orff seine *Carmina Burana* zum Triptychon *Trionfi* (UA 1953) und bewies seine Verbundenheit mit dem heimatlichen Dialekt in den ›bairischen‹ Stücken *Die Bernauerin* (UA 1947) und *Astutuli* (UA 1953). *Antigonae* (UA 1949), das Trauerspiel des Sophokles in der Übersetzung von Hölderlin, stand am Beginn einer Trilogie, die sich mit dem *Oedipus* des Sophokles (UA 1959) fortsetzte und ihren Höhepunkt mit *Prometheus*, der Tragödie des Aischylos im altgriechischen Original (UA 1968) erreichte. Das Osterspiel *Comoedia de Christi Resurrectione* (UA 1956) und das Weihnachtsspiel *Ludus de Nato Infante Mirificus* (UA 1960) sind den alten Mysterienspielen verwandt, und sein letztes Bühnenwerk *De temporum fine Comoedia* (UA 1973) nannte Orff »Vigilia« (Nachtwache). Der Komponist, Dichter und Pädagoge starb am 29. März 1982 in München.

»Trionfi«. Trittico teatrale

Die festlichen Umzüge der Renaissance, »trionfi« genannt, lieferten Carl Orff den Titel für das Triptychon, das von der unwiderstehlichen Macht der Liebe handelt.

I. Carmina Burana

Cantiones profanae (Weltliche Gesänge)
UA: Frankfurt 1937

Aus der Zeit um 1300 stammt der Lieder-Kodex aus dem Kloster Benediktbeuern, der von seinem Herausgeber Johann Andreas Schmeller 1847 den Titel »Carmina burana« erhielt. Er umfaßt Lieder und Gedichte der Vagantenpoesie in spätlateinischer und mittelhochdeutscher Sprache. Eine Auswahl dieser Dichtungen vertonte Orff als Solo- und Chorlieder und fügte sie als szenische Kantate in eine dreiteilige Spielanlage: 1. *Primo vere* und *Uf dem Anger*, 2. *In Taberna* und 3. *Cour d'Amours* mit *Blanziflor und Helena*. Umrahmt von dem mächtigen »O fortuna«-Chor spannt sich der thematische Bogen vom Frühlingsfest und dem Tanz auf dem Anger mit dem lebhaften Werben der jungen Leute über die ausgelassenen Trinklieder in der Schenke bis hin zum teils zarten, teils sinnlich-koketten Liebesspiel der sich findenden Paare mit der abschließenden Hymne auf die Liebesgöttin Venus. Die musikalischen Wurzeln der Komposition liegen im Orffschen *Schulwerk*, charakteristisch sind der auf Bordun und Ostinato aufbauende Stil und die mitreißende Rhythmik. »Ein besonderes Stilmerkmal der ›Carmina burana‹-Musik ist eine statische Architektonik. In ihrem strophischen Aufbau kennt sie keine Entwicklung. Eine einmal gefundene musikalische Formulierung – die Instrumentation war von Anfang an immer mit eingeschlossen – bleibt in allen ihren Wiederholungen gleich. Auf der Knappheit der Aussage beruht ihre Wiederholbarkeit und Wirkung.« (Orff)

[M] *CD* Popp, Kesteren, Prey, Chor und O. des BR, Eichhorn (Ariola/BMG 1973), auch VD; Harsanyi, Petrak, Presnell, Chor der Rutgers Univ., Philadelphia O., Ormandy (Sony 1969); Gruberova, Aler, Hampson, Shinyukai-Chor, Berliner Philharmoniker, Ozawa (Philips 1988) – *VD/LD* Auszüge: Battle, Lopardo, Allen, Shinyukai-Chor, Berliner Philharmoniker, Ozawa (DGG)

II. Catulli Carmina

Ludi scaenici

UA: Leipzig 1943

Seine 1930 komponierten Chöre *Catulli Carmina* (nach Gedichten des römischen Lyrikers Catull) dienten Orff als Steinbruch für die »szenischen Spiele« gleichen Titels. Ihrer Auswahl dichtete er in lateinischer Sprache eine Rahmenhandlung hinzu und griff dramaturgisch auf die Tradition der Madrigalkomödie zurück: Die Haupthandlung, die unglückliche Liebesbeziehung Catulls zu seiner angebeteten Lesbia, wird als Spiel im Spiel von Tänzern dargestellt, begleitet lediglich von einem A-capella-Chor und zwei Solostimmen. Nur die kommentierende Rahmenhandlung der neidischen Greise, die den liebestrunkenen Jünglingen und Mädchen Catulls schmerzliches Liebeserlebnis vorführen, um sie (vergeblich) zum Verzicht auf die Freuden der Liebe zu bewegen, ist instrumental gesetzt. Und dieses Instrumentarium ist mit 4 Klavieren, Xylophon und vielfältigem Schlagwerk strenger und lapidarer als das der *Carmina burana* und das erste reine Schlagwerkorchester in Orffs Bühnenwerken. »Das Perkussionsinstrumentarium – auch die Klaviere mit ihren verschiedenden Anschlags- und Spieltechniken werden ihm hier zugerechnet – war besonders geeignet, den stile eccitato des hauptsächlich aus Exklamationen bestehenden Textes zu steigern und ein entsprechendes Klangfundament zu geben.« (Orff)

[M] *CD* Auger, Ochman, Chor und O. der Deutschen Oper Berlin, Jochum (DGG)

III. Trionfo di Afrodite

Concerto scenico

UA: Mailand 1953

Dieses als »szenisches Konzert« bezeichnete Werk konzipierte Orff ausdrücklich als Ergänzung und Überhöhung der beiden früheren Stücke. Es schildert in 7 Teilen die Zeremonie einer antiken Hochzeitsfeier und endet mit der Erscheinung der Aphrodite. Die verwendeten lateinischen und griechischen Verse stammen von Catull, Sappho und Euripides. Im *Trionfo di Afrodite* hat Orff zum letztenmal das ganze Streichorchester eingesetzt. Zu den Celli und Bässen des 1. und 2. Teils fügen sich im dritten die Bratschen, bis ab dem 4. Teil mit den Geigen die gesamten Streicher zum Einsatz gelangen. Doch ist das Orchester kein tragender Ausdrucksfaktor, sondern fungiert vielmehr als Stütze der Singstimme, für taktlich ungebundene, frei sich verströmende Melismen, die das herausragende Merkmal der Partitur bilden. »An Großräumigkeit überragt die Musik der ›Trionfo‹-Partitur die vorhergehenden Werke beträchtlich. Alle Stilmerkmale sind, dem Vorwurf entsprechend, gesteigert und weiter ausgebaut.« (Orff)

[M] Gesamteinspielung: *CD* Casapietra, Krahmer, Mai, Nawe, Büchner, Hiestermann, Dresdner Kapellknaben, Chor und RSO Leipzig, Kegel (DSB/BMG 1973/76/78)

Angelika Rahm

Luis de Pablo

1930

»Schulen können nicht komponieren«, hat der spanische Komponist Manuel de Falla einmal gesagt; tatsächlich weist die zeitgenössische Musikszene Spaniens keine vorherrschende Strömung oder »Schule« auf. Luis Alfonso de Pablo Costales ist herausragende Gestalt einer Generation, die sehr unterschiedliche Temperamente von Komponisten vereint. Er wurde am 28. Januar 1930 in Bilbao geboren, studierte Jura, erwarb seine Musikkenntnisse als Autodidakt; entscheidende Anregungen verdankte er dem französischen Komponisten Jean-Etienne Marie und dem Schönberg-Schüler Max Deutsch. Ein Stipendium führte ihn nach Berlin. De Pablo rief unermüdlich Komponistenzirkel und Konzertreihen für Neue Musik ins Leben, auf sein Betreiben wurde 1965 das 1. Studio für elektronische Musik in Spanien eingerichtet.

Als einer der wenigen Komponisten seiner Generation ist Luis de Pablo weit über sein Heimatland hinaus bekannt geworden. In Amerika hatte er Gastprofessuren inne, Resonanz fand sein Werk vor allem in Italien und Frankreich. Obwohl er als Professor am Madrider Konservatorium viele jüngere spanische Komponisten prägte, hat auch de Pablo keine »Schule« begründet. Dazu ist schon sein eigenes umfangreiches Œuvre zu vielgestaltig. In seinen frühen Werken lassen sich Einflüsse von Strawinsky und Bartók nachweisen, Ende der 50er Jahre entdeckte er die Atonalität, später begann er seriell zu komponieren.

Eine ausgeprägte Neigung zu abstrakten Strukturen verband sich bald mit de Pablos Interesse an der Musik fremder Kulturen, deren Instrumente, Klänge und Rhythmen er in seinen Stücken immer wieder einsetzte. Den größten Teil seiner Kompositionen schrieb de Pablo für Kammermusikensembles; häufig verwendete er dabei elektronisch erzeugtes Klangmaterial. Seine in der Serie der Módulos (1963–1967) entwickelte Technik, kleinste ausdrucktragende Bausteine in übergeordneten – festen oder variablen – Strukturen miteinander zu verbinden, übertrug de Pablo in *Heterogéneo* (1968) auf das Orchester; Bruchstücke lieferten ihm dazu Symphonien der Klassik und Romantik, Zarzuelas und Pasodobles.

Die Absicht, den Zufall auch bei der Anwendung aleatorischer Verfahren zu zähmen, führte zu Werken von bizarrem Schönklang wie in *Oroitaldi* (baskisch: »Zum Gedenken«) für Orchester, Hammond-Orgel und 2 Rezitatoren (1971). Die *2 Klavierkonzerte* von 1979 ergänzen sich: das *erste* mit seiner virtuosen Solopartie und einem komplexen Orchesterpart steht der eher intimen, von rhythmischen Strukturen und strengem Formbewußtsein geprägten Klangwelt des *zweiten* gegenüber. De Pablos Musik lebt von einem theatralischen Gestus. Kein Wunder, daß einer seiner größten Erfolge weder der Kammermusik noch der Symphonik zugehört: *Kiu* (1981) ist eines der wenigen bedeutenden Werke, die Spanien der Oper geschenkt hat. *Josef Oehrlein*

Niccolò Paganini

1782–1840

Ein Engel erschien seiner Mutter im Traum. Sie wünschte sich von ihm, der Sohn möge ein großer Geiger werden. Und so geschah es. Der Wundergeiger Niccolò Paganini war nicht unbedingt ein Wunderkind im heutigen Sinne; geboren am 27. Oktober 1782 in Genua als Sohn eines Hafenarbeiters, studierte er zunächst bei Alessandro Rolla und Ferdinando Paer Violine und Kontrapunkt.

Paganini konzertierte erstmals 1795 in Genua, dann in oberitalienischen Städten. Als Neunzehnjähriger komponierte er sein Opus 1: *24 Capricen* für Violine solo, 1801 kam er an den Hof nach Lucca und wurde 1808 Hofvirtuose und Direktor des dortigen Hofopernorchesters. Sein Ruhm als Geigenvirtuose verbreitete sich schließlich über die Landesgrenzen; so begann ein in jeder Hinsicht bewegtes Reiseleben, das ihn bis 1828 vornehmlich durch Italien, bis 1834 auch durch Österreich, Deutschland, Frankreich, Belgien und England führte. 1835 kehrte er nach Italien zurück.

Als »Teufelsgeiger« und »Gott der Violine« versetzte der Musiker Kenner wie Dilettanten in ein wahres Paganini-Fieber. Er faszinierte durch rauschende Arpeggien, Flageoletteffekte, Doppeltriller über einer Pizzicato-Stimme, Trillerketten, dem Spiel auf nur einer Saite, der Imitation von Tierstimmen ebenso wie der menschlichen Stimme. Schumann pries ihn als den »Wendepunkt der Virtuosität«. Handschuhe wurden mit seinem Porträt bestickt, Konditoren fertigten seine Büste in Zuckerguß.

Es gab aber auch kritische Stimmen; Geiger-Kollege Spohr etwa schreibt in seinen Lebenserinnerungen: »Seine linke Hand, die immer reine Intonation und seine G-Saite sind bewunderungswürdig. In seinen Kompositionen und seinem Vortrag ist aber eine so sonderbare Mischung von höchst Genialem und Kindischem und Geschmacklosem …« Heinrich Heine berichtete über ein Konzert 1830 in Hamburg (in »Florentinische Nächte«): »Endlich aber, auf der Büh-

Zeichnung, vermutlich von Lyser; entstanden während Paganinis Aufenthalt in Deutschland

ne, kam eine dunkle Gestalt zum Vorschein, die der Unterwelt entstiegen zu sein schien (...) Der schwarze Frack und die schwarze Weste von einem entsetzlichen Zuschnitt (...)«

So sehr Paganini trotz seines wenig gewinnenden Äußeren die Damenwelt zu Füßen lag, so wenig gelang es ihm, eine glückliche persönliche Beziehung aufzubauen. Sein Sohn Achille (1825–1895) aus der Ehe mit der Sängerin Antonia Bianchi (sie trennten sich 1828) wurde ihm nach Zahlung von 2000 Dukaten zugesprochen. Es wurde ihm Geiz nachgesagt, er gab jedoch auch Wohltätigkeitskonzerte, und belegt ist, daß er Hector Berlioz aus Begeisterung über dessen *Harold en Italie* 20 000 Francs überwies. Ein Werk von Berlioz für die nach Paganinis Ideen gebaute große Viola hatte er abgelehnt und sich selbst 1834 in London die *Sonata per la gran Viola* komponiert. In seinen Konzerten spielte Paganini vorzugsweise eigene Werke, denn: »Ich habe meine eigene Spielmethode, und nach dieser habe ich meine Compositionen eingerichtet. Um die Compositionen anderer Tondichter zu spielen, müßte ich diese nach meinem Genre ganz ummodeln«.

Jahrelang wurde Paganini von diversen Krankheiten (chronischem Husten, Lungen- und Kehlkopftuberkulose) gepeinigt. In seinem Testament vom 27. April 1837 vermachte er seine Guarneri-Violine »der Stadt Genua, wo sie auf alle Zeiten verwahrt werden soll«. Ruhe war ihm jedoch auch nach dem Tod (27. Mai 1840 in Nizza) nicht vergönnt. Der Bischof von Nizza untersagte ein kirchliches Begräbnis; die einbalsamierte Leiche blieb zunächst im Keller seines Hauses, wurde nach mehrmaligem Umbetten im Mai 1845 im Garten seiner Villa bei Parma und 1896 auf dem neuen Friedhof von Parma beigesetzt.

Heute werden die Solostücke Paganinis zumeist als glanzvolle Zugaben gespielt, seine *24 Capricen für die Violine allein op. 1,* etwa die Bravourvariationen *Le Streghe op.8* (die sogenannten »Hexenvariationen«) sowie die *Variationen über »Heil dir im Siegerkranz« op. 9* und über Themen aus Rossini-Opern *op. 12* und *op. 13.* Daneben schrieb Paganini eine Reihe von Werken für Gitarre und Kammermusik.

Von seinen *6 Violinkonzerten* sind nur *Nr. 1 D-Dur op. 6* und *Nr. 2 h-moll op. 7* in authentischer Form erhalten. Das *erste* (ursprünglich in Es-Dur) wird mit einer Art Orchestertusch eröffnet und in marschartigem Gestus weitergeführt, der energisch einsetzende Solopart brilliert mit Glissandi und lyrischer Melodik. Das expressiv-dramatische *Adagio,* in dem Schubert die »Engel singen« hörte, mündet in das *Allegro spirituoso,* ein Rondo mit fliegendem Staccato und wiederkehrendem »Orchestertusch«. Das *2. Konzert* beginnt unheilvoll dräuend mit Pizzicato-Untermalung, das Solo sprüht vor glitzernden Flageolett- und Glissandoeffekten. Das *Adagio* ist ein schlichter, lyrischer Sologesang, das rasant endende Rondo *La Campanella* mit seinen silberhellen Glöckchenklängen inspirierte Liszt zu seinem gleichnamigen Klavierwerk. Zum Operettenhelden wurde der »Teufelsgeiger« in Franz Léhars *Paganini* (1925). *Josef Oehrlein*

Younghi Pagh-Paan

1945

»Ich werde keine Musik schreiben, die mich von dem entfernt, was mir als Wurzel unserer Kultur bis heute innewohnt.« Younghi Pagh-Paan wurde am 30. November 1945 in Cheongju/Süd-Korea geboren und lebt seit 1974 bei Freiburg i. Br., wo sie u. a. bei Klaus Huber (Komposition) und Brian Ferneyhough (Analyse) studierte. Seit 1979 arbeitet sie als freischaffende Komponistin. Mit ihrem Orchesterwerk *Sori*, das bei den Donaueschinger Musiktagen 1980 uraufgeführt und mit dem Preis der Stadt Stuttgart ausgezeichnet wurde, ist ihr Name international bekannt geworden. In Younghi Pagh-Paans Kompositionen findet man immer eine konkrete inhaltliche Komponente, so ist *Sori* den Opfern der Massaker von Kwangju im Jahre 1980 gewidmet. Impulse für Konzeption und Rhythmik gewann die Komponistin aus dem koreanischen Volkstheater, der Bauernmusik und der traditionellen Musik bei Trauerzügen. Younghi Pagh-Paans Kompositionen sind Ausdruck ihres Komponierens zwischen zwei Kulturen. Es gibt beispielsweise in der asiatischen Musik keine Harmonik im westlichen Sinne, sondern ein Musikdenken in einem harmonischen Raum, der als Klangraum beim Hören ständig mitempfunden wird. Davon ausgehend entwickelt sie eine Akkordstruktur, die sie auch in *Sori* als klangliche und atmosphärische Wurzel zugrundelegt und die sie selbst als Mutterakkord bezeichnet. Auch das Orchesterstück *Nim* (1986/87) basiert auf einem solchen Grundklang, der die Komposition einleitet und den sie als »schwarz und kraftvoll« beschreibt. *Nim* trägt eine Widmung, die der zahlreichen koreanischen Oppositionellen gedenkt, die sich aus Protest gegen das undemokratische Regime in den 70er und 80er Jahren öffentlich verbrannten. Im Einleitungstext zitiert Younghi Pagh-Paan den Mönch und Dichter Han Yong-Hun (1879–1944): »Liebe ist nicht nur ›das Geliebte‹, sondern alles, was man gutheißen (lobpreisen) kann. Für Buddha ist der Mensch das Nim. Für Kant ist die Philosophie das Nim. Wenn das Nim der Rose der Frühlingsregen ist, so ist das Nim Massinis Italien. Besitzt du ein Nim? Wenn du es hast, so ist es nicht Nim, sondern dessen Schatten.«

Hwang-To (*Gelbe Erde*) entstand 1988/89 und ist Younghi Pagh-Paans 1. Chorwerk mit Solostimmen, 8 Instrumentalsolisten und einem Schlagzeugspieler, der 15 verschiedene Instrumente bedient.

Bettina Brand

Arvo Pärt

1935

Wie kaum ein anderer zeigenössischer Komponist ist Arvo Pärt zur Kultfigur erhoben worden. Dabei ist seinem asketischen Wesen und seiner bescheidenen Erscheinung nichts fremder als dies. Und dem öffentlichen Interesse entzieht sich der seit seiner Emigration in Berlin lebende Komponist durch Verweigerung: Pärt tritt kaum in Erscheinung, gibt keine Interviews und äußert sich generell nur wenig über seine Musik.

Anfänglich rückte man die Musik des am 11. September 1935 im estländischen Paide geborenen Arvo Pärt wegen ihrer tonal zentrierten und archaisch anmutenden Sprache in die Nähe des amerikanischen »Minimalismus«. Nur langsam reifte die Erkenntnis, daß Pärts introvertierter »Tintinnabuli«-Stil (von lat. tintinnabulum = Glöckchen) nur wenig mit der extrovertierten Schreibart eines Philip Glass gemein hat. Pärt selbst hat sein musikalisches Anliegen einmal so charakterisiert: »Tintinnabuli, das ist ein erstaunlicher Vorgang – die Flucht in die freiwillige Armut: die heiligen Männer ließen all ihren Reichtum zurück und gingen in die Einöde. So möchte auch der Komponist das ganze Arsenal zurücklassen und sich durch die nackte Einsamkeit retten, bei sich nur das Notwendigste habend – einzig und allein den Dreiklang.«

Pärts Schaffen gliedert sich in 3 Phasen: Bis 1964 komponierte er dodekaphon und experimentierte (damals Tonmeister beim estländischen Rundfunk) mit Tonband- und Filmmusik. Sein 1960 entstandenes zwölftöniges Orchesterstück *Nekrolog* wurde von offizieller Seite als »bürgerlich dekadent« gemaßregelt. Als Ausweg aus dem Serialismus fand Pärt (ähnlich wie Alfred Schnittke) zu einer »Polystilistik«: Mit Hilfe der Collage als kompositorischem Prinzip setzte er sich besonders mit J. S. Bach auseinander. So z. B. in der *B – A – C – H – Collage* (1964) und dem *Credo* (1968). Nach der Vollendung der *3. Symphonie* (1971) legte er eine Phase »kreativen Schweigens« ein, in der er sich mit der Gregorianik und der frankoflämischen Vokalpolyphonie des 14.–16. Jhs. beschäftigte. *Für Alina* (1976), ein kleines Klavierstück für seine Tochter, ist dann schon die Keimzelle seines »Tintinnabuli«-Stils. Kurz darauf, 1977, entstanden zwei seiner meistgespielten Kompositionen: *Fratres* und *Tabula rasa*.

In den letzten Jahren konzentriert sich Pärt verstärkt auf sakrale Musik: *Passio Domini Nostri* (1982), *Te Deum* (1984/86), *Stabat Mater* (1985), *Miserere* (1990), Berliner Messe (1990/91).

Werner Bleisteiner

Krzysztof Penderecki

1933

Als der polnische Komponistenverband im Jahre 1959 einen nationalen Kompositionswettbewerb veranstaltete, wurden von den anonym eingereichten Werken drei prämiert: Aus den *Psalmen Davids* für Chor und Ensemble (1958), *Emanationen* für 2 Streichorchester (1959) und *Strophen* für Sopran, Sprechstimme und 10 Instrumente (1959). Bei der Öffnung der versiegelten Umschläge mit den Namen der Wettbewerbs-Teilnehmer stellte sich das verblüffende Ergebnis heraus, daß alle drei Werke von Krzysztof Penderecki stammten, einem am 23. November 1933 in Dębica geborenen jungen Mann, der auf diese Weise über Nacht berühmt wurde.

30 Jahre später erklärte der inzwischen zu Weltruhm gelangte Komponist: »Ich habe alle Themen, die mich interessiert haben, gebracht: Te Deum, Magnificat, Passion, Grablegung Christi, Auferstehung, Requiem. Was bleibt noch? Eigentlich nichts.« (Interview in der Neuen Zeitschrift für Musik 12/1989). Hat Penderecki mit dieser Folge religiöser Gebrauchswerke – auf merkwürdig erfolgreiche Weise als katholische Oppositionsfanale wie als sozialistische Exportartikel geeignet – sich bereits »ausgeschrieben«? Und eine weitere merkwürdige Tatsache: Wenn Penderecki seine *Lukaspassion* (1963–65) auf das Leiden Christi wie auch auf dasjenige unter der Hitler-Barbarei bezieht, wenn er in seinem *Dies Irae* (1967) auf Auschwitz und auf den christlichen »Jüngsten Tag« abhebt – wird da nicht der Ratschluß Gottes mit der ganz irdischen »Endlösung der Judenfrage« durch die Nazis in eins gesetzt?

Diese Widersprüche gehören zur Persönlichkeit Pendereckis ebenso wie sein Instinkt für das ästhetisch und politisch gerade Opportune – aber seine künstlerische Physiognomie ist damit durchaus nicht erschöpft. Penderecki ist von Haus aus Geiger, und mit dem orchestralen Korpus der Streichinstrumente hat er erstaunliche und revolutionäre Neuerungen in die Musik eingebracht: das Spielen an verschiedenen Stellen hinter dem Steg, Pizzicato- und Schlageffekte, Klänge an der Grenze zum Geräusch durch Abstufung des Bogendrucks und ähnliches mehr. Dazu aber auch das ganz »normale«, ja harmonische Spiel auf diesen Instrumenten: Der plötzliche Durdreiklang nach einer Folge ekstatischer Geräuschklänge wirkt selbst fast wie eine Dissonanz, so wie das stechende Blau des Himmels einem die Hand vor die Augen treibt. Penderecki, der in den 60er Jahren zu den Initiatoren einer sog. »Klangfarbenkomposition« gehörte und damit wesentlich dazu beitrug, die in der Phase davor recht esoterische Neue Musik wieder fürs breite Publikum zu öffnen, erwies sich jedoch als kluger und innovativer Komponist gerade dadurch, daß er bei den »Errungenschaften«, die ihn berühmt machten, nicht stehenblieb. *Threnos für die Opfer von Hiroshima* für 52 Streicher (1960) oder *Fluorescences* für großes Orchester (1961/62) exponieren weiträumig und phantasievoll seine instrumentatorischen und klangfarblichen Neuerungen; die *Lukaspassion* verbindet dies mit Form und Ausdrucksgesten Bachscher Passionen auf zeitgemäße Weise; die UA der *Lukaspassion* 1966 im Dom zu Münster schien Traditionelles und Avantgardistisches zu versöhnen.

Während die *Lukaspassion* vielleicht doch ein einmaliger Wurf geblieben ist, gelangen Penderecki im Bereich der orchestralen Musik seitdem eine Reihe interessanter Lösungen in ganz traditionellen Gattungen, vor allem der Symphonie, des Solokonzerts und des Oratoriums. 5 *Symphonien*, 2 *Violoncellokonzerte*, 1 *Violinkonzert*, 1 *Bratschenkonzert*, 1 *Partita* für Cembalo, E-Gitarre, Baßgitarre, Harfe, Kontrabaß und Orchester sind hier zu nennen. 1997 kam anläßlich der 3000-Jahrfeier von Jerusalem das Oratorium *Seven Gates of Jerusalem (Sieben Tore Jerusalems)* zur UA. Penderecki hat die bruitistischen Effekte aus seiner »Sturm-und-Drang«-Zeit fortschreitend eingebettet in eine Klang-Aura, die deutlich an romantische Formen des Solokonzertes anknüpft, gerade auch im melodischen Gestus und der emotionalen Intensität. Mit diesen Werken hat er sich als einer der erfolgreichsten Komponisten der Musik nach 1945 einen festen Platz auf dem Konzertpodium sichern können.

Threnos für die Opfer für Hiroshima für 52 Streicher

UA: Warschau 1961

Ursprünglich hieß dieses Werk 8' 37" und gab als Titel damit nur seine Dauer an. Aber die unendlich differenzierten Streicherklänge zwischen »normalem« Strich und Geräuschen, zwischen Pizzicato und Schlagen auf den Instrumentenkorpus, zwischen genau fixierten Tonhöhen und diffusen »tone clusters« ergaben ein derart dichtes Ausdrucksgewebe und dazu auch ein gewisses klangliches Assoziationsfeld, daß der Komponist sich zu diesem Titel entschloß, der gleichsam eine unwillkürliche Empfindung des Hörers ins Bewußtsein hebt und damit Erkenntnisse bewirkt, die über die Musik hinausreichen. Der *Threnos* ist, wie alle Partituren Pendereckis, äußerst sorgsam notiert, jede Klangfarben-

Krzysztof Penderecki dirigiert (1988)

mischung ist genauestens vorgeschrieben; der gelegentlich flächig-diffuse Mischklang, das Verschwimmen unzähliger ineinander verzahnter rhythmischer Figuren zu einem statistischen Klangfeld sind genau kalkuliert und ausgehört. Zudem ist das Werk in der Abfolge verschiedener »Aggregatzustände« des Klanges übersichtlich gebaut und bietet dem Hörer in der knappen, komprimierten Faktur spannende Verläufe und dramatische Verdichtungen, bis am Ende ein überwältigender, im Fortissimo einsetzender Cluster-Klang langsam bis zur Unhörbarkeit entschwindet.

[M] *CD* Nationalphilharmonie Warschau, Rowicki (Muza 1963)

Lukaspassion für Soli, Chor und Orchester

UA: Münster 1966

In der Besetzung für Solostimmen, Knabenchor, gemischten Chor und Orchester, aber auch in der charakteristischen Formulierung der dramaturgisch gegliederten Abschnitte entlang der Leidensgeschichte Christi knüpft Penderecki an barocke Passionsmusiken an, in deren vorgegebene Großform er seine klangliche Palette einbringt. Das betrifft nicht nur die orchestrale Schreibweise mit ihren Zwölftonkomplexen und Geräuschklängen, sondern auch die Behandlung der menschlichen Stimme, deren Ausdrucksbreite vom melodischen Gesang bis zum Aufschrei reicht. Ein Kernstück und gleichzeitig eine Komprimierung des Klangbildes der anderthalbstündigen Lukaspassion auf 7 Minuten bringt das *Stabat Mater* für 3 Chorgruppen a capella, womit Penderecki die Komposition begann und welches auch isoliert aufgeführt werden kann. Es bringt nach einer langsamen Aufschichtung monotoner melodischer Figuren eine teils geflüsterte, teils geschrieene Partie, bevor eine weitere,vielstimmig aufgebaute und verschränkte Steigerung unvermittelt in einen Dur-Dreiklang mündet.

Es gelingt Penderecki in diesem Werk – mehr als in den folgenden, gelegentlich kunstgewerblich wirkenden vokalsymphonischen Werken religiösen Inhalts – mit zeitgemäßen kompositorischen Mitteln jene humanistische Botschaft, die schon aus J. S. Bachs Passionen spricht, bezwingend für unsere Zeit zu artikulieren.

[M] *CD* Osten, Roberts, Rydl, Lubaszenko, Polnisches RSO, Penderecki (Argo 1989)

Partita

UA: Rochester (USA) 1972

Die *Partita* (1971), ein Auftragswerk der Eastman School of Music in Rochester, ist das erst Orchesterwerk Pendereckis, in dem er seine Neuerungen der Spieltechnik und der Klangfarbe in eine traditionelle Klang- und Form-Aura zurückführt, nämlich zu einer Art Neuauflage des barocken Concerto Grosso. Das Cembalo ist das Soloinstrument, ihm zur Seite stehen 4 weitere, obligate Soloinstrumente als Partner, nämlich eine E-Gitarre, eine Baßgitarre, eine Harfe und ein Kontrabaß; das begleitende Orchester ist klein gehalten. Das Werk ist einsätzig und verbindet eine freie Variationsform mit virtuoser Spielfreude und Elementen der repetitiven Musik. Zudem nähert es sich durch die übrigen Soloinstrumente stellenweise dem Free Jazz an, einem Bereich, den Penderecki auch in anderen Werken streifte (*Actions* 1971).

[M] *CD* Stefańska-Łukowicz, SO des SWF, Penderecki (Erato/Teldec 1987)

Violinkonzert

UA: Basel 1977

Mit dem 1974–76 entstandenen *Violinkonzert*, das als Auftrag der Allgemeinen Musikgesellschaft Basel für Isaac Stern komponiert und von diesem auch uraufgeführt wurde, entfernt sich Penderecki weit von seinen experimentellen Anfängen; das einsätzige, mit 40 Minuten Dauer ausgedehnte Werk führt Traditionen des romantischen symphonischen Konzerts fort. Es ist weitgehend melodisch bestimmt und entfaltet sein thematisches Material aus einem rhythmisch-harmonischen Urkern, der durch fortschreitende Variierung und Ergänzung verändert wird. Eine freie Sonatenform mit Exposition, Durchführung, Reprise und Coda liegt dem Werk zugrunde; eingesenkt sind jedoch distanzierende und konterkarierende Momente wie eine Scherzando-Episode, die in der Durchführung und dann noch einmal unvermittelt in der Solokadenz auftaucht.

[M] *CD* Edinger, RSO Katowice, Penderecki (Thorofon 1987) *Hartmut Lück*

Giovanni Battista Pergolesi

1710–1736

Zwei Werke sind es, die ihm zu Recht einen unangefochtenen Platz in der Musikgeschichte gesichert haben und mit denen er bis heute im Musikleben mitspielt: Sein Intermezzo *La serva padrona* (*Die Magd als Herrin*) und das *Stabat mater*. Mit dem erstgenannten hat er immerhin den Boden für die italienische opera buffa wie für die französische opéra comique bereitet, und auch das zweite begründete durch die Verbindung von Ler opernhaft »Empfindsamkeit« mit Traditionen der Sakralmusik eine ganze Traditionslinie. Über Pergolesis kurzes Leben ist wenig bekannt, und die Tatsache, daß er mit 26 Jahren starb, hat zahllose Legenden provoziert. Er stammte aus Jesi in der Nähe von Ancona, kam 16jährig, schon damals ein Geiger von Graden, nach Neapel, wo er bald mit geistlichen Kompositionen hervortrat. Das dramma sacro *La conversione di San Guglielmo* und vor allem seine erste opera seria *La Sallustia* machten ihn vollends bekannt. 1732–1734 Kapellmeister des Prinzen Stigliano in Neapel, 1734–35 des Herzogs Maddalani in Rom, zog er sich, ernsthaft erkrankt, in das Kapuzinerkloster von Pozzuoli zurück, wo er nach Vollendung des *Stabat mater* am 16. März 1736 starb.

Als Komponist von Instrumentalmusik erreicht Pergolesi nicht den Rang der genannten Werke - wobei die Basis dieses Urteils denkbar schmal ist: Die bis heute unter seinem Namen laufenden *6 Concertini* (oder auch: *Concerti armonici*) wurden ihm untergeschoben (ein Graf von Wessenar- Obdam ist der Urheber). Authentizität kann nur ein *Konzert für 2 Cembali* und ein *Violinkonzert B-Dur* beanspruchen. Es steht in der Vivaldi-Tradition, zeigt jedoch an einigen Stellen neue Ausdrucksqualitäten: mehrfache, mit Fermaten versehene Spannungspausen, Seufzermotivik, ein Siciliano mit tief empfundenem Klagegesang der Solovioline. *Christoph Hahn*

Stabat Mater für Sopran, Alt, Streicher und Basso continuo

entstanden um 1736

Neben den beiden *Messen in F*, der Psalmvertonung *Laudate pueri* und dem *Salve regina* ist das *Stabat mater* die bedeutendste Sakralkomposition Pergolesis. Als Vorbild dieses Werkes kann die Komposition Alessandro Scarlattis (1660–1725) in gleicher Besetzung gelten. Jedoch reflektiert Pergolesis Werk dessen Opernarienstil. In den Autographen findet man einen zunehmend starken Gebrauch von Artikulations- und Vortragsanweisungen. Der empfindsame Ausdrucksstil des *Stabat mater* sowie des *Salve regina in C* haben den Stil der kommenden Epoche deutlich beeinflußt.

Das Werk vertont die 20 Strophen der Sequenz in 12 Musiknummern, die wie ein Zyklus von Bildern, von Betrachtungen anmuten. Die kurze, instrumentale Eröffnung in f-moll nimmt mit ihren charakteristischen Dissonanzen über einer schreitenden Bewegung der Bässe den schmerzlichen Grundcharakter des Stückes vorweg, der sich mit dem Einsatz der Singstimmen bestätigt. Die sich anschließende Arie für Sopran *Cuius animam gementem* ist mit *Andante amoroso* überschrieben und ergeht sich in elegischen Seufzermotiven. Dem g-moll-Duett Nr. 3, in dem den homophon gesetzten Singstimmen eine Violinkantilene beigegeben wird, folgt die in höchstem Maß expressive Altarie *Quae moerebat et dolebat*. Ein durch seine Chromatik höchst eindringliches Duett über den Text *Quis est homo* folgt: Man hat den Eindruck, im g-moll des Alteinsatzes eine Vorahnung von Mozarts Pamina-Arie zu hören. In der Sopranarie *Vidit suum dulcem natum* ist vor allem die rhythmische Feingliedrigkeit im Orchester charakteristisch; darüber legt Pergolesi eine Soprankantilene von schlichter Schönheit. Als expressiver Mittelpunkt des Werkes muß die Altarie *Eia mater fons amoris* gewertet werden. Das im *Allegro* gesetzte *Fac, ut ardeat cor meum* reißt den Zuhörer mit brennender Leidenschaft aus der zuvor vermittelten Trostlosigkeit. Nach dem

Es-Dur-Duett *Sancta mater, istud agas* kehrt Pergolesi mit der Altarie *Fac ut protem Christi mortem* wieder in eine Sphäre tiefsten Schmerzes zurück. Die Melodie ist ein Meisterwerk expressiver Stimmführung. Die beiden Schlußnummern hellen die Stimmung auf, der Stil wechselt vom Kirchen- zum Opernton. Dieses Finale vermittelt die Zuversicht, die das Vertrauen in Gott und die Hoffnung auf das Paradies gibt.

[M] *CD* Marshall, Valentini-Terrani, London SO, Abbado (DGG 1984)

Nine Herdner

Goffredo Petrassi

1904

Einen Spiegel der wichtigsten musikalischen Entwicklungen des 20. Jhs. könnte man das Werk des »Altmeisters der italienischen Musik« Goffredo Petrassi nennen. Wobei zu betonen ist, daß Petrassi zwar nie ein musikalischer Revolutionär war, es jedoch vermochte, Strömungen der Zeit in undogmatischer Weise zu einem ganz eigenen Stil zu verarbeiten. Die kompositorische Karriere des aus einfachen Verhältnissen stammenden, am 16. Juli 1904 in Zagarolo bei Rom geborenen Petrassi begann spät. Zunächst hatte er lediglich als Chorknabe in einer römischen Sängerschule sowie durch seinen Beruf als Musikalienhändler die Möglichkeit, Musik verschiedenster Epochen kennenzulernen. Erst in den Jahren 1928 bis 1933 absolvierte er ein Studium am römischen Konservatorium, wo er von Alfredo Casella gefördert wurde. Casellas nationalem Neoklassizismus ist daher auch das Werk verpflichtet, mit dem Petrassi 1933 der internationale Durchbruch gelang: eine dreisätzige *Partita* für Orchester. Dieses Werk ist als virtuose Bilanz seiner Studienjahre zu verstehen. Auch Einflüsse der europäischen Moderne werden darin verarbeitet wie zum Beispiel die Einbeziehung zweier Saxophone zeigt. Der weitere Weg Petrassis läßt sich exemplarisch anhand einer wichtigen Werkgruppe – der 8 *Concerti* für Orchester aus den Jahren 1933 bis 1972 – verfolgen. Hindemith und Strawinsky sind unschwer als Vorbilder des ersten *Concerto* (1933/34) auszumachen. Auffällig ist bereits hier das außerordentlich feine Gespür Petrassis für einen effektvollen Einsatz orchestraler Klangfarben. Vom *3.* bis zum *6. Concerto* (1952–1957) erfolgt eine schrittweise Aneignung der Zwölftontechnik sowie der Übergang zu einsätzigen Formen. Diese Entwicklungen werden in den letzten *Concerti* fortgesetzt und führen zu einer athematischen Musik, in der verschiedene Klangformen in spannungsreiche Verhältnisse zueinander gesetzt sind. Dabei bleibt Komposition für Petrassi immer ein Mittel persönlichen Ausdrucks. Starke Expressivität zeichnet auch seine religiös geprägten Werke für Chor und Orchester aus, wie etwa den *Coro di morti* (Chor der Toten, 1940/41), dessen tiefer Pessimismus eine Reaktion auf die Schrecken des Zweiten Weltkriegs darstellt.

Erika Schaller

Allan Pettersson

1911–1980

»Das Werk, an dem ich arbeite, ist mein eigenes Leben, das gesegnete, das verfluchte: Um den Gesang wiederzufinden, den die Seele einst gesungen hat.« Wohl nur selten hat ein Komponist des 20. Jhs. so poetisch zum Ausdruck gebracht, was ihn motivierte – und wohl kein anderer dürfte mit so radikaler Gefühlsintensität diesem Gesang der Seele nachgespürt haben.

Gustav Allan Pettersson wurde am 19. September 1911 als Sohn eines trunksüchtigen und gewalttätigen Schmieds und einer schwachen, frömmlerischen Mutter im Västra Ryd im Osten Schwedens geboren und wuchs zusammen mit drei Geschwistern in den Slums von Stockholm auf. Durch den Verkauf von Postkarten ermöglichte er sich als Zwölfjähriger den Kauf der ersten Geige. Selbst Prügel des Vaters oder die Drohung mit der Erziehungsanstalt konnten ihn nicht von der Musik abbringen. So begann er 1930 seine Studien am Königlichen Musikkonservatorium in Stockholm in den Fächern Violine, Bratsche, Harmonielehre und Kontrapunkt; es entstanden erste Kompositionen zunächst für kleinere Besetzungen. Ein Stipendium ermöglichte ihm 1939 die Fortführung des Bratschenstudiums in Paris. Als Bratschist im Orchester der Stockholmer Konzertgesellschaft, der heutigen Königlichen Stockholmer Philharmoniker, kehrte er 1940 zurück, ließ sich aber ab 1950 beurlauben. Zwischenzeitlich hatte er seine Kompositionsstudien bei Karl-Birger Blomdahl und Otto Olsson fortgesetzt, ging jedoch, weil die Ergebnisse seinen Ansprüchen anscheinend nicht genügten, 1951 als Schüler von René Leibowitz und Arthur Honegger nochmals nach Paris. In dieses Jahr fällt auch seine wahrscheinlich niemals vollendete *1. Symphonie*, deren Fragment in mehreren Fassungen vorliegt. 1952–1953 entstand »hinter dem Rücken von Leibowitz« die *Symphonie Nr. 2,* die den heute vorliegenden gewaltigen Zyklus der 17 Symphonien fulminant einleitete. Nach der Rückkehr nach Stockholm 1953 begannen sich erste Anzeichen der Krankheit zu zeigen, die ihn auf Dauer verkrüppeln sollte. Bis 1962 war es ihm noch möglich, seine Partituren in einer klaren, erkennbaren Schrift niederzuschreiben, schließlich war Pettersson fast völlig bewegungsunfähig; bei der UA der zwischen 1966 und 1967 entstandenen *Symphonie Nr. 7* konnte er zum letzten Mal den Applaus des Publikums entgegennehmen, der zum ersten Mal in seinem Leben in stehende Ovationen überging. Er erlebte eine Phase zunehmender gesundheitlicher Verschlechterung, die ab September 1970 in einen neunmonatigen Krankenhausaufenthalt mündete; hier entstanden, »im Tunnel des Todes«, wie er selbst sagt, die *Symphonien Nr. 10* und *11,* mit denen ein neuer Schaffensabschnitt eingeleitet wurde.

1975 verbat Pettersson nach einem Streit wegen eines vom damaligen Chefdirigenten Gennadi Roshdestwenski geänderten Konzertprogrammes für eine USA-Tournee den Stockholmer Philharmonikern, also seinem eigenen alten Orchester, »für alle Zukunft« die Aufführung seiner Werke; das Verbot hob er allerdings schon ein Jahr darauf wieder auf. Die gemessen an seiner unbestreitbaren Bedeutung eher beiläufige Beachtung, die sein Werk heute in seinem Heimatland erlebt, dürfte nach Ansicht seines Biographen und Freundes Leif Aare auf diesen Vorfall zurückzuführen sein. Allan Pettersson starb am 20. Juni 1980 in Stockholm.

Petterssons Musik entzieht sich jeder Kategorisierung, obwohl er in seiner Arbeit stets die Verbindung zur Tradition aufrechterhielt – und vielleicht auch, weil er nie zu experimentieren versuchte. Als der Großteil seiner westeuropäischen Kollegen sich dem Serialismus zuwandte (und auch später), rang er noch mit den ›überkommenen‹ Formen: Symphonie, Solokonzert, Kantate, Lieder. Und doch: Wegen ihrer radikalen Emotionalität erscheint uns Allan Petterssons Musik als *neu,* als im Wortsinn *unerhört.* Die Einmaligkeit dieser Musik dokumentiert sich vor allem in den 17 Symphonien, die bis auf wenige Ausnahmen einsätzige Kolossalgemälde von durchschnittlich dreiviertelstündiger Dauer sind, großorchestrale gewaltige Gesänge des Zorns und der Anklage, die ohne die spätromantische Tradition nicht denkbar wären, die aber dennoch geprägt sind vom harscheren Ton der Musik des 20. Jhs. Dem besonders im Zusammenhang mit den Symphonien gelegentlich zu hörenden Vorwurf, die wesentliche Triebfeder seines Schaffens sei Selbstmitleid gewesen, begegnete Pettersson, getroffen vom Unverständnis gegenüber seiner auf globale Gerechtigkeit zielenden Arbeit, mit entsprechender Härte: »Jemand sagte mal, daß ich aus Selbstmitleid komponiere. Ich habe mich nie selber bemitleidet, ich habe nie weinen können. Mitleid mit anderen kenne ich, aber nicht Selbstmitleid. Was ich vermittle, ist nicht Selbstmitleid, sondern bare Information.« Der Gegenstand seiner Musik ist der Mensch, gleichgültig ob er nun solistisch und chorisch besungen wird wie in der *12. Symphonie* oder in der Kantate *Vox Humana* oder wie in den reinen Instrumentalwerken als ethische Folie. Er selbst sprach von der »Identifikation mit dem Kleinen, Unansehnlichen, Anonymen, mit dem ewig Unveränderlichen, aber ständig Neuen, Frischen« in dem »dem Menschen das Leben bewahrt« werde.

Symphonien

Von seinen Symphonien sind es vor allem die zwischen 1963 und 1968 entstandenen *Symphonien 6* bis *8,* mit denen Pettersson uns im Konzertsaal begegnet. Hier sehen wir uns nicht einer losen Gruppe von Werken gegenüber, sondern durchaus dem festen Block einer Werkgruppe mit wesentlichen Gemeinsamkeiten in der Anlage.

Symphonie Nr. 6

UA: Stockholm 1967

Die zwischen 1963 und 1966 entstandene *6. Symphonie* war mit ihrer fast einstündigen Dauer Petterssons bis dahin längster Gattungsbeitrag – nur die in der Aufführung letztlich beinahe anderthalbstündige *9.* und die extrem schwer zugängliche *13. Symphonie,* mit 60 Minuten Dauer, sollten noch länger werden. Aus dem letzten seiner *24 Barfußlieder,* die er zwischen 1943 und 1945 schrieb, bezieht er das komplette Material für das Werk. Nur ertönt es nicht schon zu Beginn, sondern erst etwa 20 Minuten vor Schluß in langgedehnten Tönen des Englischhorns und der Violoncelli und wird erst danach, gleichfalls in hymnischer Breite, von den Violinen vorgetragen.

Zunächst ist die Symphonie nach einer längeren, düsterruhigen Streichereinleitung bestimmt von einer bedrohlichen Spannung, die sich nach etlichen täuschenden Entladungen immer wieder neu aufbaut; jede dieser Entladungen wird von einem stets sich verstärkenden Schlagwerkgewitter begleitet und mündet in eine scheinhafte Ruhe, die sogleich durch Einwürfe des Bedrohlichen zunichtegemacht wird. Da gibt es harsche Einbrüche der Blechbläser oder grelle »Schreie« der hohen Streicher, aus denen heraus sich ein weiterer Ansturm entwickelt. Erst etwa in der Mitte der Symphonie, nachdem ein langgezogenes Tremolo der 1. Violinen und der hohen Holzbläser zweimal nacheinander von einem lauter werdenden, rührtrommelbegleiteten Vortrag der Celli und Kontrabässe sowie der 2. Violinen abrupt unterbrochen wurde, scheint ein Knoten zu platzen: Für einen kurzen Augenblick steigt, angeführt von den Trompeten, die Vorstellung eines mächtigen Hymnus auf, der sich dann in einer rasch beruhigten Erregungskurve verliert, die in fast meditative Bahnen lenkt. Das beinahe unermeßlich lange *Finale* der einsätzigen Symphonie beginnt genaugenommen schon hier, läßt sich am leichtesten aber erst mit dem unüberhörbaren Liedzitat verfolgen. In diese traumverloren wirkende Atmosphäre bricht immer wieder brutal ein lautstarkes Element ein, das für kurze Zeit, rhythmisch akzentuiert, auch Oberhand zu gewinnen scheint, sich letztlich aber nicht durchzusetzen vermag. Resignativ verlöschend endet die Symphonie auf dem ersterbenden tiefen b der Kontrabässe und des Kontrafagotts.

[M] Deutsches SO Berlin, Trojahn (cpo 1993)

Symphonie Nr. 7

UA: Stockholm 1968

Die bislang meistaufgeführte ist die dreiviertelstündige *7. Symphonie* von 1966/67; innerhalb der Werkgruppe ist sie aufs engste verknüpft mit der 6., ohne deren Bezüge zur eigenen kompositorischen Vergangenheit aufzugreifen. War hier noch – biographisch begründbar (wiewohl nicht als biographisch-programmatisch fehlzudeuten) mit dem endgültigen Ausbruch der Krankheit – der Gestus der düsteren, unvermittelten Anklage vorherrschend gewesen, und hatte Pettersson auch noch in dem schier unendlich wirkenden, fast 20minütigen Schlußabschnitt mit dergestalt zuvor kaum gehörter Resignation geendet, so strahlt die jedoch keinesfalls heitere *7. Symphonie* ein strukturell nur schwer zu erklärendes Mehr an Zuversicht aus. Pettersson macht aus seiner »Aussageintention« kein sorgsam verbrämtes Geheimnis: Ironie oder sonstige Verschleierungsmöglichkeiten sind ihm fremd, war seine Musik zu »sagen« hat, »sagt« sie direkt.

Obwohl der komplexe Aufbau eine gliedernde Analyse verbietet, lassen sich dennoch einige Werkeigenheiten benennen: Motivisches Kernstück der *7. Symphonie* ist ein schlichtes, zweitaktiges Posaunen-/Tuba-Motiv, das erstmals nach einer 52taktigen Einleitung, die sich aus einem düster lastenden Baßbeginn zu größerer Bewegtheit steigert, erklingt. Dieses Motiv wird im Verlauf der gesamten Symphonie entweder in der Grundgestalt oder in leichten Abwandlungen wieder aufgegriffen; so etwa kurz vor Ende in den tiefen Streichern, wenig später übernommen von den 2. Violinen als Grundierung für die von Pikkoloflöte und 1. Violinen (im Flageolett) gespielte Melodie, die die Grundstimmung des Symphonieschlusses maßgeblich mitbestimmt. Diese Bindung an ein Motiv läßt auch jede – gelegentlich vorgenommene – Suche nach denkbaren ›Satzunterteilungen‹ untunlich erscheinen: Daß sich an den dunklen Anfangsabschnitt zwei hellere, stark streicherbetonte Teile anschließen, auf die wiederum eine pessimistische Schlußpassage folgt, läßt noch keineswegs auf eine eventuelle Viersätzigkeit schließen.

[M] *CD* Philharmonisches Staatsorchester Hamburg, Albrecht (cpo 1991); Norrköping SO, Segerstam (BIS 1992)

Symphonie 8

UA: Stockholm 1972

Die – bei weitem nicht milde – *8. Symphonie* nähert sich im Gegensatz zu den vorangegangenen, aber auch zu den nachfolgenden, dem Gliederungsideal traditioneller Symphonik durch die Unterteilung in *2 Abschnitte* an, die aus formalen Gründen eigentlich nicht als Sätze bezeichnet werden dürften. ›Gegensätzliche Stimmungen‹ oder ›Atmosphären‹ werden hier gewißlich nicht kontrastierend einander gegenübergestellt.

Beide Abschnitte – der zweite dauert lediglich 5 Minuten, mithin nur unwesentlich länger als der erste – erweisen sich als Beschreibungen eines Zustandes aus noch nicht einmal wesentlich sich unterscheidenden Blickwinkeln. Interessant die unterschiedlichen Einleitungen der beiden Teile: ›Sanft‹ auf unruhigem Grund beim ersten, von vornherein ›bedrohlich‹ beim zweiten; gerade die Bedrohlichkeit aber der Einleitung des *2. Abschnitts* wird konterkariert durch eine fast kinderreimhafte Rhythmik und Melodik in der nächsten Abfolge. Dennoch bleibt die Einheitlichkeit gewahrt, die düster lastende Atmosphäre bildet den das ganze Werk überspannenden Bogen – eine im 1. Teil ausführlichst verarbeitete, ungeheuer eindringliche motivische Zweitonfolge e-f, deren erstes Erklingen auch einen ersten musikalischen Höhepunkt darstellt, taucht als unüberhörbare Reminiszenz auch im 2. Abschnitt wieder auf.

Vielfach ist von Petterssons »Tugend, nicht aufhören zu können«, die Rede gewesen. Gerade in der durch die Aufteilung besonders gedehnt wirkenden *8. Symphonie*, deren beide Teile ohne die motivischen Zusammenhänge von der

Dauer her schon als ›eigenständige‹ Werke anzusprechen wären, ist die positive Unfähigkeit, nicht zu einem Ende kommen zu können, besonders ausgeprägt. Kaum ein anderes Finale verrät so viel über die Angst, mit einem Leben jenseits der Musik konfrontiert zu werden. Es drängen sich hier zwei Vergleiche auf: Der mit den symphonischen Riesenformen Anton Bruckners (weitaus mehr übrigens als ein Vergleich in dieser Hinsicht mit Mahler) und der mit den fast sprichwörtlichen *himmlischen Längen* im Instrumentalschaffen Franz Schuberts.

In dieser Tradition stehend begriffen, gehört Allan Pettersson zu den wirklichen Ausnahmeerscheinungen in der Musik des 20. Jhs.

[M] *CD* RSO Berlin, Sanderling (cpo 1984) *Andreas K. W. Meyer*

Hans Pfitzner

1869–1949

»Die wahre Größe Pfitzners wird man erst erkennen, wenn man sich seiner (...) Bedeutung als weit in die Vergangenheit zurückreichender Bewahrer der Tradition und als Schöpfer neuer musikalischer Werte bewußt wird.« Das schrieb 1981 der Komponist und Pfitzner-Schüler Gerhard Frommel. Das Problem Pfitzner ist damit umrissen. Der am 5. Mai 1869 in Moskau geborene, am 22. Mai 1949 in Salzburg in bedrängten Verhältnissen verstorbene Komponist war eine janusköpfige Erscheinung, der nicht mit dem üblichen Klischee eines »letzten Romantikers« beizukommen ist. Zum einen sah er sich in der Tradition Schumanns und Wagners, zum anderen drang er in seinen avanciertesten Werken der 20er Jahre mit ihrer oft rücksichtslosen Linearität an die Grenzen der Tonalität vor. Nach der UA seines Hauptwerkes, der Oper *Palestrina*, 1917 in München unter Bruno Walter, galt er neben Richard Strauss als führender deutscher Komponist der Gegenwart. Seine so geistvollen wie giftigen Pamphlete gegen die »Futuristengefahr« und den Internationalismus der Neuen Musik ließen einen so »schwierigen« wie komplizierten Charakter erkennen, der sich nach 1933 denn auch mit den Größen des »Dritten Reiches« anlegte, die ihn wenig förderten. Konnten sie doch mit seiner eher introvertierten Kunst, die sich wenig zu Propagandazwecken eignete, nichts anfangen, trotz der nationalistischen Attitüde, die er zeitlebens an den Tag legte. Seine Opern verschwanden, von *Palestrina* abgesehen, von den Spielplänen, darunter ein musikalisch so bedeutendes Werk wie die 1905 von Gustav Mahler in Wien aufgeführte *Rose vom Liebesgarten*. Das Spätwerk des Verbitterten huldigte einem abgeklärten, um nicht zu sagen versimpelten Klassizismus. In seinen stärksten Werken wird er aber, wie Hans Heinz Stuckenschmidt einmal schrieb, »einiges viele Zeitgemäße überdauern«.

Drei Palestrina-Vorspiele

UA: München 1917

Pfitzner hat seine »musikalische Legende« um den großen Musiker der römischen Gegenreformation, Giovanni Perluigi da Palestrina, zu der er sich selbst das literarisch hochrangige Libretto schrieb, zu Recht als seinen Schaffenshöhepunkt betrachtet. Das Werk ist eine typische »Künstleroper«, in welcher die introvertierte Welt des schöpferischen Genies, als das Pfitzner sich sah, dem äußerlichen Weltgetriebe, hier in Gestalt des Konzils von Trient, gegenübergestellt wird. Die selbstbiographischen Züge sind unverkennbar, sah Palestrina/Pfitzner sich doch als Retter und Wahrer der großen Tradition. Das *1. Vorspiel* mit seinen zarten Kirchenton-Wendungen zeichnet in seiner lyrischen Versenkung das Porträt des an seiner Schöpferkraft zweifelnden Palestrina. Das *zweite*, ein heftiges damatisches Fresko, schildert die turbulente, streitbare Welt des Konzils vermittels des monumental sich aufbäumenden Konzil-Themas. Das 3. Vorspiel ist resignativer Ausklang: Palestrina hat die äußere Welt und ihre Ehren hinter sich gelassen, sein Werk ist getan. Der Schluß ist identisch mit dem Schluß der Oper.

[M] *CD* SO des BR, Sawallisch (Orfeo 1984)

Symphonie cis-moll op. 36a

UA: München 1933

1925 schrieb Pfitzner sein *Streichquartett cis-moll*, das neben der *Palestrina*-Oper sein bedeutendstes, kompositorisch dichtestes und avanciertestes Werk ist. In keiner anderen Komposition drang Pfitzners linearer Kontrapunkt so weit an die Grenzen der Tonalität vor wie hier. Da das Stück – wie Beethovens letzte Quartette – die klanglichen Grenzen des Streichquartetts sprengt, instrumentierte er es 1930 für großes Orchester. Die Orchestrierung fügt dem originalen Satz kompositorisch nichts hinzu, sie verdeutlicht ihn lediglich. Die viersätzige Symphonie ist von dichtester thematischer Arbeit, nur selten hat Pfitzner zu derart plastischen, weitbogigen thematisch-melodischen Einfällen gefunden, die alle aus einem einzigen Themenkern entwickelt sind. Dem in Sonatenform gehaltenen *Kopfsatz* mit erregtem Mittelteil als Durchführung folgt ein *Scherzo* von tänzerischer Bewegtheit, in dem ein breit ausschwingender Gedanke als Trio fungiert. Das harmonisch besonders kühne *Adagio* baut sich aus einer Sechston-Figur auf, deren Tritonus-Spannungen die Tonalität aufweichen. Das *Finale* wurde zu Recht als »entwickelnde Variation« im Sinne Schönbergs bezeichnet, wandelt es doch ein markantes Thema unentwegt ab. Außerdem wird auf thematisches Material der voraufgegangenen Sätze zurückgegriffen.

[M] *CD* Bamberger Symphoniker, Albert (cpo 1990/91)

Violinkonzert h-moll op. 34

UA: München 1924

Widmungsträgerin von Pfitzners einzigem Violinkonzert war die junge australische Geigerin Alma Moodie, die dem Stück scherzhaft »feierliche Verdrossenheit« attestierte. Das wie die *cis-moll-Symphonie* hochinspirierte Werk steht in der Tradition des deutschen »symphonischen« Solokonzerts, in dem das konzertant-virtuose Element mit dem symphonischen Orchestersatz verwoben ist. Wenn das Stück trotz seiner melodischen Gedankenfülle und formalen Schlüssigkeit sowie des dankbaren Soloparts selten zu hören ist, so hat das seinen Grund in dem Schweigen des Solisten während des gesamten schwärmerischen *Adagios*. Die 4 ineinander übergehenden Sätze werden mit großer Phantasie motivisch-thematisch einander verwoben. Das *Scherzo* und das *Rondo*-Finale mit seinem behäbig schlendernden Thema geben dem Solisten reichlich Gelegenheit, mit seiner Virtuosität zu glänzen. Das Violinkonzert ist bedeutender als das vorausgegangene *Klavierkonzert Es-Dur op. 31*, das von Gieseking uraufgeführt wurde.

[M] *CD* Gawrilow, Bamberger Symphoniker, Albert (cpo 1990/91)

Von deutscher Seele

Eine romantische Kantate nach Texten von Joseph von Eichendorff op. 28

UA: Berlin 1922

Der nationalistische Titel hat dem abendfüllenden Werk für 4 Solostimmen, gemischten Chor, Orchester und Orgel geschadet. Die 3 Abschnitte *Mensch und Natur*, *Leben und Singen*, *Liederteil* fügen sich zu einem Ganzen, das alle Facetten Eichendorffscher Poesie, Nachdenkliches, Übermütiges, Zartes, Kraftvolles und Heldisches, in Musik von starker Einfallskraft und großem Abwechslungsreichtum verwandelt. Liedhaftes und Oratorisch-Monumentales stehen nebeneinander, gipfelnd in dem großen Schlußgesang, einem Hymnus auf Gottes- und Welt-Zuversicht. Musikalisch am avanciertesten sind die Orchester-Zwischenspiele, darunter das berühmte »Tod als Postillon«. Von nationalistisch-chauvinistischen Zügen ist die Kantate völlig frei.

[M] *CD* Habereder, Most, Protschka, Halem, Düsseldorfer SO, Hollreiser (Schwann/Koch 1988)

Das dunkle Reich

Chorfantasie mit Orchester, Orgel, Sopran- und Baritonsolo op. 38

UA: Berlin 1930

Das dunklere Gegenstück zur Eichendorff-Kantate schuf Pfitzner unter dem Eindruck des Todes seiner Frau Mimi 1926. Gedichte von Conrad Ferdinand Meyer, Richard Dehmel, Goethe und Michelangelo, die alle um das Geheimnis des Todes kreisen, bilden die Textgrundlage. Das 1929 vollendete Werk steht mit seiner erweiterten Harmonik, differenzierten Rhythmik, komplizierten Kontrapunktik im Fugato-Satz auf der Höhe der *cis-moll-Symphonie* und des *Violinkonzertes*.

[M] *CD* Wiedstruck, Jänicke, Windmüller, Rundfunkchor Berlin, RSO Berlin, Reuter (cpo 1993)

Alfred Beaujean

Walter Piston

1894–1976

In einem Alter, da andere schon ihre ersten Erfolge feiern, hat Walter Piston sich erst entschieden, ernsthaft Musik zu studieren. Dennoch war der am 20. Januar 1894 geborene Piston kein »Spätzünder«. Als er sich mit 25 Jahren zunächst als »Externer« und ein Jahr später dann regulär an der Harvard University einschrieb, hatte er bereits als Zeichner bei einer Eisenbahngesellschaft gearbeitet und sogar noch sein Diplom als Architekturzeichner erworben. Seit seiner Kindheit hatte sich Piston mit Musik beschäftigt. Als überaus talentierter Autodidakt brachte er sich ganz alleine Violine und Klavier, später – als er in die Armee eingezogen wurde – auch noch Saxophon bei. Er hatte als Unterhaltungsmusiker gearbeitet, aber auch mit dem Gedanken gespielt, als Violinist in ein Orchester einzutreten.

Pistons Vorbildung hatte sicherlich auch einen Einfluß auf seine Musik. Seine Werke sind klar konzipiert, ausgetüftelt, akribisch angefertigt, mit einem Sinn für Balance. Aaron

Copland, der Piston einen unter europäischem Einfluß stehenden Akademismus nachsagte, plazierte dessen Werke in der Kategorie »ziemlich schwierig« (übrigens zusammen mit dem »späten Strawinsky, Bartók, Milhaud und Hindemith«). Stilistisch zeigte sich Piston zunächst geprägt vom Neoklassizismus. Dies verwundert nicht, denn wie so viele andere amerikanische Komponisten hatte auch er für 2 Jahre in Paris bei Nadia Boulanger studiert. Da er aber auch bei Paul Dukas Unterricht genommen hatte, verlagerte sich der Schwerpunkt bei ihm etwas von Strawinsky weg und hin zu den französischen Komponisten dieser Epoche. In Pistons *Concertino für Orchester* (1933) kommt die barocke Vorlage der *Brandenburgischen Konzerte* J. S. Bachs im Hintergrund deutlich zum Vorschein. In der »mittleren Phase«, die mit der sehr erfolgreichen Ballettmusik *The incredible Flutist* beginnt, wird der dissonanzenreiche Stil zugunsten einer konsonanten, dafür aber polyphonen Schreibweise zurückgenommen. In seinem Spätwerk, dem auch die für Mstislav Rostropowitsch geschriebenen *Variationen für Violoncello und Orchester* (1966) angehören, scheint er wieder mehr seinem ursprünglichen Stil verpflichtet. Walter Piston starb am 12. November 1976.

Als Lehrer lag es Piston fern, seine Schüler dogmatisch beeinflussen zu wollen. Trotz jenes »Akademismus« stellte er – sicher aufgrund der eigenen Erfahrungen als Autodidakt –, keine strikten Kompositionsregeln auf, sondern suchte Kompositionsprinzipien zu vermitteln. Leonhard Bernstein und Elliot Carter sind von der nachfolgenden Generation zwei ganz unterschiedliche Vertreter der amerikanischen Musik, die bei Piston gelernt haben. *Werner Bleisteiner*

Francis Poulenc

1899–1963

»Eine Mischung zwischen Mönch und Lausbub.« So hat ihn der Kritiker Claude Rostand charakterisiert. Auf den ersten Blick mag Poulencs schillerndes Werk dem einen oder anderen vielleicht etwas zu bunt vorkommen. Poulenc gelang eine ganz eigene, geniale Mischung von Geist, Witz und Einfachheit, tiefer Empfindung und Religiosität. Am ehesten wird man den Namen Poulenc mit der Komponistengruppe »Le Six« in Verbindung bringen, jenen 6 jungen Komponisten, die um 1920 in Paris synonym für Avantgarde waren. Poulenc, Honegger, Milhaud, Durey, Tailleferre und Auric waren Freunde, aber kompositorisch trennte sie doch mehr, als sie einte. Die Gruppe ging schon nach 2 Jahren auseinander, aber sie setzte Maßstäbe. Gegen den übermächtigen deutschen Einfluß, namentlich Wagner, wollte man sich wehren, aber auch gegen die weichzeichnenden Klänge eines Debussy. Eine Musik des Alltags, der Music-Hall, des Zirkus wollte man, und Vorbild war der kauzige Eric Satie mit seinen originellen Kompositionen. Wenn einer der Sechs die Forderung nach zugänglicher, lichter, geistvoller Musik erfüllt hat, dann war es Francis Poulenc. Am 7. Januar 1899 in Paris geboren, zeigte er schon früh Interesse für Künste. Die Mutter war Pianistin und brachte ihm die ersten Töne bei. Dem Klavier blieb er auch später als Konzertpianist treu. Poulenc wurde Lieblingsschüler des spanischen Pianisten Ricardo Viñes, und bei Charles Koechlin fand er die entscheidenden kompositorischen Impulse. Allerdings besuchte Poulenc nie ein Konservatorium und war auch später stolz darauf, instinktiv und nicht nach Regeln zu arbeiten. Mit dem von Sergei Diaghilew produzierten Ballett *Les Biches* (1924) errang Poulenc erste Erfolge, später folgten weitere Bühnenwerke, auch Opern wie *Dialogues des Carmélites* (1957). Der Tod eines Freundes berührte Poulenc derart, daß er sich ab Mitte der 30er Jahre verstärkt mit der Kirchenmusik auseinandersetzte. So entstanden ein *Stabat Mater* (1950) und *Gloria* (1959). Das *Konzert für Orgel, Streicher und Pauken* (1938), das *Concert champêtre* (1928), das *Konzert für 2 Klaviere und Orchester* (1932) und das späte *Klavierkonzert* (1950) sind oft zu hören. Poulenc lebte den größten Teil seines Lebens in Paris oder in seinem Landhaus ›Le Grand Coteau‹. Er starb nur wenige Wochen nach seinem 64. Geburtstag am 30. Januar 1963 in Paris.

Concert champêtre für Cembalo und Orchester

UA: 1929 Paris

Die Cembalistin Wanda Landowska war von dem für sie geschriebenen Konzert begeistert, und sie machte dieses köstliche, amüsante Werk, das ihren exzentrischen Charakter treffend widerspiegeln soll, in der ganzen Welt bekannt. Der Titel ist irreführend. »Ländlich« ist das Konzert nur insofern, als Poulenc es in den Außenbezirken von Paris, im Bois de Vincennes, ansiedelte. Er konnte dann besser seinen Eingebungen folgen. Nach einem würdevollen Auftakt beginnt der *1. Satz* mit einem rastlosen *Allegro*, in dem es mal nach Jagdgesellschaft, dann wieder nach Kasernenhof klingt. Die folgende *Sicilienne*, die so etwas wie ländlichen Frieden und Morgenstimmung auszudrücken scheint, bietet genug Zeit zur Erholung. Danach beginnt das Cembalo mit einem schnurrigen *Finale*, das nicht nur *très gai* (*sehr fröhlich*) überschrieben ist, sondern auch entsprechend gute Laune verbreitet. Es wirkt etwa so, als ob ein Cembalomeister des 18. Jhs. laufend von irgendwelchen Hörnern oder Trommeln gestört wird und doch bis zum Ende durchhält. Ein wenig erschöpft spielt der Meister den letzten Akkord.

[M] *CD* Cole, City of London Sinfonia, Hickox (Virgin 1989)

Konzert für 2 Klaviere und Orchester d-moll

UA: Venedig 1932

Wie die meisten seiner Werke mit Klavier, ist auch dieses unter Beteiligung des Komponisten uraufgeführt worden. Es gehört zum Eingängigsten, was Poulenc geschrieben hat, steckt voller Eleganz, Witz und Charme. Nach zwei Akkorden, die die Aufmerksamkeit auf sich ziehen, geht es sofort los mit einem brillanten Thema. Ein 2. Thema macht den Konzertsaal plötzlich zum Varieté, eine Jazzband spielt. Unvermittelt geht es ins Separée, wo man sich im Plauderton einige Artigkeiten zu sagen hat. Nach kurzem Aufgreifen der Themen endet der Satz quasi im Flüsterton. Der *2. Satz* bringt keine Überraschungen, er ist von beschaulich-wehmütiger Stimmung, der Mittelteil erinnert an Rachmaninow. Im letzten Satz geht es dann noch einmal turbulent zu. Bald burschikos-marschartig auftrumpfend, bald lyrisch-volksliedhaft einschmeichelnd endet das Konzert mit einem brillanten, pianistischen Feuerwerk.

[M] *CD* Duchable, Collard, Rotterdam PO, Conlon (Erato/Teldec 1984)

Konzert g-moll für Orgel, Streicher und Pauken

UA: 1938

Poulenc hatte sich nach persönlichen Krisen Mitte der 30er Jahre wieder dem katholischen Glauben genähert und einige Werke für die Kirche geschrieben. Das Orgelkonzert ist aber nicht sakrale Musik im engeren Sinne. Der Hörer darf sich eher auf ein kleines Abenteuer gefaßt machen, so unterschiedlich sind die Stimmungen, die ihn erwarten. Das in einem Satz angelegte Werk ähnelt einer großen barocken Orgel-Phantasie. Es führt den Hörer von den an Bach erinnernden Anfangstakten, die unzweideutig Kirche meinen, bis auf den Jahrmarkt mit seinem Budenzauber und wieder zurück in die Kirche. Es gibt eine Reihe besinnlicher, meditativer Passagen. An anderen, rhythmisch betonten Stellen im Mittelteil erinnert das Konzert an Strawinskys *Psalmensymphonie*. Das Orchester ist so klein gehalten, daß dieses Konzert in Kirchen jeder Größe aufgeführt werden kann.

[M] *CD* Weir, City of London Sinfonia, Hickox (Virgin 1989)

Stabat Mater für Solosopran, gemischten Chor und Orchester

UA: Straßburg 1951

Herrlich weiche Plüschkissen auf harten Kirchenbänken. Nur bei Poulenc scheint sich diese scheinbare Dissonanz in pures Wohlgefallen aufzulösen. Das *Stabat Mater* entspringt Poulencs tiefem Glauben. Gleichwohl entspricht es dem Naturell des Komponisten, dieses tiefe religiöse Gefühl mit ganz einfachen Mitteln auszudrücken. Manche der besonders eingängigen Melodien in diesem Werk meint man spontan mitsingen zu können. Das *Stabat Mater* ist 1950 entstanden. Poulenc schrieb es als Erinnerung an seinen engen Freund, den Maler und Bühnenbildner Christian Bérard. Die mittelalterliche, lateinische Textvorlage beschreibt den Kummer der Mutter Jesu am Fuße des Kreuzes. Poulencs Vertonung wird von den ersten Takten an vom Chor dominiert, das Orchester liefert nur Farbe. Auch die Sopranistin tritt nur dreimal kurz in Aktion, dies allerdings in Passagen von überwältigender, schlichter Schönheit. Besonders ergreifend sind die Worte vertont, die dem abschließenden Amen vorausgehen: *Paradisi Gloria*. Sopranistin und Chor singen in weitausholenden Linien, die mit den für Poulenc typischen feingewürzten Harmonien unterlegt sind.

[M] *CD* O. National de France, Dutoit (Decca 1995) *Joachim Salau*

Henri Pousseur

1929

Zu den genauesten Kritikern der seriellen Musik und ihrer rationalistischen Ordnungsvorstellungen gehört seit den späten 50er Jahren Henri Pousseur, der in zahlreichen Veröffentlichungen und vor allem in der Entwicklung seiner eigenen, anfänglich streng seriell strukturierten Musiksprache nach greifbaren, im Ausdruck faßlichen Klanggestalten sucht. Der am 23. Juni 1929 in Malmédy geborene Komponist war jahrelang Dozent bei den Darmstädter Ferienkursen für Neue Musik, hat verschiedene Kompositionsstudios gegründet, ist auf breiter Front pädagogisch tätig und in Liège Lehrstuhlinhaber. Dabei hat der ausgesprochen eloquente Belgier in sämtlichen musikalischen Gattungen seine Produktivität bewiesen – von Kammermusik und Chorwerken bis zur

Oper, Filmmusik und elektronischen Komposition. In vielen dieser Werke spielen Texte des französischen Schriftstellers Michel Butor, den mit Pousseur eine langjährige Künstlerfreundschaft verbindet, eine wichtige Rolle. Dessen Literaturverständnis, das auf der Vermischung unterschiedlichster Textformen und -inhalte basiert, kommt Pousseurs Musiksprache, die auditive Anhaltspunkte bieten möchte, die gleichzeitig erinnerlich und voraussehbar sind, ohne dabei das serielle Niveau konstruktiver Formkraft zu unterbieten, sehr entgegen. Pousseur/Butors Fantaisie Variable Genre Opera *Votre Faust* (1961/68) stellt eine Mischung aus serieller Konstruktivität und textbezogener Zitierfreude dar und setzt das Publikum als über den Verlauf des Stücks plebiszitär entscheidenden Mitspieler ein. Seitdem finden sich Verfahren vielsträhniger Verknüpfung unterschiedlichster musikalischer Ingredienzien in allen Werken. Eine große musikalische Plastik, die sich aus zahlreichen Varianten des wohlbekannten Songs *We shall overcome* bildet und als klingende Kreuzung der vielfältigen, disparaten und bunten Aspekte der USA wirkt, sind Pousseurs *Couleurs Croisées* (1967); ein Werk, das sich auch auf die Musik Charles Ives', Aaron Coplands oder des Free Jazz eines Cecil Taylor bezieht. Die *Déclarations d'Orages* (1988/89), zum 200jährigen Jubiläum der französischen Revolution als Auftragswerk des französischen Staates komponiert, thematisieren dagegen das Miteinander und Gegeneinander von sozialen Ideen und gesellschaftlichen Aufbrüchen. Orchester, Gesang, Sprecher, elektronische Klänge und Natur-Aufnahmen, ausnotierte und freie Passagen, politische Deklarationen und die Rezitation alter und neuer literarischer Texte werden durch eine ebenso dichte wie beziehungsreiche Struktur in dramatische Konstellationen gebracht, um das Gärende und Aufbrechende dieses monumentalen Stroms unterschiedlichster Aspekte einer Menschheitsbefreiung zu vermitteln. *Bernhard Uske*

Sergei Prokofjew

1891–1953

Der 5. März 1953 war der Tag, an dem Josef Stalin starb. Eine viertägige Staatstrauer bestimmte das Leben in Moskau. Der Tod des »geliebten Führers« zog Tausende in die katastrophal überfüllten Straßen der Stadt. Der 5. März 1953 war auch der Tag, an dem, im Schatten des übermächtigen Diktators, Sergei Prokofjew starb. Am 6. März, einem Freitag, wurde Prokofjews Sarg im Zentralen Haus des Komponistenverbandes in Moskau aufgebahrt. Wenige enge Freunde, denen es gelang, sich den Weg durch die zu Stalin drängenden Massen zu bahnen, nahmen Abschied.

So endete das Leben des am 11./23. April 1891 im ukrainischen Sonzowka als Sohn eines Gutsverwalters geborenen Prokofjew, der als junger Mann zum Enfant terrible des vorrevolutionären russischen Musiklebens avanciert war und die Öffentlichkeit zu erbittertem Parteienstreit provoziert hatte. Im Mai 1918 war Prokofjew vor der Realität der politischen Umwälzungen ins Ausland geflohen und hatte sich 1923 in Paris niedergelassen, doch anders als Strawinsky sollte es ihm nicht möglich sein, im Westen Fuß zu fassen. »Die Luft der Fremde bekommt meiner Inspiration nicht, weil ich Russe bin (...) Ich muß die russische Sprache in meinem Ohr widerhallen hören, ich muß mit den Leuten reden, (...) damit sie mir etwas zurückgeben, was mir hier fehlt: ihre Lieder, meine Lieder.« 1927 gastierte Prokofjew erstmals wieder in der Sowjetunion, und der enthusiastische Empfang, der ihm in seiner alten Heimat bereitet wurde, stand in verlockendem Kontrast zu den oftmals kühlen Reaktionen des Pariser Publikums.

Die Rückkehr nach Rußland war für Prokofjew ebenso unausweichlich wie verhängnisvoll. Die schöpferische Krise der Pariser Jahre, in die ihn der Erfolgsdruck und der Zwang zum Neuen und Ungewöhnlichen um jeden Preis gestürzt hatten, vermochte er hier zu überwinden. Dafür sah er sich aber bald schon den Schikanen und Kontrollen der stalinistischen Kulturpolitik ausgeliefert, die nach dem Krieg in jenem berüchtigten ZK-Beschluß vom 10. Februar 1948 kulminierten. Prokofjews Musik wurde der inkriminierten »formalistischen« und »volksfeindlichen« Richtung zugerechnet, eine Vielzahl seiner Werke mit einem Aufführungsverbot belegt. Zehn Tage später wurde auch noch Prokofjews erste Frau Lina (seit Januar 1948 war er mit der Dichterin Mira Mendelssohn verheiratet) unter einem konstruierten Spionagevorwurf zu Lagerhaft und Zwangsarbeit verurteilt. Doch allen destruktiven Umständen zum Trotz vermochte Prokofjew auch in seinen letzten, von Krankheit und Repression überschatteten Jahren seine künstlerische und moralische Integrität zu wahren. »Prokofjew gehörte zu denen, die sich vor den Belastungen der Zeit nicht gebeugt haben«, sagt Alfred Schnittke. »Er liefert eigentlich ein Musterbeispiel dafür, wie man Mensch bleibt in einer Gegenwart, die dies beinahe unmöglich macht.«

Symphonie Nr. 1 D-Dur op. 25 (»Klassische Symphonie«)

UA: Petrograd 1918

Im Revolutionsjahr 1917, in einer Phase, da viele Künstler in romantischer Aufbruchstimmung schwelgten, verbrachte Prokofjew seine Zeit vorzugsweise abseits von Petrograd, dem Zentrum der Unruhen. Er betrachtete mußevoll die Sterne durch ein Teleskop, fuhr mit einem Dampfschiff auf Wolga und Kama und wandte sich im Sommer, auf einsamen Spaziergängen, der musikalischen Vergangenheit zu. Er hatte bereits eine Gavotte entworfen und Themen für ein Allegro und einen langsamen Satz kreiert. Nun begann er einen Selbstversuch: eine Komposition, die fernab vom Klavier entstehen sollte – und die als *Klassische Symphonie* eines seiner populärsten Werke wurde. »Wenn Haydn heute noch lebte, dachte ich, würde er seine Art zu schreiben beibehalten und dabei einiges vom Neuen übernehmen. Solch eine Symphonie wollte ich schreiben.« Aus Prokofjews provokantem Kommentar sprechen genau die Unbekümmertheit, die Ironie und der Hang zu humoristischer Verfremdung, die die Musik seines *op. 25* charakterisieren. Für die Ereignisse von Krieg und Revolution findet sich kein Raum in dieser Symphonie. Als Prokofjew am 8./21. April 1918 in Petrograd ihre kaum beachtete UA dirigierte, spürte er, daß er am falschen Platz war. Wenige Tage später trat Prokofjew jene Reise an, die sich zu einem jahrelangen Exil ausdehnen sollte.

[M] *CD* New York PO, Bernstein (Sony 1968); London SO, Marriner (Philips 1980) – *VD* Münchner Philharmoniker, Celibidache (Teldec) – *LD* Berliner Philharmoniker, Karajan (DGG 1988)

Symphonie Nr. 2 d-moll op. 40

UA: Paris 1925

Als sich Prokofjew im Herbst 1923 in Paris niederließ, mußte er erleben, daß ihn das elitäre Publikum der Seine-Metropole als einen altmodischen und viel zu harmlosen Komponisten abtat. Das war für ihn, der im konservativen russischen Musikleben als Bürgerschreck verschrien war, eine ungewohnte Erfahrung. Unter diesen Vorzeichen und unter dem Zwang, sich in der westlichen Welt mit einer aufsehenerregenden Komposition zu etablieren, nahm Prokofjew im Sommer 1924 die Arbeit an seiner *2. Symphonie* auf. Doch als sie, die ein großes Werk »aus Stahl und Eisen« werden sollte, am 6. Juni 1925 uraufgeführt wurde, war Prokofjew entsetzt über seine Musik, die ihm »überladen« erschien und »viel zu dick in der Verflechtung (...) Es war vielleicht der einzige Fall, daß mir die Befürchtung kam, die Rolle eines Komponisten zweiten Ranges zu spielen.« Als

Sergei Prokofjew mit seiner ersten Frau (1924)

eine Musik von extremer Kompliziertheit, provokanter Brutalität und schneidendem Sarkasmus ist Prokofjews sperrige *2. Symphonie* auch heute noch schwer vermittelbar: das verstörende Zeugnis eines künstlerischen Irrwegs.

[M] *CD* O. National de France, Rostropowitsch (Erato/Teldec 1988)

Symphonie Nr. 3 c-moll op. 44

UA: Paris 1929

1908 veröffentlichte Waleri Brjussow, der bekannteste Vertreter des russischen Symbolismus, seinen historischen Roman »Der feurige Engel«. Die Geschichte der Renata, die sich vom Teufel »zu mannigfaltigen sündigen Handlungen« verführen läßt, ereignet sich im Köln der Gegenreformation. Prokofjew lernte das Buch im Exil kennen: Das finster kolorierte Sujet zog ihn an und lenkte seine Phantasie auf einen neuen Opernplan. Die undankbare Aufgabe, die fiktiven Aufzeichnungen des Ritters Ruprecht in ein bühnengerechtes Libretto umzuwandeln, übernahm Prokofjew selbst. Seine Bemühungen jedoch, die Oper an ihren Bestimmungsort, das Theater, zu bringen, blieben vergeblich. Erst 2 Jahre nach Prokofjews Tod kam es zur szenischen Premiere in Venedig. Eine konzertante Aufführung einzelner Teile des

Feurigen Engels 1928 in Paris animierte Prokofjew, eine neue Form für das brachliegende musikalische Material zu suchen. Die Idee einer symphonischen Suite verwarf er bald, nachdem er entdeckt hatte, daß eines der Zwischenspiele als Zentrum und Grundlage eines Sonatenhauptsatzes fungieren konnte. Tatsächlich stimmt das Intermezzo der Oper, an dem sich Prokofjews symphonische Rekonstruktion entwickelte, nahezu vollständig mit der Durchführung des 1. Satzes der späteren *3. Symphonie* überein. Die markanten Themen des eröffnenden *Moderato*, die ruhige Melodik im Rahmenteil des *Andante*, der Trauermarsch und die Totenglocken des *Finales* verraten die Opernvergangenheit dieser Symphonie, ohne daß sie deshalb verkappte Programmusik wäre.

[M] *CD* O. National de France, Rostropowitsch (Erato/Teldec 1988)

Symphonie Nr. 4 C-Dur op. 47/op. 112

UA: Boston 1930/Moskau 1957

Ein Journalist, der um das Jahr 1930 ein Interview mit Prokofjew führen mußte, stand wahrlich vor keiner angenehmen Aufgabe. Gereizt und verbittert beklagte sich der russische Emigrant, daß man ihn immer noch als ein Enfant terrible, »das mit Dissonanzen spielt«, darstelle. Prokofjew wurde nicht müde zu betonen, daß seine Musik »einfacher und melodiöser« geworden sei: Das Primat des Melodischen, Klarheit in der Satztechnik, »Licht im Dickicht«, so lauteten seine Forderungen – an sich selbst. Wirklich einzulösen vermochte er dieses Ideal erst in seinen letzten 3 Symphonien, doch dokumentiert die *4. Symphonie*, 1929/30 als Auftragswerk zum 50jährigen Jubiläum des Boston Symphony Orchestra entstanden, die Suche nach jener »Neuen Einfachheit«. Bei ihrer Komposition hatte er Themen aus seinem Ballett *Der verlorene Sohn* verwendet, dessen bewegende Expressivität das Pariser Premierenpublikum im Mai 1929 buchstäblich zu Tränen gerührt hatte. Der *C-Dur-Symphonie op. 47* war jedoch weder in Boston noch bei der Pariser Erstaufführung im selben Jahr ein vergleichbarer Erfolg beschieden. Gleichwohl bewahrte Prokofjew gerade zu diesem Stück eine besondere Affinität. Er hat es 1947 einer Revision unterzogen, die so tiefgreifend ausfiel, daß er sich zur Vergabe einer neuen Opuszahl (112) entschloß.

[M] *CD* beide Fassungen auf einer CD: O. National de France, Rostropowitsch (Erato/Teldec 1987/88)

Symphonie Nr. 5 B-Dur op. 100

UA: Moskau 1945

Anfang Juni 1944 fuhr Prokofjew in die Nahe des idyllischen Iwanowo, wo er auf einem Landgut, das dem Komponistenverband gehörte, Ruhe und Regelmäßigkeit zur Arbeit fand: Hier entstand seine *5. Symphonie*. Die musikalische Sprache der »Neuen Einfachheit«, die Prokofjew schon in seinem *2. Violinkonzert* und in seinem Ballett *Romeo und Julia* zu künstlerischer Vollendung gebracht hatte, beflügelte ihn auch bei der Komposition seines *op. 100* zu einer kraftvollen, reliefartigen Melodik, zu thematischer Plastizität und zu einer Orchestrierung von enormer Weite. »Dazu lebt in seinen Melodien die Urwüchsigkeit des russischen Liedes, eine freie und ausdrucksvolle Art des Singens«, schwärmte der Komponist Aram Chatschaturjan. Mit seiner *B-Dur-Symphonie* schuf Prokofjew, in der Tradition der von Alexander Borodin begründeten epischen Symphonik, ein überwältigendes Zeugnis russischer Musik. »Die Fünfte Symphonie spiegelt seine abgeschlossene innere Reife und seinen Rückblick«, schreibt Swjatoslaw Richter, der die denkwürdige Moskauer UA am 13. Januar 1945 unter Prokofjews Leitung miterleben durfte. »Er sieht von der Höhe auf sein Leben herab und auf alles, was war. Etwas Olympisches liegt darin.«

[M] *CD* Scottish National O., Järvi (Chandos 1985); Berliner Philharmoniker, Ozawa (DGG 1990); Birmingham SO, Rattle (EMI 1992)

Symphonie Nr. 6 es-moll op. 111

UA: Leningrad 1947

Der Krieg war vorüber: »Jetzt freuen wir uns über den großen Sieg«, sagte Prokofjew gegenüber seinem Biographen Israil Nestjew, »aber jeder von uns hat noch unvernarbte Wunden. Der eine verlor ihm nahestehende Menschen, der andere verlor seine Gesundheit.« Diese Worte waren nicht bloß als allgemeine Einschätzung der Lage gedacht, sondern als Erklärung seiner während und nach dem Ende des Zweiten Weltkriegs komponierten *6. Symphonie*. Die russische Symphonik kennt eine Tradition der Inhaltlichkeit, der historisch und autobiographisch motivierten Programmatik: In diesem Wissen erscheint Prokofjews verbale Verständnishilfe keineswegs ungewöhnlich. Eine starke Tendenz zu körperlicher Konkretheit und suggestiver Bildhaftigkeit hat den Ballett- und Filmkomponisten Prokofjew auch bei der Arbeit an seiner *es-moll-Symphonie op. 111* geleitet und zu einer überwältigenden heroisch-tragischen Inszenierung geführt. Ein Vergleich der Symphonie etwa mit den russischen Volksgesängen und dem Schlachtengemälde aus der Filmmusik zum *Alexander Newsky* erhellt, in welchem Maße Prokofjew die Grenzen der absoluten Instrumentalmusik ausgeweitet hat. Wenn der Finalsatz mit einem spielerisch unbeschwerten, den Klassizismus der *1. Symphonie* zitierenden Thema anhebt, scheint sich der

Alpdruck der Vergangenheit gelegt zu haben. Doch enthüllt diese Heiterkeit bald schon sarkastische Züge, der Humor droht jeden Moment in Gewalttätigkeit umzuschlagen, und mit der zyklischen Wiederkehr des 2. Themas aus dem eröffnenden *Allegro moderato*, die in einem zweifachen, schmerzerfüllten Aufschrei kulminiert, bricht die Illusion eines »lieto fine«, eines glücklichen Endes, in sich zusammen.

[M] *CD* Los Angeles PO, Previn (Philips 1987)

Symphonie Nr. 7 cis-moll op. 131
UA: Moskau 1952

Prokofjews letzte Lebensjahre waren vergiftet von den Demütigungen der omnipräsenten stalinistischen Kulturbürokratie. Der schwerkranke Komponist vermochte diesen Zumutungen kaum noch etwas entgegenzusetzen. »In meinen Erinnerungen (...) hatte er zwar seinen Humor und seine Arbeitsliebe nicht verloren«, berichtet Prokofjews Sohn Swjatoslaw, »aber es war deutlich (...) ein heimlicher Kummer sowie Erschöpfung zu beobachten.« Es erscheint tröstlich und unfaßbar zugleich, daß Prokofjew gegen alle Widerstände, trotz staatlicher Repressalien und physischem Verfall, eine Komposition von so jugendlicher Vitalität und verschwenderischem Einfallsreichtum zu schaffen vermochte wie seine *7. Symphonie*, die er ursprünglich für den Kinderfunk und einen jungen Hörerkreis bestimmt hatte. »Er war so natürlich, so aufrichtig und einfach, gab sich so voll und ganz seinen Eindrücken hin, daß er ein großes Kind zu sein schien!« erinnerte sich die Tänzerin Galina Ulanowa, Prokofjews erste russische Julia. »Und ich glaube, daß diese Aufrichtigkeit und Geradheit sogar die fühlen müssen, die ihn nicht persönlich gekannt, sondern nur solche Werke von ihm wie (...) seine Siebte Symphonie gehört haben.«

[M] *CD* Los Angeles PO, Previn (Philips 1989)

Ala und Lolly
Skythische Suite op. 20
UA: Petrograd 1916

Die musikalische Elite Petrograds hatte sich versammelt, als Prokofjew die UA seiner *Skythischen Suite* dirigierte. Ein Aufschrei der Empörung antwortete auf den letzten Satz. Alexander Glasunow, Direktor des Konservatoriums, hatte den Saal bereits vorzeitig verlassen. War Prokofjew schon zuvor in Rußland heftig umstritten, so erlangte er mit diesem Eklat endgültig den Ruf des »Zertrümmerers der Grundlagen der Musik«. Es spricht alles dafür, daß er diesen Vorwurf als Kompliment auffaßte. Denn dieselbe Musik war wenige Monate zuvor als blaß und unoriginell zurückgewiesen worden. Im Juli 1914 hatte Prokofjew von Serge Diaghilew, dem Gründer und Lenker der »Ballets Russes«, den Auftrag für eine Ballettpartitur erhalten. In der Hoffnung, mit dieser Komposition über Nacht berühmt zu werden, befrachtete Prokofjew seine Arbeit von Anfang an mit dem fatalen Ehrgeiz, in jedem Takt beeindrucken zu wollen. »Ich war auf etwas Größeres aus«, bekannte er rückblickend. »Strawinskys ›Sacre du Printemps‹ hatte ich im Konzert schon gehört, aber nicht verstanden. Wahrscheinlich suchte ich etwas Ähnliches für mich.« Und natürlich konnte gerade dies Diaghilew, der mit Strawinskys »Sacre« einen der größten Uraufführungstumulte der Musikgeschichte entfacht hatte, nicht entgehen, als ihm Prokofjew im Frühjahr 1915 sein Ballett mit dem Titel *Ala und Lolly* vorstellte. Diaghilew mußte das Projekt für gescheitert erklären: Viel zuviel verdankte es Strawinsky, um nicht als ein Kunstprodukt aus zweiter Hand zu erscheinen. Das Szenarium des russischen Lyrikers Sergei Gorodetzky, das in freier Anlehnung an die altslawische Mythologie um den Sonnengott Weles, seine Tochter Ala und den Skythenkrieger Lolly kreist, fand Diaghilews besonderes Mißfallen. Im Grunde dürfte auch Prokofjew von der vorchristlichen Welt der skythischen Reiternomaden wenig Inspiration empfangen haben; gleichwohl war er Pragmatiker genug, um die einmal geschriebene Ballettmusik nicht den Flammen zu überantworten, sondern in die Form einer viersätzigen Orchestersuite zu bringen.

[M] *CD* Los Angeles PO, Previn (Philips 1987)

Leutnant Kishe
Symphonische Suite op. 60
UA: Moskau 1934

In jenen Jahren, da sich Prokofjew wieder seiner russischen Heimat zuwandte, schrieb er die Musik zu dem Film »Leutnant Kishe«. Die literarische Vorlage, eine Erzählung von Juri Tynjanow (1894–1943), hatte ihn zur Mitwirkung an dem Projekt verlockt. Tynjanow erzählt von der glänzenden Laufbahn eines Leutnants, den es gar nicht gibt. Zar Paul I. (Regierungszeit 1796–1801) deutet einen Schreibfehler im Palast-Rapport als den Namen eines ihm unbekannten Soldaten Kishe. Da sich niemand getraut, das Mißverständnis aufzuklären, beginnt die erstaunliche Karriere einer Phantomgestalt, die die Gunst der Beförderung und die Schmach der Verbannung erfährt, mit einer Mätresse des Zaren die Ehe schließt und endlich sogar zum General ernannt wird. Als Paul I. eines unglücklichen Tages Kishe kennenzulernen verlangt, muß die Papiergeburt auf dem Felde der Ehre den Tod finden. Prokofjew hat im Frühjahr 1934 aus den 16 Nummern seiner Filmmusik eine fünfteilige Suite zusammengestellt, die ein genrehaftes Panorama mit Fernsignal und Militärmarsch, sentimentaler Romanze und wildem Husarenlied ausbreitet – und bei aller satirischen Überzeichnung und Stilparodie gleichwohl nicht verhehlen kann, daß sie von einem Komponisten geschaffen wurde, der das Land der Russen mit der Seele suchte.

[M] *CD* London SO, Abbado (DGG 1979)

Peter und der Wolf

Symphonisches Märchen op. 67
UA: Moskau 1936

Zu den Besuchern des Zentralen Kindertheaters in Moskau gehörte auch Sergei Prokofjew: »Schallend und von Herzen lachte er und machte laute Bemerkungen, wenn ihm etwas gefiel, wenn nicht, ebenso laute«, erinnerte sich die Leiterin des Hauses, Natalja Saz. Sie war es auch, die Prokofjew um einen Beitrag für ihren Konzertzyklus »Bekanntschaft mit Musikinstrumenten« bat. Gemeinsam mit dem Komponisten suchte sie nach einem Märchenstoff, dessen Gestalten mit bestimmten Instrumenten des Orchesters assoziiert werden sollten. Prokofjew war von der Idee so begeistert, daß er in nur wenigen Tagen den für die Partie eines Erzählers konzipierten Text und die Partitur fertigstellte: Am 24. April 1936, einen Tag nach seinem 45. Geburtstag, hatte er *Peter und der Wolf* vollendet, am 5. Mai fand im Zentralen Kindertheater die UA statt. Prokofjew ordnete den handelnden Figuren nicht nur ein Instrument oder eine Instrumentengruppe zu, er versah sie auch mit Leitmotiven, in denen er ihren Charakter und ihren Bewegungstypus in prägnantester Form hörbar – und sichtbar – werden ließ. »Aber nicht die Musik soll dieses Märchen illustrieren«, stellt Natalja Saz klar, »sondern das Märchen soll lehren, die Musik zu hören, wie sie der Vorstellung des Komponisten entspringt, aus den Tönen entsteht.«

[M] *CD* Lina Prokofjewa, Scottish National O., Järvi (Chandos 1986); Sukowa, Chamber O. of Europe, Abbado (DGG 1990)

Romeo und Julia

Symphonische Suiten Nr. 1–3 op. 64 b, c und op. 101
UA: Moskau 1936 (Nr. 1)/Leningrad 1937 (Nr. 2)/
Moskau 1946 (Nr.3)

Lang und hürdenreich war der Weg bis zur sowjetischen Premiere des Balletts *Romeo und Julia*, die am 11. Januar 1940 im Leningrader Kirow-Theater stattfand. Denn jenes Opernhaus, das heute wieder seinen alten Namen Marijinsky Theater trägt, wurde ausgerechnet zur selben Zeit, Ende 1934, nach dem ermordeten kommunistischen Parteisekretär Sergei Kirow benannt und einer einschneidenden personellen »Säuberung« unterzogen, als die alte künstlerische Leitung gerade jenes Shakespeare-Ballett in Vorschlag gebracht hatte. Nicht besser erging es Prokofjew mit dem Moskauer Bolschoi-Theater, das seinen Vertrag ein Jahr später aufkündigte, da sich Prokofjews Musik angeblich nicht für den Tanz eigne. So kam es dann zu einer wenig beachteten UA am 30. Dezember 1938 in Brünn. Schließlich wagte sich das Kirow-Theater doch noch an eine Einstudierung des *op. 64* von Prokofjew. Allerdings verraten die Erinnerungen der Tänzerin Galina Ulanowa, der ersten russischen Darstellerin der Julia, wie schwer sich Tänzer und Musiker in der vom internationalen Musikleben isolierten Sowjetunion mit Prokofjews Komposition taten: »Die Proben waren in vollem Gange, und immer noch störte uns die eigenartige Instru-

»Romeo und Julia« im Württembergischen Staatstheater Stuttgart (1973). Choreographie: John Cranko; Marcia Haydée und Richard Cragun in den Titelrollen

mentierung, ihr kammermusikalischer Charakter. Auch der (...) fortwährend wechselnde Rhythmus war hinderlich und schuf unzählige tänzerische Schwierigkeiten. Mit einem Wort, wir waren solche Musik nicht gewohnt, hatten geradezu Angst vor ihr.«

Es mag im Rückblick kaum mehr vorstellbar sein, daß Prokofjew die ersten beiden Suiten (die dritte entstand erst 1946) aus seinem Ballett *Romeo und Julia* vor allem aus dem Beweggrund schuf, die Enttäuschung einer doppelten Absage zu mildern und gleichzeitig im Konzertsaal für seine verschmähte Musik werben zu können. Denn heute gilt uns dieses Werk als Inbegriff der Prokofjewschen Kompositionskunst. Alle Aspekte und Eigenschaften seiner musikalischen Sprache finden sich darin vereint: Motorische Aggressivität und melodischer Reichtum, brutale Klangentladung und kammermusikalische Intimität, stilisierte höfische Tänze und das »Suchen nach einer eigenen Harmonik« (Prokofjew), Bildhaftigkeit und Körperlichkeit, Pathos und Ironie.

[M] *CD* Gesamtaufnahme: Boston SO, Ozawa (DGG 1986); Suiten: Philadelphia O., Muti (EMI 1981); Scottish National O., Järvi (Chandos 1984–86) – *VD* Nurejew, Fonteyn (Atlas-Video 1966); Bolschoi Theater, Bessmertnova. Mukhamedov (Pickwick); The Royal Ballett Covent Garden, Ferri, Eagling (Castle Vision)

Klavierkonzert Nr. 1 Des-Dur op. 10

UA: Moskau 1912

Bei der Verleihung des Anton-Rubinstein-Preises von 1914 wäre es beinahe zu einem Eklat gekommen. Nur mit Mühe war Alexander Glasunow, Direktor des St. Petersburger Konservatoriums, zur Bekanntgabe des Gewinners zu bewegen, der sich im Wettstreit mit den besten Absolventen der Klavierklassen durchgesetzt hatte. Alles an diesem gerade 23jährigen kam einer Provokation gleich: Während seine Konkurrenten mit Konzerten von Liszt und Saint-Saëns antraten, reizte er die konservative Professorenschaft mit dem Vortrag seines *1. Klavierkonzerts.* Aber Glasunow und die ihm Gleichgesinnten unterlagen in der Abstimmung. Der Exponent einer »schädlichen Richtung«, wie Glasunow sie fürchtete, durfte triumphieren: Am Ende einer zehnjährigen Studienzeit konnte Prokofjew mit Glanz und Erfolg dem ehrwürdigen Petersburger Institut den Rücken kehren.

Prokofjews *Des-Dur-Konzert op. 10* erscheint als ein freies, launenhaftes Spiel mit unvermittelt wechselnden Episoden. Dreimal entfaltet sich die majestätische Musik der Introduktion: Prokofjew sprach von den »drei Walfischen, die das Konzert zusammenhalten«. Wie das Eintauchen in eine andere Welt klingt nach dem zweiten »Walfisch« jener unwirkliche *Andante-assai*-Abschnitt, der erfüllt ist von schwüler Fin-de-siècle-Harmonik. Damit wiederum kontrastiert das nonchalante *Allegro scherzando*, der eigentliche Durchführungsteil des Konzerts, das sich, formal doppeldeutig, als ein großes Sonaten-Allegro, aber auch als latent mehrsätzige Komposition hören läßt.

Klavierkonzert Nr. 2 g-moll op. 16

UA: Pawlowsk 1913/Paris 1924

»Bereits die ersten, die Prokofjews Musik hörten, teilten sich sogleich in zwei sich heftig befehdende Lager – in begeisterte Anhänger und entrüstete Widersacher«, schrieb der russische Pianist und Klavierpädagoge Heinrich Neuhaus in Erinnerung an die frühen Auftritte Prokofjews. Die UA des *2. Klavierkonzerts* am 23. August/5. September 1913, während der Sommersaison in Pawlowsk (unweit von Petersburg), war ein Ereignis, das den verfeindeten Parteien Gelegenheit zu lebhaftester Meinungsäußerung bot. »Aufs Podium tritt ein junger Mann«, berichtete die »Petersburger Zeitung«. »Er setzt sich an den Flügel und beginnt, mal die Tasten abzuwischen und mal zu probieren, welche höher und welche tiefer klingen [...] Das Publikum ist befremdet. Einige sind erregt, andere stehen auf und stürzen zum Ausgang.« Unbeirrt von den Tumulten in Pawlowsk zeigte sich hingegen Wjatscheslaw Karatygin, ein Kritiker, der zu den Entdeckern Prokofjews gerechnet werden darf: Im *g-moll-Konzert op. 16* sah er die »typischen Züge der Begabung Prokofjews« besonders eindrucksvoll verwirklicht, »jene unerhörte Mächtigkeit, Wucht und Pracht des Kolorits, jene kolossale Energie, deren grandiose Ausbrüche mit blendenden Einfällen lustiger oder auch leidvoller und boshafter Ironie abwechseln.« – Da die Originalpartitur des Konzerts verlorenging, hat Prokofjew die Komposition 1923 rekonstruieren müssen und in dieser Zweitfassung im folgenden Jahr uraufgeführt.

Klavierkonzert Nr. 3 C-Dur op. 26

UA: Chicago 1921

1921 verbrachte Prokofjew den Sommer in St. Brèvin-les-Pins, einem Badeort in der Bretagne. Der Tagesablauf unterlag einer strengen Ordnung, ganz wie es seinem Naturell entsprach. »Ich stehe auf um 8.30 Uhr«, erzählte er in einem Brief. »Nachdem ich eine heiße Schokolade getrunken habe, sehe ich nach, ob der Garten noch da ist, wo ich ihn vermute. Dann setze ich mich an die Arbeit: Ich schreibe gerade das Dritte Klavierkonzert.« Im Mai 1918 hatte er die Sowjetunion verlassen, und als er im Frühjahr 1920 in London mit Landsleuten zusammengetroffen war und vom Ausmaß des wirtschaftlichen Niedergangs erfahren hatte, war ihm klargeworden, daß sich seine Reise in den Westen in einen langfristigen Aufenthalt verwandeln würde. Doch Prokofjew konnte und wollte die Brücken in seine russische Vergangenheit nicht niederreißen. Bei der Komposition seines *3. Klavierkonzerts* verarbeitete er, gewissermaßen in der Art einer Rückversicherung, ältere Ideen: Skizzen von 1911 zu einem »sehr passagenreichen Klavierkonzert«, das *Andantino*-Thema für eine Variationenfolge von 1913 und dazu 2 Variationen von 1916/17, 2 Themen für den Eröffnungssatz (darunter die von den Klarinetten exponierte Einleitungsphrase) aus denselben Jahren und schließlich musikalisches Material, das ursprünglich für das Experiment eines »weißen Quartetts« bestimmt gewesen war (einer Komposition, deren Übertragung auf das Klavier ausschließlich die weißen Tasten benötigt hätte). Auch wenn die Detailanalyse des *C-Dur-Konzerts op. 26* das eine oder andere dem heimatlichen Volkslied entlehnte Merkmal zu entdecken vermag, etwa im Hauptthema des Finalrondos, kann insgesamt von einer »russischen« Musik kaum die Rede sein: Im Jahr 1921 empfand Prokofjew dies noch nicht als einen Mangel.

Klavierkonzert Nr. 4 B-Dur op. 53

UA: Berlin 1956

Paul Wittgenstein, der legendäre, durch die Folgen einer Kriegsverletzung einarmige Pianist, war wirklich kein dankbarer Auftraggeber. Als Solist der »Symphonischen Etüden«, die Richard Strauss unter dem Titel *Panathenäenzug* für ihn geschrieben hatte, fühlte er sich vom Orchesterapparat erdrückt: »Wie soll ich denn mit meiner armseligen einen Hand gegen ein solches Orchester ankommen!« An Maurice Ravels *D-Dur-Konzert* wiederum störten ihn die ausgedehnten Kadenzen: »Wenn ich ohne Orchester spielen wollte, hätte ich kein Konzert mit Orchester bestellt!« Und Prokofjew, der sein *4. Klavierkonzert* für die linke Hand konzipierte, beschied er mit den Woren: »Ich danke Ihnen für das Konzert, aber ich verstehe darin keine einzige Note und werde es niemals spielen!« Wittgensteins brüske Ablehnung muß Prokofjew wie ein Schlag ins Gesicht getroffen haben. Auch aus zeitlicher Distanz blieb er unfähig, ein unbefangenes Urteil über sein *op. 53* zu finden: »Manchmal gefällt es mir, manchmal nicht«, gestand er, und die Pläne zu einer Ausarbeitung für 2 Hände setzte er nie in die Tat um. Vielleicht wurde Prokofjew durch die betont technische Herausforderung eines Konzerts für die linke Hand zu einem pianistischen Profil verführt, das sehr genau seine persönlichen manuellen Vorzüge und Fertigkeiten nachzeichnet. Wenn wir die Berichte der Zeitzeugen lesen, die den eisernen Rhythmus, die kräftig konturierten Melodielinien, die markanten Staccati und die enorme Klangstärke an Prokofjews Klavierspiel rühmen, so erscheint das 1931 entstandene *B-Dur-Konzert* wie ein Selbstporträt des Pianisten Prokofjew. Sein Auftragswerk für Wittgenstein – war es zu spezifisch, zu individuell, um den schwierig-wählerischen Widmungsträger interessieren zu können?

Klavierkonzert Nr. 5 G-Dur op. 55

UA: Berlin 1932

Im Paris der 20er Jahre, im Wettstreit der Sensationen und Novitäten, war Prokofjew in eine ernsthafte kompositorische Krise geraten. Als im Juni 1925 seine *2. Symphonie* uraufgeführt wurde, zeigte sich Prokofjew verstört angesichts seiner Musik, die ihm mit einem Mal »überladen« und »viel zu dick in der Verflechtung« erschien. In einem mühsamen Prozeß versuchte er der schöpferischen Desorientierung zu entkommen, und tatsächlich scheint auch eine Komposition wie das am 31. Oktober 1932 in Berlin uraufgeführte *5. Klavierkonzert* (Prokofjew selbst war der Solist, Furtwängler der Dirigent) die Notwendigkeit eines Neuanfangs zu bestätigen. Mit seinem intellektuellen Perfektionismus, seiner unerbittlichen Motorik, der Härte und Kälte des Klangbilds (von der nur der *4. Satz* abweicht) vermag das *G-Dur-Konzert* gewiß den Hörer zu faszinieren – aber es bewegt ihn nicht und zählt deshalb sicher nicht von ungefähr zu den am wenigsten bekannten Stücken des Komponisten. »Es lief darauf hinaus, daß auch dieses Werk kompliziert wurde«, urteilte Prokofjew, »eine Erscheinung, die mich schicksalhaft bei einer ganzen Reihe von Werken dieser Periode verfolgte.«

M *CD* Klavierkonzerte 1–5: Ashkenazy, London SO, Previn (Decca 1975)

Violinkonzert Nr. 1 D-Dur op. 19

UA: Paris 1923

»Das Werk, das so war, daß man es lieben mußte und damit auch den Komponisten, war für mich das Erste Violinkonzert«, bekennt Swjatoslaw Richter in seinen Erinnerungen an Prokofjew. »Später lernte ich noch viele Menschen kennen, bei denen die Liebe zu Prokofjew gleichfalls mit diesem Werk begann.« Im Sommer 1917 vollendete Prokofjew sein *1. Violinkonzert*: Doch nicht die geringste Spur der historischen Ereignisse, der Kriegswirren und Revolutionsunruhen, ließe sich auffinden in dieser Musik. In Prokofjews lichter, klassischer Tonart D-Dur geschrieben, erweist sich das Konzert vielmehr als ein verträumtes und weltabgewandtes Werk. Phasen motorischer Energie und Äußerungen eines grotesken Humors, vor allem im kontrastierenden *Scherzo*, aber auch in den Ecksätzen, betonen diesen Grundcharakter eher noch, als daß sie ihn in Frage stellten. Mit geheimnisvoll schimmernden, ätherisch schwerelosen Klängen entschwebt das Konzert in den letzten Takten des *Hauptsatzes* und des *Finales*. Swjatoslaw Richter hat recht: Man muß es einfach lieben.

Violinkonzert Nr. 2 g-moll op. 63

UA: Madrid 1935

Wenige Wochen vor Prokofjews definitiver Rückkehr nach Rußland uraufgeführt, repräsentiert das *g-moll-Violinkonzert* geradezu idealtypisch das vom Komponisten in jenen Jahren immer wieder beschworene Ideal einer »Neuen Einfachheit«. »Für diese Musik die erforderliche Sprache zu finden, ist nicht leicht«, erklärte Prokofjew. »Sie soll vor allem melodisch sein, wobei die Melodie einfach und verständlich sein muß, ohne ins Hausbackene oder Triviale abzugleiten (...) Das gleiche gilt für die Satztechnik und die Gestaltungsweise. Sie sollen klar und einfach sein, aber nicht in Schablone verfallen.« Natürlich kam ihm bei der Verwirklichung seiner Theorie insbesondere sein phänomenaler melodischer Erfindungsreichtum zugute: Vom russischen Volkslied inspirierte, in sich kreisende Melodiefloskeln (Hauptthema des Kopfsatzes) prägen ebenso das kompositorische Profil des *2. Violinkonzerts* wie großzügig ausgedehnte Kantilenen (Seitenthema des *ersten* und ein Hauptthema des *2. Satzes*).

[M] *CD* Violinkonzerte 1 und 2: Chung, London SO, Previn (Decca 1975)

Symphonisches Konzert für Violoncello und Orchester e-moll op. 125

UA: Moskau 1952

Ende 1947 wurde Prokofjew in Moskau Zeuge eines denkwürdigen Auftritts. Ein 20jähriger Cellist spielte sein ungeliebtes *Cellokonzert op. 58*, dessen Premiere 9 Jahre zuvor ein enttäuschender Mißerfolg gewessen war. Prokofjew wurde hellhörig, und bereits während der Aufführung faßte er den Entschluß, das Stück einer Revision zu unterziehen. Gleich begab er sich hinter das Podium, um dem jungen Musiker, der diese Wiederbelebung initiiert hatte, seine Pläne kundzutun: Der hochtalentierte Cellist hieß Mstislaw Rostropowitsch.

1952 konnte Prokofjew die Neufassung des Cellokonzerts abschließen: Die ursprüngliche Gestalt hatte sich so grundlegend gewandelt, daß er jetzt von seinem *2. Cellokonzert op. 125* sprach. Widmungsträger und Solist der UA am 18. Februar 1952 war natürlich Rostropowitsch. Eine Genehmigung für diese Premiere war nicht leicht zu erwirken, denn seit dem ZK-Beschluß vom 10. Februar 1948 gehörte Prokofjew zu den geächteten Musikern. Zu allem Unglück war Prokofjews Gesundheit bedrohlich angeschlagen. Und dennoch gelang ihm mit dem *2. Cellokonzert* eine Musik, deren kraftvolle Rhythmen, deren weiträumige Melodik, deren jugendlicher Humor nicht den geringsten Reflex jener letzten Lebensjahre andeuten. Und bis zum Schluß blieb Prokofjew streng gegen sich selbst: Auch nach der UA des revidierten Konzerts versah er die Partitur mit zusätzlichen Korrekturen, und erst danach erhielt sie ihre definitive Bezeichnung: »Symphonisches Konzert«.

[M] *CD* Rostropowitsch, London SO, Ozawa (Erato/Teldec 1987)

Alexander Newsky

Kantate op. 78

UA: Moskau 1939

Mit seinen Filmen »Streik«, »Panzerkreuzer Potemkin« und »Oktober« (»Zehn Tage, die die Welt erschütterten«) – entstanden in einer Zeit, da die politische Revolution künstlerische Umwälzungen noch begrüßte und nicht erstickte – erlangte der Filmregisseur Sergei Eisenstein (1898–1948) einen internationalen Ruhm, der ihn bald schon, in einer von Zensur und Kulturbürokratie zunehmend strangulierten Sowjetunion, verdächtig werden ließ. (Auch Prokofjew ist als »Westler« und »Kosmopolit« beargwöhnt worden.) Mit Prokofjew war Eisenstein schon in Paris zusammengetroffen, zu einer Zusammenarbeit kam es jedoch erst 1938 mit dem *Alexander Newsky*. Eisenstein erkannte sofort, daß er keinen geeigneteren Musiker für sein Vorhaben hätte finden können. Er bewunderte Prokofjews »außerordentlich entwickelte Fähigkeit, eine plastische Gestalt in Tönen wahrzunehmen«, um zu einem Fazit zu kommen, das aus der Sicht des Filmregisseurs zugleich das größte Kompliment beinhaltete: »Nicht die Willkür des Pinsels, sondern die Unbestechlichkeit des Objektivs erscheint in seinen Händen.«

Alexander Newsky (1220–1263), Fürst von Nowgorod, erhielt seinen Beinamen nach der siegreichen Schlacht gegen die Schweden an der Newa (15. Juli 1240). Der im Film zentrale Kampf gegen die deutschen Ordensritter fand am 5. April 1242 auf dem gefrorenen Peipussee statt. Die Wahl dieser Gestalt stieß in der Sowjetunion angesichts der bedrohlichen Konfrontation mit dem nationalsozialistischen Deutschland auf offizielles Wohlwollen. Nach dem Hitler-Stalin-Pakt mußte der Film allerdings zwischenzeitlich in der Versenkung verschwinden, um während des »Großen Vaterländischen Krieges« reaktiviert und zur moralischen Aufrüstung sogar an der Front gezeigt zu werden. Prokofjew unterstrich den Gegensatz der mittelalterlichen Kriegsparteien, indem er den deutschen Invasoren aggressiv-monotone Gesänge, den russischen Verteidigern dagegen beseelte Melodiebögen und optimistische Kriegslieder zuordnete. Für den Konzertsaal bearbeitete Prokofjew die 21 Nummern umfassende Partitur der Filmmusik als Kantate in 7 Teilen. Sie wurde am 17. Mai 1939 in Moskau unter der Leitung des Komponisten uraufgeführt.

[M] *CD* Reynold, London SO and Chorus, Previn (EMI 1971) *Wolfgang Stähr*

Henry Purcell

1659–1695

Lange war man im Zweifel darüber, von welchem Purcell – Henry oder Thomas – der an einem unbekannten Tag im Jahre 1659 geborene »Englische Orpheus« Henry Purcell abstammte. Beide möglichen Vorfahren hatten 1661 als Gentlemen in der Chapel Royal bei der Krönung des wieder eingesetzten König Charles II. gesungen. Auch im »Tagebuch« des Samuel Pepys (das ansonsten über einiges aus dem Musikleben jener Zeit Aufschluß gibt) ist jener Purcell, mit dem der Autor im Kaffeehaus italienische und spanische Lieder sang nicht näher bestimmt. Einzig ein von Thomas Purcell 1679 verfaßter Brief, in dem er seinen »komponierenden Sohn Henry« erwähnt, gilt als Indiz. Auch andere biographische Details aus dem Leben des am 21. November 1695 gestorbenen Komponisten liegen im Dunkeln. Er sollte für 200 Jahre der letzte bedeutende Komponist Englands bleiben.

Der Werdegang des hochbegabten Purcell war durch seine frühe Aufnahme als Chorknabe in der Chapel Royal vorgezeichnet. Bereits 1667 erschien in der Sammlung *Catch as catch can* ein ihm zugeschriebenes dreistimmiges Lied. Sechzehnjährig wurde er Nachfolger Matthew Lockes als Komponist für die Royal Band, mit 20 Organist an der Westminster Abbey. Für dieses Amt entstand der größte Teil seines umfangreichen sakralen Vokalwerkes. Hinzu kamen die Oper *Dido und Aeneas*, einige »Semi-Opern« (z. B. nach Shakespeare »Der Sturm«), eine Vielzahl von Bühnen- und Zwischenmusiken sowie unzählige Lieder. Durch die Vorlieben von König Charles II. kam Purcell mit der französischen und italienischen Musik der Zeit in Berührung und war angehalten, entsprechend zu komponieren. Er hat es dabei aber verstanden, diese Einflüsse individuell zu verarbeiten. Vorrangig zeigt sich dies in Stil und Form seines Instrumentalschaffens. Orchesterwerke (eines Lully zum Beispiel) wurden bei Hofe kaum in großer Besetzung, sondern solistisch gespielt. Zwar sind Purcells *Fantasien*, *Ouvertüren* und *Sonaten* auch in Orchesterbesetzung vorstellbar, sie werden heute aber – im Zuge ihrer Wiederentdeckung durch die historisierende Aufführungspraxis – vorwiegend kammermusikalisch dargeboten.

Auf zwei Orchesterbearbeitungen, denen Kompositionen Purcells zugrunde liegen, sei hingewiesen: Der englische Dirigent John Barbirolli stellte um 1930 eine Suite aus Purcellschen Einzelsätzen zusammen. Und der bedeutendste englische Komponist unseres Jhs., Benjamin Britten, nahm ein Thema Purcells zur Grundlage seines *The Young Person's Guide to the Orchestra*. *Werner Bleisteiner*

Sergei Rachmaninow

1873–1943

Sergei Rachmaninow. Porträtphoto (um 1920)

»Ich empfinde keine Sympathie gegenüber Komponisten, die Werke nach vorgefaßten Formeln oder vorgefaßten Theorien schreiben. Oder gegenüber Komponisten, die in einem gewissen Stil schreiben, weil es modisch ist, so zu schreiben. Große Musik ist niemals auf diese Weise produziert worden – und ich wage zu sagen, wird es auch nie. Die Musik eines Komponisten sollte sein Geburtsland ausdrücken, seine Liebesaffären, seine Religion, die Bücher, welche ihn beeinflußt haben, die Bilder, die er liebt. Sie sollte das gesamte Produkt der Erfahrungen des Komponisten sein.«

Diese Worte Rachmaninows aus dem Jahre 1941, gleichsam in Rückschau auf sein bereits abgeschlossenes Schaffen ausgesprochen, sind ein künstlerisches Glaubensbekenntnis. Seine Absage an »vorgefaßte Formeln und Theorien«, wie sie exemplarisch von der Zweiten Wiener Schule vertreten wurden, und stilistische »Modeerscheinungen« – Rachmaninow mag an die chamäleonartigen Wandlungen Strawinskys gedacht haben – kostete ihn die Sympathien der Meinungsmacher. In Deutschland kam Rachmaninow besonders schlecht weg: Zum einen war hier (außer von 1933–1945) die musikalische Avantgarde stärker als anderswo und genoß auch die Unterstützung potenter Geldgeber, etwa des Rundfunks; zum anderen waren die konservativen Kräfte nicht willens, über den nationalen Tellerrand hinauszusehen. Die Amerikanisierung des deutschen Kulturlebens nach 1945 kam Rachmaninow zugute: Seine Musik, besonders die Orchestermusik, genoß in angelsächsischen Ländern stets Popularität, und die dort entstandenen Aufnahmen wurden zur Grundlage für die seit etwa 10 Jahren zu beobachtende Rachmaninow-Renaissance in Deutschland. Man wird annehmen dürfen, daß der Komponist inzwischen auch hierzulande einen gesicherten Platz in der Musikgeschichte hat.

Sergei Wassiljewitsch Rachmaninow wurde am 1. April 1873 auf dem Gut Semjonowo bei Nowgorod geboren. Seine Eltern gehörten dem seit Aufhebung der Leibeigenschaft schnell verarmenden Landadel an. Nach dem Verkauf des letzten Gutes Oneg zog die Familie nach St. Petersburg. Rachmaninow besuchte dort einige Jahre das Konservatorium, doch konnten ihm seine inzwischen getrennt lebenden Eltern das Studium ab 1885 nicht mehr finanzieren. Als Retter in der Not sprang Rachmaninows Moskauer Vetter Alexander Siloti ein, ein Liszt-Schüler, der sich später als Klavierpädagoge einen großen Namen machte. Siloti unterrichtete Rachmaninow jedoch nicht selbst, sondern brachte ihn im Klavier-Pensionat von Nikolai Swerew unter. Die dort geübte militärische Disziplin scheint Rachmaninow gut bekommen zu sein. Bei Swerew verkehrten die ganzen Größen des Moskauer Musiklebens bis hin zu Tschaikowsky. 1888 wurde Rachmaninow ins Moskauer Konservatorium aufgenommen. Seine pianistische Ausbildung übernahm nun Siloti, als Kompositionslehrer fungierten Tanejew und Arenski. 1892 schloß er sein Studium ab. Seine Vielseitigkeit hat er jedoch eher als Dilemma empfunden! »Ich habe nie feststellen können, wozu ich in Wahrheit berufen bin. Zum Komponisten, zum Pianisten oder zum Dirigenten.«

Der spektakuläre Mißerfolg der *1. Symphonie* im Jahre 1897 markiert einen Wendepunkt in Rachmaninows Komponistenlaufbahn: Nachdem die Kritik das Werk als allzu modernistisch verrissen hatte, wurde Rachmaninow depressiv und gab das Komponieren vorübergehend sogar auf. Ein selbstbewußterer Komponist hätte vielleicht darauf gebaut, das Publikum der Zukunft würde ihm doch noch Recht geben; Rachmaninow schwor stattdessen dem musikalischen Fortschritt ab. Nach einer Hypnose-Behandlung durch Dr. Nikolai Dahl begann er 1900 wieder zu komponieren. In den Folgejahren lebte Rachmaninow in Moskau, reiste jedoch viel, und die Sommermonate verbrachte er komponierend auf dem Gut Iwanowka. Von 1906 bis 1909 hielt er sich meist in Dresden auf. Eine Amerika-Tournee 1909 verlief nicht allzu erfolgreich. Um diese Zeit war der einstige Neutöner schon heftigen Vorwürfen ausgesetzt, ein musikalischer Reaktionär oder gar Salonmusiker zu sein.

Im Dezember 1917 erhielt Rachmaninow eine Einladung nach Stockholm und verließ zusammen mit seiner Familie Rußland für immer. Ende 1918 ließ er sich in den USA nieder. Um seinen Lebensstil halten zu können, beschloß er, sich nunmehr vorwiegend dem Klavierspiel zu widmen: Ein Pianist der Spitzenklasse konnte von seinen Einkünften gut leben, ein Komponist dagegen kaum. 1927 stellte Rachmaninow mit dem *4. Klavierkonzert* wieder eine neue Komposition vor, doch erst nach Bezug seiner neuen Villa »Senar« am Vierwaldstätter See, wo er von 1931 bis 1939 die Sommermonate verbrachte, nahm sein Schaffen wieder größeren Umfang an.

Rachmaninows Spätwerke sind in ihrer Gebrochenheit typische Exilmusik. Hier wird das alte, dem 19. Jh. verhaftete, russisch gefärbte Idiom mit z. T. spezifisch amerikanischen Elementen des 20. Jhs. konfrontiert.

Nach Ausbruch des Zweiten Weltkrieges verließ Rachmaninow Nordamerika nicht mehr. Er starb am 28. März 1943 in Beverly Hills.

Symphonie Nr. 1 d-moll op. 13

UA: St. Petersburg 1897

»Gäbe es ein Konservatorium in der Hölle, und bekämen die Studenten dort die Aufgabe, eine Symphonie über die *sieben Heimsuchungen Ägyptens* zu schreiben, Rachmaninow hätte die Aufgabe glänzend erfüllt.«

Diese vernichtenden, für die öffentliche Meinung aber repräsentativen Worte schrieb César Cui in seiner Rezension der UA der Symphonie. Rachmaninow zog das Werk zurück. Das Manuskript ist heute verschollen. Zum Glück konnte 1945 die Partitur aus dem Stimmenmaterial der UA rekonstruiert werden.

Für die erste Symphonie eines 22jährigen Komponisten wirkt das Werk erstaunlich abgeklärt. Techniken Tschaikowskys und Borodins werden in sehr persönlicher Weise verschmolzen. Was die Zuhörer 1897 so verstört haben dürfte, sind möglicherweise einige ungestüme Passagen des *Finales*. Die Reaktion des Publikums ist umso unverständlicher, da dem Werk Themen der russisch-orthodoxen Liturgie zugrunde liegen.

[M] *CD* Berliner Philharmoniker, Maazel (DGG 1984)

Symphonie Nr. 2 e-moll op. 27

UA: St. Petersburg 1908

Mit seiner 2. Symphonie strebte Rachmaninow die Wiedergutmachung für die Blamage von 1897 an, als das Vorgängerwerk durchgefallen war. Einige Partien verweisen direkt auf die *1. Symphonie*, doch ist deren Fatalismus, abgesehen vom 1. Satz einer ungebrochenen Lebensbejahung gewichen. Die üppig orchestrierte *2. Symphonie* schwelgt in Schönklang. *Scherzo* und *Finale* geben sich unverhohlen verspielt, und das *Adagio* bietet Musik zum Träumen.

Die Symphonie wurde vielfach als zu lang empfunden, weshalb Dirigenten eigenmächtig zu Kürzungen schritten, was Rachmaninow aber nur im *Finale* billigte. Leider wird das Werk immer noch gelegentlich in verstümmelter Gestalt aufgeführt bzw. auf CD feilgeboten.

[M] *CD* Concertgebouw-O. Amsterdam, Ashkenazy (Decca 1982)

Symphonie Nr. 3 a-moll op. 44

entstanden 1935 – 36; 2. Fassung 1938

UA: Philadelphia 1936

Die im *1. Satz* angestrebte nostalgische Idylle wird durch Modernismen jäh unterbrochen. Ein neoklassizistisches *Scherzo* schiebt sich als Mittelteil in den sonst romantischen *langsamen Satz*. Im tänzerischen *Finale* scheint Rachmaninow mit einem Fugato den Geist seines Lehrers Tanejew, des größten russischen Kontrapunktikers, zu beschwören. Ein eigenartiges Bolero-Intermezzo leitet zur Reprise über. Leider verliert sich der Satz in einer belanglos dahinplätschernden Coda, die der Symphonie als Ganzes einen Gutteil ihrer Wirkung nimmt.

Das Werk besticht durch das insgesamt aufgehellte Klangbild mit vielen kammermusikalischen Wirkungen.

[M] *CD* London SO, Previn (EMI 1973); Philadelphia O., Rachmaninow (RCA 1939)

Symphonische Tänze op. 45

UA: Philadelphia 1941

Von den zunächst vorgesehenen Satztiteln: *1. Mittag*, *2. Abend*, *3. Mitternacht* sind in der Partitur nur die 12 Glockenschläge in der Einleitung zum *Finale* übriggeblieben. Im *1. Satz* überrascht die Verwendung eines Saxophons. Am Ende des Satzes klingt das Hauptthema der *1. Symphonie* an. Der *2. Satz* ist eine Art Valse triste. Im *Finale* zitiert Rachmaninow neben dem als ideé fixe durch sein gesamtes Schaffen geisternden Dies irae-Motiv Stellen der *Toteninsel op. 29*, der *Glocken op. 35* und einen Chor aus der *Vespermesse op. 37*. Die Selbstzitate erwecken den Eindruck, Rachmaninow habe die *Symphonischen Tänze* von vornherein, und sei es unbewußt, als in der Musikgeschichte einmalige Zusammenfassung eines Lebenswerkes konzipiert.

[M] *CD* NDR-SO, Gardiner (DGG 1993)

Der Fels. Phantasie für Orchester op. 7

UA: Moskau 1894

Rachmaninow hat als Programm den Beginn des Gedichtes »Der Fels« von Michail Lermontow (1814–1841) vorangestellt:

»Es nächtigte ein goldenes Wölkchen an der Brust des Felsenriesen.« In Wahrheit bezieht sich die Musik aber auf Anton Tschechows Erzählung »Auf dem Wege«, der dasselbe Motto beigegeben ist. Bei Tschechow begegnet ein alter Mann einer jungen Frau; sie trennen sich wieder, ohne sich zuvor ausgesprochen zu haben; der Mann weint der Frau nach. Zwischen Reminiszenzen an Balakirew, Rimski-Korsakow und Tschaikowsky finden sich Partien, die eher dem gleichen, was Skrjabin 10 Jahre später in seiner *3. Symphonie* schrieb. Damit dokumentiert *Der Fels* eindrucksvoll die fortschrittliche Orientierung des frühen Rachmaninow.

[M] *CD* Rotterdamer Philharmoniker, de Waart (Philips 1986)

Die Toteninsel. Symphonische Dichtung op. 29

UA: Moskau 1909

Eine Schwarzweiß-Reproduktion des berühmten Gemäldes von Arnold Böcklin (1880) inspirierte Rachmaninow zu seinem wohl gelungensten Orchesterwerk überhaupt, einem finsteren Widerpart zur zeitlich benachbarten *2. Symphonie.* Aus einem »Urgrund« im 5/8-Takt beginnen sich nach und nach einzelne Motive abzuheben, besonders das *Dies irae.* Ein als Gegensatz eingeführtes lyrisches Thema in Dur versinkt bald in den Strudeln der Düsternis. Nach mehreren großen Steigerungen verklingt das Werk in der Stimmung des Anfangs.

[M] *CD* Concertgebouw-O. Amsterdam, Ashkenazy (Decca 1983); Philadelphia O., Rachmaninow (RCA 1929; gekürzt)

Klavierkonzert Nr. 1 fis-moll op. 1

entstanden 1890/91; 2. Fassung 1917; UA: Moskau 1892 (nur 1. Satz); London 1900 (ganzes Konzert)

Rachmaninows Opus 1 ist ein jugendlich-frisches Werk voller Energie. Die gründliche Revision von 1917 ist dem Konzert außerordentlich gut bekommen, doch nähert es sich nun stilistisch schon dem *4. Klavierkonzert.* Ursprünglich entsprach das Konzert in formaler Hinsicht ziemlich genau Griegs *a-moll-Konzert*; auch die revidierte Fassung läßt dieses Vorbild noch erkennen, so gleich in den Anfangstakten.

[M] *CD* 2. Fassung: Ashkenazy, London SO, Previn (Decca 1983); Rachmaninow, Philadelphia O., Ormandy (RCA 1939/40)

Klavierkonzert Nr. 2 c-moll op. 18

entstanden 1900–01

UA: Moskau 1900 (Sätze 2 und 3); Moskau 1901 (ganzes Werk)

Mit der Komposition dieses Konzertes befreite sich Rachmaninow aus seiner dreijährigen schöpferischen Krise. Das Konzert verdankt seine Popularität vornehmlich den langgezogenen, einprägsamen, elegisch-pathetischen Themen, die alle 3 Sätze beherrschen. In den langsamen *Mittelsatz* wird nach dem Vorbild von Tschaikowskys *b-moll-Konzert* eine Scherzo-Episode als Kontrast eingeführt. Das virtuose *Finale* fesselt durch kontrapunktische Meisterschaft und farbige Instrumentierung.

[M] *CD* Richter, SO der Nationalen Philharmonie Warschau, Wislocki (DGG 1960); Rachmaninow, Philadelphia O., Stokowski (RCA 1929); Gieseking, Concertgebouw O. Amsterdam, Mengelberg (Music and Arts 1940) – *VD/LD* Weissenberg, Berliner Philharmoniker, Karajan (DGG)

Klavierkonzert Nr. 3 d-moll op. 30

UA: New York 1909

Rachmaninow komponierte das Konzert für seine erste Amerika-Tournee. Es heißt, er habe das Bravourstück geschrieben, um damit die zum Kauf eines Automobils notwendigen Mittel zu erwirtschaften (so kam es dann auch). Trotz dieses kommerziellen Aspektes markiert das Konzert einen deutlichen Schritt nach vorn. Besonders interessant ist, wie im *1. Satz* die ausgedehnte Solokadenz zwischen Durchführung und Coda die Funktion einer Reprise übernimmt.

[M] *CD* Ashkenazy, London SO, Previn (Decca 1983); Rachmaninow, Philadelphia O., Ormandy (RCA 1939/40; gekürzt)

Klavierkonzert Nr. 4 g-moll op. 40

entstanden 1911–26; 2. Fassung 1927; 3. Fassung 1941

UA: Philadelphia 1927

Nach der Premiere der *1. Symphonie* war jene des *4. Klavierkonzertes* das größte Fiasko in Rachmaninows Komponistenleben. Eine erste Revision zeigte keinen Erfolg. Erst die letzte Fassung erlangte eine gewisse Verbreitung. Das Konzert wirkt zerrissen und gespalten. Von den Kantilenen früherer Jahre ist nur mehr die Fassade übriggeblieben, und dazwischen drängen sich Jazz-Anklänge: Rachmaninow suchte nun doch den Anschluß an die musikalische Moderne. Die neuerliche Ausgrabung der Erstfassung zeigt, daß die Revisionen dem Konzert mehr geschadet als genutzt haben.

[M] *CD* 1. Fassung: Black, Isländ. SO, Buketoff (Chandos 1991); 3. Fassung: Benedetti Michelangeli, London PO, Gracis (EMI 1958); Rachmaninow, Philadelphia O., Ormandy (RCA 1941)

Rhapsodie über ein Thema von Paganini op. 43

UA: Baltimore 1934

Rachmaninows *Rhapsodie,* seinem heimlichen *5. Klavierkonzert* in a-moll, liegt das Thema der *24. Caprice* für Violine solo von Paganini zu Grunde, über das schon Liszt und

Brahms Variationen für Klavier geschrieben hatten. Als Gegenthema wird nach dem Vorbild von Liszts *Totentanz* der Beginn der katholischen *Dies irae*-Sequenz eingeführt.

M *CD* Ashkenazy, London SO, Previn (Decca 1983); Rachmaninow, Philadelphia O., Stokowski (RCA 1934)

Die Glocken op. 35

UA: St. Petersburg 1913

Dieses Werk für 3 Solisten, Chor und Orchester beruht auf einer russischen Nachdichtung von Edgar Allan Poes Poem »The Bells« durch Konstantin Balmont (1867–1942). Die 4 Sätze schildern Stadien des menschlichen Lebens: Kindheit, Ehe, Kampf und Tod. Rachmaninow hielt die *Glocken* für sein bestes Werk; in jedem Fall ist es eines seiner persönlichsten. Ergreifend ist der Schluß des Trauermarsch-*Finales*, wo Rachmaninow den fatalistischen Text unerwartet mit einer instrumentalen, verklärenden Coda in Dur kommentiert.

M *CD* Troitskaya, Karczykowski, Krause, Concertgebouw O. & Chor Amsterdam, Ashkenazy (Decca 1985)

Albrecht Gaub

Jean-Philippe Rameau

1683–1764

Rameau ist einer der Komponisten, die die gesamte Blütezeit des Spätbarocks in sich vereinigen; er überlebte Händel, Bach, D. Scarlatti, und in seinem Todesjahr ist Mozart bereits 8 Jahre alt. Als Musiktheoretiker (*Traité de l'harmonie*, 1722) legte er mit einer Fülle von Schriften den Grund der noch bis heute gelehrten Harmonielehre. Der Vater des am 25. September 1683 in Dijon geborenen Rameau war Organist. Die Begabung des im übrigen mittelmäßigen Schülers wurde am Collège des Godrand, das von Jesuiten geleitet wurde, erkannt. Mit 18 Jahren entschloß sich Rameau für diesen Beruf und wurde vom Vater nach Italien geschickt, wo er es aber nicht lange aushielt. Mehrere Organistenstellen schlug er aus oder kündigte er vorzeitig. Ab etwa 1715 verbreitete sich sein Ruf als Organist, Cembalist und als Komponist. Er schrieb Kantaten und Motetten; bereits 1706 kamen die ersten *Pièces de Clavecin* heraus. Ab etwa 1722 begab er sich endgültig nach Paris. Rameau war bereits 50 Jahre alt, als 1733 seine erste Oper *Hippolyte et Aricie* uraufgeführt wurde. Er konnte sich mit seinen Opern und den anderen Bühnenwerken, den Ballettkomödien, nur langsam durchsetzen und forderte so manche Diskussion heraus. Bei den Anhängern der nach Frankreich drängenden italienischen Opera buffa war er verschrien als altmodischer Akademiker. Nach der UA seiner ersten Oper blieb Rameau unglaublich produktiv und ließ dem Erstlingswerk noch über 25 Bühnenwerke und eine Fülle theoretischer Schriften folgen, mit denen er zum Teil auf die Polemiken der Anhänger Rousseaus antwortete. Rameau starb am 12. September 1764.

Im Konzertsaal tauchen heute nur gelegentlich Suiten aus seinen Balletten oder den Instrumentalteilen der Opern auf: *Les Indes Galantes* (1735), *Les Paladins* (1760), *Castor et Pollux* (1737), und die Ouvertüren. Hier zeigt sich eine ungemein selbständige und bewegliche Behandlung des Orchesters, eine Tonsprache von bewegender Phantasie, Tiefe und Reife. Seine eindrucksvollen Gewitter-, Sturm- und Schlummerszenen erreichen geradezu den Rang der späteren Programmusik.

Gerd Hüttenhofer

Einojuhani Rautavaara

1928

Das Musikleben keines anderen Landes ist so sehr von einer Persönlichkeit geprägt und auch weit über deren Tod hinaus bestimmt worden wie das Finnlands durch Jean Sibelius. Selbst bedeutende Komponisten wie Leevi Madetoja, Yrjö Kilpinen oder Aarre Merikanto vermochten aus diesem Schatten nicht herauszutreten. Erst den nach 1920 Geborenen gelang dieser Schritt, durch den sie auch über die Grenzen ihres Landes hinaus bekannt wurden.

Der am 9. Oktober 1928 in Helsinki geborene Einojuhani Rautavaara ist einer der führenden Vertreter dieser Generation. Ausgebildet zunächst in seiner Heimatstadt bei Aarre Merikanto, dann in den USA, wo Aaron Copland, Vincent Persichetti und Roger Sessions seine Lehrer waren, schließlich bei Wladimir Vogel in Ascona und Rudolf Petzold in Köln, erregte er mit seinem *Requiem in Our Time* 1954 erstes Aufsehen und errang sogar den 1. Preis beim Internationalen Kompositionswettbewerb der American Brevard Foundation, dem 1965 der Sibelius-Preis folgte, die wichtigste musikalische Auszeichnung, die Finnland zu vergeben hat. Von 1959 bis 1961 war er als Bibliothekar des Städtischen Orchesters Helsinki tätig, wurde 1965 für ein Jahr Direktor der Käpylä-Musikschule seiner Heimatstadt und war von 1976 bis 1988 Professor für Komposition an der Sibelius-Akademie.

Auffällig an Rautavaaras Musik ist ein seltener Mut zum Bekenntnis stetiger Entwicklung: Er versucht nicht, einen einmal stilistisch beschrittenen Weg konsequent zu verfolgen, um ihn dann als ›Personalstil‹ zu bezeichnen. Seine Musiksprache wechselte im Laufe der Jahre, ohne dabei an Intensität zu verlieren: Hatte er begonnen in der Art der relativ eigenständigen skandinavischen Moderne, die aus der Musik Hindemiths und Bartóks eine Synthese zu schaffen versuchte, wandte er sich später der Avantgarde zu und besann sich anschließend, Ende der 60er Jahre, als er mit seinem fast romantischen *1. Klavierkonzert* für einige Diskussionen sorgte, auf einen quasi-tonalen Stil; all diese Richtungen scheinen in seinen jüngeren Werken sich zu verknüpfen. Rautavaaras Opern *Thomas* (1985) und *Vincent* (1990) gehören zu den meistgespielten Musiktheaterwerken eines skandinavischen Komponisten südlich der Ostsee.

Aus seinem umfangreichen Schaffen sind die zwischen 1956 und 1986 entstandenen *5 Symphonien*, die *Cantos I–III*, der *Cantus Arcticus* von 1972 und vor allem die ab 1968 komponierten Konzerte für Soloinstrument und Orchester zu nennen, darunter *2 Klavierkonzerte* und je ein Konzert für *Violoncello, Flöte, Orgel, Violine* und *Kontrabaß.* Von besonderem Interesse dürften vor allem die 3 frühen Symphonien sein, die den Komponisten auf dem Entwicklungswege zeigen; die *1. Symphonie* von 1956 mit ihrer Nähe zu Schostakowitsch, Bartók, Hindemith und Britten hat er 1988 völlig überarbeitet, die ein Jahr jüngere *2. Symphonie* im Jahre 1984 in eine endgültige Fassung gebracht. Ein Kuriosum ist die 1960 vollendete *3. Symphonie,* die eine Art Synthese des bis dahin Erreichten darstellt. Obwohl das zugrundeliegende Tonmaterial zwölftönig strukturiert ist, bemüht Rautavaara sich um eine tonale Deutung seiner Reihen. Das führt dazu, daß die Symphonie in d-moll beginnt und endet und in ihrer Wirkung romantischer erscheint als die beiden vorangegangenen; unverkennbar ist die Nähe zur Musik Anton Bruckners, was Rautavaara noch durch die Instrumentation unterstreicht: Wie Bruckner in seinen letzten Symphonien sieht auch er Wagnertuben vor. *Andreas K. W. Meyer*

Maurice Ravel

1875–1937

Maurice Ravel (um 1930)

»Wir sollten uns immer daran erinnern, daß Sensibilität und Gefühl den wirklichen Inhalt eines Kunstwerkes ausmachen.« Dieses Wort von Maurice Ravel gibt einen Schlüssel zu seiner Kunst. Der am 7. März 1875 in Ciboure, einem kleinen Ort an der Südwestspitze Frankreichs nahe der spanischen Grenze geborene, am 28. Dezember 1937 in Montfort l'Amaury, westlich von Paris, verstorbene Komponist, wird oft in einem Atem mit Debussy und dem Impressionismus genannt. Aber Ravels Sensibilität war eine andere als diejenige seines älteren Zeitgenossen. Debussys Kunst ist eine der Farbe, seine Orchesterwerke sind auf dem Klavier kaum darstellbar. Im Gegensatz dazu hat Ravel eigene Klavierkompositionen nachträglich instrumentiert. Er war kein »Impressionist« im engeren Sinne, mochte er auch Anregungen Debussys aufgegriffen und in seine eigene Kunst eingeschmolzen haben. Ravels Sensibilität war diejenige eines Perfektionisten, der im Alter von 20 Jahren nach dem obligatorischen Studium am Pariser Conservatoire seine unverwechselbare Sprache gefunden hatte. Sein künstlerisches Credo war typisch französisch: Musik soll bezaubern, ihrem Wesen nach ausschließlich Musik bleiben, die keiner philosophischen oder metaphysischen Hintergründe bedarf. Das klingt fast nach Mozart, den Ravel bewunderte, im Gegensatz zu Beethoven, dem er reserviert gegenüberstand. Und wenn in dem Eingangs-Zitat von »Gefühl« die Rede ist, so war damit keineswegs der emotionale Überschwang der deutschen oder russischen Spätromantiker gemeint, sondern eine Dezenz des Ausdrucks, die mehr verschweigt als bekennt. Ravel war eine scheue Natur, er hat nie Menschen an sich herankommen lassen, auch keine Frau; von kaum einem Komponisten wissen wir weniger als von ihm. Seine Musik, stößt aber in seltenen Momenten in Bereiche warmer Empfindungshaftigkeit vor, die dann umso stärker berühren, weil er sie zumeist verschweigt. Daß sich hinter der preziösen Oberfläche eine tiefe Humanität versteckt, macht den hohen Reiz dieser Kunst aus.

Rapsodie espagnole

UA: Paris 1908

Ravel stammte aus dem französischen Baskenland, seine Mutter war baskischer Abstammung. Er liebte Spanien und die spanische Musik, kein Wunder, daß sein erstes wichtiges Orchesterwerk eine Huldigung an Spanien darstellt, insbesondere an Andalusien. In der viersätzigen Suite verwendet Ravel zwar keine spanischen Originalweisen, aber der »Ton« spanischer Musik wird vermittels der farbigen Rhythmik, der zum Teil modalen Harmonik und der ornamentalen Melodik unverkennbar getroffen. Der Eingangssatz *Prélude à la nuit* suggeriert durch ein absteigendes Ostinato-Vierton-Motiv, das auch im 2. und 4. Satz erscheint, den Zauber einer spanischen Sommernacht. Eine Klarinettenweise, die sich klanglich intensiviert, legt sich über das Ostinato. Holzbläserkaskaden springen hoch, der Orchesterklang ist von sinnlicher Süße, hervorgerufen durch geteilte Streicher, die auf dem Griffbrett spielen. Harfen und Celesta lassen die Vision im Nichts verschwinden. Scharfe Kontraste sind für den zweiten Satz, eine *Malagueña,* kennzeichnend. Wiederum ziehen Ostinati, zunächst im Baß, dann in rotierenden Streicherskalen, eine keck in der Trompete erscheinende, dann rauschhaft im Tutti übernommene Tanzweise herbei, Kastagnettenklänge geben rhythmisches Kolorit, ehe das Englischhorn in abruptem piano ein dahingleitendes rezitativisches Solo, gestützt von Harfen- und Streicherglissandi, anstimmt. Die absteigende Vierton-Figur des 1. Satzes leitet über zum verlöschenden Schluß. Die nun folgende *Habanera* wurde bereits 1895 komponiert und der Rhapsodie nachträglich eingefügt. Die charakteristisch-schlaffe Tanzweise erscheint in verschiedenen, raffiniert gemixten instrumentalen Einkleidungen. Das als *Feria* bezeichnete Finale ist der umfangreichste und vielgestaltigste Satz des Werkes. In rauschenden Farben wird die Turbulenz eines andalusischen Festes beschworen, mehrere Tanzweisen lösen einander ab und steigern sich zu temperamentgeladenem Brio. Die überschäumende Lebensfreude unterbricht ein rezitativischer Mittelteil, ehe reprisenartig der orgiastische Tanztrubel in rasenden Glissandi und glanzvollem Orchester-Feuerwerk das Stück leuchtend-triumphal ausklingen läßt.

[M] *CD* Chicago SO, Reiner (RCA 1956/57)

Daphnis et Chloé

UA: Paris 1912

Ravels choreographische Symphonie *Daphnis et Chloé,* komponiert 1909–1912 für Serge Diaghilew und sein Ballett Russe, gilt als Höhepunkt seines Schaffens. Strawinsky bezeichnete die Partitur als eine der schönsten der gesamten französischen Musik. Neben dem großen Orchester mit 15 Schlaginstrumenten wird ein nur Vokalisen singender Chor eingesetzt, das instrumentale Klangspektrum nach dem Vorbild von Debussys *Sirènes* erweiternd. Der Hirtenroman des spätgriechischen Dichters Longos diente Fokine zu einem Szenario für ein Ballett, das Ravel zu einem großformatigen Fresko von fast einer Stunde Aufführungsdauer anregte. Allerdings interessierte ihn das historische Griechenland nicht, es ging ihm »um das Griechenland meiner Träume, das dem ähnlich ist, wie die französischen Künstler des 18. Jhs. es sich vorstellten und malten«. Die Fabel erzählt vom bukolischen Frieden, dessen sich der Schäfer Daphnis und die Nymphe Chloé erfreuen, ehe Piraten einbrechen und Chloé rauben. Doch Gott Pan entfesselt wilde Naturkräfte, und vor der Erscheinung von Satyrn und Fabelwesen fliehen die Piraten. Dankbar für die Rettung, spielen Daphnis und Chloé die Liebe von Pan und Syrinx nach, und unter allgemeinem Jubel geht das Werk zu Ende.

Obgleich Ravel durchaus an Fokines detaillierter Handlung entlangkomponiert, handelt es sich keineswegs um eine simple Illustrationsmusik. Vielmehr sorgen reiche thematische Bezüge für eine geschlossene, in sich musikalisch sinnvolle symphonische Durchgestaltung der an plastischen melodischen Einfällen ungemein reichen Partitur. Obwohl dreigeteilt, ist das Werk durchkomponiert. Der *1. Teil* schildert mit einem religiösen Tanz, Tänzen der Nymphen und des Daphnis sowie des schwerfälligen Viehtreibers Dorcon das bukolische Leben einer legendären Idylle. Ein Notturno und ein Zwischenspiel leiten über zum *2. Teil,* der das Hereinbrechen der Piraten, den Raub Chloés, das Erscheinen des Gottes Pan und seiner helfenden Geister sowie die Flucht der Piraten suggestiv malt. Der *3. Teil* hebt mit der berühmten Sonnenaufgangsmusik an, die zum Bezauberndsten der gesamten Musik Ravels gehört. Der sinnliche Glanz dieser unvergleichlichen Stelle ist unwiderstehlich. Hier beginnt denn auch die im Konzertsaal vielgespielte *2. Konzertsuite.* Die Pantomime leitet über zur Danse génerale des ekstatisch hochgepeitschten Schlusses.

In ihrer Vielgestaltigkeit – impressionistische Klangvaleurs, Groteske, dramatischer Realismus, schwelgerische Kantabilität, raunende Nachtstimmung, naturmystischer Sonnenaufgangshymnus mit jubelnden Vogelstimmen, tänzerische Eleganz und emphatische, ja wilde Ekstase – ist diese choreographische Symphonie einzigartig in Ravels Œuvre. Und die unterschwellige Erotik dieser Musik eines Komponisten, der jede erotische Annäherung mied, bleibt ein psy-

Bühnenbildentwurf für »Daphnis et Chloé« von Leon Bakst

chologisches Geheimnis. Daß sie Wagners schwellend-erotischem Pathos das Raffinement entgegensetzt, verbindet sie in der Tat mit der französischen Kunst des 18. Jhs.

[M] *CD* London SO, Nagano (Sony 1993)

Ma Mère l'Oye

UA: Paris 1912

Unter dem Titel »Meine Mutter, die Gans«, entnommen einem Kinder-Märchenbuch des Dichters Charles Perrault (1628–1705), schrieb Ravel 1908–1910 5 Kinderstücke für Klavier zu 4 Händen, die er 1911 orchestrierte und durch Hinzufügung zweier Sätze zu einem Ballett erweiterte. Im Konzertsaal erklingt zumeist die fünfsätzige Orchesterfassung. Die siebenteilige Ballettfassung verbindet die Sätze durch Zwischenspiele, so daß ein durchkomponiertes Ganzes entsteht. Sie hebt mit einem *Prélude* an, das den geheimnisvollen Märchenzauber durch zarte Holzbläserklänge, fernhallende Trompetenrufe und Andeutungen von thematischem Material der späteren Sätze sowie warmem Streicher-Espressivo suggeriert. Kapriziös und keck schließt sich die *Danse du rouet féerique*, der Tanz des Feen-Spinnrades, an. Holzbläserfiguren rotieren vor ruhigem Hintergrund. Unmittelbar folgt die *Pavane de la Belle au bois dormant*, die Pavane der schlafenden Prinzessin. Ihr ruhig schreitender Rhythmus wird melodisch von wechselnder Holzbläser-Kantabilität, zart und schwebend, überwölbt, ehe die Märchenvision in hohen Violinklängen entflieht. Ein Interlude leitet über zu *Les entretiens de la Belle et de la Bête*. Die schöne Prinzessin wird durch einen zarten Walzer der Klarinette vorgestellt, das Ungeheuer durch die tiefsten Register der Holzbläser. Aber die beiden verstehen sich: sie gehen zusammen, und das Ungeheuer verwandelt sich in einen Prinzen. Das geheimnisvolle Raunen des Waldes, von einem Interludium suggeriert, umfängt *Petit Poucet,* den kleinen Däumling, der in Gestalt einer wechselnden Holzbläserweise durch den Wald stolziert. Ravel verwendet modale Linien, um das Märchenhaft-Unwirkliche der Szene einzufangen. Vogelstimmen und Geräusche der Tiere klingen schließlich hinein. Ein Interlude bereitet mit zarten Harfen- und Celestaklängen das exotisierende Bild der *Laideronette, Impératrice des Pagodes* vor. Eine pentatonische Melodie, Harfe, Glockenspiel und Xylophon lassen ein Märchen-China erscheinen. Eine Weise der hohen Flöte zu Tanzrhythmen gibt kräftigere Akzente. Ein Bild raffiniertester Koloristik und impressionistischer Exotik, wie sie im Frankreich der Jahrhundertwende so beliebt war. Ein kurzes Interlude leitet über zum abschließenden *Le Jardin féerique.* Die Musik läßt nun alles Illustrative hinter sich, um sich in warmer Streicher-Kantabilität zu verströmen. Ravels artifizielle Kunst schlägt in ein blühendes Espressivo um, das plötzlich jenes Persönlich-Menschliche aufscheinen läßt, das der Komponist zu zeigen sich ansonsten nicht gestattet. Daß dies im Zusammenhang mit der Welt des Kindes geschieht – eine Parallele ist der ähnlich gelagerte Schlußchor des ebenfalls »kindlichen« Bühnenstücks *L'enfant et les sortilèges* – mag bezeichnend sein für den Menschen Ravel, dessen Liebe zu Kindern und zur Welt des Kindes mit ihrem Spielzeug-Nippes sein ganzes Leben durchzieht.

[M] *CD* London SO, Monteux (Philips 1963)

La Valse

UA: Paris 1920

Die choreographische Dichtung für Orchester *La Valse* hat Ravel mehr als 14 Jahre beschäftigt. Bereits 1906 plante er die Komposition eines Walzers als Hommage an Johann Strauß. Das endgültige Werk, 1919/20 entstanden, bezeichnete er als »eine Art Apotheose des Wiener Walzers«. Die Inhaltsangabe des Komponisten lautet u.a.: »Durch wirbelnde Wolken hindurch sind Walzer tanzende Paare schwach erkennbar. Allmählich zerteilen sich die Wolken ... man sieht eine ungeheuer große Halle mit einer wirbelnden Menschenmenge. Die Szene wird allmählich heller. Das Licht der Kandelaber verbreitet sich in strahlendem Fortissimo ... Ein Kaiserhof um 1855.« Ravels Kommentar unterschlägt freilich den katastrophischen Schluß, der so viele Rätsel aufgegeben hat. Auch dieses Werk war für Diaghilew gedacht, aber dieser lehnte es ab. Kein Wunder, ist das Stück doch eher ein Abgesang auf die Gesellschaft der Vorkriegszeit als eine Apotheose. Ravel sprach denn auch von einem »unglaublichen tödlichen Strudel«, in den die Träume hineingezogen werden. Die Konturen der Walzer – es handelt sich um mehrere – treten hervor, um wieder ins Diffuse zu gleiten, schwere Tutti werden von kammermusikalischen Episoden abgelöst. Charakteristisch für das Werk ist die zumeist dunkle Orchesterfarbe, die in krassem Gegensatz zur Helle etwa von *Daphnis et Chloé* steht. Die Üppigkeit der Harfenklänge, das ständige An- und Abschwellen der Musik hat etwas

Ida Rubinstein im »Bolero« von Maurice Ravel

Zwielichtiges, man traut diesen eher unheimlichen Walzern nicht. Die Schlußsteigerung hat fast hysterischen Zuschnitt, ehe über einem langen Orgelpunkt das Ganze wie ein grausiger Spuk dissonant zusammenbricht. Die Auflösung in die Tonika ganz am Ende wird in diesem Chaos kaum wahrgenommen. Zweifellos bricht auch hier – wie später im *2. Klavierkonzert* – Persönliches durch.

[M] *CD* Berliner Philharmoniker, Boulez (DGG 1993)

Bolero

UA: Paris 1928

Ravels weitaus populärstes Werk, der für die Truppe von Ida Rubinstein 1928 komponierte, im gleichen Jahr von dieser an der Pariser Opéra uraufgeführte *Bolero*, ist keineswegs sein bedeutendstes. Vor der UA hatte Ravel sein Publikum gewarnt: das Stück dauere 17 Minuten und bestehe aus reinem Orchesterstoff ohne Musik. »Ich wünsche besonders, daß es über meinen Bolero keinerlei Mißverständnisse gibt. Es handelt sich um ein Experiment in einer sehr speziellen und begrenzten Richtung, und man solle nicht meinen, daß es auf etwas anderes zielt oder mehr erreichen will, als es wirklich erreicht.« Zwei Bolero-Weisen werden in immer neuer instrumentaler Beleuchtung zu einem bis zum vorletzten Takt konstanten Rhythmus der kleinen Trommel mehr als 300 Takte lang in Abwechslung ständig wiederholt, wobei der harmonische Grund, eine simple Spannung von Tonika und Dominante, streng beibehalten wird. Die wechselnde Instrumentierung verursacht ein allmählich sich aufbauendes Crescendo. Diese dynamische Zwanghaftigkeit macht den elektrisierenden Spannungsreiz des Ganzen aus. Als weiteres Steigerungselement dienen Parallel-Mixturen, in die die Bolero-Weisen getaucht werden. Der Überraschungs-Coup steht am Ende: das permanente C-Dur springt ruckartig nach E-Dur, und nach dieser letzten Steigerung bricht das Ganze – ähnlich wie *La Valse* – zusammen. Das Geniale an diesem Orchesterreißer ist die Idee, die mit höchster Virtuosität verwirklicht wird.

[M] *CD* Birmingham SO, Rattle (EMI 1990)

Valses nobles et sentimentales

UA: Paris 1912

Im Mai 1911 wurde in der Pariser Salle Gaveau ein Klavierstück ohne Nennung des Komponisten aufgeführt, das heftige Ablehnung erfuhr. Nachträglich wurde bekannt, daß diese *Valses nobles et sentimentales* von keinem Geringeren als von Maurice Ravel stammten. Der ebenso verdutzte wie amüsierte Komponist schuf von dem Klavierstück eine Orchesterfassung und verwendete diese sogar zu einem Ballett *Adélaide, ou le langage des fleurs (Adelaide oder die Sprache der Blumen)*, zu dem er selbst die Handlung schrieb und das Anfang 1914 in Paris unter Pierre Monteux uraufgeführt wurde.

Zu der Orchesterfassung schrieb Ravel: »Der Titel Valses nobles et sentimentales verdeutlicht hinreichend meine Absicht, eine Reihe von Walzern im Stile von Schubert zu komponieren. Der siebte Walzer erscheint mir als der charakteristischste.« Außerdem fügte er der Partitur ein Zitat aus einem Roman von Henri de Régnier (1904) bei: »Das angesehene und stets neue Vergnügen einer nutzlosen Beschäftigung«. Debussy, seinem Kollegen nicht immer wohlgesonnen, bemerkte nach der UA, das Stück entspränge »dem feinsten Gehör, das je existierte«. Die Dissonanzen, die anläßlich der Klavier-UA so sehr befremdeten, erwiesen sich als feine, pikante Gewürze. Es handelt sich um eine durchkomponierte Folge von 7 Walzern und einem Epilog. Der 1. Walzer (*Modéré*) geht gleich temperamentvoll in medias res. Bekkenschläge unterstreichen die Fröhlichkeit. Ein »sentimentales« Stück (*Assez lent*) schließt sich an. Die vielen Rubati – sonst bei Ravel kaum zu finden – unterstreichen den etwas morbiden Ton des Walzers. Graziös kommt der 3. Walzer (*Modéré*) einher, eine Rokoko-Miniatur, die sich dann zu romantischer Klanglichkeit wandelt. Aparte Klangmixturen der Holzbläser bestimmen den kapriziösen Ton des mit »dissonanten« Nebennoten gespickten 4. Walzers. An 5. Stelle steht ein ländlerartig-träumerisches Stück von schwebender Eleganz (*Presque lent*). Aufsteigende Dreiton-Figuren geben dem 6. Walzer (*Assez vif*) sein flüchtiges Gepräge. Dreiteilig angelegt ist der 7. Walzer (*Moins vif*), in seiner Brillanz eher eine Hommage an Johann Strauß denn an Schubert, gibt ihm doch die charakteristische rhythmische Verzögerung des Wiener Walzertyps das Gepräge. In den wunderschönen, nostalgischen Epilog (*Lent*) klingen leise Motive aus sechs der sieben Walzer hinein. Wie eine Fata morgana entschwebt das Werk.

[M] *CD* Cleveland O., Ashkenazy (Decca 1990)

Le Tombeau de Couperin

UA: Paris 1920

Während des Ersten Weltkrieges schrieb Ravel eine Klaviersuite in 6 Sätzen, die an Modelle der französischen Musik des 18. Jhs. anschlossen. Jeden dieser Sätze des *Tombeau de Couperin* widmete er dem Andenken eines gefallenen Kriegskameraden. Das Werk sollte eher eine Huldigung an die alte französische Musik als speziell an Couperin sein. Vier der

6 Sätze instrumentierte er nachträglich für Orchester. Das relativ klein besetzte Orchester wird weniger als sonst bei Ravel virtuos behandelt. Entsprechend den alten Modellen zeichnet sich die Orchestrierung eher durch Feinheit und Noblesse sowie durch Charakteristik aus. Die Eliminierung zweier Sätze des Klavier-Originals, nämlich der *Toccata* und der *Fuge*, hat seinen Grund in der zu klavieristischen Struktur der Stücke. Das einleitende *Prélude* überträgt die kreisenden Triolen des Klaviersatzes genial auf die Holzbläser und Streicher. Wie mit dem Silberstift gezeichnet fügen sich die Linien, die sich im Mittelteil klanglich verdichten. Eine Musik von schwebender Grazie, die durch die zarten Farben des Orchestersatzes die Cembalo-Kunst der Rameau und Couperin durchscheinen läßt. Die folgende *Forlane* ist ein Kabinettstück an preziöser Eleganz. Der dreiteilige Satz geht auf ein originales Modell Couperins zurück, verfremdet dieses jedoch sowohl melodisch wie harmonisch. Das kapriziös aus der Tonart springende Forlane-Thema ist genau so sehr 20. Jh. wie die aparte Reizharmonik. Der hüpfende $^{6}/_{8}$-Rhythmus tendiert in dieser Eleganz fast zur Berceuse. Der Mittelteil ändert an dem rhythmischen Modell nichts, biegt aber den höfischen Rokoko-Ton ins Melodische um, ehe das Forlane-Thema in veränderter Beleuchtung wieder Platz greift. Raffiniert gemixte Akkorde vor Schluß unterstreichen die artifizielle Archaik dieses wohl bedeutendsten Satzes der Suite. Das gleichfalls dreiteilige *Menuet* gibt sich einfach in seiner schlichten Melodik und seinen zart-kammermusikalischen Farben. Die melodischen Phrasen sind von klassizistischer Klarheit, »modern« wirken harmonische und klangfarbliche Einkleidung. Der Mittelteil läßt in seinen harmonischen Wendungen modale Einflüsse erkennen. Der abschließende *Rigaudon* stellt die temperamentvollen, aufschäumenden Eckteile einem pastoralen, von ornamentierter Melodik der Oboe bestimmten, langsameren Mittelteil gegenüber. In den Tanzwirbel der Eckteile tönen erstmals in der Suite Horn und Trompete in größeren Passagen hinein, dem Schluß fröhliche Leuchtkraft gebend.

[M] *CD* Royal PO, Previn (EMI 1985)

Tzigane

UA: Paris 1924

Die Geigerin Jelly d'Aranyi bestellte 1923 bei Ravel ein Konzertstück für Violine und Klavier, das an die Virtuosenliteratur des 19. Jhs. anschließen sollte. Ravel entledigte sich dieses Auftrages durch die Komposition der Konzertrhapsodie *Tzigane*, die Jelly d'Aranyi im April 1924 in London uraufführte. Ravel instrumentierte das Stück nachträglich, und in dieser Fassung kam es im gleichen Jahr in Paris zur ersten Wiedergabe unter Gabriel Pierné.

Ravel bezeichnete das Werk als »Virtuosenstück im Geschmack einer Ungarischen Rhapsodie.« Der Einfluß von Liszt und Paganini ist unverkennbar, wenngleich die spieltechnischen Anforderungen an den Solisten noch über das hinausgehen, was die konzertante Violinliteratur im Gefolge Paganinis an Virtuosität forderte. Die Anhäufung von Flageoletts, Pizzikati, Doppel- und viergriffigen Akkorden geht bis an die Grenzen des Ausführbaren; ein leicht parodistisches Blinzeln in Richtung ungarischer »Czardas«-Zigeunerromantik läßt sich kaum überhören. Dazu gehören die charakteristischen Tempowechsel, die Verwendung einer auch von Liszt benutzten »Zigeuner«-Tonart.

Das Stück ist zweiteilig angelegt. Der erste, rein solistische Teil *(lento, quasi cadenza)* exponiert verschiedene Themen, von denen einige variiert werden. Eines bezeichnet Ravel sogar mit *grandioso.* Harfenklänge führen nun das Orchester ein. Das Tempo schlägt, darin getreu dem Lisztschen Modell folgend, in den schnellen *Czardas* um. Das geigerische Brillantfeuerwerk steigert sich noch. Der rasende tänzerische Wirbel treibt zum Äußersten, wobei trotz aller Anlehnung an das Vorbild die Handschrift Ravels unverkennbar bleibt.

Klavierkonzert für die linke Hand

UA: Wien 1932

Der Soldat Maurice Ravel kam 1917 gesundheitlich geschwächt aus dem Krieg zurück. Die Kriegseindrücke, der Verlust von gefallenen Freunden und der Tod seiner geliebten Mutter waren nicht ohne Einfluß auf seine Persönlichkeit geblieben. Daß Verdüsterungen in Werken wie *La Valse* und dem *Konzert für die linke Hand* Niederschlag persönlichen Erlebens sind, wird sich angesichts von Ravels Scheu vor irgendwelchen »Bekenntnissen« nie beweisen lassen, wird aber oft vermutet, wie denn auch die kurz nach Vollendung der beiden Klavierkonzerte ausbrechende Todeskrankheit, ein Gehirntumor, ihre Schatten vorausgeworfen haben dürfte. Findet sich doch auch in anderen Spätwerken Ravels das Todesmotiv verdächtig häufig.

Das *Konzert für die linke Hand* ist eine Auftragsarbeit für den Pianisten Paul Wittgenstein, der im Kriege seinen rechten Arm verloren hatte. Das in einem Satz durchkomponierte Stück steht in seiner düster-dramatischen Grundstimmung isoliert in Ravels Œuvre. Er selbst schrieb dazu: »(...) Das Konzert für die linke Hand (...) besteht aus einem einzigen Satz mit vielen Jazz-Effekten (...). In einem Werk dieser

Art kommt es wesentlich darauf an, daß man nicht den Eindruck eines leichten, lockeren Klanggewebes erweckt, sondern im Gegenteil die Illusion erzeugt, der Klavierpart sei für beide Hände geschrieben.« Letzteres ist Ravel zweifellos gelungen, klingt er doch voller und dichter als derjenige des folgenden G-Dur-Konzertes. Das Werk beginnt in düsteren Klängen der tiefsten Orchester-Register. Die erste Solo-Kadenz exponiert ein weitgespanntes, pathetisch sich aufreckendes Thema von Lisztschem Zuschnitt, das dann das volle Orchester übernimmt. Das 2. Klaviersolo stimmt einen lyrischen Gedanken an, der vorübergehend freundlichere Töne in das Geschehen bringt, ehe ein unerbittlicher Marschrhythmus, der fast bis zum Ende des Werkes die Bewegung fatalistisch-motorisch vorantreibt, Platz greift. Eine tänzerisch stakkatierte Melodie des Klaviers mit akkordischen Martellati führt jene Jazz-Elemente ein, von denen Ravel sprach. Eine kurze Scherzo-Episode in den hohen Registern des Klaviers und der Holzbläser vermag den düsteren, schon vom klanglichen Habitus her schweren Ausdruckscharakter des Ganzen nicht dauerhaft aufzuhellen. Eine Art von Durchführung, in der die Themen kombiniert, ja grimmassiert werden, steigert sich zu fast brutaler Dramatik. Nochmals hat kadenzartig das Klavier das Wort und faßt das thematische Material zusammen, ehe eine gewaltige Steigerung den scheinbar triumphalen, aber dann vom erneut kurz dazwischenfahrenden Marschrhythmus zerhämmerten Schluß herbeiführt, der trotz des grellen D-Dur unerlöst wirkt. Das Konzert, dessen pianistische Schwierigkeiten ohne Gegenstück sind, wird vielfach als Ravels bedeutendste, jedenfalls monumentalste Komposition bewertet.

[M] *CD* Beroff, London SO, Abbado (DGG 1987)

Klavierkonzert G-Dur

UA: Paris 1932

Ravels letztes Großwerk wurde 1931 vollendet und ein Jahr später von der Widmungsträgerin Marguerite Long unter Ravels eigenem Dirigat uraufgeführt. Es trägt im Gegensatz zum Konzert für die linke Hand hellen, spielerisch-virtuosen Charakter und wahrt die traditionelle Dreisätzigkeit des klassischen Konzert-Genres. Auch hier spielen Jazz-Elemente, die Ravel auf einer Amerika-Reise kennengelernt hatte, eine Rolle. Der Kopfsatz (*Allegramente*) stellt sich dar als eine Mischung von Toccata und Sonate. Nach dem wie ein Peitschenschlag klingenden Beginn führt Ravel in der Exposition nicht weniger als 5 Themen ein, wobei sich die ersten durch ihre voranstürmende Brillanz von dem deutlich als »Seitenthema« gemeinten, blues-artigen in getragenem Zeitmaß, absetzen. Jazz-Elemente mischen sich mit spanisch-folkloristischen. Glissandi, Flattereffekte, Synkopierungen geben dem Ganzen eine bunte Note, die dennoch in jedem Takt ureigener Ravel ist. Der Durchführungsteil gibt sich virtuos-voranstürmend, die Reprise läßt das gesamte thematische Material in neuer instrumental-farblicher Beleuchtung Revue passieren, wobei die Harfe eine besondere Rolle spielt. Rasant wie er anhub, geht der Satz zu Ende.

Das folgende *Adagio assai* scheint zunächst von Chopin inspiriert zu sein. Eine »unendliche«, aber klar gegliederte Melodie zu ostinato-artiger Begleitung dahinschreitend, wird vom Klavier solo angestimmt und entfaltet. Später treten Holzbläser hinzu, und es kommt zu einem Dialog zwischen ihnen und den Figurationen des Klaviers. Warmes Streicher-Espressivo führt zu einer Steigerung, ehe das Englischhorn reprisenartig die Anfangsmelodie erneut anstimmt. In den gedämpften Streichern verklingt der zauberhafte Satz, der jene Mischung von »Sensibilität und Gefühl« verwirklicht, von der zu Beginn unserer Ravel-Ausführungen die Rede war. Ravels verhaltene Expressivität versteckt sich hinter Modellen des 19. Jhs.

Das *Presto*-Finale rast wie ein Perpetuum mobile vorüber. Wie im Kopfsatz bestimmen Jazz-Effekte, die an Gershwin gemahnen, den Orchesterpart. Synkopierte Metren, Posaunenglissandi, »aufjaulende« Holzbläser, eine schmetternde Trompetenfanfare: in diesen Orchestertrubel ist der Klavierpart mit seinem flinken Laufwerk, seinen gehämmerten Martellati und seiner virtuosen Bravour eingebettet. Eine Musik von französischem Esprit, der sich in Amerikanismen austobt, bezeichnend für die Freude an der Motorik der Musik der »goldenen Zwanziger«. Die Katastrophe kam bekanntlich, auch für Ravel persönlich.

[M] *CD* Benedetti Michelangeli, Philharmonia O., Gracis (EMI 1958)

Alle hier kommentierten Werke: Ciccolini (Klavier), Perlman (Violine), O. de Paris, Martinon (EMI 1974); Alle hier kommentierten Werke, außer Tzigane und Klavierkonzerten: O. de Paris, Inbal (Denon 1987/88) *Alfred Beaujean*

Max Reger

1873–1916

Ein Regerbild, das auf Anekdoten über sein vom Alkohol beschwingtes sanguinisch-bajuwarisches Wesen beruht, verkennt die Persönlichkeit dieses Komponisten völlig. Reger war ein empfindlicher, psychisch labiler und von inneren und äußeren Nöten getriebener Mensch, und die Exzesse, in die er sich immer wieder zu flüchten schien, betrafen nicht nur Essen, Rauchen und Trinken, sondern auch monströse Arbeitsüberlastungen als Komponist, Bearbeiter, konzertierender Künstler und sein eigener Konzertagent.

Als Sohn eines Volksschullehrers wurde er am 19. März 1873 im oberpfälzischen Brand geboren. Neben dem Vater förderte der Lehrer Adalbert Lindner die musikalische Ausbildung während der Schulzeit in Weiden: Regers Klavierunterricht umfaßte neben dem Pianistischen die Erarbeitung der klassischen Orchesterliteratur sowie Orgel- und Theorieunterricht. Aufgrund erster eigener Kompositionsversuche, die Lindner zu auswärtiger Begutachtung versandt hatte, kam Reger als Student zu Hugo Riemann nach Sondershausen bzw. Wiesbaden. Dort bemühte er sich mit rascher Auffassungsgabe und unmäßigem Fleiß vor allem um die Rezeption der alten Formen und Techniken, die er besonders bei Bach bewunderte, jedoch zeigen die ersten veröffentlichten Kammermusikwerke und Lieder eine deutliche Ausrichtung auf Brahms. Beide Komponisten – Bach und Brahms – blieben Regers Vorbilder, und an vielen Stellen seines Œuvres hat er dem durch musikalische Zitate und Anspielungen Ausdruck verliehen.

Die Lebenskrise, die Regers Studienzeit beendete, hatte viel ernstere Auswirkungen, als es das geläufige Wort von seiner »Sturm- und Trankzeit« verharmlosend glauben machen will: 1898 mußte man ihn als psychisch und physisch Kranken ins Elternhaus zurückholen. In den folgenden Jahren strengster familiärer Beaufsichtigung war Reger jedoch kompositorisch unglaublich produktiv. In rascher Folge entstanden u. a. fast sämtliche großen Orgelwerke, die seinen Ruhm begründeten. Auslöser hierfür war vor allem das Interesse des jungen Karl Straube, der Reger seine Freundschaft ein Leben lang bewahren sollte.

1901 zog die Familie der Berufsaussichten Regers zuliebe nach München, wo erst mit seiner Verheiratung die innere und äußere Abhängigkeit von den Eltern 1902 ein Ende fand. Man hat sich daran gewöhnt, Regers Münchner Jahre als Kampfzeit des »wilden« Reger zu bezeichnen. Tatsächlich aber gewann er von dort aus ständig zunehmende Anerkennung. Die wachsenden Spannungen in der Akademie der Tonkunst, wo er schon bald seinen Lehrauftrag kündigte, gingen wohl doch mehr auf eigene Schwierigkeiten und Regers überempfindliches Naturell zurück als auf die von ihm vermuteten persönlichen Intrigen.

Vermittelt durch Leipziger Freunde, übernahm Reger Anfang 1907 die Stelle eines Universitätsmusikdirektors und einen Lehrauftrag am Leipziger Konservatorium. Die Folge seiner nun entstehenden Hauptwerke, die Reger geschickt in das Konzertleben zu plazieren wußte, und die zahllosen Briefe, die er weiterhin unermüdlich an Musiker und Musikveranstalter, Kritiker, Rezensenten und Musikschriftsteller schickte, hatten zur Folge, daß er inzwischen häufiger aufgeführt wurde als irgend ein anderer deutscher Komponist seiner Zeit. Zum durchschlagenden Erfolg nun auch seiner Orchesterwerke kamen Ehrungen, Titel und Orden, und es fanden die ersten Reger-Feste statt. Gleichwohl kam es bald zu neuen Verstimmungen: Reger fühlte sich vom Leipziger Publikum nicht mehr angemessen anerkannt, wollte wieder von gegen ihn gesponnenen Universitätsintrigen wissen, und zu alledem kam noch eine ernste Ehekrise, über die sich Regers Biographen allerdings ausgeschwiegen haben.

Ende 1908 legte Reger sein akademisches Amt nieder. Erst im März 1911 übertrug ihm Herzog Georg II. von Sachsen-Meiningen die Leitung jener Hofkapelle, die unter Bülow, Strauss und Steinbach ein berühmtes Orchester war. Mit der Möglichkeit, nun auch die eigenen Orchesterwerke dirigierend einzuführen, hatte Reger den Gipfel seiner Musikerkarriere erreicht. Wieder kam es zu einem Schub neuer Werke, vor allem für Orchester, jedoch auch weiterer Kammermusik sowie immer wieder neuen Liedern. Dabei steigerte sich die Reisetätigkeit mit täglich wechselnden, oft in Nachtfahrten erreichten Stationen, so daß Reger die Meininger Hofkapelle schnell noch einmal auf die Höhe europäischen Ruhms führte.

Auch in Meiningen unternahm Reger einen seiner Versuche zu abstinenter Lebensweise, wurde jedoch, wohl auch aufgrund permanenter Überlastung, schnell rückfällig. Im Februar 1914 kam es zu einem physischen und psychischen Zusammenbruch mit anschließender stationärer Behandlung. So mußte Reger, der sich zudem wieder in schwere Auseinandersetzungen mit der Hofverwaltung hineingesteigert hatte, sein Abschiedsgesuch nun also aus gesundheitlichen Gründen schreiben. Nach dem letzten Umzug in seinen Jenaer »Freiherrensitz« hätte er sich zur Ruhe setzen können, um – als reicher Mann – nur noch zu komponieren. Jedoch lief schon nach wenigen Monaten auch die Konzerttätigkeit wieder an, und so führte die schnell zurückgekehrte alte Überlastung am 11. Mai 1916, am Abend eines der wöchentlichen Leipziger Unterrichtstage – seinen Lehrauftrag am Konservatorium hatte Reger immer beibehalten –, zum plötzlichen Herztod im Hotelbett.

Wenn sich auch Regers stilistische Entwicklung kaum mit der der gleichzeitigen »Neuen Musik« zur Deckung bringen läßt, so stellt sein Œuvre doch eine höchst unabhängige Ausnahmeerscheinung dar, die man sehr wohl zugleich als abschließende Vollendung des 19. Jhs. wie als Wegweiser in eine neue Epoche der Musikgeschichte bewerten kann.

Symphonische Orchesterwerke

Sein Leben lang hat Reger auf ein Werk hingearbeitet, das alle anderen überragen sollte. Von Anfang an plante er eine große Symphonie, die das gesamte 19. Jh. überbieten sollte, und später sollte es ein Oratorium denkbar »größten Stils« werden, mit dem er die Tradition einer der repräsentativsten Gattungen seiner Zeit krönen wollte. Gerade die wichtigsten Werke Regers stehen in direktem Zusammenhang mit dieser Zielsetzung.

Nach einem halben Dutzend abgebrochener Ansätze zu Symphonien plante Reger die Komposition einer »Serenade« für Orchester, aus der schließlich die 50minütige *Sinfonietta op. 90* (UA Essen 1905) wurde; die italienische Benennung sollte wohl etwas den übermächtigen Anspruch der deutschen, an Beethoven und Brahms ausgerichteten Symphonik abschwächen. Zwar ließen vor allem die satztechnische Komplexion des überladenen Stimmengeflechts und eine zu wenig durchsichtige Instrumentation Reger diesen Versuch, die Errungenschaften seiner Kammermusik auf das Orchester zu übertragen, als mißglückt erscheinen, jedoch bleiben alle 4 Sätze gerade auch ihrer linearen Faktur wegen Stücke hoher Qualität.

Nach den ersten Aufführungen, vor allem aber nach der heftig kritisierten Münchner Erstaufführung durch den berühmten Felix Mottl wurde Reger klar, daß er sich und seinen Kritikern nun eine leichtere Hand im Umgang mit dem Orchester zu beweisen hatte. Dies tat er mit der Mottl dankbar gewidmeten *Serenade op. 95* (UA Köln 1906) und folgte damit wieder Brahms, der sich ebenfalls durch die Komposition von Orchesterserenaden auf die von Symphonien vorbereitet hatte.

Das eingängige dreisätzige Werk basiert thematisch auf einer sanglichen, auf alle Chromatik verzichtenden Melodie, aus der die Hauptthemen aller 3 Sätze abgeleitet sind. Die orchestrale Durchsichtigkeit wird durch die Halbierung in gedämpte und ungedämpfte Streicher sowie durch die kammermusikalische Behandlung des nur paarweise besetzten Bläserapparats unterstützt.

Erst nach dem Erfolg der *Hiller-Variationen* und der Bewältigung des übergroßen *Violinkonzerts* schuf Reger 1908 mit dem *Symphonischen Prolog zu einer Tragödie op. 108* (UA Köln 1909) sein wohl wichtigstes symphonisches Werk. Der Titel trügt, denn nicht um eine Ouvertüre handelt es sich, auch nicht um eine einsätzige Symphonie, sondern um einen einzigen riesenhaften Symphoniesatz von einer Dreiviertelstunde Dauer, der ursprünglich sogar nur der Kopfsatz einer ganzen »Tragischen Symphonie« sein sollte.

Selten sind Hauptwerke großer Komponisten so gründlich vergessen worden wie dieses, obwohl es doch alle kompositorischen Errungenschaften aufweist und zudem von mächtiger Wirkung ist, wie selbst neuere Aufführungen beweisen (das Hindernis der Überlänge suchte Reger durch die Genehmigung einer Kürzung zu beseitigen, der fast die gesamte Reprise zum Opfer fällt). Mit seiner großzügigen formalen Disposition unter gleichzeitig enger substanzieller Einheitlichkeit der kontrastierenden Hauptgedanken, aber auch mit einem musiksprachlichen Element, das von »den letzten Dingen« des Lebens zu handeln scheint, ist Regers *Symphonischer Prolog* ein Gipfelpunkt der »Weltanschauungssymphonik« der Jahrhundertwende. Gleichwohl bildet er für Reger selbst nur eine »vorletzte Entwicklungsstufe, der allerdings die letzte nicht mehr folgte« (Carl Dahlhaus).

Auch zwei der späteren Meininger Orchesterwerke hat Reger als »letzte Vorbereitung zur Symphonie« verstanden; von beiden hat er selbst – in neutraler Gattungsbezeichnung – als »Suiten« gesprochen. Auffällig ist an beiden Werken ihr Rekurs auf außermusikalische »Sujets«: Den 3 Sätzen der *Romantischen Suite op. 125* (1912) gab Reger je ein Gedicht bei, und die *Böcklin-Suite op. 128* (1913) komponierte er gar nach Gemälden. Damit scheint den Werken genau der illustrierende Charakter eingeschrieben, gegen den – etwa als Tonmalerei oder Programmusik – Reger nur Hohn und Spott übrighatte. Durchaus polemisch hatte er immer betont, seine Musik wolle nur Musik sein, und es stehe jedem Hörer frei, sich dabei etwas zu denken oder nicht.

Wenn Reger also den Abdruck der 3 Eichendorff-Gedichte »Nachtzauber«, »Elfe« und »Morgengruß« als unabdingbar für das Verständnis der Sätze Notturno, Scherzo und Finale der *Romantischen Suite* ansah (»op. 125 ist sonst total unverständlich, wenn die Gedichte nicht auf dem Programm stehen«), so entsteht der Eindruck, hier habe die Dichtung Schlüsselfunktion für die Musik gehabt. Das Gegenteil ist der Fall. Nach Fertigstellung der Komposition, zu der sich Reger von Thüringer Waldansichten aus der Perspektive strapaziöser Nachtfahrten inspiriert gefühlt hatte, bat er Karl Straube um Hilfe bei der Auswahl hierzu passender Naturlyrik. Straube half und riet zudem zur Streichung allzu deutlicher Zitate aus dem bei Reger immer wieder anklingenden Choral »Wenn ich einmal soll scheiden« im ersten und letzten Satz, wo er ursprünglich stets nach dem pianissimo-Akkorden der Posaunen über B-A-C-H vorgesehen war.

Wird so das eigentliche Thema – viel eher der Tod und das ewige Leben als die Thüringer Wälder – ins Idyllische abgebogen, so steht es um die *Vier Tondichtungen nach A. Böcklin* nicht anders. Hier hat Reger 4 Bilder – die er allerdings bei der Komposition als Reproduktionen sozusagen täglich vor Augen hatte – gleichsam zwischen den Hörer und die Musik geschoben. Deren Inhalt hat er seinem Dienstherrn Herzog Georg in einem brieflichen Bericht von der Essener UA so beschrieben: »Besonders gefielen ›Der geigende Eremit‹, ›Im Spiel der Wellen‹ und ›Die Toteninsel‹, während ich so das Gefühl hatte, daß dem Publikum die Wildheit des ›Baccanale‹, wo zum Schlusse alles in ärgstem Taumel ist, doch etwas ›über die Köpfe wegging‹. Ich gestehe sehr gerne zu, daß das ›Baccanale‹ ein Stück Musik ist, das an Wildheit, Taumel und Dionysischer Laune seinesgleichen sucht. Ein Musiker machte die originelle Bemerkung: es käme ihm vor, als ob am Schlusse Vater Zeus mit seinen Göttern gar arg betrunken wäre. – Geradezu überirdisch klingt der ›geigende Eremit‹, wo die zartesten, weichsten Farben mit alten Palestrinaharmonien ein ganz merkwürdiges Stimmungsbild geben; sehr fein und fast ›körperlos‹ klingt im ›Spiel der Wellen‹. In ›der Toteninsel‹ wechselt Öde, trostloseste Verzweiflung mit rasenden Schmerzausbrüchen – am Schlusse dann eine große Verklärung; merkwürdig, daß gerade diese *schauerliche* Musik auf das Publikum *solch großen* Eindruck machte.«

Es ist auffällig, daß *Die Toteninsel*, der zentrale 3. Satz, der auch das berühmteste der 4 Tonbilder geblieben ist, von der zeitgenössischen Kritik das schärfste Verdikt erfuhr – Zeugnis einer Abstoßung, die man »idiosynkratisch« nennen kann: der Satz sei »formlos«, wenn auch voller »starker Eindrücke«, doch im Ganzen wohl der »die Form lösenden Stimmungsseligkeit solcher Vorwürfe nicht ganz entgangen«. Am

Arnold Böcklin: Im Spiel der Wellen (1883). München, Neue Pinakothek

ehesten schien der wilhelminischen Epoche die als peinlich empfundene Unmißverständlichkeit jener »Öde« mit ihrem Wechsel von »trostlosester Verzweiflung« und »rasenden Schmerzausbrüchen« eine plausible und sogar willkommene Entrückung in die Fernen unbestimmter Vergangenheit als angebracht: »Über die Urnen und alle Grabvergessenheit hin« – so schrieb ein Kritiker – »klingt etwas wie der Ton dumpfer Terzinen Dantes – ein Abbild der unter fahlem Gewitterhimmel langsam hinsterbenden Antike.« Die subjektive Todesnot des Sterblichen hat in Böcklins Bild keinen Platz, wohl aber in Regers Musik, und hier trifft diese sich mit *Tod und Verklärung*, Regers Lieblingskomposition von Strauss und mit den beiden Werken, die Regers größte werden sollten, die er aber nie geschrieben hat: mit der Symphonie »Vom Tod« und dem Oratorium »Ein Hymnus vom Tode und ewigen Leben«.

[M] *CD* Sinfonietta: Dresdner Philharmoniker, Bongartz (Berliner Classics 1972); Symphonischer Prolog, Suiten op. 125 u. 128: *CD* RSO Berlin, Albrecht (Koch/Schwann 1980)

Variationswerke

Die Komposition von Variationszyklen mit krönender Schlußfuge gehört zu den »Spezialitäten« Regers. Seine großen Variationswerke für Klavier über Themen von Bach, Beethoven und Telemann sowie für Orgel, zu denen auch einige der Choralphantasien gehören, sind ausnahmslos Hauptwerke, sind in ihnen doch die Erfahrungen und Fortschritte längerer Schaffensphasen konzentriert. Dies gilt auch für die beiden großen Orchesterwerke dieser Gattung, die sich beide als Repertoirestücke durchsetzen konnten.

Die außergewöhnlich langwierige Entstehung der *Hiller-Variationen op. 100* (UA Köln 1907) als des bis dahin umfangreichsten aller Orchesterwerke Regers reicht von ersten konkreten Plänen im Herbst 1904 bis zum Juli 1907. Die Arbeitsunterbrechungen zugunsten anderer Werke (aber auch wegen eines gesundheitlichen Zusammenbruchs im Mai 1906) sowie die Eliminationen und Neufassungen ganzer Werkteile haben jedoch nichts mit den Problemen zu tun, die Reger mit seinen symphonischen Hauptwerken bis dahin stets hatte; auch insofern sind die *Hiller-Variationen* ein Ausnahmewerk. Dem selbstgesetzten Anspruch, mit der Jubiläumsopuszahl 100 ein wirkliches Hauptwerk zu schmücken, konnte er nun gerade wegen der »Duftigkeit« des »Mozartschen Themas« in der Verbindung von Leichtigkeit und Größe einmal auf ganz neue Weise genügen: »Das wird riesig liebenswürdige Musik« – so schreibt er während der Arbeit an Straube.

Als Kopfstück einer ganzen Serie von »Werken größten Stils« signalisieren die *Hiller-Variationen* eine Situation günstiger Schaffens- und Lebensumstände nach schwerer Zeit. Daß sie so gut wie keine resignativen Momente aufweisen, stimmt mit ihrem kompositorischen Ertrag zusammen: Hier gelingt Reger die eigentliche Lösung seines Symphonieproblems in einer Form, die es ihm erlaubt, von immer neuen thematischen Assoziationen aus variierend zu improvisieren, ohne sich um die zyklische Einheit des Ganzen – durch deren Disposition sogar das viersätzige Schema der Symphonie noch hindurchschimmert – sorgen zu müssen.

Seine *Mozart-Variationen op. 132* (UA Berlin 1915) widmete Reger »Der Meininger Hofkapelle zur Erinnerung«. Dem entspricht die einmalig differenzierte Orchesterbehandlung des Werks, in die Regers jahrelange Proben- und Konzerterfahrung mit »seinem« Orchester eingegangen ist. Die Beschränkung auf die »klassische« Normalbesetzung des Orchesters, die unter Verzicht auf das »schwere Blech« und den Schlagzeugapparat der *Hiller-Variationen* außer dem Hornquartett nur eine zusätzliche 3. Flöte sowie Harfe vorsieht, stellt nicht nur einen absichtsvollen Bezug auf das Meininger Ensemble dar, sondern hat auch kompositorisch Methode. An Joseph Haas, seinen wichtigsten Kompositionsschüler, schrieb Reger hierzu: »Sehen Sie sich in op. 132 mal die ›solistische‹ Behandlung der Bläser an und wie sofort alles ›gestützt‹ ist, was ›plastisch‹ herauskommen soll.« Zwar fährt er fort, um richtig instrumentieren zu können, müsse man »jahrelang mit einem Orchester arbeiten«, jedoch hatte Reger schon als 16jähriger die nämliche Einsicht geäußert: »Die Wirkung einer Komposition hängt nicht von den vielen Instrumenten ab, sondern von der geistigen Verarbeitung der Motive.«

Die endgültige Reihenfolge der Variationen hat Reger, wie die erhaltenen Kompositionsentwürfe beweisen, besonders intensiv beschäftigt. Das Ergebnis verzichtet auf alle Anklänge an die symphonische Satzfolge zugunsten eines Spannungsverlaufs, der sich in 8 Variationen – genausoviele wie in Brahms' *Haydn-Variationen* – immer weiter intensiviert, so daß die letzte und langsamste (*Molto sostenuto*) ein Höchstmaß an innerer Spannung erreicht, die sich erst in der Schlußfolge löst. Nur diese 8. Variation übernahm Reger nicht in seine eigene Bearbeitung für zwei Klaviere – vielleicht wegen der auf dem Flügel nicht darzustellenden klanglichen Schattierungen orchestralen »Innenlebens«, wohl aber auch deshalb, weil sie einen Grad an symphonischer Versenkung erreicht, der mit 2 Klavieren nicht wiederzugeben ist.

Vor allem in der *Schlußfuge* hat Reger demonstriert, wie Klangsprache von innen heraus zu erzielen ist, nämlich durch sorgfältig abgestufte Instrumentation und minutiöse Intensivierung eines Tonsatzes, in dem jedes Detail jedes andere »stützt«. In der großangelegten Steigerung dieser Fuge insgesamt verbinden sich Form und Inhalt auf ideale Weise. Daß nämlich die »verneinende Gebärde« des in zwei großen Abstiegen durchweg fallenden Fugenthemas aus der harmonischen Progression des Mozart-Themas (aus der *Klaviersonate A-Dur KV 331*) stammt, wird erst dort klar, wo beide Themen unter Aufbietung aller klanglichen Möglichkeiten kontrapunktisch miteinander verbunden werden.

M *CD* Hiller-Variationen: Bamberger Symphoniker, Stein (Koch/Schwann 1990/91); Mozart-Variationen: New York PO, Masur (Teldec)

Die Solokonzerte

Hatte sich Reger mit den beiden *Romanzen op. 50* für Violine und kleines Orchester (1900) sowie mit mehreren unvollendeten Klavierkonzerten der Gattung des Solokonzertes schon frühzeitig zu nähern gesucht, so gelang deren gültige Behandlung doch erst in der Leipziger Zeit mit 2 monumentalen Beiträgen. Wieder führt die Auseinandersetzung mit der für Reger einzig akzeptablen Traditionslinie von Beethoven zu Brahms in beiden Fällen zu symphonischen Werken großen Stils.

Daß Reger sich durch die Freundschaft mit dem belgischen Violinvirtuosen Henri Marteau ähnlich gefördert fühlte wie Brahms durch Joseph Joachim, mag die extreme Konzeption einer äußerst schwierigen, unter dem Aspekt technischer Virtuosität sogar undankbaren Behandlung der Solopartie sowie der ganz und gar symphonischen Anlage des *Violinkonzerts A-Dur op. 101* (1908) gefördert haben. Vor allem seiner Dimensionen wegen – der Kopfsatz dauert fast eine halbe Stunde – wurde es von den Zeitgenossen als »Konzertmonstrum« bezeichnet. Reger selbst hatte noch drastischere Vergleiche parat, wenn er das Werk eine »Mißgeburt« bzw. sein »Riesenbaby« nannte. Wie ernst es ihm trotz solcher Scherznamen mit gerade diesem Violinkonzert war, geht besonders aus dem langsamen Satz mit seinen Choralanspielungen (aus »Vom Himmel hoch« und »O Welt, ich muß dich lassen«) hervor. Während der Arbeit schrieb er an den Verleger: »Jetzt erst hat sich so recht herausgestellt, daß das Konzert verflucht tief ernste Musik ist! Gott sei Dank hat man ja jetzt eingesehen, daß wir außer den Violinkonzerten von Bach und Mozart doch nur zwei haben – eben von Beethoven und Brahms! Nun ist der Boden für mein Violinkonzert, das jeden ›Flitter‹ vermeidet, gedüngt! Aber nachdem sich die Welt eine Sache von dem Kaliber wie mein Op. 100 so ruhig gefallen läßt, wird man sich in unserer schnellebigen Zeit sehr bald daran gewöhnt haben, daß mein Violinkonzert eine tief ernste Sache ist!«

Die Erfüllung der als übermächtiger Anspruch empfundenen Gattungstradition ist aber nur die eine Seite, die andere ist der persönliche, im Violinkonzert geradezu intime Gehalt der Musik, von dem Reger spricht, wenn er an seine Frau schreibt, sie werde im Violinkonzert viel vom Einfluß des kleinen Adoptivkindes spüren, das zu dieser Zeit in Regers Haus gekommen war.

Nicht minder »tief ernst« und ebenfalls von ungeheurer Schwierigkeit für Spieler und Hörer ist auch das *Klavierkonzert f-moll op. 114* (1910). Weniger der Vorwurf der Unspielbarkeit, der ja oft als Herausforderung in ein Interesse großer Interpreten umschlägt, hat die Rezeption des Klavierkonzerts behindert als vielmehr die Verdikte der Kritiker, die von der »Geschmacklosigkeit« des »Unschönen« redet, sich nach der Berliner Erstaufführung in die Komponistenbeschimpfung steigerte und das einem »entgleisten Germanentum« entsprungene Stück mit »Bergen von Unrat« verglich.

Wie auch im *Violinkonzert* arbeitet Reger mit deutlich erkennbaren Choralzitaten, über die er sich jedoch selbst kaum geäußert hat; die Substanz des langsamen Satzes scheint geradezu aus solchen Anspielungen (wieder aus den Chorälen »Wenn ich einmal soll scheiden« und »O Welt, ich muß dich lassen«) zu bestehen. Hier besonders treten die Momente der »plastischen« Deutlichkeit und der intimsten Privatheit auseinander: Im Zwiespalt zwischen der »Wahrheit« der Komposition und dem, was Regers Werke eben nur ihrem Autor selbst bedeuten, tendiert seine Kunst zur Kryptographie. Denn jeder »tiefe Ernst«, der ja meist auch autobiographisch vermittelt ist, wird von Reger satztechnisch vermittelt, indem er all die Anspielungen und Zitate in seiner Musik selbst verinnerlicht hat. Auch hierin knüpft Regers Klavierkonzert in Verfahren, Sprache und Intention an die Brahmschen Konzerte an; wie diese bewahrt es bei aller Bühnenwirksamkeit eine Tiefenschicht des Privaten. So fordert dieses einzige Klavierkonzert Regers, weil es – vielleicht mehr als andere seiner Werke – eine Distanz zum Ernst der Sache, um die es musikalisch geht, nicht mehr zuläßt, den ganzen Interpreten, der diese Sache zu seiner eigenen macht. Vielleicht liegt hierin einer der Gründe, warum sich gerade Regers Konzerte im Musikbetrieb nicht wirklich durchsetzen konnten.

[M] *CD* Violinkonzert: Peinemann, Stuttgarter Philharmoniker, Hauschild (Amati/Note 1990); Klavierkonzert: Serkin, Philadelphia O., Ormandy (CBS 1976)

Symphonische Vokalwerke

Von Regers Vokalwerken »größten Stils« hat sich der immensen technischen Schwierigkeiten und der übergroßen Besetzung wegen sein erstes Hauptwerk, der Elsa Reger als Hochzeitsgeschenk gewidmete *Gesang der Verklärten op. 71* (1902) – das wohl extremste aller Werke Regers – nicht durchsetzen können. Der zum 350. Jubiläum der Universität Jena als Dank für die Verleihung der Ehrendoktorwürde komponierte *100. Psalm op. 106* (1908/09) jedoch gehört zu den oratorisch besetzten Werken Regers, die sich im Musikleben behauptet haben. In der Anlage erkennbar am symphonischen Satzzyklus orientiert, bildet dieses – stilistisch an Bachs große Kantaten und an Brahms' *Ein deutsches Requiem* anknüpfende – Repräsentationswerk einen wichtigen Markstein innerhalb der Leipziger Hauptwerke Regers. Vor allem der riesige Schlußteil, dessen Doppelfuge (»Denn der Herr ist freundlich«) endlich in der Kombination mit dem Choral *Eine feste Burg* kulminiert, bringt Errungenschaften zur Geltung, die sich Reger vor allem in seinen persönlichen Domänen Choralphantasie und Variationszyklus erarbeitet hatte. Deutlich erkennbar bleibt die Tendenz zur symphonischen Anlage des Werkes, sowohl der thematischen Verknüpfung des Ganzen wegen als auch hinsichtlich der formalen Disposition. Die ersten beiden Strophen werden wie Haupt- und Seitensatz eines symphonischen Kopfsatzes behandelt, danach folgt einem *Andante* und einem scherzoartigen *3. Satz* das krönende Fugenfinale.

Die beiden späten Orchestergesänge *An die Hoffnung* (Hölderlin) *op. 124* (UA Eisenach 1912) und *Hymnus der Liebe* (Jacobowski) *op. 136* (1914) bilden qualitativ äußerst hochstehende Beiträge für die zu diesem Zeitpunkt schon nicht mehr aktuelle Gattung des orchesterbegleiteten Liedes, während die Gesänge für tiefe Stimme mit Chor und Orchester *Der Einsiedler* (Eichendorff) und *Requiem* (Hebbel) *op. 144* (1915) in Zusammenhang mit einer im *Dies irae* abgebrochenen Vertonung der lateinischen Totenmesse stehen, die Reger ebenfalls nicht mehr beenden konnte.

M *LP* Gesang der Verklärten: NDR-Chor u. O. (Schwann 1979); *CD* 100. Psalm: Ludwig, Royal Tunbridge Wells Choral Society, Bach-O. Wiesbaden, Kalipp (Melisma); An die Hoffnung: Bence, Scherchen, Nordwestdeutsche Kammerphilharmonie (cpo); Der Einsiedler: Fischer-Dieskau, Philharmon. Staatsorch. Hamburg, Albrecht (Orfeo 1989)

Rainer Cadenbach

Steve Reich

1936

Der Terminus »minimal music« kümmere ihn nicht; er sei für ihn so interessant, wie der »Henkel einer Tasse«. Steve Reich liebt die Etikettierung seiner Werke mit modischen Begriffen überhaupt nicht. Dennoch wird er – zusammen mit Philip Glass, Terry Riley und La Monte Young – als »Hauptvertreter« jener in den 60er Jahren entstandenen Richtung gehandelt. Tonalität, »Patterns« (rhythmisch-melodische Muster) und pulsierende Rhythmik sind die Kennzeichen dieser sich von serieller, postserieller und aleatorischer Musik bewußt absetzenden Stilistik.

Dabei hat der am 3. Oktober 1936 in New York geborene Steve Reich (wie übrigens auch seine Kollegen) ein traditionelles Kompositionsstudium u. a. bei Darius Milhaud und Luciano Berio absolviert. Bei Experimenten mit Tonbandgeräten entdeckte er das Phänomen der »Phasenverschiebung«. Von dessen erster Anwendung bei Sprach-Kompositionen übertrug Reich das Prinzip bald auf die Instrumentalmusik. 1972 entstand mit *Drumming* eine abendfüllende Komposition in 4 Teilen für Trommeln, Marimbas, Glockenspiele, Piccolos und Stimmen, die den eigentlichen Höhepunkt dieser 1. Phase des Reichschen Schaffens darstellt. In diesem Werk hat er seine durch das Studium afrikanischer Musik gewonnenen Anregungen verarbeitet.

Ab Mitte der 70er Jahre beschritt Reich mit *Music for 18 Musicians* (1976), *Music for a Large Ensemble* (1978), *Variations for Winds, Strings and Keyboards* (1979) und *Eight Lines* (1983) den Weg hin zu großdimensionierten, symphonisch besetzten Kompositionen, in denen verfeinerte Harmonik und Instrumentation klanglich neue Dimensionen eröffnete. Diese Entwicklung erreicht mit *Desert Music* (1984) und *The Four Sections* (1986: entstanden zum 75. Geburtstag des San Francisco Symphony Orchestra) zugleich ihren Höhe- und Wendepunkt.

Reich erkannte, daß dies nicht sein eigentliches Metier sei, und konzentrierte sich fortan wieder auf kammermusikalische und technikunterstützte Werke für Soloinstrumente (*Sextet* 1985, *Electric Counterpoint* 1987, *Different Trains* 1988, *Nagoya Marimbas* 1994, *City Life* 1995).

Die heutzutage vorhandenen Möglichkeiten der digitalen Klangverarbeitung und Videotechnik ausschöpfend, schuf Reich mit *The Cave* (1993) auch seinen langerwarteten Beitrag zum »Musiktheater« – wenngleich dieser Begriff auf das Multi-Media-Ereignis aus montierten und musikalisierten Realitätsfragmenten nicht so recht passen will.

Werner Bleisteiner

Aribert Reimann

1936

Das Œuvre Aribert Reimanns ist ein hoffnungsvolles Beispiel dafür, wie im letzten Drittel eines Umbruch-Jhs. die Musikgeschichte den eher puren und trockenen Ergebnissen ihrer Revolutionen einen neuen Geist musikalischer Poesie einzuhauchen versteht. Und es ist ein Beweis dafür, daß aus der alchimistischen Verbindung von Schönheit und Zerbrechlichkeit neue ästhetische Kraft erwächst, nicht schöne Gebrechlichkeit.

Reimann ist kein Erneuerer, sondern ein Komponist, der das Erneuerte durch eine äußerst persönliche Musikalisierung sichert und ihm dadurch erst seinen historischen Rang verleiht. Diese oberflächlich als Brückenschlag, ja Kompromiß zwischen Avantgarde und Tradition mißverstandene Haltung ist ein Ergebnis vieler günstiger äußerer Faktoren: Reimann wurde am 4. März 1936 in Berlin als Sohn eines Kirchenmusikers und einer Oratoriensängerin geboren. Hier liegen sicher entscheidende Wurzeln für den Komponisten von Vokalmusik; als Lied-Begleiter konnte er zudem stets den Kontakt zur Praxis wahren.

Heute verstellt der Blick auf Reimanns international erfolgreiches Opern- und Liedschaffen nicht mehr den Blick auf sein gleichwohl vielschichtiges Orchester-Schaffen; nach seinem Studium bei Ernst Pepping und Boris Blacher hatte seine so stille wie doch rasante Laufbahn als Komponist u. a. mit einem *Cellokonzert* (1959) und einem *Klavierkonzert* (1961) begonnen. Eine atonal-konstruktive, in ihrer Differenzierung unideologische musikalische Sprache charakterisiert auch sein *2. Klavierkonzert* (1972), sein *Konzert für Violine und Violoncello* (1988/89) und das *Konzert für Violine und Orchester* (1997). Transparente Expressivität und farbenreiche Clustertechnik zeigen auch Reimanns pure Orchesterstücke wie etwa die *Variationen* (1975) und die *Sieben Fragmente* (in memoriam Robert Schumann, 1988).

Im Zentrum von Reimanns Orchestermusik kommt aber auch wieder der menschlichen Stimme eine besondere Bedeutung zu. Dietrich Fischer-Dieskau, der schon 1961 Reimanns *Totentanz* auf den Berliner Festwochen vorstellte, gab dabei wichtige Impulse. Die *Hölderlin-Fragmente* (1963), der Monolog *Inane* (1968), der *Paul-Celan-Zyklus* (1971) und *Wolkenloses Christfest* (1974) sind charakteristische Stufen einer so reifen und stimmigen Entwicklung. Einen packenden Höhepunkt bildet das 90minütige *Requiem* (1980/82); dazu kommen inzwischen eine Reihe neuerer Orchesterlieder.

Hans-Christian von Dadelsen

Ottorino Respighi

1879–1936

Daß Respighi hauptsächlich mit seinem römischen Triptychon *(Fontane Romane, Pini di Roma, Feste Romane)* in der Musikwirklichkeit der Nachwelt gegenwärtig ist, wird ihm so wenig gerecht, wie wenn man Paul Dukas lediglich nach seinem *Zauberlehrling* beurteilen wollte; dennoch kommt es nicht von ungefähr. Respighi reiht sich damit in die Bestrebungen der europäischen Randnationen ein, für ihr Land jeweils ein nationales Idiom zu schaffen. Daß ihm dies geglückt ist, beweist gerade der Erfolg dieser Werkgruppe. Respighis Verdienste reichen aber viel weiter. Nachdem die italienische Musik ein Jahrhundert lang fast nur Opern hervorgebracht hatte und sich schließlich im Verismo zu erschöpfen drohte, war er es, der (zusammen mit Casella und Malipiero) der italienischen Musik wieder internationales Ansehen verschaffte. Gewiß war Respighi kein Avantgardist, weshalb ihn die Musikwissenschaft bis heute sträflich vernachlässigt hat, er verstand es aber auf überaus geschickte Weise, die Errungenschaften der Moderne, angefangen von Richard Strauss über Debussy bis zu Strawinsky seinem höchst persönlichen Idiom einzuverleiben.

Ottorino Respighi wurde am 9. Juli 1879 in Bologna geboren und verstand sich zeitlebens als Bolognese, obwohl er die meiste Zeit seines Lebens in Rom verbrachte. Bis zu seiner Ernennung als Professor des Konservatoriums Santa Cecilia in Rom (1913) lebte er im Haus seiner Eltern. Er studierte am Konservatorium in Bologna Geige und Bratsche, konnte aber auch Klavier spielen und beherrschte zahlreiche Sprachen. Kompositionsunterricht erhielt er von Giuseppe Martucci. Als Mitglied des Symphonieorchesters von Bologna kam er für die Stagione der »Opera italiana« in Petersburg um die Jahrhundertwende nach Rußland. Er lernte dort Rimski-Korsakow kennen, bei dem er 5 Monate Unterricht hatte und dessen Meisterschaft im Instrumentieren er bald übertreffen sollte. 1908/09 war Respighi ein knappes halbes Jahr als Klavierbegleiter einer Gesangspädagogin in Berlin. Dort begegnete er Max Bruch, hatte aber nicht, wie häufig behauptet wird, Unterricht bei ihm. Der Kontakt zu Busoni blieb kühl.

Erste Erfolge als Komponist errang Respighi mit seinem berühmten Lied *Nebbie* (Nebel). Die *Fontane Romane*, in langer selbstkritischer Arbeit entstanden, machten ihn nach der Mailänder Aufführung durch Toscanini (ein Jahr nach der lau aufgenommenen UA 1917) schlagartig berühmt. Er heiratete 1919 eine junge Musikstudentin, die schöne und energische Elsa Olivieri-Sangiacomo, die sich seine weltweite Karriere als Dirigent und Solist eigener Werke angelegen sein ließ. Auf dem Höhepunkt seiner Laufbahn ist Respighi 57jährig an einer im Herzen nistenden Blutvergiftung (Endokarditis lenta) am 18. April 1936 in Rom gestorben, ein Tod ähnlich dem Gustav Mahlers.

Respighis Verwurzelung in der Tradition ist stark und nachhaltig und an vielen Werktiteln unmittelbar ablesbar. Das unterscheidet ihn von Malipiero und Casella, die schon das 19. Jh. grundsätzlich ablehnten, während sich die Reaktion um Mascagni und Giordano scharte. Alle 3 Exponenten des musikalischen Fortschritts standen jedoch der Theorie nichttonaler Musik ablehnend gegenüber. Für Respighi waren alle modernen Komponisten eigentlich alte Meister mit falschen Tönen. Daß er 1932 ein Manifest gegen den ausländischen Einfluß und die von ihm verschuldete Verderbnis des Publikums und der Jugend unterschrieb, entfremdete ihn endgültig seinen Mitstreitern und stand ihm so wenig an wie Pfitzner sein Pamphlet »Futuristengefahr«. Da die Modernen im faschistischen Italien nicht unterdrückt wurden, war es kein Widerspruch, daß Respighi für Mussolini eine gewisse Sympathie hegte, wie übrigens auch viele deutsche Liberaldemokraten und auch Strawinsky. Ein Faschist war er deswegen noch lange nicht.

In seinen symphonischen Dichtungen verleugnet Respighi nicht das Vorbild von Richard Strauss, aber wenn seine Musik auch kompakter ist als die der Impressionisten und bildliche Vorstellungen begünstigt, so ist seine Musik doch nie nur plakativ schildernd, sondern mit rein musikalischen Mitteln aus prägnanten Motiven zu riesigen Steigerungsgebilden aufgetürmt. Ein Wesensmerkmal ist der beschwörende Charakter seiner Musik, die Evokation vergangener Zeiten, die als Refugium der Sehnsucht figurieren. Dies trifft insbesondere auf seine Vorliebe für die Kirchentonarten zu, die in vielen Titeln seiner Werke aufscheinen (*Concerto gregoriano* für Violine 1921, *Quartetto dorico* 1924, *Concerto in modo misolidio* für Klavier 1925).

Respighi schrieb auch 9 Opern, von denen sich aber keine im Repertoire hat halten können. *Die versunkene Glocke* nach Gerhart Hauptmann wurde 1927 in Hamburg uraufgeführt und wäre den Versuch einer Wiederbelebung wert.

Fontane Romane (Römische Brunnen)

UA: Rom 1917

Die *Römischen Brunnen*, um 1913 begonnen und im Herbst 1916 vollendet, sind die früheste der Tondichtungen des sog. Römischen Triptychons, denen die Viersätzigkeit gemeinsam ist, in der noch das Gliederungsprinzip der klassischen Symphonie durchschimmert. Die den einzelnen Sätzen beigegebenen Texte stammen zwar von Respighis Librettist Quastalla, geben aber zweifellos die Intentionen des Komponisten wieder. Seine Absicht sei es demnach gewesen, den Eindruck wiederzugeben, den 4 römische Brunnen in jeweils der Stunde hervorrufen, in der sie am besten mit der jeweiligen Umgebung harmonieren. Die pausenlos ineinander übergehenden Sätze folgen dem Tageslauf und sind als ein riesiges Crescendo angelegt, das zur Mittagszeit seinen dynamischen Höhepunkt erreicht und überschreitet.

Der 1. Satz *Der Brunnen der Valle Giulia in der Morgendämmerung* beschwört mit einer elegischen Melodie eine bukolische Szenerie mit Schafherden, die sich im Dunst der Frühe verlieren. Der 2. Satz *Der Tritonenbrunnen am Vormittag* beginnt mit jähen Fanfarenrufen und schrillem Orchestertriller, der mit mächtigem Getöse zusammenstürzt und einem ausgelassenen Wasserballett der Najaden und Tritonen Platz macht. Ein feierliches Thema kündet den Übergang zum 3. Satz *Der Trevibrunnen am Mittag* an. Hier baut sich nun eine großorchestrale Steigerung auf, wie sie nur Respighi komponieren konnte. Die Vision gilt dem Meergott Neptun, der mitsamt seinem Gefolge von Tritonen und Sirenen auf einem von Seepferden gezogenen Wagen prächtig vorüberzieht und in der Ferne entschwindet. Der 4. Satz *Der Brunnen der Villa Medici in der Abenddämmerung* nimmt die melancholische Stimmung des Beginns wieder auf, die aber im Frieden des Abends und im fernen Klang von Glocken in eine verklärte Stimmung mündet. Die *Fontane Romane* sind der in sich geschlossenste Teil des Zyklus und am meisten der Naturmagie der Impressionisten verwandt.

Pini di Roma (Römische Pinien)

UA: Rom 1924

Respighis berühmteste und am meisten gespielte Tondichtung hat ebenfalls 4 Sätze, die pausenlos ineinander übergehen, doch sind die einzelnen Teile im Charakter scharf unterschieden.

Der 1. Satz *Die Pinien der Villa Borghese* führt uns eine Schar übermütig lärmender Kinder vor (»trunken von ihren Schreien wie die Schwalben am Abend«). Was hier frischfröhlich an grellen Dissonanzen aufgeboten wird, verrät durchaus das Studium von Strawinskys *Petruschka*. Wahrhaft atemberaubend ist der Übergang zum nächsten Satz *Pinien bei einer Katakombe*. Während das Gekreisch der Kinder auf seinem Höhepunkt angelangt ist, haben die Bratschen und Kontrabässe pausiert, den Dämpfer aufgesetzt und pianissimo einen düsteren Klangteppich gelegt, der im selben Moment hörbar wird, in dem der Lärm abrupt abbricht. Ein größerer Kontrast ist kaum vorstellbar. Leider werden auf vielen Schallplattenaufnahmen die beiden Sätze durch eine Pause getrennt, so daß der musikalische »Filmschnitt«-Effekt zerstört ist. Aus dem oratorischen Anruf des Beginns erhebt sich nun eine in Streicherklang eingebettete Kantilene der Trompete, die zum Schönsten gehört, was Respighi geschrieben hat. Sodann wird eine gregorianische Rezitation mit murmelnden Repetitionen zu einer mächtigen Steigerung aufgebaut, kontrapunktisch überlagert von den anderen Themen. Das nächste Bild *Pinien auf dem Gianicolo* beginnt mit einer aufsteigenden Klavierkadenz, deren rieselnder Schauer eine mondbeschienene Parklandschaft vor uns eröffnet.

Daß Respighi am Schluß des Satzes eine Nachtigall von der Schallplatte zuspielen läßt, wurde ihm häufig als geschmacklose Entgleisung angekreidet, man kann darin aber ruhig auch einen Vorgriff auf die Praktiken der Musique concrète sehen. Abermaliger Szenenwechsel führt zum Schlußsatz der *Pinien an der Via Appia*, der als ein einziges gigantisches Crescendo konzipiert ist. Man hört von fern her kommend den immer lauter werdenden Marschschritt der römischen Legionäre. Unter dem Geschmetter der Trompeten zieht ein Konsul auf der Via Sacra im Triumph zum Kapitol. Manche Kritiker haben darin eine Verherrlichung des Faschismus sehen wollen, aber Respighis schöpferische Phantasie war doch wohl mehr in imaginärer Vergangenheit beheimatet.

[M] *VD/LD* NBC SO, Toscanini

Feste Romane (Römische Feste)

UA: New York 1929

Die *Römischen Feste* bringen eine nochmalige Steigerung der orchestralen Mittel mit geradezu schwindelerregender Perfektion der Instrumentierung, aber das Ganze ist doch auch eine Spur äußerlicher als die vorangegangenen Tondichtungen. Das gilt insbesondere für den 1. Satz *Circenses*, in dem geschildert wird, wie in einem Zirkus der römischen Kaiser christliche Martyrer von Löwen gefressen werden. Ihr gregorianischer Gesang wird vom Brüllen der Bestien konterkariert; gegen Ende des Satzes erscheint er fratzenhaft verzerrt als Geschwindmarsch, während ganze Salven von C-Dur-Schlägen des Riesenorchesters auftrumpfen. Kein Zweifel, daß Respighi hier das Vorbild geliefert hat, an dem sich etwa die Filmmusik zu »Ben Hur« orientiert. Der 2. Satz *Il Giubileo* versetzt uns ins christliche Mittelalter. Scharen frommer Pilger ziehen von fernher zum Heiligen Jahr nach Rom. Als die Todmüden die Stadt erblicken, brechen sie in ungeheueren Jubel aus, in den auch die Glocken der Stadt einstimmen. Das musikalische Gerüst für diese Steigerungslawine ist der Hymnus »Christ ist erstanden«. Die abschliessenden beiden Sätze schildern römische Volksfeste. *Ottobrata*, das römische Oktoberfest in den Weinbergen der Castelli Romani, hallt wider vom fröhlichen Klang der Jagdhörner, aber auch ein sentimentales Ständchen mit Mandolinengezupf zittert in der Abendluft. In der *Befana*, der Dreikönigsnacht auf der Piazza Navona, bricht ein wahrhaft heidnischer Höllenlärm los, der seinesgleichen sucht und zumindest an äußerlicher Wirkung Strawinskys *Petruschka* weit übertrifft. Auch hier ausgelassenes Jahrmarktstreiben mit collageartig ineinander geschobenen Musikebenen. Man hört rustikale Tanzweisen wie den Saltarello, Leierkastenmusik, artikulierten Lärm Betrunkener und als Abschluß eines rasend geschwinden Stornello den triumphierenden Kehrreim: »Laßt uns durch, wir sind Römer!«.

Dieser unüberbietbare Orchestertumult mag vielleicht vordergründig erscheinen, aber durch die Mahler- und Ives-Rezeption sind die Ohren mittlerweile geschärft für den Reiz disparater Materialschichten auch aus dem Trivialbereich.

[M] *CD* mit Fontane di Roma und Pini di Roma NBC SO, Toscanini (RCA 1949–53); Accademia Nazionale di Santa Cecilia, Gatti (Conifer 1996)

Vetrate di chiesa (Kirchenfenster)

Der vierteilige Zyklus entstand 1925 unmittelbar nach den Pini di Roma. Er basiert auf den *Drei Präludien nach gregorianischen Melodien* für Klavier (1919) und erlaubt, wenn man die beiden Fassungen vergleicht, einen Blick in die Hexenküche des Instrumentators. So werden im *2. Stück* die Arpeggiopassagen des Klaviers in stürmische chromatische Läufe umgewandelt, die Melodie gerät zu einer Folge aufgeregter Fanfaren und auch die zarte Melodie des Mittelteils bekommt durch die Verwendung einer Trompete einen Zug ins Heroische.

Der Komposition lagen ursprünglich keinerlei bildliche Vorstellungen zugrunde. Selbst der Haupttitel mußte erst gefunden werden. Respighi dachte zuerst an Kirchenportale. Die Titel der einzelnen Sätze nebst Motti von alten Kirchenschriftstellern wurden von Quastalla erfunden. Jan Meyerowitz berichtet, daß beide sich köstlich amüsierten, wenn Kritiker lobten, wie trefflich etwa die Schilderung der Frühmette der hl. Klara gelungen sei. Die Überschriften der ersten 3 Sätze lauten: 1) *Die Flucht nach Ägypten* 2) *Der Erzengel Michael* 3) *Die Frühmette der hl. Klara*. Der Zyklus wurde schließlich mit dem gleich für Orchester konzipierten Satz *Sankt Gregorius Magnus* zu der von Respighi bevorzugten Viersätzigkeit erweitert. Im Unterschied zum römischen Triptychon sind die 4 Sätze deutlich voneinander abgesetzt.

[M] *CD* Philharmonia O., Simon (Chalfont 1984)

Impressioni brasiliane (Brasilianische Impressionen)

UA: Rio 1928

Diese weniger bekannte Suite geht auf Anregungen zurück, die Respighi auf seinen Reisen nach Südamerika erhielt. Die 3 Sätze der Suite entstanden in einem Zug. Ursprünglich sollten es 5 Sätze werden, aber Respighi konnte bis zum vereinbarten Termin der UA nur 3 Sätze instrumentieren.

Der erste und letzte Satz (*Tropische Nacht* und *Canzone e Danza)* verwenden brasilianische Rhythmen und Lieder, eingebettet in eine tropische Klangwolke, der Mittelsatz *Butantan* bezieht sich auf eine außerhalb von Rio gelegene Schlangenfarm, in der Giftschlangen zur Serumgewinnung gehalten werden. Die tonmalerische Schilderung dieser rapid sich windenden Reptilien gipfelt im gefährlich lauernden Zitat des »Dies Irae«. Man kann darin, wie einige Kritiker, ruchlose Blasphemie sehen, es aber auch für einen gelungenen musikalischen Scherz halten.

[M] *CD* London SO, Dorati (Mercury 1957)

La Boutique fantasque (Der Zauberladen)

UA: London 1919

Diesem amüsanten Ballett liegen verschiedene kleine Stücke aus Rossinis Spätzeit zugrunde, als er das Komponieren von Opern aufgegeben hatte, so aus den *Quelques riens (Einige Nichtigkeiten)* und den *Péchés de vieilesse (Sünden des Alters)*. Das bekannteste verwendete Stück ist die Tarantella *La Danza* aus der Sammlung *Soirées musicales.*

Die Handlung spielt in einem Spielzeugladen in Nizza um das Jahr 1865. Der Ladeninhaber führt seine Puppen einem amerikanischen und einem russischen Geschäftsmann, jeweils mit Frau und diversen Kindern, vor. Das Prunkstück, ein Can-Can-Tanzpaar, wird beim Verkauf auseinandergerissen. Die Puppen hecken aber des Nachts einen Plan aus. Als die neuen Besitzer am Morgen ihre Schätze abholen wollen, finden sie die Schachteln leer. Sie beschuldigen den Ladeninhaber unlauterer Machenschaften, werden aber von den Puppen aus dem Laden getrieben.

Respighis virtuose Instrumentation bringt Witz und Geist der Rossini-Miniaturen zu kostbarem Funkeln.

[M] *CD* Toronto SO, Davis (CBS 1980)

Trittico Botticelliano (Botticelli-Triptychon)

Diese zauberhafte 1927 entstandene Suite nach 3 berühmten Bildern von Botticelli in den Uffizien zu Florenz zeigen, daß Respighi nicht nur mit einem Riesenorchester erlesene Klangwirkungen hervorbringen konnte. Geist und Frische der Frührenaissance werden durch archaisierende Mittel beschworen. Im quicklebendigen 1. Satz *(Der Frühling)* wird eine mittelalterliche Tanzweise zitiert, im 2. Satz *(Die Anbetung der hl. drei Könige)* ein italienisches Weihnachtslied. Im 3. Satz *(Die Geburt der Venus)* taucht die schaumgeborene Liebesgöttin aus dem sanften Wellenschlag der Streicher mit einer schmachtenden Kantilene auf.

[M] *CD* Academy of St. Martin-in-the-Fields, Marriner (EMI 1976)

Gli Uccelli (Die Vögel)

Die fünfteilige Suite für kleines Orchester nach Vogelstücken von Clavecinisten des 17. und 18. Jhs. entstand ebenfalls 1927 und ist ein Meisterwerk einfühlsamer Instrumentationskunst, trotz oder gerade wegen der Verwendung von Celesta, gedämpften Trompeten, Klarinetten und anderen postbarocken Instrumenten. Nr. 1 *Preludio* basiert auf 2 Themen von Bernardo Pasquini, Nr. 2 *Die Taube* auf einer Melodie von Jacques de Gallot, Nr. 3 *Die Henne*, das bekannteste Cembalostück Rameaus, weist eine hinzukomponierte Coda auf, in der mittels zweier gedämpfter Trompeten auch noch ein Hahn durchdringend kräht. Nr. 4 *Die Nachtigall* geht auf einen englischen Anonymus des 17. Jhs. zurück. Nr. 5 *Der Kuckuck*, wiederum von Pasquini, und ein Rückblick auf das einleitende Thema des 1. Satzes schließen das entzückende Werk ab, das gelegentlich auch als Ballett aufgeführt wird (UA als Ballett: San Remo 1933)

[M] *CD* Academy of St. Martin-in-the-Fields, Marriner (EMI 1976)

Antique Danze ed Arie

Antik bedeutet im Sprachgebrauch Respighis schlichtweg vorklassisch. Diese vielgespielten 3 Orchestersuiten (entstanden 1916, 1923 und 1931) mit jeweils 4 Sätzen basieren ebenso wie *Die Vögel* auf italienischen und französischen Lautenstücken des 17. und 18. Jhs. Entsprechend dem damaligen nicht quellenkritischen Verhältnis alter Musik gegenüber griff Respighi auf Ausgaben Chilesottis zurück, in denen die Uneinheitlichkeit der Originale bereits nach den Vorstellungen der Musikästhetik des 19. Jhs. symmetrisch zurechtgerückt ist. Selbstverständlich fehlen auch die damals üblichen Verzierungen. Respighi tat in seiner »freien Bearbeitung« noch ein übriges, indem er die Stücke teilweise in ihre Bestandteile zerlegte und nach dem Muster a-b-a wieder zusammenfügte. Der musikhistorisch nicht bewanderte Hörer wird daran keinen Anstoß nehmen, doch kommt Matthias Henke in einer neueren Untersuchung zu einem harschen Urteil, wenn er Parallelen zur Architektur der Gründerzeit sieht und das ästhetische Erscheinungsbild dieser Suiten mit »Zinnbechern aus Kunststoff in ›rustikalem Ambiente‹« vergleicht. Respighi habe die Vorlage »zu einem System von Fertigbauteilen« degradiert, »dem er große Versatzstücke entnimmt und in einer Art Schnellbauweise vernietet.«. Sicherlich trifft es aber zu, daß es Aufgabe des Dirigenten ist, »die historische Gestalt der Suitensätze Respighis sichtbar werden zu lassen, ohne deren romantische Kostümierung zu zerstören.«

[M] *CD* Academy of St. Martin-in-the-Fields, Marriner (Philips 1987) *Siegmar Hohl*

Silvestre Revueltas

1899–1940

Silvestre Revueltas ist neben dem gleichaltrigen Carlos Chavez, der aber fast doppelt so alt wurde, die herausragende Figur im Bemühen um ein eigenständiges musikalisches Nationalidiom im Erneuerungsklima nach der mexikanischen Revolution (1910). Da er relativ spät mit dem Komponieren begann und schon mit 41 Jahren starb, ist die Zahl seiner Werke klein und drängt sich auf ein Jahrzehnt, die 30er Jahre, zusammen.

Revueltas wurde am 31. Dezember 1899 in Santiago Papasquiaro im nördlichen Durango (Mexiko) geboren. Er begann schon im Alter von 8 Jahren mit einem Violinstudium, das er ab 1916 in Austin (Texas) und in Chicago (u. a. bei O. Ševčik) fortsetzte und mit Kompositionsstudien ergänzte. Von 1926–1928 arbeitete er als Orchestergeiger und Orchesterleiter in Texas und Alabama, bis ihn Chavez als 2. Kapellmeister des neugegründeten Orquesta Sinfónica de México nach Mexico City zurückholte. In dieser Position blieb er 7 Jahre, bis er sich mit Chavez überwarf. Nebenbei war er am Nationalkonservatorium tätig. 1937 ging er nach Spanien, wo er während des Bürgerkrieges die Abteilung für musikalische Propaganda auf seiten der Repuplikaner übernahm und als Geiger und Dirigent in verschiedenen spanischen Städten tätig war. Nach seiner Rückkehr nach Mexiko lebte er zurückgezogen und in bitterster Armut, so daß er nicht einmal den Arzt für seine todkranken Kinder bezahlen konnte. Erschöpft von rastloser Aktivität und zerrüttet von Alkohol starb Revueltas am 5. Oktober 1940 in Mexico City. Revueltas wurde durch Chavez zum Komponieren ermutigt, um so einen Beitrag zur nationalen Erneuerung von Mexiko zu leisten, wie dies in der bildenden Kunst Orozco und Rivera vollbrachten. Übrigens gehörte sein Bruder Fermin Revueltas (1903–1935) auch zum Kreis der Muralisten.

Der Nährboden für die musikalische Sprache von Revueltas ist die mexikanische Straßenmusik mit ihrer hemiolischen Rhythmik (Wechsel zwischen 3/4 und 6/8). Dabei verwendet er so gut wie nie originale Volksmusik, sondern komponiert stets aus ihrem Geist heraus. Er sagte einmal: »Musik, die einen zum Denken zwingt, ist unerträglich, schauderhaft. Ich liebe Musik, die mich schläfrig macht.« Das war einer seiner zynischen Sarkasmen. Die Gefahr, daß der Hörer bei seiner Musik einschläft, ist jedenfalls ziemlich gering. Die im Grund eingängigen und prägnanten Melodiefloskeln werden nämlich im Zug der unerbittlich vorwärtsdrängenden Rhythmik zu grell dissonanten Wirkungen übereinandergeschichtet. Seine Musik hat evokativen Charakter; aber anders als Chavez, der versucht, in Thema und Tonfall altamerikanische Musik wiederzubeleben (mit aztekischen Titeln wie Xochipilli Macuilxóchitl), bleibt Revueltas weitgehend frei von solchen Bemühungen archäologisch restaurativer Art. Dies gilt auch für seine Filmmusik *La Noche de los Mayas* (1939), seinem einzigen Beitrag zur Reanimation eines präkolumbianischen Mexiko.

Die erste seiner symphonischen Dichtungen war *Cuauhnahuac* (1932), der alte Name der Stadt Cuernavaca; *Janitzio* (1933, Neufassung 1936), so benannt nach einer Insel im Patzcuaro-See, bezeichnete er selber ironisch als seinen Beitrag zur Touristenwerbung, obwohl es sich dabei mitnichten um rein illustrative Musik handelt. *Caminos* (*Straßen* 1934) bringt am meisten mexikanisches Lokalkolorit; das spanische Pendant dazu ist *Itinerarios*, das letzte, unvollendet hinterlassene Orchesterwerk von Revueltas. Auch *Homenaje a Federico García Lorca* (1935) ist eine Huldigung an Spanien in mexikanischem Gewand.

Revueltas' Meisterwerk und auch meistgespieltes Werk ist die kurze symphonische Dichtung *Sensemayá* nach dem gleichnamigen Gedicht des afrokubanischen Lyrikers Nicolas Guillén, in dem es um die rituelle Tötung einer Schlange geht. Ursprünglich war sie für Chor und kleines Orchester geschrieben (1937). Nach seiner Rückkehr nach Mexiko schuf Revueltas eine Fassung für großes Orchester mit reich bestücktem exotischem Schlagwerk. Die Musik verdichtet sich aus kürzesten Motivfloskeln zu höchst komplexen harmonischen und rhythmischen Ballungen, deren suggestive Wirkung besonders durch die onomatopoetisch skandierte Anfangszeile »Mayombe – bombe – Mayombe« etwas Tranceartiges gewinnt. Obwohl das Vorbild von Strawinskys *Sacre* spürbar ist, handelt es sich doch um eine Musik, die so nur in einem tropischen Land entstehen konnte.

Neben den Orchesterwerken schrieb Revueltas noch wertvolle Kammermusik, darunter 3 Streichquartette, eine *Toccata* für Violine, Bläser und Schlagzeug sowie verschiedene Lieder, darunter 7 Kinderlieder nach Gedichten von Lorca.

Siegmar Hohl

Wolfgang Rihm

1952

Wolfgang Rihm (1983)

Es gibt Komponisten, die jede einzelne ihrer Kompositionen als in sich abgeschlossenes ›Werk‹ betrachten; dieser Gruppe ist Wolfgang Rihm, am 13. März 1952 in Karlsruhe geboren, nicht zuzurechnen: Für ihn ist das Werk die Gänze seiner Arbeit, jener Komplex, der sich am Ende des Schaffens in der Rückschau ergibt. Nach etwas mehr als 25 Jahren aktiver kompositorischer Tätigkeit ist sein Werk allerdings kaum mehr zu überblicken, würde die Nennung allein sämtlicher Stücke für den Konzertsaal schon den Rahmen sprengen.

»Ich habe (...) Gedichte und Geschichten meiner Mutter diktiert, bevor ich schreiben konnte, und gemalt und gezeichnet.« Schon als Kind also zeigte Wolfgang Rihm jene überschäumende künstlerische Produktivität, die ihn noch heute auszeichnet. Nach ersten Kompositionsversuchen Mitte der 60er Jahre begann er ein Kompositionsstudium bei Eugen Werner Velte an der Karlsruher Musikhochschule, das er 1972 zusammen mit dem Abitur abschloß. Parallel lief eine private Ausbildung bei Wolfgang Fortner, eine kurze Zeit bei Karlheinz Stockhausen schloß sich an; zur Abrundung des Erlernten ging er noch zu Klaus Huber nach Freiburg.

1972 begann mit der Aufführung seiner Cellokomposition *Grat* bei den Darmstädter Ferienkursen ein Aufstieg, der in der jüngeren deutschen Musikgeschichte wohl beispiellos sein dürfte. Rihm galt mit einem Schlage als Kopf einer Gruppe junger Komponisten, die sich bemühten, die zeitgenössische Musik aus der Isolation herauszuführen und die bald unter den Schlagworten »Neue Einfachheit«, »Neo-Expressionismus« oder gar »Neo-Romantik« zusammengefaßt wurden. Der einhelligen und begeisterten Zustimmung von Seiten des Publikums stand die offene, häufig polemische Ablehnung der Kritik gegenüber. Vor allem Wolfgang Rihm stand im Zentrum der Angriffe; die beinahe unmittelbare Verständlichkeit seiner Musik paßte nicht in das damals gültige Avantgarde-Konzept. Und tatsächlich sind die großen Orchesterstücke aus den mittleren 70er Jahren wie die *Symphonien Nr. 2* (1975) und *Nr. 3* (1976/77) oder *Dis-Kontur* (1974) und *Sub-Kontur* (1974/75) von einer so starken sinnlichen Kraft und Emotionalität bestimmt, daß ein am mathematisch-logischen Weltbild, das die seriellen Techniken geprägt hatten, orientierter Hörer seine Vorstellungen vom musikalischen Fortschritt ernstlich gefährdet sehen konnte. Die Neue Musik hatte sich vom Odium intellektueller Spielerei gelöst.

Wolfgang Rihms Musik hat sich selbstverständlich im Laufe der Jahre weiterentwickelt, dabei aber ihre unmittelbare Wirkkraft erhalten. Seine Bedeutung wird international inzwischen so hoch eingeschätzt, daß man ihm eigene Konzertreihen widmete, so etwa 1988 in Wien, 1989 in Kopenhagen, 1991 in Stockholm, Glasgow und Paris.

Aus dem ungeheuer umfangreichen Schaffen Rihms, das neben mehreren Opern allein für den Konzertbereich weit über 100 Werke enthält, sind neben den bereits genannten Kompositionen noch zu erwähnen die Ballettmusik des Poème dansé *Tutuguri* von 1981/82 nach Texten von Antonin Artaud, die 5 *Abgesangsszenen* von 1979/80, deren mittlere II – IV Gesangsstimmen einbeziehen, die Violinkonzerte *Lichtzwang* (1975/76) und *Gesungene Zeit* (1991/92, geschrieben für Anne-Sophie Mutter), ein *Bratschenkonzert* von 1979/83, das Cellokonzert *Monodram* (1982/83) und ein *Oboenkonzert* (1994). Ein Ende von Rihms gewaltiger Produktivität ist noch nicht abzusehen. *Andreas K. W. Meyer*

Nikolai Rimski-Korsakow

1844–1908

Rimski-Korsakow war die einflußreichste Gestalt im russischen Musikleben seiner Zeit. Lange Jahre wirkte er als Kompositionslehrer am St. Petersburger Konservatorium. Viele bedeutende Musiker späterer Generationen, darunter Ljadow, Glasunow, Mjaskowski, Strawinsky, Prokofjew und sogar Respighi, studierten bei ihm. Rimski-Korsakows persönlicher, farbig-schillernder Instrumentationsstil wurde zum Inbegriff russischen Orchesterklanges schlechthin.

Zunächst hatte es jedoch so ausgesehen, als sollte der am 18. März 1844 in Tichwin geborene Nikolai Andrejewitsch Rimski-Korsakow in die Fußstapfen seiner Vorfahren treten und Marineoffizier werden. Von 1856 bis 1862 besuchte er die Kadettenschule in St. Petersburg und dachte nicht im entferntesten an eine Karriere als Berufsmusiker. Dies änderte sich, als er im Dezember 1861 Mili Balakirew kennenlernte, der zu jenem Zeitpunkt bereits Modest Mussorgski und César Cui um sich geschart hatte. Alexander Borodin stieß erst 1862 zu der Gruppe hinzu. Balakirew betraute Rimski-Korsakow sogleich mit der Komposition einer *Symphonie (Nr. 1 es-moll)*, doch zog sich diese Arbeit bis 1865 hin, weil Rimski-Korsakow zwischenzeitlich zu einer zweieinhalbjährigen Seefahrt abkommandiert wurde. Von der erfolgreichen UA der Symphonie an fühlte sich Rimski-Korsakow ganz als Komponist, verließ die Marine aber erst 1873.

Wie Borodin und Mussorgski war auch Rimski-Korsakow bei allem technischen Geschick, das er schon damals an den Tag legte, ein Dilettant ohne musiktheoretische Vorbildung. Eine solche war nach Ansicht Balakirews eher schädlich. Doch als Rimski-Korsakow 1871 die Professur am Konservatorium annahm, wurde ihm dieses Defizit schlagartig bewußt. In aller Eile studierte er bei Tschaikowsky Formenlehre, Harmonielehre und Kontrapunkt. Hatte Rimski-Korsakow früher jeglichen Akademismus strikt abgelehnt, so verfiel er ihm nun selbst. Er paßte seine älteren Werke den Schulregeln an und verfuhr später mit Mussorgskis und Borodins nachgelassenen Kompositionen in ähnlicher Weise.

In den Werken der 80er Jahre verband sich die Frische der 60er Jahre glücklich mit der handwerklichen Meisterschaft der 70er Jahre. Doch bewirkte die erste russische Aufführung von Wagners *Ring* im Jahre 1889 Rimski-Korsakows Wandlung zu einem reinen Opernkomponisten.

Im Jahre 1905 unterstützte Rimski-Korsakow im Zuge der allgemeinen politischen Unruhen Studentenproteste, weshalb er aus dem Konservatorium entlassen wurde. Daraufhin legten Ljadow, Glasunow und andere seiner Kollegen ihr Amt freiwillig nieder, was letztlich zu seiner Rehabilitierung führte. Rimski-Korsakow starb am 21. Juni 1908 auf dem Landgut Ljubensk.

Rimski-Korsakows Musik ist meist volkstümlich gefärbt, sei es nun russisch oder orientalisch, obwohl nicht immer originale Volkslieder zitiert werden. Das Komponieren absoluter Musik fiel ihm äußerst schwer; den besseren seiner Orchesterwerke liegt denn auch ein außermusikalisches Programm zu Grunde. Dabei sollte man bedenken, daß Rimski-Korsakow schon lange vor dem *Ring*-Erlebnis der Oper den Vorzug vor der Orchestermusik gab, auch wenn sich im Ausland nur letztere durchsetzte. Einige der 15 Opern werden aber in Rußland häufig gespielt.

Symphonische Werke

Symphonie Nr. 1 es-moll/e-moll op. 1

entstanden 1861-1865 (es-moll);
2. Fassung 1884 (e-moll)
UA: St. Petersburg 1866

Das Werk markiert den Beginn der langen, fruchtbaren Tradition national-russischer Symphonik. *Außensätze* und *Scherzo* sind kurz gehalten und tragen teilweise noch die Züge einer Schülerarbeit. Der breiter angelegte *2. Satz* über ein russisches Volkslied wirkt dagegen reifer und persönlicher.

[M] *CD* 2. Fassung: Akadem. Staatl. O. der UdSSR, Swetlanow (Olympia 1983)

Symphonie Nr. 2 (Symphonische Suite) »Antar« op. 9

entstanden 1867/68; 2. Fassung 1875, korrigiert 1903;
3. Fassung (Symphonische Suite) 1897
UA: St. Petersburg 1869

Antar ist ein Werk in 4 Sätzen (ohne Haupttonart!) nach einem Märchen von Ossip Senkowski (1800–1858). Der *1. Satz* schildert, wie Antar in der Wüste eine Gazelle entdeckt, die plötzlich von einem Raubvogel angegriffen wird. Antar tötet den Vogel, die Gazelle verwandelt sich in eine Prinzessin. Ein orientalischer Palast erscheint. Antar erhält das Recht darauf, die 3 »Wonnen des Lebens« zu erfahren: die »Wonne der Rache« *(2. Satz)*, die »Wonne der Macht« *(3. Satz)* und die »Wonne der Liebe« *(4. Satz)*. Doch als

Antars Liebe zu der Prinzessin nachläßt, läßt er sich von dieser töten. Antars Thema zieht sich wie in Berlioz' Programmsymphonien durch alle 4 Sätze, die aber mit herkömmlichen symphonischen Formen wenig gemein haben, weshalb die Umbenennung in »Symphonische Suite« konsequent erscheint. Eine von Rimski-Korsakow in späteren Orchesterwerken nicht mehr erreichte Tiefe der Empfindung zeichnet das *Finale* aus.

[M] *CD* 2. Fassung: Göteborger Symfoniker, Järvi (DGG 1987, fälschlich als 3. Fassung bezeichnet); 3. Fassung: Akadem. Staatl. O. der UdSSR, Swetlanow (Olympia 1977)

Symphonie Nr. 3 C-Dur op. 32

entstanden 1866–1873; 2. Fassung 1886

UA: St. Petersburg 1874

Diese Symphonie ist das problematischste Instrumentalwerk des Komponisten. Bei aller satztechnischen Meisterschaft nimmt sie sich seltsam uninspiriert aus. So ist es auch kein Wunder, daß sie sich nie richtig durchsetzen konnte. Das schon 1866 entstandene, an 2. Stelle stehende *Scherzo* im Fünfertakt wirkt ungleich frischer, doch wird dieser Eindruck durch das fade Trio wieder getrübt.

[M] *CD* 2. Fassung: Akadem. Staatl. O. der UdSSR, Swetlanow (Olympia 1983)

Sinfonietta über russische Themen a-moll op. 31

UA: St. Petersburg 1884

Das Werk ist aus einem 1878/79 komponierten Streichquartett hervorgegangen. Die 3 Sätze (schnell-langsam-schnell) sind beschauliche Genreszenen. Sie tragen die Überschriften *Auf dem Felde, Auf dem Polterabend* und *Beim Rundtanz.*

[M] *CD* Akadem. Staatl. O. der UdSSR, Swetlanow (Olympia 1985)

Scheherazade. Symphonische Suite op. 35

UA: St. Petersburg 1888

Rimski-Korsakow schrieb über *Scheherazade*: »Das Programm waren einzelne Bilder aus ›1001 Nacht‹: das Meer und Sindbads Schiff, die Erzählung des Prinzen Kalender, der Prinz und die Prinzessin, das Fest in Bagdad, das an dem Felsen mit dem ehernen Reiter zerschellende Schiff. Der Verbindung dieser Bilder dienen die kurzen Abschnitte für Violine solo, die gleichsam darstellen sollen, wie Scheherazade dem grimmen Sultan Schahriar ihre wundersamen Märchen erzählt.« Dabei nähert sich das Werk aber (anders als *Antar*) formal dem üblichen symphonischen Zyklus an, so daß *Scheherazade* beinahe als Symphonie bzw. konzertante Symphonie in E-Dur gelten könnte. Hierzu bemerkte der Komponist: »Ich wollte eine viersätzige Orchestersuite schaffen, die einerseits durch gemeinsame Themen und Motive innerlich geschlossen ist und andererseits eine Art kaleidoskopische Folge von Märchenbildern orientalischen Gepräges bietet.«

Tamara Karsawina als Scheherazade im gleichnamigen Ballett

[M] *CD* Philadelphia O., Muti (EMI 1982)

Weitere Werke

Sadko. Musikalisches Bild op. 7

entstanden 1867; 2. Fassung 1869; 3. Fassung 1892

UA: St. Petersburg 1867

Die Komposition schildert die Sage vom Nowgoroder Kaufmann Sadko, der in Seenot über Bord geworfen wurde: »Sadko blieb alleine mit seiner Gusli (altrussisches Musikinstrument) auf dem Meer zurück. Der König der See zog ihn in sein untermeerisches Reich, wo er gerade seine Tochter dem Ozean zur Frau gab. Er hieß Sadko zum Tanz aufspielen. Das durch den Tanz aufgewühlte Meer begann, Schiffe zu verschlingen, aber Sadko zerriß die Saiten der Gusli, der Tanz brach ab, und das Meer beruhigte sich.«

[M] *CD* 3. Fassung: Akadem. Staatl. O. der UdSSR, Swetlanow (Olympia 1985)

Capriccio espagnol (Spanisches Capriccio) op. 34

UA: St. Petersburg 1887

Rimski-Korsakow sagte über dieses Werk etwas überspitzt, seine Instrumentation sei zugleich sein Inhalt. Geradezu avantgardistisch gibt sich der auf Ravel vorausweisende Abschnitt *Scena e canto gitano* (*Szene und Zigeunergesang*).

[M] *CD* Montreal SO, Dutoit (Decca 1983)

Große Russische Ostern. Ouvertüre op. 36

UA: St. Petersburg 1888

Rimski-Korsakows letztes größeres Orchesterwerk verwendet Themen aus der liturgischen Musik der orthodoxen Kirche. Das Programm zitiert das Osterevangelium nach Markus. Aber auch hier dominiert der für das *Capriccio espagnol* typische Reichtum an Klangfarben.

[M] *CD* Akadem. Staatl. O. der UdSSR, Swetlanow (Olympia 1985)

Konzert für Klavier und Orchester cis-moll op. 30

UA: St. Petersburg 1884

Das einsätzige Werk, wahrscheinlich das bedeutendste Stück absoluter Musik aus Rimski-Korsakows Feder, beruht gänzlich auf einem russischen Volkslied.

[M] *CD* Binns, The English Northern Philharmonia, Lloyd-Jones (Hyperion 1992)

Albrecht Gaub

Joaquín Rodrigo

1902

Mit nahezu einem einzigen Werk hat der Spanier Joaquin Rodrigo internationale Reputation erlangt – dem *Concierto de Aranjuez* für Gitarre und Orchester. Ein Stück mit eingängiger Melodik, sprühendem spanischem Folklorekolorit und einer Harmonik, die bisweilen an Manuel de Falla erinnert. 1940 wurde das *Concierto de Aranjuez* in Barcelona von Regino Sainz de la Maza (und nicht etwa dem großen spanischen Gitarrenvirtuosen Andres Segóvia!) und dem städtischen philharmonischen Orchester uraufgeführt. Bis heute ist es ein zentrales Stück der Gitarrenliteratur mit Orchester geblieben, denn außerordentlich geschickt hat Rodrigo in seiner Instrumentation den zarten Klang der Gitarre mit einer großen Orchesterbesetzung in Einklang gebracht. Überwiegend von zweifelhafter Qualität hingegen sind die vielen Bearbeitungen und Klassikpop-Arrangements insbesondere des 2. Satzes.

Rodrigo wurde am 22. November 1902 in Sagunto bei Valencia geboren. Nach einer Diphterieinfektion erblindete er als Dreijähriger. Von 1927 an studierte er 5 Jahre lang in Paris bei Paul Dukas und traf dort auch mit Manuel de Falla zusammen, der ihn in seiner kompositorischen Arbeit ebenso beeinflußte wie die Musik von Strawinsky, Milhaud und Ravel. Später übernahm er eine Professur für Komposition in Madrid und avancierte selbst zu einer großen Persönlichkeit für die spanische Musik des 20. Jhs. Rodrigos Werkkatalog umfaßt neben 11 Konzerten für Soloinstrumente und Orchester vor allem zahlreiche Lieder und Solokompositionen für die Gitarre, aber auch Filmmusiken, Chorwerke und Kammermusik. In späteren Orchesterwerken hat er die Inspiration seines *Concierto de Aranjuez* nicht mehr erreicht, weder in seiner *Fantasia para una gentilhombre* für Gitarre und Orchester, einer in neoklassizistischer Tradition stehenden Bearbeitung von Tanzsätzen des barocken spanischen Komponisten Caspar Sanz von 1954, noch im *Concierto para una fiesta*, dem letzten seiner Solokonzerte aus dem Jahr 1982. *Claus Spahn*

Gioachino Rossini

1792–1868

»...und es wird nach mir noch schlimmer werden. Der Kopf wird über das Herz siegen: die Wissenschaft die Kunst zugrunde richten, und unter dem Übermaß von Noten wird, was man instrumental nennt, das Grab der Stimmen und des Gefühls werden. Möge es nicht dazu kommen!!!« – so die (von 1852) erstaunlich emphatische Äußerung des Künstlers, der sich doch gewöhnlich hinter der Maske von buffoneskem Witz verbarg; das hellsichtige Resignieren eines Musikers, der doch auf dem Höhepunkt des Erfolgs scheinbar so leichtfertig seinen Genius verriet und, statt weiterhin Opern zu schreiben, nur noch dem Hedonismus frönte. Daß sich um Rossini schon zu Lebzeiten Legenden rankten, die ein eher klischeehaftes als realistisches, und doch auch wieder partiell zutreffendes Bild verbreiteten, daran wirkte er durchaus mit: Als im Grunde melancholisch veranlagter Mensch, von Depressionen und körperlichen Gebrechen geplagt, als hochsensibler und genau reflektierender Künstler in einer mehr und mehr kunstfeindlichen Umgebung, spielte er lange den genialisch Produzierenden, der etwa *La Cenerentola* in 3, den *Barbiere* gar in weniger als 2 Wochen aufs Papier warf, dem die schönsten Melodien grade so einfielen, der sich aber nichts dabei dachte, diese Einfälle mehrfach zu verwenden – und auf diese Weise in 19 Jahren 39 Opern komponierte. Dann aber kehrte er den Bonvivant, der er immer schon war, vollends hervor und verbrachte die fast 40 Jahre seines weiteren Lebens als Privatier. Bei näherem Hinsehen aber zeigt sich, daß die außenhin gespielten Rollen ihrem Träger als Schutz dienten.

Am 29. Februar 1792 in Pesaro an der Adria geboren, wuchs Gioachino in musikalischer Umgebung auf: der Vater war Hornist, die Mutter trat als Sängerin auf. Schon vor seinen Studien am Liceo musicale in Bologna entstanden die *Sei sonate a quattro* (6 Streichersonaten) als erstaunlicher Wurf des 12jährigen. Noch während der Studienzeit schrieb er die 1. Oper *Demetrio e Polibio* und arbeitete als »maestro al cembalo« am Theater. 1810 begann mit *La cambiale di matrimonio (Der Heiratswechsel)* für das Teatro S. Moisè in Venedig die Theaterlaufbahn; weitere Aufträge folgten, darunter *La scala di seta (Die seidene Leiter), Il signor Bruschino, L'italiana in Algeri (Die Italienerin in Algier)* und, als erste opera seria, *Tancredi*. Diese wurde ein Riesenerfolg, galt als Inbegriff einer zeitgemäßen Oper und wurde bald in ganz Europa nachgespielt. Von 1815 bis 1822 war Rossini vertraglich an das Teatro San Carlo in Neapel gebunden, hier entstand, angefangen mit dem *Barbiere di Siviglia* bis zu *Semiramide*, der Großteil seiner Bühnenwerke. 1824 übernahm er in Paris die Leitung des Théatre italien, wofür er frühere Werke umarbeitete: Aus *Maometto II* wurde *Le siège de Corinthe (Die Belagerung von Korinth)*, *Mosè in Egitto* wurde zu *Moise et Pharaon*; mit *Le Comte Ory* (zurückgreifend *Il viaggio a Reims*) komponierte er seine einzige komische französische Oper, bevor er 1829 mit *Guillaume Tell (Wilhelm Tell)* den Schlußpunkt setzte. Als letztes größeres Werk entstand noch das *Stabat mater*, das übrige sind Gelegenheitsarbeiten: solistische Vokalmusik mit Klavier- und Orchesterbegleitung, Chöre, vor allem aber Klaviermusik, die Rossini seit 1857 neben anderem unter dem Titel *Péchés de vieillesse (Sünden des Alters)* sammelte. Als wollte er es unbedingt vermeiden, ernstgenommen zu werden, schrieb er dazu: »Den Pianisten der vierten Klasse gewidmet, zu denen zu gehören ich die Ehre habe.«

Ouvertüren

»Da ging es denn in der Tat voll und toll genug zu; als ob die ganze Versammlung von der Tarantel gestochen wäre, glich die ganze Vorstellung einer Vergötterung; das Lärmen, Jubeln, Jauchzen, viva- und forza-Brüllen nahm gar kein Ende«. 1822 hatte das Rossini-Fieber Wien erreicht, hier geschildert von Beethovens Sekretär Anton Schindler; zudem weilte der Italiener höchstselbst in Wien. Worin ist die geradezu narkotische Wirkung, der alles mitreißende Sog, den Rossinis Musik ausübt, begründet?

Rossinis Ouvertüren folgen einem charakteristischen Aufbau: In der langsamen Introduktion entfaltet sich eine meist schwärmerische Melodie, fast immer von Holzblasinstrumenten vorgetragen; im schnellen Hauptteil gehört das 1. Thema in der Regel den Streichern, das konstrastierende zweite den Holzbläsern, der Exposition folgen nach einer Überleitung Reprise und Coda, meist mit entfesselter Stretta-Steigerung. Rossini ist Melodiker, und so singen bei ihm auch die Orchesterinstrumente: verführerisch die Schönheit der elegischen Melodien, mit denen die Ouvertüren beginnen, unwiderstehlich der prägnante Witz, die knappe Einprägsamkeit der Allegro-Themen. Das berühmte Crescendo, erstmals in *L'inganno felice* (*Der glückliche Betrug* 1812) systematisch eingesetzt, hat den Effekt einer unentrinnbaren, wiewohl künstlich erzeugten Naturgewalt. Vom geflüsterten Pianissimo bis zum krachenden Fortissimo entwickelt es sich mit uhrwerkhafter Präzision. Was daran, und wie, »gemacht« ist, liegt ganz offen da: Es basiert auf einem ostinaten rhythmischen Element, gebunden an unablässige Motivwiederholungen, aber auch verselbständigt in Begleitfiguren bis hin zu den Schlägen von Triangel, Becken, Pauken und großer Trommel, beides meist zusammen mit einem stabilisierenden Tonika-Dominant-Pendeln; es ist geknüpft an ein kumulierendes Prinzip der Instrumentation, indem nach und nach einzelne Instrumente oder Instrumentengruppen dynamisch und farblich verstärkend hinzutreten, ohne daß der Orchesterklang je seine Brillanz verlieren würde. (Nach demselben Prinzip einer Kettenreaktion sind auch die meisten Finali innerhalb der Opern gebaut). Bei Wagner beruht das rauschhafte Element auf der perfekten Illusionierung: Niemand soll merken, wie es »gemacht« ist, angefangen beim unsichtbaren Orchester; das Rossini-Delirium entsteht durch Hingabe an den künstlich in Bewegung versetzten und in Bewegung gehaltenen Augenblick, doch die Bewegung kann jederzeit abbrechen oder neu ansetzen – als Zuhörer wissen wir das. Berlioz schäumte geradezu vor Wut über den Italiener, »seine beständig wiederkehrende Kadenzform, sein ständiges kindisches Crescendo und seine brutale große Trommel«. Als Wagner den berühmten alten Mann 1860 in Paris besuchte, sprach er dezent von »Konvention« – worauf Rossini noch dezenter gegenfragte: »Geht man singend zum Tode? Die Oper besteht vom Anfang bis zum Ende aus Konvention. Und die Instrumentation? Wer kann bei einem entfesselten Orchester genau den malerischen Unterschied zwischen einem Gewitter und einer Feuersbrunst feststellen? Überall finden wir Konvention!« Rossini ging über die Konvention hinaus, indem er die banalsten und konventionellsten Mittel bis ins Absurde vergrößerte. Ein dramaturgischer Bezug zum Inhalt der Oper war dabei nicht vorgesehen: Die Ouvertüre zur opera buffa *Il barbiere di Siviglia* hatte dieselbe Funktion zuvor schon bei 2 Opern des seria-Typus erfüllt, bei *Aureliano in Palmira* und *Elisabetta, regina d'Inghilterra.* Das Natürlich-Mitreißende, das Lustvolle von Rossinis Musik verdankt sich also gerade der genauen Konstruktion, das Chaos ist technisch gebändigt – doch droht es dauernd umzukippen und Unheil anzurichten: Reflex einer aus den Fugen geratenen Welt.

Mögen Rossinis Ouvertüren auch einem Grundschema folgen – die Ausfüllung variiert erheblich. Schier unerschöpflich sind die instrumentatorischen Einfälle, denkt man etwa an den Holzbläsersatz der *Scala di seta*, an die konstrastreiche Maestoso-Einleitung zu *Cenerentola*, an den schnellen (!) Beginn von *Signor Bruschino* mit dem akustischen Effekt der Geigenbögen, die rhythmisch gegen die Kerzenhalter bzw. die Notenpulte schlagen, vor allem an die *Semiramide*-Ouvertüre: Sie beginnt mit einem puren Crescendo (Allegro vivace) von 42 Takten, erst dann erklingt mit dem Andantino-Thema der 4 Hörner die erste Melodie. Eine Ausnahme bildet auch die Ouvertüre zu *Guillaume Tell*: Die 4 Teile – das Cello-Idyll der Einleitung, das Alpengewitter, der Alpenreigen und der Freiheitsmarsch – stehen in programmatischem Zusammenhang zur Oper selbst.

Heinrich Heine hat die Kontroversen um Rossini auf den Nenner gebracht: »Rossini, divino Maestro, Helios von Italien, der du deine klingenden Strahlen über die Welt verbreitest! verzeih meinen armen Landsleuten ... die deine Tiefe nicht sehen, weil du sie mit Rosen bedeckst, und denen du nicht gedankenschwer und gründlich genug bist, weil du so leicht flatterst, so gottbeflügelt!«

[M] *CD* Gesamtaufnahme: Academy of St. Martin-in-the-Fields, Marriner (Decca 1990) – *VD* Wilhelm Tell-Ouvertüre: NBC SO, Toscanini (RCA) – *VD/LD* Chicago SO, Solti (Decca)

Stabat mater

UA: Paris 1842

Auch an diesem Werk haben sich Kontroversen entzündet: Ist das denn »echte« Kirchenmusik, wird Rossini der gedanklichen Tiefe des Textes (der lateinischen Sequenzdichtung des Mönchs Jacopone da Todi aus dem 13. Jh. über die Schmerzen der Mutter Jesu unter dem Kreuz) denn gerecht? Für einen Verfechter einer Kirchenmusik aus dem Geist von Palestrina, Schütz und Bach muß Rossinis *Stabat mater* in der Tat schwer erträglich sein. Allenfalls die *Introduzione* (Orchestereinleitung und 1. Textstrophe) scheint, in ihrem Lamento-Charakter, von der szenischen Situation her konzipiert. Doch bereits die Tenorarie *Cuius animam gementem* glänzt durch opernhaft emphatische Melodik. Und so mag man auch in den anderen der insgesamt 10 Nummern verhaltene Innerlichkeit vermissen – würde dabei allerdings Rossinis Musik nicht gerecht. Einen grundsätzlichen Unterschied zwischen geistlicher und weltlicher Musik machte er nämlich nicht, genausowenig wie zwischen opera seria und opera buffa. Er »entschuldigte« sich hintergründig dafür, indem er sagte: »Für die Kirche! Bin ich denn etwa ein gelehrter Musiker?«, sich auf seine »ungenügende Ausbildung« berief und erklärte, er habe »keine Lust mehr, das Studium von Fuge und Kontrapunkt wiederaufzunehmen.« Immerhin enthält der Finalsatz des *Stabat mater* eine Doppelfuge. Heinrich Heine verfaßte zu dem Werk eine begeisterte Lobrede, die den ästhetischen Sachverhalt so umschreibt: Rossini brauchte »wahrlich den Geist des Christentums nicht erst wissenschaftlich zu construieren, noch viel weniger Händel oder Sebastian Bach sklavisch zu copiren; er brauchte nur die frühesten Kindheitsklänge wieder so aus dem Gemüth hervorzurufen und, wunderbar! so ernsthaft, so schmerzentief auch diese Klänge ertönen, so gewaltig sie auch das Gewaltigste ausseufzen und ausbluten, so behielten sie doch etwas Kindheitliches.«

[M] *CD* Vaness, Bartoli, Araiza, Furlanetto, Chor u. SO des BR, Bychkov (Philips 1989)

Petite Messe solennelle

UA: Paris 1864

Für die Öffentlichkeit trat Rossini als Komponist zuletzt 1864 mit der *Petite Messe solennelle* in Erscheinung, ein Werk, in dem sich asketischer Kontrapunkt und üppig homophoner Satz, eine vielfach herbe bis romantisch gesättigte Harmonik mit rhythmischen Elementen zu melancholischen bis hin zu fast grellen Effekten verbinden. Auf dem Manuskript vermerkte Rossini, das sei »leider die letzte Todsünde meines Alters«, und die Widmung lautet: »Lieber Gott, da ist sie, die arme kleine Messe. Ist es wirklich heilige Musik (musique sacrée) oder vermaledeite Musik (sacrée musique)? Ich bin für die Opera buffa geboren, wie du genau weißt. Ein wenig

Geschick, ein wenig Herz, das ist alles. Sei also gesegnet und gewähre mir den Einzug ins Paradies«. Die Messe erklang zur Einweihung einer Privatkapelle und war entsprechend klein besetzt: »12 Sänger der drei Geschlechter, Männer, Frauen und Kastraten, also acht für den Chor, vier für die Soli«, dazu 2 Klaviere und ein Harmonium. Zu Eduard Hanslick, der Rossini 1865 besuchte, meinte er: »Das ist keine Kirchenmusik für Euch Deutsche; meine heiligste Musik ist doch immer nur semi-seria.« 1867 orchestrierte Rossini die Messe.

[M] *CD* Freni, Valentini-Terrani, Pavarotti, Raimondi, Coro Polifonico del Teatro alla Scala, Gandolfi (Decca)

Kantaten

Als Gelegenheitswerke wurden die Kantaten meist nur ein einziges Mal aufgeführt; ein großer Teil entstand in Neapel zwischen 1816 und 1822, im Auftrag der bourbonischen Herrscher. Auch für die frühere (1808–1815) und spätere (1824–1847) Gruppe von Kantaten gab es öffentliche oder private Anlässe. Man darf jedoch nicht von einer einheitlichen Gattungsvorstellung ausgehen: Es finden sich darunter konzertante und szenische, kammermusikalische und groß besetzte Kantaten über mythologische und historische Stoffe. Die Gruppe der »Cantate per i Borboni« spiegelt gewissermaßen das Opernschaffen der neapolitanischen Jahre mit allen innovativen Tendenzen wider. Zu den bedeutendsten gehören *Le nozze di Teti e di Peleo* (*Die Hochzeit von Thetis und Peleus* 1816) und *La riconoscenza* (*Die Dankbarkeit* 1821); ferner *La Santa Alleanza (Die Heilige Allianz)* und *Il vero omaggio* (*Die wahre Huldigung*, beide Verona 1822); dazu kommt eine Reihe kürzerer Werke, die zur Eröffnung von Opernabenden gespielt wurden.

Es waren allesamt Terminarbeiten, und unter dem Zeitdruck hat Rossini viele Selbstentlehnungen vorgenommen. Die Kantaten dienten ihm als Experimentierfeld, wobei sich zeigt, daß er sehr genau auf den Kontext achtete: Da es sich in der Regel um mythologische, epische, nicht aber um dramatische Stoffe handelt – meist fehlt eine Handlung im engeren Sinn – entspricht die Musik dem idyllisch-konfliktlosen Charakter der Genres, ist pastoralen, lyrischen Zuschnitts, ungerade Metren herrschen vor, auffällig ist die ausgeprägte solistische wie chorische Bläserbesetzung; es gibt keine langen Wiederholungen und ausgedehnten Finali (Kennzeichen der Opern). Rossinis Kunst ist in diesen Kantaten von einer beglückenden Unbeschwertheit und Helligkeit, nach den Worten des Rossini-Forschers Philip Gossett so »reizvoll naiv, wie sie nur sein kann«.

Christoph Hahn

Albert Roussel

1869–1937

Bedeutende Musiker sind sich im allgemeinen bereits in ihrer Jugend ihrer Begabung gewiß. Anders der am 5. April 1869 in Tourcoing, Nordfrankreich, geborene, am 23. August 1937 in Royan verstorbene Albert Roussel. Trotz früher Kompositionsversuche ging er zunächst zur Kriegsmarine, lernte auf Segelschulschiffen und Kreuzern die Welt kennen, ehe er, bereits Seeoffizier, sich 1894 zum Studium der Musik bei Eugène Gigout in Paris entschloß. 1898 wurde er Schüler der von Vincent d'Indy neugegründeten Schola Cantorum, wo er Komposition studierte und 1902 eine Professur für Kontrapunkt übernahm.

Roussels frühe Werke verraten den Einfluß der sogenannten impressionistischen Schule, also vor allem Debussys. Er schlägt sich insbesondere in der 1. Symphonie, dem *Poème de la Forêt* nieder. 1909 unternahm er mit seiner Frau eine viermonatige Reise nach Indien und Kambodscha. Die dort gewonnenen Eindrücke fanden ihren Niederschlag in orientalisierenden Kompositionen wie dem Opern-Ballett *Padmâvatî*. Von 1915 bis 1918 erlebte er den Weltkrieg an vorderster Front. Der Krieg bedeutete zugleich die entscheidende Wende seines Schaffens. Die impressionistisch-orientalistischen Einflüsse verschwanden zugunsten eines kraftvollen, höchst eigenständigen Klassizismus, der sich zwar Debussys harmonische Freiheiten zunutze machte und polytonale Härten nicht verschmähte, aber nie die Bindungen zur Tonalität aufgab. Schönbergs Ausbruch in die Atonalität lehnte er als ungesund ab. Seine reife Kunst verbindet flämische Vitalität – sein Geburtsort grenzt unmittelbar an das belgische Flandern – mit französischer Formdisziplin. Bis an die Grenze der Brutalität gehende ostinate Motorik, Freude an Tanzrhythmen, Innigkeit stehen neben französischer Klarheit und Sensibilität. Im Unterschied zur Musik seines großen Zeitgenossen, des Südfranzosen Maurice Ravel, die minuziös durchkonstruierte Linearität mit klanglicher Raffinesse verbindet und auf expressive Distanz bedacht ist, läßt Roussel seinem Temperament freien Lauf, bevorzugt den massierten, kraftvollen Orchesterklang und die bereits aus der Hinwendung zur Symphonie erkennbare Technik symphonisch-thematischer Durchstrukturierung des Satzes. Dabei verleugnet sein Klassizismus im Gegensatz zu demjenigen eines Strawinsky nie das Element emotionaler Aussage.

Albert Roussel (1937)

Symphonie Nr. 3 g-moll op. 42

UA: Boston 1930

Aus Anlaß der Festkonzerte zum 50jährigen Jubiläum des Boston Symphony Orchestra entstanden mehrere Meisterwerke der sogenannten Klassischen Moderne, so Strawinskys *Psalmensymphonie* und Hindemiths *Konzertmusik für Streicher und Blechbläser op. 50.* Zu ihnen gesellte sich Roussels *3. Symphonie,* die der Komponist als den Höhepunkt seines Schaffens bezeichnete. Das viersätzige Werk prägt den Reifestil Roussels paradigmatisch aus: formale Konzentration, gedrungen-kraftvollen Duktus, Plastik der thematischen Bausteine, Verzicht auf jeden außermusikalischen Hintergrund.

»Ein Thema von fünf Noten, mehr oder weniger verändert im Rhythmus oder in den Intervallen bei seinem verschiedenen Erscheinen, durchläuft die ganze Symphonie.« So Roussels eigener Kommentar. Der *1. Satz* ist auf weiten Strecken von motorischem Vitalismus geprägt. Zu gestoßenem Dreierrhythmus des vollen Orchesters setzen die Violinen mit einem energisch dreinfahrenden Thema ein, das in kraftvoller Tutti-Entwicklung weitergeführt wird. Das von den Flöten eingeführte B-Dur-Seitenthema trägt Kontrastcharakter, die rhythmische Energie läßt nach. In einem breiten Durchführungsteil wird dieses Material mannigfach variiert. Auf dem Höhepunkt erscheint das Fünf-Noten-Thema erstmals in seiner prägnanten Urgestalt, vom Blech intoniert. Während die stampfende Vorwärtsbewegung anhält, tritt fast unmerklich die Reprise ein, die zunächst weitgehend von den Holzbläsern bestimmt wird. In der Coda bricht das motorische Element jedoch wieder durch, den Satz im Fortissimo beschließend. Das *Es-Dur-Adagio* setzt mit dem Kernmotiv der Flöten ein, bevor die Violinen aus ihm eine espressive Kantilene in immer neuen Varianten entwickeln. Eine Musik von großer Ausdruckskraft und strömendem Melos. Als 2. Gedanke erscheint eine marschartig schreitende Holzbläser-Episode in fahler Beleuchtung, die sich schließlich in beschleunigter Bewegung zu einem rasanten Fugato über das Kernmotiv entwickelt. Immer wieder ist es in den verschiedensten Instrumentengruppen zu hören. Der Satz scheint seinen Adagio-Charakter aufzugeben, die Entwicklung entlädt sich schließlich in einem Höhepunkt, der durch einen Beckenschlag markiert wird. Dann tritt jedoch Beruhigung ein, die Kantilene des Beginns entfaltet sich in anderer instrumentaler Beleuchtung. Nach einer nochmaligen Steigerung klingt der Satz, der dichteste der Symphonie, mit einem ätherischen Violinsolo aus.

Das kurze *Vivace-Scherzo* in D-Dur trägt den Charakter eines Walzers. Es wird von 2 fast volkstümlich-eingängigen Themen bestimmt, einem kraftvoll drängenden, mit wiederholtem Quartsprung abwärts einsetzenden, und einem lustig tanzenden Repetitionsmotiv. Beide haben versteckte Beziehungen zum Kernmotiv.

In freier Rondoform entwickelt sich das *Finale.* Zwei Themen werden in mannigfachen Varianten konfrontiert. Das erste kommt als duftiges Flötenmotiv daher, das die Klarinetten, Fagotte, Oboen und später die Streicher mit hineinzieht. Das zweite im Blech trägt die heiter-martialischen Züge eines rhythmisch pointierten Reitermarsches. Eine ruhige Episode in der Mitte des Satzes läßt die Solovioline schwärmerisch über das Kernmotiv phantasieren, bevor die beiden Hauptthemen wieder einander ablösen und das Ganze mit dem dreimal pathetisch im Streicher-Unisono auftrumpfenden Kernmotiv kraftvoll abschließt.

[M] *CD* Detroit SO, Järvi (Chandos 1991)

Symphonie Nr. 4 A-Dur op. 53

UA: Paris 1935

Die dem Dirigenten Albert Wolff gewidmete und von diesem uraufgeführte *4. Symphonie* ist noch knapper, konziser gefaßt als die *Dritte*. In noch nicht vier Minuten läuft das Finale ab, das durch diese Kürze den Charakter eines heiteren Kehraus im Sinne Haydns gewinnt und sich damit radikal vom krönenden, zusammenfassenden Finale, wie es die deutsch-österreichische Symphonik ausprägte, absetzt. Knappe, geistvolle Formulierung bestimmt mit Ausnahme des etwas breiter ausgeführten langsamen Satzes die gesamte Symphonie, deren Spieldauer kaum mehr als 20 Minuten beansprucht. Ein Klassizismus, der auf die »Sinfonia« der vorbeethovenschen Zeit zurückgreift, diese aber mit den Mitteln des modernen Virtuosenorchesters und einer avancierten Harmonik zu erneuern sucht. Wie in der Dritten herrscht kraftvoll vorwärtsdrängender Elan vor, der im Unterschied zu dieser stärker ins Spielerische gewendet erscheint.

Dem *1. Satz* in klarer Sonatenform geht eine *Lento*-Einleitung voraus, die zu ruhigen Streicherklängen eine Melodie des Englischhorns ausbreitet. Das *Allegro con brio*, das mit dem gezackt hochschießenden, sehr markanten Hauptthema in den Violinen ansetzt, treibt in motivischer Arbeit eine Entwicklung vorwärts, die sich in einem wiegenden Seitenthema der Streicher beruhigt, ehe mit einem Schlag der großen Trommel und dem nun im Blech herausgeschleuderten Hauptthema der Durchführungsteil beginnt. Beide Themen werden kunstvoll variiert und kombiniert. Klar ist auch der Eintritt der Reprise in Gestalt des nun in den Holzbläsern wiedererscheinenden Hauptthemas, das auch die kurze Coda beherrscht und den Satz energisch beschließt. In seiner motivischen Logik ist er ein Musterbeispiel klassizistisch-französischer Symphonie-Ästhetik.

Wie in der *Dritten*, so ist auch in der *4. Symphonie* der langsame Satz, ein *Lento molto*, das Herzstück des Werkes. Schon durch seine größere Ausdehnung hebt er sich von den übrigen Sätzen ab. Zwei thematische Elemente bestimmen das Geschehen: zum einen ein warm und melodiös sich entfaltender Streichersatz, mit dem das Stück anhebt und der sich in breit strömender Entwicklung expressiv steigert, zum anderen ein wiegendes Motiv, das bereits in der Introduktion des *1. Satzes* aufgetaucht war und nun vom Englischhorn eingeführt wird. In immer stärker wachsender Intensität verdichtet sich das motivische Gewirk zu leidenschaftlichem Ausdruck. Die Spannung entlädt sich auf einem Höhepunkt, ehe, nun in den Holzbläsern, zart die Anfangsmelodie erneut aufklingt und zusammen mit dem wiegenden Motiv den Satz schließlich beruhigt ausklingen läßt. Roussel hat ihn zu Recht zum schönsten seiner Musik gezählt.

Das *Allegro scherzando* gewinnt seinen mitreißenden Drive aus dem rhythmischen Schwebezustand zwischen dem marschartig vorwärtsstampfenden Zweierrhythmus und dem sich im Dreierrhythmus darüberlegenden, virtuos dahineilenden Motivspiel. Blech und Schlagzeug werfen groteske Bemerkungen dazwischen. In lockerer Brillanz huscht der ungemein geistvoll-quirlige Satz vorüber. Diesen Ton heiterer Unbeschwertheit setzt das »Rausschmeißer«-*Finale* fort. Die Oboe stimmt das übermütige Thema an, dessen drei erste Töne a-fis-e zum konstruktiven Kern dieses dahineilenden *Allegro molto* werden. Die Instrumentengruppen werden einander die motivischen Bälle zu, ein virtuoses Spiel von auftrumpfender Lustigkeit und französischer Eleganz.

[M] *CD* Detroit SO, Järvi (Chandos 1992)

Suite in F op. 33

UA: Boston 1927

Die 1926 für Kussewitzky und das Boston Symphony Orchestra komponierte Suite in F ist das erste Orchesterwerk jenes Reifestils, von dem Roussel bemerkte, daß er nun seinen endgültigen Ausdruck gefunden habe. Titel wie Satzbezeichnungen weisen auf Vorbilder des 18. Jhs. zurück. Dennoch ist die Musik frei von Archaismen. Ihre harmonische Härte läßt keinen Zweifel an der Entstehungszeit. Der als *Präludium* bezeichnete erste Satz trägt eher Toccaten-Charakter. In seinem motorischen Vorwärtsstürmen und seinem kraftvoll-gedrungenem Gestus weist er bereits auf die Kopfsätze der *3.* und *4. Symphonie* hin. Ostinati und rhythmische Energie sind weitere Charakteristika für Roussels Reifestil. Die in die Paralleltonart d-moll wechselnde *Sarabande* erinnert nur von ferne durch ihren Schreitrhythmus an den feierlichen barocken Tanz. In Wahrheit handelt es sich um ein ausdrucksgesättigtes *Adagio*, wie es dann in der *Vierten Symphonie* wiederkehrt. Ein Gesang der Streicher, sich wiegend in elegant dahinströmendem Fluß, steigert sich zweimal zu einem vom Blech markierten Höhepunkt. Ein pralltrillerartiges Motiv könnte eine leise Reminiszenz an das alte Modell sein. Auch der als *Gigue* bezeichnete Schlußsatz weist eher symphonische Scherzo-Züge auf. Auf- und abrollende Glissandi führen das heitere Thema ein, ein abstürzendes Dreiton-Motiv, das in virtuosem Wirbel mannigfach umspielt wird. Die Trompete schmettert einen volkstümlich-lustigen Kommentar dazu.

Es handelt sich also um einen musikalischen Spaß, der flämische Kirmes-Deftigkeit mit französischem Esprit mischt, zugleich um ein orchestrales Virtuosenstück par excellence, geschrieben für eines der besten Orchester der Welt.

[M] *CD* O. de Paris, Dutoit (Erato 1986)

Bacchus et Ariane. Ballett op. 43

UA: Paris 1931

Neben der 3. Symphonie ist die kurz darauf entstandene Ballettmusik *Bacchus und Ariadne* Roussels bedeutendste Komposition. Geschrieben wurde das zweiaktige Stück für den Tänzer Serge Lifar, der es an der Pariser Opéra choreographierte. Heimisch wurde die Musik jedoch mehr im Konzertsaal. Die beiden Konzertsuiten sind identisch mit den beiden Akten des Balletts. Die ungemein farbige, rhythmisch packende, brillant instrumentierte, vitale Musik spricht auch ohne die Kenntnis der Ballethandlung unmittelbar an.

Der *1. Akt* beginnt mit einem *Allegro-con-brio*-Präludium, das in seiner Vehemenz gleich in medias res geht. Der folgende *Tanz der Jünglinge und Jungfrauen* schlägt vom Zweier- in den Dreiertakt um, ein temperamentvolles Perpetuum mobile in wechselnden Beleuchtungen der Instrumentengruppen. Ein plötzlicher Halt, geheimnisvolle Bläser-Akkorde: wir sind im Labyrinth des Minotaurus, aus dem Theseus und Ariadne dank ihres Ariadnefadens entfliehen. Der *Tanz des Labyrinths*, dreiteilig angelegt, mit kapriziösen Holzbläserfiguren anhebend, in sieghaftem Trompetengeschmetter gipfelnd, ist Ausdruck dieses Triumphes und der Überfahrt nach Naxos. Plötzlich erscheint Bacchus in Gestalt eines launischen Klarinettenmotivs, das von Schellen begleitet wird. Er läßt seinen schwarzen Mantel über Ariadne fallen, diese sinkt in Schlaf. Mit herrischer Gebärde des Blechs jagt er Theseus und seine Gefährten davon. Bacchus' quirliger Tanz, gipfelnd in einer elegant sich aufschwingenden Kantilene der Geigen, reißt die erwachte Ariadne mit, dann beruhigt sich die Musik; Bacchus legt Ariadne auf einen Felsen und verschwindet, wie er gekommen war: mit kapriziösen Floskeln der Holzbläser.

Der *2. Akt* beginnt mit einer langsamen Einleitung von zarter Lyrik: Ariadne schläft. Ein Bratschensolo entfaltet sich in ausdrucksvoller Kantabilität und zauberhafter Stimmung. Die nun folgende Pantomime zeichnet Ariadnes Erwachen und in steigender Erregung ihre Verzweiflung, als sie sich alleingelassen sieht. Die Musik spitzt sich dramatisch zu, ein schriller Höhepunkt: da erscheint mit seinem kapriziösen Klarinettenmotiv Bacchus auf der Szene und wiederholt seinen Tanz mit Ariadne aus dem 1. Akt. Anschließend tanzt er allein zu einem brillanten Scherzo im Sechsachteltakt, in dem wiederum die quirligen Holzbläser ihre Kapriolen schlagen, einem Meisterstück Rousselscher Instrumentationskunst. Die folgende Liebesmusik, eine Episode, in der zu impressionistischem Vogelgezwitscher Celli und Hörner eine weitgeschwungene Melodie singen, ist von expressivem Wohllaut: die kahle Insel wird grün, schwelgerische Klanglichkeit breitet sich aus. Die Pantomime beschließt ein kurzes, martialisches Defilée der Faune und Satyrn. Der nun folgende *Tanz der Ariadne*, ein Adagio, in dem die Soloviolinc schwärmerische Melodik entfaltet, die sich in den Violinen zu hymnischer Intensität steigert, ist der Ruhepunkt des Aktes. Dann aber geht es mit dionysischem Überschwang dem Ende zu: der fast rauh beginnende *Tanz der Ariadne und Bacchus* führt in das abschließende *Bacchusfest* mit seinen frenetischen Trompetenglissandi – wie denn die Beweglichkeit des Blechs eine der typischen Eigenheiten Rousselscher Orchesterkunst ist. Eine kurze Scherzando-Episode führt zur Coda: das Thema der Liebesmusik erscheint triumphierend in den Hörnern über der wogenden Turbulenz des Orchesters, das in sattem A-Dur mit einem dröhnenden Schlag das Werk beschließt.

M *CD* O. de Paris, Dutoit (Erato 1986)

Sinfonietta op. 52

UA: Paris 1935

Das Neun-Minuten-Stück für Streicher, komponiert unmittelbar vor der *4. Symphonie*, ist wie diese geprägt von jener für den reifen Roussel charakteristischen, kompakten Klanglichkeit, die Hand in Hand geht mit vorwärtsdrängendem Elan. Der 1. Satz, *Allegro molto*, stürmt in energischem Dreiertakt dahin. Sein Sonatenschema konfrontiert den kraftvollen Hauptgedanken mit einem kantablen, aber den Fluß nicht unterbrechenden Seitenthema. Der Durchführungsteil verwendet hauptsächlich den Motivkopf des Hauptthemas. Das folgende *Andante* mit seinem markigen Beginn trägt choralartige Züge, die sich im Mittelteil lockern, um am Ende den feierlichen Ton des Anfangs wieder aufzunehmen. Der Satz leitet ohne Unterbrechung in das Final-*Allegro*, dessen übermütiges, mit einem charakteristischen Oktavsturz anhebendes Thema dreimal rondoartig erscheint. Der Satz ist, seinem heiteren Ausdrucksgestus entsprechend, in der Faktur lockerer gearbeitet als die voraufgehenden und beschließt das Ganze höchst schwung- und wirkungsvoll.

M *CD* Detroit SO, Järvi (Chandos 1992)

Alfred Beaujean

Miklós Rózsa

1907

»Ich schreibe meine Musik für Menschen! (...) Für mich ist es eine Form von Kommunikation, mehr ein Ausdruck von Gefühlen als ein intellektuelles Kreuzworträtsel«. Jeder, der ein Fernsehgerät besitzt, wird schon einmal Musik von Miklós Rózsa gehört haben, wenn auch vielleicht nicht bewußt. Quo vadis?, Ben-Hur, Der Dieb von Bagdad, Das Dschungelbuch (nicht die Walt-Disney-Version), das sind nur vier Beispiele von Filmklassikern aus Hollywood, für die Rózsa die Musik schrieb. Um die 100 Vertonungen hat er produziert, für drei (Spellbound, A Double Life und Ben-Hur) erhielt er den begehrten Oscar. Rózsa ist immer mehr gewesen als ein bloßer Lieferant von Soundklischées. Neben seinen Filmpartituren sind eine Reihe hörenswerter Kompositionen für den Konzertsaal entstanden.

Am 18. April 1907 in Budapest geboren, wuchs Rózsa auf mit der Tradition abendländischer Musik. Der Vater war wohlhabender Industrieller, die Mutter begabte Pianistin, bereits mit 5 Jahren erhielt Rózsa den ersten Violinunterricht. 1926 ging er zum Studium nach Leipzig. Dort wurde auch sein *1. Violinkonzert* 1929 erfolgreich uraufgeführt. Es folgte ein längerer Aufenthalt in Paris, und allmählich tauchten Werke von ihm in den Programmen von Orchestern auf. 1935 ging Rózsa nach London und arbeitete mit dem Regisseur Alexander Korda erstmals für den Film. Korda war es auch, der ihn 1940 mit nach Hollywood nahm. Unter den über 40 Werken, die Rózsa für den Konzertsaal schrieb, sind besonders bemerkenswert ein *Violinkonzert* für Heifetz, ein *Klavierkonzert* für Pennario, eine *Sinfonia Concertante* für Heifetz und Piatigorsky, ein *Cellokonzert* für Starker und ein *Violakonzert* für Zukerman. Hinzu kommen noch einige Bearbeitungen von Filmpartituren, etwa eine *Ben-Hur-Suite* oder ein *Spellbound Concerto*. Die meisten seiner Kompositionen folgen der klassisch-romantischen Tradition und sind oft geprägt von ungarischer Volksmusik. Zwar schreckt Rózsa nicht davor zurück, auch harsche und aggressive klangliche Mittel einzusetzen, aber den Rahmen der Tonalität verläßt er nie. Er selbst nennt den Grund: »Tonalität bedeutet Linie, Linie wiederum Melodie, und Melodie führt zum Lied. Das Lied, speziell das Volkslied, ist das Essenzielle in der Musik, weil es für den natürlichen, spontanen und ursprünglichen Ausdruck menschlicher Emotionen steht«.

Joachim Salau

Carl Ruggles

1876–1971

Als ein Zuhörer der UA von Charles Ives' *Three Places in New England* 1931 über das im gleichen Konzert gespielte *Men and Mountains* von Carl Ruggles seinen Unmut äußerte, soll der anwesende Ives aufgestanden sein und den Störenfried angeschnauzt haben: »Sie Waschlappen! Wenn Sie eine starke, männliche Musik wie diese hören, dann benutzen Sie Ihre Ohren auch gefälligst wie ein Mann!« Eine solche von Chauvinismus nicht freie Ausfälligkeit ist für Männer vom Schlage Ives' und Ruggles' charakteristisch: Einzelgängertum und Eigenbrötlerei sind die zutiefst männlichen Eigenschaften eines aufrechten Yankees – aber gerade dies ließ auch deren Musik aus wahrem Pioniergeist heraus entstehen.

Carl Ruggles kam am 11. März 1876 in East Marion, Massachusetts zur Welt. Gegen Ende des 19. Jhs. fand der von R. W. Emerson begründete »Transzendentalismus« in den Neu-England-Staaten (zu denen auch Massachusetts und Ives' Geburtsstaat Conneticut gehören) seine stärkste Ausprägung. Der geistige Hintergrund der Werke von Ruggles und Ives zeigen sich davon besonders geprägt.

Der vielseitig begabte Ruggles hätte in Prag bei Dvořák studieren sollen. Der Tod seines Gönners jedoch ließ dieses Vorhaben wieder platzen. Nach Privatunterricht in Komposition und Violinspiel studierte Ruggles Literatur an der Harvard Universität. Neben eigener musikalischer Lehrtätigkeit wurde er Mitglied der von Edgard Varèse gegründeten *International Composers Guild*. Dies ermöglichte ihm Aufführungen seiner Werke. Es entstanden die vom Transzendentalismus und von den Gedichten der englischen Romantik beeinflußten Orchesterwerke *Men and Angels* (1920), *Men and Mountains* (1924/1936/1941) und auch Ruggles' bekannteste Komposition, *Sun-treader* (1926–1931, nach Brownings Shelley-Epitaph). Ihm folgten nur noch die *Vier Gesänge* für Klavier, *Evocations* für Klavier (1935–1943/1954; auch orchestriert) und *Organum* (1944–1947). Bis zu seinem Tod am 24. Oktober 1971 beschäftigte sich Ruggles' dann vorwiegend mit Malerei.

Scheinen Klang und Habitus der Werke Ähnlichkeiten mit denen von Ives aufzuweisen, so steht Ruggles seinem Zeitgenossen Arnold Schönberg näher, als man auf den ersten Blick vermuten mag. Ruggles entwickelte eine Technik, die jener »Komposition in zwölf Tönen« nicht unähnlich ist, aber den letzten Schritt zu einer totalen Gleichberechtigung aller Töne dennoch scheut.

Werner Bleisteiner

Peter Ruzicka

1948

Selten geworden scheint im Zeitalter der Spezialisierung der universell Tätige: Mit allzu viel Skepsis begegnet man der Vielfalt des Wissens und der Fähigkeiten. Peter Ruzicka, am 3. Juli 1948 in Düsseldorf geboren, ist ein solches Universaltalent – als Schüler noch Preisträger des Wettbewerbs »Jugend forscht«, mithin naturwissenschaftlich orientiert, gleichzeitig aber schon am Hamburger Konservatorium ausgebildet an Klavier und Oboe, auch in Komposition, anschließend Student der Rechts- und Betriebswirtschaftslehre und der Musikwissenschaft, Dr. iur., Intendant des Radio-Symphonie-Orchesters Berlin und derzeit der Hamburgischen Staatsoper, Leiter der Münchner Biennale als Nachfolger von Hans Werner Henze, und zudem noch Dirigent. Aller möglicherweise Mißtrauen erregenden Interessen- und Tätigkeitsfülle zum Trotz ist Ruzicka eine hochseriöse Erscheinung; die gewissenhafte Ausübung jeder Aufgabe ist Selbstverständlichkeit. Auch seine Musik versucht er nicht aus dem luftleeren Raum heraus zu erklären. Ein wesentlicher Bestandteil der Kompositionen Peter Ruzickas scheint die enge Anbindung an das für uns Heutige aus den Konzertsälen Vertraute zu sein. Insofern also ist er ein Traditionalist im besten Sinn: Indem er sich auf das Vorhandene bezieht, weil Tradition das elementare Rüstzeug ernsthaften Komponierens ist, schafft er das Neue und Unerhörte.

Ruzickas Musik wirkt assoziativ; in kluger Verhältnismäßigkeit baut sie auf die redende Kraft des Anklangs. Gerade in den immer häufiger zu hörenden Werken der 80er Jahre stellt sich der Komponist der vielleicht oftmals bitteren Erkenntnis, daß es unmöglich ist, heute zu komponieren, als lägen nicht Jahrhunderte einer überreichen Musikgeschichte hinter uns. So schreibt er stets auch Musik über Musik. Und Ruzicka macht auch zu keinem Zeitpunkt ein Geheimnis aus den Vorbildern. So spüren wir in den 70er Jahren noch unverkennbar die Nähe zu Gustav Mahler und Anton Webern (dessen fragmentarisch Wirkendes er sich erhalten hat), die in den 80ern gegenüber der fast schicksalhaften Begegnung mit der Musik Allan Petterssons in den Hintergrund tritt.

Häufig aufgeführt wird das einteilige Orchesterwerk *Satyagraha, Annäherung und Entfernung* von 1984, das wie ein Weiterdenken des Schlußabschnittes von Petterssons *9. Symphonie* wirkt: Violinen und Bratschen tragen eine langgedehnte Melodielinie vor, die ins Unendliche auszugreifen scheint. Gegen Mitte des Stücks stellen sich dagegen vereinzelte reibende Einwürfe des übrigen Orchesters ein, das schließlich in einen gewaltigen Ausbruch mündet, der vom *Canto*, dem Gesang der leise insistierenden Streicher aber wieder niedergesungen wird.

Auch in den *Fünf Bruchstücken für großes Orchester* von 1984/87 und in *... das Gesegnete, das Verfluchte ...* von 1992 greift Ruzicka musikalische Gesten Petterssons auf und denkt sie auf eigene Art fort. Von dieser Methode der Weiterverarbeitung sind weitere Werke Peter Ruzickas bestimmt: So etwa die Musik für Bratsche und Orchester von 1981, betitelt *... den Impuls zum Weitersprechen erst empfinge*, mit Zitaten aus insbesondere der *9. Symphonie* von Gustav Mahler oder die *Metamorphosen über ein Klangfeld von Joseph Haydn für großes Orchester* von 1990, wobei sich der Begriff des »Klangfeldes« auf einen Bläsersatz (in der Vokalfassung von Haydns *Letzten Worten des Erlösers am Kreuz*) bezieht, den der Komponist in der Nähe Franz Schuberts oder Gustav Mahlers sieht. Peter Ruzickas Musik ist die Einladung an das Publikum, mit ihm jenen Klängen nachzugehen, die aus so zahlreichen Konzertbesuchen längst vertraut erscheinen.

Andreas K. W. Meyer

Camille Saint-Saëns

1835–1921

Camille Saint-Saëns ahnte sein Schicksal, als er 1886 jede weitere Aufführung von *Karneval der Tiere* verbot. Sein verzweifelter Versuch, den Siegeszug der scherzhaften Karikaturen zu verhindern, war vergeblich; bis heute überschattet die populäre musikalische Zoologie sein gesamtes Œuvre, immerhin mehr als 300 Kompositionen nahezu aller Gattungen.

Die Musikgeschichte hat es mit ihm, dem ewig Unzeitgemäßen, nicht gut gemeint: Geboren 8 Jahre nach Beethovens Tod, am 9. Oktober 1835 in Paris, stieß er zu Beginn seiner Schaffenszeit mit seinen Instrumentalwerken im opernbeherrschten Frankreich auf taube Ohren. Am Ende seines langen Lebens (Saint-Saëns starb am 16. Dezember 1921 in Algier) wurde er von der musikalischen Avantgarde nicht mehr ernst genommen.

Saint-Saëns war ein Wunderkind, das sich mit der gleichen Schnelligkeit, mit der es Klavierspielen und Komponieren lernte, intellektuelle Gebiete eroberte. Nach der Ausbildung am Pariser Conservatoire war Saint-Saëns nicht nur ein hervorragender Pianist, Komponist und Organist, sondern auch ein unermüdlich forschender Geist, der Aufsätze zu philosophischen Fragen veröffentlichte, astronomische Studien betrieb, Gedichte schrieb und mit der Herausgabe der Werke Rameaus und Glucks musikwissenschaftliche Pionierarbeit leistete.

Zur Förderung der neuen französischen Musik, die im damaligen Paris kaum Beachtung fand, gründete er 1871 gemeinsam mit einigen anderen Komponisten die »Société Nationale de Musique«. Dennoch fand Saint-Saëns dank der Protektion von Franz Liszt eher in Deutschland als in Frankreich sein Konzertpublikum. Seine Heimatstadt Paris zunehmend meidend reiste er nach dem Tod seiner Mutter 1888 überall in der Welt herum und hatte bis 1904 keinen festen Wohnsitz.

Sein unruhiges Leben hatte auf seinen Schaffensfluß keinerlei Auswirkung. Er komponierte, wie »ein Apfelbaum Äpfel hervorbringt«, und bevorzugte die Instrumentalmusik, die seinem ästhetischen Ideal einer klassisch vollendeten Form am nächsten kam. Dennoch verschloß er sich nicht völlig den Forderungen seiner Landsleute: 1872 schrieb er mit *La Princesse jaune* seine 1. Oper, der 12 weitere folgten.

Es wäre Saint-Saëns lieber gewesen, hätte der große Erfolg seiner Oper *Samson et Dalila* 1892 in Paris seinen Symphonien gegolten. Denn seit er als 13jähriger seine erste unvollendet gebliebene Symphonie in B-Dur konzipierte, wurden seine Instrumentalwerke vom französischen Publikum als »gelehrt« abgetan. Es hatte kein Verständnis für die klaren Formproportionen, die dichten Motivbezüge oder die durchsichtige Instrumentation, die sämtliche Symphonien Saint-Saëns' kennzeichnen: die *Symphonie in A-Dur* (1850), die *Symphonie in F-Dur* (»Urbs Roma«, 1856) sowie die »gültigen« *Symphonien Nr. 1–3*. Mittlerweile hat sich das Urteil gewandelt; Saint-Saëns' Symphonien werden als die französische Antwort auf die Wiener Klassik angesehen.

Symphonie Nr. 1 Es-Dur op.2

UA: Paris 1853

Charles Gounod konnte es kaum glauben, daß der Schöpfer dieses Werkes, der bei der UA geheim gehalten wurde, ein 18jähriger war. Die Einschätzung wundert nicht. Denn in der Tat ist die formale Ausgewogenheit und der besonnene Tonfall alles andere als das Werk eines jugendlichen Wirrkopfes. Mäßigung und Klarheit, zwei Charakteristika seines Schaffens, zeichnen sich bereits hier ab. Im *Kopfsatz* trennen eingeschobene Ruhephasen (Wiederholungen der langsamen Einleitung) die 3 Teile der Sonatenform und verhindern eine dramatische Bewegung. Das majestätische punktierte Motiv der langsamen Einleitung zieht die thematische Verbindung zum Hauptsatz. Der tanzende Streicherrhythmus des *2. Satzes* – die Reihenfolge der Mittelsätze ist vertauscht – untermalt die kanonisch verschachtelten Themeneinsätze; mit einem Violinsolo und sparsamen Harfeneinsätzen klingt der Satz aus. Von delikater Klanglichkeit ist der langsame *3. Satz*, dessen lang ausgesponnene Melodie auf einem misteriösen Streichertremolo lagert, bis es von zitternden Hörnern unterbrochen wird. Erst im *Finale* werden alle Register des Orchesters gezogen; ein Fugato bildet den krönenden Abschluß.

Symphonie Nr. 2 a-moll op. 55

UA: Paris 1860

In seiner *2. Symphonie* zeigt sich Saint-Saëns weniger zurückhaltend. Hier hört man die eindringlichen Kantilenen, die ungestümen Läufe und expressiven Ausbrüche, die die früheren Symphonien vermissen ließen. Freilich verzichtet Saint-Saëns auch hier nicht auf eine schlüssige Konstruktion: Das gesamte Werk durchzieht die den *1. Satz* eröffnende Terzenkette, die sich zu den verschiedensten Ausdrucksformen wandelt.

Der schwerelose *2. Satz* kontrastiert Streichergesänge mit einem tappenden Rhythmus; der *3. Satz* antwortet mit scharfen Akzenten. In diesem Satz bricht Saint-Saëns hörbar mit der Tradition: In das Verklingen des Trios knallt der Schlußakkord – die Wiederholung des Scherzos erwartet man vergebens. Im virtuosen *Schlußsatz* fegt das Tarantella-Thema zwischen Streichern und Holzbläsern hin und her, bis solistische Streicher den Wirbel unterbrechen und sich mit einer süßen Melodie einschmeicheln. Danach erst kann der Schlußkehraus einsetzen.

[M] *CD* Symphonien 1 und 2: Wiener Symphoniker, Prêtre (Erato 1990)

Symphonie Nr. 3 c-moll op. 78 (»Orgelsymphonie«)

UA: London 1886

Saint-Saëns war sich der Bedeutung seiner letzten Symphonie wohl bewußt: »Mit ihr habe ich alles gegeben, was ich geben konnte (...) so etwas wie dieses Werk werde ich nie wieder schreiben.« Allein die formale Gestaltung ist bemerkenswert: Saint-Saëns zog jeweils 2 der insgesamt 4 Symphoniesätze zusammen und überzog beide Großteile mit einem dichten Netz motivischer Bezüge. Keimzelle ist das nach der langsamen Einleitung in zittrige Sechzehntel verpackte *Hauptthema*, dessen erste Töne das gregorianische »dies irae« zitieren. Die fein ausbalancierte Instrumentation, die mit einem vierhändig zu spielenden Klavier und einer Orgel angereichert wurde, ermöglicht, jederzeit diesen Hauptgedanken zu verfolgen, der sich wie ein roter Faden durch die gesamte Symphonie schlängelt. Die Unrast des Kopfsatzes erstirbt in einem milden Orgelakkord, der zu dem lyrischen *Adagio*-Abschnitt überleitet. Im *Scherzo*, das den 2. Teil der Symphonie eröffnet, erklingt erstmalig das Klavier in ornamentalen Girlanden. Aus einer Streicherbrücke erwächst das choralartige *Finale*, das mit Bläserfanfaren und glänzendem C-Dur einen prächtigen Abschluß in Beethovenscher Tradition zelebriert.

[M] *CD* Marshall, Oslo PO, Jansons (EMI 1994)

Symphonische Dichtungen

»Befreier der Instrumentalmusik« nannte Saint-Saëns den von ihm verehrten Franz Liszt, an dessen Symphonischen Dichtungen er die Freiheit der Form bewunderte. Saint-Saëns selbst wandte sich relativ spät dieser Gattung zu: 1871 schrieb er *Le Rouet d'Omphale (Das Spinnrad der Omphale) op. 31*, 1873 *Phaëton op. 39*, 1874 *Danse macabre (Totentanz) op. 40* sowie 1877 *La Jeunesse d'Hercule (Die Jugend des Herkules) op. 50*. Das effektvollste und auch erfolgreichste Werk ist der *Danse macabre*, der sich eng an das gleichnamige Gedicht von Henri Cazalis hält: 12 Schläge der Harfe leiten das Mitternachtsspektakel ein, der Tod spielt auf der verstimmten Geige zum Tanz auf, die Skelette klappern zu einem aus dem *Karneval der Tiere* vertrauten Motiv auf dem Xylophon. Ein Hahnenschrei (Oboe) beendet den Spuk. Enthalten die beiden anderen Symphonischen Dichtungen ebenfalls lautmalerische Effekte wie Pferdegetrappel oder die Bewegung eines Spinnrades, so liegt *La Jeunesse d'Hercule* das innere Programm eines Entscheidungskampfes zwischen Sinnlichkeit und Tugend zugrunde.

[M] *CD* Philharmonia Orchestra, Dutoit (Decca 1980)

Konzerte für Klavier und Orchester

Als Maurice Ravel sein *G-Dur-Klavierkonzert* als »im Geiste Mozarts und Saint-Saëns« geschrieben bezeichnete, hatte er nicht übertrieben. Denn in keiner Gattung war Saint-Saëns so experimentierfreudig und innovativ wie in seinen 5 Klavierkonzerten. Mit 23 Jahren schrieb er, »von den Wäldern Fontainebleaus inspiriert«, das *Klavierkonzert Nr. 1 D-Dur op. 17*. Der Virtuosität wird noch viel Raum gewährt, zugleich aber verweisen die motivischen Verbindungen der Ecksätze und die formale Freiheit des improvisatorischen 2. Satzes auf die späteren Konzerte.

Das *Klavierkonzert Nr. 2 g-moll op. 22* war schneller geschrieben als eingeübt: Als 1868 Anton Rubinstein Saint-Saëns bat, für sein Dirigier-Debüt in Paris ein Konzert zu arrangieren, komponierte ihm Saint-Saëns innerhalb von 17 Tagen ein Klavierkonzert – Zeit zum Üben blieb ihm allerdings kaum. Hatte die UA aufgrund Saint-Saëns' mangelhaften Spiels mäßigen Erfolg, so gehört das Konzert heute gemeinsam mit dem *4. Klavierkonzert* zum Standardrepertoire. Die Satzabfolge ist vertauscht; auf ein *Andante* folgen 2 schnelle Sätze. Das Klavier beginnt solistisch mit einem gewichtigen Präludium; nach einer Orchesterüberleitung setzt das kantable Hauptthema ein. Die pianistischen Figuren verdichten sich und münden in eine ausgedehnte Kadenz. Nach dem pfiffigen *2. Satz* mit Scherzocharakter, dessen 2. Thema eine der eingängigsten Melodien Saint-Saëns' ist, brechen im *Finalsatz* Orchester wie Klavier in fulminante Triolen aus. Das schwindelerregende Tempo staut sich im Mittelteil, in dem sich das Klavier an einem Trillermotiv festbeißt.

Saint-Saëns' kompositorische Idee, den Solopart »wie eine dramatische Rolle« anzulegen und auf Tastenartistik zu verzichten, rief nicht nur bei den Virtuosen Unmut hervor. So erboste sich etwa ein Kritiker nach der UA des *3. Klavierkonzerts Es-Dur op. 29*: »Denn obwohl sich der Orchesterpart eines Solokonzertes nicht einmal mit der schäbigsten Symphonie messen kann, hat sich Monsieur Saint-Saëns in seinem 3. Klavierkonzert dazu entschlossen, soviel wie möglich vom Solopart zu opfern. Nur seine Symphonischen Dichtungen machen dieses 3. Konzert verzeihlich«. Es war nicht nur der magere Klavierpart, der das Publikum bei der UA 1869 in Leipzig verärgerte. Man wunderte sich auch über die harmonischen Ausschweifungen, die zerfallende Form des *Kopfsatzes* oder die offene Dissonanz am Schluß des *Andante*, die dem Konzert das Etikett »Zukunftsmusik« aufdrückten. Nur das abschließende *Allegro* mit dem spritzigen Rondothema wurde gnädig aufgenommen.

An formaler Ausgewogenheit wie melodischer Schönheit ist Saint-Saëns' *Klavierkonzert Nr. 4 c-moll op. 44* (uraufgeführt 1875 in Paris) ein glänzender Höhepunkt dieser Gattung. Mit seinen strengen Proportionen und einer maßvollen Virtuosität bildet es den asketischen Gegenpol zu dem freimütigen *2. Klavierkonzert*. Wie auch in der *Orgelsymphonie* ist die latente Viersätzigkeit in 2 Großteile gebündelt.

Der *1. Teil* beginnt mit Variationen über ein kleinschrittiges Thema, dessen sanftes Gesicht im Laufe der motivischen Verwicklungen bald freche, bald dramatische Züge annimmt. Der *2. Teil* verbindet Scherzo und Finale. Jazzartige Synkopen im Klavier verstärken den Übermut des launigen Scherzos, bevor das Variationsthema des ersten Teils wieder auftaucht. Nach einem mehrschichtigen langsamen Abschnitt leitet das Klavier mit einer schlichten Volksmusikmelodie die Schlußvariationen ein, die sich zum Hymnus steigern.

Im Frühjahr 1896 hielt sich Saint-Saëns in Kairo auf und skizzierte dort sein *Klavierkonzert Nr. 5 F-Dur op. 103*, dessen bunt-orientalischer Mittelsatz ihm den Namen »das Ägyptische« gab. Viele Klangeffekte und orchestrale Farben mischen ein heterogenes Bild von Saint-Saëns Eindrücken in Nordafrika.

Wähnt man sich im *1. Satz* in einem romantischen Salon mit kunstsinnigem Publikum, so wechselt das Ambiente im *Mittelsatz* abrupt: »Es ist eine Art Orientreise, die in der Episode in Fis sogar bis zum Fernen Osten vordringt. Die Passage in G ist ein nubisches Liebeslied, das ich von Schiffern auf dem Nil singen gehört habe, als ich auf einer Dahabieh den Strom hinuntersegelte.« Das Konzert beschließt eine rhythmisch pulsierende *Toccata*, aus der das Schnauben eines Flußdampfers tönt.

[M] *CD* Die 5 Klavierkonzerte: Ciccolini, O. de Paris, Baudo (EMI 1970); Rogé, Royal PO, London SO, Dutoit (Decca 1978–80) – *VD/LD* 2. Klavierkonzert: Rubinstein, London SO, Previn (Decca)

Werke für Violine und Orchester

Sicher hat der andalusische Geiger Pablo de Sarasate Saint-Saëns zu so manch geigerischer Teufelei angestiftet, von denen es in seinen Werken für Violine und Orchester nur so wimmelt. Der populäre Geiger tauchte eines Tages bei Saint-Saëns auf und »bat höchst liebenswürdig und so, als sei es die einfachste Sache von der Welt, für ihn ein Konzert zu schreiben.« Saint-Saëns gab zu, »sehr geschmeichelt und dazu von ihm äußerst bezaubert« gewesen zu sein, und so entstand 1859 das *Violinkonzert Nr. 1 A-Dur op. 20*. Erstmals faßt hier Saint-Saëns die traditionelle Dreisätzigkeit eines Konzertes zu einem einzigen Satz zusammen, dessen Hauptgewicht auf dem mit allen Tücken der Geigentechnik ausstaffierten Solopart liegt. Das *Violinkonzert Nr. 2 C-Dur op. 58*, ebenfalls 1858 komponiert, steht dem 1. Konzert an Virtuosität in nichts nach und entspricht formal dem Mendelssohnschen *e-moll-Konzert*.

Neben den Violinkonzerten errangen zwei kürzere Konzertstücke die Gunst des Publikums: *Introduction et Rondo capriccioso op. 28* (komponiert 1863) sowie die *Havanaise op. 83* (komponiert 1887). Beide spielen mit typischen Rhythmen und Melodien der spanischen Musik, die im späten 19. Jh. in Frankreich hoch im Kurs stand; beides sind schwierige, aber auch dankbare Virtuosenstücke.

Violinkonzert Nr. 3 h-moll op. 61

UA: Paris 1881

Im Gegensatz zu seinen beiden Vorgängern konnte sich dieses Konzert als Repertoirestück durchsetzen. Die dominante Virtuosität der Solostimme im *Kopfsatz* schrumpft in den beiden folgenden Sätzen zugunsten eines Dialogs zwischen Solist und Orchester. Im langsamen *2. Satz* umfängt ein wiegender Barcarolen-Rhythmus die Kantilene der Violine, deren Motive von den Holzbläsern beantwortet werden. Im Mittelteil wechseln die Rollen: Die Solovioline greift Begleitfloskeln der Streicher auf. Nach einer Kadenz entschwindet der Satz in sphärischen Flageolett-Läufen. Die Sonatenform des *Finalsatzes* bereichern eine gewichtige Eingangskadenz und ein Choral, der sich am Schluß zu einem mächtigen Blechbläser-Hymnus steigert.

[M] *CD* van Keulen, London SO, Davis (Philips)

Cellokonzert Nr. 1 a-moll op. 33

UA: Paris 1873

Mit diesem Werk war es Saint-Saëns erstmals vergönnt, in der konservativen »Société des Concerts du Conservatoire« aufgeführt zu werden. Stieß das Konzert aufgrund seiner experimentellen Anlage bei den Zeitgenossen auf Unverständnis, so gehört es heute zu den Lieblingswerken der Cellisten. Es ist ebenfalls einsätzig wie das *1. Violinkonzert*; die Abschnitte verschränken sich zu einer eigenwilligen, dem Charakter einer Phantasie nahestehenden Form. Der Solist bricht nach einem Orchesterschlag in abwärts stürzende Triolen aus, die als Hauptthema die Bewegung im Orchester vorantreiben. Mitten in die Durchführung platzt ein behäbiges Menuett. Nach seiner Wiederholung wird der ungestüme 1. Abschnitt fortgesetzt, den brillante Ausflüge des Solisten unterbrechen, bevor eine Coda zum prachtvollen Dur-Schluß führt.

[M] *CD* Cellokonzert 1 und 2: Rose, Philadelphia O., Ormandy (Sony)

Cellokonzert Nr. 2 d-moll op. 119

UA: Paris 1902

Das letzte Instrumentalkonzert überhaupt, das Saint-Saëns schrieb, hat sich gegenüber seinem beliebten Vorgänger nie recht durchsetzen können. Vielleicht ist es zu schwer, mutmaßte bereits Saint-Saëns selbst. Die Cellisten werden ihm recht geben: Die Solostimme enthält so viele extreme Sprünge, daß sich Saint-Saëns gezwungen sah, sie in 2 Systemen zu notieren. Formal entspricht das Konzert seinem *4. Klavierkonzert* bzw. der *»Orgelsymphonie«*: 4 Abschnitte sind in 2 Großteile zusammengefaßt, die hochvirtuose Rasanz mit liedhafter Schlichtheit kontrastieren. *Andrea Zschunke*

Antonio Salieri

1750–1825

Er ist einer der wenigen Komponisten der Zeit Mozarts, dessen Name heute noch genannt wird, wenigstens als dessen mutmaßlicher Meuchelmörder, auch wenn die bekannten Legenden um den Giftmord an Mozart hinlänglich widerlegt sind. Salieris Werdegang ist die Geschichte einer glänzenden Karriere. Am 19. August 1750 in Legnano als Sohn eines zunächst wohlhabenden Kaufmanns geboren, erhielt er den Anfangsunterricht wahrscheinlich von einem seiner Brüder, bevor er in Venedig seine Ausbildung fortsetzte und dort von dem damaligen Wiener Hofkomponisten Gaßmann »entdeckt« wurde. Der sorgte für das weitere Fortkommen des jungen Talentes in Wien. Bald wurde er in die Kammermusik-Matineen Josephs II. eingeführt – dort wurden Weichen gestellt – und traf 1767 den berühmten Hofdichter Metastasio, der ihn den Umgang mit Sprache und Deklamation lehrte. Schließlich lernte er auch Gluck kennen, der ihm bis zu seinem Tod ein wertvoller Freund und Gönner blieb. 1774, nach Gaßmanns Tod wurde der erst 24jährige Salieri Hofkomponist und Kapellmeister der italienischen Oper, 1788 auch Hofkapellmeister; damit bekleidete er einen der wichtigsten Posten des europäischen Musiklebens. 1790 trat er von diesem Posten wieder zurück; er sah unter dem wenig kunstsinnigen Nachfolger Josephs II., Leopold II. nur noch wenig Chancen für sich. In seinen späten Jahren widmete er sich verstärkt der geistlichen Musik. Ab 1804 zog er sich aus der Öffentlichkeit zurück und starb am 7. Mai 1825 in völliger geistiger Umnachtung.

Salieri war nicht nur ein souveräner Komponist, dessen Musik stets von beherzter, handfester Frische und auch emotionaler Tiefe geprägt ist, sondern auch ein umsichtiger Kapellmeister, der sich vor allem um die sozialen Belange und die Altersversorgung seiner Musiker kümmerte. Darüber hinaus zeichnete er sich als exzellenter Pägagoge aus; neben Schubert und Beethoven gehörte auch Mozarts Sohn Wolfgang zu seinen Schülern, dem er vorurteilslos hohes Talent bescheinigte.

Sein kompositorisches Werk ist riesenhaft. Unter den über 40 Opern seien der *Falstaff* genannt und der Buffo-Einakter *Prima la musica poi le parole*, der an einem Abend 1786 zusammen mit Mozarts *Schauspieldirektor* in Wettstreit aufgeführt wurde. Mozart zog bekanntlich den kürzeren. Salieri schrieb eine ansehnliche Menge geistlicher Musik, Arien, Kantaten und Chöre. Sein instrumentales Schaffen ist relativ schmal: einige Konzerte, Serenaden, Ballettmusik, Unterhaltungsmusik. *Gerd Hüttenhofer*

Pablo de Sarasate

1844–1908

Die ungewöhnliche geigerische Begabung des am 10. März 1844 in Pamplona geborenen Pablo Martin Melitón de Sarasate y Navascués wurde bereits entdeckt, als er 5 Jahre alt war. Mit 8 Jahren trat der Sohn eines Militärkapellmeisters erstmals öffentlich auf: Das bescherte ihm ein privates Stipendium zum Musikstudium in Madrid, wo er bereits 2 Jahre später bei Hofe brillierte. Mit Unterstützung der Königin Isabella konnte er als 12jähriger sein Studium bei Delphin Alard am Pariser Konservatorium aufnehmen. Von 1859 bis zu seinem Tode am 20. September 1908 in Biarritz war Pablo de Sarasate einer der berühmtesten europäischen Geiger, der in Nord- und Süd-Amerika genauso gefeiert wurde wie in ganz Europa – sogar im deutschsprachigen Raum, wo er an dem für unübertrefflich gehaltenen Joseph Joachim gemessen und wo sein Spiel als im Grunde zu leicht, zu wenig tief befunden wurde. Sarasate war mit vielen Komponisten seiner Zeit persönlich befreundet, und einige der virtuosen Violinstücke des 19. Jhs. sind ihm gewidmet, darunter das *2. Violinkonzert* und die *Schottische Phantasie* von Max Bruch, die *Violinkonzerte Nr. 1* und *2* sowie *Introduction et Rondo capriccioso* von Camille Saint-Saëns, das Konzert in f-moll und die *Symphonie espagnole* von Edouard Lalo, das *Konzert Nr. 2* von Henri Wieniawski und *Marzurek* op. 49 von Antonín Dvorák – und auch Joseph Joachim selbst widmete ihm seine *Variationen für Violine und Orchester.* Sarasates eigener Geigenstil soll an Paganini erinnert haben, wurde aber dennoch als neu, ungemein persönlich und spritzig betrachtet, er spielte ein ausgeprägteres Vibrato als zu seiner Zeit üblich und zeigte gleichzeitig eine ungeheure Perfektion in Intonation und Bogenführung. Aus seiner eigenen virtuos-persönlichen Auffassung des Violinspiels heraus komponierte Sarasate immerhin 54 Werke, die Opuszahlen tragen, fast alles Kompositionen für Violine mit Orchester, obwohl er sich auch relativ viel kammermusikalisch betätigte. Am bekanntesten – und im Repertoire jedes Geigers – sind wohl die *Zigeunerweisen op. 20* für Violine und Orchester: ein kurzes 4sätziges Stück, in dem die Geige originale ungarische Melodien spielt und vom Orchester ausdrücklich nur begleitet wird. Ähnlich wie bei den *Zigeunerweisen* bearbeitete und arrangierte er in den *Spanischen Tänzen (op. 21, 22, 23, 26)* volkstümliche Melodien, diesmal aus seiner spanischen Heimat. In der *Konzertphantasie über Carmen op. 25* für eine virtuose Violine mit Orchesterbegleitung arrangiert Sarasate Themen der Bizet-Oper, ergänzt durch eigene Variationen.

Barbara Knab

Erik Satie

1866–1925

»Alle großen Künstler sind Amateure«, hieß eine der Lebensweisheiten von Erik Alfred Leslie Satie. Sie traf auf ihn selber zu. Er wurde am 17. Mai 1866 in Honfleur an der Kanalküste geboren. Sein Vater war Franzose, seine Mutter, Jane Leslie, Schottin. 1870 zog die Familie nach Paris, wo die Mutter nach 2 Jahren starb. Der Vater war in 2. Ehe mit einer Klavierlehrerin verheiratet; er betrieb eine Buchhandlung und einen Musikverlag.

1879 begann Erik Satie sein Studium am Conservatoire, nach dessen Richtlinien er aber nach 3 Jahren entlassen wurde, weil seine Leistungen als zu gering erachtet wurden. Ein Jahr später war er erneut am Conservatoire – diesmal als Gasthörer –, verließ jedoch 1886 fluchtartig das Institut und meldete sich freiwillig zum Militär. Nach kurzer Zeit zog er sich absichtlich eine Bronchitis zu, die ihm zum Untauglichkeitsbescheid verhalf. Er studierte dann in der Bibliothèque Nationale mittelalterliche französische Baukunst und schöpfte daraus die Anregung, Musik nach gotischen Prinzipien zu schreiben, so z. B. *Quatre Ogives (Vier Spitzbögen).* Seitdem behielt er wichtige Kompositionseigenarten der mittelalterlichen, gregorianischen Musik bei: seine Musik hat keine Taktstriche, sie steht nicht in Dur oder Moll, sondern in modalen Tonarten, sie ist aus kleinen Bausteinen zusammengesetzt, hat keine emotionalen Entwicklungen, sie ist Klangbändern vergleichbar.

Gleichzeitig wurde Satie Klavierspieler in Nachtcabarets am Montmartre. Die Verbindung von mittelalterlichen, sakralen mit Cabaret-Elementen, modern gesagt die Mischung von U- und E-Musik, wurde und blieb das Erkennungszeichen für seine Musik.

Er galt als Nichtskönner, fühlte sich auch selber mangelhaft ausgebildet; deshalb studierte er von 1905–1908 an der Schola Cantorum in Paris Kontrapunkt. Sein Urteil über den Erfolg: »Wozu habe ich mir das angetan? Ich schrieb doch so hübsche Sachen, und welche Schaustellung jetzt!« Er hatte daraufhin nur noch Spott für das Akademische in der Musik übrig und titulierte seine Musikerkollegen ›Verschrumpelte‹ und ›Verblödete‹.

Erik Satie schrieb keine Symphonien und keine Kammermusik, jedoch mehrere Ballette *(Parade, Mercure, Relâche, Uspud),* die Filmmusik *Cinéma* sowie das Vokalwerk *Socrate.* Er komponierte viele, zum Teil unveröffentlichte Chansons und sehr viele Klavierstücke. Außerdem hinterließ er einen dicken Band mit autobiographischen, zeitkritischen und aphoristischen Texten.

Am 1. Juli 1925 ist er in Paris gestorben.

Erik Satie (1895)

Parade

Ballett nach einem Szenario von Jean Cocteau

UA: Paris 1917

Vor einem Wandertheater führen die Künstler – ein chinesischer Zauberer, Akrobaten und ein amerikanisches Mädchen – in einer Parade Kostproben des Programms vor, das im Inneren gegeben wird; 3 monströse Manager machen die Reklame. Das Publikum hält die Parade schon für die Vorstellung und geht nicht mehr in die Schaubude hinein.

Die Dekorationen und Figurinen waren von Picasso, es tanzte die Diaghilew-Truppe nach der Choreographie von Leonide Massine, am Dirigentenpult stand Ernest Ansermet, und die Musik hatte Erik Satie geschrieben. Für die Szene des amerikanischen Mädchens komponierte er einen Ragtime und bezog sich damit auf das Jazzfieber, das seit mehr als 10 Jahren Frankreich ergriffen hatte. Die spektakuläre Benutzung von Alltagsgeräuschen (Flaschenspiel, klingende Pfützen, Lotterierad, Schreibmaschinengeklapper, Dampfgeräusche, elektrische Klingel, Revolverschüsse, Dynamogeräusche) geht auf futuristische Anregung zurück. Diese Geräusche sind ganz realistisch auf einen ebenmäßigen Klanghintergrund aufgesetzt, ebenso wie die kubistischen Maler auf ihre korrekt gemalten Bilder Stoffetzen, Sand oder Glasstücke aufklebten.

Die UA erregte vor allem wegen des Geräuschelements einen enormen Skandal mit nachfolgender Gerichtsverhandlung, weil Satie dem hämischsten Kritiker auf eine offene Postkarte geschrieben hatte: »Mein Lieber Herr und Freund, sie sind ein Arsch, aber ein Arsch ohne Musik. gez. Erik Satie.«

Nach *Parade* formierte sich um Jean Cocteau eine Gruppe von jungen Komponisten, die in Satie ihr Idol sahen: Le Groupe des Six. Es waren: Georges Auric, Francis Poulenc, Darius Milhaud, Arthur Honegger, Germaine Tailleferre und Louis Durey.

[M] *CD* Orchestre de Toulouse, Plasson (EMI 1988)

Relâche (Ruhetag oder Heute geschlossen)

Ballett nach einer Idee von Francis Picabia

UA: Paris 1924

Die Nonsense-Handlung: Ein Feuerwehrmann schlendert unentwegt rauchend über die Bühne. Eine Frau im Abendkleid geht durch den Zuschauerraum auf die Bühne, tanzt, raucht eine Zigarette. 8 Männer in Abendanzügen treten auf, tanzen mit der Frau, am Ende bringt einer von ihnen sie von der Bühne. Im 2. Bild ziehen die Männer ihre Anzüge aus und nehmen in fleischfarbenen Trikots ihre Späße wieder auf, indessen pumpt der Feuerwehrmann Wasser von einem Eimer in einen anderen und wieder zurück. Saties Musik besteht entsprechend der Anlage Picabias aus 2 Akten mit je 11 Nummern. Diese sind nach ganz einfachen traditionellen Formabläufen gebaut: Da capo-, Rondo- oder Strophenform. Sie haben untereinander sehr viele Beziehungen dank einiger Rhythmen und Motive, die in vielen Nummern des Balletts enthalten sind und damit die Einheitlichkeit des ganzen Stückes verstärken. Die Musik enthält im Unterschied zu *Parade* keine Geräusche, aber Satie verarbeitete ein Studenten- und ein Kinderlied zu fröhlichem Gejohle des Publikums.

Picabia nannte sein Stück »instantaneistisch«, also nur auf dem Augenblick stehend, d.h. ohne Zusammenhang oder formulierbaren Sinn. Auch Saties Musik ist »instantaneistisch«: Da der Aufbau aus kleinen Bausteinen, die für sich isoliert stehen, eine Entwicklung im Großen verhindert, gilt nur der jeweilige Augenblick, das Jetzt. Satie konnte so

Vorhang für das Ballett »Parade« von Pablo Picasso (1917)

etwas schreiben dank seiner Orientierung an der mittelalterlichen Musik in jungen Jahren.

Bei der UA wurde das Ballett ein Mißerfolg, denn das Publikum langweilte sich. Satie starb ein halbes Jahr später.

[M] *CD* Orchestre de Toulouse, Plasson (EMI 1988)

Cinéma

Picabia hatte den Einfall, vor dem ersten Heben des Vorhangs und zwischen den beiden Akten von *Relâche* einen Film zu zeigen. Er gab eine kleine Szenenfolge an René Clair, der daraus das Meisterwerk *Entr'acte* machte. Satie komponierte dazu die Musik *Cinéma*, die weder deskriptiv ist noch den Episoden der Handlung folgt. Sie besteht aus Strecken von 4, 8 oder 12 Takten, die ihre Struktur nicht verändern. Mit den großen Abschnitten des Films wechselt jedoch auch der Charakter der Musik. Sie nimmt auf diese Weise Kontakt zur Handlung auf, kann aber dabei ein großes Maß an Selbständigkeit behalten. Handlung und Musik laufen also parallel, aber unabhängig nebeneinander her. Deshalb konnte Satie seine Filmmusik »symphonisch« nennen. Das berechtigt aber auch dazu, *Cinéma* als die erste wirklich moderne Lösung des Problems Filmmusik zu bezeichnen. Besonders spannend ist es, den Film zu sehen und dazu die Musik live gespielt zu hören.

Trois Gymnopédies

Die 3 Stücke, die 1887 während der ersten Zeit im »Chat Noir« entstanden, sind bis auf den heutigen Tag die berühmteste Musik Saties. Gymnopädien waren Tänze, die im antiken Sparta zu Ehren der Gefallenen der Schlacht von Thyrea aufgeführt wurden. Satie überschreibt sie mit *Lent et triste*, *Lent et douloureux* und *Lent et grave*. Weit gefehlt jedoch, anzunehmen, daß Satie sich an die griechischen Vorbilder angelehnt hätte. Für ihn hatte lediglich der Titel »Gymnopédie« einen Nimbus der Fremdartigkeit. Er nahm mit diesen Stücken teil an der damaligen Begeisterung für das nach Freiheit strebende Griechenland. Die Strömung hieß »Neogrec«. Die Anspielung liegt nur im Titel. Die schmelzenden Melodien, die Satie dazu eingefallen sind, verhalfen den Stücken zu ihrem Erfolg. Es sind langsame Walzer, Cabaret-Stücke, übrigens fast gleichzeitig komponiert mit den neugotischen *Ogives*. Die *Gymnopédies* – ursprünglich für Klavier – sind mehrfach für Orchester gesetzt worden, zuerst von Saties Freund Claude Debussy.

[M] *CD* OS de Montreal, Dutoit (Decca)

Socrate

Symphonisches Drama mit Singstimme
über Dialoge von Platon
UA: Paris 1920

Aus Platons »Phaidon« und »Phaidros« in der französischen Übersetzung von Victor Cousin entnahm Satie die Texte zur Komposition. Ihn interessierte offenbar die Person des Sokrates am meisten, weil er sich möglicherweise selbst darin sah. Die philosophischen Diskussionen Platons entfallen weitgehend, während die Handlung erhalten bleibt.

Die Gesangstimme rezitiert singend den Text so, als ob sie lesen würde, ohne Eindringlichkeit, fast ohne Emotionen. Der Instrumentalpart besteht aus Klangbändern von in sich einheitlicher Struktur, er gibt für die jeweilige Szene das akustische Klima, das Klangambiente. Satie schrieb »weiße« Musik, »sans sauce« oder »ohne Haut«. Er zieht sich zurück bis an die Grenze des Schweigens. Mehr Bescheidenheit gegenüber dem großen Platon ist kaum möglich. Cocteau meinte: »Es gibt in Socrate Minuten, wo man sich fragt, ob die Musik vielleicht von einem Vogel geschrieben wäre.«

Bei der UA in der Société Nationale 1920 in Paris fand *Socrate* wegen seiner Schlichtheit nur wenig Beifall.

[M] *CD* Escribano, Bedard, Liyama, Lorenz, Ensemble »Die Reihe«, Cerha (Turnabout/Fono)

Grete Wehmeyer

Giacinto Scelsi

1905–1988

Wer ist Giacinto Scelsi? Wie klingt seine Musik? Noch vor wenigen Jahren war der 1905 in La Spezia geborene und 1988 in Rom verstorbene Komponist so gut wie unbekannt. Erst in seinem 8. Lebensjahrzehnt konnte sich der italienische Graf Giacinto Maria Scelsi D'Ayala Valva einer wachsenden Anerkennung seines musikalischen Schaffens erfreuen. Nach sporadischen Aufführungen in den 60er Jahren und einigen theoretischen Würdigungen in den 70ern wurde 1985 das Orchesterwerk *Aion* in Köln im Westdeutschen Rundfunk uraufgeführt. Der große Erfolg dieser Aufführung gab das Startsignal für eine Scelsi-Welle, die ihren Höhepunkt mit einer monographischen Konzertreihe beim Steirischen Herbst 1989 erreichte. Trotzdem blieb Scelsi zeit seines Lebens eine geheimnisumwitterte Figur. Biographisches oder Photographien seiner Person lehnte er schroff ab. Weil er Musik verschiedener Besetzungen mittels eines notenschreibenden Sekretärs zu Papier bringen ließ, geriet Scelsi sogar in den Verdacht, ein Schwindler zu sein, seinen Weltruhm angeblich durch Betrug mit Hilfe bezahlter anderer Komponisten erreicht zu haben. Ein Vorwurf, der vor der Fachwelt allerdings nicht standhielt und keinen Einfluß auf die Einschätzung der kompositorischen Bedeutung Scelsis hatte. Nach einer soliden akademischen Ausbildung in Rom studierte der musikalische Graf in Wien bei einem Schönberg-Schüler und wurde zum ersten Italiener, der schon 1936, also viele Jahre vor Dallapiccola, zwölftönig komponierte. Doch noch vor dem allgemeinen Serialismus der Nachkriegszeit zog er sich wieder vom seriellen Denken zurück, studierte bei einem Skrjabin-Schüler in Genf und wandte sich schließlich sowohl harmonisch-klanglich als auch metaphysisch-geistig nach Osten, nach Indien und China und zum japanischen Zen-Buddhismus hin. »Wer nicht ins Innere, ins Herz des Klanges empordringt, ist vielleicht wohl ein vortrefflicher Handwerker, aber niemals wird er ein wahrer Künstler, ein wahrer Musiker sein«. Giacinto Scelsi begann kurz nach Ende des Zweiten Weltkriegs stundenlang am Klavier den selben Ton zu spielen und in ihn hineinzulauschen. Für Scelsi bebt der Ton als Klang wie ein Plasma, wahrnehmbar gemacht durch Cluster, Triller, Tremoli und Glissandi. Sein umfangreiches Schaffen erstreckt sich mit Ausnahme des Musiktheaters über alle Gattungen. Doch sind es wohl besonders die Werke für großes Orchester, die die ganze Tragweite seines Genies erkennen lassen. Von den 6 Orchesterwerken aus seiner schöpferischen Reifezeit sind die 3 ersten für Orchester allein: *Hurqualia* (1960), *Aion* (1961) und *Hymnos* (1963), die 3 weiteren für Chor und Orchester: *Uaxuctum* (1966), *Konx-Om-Pax* (1968/69) und *Pfhat* (1974). Giacinto Scelsi hat immer betont, kein Komponist im herkömmlichen Sinne zu sein, sondern nur ein Vermittler, ein Bote, ein Medium zwischen zwei Welten.

Michael Schmidt

Friedrich Schenker

1942

Der am 23. Dezember 1942 in Zeulenroda (Thüringen) geborene Friedrich Schenker erhielt seine erste musikalische Ausbildung als Kind in den Fächern Klavier und Posaune. Nach der Schulzeit nahm er 1961 ein Instrumentalstudium an der Ostberliner Musikhochschule »Hanns Eisler« auf und belegte daneben das Fach Komposition bei dem Eisler-Schüler Günter Kochan. Ab 1964 war Schenker 18 Jahre als Soloposaunist im Rundfunk-Symphonieorchester Leipzig tätig und setzte parallel dazu seine Kompositionsstudien, zunächst bei Kochan, dann bei Fritz Geißler fort. Zusammen mit anderen Leipziger Musikern gründete Schenker 1970 die »Gruppe Neue Musik ›Hanns Eisler‹ Leipzig«, das Ensemble für Neue Musik in der DDR, das bis zu seiner Auflösung im Frühjahr 1993 für die Entstehung und Verbreitung avancierter Kammermusik einstand. Prägenden Einfluß hatte die Begegnung mit Paul Dessau, bei dem Schenker von 1973–1975 als Meisterschüler arbeitete. Seit 1982 ist Friedrich Schenker als freischaffender Komponist tätig, nebenbei als Berater in Fragen zeitgenössischer Musik am Leipziger Gewandhaus und seit 1983 als Lehrer für Komposition an der Leipziger Musikhochschule.

Schenkers Arbeiten reichen von solistischer Kammermusik über Symphonien bis hin zu experimentellen und musikdramatischen Formen. Stilistisch von der Zweiten Wiener Schule herkommend, hat er, die avantgardistischen Strömungen aufmerksam beobachtend, zu einer eigenen sehr expressiven, komplexen Musiksprache gefunden. Neben einer ganzen Reihe von Solokonzerten entstanden 3 Symphonien: *In memoriam Martin Luther King* (1971), *Flötensymphonie* (1976) und die durch eine Romreise inspirierte *Michelangelo-Symphonie* (1982/83), ein 95minütiges erstes Werk auf »Ur-Worte« aus Texten von Michelangelo, H. Broch und I. Joyce, das die Konflikte zwischen Individuum und Wirklichkeit innerhalb des großen Schöpfungszusammenhangs thematisiert. Eindeutig politisch motiviert sind das *Epitaph für Neruda* (1973), *Fanal Spanien* 1936 und das experimentelle, von der Agitationslyrik Majakowskis inspirierte *Majakowski-Jessenin-Recital* (1983). Schenkers Symphatie für Georg Büchners Haltung des Protestes floß ein in die gleichnamige Oper von 1979/80, in der Schenker mit Zitatcollagen in der Mitte zwischen Identifikation und Denunziation arbeitet. In dem szenischen Monodram *Bettina* (1981/82) und der Radio-Oper *Die Gebeine des Danton* (1987/89) beschäftigte sich Schenker noch einmal mit musikdramatischen Formen.

Carolin Naujocks

Philippine Schick

1893–1970

»Die Musiklexika nehmen selten eine Frau ernst. Sie werden dort nur selten weiblichen Namen begegnen.« Dies mußte Philippine Schick in einem Vortrag mit dem Titel »Die Frau als Komponistin« feststellen, den sie am 26. November 1943 an der Hochschule für Musik in Leipzig hielt. Aus eigener Erfahrung wußte sie, daß für einen Menschen, »um schöpferisch zu arbeiten, doch ein ziemliches Maß von Einsamkeit nötig ist (…) Das kann aber eine Frau, die in normalen Verhältnissen lebt, nie!« Philippine Schick zog aus dieser Erkenntnis die Konsequenzen, indem sie auf ein Familienleben verzichtete und ihren Lebensunterhalt als Pianistin und später als Dozentin für Musiktheorie und Anglistik an der Universität München verdiente.

Geboren wurde sie am 9. Februar 1893 als Tochter des bekannten Anglisten Joseph Schick. Das Bedürfnis, Eigenes zu schaffen, entwickelte sich bei ihr sehr früh: Bereits mit 13 Jahren komponierte sie Klavierstückchen und eine 17seitige Operette mit eigenem Text »Der Blumenzwist«.

Auf Anregung des Vaters studierte sie Englisch, Französisch, Griechisch und Latein und belegte während ihres Aufenthaltes in New York (1911) einen Chinesischkurs an der dortigen Columbia University. 1918 schloß sie ihr Studium der Komposition an der Münchner Akademie der Tonkunst ab.

Neue Impulse für ihre kompositorische Tätigkeit erhielt sie, als sie 1921, bereits als anerkannte Komponistin, Schülerin von H. W. von Waltershausen wurde, mit dem sie von 1927 bis 1932 verheiratet war: »In vier Jahren strengen Studiums konnte ich unter seiner Führung meine Kenntnisse, vor allem im Kontrapunkt, noch ganz gewaltig verbessern und vermehren.« In den Jahren 1933–1945 lebte Philippine Schick als freie Komponistin und schuf als Gründerin der Fachgruppe Musik der GEDOK ein Podium für Berufsmusikerinnen.

Neben Orchesterwerken (*Klavierkonzert op. 10, Schottische Tanzsuite für Orchester op. 36*, und *Passacaglia und Choralfuge* für Klavier und Orchester) waren es vor allem textgebundene Werke, die ihr kompositorisches Interesse weckten. Lebten ihre frühen Werke noch in einer spätromantisch ausufernden Klangwelt, so zeichnen sich die späteren Kompositionen durch sparsamen, gezielten Einsatz der musikalischen Mittel und durchdachte formale Strukturen aus. Charakteristisch bleibt jedoch eine gewisse schwermütige Ernsthaftigkeit, die jeder Oberflächlichkeit entbehrt.

Nach dem Krieg setzte sich Philippine Schick eingehend mit modernen Kompositionstechniken wie der von J. M. Hauer entwickelten Form der Zwölftonmusik auseinander.

Sie starb am 13. Januar 1970 in München. *Elisabeth Prossel*

Franz Schmidt

1874–1939

»Wenn einer Schmidt heißt, soll er nicht Künstler werden!« Die hart treffenden Worte seines Klavierlehrers Theodor Leschetitzky müssen auf eigentümliche Weise ihre Wirkung hinterlassen haben: Jede Künstlerattitüde, jede Koketterie mit seinen Fähigkeiten als einer der besten Pianisten seiner Zeit und immerhin Solocellist der Wiener Philharmoniker war Franz Schmidt fremd. Photographien zeigen ihn als einen ein wenig zur Korpulenz neigenden Durchschnittstypen, gekleidet in der Art eines Biedermannes, mehr Beamter denn – jedenfalls nach landläufigem Bilde – Komponist.

Am 22. Dezember 1874 in Preßburg, dem heutigen Bratislava geboren, zog Schmidt schon als Jugendlicher allein ins nicht fern gelegene Wien, um seine bereits als Kind begonnene pianistische Ausbildung fortzusetzen. Gekränkt von der Äußerung Leschetitzkys begann er ein Cellostudium bei Ferdinand Hellmesberger, das er so mühelos absolvierte, daß er schon mit 22 Jahren Mitglied des Hofopernorchesters wurde. Für seinen kompositorischen Weg dürfte die sehr kurze Lehrzeit bei Anton Bruckner entscheidender gewesen sein als das Studium bei Robert Fuchs.

Franz Schmidt gilt heute allgemein als der Vollender einer symphonischen Traditionslinie Schubert–Bruckner–Brahms. Tatsächlich war er nach dem frühen Tod Gustav Mahlers 1911 der für seine Zeitgenossen wichtigste Komponist Österreichs; auch die Mitglieder der Neuen Wiener Schule zollten dem stilistisch ihnen gegenüber eher konservativen Franz Schmidt Respekt. Schönberg förderte Schmidt-Aufführungen in seinem »Verein für musikalische Privataufführungen«: Schmidt setzte sich sowohl als Leiter der Wiener Musikakademie als auch als Rektor der Fachhochschule für Musik und darstellende Kunst immer wieder für die damalige Avantgarde ein.

Franz Schmidts Musik wird noch heute in seiner Heimat relativ häufig aufgeführt, außerhalb Österreichs hat sie es dagegen schwerer. Als ein besonderes Anerkennungshindernis scheint sich dabei das oftmals in Promenadenkonzerten zu hörende streichersatte *Zwischenspiel* aus dem 1. Akt der 1914 uraufgeführten Oper *Notre Dame* auszuwirken, das sich inzwischen längst von seinem Schöpfer gelöst hat. Die *4 Symphonien* (*Nr. 1 E-Dur* 1899; *Nr. 2 Es-Dur* 1913; *Nr. 3 A-Dur* 1928 und *Nr. 4 C-Dur* 1933) werden von Kennern zu recht als Meisterwerke vor allem der Variationskunst – die den genialen Improvisator Schmidt verrät – gelobt. So ist der *2. Satz* der *2. Symphonie* ein fast 20minütiges *Allegretto con Variazioni*, das für sich neben den reinen Variationswerken, etwa den 1931 vollendeten *Variationen über ein Husarenlied* oder den *Variationen über ein Thema von Beethoven* für Klavier und Orchester von 1923 durchaus bestehen kann.

Weniger handwerklich-technisch als vielmehr biographisch motiviert ist die großangelegte *4. Symphonie C-Dur*, die Schmidt 1933 unter dem Eindruck des Todes seiner Tochter schrieb. Die 4 Sätze gehen bruchlos ineinander über, thematische Keimzelle des gesamten musikalischen Geschehens ist ein solistisches Trompetensignal, das Schmidt beschrieben hat als »letzte Musik, die man mit hinübernimmt.« Dieses Signal umklammert die Symphonie, deren inhaltlicher Höhepunkt ein gewaltiger Trauermarsch ist.

Kurz vor seinem Tod, er starb am 11. Februar 1939 in Wien, konnte Schmidt noch die UA seines Oratoriums *Das Buch mit sieben Siegeln* miterleben, eine Vertonung der Apokalypse; das abendfüllende Werk erschreckt heute nicht zuletzt auch durch die Vision der Unerbittlichkeit des Krieges, den Schmidt nicht mehr miterleben mußte.

Andreas K. W. Meyer

Dieter Schnebel

1930

»Wird im Saal gehustet, hört man ein Auto hupen, grüßt Beifall den Interpreten, könnte daraus Musik werden (...) Komponiert – und notiert – würden Verhaltensweisen zu möglichen Klängen.« 1961 hat Dieter Schnebel, der Pfarrer und Religionslehrer, diese Sätze geschrieben – nicht als protestantischer Theologe, sondern als Komponist von Musik, die sich gegen die Grenzen dessen, was landläufig als Kunst gilt, wendet. Eingespielte Verhaltensmuster, Konventionen und Funktionszuordnungen werden hier thematisiert und auf oft provozierende Weise außer Kraft gesetzt. In den *Choralvorspielen* von 1966–68/69 wird die Orgel nicht nur als den Gemeindegesang begleitendes Musikinstrument Gegenstand kompositorischer Arbeit, sondern zugleich als »Sakral-Maschine« präsent, deren klappernde und pfeifende Mechanik ebenso zu Gehör gebracht wird wie Alltagsgeräusche, die beim »Gebrauch« solcher Musik anfallen.

Ein frühes Hauptwerk des 1930 in Lahr (Baden) geborenen Schnebel stellt *Für Stimmen (... missa est)* von 1956–68 dar. Es ist eine Erkundung von vokalen Ausdrucksgesten und Klangaktionen, die sich theologischen Gehalten auf eine Weise nähern, die verschüttete, unterprivilegierte, kreatürliche Ausdrucksbereiche hervorkehrt. Die Freisetzung von Elementarlauten menschlichen Ausdrucks wird dabei bis zu einzelnen Tätigkeiten des Stimmapparats wie Atmen, Kehlkopfspannung, Zungen- und Lippenbewegung vorangetrieben (*Maulwerke*, 1968–74). In rein visuellen Stücken werden die Gesten und Bewegungsrituale des Musikmachens vom Instrumentalisten bis zum Dirigenten komponiert und auch Bildfolgen geschaffen, die dem Leser Musik als bloß imaginierte, im inneren Ohr vorstellbare ermöglichen (*MO-NO* 1969). Schnebel, der seit 1976 eine Professur an der Berliner Hochschule der Künste innehat, machte zusehends auch die musikalische Tradition zum Gegenstand seines grenzüberschreitenden Komponierens. In den »Bearbeitungen« sind seit 1972 Werke und Komponisten der Vergangenheit verblüffenden Instrumentierungen, erhellenden Umdeutungen und Rekonstruktionen unterzogen worden, z. B. *Schubert-Phantasie* 1977/78, während die Werkreihe »Tradition« ab 1975 sich unterschiedlichster Ausdrucksgesten, Formprinzipien und Idiome der Musikgeschichte annimmt. Vom Kanon (*Motu proprio* 1975) über die Messe (*Dahlemer Messe*, 1988) bis zur ausladenden Symphonie (*Sinfonie X*, 1992) reicht dabei das Spektrum. Keine Frage, daß Schnebels Musik nicht nur zu sämtlichen Kunstgattungen vom Film bis zum Ballett Verbindungen unterhält, sondern in ihrer produktiven Offenheit gattungsgemäß auch oft kaum einzuordnen ist.

Bernhard Uske

Alfred Schnittke

1934

Seit Mitte der 80er Jahre verzeichnet die Musik des wolgadeutschen Komponisten Alfred Schnittke ungewöhnliche Aufführungserfolge, die in der Musik des 20. Jhs. ohne Beispiel sind. Fast alle großen Orchester spielen Kompositionen von Schnittke, vergeben Auftragswerke an ihn oder veranstalten ihm gewidmete Programm-Zyklen.

Alfred Schnittke wurde am 24. November 1934 in Engels (Wolgadeutsche Republik) als Sohn eines deutschen Vaters jüdischer Abstammung und einer wolgadeutschen Mutter geboren. 1946 übersiedelte die Familie nach Wien. Von 1953–1958 studierte Schnittke am Moskauer Konservatorium, wo er dann von 1962–1971 Instrumentation unterrichtete. Seit 1990 lebt Schnittke mit seiner Familie in Hamburg, wo er an der dortigen Musikhochschule eine Kompositionsklasse leitet. 1993 wurde ihm der Bachpreis der Freien und Hansestadt Hamburg verliehen.

Nach anfänglichen Experimenten mit seriellen Kompositionstechniken bildete sich Ende der 70er Jahre seine als »Polystilistik« bezeichnete Schreibweise heraus, die in Ansätzen der episch-zyklischen Konzeption Schostakowitschs sehr nahe steht und diese teilweise weiterentwickelt. Zuweilen in bizarren, von packender Dramatik durchzeichneten symphonischen Choreographien erfährt Schnittkes polystilistisch Grammatik stete Weiterentwicklung. Ihr Hauptkennzeichen besteht in der Collageform, einer formalen und inhaltlichen Weiterentwicklung der Klangmontage wie sie Charles Ives oder B. A. Zimmermann betrieben. So werden musikalische Idiome aus fast 1000 Jahren Musikgeschichte nachempfunden und in einen neuen dramatischen Zusammenhang gebracht.

Zu Schnittkes Hauptwerken zählen die 8 Symphonien, Violin- und Klavierkonzerte, Orchesterwerke, Ballettmusiken, 5 Concerti grossi und 3 Opern (*Leben mit einem Idioten, Historia von D. Johann Fausten, Gesualdo*). Schnittkes Symphonien nehmen eine zentrale Stellung im Gesamtschaffen des Komponisten ein. Die *1. Symphonie* (UA: Gorki 1974), die wie eine Art Urknall das tradierte Erbe von Haydn bis Beethoven unter Einbeziehung von Jazzmusik und Massenliedern auseinanderbrechen läßt, verkörpert eine Art Zeit-Bild, das der spannungsgeladenen Atmosphäre unserer Gegenwart einen Zerrspiegel vorhält, der apokalyptische Bilder reflektiert. Das Werk – in Schnittkes Augen eine Un-Symphonie – erfordert 100 Musiker und erfahrene Jazzer, die wesentliche Bestandteile der Komposition zu realisieren haben. In seiner *2. Symphonie* »St. Florian« (UA: London 1980), einer Hommage an Bruckner, wird die Form der Messe als architektonisches Gerüst benutzt, um zum einen der Religiosität Bruckners (Katholizismus) und zum anderen der geographischen Aura (Bruckner war bekanntlich ja Organist im Stift St. Florian) Ausdruck zu verleihen. Gerade aber in der *3. Symphonie* (UA: Leipzig 1981) spielt dieser Synthesegedanke eine grundlegende Rolle. Kurt Masur bestellte bei Schnittke eine Symphonie zur Eröffnung des neuen Gewandhauses in Leipzig, die Schnittke diesem Anlaß entsprechend als »Deutsche« Symphonie schrieb. Ein doppelbödiges Werk, das deutsche Musik von Bach bis Kagel anzitiert. Es ist der Versuch einer Symphonie, die zwischen verschiedensten Stimmungen teils tollwütiger, fratzenhafter Lustigkeit *(2. Satz)*, teils abgrundtiefer Bosheit *(3. Satz)* hin- und herpendelt. In der *4. Symphonie* (UA: Moskau 1984) stilisiert Schnittke die Musik der 4 Glaubensrichtungen: des Russisch-Orthodoxen, des Katholischen, des Protestantischen und des Jüdischen. Als »Ökumenischer Klangraum« wird die Form klassisch-romantischer Symphonik zugunsten einer zyklischen Ritualmusik umgangen. Das *4. Concerto Grosso/5. Symphonie* (UA: Amsterdam 1988) verkörpert den frappierenden Vorgang einer Metamorphose. Aus einem Concerto grosso mit konzertierenden Soloinstrumenten entwickelt sich ein großangelegter symphonischer Satz im Mahlerschen Katastrophengestus. Der *2. Satz* ist bezeichnenderweise auch eine Paraphrase über Mahlers wenig bekanntes *Klavierquartett.*

Neben Schnittkes Symphonien spiegeln aber auch seine Orchesterwerke diese polystilistische Schreibweise wider. Ein typisches Verwandlungsstück ist das Orchesterwerk *(K)ein Sommernachtstraum* (1958). Krass und verschroben wird hier ein im Schubertschen Ton »gefälschtes« Rondo bis zur Grimasse verbreitert. Auch in dem Orchesterwerk *In Memoriam* 1979 (eine Orchesterbearbeitung seines *Klavierquintetts)* konstruiert Schnittke diese verschachtelten Bewußtseinsebenen, die bedingt durch stark assoziatives Material (Walzer, Spieluhrenmusik) episch-retrospektiven Charakter haben. *Sven Ahnert*

Othmar Schoeck

1886–1957

»Schoeck ist ein Spätgeborener«, so schrieb der Forscher und Feund Willi Schuh 1946 zum 60. Geburtstag des großen Schweizer Lied-Komponisten und brachte damit ein überaus eigensinniges künstlerisches Selbstverständnis auf den Punkt. Demnach empfand sich Othmar Schoeck – am 1. September 1886 in Brunnen am Vierwaldstätter See geboren – zeit seines umfangreichen Schaffens nicht als kompositorischer »Wegbereiter« des 20. Jhs., sondern vielmehr als ein überzeugter »Vollender« der musikalischen Ästhetik um 1900. Das Lied ist die Zelle dieser genuin spätromantischen, von »ergreifendem Erinnerungsklang« durchzogenen Musik.

Nach einem kurzen Versuch in der Malerei studierte Othmar Schoeck von 1905–1907 am Zürcher Konservatorium und anschließend bei Max Reger in Leipzig, der jedoch keinen nennenswerten Einfluß mehr auf die starke musikalische Eigenprägung seines Schülers auszuüben vermochte. 1908 erregte Schoecks *Serenade op. 1* für kleines Orchester beim Schweizer Tonkünstlerfest großes Aufsehen; bei Hug erschienen erste Liederhefte. Auf zwei Chorleiterstellen folgte 1917 die Ernennung zum Chefdirigenten der St. Galler Symphoniekonzerte. Schoeck hatte inzwischen sein intim-schwelgerisches *Violinkonzert op. 21* »Quasi una fantasia« (1912) geschrieben und war als renommierter Begleiter tätig. Für viele Jahre sollte die Instrumentalmusik lediglich die Atempausen in seinem mächtigen Vokalschaffen (fast 400 Lieder und 8 Opern) füllen. Dem *Präludium op. 48* (1932) zur 100Jahrfeier der Universität Zürich folgen 1945 seine opp. 58 und 59: das pastorale Intermezzo *Sommernacht* auf ein Gedicht Gottfried Kellers und die ausgesprochen prägnant und sicher formulierte *As-Dur-Suite.* Beide Werke – wie auch das 1947 als op. 61 erscheinende, »dunkel-goldene« *Cellokonzert* und das *Hornkonzert op. 65* aus einem letzten Lebensjahr 1951 – sind für Streichorchester geschrieben, als wollte Schoeck sich hier in erster Linie der Kantabilität des Klanges versichern. Die Häufung instrumentaler Kompositionen nach der Erschütterung durch den Zweiten Weltkrieg ist augenfällig – wobei der *Festliche Hymnus op. 64* für Orchester (1951) als Auftragswerk aus diesem späten Drang zur absoluten Musik wohl ausgenommen werden muß. Othmar Schoeck starb am 8. März 1957 nach längerem Herzleiden in Zürich. *Christine Lemke*

Arnold Schönberg

1874–1951

Schönbergs berühmter Ausspruch, er sei »ein Konservativer, den man gezwungen hat, ein Radikaler zu werden«, benennt nur eine der vielen Antinomien, die seine Person wie sein Werk so produktiv prägten, allerdings eine entscheidende. Schönberg, der geniale Denker, Entdecker und Erfinder, der die Musik im frühen 20. Jh. wie kein anderer verändert hat – er verstand sich stets als legitimen Erben und natürlichen Fortsetzer »richtig verstandener guter alter Tradition«, womit er die deutsch-österreichische von Bach (als »erstem Zwölftonkomponisten«) über die Wiener Klassik bis Wagner, Brahms und Mahler meinte. Seine Neuerungen waren keine aus Originalitätssucht oder Eitelkeit inszenierten Willkürakte, sie erwuchsen vielmehr aus konsequentem Zuendedenken historischer Entwicklungstendenzen. Dabei empfand sich Schönberg, mit durchaus prophetischem Sendungsbewußtsein, gleichsam als Diener einer höheren Macht, als Zwangsvollstrecker eines unbedingten Ausdruckswillens (»Kunst kommt nicht von Können, sondern von Müssen«). Aus der verpflichtenden Tradition einer Musik höchsten Niveaus leitete er seine radikalen Ansprüche an Ich und Welt ab: an die moralische Integrität des Künstlers, an Echtheit, Gedankenreichtum, Formlogik und Ausdrucksintensität des Kunstwerks. Mit seiner Abneigung gegen Klischee, Dekor, Mittelmaß und Routine, mit seiner Maxime, Kunst solle nicht schmücken, sondern wahr sein, wußte er sich eins mit den aufklärerischen Protagonisten der Wiener Moderne (Kraus, Loss, Wittgenstein, Freud, Mahler, Klimt, Kokoschka u. a.), von denen viele seine Freunde waren. Daß die kompromißlose Verwirklichung solcher Ideale in seinem Werk vom offiziellen Kulturbetrieb mit Mißachtung, Haß, Verfolgung, Verdrängung bestraft wurde, registrierte Schönberg mit einer Mischung aus Stolz, Bedauern und Verbitterung. Er hoffte auf ein umfassendes Verständnis künftiger Generationen und wünschte sich in späten Jahren »nichts sehnlicher (wenn überhaupt), als daß man mich für eine bessere Art von Tschaikowsky hält – um Gotterswillen: ein bißchen besser, aber das ist auch alles. Höchstens noch, daß man meine Melodien kennt und nachpfeift.«

Schönberg wurde am 13. September 1874 in Wien geboren und ist am 13. Juli 1951 in Los Angeles gestorben. Als Komponist vornehmlich Autodidakt, verdankte er seinem Freund Zemlinsky profunde Kenntnisse des musikalischen Metiers und seiner Problemgeschichte. Mit Ausnahme zweier Berliner Jahre (Kabarettkomponist und Kapellmeister an Wolzogens »Überbrettl«) lebte er bis 1911 in Wien – von kärglichen Honoraren als Chordirigent, Operetteninstrumentator und Privatlehrer. Zu seinen ältesten Schülern (ab 1904) gehörten Webern und Berg, und bald scharte sich um ihn ein Kreis so talentierter wie hingebungsvoller Adepten – die 1. Generation der später legendären, weltweit einflußreichen »Wiener Schule«. Bis zu seinem Tod, fast ein halbes Jahrhundert, hat Schönberg unterrichtet: ein Pädagoge aus Passion, von fast magischer Ausstrahlung, der die spezifische Begabung jedes Einzelnen zielsicher zu fördern verstand. Faszinierende Zeugnisse seiner Lehre sind nicht zuletzt zahlreiche theoretische Werke, darunter als Hauptstück die 1911 publizierte »Harmonielehre« (»Dieses Buch habe ich von meinen Schülern gelernt«).

Die Jahre 1906–14 markieren in Schönbergs Entwicklung eine als Geniezeit apostrophierte Phase höchster Kreativität: Auflösung tonaler Hierarchien, Emanzipation der Dissonanz, aphoristische Formverkürzung, athematische »musikalische Prosa«, universelle Polyphonisierung des Satzes, Erkundung neuer Möglichkeiten der Klangfarbenmelodie, des Sprechgesangs, des psychogrammatischen Musikdramas – dies sind nur einige Stichworte zur Kennzeichnung

Arnold Schönberg. Aquarell von Egon Schiele

der umwälzenden Neuerungen in Schönbergs Opera 9–22, darunter Schlüsselwerke des Expressionismus wie die *Georgelieder*, die *Fünf Orchesterstücke op. 16*, die *Klavierstücke op. 11* und *19*, die Einakter *Erwartung* und *Glückliche Hand*. Damals entstand auch ein Großteil seiner Gemälde (Porträts, »Visionen«), die Kandiskys Bewunderung fanden und in Wien und München ausgestellt wurden. Nach einem zweiten Berlin-Aufenthalt 1911–1915 (Dozent am Sternschen Konservatorium) und erfolgreicher Tournee mit dem epochemachenden Melodramenzyklus *Pierrot lunaire op. 21* kehrte Schönberg nach Wien zurück, leistete Militärdienst, ließ sich 1918 in Mödling nieder, wo er eine neue Schülergeneration (Eisler, Rufer, Deutsch, Ratz, Kolisch, Serkin u. a.) heranbildete, und gründete den »Verein für musikalische Privataufführungen« (aktiv 1918–1921), der für die Verbreitung neuer Musik in exemplarischen Interpretationen wegweisend wurde. Während einer Periode scheinbarer schöpferischer Stagnation 1916–1923 (Komposition des Oratorienfragments *Die Jakobsleiter*) konzipierte Schönberg – auf der Suche nach systematischer Erschließung und konstruktiver Regulierung des »anarchischen Reichs« atonaler Freiheit – seine Methode der »Komposition mit zwölf nur aufeinander bezogenen Tönen«. Sie wurde in op. 23–26 erstmals praktisch erprobt, bald von seinen Schülern übernommen und weiterentwickelt und fand später in kodifizierter Form, als Zwölfton- oder Reihentechnik, universelle Verbreitung.

Ab 1926 leitete Schönberg eine Meisterklasse für Komposition an der Berliner Akademie der Künste und schrieb einige seiner wichtigsten Zwölftonwerke (*3. Streichquartett, Orchestervariationen, Begleitmusik zu einer Lichtspielszene*, die Opern *Von heute auf morgen* und *Moses und Aron*).

1933 durch die Nazis aus dem Amt vertrieben, emigrierte er über Paris, Boston und New York nach Los Angeles (US-Staatsbürger 1941), lehrte 1936–44 an der University of California (zu seinen Schülern zählte auch John Cage), arbeitete Essays und theoretische Werke aus und erteilte weiterhin Privatunterricht. Die dialektische Spannung von »konservativ« und »revolutionär« – Grundantinomie des Schönbergschen Schaffens – manifestiert sich womöglich am deutlichsten in den Werken der Exilzeit: Ihr Spektrum reicht von leicht spielbarer tonaler Gebrauchsmusik *(Suite für Streichorchester, Thema und Variationen für Blasorchester)* bis zu hochkomplex strukturierten Zwölftonwerken kompromißlos radikalen Ausdrucks *(Streichtrio, Violinphantasie)*. »Semantische« Aspekte aber treten hier durchweg stärker hervor: Zum einen ein verstärktes Engagement für religiöse und politische Themen *(Kol Nidre, Chöre op. 50, Ode to Napoleon, A Survivor from Warsaw)*, zum andern – vorab in den beiden Solokonzerten – ein unüberhörbar nostalgischer Tonfall, der das Heimweh nach der europäischen, zumal der Wiener Kultur gewissermaßen thematisiert.

Verklärte Nacht op. 4

Fassung für Streichorchester; UA: Wien 1919

Zu den musikalischen Inkunabeln des Wiener Jugendstils gehört Schönbergs *Verklärte Nacht* (ursprünglich Streichsextett, später auch für Streichorchester gesetzt), eines seiner markantesten Frühwerke und bis heute sein meistgespieltes Stück.

Inspirationsquelle war ein poetischer Text aus Richard Dehmels Zyklus »Weib und Welt« (1986), der dank seiner kühnen erotischen Thematik und konventionslos offenen Sprache gleichermaßen Enthusiasmus wie Empörung provozierte und damals auch die Zensurbehörden beschäftigte. Das der Komposition zugrundeliegende Gedicht schildert das Gespräch eines Liebenden mit der geliebten Frau, die ein Kind von einem anderen erwartet. *Verklärte Nacht*, so Schönberg in einer Werknotiz, »ist Programmusik, weil sie die Dichtung Dehmels beschreibt und auszudrücken versucht. Mein Werk zeigt aber vielleicht doch einige Unterschiede zu anderen Werken dieser Art. Erstens wurde es nicht für Orchester geschrieben sondern für Kammermusik, und zweitens werden darin keine Handlung und kein Drama, sondern die dichterische Natur und menschliche Empfindung dargestellt (…) mit anderen Worten, sie bietet die Möglichkeit, als ›reine Musik‹ geschätzt zu werden.« Der Stropheneinteilung Dehmels folgend, hat Schönberg die einsätzige Komposition in 5 Abschnitte mit kontrastreich aufeinander bezogenen Form- und Ausdruckscharakteren gegliedert.

Die Teile 1, 3 und 5 umschreiben die Naturstimmung der Mondnacht und den Gang der Liebenden »durch kahlen, kalten Hain«, sind also im weitesten Sinn lyrisch erzählende Partien. Sie umrahmen 2 stärker dramatisch pointierte Episoden, worin das Bekenntnis der Frau (Teil 2) und die tröstende Antwort des Mannes (Teil 4) sich in expressiv redender Gestik artikulieren. Betrachtet man das Werk, nach Schönbergs Worten, als »reine Musik« so bietet sich (wie für *op. 5* und *op. 9*) eine doppelte Deutung an: Die fünfgliedrige Folge erscheint einerseits als eine Art durchkomponierter Symphoniezyklus, andererseits als ausgedehnter Sonatenhauptsatz mit durchführungsartig eingeschobenen Episoden.

[M] *CD* Deutsche Kammerphilharmonie, Venzago (Virgin/EMI 1990); Concergebouw O. Amsterdam, Klemperer (Archiphon/Note)

Gurrelieder

für Soli, Sprecher, Chöre und großes Orchester

UA: Wien 1913

»Dieses Werk ist der Schlüssel zu meiner Entwicklung«, schrieb Schönberg 1912 seinem Verleger über die *Gurrelieder*, die chronologisch etwa die Mitte zwischen *Verklärter Nacht* und *Pelleas* markieren. Schönberg hatte die Komposition schon im März 1901 abgeschlossen und bis 1903 größtenteils instrumentiert, dann aber resignierend jahrelang liegengelassen. Die Orchesterfassung des 3. Teils (1910–1911) weicht daher in Klang und Struktur merklich von den früheren Partien ab. Die Vertonung von Jens Peter Jacobsens »Gurresange« (um 1868, deutsch 1899), ursprünglich als Klavierliederzyklus geplant, weitete sich rasch zum Zweistunden-Oratorium aus – einem monumentalen Dokument des Fin-de-siècle, das an Aufwand der Mittel (5 Solisten, Sprecher, 8stimmiger gemischter Chor, drei 4stimmige Männerchöre, Orchester von ca. 150 Musikern) wie an hypertropher Klangphantasie alle zeitgenössischen Partituren übertrifft. Jacobsens Dichtung, auf einer alten dänischen Volkslegende basierend, erzählt in sprachlich suggestiven Bildern die Geschichte von König Waldemars Liebe zu dem Mädchen Tove, seinem Schmerz über den gewaltsamen Tod der Geliebten (1. Teil), seiner Auflehnung gegen Gott, der solche Ungerechtigkeit zuließ (2. Teil), schildert schließlich im 3. Teil den nächtlichen Gespensterritt des toten Königs mit seinen Mannen, der in verklärende Naturapotheose *(Des Sommerwindes wilde Jagd)* mündet. Im Wechsel von Solo, Chor und Melodram, von gerafften Intermezzi und großen orchestralen Naturtableaux entfaltet Schönberg einen unerhörten Reichtum differenzierter Stilmittel. Wohl erinnern komplexe Leitmotivtechnik und schwelgerisch chromatisierte Harmonik deutlich an Wagners *Tristan*; doch weisen die weiten Intervallspannungen der Melodik, die kunstvolle Polyphonie von Chor- und Orchestersätzen, nicht zuletzt der ingeniöse Einsatz des Sprechgesangs im *Sommerwind*-Melodram unüberhörbar auf den Schönberg der Zukunft hin.

[M] *CD* Sweet, Jerusalem, Lipovsek, Welker, Langridge, Schönberg Chor, Wiener Philharmoniker, Abbado (DGG 1992)

Pelleas und Melisande op. 5

Symphonische Dichtung nach Maurice Maeterlinck

UA: Wien 1905

Schönbergs *op. 5* – einsätzig durchkomponiert, nahezu 50 Minuten lang und für ein Riesenorchester spätromantischen Zuschnitts höchst virtuos gesetzt – ist Programmusik, ist »Ton-Dichtung« im emphatischen Sinn: ein Chef d'œuvre und zugleich ein Schlußstück der Gattung, die hier gewissermaßen an ihre physischen und psychischen Grenzen getrieben wird. Schönberg notierte, er habe sich »ganz und gar von Maurice Maeterlincks wundervollem Drama« (einem Schlüsselwerk symbolistischen Theaters, das auch Debussy, Fauré und Sibelius in Musik setzten) inspirieren lassen und »abgesehen von nur wenigen Auslassungen und geringfügigen Veränderungen in der Reihenfolge der Szenen« jedes Detail der Textvorlage widerzuspiegeln versucht. Der Tradition Wagners – zumal des inhaltlich verwandten »Dreiecksdramas« *Tristan und Isolde* – folgend, verdeutlicht Schönberg die Handlungsstränge durch ein Geflecht von personen- und szenengebundenen Leitmotiven: Golaud, Melisande, Pelleas werden durch Hauptthemen charakterisiert, aber auch dem unentrinnbaren Schicksal, dem Ehebund Golaud-Melisande, dem Erwachen der Liebe zwischen Melisande und Golauds jüngerem Bruder Pelleas, der Eifersucht Golauds, dem Springbrunnen, an dem die Liebenden Abschied nehmen, sind solche Leitmotive zugeordnet. Aus ihrer Variation und Verwandlung in wechselnder Verknüpfung entsteht jene »hochkomplexe Polyphonie«, die das dichte Gefüge von Drama, Kommentar und Reflexion in kompositorischer Analogie entfaltet. In seiner Analyse des op. 5 hat Alban Berg zuerst darauf hingewiesen, daß die 4 Abschnitte der Tondichtung einen symphonischen Zyklus (mit Sonatenhauptsatz, Scherzo, Adagio und Finale) bilden. Zugleich aber entsprechen sie dem Grundriß eines Sonatensatzes mit Exposition von Haupt- und Seitenthema, Durchführung und Reprise. Die Verschränkung von Sonatensatz und Symphoniezyklus, auf das Modell von Liszts *H-moll-Sonate* zurückgehend, gehörte zu Schönbergs bevorzugten Formideen; er hat sie bald darauf auch in der *Kammersymphonie op. 9* und – viel später – im *Streichtrio op. 45* nochmals realisiert.

[M] *CD* Chicago SO, Boulez (Erato/Teldec 1991); SO des SWF Baden-Baden, Gielen (Intercord 1989)

Kammersymphonie für 15 Soloinstrumente op. 9

UA: Wien 1907

Fassung für Orchester (1935) UA: Los Angeles 1935

»Die Länge meiner früheren Kompositionen war einer der Züge, die mich mit dem Stil meiner Vorgänger Bruckner und Mahler verbanden, deren Symphonien oft die Dauer einer Stunde überschreiten. Ich war es leid geworden – nicht als Zuhörer, sondern als Komponist, Musik von solcher Länge zu schreiben.« Schönbergs op. 9 ist eines der ersten Werke, das Verknappung der Mittel und Reduktion des Formats als quasi programmatische Tendenz signalisiert – lange vor Strawinskys und Hindemiths dezidiert »anti-spätromantischen« Kammerensemble-Partituren. Der Wille zur Konzentration manifestiert sich deutlich auch in der Formkonzeption: Die *Kammersymphonie* besteht nur aus einem Satz, der in seiner fünfteiligen Gliederung auf den klassischen Symphoniezyklus verweist. Da aber Schönberg das eröffnende *Allegro* als Sonatensatzexposition und das *Finale* als variierte Reprise angelegt, ferner zwischen *Scherzo* und *Adagio* einen ausgedehnten Durchführungsteil eingefügt hat, läßt sich das Werk nicht nur als geraffte Mehrsatzsymphonie, sondern auch als erweiterter Sonatensatz mit zwei längeren Episoden definieren. Schönberg selbst bezeichnete op. 9 als Höhepunkt seiner 1. Schaffensperiode und führte dafür strukturelle Gründe an, zumal die »vollkommene Amalgamierung der Melodie mit der Harmonie, indem eine wie die andere entferntere tonale Beziehungen einheitlich verschmelzen, (...) wobei gleichzeitig ein großer Fortschritt in der Richtung auf die ›Emanzipation der Dissonanz‹ erfolgt.« Zwar basiert das Stück noch auf einer Grundtonart, doch wird das klassische Terzenschema durch systematische Verwendung von Ganzton- und Quartenstrukturen nachhaltig unterminiert. Am Anfang der *Kammersymphonie* steht ein sechsstimmiger Quartenakkord, und das anschließend exponierte Quartenthema des Allegroteils – eine raketenhaft emporschnellende Hornfigur – wurde gleichsam zum Fanal jener neuen Entwicklung, die wenig später zur konsequenten Atonalität führte.

[M] *CD* Orpheus Chamber O., New York (DGG 1989); Deutsche Kammerphilharmonie, Venzago (Virgin/EMI)

Fünf Orchesterstücke op. 16

UA: London 1912; Reduzierte Orchesterfassung 1949

Mit den *George-Liedern op. 15*, den *Klavierstücken op. 11* und dem Monodram *Erwartung* gehören die *Orchesterstücke op. 16* zu den Schlüsselwerken des Wiener Expressionismus, in denen Schönberg – unter Verzicht auf Tonalität, thematisches Denken, klassische Satzstruktur – seine »Sprache der Freiheit« exemplarisch formulierte. »Man könnte hier vielleicht von einer Prosa der Musik reden«, heißt es in einem Brief an Webern, und an Richard Strauss, dem er op. 16 zur UA anbot, schrieb Schönberg: »Es sind kurze Orchesterstücke (zwischen 1 und 3 Minuten Dauer) ohne zyklischen Zusammenhang (...) Ich verspreche mir allerdings kolossal viel davon, insbesondere Klang und Stimmung. Nur um das handelt es sich – absolut nicht symphonisch, direkt das Gegenteil davon, keine Architektur, kein Aufbau. Bloß ein bunter, ununterbrochener Wechsel von Farben, Rhythmen und Stimmungen.« Jedes Stück basiert auf einer Keimzelle von nur wenigen Tönen, aus der nach Schönbergs Technik permanenter Variation immer neue motivische Konstellationen hervorgetrieben werden. Bemerkenswert ist trotz aphoristischer Formverkürzung der Reichtum an differenzierten Klang- und Ausdruckscharakteren: etwa die gläserne Starre, aller Realität entrückte Ruhe des 2. Stücks oder der gespenstische Scherzo-Ton im 4. Stück mit seinen choralartigen Akkord-Ostinati. Am berühmtesten wurde op. 16/3, worin Schönberg seine Idee der »Klangfarbenmelodie« modellhaft realisierte: Das Stück besteht im wesentlichen aus einem Fünftonakkord in unmerklich changierender instrumentaler »Belichtung«. Klangfarbe wird hier, abgelöst von aller poetischen oder koloristischen Funktion, zum Hauptträger des musikalischen Fortgangs. Einer Bitte seines Verlegers (eher widerstrebend) folgend, hat Schönberg den Stücken 1922 Titel beigegeben: 1. *Vorgefühle* (Molto allegro) 2. *Vergangenes* (Mäßige Viertel) 3. *Farben* (Mäßige Viertel) 4. *Peripetie* (Sehr rasch) 5. *Das obligate Rezitativ* (Bewegte Achtel).

[M] *CD* Berliner Philharmoniker, Levine (DGG 1986); Concertgebouw O., Chailly, (Decca 1993)

Variationen für Orchester op. 31

UA: Berlin 1928

In op. 31 legte Schönberg gewissermaßen die Summe seiner frühen Erfahrungen mit der (zunächst in Vokal- und Kammermusik erprobten) Zwölftontechnik vor. Man hat dieses großbesetzte, in *Introduktion, Thema, 9 Variationen* und *Finale* gegliederte Orchesterwerk als »wahrhaftige Kunst der Fuge in der Ära der Dodekaphonie« (Mátyás Seiber) charakterisiert, und schon gegen Ende der *Introduktion* taucht, als Symbol der Huldigung, die berühmte Namensfigur B–A–C–H auf. Sie kehrt quasi leitmotivisch in den *Variationen* wieder und nimmt im *Finale* fundierende thematische Bedeutung an. Das *Thema* selbst ist zwölftönig, aber deutlich als gesangliche Kantilene angelegt und von charakteristisch asymmetrischer Gestalt (zweimal 5 und 7 Takte). In den folgenden Veränderungen wird das Prinzip der »entwickelnden Variation« sowohl untergründig (in den Reihenverfahren der Materialschicht) als auch im plastischen Außenprofil (der Gestalttransformation des Tonsatzes) verwirklicht, was der Partitur außerordentliche Stringenz verleiht. Dabei zeigen die einzelnen Abwandlungen, nach dem Modell klassischer Charaktervariationen, ausgeprägt individuelle Züge, die Schönberg selbst in traditionellen Termini umschrieben hat: An der »lieblichen« Var. 2 hob er den Kammermusik-Charakter hervor, an Var. 3 die »stürmische« drängende Bewegung, an Var. 4 den »Walzer«-Typ, an der sehr kantablen Var. 6 die »quasi amoroso«-Färbung. Nr. 1 und 6 sind in ihrer komplexen kontrapunktischen Faktur, Nr. 2 und 7 in ihrem solistisch konzertanten Satz deutlich aufeinander bezogen. Den Höhepunkt furioser rhythmischer Energie markiert Var. 8, während Var. 9, wieder etwas langsamer, unüberhörbar retrospektiven Charakter aufweist. Das dreiteilige, so kunstvoll wie virtuos gearbeitete *Finale* – auf einer Verschränkung des B–A–C–H-Motivs mit dem Variationenthema basierend – hat zugleich resümierende und überhöhende Funktion. Die disparaten Bilder »rücken«, nach Schönbergs Formulierung, »aneinander, schließen sich zum Kreis und zwingen, die Schlußsentenz vorausnehmend, zu anderer Formgebung.«

[M] *CD* Chicago SO, Boulez (Teldec); SO des SWF Baden-Baden, Gielen (Wergo)

Arnold Schönberg mit seiner Familie in Los Angeles; rechts Nuria, die spätere Frau Luigi Nonos

Begleitmusik zu einer Lichtspielszene op. 34

UA: Berlin 1930

Schönbergs op. 34 ist eine der farbenreichsten und ausdrucksintensivsten Kompositionen seiner Berliner Zeit: suggestive Beschwörung einer imaginären Stummfilm-Sequenz mit den (im Untertitel benannten) Stationen *Drohende Gefahr – Angst – Katastrophe.* Programmatisch und stilistisch erinnert das Stück, wiewohl streng zwölftönig strukturiert, an die Psychogramm-Tableaus seiner expressionistischen Phase (Monodram *Erwartung*, Orchesterstück op. 16/1 *Vorgefühle*), aber auch an Bergs *Orchesterstücke op. 6.* Die Partitur entstand, gewissermaßen als fiktive Kino-Gebrauchsmusik, im Auftrag des Leipziger Verlages Heinrichshofen, wurde jedoch zu Schönbergs Lebzeiten nur im Konzertsaal gespielt. »Wenn ich an Lichtspiele denke«, meinte Schönberg 1931, »so denke ich an zukünftige, die notwendigerweise künstlerisch sein werden müssen, und zu denen wird meine Musik passen«. Filmisch »realisiert« wurde die *Begleitmusik* erst 1973 in drei Produktionen von Luc Ferrari, Jan W. Morthenson und Jean-Marie Straub.

[M] *CD* BBC SO, Boulez (Sony)

Violinkonzert op. 36

UA: Philadelphia 1940

Seine beiden einzigen Solokonzerte op. 36 und 42 schrieb Schönberg als über 60jähriger im amerikanischen Exil. Nicht nur die späte Auseinandersetzung mit dem klassisch-romantischen Formtyp, auch die unüberhörbar retrospektiven, ja nostalgischen Züge beider Konzerte deuten darauf hin, daß er sich der europäischen und zumal der Wiener Tradition während der Exilzeit noch stärker als zuvor verbunden fühlte. Im *Violinkonzert*, das er beziehungsvoll seinem »lieben Freund und Kampfgenossen« Webern widmete, manifestiert sich dieser Rekurs auf Vergangenheit nach außen in einer nahezu »klassischen« Dreisatzanlage mit freiem Sonatensatz *(Poco allegro – Vivace)*, langsamer Liedform *(Andante grazioso)* und marschartigem Rondofinale *(Allegro)*. Mit unerhörter, fast zwanghaft gesteigerter Energie treibt Schönberg hier aus einem polyphon konzipierten, streng zwölftönigen Gefüge Traditionscharaktere in prägnanten Themengestalten, plastisch entwickelnder Variation und ausgedehnten Kadenzpassagen (Satz 1 und 3) hervor. Der fiebrig erregte Sprachgestus, die kühne, extreme Härten nicht scheuende Klangphantasie erinnern an Hauptwerke des Wiener Expressionismus. Ihnen entspricht die virtuose Gratwanderung des Soloparts, der mit seinen immensen Schwierigkeiten (Doppelflageoletts, Riesenintervallsprünge, vertrackte Akkordkombinationen in extremen Lagen und halsbrecherischer Geschwindigkeit) zu den anspruchsvollsten der gesamten Konzertliteratur gehört. Schönberg selbst meinte scherzend, das Stück erfordere einen Geiger mit sechsfingriger Griffhand, und als Jascha Heifetz die Partitur als unspielbar zurückschickte, lautete sein lakonischer Kommentar: »Ich freue mich, ein weiteres unspielbares Stück ins Repertoire gebracht zu haben. Ich will, daß dieses Konzert schwierig ist und der kleine Finger länger wird. Ich kann warten.«

[M] *CD* Krasner, SO des BR München, Mitropoulos (Orfeo 1954)

Kammersymphonie Nr. 2 op. 38

UA: New York 1940

Gleich nach Abschluß seiner *1. Kammersymphonie* im Sommer 1906 hatte Schönberg die Komposition eines »Schwesterwerks« in es-moll begonnen und bis 1908 etwa zwei Drittel der Partitur niedergeschrieben. Weitere Skizzen entstanden 1911 und 1916, doch wurde das Werk erst 1939 im kalifornischen Exil auf Bitten des Dirigenten Fritz Stiedry vollendet. So sehr es Schönberg anfangs schwerfiel, sich in den Stil von 1906–1908 wieder einzufühlen, so sehr kam diese Aufgabe seinen schöpferischen Intentionen der späten 1930er Jahre entgegen. Mit der Orchesterfassung des *g-moll-Klavierquartetts* von Brahms (1937), dem *Kol Nidre op. 39* (1938) und den *Orgelvariationen op. 40* (1941) gehört die *2. Kammersymphonie* zu einer Reihe von Werken, in denen er, nachdem er eine Periode strikter Zwölftonkomposition durchschritten hatte, neue Möglichkeiten tonaler Sprache erprobte. Aus der Verbindung des ursprünglich »spättonalen« Kompositionsansatzes mit einer reich entfalteten, quasi dodekaphon geprägten Polyphonie bezieht Schönbergs op. 38 seine faszinierende Spannung. Daß diese Spannung hier im Sinne systematischer Integration in eine freilich hochkomplexe tonale Harmonik gelöst wird, weist der *2. Kammersymphonie* eine Schlüsselposition zu: Sie zeigt einen anderen historischen »Ausweg« als den der Entwicklung zur freien Atonalität, die Schönberg in seinen Werken ab 1908 konsequent verfolgt hatte, und fungiert so gleichsam als Jahrzehnte überbrückendes Bindeglied zwischen der *Kammersymphonie op. 9* und den tonalen Werken der Exilzeit. Auch formal knüpft das Stück an traditionelle Satzmodelle an. Der *Adagio*-Kopfsatz in es-moll ist als dreiteilige Liedform mit Coda angelegt, das nachfolgende *Con fuoco* in G-Dur als rascher, thematisch vielgestaltiger Sonatensatz, der in der tragisch-resignativ getönten Coda auf Tempo, Tonart und Motivik des Kopfsatzes zurückgreift und so die zyklische Verklammerung des Ganzen verbürgt.

[M] *CD* Orpheus Chamber O., New York (DGG 1989); Deutsche Kammerphilharmonie, Venzago (Virgin/EMI 1990)

Klavierkonzert op. 42

UA: New York 1944

Verglichen mit dem *Violinkonzert* von 1936 wirkt das 6 Jahre später entstandene *Klavierkonzert* weicher, transparenter, bisweilen fast heiter, und wiewohl beide Werke zwölftönig gearbeitet sind, zeigt das jüngere einen ungleich großzügigeren, weniger dogmatischen Umgang mit Material und Technik. Schönberg erlaubt sich bisweilen sogar »tonale Freiheiten« und, zumal in kadenzierenden Passagen, Anspielungen auf funktionsharmonische Zusammenhänge. Auch die zirzensische Brillanz, die Freude an vertrackter Instrumentaltechnik tritt hier zurück zugunsten eines gelösten, ausdrucksvollen und betont partnerschaftlichen Musizierens. Wohl konzediert Schönberg dem Solisten zwei prägnante Kadenzen und eine gewisse vitale Virtuosität, doch ist der Klavierpart, überaus sorgfältig in das Satzgefüge integriert, eher obligate als solistische Stimme. An solch kunstvoll komplexer Balance von Solo und Orchester wie auch am vollgriffig gespreizten, voluminösen Klaviersatz ist deutlich die Brahms-Tradition erkennbar, die für Schönberg zeitlebens verbindlich blieb.

Formal knüpft *op. 42* am einsätzigen Konzerttypus der Romantik an, wie ihn Liszt etwa in seinem A-Dur-Konzert exemplarisch ausgeprägt hatte. Dem ohne Zäsur ablaufenden, aber in 4 merklich kontrastierende Abschnitte (Sonatensatz–Andante, Scherzo, Adagio und Rondo-Finale) gegliederten Werk gab Schönberg auf Anregung seines Schülers Oscar Levant erläuternde Überschriften bei, die man als latent autobiographisch zu deuten versucht hat. Ihre freilich sehr allgemein gehaltene Programmatik gemahnt offenkundig an die Titel der *Begleitmusik zu einer Lichtspielszene* von 1930: Das Leben war so leicht *(Andante)* – Plötzlich brach Haß aus *(Molto allegro)* – Es ergab sich eine ernste Lage *(Adagio)* – Aber das Leben geht weiter *(Giocoso)*.

[M] *CD* Pollini, Berliner Philharmoniker, Pollini, Abbado (DGG 1989)

A Survivor from Warsaw op. 46
(Ein Überlebender aus Warschau)

für Sprecher, Männerchor und Orchester

UA: Albuquerque 1948

Zu den dramatisch eindringlichsten Werken aus Schönbergs Spätzeit gehört *A Survivor from Warsaw*, ein politisches Manifest und zugleich ein Stück Bekenntnismusik von spontan emotionaler, erschütternder Wirkung. Den auslösenden Impuls für die Komposition – ein Auftrag der Kussewitzky Music Foundation – lieferten Nachrichten über die Massaker der Nazis im Warschauer Ghetto; Schönberg selbst formulierte die Textvorlage nach »Berichten, die ich direkt oder indirekt erhalten habe«. Drei deutlich voneinander abgehobene Ausdrucksschichten werden auch textlich durch verschiedene Sprachebenen charakterisiert: der Bericht des Erzählers in englisch, die auf deutsch eingeblendeten Befehle des Sergeanten und das hebräisch gesungene Gebet *Sch'ma Jisroel*, heroisches Glaubensbekenntnis der Juden auf dem Weg in die Vernichtung. Musikalisch entspricht solcher Mehrsprachigkeit die unterschiedliche Stimmbehandlung. Der schockierende Augenzeugenbericht – instrumental kommentiert durch so sparsam-differenzierte wie tonmalerisch einprägsame »Chiffren des Grauens« – wird als Melodram vorgetragen, in einer spezifischen Form des Sprechgesangs, den Schönberg schon 1912 für seinen Zyklus *Pierrot lunaire* entworfen hatte. Aus diesem quasi rezitativischen Fluß sind die Befehle des Feldwebels, als direkte Zitate, durch besondere Artikulation hervorgehoben (Partituranweisung »die Sprechweise und die schrille, sich überschlagende Stimme des Sergeanten« imitieren). Reinen, herkömmlich auskomponierten Gesang hat Schönberg allein dem Schlußteil vorbehalten – einem choralartigen, vom Männerchor einstimmig intonierten Hymnus, in dem der dramatische Steigerungsprozeß kulminiert und zugleich überhöht wird.

[M] *CD* Hornik, Wiener Philharmoniker, Männerchor der Konzertvereinigung Wiener Staatsopernchor, Abbado (DGG) *Monika Lichtenfeld*

Dmitri Schostakowitsch

1906–1975

Es hat lange gedauert, bis Dmitri Schostakowitsch auch im Westen die ihm gebührende Anerkennung fand. Jahrzehntelang galt er – ohne Zweifel einer der bedeutendsten Symphoniker unseres Jhs. in der Nachfolge Gustav Mahlers, der freilich zugleich ein ungeheuer eindrucksvolles Corpus von 15 Streichquartetten hinterließ – als linientreuer Parteikomponist, und es wäre zu überlegen, inwieweit sich dies ohne das Erscheinen der von Solomon Wolkow edierten »Memoiren« tatsächlich geändert hätte. Denn mit einem gerüttelten Maß an Naivität hielt man sich primär an die öffentlichen Verlautbarungen des Komponisten, Reden und Artikel, die er oft genug schrieb, um das bloße Überleben, dem künstlerischen Schaffen Freiräume oder zumindest Verschnaufpausen zu sichern. Wie bitter nötig solche Ausweichmanöver waren, zeigen nicht nur die beiden existenzbedrohenden Scherbengerichte, die 1936 und 1948 über Schostakowitsch hereinbrachen. Das erste hängte man an seiner zweiten Oper *Die Lady Macbeth des Mzensker Kreises* auf, die zuvor als Muster sozialrealistischen Operntheaters gefeiert wurde. Der experimentelle Opernerstling *Die Nase* von 1929, der satirisch die Spießermentalität nicht nur des zaristischen Rußland aufs Korn nahm, verfiel dabei ebenso dem Formalismusverdikt. Schostakowitschs Musik spricht – sieht man von den nicht sehr zahlreichen offensichtlichen Zugeständnissen an die Herrschenden ab – eine völlig andere Sprache als seine Lippenbekenntnisse, sie offenbaren ihn als Anwalt von Gerechtigkeit und Humanität, trauert um die Opfer von Gewalt und Diktatur, klagt den – in der Sowjetunion totgeschwiegenen – Antisemitismus an, kreist in hoffnungs- und illusionslosem Realismus um das Phänomen des Todes und weist Schostakowitsch in all dem als jenen Nachfolger des »Gottesnarren« Mussorgski aus, als der er sich zweifellos gesehen hat. Dabei ist es letztlich unerheblich, ob er den Weg, den er nach dem Studium bei Glasunow mit jugendlicher Genialität in seinen von Meyerhold und Sollertinski beeinflußten, satirisch-avantgardistischen Frühwerken einschlug, konsequent fortsetzte. Vom Spätwerk her gesehen, tat er dies sehr wohl. Zu kurz greift, wer in ihm nur den vom musikalischen Fortschritt Schönbergscher Provenienz Abgeschnittenen sieht, der deshalb auf der Stelle getreten sei. Daß er bis zuletzt quasi tonal komponierte, heißt keineswegs, er habe die Dodekaphonie nicht wahrgenommen. Er stellte die Tonalität auf seine Weise in Frage, verfremdete sie mit chromatischen Eintrübungen, höhlte sie aus, entlarvte sie als schönen Schein. Dazu passen auf inhaltlicher Ebene die rabiaten Brüche zwischen Pathos und groteskem Sarkasmus, zwischen melancholischer Geste und einer zutiefst ironischen, oft satirischen Haltung. So ist das Œuvre, das diesem genialen Schachspielergehirn entsprang, gegen die verklärende Illusion gerichtet, wie kaum ein zweites in unserem Jahrhundert.

Symphonie Nr. 1 f-moll op. 10

UA: Leningrad 1926

»Ich habe das Gefühl, daß ich eine neue Seite in der Geschichte der Symphonik aufgeschlagen und einen neuen großen Komponisten entdeckt habe«, notierte 1926 durchaus prophetisch Nikolai Malko, der Dirigent der überaus erfolgreichen UA. Tatsächlich fand in der *Ersten* ein 18jähriger mit frappierender Sicherheit seine Sprache, unüberhörbar sind bereits die auch später so bedeutsame Verknüpfung von Pathos und lakonischem, fast skurrilem Witz, auch das ironische Spiel mit klassischen Formen, das sich in der *Neunten* wiederfindet, und die brillante Instrumentierung. Eine bizarre *Allegretto*-Einleitung geht dem Kopfsatz voran, ein motivisches, auch tonales Suchen und scheinbar ratloses Weiter-

Dmitri Schostakowitsch im Gepräch mit Benjamin Britten anläßlich eines Konzertes mit Werken von Britten in Moskau (1967)

reichen eines seltsam lapidaren Fanfarenmotivs. Dazwischen erklingen Melodiefloskeln, ehe endlich die Klarinette *Allegro non troppo* die Exposition eröffnet, die die ironische Haltung der Introduktion im Gegenüber von marschartigem Hauptthema und einem gestelzten Walzer aufgreift. In der Durchführung wird das Material in Umkehrung und Engführungen immer wieder ins Bizarre umgebogen oder droht in unbekümmertem Lärm völlig aus dem Ruder zu laufen. Schostakowitsch erfüllt tradierte Formschemata und läßt sie zugleich ins Leere laufen. Dieser Gestus bestimmt auch das *Allegro*, ein Scherzo, dem das Klavier – wie auch dem Finale – ganz eigene klangliche Brillanz und Schärfe verleiht. Lyrische Kantabilität und melancholische Innerlichkeit hingegen prägen den langsamen Satz *Lento*, in dem sich Holzbläser und Streicher eine klagende Oboenmelodie in weitgespanntem Bogen weiterreichen. Nach einer *Lento*-Einleitung taucht das Finale *Allegro molto* in ein Wechselbad gegensätzlicher Stimmungen: Drohendes schlägt um in Überschwang, Hymnisches steigert sich zum Pathos, in einem strettahaften Durchbruch, der die Finalthemen thriumphierend vereint, entlädt sich die Spannung.

M *CD* live: Chicago SO, Bernstein (DGG 1988)

Symphonie Nr. 2 H-Dur op. 14 (An den Oktober)

UA: Leningrad 1927

Die vom sowjetischen Staatsverlag in Auftrag gegebene *Zweite* sollte den 10. Jahrestag der Okoberrevolution feiern. So gipfelt die einsätzige Symphonie – die kürzeste von Schostakowitsch – in einem zunächst tragisch düsteren, dann zu pathetischer Wucht gesteigerten, freilich recht konventionell wirkenden Schlußchor nach Worten von Alexander Besymenski, der emphatisch die revolutionären »Siege über das Joch und die Finsternis« preist. Diesem doch problematischen letzten Drittel geht ein extrem avangardistischer Instrumentalteil voran, der die *Zweite* rasch in der Versenkung verschwinden ließ. Aus einem geheimnisvoll umherirrenden, athematischen Gewirr von Streicherlinien mit polyrhythmischen Schichtungen, aus atonalen Momenten, lösen sich Bläsermotive und die Fanfare der Solotrompete, die den Satz in ein marschartig grelles Fugato treiben. Eine tänzerische Passage der Solovioline, in die sich groteske Verrenkungen der Holzbläser mischen, mündet in einen wilden Orchesterstrudel mit dreizehn unabhängig geführten Linien. Eine – meist durch das Blech ersetzte – Fabriksirene leitet den Chor ein.

M *CD* PO and Choir London, Haitink (Decca 1981)

Symphonie Nr. 3 Es-Dur op. 20 (Der erste Mai)

UA: Leningrad 1930

Der sowjetische Musikwissenschaftler und Komponist Boris Assafjew deutete die *Dritte*, die als Auftragswerk zur Verherrlichung des 1. Mai entstand, als den »wahrscheinlich einzigen Versuch«, eine Symphonie »aus der revolutionären Dynamik, der Agitationsrhetorik und deren Intonation zu schaffen«. Doch mag das Werk auch weniger experimentell und avangardistisch sein als die *Zweite* und mit seinen stets wechselnden Bildern den Eindruck eines vorüberziehenden Aufmarsches vermitteln – Schostakowitsch sprach von einer Symphonie, »in der sich kein Thema wiederholt« – so wird die offiziell verfügte Heiterkeit doch immer wieder von ironisierenden und grotesken Momenten gestört, ganz so, als mischten sich radschlagende Narren in den festlichen Aufzug. Ob solche Momente noch das apotheotische, in der Intonation unverkennbar an Mussorgski orientierte Chorfinale nach recht plakativen Versen des Komsomol-Dichters Ssemjon Kirssanow unterminieren, ist kaum zu entscheiden. Jedenfalls fiel auch die *Dritte* dem stalinistischen Formalismus-Verdikt zum Opfer und gelangte erst in den 60er Jahren wieder in die Konzertsäle.

M *CD* A.-Jurlow-Chor, SO der UdSSR, Roshdestwenski (Ariola/BMG 1983)

Symphonie Nr. 4 c-moll op. 43

UA: Moskau 1961

Die *Vierte* entstand 1935/36, doch u. a. wegen des vernichtenden Prawda-Artikels »Chaos statt Musik« im Januar 1936, der eine wahre Hatz gegen ihn auslöste, zog Schostakowitsch sie während der Proben für ein Vierteljahrhundert zurück. Unweigerlich wäre das einstündige, episodisch wirkende und formal jeden Rahmen sprengende Riesenwerk jenem Formalismus-Verdikt verfallen, das die Oper *Lady Macbeth* ereilt hatte. Vor allem der riesenhafte Kopfsatz *Allegretto poco moderato* spricht jedem Anflug herkömmlicher Sonatenform Hohn. Zwar sind thematische Setzungen zu Beginn klar erkennbar, doch werden sie im Verlauf des Satzes immer nur kurz aus einem schier grenzenlosen Fundus an neuen Motiven, rhythmischen und klangfarblichen Ideen an die Oberfläche gespült. Bestimmend ist der unaufhörliche Wechsel von Steigerungen und Zusammenbrüchen; scheinbar zusammenhanglose Abschnitte, surreal anmutende Einschübe, bizarre Marschmotivik, ironische Tanzeinlagen, eine Streicher-Fuge, Triviales und Groteskes lösen einander ab, jede an klassischem Muster orientierte »logische« Abfolge sprengend. Unmöglich zu entscheiden, was echter Ausdruck, was Verstellung ist in diesem Satz, und darin ist er der vollendete Spiegel der Sowjetunion der 30er Jahre, in der jeder jeden fürchten mußte. Der Schluß mag dafür symptomatisch sein: Nach einem trauernden Epilog zieht noch einmal – nur in geradezu grotesker Manier und quasi als ironisch distanzierender Kommentar – das Hauptthema in den Holzbläsern vorüber. Dem knappen, intermezzoartigen und formal konventionelleren *Moderato con moto* mit Ländlercharakter folgt das fünfteilige *Finale*, das auch das fehlende Scherzo – ins Abgründige gewendet – nachschiebt. Die Symphonie ist insgesamt eine Verbeugung vor Mahler, doch kein Abschnitt offenbart seinen Einfluß derart, wie der *Largo*-Beginn dieses Finales mit seinem Trauermarsch, den *Revelge*- und *Wunderhorn*-Anklängen. Und was Schostakowitsch in der *Fünften* – scheinbar – nachholte, verweigert er hier demonstrativ: Der Versuch einer Finalapotheose bricht nach gewaltiger Steigerung abrupt in sich zusammen, der Durchbruch ins Freie scheitert. Die *Vierte* endet in bedrohlicher Ungewißheit und Resignation – mit einem bohrenden Orgelpunkt von mehr als 100 Takten, über dem sich Motivfloskeln in Celesta und gestopfter Trompete ins Nichts verflüchtigen.

[M] *CD* Royal PO London, Ashkenazy (Decca 1988)

Symphonie Nr. 5 d-moll op. 47

UA: Leningrad 1937

Das Scherbengericht von 1936 war so vernichtend, daß Schostakowitsch an Selbstmord gedacht haben muß. So deklarierte er die 1937 vollendete Fünfte als »schöpferische Antwort auf berechtigte Kritik«, und die scheinbare Finalapotheose schien diese Haltung zu bestätigen. Die triumphale UA rehabilitierte den Komponisten in seiner Heimat, während sie im Ausland als Kotau, ihr Schöpfer fortan als linientreu gesehen wurde. Er äußerte sich freilich völlig nichtssagend über das Werk – »Thema meiner Symphonie ist das Werden der Persönlichkeit« –, und mancher hörte durch den Finaljubel schon damals die Schreie der Geschlagenen. Der *Moderato*-Kopfsatz lebt vom Kontrast zwischen dem nervös kopromißlosen Hauptthema und einem lyrischen, doch untergründig gespannten Seitengedanken. Sie werden in der Durchführung verfremdet, in einen grotesk anmutenden Marsch und schrille Hektik getrieben, ehe der Satz auf einem wuchtigen Unisono-Höhepunkt zusammenbricht bzw. brutal zerschlagen wird. Das *Allegretto* folgt als humoristisch verzerrtes Scherzo, eine Satire von beißender Schärfe, rhythmisch schwankend zwischen ungelenker Walzerseligkeit und komischen Ländlereinlagen. Ein Fagottsolo in quälend hoher Lage verbreitet streckenweise eine fast groteske Atmosphäre, die fiedelnde Violine zitiert Mahler herbei. Emotionales Zentrum des Werkes ist das *Largo*, ein lyrisch introvertierter Klagegesang von abgründiger Trauer. Hatte Schostakowitsch das Final-*Allegro* 1937 die »optimistische Auflösung der tragischen Spannungen des Kopfsatzes« genannt, so galt diese offizielle – und schon deshalb problematische – Deutung auch im Ausland bald als kanonisch. Tatsächlich ist das Finale eine Gratwanderung, doch die Art, wie es dem Hörer am Schluß des D-Dur geradezu einbleut, enthält etwas kaum überhörbar und intendiert Brutales. Untergründig wird da die pathetische Geste als hohle Exaltation entlarvt, fürwahr ein erzwungener Schlußjubel.

[M] *CD* Berliner Philharmoniker, Bychkow (Philips 1986); live: Leningrader Philharmoniker, Mrawinski (Erato/Teldec 1984)

Symphonie Nr. 6 h-moll op. 54

UA: Leningrad 1939

Mit der vermeintlichen Apotheose in der *Fünften* hatte Schostakowitsch sein Leben gerettet, doch diese Grenzerfahrung vergaß er nie. Die *Sechste* dürfte denn auch der bittere Kommentar zu einer Epoche sein, die nach dem Chef der Sicherheitspolizei als *Yezhawshina* in die Geschichte einging, und in der Millionen dem Terror Stalins zum Opfer fielen, unter ihnen enge Freunde des Komponisten, wie der bedeutende Regisseur Wsewolod Meyerhold. Die ungewöhnliche dreisätzige Form verwirrte die Zeitgenossen, sowjetische Kritiker sprachen von einem »Rumpf ohne Kopf«. Dem kontemplativ brütenden Kopfsatz fehlt jede Spur einer gängigen symphonischen Entwicklung, in grübelnder Resignation scheint dieses gewaltige *Largo* in sich selbst zu kreisen. Das motivische Material, das ganz aus dem Anfangsthema entwickelt ist und dem jede Kontrastwirkung fehlt, erscheint in immer neuen Klangfarben fragmentiert und neu zusammengesetzt. Auch der Seitengedanke, der klagend im Englischhorn aufscheint, fügt sich in die vereiste Atmosphäre. Aus ihm entwickeln sich rezitativische Soli über langen Orgelpunkten, einsame, ziellos im Nichts endende Kantilenen. So ist der Satz ein faszinierendes Bild der inneren Verlorenheit des Künstlers ebenso wie der Hoffnungslosigkeit eines Volkes. Dieser satzimmanenten Disparatheit entspricht die Beziehungslosigkeit der Sätze zueinander. Das scherzoartige *Allegro* kommt zunächst mit virtuoser Schwerelosigkeit daher, doch bald droht der tänzerische Gestus in hektischen Tonrepetitionen ins Überdrehte umzuschlagen. Unter der scherzhaften Oberfläche lauert die gespenstische Groteske, eine Deutung, die auch das im Grunde unverschämte *Presto*-Finale nahelegt: In ihm kehrt Schostakowitsch zu den frechen Banalitäten der frühen Jahre zurück, jetzt freilich wirkt der ironische Geist maskenhaft. Diese Operetten-, ja Zirkusmusik verrät die Erfahrung der grauenvollen Säuberungswelle. So wird die galoppierende *Coda* zum hektisch kopflosen Taumel, zum Tanz über dem Abgrund einer heillosen Epoche.

[M] *CD* Oslo PO, Jansons (EMI 1990)

Symphonie Nr. 7 C-Dur op. 60

UA: Kuibyschew 1942

Die *Siebte* entstand großenteils in Leningrad während der deutschen Belagerung, die wahrscheinlich eine Million sowjetische Tote forderte, und ist »Der Stadt Leningrad« gewidmet. Wurde sie in aller Welt zum Symbol des Kampfes gegen Hitlerdeutschland, so ist sie doch auch ein Requiem auf die schon vor dem Krieg von Stalin zugrundegerichtete Stadt. Sie ist mehr als bloßes Echo auf Hitlers Überfall, auch wenn der Mittelteil des *Kopfsatzes*, eine marschartige, wie eine sture, alles überrollende Maschinerie wirkende Variationenkette, seinerzeit als Bild der faschistischen Invasion gedeutet wurde. Unheimlich schleicht sich dieses Trommelostinato anstelle der Durchführung ein, weht in den codaartigen Schlußtakten noch einmal aus der Ferne herein, als bleibe die Erinnerung an seine Schrecken ewig. Fast geisterhaft beginnt das Scherzo *Moderato (poco allegretto)*, bis eine ausgelassene, marschartige Episode losbricht, die jedoch bald ins gespenstisch Alptraumhafte umkippt. Zwischen Realität und Erinnerung könnte das *Adagio* schwanken, ein großer Trauergesang, in dem eine Zwischenepisode von wehmütiger Schönheit wie ein Rückblick auf längst vergangene Tage anmutet. Das *Finale* ist zunächst in fahles Licht getaucht, Signale blitzen auf, dann erst kommt es marschartig in Bewegung, wird in Synkopierungen vorangetrieben, schließlich vom Blech und jagenden Streicherfiguren vorwärtsgepeitscht. Aus einem blockartigen, unheimlich auf der Stelle tretenden Trauermarsch entwickelt sich langsam die Schlußapotheose, immer deutlicher nimmt das Hauptthema Gestalt an, bis es von der Pauke gehämmert, dann drohend vom Blech geschmettert wird. Auch das Hauptthema des *Kopfsatzes* kehrt wieder, ehe der Satz – von der Pauke schier zerschlagen – eher abreißt, denn ausklingt. Fraglich, ob die Symphonie damit jenes Schema des Durch-Nacht-zum-Licht erfüllt, das man zu hören glaubte. Nicht nur im Paukengedröhn ist ein bedrohlich düsterer Unterton kaum zu überhören. Schostakowitsch soll den emotionalen Impuls zur *Siebten* denn auch aus den Psalmen Davids erhalten haben, jener Stelle, an der Gott vergossenes Blut rächt.

[M] *CD* Leningrader Philharmonie, Jansons (EMI 1987)

Symphonie Nr. 8 c-moll op. 65

UA: Moskau 1943

Wie ihre Vorgängerin ist auch die *Achte* Anklage von Unmenschlichkeit und zugleich Einklage von Aufklärung und Humanität. In ihrem reflektierenden Gestus fehlt ihr jeder affirmative Zug. Sie gehört zu Schostakowitschs dunkelsten und abgründigsten Werken und stieß in der offiziell verordneten Aufbruchsstimmung nach dem Krieg denn auch auf deutliche Ablehnung im gleichgeschalteten Komponistenverband und in der Presse: Als formalistisches, volksfremdes Werk eines von Selbstmitleid erfüllten Individualisten, als Ausdruck eines gequälten Expressionismus wurde sie denunziert und verschwand jahrelang aus dem Repertoire. Wie in der *Fünften* ist der Einfluß Mahlers spürbar, und wie in dessen Neunter ist das gesamte symphonische Gefüge im Grunde aus einem Keim entwickelt, dem Beginn des unheilvollen Eröffnungsmotivs C–B–C, das auf dem Höhepunkt des *Adagio*-Kopfsatzes zu wüst dreinhämmerndem Schlagwerk verzerrt und in dreifachem Forte vom Blech hervorgestoßen wird. Dieser erschütternden Trauermusik folgt *Allegretto*, ein aggressives, marschartiges Scherzo von streckenweise entfesselter Grobheit. Der ebenfalls marschartige 3. Satz, ein unbeirrt mechanisch vor sich hinfegendes *Allegro non troppo* mit schreienden Holzbläser-Einwürfen dürfte Sinnbild einer gnadenlosen Vernichtungsmaschinerie sein. *Attacca* schließt das *Largo* an, wie ein Spuk wird die motorische Stupidität des *Allegros* von einem großangelegten, elegischen *Passacaglia*-Thema vertrieben. Und wiederum attacca folgt in unerwartetem C-Dur das Final-*Allegretto*, ein Übergang, der für Sekunden alle Spannung zu lösen scheint. Doch auch das Finale ist zwiespältig mit seinem ländlerartigen, an Mahler erinnernden Violin-Gefiedel, einem fast grotesken Thema der Baßklarinette, einem Fugato, das in einen katastrophischen Ausbruch mündet. Schostakowitsch verweigert denn auch die Apotheose, der Schluß ist völlig verinnerlicht, eine huschende, träumerische Reflexion auf den Beginn des Finales: Wie aus der Ferne mahnt die alles beherrschende Sekundbewegung C–D–C zu einem ätherischen Orgelpunkt der Streicher.

[M] *CD* Leningrader Philharmonie, Mrawinski (Russian Disc/Koch 1982); Chicago SO, Solti (Decca 1989)

Symphonie Nr. 9 Es-Dur op. 70

UA: Leningrad 1945

Selten hat Schostakowitsch Stalins Erwartungen so enttäuscht, wie unmittelbar nach Kriegsende mit der *Neunten*, die nicht das erhoffte »monumentale Fresko« war, sondern eher eine Provokation. Es gab keinen Chor, keine Solisten, keine Apotheose, und man warf Schostakowitsch denn auch »formalistische Verrenkungen« vor, mit denen er »den wahren Ausdruck jener Emotionen verfehlt« habe, »die gegenwärtig alle erfüllen«. Da deutete sich an, was 1948 im zweiten Scherbengericht folgte. Unverkennbar ist der neoklassizistische Gestus der *Neunten*, lassen Haydn und Rossini grüßen. Doch tritt ein stechender Sarkasmus hinzu und ruft über weite Strecken einen doppelbödigen Eindruck hervor. So streng der Kopfsatz formal ist, immer wieder schlägt er ins Groteske um: Weniger Lebensfreude spricht aus diesem *Allegro*, als hintersinnige Clownerie. Die Form ist regelgerecht und wird durch die Themen- und Tonalitätsbehandlung wie die Instrumentation doch ironisiert. In einer zertrümmerten Nachkriegswelt spielt Schostakowitsch mit der Tradition, als sei sie noch intakt und entlarvt so die formale Fassade als hohl. Im *Moderato* schlägt der abgründige Sarkasmus in Melancholie um, resignativ klingen die dunklen Holzbläserkantilenen. Das burleske *Scherzo* ist dem Kopfsatz thematisch verwandt, am Schluß fegt ein majestätisches Posaunenmotiv das spaßige Treiben hinweg, schnittartig folgt das *Largo* als kurzer retardierender Rückblick. Über liegenden Streicherklängen beschwört ein Fagott-*Recitativo*, was die *Neunte* meist nur indirekt – gespiegelt in Groteske, Banalität oder Trivialität – anspricht: die in aller echten oder aufgesetzten Heiterkeit mitschwingende Tragik. Aus diesem melancholischen Rezitativ erwächst bruchlos das Hauptthema des Final-*Allegrettos*, ein letztes Mal schlägt Trauer um ins Schalkhafte. Auch im Finale spielen Humor und Witz eine tragende Rolle, doch selbst diese Heiterkeit ist brüchig, droht ins banal Jahrmarkthafte abzukippen. Als Hymne auf den großen Führer Stalin war diese *Neunte* denkbar ungeeignet, eher wohl wäre sie als Parodie einer solchen zu hören.

[M] *CD* Oslo PO, Jansons (EMI 1991)

Symphonie Nr. 10 e-moll op. 93

UA: Leningrad 1953

Mit seiner Zehnten meldete sich Schostakowitsch nach achtjährigem Schweigen als Symphoniker wieder zu Wort. Unmittelbar nach Stalins Tod begann er mit der Arbeit, und mit achtjähriger Verspätung erhielt der große Führer nun doch sein musikalisches Porträt. Die *Zehnte* kehrt zur klassischen Viersätzigkeit zurück. Der tragisch pessimistische Charakter des *Moderato*-Kopfsatzes wird unmittelbar mit dem grüblerischen 1. Thema vorgegeben, auch das zweite wirkt klagend, während ein drittes dem Wahnsinnsthema aus Mussorgskis *Boris Godunow* verwandt ist. Die Spannung zwischen einem Zitat aus dem Kopfsatz der *Achten* und dieser Anspielung auf Stalin bestimmt den Klagecharakter des Satzes. Das anschließende *Allegro* ist Schostakowitschs kürzestes Scherzo, ein Porträt Stalins von kompromißloser Härte, ja brutaler Schärfe. Das erste, rastlos gehetzte Thema ist wiederum dem *Boris* entlehnt, aus ihm entwickeln sich lärmende, vorwärtsgepeitschte, von schrill dissonanten Holzbläserfiguren durchsetzte Orchestertutti. Wie ein grausiger Spuk jagt der Satz vorbei. Im *Allegretto* verbindet Schostakowitsch sein Monogramm, die Tonfolge D–Es–C–H, mit einem mahnenden Hornruf, der ebenfalls zitathaft auf den *Boris* anspielt, und zwar auf die prophetische Gestalt des Mönchs Pimen, der verkündet, daß »Rußland nun zum Herrscher sich einen Mörder erkor«, ein Moment, das Wolkows Deutung stützt, Schostakowitsch habe sich – wie Mussorgski – als »Gottesnarr« gesehen. Auch das Finale löst die Konflikte nicht. Seine *Andante*-Einleitung ist keineswegs heiter, das abschließende *Allegro* erinnert in manchem an das wüste Scherzo, und wenn Schostakowitsch kurz vor Schluß in die jagenden Holzbläserfiguren noch einmal sein Monogramm meißelt, so klingt das kaum humorvoll gelöst.

[M] *CD* live: Leningrader Philharmonie, Mrawinski (Erato/Teldec 1976); live: Chicago SO, Solti (Decca 1990)

Symphonie Nr. 11 g-moll op. 103 (Das Jahr 1905)

UA: Moskau 1957

Die *Elfte* erinnert in direktem programmatischem Zugriff an jenen *Blutsonntag* von 1905, als in St. Petersburg Zar Nikolaus II. auf friedliche Demonstranten schießen ließ, ein Massaker, das mehr als tausend Tote forderte. Programmatisch sind bereits die Satzüberschriften: *Der Platz vor dem Palast, Der 9. Januar, In memoriam* und *Sturmgeläut*. Verschlüsselt reagierte Schostakowitsch damit auch auf den Ungarn-Aufstand 1956, den die Rote Armee blutig niederschlug. Selten in seiner Symphonik ist die Nähe zur Filmmusik so deutlich wie in dem extrem gegenständlichen Werk, in dem er neun russische und polnische Revolutionslieder, Zitate aus seinen *Liedern auf Texte revolutionärer Dichter op. 88* und einer Operette seines Schülers Georgi Swiridow verarbeitet. Die als »russisches Requiem« bezeichnete *Elfte* erhielt 1957 den Lenin-Preis.

[M] *CD* Göteborger Symfoniker, Järvi (DGG 1990)

Symphonie Nr. 12 d-moll op. 112 (Das Jahr 1917)
UA: Moskau 1961

Die *Zwölfte* ist im Untertitel *Dem Gedenken an Wladimir Iljitsch Lenin gewidmet* und entstand anläßlich des XXII. Parteitages der KPdSU. Durch die Satzüberschriften – *Revolutionäres Petrograd, Rasliv* (Lenins Versteck bei Petersburg), *Aurora* (der Panzerkreuzer, dessen Schuß das Signal zur Revolution gab) und *Morgenröte der Menschheit* – erscheint sie als eine Art Fortsetzung der *Elften*. Schostakowitsch verzichtete jedoch auf die Liedzitate, und auch formal wirkt die *Zwölfte* – nicht nur mit ihrem bombastischen Finale – wesentlich konventioneller und konservativer. Sie wurde denn auch nur in der Sowjetunion gefeiert, im Westen hingegen böse verrissen. Wenn manche westliche Deuter inzwischen auch in ihr eine versteckt kritische Haltung bemerken, so bleibt doch schwer erkennbar, in welchen Momenten sich diese äußern soll.

[M] *CD* live: Leningrader Philharmonie, Mrawinski (Erato/Teldec 1984); Göteborger Symfoniker, Järvi (DGG 1990)

Symphonie Nr. 13 b-moll op. 113 (Babi Jar)
UA: Moskau 1962

Mit der *Dreizehnten* beginnt definitiv Schostakowitschs Spätwerk, das alle Rücksichten auf Parteidoktrin, politische oder gesellschaftliche Tabus fallen läßt und allein der künstlerischen Wahrheit verpflichtet ist. Das Schicksal der Juden beschäftigte ihn zeitlebens – die jüdische Musik hallt in vielen seiner Werke nach –, doch die Direktheit, mit der er dieses Thema im Kopfsatz angeht, ist neu. Um alle Mißverständnisse auszuräumen, kehrte er – erstmals seit der *Dritten* – zur Vokalsymphonie zurück und vertonte fünf Gedichte des jungen Protestdichters Jewgeni Jewtuschenko für Baß-Solo und Männerchor. Der Kopfsatz mit dem Titel *Babi Jar* – er gab dem Gesamtwerk den nicht vom Komponisten stammenden Titel – erinnert nicht nur an die Zehntausende von Juden, die die SS 1941 bei Kiew ermordete und überhaupt an die lange Geschichte der europäischen Judenverfolgung, er bringt all dies mutig und schonungslos mit dem durchaus aktuellen, doch offiziell nicht existenten Antisemitismus in der Sowjetunion in Verbindung. Nach der triumphalen UA, die gegen erhebliche Widerstände zustandekam, wurde das Werk von der Presse denn auch totgeschwiegen, Dichter und Komponist zu Textänderungen gezwungen, die sie widerwillig akzeptierten, zumal sie die Grundaussage kaum verwässerten. Mit sprachlichem wie musikalischem Zynismus feiert der *2. Satz* den *Witz* als historisches wie zeitgenössisches Machtkorrektiv, das auch schärfste Repression nicht zum Schweigen bringen kann. *Im Laden*, ein pathetisch düsteres Genrebild, erinnert an die Kraft, auch an das Leid der sowjetischen Frauen. *Ängste* malt die – hoffentlich – vergangenen Zeiten stalinistischer Repressionen, nur der Schlußsatz *Karriere* schlägt lichtere Töne an und endet mit einem sanften Hoffnungsschimmer. Musikalisch mag die *Dreizehnte* mit ihrer an Mussorgski orientierten, gestischen, doch niemals plakativ illustrativen Sprache und den modalen Färbungen konservativ wirken, als unmißverständliches Bekenntnis zu Humanität und geistiger Freiheit bleibt sie ein zeitlos gültiges Werk.

[M] *CD* Mikulas, Prager SO, Maxim Schostakowitsch (Supraphon 1995)

Symphonie Nr. 14 für Sopran, Baß und Kammerorchester op. 135
UA: Leningrad 1969

Die *Vierzehnte* ist mit ihrer resignativ pessimistischen Haltung eine konsequente Verweigerung an den verordneten real-sozialistischen Optimismus, eine radikale, mitleidlose Auseinandersetzung mit dem Tod, dem Tod anderer, aber auch dem eigenen, woran die vorletzte Gedichtvertonung, Rilkes »Der Tod des Dichters«, keinen Zweifel läßt. In seiner elfsätzigen Anlage bricht das Werk mit dem traditionellen Formschema, überschreitet mit harten, ungeschönten Dissonanzklängen vielfach die Grenzen der Tonalität, ohne sie grundsätzlich außer Kraft zu setzen. Dem Streichorchester steht nur ein großes Schlagwerk gegenüber; vor allem Xylophon, Tom-Toms und Holzstäbe erzeugen das charakteristische, transparente, ja trocken lakonische Klangbild. Die *Vierzehnte* ist eine Art Fortschreibung von Mussorgskis *Liedern und Tänzen des Todes*, die Schostakowitsch 1962 instrumentierte, fügt deren episodischer Sichtweise jedoch eine grundsätzlich reflektierende hinzu, so im 1. Lorca-Gedicht *De profundis*, einer grundlegenden Betrachtung über den Tod, einem brütenden *Adagio*, das auf das gregorianische Dies Irae anspielt. Im 2. Lorca-Gedicht *Malagueña* fegt der Tod in einer bizarren Szenerie durch die Taverne, begleitet vom Geklapper der Kastagnetten. Die folgenden sechs Gedichte Guillaume Apollinaires kreisen um den Tod, den eine verführerisch schöne Frau *(Loreley)*, die eigene Hand *(Der Selbstmörder)* oder der Schützengraben (*Auf Wacht I* und *II*) bringen, um die grauenvolle Angst in der Gefängniszelle *(Im Kerker der Santé)*, schließlich um den harschen Protest gegen die Henker und Schlächter *(Antwort der Zaporoger Kosaken an den Sultan von Konstantinopel)*. Fraglich ist, inwieweit der Komponist hinter Wilhelm Küchelbekers Versen *An Delwig* stand, die die Unsterblichkeit des Wortes besingen. Denn der Kreis schließt sich eben mit Rilkes *Der Tod des Dichters* und – illusionsloser noch – mit dessen Schlußstück: »Der Tod ist groß, Wir sind die Seinen«, wohl doch das illusionslose Fazit der Symphonie.

[M] *CD* Kasraschwili, Krutikow, Kammerorch. Lausanne, Lazarew (Virgin 1990)

Symphonie Nr. 15 A-Dur op. 141

UA: Moskau 1972

Schostakowitschs letzte Symphonie – von einer sechzehnten soll er 2 Sätze vollendet haben – ist seine enigmatischste, ein Endspiel und Meisterwerk absoluter Musik, das sich konkreter programmatischer Deutung entzieht. Auch die Zitate – Rossinis *Wilhelm Tell* im Kopfsatz, das Nornenmotiv aus Wagners *Ring* und der Beginn des *Tristan-Vorspiels* im Final-*Adagio*, die Eigenzitate aus dem *1. Cellokonzert* sowie der *11.* und *4. Symphonie* – verrätseln mehr, als sie erhellen. Unüberhörbar ist allein, daß Schostakowitsch die Auseinandersetzung mit dem Tod ins Extrem trieb, ihn umkreist er wie in der *Vierzehnten*, doch nun rein instrumental: Im *1. Satz* sind es der messerscharf satirische Tonfall, die sarkastische Floskelhaftigkeit, die verfremdeten Reminiszenzen an das eigene Frühwerk, in denen sich die Erinnerungen an eine zerbrochene Jugend spiegeln könnten – Schostakowitschs Sohn Maxim sprach bei diesem *Allegretto* von einem Spielzeugladen. Im *Adagio* ist es ein Trauermarsch, der noch einmal an die großen Requiems früherer Symphonien anknüpft, dann jedoch *attacca* in den gespenstischen Reigen des zweiten *Allegrettos* übergeht, in dessen Violinsoli Freund Hein aufspielt. Das Schluß-*Adagio* scheint sich dann ein letztes Mal pathetisch gegen den Tod aufzulehnen, mit den Wagnerzitaten und einem Gesangsthema von seltener Schönheit. Es verschwimmt, mündet in eine Passacaglia, einen Totentanz, in den sich immer mehr Instrumente einreihen und der sich schließlich – zum letzten Mal bei Schostakowitsch – zur verzweifelt pathetischen Geste aufschwingt, ein vergeblicher Versuch, der in sich zusammenbricht: Die Musik ist an ihr Ende gelangt, Fragen nach Zwölftönigkeit und Tonalität, die die *Fünfzehnte* quasi unterschwellig – letztlich ironisch? – diskutiert, werden unwichtig. Erinnerungsfetzen fliegen vorbei und verschwinden, zurück bleibt der Orgelpunkt einer leeren Quint in den Streichern und das unheimliche, groteske Geklapper des Schlagwerks. Der marionettenhafte Eindruck, den schon der 1. und 3. Satz hervorriefen, wird radikalisiert; am Ende eines der größten symphonischen Œuvres unseres Jahrhunderts grinst uns eine zappelnde Marionette, ein musikalisches Skelett an – vielleicht die gespenstische Fratze des Todes?

[M] *CD* London SO, Maxim Schostakowitsch (Collins/In-Akustik 1990); Cleveland O., Sanderling (Erato/Teldec 1991); Moskauer Philharmoniker, Kondraschin (BMG)

Konzert für Klavier, Trompete und Streichorchester c-moll op. 35

UA: Leningrad 1993

Das Konzert knüpft an die *24 Klavierpräludien op. 34*, zugleich – wenn auch weniger zugespitzt und dissonant – an die Oper *Die Nase* von 1928 an. Der Hang des jungen Schostakowitsch zu Parodie und Groteske, zu überraschenden, übermütigen Stimmungswechseln und wohlüberlegten Provokationen schlägt auch hier durch. Dazu gehören die ironisch freche Solotrompete wie auch die nur zu bald als verderblich empfundenen Einflüsse von Prokofjews westlicher Phase, von Broadway und amerikanischer Music Hall. Dennoch ist das *Lento* nicht frei von Melancholie. Der Kopfsatz *Allegro moderato – Allegro vivace* hingegen endet nach gemäßigtem Beginn gleichsam im Zirkuszelt, in einer Welt komischer Verdrehungen, Clownerien, seltsamer Schräglagen und falscher harmonischer Wendungen. Dazu passen die zahllosen Zitate in diesem Konzert, Beethovens *Wut über den verlorenen Groschen*, Haydns *Ach du lieber Augustin*, Selbstzitate u. a. m. Wie ein barockes Rezitativ wirkt auch der 3. Satz *Moderato*, dessen Kadenzen bruchlos zum *Finale* mit dem unbekümmert clownesken Geschmetter der Solotrompete überleiten.

[M] *CD* Kissin, Kan, Moskauer Virtuosen, Spiwakow (RCA/BMG 1988)

Violinkonzert Nr. 1 a-moll op. 77

UA: Leningrad 1955

Die Violinkonzerte sind David Oistrach gewidmet, der sie beeinflußte und auch uraufführte. Schostakowitsch vollendete das *1. Konzert* 1948, veröffentlichte es jedoch – nach den Erfahrungen des 2. Scherbengerichtes – erst nach Stalins Tod. Das Werk stand mit seiner formalen Logik, den hochkomplexen harmonischen und thematischen Strukturen diametral zur offiziellen Kulturdoktrin und hätte schon deshalb zur Entstehungszeit keine Chance gehabt. Hinzu kommt zweifellos die geistige Nähe zu den *Elf Jüdischen Volksliedern op. 79* die nicht nur im Mittelteil des *Scherzos* spürbar ist. In diesem Satz, in dem Schostakowitsch auch sein Monogramm, die Tonfolge D–Es–C–H verwendete, bemerkte schon Oistrach etwas »Böses, Dämonisches, Stechendes«; tatsächlich schlägt er ins bösartig Lärmende um. In hartem Kontrast folgt als emotionales Herzstück des Werkes eine *Passacaglia,* deren 17taktiges, unerbittlich voranschreitendes Thema sich zum ungeheuer intensiven Ausdruck des Leidens steigert. Eine ausgedehnte Solokadenz leitet zur Final-*Burleske* über, in deren ausgelassener, bodenloser. Heiterkeit untergründig immer wieder Verzweiflung mitschwingt. Die Stimmung des Konzertes ist freilich bereits im Kopfsatz vorgegeben, der ein in sich gekehrtes, melancholisch um einen Gedanken kreisendes *Nocturne* ist.

[M] *CD* Oistrach, Leningrader Philharmonie, Mrawinski (RCA/BMG 1956); Mordkowitsch, Scottish National O., Järvi (Chandos 1989)

Klavierkonzert Nr. 2 F-Dur op. 102

UA: Moskau 1957

Schostakowitsch schrieb dieses insgesamt fröhliche Konzert – wie auch das *Concertino für zwei Klaviere a-moll op. 94* von 1953 – für seinen Sohn Maxim. In Tonfall und Stimmung ähnelt es dem *1. Klavierkonzert,* ist freilich bei allem Humor weniger ironisch und chaplinesk. Einem schwungvollen, sprudelnden *Allegro* folgt ein verträumt lyrisches *Andante,* ganz in der Nähe von Chopin oder Grieg, streckenweise hart an der Grenze zum Kitsch. Das Final-*Allegro* kehrt zur ausgelassenen Stimmung des Kopfsatzes zurück.

[M] *CD* Bernstein, New York PO, Bernstein (Sony); Ortiz, Royal PO, Ashkenazy (Decca 1989)

Cellokonzert Nr. 1 Es-Dur op. 107

UA: Leningrad 1959

Beide Cellokonzerte entstanden in enger Zusammenarbeit mit ihrem Widmungsträger Mstislaw Rostropowitsch, der sie auch uraufführte. Das *1. Konzert* wurde nicht lange nach der Pasternak-Affäre 1957/58 vollendet, die erneut in eine Intellektuellenhatz ausartete. Möglicherweise erinnert es auch deshalb in manchem an das *1. Violinkonzert,* vor allem in den tänzerischen, jiddisch eingefärbten Themen des Finales *Allegro con moto.* Den *Allegretto*-Kopfsatz beherrscht ein treibendes Motiv des Cellos, während das Seitenthema eine transponierte Variante von Schostakowitschs Monogramm D–Es–C–H darstellt. Ähnlich dem *1. Klavierkonzert* wird das Solohorn zum Partner des Solisten, vor allem im lyrischen *Moderato.* Eine ausgedehnte *Cadenza* leitet zum *Finale* über, dessen Themen mit Themenmaterial des Kopfsatzes genial verknüpft werden.

[M] *CD* Gutman, Royal PO, Temirkanow (RCA/BMG 1988)

Cellokonzert Nr. 2 G-Dur op. 126

UA: Moskau 1966

Völlig zu Unrecht steht das *2. Cellokonzert* im Schatten des ersten, was vor allem an seiner introvertierten, jede äußerliche Brillanz meidenden Haltung liegen dürfte. Strenge, Reduktion im Klanglichen, Konzentration und Sparsamkeit der Mittel beherrschen das Stück, wie Schostakowitschs Spätwerk insgesamt. Und in den skurrilen, verfremdenden und auch maskenhaften Momenten greift es durchaus auf die Jugendwerke zurück, auch wenn die satirischen Frechheiten, der Hang zur Farce, die beim jungen Schostakowitsch immer wieder durchschlagen, jetzt gebrochener, weniger mutwillig wirken. Doch nicht nur das groteske Zwiegespräch zwischen großer Trommel und Solocello im *Kopfsatz,* einem ansonsten nachdenklichen, fast brütenden *Largo,* geht ohne Zweifel in diese Richtung. Zwei *Allegretto*-Sätze gehen attacca ineinander über. Der Schluß des Konzertes ist mit dem leerlaufenden Geklapper von Schlagwerk und Xylophon ein deutlicher Vorgriff auf die *15. Symphonie.*

[M] *CD* Rostropowitsch, Boston SO, Ozawa (DGG 1975)

Violinkonzert Nr. 2 cis-moll op. 129

UA: Moskau 1967

Das Konzert trägt ebenfalls ganz die Züge des Spätwerks, reduziert in den Mitteln, streckenweise fast nüchtern wirkend, doch immer von höchster Ausdrucksintensität. Auch der Hang zum Verrätseln verstärkt sich, Bachzitate klingen an, im Mittelsatz, einem *Adagio,* auch Wagner. In harten Kontrasten zwischen lyrischer Expressivität und verzweifelt illusionsloser Traurigkeit zerbricht der romantische Schein. So steigert sich das sonatenartige Eingangs-*Moderato* zu einem leidenschaftlichen Höhepunkt, bleibt jedoch am Ende merkwürdig fragmentarisch. Und auch das Finale *Adagio – Allegro* nimmt gegen Ende mit den wilden Ausbrüchen des Tomtoms unheilvolle Züge an.

[M] *CD* Oistrach, Moskauer Philharmonie, Kondraschin (RCA/BMG 1967); Mordkowitsch, Scottish National O., Järvi (Chandos 1989) *Oswald Beaujean*

Franz Schreker

1878–1934

Vorsichtig macht seit einigen Jahren in Fachkreisen das Wort »Schreker-Renaissance« die Runde. Franz Schreker, der in den frühen 20er Jahren zum Erfolgskomponisten wurde, dann aber bis weit nach dem Zweiten Weltkrieg kaum wahrgenommen wurde, tritt allmählich wieder ins Blickfeld einer breiteren musikalischen Öffentlichkeit. Der am 23. März 1878 in Monaco geborene und am 21. März 1934 in Berlin verstorbene Schreker, der nach seinem Tod vom Vergessen »wie von einem schweren Stein begraben ward« (Th. W. Adorno) wird diesem Vergessen allmählich wieder entrissen. Vornehmlich durch eine Reihe wichtiger Wiederaufführungen seiner Opern vollzog sich dies – und damit durch jenen Teil seines Schaffens, mit dem Schreker auch in den 20ern gewaltig reüssiert hatte.

Franz Schreker verbrachte die meiste Zeit seines Lebens in Wien, wo er zur Gestaltung des Musiklebens Beträchtliches beizutragen vermochte. Im Alter von 32 Jahren allerdings, gerade als sein Ruhm als Opernkomponist einen Gipfelpunkt erreichte, wechselte er ins – seiner Einschätzung nach weltoffenere – Berlin. Er wurde dort Professor für Komposition und später zugleich Leiter der Berliner Musikhochschule. Um den Komponisten Schreker wurde es, nicht zuletzt aufgrund der Wandlungen des musikalischen Geschmacks, schon ab Mitte der 20er Jahre deutlich ruhiger. Umso ungenierter wagten es die NS-Schergen, ihn Anfang der 30er Jahre zu verfemen und kaltzustellen: Schreker wurde seiner beruflichen Positionen enthoben. Kurz darauf starb er an den Folgen eines Schlaganfalls. Immer wieder ist im Zusammenhang mit seiner Musik der Begriff des Komponierens in Klängen in den Vordergrund gerückt worden; auch Schreker selbst hat dies getan: Ihm schwebte, wie er 1919 äußerte, das Ideal des »reinen Klangs« vor; er sprach von »wundersamen Visionen« und von »glühenden Bildern aus musikalischen Zauberreichen«.

Vorspiel zu einem Drama

UA: Frankfurt am Main 1918

In den weitaus meisten um 1920 entstandenen Stellungnahmen zu Schrekers Tonsprache wurde das Mutige, Moderne seiner Kompositionen gerühmt. Doch nimmt Franz Schreker eher eine schillernde Zwischenstellung zwischen Tradition und Fortschritt ein: Einzelne ungewöhnliche Momente seines Komponierens in Farben – vor allem Elemente der Harmonik und der Instrumentation – verbinden sich mit einem nachromantischen Grundgestus. Das *Vorspiel zu einem Drama*, hervorgegangen aus der Ouvertüre der Oper *Die Gezeichneten*, macht dies besonders deutlich. Die Spezifika dieser Erfolgsoper, die Kühnheit und das Schillernde der Klangverbindungen sowie das Spätromantisch-Schwüle der inhaltlichen Konstellationen, prägen auch dieses Extrakt. Die Konturen der verschiedenen Handlungsstränge fließen ineinander, werden so – vergleichbar den Ideen des Jugendstils – zu einem vielfältig verwobenen Sinn- und Klanggefüge.

Franz Schreker mit seiner Frau Maria (1928)

Kammersymphonie für 23 Soloinstrumente

UA: Wien 1917

Wie in Arnold Schönbergs berühmter *Kammersymphonie op. 9* ist auch in der wenig später komponierten Schrekerschen *Kammersymphonie* die gewöhnlich viersätzige Symphonieform zu einem Einzelsatz zusammengeschmolzen. Auch ist – ebenfalls wie bei Schönberg – das Orchester gegenüber der großbesetzten Symphonik erheblich reduziert. Konzeptionell wesentlich ist die Unentschiedenheit der formalen Abläufe; noch stärker als im *Vorspiel zu einem Drama* ist eine Mehrdeutigkeit prägend, die an die Ästhetik des Jugendstils erinnert. Das formale Gerüst wird verschleiert. Instrumente wie Celesta, Harmonium und Harfe, die mehr zu Generierung farblicher Schattierungen als zu thematischer Prozeßgestaltung taugen, sind dafür maßgeblich. Dem Werk eignet eine – absichtsvolle – unklassische Kurzatmigkeit: Das Entwickelte wird rasch wieder aufgelöst, einer

Metamorphose unterworfen oder von neuen Motiven verdrängt. Freilich ist diesem Prozeß aus stetem Aufbauen, Verändern und Vergehen eine Richtung einbeschrieben: Mehr und mehr dominieren die Aufschwünge über die Momente der Rücknahme. Und etwa zur Mitte hin gewinnt die Gestaltung überraschend präzise Konturen, gipfelnd in einem völlig regulär anmutenden Scherzo. Die am klassischen Symphoniesatz orientierte Aufnahme von thematischem Material aus dem Anfangsteil zum Ende hin wird allerdings einer entschieden eigenwilligen Lösung zugeführt: zu einer Lösung, die keine sein will und sich durch unaufhebbare Mehrdeutigkeit auszeichnet.

[M] *CD* Vorspiel und Kammersymphonie: RSO Berlin, Gielen (Koch 1986)

Jörn Peter Hiekel

Franz Schubert

1797–1828

Ausschnitt aus einem Aquarell von W. A. Rieder (1825)

Wenn Franz Schubert als der Komponist gilt, der als erster »den Aufschrei, die Gemütserregung des menschlichen Herzens« – so der Schubert-Biograph M. J. E. Brown – unmittelbar in Musik gesetzt hat, so war damit lange Zeit zuallererst wohl der Liederkomponist gemeint.

Als 1897 die alte Schubert-Gesamtausgabe abgeschlossen war, nahm man erstaunt zur Kenntnis, daß es da, neben zahlreichen Opern und Messen ein umfangreiches Œuvre an Kammer-, Klavier- und Orchestermusik zu entdecken gab. (In der kirchenmusikalischen Praxis existierte allerdings eine nicht unterbrochene Aufführungstradition von Schubert-Messen: nicht nur der populären *Deutschen Messe*, sondern auch von der nur mit Streichern und Orgel besetzten frühen *G-Dur-Messe*, der *B-Dur-*, vor allem aber der großartigen *Missae solemnes* in *As-* und *Es-Dur*.)

Bis in die 50er Jahre unseres Jhs. wurde die *Unvollendete* sehr oft, die »Große« *C-Dur-Symphonie (Nr. 8)* selten, die anderen, mit gelegentlicher Ausnahme der *Fünften*, so gut wie nie gespielt. Nun könnte man sich darin durch Schubert selbst bestätigt sehen, der seine 6 ersten Symphonien in der Tat zuerst für den halb-privaten Rahmen des Konvikt-Orchesters geschrieben hat; öffentliche Aufführungen davon gab es zu Schuberts Lebzeiten nicht. Wenn Schubert dann vom Vorhaben der »großen Sinfonie« sprach, ist darin allerdings auch der Anspruch des professionellen Komponisten mitgemeint, vor dem Urteil der Öffentlichkeit bestehen zu können.

Das Vorurteil, als Instrumentalkomponist sei Schubert übers klassizistische Epigonentum nie hinausgekommen, hat sich gehalten. In der Tat hat er dem Jugendfreund Spaun gestanden: »Heimlich im Stillen hoffe ich wohl selbst noch etwas aus mir machen zu können, aber wer vermag nach Beethoven noch etwas zu machen?« Aber neben Bewunderung und Bescheidenheit kommt in dieser Formulierung zumindest indirekt ein Selbstbewußtsein zu Tage, das wohl begründet war: Die ersten Kompositionsversuche des 13- und 14jährigen waren Klavierphantasien gewesen; es folgten Streichquartette, Symphonien, Lieder, Opern, Messen. Es lassen sich schon in solchen frühen Werken Ankläge des späteren, unverwechselbaren Schubert-Tons nachweisen. Selbstverständlich orientierte er sich an den Vorbildern Mozart und Haydn, ist er doch mit deren Musik als einer Muttersprache aufgewachsen. Der Warnung seines Kompositionslehrers Salieri, Beethovensche »Bizarrerien« nicht zu imitieren, hätte es wohl nicht bedurft: Von Anfang an ging Schubert seinen eigenen Weg. In einer Rezension zu seiner ersten gedruckten Sonate (a-moll, op. 42 D 845 – ihr gingen 15 unveröffentlichte Sonaten und etliche Fragmente voraus) hieß es damals, dieses Werk könne »wohl nur mit den grössesten und freyesten Sonaten Beethovens verglichen werden«. Die Zeitgenossen nahmen die Qualität Beethovens zum Maßstab, nicht aber setzten sie den spezifischen Typus der Beethovensonate als zu erfüllende Norm voraus. Genau das aber tat man schon bald nach Schuberts Tod – und begründete damit den Vorwurf des Epigonentums. Die Andersartigkeit Schuberts wurde als sein Mangel angesehen, während Beethoven selbst den um 30 Jahre Jüngeren anerkannt hatte. Das logisch deduzierbare Vorgehen Beethovens, das die tektonischen Prinzipien der Sonatenform in jedem Werk neu bestätigt, und sei es – wie im Spätwerk – durch Negation, war Schubert offenbar wesensfremd. Sein Kompositionsverfahren wäre am ehesten als »assoziativ« zu beschreiben: ein Sich-Hingeben an den lyrischen Gedanken und dessen Metamorphosen, abrupte Stimmungswechsel, Ein- und Abbrüche genauso hinnehmend wie schier endloses Kreisen um oder in sich selbst. Technisch gesprochen hat man es zu tun etwa mit Änderungen des Metrums und Akzentverschiebungen, mit Dur-Moll-Antagonismen, Verschleierung der Grundtonart, Übergang in entfernt oder gar nicht verwandte Tonarten. Das Dominante-Tonika-Verhältnis, fundamentales Bauprinzip der Wiener Klassik, verliert bei Schubert die Eindeutigkeit seiner Zielrichtung.

Dabei sieht es so aus, daß Schuberts Suchen nach einer symphonischen Form »nach Beethoven« in den späteren Jahren noch intensiver war. So sehr die *Unvollendete* und die »Große« *C-Dur-Symphonie* neue Wege wiesen, so sehr arbeitete Schubert weiterhin am symphonischen Projekt: das belegen die 3 Entwürfe zwischen 1818 und 1822 und vor allem der letzte aus seinem Todesjahr 1828, einem dreisätzigen *Symphonischen Fragment in D* (D 936a), an dem Intentionen erkennbar werden, »die über alle Grenzen der klassischen Sinfonik weit hinausgreifen« (Peter Gülke).

Franz Schubert, geboren am 31. Januar 1797 in Liechtenthal bei Wien und unter äußerst beengten, kleinbürgerlichen Verhältnissen aufgewachsen, mußte sich seine musikalische Ausbildung und das Dasein als »freischaffender Komponist« mühsam erkämpfen: Die Arbeit als Schulgehilfe verlängerte nur die soziale und innere Abhängigkeit von Familie und Umgebung, so daß er es vorzog, unter ärmlichsten Verhältnissen zu leben, statt sich in irgendwelche Dienste zu begeben. Aus Wien, wo er zu Lebzeiten nur als Liederkomponist bekannt war, ist er seit 1818 nicht mehr hinausgekommen. Er starb am 19. November 1828.

Ein Schubertabend bei Ritter von Spaun (Franz Schubert und der Sänger Michael Vogl am Klavier; neben ihnen Joseph von Spaun). Zeichnung von Moritz von Schwind (1868)

Symphonie Nr. 1 D-Dur D 82

UA: Wien 1813

»Sie Glücklicher entgehen jetzt dem Gefängnis« sagte der 12jährige Schubert seinem Freund Joseph Spaun, als dieser das k.u.k. Konvikt in Wien verließ; es läßt ahnen, wie sehr er unter dieser paramilitärischen Einrichtung im Geist der Restauration, mit Prügelstrafe, täglichen Gebetsstunden und wöchentlichem Beichten gelitten haben muß. Hinzu kam, daß der Vater dem Sohn wegen angeblicher Vernachlässigung schulischer Pflichten das Komponieren verboten hatte. Erstaunlich, daß vor diesem Hintergrund zwischen 1810 und 1913 etliche Streichquartette, Klavierstücke und sogar Orchesterwerke entstanden waren. Erstaunlich vor allem diese 1. Symphonie des 16jährigen: keineswegs der tastende Versuch eines Anfängers, sondern das souveräne Eintreten in die Welt der Symphonik. Anklänge an Haydn, Mozart und Beethoven können nicht als Beleg für fehlende Originalität gelten, im Gegenteil: sie sind selbstverständlich nicht nur, weil Beethoven ein paar Häuserecken weiter gerade an seiner *7. Symphonie* arbeitete, sondern auch, weil sein Name sozusagen ein Synonym für die Gattung Symphonie war. Daß aber Schubert einen ganz anderen Weg gehen wird als etwa Beethoven, zeigt sich schon jetzt: Die Sonatensatz-Anlage im *1. Satz* ist eher äußerlich gegeben als zielstrebig ausgefüllt, statt Aufsplitterung der Motive betreibt Schubert die wechselnde, oft überraschende harmonische Beleuchtung der Themen, bereits in der Exposition. Noch stärker gilt dies für das tänzerische Finale. Im *Andante* verdecken die Instrumentationseffekte (Streicher und Holzbläser) kaum das In-sich-Kreisen, während das *Menuett* eine forsche Vorwärts-Bewegung einschlägt – um gleich danach fast auf der Stelle zu treten; nur im Ländler-Trio sind das keine Gegensätze mehr.

[M] *CD* SO des WDR, Wand (RCA/BMG 1978)

Symphonie Nr. 2 B-Dur D 125

UA: London 1881

Zwischen 1812 und 1816 erhielt Schubert Kompositionsunterricht bei Salieri, bei dem immerhin einst auch Beethoven gelernt hatte. Schuberts lapidare Tagebuchnotiz bekundet so etwas wie handwerkliche Selbstvergewisserung: »Den 12. Juni 1812 den Contrapunct angefangen. 1. Gattung.« Den Kurs muß er schnell durchlaufen, und noch etliches dazugelernt haben, denn bereits die *2. Symphonie* von 1815 zeigt ihn beim Experimentieren: Die beiden Ecksätze – dem *1. Satz* geht eine pathetische Largo-Einleitung voraus – korrespondieren direkt miteinander durch den Perpetuum mobile-Impuls, den sie beide auslösen. Die Themen sind offene Gebilde, auf Wiederholung, Fortsetzung, Modulation hin angelegt. Fermaten, Generalpausen und Neuansätze entstehen da, wo sich die energetische Kraft zusammengeballt, die Bewegung sich überschlagen hat und dadurch vorübergehend zum Stehen gekommen ist. Im *Finale* bilden zusätzlich Ostinati und Orgelpunkte das Gegengewicht zur rastlosen Bewegung. Logischerweise ist unter solchen Bedingungen die Durchführungsarbeit schon in der Exposition längst im Gange. In beiden Sätzen durchdringt der Bewegungsimpuls als Begleitung auch die ruhigeren Seitenthemen – das Verhältnis von Melodie bzw. Thema und Begleitung, das bis zum Vertauschen der Rollen gehen kann, wurde für Schubert immer wichtiger (man vergleiche etwa im *1. Satz* die Achtelbewegungen gegen Ende der Durchführung, die ja Ableitungen des Themas sind, mit typischen Begleitfiguren Schubertscher Lieder). Auch die beiden Binnensätze korrespondieren: Das Thema des *Andante* (ein Variationen-Satz) klingt in der Melodie des Menuett-Trios wieder an.

[M] *CD* SO des WDR, Wand (RCA/BMG 1979)

Symphonie Nr. 3 D-Dur D 200

UA: London 1881

Es muß demütigend für Schubert gewesen sein, in der armseligen Wiener Vorstadtschule, wo sein Vater angestellt war, als Schulgehilfe arbeiten zu müssen, wo er doch überzeugt war: »Ich bin für nichts als das Componieren auf die Welt gekommen.« Trotz der beengten Verhältnisse muß er in den 5 Jahren zwischen 1813 und 1818 in jeder freien Minute komponiert haben: Da entstanden 5 Symphonien, 8 Streichquartette, 4 Messen, 3 Singspiele, eine Oper, über 300 Lieder (darunter der Lied-Durchbruch mit *Gretchen am Spinnrade*). Längst ging es nicht mehr um die bloße Beherrschung des Handwerks. So gibt Schubert in der *3. Symphonie* (1815) Rechenschaft über den Abstand zur *Ersten*, präsentiert nun eine weitaus persönlichere Lösung der symphonischen Aufgabe. Wieder heißt die Tonart D-Dur, wieder beginnt er mit einer langsamen Einleitung, und wieder greift er im *Allegro* darauf zurück, aber nicht mehr so äußerlich zitathaft: Aus dem Skalenmotiv des einleitenden *Adagio* wird jetzt beinahe ein eigenes Thema, das wichtige strukturelle Funktionen übernimmt; es tritt z. B. als symphonisch-öffentliche Geste gleich zu Beginn zwischen das 1. und 2. Thema, die ihrerseits beide einen »privaten« Ton (Klarinette bzw. Oboe solistisch beginnend), anschlagen und keineswegs im Kontrast zueinander stehen – im Gegenteil, fast könnte das 2. Thema als Steigerung oder Fortsetzung des ersten gehört werden. In der Reprise entfaltet jenes Skalenmotiv dann unerwartet ein dramatisches Moment und widerlegt damit das alte Urteil, Schubert habe stets mit dem Problem einer überzeugenden Reprise zu kämpfen gehabt.

Individuelle Lösungen sind auch der 2. Satz, ein fast ganz im Piano-Bereich verbleibendes, zart instrumentiertes *Allegretto*, und das *Presto vivace*-Finale, eine stürmische Tarantella voller dynamischer Kontraste und harmonischer Überraschungseffekte. Solche prägen, neben den sforzato-Auftakten, auch das *Menuett*.

[M] *CD* SO des WDR, Wand (RCA/BMG 1983)

Symphonie Nr. 4 c-moll (»Tragische«) D 417

UA: Leipzig 1849

Schubert selbst hat den Untertitel *Tragische* auf seiner Partitur vermerkt – und damit bis heute zahlreiche Erörterungen über die Bedeutung dieses Begriffs provoziert. Noch stärker als bei den vorangehenden Symphonien – zwischen der *3.* und *4. Symphonie*, beendet Oktober 1816, liegt ein gutes Jahr mit zahlreichen Liedkompositionen, u.a. *Erlkönig* – stellte sich den Schubert-Exegeten die Frage nach dem Verhältnis zu Beethoven, die Wahl der »tragischen« Tonart c-moll verlangte geradezu den Vergleich mit dessen *5. Symphonie*, mit der *Coriolan*-Ouvertüre, auch mit dem *Klaviertrio op. 1/III.* Aber was sollte dabei schon anderes herauskommen als die Feststellung, der 19jährige habe sich mit solch hohem Anspruch nun doch übernommen, seine »angestrengten Bemühungen« seien aber anzuerkennen. Nun hat sich Schubert nachweislich immer wieder mit dem Symphonie-Typus Beethovens auseinandergesetzt, kam aber – und nicht erst in den *Symphonien Nr. 7* und *8* – zu anderen Ergebnissen. Im Kopfsatz von Beethovens *Fünfter* läuft ein unerbittlich-logischer Prozeß ab, der erst im Finale auf eine neue, andere Ebene gehoben und damit gelöst wird. Das »Tragische« in Schuberts *Vierter* hat mit solchem Prozeßcharakter offenbar nichts gemein. Es läßt sich bis ins Detail zeigen, daß die beiden Themen dieses *Allegro vivace*-Kopfsatzes geringfügige Abwandlungen oder Fortführungen voneinander sind. Ihr Gemeinsames ist weniger melodischer als rhythmischer Art, nämlich ein synkopischer Impuls zur ersten Taktzeit (an den Forte-Stellen deutlich von der Pauke markiert). Fünf halbtaktige Sforzato-Schläge fangen diesen Impuls dann ab, komprimieren die Energie gewissermaßen (in der Schlußgruppe, noch ausführlicher in der Reprise).

Demnach wäre also das »Tragische« hier zu verstehen als Signatur, als im Grunde invarianter Gestus, räumlich auf verschiedenen Ebenen präsent – nicht in der zeitlich-prozeßhaften Darstellung des Schicksals einer Person oder Idee. Daß der Satz sich nach Dur wendet (auch das wurde Schubert angekreidet), bringt keine »Aufhellung«, ändert nichts an der Signatur; es ist, räumlich gesehen, nichts anderes als die Schluß-Perspektive. Das Verfahren rasch wechselnder Raum-Perspektiven für ein und dieselbe Grund-Konstellation behält Schubert im *Finale* bei – die staccato-»Begleitung« des Seitenthemas kommt direkt aus dem Hauptthema. Hinzu kommt das Prinzip kaum variierter Wiederholung. Demgegenüber wirkt der f-moll-Einbruch in dem ganz verhaltenen *Andante* zunächst dramatisch, doch die Stimmung des Anfangs stellt sich über ein einziges, vielfach wiederholtes Motiv bald wieder her. Auch im *Menuett* dominiert das rhythmische Moment: eine unwirsche, chromatisch verfremdete Zweier-Formation gegen die Taktordnung.

[M] *CD* London Classical Players, Norrington (EMI 1990)

Symphonie Nr. 5 B-Dur D 485

UA: Wien 1841

»Mozart auf die Weise Schuberts« (Stefan Kunze) – so ließe sich das gängige Urteil über die *5. Symphonie* resümieren: Mozartisch wäre die Leichtigkeit, die es so bei Schubert noch nicht gab; wie Mozart in seiner *g-moll-Symphonie KV 550* wählt Schubert hier eine Orchesterbesetzung ohne Trompeten und Pauken, mit dem Ergebnis eines schwebenden Klangs; der forsche Beginn des Menuetts (in g-moll!) scheint sich unmittelbar auf das der Mozartschen Symphonie zu beziehen; und schließlich hatte Schubert notiert: »Wie von ferne leise hallen mir noch die Zauberklänge von Mozarts Musik (...) O Mozart, unsterblicher Mozart, wie viele o wie unendlich viele solche wohlthätigen Abdrücke eines lichten besseren Lebens hast du in unsere Seelen geprägt«. Georgiades hat in seinem Schubert-Buch gezeigt, was an dieser Symphonie, entgegen dem ersten Eindruck, n i c h t mozartisch ist: Statt der Wiener klassischen diskontinuierlichen Satzstruktur – er spricht vom »Zusammenprall verschiedener körperhaften Strukturen« etwa im Menuett von Mozarts *g-moll-Symphonie KV 550* –, herrsche bei Schubert ein »kontinuierliches Klangströmen«. Wie aber läßt sich daraus jener Eindruck von Helligkeit und Leichtigkeit erklären? Was ist daran schubertisch?

In der Tat, so leicht, so fließend, hatte Schubert bislang noch nicht Motive verknüpft, organisch auseinander hervorgehen lassen, kleinste, kaum spürbare Übergänge geschaffen. Unvergleichlich ist etwa der Beginn des *Allegro*-Kopfsatzes: Eine Holzbläser-Kadenz in ganztaktiger Fortschreitung, dazu ab dem 3. Takt eine schlichte Skalenfigur der 1. Violinen, wobei die Flöte wie unabsichtlich einen melodischen Bogen beschreibt, aus dem schließlich im 5. Takt das 1. Thema herauswächst, und alles im Pianissimo. So einmal in Gang gekommen, bleibt der ganze Satz in diesem sanften Auf- und Abschwingen, diesem reflexhaften Sich-treiben-lassen; da ist auch die Zäsur vor Einsatz des 2. Themas nichts als ein natürliches Atemholen. Jene Skalenfigur der Anfangstakte aber, die am Beginn der »Durchführung« unversehens in einen modulatorischen Abschnitt eingeflochten erscheint, eröffnet nicht die übliche »Durchführungsarbeit«: Vom 1. Thema wird nur eine verkürzte Floskel verwendet, das 2. Thema spielt keine Rolle; das ist eher ein Intermezzo (37 Takte ab T. 160, bei 117 Takten Exposition!), bevor sich das 1. Thema wieder einstellt.

Jenes organische Moment der kleinen Übergänge bedeutet freilich kein unterschiedsloses Dahingleiten. Dur-Moll-Gegensätze auf engstem Raum, Trugschlüsse und neapolitanische Wendungen finden sich, durchaus als überraschende Farbwechsel, ja Irritationen, in allen vier Sätzen: Die liedhafte Geschlossenheit im *Andante* wird so quasi untergründig, von innen her aufgebrochen; dasselbe geschieht im *Allegro*-Finale ganz offen, der periodische Bau des Anfangs wächst sogleich ins Unregelmäßige – die Heiterkeit dieses Kehraus-Finales ist nicht ohne Hintergründigkeit. Dem Satztypus entsprechend am ehesten regelmäßig, fast starr konstruiert, ist das *Menuett.* Den Kontrast dazu bildet das Ländler-Trio.

Auch in dieser Symphonie findet Schubert zu sich selbst – diesmal durch die Erinnerung an Mozart.

M *CD* O. of the Age of Enlightenment, Mackerras (Virgin 1990)

Symphonie Nr. 6 C-Dur D 589

UA: Wien 1828

Mit der »kleinen« *C-Dur-Symphonie* (so genannt im Unterschied zur »Großen«, *Nr. 8*) endet äußerlich die Reihe der »Jugendsymphonien«, freilich nicht im Sinn einer »Summe«: Auch sie zeigt Schubert auf einem gewissen Stand seiner Entwicklung als Symphoniker, auch hier ist er beim Experimentieren, und selbstverständlich spielt auch hier das Verhältnis zu vorgegebenen Mustern eine Rolle, diesmal wieder deutlicher zu Beethoven. Fünf Monate hat Schubert an diese Symphonie hingearbeitet (bei den früheren waren es zum Teil nur wenige Wochen), und der hohe Anspruch wird sogleich in der pathetisch ausformulierten langsamen Einleitung programmatisch deutlich: motivische Kleinarbeit, Bildung längerer Passagen durch Zusammensetzung gleicher oder ähnlicher Motive, ein Orchestersatz aus mehreren übereinandergelagerten oder gegeneinander verschobenen Schichten (meist Holzbläser gegen Streicher, mit wechselnden weiteren Unter-Gruppierungen), Ausweichen in fernere harmonische Bezirke, dynamische Schattierungen und Kontraste (häufige sforzati) – all dies sind prägende Merkmale in allen 4 Sätzen. Diesen Tendenzen zum Asymmetrischen, zur Auflösung, stehen immer wieder scheinbar festgefügte periodische Bildungen gegenüber, wie das 8taktige 1. Thema im Kopfsatz-*Allegretto,* das sogleich fortgeführt und mit Tuttischlägen durchgesetzt wird; das 2. Thema ist in seinem Beginn metrisch instabil und wird dann erst ins Metrum quasi gezwungen. Im *Andante* drängen, innerhalb eines großräumigen Orchestersatzes, die Expansionskräfte noch stärker gegen die Eingrenzungen der periodischen Strukturen. Fast zitathaft, und nicht nur in der hier erstmals bei Schubert auftauchenden Bezeichnung *Scherzo,* nimmt der 3. Satz den Tonfall Beethovenscher Scherzi auf, während die kompositorische Idee des *Trios* ein bis zum Stillstand gehendes Verweilen darstellt, daran ändern auch die vorübergehenden Achtel-Bewegungen der Violinen nichts. Man weiß, daß auch Schubert sich dem seinerzeit in Wien grassierenden Rossini-Fieber nicht entziehen konnte und zwei *Ouvertüren »im italienischen Stil«* komponierte. Der Rossini-Reflex ist auch in dieser Symphonie, besonders im *Allegro*-Finale spürbar: in der glänzenden Oberfläche und der Durchsichtigkeit des Orchestersatzes, in vielen formelhaften Wendungen, in der Aneinanderreihung immer neuer Einfälle. Doch da ist auch der Unterschied: Schubert bleibt bei dieser Kleingliedrigkeit, mißtraut offenbar dann doch der Eigendynamik dieser Gebilde – eine »Orchesterwalze« à la Rossini gestattet er sich nirgends –, er holt stattdessen immer wieder zu neuen, vielfach konventionellen Gesten aus, die Einhalt gebieten und gliedernd wirken. So weist diese Symphonie gerade durch ihre inneren Spannungen darauf hin, daß es die Beethovensche Symphonik letztlich nicht ist, in der Schubert seine musikalische Welt ausformulieren kann.

M *CD* London Classical Players, Norrington (EMI 1990)

Symphonie Nr. 7 h-moll (»Die Unvollendete«) D 759

UA: Wien 1865

Nach der *C-Dur-Symphonie Nr. 6* von 1818 folgte noch ein Entwurf (D 615), dann brach Schubert die Produktion symphonischer Werke ab. Drei Jahre später kamen 3 weitere Entwürfe. Vom letzten, 1822, komponierte und instrumentierte er 2 Sätze komplett, das *Scherzo* kam über eine fragmentarische Klavierskizze nicht mehr hinaus. Die beiden

Sätze versah man später mit dem Titel »Die Unvollendete« – und knüpfte endlose Spekulationen daran, warum, oder ob überhaupt, Schubert es bei diesem Fragment belassen habe. Die beiden Sätze tauchten jedenfalls erst lange nach seinem Tod auf und wurden 1865 uraufgeführt. Sicher ist, daß er sich in jenen Jahren ab 1818 der ungeheuren Herausforderung durch Beethoven mit vollem Bewußtsein und mit allen Anzeichen einer tiefen Krise stellte. »Wer vermag nach Beethoven noch etwas zu machen?«, dieser oft zitierte Satz Schuberts entspricht seiner damaligen Verfassung. Und was er dann in den beiden Sätzen der *h-moll-Symphonie* machte, hatte mit Beethovens prozessualer Sonatenform in der Tat kaum mehr etwas zu tun. »So hatte eine Sinfonie noch nie begonnen: mit einem orakelhaft raunenden Unisono der Celli und Bässe, welches als offene Frage auf der Quint hängenbleibt; danach, noch immer in der Tiefe, Violinen mit einer kreisenden Figur zum treibenden Dreiachtel-Auftakt der anderen Streicher, nach vier weiteren Takten eine klagende, wieder unisone Melodie, scheinbar für nichts weniger tauglich als für das erste Thema eines Sinfoniesatzes (...)«, so beschreibt Peter Gülke den Anfang des *Allegro moderato*-Kopfsatzes. Dieses lyrisch-melancholische Thema, und nicht minder das ländlerhafte 2. Thema der Celli – das ist Inbegriff Schubertscher Melodik. Und doch ist unüberhörbar etwas Fremdes, Störendes und Verstörendes zugegen; das Unabgeschlossene, zum Ende hin Offene dieser Melodien soll offenbar durch Wiederholung und Sequenzierung – was mit motivisch-thematischer Arbeit im Sinne Beethovens wenig gemein hat weil die Zielrichtung fehlt – aufgefangen werden. Symptomatisch sind die Übergänge: Einmal sind es regelrechte Stillstände, über mehrere Takte ausgehaltene Töne, aus denen das Neue anhebt wie nach den 8 Einleitungstakten, oder beim Übergang zum Seitensatz, dem Ländler-Thema; zum andern sind es Katastrophen, wie der Fortissimo-Schlag nach der Generalpause im Ländler-Thema, das an dieser Stelle »jählings wie angesichts eines Grauens« verstummt, »als müsse endlich gesagt werden, daß die Form das Singen nicht zu schützen vermöchte« (Gülke). Es ist kein Zufall, daß in der Durchführung, dem Ort des Sich-Abarbeitens der Gegensätze im Blick auf eine Lösung, die beiden Themen keine Rolle spielen, sondern die gestaltlosen Anfangstakte sich in bedrohlich feste, gar nicht sangliche Gestalten verwandeln – ähnliches geschah übrigens schon im Kopfsatz der *5. Symphonie.* Im *Andante* ändert sich die Grundhaltung nicht, nur das Gewaltsame fehlt. Das Schwebende dieses Satzes ist zu gleichen Teilen Ergebnis der Instrumentation und der Themengestalten selbst. Im Gegenzug dazu sucht Schubert in der Unisono-Passage der Streicher und der 3. Posaune (erstmals in T. 32) festen Boden unter den Füßen zu bekommen.

Die bis heute ungebrochene Popularität der *»Unvollendeten«* setzte bereits mit der UA in Wien 1865 ein, wie bei Eduard Hanslick nachzulesen ist: Schon nach den ersten Takten seien alle Zuhörer wie gebannt gewesen, »und der halbunterdrückte Ausruf ›Schubert‹ summt flüsternd durch den Saal. Er ist noch kaum eingetreten, aber es ist, als kennte man ihn am Tritt, an seiner Art, die Türklinke zu öffnen«.

M *CD* London Classical Players, Norrington (EMI 1990) – *VD/LD* Wiener Philharmoniker, Muti (Sony)

Symphonie Nr. 8 C-Dur (»Große« C-Dur-Symphonie) D 944

UA: Leipzig 1839

Die Verwirrung um die zeitliche Einordnung der beiden späten Symphonien ist noch nicht lange beseitigt. Man hatte die sog. *»Große« C-Dur-Symphonie* der Jahre 1825/26 auf Schuberts Todesjahr 1828 datiert und als Nr. 9 gezählt; Nr. 8 war nach dieser Zählung die *»Unvollendete«*, Nr. 7 eine angeblich verschollene Symphonie, die man aber inzwischen als identisch mit der *»Großen« C-Dur-Symphonie* erkannt hat. Eine *Neunte* von Schubert gibt es also nicht. (Eine Variante war auch noch, die *»Große« C-Dur-Symphonie*, wie Brahms in der alten Gesamtausgabe, als Nr. 7 zu zählen.)

Eine Aufführung der *Achten* kam zu Schuberts Lebzeiten nicht zustande; Robert Schumann fand das Manuskript später bei Ferdinand Schubert, dem Bruder, und so kam es erst 1839 unter Mendelssohn zur UA. In Schumanns Rezension hieß es: »Sag ich es gleich offen: Wer diese Sinfonie nicht kennt, kennt noch wenig von Schubert (...) Hier ist, außer meisterlicher Technik der Komposition, noch Leben in allen Fasern, Kolorit bis in die feinste Abstufung, Bedeutung überall, schärfster Ausdruck des Einzelnen (...) Die Sinfonie hat denn unter uns gewirkt, wie nach den Beethoven'schen keine noch.«

Was Schubert selbst angeht, so läßt sein Brief an den befreundeten Maler Leopold Kupelwieser von 1824 erkennen, welche Bedeutung die Arbeit an der Symphonie damals für ihn hatte: »In Liedern habe ich wenig Neues gemacht, dagegen versuchte ich mich in mehreren Instrumental-Sachen, denn ich componirte zwei Quartetten (...) und ein Octett, (...) überhaupt will ich mir auf diese Art den Weg zur großen Sinfonie bahnen.« Die vorangehenden 7 Symphonien (einschließlich der *»Unvollendeten«*) erwähnte er gar nicht: offenbar glaubte er nicht, damit in der Öffentlichkeit als

Symphoniker nach Beethoven bestehen zu können. Die *Achte* jedoch hat er zumindest als vorläufige Lösung gelten lassen. Das dreisätzige D-Dur-Fragment, D 936a von 1828, zeigt ihn dann erneut beim Experimentieren.

Obwohl auch in der *»Großen« C-Dur-Symphonie* äußerlich die klassische Bauform eingehalten scheint, geht sie in vieler Hinsicht ganz andere Wege, und nicht nur, was die außerordentlichen Dimensionen betrifft. Das Unisono-Thema der Hörner zu Beginn der Andante-Einleitung enthält nicht nur keimhaft melodische und rhythmische Elemente der ganzen Symphonie, es läßt die Tonart offen. Die strukturelle Offenheit – darin zeigt sich das epische Moment dieser Symphonie – bleibt auch zu Beginn des *Allegros* bestehen, denn das 1. Thema ist nicht in sich geschlossen, sondern in seiner rhythmischen und harmonischen Konstitution auf Wiederholung, Umdeutung, Steigerung hin angelegt. Dies spiegelt sich im Orchestersatz, der in diesem Grad an Konturenbildung, Tiefenschärfe und großflächiger Dimensionierung neu ist bei Schubert: Beispielhaft dafür ist die tragende Rolle der Posaunen, darin noch über die 7. Symphonie hinausgehend; die Celli, teilweise mit den Bässen, sind als Melodieträger und Gegenpart zu den oberen Registern von zentraler Bedeutung; die Disposition der Instrumentengruppe zu- und gegeneinander weist voraus auf Bruckner. Das Seitenthema des Kopfsatzes steht »regelwidrig« in e-moll (statt G-Dur); wenn dann, abgeleitet von der Unisono-Einleitung der Hörner, das as-moll-Motiv der Posaunen hereinklingt und immer mehr Raum bekommt, so wirkt das als »Memento« (P. Gülke) der Vergänglichkeit, als Erinnerung des Anfangs und Anmahnung des Endes. Folgerichtig wird jene Unisono-Einleitung am Satzende in ihrer Original-Gestalt im Tutti zitiert, als willentlich gesetzter Schlußpunkt.

Mehr noch klingt das *Andante*, lyrischer Mittelpunkt der Symphonie, als möchte es niemals aufhören – bis es am Kulminationspunkt, nach einem Aufschrei des geballten Orchesters, wie vor Entsetzen verstummt: einer der erschütterndsten Momente in Schuberts Musik überhaupt. Die Musik scheint buchstäblich nicht mehr weiter zu wissen. Aus der bodenlosen Verlorenheit und Ratlosigkeit der nachfolgenden Pizzicato-Schläge hilft erst eine wie schüchtern sich vortastende Melodie der Celli allmählich wieder heraus. Das *Scherzo* mit seinem unwirschen, ruppigen Thema, poltert danach laut in die wehmütige Stimmung des langsam verklingenden Andantes herein; wie inselhaft dazwischen das *Trio* mit einer sich um sich selbst drehenden, österreichisch gefärbten Melodik über fast liegender, flächiger Harmonik. Der stürmische Impetus des *Finale* mit dem programmatischen Kontrast von Punktierung und Triole scheint sich gar nicht auf abgrenzbare thematische Gedanken festlegen zu lassen; dennoch dauert es lange, bis der C-Dur-Rahmen verlassen wird. Der viermal pochende Einsatz des Seitenthemas – später werden wuchtige Schläge daraus – bringt nur eine kurze Atempause; der rhythmische Impuls der Streicher-Triolen bleibt als unruhiger Untergrund erhalten.

[M] *CD* O. of the Age of Enlightenment, Mackerras (Virgin 1987) – *VD* Wiener Philharmoniker, Muti (EMI 1991)

Musik zu »Rosamunde« D 797

UA: Wien 1823

Das Schauspiel mit Musik »Rosamunde, Fürstin von Zypern«, verfaßt von Helmina v. Chézy (sie schrieb auch das Libretto zu Webers *Euryanthe*), bekam bei der UA derart vernichtende Kritiken, daß es nach der 2. Vorstellung vom Spielplan abgesetzt wurde – womit auch die von Schubert komponierten 4 vokalen (3 Chöre, eine Alt-Romanze) und 5 instrumentalen Nummern in Vergessenheit gerieten. Später (1867) hat man die 5 Orchesterstücke, 3 Entreacts, 2 Ballette, zusammen mit der Ouvertüre zum Zauberspiel *Die Zauberharfe*, als *Rosamunde-Musik* veröffentlicht; in dieser Form wird sie seither im Konzertsaal gespielt. Das darunter bekannteste Stück, die Zwischenaktmusik nach dem 3. Aufzug, hat Schubert nahezu wörtlich noch zweimal verwendet: Im dritten der *Vier Impromptus* (D 935) und im Andante des *Streichquartetts a-moll* (D 804).

Fünf Menuette mit sechs Trios D 89
Fünf Deutsche Tänze mit sieben Trios und einer Coda D 90

Schubert hat die beiden Sammlungen von Tänzen – Gelegenheitsarbeiten des 16jährigen, dennoch keineswegs einfallslose Fleißübungen – für 4stimmigen Streichersatz geschrieben, der gleichwohl orchestral empfunden ist (Oktavverdoppelungen, Tremoli, dynamische Kontraste). Wenn er sich auch am vorgegebenen Satzmodell orientiert (das *Menuett* kommt aus dem höfischen Bereich, der *Deutsche* ist, als Vorläufer des Ländlers und Walzers, bürgerliche Gebrauchsmusik), versteht er dieses dennoch nicht schablonenhaft: Er nützt auf engem Raum viele Möglichkeiten farbiger Gestaltung, stuft dynamische Schattierungen ab, setzt rhythmisch markante Akzente. Der melodische Charme, die Eigenständigkeit der Mittelstimmen, die Begleitfiguren, die unerwartet zur Hauptsache werden – daran zeigt sich Schuberts eigenständiger Umgang mit den vorgegebenen Mustern.

Christoph Hahn

Erwin Schulhoff

1894–1942

Der erst allmählich einsetzende Versuch, auch das Schaffen und die Schicksale der unter der Schreckensherrschaft des Nationalsozialismus zu Tode gekommenen Komponisten zu erforschen, ermöglicht die Begegnung mit Musikern, von denen man den Eindruck haben muß, ihre Namen seien hierzulande totgeschwiegen worden, während sie – vor der Aufhebung der Ost-West-Trennung Ende der 80er Jahre – im sogenannten Ostblock fester Bestand des Musiklebens waren. Das mag dann natürlich insbesondere für solche Komponisten gelten, die sich auch in ihrem Schaffen zum Kommunismus bekannten.

Zu denen gehörte auch Erwin Schulhoff, der am 8. Juni 1894 in Prag geboren wurde. Mit 10 Jahren begann er seine pianistische Ausbildung am Prager Konservatorium und ging 1906 zur Fortsetzung nach Wien. 1908 begann er sein Kompositionsstudium in Leipzig, unter anderem bei Max Reger, und schloß die Ausbildung 1913 in Köln ab. Nach dem Kriegsdienst in der österreichischen Armee, eine Zeit, die seine weltanschaulichen Auffassungen wesentlich mitbestimmt haben dürfte, gründete er 1919 in Dresden die Künstlergruppe »Werkstatt der Zeit«, einen den Dadaisten nahestehenden Zusammenschluß aus Musikern, Literaten und bildenden Künstlern. Schulhoffs Kompositionen zeigten zu dieser Zeit erstmals ihre Nähe zum Jazz, die sich später, nach der Hinwendung zum »sozialistischen Realismus« mit dem *Manifest nach Marx-Engels* von 1932/33 und einer Reise in die Sowjetunion, größtenteils wieder verloren. Nach verschiedenen Stationen in Deutschland kehrte er 1923 nach Prag zurück, von wo aus er eine äußerst erfolgreiche Pianistenlaufbahn begann, die ihn bis 1933 immer wieder nach Deutschland zurückführte. Nachdem das nationalsozialistische Regime diesen Weg versperrt hatte, blieben ihm nur mehr Tätigkeiten in der Tschechoslowakei: Schulhoff mußte sich als Pianist in Jazzkapellen und im Rundfunk sowie als Schlagerkomponist verdingen. Mit der Okkupation der Tschechei durch die Deutschen sah er sich auch dieser Möglichkeiten beraubt; da er sich jedoch nicht zu einer raschen Flucht entschließen konnte, wurde er im Juni 1941 interniert und starb am 18. August 1942 im bayerischen Gefangenenlager Wülzburg an Tuberkulose.

Das kompositorische Werk Erwin Schulhoffs gliedert sich in 2 Entstehungsphasen, deren Trennungsmarke der Besuch der Sowjetunion im Jahre 1933 war. Zunächst bestimmt von der Experimentierfreude, die ihn auch den Jazz in »ernsten« Gattungen verarbeiten ließ – so etwa in der *2. Symphonie* von 1932, deren 3. Satz überschrieben ist mit *Scherzo alla Jazz* –, wandte er sich später dem von der UdSSR-Führung proklamierten »sozialistischen Realismus« zu, unter dessen Einfluß gerade die grotesk-modernen Züge seiner Musik abhanden kamen. Schulhoff verlor sich in einer breit-pathetischen Sprache, die den Effekt des Monumentalen vor den musikalischen Ausdruck stellte. Das dürfte bedauerlicherweise auch für die beiden im Lager komponierten *Symphonien Nr. 7* (1941) und *8* (1942) gelten, die nur in Klavierskizzen vorliegen.

Für das heutige Musikleben von wirklichem Interesse sind mithin nur noch die beiden ersten *Symphonien* (*Nr. 1* 1925; *Nr. 2* 1932), das zweite der beiden *Klavierkonzerte* 1932 und das Jazz-Oratorium *H. M. S. Royal Oak* auf Worte von Otto Rombach von 1930. Im Zuge der Wiederentdeckung von Schulhoffs Kammermusik dürften auch seine größer angelegten Werke wieder erklingen. *Andreas K. W. Meyer*

Gunther Schuller

1925

In den 20er Jahren dieses Jhs. machten sich Komponisten wie Strawinsky, Milhaud oder Ravel daran, in der »zeitlosen Mode Jazz« (Adorno) Inspiration zu suchen. Von der anderen Seite her näherte sich der ursprünglich im Jazz verwurzelte Gershwin immer mehr der komponierten Musik an – wenngleich ihm natürlich vieles vom »seriösen Handwerk« dabei abging. Völlig unvorstellbar indes schien es, die Zwölftonmusik mit dem Idiom des Jazz in Einklang zu bringen. Erst Ende der 50er Jahre sollte dies ein amerikanischer Komponist ernsthaft und auch mit Erfolg versuchen: Gunther Schuller. Und er hat sogar den Begriff dafür geprägt: »Third Stream« (etwa »dritte Richtung«).

Der am 22. November 1925 in New York geborene Gunther Schuller hatte ursprünglich Horn studiert und musizierte dann solistisch und in diversen Orchestern. Bald jedoch gab er dies zugunsten einer intensiven Kompositions- und Dirigententätigkeit auf und engagierte sich fortan zudem als Lehrer, Organisator und Publizist unermüdlich für die amerikanische Musik. In frühen Werken des kompositorischen Autodidakten Schuller (z. B. der *Suite für Bläserquintett* 1945) dominiert noch eine spätromantische Schreibweise. Erst die intensive Zusammenarbeit mit dem Jazz-Pianisten John Lewis und anderen Mitgliedern des Modern Jazz Quartetts brachte Schuller dem angestrebten Ziel näher. In dem *Symphonic tribute to Duke Ellington* (1955) und dem Ballett *Variants for Jazz Quintett and Orchestra* (1961) zeigte dieser an Schönbergs Zwölftontechnik entwickelte Stil dann klare Konturen. Schuller entwickelte den »Third Stream« weiter in Richtung des post-Webernschen Serialismus und gelangte damit auch an die Grenzen dieser Allianz von Jazz und E-Musik. Sodann versuchte er mit Kompositionen wie der *Symphony* (1965) klassische Formen mit neuen Inhalten zu füllen. Interessant zeigen sich auch die Ergebnisse, die aus Schullers Beschäftigung mit der zeitgenössischen Kunst heraus entstanden sind: Die *Seven Studies on Themes of Paul Klee* (1959) und *American Triptych: A Study in Textures* suchen anhand der als Vorlage genommenen Bilder von Klee, Calder, Pollock und Davis Techniken der abstrakten Malerei mit den zeitgemäßen Prinzipien der ohnehin »abstraktesten Kunst« Musik in Verbindung zu bringen. Auch die Kompositionen der letzten Jahre sind charakteristisch für das nach vielen Seiten hin sich offen zeigende Wesen von Schullers Musik. Im *Flötenkonzert* (1988) hat er sich von der konstruktivistischen Schreibweise gelöst und seiner Musik wieder eindeutig sinnliche Qualitäten zuteil werden lassen. *Werner Bleisteiner*

William Schuman

1910–1992

Manchmal verläuft der Beginn einer erfolgreichen Karriere auch ganz anders: William Schuman, einer der meistgeehrten Komponistenpersönlichkeiten der USA, erinnerte sich in einer Vorlesung: »Slonimsky hat mich auf den Weg gebracht, als er mir das Löwengebrüll in *Ionisation* anvertraute. Offensichtlich war ich nicht sonderlich gut, denn er hat mich nie wieder engagiert.« Als der Dirigent und bedeutende Fürsprecher der Neuen Musik, Nicolas Slonimsky, 1932 mit prominenter Besetzung Edgard Varèses *Ionisation* für die Schallplatte aufnahm, besuchte der am 4. August 1910 in New York geborene William Schuman gerade an der Julliard School einen Kompositionskurs. Erst 2 Jahre zuvor hatte er nach einem Konzert des New Yorker Philharmonic Orchestra unter Arturo Toscanini beschlossen, sich ernsthaft mit Komposition zu beschäftigen. Roy Harris übte von allen Lehrern den größten Einfluß auf Schuman aus.

1938, nachdem Schuman mit seiner *2. Symphonie* einen Kompositionswettbewerb gewonnen hatte, machte Aaron Copland den Dirigenten Serge Kussewitzky auf das junge Talent aufmerksam. Kussewitzky setzte sich fortan sehr für Schuman ein und dirigierte die UA der *American Festival Overture* (1939) und der *3. Symphonie* (1941). Der große Erfolg dieses Werkes begründete Schumans Ruf als eines der herausragenden zeitgenössischen amerikanischen Komponisten. 1945 wurde er zum Direktor der Julliard School berufen. Unter seiner Leitung entwickelte sie sich zu der Institution, die sie heute ist. 1962 wurde er schließlich Präsident des Lincoln Center. Nach 1969 zog sich Schuman von seinen öffentlichen Ämtern zurück und widmete sich bis zu seinem Tode am 16. Februar 1992 in New York ausschließlich der Komposition.

Schuman hat Beiträge zu allen musikalischen Gattungen geleistet, dennoch ist gerade das symphonische Repertoire sein eigentliches Metier gewesen. Charakteristisch für ihn sind weit ausholende Kantilenen und Melodien. Aber auch vielschichtige Harmonik und treibende Rhythmen (z. B. in der *American Festival Overture*) definieren seinen Stil. Schuman verstand es, seine melodischen Einfälle über längere Strecken hinweg zu entwickeln und sie im Orchester durch Klangfarben und Dynamik abwechslungsreich und lebendig zu gestalten. In seinen späteren Werken herrscht ein ruhigerer, melancholischer Ton, der seine Entsprechung in der Wiederaufnahme früher schon verwendeter Formen und Ausdrucksmittel findet.

Neben der *American Festival Overture* und der *3. Symphonie* hört man hin und wieder auch andere seiner insgesamt 10 Symphonien sowie das *Violinkonzert* (1947) und das *New England Triptych* (1956). *Werner Bleisteiner*

Robert Schumann

1810–1856

Auch wenn Schumanns Werke für Orchester schon rein zahlenmäßig einen breiten Raum einnehmen, so sind es doch hauptsächlich die Klavierstücke und Kammermusikwerke, die das Musikrepertoire bis heute geprägt haben. Die Gründe für diese Entwicklung liegen zum einen in dem schon damals erhobenen Vorwurf der angeblich mangelhaften Instrumentationskunst Schumanns, zum anderen – und darunter leiden vor allem das *Violinkonzert* oder das *Konzertallegro* – wähnte man sein orchestrales Spätwerk fälschlicherweise immer wieder beeinträchtigt von der sich bereits ankündigenden Geisteskrankheit.

Zu Beginn seiner Karriere, nachdem Schumann seine Laufbahn als Klaviervirtuose wegen einer Handverletzung hatte aufgeben müssen, widmete sich der am 8. Juni 1810 in Zwickau geborene Sohn eines Verlagsbuchhändlers zunächst ausschließlich Klavier- (bis 1839) und Liedkompositionen (1840). Nebenher bestritt er seinen Lebensunterhalt mit seiner in Leipzig gegründeten und zu einem der wichtigsten Blätter heranreifenden »Neuen Zeitschrift für Musik«, deren »Gesinnung« es sein sollte, »an die alte Zeit und ihre Werke mit allem Nachdruck zu erinnern, darauf aufmerksam zu machen, wie an nur so reinem Quelle neue Kunstschönheiten gekräftigt werden können, – sodann die letzte Vergangenheit (die nur auf Steigerung äußerlicher Virtuosität ausging) als eine unkünstlerische zu bekämpfen, – endlich eine neue poetische Zeit vorzubereiten, beschleunigen zu helfen.«

Erst 1841, nach seiner Hochzeit mit der berühmten Pianistin Clara Wieck – eine Verbindung, die jahrelange Kämpfe mit dem Vater Friedrich Wieck, Schumanns ehemaligem Lehrer, gekostet hatte – gab er die ihm inzwischen »zu enge« gewordene Reduktion auf das Klavier auf und begann in dieser wohl fruchtbarsten Zeit mit der Arbeit an seinen ersten Symphonien und Kammermusikwerken, an die sich ab 1843 die Auseinandersetzung mit Oper und Oratorium anschloß. Parallel zu diesem Vordringen in neue Gattungsbereiche vollzog sich der Wechsel »in eine ganz neue Art zu komponieren«: Schumanns Stil zeichnet sich in den Werken seit 1844 durch die zunehmende Minimierung des thematischen Materials aus, durch Freiheiten der Phrasenbildung und immer engere Substanzgemeinschaft, durch eine auf jähen Wechseln beruhende experimentellere Handhabung der Harmonik, die meist ununterbrochene Fortspinnung der musikalischen Gedanken und das Bemühen einer größtmöglichen Konzentration auf das Wesentliche. Es sind Kompositionstechniken, die auf die Musik der Zukunft vorausweisen und noch im *Violinkonzert*, das Schumann 1853, ein Jahr vor seiner Einlieferung in die Heilanstalt Endenich komponierte, jeglichen Anflug von geistiger Schwäche negieren.

Symphonie Nr. 1 B-Dur op.38 (»Frühlingssymphonie«)

UA: Leipzig 1841

Schon 2 Jahre bevor Schumann mit den ersten Skizzen zu seiner *1. Symphonie* begann, beschrieb Clara in aller Deutlichkeit den Weg, den er 1841 tatsächlich einschlagen sollte: »Ich glaube, das Beste ist, er componiert für Orchester, seine Phantasie kann sich auf dem Clavier nicht genug ausbreiten«.

Auch Schumann selbst hatte zu dieser Zeit schon die ersten Impulse für den Einstieg in die »oberste Gattung der Instrumentalmusik« erhalten, schienen seine in Wien gewonnenen Eindrücke von Schuberts »Großer« *C-Dur-Symphonie* doch endlich zu bestätigen, daß nach Beethovens *Neunter* ein neuer Weg möglich sei. Schuberts Symphonie wurde zum neuen »Ideal«, das die »völlige Unabhängigkeit« von Beethoven zu demonstrieren vermochte. Und sie war es denn auch, die Schumanns Bedürfnis anstachelte, »auch solche Symphonien zu schreiben«. Im Januar 1841 gelangte er über die bis dahin nur Fragment gebliebenen symphonischen Versuche wie die unvollendete *g-moll-Symphonie*, die sogenannte *Zwickauer* (1832/33) hinaus und skizzierte innerhalb von 4 Tagen seine *Erste* – ein Werk, das auch musikalisch dem neuen Vorbild verpflichtet ist: Sie übernimmt nicht nur die Idee der »prunkhaft romantischen Einleitung«, sondern stellt dem Werk auch im Unisono der Bläser ein Motto voran, das hörbar an Schubert anknüpft. Aus dieser musikalischen Urzelle, die in allen Sätzen immer wieder anders beleuchtet und variiert wird, lebt die ganze Symphonie. Sie greift darin auf bereits in den Klavierwerken erprobte Kompositionsverfahren zurück und orientiert sich nicht mehr am Sonatensatz als formalem Ausgangspunkt, zielt vielmehr auf eine zyklische Einheit, die auf der fortlaufenden motivischen Entwicklung des Materials gründet. Das Hauptthema wird ganz vom prägnanten Rhythmus der Einleitungsmotivik beherrscht, der sich, nach einem kurzen Seitenthema von rein episodischem Charakter, in der Durchführung geradezu explosionsartig ausbreitet und verselbständigt. Nur kurzzeitig fügt er sich wieder in das ordnende Moment der Hauptthemengruppe ein, verläßt es jedoch wieder zugunsten neuer rhythmischer Steigerungen. Die Reprise verkürzt sich entsprechend um dieses aufscheinende Moment einer Scheinreprise und mündet in eine strettahafte Coda, die die Entwicklung in der Durchführung ein letztes Mal aufgreift und zu einem Höhepunkt führt. Ein neues kantables Thema schließt sich als Überleitung zum *Larghetto* an, dem Schumann durch synkopische Gestaltung jegliche Schwere nimmt. Und auch dieses schafft einen fließenden Übergang zum fünfteiligen *Scherzo* mit 2 Trios, deren erstes noch einmal die Coda des Satzes prägt. Mit dem *Finale*, das ebenfalls auf ein dualistisches Prinzip verzichtet, spannt Schumann den zyklischen Bogen: Im Mittelpunkt stehen das Motto des *Kopfsatzes* und ein Thema, das sein Material aus

Motiven der bisherigen 3 Sätze gewinnt. Der Satz endet mit einer an die Durchführung anschließenden Coda, die zu einer letzten großen Steigerung führt.

Der Titel *Frühlingssymphonie* stammt von Schumann selbst und geht auf ein Gedicht Adolph Böttgers zurück, das einen Aufbruch ankündigt, der für Schumann – ohne in Richtung Programm-Musik zu weisen – metaphorische Bedeutung gewann: Zum einen nämlich stand der Frühling stellvertretend für die 1840 endlich verwirklichte Heirat mit Clara Wieck, zum anderen rekurrierte er auf die im selben Jahr gemeinsam mit Clara komponierten 12 Lieder nach Rückert, die unter dem Titel *Liebesfrühling op. 37* veröffentlicht wurden und deren letztes motivisch in die *Erste* hineinspielt. Doch Frühling meinte auch den Aufbruch in eine neue Gattung und die immer neue Schaffenskraft, von der »sich in jeder Musik etwas finden sollte«.

[M] *CD* SO des BR, Kubelik (CBS 1978); Staatskapelle Dresden, Sawallisch (EMI 1973)

Symphonie Nr. 2 C-Dur op. 61

UA: Leipzig 1846

Als Schumann im Dezember 1845, ein Jahr nach seinem psychischen und physischen Zusammenbruch, mit den ersten Skizzen zu seiner *2. Symphonie* begann, schien die Krise, die es ihm nahezu unmöglich gemacht hatte, zu komponieren, überwunden: Die rein theoretische Auseinandersetzung mit Musik, zu der ihn sein Gesundheitszustand 1944 gezwungen hatte, die gemeinsam mit Clara unternommenen Kontrapunkt-Studien und die Beschäftigung mit Beethoven und Bach wichen wieder dem eigenen kompositorischen Schaffen. Und doch – so bekannte Schumann später – entstand die Zweite zu einer Zeit, in der er sich noch immer »halb krank« fühlte; »mir ist's, als müßte man ihr dies anhören«.

Vergleichbar der zeitlich vorausgegangenen *Vierten* – die Zählung resultierte aus deren späterer Überarbeitung – stellte Schumann auch der *Zweiten* wieder eine langsame Einleitung voran, die fragmentarisch das gesamte thematische Material des Satzes enthält. Ihr Quintsprung-Motiv, das von einer kreisenden, auf Schumanns Bach-Studien verweisenden Streicherbewegung begleitet wird, setzt sich sogar satzübergreifend durch. Schumanns Nähe zur Symphonik des späten 19. Jhs., in der die Entwicklungsform zunehmend in den Vordergrund rückt, ist hier bereits vorgezeichnet: Die auf Gegensätzlichkeit und thematische Expansion verzichtende Exposition verliert nun zwangsläufig an Gewicht, beteiligt sich bereits an der konzentrierten, sequenzreichen Thementransformation, die in der chromatisch angelegten Durchführung einen Höhepunkt erlebt.

Das *Scherzo* konzentriert sich auf ein unaufhörliches Perpetuum mobile in den ersten Violinen, das erst im *1. Trio* durch stakkatierende Terzen aufgehoben wird. Das *2. Trio* ist der einzige Ruhepunkt des Satzes. Motivisch geht es zwar einerseits noch auf das erste zurück, bereitet andererseits jedoch schon das im Finale eingearbeitete Zitat »Nimm sie hin denn, diese Lieder« aus Beethovens Liederzyklus *An die ferne Geliebte vor.*

Das kammermusikalisch angelegte *Adagio* ist in seinen »Schmerzensklängen« Erinnerung an die vorangegangene »dunkle Zeit« Schumanns und nimmt als solche das Zentrum der ganzen Symphonie ein. Am stärksten von allen Sätzen den Bach-Studien verpflichtet, bindet es jedoch die Vergangenheit in die Gegenwart ein, verknüpft die Geigenkantilene, in der das *Musikalische Opfer* anklingt, mit dem »Religioso-Gestus des 19. Jhs. « (Arnfried Edler) und eigenwilligen Harmonien. Diese Thematik setzt sich auch im *Finale*, zunächst als verfremdetes 2. Thema, dann jedoch wortwörtlich durch und überlagert den scheinbar unbeschwerten Charakter erneut mit »Schmerzensklängen«, die Schumann nach einer dreifachen Generalpause mit dem Beethoven-Zitat regelrecht verdrängt.

Auch wenn Schumann bekannte: »im letzen Satz fing ich an, mich wieder zu fühlen« so muß offen bleiben, ob in diesem Finale wirklich Lösung, Versöhnlichkeit, Harmonie zu finden ist. Eher mag es an den schönen Schein Mahlers erinnern, der in Zitaten nur noch eine augenblickliche Idylle längst vergangener Zeiten erblicken konnte.

[M] *CD* O. des Champs Elysées, Herreweghe (HMF/Helikon)

Symphonie Nr. 3 Es-Dur op. 97 (»Rheinische«)

UA: Düsseldorf 1851

Chronologisch markiert Schumanns *Dritte* nicht nur den Endpunkt seines symphonischen Schaffens – die ursprünglich vorausgegangene *d-Moll Symphonie* (Schumanns *Symphonie Nr. 4*) wurde erst 1853 in der 2. Fassung gedruckt –, sie nimmt auch die Stelle der letzten bedeutenden und richtungweisenden Symphonie vor Brahms ein. Denn auch wenn Tschaikowsky sie zurecht wegen instrumentatorischer Mängel angriff, Grieg und Bülow ihr sogar den Vorwurf machten, sie habe Ideen aus der Welt Mendelssohns bezogen, so zeichnet sie doch einen Typus vor, der die Symphonie des späten 19. Jhs. entscheidend prägen sollte: Schumann wollte »hier und da ein Stück Leben widerspiegeln«, Leben aber, das sich unabhängig von unmittelbaren

Erlebnissen mitteilte, vielmehr als Konglomerat verschiedenster musikalischer Tonfälle zu deuten ist, die das charakteristische Quartintervall dennoch miteinander verbindet.

Schon 1837 hatte Schumann zum ersten mal die »Idee zu einer ›Symphonie in Es‹« geäußert. Doch erst im Herbst 1850, als er die Nachfolge Ferdinand Hillers antrat und die Direktion des Allgemeinen Musikvereins und des Gesang-Musikvereins im rheinischen Düsseldorf übernahm, sollte sich der Plan endgültig und innerhalb eines Monats verwirklichen.

Der Name »Rheinische«, der durch Schumann zwar angeregt, von einer Kritik in der Rheinischen Musik-Zeitung durch die Umschreibung des Werkes als ein »Stück rheinisches Leben« jedoch erst populär gemacht wurde, hat zu äußerst irreführenden Interpretationen geführt. Weit über die Möglichkeit hinausgehend, daß Schumann sich von der neuen Heimat inspiriert gefühlt haben mag, gab man ihr – vor allem aufgrund der volkstümlichen Elemente – programmatische, die Landschaft beschreibende, verklärende Titel und glaubte im 4. Satz sogar, Schumanns Besuch im Kölner Dom anläßlich der Erhebung eines Kölner Bischofs zum Kardinal nachempfinden zu können. Wenn Peter Gülke sich darauf beschränkt, den Rhein als »Symbol« zu deuten, »das eine bestimmte Totalität des Lebens in sich« schließt, so dürfte dies Schumanns Intention sehr viel näher kommen.

Der 4. Satz, ursprünglich »im Character der Begleitung einer feierlichen Ceremonie«, markiert einen sakral anmutenden Ruhepunkt des Werks, auf den die ersten 3 Sätze – der schwungvolle Sonatensatz, das humoristische, ländlerartige Scherzo mit seinem Moll-Mittelteil und das fast kammermusikalisch angelegte, ursprünglich als »Intermezzo« bezeichnete *Adagio* – zulaufen. Sein *feierlich* gehaltener Choralklang, der in eine kontrapunktische Gestaltung mündet und mit seinem Es-Dur-Tonfall an Bachs *Wohltemperiertes Klavier* erinnert, gliedert sich als ein Charakter in die Totalität ein und kehrt schließlich mit geradezu hymnischem Anstrich vor der Reprise des letzten Satzes noch einmal wieder, der sowohl motivisch als auch hinsichtlich der großen Besetzung einen zusammenfassenden Höhepunkt bildet.

[M] *CD* New PO London, Klemperer (EMI 1965–69); Staatskapelle Dresden, Sawallisch (EMI 1973)

Symphonie Nr. 4 d-moll op. 120

UA: Leipzig 1841 (1. Fassung),
Düsseldorf 1853 (2. Fassung)

Der bereits 1841 entworfene Plan zur *4. Symphonie* steht gedanklich in enger Verbindung zur unmittelbar zuvor vollendeten einsätzigen Frühfassung von Schumanns Klavierkonzert, das er erst 1845 um 2 weitere Sätze zum op. 54 erweiterte: Denn auch mit der chronologisch eigentlich an 2. Stelle stehenden *d-moll-Symphonie* verfolgte er den Weg von der Mehrsätzigkeit zur Einsätzigkeit konsequent weiter. »Roberts Geist« – so notierte Clara im Mai 1841 in ihr Tagebuch – »ist gegenwärtig in größter Tätigkeit; er hat gestern eine Symphonie wieder begonnen, welche aus einem Satz bestehen, jedoch Adagio und Finale enthalten soll«. Diese Idee behielt Schumann – anders als im Klavierkonzert – auch bei, als er das fast in Vergessenheit geratene Werk im Dezember 1851 umschrieb und ihm diesmal sogar kurzzeitig den Titel »Symphonistische Phantasie« verlieh.

Als mitverantwortlich für das 10jährige Ruhen der 1. Fassung hatten sich vor allem die unglücklichen Umstände der UA erwiesen: Das gemeinsame, begeistert gefeierte Auftreten von Clara und Liszt im selben Konzert und die eher mittelmäßige Interpretation drängten Schumanns Symphonie völlig in den Hintergrund. Doch auch der Versuch, für das Werk einen Verleger zu finden, scheiterte, und erst der Erfolg der *»Rheinischen«* verschaffte Schumann das nötige Selbstvertrauen für ein Wiederaufnehmen der Partitur, in der er in erster Linie Instrumentationsmängel beseitigte. Die musikalische Substanz, in der sich auch die Modernität der Gedanken widerspiegelt, blieb unangetastet.

Schumann fügt sich nämlich nur äußerlich noch der Tradition. Tatsächlich verschmilzt die viersätzige Anlage mit ihren auf den ersten Blick herkömmlichen Formen – Sonatensatz im Kopf- und Finalsatz, dreiteilige Liedform und fünfteiliges Scherzo – zu einem durchgehenden Satz. Die ursprünglich geschlossenen Teile enden offen, ohne die gewohnte Erwartung zu erfüllen: Dem *Kopfsatz* fehlt ein Abschluß, der die Grundtonart bestätigte, er mündet ohne Reprise in einen offenen Codaschluß; die *Romanze* greift eine den Anfang prägende Kantilene nur noch bruchstückhaft auf und endet in der Dominante; und auch das *Scherzo* spart nach dem 2. *Trio* die Scherzo-Wiederholung aus, um direkt ins *Finale* überzuleiten, das sich als einziger Satz – wenn auch mit verkürzter Reprise – zur Geschlossenheit rundet. Jeder der ausgesparten Formteile wird jedoch quasi nachgeholt: Die *Romanze* greift die langsame Einleitung wieder auf, das Trio, die Romanze und das *Finale* erinnern sich wieder des Kopfsatzes. Auf diese Weise schafft Schumann ein motivisch-thematisches Beziehungsgeflecht, eine Einheit in der Vielfalt, wie man sie später nur bei Wagner, Mahler oder Strauss kennt.

[M] *CD* Berliner Philharmoniker, Furtwängler (DGG 1949–53); London SO, Krips (Decca); Symphonien 1–4: Cleveland O., Szell (Sony)

Klavierkonzert a-moll op. 54

UA: Dresden 1841

Schon 1839 – ein Jahr bevor Schumann in seinem Ehetagebuch den Wunsch festhielt, »ein Clavierkonzert (zu) schreiben« – forderte er einen neuen »Genius, der uns in neuer glänzender Weise zeigt, wie das Orchester mit dem Klavier zu verbinden sei, daß der am Klavier Herrschende den Reichtum seines Instruments und seiner Kunst entfalten könne, während das Orchester dabei mehr als das bloße Zusehen habe und mit seinen mannigfaltigen Charakteren die Szene kunstvoll durchwebe«. Das Virtuosenkonzert, in dem das Orchester auf rein begleitende Funktion reduziert blieb, unterlag damit ebenso der Kritik wie das klassische Muster einer blockhaften Gegenüberstellung von Tutti und Solo. Richtungweisend wurde vielmehr ein Konzerttypus, der das – auch aufgrund der weiterentwickelten Mechanik – zunehmend an klanglicher Selbständigkeit gewinnende Klavierspiel mit dem Orchester zu einem homogenen Ganzen verbinden sollte.

1841 realisierte sich dieser Typus in der *Phantasie a-moll*, die die schon 1939 angestrebte Idee von einem »Mittelding zwischen Symphonie, Konzert und großer Sonate« erfüllte und zu einer »abgeschlossenen« Einsätzigkeit fand, in der »der Virtuose den Allegro-, Adagio- und rondo-Vortrag zugleich entfalten« konnte. »Das Klavier ist auf das feinste mit dem Orchester verwebt« – so berichtete Clara zudem über das Werk – »man kann sich das Eine nicht denken ohne das Andere«. Doch dieses als op. 48 geplante *Allegro affettuoso* Schumanns blieb unveröffentlicht und unaufgeführt. Erst 1845, als er das Konzertstück der klassischen Dreisätzigkeit anpaßte, stellte sich der Erfolg ein.

Schon zu Beginn wird die traditionelle Doppelexposition von Tutti und Solo aufgegeben, Orchester und Klavier fügen sich zu einer organischen Einheit, die Schumann stets weiterverfolgt, wobei das Klavier häufig einen fast kammermusikalischen Dialog mit anderen Solisten führt. Die Durchführung vertritt – darin Schumanns Forderung nach einem »Mittelding« gerecht werdend – als *Andante espressivo* den langsamen Adagio-Satz und führt durch das erneute Zurückgreifen auf die Allegro-Einleitung in eine Scheinreprise. Die tatsächliche Reprise verzichtet auf die Wiederaufnahme der Einleitungsmotivik und mündet auf dem Höhepunkt in eine dreiteilige Solokadenz, die auf der Motivik des Hauptthemas basiert. Die Coda nimmt schließlich als letzte Variante des Themas marschartige Züge an und reduziert sich am Ende ganz auf das Kopfmotiv, das in einer Schlußkadenz endet.

Haupt- und Seitensatz, Durchführung, Kadenz und Coda erweisen sich so im 1. Satz als Varianten eines einzigen musikalischen Gedankens. Als solche haben sie ihre traditionelle Funktion als Sonatenformteile abgelegt und bewegen sich in »organischer Linearität« (Gerstmeier). Themendualismus und Wiederholungen treten zurück. Die ursprüngliche Form existiert nur noch als Hülle einer im Grunde poetischen Idee, nämlich dem bei Schumann so häufigen Versuch, einem Gedanken verschiedene Ausdrucksmöglichkeiten zu verleihen und ihm gleichzeitig einen Rahmen zu geben, der synkretistisch zahlreiche traditionelle Formvorlagen zu einem individuellen, in sich geschlossenen Ganzen zusammenfügt.

Die Themen des 1845 hinzugefügten *Intermezzos*, einem Charakterstück in dreiteiliger Liedform, das auch innerhalb dieser Teile wieder dreiteilig strukturiert ist, gründen ebenfalls auf der Motivik des 1. Satzes. Und auch das tänzerische 1. Thema des *Allegro vivace*, eines Sonatenrondos, ist eine umrhythmisierte, verkürzte Reminiszenz an das Grundthema, während das zweite auf dem Überleitungsgedanken des 1. Satzes basiert. Durch diesen monothematischen Aufbau bleibt Schumanns ursprüngliche Idee eines einsätzigen Werkes, in dem keiner der Teile hermetisch in sich abgeschlossen ist, gewahrt.

[M] *CD* Rubinstein, Chicago SO, Giulini (RCA/BMG); Serkin, Philadelphia O., Ormandy (Sony) – *VD/LD* Frantz, Wiener Philharmoniker, Bernstein (DGG)

Konzertstücke für Klavier und Orchester

Das 1849, kurz nach dem *Konzertstück für 4 Hörner F-Dur op. 86* entstandene *Konzertstück (Introduktion und Allegro appassionato) für Klavier und Orchester G-Dur op. 92* orientiert sich in seiner engen Verbindung von Klavier und Orchester, in den fließend ineinander übergehenden Passagen erneut am *Klavierkonzert*. Nur in der Exposition des *Allegros* kommt es zur blockhaften Gegenüberstellung von Tutti und Solo. Der Verzicht auf eine Kadenz, die reduzierte Orchesterbesetzung, die Dialoge mit anderen Soloinstrumenten – in denen vor allem wieder die Ventilhörner hervortreten – sowie die anfängliche Zurückhaltung des Solisten, der erst im Hauptsatz stärker im Vordergrund steht, betonen eine Verschmelzung von Konzert und Symphonie, wie Schumann sie bereits 1839 gefordert hatte.

In völligem Kontrast dazu steht das *Konzertallegro mit Introduktion für Klavier und Orchester d-moll op. 134*, das Schumann Clara im September 1853 zum Geburtstagsgeschenk machte und das diese – so Schumann – auf der folgenden Konzertreise durch Holland »mit sehr großem Erfolg« aufführte. Auch Brahms, den das Ehepaar im selben Monat kennenlernte, und dem es Schumann letztlich widmete, lobte es als »herrliches Konzertstück«, das später jedoch, wie viele andere, ebenfalls als eines der mißlungenen, bereits durch die Krankheit gezeichneten Werke beurteilt wurde.

Verbindungsglied der dreiteiligen Anlage ist ein rhythmisches Moment, das sich durch alle Themen zieht. Hinsichtlich der starken Dominanz des Klaviers – das Orchester bleibt mit Ausnahme des Seitenthemas auf kurze Zwischenspiele und Streicherbegleitung reduziert – weist das Werk einerseits Verwandschaft zum *Cellokonzert* auf, unterscheidet sich freilich von diesem durch den virtuos angelegten, vor allem in der ausgedehnten und für Schumann eher untypischen Kadenz äußerst brillanten Solopart. Deren Schlußtriller münden in ein hymnisches Choralthema, das auf Schumanns Lied *Mein Herz ist schwer* aus den *Myrthen op. 25* anspielt.

[M] *CD* Konzertstück op. 92: Serkin, Philadelphia O., Ormandy (Sony)

Werke für Violine und Orchester

Sowohl Schumanns *Phantasie op. 131* als auch sein *Violinkonzert d-moll* gehören für viele noch immer zu den mißlungenen Werken der letzten Jahre. Den Anstoß zu beiden Kompositionen hatte der Konzertmeister der Hannoveraner Hofkappelle Josef Joachim im Sommer 1853 gegeben, der schon im Oktober desselben Jahres die *Phantasie* erfolgreich zur UA brachte, die Veröffentlichung des *Violinkonzerts* jedoch seltsamerweise jahrzehntelang mit unterdrückte. Joachims Urteil hatte sich keineswegs von Anfang an gegen das Werk gerichtet. Im Gegenteil: Zu Lebzeiten Schumanns nahm er es »mit großem Entzücken« auf, eine Ansicht, die auch Clara teilte. Als 1892 ein Supplementband zur Gesamtausgabe Schumanns publiziert werden sollte, beschlossen beide jedoch, »daß das Konzert nicht veröffentlicht werden soll, nicht jetzt und überhaupt nicht«, ob aus Furcht vor der Presse, die Schumanns gesamtes Spätwerk nach seinem Tod untrennbar mit seinem geistigen Verfall verbunden hatte, darüber vermag man nur zu spekulieren. Wie auch immer, erst 1935 wurde das *Violinkonzert* zum Druck freigegeben, 1937 schließlich uraufgeführt, allerdings in der Hindemith-Bearbeitung, wodurch »Schumanns recht tief und unvirtuos gesetzter Solopart« nicht nur »um Oktaven höher« erklang, sondern darüberhinaus zugunsten hinzugefügter »angeblich wirkungsvollerer« Akkordgriffe verfälscht wurde (Dietmar Holland). Und gerade gegen eine Virtuosität um ihrer selbst willen hatte Schumann sich immer gewehrt, stand sie für ihn doch allenfalls im Dienst neuer Ausdrucksmöglichkeiten.

Die *Phantasie* orientiert sich noch am traditionellen Sonatensatz mit langsamer Introduktion, sie fügt sich allerdings sowohl in den Themen, die sich durch metrische Verschiebungen und fehlende tonale Geschlossenheit auszeichnen, als auch in der alle Themen vereinenden Coda Schumanns Spätstil ein. Eindeutiger freilich noch gilt dies für das *Violinkonzert*, beginnt es doch mit einer Doppelexposition von Orchester und Soloinstrument, die allenfalls noch auf den ersten Blick in die traditionelle Konvention zurückfällt. Das 1. Thema – will man es denn nicht vielmehr als einen unaufhörlichen Prozeß variativer Entwicklung der ersten Takte bezeichnen – leitet nahtlos und ohne Zwischenteil in das verwandte 2. Thema über. Jeder Versuch einer Gliederung dieses Abschnitts scheitert an der Unmöglichkeit einer eindeutigen periodischen Aufschlüsselung. Die Violin-Exposition verzichtet auf die getreue Verdoppelung des Vorangegangenen. Schumann versucht vielmehr, einen eigenständigen Part des Soloinstruments aufzubauen, an den die Durchführung mit einem neuen Gedanken anknüpft, der nicht nur in entlegenere harmonische Bereiche weist, sondern auch ein neues, dialogartiges Verhältnis zwischen Orchester und Solo einleitet. Von der Reprise wird es kurzfristig aufgehoben, entsteht jedoch wieder in der abschließenden Coda, die außerdem ein letztes Mal neue Themen-Varianten entwickelt.

Der dreiteilige Liedform und Sonatensatz vereinende und mit dem *1. Satz* verwandte *2. Satz* weist auf Schumanns *Geistervariationen* von 1854 voraus und mündet nach einer kurzen Steigerung nahtlos in die virtuos angelegte *Polonaise*, die sich des lyrischen *2. Satzes* noch einmal flüchtig, als Episode in der Durchführung, erinnert. Wegen ihrer vermeintlichen Monotonie wurde sie am heftigsten angegriffen. Formal vereinigt sie jedoch auf höchst kunstvolle und individuelle Weise Sonaten- und Rondotypus und gewährt dabei dem Überleitungsgedanken ein großes Maß an thematischer und formaler Selbständigkeit.

[M] *CD* Kremer, Chamber O. of Europe, Harnoncourt (Teldec 1993)

Cellokonzert a-moll op. 129

UA: unbekannt,
erste bekannte Aufführung Leipzig 1860

Schumann nannte sein Cellokonzert, das als eines der ersten Werke der Düsseldorfer Zeit im Oktober 1850 für den Solocellisten des dortigen Orchesters entstand, ein »*Konzertstück mit Orchesterbegleitung*«. Und tatsächlich erinnert nur noch der *3. Satz* an die ursprünglich von Schumann geforderte enge Verbindung zwischen Solist und Orchester. Selbst wenn im *2. Satz* für kurze Zeit ein weiteres Cello mit einer 2. Stimme einsetzt, bleibt der Solopart – nur von zarten Pizzicati begleitet – absolut dominant und verdrängt im Kopfsatz sogar eine Orchesterexposition. Dennoch tritt das virtuose Element zugunsten des musikalischen Ausdrucks, zugunsten eines nahezu unendlichen Melodieflusses in den Hintergrund, die Kadenz wird entweder – wie im *1. Satz* – durch ein langsames Zwischenspiel ersetzt oder – wie im *Finale* – mit Orchesterbegleitung unterlegt.

Die dreisätzige Anlage verschmilzt durch fließende Übergänge, durch die Übertragung des Durchführungsprinzips auf die gesamte Form und durch enge Substanzgemeinschaft zur Einsätzigkeit. Das Themenmaterial wechselt dabei in immer neue Ausdrucksschattierungen, erscheint in ungeheurer poetischer Vielfalt: Die Einleitungsakkorde kehren z. B. als Themenkopf im *Finale* wieder, die Überleitung zum *3. Satz* ist mit Themen aus dem ersten und zweiten durchsetzt.

Die Verwandtschaft zum *Klavierkonzert* und zum *Konzertstück für 4 Hörner* ist unverkennbar; beiden ähnelt es hinsichtlich der Satzfolge und Charakteristik, wobei die Tonart mit der des *Klavierkonzertes* identisch ist, Taktart und Tempo an den *3. Satz* des *Konzertstücks* erinnern.

Schumann versuchte zunächst vergeblich, sein »durchaus heiteres Stück« zu veröffentlichen. Obwohl er schon 1852 zu Recht feststellte, daß »wenig Compositionen für dieses Instrument geschrieben werden«, schien seine Schlußfolgerung, daß »der Absatz ein Wünschen entsprechender sein wird«, falsch. Erst 1854, kurz vor Schumanns Selbstmordversuch und seiner Einlieferung in die Heilanstalt, wurde das Konzert gedruckt. Für die weitere Entwicklung des Cellokonzerts (Elgar, Saint-Säens) gab es jedoch entscheidende Anregungen.

M *CD* Maisky, Wiener Philharmoniker, Bernstein (DGG 1985)

Konzertstück für 4 Hörner und großes Orchester F-Dur op. 86

UA: Leipzig 1850

Auch wenn Schumann sein »kurioses« Experiment, das Hornquartett des romantischen Orchesters als Concertino-Gruppe einem Tutti-Orchester gegenüberzustellen, nur *Konzerstück* nannte, so ist das Werk doch nichts weniger als ein dreisätziges Konzert, das in seinem dialogischen Konzertieren von Soli und Orchester noch dem Stil der klassischen Solokonzert-Tradition verpflichtet bleibt.

1849 entstanden – zu einer Zeit, als Schumann sich mit seinem *Adagio und Allegro für Pianoforte und Horn op. 70* oder mit seinen *Drei Romanzen op. 94 für Oboe (ad libitum Klarinette) mit Begleitung des Pianoforte* auch der Kammermusik für Bläser zuwandte –, knüpft es in seiner ungewöhnlichen Besetzung, zu der sich außerdem noch 2 Tuttihörner (Naturhörner) gesellen, an keine Vorbilder an. Schumann war sich dessen durchaus bewußt, beschrieb er das Werk doch als »etwas, das bis jetzt, glaub' ich, noch nicht existiert«. Zwar hatten sich einige Komponisten seit Mozart – etwa Carl Maria von Weber – dem Concertino für Solohorn und Orchester zugewandt, doch war es immer nur bei einem Solisten geblieben, der darüberhinaus mit seinem Naturhorn noch nicht über die technischen Möglichkeiten des späteren Ventilhorns verfügte und insofern in seinen Entfaltungsmöglichkeiten deutlich eingeschränkt blieb.

Das Konzertstück hingegen verlangt eine für das Horn außergewöhnliche Virtuosität – »selbst heutige Weltklassehornisten (müssen) auf die Hilfe eines fünften Kollegen zurückgreifen« (Arnfried Edler) –, und vor allem der 2. Satz ist reich an Chromatik und Dissonanzbildung.

Der *Kopfsatz*, dessen einleitende Fanfarentriolen den ganzen Satz bestimmen, ist in Form eines Sonatensatzes gebaut. Ihm folgt eine dreiteilige *Romanze*, deren Kantilene an Schumanns *Stücke im Volkston* erinnert. Der Übergang zum *Finale* erfolgt ohne Pause: von einem dreifachen Trompetensignal eingeleitet, schließt es sich direkt an den langsamen Satz und greift ihn sogar – ganz im Sinne von Schumanns Spätstil und seinem Streben nach Einsätzigkeit in der Mehrsätzigkeit – in der Durchführung noch einmal reminiszenzartig als selbständigen Seitensatz auf.

M *CD* Chicago SO, Barenboim (DGG)

Ouvertüre, Scherzo und Finale für Orchester E-Dur op. 52

UA: Leipzig 1841 (1. Fassung); Dresden 1845 (2. Fassung)

Ursprünglich plante Schumann sie als einsätzige Ouvertüre, entschloß sich dann jedoch zu einer mehrsätzigen Komposition, die in die Reihe der Symphonien eingeordnet werden sollte. Das Ergebnis – so Clara im Mai 1841 – »wissen (wir) noch nicht zu benennen -, es besteht aus Ouvertüre, Scherzo und Finale«. Und bei diesem Arbeitstitel blieb es am Ende. *Symphonette, Sinfonietta, Suite* und *Symphonie*, wie Schumann sein Werk verschiedentlich noch in der – binnen eines Monats entstandenen – Erstfassung nannte, wurden als Bezeichnungen wieder gestrichen, fehlte doch nicht nur der für die Symphonie typische langsame Satz. Die Komposition unterschied sich auch darin »von der Form der Symphonie«, daß man – so Schumann selbst – »die einzelnen Sätze auch getrennt spielen könne«.

Die Erstfassung, die gemeinsam mit der Erstfassung der *4. Symphonie* uraufgeführt wurde, stieß auf eine kühle Resonanz, so daß Schumann gezwungen war, beide Werke – sollten sie denn noch einmal an die Öffentlichkeit gelangen – umzuarbeiten. Während er die *d-Moll-Symphonie* jedoch erst 10 Jahre später revidierte, nahm er die Änderungen an *Ouvertüre, Scherzo und Finale*, die sich vor allem auf das *Finale* auswirkten, bereits 1845 vor.

In seiner Anlage zielt das Werk auf einen Typus, der die leichtere Seite der symphonischen Gattung verkörpert und damit bis heute wenig Anklang gefunden hat: »Das Ganze hat einen leichten, freundlichen Charakter, ich schrieb es in recht fröhlicher Stimmung«. Die langsame Moll-Einleitung enthält in Ansätzen bereits das gesamte Material der folgenden Sätze. An sie schließt ein Sonatenhauptsatz ohne Durchführung an, dem im gigueartigen – ursprünglich als *Intermezzo* geplanten – *Scherzo* beharrlich konstant der »Ritt-Rhythmus (…) aus dem Finalstück der Kreisleriana« (Arnfried Edler) folgt. Nur das Trio vermag sich von diesem zu befreien und weist – dies ein typisches Zeichen von Schumanns motivischer Verknüpfung – bei seinem erneuten Auftreten Reminiszenzen an das Thema der *Ouvertüre* auf. Das *Finale* überarbeitete Schumann in einer Zeit intensiver Bach-Studien, was in der kontrapunktischen Dichte, den barocken Themen und dem Anfangs-Fugato deutlich hörbar wird. Obwohl er den Unterschied zur Symphonie in der Möglichkeit einer getrennten Aufführung der Sätze erblickte, schloß er jedoch auch hier wieder mit einer Erinnerung an den *1. Satz*, die das Werk zu einem Ganzen rundet. Darin liegt wieder ihre Verwandtschaft zum Symphoniestil.

[M] *CD* Staatskapelle Dresden, Sawallisch (EMI)

Manfred op. 115

UA: Weimar 1852

Neben den Ouvertüren zu *Die Braut von Messina* (1850/51), Shakespeares *Julius Caesar* (1851) und *Hermann und Dorothea* (1851) hielt Schumann die *Ouvertüre* zu seiner *Manfred*-Musik zu Recht für eines seiner »kräftigsten Kinder«. Schon in jungen Jahren hatte er das gleichnamige Werk Lord Byrons von 1817 gelesen, dessen Protagonist – wie die Peri – mit einer geheimnisvollen Schuld beladen ist und nach Erlösung strebt, jedoch noch im Tod ein Gezeichneter bleibt und jeder religiösen Fremdbestimmung eine Absage erteilt: »Ich fuße auf der eignen Kraft. Ich sterbe so, wie ich gelebt – allein«.

Schumann plante das Werk zunächst als einfache Schauspielmusik, kündigte es jedoch später als »Dramatisches Gedicht mit Musik« an, damit gattungsmäßig als »etwas ganz Neues und Unerhörtes«. Es umfaßt eine Ouvertüre und szenische Musik in 15 Nummern, in denen neben Chor- und reinen Instrumentalszenen das Melodram vorherrscht.

Die Ouvertüre steht ganz im Zeichen der Charakterisierung des ruhelosen, in seiner Natur zwiegespaltenen Protagonisten: Schon die langsame Einleitung in es-moll basiert auf kontrastierenden Melodielinien, an die sich in der Exposition das »leidenschaftliche«, durch Synkopen geprägte Hauptthema anschließt. Mit ihm ist die Aufstellung des thematischen Materials abgeschlossen, aus dem sich im Folgenden mannigfaltige Ausdruckscharaktere entwickeln, die sich zwischen Dur und Moll bewegen, starken dynamischen Schwankungen und ständigen Modulationen unterworfen sind. Am Ende erstirbt die Entwicklung, die Musik verliert sich in der Auflösung.

[M] *CD* Sieber, Schreckenbach, Ramirez, Stamm, RIAS Kammerchor, RSO Berlin, Albrecht (Koch 1984)

Oratorien
Das Paradies und die Peri op. 50
Der Rose Pilgerfahrt op. 112
Szenen aus Goethes Faust

Obwohl das Oratorium im 19. Jh. durch die »Etablierung des bürgerlichen Gesangvereinswesens« (Arnfried Edler) zu neuer Blüte reifte, ist der konventionelle Gattungsbegriff in den Oratorien Schumanns ausgespart: *Das Paradies und die Peri* (1843) trägt den Untertitel »Dichtung für Solostimmen und Chor« und wurde nur in einem privaten Brief des Komponisten als »Oratorium (…) für heitre Menschen beschrieben«; *Der Rose Pilgerfahrt* (1851) erhielt die Überschrift »Märchen«, und sein 3. Oratorium nannte Schumann schließlich *Szenen aus Goethes Faust* (1844–1853).

Die Verbindung aller 3 Werke liegt in der die Romantik prägenden Erlösungsthematik. Immer wird der Typus des mit Schuld Beladenen, des Suchenden und Strebenden, der am Ende »den Himmel erlangt«, zur zentralen Figur: *Das Paradies und die Peri* geht auf eine der 4 Erzählungen aus der Märchensammlung »Lalla Rookh« von Thomas Moore zurück, in der ein gefallener Engel, die Peri, mit 3 Prüfungen Erlösung und damit den Eingang ins Paradies erringt. In *Der Rose Pilgerfahrt* nach dem gleichnamigen Textbuch von Moritz Horn, das »auf jene Lehre höherer Verwandlungen der Wesen hinzudeuten« schien, »der wir ja alle so gern anhängen«, erlebt eine Elfe in Menschengestalt als Ehefrau und

Mutter das irdische Glück und wird nach ihrem Tod im Kindbett von Engeln in den Himmel getragen. Ihrem Kind vermacht sie die Rose der Elfenfürstin. Und in den *Szenen aus Goethes Faust* war es von Anfang an das »Ergriffensein von der sublimen Poesie grade jenes Schlusses«, also der Verklärung, die Schumann die Arbeit überhaupt »wagen« ließ.

Die Vertonungen sind jedoch nicht »für den Betsaal« gedacht, sondern sollen sich – so forderte es Schumann bereits für sein 1. Oratorienwerk – als »neues Genre für den Konzertsaal« etablieren.

Dieses Neue ist bereits in *Das Paradies und die Peri* deutlich ausgeprägt, dessen Vorlage Schumanns Studienfreund Emil Flechsig übersetzte und Schumann selbst über einen Zeitraum von 2 Jahren bearbeitete und ergänzte: Die Musik verzichtet auf die traditionelle Trennung von Rezitativ und Arie. Beide verschmelzen zu einer lyrischen Einheit (vgl. etwa Nr. 14), die die Nähe zum Klavierlied verrät. Die erzählerischen, die Handlung vorantreibenden Teile werden sowohl vom Chor oder Doppelchor als auch von Tenorsolo und Quartett vorgetragen, wobei die durchkomponierte Konstruktion leitmotivisch (etwa durch das Grundmotiv der Peri) durchsetzt ist. In diesen Punkten erkannte auch Schumann die »Vorzüge der Arbeit, den wahren formellen Fortschritt: eine Stimme flüsterte mir manchmal zu, als ich schrieb, ›dies ist nicht umsonst, was du tust‹«.

Der Rose Pilgerfahrt – laut Schumann ein »Märchen (...) in Form und Ausdruck etwas der Peri verwandt, das Ganze nur mehr ins Dörflerische, Deutsche gezogen« – schließt sich diesem liedhaften Charakter an. Und auch hier sind alle 24 Nummern durchgängig miteinander verbunden – etwa durch die Harmonik oder durch hinübergezogene Klänge –, wobei der Reichtum an Stimmungen, rhythmischen Schattierungen und Modulationen auffällt.

Mit dem *Faust*, der in einem Zeitraum von fast 10 Jahren entstand und infolgedessen stilistisch äußerst mannigfaltig ist, stellte Schumann sich als einer der ersten Komponisten dem Ausspruch Goethes entgegen, daß es »unmöglich« sei, »dazu Musik zu schreiben«. 1844 begann er mit den ersten Skizzen zum *Chorus mysticus*, dem 3. und lyrischsten Teil des Werkes, dem später zwei, Gretchen und Faust zugeschriebene, mehr auf den Spätstil verweisende Teile folgen sollten. Erst 1853 schloß Schumann die Arbeit mit der Ouvertüre ab, deren ursprünglich geplante Anlage in einer großen Fuge jedoch der verkürzten Sonatenhauptsatzform wich. In ihr kristallisiert sich ein Quartmotiv heraus, das die ganze Partitur durchzieht und erst am Ende in Quinten »Alles Vergängliche ist nur ein Gleichnis« ausklingt.

M *CD* Das Paradies und die Peri: Chor und O. der Tschech. Philh., Albrecht (Supraphon 1987); Der Rose Pilgerfahrt: Düsseldorfer Musikverein und SO, Frühbeck de Burgos (EMI 1974); Faust: dto., Klee (EMI 1981) *Anette Unger*

Clara Schumann-Wieck

1819–1896

»Komponieren aber kann ich nicht, es macht mich selbst zuweilen ganz unglücklich, aber es geht wahrhaftig nicht, ich habe kein Talent dazu« schrieb Clara Wieck 1840 an ihren Verlobten Robert Schumann. Die damals 21jährige junge Frau konnte zu diesem Zeitpunkt bereits ein stattliches Œuvre bemerkenswerter Klavierkompositionen aufweisen – einschließlich eines Klavierkonzertes. Daß die Wertschätzung ihrer eigenen schöpferischen Qualitäten abnimmt, je enger die Beziehung zu Schumann wird, läßt sich anhand von Briefen und Tagebüchern nachvollziehen. Nach ihrer Eheschließung komponierte Clara Schumann nur noch einige Lieder, obwohl »doch nichts über das Selbstproduzieren (geht), und wäre es nur, daß man es täte, um diese Stunden des Selbstvergessens, wie man nur noch in Tönen atmet« (Tagebuch 1835). Beide Äußerungen lassen ahnen, welch massiven inneren und äußeren Konflikten eine schöpferische Frau um die Mitte des 19. Jh. ausgesetzt war, zwischen hochprofessioneller Musikausbildung und gesellschaftlicher Rollenerwartung.

Geboren wurde Clara Wieck am 13. September 1819 in Leipzig als Tochter des zu seiner Zeit sehr geschätzten Klavierpädagogen Friedrich Wieck, der sie systematisch auf eine Karriere als Klaviervirtuosin vorbereitete. Mit 9 Jahren trat sie erstmals öffentlich als Solopianistin im Leipziger Gewandhaus auf. Die folgenden Jahre waren angefüllt mit Konzertreisen durch ganz Europa. Gleichzeitig begann die Vierzehnjährige mit der Arbeit an ihrem *Klavierkonzert a-moll op. 7,* das vor allem durch den freien, phantasieartigen Umgang mit der Form und den virtuosen Klavierpart beeindruckt.

Gegen den Willen ihres Vaters und nach einem entnervenden Prozeß gegen ihn, heiratete Clara Wieck 1840 Schumann. Eheliche Verpflichtungen und die Geburt von 8 Kindern hinderten sie an einer weiteren Laufbahn. Nach Schumanns Tod 1856 nahm sie aus finanziellen Gründen ihre Konzerttätigkeit wieder auf.

Clara Schumann starb am 20. Mai 1896 in Frankfurt.

Elisabeth Prossel

Heinrich Schütz

1585–1672

»Um das Jahr Christi 1650 ist er (Schütz) für den allerbesten deutschen Komponisten gehalten worden«. Diese Zeilen aus der »Historischen Beschreibung der edlen Sing- und Klangkunst« (1690) entstanden zu einer Zeit, als Heinrich Schütz schon längst vergessen war; denn als er starb, war seine Musik bereits veraltet. Erst gegen Ende des vorigen und zu Beginn unseres Jhs. wurde dieser wichtigste deutsche Komponist des 17. Jhs., dem es gelungen war, die deutsche Sprache in Musik umzusetzen und gegenwärtig zu machen, wiederentdeckt.

Am 14. Oktober 1585 wurde Heinrich Schütz in Köstritz geboren. Dem durchreisenden Landgraf Moritz von Hessen fiel die Sopranstimme des Knaben auf, und so ließ er ihn in Kassel erziehen und in Marburg Jura studieren. Zum Stipendium für das Musikstudium in Venedig mußte er mühsam überredet werden. 1609 bis 1612 war er Schüler von Giovanni Gabrieli. In Venedig lernte er den Venezianischen Stil und die Kunst Claudio Monteverdis kennen. Das Resultat war eine Sammlung von Italienischen Madrigalen, die er 1611 seinem Gönner übersandte, und vor allem die mehrchörigen *Psalmen Davids* (1619). Nach dem Tod Gabrielis setzte Schütz zunächst sein Jurastudium in Jena und Frankfurt/M. fort und trat 1613 sein erstes Amt als Hoforganist in Kassel an. Schließlich wechselte er 1617 als Hofkapellmeister nach Dresden. Ein Jahr zuvor hatte er geheiratet; die *Psalmen Davids* datierte er auf seinen Hochzeitstag. Wenige Jahre darauf starb seine Frau. 1628 begab sich Schütz noch einmal nach Venedig zu Monteverdi, dessen Einfluß sich in den solistisch besetzten *Symphoniae sacrae* (1629–50) wiederfindet. Auch während des Dreißigjährigen Krieges ist eine rege Reisetätigkeit dokumentiert, da während dieser Jahre in Dresden eine künstlerische Tätigkeit kaum möglich war. Als der Fürst 1667 starb, zog sich Schütz in seine Vaterstadt Weißenfels zurück. Er starb in Dresden am 6. Oktober 1672.

Schütz war Vokalkomponist. Seine in ihrer Eindringlichkeit von der Kraft der Lutherschen Bibelprosa getragenen Chorwerke bilden eine Synthese aus dem klanglich bestimmten venezianischen Chorstil Gabrielis, der ebenfalls sprachlich und zugleich instrumental geprägten Haltung Monteverdis, der Tradition der niederländischen Schule und der Polyphonie Orlando di Lassos. Die Krönung seines Schaffens sind die 3 Passionsvertonungen und sein letztes Werk, das *Deutsche Magnificat.* *Gerd Hüttenhofer*

Wolfgang von Schweinitz

1953

»Mozart ist tot. Schönheit, das bessere Menschenbild, verloren. Und wir sind ohne Besinnung. Die schier unendliche Weite, aus der die alten Klänge zuletzt noch zu hören sind, das ist ja die eigene Entfernung.« Mit diesen Worten beschreibt der am 7. Februar 1953 in Hamburg geborene Wolfgang von Schweinitz seine 1976 entstandenen *Variationen über ein Thema von Mozart für großes Orchester op. 12.* Doch man kann diese Worte auch lesen als Veranschaulichung seiner eigenen kompositorischen Position. Die Gewißheit der Bindung an eine nicht zu leugnende Tradition schafft jene Bedingungen, unter denen ein zeitgenössischer junger Komponist heute tätig wird. Musik jenseits des Bekannten ist immer schwieriger zu erreichen – im vollen Bewußtsein schöpferischer Verantwortung arbeitet von Schweinitz auch extrem langsam: entsprechend schmal, aber hochkarätig ist sein Werkverzeichnis.

Nach der ersten musikalischen Ausbildung, unter anderem bei Esther Ballou an der Washingtoner American University, begann er 1973 ein Kompositionsstudium bei György Ligeti an der Hamburger Musikhochschule, um 1975 für ein Jahr an das Center for Computer Research in Music and Acoustic an der kalifornischen Stanford University zu gehen. Von 1979 bis 1981 lebte er in Berlin, zog sich dann aber aufs Land zurück, zunächst in die Lüneburger Heide, dann an die – womöglich noch abgeschiedenere – schleswig-holsteinische Nordseeküste, wo er heute als freischaffender Komponist lebt.

Wolfgang von Schweinitz' Werkverzeichnis umfaßt bislang 31 Kompositionen, darunter als Stücke für den Konzertgebrauch lediglich die *Tonwandlungen op. 8*, die *Variationen über ein Thema von Mozart für großes Orchester op. 12*, die *Konzertouvertüre op. 19*, das *Klavierkonzert op. 18*, der große symphonische Zyklus *Wir aber singen* (momentan *opp. 29–31*) sowie die *Messe für Soli, Chor und Orchester op. 21*, die nicht zu liturgischen Zwecken geschrieben wurde. Den höchsten Bekanntheitsgrad erreichten bislang die *Mozartvariationen*, die sich in 8 ineinander übergehende Abschnitte gliedern; Wolfgang von Schweinitz beschreibt das Stück in einer kurzen Einführung, deren Schlußsätze schon oben zitiert sind, wie folgt: »Einleitung und Thema –

Largo – Scherzo I – Trio – Scherzo II – Adagio – Trauermarsch – Coda. Sechs Variationen und Abgesang, ein kleiner symphonischer Zyklus. Das Thema ist aus der *Maurerischen Trauermusik KV 477*. Die Melodie und ihre Harmonien. Aufheben, hochhalten, bewahren. Als Klage und Erinnerung, eingetönt, durch Mahler hindurch.« An anderer Stelle spricht er davon, das Werk ergebe »eine extreme Verdichtung des Symphonischen«. Tatsächlich wirken die quasi-tonalen, lediglich mit einigen Reibungen harmonisch geschärften Variationen wie eine bewußte Auseinandersetzung mit Mozart in Kenntnis der Mahlerschen Errungenschaften. Die 6. Variation bringt mit je einem Zitat aus dem *1. Streichquartett* des gleichaltrigen Hans-Jürgen von Bose und aus Johann Sebastian Bachs *Johannespassion* das Werk zu einem Musikgeschichtsepochen übergreifenden Abschluß.

Derzeit arbeitet Wolfgang von Schweinitz an einem langwährenden Projekt, dem symphonischen Zyklus *Wir aber singen* für Violoncello und Orchester, dessen erste 3 Teile *I – Was bist ferne/Geblieben* op. 31a, *II – Wenn nemlich höher geht himmlischer/Triumphgang* op. 29 und *III – Einst hab ich die Muse gefragt* op. 30 nach dem Uraufführungsort als »Kieler Fassung« vorliegen. Es sollen stets weitere Fassungen (und damit auch Teile) folgen, ein Ende der Arbeit ist noch nicht in Sicht. *Andreas K. W. Meyer*

Roger Sessions

1896–1985

»Der Schlüssel zum Verständnis zeitgenössischer Musik liegt im wiederholten Hören; man muß sie hören, bis sie vertraut klingt.« Der vielleicht ernsthafteste amerikanische Komponist des 20. Jhs. schrieb dies in seinem 1950 veröffentlichten Buch »The Musical Experience of Composer, Performer and Listener« (Die Musikerfahrung von Komponist, Interpret und Zuhörer): Roger Sessions. Wie die Vertreter der Zweiten Wiener Schule und deren Nachfolger schrieb der am 28. Dezember 1896 in New York geborene Roger Sessions eine intellektuelle, streng konzipierte und daher bei der ersten Begegnung eben nicht sonderlich eingängige Musik. Dennoch hegte er die Hoffnung, daß diese »neue Sprache« auch für das große Publikum verständlich sei – vorausgesetzt, die zeitgenössische Musik fände den ihr angemessenen Platz.

Die Musik Roger Sessions hat sich in Europa kaum durchsetzen können. Wohl deswegen, da man hier von einem Amerikaner auch »amerikanische Musik« erwartet und sein Werk gerade diese Erwartungen unbefriedigt läßt. Andererseits wurde er in seinem Heimatland als »amerikanischer Brahms« tituliert. Dennoch war er dort einer der einflußreichsten und wichtigsten Kompositionslehrer.

Als Schüler von Ernest Bloch stand er zunächst dem Neoklassizismus Strawinskyscher Prägung nahe. Nachdem er sich zwischen 1926 und 1933 vorwiegend in Europa aufgehalten hatte, wandte er sich seit seinem *Violinkonzert* (1935) mehr und mehr der »freien Atonalität« zu. Aus dieser Zeit stammt auch die *2. Symphonie* (1946), deren elegischer Satz dem Andenken Franklin D. Roosevelts gewidmet ist.

Konsequenterweise hat Sessions sich dann der Zwölftontechnik angenähert – wenngleich weitaus weniger dogmatisch als deren »Erfinder« Arnold Schönberg. Und folgerichtig vollzog Sessions schließlich nach seiner *3. Symphonie* (1957) den Schritt zu weitestgehender Reduktion und Komprimierung. In dieser späten Phase, die mit der Komposition der Oper *Montezuma* (UA: Berlin 1964) begann, erreichte Sessions Musik ein Höchstmaß an Komplexität und Vielschichtigkeit. Mit der Kantate *When Lilacs Last in the Dooryard Bloom'd* (1970) schließlich erstellte Sessions eine kongeniale Vertonung des gleichnamigen Gedichts des großen amerikanischen Dichters Walt Whitman (1819–1892). Das *Concerto for Orchestra* (1981) – ein Auftragswerk des Boston Symphony Orchestra aus Anlaß seines 100jährigen Bestehens – krönt das beeindruckende Œuvre dieses vernachlässigten Komponisten, dessen Musik sich stets den Idealen der Aufklärung – Humanität, Rationalität und Wahrheit – verpflichtet zeigt.
Roger Sessions starb am 16. März 1985 in Princeton, New Jersey. *Werner Bleisteiner*

Jean Sibelius

1865–1957

Sibelius wuchs in einer schwedischsprachigen Familie auf, lernte relativ spät finnisch und fand auch erst über die Familie seiner Frau zur nationalfinnischen Bewegung der Jahrhundertwende. Nach dem Klavier- und Geigenunterricht studierte er zunächst in Helsinki, später in Berlin und Wien, u. a. bei Karl Goldmark. Entscheidendes konnten ihm offensichtlich beide Städte nicht vermitteln, anregend scheint in erster Linie das reiche Konzertleben gewesen zu sein. Daraus freilich – wie Adorno 1938 in seiner berüchtigten, doch wenig überzeugenden »Glosse über Sibelius« – zu schließen, dieser habe »weder einen Choral aussetzen, noch einen ordentlichen Kontrapunkt schreiben« können, ist reichlich abwegig. Nach 1892 unterrichtete Sibelius einige Jahre am Konservatorium in Helsinki Theorie, Komposition und Violine. 1892 vollendete er auch erste bedeutende Werke, so die groß dimensionierte, programmatische Chorsymphonie *Kullervo op. 7* und die symphonische Dichtung *En Saga op. 9*, die beiden von der »Kalevala« angeregt wurden. Diese Runengesänge, die Elias Lönnrot gesammelt und 1835 veröffentlicht hatte, entwickelten sich rasch zum finnischen Nationalepos, das bahnbrechend auf die kulturelle Selbstfindung wie die – aus der Frontstellung gegen die russische Okkupation erwachsende – politische Unabhängigkeitsbewegung Finnlands wirkte. Innerhalb dieser Bewegung, die auch musikalisch einen Nationalstil im Grunde per Akklamation erhob, spielte Sibelius eine eminente Rolle. 1899 schrieb er Bühnenmusiken zu einer patriotischen Veranstaltung, aus denen er später die dreisätzige *Karelia-Suite op. 11* zusammenstellte. Doch vor allem das sechste dieser Stücke war es, das als *Finlandia op. 26* den weltweiten Ruhm des damals 34jährigen begründete, unmittelbar zur inoffiziellen, von der Zensur unterdrückten Nationalhymne avancierte und ihn zu einer Art nationaler Integrationsfigur machte. Anders sein Freund und Förderer Robert Kajanus (1856–1933), der auch melodisch aus finnischen Volksliedern schöpfte, wurde Sibelius im Grunde nur literarisch vom Kalevala-Mythos beeinflußt, Motive des finnischen Volksliedes und der Runengesänge hat er nie direkt verarbeitet, was auch für die zwischen 1893 und 1895 entstandene viersätzige *Lemminkäinen-Suite op. 22* gilt. Deren bekanntester Satz, die Legende für Orchester *Der Schwan von Tuonela*, ist eine ungeheuer stimmungsvolle, musikalische Vision vom Totenreich der altfinnischen Mythologie. Mit einer ganzen Reihe weiterer Tondichtungen entwickelte Sibelius dieses neben seiner Symphonik eigenständige Genre. Zwischen 1906 und 1913 entstanden die Tondichtungen *Pohjolas Tochter op. 49, Nächtlicher Ritt und Sonnenaufgang op. 55, Die Dryade op. 45 Nr. 1, Die Okeaniden op. 73* und *Der Barde op. 64*. Ihren Höhepunkt, wie überhaupt den Schlußpunkt im Schaffen des Finnen, bildet die 1925 vollendete Tondichtung *Tapiola op. 112*, ein vom finnischen Waldgott Tapio inspiriertes Meisterwerk, das Sibelius, wie seine späte Symphonik, aus einer einzigen motivischen Urzelle entwickelte. Diese nimmt im Laufe des vierteiligen Werkes – die Form korrespondiert mit dem programmatisch vorangestellten Vierzeiler – in 20 Variationen die unterschiedlichsten thematischen und motivischen Gestalten an. Vor dem Hintergrund der Tondichtungen laut werdende Spekulationen, auch die – fraglos zentralen – Symphonien seien programmatischer Natur, hat Sibelius stets weit von sich gewiesen: »Meine Symphonien sind als musikalischer Ausdruck ohne jedwede literarische Grundlage erdacht und ausgearbeitet worden. Ich bin kein literarischer Musiker. Für mich fängt die Musik dort an, wo das Wort aufhört.« Neben den Tondichtungen sind einige aus Bühnenmusiken zusammengestellte Orchestersuiten zu erwähnen, so die Suite *Pelléas et Mélisande op. 46* nach dem gleichnamigen symbolistischen Drama Maeterlincks, die *Scènes historiques op. 25* und die *Suite König Christian op. 27*, die im Umfeld der Nationalbewegung entstanden, vor allem die beiden *Suiten op. 109* nach Shakespeares Sturm. Die *Valse triste* schließlich entstammt der *Bühnenmusik op. 44* zum Schauspiel »Kuolema« (Der Tod) von A. Järnefelt. Seit 1897 hatte eine kleine staatliche Rente Sibelius die völlige Konzentration auf das Komponieren ermöglicht, und bis

Die Mutter des Lemminkäinen.
Gemälde von Akseli Gallén-Kallela (1897). Helsinki, Ateneum Taidemuseo

etwa 1925 schuf er in der Einsamkeit seines Landhauses in Järvenpää. Über die Gründe seines Verstummens wurde viel spekuliert, die gnadenlose Selbstkritik mag ebenso dafür verantwortlich gewesen sein, wie die Furcht vor der Wiederholung und die Ratlosigkeit angesichts einer zunehmend fremd werdenden Welt. Der abgründig dunkle Gestus der letzten Tondichtung *Tapiola* mag darauf hindeuten. Fest steht, daß Sibelius alles andere war, als ein verträumter, romantischer Hinterweltler von der finnischen Seenplatte, wie ihn Adorno oder auch René Leibowitz sehen wollten. Er reflektierte die musikalischen Strömungen seiner Zeit wie Spätromantik, Neoklassizismus und Atonalität sehr wohl, auch wenn er vor allem in seinen Symphonien eigene, ganz persönliche Schlüsse daraus zog. Zu deren Struktur notierte er in seinem Tagebuch: »Die Anordnung der Themen. Diese wichtige Hauptbeschäftigung, die mich auf geheimnisvolle Weise fasziniert. Als ob Gottvater mir Stücke eines Mosaiks aus dem Himmelsparkett heruntergeworfen und mich gebeten hätte, das Rätsel zu lösen, wie das Bild einmal ausgesehen hat. Vielleicht ist dies eine gute Definition des Wortes ›komponieren‹. Vielleicht auch nicht. Wie sollte ich das wissen!«

[M] *CD* Lemminkäinen: RSO Stockholm, Salonen (Sony 1991); Kullervo, Kuolema, Der Barde, Die Dryade, Karelia, König Christian und Pelléas-Suite: Göteborger Symfoniker, Järvi (BIS); En Saga, Finlandia: London PO, Ashkenazy (Decca); Nächtlicher Ritt und Sonnenaufgang, Die Okeaniden: City of Birmingham SO, Rattle (EMI): Pohjolas Tochter: Philharmonia O. London, Salonen (Sony) – *VD* En Saga: NBC SO, Toscanini (RCA)

Symphonie Nr. 1 e-moll op. 39

UA: Helsinki 1899

Die *Erste* ist mit ihrem expressiven, pathetischen Gestus, den massiven Ausbrüchen des Blechs der spät- bzw. nationalromantischen Tradition verpflichtet, die Beschäftigung mit der »Kalevala« wirkt atmosphärisch, keinesfalls freilich programmatisch nach. Doch bei allen Anklängen an die russische Nationalromantik, insbesondere an Tschaikowsky – so kehrt, analog zu dessen *Fünfter*, die einleitende Klarinettenmelodie des Kopfsatzes am Anfang des Finales zu glühendem Streicherpathos gesteigert wieder – ist manches für den späteren Sibelius charakteristische Strukturmoment doch bereits erkennbar. Zwar wird sich kaum mehr solch unverstelltes Pathos, selten noch ähnlich weiträumige Melodik finden, dennoch weist schon die *Erste* einen Zug zur Monothematik auf, wird schon hier das melodische und thematische Material großenteils aus einer Art Urkern abgeleitet und entwickelt, jener Eingangsklage der Klarinette. Sie entläßt mehrere motivische Gedanken, so daß von einem echten Themendualismus nur bedingt die Rede sein kann, auch wenn der Kopfsatz *Andante, ma non troppo – Allegro energico* letztlich der Sonatenform folgt. Charakteristische Ausdrucksmittel des frühen Sibelius sind die Steigerungswellen, die sich in Form rotierender Ostinati über langen Orgelpunkten entwickeln. Zerklüftet wirkt das *Andante*, dessen elegisches Hauptthema variativ weitergeführt wird, wobei scherzohafte Episoden und crescendierende Blech-Einwürfe die lyrische Grundstimmung immer wieder stören. Dem vom rhythmisch markanten Hauptthema geprägten *Scherzo Allegro* folgt ein rhapsodisches *Finale Andante*, das Sibelius mit *Quasi una Fantasia* überschrieb. Das Aufgreifen der Klagemelodie aus der Kopfsatz-Einleitung rundet die zyklische Anlage ebenso wie der – nach der triumphalen, wiederum über einem monumentalen Orgelpunkt sich wölbenden Schlußapothese – unvermutete Pizzikato-Schluß, mit dem auch der 1. Satz ausklang.

[M] *CD* London SO, Kajanus (Finlandia 1930–1932); Oslo PO, Jansons (EMI 1990); Pittsburgh SO, Maazel (Sony 1992)

Symphonie Nr. 2 D-Dur op. 43

UA: Helsinki 1902

Bis heute blieb die *Zweite* seit ihrer triumphalen UA die populärste Sibelius-Symphonie. In ihr reißt der mythologische »Kalevala«-Nebel auf, auch wenn sie formal über die Erste nicht hinausgeht. Der *Allegretto*-Kopfsatz orientiert sich am Sonatenschema, erweitert freilich den klassischen Themendualismus. Zum pastoral gefärbten, graziösen Hauptthema der Holzbläser tritt ein Gedanke der Violinen, als 3. Thema entwickelt sich aus einem langgezogenen Ton ein schnelles, trillerartiges Melisma, das in eine fallende Schlußquint mündet. Die ausgedehnte Durchführung spaltet das Themenmaterial in Motivfloskeln, Themenköpfe und -splitter und kombiniert es netzartig neu – ein Verfahren, das sich bis in die Siebte verfolgen läßt. Die Reprise ist knapp und sehr konzentriert – Sibelius vermied es stets, sich zu wiederholen. Ein schwermütiger, über endlosen Pizzicati der tiefen Streicher kreisender Gedanke prägt das klanglich eingedunkelte *Andante, ma rubato*. Ein 2. Thema in den Streichern erscheint wie eine friedvolle Utopie, die sich gegen das immer vehementer dreinfahrende Hauptthema jedoch nie endgültig durchsetzen kann und schließlich erlischt. Eher resignativ klingt das *Andante* aus. Das Scherzo *(Vivacissimo)* beginnt mit einer energischen Triolenfigur, die nur im Trio einer getragenen Oboenmelodie Raum gibt. Aus deren letzter Phrase entwickelt sich nicht nur der bruchlose, rauschhafte Übergang ins *Finale*, vielmehr erwächst aus ihr nach grandioser Steigerung in den Schlußtakten des Scherzos direkt das monumentale Final-Thema. Zum letzten Mal bei Sibelius ist das hymnische *Finale* durch die Verarbeitung von 2 großdimensionierten Themenkomplexen geprägt, die freilich von Nebenmotiven, rhythmisch prägnanten Bläsereinwürfen und einer lang aufsteigenden melodischen Linie der Streicher kontrapunktiert werden. Die Durchführung mündet in einen gewaltigen Orgelpunkt, über dem sich abschließend die für den Sibelius jener Zeit charakteristischen rotierenden Ostinati zur machtvoll apotheotischen Geste, einem Choral im vollen Blech aufschwingen

[M] *CD* London SO, Kajanus (Finlandia 1930–32); Royal PO London, Barbirolli (Chesky 1962); PO London, Ashkenazy (Decca)

Symphonie Nr. 3 C-Dur op. 52

UA: Helsinki 1907

Die *Dritte* markiert einen Wendepunkt in der Symphonik von Sibelius, ließ er doch mit ihr die Ausdruckssphäre spätromantischer Prägung hinter sich. Das nur mehr dreisätzige, in jeder Hinsicht ökonomischer und gelassener wirkende Werk verzichtet auf die große emotionale Geste und das leidenschaftliche Pathos, ist schlanker instrumentiert, auch formal knapper gehalten. Der Kopfsatz *Allegro moderato* folgt mit dem im Wechsel von Sechzehnteln und Achteln rhythmisch prägnant konturierten Hauptthema in den tiefen Streichern und einem elegischen Seitengedanken der Celli dem Sonatenschema. Ein 3. Gedanke in Form von sequenzierenden Streicherfiguren kommt vor allem in der Durchführung zum Tragen, die das Material imitatorisch und kontrapunktisch verarbeitet. Der knappen Reprise folgt eine feierliche Coda. Der 2. Satz *Andantino con moto, quasi allegretto* ist eine Folge 4 ähnlicher Variationen: Obwohl das schlichte Flötenthema in atmosphärisch sehr reizvollen Abschattierungen erscheint, beschränken sich die Veränderungen im Grund auf Harmonik und Koloristik. Der formal interessanteste Satz ist das zweiteilige Finale *Moderato – Allegro (ma non tanto)*, das sich mit herkömmlichen Begriffen nicht mehr deuten läßt. In einer Vielzahl seltsam ziellos hingeworfener Motivfloskeln werden nur allmählich 2 thematische Gedanken erkennbar, ehe in den vierfach geteilten Bratschen das Schlußthema aufscheint, sich allmählich verfestigt und über einem Orgelpunkt auf der Tonika hymnisch steigert.

[M] *CD* Kajanus (Finlandia 1930–1932); City of Birmingham SO, Rattle (EMI 1984/85); London SO, Davis (RCA/BMG 1993)

Symphonie Nr. 4 a-moll op. 63

UA: Helsinki 1911

Mit dem Erwachsen des Themas aus einer Reihe motivisch zunächst wenig ausgeprägter Motive und Motivfloskeln im Finale der *Dritten* ist ein für Sibelius fortan zentrales Formmoment voll ausgeprägt und zumindest in einer Hinsicht eine Brücke geschlagen zur zentralen, abgründig pessimistischen und formal rätselhaften *Vierten*, die fast erschreckend über alles hinausgeht, was Sibelius bis dahin komponiert hatte. Auch eine bemühte Biographik macht sein vielleicht bedeutendstes Werk nicht faßbarer. Mit ihm stieß er definitiv in die Moderne vor, stellte – trotz vordergründiger Viersätzigkeit – die tradierten Formschemata der Symphonik klassischer Prägung endgültig und radikal in Frage, liquidierte die Dialektik des Sonatenschemas, wie es zur gleichen Zeit Gustav Mahler in seiner *Neunten* tat. Beide entwickelten die Struktur einer ganzen Symphonie letztlich aus einem Intervall, bei Sibelius war es die übermäßige Quart, der Tritonus oder »diabolus in musica«, wie ihn mittelalterliche Theoretiker nannten. Schon dies deutet auf die harmonischen Kühnheiten des Werkes. Was sich im Finale der *Dritten* ankündigt, vollzieht sich hier mit letzter Konsequenz: Die Motive sind nur mehr Anlaß des Geschehens, das strukturelle Denken tritt in den Vordergrund. Jede klar konturierte Thematik erwächst nur ganz allmählich aus einem ständig sich verändernden Entwicklungsstrom kleiner und kleinster Motive und Motivpartikel, zahllose Dissonanzen schärfen die Harmonik, die tonalen Bezüge geraten ins Zwielicht, ja die Tonalität wird ins Funktionslose getrieben, das metrische Gefüge durch ständige Synkopierungen aufgeweicht. Dem entspricht ein über weite Strecken eher kammermusikalisches, herbes Klangbild. Allein die Vierte reichte aus, um Adorno und Leibowitz zu widerlegen, sie steht kompositorisch absolut auf der Höhe ihrer Zeit. Entsprechend nahm das Publikum der UA das asketische, karge Werk wie versteinert zur Kenntnis, in Göteborg griff man wenig später gar zu Trillerpfeifen.

[M] *CD* RSO Helsinki, Berglund (Finlandia); City of Birmingham SO, Rattle (EMI 1987)

Symphonie Nr. 5 Es-Dur op. 82

UA: Helsinki 1915

Die Entstehung der ursprünglich viersätzigen *Fünften* zog sich, anders als ihr optimistisch extrovertierter Charakter vermuten läßt, von 1912 bis 1915 hin. Noch eine überarbeitete, 1916 aufgeführte Fassung verwarf der selbstkritische Finne, erst 1919 war das Werk vollendet. Schon die 2. Fassung verschmolz die ersten beiden Sätze zum durchgehenden *Allegro moderato*-Kopfsatz, der schlaglichtartig Sibelius' formale Originalität und Reflektiertheit beleuchtet. Mit dem gleich im 1. Takt in den Hörnern aufsteigenden Hauptthema ist die strukturbildende Keimzelle, der rhythmische wie intervallische Urgedanke der gesamten Symphonie exponiert. 3 weitere thematische Gedanken folgen, ehe die Exposition – wenn auch stark variiert – überraschend und quasi in einer vorgezogenen Reprise wiederholt wird: Themen und Motive sind jetzt gleichsam ins Halbdunkel getaucht, die Stimmung erhält eine dramatische Spannung. Fast übergangslos schließt – quasi als Durchführung – ein scherzoartiger Teil an, mit ähnlichem Themenmaterial, sieht man von einem Trompetensignal und seiner Verarbeitung in einem knappen Fugato ab. Eine furiose Schlußstretta, die sich rasant über einem Orgelpunkt der Pauke entwickelt, rundet den formal ungewöhnlichen Satz ab. Überschaubarer ist das *Andante mosso, quasi allegretto*. Über verhaltenen Bläserharmonien entwickelt sich im Wechsel von Streicher-Pizzicato und Flöten das Thema, das Auftakt für 6 freie, charakterlich jedoch ähnliche Variationen ist. Wie eine pastorale Idylle ziehen sie vorüber, erst gegen Ende erhält der Satz in akkordischen Ballungen der Bläser vorübergehend einen drängenden, dramatischeren Gestus. Auch das Finale *Allegro molto* ist ungewöhnlich: Erst nach mehr als 100 Takten tritt das Hauptthema in Form einer hymnischen Hornpartie aus wogenden Streichern hervor, was ebensowenig der herkömmlichen Sonatenform entspricht wie die ungewöhnliche Tonartenfolge des Satzes und das Verschwimmen der Trennlinie zwischen Exposition und Durchführung. Über ausgedehnten Orgelpunkten steigert sich das Finale zu einer alles mitreißenden, wie Sibelius selbst meinte, »triumphierenden« Kraft. Die hart abgerissenen, erst nach und nach zum Es-Dur sich auflösenden Akkorde bilden einen markant überzeugenden Schluß.

[M] *CD* London SO, Kajanus (Finlandia 1930–1932); PO London, Salonen (Sony)

Symphonie Nr. 6 d-moll op. 104

UA: Helsinki 1923

Bis heute hat die *Sechste* nicht die Wertschätzung gefunden, die ihr fraglos zukommen müßte. Mag sie in ihrer eher verhaltenen Lyrik auch weniger glanzvoll sein als die extrovertierte *Fünfte* und unauffälliger wirken als die düster vergrübelte *Vierte*, so steht sie diesen kompositionstechnisch doch in nichts nach. Die modale Einfärbung der Harmonik – generell ein charakteristisches Stilmittel für Sibelius – ist in dieser *d-moll-Symphonie* mit stark dorischem Einschlag besonders ausgeprägt, verleiht ihr eine unverwechselbare, streckenweise archaisch wirkende und an die Polyphonie der alten Meister erinnernde Atmosphäre. Der Kopfsatz *Allegro molto moderato* hebt mit einem kammermusikalischen, intensiven Stimmengeflecht der Streicher an, aus dem fast unmerklich das Hauptthema in den Oboen, dann in den Flöten aufsteigt. Die »Geburt« dieses Themas vollzieht sich quasi subkutan, erst in der Reprise tritt es bestimmend hervor und entwickelt sich damit genau umgekehrt zum Seitengedanken. Diese Sechzehntel-Terzenkette der Flöten scheint über einer Harfen-Grundierung nur einmal in ihrer Urgestalt auf, um dann in der Folge bloß als keimhafter Anlaß der weiteren Entwicklung zu dienen. Paradigmatisch für den überaus konzentrierten Gestus der *Sechsten* sind die knappe thematisch dem aufsteigenden Ausgangsmaterial des Kopfsatzes verwandten Binnensätze. Das melodisch ungeheuer reizvolle, leicht wehmütige *Allegretto moderato*, das den fehlenden langsamen Satz vertritt, variiert 2 Themen der Holzbläser und Streicher. Dem rondoartigen Scherzo *Poco vivace* fehlt ein kontrastierendes Trio. Ein modal harmonisierter, feierlicher Streichersatz und wiederum die aufsteigende Skala des Kopfsatzes bestimmen das in Rondoform angelegte Finale *Allegro molto*. In der Coda rundet ein scheinbar neuer, tatsächlich aus der Umkehrung eines früheren Final-Motivs gewonnener Streichergesang die Symphonie, damit an ihren Beginn zurückkehrend.

[M] *CD* PO London, Karajan (EMI); City of Birmingham SO, Rattle (EMI 1987)

Symphonie Nr. 7 C-Dur op. 105

UA: Helsinki 1924

In seinem im März 1924 vollendeten symphonischen Schlußwort – die Partitur einer sagenumwobenen *Achten* soll Sibelius vernichtet haben – zog er die letzte Konsequenz aus seinem niemals statischen Formdenken. Der englische Sibelius-Apologet Cecil Gray deutete den einzigen, formal ebenso unkonventionellen wie komplexen Satz als Verschmelzung der tradierten, 4sätzigen symphonischen Struktur mit den formalen Prinzipien des 3teiligen Sonatensatzes. Doch so grundsätzlich viele Analytiker diese Einschätzung teilen, so wenig hat man sich bezeichnenderweise bis heute darauf einigen können, wo die Übergänge zwischen den »Sätzen« und Formteilen denn wirklich zu lokalisieren wären. Zu Recht wohl sprach Gray von »einem einzigen, unauflöslichen Organismus«. Und Simon Parmet hielt es grundsätzlich für sinnlos, die *Siebte* überhaupt noch mit dem tradierten Form-Vokabular zu deuten, ihr revolutionärer Habitus liege eben im radikalen formalen Bruch mit der symphonischen

Tradition. Unstrittig ist allein die Meisterschaft, mit der Sibelius die tradierte Form durch eine neue, persönliche und singuläre ersetzte, indem er ein dichtes Netz von immer neu sich auseinander entwickelnden und ableitenden Themen, Motiven, Motivpartikeln und -verknüpfungen schuf, die Form erst konstituieren. Freilich ist die Siebte nicht als Tondichtung zu hören, den ursprünglichen Titel *Fantasia Symphonica* zog Sibelius zurück. Sie entstand parallel zur Sechsten, was motivische Verwandtschaften erklären dürfte, etwa in der modal eingefärbten Tonfolge, die gleich zu Beginn des einleitenden *Adagios* in den Streichern aufsteigt. Ein pastorales Holzbläser-Thema in Quart- und Terzgängen, ein hymnisch strömender Streichergesang, ein dreifach wiederkehrendes feierliches Posaunenthema sind die thematischen Eckpfeiler eines Gewebes, das sich immer kunstvoller verdichtet, ehe das symphonische Schaffen von Sibelius – nach einem lang ausgehaltenen Vorhalt – im hymnischen C-Dur verklingt.

[M] *CD* Pittsburgh SO, Maazel (Sony); Leningrader Philharmoniker, Mrawinski (Melodia 1965)

Violinkonzert d-moll op. 47

UA: Helsinki 1904;
2. heute gespielte Fassung: Berlin 1905

Das Violinkonzert dürfte das populärste Werk von Sibelius überhaupt sein und wird denn auch gern ein wenig naserümpfend als spätromantisch rhapsodischer Virtuosenreißer abgetan. Doch mag es auch weniger »finnisch« klingen als die Symphonien, so ist die Virtuosität und das technische Raffinement des Soloparts – Sibelius war selber ein guter Geiger und daher bestens mit den klanglichen und technischen Möglichkeiten des Instruments vertraut – doch nie selbstzweckhaft nach außen gekehrt, verbirgt sich hinter der in der Tat hochvirtuosen Außenschicht ein tief und aufrichtig empfundener Kern. Dem entsprechen der insgesamt dunkle Orchesterklang und die auch hier zu beobachtenden modalen Einfärbungen. Auch formal weist das traditionell dreisätzige Konzert eigenständige Züge auf, so etwa im Kopfsatz *Allegro moderato*. Der orientiert sich – bei 3 Themen – zwar an der Sonatenform, spart die Durchführung jedoch aus, bzw. vertraut sie einer großen Solo-Kadenz an, die so zum zentralen Moment des Satzes aufgewertet wird. Das lyrische *Adagio di molto* wird ganz vom weitgeschwungenen Hauptthema geprägt, ein großer, überwölbender Spannungsbogen hält die dreiteilige Struktur zusammen. Geradezu funkensprühend folgt das glanzvolle, rhythmisch äußerst intrikate und auch deshalb ungeheuer wirkungsvolle Finale *Allegro ma non tanto*. Es verarbeitet 2 Themen, deren erstes – über einem rhythmisch prägnanten Ostinato einsetzend – ganz offenkundig der tänzerischen Volksmusik entlehnt ist. Neben dem Konzert schrieb Sibelius mit den beiden *Serenaden op. 69* (1912/13) und den *Humoresken op. 87* und *89* (1917) noch 4 weitere, ebenso stimmungsvolle wie lohnende Werke für Violine und Orchester.

[M] *CD* Heifetz, Chicago SO, Hendl (RCA); Oistrach, Philadelphia O., Ormandy (Sony)

Oswald Beaujean

Alexander Nikolajewitsch Skrjabin

1872–1915

Als Mischung aus den verstaubten Archiven Chopins und der Sonne van Goghs beschrieb der Schriftsteller Boris Pasternak einmal die Musik seines Landsmanns Alexander Skrjabin. Bei Henry Miller erzeugte sie Empfindungszauber aus Eisbad, Kokain und Regenbogen. Woher kommt die suggestive, geradezu körperliche Reizwirkung der Musik dieses russischen Komponisten, der keine 45 Jahre alt wurde? Der am 25. Dezember 1871 (bzw. 6. Januar 1872) in Moskau geborene und am 14. (27.) April 1915 dort an einer Blutvergiftung gestorbene Skrjabin war nicht nur ein gefeierter Pianist und Komponist, er war auch ein Mystiker und Prophet, der die Welt mit seiner Kunst in einen Zustand ekstatischer Vereinigung und Auflösung versetzen wollte. Das belegen seine philosophisch-literarischen Schriften, aber auch zahlreiche programmatische Überschriften in seinen Partituren. Den überwiegenden Teil seines 74 Titel umfassenden musikalischen Œuvres schrieb Skrjabin für sein Instrument, das Klavier. Doch auch in seinen großen Orchesterwerken, besonders in den späten *Poèmes* zeigt sich der visionäre Zug seines Komponierens, sein Hang zur Ekstase.

Für Skrjabin war die Kunst kein Selbstzweck, sondern ein religiöses Medium, mit dem er die Welt erneuern wollte. Schon in der von ihm selbst verfaßten »Hymne an die Kunst« im Finalsatz seiner *1. Symphonie* spricht er von der göttlichen Macht der Kunst und bezeichnet den Künstler (und damit sich selbst) als Priester, der durch den Geist der Kunst zu höchsten Taten befähigt sei. Ähnlich wie bei den Dichtern des russischen Symbolismus mischen sich bei Skrjabin eschatologische Vorstellungen mit einem messianischen

Sendungsbewußtsein. Es wurde bestärkt und weiter ausgebildet durch die Lektüre von Nietzsches »Zarathustra«, Schopenhauers »Die Welt als Wille und Vorstellung«, besonders aber durch die »Geheimlehre« der Theosophin Helena Blavatsky. Wollte man Skrjabin stilgeschichtlich einordnen, so ließe er sich der um 1870 geborenen Moskauer Komponistengeneration zurechnen. Sie orientierte sich im Gegensatz zum rationalisierenden Folklorismus des Petersburger Beljajew-Kreises (Rimski-Korsakow, Glasunow, Ljadow) und in der Nachfolge Tschaikowskys an Traditionen westlicher Instrumentalmusik. Auch wenn Skrjabins Musik darüber hinaus in enger spätromantischer Nachfolge Wagners und Liszts steht, in den späteren Werken sogar impressionistische wie expressionistische Züge trägt, atmet sie doch die Philosophie ihres Schöpfers, sucht sie seine »messianische Botschaft in (musikalischen) Symbolen zu vermitteln« (Dorothea Eberlein).

Symphonie Nr. 1 für Mezzosopran, Tenor, Chor und Orchester E-Dur op. 26

UA: St. Petersburg 1900

Die Reaktionen der russischen Fachwelt auf Skrjabins erstes, monumentales Orchesterwerk war durchweg negativ. Dabei enthält diese Symphonie schon wichtige Merkmale seiner charakteristischen Klanggestik, angefangen von der Sphäre sehnsüchtigen Träumen, bis hin zum ekstatischen Ausbruch. Die Ablehnung des symphonischen Erstlings Skrjabins resultiert in erster Linie aus den Schwächen des allzu plakativen Chorfinales, das als emphatische »Hymne an die Kunst« zugleich dramaturgischer Ziel- und gehaltlicher Ausgangspunkt des Werks ist.

Der vom Komponisten geschaffene Text enthält Passagen wie: »Du gebärst der Gefühle uferlosen Ozean/Im entzückten Herzen,/Und der der schönsten Lieder singt/Dein Priester, durch dich erneuert«. Ähnlich pathetisch im Ton ist auch die Musik des an Beethovens *9. Symphonie* orientierten Chorfinales. Die offensichtlichen Mängel dieses in einer grobgestrickten Fuge kulminierenden Finales haben Dirigenten immer wieder dazu veranlaßt, den Schlußsatz der sechssätzigen Symphonie zu streichen. Schon die Petersburger Erstaufführung des Werks im November 1900 unter Anatoli Ljadow fand ohne vokales Finale statt. Wesentlich höher ist dagegen das musikalische Qualitätsniveau der 5 übrigen Sätze. Im Kopfsatz *Lento* dominiert eine Atmosphäre kontemplativer Ruhe. Über einem weichen Klangteppich erhebt sich der 1. Hauptgedanke, eine zarte Klarinetten-Kantilene. Der 2. Satz *Allegro dramatico* ist als traditionelles Sonatenallegro gestaltet, das der langsamen, träumerischen Einleitung ein aktiv aufstrebendes Hauptthema gegenüberstellt. Das nachfolgende *Lento* fällt mit seiner chromatischen Klarinetten-Motivik über einer vibrierenden Grundierung aus Streichern und Holzbläsern wieder in die lyrische Stimmung des Anfangs zurück, während das daran anschließende *vivace* mit seinen tänzerischen Figurationen die Tradition des romantischen Scherzos aufgreift. Der 5. Satz schließlich, ein *Allegro* in regulärer Sonatensatzform, ist mit seinem aktiven Charakter dem vorangegangenen *Allegro dramatico* verwandt, verweist aber auch auf den lyrischen Klarinettengedanken der Introduktion und schafft so einen zyklischen Zusammenhang zwischen den Sätzen der Symphonie.

Symphonie Nr. 2 c-moll op. 29

UA: St. Petersburg 1902

Auch Skrjabins *2. Symphonie*, die bereits im Januar 1902, also etwas mehr als ein Jahr nach dem Mißerfolg der Ersten, wieder unter Ljadow in Petersburg uraufgeführt wurde, rief zwiespältige bis ablehnende Reaktionen hervor. Skrjabin verzichtete zwar diesmal im Finale auf den Vokalapparat, fand aber wieder zu keiner überzeugenden Schlußwirkung, sondern ließ die Symphonie in einem abgegriffen-pompösen C-Dur-Marsch enden. Auf der anderen Seite trugen die zum Teil kühnen harmonischen Dimensionen des Werks, seine tonartlichen wie -geschlechtlichen Mehrdeutigkeiten, Skrjabin den Vorwurf der Dekadenz, ja der Kakophonie ein. Die Idee der zyklischen Form, eines inneren Zusammenhangs aller Sätze, ist durch die Verwendung eines durchgehenden Leitthemas in der Zweiten zwar konsequent weiterentwickelt, erinnert aber noch allzu deutlich an Vorbilder wie die satzübergreifenden Themenmetamorphosen (z. B. von düsterem Moll in triumphales Dur) in Franz Liszts *Faust-Symphonie*, César Francks *d-moll-Symphonie* oder Peter Tschaikowskys *Fünfter*. Im einleitenden *Andante* von Skrjabins *Zweiter* wird das grüblerisch wirkende Leitthema mit seinem charakteristischen Sextfall zuerst in der Klarinette vorgestellt (analog zur Instrumentierung des 1. Hauptgedankens in der *1. Symphonie*). Es wird im schon erwähnten *Maestoso* Schlußsatz in triumphales Dur gewendet. Verwandt in ihrem aktivitätsbetonten, bewegten Charakter sind der 2. Satz *Allegro* und der vierte, *Tempestoso*, ein stürmisches Rondo, das zudem wieder an das traditionelle Scherzo erinnert. Ganz im Gegensatz dazu steht der Mittelsatz der

Symphonie, ein träumerisches *Andante*, das eine pastoral-idyllische Stimmung verbreitet und Assoziationen an impressionistische Klanggewebe wie in Wagners *Siegfried-Idyll* oder Debussys *Prélude à l'après midi d'un faune* weckt.

Symphonie Nr. 3 »Le divin poème« (Göttliches Gedicht) c-moll op. 43

UA: Paris 1905

Skrjabins 3. großes Orchesterwerk datiert aus einer Zeit intensiver philosophischer Lektüren, besonders der Schriften Schopenhauers und Nietzsches, der religiösen Mystik Wladimir Solowjews und später auch der »Geheimlehre« der Theosophin Helena Blawatsky. Ein vom Komponisten autorisiertes »Programm« zum »Divin Poème«, das ursprünglich zur Pariser UA im Mai 1905 (unter der Leitung von Arthur Nikisch) verteilt werden sollte, macht den philosophischen Gehalt der Musik deutlich. Demnach schildert der 1. Satz *Luttes (Kämpfe)* den Kampf »zwischen dem durch eine personifizierte Gottheit versklavten Menschen und dem freien Menschen, der die Göttlichkeit in sich trägt«. Weil dieser noch zu schwach ist, seine Göttlichkeit zu verkünden, stürzt er sich im 2. Satz *Voluptés (Wollust)* in die Wonnen der sinnlichen Welt. Im letzten Satz *Jeu divin (göttliches Spiel)* werden alle Schwächen überwunden, der Geist gibt sich der »Freude des freien Daseins« hin. Alle 3 Sätze des »Divin Poème« gehen attacca ineinander über und sind thematisch-motivisch eng miteinander verschränkt. Gleich zu Beginn erscheint das *divin grandiose* überschriebene Leitthema, das in verschiedenen Verwandlungen alle 3 Sätze durchzieht. Wegen seines heroisch-wuchtigen Charakters – gestische Ausdruckskraft besitzt besonders ein signalartiger Sextaufsprung in den Trompeten – kommentierte es Skrjabin mit den Worten: »Dieses Thema scheint zu sagen: Ich bin«. Im Finale der Symphonie werden die wichtigsten thematischen Gebilde in ein triumphal-strahlendes C-Dur gewandelt, das nach den auch in diesem Werk extremen harmonischen Grenzüberschreitungen umso festlicher, aber auch umso anachronistischer wirkt.

[M] *CD* Gesamteinspielungen der Symphonien 1–3: Staatl. SO der UdSSR, Fedosejew (Chant du Monde 1980–82); RSO Frankfurt, Kitajenko (RCA/BMG 1991–94)

»Le poème de l'extase« (Gedicht der Ekstase) op. 54

UA: St. Petersburg 1908

Mit seinem 1908 unter Modest Altschuler in New York uraufgeführten *Poème de l'extase* hatte Skrjabin endgültig zu einer eigenen musikalischen Sprache gefunden, die der Debussys und Schönbergs an Originalität nicht nachstand und ihm den Status eines modernen Komponisten von internationaler Geltung verschaffte. Trotz der Monumentalbesetzung (zu den erweiterten Blechbläsern treten noch Celesta, Glockenspiel, Tamtam und Orgel) ist die formale Anlage des Poèmes gegenüber den vorangegangenen symphonischen Kolossen äußerst konzentriert, ja gerafft – das einsätzige Werk dauert kaum 20 Minuten. Zudem sind der Gesamtverlauf und die thematischen Gebilde konsequent durchdrungen von der philosophisch-mystischen Ekstasevorstellung Skrjabins. Seine parallel zum Orchesterwerk entstandene, gleichnamige Dichtung schildert in bildhafter Weise die Evolution zur Ekstase: Von schöpferischer Sehnsucht getrieben erschafft sich der Geist eine Zauberwelt aus zärtlichen Träumen und gerät nach der Überwindung bedrohlicher Mächte in einen chaotisch-ekstatischen Freudentaumel. Danach beginnt diese Entwicklung auf einer höheren Stufe von neuem. Im Vordergrund steht der Aspekt des Kampfes. Der dritte, wiederum gesteigerte Entwicklungsumlauf kulminiert nach der Überwindung der Gefahr von Langeweile schließlich im Liebesbrand einer kosmischen Vereinigung, in der Ekstase. Diesem dreiteiligen Spiralverlauf entspricht das in freier Sonatensatzform angelegte Orchesterpoème. Aber auch die thematischen Gebilde, von denen einige in den 3 Verlaufsphasen ihren Charakter verwandeln, korrespondieren mit dem Gehalt der Dichtung. So z. B. der »mit sehnsüchtiger Lust« überschriebene Beginn mit einem Seufzerthema in den Flöten. Oder das unruhig-bedrohliche, in Synkopen pochende Motiv der Hörner, das von dem zunächst in Quarten aufsteigenden *imperioso*-Motiv der Trompeten »verdrängt« wird. Dieses von Skrjabin selbst einmal »Thema der Selbstbehauptung« genannte Gebilde kann als eigentliches Zentralthema der ganzen Tondichtung gelten. Es macht im Gegensatz zu Gebilden wie dem Sehnsuchtsthema keine Charaktermetamorphose durch und wird im Verlauf des Werkes ständig präsenter, so daß der Eindruck einer ständigen Steigerung entsteht, die schließlich in ein überschäumendes, polyrhythmisches C-Dur-Tutti mündet.

[M] *CD* New Yorker Philharmoniker, Mitropoulos (Fono); Philadelphia O., Muti (EMI)

»Prométheé – Le poème du feu« (Prometheus – Gedicht des Feuers) für Orchester und Chor op. 60

UA: Moskau 1911

Als letzte und größte Lebensaufgabe plante Skrjabin das sogenannte »Mysterium«, eine Art synästhetisch-liturgisches

Ritual aus Tönen, Bewegungen, Düften, Farben, Körperkontakten und Geschmacksempfindungen. Das »Mysterium« sollte in einen orgiastischen Tanz seiner Teilnehmer münden und den kosmischen Liebesbrand, die alles umfassende Ekstase auslösen. Mit seinem letzten Orchesterwerk *Prometheus*, das mit einer »Tastiera per luce« (Lichtklavier) die Verbindung von Tönen und farbigem Licht vorschreibt, vollzog Skrjabin einen ersten Schritt zur Verwirklichung seiner synästhetischen Pläne. Aber auch musikalisch überschreitet der 1911 unter Serge Kussewitzky in Moskau uraufgeführte *Prometheus* die Grenzen des von Skrjabin bis dahin Komponierten. Zu der schon im *Poème de l'extase* verwendeten Riesenbesetzung tritt hier noch ein Vokalisen singender Chor und ein zuweilen solistisch auftretendes Klavier im Orchester. Als revolutionärste Neuerung des *Prometheus* ist allerdings die dem Werk zugrundeliegende Klangzentrenharmonik zu nennen, die nun fast ausschließlich (bis auf den wieder anachronistisch wirkenden Dur-Abschluß) an die Stelle der schon in den Werken zuvor immer mehr aufgelösten Tonalität tritt. Mit dem aus Quartenintervallen aufgebauten Klangzentrum, auch »mystischer« oder »Prometheus-Akkord« genannt (nach dem Schema c-fis-b-e-a-d), hatte Skrjabin noch vor Schönbergs Zwölftonlehre ein Modell sowohl für vertikale (Akkord-) als auch für horizontale (melodische) Bildungen gefunden. Das Orchesterwerk beginnt mit dem Klangzentrum auf dem Ton a, über das sich in den gestopften Hörnern das tastende »Thema des Prometheus« erhebt, das erste von mindestens 11 zentralen, motivisch-thematischen Gebilden. Die formale Anlage des *Prometheus* kann zum einen wieder als modifiziertes Sonatenallegro bestimmt werden, andererseits liegt dem Werk aber auch ein hörbarer Steigerungsverlauf zugrunde, der, analog zur Ekstase-Vorstellung Skrjabins, zu einer ständigen Verwandlung und Entfaltung tendiert. Er kulminiert schließlich in der triumphalen Metamorphose des 1. Themas und findet nach einem ekstatisch-wirbelnden Tanz (Fis-Dur-Tutti in dreifachem Fortissimo) seinen so strahlenden wie widersprüchlichen Abschluß.

[M] *CD* Philadelphia O., Muti (EMI)

Klavierkonzert fis-moll op. 20

UA: Odessa 1897

Prometheus war Skrjabins letztes abgeschlossenes Orchesterwerk, das Klavierkonzert in fis-moll sein erstes. Gewaltig, ja fast unbegreiflich ist die Entwicklung, die zwischen beiden Werken liegt. Abgesehen vielleicht von der Sphäre sehnsüchtigen Träumens läßt dieses zurückhaltende und feinfühlige Konzert noch wenig spüren von der Ekstatik des reifen Skrjabin. Sein Verhältnis zu diesem Frühwerk war deshalb gespalten, ebenso wie die Reaktionen der Fachwelt auf die UA des Konzerts 1897 in Odessa. Das Klavierkonzert beginnt tastend: *mezzopiano* und *espressivo* entfaltet sich nach einer kurzen Orchestereinleitung das 1. Thema, eine absteigende Dreitonfolge in vierstimmigem Klaviersatz auf der Subdominante. Das liedhafte Fis-Dur-Thema des 2. Satzes *Andante* beginnt dagegen mit einem aufsteigenden Dreitonmotiv, das zuerst in den Streichern vorgestellt und später von Klavier und Orchester variiert wird. Der 3. und letzte Satz schließlich läßt das Konstruktionsprinzip der Dreitonmotivik zurücktreten zugunsten der virtuosen Entfaltung eines Themas, das reich ist an pianistischen Arabesken und Verzierungen.

[M] *CD* Neuhaus, Großes RSO der UdSSR, Golowanow (Vogue); Ashkenazy, London PO, Maazel (Decca)

Michael Schmidt

Bedřich Smetana

1824–1884

Bedřich Smetana war alles andere als ein Glückskind. Kein wohlverdienter Altersruhestand war ihm vergönnt, ihm, der mit der *Verkauften Braut* und *Mein Vaterland* tschechische Nationalheiligtümer geschaffen hatte und der sein ganzes Leben der Musikkultur seines Landes geweiht hatte. Statt dessen war er Machtkämpfen und Intrigen ausgesetzt, erlitt persönliche Schicksalsschläge und mußte die letzten Lebensjahre in Armut und Krankheit verbringen. Ein tragisches Schicksal für einen Künstler, der heute als der erste große tschechische Komponist gilt.

Seine Kindheit in einem böhmischen Dorf (er wurde am 2. März 1824 in Leitomischl, heute Litomyšl geboren) verlief ungetrübt und sorgenfrei. Er zeigte früh ein außergewöhnliches pianistisches Talent und studierte nach dem Abschluß des Gymnasiums bei Josef Proksch in Prag. Bereits hier kämpfte er mit finanzieller Not, doch eine Anstellung als Hauslehrer beim Grafen Thun 1844 ermöglichte ihm, sein Studium fortzusetzen. 1848 konnte er seine erste private Musikschule eröffnen. Ein Jahr später heiratete er die Pianistin Kateřina Kolářová, die ihm ebenso wie 3 seiner Töchter 10 Jahre später durch den Tod entrissen wurde. Während der ersten Prager Zeit schrieb er überwiegend Klaviermusik. 1856 folgte er einem Ruf in die schwedische Stadt Göteborg, die ihn ganz anders empfing als Prag:

Bald war er der Mittelpunkt des Musiklebens, gab Konzerte, unterrichtete, dirigierte. Hier entstanden auch seine ersten symphonischen Dichtungen: *Richard III.* und *Wallensteins Lager* (1858/59) sowie *Hakon Jarl* (1861). 1861 kehrte er nach Prag zurück, wo seine ganze Energie der Schaffung eines nationalen Musiktheaters galt. Nach der Vollendung seiner 1. Oper *Die Brandenburger in Böhmen* (1863) entstand 1865 jene berühmte *Verkaufte Braut*, die Smetana über die Landesgrenzen hinaus bekannt machen sollte. Nachdem er sich jahrelang als Musikkritiker für eine zukünftige tschechische Oper eingesetzt hatte, erhielt er 1866 endlich den ersehnten Kapellmeisterposten am Interimstheater, eine Funktion, die er allen Kritikern zum Trotz bis 1874, dem Jahr seiner Ertaubung, innehatte. Neben seiner eigenen rastlosen kompositorischen Tätigkeit – er schrieb insgesamt 8 Opern – förderte er die heimische zeitgenössische Opernproduktion. Die Krönung seiner Arbeit war 1881 die Eröffnung eines neuen Nationaltheaters mit seiner Festoper *Libussa.*

Die letzten 10 Lebensjahre verbrachte der schwerkranke Smetana, um eine spärliche Rente ringend, in zunehmender Verbitterung auf dem Land. Bereits völlig ertaubt zwang er sich weitere große Werke ab wie *Mein Vaterland* und das Streichquartett *Aus meinem Leben.* Am 12. Mai 1884 starb er in einer Prager Anstalt für Geisteskranke.

Wallensteins Lager

UA: Prag 1862

Smetanas erste symphonische Dichtungen sind unmittelbare Folgen seiner Begegnung mit Franz Liszt, der ihn in der Auffassung bestärkte, ein Symphoniker müsse ein Tonstück nach einem bestimmten Sujet »erdichten«. *Wallensteins Lager* war als Vorspiel zu Schillers gleichnamigem dramatischen Gedicht gedacht. Die Musik verzichtet darauf, sich an der Handlung entlangzuhangeln, und beschränkt sich auf die musikalische Umsetzung von 4 Episoden. Die hurtigen Streicherfiguren des *1. Teils* schildern das zügellose Treiben in einem Soldatenlager, das in das Fest des *2. Teils* mündet. In die ausgelassene Tanzszene, in der verschiedene solistische Instrumente zur dudelsackähnlichen Begleitung aufspielen, poltert in den Posaunen die Schimpfrede eines Kapuzinermönchs.

Eine abschließende Polka übertönt seine Predigt. Nach nächtlicher Ruhe, die nur von den Schritten der Wache unterbrochen wird, wecken 4 Trompeten die Soldaten und leiten zur Schlußparade über.

[M] *CD* SO des BR, Kubelik (DGG 1971)

Mà Vlast (Mein Vaterland)
I. Vyšehrad

UA: Prag 1875

Kaum ein Land kann sich rühmen, ein derartiges musikalisches Denkmal bekommen zu haben, wie es *Mein Vaterland* den Tschechen setzte. Der 6teilige Zyklus vereint poetische Bilder von böhmischen Landschaften mit verklärenden Schilderungen historischer und mythischer Begebenheiten. Der 1. Teil *Vyšehrad* wurde im November 1874 in Prag vollendet. Der Sänger Lumir erzählt die Legende der untergegangenen Burg Vyšehrad an der Moldau. Die Harfenakkorde, die seine Erzählung eröffnen, tragen bereits das stolze Motiv der Burg, das auch am Schluß des 2. und 6. Teils von *Mein Vaterland* erklingen wird. In aller Pracht wird die Burg vorgestellt, bevor sich ihr Motiv in Chromatik trübt und die Kämpfe um die Burg losbrechen. Nach einem letzten gewaltigen Ansturm der Feinde ist die Burg zerstört, und 2 Klarinetten erinnern sich wehmütig vergangener Feste. Vyšehrad lebt nurmehr in der Erzählung des Sängers weiter.

II. Die Moldau

UA: Prag 1875

Drei Wochen nach Vyšehrad beendete Smetana den wohl bekanntesten Teil des Zyklus: *Die Moldau.* Eine Reihe von Bildern zeigen den Lauf des Flusses von seinem Ursprung bis zum majestätischen Strom vor Prag. Muntere Flötenläufe malen das Plätschern der Quelle, das immer mehr anschwillt, bis die Streicher das Moldau-Thema anstimmen. Der Fluß passiert eine Waldjagd, die sich mit Hörnerfanfaren bemerkbar macht, und gelangt zu den derb-fröhlichen Polkaklängen einer Bauernhochzeit. Der Tanz verebbt, und im Mondschein führen Nymphen einen Reigen auf, geheimnisvoll von hohen Steicherakkorden umhüllt. Das Moldau-Thema klingt wieder an; schrille Dissonanzen und spitze Einwürfe der Piccoloflöte kündigen die St.-Johann-Stromschnellen an. Majestätisch erklingt das Vyšehrad-Thema des 1. Teils, als der Fluß am Burgfelsen vorbei gen Prag strömt.

[M] *VD/LD* Chicago SO, Solti (Decca); *LD* Berliner Philharmoniker, Karajan (Sony)

III. Sárka

UA: Prag 1877

Im 3. Teil (beendet im Februar 1875) vertont Smetana eine böhmische Penthesilea-Geschichte: Wild aufbrausend schwört das Amazonenmädchen Sárka, sich aufgrund enttäuschter Liebe an allen Männern zu rächen. Als schwungvolle Triolen den Ritter Ctirad mit seinem Gefolge ankündigen, läßt sie sich an einen Baum binden. Dieser fällt auf die List herein, befreit sie von den Fesseln, und ein langes Klarinettensolo erzählt von seinen Gefühlen für das schöne Mädchen. Scheinbar geht Sárka auf seine Liebesworte ein. Nach einem Zechgelage zeigt sich in den kippenden Streicherfiguren die Wirkung des Weins: Die Ritter fallen in tiefen Schlaf. Ein Hornruf Sárkas holt die Gefährtinnen. Für Reue ist es zu spät; sämtliche Männer werden ermordet.

IV. Aus Böhmens Hain und Flur

UA: Prag 1876

Nach seiner völligen Ertaubung übersiedelte Smetana im Sommer 1875 in das Forsthaus seines Schwiegersohnes in Jabkenitz. Hier fand er in den dichten Wäldern den ganzen Reichtum der böhmischen Natur, den er in seinem 4. Teil *Aus Böhmens Hain und Flur* besang. Nach den überströmenden Anfangsakkorden schließen sich mehrere Naturbilder an: Auf die lyrische Dumka in den Klarinetten folgt eine Volksliedmelodie. Sonnenüberflutete Wiesen schimmern durch ein bis in höchste Lagen führendes Streicherfugato, das von einem feierlichen Waldthema in Hörnern und Klarinetten unterbrochen wird. Eine festliche Polka charakterisiert die ländlichen Bewohner; mit einer Reminiszenz an die Dumka-Melodie klingt das Stück aus.

Titelblatt der Erstausgabe »Aus Böhmens Hain und Flur«

V. Tábor

UA: Prag 1880

Den ursprünglich vierteilig geplanten Zyklus *Mein Vaterland* ergänzte Smetana 1878/79 um *Tábor und Blaník*, die inhaltlich und musikalisch eng miteinander verbunden sind. Beide Teile erzählen aus der Zeit der Hussitenkriege in Böhmen und basieren auf dem mittelalterlichen Hussiten-Choral »Die ihr Gotteskämpfer seid«. Das düstere Beharren der langen Einleitung von *Tábor* auf den ersten Tönen des Chorals charakterisiert die Sturheit und Hartnäckigkeit der kriegerischen Helden. Im Mittelteil toben in den wuselnden Streichern die Kämpfe um die Hussitenburg; die Bläser-Einwürfe verdichten sich zum siegreich-triumphierenden Choral, der erst jetzt in voller Gestalt ertönt.

VI. Blaník

UA: Prag 1880

Mit dem einleitenden Rhythmus des Hussitenchorales präsentiert sich *Blaník* als unmittelbare Fortsetzung von *Tábor*.

In dem Berg Blaník ruhen die toten Hussitenkrieger. Schalmeienweisen von Oboe und Klarinette zeichnen ein idyllisches Bild von Schäfern mit ihrer Herde. Doch der Friede währt nicht lange; Krieg und Not brechen über das Land hinein. Der Berg öffnet sich, und die toten Krieger marschieren heraus, um den Feind zu besiegen. Diese Rettung preist ein grandioses Finale: Der Hussiten-Choral wird mit dem Vyšehrad-Thema des 1. Teils kombiniert.

M *CD* Nr. I–VI: Wiener Philharmoniker, Levine (DGG 1987) *Andrea Zschunke*

Mathias Spahlinger

1944

»Keine Macht hierarchisch im Himmel und auf Erden« – Mathias Spahlinger zitiert mit Friedrich Hölderlin den Kommentator der Französischen Revolution. Auch dem am 15. Oktober 1944 in Frankfurt am Main geborenen Komponisten geht es um die ästhetische Verarbeitung politisch-philosophischer Reflexion. In der Vielzahl seiner Werke für verschiedene Besetzungen bzw. Medien, wird auf unterschiedliche Weise hörbar, wie sich eine zunächst willkürlich gesetzte Ordnung des musikalischen Materials durch deren konsequente Weiterführung zersetzt oder aufhebt. In seinem Orchesterstück *morendo* (1975) konzentrierte sich Mathias Spahlinger, der nach einer Schriftsetzerlehre bei Erhard Karkoschka in Stuttgart Komposition studiert hatte, auf geradlinige, prozessuale Ordnungszusammenhänge. Dort ist das Orchester in 6 Gruppen aufgeteilt, im 1. Teil zwingt eine übergeordnete, strenge Struktur die einzelnen Musiker, die je ein spezifisches Motiv nahezu ritualartig zu wiederholen haben, zum Ganzen zusammen. Der 2. Teil läßt die Situation umschlagen. Die einzelnen Stimmen emanzipieren sich und lösen das Räderwerk auf in einen Zustand von Freiheit, der den ursprünglichen Sinnzusammenhang durch ungleichzeitige, fragmentarische Artikulationen individualisierter Stimmen ersetzt. Ein musikalisches Triptychon bilden *Extension* für Violine und Klavier (1979/80), *Inter-Mezzo, concertato non concertabile* für Klavier und Orchester (1986) und *Passage/paysage* für großes Orchester (1989). Letzteres gründet auf der paradoxen Intention, allseitige Kontinuität im eindimensionalen geschichtlichen Zeitverlauf abzubilden. Die Bewegung, die am Ende zur Aufsplitterung des Klangkörpers führt, vollzieht sich in Schleifen von Abschnitten, »an den Ladenpassagen mit ihren Fenstern vorbei, aber in Kreisen« (Spahlinger). Solch assoziative Verbindungen zwischen Werktitel und musikalischem Gestus spielen bei Spahlinger allerdings nur eine marginale Rolle und bieten keine programmatische Handhabe für bloß einfühlendes Hören. So auch beim Ensemblestück *furioso* (1991/92). Hier bezieht sich das formale Prinzip, mit jedem Ton dem vorhergehenden zu widersprechen, sowohl auf den böhmischen Tanz »Furiant«, wo sich unablässig Zweier- und Dreiermetrik wechselseitig negieren, wie auf Hegels Wort, die »allgemeine Freiheit«, könne sich – politisch wie ästhetisch – nur im »negativen Tun« manifestieren: »Sie ist nur die Furie des Verschwindens«.

Christine Mast

Louis Spohr

1784–1859

Eines wollte Großvater Spohr auf gar keinen Fall haben: einen »Bierfiedler« als Enkel. Aber mit Louis Spohrs Karriere zum größten Geiger Deutschlands dürfte auch der gestrenge Pastor zufrieden gewesen sein, zumal Spohr sich bei weitem nicht mit der geigerischen Tätigkeit zufrieden gab. Seine Kompositionen wurden von den Zeitgenossen hochgeschätzt; er wurde in einem Atemzug mit Beethoven genannt, und noch 1843 war er Robert Schumann ein »leuchtendes Vorbild«.

Louis Spohr, geboren am 5. April 1784 in Braunschweig, ist heute ein Vergessener, dessen Musik man ab der Mitte des 19. Jhs. als zu »weichlich« und »biedermeierlich« empfand. Aus späterer Sicht betrachtet, schrieb Spohr eine Musik des Übergangs, die sich zwar der Klassik noch verhaftet zeigt, in Harmonik, Instrumentierung und Sujets aber bereits ein Kind der Romantik ist. Seine Neigung zu skurrilen Formen paarte sich mit einer Vorliebe für dämonische oder geheimnisvoll-märchenhafte Opernstoffe wie etwa in *Faust* (1813) oder *Zemire und Azor* (1818/19).

Im Musikleben des frühen 19. Jhs. war Spohr eine überragende Persönlichkeit, die auch als Dirigent durch die neuartige Verwendung eines Taktstockes Aufsehen erregte. Früh im Violinspiel unterwiesen, war er ab dem 14. Lebensjahr auf sich selbst gestellt und erhielt nach einer mißglückten Konzerttournee eine Anstellung als Herzoglich Braunschweigischer Kammermusikus. Kompositionstechnische Kenntnisse erwarb er sich autodidaktisch. Sein umjubeltes Debüt im Leipziger Gewandhaus am 10. Dezember 1804 war der Beginn einer internationalen Konzertkarriere. Kapellmeisterstellen in Gotha (hier lernte er die Harfenvirtuosin Dorette Scheidler kennen, die 1806 seine Frau wurde), Wien und Frankfurt folgten, bevor er sich 1822 endgültig in Kassel niederließ. Damit trat ein Wendepunkt in seinem unruhigen Leben ein: Die Seßhaftigkeit ließ ihm mehr Zeit für seine Kompositionen sowie für seine Schüler – Dokument seiner pädagogischen Tätigkeit ist die 1831 erschienene »Violinschule«. An wesentlichen Kompositionen entstanden in Kassel die Oper *Jessonda* (1823) – die erste durchkomponierte deutschsprachige Oper –, die Doppelquartette, die Symphonien ab der Dritten, die späten Violinkonzerte.

Spohr starb am 22. Oktober 1859 in Kassel.

Symphonien

Spohrs Experimentierlust hat in seinen Symphonien zu zwar manch merkwürdigem Ergebnis geführt, prägte aber andererseits eine eigenständige Tonsprache, deren lyrischer Ausdruck und reiche, chromatikgesättigte Harmonik weit in die Romantik bis zu Wagner weisen. Nach den ersten beiden Symphonien, die noch gänzlich dem klassischen Stil verhaftet sind, verläßt die *Symphonie Nr. 3 c-moll* (1828) in ihrem Verzicht auf Themendualismus die gewohnten Bahnen und erlaubt sich einige formale Freiheiten: So ist etwa die Durchführung im 1. Satz durch die transformierte langsame Einleitung ersetzt, die des letzten Satzes durch eine vierstimmige Fuge. Formal bemerkenswert ist ebenfalls die *Symphonie Nr. 5 c-moll* (1837), wohingegen die *8. Symphonie* (1847) in ihren miniaturhaften Ausmaßen als Gelegenheitswerk gelten kann. Ein Kuriosum ist die *Symphonie Nr. 6 G-Dur* (1840), die als »Historische Sinfonie im Stil und Geschmack vier verschiedener Zeitalter« die Musik von Bach/Händel, Haydn/Mozart und Beethoven imitiert und im letzten Satz dissonanzreiche Zukunftsmusik entwirft. Der programmatischen *Symphonie Nr. 4 F-Dur op. 86* (1832), Spohrs erfolgreichstem Werk zu seinen Lebzeiten, liegt das Gedicht »Die Weihe der Töne« von Carl Pfeiffer zugrunde, eine romantische Beschwörung des utopischen Gehalts der Tonwelt. Die symphonischen Formen passen sich dem Gedichtinhalt an, ohne dessen Kenntnis, so mahnt Spohr, die Symphonie dem Publikum unverständlich bliebe. Im *1. Satz* sind das einleitende Largo »Starres Schweigen der Natur vor dem Erschaffen des Tons« und der nachfolgende Allegroteil »Reges Leben nach demselben. Naturlaute. Aufruhr der Elemente« motivisch miteinander verknüpft. Der *2. Satz* gliedert sich in »Wiegenlied, Tanz und Ständchen«; nach dem ausladenden *3. Satz*, der den Ablauf eines Krieges aus der Sicht der Zurückgebliebenen schildert, schließt das Werk mit Variationen über den Choral »Begrabt den Leib«.

Weitere programmatische Werke schrieb Spohr mit der *7. Symphonie* »Irdisches und Göttliches im Menschenleben« für 2 Orchester (1841) und der *9. Symphonie* »Die Jahreszeiten« (1850) in 2 »Abteilungen«.

[M] *CD* 4. Symphonie: SO Budapest, Walter (Marco Polo 1987)

Die Concertanten

Nach Spohrs Eheschließung mit der Harfenistin Dorette Scheidler entstanden eine Reihe von Kompositionen für Harfe und Violine, mit denen das Künstlerpaar auf den nun gemeinsamen Konzerttourneen seine Erfolge feierte. Die Hinzuziehung eines Orchesters in den beiden 1806/07 komponierten Concertanten sah Spohr als mißglücktes Experiment, da er fand, »daß jede Begleitung unser einiges und inniges Zusammenwirken nur störe«. Für einen Frischverliebten mag dies zutreffen, heutigen Instrumentalisten jedoch sind die Concertanten in ihrer eleganten Virtuosität und kantablen Melodik dankbare Werke, denen der delikat instrumentierte Orchestersatz Farbe und Struktur verleiht.

[M] *CD* Concertante Nr. 1: Holliger, Schneeberger, English Chamber Orchestra, Graf (Claves 1970); Concertante Nr. 2: Holliger, Poppen, English Chamber Orchestra, Holliger (Novalis 1987)

Violinkonzerte

Der kompositorische Ehrgeiz des Geigers Spohr beschränkte sich nicht auf die Produktion virtuoser Gebrauchswerke für den Konzertsaal. Zwar hat Spohrs Begeisterung für Pierre Rode (dessen Spiel er getreulich zu kopieren suchte) in seinen *15 Violinkonzerten* ihre Spuren hinterlassen – etwa in dem brillanten Passagenwerk oder den tänzerischen Schlußsätzen –, doch mit den irregulären Formen, den plötzlichen harmonischen Wechseln und den chromatischen, von extremen Sprüngen durchzogenen Melodiebildungen ging Spohr über die Unverbindlichkeit des französischen Konzertes weit hinaus. Basieren die ersten fünf Konzerte auf Mozartschen Formen, so experimentiert das *6. Konzert* mit exotischen Themen und verweist in dem rezitativisch freien *2. Satz* auf das berühmte *8. Violinkonzert a-moll* (1816) »in Form einer Gesangsszene«. Das opernhaft angelegte Konzert, das den Solisten in bester Primadonnen-Manier rezitieren und jubeln läßt, zeigte nicht nur bei dem italienischen Publikum während der UA in der Mailänder Scala seine Wirkung, sondern ist auch als einziges der Spohrschen Konzerte heute noch bekannt. Die gegenüber den Frühwerken gewichtigeren späteren Konzerten konzentrieren sich auf die Verfeinerung des lyrischen Ausdrucks (insbesondere in den Adagio-Sätzen) und spielen mit formalen Neuerungen.

[M] *CD* Nr. 2–13: Hölscher, RSO Berlin, Fröhlich (cpo 1992–94)

Klarinettenkonzerte

Neben dem Horn war eines der bevorzugten Instrumente der Romantiker die Klarinette, der in erster Linie die Werke Mozarts ihren Weg als Soloinstrument gebahnt hatten. Die 4 Klarinettenkonzerte Spohrs wurden für den Virtuosen Johann Simon Hermstedt geschrieben, dessen Spielweise die Komposition der Konzerte entscheidend beeinflußte. Umgekehrt sah Hermstedt sich genötigt, zur Interpretation des *1. Klarinettenkonzertes*, das Spohr auf seine Bitte 1808 schrieb, Veränderungen an seinem Instrument vorzunehmen.

Gegenüber den anspruchsvollen ersten beiden Konzerten fällt das dritte als reines Virtuosenkonzert ab; auch das *4. Konzert*, das zwar das Orchester wieder musikalisch einbindet, konnte sich in seinem mollgetrübten, verhaltenen *1. Satz* und der gezähmten spanischen Melodik des anschließenden *Rondo al Espagnol* nie so recht durchsetzen.

[M] *CD* Leister, RSO Stuttgart, Frühbeck de Burgos (Orfeo 1984)

Die letzten Dinge

UA: Kassel 1826

Als Friedrich Rochlitz 1825 Spohr um die Vertonung seines Librettos zu der Offenbarung des Johannes bat, traf er damit den Geschmack seiner Zeit: Oratorien zu biblischen Texten standen hoch im Kurs. Spohr lag freilich eine subjektiv-sentimentale Umsetzung, wie etwa in den Oratorien des 18. Jhs., fern; seine Musik dient ausschließlich der Deutung des Bibelwortes. Der eigentliche Protagonist ist das Orchester, das allein, so Rochlitz, der »Ausmalung der innersten, den Worten nicht mehr zugänglichen Gefühle« fähig ist. Nur durch diese selbständige Funktion kann das Schweigen des Orchesters an einer zentralen Stelle des Werkes von so ungeheurer Wirkung sein: Der Einsatz des unbegleiteten Solistenquartettes *Selig sind die Toten* nach den entfesselten musikalischen Gewalten der Gerichtsszene.

[M] *CD* Shirai, Lipovsek, Protschka, Hölle, Chor des SDR, RSO Stuttgart, Kuhn (Philips 1984)

Andrea Zschunke

Johann Stamitz

1717–1757

Carl Stamitz

1745–1801

Anton Stamitz

1750–1796

Auf das Stichwort »Stamitz« lautet die spontane Antwort in aller Regel »Vorname: Johann«. Und tatsächlich hinterließ der böhmische Violinvirtuose, der am 17. oder 19. Juni 1717 in Deutschbrod als 3. Kind des Orgelmeisters und Lehrers Johann Stamitz geboren wurde, ein Lebenswerk, das ohne Übertreibung als epochal gewürdigt werden darf. Nach der musikalischen Ausbildung beim Vater, die wohl vor allem dem Violinspiel gegolten haben dürfte, verließ Johann Stamitz seine Heimat, da er in Böhmen »als virtuoser Musiker eine Convenabl Salarisierte Condition« nicht erzielen konnte, und fand 1741 in der Hofkapelle des Mannheimer Kurfürsten seine künstlerische Wirkungsstätte. Zunächst »Erster Hof-Violinist«, ab 1750 dann »Instrumental-Music Director«, formte er die Hofkapelle zu einem Orchester im modernen Sinne und kreierte als Interpret wie als Komponist einen Stil- und Formenbestand, dem der Ortsname Mannheim fortan als musikhistorisches Synonym diente. Die Überwindung des Basso Continuo und der Primat der Oberstimmenmelodik, die Neuentdeckung des Klanges und der instrumentalen Farben, dynamische Effekte, das gesangliche 2. Thema für den Sonatenhauptsatz, das Menuett als fester Bestandteil der Symphonie – die bloße Aufzählung innovativer Markenzeichen verrät die geschichtliche Statur des Johann Stamitz.

Sein Sohn Carl, getauft am 8. Mai 1745 in Mannheim, gehörte dem legendären Orchester für einige Jahre als 2. Geiger an (1762–1770), ehe er seinem Geburtsort, dem Hof, und auch dem Schatten des Vaters entfloh. Sein empfindsames Spiel der Violine, der Bratsche und der Viola d'amore exponierte ihn als außergewöhnlichen Solisten, der obendrein als Komponist mit der Gattung der »konzertanten Symphonie« eine Mode im erwachenden bürgerlichen Musikleben initiierte. Seine Biographie liest sich wie ein endloser Tourneeplan: Paris, London, Berlin, Dresden, Prag, Weimar, ein rastloses Dasein, die Existenz eines Musikers – im Zeichen der Suche? der Flucht? Am 9. November 1801 verstarb er in Jena, vereinsamt, verarmt, überschuldet, nachdem er sich zuletzt Experimenten der Goldmacherei und alchimistischen Geheimlehren verschrieben hatte. Als 1810 sein Nachlaß versteigert werden sollte, fehlte es an Kaufwilligen; etwa zur selben Zeit urteilte Louis Spohr, daß Carl Stamitz' Musik, vor allem seine 38 konzertanten Symphonien, »schon sehr veraltet« sei.

Anton Stamitz wurde – wie der 5 Jahre ältere Carl – u. a. vom Vater ausgebildet und war seit 1764 als 2. Geiger in der Mannheimer Hofkapelle engagiert. 1770 verließ er gemeinsam mit dem Bruder das renommierte Orchester zunächst in Richtung Paris, um sein Dasein als reisender Virtuose zu fristen. Berühmtheit erlangte Anton Stamitz auch als Pädagoge: Zu seinen Schülern gehörte u. a. der Geiger Rodolphe Kreutzer, der 1778 von ihm unterrichtet wurde. Bei seinem Tod im Jahr 1796 hinterließ Anton Stamitz ein umfangreiches Œuvre, das, neben einem Dutzend Symphonien, über 30 Konzerte, mehr als 50 Streichquartette und 90 Duos für verschiedene Instrumente beinhaltet.

Susanne Stähr

Rudi Stephan

1887–1915

Der frühe Tod des Komponisten Rudi Stephan macht deutlich, welchen Verlust der Erste Weltkrieg auch für die musikalische Welt bedeutete. Im Alter von 28 Jahren fiel der am 29. Juli 1887 in Worms geborene junge Komponist in der Nähe von Tarnopol (Galizien). Stephan hatte 1905 bei Sekles in Frankfurt Komposition studiert und war anschließend nach München gewechselt, wo er sein Studium bis 1908 fortsetzte. Bis zu Beginn des Ersten Weltkrieges lebte er als freischaffender Komponist in München. Die ersten öffentlichen Aufführungen seiner Werke im Jahre 1911 führten zu heftigen Kontroversen. Nach Aufführungen im Rahmen der Tonkünstlerfeste des ADMV in Danzig (1912) und Jena (1913) jedoch, wurde deutlich, daß es sich bei Stephan um ein vielversprechendes Talent handelte. Sein Werk ist, den tragischen Umständen entsprechend, nicht sehr umfangreich. Neben einer Oper (*Die ersten Menschen*, 1914), die erst 1920 posthum zur Aufführung gelangte und einigen Liedern, sind es vor allen Dingen seine *Musiken*, die zu seiner Anerkennung beitrugen. Hierzu gehören die *Musik für sieben Saiteninstrumente* (1911), die *Musik für Orchester* (1912) sowie die *Musik für Geige und Orchester* (1913). Wie bereits die unprätentiösen Titel der Werke vermuten lassen, geht der Komponist einen neuen Weg, der weder an die spätromantische symphonische Tradition, noch an die der Programmusik anknüpft. Stephan pflegte während dieser Jahre Kontakt mit Max Reger, dessen Rückbesinnung auf vorromantische Musik sicherlich einen großen Einfluß auf den jungen Komponisten ausübte. Innerhalb der um 1910 einsetzenden Stilwende spielte Stephan eine bedeutende Rolle. Seine Musik ist eine klare Absage an die spätromantische Weltanschauungsmusik und zugleich ein Plädoyer für eine neue Klassizität, wie sie später von Komponisten wie Busoni formuliert werden sollte. Dieser neue Stil zielte im wesentlichen auf reine, von einem Programm unabhängige, absolute Musik. Insbesondere in Stephans *Musik für Orchester* wird dies deutlich. Das Werk ist einsätzig und bereits in seiner Kürze (eine Aufführung nimmt etwa 19 Minuten in Anspruch) anti-romantisch. Die Themen sind knapp formuliert und werden im Laufe des Stückes kontrapunktisch verarbeitet. Die Dominanz kontrapunktischer Techniken und der polyphone Satz waren eines der Stilideale der neuen Klassizität. Die Harmonik sollte nicht mehr die bestimmende Kategorie der Komposition sein, sondern eher ein Resultat aus der konsequenten Führung einzelner Stimmen. Dennoch verzichtet Stephan nicht auf impressionistischer Anklänge.

Susanne Rupp

Karlheinz Stockhausen

1928

Kein anderer deutscher Komponist hat das Musikleben der 50er und 60er Jahre so nachdrücklich geprägt wie Karlheinz Stockhausen. Mit außergewöhnlicher Radikalität trachtete er danach, die musikalische Sprache von Grund auf neu zu formulieren.

Geboren am 22. August 1928 in Mödrath bei Köln, wurde Stockhausen bereits mit 14 Jahren Schüler im Internat der Lehrerbildungsanstalt in Xanten. Beide Eltern verlor er im Krieg, so daß er gezwungen war, sein Musikstudium in Köln (in den Jahren 1947 bis 1951) selbst zu finanzieren. Entscheidend für seinen weiteren Weg wurde der erste Besuch der Darmstädter Ferienkurse 1951, wo er den jungen Belgier Karel Goeyvaerts kennenlernte. Beeinflußt von dessen *Sonate für 2 Klaviere* und einer Klavieretüde Messiaens komponierte Stockhausen *Kreuzspiel* (1951), sein erstes Werk, in dem sowohl Tonhöhen, als auch -dauern und -lautstärken mittels Reihenabläufen organisiert wurden. Ziel eines derartigen Vorgehens war die Konstitution einer möglichst objektiven, alle Elemente eines Werkes gleichberechtigt einbegreifenden Tonanordnung. Musik sollte nicht Ausdruck menschlicher Gefühle, sondern Abbild einer universellen, kosmischen Ordnung sein. Selbst mit Hilfe elektronischer Klangerzeugung, der sich Stockhausen als einer der ersten Komponisten bereits 1952 zuwandte, war aber eine perfekte Verwirklichung dieser Idee nicht möglich und auch eine annähernd totale Organisation führte nicht zu ästhetisch befriedigenden Ergebnissen. Daher erweiterte und lockerte Stockhausen sein Konzept in der Folgezeit und bezog immer neue Elemente in seine Werke ein. So versuchte er zum Beispiel im *Gesang der Jünglinge* (1955/56) erstmals eine elektronische Vermittlung zwischen Sprache und Musik sowie eine Berücksichtigung des Raumes in der Komposition und gab damit der Avantgarde wichtige Anregung. Mit *Telemusik* (1966), einem Tonbandstück, das Musik verschiedenster Länder integriert, war der Schritt zu einer Weltmusik getan, und von dort war es nicht mehr weit zum Mysterienspiel *Sirius* (1975/77). Mit Beharrlichkeit arbeitet er an der Vervollständigung des 7-teiligen, nach den Wochentagen benannten Opernzyklus *LICHT*.

Gesang der Jünglinge

UA: Köln 1956

Der *Gesang der Jünglinge* ist nach zwei *Studien* die erste elektronische Komposition Stockhausens mit primär ästhetischem – und in diesem Falle auch religiösem – Anspruch. Dem Werk liegt ein alttestamentarischer Lobgesang zugrunde: »Preiset den Herrn, ihr Werke alle des Herrn« lautet seine 1. Zeile, die auch die Aussage des Gesamten wiedergibt. Stockhausen hat ihn von einer Knabenstimme singen lassen und diese anschließend vielfältig elektronisch verändert. Ziel dieser Verarbeitung war es insbesondere, ein Kontinuum zwischen den daraus resultierenden, mehr oder weniger verständlichen Klängen und rein elektronischen Tönen und Geräuschen zu schaffen. Sprachlaute vereinen sich so mit verschiedensten Klängen zu einem Gotteslob: Die Aussage des Textes spiegelt sich unmittelbar in der Werkidee wider. Der universalistische Anspruch des Stückes zeigt sich außerdem in der bewußten kompositorischen Gestaltung der Klangbewegungen im Raum mittels 5 im Saal verteilter Lautsprechergruppen, die die Zuhörer gleichsam in die Musik einschließen.

M *CD* Realisation ORTF Paris/WDR Köln, Stockhausen (Sto1968)

Gruppen

UA: Köln 1958

Eines der eindrucksvollsten Werke Stockhausens, in dem sich eine abstrakte Grundkonzeption und subjektive Vorstellungen überzeugend in sinnlichen Klang umsetzen, sind die *Gruppen* für 3 Orchester. Den Anstoß für die ungewöhnliche Aufstellung der Instrumentalisten – 3 ähnlich besetzte Orchester sind vorn, rechts und links im Zuschauerraum aufgestellt – gaben aufführungstechnische Probleme. Stockhausen überlagerte in diesem Werk »Gruppen« (gemeint sind musikalische Texturen) verschiedener Tempi miteinander. Erst durch die räumliche Aufteilung sowie den Einsatz dreier Dirigenten ließ sich diese Idee realisieren und für den Zuhörer wahrnehmbar machen. Ein außergewöhnlicher Klangreichtum, innere Dramatik und gewaltige dynamische Ausbrüche prägen die Gestalt des Werkes, das auf den Eindruck zurückgeht, den der Anblick eines Bergpanoramas beim Komponisten hinterlassen hat.

M *CD* SO des WDR, Stockhausen, Maderna, Gielen (Sto 1960)

Carré

UA: Hamburg 1960

Die Idee einer Raummusik wird in *Carré* durch die riesige Besetzung von 4 Orchestern und Chören verwirklicht, die den Zuhörer von allen Seiten umgeben. Aber nicht nur durch die vergrößerte Besetzung, sondern wesentlich auch in klanglicher Hinsicht unterscheidet sich dieses Stück von den *Gruppen*. Äußere Anregung für die Komposition waren zahlreiche Flüge in die USA, in denen sich Stockhausens zeitliche Wahrnehmung änderte. Er entwickelte eine besondere Sensibilität gegenüber allmählichen, langsamen Veränderungen, wie sie der Himmel zeigte. Daraus entstand eine Musik langgehaltener Klänge und Klangverschmelzungen mit stark meditativem Charakter. Um eine Einheit von vokalen und instrumentalen Klängen zu erzielen, artikulieren die Chöre keinen Text, sondern verschiedene Laute und Geräusche.

M *CD* SO und Chor des NDR, Kagel, Stockhausen, Markowski, Gielen (Sto 1960)

Kontakte

UA: Köln 1960

Die ungewöhnliche Besetzung dieses Stückes – Klavier, Schlagzeug und elektronische Klänge – hängt eng mit der Werkidee zusammen: Elektronische und instrumentale Klänge sollten derart in Kontakt zueinander treten, daß die Grenzen zwischen beiden Bereichen aufgehoben werden. Der Einsatz von Schlaginstrumenten zu diesem Zweck lag nahe, da so ohne großen personellen Aufwand über eine reiche Palette verschiedener Klang- und Geräuschfarben verfügt werden konnte. Anders als in *Carré* herrschen in *Kontakte* nicht homogene Passagen und allmähliche Klangveränderungen vor, sondern es gibt auch kontrastreich gestaltete und beinahe aggressiv wirkende Abschnitte. Während der gesamten Dauer des Stückes vollzieht sich ein Prozeß kontinuierlicher Klangaufhellung, kulminierend in einem schwebenden Schlußklang.

M *CD* Realisation WDR, Stockhausen, Tudor, Caskel (Sto 1960)

Momente

UA: Köln 1962 (»Kölner Version«)

Momente für Sopran, 4 Chorgruppen und 13 Instrumentalisten entstand in einer für Stockhausen schwierigen privaten Situation: Er hatte sich in die Malerin Mary Bauermeister – seine spätere zweite Frau – verliebt, fühlte sich aber seiner Frau Doris weiterhin eng verbunden. In der Komposition brachte er diesen Konflikt zu einer idealen Lösung, indem er 3 Ausgangscharaktere, sogenannte D-, M- und K-Momente, und indeterminierte Momente sich in unterschiedlichster Weise verbinden und beeinflussen ließ. Als Moment bezeichnet Stockhausen eine musikalische Struktur, die für sich bestehen kann und gleichzeitig in vielfältiger Weise auf andere Strukturen beziehbar ist. Die Aufeinanderfolge solcher Momente kann daher innerhalb gewisser Grenzen frei sein. Heterogener noch als in früheren Werken ist das musikalische und textliche Material: Die Skala reicht von Passagen aus dem »Hohenlied« Salomos bis zu einfachen Ausrufen, von Gesang bis zu Händeklatschen und Lachen.

[M] *CD* SO des WDR, Stockhausen (Sto 1965)

Telemusik

UA: Tokio 1966

Telemusik wurde während eines längeren Japanaufenthalts im elektronischen Studio in Tokio realisiert und bedeutete den Beginn einer neuen Entwicklung in Stockhausens Schaffen. Erstmals integrierte er vorgefundenes musikalisches Material – Tonbandaufnahmen von kultischen Zeremonien und Folklore aus aller Welt – in ein eigenes Werk. Dabei ging es ihm jedoch nicht um eine Collage: Die verschiedenen Aufnahmen sind in hohem Grade verfremdet und in ein Kontinuum elektronischer Klänge gleichsam eingeschmolzen, so daß der Hörer ihre Herkunft nur ahnen kann. Das angestrebte Ziel ist nach Stockhausens Aussage »eine höhere Einheit, eine Universalität von Vergangenheit, Gegenwart und Zukunft, von weit voneinander entfernten Ländern und ›Räumen‹«.

[M] *CD* Realisation NHK Tokio, Stockhausen, 1966

Hymnen

UA: Köln 1967

In *Hymnen*, einer zweistündigen Komposition für elektronische und konkrete Klänge, die auch durch Solisten oder Orchester ergänzt werden kann, entwickelte Stockhausen die schon in *Telemusik* entworfene Konzeption einer »Weltmusik« weiter. Ungefähr 40 Nationalhymnen verschiedener Staaten bilden den Materialkern, dazu kommen Aufnahmen unterschiedlichster Provenienz, unter anderem Geräusche aus Kurzwellensendern. Diese gewaltige Materialmenge wird zusammen mit elektronischen Klängen in insgesamt 4 »Regionen« verarbeitet. Jede Region besitzt eigene Zentren, die meist von bestimmten Hymnen gebildet werden. Das längste Zentrum formt eine utopische Hymne meditativen Charakters aus dem Reich der »Hymunion«.

[M] *CD* Realisation WDR/Stockhausen (DGG 1967)

Sternklang

UA: Berlin 1971

»›Sternklang‹ ist geistliche Musik, Musik zum konzentrierten Lauschen in Meditation, zur Versenkung des einzelnen ins kosmische Ganze. Ferner ist sie bestimmt für die Vorbereitung auf Wesen von anderen Sternen und ihre Ankunft.« Mit diesen Worten hat Stockhausen seine Hinwendung zur Komposition kultischer Musikzeremonielle bekräftigt. *Sternklang* ist eine dreistündige »Parkmusik«, die im Grünen (möglichst bei klarem Sternenhimmel) aufgeführt wird. Fünf Gruppen von Instrumentalisten und Sängern werden um ein koordinierendes Zentrum, den Schlagzeuger, aufgestellt. Jeder dieser Gruppen ist eine bestimmte Harmonie zugeteilt, auf deren Tönen nach vorgeschriebenen Modellen die Namen der Sternzeichen artikuliert werden. Zeitweise wechseln Interpreten die Gruppen, um musikalisches Material untereinander auszutauschen.

[M] *CD* Ensemble Intermodulation, Gentle Fire, diverse Interpreten (Sto)

Ylem

UA: London 1973

Der Begriff »Ylem« bezeichnet den Urfluß der Elementarteilchen, aus denen sich das Universum gebildet hat und in die es wieder zerfallen wird. Dieser Prozeß wird innerhalb der 20minütigen Komposition szenisch und musikalisch dargestellt: Ein Schlag des Tamtams löst laute, unmittelbar aufeinanderfolgende Repetitionen auf 2 Tönen im Tritonusverhältnis aus. Nach und nach wird die Musik dann leiser, Pausen unterbrechen den Klangfluß und der Tonumfang vergrößert sich allmählich. Gleichzeitig nimmt die klangfarbliche Differenzierung der Töne zu, und alle Spieler tragbarer Instrumente verteilen sich immer weiter in den Zuschauerraum hinein. In einem 2. Teil verläuft dieser Prozeß umgekehrt, bis ein erneuter Tamtamschlag das Ende des Werkes signalisiert und die Musiker sich spielend aus dem Saal bewegen.

[M] *CD* London Sinfonietta, Stockhausen (Sto 1973)

Inori

UA: Donaueschingen 1974

In mehrfacher Hinsicht ist *Inori* (im Untertitel *Anbetungen für ein oder zwei Solisten und Orchester*) ein Schlüsselwerk in Stockhausens Schaffen. Erstmals hat er hier eine Notation für Gesten entwickelt, so daß ein oder zwei Akteure synchron zum Orchester Gebetsgesten ausführen können. Die dadurch realisierte enge Verbindung von Gestik und Musik soll auch rein musikalische Veränderungen als Gebet erlebbar werden lassen. Das gesamte Werk gliedert sich in 5 Abschnitte, die laut Stockhausen die Entwicklung der Musik von den ersten Anfängen bis zur Komplexität zeitgenössischer Komposition widerspiegeln. Rhythmus, Dynamik, Melodie, Harmonie und Polyphonie werden nacheinander entfaltet. Dabei komponierte Stockhausen extreme Differenzierungen im Bereich der Dynamik und der Dauern, die vom Hörer eine außergewöhnliche Sensibilität für kleinste Veränderungen fordern.

[M] *CD* SWF-O., Stockhausen (Sto)

Sirius

UA: Aix-en-Provence 1977

Wie in *Sternklang* so hat Stockhausen auch in *Sirius* den Blick auf den Sternenhimmel gerichtet. Bereits Mitte der 70er Jahre hatte er auf eigene Texte sangliche Melodien für die 12 Tierkreiszeichen komponiert, die in *Sirius* die Grundlage für ein komplexes polyphones Gefüge aus elektronischer Musik, Trompete, Sopran, Baßklarinette und Baß bilden. Die Solisten symbolisieren gleichzeitig die 4 Jahreszeiten, die Himmelsrichtungen, die Elemente und die verschiedenen Lebensalter des Menschen. Sie präsentieren sich in einem 1. Teil mit 4 Hauptmelodien dem Publikum. Der zweite, zentrale Teil stellt den Zyklus der Jahreszeiten dar, der je nach Aufführungsdatum an einer anderen Stelle beginnen kann. Eine »Verkündung« des Schöpfergottes aus einer Vision des Mystikers Jakob Lorber beendet das Werk.

[M] *CD* Stockhausen, Meriweather, Stephens, Carmeli, Stockhausen (Sto 1979).

Erika Schaller

Johann Strauß

1825–1899

Zu seinen Bewunderern zählten nicht nur die beiden großen Antipoden der deutschen Musikwelt des 19. Jhs. Richard Wagner und Johannes Brahms, sondern auch nahezu alles, was an Musikern und Kunstkennern Rang und Namen hatte. Trotz dieser Überfülle an Ehre, Ruhm und Reichtum, die diesem musikalischen Welteroberer zuteil wurde, war Johann Strauß, der am 25. Oktober 1825 in Wien zur Welt kam und am 3. Juni 1899 in dieser Stadt verstarb, alles andere als der frohgemute, unbeschwerte Mensch, wie man dies bei einem Walzerkomponisten vermuten könnte. Der »lachende Genius Wiens«, wie ihn einst Richard Strauss nannte, besaß eine ausgeprägte melancholische Ader, deren Spuren man aus vielen seiner Walzerkompositionen heraushören kann.

Der Wiener Walzer entstand am Ende des 18. Jhs., er war ursprünglich ein primitiver Volkstanz im Dreivierteltakt, aus dem sich nach und nach fein gewobenes musikalisches Kunstgebilde entwickelte. Bereits Joseph Lanner und Johann Strauß der Ältere hoben den Walzer auf eine bedeutende Stufe. Doch erst Johann Strauß dem Jüngeren war es vorbehalten, die Krönung dieser Kunstform zu erreichen – wobei allerdings auch das ebenbürtige Schaffen von Johanns genialem, früh verstorbenen Bruder Josef (1827–1870) nicht außer Acht gelassen werden darf.

Die große Kunstleistung Johann Strauß' bestand darin, daß er auf dem Sektor der Tanz- und Unterhaltungsmusik Werke schuf, die – was den melodischen Einfallsreichtum, die Kunst der Themenbehandlung und der Instrumentation betrifft, den hervorragendsten Schöpfungen der Symphonik gleichzusetzen sind. In seinen berühmten Kompositionen wie etwa *An der schönen blauen Donau, G'schichten aus dem Wienerwald, Rosen aus dem Süden, Kaiserwalzer* lebt das musikalische Gut der Wiener Klassik ebenso weiter wie die Liedromantik Schuberts und die Volksmusik der magyarischen und slawischen Nachbarländer Österreichs. Alles verbindet sich in der Strauß-Musik zu einer völlig neuartigen, von höchster Inspiration erfüllten Tonsprache, die in der gesamten Kulturwelt unvergleichlich dasteht. Allein die Existenz der »Neujahrskonzerte«, die alljährlich von den Wiener Philharmonikern veranstaltet werden, und in denen mustergültige Wiedergaben der Strauß-Kompositionen in alle Welt entsandt werden, legen ein deutliches Zeichen für die Unversiegbarkeit dieser immerwährenden Energie- und Freudenquelle ab. *Clemens Höslinger*

Richard Strauss

1864–1949

Leben, das dialektische »Zauberwort« der Jahrhundertwende, das zum einen als Einheit aus Werden und Vergehen, Schaffen und Zerstören, zum anderen als Opposition von Vitalismus und Dekadenz, Optimismus und fin de siècle-Stimmung, Starre und Entwicklung verstanden wurde und in Nietzsches Lebensphilosophie den wohl adäquatesten Ausdruck fand, hat nicht nur das Werk Hugo von Hofmannsthals oder Gustav Mahlers bestimmt, sondern in entscheidendem Maße auch die Kunstästhetik von Richard Strauss beeinflußt. Die Kunst – so meinte dieser denn auch – müsse »denselben Gesetzen« gehorchen »wie das immer neu sich gestaltende Leben, sie unterliege dem Prozeß des Ewigseins in ewig neuem nie endenden Werden«.

Strauss hatte diesen Weg nicht sofort eingeschlagen. Geprägt durch das eher konservative Musikverständnis seines Vaters, des Solohornisten Franz Strauss, schrieb der am 11. Juni 1864 in München Geborene zunächst eine Reihe kammermusikalischer Werke im Brahms-Stil, kleine Konzerte und die 2 noch der romantischen Tradition nahestehenden *Symphonien d-moll* und *f-moll.* Erst 1885, als er dem Geiger und Komponist Alexander Ritter begegnete, der ihn mit den Schriften Wagners, Liszts, Schopenhauers und Nietzsches vertraut machte, ereignete sich, was Strauss später als »Wendepunkt« in seinem Leben bezeichnen sollte. Von nun an widmete er sich fast ausschließlich dem symphonischen Schaffen und setzte – sich selbst in der Nachfolge Beethovens, Liszts und Wagners sehend – die Ästhetik der neudeutschen Schule in den ihm eigenen Stil seiner »Tondichtungen« um. In diesen lehnte er jede Art von Wiederholung in der motivischen Gestaltung ab, unterwarf die musikalischen Ideen dem Prinzip unaufhörlicher Verwandlung und gegenseitiger Verknüpfung und suchte in jedem neuen Werk nach einer neuen Form, die immer wieder »sterben müsse, um neuen Formen Platz zu machen«. Traditionelle musikalische »Wahrheiten« nahm er nur mehr humoristisch verzerrt, als Überholtes und Gebrochenes auf. In den Programmen machte Strauss das Grundwort seiner Epoche selbst zum Thema, beschrieb Lebensläufe, die später sogar biographische Züge annahmen und setzte diesen Weg auch in zahlreichen seiner Opern – vor allem in der Zusammenarbeit mit Hofmannsthal – fort. In Hofmannsthals Thema der »Verwandlung«, in seinen Figuren, die sich zwischen Hohem und Gemeinem, Starre und Werden bewegen (Elektra, Ariadne, Die Frau ohne Schatten), trafen sich Dichtung und Kompositionsprinzip.

Aus Italien

Symphonische Fantasie op. 16

UA: München 1887

Strauss' erstes Werk auf dem Weg in die neue »Kunst- und Lebensanschauung« verrät zwar in seiner traditionellen Viersätzigkeit und Titelgebung äußerlich noch die Nähe zur Symphonie, überwindet sie jedoch schon durch die vertauschte Anordnung der ersten 2 Sätze (Andante/Allegro) sowie den Versuch, die 1886 bei einer Italienreise erlebten »Empfindungen beim Anblick der herrlichen Naturschönheiten Roms und Neapels zum Inhalt« des Werkes zu machen. Strauss' Distanzierung von einer Programmusik im Sinne Berlioz', seine Ablehnung jeder Form von musikalischer »Beschreibung« ist damit besiegelt und wird – verbunden mit einem vehementem Angriff auf die Kritik – von ihm selbst noch einmal in einer Kurzanalyse bestätigt. In dieser zeigt sich auch, daß seine Programme zwar als »Anregung« für musikalische Formgestaltung dienen, die Musik jedoch nie ihre Geschlossenheit von außen erhalten, also »Literaturmusik« werden soll. Es geht allein um die »musikalische Entwicklung meiner Empfindungen« – so schreibt Strauss später über die *Sinfonia domestica.* Das Programm ist am Ende nur noch als Kommentar zur Musik lesbar, wird hier zur Erklärung einer Wanderschaft durch verschiedene musikalische »Landschaften«. »Wer wirklich Musik zu hören versteht, braucht es wahrscheinlich gar nicht«. Der 1. Satz *In der Campagna,* den Strauss bezeichnenderweise auch *Präludium* nannte, erwacht nur ganz allmählich zu musikalischem Leben, das sich in Kurzmotiven, Fragmenten, Signalen äußert und stehende Klangblöcke sowie die fehlende tonale Verankerung verdrängt. Aus den Motivfloskeln entsteht ein melodischer Gedanke, der zunächst in seinem strophischen Aufbau und in den Begleitfiguren unmittelbar an den Arientypus der italienischen Oper erinnert, dann in 2 weiteren Themen verarbeitet wird und schließlich im letzten Satz noch einmal, dann aber als Erinnerung an unwiederbringlich Vergangenes erscheint. *In Roms Ruinen,* den »Bildern entschwundener Herrlichkeit«, erinnert Strauss an das vergangene musikalische Ideal des Symphoniesatzes, in *Am Strande von Sorrent* stellt er sich der Diskussion um Programmusik durch eine Konfrontation von »tonmalerischer« Darstellung und »Empfindung«, und das *Neapolitanische Volksleben* wird zur Humoreske über eine Liedvorlage Luigi Denzas, die – gemäß Strauss' Eindruck von dieser Stadt als einer »wunderbaren Kulisse, in der sich ein schlechtes Stück abspielt« – zunehmend humoristisch verzerrt wird und in eine abschließende Tarantella mündet. Hier weist Strauss bereits auf den Stil von *Till Eulenspiegel* voraus.

[M] *CD* Staatskapelle Dresden, Kempe (EMI 1975)

Macbeth

Tondichtung nach Shakespeares Drama

für großes Orchester op. 23

UA: Weimar 1890

Mit der ersten Tondichtung ist endgültig der »neue Weg beschritten«, der auf das »Lisztsche Grundprinzip seiner symphonischen Werke, in denen tatsächlich die poetische Idee auch zugleich das formbildende Element war«, zurückgeht.

Ohne diese – so Strauss – verkümmere die Form zur Formel, zur starren Wahrheit ohne Entwicklung. Und gerade der Entwicklungsgedanke war es doch, der die Gestaltung in Zukunft prägen sollte. In Macbeths Lebenslauf, seiner unaufhörlichen Sehnsucht nach Höherem, war dieser Gedanke angelegt, seine Wandlung ermöglichte unerschöpfliche Variationen und Steigerung in der thematischen Behandlung, außerdem eine Form, die in erster Linie einem Entwicklungsprinzip gehorchte. Seine einerseits kriegerisch, andererseits weich angelegte Thematik erlebt zunächst eine eigene Durchführung, vereint sich dann aber mit der Thematik der Lady Macbeth, in der sich Terzenseligkeit und Dissonanzenreichtum zu einer zwielichtigen Charakterstudie verbinden und die die Macbeth-Motivik in ihre Thematik gleichsam aufsaugt. Strauss zitierte denn auch anstelle eines Programms an dieser Stelle aus Shakespeare: »O, eile' Eile her! damit ich meinen Geist in deinen gieße.« Aus dem anfänglichen Liebesgesang erwächst schließlich eine geradezu kriegerisch sich gebärdende Entwicklung, die zu einem absoluten Höhepunkt im polyphonen Chaos führt. Eine Reprise gibt es nicht mehr. Die Themen werden zunehmend rhythmisch verändert, chromatisiert, in harmonisch neue Zusammenhänge gestellt und durch scharfe Akzente gebrochen. Erst am Schluß verlieren sie jede Durchsetzungskraft. Das Ende des Lebenslaufs im »Tod« fällt schließlich mit der eigenen Auflösung des Kunstwerks zusammen, während ferne Fanfaren Neues ankündigen.

»Der genaue Ausdruck meines künstlerischen Denkens und Empfindens« – so Strauss 1888 – »und im Stil das selbständigste Werk, das ich bis jetzt gemacht habe, ist nun ›Macbeth‹«. Auf die Kritik des Mentors Hans von Bülow und von Vater Strauss hörte er nur noch bedingt. Zwar endete er auf den Rat Bülows in der 2. Fassung seines Werks (1889/91) nicht mehr mit dem Triumphmarsch Macduffs, sondern mit der ersterbenden Coda und retuschierte auch noch einige Stellen zugunsten größerer »Klarheit«, verzichtete aber weder auf die zahllosen Dissonanzen, noch auf die reiche Orchestrierung, die sein weiteres Schaffen entscheidend prägten.

[M] *CD* Staatskapelle Dresden, Kempe (EMI 1973); Wiener Philharmoniker, Maazel (DGG 1984)

Don Juan

Tondichtung nach Nikolaus Lenau
für großes Orchester op. 20
UA: Weimar 1889

In seinen »Dramatischen Szenen« schuf Nikolaus Lenau 1844 einen Helden, der sich als eigenverantwortliches Individuum über Dekadenz und Prüderie der Gesellschaft erhebt und, in unstillbarer Sehnsucht von einer Frau zur anderen getrieben, nach der Inkarnation der Frau an sich sucht. Gut 40 Jahre später wurde die Figur des Don Juan für Strauss durch eben diese Eigenschaften zum Repräsentanten des modernen Künstlers und damit – wie *Eulenspiegel, Don Quixote* oder *Zarathustra* – zum Gegner geistiger Verhärtung, der seinen Weg im »unbehindert selbständigen Schaffen« geht. »Die Partitur heißt nicht nur, sondern ist Don Juan«, schrieb Felix Draeseke dazu. Und so spiegelt das Programm, das sich aus Anfang und Ende der rund 1000 Verse zusammensetzt, gleichzeitig auch Strauss' Kunstprinzip wider. Es heißt da: »Nicht aus Ruinen will ich Tempel bauen. Ja! Leidenschaft ist immer nur die neue; (...) Sie kann nur sterben hier, dort neu entspringen.« Genau so entwickelt sich das Werk: Die Musik ist in ständigem Fluß, gelangt »zur Reife« und löst sich schließlich auf, »um neuen Formen Platz zu machen.«

Der immer wieder unternommene Versuch, ihm eine traditionelle Form überzustülpen, verfehlt Strauss' Intentionen. Vielmehr arbeitet er mit dem Kontrast von Geschlossenheit und dem Herausdrängen aus ihr, von rhythmischer und melodischer Gliederung und ihrem Verwischen, der Etablierung harmonischer Schwerpunkte und dem Verlangen, sie wieder aufzugeben. Beide Ebenen spiegeln sich wider in Don Juans unermüdlicher Suche, die keine traditionellen musikalischen Gesetzmäßigkeiten zuläßt, und seinem episodischen Verweilen bei einer Frau. Verweilen aber bedeutet, daß musikalischen Ideen, formalen Gestalten bis zur Erschöpfung, ja »Reizlosigkeit« die Treue gehalten wird. Am Ende erscheinen die Episodenteile nur mehr als Vergessenes und werden durch zunehmend polyphoner geschichtete, gesteigerte Hauptsatzmotivik ersetzt, die letztendlich selbst in der Auflösung endet, im »Ekel« vor dem immer Gleichen. Die Tondichtung löscht sich aus, um Neuem »Platz zu machen«.

[M] *CD* Berliner Philharmoniker, Furtwängler (DGG 1942); Staatskapelle Dresden, Kempe (EMI 1975) – *VD/LD* Chicago SO, Solti (Decca)

Tod und Verklärung

Tondichtung für großes Orchester op. 24
UA: Eisenach 1890

Da Strauss seiner 3. Tondichtung das Gedicht Alexander Ritters erst nachträglich voranstellte, es daher nicht als direkte Quelle des Werkes gilt, war es von jeher ein Leichtes, ihn vor der zweifelhaften Poesie in Schutz zu nehmen, was er selbst keineswegs beabsichtigte! Noch Jahre später bekannte er sich zu dem Gedicht, das »sehr viel Wahrheit« enthalte und sein eigenes »Credo« formuliere, ja er betonte generell den Einfluß Ritters auf seine Kunst- und Lebensanschauung, habe dieser ihn doch in die »Werke und Schriften Wagners und Liszts« sowie »in die Lehre Schopenhauers« eingeführt. Und diese sind es denn auch, die den »bedeutenden Fortschritt« in der Wahl seines »künstlerisch zu gestaltenden Stoffes« ausmachen und Komposition wie Gedicht prägten: Ähnlich wie Liszt in seinem *Tasso* war nämlich auch Strauss der Gedanke gekommen, »die Todesstunde eines Menschen, der nach den höchsten idealen Zielen gestrebt hatte, also wohl eines Künstlers« darzustellen. Er »gedenkt seines früheren Lebens« und »während schon wieder Schmerzen sich einstellen, erscheint ihm die Frucht seines Lebenspfades, die Idee, das Ideal, das er zu verwirklichen, künstlerisch darzustellen versucht hat«. Der in Erinnerung gerufene Lebensweg als immer neue Suche nach einem künstlerischen Ideal wird damit auch hier wieder zum Topos für die Realisierung eines auf Entwicklung basierenden Formprinzips: In der Introduktion erwacht die Musik erst allmählich aus einem todesähnlichen Zustand. »Das Leben und seine Gestalten«, so ließe sich mit Schopenhauer sagen, schweben vor dem Sterbenden »wie eine flüchtige Erscheinung«. Erst das Allegro verleiht der Motivik einen anderen Charakter, holt sie quasi in den Kampf mit dem Lebenswillen zurück: Der zuvor ruhige Grundrhythmus verändert unaufhörlich seinen Schlag, Sekundseufzer verwandeln sich in scharfe Akzente, und zarte, chromatisch angelegte Wendungen schrauben sich in tiefen Bläsern und Streichern *gedehnt* aufwärts. Der Seitensatz schwelgt in *Jugenderinnerungen* an musikalische Einfachheit, die im weiteren Lebenslauf – *Jünglingszeit* und *Reife* – rhythmisch und harmonisch immer komplexer, in der Polyphonie immer dichter gestaltet, immer neu gebrochen werden. Der Prozeß endet im Zerfall, im *Tod*, den Strauss in fast allen Tondichtungen thematisiert. Was nun aber folgt, ist eine ungewöhnlich lange Coda, aus deren Klangblöcken sich allmählich das *Idealthema* in der Ursprungstonart C-Dur herausbildet. Es setzt sich in immer dichteren Engführungseinsätzen und steter Steigerung bis zum Schluß ungebrochen fort. Die thematische und harmonische Bindung an die Jugenderinnerungen ist deutlich. Doch im Gegensatz zu diesen, die in eine variative Entwicklung münden, verharrt das *Idealthema* in ewiger Jugend. Die Suche nach einem künstlerischen Ideal ist – anders als im *Don Juan* – befriedigt, der Wille zur Entwicklung verneint: Am Ende verweist das Thema wieder auf den Anfang und löst sich auf.

Zu Schopenhauers Todesverständnis, daß der Wille zum Leben häufig erst durch das schwerste Leiden – etwa in der Nähe des Todes – gebrochen werde und erst dann zur Selbstverneinung als Erlösung führe, bekannte Strauss sich noch 1893: »Wer diese Bedeutung des Todes einmal richtig erkennt, den kann der Tod doch nicht eigentlich schrecken.« Erst in späteren Jahren ging er auf Distanz dazu. Ganz im Banne Nietzsches schrieb er 1893 in sein Tagebuch, daß »der Weg zur Erlösung des Willens [...] in dem ›Bewußtsein‹ der Bejahung zu finden« sei, in »ewig neuem, nie endenden Werden.« Der Versuch der Vollendung eines künstlerischen Gedankens mußte das Ende von Kunst bedeuten. Dies sollte er im *Zarathustra* zeigen.

M *CD* Wiener Philharmoniker, Böhm (DGG 1963); Cincinatti SO, Gielen (Vox 1986)

Till Eulenspiegels lustige Streiche

nach alter Schelmenweise – in Rondeauform – für großes Orchester gesetzt op. 28

UA: Köln 1895

In der Thematik seiner poetischen Vorlage unterschied sich der 1895 vollendete *Till Eulenspiegel* kaum von den vorangegangenen Werken: Schon im *Don Juan*, auf den Strauss sein eigenes Verständnis vom Künstler projiziert hatte, war ja die Figur des gesellschaftlichen Außenseiters thematisiert worden, der als »Brecher« gestriger Werte gegen festgefahrene Normen rebelliert. Trotzdem wandte Strauss sich mit dem Narr, der die »Philister verhöhnt, der Freiheit frönt, gegen Dummheit wettert«, einer bisher ausgesparten Ebene revolutionären Protestes zu: der des Humors, mit dessen Hilfe überlieferte Wertsysteme in der Nachahmung parodistisch verzerrt und damit angegriffen, revidiert und zerstört, gerade durch die Zerstörung freilich weiterentwickelt werden. Strauss, der sich in späteren Jahren übrigens selbst »Till« nannte, brachte dies bereits im Titel zum Ausdruck, in dem er die altfranzösische Bezeichnung *Rondeau* mit *Schelmenweise*, Tradition mit dem sie zerstörenden Humor verband.

Die Tondichtung beginnt denn auch mit einer lieblichen Streichermelodie von »historisierendem Gestus« (H. J. Nieden), die das thematische Material bereits in sich birgt. Im weiteren Verlauf verliert sie jedoch ihren konventionellen Charakter und spaltet sich in die das Werk prägenden 2 Eulenspiegel-Motive, die vor allem durch den Verlust harmonischer Eindeutigkeit und fehlende Rücksichtnahme auf das vorgegebene Metrum eine spöttische Note erhalten und vielfältige Variantenbildung erleben. Kein Thema ordnet sich traditionellen Normen unter, und wenn doch, dann nur um diese in Episoden humoristisch zu entlarven. So finden sich hier z. B. einfache F-Dur-Kadenzen, Liedformen mit traditionellem Sextauftakt und homophon geführter Stufenmelodik, leere Harmonik oder auf Wiederholung basierende Motivik. Alle Techniken werden jedoch als überholt entlarvt und ständig gestört. Zum »Tod« der Entwicklung kommt es schließlich am Ende des Werkes, nachdem beide Eulenspiegel-Motive noch einmal eine Reprise erlebt und sich zu einem ungeheuren Kulminationspunkt gesteigert haben. Der Epilog kehrt zum historisierenden Gestus des Anfangs zurück, zum scheinbar ausgelöschten Humor, der dann aber doch noch die Oberhand behält. Wie in den Episoden verfährt Strauss auch in der Gesamtanlage: Einerseits bedient er sich noch eines Grundmusters, das auf die altfranzösische Rondeauform zurückverweist; andererseits stellt er diese in Frage, indem er die Abschnitte durch Substanzgemeinschaft verbindet und mit sonatenhauptsatzähnlichen Zügen durchsetzt: Die Couplets treten dabei als gemeinsamer, von Eulenspiegel-Motivik umrahmter und ständig durchsetzter Mittelteil auf. Durch dieses Verfahren entzieht sich die Form jeder traditionellen Ordnung.

[M] *CD* NBC SO, Toscanini (RCA 1949); Berliner Philharmoniker, Böhm (DGG 1963)

Also sprach Zarathustra

Tondichtung frei nach Friedrich Nietzsche op. 30

UA: Frankfurt am Main 1896

Mit dem *Zarathustra* von 1896, den er selbst einmal »Symphonischer Optimismus in fin de siècle-Form, dem 20. Jahrhundert gewidmet« nannte, wandte sich Strauss entschieden von Schopenhauers Philosophie ab und bekannte sich zur dialektischen Lebensphilosophie. Schon 1892 hatte er, ganz im Banne Nietzsches, über den Schopenhauerschen Pessimismus geschrieben: »der Weg zur Erlösung des Willens« liege »nicht in der Verneinung des Willens, sondern in dem Bewußtsein der Bejahung. Wille ist Wollen: Aus Wollen des Ewigseins in fortwährender Erneuerung.« Darüberhinaus kamen Nietzsches Ablehnung einer Systemphilosophie, sein dem dionysischen Prinzip zugrundeliegender Entwicklungsgedanke sowie seine Suche nach einer neuen Sprache Strauss' Bedürfnis nach künstlerischer Selbstbestimmung, seinem Verlangen nach neuen Ausdrucksmöglichkeiten und der Ablehnung einer systematischen Formenlehre entgegen. In Nietzsches Philosophie spiegelte sich damit Strauss' eigene Kunstanschauung, die er in seiner Tondichtung selbst wieder zum Thema machte, beschrieb er sie doch als »Entfaltung der menschlichen Rasse durch verschiedene Entwicklungsstadien«.

Das Werk beginnt mit einem Klangfundament auf dem Ursprungston c, über dem die Trompeten die ersten Töne der Naturtonreihe, das *Universum-Motiv* intonieren. Noch frei von einer Einbindung in das Dur/Moll-System ist dies der Aufbruch in musikalisches Sein schlechthin, das im Folgenden in immer neuen »Weltbildern« geformt und wieder überwunden wird: In *Von den Hinterweltlern* schafft Strauss aus dem gregorianischen *Credo* und *Magnificat* ein noch periodisch gegliedertes Thema, das in der Begleitung mit stereotypen Floskeln angereichert ist: Musik zelebriert ihre eigene Vergangenheit. *Von der großen Sehnsucht* wird zur Sehnsucht nach Selbstbefreiung aus diesen musikalischen Fesseln: Tonale Zentren werden angegriffen, formal abgeschlossene Abschnitte existieren nicht mehr. Immer wieder wendet sich Strauss nun einer Ordnung zu – in *Von der Wissenschaft* ist es die Fuge – und immer wieder greift er sie im nächsten Abschnitt an und zerstört sie, um dann eine höhere Entwicklungsstufe zu erreichen. Dabei ist jedes Thema mit jedem verwandt, das musikalische Material wird freilich auf jeder Ebene immer komplexer. Traditionelle musikalische »Weltbilder« werden zunehmend mißachtet und stehen dem »Individuum« unvereinbar gegenüber, was sich in der Gegenüberstellung der komplementären Tonarten C-Dur/c-moll und H-Dur/h-moll widerspiegelt. Im *Tanzlied* treten alle Themen als Walzer auf. Strauss bejaht, wie Nietzsches *Genesender*, die musikalische Vergangenheit in parodistischer Anbetung. Die Verneinung musikalischer Systeme etabliert sich als neue Form. Doch auch diese Stufe entlarvt sich als vergänglich: Die Tondichtung löscht sich am Ende selbst aus, nur der Ton c bleibt noch als neuer Ursprungston zurück.

In seinem Skizzenbuch schrieb Strauss einmal: »Anbeten – Zweifeln/Zweifel erkennen – verzweifeln – wiederaufleben in der Morgenröthe/Die Freiheit hat sich's dann zu eigen gemacht«: Musikalische »Weltbilder« werden »angebetet«, angegriffen und zerstört, um aus dem »Untergang« in entwickelter Form wiederaufzuleben.

[M] *CD* Chicago SO, Reiner (RCA 1954); Staatskapelle Dresden, Kempe (EMI 1973) – *VD* Boston SO, Ozawa (Sony 1986)

Don Quixote

Phantastische Variationen

über ein Thema ritterlichen Charakters op. 35

UA: Köln 1898

Wie im *Eulenspiegel*, so verfährt Strauss auch in seiner Tondichtung von 1897: Er verspottet – wie Cervantes den Ritterroman – den Variationstypus durch parodistische Nachahmung. Das Bild des fahrenden Ritters, der im Wahnsinn die reale Welt durch eine nur noch in den Büchern existierende überhöht, sie damit jedoch gleichzeitig parodiert, überträgt

Strauss auf die Variationsform: Sie, die »das gesamte von den Klassikern erfundene und immer mehr bereicherte Figurenmaterial vereint, wird tragikomisch persifliert« und »ad absurdum« geführt und erreicht gerade darin eine höhere Stufe. Im Wahnsinn, im »Kampf gegen ein Nichts«, gegen die Realität und Phantasielosigkeit offenbart sich das Revolutionäre. Beide Welten spiegeln sich in den Themen Don Quixotes und Sancho Pansas wider, die zwar miteinander verwandt sind, auf ähnlichen motivischen Grundlagen basieren, im weiteren jedoch auf völlig verschiedene Weise umgesetzt werden: Sancho Pansa verkörpert die »zuletzt recht öde gewordene (...) Variationsform«, in der jedes Motiv einer Ordnung unterliegt, die überholten Verfahrensweisen unterworfen ist und harmonisch wie metrisch in engen Grenzen bleibt. Er, der auch das Rittertum nur noch als in Büchern existierendes begreift, vermag die Tradition nicht zu überwinden. Erst die Don Quixote-Thematik kämpft mit »falschen« Schlüssen und Betonungen, mit Dissonanzen, dem Zusammenschluß von Komplementärtonarten zu chromatischem Material und der Verschiebung konstanter Rhythmen dagegen an und deutet mit ihrem ruhelosen Streben auf ihre Verwandtschaft zu *Eulenspiegel, Don Juan* oder *Zarathustra.* Doch ebenso wie deren Lebensläufe, endet auch dieser – nach der Vereinigung mit der Sancho Pansa- und Dulcinea-Motivik, also der »realen« Welt – im Tod. Die einfache, ruhige Thematik Dulcineas hatte das ganze Werk hindurch für ein zu erstrebendes Ziel gestanden, das die beiden anderen in der Coda in sich aufnehmen. Mit dem Weg in die »Gesundung vom Wahnsinn« erlischt aber gleichzeitig auch das Revolutionäre. Die Tondichtung schließt in simplem D-Dur. Sie wird selbst zur »Legende«. Das ritterliche Don Quixote-Thema, ihm »im Tode noch als Ideal vorschwebend, wird zerpflückt, unterbrochen von Ausrufen des Entzückens, Seufzern, Schmerzensausbrüchen bis zum letzten Hauch«.

[M] *CD* Nothas, Keller, SO des BR, Kempe (Orfeo 1966); Ma, Fine, Boston SO, Ozawa (Sony 1984) – *LD* Rostropowitsch, Berliner Philharmoniker, Karajan (Sony)

Ein Heldenleben

Tondichtung für großes Orchester op. 40

UA: Frankfurt am Main 1899

Die ersten Skizzen zum *Heldenleben* entstanden schon während der Arbeit am *Don Quixote,* und Strauss selbst setzte die beiden Werke in Beziehung zueinander: »Don Quixote und Heldenleben sind so sehr als Pendants gedacht, daß besonders Don Q. erst neben Heldenleben voll und ganz verständlich ist«, das »Satyrspiel« neben der »Heroischen Sinfonie«. Beide Werke thematisieren das künstlerische Dasein zwischen energiegeladenem Optimismus, Leben und unschöpferischer Fin de siècle-Stimmung – umgesetzt im Bild vom Ritter und Knappen bzw. vom Helden und seinen äußeren wie inneren Feinden (Zweifel, Ekel). Und beide offenbaren – wie *Eulenspiegel* oder *Zarathustra* – im »Kampf« der Parteien ihre Modernität: im polyphonen Reichtum, den außergewöhnlichen instrumentalen Farbkombinationen, der Bitonalität, gegeneinandergesetzten melodischen Bewegungen und Rhythmen sowie dem Wechsel zwischen diatonischen, chromatischen und Ganzton-Skalen.

Der »Kampf« als »Conflikt mit den anderen Gestalten« hat sowohl Durchführungscharakter, vertritt im *Heldenleben* aber auch die Stufe eines 3. Symphoniesatzes. Im ersten begegnen sich exponierend gegenübergestellt Thema (Held) und Gegenthema (Kritiker), der 2. Satz entwickelt sich aus einem kadenzartigen Monolog der Solovioline zu einem Adagio-Dialog aller bisheriger Themen, der schließlich den Konflikt herbeiführt, und der vierte verfügt einerseits über reprisenartige Züge innerhalb des Werkes, in denen Haupt- und Seitensatz verbunden werden, andererseits stellt er Zitate aus allen vorangegangenen Tondichtungen, aus dem künstlerischen Lebensweg zusammen, als Reprise und Konglomerat des bisherigen Schaffens überhaupt. Doch auch dieses Werk endet im zerstörerischen Auseinanderreißen der Heldenthematik in Einzelmotive. Das anfängliche, scheinbar unendliche Thema, das weder einem konkreten Tongeschlecht, noch einem festen Rhythmus unterworfen war und sich in sämtlichen Intervallschritten und Skalen melodisch auf und ab bewegt hatte, versinkt in Indolenz und Resignation.

[M] *CD* Bayr. Staatsorch., Strauss (DGG 1941); Wiener Philharmoniker, Krauss (Decca 1950) – *LD* Berliner Philharmoniker, Karajan (Sony)

Symphonia domestica op. 53

UA: New York 1904

Als Strauss 1903 mit der *Symphonia domestica,* gewidmet »meiner lieben Frau und unserem Jungen«, auf das eigene Leben als stofflichen Hintergrund zurückgriff, warf man ihm nicht nur den Selbstbiographismus und die Nähe zur traditionellen Programmusik vor. Strauss »hört nicht rechtzeitig auf«, so schrieb etwa Busoni nicht ganz zu Unrecht über das Finale, dessen Doppelfuge sich tatsächlich in einer Virtuosität verliert, die nichts Neues mehr zu sagen hat.

Strauss greift äußerlich auf die traditionelle Viersätzigkeit zurück, formiert die einzelnen Sätze (*Allegro, Scherzo, Adagio,* fugiertes *Finale*) tatsächlich jedoch zu einer großen Einheit, wobei der 1. Satz vor allem Introduktionscharakter besitzt: Strauss stellt hier die 3 konstitutiven Thementeile in ihren stilistisch vielseitigen Motivteilen (siehe Vortragsbezeichnungen wie z. B. *gemächlich, träumerisch, feurig, frisch, zornig* etc.) vor. Sie weisen einerseits Verwandtschaft auf – das 2. Thema etwa beginnt in der Umkehrung des ersten – stehen andererseits aber tonartlich diametral zueinander – das zweite in H-Dur steht im Tritonusverhältnis zum ersten (F-Dur), während sich das dritte (D-Dur/d-moll) genau zwischen beiden bewegt. Das Scherzo baut in erster Linie auf diesem 3. Thema auf, das durch ein dem *Venezianischen Gondellied* Mendelssohns verwandtes »Lied ohne Worte« in den dreiteiligen 3. Satz überleitet, dem eigentlichen, wie im Heldenleben als »Konflikt« angelegten Durchführungsteil von 1. und 2. Thema. Die Vereinigung aller Themen als Kulminationpunkt erreicht schließlich der letzte Satz, der dieses Mal – im Gegensatz zu den anderen Werken – *äußerst lebhaft* endet, ohne den »Tod« der musikalischen Entwicklung auch nur zu streifen.

Mit der *Symphonia domestica* gelangte Strauss an einen Endpunkt in seinem Schaffen als Tondichter. Die Hinwendung zur Oper ermöglichte die Entfaltung neuer Ideen, die sich in der reinen Symphonik zu erschöpfen schienen. Nur mit der *Alpensymphonie* kehrte er 12 Jahre später noch einmal zu dieser Gattung zurück.

M *CD* SO des BR, Krauss (Orfeo 1953); Wiener Philharmoniker, Strauss (DGG 1944)

Eine Alpensymphonie op. 64

UA: Berlin 1915

Die letzte Tondichtung von 1915 – entstanden in einem Zeitraum von 15 Jahren – greift wieder auf die Philosophie Nietzsches zurück: »Mir ist es absolut deutlich« – schreibt Strauss den auch –, »daß die deutsche Nation nur durch die Befreiung vom Christentum neue Tatkraft gewinnen kann. [...] Ich will meine Alpensymphonie: den Antichrist nennen, als da ist: sittliche Reinigung aus eigener Kraft, Befreiung durch die Arbeit, Anbetung der ewigen herrlichen Natur«. In Nietzsches Vorwort zum »Antichrist« heißt es ähnlich über die unbedingte Freiheit gegen sich: *»Man muß geübt sein, auf Bergen zu leben – das erbärmliche Zeitgeschwätz (...) unter sich zu sehn«*. Schon im *Zarathustra* hatte Strauss diesen Weg des *»unbehindert selbständigen Schaffens«* beschritten, der jedoch zugleich Auf- und Untergang forderte, musikalisches Schaffen als ein der Zeit unterworfenes verstand. Nichts anderes spricht aus der *Alpensymphonie*, die sich aus einem Klangspektrum der b-moll-Tonleiter, aus einem *Unisono (Nacht)* zur polyphonen Entfaltung bis hin zur Fuge (C-Dur) ausbreitet, sämtliche Formen musikalischer Gestaltung – angefangen beim Geräusch – durchläuft, auf dem Höhepunkt (*Gipfel*/Tag) in eine scheinbar unendliche Kantilene mündet, die jedoch, als Vision entlarvt, in einem Gewitter außerhalb traditioneller musikalischer Ordnung zusammenbricht.

Strauss hatte den Aufstieg ursprünglich als »beginnendes selbständiges Denken und erste (künstlerische) Versuche« beschrieben. Diese enden im Abstieg und führen – vergleichbar dem Zarathustra, der von seinem Berg hinabsteigt, »untergehen« will – zur Nacht (b-moll) zurück. Die Reprise wird zur gesteigerten und verkürzten Zusammenfassung, in der Umkehrung und Gegenbewegung vorherrschen. »Die dionysische Kunst will uns von der ewigen Lust des Daseins überzeugen (...). Wir sollen erkennen, wie alles, was entsteht, zum leidvollen Untergange bereit sein muß (Nietzsche)«. Strauss glaubte sein Werk »stets unterschätzt«: Zwar bedient er sich traditioneller Elemente aus der Pastorale, beschränkt sich aber nicht auf platte Tonmalerei und musikalische Naturschilderungen, sondern zieht eine neue Ebene hinzu, die gleichzeitig wieder als Reflexion der eigenen Kunstanschauung dient.

M *CD* Staatskapelle Dresden, Böhm (DGG 1957); Berliner Philharmoniker, Karajan (DGG 1980), auch *VD* (Sony)

Instrumentalkonzerte

Nach dem *Violinkonzert* (1881/82), dem *1. Hornkonzert* (1883) und der *Burleske für Klavier und Orchester* (1885), die den Beginn seiner kompositorischen Laufbahn markierten, wandte sich Strauss erst nach einem Zeitraum von 60 Jahren wieder dem Instrumentalkonzert zu: 1942 entstand sein *2. Hornkonzert*, 1945 das im Schweizer Exil vollendete und von dem amerikanischen Oboisten John de Lancie angeregte *Oboenkonzert*.

Die Konzerte der frühen Zeit stehen einerseits noch ganz im Zeichen der romantischen Virtuosität und können weder den Brahmsschen Einfluß noch »altväterliche Tutti« – so Bülow über das erste Hornkonzert – verleugnen, verweisen jedoch andererseits bereits durch Motivverwandschaft, außergewöhnliche Klangfarbenmischungen und musikalischen Humor – wie etwa im beginnenden Paukenmotiv der Burleske, die auch durch ihren Dissonanzreichtum auffällt – auf den Stil der Tondichtungen. Die beiden Spätwerke lösen sich dagegen von jedem Anflug des Spektakulären: Sie halten kompromisslos an der Tonalität fest und beschränken sich – ganz im Sinne des transparenten Satzstils der späten Opern, für die Strauss schon 1929 »das Kammerorchester« als das Orchester der »Zukunft« gefordert hatte – auf sparsamste Mittel, wobei die Solisten einen Teil ihrer herausragenden solistischen Stellung gegenüber dem Orchester einbüßen und sowohl als färbendes Tuttiinstrument im kammermusikalischen Ensemble, als auch als Dialogpartner mit anderen Solisten eingesetzt werden. Die traditionelle Dreisätzigkeit schließt sich hier durch thematische Substanzgemeinschaft und das Fehlen von Satzpausen endgültig zu einer umfassenden Einsätzigkeit zusammen, die Themen verlieren ihre festgefügte Geschlossenheit und die polyphone Schichtung ist deutlich komplizierter gefügt.

Mit diesem Weg – in einer Zeit, in der Strauss mit den *Metamorphosen* seine Eindrücke der letzten Kriegstage, seine Trauer um das zerstörte Deutschland zum Ausdruck gebracht hatte – versuchte er nun, Erinnerungen an die Vergangenheit wachzuhalten: Die optimistisch heitere Musiksprache der beiden Spätwerke erinnert an eine Klangwelt, die es aus den Trümmern der deutschen Kultur »hinüberzuretten« galt und die im *Oboenkonzert*, seiner Besetzung wie in den unbeschwerten Themen vor allem mit Namen Mozart verknüpft war: Dessen Musik hatte Strauss 1944 eine »welterlösende« genannt, seine Melodien als »losgelöst von jeder irdischen Gestalt und befreit vom ›Willen‹« gedeutet.

Es war eine Klangwelt, die Front machte gegen die Trauer, ganz so, als habe Strauss mit kompositorischen Mitteln wiederholen wollen, was er schon 1924 geäußert hatte: »Ich halte diese zeitgenössische Tragik nicht aus. Ich will Freude bereiten, ich brauche sie«.

[M] *CD* Burleske: Gould, The Toronto SO, Golschmann (Sony); 1. und 2. Hornkonzert: Damm, Staatskapelle Dresden, Kempe (EMI 1976); Oboenkonzert: Clement, Staatskapelle Dresden, Kempe (EMI 1976);

Der Bürger als Edelmann op. 60
Divertimento op. 86

UA: Wien 1920 und 1943

Mit den Orchestersuiten wandte sich Strauss 2 musikalischen Vorlagen aus dem 17./18. Jh. zu, die als Grundlage ganz individueller Bearbeitungen dienen sollten. Die Musik zum *Bürger als Edelmann* (1918) war ursprünglich in die 1. Fassung der Oper *Ariadne auf Naxos* integriert; nach dem Scheitern dieser Mischung aus Stegreifspiel und Barockoper erweiterte Strauss sie zu einer begleitenden Schauspielmusik, um sie letztlich auf eine neunsätzige Orchestersuite zu reduzieren. Sie lehnt sich an Lully an, der einst ebenfalls für das gleichnamige Moliere-Stück Lieder und Tänze geschrieben hatte, während das *Divertimento* (1940/41, basierend auf der *Tanzsuite* von 1923) von einer Auswahl der *Pièces de clavecin* François Couperins inspiriert wurde. Beide Vorlagen aber verraten deutlich die Strauss'sche Handschrift: *Der Bürger als Edelmann* fällt vor allem durch das karikaturistische Moment auf, dem Strauss schon immer eine besondere Vorliebe entgegenbracht hatte und das sich zum einen in der individuellen Instrumentation äußert, die von den Orchestermassen der früheren Werke wegführt und mitunter stark an den *Eulenspiegel* erinnert, zum anderen – etwa in der Ouvertüre oder im Tanz des Fechtmeisters – in »falschen« Harmonien, die vor allem im großen *Diner*-Finale ausgespielt werden. Hier bedient sich Strauss auch verzerrter Zitate aus dem *Rheingold*, aus italienischen Weisen und Verdis *La Donna e mobile*. Doch stets »mißlingt« die Imitation einer alten Vorlage ebenso, wie das künstliche Edelmann-Gehabe des Bürgers Jourdain.

Die Freiheiten im *Divertimento* beruhen in erster Linie auf neuen Zusammenstellungen der ursprünglichen Teile – die 8 Teile des Werkes beruhen jeweils immer auf 2 oder 3 Ordres von Couperins Pièces –, auf Hinzufügungen und eigenen Überleitungen, auf einer farbenreichen Instrumentation (etwa das Glockenspiel mit Celesta, Glöckchen und Harfe) sowie harmonischen und kontrapunktischen Ergänzungen.

[M] *CD* Der Bürger als Edelmann: Staatskapelle Berlin, Strauss (DGG 1950); Chicago SO, Reiner (RCA 1956); Divertimento: Orpheus Chamber O. (DGG 1992)

Metamorphosen

Studie für 23 Solostreicher

UA: Zürich 1946

Mit dem Zusammenbruch und damit dem unersetzbaren Verlust des deutschen Kulturguts – der Schließung der deutschen Theater, den Bombenangriffen auf das Münchner Nationaltheater, die Semperoper, die Oper in Berlin und Wien – sah der tief deprimierte Strauss 1945 auch sein »Leben (...) zu Ende gehen: Ich bin in verzweifelter Stimmung«, so schrieb er, »das Goethehaus, der Welt größtes Heiligtum, zerstört! Mein schönes Dresden – Weimar – München. Alles dahin!« *»Trauer um München«* nannte er in den Skizzen auch zunächst das Werk, dem er u. a. noch 2 Gedichte aus den »Zahmen Xenien« Goethes hinzufügte, wo es u. a. heißt: »probier' er jeden Tag, (...) Was er ist und was er war (...) Wie's aber in der Welt zugeht, Eigentlich niemand so recht versteht«. Später erst gab Strauss seiner Komposition den Titel *Metamorphosen*, Studie für 23 Solostreicher, womit er möglicherweise ebenfalls auf Goethe, gleichzeitig aber auch auf das verwies, was er »ist und war«. Denn auch in *Ariadne* und in der *Frau ohne Schatten* etwa hatte das Thema der Verwandlung im Mittelpunkt von Musik und Libretto gestanden und als Kompositionsprinzip Strauss' gesamtes Schaffen immer wieder bestimmt. In den *Metamorphosen* wurde es noch einmal selbst zum Thema gemacht, indem Strauss die musikalische Substanz des Werkes unaufhörlich auf höchst kunstvolle Weise verarbeitet, »verwandelt«, bis sie am Ende – wenn die Entwicklung nach einer Steigerung zu höchster Intensität wieder in ein *Molto lento* zurückfällt – in den Trauermarsch aus Beethovens *Eroica* mündet und zum eigentlichen Thema findet, unter das er denn auch die Zeile *»In memoriam«* setzte.

[M] *CD* PO London, Klemperer (EMI 1962); Cincinnati SO, Gielen (Vox 1986)

Vier letzte Lieder

UA: London 1950

Noch in seinem letzten großen Werk von 1948 ging es Strauss um das Thema seines ganzen Schaffens: Leben. Doch im Gegensatz zu seinen früheren Werken schlug er leise Töne an, verstand Leben als ewigen Kreislauf der Natur, in dem der Tod seinen Schrecken verloren hat. In einem der 3 Hesse-Gedichte, die Strauss neben Eichendorffs *Im Abendrot* für seine »Vision des eigenen Entschlummerns« (Willi Schuh) ausgesucht hatte, heißt es denn auch: »Und die Seele unbewacht will in freien Flügen schweben, um im Zauberkreis der Nacht tief und tausendfach zu leben«.

Frühling, die Hesse-Vertonung, die Ernst Roth – obwohl nach der Eichendorff-Vertonung vollendet – aus inhaltlichen Gründen bei der Edition an den Beginn der von ihm zu einem Zyklus zusammengestellten Lieder setzte, legt den thematischen Schwerpunkt noch ganz auf das Leben als ein aus dem Tod immer neu wieder aufkeimendes. In diesem einzigen Allegretto des Zyklus' widmet sich Strauss hier der rauschhaften Steigerung dreier motivischer Keimzellen, die sich durch Umkehrung, rhythmische und melodische Varianten weiterentwickeln. Ein Verweilen gibt es nicht, die häufig doppeldeutige Harmonik, die mit Terzverwandtschaften und chromatischen Rückungen experimentiert, findet erst am Ende zum A-Dur. In den folgenden Liedern vollzieht sich eine immer subjektivere Auseinandersetzung mit dem Tod: Die dem Lied *September* eigenen 3 Grundmotive, die leitmotivisch auf den zunächst noch andauernden Sommer, dann sein beginnendes *Schauern* und sein Ersterben verweisen, stehen als polyphones Ganzes für einen »sterbenden Gartentraum«, der sich darüberhinaus in der Dur/Moll-Instabilität, in der Verwendung komplementärer Tonarten und der Entwicklung von hohen, solistisch eingesetzten Streichern und Holzbläsern zu tiefer, die Trompete hinzuziehender Instrumentation ausspricht. In Hesses Gedicht *Beim Schlafengehn* wird das Todesverlangen zur Voraussetzung eines neuen, den Tod überwindenden Lebens erklärt, das Strauss in einer Kantilene der Solovioline zum Ausdruck bringt. Diese basiert auf unaufhörlichen Sequenzierungen der aus Sekunden aufgebauten Thematik, die dem scheinbar unendlichen Melodiefluß einen schwebenden Charakter verleihen. Von der Singstimme fortgeführt, endet er nicht mit dem letzten Wort des Gedichts, »leben«, sondern verklingt erst langsam in den Streichern. In Eichendorffs *Im Abendrot*, das Strauss als persönliches Bekenntnis in sein Tagebuch eintrug, wird der Tod endgültig als Erlöser verstanden: Der zu Beginn exponierte Grundgedanke ist nach seiner unaufhörlichen Transformation bei der Frage »ist dies etwa der Tod?« mit dem Verklärungsthema aus Tod und Verklärung identisch, mit dem Strauss 1890 auf Schopenhauers Gedanken von der Verneinung des Lebenswillens als Weg zur Erlösung angespielt hatte. Sehr langsam führt es in die Tiefe und klingt in beruhigendem Es-Dur aus. Parallel dazu nimmt Strauss jedoch noch einmal die hohen Triller der *Lerchen* auf, die einen neuen Morgen ankündigen.

[M] *CD* Casa, Wiener Philharmoniker, Böhm (Decca 1953) *Anette Unger*

Igor Strawinsky

1882 – 1971

Die Grundhaltung des Strawinskyschen Œuvre ist, bei aller Buntheit der äußeren Erscheinungen und dem ständigen Wechsel der Stillagen, Tonfälle und historisch bedingten Masken, der Versuch, die Musik als etwas Körperhaftes zu begreifen und bewußt auf falschen Ausdruck oder gar Psychologisierung zu verzichten. Geboren in St. Petersburg am 18. Juni 1882 (in unserer Zeitrechnung) und aufgewachsen in der bürgerlichen Atmosphäre eines Künstlerhaushalts (der Vater war Opernsänger), hat sich der junge Strawinsky, sozusagen von der elementarsten Stufe des Musizierens aus, das Komponieren erobert, das er, im Gegensatz zu so vielen Kollegen, stets als Lösung von selbst gestellten Problemen angesehen hat. Der später, in den Schweizer Exiljahren zwischen 1914 und 1920, mit ihm befreundete Dichter Charles Ferdinand Ramuz hat diese unspektakuläre geistige Haltung Strawinskys, die ohne Idealität auskam, dafür viel Handgreifliches hatte, bewundert: »Du bist sehr stark, weil du auf die Wirklichkeit Wert legst und weil du die Wirklichkeit brauchst (...): das genaue Gegenteil eines Spezialisten oder sonstigen Fachmanns: ein Mensch, und ein ganzer Mensch: das heißt, raffiniert und gleichzeitig primitiv (...), einer, der schwierigster geistiger Kombinationen und gleichzeitig spontanster und direktester Reaktionen fähig ist.« Musizieren bedeutete für Strawinsky zeitlebens, bei aller Geistigkeit und Konzentration, direkten Umgang mit den Instrumenten, aus deren Gebrauch heraus er die kompositorischen Vorstellungen entwickelte. Deshalb hatte Ramuz auch den Eindruck, er sei ein Komponist, der selbst die Musik »im Zustand der Geburt« verkörpere, also auch ein Musiker sei, dem es darum ging, das Wesen der Musik experimentierend zu erforschen. Zeitlebens war Strawinsky denn auch, seiner speziellen Anlage nach (und ähnlich wie sein Antipode Arnold Schönberg), ein Autodidakt, der zwar in den ersten Jahren des neuen Jahrhunderts bei Nikolai Rimski-Korsakow das unentbehrliche Rüstzeug in Form, Satz und Klang der Musik (besonders im großen Orchester) erwarb, dann aber auf eigene Faust den Blick in die musikalische Vergangenheit richtete und dabei den Blick in den Spiegel entdeckte: die kompositorische Selbstbegegnung in fremder Musik, die er dann auf seine Art nachkomponierte, ohne sie nachzuahmen. Musik wurde ihm zur »Aufeinanderfolge von Spannung und Entspannung«, zur Freiheit des Geistes in der materiellen Ordnung vorgegebener Modelle, und er verkündete das ästhetische Dogma, die – jedenfalls seine – Musik sei »unfähig, irgend etwas auszudrücken« – kurz: er betrachtete sie als höhere Form von Spiel. Nach dem ersten Exil in der Schweiz während des Ersten Weltkriegs und der russischen Revolution von 1917 ließ er sich Anfang der 20er Jahre in Frankreich nieder, wurde 1934 französischer Staatsbürger und wanderte schließlich bei Ausbruch des Zweiten Weltkriegs in die Vereinigten Staaten aus, wo er bis zu seinem Tod am 6. April 1971 (in New York) blieb. Strawinsky war also nicht nur kompositorisch, sondern auch biographisch ein Weltbürger, zugleich der vielleicht letzte musikalische Universalist, vergleichbar seinem Freund Pablo Picasso auf dem Gebiet der bildenden Kunst, zu der übrigens Strawinsky – als Ausnahme unter den Komponisten, die in erster Linie »Ohrenmenschen« sind – ganz besonders intensive Beziehungen hatte. In allen seinen Werken, besonders im erstaunlichen Spätwerk, spielen visuelle Anregungen, Eindrücke und Formvorstellungen eine wesentliche Rolle; auch das ist ein Aspekt der körperbezogenen Ästhetik Strawinskys. Und es ist wohl kaum eine Zufall, daß sein kompositorischer Durchbruch mit Ballettmusik begann (*Feuervogel, Petruschka, Le sacre du printemps*), also mit musikalischen Bewegungscharakteren, die er später auch in seinen »abstrakteren« Instrumentalwerken (Symphonien, Konzerte), ja sogar in der Kammermusik beibehielt. Expressivität blieb stets Nebensache oder wurde bewußt verfremdet, um wieder einen neuen, unverbrauchten Zugang zur Musik zu erhalten. Seine Ästhetik war eine des bewußten Verzichts, seine Musik das Produkt von äußerst kunstvoller Stilisierung. Sie erfüllt sich erst konkret im leibhaftigen Klang, will nichts »bedeuten« und besteht letztlich »durch und durch aus Knochen«.

Frühe Orchesterwerke

Strawinskys erste Versuche auf dem Gebiet der Orchestermusik standen ganz im Zeichen der Symphonik Alexander Glasunows und der Koloristik seines Lehrers Nikolai Rimski-Korsakow, ferner unter dem Einfluß Wagners und Debussys. Ansätze zu einer persönlichen Schreibart sind in Strawinskys Opus 1, der *Symphonie in Es-Dur* (UA: St. Petersburg 1908) noch kaum zu finden; ihr viersätziger Aufbau folgt streng den Prinzipien einer Formübung und läßt nur hie und da, besonders in Scherzo und Finale, den späteren Strawinsky ahnen, vor allem durch auffällige Zitate russischer Volksmusik. Immerhin ist die Symphonie dem Lehrer gewidmet und trägt bereits Züge außerordentlichen handwerklichen Könnens. Dennoch distanzierte sich Strawinsky einige Jahre später von seinem Erstlingswerk mit den Worten, es enthalte »ein paar hübsche Stellen«, aber der Rest folge dem Glasunow-Tschaikowsky-Stil und die Instrumentation sei akademisch, ein Beispiel dafür, wie man nicht komponieren solle. In dem kurz darauf entstandenen *Scherzo fantastique op. 3* dagegen bewegte sich Strawinsky bereits auf den neuartigen Bahnen eines raffinierten Orchesterklangs, der alsbald in seinem ersten großen Ballett *Der Feuervogel* zum Durchbruch kommen sollte. Angeregt von Rimski-Korsakows *Hummelflug*, aber auch von Paul Dukas' Meisterwerk *Der Zauberlehrling* (nach Goethes Gedicht) und – im langsameren Mittelteil – von Wagners und Debussys Klangwelt, entwarf Strawinsky ein musikalisches Bild des Lebens der Bienen, wie es Maurice Maeterlinck in seinem gleichnamigen Werk geschildert hat. Allerdings war zur Zeit der UA (St. Peterburg 1909) noch nichts von diesem Programm bekannt; erst in der späteren Partiturausgabe findet sich ein diesbezügliches Vorwort, aus dem der für Strawinskys Schaffen fortan verbindliche Grundgedanke des Naturkreislaufs hervorgeht: »Der erste Teil gibt ein Bild des regen Treibens im Bienenkorb; der Mittelteil, der aus einem langsamen Satz besteht, schildert den Sonnenaufgang und den Hochzeitsflug der Königin, den Liebeskampf mit dem auserwählten Gemahl und dessen Tod. Im dritten Teil, der Reprise des ersten, herrscht wieder das friedlich-emsige Treiben im Bienenkorb. So wird das Ganze für uns Menschen zum phantastischen Abbild eines ewigen Kreislaufs.« Der summenden Chromatik der Eckteile steht die lyrische Diatonik des Mittelteils konstrastierend gegenüber; die Palette der orchestralen Farben ist bunt und schillernd gemischt. Mit der Ballettaufführung des Werkes (Paris 1917) unter dem Maeterlinckschen Titel hatte Strawinsky nichts zu tun, und der Dichter protestierte gegen den Gebrauch seines Werkes für das Szenario. Das Partiturvorwort war dann das Ergebnis der Beilegung jenes Streites. Die »schwirrend brillante Instrumentierung« (Wolfgang Dömling) trägt ohnehin über die programmatischen Aspekte mühelos hinweg und weist diese Komposition als Strawinskys erstes orchestrales Meisterwerk aus.

Noch einen Schritt weiter geht die höchst virtuose Orchesterphantasie *Feu d'artifice* (*Feuerwerk*) *op. 4* (UA gemeinsam mit *op. 3*: St. Petersburg 1909), die in ihrer kompakten, explosiven Form (Aufführungsdauer kaum mehr als 4 Minuten) im Keim den ganzen späteren Strawinsky enthält: Anstelle des zu erwartenden, impressionistischen musikalischen Bildes führt Strawinsky erstmals den zentralen Ansatz seines Komponierens vor, jene spezielle Technik mit harten Schnitten und unvermittelten Eruptionen, die er später zum ausgeklügelten System eines grundsätzlich asymmetrischen Ablaufs verfeinerte. Und anstelle der herkömmlichen thematischen Entwicklung entfaltet sich der musikalische Ablauf in erster Linie unter der Regie der Klangfarbendramaturgie; die äußerliche Starre und Statik wird von innen heraus zum Glühen gebracht. Bei der UA saß auch der Kunstkenner und Ballettimpressario Serge Diaghilew unter den Zuhörern, der den jungen Komponisten beauftragte, ein abendfüllendes Ballett zu komponieren, das im folgenden Jahr in Paris uraufgeführt werden sollte. Strawinsky nahm den Auftrag an und komponierte seinen *Feuervogel*, sein erstes und zugleich letztes Handlungsballett.

[M] CD Symphonie Es-Dur op. 1: Scottish National O., Gibson (Chalfont 1981); Scherzo fantastique, Feu d'artifice: SO Montreal, Dutoit (Decca 1985)

L'oiseau de feu (Der Feuervogel)

UA: Paris 1910

Während der Pariser Proben der »Ballets russes« zum *Feuervogel* sagte Diaghilew, auf den jungen Komponisten deutend: »Seht ihn euch an. Er ist ein Mann am Vorabend des Ruhmes.« Tatsächlich faßte Strawinsky in der Musik zum *Feuervogel* alle seine bisherigen musikalischen Erfahrungen zusammen und legte zugleich sein Grundbekenntnis zur Musik als Körperkunst ab. Es war gerade die Welt des Balletts, die ihn zeitlebens fasziniert hat, mehr als die Welt der Oper, der er sich stets als Außenseiter näherte. Die Begegnung mit Diaghilew und seinen »Ballets russes« war deshalb für seine gesamte weitere Entwicklung von entscheidender Bedeutung, denn die neuartigen Ideen Diaghilews, abseits vom klassischen Ballett, trafen sich mit seinen Vorstellungen von der musikalischen Wiedergabe der Körperbewegungen. Das Sujet des *Feuervogels* freilich bot ihm dafür nur Ansätze, da der Märchenstoff noch ganz auf den traditionellen Ablauf einer durchgehenden Handlung abgestellt war und den einfachen Gegensatz von Gut und Böse thematisierte, den Strawinsky in seiner Musik mit der Gegenüberstellung von Chromatik und Diatonik widerspiegelte. Die russische Sage erzählt, »wie ein junger Prinz, Iwan Zarewitsch, nachts in Kastscheis Zaubergarten wandert, um dem Feuervogel nachzustellen, den er um einen Baum, der goldene Äpfel trägt, flattern sieht. Er fängt ihn und erpreßt von ihm eine Feder als Pfand, ehe er einwilligt, ihn fahren zu lassen. Dann begegnet er einer Gruppe von 13 Jungfrauen und verliebt sich in eine von ihnen, eine schöne Zarewna, allein um zu entdecken, daß sie unter dem Zauber Kastscheis steht. Als es zu dämmern beginnt und die Prinzessinnen in Kastscheis Palast zurückkehren müssen, bricht er Tore auf, um ihnen zu folgen, und ist im Begriff, die übliche Strafe der Versteinerung zu erleiden, als er sich der Zauberfeder erinnert. Er schwingt sie, und auf sein Geheiß erscheint der Feuervogel wieder und enthüllt ihm das Geheimnis von Kastscheis Unsterblichkeit. Indem er das Kästchen öffnet, zerschlägt Iwan das Lebensei, ohne einen Augenblick zu zögern, und das Ungeheuer stirbt auf der Stelle. Sogleich lösen sich seine Zauber, alle seine Gefangenen werden frei, und Iwan und Zarewna verloben sich« (Eric Walter White). Abgesehen von den deutlichen Parallelen zur Handlung von Wagners *Parsifal* und dem darin vertretenen Motiv der Erlösung durch Mitleid, läßt sich das Sujet auch literaturpsychologisch deuten. Im Gegensatz zu Rimski-Korsakows Oper *Kastschei der Unsterbliche* (1905), einem »Bild unmenschlicher zaristischer Monarchie im Legenden-Gewande« (Wolfgang Burde), geht es im *Feuervogel* um den Sieg des jungen Iwan über sich selbst, denn sein Jagen des Feuervogels, ein Bild für seine Träume, denen er nachhängt, führt über die magische Kraft eines übriggebliebenen Traums (die Feder des Feuervogels) zur gewaltlosen Eroberung der Liebe: »Der durch die Feder verkörperte Traum offenbart ihm seine Gedanken in Gestalt der dreizehn Prinzessinnen. Er geht ihm nach und überwältigt schließlich Kastschei, d. h. er erringt einen Sieg über sich selbst« (Helmut Kirchmeyer). Für den Konzertgebrauch hat Strawinsky 3 Orchestersuiten zusammengestellt, die sich auf jeweils verschiedene Hauptstücke der Handlung beziehen und im Kern den gleichen Grundbestand aufweisen; lediglich die Instrumentation und Orchesterbesetzung ist in den beiden späteren Suiten (1919 und 1945) auf eine mittlere Besetzung reduziert.

[M] *CD* New York PO, Boulez (CBS 1974)

Petruschka

Burleske in vier Szenen

UA: Paris 1911

In jeder Hinsicht stellt *Petruschka* einen Wendepunkt im Schaffen Strawinskys dar: An die Stelle einer üblichen Handlung treten szenische Episoden und die musikalische Grundidee ist der Vorstellung rein physischer Vorgänge entsprungen, aus der dann die Idee des Balletts herauswuchs. Strawinsky berichtet von dem Einfall, ein Konzertstück für Klavier und Orchester zu schreiben, in dem der Solist »eine plötzlich mit Leben begabte Marionette darstellen würde, die das Orchester mit diabolischen Arpeggien-Kaskaden reizt, während das Orchester mit drohenden Fanfaren antwortet« (diese Idee ging dann in das 2. Bild des Balletts ein). Auf Anregung Diaghilews gestalteten Alexandre Benois und Strawinsky die ursprüngliche Skizze zum Leiden und Gegenspiel dreier zum Leben erwachter Jahrmarktspuppen aus und verlegen den Schauplatz in den alten St. Petersburger Karneval, dessen Atmosphäre und Kolorit Strawinskys Musik mit ausdrücklichen Zitaten aus der russischen Volksmusik hervorzuzaubern verstand. Benois kam es darauf an, den Kampf Petruschkas gegen den von der Ballerina geliebten Mohren als Tragödie von Puppen zu zeigen, deren Erwachen zum Leben im Gegensatz zu den wirklichen Menschen als Leiden begreifbar wird. Die Idee, Petruschkas Geist nach dessen Tod im Kampf mit dem Mohren wieder erscheinen zulassen, geht allerdings auf Strawinsky zurück, der damit das Spiel überhaupt erst als hintergründiges vertieft hat: Durch das Flötenspiel der Hoffmannesken Gestalt eines Taschenspielers erwachen Petruschka, sein Rivale und die Ballerina zum Leben, ein Drama der Leidenschaften läuft ab, das mit dem Tod Petruschkas endet, aber erst durch die musikalische Erscheinung von Petruschkas Geist, der weder Puppe noch menschliches Wesen im Sinne der zweiten Spielebene ist, wird das Spiel als Spiel durchsichtig. Denn erst als Geist enthüllt sich der wahre Petruschka, der als Puppe das Publikum an der Nase herumgeführt hat. Den skurrilen Humor des Sujets hat Strawinsky mit seiner Musik in seinem Doppelcharakter von künstlichem Leben und lebendiger Künstlichkeit erfaßt, indem er nicht nur die Bewegungen der durch den Gauklertrick zum Leben erwachten Puppen in einem russischen Tanz umsetzte, der »in seinem Rhythmus ebenso unerbittlich ist wie ein Uhrwerksmechanismus und gespannt wie eine Feder« (White), sondern auch die Welt des Jahrmarkts und das doppelbödige Spiel darin in einer Art musikalischer Collage abhandelte. Hier feiern erstmals Strawinskys Fähigkeiten des Neuzusammenfügens verschiedenster musikalischer Materialien in geradezu kubistischer Gleichzeitigkeit ihre höchsten Triumphe. Das Auseinanderbrechen und Neumontieren von Elementen russischer Folklore, gewissermaßen ein Komponieren mit vorgeformten Bausteinen, bildet die Grundlage aller späteren Musik Strawinskys, ungeachtet ihres überraschenden, ständigen Wechsels der Erscheinungen. So besehen ist *Petruschka* das Schlüsselwerk zum Verständnis der musikalischen Haltung Strawinskys.

[M] *CD* Cleveland O., Boulez (DGG 1991)

Le sacre du printemps (Das Frühlingsopfer)

Bilder aus dem heidnischen Rußland

in zwei Teilen

UA: Paris 1913

Während der Arbeit an der Partitur des *Feuervogel* überkam Strawinsky die Vision einer heidnischen Feier aus dem alten Rußland: »Alte weise Männer sitzen im Kreis und schauen dem Todestanz eines jungen Mädchens zu, das geopfert werden soll, um den Gott des Frühlings günstig zu stimmen.« In dem tatsächlich ausgeführten, mit dem Kenner der slawischen Frühgeschichte, Nikolas Roerich, erarbeiteten Ritual des aufbrechenden Frühlings tanzt sich das auserwählte Mädchen ekstatisch zu Tode.

Anstelle einer Handlung gibt es nur eine Abfolge choreographischer Szenen, die in abweisender Starre das grausame Ritual vollziehen, von magischen Beschwörungen bis zum Opfertanz am Ende. Mit *Le sacre du printemps* kam am 29. Mai 1913 im Pariser Théâtre des Champs-Elysées einer der größten Aufführungsskandale unseres Jahrhunderts auf die Bühne, ein Ballett, das alle herkömmlichen Vorstellungen von Musik, Tanz und Bewegung rücksichtslos zu zerstören schien. Es ereignete sich nichts weniger als die Geburt des Rhythmus als musikalische Körperkunst, eine

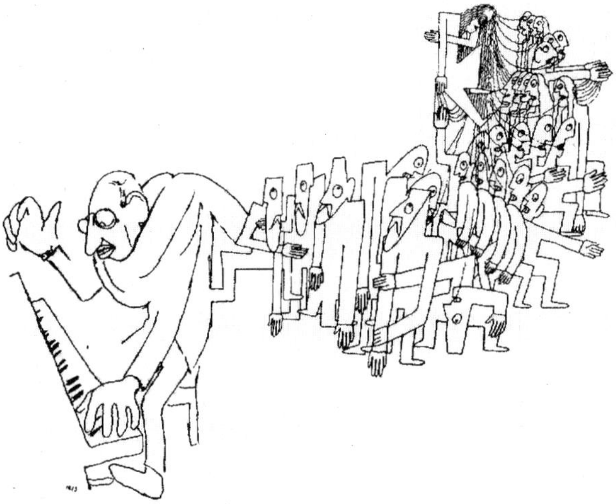

Igor Strawinsky spielt das »Sacre«. Zeichnung von Jean Cocteau

neue, weitreichende Facette in Strawinskys kompositorischer Entwicklung. Die »Bilder aus dem heidnischen Rußland« stiegen in die magische Vorgeschichte hinab, um zugleich die Emanzipation einer musikalischen Dimension hervorzubringen, die in der europäischen Musikgeschichte bislang eher unterbelichtet war: der gestische Charakter des Rhythmus als musikalisches Grundprinzip. Das vorindividuelle Sujet gab Strawinsky die Möglichkeit, eine Musik zu schreiben, die erstmals ernst machte mit der Abkehr von der Ausdrucksmusik des 19. Jhs. Bezeichnenderweise steht die Schilderung der Arbeit am *Sacre* in Strawinskys Autobiographie in Zusammenhang mit der Ablehnung des Wagnerschen *Parsifal* und seiner Kunstreligion; an dessen Stelle wollte Strawinsky das distanzierte Verhältnis des Zuschauers zu den Vorgängen auf der Bühne gesetzt wissen. Der Rückgriff zum archaischen Ritual erwies sich dabei als Hebel für das Verhindern jeglicher Einfühlung und zugleich als Aufbau einer unerhörten musikalischen Klangwelt, die ganz vom Prinzip der objektiven Darstellung der Bewegungsvorgänge beherrscht wird. Strawinskys Musik zum *Sacre* mischt sich weder in die Vorgänge kommentierend ein, noch artikuliert sie Mitleid mit den Personen; das Ritual erscheint als blinder Vollzug. Die Melodik ist reduziert auf prägnante Kurzmotive, häufig folkloristischen Ursprungs, und thematische Entwicklungen unterbleiben zugunsten perspektivischer Verschiebungen der immer wieder neu miteinander kombinierten, in erster Linie rhythmisch konturierten Motive. Der Grundgestus des Schlagens im buchstäblichen Sinn beherrscht die musikalische Haltung; selbst die Streicher sind kaum melodisch eingesetzt. Der Rhythmus bezieht seine Kraft aus dem geradezu hypnotischen Prinzip der Wiederholung, das primitiv und suggestiv zugleich ist. Die traditionellen Tänze werden in ähnlicher Weise reduziert auf zuckende Gestik, und die einzelnen Bewegungen verselbständigen sich im Gewebe der Partitur zu Linien und Flächen. Damit versuchte Strawinsky, ein Prinzip der modernen Malerei (Degas, Matisse) auf die Sprache der Musik zu übertragen, die ja in erster Linie eine Zeit- und damit eine Entwicklungskunst ist. Sein Interesse galt »der Bewegung durch impulsive Rhythmik wie ihrer Einfrierung in räumlich-greifbare Formen« (Michael Querbach).Der Rückgriff zum heidnischen Kult erwies sich als notwendig, denn erst hier war der unmittelbare körperliche Vollzug greifbar, den die christliche Sublimierung verhindert. Allerdings kann von körperlicher Befreiung im *Sacre* nicht die Rede sein, denn die im übrigen unkontrollierbaren Naturmächte werden als Bedrohung erfahren. Die präsubjektive Gewalt des Sujets war gleichwohl entscheidend für die Komposition: »Mit ›Le sacre du printemps‹ wollte ich das erhabene Erwachen der Natur ausdrücken, die sich aus sich selbst erneuert: das alles umfassende panische Erwachen der universellen Kraft« (Strawinsky). Und genau dem entspricht die Reduktion und Konzentration der hochentwickelten Orchestersprache auf schlagende Grundformeln, die auch einen Neubeginn darstellen.

[M] *CD* London SO, Abbado (DGG 1976)

Les noces (Bauernhochzeit)

Russische choreographische Szenen
mit Gesang und Musik
UA: Paris 1923

Mitten in der Arbeit an *Le sacre du printemps* hatte Strawinsky die Idee, ein vokales Gegenstück dazu zu komponieren, das Ritual einer Bauernhochzeit, bei der es weder individuelle Figuren noch die Rekonstruktion einer tatsächlichen Hochzeitszeremonie geben sollte, stattdessen eine Konfiguration von selbständig ausgearbeiteten Elementen historischer Bauernhochzeiten aus der Zeit Puschkins. Es sollte aber weder eine dramatisierte Handlung sein, noch die »musikalische Begleitung eines Hochzeitsschauspiels mit deskriptiver Musik«, sondern der Versuch, »Materialien wirklicher Hochzeitszeremonien durch direkte Zitate volkstümlicher, d. h. nicht literarischer Verse (...), durch typische Redewendungen (...), durch eine Sammlung von Klischees wiederzugeben« (Strawinsky). Das sprachliche Arrangement von Floskeln fand dann bei der Ausarbeitung der Musik sein genaues Pendant im Gebrauch musikalischer Floskeln, deren Einfachheit in striktem Gegensatz steht zu ihrer komplizierten rhythmisch-metrischen Behandlung. Es ging Strawinsky also nicht um die naturalistische Nachahmung einer tatsächlichen Hochzeitszeremonie, sondern um das Erschaffen einer eigenen künstlerischen Wirklichkeit. Um den allgemeingültigen Charakter der Episoden, die von den Klagen der Braut um die verlorene Jungfräulichkeit und der Eltern um ihr Kind bis hin zur eigentlichen Vermählung reichen, zu wahren, verzichtete Strawinsky bewußt auf eine durchgehende Handlung und auf echte Dialoge. Die sprachlichen Floskeln sind stattdessen ganz zum phonetischen Material geworden, die mit den musikalischen Floskeln konvergieren und ein äußerst delikates rhythmisches Spiel ergeben. Während die musikalische Struktur des Werkes bereits 1917 fertig vorlag, experimentierte Strawinsky noch bis 1923 mit der klanglichen Realisierung. Nach einer 1. Fassung für großes Orchester und dem Versuch mit der Besetzung von mechanischem Klavier, elektrischem Harmonium, Bläsern und ungarischen Zimbals entschied er sich in einem genialen Einfall Anfang der 20er Jahre für eine ebenso einfache wie verblüffende Lösung der klanglichen Probleme: »Ich erkannte, daß das vokale Element meines Werkes, das heißt also das Element, das auf dem Atem beruht, am besten durch ein Orchester zu unterstützen sei, das nur Instrumente aufweist, deren Ton durch den Schlag entsteht. So fand ich meine Lösung; das Ensemble, das ich wählte, bestand aus Klavieren, Pauken, Glocken, Xylophon – Instrumenten, deren Töne genau abgestimmt sind – und ferner aus Trommeln verschiedenen Klangs und verschiedener Höhe – Instrumenten also, die keine genaue Tonhöhe wiedergeben.« Und tatsächlich sind die 4 Klaviere als Hauptinstrumente geeignet, eine Musik wiederzugeben, die »gleichzeitig vollkommen homogen, vollkommen unpersönlich und vollkommen mechanisch« (Strawinsky) ist. Dem entspricht die Wiedergabe der Hochzeitszeremonie: Es gibt keine subjektiven Erlebnisse oder gar psychologische Reaktionen darin, alles vollzieht sich unter dem Aspekt des Brauchtums, dessen Wesen und Sinn aufgezeigt werden soll.

[M] *CD* Fassungen von 1917 u. 1923: Hauser, Kocsis, Chen, Rohmann, Amadinda Percussion Ensemble, Savaria SO, Eötvös (Hungaroton 1988)

Pulcinella

Ballett mit Gesang nach Musik von Giovanni Battista Pergolesi

UA: Paris 1920

Die Erweiterung des kompositorischen Blickfelds in die musikalische Vergangenheit hinein, ins Italien des frühen 18. Jhs., geschah auf Anregung Diaghilews, der bereits mit einem Ballett nach Musik von Domenico Scarlatti solche Erfolge erzielt hatte, daß er an Strawinsky mit dem Auftrag herantrat, auf der Basis handschriftlich überlieferter neapolitanischer Musik, unter anderem von Pergolesi, auf ein Szenarium aus der Tradition der Commedia dell'arte (Stehgreifkommödie) ein einaktiges Ballett zu schreiben. Strawinsky ließ sich verlocken und riskierte seinen ersten, folgenreichen kompositorischen »Blick in den Spiegel«, indem er die vorhandene Musik nicht einfach nur instrumentierte, sondern – was Diaghilew nicht ahnen konnte – in seinem Sinne adaptierte: »Ich begann direkt auf den Pergolesi-Manuskripten zu komponieren, so, als würde ich ein altes Werk von mit selbst korrigieren.« Strawinskys eigenartiger Kompositionsbegriff begann sich hier mit dem historischen Blick schärfer als bisher zu konturieren: das Arbeiten nach Modellen und das Herausarbeiten der Essenz von musikalischen Stilen, also Musik über Musik zu machen: »Ich bin der Meinung, daß meine Haltung Pergolesi gegenüber die einzig fruchtbare ist, die man alter Musik gegenüber einnehmen kann.« Und der Blick zurück erwies sich als produktiver »Blick in den Spiegel«, weil mit der Pulcinella-Musik eine Phase des Strawinskyschen Komponierens begann, die als »Neoklassizismus« in die Musikgeschichte unseres Jahrhunderts eingegangen ist und bis Anfang der 50er Jahre reichte, als er mit der Oper *The rake's progress* (UA: Venedig 1951) das Ende dieses Weges erreichte. Die Arbeit mit historischen Modellen der Musik beschäftigte Strawinsky in einer Weise, die er selber als eine Art von Kleptomanie bezeichnet hat, obgleich es weniger auf die Wahl der Modelle als auf deren durchweg verfremdenden Gebrauch ankommt. Selbst in der Pulcinella-Musik spricht das kompositorische Idiom Strawinskys, sei es durch gezielte Brüche, sei es durch die Art der Instrumentation oder die hinzugefügten Stimmen. Aneignung durch Verfremdung heißt hier die kompositorische Parole, und zwar aus Gründen des neuen, unverbrauchten Hörens. Die musikalische Haltung der Modelle wird pointiert herausgearbeitet und in neuer Frische erfahrbar gemacht. Die Handlung des Balletts entnahm Diaghilew einem alten Manuskript, das die Episode »Die vier gleichen Pulcinellas« enthielt: »Alle jungen Mädchen sind in Pulcinella verliebt. Eifersüchtig beschließen ihre Verlobten, Pulcinella zu töten. Sie kleiden sich wie er, treten so vor ihre Mädchen und schlagen den vermeintlichen Pulcinella nieder, der indessen seinen Platz mit dem Double Furbo getauscht hat. Pulcinella verkleidet sich als Zauberer, erweckt sein Double zu neuem Leben und offenbart sich den verlobten Paaren in dem Augenblick, als die jungen Männer glauben, ihren Rivalen endgültig beseitigt zu haben. Pulcinella verheiratet nun alle und nimmt selbst Pimpinella mit Einverständnis von Furbo zur Frau.« Für den Konzertgebrauch hat Strawinsky die ersten und letzten Stücke zu einer kleinen Orchestersuite zusammengestellt (UA: Paris 1922).

[M] *CD* di Nissa, Gordon, Ostendorf, St. Paul Chamber O., Hogwood (Decca) – *VD/LD* The Robert Dance Company, Lockyer (Teldec)

Konzert für Klavier und Bläser (mit Pauken und Kontrabässen)

UA: Paris 1924

Die kompositorische Erforschung der musikalischen Vergangenheit brachte Strawinsky natürlich auch mit Bach in Berührung, vor allem mit dessen Konzertprinzip, das Strawinsky heranzog, als er sich mit den Möglichkeiten des konzertanten Klaviergebrauchs auseinandersetzte und sowohl die perkussiven als auch die kantablen Anschlagsarten studierte. Ohnehin war es Strawinsky gewohnt, vom Instrument her zu komponieren, niemals nur in der klanglichen Vorstellungskraft, und in seinem 1. Klavierkonzert erprobte er darüber hinaus die stählerne Objektivität seiner Vorstellung von absoluter Musik, die ohne jede außermusikalische Anregung auskommt und ihr Ziel in der Konstruktion findet: »Ich suche nicht mehr, den Kreis der Ausdrucksmittel der Musik zu vergrößern, ich suche das Wesen der Musik selbst zu durchdringen«, schrieb er in einem programmatischen Artikel von 1924 und fuhr darin fort: »Diese Musik ist trocken, kalt, klar und feurig wie ein extradry Champagner«, also das Gegenteil zur expressionistischen Musik der Wiener Schule Schönbergs. Was Strawinsky in erster Linie interessierte, war die Musik als höhere Form des Spiels, und das Konzertprinzip Bachs bot ihm da genügend Möglichkeiten, auch wenn sich das Klavierkonzert von 1924 keineswegs darin erschöpft, den Weg zurück zu Bach zu beschreiten. Es war die kontrapunktische Schreibart, die ihn lockte und das als »die Sache selbst« begriffene »Spiel der musikalischen Elemente« (Strawinsky). Der barbarischen Wildheit in den motorischen Ecksätzen tritt im Mittelsatz – ursprünglich *Larghissimo*, später als *Largo* bezeichnet – ein etwas zäher melodischer Fluß kontrastierend gegenüber, dessen Ausdruck sich der Lektüre von Novellen N. Leskows verdankt. In der Kadenz bricht allerdings die Musik aus ihrem selbstgesetzten Rahmen aus und gibt den Weg frei für die mit Jazzelementen angereicherte Stilcollage des Finales, die den Tonfall Kurt Weills in dessen *Dreigroschenoper* vorwegnimmt.

[M] *CD* Crossley, London Sinfonietta, Salonen (Sony 1990)

Oedipus Rex

Opern-Oratorium in zwei Akten
(nach Sophokles von Jean Cocteau, ins Lateinische übertragen von Jean Daniélou)
UA: Paris 1927

Für seine erste Komposition mit antikem Sujet wählte Strawinsky das »archetypische Drama der Reinigung«, das Ödipus-Drama des Sophokles, freilich unter dem Blickwinkel, auf die Exposition der Handlung zu verzichten und die eigentliche Tragödie des unglücklichen Vatermörders in ihrer überzeitlichen Gültigkeit und zugleich als Ritus vorzuführen: »Ich wünschte, das ›Stück‹ als solches hinter mir zu lassen.« Ein Sprecher (im Frack) erläutert die zum Verständnis der Handlung notwendigen Ereignisse, während die starre Musik ganz die Aufmerksamkeit auf sich ziehen soll. Strawinsky war nicht daran interessiert, die bekannte Handlung im Sinne der Psychoanalyse Freuds auszudeuten, sondern wollte sie nur vorführen, und zwar in einer Brechung der Zeitebenen in die aktuelle, rationale des Sprechers, die fiktive der auftretenden Personen und die überzeitliche des kommentierenden Chores. Um den rituellen Charakter des Werkes noch zu betonen, ließ Strawinsky den französischen Text Cocteaus, abgesehen von den reinen Sprecherpartien, ins überzeitliche Latein übersetzen, und verfügte, daß die Personen sich weder realistisch noch stilisiert bewegen sollen, sondern wie lebende Statuen, gewissermaßen als in Kostümen erstarrte Wesen, deren Innenleben dem Zuschauer verborgen bleibt. Die »Handlung« rollt also ab wie ein Schicksalsrad, und der erhabende Charakter des Ganzen wird durch die Verwendung der toten Sprache noch verstärkt, denn sie ist keine triviale Mitteilung mehr, sondern eine künstlich eingenommene Haltung und zugleich ein rein phonetisches Material für die Musik. Die Musik selber ist stählern vornehm konstruiert, mit scharf abgesetztem Klang ohne psychologische Nebentöne, und greift versatzstückartig auf den Fundus der Oper des 18. und 19. Jhs. (Gluck, Verdi) zurück, ohne sich auf Stilkopien einzulassen. Ziel Strawinskys war es, »das Drama in Musik einzufrieren«; daher der stets zitathafte Tonfall der Hauptpersonen. Die musikalische Deklamation des Textes ist starr rhythmisch gehalten, gelegentliche Koloraturen – altrussischer Provenienz bei Ödipus und Tiresias, italienisch in Jokastes Arie zu Beginn des 2. Aktes – sind bloßer Wechsel der musikalischen Haltung (erhöhter Tonfall), keine Aufhebung der prinzipiellen Distanz zwischen Musik und Bühne. Trotz der Erläuterung der Vorgänge durch den Sprecher, der wie ein unbeteiligter Conférencier auftritt, handelt es sich nicht um ein Stück epischen Theaters im Sinne Bertolt Brechts (abgesehen von der bewußten Trennung der einzelnen Dimensionen des Theaters), denn es fehlt darin die Intention, auf das Entscheidungsvermögen des Publikums einzuwirken, das Theater als Versuchsanlage durchschaubarer und veränderbarer Umgangsformen zu behandeln. In Strawinskys *Oedipus Rex* steht der Zuschauer vor einem undurchdringlichen Ritual, in das er sich weder einfühlen noch einschalten soll. Er ist allenfalls beeindruckt.

[M] *CD* Norman, Ionita, Moser, Bracht, Nimsgern, Piccoli, Chor u. SO des BR, Davis (Orfeo 1983)

Apollon musagète

Ballett in zwei Bildern
UA: Washington 1928

Das Sujet dieser Ballettmusik ist keine Handlung, sondern die Kunst selber. Die Darstellung des Musenführers Apollo ist nichts weniger als ein künstlerisches Manifest Strawinskys: das Bekenntnis zur klassischen Klarheit und zur musikalischen Ordnung. Das Orchester beschränkt sich auf die Farbe der Streicher, die melodischen Linien stehen im Vordergrund, und der Rhythmus ist nach sprachlichen Versmodellen gestaltet, in seiner Kraft also gebändigt. Strawinsky schwebte ein »ballet blanc« vor, die reine Darstellung der »linearen Schönheit des klassischen Tanzes« in seiner strengsten Form, also das Wesen des Tanzes. Die Idee, daß die 3 Musen Calliope (Die Dichtung mit ihren rhythmischen Gesetzen), Polyhymnia (die Kunst der Gebärdensprache) und Terpsichore (Tanz als Vereinigung von Rhythmus und Dichtkunst mit der Beredsamkeit der Geste) Apollo ihre Künste vorführen, damit er sie billige und sie in den Parnaß einführe, den Sitz der Musen, war für Strawinskys Ästhetik der 20er Jahre eine zentrale Aufgabe: »Für den klaren Aufbau eines Werkes (...) ist es entscheidend, daß alle dionysischen Elemente, welche die Vorstellungskraft des Schöpfers anregen und den nährenden Saft hochtreiben, rechtzeitig, bevor sie Fieber in uns hervorrufen, gezähmt und schließlich dem Gesetz unterworfen werden: dies ist Apollos Befehl« (Strawinsky, Musikalische Poetik). Deshalb reduzierte Strawinsky in dieser Partitur Mittel und Ausdruck, konzentrierte sich auf die rein diatonische Schreibweise und unterwarf den Rhythmus dem metrischen Hauptelement des antiken Alexandriner-Verses mit seinem jambischen Grundmuster, besonders deutlich in der Variation der Calliope. Als Stilmodell wählte er die französische Musik des 17. Jhs., speziell die Musik Lullys und komponierte sozusagen in abgezirkelten musikalischen Versen, in strengen Formen. Diese Vorführung der Kunst als gebändigter Ausdruck ist eine extreme Ausprägung von Strawinskys Verfahren der Musik über Musik.

[M] *CD* Camerata Academica des Salzburger Mozarteums, Vegh (Capriccio)

Le baiser de la fée (Der Kuß der Fee)

Allegorisches Ballett in vier Bildern
nach Musik von Tschaikowsky
UA: Paris 1928

Als Gegenstück zur Pergolesi-Bearbeitung des *Pulcinella*-Balletts komponierte Strawinsky im *Kuß der Fee* seine Verehrung der Musik Tschaikowskys aus, und man weiß nicht recht, ob man mehr die orchestrale Bearbeitung von Klavierstücken und Liedern Tschaikowskys bewundern soll oder die Fähigkeit Strawinskys, seine Modelle dem eigenen Tonfall gewaltlos zu unterwerfen. Als Sujet wählte er Hans Christian Andersens hintergründiges Märchen von der Schneekönigin und destillierte daraus folgenden Ablauf: »Ein Kind wird bei seiner Geburt durch den Kuß einer Fee gezeichnet; sie trennt es dadurch von seiner Mutter. Zwanzig Jahre später, als der junge Mann den Augenblick des höchsten Glücks erlebt, gibt sie ihm wieder den Schicksalskuß und entzieht ihn so dem irdischen Dasein, um ihn auf ewig in höchster Glückseligkeit zu besitzen.« Die Allegorie bestand für Strawinsky darin, daß es gerade der Musenkuß war, der den verehrten Tschaikowsky zur Größe seiner Musik geführt hat, und diesen Musenkuß wollte Strawinsky auf seine Weise als Ehrung Tschaikowskys aufgefaßt wissen, indem er das musikalische Material in ebenso hintergründiger Weise ausleuchtete, wie das scheinbar so harmlose Märchen mit seinem Stoff verfährt und damit in abgründige Tiefen blicken läßt. Strawinskys Verfahren der Musik über Musik hat mit dem *Kuß der Fee* eine weitere Dimension erreicht, die mit Stilkopien nichts, mit Anverwandlung sehr viel zu tun hat.

[M] *CD* Scottish National O., Järvi (Koch)

Capriccio für Klavier und Orchester

UA: Paris 1929

Im Jahr des Todes von Diaghilew geschrieben, zeigt das ursprünglich einsätzig geplante, schließlich auf 3 Sätze erweiterte *Capriccio* Strawinskys geistreichen Umgang mit der Konzertform des frühen 19. Jhs. Er berief sich ausdrücklich auf die Musik Carl Maria von Webers, des »Fürsten der Musik«, wie er ihn nannte, ohne sich direkt auf thematisches Material dieses Komponisten zu beziehen. Er komponierte gewissermaßen in dessen Geiste und berief sich bei der Bezeichnung des Werkes auf die ältere Bestimmung des freien Phantasierens, wie man sie etwa bei Michael Prätorius finden kann. Die episodische Reihung kontrastierender Episoden und das aparte, konzertante Spiel zwischen Solist und Orchester, auch zwischen den einzelnen Orchestergruppen, faszinierte Strawinsky an der hier selbst gestellten kompositorischen Aufgabe. Der große Spieler erweist sich in diesem Stück als Virtuose der Klavier- und Kompositionstechnik; brillante musikalische Wirkungen und geistreiche Einfälle geben dieser Musik ihr Gepräge. Es klingt, »als habe die Musik Schminke aufgelegt« (Reinhard Schulz), und die beiden letzten Sätze nach dem sehr komplexen Presto des ersten weisen bereits mit ihren Bezeichnungen *Andante rapsodico* und *Allegro capriccioso ma tempo giusto* auf die freizügige formale Gestaltung hin, die das Werk zu Strawinskys reizvollsten Erzeugnissen erklärt.

[M] *CD* Crossley, London Sinfonietta, Salonen (Sony 1990)

Symphonie de Psaumes (Psalmensymphonie)

UA: Brüssel 1930

Zur Feier des 50jährigen Bestehens der Bostoner Symphoniker im Jahr 1930 bestellte Serge Kussewitzky, der damalige Chefdirigent, bei Strawinsky eine Symphonie, deren Form und Besetzung im freigestellt war. Strawinsky schuf denn auch ein Werk, das mit der symphonischen Tradition kaum etwas gemein hat, eine Art Synthese aus barocker Polyphonie und einer »Ordnung des Satzbaus«, die jedoch nichts mit dem klassischen Muster eines symphonischen Satzes zu tun hat. Als Besetzung wählte er ein Ensemble aus Chor und Orchester (ohne die hohen Streicher) und beabsichtigte, das Verhältnis dieser beiden so unterschiedlichen Klangkörper nicht als starren Gegensatz, sondern als gleichwertige Partnerschaft zu behandeln: »Mir schwebte eine Symphonie mit großer kontrapunktischer Entwicklung vor, und so mußte ich auch die Mittel vergrößern (...). Meine Ansicht über die Beziehungen zwischen den vokalen und instrumentalen Gruppen glich genau dem Verfahren, das die alten Meister kontrapunktischer Musik anwandten. Auch sie behandelten Chor und Orchester gleich und beschränkten weder die Rolle des Chors auf homophonen Gesang noch die Funktion des Orchesters auf die Begleitung.« Als Textgrundlage wählte er eine Dichtung, »Die eigens für den Gesang geschrieben ist« und zudem den Vorteil überzeitlicher, ja ritueller Geltung hat: Verse aus dem Psalter in der lateinischen Fassung der Vulgata. Zu dieser gleichsam versteinerten Sprache schrieb er eine gleichermaßen versteinerte Musik mit Anklängen an den Gregorianischen Choral (Psalmodierender Gesang im 1. und 3. Teil des Anfangssatzes), an die Unsinnlichkeit der frühen, gotischen Mehrstimmigkeit, an die Musiksprache des Barock (symbolische Textausdeutung mit musikalisch-rhetorischen Ausdrucksfiguren, Anwendung der Fuge im Mittelsatz) und an die symphonische Haltung des 19. Jhs. (Monumentalität des dritten Satzes). In einer bewußt synthetisierenden Musik zwang er völlig divergierende Meterialschichten zu neuer, einfach wirkender Gesamthaltung zusammen. Der gewaltige Eindruck, den die *Psalmensymphonie* hinterläß, verdankt sich der äußerst effektvollen Steigerung der inneren Dramaturgie: Der *1. Satz* (Psalm 38, Verse 13-14) ist eine auskomponierte Gebetshaltung, der *Mittelsatz* (Psalm 39, Verse 2-4), eine strenge Doppelfuge (die erste Fuge rein instrumental, die zweite zunächst vokal, dann in instrumentaler Engführung) mit einem homophonen Schlußteil (Wiederaufnahme der Psalmodie des 1. Satzes), formuliert eine starre Zuversicht und Dankeshaltung, und der vielgliedrige *Schlußsatz* faltet, als Reihung kontrastierender Abschnitte, die unterschiedlichsten Lobeshaltungen (Psalm 150) auseinander. Nach einer langsamen, statischen Einleitung, die am Ende des Werkes refrainartig wiederkehrt (*Alleluia, Laudate DOMINUM*) erscheinen ein ekstatischer, »dionysischer« Teil, gewissermaßen die Sprengung des liturgischen Maßes, ein vergleichsweise »apollinischer« Abschnitt (strenger Kanon) und ein in sich kreisender Schlußteil von ganz eigenartig schwebender Haltung mit einer Ostinato-Figur im Baß, die den Eindruck eines »stillen Leuchtens« (Uwe Kraemer) vermittelt. Hier zeigt sich die Nähe Strawinskys zur russisch-orthodoxen Mystik, zu einem musikalischen Archaismus von fremdartigem Reiz. Zugleich überführt dieser atemhaltende Schluß die Musik gleichsam in die Totenstarre: Die rituelle Haltung, ohnehin von Strawinsky bevorzugt, tritt ganz in den Vordergrund. An die Stelle der Glaubensbeschwörung hat Strawinsky die unverrückbare Glaubenshaltung gesetzt.

[M] *CD* Westminster Choir, London SO, Bernstein (Sony)

Concerto en Ré pour Violon et Orchestre (Violinkonzert)

UA: Berlin 1931

In Zusammenarbeit mit dem Violinvirtuosen Samuel Dushkin, der auch die UA spielte, komponierte Strawinsky sein eigenes *Violinkonzert*, das er als Porträttypus der Gattung und zugleich als Form des kompositorischen Spiels anlegte. Bereits die Wahl der Grundtonart D-Dur kam den Gegebenheiten des Soloinstruments entgegen, noch mehr aber das genaue Studium der traditionellen Violinkonzerte. Dennoch wurde es kein Stück Ausdrucksmusik des 19. Jhs., sondern ein Blick in die Geschichte, der auch zum Dialog mit Bach geriet. Strawinsky griff bewußt hinter das Solokonzert des bürgerlichen 19. Jhs. zurück, nannte deshalb den 1. Satz *Toccata*, die Mittelsätze *Aria* und den Schlußsatz *Capriccio*, und verzichtete dabei auf simple Nachahmnungen barocker Konzertprinzipien. Als »Blick in den Spiegel« riskierte er die Anverwandlung historischer Spielpraktiken: So ist etwa das abschließende *Capriccio* nichts weniger als eine Artistennummer mit clownshaften Zügen, oder die *Toccata* ein virtuoses Spiel mit Formeln und Floskeln. Dabei ist der Grundcharakter des Werkes tänzerisch, ja geradezu choreographisch, besonders in den beiden mit *Aria* bezeichneten Mittelsätzen, die beide nichts mit dem langsamen Konzertsatz des 19. Jhs. zu tun haben. Die zweite *Aria* ist ausdrücklich ein Dialog mit Bach im Lichte des Archetypischen, und überhaupt verweist die Bezeichnung »Aria« auf die »Art und Weise des melodischen Vortrags bestimmter Versmaße« (Stefan Kunze) in der Instrumentalmusik des 17. Jhs., das Gegenteil zu dem freien Sich-Aussingen in den langsamen Konzertsätzen der späteren Zeit. Man denke auch an die stilisierten Arientypen des *Oedipus Rex* oder – im Falle des Finales – an das *Capriccio* für Klavier und Orchester von 1929. Insgesamt ist das *Violinkonzert* Strawinskys Zusammenfassung seiner Auseinandersetzungen mit dem Konzert als Spielform und zugleich die Restitution vergangener kompositorischer Verbindlichkeit durch gezielte Verfremdungen: Motivische Versatzstücke werden neu und bunt gemischt, »falsche« Harmonien stören das gewohnheitsmäßige, assoziative Hören, rhythmische Verzerrungen und gebrochene Orchesterklänge (z. B. der Gebrauch einer zirkusartigen Solotrompete) verweisen auf die Sphäre des Artistischen, ebenso die kunstvollen Schnitte im Formverlauf, die für ständige Überraschungen sorgen. Hinter all diesen Verfahren der De-Komposition steht Strawinskys unvermindert russische, körperhafte Musikästhetik, die bis zum Entwerfen der musikalischen Haltung aus dem Instrument heraus reicht: »Wie unvergleichlich ist Bachs instrumentale Schreibweise. In seinen Geigenpartien kann man das Harz riechen, in seinen Oboenstellen das Rohr schmecken.« In diesem Sinne hat Strawinsky sein *Violinkonzert* komponiert.

[M] *CD* Grumiaux, Concertgebouw O. Amsterdam, Bour (Philips 1966)

Perséphone

Melodram in drei Bildern (Text nach Homer von André Gide)

UA: Paris 1934

Im Auftrag der Tänzerin Ida Rubinstein machte Strawinsky den ihm später zweifelhaft erscheinenden Versuch, ein Melodram zu komponieren, bei dem Musik, Gesang, Rezitation (der Hauptperson), Pantomime und Tanz ineinandergreifen. Da Ida Rubinstein für die Hauptrolle vorgesehen war, mußte für sie der Gesang entfallen, ähnlich wie bereits 1911 in Debussys *Le Martyre de Saint Sébastien* (Text von d'Annunzio), ein Werk, mit dem *Perséphone* etliche Züge verbindet, nicht zuletzt die Anpassung an den französischen Geschmack und gewisse weiche koloristische, ja »impressionistische« Klangbildungen. André Gides Dichtung berichtet, im Anschluß an Homerische Hymnen, von der Entführung Persephones, der Tochter der Fruchtbarkeitsgöttin Demeter, in die Unterwelt, ihrer Versuchung durch Merkur, der sie in einen Granatapfel beißen läßt, um sie von Sehnsucht nach der verlorenen Welt ergreifen zu lassen, und von ihrer Wiedergeburt, mit der sie – dies ist ein Grundthema Strawinskys – in den Kreislauf der Natur eingefügt wird. Tod und Frühling (Wiedergeburt) greifen unmittelbar ineinander. Mit der Musik zu *Perséphone* schrieb Strawinsky seine wohl farbenreichste und erfindungsreichste Partitur, ungeachtet der Tatsache, daß die Rezeptionsgeschichte diesem großangelegten Versuch auf dem Gebiet des komplexen Melodrams nicht die gebührende Anerkennung gegeben hat. Immerhin handelt es sich um einen interessanten Beitrag Strawinskys zu seiner Art des epischen Theaters: Die Rolle der Persephone wird gesprochen, gespielt und getanzt, die Handlung wird von dem Priester des Demeter-Kultes, Eumolpos, erzählt und kommentiert – also wieder eine Brechung der theatralischen Ebenen, ähnlich wie in *Oedipus Rex*. Die Partie des Erzählers und Kommentators ist eine virtuose, luxurierende Gesangsrolle, die Äußerungen der Persephone im erhabenen Stil dagegen werden zur Musikbegleitung gesprochen. Carl Dahlhaus meint sogar, »daß gewissermaßen der Akt des Sprechens als solcher (...) zu einem theatralischen Moment wird«, wobei es letztlich nicht darauf ankomme, was Persephone sagt, sondern wie sie es vorträgt. Das mag denn auch einer der Gründe dafür gewesen sein, daß André Gide der Premiere demonstrativ ferngeblieben ist.

[M] *CD* Zorina, Molese, Gregg Smith Singers, Columbia SO, Strawinsky (Sony 1966); Fournet, Rolfe-Johnson, London Philharmonic Choir & Chorus, The London Philharmonic, Nagano (Virgin 1992)

Jeu de cartes (Kartenspiel)

Ballett in 3 Runden

UA: New York 1937

In diesem Ballett kommt der Spieler Strawinsky einmal zu sich selbst: Das Sujet entspricht den Runden eines Pokerspiels mit dem Joker als Störenfried und Verwandlungskünstler, der stets zu siegen glaubt und schließlich doch unterliegen muß. Niemals zuvor hat Strawinsky mit so leichter, ja lässiger Hand komponiert und sich in die gefährliche Nähe der oberflächlichen musikalischen Haltung begeben, nicht zuletzt durch ausgiebigen, geradezu frivolen Gebrauch von gezielten musikalischen Zitaten, die wie Spielmarken fungieren und von Beethoven über Rossini, Delibes, Johann Strauß und Tschaikowsky bis hin zu Ravels *La Valse* reichen, jedoch nicht immer restlos als Pointe überzeugen. Strawinskys Aneignungsmethode, sein Komponieren als Musik über Musik, gerät hier allzu leicht und zeigt die Grenzen seiner Virtuosität im Umgang mit dem vorgeformten musikalischen Material. Zugleich war das Ballett der Auftakt seiner jahrzehntelangen Zusammenarbeit mit dem New Yorker Choreographen George Balanchine und dessen »American Ballet«.

M *CD* Philharmonia O. London, Salonen (Sony)

Concerto in Es für Kammerorchester (»Dumbarton Oaks«)

UA: Washington 1938

Trotz seiner eher kleinen Dimensionen gehört dieses *Concerto* »im Stil der Brandenburgischen Konzerte« (Strawinsky) zu den zentralen Werken des sogenannten »Neoklassizismus« Strawinskys, speziell seiner Auseinandersetzung mit der Musik Bachs und ihrer kontrapunktischen Satztechnik. Zugleich bildet es den Abschluß der Spiegelung in Bach und den Übergang zur Beschäftigung mit den Wiener Klassikern *(Symphonie in C)*. Komponiert im Auftrag des amerikanischen Mäzenatenehepaares Robert und Mildred Bliss, nach deren Landsitz bei Washington das Werk benannt wurde (anstelle einer Widmung), enthält das *Concerto in Es* weit mehr als nur deutliche Anspielungen an Bach, insbesondere an das erste Thema des *3. Brandenburgischen Konzerts*, mit dem auch hier der *Kopfsatz* beginnt. Wie es freilich weitergeht, das hat nichts mehr mit Bach zu tun, sondern nur noch mit Strawinskys virtuoser Technik der Reihung und Übereinanderschichtung motivischer Blöcke, die einen äußerst komplexen Formorganismus schaffen. Und die Musiksprache ist derart pluralistisch, von so verschiedenartigen Anspielungen durchsetzt, daß man angesichts der disparaten Stilebenen mit dem Begriff des »Neoklassizismus« gar nicht mehr auskommt. Das Thema des intermezzoartigen *2. Satzes* mit seinem Serenadencharakter zitiert sehr auffällig eine Stelle aus Verdis Alterswerk *Falstaff* (»Se Falstaff s'assotiglia« im 1. Bild), und immer wieder treten bedrohliche Störungen in den Ablauf der Musik ein, besonders bei den scharnierartigen Akkorden, die sowohl als Satzverknüpfung dienen, als auch den Übergang zum geheimnisvoll wispernden Mittelteil des Intermezzo-Satzes bilden. Von Strawinskys persönlichen Nöten während der Komposition – Krankheiten seiner Frau und seiner Mutter, zunehmende Feindschaft gegen seine Musik, vergebliche Kandidatur für das Institut de France – ist in der Musik selbst nichts zu spüren, und das entsprach Strawinskys Auffassung vom Wesen der Musik, das sich jenseits biographischer Umstände ihres Schöpfers entfaltet: »Ich bin der Ansicht, daß die Musik ihrem Wesen nach unfähig ist, irgend etwas ›auszudrücken‹ was es auch sein möge: ein Gefühl, eine Haltung, einen psychologischen Zustand, ein Naturphänomen oder was sonst. Der ›Ausdruck‹ ist nie eine immanente Eigenschaft der Musik gewesen, und auf keine Weise ist ihre Daseinsberechtigung vom ›Ausdruck‹ abhängig. Wenn, wie es fast immer der Fall ist, die Musik etwas auszudrücken scheint, so ist dies Illusion und nicht Wirklichkeit.« Das hinderte ihn jedoch nicht daran, in den 3 Sätzen des *Concerto in Es* eine ganze musikalische Welt aufzubauen, die nicht nur heitere Töne enthält.

M *CD* St. Paul Chamber O., Hogwood (Decca 1989)

Symphonie in C

UA: Chicago 1940

Die Komposition der ersten »klassischen« Symphonie fällt genau in die Zeit der Übersiedlung Strawinskys in die Vereinigten Staaten (1939/40), nach dem Tod seiner Frau, seiner ältesten Tochter und seiner Mutter. Das viersätzige Werk trägt deshalb janusköpfige Züge: Die ersten beiden Sätze, noch in Europa komponiert, bilden die zentrale Auseinandersetzung mit Form und Geist der Wiener klassischen Symphonik, die letzten beiden nehmen dagegen den etwas grellen Tonfall der für Strawinsky neuen amerikanischen Lebenswelt an, vor allem in der stilisierten Tanzsuite des *3. Satzes* mit ihren realistischen Zwischenfanfaren, die als Großstadtlärm zu interpretieren nicht völlig abwegig wäre. Strawinsky war sich des großen Anspruchs, den der symphonische Satz der Wiener Klassiker an den Komponisten stellt, natürlich bewußt und formulierte in seinen amerikanischen Vorlesungen über »Musikalische Poetik« (Harvard University, 1939): »Unter allen musikalischen Formen gilt die Symphonie als die reichste im Hinblick auf die Gestaltungsmöglichkeiten. Man versteht darunter im allgemeinen eine mehrsätzige Komposition, in der ein Satz dem ganzen Werk den Charakter der Symphonie verleiht: das symphonische Allegro. Es steht gewöhnlich am Beginn« – in der *Psalmensymphonie* war es noch der letzte Satz – »und muß seinen

Namen dadurch rechtfertigen, daß es die Forderungen einer gewissen musikalischen Dialektik erfüllt. Der wesentliche Teil dieser Dialektik liegt im Mittelteil, in der Durchführung.« Damit hat Strawinsky den symphonischen Kopfsatz Beethovens beschrieben, weniger Haydns oder gar Mozarts, die monothematisch bzw. innendramatisch, weniger konflikthaft-dialektisch komponiert haben. Und Strawinsky im Kopfsatz seiner Symphonie in C? Hier liegt gewissermaßen das eingefrorene Porträt eines Beethovenschen Symphoniesatzes vor, zwar mit ausführlicher Durchführung und auch mit motivischer (weniger: thematischer) Dialektik, aber eben nicht als Entwicklung, sondern als Entfaltung, wie unter Glas. Das zentrale Dreitonmotiv bestimmt auch das *Finale*, das ebenso flächig angelegt ist wie der *Kopfsatz*. Das macht: Es fehlt hier wie dort die Innenspannung des geradezu elementaren formbildenden Mittels des Wiener klassischen Satzes, die Kadenzharmonik und das tonale Zielbewußtsein. Dadurch entsteht, besonders bei Beethoven, der Charakter des zwingend notwendigen, ja zielgerichteten musikalischen Verlaufs, während wir in Strawinskys Porträttypus einer Wiener klassischen Symphonie nur deren – wenn auch sehr eindrucksvollen – Schatten hören. In der Durchführung des *1. Satzes* geschieht das Umgekehrte wie bei Beethoven: Der musikalische Verlauf spitzt sich nicht zu, um sich im Repriseneintritt zu entladen, sondern tritt immer mehr auf der Stelle (was sehr bedrohlich klingt), bis die Reprise wie eine Erlösung unvermittelt eintritt. Ob man allerdings von einem Scheitern Strawinskys an dem Anspruch der klassischen Symphonik sprechen kann, dürfte nicht eindeutig zu beurteilen sein, denn es widerspräche der Ästhetik Strawinskys, die Satztechnik und formale Gestaltung der Wiener Klassiker lediglich nachzuahmen. Er wollte, wie immer, das Wesen dieser Musik erfassen.

M *CD* Scottish National O., Gibson (Chalfont 1981)

Symphony in three movements
(Symphonie in drei Sätzen)

UA: New York 1946

In seinen ersten amerikanischen Jahren bis zum Ende des Zweiten Weltkrieges komponierte Strawinsky einige weniger zentrale Orchesterwerke, darunter Ballettmusiken wie die *Danses concertantes* (1941/42) oder die *Scènes de Ballet* (1944), sogar eine *Zirkuspolka* für eine Elefanten des »Barnum und Baily Circus« (9142) oder solche Gelegenheitswerke wie die *Vier Norwegischen Stimmungsbilder* (1942), ursprünglich für eine Broadway-Revue bestimmt, und das *Scherzo à la russe* (1944) für Paul Whitemans Band. Das waren alles Fingerübungen eines komponierenden Virtuosen, der eben die gesamte musikalische Palette der Musik unserer Zeit beherrschte wie kein anderer Komponist. Aber seit 1942 arbeitete er auch an einem ursprünglich konzertanten, später symphonisch ausgeweiteten Projekt, das schließlich 1945 zu einer fulminanten Zusammenfassung aller bisherigen kompositorischen Errungenschaften führte: zu jener großartigen *Symphony in three movements*, deren Titel zweideutig ist, denn das englische Wort »movement« ist nicht nur die Bezeichnung für »Satz« in einem zyklischen Werk, sondern meint auch den immanenten Bewegungscharakter der Musik. Und tatsächlich hat Strawinsky in allen 3 Sätzen des ursprünglich als Klavierkonzert, später als Orchesterkonzert, geplanten Werkes seine Erfahrungen mit der Ballettmusik, besonders in *Le sacre du printemps*, ebenso einzubringen verstanden wie auch seine Entdeckungen, die er bei der Komposition seiner Solokonzerte gemacht hat. Insofern stellt diese Symphonie weniger ein Porträt der symphonischen Tradition dar als vielmehr eine ganz eigenständige Lösung des symphonischen Problems: die Vermittlung von konzertanten und bewegungsmäßigen Zügen, eingebracht in 3 sehr komplexen Formen, in deren kompakter Ausdruckswelt ausnahmsweise die gewaltigen Ereignisse der Zeit des Weltkriegs nachhallen, ohne daß von einer programmgebundenen Ebene der Musik geredet werden könnte. Der *2. Satz* – mit Harfen- statt Klaviersolo – soll sogar ursprünglich für einen Film nach Franz Werfels »Lied der Bernadette« gedacht gewesen sein (1943), während der Bruitismus der Ecksätze, ihr bedrohlich turbinenhafter Elan im Wechsel mit zarten solistischen Episoden, viel von der zwingenden Dynamik der *Sacre*-Musik beschwört, »allerdings gebändigt und in den Rahmen einer reifen und klassischen Symphonie gespannt« (White); klassisch indessen im Sinne einer eigenständig-gültigen kompositorischen Leistung. Mit dieser Symphonie stand Strawinsky auf dem Höhepunkt seiner künstlerischen Entwicklung: Die Elemente des Apollinischen sind hier mit dem Dionysischen in einer höheren Einheit versöhnt worden, und die symphonische Dichte des Werkes ist ohnehin unerhört.

M *CD* City of Birmingham SO, Rattle (EMI)

Ebony Concerto

UA: New York 1946

Als Gelegenheitsarbeit für Woody Hermans Band geschrieben und nach Hermans Ebenholz-Klarinette benannt, stellt das *Ebony Concerto* wohl Strawinskys reifste Leistung auf dem Gebiet der erfolgreichen Zusammenführung von Jazz und neuer Kunstmusik dar. Im Gegensatz zu den Auseinandersetzungen mit dem Ragtime in den Jahren um 1920 ging es Strawinsky jetzt um die Stilebenen des »Cool Jazz«, des rhythmischen »Drive« und um die – über das ganze Werk ausgebreitete – Melancholie des afro-amerikanischen Blues. Aber noch verblüffender ist Strawinskys virtuoser Umgang mit den Klangmöglichkeiten der Jazzcombo, die er in allen 3 Sätzen voll ausnutzt. Zugleich enthält die Formenwelt dieses Werkes auch deutliche Anklänge an das Prinzip des barocken Concerto grosso. Wieder einmal ging es Strawinsky um die musikgeschichtliche Synthese, aber auch um das Porträt des Wesens der Jazzmusik aus den 40er Jahren.

[M] *CD* London Sinfonietta, Rattle (EMI)

Concerto in D für Streichorchester

UA: Basel 1947

Als erster Auftrag aus Europa nach längerer Zeit erreichte Strawinsky Anfang 1946 die Bitte Paul Sachers, für das 20jährige Jubiläum seines Basler Kammerorchesters ein konzertantes Werk zu schreiben, und so entstand, als Gegenstück zum Concerto *Dumbarton Oaks*, ein herbes, aber sehr dankbares dreisätziges Stück für reine Streicherbesetzung. Im Gegensatz zum berückenden Streicherklang des 20 Jahre früher komponierten Balletts *Apollon musagète* werden hier die Streicher nicht durchweg melodisch behandelt, sondern einer kargeren, holzschnittartigen Linienführung unterworfen, die immer wieder untergründig bedrohliche Züge annimmt und nur vordergründig spielfreudig erscheint. Besonders im brillanten Rondo des *3. Satzes* hat Strawinsky die größte Sorgfalt im Umgang mit differenzierter Artikulation walten lassen, so daß ein durchweg sperriger Charakter der Musik bereits den Weg zum Spätstil weist, in dem sich dann Strawinskys Diktum erfüllt, seine Musik bestehe »durch und durch aus Knochen«.

[M] *CD* Kammerorchester der Jungen Deutschen Philharmonie, Holliger (DGG)

Orpheus

Ballett in drei Szenen

UA: New York 1948

In engster Zusammenarbeit mit dem Choreographen George Balanchine komponierte Strawinsky 1947 sein letztes Sujet-Ballett, das allerdings auf eine ausführliche Darstellung des bekannten antiken Orpheus-Mythos zugunsten von szenischen »Stichworten« der Handlung verzichtet und sich ganz auf die Tragödie der beiden Liebenden Orpheus und Eurydike konzentriert: »In der ersten Szene beklagt Orpheus den Tod Eurydikes, der Todesengel tritt auf und führt Orpheus schließlich in den Hades hinab. In der großen zweiten Szene besänftigt Orpheus die Furien und rührt Hades durch seinen Gesang. Die Furien verbinden Orpheus die Augen und geben ihm Eurydike zurück. Orpheus und Eurydike tanzen miteinander, er reißt sich die Binde von den Augen, Eurydike stürzt zu Tode, und Orpheus wird von den Furien in Stücke zerrissen. In der kurzen dritten Szene schließlich, der Apotheose des Orpheus, erscheint Apollon, nimmt aus den Händen des Toten die Lyra und erhebt seinen Gesang zum Himmel« (Wolfgang Burde). Auffällig ist nicht nur der durchgehend leise Tonfall der gesamten Musik, sondern auch ihr betonter Rückgriff auf die Musik Bachs und sogar des frühen 17. Jhs. (Monteverdi), ja auf altgriechische Tonarten (Anfangstonleiter). Während die Lyra, das Instrument des Orpheus, bei Monteverdi als Streichinstrument erscheint, bedient sich Strawinsky der solistisch geführten Harfe. Im Zentrum stehen die zur Welt der Oper tendierenden, instrumentalen Ari-

Igor Strawinsky in Kalifornien (1947). Photo von Henri Cartier-Bresson

en des Orpheus, mit denen er die Unterwelt zu besänftigen sucht; hier konzertieren 2 Oboen in Bachscher Manier mit der Harfe. Als Apotheose des Orpheus erscheint eine kunstvoll durchbrochene Fuge im Geiste der Alten Musik: »Die beiden Hörner führen sie durch, während Trompete und Violine eine langgezogene Melodie, eine Art cantus firmus, vortragen. Klingt das nicht wie eine mittelalterliche Vielle?« (Strawinsky zu Nikolas Nabokov). An der Stelle, an der ein Harfensolo die Fuge unterbricht, will Strawinsky die Fuge buchstäblich zerschnitten haben in der Weise, daß auch ohne das eingeschobene Harfensolo der Fugenverlauf in sich stimmig wäre – ein Beispiel für sein Formdenken in Schichten und Brechungen. Und das Harfensolo stammt überdies, als Erinnerung, aus dem Gesang des Opheus: »Hier im Epilog klingt es wie eine Art Zwang, wie etwas Unaufhaltsames (...) Orpheus ist tot, das Lied ist verklungen, aber die Begleitung geht weiter« (Strawinsky). So wird Balanchines Bewunderung über Strawinskys Ballettmusik an dieser Stele ausdrücklich bestätigt: »Wenn ich ein Stück von ihm höre, so treibt es mich (...), zu versuchen, nicht nur Rhythmus, Melodie und Harmonie, sondern sogar die Klangfarben der einzelnen Instrumente sichtbar zu machen.« Zehn Jahre später wird sich das in dem abstrakten Tanzspiel *Agon* in reinster Form erfüllen.

M *CD* Chicago SO, Strawinsky (Sony 1964)

Messe für gemischten Chor und doppeltes Bläserquintett

UA: Mailand 1948

Zwischen 1944 und 1948 komponiert, gehört die einzige vollständige Vertonung des liturgischen Messetextes in Strawinskys Schaffen zu seinen bedeutendsten und zugleich zukunftsweisenden Werken; hier kündigt sich – nicht zuletzt durch die religiöse, wenn auch nicht im engeren Sinn kirchliche Grundlage – bereits deutlich der karge Spätstil der 50er und 60er Jahre an, der die Mitwelt durch strengste Konstruktionen und die betonte Anwendung der von Schönberg entwickelten Zwölfton (Reihen-) Technik überraschte. Die Tendenz zu linearer, hart gefügter Stimmführung und der zutiefst unsinnliche, vergeistigte Klang dieser Musik ist aber zugleich ein Rückgriff auf die große Tradition der Messen-Vertonung seit Machaut, dessen Haltung besonders in dem durchweg deklamierten, starren *Credo* anklingt. Bereits die Besetzung verweist auf den strengen, herben Grundklang; Das reine Bläserorchester (Holzbläser ohne die Flöten, Blechbläser) ruft den Eindruck eines stilisierten Orgelklangs hervor, und die, laut Partiturangabe, am besten von Knaben- und Männerstimmen auszuführenden Chorpartien sollen einen unpersönlichen, mit historischem Kolorit versehenen Vokalklang erzeugen und damit die überzeitliche Botschaft des Messetextes vermitteln. Allerdings sollte sich Strawinskys Wunsch, diese Messe möge Eingang in die katholischen Gottesdienste finden, nicht erfüllen; dafür ist der Charakter dieser ziemlich abweisenden Musik denn doch zu kompliziert.

Strawinsky erweiterte hier seine ohnehin weitgefächerte Palette von Stillagen und Tonfällen um die frühe mittelalterliche Musik (gregorianischer Choral, Tropen, Sequenzen, modale Harmonik) und um die spezielle Technik des Fauxbourdon (homophon-akkordischer und zugleich syllabischer Textvortrag), aber auch um neuartige, doppeldeutige Zusammenklänge, die der Musik einen indirekten Charakter verleihen. Dem entspricht die innerlich angestaute Intensität des Ausdrucks, gewissermaßen das auskomponierte Paradoxon einer »dynamischen Statik« (Michail Druskin), mit der das Archaische als das Moderne erscheinen kann. Und in der Gesamtanlage des Werkes kündigt sich das Bestreben des späten Strawinsky an, die Satzfolge konzentrischen Bögen zu unterwerfen: Das *Credo* steht genau im Zentrum, flankiert vom inneren Bogen der entsprechenden Sätze *Gloria* und *Sanctus* und eingefaßt vom Gesamtbogen, der vom *Kyrie* zum *Agnus Dei* reicht. Im *Agnus Dei* schließlich stoßen nochmals die Schichten archaischer und moderner Schreibweise unmittelbar aufeinander: Auf den antiphonalen Wechsel von Instrumental-Ritornellen und unbegleiteten Chorpassagen folgt, als Abschluß, eine Bläserkadenz, die in ihrer Palindrom-Gestalt (vorwärts und rückwärts die gleiche Figur) auf die spätere Reihentechnik vorausweist, mit der sich der alte Strawinsky nach dem Tode Schönbergs (1951) beschäftigte, als die Zwölftontechnik gewissermaßen zum »historisch« vorgeformten Bestand der Kompositionstechnik geworden ist.

M *CD* Trinity Boy's Choir, Englisches Bach Festival O., Bernstein (DGG 1976)

Canticum sacrum

für Tenor, Bariton, gemischten Chor und Orchester mit Orgel

UA: Venedig 1956

Nach der Oper *The rake's progress* (UA: Venedig 1951), dem »Ende eines Weges« (Strawinsky), d.h. der Erkundungen Strawinskys im Bereich der Tonalität, trat die Musik der Wiener Schule in sein Blickfeld, und sie bot ihm die Gelegenheit, noch einmal – und diesmal grundlegend – die lebenslang verfolgte Idee des reinen Kontrapunkts zu erproben und das

Wesen der eigenen Kompositionstechnik zu erfassen, indem er sich mit den Konstruktionsprinzipien Schönbergs und Weberns auseinandersetzte. Das ist umso erstaunlicher, als Strawinsky zu dieser Zeit bereits ins 70. Lebensjahr eintrat. Der Blick in die Musikgeschichte wurde nun erweitert mit dem Interesse an der aktuellen, bislang gemiedenen kompositorischen Gegenwelt der Schönberg-Schule. Man wird in Strawinskys Spätwerk Zeuge einer verblüffenden Engführung von kompositorischen Problemen und Lösungen, die es erlauben, gleichzeitig die mittelalterliche Polyphonie und Rhythmus-Struktur und – in ihrem Spiegel – die Konstruktionen der Zwölftontechnik zu sehen. Es war die Musik vor dem »harmonischen Zeitalter« (Tonalität), die Strawinsky faszinierte, Möglichkeiten der Vertiefung der eigenen kompositorischen Denkweise: »Die musikalischen Bauelemente, die heute erforscht werden müssen, sind Rhythmik, rhythmische Polyphonie und melodische oder intervallische Konstruktion« (Strawinsky). Demnach wäre es falsch, von Strawinskys Bekehrung vom Saulus zum Paulus im Bezug auf sein Verhältnis zur Musik Schönbergs zu reden, denn auch hier war es ein »Blick in den Spiegel« wie in allen seinen Anverwandlungen musikgeschichtlicher Vorgaben. Als Auftrag der Biennale komponierte Strawinsky sein geistliches Konzert *Canticum sacrum* im Jahr 1955 für San Marco in Venedig, und dies im buchstäblichen Sinn: Die besondere architektonische Gestalt der Basilika regte ihn zur symmetrischen Gesamtform des Werkes an. Komponiert »ad honorem Sancti Marci nominis«, also zu Ehren des Namenspatrons jener Kirche, war es auch eine Huldigung Strawinskys an Venedig. Die 5 Kuppeln von San Marco bestimmen den fünfteiligen Aufbau des auf lateinische Texte des Alten und Neuen Testaments (Markus-Evangelium, Hohelied Salomons, Psalmen) komponierten Werkes. Die einleitende »Dedicatio« entspricht dem Portikus, die Ecksätze (apostolischer Auftrag zur Verkündigung) entsprechen in ihrem auskomponierten Umkehrungsverhältnis (melodisch und rhythmisch gleichermaßen) der Ost- und Westapsis und sind für Chor und Orchester geschrieben. Die beiden Solosätze (Liebe und Glaube) nehmen die Funktion des östlichen und westlichen Zwischenjochs ein, während der zentrale, in sich dreiteilige, 3. Satz (Darstellung der christlichen Tugenden) der dreigeteilten Vierung des Markusdomes entspricht. Im Gegensatz zu den Ecksätzen und dem bewußt archaisierend gehaltenen Eingangsruf mit seiner Quintenharmonik sind die Mittelsätze auf Zwölftonreihen geschrieben, freilich – im Unterschied zur Schönberg-Schule – mit tonaler Tiefenschärfe, also nicht »atonal«, sondern dreiklangsbezogen (trotz aller Chromatik). Auch hier wird wieder Strawinskys Bestreben nach musikgeschichtlicher Synthese spürbar. Und wie genau er die Architektur seiner Markus-Kantate geplant hat, zeigt der 3. Satz, die »Kantate innerhalb einer Kantate« (Robert Craft): Während die Außenteile Kanons für gemischten Chor sind, ist der Mittelteil ein Dialog zwischen den beiden Solostimmen und den Frauenstimmen des Chors.

[M] *CD* Ainsley, Roberts Westminster Choir, O'Donnell (Koch/Hyperion)

Agon, Ballett für zwölf Tänzer

UA: Los Angeles 1957 (konzertant) New York 1957 (Bühne)

Die Arbeit an diesem Auftragswerk für das New York City Ballet unter George Balanchine zog sich über mehrere Jahre hin (1953–1957) und prägt auch die musikalische Gestalt: erst die letzten Abschnitte sind in der Zwölftontechnik geschrieben. Der Titel bezieht sich nicht so sehr auf die griechische Antike (das Wort bedeutet »Wettkampf«), sondern auf die französische Klassik des 17. Jhs., auf die Idee eines Wettspiels von abstrakten Bewegungsarten und -verläufen, angeregt durch Tanzlehrbücher aus der Zeit des »Sonnenkönigs« Ludwig XIV. (Mersenne, de Lauze). Die Beschäftigung mit älteren Tanzformen war für Strawinsky nicht neu – man denke nur an die stilisierte Tanzsuite des *3. Satzes* in der *Symphonie in C* –, sehr wohl aber deren Engführung mit moderner Satz- und Orchestertechnik, die in Anspielungen an Weberns filigrane Strukturen gipfeln. Trotz des großen Instrumentariums gibt es an keiner Stelle der Partitur einen Tuttiklang; dafür ist jeder der viermal 3 Sätze anders im Grundklang (und Charakter) gehalten. Ganz im Gegensatz zu Strawinskys früheren Balletten ist *Agon* ein Ballett »ohne Ort« und »ohne Geschichte«, und der Choreograph George Balanchine hatte sich darüber den Kopf zu zerbrechen, wie er die festgefügte musikalische Struktur optisch umsetzen könnte. Ihm erschien diese Musik »wie wenn das Ganze von einem Elektronengehirn kontrolliert würde«, und das entspricht genau seinen Vorstellungen von der sichtbaren Musik, die er anläßlich der Choreographie des *Orpheus*-Balletts 10 Jahre zuvor geäußert hatte.

[M] *CD* SO des SWF, Rosbaud (Ades 1957)

Threni: id est Lamentationes Jeremiae Prophetae

für Soli, Chor und Orchester

UA: Venedig 1958

Als Gegenstück zum *Canticum sacrum* konzipiert, dem Lobgesang zu Ehren des Heiligen Markus, enthält dieser musikalisierte Gottesdienst ausschließlich alttestamentarische Klagegesänge als Textgrundlage und wirkt weniger architektonisch als liturgisch verbindlich. Zugleich ist es Strawinskys 1. Hauptwerk in der Zwölftontechnik und sein umfangreichstes Sakralwerk überhaupt, komponiert wiederum für Venedig (im Auftrag des Norddeutschen Rundfunks) und uraufgeführt in der Scuola di San Rocco. Die Klagegesänge des Propheten Jeremias, aus denen Strawinsky die 1., 3. und 5. Elegie ausgewählt hat, gehören sowohl zum jüdischen wie auch zum römisch-katholischen Ritus, und so komponierte Strawinsky die Elegien von der Erniedrigung Jerusalems, der Klage, Hoffnung und Tröstung des Propheten sowie den Bittgesang »Bringe uns, Herr, zu Dir zurück« in strenger, einheitlicher Bogenform (die große Dreiteiligkeit ist überlagert von einer fünfsätzigen Struktur, da der Mittelsatz nochmals in sich dreiteilig gegliedert ist und im Zentrum die Kegelspitze des Gesamtwerkes enthält) und mit litaneiartigen Anrufen vor jedem Abschnittt versehen, intoniert auf den hebräischen Buchstaben: »Sie haben kadenzielle Wirkung und sind vergleichbar den illuminierten Buchstaben etwa eines spätmittelalterlichen Manuskripts« (Manfred Karallus). Liturgische Verbindlichkeit, moderne – diesmal durchgehend zwölftönige – Satztechnik, Strenge und Herbheit des Ausdrucks (Musik als rein geistige Wahrnehmung gedacht) sowie ältere Verfahren der komplexen Stimmführung (Kanons im 1. Abschnitt des Mittelteils) und taktlose Rhythmik aus der Polyphonie der altniederländischen Schule (Josquin) gehen eine neue, zwingende Einheit ein. Keiner der streng durchkonstruierten Abschnitte des Werkes könnte, wie etwa die Solosätze des *Canticum sacrum*, für sich aufgeführt werden, und an keiner Stelle gibt es so etwas wie eine virtuos-konzertierende Haltung. Es wäre berechtigt, von einer archaischen Schlichtheit zu sprechen, die mit der modernsten Kompositionstechnik hergestellt wurde.

[M] *CD* Beardslee, Krebs, Oliver, Lewis, Morgan, Wainner, Schola Cantorum, Columbia SO, Strawinsky (Sony 1959)

Movements für Klavier und Orchester

UA: New York 1960

Noch einen Schritt weiter als bei der strengen Stimmführung des Kanons und der noch dreiklangsbezogenen Zwölftontechnik in den *Threni* geht Strawinsky in den 1958/59 komponierten *Movements*, in denen – wie in der *Symphony in three movements* – die Doppelbedeutung des Wortes (Satzfolge und Bewegungscharaktere) in Musik umgesetzt erscheint. In diesem »Wendepunkt in meiner späteren Musik« vollzog er nämlich den entscheidenen Schritt zur nicht mehr tonal gebundenen Reihentechnik und realisierte so etwas wie eine Form musikalischer Kristalle, die mehr mit Weberns Spätwerk als mit Schönberg zutun haben. Die verschiedenen Reihenformen »strahlen nach allen Richtungen« (Strawinsky), und sie verbinden sich mit der alten Technik polyrhythmischer Gebilde, die Strawinsky in ganz neuem Geiste wieder aufgreift. Dem entspricht der wenig konzertante, dafür sehr komplexe Charakter des Werkes, das eher als Gruppenkonzert mit obligatem Klavier denn als »Klavierkonzert« zu bezeichnen wäre. Jeder der 5 durch klavierlose Zwischenspiele miteinander verbundenen Sätze hat seinen speziellen Instrumental- und Bewegungscharakter, und allen gemeinsam ist die strikte Negation von Tonalität und entsprechender Formbildung.

[M] *CD* Crossley, London Sinfonietta, Salonen (Sony 1990)

A Sermon, a Narrative and a Prayer (Predigt, Bericht und Gebet)

Kantate für Alt, Tenor, Sprecher, Chor und Orchester

UA: Basel 1962

Im Auftrag von Paul Sacher in den Jahren 1960/61 komponiert, ist diese Kantate das neutestamentarische Gegenstück zu den *Threni*, ebenfalls dreiteilig, aber in 3 völlig unterschiedlich Formen und Haltungen aufgefächert: Die Ecksätze sind chorisch, der Mittelsatz ist eine dramatische Soloszene. Dem Hymnus des 1. Satzes auf einen Text aus den Paulus-Briefen (»Das Wesen des Erhofften, der Beweis des Ungesehenen ist der Glaube«) entspricht die choralartige Gebetshaltung des 3. Satzes, eines Epitaphs für den verstorbenen Geistlichen James McLane auf einen Text aus Thomas Dekkers Schrift »Vier Vögel aus Noahs Arche«. Das Melodram des Mittelsatzes enthält den Märtyrer-Bericht von der Steinigung des heiligen Stephanus aus der Apostelgeschichte und fällt besonders auf durch die vielseitige Verwendung der Textdeklamation, bei der sich an entscheidenden Stellen Sprechen und Singen in einzigartiger Weise miteinander vermischen. Über die innere Dramaturgie des Werkes äußerte sich Strawinsky: »Im Glauben und in der Barmherzigkeit führt die Tugend der Hoffnung, dieser neutestamentliche Weg zur Wahrheit, den ersten christlichen Märtyrer, den heiligen Stephanus, dazu, für seine Peiniger zu beten und so die Tat seines Meisters zu wiederholen.«

[M] *CD* Verrett, Driscoll, Horton, CBC SO, Strawinsky (Sony 1962)

Abraham und Isaac

Sakrale Ballade für Bariton und Kammerorchester

UA: Jerusalem 1964

Dem »Volk des Staates Israel« in Dankbarkeit für die Gastfreundschaft bei dem Aufenthalt im Jahr 1962 gewidmet, komponierte hier Strawinsky zum ersten (und einzigen) Mal einen originalen hebräischen Text, jene Geschichte von dem versuchten Menschenopfer, das in ein Tieropfer umgewandelt wird. Die dramatische Grundhaltung, die dialogische Struktur des Textes spiegelt sich jedoch nicht in der Besetzung, sondern nur im Wechsel von Dynamik und Tonfall des Solisten. Von einer Übersetzung des ursprünglichen Wortlauts hat Strawinsky ausdrücklich abgeraten, »da die einzelnen Silben in ihrer Betonung und Klangfarbe ein genau fixiertes und wesentliches Element der Musik sind. Die sprachliche und musikalische Betonung sind übrigens identisch, was in meiner Musik selten vorkommt« (man denke nur an die eigenwillige Betonung des französischen Textes in *Perséphone* oder des lateinischen Textes in *Oedipus Rex*). Die außerordentlich schwierige Partie des Solisten verlangt alle Zwischenstufen zwischen Sprechen und Singen, und auffällig ist die ausdrückliche Hervorhebung des häufig auftretenden Namens Abraham durch unbegleiteten Vortrag. In der Gesamtanlage schuf Strawinsky eine seiner spiegelsymmetrischen Großformen, die für sein Spätwerk so überaus typisch sind: Auf den Höhepunkt des Mittelteils (Instrumental-Zwischenspiel und versuchtes Menschenopfer als Zentrum der Handlung) bewegen sich die miteinander korrespondierenden äußeren (acht) Abschnitte konzentrisch zu, so daß die Abfolge der Handlungselemente wie eine Zange wirkt und dem Werk die größte nur denkbare Einheit verleiht.

[M] *CD* Frisch, Columbia SO, Craft (Sony)

Variations (Aldous Huxley in memoriam) für Orchester

UA: Chicago 1965

Seine größte musikgeschichtliche Synthese auf dem Gebiet der reinen orchestralen Instrumentalmusik hat Strawinsky mit diesen Variationen über eine Zwölftonreihe statt über ein Thema geschaffen, denn er verwirklichte hier nicht nur die von Weberns musikalischen Kristallen übernommen Idee in sich bewegter Strukturen, die wie ein akustisches »Mobile« wirken, sondern darüber hinaus auch die Restitution der mittelalterlichen Technik der »Isorhythmie«, das Verfahren also, verschiedenen Tonhöhen diesselben rhythmischen Muster zu unterlegen. Das geschieht an den 3 zentralen Stellen des Werkes, jenen zwölfstimmigen Abschnitten mit 12 verschiedenen Rhythmen, die, laut Strawinsky, so klingen, »als würde man sehr kleine Glasscherben streuen« und die Idee des akustischen »Mobile« in Extremform präsentieren, »deren Muster sich perspektivisch ändern durch die dynamischen Verschiedenheiten der jeweiligen Versionen« – und dies im strikten Gegensatz zu den übrigen Abschniten, die sich durch eine »kontrastierende Starrheit« auszeichnen. Es handelt sich um eine sehr eigenwillige Umdeutung der Satztechnik, wie sie Webern in seinen *Orchestervariationen op. 30* angewandt hat.

[M] *CD* Columbia SO, Craft (Sony)

Requiem canticles (Requiem-Gesänge)

für Soli (Alt und Baß), Chor und Orchester

UA: Princeton University 1966

In dem von ihm selbst wegen der fragmentarischen Textgrundlage (nur einzelne Textpassagen aus dem katholischen Requiem-Text) als »Taschen-Requiem« bezeichneten, letzten Hauptwerk hat Strawinsky nichts weniger als sein schöpferisches Fazit gezogen, zugleich die Essenz aus der langen Tradition von Requiem-Vertonungen. Gruppiert um den zentralen, trauermarschartigen und rein instrumentalen Mittelsatz, einen ganz eigenartigen Lamento-Charakter mit dem abgeblendeten Klang von Bläsern und Pauken, und eingefaßt von 2 instrumentalen Ecksätzen (Vor- und Nachspiel), sind die 6 Vokalsätze wieder, wie auch in anderen Spätwerken Strawinskys, symmetrisch auf eine Kegelform hin angelegt und entfalten, jeder Satz mit eigenem Grundklang und -charakter, noch einmal die ganze Spannweite der kompositorischen Phantasie des großen Komponisten. Sie reicht vom ängstlichen Gemurmel des Schlußchors über die beiden sehr unterschiedlichen Solosätze *Tuba mirum* (Baßsolo) und *Lacrimosa* (Altsolo) und das stilisierte Beben des *Rex tremendae* bis zum absichtlich kunstlosen Satz des *Exaudi orationem meam*, der so klingt, als handle es sich um einen zögernden, unsicheren Gemeindegesang. Den inneren Höhepunkt und das Gegenstück zum zentralen Trauerkondukt des Mittelsatzes bildet das stilisierte Totengeläute des Nachspiels, in dem Strawinsky seine lebenslange Erfahrung mit dem russischen Glockenklang und den speziellen stehenden Schlüssen seiner Musik (man denke nur an das Ende von *Les noces* oder der *Symphonie in C*) in einer auskomponierten Todesahnung auf den Punkt bringt: »Die Glockenklänge des *Postlude* (...) waren« – als sie auch bei der Trauerfeier für den Komponisten in Venedig erklangen – »ein der Kunst entsagendes Ritual, das den Toten hinübergeleitete, der die Künstlichkeit von Kunst wie keiner sonst durchschaute« (Theo Hirsbrunner).

[M] *CD* Anderson, Bressler, Ithaca College Choir, Craft (Sony)

Igor Strawinsky Edition: 12 Vol., Verschiedene O., Strawinsky u. Craft (Sony 1945 – 1968)

Dietmar Holland

Josef Suk

1874–1935

Seine beiden Professionen betrieb Josef Suk lebenslang mit demselben vollen Einsatz. Die eine war die des Geigers: 1892 hatten sich am Prager Konservatorium 4 junge Musiker zu einem Streichquartett zusammengetan, in dem Josef Suk die 2. Geige übernahm. Den Auftakt zu einer internationalen Karriere bildete 1893 ein Konzert in Wien, unter dessen begeistertem Publikum sich auch Brahms und Hanslick befanden. Unter dem Namen »Böhmisches« bzw. »Tschechisches Streichquartett« erwarb es sich einen legendären Ruf; es bestand bis 1933. Ebenfalls 1892 begann Josef Suk auch seine Komponistenkarriere, die zweite Profession: Nach einer Reihe von Kompositionen, die seit dem Kindesalter entstanden waren, erregte er 18jährig mit der *Serenade Es-Dur op. 6* für Streichorchester erstmals öffentliches Aufsehen – ein Werk jugendlichen Schwungs, großen melodischen Reichtums, pulsierender Rhythmik und formaler Ausgewogenheit. Der optimistische Grundton und der lyrische Überschwang leiten sich wohl aus den Umständen seiner Entstehung her, denn Suk schrieb es unter dem Eindruck eines Ferienaufenthaltes bei seinem hochverehrten Lehrer Antonín Dvořák und der Begegnung mit dessen Tochter Otylka, die bald seine Frau werden sollte. Unter dem Einfluß von Dvořák entstanden auch die Bühnenmusik *Radúz und Mahulena* (1897/98, auch als Konzertsuite), einige Klavierzyklen und die *Phantasie g-moll* für Violine und Orchester (1902); hier entwickelte Suk allmählich, über das Erbe der national-tschechischen Musik hinaus, eine subjektiv verfeinerte, ins Impressionistische reichende Klangsprache.

Den Durchbruch zu einer wirklich eigenständigen Symphonik brachte die 5sätzige Symphonie c-moll *Asrael op. 27*: Als Dvořák 1904 starb, entschloß sich Suk zu einer Art »symphonischem Requiem« mit dem Namen des Todesengels aus der jüdischen Mythologie als Titel. Die ersten 3 Sätze sollten dem Ausdruck der Trauer, die beiden weiteren dem einer bewundernden Hommage an Dvořák gewidmet sein. Der 1. Teil wurde in die Tat umgesetzt: Die Motive von Trauer und Schmerz im *1. Satz* zeigen plastische und sprechende Gestalt, im *2. Satz* zitiert Suk eine Stelle aus Dvořáks Requiem, in dem gespensterhaften, skurrilen *Scherzo* kommt die als unausweichlich vernichtend erfahrene Gewalt des Todes zum Ausdruck. Doch während der Arbeit am 4. Satz starb Suks große Liebe, seine Frau Otylka im Alter von 27 Jahren. »Seit dem schrecklichen Augenblick, als der Stern meines Lebens in meinen Armen verlosch, ist heute der erste Tag, an dem ich eine Feder in die Hand genommen habe«. So komponierte er einen *langsamen Satz* hinzu, ein zartes Porträt der Toten, überschrieben mit »An Otylka«, und ein *Finale*, in dem die thematischen Gestalten der vorangehenden Sätze noch einmal versammelt werden. »Weißt Du«, schrieb er einem Freund, »was ich durchmachen mußte, bis ich dieses letzte C-Dur erreichte? Nein, es ist kein Werk des Schmerzes – sondern ein Werk übermenschlicher Kraft«.

In den symphonischen Werken der folgenden Jahre erweiterte Suk die romantisch-subjektive Expressivität Schritt um Schritt in die Bereiche der erweiterten und freien Tonalität hinein. *Ein Sommermärchen op. 29* (1907/09), *Reifen op. 34* (1913/17) und *Epilog op. 37* (1920–1932, mit Chor und Solisten) führen über die autobiographische in eine allgemein-philosophische Reflexion. Josef Suk leistete einen wichtigen Beitrag zur Lösung der tschechischen Musik aus der National-Romantik eines Smetana und Dvořák hin zu einer zeitgemäßen europäisch-offenen Musiksprache.

Christoph Hahn

Karol Szymanowski

1882–1937

Die fehlende staatliche Selbständigkeit Polens zwischen der 3. polnischen Teilung (1796) und dem Ende des Ersten Weltkrieges (1918) wirkte sich auch in der Kultur und hier speziell in der Musik durch eine gewisse Diskontinuität der Entwicklung aus. Daß Karol Szymanowski als die Vaterfigur der modernen polnischen Musik einzuschätzen sei, ahnten zu seinen Lebzeiten nur wenige; aber seine umfassende Kenntnis der europäischen, antiken und orientalischen Kultur, seine Entdeckungsreisen in die Folklore der abgelegenen Karpatenregion, vor allem aber seine stete Orientierung am gesamteuropäischen Geistesleben schufen die Voraussetzungen für die heutige Weltgeltung der Musik seines Landes, vor allem der seit dem ersten »Warschauer Herbst« 1956 Furore machenden »Polnischen Schule«. Witold Lutosławski erinnert sich dankbar an die tiefe Ausstrahlung Szymanowskis in den 30er Jahren, obwohl dieser damals schon schwer krank war.

Karol Szymanowski wurde am 6. Oktober 1882 auf dem Landgut Tymoszówka in der Ukraine geboren; er entstammt dem alten polnischen Landadel; umfassende Bildung, Sprachen, Künste, Reisen gehörten wie selbstverständlich zu seiner Jugend, dazu die musikalische Ausbildung mit Gleichaltrigen aus den mit den Szymanowskis verwandten Musikerfamilien Blumenfeld und Neuhaus. Den jungen Komponisten Szymanowski faszinierte die Musik Skrjabins, Regers und Debussys, nicht so sehr der Akademismus des Warschauer Konservatoriums. Mehrere Reisen nach Italien, Sizilien und Nordafrika zwischen 1908 und 1914 brachten Eindrücke aus den mediterranen und orientalischen Kulturen. Die *3. Symphonie »Das Lied der Nacht«* für Tenor (oder Sopran), Chor und Orchester nach Worten der Sufi-Poesie *op. 27* (1914–16), das *1. Violinkonzert op. 35* (1916) und eine Reihe von Liederzyklen (teilweise später auch orchestriert) zeigen Szymanowskis eigenständigen, koloristisch-sensualistischen Stil. Das dahinterstehende, mediterran-mystische Ideengebäude offenbart sich in der Oper *Król Roger op. 46* (*»König Roger«* 1918–1924), einem eher oratorischen Werk ohne zwingende Bühnendramaturgie.

Nach 1918 – Szymanowski ließ sich nun endgültig in Warschau nieder – entdeckte er mit anderen Künstlern und Forschern die Folklore der Góralen, der bäuerlichen Bewohner im Vorland der Hohen Tatra, und war hingerissen davon. Neben den Mazurken für Klavier, Liedern und Kammermusik entstand in dieser Phase einer Sublimierung von Folklore das Ballett *Harnasie op. 55* (1923–1931).

Neben seiner Tätigkeit als Hochschullehrer, Publizist und konzertierender Künstler strebte er in den letzten Jahren seines Lebens eine Art neuer Klassizität an; dafür stehen Werke wie die *4. Symphonie »Sinfonia concertante« op. 60* (1932), das *2. Violinkonzert op. 61* (1933), aber auch das gleichermaßen strenge wie hymnische *Stabat Mater op. 53* (1925–1926). Szymanowski starb am 29. März 1937 in einem Sanatorium in Lausanne, ohne diese letzte Schaffensphase vollgültig ausformuliert zu haben.

Symphonie Nr. 3 op. 27

UA: Londen 1921

Das 1914–16 entstandene Werk für Tenor (oder Sopran), gemischten Chor und Orchester basiert auf Worten aus dem Zweiten Diwan des Sufi-Poeten Mevlana Jalal ad-Din ar-Rumi, dessen Dichtungen Szymanowski während seiner Mittelmeerreisen durch Übersetzungen seines Dichter-Freundes Tadeusz Miciński kennengelernt hatte. Das einsätzig durchkomponierte, aber in Abschnitte untergliederte Werk breitet eine teils lyrische, teils hymnisch gesteigerte, aber in seiner aparten Klanglichkeit stets geheimnisvolle Atmosphäre aus; der Komponist hat sich hier von den Einflüssen Regers und Skrjabins gelöst und findet zu einer Art oratorisch-symphonischer Dichtung, in der die ekstatischen Texte der Sufi-Dichtung zwar verstehbar in den Gesamtklang eingesenkt sind, aber die Solostimme und der Chor doch stark instrumentalisiert erscheinen. An die Form der klassischen Symphonie erinnert höchstens eine tanz- bzw. scherzoartige Episode: Bestimmend ist die Klang- und Farbendramaturgie.

[M] *CD* Nationalphilharmonie Warschau, Rowicki (Muza 1961); Birmingham SO, Rattle (EMI 1993)

Violinkonzert Nr. 1 op. 35

UA: Warschau 1922

Ebenfalls 1916 beendet, ist dieses Werk nicht nur eins der besten und auch bekanntesten von Szymanowski, sondern auch ein äußerst origineller Beitrag zur Gattungsgeschichte des Violinkonzerts. Das Stück ist einsätzig in Form einer freien Phantasie und mit dem Ausdrucksgestus lyrischer Introversion, aus der nur an einigen Höhepunkten dramatische und rhythmisch profilierte Kulminationen ausbrechen. Ein flimmernder Klangteppich leitet eine Folge meist gesanglich formulierter Episoden ein; am Ende verklingt die Solovioline im Pianissimo in den höchsten Lagen.

[M] *CD* Edinger, RSO Katowice, Penderecki (Thorofon 1989)

Harnasie op. 55

UA: Prag 1935

»Karols Entzücken über die Musik der Góralen hörte nicht auf«, schreibt der Dichter J. Iwaszkiewicz in seinen Memoiren (Krakau 1976), »ich erinnere mich, wie wir einmal zum Hause eines Bekannten gingen, wo wir den ganzen Abend Bartek Obrochtas Quartett hörten. Es war ein herrlicher Septembertag, abends kam leichter Nebel auf. Über dem blauen Gipfel des Giewont glänzte der Mond. Es war warm, und vom gemähten Gras stiegen mächtig duftende Schwaden auf. Wir waren nicht viele: meine Frau, Karol, Professor Chybiński, ein paar Freunde. Irgendeine unglückselige Dame wunderte sich, wie wir nur dieser ›falschen‹ Musik zuhören könnten; wir aber saßen bis spät in die Nacht, mit Wodka nur den alten Bartek bewirtend, denn wir selbst waren berauscht von den ganz einfach barbarischen, aber schönen Tanzweisen, welche die Góralen immer wieder auf ihren Fiedeln anstimmten. Karol konnte sich vor Begeisterung gar nicht beruhigen. Diese Melodien, diese Harmonien drangen ihm ins tiefste Innerste, und aus dieser Stimmung heraus entstand die Idee eines Góralenschauspiels…«

Thema dieses auch konzertant aufführbaren Balletts für einen Tenorsolisten, gemischten Chor und Orchester, das zwischen 1923 und 1931 entstand, ist ein Brautraub durch einen »Harnaś« (»Harnasie« = Die Bergräuber; Aussprache etwa: »Harnasche«). Aber das rhythmisch hinreißende und orchestral farbglühende Werk lebt völlig aus der Stimmung und dem Temperament der »Góralen«-Folklore, die Szymanowski allerdings auf dem Niveau sublimiert, das man aus vergleichbaren Werken etwa von Béla Bartók oder Manuel de Falla kennt. Die Partitur beginnt mit einer langgezogenen Melodie in der typischen »Góralen-Tonart«, nämlich einer Durtonleiter mit übermäßiger Quart (»Tritonus«) und kleiner Septime; bäuerliche Tanzszenen und dramatische Kontraste, aber auch anrührende lyrische Episoden bestimmen ein stets faszinierendes Werk, das mit einer Berceuse des Bergräuberhauptmanns für die von ihm entführte und damit vor einer ungewollten Ehe gerettete Geliebte endet.

[M] *CD* Chor und O. der Polnischen National-Oper Warschau, Satanowski (Koch-Schwann 1988)

Symphonie Nr. 4 (»Sinfonia Concertante«) op. 60

UA: Posen 1932

Die *4. Symphonie* »Sinfonia Concertante« ist ein dreisätziges, symphonisches Klavierkonzert, das der Komponist zunächst für den eigenen Gebrauch schrieb und worin sich die Tendenz seines Spätstils zum Neoklassizismus am klarsten äußert. Er verbindet hier die klangliche Raffinesse seiner »impressionistischen« Phase mit der von der Folklore inspirierten Themenformulierung der 20er Jahre; gegenüber den vorangegangenen symphonischen Werken ist die Struktur viel übersichtlicher. So kehrt der *1. Satz* zu einer variierten Sonatenform zurück; der *zweite* bringt eine Art Liedform mit einem verdichteten Höhepunkt in der Mitte; der unmittelbar folgende *dritte* greift den Rhythmus des Oberek, eines polnischen Volkstanzes, auf und enthält einen betont virtuosen Klavierpart. Das Werk steht dem Charakter eines romantischen Solokonzerts näher als der Gattung Symphonie.

[M] *CD* Ochman, Poln. Staatsphilharmonie Katowice, Stryja (Marco Polo 1989)

Hartmut Lück

Germaine Tailleferre

1892–1983

Sie war die Dame der »Groupe de Six«; Eric Satie – enfant terrible und Querdenker der Pariser Künstlerszene um die Jahrhundertwende – nannte sie seine »Tochter«. Germaine Tailleferre wurde am 19. April 1892 in Parc Saint-Maur geboren. Ohne Wissen des Vaters, aber mit Zustimmung der Mutter, die selbst Musikerin war, erhielt sie mit 4 Jahren den ersten Klavierunterricht. Gegen elterlichen Widerstand besuchte sie mit 12 Jahren das Pariser Konservatorium, wo sie 1913 und 1914 erste Preise in Theoriefächern gewann. Als Schülerin von Darius Milhaud lernte sie dort A. Honegger, F. Poulenc, G. Auric und L. Durey kennen, deren gemeinsame Ablehnung des Wagnerianismus und des Impressionismus zur Bildung der »Groupe de Six« führte. Die Gruppe vertrat eine antiromantische Kunstauffassung, in die auch Alltagsmusik (Film-, Volksfest-, Kaffeehausmusik) Eingang fand. Auf dieser Grundlage entstand die Gemeinschaftskomposition *Les Mariés de la Tour Eiffel (Das Brautpaar vom Eiffelturm)*, der im Jahr 1921 ein unerhörter Erfolg beschieden war.

In ihren frühen Orchesterwerken, wie der *Ballade für Klavier und Orchester* (1919) ist G. Tailleferre noch dem nuancenreichen Klangbild des Impressionismus verpflichtet.

Spätere Werke, wie das *Concertino für Harfe und Orchester* (1927) zeichnen sich durch tänzerische Motorik und »Strawinskysche« Klangschärfung aus.

Ab 1946, nach ihrer Rückkehr von einem vierjährigen USA-Aufenthalt, erhielt sie Aufträge vom Französischen Rundfunk, schrieb Filmmusiken und veranstaltete in ganz Europa Vorträge über die Musiker der »Groupe de Six«.

Neben Orchesterwerken wie *La girlande de Campra* und dem *Concertino für Flöte und Klavier* entstanden Solokonzerte für Klavier und Violine sowie 2 Ballette, 2 Operetten und 6 Opern.

Das Schaffen G. Tailleferres läßt sich am besten mit ihren eigenen Worten charakterisieren: »Ich habe nicht viel Respekt vor der Tradition. Ich mache Musik, weil es mir Spaß macht. Ich weiß, daß das keine große Musik ist. Es ist eine leichte, heitere Musik, die mich manchmal an die Kleinmeister des 18. Jhs. erinnert, die ich sehr schätze«.

Vom Musikbetrieb vergessen starb G. Tailleferre am 7. November 1983 in Paris.

Elisabeth Prossel

Toru Takemitsu

1930–1996

»Ein Komponist sollte nicht danach streben, traditionelle japanische Instrumente auf natürliche Weise mit dem westlichen Orchester zu verschmelzen. Er sollte ganz im Gegenteil versuchen, den einzigartigen Klangbereich hervorzuheben, in dem Biwa und Shakuhachi beheimatet sind, indem er ihn stark gegen das Orchester absetzt«. Was Toru Takemitsu hier über seine 1967 entstandenen *November Steps* für traditionelle Instrumente wie die lautenartige Biwa und die Shakuhachi-Bambusflöte sowie für das westliche Orchester äußert, kann auf das Gesamtwerk des 1930 in Japan geborenen Komponisten übertragen werden: Altjapanische und westliche Klangwelten lassen sich nicht einfach vermischen, sondern allenfalls sensibel gegenüberstellen, parallel entwickeln.

Takemitsu studierte in Paris und wurde in seinem musikalischen Denken besonders von Debussy und Messiaen inspiriert. Daher ist es nicht verwunderlich, daß die modale Kompositionsweise, eine äußerst bewegliche Orchestrierung und strukturelle Feingliedrigkeit zu den wichtigsten Merkmalen seiner Orchesterwerke zählen. Galt Takemitsu mit seinen frühen Tonband-Collagen noch als Bahnbrecher der japanischen Musique concrète, begründeten doch vor allem seine zart getönten meditativen Orchesterwerke seine auch international exponierte Stellung unter den bedeutensten zeitgenössischen Komponisten Japans. Hervorzuheben neben den schon genannten *November Steps* sind unter den Orchesterwerken Takemitsus noch das von Strawinsky sehr geschätzte *Requiem* für Streicher (1957), *Solitude sonore* (1958), *Music of Trees* (1961), *Far Calls, Coming, Far!* für Violine und Orchester (1980), *Visions* für Orchester (1989) und *Spirit Garden* für Orchester (1994).

Gemeinsam ist diesen Werken ihre gleichsam kontemplative Grundstimmung: in ruhigen Gesten entfalten sich langangehaltene Töne und Klänge mit feinen Dynamik- und Temposchwankungen Am 20. Februar 1996 ist er in Tokio gestorben.

Michael Schmidt

Josef Tal

1910

Als Sohn des Rabbiners Julius Grünthal in Pinne bei Posen geboren, wuchs Josef, der sich später in Palästina »Tal« (hebr.: Tau) nannte, in Berlin auf, wo der deutsch-assimilierte Vater ein Waisenhaus leitete. Er studierte an der Berliner Hochschule für Musik Klavier, Harfe und Komposition (bei Hindemith, Saal, Sachs, Schreker, Trapp, Tiessen). Beim Aufzug der Nazi-Herrschaft wanderte er 1934 noch rechtzeitig ins damalige britische Mandatsgebiet Palästina aus, obwohl er dort seinen Musikerberuf zunächst nicht ausüben konnte. Aber ein improvisiertes Konzert im Kibbuz gab den Anstoß, daß er bald doch im ganzen von Juden und Arabern bewohnten Land als Pianist auftrat – die Juden dankten es ihm mit dem liebevollen Beinamen »Josef Hacholem«, Josef der Träumer, und die Araber nannten ihn gar »Abu Musica«, Vater der Musik.

Zu einem »Vater der Musik« Palästinas und später Israels wurde er nicht nur als Pianist, sondern auch als Dirigent, als Hochschullehrer (seit 1937 an der Jerusalemer Musikakademie, von 1948 bis 1952 als deren Direktor, ab 1951 an der Hebräischen Universität Jerusalem) und ab den frühen 40er Jahren als Komponist, noch heute einer der meistgeachteten in Israel. Schon früh integrierte Josef Tal die technischen Neuerungen der Elektronik in seine kompositorische Arbeit, versuchte diese Integration auch bei anderen zu fördern und gründete 1961 das Zentrum für elektronische Musik. Er schrieb Kammermusik (vorwiegend für sein eigenes Instrument, das Klavier) und eine ganze Reihe Opern, eine Musikgattung, in der er sich besonders gerne ausdrückt (z. B. *Ashmedai*, 1971 in Hamburg uraufgeführt, *Der Turm*, eine Allegorie auf den Turmbau zu Babel, UA Berlin 1987, oder *Massada* 967, eine elektronische Oper zur 25-Jahr-Feier des Staates Israel). Er komponierte aber auch erfolgreiche Symphonien, Klavierkonzerte, ein Bratschen- und ein Cellokonzert, verschiedene andere Orchesterwerke, mehrere Kantaten, in denen er sich wie bei den Opern bevorzugt mit Themen der Bibel auseinandersetzt, sowie das Oratorium *Der Tod des Moses* (nach dem Tod seines Sohnes Reu'wen im 6-Tage-Krieg). Von seinem Stil her gilt er innerhalb der israelischen Komponisten als »europäisch«, obwohl er durchaus orientalische Themen in seine Musik einbezieht, etwa in seine *1. Symphonie*, deren Klangmaterial er einem persisch-hebräischen Klagegesang entnahm, oder im *3. Klavierkonzert*, das durch eine Tenorstimme mit Texten zum Laubhüttenfest ergänzt wird. Seine europäischen Wurzeln zeigen sich dabei in der freien Verwendung der Zwölfton- und der seriellen Musik, aber eben auch im Gebrauch elektronischer Medien und von Tonbändern.

Barbara Knab

Sergei Iwanowitsch Tanejew

1856–1915

Lieblingsschüler Peter Tschaikowskys, Lehrer von Alexander Skrjabin und Sergei Rachmaninow – die Nachwelt behielt Sergei Tanejew fast nur als Übergangsfigur im Gedächtnis, als Mittler zwischen zwei Generationen russischer Musiker. Das eigene Werk des vielseitigen Komponisten und Pädagogen geriet nach seinem Tode dagegen alsbald in Vergessenheit. Dabei begann die Laufbahn des Sergei Tanejew mehr als verheißungsvoll: am 13./25. November 1856 im Gouvernement Wladimir geboren, nahm er bereits im Alter von 9 Jahren das Studium am gerade gegründeten Moskauer Konservatorium auf. Der Direktor des Instituts, Nikolai Rubinstein, eine der Schlüsselgestalten des Musiklebens im zaristischen Rußland, unterwies ihn im Fach Klavier, und Peter Tschaikowsky erschloß ihm die Geheimnisse der Musiktheorie. Sergei Tanejew machte schon bald als ebenso virtuoser wie sensibler Pianist von sich reden, er spielte die russische Erstaufführung des berühmten b-moll-Konzerts von Tschaikowsky, und er unternahm als Klavierpartner des ungarischen Geigers Leopold Auer Konzertreisen durch ganz Europa. Als Peter Tschaikowsky 1878 seinen Dienst am Moskauer Konservatorium quittierte, wurde Tanejew zu seinem Nachfolger ernannt. Die Lehrtätigkeit erbrachte ihm den Ruf eines exzellenten Pädagogen – und bedingte das Verhängnis seines Nachruhms: Bis heute legt die Musikgeschichtsschreibung Tanejew einseitig auf den Theoretiker fest; man zeiht ihn akademischer Blässe und attestiert seinen Werken eine rein formale Schönheit. Gänzlich übersehen wird dabei, daß Sergei Tanejew ein eigenständiges musikalisches Idiom entwickelte, mit dem er stilbildend die Generation seiner Schüler prägte. Sein ästhetischer Ansatz bestand darin, »durch Kontrapunktierung von Volksliedern und Kirchenmelodien« zu einer originär russischen Musik zu gelangen, er befand es für nötig, »dem russischen Lied die gleiche geistige Arbeit angedeihen zu lassen, wie sie dem Lied der westlichen Völker zuteil geworden ist«. Sergei Tanejews

4 Symphonien, diverse symphonische Fragmente, seine *8 Streichquartette*, aber auch seine Liedkompositionen, Kantaten und die Oper *Die Orestie* legen ein klingendes Zeugnis ab für seine nationale Variante der Polyphonie; der zweibändige Abriß »Der bewegliche Kontrapunkt im strengen Satz« (1909) bündelt seine theoretischen Erkenntnisse.

Sergei Tanejew starb am 6./19. Juni 1915, nachdem er sich bei der Beerdigung von Alexander Skrjabin eine schwere Erkältung zugezogen hatte – ein fast sinnbildliches Vorgang, denn nicht nur sein heutiges Renommée scheint untrennbar gekoppelt mit dem Leben und Wirken seiner Schüler. *Susanne Stähr*

Georg Philipp Telemann

1681–1767

»Telemann kann entsetzlich bummelich schreiben, ohne Kraft und Saft, ohne Erfindung, er dudelt ein Stück wie das andere herunter,« schrieb Robert Eitner 1884. Lange hatte Telemann mit diesem Vorurteil des oberflächlichen Vielschreibers zu kämpfen. Heute hat man diesen originellen Komponisten wieder schätzen gelernt. Da der Vater des am 14. März 1681 in Magdeburg geborenen Telemann sehr früh verstarb, lag die Erziehung des Sohnes in den Händen der Mutter, die trotz der herausragenden musikalischen Begabung des Sohnes, der schon während der Gymnasialzeit in Zellerfeld Arien, Motetten und Lieder komponierte, etwas »Anständiges« aus ihm machen wollte, nämlich einen Juristen. Telemann folgte dem Wunsch und nahm 1701 an der Universität in Leipzig das Jurastudium auf, entschied sich aber dann letztlich doch für die Musik, nachdem er immer häufiger ehrenvolle Aufträge für die Thomaskirche erhalten hatte. In Leipzig gründete er auch ein weithin beachtetes studentisches Collegium Musicum, mit dem er Konzerte gab und eigene musikdramatische Werke an der Leipziger Oper zur Aufführung brachte; schließlich wurde er mit 23 Jahren zum Kapellmeister des Grafen Promnitz in Sorau ernannt. Hier kam er auch mit der polnischen Musik in Berührung, die für sein späteres Schaffen so wichtig sein sollte. Vier Jahre später finden wir ihn als herzoglichen Kapellmeister in Eisenach. Im Jahre 1712 wechselte er nach Frankfurt a. M. an die Barfüßer- und Katharinenkirche und wurde wenig später zum städtischen Musikdirektor ernannt. Inzwischen war sein Ruhm als Komponist so weit verbreitet, daß er es sich leisten konnte, das angebotene Thomaskantorat in Leipzig abzulehnen und so der Leipziger Rat sich mit dem, wie es hieß, »geringeren« Johann Sebastian Bach begnügen mußte. Seit 1721 wirkte Telemann als Leiter der Kirchenmusik für die 5 Hauptkirchen in Hamburg, und auch die Hamburger Oper verdankte ihm in dieser Zeit seine letzte Blüte. Am 25. Juni 1767 starb Telemann als einer der berühmtesten und fruchtbarsten Komponisten der europäischen Musikwelt seiner Zeit. Von Telemanns reichhaltigem Schaffen – allein die Zahl der Orchestersuiten wird auf weit über 1000 geschätzt – ist nur der geringste Teil erhalten. Zu erwähnen sind die *4 Orchestersuiten A-Dur TWV 55 A 8, B-Dur TWV 55 B1, C-Dur TWV 55 C 3*, die sich durch ihre feinsinnige und phantasievoll-kontrastreiche Gestaltung auszeichnen, die umfangreiche *Tafelmusik*, die dramatische Kantate *Ino*, die späten Oratorien *Die Tageszeiten* (1757) und *Tag des Gerichts* (1762), die hin und wieder im Konzertsaal auftauchen. *Gerd Hüttenhofer*

Virgil Thomson

1896–1989

»Er war sowohl als Kritiker wie als Komponist erschreckend klar.« Der amerikanische Komponist und Musikkritiker Virgil Thomson hat in diesem Satz – gemeint ist Hector Berlioz – eigentlich auch sich selbst am treffendsten charakterisiert. Auch wenn die brillanten und stets die eigene Meinung unbeirrt darlegenden Essays von Virgil Thomson ihresgleichen suchen, so ist es dennoch nicht gerechtfertigt, darüber ein interessantes und sehr umfangreiches Œuvre eines der »Väter der amerikanischen Musik« zu vernachlässigen. Denn schon bevor Thomson zwischen 1940 und 1954 als Musikkritiker der in New York erscheinenden *Herald Tribune* verantwortlich zeichnete, hatte er als Komponist Beachtenswertes geschaffen.

30jährig zog der am 25. November 1895 in Kansas City geborene Thomson nach Paris. Der Absolvent der Harvard University eröffnete den langen Reigen von Amerikanern, die sich bei Nadia Boulanger kompositorisch den »letzten Schliff« holen wollten. In Paris traf Thomson auch die amerikanische Schriftstellerin Gertrude Stein. Aus dieser Begegnung heraus resultieren zwei außergewöhnliche Musiktheaterprojekte: *Four Saints in three acts* (1927) und *The Mother of us all* (1946). In Anlehnung an Gertrude Steins literarische »Portraits« komponierte Thomson weit über 100 Klavierstücke, in denen er

Zeitgenossen wie den Dadaisten Hans Arp, die Kunstmäzenin Peggy Guggenheim oder den Maler Pablo Picasso musikalisch zu zeichnen suchte.

Thomsons Veranlagung zu einem eigenwilligen, pluralistischen Stil zeigte sich bereits in dem von ihm selbst so genannten »Gesellenstück im dissonanten Stil der damaligen Zeit«, der *Sonata da chiesa* (1926). Er kombinierte darin unbefangen traditionelle Formen wie Choral und Fuge mit dem Tango. Besonders erfolgreich waren Thomsons Arbeiten für den Film. Die Suiten *The Plow that broke the Plains* (1936) und *The River* (1937) komponierte er ursprünglich für Dokumentarfilme. Sie erweisen sich aber auch im Konzertleben als äußerst erfolgreich, da Thomson in ihnen sehr direkt aus dem Erbe der traditionellen amerikanischen Musik schöpft. Größeren Einfluß als der von Nadia Boulanger vermittelte Neoklassizismus übte Erik Satie auf Thomson aus: Klarheit, Humor und ironische Brüche durchziehen auch seine Musik.

Als Doyen amerikanischer Komponisten, der von der nachfolgenden »zweiten Generation« so verschiedene Geister wie Leonard Bernstein und John Cage beeinflußte, starb Virgil Thomson am 30. September 1989 in New York. *Werner Bleisteiner*

Michael Tippett

1905

Tippett, seit dem Tod von Benjamin Britten zweifelsfrei der bedeutendste noch lebende Repräsentant der englischen Musik in diesem Jahrhundert, fand relativ spät zur Musik. Die erste Komposition, mit der der am 2. Januar 1905 Geborene erfolgreich an die Öffentlichkeit trat, war sein 1.Streichquartett von 1935, das, auch wenn es eine ganze Reihe fremder Einflüsse verrät, doch bereits von melodischer und harmonischer Eigenständigkeit zeugt wie auch von der später so charakteristischen rhythmischen Vitalität. Tippetts schon in jungen Jahren ausgeprägte nachdrücklich pazifistische Haltung – 1940 ging er dafür sogar einige Monate ins Gefängnis – prägt sein Œuvre von seinem Durchbruchswerk, dem 1944 uraufgeführten Oratorium *A Child of Our Time*, bis weit ins Spätwerk. Dies bezeugt etwa seine vierte, 1977 in London uraufgeführte Oper *The Ice break*, der die – für Tippetts Schaffen zentralen – Bühnenwerke *The Midsummer Marriage* (1955), *King Priam* (1962) und The Knot Garden (1970) vorangingen. Wie die meisten englischen Komponisten war auch Tippett, der in jungen Jahren bei dem Renaissance- und Bach-Spezialisten R.O. Morris strenge kontrapunktische Studien betrieb, in harmonischer Hinsicht nie ein radikaler Avantgardist. Die Rückbindung an die Tradition vor allem des 16. und 17. Jhs. – etwa an Purcell, Dowland und Monteverdi – war ihm stets wichtig, und neben Strawinsky und mehr noch dem Jazz dürfte es vor allem die Musik der englischen Renaissance gewesen sein, die seine komplexen rhythmischen Strukturen beeinflußte. Mit dem Oratorium *A Child of Our Time*, das zwischen 1939 und 1941 entstand, doch erst 1944 erstmals in London erklang, knüpfte Tippett vielleicht weniger an die große Tradition englischer Oratorien an, als direkt bei Händels Messias und den Bach-Passionen. So findet sich eine ähnliche dramaturgische Struktur mit Rezitativen, Arien, Ensembles und Chören. Daß er – quasi anstelle der Choräle – die Musik der gesellschaftlich deklassierten Schwarzen, nämlich eine Reihe von Negro-Spirituals integriert, erscheint geradezu selbstverständlich bei diesem dezidierten – und vor allem damals dezidiert linken – Pazifisten. Inhaltlich geht es um die Geschichte des polnisch-jüdischen Jungen Herschel Grünspan, der einen nationalsozialistischen Diplomaten erschoß, nachdem er die Verfolgung seiner Familie miterleben mußte. Das Attentat wurde zum Anlaß für eines der schlimmsten Judenprogrome in Deutschland. Daß diese Episode im Oratorium symbolhaften Charakter annimmt, daß Tippett mit ihr den generellen Blick in die menschliche Humanität öffnet, braucht kaum eigens betont zu werden. *A Child of Our Time* ist sicher eines der bewegensten humanistischen Dokumente in der Musik des 20.Jhs.. 1963 sollte Tippett mit seiner *Vision of St. Augustine* daran anknüpfen. Das 1939 vollendete, dreisätzige *Concerto for Double String Orchestra* ist eines der frühesten und zugleich populärsten Beispiele für Tippetts Fähigkeit, ein meisterhaftes, von enormer kombinatorischer Phantasie zeugendes kontrapunktisches Gewebe zu schaffen, an dem jazzartige Rhythmen ebenso mitspinnen, wie eine teils bluesartig, teils modal eingefärbte Harmonik. Zugleich offenbart das Konzert formal die Orientierung am großen Vorbild Beethoven, wie auch die 1945 in Liverpool uraufgeführte *1. Symphonie* bis in thematische Anlehnungen hinein Tippetts Beethoven-Verehrung zeugt. Der Kopfsatz, ein im wesentlichen auf A-Dur basierendes Allegro vigoroso folgt der Sonatenform, die freilich aufgrund der enormen thematischen Vielfalt und der extremen kontrapunktischen Dichte nicht ohne weiteres zu verfolgen ist. Das *Adagio* ist ein interessantes Beispiel für das bei Tippett häufig anzutreffende Komponieren über einen Ostinato-Baß, während das Scherzo *(Vivace)* mit seinen intrikat gebrochenen Rhythmen laut Tippett von einem Werk Perotins aus dem 13. Jh. inspiriert worden sein soll. Das Final-*Allegro* schließt in Form einer Doppelfuge an, die merkwürdig unabgeschlossen, in bewußter Offenheit endet. Auch in der 1946 komponierten *Little Music for Strings* mit ihrem wuchtigen Prelude, der lyrischen Fuge, der Air über einem Ostinatobaß und dem brillanten Finale zeigt sich der explizite Rekurs auf die Tradition, in diesem Falle auf die Phantasien Henry Purcells. Ähnliches gilt für die emotional gespannte *Fantasie concertante on a theme of Corelli* von 1953, in der ein reiner Streicherapparat nach barocker Manier in 3 Gruppen geteilt ist, in ein Concertino, ein Concerto grosso und ein passagenweise generalbaßartig verwendetes Concerto terzo. Die gegensätzlichen, den Polen Dunkel und Licht entsprechenden Themen entstammen dem zweiten der Concerti grossi op. 6 von Corelli und werden in 5 Abschnitten, unter anderem wiederum einer großartigen Fuge verarbeitet.

Die Musik seines 1955 vollendeten *Klavierkonzertes* bezeichnete Tippett selbst als reich, linear, lyrisch. Als er nach dem Krieg Gieseking bei einer Probe von Beethovens 4. Klavierkonzert hörte, »drängte« es mich, »ein Konzert zu schreiben, in dem das Klavier wieder singen würde«.

Wenig später begann er mit der Arbeit an seiner *2. Symphonie*, die 1958 in London ihre Premiere erlebte. Als Anstoß für die Komposition nannte Tippett einige Baß-Arpeggien von Vivaldi in C-Dur, die ihn besonders anrührten. »Ich wußte, daß sie den Beginn eines neuen Orchesterwerks darstellten.« Im Grunde ist freilich das Vorbild von Strawinskys *Symphonie in drei Sätzen* offensichtlicher, auch wenn der *Allegro vigoroso*-Kopfsatz, der in klarer Sonatenform aus der Spannung zwischen C- und D-Dur erwächst, tatsächlich mit 4 donnerden C's im Baß beginnt, zu denen das Final-*Allegro* nach einer Reihe von – wiederum über einem ostinaten Baß ablaufenden Variationen – auch wieder zurückkehrt. Dem rhythmisch komplexen *Scherzo* – der Komponist sprach von einer Art Spiegelbild-Scherzo –, in dem lange und kurze Taktteile raffiniert verschachtelt werden, geht einer der atmosphärischsten *Adagio*-Sätze Tippetts voran, dessen reiches thematisches Material einem unaufhörlichen Prozeß mosaikartiger Umgruppierung unterworfen wird. 1963 vollendete Tippett sein dreisätziges, Benjamin Britten gewidmetes *Concerto for Orchestra*, in dem er vor allem im einleitenden *Allegro* mit einer für ihn neuartigen, recht extremen Aufspaltung des Orchesterklangs in die verschiedensten Einzelensembles arbeitete. Damit zog er quasi die symphonischen Konsequenzen aus seiner 1962 in Coventry uraufgeführten Oper *King Priam*. Wie schon in der *2. Symphonie* prägt u. a. das Klavier die Klangfärbung erheblich. Den Mittelsatz, ein *Largo* von enormer emotionaler Intensität, überließ Tippett ausschließlich den Streichern, im abschließenden *Allegro molto* griff er ausgiebig auf Material von *King Priam* zurück.

Das im Kopfsatz des Concerto ausgeprägte, mosaikbzw. kaleidoskopartige Kompositionsprinzip schlägt sich auch in der *3. Symphonie* (UA: London 1972) nieder, ja bestimmt im Grunde die gesamte Struktur des Werkes. Tippett gliederte die Dritte in 2 große Teile, wobei er freilich am übergeordneten symphonischen Gesamtplan festhielt. Während der *1. Teil* eine Art – aus der »aggressiven Dialektik« (Meirion Bowen) von *Arrest* und *Movement* erwachsendes – Kopfsatz-*Allegro* und ein ausgedehntes *Adagio* umfaßt, schließt der *zweite* ein brillantes Scherzo und ein Gesangsfinale zusammen, das zitatartig mit dem Beginn des Finales aus Beethovens 9. Symphonie beginnt. Damit – wie auch mit seinen in einem Sopransolo die Utopie Martin Luther Kings beschwörenden Texten – stellt sich der überzeugte Pazifist Tippett in die humanistische Tradition Beethovens, auch wenn er sie musikalisch – in drei Blues-Szenen – einer ironischen Brechung unterzog.

Die *4. Symphonie*, eine Auftragsarbeit für das Chicago Symphony Orchestra und von diesem 1977 unter Georg Solti aus der Taufe gehoben, verschmilzt in einem durchgehenden Satz Elemente der Sonatenform mit denen des klassischen symphonischen Bauplans. Damit verweist sie seinerseits auf die Tondichtung des 19. Jhs., zum anderen auf die – ebenfalls durchkomponierte und formal ähnlich gestaltete – *7. Symphonie* von Jean Sibelius. Doch zitathaft bezieht sich Tippett auch auf seine großen Landsleute Purcell und Gibbons. Er selbst bezeichnete das höchst eindrucksvolle, klanglich zwischen wuchtiger Kraft und lyrischer Anmut schwankende Werk als ein birth-to-death-piece. Mit dem 1980 in London uraufgeführten *Concerto for Violin, Viola und Violoncello* bewies der 75jährige, einer der großen musikalischen Humanisten unseres Jahrhunderts, seine ungebrochene Schaffenskraft wie seinen unerschütterlichen Glauben an die prinzipielle Unerschöpflichkeit des tonalen Systems, der freilich mit einer stets wachen Neugier gepaart ist. Ausdruck dafür ist etwa die Gamelanmusik Südostasiens, die Tippett im langsamen Satz verarbeitete. *Oswald Beaujean*

Ernst Toch

1887–1964

Eigenartigerweise fast gänzlich aus unserem Musikleben verschollen sind jene Komponisten, die während der von den Nationalsozialisten aufgezwungenen Jahren der Emigration in ihren Exilländern besonders erfolgreich waren: Erich Wolfgang Korngold gehört dazu, Egon Wellesz, und zweifelsohne darf in diesem Zusammenhang auch nicht Ernst Toch vergessen werden. Am 7. Dezember 1887 in Wien geboren, bildete er sich als Musiker zunächst autodidaktisch aus und begann für 2 Jahre ein Studium der Medizin und Philosophie, bevor er 1909 als 22jähriger am Hochschen Konservatorium in Frankfurt/Main Klavierschüler Willy Rehbergs wurde; diese Möglichkeit bot sich ihm durch den Gewinn des Mozartpreises für eine Kammersymphonie. Schon 1913 berief man ihn als Kompositionslehrer nach Mannheim, wohin er auch nach dem Kriegsdienst zurückkehrte. Mit 34 Jahren promovierte Ernst Toch in Heidelberg mit seinen *Beiträgen zur Stilkunde der Melodie*, ein für den Komponisten Toch insofern verräterischer Titel, als er auch in seiner Musik – trotz aller Experimentierlust – das Primat der Melodie niemals preisgab.

Als er schließlich 1929 nach Berlin übersiedelte, war er schon einer der meistdiskutierten und -geachteten zeitgenössischen Komponisten: Zum endgültigen Durchbruch hatte Walter Gieseking mit der UA des *1. Klavierkonzertes op. 38* beigetragen, das bis 1933 sehr häufig in Deutschland zu hören war. Toch, der 1932 mit diesem Konzert auf Einladung Serge Kussewitzkys gerade eine Konzertreise durch die USA unternommen hatte, mußte dem nationalsozialistischen Regime weichen und floh zuerst über Paris nach London; 1934 wanderte er mit seiner Familie in die USA aus, wo er sogleich eine rege Lehrtätigkeit begann, die praktisch bis zu seinem Tod am 1. Oktober 1964 in Los Angeles anhielt.

Ernst Toch, wiewohl oft den Schöpfern der Neuen Musik zugerechnet, verleugnete nie seine stilistische Herkunft von der Spätromantik; gerade in den frühen Jahren des autodidaktischen Tastens zeigte sich eine besondere Neigung zur Musik von Johannes Brahms. Wenn auch in der Folgezeit der Stil ein wenig expressiver wurde und die Experimentierlust zunahm – etwa in der ›gesprochenen Musik‹, wie der *Geographischen Fuge* –, läßt sich ein verbindlicherer, manchmal humorvoller Ton nicht leugnen. So ist eigentlich sein gesamtes Schaffen geprägt von einem überlegenen Formsinn und vor allem einem nuancierten Klangempfinden, das auch seinen zwölftönigen Versuchen zugute kam. In seiner Filmmusik war es ihm gegeben, stilistische Eigenheit den Erfordernissen des Mediums geschickt anzupassen.

Der größte Teil seines Werkes entstand in den USA, darunter die *7 Symphonien* (1950–1964), deren letzte, *Nr. 7 op. 95*, er in seinem letzten Lebensjahr vollendete. Für Orchester schrieb er ferner mehrere Suiten, so die *Bunte Suite op. 48*, die *Kleine Theater-Suite* op. 54 und *Big Ben op. 62*, Ouvertüren, die Märchenmusik *Peter Pan*, *2 Klavierkonzerte (Nr. 2 op. 61)* und ein *Cellokonzert op. 35*. In Amerika hochgeachtet, konnte Ernst Toch – selbst im Rahmen der Wiederbelebungsbemühungen um die von den Nationalsozialisten vertriebenen oder umgebrachten Komponisten – nach dem Zweiten Weltkrieg in Europa, wohin er auch von 1949 bis 1952 zurückgekehrt war, mit seiner Musik nicht wieder heimisch werden.

Andreas K. W. Meyer

Manfred Trojahn

1949

»Für mich ist es – das kann ich grundsätzlich sagen – nie so gewesen, daß Musik etwas war, was mich primär als ›Sache selbst‹ interessiert hätte... Ich bin also kein Komponist, der das harmonische Moment in den Vordergrund rücken würde, sondern eher das Aktionistische, das Rhythmische. Und das hängt mit sprachlichen Dingen zusammen.« Das impliziert die Absage an die vermeintlich objektive Verbindlichkeit des »musikalischen Materials«, das Bekenntnis zur subjektiven Expression und zur Kommunikation. In der Tat besitzt Trojahns Musik vielfach erzählerischen Duktus: Im Zyklus der *5 Seebilder* nach Gedichten von Georg Heym, für Mezzosopran und Orchester (1983) gibt es eine Anzahl von Themen leitmotivischer Prägnanz, die im 1. Satz (instrumental) zunächst vorgestellt, später zu wechselnden Ausdrucksbereichen immer neu kombiniert werden – das Gegenteil von »entwickelnder Variation« im Sinn der Schönberg-Schule, stattdessen die Orientierung an der räumlich strukturierten Symphonik eines Sibelius oder Pettersson; Assoziationen auch zu den *Five Sea Pictures* von Elgar; der Mahlersche Abschiedston klingt im 4. Bild an, wie Trojahn überhaupt häufig auf Vorbilder Bezug nimmt: Auch in der *2. Symphonie* (1978) ist es Mahler, während die *erste* (1976, *Makramee*) noch im Bannkreis Ligetis stand, dessen Kurse Trojahn während seines Hamburger Studiums (bei Diether de la Motte) besucht hatte. Thema der *3. Symphonie* (1985) sind, sehr

Henze-nah, Eindrücke aus der mediterranen Welt, feinste Klangschattierungen; der Saltarello-Schluß verliert sich in der Stille. Die *4. Symphonie* (1992) steht im Vorfeld seiner 2. Oper (ein Merlin-Stoff, Libretto: Tankred Dorst) *Das wüste Land*: Nach einer Notturno-Einleitung »Schöne Landschaft – Nacht« folgt ein langer orchesterbegleiteter Monolog für Tenor nach einem Text von Dorst. Trojahns undogmatischer Umgang mit der Tradition spiegelt sich in der Wahl traditioneller Gattungen wider; die Oper erscheint konsequent, wenn auch relativ spät (*Enrico*, UA 1991). Zunächst schrieb der am 22. Oktober 1949 in Cremlingen geborene Komponist bevorzugt Kammermusik (Streichquartette, Klavierstücke, Sonaten), später überwiegt die Symphonik; das *Flötenkonzert* (1982) widmete er seinem Flötenlehrer Karlheinz Zöller; auch die *Madrigale* nach Michelangelo-Sonetten für Stimmen und Instrumentalbegleitung (1984) thematisieren Distanz und Nähe zur Vergangenheit. Die *Variationen für Orchester* (1987) sind nach Auskunft (und in Schreibweise) des Komponisten der Versuch, durch »kreatives umgehen mit den uns jederzeit umgebenden alten formen und deren integration in zeitgenössiches musikalisches denken zu einer unserer zeit adäquaten sprache zu finden, die dabei eine genuin persönliche ist.«

Daneben stehen die Werke, deren Titel auf Sprache, Bildhaftigkeit, Naturdarstellung verweist: Die *Cinq Epigraphes* für großes Orchester (1987), angeregt duch die Lyrik René Chars – »eine Musik, die sich am Rande des Verstummens bewegt und zu diesem Verstummen hin komponiert ist« (Trojahn), *L'Autunno* (Herbst, 1990), ein siebensätziges Orchesterwerk kammermusikalischer Diktion; schließlich *...une campagne noire de soleil* (1993) in 7 Sätzen für 20 Instrumentalisten, ein mehr als 2stündiger Zyklus, in dem Trojahn die dichterischen Visionen eines Camus-Textes (der Titel geht auf den Satz zurück: »Zu gewissen Stunden ist das Land schwarz vor lauter Sonne«) zu großen Orchestertableaus gerinnen läßt.

Christoph Hahn

Pjotr Iljitsch Tschaikowsky

1840–1893

Wenn ein Komponist so subjektive, emotionsgeladene Musik schreibt wie Pjotr (Peter) Iljitsch Tschaikowsky, ist der Versuch gewiß legitim, diese in Beziehung zu seiner Biographie zu setzen. Auch erscheint es plausibel, daß die sich aus seiner Homosexualität ergebenden seelischen Konflikte wichtige Stimuli für sein Schaffen waren (und wohl auch für einige andere große Komponisten, deren Homosexualität aber nie enthüllt wurde). Doch brachte das voyeuristische Interesse an Tschaikowskys Privat- bzw. Geschlechtsleben ein sehr einseitiges, kolportagehaft verfälschtes Bild hervor, das manchen Wissenschaftler von ernsthafter Beschäftigung mit seiner Musik abgehalten haben dürfte. Noch weniger Ansehen genießt Tschaikowsky als Musikästhetiker bzw. Theoretiker. Mit anderen Worten: Man spricht ihm den Status des Intellektuellen ab – völlig zu Unrecht.

Tschaikowsky wurde am 7. Mai 1840 in Kamsko-Wotkinsk im Gouvernement Wjatka geboren, wo sein Vater einem Bergwerk vorstand. 1850 kam er zur Ausbildung nach St. Petersburg. Er studierte von 1852 bis 1859 Rechtswesen und arbeitete danach bis 1863 im Jusizministerium. In seiner Freizeit widmete er sich der Musik und nahm bei zahlreichen Lehrern unsystematisch Unterricht in verschiedenen Fächern. Doch schrieb er sich dann 1863 als ordentlicher Student an dem von Anton Rubinstein (1829–1894) gegründeten Konservatorium ein. Zweieinhalb Jahre später schrieb er als Abschlußarbeit eine Kantate über Schillers Ode »An die Freude.« Nikolai Rubinstein (1835–1881), Antons Bruder, berief Tschaikowsky 1866 als Professor an das neugegründete Moskauer Konservatorium.

Häufig ist über den angeblichen Gegensatz des akademisch ausgebildeten Tschaikowsky zu den Dilettanten des »Mächtigen Häufleins« zu lesen. Tschaikowsky lernte 1867 Balakirew und ein Jahr später dessen Schüler kennen. Bis zum vorübergehenden Rückzug Balakirews aus dem Musikleben (1872) stand Tschaikowsky der Gruppe relativ nahe, was auch in seiner Musik zum Ausdruck kommt. Der Kontakt zu Balakirew wurde nach 1880 erneuert; jener zu Rimski-Korsakow riß niemals ab. Nur Mussorgski und der Kritiker Stasow standen Tschaikowsky offen feindlich gegenüber. Die Tatsache, daß Tschaikowsky lange Jahre der einzige Absolvent eines russischen Konservatoriums blieb, der sich als Komponist einen Namen machte, bestätigt im übrigen Balakirews Vorbehalte gegen die dortige Ausbildung in eindrucksvoller Weise.

Als Korrespondent einer Moskauer Zeitung wohnte Tschaikowsky 1876 der Bayreuther UA von Wagners *Ring* bei, der ihn gewiß beeindruckte, aber keineswegs begeisterte. Als er 1877 in der heldenhaften, aber unrealistischen Absicht, seine Homosexualität zu überwinden, eine junge Verehrerin heiratete, war dies fast sein Untergang. Tschaikowsky floh, dem Wahnsinn nahe, nach drei Monaten vor seiner Frau und sah sie nie wieder. Unterdessen nahm seine Musik in der *4. Symphonie* erstmals jene exhibitionistischen Züge an, an denen sich die Geister bis heute scheiden. Ebenfalls 1877 begann seine Brieffreundschaft mit der reichen Witwe Nadeschda Filaretowna von Meck. Sie hielt ihr Idol großzügig frei, so daß Tschaikowsky 1878 den Lehrauftrag am Konservatorium seinem Schüler Tanejew übergeben konnte. Trotz einer bis etwa 1885 anhaltenden schöpferischen Krise erlangte er weltweite Anerkennung. Auf Konzertreisen als Dirigent lernte Tschaikowsky Brahms, Dvořák und Grieg kennen; 1891 verschlug es ihn bis in die USA.

Neun Tage nach der UA der *6. Symphonie* starb Tschaikowsky unerwartet am 6. November 1893 – angeblich an Cholera. Diese offizielle Version wurde von Anfang an in Zweifel gezogen, da die für diesen Fall vorgeschriebenen Hygienevorschriften völlig mißachtet wurden. Die 1979 von der Exilrussin Orlowa publizierte recht abenteuerliche Darstellung, Tschaikowsky sei von einem »Ehrengericht« zum Selbstmord getrieben worden, um einer bevorstehenden Bloßstellung als Homosexueller zu entgehen, mag in sich schlüssig sein, beruht aber ausschließlich auf mündlicher Überlieferung.

So große Verdienste sich Tschaikowsky um Oper und Ballett erworben haben mag, so steht doch die Orchestermusik im Zentrum seines Schaffens. Neben unprogrammatischen (bzw. später subjektiv-programmatischen) Symphonien schrieb Tschaikowsky sein ganzes Leben lang auch Programmusik im Sinne Liszts, obwohl er die Bezeichnung »Symphonische Dichtung« mied. Er behandelte das Orchester, vor allem den Holzbläserchor, in unnachahmlicher Weise. Russisches Volksliedgut wird namentlich in den frühen Werken reichlich verwandt, doch hat Tschaikowsky die Begeisterung des »Mächtigen Häufleins« für Orientalismen nicht geteilt. In der an der westeuropäischen Tradition orientierten Formbehandlung sind die Spuren der soliden Konservatoriumsausbildung erkennbar.

Symphonien

Symphonie Nr. 1 g-moll op. 13 (»Winterträume«)

entstanden 1866; 2. Fassung 1874
UA: Moskau 1866 (3. Satz); St. Petersburg 1867 (Sätze 2 und 3); Moskau 1868 (ganzes Werk)

Der poetische *1. Satz*, überschrieben *Träumerei auf winterlicher Fahrt*, kann trotz der unverkennbar Tschaikowskyschen Melancholie die Vorbilder Mendelssohns und Rubinsteins nicht ganz verleugnen. Der *2. Satz*, eine Meditation über eine volkstümliche Melodie in c-moll, wird eingerahmt von einer der Ouvertüre *Das Gewitter op. 76* entlehnten Streicherpassage in Es-Dur. Er trägt die Überschrift *Rauhes Land, Nebelland*. Das *Scherzo* geht auf die Klaviersonate cis-moll von 1865 zurück. Im *Finale* versucht Tschaikowsky mit Fugati, verstärktem Blech und viel Schlagzeug eine möglichst große Wirkung zu erzielen. Das Einleitungsthema, ein russisches Volkslied, kehrt als 2. Thema des Hauptteils wieder und wird zuletzt hymnisch übersteigert.

[M] *CD* Großes RSO der UdSSR, Fedosejew (Olympia 1984)

Symphonie Nr. 2 c-moll op. 17 (»Kleinrussische«)

entstanden 1872; 2. Fassung 1879–80
UA: Moskau 1873 (1. Fass.); St. Petersburg 1881 (2. Fass.)

Die *2. Symphonie*, geradezu ein Musterbeispiel für russische Nationalmusik im Sinne des »Mächtigen Häufleins«, ist eine von Tschaikowskys interessantesten Partituren. Der (unechte) Beiname verweist auf die Verarbeitung dreier kleinrussischer, d. h. ukrainischer Volkslieder. Der Komponist unterzog das Werk 1879/80 einer grundlegenden Revision. Hierbei wurden weite Teile des *1. Satzes* völlig neu geschrieben. Das *Scherzo* wurde neu instrumentiert, das *Finale* gekürzt. Nur der *2. Satz* blieb unverändert.

Die Einleitung zum *1. Satz* ist eine Variationenreihe über das »Wolgalied«, das auch in Durchführung und Coda des anschließenden Sonatensatzes auftaucht. Am Ende wird die Einleitung wieder aufgenommen. Der *2. Satz* war zunächst als Hochzeitsmarsch für die Oper *Undine* (1869) komponiert worden. Im Mittelteil kommt erneut ein Volkslied vor. Das *Scherzo* überrascht mit originellen harmonischen Wendungen. Das Trio in geradem Takt bildet einen lyrischen Kontrast. In der abrupt endenden Coda vereinigen sich Motive aus Scherzo und Trio. Das *Finale* ist eine in Sonatenform gefaßte Variationenreihe über das Volkslied »Der Kranich«. Abrupte Modulationen in der Durchführung und die Verwendung der Ganztonleiter als Baßfundament machen den Satz zu einer von Tschaikowskys kühnsten Kompositionen.

[M] *CD* 1. Fassung: London SO, Simon (Chandos 1982), 2. Fassung, Wiener Philharmoniker, Maazel (Decca 1970)

Symphonie Nr. 3 D-Dur op. 29 (»Polnische«)

UA: Moskau 1875

Die fünfsätzige *3. Symphonie* nähert sich einer Suite an. Sie enthält 3 stilisierte Tanzsätze, jeweils mit Trio: Der *2. Satz (alla tedesca)* ist ein Ländler, der *vierte* ein Scherzo in geradem Takt, das *Finale* eine Polonaise. Selbst der *Kopfsatz* in Sonatenform ist als Marsch betont tänzerisch angelegt (die Einleitung ist ein Trauermarsch!). Um dem Werk dennoch symphonische Würde zu verleihen, reichert Tschaikowsky die Außensätze mit kontrapunktischen Techniken an, wobei der *1. Satz* trotz des poetischen Seitenthemas recht hölzern und akademisch wirkt. Auch die Fugati in der *Polonaise* gehören nicht zu Tschaikowskys glücklichsten Eingebungen. Dennoch steigern sie die Schlußwirkung des Satzes ungemein, der nicht umsonst auch dem Werk seinen (nicht authentischen) Beinamen gegeben hat. Die Perlen der Symphonie sind jedoch der stimmungsvolle langsame Satz *(Andante elegiaco)* und das virtuos instrumentierte, geisterhaft vorbeihuschende *Scherzo*.

[M] *CD* Wiener Philharmoniker, Maazel (Decca 1970)

Symphonie Nr. 4 f-moll op. 36

UA: Moskau 1878

Obwohl auch die vorhergehenden Symphonien persönliche Züge tragen, ist es die *Vierte*, in der Tschaikowsky erstmals etwas grundsätzlich Neues in die symphonische Weltliteratur einbringt: Der klassisch als Selbstzweck verstandene Diskurs musikalischer Gedanken wird ganz zum Ausdrucksmittel des eigenen Erlebens. Die Entstehung der Symphonie fällt in die Zeit von Tschaikowskys unglücklicher Ehe, und namentlich die Außensätze lassen ahnen, was Tschaikowsky damals durchlitt. Von Anfang an wurde der programmatische Charakter des Werkes erkannt, doch schwieg sich Tschaikowsky beharrlich darüber aus. Lediglich der Widmungsträgerin, Frau von Meck, sandte Tschaikowsky ein ausdrücklich nicht zur Veröffentlichung bestimmtes Programm. Tschaikowsky nannte es »unklar und unvollkommen«; seine Relevanz ist umstritten. Zumindest die Ausführungen zu den Außensätzen lesen sich aber vollkommen überzeugend. Der *1. Satz* stellt demnach den Kampf eines Individuums gegen das übermächtige Schicksal dar. Das *Finale* zeigt das geplagte Individuum umgeben von der fröhlichen Menge eines Volksfestes. Die Ausführungen schließen wie folgt: »Es gibt einfache, aber starke Freuden. Freue dich am Glück der anderen. Das Leben kann erträglich werden.« Der *1. Satz* im 9/8-Takt beginnt mit einer zwischen f-moll und E-Dur oszillierenden Fanfare, von Tschaikowsky als »Fatum« bezeichnet, die alle großen Formabschnitte des Satzes einleitet. Der anschließende ausgedehnte Sonatensatz fällt durch seinen Tonartenplan auf. In f-moll beginnend, moduliert er in Kleinterzschritten aufwärts: Das 2. Thema steht in as-moll, die Schlußgruppe in H-Dur, die Reprise beginnt in d-moll und endet in F-Dur. Die Verschmelzung der Reprise des Hauptthemas mit der Durchführung ist bereits ein Vorgriff auf die *Pathétique*. Nach einem unerwartet lyrischen Intermezzo endet der Satz mit dem Hauptthema in f-moll. Die Mittelsätze wirken episodisch. Auch im bewegten Mittelteil des liedhaften *2. Satzes* in b-moll machen sich die Leidenschaften nicht so stark bemerkbar wie im 1. Satz. Das *Scherzo* in geradem Takt ist ein Geniestreich. Die Außenteile in F-Dur werden ausschließlich von den Streichern im Pizzicato bestritten; im Trio rahmt eine Holzbläserpassage in A-Dur einen Marsch der Blechbläser in Des-Dur ein. In der Coda werden die 3 Instrumentengruppen, Tonarten und Themen miteinander konfrontiert. Das *Finale* folgt keinem überkommenen Formschema. Zwischen Ritornelle in der Art eines Geschwindmarsches in F-Dur werden Episoden über ein Volkslied eingeschoben, das schon Balakirew in seiner *Ouvertüre über drei russische Themen* verwandt hatte. Auf dem Höhepunkt der 3. Episode bricht das »Fatum« aus dem *1. Satz* ein. Nach einer Überleitung mit einem Zitat aus der Coda des *Scherzos* schließt eine Coda den Satz ab.

[M] *CD* New York PO, Bernstein (DGG 1989) – *VD/LD* Berliner Philharmoniker, Karajan (DGG 1973)

Symphonie Nr. 5 e-moll op. 64

UA: St. Petersburg 1888

Zwischen Tschaikowskys *4.* und *5. Symphonie* liegen 11 Jahre. In der Zwischenzeit waren die *Orchestersuiten* und die programmatische *Manfred*-Symphonie entstanden. Wie letztere weist auch die *Fünfte* ein Leitthema auf, das alle 4 Sätze durchzieht. Nicht zuletzt deshalb wurde viel über ein mögliches Programm (ähnlich dem der *4. Symphonie*) spekuliert, doch läßt sich aus Tschaikowskys vereinzelnten Notizen keines rekonstruieren, das Authentizität beanspruchen könnte. Insgesamt wirkt die Symphonie trotz ihrer opernhaften Buntheit konventioneller als die *Vierte* und *Sechste*.

Das Leitthema wird als langsame Einleitung zum *1. Satz* vorgestellt, in dem es sonst nicht vorkommt. Der recht abgeklärte, fast klassizistische Satz weist keine formalen Besonderheiten auf. Der *2. Satz* in D-Dur ist dreiteilig angelegt. Nach dem 1. Teil mit der berühmten Hornmelodie und dem Gegenthema der Oboe erscheint auf dem Höhepunkt des durchführungsartigen Mittelteils das Leitthema. Die Reprise des Anfangsteils steigert sich bis zum Äußersten, doch fällt anstelle des zu erwartenden D-Dur-Schlußakkords erneut das Leitthema mit aller Schärfe ein. Die Coda nimmt die Stimmung des Anfangs wieder auf. Das *Scherzo* wird von einem französisierenden Walzer in A-Dur vertreten. Sein Trio in fis-moll erhält durch schwirrende Sechzehntelfigurationen jedoch unverkennbar Scherzo-Charakter. Am Ende des Satzes erklingt wiederum das Leitthema. Die Einleitung zum *Finale* nimmt sich wie eine Dur-Variante der Einleitung zum *1. Satz* aus. Indessen erfolgt schon bald eine Eintrübung nach Moll. Auch der anschließende Sonatensatz steht in e-moll und gibt sich keineswegs optimistisch. Die Exposition stürzt direkt in die mit einer C-Dur-Apotheose des Leitthemas beginnende Durchführung. Am Ende der mit einem neuen Thema anhebenden Reprise erwartet der Hörer analog dazu das Leitthema in strahlendem E-Dur, doch ist es überraschend nach Moll gewandt. Nach einer Generalpause wird die langsame Einleitung in gesteigerter und gedrängter Form wieder aufgenommen. Die Eintrübung nach Moll bleibt nunmehr aus. Eine wilde Stretta scheint den Satz zu beenden, doch zitiert Tschaikowsky ganz am Ende etwas unmotiviert das Hauptthema des *1. Satzes*. Dieses Finale ist wohl der umstrittenste Satz in Tschaikowskys Symphonik. Selbst der Komponist fühlte sich in späteren Jahren davon abgestoßen. Vielleicht wird man dem Satz am ehesten gerecht, indem man ihn als die Musik eines Menschen versteht, der sich nicht mehr freuen kann, aber um jeden Preis freuen will.

[M] *CD* Leningrader Philharmoniker, Mrawinski (DGG 1961) – *VD/LD* Berliner Philharmoniker, Karajan (DGG 1973)

Symphonie Nr. 6 h-moll op. 74 (»Pathétique«)

UA: St. Petersburg 1893

Bereits im Oktober 1890 beabsichtigte Tschaikowsky eine Symphonie als Schlußstein seines gesamten Schaffens zu schreiben. Ein Jahr später entwarf er eine *Symphonie Es-Dur* mit dem Titel *Das Leben*; er merkte dazu an: »1. Satz – alles ist in Schwung, Zuversicht, Tätigkeitsdrang... Finale: Tod – das Resultat der Zerstörung.« Nächster Schritt war die 1892 komponierte, dann aber verworfene *Symphonie Es-Dur*. Ihr *1. Satz* entspricht den programmatischen Vorgaben für die Symphonie *Das Leben*, nicht aber das optimistische *Finale*. Anscheinend hatte sich das musikalische Material im Zuge des Schaffensprozesses verselbständigt. Im März 1893 begann Tschaikowsky dann mit einer *Symphonie h-moll*, deren Programm »für alle ein Rätsel bleiben« sollte. Diesmal erreichte er sein Ziel, auch was die Geheimhaltung des Programms angeht. Der Beiname *Pathétique* stammt von Tschaikowskys Bruder Modest und wurde vom Komponisten gebilligt.

Der *1. Satz* eröffnet düster in e-moll; erst am Beginn der Exposition ist h-moll erreicht. Das Thema der Einleitung wird zum Hauptthema umgeformt. In den ersterbenden Schluß des lyrischen Seitensatzes in D-Dur hinein bricht mit aller Gewalt die Durchführung ein, in der ein Gesang aus der orthodoxen Totenmesse zitiert wird. Die Reprise des Hauptthemas ertrinkt im Strudel einer alles unter sich begrabenden, tragischen Steigerung. Die Reprise des Seitenthemas in H-Dur verschmilzt mit der Coda zu einer Einheit. Der *2. Satz* ist ein durch den $^5/_4$-Takt verfremdeter *Walzer* in D-Dur. An *3. Stelle* steht ein eigenartiger Satz in G-Dur, der wie ein Scherzo beginnt, sich dann aber zum Geschwindmarsch entwickelt. Nach diesem lauten, brillanten »vorgezogenen Finalsatz« wirkt das abschließende *Adagio lamentoso* in h-moll, der erste Symphonie-Schlußsatz seiner Art überhaupt, um so stärker. Es ist, als habe Tschaikowsky in diesen Satz noch einmal all seinen Weltschmerz gegossen. Kurz vor dem im Nichts verklingenden Ende wird mit einem symbolischen Tam-Tam-Schlag nebst Choral eine Sterbeszene dargestellt. Auch wenn Tschaikowsky zum Zeitpunkt der Komposition anscheinend keine Selbstmordabsichten hegte und sich das Finale der *Pathétique* lediglich als makabre »self-fulfilling prophecy« erwies, bildet es doch den gewissermaßen idealen Schlußstein in seinem Lebenswerk.

[M] *CD* Berliner Philharmoniker, Karajan (DGG 1964) – auch als *VD/LD*

Manfred. Symphonie op. 58

UA: Moskau 1886

Das viersätzige Werk, Tschaikowskys monumentalste Orchesterkomposition, nimmt eine Mittelstellung zwischen den gezählten Symphonien und den einsätzigen programmatischen Werken ein. Das Programm nach dem gleichnamigen Versdrama Lord Byrons war von Vladimir Stasow schon 1867 für Balakirew verfaßt worden. Dieser reichte es dem gerade in Rußland weilenden Berlioz weiter, wiederum ohne Erfolg. Auch Tschaikowsky mußte sich erst von Balakirew überreden lassen.

Der *1. Satz* in h-moll ist ein Charakterbild des vereinsamten Übermenschen Manfred, der im Gebirge umherirrt und sich nach seiner einstigen Geliebten Astarte sehnt. Der Satz beginnt wie ein Sonatensatz, doch schließt sich an die Exposition des 2. Themas (Astarte) gleich die Coda an. Der *2. Satz*, ein Scherzo, stellt die Erscheinung der Alpenfee in einem Wasserfall dar. Manfreds Thema wird im Trio kunstvoll als Kontrapunkt eingeführt. Der pastorale *3. Satz* schildert das einfache, freie Leben der Gebirgsbewohner. Die Form des *Finales* wird ganz von einzelnen Episoden des Programms diktiert: Eine Orgie im unterirdischen Palast des Arimanes wird durch Manfreds Auftritt unterbrochen. Astartes Schatten wird beschworen. Schließlich erscheint sie. Manfred erfährt Vergebung und stirbt. Die Orgel-Apotheose – nach den Vorbildern Schumanns *(Manfred)* und Liszts *(Faust-Symphonie)* – ist Geschmacksache, doch wirken Byrons in Manfreds Mund gelegte Herzensergießungen auf das heutige Publikum ebenfalls eher peinlich.

[M] *CD* Wiener Philharmoniker, Maazel (Decca 1966)

Ouvertüren und andere einsätzige Werke

Romeo und Julia

Phantasie-Ouvertüre

entstanden 1869; 2. Fassung 1870; 3. Fassung 1880

UA: Moskau 1870 (1. Fass.); St. Petersburg 1872 (2. Fass.)

Die gemeinhin als Tschaikowskys erstes Meisterwerk eingestufte Komposition entstand nach einem Plan Balakirews. Der Zusammenhang der Musik mit Shakespeares Vorlage ist eher vage. Übergeordnet ist die Sonatenform. Der Choral zu Beginn wurde erst als von Balakirew geforderte Nachbesserung eingefügt. Die Fortissimo-Schlußakkorde kamen freilich nicht nur Balakirew unmotiviert und überflüssig vor.

[M] *CD* Wiener Philharmoniker, Maazel (Decca 1966) – *VD/LD* Philadelphia O., Ormandy (Philips 1979)

Der Sturm

Symphonische Phantasie op. 18

UA: Moskau 1873

Shakespeares Vorlage wird in Episoden nachgezeichnet. Diese sind von sehr ungleichem Wert und bilden kein organisches Ganzes. Die Darstellung des Meeres und des Sturmes ist freilich von berückender Schönheit. Eine Aufführung des Werkes weckte Frau von Mecks Begeisterung für Tschaikowsky.

[M] *CD* Chicago SO, Abbado (Sony 1984)

Slawischer Marsch op. 31

UA: Moskau 1876

Das Stück verbindet in politisch-programmatischer Absicht serbische Volkslieder mit der seinerzeitigen russischen Nationalhymne (»Gott, erhalte den Zaren«).

[M] *CD* Chicago SO, Abbado (Sony 1984)

Francesca da Rimini

Fantasie op. 32

entstanden 1876; UA: Moskau 1877

Tschaikowsky hat der Partitur den fünften Inferno-Gesang aus Dantes »Divina commedia« als Programm vorangestellt. Das umfangreiche dreiteilige Werk entstand unter dem Eindruck von Wagners *Ring*. In den Außenteilen wird das Höllenfeuer mit Mitteln dargestellt, die an den Feuergott Loge erinnern.

[M] *CD* New PO London, Sir John Barbirolli (1969 EMI)

Capriccio italien op. 45

entstanden 1880; UA: Moskau 1880

Das Stück entstand in Italien und beruht auf Volksliedern. Ungeachtet seiner ungebrochenen Beliebtheit reicht das zusammenhanglose Potpourri nicht an Rimski-Korsakows in der Anlage ähnliches *Capriccio espagnol* heran. Die Trivialität einiger Stellen wird durch die farbige, aber wenig geschmackvolle Instrumentierung noch unterstrichen.

[M] *CD* Philadelphia O., Ormandy (Sony 1970)

1812

Ouvertüre op. 49

UA: Moskau 1882

Tschaikowsky komponierte das lärmende Schlachtengemälde im Gedenken an den Sieg Rußlands über Napoleon. Echter Kanonendonner und das nur als Kulisse dienende Geläut von Kirchenglocken stellen die Ouvertüre in die Tradition von Effektstücken wie *Wellingtons Sieg* von Beethoven.

[M] *CD* Chicago SO, Abbado (Sony 1984)

Hamlet

Fantasie-Ouvertüre op. 67

UA: St. Petersburg 1888

Das dritte von Tschaikowskys programmatischen Werken nach Shakespeare steht stilistisch der *Manfred*-Symphonie nahe. Tschaikowsky bemüht sich weniger um Nachzeichnung der Handlung als um Charakterisierung des Titelhelden.

Ⓜ *CD* Wiener Philharmoniker, Maazel (Decca 1966)

Der Wojewode
Symphonische Ballade op. 78
UA: Moskau 1891

Das Werk basiert auf einem Gedicht des Polen Mickiewicz in Puschkins russischer Nachdichtung: Ein Wojewode (Heerführer) kehrt vom Kriege zurück, findet seine Frau bei einem anderen Mann, befiehlt seinem Diener, den Rivalen zu erschießen, wird aber selbst getroffen. In der Liebesszene findet erstmals in der Musikgeschichte die Celesta Verwendung.

Ⓜ *CD* RSO Frankfurt, Inbal (Denon 1991)

Suiten und Serenaden

Zwischen der *4.* und *5. Symphonie* schrieb Tschaikowsky 4 mehrsätzige, nicht programmatische Orchesterwerke von unkonventioneller Formgebung, die er als Suiten bezeichnete. Stilistisch sind sie recht heterogen: Historisierende, akademische, parodistische und salonhafte Sätze stehen nebeneinander. Ausgesprochene Tschaikowsky-Liebhaber vermissen in den Suiten das bekenntnishaft-persönliche Element.

1. Suite d-moll op. 43
UA: Moskau 1879

Der vierte der 6 Sätze, *Marche miniature*, imitiert den Klang einer Spieldose. Die abschließende *Gavotte* könnte als Vorbild für Prokofjews *Symphonie classique* gedient haben.

2. Suite C-Dur op. 53
UA: Moskau 1884

Die fünfsätzige *2. Suite* ist dem Vorgängerwerk ähnlich, aber insgesamt schwächer. Aufsehen erregte die Verwendung von 4 Akkordeons im 3. Satz, *Scherzo burlesque*.

Ⓜ 1. und 2. Suite: *CD* RSO Stuttgart, Marriner (Capricorn 1987)

3. Suite G-Dur op. 55
UA: St. Petersburg 1885

Die *3. Suite* nähert sich in ihrer viersätzigen Form einer Symphonie an. Die Ähnlichkeit der *Valse melancholique* mit dem *Alten Schloß* aus Mussorgskis noch unveröffentlichten *Bildern einer Ausstellung* ist zufällig. Das spukhafte *Scherzo* unterbricht die bis dahin elegische Stimmung. Das Thema des folgenden Variationssatzes wird in Variation 4 zum *Dies irae* umgeformt. Die letzte Variation, eine *Polonaise*, bildet einen fast selbständigen Finalsatz.

4. Suite G-Dur op. 61 (Mozartiana)
UA: Moskau 1887

Mozart war für Tschaikowsky der größte Komponist aller Zeiten. Als Huldigung instrumentierte Tschaikowsky 3 wenig bekannte Klavierstücke Mozarts – Gigue KV 574, Menuett KV 355 und Variationen über *Unser dummer Pöbel meint* KV 455 – sowie Liszts Arrangement der Motette *Ave verum corpus* KV 618 und fügte sie zu einer Suite zusammen. Das Orchester ist klein, doch werden die Instrumente in typisch Tschaikowskyscher Manier eingesetzt, so daß man glauben könnte, ein Originalwerk vor sich zu haben.

Ⓜ Suiten 1–4: *CD* Akadem. Staatl. O. der UdSSR, Swetlanow (BMG 1985)

Serenade für Streichorchester C-Dur op. 48
UA: St. Petersburg 1881

Die viersätzige *Serenade* unterscheidet sich von den Suiten grundsätzlich nur durch die Besetzung. Sie gehört zu Tschaikowskys optimistischsten Kompositionen: Alle Sätze und Themen stehen in Dur. Besonders gelungen sind die beiden Mittelsätze: ein melodiöser *Walzer* und ein langsamer Satz, betitelt *Elegie*. Die quasi-barocke Einleitung des *1. Satzes* kehrt gegen Ende des betont russischen *Finales* wieder.

Ⓜ *CD* Moskauer Solisten, Baschmet (RCA/BMG) – *LD* Academy of St. Martin-in-the-Fields, Marriner (Philips)

Ballette und Ballettsuiten

Tschaikowskys Ballette *Schwanensee op. 20, Dornröschen* (eigentlich *Die schlafende Schöne*) *op. 66* und *Der Nußknacker op. 71* eroberten sich in Auszügen auch den Konzertsaal. Die *Nußknacker-Suite op. 71 a* wurde vom Komponisten selbst 1892 (vor Fertigstellung des Balletts!) eingerichtet und in St. Petersburg aufgeführt. Der Bezug zur Handlung des Balletts nach E. T. A. Hoffmann – Kinder bekommen einen Nußknacker geschenkt, der nachts zum Leben erwacht, gegen eine Armee von Mäusen kämpft, mit Unterstützung der Kinder gewinnt und diese zum Dank in das Reich der Süßigkeiten einlädt – ist durch Umstellung der Nummern weitgehend aufgehoben. Die *Ouverture miniature* und die meisten der folgenden stilisierten Tänze werden von der aus dem *Scherzo* der *4. Symphonie* und dem *Marche miniature* der *1. Suite* bekannten verniedlichten Klangwelt bestimmt, in der tiefe Lagen weitgehend vermieden werden

Szenenbild aus der UA des Balletts »Der Nußknacker« (St. Petersburg 1892)

und die kammermusikalisch-solistische Instrumentierung einen Gutteil der musikalischen Substanz ausmacht. Hervorgehoben seien das Celesta-Solo im *Tanz der Zuckerfee*, die ostinaten Baßquinten im *Arabischen Tanz* und das Flöten-Terzett im *Tanz der Rohrflöten*. Außer im *Russischen Tanz (Trepak)* fehlen national-russische Töne vollständig. Den Abschluß bildet der berühmte *Blumenwalzer*.

Arrangements aus *Schwanensee* (1876) und *Dornröschen* (1889) stammen hingegen durchweg von fremder Hand (auch die sog. *Dornröschen-Suite op. 66 a*) und differieren teilweise, weshalb hier auf eine Besprechung verzichtet sei. In *Schwanensee* will eine zum Schwan verzauberte Prinzessin von einem Prinzen erlöst werden, doch wird ihr dieser untreu, und am Ende finden beide gemeinsam den Tod. Die Handlung von Dornröschen entspricht weitgehend dem bekannten Märchen, wobei im Schlußakt Gestalten aus anderen Märchen (»Der kleine Däumling«, »Aschenputtel«, »Der gestiefelte Kater« u. a.) eingebaut werden.

[M] *CD* Schwanensee & Dornröschen (Suiten): Royal PO, Mackerras (Telarc 1987) ; Der Nußknacker (Auszüge): London SO, Mackerras (Telarc 1986) – *VD/LD* Schwanensee: Nurejew, Fonteyn, Wiener Staatsopernballett, Wiener Symphoniker, Canchbery (Philips); Kirow-Ballett (Teldec); Dornröschen: Kirow-Ballett (Philips); Der Nußknacker: Nurejew, Paris Opera Ballett (Teldec)

Konzertante Werke

Klavierkonzert Nr. 1 b-moll op. 23

entstanden 1874/1875; 2. Fassung 1889 (Datum des Drucks)
UA: Boston 1875

Tschaikowsky spielte Nikolai Rubinstein das halbfertige Werk vor und handelte sich dafür einen Verriß ein, worauf er es Hans von Bülow widmete. Dieser brachte das Konzert zur UA. Bülow und andere Pianisten veranlaßten aber Änderungen des Klavierparts. So war das Anfangsthema in der »falschen« Tonart Des-Dur zunächst nicht von mächtigen Akkorden, sondern von zarten Arpeggien begleitet worden. In seiner endgültigen Gestalt ist das Werk vielleicht das erste Konzert für den modernen Flügel überhaupt.

Die langsame *Einleitung* stellt im Prinzip einen eigenständigen Satz dar. Sie mündet in einen *Sonatensatz* von symphonischer Breite, der selbst ohne Einleitung länger ist als die beiden folgenden Sätze zusammen. Als Hauptthema verwendet Tschaikowsky ein ukrainisches Volkslied. Ihm werden zwei alternierende lyrische Gedanken eigener Erfindung gegenübergestellt. Der *langsame Satz* ist weitgehend auf einem einzigen, liedhaften Thema aufgebaut. Als formale Besonderheit weist er in der Mitte eine *Scherzo-Episode* auf, die wie eine Vorahnung Rachmaninows erscheint. Von den 3 Themen des locker gefügten *Finales* ist das erste ein russisches Volkslied, während das zweite fast aus Dvořáks *Slawischen Tänzen* stammen könnte. Das zunächst einen lyrischen Kontrast bildende 3. Thema wird in der Coda zu einer Art Hymne gesteigert, die dem Gestus nach den Bogen zurück zum Anfangsthema des *1. Satzes* schlägt, auch wenn jenes nicht zitiert wird.

[M] *CD* Berman, Berliner Philharmoniker, Karajan (DGG 1976) – *VD/LD* Weissenberg, Berliner Philharmoniker, Karajan (DGG 1973); Kissin, Berliner Philharmoniker, Karajan (Sony 1988)

Klavierkonzert Nr. 2 G-Dur op. 44

entstanden 1879–1880
UA: Moskau 1882 (New York 1881?)

Die vergleichsweise geringe Popularität des Konzertes ist vor allem dem *1. Satz* zuzuschreiben. Seine Themen sind im Durchschnitt weniger eingängig als die des *b-Moll-Konzertes*, die Instrumentierung weniger farbig, und lange Monologe des Klaviers verleihen dem Satz einen ungewohnt grüblerischen Charakter. Im langsamen *Mittelsatz* treten zum Klavier eine Solo-Violine und ein Solo-Cello hinzu. Die beiden recht ausladenden Sätze werden zuweilen gekürzt dargeboten; Tschaikowsky genehmigte 3 Striche. Das zündende, tänzerische *Finale* ist hingegen knapp gehalten.

[M] *CD* Leonskaja, Gewandhausorchester Leipzig, Masur (Sony 1991)

Klavierkonzert Nr. 3 Es-Dur op. 75

UA: Moskau 1895

Das Werk entspricht dem *1. Satz* der verworfenen *Symphonie Es-Dur* von 1892. Tschaikowsky fügte lediglich den Klavierpart hinzu und schob zwischen Durchführung und Reprise eine (etwas zu lange) Kadenz ein. Stilistisch markiert das Konzert mit seinen »Amerikanismen«, die Rachmaninow und sogar Gershwin vorwegnehmen, einen Aufbruch in Neuland.

[M] *CD* Gawrilow, Berliner Philharmoniker, Ashkenazy (EMI 1988)

Konzertphantasie für Klavier und Orchester G-Dur op. 56

UA: Moskau 1885

Die gleichermaßen geistvolle wie virtuose Phantasie steht nicht nur zeitlich den Orchestersuiten nahe. Die beiden Sätze setzen sich in origineller Weise mit der Sonatenform auseinander: Im volkstümlich geprägten ersten, dessen Überschrift *Quasi Rondo* irreführt, ist die Durchführung durch eine an Liszt gemahnende Meditation für Klavier solo ersetzt. Der 2. Satz, benannt *Contrastes*, war ursprünglich als Kopfsatz der *3. Suite* gedacht. Hier folgt auf die Exposition gleich die Reprise, doch wird das einleitende *Andante* kunstvoll, z. T. kontrapunktisch, in letztere verwoben. Die Coda greift auf den ersten Satz zurück.

[M] *CD* Pletnew, PO London, Fedosejew (Virgin 1990)

Violinkonzert D-Dur op. 35

entstanden 1878

UA: Wien 1881 (New York 1879?)

Über die Wiener UA äußerte sich die Kritik einmütig ablehnend. Eduard Hanslick schrieb über das Finale: »Es versetzt uns in die brutale und traurige Lustigkeit eines russischen Kirchweihfestes. Wir sehen lauter wüste und gemeine Gesichter, hören rohe Flüche und riechen den Fusel.« Daß sich das Konzert trotzdem durchsetzen konnte, spricht für seine Qualität. Im Vergleich zu anderen Werken Tschaikowskys ist es emotional ausgeglichen und zurückhaltend. Das Orchester verzichtet auf Posaunen und Tuba. Der *1. Satz* ist ein Sonatensatz; die Kadenz steht zwischen Durchführung und Reprise. Die folgende *Canzonetta* bildet ein elegisches, kammermusikalisch geprägtes Intermezzo in Liedform. Der *Finalsatz* ist tänzerisch angelegt und volkstümlich geprägt (da hatte Hanslick durchaus recht); Sonatensatz- und Rondoelemente vermischen sich.

[M] *CD* Mutter, Berliner Philharmoniker, Karajan (DGG 1985) – *VD/LD* Perlman, Philadelphia O., Ormandy (Philips 1979); Takezawa, RSO Moskau, Fedossejew (RCA/BMG)

Variationen über ein Rokoko-Thema für Violoncello und Orchester A-Dur op. 33

UA: Moskau 1877

Tschaikowsky schrieb dieses miniaturisierte Cellokonzert in Form eines Variationszyklus für den Konservatoriumsprofessor Fitzenhagen. Die Einleitung und das Thema – es stammt vom Komponisten – atmen wohl den Geist des Rokoko, doch wird der anfänglich ausgeprägt klassizistische, auch durch die sehr kleine Orchesterbesetzung unterstrichene Charakter des Werkes unter dem Einfluß von Tschaikowskys Personalstil mehr und mehr verwischt.

[M] *CD* Rostropowitsch, Leningrader Philharmoniker, Roshdestwenski (DGG 1961)

Albrecht Gaub

Alexander Nikolajewitsch Tscherepnin

1899–1977

Ein rechter Weltenbürger war Alexander Tscherepnin, nicht nur wegen seiner vielen Reisen und Auslandsaufenthalte, sondern auch in seiner musikalischen Sprache, in der er aufgriff, was er in fremden Kulturen fand. Tscherepnin wurde am 21. Januar 1899 in St. Petersburg geboren. Sein Elternhaus, Treffpunkt vieler bekannter Musiker und Künstler, stimulierte ihn schon früh zum Komponieren. Mit seinem Vater ging er auf Konzertreisen. In der Revolutionszeit floh die Familie aus St. Petersburg (1918) und ließ sich eine zeitlang in Tiflis nieder, wo Tscherepnin seine Studien am Konservatorium fortsetzte und selbst als Pianist und Dirigent Konzerte gab. Kompositionen für das Kammertheater in Tiflis, dessen Musikdirektor er war, entstanden dort. 1921 emigrierte die Familie nach Paris. Dort begann Alexanders internationale Karriere als Pianist und Komponist. 1922 hatte er sein Westdebüt in London. 1923 wurde sein Ballett *Ajantas Frescoes (Fresken von Adschanta)* in Covent Garden aufgeführt. 1926 folgte eine Reise durch Amerika. Im Jahr danach beendete er seine *1. Symphonie*, die bei der Aufführung in Paris einen Skandal erregte. Reisen nach Osten schlugen sich in Einflüssen japanischer und chinesischer Musik nieder, etwa in seinem *4. Klavierkonzert*, den *5 Konzertetüden* für Klavier, den *Klavierstudien auf eine chinesische Skala* oder der Oper The *Farmer an the Fairy* (1952). In Tokio lehrte er sogar und gründete einen Verlag, um die Werke seiner Schüler zu verbreiten. Mit seiner Frau Lee Hsien Ming, die er in Shanghai kennenlernte, lebte er später wieder in Paris. 1948 unternahmen sie eine Konzertreise durch Amerika und ließen sich 1950 in Chicago nieder, wo Tscherepnin an die De Paul University berufen wurde. 1958 nahm er die amerikanische Staatsbürgerschaft an, ging 1964 nach New York und teilte sich von da an die Zeit zwischen Amerika und nach Europa. Auf Einladung der russischen Regierung kehrte Tscherepnin 1967 für eine Konzertreise nach Rußland zurück. Obgleich er seine russischen Wurzeln nicht leugnen konnte, verfiel er in seinen Kompositionen nicht in den Tonfall russischer Melancholie. Dafür verknüpfte er freizügig die unterschiedlichen Volkskulturen, die er erlebte. In seinem *2. Klavierkonzert* (1923) ist zudem der Einfluß Prokofjews spürbar. Alexander Tscherepnin experimentierte mit neuen Skalen und entwickelte eine innerhalb der Oktave neuntönige Reihe, die aus 3 miteinander verbundenen Tetrachorden besteht und von ihm »Intrapunktus« genannt wurde. In seinen *Symphonien Nr. 2* (1951) und *Nr. 4* (1957) sowie dem *5. Klavierkonzert* (1963) fand er in seiner amerikanischen Periode zu einer Synthese und Vollendung all seiner musikalischen Erfahrungen, in denen nur serielle Techniken und Jazz keine Rolle spielen. Tscherepnin starb am 29. September 1977 in Paris. *Brigitte Schulze*

Joaquín Turina

1882–1949

Turina pflegt man mit Albéniz und de Falla zu den großen Drei der spanischen Musik zu rechnen, denen man allenfalls noch Granados zugesellt. Irgend etwas stimmt aber an dieser Nomenklatur nicht. Während von Granados immerhin sein Klavierzyklus *Goyescas* wenigstens auf der Schallplatte überlebt hat, geistert Turina fast nur als Name durch die Musikgeschichte. Das mag mancherlei Gründe haben. Er schrieb fast nur Klaviermusik und das in unüberschaubarer Fülle, aber nichts davon findet sich in den Konzertprogrammen der Pianisten und auch kaum auf Tonkonserven. Vielleicht war Turina doch nur ein »Kleinmeister«, allzusehr ans Klavier fixiert, wie ja auch fast alle Orchesterwerke Instrumentierungen von Klavierstücken sind oder als Klavierfassungen vorliegen.

Joaquín Turina wurde am 9. Dezember 1882 in Sevilla geboren. Er ging 1905 nach Paris, wo er bei Moszkowski studierte und 1905–1913 Schüler von Vincent d'Indy an der Schola Cantorum war. Mit *La procesión del Rocío op. 9* erzielte er in Madrid und Paris seinen kompositorischen Durchbruch. 1914 kehrte er mit de Falla nach Spanien zurück. Er profilierte sich als Dirigent der Ballets Russes und wirkte bis 1925 als Chorleiter des Teatro Real. 1931 wurde er Professor für Komposition am Konservatorium, 1941 Leiter der allgemeinen Musikabteilung im spanischen Erziehungsministerium. Ein unspektakuläres Leben also im Einklang mit den herrschenden politischen Gegebenheiten. Turina starb nach langer qualvoller Krankheit am 14. Januar 1949 in Madrid.

Obwohl Turina seine Geburtsstadt schon mit 20 Jahren für immer verließ, blieb er doch zeitlebens innerlich seiner Heimatstadt verbunden ähnlich wie Respighi, der in Rom lebte, Bologna. Aber bei Turina war dies eine Entscheidung für die regionale Offenbarung der andalusischen Musik, deren improvisatorische Wildheit er mit seiner klassizistischen Schulung bei Vincent d'Indy in spannungsvollen Einklang zu bringen wußte.

Schon *La procesión del Rocío op. 9* (1913), Turinas bekanntestes Werk, ist eine Huldigung an Sevilla. Das zweiteilige Werk entfaltet in Triana en fiestas einen bunten Bilderbogen volkstümlicher Tänze und Weisen (Seguidilla, Soleares, Garrotín-Flamenco), während die *Procesión* mit festlichen Glockenklängen und der spanischen Königshymne ihrem Höhepunkt entgegensteuert. Die *Sinfonia sevillana op. 23* (1920) hat 3 Sätze, deren Titel schon die Atmosphäre der Musik evozieren: *Panorama – Por el Río Guadalquivir – Fiesta en San Juan de Aznalfarache* (ein Vorstadtviertel maurischen Ursprungs). Hier finden sich deutliche Flamencoeinfüsse und -formen (Petenera, Zapateado, Garrotín) wie auch in den *Cinco danzas gitanas op. 55* (1930), deren letzter Satz *Sacro Monte* auf jenes Zigeunerviertel von Granada verweist, dessen benachbarte Atmosphäre schon Albeníz in *El Albaicín* beschworen hatte. Turina hat nur den ersten der beiden Zyklen instrumentiert. *Canto a Sevilla*, ein sechsteiliger Zyklus für Sopran und Orchester (mit 3 rein orchestralen Nummern) *op. 37* (1927) ist wiederum eine Huldigung an Sevilla. Das Lokalkolorit dieser Stadt beherrscht auch die sechssätzige choreographische Phantasie *Ritmos op. 43*. Die späte *Serenata op. 37* (1942) zeigt eine für Turina relativ fortschrittliche Musiksprache. Sein hierzulande aber am häufigsten zu hörendes Werk sind die *Danzas fantásticas op. 22* (1920). Die 3 Sätze zitieren typische Tanzformen bestimmter spanischer Regionen. So bringt der 1. Satz *Exaltación* einen Jota aus Aragon, der 2. *Ensueño* einen baskischen Zortziko im 5/8 Takt und *Orgia* eine Farruca aus Andalusien. *Siegmar Hohl*

Galina Ustwolskaja

1919

Wie kaum bei einem anderen Komponisten des 20. Jhs. verblüfft das Werk der Schostakowitsch-Schülerin Galina Ustwolskaja, geboren am 17. Juni 1919 in St. Petersburg, durch eine ästhetische Geschlossenheit, die in dieser Konsequenz als einzigartig gelten darf.

Galina Ustwolskaja studierte von 1937 bis 1939 an der Musikfachschule in Leningrad und bis 1947 am Rimski-Korsakow-Konservatorium. Ihr Lehrer dort war Dimitri Schostakowitsch, der überaus lobende Worte für seine Schülerin fand: »Ich bin überzeugt, daß die Musik G. Ustwolskajas weltweite Anerkennung finden wird bei allen, die der Wahrhaftigkeit in der Musik entscheidende Bedeutung beimessen.« In seinem 5. Streichquartett zitiert er fast wörtlich aus Ustwolskajas Klarinettentrio (1947).

Jede ihrer Kompositionen wirkt hinsichtlich Besetzung und Form singulär und keiner kompositorischen Tendenz verpflichtet. Ihrem Lehrer Schostakowitsch ist sie daher auch nur im Geiste verwandt, zumal sie dessen symphonisches Idiom in geradezu spiegelverkehrter Form verwendet. Zu den Besonderheiten ihrer Musik zählt, daß sie ohne Taktstriche arbeitet. Die daraus resultierenden asymmetrischen Konstruktionen verstrahlen eine ungewohnte Kraft und Intensität. Gelegentlich wirken die repetitiven Elemente wie seltsame Hybride der amerikanischen Minimal Music. Dem widerspricht aber der insgesamt kraftvolle und gelegentlich rituellen Charakter annehmende Grundgestus ihrer Musik, der mit der Monotonie beständig wiederholter Klangmuster nichts gemein hat. Auffällig an ihrer Musik ist ferner die meist karge Besetzung, deren Kuriosität durch die Auswahl für Kammermusik ungebräuchlicher Instrumente nur noch unterstrichen wird.

In *Komposition Nr. 1 Dona nobis pacem* sind zum Beispiel Piccoloflöte, Tuba und Klavier vorgeschrieben. So ist wenig von kammermusikalischer Behaglichkeit zu spüren, wenn Piccoloflöte und Tuba einen absurd wirkenden Dialog führen, wobei Klangfarbe und Dynamik dominierende musikalische Größen darstellen. Knapp und unergründlich lautet Ustwolskajas formalästhetisches Credo: »Meine Musik ist in keinem Fall Kammermusik, auch dann nicht, wenn es sich um eine Solosonate handelt!«

In vielen ihrer Werke schockiert die dynamische Amplitude, die unmittelbar von ppppp zu fffff wechseln kann, so daß sich ein Vergleich mit der Kapazität symphonischer Musik geradezu aufdrängt.

Wie ein künstlerisches Negativ zu den scheußlichen politischen Verhältnissen der Stalin-Ära wirkt die sich asketisch artikulierende Musik Ustwolskajas, deren religiöse Mentalität an den liturgischen Benennungen ihrer Werke ablesbar ist. Ab 1970 entstanden 2 Zyklen (Komposition 1–3; Symphonie 2–5), die religiöse Intentionen im Titel führen: *Komposition Nr. 1 »Dona Nobis Pacem« für Piccoloflöte, Tuba und Klavier* (1970/71); *Komposition Nr. 2 »Dies Irae« für 8 Kontrabässe, Schlagzeug und Klavier* (1972/73); *Komposition Nr. 3 »Benedictus, qui venit«* (1974/75); *Symphonie Nr. 2 »Die wahre, ewige Seligkeit!«; Symphonie Nr. 3 »Jesus Messias, rette uns«; Symphonie Nr. 5 »Amen«* (1990).

Doch weniger sakrales Komponieren im Sinne der Kirchenmusik als spirituelle Durchdringung prägen das Wesen dieser Kompositionen.

»Meine Werke sind zwar nicht religiös im liturgischen Sinn, aber von einem religiösen Geist erfüllt, und – wie ich es empfinde – würden sie am besten in einem Kirchenraum erklingen, ohne wissenschaftliche Einführungen und Analysen. Im Konzertsaal, also in einer ›weltlichen‹ Umgebung, klingen sie anders.«

Sven Ahnert

Johann Baptist Vanhal

1739–1813

Die Bedeutung dieses Haydn- und Mozart-Zeitgenossen liegt vor allem in seinem umfangreichen symphonischen Schaffen, das zwischen den Jahren 1766 und 1785 entstanden ist. Vanhal hat damit einen wesentlichen Beitrag zur Weiterentwicklung der Wiener Symphonik geleistet.

Der aus Böhmen stammende Komponist, der zu seinen Lebzeiten zu hohem Ruhm gelangt ist, läßt in seinem Stil einen deutlichen Entwicklungsgang erkennen, der von der barocken zur klassischen Schreibweise, zuletzt sogar bis zu der Gefühlswelt der frühen Romantik führt.

Außer seinen rund 100 Symphonien hat dieser überaus produktive Musiker zahlreiche Klavier- und Kammermusikwerke, ein umfangreiches Fugenwerk, 2 Opern (die allerdings verschollen sind), Lieder, Messen und andere Werke der Kirchenmusik geschrieben. Auch das instrumentale Solokonzert spielt in seinem Schaffen eine wichtige Rolle. Die Konzerte für Klavier, Orgel, Violine, Flöte, Fagott, Klarinette, Kontrabaß usw. mit Orchesterbegleitung haben in neuester Zeit in den Konzertsälen wie auch auf der Schallplatte eine erfreuliche Renaissance erlebt. In der letzten Periode seines Schaffens folgte er der damals weit verbreiteten Mode, herausragende Zeitereignisse musikalisch darzustellen, wie etwa »Die Seeschlacht von Abukir«, »Die Schlacht bei Würzburg«, »Die Bedrohung und Befreiung Wiens«. Vanhals Musik ist von gesangvoller Melodik erfüllt und verwendet häufig Themen der Volksmusik seiner böhmischen Heimat. Haydn und Gluck haben diesen Musiker geschätzt.

Vanhal, dessen Name auch Wanhal, Vanhall auch Van Hal geschrieben wurde, zählte ebenso wie Joseph Mysliveček, Anton und Leopold Kozeluch, Anton Reicha u. a. zu der sehr beachtenswerten Gruppe böhmischer Komponisten aus der 2. Hälfte des 18. Jhs. Er stammte aus der kleinen Ortschaft Neu Nechanitz (Nové Nechanice), wo er am 12. Mai 1739 als Sohn einer Bauernfamilie zur Welt kam. Bereits in jungen Jahren betätigte er sich als Organist. 1761 begab er sich nach Wien, wo er Schüler Karl v. Dittersdorfs wurde. Nach erfolgreichen Aufenthalten in Italien (1769–72) blieb er bis zu seinem Lebensende in Wien, wo er als Komponist und Pädagoge bis zu seinem Tod (20. August 1813) wirkte. Vanhal gilt als einer der ersten »freien«, vom Ertrag des Schaffens lebenden Komponisten, stand also – abweichend von der damaligen Norm – niemals in adeligen Diensten. *Clemens Höslinger*

Edgard Varèse

1883–1965

Die Uraufführungen der Werke von Edgard Varèse haben fast immer Skandale verursacht. Die Neuheiten seiner Partituren waren so außergewöhnlich, daß sie z. T. überhaupt nicht als Musik anerkannt wurden: In der Berliner Allgemeinen Zeitung wird *Arcana* z. B. 1932 als »Klangferkelei« beschrieben. Varèse propagierte und praktizierte die Befreiung des Klanges von herkömmlichen Mustern und nannte dabei sein Tun nicht mehr Komposition, sondern »Klangorganisation«. Die Hervorhebung des Schlagzeugapparats und später die Verwendung von Geräuschen, z. T. durch die Einbeziehung von Tonbändern in seine Werke, sind zwei zentrale Aspekte seines Schaffens. Varèse wird häufig als Wegbereiter der elektronischen Musik angesehen.

Edgard Varèse wurde am 22. Dezember 1883 in Paris geboren. Die Kindheit verbrachte er in Paris, Burgund und anschließend in Turin. Er interessierte sich für die Naturwissenschaften und vor allem – gegen väterlichen Willen – für die Musik. Mit 15 Jahren komponierte er bereits eine Oper, und als 17jähriger war er Schlagzeuger an der Turiner Oper. 1903 ging Varèse wieder nach Paris, wo er an der Schola Cantorum und später am Conservatoire studierte. Nach einem mehrjährigen Aufenthalt in Berlin, wo er Kontakte mit Busoni und Richard Strauss knüpfte, und einem kurzen Militärdienst 1915, wanderte er nach Amerika aus dessen Staatsbürgerschaft er 1926 erwarb und wo er am 6. November 1965 in New York gestorben ist.

Mit Ausnahme eines Liedes sind keine Werke aus der Zeit vor der Übersiedlung erhalten. Einige wurden durch einen Brand zerstört, andere hat Varèse selbst vernichtet. Aus einer 2. Arbeitsphase (ca. 1918–1936) stammen 9 der 12 vollendeten und heute noch erhaltenen Werke. Parallel zum Musikschaffen entwickelte Varèse seine Konzepte zur »Befreiung« der Musik. Er erkannte, daß die elektronische Erzeugung und Manipulation von Klang unzählige neue Klangfarben sowie eine Unabhängigkeit von der traditionellen temperierten Stimmung mit sich bringen würde.

Erst nach einer langen Schaffenspause war 1954 wieder ein Werk von Varèse mit dem Titel *Déserts* zu hören. Hier sah er zum ersten Mal die Möglichkeit, seine Vorstellungen umzusetzen: Teile des Werkes bestehen aus Tonbandaufnahmen. Sein letztes vollendetes Stück *Poème electronique* (1958) ist reine Tonband-Musik.

Edgard Varèse in seinem Studio in Greenwich Village (um 1950)

Amériques

UA: Philadelphia 1926

Die 1. Fassung (1918–1922) von *Amériques* war für ein Riesenorchester von über 140 Spielern konzipiert. Hier war einerseits eine große Vielfalt an Klangfarben und andererseits die Möglichkeit von massiven Klangballungen gegeben. Die revidierte Fassung von 1927 verlangt immer noch ca. 120 Spieler, darunter 2 Instrumente, die zum ersten Mal im Orchester eingesetzt werden: die Sirene und das »lion's roar« oder Löwengebrüll. Die Sirene spielt eine bedeutende Rolle in diesem Werk. Ohne eine bestimmte Tonhöhe zu haben, kann sie Steigerungen und Beruhigungen besonders gut ausmalen. Bei den anderen Instrumenten werden Glissandi und chromatische Läufe oft eingesetzt, so daß insgesamt der Eindruck eines Entstehens, eines Prozesses vorherrscht.

Auf eine der herkömmlichen Musikformen läßt sich *Amériques* nicht festlegen. Varèse selbst erklärte, daß sich seine Werke prozeßhaft und passend zu den musikalischen Mitteln entwickeln. Er befürwortete auch auf der formalen Ebene eine »Befreiung« der Musik. Oft wird hier mit der Gegenüberstellung verschiedener Klanggruppen gearbeitet. Am Anfang kontrastiert eine sich wiederholende Altflöten-Melodie mit Einwürfen verschiedener Instrumentengruppen (Blechbläser, Holzbläser, Schlagzeug). Erst gegen Ende des Werks kommt es zu einem gemeinsamen Einsatz aller Instrumente. Der rhythmisch geprägte letzte Teil, der zeitweise Tänzerisches andeutet, scheint Ausdruck der Hoffnung zu sein, die Varèse mit Amerika verknüpfte.

M *CD* New York PO, Boulez (Sony)

Offrandes

UA: New York 1922

Das 1. Werk von Varèse, das in den USA aufgeführt wurde, war seine Vertonung zweier Gedichte unter dem Titel *Offrandes* für Sopran und Kammerorchester. Bezeichnend für dieses Werk ist, daß die Singstimme und das Orchester keinen direkten Bezug zueinander aufnehmen. Vielmehr geht die Stimme vom Klang und der Satzmelodik des Textes aus, während das Orchester die Textinhalte durch raffinierte Klänge umschreibt.

Das erste Stück basiert auf einem Gedicht des chilenischen Dichters Vicente Huidobro (1893–1948) mit dem Titel »Chanson de Là-haut« (Lied von Oben). Die 9 Textzeilen enthalten viele Vorstellungen, die mit Sinneswahrnehmungen und mit Natur zu tun haben. Ausdrücklich wird die »Trompete« im Text erwähnt, und es ist auch dieses Instrument, das am Anfang solistisch spielt. Die 1. Textzeile (in der Übersetzung: »Die Seine schläft unter dem Schatten ihrer Brücken«) erklingt statisch in der tiefen Stimmlage der Sopran-Solistin. Danach folgt eine Steigerung, dann eine Entspannung, wonach die Schlußzeile (»Ein Vogel singt das ganze Jahr in mir«) ähnlich ruhig und verhangen wie die 1. Zeile erklingt. Vor diesem letzten Vers hört man ein kurzes Solo der kleinen Flöte, das den Vogelgesang andeutet.

Der Text des 2. Lieds stammt von dem Mexikaner José Juan Tablada (1971–1945) und hat den Titel »La croix du sud« (Das Kreuz des Südens). Hier ist der bereits vielfältige Schlagzeugapparat um 2 Instrumente, die Ratsche und die Kastagnetten, erweitert. Während des Stücks wechseln sich verschiedene Gruppen innerhalb der Schlagzeugfamilie ab. Tabladas sprunghafter, assoziationsreicher Text regte Varèse dazu an, bestimmte Wörter und Bilder in besonders malerische Klänge und Figuren umzusetzen.

M *CD* Yakar, Ensemble InterContemporain; Boulez (Sony)

Intégrales

UA: New York 1925

Während eines Pariser Aufenthalts 1924 begann Varèse *Intégrales* für 11 Bläser und 4 Schlagzeuger (17 Instrumente) zu entwerfen. Vom Werk sagte er, daß es für akustische Möglichkeiten konzipiert wurde, die erst später realisierbar waren. Damit spielte er z. B. auf die räumliche Aufteilung von Klangquellen an, die mit der Entwicklung der Stereophonie möglich wurde. Um den Effekt einer räumlichen Aufteilung zu erzeugen, werden in *Intégrales* die Instrumente bzw. die Instrumentengruppen einander gegenübergestellt. Die melodische Motivik wird auf ein Minimum, am Anfang des Stücks auf einen einzigen wiederholten Ton, reduziert. Zuerst von der hohen Es-Klarinette vorgetragen, wandert dieser Ton zur Trompete und dann zur Oboe. Die Dominanz der höheren Tonlage wird in einem 2. Teil durch ein tiefes Hornsolo beendet. Vermittelnd, untermalend wirkt hier der Schlagzeugapparat, dem oft die Funktion zukommt, Brücken zwischen den formalen Teilen der Stücke zu schlagen.

[M] *CD* Ensemble InterContemporain; Boulez (Sony)

Arcana

UA: Philadelphia 1927

Seiner formal kompliziertesten Komposition, *Arcana*, setzte Varèse ein Zitat aus Paracelsus' »Hermetischer Philosophie« voran. Die Worte des Schweizer Naturphilosophen und Arztes (1493–1541) beschreiben 7 Sterne. Sechs davon sind fixierte Sterne (apokalyptischer Stern, Aszendent, die vier Elemente), der siebte wird als die Vorstellungskraft beschrieben, die die Fähigkeit besitzt, einen neuen Stern und einen neuen Himmel hervorzurufen. Ohne ein Programm für das Werk sein zu wollen, rücken diese Äußerungen *Arcana* in den Bereich des Kosmischen, der konstituierenden Bewegungen und Verschiebungen im Weltall.

Für sehr großes Orchester geschrieben, in dem die Blechbläser (8 Hörner, 5 Trompeten, 4 Posaunen, Tuba und Kontrabaß-Tuba) und das Schlagzeug besonders stark besetzt sind, haftet *Arcana* etwas Explosives, eine Aufbruchstimmung an. Zahlreiche sehr laute Steigerungen markieren den Verlauf des Stücks. Im letzten Abschnitt häufen sich diese eruptiven Momente. Dennoch endet das Werk sehr leise. Weitere formale Anhaltspunkte bilden einerseits das kreisend aufsteigende Hauptthema (abc, abc, abc, ab), das am Anfang des Werks von Tuba, Violoncelli und Pauke vorgetragen und danach oft wieder aufgegriffen wird, und andererseits die fanfarenartigen Blechbläserfiguren.

[M] *CD* New York PO, Boulez (Sony)

Ionisation

UA: New York 1933

Mit *Ionisation* für 13 Schlagzeuger schuf Varèse ein Werk, das heute als ein Meisterwerk für Perkussions-Ensemble gilt. Die große Vielfalt dieser Instrumentengruppe wird hier zur Schau gestellt, obwohl die stringent konzipierte, vorwärtsstrebende Komposition nirgends allein vom Klangeffekt getragen wird. Vielmehr entstehen verschiedene »Klangtexturen«, die erst einzeln und später einander überlagernd zu hören sind. Wesentlich ist dabei die Zuordnung der Schlagzeuginstrumente ihrerseits zu verschiedenen Untergruppen: Metall- zu Holzperkussionsgruppe, Instrumente, die Dauertöne zu solchen, die Schlagtöne produzieren, Instrumente mit bestimmten zu solchen mit unbestimmten Tonhöhen. Die Struktur von *Ionisation* wird durch die Verwendung von besonders einprägsamen Klängen nachvollziehbar. So werden Instrumente wie die Triangel oder das sog. »Löwengebrüll« verwendet, um formale Teilungen des Werkes zu unterstreichen. Das Einsetzen von bislang ausgesparten Instrumenten führt ebenfalls zu formaler Transparenz: die Ambosse werden z. B. erst ab der Mitte des ca. sechsminütigen Werks eingesetzt. Instrumente mit bestimmten Tonhöhen wie Klavier, Röhrenglocken und Glockenspiel treten als letzte Steigerung erst am Schluß des Stücks auf.

[M] *CD* Mitglieder der New Yorker Philh., Boulez (Sony)

Déserts und Poème électronique

UA: Paris 1954; UA: Brüssel 1958

In den 1950er Jahren entstanden 2 Spätwerke von Varèse, in denen die inzwischen möglich gewordene elektronische Klangmanipulation eine zentrale Rolle spielt. Die amerikanische Komponistin Ann McMillan (* 1923) machte Varèse 1953 mit der Technik dieser Möglichkeiten vertraut.

An 3 Stellen in der Partitur zu *Déserts für Blasorchester, Schlagzeug und organisierten Klang* steht die Bezeichnung »OS«. Gemeint sind damit Tonbänder mit »organized sound«, die zwischen die live vom Orchester zu spielenden Teile des Werkes interpoliert werden. Es kommt niemals zu Überschneidungen, sondern zu einer ständigen Gegenüberstellung der beiden Arten von Tonerzeugung. Während am Anfang des Werks die Orchesterteile länger als die Tonbandabschnitte sind, kehrt sich dieses Verhältnis zum Schluß des Werkes um. Das Orchester gestaltet aber den Anfang und das Ende des Stücks, und *Déserts* kann auch ohne diese Tonbandinterpolationen aufgeführt werden. Von den Tonbändern sind verschiedenste Geräusche und Klänge zu hören, und zwar z. T. auch solche, die von Instrumenten erzeugt werden. So entstehen Entsprechungen zwischen den beiden Klangmedien. Das Orchester simuliert an bestimmten Stellen auch modifizierte Fabrikgeräusche, die in den Tonbandteilen vorkommen. *Déserts* macht so einerseits auf die Geräuschhaftigkeit des Orchesters und andererseits auf die Musikalität von (Alltags-)geräuschen aufmerksam.

Einen weiteren Schritt zur »Spatialisierung der Musik« vollzog Varèse mit seinem *Poème électronique*, einem Werk, das für den von Le Corbusier geschaffenen Phillips-Pavillon der Brüsseler Weltausstellung 1958 entstand. An den Innenwänden dieses Gebäudes wurden 425 Lautsprecher angebracht. Die Zuschauer erlebten dabei gleichzeitig die Klänge von Varèse und das Lichtspiel von Le Corbusier, die völlig unabhängig voneinander entstanden waren. Le Corbusier zeigte u. a. Tiere, Ungeheuer, Masken, Gesichter, Bilder und Manuskripte, während Varèses Werk sich aus klar identifizierbaren Instrumentenklängen, Umweltgeräuschen und sonstigen manipulierten Tonquellen zusammensetzte. *Poème électronique* ist ein absolutes Werk. Das von Varèse gestaltete Tonband kann nicht durch eine »Interpretation« geändert werden. Da der Phillips-Pavillon bald abgerissen wurde, ist es bis heute allerdings nicht mehr möglich, dieses Werk »im Original« zu erleben. Aufnahmen des Werkes lassen dennoch ein faszinierendes Gebilde erkennen: eine geordnete Häufung von Klängen, die an eine Unzahl von Klangeindrücken aus unserer Umwelt erinnern. Feste Anhaltspunkte bilden die Laute, denen Vertrautes anhaftet, insbesondere die Glocken am Anfang, die Frauenstimme in der Mitte (die sich mit einem wehklagenden »O God« ausdrückt) und der 2. Einsatz der Frauenstimme (diesmal mit Männerchor) im letzten Teil des Werks – nach der Generalpause.

Mary Ellen Kitchens

Ralph Vaughan Williams

1872–1958

Letzte Aufnahme vor dem Tod des Komponisten

Der am 12. Oktober 1872 in Down Ampney (Gloucestershire) geborene, am 26. August 1958 in London verstorbene Ralph Vaughan Williams gilt als die bedeutenste Erscheinung Musik-Englands zwischen Edward Elgar und Benjamin Britten.

Nach Studien bei Parry Stanford und Wood war er von 1896 bis 1899 Organist in Lambeth. 1897 weilte er für einige Zeit in Berlin, wo er bei Max Bruch Belehrung und Ermutigung fand. Früh erwarb er sich einen Ruf als Musikwissenschaftler, der seinen Landsleuten das Erbe der alten englischen Musik bewußt zu machen und ihre eigenen Kräfte innerhalb der Tradition wachzurufen suchte. Als Sammler alten englischen Liedgutes errang er große Verdienste. Ein kleines Einkommen gestattete ihm, sich ganz der Komposition zu widmen, jedoch war er sich seiner Berufung lange unsicher, so daß er noch 1908 als 36jähriger nach Paris fuhr, um 3 Monate lang bei Ravel zu studieren. 1910 begründete die UA der *Tallis-Phantasie* in Gloucester und der *Sea-Symphonie* beim Leeds-Festval seinen Ruhm. Der Militärdienst im Ersten Weltkrieg unterbrach sein nun anhebendes kontinuierliches Schaffen, in dessen Mittelpunkt 9 Symphonien sowie Chormusik, aber auch 5 Opern und gelegentlich auch Filmmusik standen. Von den 4 Instrumentalkonzerten für Klavier, Violine, Oboe und Tuba ist nur das erstere von Bedeutung. Als Lehrer wirkte Vaughan Williams in Oxford und am Royal College of Music in London. Er wurde mit zahlreichen Ehren überhäuft, so mit mehreren Ehrendoktoraten englischer Universitäten; die Erhebung in den Ritterstand lehnte er jedoch ab. Als Mensch wurde er seiner Einfachheit und Offenheit wegen vor allem von den ausübenden Musikern geliebt.

Der Symphoniker Vaughan Williams entwickelte eine sehr persönliche Sprache, die gekennzeichnet ist von einer Vorliebe für modale Harmonik und Ketten reiner Dreiklänge, die aber jeder der 9 Symphonien ein unverwechselbar eigenes Gesicht gibt. Charakeristisch ist auch ein unterschwelliger Hang zum Mystischen, wie er auch in seinen großen Chorwerken, vor allem in seiner *A-cappella-Messe g-moll*, durchbricht.

Die Tonalität hat Vaughan Williams nie verlassen, behandelt sie jedoch höchst eigenwillig. Seine schöpferische Kraft ließ ihn auch in den Werken des hohen Alters zu immer neuen unverbrauchten Lösungen gelangen.

Symphonie Nr. 1 »A Sea Symphony«
UA: Leeds 1910

Vaughan Williams *1. Symphonie* ist eine einstündige Kantate für Bariton-, Sopransolo, gemischten Chor und Orchester auf Texte von Walt Whitman. In ihrer formalen Anlage wird die traditionelle Viersätzigkeit der Symphonie zumindest angedeutet. Der 1. Satz *A Song for all Seas, all Ships*, der Sonatenform angenähert, erinnert in seinem Überschwang an Elgar, dessen Partituren Vaughan Williams sorgfältig studiert hatte. Die Anfangsfanfare legt die schwungvolle Grundstimmung fest, die nur im Mittelteil ins Elegische abgebogen wird, wenn das Baritonsolo der Seeleute gedenkt, die bei ihrer Pflichterfüllung untergingen. Das *Largo sostenuto* des 2. Satzes *On the Beach at Night alone* ist ein ungemein stimmungsvolles Stück, in dem der Bariton von den unermeßlichen Weiten des Ozeans singt. Das Orchester in seiner dunklen Koloristik wird zum eigentlichen Ausdrucksträger des Satzes. In scharfem Kontrast dazu steht das bravouröse Scherzo *The Waves*, in dem der ungemein beweglich geführte Chor die Hauptrolle übernimmt. Die weiten Dimensionen des Finales *The Explorers* weisen schließlich aus der Sphäre des Naturalistischen ins Mystische, entsprechend der Dichtung, die von der Schiffahrt als Lebensreise zu Gott spricht. Vaughan Williams Musik erreicht am Ende eine Aussagekraft von fast jenseitiger Verinnerlichung. Das eindrucksvolle Werk schließt in tiefem Frieden.

[M] *CD* Armstrong, Case, London PO, Boult (EMI 1968); Marshall, Roberts, London Symphony Chorus, Philharmonia O., Hickox (Virgin)

Symphonie Nr. 2 »A London Symphony«
UA: London 1914

Das Werk ist eine Huldigung an die Stadt London, es will jedoch trotz programmatischer Elemente keineswegs als schildernde Programmusik gewertet werden, sondern ist auch als absolute Musik verständlich und in sich schlüssig. Der 1. Satz in freier Sonatenform exponiert im einleitenden Lento das Grundmotiv des Ganzen, die aufsteigende Folge D–G–A–D. Die große Stadt erwacht am frühen Morgen. Der anschließende *Allegro-risoluto*-Hauptsatz wirbelt verschiedene Themen, darunter fast volkstümliche Liedmotive, brillant durcheinander, ein temperamentvoller Hymnus auf das Leben der englischen Metropole, unterbrochen von einem lyrischen Mittelteil, dem jedoch alsbald wieder der auch dynamisch orchestrale Überschwang folgt, mit dem der Satz schließt. Das anschließende *Lento* charakterisierte Vaughan Williams als »Bloomsbury Square an einem Novembernachmittag«. Den Satz von großer Stimmungsdichte eröffnet eine elegische Melodie des Englischhorns. Flöte, Trompete und Bratsche führen den Dialog mit den Streichern fort. Die Musik steigert sich zu einem expressiven Höhepunkt, ehe sie in die verträumte Elegie des Anfangs zurücksinkt und mit einem einsamen Bratschensolo ausklingt. Das *Scherzo* ist als *Nocturne* bezeichnet: »Der Hörer stelle sich vor, er stehe auf dem nächtlichen Ufer der Themse, umgeben vom Lärm, der vom Strand herüberklingt«, sagt der Komponist. Ein energisch voranschreitendes, von wirbelnden Triolen virtuos umranktes Gebilde, das am Ende geheimisvoll verlischt. Ein düsterer Marsch und ein aufbrausendes *Allegro* steigern sich im *Finale* wechselweise zu 3 Höhepunkten, ehe der breite Epilog das Grundmotiv des Kopfsatzes aus der Tiefe aufsteigen läßt und das Fresko einer Großstadt, unverwechselbar charakterisiert durch die nächtlichen Schläge des Big Ben, im Dunkel der Nacht versinkt.

[M] *CD* London SO., Previn (RCA/BMG 1970)

Symphonie Nr. 3 »A Pastoral Symphony«
UA: London 1922

Die *Dritte* ist in ihrer elegischen Grundstimmung und ihrer formalen Eigenwilligkeit eines der komplexesten, aber auch bedeutendsten Werke des Komponisten. Von den 4 Sätzen hat nur der dritte ein bewegteres Tempo. Es gibt weder durchführungsartige Entwicklungen noch dynamisch aufgipfelnde Steigerungen. »Few fortissimos and few allegros«, sagt Vaughan Williams. Der 1. Satz, *Molto moderato*, ist eine schwermütige Meditation über die Tonfolge G–D–E–D, mit der er anhebt und ausklingt, von keinerlei Sonatenschema berührt. Charakteristisch sind die modalen Wendungen und die Dreiklang-Ketten. Solovioline, Oboe, Klarinette und Englischhorn weben melodische Arabesken in den ruhig bewegten Klanggrund. Diese elegisch-meditative Stimmung wird im folgenden *Lento moderato* noch expressiv vertieft. Ein Trompetensolo, wie eine einsame Retraite herüberklingend, hat vermuten lassen, daß das Werk unter dem Eindruck des Kriegserlebnisses geschrieben wurde. Das Horn nimmt kurz vor Schluß den Ruf wieder auf, ehe der Satz im Nichts erstirbt. Im scherzoartigen *Moderato pesante* kommt es erstmalig zu orchestralen Ballungen. Eine volksliedartige Trompetenweise tänzerischen Charakters setzt hellere Akzente, ehe der fein instrumentierte Satz mit einer geheimnisvollen Leggiero-Coda verhuscht. Eine Vokalise des Solosoprans über dem Pianissimo der Pauke eröffnet das *Lento-Finale*. Eine im Sarabandenrhythmus feierlich schreitende Weise bestimmt das Folgende, ehe ein aufgelockerter Mittelteil stärkere Bewegungsimpulse bringt. Das Sarabendenthema wird zu einem leuchtenden Höhepunkt gesteigert. Dann setzt die wiederkehrende geheimnisvolle Vokalise, diesmal unter flirrenden Klängen der hohen Violinen, den verlöschenden Schlußpunkt unter das ungemein eindrucksstarke, unkonventionelle Werk.

[M] *CD* Bournemouth SO, Bakels (Naxos 1992/93)

Symphonie Nr. 4 f-moll

UA: London 1935

Die 1931 bis 1934 entstandene *Vierte* ist die härteste, kontrapunktisch dichteste, konziseste unter den Symphonien von Vaughan Williams. Neoklassizismus und Motorik der 30er Jahre kennzeichnen das meisterlich gearbeitete, vielfach von scharfen Blechausbrüchen bestimmte, auf modale Harmonik verzichtende Werk. Das chromatische Vierton-Motiv, das den heftigen Beginn hereinbrechen läßt, durchzieht das gesamte Werk. Dieser weitere Motive einführende Anfangsteil wird abgelöst durch eine emphatisch schwingende Melodie der Violinen. Ein durchführungsartiger Mittelteil führt zu einer Art Reprise, und der heftige, dissonanzreiche Satz klingt in einem weitgespannten, expressiven Epilog ruhig aus. Das folgende *Andante moderato*, einer der schönsten langsamen Sätze von Vaughan Williams, wird nach kurzen Einleitungsakkorden von einem elegisch dahinschreitenden Thema der Violinen eröffnet. In meisterhaftem linearem Kontrapunkt intensivieren sich die nach und nach hinzutretenden Gedanken zu einem Höhepunkt, und mit dem Wiedereintritt des Anfangsthemas klingt der hochexpressive, fast ausschließlich auf linearer Dichte basierende Satz aus. Das nach klassischem Schema gebaute *Scherzo* mit seinem emporschießenden Hauptthema führt ohne Zäsur vermittels eines rhythmisierten Orgelpunktes der Pauke in das *Allegro-Finale* mit einem jazzigen Haupt- und einem burschikosen Seitenthema. Eine episodische Beruhigung leitet über zur Reprise des Hauptsatzes, die schließlich in ein glänzendes Fugato mündet, das angeführt vom Vierton-Motiv, die Themen mit höchster kontrapunktischer Meisterschaft durcheinanderwirbelt. Bravouröser Schluß eines singulären Meisterwerks.

[M] *CD* London SO, Previn (RCA/BMG)

Symphonie Nr. 5 D-Dur

UA: London 1943

Mit seiner *Fünften* kehrt Vaughan Williams in die Welt modaler Harmonik zurück. In schärfstem Kontrast zur aggressiven Vierten hat die 5. Symphonie lyrischen Charakter mit Neigung zu religiöser Mystik. War dort das Blech klanglich dominierend, so ist es hier der warme, füllige Streicherklang. Wo es, vor allem im Finale, zu dynamischen Aufgipfelungen kommt, wirken sie hymnisch-feierlich: Züge, wie sie sich in Jean Sibelius' *6. Symphonie* finden. Ihm ist das Werk denn auch gewidmet. Der 1. Satz, *Preludio*, kreist um ein Motiv, mit dessen Hilfe gegen Satzende eine machtvoll-feierliche Steigerung erreicht wird, ohne daß der Satz einer zielgerichteten Entwicklungsdramaturgie unterworfen wäre. Das virtuose *Scherzo* huscht zunächst verhalten vorüber, ehe gegen Schluß das Blech heftigere Akzente setzt. Das verharmlosend mit *Romanza* betitelte Lento ist das geistige Zentrum der Symphonie, eine feierlich dahinströmende Espressivo-Musik von inbrünstiger Intensität und Wärme, ein hymnischer Gesang von edler Schönheit, sich allmählich steigernd und wieder verlöschend. Die Final-*Passacaglia* wandelt das von den Celli eingeführte Thema in zahllosen Metamorphosen und kunstvollster Satztechnik ab, den Satz schließlich ins Feierlich-Monumentale steigernd, ehe eine der für Vaughan Williams charakteristischen langen Epiloge das Werk mit dem thematischen Material seines Beginns ruhevoll beschließt.

[M] *CD* London SO, Previn (RCA/BMG)

Symphonie Nr. 6 e-moll

UA: London 1948

Vaughan Williams' *6. Symphonie* hat nach ihrer UA Rätsel aufgegeben. Das Werk, mit dem der 70jährige nach der abgeklärten Fünften in die aufgewühlte Welt der Vierten zurückkehrt, wurde mit den wilden Zeitläufen 1944–1947, in denen es entstand, in Verbindung gebracht. Die *Sechste* ist die zerklüftetste Symphonie, die unheimlichste des Komponisten. Ihre ständig zwischen großer und kleiner Terz sowie Tritonusbildungen schwankende Harmonik suggeriert den Eindruck verzweifelter Unsicherheit. Der heftige Beginn mit dem aufsteigenden f–g–as ist konstruktiv für den *Allegro*-Kopfsatz. Die rasenden Sechzehntelläufe der Streicher sind kaum thematisch strukturiert. Eine jazzartige Episode führt eine Art von Seitenthema ein, das im weiteren Verlauf zu hymnischer Steigerung geführt wird und schließlich im glanzvollen Streichersatz erklingt, ehe die wilde Turbulenz des Beginns erneut Platz greift und den Satz beschließt. Ohne Zäsur folgt das *Moderato* des 2. Satzes, eine fahl dahinschleichende Musik, von einem unerbittlichen anapästischen (leicht–leicht–schwer) Rhythmus auf einem Ton beherrscht, melodisch kaum strukturiert. Eine gewaltige Steigerung, in die die Trompete das gehämmerte Ein-Ton-Motiv vierundneunzigmal hineinruft, führt zu katastrophischen

Ausbrüchen und zum endlichen Verklingen. Ein Solo des Englischhorns eröffnet das ganz und gar nicht scherzhafte *Scherzo.* Der Satz ist von geradezu brutaler Wildheit, ein meisterlich-kontrapunktisch organisiertes Chaos, in das auch Jazz-Episoden des Tenorsaxophons keine Beruhigung bringen, eine Orgie in Tritonus-Motiven, der das rätselhafte *Finale* folgt, ein entwicklungloser Pianissimo-Epilog in fahlsten Farben. Man sprach von der Suggestion einer öden Landschaft nach einem Atomschlag.

[M] *CD* Bournemouth SO, Bakels (Naxos 1992/93)

Symphonie Nr. 7 »Sinfonia Antartica«

UA: Manchester 1953

1947 schrieb Vaughan Williams die Musik zu dem Film »Scott of the Antartic«, der die tragisch geendete Südpolexpedition Scotts im Jahre 1912 schilderte. Die Filmmusik arbeitete er späterhin zu einer Symphonie um, die jedoch ihre programmatische Herkunft nicht verleugnet, zumal er den 5 Sätzen Zitate aus Dichtungen Shelleys, Coleridges, Donnes sowie der Psalmen und aus Scotts letztem Tagebuch voranstellte. Der 1. Satz, *Prelude Andante maestoso,* wird mit einem aufsteigenden Thema eröffnet, das die gesamte Musik durchzieht. Er schildert nach den Worten des Komponisten »den Schrecken und die Faszination des Südpols«. Ein Stimmungsbild, das durch Verwendung von Windmaschine, Vibraphon, Xylophon, Celesta, Klavier und Frauenstimmen seine spezifische Koloristik erhält. Das folgende *Scherzo,* in dessen Mittelteil das Spiel der Pinguine in quirligen Holzbläserfarben veranschaulicht wird, kontrastiert mit seiner lockeren Fügung zum 1. Satz. Der »Landscape« betitelte 3. Satz, ein *Lento,* suggeriert die Großartigkeit und Weite der arktischen Landschaft, ein reines Stimmungsbild ohne thematische Entwicklung, das durch den schließlichen Eintritt des Orgel-Plenums ins Monumentale überhöht wird. Das an 4. Stelle stehende Intermezzo, *Andante sostenuto,* dessen zarte Anfangsmelodie an das aufsteigende Thema des Symphonie-Beginns anknüpft, bringt lyrische Entspannung in das Geschehen. Der Final-*Epilog* wandelt mit dem ins Machtvolle gesteigerten aufsteigenden Thema die Musik ins Heroische, ehe klagende Frauen-Vocalisen und Windmaschine in eisiger Atmosphäre das Werk im Nichts verhallen lassen.

[M] *CD* Armstrong, London PO & Choir, Haitink (EMI 1984)

Symphonie Nr. 8 d-moll

UA: Manchester 1956

Mit der heiter-unproblematischen, formal sehr klaren, locker, aber äußerst kunstvoll gefügten *8. Symphonie* kehrt der 80jährige in die Welt der absoluten Musik zurück. Das viersätzige Werk trägt koloristisch ein ausgefallenes Gesicht: Nur die beiden Ecksätze verwenden das volle Orchester. Der 2. Satz ist den Bläsern, der 3. den Streichern alleine vorbehalten. Außerdem setzt Vaughan Williams eine reichbestückte Schlagzeuggruppe sowie Vibraphon ein. Die einleitende *Fantasia, Variazioni senza tema* überschrieb der Komponist mit abgewandelten Worten Pirandellos »sieben Variationen suchen ein Thema«. Das ist ein wenig rätselhaft, denn dieses Thema wird gleich zu Beginn in Gestalt eines Vierton-Motivs samt Fortsetzung vorgestellt. Die Variationen wandeln es höchst geistvoll und perspektivenreich ab, aber so, daß es zumindest latent immer durchscheint. Das *Scherzo alla Marcia* gibt zunächst unruhiger Holzbläservirtuosität Raum. Schließlich eröffnet das Blech ein keckes Fugato, das in polyphoner Kunst und geschmettertem Brio an Hindemith gemahnt. Eine Episode bukolischen Charakters führt zum brillanten Schluß. Die *Cavatina* entfaltet einen melodiösen, warmen und klangsatten Streichersatz, der zu ausdrucksdichten Steigerungen geführt wird. Hier wie auch in den übrigen Sätzen spielt die für Vaughan Williams charakteristische modale Harmonik eine wesentliche Rolle. Die Finale-*Toccata* trägt Rondo-Charakter. Das einprägsam-auftrumpfende Thema legt den vitalen Elan des Satzes fest, in dem die Schlagzeuggruppe virtuos zum Zuge kommt in Gestalt von Xylophon- und Glockenklängen. Mit dem nachdrücklich bekräftigten Rondo-Thema schließt die Symphonie so optimistisch wie sie begann.

[M] *CD* Philharmonia O., Slatkin (RCA/BMG 1991)

Symphonie Nr. 9 e-moll

UA: London 1958

Vaughan Williams *9. Symphonie* zeigt den 86jährigen auf ungebrochener Höhe seiner schöpferischen Kraft, was die profilierte Thematik, die Kunst symphonischer Entwicklung und das durch ein Flügelhorn und 3 Saxophone in seiner Vielfalt erweiterte Kolorit angehen. Die gelassene, melancholische Ausdruckshaltung des Werkes hat keinerlei resignative Unterströmung eines »Abschieds«, sondern äußert sich eher in kraftvoll-männlichem Ernst. Der 1. Satz, *Moderato maestoso,* führt mehrere Themen ein. Die wichtigsten sind das zu Beginn aus der Tiefe aufsteigende Leitthema, das weite Strecken des Satzes strukturell bestimmt, eine chromatische Akkordfolge der 3 Saxophone und ein zuerst in den Violinen emphatisch sich aufschwingendes Thema, das die Höhepunkte markiert. Nach breit angelegter Entwicklung markiert ein Violinsolo mit dem dritten Gedanken den

Beginn eines ausklingenden Epilogs, in den geheimnisvoll die Saxophon-Akkordfolge hineinklingt. Das *Andante sostenuto* des 2. Satzes wird von dem krassen Gegensatz der vom Flügelhorn angestimmten elegischen Melodie und krud dreinfahrenden marschartigen, fast vulgären Tutti-Einwürfen bestimmt. Der Mittelteil entfaltet eine warm strömende Streichermelodie, die nach variierter Wiederholung des Kontrastbeginns das verklingende Schlußwort setzt. Das mit einer hüpfenden Tanzweise des Saxophons anhebende *Scherzo* kombiniert diese alsbald mit einem Marsch. Das grimmig-groteske Geschehen kulminiert in einem hochvirtuosen Fugato des Anfangsthemas, dem ein seltsamer Choral der Saxophone folgt. Das groß angelegte *Finale* entfaltet mehrere Themen, von denen ein gegen Mitte des Satzes von den Bratschen eingeführtes, hymnisch strömendes Thema die monumentale Schlußentwicklung und -steigerung trägt, die die Symphonie in großem Stil, aber am Ende ins Nichts zurücksinkend, beschließt.

M *CD* London SO, Previn (RCA/BMG); London SO, Thomson (Chandos)

Fantasia on a Theme by Thomas Tallis

UA: Gloucester 1910

Mit der Fantasia für Streichquartett, kleineres und großes Streichorchester errang der 40jährige Komponist den internationalen Durchbruch. Das Thema des elisabethanischen Komponisten Thomas Tallis (1505–1585) in phrygischer Tonart bestimmt die streng modale Harmonik des Werkes, die dem Ganzen einen Ton von feierlicher Erhabenheit verleiht. Mit großer Klangphantasie werden die 3 Klangkörper antiphonal gegeneinander geführt. Nachdem das Thema vorgestellt worden ist, entfalten sich 2 Durchführungen, die Teile des Themas höchst kunstvoll verarbeiten. Die Verschiedenheit der 3 Ensembles ermöglicht Raum- und Echo-Wirkungen von suggestivem Reiz. Die 2. Durchführung führt zu einer machtvollen Steigerung, in der die Ensembles vereint zu monumentalen Aufgipfelungen gelangen. Blockartige Wirkungen und dichte Polyphonie wechseln miteinander ab.

M *CD* English String Orchestra, Boughton (Nimbus); Academy of St. Martin-in-the-Fields, Marriner (Koch); Orpheus Chamber O. New York (DGG) *Alfred Beaujean*

Giuseppe Verdi

1813 – 1901

Als man den greisen Verdi nach einer Aufführung seiner letzten Oper *Falstaff* in Rom mit den Worten feierte, er sei der größte lebende Komponist, winkte er ab: »No, no, lasci andare il gran musicista, io sono un uomo di teatro!« (»Nein, nein, lassen Sie den großen Komponisten beiseite, ich bin ein Mann des Theaters!«) – und das war keine falsche Bescheidenheit, sondern tiefste Einsicht in die Eigenart seines Komponierens. Die »schwierige Wahrheit des Lebens« (Dieter Schnebel) zu finden, betrachtete Verdi zeitlebens als seine künstlerische Aufgabe, und sie war es, die ihn zum musikalischen Theater geführt hat. Verdi war es auch, der die Lücke nach Rossini, Bellini und Donizetti in der italienischen Oper ausgefüllt und mit neuem Leben erfüllt hat: Mit dem ihm eigenen realistischen Blick, der sowohl die politisch-gesellschaftliche, wie auch (in den späteren Opern seit der »trilogia popolare« der 50er Jahre, also *Rigoletto, Trovatore* und *La Traviata*) die psychologische Wirklichkeit erfaßte. Im Gegenzug zu seinem deutschen Antipoden Wagner schuf Verdi eine Musik aus dem Geist des Theaters und zielte stets auf die Überzeugungskraft der Musik, die über die Unwahrscheinlichkeiten des Librettos triumphiert: »Ein derart langes Sterben!! – Und das auch noch in einem Vorzimmer? Und auf einer Bahre? Aber es kommt einzig und allein darauf an, ob die Szene wirksam wird. Wenn das gelingt, werden wir auch einen Weg finden, sie logisch zu machen.« So schrieb Verdi über eine Situation aus der geplanten, aber nicht realisierten Oper »L'Assedio di Firenze«, und gab damit einen Einblick in sein operndramaturgisches Betreben.

Aufgewachsen in kleinbürgerlichen Verhältnissen – er wurde am 10. Oktober 1813 in Le Roncole bei Busseto (Parma) geboren – arbeitete er sich zäh und zielstrebig zum führenden Opernkomponisten Italiens in der 2. Hälfte des 19. Jhs. empor, sympathisierte mit den Ideen der nationalen Befreiung (»Risorgimento«) und wurde sogar zum tatkräftigen Helfer in sozialen Belangen. Als sich in den 40er Jahren, die er seine »anni di galera« (»Galeerenjahre«) nannte, allmählich die ersten Erfolge als Opernkomponist einstellten, siedelte er sich in Sant'Agata bei Busseto an und verbrachte dort den größten Teil seines langen Lebens, zeitweise sogar nur als Gutsbesitzer. Nach der *Aida* (1871) komponierte er lange Zeit überhaupt keine Oper mehr, beschäftigte sich erst im hohen Alter mit den Ansprüchen, die das Theater Shakespeares an einen Opernkomponisten stellt, und schuf mit *Otello* und *Falstaff* seine Gipfelwerke.

Im Konzertsaal haben sich, außer der *Messa da Requiem* (1874) und den späten *Quattro pezzi sacri* (1888–1897), nur einige Ouvertüren durchgesetzt, darunter die beiden großen Potpourri-Ouvertüren mit fast symphonischem Anspruch zu den *Vespri siciliani* (*Sizilianische Vesper* 1855) und vor allem zu *La forza del destino* (*Die Macht des Schicksals* 1862), während die meisten anderen Opern mit kürzeren, dabei äußerst prägnanten und suggestiven »Vorspielen« beginnnen, die nicht aus dem Zusammenhang gerissen werden können. Als Verdi am 27. Januar 1901, dem Geburtstag Mozarts, in Mailand starb, ging mit ihm eine ganze Epoche zu Ende: »Pianse ed amé per tutti« – »Er weinte und liebte für alle« (Gabriele d'Annunzio).

Messa da Requiem für vier Soli, Chor und Orchester
UA: Mailand 1874

Als sich nach dem Tode Gioacchino Rossinis (1868) der Plan Verdis zerschlug, zu Ehren des großen Opernkomponisten eine Totenmesse in Gemeinschaftsarbeit mit 12 Kollegen zu komponieren, blieb der von Verdi übernommene Schlußteil »Libera me« vorerst liegen: »Totenmessen gibt es so viele! Es ist unnütz, ihnen noch eine hinzuzufügen«, pflegte sich Verdi zu äußern. Erst der Anlaß des Todes von Alessandro Manzoni am 22. Mai 1873, des von Verdi bewunderten und als Patriot verehrten Dichters der »Promessi sposi«, brachte ihn auf die Idee, das »Libera me« zu einer vollständigen Totenmesse zu ergänzen. Und zum 1. Jahrestag des Todes von Manzoni konnte in San Marco zu Mailand die UA unter Verdis Leitung stattfinden. Seither hat sich die Meinung durchgesetzt, es handle sich strenggenommen gar nicht um ein geistliches Werk, sondern es gehört, wie etwa Carl Dahlhaus meinte, zu der »ungemein charakteristischen Gruppe von geistlichen Werken jenseits der Kirchenmusik«, also in die Reihe, die (spätestens) mit Beethovens *Missa solemnis* beginnt und über das *Deutsche Requiem* von Brahms und Wagners *Parsifal* bis hin zu Mahlers *8. Symphonie* reicht. Dennoch hat Verdis *Messa da Requiem* eher etwas mit der Welt der Oper zu tun als mit »Kunstreligion«; er wollte seinem Künstlerkollegen ein musikalisches Denkmal setzen, in dem Aufrichtigkeit und Eindringlichkeit vorherrschen. Im Gegensatz zu den anderen bedeutenden Requiem-Vertonungen seit Mozart beabsichtigte Verdi keine Meditation über den Tod, sondern richtete sich mit seiner Darstellung an die Hoffnungen der noch Lebenden: Der Tod erscheint, wie bei Mozart, als Freund, nicht als Schreckbild, und die »katholische Rache-Utopie« (Ernst Bloch), die dogmatische Bilderfolge der Apokalypse, als Trost und Hoffnung, ohne die Ewigkeit der Höllenstrafe. Verdis Requiem gehört also in den Konzertsaal, nicht in die Kirche; es ist eine freie künstlerische Äußerung für freie Geister.

Die Schreckensbilder des »Dies irae« verlangten eine neuartige Musiksprache, die durch Beethoven und Berlioz möglich und von Wagner und Verdi außerordentlich bereichert wurde. Es scheint, als sei die musikalische Stunde der großen Requiem-Vertonungen erst im 19. Jh. gekommen, in Form einer Nachreife der früheren religiösen Inhalte: »Die Musik der großen Requiems verschafft keinen Kunstgenuß, sondern Betroffenheit und Erschütterung« (Bloch). Es sind die Stellen der Angst ebenso wie der Erwartung, aber auch die Kraft der Musik, Todesnähe auszudrücken wie keine andere Kunst, oder zu transzendieren. In Verdis Opern spielt bekanntlich der Tod als Gegen-Utopie eine zentrale Rolle; man denke nur an an den Schluß der im Umkreis des Requiems entstandenen *Aida* mit seiner »siegenden Idealität« (Thomas Mann) über die Fährnisse des Augenblicks, das Glück im Angesicht des Sterbens, die »Alternative, die der Härte des Lebens vorzuziehen ist« (Massimo Mila). Die Gedanken Philipps II. beim Anblick des toten Marquis Posa in der Pariser Fassung des *Don Carlos* (1867) werden mit einer konduktartigen Trauermusik vorgetragen, deren Hauptmelodie im »Lacrimosa« des Requiems wieder aufgegriffen werden konnte. Dennoch hat Verdi in seiner Totenmesse keine geistliche Oper komponiert, sondern nur deren Tonfälle benutzt. Stets ging es ihm in erster Linie um die musikalische Auflehnung gegen die Unerbittlichkeit des Todes. Die Bitte um Errettung (»Salva me«) geriet ihm sogar zur musikalisch herausfordernden Geste. Das unfaßbare Geheimnis des »Rex tremendae majestatis« erscheint in einer musikalischen Haltung, die der Ehrfurcht vor der Größe eines weltlichen Herrschers entspricht, wie sie Verdi in der Gestalt des Königs Philipp von Spanien dargestellt hat. Und immer wieder schwingt sich Verdis Tonfall, gerade im »Dies irae«, dem Zentrum des Requiem-Textes, zum Trostgesang in der Späre individueller Empfindungen auf. Feind jeder Pose schlägt Verdi in den Solo-Abschnitten einen sinnlichen, unmittelbar einleuchtenden Gesangstonfall an, der in seiner innigen Haltung bewegt und tröstet (Terzett »Quid sum miser«, Duett »Recordare« oder auch die demütige Tenor-Arie »Qui Mariam absolvisti«, deren Tonfall im »Hostias« wiederkehrt).

Wie nahe jedoch der zuversichtliche Tonfall am Abgrund der Angst steht, beweist die eigenwillige (liturgisch nicht vorgesehene) Wiederkehr der »bodenlos stürzenden Schreie« (Bloch) des »Dies irae«-Chores. Die Todesnähe der Musik Verdis wird einmal ganz konkret greifbar, als in der (nachkomponierten) Mezzosopran-Arie »Liber scriptus proferetur« der Todesrhythmus und die Todestonart d-moll aus Mozarts *Don Giovanni* erscheinen (bei »Judex ergo cum sedebit«).

Als Trost für die Lebenden hat Verdi das »Offertorium« aufgefaßt: Im hellen, transparenten Orchesterklang berichtet das Solistenquartett vertraulich von der Transzendierung alles Irdischen. Der Fall in die Finsternis wird vom Aufstieg ans Licht mit einem überirdischen Sopransolo aufgefangen. In der fröhlichen Doppelfuge des »Sanctus« und »Benedictus« verblassen alle Erinnerungen an den kirchenmusikalischen Stil solcher Fugen, während das litaneiartige »Agnus Dei« zwar gregorianisch klingt, aber kein Stilzitat ist. Das abschließende »Libera me«, eine Art liturgisches Rezitativ, wirkt dann wie eine zusammenfassende Reminiszenz des gesamten Werkes, die mit einer offenen Frage aufhört anstatt zu schließen.

Quattro pezzi sacri (Vier geistliche Stücke)

Ursprünglich nicht als Zyklus gedacht, wurden diese 4 Alterswerke Verdis zum erstenmal geschlossen in Wien bei einem Konzert der »Gesellschaft der Musikfreunde« im November 1898 aufgeführt. Die beiden Stücke für Chor a cappella entstanden bereits 1888/89 (*Ave Maria, Laudi alla Vergine Maria*), die beiden umfangreicheren für Chor und Orchester erst nach Verdis letzter Oper *Falstaff* (UA: 1893). Im *Te Deum* (1895/96) und im *Stabat Mater* (1896/97) hat der alte Verdi nicht nur seine letzten musikalischen Worte gesprochen, sondern die Summe aus seinen 60jährigen kompositorischen Erfahrungen gezogen und sie in ganz komprimierter Fassung dargeboten. Die kirchenmusikalische Tradition spielt hier ebensowenig eine Rolle wie bei der früheren *Messa da Requiem*, ja man könnte sagen, mit den beiden letzten Werken hat Verdi einmal, wenn auch nicht unmittelbar, in sein Innerstes blicken lassen wollen, in seine persönliche Art von Religiosität, die nichts mit kirchlicher Dogmatik zu tun hat. Und die Komposition des *Ave Maria* entsprang ohnehin einer völlig äußerlichen Anregung: In der Mailänder »Gazzetta Musicale« vom 3. August 1888 wurde eine »Scala enigmatica«, eine ungewöhnliche Tonleiter, veröffentlicht, mit der die Leser aufgefordert wurden, dazu eine passende Harmonisierung zu finden. Verdi machte daraus eines seiner zahlreichen harmonischen Labyrinthe, die weit über den Anlaß hinausragen und vor allem aus seinen späten Opern bekannt sind; man denke nur an die zwölffache Harmonisierung der Mitternachtsschläge auf einem Grundton im Schlußbild des *Falstaff* (Auftritt des gehörnten Titelhelden). Dennoch sollte das *Ave Maria*, das Verdi allenfalls für eine »sciarrada«, ein Rebus hielt, nicht zusammen mit den anderen geistlichen Stücken aufgeführt werden. Doch durch den Druck gab Verdi selbst dieser Möglichkeit Vorschub.

Die *Laudi alla Vergina* (1888) wurden auf einen Text aus dem letzten Gesang von Dantes »Paradiso« ausdrücklich für 4 weibliche Solostimmen komponiert, obwohl es sich eingebürgert hat, sie von einem Frauenchor vortragen zu lassen. Der völlig unsentimentale Charakter dieser konzentriert ätherischen Musik kommt jedoch nur in der reinen Solobesetzung heraus.

Mit den Vertonungen des *Te Deum* und des *Stabat Mater* hat Verdi 2 Stücke komponiert, die gegensätzlicher kaum denkbar wären: Während im *Te Deum* eine strenge thematische Integration aller musikalischen Gestalten vorherrscht und eine Spannung zwischen archaischen, d. h. gregorianischen, und modernen, d. h. harmonisch äußerst verfeinerten und teilweise kühn ins 20. Jh. vostoßenden Partien, tastet sich die Musik des *Stabat Mater* – Verdis Schlußwort als Komponist – mit thematischer Ungebundenheit in Ausdrucksbereiche vor, bei denen »die Gedichtzeilen in Dreiergruppen wie ein Planet in seiner Umlaufbahn dahinrollen« (Donald Francis Tovey). Die Schlüsse beider Stücke sind gleichermaßen außerordentlich: Das *Te Deum* endet mit der Hoffnung, vom Verderben errettet zu werden, das *Stabat Mater* mit der Vision des Paradieses. In beiden Fällen schließt Verdis Musik mit einem großen Fragezeichen, im *Te Deum* mit dem letzten Stern der Hoffnung im höchsten einsamen Ton der Violinen, auf den in raumgreifender Tiefe ein abschließender Ton der Bässe folgt (das Stück hört also nur auf), im *Stabat Mater* dagegen folgt auf die glänzende Vision des Paradieses ein zögerndes Nachwort (»Amen«), von dem man nicht weiß, ob es vielleicht Verdis letztes Wort über die Frage nach der Unsterblichkeit der Seele ist. Jedenfalls bleibt Verdis musikalisches Schlußwort ein Rätsel.

[M] *CD* Messa da Requiem und Quattro pezzi sacri: Schwarzkopf, Ludwig, Baker, Gedda, Ghiaurov, Philharmonia Chorus, Philharmonia O., Giulini (EMI 1963); Price, Cossotto, Pavarotti, Ghiaurov, Coro e Orchestra del Teatro alla Scala, Karajan (DGG) – *VD* Price, Norman, Carreras, Raimondi, Edinburgh Festival Chorus, London SO., Abbado (Virgin 1982)

Dietmar Holland

Henri Vieuxtemps

1820–1881

Mit 14 Jahren spielte er in Wien das damals fast vergessene Violinkonzert von Beethoven, das so gar nicht nach dem Geschmack von Virtuosen war. Der junge Henri Vieuxtemps dachte anders. Obwohl der Geiger bald in Paganinis Fußstapfen treten sollte, war ihm musikalischer Ausdruck wichtiger als brillante Artistik.

Am 17. Februar 1820 in Verviers geboren, bekam er von seinem Vater den ersten Violinunterricht; als Sechsjähriger stand er mit Pierre Rodes 5. Violinkonzert zum erstenmal auf dem Konzertpodium. Bis 1831 übernahm Charles de Bériot seine weitere Ausbildung. Ab da konnte sich der Elfjährige, der fast ununterbrochen Konzertreisen unternahm, seine weitere musikalische Ausbildung nur mehr häppchenweise ergattern: In Kassel besuchte er Louis Spohr, in Stuttgart den Konzertmeister B. Molique, in London begeisterte ihn Paganinis Spiel. Den Winter 1833/34 verbrachte er in Wien mit Kompositionsunterricht bei Simon Sechter; 2 Jahre später studierte er bei Anton Reicha in Paris. Als er 1846 Solist und Violinprofessor am russischen Zarenhof wurde, war er ein weltbekannter Geiger, der bereits seine erste erfolgreiche Amerika-Tournee hinter sich hatte. Vieuxtemps war ein passionierter und hervorragender Lehrer, der eine ganze Generation von Geigern zunächst in Rußland, dann ab 1871 als Professor am Conservatoire in Brüssel nachhaltig prägte. 1873 zwang ihn die Lähmung der linken Hand nach einem Schlaganfall zur Aufgabe seiner geigerischen Tätigkeit. Am 6. Juni 1881 starb er in einem Sanatorium in Mustapha bei Algier.

Berlioz' Bemerkung, Vieuxtemps sei nicht nur ein großer Geiger, sondern auch ein großer Komponist, erklärt sich aus den Innovationen seiner Violinkonzerte. Vieuxtemps verstand sie als »Kombinationen der großen Form eines Viotti-Konzertes mit den technischen Anforderungen der heutigen Zeit«. Seinen Anspruch, einen technisch höchst schwierigen Solopart in einen symphonischen Kontext zu betten, verwirklichte er vor allem in den formal ungewöhnlichen *Violinkonzerten Nr. 4 op. 31* (1850) und *Nr. 5 op. 37* (»Grétry«, 1861). Neben den Violinkonzerten schrieb Vieuxtemps 2 Cellokonzerte, Phantasien für Violine und Orchester sowie Sonaten und Kammermusik. *Andrea Zschunke*

Heitor Villa-Lobos

1887–1959

»Mein Werk war vom Schicksal vorherbestimmt, es ist deshalb so umfangreich, weil es in einem riesigen Land auf feurigem, fruchtbarem Boden gewachsen ist.« Heitor Villa-Lobos, mit Alberto Ginastera der bedeutendste südamerikanische Komponist des 20. Jhs., kann mit einem Werkkatalog von nahezu 1000 Titeln in der Tat als fruchtbar bezeichnet werden. Daß so gut wie nichts davon den Weg in unsere Konzertsäle findet, obwohl die Diskographie in den letzten Jahren beträchtlichen Umfang angenommen hat, ist ebenso bedauerlich wie unverständlich, wenn man sich den Siegeszug der lateinamerikanischen und vor allem der brasilianischen Literatur in den letzten Jahrzehnten vergegenwärtigt. Villa-Lobos' Schaffen wäre nun wirklich das musikalische Pendant zum Werk des großen brasilianischen Epikers João Guimarães Rosa. Vergleichbar Bartók und de Falla formulierte er für sein Land ein unverwechselbar nationales musikalisches Idiom, das sich nicht im archivarischen Folklorismus erschöpft, sondern auf der Höhe der Musikentwicklung seiner Zeit steht.

Villa-Lobos war nach Schilderungen seiner Freunde ein Mensch von bezwingender persönlicher Ausstrahlung, dessen hervorstechendster Charakterzug naive Direktheit war. Er komponierte wirklich, wie Saint-Saëns von sich sagte, so wie ein Apfelbaum, der Früchte trägt. Dabei störten ihn weder gleichzeitig von ihm oder anderen geführte Gespräche, ja nicht einmal Musik im selben Raum. Milhaud, ebenfalls ein sehr fruchtbarer und mit ihm befreundeter Komponist, verfügte über eine ähnliche Konzentrationsfähigkeit.

Villa-Lobos wurde am 5. März 1887 in Rio de Janeiro geboren. Von einer geregelten musikalischen Ausbildung kann keine Rede sein, da sein ungezügeltes Naturell und seine natürliche Begabung sich jedem Akademismus widersetzten. Schon mit 14 Jahren trat er als Cellist in Kinos und Revuetheatern auf und spielte Gitarre in den populären Choro-Ensembles seiner Vaterstadt, die eine brasilianische Variante der europäischen Salonmusik darboten. In diesem Stil waren auch seine ersten Kompositionen gehalten. Im Alter von 18 Jahren begann er eine Folge von (nicht gut dokumentierten) Reisen, die ihn durch ganz Brasilien führten und über die er dann in Paris jene Schauergeschichten erzählte, die ihm das Image eines »Wilden« eintrugen. Auf einer dieser Reisen stieß er in Bahia zum erstenmal auf die Musik Debussys, dessen harmonische Neuerungen er begierig aufgriff. Vor allem die Bekanntschaft mit dem Schriftsteller Mário de Andrade, dem Vorkämpfer des »modernismo« in Brasilien, bestärkten ihn in der Entwicklung einer gleichzeitig nationalen und modernen Kunst. Den internationalen Durchbruch erzielte er bei seinen Aufenthalten in Paris (1923/24 und 1927–1930). An Selbstbewußtsein fehlte es ihm nicht. Er sei nicht gekommen, um sich weiterzubilden, sondern um zu zeigen, was er bereits vollbracht habe. Damals beherrschte er schon so ziemlich das ganze Repertoire der Avantgardismen von Bartók bis Strawinsky; ein Stück wie das *Nonetto* (1923) wurde von der Musikkritik wie eine Offenbarung bejubelt. In die Pariser Zeit fällt die Komposition der beiden Zyklen von Kinderstücken *Prole do Bebê*, die Artur Rubinstein bekannt machte. Hier verbinden sich impressionistische Harmonik und brasilianischer Folklorismus auf entzückende Weise. In der Pariser Zeit entstand mit dem Zyklus der *Choros* (1920–28) eine umfangreiche Werkgruppe von 14 Stücken mit äußerst unterschiedlicher Besetzung, in denen das nationale Element bereits auf eine allgemeinere Ebene gerückt erscheint. 1930–1945 widmete sich Villa-Lobos im Auftrag des nationalrevolutionären Regimes von Getúlio Vargas der Organisation des musikalischen Unterrichtswesens.

In diese Phase fällt die Entstehung seiner 9 *Bachianas Brasileiras* (1930–1944), die eine Synthese zwischen nationalem Tonfall und abenländischem Formbewußtsein anstreben. Das verbindende Element zwischen Bach und brasilianischer Musik sah der Komponist in der hier wie dort relativ selbständigen Entwicklung des linearen Verlaufs.

Nach dem Sturz des deutschfreundlichen Vargas durch das Heer 1945 widmete sich Villa-Lobos auf zahlreichen internationalen Reisen, die ihn vor allem in die USA, Israel und immer wieder nach Frankreich führten, der Verbreitung und Durchsetzung seines Werks. 1945 gründete er die Academia Brasileira de Música, deren Präsident er bis zu seinem Tod am 17. November 1959 in Rio war.

In Villa-Lobos' umfangreichem Werk sind fast alle Gattungen vertreten. Von seinen 7 Opern erlebte *Yerma* (nach F. G. Lorca) 1990/91 in Bielefeld ihre europäische Erstaufführung. Reichhaltig ist auch das kammermusikalische Schaffen mit 17 Streichquartetten, Werken für Violine bzw. Cello und Klavier. Unter den Besetzungen für gemischtes Ensemble ragt das schon erwähnte *Nonett* und das *Sextetto Mistico* (1917) hervor. Das Klavierwerk umfaßt zahlreiche Zyklen, darunter den *Ciclo Brasileiro* (1936), das Liedschaffen die bekannten *Chansons Typiques Brésiliennes* für Singstimme mit Klavier (oder Orchester) mit dem hinreißenden Macumbagesang Xangô. Erwähnt werden muß auch Villa-Lobos' Beitrag zur Gitarrenliteratur. Die *Suite Populaire Brésilienne* (1908–1912), die *Zwölf Etüden* (1929) und die *Préludes* (1940) gehören zum unverzichtbaren Repertoire jedes Gitarrenvirtuosen.

Heitor Villa-Lobos (1952)

Die Musik von Villa-Lobos ist immer am stärksten, wenn sie folkloristische Elemente aufgreift, wobei das Verfahren von der einfachen Harmonisierung volkstümlicher Weisen für den Unterrichtsgebrauch *(Guia pratico, Praktischer Führer)* bis zu höchst kunstvoll stilisierter Weiterentwicklung im Stil der internationalen Avantgarde reicht wie in den symphonischen Dichtungen, die vielleicht überhaupt der reizvollste Teil seines vielgestaltigen Werkes sind. Bevorzugte kompositorische Mittel sind Pentatonik, Ganztonleiter, Chromatik, Polyrhythmik und frenetische Ostinatofiguren. Die Gesamtwirkung läßt sich vielleicht am besten mit dem schwer übersetzbaren Begriff der »Saudade« charakterisieren, der Sehnsuchtsgefühle evoziert, die zumeist einen Beiklang von grundloser Schwermut haben. Villa-Lobos verwendet diesen Begriff in dem zweiteiligen Klavierstück *Saudades das Selvas Brasileiras* (1927) wie auch Darius Milhaud schon in seinen *Saudades do Brazil* (1920/21).

Orchesterwerke

Villa-Lobos' orchestrales Œuvre umfaßt u. a. 12 Symphonien, die aber wohl zum schwächeren Teil seines Werkes zählen und mit Ausnahme der Vierten *(A Victoria)*, die er selber aufgezeichnet hat, auch auf Tonträgern nicht greifbar sind. Die freiere Form der Tondichtung war seinem rhapsodischen Stil eher gemäß. Villa-Lobos' Tondichtungen haben fast alle brasilianische Sujets: *Amazonas* und *Uirapurú* (letztere basierend auf einer indianischen Legende von einem verzauberten Vogel) entstanden 1917 und kamen 1934 und 1935 als Ballette für die Truppe von Serge Lifar heraus; sodann *Erosão (Der Ursprung des Amazonas)* 1950, die Ouvertüre *Alvorada da floresta tropical* (1953), *Genesis* (1954). Aus der Musik zu dem 1937 gedrehten Film *Descobrimento do Brasil (Die Entdeckung Brasiliens)* stellte Villa-Lobos 4 dreiteilige Konzertsuiten zusammen. Auch seine letzte größere Arbeit *Forest of the Amazon* für Sopran, Chor und Orchester (1958) basiert auf der Musik für einen Film nach dem berühmten Roman »Green Mansions« von William Henry Hudson.

Villa-Lobos war auch avantgardistischen Experimenten nicht abgeneigt. Mit seiner 1939 komponierten *New York Skyline* lieferte er eines der ersten Beispiele einer aus graphischen Zufallsstrukturen gewonnenen Komposition, ein Verfahren, das später John Cage und seine Schule kultivierte. Das thematische Material wurde aus der bekannten Wolkenkratzer-Silhouette, auf Notenpapier gelegt, gewonnen.

Die 14 *Choros* sind Villa-Lobos entschiedenster Versuch, einen typisch brasilianischen Tonfall in die Kunstmusik einzubringen, indem er afro-brasilianische, indianische und urbane Elemente zu einem Personalstil von vitaler Ausstrahlung zusammenschweißt. Das Instrumentarium reicht von solistischer Besetzung (Nr. 5 *Alma Brasileira* für Klavier solo) bis zu reich bestücktem Symphonieorchester und riesigen Dimensionen. Sechs der 14 Stücke sind für Orchester gesetzt, und zwar *Nr. 7, 8, 9, 10, 11* und *12*. *Nr. 8* (1925) enthält zusätzlich eine ganze Reihe einheimischer Schlaginstrumente und 2 Klaviere. Es setzte ebenso wie die *Nr. 10* (1926) für Orchester und gemischten Chor das Pariser Publikum in Aufruhr. *Nr. 11* (1928) für Klavier und Orchester ist mit über 100 Minuten Spieldauer ein Schwergewicht von den Ausmaßen des Busoni-Konzertes. *Nr. 12* (1929) schließlich (mit nur etwas mehr als halbstündiger Dauer) summiert die erwähnten heterogenen Bestandteile der brasilianischen Musik in schlüssiger Form. Der Komponist sagte zu diesem Werk: »Es ist kräftig, groß und solid wie ein alter Elephant.«

Von den 9 *Bachianas Brasileiras* sind *Nr. 7* (1942), *Nr. 8* (1944) und *Nr. 9* (1945) für Orchester gesetzt. Letzteres Werk war ursprünglich für »Vokalorchester« konzipiert und enthält eine sechsstimmige Fuge mit asymmetrischem Takt. *Nr. 5* für Sopran und 8 Celli ist das meistgespielte Stück der Serie und das bekannteste Werk von Villa-Lobos überhaupt. Der 1. Satz *Aria* (1937) gibt sich als schwerblütige Modinha im 5/4 Takt. Die erst 7 Jahre später entstandene *Dança*, ein rhythmisch pointiertes, lebhaftes Stück zitiert die ganze Vogelwelt des Sertão. Es gibt eine Aufnahme davon mit Victoria de los Angeles und dem Komponisten am Pult.

Instrumentalkonzerte

Villa-Lobos' Lieblingsinstrument war das Cello, aber er war auch in instrumentaler Hinsicht eine Naturbegabung und spielte nicht nur Gitarre und nach der Bekanntschaft mit seiner späteren ersten Frau, einer Pianistin, auch Klavier, sondern lernte im Laufe der Zeit den Umgang mit so ziemlich allen Orchesterinstrumenten. Erst in den 14 letzten Lebensjahren schuf er eine größere Anzahl von Instrumentalkonzerten, meist im Auftrag berühmter Interpreten, darunter auch ein *Konzert für Mundharmonika* und Orchester (für John Sebastian), für *Gitarre* (für Andres Segovia) und *Harfe* (für Nicanor Zabaleta). Für sein Lieblingsinstrument entstanden die zeitlich weit auseinanderliegenden *Cellokonzerte*. Das erste von 1915 hat 3 Sätze, die fließend ineinanderübergehen, während das zweite von 1953 in formaler Hinsicht übersichtlicher angelegt ist und eine lange Solokadenz enthält.

Auch die 5 *Klavierkonzerte*, die in einer Einspielung mit Cristina Ortiz vorliegen, bieten dankbare instrumentale und solistische Aufgaben. Bekannter dürfte aber die Suite *Momo Precoce* (etwa »übermütiger Karnevalsprinz«) für Klavier und Orchester (1929) sein, eine Folge von spielfreudigen Stücken auf der Grundlage von Kinderliederthemen. Es handelt sich um die Adaption einer achtteiligen Suite für Klavier zu 4 Händen mit dem Titel *Karneval der brasilianischen Kinder* (1925).

[M] *CD* Villa-Lobos par lui-même (6 CD, enthält alle von ihm selbst dirigierten Werke), diverse Solisten, Chœurs et O. National de la Radiodifussion Francaise (EMI 1954–1959)

Siegmar Hohl

Antonio Vivaldi

1678–1741

Noch Anfang unseres Jahrhunderts war der Name Vivaldi höchstens den Musikgelehrten bekannt. Doch etwa ab Mitte der 50er Jahre vollzog sich jene erstaunliche Wiederentdeckung des venezianischen Barockkomponisten, die dazu geführt hat, daß Vivaldi im heutigen Musikleben eine hervorragende Rolle spielt und sich an Bekanntheit mit den Größten messen kann.

Der eigentliche Beginn der Vivaldi-Renaissance setzte in den späten 20er Jahren ein, als in einem piemonteser Salesianerkloster der Fund einer großen Sammlung alter Notenmanuskripte glückte, die zum größten Teil von Vivaldi stammten. Von da an begann man, die Kompositionen zu edieren und schließlich auch aufzuführen.

Der weitere Schritt erfolgte nach dem Zweiten Weltkrieg, als sich eigene Musikensembles bildeten, die sich ganz der Pflege der italienischen Barockmusik widmeten. Renato Fasano mit seinen legendären »Virtuosi di Roma« war einer der ersten Vivaldi-Missionare, es folgten Ensembles wie »I musici«, und schließlich kamen auch noch die vielen Gruppen mit alten Instrumenten hinzu, die sich um eine möglichst authentische Wiedergabe der Werke bemühten.

Antonio Vivaldi kam am 4. März 1678 in Venedig als Sohn eines Musikers zur Welt und erhielt schon als Kind von seinem Vater Violinunterricht. Als 16jähriger ergriff er die geistliche Laufbahn und wurde im Jahr 1703 zum Priester geweiht. Aus gesundheitlichen Gründen (er war Asthmatiker) blieb er aber von der Verpflichtung des Messelesens befreit. 1704 wurde er am Ospedale della Pietà in Venedig zum Maestro di violino ernannt, was soviel wie die Leitung der Kirchenmusik bedeutete. Das Ospedale war ein kirchliches Erziehungsinstitut für Mädchen, vorwiegend für Waisen oder Findelkinder. Das Mädchenorchester des Ospedale erlangte zu Vivaldis Wirkungszeiten eine Berühmtheit, die weit über Venedig und die Grenzen Italiens hinausging. Ein großer Teil von Vivaldis Konzerten für Violine (und auch für andere Solo-Instrumente) wurde für dieses Orchester geschrieben, dessen Virtuosität und Tonschönheit von den Zeitgenossen mit Worten höchster Bewunderung gerühmt wurde. Vivaldi behielt seine Stelle am Ospedale – von einigen Unterbrechungen abgesehen – bis ein Jahr vor seinem Tod, also durch fast 4 Jahrzehnte.

Von 1713 an wandte sich Vivaldi auch der Opernkomposition zu und war zeitweilig sogar Theaterunternehmer. Sein Erfolg als Opernkomponist brachte ihn allerdings in schweren Konflikt mit der kirchlichen Obrigkeit. Dazu kam noch, daß er ein amouröses Verhältnis zu einer berühmten Sängerin (Anna Giró) hatte. »Il prete rosso« (der »rote Priester«, wie er wegen seiner roten Haarfarbe genannt wurde) scheint eine jener Abenteurernaturen gewesen zu sein, wie sie in Venedig zu Zeiten Goldonis nicht selten waren.

Vivaldi war einer der größten Violinvirtuosen seines Zeitalters und ließ seine Kunst in vielen Städten Italiens hören. Er unternahm auch einige Auslandsreisen (Wien, Amsterdam). So glanzvoll seine Künstlerlaufbahn auch verlief und so hoch die Anerkennung war, die ihm von Monarchen und anderen hochgestellten Persönlichkeiten zuteil wurde – so blieb ihm doch auch nicht das traurige Los erspart, das Schwinden seines Ruhms zu erleben. Im Jahr 1740 beendigte er seine Tätigkeit im Ospedale; er verließ Venedig und begab sich mit seiner Lebensgefährtin Anna Giró nach Wien, vermutlich in der Hoffnung, am österreichischen Kaiserhof eine Stelle als Musiker zu erlangen. Der Plan mißglückte, Vivaldi mußte seine letzte Lebenszeit in bitterer Armut zubringen und verstarb am 28. Juli 1741 in Wien.

Die eigentliche schöpferische Tat dieses Musikers ist das *Concerto*, dessen Grundform er zwar von Torelli, Corelli,

Antonio Vivaldi. Gemälde von François Morellon La Cave (1723)

Albinoni u. a. übernommen hat, das aber bei ihm einen bis dahin noch nicht erreichten Grad künstlerischen Reichtums aufweist. Mit seinem 1711/12 veröffentlichten opus 3 *L'estro armonico (Die harmonische Eingebung)* legte er eine Art schöpferisches Kompendium dar, in dem die Form, die Thematik, die Besetzung und die Spieltechnik des Vivaldischen Concertos verankert war. Im Prinzip bestehen diese Konzerte aus 2 raschen Ecksätzen und einem langsamen Mittelteil. Die lebhaften Sätze sind durch die Ritornellform typisiert, bringen also einen beständigen Wechsel zwischen der virtuos sich ausschwingenden Stimme des Soloinstruments und den prägnant einfallenden Tutti des Steichorchesters. Der Mittelsatz, sofern er nicht durch einfache Übergangsakkorde ersetzt wird, läßt völlig dem Soloinstrument den Vortritt, das fast immer eine edle Kantilene vorzutragen hat.

Innerhalb dieser Regeln konnte Vivaldi eine nahezu unerschöpfliche Weite musikalischer Erfindung entwickeln. Neben manchen etwas schematisch und formalistisch wirkenden Kompositionen finden sich in seinem Schaffen immer wieder Werke von großer Gedanken- und Empfindungstiefe, die den Schöpfungen Bachs und Händels an die Seite gestellt werden können. Bach kannte und schätzte Vivaldis Kompositionen, er hat von 9 seiner Konzerte Transkriptionen für Klavier (bzw. Orgel) hergestellt. Strawinskys bekannten Ausspruch, Vivaldi habe ein und dasselbe Konzert sechshundertmal komponiert, kann man bloß als spöttische Pointe, nicht aber als ernstzunehmende Charakteristik auffassen.

Ein besonderer Zug der Vivaldischen Concerti besteht darin, daß zahlreiche unter ihnen mit Titeln versehen sind, die den Typus der Komposition kennzeichnen, so etwa *La Notte (Die Nacht), La tempesta di Mare (Der Seesturm), Il riposo (Die Ruhe)* usw. Am weitesten geht Vivaldi in seinem programmatischen Bestreben mit seinem heute wohl bekanntesten Werk *Le quattro stagioni (Die vier Jahreszeiten).*

Außer seinen weit über 400 Solokonzerten (davon allein für die Violine rund 200) hat Vivaldi auch Konzerte für Flöte, Oboe, Fagott, Mandoline, Viola d'amore, Trompete u. a. geschrieben; dazu etwa 40 Opern (von denen bloß die Hälfte erhalten geblieben ist), eine große Zahl von Sonaten, von geistlichen und weltlichen Chorwerken. Eine unermeßliche Fülle von Werken, in denen – als bemerkenswerter Zug – kaum ein Entwicklungsgang festzustellen ist. Vivaldi hat schon sehr früh, vor allem mit seinem *Estro armonico,* zu seiner kompositorischen Norm gefunden, an der er bis zum Ende seines Schaffens festgehalten hat.

Le quattro stagioni (Die vier Jahreszeiten)

Das beliebte, auch in der bildenden Kunst oft verwendete Motiv der Gezeiten des Jahres hat Vivaldi in einem Zyklus von 4 Violinkonzerten musikalisch-illustrierend dargestellt. *Le quattro stagioni* sind der 1. Teil eines groß angelegten musikalischen Werks, das als Vivaldis opus 8 den Titel *Il cimento dell' armonia e dell' invenzione (Die Erprobung der Harmonie und der Erfindung)* trägt.

Jedes der 4 Jahreszeiten-Konzerte behält die bei Vivaldi übliche dreiteilige Form Allegro-Largo-Allegro bei, doch gibt es bei diesen bewußt »malenden« Kompositionen, denen Vivaldi ein regelrechtes Programm mitgegeben hat, einen reichen und belebenden Wechsel in der Charakteristik, im Dur-Moll-Verhältnis und in den Tonarten.

Das Konzert *Frühling (La Primavera)* steht in E-Dur und breitet gleich im 1. Satz alle Lieblichkeit der erwachenden Natur aus: ein trillerndes und zwitscherndes Konzert der Vogelstimmen ertönt, fast wie eine Vorwegnahme von Richard Wagners *Waldweben.* Die beiden raschen Sätze sind von tänzerischer Bewegtheit erfüllt und lassen mit ihren idyllischen Schilderungen (das Wehen sanfter Winde wird vernehmbar, ebenso das Rauschen der Blätter) an die Schäferpoesie des Zeitalters denken. Darauf deutet auch die sanfte Schlummermusik des Mittelsatzes *Der schlafende Hirte* hin.

Die g-moll-Tonart des in langsamem Tempo und düsterer Stimmung beginnenden *Sommers (L'estate)* suggeriert Schwüle, Last und Erschöpfung (auch Haydn hat in seinen *Jahreszeiten* diesen bedrückenden Sommer-Zustand geschildert). Ein Konzert von Vogelstimmen (Kuckuck und Turteltaube) läßt wieder die Naturlaute wach werden, und auch im Largo, der Klage des verliebten Schäfers, summen und brummen die Wespen und Hummeln. Der Finalsatz stellt eines der beliebtesten Themen für illustrative Musik dar: ein furioses Gewitter.

Jagdmotive prägen die weit ausgesponnenen Ecksätze des dritten, harmonisch reichhaltigsten Teils *Herbst (L'autunno).* Der Mittelsatz dieses F-Dur-Konzerts bringt eines der interessantesten Beispiele für die Schilderung eines speziellen psychischen Zustands: In den lang angehaltenen, gedämpft klingenden Schleiern und Schwaden der Streicher drückt sich das verschwimmende Gefühl der Trunkenheit, der Benebelung durch Weingenuß aus.

Wieder ganz in das kraftvoll Bildhafte gerät die Schilderung des Konzerts in f-moll *Winter (inverno)*: das Klirren der

»Sommer«. Radierung von G. Zocchi zu den »Jahreszeiten«

Kälte, das Stampfen der Füße, das Gleiten auf dem Eis, ja sogar das Zähneklappern vermag man aus dieser musikalischen Schilderung herauszuhören, in der das Schroffe und Harte der kalten Jahreszeit in drastischen musikalischen Farben gemalt wird. Als Mittelsatz steht hingegen eine der lieblichsten, zartesten Eingebungen Vivaldis da, der die Bezeichnung *Regen* mitgegeben wurde, wobei wir bei der sanften Pizzicato-Begleitung der Solovioline auch an das Fallen von Schneeflocken denken können.

Vivaldis *Vier Jahreszeiten* sind nicht nur ein frühes Beispiel der Programmusik, sie sind ähnlich wie Haydns Oratorium, Beethovens *Pastoralsymphonie* und Gustav Mahlers *3. Symphonie* zugleich auch ein Loblieb auf die Schönheit und Reinheit der Natur.

[M] *CD* Mullova, Europa-Kammerorch. Abbado (Philips 1987); Ferro, Mozzato, I Virtuosi di Roma, Fasano (EMI 1955) – *VD/LD* Agostini, I Musici (Philips); Academy of Ancient Music, Hogwood (Decca); Kremer, English Chamber Orchestra (DGG 1981); Kennedy, English Chamber O. (EMI 1990) *Clemens Höslinger*

Richard Wagner

1813–1883

Richard Wagner. Photo von Pierre Petit (Paris 1861)

Wenn Einfluß auf Größe verweist, braucht keiner daran zu zweifeln, daß Richard Wagner, dessen Personalstil schwerwiegende Folgen gehabt hat, ein Platz im Olymp der Tonsetzer gebührt – wiewohl er sich selbst als »Dichterkomponist« verstand, seiner Musik, losgelöst vom Drama, keine Bedeutung beimaß. De facto präsentieren viele Dirigenten (in Anlehnung an entsprechende Werbemaßnahmen Wagners) Ouvertüren und Vorspiele isoliert auf dem Konzertpodium; zum Vergnügen eines Publikums, das seinen Meister auch in kleinen Dosen, als gewissermaßen reduzierte Droge »braucht«. Die weltweit gefragtesten Opernfestspiele, als Magnet für Hunderttausende von Interessenten, sind heutzutage die auf dem Grünen Hügel von Bayreuth.

Am 22. Mai 1813 in Leipzig geboren, am 13. Februar 1883 in Venedig gestorben, kam Wagner über Anstellungen in Würzburg, Magdeburg, Königsberg, Riga und voller bitterer Enttäuschungen als Heimkehrer aus Paris 1842 nach Dresden, wo er Hofkapellmeister wurde und wesentliche Schritte zur künstlerischen Selbstfindung unternahm. Der Weg führte vom *Rienzi* über den *Fliegenden Holländer* zum *Tannhäuser*, den Wagner später noch einmal für die Pariser Grand Opéra umarbeitete. Wegen seiner Verwicklung in die 48er Revolution steckbrieflich verfolgt, floh Wagner Richtung Schweiz. Durch Franz Liszt, den späteren Schwiegervater, wurde *Lohengrin* in Weimar uraufgeführt, ohne daß Wagner selbst zugegen sein konnte. Im Züricher Asyl ergänzten kunsttheoretische Schriften das musikdramatische »Wähnen« eines Mannes, der sich anschickte, das Operngenre zu revolutionieren. Nach erfolgter Amnestie – und Auslandsreisen als Dirigent – wurde dem Hochverschuldeten Förderung durch den jungen König Ludwig II. von Bayern zuteil. Ihre denkwürdigen Uraufführungen erlebten *Tristan und Isolde* sowie *Die Meistersinger von Nürnberg* in München; gegen den Willen Wagners wurden hier auch *Das Rheingold* und *Die Walküre* aus der Taufe gehoben. 1872 ließ Wagner sich in der oberfränkischen Kleinstadt Bayreuth nieder, um dort ein Festspielhaus zu errichten, das 1876 den geeigneten Rahmen für eine zyklische Aufführung des vierteiligen Gesamtkunstwerkes *Der Ring des Nibelungen* abgeben konnte. In dem ausschließlich (!) für Bayreuth geschriebenen *Parsifal* klingt das Œuvre Wagners mit einem eigensinnigen Alterswerk aus.

Symphonie C-Dur

UA: Prag 1832;
revidierte Fassung: Venedig 1882 (privat)

Der einzige fertiggestellte Beitrag, den Wagner zum zentralen Genre der Orchestermusik geleistet hat (eine E-Dur-Symphonie ist Fragment geblieben), findet heute nur äußerst selten den Weg auf die Notenpulte von Konzertsälen und Aufnahmestudios. Beklagenswert braucht man den Status quo jedoch nicht zu nennen, die Musik weist kaum individuelles Profil auf. Beethoven wird redselig nachgeeifert. Im Rahmen konventioneller Viersätzigkeit wirkt Wagners eigentliche Stärke, die Harmonik, vorerst noch unausgegoren. Das *Andante ma non troppo, un poco maestoso* ist von einer suggestiven Terz geprägt, durch die Wagner Erinnerungen an Rufgewohnheiten aus Jugendtagen verarbeitet haben soll. Der mit Kontrapunktik überraschende *Finalsatz* bleibt merkwürdig konturlos, wie das anämische *Scherzo* auch.

[M] *CD* Tokyo Metropolitan SO, Wakasugi (Denon 1992)

Eine Faust-Ouvertüre

UA: Dresden 1844; revidierte Fassung: Zürich 1855

Um »Leiden allgemein menschlichen Inhalts« geht es laut Hans von Bülow in Wagners einziger bedeutender Komposition, die in keiner Beziehung zu einem seiner Bühnenwerke steht (Wagner schrieb immerhin 7 selbständige Konzertouvertüren). Ein düsteres Stück voller Bizarrerien ist dieses »Tongedicht«, das die Geschichte der musikalischen »Faust«-Adaptionen bereichert. Von der eigentlich geplanten Symphonie wurde nur der Kopfsatz fertig, mit dem Bild des einsamen Gelehrten im Studierzimmer vor Augen. Bezeichnend, daß die Schlußtakte nach der Zürcher Revision eine Erlösung andeuten: Des Grüblers Lebensüberdruß »löst« sich im Tod. Anton Bruckners letztes *Adagio* (Neunte) erinnert an das durch seine intervallische Struktur von großer Binnenspannung geprägte Hauptthema der Ouvertüre, das gemeinsam mit einem pathetischen Holzbläsermotiv zum konzentrierten Eindruck der Komposition beiträgt. Formal scheint weniger das Sonatensatzmuster durch als die für Wagner typische leitmotivische Arbeit. Wer sich an Beethoven erinnert fühlt, liegt nicht falsch; Parallelen gibt es jedoch auch zu Weber und vor allem zu Berlioz. Faszinierend ist der Vergleich mit dem *1. Satz* der »Faust«-Symphonie von Liszt.

M *CD* NBC SO, Cantelli (Fono 1952)

Rienzi: Ouvertüre

UA: Dresden 184

Blechbläser spielen bei Wagner eine wichtige Rolle; in der Potpourri-Ouvertüre zu seiner Erfolgsoper *Rienzi* sorgen sie stellenweise für penetranten Lärm. Trompetensignale markieren den Appell des römischen Tribunen, der um Freiheit für das Volk kämpft. Die Musik hat martialischen Charakter (Schlagwerk!), enthält aber auch eine noble Violinen-Kantilene, das spätere Gebet des tragisch scheiternden Titelhelden.

M *CD* Oslo PO, Jansons (EMI 1992)

Der fliegende Holländer: Ouvertüre

UA: Dresden 1843; revidierte Fassung: Paris 1860

Von welch gespenstischer Wirkung eine leere Quinte sein kann, zeigt das »Holländer«-Motiv, das diese Ouvertüre durchgeistert. Dem Hörer weht eine gleichsam steife Brise ins Gesicht; eine stürmische Seereise beeindruckte Wagner damals so tief, daß er das furchteinflößend aufgepeitschte Meer auch einmal in Tönen malen wollte. Einen Ruhepol innerhalb der Ouvertüre bildet das zarte Erlösungsthema, Sinnbild für Senta: Wagner hat es nach einer Umarbeitung (1860) auch an den Schluß der Ouvertüre – und der Oper – gesetzt. In groben Zügen skizziert das Orchester den Handlungsverlauf, ohne daß der populäre Matrosenchor fehlte.

M *CD* Chicago SO, Solti (Decca 1976)

Tannhäuser: Ouvertüre und Venusberg-Bacchanale

UA: Dresden 1845; revidierte Fassung: Paris 1861

Während das Pilgerchor-Thema die Ouvertüre in der Dresdner Fassung triumphal beschließt, mündet die eröffnende Musik nach dem Pariser Eingriff in jenes skandalös heidnische Bacchanale, das dem org(i)astischen Treiben in der sagenhaften Liebesgrotte nachspürt – der Göttin Venus gilt die choreographierte Huldigung. Die Ekstase von lustvoll agierenden Paaren ist mühelos zu assoziieren; in der Konzertfassung wird der aus der Ferne herübertönende Gesang der Sirenen vom Orchester übernommen.

M *CD* Wiener Philharmoniker, Furtwängler (EMI 1952); mit Bacchanale: Columbia SO, Walter (CBS/Sony 1961) – *VD/LD* Ouvertüre und Bacchanale; Lohengrin: Vorspiel zum 3. Akt; Waldweben; Götterdämmerung: Morgendämmerung und Siegfrieds Rheinfahrt; Walküre: Walkürenritt, NBC SO, Toscanini (RCA)

Lohengrin: Vorspiele (1. und 3. Akt)

UA: Weimar 1850

Mit dem A-Dur-Tonstück, das den »Lohengrin« eröffnet, liegt eine der instrumentatorisch raffiniertesten Eingebungen des 19. Jhs. vor (mehrfach geteilte Violinen!). Der programmatischen Vorstellung zufolge geht es – in bezug auf die spätere Erzählung des Titelhelden – um die Wirkung einer Gral geheißenen, buchstäblich von oben herabkommenden göttlichen Kraft; dem wird musikalisch im Vorspiel dadurch entsprochen, daß aus höchsten (Himmels-) Regionen immer tiefere Bereiche des Raumes respektive Tonraumes ertastet werden, bis ein ausorchestriertes Crescendo den Tutti-Kulminationspunkt heraufbeschwört. Danach meldet sich wieder die strahlende »Süße« des Beginns zurück. In der Geschichte der Oper bedeutet dieses Vorspiel eine Abkehr von der konventionellen Form der Ouvertüre. Eine schmissige Hochzeitsmusik (mit effektvollen Triolen-Initialen) stellt das Vorspiel zum 3. Akt dar, wobei die Bläser festliche Pracht entfalten.

M *CD* Concertgebouw O. Amsterdam, Haitink (Philips 1974)

Tristan und Isolde: Vorspiel (1. Akt) und Liebestod (3. Akt)

UA: Paris 1860

Der meistdiskutierte Akkord der Musikgeschichte findet sich im *Tristan*-Vorspiel, das Gegenstand vieler Analysen (gewesen) ist. Ob es zuvor Musik von vergleichbarer hypnotischer Ausstrahlung gegeben hat, bleibe dahingestellt. Wagner war zu Recht stolz auf seine »unendliche Melodie«, seine mit magischer Harmonik und Chromatik arbeitende »Kunst des Übergangs«. Der Hörer meint, es müsse immer weitergehen, ein Ende sei nicht abzusehen. Es wird ihm dennoch beschert: durch den sozusagen süchtig machenden »Liebestod« am Schluß.

M *CD* NBC SO, Toscanini (RCA 1952); SO des SWF, Gielen (Saphir/Intercord 1989)

Wesendonck-Lieder

UA: Laubenheim bei Mainz 1862

Im hymnischen Tonfall des *Tristan* gehalten, teilweise betreffendes Skizzenmaterial verwertend, sind die 5 Lieder auf Gedichte von Mathilde Wesendonck, der Muse des Dichterkomponisten, im Original für Frauenstimme und Klavierbegleitung gedacht (das Lied *Träume* auch für Solovioline und Kammerorchester, uraufgeführt 1857 in Zürich). Meistens wird die einfühlsame Fassung für Frauenstimme und großes Orchester von Felix Mottl zu Gehör gebracht.

M *CD* Flagstad, Moore (EMI 1948); Varnay, SO des BR, Ludwig (DGG 1955)

Die Meistersinger von Nürnberg: Vorspiel (1. Akt)

UA: Leipzig 1862

Kontrapunktisch-polyphonen Ehrgeiz bewies Wagner in der *Meistersinger*-Partitur, seiner diesseitigsten und erdverbundensten. Sukzessiv (und simultan) werden die wesentlichen Themen der Oper im Vorspiel exponiert, einem Stück, das Hans Sachs zu Ehren, dem Schuster und Poeten von Nürnberg, in den üppigsten C-Dur-Farben schwelgt. Keines der Wagner-Vorspiele eignet sich so sehr zur Wiedergabe auf dem Konzertpodium, nicht zuletzt als ovationentreibende Zugabe.

M *CD* Bayerisches Staatsorchester, Sawallisch (Orfeo 1980)

Der Ring des Nibelungen: Walkürenritt, Waldweben, Trauermarsch (etc.)

UA: Wien 1862, Bayreuth 1876, Bayreuth 1876

Es gibt wenig Musik, die durch das Prädikat »grandios« so präzise charakterisiert wird wie die der *Ring*-Tetralogie. Den für Wagner typischen Verschmelzungsklang, resultierend aus der Überlagerung individuell verschiedener Instrumentalfarben, bekommt der Hörer speziell im *Ring*-Orchester geboten, das u. a. durch die eigens dafür konstruierten Wagner-Tuben seine unverwechselbare Aura erhält. Die monumentalen Highlights sind allesamt souverän erdacht und ausgeführt, das *Waldweben* mit seiner Flimmerbewegung ist ein lyrisches Pendant zum blechgepanzerten Umfeld.

M *CD* Wiener Philharmoniker, Solti (Decca 1982)

Siegfried-Idyll

UA: Mannheim 1871;
(privat: Tribschen bei Luzern 1870)

Die nicht unproblematische Liebesbeziehung zwischen Siegfried und Brünnhilde, den beiden neben Wotan zentralen Gestalten der *Ring*-Tetralogie, wird hier von ihrer lichtesten Seite betrachtet. Die Motive, aus denen das »Idyll« gewoben ist, begegnen dem Hörer am »Zweiten Tag des Bühnenfestspiels«. Das herrlich friedvolle Tongemälde (für 13 Instrumente oder alternativ für großes Orchester) schenkte Wagner seiner Frau Cosima zum Dank für die Geburt des Sohnes Siegfried; es erklang als »Treppenmusik« im eigenen Hause.

M *CD* Linos-Ensemble (Koch 1986)

Parsifal: Vorspiel (1. Akt) und Karfreitagszauber (3. Akt)

UA: Bayreuth 1882 (privat: Bayreuth 1878)

Für die einzigartige Akustik des Bayreuther Festspielhauses hat Wagner nach ihrer Kenntnisnahme nur sein »Bühnenweihfestspiel« geschrieben. Klangdeckel und Sitzordnung ermöglichen den (Hör-)Eindruck, das Orchester sei seiner Schwerkraft beraubt. Schwebend gelangt aber auch außerhalb Bayreuths, aufgrund ausgeklügelter Instrumentation, das schmerzliche Abendmahlsthema an unser Ohr; während des Vorspiels macht es enorme Metamorphosen durch. Außerdem dominiert, mehr noch als das Gralsthema, das markig-majestätische Glaubensmotiv, über alle Instrumentengruppen ausgestreut. Wie Wagners »Weltabschiedswerk« im ganzen ist das von Generalpausen durchsetzte Vorspiel (aber auch der melodisch geradezu leuchtende *Karfreitagszauber*) eine Apotheose der Langsamkeit.

M *CD* Wiener Philharmoniker, Kempe (EMI 1958) *Volkmar Fischer*

William Walton

1902–1983

Façade, das Werk, mit dem der 19jährige Walton – er wurde am 29. März 1902 in Oldham geboren – 1923 in London an die Öffentlichkeit trat, verursachte sogleich einen Skandalerfolg. Das höchst vergnügliche *Entertainement* für Kammerensemble und Rezitator nach 21 Nonsense-Gedichten von Edith Sitwell ist eine Sammlung von ebenso frechen wie geistreichen Stilparodien auf die Vorbilder des jungen Komponisten: Prokofjew, Schönberg, Ravel, die Pariser Welt der *Six*, den Jazz und Strawinsky. Der beeinflußte auch die 1925 uraufgeführte *Ouvertüre Portsmouth Point*, ein farbiges, mit seinen ständigen Synkopen und Taktwechseln rhythmisch ungeheuer vitales Werk, das durch eine Hafenszene auf einem Kupferstich Rowlandsons inspiriert wurde und Walton als eine neue, wichtige Stimme in der englischen Musik bestätigte. Dennoch scheiterte sein Versuch, einen

Auftrag von Diaghilew zu erhalten. Das Material zu einem Ballett nutzte er stattdessen in der *Sinfonia concertante* für Orchester und obligates Klavier, die neo-romantische Züge mit neo-klassischer Formbehandlung vereint – so finden sich thematische Verwandtschaften zwischen den 3 Sätzen, und die Final-Coda greift alle Themen des Werkes wieder auf. Den letzen Schritt zur kompositorischen Reife vollzog Walton mit dem äußerst poetischen *Bratschenkonzert*, mit dem er die intellektuell ironischen Anfänge hinter sich ließ. Hier trat erstmals vollendet zutage, was er meinte, wenn er von seinem »strong feeling for lyricism« sprach. Das Konzert gab dem überaus selbstkritischen und skrupulösen Komponisten wohl auch den Mut, sich auf das in England so traditionsreiche Gebiet der Chormusik vorzuwagen: Das 1931 in Leeds uraufgeführte, in jedem Moment radikal moderne und doch konsequent an die große Händelsche Tradition anknüpfende Oratorium *Belshazzar's Feast* für Bariton, Doppelchor und großes Orchester nach einem Text von Osbert Sitwell ist ein Meilenstein englischer Chormusik nach Elgars *The Dream of Gerontius*, wahrscheinlich sogar eines der bedeutendsten Chorwerke unseres Jhs., wie auch die *1. Symphonie* von 1935 zu den wichtigsten ihrer Zeit gehören dürfte. 1943 begann Waltons Zusammenarbeit mit Lawrence Olivier, aus der 3 seiner inspiriertesten Filmmusiken – *Henry V*, *Hamlet* und *Richard III* – hervorgingen. In den 40er Jahren schuf er auch eine Reihe zentraler Kammermusikwerke, in den frühen 50ern die Oper *Troilus and Cressida*, eines seiner lange verkannten Hauptwerke. Die späteren Orchesterkompositionen entstanden großenteils als Auftragskompositionen für verschiedene große Orchester: 1940 die Lustspiel-Ouvertüre *Scapino*, die nach einem Callot-Stich die Welt der Commedia dell'Arte evoziert, 1957 die brillante, hochvirtuose und in allen Farben glitzernde dreisätzige *Partita*, 1960 die in Edinburgh uraufgeführte *2. Symphonie* mit ihrer großen Final-Passacaglia, 1968 das *Capriccio burlesco*. Und 1969 verlieh Walton seiner Britten-Verehrung in den *Improvisations on an Impromptu of Benjamin Britten* Ausdruck. So klein sein Œuvre zahlenmäßig ist, so unbestreitbar ist sein Rang in der Musik unseres Jahrhunders; das gilt für das Frühwerk nicht weniger, als für die nach dem Krieg auf Ischia entstandenen, von italienischer Helligkeit durchfluteten Kompositionen. Dort ist er am 8. März 1983 gestorben.

Symphonie Nr. 1 b-moll

UA: London 1935

Walton arbeitete von Februar 1932 bis Ende 1934 an der Ersten; vor allem das Finale wollte nicht gelingen, und nachdem bereits ein Uraufführungstermin geplatzt war, kam es Mitte 1934 zu einer Aufführung der ersten 3 Sätze. Nicht zu Unrecht wird oft betont, wie sehr das Werk in der Tradition von Beethovens »Durch-Nacht-zum-Licht« stehe, doch die grandiose Eröffnungssteigerung des Kopfsatzes evoziert fast Brucknersche Atmosphäre: Ein Paukenwirbel auf b, den die Hörner harmonisieren, ein pochendes, rhythmisch kantiges Streicher-Crescendo und ein Oboenthema bilden das motivische Material, aus dem sich dieses *Allegro assai* in dramatischen Steigerungswellen und über großen, an Sibelius erinnernden Orgelpunkten entwickelt. Die Durchführung steigert sich zu bedrohlicher Wucht, die abschließende Coda droht den Satz fast zu zerschlagen. *Presto con malizia* folgt ein sardonisches, rhythmisch vertracktes und ungestüm jagendes Scherzo. Drei knapp umrissene Themen werden ins atemlos Hektische getrieben, zersplittert, zur Grimasse verzerrt. Waltons Humor ist hier von rücksichtsloser, beißender Schärfe. Im tief traurigen *Andante con malinconia* reichen sich die Holzbläser 2 Themen weiter, die schließlich das volle Orchester zu höchster Intensität steigert. Die *Maestoso*-Einleitung des *Finales* bereitet die Durchbruchseuphorik des *Brioso ed ardentemente* vor. Zwei Fugen sind eine deutliche Hommage an Hindemith, zu dem Walton sich noch 1963 mit den meisterhaft gearbeiteten *Variations on a Theme by Hindemith* bekannte. Reminiszenzen an Themen der vorangegangenen Sätze und ein fernes Trompetensignal verzögern den Schlußjubel, der sich dann um so triumphaler Bahn bricht.

[M] *CD* Royal PO, Ashkenazy (Decca 1991)

Violakonzert

UA: London 1929

Kein Geringerer als Paul Hindemith hob das Werk aus der Taufe, das in manchem dem Violinkonzert Prokofjews verpflichtet ist. Die Form ist ungewölhnlich, da der langsamste Satz, ein strenger Sonatensatz, am Anfang steht. Die beiden lyrisch vergrübelten Themen dieses *Andante comodo* werden *espressivo* von der Solobratsche exponiert. Die Durchführung steigert sich zu lebhafter Energie, die jedoch in der getragenen Coda wieder versickert. In den unregelmäßigen Rhythmen des *Scherzos (Vivo, molto preciso)*, vor allem im bissigen 2. Thema des Blechs, mag der Einfluß des Jazz mitschwingen, vielleicht auch ein wenig früher Strawinsky. Im Finale *Allegro moderato* zieht Walton dann alle Fäden kontrapunktischer Meisterschaft, spinnt die 3 Themen in ein Fugato-Netz, ehe schließlich das Hauptthema des Kopfsatzes eine zyklische Rundung einleitet. In einem melancholischen Epilog ziehen reminiszenzartig die Themen der Ecksätze vorüber; in fahler Stimmung klingt das Werk aus.

[M] *CD* Primrose, Philharmonia O., Walton (EMI 1946)

Violinkonzert

UA: Cleveland 1939

Das Werk entstand in enger Zusammenarbeit mit Jascha Heifetz, der es in Auftrag gab und aus der Taufe hob. Auch wenn das (vielleicht durch die Liebe zu Alice Wimborne inspirierte) Werk virtuoser ist als das Bratschenkonzert, so sprach doch der Kritiker Edward Lockspeiser völlig zu Recht von einer Komposition »von strenger und eindringlicher Schönheit«. Der Solist eröffnet das einleitende *Andante tranquillo* mit dem Hauptthema *(sognando)*, während ein Gegenthema unterschwellig in Celli und Fagott erklingt. Schon hier, im Wechsel von leidenschaftlicher Brillanz und elegischer Träumerei, schimmern Licht und Atmosphäre Italiens durch, die dann ausdrücklich das *Presto capricciosa all Napolitana* evoziert. Das Finale *(Vivace)* umfaßt 3 Themen, die Walton in meisterhaftem Kontrapunkt verarbeitet, ehe die – im Bratschenkonzert fehlende – Kadenz sie zusammenfaßt, und eine stürmischen Coda das Konzert beschließt.

[M] *CD* Heifetz, Philharmonia O., Walton (RCA/BMG 1950)

Cellokonzert

UA: Boston 1957

In seinem letzten Instrumentalkonzert, das Walton 1956 für Gregor Piatigorsky schrieb, bekannte er sich mit für ihn seltener Offenheit zu einer schwelgerisch verträumten Romantik. Diese äußert sich im üppigen Klangbild – mit Vibraphon, Harfe und Celesta – wie in der recht freien Form. So ist der lyrische *Moderato*-Kopfsatz mit seinem einprägsamen Hauptthema im Cello über einer tickenden Osinatobewegung und ständig wechselnden Klangfarben im Grund eine Tondichtung. Im Scherzo, einem *Allegro appassionato* von nervöser Brillanz, werfen sich Cello und Orchester rhythmisch vertrackte melodische Bruchstücke zu. Das abschließende *Allegro moderato* knüpft atmosphärisch an den Kopfsatz an. In 4 Episoden reflektieren Solist und Orchester – gemeinsam oder in Kadenzen des Cellos – das melancholisch vergrübelte Thema, ehe das Werk in einem ruhigen Epilog zum Hauptthema des Kopfsatzes zurückkehrt.

[M] *CD* Piatigorsky, Boston SO, Munch (RCA/BMG 1960) *Oswald Beaujean*

Carl Maria von Weber

1786–1826

Die Bedeutung des am 18. November 1786 in Eutin (Holstein) geborenen, am 5. Juni 1826 in London verstorbenen Carl Maria von Weber beruht in erster Linie auf seinen Schöpfungen für die Musikbühne. Mit dem 1821 in Berlin uraufgeführten *Freischütz* schuf er den Prototyp der deutschen romantischen Oper. Die bis heute weniger erfolgreichen Opern *Euryanthe* (1823) und *Oberon* (1826) setzen diese Linie fort, an die qualitativ erst Richard Wagner in seinen mittleren Bühnenwerken anzuknüpfen vermochte. Webers Schaffen für Orchester kulminiert denn auch in den Ouvertüren zu den drei späten Opern. Demgegenüber tritt die vorwiegend in den Jahren 1810 bis 1820 entstandene reine Orchestermusik an Bedeutung zurück. Weber entstammte einer Musikerfamilie. Er studierte u. a. bei Michael Haydn in Salzburg und bei Abbé Vogler in Wien, der ihm eine Kapellmeisterposition in Breslau verschaffte. 1806/07 wirkte er als »Musikintendant« im oberschlesischen Carlsruhe, wo seine beiden Symphonien entstanden. Als Musiklehrer des Herzogs von Württemberg mußte er 1808 einer Verfehlung seines Vaters wegen das Land verlassen. Nach abermaligem Studium bei Abbé Vogler betätigte er sich als konzertierender Pianist. Aus dieser Zeit stammen seine zumeist auf pianistische Brillanz hin angelegten Klavierkompositionen. 1811 lernte er den bedeutendsten Klarinettisten seiner Zeit, Joseph Bärmann, kennen, mit dem er eine Konzertreise unternahm und für den er ein Concertino und 2 Konzerte für Klarinette schrieb. 1813 übernahm er die Position des Operndirektors am landständischen Theater in Prag, um drei Jahre später als Musikdirektor der Deutschen Oper nach Dresden zu gehen. Seine dortige Tätigkeit bedeutete den Gipfel seines beweglen Musikerlebens. Er führte die Dresdner Oper zu europäischem Ruhm.

Als Komponist war er seit dem Erfolg des *Freischütz*, der im Zeichen des als Reaktion auf Napoleon aufkeimenden Nationalismus einen Siegeszug ohnegleichen antrat, eine unbestittene Größe. Wagner empfing von Weber die für seine eigene Entwicklung entscheidenden Eindrücke. Er war es denn auch, der 1844 die sterblichen Reste seines Jugendidols von London nach Dresden überführen ließ.

Die Symphonien

Vermutlich 1806 oder 1807 in Carlsruhe (Oberschlesien) von der Kapelle des Herzogs Friedrich Eugen von Württemberg uraufgeführt, zeigen die beiden Symphonien den jungen Weber noch als Suchenden. In der Formanlage weisen die frischen Musizierstücke auf Haydn und Mozart zurück, ohne jedoch die thematische Schlüssigkeit und konsequente Durchstrukturierung der großen Vorbilder zu übernehmen. Der Beethovenschen Symphonik, die damals bis zur *Eroica* gediehen war, stand Weber zeitlebens ablehnend gegenüber, da er deren dramatischen Gestus als Verirrung ansah. Die Kopfsätze der beiden Symphonien wahren zwar die traditionelle Sonatenform, wobei in der Zweiten sogar ein breiter ausgeführter Durchführungsteil auftritt, jedoch kam es Weber mehr auf kontrastreiche Aufreihung seiner Themen als auf ihre dynamisch-symphonische Konfrontation an. Die Mittelsätze, ein *Andante* und ein *Adagio*, wirken in ihrer ruhigen Ausbreitung fast erzählend. Hörner- und Holzbläserfarben lassen die spätere *Freischütz*-Musik vorausahnen. Die Tanzsätze, ein *Scherzo*-Presto beziehungsweise ein Allegro-*Menuett*, tragen weniger persönliche Züge, während die *Finali* den von der Klaviermusik vertrauten virtuosen Weber repräsentieren, beides Presto-Sätze im Sinne des Haydnschen Kehraus, brillant instrumentiert, voller Einfälle.

[M] *CD* SO des BR, Sawallisch (Orfeo 1983)

Freischütz: Ouvertüre

In seinen Ouvertüren zu den drei späten Meister-Opern weitet Weber die traditionelle Gattung eines Opern-Vorspiels zur symphonischen Dichtung. Das gilt in besonderem Maße für die *Freischütz*-Ouvertüre. Die Waldhorn-Poesie des Beginns, mit ihrer geheimnisvollen Stimmungshaftigkeit, die Dämonie der völlig neue Ausdruckswelten erschließenden Samiel-Wolfsschlucht-Musik, die Anmut der Agathe-Musik, die aufjubelnde C-Dur-Coda, das alles in Sonatenform gegossen und damit der Gefahr des Potpourrihaften entgehend, nimmt den dramatischen Gang der Oper vorweg. Der Kampf zwischen Gut und Böse, der eigentliche Konflikt der Oper, erscheint hier komprimiert. Die instrumentalen Farben und Mischungen sind von einer bis dahin nie gehörten Vielfalt. Der Gefühlsgehalt und die Koloristik dieses orchestral-dramatischen Meisterwerks weisen weit in die Zukunft.

[M] *CD* Berliner Philharmoniker, Furtwängler (Disco-Center)

Euryanthe: Ouvertüre

Die große heroisch-romantische Oper *Euryanthe* nach dem Libretto der Helmina von Chézy ist ein Ritterspiel. Dementsprechend schlägt die Musik festlich-ritterliche Töne an. Der aufrauschende Es-Dur-Beginn, gefolgt von einem rüstig schreitenden Marsch-Thema, legt diese Grundstimmung fest. Ein Largo-Mittelteil mit geheimnisvollen Klängen von 8 gedämpften Soloviolinen führt zu einer Fugato-Episode, ehe eine Art von Reprise zum festlich-rauschenden Beginn zurückkehrt. Eine schwungvoll jubelnde, hymnisch sich aufschwingende Melodie krönt das wirkungsvolle, die dramatischen Konflikte der Oper wiederum vorwegnehmende und zusammenfassende Stück.

[M] New Yorker Philharmoniker, Toscanini (Disco-Center) – *LD* NBC-SO, Toscanini (RCA/BMG)

Oberon: Ouvertüre

Oberon oder der Eid des Elfenkönigs komponierte Weber für die Londoner Covent Garden-Oper. Das Ritter-, Feen- und Haremsdrama setzte sich in der Praxis nicht durch, aber die Ouvertüre gehört zum Kostbarsten Weberscher Orchesterkunst. Aus dem einleitenden Hornruf entwickelt sich in freier Sonatenform ein kunstvolles Gebilde, das 7 Themen der Oper zur Einheit schweißt, wobei der romantische Hornruf die disparaten Elemente zusammenhält. Nach der geheimnisvoll-flirrenden Einleitung entfaltet sich ein schwungvoller Allegro-Hauptsatz, der am Schluß den Jubel der sogenannten Ozean-Arie zitiert. Von äußerster Subtilität sind Harmonik und Instrumentation.

[M] *CD* Philharmonia O., Sawallisch (EMI 1958); Berliner Philharmoniker, Karajan (DGG 1972)

Klarinettenkonzerte

Bei den 1811 in München entstandenen drei Konzertwerken für Klarinette und Orchester handelt es sich um unproblematische Spielmusiken, die dem virtuosen Klarinettisten dankbare Möglichkeiten kantabler und brillanter Entfaltung bieten. Das zweisätzige *Concertino c-moll* entfaltet nach pompöser Tutti-Einleitung ein variiertes Andante, dem das rondoartige Final-Allegro, ein wirbelndes Jagdstück, folgt. Die beiden *Konzerte* in *f-moll* und *Es-Dur* sind dreisätzig. Musikalische Schwerpunkte sind in beiden Werken die Mittelsätze, eine kantable Kavatine bzw. eine die dunkle Welt des *Freischütz* vorausahnende Romanze. Hier kann die Klarinette ihre reichen Möglichkeiten ausdrucksvollen Sich-Aussingens nützen. Die Ecksätze tragen wiederum kontrastreich-virtuosen Charakter, was vor allem für das polonaisenartige Finale des Es-Dur-Konzertes gilt.

[M] *CD* Academy of St. Martin-in-the-Fields, Marriner (Philips 1990); Pay, Orchestra of the Age of Enlightenment, Pay (Virgin 1987)

Klavierkonzerte

Weber war ein virtuoser Pianist. Seine 3 Konzertwerke für Klavier und Orchester schrieb er für seinen eigenen Vortrag. Die beiden *Konzerte* in *C-Dur* und *Es-Dur* entstanden 1810–1812, also in jenen Jahren, da er konzertierend durch Europa reiste. Das erste brachte er in Mannheim, das zweite in Gotha zur UA. 1821 ließ er den Konzerten noch ein kürzeres *Konzertstück in f-moll* folgen, das er in Berlin erstmalig spielte. Im Unterschied zu den in die Tiefe lotenden reifen Klavierkonzerten Mozarts und Beethovens steht in Webers Konzerten das Element des Brillanten im Vordergrund. Sie liegen damit auf der Linie des zeitgenössischen Virtuosentums, wie sie von Moscheles, Hummel oder Dreyschock vertreten wurde. Das erste Konzert bettet einen ausdrucksvollen Mittelsatz, in dem zwei Solo-Celli, Bratschen, Hörner und Bässe einen dunklen Klanggrund bilden, zwischen zwei spielfreudige schnelle Sätze, in denen das Orchester reine Begleitfunktionen hat, also thematisch nicht in das Geschehen eingreift. Ähnliches gilt für die schnellen Ecksätze des zweiten Konzerts, in dessen Finale die pianistische Sprungtechnik zu besonders wirkungsvoller Brillanz gesteigert wird. Auch hier spielt sich das musikalisch Gewichtigste im H-Dur-Mittelsatz ab, in dem der Klavierpart sich in ausdrucksvoller, ausgezierter Kantabilität ergehen darf, wobei es am Schluß zu geheimnisvollen Tremolo-Wirkungen kommt. Bedeutender als die Konzerte ist das spätere *Konzertstück*, in dem sich Weber vom dreisätzigen Schema löst zugunsten einer freien formalen Gestaltung, die jedoch gleichfalls dreiteilig angelegt ist. Einer *Larghetto*-Einleitung folgt ein aufgewühltes *Allegro appassionato*, das in einen zunächst pianissimo, dann in vollem Tutti einherschreitenden Marsch mündet. Der Schluß wird von einem *Presto giocoso* in wirbelndem $^6/_8$-Takt bestimmt, in dem der Solist ein Äußerstes an Virtuosität entfalten kann.

[M] *CD* Konzerte 1 u. 2: Keller, SO Berlin, Köhler (Fono); Konzertstück: Brendel, London SO, Abbado (Philips)

Alfred Beaujean

Anton Webern

1883–1945

Man hat Webern, den radikalsten und sublimsten Musiker der »Wiener Schule«, nicht zu Unrecht als einen Komponisten der realen Utopie bezeichnet. Dieses utopische Potential bewahrt seinen Werken (Strawinsky nannte sie »dazzling diamonds«) ihre stets frappierende Frische, macht sie immun gegen Abnutzung und Vereinnahmung, verwehrt ihnen freilich auch bis heute den Eingang ins gängige Konzertrepertoire. Zu Lebzeiten – Webern wurde am 3. Dezember 1883 in Wien geboren und starb am 15. September 1945 in Mittersill bei Salzburg – stand er immer im Schatten seines berühmteren Lehrers Arnold Schönberg und seines erfolgreicheren Mitschülers und Freundes Alban Berg. Nur ein kleiner Kreis von Eingeweihten kannte seine Musik. Sein Leben verlief gänzlich unspektakulär. Webern war in Wien, Graz und Klagenfurt aufgewachsen, hatte in Wien 1902–1906 Musikwissenschaft bei Guido Adler (Promotion mit einer Dissertation über Heinrich Isaacs *Choralis Constantinus*) und 1904–1908 Komposition bei Schönberg studiert. Nach wechselnden Engagements als Theaterkapellmeister in Bad Ischl, Teplitz, Danzig, Stettin und Prag ließ er sich nach Kriegsende in Mödling bei Wien nieder, unterrichtete und arbeitete in Schönbergs Wiener »Verein für musikalische Privataufführungen« mit. Große Verdienste erwarb sich Webern in den 20er Jahren als Chorleiter und Dirigent der Wiener Arbeiter-Symphoniekonzerte (bis 1934), u.a. mit spektakulären Mahler-Aufführungen. Zweimal wurde er mit dem Musikpreis der Stadt Wien ausgezeichnet. 1927 engagierte ihn der Österreichische Rundfunk als ständigen Dirigenten, 3 Jahre später auch als Lektor und Fachberater in Fragen neuer Musik. Gastdirigate in Berlin, Frankfurt, London, Barcelona und Winterthur, Aufführungen seiner Werke bei internationalen Avantgardefestivals sicherten ihm langsam wachsende Anerkennung in Fachkreisen. Im »Dritten Reich« war seine Musik als entartet verfemt; Webern lebte, zumal nach Schönbergs Emigration (1933) und Bergs frühem Tod (1935), völlig zurückgezogen im Kreis weniger Privatschüler (darunter Hartmann, Searle, Stadlen, Wildgans). Nach seinem Tod (durch den Schuß eines amerikanischen Wachsoldaten) avancierte er rasch zu einer »Kultfigur« der jungen Komponistengeneration. Sie fand in seinem Œuvre den Ansatz neuer Entwicklungen, die Basis für eine Ausdehnung der Dodekaphonie auf alle Dimensionen der Komposition - für das, was als »serielle Technik« in den 50er Jahren zum verbindlichen Kompositionsprinzip der europäischen Avantgarde wurde. Heute indes hört man an seinen Werken auch anderes als »kristalline Strukturen«, zumal einen spezifisch Wienerischen Tonfall (in der Tradition von Schubert bis Mahler), der einer Musik der »luziden Konzentration« unmittelbar sprechenden Ausdruck und sinnliche Präsenz verleiht.

Passacaglia für Orchester op.1

UA: Wien 1908

Zum Abschluß seiner Sudien bei Schönberg schrieb Webern die *Passacaglia*, die er selbst sein »Gesellenstück« nannte und als erstes gültiges Werk anerkannte. Unüberhörbar ist hier ein gewisser spätromantischer, fast Brahmsischer Duktus, und das Finale der 4. Brahms-Symphonie (ebenfalls eine Passacaglia) drängt sich als Modell förmlich auf. Der Bezug auf eine Grundtonart (d-moll in den »Hauptsätzen«, D-Dur im Mittelteil) wird zumal an Nahtstellen der Form betont; doch deutet das harmonische Bild insgesamt jenen vagierenden Charakter an, den Webern als »schwebende Tonalität« bezeichnete.

Aus dem achttaktigen Passacagliathema und seinen beiden Gegenmelodien entfaltet Webern eine Folge von 23 Variationen, deren Entwicklungsverlauf dem traditionellen Formschema von Exposition (Var. 1–11), Mittelteil (Var. 12–15) und Reprise (Var. 16–23) annähernd entspricht. Als Var. 24 folgt eine ausgedehnte, durchführungsartige Coda – Résumé und Abgesang zugleich. Die kunstvolle Verschränkung von thematischer und polyphoner Arbeit, von vorklassischer Ostinatotechnik und entwickelnder Variation, die differenzierten Ausdruckskontraste, die phantasievolle Farbigkeit des Orchesterklangs – all das verweist deutlich auf Schönbergs Vorbild. Gleichwohl erscheint Weberns eigene Handschrift in *op. 1* bereits unverwechselbar ausgeprägt. Sie zeigt sich im solistischen Einsatz der Instrumente wie in der Ökonomie des Satzbilds, im diskreten dynamischen Verlauf wie in der Verwendung der Pause als Strukturelement. Sie zeigt sich indes vor allem in der »kristallinen« Klarheit der Konstruktion und in jener unnachahmlichen Durchdringung von Strenge und Expressivität, die später zum Signum von Weberns Musik wurde.

Sechs Stücke für Orchester op. 6

UA: Wien 1913

»Arnold Schönberg, meinem Lehrer und Freunde in höchster Liebe« widmete Webern sein op. 6, dessen Erstfassung für ein Riesenorchester Mahlerschen Zuschnitts beziehungsvoll auf Schönbergs kurz zuvor vollendete Orchesterstücke op. 16 verweist. Webern zielte indes keineswegs auf konzentrierte Klangballung, wiewohl der massierte Orchesterklang an manchen Stellen (Schluß von Nr. 2 und 4) mit unnachahmlich durchschlagender Wirkung eingesetzt wird. Ihm ging es vielmehr um eine nahezu kammermusikalisch transparente Textur aus ständig wechselnden, subtil abgetönten Farbkombinationen – ähnlich jenem Konzept der »Klangfarbenmelodie«, das Schönberg erstmals in op. 16/3 realisiert hatte. Daß dabei der Aufwand der Klangmittel mit einer geradezu expressionistischen Verkürzung der Sprache in ein fruchtbares Spannungsverhältnis gerät, macht einen Großteil der Faszination dieser Stücke aus.

Webern selbst hat seine *Sechs Stücke* in einer Programmnotiz von 1933 so charakterisiert: »Sie stellen kurze Liedformen dar, meist im dreiteiligen Sinne. Ein thematischer Zusammenhang besteht nicht, auch nicht innerhalb der einzelnen Stücke. Diesen nicht zu geben, war sogar bewußt angestrebt: in dem Bemühen nach immerfort verändertem Ausdruck. Um den Charakter der Stücke – sie sind rein lyrischer Natur – kurz zu beschreiben: das erste *(Langsam)* drückt die Erwartung eines Unheils aus, das zweite *(Bewegt)* die Gewißheit von dessen Erfüllung; das dritte *(Mäßig)* die zarteste Gegensätzlichkeit; es ist gewissermaßen die Einleitung zum vierten, einem Trauermarsch *(Sehr mäßig)*; fünf und sechs *(Sehr langsam* und *Langsam)* sind ein Epilog: Erinnerung und Ergebung. – Die Stücke erhielten im Jahre 1928 eine neue instrumentale Fassung, die der ursprünglichen gegenüber eine wesentliche Vereinfachung darstellt und einzig gelten soll.«

Fünf Stücke für Orchester op. 10

UA: Zürich 1926

Mit den Streichquartett-*Bagatellen* op. 9 und den Cellostücken op. 11 gehören die Orchesterstücke op. 10 zu den Hauptwerken der Wiener »atonalen Schule«. Mehr noch: sie gelten als Inkunabeln jenes expressionistischen Komprimatstils, der sich ähnlich auch in Schönbergs und Bergs zeitlich benachbarten Werken artikulierte, für Weberns Œuvre indes generell verbindlich blieb. An Dichte der Konstruktion wie an Klang- und Ausdrucksreichtum auf kleinstem Raum haben die *Fünf Stücke* (das kürzeste umfaßt 6, das längste 32 Takte) nicht ihresgleichen in zeitgenössischer Orchesterliteratur. Statt motivischer Gestalten und Entwicklungen fungieren Intervallkomplexe von differenziertester rhythmischer Artikulation und subtil nuanciertem Instrumentalklang als Träger der musikalischen »Handlung«. Die Harmonik ist vertikal wie horizontal komplementär konzipiert und ergänzt sich oft zu Feldern kompletter Zwölftönigkeit. Dem Webernschen Ausdrucksideal des Zarten und Intimen entsprechen auch die dynamischen Verläufe (vorwiegend zwischen p und ppp) und Vortragsbezeichnungen wie *dolcissimo, verklingend, kaum hörbar, wie ein Hauch.* In einer späteren Bearbeitung hat Webern, womöglich nach dem Modell von Schönbergs op. 16, den Stücken Titel beigegeben: *Urbild – Verwandlung – Rückkehr – Erinnerung – Seele.* Sie sind indes nicht programmatisch gedacht, vielmehr als Andeutung von atmosphärischen wie metaphysischen Assoziationsfeldern, und sie wurden nicht in die gedruckte Partitur aufgenommen.

Symphonie op. 21
UA: New York 1929

In dieser zweisätzigen Symphonie (ein dritter, bereits skizzierter Satz wurde verworfen) hat Webern die Reihentechnik sehr persönlich und zugleich hochvirtuos entfaltet – in kombinatorischen Künsten, Spiegelformen und Symmetriebildungen, die das Vorbild der altniederländischen Polyphonie verraten. Ihm ging es dabei jedoch nicht um »Kunststückerln«, vielmehr um ein Höchstmaß an organischem Gestaltzusammenhang zwischen der kompositorischen Großform und ihren kleinsten Bauelementen. Die kammermusikalische Besetzung (4 Bläser, Harfe, Streichquartett) und die zartfarbig transparente, fast »pointillistische« Instrumentation sind der spätromantischen Symphonietradition diametral entgegengesetzt. Doch läßt Webern in der Formkonzeption seines *op. 21* durchaus klassische Gattungsmodelle durchschimmern – zumal im *Kopfsatz (Ruhig schreitend)*, der als eine Art Sonatensatz mit jeweils wiederholter Exposition, Durchführung und Reprise zu beschreiben wäre. Interpoliert werden diesem Sonatensatz zwei zweistimmige Kanons in Gegenbewegung, wobei die Zwölftonreihe gleichsam als »Cantus firmus« fungiert. Der *2. Satz* besteht aus einem elftaktigen Thema mit 7 Variationen und Coda in wechselnden Tempi (die Skala reicht von *äußerst ruhig* bis *sehr lebhaft*) und unterschiedlicher Satzdichte (Besetzung: 4 Streicher in Var. 1, Harfe und Streichquartett in Var. 5, 3 Bläser in Var. 6). Webern selbst hat diesen Schlußsatz als Doppelkanon im Krebsgang mit der 4. Variation als Symmetrieachse definiert. Doch kann man ihn auch ohne solche analytischen »Hilfsbrücken« genußreich hören – als einen Zyklus von kontrastreich gestuften Charaktervariationen vorwiegend lyrischer Empfindung.

Konzert für neun Instrumente op. 24
UA: Prag 1935

Schlüsselfunktion unter Weberns Zwölftonkompositionen kommt op. 24 zu. Es ist ein Modell von »kristalliner« Reinheit, enthält in komprimierter Form die Grundprinzipien seiner kreativen Ästhetik wie seines konstruktiven Denkens. Nicht zufällig rückte dieses Werk Anfang der 50er Jahre ins Zentrum der Webern-Rezeption – als Anknüpfungspunkt für Strawinskys dodekaphone Arbeiten, vor allem aber für die junge Avantgarde der »seriellen Schule« (Nono, Boulez, Stockhausen). In einem Vortrag von 1932 hat Webern in eine Metapher gefaßt, was als Devise seines Komponierens gelten und als Motto speziell über op. 24 stehen könnte: »Goethes Urpflanze: Die Wurzel ist eigentlich nichts anderes als der Stengel, der Stengel nichts anderes als das Blatt, das Blatt wiederum nichts anderes als die Blüte: Variationen desselben Gedankens.«

Die Idee der aus einem Kern organisch entwickelten Vielfalt ist hier mit beispielloser Konsequenz verwirklicht. Die dem *Konzert* zugrundeliegende Reihe gliedert sich in 4 Dreitongruppen, die untereinander aufs engste zusammenhängen: Die zweite ist Krebsumkehrung der ersten, die dritte Krebs der zweiten, die 4. Umkehrung der ersten. Motivische Arbeit, variative Durchführung scheinen also schon in der abstraktesten Grundform des Materials auf. Dank dieser ingeniösen Disposition kann Webern die 3 Sätze im Grund aus einer einzigen Dreitongestalt entfalten – einer Gestalt, die durch ständig veränderte Gestik, Färbung, Rhythmisierung und Artikulation unerhörten Abwechslungsreichtum gewinnt. Insofern hat *op. 24* insgesamt den Charakter eines übergreifenden Variationenzyklus, wiewohl sich seine Einzelsätze durchaus im Sinne der Tradition als Sonatensatz *(Etwas lebhaft)*, als lyrische Adagio-Bogenform *(Sehr langsam)* und als Steigerungsfinale *(Sehr rasch)* deuten lassen und in ihrer expressiven Qualität unmittelbar sinnfällig werden.

Variationen für Orchester op. 30
UA: Winterthur 1943

Bezeichnenderweise wählte Webern auch für sein letztes Orchesterwerk wieder jenen Formtypus, der für ihn in idealer Weise Einheit in der Mannigfaltigkeit und zugleich Ungebundenheit der Charaktere verkörperte. »Ein ganz Buntes, aber auf Grund strengster Gebundenheit« schrieb er über die Konzeption des neuen Werks im August 1940. Dank ihrer Ausdrucksdichte und ungewöhnlichen strukturellen Konzentration (auch Tempi, Rhythmen, Klangfarben und Spielarten scheinen in eine der Zwölftonreihe analoge Organisation einbezogen) gehören diese *Variationen* zu Weberns vollkommensten Schöpfungen. Zudem wirkt op. 30 durch flächig-akkordische Entfaltung der Harmonik wie durch delikate Mixturen der Instrumentalfarben ungleich wärmer und sinnlicher im Klang als frühere Orchesterpartituren.

In einem Brief an den Freund Willi Reich hat Webern die Gesamtform als »eine Art Ouvertüre« definiert und ihren zyklischen Verlauf so erläutert: »Das ›Thema‹ der Variationen ... ist periodisch gedacht, hat aber ›einleitenden‹ Charakter. Es folgen sechs Variationen: Die erste sozusagen das Hauptthema der Ouvertüre (Andanteform) in voller Entfaltung bringend, die zweite die Überleitung, die dritte den Seitensatz, die vierte die Reprise des Hauptthemas – es ist ja eine Andanteform! – aber in *durchführender* Art, die fünfte, Art der Einleitung und Überleitung wiederholend, führt zur Coda: sechste Variation.«

Kantaten für gemischten Chor und Orchester (mit Solo/Soli)

Das Augenlicht op. 26 – 1935. UA: London 1938
1. Kantate op. 29 – 1938/39. UA: London 1946
2. Kantate op. 31 – 1941–43. UA: Brüssel 1950

Daß sich Webern in den letzten 12 Lebensjahren intensiv mit Vokalkompositionen befaßte, ging auf die inspirierende Freundschaft mit der Dichterin und Malerin Hildegard Jone zurück. Ihre naturhaft-mystische, mit anthroposophischem und christlich-existentialistischem Gedankengut befrachtete Lyrik faszinierte ihn derart, daß er ab 1933 ausschließlich Jone-Texte vertonte – zunächst in Klavierliederzyklen (op. 23, 25), dann in chorisch-orchestralen Werken *(op. 26, 29, 31)*. Bei aller Verbindlichkeit der dodekaphonen Organisation wirken diese 3 Kantaten in ihrer flexiblen Verbindung von fließend homophonen und streng kontrapunktischen Strukturen offener, leichter durchhörbar als die zeitlich benachbarten Instrumentalwerke. Ihr suggestiver, emotional hochgespannter Ausdruck verdankt sich vorab Weberns subtiler Textausdeutung: In der sprachrhythmischen Deklamation, in weitgeschwungenen, melismatischen Vokallinien, auch im farbig sekundierenden Orchestersatz scheinen häufig bildhaft-poetische und klangmalerische Momente auf. Nach Umfang, Aufwand der Mittel und Formkonzeption bilden *op. 26, 29* und *31* eine kontinuierlich reicher entfaltete Trias. Das relativ schlichte, chorisch-orchestral durchkomponierte *Augenlicht* bildet gewissermaßen die Introduktion zu den beiden *Kantaten*, von denen Nr. 1 dreiteilig (mit Sopransolo), Nr. 2 sechsteilig (mit Sopran- und Baßsolo) gegliedert ist. Weberns Bestreben, seine sprachlich-stillistischen Innovationen durch eine Synthese traditioneller Formtypen abzusichern, spiegeln nochmals deutlich *op. 29* und *31*. Den Schlußsatz der *1. Kantate* beschrieb er als »der Konstruktion nach eine vierstimmige Doppelfuge«, an der Züge eines Scherzos bzw. Variationenzyklus' erkennbar seien. Die *2. Kantate*, Weberns ausgedehnteste und klanglich reichste Partitur, entspricht in ihrer Satzfolge (Baßrezitativ, Baßarie, Frauenchor mit Sopransolo, Sopranrezitativ, Sopranarie mit Chor, Chorfinale) etwa dem Modell einer *Bach-Kantate* und weist zumal im choralartig kanonischen Schlußsatz auf die polyphone Kunst der alten Niederländer zurück.

[M] *CD* Das Gesamtwerk: Stern, Piatigorsky, Rosen, Juillard-Quartett, John Alldis Choir, London SO, Boulez (Sony 1967–72); für op. 1, 6, 10, 30: Wiener Philharmoniker, Abbado (DGG) *Monika Lichtenfeld*

Kurt Weill

1900–1950

»Es vollzieht sich eine deutliche Trennung zwischen jenen Musikern, die weiter, gleichsam unter Ausschluß der Öffentlichkeit, an der Lösung ästhetischer Probleme arbeiten, und anderen, die ihr Schaffen in irgendein größeres Geschehen einordnen, weil sie einsehen, daß über der künstlerischen auch eine allgemein menschliche, irgendeinem Gemeinschaftsgefühl entspringende Gesinnung für die Entstehung eines Kunstwerks bestimmend sein muß.« So schrieb Kurt Weill am 1. Oktober 1927 im Berliner Tageblatt. Von der brennenden Aktualität dieser Worte einmal abgesehen, nehmen sie geradezu prophetisch das Kernstück von Weills künstlerischer Biographie voraus: den Dualismus zwischen deutscher Heimat und amerikanischem Exil, den frühen Ruhm der Jahre vor 1935 und den vermeintlichen Einbruch danach. Daß die Forschung sich erst in letzter Zeit anschickt, den Mythos von den »zwei Weills« (selbst)-kritisch zu hinterfragen, mag als Zeichen eines nahezu unerschütterlichen Glaubens an unsere kulturelle Tradition gewertet werden: nur zu gerne hätte man in Kurt Weill einen neuen Webern gesehen oder gar einen neuen Gluck.

Weill wurde am 2. März 1900 in Dessau als Sohn eines Synagogenkantors geboren. Von 1915–18 unterrichtete ihn der Pfitzner-Schüler Albert Bing in Musiktheorie und Komposition, 1918 bestand er die Aufnahmeprüfung an der Berliner Königlichen Hochschule für Musik. Aus Enttäuschung über seine nur bedingt progressiven Lehrer (unter ihnen Engelbert Humperdinck) kehrte Weill 1919 in seine Heimatstadt zurück und trat am dortigen Opernhaus eine Korrepetitorenstelle an. Von 1921–24 setzte er sein Studium in Berlin fort, nunmehr an der Preußischen Akademie der Künste als Meisterschüler von Ferruccio Busoni. In der Saison 1922/23 gelangten nicht weniger als 6 Werke Weills zur UA, darunter das *Divertimento op. 5* und die *Sinfonia Sacra op. 6*.

In die Entstehungszeit seines *Violinkonzertes op. 12* (1924) fällt die erste musikdramatische Arbeit: *Der Protagonist,* auf ein Libretto des Expressionisten Georg Kaiser. Hier entwickelte Weill jenen populären »Song-Stil«, der ihn dann in der vielfach überschätzten Zusammenarbeit mit Bertolt Brecht von 1927–1933 berühmt machte: *Die Dreigroschenoper* (1928) wurde zum dauerhaften Welterfolg. 1933 emigrierte Weill mit seiner Frau Lotte Lenya zunächst nach Paris und 1935 weiter in die USA. Voller Enthusiasmus wandte er sich dort dem kommerziellen Musikbetrieb zu, komponierte Filmmusiken für Hollywood und Musicals für den Broadway. Die bis zu seinem Tod am 3. April 1950 in New York entstandenen Werke – von *Johnny Johnson* bis *Lost in the Stars* – sind Dokumente einer verantwortungsbewußten »Synthese von Zeitmusik und Zeitgeschehen«. 1995 wurde erstmals der Kurt-Weill-Preis der Kurt Weill Foundation vergeben.

Kurt Weill zusammen mit seiner Frau Lotte Lenya bei der Premiere der »Dreigroschenoper« (1928)

Symphonie Nr. 1

UA: Hamburg 1958

Wie die meisten der vor 1921 entstandenen Kompositionen Kurt Weills hielt man auch seine im April/Mai 1921 in Berlin geschriebene *1. Symphonie* lange Zeit für verloren. Da Weill nach 1945 selbst keinerlei Anstrengungen unternahm, in der Trümmerlandschaft Deutschland nach seinen verschollenen Frühwerken zu suchen, blieb es Lotte Lenya vorbehalten, in den 50er Jahren mit Anzeigen in deutschen Zeitungen auch diese Partitur wieder zutage zu fördern. Von italienischen Nonnen verwahrt, hatte das Autograph nahezu unbeschadet überlebt: lediglich das Titelblatt mit einem Motto aus Johannes R. Bechers sozialistisch-religiösem Drama »Arbeiter, Bauern, Soldaten – Der Aufbruch eines Volkes zu Gott« fehlte.

Die *1. Symphonie* in einem Satz ist ein ungewöhnlich vielversprechendes Jugendwerk. Einerseits gehen ihre hörbaren Einflüsse auf Mahler, Reger und Schreker zurück (insbesondere wohl auch auf Schönbergs *1. Kammersymphonie*), andererseits scheint sich hier bereits ein »neuer Musikwille« zu artikulieren, der jede überkommene Formelhaftigkeit und alles spätromantisch Überladene rigoros ablehnt. Auf die langsam pathetische *Introduktion* folgen ein ungestüm heftiges *Allegro vivace* und ein geradezu flehentliches *Andante religioso,* dessen eindringliches Cello- und Klarinettenmotiv die Stimmung von Maries Wiegenlied in Alban Bergs *Wozzeck* präfiguriert. Die abschließende *Choralphantasie* gipfelt in frohlockendem Glockengeläut: »Jubelnd« schreibt Weill an dieser Stelle in die Partitur und beschwört so Bechers gelobtes Land des Friedens und des Sozialismus herauf. Der abschließende c-moll-Akkord der am Ende des Satzes noch einmal anzitierten Introduktion entläßt den Zuhörer in nachdenklicher Zuversicht.

[M] *CD* The Gulbenkian O., Swierczewski (Nimbus 1991)

Symphonie Nr. 2

UA: Amsterdam 1934

Weills zweifellos bedeutendstes Orchesterwerk entstand im Auftrag der Fürstin Edmond de Polignac zwischen Januar 1933 und Februar 1934 in Berlin, Paris und Louveciennes. Diese langwierige Genese ist sowohl auf die überstürzte Emigration des Komponisten aus Deutschland zurückzuführen als auch auf seine gleichzeitige schöpferische Beanspruchung durch *Die sieben Todsünden* nach einem Text von Bertolt Brecht. Die UA der Symphonie am 11. Oktober 1934 durch Bruno Walter und das Concertgebouw-Orchester Amsterdam wurde mit solcher Verachtung aufgenommen, daß Walter sich für eine spätere Aufführung des Werks in New York einen neuen Schlagzeugpart ausbat und einen anderen Titel wählte: *Drei nächtliche Szenen.* Doch auch diese Maßnahmen hinderten die Kritik nicht daran, weiterhin von »anachronistischer Musik« zu sprechen. Auch heute wird dieses den Gipfel von Weills europäischer Schaffensperiode markierende Werk weitgehend vernachlässigt.

Die *2. Symphonie* besteht aus 3 Sätzen und ist – was Struktur und Besetzung angeht – klassisch verständlich. Wie schon die 1. Symphonie verfügt sie über eine getragene *Introduktion,* in der das Wesentliche des Werks dargelegt wird. Es folgt ein drängendes *Allegro molto* in modifizierter

Sonatenform. Allein der sich nun anschließende 2. Satz, ein tragisches *Largo* von großer emotionaler Tragweite und eindrucksvoller melodischer Inspiration, hätte genügen müssen, um der Symphonie einen Platz im Konzertrepertoire zu sichern. Das abschließende *Allegro vivace* ist nach Art eines symphonischen Sonatenrondos gehalten, die Musik gibt sich eher expressionistisch entschlossen als versöhnlich.

M *CD* The Gulbenkian O., Swierczewski (Nimbus 1991)

Kleine Dreigroschenmusik

UA: Berlin 1929

Die Orchestersuite aus der *Dreigroschenoper* entstand im Herbst 1928 und wurde am 7. Februar 1929 unter Leitung von Otto Klemperer – der sich auch später immer wieder für das kontroverse Stück einsetzte – in der Berliner Kroll-Oper uraufgeführt. Die Kritik teilte sich in zwei Lager: während die einen bemerkten, wie gut sich doch eine derart »aktualisierte Serenade« in das Programm der Klassiker und Neoklassizisten (Hindemith, Strawinsky) einfügen ließe, monierten andere vor allem die frivolen Jazz-Rhythmen und die ganz und gar unorthodoxe Instrumentation für 12 Bläser (dazu Pauken, Klavier, Schlagzeug, Banjo, Gitarre und Bandoneon). Erst mit dem Aufkommen kleinerer, flexibler Instrumentalensembles in unserer Zeit hat eine ernsthafte Würdigung dieses sperrigen, unkulinarischen Werks begonnen. Die Suite besteht aus 8 Sätzen und bietet dem Hörer ein repräsentativ-hintergründiges »Potpourri« der Oper.

Auf die *Ouvertüre* folgt die mit Peachums »Lied von der Unzulänglichkeit menschlichen Strebens« gekoppelte, weltberühmte *Moritat von Mackie Messer* im doppelbödigen Wechselspiel von Posaune und Tenorsaxophon. Der ökonomisch reduzierte *Anstatt-daß*-Song und die in einem lasziv-witzigen Foxtrott gehaltene *Ballade vom angenehmen Leben* schließen sich an. In Pollys von geradezu empfindsamen Saxophon-Kantilenen beseeltem Lied (Nr. 5) findet die Suite ihre Mitte. Über die *Tango-Ballade* und den im rassigen Charleston-Tempo fast improvisatorisch aufgezäumten *Kanonen-Song* mündet sie schließlich in ein auf dem Schlußchoral der Oper basierendes, düster-gespenstisches Finale. »Das ist alles, kaum eine Melodie fehlt, sie ziehen gedrängt vorbei, so gedrängt, daß manchmal die eine in die andere gerät und sie stößt; und in ihrem engen Zuge halten sie sich aneinander, die verstümmelten, geschädigten und abgenutzten und doch wieder aufrührerischen, die sich zum Demonstrationszug formieren.« (Theodor W. Adorno, 1929)

M *CD* O. der Staatsoper Berlin, Klemperer (Koch 1931)

Konzert für Violine und Blasorchester op. 12

UA: Paris 1925

Das Violinkonzert entstand im April/Mai 1924 in Berlin und war ursprünglich dem Geiger Joseph Szigeti zugedacht. Uraufgeführt wurde es jedoch im Rahmen eines Konzertes der Internationalen Gesellschaft für Neue Musik am 11. Juni 1925 von Marcel Darrieux in Paris. Von Weills Instrumentalwerken ist es das sowohl in den 20er Jahren meistgespielte als auch eines der ersten, welches nach dem Krieg in Deutschland wieder Beachtung fand. Anders als man nach dieser Rezeptionsgeschichte vermuten möchte, ist das Violinkonzert keineswegs leicht zugänglich oder gar für Weills Instrumentalstil in irgendeiner Weise »typisch«. Es sei – wie Adorno sagt – »exponiert und fremd« und verweigere im Grunde alle Zufallsaffinitäten mit der Musik seiner Zeit. Allenfalls erinnere es an »einen höchst merkwürdigen, grell expressiven und schmerzlich lachenden Mahler, der alles sichere Spiel unter die Macht der Frage setzt«.

Das Violinkonzert verfügt über 3 Sätze: 2 dramatisch gespannte Ecksätze und einen in 3 »Nachtstücke« gegliederten Mittelteil. Entwirft das *Andante con moto* des 1. Satzes – mit Ausnahme der wunderbar kantablen Tranquillo-Episode kurz vor Schluß – eine unerbittlich kryptische Klang-Landschaft, so führen die ineinanderfließenden Mittelstücke in gleichsam mildere, tanzhafte Gefilde. Im *Tarantella-Finale* schließlich vereinigen sich die Antriebe der vorausgehenden Sätze: stilisierte Melodik, virtuose Spielfreudigkeit und eine dezidiert dramatische Haltung.

M *CD* Lidell, London Sinfonietta, Atherton (DGG 1976) *Christine Lemke*

Egon Wellesz

1885–1974

»In meinem vierzehnten Lebensjahr empfing ich zwei überwältigende Eindrücke: den einen durch eine Aufführung von Beethovens *Neunter* in einem philharmonischen Konzert, den andern durch Webers *Freischütz* in der Hofoper. Sie bestimmten meine Zukunft. Ich begann Musik zu schreiben.« Und tatsächlich hat Egon Wellesz, der am 21. Oktober 1885 in Wien geboren wurde, in seinem langen Leben viel Musik geschrieben; erhalten sind 112 Werke, die er mit Opuszahlen versah, 10 ungezählte sowie zahlreiche fragmentarisch erhaltene Kompositionen. Als Komponist ist er heute allerdings weniger bekannt: Sein Name wird in erster

Linie in Verbindung gebracht mit seinen musikwissenschaftlichen Arbeiten, die er in 25 Büchern und über 150 Aufsätzen veröffentlichte. Das musikalische Schaffen, darunter 6 Opern und 4 Ballette, harrt noch der Wiederentdeckung.

Als Schüler Arnold Schönbergs wird Egon Wellesz zum engeren Kreis der Neuen Wiener Schule gerechnet, obwohl er niemals wirklich dazugehörte. Seine seltsam-eigene Tonsprache scheint vielmehr gespeist aus den Quellen der musikwissenschaftlichen Arbeiten: Nicht zu unrecht spricht man von einem archaischen Tonfall, der indes nicht ohne Reiz ist – die Herkunft von Mahler ist unleugbar, geht allerdings eine Verbindung mit klanglichen Elementen aus den ältesten Entwicklungsstufen der bekannten Musikgeschichte ein. Noch vor Orff und Strawinsky arbeitete er mit Ostinati und Wiederholungen von Klangblöcken, die er – und hier ist er wirklich ein Kind seiner Epoche – mit äußerstem instrumentatorischem Raffinement aufbereitete.

Der Einmarsch der Nationalsozialisten in Österreich zwang Wellesz 1938 in die Emigration; anders als viele seiner Leidensgenossen wurde er, bereits seit 1932 Ehrendoktor der Universität Oxford, mit offenen Armen im Exil empfangen. Bis zu seinem Tod am 9. November 1974 lebte und lehrte er nun in England, und er nahm hier ab 1944 auch seine zeitweilig unterbrochene kompositorische Tätigkeit wieder auf.

Eigentümlicherweise beansprucht sein Heimatland gerade die dort entstandenen Werke, wenn es Wellesz als den »wichtigsten österreichischen Symphoniker nach Mahler« bezeichnet. Tatsächlich nämlich sind die 9 Symphonien, komponiert zwischen 1945 und 1971, ausnahmslos in England entstanden.

Die geringe Beachtung, die seine Kompositionen im heutigen Konzertleben erfahren, steht in keinem Verhältnis zu jener Bedeutung, die ihnen noch in den 20er und 30er Jahren, teilweise bis hinein in die erste Nachkriegszeit, beigemessen wurde. Nicht nur die formal an der klassischen Viersätzigkeit orientierten Symphonien, auch das 1931 vollendete *Klavierkonzert op. 49* oder die als *Symphonisches Stimmungsbild für großes Orchester* bezeichnete Tondichtung *Vorfrühling op. 12* wären für unsere Konzertsäle wiederzuentdecken. Und Wellesz Aussichten, innerhalb einer Renaissance der Musik der Jahrhundertwende eine ähnliche Chance geboten zu bekommen, wie sie so sehr erfolgreich für Zemlinsky oder Schreker genutzt wurde, sind nicht ungünstig. Dann besteht wohl auch die Möglichkeit, seine Orchesterlieder auf Gedichte von Hugo von Hofmannsthal oder die späten oratorienähnlichen Werken *Miserabile Mysterium op. 101* von 1967 oder *Canticum Sapientiae op. 104* kennenzulernen. *Andreas K. W. Meyer*

Henryk Wieniawski

1835–1880

»Ich war elektrisiert durch sein Spiel. Ich habe niemals irgendjemanden die Violine so spielen hören, wie er es tat, weder vorher noch seitdem. Sein wundervoll warmer, reicher Ton, sein glühendes Temperament, seine perfekte Technik, sein hinreißender Elan – all dies versetzte mich in eine Art hypnotischer Trance.« So erinnert sich der französische Orchestergeiger Sam Franko an den Violinvirtuosen Henryk Wieniawski. Auch wenn gelegentlich dessen steife Bogenhaltung kritisiert wurde, waren sich doch viele Zeitgenossen einig, in ihm den bedeutendsten Geiger seiner Generation zu sehen. Henryk Wieniawski wurde am 10. Juli 1835 in Lublin (Polen) geboren und starb am 31. März 1880 in Moskau. Dazwischen hatte er als Wunderkind und dann als reisender Virtuose Ost- und Westeuropa sowie die Vereinigten Staaten in vielen Konzerttourneen durchkreuzt und sich mehrmals bis an den Rand der Erschöpfung verausgabt. Sein früher Tod hat auch darin eine Ursache.

Sein kompositorischer Nachlaß ist nicht groß und beschränkt sich weitgehend auf Genrestücke für Violine und Klavier bzw. Orchester sowie auf eine Geigenschule; aber seine beiden Violinkonzerte *fis-moll op. 14* (1853) und *d-moll op. 22* (1862) begründeten seinen Nachruhm auch als Komponist. Diese in der klassischen dreisätzigen Form angelegten *Violinkonzerte* gefallen durch die reiche melodische Erfindung und stimmungsvolle Verarbeitung, eine gekonnte Instrumentation, gelegentlich folkloristische Themenformulierungen und rhythmischen Aplomb. Sie sind technisch sehr anspruchsvoll, ohne daß sich aber das virtuose Moment verselbständigen würde, und die Form der einzelnen Satztypen ist geschickt ausbalanciert, so daß sich eine geschlossene und überzeugende Großstruktur ergibt. Wieniawskis Konzerte nähern sich daher eher dem Typ des symphonisch durchgearbeiteten romantischen Solokonzerts an als dem bloßen Virtuosenstück. *Hartmut Lück*

Hugo Wolf

1860–1903

Die Musikwissenschaft ist sich erstaunlich einig: »Unter den deutschen Liedkomponisten gebührt Hugo Wolf nächst Franz Schubert der höchste Rang«; »Sein Liedschaffen ist unübertroffen bis heute«; »Hugo Wolf ist mit Sicherheit der Höhepunkt, ein einsamer Monolith«. Den einseitigen Ruhm, die Gattung des Kunstliedes »vollendet und gekrönt« zu haben, hat Wolf selbst dagegen eher als Fluch empfunden. Bereits 1891 schrieb er: »Wahrlich, mir graut schon vor meinen Liedern. Die schmeichelhafte Anerkennung als ›Liedkomponist‹ betrübt mich in die innerste Seele. Was anders will es denn bedeuten, als eben einen Vorwurf, daß ich immer nur Lieder komponiere, daß ich doch nur ein kleines Genre beherrsche«. Unbestritten gehören die über 300 Lieder des Hugo Wolf zu den Meisterwerken des Repertoires, ob es seine Goethe- und Mörike-Vertonungen sind, die Michelangelo-Gesänge oder das Italienische und das Spanische Liederbuch. Dennoch sollte man nicht verkennen, daß Wolf sich mit nicht minderer Ambition der symphonischen Gattung zuwandte und in der Oper, inspiriert von dem bewunderten Richard Wagner, das höchste Ziel erkannte. Phasen eruptiven Schaffens wechselten im Leben des am 13. März 1860 in Windischgraz (Südsteiermark) geborenen Hugo Wolf mit jahrelanger künstlerischer Stagnation, Selbstzweifeln und dem Ringen um geeignete Opernsujets. Unabhängig und eigenwillig bis hin zur Egozentrik, lehnte Wolf es zeitlebens ab, sich beruflich fest zu binden, sich in das bürgerliche Erwerbsleben einzufügen. Für die persönliche Freiheit, uneingeschränkt den eigenen Kompositionen leben zu können, nahm Hugo Wolf ein Dasein am Rande des Existenzminimums hin, ohne eigene Wohnung, ohne festes Einkommen. »Wenn ich einmal nicht mehr komponieren kann, dann soll man mich auf den Mist werfen, dann ist alles aus für mich«, erklärte er gegenüber einer Freundin, eine Äußerung, die belegt, daß Wolf allein in der Kunst den Sinn seines Lebens erkannte. Bei aller Empfindlichkeit hatte er die unglückliche Gabe, sich zahlreiche Feinde zu schaffen: Als Musikkritiker des »Wiener Salonblattes« (1884–87) polemisierte er gegen den musikalischen Konservatismus und vor allem gegen Johannes Brahms, was ihm die Gegnerschaft einflußreicher Rezensenten wie Hanslick und weiter Kreise der Wiener Philharmoniker eintrug. Nicht zuletzt deshalb lehnte das Eliteorchester Wolfs Symphonische Dichtung *Penthesilea* (1883–85) bereits in der Leseprobe ab, spottend über den Mann, der es wage, »Meister Brahms« so anzugreifen. Seine Oper *Der Corregidor*, das den gleichen Stoff behandelt wie de Fallas Ballett *Der Dreispitz*, wurde 1896 in Mannheim uraufgeführt, konnte sich aber wegen mangelnder Bühnenwirksamkeit nicht wirklich durchsetzen. Hugo Wolf starb am 23. Februar 1903 im Alter von erst 43 Jahren an den Folgen einer syphilitischen Infektion, die er sich bereits 1877 zugezogen hatte; die letzten Jahre verbrachte er in geistiger Umnachtung. Erst nach seinem Tode trug seine künstlerische Arbeit finanzielle Früchte: 1903 erwarb der Verlag C. F. Peters von der Familie für 260 000 DM die Rechte an seinem Werk – zu spät für Hugo Wolf. *Susanne Stähr*

Stefan Wolpe

1902–1972

Welche Fülle von Komponisten durch den Nationalsozialismus – sei es durch Ermordung, sei es durch die Emigration – auch dem heutigen Musikleben verlorengegangen ist, wird erst allmählich deutlich. Hierzulande fast völlig vergessen ist der am 25. August 1902 in Berlin geborene Stefan Wolpe, ein Schüler Paul Juons, Franz Schrekers und Ferruccio Busonis, der dennoch weitestgehend Autodidakt blieb, weil er eine akademische Ausbildung ablehnte. So zog er ein Leben als Bar- und Kinopianist vor und arbeitete im Bereich des Agitprop-Theaters, bis er Deutschland 1933 – gefährdet als Jude und Kommunist – verlassen mußte und für 3 Monate auch bei Anton Webern in Wien studierte; 1934 bis 1938 lebte er in Palästina und emigrierte schließlich nach New York, wo er einer der bedeutendsten Lehrer der jungen amerikanischen Avantgarde wurde (so etwa von Morton Feldman und David Tudor); in den 50er und 60er Jahren wirkte er gelegentlich als Dozent der Darmstädter Ferienkurse für Neue Musik, doch blieb seinem Schaffen eine weiterreichende Beachtung versagt. Stefan Wolpe starb am 4. April 1972 in New York.

Erst in den letzten Lebensjahren, mehr wohl noch nach seinem Tode, wurde die Bedeutung seiner Werke wenigstens in Fachkreisen – und hier auch in erster Linie in den oftmals abgeschottet wirkenden Zirkeln der Neuen Musik – erkannt. Interessant ist seine stilistische Entwicklung, die zunächst vom Neo-Klassizismus ausging, dann aber – wohl bedingt durch die Arbeit für politische Gruppen, die den aggressiven Stil seiner Kampflieder und Songs bestimmte – sich in die Richtung einer freien Atonalität bewegte; dem

Geist der Zeit entsprechend arbeitete auch Wolpe gegen Ende der 20er Jahre (wie etwa Weill, Hindemith oder Křenek) mit Versatzstücken des Jazz, die jedoch in seinem im amerikanischen Exil entstandenen Hauptwerk nicht mehr zu finden sind. Die Jahre in Palästina, in denen er jüdisch-orientalische Folklore in die zahlreichen Lieder und Chöre einfließen ließ, finden in seinem späteren Schaffen ebensowenig Niederschlag wie die auf die Arbeit mit Webern zurückgehenden zwölftönigen Stücke. Erst in den USA fand er, ausgehend von der Theorie eines größere Freiheiten ermöglichenden nicht gradlinig fortlaufenden Musizierens, zu seinem endgültigen Stil, den er erst am von langer, schwerer Krankheit überschatteten Lebensende teilweise wieder aufgab.

Stefan Wolpe hat vergleichsweise wenige Werke für den Konzertsaal hinterlassen; zu nennen sind 2 *Symphonien* (Nr. 1 für großes Orchester, Nr. 2 für 21 Instrumente), *Ouvertüre, Passacaglia* und *2 Fugen* für Orchester, das Oratorium *Klondyke* von 1930/31, die Ballette *Passion eines Menschen* (1930) – unter Einbeziehung von Solostimmen und Chor – und *The Man from Midian* (1940); schwieriger wird die Zuordnung bei den späteren Stücken, die in ihrer instrumentalen Verknappung (z. B. in der 2. Symphonie von 1956, schlicht *Symphony* genannt, und im 1971 entstandenen *Piece for Trumpet and Seven Instruments*) eine so eindeutig kammermusikalische Ausrichtung zeigen, daß sie im ›normalen‹ Symphoniekonzert wohl nie erklingen werden. Möglicherweise erschweren die in einem instrumentalen Zwischenraum liegenden Besetzungen mit Ensembles, die für den großen Konzertsaal zu klein und für den Kammermusiksaal zu groß sind, die Entdeckung des Komponisten Stefan Wolpe.

Andreas K. W. Meyer

Iannis Xenakis

1922

Iannis Xenakis. Photo von Horst Tappe (1992)

In der Musik nach 1945 gibt es kaum einen Komponisten, der eine so radikal neuartige Musiksprache zu entwerfen begann wie Iannis Xenakis. Scheinbar gegenläufige ästhetische Impulse wie etwa antike Mythen und mathematische Kalküle begleiten sein musikalisches Denken und Forschen, das sich jeder Eingrenzung heftig widersetzt. Denkansätze aus Architektur, Mathematik und Physik speisen seine musikalische Grammatik, die vorbildlos mit der Tradition bricht.

Der Komponist, Architekt und Bauingenieur Iannis Xenakis wurde am 29. Mai 1922 in Braila (Rumänien) geboren. Als griechischer Widerstandskämpfer agierte er im Zweiten Weltkrieg gegen deutsche und später gegen britische Besatzer. In seiner Heimat zum Tode verurteilt, floh Xenakis nach Frankreich, wo er 1947 um politisches Asyl bat. Seit 1965 ist er französischer Staatsbürger. Von 1947 bis 1960 arbeitete er als Bauingenieur und Architekt mit Le Corbusier. Als Komponist führte Xenakis den Begriff der stochastischen Musik (wahrscheinlichkeitstheoretische Kompositionsprinzipien) ein. Seine mathematische und symbolische Verfahrensweise fand Eingang in instrumentale, elektroakustische und Computerkompositionen. 1965 begründete er (Leitung: Xenakis 1965–1990) das CEMAMu (Centre d'Études de Mathématique et Automatique Musicales). In den USA leitete er das Center for Mathematical and Automated Music (CMAM) an der Universität von Indiana, Bloomington (1967–1972), ferner war er dort Associate Music Professor (1967–1972). Weitere Dozenturen: Mitglied des französischen Forschungsinstituts Centre National de Recherche Scientifique (CNRS, Paris), Gresham Professor of Music an der City University von London (1975) und Professor der Universität von Paris I-Sorbonne (1972–1989).

Xenakis gilt als einer der wichtigsten und zukunftsweisenden Komponisten unserer Zeit. Ähnlich wie Pierre Boulez arbeitet er mit digitalen und Computerklängen, um nicht nur das Spektrum der Klangerzeugung zu erweitern, sondern auch, um neue Klangspektren für herkömmliche Instrumente zu generieren.

Seine ersten Arbeiten auf diesem Gebiet *(Concret PH, Orient-Occident)* reichen bis 1955–60 zurück. In den 70er Jahren hat Xenakis ein revolutionäres Verfahren (UPIC: Unité Polyagogique Informatique de CEMA-Mu) entworfen, das es ermöglicht, aus graphischen Gebilden musikalische Strukturen zu entwickeln. Dieses Kompositionsverfahren eröffnet ungeahnte kreative Perspektiven.

Das herkömmliche Spiel der Instrumentalisten ist aus seinen Werken größtenteils verbannt. Die Verwendung »gespaltener« Töne der Bläser und die gänzliche Abwesenheit des Vibratos der Streicher erzeugen einen rauhen und archaisch wirkenden Grundklang.

Xenakis hat mittlerweile ein Verfahren entwickelt, das mit Hilfe stochastischer Kalküle musikalische Übergänge vom Stadium relativer Ordnung zum relativen Chaos akustisch simulieren kann. Er hat damit ein mathematisches Modell formuliert, das neuartige Formkonzeptionen zu rationalisieren vermag. Seit jüngstem arbeitet er an einem Programm mit dem Namen »Gendy«, das Tonqualität, Tondauer und Melodien zu variieren oder die Gesamtarchitektur einer Komposition neu zu gestalten in der Lage ist. Vor allem die großbesetzten Orchesterwerke der letzten Jahre wie *Ata* (1987), *Kyania* (1990), *Krinoidi* (1991), *Roai* (1991) und *Dämmerschein* (1994), die durch einen neuen archaisch wirkenden Schmelzklang das Publikum in Atem halten, profitieren von diesem Verfahren.

Metastasis

UA: Donaueschingen 1955

Die Komposition *Metastasis* stellt einen Wendepunkt in der modernen Orchestermusik dar. Hier wird der Übergang von einer klassischen Musikauffassung (einschließlich der 12tontechnik und serieller Konstruktionsprinzipien) zu einer formalisierten Musik vollzogen. Einige der wesentlichen Überlegungen Xenakis' zu einer formalisierten Musik sind in diese bahnbrechende Komposition eingeflossen.

Das Orchester, bestehend aus 61 Instrumentalisten, ist in 61 Einzelstimmen aufgeteilt. Das individuelle Glissando wird als formbildendes Kriterium eingesetzt. Der Effekt des von Ton-zu-Ton-Gleitens bewirkt ein räumliches Klanggefühl, das die Illusion imaginärer Klanglandschaften erzeugen kann. Dieser klangarchitektonische Ansatz regte Xenakis zur Konstruktion des Philips Pavillon auf der Brüsseler Weltausstellung 1958 an.

[M] *LP* O. National de France, Tabachnik, (Erato 1977)

Pithoprakta

UA: München 1957

Das Werk erfordert 46 Streicher, 2 Posaunen und 1 Woodblock. *Pithoprakta*, was soviel wie »Handlung durch Wahrscheinlichkeiten« heiß, ist eine Studie über Kontinuität und Diskontinuität musikalischer Prozesse, die der Komponist unter Zuhilfenahme der Wahrscheinlichkeitsrechnung als erste Annäherung an seine stochastische (Wahrscheinlichkeits-) Musik versteht. Markante musikalische Effekte werden durch Glissandi, Pizzicati, Schläge mit dem Bogen und Schläge auf den Korpus der mehrfach geteilten Streichinstrumente erreicht. Durch eine große Anzahl punktueller, über die ganze Breite des Spektrums verstreuter Töne entsteht eine dichte »Granulation«, eine regelrechte Klangwolke, die in ihrer Struktur auf dem mathematischen Gesetz der großen Zahl basiert. Mit diesem Werk versucht Xenakis ein neues Klangbewußtsein anzuregen, das einerseits durch den theoretischen Aspekt (Wahrscheinlichkeitstheorie) als auch durch die konkrete Wahrnehmung zu faszinieren versteht.

[M] *CD* O. National de L' O.R.T.F., Le Roux, (Le Chant du Monde 1965)

Terretektorh

UA: Royan 1966

Die theoretischen Dimensionen des Klangraumes sprengend werden in *Terretektorh* die architektonischen Gegebenheiten des Konzertsaals in die Aufführung miteinbezogen. Voraussetzung für dieses Aufführungskonzept ist ein Rundbau, der es ermöglicht, die 88 Musiker im Saal unter das Publikum zu mischen. Von der Mitte des Saales aus wird dieses Raumorchester dann geleitet. Jeder Musiker wird ferner mit Peitsche, Maracas, Woodblock und Sirenenpfeife ausgestattet, um entsprechende perkussive Geräusch-Akzente zu setzen. Die kompositorische Entwicklung beginnt zunächst mit räumlichen Bewegungen einer Tonhöhe durch sämtliche Instrumentalgruppen, die sich im weiteren Verlauf mit Geräuschen verbindet.

Terretektorh ist eine Entfesselung klanglicher Zustände, die, um ein poetisches Bild zu gebrauchen, ganze Galaxien von Klängen ins Rotieren bringt.

Jonchaies (Schilf)

UA: Paris 1977

Die Partitur von *Jonchaies* vermittelt einen derart packenden Eindruck, daß sie schon fast als »klassisch« gelten dürfte. Die Streicher setzen unisono mit einem gewaltigen und äußerst schnellen Glissando ein, das, inmitten vom gewittrig klingenden Grollen der Pauken, vom extrem Tiefen bis ins Allerhöchste steigt, und dann in lange, weiche Linien übergeht, die sich übereinanderschichten, um sich endlich in einer wunderbar warm klingenden Harmonie zu vereinen. Dann wechselt die Szene zu einem kuriosen Zwischenspiel hinüber, das durch die überraschende Einlage einer Marschtrommel akzentuiert wird. Das Tempo beschleunigt sich erneut, das dynamische Extrem schriller Geigen und alarmierend jaulenden Blechs wechselt in eine beruhigte Stimmung. Unregelmäßige Rhythmen dominieren, das ganze Klangbild scheint in sich zu vibrieren wie ein unscharfes Bild. Das reduzierte Tempo wird durch die jäh einbrechende Solokadenz einer Posaune unterbrochen. Ein letztes stürmisches Auflodern des Schlagzeugs, fanfarenartige Bläsereinschübe mischen sich dazu, bis im Klang der Glocken und Piccoloflöten das Geschehen zu Ende geht. *Jonchaies* verlangt eine Besetzung von 109 Instrumentalisten.

[M] *LP* O. National de France, Tabachnik (Erato 1977)

Jalons (Anhaltspunkte)

UA: Paris 1987

Das aus 15 Musikern bestehende Orchester ist gewissermaßen ein Miniatur-Symphonieorchester ohne Schlagzeug. Eines der wesentlichen Merkmale der Musik von Xenakis ist, daß die Härte und die Heftigkeit der musikalischen Aussage, gleich bei welcher Lautstärke des Klangkörpers, immer mit derselben Intensität zum Ausdruck kommt. Das Werk besteht aus 6 Teilen, die sich in den Tempi klar voneinander unterscheiden. Es gliedert sich um Klangstrukturen, von der einfachsten bis zur kompliziertesten, von langen, gehaltenen Tönen bis zu äußerst dichter Polyrhythmik. Dieses ständige Schwanken zwischen Ordnung und Unordnung, wenn auch einer stets wohl kalkulierten, ist ein Grundmerkmal der musikalischen Sprache von Xenakis.

Gewisse Passagen bewegen sich zwischen totaler Aufsplitterung der Instrumente bis hin zu 10 sich überlagernden Rhythmen und einem plötzlichen Zusammenfinden um einen gemeinsamen Puls. Manche Passagen erinnern in ihrer Rhythmik an die Musik Edgard Varèses.

[M] *CD* Ensemble Intercontemporain, Boulez (Erato/Teldec 1990) *Sven Ahnert*

Isang Yun

1917–1995

Isang Yun. Photo von Ingrid von Kruse (1989)

Die Synthese aus alt-chinesisch-koreanischem Musikdenken mit Ideen und Verfahrensweisen westlicher Musiktradion und -avantgarde gilt als Markenzeichen Isang Yuns, des gebürtigen Koreaners deutscher Staatsangehörigkeit. »Wenn in der Musik Europas erst die Ton-Folge Leben gewinnt, wobei der Einzelton relativ abstrakt sein kann, so lebt bei uns schon der Ton für sich«, erklärt Yun. »Man kann unsere Töne mit Pinselstrichen vergleichen im Gegensatz zur Linie eines Zeichenstiftes. Vom Ansatz bis zum Verklingen ist jeder Ton Wandlungen unterwofen; er wird mit Verzierungen, Vorschlägen, Schwebungen, Glissandi und dynamischen Veränderungen ausgestattet, vor allem wird die natürliche Vibration jedes Tones bewußt als Gestaltungsmittel eingesetzt.« Damit sind nicht nur Bedeutung und Erscheinungsweise des Einzeltons in der (aus China eingeführten) koreanischen Musik beschrieben, Yun gibt damit zugleich eine exakte Beschreibung seines kompositorischen Verfahrens, angewandt – und das ist wesentlich – auf das Instrumentarium des europäischen Orchesters, bereichert durch Schlagwerk östlicher Provenienz. Was in der koreanischen Musik Improvisation war, wird bei Yun freilich zu exakten Artikulatikulationsvorschriften; das Prinzip der Heterophonie aller außereuropäischen Musikkulturen (mehrere Instrumente umspielen gleichzeitig einen Ton oder eine Tonbewegung, ohne daß daraus wirkliche Mehrstimmigkeit entstünde) wird bei Yun zum, von ihm selbst so bezeichneten, »Hauptton-Verfahren«: Es ergeben sich keine Melodien, sondern Tonkomplexe, Klangbänder, -felder und -flächen unterschiedlicher Farbe, Dichte, Artikulation und Dauer, um einen Tonkern gruppiert. (1956, als Yun nach Europa kam, waren hier Kompnisten wie Ligeti, Penderecki oder Xenakis auf ganz anderem Weg zu ähnlichen Ergebnissen gekommen; eine wechselseitigen Einflußnahme darf man annehmen.) Damit sind zugleich Grundkategorien taoistischer Philosophie angesprochen: Stetige Wandlung, energetische Spannung zwischen den Polen Yin und Yang: »Jede kleinere Klangfigur muß das Grundkonzept des ganzen Stückes enthalten. Jedes meiner Stücke muß das Ganze meiner musikalischen Welt enthalten«.

Wenn Yun dabei in den »Klangfarbenkompositionen« seiner 1. Schaffensphase dissonante Klänge bevorzugt, so bilden diese keinen Wert an sich, sondern betonen das Eigenständige jedes Tonkomplexes und machen deutlich, daß das unablässige Fließen innerhalb dieser Komplexe keiner abstrakten Logik (sei sie nun kadenzfunktional oder zwölftönig) folgt. Daran ändert auch die Hinwendung zu eher tonalen Strukturen in den 70er Jahren nichts. Den Musik-Begriff seiner Heimat gab Yun nie auf, wonach es eine »autonome Kunst« gar nicht geben kann. Unvermeidlich haftet so seiner ethisch-politischen Haltung ein paradoxer Zug an: Er bedient sich abendländischer Formen (Konzert, Symphonie, Streichquartett), gerade weil er unbeirrt an der asiatischen Musikauffassung festhalten möchte. »In meiner Musik bis zur Mitte der 70er Jahre waren die atonalen Elemente stärker; erst seitdem, um der Sprache mehr Menschlichkeit zu geben, habe ich diese atonale Tonauswahl möglichst reduziert.«

Musikalisch in Korea und Japan ausgebildet, arbeitete Yun zunächst als Lehrer, nahm 1941 aktiv am koreanischen Befreiungskampf gegen Japan teil, wurde 1943 von japanischen Besatzungstruppen verhaftet und gefoltert. 1956 ging er, um den Kontakt zur westlichen Avantgarde zu finden, nach Europa, studierte in Paris und Berlin (bei Schwarz-Schilling, Blacher und Rufer); der Durchbruch als Komponist gelang ihm 1966 mit *Reak* in Donaueschingen. 1967 wurde er wegen angeblicher »landesverräterischer Beziehungen« vom südkoreanischen Geheimdienst aus Berlin nach Seoul verschleppt, gefoltert und zu lebenslänglicher Haft verurteilt. Auf internationalen Protest hin durfte er 1969 ausreisen und erhielt in Berlin eine Professur für Komposition. Am 3. November 1995 ist er dort gestorben.

Neben Orchester- und Kammermusik hat Yun 5 Opern geschrieben. Sein Protest gegen die politischen Verhältnisse in Korea fand in den Orchesterwerken *Exemplum in memoriam Kwangju* (1982) und *Engel in Flammen* (1994) direkten Ausdruck: In der südkoreanischen Stadt Kwangju hatte die Armee des Diktators Park Chung-Hee im Mai 1980 unter Demonstranten ein Blutbad angerichtet.

Bara (1960), Colloides sonores (1961), Loyang (1962), Fluktuationen (1964), Réak (1966), Dimensionen (1971)

Yun wollte 1956 in Europa von der Avantgarde lernen, deshalb war er gekommen. So eignete er sich die 12-Ton-Technik an – um sie dann doch nie in ihrer strengen Form anzuwenden: Sie entsprach nicht seiner Musikvorstellung. Ähnliche Erfahrungen machte er mit der Ausdrucksdimension westlich-zeitgenössischer Orchestermusik: »Als ich ein sehr großes Orchesterwerk, *Symphonische Szene* (1960), komponierte, extrem dramatisch, extrem im Ausdruck, da habe ich gelernt, daß die rein äußerliche nackte Dramatik in meiner Musik keinen Platz hat. Ich war seither um rein innere Aussagekraft bemüht (...) ich versuche Spannung zu schaffen. in den Menschen, nicht unbedingt in der Handlung.« Auch europäische Komponisten empfanden den Serialismus damals als Sackgasse und suchten Auswege. Doch die Klangfarbenkompositionen von Yun waren von anderer Art als die seiner Kollegen Ligeti, Nono, Penderecki oder Xenakis. In *Colloides sonores* für Streichorchester werden in 3 Sätzen nacheinander 3 Klangcharaktere erprobt: Die vielfach variierten Glissandi verweisen auf die chinesische Geige »Hogung«, die Pizzicati auf »Gomungo«, eine Art Zither, das obertonreiche, schwirrende Klangbild des 3. Satzes auf »Yanggum«, ein koreanisches Hackbrett. Bereits in *Bara* (Name eines koreanischen Tempeltanzes) hatte Yun weitgehend auf thematisch-motivische Substanz verzichtet und stattdessen Stimmung und imaginierte Gestik des Tanzrituals in Klangbilder gesetzt; und *Loyang* (Name der zeitweiligen chinesischen Hauptstadt während der Sung-Dynastie) für Kammerensemble ist der Hofmusik des alten China verpflichtet. Evident ist in *Fluktuationen* die Nähe zur damaligen Avantgarde: äußerlich statische, innerlich stets bewegliche Klangkomplexe, die in wechselnder Verdichtung zu Klangflächen auswachsen und so eine dreiteilige Form andeuten, ohne jedoch die prinzipielle Offenheit aus dem Geist des Tao – das Fließen des Tao hat weder Anfang noch Ende: die Musik beginnt aus der Stille und versinkt in Stille – zu verleugnen. Mit *Réak* für Orchester, für die Donaueschinger Musiktage 1966, bekennt sich Yun auch im Titel wieder zur koreanischen Musik. Er vermerkt in der Partitur: »Das koreanische Wort *Réak* hat verschiedene Bedeutungen: rituelle, feierliche, festliche Musik. Das in der historischen Hofmusik verwendete Instrument ›Ssäng-hwang‹ (Mundorgel) hat klanglichen Niederschlang in dieser Partitur gefunden.« Wie bei dieser Mundorgel neben den Melodietönen verschiedene Borduntöne mitklingen, so bilden in *Réak* die Holz- und Blechbläser, Streicher, Schlagzeug und 2 Harfen voneinander abgesetzte Klanggruppen und harmonische Komplexe, wie imaginäre Mundorgeln, die einander in Sektionen unterschiedlicher Dauer folgen oder sich überlagern. In *Dimensionen* schließlich, 1971 für Nürnberg zum Dürerjahr geschrieben, bilden die Hauptton-Strukturen als deutlich wahrnehmbare Gesten eine dreiteilige Großform. »Irdisches und Himmlisches musikalisch zu vereinen« (Harald Kunz), so könnte das »Programm« umschrieben werden, und wieder arbeitet Yun mit Klangfarben-Charakteren: »Als Stimme des Himmels bleibt die Orgel fast statisch, sie ist immer präsent, doch meist im Hintergrund, oft übertönt von den turbulenten Ereignissen des irdischen Lebens, das durch die Orchesterinstumente repräsentiert wird« (Kunz).

Konzerte

»Seit Mitte der 70er Jahre habe ich eine ganze Reihe von Instrumentalkonzrten geschrieben. Ich hatte beschlossen, meine politische Erfahrung in meinen Kompositionen umzusetzen. Dafür brauchte ich eine Musiksprache, die Humanität hat.« Statt der kosmischen Sichtweise des Tao also nun die individuell-historische Konkretion, weg von den formal offenen Klangfarbenschichtungen, hin zu deutlicher vertikal und horizontal gegliederten Formen, wie sie die abendländische Musik bereitstellte; fast logischerweise war damit eine Hinwendung zu konsonanten Strukturen verbunden. Das kündigte sich schon in den *Konzertanten Figuren* (1972) an und fand zwischen 1976 und 1992 in 10 Konzerten Ausdruck, wobei das Gegenüber von Soloinstrument/en und Orchester von Yun bildlich als Verhältnis von Individuum und Kollektiv begriffen wird.

Im *Cellokonzert* (1976) verarbeitete Yun die traumatischen Erfahrungen von 1967–1969 als Gefangener des südkoreanischen Geheimdiestes: Das Soloinstrument verkörpert den Komponisten, das lyrische Ich, das der »feindlichen Macht« (repräsentiert in den Blechbläsern) des Orchesters ausgeliefert ist und sich Gehör zu verschaffen sucht. In einem weiteren Sinn bildet das Orchester die Außenwelt, in der sich das Individuum zurechtfinden muß, in der es auch Unterstützung und Freunde (Holzbläser, Streicher) finden kann. Dem *Konzert für Flöte und kleines Orchester* und dem *Doppelkonzert für Oboe und Harfe mit kleinem Orchester* (beide 1977) liegen poetische Vorlagen zugrunde, dem lyrischen Charakter gemäß tritt das Orchester in untermalender Funktion hinter die Soloinstrumente zurück.

Im *Flötenkonzert* geht es um ein Mädchen, das nachts am Ufer eines Sees einen leidenschaftlichen Tanz vor der

Buddhastatue – sie scheint lebendig geworden – vollführt, im *Doppelkonzert* ist es das alte asiatische Märchen von der Liebe zwischen Prinzessin (Harfe) und Kuhhirten (Oboe), die sich nur in einer einzigen Nacht des Jahres in der Mitte der Milchstraße treffen dürfen. Bei *Fanfare & Memorial* (1977), das, ebenso wie *Muak* (1978), den Gegensatz von West (Fanfare: scharf konturierte Klanggestalt) und Ost (Memorial: weiche Klanggestik) zu vermittteln sucht, dominiert eine Solo-Harfe, eigentlich ist es ein Harfenkonzert. Im *Klarinettenkonzert* (1981) zeigt sich Yuns Bestreben um formale Geschlossenheit äußerlich – anders als bei den 3 ersten Solokonzerten, die pianissimo verklingen – in einem scharf gesetzten Schlußpunkt, nach einer gewaltigen Steigerung, in Gestalt eines Tutti-Schlags von fünffachem forte. – An Bläserkonzerten folgten das *Duetto concertante* (1987) für Oboe/Englischhorn, Cello und Streicher sowie das *Konzert für Oboe/Oboe d'amore und Orchester* (1990).

In der Serie der 3 *Violinkonzerte* geht Yun konsequent den Weg der klassisch-romantischen Konzertform weiter. Neu im *1. Violinkonzert* (1981) ist also die klare (nicht mehr nur latente) Dreisätzigkeit, neu ist auch die Verarbeitung und Wiederkehr motivischen Materials und die konstitutive Funktion der Solokadenz. Yun erklärt: »Der 1. Satz spiegelt eine Entwicklung wider, die an seinem Ende abrupt abgebrochen wird. Der 2. Satz ist demgegenüber eine Klage, eine Elegie, die unsere düstere Zeit beschreibt, aber auch sehr persönliche Gefühle. Im Gegensatz zu diesem Klagegesang ist der 3. Satz nicht bloß resignierend, sondern auch so etwas sie eine Befreiung.« Die 3 Sätze des *2. Violinkonzertes* (1983–1986) sind nicht nur in größerem zeitlichem Abstand voneinander entstanden, sondern auch separat uraufgeführt worden; der 2. Satz trägt den programmatischen Titel »Dialog Schmetterling – Atombombe«. 1992 erlebte das *3. Violinkonzert* seine Uraufführung.

Symphonien

Was Yun mit der Serie der Konzerte begonnen hatte, setzte er in der zyklischen Konzeption von 5 Symphonien fort: die systematische Aneignung der traditionellen Formen: »Ich denke, mit 5 Symphonien habe ich insgesamt eine Synthese geschaffen, die jetzt konkret musikalisch abgerundet wird. Jede Sypmphonie hat von der Idee und der Aussage her ihre eigene Position«, erklärte Yun 1987 anläßlich der UA seiner *5. Symphonie.*

Die 4 Sätze der *1. Symphonie* (Yun: »ein Apell, eine Warnung vor der atomaren Kriegsgefahr, vor der Zerstörung«) spannen einen programmatischen Bogen: Man merkt, so Yun, »daß der Komponist im 1. Satz etwas Extremes, Gewaltiges, Zerstörungsvorstellungen im Sinne hat. Fast sentimentale Erinnerungen im 2. Satz, der 3. Satz eine groteske tänzerische Musik, und der 4. Satz wiederum eine massive Mahnung.«

In der *2. Symphonie* (1984) ist, nach Yuns Auskunft, die Welt komponiert, wie sie dem Komponisten erscheint, und zwar aus gleichsam planetarischer Perspektive – ein typisch asiatischer Gedanke. Yun sagte einmal: »Die Asiaten, die ärgern sich z. B. nicht sofort, zuerst nehmen sie auf und dann: Ausgleich, sie werden diese zwei Pole, die von selbst entstehen (...) Wenn der Asiate erkennt, daß seine Todesstunde gekommen ist, dann nimmt er es hin, das ist die Natur, in jedem Leben ein Ausgleich.«

Folgerichtig erscheinen in dieser Symphonie Klangbewegungen und Farbschattierungen vorwiegend simultan, die unterschiedlichen energetischen Strömungen gleichen sich aus, im Detail ebenso wie zwischen den 3 Sätzen. Der *3. Symphonie* (1985) liegt der daoistische Gedanke zugrunde, daß am Ende das Harte dem Weichen unterliegen müsse, und so folgt der kompositorische Prozeß innerhalb des einzigen, aber in sich dreiteiligen Satzes diesmal der sukzessiven Darstellung der 3 Klangwelten Himmel (Streicher), Erde (Blechbläser und Pauken) und Menschen (Holzbläser), die miteinander kontrastieren, aber auch Elemente gegenseitig übernehmen und integrieren.

Im Dunkeln singen lautet der Untertitel der zweisätzigen *4. Symphonie* (1986), charakteristisch in ihrer Doppeltheit von kleingliedriger, konzentrierter Melismatik und weitausholender improvisatorischer Geste. Der symphonische Zyklus schließt mit der *5. Symphonie* (1987), wo Yun in 5 Sätzen Texte der jüdischen Nobelpreisträgerin Nelly Sachs von 1947 auskomponiert, Texte von Leidenden, Geretteten, von Überlebenden der Katastrophe, Texte gegen das Völkermorden. Die Symphonie mündet in ein Bekenntnis zum »Frieden, du großes Augenlid, das alle Unruhe verschließt mit deinem himmlischen Wimpernkranz. Du leiseste aller Geburten«. Die 5 Sätze sind angelegt wie Orchesterlieder (für Bariton), lassen der lyrischen Sprache ausreichend Raum, wollen sie nicht mit der »asiatischen Klangwelt belasten« (Yun) – und bilden doch, vor allem mittels des »sprechend« eingesetzten Schlagwerks, eine kongeniale Klangwelt zu den Textinhalten, deren Anliegen von Trauerarbeit und Hoffnungsbereitschaft Isang Yun zu den seinen macht.

M *CD* Symphonien 1–5: Filharmonia Pomorska Bydgoszcz, Ukigaia (cpo 1991–93)

Vokal-Orchesterwerke

1964 entstand der fünfsätzige oratorische Zyklus (darunter 2 reine Instrumentalsätze) für Soli, Chor und Orchester *Om mani padme hum* nach Reden des Buddha aus dem Pali-Kanon, in der deutschen Übersetzung von Karl Neumann. Während dieses Werk ganz aus dem religiös-buddhistischen Geist Asiens geschrieben ist – aus der umfassenden Lehre vom Leben als Leiden und der vom Buddha gezeigten Möglichkeit der Erlösung aus eigener Kraft – wandte sich Yun mit der Kantate *An der Schwelle* (1975) für Bariton, Frauenchor, Orgel und Instrumente dem konkreten historischen Leiden zu: Er konfrontierte darin Sonette des von den Nationalsozialisten hingerichteten Albrecht Haushofer mit Bibel-Zitaten, nahm damit direkt auch Bezug auf seine eigenen Gefängnis- und Folter-Erfahrungen. Die im Vergleich zu früheren Werken viel deutlicheren tonalen Anklänge möchte Yun nicht mißverstanden haben: »Terzparallell-Bewegungen usw. sind nicht von der europäischen Theorie her zu verstehen, sondern von einer besonderen Art von asiatischer Musik, musikalischem Satz, sozusagen einem einstimmigen Musikverständnis.« Noch einen Schritt weiter in Richtung auf konkrete politische Stellungnahme bis hin zum Appell ging Yun mit *Naui Dang, Naui Minjokiyo (Mein Land, mein Volk)* für Soli, Chor und Orchester, entstanden 1987. Im Stil eines Oratoriums wird die gegenwärtige Misere des geteilten Korea behandelt, die 4 Sätze *Geschichte, Gegenwart I* und *II, Zukunft* basieren auf lyrischen Texten zeitgenössischer koreanischer Autoren. Trotz weitgehend tonaler Klangstrukturen bleibt Yun auch hier bei seinem erprobten Verfahren: Die Klänge sind nicht kadenzfunktional miteinander verbunden, sondern in ein übergeordnetes, frei fließendes Klang-Kontinuum eingebettet. *Christoph Hahn*

Ruth Zechlin

1926

Die am 22. Juni 1925 in Grosshartmannsdorf bei Freiberg (Sachsen) geborene Ruth Zechlin ist eine der bekanntesten Komponistinnen der ehemaligen DDR. Sie musizierte bereits viel in ihrer Kindheit, studierte dann Komposition bei Johann Nepomuk David (1895–1977) und Orgel bei Straube und Ramin in Leipzig. Während des Studiums verbrachte sie viel Zeit in der Thomaskirche: die Musik von Johann Sebastian Bach faszinierte und inspirierte sie. Später trat sie häufig als Cembalistin und Organistin mit Werken von Bach und seinen Vorgängern auf. Nach bestandenem Staatsexamen wurde Zechlin ab 1950 Dozentin für Tonsatz an der Hochschule für Musik in Ostberlin. 1953 beschloß sie, sich alle Musikgattungen systematisch zu erarbeiten. In einer ersten Phase konzentrierte sie sich auf die Kammermusik. Erst mit dem *Violinkonzert* (1963) komponierte sie ein Werk für ein großes Orchester. 1965, 1967 und 1971 entstanden ihre *3 Symphonien.*

Zechlin hatte in dieser Zeit wenig Möglichkeiten, Zugang zu Werken anderen zeitgenössischer Komponisten und Komponistinnen zu finden. Ihre Werke orientieren sich z. T. an früheren Musikepochen. Ab Anfang der 70er Jahre, vor allem durch den Kontakt mit Henze, Lutosławski und Penderecki, begann die Auseinandersetzung mit neueren Kompositionstechniken. Ab Mitte der 70er Jahre, bereits als eine etablierte Komponistin (1962 Goethe-Preis der Stadt Berlin, 1965 Kunstpreis der DDR, 1968 Hanns Eisler-Preis und ab 1969 Professur an der Musikhochschule Hanns Eisler), schlug Zechlin neue Wege des Komponierens ein.

Ab diesem Zeitpunkt versuchte sie neue Strukturen zu finden, die zu ihren stark ausgeprägten Klangvorstellungen paßten. Es entstanden Orchesterwerke wie z. B. *Kristalle, Cembalo-Konzert* (1975), *Reflexionen* (1978/79), *Situationen* (1980), *Prager Orgelkonzert* (1980) und *Metamorphosen* (1981/82). Diese Werke zeichnen sich durch den Wandel zwischen kammermusikalisch intimen Stellen und vollen Klangballungen aus. Oft erklingen Stellen der »gelenkten Improvisation« (Tonhöhe wird z. B. festgelegt, aber die Dauer der einzelnen Töne oder Passagen ist freigestellt) mit anderen, auskomponierten Stimmen zusammen. Ungewohnter Einsatz des Schlagzeugs und verfremdete Streicherklänge spielen in diesen sehr farbigen Kompositionen eine zentrale Rolle. 1975 und 1982 erhielt Ruth Zechlin den Nationalpreis der DDR.

Mary Ellen Kitchens

Jan Dismas Zelenka

1679–1745

Zelenka ist der bedeutendste tschechische Barockkomponist, der erst in jüngster Zeit als einer der wichtigsten und originellsten Zeitgenossen Bachs erkannt worden ist. Bach selbst ist die Bedeutung dieses Zeitgenossen nicht entgangen, denn sein Sohn Friedemann fertigte eine Kopie einer vierstimmigen Magnificat-Vertonung für den Vater an. Zelenka wurde 6 Jahre vor Bach am 16. Oktober 1679 im böhmischen Lounovice geboren und am Prager Jesuitenkolleg erzogen, wo er auch sicherlich einen großen Teil seiner musikalischen Ausbildung erhielt. Nach einem Jahr, das er im Dienst des Grafen Hartig verbrachte, finden wir ihn ab 1710 zunächst als Kontrabassist in der Dresdner Hofkapelle. 1715 schickte man ihn nach Venedig, wo er aber erst 1716 eintraf; in Wien hatte er seine Reise unterbrochen. Angesichts der handwerklichen Sicherheit der bis dahin entstandenen Werke scheint es nicht sehr wahrscheinlich, daß er in Wien tatsächlich Unterricht im Kontrapunkt bei J. J. Fux genommen hat. Nach seinem Venedigaufenthalt finden wir Zelenka 1717 wieder in Wien, möglicherweise als Kontrapunktlehrer Joachim Quantz'. Nach seiner Rückkehr nach Dresden wurde Zelenka 1721 Vizekapellmeister der Kirchenmusik und 1735 Kirchenkompositeur. Die Hoffnung auf ein höheres Amt bei Hofe hatte sich zerschlagen, nachdem der berühmte Opernkomponist Hasse ihm den Rang abgelaufen hatte. Diese Mißachtung konnte Zelenka bis zum Ende seines Lebens nicht verwinden und zog sich enttäuscht und verbittert weitgehend zurück. Er starb einsam am 22. Dezember 1745 in Dresden.

Bach und Telemann bewunderten beide die kontrapunktische Fertigkeit und die harmonische Vielfalt der Werke Zelenkas. Das relativ überschaubare Gesamtwerk besteht zum größten Teil aus Oratorien, Messen und liturgischen Werken sowie einzelnen Instrumentalsätzen und Symphonien, die die Vorliebe des Komponisten für scharfe dynamische Kontraste und Chromatik zeigen, wobei er kaum Kompromisse an den Geschmack des Hörers oder des Musikers macht. Ein Beispiel dafür ist die *Sinfonia Ipocondria* (1723), die die Zerrissenheit und typischen Stimmungswechsel eines von Hypochondrie heimgesuchten Menschen durch das unmittelbare Nebeneinander von Dur und Moll und durch eine zerquälte Harmonik darstellt.

Gerd Hüttenhofer

Alexander Zemlinsky

1871–1942

»Zemlinsky kann warten.« – Arnold Schönbergs Worte über seinen Lehrer und Schwager muten zunächst hart an; erst heute eigentlich, da die Musik Alexander Zemlinskys ein beinahe schon selbstverständlicher Bestandteil der Spielpläne geworden zu sein scheint, will uns die Prophetie dieses Satzes einleuchten. Nicht auf die Verbreitung über die Tagesaktualität nämlich war dieses Werk angewiesen – über kurz oder lang, dies die Essenz des Schönberg-Satzes, mußte der hohe Rang der Musik sich durchsetzen. Und in einer Zeit der Wiederentdeckung des Verdrängten und Verfemten hat nun auch Zemlinsky die Chance, die ihm gebührt.

Das Leben des Komponisten verlief sehr wechselhaft: am 14. Oktober 1871 in Wien geboren, galt er bis zur Jahrhundertwende als eines der hoffnungsvollsten musikalischen Talente seiner Heimatstadt. Häufig trat er als Pianist, Komponist und Dirigent in Erscheinung und brachte sich damit ins Bewußtsein selbst der Großen seiner Zeit, so daß sich schließlich Johannes Brahms und, etwas später, Gustav Mahler für ihn einsetzten. An ein ›freies‹ Komponistenleben war aus finanziellen Gründen nicht zu denken – Zemlinsky übernahm eine Kapellmeisterstelle am Wiener Carltheater, wo fast ausschließlich Operetten gespielt wurden (einer der Gründe dafür, weshalb es von ihm und seinem Schwager Schönberg instrumentierte Operetten gibt). Nach dem einmütigen Urteil seiner Musikerkollegen war Zemlinsky ein vorzüglicher Dirigent; diesem Umstand ist es auch zu danken, daß er zunächst 1904 als Erster Kapellmeister an die Volksoper und 1907 von Gustav Mahler an die Hofoper engagiert wurde. Mit den zunehmenden Querelen um Mahler begann aber auch Zemlinskys Stern zu sinken. Die vom scheidenden Hofoperndirektor noch angekündigte UA der Oper *Der Traumgörge* wurde abgesagt, woraufhin der Komponist das Haus verließ und an die Volksoper zurückkehrte – bezeichnend für sein Wesen ist dabei wohl, daß er hier zwar Novitäten auf den Spielplan brachte, seine Stellung aber niemals zugunsten eigener Werke ausnutzte. Nur bedingt anders verhielt es sich in den Jahren von 1911 bis 1927, in denen er musikalischer Leiter des Deutschen Theaters war, eine Position, die ihm im Rückblick als nicht befriedigend erschien, weil seine künstlerischen Möglichkeiten zu sehr eingeschränkt waren, er das Publikum als zu klein empfand und die Ausstrahlung auf das Ausland als zu gering. Folgerichtig ging er 1927 nach Berlin, zunächst als Dirigent an die Krolloper, später als Dozent der Musikhochschule. Die Machtergreifung durch die Nationalsozialisten ließ ihn 1933 nach Wien zurückkehren, das er schließlich 1938 ebenfalls verlassen mußte. Bereits schwer krank floh er über Prag nach Amerika, wo er bis zu seinem Tod am 15. März 1942 in New York sehr zurückgezogen lebte, von seinen einstigen Weggefährten fast unbeachtet.

So wichtig auch Zemlinsky für die Musikszene seiner Zeit war, so wenig war er in der Lage, sich als Komponist zu ›verkaufen‹. Als Dirigent setzte er sich immer wieder für zeitgenössische Musik von u.a. Dukas, Schreker, Schönberg oder Webern ein, sparte jedoch allzu häufig den Komponisten Zemlinsky aus. Da es außer Gustav Mahler niemand gab, der sich für ihn verwendete, war mit dessen frühem Tod im Jahre 1911 gewissermaßen auch Zemlinskys Schicksal besiegelt. In einem Brief an Alma Mahler-Werfel vom 6. März 1930 schrieb er: »Warum das alles so ist, darüber will ich nicht reden. Aber eines glaube ich mit zunehmendem Alter und darum ruhigerer Beurteilung: man ist an seinem Schicksal immer selbst schuld – letzten Endes; oder unschuldig schuldig wenigstens. Mir fehlt sicherlich das gewisse Etwas, das man haben muß – und heute mehr denn je – um ganz nach vorne zu kommen. In einem solchen Gedränge nützt es nichts, Ellbogen zu haben, man muß sie auch zu gebrauchen wissen.«

Zemlinsky, der heute vornehmlich als Opernkomponist wiederentdeckt worden ist, hat vergleichsweise wenige Werke für den Konzertsaal geschrieben, darunter: Zwei im letzten Jahrzehnt des 19. Jhs. entstandene Symphonien (*d-moll* 1892; *B-Dur* 1897), die noch deutlich den Einfluß von Johannes Brahms verraten; eine Orchesterphantasie *Die Seejungfrau* nach Hans Christian Andersens gleichnamigem Märchen, deren Manuskript selbst von Zemlinsky-Kennern als verschollen angesehen wurde, nachdem der Komponist, eingeschüchtert vom Eindruck der im gleichen Konzert uraufgeführten Schönberg-Komposition *Pelléas und Melisande*, es zurückgezogen hatte; einige Werke für Sologesang oder Chor mit Orchester, darunter vor allem drei *Psalmenvertonungen* (*83. Psalm*, 1900; *23. Psalm op. 14*, vor 1910; *13. Psalm op. 24*, ca. 1935). Wirkliche Bekanntheit erlangten erst die nachfolgend näher beschriebenen Arbeiten.

Sechs Gesänge für mittlere Stimme und Orchester op. 13 nach Texten von Maurice Maeterlinck

UA: (teilweise) Wien 1913

Sowohl in der Fassung für Stimme und Klavier als auch in der Orchesterfassung sind die *Sechs Maeterlinck-Gesänge op. 13* wohl Zemlinskys bekannteste Liedgruppe. Entstanden zwischen 1910 und 1913, lassen sie deutliche Reminiszenzen an das vokal-symphonische Schaffen Gustav Mahlers erkennen, ohne allerdings konkrete stilistische Anleihen zu machen. Die Lieder sind überschrieben: 1. *Die drei Schwestern* – 2. *Die Mädchen mit den verbundenen Augen* – 3. *Lied der Jungfrau* – 4. *Und kehrt er einst heim* – 5. *Als ihr Geliebter schied* – 6. *Sie kam zum Schloß gegangen.* Für jeden der Gesänge wählt Zemlinsky eine individuelle Besetzung, wie überhaupt das Raffinement der orchestralen Umsetzung in seiner changierenden Farbigkeit fasziniert. Wenngleich das Instrumentarium an Mahler erinnern mag, so ist doch der Umgang mit dem gewählten Apparat deutlich anders; selbst dort, wo Ausdrucksbezeichnungen wie etwa *Leidenschaftlich bewegt* die Sängerin auffordern, das Drama des Textes erfahrbar werden zu lassen, verläßt Zemlinsky in der Begleitung niemals den eigentlich lyrischen Grundton, dem am Vorabend des Ersten Weltkrieges allerdings durchaus eine gewisse Morbidität eignet, die mit Maeterlincks Texten bestens korrespondiert.

[M] *CD* Linos, RSO Berlin, Klee (Koch 1980)

Lyrische Symphonie op. 18

UA: Prag 1924

Zemlinskys Hauptwerk jenseits der Opernbühne ist die bewußt und gezielt an Gustav Mahlers *Lied von der Erde* angelehnte *Lyrische Symphonie op. 18 in sieben Gesängen nach Gedichten von Rabindranath Tagore für Orchester, eine Sopran- und eine Baritonstimme* aus dem Jahre 1922. Es ist bemerkenswert, daß Zemlinsky, ähnlich wie Mahler, der Gedichte aus der von Hans Bethge eher neugedichteten als übertragenen *Chinesischen Flöte* verwandte, mit Texten des indischen Nobelpreisträgers Tagore eine Stoffauswahl traf, die den noch immer nicht abgeklungenen Zeitgeschmack am ›Exotischen‹ zu befriedigen scheint; musikalisch freilich verzichtete er auf jede Anleihe aus der Ferne.

Die 7 durch Orchesterüberleitungen bruchlos miteinander verbundenen Abschnitte der Symphonie, hier aufgelistet nach den Textanfängen, sind inhaltlich nur vage verknüpft; die traditionellen Satzbezeichnungen vermögen hier nicht zu greifen, so daß sie im folgenden eher illustrativen Charakter haben: 1. *Ich bin friedlos, ich bin durstig nach fernen Dingen* (Sonatensatz) – 2. *Mutter, der junge Prinz muß an unserer Türe vorbeikommen* (Scherzo) – 3. *Du bist die Abendwolke, die am Himmel meiner Träume hinzieht* (Adagio) – 4. *Sprich zu mir, Geliebter!* – 5. *Befrei mich von den Banden deiner Süße, Lieb!* – 6. *Vollende denn das letzte Lied und laß uns auseinandergehn.* (Rezitativ) – 7. *Friede, mein Herz, laß die Zeit für das Scheiden süß sein.* (Adagio). Zemlinsky hat die Texte nicht in der vom Dichter vorgegebenen Reihenfolge vertont – wie es auch schon bei den eng verwandten Maeterlinck-Gesängen der Fall war – und damit einen neuen Sinnzusammenhang hergestellt: behandelt wird der Konflikt von Traum und Wirklichkeit, letztlich von Kunst und Alltag.

In »Pult und Taktstock«, einer Zeitschrift für Dirigenten, schrieb Zemlinsky 1924 selbst über die Lyrische Symphonie: »Die innere Zusammengehörigkeit der 7 Gesänge mit ihren Vor- und Zwischenspielen, die alle ein und denselben tiefernsten, leidenschaftlichen Grundton haben, muß bei richtiger Erfassung und Ausführung einwandfrei zur Geltung kommen. Im Vorspiel und 1. Gesang ist die Grundstimmung der ganzen Symphonie gegeben. Alle anderen Stücke, so sehr sie sich auch durch Charakter, Zeitmaß usw. voneinander unterscheiden, sind der Stimmung des ersten entsprechend abzutönen. So darf beispielsweise der 2. Gesang, der etwa die Stelle eines Scherzos einer Symphonie einnimmt, durchaus nicht spielerisch flüchtig, unernst aufgefaßt werden; der 3. Gesang – das Adagio der Symphonie – keinesfalls als weichliches, schmachtendes Liebeslied. Namentlich bei diesem Lied ist der tiefernste, sehnsüchtige, doch unsinnliche Ton des 1. Gesanges festzuhalten. Durch Auslegung der 7 Gedichte, die erst von mir durch Anordnung und Vertonung in eine innere Zusammengehörigkeit gebracht wurden, sowie durch eine Art leitmotivischer Behandlung einiger Themen ist die Einheitlichkeit des Werkes ebenfalls deutlich betont und vom Dirigenten in diesem Sinne wiederzugeben.«

Alban Berg, anders als Arnold Schönberg, der sich zunehmend von Zemlinsky zurückzog, liebte insbesondere die *Lyrische Symphonie* so sehr, daß er nicht nur in seiner *Lyrischen Suite* auf deren Titel zurückgriff, sondern sie auch dem Vorbild widmete.

[M] *CD* Varady, Fischer-Dieskau, Berliner Philharmoniker, Maazel (DGG 1982)

Sinfonietta op. 23

UA: Prag 1935

Nächst der *Lyrischen Symphonie* ist die 1934 entstandene *Sinfonietta* Zemlinskys wohl meistaufgeführtes Orchesterwerk. In seinen letzten schöpferischen Jahren in Europa hatte er sich um eine zunehmende Verknappung der musikalischen Mittel bemüht, die sowohl in Liedern als auch in der Kammermusik ihren Niederschlag fand. Wenn er also nun nicht mehr eine Symphonie, sondern nur mehr eine *Sinfonietta* schrieb, so darf darin nicht eine Koketterie wie etwa im Falle Regers, Korngolds oder Janáčeks gesehen werden, die unter diesem zurückhaltenden Titel Werke von gewaltigen Ausmaßen schrieben.

Zemlinskys gut 20minütige *Sinfonietta* gliedert sich in 3 Sätze: *Sehr lebhaft – Ballade. Sehr gemessen (poco adagio, doch nicht schleppend) – Rondo. Sehr lebhaft.* Interessant ist, daß der langsame Satz mit einer Floskel, die fast als ein Zitat anzusprechen ist, auf die Maeterlinck-Gesänge verweist. Anders als die in D-Dur stehenden *Ecksätze,* die deutlich hörbar um eine Trennung von der Tradition der Spätromantik bemüht sind, wirkt die düstere *b-moll-Ballade* wie eine fast schon wehmütige Rückbesinnung auf jene Zeiten, in denen der Komponist sich musikalisch ganz offensichtlich heimischer gefühlt hatte. Dieser ihm vertrauteren Atmosphäre stellt Zemlinsky in den beiden raschen Sätzen eine Musizierhaltung gegenüber, die ihm aus der seinerzeit Neuen Musik mit ihren auf alten Formen basierenden konzertierenden Elementen bekannt waren. So greift er – wie auch in seiner Klabund-Oper *Der Kreidekreis* – nicht etwa Stilelemente der Wiener Schule, sondern Kurt Weills auf, an dessen Songstil das Rondo-Thema des letzten Satzes erinnert.

Versteht man diesen inneren Widerstreit, der sich zwangsläufig aus dem eigenen künstlerischen Anspruch und den Erfordernissen der Zeit ergab, so kann man auch Zemlinskys *Sinfonietta* in ihrer ganz eigenen Tragik begreifen – als Abgesang eines Mannes, der, so sehr er sich auch bemühte, mit der neuen Epoche nicht mehr Schritt halten konnte.

[M] *CD* RSO Berlin, Klee (Schwann 1980) — *Andreas K. W. Meyer*

Hans Zender

1936

Den Aufbau einer Fliege oder Schildkröte könne man, so Hans Zender, zwar erklären, nicht aber, warum das Tier existiere. Das sei Wunder und Wahrheit zugleich. Musik ist für ihn auch so ein unerklärliches Wunder. Bei seiner Suche nach Wahrheit ist er kein Mann der lauten Töne. Er findet die Substanz vielmehr in Selbstbesinnung und Beschränkung. Östliche Philosophie und Lebensweisheit kommen ihm dabei entgegen. Als Komponist will er das Unvereinbare zusammenfügen, als Dirigent die Wahrnehmung reinigen, als universeller Musiker das Neue fördern und Klischees ausrotten. Gegen die Unverbindlichkeit in der Musik hat er sogar ein Buch verfaßt: »Happy New Ears. Das Abenteuer, Musik zu hören« (1992).

Zender, am 22. November 1936 in Wiesbaden geboren, hat sich zwar einerseits im traditionellen Musikbetrieb etabliert; andererseits setzt er jedoch zunehmend seine eigenen ästhetischen Vorstellungen dagegen und entrümpelt als Komponist die Klänge von innen heraus. Von 1959 bis 1963 hatte er seine erste Kapellmeisterstelle in Freiburg; bis 1968 war er Chefdirigent der Bonner Oper; anschließend hatte er Chefpositionen in Kiel und ab 1972 beim Saarländischen Rundfunk inne; 1984 wurde er GMD der Hamburger Staatsoper, die er als künstlerisch unbeugsamer, kompromißloser Geist 1987 wegen kulturpolitischer Querelen vorzeitig verließ. 1987 war Zender Chefdirigent des Niederländischen Radio-Kammerorchesters Hilversum und erster Gastdirigent an der Brüsseler Oper. Dann bricht die Reihe der beruflichen Stationen ab. Neben seiner Professur für Komposition an der Frankfurter Musikhochschule (seit 1988) lebt er als freischaffender Dirigent und Komponist. Er hat unter anderem in Salzburg, Bayreuth, beim Holland-Festival, den Berliner Festwochen und dem Warschauer Herbst dirigiert. Johann Sebastian Bach, Felix Mendelssohn-Bartholdy und im 20. Jh. Bernd Alois Zimmermann sind Zenders musikalische Leitbilder. Die Cembalistin Edith Picht-Axenfeld und der Komponist Wolfgang Fortner waren seine einflußreichsten Lehrer. Mit Vorliebe hält sich Zender an das, was konstruierbar ist und dosiert in seinen Kompositionen genau Klang und Gefühl. Japanische Dichtung kommt ihm dabei etwa in dem Stück *Muji no Kyo* für Tenor, Flöte, Cello und Klavier (1975) zu Hilfe. Im *Dialog mit Haydn* (1982) für 3 Orchestergruppen und 2 Soloklaviere spielt er humorvoll mit historischem Material. Auch Schuberts *Winterreise* hat er sich in einer »komponierten Interpretation« angenähert, die den Liederzyklus instrumentiert und mit szenischen Elementen versieht. Hans Zenders schon frühe Auseinandersetzung mit Klangfarben spiegelt sich im *Saxophon-Konzert* (1952), in *Schachspiel* für 2 Orchestergruppen (1979) oder *Zeitströme* für Orchester (1974). Seiner ersten Oper *Stephen Climax* (1986 in Frankfurt erfolgreich uraufgeführt) hat er mit *Don Quijote de la Mancha – 31 theatralische Abenteuer* (1989–91) eine zweite folgen lassen, die im Oktober 1993 in Stuttgart zum ersten Mal auf die Bühne gelangt ist.

Brigitte Schulze

Grete von Zieritz

1899

Kraftvoll und dramatisch geben sich die Orchesterwerke der am 10. März 1899 in Wien geborenen Komponistin Grete von Zieritz. Sie spiegeln die Durchsetzungskraft wider, die sie ihr Leben lang aufbringen mußte, um ihre Werke zur Aufführung zu bringen. 1917 zog Zieritz nach Berlin, wo sie Kompositionsunterricht bei Franz Schreker nahm. Bereits 1921, bestärkt durch die positive Rezeption ihrer *Japanischen Lieder für Singstimme und Klavier* (1972 in der Fassung für Sopran und Kammerorchester erschienen), faßte sie den Entschluß, hauptberuflich als Komponistin wirken zu wollen.

Zieritz, die auch als Pianistin tätig war, geht als Komponistin oft von der Vorstellung eines Soloinstruments oder einer Solostimme mit Klavier-, bzw. Orchesterbegleitung aus. So kommen die beiden Gattungen des Orchesterlieds und des Solokonzerts in ihrem Orchesterschaffen häufig vor. Während in den 30er Jahren viele Orchesterlieder entstanden (z. B. *Passion im Urwald* 1930, *Vogellieder für Koloratursopran, Soloflöte und Orchester* 1933 und *Hymnus der Erde* 1936/37), überwiegen in späteren Jahren die rein instrumentalen Werke.

Es entstanden auch Konzerte für mehrere Solisten und Orchester, z. B. das *Gifhorner Konzert für Flöte, Harfe und Streichorchester* (1940), das *Tripelkonzert für Flöte, Klarinette, Fagott und großes Orchester* (1950) und das *Konzert für 2 Trompeten in B und Orchester* (1975). Einen Sonderfall bildet indessen das 1970 komponierte *Konzert für einen Bläser auf verschiedenen Flöten und Orchester.* Ein/e Interpret/in spielt in diesem Werk wechselweise auf 4 verschiedenen Flöten.

Bildhafte Vorstellungen, Erlebnisse und Erinnerungen inspirierten viele Kompositionen von Grete von Zieritz. Schon die Titel deuten darauf hin: *Bilder vom Jahrmarkt, Musik der Pferde, Le violon de la mort.* Den Soloinstrumenten wird in diesen Werken viel Platz eingeräumt und ihre Partien sind extrem anspruchsvoll. Besonders differenziert ist Zieritz' Verwendung des Schlagzeugs. Sie verwendet durchaus hochdramatische Mittel wie Glocken- und Gongschlag oder auch das plötzliche Schweigen: die atemanhaltende Generalpause.

Besonders in den späteren Werken bezieht Zieritz politisches Geschehen in ihre Werke mit ein. So ist der 2. Satz des *Flötenkonzerts* (1970) ein Trauermarsch, der auf den Mauerbau in Berlin Bezug nimmt, während das *Zigeunerkonzert* (1982) der in nationalsozialistischer Zeit verfolgten Zigeuner gedenkt.

Mary Ellen Kitchens

Bernd Alois Zimmermann

1918–1970

Der am 20. März 1918 in Bliesheim bei Köln geborene Bernd Alois Zimmermann, zweifellos einer der wichtigsten deutschen Komponisten des 20. Jhs., gehörte zu einer Zwischengeneration: Anders als etwa Hindemith oder Strawinsky war Zimmermann zu jung gewesen, um noch entscheidend am Musikleben der Zwischenkriegszeit beteiligt zu sein. Zugleich aber war er nach dem Krieg zu alt, um umstandslos zur jungen Avantgarde gerechnet zu werden. Nicht zuletzt durch den Altersunterschied zu den nach 1950 bestimmenden Komponisten (wie Stockhausen, Boulez und Nono) war Zimmermanns Distanz gegenüber der Darmstädter und Kölner Avantgarde der 50er Jahre begründet.

Freilich ist einzig Zimmermanns Frühwerk von einer dezidiert konservativen, eng an Richard Strauss oder dem mittleren Hindemith orientierten Position gekennzeichnet. Von jener neoklassizistischen Sprache, die die Kontur etwa der *Drei Stücke für Orchester,* der *Sinfonia prosodica für großes Orchester,* des *Symphonischen Vorspiels für großes Orchester* (alle 1945) sowie des *Konzerts für Orchester* (1946) noch prägte, begann sich Zimmermann in den 50er Jahren mehr und mehr zu lösen. Schrittweise tastete er sich an serielle Verfahrensweisen heran, damit die Ideen der jungen Avantgarde für sein eigenes Komponieren fruchtbar machend. Dabei galt sein Hauptaugenmerk bereits früh der musikalischen Zeitgestaltung. Am Ende dieser konsequent zu nennenden künstlerischen Entwicklung stand ein ausgeprägt individueller Stil, in dem sich eine stark konstruktive Durcharbeitung mit einer äußerst vitalen Sprachhaftigkeit paart.

Zimmermann integrierte in sein Denken, das er selbst als »pluralistisch« bezeichnete, einen Teil der Methoden serieller Strukturierung. Aber er verschmolz diese mit Impulsen außermusikalischer Art. Maßgeblich hierfür war insbesondere seine intensive Beschäftigung mit avancierter Literatur und bildender Kunst. Zu Leitfiguren erkor er die Dichter James Joyce und Ezra Pound, wichtig für seine Ästhetik waren aber auch Paul Klee, Hans Henry Jahnn und der Surrealismus (namentlich Max Ernst). Zimmermanns »Pluralismus«-Idee ist nicht als beliebige Reihung von Stilzitaten mißzuverstehn (wie dies mitunter geschah), sondern sie stellt eine bewußte Verschränkung unterschiedlicher Wirklichkeitsebenen und Erfahrungsbereiche dar, die durch die Synchronisierung in die Lage versetzt werden, gleichsam miteinander zu diskutieren. In Zimmermanns Hauptwerken, der 1965 in Köln uraufgeführten Oper *Die Soldaten* (nach J. M. R. Lenz) und dem 1969 in Düsseldorf uraufgeführten *Requiem für einen jungen Dichter*, erfährt diese Art der mehrdimensionalen Text- und Klangschichtung eine entschieden politische Akzentuierung.

Bernd Alois Zimmermann, der im Salvatorianerkolleg im Kloster Steinfeld (Eifel) zur Schule gegangen war und später in Köln und Bonn studiert hatte, arbeitete von 1946 bis in die späten 50er Jahre als freier Komponist für verschiedene Rundfunkanstalten, vor allem für den Kölner Sender des NWDR (später WDR). 1958 nahm er eine Position als Kompositionslehrer an der Kölner Musikhochschule an (wo er auch ein Seminar für Hörspiel- und Filmmusik leitete), seit Mitte der 50er Jahre erhielt er für sein Komponieren mehrere Auszeichnungen und Preise und zunehmend auch öffentliche Anerkennung.

Mehr und mehr wurde für Zimmermann das Komponieren zu einer existentiellen Angelegenheit. Umso mehr litt er unter der angeblichen »Unaufführbarkeit« der *Soldaten*-Oper und der *Antiphonen* (1961/62) und vor allem der Nichtrealisierbarkeit einer geplanten, multimedial konzipierten *Medea*-Oper (nach H. H. Jahnn). Er nahm sich am 10. August 1970 in Königsdorf bei Köln angesichts eines für ihn unentwirrbar erscheinenden Knotens von – privaten und gesundheitlichen, aber wohl auch (kultur-) politischen – Bedrängnissen selbst das Leben.

Alagoana

UA: Hamburg 1953

Das Ballett *Alagoana* (auch als *Caprichos Brasilieros* bezeichnet) enstand im wesentlichen zwischen 1940 und 1943 während des Krieges; die Instumentation erfolgte freilich erst einige Jahre später. Inhaltlich geht es um einen Indianermythos, demzufolge Mann und Frau zunächst unsterblich waren, bis Liebe und Tod in ihr Leben traten. Erzählt wird diesr Mythos aus der Perspektive eines »Fremden«. Die darin sich abzeichnende Brechung spiegelt sich insofern auch in der Musik wider, als eine »fremdartige«, also indirekte Sicht auf folkloristische Gestaltungen präsentiert wird. Von besonderer Bedeutung – und vom Komponisten selbst in späteren Jahren als wichtiges Stadium der eigenen Entwicklung hervorgehoben – ist in *Alagoana* das Komponieren mit Geflechten von Klangfarbenschichten. Markant entwickelt ist der Gegensatz zwischen Feldern flimmernder Mischklänge sowie klar konturierten Schlagzeug- und Blechbläserrhythmen. *Alagoana* gliedert sich in 5 Sätze: Ouvertüre–Sertanejo–Saudade–Caboclo–Finale.

Symphonie in einem Satz

UA: Köln 1952 (1. Fassung) / Brüssel 1953 (2. Fassung)

Dieses Werk, dem eine ausführliche Auseindersetzung mit der Gattung Symphonie vorausging, liegt in 2 Fassungen vor; die nach der UA der Erstfassung entstandene revidierte Version ist die häufiger gespielte. Die *Symphonie in einem Satz* ist ein vielschichtiges, organisches musikalisches Gefüge, das sich aus einer einheitlichen musikalischen Grundsubstanz heraus entwickelt. Der Gang der Entwicklung ist von starken Kontrasten gekennzeichnet, von Feldern extremer Ausdrucksqualitäten; deren Spektrum reicht nach den Worten des Komponisten »von apokalyptischer Bedrohung zu meditativer Versenkung«.

In die einsätzige Anlage eingelassen ist eine latente Fünfteiligkeit. Darin greifbar werden Bezüge zur symphonischen Tradition: Ein Zwischenteil gemahnt an den klassischen langsamen Satz, der Schluß an ein echtes Finale.

Konzert für Violine und großes Orchester

UA: Baden-Baden 1950

Das *Konzert für Violine und großes Orchester* ist die im Mittelsatz erweiterte Bearbeitung einer kurz vorher (1950) entstandenen *Sonate für Violine und Klavier.* Es wurde von Zimmermann später als der Beginn seines »eigentlichen« Komponierens apostrophiert: Erstmals war er mit dem Verhältnis zwischen hochgespanntem Ausdruck und der formalen Durchgliederung zufrieden; und erstmals komponierte er – freilich nur teilweise – zwölftönig. Das Werk ist dreisätzig, beginnt mit einer Art Sonatensatz, zitiert im dialogisch angelegten Mittelsatz die Sequenz *Dies irae* und endet mit einem Rondo, das Raum für instrumentale Virtuosität läßt.

[M] *CD* Maile, RSO Berlin, Sander (Koch)

Konzert für Oboe und kleines Orchester

UA: Donaueschingen 1952

Anders als das *Violinkozert* verlangt das *Oboenkonzert* die Begleitung eines nur kleinen Orchesters (knapp 30 Musiker). Es ist dreisätzig, durchgehend zwölftönig und besticht durch eine delikate instumentale Farbigkeit. Die Bezeichnung des (mit Zitaten aus Strawinskys *Symphonie in C* operierenden) Anfangssatzes als »Hommage á Strawinsky« verweist auf ein Charakteristikum des gesamten Werkes: Ein schlanker, gefällig aufgelockerter Tonfall dominiert. Allerdings ist dieser phasenweise angereichert mit ironischen Pointierungen. Der an 2. Stelle stehenden, formal komplexeren Rhapsodie folgt ein Finale, das nach Art eines – freilich verkürzten – Sonatensatzes gehalten ist.

M *CD* Doherty, SO der AML Luzern (Note/Pan Classics)

Trompetenkonzert »Nobody knows de trouble I see«

UA: Hamburg 1955

Das 1954 entstandene, einsätzige Trompetenkonzert basiert auf dem Negro-Spiritual *Nobody knows de trouble I see*; es ist in dieser Hinsicht ein markanter Beleg für Bernd Alois Zimmermanns Jazz-Begeisterung, für sein Interesse an der Verschmelzung unterschiedlicher Erfahrungsbereiche (ein konzeptioneller Gesichtspunkt, der als Konstante des Zimmermannschen Musikdenkens bezeichnet werden kann). Kombiniert werden (nach den Worten des Komponisten) »die Solisten einer Jazz-Band« (u. a. ein Saxophon-Trio, drei Jazz-Trompeten und Jazz-Posaune) und »die Streicher des Sinfonieorchesters«. Die Anlage des Werkes knüpft deutlich an die Technik des Choralvorspiels an. Das Negro-Spiritual bildet dabei den Cantus firmus.

M *CD* Harjanne, RSO Helsinki, Saraste (Teldec)

Dialoge

UA: Köln 1960 / Mannheim 1968 (revidierte Fassung)

Diese im Untertitel als *Konzert für zwei Klaviere und großes Orchester* bezeichnete Komposition versucht die in Konzerten sonst übliche Vorherrschaft des Soloinstruments zu beseitigen, den »Wettstreit« zu einem gleichberechtigten »Gespräch« zwischen den beiden Solisten und dem orchestralen »Gremium von instrumentalen Individuen« (Zimmermann) umzuformen. Die herkömmliche Aufstellung des Orchesters wird dazu – zugunsten eines »sinnvollen Durcheinanders» – aufgegeben. Ziel ist die Schaffung eines "vielfältige[n] Netz[es] von instrumentalen Beziehungen, von der Einzelaktion innerhalb der für ein Soloinstrument oder ein Orchesterinstrument fixierten Zeitschicht bis zur Bündelung mehrfacher Aktionen des Orchesters im Zusammentreffen der verschiedenartigen Zeit- und Erlebnisschichten reichend». Die von Zimmermann als »Pluralismus« bezeichnete Verklammerung unterschiedlicher Schichten, die in den *Dialogen* zum erstenmal deutlich ausgeprägt ist, versteht sich nicht nur als komplexe Verknüpfung von Klangbildungen, sondern auch von Elementen der – musikalischen – Wirklichkeit. Dazu dienen gleichsam beschwörend gesetzte Zitate aus Mozarts *C-Dur-Klavierkonzert KV 467*, Debussys *Jeux* und dem mittelalterlichen Pfingsthymnus *Veni creator spiritus*. Die revidierte Fassung stellt eine vereinfachte Version dar, da die Orchestermusiker bei der UA mit den komplexen rhythmischen Überlagerungen große Probleme hatten.

Antiphonen für Viola und kleines Orchester

UA: Berlin 1965

Die Antiphonen wurden bereits im Januar 1962 fertiggestellt, gelangten jedoch – da ihre ungewöhnliche Konzeption zunächst auf Unverständnis stieß und der Auftraggeber das Stück für unrealisierbar hielt – erst mehr als 3 Jahre später zur UA. Das Neuartige dieses Werkes erweist sich vor allem darin, daß die Instrumentalisten im vorletzten der insgesamt 5 Sätze auch zu sprechen haben: Sie rezitieren (in einem nicht primär auf Wortverständlichkeit bedachten Tonfall) Texte von Joyce, Dante, Dostojewski, Camus, Novalis sowie aus der Bibel und einem weiteren Evangelium. Die Textfragmente, die jeweils in der Originalsprache gehalten sind (dies vor allem mit Blick auf deren klangliche Qualitäten), kreisen um existentielle Themen, vor allem um Liebe und Tod. Es entwickeln sich auf diese Weise reich schattierte, sowohl textliche als auch musikalische »Wechselgespräche« (darin den Titel des Werkes einlösend). Zimmermann selbst sprach von einem »geistlichen Konzert neuer Prägung«. Ganz am Schluß des Werkes, nach dem Verklingen des im rein instrumentalen 5. Satz verwendeten Chorals »Christ ist erstanden«, steht ein von der kleinen Trommel gespielter leiser Blues-Rhythmus: ein für Zimmermann typisches, auf Verklärung verzichtendes, nachdenkliches und offenes Ende.

M *CD* Zimmermann, Ensemble Modern, Zender (RCA/BMG 1994)

Musique pour les soupers du Roi Ubu (Musik für das Bankett des Königs Ubu)

UA: Berlin 1968

Angeregt durch eine Aufführung von Alfred Jarrys Drama König Ubu und in Zusammenarbeit mit dem Jarry-Übersetzer Paul Pörtner konzipierte Zimmermann die *Musique pour les soupers du Roi Ubu*. Das Werk, das anläßlich der Aufnahme Zimmermanns in die Berliner Akademie der Künste aufgeführt wurde, nimmt eine Sonderstellung in seinem Schaffen ein, da es fast ausschließlich aus musikalischen Zitaten besteht. Ein markanter, für Zimmermanns Musikdenken durchaus charakteristischer Gegensatz besteht dabei zwischen überaus evidenten Sinn-Momenten und schwer enträtselbaren Anspielungen. Die Grundierung des insgesamt siebensätzigen, als »ballet noir« (schwarzes Ballett) bezeichneten Werkes bilden Tänze des 16. und 17.Jhs.. Darüber montiert sind zahlreiche Zitate von Komponisten des 19. und 20.Jhs. (u.a. Berlioz, Wagner, Strawinsky, Blacher, Henze, Stockhausen), dabei teilweise auch auf Mitglieder der Berliner Akademie anspielend. Auf diese Weise prallen musikalische Elemente höchst unterschiedlicher Herkunft aufeinander, mit einem besonderen Akzent auf der Musik der 50er und 60er Jahre: Vorgeführt wird, »wie Lieschen Müller sich die Musik unserer Zeit vorstellt« (Zimmermann).

Doch beschränkt sich das Werk keineswegs auf die Konzeption eines Schabernacks: Die grotesk-heitere Außenseite des Ubu-Stückes verbirgt nach Zimmermanns eigenen Worten ein »warnendes Sinngedicht«, ein »geradezu apokalyptisches ›MERZbild‹ unserer politischen und kulturellen Gegenwart«. König Ubu, der eine Akademie zum festlichen Bankett lädt, diese dann aber (in der abschließenden »Marche du décervellage«) grausam durch die Falltüre befördert (um auch sie zu verspeisen), verkörpert den Archetypus eines gefährlichen Usurpators. *Dies irae*-Zitate im Anfangsteil des Werkes (»Entrée de l'Academie«) dienen dazu, auf dieses Ende mit Schrecken bereits vorauszuweisen.

Photoptosis

UA: Gelsenkirchen 1969

Das im Untertitel als *Prélude für großes Orchester* bezeichnete Werk, das 1968 inmitten der Arbeit am *Requiem* entstand, wurde angeregt durch eine im Gelsenkirchener Musiktheater aufgestellte monochrome Bildgesaltung von Yves Klein. *Photoptosis* (ein aus dem Griechischen kommendes Wort, das Zimmermann selbst mit »Lichteinfall« übersetzte) ist ein Versuch, mit musikalischen Mitteln ein gleichfalls höchst differenziertes Farbflächen-Bild zu erstellen. Der mittlere Abschnitt des dreiteiligen Werkes ist eine Collage mit Zitaten aus Werken u.a. von Bach, Tschaikowsky und Wagner, verstehbar als imaginäre »Festspielmusik« (so Zimmermann selbst), zugleich freilich ebenfalls als Folge von »Beleuchtungswechseln« wirksam. Im Anfangs- und Schlußteil stützt sich Zimmermann auf das in seinen späten Werken häufiger anzutreffende Prinzip der »Zeitdehnung«: ein komplexes Verfahren der Schichtung von Klangstrecken, an das die Utopie der – hier vor allem durch die Irritation des hörenden Mitvollzugs bedingten – Aufhebung von Zeit geknüpft ist.

Requiem für einen jungen Dichter

UA: Düsseldorf 1969

Das 1969 fertiggestellte *Requiem*, dessen Entstehungsgeschichte bis in die 50er Jahre zurückreicht, ist Zimmermanns zutiefst skeptisch gehaltene Lebensbilanz. Eine gewaltige Bündelung vokaler und instrumentaler sowie elektronischer Klangmittel dient der Idee, ein vielfältig differenziertes geistiges Panorama eines halben Jahrhunderts zu entwerfen (dieser Zeitraum, auf den Zimmermann selbst hinwies, entspricht fast exakt seiner eigenen Lebenszeit). Drei Dichter, nämlich Wladimir Majakowski, Sergei Jessenin und Konrad Bayer stehen als Repräsentanten des »jungen Dichters« im Zentrum der Textauswahl: 3 Dichter, die sich – wie Zimmermann selbst – das Leben nahmen. Innerhalb eines immens weiten Spektrums von Texten und akustischen Signalen literarischer, kirchlicher, historisch-politischer und philosophischer Herkunft (in 8 verschiedenen Sprachen) ist die Schicht der lateinischen Totenmesse von erhelblich geringerer Bedeutung als in herkömmlichen Requiem-Vertonungen. Ungewöhnlich am Zimmermannschen *Requiem* (das sich in die Teile *Requiem I*, *Requiem II*, *Rappresentazione*, *Tratto*, *Elegia*, *Lamento* und *Dona nobis pacem* gliedern läßt) ist aber auch die Verknüpfung verschiedener Raumebenen: Die Mitwirkenden (3 Chöre, eine Jazz-Band, ein Symphonieorchester und mehrere Vokalsolisten) sowie insgesamt 8 Lautsprecher sind auf verschiedene Seiten des von Zimmermann »kugelgestaltig« gedachten Raumes verteilt; der Hörer sieht sich inmitten eines herausfordernden Strudels von Klangereignissen. Ein besonderes Charakteristikum dieses Werkes ist überdies der Umgang mit Sprache: Zimmermann stellt in diesem *Lingual* – so der als Verschränkung von »lingua« (Sprache) und »Ritual« lesbare Untertitel – verschiedene Grade der Textverständlichkeit nebeneinander. In vielfältiger, oft bewußt widersprüchlicher Weise sind deutlich identifizierbare Sätze (etwa politische Statements) und kaum entzifferbare Elemente miteinander verzahnt, jederzeit neue, zum Teil überraschende Deutungsmöglichkeiten provozierend. Gestaltet und verdichtet wird das Material gemäß der Joyceschen Idee des »Bewustseinsstroms«. Konstituiert wird ein höchst komplexes Netz von Aussagemomenten, von Facetten der Wirklichkeit des imaginären »jungen Dichters« – mit dem sich Zimmermann, wie kaum ein Zweifel besteht, zu einem gewissen Teil auch selbst meinte. Das Werk enthält eine Vielzahl äußerst pessimistischer Momente (etwa einen Monolog, in dem der Selbstmord als einziger Ausweg propagiert wird), verschiedenste Ausprägungen eines gleichsam innerweltlichen Dies irae (vor allem durch Kriegsgeräusche), aber daneben auch eine Vielzahl skurril-heiterer, fratzenhaft grotesker Passagen.

M *CD* Kölner RSO, Bertini (Wergo 1989); SO des SWF, Gielen (Sony 1995)

Stille und Umkehr

UA: Nürnberg 1971

Stille und Umkehr, im Frühjahr 1970 entstanden als Auftrag der Stadt Nürnberg für das Dürer-Jahr 1971, erscheint in seiner kompromißlosen Verhaltenheit als ein Gegenstück zu jeder weit ausladenden symphonischen Geste. Die Orchesterbesetzung wirkt gegenüber früheren Zimmermannschen Werken wie ausgedörrt. Extreme Register werden bevorzugt (nur einer Geige stehen 3 Kontrabässe gegenüber); singende Säge und mit Kontrabaßbogen gestrichene Becken sorgen zeitweise für eine Nähe zum Geräuschhaften. Keine bloß aparte, gefällige Kolorierung, sondern eine erhebliche Kargheit und Bruchstückhaftigkeit resultiert hieraus – ein Moment, das auch in dem Untertitel »Orchesterskizzen« mitzuschwingen scheint. Das Werk als kontemplatives Klangfarbenstück zu verstehen (wie dies gelegentlich geschah), würde erheblich zu kurz greifen: Seine Sparsamkeit ist als Geste der Verweigerung lesbar; und die Konflikte, von denen das *Requiem* und die Oper *Die Soldaten* handeln, scheinen in *Stille und Umkehr* gleichsam vorausgesetzt zu werden. »Der Höllensturz«, äußerte Zimmermann hierzu selbst, »hat stattgefunden«. Das Werk, das den Piano-Bereich nicht verläßt, kreist fortwährend um den Ton d und wird von einem Blues-Rhythmus durchzogen. Diese Gleichmäßigkeit wird freilich von Störungen durchkreuzt, ein harmonisches Gleichgewicht stellt sich nicht ein. Das Stück mutet an wie ein Ausschnitt aus einem größeren Ganzen. Es schließt nicht, sondern endet im Nichts.

Ich wandte mich und sah an alles Unrecht, das geschah unter der Sonne

UA: Kiel 1972

Dieses im Untertitel als *Ekklesiastische Aktion* bezeichnete, letzte Zimmermannsche Werk entstand als Kompositionsauftrag für die olympischen Spiele 1972. Zimmermann, der das Stück wenige Tage vor seinem Freitod fertigstellte, formulierte mit ihm eine überaus eindringliche (An-)Klage über das Unrecht dieser Welt. Die textliche Basis hierzu bilden Verse aus dem (von Zimmermann sehr geschätzten) 4. Kapitel des Predigers Salomo und Teile der Erzählung »Der Großinquisitor« aus Dostojewskis Roman *Die Brüder Karamasow*. Die Darstellungsweise verrät Kenntnis der damals avancierten Aktionskunst, indem sie durch die Einbeziehung gestischer Momente (wie etwa dem lauten Aufspringen der Sprecher) die Fesseln des herkömmlich Konzerthaften sprengt. Gerahmt wird das Stück durch fanalartige, Unheil verkündende Posaunenstöße. Im Mittelpunkt steht eine Verflechtung der beiden Textebenen – wobei die Verschränkung keinen Zweifel daran läßt, daß Dostojewski und Bibeltext einander ergänzen, interpretieren. Der ›Dialog‹ steigert sich, durch harte Schlagzeugattacken grundiert, in ein aggressives Durcheinander. Ganz am Ende steht die Konsequenz der zuvor beigebrachten schroffen Unversöhnlichkeiten, ein Akt der nachdrücklichen Verweigerung alles Harmonischen: Der Bachsche Choralsatz »Es ist genug, Herr wenn es Dir gefällt, so spanne mich doch aus«, der hier – wie schon in Alban Bergs Violinkonzert – Anwendung findet, wird von Pauken, Posaunen und Streichern abrupt und brutal zum Verstummen gebracht.

M *CD* Bantzer, Quadflieg (Sprecher), Nimsgern, Crosta, Janssen, Boselli, SO Münster, Humburg (Stradivarius 1993)

Jörn Peter Hiekel

Udo Zimmermann

1943

Am 6. Oktober 1943 in Dresden geboren, wurde für Zimmermanns musikalische Entwicklung die Erfahrung als Mitglied des Dresdner Kreuzchores bestimmend. An der dortigen Musikhochschule studierte er Komposition, Gesang und Dirigieren und arbeitete ab 1968 zwei Jahre lang als Meisterschüler der Ostberliner Akademie der Künste bei Günter Kochan. Eine Dramaturgenstelle beschäftigte Zimmermann anschließend an der Dresdner Staatsoper, wo er 1974 das Studio für Neue Musik gründete, das er seit 1986 als Direktor des Dresdner Zentrums für zeitgenössische Musik weiterführte. 1985 übernahm Zimmermann die künstlerische Leitung der Bonner Werkstattbühne für zeitgenössisches Musiktheater, bevor er 1990 Intendant der Leipziger Oper wurde.

Obwohl sich Zimmermann kompositorisch in allen Gattungen bewegt, ist er vor allem für seine Opern bekannt geworden. Schon in der Studienzeit entstand *Die weiße Rose* (1966/67), von der er 1984/85 eine völlig veränderte 2. Fassung schuf. Die wirkungsvolle musikdramatische Umsetzung der Tragik des Geschwisterpaars Sophie und Hans Scholl, das 1943 nach einer antifaschistischen Flugblattaktion hingerichtet wurde, machte die »Szenen für 2 Sänger und 15 Instrumentalisten« zu einem der meistgespielten Stücke zeitgenössischen Musiktheaters.

Zimmermanns Stil ist geprägt von der Schlüsselerfahrung Johann Sebastian Bach. So verknüpft er in synthetischer Weise kontrapunktische Techniken mit aleatorischen, seriellen und dodekaphonen Prinzipien, arbeitet mit Zitaten, mit Stilzitaten und dem flexiblen Umgang traditioneller Entwicklungsformen. Den Orchesterstücken *L'Homme – Meditationen für Orchester nach Eugène Guillevic* (1970), *Sieh meine Augen – Reflexionen für Kammerorchester nach Ernst Barlach* (1970), *Sinfonia come un grande lamento – Dem Andenken Federico García Lorcas* (1978) und *Songerie pour orchestre du chambre – Dem Andenken Karl Böhms* (1982) ist der verhaltene, introvertierte Gestus gemeinsam. In *Gib Licht meinen Augen, oder ich entschlafe des Todes* (1985) und *Mein Gott, wer trommelt denn da* (1985/86) wendet sich Zimmermann thematisch noch einmal dem Gedenken von Sophie und Hans Scholl zu, während er im Hornkonzert *Nouveaux divertissements d'apres Rameau pour cor et orchestre de chambre* (1987) mit barocken Stilzitaten spielt. *Danse la marche* für Orchester (1994) ist eine Hommage an Witold Lutosławski. *Carolin Naujocks*

Walter Zimmermann

1949

Walter Zimmermann, geboren am 15. April 1949 in Schwabach/Mittelfranken, ist ein »leiser« Komponist, der wie Morton Feldman alles gestalterische Tun auf den einzelnen Ton konzentriert. Im Gegensatz zu Komponisten wie Hans Joachim Hespos, Nikolaus A. Huber oder Helmut Lachenmann, die der musikalischen Tradition aggressiv begegnen, strebt Zimmermann nach meditativer Versenkung, nach »Gelassenheit«; so auch der Titel einer Komposition für Alt-Stimme und zwei Gitarren (1975).

Ersten Klavier-, Violin- und Oboenunterricht erhielt er mit zwölf Jahren. Abgesehen von Kompositionsunterricht bei Werner Heider, in dessen ars-nova-Ensemble er von 1968 bis 1970 als Pianist tätig war, erwarb Zimmermann sein musikalisches Wissen als Autodidakt. Von 1970 bis 1973 machte er sich bei Otto E. Laske in Utrecht mit elektronischer Musik vertraut. 1975 reiste Zimmermann nach Amerika. Dort führte er mit 23 amerikanischen Komponisten (u. a. mit John Cage, Morton Feldman, Frédéric Rzewski) Gespräche, die er 1976 unter dem Titel »Desert Plants« veröffentlichte. Dieses Werk informiert umfassend über die Situation amerikanischer Experimental-Musik. 1977 richtete Zimmermann das »Beginner Studio« in Köln ein, um für experimentelle, improvisierte Musik ein offenes Forum zu schaffen. Auf dem Beginner-Festival traten dann so bedeutende Künstler wie Morton Feldman oder Frédéric Rzewski überhaupt zum ersten Mal in Europa auf. 1994 erhielt er einen Ruf an die Hochschule der Künste Berlin für das Fach Komposition.

Zimmermanns Hang zu systematisieren, zu ordnen, läßt seine kompositorischen Ideen zu mehrteiligen, zyklischen Projekten heranwachsen. Der Zyklus *Lokale Musik* (1977–1981) reflektiert Zimmermanns Amerika-Reise, zum einen als Selbstbesinnung auf das Komponisten-Dasein, zum anderen als eine Art Rückbesinnung auf seine fränkische Heimat. In vier Zyklen werden Modelle fränkischer Volksmusik (Walzer, Zweifache, Rheinländer, Galopps) zu ausgeklügelten, ausgehorchten Konzertstücken umgearbeitet *(I. Ländler-Topographien, II. Leichte Tänze, III. Stille Tänze, IV. Wolkenorte)*; für Zimmermann auch einfach der Versuch »... diese Gegend (Franken) für den gesamten Planeten zu erschließen...«

Das Projekt *Inselmusik* (ab 1976), das wie viele seiner Projekte Fragment blieb, behandelt die Musik geographischer (Oase Siwa) und sozialer Inseln (Ghetto in Pittsburgh). Zimmermanns erste Bühnenkomposition, das »statische Drama« *Die Blinden* (1984) entstand nach einem Drama des belgischen Dramatikers Maurice Maeterlinck, der schon Debussy die Vorlage für *Pelléas et Mélisande* geliefert hatte. Seine undramatische, eben statische Konzeption, läßt auch rein konzertante Aufführungen zu. In weiteren Bühnenkompositionen wie etwa in *Über die Dörfer* (1986) nach Peter Handke und in *Hyperion* (1990) nach Friedrich Hölderlin werden die wenig opernhaften Texte in szenische Klanggebilde übertragen, die der trostlosen Stimmung (bei Handke) und dem romantischen Wahnsinn (Hölderlin) nahekommen.

Die achtsätzige Komposition *Ataraxia (Unerschütterlichkeit)* für Klavier und Orchester (1989) orientiert sich an griechischer Philosophie und kann als musikalische Kosmologie begriffen werden. *Sven Ahnert*

Große Orchester

Die Orchester sind nach den Städten alphabetisiert, in denen sie zuhause sind. Taucht der Name der Stadt nicht im Titel auf, so führt ein Verweis an den richtigen Ort.

Academy of St. Martin-in-the-Fields
siehe London

Koninklijk Concertgebouw Orkest (Amsterdam)
Das erste öffentliche Konzert des Concertgebouworkest fand am 3.November 1888 unter der Leitung von Willem Kees statt. 1895 folgte der damals noch unbekannte und junge Dirigent Willem Mengelberg dem reformierenden Willem Kees. Unter seiner Dirigentschaft wurde das Concertgebouw Orkest zu einem Orchester von Weltruf. In diese Zeit fiel die Zusammenarbeit mit europäischen Komponisten und Dirigenten von Weltruf: Gustav Mahler, Richard Strauss, Claude Debussy, Karl Muck, Maurice Ravel, Pierre Monteux, Bruno Walter, Igor Strawinsky, Arnold Schönberg, Alfredo Casella, Paul Hindemith und vielen anderen. Nach dem Zweiten Weltkrieg übernahm Eduard van Beinum die Leitung. In der Nachkriegszeit waren Rafael Kubelik und George Szell für einige Zeit ständige Gastdirigenten. Mit dem plötzlichen Tod van Beinums – er starb im Jahre 1959 während einer Probe – ging diese fruchtbare Ära zu Ende. Bernhard Haitink, der sich die Leitung des Orchesters mit Eugen Jochum teilte, wurde 1963 Chefdirigent. Haitink setzte die symphonische Tradition des Orchesters fort, erweiterte das Repertoire um die Symphonien Schostakowitschs. Unter Haitinks Ägide spielte das Amsterdamer Orchester zahlreiche Schallplatten ein. Nach seinem Weggang 1988 übernahm der Italiener Riccardo Chailly die Stabführung. Zum 100jährigen Jubiläum komponierten so prominente Komponisten wie A. Schnittke *(4. Concerto Grosso – 5. Symphonie)* und L. Berio *(Formazioni)* Auftragswerke.

Symphonieorchester des Südwestfunks Baden-Baden
Gegründet wurde das Orchester kurz nach dem Ende des Zweiten Weltkriegs. Die Wende von 1948 auf 49 bedeutete für die Entwicklung des Orchesters einen wichtigen Einschnitt: Am 1. Oktober 1948 begann Hans Rosbaud als Chefdirigent seine Aufbauarbeit. Unter ihm, der als Orchestererzieher höchste Bewunderung genoß, nahm das Orchester einen vielbeachteten Aufschwung. Rosbaud, der gleichermaßen Haydn und Mozart sowie nachromantische Symphonik beherrschte, erarbeitete mit dem SWF-Orchester Hauptwerke der damaligen zeitgenössischen Musik (Strawinsky, Hartmann, Fortner). Bald kannte man das Orchester im In- und Ausland, zumal ab 1950 die jährlichen Gastkonzerte bei den Donaueschinger Musiktagen in der gesamten Musikwelt einhellige Bewunderung hervorriefen. 1964 übernahm Ernest Bour, seit 1953 ständiger Gastdirigent beim SWF, diese Position. Von 1980 bis 1986 wirkte der Pole Kazimierz Kord als Fortsetzer der SWF-Tradition. Nachfolger von Michael Gielen (1986–98) ist ab 1999 Sylvain Cambreling, doch wird Gielen weiterhin als Gastdirigent tätig sein.

Die Berliner Philharmoniker mit ihrem Dirigenten Herbert von Karajan (um 1965)

Berliner Philharmonisches Orchester
Unterbezahlung war der Grund, weshalb sich eine Reihe Musiker der seit 1868 bestehenden Bilseschen Kapelle, eines gehobenen Kaffeehausorchesters, unter dem Namen Frühere Bilsesche Kapelle neu formierte. Ende 1882 hießen sie dann Philharmonisches Orchester. Mit dem Dirigenten Hans von Bülow begann 1887 das Orchester ein homogener Klangkörper zu werden; das Programm wurde zunehmend anspruchsvoller. Nach einigen Zwischenspielen mit Ernst von Schuch, Levi, Richter, Mottl, Richard Strauss, und sogar Gustav Mahler, wurde 1895 in Arthur Nikisch ein würdiger Nachfolger gefunden, der bis 1922 dem Orchester vorstand. Mit Wilhelm Furtwängler begann 1923 die wichtigste und prägendste Zeit.

Als Furtwängler 1954 starb, ging eine Ära zu Ende, in der das Orchester zu einem der besten der Welt herangewachsen war. Das Vorurteil des »konservativen« Furtwängler wird schon durch die bloße Zahl ur- und erstaufgeführter Werke (u. a. Scriabins *Le Poème de l'extase*, Schönbergs *5 Orchesterstücke*, Pfitzners *Klavierkonzert* und Strawinskys *Sacre)* Lügen gestraft. In den Jahren des Nationalsozialismus stand Furtwängler vor der schwierigen Aufgabe, das Erbe und damit auch den Bestand des Orchesters zu bewahren. Sein anfängliches Engagement für die Werke verfemter, »entarteter« Komponisten (P. Hindemiths Symphonie *Mathis der Maler* wurde zum Gegenstand einer Parteirüge) wich der Entscheidung, nicht zu emigrieren und dem Orchester bis Kriegsende zur Seite zu stehen.

In der Nachkriegszeit kam mit Sergiu Celibidache (1945–48) ein exzentrischer und temperamentvoller Dirigent, dessen eigenwillige Programmzusammenstellungen aber – er leitete ungern Solistenkonzerte – und nicht zuletzt auch die Konkurrenzhaltung gegenüber Furtwängler, einer dauerhaften Zusammenarbeit nicht förderlich waren. Mit dem Antritt Herbert von Karajans 1954 begannen die Medienjahre des wohl erfolgreichsten und bekanntesten Schallplattenorchesters der letzten 30 Jahre. Als Berliner Philharmoniker ist das von Karajan geleitete Orchester zum Synonym für klassische Musik geworden. Besonders die Streicher des Berliner Orchesters gelten als einzigartig und gerade in den Symphonien von Beethoven, Brahms und Bruckner sorgen sie für den vollen und weichen Philharmoniker-Klang. Mit Claudio Abbado wählte das Orchester 1989 nach dem Tod Karajans einen ausgesprochenen Publikumsliebling, der nun auch der zeitgenössischen Musik (L. Nono, W. Rihm, G. Ligeti) einen festen Platz in den Programmen des Orchesters sichert.

Deutsches Symphonieorchester Berlin
Der Rias als Sender des westlichen Berlins gründete das Orchester 1946. Bis 1956 hieß es Rias Symphonieorchester, dann Radio-Symphonieorchester Berlin. Erst 1993 erhielt es den jetzigen Namen. Ferenc Fricsay, der erste Chefdirigent,

entwickelte eine Programmdramaturgie, in deren Mittelpunkt seine Landsleute Bartók und Kodály standen, denen seine besondere Vorliebe galt. Doch auch seine Interpretationen der Symphonien und Opern W. A. Mozarts gelten als maßstabsetzend. Bis zu seinem Tod 1963 blieb er dem RSO als Chefdirigent verbunden. Lorin Maazel übernahm 1964 die Leitung des Orchesters. Mit seiner auf die Symphonik Mahlers und Bruckners konzentrierten Arbeit blieb er dem RSO bis 1975 verbunden. Als 1982 der dynamische Italiener Riccardo Chailly für das Orchester gewonnen werden konnte, bestimmten musikalische Raritäten wie etwa Werke von Erich Wolfgang Korngold, Franz Schreker und Alexander von Zemlinsky die Programme. Seit 1989 ist Vladimir Ashkenazy Chefdirigent.

Staatskapelle Berlin
Am 14. November 1842 gab die ehemalige brandenburgische Hofkapelle (die Ursprünge reichen bis 1572 zurück) mit einer »Sinfonie-Soiree« ihr Konzert; der Beginn, der bis heute regelmäßig stattfindenden Anrechtskonzerte. Wie jedes Konzert- und Opernorchester, hatte auch die Staatskapelle Berlin mit den Schattenseiten der Opernroutine (holzschnittartiges Spiel, Effekthascherei) zu kämpfen, die den besonderen Anforderungen eines »Doppelorchesters« meist im Wege steht.

Die Staatskapelle Berlin hatte das Glück, in ihrer 150jährigen Geschichte (1992) mit Dirigenten wie Felix Weingartner (1891–1908), Richard Strauss (1898–1920), Wilhelm Furtwängler (1920–22), Karl Muck (1892–1912), Hermann Abendroth (1922–23) oder Herbert von Karajan (1938–42), den gleichermaßen verantwortungsvollen Aufgaben in Konzert und Oper exemplarisch zu begegnen. Auf der Höhe der Zeit dirigierte Erich Kleiber (1922–34) alle großen Werke der damaligen Gegenwart. Ihm ist auch die UA von Alban Bergs *Wozzeck* (1925) zu verdanken. Karajan konnte schon in den 40er Jahren mit der Staatskapelle an seinem Klangideal in höchster Präzision arbeiten.

In den Nachkriegsjahren kamen Hermann Scherchen, Joseph Keilberth, Gewandhauskapellmeister Franz Konwitschny (1955–62) und Horst Stein, der besonders die Beethoven-Tradition des Orchesters fortführte. In der Zeit des kalten Krieges (Mauerbau 1961) übernahm der Österreicher Otmar Suitner (1964–89). Ihm gelang es, die kulturpolitische Situation im geteilten Berlin durch seine kompromißlose Persönlichkeit zu umgehen. Wider staatliche Reglementierung konnte er die Tradition (er dirigierte auch indizierte Pfitzner-Kompositionen) fortsetzen. Seit Beginn der Spielzeit 1991/92 steht Daniel Barenboim als künstlerischer Leiter der Deutschen Staatsoper Berlin und als GMD der Staatskapelle vor der Aufgabe, die Geschichte dieses besonderen Orchesters bis in nächste Jahrtausend fortzuführen.

City of Birmingham Symphony Orchestra
1920 dirigierte Sir Edward Elgar das erste öffentliche Konzert des Orchesters. Während der 20er und 30er Jahre etablierte sich das Orchester unter so bedeutenden Dirigenten wie Adrian Boult (1924–30) und später unter Leslie Heward (1930–43) in der britischen Orchesterlandschaft. Nach dem Zweiten Weltkrieg führten George Weldon (1944–51) und Rudolf Schwarz (1951–57) das Orchester durch eine Phase der Konsolidierung. Mit den Dirigenten Hugo Rignold (1960–68) und Louis Fremaux (1969–78) begann die Zeit ausgiebiger Auslandstourneen und Plattenaufnahmen, die den Ruf des Ensembles weltweit festigten. Die Zeit mit Simon Rattle (seit 1980) darf als die effektivste und wahre Blütezeit des Orchesters angesehen werden. 1990 wurde Simon Rattle Music Director. Rattle, der das Orchester als 25jähriger Stipendiat übernahm, kann auf eine wahre Erfolgsserie zurückblicken. Sein brillantes Marketingkonzept machte das Orchester zu einem der prominentesten Schallplattenorchester Europas. Sein Nachfolger (ab 1998) ist der junge Finne Sakari Oramo.

Boston Symphony Orchestra
Dank der finanzstarken Unterstützung des Geschäftsmanns Henry Lee Higginson, fand das 1. Konzert des Boston SO 1881 in der Boston Music Hall statt. Ab 1900 residierte das Orchester in der Symphony Hall, dem ständigen Ort der regelmäßigen Konzerte bis heute. Der erste wichtige Dirigent und Wegbereiter einer deutsch geprägten Musiktradition war der Dirigent Karl Muck, der 1906 von der Königlichen Oper Berlin nach Boston wechselte. Als Nachfolger Mucks kam der Franzose Pierre Monteux. Er machte sich mit seinen anspruchsvollen, das französische Repertoire aufgreifenden Programmen wenig Freunde und verließ 1924 das Orchester. Ein prägendes Kapitel begann 1924 mit dem russischen Dirigenten und Kontrabassisten Serge Kussewitzky. Bis 1949 leitete der Emigrant das Orchester, das Dank seiner enormen Kenntnis bald über ein großes Repertoire verfügen konnte. Kussewitzky leitete zum Beispiel auch die UA der Ravel-Orchestrierung von Mussorgskys *Bildern einer Ausstellung* am 7. November 1924. Während der Ära Kussewitzky wurden auch die Boston Pops-Konzerte, die regelmäßig von Arthur Fiedler geleitet wurden, eingerichtet. Zum 50. Geburtstag des Orchesters (1931) erteilte Kussewitzky eine Reihe von Kompositionsaufträgen, von denen besonders Strawinskys *Psalmen-Symphonie* und Hindemiths *Konzert für Blechbläser und Streicher* ins Gewicht fallen. Der ehemalige Gewandhauskonzertmeister Charles Munch übernahm 1949 die Leitung des Orchesters.

Unter Munch unternahm das Orchester große Tourneen, auch nach Europa und in die Sowjetunion. Nach zwei relativ kurzen Perioden mit Erich Leinsdorf (1962–69) und William Steinberg (1969–72), kam 1973 der Japaner Seiji Ozawa, ein Karajan- und Bernsteinschüler. Ozawa, der mittlerweile seit über 20 Jahren das Orchester leitet, hat in zahlreichen Welttourneen den Ruf des Orchesters stetig gefestigt.

Markenzeichen der Bostoner ist der elegante Klang der Holzbläser, der sich durch ein weich-sonores Timbre auszeichnet.

Chicago Symphony Orchestra
Unter dem einflußreichen Dirigenten Theodore Thomas gab das »Junge Chicago Orchester« (so die damalige Bezeichnung des Orchesters) 1891 sein 1. Konzert. Das »Theodore Thomas Orchestra« (1905 benannte sich das Ensemble abermals um) bekam 1895 mit Frederick Stock einen ersten professionellen Dirigenten, der Abonnementsreihen einführte und populäre Konzerte organisierte. Dank mäzenatischer Unterstützung konnte das Orchester 1904 in die Orchestra Hall ziehen, dem ersten ausschließlich für Symphonie-Konzerte gebauten Saal der Vereinigten Staaten. 1913 bekam das Orchester seinen noch heute gültigen Namen: Chicago SO. Als Übergangsdirigenten sorgten Désiré Defauw (1943–47) und Artur Rodziński (1947–46) für Kontinuität. Der Versuch, Wilhelm Furtwängler als Dirigenten zu gewinnen, scheiterte am Widerstand jüdischer Musiker, die dem Dirigenten seine Konformität während der Nazi-Zeit vorwarfen. Rafael Kubeliks (1950–53) programmatische Kühnheiten (Viele Uraufführungen und 20 verschiedene Programme in 130 Konzerten) sorgten für nicht immer volle Säle. Von 1953 bis 1963 führte der Ungar Fritz Reiner den »präzisesten und flexibelsten Klangkörper der Welt« (Igor Strawinsky) mit autokratischer Strenge. Ähnlich wie Kubelik hatte auch Jean Martinon (1963–69) Schwierigkeiten, im Orchester ein zeitgenössisches Repertoire zu etablieren.

Georg Solti, ein damals mit Wagners *Ring* Furore machender Dirigent, übernahm das Orchester 1969 und konnte, als er das Orchester 1991 an Daniel Barenboim übergab, mit Fug und Recht behaupten, eines der besten Orchester der Welt hinterlassen zu haben. Solti und die Musiker haben einen Klang erarbeitet, der an Perfektion kaum zu überbieten ist. Die Blechsektion des Orchesters gilt als beste der Welt. Seit 1991 ist Daniel Barenboim Leiter.

Cleveland Orchestra
Auf Betreiben der Mäzenin Adella Prentiss Hughes gründete die »Musical Arts Association«, das Cleveland Orchestra, dessen damals 57 Musiker 1918 ihr 1. Konzert gaben. 15 Jahre leitete der russische Dirigent Nikolai Sokoloff das Orchester, das sich unter seiner Leitung zu einem respektablen Klangkörper mauserte (1924 dirigierte er die 1. Schallplattenaufnahme von Tschaikowskys *Ouvertüre 1812*). Artur Rodziński leitete dann von 1933 bis 1943 das mittlerweile berühmt gewordene Orchester. Nach einer wenig glücklich verlaufenden Interimszeit unter Erich Leinsdorf (1943–46) begann 1946 die »schmerz- und glanzvolle« Ära unter George Szell (bis 1970), die aber dem Orchester den Ruf eines Weltklasse-Orchesters einbrachte. Szell galt als perfekt und autoritär zugleich. Nach seinem Tod 1970 übernahm Lorin Maazel die Orchesterleitung (bis 1984). Maazels Nachfolge wurde von Christoph von Dohnányi angetreten, der die Tradition weiterführt und in erweitertem Maße auch Musik des 20. Jhs. vorstellt (W. Lutosławski: *Konzert für Orchester*, A. Schnittke: *5. Concerto Grosso*).

Concertgebouw Orkest siehe Amsterdam (Royal Concertgebouw Orkest)

Dresdner Philharmonie
1870 als Gewerbehausorchester gegründet, entwickelte sich der Vorläufer der Dresdner Philharmonie alsbald zu einem repräsentativen Klangkörper, der schon früh große Gastspielreisen unternahm. Prominente Dirigenten, Komponisten und Solisten arbeiteten mit dem Orchester, unter anderem Peter Tschaikowsky, Antonín Dvořák, Johannes Brahms, Richard Strauss, Arthur Rubinstein, Ferruccio Busoni, Fritz Kreisler, Pablo Casals und Eugene Ysaye. 1915 erfolgte die Benennung in Dresdner Philharmonisches Orchester, 1924 in Dresdner Philharmonie. 1934 übernahm der Holländer Paul van Kempen die Leitung des Orchesters und verschaffte ihm Weltruhm. 1944 wurde es aufgelöst, konnte aber ab 1945 wieder musizieren. Ab 1947 führte Heinz Bongartz das Ensemble und konnte erste internationale Erfolge erzielen. 1964–67 leitete Heinz Förster das Ensemble, danach Kurt Masur, von 1972 an Günther Herbig und 1977–85 Herbert Kegel. Ab 1986 war Jörg Peter Weigle Chefdirigent, der durch Auslandsgastspiele und Schallplattenproduktionen dem Orchester internationale Reputation verschaffte. Sein Nachfolger (seit 1994) ist Michel Plasson.

Sächsische Staatskapelle Dresden
Die Dresdner Staatskapelle gilt als das älteste Orchester der Welt. Als musikalischer Begleiter für Ritterspiele und Kostümfeste reichen die Annalen bis 1548 zurück. Zwei deutsche Musiker, die zum Inbegriff deutscher Musik gehören, standen dem Orchester vor: Heinrich Schütz und Carl Maria von Weber. Von 1617 bis 1672 durchlebte das Orchester eine von Krieg und stilistischem Wandel geprägte Phase; in diese Zeit fällt die UA der ersten deutschen Oper, der *Pastoral Tragicomoedie von der Dafne* von H. Schütz. Die Blütezeit des Orchesters begann mit C. M. von Weber, der von 1817 bis 1826 in Dresden wirkte und als universeller Organisator einen modernen Konzert- und Opernbetrieb einrichtete. Auch Richard Wagner, der bis zu seiner Flucht aus Dresden (1849) mit der »königlichen Kapelle« als Dirigent zusammenarbeitete trat als Orchesterreformer auf.

Karl Gottlieb Reissinger (1826–59), Julius Rietz (1874–77), Franz Wüllner (1877–84), Ernst von Schuch (1884–1914) und Fritz Reiner (1914–21) pflegten den Klangkörper und verschmolzen ihn mit dem Ideal klassischer und romantischer Musik. Mit dem Stuttgarter Dirigenten Fritz Busch (1922–33) wurden dann auch »aktuelle« Werke aufgeführt. Strawinsky zum Beispiel leitete in dieser Zeit die deutsche Erstaufführung seines *Oedipus Rex*. Busch, der politischen Intrigen zum Opfer fiel, wurde 1934 durch Karl Böhm (bis 1942) abgelöst. Böhm setzte maßgeblich die sprichwörtliche Richard Strauss-Tradition des Orchesters (UA der *Schweigsamen Frau* und *Daphne*) fort. Rudolf Kempe (1945–50), ebenfalls ein Richard Strauss-Kenner, blieb über die schwierigen Nachkriegsjahre ein wichtiger Vermittler der Tradition. Es folgten Franz Konwitschny (1953–55), Lovro von Matácic (1956–58), Otmar Suitner (1960–64), Kurt Sanderling (1964–67), Martin Turnovsky (1967/68), Herbert Blomstedt (1975–85), Hans Vonk (1985–89). Seit 1991 ist Giuseppe Sinopoli Chefdirigent der Sächsischen Staatskapelle Dresden, wie das Orchester des neuen Bundeslandes Sachsen nun wieder heißen kann.

Ensemble InterContemporain
siehe Paris

Ensemble Modern
siehe Frankfurt/Main

Filharmonia Narodova
siehe Warschau

Filharmonisk Selskap Orkestra
siehe Oslo

Ensemble Modern (Frankfurt/Main)
Das Ensemble Modern wurde 1980 gegründet und zunächst von der Jungen Deutschen Philharmonie organisatorisch geführt. Seit 1985 ist das Ensemble in Frankfurt/Main beheimatet. Entscheidungen über Programme, Besetzungsfragen treffen die 25 Mitglieder. Als das bekannteste und professionellste deutsche Solisten-Ensemble hat das Ensemble Modern eine führende Stellung unter den europäischen Spezialensembles für zeitgenössische Musik. Es arbeitet eng mit bedeutenden Komponisten (L. Berio, J. Adams, A. Braxton) und wichtigen Dirigenten zusammen (Ingo Metzmacher, Hans Zender, Pierre Boulez).

Orchestre de la Suisse Romande (Genf)
Am 18. Oktober 1913 gab das von Ernest Ansermet und dem Genfer Mäzen Maurice Pictet-de-Rochemont ins Leben gerufene Orchester sein Debüt. In der Figur des Mathematikers und Dirigenten Ernest Ansermet vereinten sich profundes Wissen um die Wurzeln musikalischer Phänomene und die Gabe, als Orchesterleiter über einen Zeitraum von fast 50 Jahren (1918–67) das Orchester auf außerordentlich hohem Niveau zu führen. Sprichwörtlich war sein Engagement für zeitgenössische Musik.

Das Orchester übernahm aus ökonomischen Erwägungen heraus mehrere Funktionen. Neben einem Abonnementszyklus in Genf und Lausanne spielte es für die »Radio-Télévision Suisse Romande« und fungierte im Grand Théâtre in Genf als Opernorchester.

In der Nachfolge von Ernest Ansermet leiteten Wolfgang Sawallisch (1970–80), Horst Stein (1980–85), Armin Jordan (1985–97) und in dessen Nachfolge Fabio Luisi das Orchester.

Als »Sprachrohr« für Schweizer (Honegger, Martin) und französische (Debussy, Ravel) Komponisten genießt das Orchester Weltruf.

Großes Symphonie-Orchester des russischen Rundfunks siehe Moskau

Gürzenich Orchester siehe Köln

Hallé Orchestra siehe Manchester

Philharmonisches Staatsorchester Hamburg

Das 1828 gegründete Orchester hieß zunächst »Philharmonische Konzertgesellschaft«. 1866–1910 hatte es einen schweren Konkurrenzkampf mit den von der Berliner Konzertagentur Wolff organisierten Konzerten der Berliner Philharmoniker und des Hamburger Opernorchesters zu bestehen. 1934 fusionierte es mit dem Opernorchester; diese Fusion begründete das heutige Philharmonische Staatsorchester Hamburg. Das Ensemble umfasst 134 Mitglieder und spielt neben Symphoniekonzerten auch in der hamburgischen Staatsoper. Zu den großen Dirigenten des Orchesters zählten Carl Muck (1922–33), Eugen Jochum (1934–49), Joseph Keilberth (1950–59), Wolfgang Sawallisch (1961–72), Aldo Ceccato (1972–83), Hans Zender (1984–86). Seit 1988 hat Gerd Albrecht die Leitung.

Symphonieorchester des Norddeutschen Rundfunks (Hamburg)

Das Orchester ist seit seiner Gründung 1945 sehr rasch zu einem der bedeutendsten europäischen Konzertorchester geworden. Dank der künstlerischen Prägung durch seinen Chefdirigenten Hans Schmidt-Isserstedt (1945–70) gewann es bereits 1949 auf einer Konzertreise durch Deutschland internationalen Ruf. Durch Hunderte von Rundfunksendungen wurde bald die Aufmerksamkeit des Auslands erregt.

In der Nachfolge von Hans Schmidt-Isserstedt leiteten Moshe Atzmon (1972–75), Klaus Tennstedt (1979–81), Günter Wand (1982–91), John Eliot Gardiner (1991–94) und seit 1996 Herbert Blomstedt das Orchester. Wands musikalische Interpretationen der Symphonien von Beethoven, Brahms und Bruckner gehören zu den Meilensteinen in der Geschichte des Orchesters. Das NDR-SO gilt neben dem SO des Bayerischen Rundfunks und dem RSO Berlin als eines der besten Rundfunkorchester.

Israel Philharmonic Orchestra

siehe Tel Aviv

Jerusalem Symphony Orchestra

Bis 1948 durchlief das ursprünglich als »Kammerorchester von Radio Palästina« (1936) ins Leben gerufene Orchester mehrere Metamorphosen, bis es seinen heutigen Namen erhielt. Als Rundfunkorchester ist es in besonderem Maße der zeitgenössischen Musik verpflichtet. Zu den berühmteren Chefdirigenten zählten Lukas Foss (1972–75), Gary Bertini (1977–86), Laurence Foster (1988–91). Seit 1992 leitet David Shallon das Orchester. Unter anderem wurden Igor Strawinskys *Abraham und Isaac* (1964) und Darius Milhauds *David* (1954) durch das Jerusalem SO uraufgeführt.

Gürzenich Orchester (Köln)

Die ersten Anfänge sind in der bis ins 15. Jh. zurückreichenden Domkapelle zu suchen. Dom- und Ratskapelle bildeten im gesamten 18. Jh. eine sich unterstützende Orchestereinheit, in der die Kölner das musikalische Markenzeichen ihrer Stadt sahen. Die Französische Revolution beraubte 1803 das Orchester seiner sämtlichen Musikstiftungen. Seine Weiterexistenz verdankte es der beispiellosen Musikliebe der Kölner Bürgerschaft. Die Niederrheinischen Musikfeste, deren erstes 1821 veranstaltet wurde, fanden seit 1857 in dem zu einem repräsentativen Konzertsaal umgebauten Gürzenich statt. Dieser Saal genoß schon Berühmtheit, lange bevor der Concertgebouw und der Wiener Musikvereinssaal entstanden. Die »Gürzenich-Konzerte« begründeten von nun an Kölns Ruf als einer Musikmetropole.

1840 wurde das Amt des städtischen Kapellmeisters geschaffen, dessen erster Würdenträger Conradin Kreutzer wurde. Ihm folgten Heinrich Dorn (1843–49), Ferdinand Hiller (1850–84), Franz Wüllner (1884–1902), Fritz Steinbach (1902–14), Hermann Abendroth (1915–34), Eugen Papst (1936–44), Günter Wand (1946–75), Yuri Ahronowitsch (1975–86), Marek Janowski (1986–90). Seit 1990 leitet James Conlon das Gürzenich-Orchester.

Kölner Rundfunk-Symphonie-Orchester

Das Kölner RSO besteht seit 1947; es wurde nach dem Krieg im Kölner Haus des damaligen NWDR gegründet. Zu den Kölner Stammusikern kamen später weitere »Kräfte« aus West- und Mitteldeutschland, insbesondere aus Berlin und Leipzig hinzu. Heute umfasst das Orchester 118 Musiker. Neben Symphoniekonzerten mit Werken der Klassik, der Romantik und der traditionsgebundenen »klassischen« Moderne spielt das Orchester in jedem Jahr mehrere Konzerte der Reihe »Musik der Zeit«, in denen zahlreiche Werke uraufgeführt wurden und werden (K. A. Hartmann: *8. Symphonie* 1963; L. Berio: *Coro* 1976; A. Pärt: *Te Deum* 1985; G. Ligeti: *Klavierkonzert* 1980). Darüberhinaus bestehen seine Aufgaben in der Aufnahme von Opern, Chor- und Instrumentalwerken für Rundfunksendungen. Seit Gründung des Orchesters leiteten namhafte Dirigenten den Rundfunk-Klangkörper: Christoph von Dohnányi (1964–69), Zdenek Macal (1970–74), Hiroshi Wakasugi (1977–83) und Gary Bertini (1983–91). Seit 1991 ist der Holländer Hans Vonk Chefdirigent des Orchesters.

Gewandhausorchester Leipzig

Das Orchester wurde 1781 gegründet und im oberen Saal des im gleichen Jahr eingeweihten Gewandhauses untergebracht. 1743 war von der Leipziger Kaufmannschaft bereits eine »Große Konzert-Gesellschaft« ins Leben gerufen worden, die als Vorläufer des Gewandhausorchesters betrachtet werden kann, dem zu Beginn 27 Musiker angehörten und das vom Konzertmeister dirigiert wurde. Der 2. Gewandhaussaal, zwischen 1881 und 1884 gebaut, wurde bei der Bombardierung Leipzigs am 20. Februar 1944 völlig zerstört. 1981 wurde der neue Saal zum 200. Geburtstag des Orchesters eingeweiht.
Heute gehören dem Orchester 200 Musiker an. Das Orchester gibt regelmäßig Symphonie-Konzerte, ist für die Kirchenmusik in Sankt Thomas zuständig und fungiert schließlich als Orchester der Leipziger Oper. Zum 200. Geburtstag des Orchesters komponierten Alfred Schnittke *(3. Symphonie)* und Gija Kantscheli *(6. Symphonie)* bedeutende Werke. Mit Felix Mendelssohn Bartholdy (1835–47) bekam das Orchester einen Dirigenten, der exzessiv viel zeitgenössische Musik (alle Schumann-Symphonien) aufführte, als erster Dirigent wie Carl Maria von Weber in Dresden einen Taktstock benutzte und für den Orchesternachwuchs ein Konservatorium einrichtete. Große Dirigenten wie Arthur Nikisch (1895–1922), Bruno Walter (1929–33) und Hermann Abendroth (1934–45) bewahrten die Tradition und festigten den Ruf als eines der besten Orchester seiner Zeit. Herbert Albert (1946–48), Franz Konwitschny (1949–62), Vaclav Neumann (1964–68) verfolgten diese Linie bis zum Amtsantritt Kurt Masurs (1970–96). Sein Nachfolger ist ab 1998 Herbert Blomstedt.

Leningrader Philharmoniker

siehe Sankt Petersburg (Philharmonisches Orchester)

Academy of St. Martin-in-the-Fields (London)

Das in London beheimatete Orchester wurde 1959 von dem Dirigenten Neville Marriner gegründet. Das Ensemble spielte früher zur Mittagszeit in der Londoner Kirche St. Martin-in-the-Fields. Zwei Besetzungsgrößen sind für das Orchester typisch. Rund 50 Musiker umfaßt das große Ensemble, während die kleine Formation mit 15 Streichern auskommt. 1975 wurde dem Orchester ein Chor angegliedert, der von Laszlo Heltay geleitet wird. 1959 übernahm Neville

Marriner die große Formation. Die äußerst begabten Violinisten Iona Brown und Kenneth Sillito leiten die kleine Formation. Neben barocken und klassischen Werken, führte die Academy folgende Werke zum ersten Mal auf: *Music for Strings* (Richard Rodney Bennett), *Sinfonia Concertante* (Peter Maxwell Davies), *Sonata for Strings* (William Walton).

Die Academy of St. Martin-in-the-Fields gilt heute als das traditionsreichste englische Kammerorchester, das dem Trend der Zeit entsprechend, auch in klassisch-romantischer Orchesterstärke symphonisches Repertoire bis hin zu Werken des frühen 20. Jhs. (Edward Elgar: *Enigma-Variationen*) bereithält.

London Philharmonic Orchestra

Am 7. Oktober 1932 gab das von Sir Thomas Beecham gegründete London PO sein vielumjubeltes Debut. Es war von Sir Thomas mit der Absicht gegründet worden, das Londoner Spitzenensemble auf die Beine zu stellen, einen Klangkörper, der sich mit den Eliteorchestern aus Berlin und Wien messen konnte.

Seit 1939 – Beecham dirigierte in dieser Zeit oft in Nordamerika und Australien – verwaltete sich das Orchester selbst. In den Jahren von 1933–39 diente es im Opernhaus von Covent Garden und seit 1964 bei den Festspielen von Glyndebourne als Opernorchester. Während des Zweiten Weltkrieges (1941) wurde die Queen's Hall, das Stammhaus der Philharmoniker, restlos zerstört. Eine beispiellose Spendenaktion sorgte für die Wiederbeschaffung der im Bombenhagel zerstörten Instrumente des Orchesters. Mit Dirigenten wie Sir Thomas Beecham (1932–39), Eduard van Beinum (1948–50), Sir Adrian Boult (1951–57), William Steinberg (1958– 60), Sir John Pritchard (1962–66), Bernard Haitink (1967–79), Georg Solti (1979–83) und Klaus Tennstedt (1983–87) erreichte das Orchester Weltniveau. Seit 1992 leitet der junge Österreicher Franz Welser-Möst das Orchester. Im South Bank Centre, Europas größtem Kulturzentrum, residiert das Orchester seit 1992.

London Symphony Orchestra

Instrumentalisten, die im Streit mit dem Dirigenten Sir Henry Wood das Orchester der Queen's Hall verließen, gründeten 1904 das London Symphony Orchestra und optierten von Anfang an für das Prinzip der Selbstverwaltung. 1912 unternahm das Londoner Orchester als erstes europäisches Ensemble eine Tournee durch die Vereinigten Staaten. Der Dirigent war damals Arthur Nikisch. Von 1911–50 arbeitete das Orchester ohne Chefdirigent; während dieser Zeit leiteten Edward Elgar, Albert Coates und Sir Hamilton Harty als Gäste die meisten Konzerte. Bis 1950 schlug sich das Orchester mit Filmmusikaufnahmen durch. 1950–54 war Josef Krips Leiter des Orchesters. Der Franzose Pierre Monteux (1961–64) hinterließ nach seinem Tod ein Spitzenorchester. Mit dem Filmmusiker und Jazzpianisten André Previn (1968–79) wurde ein Außenseiter Chef des London SO. Doch gerade Previn gelang es, dem Orchester ein populäres (viele Poparrangements) Image zu verpassen. Claudio Abbado (1979–88) und der Bernsteinschüler Michael Tilson-Thomas setzten die seriöse Entwicklung erfolgreich fort. Seit 1995 ist Sir Colin Daris Chefdirigent.

Das London Symphony Orchestra mit seinem Dirigenten Michael Tilson-Thomas

Royal Philharmonic Orchestra (London)

Als jüngstes der großen Londoner Orchester wurde das Royal Philharmonic Orchestra 1946 von Sir Thomas Beecham gegründet. Schnell behauptete sich das Ensemble gegen die Konkurrenz und spielte ab 1952 zum ersten Mal auf den berühmten Henry Wood Proms (den legendären Promenadenkonzerten). 1947–63 war es auf den Opernfestspielen in Glyndebourne vertreten. Schwerpunkt war aber die Arbeit im Plattenstudio; so machte das Orchester in den 50er Jahren Aufnahmen mit Strawinsky und Gennadi Roshdestwenski. Norman del Mar, Rudolf Kempe sowie René Leibowitz waren in den 50er und 60er Jahren regelmäßige Gäste.

Ab 1963 entschied sich das fast liquidierte Orchester aus Mangel an größeren Engagements zur Selbstverwaltung. Die Dirigenten Antal Dorati (1975–78), Walter Weller (1980–85), André Previn (seit 1985) und Vladimir Ashkenazy (1987–94) manövrierten das Orchester, das in den 80er Jahren durch lukrative Pop-Klassik-Produktionen die finanzielle Misere überlebte, gemeinsam durch die klippenreiche Londoner Orchesterszene. Seit 1995 ist Daniele Gatti im Amt.

The Philharmonia (London)

Der Schallplattenproduzent Walter Legge gründete das Orchester 1945 ausschließlich für Studioaufnahmen. Aus allen großen Londoner Orchestern wurden nur die besten Musiker »eingekauft«. Sir Thomas Beecham dirigierte am 25. Oktober 1945 das 1. Konzert. Im Jahre 1964 – Walter Legges »Rückzug« vom Orchester drohte das Orchester aufzulösen – organisierte sich das Orchester auf genossenschaftlicher Basis und wurde in New Philharmonia Orchestra umbenannt; nun begann das Orchester auch verstärkt öffentliche Konzerte zu geben. Otto Klemperer, der von Legge einen Vertrag auf Lebenszeit bekommen hatte, unterstützte diese Reorganisation und blieb Chef des Orchesters bis zu seinem Tod 1973. Seit 1988 heißt das zwischenzeitlich (1977) wieder in Philharmonia Orchestra umbenannte Orchester The Philharmonia.

Als Chefdirigenten versahen nur die Besten ihr Amt: Herbert von Karajan (bis 1959), Otto Klemperer (1955–73), Riccardo Muti (1973–82). Seit Beginn der Saison 1983/84 leitete Giuseppe Sinopoli das Orchester als Chefdirigent, 1987–95 als Musikdirektor.

Los Angeles Philharmonic Orchestra
Das Orchester wurde 1919 ins Leben gerufen. Es spielte während des Winters im Dorothy-Chandler Pavillon (Kammermusikkonzerte) und während des Sommers auf der berühmten Hollywood Bowl (Pops Konzerte). Seit 1926 existieren die von Alfred Hertz ins Leben gerufenen Sommerspielzeiten. Ab 1969 verstärkte das Orchester sein Engagement für zeitgenössische Musik und gab viele Konzerte mit zeitgenössischer Musik, die größtenteils von Pierre Boulez geleitet wurden. In den Zeiträumen 1939–43, 1959–62 und 1984–86 arbeitete das Orchester mit Gastdirigenten. Zubin Mehta (1962–77) löste den Concertgebouw-Chef Eduard van Beinum (1956– 59) ab und kreierte – das Vorbild Furtwänglers vor Augen – einen weichen und abgerundeten Gesamtklang, der im Gegensatz zur stählernen Präzision des Chicago SO steht. Carlo Maria Giulini (1978– 84) und André Previn (1986–89) waren mehr als würdige Nachfolger. Der Finne Esa-Pekka Salonen (seit 1992) ist ein temperamentvoller und neuen Klängen sehr aufgeschlossener Teamworker.

Orchestra filarmonica della Scala (Mailand)
Claudio Abbado gründete 1982 das Symphonieorchester mit der Mailänder Scala. Das Orchester konzertiert unabhängig von der Oper, ist zudem finanziell von der Oper getrennt und gibt eigene Konzertreihen. 1986 übernahm Riccardo Muti die Leitung.

Hallé Orchestra (Manchester)
Das Hallé Orchestra ist Englands ältestes Symphonieorchester. Es wurde 1858 von dem deutschen Pianisten und Dirigenten Charles Hallé gegründet.In der langen Orchestergeschichte (bis 1991) gab es erst 7 ständige Dirigenten: Sir Charles Hallé (1858–95), Hans Richter (1899–1911), Michael Balling (1912–14), Sir Thomas Beecham (1914–20), Sir Hamilton Harty (1921–33), Sir John Barbirolli (1943– 70), James Loughran (1970–83) und Stanislaw Skrowacszewski (1984–92). Seit 1992 leitet der Amerikaner Kent Nagano das Orchester.

Orchestre Symphonique de Montréal
Im Jahre 1934 wurde die »Société des Concerts symphoniques« gegründet, die in Montréal das symphonische Konzertleben maßgeblich prägte. 1953 erfolgte die Umbennung in Orchestre Symphonique de Montréal. Besonders die Dirigenten Zubin Mehta (1961– 67) und Rafael Frühbeck de Burgos (1975–77) verschafften dem Orchester internationales Ansehen. Seit 1977 leitet der Schweizer Dirigent Charles Dutoit den kanadischen Klangkörper.

Großes Symphonie-Orchester des russischen Rundfunks (Moskau)
Das 1930 gegründete Orchester übernimmt auch heute noch wichtige Funktionen in der Verbreitung klassischer Musik in fast allen Landesteilen auf dem Territorium der Ex-Sowjetunion. Seit 1964 ist es in verstärktem Maße auch als Schallplattenorchester für die staatliche Plattenfirma »Melodia« im Einsatz.

Die Dirigenten Alexander Orlow (1930–37) und Nikolai Golowanow (1937–53) erarbeiteten ein großes Repertoire, vor allem russischer Symphonik. Alexander Gauk (1953–61) wurde der erste auch im Westen geschätzte Dirigent, der sich sehr für die Orchesterwerke Prokofjews einsetzte. Gennadi Roshdestwenski (1961–74) führte das Orchester auf internationalen Konzerttourneen und arbeitete mit bedeutenden Solisten zusammen. Seit 1974 leitet Wladimir Fedossejew das Orchester.

Staatliches Symphonieorchester des Kulturministeriums der Republik Rußland (Moskau)
Das jüngste Moskauer Symphonieorchester wurde 1982 gegründet und ist seither größtenteils mit der Produktion von Schallplatten beschäftigt. Roshdestwenski spielte mit dem Orchester große Symphonie-Zyklen ein (Gesamtaufnahmen der Symphonien Anton Bruckners und Dmitri Schostakowitschs). Ab Mitte der 80er Jahre reiste das Orchester auch ins Ausland. Seit Gründung des Orchesters steht Gennadi Roshdestwenski an der Spitze des Orchesters.

Münchener Philharmoniker
Der Philologe Dr. Franz Kaim gründete 1893 das Orchester zunächst unter dem Namen »Kaim-Orchester«. Zwischenzeitlich hieß es auch »Orchester des Münchener Konzertvereins«, bis es 1924 neu gegründet wurde und den heutigen Namen annahm. Unter Rudolf Kempe (1967–76) wurde das Orchester ein international vielbeachteter Interpret für die Orchesterwerke von R. Strauss'. Mit Sergiu Celibidache (seit 1979) hatte das Orchester bis zu dessen Tod 1996 einen der letzten großen Maestri, dessen eigenwilliger Führungsstil dem eines Toscanini nicht unähnlich war, an seiner Spitze. Celibidaches Interpretationen der Symphonien Bruckners zählen neben denen Günter Wands zu den maßgeblichen der Gegenwart. Mit 130 Planstellen sind die Münchener Philharmoniker das größte deutsche Konzertorchester.

Symphonieorchester des Bayerischen Rundfunks (München)
1949 wurde das Radio-Orchester nach dem Vorbild des von Arturo Toscanini geleiteten NBC SO als erstklassiges Ensemble gegründet, das sowohl im Studio als auch im öffentlichen Konzertleben in Erscheinung tritt. Heute gehören ihm 115 Mitglieder an. Legendär sind die Konzerte mit Igor Strawinsky, der in der Reihe Musica Viva seinen *Oedipus Rex* dirigierte. Das SO des BR ist auch sonst maßgeblich an den Musica Viva-Konzerten beteiligt gewesen, die der Münchener Komponist Karl Amadeus Hartmann (1905–63) organisierte.

Die drei bis 1992 wirkenden Dirigenten prägten den Stil des Orchesters nachhaltig: Eugen Jochum (1949–60), Rafael Kubelik (1961–79) und Sir Colin Davis (1983–92). Mit der Wahl von Lorin Maazel zum Chefdirigenten hat sich das Orchester einen der exklusivsten Musiker seiner Zunft ans Pult geholt.

New York Philharmonic Orchestra
Das 1842 gegründete Orchester hieß noch bis 1892 »New York Philharmonic Society«. 1928 fusionierte es mit dem »New York Symphony Orchestra«. Vielleicht ist es immer noch ein kleines Geheimnis, daß Gustav Mahler, der von der Metropolitan Opera kam, die New Yorker Philharmoniker von 1909–11 leitete. Prägend für die New Yorker waren ohne Zweifel die Jahre mit Leonard Bernstein (1958–69), der das Orchester mit geradezu leidenschaftlicher Zuneigung leitete und zu einem der vielseitigsten amerikanischen Klangkörper formte. Legendär waren die Jahre mit dem »Über-Dirigenten« Arturo Toscanini (1928–36), widersprüchlich und spannungsreich die Zeit mit Leopold Stokowski und Dimitri Mitropoulos (1949–57). Die Jahre mit dem französischen Avantgarde-Komponisten Pierre Boulez (1971–77) brachten ungewohnte Programme, die dem »Showeffekt« klassischer Konzerte wenig entgegenkamen. Mit anspruchsvollen Zusammenstellungen wurde dem einfachen Abonnentengeschmack einiges zugemutet. Die konservative Wachablösung erfolgte dann mit dem Inder Zubin Mehta, der in kühl berechnender, aber enorm effektvoller Art spätromantische Programme erarbeitete. Eine ungewöhnliche Ehe zwischen dem eigenwilligen Orchester scheint sich seit Beginn der Saison 1991/92 anzubahnen. Für manche Kritiker ein Politikum, für andere ein klares Votum für einen Vollblutdirigenten. Gewandhauskapellmeister Kurt Masur will europäische Klangsinnlichkeit mit nordamerikanischer Orchesterpräzision verbinden.

Orchestra dell'Accademia Nazionale di Santa Cecilia
siehe Rom

Philadelphia Orchestra
Das amerikanische Orchester wurde 1900 aus Musikern des 1856 gegründeten Germania Orchestra gebildet. Der aus Lübeck stammende Fritz Scheel (1900–07) verschaffte ihm rasch landesweite Geltung. Nach dem glanzlosen Intermezzo des ebenfalls deutschbürtigen Carl Pohlig (1907–12) erreichte das inzwischen auf 104 Musiker angewachsene Orchester unter der Ägide von Leopold Stokowsky (1912–38) Weltrang. 1917 nahm er seine erste Schallplatte auf, 1925 kam die erste elektrische Schallplatteneinspielung zustande, 1927 das erste direkt übertragene Rundfunkkonzert. Nach Stokowskys Tod übernahm Eugene Ormandy bis 1979 das Orchester, das unter seiner Leitung den spezifischen streicherbetonten Klang erhielt (Ormandy war Schüler von Jenö Hubay). 1973 leitete er das erste Gastspiel eines amerikanischen Orchesters in der Volksrepublik China. Nachfolger Ormandys war Riccardo Muti (1980–92); seit 1992 hat das Orchester mit Wolfgang Sawallisch wiederum einen deutschen Direktor.

Pittsburgh Symphony Orchestra
Das Orchester wurde 1895 gegründet, 1910 aufgelöst und 1926 neu gegründet. Der Engländer Frederick Archer leitete das 1. Konzert am 27. Februar 1896, der als Chefdirigent 1898 von Victor Herbert abgelöst wurde. Berühmte Gastdirigenten wie Walter Damrosch, Richard Strauss oder Ernst von Dohnányi besuchten in seiner Amtszeit das Orchester. Von 1904–10 übernahm Emil Paur das Orchester. 1910 löste sich der Klangkörper wegen akuten Geldmangels auf. Das wiedergeborene Pittsburgh SO gab am 2. Mai 1926 sein 2. Debut. Unter Antonio Modarelli (1930–37) schlug sich das Orchester mehr schlecht als recht und nicht gerade auf höchstem Niveau durch. Erst unter Otto Klemperer (1937/38) und Fritz Reiner (1938–48) gewannen die Pittsburgher an Substanz. Die Ära William Steinberg (1952–76) sorgte für internationale Popularität und ein enormes Pensum an Schallplattenaufnahmen. Seine Nachfolger waren André Previn (1976–84), Lorin Maazel (1984–96) und neuerdings Mariss Jansons.

Tschechische Philharmonie (Prag)
Das Orchester wurde 1894 als Nebenzweig des Prager Nationalorchesters gegründet. Antonín Dvořák leitete 1896 das erste Konzert. 1945 kam es in den Rang eines Staatsorchesters, das zahlreiche tschechische Werke uraufführte. In der Reihe der Dirigenten ragen besonders Rafael Kubelik (1942–48), Karel Ančerl (1950–68) und Václav Neumann (1968–90) hervor. Die unklare Situation in der ehemaligen Tschechoslowakei verkürzte die Zeit des Neumann-Nachfolgers Jiří Bělohlávek (1990–92). Gerd Albrecht (1994–96), mußte wegen politisch motivierter Intrigen vorzeitig aufgeben. Nachfolger (ab Januar 1998) ist Wladimir Ashkenazy.

Orchestra dell'Accademia Nazionale di Santa Cecilia (Rom)
Bereits schon 1895 gab das Orchester Konzerte, wurde aber erst 1908 unter Leitung des Grafen Enrico di San Martino zu einer festen Größe im römischen Musikleben. Bis 1936 blieb es unter dem Namen »Orchestra dell'Augusteo« bekannt. Nach dem Abbruch des Teatro Augusteo wechselte das Orchester häufiger die Spielorte. Von 1936–46 spielte es öfter im Teatro Adriano, dann im Teatro Argentina und schließlich auch im Auditorio della Conciliazione. Zu den bekannteren Chefdirigenten zählten Igor Markevitch (1973–75) und Giuseppe Sinopoli (1983–87); Ottorino Respighis beliebte Tondichtungen *Fontane di Roma* (1917) und *Pini di Roma* (1924) wurden von der »Accademia« uraufgeführt.

Orchestra filharmonica della Scala
siehe Mailand

Orchestre de la Suisse Romande
siehe Genf

Orchestre National de France
siehe Paris

Filharmonisk Selskap Orkester (Oslo)
Das 1919 gegründete Orchester hat sich Dank des kraftstrotzenden Dirigenten Mariss Jansons (1979–96) zu einem im internationalen Orchesterbetrieb angesehenen Ensemble entwickelt. Die Aufnahmen mit sämtlichen Tschaikowsky-Symphonien und einem Schostakowitsch-Zyklus geben ein vorzügliches Zeugnis seiner dynamischen Flexibilität ab.

Ensemble InterContemporain (Paris)
Der Komponist und Dirigent Pierre Boulez engagierte sich schon früh für die Schaffung eines hochprofessionellen Ensembles, das seine Aufmerksamkeit der Pflege neuester Musik schenkt. Neben der Wahrnehmung pädagogischer Aufgaben veranstaltet das Ensemble auch Gesprächskonzerte, um die Auseinandersetzung mit zeitgenössischer Musik anzuregen. 1976 wurde dieses Profi-Ensemble ins Leben gerufen und bestreitet seitdem eine beachtliche Konzertreihe mit Neuer Musik. Regelmäßig kommen aber auch die Klassiker der Moderne (Schönberg, Berg, Webern, Strawinsky) zur Aufführung. Boulez' fordernde Probenarbeit verhalfen ihm zu weltweiter Anerkennung. Das Ensemble ist dem Pariser Musikforschungszentrum IRCAM angegliedert.

Orchestre de Paris
Das Orchestre de Paris wurde 1967 als Elite-Orchester im Auftrag des Kulturministeriums gegründet und trat die historische Nachfolge des »Orchestre de la Société des Concerts du Conservatoire« an. Neben reinen Symphoniekonzerten, die sowohl im Théatre des Champs-Elysées, als auch im Palais des Congrès und heute in der Salle Pleyel stattfinden, wurden ab 1975 aber auch kammermusikalische Veranstaltungen durchgeführt. Die Konzerte finden meist mit internationalen bekannten Solisten statt. Als Musikdirektoren haben in der noch jungen Orchestergeschichte Charles Münch (1967–68), Herbert von Karajan (Berater 1969–71), Sir Georg Solti (1972–75) und Daniel Barenboim (1975–89) dem Klangkörper weltweites Ansehen verschafft. Seit 1989 leitet Semyon Bychkov das ausgezeichnete Orchester.

Orchestre National de France (Paris)
Im Februar 1934 wurde das 80 Musiker umfassende Orchester gegründet und konnte bereits schon im März des gleichen Jahres im Saal des Ancien Conservatoire sein erstes Konzert geben. Während des Zweiten Weltkriegs mußte das Orchester mehrmals den Kriegswirren weichen. Zwischenstationen waren Rennes und Marseille. 1943 kehrte das Orchester in das besetzte Paris zurück. Von nun an trat es regelmäßig im Théatre des Champs-Elysées unter Dirigenten wie André Cluytens und Charles Münch auf. Maßgeblich ist das Orchester an Radio-Produktionen beteiligt und gilt gleichzeitig als prestigeträchtiges Reiseorchester, das französische Musik weltweit vorstellt. Mittlerweile ist das Orchester auf 116 Musiker angewachsen. Seit 1991 ist Charles Dutoit Musikdirektor.

Orchestre Philharmonique de Radio-France (Paris)
1976 wurde unter dem Namen »Nouvel Orchestre Philharmonique de Radio-France« ein neues Pariser Orchester gegründet, das erst 1989 den heute gültigen Namen Orchestre Philharmonique de Radio-France erhielt. Das Orchester, das

aus den Mitgliedern des »Orchestre Philharmonique« und des »Orchestre Lyrique« des staatlichen Rundfunks gebildet wurde, erfüllt mit seinen 137 Musikern eine Fülle von Aufgaben. Sowohl Symphoniekonzerte, aber auch konzertante Opernaufführungen, Kammermusik, religiöse und zeitgenössische Musik gehören zum vielfältigen Repertoire des Orchesters. Ferner ist es an verschiedenen Festivals beteiligt. Marek Janowski leitet das Orchester seit 1983.

The Philharmonia
siehe London

Royal Concertgebouw Orkest
siehe Amsterdam

Royal Philharmonic Orchestra
siehe London

San Francisco Symphony
Das Debut-Konzert des San Francisco Symphony fand 1911 unter seinem ersten Dirigenten und musikalischen Direktor Hadley statt. Seine Nachfolger waren Alfred Hertz (1915–29), Basil Cameron (1929–31), Issay Dobrowen (1931–34), Pierre Monteux (1935–52), Enrique Jordá (1954–63), Josef Krips (1963–70), Seiji Ozawa (1970–76), Edo de Waart (1976–85) und seit 1985 Herbert Blomstedt. In der Zeit mit Pierre Monteux errang das Orchester, besonders wegen der ausgezeichneten Strawinsky-Einspielungen *(Petruschka, Le Sacre du Printemps)* Weltgeltung. Ozawa und de Waart, der den mittlerweile renommierten Komponisten J. Adams als Composer in Residence berief, erarbeiteten vorbildliche Programme mit zeitgenössischer Musik. Blomstedt (1985–95). Sein Nachfolger Michael Tilson-Thomas setzte mit Nielsen und Bruckner neue Akzente.

Philharmonisches Orchester Sankt Petersburg (Leningrader Philharmoniker)
Das Philharmonische Orchester von Sankt Petersburg ist das älteste SO der ehemaligen Sowjetunion. Kurz nach Ausbruch der Russischen Revolution wurde das Orchester gegründet und gab sein erstes Konzert am 7. November 1917. Erster Chefdirigent des Orchesters wurde Serge Kussewitzky (1917–20). Nach Nikolai Malko (1926–30) kam Emil Gauk (1930–33). Der aus Deutschland emigrierte Franz Stiedry übernahm bis 1937 die Leitung des Orchesters. Er trat aus Protest gegen das stalinistische Regime zurück. Die Ära Jewgeni Mrawinski (1938–88) gilt als das goldene Zeitalter. Nie zuvor hat ein einzelner Dirigent mit diktatorischer Strenge und Disziplin ein Orchester über 50 Jahre geführt und erzogen.

Der Leningrader Klang ist unverwechselbar und selbst der heutige Chefdirigent Yuri Temirkanow (seit 1988) weiß, daß die Erinnerung an Jewgeni Mrawinski im Orchester stets präsent ist. Höchstens noch George Szell, Arturo Toscanini und Sergiu Celibidache können dieses »tyrannische« Charisma vorweisen. Die Interpretation der Symphonien Tschaikowskys unter Mrawinski brachte dem Orchester Weltruhm.

Markant an diesem Orchester ist die Sitzordnung der Streicher. Die ersten Violinen sitzen links vom Dirigenten, die zweiten Violinen zu seiner Rechten. Die Celli sitzen neben den ersten Violinen, dahinter die Kontrabässe, während die Bratschen zwischen Celli und zweiten Violinen angeordnet sind.

Staatliches Symphonieorchester des Kulturministeriums der Republik Rußland
siehe Moskau

Königlich Philharmonisches Orchester Stockholm
Im Jahre 1914 wurde das Orchester im Zuge der Festanstellung von 70 Orchestermusikern gegründet. Im weiteren Verlauf jenes Jahres wurde Georg Schnéevoigt Chefdirigent (bis 1925). 1926 kam Václav Talich (bis 1936). Ihm folgte Fritz Busch (1937–40), der aber wegen des Kriegsausbruchs vorzeitig zurücktreten mußte. Der 2. Konzertmeister Carl Garaguly sprang daraufhin als Dirigent ein und blieb bis 1953. Später leitete der Chef des NDR-SO, Hans Schmidt-Isserstedt (1955–64), die Philharmoniker. 1966 setzte Antal Doráti neue Akzente. So machte das Orchester zum ersten Mal große Tourneen durch Europa und die USA. Von nun an war das 1. Orchester Schwedens ein international geschätzter Klangkörper. Dorátis Amtszeit dauerte bis 1975. Sein Nachfolger Gennadi Roshdestwenski blieb bis 1977. Yuri Ahronowitsch (1982–87) und Paavo Berglund (1987–91) folgten, bis 1991 wiederum Roshdestwenski die Leitung übernahm (bis 1995).

Radio-Symphonie-Orchester Stuttgart
Maßgeblich als große Formation für Rundfunkproduktionen wurde das RSO 1946 gegründet. Es ist aber auch regelmäßiger Gast auf den Schwetzinger Festspielen. Die Aufbauphase betreute Hans Müller-Kray (1948–69). 1969–83 arbeitete das Orchester mit Gastdirigenten. 1983–89 wurde es von Neville Marriner geleitet, 1989–95 von Gianluigi Gelmetti. Sein Nachfolger ist Georges Prêtre.

Symphonieorchester des Bayerischen Rundfunks siehe München

Israel Philharmonic Orchestra (Tel Aviv)
Das »Symphonie-Orchester Palästina« wurde 1936 von dem Geiger Bronislaw Hubermann in Tel Aviv gegründet. Zu einem internationalen Medienereignis wurde das grandiose Debut-Konzert des Orchesters, das im Oktober 1936 kein geringerer als Arturo Toscanini leitete. Seit 1948 heißt es Israel Philharmonic Orchestra. Russische und amerikanische Einwanderer bilden den ersten Musikerstamm.

Mittlerweile sind weit über die Hälfte der Orchestermitglieder in Israel ausgebildete Instrumentalisten. Zu den musikalischen Beratern zählten einige der weltbesten Dirigenten: William Steinberg (1936–38), Leonard Bernstein (1947–49) und Zubin Mehta (seit 1977), der 1981 zum Musikdirektor auf Lebenszeit ernannt wurde. Kompositionen u. a. von Leonard Bernstein (*Serenade* 1954, *Symphonie Nr. 3, Ode for Jerusalem* 1973) und Paul-Ben Haim (*The Sweet Psalmist of Israel* 1956) wurden vom Israel Philharmonic Orchestra aus der Taufe gehoben.

Tschechische Philharmonie
siehe Prag

Filharmonia Narodova (Warschau)
1901 gab die Filharmonia Narodova ihr 1. Konzert. Der Dirigent, Geiger und Musikpädagoge Emil Mlynarski (1901–07) war Mitbegründer und erster ständiger Dirigent. Vor dem Ersten Weltkrieg und zwischen den Kriegen arbeiteten viele berühmte Dirigenten und Solisten mit dem Orchester zusammen. Durch diese Internationalität entwickelte sich der Klangkörper zum repräsentativsten Orchester Polens. Während des Zweiten Weltkrieges erlitt die Filharmonia Narodova katastrophale Verluste: Das Konzerthaus wurde völlig ausgebombt. Von allen Orchestermusikern überlebten nur 32 den Krieg. Nach mehreren Umbruchsphasen konnte das Orchester in der Saison 1948/49 seine Konzertreihen wieder regelmäßig stattfinden lassen. Ende 1950 wurde Witold Rowicki zum künstlerischen Leiter und Chefdirigenten ernannt. Er reorganisierte das Orchester und konnte so wieder ein künstlerisch eigenständiges Ensemble zusammenstellen. Am 21. Februar 1951 konnte das nun endgültig in Nationalphilharmonie (Filharmonia Narodova) umgetaufte Orchester seine wiederaufgebaute Konzerthalle beziehen.
Seit 1977 ist Kazimierz Kord Chefdirigent. Das Orchester widmet sich ausgiebig der Pflege polnischer Musik.

Wiener Philharmoniker

Am 28. März 1842 dirigierte Franz Lachner, seit 1830 Kapellmeister am Hofopernorchester in Wien, das 1. Konzert der »Philharmonischen Academie« im großen Redoutensaal. Lachners autoritärer Führungsstil führte 1847 zum Bruch mit dem selbstbewußten Orchester. Nach einer krisenhaften Durststrecke begann der eigentliche Abonnementsbetrieb am 15. Januar 1860 unter dem Dirigenten Carl Eckert. Als regelmäßige Gastdirigenten traten auf: Otto Dessoff (1860–75), Wilhelm Jahn (1882/83), Hans Richter (1875–82 und 1883–98), Gustav Mahler (1898–1901), Joseph Hellmesberger jun. (1901–03), Felix von Weingartner (1908–27), Wilhelm Furtwängler (1927–30), Clemens Kraus (1930–33) und seit 1933 verschiedene Gastdirigenten, im Prinzip aber alle bedeutenden Dirigenten der jeweiligen Zeit (von Otto Klemperer bis Riccardo Muti). Weitere Sternstunden erlebte das Orchester mit Arturo Toscanini (1933–37) und mit Wilhelm Furtwängler, der von 1933 bis 1954 eigentlicher Hauptdirigent der »Wiener« war. 1987 wurde Claudio Abbado GMD der Stadt Wien und leitete in dieser Funktion (bis 1991) regelmäßig die Konzerte der Wiener Philharmoniker.

Sämtliche Orchestermitglieder gehörten dem Hofoperntheater an, ein Prinzip, das bis in unsere Zeit Gültigkeit hat. So kann nur ein Mitglied der Wiener Staatsoper (früher: Hofoper) den Wiener Philharmonikern angehören. Ebenso zählt die organisatorische und finanzielle Eigenverantwortlichkeit, die demokratische Mitbestimmung sämtlicher Orchestermitglieder und das wohl einzigartige Gastdirigentensystem zu den administrativen Besonderheiten des Orchesters. Neuerdings hat man sich in dem traditionell Männern vorbehaltenen Klangkörper dazu durchgerungen, weibliche Orchestermitglieder zu akzeptieren.

Mit Beginn der Saison 1870/71 übersiedelten die Wiener Philharmoniker in den goldenen Saal des Musikvereinsgebäudes, der zu den schönsten und akustisch bestechendsten Konzertsälen der Welt zählt. Die Begegnung mit Komponisten wie Wagner, Verdi, Brahms, Bruckner und Liszt etablierten den Ruf, eines der besten Orchester der Welt zu sein. Äußerst fruchtbar und künstlerisch wohl einzigartig war die Zusammenarbeit des Orchesters mit Richard Strauss, der zwischen 1906 und 1944 zahlreiche Opernaufführungen und Konzerte dirigierte.

Gegenüber anderen Orchestern haben die Wiener Philharmoniker einige instrumentale Besonderheiten vorzuweisen, die den außergewöhnlich weichen, fließenden und farbenreichen Klang ausmachen. Die Wiener verwenden F-Hörner mit enger Mensur und längerem Rohr, auch die Griffsysteme der Klarinetten und Fagotte unterscheiden sich von denen üblicher Orchesterinstrumente.

Wiener Symphoniker

Am 30. Oktober 1900 gab das »Orchester des Konzertvereins«, das hauptsächlich aus Musikern des »Neuen Philharmonischen Orchesters« bestand, sein 1. Konzert. Erster Dirigent war Ferdinand Löwe (bis 1925). 1913 bezog das Orchester sein neuerbautes Domizil, das Wiener Konzerthaus.Bekannt geworden ist das Orchester für sein »soziales« Engagement. Vor Wiens Arbeitern und Gymnasiasten wurden zum Teil sehr anspruchsvolle Programme (Schönbergs *Gurre-Lieder*, Skrjabins *fismoll-Klavierkonzert*) gegeben. Der Erfolg war durchschlagend und sicherte dazu Gastdirigate bedeutender Dirigenten der Zeit wie Bruno Walter, Felix Weingartner und Gustav Mahler.

1922 fusionierten die beiden Orchester, traten aber oft unter verschiedenen Namen auf. Das Konzertvereinsorchester spielte unter Ferdinand Löwe, das Wiener Tonkünstlerorchester wurde von dem jungen Wilhelm Furtwängler regelmäßig dirigiert. Am 11. Juni 1933 nahm das Orchester seinen noch heute gültigen Namen an: Wiener Symphoniker. Oswald Kabasta, Leopold Reichwein und Hans Weisbach führten das Orchester bis 1944. Hans Swarowsky leistete in der Nachkriegszeit vorbildliche Aufbauhilfe, ebenso Herbert von Karajan (1946–48). Internationale Berühmtheit erlangte das Orchester unter Wolfgang Sawallisch (1960–70); eine Tournee in die Vereinigten Staaten (1964) brachte den mediengemäßen internationalen Durchbruch. Interessant zu wissen ist, daß 1969 ein mittlerweile als Dirigent weltbekannt gewordener Cellist das Ensemble verließ: Nikolaus Harnoncourt. Verschiedene Pultstars wie Carlo Maria Giulini (1973–76), Gennadi Roshdestwenski (1981–83) und Georges Prêtre fungierten mehr als Gastdirigenten. Mit Rafael Frühbeck de Burgos (1991–96) stand ein Vollblutdirigent alter Schule an der Spitze des Orchesters. Sein Nachfolger (ab Januar 1997) ist Wladimir Fedossejew.

Tonhalle-Orchester Zürich

Ein umgebauter Kornspeicher am Züricher Bellevue wurde 1868 als Tonhalle eingeweiht. Dieser Tag war auch die Geburtsstunde des Tonhalle-Orchesters Zürich. Unter dem Dirigenten Friedrich Hegar (1868–1906) war das Orchester bereits an bedeutenden musikalischen Aufführungen seiner Zeit beteiligt. So spielte es die Erstaufführung von Brahms' *Deutschem Requiem*. Brahms, der 1875 mit dem Tonhalle-Orchester sein *Triumphlied op.* 55 aufführte, war auch bei der Eröffnung der neuen Tonhalle (1895) zugegen. Der junge Chorleiter Volkmar Andreae übernahm für eine fast ebenso lange Periode (1906–49) die Leitung. Sein Verdienst war die Pflege der Symphonien Anton Bruckners und die Einführung von Volkskonzerten. Hans Rosbaud (1950–62) begeisterte mit Bartók-, Berlioz-, Ravel- und Haydn-Programmen. Sein intensives Engagement für moderne Musik festigte den internationalen Ruf des Orchesters. Als Interimsdirigenten von höchstem Format dirigierten Joseph Keilberth, Wolfgang Sawallisch und Ferdinand Leitner das Orchester. Rudolf Kempe, der für den überraschend verstorbenen Rosbaud die Nachfolge als Chefdirigent antrat (1965–72), perfektionierte den berühmten warmen Klang des Tonhalle-Orchesters. Gerd Albrecht (1972–80) öffnete das Orchester den Medien und veranstaltete Gesprächskonzerte. Christoph Eschenbach (1982–86) und Hiroshi Wakasugi (1987–91) legten besonderes Gewicht auf französische Orchestermusik. 1991–95 war der Masur-Schüler Claus Peter Flor ständiger Gastdirigent. Seit 1995 ist der Amerikaner David Zinman Chefdirigent

Sven Ahnert

Namhafte Dirigenten

Claudio Abbado
* 26.6.1933 Mailand
Mit 16 Jahren ging er an das Giuseppe-Verdi-Konservatorium in seiner Heimatstadt Mailand, um dort Klavier, Komposition und Dirigieren zu studieren. Bei Hans Swarowsky in Wien setzte er seine Studien fort. 1958 gewann er den Kussewitzky Preis in Tanglewood. Mit dem 1. Preis beim Mitropoulos-Wettbewerb 1963 drang sein Name an eine breitere Öffentlichkeit. Herbert von Karajan holte ihn 1965 zu den Salzburger Festspielen, und von da an erhielt er auch andere Einladungen. Schließlich bekam er das Engagement, die Saison 1967 der Mailänder Scala mit Bellinis *I Capuleti e i Montecchi* zu eröffnen. Ein Jahr später wurde er an diesem Haus ständiger Dirigent und 1972 zum musikalischen Direktor ernannt. Während seiner Scala-Zeit bemühte er sich, ein jüngeres und weniger konservatives Publikum anzusprechen 1979 legte er wegen finanzieller Schwierigkeiten die künstlerische Leitung nieder. Er übernahm bis 1988 die Position des Principal Conductor und des musikalischen Direktors des London SO. Schon 1971 hatten die Wiener Philh. ihn zu ihrem Hauptdirigenten ernannt, und 1986 wurde er ihr musikalischer Leiter sowie Direktor der Wiener Oper. Beide Positionen bekleidete er bis 1991, blieb aber als künstlerischer Berater an der Staatsoper. 1989 trat Abbado die Nachfolge Karajans als Chefdirigent der Berliner Philh. an. Neben seinen Opernproduktionen bildet das mitteleuropäische symphonische Schaffen einen weiteren Schwerpunkt, aber auch zeitgenössische Werke gehören zu seinem Repertoire. Bei den Musikern genießt er viel Sympathie, da er weder als Pulttyrann noch mit forcierter Selbstdarstellung arbeitet, sondern in strenger Selbstdisziplin stets die Partitur ins Zentrum rückt.

Claudio Abbado. Porträtphoto von Ingrid von Kruse

Gerd Albrecht
* 19.7.1935 Essen
Gerd Albrecht ist einer jener Dirigenten, die sich intensiv mit der Neuen Musik auseinandersetzen und auch Vergessenes wieder zur Aufführung bringen. Seine musikalische Praxis begann er in Stuttgart, bis er 1961 in Mainz 1. Kapellmeister wurde und 1963 zum GMD von Lübeck berufen wurde. Die anschließende Zeit von 1966–72 als GMD in Kassel brachte ihm den Ruf eines experimentierfreudigen Dirigenten ein, der auch offen für neue musikalische Präsentationsformen ist. Er führte Gesprächskonzerte über zeitgenössische Musik ein und veranstaltete Jugendkonzerte, die auch vom ZDF gesendet wurden. Auch während seiner weiteren Verpflichtungen 1972–1974 als musikalischer Oberleiter an der Deutschen Oper Berlin und 1975–1980 als Chefdirigent des Tonhalle-Orchesters Zürich hielt er diesen Ruf aufrecht. Erst 1989 übernahm er wieder eine feste Position als GMD an der Hamburger Oper. Daneben war er 1993–96 Chefdirigent der Tschechischen Philharmonie Prag. Mit dem RSO Berlin machte er seit 1980 viele Schallplattenaufnahmen mit vernachlässigter Musik, auch nahm er kommentierte Jugendkonzerte auf.

Karel Ančerl
* 11.4.1908 Tučapy † 3.7.1973 Toronto
Er war einer der bedeutendsten tschechischen Dirigenten, der zuerst am Prager Konservatorium und dann bei Vaclav Talich und Hermann Scherchen studierte. Nachdem er 1930 als Korrepetitor in Genf begonnen hatte, ging er wieder nach Prag zurück, wo er bis 1933 als Theaterkapellmeister tätig war. Anschließend leitete er bis 1939 das SO des Prager Rundfunks. Nach seiner Haft in verschiedenen Konzentrationslagern setzte er sich als Dirigent der Prager Oper unermüdlich für den Wiederaufbau des dortigen Musiklebens ein. 1947 wurde er zum Chefdirigenten des SO des Prager Rundfunks ernannt und blieb in dieser Position, bis er 1950 die Leitung der tschechischen Philharmonie übernahm. Mit seiner Arbeit leistete er einen großen Beitrag dazu, daß dieses Orchester zu einem bedeutenden Klangkörper mit weltweitem Ansehen geworden ist. 1968 emigrierte er aus politischen Gründen nach Kanada und leitete das Toronto SO. Ančerl war für seine Interpretationen tschechischer, ungarischer und russischer Werke berühmt, die sich durch technische Sicherheit und persönliche Überzeugungskraft auszeichneten.

Ernest Ansermet
* 11.11.1883 Vevey † 20.2.1969 Genf
Neben seinem Mathematikstudium belegte er auch Kurse am Pariser Konservatorium. Ab 1903 arbeitete er als Mathematiklehrer und widmete sich gleichzeitig dem Kompositionsstudium. 1905/06 ging er nach Paris zu André Gedalge, anschließend zu Otto Barblan und Ernest Bloch nach Genf. Sein Interesse verlagerte sich nun mehr auf das Dirigieren, das er bei Felix Mottl in München, Artur Nikisch und Felix Weingartner in Berlin studierte. Schließlich wurde ihm die Leitung der Kursaal-Konzerte in Montreux anvertraut. Dabei machten sich schnell seine Vorlieben für die französische und russische Musik bemerkbar. Durch die Freundschaft zu Igor Strawinsky wurde Ansermet mit Serge Diaghilew bekannt, dem Gründer und Leiter der Ballets Russes in Paris. So dirigierte er von 1915–23 das Orchester der Ballets Russes und übernahm viele Uraufführungen, besonders von Werken Strawinskys, als deren bester Kenner er bald galt. Zwei Orchestergründungen gehen auf seine Initiative zurück, die des argentinischen Nationalorchesters und die des Orchestre de la Suisse Romande. 10 Jahre führte er das Orchester in Buenos Aires und bis 1967 das Orchestre de la Suisse Romande.

Wladimir Ashkenazy
* 6.7.1937 Gorki
Er studierte in Moskau Klavier und wurde mit dem 1. Preis beim Tschaikowsky-Wettbewerb 1962 international bekannt. Mit Einspielungen der Klaviersonaten Beethovens und des Gesamtwerks von Chopin schuf er sich einen Namen als einer der besten Pianisten. 1968 siedelte er nach Reykjavik über. Mitte der 70er Jahre begann er auch zu dirigieren, vor allem Werke von Tschaikowsky, Prokofjew, Sibelius, aber auch Mozart. 1987 wurde er musikalischer Direktor des Londoner Royal PO, 1989 Chefdirigent des Berliner RSO; von 1998 an übernimmt er die Leitung der Tschechischen Philharmonie.

Sir John Barbirolli

* 2.12.1899 † 29.7.1970 London

Als einer der bedeutendsten englischen Dirigenten begann er seine Karriere als Cellist. 1924 gründete er sein eigenes Orchester, das »Barbirolli String Orchestra«, mit dem er die Musik der Vorklassiker entdeckte, aber auch zeitgenössische Werke aufführte. Nach einem Engagement an der British National Opera Company wurde er 1929 1. Kapellmeister am Royal Opera House Covent Garden, wo er vorwiegend italienisches Repertoire dirigierte. Mit seinen Interpretationen verfolgte er schon damals die Sinnlichkeit der instrumentalen Linie mit einem empfindlichen, aber auch wuchtigen Klang. Mit der Leitung des Scottish Orchestra in Glasgow 1933–36 wurde sein Name auch außerhalb Londons bekannt. Anschließend trat er bis 1943 die Nachfolge Toscaninis beim New York SO an. In seine Heimat zurückgekehrt, übernahm er das Hallé-Orchester Manchester, mit dem er einen besonders warmen und kraftvollen Klang erarbeitete, der sich in den Werken von F. Delius, E. Elgar, R. Vaughan Williams sowie der Spät- und Postromantik formte. Während dieser Zeit bis 1970 dirigierte er auch andere Orchester. 1961–67 übernahm er gleichzeitig die Leitung des Houston SO. Barbirolli starb während einer Probe mit dem New Philharmonia Orchestra.

Daniel Barenboim

* 15.11.1942 Buenos Aires

In seiner musikalischen Begabung von den Eltern frühzeitig gefördert, gab er schon mit 7 Jahren in Buenos Aires sein erstes Klavier-Recital. Während eine Europaaufenthaltes der Familie 1951 erhielt er am Salzburger Mozarteum Unterricht in Kammermusik, Igor Markewitsch vermittelte ihm die Grundlagen des Dirigierens. Bei einem erneuten Salzburg-Aufenthalt 1954 begegnete er Wilhelm Furtwängler, der zu seinem großen Vorbild wurde sowie auch dem Pianisten Edwin Fischer, der ihm den ersten Anstoß gab, vom Flügel aus zu dirigieren. Während Barenboim hauptsächlich als Mozart- und Beethoveninterpret eine internationale Pianistenkarriere verfolgte, versuchte er sich auch im Dirigieren. In Israel, seiner neuen Heimat, gab er sein Debüt. Mit dem English Chamber Orchestra machte er zum ersten Mal den Versuch, vom Flügel aus zu dirigieren. Seine Mozartinterpretationen bekamen eine neue Dimension, die von kammermusikalischer Virtuosität geprägt war. 1973 leitete er seine erste Aufführung des *Don Giovanni* in Edinburgh, 1975 folgte *Le Nozze die Figaro.* Im gleichen Jahr wurde er Leiter des Orchestre de Paris (bis 1989). Vor allem erarbeitete er französische Werke, aber auch die Symphonik Bruckners und Mahlers. Daneben dirigierte er die wichtigsten Orchester der Welt. Bayreuth ist das Forum seiner Auseinandersetzung mit R. Wagner. 1991 bekam er die Leitung des SO von Chicago übertragen, 1992 wurde er gleichzeitig zum GMD der Berliner Staatsoper ernannt.

Serge Baudo

* 16.7.1927 Marseille

In Paris studierte er Harmonielehre, Schlagzeug, Kammermusik und Orchesterleitung und erhielt dafür erste Preise. Während seiner Tätigkeit als musikalischer Direktor des Orchesters von Radio-Nice-Côte-d'Azur 1959–62 dirigierte er schon regelmäßig bei den Festspielen in Aix-en-Provence. Nachdem er 1962–65 1. Kapellmeister an der Pariser Oper gewesen war, holte ihn Charles Münch 1967 in gleicher Funktion zum Orchestre de Paris. Als musikalischer Direktor ging er 1969 an die Oper von Lyon und wurde 1971 zum Chefdirigenten des Orchestre de Lyon ernannt. Diese Position behielt er bis 1987. Neben vielen Gastdirigaten gründete er in Lyon und La Côte-Saint-André die Berlioz-Festspiele. Französische Musik steht im Zentrum seines Repertoires.

Sir Thomas Beecham

* 29.4.1879 Saint Helens † 8.3.1961 London

Schon während der Schulzeit gründete er ein kleines Orchester. Das Dirigieren und das Spiel auf verschiedenen Instrumenten brachte er sich autodidaktisch bei. Mit finanzieller Unterstützung der Familie gründete er 1905 schließlich sein erstes Orchester mit professionellen Musikern. Neben weiteren Orchestergründungen übernahm er 1910 für eine Saison die künstlerische und wirtschaftliche Leitung des Covent Garden. Er lud. u. a. Richard Strauss, Bruno Walter und Wilhelm Furtwängler zu Gastspielen ein. Er arbeitete mit den Balletts Russes und Serge Diaghilew zusammen und nahm jede Gelegenheit zum Dirigieren wahr. Mit Enthusiasmus setzte er sich für neue, in London noch unbekannte Opern ein und gründete 1915 schließlich die »Beecham Opera Company«, die er aber 1920 aus finanziellen Gründen wieder aufgeben mußte. 1932 formierte er das London PO, das durch ausgesuchte Musiker zu einem der besten europäischen Orchester zu werden versprach. Beecham kehrte im gleichen Jahr als künstlerischer Direktor an den Covent Garden zurück und profilierte sich als Interpret der Opern Mozarts, Verdis, Strauss' und Wagners. Bei Kriegsausbruch 1939 ging er nach Amerika und dirigierte in Australien und Kanada, bis er 1941–1943 die Leitung des Seattle SO übernahm. Nach England zurückgekehrt gründete er sein letztes Orchester, das Royal PO, das er bis an sein Lebensende leitete. Beecham war viel eher ein spontaner Musiker als ein pedantischer Orchesterleiter. Sein Humor war sprichwörtlich, und provokative Äußerungen zu allen möglichen Dingen brachten ihn in den Ruf eines enfant terrible. Für die Musik Bachs oder auch eines Alban Berg, Schönberg oder Strawinsky hatte er keinen Sinn, dafür war er ein glänzender Mozart-, Sibelius- oder Straussdirigent. Für die Werke von Frederick Delius setzte er sich verhement ein.

Leonard Bernstein

* 25.8.1918 Lawrence † 14.10.1990 New York

Komponist, Dirigent, Pianist, Schriftsteller und Fernsehstar war Bernstein in einem. Für ihn schloß das eine das andere nicht aus. Seine Eltern, russische Juden, waren in die USA ausgewandert. An der Harvard University studierte er bei Helen Coates und Heinrich Gebhard, ließ sich von Walter Piston in Komposition unterweisen und belegte außerdem Kurse in Sprachen und Philosophie. Nach seinem Diplom ging er an das Curtis Institute of Music in Philadelphia und studierte bei Fritz Reiner Orchesterleitung, Isabella Vengerova Klavier und Randall Thompson Komposition. 1940 nahm er an einem Kurs in Tanglewood bei Serge Kussewitzky teil, wurde schließlich sein Schüler und 1942 sein Assistent. Im Jahr darauf assistierte er Arthur Rodzinsky bei den New Yorker Philh. In diese Zeit fallen auch erste Aufführungen seiner Kompositionen, die *1. Symphonie* »Jeremia« sowie das Ballett *Fancy Free.* Mit 35 Jahren trat er die Nachfolge Kussewitzkys an und erhielt gleichzeitig eine Professur an der Brandeis University. Es folgten weitere Kompositionen, mit der *West Side Story* feierte er 1957 einen Welterfolg. Im gleichen Jahr wurde er musikalischer Direktor an der New York Philharmonic Young People's Concerts, die auch vom CBS-Fernsehen übertragen wurden. Schon vorher trat er mit einer eigenen Serie im Fernsehen auf, in der er über Musik sprach. Seine wachsende Popularität nutzte er, um zeitgenössische amerikanische Komponisten dem Publikum näherzubringen. 1958 trat er als Chefdirigent die Nachfolge Mitropoulos' beim New York PO an, wo er bis 1969 blieb. Er galt als ein Konzertdirigent mit entdeckungsfreudiger Vielfalt, dessen Mahler-Interpretationen exemplarisch wurden. Bernstein dirigierte auch mit glänzendem Erfolg Opern. Bereits 1953 debütierte er an der Scala,

1963 an der Met und 1966 an der Wiener Staatsoper. Von den wichtigsten Häusern und Orchestern eingeladen, pflegte er seit Ende der 60er Jahre eine enge Beziehung zu den Wiener Philh. Im Laufe dieser Zusammenarbeit modifizierte Bernstein teilweise seine musikalischen Vorstellungen. So traten extrem langsame Tempi und eine Schärfung klanglicher Konturen in den Vordergrund. Auch allbekannte Musik wurde durch ihn immer wieder zu einem neuen Ereignis. Die mitreißende und faszinierende Kraft seiner Interpretationen wurde durch den optischen Eindruck seiner Körpersprache unterstützt.

Gary Bertini
* 1.5.1927 Brischewo
In der UdSSR geboren, kam er als Kind nach Palästina. Er begann sein Studium in Tel Aviv und setzte es in Mailand und Paris bei Nadia Boulanger, Arthur Honegger und Olivier Messiaen fort. In seine Heimat zurückgekehrt, dirigierte er häufig das Israel PO. 1965–75 war er musikalischer Direktor des Israel Chamber Ensembles und anschließend 1977–86 der des Jerusalemer SO. 1983–91 leitete er das SO des WDR und war daneben von 1987 bis 1992 GMD der Frankfurter Oper. Ab 1994 leitete er die Israeli Opera in Tel Aviv, seit 1997 ist er musikalischer Direktor des römischen Opernhauses.

Herbert Blomstedt
* 11.7.1927 Springfield
Er studierte in Paris bei Igor Markevitch und in New York bei Leonard Bernstein. 1954–62 leitete er das SO von Norrköping, anschließend die Osloer Philh. 1968–78 war er Chefdirigent beim SO des Dänischen Rundfunks, 1975–85 bei der Dresdner Staatskapelle. 1985–95 leitete er das SO von San Francisco; seit 1996 ist er Leiter des SO des NDR, ab 1998 übernimmt er das Gewandhausorchester Leipzig.

Karl Böhm
* 28.8.1894 Graz † 14.8.1981 Salzburg
Bevor er sich ernsthaft der Musik zuwandte, studierte der Sohn eines Juristen in seiner Geburtsstadt Jura. Danach trat er in das Wiener Konservatorium ein, wo er Klavier, Theorie und Komposition studierte. Nachdem er sich am Grazer Opernhaus bis zum 1. Kapellmeister hochgearbeitet hatte, holte ihn Bruno Walter 1921 an die Münchner Staatsoper. Er war es, der ihn förderte, Erfahrungen und erste Erfolge ermöglichte und ihn zu einer intensiven Auseinandersetzung mit Mozart heranführte. 1927 wurde Böhm zum GMD in Darmstadt ernannt, wo er sich sehr für das zeitgenössische Musiktheater einsetzte. Anschließend ging er 1931–1934 in gleicher Funktion an die Hamburger Oper. Auf Grund der Emigration Fritz Buschs konnte er 1934 dessen Nachfolge an der Dresdner Staatsoper antreten. Während dieser Zeit entwickelte er sich zu einem der großen Strauss-Dirigenten und setzte auch die Tradition Dresdens als einer Strauss-Uraufführungsstadt fort. 1943 leitete er bis zu deren Zerstörung 1944 die Wiener Oper. Nach dem Wiederaufbau 1954 nahm er seine dortige Tätigkeit für 2 Jahre wieder auf. Zwischenzeitlich dirigierte er am Teatro Colón in Buenos Aires. Den Höhepunkt seiner Karriere hatte er erst in den späten 50er Jahren erreicht, in denen er auch an der Met sowie in Bayreuth große Erfolge feierte. Die Verwirklichung seiner musikalischen Vorstellungen war mit Unnachgiebigkeit verbunden, wobei er nie exzentrisch oder spektakulär auftrat.

Pierre Boulez
* 26.3.1925 Montbrison
In wechselnder Gewichtung tritt er als Komponist und Dirigent in Erscheinung. Die Grundlagen des Dirigierens erarbeitete er sich autodidaktisch. In Paris studierte er zunächst bei O. Messiaen Harmonielehre und bei René Leibowitz serielle Technik. 1954 gründete eine Konzertreihe, die Concerts du Petit Marigny, die später als Domaine Musical bekannt wurden. 1959 ging er nach Darmstadt und Baden-Baden, wo er Musikanalyse und Orchesterleitung unterrichtete und gelegentlich das Orchester des Südwestfunks dirigierte. In den folgenden Jahren dirigierte er die Wiener Philh. bei den Salzburger Festspielen, in Paris des Orchestre National und an der Oper sowie Bayreuther Festspielaufführungen. Schließlich wurde er 1969 principal guest conductor des Cleveland Orchestra, 1971–75 musikalischer Direktor des SO der BBC und gleichzeitig bis 1977 der New Yorker Philh. Als Leiter der IRCAM (Institut de recherche et de coordination acoustique – musique) bis 1991 und Präsident des Musikrats der UNESCO widmet er sich mehr der Komposition und Forschung. Als richtungsweisend gelten seine Aufführungen mit dem Ensemble InterContemporain.

Ernest Bour
* 20.4.1913 Thionville
Er studierte in Straßburg und besuchte Dirigierkurse bei Hermann Scherchen. Seine Laufbahn begann er bei Radio Genf, anschließend wurde er Kapellmeister bei Radio Straßburg. In Mülhausen leitet er ab 1941 das Orchester und später auch das dortige Konservatorium. Bevor er 1955 an die Straßburger Oper ging, war er dort bereits Orchesterchef. 1964–79 war er als Nachfolger Hans Rosbauds Chefdirigent des Südwestfunk-Orchesters Baden-Baden. Neben dem klassischen und romantischen Repertoire kümmerte er sich als Kenner und Förderer um zeitgenössische Musik. Sachbezogenheit und Unauffälligkeit charakterisieren seine Person.

Fritz Busch
* 13.3.1890 Siegen † 14.9.1951 London
In der Kindheit von Musik und Musikinstrumenten umgeben, mußte er geradezu Musiker werden. Nachdem er 1909 am Deutschen Theater in Riga seine Praxis als Kapellmeister begonnen hatte, wurde er Leiter der Kurkonzerte in Bad Pyrmont. Über Gotha und Aachen ging er 1918 als Städtischer Musikdirektor nach Stuttgart. Dort führte er nicht nur gängiges Opernrepertoire auf, sondern beispielsweise auch Schreker oder Busoni. In den folgenden Jahren entwickelte er sich zu einer der bedeutendsten Musikerpersönlichkeiten in Deutschland. 1922 wurde er GMD an der Dresdner Oper. Er nahm sich der Strauss-Opern an und brachte darüberhinaus neue, von der Tradition abweichende Vorstellungen ein, die dem Bühnenbild und der Regie wichtige Funktionen zuwiesen. Von den Nationalsozialisten 1933 seines Amtes enthoben, ging er nach Buenos Aires. Als Mitbegründer der Glyndebourne Opernfestspiele 1934 wurde er dort zum stilbildenden Mozart-Interpreten. In der Zusammenarbeit mit dem Regisseur Carl Ebert entstanden Produktionen, bei denen Musik und Szene gleiches Gewicht bekamen. 1937–41 wurde er Leiter der Stockholmer Philh. und dirigierte auch regelmäßig beim Dänischen Rundfunk. Nach dem Zweiten Weltkrieg debütierte er an der Met. Erst 1951 dirigierte er noch einmal in Deutschland.

Semyon Bychkov
* 30.11.1952 Leningrad
Als Dirigent machte er schon früh von sich reden: 21jährig gewann er in Leningrad den 1. Preis beim Rachmaninow-Wettbewerb, und bereits ein Jahr später, 1974, stand er am Pult der Leningrader Philh. Doch dann verließ er die Sowjetunion und ging in die USA, wo er zunächst erneut studierte. Bald übertrug man ihm wichtige Aufgaben. Er war u. a. Chefdirigent in Michigan (1980–1985) und beim Buffalo PO (1985–1989). Im westlichen Europa wurde er schnell bekannt, als er mehrmals kurzfristig für namhafte Kollegen einsprang. Seine 1989 begonnene Tätigkeit als Nachfolger Barenboims beim Orchestre de Paris geht 1998 zuende.

Sylvia Caduff
* 7.1.1937 Chur
Sie studierte in Luzern Klavier, danach in der Dirigentenklasse von Herbert von Karajan in Berlin. Beim Tonhalle-Orchester Zürich gab sie ihr Debüt. Als Preisträgerin des Mitropoulos-Wettbewerbes 1966 konnte sie ein Jahr bei L. Bernstein bei den New Yorker Philh. assistieren. Nachdem sie 1972–1977 am Berner Konservatorium gelehrt hatte, wurde sie 1977 zum GMD in Solingen ernannt (bis 1985) und war damit die erste Frau in Europa, der ein solches Amt übertragen wurde. Danach war sie als Gastdirigentin tätig

Sergiu Celibidache
* 28.06.1912 Roman † 14.8.1996 Paris
Eine eigenwillige Persönlichkeit mit ebenso eigenwilligen Ansichten, die er aber konequent verfolgt: So steht er der Aufnahme von Musik auf Tonträger ablehnend gegenüber, da sie seiner Ansicht nach nur akustische Verzerrungen wiedergeben kann, aber niemals das wirklich momentane musikalische Geschehen. In Rumänien geboren, begann er sein Studium der Philosophie und Mathematik an der Universität von Bukarest und setzte es in Berlin fort. Außerdem promovierte er als Musikwissenschaftler und ließ sich an der Berliner Musikhochschule in Komposition und Dirigieren unterweisen. Schon nach seinem Abschluß konnte er 1946 wegen des Dirigierverbots Wilhelm Furtwänglers an das Pult der Berliner Philh. treten und diese bis zu Furtwänglers Wiederantritt 1952 leiten. Während dieser Zeit arbeitete er mit feurigem Temperament und wie besessenem Dirigiergestus an orchestraler Perfektion und dynamisch-klanglicher Verfeinerung. Die nächsten Jahre reiste er als Gastdirigent durch die Welt, dirigierte ab 1959 regelmäßig das RSO Stuttgart und hielt an der Accademia Musicale Chigiana in Siena Meisterkurse ab. 1962–1971 übernahm er die Leitung des SO von Radio Stockholm. Ab 1979 war er der Chefdirigent der Münchner Philh., die er zu einem der besten Orchester Deutschlands formte, das bei Gastspielen in Japan Triumphe feiern konnte. Umstritten war Celibidaches Hang zu extrem langsamen Tempi. Ein Schwerpunkt seines Repertoires galt dem Werk Bruckners, während er zu Mahler keinen Zugang gefunden hat.

Riccardo Chailly
* 20.2.1953 Mailand
Der Sohn eines Komponisten kam frühzeitig mit der Musik in Berührung. Nachdem er schon von seinem Vater Unterricht erhalten hatte, studierte er in Mailand und besuchte Meisterkurse bei Piero Guarino und Franco Ferrara. Als Assistent von Claudio Abbado beim SO der Scala hatte er die Möglichkeit, intensiv das symphonische Repertoire der Wiener Klassik, deutschen Romantik und des französischen Impressionismus zu studieren. Seit dieser Zeit wurde er von bedeutenden Häusern zu Gastdirigaten eingeladen. Ab 1974 dirigierte er regelmäßig an der Chicagoer Oper, ab 1977 auch an der von San Francisco, die Scala und Covent Garden folgten. Für das Berliner RSO fungierte er von 1982–1989 als ständiger Dirigent. Daneben ist er seit 1986 Musikdirektor der Oper von Bologna, und 1988 übernahm er die Leitung des Concertgebouw-Orkest Amsterdam.

James Conlon
* 18.3.1950 New York
Er studierte an der New Yorker Juilliard School Orchesterleitung bei Jean Morel und debütierte mit einer Opernaufführung in Spoleto. Seit 1976 dirigierte er regelmäßig an der Met, auch die wichtigsten amerikanischen Orchester luden ihn ein, 1979 stand er erstmals im Covent Garden am Dirigentenpult. 1983 ging er als Musikdirektor nach Rotterdam und 1988 in gleicher Position an die Kölner Oper. Seit 1990 ist er der Chefdirigent des Gürzenich-Orchesters in Köln.

Sir Colin Davis
* 25.9.1927 Weybridge
Schon während seines Klarinettenstudiums in London eignete er sich autodidaktisch Kenntnisse an, die er als freier Dirigent von verschiedenen Ensembles praktisch umsetzte. 1952 wurde er zu Aufführungen des Festival Ballet in der Royal Festival Hall engagiert, worauf sich langsam auch andere englische Orchester für ihn interessierten. 1956 dirigierte er zum ersten Mal das London PO, 1957 wurde er für 2 Jahre stellvertretender Leiter des BBC Scottish Orchestra. Als er 1959 anstelle Otto Klemperers in der Royal Festival Hall ein Mozartkonzert übernahm, wurde er stürmisch gefeiert. Zuvor waren es Aufführungen mit dem London Mozart Players beim Edinburgh Festival und an der Sadler's Wells Opera gewesen (dort übernahm er 1961 die musikalische Leitung), die ihn als Mozart-Interpreten bekannt machten. 1967 ging er zum SO der BBC und anschließend 1971 als Musikdirektor zum Covent Garden. Während dieser Zeit bis 1986 bewirkte er eine Berlioz-Renaissance. Nebenher war er mit dem BBC und dem Boston SO verbunden. 1983–92 übernahm er als Chefdirigent das SO des BR in München. Mit diesem Orchester setzte er seine Berlioz-Aufführungen fort. Seit 1995 leitet er das London SO, ab 1998 ist er erster Gastdirigent der New Yorker Philharmoniker.

Christoph von Dohnányi
* 8.9.1929 Berlin
Der Sohn eines Juristen und Enkel des ungarischen Pianisten, Dirigenten und Komponisten Ernst von Dohnányi folgte erst den Spuren seines Vaters. Schließlich entschied er sich doch für die Musik, und wurde Student an der Münchner Musikhochschule. Später setzte er sein Studium bei seinem Großvater in Amerika fort, wo er auch Dirigierkurse bei L. Bernstein besuchte. Seine Laufbahn begann er an der Frankfurter Oper, wohin ihn G. Solti als Repetitor und später als Kapellmeister holte. Dort hatte er die Möglichkeit, viel Repertoire kennenzulernen. Es schlossen sich Berufungen zum GMD 1957–63 in Lübeck und 1963–66 in Kassel an. Nachdem er 1964–69 der Chefdirigent des SO des WDR Köln gewesen war, wurde er 1968 zum GMD und später zum Operndirektor der Städtischen Bühnen Frankfurt a.M. ernannt. Als ein der Moderne gegenüber aufgeschlossener Dirigent holt er auch experimentierfreudige Regisseure ans Theater. Während seiner Frankfurter Zeit hatte das Opernhaus einen eigenen Stil entwickelt. 1975 trat er die Intendanz der Hamburger Oper an. Seit 1984 ist er, als Nachfolger Lorin Maazels, Leiter des Orchesters von Cleveland. Auch schon während seiner Opern-Verpflichtungen ist er als Gastdirigent in aller Welt tätig gewesen.

Antal Dorati
* 9.4.1906 Budapest † 12.11.1988 Gerzensee
An der Budapester Franz-Liszt-Akademie studierte er Cello, Klavier, Komposition und Orchesterleitung u. a. bei B. Bartók und Z. Kodály. Gleichzeitig mit einem Philosophiestudium in Wien korrepetierte er an der Budapester Oper, wo er 1924 zum Kapellmeister ernannt wurde. 1928 ging er als Assistent zu Fritz Busch nach Dresden. Nachdem er als 1. Kapellmeister in Münster gewirkt hattem, folgte eine Zeit als Ballettdirigent. Von 1931–41 war er zunächst 2. Kapellmeister, dann Musikdirektor der Ballets Russes in Monto Carlo. Wie auch andere aus der Ballettszene, ging er nach New York und leitete 1941 das American Ballet Theatre, für eine Saison auch die New York Opera Company. Ab 1945 wandte er sich als Leiter des SO von Dallas mehr dem symphonischen Repertoire zu. Ab 1949 übernahm er die Position des Chefdirigenten u. a. beim SO von Minneapolis, den Stockholmer Philh. und zuletzt 1977 beim SO von Detroit. Ein besonderes Projekt führte er mit der

Philharmonia Hungarica durch, mit der er alle 104 Symphonien von Haydn auf Schallplatte aufnahm. Sein Repertoire war breit angelegt; infolge seines Studiums bei Bartók und Kodály konnte er deren Werke aus lebendiger Erfahrung heraus interpretieren, wie er überhaupt tiefer Kenner und unermüdlicher Vorkämpfer für Musik seiner Zeit war, besonders für die nordamerikanischen Komponisten.

Charles Dutoit
* 7.10.1936 Lausanne
Er begann als Bratscher, u.a. im Lausanner Kammerorchester, das er neben dem Orchestre de la Suisse Romande später auch dirigierte. Seine Ausbildung als Orchesterleiter hatte er in Genf, Siena und Tanglewood erhalten. 1968–78 leitete er das SO von Bern. Während dieser Zeit hatte er 1973–75 auch Chefpositionen beim nationalen SO von Mexiko und 1975–78 beim SO von Göteborg inne. Seit 1977 war er Chefdirigent des SO von Montreal und seit 1990 Musikdirektor des Orchestre National de France. 1996 übernahm er das NHK-SO in Tokio.

Wladimir Fedossejew
* 5.8.1932 Leningrad
Noch während des Krieges begann er seine Ausbildung in seiner Heimatstadt und setzte sie dann in Moskau fort. 1959–74 war er künstlerischer Leiter des Folklore-Orchesters beim Moskauer Rundfunk. Als Gastdirigent bei den Leningrader Philh. leitete er einen Aufführzyklus der Symphonien Peter Tschaikowskys. Seit 1974 ist er der Chefdirigent des SO des Moskauer Rundfunks.

Ferenc Fricsay
* 9.8.1914 Budapest † 20.2.1963 Basel
Den ersten Musikunterrricht erhielt er von seinem Vater, einem Militärkapellmeister. Als 6jähriger trat er in die Budapester Musikhochschule ein, wo er neben Klavier noch viele andere Orchesterinstrumente erlernte. Er studierte u.a. bei Bartók und Kodály. Er begann zunächst für kurze Zeit als Militärkapellmeister, bevor er dann 1934 in Szeged Leiter des Symphonie- und Opernorchesters wurde. Zwischendurch gastierte er schon an der Budapester Oper, zu deren Musikdirektor er 1945 ernannt wurde. 1949 ging er nach Berlin als GMD der Städtischen Oper und übernahm gleichzeitig bis 1954 als Musikdirektor das SO des RIAS. Nachdem er 1947 schon – in Vertretung für Otto Klemperer – bei den Salzburger Festspielen dirigiert hatte, wurde er 1950 zu den Festspielen von Edinburgh eingeladen, 1953 debütierte er in den USA. Für kurze Zeit übernahm er das SO von Houston, wurde dann 1956 zum GMD der Münchner Oper ernannt, kehrte aber 1959 zum SO des RIAS Berlin zurück, das er bis zu seinem Lebensende leitete. Mit ungeheurem Einsatz hob er das Niveau des Orchesters an und produzierte viele Schallplattenaufnahmen mit ihm.

Rafael Frühbeck de Burgos
* 15.9.1933 Burgos
Er studierte in Bilbao, Madrid und München. Er begann als Operettendirigent und Militärkapellmeister, wurde 1958 Leiter des SO von Bilbao und 1962 Chef des Spanischen Nationalorchesters (bis 1977). Gleichzeitig war er 1966–71 GMD in Düsseldorf und 1975–77 Musikdirektor des SO von Montreal. 1991–96 war er Chefdirigent der Wiener Symphoniker, 1992–97 GMD der Deutschen Oper Berlin. Seit 1994 leitet er das RSO Berlin.

Wilhelm Furtwängler
* 25.1.1886 Berlin † 30.11.1954 Baden-Baden
»Gestaltendes Musizieren« und dabei »das Werk entstehen lassen«, das war in seiner Musikauffassung und Interpretation das Bestimmende. Für ihn bedeutete das, jedesmal einen neuen unwiederholbaren schöpferischen Akt zu vollbringen. Seine Eltern erkannten früh seine musikalische Begabung und ließen ihn privat von J. Rheinberger, K. Ansorge und M. von Schillings unterrichten. Erfahrungen sammelte er als Chorleiter in Zürich, unter Felix Mottl in München, an der Straßburger Oper, in Lübeck und Mannheim, wo er 1915–20 als Operndirektor tätig war. Mittlerweile zu einem gewissen Bekanntheitsgrad gekommen, konnte er 1920–1922 die Berliner Opernhauskonzerte und die Frankfurter Museumskonzerte leiten. Es schloß sich die Leitung des Leipziger Gewandhaus-Orchesters und der Berliner Philh. an, womit er die Nachfolge Arthur Nikischs antrat. Es gelang ihm, diese beiden bedeutenden Klangkörper in kontinuierlicher Qualität weiterzuführen, wobei er 1928 das Leipziger Gewandhaus-Orchester verließ, um die Nachfolge Felix Weingartners als Leiter der Wiener Philh. anzutreten. 1934 übernahm er auch die Leitung der Berliner Oper, trat aber 1935 auf Grund der politischen Lage wieder zurück. Das Nazi-Regime akzeptierte nicht, daß er jüdische Künstler engagiert hatte und verbot ihm, Hindemiths Oper *Mathis der Maler* aufzuführen. Bis 1945 blieb er in Deutschland, dirigierte die Berliner Philh., bei den Festspielen in Bayreuth, aber auch in London und Paris. 1945 erhielt er von den amerikanischen Besatzungsbehörden Dirigierverbot. Erst 1948 trat er wieder ans Pult der Berliner Philh. Vor allem dirigierte er die klassisch-romantischen Meisterwerke, für die Zwölftontechnik konnte er dagegen kein Verständnis aufbringen. Eigentlich wollte er Komponist werden. Mit seinen Werken konnte er allerdings keinen dauerhaften Erfolg erringen, dafür ist er einer der bedeutendsten Dirigenten überhaupt geworden.

Wilhelm Furtwängler (um 1950)

John Eliot Gardiner
* 20.4.1943 Fontmell Magna
Er gilt als einer der führenden Köpfe der Aufführungspraxis Alter Musik. Zunächst studierte er Geschichte und Arabistik, wandte sich dann der Musik zu. Seine Lehrer waren Thurston Dart, Nadia Boulanger und George Hurst. Mit der Gründung des Monteverdi Choir 1964 begann seine Beschäftigung mit Alter Musik. 1968 gründete er als Ergänzung das Monteverdi Orchester, das sich 1978 zu den English Baroque Soloists formierte und mit historischen Instrumenten musizierte. Viele der aufgeführten Werke des 17. und 18. Jhs. hat er selbst bearbeitet. 1989 gründete er das »Orchestre Révolutionaire et Romantique«, mit dem er Aufnahmen eines Berlioz-Zyklus begonnen hat. Neben diesem Engagement für die historische Aufführungspraxis war er 1980–1983 Musikdirektor des Orchesters des Kanadischen Rundfunks und

anschließend der Oper von Lyon. 1991–94 leitete er das SO des NDR in Hamburg.

Claire Gibault
* 31.10.1945 Le Mans
Sie studierte am Pariser Konservatorium und gewann 1969 den 1. Preis der Fondation de la Vocation. Nachdem sie das PO des Französischen Rundfunks dirigiert hatte, holte sie Theodor Guschlbauer 1971 als seine Assistentin an die Oper von Lyon. 1974–79 war sie dort 1. Kapellmeisterin und ab 1983 stellvertretende Chefdirigentin. Zwischenzeitlich leitete sie 1980–83 das Kammerorchester von Chambéry.

Michael Gielen
* 20.7.1927 Dresden
Seine Eltern, der Vater war Regisseur, die Mutter Schauspielerin, emigrierten 1940 nach Buenos Aires. Dort studierte er neben Philosophie auch Klavier und Dirigieren. Am Teatro Colón, wo sein Vater tätig war, wirkte auch Erich Kleiber, der großen Eindruck auf ihn machte. Gielen begann schließlich, ebenfalls an diesem Theater, erste Erfahrungen als Korrepetitor zu sammeln. 1950 ging er an die Wiener Oper und war dort 1952–60 Kapellmeister. Es schloß sich eine 5jährige Tätigkeit als Chefdirigent an der Oper von Stockholm an. 1969–72 war er Leiter des belgischen Nationalorchesters und 1972–75 der Niederländischen Nationaloper. 1977 wurde er zum GMD der Städtischen Bühnen Frankfurt ernannt. Während dieser Zeit bis 1987 war er gleichzeitig 1980–86 Leiter des SO von Cincinnati. Seit 1986 ist er Chefdirigent des SO des Südwestfunks Baden-Baden, ab 1999 erster Gastdirigent der Deutschen Staatsoper Berlin. Gielen setzt sich unermüdlich und schöpferisch für die zeitgenössische Musik ein.

Michael Gielen auf den Donaueschinger Musiktagen 1989. Photo von Werner Neumeister

Carlo Maria Giulini
* 9.5.1914 Barletta
Den Weg zum Dirigieren fand er über das eigene Musizieren im Orchester. In Rom studierte er Komposition und Bratsche. Im dortigen Orchester arbeitete er sich bis zum Solobratschisten hoch, als Dirigenten standen damals u. a. Bruno Walter, Otto Klemperer und Wilhelm Furtwängler am Pult. Giulini entschied sich auf Grund dieser Eindrücke, Dirigent zu werden. Ab 1946 dirigierte er das RAI-Orchester in Rom und 1950 das in Mailand gegründete RO. Sein Operndebüt gab er 1948. Toscanini und de Sabata wurden auf ihn aufmerksam, so daß er 1952 auch an der Scala dirigierte und 1954–56 dort als Chefdirigent tätig war. Es entstanden bedeutende Opernproduktionen mit den Regisseuren Visconti und Zeffirelli. Seit Ende der 60er Jahre erwarb er sich einen besonderen Ruf als Mahler- und Brucknerdirigent. 1969 ernannte ihn das SO von Chicago zum Principal guest conductor, 1973–76 war er Chefdirigent der Wiener Symphoniker. Seinen letzten festen Posten hatte er 1978–84 als Musikdirektor des Los Angeles PO inne. Seitdem dirigiert er als Gast.

Peter Gülke
* 29.4.1934 Weimar
Der Musikwissenschaftler und Dirigent studierte zunächst in seiner Heimatstadt, später an der Universität in Jena und Leipzig. 1958 promovierte er zum Dr. phil als Schüler von Heinrich Besseler. Von Igor Markewitsch ließ er sich im Dirigieren unterweisen. Ab 1959 war er als Dirigent an der Oper von Rudolstadt, an den Theatern von Stendal, Potsdam um Stralsund engagiert. Nachdem er 1976 an der Dresdner Oper zum Kapellmeister ernannt worden war, ging er 1981 als GMD nach Weimar. Während eines Gastspieles blieb er 1983 im Westen. Ab 1984 war er Dozent an der TU Berlin, dann an der Universität in Köln. Seit 1986 ist er GMD in Wuppertal. Als Wissenschaftler beschäftigt er sich besonders mit der Musik des Mittelalters sowie mit dem Werk Schuberts und Beethovens.

Bernhard Haitink
* 4.3.1929 Amsterdam
In seiner Heimatstadt studierte er Violine und Orchesterleitung. Während er im PO des niederländischen Rundfunks als Geiger tätig war, ließ er sich von Ferdinand Leitner in Orchesterleitung unterweisen. 1955 begann er als 2. Dirigent des Orchesters der Niederländischen Radio-Union. Als Musikdirektor des Concertgebouw-Orchesters in Amsterdam trat er 1961 die Nachfolge von Eduard van Beinum an. 27 Jahre blieb er diesem Orchester verbunden, in denen er vor allem seine Vorstellungen der klassisch-romantischen Musik verwirklichte. Mahler- und Brucknerinterpretationen wurden dabei zu herausragenden Ereignissen. Während dieser Zeit arbeitete er 1967–77 mit dem London PO eng zusammen. Anschließend übernahm er die Leitung der Festspiele von Glyndebourne, die er bis 1988 behielt. Seit 1987 ist er Musikdirektor am Covent Garden in London. 1994 übernahm er die Leitung des European Union SO; seit 1995 ist er zusätzlich 1. Gastdirigent des Boston SO.

Nicolaus Harnoncourt
* 6.12.1929 Berlin
Für ihn als großen Verfechter der »historischen Aufführungspraxis« heißt »Werktreue«, die Intention des Komponisten zu verwirklichen. Dabei sind seine Wiedergaben zwar musikwissenschaftlich fundiert, aber vorrangig ist für ihn immer die Sicht des praktischen Musikers. In Graz und Wien studierte er Cello, war 1952 bis 1969 Mitglied der Wiener Symphoniker, doch schon während seines Studiums drängte es ihn danach, »alte« Musik neu zu entdecken. Das veranlaßte ihn, zusammen mit Orchesterkollegen ein Ensemble zu gründen. So entstand 1953 der Concentus Musicus. Das Ensemble hatte sich zur Aufgabe gestellt, alte Spiel- und Aufführungspraktiken zu erforschen. Nach einer 5jährigen Vorbereitungszeit gab der Concentus Musicus 1957 sein erstes Konzert. Die Kritiken reichten von Ablehnung bis zu begeisterter Anerkennung. Vor allem wurde der Interpretation Manierismus, Überakzentuierung und Sprödigkeit vorgeworfen. Einen ersten Schwerpunkt von Harnoncourts Arbeit bildete Bach, dessen Kantaten er gemeinsam mit dem Leonhardt-Consort einspielte. 1976 begann er in Zürich die Aufführung eines Monteverdi-Opernzyklus, dem bald Mozart folgte. Beide sind ebenfalls auf Tonträgern dokumentiert. Seit 1980 ist er Professor am Salzburger Mozarteum.

Eliahu Inbal
* 16.2.1936 Jerusalem
Nach dem Studium in seiner Heimatstadt ging er nach Paris zu Louis Fourestier und an die Accademia Musicale Chigiana in Siena zu Sergiu Celibidache. 1963 erhielt er den Guido-Cantelli-Preis an der Mailänder Scala. Anschließend

wirkte er als Gastdirigent bei verschiedenen namhaften Orchestern sowie bei den Festspielen in Salzburg und Luzern. 1974–90 war er Chefdirigent des SO des Hessischen Rundfunks (1996 Ehrendirigent) und gleichzeitig 1985–88 musikalischer Leiter des Teatro La Fenice in Venedig. Sein Repertoire reicht vom Barock bis zur Moderne, wobei er die Werke von Debussy, Ravel, Bartók, Kodály und Strawinsky bevorzugt.

Neeme Järvi
* 6.6.1937 Tallinn
Er studierte in Tallinn Schlagzeug und Chorleitung und später in Leningrad bei Jewgeni Mrawinski Orchesterleitung. Er wurde Schlagzeuger beim Estnischen RO und übernahm 1963 dessen Leitung. 1966–79 war er außerdem Chefdirigent an der Oper von Tallinn. 1971 gewann er den Dirigentenwettbewerb der Accademia Nazionale di Santa Cecilia in Rom. Ab 1976 leitete er das SO von Estland, bis er 1980 in die USA ging. Dort dirigierte er viele amerikanische Orchester. Seit 1982 ist er Chefdirigent des SO von Göteborg und seit 1990 Musikdirektor des SO von Detroit. Zwischen 1984 und 1989 war er Leiter des Royal Scottish Orchestra in Glasgow.

Mariss Jansons
* 14.1.1943 Riga
Nach seinem Studium am Leningrader Konservatorium ging er zu Hans Swarowsky nach Wien und zu Herbert von Karajan nach Salzburg. Er begann als Assistent von Jewgeni Mrawinski bei den Leningrader Philh., mit denen er bis heute verbunden ist. Seit 1979 ist er Chefdirigent der Osloer Philh., seit 1996 des Pittsburgh SO.

Eugen Jochum
* 1.11.1902 Babenhausen † 26.3.1987 München
Er studierte in München und gab 1927 mit den Münchner Philh. sein 1. Konzert: Er dirigierte die 7. Symphonie von Bruckner, des Komponisten, für den er zeitlebens eine besondere Vorliebe hegte. Seine praktischen Erfahrungen in Oper und Konzert sammelte er in Kiel, Lübeck, Mannheim und Duisburg, wo er zum GMD ernannt wurde. 1932 ging er nach Berlin. Nach zwei Jahren trat er als GMD der Hamburger Oper die Nachfolge Karl Böhms an. 1949 übernahm er das neugegründete SO des BR in München. In seiner 12jährigen Tätigkeit formte er es zu einem bedeutenden Klangkörper. 1961–64 war er Chefdirigent des Concertgebouw-Orchesters in Amsterdam und 1969–73 der Bamberger Symphoniker. Er wurde auch nach Bayreuth und Salzburg eingeladen. Als Bruckner-Spezialist galt für ihn die Originalfassung der Symphonien als verbindlich.

Armin Jordan
* 9.4.1932 Luzern
Er begann seine dirigentische Laufbahn an den Opernhäusern von Biel-Solothurn, Zürich und Sankt Gallen. Als 1. Kapellmeister ging er nach 1969 an die Basler Oper und war dort 1973–89 Musikdirektor. Gleichzeitig leitete er das Lausanner Kammerorchester. 1985–97 übernahm er das Orchestre de la Suisse Romande.

Herbert von Karajan
* 5.4.1908 Salzburg † 16.7.1989 Anif
Die allgemeine Technisierung hat sich auch im Musikbetrieb niedergeschlagen. Einer der ersten, die dieser Tatsache in ausgeprägter Art und Weise in der künstlerischen Arbeit Rechnung trugen, war Herbert von Karajan. Er begann als Wunderkind am Klavier. Nach seinem Studium in Salzburg ging er zu Franz Schalk und Bernhard Paumgartner nach Wien, um Musikwissenschaft und Dirigieren zu studieren. Sein 1. Engagement führte ihn nach Ulm, 1934 nach Aachen, wo er zum GMD ernannt wurde. Während dieser Zeit dirigierte er als Gast an der Wiener und an der Berliner Oper. 1939–45 war er in Berlin als Kapellmeister an der Oper und Leiter der Symphonie-Konzerte der Staatskapelle tätig. Ein Jahr später begann seine langjährige Zusammenarbeit mit den Wiener Philh. 1945–59 war er Chefdirigent des PO in London. Ab 1947 dirigierte er an der Mailänder Scala, am Covent Garden und bei den Festspielen in Edinburgh. 1950 wurde er vom Wiener Singverein zum Leiter auf Lebenszeit ernannt. 5 Jahre später trat er die Nachfolge Wilhelm Furtwänglers als musikalischer Leiter der Berliner Philh. auf Lebenszeit an (1989 gab er die Leitung ab). Damit hatte er einen der renommiertesten Posten im europäischen Musikbetrieb inne. Mit den Berliner Philh. entwickelte er einen hohen Grad an Perfektion. Ein großes Repertoire an klassisch-romantischen Werken spielte er auf Schallplatte ein. Neben seiner Tätigkeit in Berlin bildeten Salzburg und Wien weitere Hauptaktionsplätze. 1956 übernahm er die Leitung der Salzburger Festspiele, die er 1960 aufgab, aber 1965–88 wieder aufnahm. Als Nachfolger Karl Böhms ging er 1957 an die Wiener Oper. Unzufrieden mit den Arbeitsbedingungen brach er 1965 mit dem Ensemble. Erst 1977 kam es zur Versöhnung. In das Jahr 1965 fällt sein 1. Opernfilm (La Bohème), zu dem er seine eigene Produktionsgesellschaft gründete. Auf seine Initiative wurden weitere Film- und Fernsehfirmen aufgebaut. Diese neue Form der musikalischen Produktion sowie Ton- und Videoaufzeichnungen galten ihm als die geeigneten kommunikativen Mittel zur Verbreitung von Musik. Mit der Gründung der Karajan-Stiftung 1968 initiierte er, als einen Beitrag zur Nachwuchsförderng, internationale Dirigenten- und Orchesterwettbewerbe.

Joseph Keilberth
* 19.4.1908 Karlsruhe † 20.7.1968 München
An der Münchner Oper begann er als Korrepetitor, stieg zum Kapellmeister auf und wurde 1935 schließlich zum GMD ernannt. 1940 wurde er Leiter des Deutschen Philharmonischen Orchester in Prag, den späteren Bamberger Symphonikern. Einer Zeit in Dresden, 1945–50, folgte die künstlerische Leitung der Hamburger Philh., die er bis 1959 innehatte. Im gleichen Jahr wurde er zum GMD der Münchner Oper berufen. Er starb am Dirigentenpult während einer Vorstellung an der Münchner Oper. Seine Vorliebe galt dem deutschen Repertoire des 19. und frühen 20. Jhs. Von den Kompositionen R. Strauss', M. Regers und H. Pfitzners sah er sich besonders herausgefordert. Als Opern- und Konzertdirigent war er gleichermaßen kompetent.

Rudolf Kempe
* 14.6.1910 Dresden † 11.5.1976 Zürich
Er war ein ruheloser Dirigent, den es immer wieder zu neuen Aufgaben und anderen Orchestern drängte. 1950 trat er in Dresden als Musikdirektor der Sächsischen Staatskapelle und GMD der Oper die Nachfolge Joseph Keilberths an, gab die Stelle aber schon 1953 wieder auf und ging an die Münchner Oper bis 1954. Gastdirigate verpflichteten ihn an die Met, den Covent Garden, die Wiener Oper, nach Salzburg und Bayreuth. 1961 übernahm er die Leitung des Royal PO in London, von dem er zum Chefdirigenten auf Lebenszeit ernannt wurde. 1975 legte er jedoch das Amt nieder, um das BBC-SO zu leiten. Gleichzeitig war er 1965–72 künstlerischer Direktor des Tonhalle-Orchesters Zürich und 1967–76 GMD der Münchner Philh. All diese Verpflichtungen verband er mit harter Arbeit und verlangte von sich sowie den Musikern ein Höchstmaß an Konzentration. Er dirigierte bevorzugt Werke der deutschen Romantik, in der Oper Strauss und Wagner.

Bernhard Klee
* 19.4.1936 Schleiz
Er begann 1957 als Korrepetitor an der Kölner Oper, 1958 in Bern. Nach Köln zurückgekehrt, assistierte er zunächst bei Wolfgang Sawallisch

an der Oper und war 1958–62 Kapellmeister. Die gleiche Funktion erfüllte er anschließend in Salzburg, Oberhausen und Hannover, bis er 1966 zum GMD in Lübeck ernannt wurde. Ab 1971 dirigierte er als Gast u.a. die New Yorker Philharmoniker. 1977–87 war er Chefdirigent des SO von Düsseldorf, 1976–79 leitete er das SO des NDR in Hannover, das er 1991 wieder übernommen hat.

Carlos Kleiber

* 3.7.1930 Berlin

Der Vater Erich Kleiber siedelte mit seiner Familie 1935 nach Buenos Aires über. Nach der Rückkehr nach Europa erzwang der Vater erst einmal ein Chemiestudium, letztendlich siegte aber doch die Musik mit einer Korrepetitorstelle am Münchner Gärtnerplatztheater (1952–54). Es schlossen sich Kapellmeisterposten in Potsdam, 1958–64 an der Deutschen Oper am Rhein, 1964–66 in Zürich und bis 1968 in Stuttgart an. Schwierigkeiten, die seinen Wünschen entgegenwirkten, veranlaßten ihn, Stuttgart zu verlassen und zu der Entscheidung, nur noch als Gastdirigent zu arbeiten. So ist er seit 1968 ständiger Gast in München, aber auch in Bayreuth, Wien, Salzburg. Eine Aufführung bereitet er mit äußerster Akribie vor, läßt sich auf keine Kompromisse ein und besteht auf seinen Besetzungswünschen. Vielen mag diese Skepsis gegenüber dem Routinebetrieb zu eigenwillig erscheinen, jedoch bestätigt jede seiner Aufführungen die Effektivität seiner Arbeitsweise.

Erich Kleiber

* 5.8.1890 Wien † 27.1.1956 Zürich

Eigentlich fühlte er sich zeitlebens dem Opernleben Berlins verschrieben, aber die politischen Umstände ließen die Verwirklichung seiner Vorstellungen nicht ganz wahr werden. Zunächst studierte er Violine und Komposition in Prag, auch Philosophie und Kunstgeschichte. Am Landestheater Prag debütierte er 1911 als Chorleiter und nahm anschließend Kapellmeisterposten in Darmstadt, Barmen-Elberfeld, Düsseldorf und Mannheim an. 1923 gab er schließlich an der Staatsoper Berlin sein Debüt und wurde daraufhin zum GMD ernannt. Von Beginn an mehr zur Oper neigend, sah er sich am Ziel seiner Träume. Während dieser Zeit bis 1934 setzte er unter Protest und gegen die Widerstände der Nationalsozialisten das zeitgenössische Musiktheater durch. Neben Schreker oder Milhaud waren es besonders die Werke A. Bergs, für die er sich einsetzte. Mit viel Detailarbeit erreichte er gefeierte Aufführungen. Was seine Arbeit anging, war er nicht bereit, künstlerische oder politische Kompromisse einzugehen. Das führte schließlich dazu, daß er 1934, nachdem ihm die UA von Alban Bergs Lulu verboten worden war, das nationalsozialistische Deutschland verließ und sich in Buenos Aires niederließ. Dort wirkte er am Teatro Colón, arbeitete aber weiterhin in Europa als Gastdirigent. Nach dem Krieg nach Europa zurückgekehrt, dirigierte er zunächst vorwiegend am Covent Garden, dann drängte es ihn wieder an die Berliner Staatsoper, die nun im Ostteil der Stadt lag. 1954 wurde er zum zweiten Mal zum GMD ernannt, gab das Amt aber schon ein Jahr später wieder ab. Nun war es die Kulturpolitik der damaligen DDR, die ihn dazu veranlaßte.

Otto Klemperer

* 14.5.1885 Breslau † 6.7.1973 Zürich

Zu seinen Lehrern in Komposition und Orchesterleitung zählte u.a. H. Pfitzner. 1906 debütierte er und erhielt 1907 durch die Empfehlung Gustav Mahlers eine Chorleiterstelle an der Deutschen Oper in Prag. 1910 wurde er Kapellmeister am Stadttheater Hamburg, anschließend in Barmen. Hans Pfitzner holte ihn 1974 nach Straßburg. 1917–24 wirkte er als GMD in Köln und bis 1927 in gleicher Funktion in Wiesbaden. Danach übernahm er die Leitung der Kroll-Oper in Berlin, die eine wichtige Stätte des zeitgenössischen Musiktheaters wurde. Aus wirtschaftlichen und politischen Gründen mußte sie allerdings 1931 aufgegeben werden, und Klemperer ging bis zu seiner Emigration 1933 an die Staatsoper Berlin. In den USA übernahm er 1933–39 das Los Angeles PO, dirigierte auch das New York PO und das Philadelphia O. Nach dem Krieg war er 1947–50 Musikdirektor an der Budapester Oper, danach dirigierte er nur noch als Gast. Mehrere Unfälle beeinträchtigten seine physische Konstitution und erschwerten seine Arbeit, trotzdem arbeitete er immer weiter. Seine Gasttätigkeit seit 1955 war eng mit dem London PO verbunden. Viele Schallplattenaufnahmen Orchester dokumentieren seine in der deutschen Tradition stehenden Interpretationen der klassisch-romantischen Werke.

Otto Klemperer (1971). Photo von G. Macdomnic

Hans Knappertsbusch

* 12.3.1888 Elberfeld † 25.10.1965 München

Spontaneität zeichnete seine Person sowie seine künstlerische Arbeit aus. Er studierte in Köln und debütierte als Dirigent 1910 in Mülheim an der Ruhr. 1909–12 assistierte er Hans Richter und Siegfried Wagner in Bayreuth, 1913–18 war er 1. Kapellmeister an der Oper seiner Heimatstadt. Nachdem er in gleicher Funktion in Leipzig gewirkt hatte, ging er nach Dessau und wurde dort 1920 zum GMD ernannt. Schließlich trat er 1922 die Nachfolge Bruno Walters als GMD an der Münchner Oper an, wurde jedoch 1936 aus politischen Gründen seines Amtes enthoben und kurzzeitig mit einem Dirigierverbot belegt. Er ging nach Wien. Neben Dirigaten an der Oper und bei den Wiener Philharmonikern führte er in London mehrfach Wagneropern auf und unternahm mit den Berliner Philh. Konzertreisen. Erst 1948 dirigierte er wieder an der Münchner Oper. Seine Wagner-Begeisterung gipfelte in regelmäßigen Aufführungen bei den Bayreuther Festspielen ab 1951, wo er große Erfolge feierte.

Clemens Krauss

* 31.3.1893 Wien † 16.5.1954 Mexico City

Seine Mutter war Sängerin und auch Regisseurin an der Wiener Volksoper, so daß er frühzeitig in unmittelbare Berührung mit der Musik kam. Nach seinem Studium debütierte er mit 19 Jahren als Chorleiter in Brünn. Weitere Lehrjahre verbrachte er als Kapellmeister am Deutschen Theater in Riga, Nürnberg, Stettin und Graz. Von Stettin aus reiste er regelmäßig nach Berlin, um dort Arthur Nikisch mit den Berliner Philharmonikern zu erleben und dessen Dirigierweise zu studieren. 1922 kehrte er nach Wien zurück und dirigierte an der Oper. In dieser Zeit lernte er auch R. Strauss kennen, mit dem er künstlerisch fruchtbar zusammenarbeitete und mit dem ihn eine persönliche Freundschaft verband. 1923 übernahm Krauss von Furtwängler die Leitung der Tonkünstler-Konzerte. Nachdem er 1924–29 Intendant an der Frankfurter Oper gewesen war und gleichzeitig die Museumskonzerte geleitet hatte, ging er als Musikdirektor an die Oper von Wien. 1935 wechselte er in gleicher Funktion nach Berlin und ab 1937 wirkte er als GMD bis zur Zerstörung des Opernhauses 1945 in München. Hier setzte er mit seinen Aufführungen der Werke von R. Strauss Maßstäbe, in dem er unmittelbar die Intentionen des Komponisten umsetzte. Nach dem Zweiten Weltkrieg wurde er wegen seiner Haltung während der Nazi-Zeit bis 1947 mit einem Dirigierverbot belegt. Anschließend nahm er keine feste Position mehr an, sondern dirigierte nur noch als Gast, so an der Wiener Oper, in Bayreuth oder Salzburg.

Josef Krips

* 8.4.1902 Wien † 13.10.1974 Genf

Er studierte u. a. bei Felix von Weingartner in Wien. Danach war er zunächst als Violinist an der Volksoper Wien tätig, bis er 1921–24 dort Chorleiter und Korrepetitor wurde. Danach ging er als Kapellmeister nach Aussig und Dortmund und wurde 1926 in Karlsruhe zum GMD ernannt. Ab 1933 dirigierte er an der Wiener Staatsoper. 1938 mußte er wegen der Besetzung durch die Deutschen Wien verlassen und leitete für ein Jahr die Belgrader Philharmonie und das dortige Opernorchester. Bis 1945 war er mit einem Dirigierverbot durch die Nationalsozialisten belegt, danach dirigierte er wieder an der Wiener Oper und bei den Salzburger Festspielen. Nachdem er 1950–54 das London SO geleitet hatte, ging er in die USA und übernahm das SO von Buffalo (bis 1963). Bis 1960 hatte er außerdem die Leitung des Cincinnati May Festivals und 1963–70 die des SO von San Francisco inne. Anschließend war er bis 1973 Chef der Wiener Symphoniker.

Rafael Kubelik

* 29.6.1914 Býchory bei Prag † 10.8.1996 Luzern

Als Sohn des böhmischen Geigers Jan Kubelik war für ihn der Weg zum Musiker schon vorgezeichnet. Der Vater unterrichtete ihn im Violinspiel, dann studierte er am Prager Konservatorium Klavier, Violine, Komposition und Orchesterleitung. Als exzellenter Begleiter seines Vaters unternahm er mit diesem zahlreiche Konzerttourneen, bis er 1936 Dirigent bei der Tschechischen Philharmonie wurde, die ihn 1941 zum Chefdirigenten ernannte. Zwischenzeitlich war er 1939–41 Musikdirektor an der Oper von Brünn. 1948 verließ er sein Heimatland und schlug eine internationale Karriere ein. Zunächst ging er in die USA und leitete 1950–53 das SO von Chicago. Es entstanden auch Verbindungen zum Concertgebouw-Orchester Amsterdam. 1955–58 wirkte er als Musikdirektor am Covent Garden, wo er unter anderem weniger bekannte Werke in englischer Sprache aufführte. 1961–1979 war er Chefdirigent des SO des Bayerischen Rundfunks und zusätzlich 1973/74 Musikdirektor an der New Yorker Met. Kubelik verstand sich auch als Komponist. Er schrieb u. a. Opern, Symphonien und ein Requiem.

Serge Kussewitzky

* 26.7.1874 Wyschnij-Wolotschok † 4.6.1951 Boston

Zu seiner Zeit war er einer der bedeutendsten Dirigenten in Amerika und hat das dortige Musikleben entscheidend mit geprägt. Er studierte zunächst in Moskau Kontrabaß und wurde Mitglied des Orchesters des Bolschoi-Theaters. Eine Solokarriere anstrebend, gab er viele Konzerte, die ihn auch nach Berlin führten. Dort machte er die Bekanntschaft von Arthur Nikisch, wodurch er in seinem Entschluß, eine Dirigentenlaufbahn einzuschlagen, bestärkt wurde. 1908 gab er schließlich bei den Berliner Philharmonikern sein Debüt. 1909 gründete er mit finanzieller Unterstützung seines Schwiegervaters das Kussewitzky-Orchester. Sein Einsatz für die Musik äußerte sich in vielen Uraufführungen von Werken russischer Komponisten. Außerdem gründete er den Russischen Musikverlag, den er später durch den Aufkauf des Verlages K. Gutheil erweiterte. 1917 übernahm er das Staatsorchester von Petrograd (bis 1920) und siedelte anschließend nach Paris über. 1924 gelang ihm der Sprung nach Amerika. Er wurde musikalischer Leiter des Boston SO, das er unter anfänglichen Schwierigkeiten zu einem hervorragenden Klangkörper formte. Allerdings gewährte er nur selten anderen Dirigenten ein Gastkonzert mit seinem Orchester. Mit seinen emotionsgeladenen, spannungsvollen Interpretationen entwickelte er ein spezifisches Klangbild. Er trat als Förderer zeitgenössischer amerikanischer Komponisten in Erscheinung, indem er viele Aufträge verteilte und die Werke dann auch aufführte. Auf seine Initiative gehen die seit 1935 alljährlich stattfindenden Sommerkonzerte in Tanglewood ebenso zurück wie die Gründung des Berkshire Music Center.

Erich Leinsdorf

* 4.2.1912 Wien † 11.9.1993 Zürich

Nach dem Studium an der Wiener Musikakademie ging er 1934 als Assistent zu Bruno Walter nach Salzburg und wurde dort von Toscanini zum Hauptassistenten bei den Festspielen engagiert. 1937 vermittelte dieser ihn an die New Yorker Met, wo er sich als Chefdirigent für das deutsche Repertoire, besonders für Wagner, einsetzte. Das Cleveland Orchestra (1945/46), das Rochester Philharmonic (1947–56) sowie die New York City Opera (1957–62) waren die nächsten Stationen seiner Laufbahn; ab 1957 wirkte er darüberhinaus an der Met als musikalischer Berater. Im Jahre 1962 übernahm er die Leitung des Boston SO, mit dem er über 700 Konzerte aufführte und hervorragende Schallplattenaufnahmen machte. Seit 1969 trat er als Gastdirigent überall in der Welt auf. Leinsdorf gilt als Vertreter einer betont antiromantischen Musikauffassung.

Ferdinand Leitner

* 4.3.1912 Berlin † 3.6.1996 Forch

Er studierte in Berlin bei Franz Schreker und begann seine Karriere als Klavierbegleiter so berühmter Solisten wie Erna Berger und Ludwig Hoelscher. 1945 wurde er von Eugen Jochum als 1. Kapellmeister nach Hamburg berufen; bereits ein Jahr später übernahm er die Position des Operndirektors an der Münchner Staatsoper. Überragende Bedeutung erlangte Leitner dann während seiner mehr als 20jährigen Tätigkeit an der Staatsoper Stuttgart, wo er ab 1947 Opernchef war und 1949 zum GMD ernannt wurde. 1951 studierte Leitner in Venedig die viel beachtete UA von Strawinskys *The Rake's Progress* ein. Auch andere Werke des zeitgenössischen Musiktheaters hat Leitner immer wieder auf den Spielplan gebracht. Sein besonderes Interesse galt den Werken Carl Orffs, mit dem ihn eine langjährige Freundschaft verband. Von 1969 bis 1983 war er musikalischer Oberleiter an der Züricher Oper, danach als international gefragter Gastdirigent tätig. Leitner galt nie als »Showdirigent«, vielmehr stellte er allein das Werk in den Mittelpunkt seiner Arbeit.

James Levine

* 23.6.1943 Cincinnati

Bereits im Alter von 10 Jahren debütierte er als Solist mit Mendelssohns 2. Klavierkonzert. Eine Pianistenkarriere schien vorgezeichnet, doch während seiner Studienzeit an der New Yorker Juilliard School erwachte sein Interesse am Dirigieren. Nach Abschluß seines Dirigentenstudiums 1964 wurde er sofort von George Szell als Assistent an das Cleveland Orchestra geholt. Im Jahre 1971 debütierte er mit *Tosca* an der New Yorker Met, wo er 2 Jahre später zum Chefdirigenten und 1975 zum Musikdirektor ernannt wurde. Seit 1986 ist er künstlerischer Leiter der Oper, die sich unter seiner Regie von ihrem erzkonservativen Ruf lösen konnte. Neben seiner Arbeit an der Met dirigiert Levine regelmäßig die bedeutendsten Orchester der ganzen Welt, so das London SO, seit 1975 die Wiener Philharmoniker bei den Salzburger Festspielen sowie seit 1982 in Bayreuth, wo er die 100-Jahrfeier der UA des *Parsifal* leitete.

Alain Lombard
* 4.10.1949 Paris
Mit 7 Jahren begann er mit dem Geigenunterricht, bereits 2 Jahre später wurde er am Pariser Konservatorium aufgenommen. Nach Studien bei Ferenc Fricsay war er mit 21 Jahren Kapellmeister an der Oper Lyon. 1963 debütierte er in den USA, 1966 wurde er Assistent Leonard Bernsteins bei den New Yorker Philharmonikern. Im selben Jahr assistierte er Herbert von Karajan bei den Salzburger Festspielen. 1968 wurde er Kapellmeister an der New Yorker Met, von 1972–83 war er Musikdirektor der Straßburger Philharmoniker, 1981–83 Musikdirektor der Pariser Oper. Seit 1988 leitet er das Orchester National de Bordeaux-Aquitaine.

Jesús López Cobos
* 25.2.1949 Toro/Spanien
Nachdem er mehrere Wettbewerbe gewonnen hatte, wurde er 1970 Kapellmeister in Venedig, ein Jahr darauf in Berlin. 1972 debütierte er bei den Salzburger Festspielen und machte sich in der Folgezeit vor allem als Operndirigent einen Namen. Von 1981 bis 1990 war er GMD an der Deutschen Oper Berlin, gleichzeitig war er Musikdirektor des Spanischen Nationalorchesters. Seit 1987 leitet er das SO Cincinnati, seit 1990 das Kammerorchester Lausanne. Er dirigierte die UA mehrerer zeitgenössischer Werke, u. a. der *Symphonie Nr. 2* von Isang Yun (1984).

Lorin Maazel
* 6.3.1930 Neuilly-sur-Seine
Er wuchs in Pittsburgh/USA auf und erregte bereits mit 9 Jahren Aufsehen, als er auf der New Yorker Weltausstellung mit dem Taktstock debütierte. 1941 holte Arturo Toscanini den Elfjährigen ans Pult seines NBC-Orchesters. Vom sizilianischen Catania aus (1953) eroberte er sich in den folgenden Jahren alle großen Konzertsäle Europas: von Mailand, Wien, Berlin bis hin nach Paris, Madrid und Prag. 1960 trat er als erster amerikanischer Dirigent in Bayreuth auf, dirigierte 1962 an der Met und 1963 bei den Salzburger Festspielen. Erst mit 35 Jahren, im Jahre 1965, trat Maazel seine erste feste Stelle an: als Chef des RSO Berlin und gleichzeitig als GMD der Deutschen Oper. 1970–72 leitete er als Chefdirigent neben Otto Klemperer das New PO London, bevor er schließlich 1972 nach Amerika zurückkehrte und dort als Nachfolger von George Szell das Orchester von Cleveland übernahm, das er bis 1982 leitete. 1982 wurde er Operndirektor in Wien, löste jedoch bereits nach 2 Jahren seinen Vertrag wieder, nachdem es dort zu Spannungen gekommen war. Seit 1993 ist er Chefdirigent des SO des BR in München. Maazel verkörpert wie wenige andere den Typus des modernen, internationalen Künstlers, der überall auf der Welt, aber auch in allen Stilrichtungen zuhause ist. Sein weitgespanntes Repertoire ist auf unzähligen Schallplatten dokumentiert; zu mehreren Opernverfilmungen lieferte er die Soundtracks (*Don Giovanni* 1979, Otello 1985).

Lorin Maazel. Photo von Werner Neumeister

Charles Mackerras
* 17.11.1925 Schenectady (N.Y.)
Nach dem Studium war er zunächst Solo-Oboist am SO Sydney. 1946 ging er nach Europa und studierte in Prag bei Václav Talich. 1948–53 dirigierte er in England am Sadler's Wells Theatre und war in der Folge als Gastdirigent in der ganzen Welt tätig, bis er 1966 1. Kapellmeister an der Hamburger Oper wurde. 1970–77 übernahm er die Leitung des Sadler's Wells Theatre, 1982 schließlich kehrte er als Chefdirigent des SO nach Sydney zurück, das er bis 1985 leitete. Seither hat er Gastverträge u. a. mit dem Royal Liverpool PO und der Tschechischen Philharmonie; seit 1987 ist er Musikdirektor der Welsh National Opera in Cardiff. Er ist Spezialist für die Werke Leos Janáčeks.

Neville Marriner
* 15.4.1924 Lincoln
Seine Karriere begann er als Geiger: Nach dem Studium war er zunächst Lehrer für Violine. Daneben war er Mitglied des Martin String Quartet und des Virtuoso String Trio; ab 1956 außerdem Stimmführer der 2. Geigen im London SO. 1959 gründete er die »Academy of St.Martin-in-the-Fields«, ein Kammerensemble, das er zu internationaler Berühmtheit führte und das mit seinem schlanken, transparenten Klangbild wegweisend wurde für die »historische« Interpretation von Barockwerken. Bei Pierre Monteux erlernte Marriner das Dirigierhandwerk; durch seine langjährige Orchestererfahrung, verbunden mit einer äußerst präzisen Zeichengebung, erweckte er beim Musizieren den Eindruck nahezu blinder Übereinstimmung mit seinem Orchester. Bald schon erweiterte sich sein Wirkungskreis: 1969–79 war er Musikdirektor des Orchesters von Minnesota. In den 80er Jahren zog es ihn schließlich nach Deutschland: 1980/81 als ständiger Gastdirigent des RSO Berlin, 1983–89 als Chefdirigent des SO des Süddeutschen Rundfunks.

Kurt Masur
* 18.7.1927 Brieg (Schlesien)
Nach Stationen in Erfurt, Leipzig, Dresden und Schwerin kam er 1960 als musikalischer Oberleiter an die Komische Oper Berlin. 1967 wurde er Chefdirigent der Dresdner Philharmoniker und schließlich ab 1970 Kapellmeister des Gewandhaus-Orchesters in Leipzig, das er zu einem Klangkörper von Weltrang formte. Bekannt wurde Masur auch durch seine führende Rolle bei der unblutigen Revolution im Herbst 1989 in Leipzig, die zum Zusammenbruch des DDR-Regimes führte. Seit 1991 ist er Chefdirigent der New Yorker Philharmoniker.

Zubin Mehta
* 29.4.1936 Bombay/Indien
Nachdem er 1958 den 1. Preis beim Dirigentenwettbewerb von Liverpool gewonnen hatte, begann sein kometenhafter Aufstieg: 1960 debütierte der 24jährige in den USA mit derartigem Erfolg, daß er kurz hintereinander in Montreal und in Los Angeles Chefdirigent wurde. Das Los Angeles Philharmonic formte er in den 17 Jahren ihrer Zusammenarbeit zu einem der besten Orchester Amerikas. Inzwischen luden ihn weltweit die führenden Orchester als Gast; er debütierte 1962 in Salzburg und 1965 an der Met. Seit 1962 arbeitete er regelmäßig mit dem Israel PO zusammen, das ihn 1981 zum Musikdirektor auf Lebenszeit ernannte. 1978 wurde er Nachfolger Pierre Boulez' bei den New Yorker Philharmonikern (bis 1991). Ab 1998 wirkt er als GMD an der Bayerischen Staatsoper in München.

Dimitri Mitropoulos
* 18.2.(1.3.)1896 Athen † 2.11.1960 Mailand
Er galt als eines der größten musikalischen Genies überhaupt. Bereits mit 10 Jahren studier-

te er am Odeion-Konservatorium in Athen. 1920 ging er nach Brüssel und kurz darauf nach Berlin, wo er nach Studien bei Busoni Korrepetitor an der Oper »Unter den Linden« wurde. 1927 kehrte er nach Athen zurück, leitete das Konservatoriumsorchester und wurde zum Professor für Komposition ernannt. Sein wachsender Ruf als Dirigent führte ihn zurück nach Berlin, wo er in einem aufsehenerregenden Debüt mit den Philharmonikern für den erkrankten Pianisten einsprang und Prokofjews *3. Klavierkonzert* vom Flügel aus dirigierte. Die führenden europäischen Orchester rissen sich fortan um ihn; 1936 folgte die Einladung nach Amerika, ein Jahr später übernahm er die Leitung des SO von Minneapolis, 1949–57 war er Chefdirigent bei den New Yorker Philharmonikern. Er setzte sich dort besonders für Neue Musik und für Gustav Mahler ein. Nach 1957 arbeitete er als Gastdirigent an den großen Opernhäusern der Welt.

Dimitri Mitropoulos

Mitropoulos war berühmt für sein photographisches Gedächtnis und für sein aufbrausendes Temperament. Seine Lebensweise war asketisch und ganz der Musik geweiht; auf dem Podium der Mailänder Scala starb er während einer Probe zu Mahlers *3. Symphonie.*

Pierre Monteux
* 4.4.1875 Paris † 1.7.1964 Hancock/USA
Nach dem Studium arbeitete er jahrelang als Bratschist und später als Kapellmeister der Concerts Colonne in Paris. 1910 gründete und leitete er die »Concerts Berlioz«; ein Jahr später engagierte ihn Serge Diaghilew als musikalischen Leiter der »Ballets Russes«. Er dirigierte epochemachende Uraufführungen, u.a. Strawinskys *Petruschka* (1911) und *Le Sacre du Printemps* (1913). Strawinsky hatte in Monteux seinen idealen Dirigenten gefunden. Nach einer USA-Tournee mit den »Ballets Russes« wurde Monteux für 2 Jahre als Gastdirigent an die Met verpflichtet, wo er für das französische Repertoire zuständig war. 1919–24 war er Chefdirigent des Boston SO, danach arbeitete er mehrere Jahre in Europa als Gastdirigent u.a. des Amsterdamer Concertgebouw-Orchesters. 1929–37 leitete er das SO von Paris, 1935–52 führte er das San Francisco SO zu internationalem Niveau. Noch mit 86 Jahren (1961) wurde er 1. Dirigent des London SO.

Alicija Mounk
* 2.8.1947 Lódź/Polen
Sie begann in Warschau eine Ausbildung zur Tonmeisterin. Nach ihrer Emigration 1969 studierte sie Dirigieren in Köln und absolvierte Kurse bei Nadia Boulanger und Michael Gielen. Nach Stationen in München, Freiburg und Kassel wurde sie 1990 1. Kapellmeisterin an der Staatsoper Stuttgart. 1991 trat sie das Amt der GMD in Ulm an, das sie 1993 vorzeitig quittierte. In ihren unkonventionellen Programmen setzte sie sich besonders für zeitgenössische Werke ein.

Jewgeni Mrawinski
* 4.6.1903 St. Petersburg † 20.1.1988 Leningrad
Nach dem Studium am Petersburger Konservatorium war er Kapellmeister am Kirow-Theater und ab 1938 1. Dirigent der Leningrader Philh., die er während 50jähriger Zusammenarbeit zu Weltniveau heranbildete. Vor allem seine Interpretationen der Werke Tschaikowskys waren mustergültig; daneben bevorzugte er die großen Klassiker der Moderne: Bartók, Honegger und Hindemith. Er war eng befreundet mit Dimitri Schostakowitsch, der ihm seine *8. Symphonie* widmete, und brachte mehrere seiner Symphonien zur UA.

Riccardo Muti
* 28.7.1941 Neapel
Er begann zunächst ein Klavierstudium, doch nachdem er einmal als Dirigent bei einem Studentenkonzert eingesprungen war, wechselte er das Fach. 1967 gewann er den 1. Preis beim Cantelli-Wettbewerb, mit 28 Jahren war er bereits Chefdirigent beim Maggio Musicale Florenz, dessen musikalische Leitung er bis 1982 innehatte. 1973 löste er Otto Klemperer bei den Londoner Philharmonikern ab, 1980 wurde er zum Musikdirektor des Philadelphia Orchestra bestellt. 1986 schließlich wurde er Nachfolger

Riccardo Muti

Claudio Abbados an der Mailänder Scala. Er konzertiert regelmäßig mit den Wiener und Berliner Philh. und anderen Spitzenorchestern in aller Welt; darüberhinaus ist er gefragter Gast bei den führenden Opernhäusern. Mit seinem Bemühen um größtmögliche Werktreue hat er sich vor allem um die italienische Oper verdient gemacht. Seine charismatische Ausstrahlung, gepaart mit intuitiver Musikalität und analytischer Intelligenz, ließen Muti bereits in jungen Jahren zu einem der Größten am Dirigentenpult werden.

Kent Nagano
* 22.11.1951 Morro Bay/USA
Der Sohn japanischer Einwanderer beschloß erst mit 21 Jahren, den Musikerberuf zu ergreifen. Nach der Ausbildung war er 4 Jahre lang Korrepetitor an der Oper von Boston. Weitere Stationen waren die Kammeroper von San Francisco und das Berkeley SO, mit dem er alle Orchesterwerke Messiaens aufführte. 1983 assistierte er Seiji Ozawa bei der UA von Messiaens Oper *Saint François d'Assise*; er leitete die ersten europäischen Aufführungen des Werkes. 1986–89 war er 1. Gastdirigent des Ensemble InterContemporain, seit 1988 ist er musikalischer Leiter der Oper von Lyon.

Roger Norrington
* 16.3.1934 Oxford/England
Er ist einer der Pioniere der historischen Aufführungspraxis. Er begann als Leiter des Schütz Choir in London und war von 1966–84 1. Kapellmeister an der Kent Opera, wo er Monteverdi-Opern auf Originalinstrumenten und im Stil ihrer Zeit aufführte. Mit dem von ihm gegründeten »London Baroque Ensemble« führte er ab 1975 Werke des 18. Jhs. auf authentischen Instrumenten auf; seit 1978 wandte er sich mit den »London Classical Players« auch der Musik

späterer Epochen zu. 1985–89 war er Musikdirektor der Bournemouth Sinfonietta; seit 1990 leitet er das Saint Luke Orchestra in New York., ab 1997 übernimmt er das RSO Stuttgart.

Eugene Ormandy
* 18.11.1899 Budapest † 12.3.1985 Philadelphia
Mit 3 Jahren begann er, Geige zu spielen; mit 5 war er der jüngste Schüler, der je am Budapester Konservatorium aufgenommen wurde. Mit 17 Jahren war er bereits Professor für Violine und Konzertmeister des Blüthner-Orchesters in Berlin. 1921 ging er nach Amerika und arbeitete sich in einem Stummfilmorchester vom letzten Pult bis zum Kapellmeister hoch, 1924 debütierte er als Dirigent im amerikanischen Rundfunk. 1931 sprang er beim Philadelphia Orchestra für den erkrankten Toscanini ein, mit derartigem Erfolg, daß er noch im selben Jahr zum Musikdirektor des SO von Minneapolis ernannt wurde. 1936 schließlich kam er als 2. Dirigent neben Stokowski an das Philadelphia Orchestra und wurde 2 Jahre später zum Chefdirigenten ernannt. In ihrer 40jährigen Zusammenarbeit wurde das Orchester weltberühmt für seinen brillanten Klang und seine Virtuosität. Ormandys Repertoire beschränkte sich weitgehend auf romantische symphonische Musik und die frühe Moderne, die er – ohne Taktstock – mit weitausholenden Gebärden dirigierte.

Seiji Ozawa
* 1.9.1935 Hoten/Mandschurei
Er studierte in Tokio, kam 1959 mit einem Stipendium einer japanischen Motorradfirma nach Europa und gewann sogleich den Wettbewerb von Besançon. 1961/62 war er Assistent Leonard Bernsteins; sein amerikanisches Debüt gab er mit dem San Francisco SO. 1964–68 war er musikalischer Leiter des Ravinia-Festivals und wurde nacheinander Chefdirigent bei den Orchestern von Toronto (1965–69), San Francisco (1970–74) und Boston (seit 1974). 1969 fand mit Mozarts *Cosi fan tutte* sein Operndebüt bei den Salzburger Festspielen statt. Ozawas Stärken liegen vor allem in der Literatur des späten 19. und des 20. Jhs. Er dirigierte als Gast bei allen Spitzenorchestern der Welt und zeichnet sich durch die Vitalität seiner Interpretationen und eine virtuose Schlagtechnik aus. 1983 leitete er die vielbeachtete UA von Messiaens Oper *Saint François d'Assise* in Paris.

Michel Plasson
* 2.10.1933 Paris
Zunächst als Schlagzeuger ausgebildet, wandte er sich dem Dirigieren zu und gewann 1962 beim Wettbewerb von Besançon den 1. Preis. Danach setzte er sein Studium in den USA bei Leopold Stokowski, Erich Leinsdorf und Leonard Bernstein fort. Er begann seine Karriere als GMD in Metz. 1968 wurde er am Théâtre du Capitole in Toulouse zum ständigen Dirigenten und wenig später zum Musikdirektor ernannt. Seit 1974 leitet er das dort neugegründete Orchestre National, das er innerhalb kürzester Zeit auf internationales Niveau brachte. Von 1994 an übernimmt er zusätzlich die Leitung der Dresdner Philharmoniker. Seit 1987 ist er 1. Gastdirigent des Tonhalle-Orchesters Zürich; zudem leitet er seit 1994 die Dresdner Philharmonie. Zahlreiche Einspielungen auf Tonträgern.

Georges Prêtre
* 14.8.1924 Waziers
Nach dem Trompetenstudium nahm er bei André Cluytens Unterricht in Orchesterleitung. 1946 debütierte er an der Oper von Marseille und war in den folgenden Jahren an den Opern von Lille, Casablanca und Toulouse engagiert. 1956–59 dirigierte er an der Pariser Opéra Comique. In den folgenden Jahren wurde er häufig als Gast nach Chicago, an den Covent Garden, die Met und die Scala geholt. 1986–91 war er 1. Gastdirigent der Wiener Symphoniker. Er brachte mehrere Werke zur UA. Seit 1995 leitet er das RSO Stuttgart.

André Previn
* 6.4.1929 Berlin
Als Kind wurde er in Berlin und Paris ausgebildet, bevor die Familie 1939 in die USA übersiedelte. Dort hatte er schon bald als Jazzpianist und Arrangeur Erfolg und komponierte Filmmusiken für Metro-Goldwyn-Mayer. 1950–52 studierte er in San Francisco bei Pierre Monteux; nach 1960 gab er die »leichte Muse« auf und arbeitete sich als Dirigent mit Provinzorchestern hoch. Nach 7 Jahren begann seine zweite, steile Karriere: 1967 wurde er Nachfolger von Sir John Barbirolli beim SO von Houston, ein Jahr darauf war er Chefdirigent des London SO (bis 1979). 1976–84 leitete er das SO von Pittsburgh, wurde 1985 Chefdirigent des London Royal PO und war 1986–89 Musikdirektor der Philharmoniker von Los Angeles. Previn bevorzugt in seinem Repertoire Werke englischer, vor allem zeitgenössischer Komponisten. Der überaus vielseitige Dirigent hat selbst 2 Musicals geschrieben.

Eve Queler
* 1.1.1936 New York
Sie begann als Korrepetitorin an der New York City Opera, wo sie kurz darauf zu Assistentin aufstieg. 1867 gründete sie mit Studenten und Lehrern die Concert Opera Company, die vor allem unbekanntere Opern an die Öffentlichkeit brachte. Sie hat sich auch in der Folge vor allem als Operndirigentin einen Namen gemacht. Seit 1982 leitet sie an der University of Maryland den National Opera Orchestra Workshop.

Simon Rattle
* 19.1.1955 Liverpool
Mit 15 Jahren gründete er die Liverpool Sinfonia. 1971–74 studierte er Schlagzeug und Dirigieren in London und gewann 1973 beim John-Player-Dirigentenwettbewerb den 1. Preis. Daraufhin wurde er Chefassistent beim SO und bei der Sinfonietta Bournemouth, beim BBC Scottish SO und beim Royal Liverpool PO. 1975 debütierte er in Glyndebourne, 1976 mit dem PO London. Seit 1980 ist er Chefdirigent des City of Birmingham SO, dem er zu Spitzengeltung verholfen hat. Sein Vertrag läuft 1998 aus. 1981–83 war er künstlerischer Berater des London South Bank Festivals. Rattles Interesse gilt vor allem der Musik des 20. Jhs. Er hat mit seinem Orchester zahlreiche Platten eingespielt.

Fritz Reiner
* 19.12.1888 Budapest † 15.11.1963 New York
Er begann 1909 als Korrepetitor an der Komischen Oper in Budapest, war ab 1911 Kapellmeister an der Budapester Volksoper und ging dann an die Dresdner Hofoper. 1922 siedelte er in die USA über, leitete bis 1931 das Cincinnati SO und war danach 10 Jahre lang Lehrer am Curtis Institute of Music in Philadelphia, wo auch Leonard Bernstein zu seinen Schülern zählte. 1938–48 dirigierte er das Pittsburgh SO und 1949–53 an der Met in New York. Danach übernahm er das Chicago SO, von dem Strawinsky sagte, es sei unter Reiner zum präzisesten und flexibelsten Orchester der Welt geworden. Er galt als der größte Dirigiertechniker seiner Zeit, der mit einem winzigen Schlag unendlich viele Klangnuancen zaubern konnte. Die Musiker respektierten sein Perfektionsstreben und seine Fähigkeit, die kompliziertesten Partituren durchhörbar zu machen, fürchteten ihn jedoch auch wegen seines despotischen Verhaltens. Er bevorzugte Bartók, Strauss und Wagner, die er ohne die damals noch üblichen Romantizismen musizierte.

Hans Rosbaud
* 22.7.1895 Graz † 29.12.1962 Lugano
Er leitete zunächst die Musikhochschule und die Symphoniekonzerte in Mainz, bevor er 1929 1. Kapellmeister am Frankfurter Rundfunk wur-

de. In dieser Zeit hielt er Verbindung zu Schönberg, Bartók, Strawinsky und anderen Komponisten und begann, sich auf Neue Musik zu spezialisieren. 1937–41 war er GMD in Münster und 1941–44 in Straßburg, bevor er 1945 die Leitung der Münchner Philh. übernahm. 1948 wurde er Chefdirigent des Südwestfunk SO in Baden-Baden, das sich unter seiner Stabführung zu einem der hervorragendsten Ensembles für zeitgenössische Musik entwickelte. Er dirigierte regelmäßig bei den Festspielen von Donaueschingen und Aix-en-Provence und war 1950 zusätzlich musikalischer Leiter des Züricher Tonhalle-Orchesters. Rosbaud leitete viele bedeutende UA von Bartók, Boulez, Hartmann, Messiaen und anderen; B. A. Zimmermann widmete ihm seine Oper *Die Soldaten*.

Gennadi Roshdestwenski
* 4.5.1931 Moskau
Noch als Student des Moskauer Konservatoriums debütierte der 20jährige am Bolschoi-Theater mit Tschaikowskys *Nußknacker*. Kurz darauf wurde er dort als Assistent engagiert und stieg in den folgenden Jahren bis zum Chefdirigenten auf (1964–70). Gleichzeitig dirigierte er das SO des Sowjetischen Rundfunks (1961–74). Anschließend wurde er künstlerischer Direktor des Stockholmer SO (1974–77) und übernahm gleichzeitig die Leitung der Moskauer Kammeroper, die durch viele Tourneen weltweit bekannt wurde. 1978 holte ihn das SO des BBC als Chefdirigent nach London (bis 1981); 1982/83 stand er an der Spitze der Wiener Symphoniker. Seit 1982 schließlich ist er Chefdirigent des damals neugegründeten Staatlichen SO des Moskauer Kultusministeriums, ein Ensemble, das er innerhalb kurzer Zeit zu einem der Spitzenorchester seiner Heimat formte. Seit 1991 leitet er die Stockholmer Philh. Roshdestwenski gilt als einer der besten Interpreten russischer, vor allem zeitgenössischer Musik. Er setzt sich besonders für das Werk Schostakowitschs ein.

Dennis Russell Davies
* 16.4.1944 Toledo/Ohio
Nach dem Studium gründete er zusammen mit Luciano Berio ein Ensemble für Neue Musik. Gleichzeitig leitete er das Norwalk SO (1968–72) und das Juilliard-Ensemble (1968–74). Seit 1974 wird er auch häufig nach Europa eingeladen, so dirigierte er 1978 in Bayreuth Wagners *Fliegenden Holländer*. 1980–87 war er GMD der Stuttgarter Oper; danach übernahm er die musikalische Leitung der Bonner Oper und des Orchesters der Beethovenhalle, bevor er schließlich 1990 als musikalischer Direktor des SO von Brooklyn in die USA zurückkehrte. Er setzt sich sehr für amerikanische Neue Musik ein. Luciano Berio widmete ihm mehrere seiner Werke.

Esa-Pekka Salonen
* 30.6.1958 Helsinki
In Helsinki studierte er zunächst Horn, später Komposition bei Rautavaara und Dirigieren bei Panula. 1979 gab er in Italien sei Debüt als Dirigent. Schon bald verbreitete sich sein Ruf als eines der begabtesten Talente Europas; bedeutende skandinavische Orchester luden ihn als Gast ein. 1985 wurde er Chefdirigent des Stockholmer RSO. Nun begann auch seine internationale Karriere, die ihn ans Pult der Londoner Philharmoniker, der London Sinfonietta und anderer europäischer Orchester führte. Seit 1992 ist er Chefdirigent des Los Angeles PO.

Jukka-Pekka Saraste
* 22.4.1956 Helsinki
Er studierte Violine und Orchesterleitung, gab sein Debüt 1980 mit dem PO Helsinki und macht seither international Karriere. Seit 1987 ist er Chefdirigent sowohl des finnischen RSO als auch des Scottish Chamber Orchestra. Neben der Interpretation der Werke Sibelius' und dem klassischen Repertoire zieht es ihn auch zur Neuen Musik; mehrfach arbeitete er mit dem Ensemble Modern und dem Ensemble InterContemporain zusammen.

Wolfgang Sawallisch
* 26.8.1923 München
In München studierte er Klavier und Dirigieren. 1947 wurde er Korrepetitor in Augsburg, wo er binnen kurzer Zeit zum 1. Kapellmeister aufstieg. 1952 erfolgte sein glanzvolles Debüt bei den Berliner Philharmonikern; im selben Jahr wurder er Assistent von Igor Markevitch bei den Salzburger Festspielen. Ein Jahr später war er GMD in Aachen (1953–58), danach in Wiesbaden (1958–60) und Köln (1960–63). 1957 debütierte er in Bayreuth, ging 1960 als Chefdirigent zu den Wiener Symphonikern (bis 1970) und ein Jahr später zu den Hamburger Philharmonikern (bis 1972). Ab 1963 war er darüberhinaus musikalischer Berater an der Deutschen Oper Berlin. 1970–80 leitete er in Genf das Orchestre de la Suisse Romande, 1971 trat er die Stelle des GMD der Bayerischen Staatsoper in München an, zu der sich 1982 noch die Funktion des Staatsoperndirektors gesellte. In 2 Jahrzehnten prägte Sawallisch einen Opern-Stil, bei dem vor allem eine von Kontinuität geprägte Ensemblearbeit hervorzuheben ist. Seine Wagner- und Strauss-Interpretationen sind beispielhaft. Auch als Solist bei Mozartschen Klavierkonzerten sowie als Liedbegleiter erregt er immer wieder Aufsehen. Seit 1993 ist er Chefdirigent des Philadelphia Orchestra.

Hermann Scherchen
* 21.6.1891 Berlin † 12.6.1966 Florenz
Er war zunächst Bratscher beim Berliner Blüthner-Orchester und bei den Philharmonikern. 1911 begegnete er Schönberg und debütierte mit dessen *Pierrot Lunaire*. Nach dem Ersten Weltkrieg dirigierte er Arbeiterchöre und gründete die Zeitschrift »Melos«, außerdem war er Mitbegründer der Gesellschaft für zeitgenössische Musik. 1922 löste er Furtwängler als Dirigent der Frankfurter Museumskonzerte ab; gleichzeitig begann er seine Arbeit beim Collegium Musicum in Winterthur. Sein Ruf als »Pionier der Neuen Musik« verbreitete sich über ganz Europa. 1928–33 war er GMD beim Ostfunk in Königsberg, anschließend emigrierte er aus Deutschland und war nach Kriegsende hauptsächlich in der Schweiz tätig. 1944–50 dirigierte er das Orchester von Radio Beromünster und unterrichtete bei den Darmstädter Ferienkursen. 1954 gründete er in Gravesano/Schweiz ein Tonstudio, an dem entscheidende aufnahmetechnische Verbesserungen gelangen. 1959/60 war er Chefdirigent der Nordwestdeutschen Philharmonie. Scherchen hat wie kaum ein anderer die Entwicklung der Neuen Musik über ein halbes Jahrhundert lang beeinflußt und gefördert. Er leitete über 50 UA, darunter die des *Violinkonzerts* von A. Berg (1936). Er benutzte eine sparsame, klare Zeichengebung und forderte immer äußerste Präzision.

Peter Schneider
* 26.3.1939 Wien
Nach dem Studium bei Hans Swarowsky in Wien ging er zunächst als Kapellmeister nach Heidelberg und Düsseldorf, bevor er 1978–85 GMD in Bremen wurde. Seither ist er begehrter Gast an den großen Opernhäusern der Welt. In Bayreuth dirigierte er 1983 in der Nachfolge von Georg Soltis den *Ring des Nibelungen*. 1985–87 war er GMD in Mannheim, daneben gastierte er häufig an der Wiener Oper. 1993 löste er Wolfgang Sawallisch als GMD der Münchner Staatsoper ab. Sein Vertrag geht 1998 zuende.

David Shallon
* 15.10.1950 Tel Aviv
Er studierte bei Hans Swarowsky in Wien und war 1974–79 Assistent Leonard Bernsteins. 1980 dirigierte er Mahlers *3. Symphonie* in

Wien, kurz darauf debütierte er in den USA. Er arbeitet seit 1983 regelmäßig mit der Jungen Deutschen Philharmonie zusammen; 1987–93 war er Chefdirigent des Düsseldorfer SO, 1992 übernahm er die Leitung des Jerusalem Symphony Orchestra.

Giuseppe Sinopoli
* 2.11.1946 Venedig
In den frühen 70er Jahren komponierte er hauptsächlich, ab 1972 studierte er Dirigieren bei Hans Swarowsky in Wien. 1975 gründete er das Ensemble Bruno Maderna und trat zu dieser Zeit als Dirigent der Avantgarde in Erscheinung. Um 1980 wandte er sich auch dem traditionellen Repertoire zu, erst jetzt begann seine steile internationale Karriere. Er debütierte mit den Wiener, Berliner und New Yorker Philh., feierte Triumphe mit Verdis *Aida* und *Luisa Miller* an der Hamburger Staatsoper und war ab 1983 Chefdirigent der Accademia Nazionale di Santa Cecilia in Rom. Er profilierte sich vor allem mit den Opern Verdis und Puccinis, debütierte 1985 an der Met mit Puccinis *Tosca* und in Bayreuth mit Wagners *Tannhäuser*. 1990/91 war er Chefdirigent an der Deutschen Oper Berlin, seit 1992 leitet er die Sächsische Staatskapelle Dresden. Sinopoli gilt als der »Intellektuelle« unter den Dirigentenstars der heutigen Zeit.

Sir Georg Solti
* 21.10.1912 Budapest
Er ist einer der größten Pultstars der heutigen Zeit. In Budapest war er Schüler Kodálys und Dohnányis; mit 18 Jahren wurde er Korrepetitor, später Kapellmeister an der Budapester Oper. 1936/37 assistierte er Toscanini bei den Salzburger Festspielen. Bei Ausbruch des Zweiten Weltkrieges emigrierte er in die Schweiz und begann dort eine Karriere als Pianist. Nach Kriegsende wurde er 1946 nach einer Aufführung von Beethovens *Fidelio* zum GMD der Bayerischen Staatsoper ernannt. In dieser Position ging er 1952 nach Frankfurt und 1961 schließlich an die Covent Garden Opera London, die sich unter seiner Leitung zu einem der ersten Opernhäuser der Welt entwickelte. Nach 23 Jahren ununterbrochener Tätigkeit als Operndirektor beschloß Solti, sich verstärkt der symphonischen Arbeit zu widmen. 1969 übernahm er die Leitung des Chicago SO, das er in über 20jähriger Zusammenarbeit zu Weltruhm führte. Daneben war er 1979–83 Chefdirigent der Londoner Philharmoniker. 1992–94 war er künstlerischer Leiter der Salzburger Festspiele. Solti hat den Ruf eines großen Orchestererziehers. Selbst ein fanatischer Arbeiter, verlangt er äußerste Präzision von den Musikern.

Georg Solti. Photo von Werner Neumeister

Horst Walter Stein
* 2.5.1928 Elberfeld
Nach dem Studium in Köln und Frankfurt war er zunächst Kapellmeister in Wuppertal, Hamburg und Berlin, bis er im Jahre 1961 als GMD an das Mannheimer Nationaltheater kam. Von dort ging er 1970 an die Wiener Oper und kehrte 2 Jahre später als GMD nach Hamburg zurück (1972–77). 1980–85 war er Direktor des Orchestre de la Suisse Romande; seit 1985 leitet er die Bamberger Symphoniker und seit 1987 zusätzlich das SO von Basel (bis 1994). Stein hat sich als Wagner-Dirigent einen Namen gemacht: 1969 dirigierte er in Bayreuth den *Parsifal*, ein Jahr darauf erstmals den *Ring des Nibelungen*.

Leopold Stokowski
* 18.4.1882 London † 13.9.1977 Nether Wallop
Er galt als Showdirigent par excellence. Nach seinem Studium in London wurde er 1909 zum Leiter des SO von Cincinnati ernannt. Schon damals nahm er es mit der Werktreue nicht allzu genau; so mancher Kritiker empörte sich über die Leichtfertigkeit, mit der er an den Partituren Änderungen vornahm. 1912 übernahm er das Philadelphia Orchestra, das er in fast einem Vierteljahrhundert (bis 1938) zu einem Spitzenorchester formte. Durch Experimente mit der Sitzordnung erreichte er jenen unvergleichlichen Klang, für den das Orchester berühmt war. Während seiner fast 70jährigen Tätigkeit leitete er etwa 2000 Ur- und Erstaufführungen, darunter die amerikanische Erstaufführung von Strawinskys *Sacre du Printemps*, Schönbergs *Gurreliedern* und Bergs *Wozzeck*. 1940 lieferte er die Filmmusik für Walt Disney's *Fantasia*.

George Szell
* 7.7.1897 Budapest +30.7.1970 Cleveland
Mit 11 Jahren gab er sein erstes Klavierkonzert, mit 17 dirigierte er zum ersten Mal die Berliner Philharmoniker. 1917 vermittelte ihn Richard Strauss an die Straßburger Oper, wo er in der Nachfolge Otto Klemperers Chefdirigent wurde. Über Prag, Darmstadt und Düsseldorf kam er 1924 als 1. Kapellmeister an die Berliner Staatsoper. Mit 32 Jahren wurde er GMD in Prag (1930–36). 1939 ließ er sich in den USA nieder und dirigierte auf Einladung Toscaninis das Orchester der NBC, dann 1942–46 an der Met, bevor er 1946 Chefdirigent des Cleveland Orchestra wurde, das er in 26jähriger Zusammenarbeit zu einem der besten Orchester der Welt formte. Szell war ein gefürchteter Fanatiker der Genauigkeit.

Jeffrey Tate
* 28.4.1943 Salisbury
1971–77 war er Assistent am Covent Garden, 1976–80 bei Pierre Boulez in Bayreuth, danach bei Karajan in Salzburg und bei Levine an der Met. 1985 dirigierte er die UA von Henzes *Il ritorno d'Ulisse in patria* bei den Salzburger Festspielen, wurde Chefdirigent des English Chamber Orchestra und ein Jahr darauf 1. Dirigent am Covent Garden. 1990 übernahm er die Leitung des Jugendorchesters der Europäischen Gemeinschaft, von 1991–93 war er Chefdirigent der Rotterdamer Philharmoniker.

Michael Tilson-Thomas
* 21.12.1944 Hollywood
Nach dem Studium in Los Angeles machte er erstmals 1966 als Assistent von Pierre Boulez in Bayreuth auf sich aufmerksam. Ab 1969 dirigierte er als Chefassistent das Boston SO, bis er 1971 das Orchester von Buffalo übernahm. Er reiste als Gastdirigent zu vielen bedeutenden Orchestern der Welt und erwarb sich schnell den Ruf eines jungen, aufstrebenden Pultstars, der sich besonders für die Werke amerikanischer Komponisten einsetzt. 1988–95 war er Chefdirigent des London SO, sodann des San Francisco SO. Von herausragender Bedeutung ist seine Einspielung der Orchesterwerke von Charles Ives.

Arturo Toscanini
* 25.3.1867 Parma † 16.3.1957 Riverdale/New York
Er war einer der wichtigsten Wegbereiter des modernen, auf größtmögliche Werktreue bedachten Dirigierstils des 20. Jhs. Nachdem er in seiner Heimatstadt Cello studiert hatte, sprang er 1886 auf einer Tournee für einen

Arturo Toscanini in der Kantine. Photo von Leonard Steckel

erkrankten Dirigenten ein und war dabei so erfolgreich, daß ihm auch die Leitung der restlichen Aufführungen übertragen wurde. 1896 leitete er die UA von Puccinis *La Bohème*. 1898–1903 sowie 1906–08 war er Direktor der Mailänder Scala, wo er u. a. mit Caruso zusammenarbeitete. Bereits zu dieser Zeit verlangte er genaueste Befolgung des Notentextes, lehnte »romantische« Verzierungen und Rubati ab und zog so einigen Unmut auf sich. 1908–15 wirkte er an der New Yorker Met und leitete viele amerikanische Erstaufführungen. Während seines 3. Engagements in Mailand von 1920–29 führte er die Scala zu Weltruhm. 1929 debütierte er in Bayreuth, weigerte sich aber während des Nazi-Regimes, dort ein zweites Mal aufzutreten. 1928–36 war er Musikdirektor der New Yorker Philh.; 1937–54 leitete er das eigens für ihn gegründete NBC-SO. Um sein Temperament ranken sich zahlreiche Anekdoten; seine Unerbittlichkeit in Fragen des Tempos und der technischen Perfektion war so gefürchtet, daß die Musiker stets über sich selbst hinauswuchsen. Vor allem seine Interpretationen der Opern Verdis und Puccinis setzten Maßstäbe für die nachfolgenden Dirigenten-Generationen.

Hiroshi Wakasugi
* 31.5.1935 Tokio
Er ist neben Seiji Ozawa einer der profiliertesten japanischen Orchesterleiter. Nach dem Studium in Tokio leitete er mehrere japanische Orchester und kam 1977–83 als Chefdirigent zum WDR-SO nach Köln. 1982–86 war er GMD der Deutschen Oper am Rhein und ging dann 1987–91 als Leiter des Tonhalle-Orchesters nach Zürich; 1986–95 war er Chefdirigent des Städtischen SO in Tokio, 1995 wurde er vom NHK SO zum ständigen Dirigenten ernannt.

Bruno Walter
* 15.9.1876 Berlin † 17.2.1962 Beverly Hills
Er hatte als pianistisches Wunderkind in Berlin begonnen, beschloß jedoch mit 14 Jahren, Dirigent zu werden. Seine ersten Korrepetitorstellen bekleidete er in Köln und Hamburg, wo er 1894 Gustav Mahler kennenlernte. Nach Stationen in Breslau und Riga kam er 1900 an die Königliche Oper Berlin. Ein Jahr darauf holte ihn Mahler an die Wiener Oper. 1913–22 war er GMD an der Oper in München. Ab 1919 dirigierte er regelmäßig die Berliner Philh., wurde 1925 GMD der Städtischen Oper Berlin und war 1929–33 Chefdirigent des Gewandhausorchesters in Leipzig. Nach der Machtergreifung der Nationalsozialisten mußte er Deutschland verlassen; 1939 wanderte er in die USA aus, wo er als einer der bedeutendsten Vertreter der europäischen Dirigiertradition begeistert empfangen wurde. Neben häufigen Gastspielen an der Met und mit den Orchestern von Los Angeles und Philadelphia war er 1947–49 musikalischer Berater der New Yorker Philharmoniker. Ab 1947 dirigierte er wieder bei den Salzburger Festspielen.

Bruno Walter (um 1929). Photo von Erich Salomon

Walter, der von zutiefst romantischer Natur war, neigte bei seinen betont »schönen« Interpretationen im Alter zu ehrfurchtsvoll gedehnten Tempi und gedämpften Lautstärken. Andererseits hatten seine berühmten Aufführungen von Mozartopern atemberaubenden »Drive«. Sein Leben lang setzte er sich besonders für die Werke von Mozart, Brahms, Bruckner, Pfitzner und vor allem Mahler ein, dessen *Lied von der Erde* er 1911 zur UA brachte.

Günter Wand
* 7.1.1912 Elberfeld
Nach dem Studium in Wuppertal und Köln war er zunächst Korrepetitor in Wuppertal und Allenstein, bevor er 1939 1. Kapellmeister in Köln wurde. 1944/45 leitete er das Salzburger Mozarteum-Orchester und wirkte danach 30 Jahre lang in Köln als GMD und Dirigent des Gürzenich-Orchesters. 1982–91 leitete er das SO des NDR in Hamburg. Er wurde vor allem mit bemerkenswerten Interpretationen der Symphonien Bruckners bekannt.

Jörg-Peter Weigle
* 28.3.1953 Greifswald
Er begann beim SO Neubrandenburg. 1985–1987 war er Chefdirigent des RSO Leipzig; 1986–94 leitete er die Dresdner Philharmoniker, 1995 übernahm er die Stuttgarter Philharmoniker.

Lothar Zagrosek
* 13.11.1942 Waging
Er studierte in München und in Wien bei Hans Swarowsky und war danach Kapellmeister in Salzburg, Kiel und Darmstadt. 1972 wurde er GMD in Solingen, 1977 in Mönchengladbach. Anschließend war er Chefdirigent des SO des Österreichischen Rundfunks (1982–87) und Musikdirektor der Pariser Oper (1986–89). Seit 1990 war er 1. Kapellmeister der Oper in Leipzig, 1997 wurde er zum GMD der Stuttgarter Oper berufen.

Hans Zender
* 22.11.1936 Wiesbaden
Er studierte Komposition, Klavier und Dirigieren. 1963/64 ging er als Stipendiat der Villa Massimo zu B. A. Zimmermann nach Rom, war 1964–68 1. Kapellmeister in Bonn und 1969–72 GMD in Kiel , wo er eine Konzertreihe für Neue Musik einrichtete. 1972–84 leitete er in Saarbrücken das SO des Saarländischen Rundfunks; danach war er GMD in Hamburg (bis 1986). 1987 übernahm er die Leitung des Kammerorchesters des Niederländischen Rundfunks in Hilversum (bis 1994). Zender, der selbst komponiert, ist einer der wichtigsten Dirigenten für zeitgenössische Musik.

Die Artikel von A–K verfaßte *Claudia Heinze*, von L–Z *Christine Günther*.

Glossar

absolute Musik, Instrumentalmusik, die allein musikimmanenten Gesetzen folgt und nicht an das Wort oder an außermusikalische Vorstellungen gebunden ist. Gegensatz: → Programmusik, Lied, Oper.

a cap(p)ella (ital.: »nach Art der Kapelle«), mehrstimmiger unbegleiteter Gesang.

Adagio / adagio (ital.: gemächlich, ruhig) 1. häufige Bezeichnung für einen langsamen Satz oder ein Musikstück.
2. Tempovorschrift

ad libitum (lat.: nach Belieben; Abkürzungen: ad lib., ad libit.), 1. Vortragsbezeichnung, die Tempowahl und Vortrag dem Interpreten freistellt. Gegensatz: a tempo. 2. Besetzungsvorschrift für Instrumente, deren Gebrauch innerhalb eines Ensembles freigestellt, d.h. nicht zwingend ist (→ obligat).

äolisch / aeolisch → Kirchentonarten

Agogik (die; griech.), nuancierte Modifikationen des vorgeschriebenen Tempos als Ausdrucksmittel, wobei diese feinen Temposchwankungen meist parallel mit dynamischen Veränderungen (→ Dynamik) gehen.

Akkord (von spätlat. accordare: übereinstimmen), der Zusamenklang von mindestens 3 Tönen (→ Dreiklang); 2 Töne bilden dagegen nur ein → Intervall.

Aleatorik (die; lat. alea: Würfel, Zufall), nach 1950 aufgekommene Kompositionstechnik der Neuen Musik, gegen die zunehmende Mathematisierung in der → seriellen Musik gerichtet. Festgelegte Abschnitte eines Musikstückes können vom Interpreten in beliebiger Reihenfolge gespielt werden, oder der Komponist gibt dem Interpreten Ausführungsanweisungen (gelenkter Zufall); in beiden Fällen kann das Stück eine jeweils andere Form- und Klanggestalt annehmen.

Allabreve (ital.), ein $^2/_2$- oder $^4/_2$-Takt mit der halben Note als Zählzeit.

Allemande (die; franz.: so viel wie »deutscher Tanz«), 1. ursprünglich deutscher Schreittanz, meist im $^4/_2$-Takt, der von mehreren Paaren getanzt wird; in abgewandelter Form in Frankreich, Spanien und England im → Barock sehr beliebt., 2. Tanzsatz in ruhigem, geradtaktigem Zeitmaß; zunächst der französischen und niederländischen Lautenmusik entnommen, bis etwa 1750 stilisiert verwendet als Kopfsatz der → Suite.

Alteration (die; lat. alteratio: Änderung), die Veränderung eines Tones oder → Akkords um 1–2 → Halbtöne nach oben oder unten; auch → Chromatik.

Arabeske, 1. Bezeichnung für die reiche Verzierung einer Melodie. 2. Im 19. Jh. Titel für Musikstücke mit freiem Linienspiel.

Arpeggio (das; ital. von arpa: Harfe), harfenähnliches Nacheinander-Erklingen der Töne eines → Akkords auf Zupf-, Streich- und Tasteninstrumenten.

Artikulation, die Kunst der sinnvollen Gliederung, d. h. der differenzierten Bindung und Trennung der Töne; auch → Phrasierung.

atonale Musik / Atonalität, eine melodisch und harmonisch nicht nach den Gesetzen der → Tonalität gebildete Musik. Die Bezeichnung, zunächst polemisch verwendet, kam nach 1920 auf. Anstelle tonaler Bezugspunkte treten z. B. einzelne Töne oder Akkorde (A. Berg: *Wozzeck*). Die ersten atonalen Werke sind die *5 George-Lieder op. 3* (1907 u. 1908) von A. v. Webern und die *Drei Klavierstücke op. 11* von A. Schönberg (1909). Außer der → Zweiten Wiener Schule schrieben auch I. Strawinsky, B. Bartók, P. Hindemith, E. Křenek, A. Honegger, D. Milhaud u.a. atonale Musik. Aus der atonalen Phase A. Schönbergs ging um 1920 die → Zwölftontechnik hervor.

attacca (ital.: falle ein), Anweisung am Schluß eines Satzes, das Folgende ohne Pause anzuschließen; auch → subito.

Aubade (die; franz. aube: Tagesgrauen, Morgenröte), Morgenständchen, das wie sein Gegenstück, die → Serenade, im 17./18. Jh. an den Höfen musiziert wurde.

Barcarole / Barkarole (die; ital. barcaruola von barca: Boot, Barke), ital. Schifferlied im wiegenden $^6/_8$-Rhythmus.

Barock (das oder der; franz. baroque, ital. barocco: unregelmäßig geformte Perle), europäische Kulturepoche zwischen etwa 1600 und 1750, der Renaissance folgend, dem → Rokoko und Klassizismus vorausgehend. Kennzeichnend für das musikalische Barock sind gegensätzliche Stilelemente wie das Prinzip des »Concertierens« (der Wechsel zwischen Solovortrag und dem Tutti-Spiel aller Instrumente) neben monumentaler Mehrchörigkeit, die Koppelung eines formfreien → Präludiums mit der darauffolgenden streng formgebundenen → Fuge, in den Opern das Gegensatzpaar Rezitativ und Arie. Ursprungsland des Barock war Italien. Im Kreis der »Camerata Fiorentina« entwickelte sich ein neuer, wortgebundener Stil; es entstanden die ersten Opern und eine Form des meist akkordisch baßbegleiteten Sologesangs, die Monodie. Die Funktion der Begleitung übernahm später der → Generalbaß, der für das Barock so typisch wurde, daß diese Epoche auch als »Generalbaßzeitalter« bezeichnet wird.

Basso continuo (ital.: durchgehender Baß) → Generalbaß

Berceuse (die; franz.: Wiegenlied), ursprünglich Liedgattung, seit dem 19. Jh. Bezeichnung für Instrumentalmusik (besonders für Klavier) mit wiegendem $^6/_8$-Takt.

Bourrée (die; franz.), altfranzösicher Tanz aus der Auvergne im $^2/_2$- oder $^4/_4$-Takt; in anderen Regionen auch im Zweier- und Dreiertakt. Seit etwa 1560 am französischen Hof sehr beliebt; ab etwa 1650 auch als 2. Satz in Instrumentalsuiten.

Bruitismus → Futurismus

cantabile (ital.: sangbar, gesangvoll), Vortragsbezeichnung in der Instrumentalmusik. Im 18. Jh. wurde die Sangbarkeit in allen Stimmen zu einer Grundforderung der Komposition.

cantus firmus (lat.: feststehender Gesang), im polyphonen Satz die Stimme, zu der die anderen Stimmen im → Kontrapunkt hinzugesetzt werden und die meist eine schon vorher bestehende Lied- oder Choralmelodie vorträgt.

Celesta (die; ital.: die Himmlische), ein mit Hämmerchen angeschlagenes Stahlplattenklavier auf hölzernen Resonanzkästen, ähnlich einem Klaviaturglockenspiel, aber weicher im Klang.

Chaconne (die; franz.; ital.: Ciaccona), aus einem spanischen Reigentanz über die Lauten- und Gitarrenmusik nach Italien überlieferter instrumentaler Variationssatz. Diesem liegt im Unterschied zur ansonsten ähnlichen → Passacaglia eine strengere Behandlung des sich fortlaufend wiederholenden Baßthemas (Basso → ostinato) zugrunde.

Chromatik (griech. chroma: Farbe), im Gegensatz zur → Diatonik die Versetzung bzw. »Umfärbung« eines Tones um einen → Halbton nach oben oder unten.

Cluster (engl.: Traube), Klanggebilde (Tontraube), das von mehreren gleichzeitig klingenden Tönen mit geringem Tonabstand zueinander gebildet wird. Auf dem Klavier werden Cluster mit der flachen Hand oder dem Unterarm angeschlagen.

Coda (ital.: Schwanz), der Schlußteil von Instrumentalstücken, der entweder → Motive des vorangegangenen Stückes bzw. Satzes aufgreift oder aber in deutlicher Absetzung zu diesem neues motivisches Material bringen kann. Die Schlußwirkung der Coda kann beruhigend im Sinne eines Ausklangs oder einer Schlußsteigerung sein (→ Stretta).

Concertino (das; ital.: kleines Konzert), die Gruppe der Soloinstrumente, die im → Concerto grosso oder der → Sinfonia concertante dem → Tutti des Orchesters gegenübersteht.

Concerto grosso (das; ital.: so viel wie großes Ensemble), typische, meist dreisätzige Kompositionsform des → Barock, die durch die Gegenüberstellung von → Concertino und vollem Orchester (→ Tutti und → Ripieni) gekennzeichnet ist.

da capo (ital.: von vorn; Abkürzung: D. C.), Anweisung zur Wiederholung eines Tonstückes bzw. eines Abschnittes.

Diatonik (griech.: durch Ganztöne gehend), Tonsystem, das im Gegensatz zur → Chromatik oder → Enharmonik die Oktave in 5 Ganz- und 2 Halbtonschritte teilt, wie in unserem heutigen Dur- und Mollsystem.

Dissonanz (die; lat. dissonantia: Mißklang, Unstimmigkeit), das Zusammentreffen einander widerstrebender Töne und → Intervalle (z. B. Sekunde und Septe) mit Streben nach Auflösung in eine spannungslose → Konsonanz.

Divertimento (das; ital.: Vergnügen, Unterhaltung, franz. Divertissement), Ende des 17. bis gegen Mitte des 18. Jhs. Titel von Sammelwerken mit unterhaltender Musik unterschiedlicher Art. Im 18. Jh. bekam das Divertimento zunehmend die Bedeutung einer → sonaten- oder suiteähnlichen, bei Hof und Bürgertum gleichermaßen beliebten Instrumentalmusik.

Dodekaphonie (griech.: → Zwölftontechnik)

Dominante (die; lat.), der 5. Ton (→ Quinte) über dem Grundton (→ Tonika) einer Dur- oder Molltonleiter. Der Dur-Dreiklang auf der Dominante hat mit seinem → Leitton eine schlußbildende Wirkung und strebt zur Tonika bzw. deren Stellvertreter; verstärkt wird diese Funktion durch Zufügung einer kleinen Septime (→ Septakkord); auch → Kadenz.

dorisch → Kirchentonarten

Dreiklang, Zusammenklang dreier Töne, bestehend aus → Grundton, der darüberliegenden → Terz und → Quinte.

Dur (lat. durus: hart), Tongeschlecht, dem alle Tonarten mit großer → Terz, Sext und Septime angehören, im Gegensatz zum → Moll. Der Dur-Dreiklang besitzt eine große und eine kleine Terz (z. B. c–e–g).

Durchführung, 1. in der → Fuge Bezeichnung für das Verarbeiten des Themas in verschiedenen Stimmen. 2. in der → Sonate oder → Symphonie die formal ungebundene musikalische Verarbeitung und Weiterentwicklung der in der → Exposition vorgestellten Themen; auch → Sonatenhauptsatzform.

Dynamik (griech. dynamis: Kraft), die Anwendung und Theorie der verschiedenen Ton- und Klangstärkegrade.

elektronische Musik, im weitesten Sinne jede Art von Musik, an deren Entstehung oder Wiedergabe elektronische Mittel beteiligt sind. Dabei ist die Mitwirkung eines Interpreten nicht unbedingt erforderlich. Der nicht gespielte, sondern auf Band aufgezeichnete Klang hat zu den Verfahren der Pariser → Musique concrète geführt. Das erste deutsche Studio für elektronische Musik wurde 1948 beim Westdeutschen Rundfunk in Köln gegründet (H. Eimert, K. Stockhausen, H. Pousseur). Auch → serielle Musik.

Engführung, bei der → Durchführung der → Fuge Eintritt der das Thema nachahmenden Stimme noch bevor das Thema in der 1. Stimme beendet ist, so daß eine enge Stimmverflechtung entsteht.

Enharmonik (die; griech.: in der Harmonie), Verwendung von Intervallen, die kleiner als der chromatische → Halbton sind. In der temperierten Stimmung, die den Größenunterschied zwischen chromatischem und diatonischem Halbton aufhebt, werden diese Töne enharmonisch klanggleich, obwohl sie physikalisch und musikalisch verschieden sind. Eine enharmonische Verwechslung ist die Notierung des gleichen Tons durch einen anderen, d. h. durch Vorzeichnung von # oder b (z. B. cis = des).

Exposition → Fuge; → Sonate

Fantasie → Phantasie

Fermate (die; ital. fermata), seit dem frühen 15. Jh. ein Haltezeichen über Noten oder Pausen, durch deren längeres Aushalten der strenge Takt aufgehoben wird.

Figuration, in der Instrumentalmusik des 16.–19. Jhs., die Brechung einer Melodie oder eines Akkords durch Verzierungen, bestehend aus rhythmischen oder melodischen Formeln.

Finale, Schlußsatz von → Sonate, → Symphonie oder Opernakt, in dem alle musikalischen Gedanken des Werkes zusammengefaßt auftreten, oft die krönende Steigerung.

Fioritura (ital.), → Verzierung beim Gesang.

Flageolett (das; franz. flageolet: Diminutiv von flageol: Flöte), 1. kleine Blockflöte mit dünnem Ansetzschnabel. 2. Effekt und Spieltechnik bei Streichinstrumenten und Harfe: durch leichtes Abgreifen der Saite mit der Fingerspitze entstehen Teilschwingungen und hohe, flötenähnliche Töne (Obertöne).

Frühklassik → Vorklassik

Fugato (das; ital.), die Verarbeitung eines Themas nach Art der → Fuge, ohne jedoch an deren strenge Regeln gebunden zu sein.

Fuge (lat. u. ital. fuga: Flucht), neben dem → Kanon die strengste und zugleich vollkommenste Form des mehrstimmigen → kontrapunktischen Satzes im → Barock, in der die verschiedenen Stimmen das gleiche Thema nacheinander bringen und dabei → imitatorische und → polyphone Techniken ausschöpfen.

galanter Stil (franz. galant: so viel wie elegant, modern), Stilbezeichnung für die an absolutistischen Höfen gepflegte Unterhaltungsmusik und in Anlehnung daran für die Musik des Bürgertums um die Mitte des 18. Jhs..

Ganzschluß, der Abschluß eines Abschnittes oder Stückes in der Abfolge 5. Stufe (→ Dominante) und 1. Stufe (→ Tonika).

Ganzton, in der Tonleiter der aus zwei → Halbtönen bestehende große Sekundschritt.

Generalbaß (auch Basso continuo, Continuo), abgekürzte Akkord–Notenschrift, die über dem grundlegenden, durchgehenden Baß (basso fondamentale) die zugehörigen Harmonien durch Ziffern bezeichnet. Der Generalbaß, der die Funktion der Begleitung übernimmt, wurde im → Barock zur Grundlage der Musikausübung.

Gigue (die; franz.: so viel wie Geige oder tanzen), 1. von giga: Geige. Im altfranzösischen Bezeichnung für Violine. 2. von franz. giguer: tanzen. Heiterer Hüpftanz schottisch-irländischen Ursprungs in schnellem Tripeltakt ($^6/_8$ oder $^{12}/_8$). Über die englische Virginal- und Lautenmusik Anfang des 17. Jhs. in die deutsche Instrumentalmusik gelangt, wurde die Gigue als abschließender Satz fester Bestandteil der barocken → Suite.

giocoso (ital.: scherzhaft, spielerisch, humoristisch), Vortragsbezeichnung.

Glissando / glissando (ital.: gleitend), Effekt und Vortragsanweisung in der Instrumental- und Vokalmusik: Ein größeres → Intervall wird durchglitten durch Verschleifen seiner einzelnen Tonstufen.

Grave / grave (ital.: schwer, ernst), Tempo- und Charakterbezeichnung für langsame Sätze oder Satzteile seit Anfang des 17. Jhs. In der barocken Instrumentalmusik tritt Grave als Satzbezeichnung auf, z. B. für die Einleitung zur Französischen → Suite.

Grundton, die 1. Stufe jeder Tonleiter und der tiefste Ton eines → Akkords in der Grundstellung.

Halbschluß, eine im Lauf eines Stücks auftretende scheinbare Schlußwirkung auf der →

Dominante, die den Eindruck eines Ruhepunkts gibt, jedoch nicht als endgültiger Schluß (d. h. → Ganzschluß auf der → Tonika) empfunden wird.

Halbton, kleinster Intervallschritt (kleine Sekunde) im zwölfstufig temperierten Tonsystem.

Heterophonie (griech.: Andersstimmigkeit), das gleichzeitige Erklingen einer melodischen Phrase in etwas veränderter Ausgestaltung oder Verzierung in verschiedenen Stimmen oder Instrumenten; Gegensatz → Homophonie bzw. → Polyphonie.

Homophonie (griech.: Gleichklang), die begleitende Unterordnung aller Stimmen einer Komposition unter eine melodieführende Hauptstimme (meist die Oberstimme), im Unterschied zu rhythmisch-melodischen Selbständigkeit der Stimmen in der → Polyphonie.

Hoquetus (lat.: zerhackt, zerschnitten), Satzweise der mittelalterlichen Musik, bei der sich die Töne und Pausen mehrerer Stimmen wechselseitig zu einer zusammenhängenden Tonfolge ergänzen.

Imitation, die Nachahmung eines → Motivs in den verschiedenen Stimmen. Dieses Kompositionsprinzip wurde besonders für die → Polyphonie charakteristisch, zunächst in einfachen Formen (Wiederholung, auch in rhythmischer Abwandlung), später im → Kontrapunkt mit vielen Sonderformen (Verkleinerung, Vergrößerung, Umkehrung), die für → Kanon und → Fuge entscheidende Bedeutung erlangten.

impetuoso (ital.: ungestüm, heftig), Vortragsbezeichnung

Impressionismus, eine Stilrichtung besonders in Frankreich etwa zwischen 1890 und 1920, die auf die Spätromantik folgte, ist in der Musik kein gültiger Epochebegriff wie etwa → Barock oder → Klassik. Der musikalische Impressionismus ist weitgehend identisch mit dem Personalstil von C. Debussy, obgleich sich dieser dagegen verwahrte, seine Musik »impressionistisch« genannt zu sehen und wiederum dem Symbolismus nahestand. Gleichwohl verbindet Debussy mit der impressionistischen Malerei die Vorliebe für atmosphärische Wirkungen. Außer Debussy können M. Ravel, der frühe Roussel und mit Einschränkungen G. Fauré zu den Komponisten impressionistischer Musik gezählt werden, wobei letzterer allerdings einer vorimpressionistischen Generation angehörte. Zu den Merkmalen impressionistischer Musik zählen u. a. die Ausweitung der Dur-Moll-Tonalität, die Verwendung von Ganztonleiter, Pentatonik und Parallelakkordik sowie die Auffächerung des Klanglichen in viele Klangfarben.

Intermezzo (das; ital.: Zwischenspiel), 1. in der Oper oder anderen Bühnenwerken ein zwischen 2 Akte oder Szenen eingefügtes Zwischenspiel. 2. in der Musik des 19. Jhs. Bezeichnung für ein Charakterstück oder einen Satz im → Sonatenzyklus.

Intervall (das; lat. intervallum: Zwischenraum), der Abstand zweier Töne voneinander sowie deren Tonverhältnis bei sukzessivem oder simultanem Erklingen. Die Intervallehre teilt die Intervalle (mit steigender Größe) ein in Prime, Sekunde, Terz, Quarte, Quinte, Sexte, Septime, Oktave, None, Dezime, (Undezime, Duodezime) und unterscheidet hierbei reine, kleine, große, übermäßige und verminderte Intervalle. Intervalle können nach ihrem Tonabstand quantitativ gemessen oder im Hinblick auf ihren Grad an → Konsonanz oder → Dissonanz klassifiziert werden.

Introduktion (ital. introduzione), kurzer Einleitungsteil, meist zum 1. Satz von → Symphonien oder → Divertimenti; in der Oper auch zur unmittelbar an die → Ouvertüre anschließenden Gesangsszene. Die Introduktion trägt meist die Vortragsbezeichnungen → largo, → adagio, → grave u. a. und besitzt feierlich-pathetischen Charakter.

ionisch → Kirchentonarten

Isorhythmie (die; lat.: gleicher Rhythmus), Kompositionsprinzip der → Motette im 14. und 15. Jh.: bezeichnet die Zuordnung gleicher rhythmischer und gleicher Melodieabschnitte.

Kadenz (die; lat. cadere: fallen; ital. cadenza: Schlußfall), 1. von der Musiktheorie im 16. Jh. eingeführte Bezeichnung für die musikalische Schlußformel eines Abschnittes oder ganzen Stückes, die die vorherrschende Tonart bekräftigt und meist die Akkordfolge folgender Funktionen ist: → Tonika, → Subdominante, → Dominante mit Quintfall in die Tonika (authentische Kadenz). Die sogenannte plagale Kadenz schließt mit der Folge Subdominante – Tonika. Beim Trugschluß mündet die Dominante nicht erwartungsgemäß in die Tonika, sondern weicht auf eine andere Stufe aus, meist die sechste. 2. Im Instrumentalkonzert (auch in der Da capo-Arie der Oper) ein vor dem Abschluß (→ Coda) eingeschobener Formteil, in dem das oder die Soloinstrumente unter Verwendung der Thematik des Satzes frei und vor allem virtuos improvisieren. Seit W. A. Mozart und Beethoven ist die Kadenz meist vom Komponisten vorgegeben.

Kammermusik (von ital. musica da camera), Sammelbezeichnung für weltliche Vokal- und Instrumentalmusik mit kleiner, solistischer Besetzung, die auf kleine bis mittelgroße Räume zugeschnitten ist.

Kanon (lat. canon: Maßstab, Regel), strengste und älteste Form der → kontrapunktischen Satzkunst, bei der der Zahl nach nicht begrenzte Stimmen in bestimmten Abständen nacheinander einsetzen, gleich verlaufen und sich harmonisch ergänzen; dabei kann der → Intervallabstand verschieden sein.

Kassation (von ital. cassatione: Entlassung), mehrsätziges, locker gereihtes Musikstück mit Ständchencharakter, das, ähnlich wie die → Serenade oder das → Divertimento, ursprünglich im Freien aufgeführt wurde. Diese besonders in Österreich verbreitete volkstümliche Musizierform wurde von J. Haydn und W. A. Mozart in die Kunstmusik übernommen, meist mit ähnlicher Anlage wie die → Suite.

Kirchentonarten, vom frühen Mittelalter bis etwa 1600 gebräuchliche Tonarten. Das Mittelalter unterschied 8 (später 12) Oktavausschnitte nach griechischem Muster, die als sogenannte Kirchentonarten (Modi) mit dem Namen der griechischen Tonarten versehen wurden. Zu ihnen zählen u. a. als Hauptmodi: dorisch = $d–d^1$, phrygisch = $e–e^1$, lydisch = $f–f^1$, mixolydisch = $g–g^1$, äolisch = $a–a^1$, und ionisch = $c–c^1$.

Klassik (lat. classicus: »zur ersten Steuerklasse gehörend«, d. h. »in jeder Hinsicht vollkommen«), im ursprünglichen Sinn der Höhepunkt der griechisch-römischen Kultur. In der Musik versteht man unter Klassik im weitesten Sinn die Zeit zwischen 1750 und 1830, die auf das sogenannte → Generalbaßzeitalter bzw. den → Barock folgt. Von den neuen Formen in der italienischen opera buffa angeregt, entstanden besonders in der Instrumentalmusik neue Gattungen (z. B. das Streichquartett), deren gemeinsame Grundform die → Sonatenhauptsatzform war. Bedeutsam ist ferner die zunehmend periodische Gliederung der Themen, der Rückzug des → Kontrapunkts zugunsten harmonischer Klarheit und Durchsichtigkeit des musikalischen Satzes, und die neue Bedeutung einer ausdrucksstarken → Dynamik (Einführung des Orchestercrescendos). Die weit gefaßte Klassik in diesem Sinn wird auch als → Vorklassik bezeichnet. Parallel dazu entstand in Wien das Zeitalter der Klassik im engeren Sinn, die sogenannte → Wiener Klassik, die von der Musik J. Hayds, W. A. Mozarts und L. van Beethovens geprägt ist.

konkrete Musik → Musique concrète

Konsonanz (die; lat. consonantia: Zusammenklang), das als Wohlklang empfundene Zusammenklingen von Tönen, im Gegensatz zur → Dissonanz.

Kontrapunkt (lat. punctum contra punctum: Note gegen Note), ein Tonsatz, der auf der linearen Selbständigkeit, der thematischen Beteiligung und der horizontalen Orientierung aller in diesem Satz auftretenden Stimmen beruht. Den Gegensatz bildet der von der harmonischen Schreibweise beherrschte Tonsatz, der die akkordisch-vertikale Zuordnung der Töne anstrebt und die neben der Melodiestimme beteiligten weiteren Stimmen zu bloßen Begleit- oder Füllstimmen macht (→ Homophonie).

Konzert (das; von ital. concerto), 1. Komposition für ein Soloinstrument (seltener Gesangssolist) und Orchester. 2. eine Veranstaltung (meist öffentlich) zur Aufführung musikalischer Werke.

Krebs, Technik des → Kontrapunktes, bei der das Hauptthema rückwärts vorgetragen wird.

Larghetto / larghetto (ital., Diminutiv von → Largo: breit), 1. Musikstück im Zeitmaß larghetto. 2. Vortragsbezeichnung: weniger breit und leichter und fließender im Vortrag als → Largo.

Largo / largo (ital.: breit), 1. Häufige Bezeichnung für den langsamen Satz einer → Sonate oder → Symphonie. 2. Tempobezeichnung: breit, feierlich, getragen.

legato (ital., auch ligato: gebunden), Vortragsbezeichnung: die aufeinanderfolgenden Töne sollen fließend aneinandergereiht werden. Gegensatz: → staccato.

leggiero (ital., auch leggieramente: leicht, leger), Vortragsbezeichnung und Anschlagsart im Klavierspiel: beschwingtes, leichtes und perlendes Spiel.

Leitmotiv, ein häufig wiederkehrendes musikalisches Motiv von melodischer, rhythmischer und harmonischer Prägnanz, das in der → Programmusik oder Oper, v.a. aber in den → Musikdramen → R. Wagners Personen, Stimmungen oder Situationen symbolisiert und das konstruktive Element des dramatisch-formalen Ablaufs ist. Vgl. auch → H. Berlioz und → F. Liszt.

Leitton, im Dur-Moll-System der 7. Ton der Tonleiter (→ Septime), der im Gehör die Forderung erweckt, in die → Oktave des → Grundtons in einem Halbtonschritt nach oben weitergeleitet, gleichsam »aufgelöst« zu werden.

lento (ital.: langsam), Tempobezeichnung.

lydisch → Kirchentonarten

Mannheimer Schule, Name für 2 Generationen von Musikern und Komponisten am Hof des 1743–1778 in Mannheim residierenden Kurfürsten Karl Philipp Theodor von der Pfalz, die satztechnisch wesentlich zur Entstehung der → klassischen Musik beigetragen und einen neuen Orchesterstil geprägt haben. Hierzu zählen die Bestimmungen des harmonischen Verlaufs von der Melodie her, die regelmäßige Periodisierung des Satzes, bestimmte Orchestereffekte (→ Crescendo) sowie klangliche und dynamische Kontraste auf engstem Raum. Die wichtigsten Vertreter der Mannheimer Schule waren J. Stamitz, F. X. Richter und I. Holzbauer. Vgl. auch → Vorklassik.

ma non troppo (ital.: aber nicht zu sehr), Anweisung, ein Tempo nicht übertrieben zu nehmen.

marcato (ital.: markiert, deutlich herausgehoben), Vortragsbezeichnung.

martellato (ital.: gehämmert), Vortragsbezeichnung.

Melos (das, auch der; griech.: Lied, Gesang), die reine Intervallfolge einer Melodie, ohne die Betrachtung der rhythmischen und harmonischen Elemente.

meno (ital.: weniger), Vortragsbezeichnung.

Menuett (franz. menuet, von menu pas: kleiner Schritt), 1. ursprünglich französischer Volkstanz, im 17. Jh. dann Hof- und Gesellschaftstanz in ruhigem $^3/_4$-Takt; auch oft Bestandteil der → Suite. Daneben enthalten → Serenaden und → Kassationen bis ins 19. Jh. Menuette. 2. über die Komposition der → Mannheimer Schule gelangte das Menuett um 1750 in die → Symphonie, später auch in das Streichquartett und andere Gattungen.

Messe (lat. missa, zu missio: Entlastung), seit dem 4. Jh. Bezeichnung für liturgische Feiern, benannt nach der »Entlassung« der Gläubigen. In der Kirchenmusik eine zyklische Großform, die das Ordinarium Missae (Kyrie, Gloria, Credo, Sanctus und Agnus Dei) und das Proprium Missae (Introitus, Graduale, Offertorium, Communio, später auch die Sequenzen, z. B. Dies irae) umfaßt. Vgl. auch → J. S. Bach, J. Haydn, W. A. Mozart, L. v. Beethoven, F. Schubert, A. Bruckner, F. Liszt.

Metrik (griech. metron: Versmaß), in der Musiktheorie seit dem 18. Jh. die Lehre vom → Metrum.

Metrum (das; griech.: Maß), das Taktmaß; vgl. auch → Rhythmus, wobei die Grenzen zwischen diesem und dem Metrum fließend sind. »Innerhalb der auf dem Taktprinzip beruhenden Musik versteht man unter Metrum im allgemeinen eine auf qualitativer Abstufung gleichgroßer Zeitteile beruhende, musikalisch wirksame Ordnung oder Maßeinheit.« (H. Riemann, S. 568)

mezzoforte (ital.: mittelstark; Abkürzung: mf), Vortragsbezeichnung, die Lautstärke betreffend.

Minimal Music (engl.: Mindestmusik), Musikrichtung, die einprägsame Melodiefloskeln kaum verändert aneinanderreiht und rhythmische Phasen oft sehr langsam gegeneinander verschiebt oder wechseln läßt. Die Richtung entstand Anfang der 70er Jahre in den USA und beeinflußte auch die europäische Avantgarde. Hauptvertreter sind P. Glass, S. Reich, T. Riley und L. M. Young.

mixolydisch (griech.) → Kirchentonarten

modal (lat.), Ordnung des Tonmaterials ohne Berücksichtigung der Dur-Moll-Tonalität, z. B. auf den Leitern der → Kirchentonarten.

Modulation (die; von lat. modulatio, von modus: Maß), in der dur-moll-tonalen Musik Übergang von einer Tonart in eine andere innerhalb eines Stückes. Wird die Zieltonart durch eine → Kadenz bestätigt, liegt eine endgültige Modulation vor; bei nur flüchtigem Verlassen der alten Tonart spricht man von Ausweichung. Außerdem wird je nach Modulationsverfahren zwischen chromatischer, → enharmonischer und → diatonischer Modulation unterschieden.

Moll (das; lat. mollis: weich, sanft), das »weiche« Tongeschlecht, dem alle Tonarten mit kleiner → Terz angehören, im Gegensatz zum → Dur. Der Moll-Dreiklang besitzt eine kleine und eine große Terz (z. B. c–es–g).

molto (ital.: viel, sehr), Vortragsbezeichnung (meist in Verbindung mit einer Tempovorschrift).

Monodie (die; griech.: Einzel-, Sologesang), in der griechischen Antike der einstimmige, instrumentalbegleitete Sologesang. Heute bezeichnet Monodie ein musikalisches Prinzip, das neben der Textverständlichkeit die Wortausdeutung in den Vordergrund stellte und Anfang des 17. Jhs. in Italien durch eine Wiederbelebung antiken Gedankenguts entstand. Die anfangs einfache, später ausgezierte Gesangsstimme wurde durch ein einzelnes Akkord-Instrument oder eine kleine Instrumentalgruppe rein → akkordisch begleitet. Die Monodie (auch *Seconda prattica*) trug, als Kontrast zum → Kontrapunkt *(Prima prattica)* maßgeblich zur Stilwende in der Kunstmusik um 1600 bei und beeinflußte alle wichtigen Gattungen der Zeit, insbesondere die neu entstandene Oper.

Motette (die; ital. motetto), mehrstimmige Vokalkomposition (meist mehrsätzig); im 13. Jh. eine kirchliche Vokalgattung mit einem meist gregorianischen → Cantus firmus im Tenor. Schon bald kamen aber weltliche Texte auf. Im 14. Jh. wurden häufig mehrere Texte gleichzeitig gesungen; die → isorhythmische Motette mit kunstvollem Spiel rhythmischer und melodischer → Perioden ist Höhepunkt dieser Gattung. → A capella und streng → polyphon gearbeitet, entwickelte sich die Motette im 15. und 16. Jh. zur Hauptform der Kirchenmusik.

Motiv (spätlat. motivus: bewegt, beweglich), die kleinste (Sinn-)Einheit einer Komposition, aus der sich ein musikalisches → Thema entwickeln kann, die aber auch selbständig behandelt werden kann. Bereits 2 Töne können ein Motiv bilden, daneben aber auch Rhythmen oder eine charakteristische Harmoniefolge. Vgl. auch → Leitmotiv.

Musique concréte, (franz.: Konkrete Musik), auf P. Schaeffer zurückgehende Bezeichnung für Geräuschmusik. Die Musique concréte arbeitet mit Mikrophonaufnahmen von wirklichen (konkreten) Klängen, Geräuschen, Stimmen usw., die durch Bandmanipulationen zu Klangmontagen und Geräuschkulissen verarbeitet werden. Vgl. auch → elektronische Musik.

Nachsatz → Periode

Neobarock → Neoklassik

Neoklassik / Neoklassizismus, Bezeichnung für den Rückgriff auf Satztechniken des 17. und 18. Jhs. in der Neuen Musik ab etwa 1920. Der Begriff Neoklassizismus, der auf die Pariser Gruppe um → I. Strawinsky, die → Groupe de Six und J. Cocteau in den 1920er Jahren zurückgeht, umfaßt höchst unterschiedliche Werke und ist stilistisch uneinheitlich.

Neudeutsche Schule, im 19. Jh. eine Gruppe von Musikern, die sich den von → R. Wagner vertretenen Grundsätzen anschloß und sich besonders für das → Musikdrama und die → Symphonische Dichtung einsetzte. Neben R. Wagner zählten vor allem F. Liszt, H. Wolf und H. von Bülow zu dieser Richtung, die bis zu R. Strauss weiterwirkte.

Nocturne (das oder die; franz.: Nachtstück), ursprünglich ein mehrsätziges, ständchenhaftes Nachtstück für Blasinstrumente (meist Hörner). Im 18., auch noch im 19. Jh. unter der italienischen Bezeichnung Notturno so viel wie → Kassation oder → Serenade; im 19. Jh. auch formal gleichbedeutend mit → Divertimento und in der Klaviermusik als einsätziges, lyrisches Stück träumerischer Stimmung beliebt.

None (die; lat. nona: neunte), die nächste Tonstufe über der → Oktave; die 9. Stufe der → diatonischen Tonleiter.

Obligato /obligat (von lat. obligatus: verbindlich), Bezeichnung für eine begleitende Stimme (obligates Akkompagnement) bzw. den Instrumentalpart selbst, die bzw. der nicht fortgelassen werden darf, im Gegensatz zu → ad libitum oder → Ripieno.

Oktave (die; lat. octava: achte), 1. der auf den → Leitton folgende 8. Ton der → diatonischen Tonleiter. 2. das → Intervall von 8 Tonstufen, z. B. zwischen → Grundton und 8. Ton.

Ondes Martenot (franz. onde: Welle), ein von dem Franzosen M. Martenot 1928 erfundenes elektronisches Tasteninstrument mit großer Variabilität der Klangfarbe, das aber nur für einstimmiges Spiel geeignet ist. Vgl. auch → D. Milhaud, O. Messiaen, A. Jolivet.

Oratorium (ital. oratorio: Beetsaal), großes, vielfach abendfüllendes Werk, meist für Soli, Chor und Orchester mit überwiegend geistlichen, nichtliturgischen Textvorlagen, aber auch weltlichen Texten; z. T. zur szenischen Aufführung bestimmt. Mit der Entwicklung der Oper läuft die des Oratoriums parallel, z. B. in der Verwendung von Rezitativ, Arie, → Generalbaß und Orchester. Im Unterschied zur Oper jedoch führte das Oratorium eine Erzähler-Partie ein (ital. Testo, lat. *Historicus*) und gab dem Chor größeres (dramaturgisches) Gewicht. Während noch G. F. Händel sein Oratorienschaffen in Opern-Nähe begann, nähert sich das Oratorium in der 2. Hälfte des 18. Jhs. zunehmend der Kantate oder → Passion (C. Ph. E. Bach, G. Ph. Telemann); darüber hinaus nimmt die Gattung lyrische Züge an und wird fester Bestandteil der neuen bürgerlichen Musikkultur. Von den Komponisten der → Wiener Klassik wendet sich vor allem J. Haydn dem Oratorium zu; in der → Romantik entstehen neben großen geistlichen auch weltliche Werke. Auch im 20. Jh. wird die Gattung gepflegt.

Orchestration (auch Orchestrierung), 1. die Ausarbeitung von Kompositionsentwürfen durch Erstellung einer Orchesterpartitur. 2. die Bearbeitung von Klavier-, Kammermusik oder einer Liedkomposition für Orchester. Vgl. auch → Instrumentation.

Orgelpunkt, länger ausgehaltener Baßton, über dem sich die übrigen Stimmen frei, z. T. in → dissonanten Harmonien bewegen.

Ornament (lat.: Schmuck) → Verzierung

Ostinato (das; ital.: hartnäckig), fortgesetzte Wiederkehr eines → Themas, → Motivs, → Rhythmus' oder Harmoniemodells.

Ouvertüre (die; franz.: Eröffnung), einleitende Instrumentalkomposition zu Bühnenwerken (Oper, Ballett, Schauspiel) oder größeren Vokalwerken (Kantate, → Oratorium), im 19. Jh. als sogenannte Konzert-Ouvertüre auch selbständiges Instrumentalwerk. Außerdem wird nicht nur der Eröffnungssatz der Französischen → Suite (mit der Satzfolge langsam-schnell-langsam) als Ouvertüre bezeichnet, sondern nach ihm die gesamte Ouvertüren-Suite.

Paralleltonart, die einer Moll- oder Durtonart zugeordnete Tonart des jeweils anderen Tongeschlechts mit gleichen → Vorzeichen.

Parameter (griech.: so viel wie: an etwas messen, vergleichen), seit den 1940er Jahren verwendete Bezeichnung für die physikalisch meßbaren Bestandteile wie Tonhöhe, Tondauer, Klangfarbe, Lautstärke usw.; auch Bezeichnung für übergreifende kompositorische Strukturmerkmale, insbesondere in Verbindung mit der → seriellen Musik der 1950er Jahre.

Particell (ital.: Teilchen), Entwurf einer Komposition als verkürzte Partitur mit mehreren Stimmen in einer Notenzeile.

Partitur (die; ital.), übersichtlich nach einzelnen Instrumentengruppen und Instrumenten bzw. Gesangsstimmen in Zeilen übereinander geordnete Niederschrift von Musikwerken, so daß die gleichzeitig erklingenden Noten untereinander stehen.

Passacaglia (die; ital.), ein der → Chaconne nahestehender, aber freier gearbeiteter instrumentaler Variationssatz. ursprünglich ein Tanz im 3/4-Takt in Spanien, gelangte die Passacaglia im 16. Jh. nach Italien; im 17. und 18. Jh. war sie besonders in der Orgelmusik vertreten; im 20. Jh. fand sie neben Instrumentalwerken auch Aufnahme in Vokalwerke.

Passionato (ital.: leidenschaftlich), Vortragsbezeichnung.

Pastorale (ital.: Hirtenstück, Schäferspiel), ursprünglich die Beschreibung idyllischer Szenen mit ländlichem Kolorit in der antiken Dichtung, in der Musik das weihnachtliche Musizieren italienischer Hirten. Über die altfranzösische *Pastourelle* der Troubadours und die Schäfer- und Naturlieder der Minnesänger entwickelte sich die Pastorale im 17. und 18. Jh. zum beliebten Instrumentalsatz im 6/8- oder 12/8-Takt, der bevorzugt das Schalmeispiel von Hirten nachahmte, aber auch ländliche Szenen wiedergab.

Pentatonik (griech.: Fünftönigkeit), Bezeichnung für unterschiedliche musikalische Systeme mit 5 Tönen, die ihren Ursprung in der Antike haben und noch heute weltweiter Bestandteil der Volksmusik oder des Kinderlieds sind. Die → halbtonlose Pentatonik z. B. besteht aus → Ganztönen und → Terzen (z. B. c–d–e–g–a).

Periode (griech.: Kreislauf, regelmäßige Wiederkehr, grammatischer Satz), ein in der Regel in sich geschlossener und symmetrischer Abschnitt des musikalischen Satzes, meist bestehend aus 8 → Takten, die sich in einen viertaktigen Vordersatz mit → Halbschluß und einen viertaktigen Nachsatz mit → Ganzschluß gliedern. Die periodische Gliederung und Zäsurbildung liegt vor allem dem Volkslied und Tanz, aber auch der Thematik von → Klassik und → Romantik zugrunde.

Phrasierung (die; griech. zu Phrasis: Ausdrucksweise), die Sinngliederung eines Musikstücks durch einen Vortrag, der die motivische und thematische Abgrenzung der musikalischen Gedanken, d. h. deren Zäsuren berücksichtigt.

Phrygisch (griech.) → Kirchentonarten

Pizzicato / pizzicato (ital.: gezwickt), bei Streichinstrumenten Vortragsbezeichnung für das Zupfen bzw. Anreißen der Saiten und der dadurch erzielte Klangeffekt.

Polymetrik (die; griech. und lat.), das gleichzeitige Erklingen verschiedener Grundzeitmaße in mehrstimmiger Musik, z. B. von $^3/_4$- und $^4/_4$-Takt zugleich. Vgl auch → Polyrhythmik.

Polyphonie (die; griech.: Mehrstimmigkeit), im mehrstimmigen Satz die rhythmisch-melodisch selbständige Führung aller beteiligten Stimmen im Gegensatz zur → Homophonie. Die Polyphonie erlebte ihre erste Blüte in der europäischen Vokalmusik des späten Mittelalters und erreichte im 16. Jh. ihren Höhepunkt. Die Übertragung dieses Kompositionsstils auf die Instrumentalmusik führte zu neuen Formen, darunter die → Fuge. Die Lehre vom polyphonen Satz heißt → Kontrapunkt.

Polyrhythmik (die; griech.), die gleichzeitige Verwendung verschiedener → Rhythmen, z. B. in Form einer sogenannten Konfliktrhythmik (z. B. mit 3 gegen 2 Zählzeiten) oder einer sich teilweise ergänzenden Komplementärrhythmik. Vgl. auch → Polymetrik.

Polytonalität (die; griech. und lat.), die gleichzeitige Verwendung verschiedener → Tonarten in den einzelnen Stimmen, besonders vertreten in der Musik seit 1900 (→ R. Strauss, F. Busoni, I. Strawinsky).

postserielle Musik, Sammelbegriff für die Entwicklung der Neuen Musik seit etwa 1960; orientiert sich an der Auflösung der → seriellen Musik, ohne aber die stilistische Vielfalt der Gegenwartsmusik klar zu definieren.

Präludium (das; von lat. praeludere: vorher, zur Probe spielen), seit den Anfängen im 15. und 16. Jh. hauptsächlich das Vorspiel auf Tasteninstrument oder Laute, z. B. auf der Orgel als improvisierte Einleitung zum Choral. Im späteren 17. Jh. wurde das Präludium zum Einleitungsstück vor der → Fuge oder → Suite. In der → Romantik schließlich verselbständigte sich das Präludium zum Charakterstück für Klavier, dabei fast immer mit *Prélude* überschrieben.

Programmusik, im Gegensatz zur sogenannten → absoluten Musik der Versuch, in der Instrumentalmusik außermusikalische Vorgänge (seelische Erlebnisse, Geschichten, Bilder, Gedichte) mit tonmalerischen Mitteln darzustellen und damit die Phantasie des Hörers in eine bestimmte Richtung zu lenken. Wichtigste Gattung der Programmusik war die → Symphonische Dichtung, die etwa Mitte des 19. Jhs. entstand und besonders von F. Liszt, B. Smetana, M. Mussorgski, A. Dvořák, M. Reger und R. Strauss gepflegt wurde.

punktierter Rhythmus, scharf akzentuierter → Rhythmus, der durch die Punktierung einer Note, d. h. deren Verlängerung um die Hälfte ihres Zeitwertes, entsteht; auch Doppelpunktierung ist möglich.

Punktualismus / punktuelle Musik, 1952 von H. Eimert geprägter Begriff für bestimmte Werke der → seriellen Musik, der sowohl auf den Höreindruck – die Auflösung des Klangbildes in völlig vereinzelt erscheinende Töne – als auch auf die kompositionstechnische Eigenart dieser Werke abzielt, nicht übergreifende Zusammenhänge zu bilden, sondern den Einzelton in den Mittelpunkt zu stellen.

Quarte (lat. quarta: vierte), 1. die 4. Stufe der → diatonischen Tonleiter; geht in der → Kadenz als → Subdominante der 5. Stufe (→ Dominante) voraus. 2. das → Intervall der Quarte umfaßt 3 Tonstufen.

Quinte (lat. quinta: fünfte), 1. die 5. Stufe der → diatonischen Tonleiter; als Tonabstand z. B. das Grundintervall und die Begrenzung des → Dur- und → Molldreiklangs. Als Trägerin der → Dominante folgt die Quinte in der → Kadenz der 4. Stufe, der → Subdominante, und führt zum Grundton, der → Tonika. 2. das → Intervall der Quinte umfaßt 4 Tonstufen.

Reihe → Zwölftontechnik, → serielle Musik

Reprise (franz.: Wiederaufnahme, Wiederholung), die Wiederholung eines umfangreichen Teils einer Komposition nach einem oder mehreren anderen Formabschnitten; im klassischen → Sonatenhauptsatz z. B. der 3. Teil.

Rhapsodie (die, griech.), eine der freien Phantasie ähnliche Vokal- oder Instrumentalkomposition in freier Form, Ende des 18. Jhs. entstanden, häufig mit Volksmelodien stark nationaler Prägung.

Rhythmus (der, Plural Rhythmen; griech.), zeitlicher Ordnungsfaktor, der durch die Dauer und Einsatzabstände der Töne durch Akzente (Taktschwerpunkte) sowie durch die Bindung an ein festes → Metrum für Gliederung sorgt. Die Musiktheorie liefert eine Fülle von Rhythmus-Definitionen, was für die Komplexität dieses Phänomens spricht. Unter Rhythmus versteht man im allgemeinen den lebendigen Puls der Musik, der im einzelnen vom Grundschlag, der mit dem Metronom exakt meßbar ist, geringfügig abweichen kann. Berührungspunkte mit → Agogik und → Phrasierung sind gegeben.

Ripieno (ital.: voll; Plural Ripieni), 1. das Zusammenspiel aller Streichinstrumente (im Gegensatz zu den Soloinstrumenten, dem → Concertino) im Concerto → grosso. 2. als Ripienstimme wird die im → Tutti verstärkend hinzutretende Füllstimme bezeichnet.

ritardando (ital.: verzögernd), Vortragsanweisung zur allmählichen Verlangsamung des Tempos, ähnlich wie → rallentando.

ritenuto (ital.: zurückgehalten), Vortragsanweisung: Zurücknahme des Tempos, im Gegensatz zu → ritardando aber ohne allmähliche Verlangsamung und meist auf wenige Takte begrenzt.

Ritornell (das; von ital. ritornello: Wiederkehr), 1. in Italien im 14. und 15. Jh. Refrain bzw. Kehrreim der weltlichen Vokal-Gattungen Madrigal, Ballade und Frottola. 2. im 17. und frühen 18. Jh. instrumentales Vor-, Zwischen- und Nachspiel von Madrigalen, Arien und Strophenliedern. 3. Bezeichnung für die Tutti-Abschnitte im Instrumentalkonzert des 18. Jhs. (→ Concerto grosso, Konzert).

Rokoko (das; franz. zu rocaille: Muschelwerk), europäische Kunstepoche von etwa 1720 bis 1775; die Musikwissenschaft jedoch faßt die divergierenden musikalischen Tendenzen und Stilrichtungen der Zeit zwischen J. S. Bach und der → Wiener Klassik nicht mehr unter den Begriff Rokoko, sondern unter dem der → Vorklassik. Vgl. auch → Empfindsamkeit, galanter Stil, Mannheimer Schule.

Romantik (engl. romantic, franz. romantique: wie in einem Roman), eine geistes- und stilgeschichtliche Epoche mit einer zum Gefühlvollen und Phantastischen neigenden Weltauffassung, die um die Wende zum 19. Jhs. in ganz Europa einsetzte. In der Musik ist eine genaue stilgeschichtliche Abgrenzung der Romantik wegen der Problematik eines zusammenfassenden Stilbegriffs nicht möglich, daher faßt die Musikwissenschaft die Musik von etwa 1829 bis 1910 unter der neutralen Bezeichnung 19. Jh. zusammen, doch reicht die Spätromantik noch bis R. Strauss. Gleichwohl kommt die romantische Ästhetik im gesamten 19. Jh. zum Tragen und äußert sich in einem extrem subjektivistischen Ausdrucksbedürfnis. Spezifisch für das 19. Jh. sind die Formen der → Programmusik und → Symphonischen Dichtung, außerdem das neu aufkommende Virtuosentum.

Romanze, seit Mitte des 18. Jhs. Musikstück lyrischen Charakters; besonderer Typus von Liedern, Konzertstücken oder Charakterstücken für Klavier.

Rondo (das; ital.: Rundgesang), aus dem *Rondeau* der französischen Claviermusik hervorgegangene Reihungsform der → barocken und → klassischen Instrumentalmusik mit wiederkehrendem Refrain und eingeschobenen Zwischenspielen. In der → Klassik ist das Rondo als Finalsatz der → Symphonie oder → Sonate zu finden.

rubato (ital.: geraubt; tempo rubato: geraubtes Tempo), Bezeichnung für die vom Komponisten beabsichtigte freie Behandlung der Zeit im musikalischen Vortrag (Verzögerung, Beschleunigung); zunächst nur auf die Melodie bezogen, im 19. Jh. auf den ganzen Satz.

Rückung, der unmittelbare Wechsel von einer → Tonart in eine entfernte Tonart ohne vorbereitende → Modulation.

Sarabande (span. zarabanda), im 17. und 18. Jh. ein vor allem in der Instrumentalmusik verbreiteter spanischer Tanz im Dreiertakt und gemessenem Tempo, der zum festen Bestandteil der → Suite wurde.

Scherzo (das; ital.: Scherz, Spaß), lebhaft beschwingter Satz von meist heiterer Grundhaltung, der seit L. v. Beethoven das → Menuett in → Sonate und → Symphonie als 2. oder 3. Satz ablöste. In der Klaviermusik des 19. Jhs. gibt es auch selbständige, z. T. virtuose Scherzi (z. B. von F. Chopin).

Seitentanz → Sonatenhauptsatzform

Seitenthema → Sonatenhauptsatzform

semplice (ital.: einfach, schlicht), Vortragsbezeichnung.

Septakkord (der; lat.) / **Septimenakkord,** der durch Hinzufügung der 7. Tonstufe (→ Septime) zum Vierklang erweiterte Dreiklang. Mit der Septime wird der auf jeder Tonleiterstufe mögliche zum → dissonanten Spannungsakkord, der in der Dur-Moll-Tonalität nach Auflösung in einen → konsonanten Dreiklang verlangt. In der → Kadenz strebt er auf der 5. Stufe als sogenannter *Dominantsept-Akkord* (→ Dominante), z. B. in C-Dur g–h–d–f, nach Auflösung in die → Tonika, c–e–g.

Septime (die, lat. septima: siebte), die 7. Stufe der diatonischen Tonleiter und das → Intervall von 6 Tonstufen.

Sequenz (die; lat. sequentia: Folge), die Wiederholung einer Ton- (Motiv-) oder Harmoniefolge schrittweise steigend oder fallend auf anderen Tonstufen, zur Fortspinnung eines musikalischen Gedankens oder zur Steigerung.

Serenade (die; ital. sereno: heiter, auch ital. sera: Abend), Abendmusik und Ständchen, das, oft im Freien musiziert, für Gesang mit oder ohne Instrumentalbegleitung und vor allem im 18. und 19. Jh. in Deutschland auch für Instrumente allein (→ W. A. Mozart: Bläser-Serenaden) gesetzt ist. Die Grenzen zwischen Serenade, → Divertimento, → Kassation und → Notturno sind fließend. Im 17. und 18. Jh. meinte Serenade, oft auch Serenata geschrieben, vokalinstrumentale Huldigungskompositionen für Anlässe wie fürstliche Geburtstage oder Hochzeiten; im 19. und 20. Jh. entstanden vor allem Orchester-Serenaden (→ J. Brahms, A. Dvořák, M. Reger).

serielle Musik (von franz. musique sérielle: so viel wie reihengebundene Musik) / **Serialismus,** Bezeichnung für moderne Kompositionen, deren Kompositionstechnik auf Vorherbestimmung mehrerer oder aller musikalischen Eigenschaften der Einzeltöne oder ganzer Tonkomplexe durch Zahlen- bzw. Proportionsreihen zielt. Insofern können bereits Werke in → Zwölftontechnik als serielle Musik gelten. Im engeren Sinne meint der Begriff Werke etwa der Jahre 1950–1960, bei denen, ausgehend von der Organisation der Tonhöhen in der Zwölftontechnik und dem Werk → A. Weberns, alle anderen musikalischen → Parameter (Tondauer, Lautstärke, Oktavlage, Klanggestalt bis hin zu Tempo, Dichte des Satzes u. a.) einer übergeordneten reihenmäßigen Anordnung unterworfen sind. Wurden zunächst die Eigenschaften des Einzeltons reihenmäßig geregelt (punktuell), so setzte sich Mitte der 1950er Jahre eine allmähliche Auflockerung des Verfahrens durch, indem seriell nur die Beziehung von Tongruppen (statisch) festgelegt und schließlich die Anordnung seriell komponierter Teile bei der Aufführung beliebig wurde. (→ Aleatorik).

Sexte (die; lat. sexta: sechste), die 6. Stufe der diatonischen Tonleiter und das → Intervall von 5 Tonstufen.

sforzato (ital.: verstärkt); Abkürzung: sf, sfz., Vortragsbezeichnung: stark betont, immer nur gültig für den so bezeichneten Ton oder Akkord.

Siciliano, ursprünglich ein italienischer Volkstanz im $^{6}/_{8}$- oder $^{12}/_{8}$-Takt in wiegender Bewegung, häufig mit punktiertem → Rhythmus. Im 18. Jh. ein verbreiteter musikalischer Topos, vergleichbar der → Pastorale; auch als Arien-Typus in Oper oder Kantate mit vorwiegend langsamen Tempo zu finden.

Sinfonia concertante (ital.), in der 2. Hälfte des 18. Jhs. weit verbreitete, meist dreisätzige Kompositionen für mehrere konzertierende Soloinstrumente und Orchester, deren Vorbild das barocke → Concerto grosso war. Im 19. Jh. wurde die Sinfonia concertante durch das → Doppel-, → Tripelkonzert usw. ersetzt.

Symphonie / Sinfonie (griech. symphonia: Zusammenklang, Übereinstimmung, Harmonie), seit etwa 1600 allgemeine Bezeichnung für das Zusammenspiel von Instrumenten (im Gegensatz zur Vokalmusik), im 17. Jh. bezeichnet Sinfonia einleitende Instrumentalsätze (→ Ouvertüre) zu Suiten, Vor- und Zwischenspiele von Kantaten, → Oratorien oder Opernouvertüren. Die dreiteilige italienische Opern-Sinfonia mit der Satzfolge schnell-langsam-schnell wurde im 18. Jh. maßgeblich für die Ausbildung einer festen Gattung. Bei G. Sammartini beispielsweise verselbständigte sich diese Form zu dreisätzigen autonomen Orchesterwerken mit einem → Sonatenhauptsatz als Kopfsatz. Die klassische Form der Gattung wurde von den Komponisten der → Mannheimer Schule und ersten → Wiener Schule sowie der → Vorklassik vor allem durch die gelegentliche Einfügung eines Menuetts vor dem 4. Satz entscheidend geprägt. J. Haydn verankerte dann das Menuett als 3. Satz, begründete 4 Sätze mit kontrastreicher Sonatenhauptsatzform im Kopfsatz und verhalf der Gattung zu größeren Dimensionen. Der klassische Symphonie-Typus wurde mit Haydns und W. A. Mozarts Spätwerken sowie den 9 Symphonien Beethovens, der das Menuett durch das → Scherzo ersetzte, zur Repräsentativform von Adel und Bürgertum. Im ganzen 19. Jh. wurde der klassische Typus individuell abgewandelt beibehalten, G. Mahler faßte alle Tendenzen des 19. Jhs. in großen Monumentalwerken (z. T. mit Vokalstimmen) zentral zusammen. Die Symphonie als → Programmusik bei H.Berlioz zweigte sich vom klassischen Typus ab, aus ihr ging die → Symphonische Dichtung hervor (→ F. Liszt, R. Strauss). Auch im 20. Jh. entstanden viele Symphonien mit unterschiedlichsten formalen Erscheinungen.

Symphonische Dichtung / Sinfonische Dichtung, meist einsätziges Orchesterwerk in symphonischer Form, das aus der → Programmusik hervorgegangen ist; zuerst bei → H. Berlioz (*Symphonie fantastique*) als Programm-Symphonie, durch F. Liszt als symphonische Dichtung ausgeprägt, der meist ein außermusikalisches Programm (Bild, Gedicht, historisches Ereignis) zugrundeliegt. Fast alle Komponisten des ausgehenden 19. und beginnenden 20. Jhs. haben symphonische Dichtungen komponiert.

Sonate (die, ital. sonata: so viel wie Klingstück), gegen Ende des 16. Jhs. Bezeichnung für instrumental wiederzugebende mehrstimmige Sätze im Unterschied zum Gesang; seit Beginn des 17. Jhs. in der Regel aus 3 oder 4 Sätzen bestehend für solistische Besetzung. Während ihrer ersten Entwicklungsphase als → Triosonate für 2 Melodieinstrumente und → Generalbaß, in der man zwischen der ernsten, meist fugierten *Sonata da chiesa* (Kirchensonate) mit der

Satzfolge langsam- schnell-langsam und der meist aus Tanzsätzen bestehenden *Sonata da camera* (Kammersonate) mit der Satzfolge schnell-langsam-schnell unterschied, gewann die Sonate seit dem 18. Jh. mit dem Entstehen der ersten Klavier-Sonaten und unter dem Einfluß der → Mannheimer Schule verstärkt jene formale Ausgestaltung, die sie zu einem festumrissenen Formbegriff werden ließ. Die Anlage war meist dreisätzig mit dem 1. Satz in → Sonatenhauptsatzform und der Folge schnell-langsam-schnell, die klassische Sonate ist dann viersätzig mit dem → Menuett bzw. → Scherzo an 3. Stelle. Die Sonate wurde, besonders als Klaviersonate zur Hauptgattung der solistischen Instrumentalmusik in der 2. Hälfte des 18. Jhs.; im 19. Jh. trat sie in dieser Eigenschaft zurück, doch hielt sich die Bezeichnung bis ins 20. Jh.

Sonatenhauptsatzform / Sonatensatzform, Bezeichnung der musikalischen Formenlehre für eine in der 2. Hälfte des 18. Jhs. ausgebildete Anlageform eines einzelnen, meist des 4. Satzes von → Sonate, Quartett, → Symphonie oder Instrumentalkonzert, bestehend aus → Exposition, → Durchführung, → Reprise, oft auch → Coda. Kern ist die Aufstellung eines thematischen Gegensatzes in der Exposition mit 1. Thema (Hauptthema) und 2. Thema (Seitenthema), dessen vielfältige Verarbeitung (→ Thematische Arbeit) bis hin zur Motivaufspaltung in der Durchführung, abgeschlossen von der Reprise, dem modifizierten Rückbezug auf den 1. Teil. Die Exposition wird in der Klassik meist wiederholt, die Durchführung einschließlich Reprise nur in frühen Sonatensätzen. Zugleich ist der Tonartenverlauf festgelegt: das 1. Thema steht in der Grundtonart (→ Tonika), das 2. Thema in der → Dominante (in Moll in der Durparallele), die Durchführung moduliert in eine andere Tonart, die Reprise ist durchgängig in der Grundtonart, auch das 2. Thema.

sostenuto (ital.: gehalten, zurückhaltend), Vortragsbezeichnung; Zusatz bei Tempoangaben: etwas langsamer.

spirituoso, con spirito (ital.: geistreich), Vortragsbezeichnung.

staccato (ital.: abgerissen), Vortragsbezeichnung für eine Spielweise, die zur Absetzung jeder Note einen kurzen, stoßenden Strich bei Saiten- bzw. Anschlag bei Tasteninstrumenten fordert; durch Punkt über der Note gekennzeichnet; Gegensatz → legato.

Stretta (auch Stretto, die; ital.: Enge), in einem Musikstück Schlußsteigerung als Beschleunigung oder Verdichtung, in der → Fuge → Engführung, in der italienischen Oper (Aktschluß) auch Cabaletta genannt.

stringendo (ital.: eilend, treibend), Vortragsbezeichnung: allmählich schneller werdend.

Subdominante (die; lat.: Unterdominante), die 4. Stufe der Tonleiter und der auf ihr errrichtete Dreiklang; innerhalb der → Kadenz geht die Subdominante der 5. Stufe, der → Dominante, voraus.

subito (ital.: sofort, unmittelbar), Vortragsanweisung: sofort, anschließend.

Suite (franz.: Folge), eine Folge mehrerer instrumentaler Tanzsätze gegensätzlicher Art und Bewegung, aber meist gleicher Tonart. Ihre Blüte erlebte die Suite in der Instrumentalmusik des 17. bis Mitte des 18. Jhs. Während bis um 1650 die Reihenfolge Pavane-Galliarde-Allemande-Courante war, wurde diese um die Mitte des 17. Jhs. durch die Satzfolge Sinfonia, → Ouvertüre oder → Präludium-Allemande-Sarabande-Courante abgelöst, andere Tanzsätze konnten hinzutreten. In der barocken Suite unterscheidet man den französischen Typus mit der Folge langsam-lebhaft und den italienischen Typus mit dem Wechsel lebhaft-schnell. In der 2. Hälfte des 18. Jhs. wich die Suite der → Sonate bzw. → Symphonie. Als Suite werden auch Stücke aus Balletten und Opern bezeichnet; die für den Konzertgebrauch zusammengestellt wurden; im 19. Jh. außerdem die Aufeinanderfolge sogenannter Charakterstücke.

Synkope (griech.: Zusammenschlagen), Abweichung vom Grundmetrum, indem an sich unbetonte Werte betont werden und die betonten Werte ohne Akzent bleiben.

Takt, Gestaltung des zeitlichen Ablaufs einer Musik in musikalisch-rhythmische, durch den Taktstrich abgegrenzte Maßeinheiten mit verschieden gewichtigen Schwerpunkten. Aus der regelmäßigen Wiederkehr solcher Zähleinheiten ergibt sich die jeweilige Taktart. Der Begriff umfaßt auch die Schlagart des Dirigenten. Vgl. auch → Rhythmus und → Metrik.

Tempo (ital.: Zeit), der Geschwindigkeitsgrad eines musikalischen Ablaufs bzw. die absolute Dauer der Notenwerte. Die wichtigsten Tempo-Bezeichnungen (seit dem 17. Jh. in italienischer Sprache gebräuchlich) sind in zunehmender Schnelligkeit: largo, lento, adagio, andante, andantino, moderato, allegretto, allegro, vivace, presto, prestissimo.

Terrassendynamik, die stufenartige Aufeinanderfolge unterschiedlicher Tonstärken in der Musik bis ins 18. Jh. Überwunden wurde diese auf Kontrastwirkung abzielende Terrassendynamik durch die fließende Dynamik der → Mannheimer Schule.

Terz (lat. tertia: dritte), 1. die 3. Stufe in diatonischer Folge und das (zusammen mit der → Quinte) für den → Dreiklangsbau entscheidende → Intervall. 2. das → Intervall der Terz umfaßt 2 Tonstufen.

Terzett, eine Komposition für 3 konzertierende Singstimmen mit oder ohne Begleitung; vor allem des Ensemble-Gesangs in der Oper. Vgl. auch → Trio.

Thema, ein charakteristischer, in sich geschlossener oder offener musikalischer Gedanke, der sich aus → Motiven und ihrer Weiterspinnung ergeben und in einem Stück, Satz oder Satzteil weiterverarbeitet und abgewandelt werden kann.

Tonalität, im weitesten Sinne ein geordnetes Gefüge von Tönen und Klängen, in engerem Sinn das Bezugssystem der dur-Moll-tonalen Musik des 17.–19. Jhs., das sich durch die Tongeschlechter → Dur und → Moll, die → diatonische Tonleiter sowie die tragende Funktion der → Kadenz definiert. Die fortschreitende → Chromatisierung im Laufe des 19. Jhs. führte allmählich zur Auflösung dieser Form der Tonalität in die sogenannte → atonale Musik und → Polytonalität.

Tonart, in tonaler Musik das für ein Musikstück grundlegende Beziehungssystem der Töne, definiert durch eine → diatonische Tonleiter sowie eine → Kadenz. Die Tonart wird nach dem → Grundton und dem Tongeschlecht benannt, z. B. C-Dur.

Tonika, in der dur-moll-tonalen Musik der 1. Ton (→ Grundton) einer → Tonart, nach der sie benannt wird, sowie der auf ihm aufbauende → Dreiklang. Vgl. → Kadenz.

Tremolo (das, ital.), 1. bei Streichern rascher gleichmäßiger Bogenwechsel auf demselben Ton. 2. trillerähnliche (→ Triller) Verzierung. 3. rascher gleichmäßiger Wechsel zwischen 2 Tönen mindestens im Terzabstand bei Streichern, Bläsern oder auf dem Klavier. 4. im Gesang Schwanken der Stimme innerhalb eines sehr kleinen → Intervalls.

Triller (der; ital.), eine musikalische → Verzierung, bei der ein Hauptton sehr rasch mit der höheren (zuweilen auch mit der tieferen) Nebennote wechselt.

Trio, 1. Komposition für 3 Instrumente (z. B. Streichtrio, Klaviertrio) sowie das Ensemble, das sie ausführt. 2. Mittelteil bei → Menuetten, → Scherzi und Bestandteil von Tänzen und Märschen.

Tripelkonzert, Konzert für 3 Soloinstrumente und Orchester, aus der → Sinfonia concertante hervorgegangen.

Triptychon (das; griech.), dreiteiliges Tafelbild, Flügelaltar. Auf die Musik bezogen ausgreifende dreiteilige Formanlage.

Tritonus (der; lat.: Dreiton), das aus drei → Ganztonschritten bestehende → Intervall der übermäßigen → Quarte (z. B. c–fis); im strengen Satz als unsanglicher Tonschritt auch für Instrumente verboten (lat. *diabolus in musica*: »Teufel in der Musik«), Ende des 19. und im 20. Jh. aber häufig verwendet.

Trugschluß → Kadenz

Tutti (das; ital.: alle), der Einsatz aller Instrumente oder Stimmen im Gegensatz zum Solo oder dem → Concertino der → Barockmusik.

Umkehrung, die Verwandlung von Tonhöhen bei → Intervallen und → Akkorden und die Änderung der Intervallbewegung bzw. -richtung eines → Themas oder → Motivs.

Unisono (das; ital.: Einklang), der Gleichklang bzw. Einklang aller Stimmen oder Instrumente im Abstand von Prime (die erste Stufe der → diatonischen Leiter) oder Oktave.

Variation (lat. variatio: Veränderung), die Umgestaltung eines Themas oder Tonsatzes: ein Kompositionsprinzip, das sich sowohl auf die Melodie als auch auf Rhythmik und Harmonie des musikalischen Geschehens beziehen kann. Grundsätzlich wird unterschieden zwischen ornamentaler Variation, die unter Beibehaltung der harmonischen Grundlage das Thema in Figuren und Passagen auflöst, und der Charakter-Variation, die dessen Ausdruck umbildet. Seit der → Wiener Klassik ist es üblich, Variationen eines Themas zu einem Zyklus zusammenzufassen (Thema mit Variationen). Besondere Bedeutung erlangten Klavier- und Orchester-Variationen. Spezielle Variationsformen sind die Variationen über einem → Basso ostinato (→ Chaconne, → Passacaglia.).

Verzierungen (auch Manieren oder Ornamente genannt), die Umspielung und Ausschmückung einer Melodie(note) durch kleine melodische Zusätze wie z. B. Triller, Mordent, Vorschlag, Nachschlag, Doppelschlag notiert durch kleinere Zusatznoten oder spezielle Zeichen. Man unterscheidet zwischen vorschlagenden, nachschlagenden oder ausfüllenden Verzierungen. In der Takteinteilung sind Verzierungen nicht berücksichtigt; im → Barock wurden sie frei improvisiert.

Vibrato (das; ital.), auf Saiteninstrumenten rasche Wiederholung von Tonhöhenschwankungen durch schwache Bewegung des Fingers; auch bei Blasinstrumenten. Auch → Tremolo.

Vierteltonmusik, Kompositionen mit einem Tonsystem, in dem das temperierte zwölfstufige durch Mikrotöne zwischen den kleinen Sekunden auf 24 Stufen innerhalb einer → Oktave erweitert ist. Ende des 19. Jhs. gab es erste Kompositionen mit Vierteltönen, doch spielten diese erst in der Neuen Musik nach etwa 1945 eine bedeutsame Rolle.

vivace (ital. vivo: lebhaft), Tempo- und Charakterbezeichnung.

Vokalise (die; lat.), 1. seit dem 19. Jh. Gesangsübung auf Vokalen. 2. seit etwa 1900 verstärkt auftretende Vertonung von Vokalen (oder bestimmten Silben) ohne Textzusammenhang für eine Singstimme mit oder ohne Begleitung.

Vordersatz → Periode

Vorhalt, die Verzögerung eines angestrebten Zieltons oder -akkords durch Einschieben einer dissonanten Zwischennote, die in den zu erwartenden Melodie- oder Harmonieton aufgelöst wird. Der Vorhalt steht immer auf betonterer Taktzeit als seine Auflösung.

Vorklassik, Stilepoche zwischen etwa 1735 und 1785, die dem Feudalismus folgte und der Emanzipation des Bürgertums vorausging, und als »Zeit zwischen den Stilen« (→ Barock, → Klassik) nicht durch Einheit gekennzeichnet ist, sondern durch eine Vielfalt widersprüchlichster Ideen und Tendenzen. Zu ihnen zählen das → Rokoko und die Empfindsamkeit sowie der musikalische Sturm und Drang mit ihren Forderungen nach Einfachheit und Natürlichkeit ebenso wie der kontrapunktische gelehrte Stil oder der → galante Stil, der sich in leicht faßlichen tänzerischen Stücken offenbarte. Auffallendstes Merkmal der Vorklassik ist sicher ihr Verhältnis zum Vorhergegangenen: zum einen konserviert sie Züge des Barock oder interpretiert sie neu, zum anderen entwickelt sie ganz Neues und wirkt damit stilbildend und anregend auf die folgende Klassik. Bedeutsame Entwicklungen der Vorklassik waren die Etablierung der → Symphonie und der → Sonatenhauptsatzform, ferner der Opera buffa und des deutschen Singspiels. Zu den hervorragendsten Vertretern der Vorklassik zählten die Bach-Söhne, Chr. W. Gluck sowie die Komponisten der → Mannheimer Schule und der sogenannten ersten → Wiener Schule.

Wiener Klassik, Epochenbezeichnung etwa für die 3 Jahrzehnte vor und nach 1800 und zusammenfassende Bezeichnung für die Musik J. Haydns, W. A. Mozarts und L. v. Beethovens. Die Wiener Klassik baute musikalisch auf den Errungenschaften der ersten → Wiener Schule und der → Vorklassik auf, insbesondere auf den neuen Konventionen der → Sonatenhauptsatzform. Zu ihren zukunftsweisenden Verdiensten gehört die Emanzipation der Musik von den Funktionen am Hof zur Autonomie, die teilweise einhergeht mit der Emanzipation des Komponisten vom höfischen Lakaien zum freien Unternehmer. Dieser Wandel vollzog sich insbesondere in den für die Zukunft maßgeblichen Gattungen der → Kammermusik und in der → Symphonie.

Wiener Schule, 1. Erste Wiener Schule: seit Anfang des 19. Jhs. übliche Bezeichnung für eine Gruppe von Komponisten in Wien zwischen etwa 1730 und 1780 (G. C. Wagenseil, M. G. Monn u. a.). Ähnlich wie die → Mannheimer Schule versuchte die Wiener Schule, neue Ausdruckscharakteristiken für die Musik zu erschließen und wurde so zum unmittelbaren Vorläufer der → Wiener Klassik. Sie fand zur Symphonie in 4 Sätzen, entwickelte Ansätze des Klavierkonzerts und prägte die → Sonatenhauptsatzform, volkstümliche Melodik und periodische Gliederungsformen aus. Vgl. auch → Vorklassik. 2. Neue Wiener Schule / Zweite Wiener Schule, A. Schönberg und sein Schülerkreis, besonders A. Berg und A. Webern. Diese Gruppe prägte die Musik des 20. Jhs. entscheidend, wobei die meist untereinander befreundeten Komponisten selbständig ähnliche Zielsetzungen verfolgten: insbesondere des Übergang zur → atonalen Musik, den musikalischen Expressionismus und die Übernahme der von A. Schönberg entwickelten → Zwölftontechnik.

Zweite Wiener Schule → Wiener Schule

Zwölftontechnik (auch Dodekaphonie), Sammelbegriff für Kompositionsweisen, die nicht mehr den Regeln der Harmonielehre und → tonalen Musik folgen, sondern ein Bezugssystem »mit zwölf nur aufeinander bezogenen Tönen« (A. Schönberg) bilden, den 12 → Halbtönen der Tonleiter. Die Zwölftontechnik Schönbergs geht von einer frei gewählten → Reihe als Grundstruktur aus, die alle 12 Töne enthält. Grundsätzlich sind 48 Gestalten einer solchen Reihe möglich: die Normalgestalt, die umgekehrte und die rückläufige Gestalt (→ Krebs, → Umkehrung), die umgekehrt rückläufige Gestalt (Krebs der Umkehrung) und die elf möglichen Transpositionen. Als Hauptregel der Zwölftonmusik gilt, daß ein Ton erst wiederkehren darf, wenn alle übrigen Töne der Reihe erklungen sind.

Susanne Schmerda

Register

Halbfett gesetzte Ziffern verweisen auf Stellen ausführlicher Behandlung, *kursiv* gesetzte Ziffern mit *Abb.* davor auf Abbildungen.

Abbildungsnachweis: Agence Presse Novosti 538; Archiv für Kunst und Gesch., Berlin 61, 66, 69, 76, 84, 92, 98, 112, 152, 172, 181, 189, 206, 267, 371, 431, 441, 482, 555, 558, 568, 589, 602, 612 (2); Archiv Leduc 332; Erich Auerbach, London 237; Léon Bakst. Leningrad 1986, 426; Bayerische Staatsgemäldesammlungen, München 415; Beethoven-Haus, Bonn 36, 46; Bibliothèque – Musée de l'Opéra, Paris 135; Bibliothèque Nationale, Paris 409; Bildarchiv der österreichischen Nationalbibliothek, Wien 303, 309 r.; Bildarchiv Preuß. Kulturbesitz, Berlin 102, 114, 126, 249, 273, 402, 462, 463, 464, 575, 598, 605; Bilderdienst Süddeutscher Verlag, München 160, 182, 202, 608 l.; Bodleian Library, Oxford, 324; Ferenc Bónis: Béla Bartóks Leben in Bildern. Bonn 1964, 30; Roger Delage: Chabrier. Edition Minkoff & Lattès 1982, Privatslg. 121; M. de Falla: Spanien und die neue Musik. Zürich 1968, 170; Fotomuseum, München 294; Paul Sacher Stiftung, Basel 518; Interfoto, München 134, 335, 455 (Camera Press); Reginald R. Isaacs: Walter Gropius. Bd. 2, Berlin 1984, 56; Jagiellonische Bibliothek, Krakau 44; Jürgen Röhrscheid/F.A.Z. Magazin, Frankfurt 289; Jürgens Ost+Europa Photo, Berlin 16, 362; Gundel Kilian, Wäschenbeuren 397; Konservatorium N. Paganini, Genua 381; Mirko Krizanovic, Darmstadt 116; Kunstgewerbemuseum, Zürich 337; H. C. Landon: Joseph Hadyn. Wien/Zürich 1981, 234; Alma Mahler: Gustav Mahler. Wien 1949, 309 l.; Anna Mahler, Spoleto 302; Stefan Moses, München 158; Musée des Arts Decoratifs/Giraudon, Paris 408; Musée Nationale d'Art Moderne, Paris 442; Museo Correr/Osvaldo Böhm, Venedig 557; Music Library Archive of Yale University 261, 543; Musikslg. Mary Flagler Cary 225; Modest Mussorgski: Bilder einer Ausstellung. Wiesbaden, 370; Werner Neumeister, München 603, 607, 611; Paul-Hindemith-Institut, Frankfurt/M. 242, 246; Performing Arts Library/Clive Barda, London 593; C. F. Peters Corporation, New York/London/Frankfurt (EP 66539 A) 132; Photo Affairs, Bad Dürrheim 254; Willi Reich: Schönberg. Wien/Zürich 1968, 448, 452; Margarete Roeder Gallery, New York 118; Roger-Viollet, Paris 138, 145, 167, 394, 532, 553; Staatl. Museen zu Berlin – Preuß. Kulturbesitz, Kupferstichkabinett/Jörg P. Anders 330; Staatl. Museum für Musikkultur »M. I. Glinka«, Moskau 341; Staatsbibliothek zu Berlin – Preuß. Kulturbesitz, Musikabteilung 20, 353; Story Press – Jochen Clauss, Berlin 424, 608 r.; Igor Strawinsky: Leben und Werk, Mainz 1957, 510; Horst Tappe, Montreux 57, 283, 573; The British Library, London 198, 491; Ullstein Bilderdienst, Berlin 28, 315, 384 (Interpress Warschau), 406.
In einigen wenigen Fällen konnte der Rechteinhaber nicht ermittelt werden.

68,-